2022 | 全国勘察设计注册工程师
考试辅导用书

Zhuce Daolu Gongchengshi Zhiye Zige
Jichu Kaoshi Yingshi Fudao

注册道路工程师执业资格
基础考试应试辅导

上册

注册工程师考试辅导用书编委会◇编
张　铭　曹纬浚◇主编

人民交通出版社股份有限公司
北京

内 容 提 要

本书由多位从事道路工程教学、设计和考试培训工作的教授、资深专家共同编写，内容以新版考试大纲和2019—2021年考试真题为依据，吸收了新版标准、规范、教材的精华内容，覆盖考试要求的知识点。本书每一章均设置复习指导（考点分析）、考点精讲、例题解析、自测模拟等模块，并将重要知识点突出显示，有助于考生全面了解考试要求，把握复习重点，提高复习效率。

本书分上、下两册，上册对应公共基础考试，下册对应专业基础考试。配有视频讲解、电子书等数字资源，读者可扫描上册封面上的红色资源贴（二维码），登录"注考大师"获取。

本书适合参加注册道路工程师基础考试的人员使用，也可供道路工程从业人员参考。

图书在版编目（CIP）数据

2022注册道路工程师执业资格基础考试应试辅导/张铭，曹纬浚主编.—北京：人民交通出版社股份有限公司，2022.5

ISBN 978-7-114-17957-0

Ⅰ.①2…　Ⅱ.①张…②曹…　Ⅲ.①道路工程—资格考试—自学参考资料　Ⅳ.①U41

中国版本图书馆CIP数据核字（2022）第078611号

书　　名：**2022注册道路工程师执业资格基础考试应试辅导**
著 作 者：张　铭　曹纬浚
责任编辑：李　坤　刘彩云
责任校对：席少楠
责任印制：刘高彤
出版发行：人民交通出版社股份有限公司
地　　址：（100011）北京市朝阳区安定门外外馆斜街3号
网　　址：http://www.ccpcl.com.cn
销售电话：（010）59757973
总 经 销：人民交通出版社股份有限公司发行部
经　　销：各地新华书店
印　　刷：北京市密东印刷有限公司
开　　本：889×1194　1/16
印　　张：82.5
字　　数：2160千
版　　次：2022年5月　第1版
印　　次：2022年5月　第1次印刷
书　　号：ISBN 978-7-114-17957-0
定　　价：246.00元（含上、下两册）

版权声明

前　言

注册土木工程师（道路工程）考试于 2019 年 10 月首次举办，就此拉开了道路工程领域勘察设计工程师考试、注册、执业的序幕。考试的举办，对从事道路工程规划、勘察、设计等工作的工程技术人员，大有裨益。复习备考的过程，是道路工程技术人员重新学习、梳理、拓展自己专业知识的过程，也是提升专业素养的过程。通过考试的筛选，让合格的工程师承担相应的技术工作，有助于提升工程建设质量和效率，对整个道路工程行业的良性发展具有重大意义。

为帮助广大考生有效复习，人民交通出版社股份有限公司特组织相关高校和工程单位的专家编写了一套复习辅导用书，主要包括：《基础考试应试辅导》《基础考试复习题集》《专业考试应试辅导》《专业考试复习题集》《专业考试案例一本通》。后续将根据考生实际需求开发新的辅导资料。

本书为《基础考试应试辅导》，分上、下两册，分别对应公共基础考试和专业基础考试。上册内容包含：数学、普通物理、普通化学、理论力学、材料力学、流体力学、电工电子技术、信号与信息技术、计算机应用基础、工程经济、法律法规共 11 章。下册内容包含：建筑材料、土质学与土力学、工程地质、工程勘测、结构设计原理、职业法规共 6 章。

本书具有如下特色：

（1）以新版考试大纲、近三年考试真题、现行标准规范为依据进行修订，内容贴合考试。

（2）每章设置“复习指导”“考点精讲”“例题解析”“自测模拟”等模块，巩固学习效果。

（3）内容精练，删繁就简，重要知识点突出显示，便于考生把握复习重点，提高复习效率。

（4）配备视频讲解、电子书等多种数字资源，考生扫描封面上的二维码，免费使用一年。

本书上册编写人员来自北京工业大学、北京交通大学、北京建筑大学和北京市建筑设计研究院，分工如下：刘明惠、吴昌泽（第一章第一节至第七节）；刘明惠、范元玮（第一章第八节、第九节）；魏京花（第二章）；谢亚勃（第三章）；刘燕（第四章）；钱民刚（第五章）；毛军、李兆年（第六章）；许怡生（第七章、第八章）；许小重（第九章）；陈向东（第十章）；李魁元（第十一章）。上册由曹纬浚负责统稿。

本书下册编写人员来自重庆交通大学，分工如下：黄维蓉、张奇奇、董天威、陈言（第一章）；高传东、程雨恒、徐海深（第二章）；唐良琴、毛添、梁一星（第三章）；高传东、阳敏、华胤宏、李燕（第四章）；张江涛、吴海军、刘浪、向南、李坤（第五章）；魏道升、魏恺、胡佳（第六章）。下册由张铭负责统稿。

参与或协助本书编写的人员还有：李钦、李汉明、代玉华、蒋全科、贾玲华、毛怀珍、刘宝生、张翠兰、毛元钰、李平、邓华、陈庆年、李广秋、郭虹、曹京、楼香林、杨守俊、王志刚、何承奎、曹铎、吴莎莎、张文革、罗金标、徐华萍、栾彩虹、张炳珍。

本书理论联系实际，针对性和实用性兼顾，是值得考生信赖的考前辅导和培训用书。

本书可与2022版《基础考试复习题集》配套使用。多做习题，将对考生巩固、检验复习效果和准备考试大有帮助。

考生在使用本书及相关数字资源备考时，还应注意参阅考试指定的各类标准、规范（规程）、大纲及教材，真正做到：考前胸中有丘壑，临场下笔如有神。

如对本书内容和编排有好的建议，请加入QQ群（470950250、920873460）交流。

预祝各位考生取得好成绩！

注册工程师考试辅导用书编委会

2022年3月

主编致考生

一、注册道路工程师在专业考试之前进行基础考试是和国外接轨的做法。通过基础考试并达到职业实践年限后就可以申请参加专业考试。基础考试是考大学中的基础课程，按考试大纲的安排，上午考试段考 11 科，120 道题，4 个小时，每题 1 分，共 120 分；下午考试段考 6 科，60 道题，4 个小时，每题 2 分，共 120 分；上、下午共 240 分。试题均为 4 选 1 的单选题，平均每题时间上午 2 分钟，下午 4 分钟，因此不会有复杂的论证和计算，主要是检验考生的基本概念和基本知识。考生在复习时不要偏重难度大或过于复杂的知识，而应将复习的注意力主要放在弄清基本概念和基本知识方面。

二、考生在复习本书之前，应认真阅读"考试大纲"，清楚地了解考试的内容和范围，以便合理制订自己的复习计划。复习时一定要紧扣"考试大纲"的内容，将全面复习与突出重点相结合。着重对"考试大纲"要求掌握的基本概念、基本理论、基本计算方法、计算公式和步骤，以及基本知识的应用等内容有系统、有条理地重点掌握，明白其中的道理和关系，掌握分析问题的方法。本书中每章前均有一节"复习指导"，摘录了本章的考试大纲，具体说明本章的复习重点、难点和复习中要注意的问题，建议考生认真阅读每章的"复习指导"，参考"复习指导"的意见进行复习。在对基本概念、基本原理和基本知识有一个整体把握的基础上，对每章节的重点、难点进行重点复习和重点掌握。

三、注册道路工程师基础考试上、下午试卷共计 240 分，上、下午不分段计算成绩，这几年及格线都是 55%，也就是说上、下午试卷总分达到 132 分就可以通过。因此，考生在准备考试时应注意扬长避短。从道理上讲，自己较弱的科目更应该努力复习，但毕竟时间和精力有限，如"信号与信息技术"，据了解，土建非信息专业大多未学过，短时间内要掌握好比较困难，而"信号与信息技术"总共只有 6 道题，6 分，只占总分的 2.5%，也就是说，即使"信号与信息技术"一分未得，其他科目也还有 234 分，从 234 分中考 132 分是完全可以做到的。因此考生可以根据考试分科题量、分数分配和自己的具体情况，计划自己的复习重点和主要得分科目。当然一些主要得分科目是不能放松的，如"数学"24 题（上午段）24 分，"土质学与土力学"12 题（下午段）24 分，"工程地质"13 题（下午段）26 分，"工程勘测"12 题（下午段）24 分，都是不能放松的；其他科目则可根据自己过去对课程的掌握情况有所侧重，争取在自己过去学得好的课程中多得分。

四、在考试拿到试卷时，建议考生不要顺着题序顺次往下做。因为有的题会比较难，有的题不很熟悉，耽误的时间会比较多，以致到最后时间不够，题做不完，有些题会做但时间来不及，这就太得不偿失了。建议考生将做题过程分为四遍:

1.首先用 15～20 分钟将题从头到尾看一遍，一是首先解答出自己很熟悉很有把握的题；二是将那些需要稍加思考估计能在平均答题时间里做出的题做个记号。这里说的平均答题时间，是指上午段 4

个小时考 120 道题，平均每题 2 分钟；下午段 4 个小时考 60 道题，平均每题 4 分钟，这个 2 分钟(上午)、4 分钟(下午)就是平均答题时间。将估计在这个时间里能做出来的题做上记号。

2.第二遍做这些做了记号的题，这些题应该在考试时间里能做完，做完了这些题可以说就考出了考生的基本水平，不管考生基础如何，复习得怎么样，考得如何，至少不会因为会做的题没做完而遗憾了。

3.这些会做或基本会做的题做完以后，如果还有时间，就做那些需要稍多花费时间的题，能做几个算几个，并适当抽时间检查一下已答题的答案。

4.考试时间将近结束时，比如还剩 5 分钟要收卷了，这时你就应看看还有多少道题没有答，这些题确实不会了，建议考生也不要放弃。既然是单选，那也不妨估个答案，答对了也是有分的。建议考生回头看看已答题目的答案，A、B、C、D 各有多少，虽然整个卷子四种答案的数量并不一定是平均的，但还是可以这样考虑，看看已答的题 A、B、C、D 中哪个答案最少，然后将不会做没有答的题按这个前边最少的答案通填，这样其中会有 1/4 可能还会多于 1/4 的题能得分，如果考生前边答对的题离及格正好差几分，这样一补充就能及格了。

五、基础考试是不允许带书和资料的，因此一些重要的公式、规定，考生一定要自己记住。

六、本书每节后均附有习题，并给出题解及参考答案。另外，我们还专门为考生编写了《2022 注册道路工程师执业资格基础考试复习题集》。建议考生在复习好本书内容的基础上，多做习题。多做习题能帮助巩固已学的概念、理论、方法和公式等，并能发现自己的不足，哪些地方理解得不正确，哪些地方没有掌握好；同时熟能生巧，提高解题速度。

相信本书能帮助大家准备好考试。

最后，祝愿各位考生取得好成绩！

曹纬浚

2022 年 3 月

目 录（上册）

第一章 数 学

复习指导

在注册工程师基础考试中，基础部分试卷试题总数为120道题，其中数学占24题。近几年，数学题高等数学部分有18道题，线性代数、概率论与数理统计各3道题。数学题的数量占上午试题总量的1/5，因而复习好数学至关重要。

一、考试大纲

1.1 空间解析几何

向量的线性运算；向量的数量积、向量积及混合积；两向量垂直、平行的条件；直线方程；平面方程；平面与平面、直线与直线、平面与直线之间的位置关系；点到平面、直线的距离；球面、母线平行于坐标轴的柱面、旋转轴为坐标轴的旋转曲面的方程；常用的二次曲面方程；空间曲线在坐标面上的投影曲线方程。

1.2 微分学

函数的有界性、单调性、周期性和奇偶性；数列极限与函数极限的定义及其性质；无穷小和无穷大的概念及其关系；无穷小的性质及无穷小的比较；极限的四则运算；函数连续的概念；函数间断点及其类型；导数与微分的概念；导数的几何意义和物理意义；平面曲线的切线和法线；导数和微分的四则运算；高阶导数；微分中值定理；洛必达法则；一元函数的切线与法线，空间曲线的切线与法平面、曲面的切平面及法线；函数单调性的判别；函数的极值；函数曲线的凹凸性、拐点；偏导数与全微分的概念；二阶偏导数；多元函数的极值和条件极值；多元函数的最大、最小值及其简单应用。

1.3 积分学

原函数与不定积分的概念；不定积分的基本性质；基本积分公式；定积分的基本概念和性质（包括定积分中值定理）；积分上限的函数及其导数；牛顿-莱布尼兹公式；不定积分和定积分的换元积分法与分部积分法；有理函数、三角函数的有理式和简单无理函数的积分；广义积分；二重积分与三重积分的概念、性质、计算和应用；两类曲线积分的概念、性质和计算；求平面图形的面积、平面曲线的弧长和旋转体的体积。

1.4 无穷级数

数项级数的敛散性概念；收敛级数的和；级数的基本性质与级数收敛的必要条件；几何级数与p级数及其收敛性；正项级数敛散性的判别法；任意项级数的绝对收敛与条件收敛；幂级数及其收敛半径、收敛区间和收敛域；幂级数的和函数；函数的泰勒级数展开；函数的傅里叶系数与傅里叶级数。

1.5 常微分方程

常微分方程的基本概念；变量可分离的微分方程；齐次微分方程；一阶线性微分方程；全微分方程；可降阶的高阶微分方程；线性微分方程解的性质及解的结构定理；二阶常系数齐次线性微分方程。

1.6 线性代数

行列式的性质及计算；行列式按行按列展开定理的应用；矩阵的运算；逆矩阵的概念、性质及求法；矩阵的初等变换和初等矩阵；矩阵的秩；等价矩阵的概念和性质；向量的线性表示；向量组的线性相关和线性无关；线性方程组有解的判定；线性方程组求解；矩阵的特征值和特征向量的概念与性质；相似矩阵的概念和性质；矩阵的相似对角化；二次型及其矩阵表示；合同矩阵的概念和性质；二次型的秩；惯性定理；二次型及其矩阵的正定性。

1.7 概率论与数理统计

随机事件与样本空间；事件的关系与运算；概率的基本性质；古典型概率；条件概率；概率的基本公式；事件的独立性；独立重复试验；随机变量；随机变量的分布函数；离散型随机变量的概率分布；连续型随机变量的概率密度；常见随机变量的分布；随机变量的数学期望、方差、标准差及其性质；随机变量函数的数学期望；矩、协方差、相关系数及其性质；总体；个体；简单随机样本；统计量；样本均值；样本方差和样本矩；χ^2分布；t分布；F分布；点估计的概念；估计量与估计值；矩估计法；最大似然估计法；估计量的评选标准；区间估计的概念；单个正态总体的均值和方差的区间估计；两个正态总体的均值差和方差比的区间估计；显著性检验；单个正态总体的均值和方差的假设检验。

二、复习指导

在复习中，首先要熟悉大纲，按大纲的要求分清哪些属于考试要求，哪些不属于考试要求，有的放矢地做好复习工作。建议考生除了复习本复习教程上的内容外，还可结合同济大学编的《高等数学》上、下册（第六版或第七版）课本一起复习。由于复习教程篇幅所限，有的内容显得简单了，结合书本复习，可进一步充实相关的内容。另外，在教科书中还附有大量的习题，可在复习时做练习题用。

关于考试的试题基础部分在上午考，时间为 4 个小时，考题有 120 道，也就是要在 240 分钟内做完 120 道题，平均 2 分钟做 1 道题，这一点也是我们在复习中应该注意的。这样，大的定理证明、复杂的计算题、计算量大大超过 2 分钟的题目就不可能在试题中出现。试题的形式都是单选题，从给出的四个选项中挑一个。如果题目是以计算题形式给出的，可通过正确的计算选择其中一个答案。

有的从形式上看也是计算题，但涉及的内容有函数的特性，不妨先去判定一下。对常微分方程中的题目，如求二阶常系数线性非齐次方程的特解，可将给出的选项代入试题试算一下，求出方程的特解。对于线性代数中求可逆方阵的逆矩阵时，可将给出的选项代入试题，求出符合公式$\boldsymbol{AB}=\boldsymbol{E}$的逆矩阵等。这对提高计算速度，减少复杂的计算有帮助。有的题目属于概念题，应认真回顾所学过的概念，做出正确的选择，有的题目要求根据学过的定义、定理判定，要很好想一下这些定义、定理的具体内容，经分析后选出要求的答案。因而掌握书本的定义、定理性质是必要的。另外，熟悉一些题目的计算步骤，记住曾做过一些题目的结论也是必要的。并注意根据题目的要求，当能肯定选出某一选项后，其余三个选项，不论它所给出的内容是什么，都不再去验证它为什么错。有的题目给了四个选项，一时判定不了的，可以采取逐一排除的方法，得到最后的结论。这些做法在具体做题时需要灵活掌握。但可以肯定的是，选择题往往是从涉及概念性较强，计算比较灵活，而计算量又不很大的一类题目中选出。了解以上情况之后，从一开始复习就要加以注意。最后通过系统的复习达到对考试要求的内容有一个全面了解，应该记忆的定义、定理、性质和一些推导出来的结论要记住，应该记忆的公式要记牢，对各种类型的计算题解题的步骤要记住，只有这样，才能较好地应对这次考试。

下面按章、节讲一下每一部分的重点和难点，按复习教程所写的内容顺序进行。

（一）空间解析几何与向量代数

重点：（1）掌握利用向量的基本向量分解式或坐标表示式进行向量运算，如加法、减法、数乘，数量积、向量积、混合积的计算。

（2）熟练掌握利用两向量平行、两向量垂直坐标所具备的性质，设$\vec{a}$，$\vec{b}$为非零向量，$\vec{a}=\{a_x,a_y,a_z\}$，$\vec{b}=\{b_x,b_y,b_z\}$，则①$\vec{a}/\!/\vec{b}\Leftrightarrow\vec{a}\times\vec{b}=0\Leftrightarrow\vec{a}=\lambda\vec{b}\Leftrightarrow\frac{a_x}{b_x}=\frac{a_y}{b_y}=\frac{a_z}{b_z}$；②$\vec{a}\perp\vec{b}\Leftrightarrow\vec{a}\cdot\vec{b}=0\Leftrightarrow a_xb_x+a_yb_y+a_zb_z=0$。会利用上述条件求直线方程、平面方程，或判定直线和平面间的某种位置关系，空间曲线在坐标面上的投影曲线。

（3）熟练掌握二次曲面类型的判别。

难点：利用两向量平行或垂直的条件求直线方程、平面方程，判定直线和平面的位置关系是其中的难点。

（二）一元函数微分学

重点：（1）掌握函数的概念，函数奇偶性、单调性、周期性、有界性的判定方法。

（2）熟练掌握求极限的方法，把利用极限的性质、极限运算法则、极限的存在准则、两个重要极限、等价无穷小求极限方法和洛必达法则求未定式极限等方法灵活地结合在一起。

（3）理解函数连续的概念，会判定函数的间断点及间断点类型，了解初等函数的连续性和闭区间上连续函数的性质。

（4）理解导数的概念，掌握利用导数定义求导数的方法，尤其是分段函数，会利用左、右导数定义判定其在分段点的可导性。掌握导数的几何意义，会求平面曲线的切线和法线。理解函数连续性与可导性之间的关系，掌握微分的定义。

（5）熟练掌握基本初等函数的求导公式，导数的四则运算法则，复合函数的求导法则，隐函数和参数方程所确定的函数的一阶、二阶导数，幂指函数的求导方法，高阶导数的计算。

（6）理解罗尔定理、拉格朗日中值定理。熟练掌握函数的极值概念，掌握用导数判断函数的单调性和求函数极值的方法，掌握函数最大值和最小值的求法及其简单应用。 会用二阶导数判断函数图形的凹凸性，会求函数图形的拐点以及水平、铅直和斜渐近线。

难点：灵活运用各种方法求未定式极限，微分的定义，隐函数和参数方程所确定的函数的二阶导数的求法，幂指函数的求导方法，罗尔定理、拉格朗日中值定理的应用，极值的判断方法，图形的凹凸性。

（三）一元函数积分学

重点：（1）原函数与不定积分的概念。

（2）熟练掌握不定积分的基本积分公式，不定积分第一类换元法、第二类换元法和分部积分法。

（3）掌握积分上限的函数及其导数，牛顿-莱布尼兹公式，定积分的换元积分法，定积分的分部积分法。熟练掌握利用奇偶函数在对称区间上定积分的性质，简化定积分的运算。

（4）理解用定积分去解决实际问题的思想方法即定积分的元素法，学会用元素法计算平面图形的面积 、旋转体体积、平面曲线的弧长。

（5）理解无穷限广义积分和无界函数广义积分的定义及计算。

难点：不定积分和定积分计算，以及元素法求面积、体积的正确运用。

（四）多元函数微分学

重点：（1）熟练掌握复合函数偏导数和全微分的计算，隐函数偏导数和全微分的计算。

（2）掌握二元函数在一点的连续性，偏导存在和全微分的概念及它们之间的联系。

（3）熟练掌握求空间曲线的切线和法平面、空间曲面的切平面和法线的方程的方法。

难点：二元函数连续性、偏导存在和可微概念之间的关系，求二元复合函数和隐函数的偏导、全微分是难点。

（五）多元函数积分学

重点：（1）熟练掌握二重积分的计算，并会在直角坐标系下把二重积分写成两种积分顺序下的二次积分，会把二重积分化为极坐标系下的二次积分。

（2）熟练掌握把三重积分化为在直角坐标系下、柱面坐标系下、球面坐标系下的三次积分（计算三重积分不是重点）。

（3）熟练掌握对弧长和坐标的曲线积分的计算。

难点：把三重积分化为直角、柱面、球面坐标系下的三次积分，对弧长的曲线积分。

（六）级数

重点：（1）熟练掌握数项级数敛散性的判定。

（2）熟练掌握幂级数的收敛半经和收敛区间的求法。

（3）熟练掌握利用已知函数展开式，采用间接展开法，把函数展开成幂级数。

（4）掌握用狄利克雷收敛定理确定傅里叶级数的和函数，求在某点傅里叶级数的和。

难点：（1）数项级数敛散性的判定。

（2）用间接展开法把函数展开成幂级数。

（七）常微分方程

重点：（1）熟练掌握一阶微分方程中可分离变量方程、一阶线性方程通解的求法。

（2）熟练掌握二阶常系数线性齐次方程通解的计算方法。

（3）掌握列微分方程、解应用题方法。

难点：列微分方程、解应用题。

技巧：对于常微分方程的考题，使用“代入选项试算法”会加快做题速度，不妨一试。

（八）线性代数

根据考试大纲的要求，线性代数需要掌握以下内容：行列式、矩阵、n维向量、线性方程组、矩阵的特征值与特征向量、二次型。

行列式是线性代数的基本工具，而高阶行列式的计算一般都要用到行列式的相关性质。

矩阵是线性代数研究的主要对象，是求解线性方程组的有力工具。除了掌握矩阵的基本运算外，还应会求逆矩阵、矩阵的秩，进而会求解矩阵方程。

在求解线性方程组时会涉及解向量的最大线性无关组的问题，对于向量组要会求它的最大线性无关组。能熟练利用齐次及非齐次线性方程组解的性质，写出方程组的通解。

特征值与特征向量是矩阵理论中最基本的概念之一，对此，应熟练掌握。

关于二次型，首先要会写出它的矩阵形式，即找出它所对应的实对称阵。将一般二次型化为标准型时，也会遇到求二次型所对应矩阵的特征根的问题。

（九）概率论与数理统计

概率论与数理统计需要掌握的内容如下。

随机事件与概率、古典概型、一维随机变量的分布和数字特征、数理统计的基本概念、参数估计、假设检验。

对事件运算、古典概型、全概率公式、独立重复试验要会灵活运用这些工具解决具体问题。

对于随机变量可以有三种描述工具：分布函数、离散型随机变量的分布律、连续型随机变量的概率密度，需要熟悉它们的定义、性质，并且要会使用。比如，概率密度$f(x)$中如果含未知数A，则可用$\int_{-\infty}^{+\infty} f(x)\mathrm{d}x=1$定出$A$。而对正态$N(\mu,\sigma^2)$分布的随机变量要转化成标准正态$N(0,1)$分布才可查表。

数字特征可从某个侧面反映随机变量分布的特点，数学期望和方差的性质及有关计算公式属于基本内容，用它们可以解决一些实际问题，应该予以关注。

统计量，比如样本均值$\bar{X}$和方差S^2，抽样分布是参数估计、假设检验的基础。

总之，大家应在基本概念清晰的基础上，熟练掌握有关的计算问题，特别是比较简捷的计算。

第一节 空间解析几何与向量代数

一、空间直角坐标

（一）空间直角坐标系

在空间取定一点O，和以O为原点的两两垂直的三个数轴，依次记作x轴（横轴）、y轴（纵轴）、z轴（竖轴），构成一个空间直角坐标系（见图 1-1-1）。通常坐标轴正向符合右手规则，即以右手握住z轴，当右手的四个手指从正向x轴以$\frac{\pi}{2}$角度转向正向y轴时，大拇指的指向就是z轴的正向。并设$\vec{i}$、$\vec{j}$、$\vec{k}$为x轴、y轴、z轴上的单位向量，又称为$Oxyz$坐标系，或$[O,\vec{i},\vec{j},\vec{k}]$坐标系。

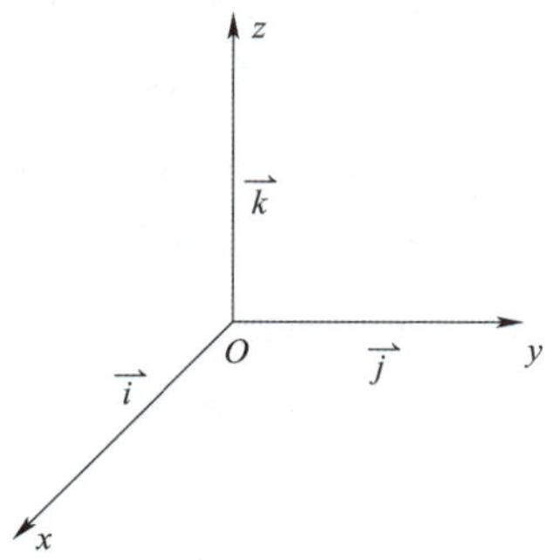

图 1-1-1

（二）两点间的距离

在空间直角坐标系中，$M_1(x_1,y_1,z_1)$与$M_2(x_2,y_2,z_2)$之间的距离为

$$d=\sqrt{(x_2-x_1)^2+(y_2-y_1)^2+(z_2-z_1)^2} \quad (1\text{-}1\text{-}1)$$

（三）空间有向直线方向的确定

设有一条有向直线L，它与三个坐标轴正向的夹角分别为α、β、$\gamma(0\leqslant\alpha,\beta,\gamma\leqslant\pi)$，称为直线$L$的方向角；$\{\cos\alpha,\cos\beta,\cos\gamma\}$称为直线$L$的方向余弦，三个方向余弦有以下关系

$$\cos^2\alpha+\cos^2\beta+\cos^2\gamma=1 \quad (1\text{-}1\text{-}2)$$

二、向量代数

（一）向量的概念

既有大小又有方向的量称为向量，数学上常用一条有方向的线段，即有向线段来表示，以A为起点，B为终点的向量，记作$\overrightarrow{AB}$，或简记作$\vec{a}$。向量$\vec{a}$的长记作$|\vec{a}|$，又称为向量$\vec{a}$的模。两个向量$\vec{a}$和$\vec{b}$若满足：①$|\vec{a}|=|\vec{b}|$，②$\vec{a}/\!/\vec{b}$，③$\vec{a}$，$\vec{b}$指向同一侧，即大小相同，方向完全重合，则称$\vec{a}=\vec{b}$。（经过平行移动后能完全重合的向量相等）

与$\vec{a}$方向一致的单位向量记作$\vec{a}^0$，则$\vec{a}^0=\frac{\vec{a}}{|\vec{a}|}$。若$\vec{a}^0=\{\cos\alpha,\cos\beta,\cos\gamma\}$，也即为$\vec{a}$的方向余弦。

（二）向量的运算

1. 两向量的和

以$\vec{a}$、$\vec{b}$为边的平行四边形的对角线（见图 1-1-2）所表示的向量$\vec{c}$，称向量$\vec{a}$与$\vec{b}$的和，记作

$$\vec{c}=\vec{a}+\vec{b} \tag{1-1-3}$$

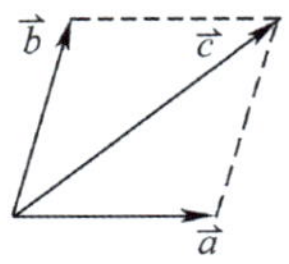

图 1-1-2

一般说，n个向量$\vec{a}_1$，$\vec{a}_2$，⋯，$\vec{a}_n$的和可定义如下：先作向量$\vec{a}_1$，再以$\vec{a}_1$的终点为起点作向量$\vec{a}_2$，⋯，最后以向量$\vec{a}_{n-1}$的终点为起点作向量$\vec{a}_n$，则以向量$\vec{a}_1$的起点为起点、以向量$\vec{a}_n$的终点为终点的向量$\vec{b}$称为$\vec{a}_1$，$\vec{a}_2$，⋯，$\vec{a}_n$的和，即

$$\vec{b}=\vec{a}_1+\vec{a}_2+\cdots+\vec{a}_n \tag{1-1-4}$$

2. 两向量的差

设$\vec{a}$为一向量，与$\vec{a}$的模相同，而方向相反的向量叫作$\vec{a}$的负向量，记作$-\vec{a}$，规定两个向量$\vec{a}$与$\vec{b}$的差为

$$\vec{a}-\vec{b}=\vec{a}+\left(-\vec{b}\right) \tag{1-1-5}$$

3. 向量与数的乘法

设λ是一个实数，向量$\vec{a}$与λ的乘积$\lambda\vec{a}$规定为：

当$\lambda>0$时，$\lambda\vec{a}$表示一个向量，它的方向与$\vec{a}$的方向相同，模等于$|\vec{a}|$的λ倍，即$|\lambda\vec{a}|=\lambda|\vec{a}|$；

当$\lambda=0$时，$\lambda\vec{a}$是零向量，即$\lambda\vec{a}=\vec{0}$；

当$\lambda<0$时，$\lambda\vec{a}$表示一个向量，它的方向与$\vec{a}$的方向相反，模等于$|\vec{a}|$的$|\lambda|$倍，即$|\lambda\vec{a}|=|\lambda||\vec{a}|$。

4. 两向量的数量积

两向量的数量积为一数量，表示为

$$\vec{a}\cdot\vec{b}=|\vec{a}||\vec{b}|\cos(\widehat{a,b}) \tag{1-1-6}$$

5. 两向量的向量积

两向量的向量积为一向量，记作$\vec{a}\times\vec{b}=\vec{c}$。

①$|\vec{c}|=|\vec{a}\times\vec{b}|=|\vec{a}||\vec{b}|\sin(\widehat{\vec{a},\vec{b}})$，$|\vec{c}|$的几何意义为以$\vec{a}$、$\vec{b}$为边作出的平行四边形的面积；②$\vec{c}\perp\vec{a}$，$\vec{c}\perp\vec{b}$；③$\vec{c}$的正向按右手规则即以四个手指从$\vec{a}$以不超过π的角度转向$\vec{b}$，则大拇指的指向即为$\vec{c}$的方向。

6. 三个向量的混合积

$(\vec{a}\times\vec{b})\cdot\vec{c}$称为向量$\vec{a}$、$\vec{b}$、$\vec{c}$的混合积，记作$[\vec{a}\,\vec{b}\,\vec{c}]$，$|(\vec{a}\times\vec{b})\cdot\vec{c}|$的几何意义表示以$\vec{a}$、$\vec{b}$、$\vec{c}$为棱的平行六面体的体积。可推出，当向量$\vec{a}$、$\vec{b}$、$\vec{c}$共面时，混合积$[\vec{a}\,\vec{b}\,\vec{c}]=0$，即$(\vec{a}\times\vec{b})\cdot\vec{c}=0$。

（三）向量运算的性质（$\vec{a}$、$\vec{b}$为向量，λ、μ为数量）

交换律

$\vec{a}+\vec{b}=\vec{b}+\vec{a}$，$\lambda\vec{a}=\vec{a}\lambda$，$\vec{a}\cdot\vec{b}=\vec{b}\cdot\vec{a}$

结合律

$(\vec{a}+\vec{b})+\vec{c}=\vec{a}+(\vec{b}+\vec{c})$，$(\lambda\mu)\,\vec{a}=\lambda(\mu\vec{a})$

$\lambda(\vec{a}\cdot\vec{b})=(\lambda\vec{a})\cdot\vec{b}=\vec{a}\cdot(\lambda\vec{b})$，$\lambda(\vec{a}\times\vec{b})=(\lambda\vec{a})\times\vec{b}=\vec{a}\times(\lambda\vec{b})$

分配律

$(\lambda+\mu)\vec{a}=\lambda\vec{a}+\mu\vec{a}$，$\lambda(\vec{a}+\vec{b})=\lambda\vec{a}+\lambda\vec{b}$，$(\vec{a}+\vec{b})\cdot\vec{c}=\vec{a}\cdot\vec{c}+\vec{b}\cdot\vec{c}$，$(\vec{a}+\vec{b})\times\vec{c}=\vec{a}\times\vec{c}+\vec{b}\times\vec{c}$

向量的数量积满足交换律，即$\vec{a}\cdot\vec{b}=\vec{b}\cdot\vec{a}$；

向量的向量积不满足交换律，即$\vec{a}\times\vec{b}\neq\vec{b}\times\vec{a}$，$\vec{a}\times\vec{b}=-\vec{b}\times\vec{a}$。

（四）向量在轴上的投影

给定向量$\overrightarrow{AB}$及u轴，过A、B点分别向u轴作垂直平面，与u轴交于A_1、B_1，则有向线段$\overline{A_1B_1}$的值A_1B_1称为$\overrightarrow{AB}$在u轴上的投影，记作$\mathrm{Prj_u}\overrightarrow{AB}$，向量的投影是一个数量。

设$\overrightarrow{AB}$与u轴的夹角为α，则

$$\mathrm{Prj_u}\overrightarrow{AB}=\left|\overrightarrow{AB}\right|\cos\alpha$$

n个向量的和在u轴上的投影为

$$\mathrm{Prj_u}(\vec{a}_1+\vec{a}_2+\cdots+\vec{a}_n)=\mathrm{Prj_u}\vec{a}_1+\mathrm{Prj_u}\vec{a}_2+\cdots+\mathrm{Prj_u}\vec{a}_n \tag{1-1-7}$$

（五）向量的投影表示

设$\vec{a}$的起点A坐标为(x_1,y_1,z_1)，终点B坐标为(x_2,y_2,z_2)，则$\vec{a}=\overrightarrow{AB}=\{x_2-x_1,y_2-y_1,z_2-z_1\}$，记$a_x=x_2-x_1$，$a_y=y_2-y_1$，$a_z=z_2-z_1$，$a_x$、$a_y$、$a_z$称为向量$\vec{a}$在$x$轴、$y$轴、$z$轴上的投影。又设$\vec{i}$、$\vec{j}$、$\vec{k}$依次为与$x$、$y$、$z$轴正向一致的单位向量，则

$$\vec{a}=a_x\vec{i}+a_y\vec{j}+a_z\vec{k}=(x_2-x_1)\vec{i}+(y_2-y_1)\vec{j}+(z_2-z_1)\vec{k} \tag{1-1-8}$$

又可写成

$$\vec{a}=\{a_x,a_y,a_z\}=\{x_2-x_1,y_2-y_1,z_2-z_1\} \tag{1-1-9}$$

式（1-1-8）又称为向量$\vec{a}$按基本单位向量的分解式，式（1-1-9）又叫作向量$\vec{a}$的坐标表示式。

（六）向量运算的坐标表示式

设$\vec{a}=\{a_x,a_y,a_z\}$，$\vec{b}=\{b_x,b_y,b_z\}$，$\vec{c}=\{c_x,c_y,c_z\}$，则

$$\vec{a}\pm\vec{b}=\{a_x\pm b_x,a_y\pm b_y,a_z\pm b_z\}$$

$$\lambda\vec{a}=\{\lambda a_x,\lambda a_y,\lambda a_z\}$$

$$\vec{a}\cdot\vec{b}=a_xb_x+a_yb_y+a_zb_z$$

$$\vec{a}\times\vec{b}=\begin{vmatrix}\vec{i}&\vec{j}&\vec{k}\\a_x&a_y&a_z\\b_x&b_y&b_z\end{vmatrix}=\begin{vmatrix}a_y&a_z\\b_y&b_z\end{vmatrix}\vec{i}-\begin{vmatrix}a_x&a_z\\b_x&b_z\end{vmatrix}\vec{j}+\begin{vmatrix}a_x&a_y\\b_x&b_y\end{vmatrix}\vec{k} \tag{1-1-10}$$

$$[\vec{a}\,\vec{b}\,\vec{c}]=(\vec{a}\times\vec{b})\cdot\vec{c}=\begin{vmatrix}a_x&a_y&a_z\\b_x&b_y&b_z\\c_x&c_y&c_z\end{vmatrix}=\begin{vmatrix}b_y&b_z\\c_y&c_z\end{vmatrix}a_x-\begin{vmatrix}b_x&b_z\\c_x&c_z\end{vmatrix}a_y+\begin{vmatrix}b_x&b_y\\c_x&c_y\end{vmatrix}a_z$$

向量的模和方向余弦的坐标表示式：

设$\vec{a}=\{a_x,a_y,a_z\}$，α、β、γ为$\vec{a}$的方向角，则$|\vec{a}|=\sqrt{a_x^2+a_y^2+a_z^2}$。

$$\begin{aligned}\cos\alpha&=\frac{a_x}{|\vec{a}|}=\frac{a_x}{\sqrt{a_x^2+a_y^2+a_z^2}}\\\cos\beta&=\frac{a_y}{|\vec{a}|}=\frac{a_y}{\sqrt{a_x^2+a_y^2+a_z^2}}\\\cos\gamma&=\frac{a_z}{|\vec{a}|}=\frac{a_z}{\sqrt{a_x^2+a_y^2+a_z^2}}\end{aligned} \tag{1-1-11}$$

且满足$\cos^2\alpha+\cos^2\beta+\cos^2\gamma=1$。

（七）两向量的夹角、平行与垂直坐标表示

设$\vec{a}=\{a_x,a_y,a_z\}$，$\vec{b}=\{b_x,b_y,b_z\}$，则

$$\cos(\widehat{\vec{a},\vec{b}})=\frac{\vec{a}\cdot\vec{b}}{|\vec{a}||\vec{b}|}=\frac{a_xb_x+a_yb_y+a_zb_z}{\sqrt{a_x^2+a_y^2+a_z^2}\sqrt{b_x^2+b_y^2+b_z^2}}$$

$$0\leqslant(\widehat{\vec{a},\vec{b}})\leqslant\pi \tag{1-1-12}$$

$$\vec{a}/\!/\vec{b}\Leftrightarrow\vec{a}\times\vec{b}=\vec{0}\Leftrightarrow\vec{a}=\lambda\vec{b}\Leftrightarrow\frac{a_x}{b_x}=\frac{a_y}{b_y}=\frac{a_z}{b_z}$$

$$\vec{a}\perp\vec{b}\Leftrightarrow\vec{a}\cdot\vec{b}=0\Leftrightarrow a_xb_x+a_yb_y+a_zb_z=0$$

注：上面两式要牢记，后面会经常用到。

三、平面

（一）平面的一般方程

$$Ax+By+Cz+D=0$$

其中，平面法向量$\vec{n}=\{A,B,C\}$。

（二）平面的点法式方程

过定点(x_0,y_0,z_0)，以$\vec{n}=\{A,B,C\}$为法线向量的平面方程为

$$A(x-x_0)+B(y-y_0)+C(z-z_0)=0$$

称为平面的点法式方程。

（三）平面的截距式方程

设a，b，c分别为平面在x轴、y轴、z轴上的截距，则平面方程为：

$$\frac{x}{a}+\frac{y}{b}+\frac{z}{c}=1 \tag{1-1-13}$$

该方程又称为平面的截距式方程。

（四）两平面的夹角

两平面法向量的夹角（通常指锐角），称为两平面的夹角。

设两平面方程为

$$\pi_1 \qquad A_1x+B_1y+C_1z+D_1=0,\ \vec{n}_1=\{A_1,B_1,C_1\}$$

$$\pi_2 \qquad A_2x+B_2y+C_2z+D_2=0,\ \vec{n}_2=\{A_2,B_2,C_2\}$$

则两平面夹角φ的余弦为

$$\cos\varphi=\frac{|A_1A_2+B_1B_2+C_1C_2|}{\sqrt{A_1^2+B_1^2+C_1^2}\sqrt{A_2^2+B_2^2+C_2^2}}\quad(\text{即}\vec{n}_1,\vec{n}_2\text{的夹角余弦}) \tag{1-1-14}$$

两平面平行的充分必要条件为

$$\frac{A_1}{A_2}=\frac{B_1}{B_2}=\frac{C_1}{C_2}\neq\frac{D_1}{D_2}\quad(\text{即}\vec{n}_1/\!/\vec{n}_2) \tag{1-1-15}$$

两平面垂直的充分必要条件为

$$A_1A_2+B_1B_2+C_1C_2=0\quad(\text{即}\vec{n}_1\perp\vec{n}_2) \tag{1-1-16}$$

（五）三平面的交点

设三个平面方程为$A_ix+B_iy+C_iz+D_i=0$（其中，$i=1$，2，3），若系数行列式$D\neq0$，则三平面有唯一交点，交点坐标即方程组的解。

（六）点到平面的距离

若平面方程为$Ax+By+Cz+D=0$，平面外一点$M(x_1,y_1,z_1)$，则点M到平面的距离为

$$d=\frac{|Ax_1+By_1+Cz_1+D|}{\sqrt{A^2+B^2+C^2}} \tag{1-1-17}$$

（七）点到直线的距离

设点$M_0(x_0,y_0,z_0)$是直线L外的一点，$M_1(x_1,y_1,z_1)$是直线L上的任意取定的点，且直线L的方向向量为$\vec{s}$，点M_0到直线L的距离为d，设点$M_0(x_0,y_0,z_0)$，直线L的方程为$\frac{x-x_1}{m}=\frac{y-y_1}{n}=\frac{z-z_1}{p}$，则

$$d=\frac{|\overrightarrow{M_0M_1}\times\vec{s}|}{|\vec{s}|}=\left|\frac{\begin{vmatrix}\vec{i} & \vec{j} & \vec{k}\\ x_1-x_0 & y_1-y_0 & z_1-z_0\\ m & n & p\end{vmatrix}}{\sqrt{m^2+n^2+p^2}}\right| \tag{1-1-18}$$

四、空间直线

（一）空间直线的一般方程

空间直线L可以看作是两个平面π_1和π_2的交线，如果两个相交平面π_1和π_2的方程分别为$A_1x+B_1y+C_1z+D_1=0$和$A_2x+B_2y+C_2z+D_2=0$，则L的方程为

$$\begin{cases}A_1x+B_1y+C_1z+D_1=0\\ A_2x+B_2y+C_2z+D_2=0\end{cases} \tag{1-1-19}$$

（二）空间直线的点向式方程（或对称式方程）与参数方程

设直线L上一点$M_0(x_0,y_0,z_0)$和它的一个方向向量$\vec{s}=\{m,n,p\}$已知，则L的方程为

$$\frac{x-x_0}{m}=\frac{y-y_0}{n}=\frac{z-z_0}{p} \tag{1-1-20}$$

称为直线的点向式方程（或对称式方程）。

设$\frac{x-x_0}{m}=\frac{y-y_0}{n}=\frac{z-z_0}{p}=t$，则空间直线$L$的参数方程为

$$x=x_0+mt,\ y=y_0+nt,\ z=z_0+pt \tag{1-1-21}$$

在空间直线的点向式方程中，当m、n、p中有一个为0，例如$m=0$，而n、$p\neq 0$时，则方程组应理解为$x-x_0=0$，$\frac{y-y_0}{n}=\frac{z-z_0}{p}$。此时直线与$x$轴垂直。

当m、n、p中有两个为0，例如$m=n=0$，而$p\neq 0$时，则方程组应理解为$x-x_0=0$与$y-y_0=0$联立。此时直线与z轴平行。

（三）两直线的夹角

两直线方向向量的夹角（通常指锐角），叫作两直线的夹角。

设两直线的方程分别为$\frac{x-x_1}{m_1}=\frac{y-y_1}{n_1}=\frac{z-z_1}{p_1}$，$\frac{x-x_2}{m_2}=\frac{y-y_2}{n_2}=\frac{z-z_2}{p_2}$，则两直线间夹角的余弦为

$$\cos\varphi=\frac{|m_1m_2+n_1n_2+p_1p_2|}{\sqrt{m_1^2+n_1^2+p_1^2}\sqrt{m_2^2+n_2^2+p_2^2}} \tag{1-1-22}$$

直线平行的充分必要条件为

$$\frac{m_1}{m_2}=\frac{n_1}{n_2}=\frac{p_1}{p_2} \tag{1-1-23}$$

两条直线垂直的充分必要条件为

$$m_1m_2 + n_1n_2 + p_1p_2 = 0$$

（四）两直线共面（平行或相交）的条件

设两直线的方程分别为

$$\frac{x-x_1}{m_1} = \frac{y-y_1}{n_1} = \frac{z-z_1}{p_1}$$
$$\frac{x-x_2}{m_2} = \frac{y-y_2}{n_2} = \frac{z-z_2}{p_2}$$

则它们共面的条件为

$$\begin{vmatrix} x_2-x_1 & y_2-y_1 & z_2-z_1 \\ m_1 & n_1 & p_1 \\ m_2 & n_2 & p_2 \end{vmatrix} = 0 \tag{1-1-24}$$

（五）直线与平面的夹角

当直线与平面不垂直时，和它在平面上投影直线的夹角φ $\left(0 \leqslant \varphi < \frac{\pi}{2}\right)$，称为直线与平面的夹角。当直线与平面垂直时，规定直线与平面的夹角为$\frac{\pi}{2}$。

设平面π的方程为$Ax + By + Cz + D = 0$，直线L的方程为$\frac{x-x_0}{m} = \frac{y-y_0}{n} = \frac{z-z_0}{p}$，则直线$L$和平面$\pi$间夹角$\varphi$的正弦为

$$\sin\varphi = \frac{|Am + Bn + Cp|}{\sqrt{A^2+B^2+C^2}\ \sqrt{m^2+n^2+p^2}} \tag{1-1-25}$$

直线与平面平行的条件为

$$Am + Bn + Cp = 0 \tag{1-1-26}$$

直线与平面垂直的条件为

$$\frac{A}{m} = \frac{B}{n} = \frac{C}{p} \tag{1-1-27}$$

（六）空间曲线在坐标面的投影曲线方程

设空间曲线C的一般方程为

$$\begin{cases} F(x,y,z) = 0 \\ G(x,y,z) = 0 \end{cases}$$

空间曲线在坐标面上的投影得到的曲线，称为空间曲线在坐标面上的投影曲线。

空间曲线C在xOy平面上的投影曲线可表示为$\begin{cases} H(x,y) = 0 \\ z = 0 \end{cases}$，其中方程$H(x,y) = 0$，由方程组$\begin{cases} F(x,y,z) = 0 \\ G(x,y,z) = 0 \end{cases}$，消去字母$z$得到。$H(x,y) = 0$又称为曲线$C$在$xOy$平面的投影柱面方程，$z = 0$为$xOy$平面。

同理，消去方程组中变量x或变量y，再分别和$x = 0$或$y = 0$联立，得到曲线C在yOz面或xOz面上的投影曲线方程。

$$\begin{cases} R(y,z) = 0 \\ x = 0 \end{cases} \quad 或 \quad \begin{cases} T(x,z) = 0 \\ y = 0 \end{cases}$$

五、柱面、锥面、旋转曲面、二次曲面

（一）柱面

动直线L平行于定直线并沿定曲线C移动形成的图形称为柱面，定曲线C叫作柱面的准线，动直线L

叫作柱面的母线。只含x、y而缺z的方程$F(x,y)=0$在空间直角坐标系中表示母线平行于z轴的柱面，其准线是xOy面上的曲线C：$F(x,y)=0$。类似地，只含x，z而缺y的方程$G(x,z)=0$和只含y、z而缺x的方程$H(y,z)$分别表示母线平行于y轴和x轴的柱面。

（二）锥面

设直线L绕另一条与L相交的直线旋转一周，所得到的旋转曲面叫作圆锥面，两直线的交点叫作圆锥面的顶点，两直线的夹角$\alpha\left(0<\alpha<\frac{\pi}{2}\right)$叫作圆锥面的半顶角。

如圆锥面方程$x^2+y^2=z^2$，椭圆锥面方程$3x^2+4y^2=z^2$。

（三）旋转曲面

一条平面曲线绕其平面上的一条直线旋转一周所形成的曲面叫作旋转曲面，这条定直线叫作旋转曲面的轴。若yOz平面上曲线L的方程是$f(y,z)=0$，将此曲线绕Oy轴旋转一周，得旋转曲面方程为$f\left(y,\pm\sqrt{x^2+z^2}\right)=0$，将此曲线绕$Oz$轴旋转一周，旋转曲面方程为$f\left(\pm\sqrt{x^2+y^2},z\right)=0$（即绕某一个轴旋转，该变量坐标量不变，另一个变量改写为另两个变量平方和，再开方的形式）。如曲线L：$\begin{cases}f(x,y)=0\\z=0\end{cases}$，绕$x$轴旋转一周产生的旋转面方程为$f\left(x,\pm\sqrt{y^2+z^2}\right)=0$，绕$y$轴旋转一周产生的旋转面方程为$f\left(\pm\sqrt{x^2+z^2},y\right)=0$。

（四）二次曲面

三元二次方程所表示的曲面叫作二次曲面。而将平面称为一次面。

常见的二次曲面（见图 1-1-3）有：

由方程

$$\frac{x^2}{a^2}+\frac{y^2}{b^2}+\frac{z^2}{c^2}=1$$

所表示的曲面叫作椭球面（见图 1-1-3a）。

当$a=b=c$时，方程

$$x^2+y^2+z^2=a^2$$

表示的曲面叫作球面；当$a=b\neq c$时，方程

$$\frac{x^2}{a^2}+\frac{y^2}{a^2}+\frac{z^2}{c^2}=1$$

表示的曲面叫作旋转椭球面。

由方程

$$\frac{x^2}{2p}+\frac{y^2}{2q}=z\quad(p与q同号)$$

所表示的曲面叫作椭圆抛物面（见图 1-1-3b）。

由方程

$$-\frac{x^2}{2p}+\frac{y^2}{2q}=z\quad(p与q同号)$$

所表示的曲面叫作双曲抛物面或马鞍形曲面（见图 1-1-3c）。

由方程

$$\frac{x^2}{a^2}+\frac{y^2}{b^2}-\frac{z^2}{c^2}=1\quad(a，b，c均不为0)$$

所表示的曲面叫作单叶双曲面（见图 1-1-3d）。

由方程

$$\frac{x^2}{a^2}-\frac{y^2}{b^2}+\frac{z^2}{c^2}=-1 \quad (a,\ b,\ c\text{均不为 }0)$$

所表示的曲面叫作双叶双曲面（见图 1-1-3e）。

注：以上两式为双曲面标准式，等号左边两项正号、一项负号；等号右边+1 时是单叶双曲面，−1 时是双叶双曲面。曲面绕负项的轴。如等号左边两项负号、一项正号时，对等号两边均乘“−1”，将等号左边变成两项正号、一项负号的标准式，再根据等号右边是“+1”或“−1”来判断是单叶还是双叶双曲面。

由方程

$$z^2=a^2(x^2+y^2) \quad (a\neq 0)$$

所表示的曲面叫作圆锥面（见图 1-1-3f）。

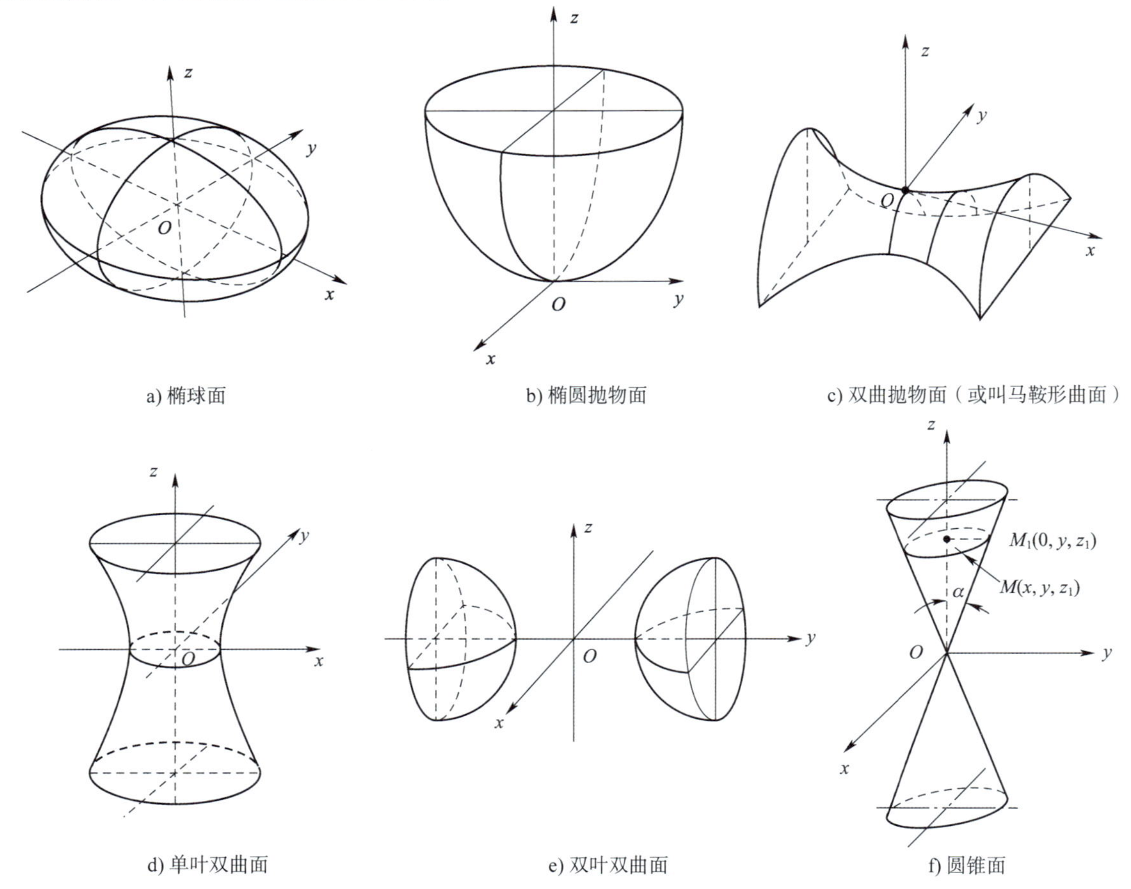

a) 椭球面　　b) 椭圆抛物面　　c) 双曲抛物面（或叫马鞍形曲面）

d) 单叶双曲面　　e) 双叶双曲面　　f) 圆锥面

图 1-1-3 常见的二次曲面

【例 1-1-1】 设$\vec{a}$，$\vec{b}$向量互相平行，但方向相反，且$|\vec{a}|>|\vec{b}|>0$，则有：

A. $|\vec{a}+\vec{b}|=|\vec{a}|-|\vec{b}|$　　B. $|\vec{a}+\vec{b}|>|\vec{a}|-|\vec{b}|$

C. $|\vec{a}+\vec{b}|<|\vec{a}|-|\vec{b}|$　　D. $|\vec{a}+\vec{b}|=|\vec{a}|+|\vec{b}|$

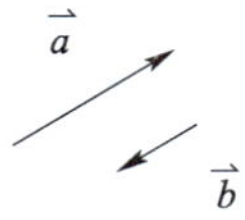

例 1-1-1 解图

解 由题设条件画出向量$\vec{a}$、$\vec{b}$的示意图（见解图），根据向量的运算法则，两平行向量相加，取绝对值较大向量的方向。向量的模为绝对值较大向量的模减去绝对值较小向量的模。

答案： A

【例 1-1-2】 已知向量$\vec{\alpha}=(-3,-2,1)$，$\vec{\beta}=(1,-4,-5)$，则$|\vec{\alpha}\times\vec{\beta}|$等于：

A. 0　　B. 6　　C. $14\sqrt{3}$　　D. $14i+15j-10k$

解 $\vec{\alpha}\times\vec{\beta}=\begin{vmatrix}\vec{i} & \vec{j} & \vec{k}\\ -3 & -2 & 1\\ 1 & -4 & -5\end{vmatrix}=14\vec{i}-14\vec{j}+14\vec{k}$

$|\vec{\alpha}\times\vec{\beta}|=\sqrt{14^2+14^2+14^2}=\sqrt{3\times14^2}=14\sqrt{3}$

答案： C

【例 1-1-3】 已知向量$\vec{\alpha}=(2,1,-1)$，若向量$\vec{\beta}$与$\vec{\alpha}$平行，且$\vec{\alpha}\cdot\vec{\beta}=3$，则$\vec{\beta}$为：

A. $(2,1,-1)$　　B. $\left(\frac{3}{2},\frac{3}{4},-\frac{3}{4}\right)$

C. $\left(1,\frac{1}{2},-\frac{1}{2}\right)$　　D. $\left(1,-\frac{1}{2},\frac{1}{2}\right)$

解 利用两向量平行的知识以及两向量数量积的运算法则计算。

已知$\vec{\beta}/\!/\vec{\alpha}$，则有$\vec{\beta}=\lambda\vec{\alpha}$（$\lambda$为任意非零常数）

所以$\vec{\alpha}\cdot\vec{\beta}=\vec{\alpha}\cdot\lambda\vec{\alpha}=\lambda(\vec{\alpha}\cdot\vec{\alpha})=\lambda[2\times2+1\times1+(-1)\times(-1)]=6\lambda$

已知$\vec{\alpha}\cdot\vec{\beta}=3$，即$6\lambda=3$，$\lambda=\frac{1}{2}$。所以$\vec{\beta}=\frac{1}{2}\vec{\alpha}=\left(1,\frac{1}{2},-\frac{1}{2}\right)$

答案： C

【例 1-1-4】 求过已知点$M_0(4,-1,3)$且平行于直线$\frac{x-3}{2}=\frac{y}{1}=\frac{z-1}{5}$的直线方程。

解 已知$M_0(4,-1,3)$，$\vec{s}=\{2,1,5\}$

则直线方程

$$\frac{x-4}{2}=\frac{y+1}{1}=\frac{z-3}{5}$$

【例 1-1-5】 过z轴和点$(1,2,-1)$的平面方程是：

A. $x+2y-z-6=0$　　B. $2x-y=0$

C. $y+2z=0$　　D. $x+z=0$

解 如解图所示。取z轴的方向向量$\vec{s}=\{0,0,1\}$，连接原点$O(0,0,0)$和点$M(1,2,-1)$的向量$\overrightarrow{OM}=\{1,2,-1\}$，过$z$轴和$\overrightarrow{OM}$的平面的法向量为

$$\vec{n}=\begin{vmatrix}\vec{i} & \vec{j} & \vec{k}\\ 0 & 0 & 1\\ 1 & 2 & -1\end{vmatrix}=-2\vec{i}+\vec{j}$$

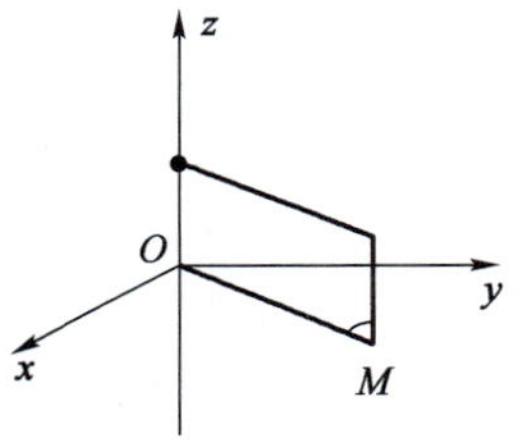

例 1-1-5 解图

过z轴和点$M(1,2,-1)$的平面方程为

$$-2(x-1)+(y-2)=0$$

化简得$-2x+y=0$，即$2x-y=0$。

答案： B

【例 1-1-6】 若向量$\vec{\alpha}$，$\vec{\beta}$满足$|\vec{\alpha}|=2$，$|\vec{\beta}|=\sqrt{2}$，且$\vec{\alpha}\cdot\vec{\beta}=2$，则$|\vec{\alpha}\times\vec{\beta}|$等于：

A. 2　　B. $2\sqrt{2}$　　C. $2+\sqrt{2}$　　D. 不能确定

解 $|\vec{\alpha}|=2$，$|\vec{\beta}|=\sqrt{2}$，$\vec{\alpha}\cdot\vec{\beta}=2$

由$\vec{\alpha}\cdot\vec{\beta}=|\vec{\alpha}||\vec{\beta}|\cos\left(\widehat{\vec{\alpha},\vec{\beta}}\right)=2\times\sqrt{2}\cos\left(\widehat{\vec{\alpha},\vec{\beta}}\right)=2$，知$\cos\left(\widehat{\vec{\alpha},\vec{\beta}}\right)=\frac{\sqrt{2}}{2}$，$\left(\widehat{\vec{\alpha},\vec{\beta}}\right)=\frac{\pi}{4}$

故$|\vec{\alpha}\times\vec{\beta}|=|\vec{\alpha}||\vec{\beta}|\sin\left(\widehat{\vec{\alpha},\vec{\beta}}\right)=2\times\sqrt{2}\times\frac{\sqrt{2}}{2}=2$

答案： A

【例 1-1-7】 设向量$\vec{\alpha}=(5,1,8)$，$\vec{\beta}=(3,2,7)$，若$\lambda\vec{\alpha}+\vec{\beta}$与$oz$轴垂直，则常数$\lambda$等于：

A. $\frac{7}{8}$　　B. $-\frac{7}{8}$　　C. $\frac{8}{7}$　　D. $-\frac{8}{7}$

解 本题考查两向量的加法，向量与数量的乘法和运算，以及两向量垂直与坐标运算的关系。

已知$\vec{\alpha}=(5,1,8)$，$\vec{\beta}=(3,2,7)$，$\lambda\vec{\alpha}+\vec{\beta}=\lambda(5,1,8)+(3,2,7)=(5\lambda+3,\lambda+2,8\lambda+7)$

设oz轴的单位正向量为$\vec{\tau}=(0,0,1)$，已知$\lambda\vec{\alpha}+\vec{\beta}$与$oz$轴垂直，由两向量数量积的运算：

$$\vec{a}\cdot\vec{b}=a_xb_x+a_yb_y+a_zb_z$$

$\vec{a}\perp\vec{b}$，则$\vec{a}\cdot\vec{b}=0$，即$a_xb_x+a_yb_y+a_zb_z=0$

所以$\left(\lambda\vec{\alpha}+\vec{\beta}\right)\cdot\vec{\tau}=0$，$0+0+8\lambda+7=0$，得到$\lambda=-\frac{7}{8}$

答案： B

【例 1-1-8】 设空间直线的点向式方程为$\frac{x}{0}=\frac{y}{1}=\frac{z}{2}$，则该直线过原点且：

A. 垂直于Ox轴

B. 垂直于Oy轴，但不平行于Ox轴

C. 垂直于Oz轴，但不平行于Ox轴

D. 平行于Ox轴

解　方法 1： 由直线的点向式方程可知，直线过原点，方向向量$\vec{s}=\{0,1,2\}$，方向向量在x轴的投影为 0，所以空间直线过原点且垂直于Ox轴。

方法 2： 直线方向向量$\vec{s}=\{0,1,2\}$，Ox轴方向向量$\vec{\imath}=\{1,0,0\}$，$\vec{s}\cdot\vec{\imath}=0$，所以直线垂直于$Ox$轴。

答案： A

【例 1-1-9】 过直线L_1：$\frac{x+1}{1}=\frac{y-2}{2}=\frac{z+3}{1}$和直线$L_2$：$\begin{cases}x=-t+3\\y=-2t-1\\z=-t+1\end{cases}$的平面方程是：

A. $x+y-1=0$　　B. $-x+z+2=0$

C. $x+2y-z=0$　　D. $2x+2z-1=0$

解　解题时，对于直线方程应考虑它的方向向量，对于平面要考虑它的法向量，切记！

已知直线L_1的方向向量$\overrightarrow{s_1}=\{1,2,1\}$，直线$L_2$：$\begin{cases}x=-t+3\\y=-2t-1\\z=-t+1\end{cases}$可化为$\frac{x-3}{-1}=\frac{y+1}{-2}=\frac{z-1}{-1}$，其方向向量$\overrightarrow{s_2}=\{-1,-2,-1\}$，因$\overrightarrow{s_1}$、$\overrightarrow{s_2}$坐标成比例，故$L_1/\!/L_2$。分别在$L_1$、$L_2$上取点$M_1(-1,2,-3)$，$M_2(3,-1,1)$，$\overrightarrow{M_1M_2}=\{4,-3,4\}$，所求平面的法向量$\vec{n}\perp L_1$，$\vec{n}\perp\overrightarrow{M_1M_2}$，法向量$\vec{n}=\begin{vmatrix}\vec{\imath}&\vec{\jmath}&\vec{k}\\1&2&1\\4&-3&4\end{vmatrix}=11\vec{\imath}-0\vec{\jmath}-11\vec{k}$，可取$\vec{n}=\{1,0,-1\}$。

已知$M_1(-1,2,-3)$，$\vec{n}=\{1,0,-1\}$，则平面方程为

$$1(x+1)+0(y-2)-1(z+3)=0$$

即$-x+z+2=0$

答案： B

【例 1-1-10】 已知直线L_1：$\frac{x-1}{1}=\frac{y}{-4}=\frac{z+3}{1}$，直线$L_2$：$\begin{cases}x=2t\\y=-2t-2\\z=-t\end{cases}$，则这两条直线的夹角为：

A. $\frac{\pi}{3}$　　B. $\frac{\pi}{4}$　　C. 0　　D. $\frac{\pi}{2}$

解　L_1的方向向量$\vec{s}_1=\{1,-4.1\}$

L_2写成点向式方程$\frac{x}{2}=\frac{y+2}{-2}=\frac{z}{-1}=t$，$\vec{s}_2=\{2,-2,-1\}$

两直线的夹角通常指交成的锐角，设L_1和L_2的夹角为φ，由计算公式

$$\cos\varphi=\frac{|1\times2+(-4)\times(-2)+1\times(-1)|}{\sqrt{1^2+(-4)^2+1^2}\sqrt{2^2+(-2)^2+(-1)^2}}=\frac{1}{\sqrt{2}}$$

得$\varphi=\frac{\pi}{4}$

答案： B

【例 1-1-11】设平面π的方程为$3x-4y-5z-2=0$，以下选项中错误的是：

A. 平面π过点$(-1,0,-1)$

B. 平面π的法向量为$-3\vec{i}+4\vec{j}+5\vec{k}$

C. 平面π在z轴的截距是$-\frac{2}{5}$

D. 平面π与平面$-2x-y-2z+2=0$垂直

解 逐一验证选项 A、B、C 正确。

验证 D，两平面法向量为：$\vec{n}_1=\{3,-4,-5\}$，$\vec{n}_2=\{-2,-1,-2\}$。由条件知两平面垂直，那么两平面的法线向量也垂直，则$\vec{n}_1\cdot\vec{n}_2=0$，但$\vec{n}_1\cdot\vec{n}_2=-6+4+10=8\neq0$，选项 D 错误。

答案：D

【例 1-1-12】已知直线L：$\frac{x}{3}=\frac{y+1}{-1}=\frac{z-3}{2}$，平面$\pi$：$-2x+2y+z-1=0$，则：

A. L与π垂直相交　　B. L平行于π，但L不在π上

C. L与π非垂直相交　　D. L在π上

解 $\vec{s}=\{3,-1,2\}$，$\vec{n}=\{-2,2,1\}$，$\vec{s}\cdot\vec{n}\neq0$，$\vec{s}$与$\vec{n}$不垂直。

故直线L不平行于平面π，从而选项 B、D 不成立；又因为$\vec{s}$、$\vec{n}$坐标不成比例，从而$\vec{s}$不平行于$\vec{n}$，所以L不垂直于平面π，选项 A 不成立。即直线L与平面π非垂直相交。

答案：C

【例 1-1-13】方程$y^2+z^2-4x+8=0$表示：

A. 单叶双曲面　　B. 双叶双曲面

C. 锥面　　D. 旋转抛物面

解 将方程变形得$y^2+z^2=4(x-2)$，而$y^2+z^2=4x$表示顶点在$(0,0,0)$，曲线$y^2=4x$或$z^2=4x$绕x轴旋转，得到的旋转抛物面，可知方程$y^2+z^2=4(x-2)$为顶点在$(2,0,0)$绕x轴旋转所得的旋转抛物面（见解图）。

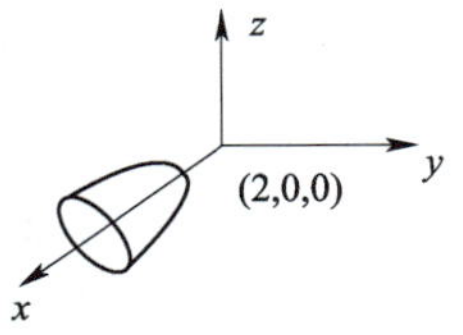

例 1-1-13 解图

答案：D

注：判断空间曲面的方法还可以使用截痕法（即可以令某一个坐标量$z=0$，则可以观察图像在xOy平面上的投影，以此来判断整体图像的趋势），这不需要强行记忆上述公式，但需要较强的平面解析几何的功底，具体应用见后面的例题评注。

【例 1-1-14】下列方程中代表锥面的是：

A. $\frac{x^2}{3}+\frac{y^2}{2}-z^2=0$　　B. $\frac{x^2}{3}-\frac{y^2}{2}-z^2=1$

C. $\frac{x^2}{3}+\frac{y^2}{2}-z^2=1$　　D. $\frac{x^2}{3}+\frac{y^2}{2}+z^2=1$

解 选项 A 等号左边两项正项、一项负项，等号右边为 0，是锥面（见注）。

选项 D 等号左边三项均为正项，等号右边为 1 或其他正数，是椭球面。如等号右边为 0，就是一个点了。

将选项 B 等号两边均乘以“-1”，变成双曲面的标准式，等号右边变成“-1”，可以看出，选项 B 为双叶双曲面（绕x轴），选项 C 为单叶双曲面（绕z轴）。

答案：A

注：本题可以采用截痕法，在选项 A 中，令$z=0$，可以看出，方程变为$\frac{x^2}{3}+\frac{y^2}{2}=0$，这在$xOy$平面上是一个点，若令$z=c$，$c$为非零常数，则方程变为椭圆。再令$x=0$，则方程变成$\frac{y^2}{2}-z^2=0$，或者$y=\pm\sqrt{2}z$，这是在$yOz$平面上从原点出发的两条对

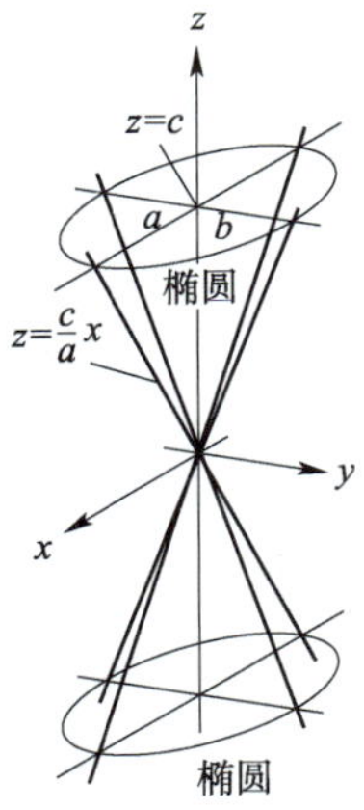

例 1-1-14 解图

称直线，$y=0$亦是如此。由此看来，这就是一个椭圆锥曲面，故选A，其他选项类似做法，如解图所示。

习 题

1-1-1 设$\vec{\alpha}=\vec{i}+2\vec{j}+3\vec{k}$，$\vec{\beta}=\vec{i}-3\vec{j}-2\vec{k}$，与$\vec{\alpha}$，$\vec{\beta}$都垂直的单位向量为（ ）。

A. $\pm(\vec{i}+\vec{j}-\vec{k})$

B. $\pm\frac{1}{\sqrt{3}}(\vec{i}-\vec{j}+\vec{k})$

C. $\pm\frac{1}{\sqrt{3}}(-\vec{i}+\vec{j}+\vec{k})$

D. $\pm\frac{1}{\sqrt{3}}(\vec{i}+\vec{j}-\vec{k})$

1-1-2 已知$|\vec{a}|=1$，$|\vec{b}|=\sqrt{2}$，且$(\widehat{\vec{a},\vec{b}})=\frac{\pi}{4}$，则$|\vec{a}+\vec{b}|$等于（ ）。

A. 1　　B. $1+\sqrt{2}$　　C. 2　　D. $\sqrt{5}$

1-1-3 设$\vec{a}$，$\vec{b}$，$\vec{c}$均为向量，下列等式中正确的是（ ）。

A. $(\vec{a}+\vec{b})\cdot(\vec{a}-\vec{b})=|\vec{a}|^2-|\vec{b}|^2$

B. $\vec{a}(\vec{a}\cdot\vec{b})=|\vec{a}|^2\vec{b}$

C. $(\vec{a}\cdot\vec{b})^2=|\vec{a}|^2|\vec{b}|^2$

D. $(\vec{a}+\vec{b})\times(\vec{a}-\vec{b})=\vec{a}\times\vec{a}-\vec{b}\times\vec{b}$

1-1-4 已知两条空间直线L_1：$\begin{cases}3x+z=4\\y+2z=9\end{cases}$，直线$L_2$：$\begin{cases}6x-y=7\\3y+6z=1\end{cases}$，这两直线的关系为（ ）。

A. 平行但不重合

B. 重合

C. 垂直

D. 相交但不垂直

1-1-5 直线L：$\frac{x+3}{2}=\frac{y+4}{1}=\frac{z}{3}$与平面$\pi$：$4x-2y-2z=3$的位置关系为（ ）。

A. 相互平行

B. L在π上

C. 垂直相交

D. 相交但不垂直

1-1-6 过点$M_0(2,1,3)$且与直线L：$\frac{x+1}{3}=\frac{y-1}{2}=\frac{z}{-1}$垂直相交的直线方程是（ ）。

A. $\frac{x-2}{-\frac{12}{7}}=\frac{y-1}{\frac{5}{7}}=\frac{z-3}{-\frac{24}{7}}$

B. $\frac{x-2}{3}=\frac{y-1}{-2}=\frac{z-3}{4}$

C. $\frac{x-2}{2}=\frac{y-1}{-1}=\frac{z-3}{4}$

D. $\frac{x-2}{3}=\frac{y-1}{-1}=\frac{z-3}{4}$

1-1-7 过点$M(3,-2,1)$且与直线L：$\begin{cases}x-y-z+1=0\\2x+y-3z+4=0\end{cases}$平行的直线方程是（ ）。

A. $\frac{x-3}{1}=\frac{y+2}{-1}=\frac{z-1}{-1}$

B. $\frac{x-3}{2}=\frac{y+2}{1}=\frac{z-1}{-3}$

C. $\frac{x-3}{4}=\frac{y+2}{-1}=\frac{z-1}{3}$

D. $\frac{x-3}{4}=\frac{y+2}{1}=\frac{z-1}{3}$

1-1-8 球面$x^2+y^2+(z+3)^2=25$与平面$z=1$的交线是（ ）。

A. $x^2+y^2=9$

B. $x^2+y^2+(z-1)^2=9$

C. $\begin{cases}x=3\cos t\\y=3\sin t\end{cases}$

D. $\begin{cases}x^2+y^2=9\\z=1\end{cases}$

1-1-9 已知平面π过点(1,1,0)，(0,0,1)，(0,1,1)，则与平面π垂直且过点(1,1,1)的直线的对称式方程为（ ）。

A. $\frac{x-1}{1}=\frac{y-1}{0}=\frac{z-1}{1}$

B. $\frac{x-1}{-2}=\frac{y-1}{0}=\frac{z-1}{1}$

C. $\frac{x-1}{1}=\frac{z-1}{1}$

D. $\frac{x-1}{1}=\frac{y-1}{0}=\frac{z-1}{-1}$

1-1-10 将椭圆$\begin{cases}\frac{x^2}{9}+\frac{z^2}{4}=1\\ y=0\end{cases}$，绕$x$轴旋转一周所生成的旋转曲面的方程是（　　）。

A. $\frac{x^2}{9}+\frac{y^2}{9}+\frac{z^2}{4}=1$　　B. $\frac{x^2}{9}+\frac{z^2}{4}=1$

C. $\frac{x^2}{9}+\frac{y^2}{4}+\frac{z^2}{4}=1$　　D. $\frac{x^2}{9}+\frac{y^2}{4}+\frac{z^2}{9}=1$

1-1-11 母线平行x轴且通过曲线$\begin{cases}2x^2+y^2+z^2=16\\ x^2-y^2+z^2=0\end{cases}$的柱面方程是（　　）。

A. 椭圆柱面$3x^2+2z^2=16$　　B. 椭圆柱面$x^2+2y^2=16$

C. 双曲柱面$3y^2-z^2=16$　　D. 抛物柱面$3y^2-z=16$

1-1-12 直线L_0：$\frac{x-1}{3}=\frac{y-2}{2}=\frac{z-3}{1}$在$xOy$平面上的投影直线方程为（　　）。

A. $\begin{cases}2x+3y+4=0\\ z=0\end{cases}$　　B. $\begin{cases}2x-3y+4=0\\ z=0\end{cases}$

C. $\begin{cases}y-2z+4=0\\ z=0\end{cases}$　　D. $\begin{cases}y+2z-4=0\\ z=0\end{cases}$

第二节　一元函数微分学

一、函数

（一）函数的定义

设x和y是两个变量，D是给定的数集，如果对于每个数$x\in D$，变量y按照一定的法则总有一个确定的数值与它对应，则称y是x的函数，记作$y=f(x)$。数集D叫作这个函数的定义域，x叫作自变量，y叫作因变量。

函数定义中有两个要素：对应法则和定义域。

定义域的确定：一种是有实际背景的函数，根据实际背景中变量的实际意义确定；另一种是用算式表达的函数，通常约定函数的定义域是使算式有意义的一切实数组成的集合。

（二）函数的特性

1. 有界性

设函数$f(x)$在区间I上有定义，若存在正数M，使得对任何$x\in I$，恒有$|f(x)|\leqslant M$成立，则称$f(x)$在区间I上是有界函数；否则，$f(x)$在区间I上是无界函数。

如果存在常数M（不一定局限于正数），使函数$f(x)$在区间I上恒有$f(x)\leqslant M$，则称$f(x)$在区间I上有上界，并且任意一个$N\geqslant M$的数N都是$f(x)$在区间I上的一个上界；如果存在常数m，使$f(x)$在区间I上恒有$f(x)\geqslant m$，则称$f(x)$在区间I上有下界，并且任意一个$l\leqslant m$的数l都是$f(x)$在区间I上的一个下界。

显然，函数$f(x)$在区间I上有界的充分必要条件是$f(x)$在区间I上既有上界又有下界。

2. 单调性

设函数$f(x)$在区间I上有定义,在I上的任意两点$x_1<x_2$，都有$f(x_1)<f(x_2)$[或$f(x_1)>f(x_2)$]，则称$y=f(x)$在区间I上为单调增加（或单调减少）的函数。

3. 奇偶性

设函数$f(x)$的定义域D关于原点对称，即若$x \in D$，必有$-x \in D$，如果D上任意x满足$f(-x) = f(x)$[或$f(-x) = -f(x)$]，则称$f(x)$为偶函数（或奇函数）。偶函数的图形是关于y轴对称的，奇函数的图形是关于原点对称的。

4. 周期性

设函数$f(x)$的定义域为D，如果存在一个非零常数T，对一切的$x \in D$，有$(x \pm T) \in D$，且$f(x+T) = f(x)$恒成立，则称函数$f(x)$为周期函数，并把T称为$f(x)$的周期。应当指出的是，通常讲的周期函数的周期，是指最小的正周期。

关于函数的性质，除了有界性与无界性之外，单调性、奇偶性、周期性都是函数的特殊性质，而不是每一个函数都一定具备的。

（三）复合函数与初等函数

1. 复合函数

设$y = f(u)$，定义域D_u，$u = \varphi(x)$，定义域为D_x，值域为W_u，当$W_u \subset D_u$时，称$y = f[\varphi(x)]$是由$y = f(u)$和$u = \varphi(x)$复合而成的复合函数，称u为中间变量。

2. 初等函数

幂函数、指数函数、对数函数、三角函数、反三角函数和常数称为基本初等函数。

由基本初等函数经过有限次的四则运算和有限次的复合步骤所构成的并用一个解析式表达的函数，称为初等函数。

在微积分运算中，常把一个初等函数分解为基本初等函数来研究，学会分析初等函数的结构是十分重要的。

在微积分中，常常见到一些非初等函数。函数$f(x)$在自变量不同取值范围，用两个或两个以上表达式表示的函数关系叫分段函数。

二、极限

（一）数列的极限

（1）数列$\{x_n\}$，$\lim\limits_{n\to\infty} x_n = a \Leftrightarrow \forall \varepsilon > 0$，$\exists$正整数$N$，当$n > N$时，有$|x_n - a| < \varepsilon$成立。

（2）收敛数列的性质：

性质 1（极限的唯一性）：数列$\{x_n\}$不能收敛于两个不同的极限值。

性质 2（收敛数列的有界性）：如果数列$\{x_n\}$收敛，那么数列$\{x_n\}$一定有界。

性质 3（收敛数列与其子数列间的关系）：如果数列$\{x_n\}$收敛于a，那么它的任一子数列也收敛，且极限也是a。

（3）数列极限的四则运算：

设$\lim\limits_{n\to\infty} x_n = A$，$\lim\limits_{n\to\infty} y_n = B$，则

$\lim\limits_{n\to\infty}(x_n \pm y_n) = A \pm B$；$\lim\limits_{n\to\infty}(x_n y_n) = AB$；$\lim\limits_{n\to\infty}\frac{x_n}{y_n} = \frac{A}{B}\quad(B \neq 0)$。

（4）数列极限存在的准则——夹逼准则，单调有界数列必有极限。

（二）函数的极限

1. 自变量趋于无穷大时函数的极限

（1）$\lim\limits_{x\to\infty} f(x) = A \Leftrightarrow \forall \varepsilon > 0$，$\exists X > 0$，当$|x| > X$时，有$|f(x) - A| < \varepsilon$成立。

（2）$\lim\limits_{x\to+\infty} f(x)=A \Leftrightarrow \forall\varepsilon>0$，$\exists X>0$，当$x>X$时，有$|f(x)-A|<\varepsilon$成立。

（3）$\lim\limits_{x\to-\infty} f(x)=A \Leftrightarrow \forall\varepsilon>0$，$\exists X>0$，当$x<-X$时，有$|f(x)-A|<\varepsilon$成立。

注：若$\lim\limits_{x\to\infty} f(x)=A$，$x\to\infty$既表示趋于$+\infty$，也表示趋于$-\infty$。显然，$\lim\limits_{x\to\infty} f(x)=A$成立的充分必要条件是$\lim\limits_{x\to+\infty} f(x)=\lim\limits_{x\to-\infty} f(x)=A$。

2. 自变量趋于有限值时函数的极限

（1）$\lim\limits_{x\to x_0} f(x)=A \Leftrightarrow \forall\varepsilon>0$，$\exists\delta>0$，当$0<|x-x_0|<\delta$时，有$|f(x)-A|<\varepsilon$成立。

（2）$\lim\limits_{x\to x_0^+} f(x)=A \Leftrightarrow \forall\varepsilon>0$，$\exists\delta>0$，当$0<x-x_0<\delta$时，有$|f(x)-A|<\varepsilon$成立。

（3）$\lim\limits_{x\to x_0^-} f(x)=A \Leftrightarrow \forall\varepsilon>0$，$\exists\delta>0$，当$-\delta<x-x_0<0$时，有$|f(x)-A|<\varepsilon$成立。

显然，

$$\lim_{x\to x_0} f(x)=A \Leftrightarrow \lim_{x\to x_0^-} f(x)=\lim_{x\to x_0^+} f(x)=A \tag{1-2-1}$$

3. 函数极限的性质

性质1（极限的唯一性）：如果$\lim\limits_{\substack{x\to x_0\\(x\to\infty)}} f(x)$存在，则极限值是唯一的。

性质2（局部有界性）：如果$\lim\limits_{x\to x_0} f(x)=A$，则$f(x)$在$x_0$（不含$x_0$）附近有界。

如果$\lim\limits_{x\to\infty} f(x)=A$，则$f(x)$在$|x|$充分大有界。

性质3（保序性）：如果$\lim\limits_{x\to x_0} f(x)=A$，$\lim\limits_{x\to x_0} g(x)=B$，若$A<B$，则在$x_0$的某个去心领域有$f(x)<g(x)$；如果在$x_0$的某个去心领域有$f(x)\leqslant g(x)$，则有$A\leqslant B$。当$x\to\infty$时，有类似的结论。

4. 函数极限的运算法则

四则运算，夹逼定理（这两条法则与数列极限类似）。

复合函数的极限运算法则：设复合函数$y=f[\varphi(x)]$在x_0的某个去心领域有定义，如果$\lim\limits_{x\to x_0}\varphi(x)=u_0(x\neq x_0,\varphi(x)\neq u_0)$且$\lim\limits_{u\to u_0} f(u)=A$，则$\lim\limits_{x\to x_0} f[\varphi(x)]=\lim\limits_{u\to u_0} f(u)=A$。

5. 两个重要极限

$\lim\limits_{x\to0}\dfrac{\sin x}{x}=1$；$\lim\limits_{x\to\infty}\left(1+\dfrac{1}{x}\right)^x=e\left[\text{或}\lim\limits_{x\to0}(1+x)^{\frac{1}{x}}=e\right]$。

（三）无穷小量与无穷大量

1. 无穷小量与无穷大量的定义

定义1：如果函数$f(x)$当$x\to x_0$(或$x\to\infty$)时，极限为零，则称函数$f(x)$是$x\to x_0$(或$x\to\infty$)时的无穷小量。

定义2：如果函数$f(x)$当$x\to x_0$(或$x\to\infty$)时，$|f(x)|$无限增大，则称$f(x)$是$x\to x_0$(或$x\to\infty$)时的无穷大，记作$\lim\limits_{\substack{x\to x_0\\(x\to\infty)}} f(x)=\infty$。

注：无穷大量、无穷小量的概念是反映变量的变化趋势，因此任何常量都不是无穷大量，任何非零常量都不是无穷小量，谈及无穷大量、无穷小量之时，首先应给出自变量的变化趋势。

2. 无穷小量与无穷大量的关系

在自变量的同一变化过程中，如果$f(x)$为无穷大，则$\frac{1}{f(x)}$为无穷小；反之，如果$f(x)$为无穷小，且$f(x)\neq0$，则$\frac{1}{f(x)}$为无穷大。

3. 无穷小量与函数极限的关系

$$\lim_{\substack{x\to x_0\\(x\to\infty)}} f(x)=A \Leftrightarrow f(x)=A+\alpha(x)\text{，其中}\lim_{\substack{x\to x_0\\(x\to\infty)}}\alpha(x)=0\text{。} \tag{1-2-2}$$

4. 无穷小量的性质

有限个无穷小的和也是无穷小。

有界函数与无穷小的乘积是无穷小。

有极限函数与无穷小的乘积是无穷小。

5. 无穷小量的比较

当在给定的趋势下，变量α、β都是无穷小量，那么它们谁趋近于零的速度更快呢，我们给出如下定义：

如果$\lim\frac{\beta}{\alpha}=0$，就说$\beta$是比$\alpha$高阶的无穷小，记作$\beta=o(\alpha)$；

如果$\lim\frac{\beta}{\alpha}=\infty$，就说$\beta$是比$\alpha$低阶的无穷小；

如果$\lim\frac{\beta}{\alpha}=C\neq 0$，就说$\beta$是与$\alpha$同阶的无穷小；

如果$\lim\frac{\beta}{\alpha^k}=C\neq 0$，$k>0$，就说$\beta$是关于$\alpha$的$k$阶无穷小；

如果$\lim\frac{\beta}{\alpha}$=1，就说β与α是等价无穷小，记作$\alpha\sim\beta$。

常用的等价无穷小，当$x\to 0$时，$x\sim\sin x\sim\tan x\sim\arcsin x\sim\arctan x\sim e^x-1\sim\ln(1+x)$，$1-\cos x\sim\frac{1}{2}x^2$，$(1+x)^\alpha-1\sim\alpha x$。

6. 等价无穷小替换定理

设某一过程中，$\alpha\sim\alpha'$，$\beta\sim\beta'$，且$\lim\frac{\beta'}{\alpha'}$存在，则$\lim\frac{\beta}{\alpha}=\lim\frac{\beta'}{\alpha'}$。

注：求极限过程中，一个无穷小量可以用与其等价的无穷小量代替，但只能在因式情况下使用，和、差情况不能用。

7. 求极限常用的几种方法

分解因式消去零因子法；分子（分母）有理化法；化无穷大为无穷小法；无穷小量性质；极限的四则运算法则；复合函数的极限运算；单调有界数列必有极限；夹逼准则；等价无穷小替换；两个重要极限；函数的连续性；洛必达法则。

三、函数的连续性

（一）连续的定义

设函数$y=f(x)$在x_0点的某一邻域内有定义，如果$\lim\limits_{\Delta x\to 0}\Delta y=\lim\limits_{\Delta x\to 0}[f(x_0+\Delta x)-f(x_0)]=0$，则称函数$y=f(x)$在$x_0$点连续。

它的另一等价定义是：设函数$y=f(x)$在x_0点的某一邻域内有定义，如果$\lim\limits_{x\to x_0}f(x)=f(x_0)$，则称函数$y=f(x)$在$x_0$点连续。

（二）左连续及右连续

如果$\lim\limits_{x\to x_0^-}f(x)=f(x_0)$，则称函数$y=f(x)$在$x_0$点左连续；

如果$\lim\limits_{x\to x_0^+}f(x)=f(x_0)$，则称函数$y=f(x)$在$x_0$点右连续。

显然，$f(x)$在x_0点连续的充分必要条件是$f(x)$在x_0点左连续和右连续。

在区间上每一点都连续的函数，叫做在该区间上的连续函数，或者说函数在该区间上连续。如果区间包括端点，那么函数在右端点连续是指左连续，在左端点连续是指右连续。连续函数的图形是一条连续而不间断的曲线。

（三）函数间断点及分类

设函数$f(x)$在x_0点的某去心邻域内有定义。如果函数$f(x)$有下列三种情形之一：①在$x=x_0$没有定义；②虽在$x=x_0$有定义，但$\lim\limits_{x\to x_0}f(x)$不存在；③虽在$x=x_0$有定义，且$\lim\limits_{x\to x_0}f(x)$存在，但$\lim\limits_{x\to x_0}f(x)\neq f(x_0)$，则函数$f(x)$在$x_0$点不连续，而点$x_0$称为函数$f(x)$的不连续点或间断点。

通常把间断点分成两类：如果x_0是函数$f(x)$的间断点，但左极限$f(x_0-0)$及右极限$f(x_0+0)$都存在，那么x_0称为函数$f(x)$的第一类间断点。不是第一类间断点的任何间断点，均称为第二类间断点。在第一类间断点中，左、右极限相等者称为可去间断点，不相等者称为跳跃间断点。无穷间断点和振荡间断点显然是第二类间断点。

（四）连续函数的运算性质

1. 四则运算

由函数在某点连续的定义和极限的四则运算法则，立即可得出：

（1）有限个在某点连续的函数的和是一个在该点连续的函数；

（2）有限个在某点连续的函数的乘积是一个在该点连续的函数；

（3）两个在某点连续的函数的商是一个在该点连续的函数，只要分母在该点不为零。

2. 复合函数的连续性

设函数$u=g(x)$在x_0点连续，函数$y=f(u)$在点$u_0=g(x_0)$连续，那么复合函数$y=f[g(x)]$在x_0点也是连续的。

总之，一切初等函数在其定义区间内都是连续的。

（五）闭区间连续函数性质

1. 最大值和最小值定理

在闭区间上连续的函数在该区间上一定有最大值和最小值。

2. 有界性定理

在闭区间上连续的函数一定在该区间上有界。

3. 零点定理

设函数$y=f(x)$在闭区间$[a,b]$上连续，且$f(a)$与$f(b)$异号[即$f(a)\cdot f(b)<0$]，那么在开区间内至少有函数$f(x)$的一个零点，即至少有一点$x_0\in(a,b)$使$f(x_0)=0$。

4. 介值定理

设函数$y=f(x)$在闭区间$[a,b]$上连续，且在这区间的端点取不同的函数值$f(a)=A$及$f(b)=B$，那么，对于A与B之间的任意一个数C，在开区间(a,b)内至少有一点x_0，使得$f(x_0)=C$。

推论：在闭区间上连续的函数必取得介于最大值M与最小值m之间的任何值。

【例 1-2-1】 判定函数$f(x)=\ln\left(x+\sqrt{x^2+1}\right)$的奇偶性。

解 利用函数奇偶性定义判定

$$f(-x)=\ln\left[-x+\sqrt{(-x)^2+1}\right]=\ln\left(-x+\sqrt{x^2+1}\right)$$
$$=\ln\frac{x^2+1-x^2}{\sqrt{x^2+1}+x}=\ln\frac{1}{\sqrt{x^2+1}+x}=\ln\left(x+\sqrt{x^2+1}\right)^{-1}$$
$$=-\ln\left(x+\sqrt{x^2+1}\right)=-f(x)$$

$f(-x)=-f(x)$，由定义可知函数是奇函数。

【例 1-2-2】 设$f(e^{x-2})=3x+1$，求$f(x)$。

解 **方法1**，令$u=e^{x-2}$，则$x=\ln u+2$，$f(u)=3(\ln u+2)+1=3\ln u+7$

$$f(x)=3\ln x+7 \quad (x>0)$$

方法2，由$f(e^{x-2})=3x+1$，可得$f(e^{x-2})=3(x-2)+7=3\ln e^{x-2}+7$

$$f(x)=3\ln x+7 \qquad (x>0)$$

【例 1-2-3】 假设当$x\to+\infty$时，$f(x)$，$g(x)$都是无穷大量，则当$x\to+\infty$时，下列结论正确的是：

A. $f(x)+g(x)$是无穷大量　　B. $\frac{f(x)+g(x)}{f(x)g(x)}\to 0$

C. $\frac{g(x)}{f(x)}\to 1$　　D. $f(x)-g(x)\to 0$

解 $\lim\limits_{x\to+\infty}\frac{f(x)+g(x)}{f(x)g(x)}=\lim\limits_{x\to+\infty}\frac{1}{g(x)}+\lim\limits_{x\to+\infty}\frac{1}{f(x)}=0$。

其他情况均可通过举例说明是错误的。

答案： B

【例 1-2-4】 设$f(x)=F(x)\left(\frac{1}{a^x-1}+\frac{1}{2}\right)$，其中$a>0$，$a\neq1$，$F(x)$为奇函数，则$f(x)$是：

A. 偶函数　　B. 奇函数

C. 非奇非偶函数　　D. 奇偶性与a有关

解 $f(-x)=F(-x)\left(\frac{1}{a^{-x}-1}+\frac{1}{2}\right)=-F(x)\left(\frac{a^x}{1-a^x}+\frac{1}{2}\right)$

$$=F(x)\left(\frac{a^x}{a^x-1}-\frac{1}{2}\right)=F(x)\left(\frac{a^x-1+1}{a^x-1}-\frac{1}{2}\right)=F(x)\left(\frac{1}{a^x-1}+\frac{1}{2}\right)=f(x)$$

所以$f(x)$是偶函数。

答案： A

【例 1-2-5】 求极限$\lim\limits_{n\to\infty}\frac{\sqrt[3]{n^2}\sin n!}{n+1}$

解 $\lim\limits_{n\to\infty}\frac{\sqrt[3]{n^2}\sin n!}{n+1}=\lim\limits_{n\to\infty}\frac{n^{\frac{2}{3}}}{n+1}\cdot\sin n!$

当$n\to\infty$时，$\frac{n^{\frac{2}{3}}}{n+1}\to 0$，$|\sin n!|\leqslant 1$

故原式$=0$。

【例 1-2-6】 若$\lim\limits_{x\to1}\frac{2x^2+ax+b}{x^2+x-2}=1$，则必有：

A. $a=-1$，$b=2$　　B. $a=-1$，$b=-2$

C. $a=-1$，$b=-1$　　D. $a=1$，$b=1$

解 因为$\lim\limits_{x\to1}(x^2+x-2)=0$，故$\lim\limits_{x\to1}(2x^2+ax+b)=0$，即$2+a+b=0$，得$b=-2-a$

代入原式：

$$\lim_{x\to1}\frac{2x^2+ax-2-a}{x^2+x-2}=\lim_{x\to1}\frac{2(x+1)(x-1)+a(x-1)}{(x+2)(x-1)}=\lim_{x\to1}\frac{2\times2+a}{3}=1$$

故$4+a=3$，得$a=-1$，$b=-1$。

答案： C

注：本题体现了极限法则的逆用思想，因为题中$x\to1$时，分母极限为 0，则分子极限也是 0，比值极限才有可能等于 1，如果分子极限为非 0 常数，则比值极限一定是无穷大。

【例 1-2-7】 若$\lim\limits_{x\to0}(1-x)^{\frac{k}{x}}=2$，则常数$k$等于：

A. $-\ln 2$　　B. $\ln 2$　　C. 1　　D. 2

解 $\lim\limits_{x\to0}(1-x)^{\frac{k}{x}}=2$，利用基本极限公式$\lim\limits_{x\to0}(1+x)^{\frac{1}{x}}=e$变形

因$\lim\limits_{x\to0}(1-x)^{\frac{k}{x}}=\lim\limits_{x\to0}[1+(-x)]^{-\frac{1}{x}(-k)}=\lim\limits_{x\to0}\left\{[1+(-x)]^{\frac{1}{-x}}\right\}^{-k}=e^{-k}$

所以$e^{-k}=2$，$k=-\ln2$

答案： A

注：本题体现了基本极限公式的用法。只有完全符合两个重要极限的形式，才能得到相应的结果，如$\lim\limits_{x\to0}\frac{\sin x}{x}=1$，$\lim\limits_{x\to0}\frac{\sin kx}{x}=k$，$\lim\limits_{x\to0}(1+x)^{\frac{1}{x}}=e$，$\lim\limits_{x\to\infty}\left(1+\frac{1}{x}\right)^{x}=e$，因此要拼凑它。

【例 1-2-8】 设$f(x)=\frac{1+e^{\frac{1}{x}}}{2+3e^{\frac{1}{x}}}$，问$x=0$是否为间断点，若是间断点，是什么类型的间断点？

解 因$x=0$函数没有定义，所以$x=0$是间断点。

又因

$$\lim_{x\to0^+}f(x)=\lim_{x\to0^+}\frac{e^{\frac{1}{x}}\left(\frac{1}{e^{\frac{1}{x}}}+1\right)}{e^{\frac{1}{x}}\left(\frac{2}{e^{\frac{1}{x}}}+3\right)}=\frac{1}{3}$$

$$\lim_{x\to0^-}f(x)=\lim_{x\to0^-}\frac{1+e^{\frac{1}{x}}}{2+3e^{\frac{1}{x}}}=\frac{1}{2}$$

左右极限存在但不相等，所以$x=0$是第一类间断点，属跳跃间断点。

【例 1-2-9】 下列极限计算中，错误的是：

A. $\lim\limits_{n\to\infty}\frac{2^n}{x}\sin\frac{x}{2^n}=1$　　B. $\lim\limits_{x\to\infty}\frac{\sin x}{x}=1$

C. $\lim\limits_{x\to0}(1-x)^{\frac{1}{x}}=e^{-1}$　　D. $\lim\limits_{x\to\infty}\left(1+\frac{1}{x}\right)^{2x}=e^2$

解 选项 A：$\lim\limits_{n\to\infty}\frac{2^n}{x}\sin\frac{x}{2^n}=\lim\limits_{n\to\infty}\frac{\sin\frac{x}{2^n}}{\frac{x}{2^n}}$，设$\frac{x}{2^n}=t$，当$n\to\infty$，$t\to0$，原式$=\lim\limits_{t\to0}\frac{\sin t}{t}=1$

选项 B：$\lim\limits_{x\to\infty}\frac{\sin x}{x}=\lim\limits_{x\to\infty}\frac{1}{x}\sin x=0$（无穷小量与有界函数的乘积为无穷小量）

注意：$\lim\limits_{x\to0}\frac{\sin x}{x}=1$

同理可验证选项 C：

由$\lim\limits_{x\to0}(1+kx)^{\frac{1}{x}}=\lim\limits_{x\to0}(1+kx)^{\frac{1}{kx}\cdot k}=e^k$，知$\lim\limits_{x\to0}(1-x)^{\frac{1}{x}}=\lim\limits_{x\to0}[1+(-1)x]^{\frac{1}{-x}(-1)}=e^{-1}$

选项 D：$\lim\limits_{x\to\infty}\left(1+\frac{1}{x}\right)^{2x}=\lim\limits_{x\to\infty}\left[\left(1+\frac{1}{x}\right)^{x}\right]^2=e^2$

答案： B

【例 1-2-10】 x趋于 0 时，$\sqrt{1-x^2}-\sqrt{1+x^2}$与$x^k$是同阶无穷小，则常数$k$等于：

A. 2　　B. −1　　C. 1　　D. 1/2

解 利用同阶无穷小定义计算。

求极限$\lim\limits_{x\to0}\frac{\sqrt{1-x^2}-\sqrt{1+x^2}}{x^k}$，只要当极限值为常数$C$，且$C\neq0$时，即为同阶无穷小。

$$\lim_{x\to0}\frac{\sqrt{1-x^2}-\sqrt{1+x^2}}{x^k}\xlongequal{\text{分子有理化}}\lim_{x\to0}\frac{\left(\sqrt{1-x^2}-\sqrt{1+x^2}\right)\left(\sqrt{1-x^2}+\sqrt{1+x^2}\right)}{x^k\left(\sqrt{1-x^2}+\sqrt{1+x^2}\right)}$$

$$=\lim_{x\to0}\frac{-2x^2}{x^k\left(\sqrt{1-x^2}+\sqrt{1+x^2}\right)}\xlongequal[\text{满足为常数}C\text{，且}C\neq0]{\text{只有}k=2\text{ 时，极限值才}}\lim_{x\to0}\frac{-2x^2}{x^2\left(\sqrt{1-x^2}+\sqrt{1+x^2}\right)}=-1$$

答案： A

【例 1-2-11】已知 $\lim\limits_{x\to\infty}\left(\frac{x^2+1}{x+1}-ax+b\right)=3$，则常数$a$与$b$的值是：

A. $a=-1$，$b=2$　　B. $a=1$，$b=4$

C. $a=-1$，$b=3$　　D. $a=1$，$b=3$

解　因为 $\lim\limits_{x\to\infty}\left(\frac{x^2+1}{x+1}-ax+b\right)=\lim\limits_{x\to\infty}\frac{(1-a)x^2+(b-a)x+1+b}{x+1}=3$

有

$$\begin{cases}1-a=0\\ b-a=3\end{cases}\Rightarrow\begin{cases}a=1\\ b=4\end{cases}$$

答案：B

注：求有理多项式$f(x)$极限时，若是讨论无穷大$(x\to\infty)$，分子分母高次幂相等时，则观察高次幂的系数；若是讨论无穷小$(x\to 0)$，分子分母低次幂相等时，则观察低次幂的系数。例如：$\lim\limits_{x\to 0}\frac{ax+bx^2}{x}=2$，则$a=2$且$b$为任意实数。

【例 1-2-12】当$x\to x_0$时，若$f(x)$有极限，$g(x)$无极限，则下列结论正确的是：

A. $f(x)g(x)$当$x\to x_0$时，必无极限

B. $f(x)g(x)$当$x\to x_0$时，必有极限

C. $f(x)g(x)$当$x\to x_0$时，可能有极限，也可能无极限

D. $f(x)g(x)$当$x\to x_0$时，若有极限，则极限必为 0

解　举例说明：

（1）$\lim\limits_{x\to 0}x=0$，$\lim\limits_{x\to 0}\sin\frac{1}{x}$振荡无极限，而$\lim\limits_{x\to 0}x\sin\frac{1}{x}=0$（无穷小量乘有界函数的极限为 0）。

（2）$\lim\limits_{x\to 0}x=0$，$\lim\limits_{x\to 0}\frac{1}{x^2}$无极限，$\lim\limits_{x\to 0}x\cdot\frac{1}{x^2}=\lim\limits_{x\to 0}\frac{1}{x}=\infty$无极限。

答案：C

四、导数与微分

（一）导数定义

设函数$y=f(x)$在点x_0的某一邻域内有定义，当自变量x在点x_0处取得增量Δx（$\Delta x\neq 0$）时，相应地函数取得增量$\Delta y=f(x_0+\Delta x)-f(x_0)$，如果当$\Delta x\to 0$时这两个增量比的极限

$$\lim_{\Delta x\to 0}\frac{\Delta y}{\Delta x}=\lim_{\Delta x\to 0}\frac{f(x_0+\Delta x)-f(x_0)}{\Delta x}\qquad(1\text{-}2\text{-}3)$$

存在，则称这个极限值为函数$y=f(x)$在点x_0的导数，并称函数$y=f(x)$在x_0点可导。若上述极限不存在，则称函数$y=f(x)$在x_0点不可导。

函数$y=f(x)$在点x_0的导数可记为

$$f'(x_0)=\lim_{\Delta x\to 0}\frac{f(x_0+\Delta x)-f(x_0)}{\Delta x}\qquad(1\text{-}2\text{-}4)$$

也可记为$y'\big|_{x=x_0}$，$\frac{\mathrm{d}y}{\mathrm{d}x}\big|_{x=x_0}$，$\frac{\mathrm{d}}{\mathrm{d}x}f(x)\big|_{x=x_0}$。

用导数定义求函数$f(x)$在点x_0的导数还可用下式计算

$$f'(x_0)=\lim_{x\to x_0}\frac{f(x)-f(x_0)}{x-x_0}\qquad(1\text{-}2\text{-}5)$$

（二）函数$f(x)$在$x=x_0$的单侧导数

$$f'_-(x_0)=\lim_{\Delta x\to 0^-}\frac{f(x_0+\Delta x)-f(x_0)}{\Delta x}\text{或}f'_-(x_0)=\lim_{x\to x_0^-}\frac{f(x)-f(x_0)}{x-x_0}\qquad(1\text{-}2\text{-}6)$$

$$f'_+(x_0)=\lim_{\Delta x\to 0^+}\frac{f(x_0+\Delta x)-f(x_0)}{\Delta x}\text{或}f'_+(x_0)=\lim_{x\to x_0^+}\frac{f(x)-f(x_0)}{x-x_0} \tag{1-2-7}$$

分别称为函数$f(x)$在点x_0的左导数与右导数，统称为单侧导数。

函数$f(x)$在x_0处可导的充分必要条件是$f'_+(x_0)=f'_-(x_0)$。

函数$f(x)$在x_0处可导，则函数在x_0处必连续；反之，不一定成立。

（三）$f(x)$在点x_0处的导数$f'(x_0)$的几何意义与物理意义

导数$f'(x_0)$的几何意义表示曲线$y=f(x)$在对应点$(x_0,f(x_0))$处的切线斜率。

已知函数$y=f(x)$及其曲线上点(x_0,y_0)，则函数$f(x)$在点(x_0,y_0)处的切线方程为

$$y-y_0=f'(x_0)(x-x_0)$$

法线方程为

$$y-y_0=-\frac{1}{f'(x_0)}(x-x_0)\quad [f'(x_0)\neq 0]$$

函数在一点导数的物理意义为物体做变速直线运动，已知物体运动的距离s和时间t的函数：$s=s(t)$，导数$s'(t_0)$表示物体在t_0时刻的瞬时速度。

（四）函数的导函数及求导函数公式

如果函数$y=f(x)$在区间(a,b)内每一点都有导数，称这种对应关系所确定的函数为$y=f(x)$的导函数，记为$f'(x)$，y'，$\frac{\mathrm{d}y}{\mathrm{d}x}$，$\frac{\mathrm{d}}{\mathrm{d}x}f(x)$。即

$$f'(x)=\lim_{\Delta x\to 0}\frac{f(x+\Delta x)-f(x)}{\Delta x}\quad [x\in(a,b)] \tag{1-2-8}$$

（五）常用的求导方法

1. 利用导数的定义求导

特别是分段函数在交界点处的导数往往用在一点左、右导数的定义计算。

2. 利用基本导数公式表和导数的四则运算法则求导

基本导数公式：

$(c)'=0$

$(x^\mu)'=\mu x^{\mu-1}$（μ为实数）

$(\sin x)'=\cos x$

$(\cos x)'=-\sin x$

$(\tan x)'=\sec^2 x$

$(\cot x)'=-\csc^2 x$

$(\sec x)'=\sec x\tan x$

$(\csc x)'=-\csc x\cot x$

$(a^x)'=a^x\ln a$（$a>0$，$a\neq 1$）

$(e^x)'=e^x$

$(\log_a x)'=\frac{1}{x\ln a}$（$a>0$，$a\neq 1$）

$(\ln x)'=\frac{1}{x}$

$(\arcsin x)'=\frac{1}{\sqrt{1-x^2}}$

$(\arccos x)'=-\frac{1}{\sqrt{1-x^2}}$

$(\arctan x)'=\frac{1}{1+x^2}$

$(\mathrm{arccot}\, x)'=-\frac{1}{1+x^2}$

$(\mathrm{sh}x)'=\mathrm{ch}x$

$(\mathrm{ch}x)'=\mathrm{sh}x$

$(\mathrm{th}x)'=\frac{1}{\mathrm{ch}^2x}$

$(\mathrm{arsh}x)'=\frac{1}{\sqrt{1+x^2}}$

$(\mathrm{arch}x)'=\frac{1}{\sqrt{x^2-1}}$

$(\mathrm{arth}x)'=\frac{1}{1-x^2}$

函数和、差、积、商求导法则：

$$[f(x)\pm g(x)]'=f'(x)\pm g'(x)$$

$$[f(x)\cdot g(x)]'=f'(x)g(x)+f(x)g'(x)$$

$$\left[\frac{f(x)}{g(x)}\right]'=\frac{f'(x)g(x)-f(x)g'(x)}{[g(x)]^2}\qquad [g(x)\neq 0]$$

3. 利用复合函数的求导法则求导

若$u=\varphi(x)$在点x处可导，$y=f(u)$在相应点u处可导，则复合函数$f[\varphi(x)]$在x处可导，且$\frac{\mathrm{d}y}{\mathrm{d}x}=\frac{\mathrm{d}y}{\mathrm{d}u}\cdot\frac{\mathrm{d}u}{\mathrm{d}x}$或记为$\{f[\varphi(x)]\}'=f'[\varphi(x)]\cdot\varphi'(x)$。

4. 反函数求导法

如果函数$x=\varphi(y)$在区间I_y内单调、可导且$\varphi'(y)\neq 0$，那么它的反函数$y=f(x)$在对应区间$I_x=\{x|x=\varphi(y),y\in I_y\}$内也可导，且有$f'(x)=\frac{1}{\frac{\mathrm{d}x}{\mathrm{d}y}}=\frac{1}{\varphi'(y)}$。

若$y=f(x)$与$x=\varphi(y)$互为反函数，$f(x)$在x处可导，$\varphi(y)$在相应点y处可导，且$\frac{\mathrm{d}x}{\mathrm{d}y}=\varphi'(y)\neq 0$，则$\frac{\mathrm{d}y}{\mathrm{d}x}=\frac{1}{\frac{\mathrm{d}x}{\mathrm{d}y}}$。

5. 求函数的高阶导数

若$f'(x)$在(a,b)内可导，则它的导数称为$f(x)$的二阶导数。一般说来，$f(x)$的$n-1$阶导数仍是x的函数，若它可导，则该导数称为函数$f(x)$的n阶导数，记为$y^{(n)}$，$f^{(n)}(x)$，$\frac{\mathrm{d}^n y}{\mathrm{d}x^n}$，$\frac{\mathrm{d}^n f(x)}{\mathrm{d}x^n}$。求$y=f(x)$的$n$阶导数，利用求一阶导数的法则逐次地往下求导即可，但在计算过程中，要注意分析归纳，找出规律，写出n阶导数的表示式。

6. 参数方程求导法

设$y=f(x)$的参数方程为$x=\varphi(t)$，$y=\psi(t)$时，$\varphi(t)$与$\psi(t)$均可导，$\varphi'(t)\neq 0$，则$\frac{\mathrm{d}y}{\mathrm{d}x}=\frac{\mathrm{d}y/\mathrm{d}t}{\mathrm{d}x/\mathrm{d}t}=\frac{\mathrm{d}y}{\mathrm{d}t}\cdot\frac{\mathrm{d}t}{\mathrm{d}x}=\frac{\psi'(t)}{\varphi'(t)}$。

7. 隐函数求导法

若方程$F(x,y)=0$确定了隐函数$y=f(x)$，则由$F[x,f(x)]=0$两边对x求导，并运用复合函数求导法则，就可求得$f'(x)$。

对隐函数求导应熟练掌握。还可以应用多元函数隐函数的方法计算，可能更简单，见多元函数微分法。

8. 取对数求导法

求幂指函数或某些含有复杂的乘、除、乘方、开方运算函数的导数时，可以采用先取对数后求导的方法进行。［幂指函数：形如$y=f(x)^{g(x)}$的函数］

9. 参数方程的二阶导数

若方程$x=\varphi(t)$，$y=\psi(t)$二阶可导，且$\varphi'(t)\neq 0$。在求出一阶导数$\frac{\mathrm{d}y}{\mathrm{d}x}=\frac{\psi'(t)}{\varphi'(t)}$后求二阶导数时，别忘乘$\frac{\mathrm{d}t}{\mathrm{d}x}$，即$\frac{\mathrm{d}^2y}{\mathrm{d}x^2}=\frac{\mathrm{d}}{\mathrm{d}x}\left(\frac{\mathrm{d}y}{\mathrm{d}x}\right)=\frac{\mathrm{d}}{\mathrm{d}t}\left[\frac{\psi'(t)}{\varphi'(t)}\right]\cdot\frac{\mathrm{d}t}{\mathrm{d}x}=\frac{\psi''\varphi'-\psi'\varphi''}{[\varphi'(t)]^3}$。

10. 隐函数的二阶导数

若$F(x,y)=0$，求出一阶导数后，在求二阶导数时，把式中的y作为中间变量来求导，然后代入y'，整理后得y''。

（六）函数微分及微分公式

1. 微分定义

设函数$y=f(x)$在某一区间I上有定义，x_0、$x_0+\Delta x$在I上，如果$\Delta y=f(x_0+\Delta x)-f(x_0)$可表示为

$$\Delta y = A\Delta x + o(\Delta x) \tag{1-2-9}$$

其中A是不依赖于Δx的常数，$o(\Delta x)$为比Δx高阶的无穷小，则称函数$f(x)$在x_0处可微。$dy = A\Delta x$称为$f(x)$在x_0处相应于自变量增量Δx的微分。$f(x)$在x_0处可微的充分必要条件是$f(x)$在x_0处可导。记$\Delta x = dx$，则$dy = A\Delta x = f'(x_0)dx$。

函数$y = f(x)$在任意点x的微分，称为函数的微分。记作$dy = f'(x)dx$。

函数的微分就是求出函数$f'(x)$乘以dx。函数的微分具有微分形式的不变性，即不论u是中间变量还是自变量，函数$f(u)$的一阶微分都具有相同的形式，即$df(u) = f'(u)du$。

2. 微分公式

$d(x^\mu) = \mu x^{\mu-1}dx$

$d(\sin x) = \cos x\,dx$

$d(\cos x) = -\sin x\,dx$

$d(\tan x) = \sec^2 x dx$

$d(\cot x) = -\csc^2 x dx$

$d(\sec x) = \sec x \tan x\,dx$

$d(\csc x) = -\csc x \cot x\,dx$

$d(a^x) = a^x \ln a\,dx$

$d(e^x) = e^x dx$

$d(\log_a x) = \frac{1}{x\ln a}dx$

$d(\ln x) = \frac{1}{x}dx$

$d(\arcsin x) = \frac{1}{\sqrt{1-x^2}}dx$

$d(\arccos x) = -\frac{1}{\sqrt{1-x^2}}dx$

$d(\arctan x) = \frac{1}{1+x^2}dx$

$d(\text{arccot}\, x) = -\frac{1}{1+x^2}dx$

3. 函数和、差、积、商微分法则

$d(u \pm v) = du \pm dv$　　　$d(cu) = cd(u)$　(c为常数)

$d(uv) = vdu + udv$　　　$d\left(\frac{u}{v}\right) = \frac{vdu - udv}{v^2}$

【例 1-2-13】 $y = 2^{\tan\frac{1}{x}}$，求y'。

解 该题为复合函数求导，注意求导时要有从外到里层层剥开的思想。该题即为函数$y = 2^{\tan\frac{1}{x}}$，由$y = 2^u$，$u = \tan V$，$V = \frac{1}{x}$复合而成，所以$y' = (2^u)'_u \cdot (\tan V)'_V \cdot \left(\frac{1}{x}\right)'$，即

$$y' = 2^{\tan\frac{1}{x}} \cdot \ln 2 \cdot \sec^2\frac{1}{x} \cdot \left(-\frac{1}{x^2}\right) = -\frac{\ln 2}{x^2}2^{\tan\frac{1}{x}} \cdot \sec^2\frac{1}{x}$$

【例 1-2-14】 $y = x^{\sin x}(x > 0)$，求y'。

解 本题属于幂指函数的求导问题，既不能使用幂函数的导数公式，也不能使用指数函数的导数公式。

方法 1： 可利用对数求导法求解。即

$$\ln y = \sin x \ln x$$

$$\frac{1}{y} \cdot y' = \cos x \ln x + \frac{\sin x}{x}$$

$$y' = x^{\sin x}\left(\cos x \ln x + \frac{\sin x}{x}\right)$$

方法 2： $y = x^{\sin x} = e^{\sin x \ln x}$，则

$$y' = \left(e^{\sin x \ln x}\right)' = e^{\sin x \ln x}(\sin x \ln x)' = x^{\sin x}\left(\cos x \ln x + \frac{\sin x}{x}\right)$$

【例 1-2-15】 已知$x^2+y^2-xy=1$，求由方程确定的函数y的导数y'。

解　**方法 1**：两边对x求导，求导时，把式中字母y看作x的函数。

$$2x+2y\frac{\mathrm{d}y}{\mathrm{d}x}-\left(y+x\frac{\mathrm{d}y}{\mathrm{d}x}\right)=0$$

$$2x+2y\frac{\mathrm{d}y}{\mathrm{d}x}-y-x\frac{\mathrm{d}y}{\mathrm{d}x}=0$$

$$(2y-x)\frac{\mathrm{d}y}{\mathrm{d}x}=y-2x$$

$$\frac{\mathrm{d}y}{\mathrm{d}x}=\frac{y-2x}{2y-x}$$

方法 2：利用二元方程确定的隐函数求导法则计算，这时先将原式写成$F(x,y)=0$的形式。（参见第四节多元函数微分学，隐函数的微分法）

$$x^2+y^2-xy-1=0$$

设$F(x,y)=x^2+y^2-xy-1$，则

$$F_x=2x-y，F_y=2y-x$$

$$\frac{\mathrm{d}y}{\mathrm{d}x}=-\frac{F_x}{F_y}=-\frac{2x-y}{2y-x}=\frac{y-2x}{2y-x}$$

注：用方法 2 求隐函数的导数显得简单，以后不妨用这种方法。

方法 3：利用微分运算法则，方程两边微分，得

$$\mathrm{d}(x^2+y^2-xy)=0\Rightarrow 2x\mathrm{d}x+2y\mathrm{d}y-y\mathrm{d}x-x\mathrm{d}y=0\Rightarrow(2x-y)\mathrm{d}x=(x-2y)\mathrm{d}y$$

$$\frac{\mathrm{d}y}{\mathrm{d}x}=\frac{2x-y}{x-2y}$$

【例 1-2-16】 $y=\ln\left(x+\sqrt{x^2-a^2}\right)$，求$\frac{\mathrm{d}y}{\mathrm{d}x}$，$\frac{\mathrm{d}^2y}{\mathrm{d}x^2}$。

解　在计算一阶导数后，注意将其化为最简形式，再求二阶导数。

$$\frac{\mathrm{d}y}{\mathrm{d}x}=\frac{1}{x+\sqrt{x^2-a^2}}\left(1+\frac{x}{\sqrt{x^2-a^2}}\right)=\frac{1}{x+\sqrt{x^2-a^2}}\cdot\frac{x+\sqrt{x^2-a^2}}{\sqrt{x^2-a^2}}$$

$$=\frac{1}{\sqrt{x^2-a^2}}$$

$$\frac{\mathrm{d}^2y}{\mathrm{d}x^2}=-\frac{1}{2}(x^2-a^2)^{-\frac{3}{2}}\cdot 2x=-\frac{x}{(x^2-a^2)^{\frac{3}{2}}}$$

【例 1-2-17】 设$\begin{cases}x=e^{2t}\\y=t-e^{-t}\end{cases}$，求$\frac{\mathrm{d}y}{\mathrm{d}x}$，$\frac{\mathrm{d}^2y}{\mathrm{d}x^2}$。

解　求参数方程的二阶导数$\frac{\mathrm{d}^2y}{\mathrm{d}x^2}$时，应在公式后面乘上$\frac{\mathrm{d}t}{\mathrm{d}x}$一项。

$$\frac{\mathrm{d}y}{\mathrm{d}t}=1+e^{-t}，\frac{\mathrm{d}x}{\mathrm{d}t}=2e^{2t}$$

$$\frac{\mathrm{d}y}{\mathrm{d}x}=\frac{\frac{\mathrm{d}y}{\mathrm{d}t}}{\frac{\mathrm{d}x}{\mathrm{d}t}}=\frac{1+e^{-t}}{2e^{2t}}=\frac{1}{2}(e^{-2t}+e^{-3t})$$

$$\frac{\mathrm{d}^2y}{\mathrm{d}x^2}=\frac{\mathrm{d}}{\mathrm{d}t}\left(\frac{\mathrm{d}y}{\mathrm{d}x}\right)\cdot\frac{\mathrm{d}t}{\mathrm{d}x}=\frac{1}{2}(-2e^{-2t}-3e^{-3t})\frac{1}{\frac{\mathrm{d}x}{\mathrm{d}t}}$$

$$=\frac{1}{2}(-2e^{-2t}-3e^{-3t})\frac{1}{2e^{2t}}=-\frac{1}{2}e^{-4t}-\frac{3}{4}e^{-5t}$$

【例 1-2-18】 如果$f(x)$在x_0处可导，$g(x)$在x_0处不可导，则$f(x)g(x)$在x_0处：

A. 可能可导也可能不可导　　B. 不可导

C. 可导　　D. 连续

解 举例说明。

如$f(x)=x$在$x=0$处可导，$g(x)=|x|=\begin{cases}x & x\geqslant 0\\-x & x<0\end{cases}$在$x=0$处不可导。

则$f(x)g(x)=x|x|=\begin{cases}x^2 & x\geqslant 0\\-x^2 & x<0\end{cases}$

设$H(x)=x|x|=\begin{cases}x^2 & x\geqslant 0\\-x^2 & x>0\end{cases}$，则

$$H'_+(0)=\lim_{x\to 0^+}\frac{x^2-0}{x-0}=0,\ H'_-(0)=\lim_{x\to 0^-}\frac{-x^2-0}{x-0}=0$$

通过计算，$H'_+(0)=H'_-(0)=0$，可知$f(x)g(x)$在$x=0$处可导。

又如$f(x)=2$在$x=0$处可导，$g(x)=|x|=\begin{cases}x & x\geqslant 0\\-x & x<0\end{cases}$在$x=0$处不可导。则

$$f(x)g(x)=2|x|=\begin{cases}2x & x\geqslant 0\\-2x & x<0\end{cases}$$

设$Q(x)=2|x|=\begin{cases}2x & x\geqslant 0\\-2x & x<0\end{cases}$，则

$$Q'_+(0)=\lim_{x\to 0^+}\frac{2x-0}{x-0}=2,\ Q'_-(0)=\lim_{x\to 0^-}\frac{-2x-0}{x-0}=-2$$

通过计算，$Q'_+(0)=2$，$Q'_-(0)=-2$，可知$f(x)g(x)$在$x=0$处不可导。

答案： A

【例 1-2-19】 曲线$y=x^3-6x$上切线平行于x轴的点是：

A. (0,0)　　B. $(\sqrt{2},1)$

C. $(-\sqrt{2},4\sqrt{2})$和$(\sqrt{2},-4\sqrt{2})$　　D. (1,2)和(−1,2)

解 切线平行x轴，即切线的斜率为 0。

设曲线的切点坐标为(x_0,y_0)，则

$$y=x^3-6x,\ y'=3x^2-6,\ y'|_{x=x_0}=3x_0^2-6$$

令$3x_0^2-6=0$，解得$x_0=\pm\sqrt{2}$

所求切点坐标为$(\sqrt{2},-4\sqrt{2})$，$(-\sqrt{2},4\sqrt{2})$

答案： C

【例 1-2-20】 已知$f(x)$是二阶可导函数，$y=e^{2f(x)}$，则$\frac{d^2y}{dx^2}$为：

A. $e^{2f(x)}$　　B. $e^{2f(x)}f''(x)$

C. $e^{2f(x)}[2f'(x)]$　　D. $2e^{2f(x)}\left[2\left(f'(x)\right)^2+f''(x)\right]$

解 利用复合函数求导法则，题中$f(x)$为x的二阶可导函数。

$y'=\left(e^{2f(x)}\right)'=2f'(x)e^{2f(x)}$

$y''=2\left[f''(x)e^{2f(x)}+f'(x)e^{2f(x)}\cdot 2f'(x)\right]=2e^{2f(x)}[2(f'(x))^2+f''(x)]$

答案： D

【例 1-2-21】 设$y=e^{\sin^2 x}$，则dy为：

A. $e^x d\sin^2 x$　　B. $e^{\sin^2 x}\,d\sin^2 x$

C. $e^{\sin^2 x}\sin 2x\,d\sin x$　　D. $e^{\sin^2 x}d\sin x$

解 $\mathrm{d}y = y'\mathrm{d}x = e^{\sin^2 x}\cdot 2\sin x\cdot\cos x\,\mathrm{d}x = e^{\sin^2 x}\cdot 2\sin x\,\mathrm{d}\sin x = e^{\sin^2 x}\mathrm{d}\sin^2 x$

答案： B

五、微分中值定理

微分中值定理是导数应用的理论基础，最重要的是拉格朗日中值定理，罗尔定理可看作它的特例，柯西定理是它的推广。

（一）罗尔定理

若$f(x)$在$[a,b]$连续，在(a,b)内可导，且$f(a)=f(b)$，则至少存在一点$\xi\in(a,b)$，使$f'(\xi)=0$。

（二）拉格朗日中值定理

若$f(x)$在$[a,b]$连续，在(a,b)内可导，则至少存在一点$\xi\in(a,b)$，使得

$$f(b)-f(a)=f'(\xi)(b-a) \tag{1-2-10}$$

由拉格朗日中值定理可以证明：若$f(x)$在区间I上的导数恒等于零，则$f(x)$在I上为常数。

（三）柯西中值定理

若$f(x)$，$F(x)$在$[a,b]$连续，在(a,b)内可导，且$F'(x)\neq 0$，则至少存在一点$\xi\in(a,b)$，使得

$$\frac{f(b)-f(a)}{F(b)-F(a)}=\frac{f'(\xi)}{F'(\xi)} \tag{1-2-11}$$

（四）洛必达法则

若：（1）$\lim\limits_{x\to a(或\infty)} f(x)=\lim\limits_{x\to a(或\infty)} F(x)=0(或\infty)$；（2）$f'(x)$及$F'(x)$在$0<|x-x_0|<\delta(或|x|>X)$处存在，且$F'(x)\neq 0$，（3）$\lim\limits_{x\to a(或\infty)}\frac{f'(x)}{F'(x)}$存在(或$\infty$)，则

$$\lim_{x\to a(或\infty)}\frac{f(x)}{F(x)}=\lim_{x\to a(或\infty)}\frac{f'(x)}{F'(x)}=存在(或\infty) \tag{1-2-12}$$

满足以上条件的两个函数比的极限等于两个函数导数比的极限，在利用洛必达法则时，三个条件中有一条不满足就不能应用。对于未定型$0\cdot\infty$、$\infty-\infty$、0^0、∞^0、1^∞可化为$\frac{0}{0}$或$\frac{\infty}{\infty}$型的极限计算。在利用洛必达法则计算未定式的极限时，前面学过的计算极限的方法仍适用，例如等价无穷小替换，两个重要极限等。

（五）泰勒公式

若$f(x)$在(a,b)内具有$n+1$阶导数，$x\in(a,b)$，则$\forall x\in(a,b)$有下面式子成立。

$$f(x)=f(x_0)+\frac{f'(x_0)}{1!}(x-x_0)+\cdots+\frac{f^{(n)}(x_0)}{n!}(x-x_0)^n+R_n(x) \tag{1-2-13}$$

该公式称为$f(x)$的n阶泰勒公式，$R_n(x)$称为余项，其中$R_n(x)$表达式为

$$R_n(x)=\frac{f^{(n+1)}(\zeta)}{(n+1)!}(x-x_0)^{n+1} \tag{1-2-14}$$

这里ζ是介于x_0与x之间的某个值。

在泰勒公式（1-2-12）中取$x_0=0$，就得到工程中常用的麦克劳林公式

$$f(x)=f(0)+f'(0)x+\frac{f''(0)}{2!}x^2+\cdots+\frac{f^{(n)}(0)}{n!}x^n+R_n(x) \tag{1-2-15}$$

其中$R_n(x)=\frac{f^{(n+1)}(\zeta)}{(n+1)!}x^{n+1}$，这里$\zeta$是介于 0 与$x$之间的某个值。

六、导数的应用

（一）判定函数的单调区间

设$y=f(x)$在区间(a,b)上可导，$\forall x\in(a,b)$，若$f'(x)>0$（或<0）[在个别点亦可$f'(x)=0$]，则$f(x)$在区间(a,b)上严格单调增加（或减小）。

（二）求函数的极值

若函数$f(x)$在点x_0的某一邻域内的任何点$x(x\neq x_0)$恒有$f(x)<f(x_0)$[或$f(x)>f(x_0)$]，则函数$f(x)$在点x_0有极大值（或极小值），函数的极大值、极小值统称为函数的极值，点x_0为$f(x)$的极值点。函数的极值是局部的概念，在某一邻域内函数的极大（小）值不一定是函数在定义域内的最大（小）值。

极值存在的必要条件：若$f'(x_0)$存在，且x_0为$f(x)$的极值点，则$f'(x_0)=0$。但逆命题不成立，即若$f'(x_0)=0$，但x_0不一定是函数$f(x)$的极值点。导数为零的点称为函数的驻点。驻点以及连续但导数不存在的点称为函数可疑极值点。

极值存在的第一充分条件：设$f(x)$在x_0的某一邻域内连续，且可导，若$x<x_0$时，$f'(x)>0$[或$f'(x)<0$]；若$x>x_0$时，$f'(x)<0$[或$f'(x)>0$]，则$f(x)$在x_0取得极大值（或极小值）。对于连续但导数不存在的点的极值，同样要通过判定在该点两侧的导数符号来确定。

极值存在的第二充分条件：设$f(x)$具有二阶导数，且在x_0点$f'(x_0)=0$，若$f''(x_0)<0$时，$f(x)$在x_0取得极大值，若$f''(x_0)>0$时，$f(x)$在x_0取得极小值。

（三）函数的最大值、最小值

函数$f(x)$在$[a,b]$上连续，则其在$[a,b]$上的最大值和最小值可通过比较端点、驻点、一阶导数不存在的点的函数值的大小来确定，即

$$f_{最大值}=\max\{f(a),f(b),f(x_1),f(x_2),\cdots,f(x_n)\}$$
$$f_{最小值}=\min\{f(a),f(b),f(x_1),f(x_2),\cdots,f(x_n)\}$$

其中，x_1，x_2，…，x_n为$f(x)$在$[a,b]$内的所有可能极值点。

在求解实际问题时，经常用到下面结论：若$f(x)$在$[a,b]$上连续，且在(a,b)内只有唯一一个极值点x_0，则当$f(x_0)$为极大（小）值时，它就是$f(x)$在$[a,b]$上的最大（小）值。

若$f(x)$在$[a,b]$上单调增加（减少），则$f(a)$为其最小（大）值，$f(b)$为其最大（小）值。

（四）凹凸性，拐点

设$f(x)$在$[a,b]$上连续，任给x_1，$x_2\in(a,b)$恒有$f\left(\frac{x_1+x_2}{2}\right)>$（或$<$）$\frac{f(x_1)+f(x_2)}{2}$，则称$f(x)$在$[a,b]$上是凸（或凹）的。若曲线在$x_0$两旁凹凸性改变，则称点$(x_0,f(x_0))$为曲线的拐点。

函数凹凸性判别法则（充分条件）：设$f''(x)$存在，若$a<x<b$时，$f''(x)>0$[或$f''(x)<0$]，在个别点$f''(x)$可以为零，则曲线为凹（或凸）。

设$f(x)$连续，若在点x_0，$f''(x_0)=0$或$f''(x_0)$不存在，且在x_0两侧$f''(x)$改变符号时，则点$(x_0,f(x_0))$是拐点。

【例 1-2-22】 求$\lim\limits_{x\to\infty}x\left(e^{\frac{1}{x}}-1\right)$。

解

$$原式\overset{\infty\cdot 0}{=}\lim_{x\to\infty}\frac{e^{\frac{1}{x}}-1}{\frac{1}{x}}\overset{\frac{0}{0}}{=}\lim_{x\to\infty}\frac{e^{\frac{1}{x}}\left(-\frac{1}{x^2}\right)}{-\frac{1}{x^2}}=\lim_{x\to\infty}e^{\frac{1}{x}}=1$$

【例 1-2-23】 求 $\lim\limits_{x\to0^+}x^{\sin x}$。

解
$$\text{原式}\overset{0^0}{=}\lim_{x\to0^+}e^{\ln x^{\sin x}}=\lim_{x\to0^+}e^{\sin x\ln x}=e^{\lim\limits_{x\to0^+}\sin x\ln x}$$

因
$$\lim_{x\to0^+}\sin x\ln x\overset{0\cdot\infty}{=}\lim_{x\to0^+}\frac{\ln x}{\dfrac{1}{\sin x}}\overset{\frac{\infty}{\infty}}{=}\lim_{x\to0^+}-\frac{\sin^2 x}{x\cos x}=-\lim_{x\to0^+}\frac{x^2}{x\cos x}$$
$$=0\qquad(x\to0,\sin^2 x\sim x^2)$$

故　原式 $=e^0=1$

【例 1-2-24】 求函数$y=x^2e^{-x}$的单调区间、极值及此函数曲线的凹凸区间和拐点。

解　（1）D：$(-\infty,+\infty)$

（2）$y'=2xe^{-x}-x^2e^{-x}=xe^{-x}(2-x)$

$y''=2e^{-x}-2xe^{-x}-2xe^{-x}+x^2e^{-x}=e^{-x}(x^2-4x+2)$

（3）令$y'=0$，得$x_1=0$，$x_2=2$

令$y''=0$，得$x_3=2-\sqrt{2}$，$x_4=2+\sqrt{2}$

（4）列表。

例 1-2-24 解表

x	$(-\infty,0)$	0	$(0,2-\sqrt{2})$	$2-\sqrt{2}$	$(2-\sqrt{2,2})$	2	$(2,2+\sqrt{2})$	$2+\sqrt{2}$	$(2+\sqrt{2},+\infty)$
y'	−	0	+	+	+	0	−	−	−
y''	+	+	+	0	−	−	−	0	+

函数在$(0,2)$单增，在$(-\infty,0)$与$(2,+\infty)$单减。

$$f_{\text{极小}}(0)=0,\ f_{\text{极大}}(2)=4e^{-2}$$

$(-\infty,2-\sqrt{2})$，$(2+\sqrt{2},+\infty)$为凹区间，$(2-\sqrt{2},2+\sqrt{2})$为凸区间，点$\left(2-\sqrt{2},(2-\sqrt{2})^2e^{\sqrt{2}-2}\right)$，$\left(2+\sqrt{2},(2+\sqrt{2})^2e^{-(2+\sqrt{2})}\right)$为拐点。

【例 1-2-25】 设函数$f(x)$在$(-\infty,+\infty)$内连续，其导函数的图形如图所示，则$f(x)$有：

A. 一个极小值点和两个极大值点

B. 两个极小值点和一个极大值点

C. 两个极小值点和两个极大值点

D. 三个极小值点和一个极大值点

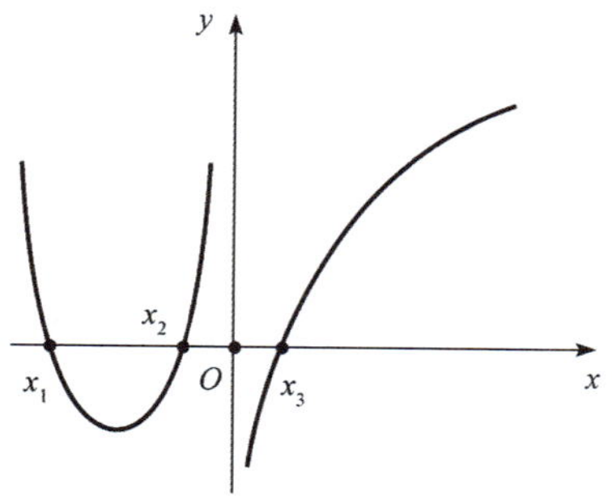

例 1-2-25 图

解　根据连续函数在x_0取得极值的充分条件：如果在x_0点两侧导数符号发生变化，则x_0一定是极值点。从解图可看出，在x_1和原点O两侧导数符号由正变负，因此x_1和原点O是两个极大值点；在x_2和x_3两侧导数符号由负变正，因此x_2和x_3是两个极小值点。

答案：C

【例 1-2-26】 下列极限式中，能够使用洛必达法则求极限的是：

A. $\lim\limits_{x\to0}\dfrac{1+\cos x}{e^x-1}$　　B. $\lim\limits_{x\to0}\dfrac{x-\sin x}{\sin x}$　　C. $\lim\limits_{x\to0}\dfrac{x^2\sin\frac{1}{x}}{\sin x}$　　D. $\lim\limits_{x\to\infty}\dfrac{x+\sin x}{x-\sin x}$

解　$\lim\limits_{x\to0}\dfrac{x-\sin x}{\sin x}\overset{\frac{0}{0}}{=}\lim\limits_{x\to0}\dfrac{1-\cos x}{\cos x}=0$

选项 A、C、D 均不能用洛必达法则求极限。

答案： B

【例 1-2-27】 下列有关极限的命题中，正确的是：

A. 若$y = f(x)$在$x = x_0$处有$f'(x_0) = 0$，则$f(x)$在$x = x_0$必取得极值

B. 极大值一定大于极小值

C. 若可导函数$y = f(x)$在$x = x_0$处取得极值，则必有$f'(x_0) = 0$

D. 极大值就是最大值

解 选项 A，仅为$y = f(x)$在x_0取得极值的必要条件，错误；

选项 B，函数的极大值不一定大于极小值，错误；

选项 D，极大值也不一定就是函数的最大值，错误。

答案： C

【例 1-2-28】 下列说法中正确的是：

A. 若$f'(x_0) = 0$，则$f(x_0)$必是$f(x)$的极值

B. 若$f(x_0)$是$f(x)$的极值，则$f(x)$在x_0处可导，且$f'(x_0) = 0$

C. 若$f(x)$在x_0处可导，则$f'(x_0) = 0$是$f(x)$在x_0取得极值的必要条件

D. 若$f(x)$在x_0处可导，则$f'(x_0) = 0$是$f(x)$在x_0取得极值的充分条件

解 函数$f(x)$在点x_0处可导，则$f'(x_0) = 0$是$f(x)$在x_0取得极值的必要条件。

答案： C

【例 1-2-29】 设函数$f(x)$二阶可导，并且处处满足方程$f''(x) + 3\left(f'(x)\right)^2 + 2e^x f(x) = 0$，若$x_0$是该函数的一个驻点且$f(x_0) < 0$，则$f(x)$在点$x_0$：

A. 取得极大值　　B. 取得极小值　　C. 不取得极值　　D. 不能确定

解 将x_0代入方程得$f''(x_0) + 3\left(f'(x_0)\right)^2 + 2e^{x_0} f(x_0) = 0$

因为x_0为该函数的一个驻点，所以$f'(x_0) = 0$

$f''(x_0) + 2e^{x_0} f(x_0) = 0$，即$f''(x_0) = -2e^{x_0} f(x_0) > 0$

利用函数取得极值的第二充分条件，$f(x)$在点x_0取得极小值。

答案： B

【例 1-2-30】 设$f(x) = x(x-1)(x-2)$，则方程$f'(x) = 0$的实根个数是：

A. 3　　B. 2　　C. 1　　D. 0

解 $f(x) = x(x-1)(x-2)$

$f(x)$在$[0,1]$连续，在$(0,1)$可导，且$f(0) = f(1)$

由罗尔定理可知，存在$f'(\zeta_1) = 0$，ζ_1在$(0,1)$之间

$f(x)$在$[1,2]$连续，在$(1,2)$可导，且$f(1) = f(2)$

由罗尔定理可知，存在$f'(\zeta_2) = 0$，ζ_2在$(1,2)$之间

因为$f'(x) = 0$是二次方程，所以$f'(x) = 0$的实根个数为 2

答案： B

注：运用罗尔定理求解对于多数考生而言稍显困难，本题并非只能使用罗尔定理求解，还可以先将函数展开为$f(x) = x^3 - 3x^2 + 2x$，求解出$f'(x) = 3x^2 - 6x + 2 = 0$，这是一个一元二次方程，利用根的判别式$b^2 - 4ac = (-6)^2 - 4 \times 3 \times 2 > 0$，故有 2 个根。

【例 1-2-31】设函数$f(x)$在$(-\infty,+\infty)$上是偶函数，且在$(0,+\infty)$内有$f'(x)>0$，$f''(x)>0$，则在$(-\infty,0)$内必有：

A. $f'(x)>0, f''(x)>0$　　B. $f'(x)<0, f''(x)>0$

C. $f'(x)>0, f''(x)<0$　　D. $f'(x)<0, f''(x)<0$

解　已知$f(x)$在$(-\infty,+\infty)$为偶函数，$f(x)$的图形关于y轴对称。又知$f(x)$在$(0,+\infty)$上，$f'(x)>0$，$f''(x)>0$，因而函数$f(x)$在$(0,+\infty)$上的图形单增且凹向。

由对称性可知，函数$f(x)$在$(-\infty,0)$上图形单减且凹向，所以在$(-\infty,0)$上$f'(x)<0$，$f''(x)>0$，选 B。

还可通过$f(-x)=f(x)$，求出一阶、二阶导数，确定在$(-\infty,0)$上，y'、y''的符号。

答案： B

【例 1-2-32】对于曲线$y=\frac{1}{5}x^5-\frac{1}{3}x^3$，下列说法不正确的是：

A. 有 3 个极值点　　B. 有 3 个拐点

C. 有 2 个极值点　　D. 对称原点

解　求曲线的极值点：

$$y=\frac{1}{5}x^5-\frac{1}{3}x^3,\ y'=x^4-x^2=x^2(x+1)(x-1)$$

令$y'=0$，驻点$x=-1$，0，1，把定义域分成$(-\infty,-1)$，$(-1,0)$，$(0,1)$，$(1,+\infty)$几个区间。

列表。

例 1-2-32 解表

x	$(-\infty,-1)$	-1	$(-1,0)$	0	$(0,1)$	1	$(1,+\infty)$
$f'(x)$	+	0	−	0	−	0	+
$f(x)$	↗	极大点	↘	无极值	↘	极小点	↗

可知函数有 2 个极值点，选项 C 正确，选项 A 不正确。

本题选项 D 正确，因为$f(x)$为奇函数，图形关于原点对称。

还可通过计算拐点的方法，确定选项 B 正确。

答案： A

【例 1-2-33】方程$x^3+x-1=0$:

A. 无实根　　B. 只有一个实根

C. 有两个实根　　D. 有三个实根

解　设$f(x)=x^3+x-1=0$，$f'(x)=3x^2+1>0$，$x\in(-\infty,+\infty)$，所以$f(x)$单调递增。又显然有$f(0)=-1<0$，$f(1)=1>0$，$f(x)$连续，由零点定理，$f(x)$在(0，1)上存在零点，且由单调性$f(x)$在$x\in(-\infty,+\infty)$内仅有唯一零点，即方程$x^3+x-1=0$只有一个实根。

答案： B

习　题

1-2-1　设$f(x)=\frac{x-1}{x}(x\neq 0,1)$，求$f\left[\frac{1}{f(x)}\right]$等于（　　）。

A. $1-x$　　B. $\frac{1}{1-x}$　　C. $\frac{1}{x}$　　D. x

1-2-2 $\lim\limits_{x\to\infty}\frac{3x^2+5}{5x+3}\sin\frac{2}{x}=$（ ）。

A. 1　　B. $\frac{6}{5}$　　C. 2　　D. -1

1-2-3 极限$\lim\limits_{x\to\infty}\frac{x^3-2x+5}{3x^5+2x+3}(2+\cos x-3\sin x)$的值等于（ ）。

A. $\frac{2}{3}$　　B. 0　　C. -1　　D. 不存在

1-2-4 若$f(u)$在u_0处不可导，$u=g(x)$在x_0处可导，且$u_0=g(x_0)$，则$f[g(x)]$在x_0处（ ）。

A. 可导　　B. 不可导

C. 可能可导也可能不可导　　D. 连续

1-2-5 极限$\lim\limits_{x\to 0}\frac{\ln(1-tx^2)}{x\sin x}$的值等于（ ）。

A. t　　B. $-t$　　C. 1　　D. -1

1-2-6 当$x\to 0$时，$x^2-\sin x$是x的（ ）。

A. 高价无穷小　　B. 同阶无穷小但不是等价无穷小

C. 低阶无穷小　　D. 等价无穷小

1-2-7 $\lim\limits_{x\to 0}\frac{\sqrt{2-2\cos x}}{x}$的结果（ ）。

A. 不存在　　B. 1　　C. $\sqrt{2}$　　D. 2

1-2-8 设$f(x)=\begin{cases}\cos x+x\sin\frac{1}{x} & x<0\\ x^2+1 & x\geqslant 0\end{cases}$，则$x=0$是$f(x)$的（ ）。

A. 可去间断点　　B. 跳跃间断点　　C. 振荡间断点　　D. 连续点

1-2-9 若当$x\to x_0$时，$\alpha(x)$、$\beta(x)$都是无穷小$(\beta\neq 0)$，则$x\to x_0$时，下列哪一个选项不一定是无穷小？（ ）

A. $|\alpha(x)|+|\beta(x)|$　　B. $\alpha^2(x)+\beta^2(x)$

C. $\ln[1+\alpha(x)\beta(x)]$　　D. $\frac{\alpha^2(x)}{\beta(x)}$

1-2-10 若在区间(a,b)内，$f'(x)=g'(x)$，则下列等式中错误的是（ ）。

A. $f(x)=cg(x)$　　B. $f(x)=g(x)+c$

C. $\int df(x)=\int dg(x)$　　D. $df(x)=dg(x)$

（以上各式中，c为任意常数）

1-2-11 已知函数在x_0处可导，且$\lim\limits_{x\to 0}\frac{x}{f(x_0-2x)-f(x_0)}=\frac{1}{4}$，则$f'(x_0)=$（ ）。

A. 4　　B. -4　　C. -2　　D. 2

1-2-12 函数$f(x)=\frac{x+1}{x}$在$[1,2]$上符合拉格朗日定理条件的ξ值为（ ）。

A. $\sqrt{2}$　　B. $-\sqrt{2}$　　C. $\frac{1}{\sqrt{2}}$　　D. $-\frac{1}{\sqrt{2}}$

1-2-13 点$(0,1)$是曲线$y=ax^3+bx^2+c$的拐点，则有（ ）。

A. $a=1$，$b=-3$，$c=1$

B. a为不等于 0 的实数，$b=0$，$c=1$

C. $a=1$，$b=0$，c为不等于 1 的任意实数

D. a、b为任意值，c为不等于 1 的任意实数

1-2-14 曲线$x^3+y^3+(x+1)\cos(\pi y)+9=0$，在$x=-1$点处的法线方程是（ ）。

A. $y+3x+6=0$　　B. $y-3x-1=0$

C. $y-3x-8=0$　　D. $y+3x+1=0$

1-2-15 设由抛物线$y=x^2$与三条直线$x=a$，$x=a+1$，$y=0$所围成的平面图形，当$a=$(　　)时图形的面积最小。

A. $a=1$　　B. $a=-\frac{1}{2}$　　C. $a=0$　　D. $a=2$

1-2-16 若$f''(x)$存在，则函数$y=\ln[f(x)]$的二阶导数为(　　)。

A. $\frac{f''(x)f(x)-[f'(x)]^2}{[f(x)]^2}$　　B. $\frac{f''(x)}{f'(x)}$

C. $\frac{f''(x)f(x)+[f'(x)]^2}{[f(x)]^2}$　　D. $\ln''[f(x)]\cdot f''(x)$

1-2-17 设参数方程$\begin{cases}x=f(t)-\ln f(t)\\ y=tf(t)\end{cases}$确定了$y$是$x$的函数，且$f'(t)$存在，$f(0)=2$，$f'(0)=2$，则当$t=0$时，$\frac{\mathrm{d}y}{\mathrm{d}x}$的值等于(　　)。

A. $\frac{4}{3}$　　B. $-\frac{4}{3}$　　C. -2　　D. 2

1-2-18 设曲线$y=\ln(1+x^2)$，M是曲线上的点，若曲线在M点的切线平行于已知直线$y-x+1=0$，则M点的坐标是(　　)。

A. $(-2,\ln 5)$　　B. $(-1,\ln 2)$　　C. $(1,\ln 2)$　　D. $(2,\ln 5)$

1-2-19 设$f(x)$的二阶导数存在，且$f'(x)=f(1-x)$，则(　　)成立。

A. $f''(x)+f'(x)=0$　　B. $f''(x)-f'(x)=0$

C. $f''(x)+f(x)=0$　　D. $f''(x)-f(x)=0$

1-2-20 设函数$f(x)=\begin{cases}e^{-x}+1 & x\leqslant 0\\ ax+2 & x>0\end{cases}$，若$f(x)$在$x=0$处可导，则$a$的值是(　　)。

A. 1　　B. 2　　C. 0　　D. -1

1-2-21 设$f(x)=\begin{cases}x^2\sin\frac{1}{x} & x>0\\ ax+b & x\leqslant 0\end{cases}$在$x=0$处可导，则$a$，$b$之值为(　　)。

A. $a=1$，$b=0$　　B. $a=0$，b为任意常数

C. $a=0$，$b=0$　　D. $a=1$，b任意常数

1-2-22 已知$\begin{cases}x=\frac{1-t^2}{1+t^2}\\ y=\frac{2t}{1+t^2}\end{cases}$，则$\frac{\mathrm{d}y}{\mathrm{d}x}$为(　　)。

A. $\frac{t^2-1}{2t}$　　B. $\frac{1-t^2}{2t}$　　C. $\frac{x^2-1}{2x}$　　D. $\frac{2t}{t^2-1}$

1-2-23 设$y=(1+x)^{\frac{1}{x}}$，则$y'(1)$等于(　　)。

A. 2　　B. e　　C. $\frac{1}{2}-\ln 2$　　D. $1-\ln 4$

1-2-24 函数$f(x)=10\arctan x-3\ln x$的极大值是(　　)。

A. $10\arctan 2-3\ln 2$　　B. $\frac{5}{2}\pi-3$

C. $10\arctan 3-3\ln 3$　　D. $10\arctan\frac{1}{3}$

1-2-25 设$f(x)$在$(-a,a)$是连续偶函数，且当$0<x<a$时，$f(x)<f(0)$，则(　　)。

A. $f(0)$是$f(x)$在$(-a,a)$的极大值，但不是最大值

B. $f(0)$是$f(x)$在$(-a,a)$的最小值

C. $f(0)$是$f(x)$在$(-a,a)$的极大值，也是最大值

D. $f(0)$是曲线$y=f(x)$的拐点的纵坐标

1-2-26 曲线$y=x^3(x-4)$既单增且向上凹的区间为(　　)。

A. $(-\infty,0)$　　B. $(0,+\infty)$　　C. $(2,+\infty)$　　D. $(3,+\infty)$

1-2-27 函数$f(x)=\frac{x^2}{2}+2x+\ln|x|$在$[-4,-1]$上的最大值为（　　）。

A. 2　　B. 1　　C. ln 4　　D. $-\frac{3}{2}$

1-2-28 设函数$f(x)$在$(-\infty,+\infty)$二阶可导，并且处处满足方程$xf''(x)+3x\left(f'(x)\right)^2=1-e^{-x}$，若$x_0\neq 0$是该函数的一个驻点，则下列命题成立的是（　　）。

A. $\left(x_0 f(x_0)\right)$是曲线$y=f(x)$的拐点

B. $f(x_0)$是$f(x)$的极小值

C. $f(x_0)$是$f(x)$的极大值

D. $f(x_0)$不是极值，$\left(x_0,f(x_0)\right)$也不是曲线$y=f(x)$的拐点

第三节　一元函数积分学

一、不定积分

（一）不定积分的概念

1. 原函数定义

定义在某区间I上的函数$f(x)$，若存在函数$F(x)$，使得该区间上的一切x，均有$F'(x)=f(x)$或$\mathrm{d}F(x)=f(x)\mathrm{d}x$，则称$F(x)$为$f(x)$在区间$I$上的原函数。

若函数$f(x)$存在两个原函数，那么它们只相差一个常数。由于常数的导数为零，所以函数$f(x)$如果有原函数，则$f(x)$就有无穷多个原函数，可表示为$F(x)+C$。

2. 不定积分定义

函数$f(x)$的全体原函数称为$f(x)$的不定积分，记作$\int f(x)\mathrm{d}x$。

若$F(x)$是$f(x)$的一个原函数，则$\int f(x)\mathrm{d}x=F(x)+C$　（C为任意常数）　(1-3-1)

3. 不定积分的性质

利用原函数的定义和不定积分的概念可得到下面性质

$$\int kf(x)\mathrm{d}x=k\int f(x)\mathrm{d}x\quad(\text{常数}k\neq 0)$$

$$\int[f(x)\pm g(x)]\mathrm{d}x=\int f(x)dx\pm\int g(x)\mathrm{d}x$$

$$\mathrm{d}\int f(x)\mathrm{d}x=f(x)\mathrm{d}x,\quad \frac{\mathrm{d}}{\mathrm{d}x}\int f(x)\mathrm{d}x=f(x)$$

$$\int \mathrm{d}F(x)=F(x)+C,\quad \int F'(x)\mathrm{d}x=F(x)+C$$

（二）不定积分的计算

1. 利用原函数的定义计算不定积分

2. 利用积分公式计算不定积分

常用的不定积分公式有：

$$\int k\mathrm{d}x=kx+C\quad(k\text{是常数})\qquad\qquad \int x^\mu\mathrm{d}x=\frac{x^{\mu+1}}{\mu+1}+C\quad(\mu\neq -1)$$

$$\int \frac{dx}{x} = \ln|x| + C$$

$$\int \frac{dx}{1+x^2} = \arctan x + C \qquad \int \frac{dx}{\sqrt{1-x^2}} = \arcsin x + C$$

$$\int \cos x\,dx = \sin x + C \qquad \int \sin x\,dx = -\cos x + C$$

$$\int \frac{dx}{\cos^2 x} = \int \sec^2 x dx = \tan x + C \qquad \int \frac{dx}{\sin^2 x} = \int \csc^2 x dx = -\cot x + C$$

$$\int \sec x \tan x\,dx = \sec x + C \qquad \int \csc x \cot x\,dx = -\csc x + C$$

$$\int e^x dx = e^x + C \qquad \int a^x dx = \frac{a^x}{\ln a} + C \quad (a > 0, a \neq 1)$$

$$\int \mathrm{sh}x dx = \mathrm{ch}x + C \qquad \int \mathrm{ch}x dx = \mathrm{sh}x + C$$

$$\int \tan x\,dx = -\ln|\cos x| + C \qquad \int \cot x\,dx = \ln|\sin x| + C$$

$$\int \sec x\,dx = \ln|\sec x + \tan x| + C \qquad \int \csc x\,dx = \ln|\csc x - \cot x| + C$$

$$\int \frac{dx}{a^2+x^2} = \frac{1}{a}\arctan\frac{x}{a} + C \qquad \int \frac{dx}{x^2-a^2} = \frac{1}{2a}\ln\left|\frac{x-a}{x+a}\right| + C$$

$$\int \frac{dx}{\sqrt{a^2-x^2}} = \arcsin\frac{x}{a} + C \qquad \int \frac{dx}{\sqrt{x^2-a^2}} = \ln\left|x + \sqrt{x^2-a^2}\right| + C$$

$$\int \frac{dx}{\sqrt{x^2+a^2}} = \ln\left(x + \sqrt{x^2+a^2}\right) + C$$

3. 换元积分法

第一类换元积分法：设$f(u)$具有原函数$F(u)$，而$u = \varphi(x)$可导，则有

$$\int f[\varphi(x)]\varphi'(x)dx = \int f(u)du = F[\varphi(x)] + C \tag{1-3-2}$$

第二类换元积分法：设$x = \varphi(t)$在区间$[\alpha, \beta]$上单调可导，且$\varphi'(t) \neq 0$，又设$f[\varphi(t)]\varphi'(t)$具有原函数$F(t)$，则有

$$\int f(x)dx = \int f[\varphi(t)]\varphi'(t)dt = F(t) + c = F[\varphi^{-1}(x)] + C \tag{1-3-3}$$

式中，$\varphi^{-1}(x)$为$x = \varphi(t)$的反函数。

用式（1-3-3），在计算时可根据函数的特点适当选择代换函数。常用的代换有三角代换、根式代换、倒代换等。

三角代换，如被积函数$f(x)$中含有

$$\sqrt{a^2-x^2}，可设x = a\sin t \quad \left(-\frac{\pi}{2} < t < \frac{\pi}{2}\right)$$

$$\sqrt{x^2+a^2}，可设x = a\tan t \quad \left(-\frac{\pi}{2} < t < \frac{\pi}{2}\right)$$

$$\sqrt{x^2-a^2}，可设x = a\sec t \quad \left(0 < t < \frac{\pi}{2}\right)$$

根式代换，如$\int \frac{1}{\sqrt{2x-1}+1}dx$，可设$\sqrt{2x-1} = t$

倒代换，如$\int \frac{1}{x\sqrt{x^2-1}}dx$，可设$x = \frac{1}{t}(t > 0$ 或$t < 0)$

4. 分部积分法

设$u(x)$，$v(x)$有连续的一阶导数，且$\int v(x)\mathrm{d}u(x)$存在，由公式$\mathrm{d}(uv)=u\mathrm{d}v+v\mathrm{d}u$得到分部积分公式

$$\int u\mathrm{d}v=uv-\int v\mathrm{d}u$$

或

$$\int uv'\mathrm{d}x=uv-\int vu'\mathrm{d}x \tag{1-3-4}$$

利用分部积分公式计算不定积分的方法称为分部积分法。

分部积分法的关键是正确地选择u和v，选择u和v一般要考虑下面两点：①v要容易求；②$\int v\mathrm{d}u$要比$\int u\mathrm{d}v$易求。如果被积函数是正整数次幂函数与正（余）弦函数的乘积或是正整数次幂函数与指数函数的乘积时，设幂函数为u，其余的为v'。如果被积函数是正整数次幂函数与对数函数的乘积或是幂函数与反三角函数的乘积时，设对数函数或反三角函数为u，其余的为v'。掌握了这些规律，对解决一部分不定积分是有利的，对后面求定积分也是有用的。在定积分分部积分法中，设u和v'的方法与不定积分方法完全一致。

5. 有理函数积分

有理函数是指两个多项式的商所表示的函数，即

$$R(x)=\frac{P_n(x)}{Q_m(x)}=\frac{a_0x^n+a_1x^{n-1}+\cdots+a_n}{b_0x^m+b_1x^{m-1}+\cdots+b_m}$$

式中m，n为非负整数，$a_0\neq 0$，$b_0\neq 0$，$P_n(x)$与$Q_m(x)$无公因式。当次数$m>n$时称为真分式，次数$m\leqslant n$时称为假分式。计算时，先通过代数变形或多项式除法化假分式为一个多项式和真分式之和，再把真分式的分母在实数范围内因式分解，转换为部分分式之和，用比较同次幂或代特殊值法确定待定系数，再积分。

运用上述方法可将真分式的不定积分化为下面四类积分：

I. $\int\frac{A}{x-a}\mathrm{d}x$ II. $\int\frac{A}{(x-a)^n}\mathrm{d}x$ III. $\int\frac{Mx+N}{x^2+Px+Q}\mathrm{d}x$ IV. $\int\frac{Mx+N}{(x^2+Px+Q)^n}\mathrm{d}x$

以上是解有理函数不定积分的一般步骤，但在解此类题之前应先考虑是否有更简便的方法，这一点应注意。

6. 三角函数有理式的积分

三角函数有理式的不定积分可通过三角代换设$\tan\frac{x}{2}=u$来解决，$\mathrm{d}x=\frac{2}{1+u^2}\mathrm{d}u$，$\sin x=\frac{2u}{1+u^2}$，$\cos x=\frac{1-u^2}{1+u^2}$化为有理函数的积分。对于三角函数的有理式积分，在解题前同样要考虑有没有更简便的方法来求解。

7. 简单无理函数的积分

$$\int R(x,\sqrt[n]{ax+b})\mathrm{d}x\,,\quad \int R\left(x,\sqrt[n]{\frac{ax+b}{cx+d}}\right)\mathrm{d}x$$

可通过变量替换，设$\sqrt[n]{ax+b}$，$\sqrt[n]{\frac{ax+b}{cx+d}}$为$u$，转化为以$u$为变量的有理函数，原积分即可化为有理函数的积分。

【例 1-3-1】 已知$\frac{\sin x}{1+x\sin x}$为$f(x)$的一个原函数，求$\int f(x)f'(x)\mathrm{d}x$。

解 $$\int f(x)f'(x)\mathrm{d}x = \int f(x)\mathrm{d}f(x) = \frac{1}{2}f^2(x) + C$$

由原函数定义可知

$$f(x) = \left(\frac{\sin x}{1 + x\sin x}\right)' = \frac{\cos x\,(1 + x\sin x) - \sin x\,(\sin x + x\cos x)}{(1 + x\sin x)^2} = \frac{\cos x - \sin^2 x}{(1 + x\sin x)^2}$$

$$原式 = \frac{1}{2}\left[\frac{\cos x - \sin^2 x}{(1 + x\sin x)^2}\right]^2 + C$$

【例 1-3-2】 已知$f(x)$为连续的偶函数，则$f(x)$的原函数中：

A. 有奇函数　　B. 都是奇函数

C. 都是偶函数　　D. 没有奇函数也没有偶函数

解 举例$f(x) = x^2$，$\int x^2\mathrm{d}x = \frac{1}{3}x^3 + C$

当$C = 0$时，$\int x^2\mathrm{d}x = \frac{1}{3}x^3$为奇函数；

当$C = 1$时，$\int x^2\mathrm{d}x = \frac{1}{3}x^3 + 1$为非奇非偶函数。

答案： A

【例 1-3-3】 $f'(e^x) = 1 + x$，则$f(x)$等于：

A. $x + \frac{1}{2}x^2 + C$　　B. $x\ln x + C$

C. $x + e^x + C$　　D. $(1 + x)^2 + C$

解 **方法 1：** 把式子转化为关于$f(x)$形式的表达式，设$e^x = t$，$x = \ln t$，则$f'(t) = 1 + \ln t$，即$f'(x) = 1 + \ln x$

$$\begin{aligned} f(x) &= \int(1 + \ln x)\mathrm{d}x = x + \int \ln x\,\mathrm{d}x \\ &= x + x\ln x - \int 1\mathrm{d}x = x + x\ln x - x + C \\ &= x\ln x + C \end{aligned}$$

方法 2： 等式两边同乘以e^x，即$f'(e^x)\cdot e^x = (1 + x)\cdot e^x$，两边积分，可得

$$\begin{aligned} f(e^x) &= \int(1 + x)\cdot e^x\mathrm{d}x = \int(1 + x)\mathrm{d}e^x \\ &= (1 + x)\cdot e^x - \int e^x\mathrm{d}x = (1 + x)\cdot e^x - e^x + C \\ &= xe^x + C \end{aligned}$$

所以$f(x) = x\ln x + C$

答案： B

【例 1-3-4】 若$\sec^2 x$是$f(x)$的一个原函数，则$\int xf(x)\mathrm{d}x$等于：

A. $\tan x + C$　　B. $x\tan x - \ln|\cos x| + C$

C. $x\sec^2 x + \tan x + C$　　D. $x\sec^2 x - \tan x + C$

解 $\int xf(x)\mathrm{d}x = \int x\,\mathrm{d}\sec^2 x = x\sec^2 x - \int \sec^2 x\mathrm{d}x = x\sec^2 x - \tan x + C$

答案： D

【例 1-3-5】 若$\int f(x)\mathrm{d}x = x^3 + C$，则$\int f(\cos x)\sin x\,\mathrm{d}x$等于：

A. $-\cos^3 x + C$　　B. $\sin^3 x + C$

C. $\cos^3 x + C$　　D. $\frac{1}{3}\cos^3 x + C$

解 已知$\int f(x)\mathrm{d}x = x^3 + C$，先将$\int f(\cos x)\sin x\,\mathrm{d}x$换成已给式子形式。

设$\cos x = u$，$\mathrm{d}u = -\sin x\,\mathrm{d}x$，$\sin x\,\mathrm{d}x = -\mathrm{d}u$，则

$$\int f(\cos x)\sin x\,\mathrm{d}x = -\int f(u)\mathrm{d}u = -u^3 + C = -(\cos x)^3 + C = -\cos^3 x + C$$

答案： A

【例 1-3-6】 下列积分式中，正确的是：

A. $\int \cos(2x+3)\,\mathrm{d}x = \sin(2x+3) + C$　　B. $\int e^{\sqrt{x}}\mathrm{d}x = e^{\sqrt{x}} + C$

C. $\int \ln x\,\mathrm{d}x = x\ln x - x + C$　　D. $\int \frac{1}{\sqrt{4-x^2}}\mathrm{d}x = \frac{1}{2}\arcsin\frac{x}{2} + C$

解 计算如下

选项 A，$\int \cos(2x+3)\,\mathrm{d}x = \frac{1}{2}\int \cos(2x+3)\,\mathrm{d}(2x+3) = \frac{1}{2}\sin(2x+3) + C$，错误。

选项 B，设$\sqrt{x} = t$，$x = t^2$，$\mathrm{d}x = 2t\mathrm{d}t$，$\int e^{\sqrt{x}}\mathrm{d}x = 2\int e^t \cdot t\mathrm{d}t = 2(te^t - \int e^t\mathrm{d}t) = 2e^t(t-1) + C = 2e^{\sqrt{x}}(\sqrt{x}-1) + C$，错误。

选项 C，$\int \ln x\,\mathrm{d}x \xlongequal{\text{分部积分}} x\ln x - \int \mathrm{d}x = x\ln x - x + C$，正确。

选项 D，$\int \frac{1}{\sqrt{4-x^2}}\mathrm{d}x \xlongequal{\text{积分公式}} \arcsin\frac{x}{2} + C$，错误。

答案： C

【例 1-3-7】 不定积分$\int \frac{x}{\sin^2(x^2+1)}\mathrm{d}x$等于：

A. $-\frac{1}{2}\cot(x^2+1) + C$　　B. $\frac{1}{\sin(x^2+1)} + C$

C. $-\frac{1}{2}\tan(x^2+1) + C$　　D. $-\frac{1}{2}\cot x + C$

解 本题可用第一类换元积分方法计算，也可用凑微分方法计算。

方法 1： 设$t = x^2 + 1$，则有$\mathrm{d}t = 2x\mathrm{d}x$

$\int \frac{x}{\sin^2(x^2+1)}\mathrm{d}x = \int \frac{1}{\sin^2 t}\frac{1}{2}\mathrm{d}t = \frac{1}{2}\int \csc^2 t\mathrm{d}t = -\frac{1}{2}\cot t + C = -\frac{1}{2}\cot(x^2+1) + C$

方法 2： $\int \frac{x}{\sin^2(x^2+1)}\mathrm{d}x = \frac{1}{2}\int \frac{1}{\sin^2(x^2+1)}\mathrm{d}(x^2+1) = -\frac{1}{2}\cot(x^2+1) + C$

答案： A

二、定积分

（一）定积分概念

定积分的引入是应实际的需要而产生的，如数学中计算曲边梯形的面积，物理中计算变速直线运动的物体在时间$[t_1, t_2]$内所经过的路程等。

1. 定积分定义

设$f(x)$是定义在$[a,b]$上的有界函数，在$[a,b]$中任意插入一些分点$a = x_0 < x_1 < \cdots < x_n = b$，把$[a,b]$分成$n$个小区间，每个小区间的长度为$\Delta x_i = x_i - x_{i-1}(i = 1,2,\cdots,n)$，在每个小区间$[x_{i-1}, x_i]$上任意取一点$\xi_i$，作函数值与小区间$\Delta x_i$的乘积$f(\xi_i)\Delta x_i$(其中,$i = 1,2,\cdots,n$)，作和式$\sum_{i=1}^{n} f(\xi_i)\Delta x_i$，令$\lambda = \max\{\Delta x_i(i = 1,2,\cdots,n)\} \to 0$，如果上式极限（这个极限与区间的分法及各小区间上$\xi_i$的取法无关）存在，则称此极限为函数$f(x)$在$[a,b]$上的定积分，记作$\int_a^b f(x)\mathrm{d}x$，即

$$\int_a^b f(x)\mathrm{d}x = \lim_{\lambda \to 0}\sum_{i=1}^{n} f(\xi_i)\Delta x_i \tag{1-3-5}$$

2. 定积分的几何意义、物理意义

几何意义：

当在$[a,b]$上$f(x)\geqslant 0$，$\int_a^b f(x)\mathrm{d}x$表示由曲线$y=f(x)$，x轴和直线$x=a$、$x=b$所围成图形的面积；

当在$[a,b]$上$f(x)\leqslant 0$，$\int_a^b f(x)\mathrm{d}x$表示由曲线$y=f(x)$，x轴和直线$x=a$、$x=b$所围成图形的面积的负值；

当$f(x)$可正可负，$\int_a^b f(x)\mathrm{d}x$表示由曲线$y=f(x)$，x轴和直线$x=a$、$x=b$所围成图形的面积的代数和。

物理意义：$\int_a^b f(x)\mathrm{d}x$可以表示不同的物理量，如变速直线运动所经过的路程，变力所做的功。

为了以后计算和应用方便，对定积分作以下两点补充规定：

（1）当$a=b$时，$\int_a^b f(x)\mathrm{d}x=0$；

（2）当$a>b$时，$\int_a^b f(x)\mathrm{d}x=-\int_b^a f(x)\mathrm{d}x$。

3. 定积分性质

（1）若$f(x)$在$[a,b]$上可积，k为常数，则

$$\int_a^b kf(x)\mathrm{d}x=k\int_a^b f(x)\mathrm{d}x \tag{1-3-6}$$

（2）若$f(x)$，$g(x)$在$[a,b]$上可积，则

$$\int_a^b [f(x)\pm g(x)]\mathrm{d}x=\int_a^b f(x)\mathrm{d}x\pm\int_a^b g(x)\mathrm{d}x$$

（3）如果$a<c<b$，则$f(x)$在$[a,b]$上可积，有

$$\int_a^b f(x)\mathrm{d}x=\int_a^c f(x)\mathrm{d}x+\int_c^b f(x)\mathrm{d}x \tag{1-3-7}$$

（4）如果在区间$[a,b]$上，$f(x)=1$，则

$$\int_a^b 1\mathrm{d}x=\int_a^b \mathrm{d}x=b-a$$

（5）如果在区间$[a,b]$上$f(x)$可积，$f(x)\geqslant 0$，则$\int_a^b f(x)\mathrm{d}x\geqslant 0(a<b)$。

（6）如果在区间$[a,b]$上$f(x)$、$g(x)$可积，$f(x)\leqslant g(x)$，则有

$$\int_a^b f(x)\mathrm{d}x\leqslant\int_a^b g(x)\mathrm{d}x$$

（7）设M及m分别是$f(x)$在区间$[a,b]$上的最大值及最小值，$f(x)$在$[a,b]$上可积，则

$$m(b-a)\leqslant\int_a^b f(x)\mathrm{d}x\leqslant M(b-a)\quad(a<b)$$

（8）定积分中值定理。如果函数$f(x)$在闭区间$[a,b]$上连续，则在积分区间$[a,b]$上至少存在一个点ξ，使下式成立

$$\int_a^b f(x)\mathrm{d}x=f(\xi)(b-a)\quad(a\leqslant\xi\leqslant b) \tag{1-3-8}$$

4. 积分上限函数

（1）设$f(x)$在$[a,b]$上连续，$x\in[a,b]$，称$\int_a^x f(t)\mathrm{d}t$为积分上限函数，记作$\Phi(x)=\int_a^x f(t)\mathrm{d}t$。

（2）若$f(x)$在$[a,b]$上连续，则积分上限函数的导数

$$\Phi'(x)=\left[\int_a^x f(t)\mathrm{d}t\right]'=f(x)\quad(a\leqslant x\leqslant b)$$

上式可说明积分上限函数$\int_a^x f(t)\mathrm{d}t$是$f(x)$的一个原函数。

（3）若$f(x)$在$[a,b]$上连续，且$g(x)$可导，则$\left[\int_a^{g(x)} f(t)\mathrm{d}t\right]' \xlongequal{u=g(x)} f(u)\cdot g'(x)=f[g(x)]\cdot g'(x)$。

注：如果给出的函数为积分下限函数，求导时，可利用定积分的性质，交换积分下限函数的上、下限，且改变原积分的符号，化为积分上限函数，再利用积分上限求导的方法计算。

（二）定积分的计算

（1）利用定义计算：即分割、取近似、求和、取极限的方法。

（2）利用牛顿-莱布尼兹公式计算：设函数$f(x)$在$[a,b]$上连续，$F(x)$为其原函数，则

$$\int_a^b f(x)\mathrm{d}x=F(x)\Big|_a^b=F(b)-F(a)$$

（3）利用换元法计算：若$f(x)$在$[a,b]$上连续，$x=\varphi(t)$满足条件：①$\varphi(\alpha)=a$，$\varphi(\beta)=b$；②$\varphi(t)$在$[\alpha,\beta]$（或$[\beta,\alpha]$）上具有连续导数，则

$$\int_a^b f(x)\mathrm{d}x=\int_\alpha^\beta f[\varphi(t)]\varphi'(t)\mathrm{d}t \tag{1-3-9}$$

（4）利用分部积分法计算：设$u=u(x)$、$v=v(x)$在$[a,b]$上连续可导，则

$$\int_a^b u(x)v'(x)\mathrm{d}x=u(x)v(x)\Big|_a^b-\int_a^b u'(x)v(x)\mathrm{d}x \tag{1-3-10}$$

或

$$\int_a^b u(x)\mathrm{d}v(x)=u(x)v(x)\Big|_a^b-\int_a^b v(x)\mathrm{d}u(x)$$

定积分的换元法、分部积分法与不定积分采用的方法是一致的，只多了上下限。不定积分的换元法有第一、二类之分，并且有不同的公式，而定积分换元法只有一个计算式，从公式（1-3-10）左往右推，就是第二类换元法，从公式（1-3-10）右往左推就是第一类换元法。定积分分部积分中u与$\mathrm{d}v$的取法与不定积分相同。

（5）利用定积分的性质计算。

（6）利用公式计算：

①$\int_0^{\frac{\pi}{2}}\sin^m x\mathrm{d}x=\int_0^{\frac{\pi}{2}}\cos^m x\mathrm{d}x$ （m为正整数）

$$=\begin{cases}\dfrac{m-1}{m}\times\dfrac{m-3}{m-2}\times\cdots\times\dfrac{5}{6}\times\dfrac{3}{4}\times\dfrac{1}{2}\times\dfrac{\pi}{2} & (m\text{为正偶数})\\ \dfrac{m-1}{m}\times\dfrac{m-3}{m-2}\times\cdots\times\dfrac{6}{7}\times\dfrac{4}{5}\times\dfrac{2}{3}\times1 & (m\text{为大于 1 的奇数})\end{cases}$$

②$\int_0^\pi\sin^m x\mathrm{d}x=2\int_0^{\frac{\pi}{2}}\sin^m x\mathrm{d}x$ （m为正整数）

③$\int_{-a}^a f(x)\mathrm{d}x=\begin{cases}2\int_0^a f(x)\mathrm{d}x & f(x)\text{为偶函数}\\ 0 & f(x)\text{为奇函数}\end{cases}$

④$\int_a^{a+T} f(x)\mathrm{d}x=\int_0^T f(x)\mathrm{d}x$ ［a为实数、T为周期函数$f(x)$的周期］

⑤$\int_0^\pi xf(\sin x)\mathrm{d}x=\frac{\pi}{2}\int_0^\pi f(\sin x)\mathrm{d}x$

【例 1-3-8】 $\frac{\mathrm{d}}{\mathrm{d}x}\int_{2x}^0 e^{-t^2}\mathrm{d}t$等于：

A. e^{4x^2}　　B. $2e^{-4x^2}$　　C. $-2e^{-4x^2}$　　D. e^{-x^2}

解 $\frac{\mathrm{d}}{\mathrm{d}x}\int_{2x}^0 e^{-t^2}\mathrm{d}t=-\frac{\mathrm{d}}{\mathrm{d}x}\int_0^{2x} e^{-t^2}\mathrm{d}t=-e^{-4x^2}\cdot2=-2e^{-4x^2}$

答案： C

注：该题是积分下限函数求导，可以利用定积分的性质将其转化为积分上限函数，故有$\int_{2x}^{0} e^{-t^2}\,\mathrm{d}t = -\int_{0}^{2x} e^{-t^2}\,\mathrm{d}t$，然后利用公式即可求出。

【例 1-3-9】设$f(x)$在$(-\infty,+\infty)$连续，$x \neq 0$，则$\varphi(x) = \int_0^{\frac{1}{x}} f(t)\mathrm{d}t$的导数为：

A. $-\frac{1}{x^2} f\left(\frac{1}{x}\right)$　　B. $f\left(\frac{1}{x}\right)$　　C. $f(x)$　　D. $f\left(\frac{1}{x}\right)\ln x$

解 本题为积分上限函数，按前述公式计算。

$$\varphi'(x) = \frac{\mathrm{d}}{\mathrm{d}x}\int_0^{\frac{1}{x}} f(t)\mathrm{d}t = f\left(\frac{1}{x}\right)\left(-\frac{1}{x^2}\right) = -\frac{1}{x^2} f\left(\frac{1}{x}\right)$$

答案：A

【例 1-3-10】设f连续，$f(0)=1$，那么$\lim\limits_{x\to 0}\frac{\int_0^x tf(t)\mathrm{d}t}{x^2}$的值为：

A. 1　　B. $\frac{1}{2}$　　C. $\frac{3}{2}$　　D. 2

解 $\lim\limits_{x\to 0}\frac{\int_0^x t f(t)\mathrm{d}t}{x^2} \overset{\frac{0}{0}}{=} \lim\limits_{x\to 0}\frac{xf(x)}{2x} = \lim\limits_{x\to 0}\frac{f(x)}{2} = \frac{1}{2}$

答案：B

【例 1-3-11】计算$\int_0^{\pi}\sqrt{\sin^3 x - \sin^5 x}\,\mathrm{d}x$，其值为：

A. $\frac{4}{5}$　　B. 0　　C. $\frac{2}{5}$　　D. 1

解

$$\begin{aligned}
\text{原式} &= \int_0^{\pi}\sqrt{\sin^3 x(1-\sin^2 x)}\,\mathrm{d}x = \int_0^{\pi}(\sin x)^{\frac{3}{2}}|\cos x|\mathrm{d}x \\
&= \int_0^{\frac{\pi}{2}}(\sin x)^{\frac{3}{2}}|\cos x|\mathrm{d}x + \int_{\frac{\pi}{2}}^{\pi}(\sin x)^{\frac{3}{2}}|\cos x|\mathrm{d}x \\
&= \int_0^{\frac{\pi}{2}}(\sin x)^{\frac{3}{2}}\cos x\,\mathrm{d}x + \int_{\frac{\pi}{2}}^{\pi}(\sin x)^{\frac{3}{2}}(-\cos x)\mathrm{d}x \\
&= \frac{2}{5}(\sin x)^{\frac{5}{2}}\Big|_0^{\frac{\pi}{2}} - \frac{2}{5}(\sin x)^{\frac{5}{2}}\Big|_{\frac{\pi}{2}}^{\pi} = \frac{4}{5}
\end{aligned}$$

答案：A

【例 1-3-12】计算$\int_{-2}^{2}(|x|+x)e^{|x|}\mathrm{d}x$，其值为：

A. x　　B. $2(e^2+1)$　　C. e^2　　D. 无法确定

解

$$\text{原式} = \int_{-2}^{2}|x|e^{|x|}\mathrm{d}x + \int_{-2}^{2}xe^{|x|}\mathrm{d}x$$

因$f(x) = xe^{|x|}$为奇函数，故$\int_{-2}^{2}xe^{|x|}\mathrm{d}x = 0$，则

$$\begin{aligned}
\text{原式} &= 2\int_0^2|x|e^{|x|}\mathrm{d}x \quad \left[\text{因}f(x) = |x|e^{|x|}\text{为偶函数}\right] \\
&= 2\int_0^2 xe^x\mathrm{d}x = 2\int_0^2 x\mathrm{d}e^x = 2\left(xe^x\Big|_2^0 - \int_0^2 e^x\mathrm{d}x\right) \\
&= 2(2e^2 - e^2 + 1) = 2(e^2+1)
\end{aligned}$$

答案：B

【例 1-3-13】下列定积分中，积分值为零的是：

A. $\int_1^2 \ln x\,\mathrm{d}x$　　B. $\int_{-1}^{1} e^x\mathrm{d}x$　　C. $\int_{-\frac{\pi}{2}}^{\frac{\pi}{2}} x\cos x\,\mathrm{d}x$　　D. $\int_{-1}^{1} x^2\mathrm{d}x$

解 选项 A，根据定积分的性质，$x \in [1,2]$时，且除了$x=1$点外，连续函数$\ln x > 0$，所以

$\int_1^2 \ln x\mathrm{d}x > 0$。

选项 B，根据定积分的性质，$x \in [-1,1]$时，连续函数$e^x > 0$，所以$\int_{-1}^1 e^x\mathrm{d}x > 0$。

选项 C，根据奇函数在对称区间的性质，被积函数$f(x) = x\cos x$为奇函数，所以$\int_{-\frac{\pi}{2}}^{\frac{\pi}{2}} x\cos x\,\mathrm{d}x = 0$。

选项 D，根据定积分的性质，$x \in [-1,1]$时，且除了$x = 0$点外，连续函数$x^2 > 0$，所以$\int_{-1}^1 x^2\mathrm{d}x > 0$。

答案： C

【例 1-3-14】 设$f(x)$为$(-\infty,+\infty)$上的连续函数，且满足$f(x) = 3x^2 - x\int_0^1 f(x)\mathrm{d}x$，则$f(x)$的表达式为：

A. $\frac{2}{3}$　　B. $3x^2$　　C. $3x^2 - \frac{2}{3}x$　　D. $3x^2 - \frac{2}{3}$

解 因为$f(x)$在$[0,1]$上连续，所以$\int_0^1 f(x)\,\mathrm{d}x$为一确定的值。

设$\int_0^1 f(x)\mathrm{d}x = A$，则$f(x) = 3x^2 - xA$

两边积分

$$\int_0^1 f(x)\mathrm{d}x = \int_0^1 3x^2\mathrm{d}x - \int_0^1 Ax\mathrm{d}x$$

$$A = 1 - \frac{A}{2}\cdot x^2\Big|_0^1,\ A = 1 - \frac{A}{2},\ A = \frac{2}{3}$$

$$f(x) = 3x^2 - Ax = 3x^2 - \frac{2}{3}x$$

答案： C

注：该题的基本思想是将定积分（某个确定数字）设为未知量进行求解，最后再反代回原方程求出$f(x)$的表达式。

【例 1-3-15】 设$f''(u)$连续，已知$n\int_0^1 xf''(2x)\mathrm{d}x = \int_0^2 tf''(t)\mathrm{d}t$，那么$n$为：

A. 2　　B. 1　　C. 3　　D. 4

解 设$2x = t$，$x = \frac{t}{2}$，$\mathrm{d}x = \frac{1}{2}\mathrm{d}t$，当$x = 1$，$t = 2$；当$x = 0$，$t = 0$。

左$= n\int_0^2 \frac{t}{2} f''(t)\frac{1}{2}\mathrm{d}t = \frac{n}{4}\int_0^2 tf''(t)\mathrm{d}t$，右$= \int_0^2 tf''(t)\mathrm{d}t$，左$=$右。

所以$\frac{n}{4} = 1$，$n = 4$。

答案： D

三、广义积分

（一）无穷限积分

设$f(x)$在$[a,+\infty)$上连续，且对任何$b > a$，若极限$\lim\limits_{b\to+\infty}\int_a^b f(x)\mathrm{d}x$存在，则定义

$$\int_a^{+\infty} f(x)\mathrm{d}x = \lim_{b\to+\infty}\int_a^b f(x)\mathrm{d}x \tag{1-3-11}$$

并说$f(x)$在$[a,+\infty)$上广义积分存在或收敛；若上述极限不存在，就说广义积分不存在或发散。同理可定义

$$\int_{-\infty}^b f(x)\mathrm{d}x = \lim_{a\to-\infty}\int_a^b f(x)\mathrm{d}x \tag{1-3-12}$$

$$\int_{-\infty}^{+\infty} f(x)\mathrm{d}x = \int_{-\infty}^c f(x)\mathrm{d}x + \int_c^{+\infty} f(x)\mathrm{d}x \tag{1-3-13}$$

其中c为$(-\infty,+\infty)$上任一点。只有当右边两个广义积分都存在时，广义积分才收敛。若有一个不存在，则广义积分发散。

（二）无界函数积分

设函数$f(x)$在$(a,b]$上有连续，在点a的右邻域内无界，取$\varepsilon>0$，如果极限$\lim\limits_{\varepsilon\to0^+}\int_{a+\varepsilon}^{b}f(x)\mathrm{d}x$存在，则称此极限为函数$f(x)$在$(a,b]$上的广义积分，仍然记作

$$\int_a^b f(x)\mathrm{d}x=\lim_{\varepsilon\to0^+}\int_{a+\varepsilon}^{b}f(x)\mathrm{d}x \tag{1-3-14}$$

这时也称广义积分$\int_a^b f(x)\mathrm{d}x$收敛。如果上述极限不存在，就称广义积分$\int_a^b f(x)\mathrm{d}x$发散。

类似地，设函数$f(x)$在$[a,b)$上连续，而在点b的左邻域内无界，取$\varepsilon>0$，如果极限$\lim\limits_{\varepsilon\to0^+}\int_a^{b-\varepsilon}f(x)\mathrm{d}x$存在，则定义

$$\int_a^b f(x)\mathrm{d}x=\lim_{\varepsilon\to0^+}\int_a^{b-\varepsilon}f(x)\mathrm{d}x \tag{1-3-15}$$

这时也称广义积分$\int_a^b f(x)\mathrm{d}x$收敛。否则，就称广义积分$\int_a^b f(x)\mathrm{d}x$发散。

设函数$f(x)$在$[a,b]$上除点$c(a<c<b)$外连续，而在点c的邻域内无界，如果两个广义积分$\int_a^c f(x)\mathrm{d}x$与$\int_c^b f(x)\mathrm{d}x$都收敛，则定义

$$\int_a^b f(x)\mathrm{d}x=\int_a^c f(x)\mathrm{d}x+\int_c^b f(x)\mathrm{d}x=\lim_{\varepsilon\to0^+}\int_a^{c-\varepsilon}f(x)\mathrm{d}x+\lim_{\varepsilon\to0^+}\int_{c+\varepsilon}^{b}f(x)\mathrm{d}x \tag{1-3-16}$$

这时也称广义积分$\int_a^b f(x)\mathrm{d}x$收敛。否则，就称广义积分$\int_a^b f(x)\mathrm{d}x$发散。

上述广义积分，在计算中都是先通过计算定积分，再取极限求出最后的结果。在计算定积分时，常义积分所用的一切计算方法均能使用，在求极限时有时还要用到洛必达法则才能求出最后的极限。对于无界函数的积分，它很容易和常义积分混淆在一起，计算前要认真分析一下是常义积分还是广义积分，否则将会出现错误的结果。

【例 1-3-16】 广义积分$\int_e^{+\infty}\frac{1}{x(\ln x)^2}\mathrm{d}x$的值为：

A. 1　　B. 0　　C. 2　　D. 发散

解　方法 1：

$$原式=\lim_{b\to+\infty}\int_e^b\frac{1}{(\ln x)^2}\mathrm{d}\ln x=\lim_{b\to+\infty}\left(-\frac{1}{\ln x}\right)\Big|_e^b=-\lim_{b\to+\infty}\left(\frac{1}{\ln b}-\frac{1}{\ln e}\right)=1$$

方法 2：

$$原式=\int_e^{+\infty}\frac{1}{(\ln x)^2}\mathrm{d}\ln x=-\frac{1}{\ln x}\Big|_e^{+\infty}=-\left(\lim_{x\to+\infty}\frac{1}{\ln x}-1\right)=1$$

答案： A

【例 1-3-17】 广义积分$\int_{-1}^{1}\frac{1}{x^3}\mathrm{d}x$的值为：

A. 0　　B. 发散　　C. 2　　D. 1

解　$\lim\limits_{x\to0}\frac{1}{x^3}=\infty$，$x=0$为无穷不连续点。

方法 1：

$$原式=\int_{-1}^{0}\frac{1}{x^3}\mathrm{d}x+\int_0^1\frac{1}{x^3}\mathrm{d}x$$

因

$$\int_0^1\frac{1}{x^3}\mathrm{d}x=\lim_{\varepsilon\to0^+}\int_\varepsilon^1\frac{1}{x^3}\mathrm{d}x=\lim_{\varepsilon\to0^+}\left(-\frac{1}{2}\right)\left(\frac{1}{x^2}\right)\Big|_\varepsilon^1=-\frac{1}{2}\left(1-\lim_{\varepsilon\to0^+}\frac{1}{\varepsilon^2}\right)=+\infty$$

所以广义积分$\int_{-1}^{1}\frac{1}{x^3}\mathrm{d}x$发散。

方法 2：因$\int_0^1 \frac{1}{x^3}\mathrm{d}x = -\frac{1}{2}\left(\frac{1}{x^2}\Big|_0^1\right) = -\frac{1}{2}\left(1 - \lim\limits_{x\to0^+}\frac{1}{x^2}\right) = +\infty$，所以广义积分$\int_{-1}^1 \frac{1}{x^3}\mathrm{d}x$发散。

答案：B

注：在广义积分中，只要有一项发散则发散，即便是左右对称的情况，例如本题，$\int_0^1 \frac{1}{x^3}\mathrm{d}x = +\infty$，而$\int_{-1}^0 \frac{1}{x^3}\mathrm{d}x = -\infty$，看似相加即可抵消，然而却不能用这种思维来处理本题，因为正无穷大与负无穷大之和未必是 0，这种情况就是发散。

【例 1-3-18】下列广义积分收敛的是：

A. $\int_1^{+\infty}\cos x\,\mathrm{d}x$　　B. $\int_1^{+\infty}\frac{1}{x^3}\mathrm{d}x$　　C. $\int_1^{+\infty}\ln x\,\mathrm{d}x$　　D. $\int_1^{+\infty}e^x\,\mathrm{d}x$

解　对每一选项通过计算检验

A. $\int_1^{+\infty}\cos x\,\mathrm{d}x = \sin x\Big|_1^{+\infty} = \lim\limits_{x\to+\infty}\sin x - \sin 1$，振荡无极限

B. $\int_1^{+\infty}\frac{1}{x^3}\mathrm{d}x = -\frac{1}{2}x^{-2}\Big|_1^{+\infty} = -\frac{1}{2}\left(\lim\limits_{x\to+\infty}x^{-2} - 1\right) = \frac{1}{2}$

C. $\int_1^{+\infty}\ln x\mathrm{d}x = (x\ln x - x)\Big|_1^{+\infty} = x(\ln x - 1)\Big|_1^{+\infty} = \lim\limits_{x\to+\infty}x(\ln x - 1) + 1 = +\infty$

D. $\int_1^{+\infty}e^x\mathrm{d}x = e^x\Big|_1^{+\infty} = +\infty$

答案：B

【例 1-3-19】下列命题或等式中，错误的是：

A. 设$f(x)$在$[-a,a]$上连续且为偶函数，则$\int_{-a}^a f(x)\mathrm{d}x = 2\int_0^a f(x)\mathrm{d}x$

B. 设$f(x)$在$[-a,a]$上连续且为奇函数，则$\int_{-a}^a f(x)\mathrm{d}x = 0$

C. 设$f(x)$是$(-\infty,+\infty)$上连续的周期函数，周期为T，则$\int_a^{a+T} f(x)\mathrm{d}x = \int_0^T f(x)\mathrm{d}x$

D. $\int_{-1}^1 \frac{1}{x^2}\mathrm{d}x = -\frac{1}{x}\Big|_{-1}^1 = -2$

解　由定积分公式计算可知选项 A、B 正确。选项 C 计算如下：

$$\int_a^{a+T} f(x)\mathrm{d}x = \int_a^0 f(x)\mathrm{d}x + \int_0^T f(x)\mathrm{d}x + \int_T^{a+T} f(x)\mathrm{d}x \tag{①}$$

将式子$\int_T^{a+T} f(x)\mathrm{d}x$变形，设$x = t + T$，$\mathrm{d}x = \mathrm{d}t$。当$x = T$时，$t = 0$；当$x = a + T$时，$t = a$。

$$\int_T^{a+T} f(x)\mathrm{d}x = \int_0^a f(t+T)\mathrm{d}t = \int_0^a f(t)\mathrm{d}t = \int_0^a f(x)\mathrm{d}x = -\int_a^0 f(x)\mathrm{d}x$$

代入式①，得$\int_a^{a+T} f(x)\mathrm{d}x = \int_0^T f(x)\mathrm{d}x$，正确。

选项 D 是广义积分，计算如下：

$$\int_{-1}^1 \frac{1}{x^2}\mathrm{d}x = \int_{-1}^0 \frac{1}{x^2}\mathrm{d}x + \int_0^1 \frac{1}{x^2}\mathrm{d}x \quad (x = 0 \text{ 为无穷间断点})$$

而$\int_{-1}^0 \frac{1}{x^2}\mathrm{d}x = \lim\limits_{\varepsilon\to0^+}\int_{-1}^{0-\varepsilon}\frac{1}{x^2}\mathrm{d}x = \lim\limits_{\varepsilon\to0^+}\left(\frac{-1}{x}\right)\Big|_{-1}^{0-\varepsilon} = \lim\limits_{\varepsilon\to0^+}\left(\frac{1}{\varepsilon} - 1\right) = +\infty$，错误。

答案：D

四、定积分的应用

应用定积分理论来分析和解决一些几何、物理中的问题，不仅要掌握一些具体公式，更重要的是会运用元素法将一个量表示成定积分的分析方法。

（一）用元素法解题的主要步骤

（1）确定积分变量及变量的变化区间；

（2）找出所求量的微分元素；

（3）在积分区间上积分。而选对积分变量及变量的变化区间、正确写出所求量的微分元素是微分元素法的关键。

（二）定积分的应用

1. 定积分的几何应用

计算平面图形的面积，旋转体和平行截面面积为已知的立体的体积，平面曲线的弧长。

（1）平面图形的面积

直角坐标方程：设曲边梯形由曲边$y=f(x)\quad [f(x)\geqslant 0]$，直线$x=a$，$x=b$以及$x$轴围成，如图 1-3-1 所示。则平面图形的面积为

$$A=\int_a^b f(x)\mathrm{d}x$$

参数方程：设曲边由参数方程$\begin{cases}x=\varphi(t)\\y=\psi(t)\end{cases}$给出，直线$x=a$，$x=b$以及$x$轴围成，如图 1-3-2 所示。

则平面图形的面积为 $$A=\int_a^b f(x)\mathrm{d}x=\int_{t_1}^{t_2}\psi(t)\varphi'(t)\mathrm{d}t$$

$$(\text{当}x=a\text{时}，t=t_1；\text{当}x=b\text{时}，t=t_2)$$

极坐标方程：设曲边方程为$r=r(\theta)$以及射线$\theta=\alpha$，$\theta=\beta$围成的图形，如图 1-3-3 所示。

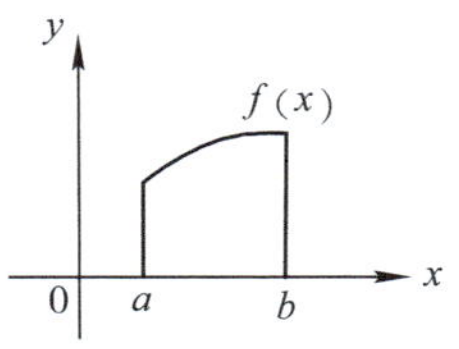

图 1-3-1

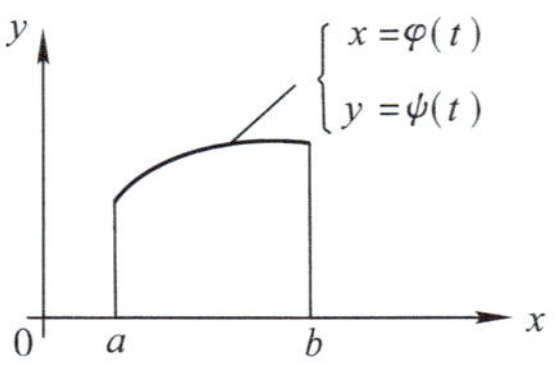

图 1-3-2

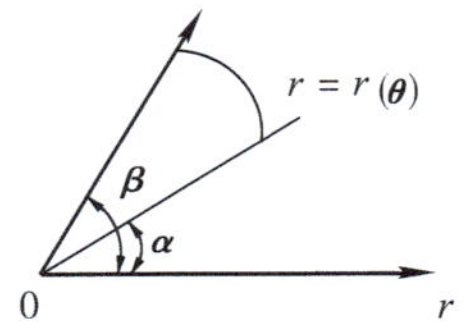

图 1-3-3

则平面图形的面积为： $$A=\int_\alpha^\beta \frac{1}{2}r^2(\theta)\mathrm{d}\theta$$

（2）体积

旋转体的体积：设由曲线$y=f(x)$，直线$x=a$，$x=b$以及x轴围成的平面图形，如图 1-3-4 所示，绕x轴旋转一周而生成的旋转体的体积，则

$$V_x=\int_a^b \pi[f(x)]^2\mathrm{d}x$$

平行截面面积为已知的立体的体积：设立体由曲面S，以及平面$x=a$和$x=b$所围成，过任一点$x(a\leqslant x\leqslant b)$且垂直于$x$轴的平面截该立体所截得的截面$A=A(x)$是已知的连续函数，如图 1-3-5 所示。则

$$V=\int_a^b A(x)\mathrm{d}x$$

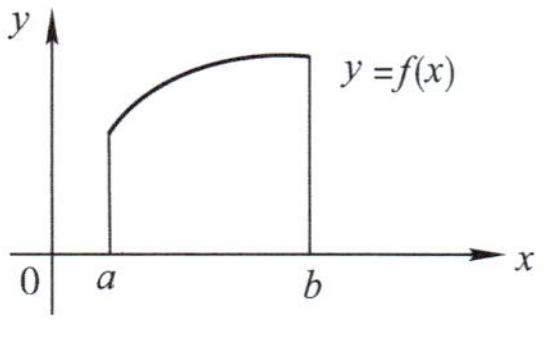

图 1-3-4

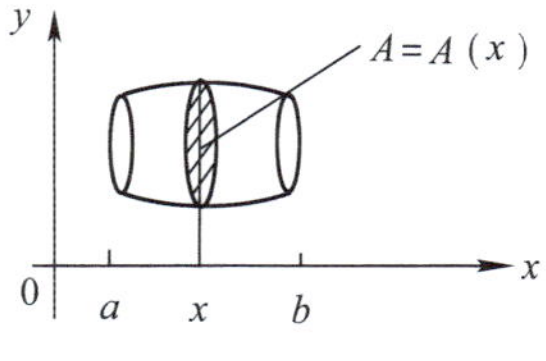

图 1-3-5

（3）平面曲线的弧长

直角坐标方程：曲线C的方程为$y=f(x)$，$a\leqslant x\leqslant b$，$f(x)$在$[a,b]$上具有一阶连续导数，则$s=\int_a^b\sqrt{1+[f'(x)]^2}\,\mathrm{d}x$。

参数方程：曲线C的方程为$\begin{cases}x=\varphi(t)\\y=\psi(t)\end{cases}$，$t_1\leqslant t\leqslant t_2$，其中$\varphi(t)$、$\psi(t)$在$[t_1,t_2]$上具有连续导数，则$s=\int_{t_1}^{t_2}\sqrt{[\varphi'(t)]^2+[\psi'(t)]^2}\,\mathrm{d}t$。

极坐标方程：曲线C的方程为$r=r(\theta)$，$\alpha\leqslant\theta\leqslant\beta$，$r(\theta)$在$[\alpha,\beta]$上具有一阶连续导数，则$s=\int_\alpha^\beta\sqrt{[r(\theta)]^2+[r'(\theta)]^2}\,\mathrm{d}\theta$。

2. 定积分的物理应用

计算物体做变速直线运动所经过的路程及物体在变力作用下沿直线运动所做的功、水压力等。

【例 1-3-20】 计算抛物线$y^2=2x$与直线$y=x-4$所围成平面图形的面积。

解 如解图所示，求交点$\begin{cases}y^2=2x\\y=x-4\end{cases}$，得$(8,4)$和$(2,-2)$

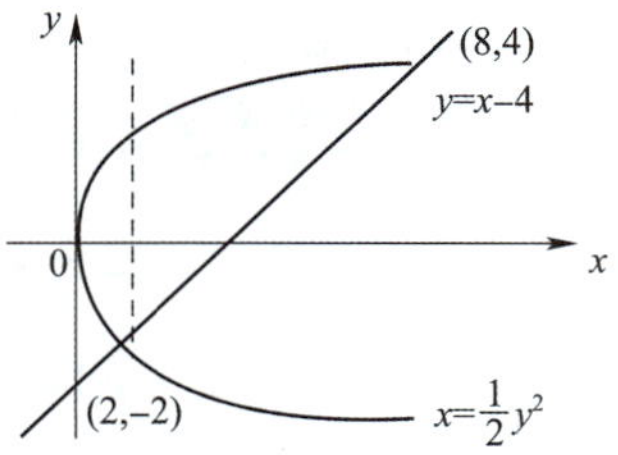

例 1-3-20 解图

选积分变量为y，则

$$A=\int_{-2}^{4}\left(y+4-\frac{1}{2}y^2\right)\mathrm{d}y$$

$$=\left(\frac{1}{2}y^2+4y-\frac{1}{6}y^3\right)\Bigg|_{-2}^{4}=18$$

选积分变量为x，则

$$A=\int_0^2[\sqrt{2x}-(-\sqrt{2x})]\mathrm{d}x+\int_2^8[\sqrt{2x}-(x-4)]\mathrm{d}x$$

$$=\int_0^2 2\sqrt{2x}\mathrm{d}x+\int_2^8(\sqrt{2x}-x+4)\mathrm{d}x=18$$

【例 1-3-21】 曲线$y=\ln x$，$y=\ln a$，$y=\ln b\,(0<a<b)$及y轴所围图形的面积为A（见图），则A等于：

A. $\int_{\ln a}^{\ln b}\ln x\,\mathrm{d}x$　　B. $\int_{e^a}^{e^b}e^x\mathrm{d}x$

C. $\int_{\ln a}^{\ln b}e^y\mathrm{d}y$　　D. $\int_{e^a}^{e^b}\ln x\mathrm{d}x$

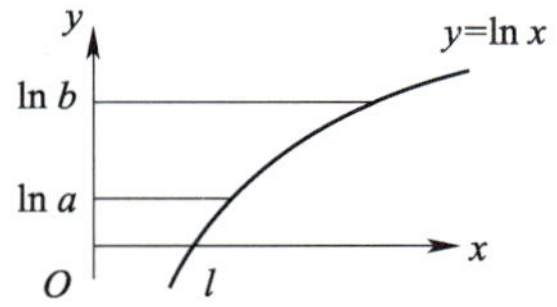

例 1-3-21 图

解 选积分变量为y，$y\in[\ln a,\ln b]$，由$y=\ln x$，得$x=e^y$

则$\mathrm{d}A=e^y\mathrm{d}y$，即$A=\int_{\ln a}^{\ln b}e^y\mathrm{d}y$

答案：C

【例 1-3-22】 计算：（1）求由直线$x=0$，$x=2$，$y=0$与抛物线$y=-x^2+1$所围成平面图形的面积S；（2）求上述平面图形绕x轴旋转一周所得的旋转体的体积V_x（见图）。

解 因为平面图形有一部分在x轴的上方，另有一部分在x轴下方，在计算面积I_2时需加一个负号。

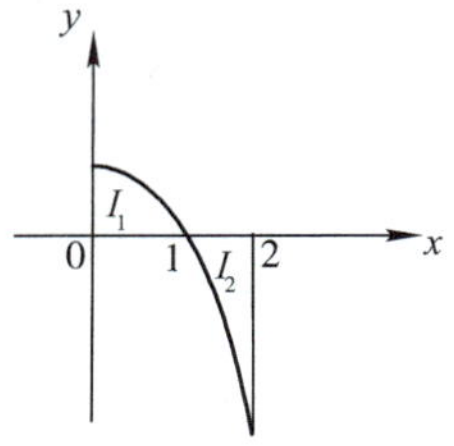

例 1-3-22 图

（1）$S=\int_0^1(-x^2+1)\mathrm{d}x+\int_1^2-(-x^2+1)\mathrm{d}x$

$=\left(-\frac{1}{3}x^3+x\right)\Big|_0^1+\left(\frac{1}{3}x^3-x\right)\Big|_1^2=2$

（2）$V_x=\int_0^1\pi(-x^2+1)^2\mathrm{d}x+\int_1^2\pi[-(-x^2+1)]^2\mathrm{d}x$

$=\pi\int_0^2(-x^2+1)^2\mathrm{d}x=\pi\int_0^2(x^4-2x^2+1)\mathrm{d}x$

$=\pi\left(\frac{1}{5}x^5-\frac{2}{3}x^3+x\right)\Big|_0^2=\frac{46}{15}\pi$

【例 1-3-23】 设在区间$[a,b]$上，$f(x)>0$，$f'(x)<0$，$f''(x)>0$，令$S_1=\int_a^b f(x)\mathrm{d}x$，$S_2=f(b)(b-a)$，$S_3=\frac{1}{2}[f(a)+f(b)](b-a)$，则：

A. $S_1<S_2<S_3$　　B. $S_2<S_1<S_3$　　C. $S_3<S_1<S_2$　　D. $S_2<S_3<S_1$

解 在$[a,b]$上，$y=f(x)$如解图所示。

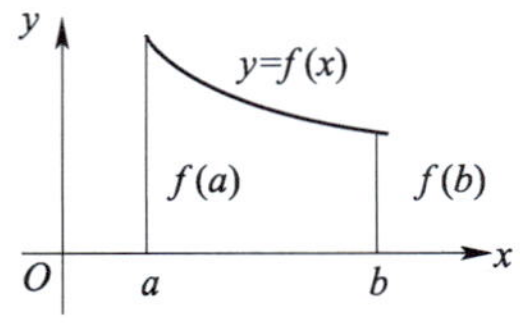

例 1-3-23 解图

由已知 $f(x)>0$，图形在x轴上方

$f'(x)<0$，$f(x)$的图形单调减少

$f''(x)>0$，$f(x)$的图形为凹形

$S_1=\int_a^b f(x)\mathrm{d}x$为由$y=f(x)$，$x=a$，$x=b$及$x$轴所围成的图形面积。

$S_2=f(b)(b-a)$表示的是以最小值$f(b)$为高，以$(b-a)$为底的长方形面积。

$S_3=\frac{1}{2}[f(a)+f(b)](b-a)$表示以$f(a)$为下底，$f(b)$为上底，$(b-a)$为高的梯形面积。

由画出的图形可知，面积大小的顺序为$S_2<S_1<S_3$。

答案： B

【例 1-3-24】 求由曲线$y=2-x^2$与$y=|x|$所围成图形的面积（见图）。下列表示式错误的是：

A. $\int_{-1}^{0}(2-x^2+x)\mathrm{d}x+\int_0^1(2-x^2-x)\mathrm{d}x$

B. $\int_0^1 2y\mathrm{d}y+\int_1^2 2\sqrt{2-y}\mathrm{d}y$

C. $2\int_0^1(2-x^2-x)\mathrm{d}x$

D. $\int_{-1}^{1}(2-x^2-x)\mathrm{d}x$

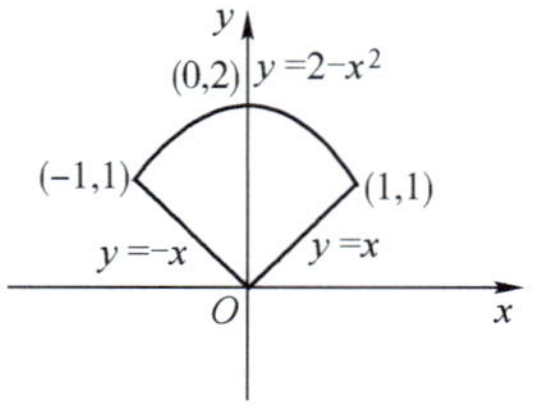

例 1-3-24 图

解 $\begin{cases}y=2-x^2\\y=x\end{cases}$与$\begin{cases}y=2-x^2\\y=-x\end{cases}$的交点分别为$(1,1)$、$(-1,1)$，经分析A、B、C列式均正确。

A. 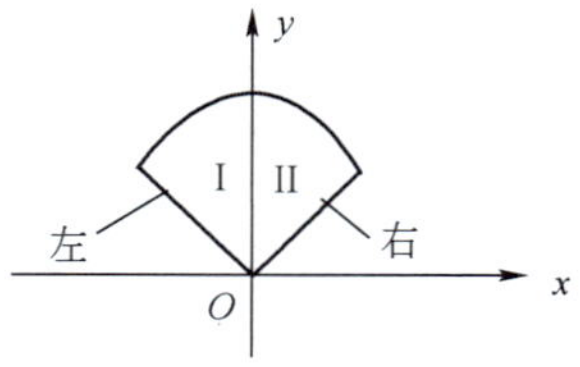

为按左、右两部分分别列式计算面积。

B. 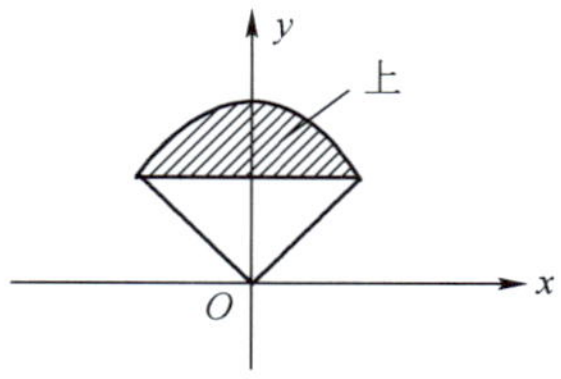

利用图形关于y轴的对称式，按上、下两部分分别列式计算面积。

C. 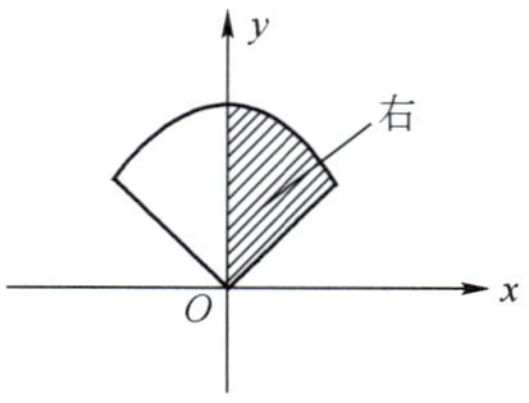

利用图形关于y轴对称，面积为右半部面积的2倍列式计算面积。

D. 列式错误在于对曲线$y=2-x^2$与$y=|x|$所围成图形的理解有误。

$y=|x|=\begin{cases}x & x\geqslant 0\\-x & x<0\end{cases}$

两交点坐标应为$(-1,1)$、$(1,1)$。选项 D 的被积函数$f(x)=2-x^2-x$是由计算曲线$y=2-x^2$、$y=x$与y轴所围成图形面积元素的表达式。

答案： D

【例 1-3-25】由交点为(x_1,y_1)及(x_2,y_2)(其中$x_1<x_2$)的两曲线$y=f(x)>0$，$y=g(x)>0[f(x)\geqslant g(x)]$所围图形绕$x$轴旋转一周所得的旋转体体积$V$是：

A. $\int_{x_1}^{x_2}\pi[f(x)-g(x)]^2\mathrm{d}x$　　B. $\int_{x_1}^{x_2}\pi[f^2(x)-g^2(x)]\mathrm{d}x$

C. $\int_{x_1}^{x_2}[\pi f(x)]^2\mathrm{d}x-\int_{x_1}^{x_2}[\pi g(x)]^2\mathrm{d}x$　　D. $\int_{x_1}^{x_2}[\pi f(x)-\pi g(x)]\mathrm{d}x$

解　如解图所示，$x\in[x_1,x_2]$

则$\mathrm{d}V=\pi f^2(x)\mathrm{d}x-\pi g^2(x)\mathrm{d}x=\pi[f^2(x)-g^2(x)]\mathrm{d}x$

$$V=\int_{x_1}^{x_2}\pi[f^2(x)-g^2(x)]\mathrm{d}x$$

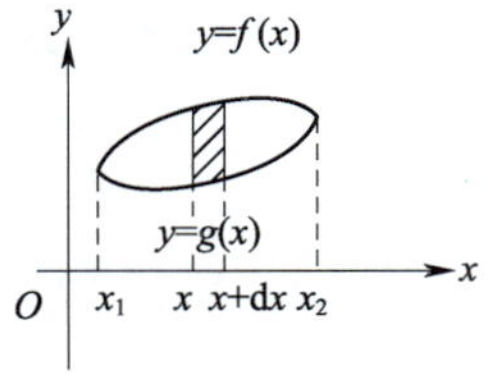

例 1-3-25 解图

答案：B

习　题

1-3-1　下列各式中正确的是（C为任意常数）(　　)。

A. $\int f'(3-2x)\mathrm{d}x=-\frac{1}{2}f(3-2x)+C$　　B. $\int f'(3-2x)\mathrm{d}x=-f(3-2x)+C$

C. $\int f'(3-2x)\mathrm{d}x=f(x)+C$　　D. $\int f'(3-2x)\mathrm{d}x=\frac{1}{2}f(3-2x)+C$

1-3-2　设$F(x)$是$f(x)$的一个原函数，则$\int e^{-x}f(e^{-x})\mathrm{d}x$等于(　　)。

A. $F(e^{-x})+C$　　B. $-F(e^{-x})+C$

C. $F(e^{x})+C$　　D. $-F(e^{x})+C$

1-3-3　计算积分$\int\frac{f'(\ln x)}{x\sqrt{f(\ln x)}}\mathrm{d}x=$(　　)。

A. $\sqrt{f(\ln x)}+C$　　B. $-\sqrt{f(\ln x)}+C$

C. $2\sqrt{f(\ln x)}+C$　　D. $-2\sqrt{f(\ln x)}+C$

1-3-4　设$f(x)$的一个原函数为$\cos x$，$g(x)$的一个原函数为x^2，则$f[g(x)]=$(　　)。

A. $\cos x^2$　　B. $-\sin x^2$　　C. $\cos 2x$　　D. $-\sin 2x$

1-3-5　如果$\int\frac{f'(\ln x)}{x}\mathrm{d}x=x^2+C$，则$f(x)=$(　　)$+C$。

A. $\frac{1}{x^2}$　　B. e^x　　C. e^{2x}　　D. xe^x

1-3-6　设$f(x)$连续，则$\lim\limits_{x\to a}\frac{x}{x-a}\int_a^x f(t)\mathrm{d}t$为(　　)。

A. 0　　B. a　　C. $af(a)$　　D. $f(a)$

1-3-7　设函数$f(x)$在区间$[a,b]$上连续，则下列结论不正确的是(　　)。

A. $\int_a^b f(x)\mathrm{d}x$是$f(x)$的一个原函数

B. $\int_a^x f(t)\mathrm{d}t$是$f(x)$的一个原函数$(a<x<b)$

C. $\int_x^b f(t)\mathrm{d}t$是$-f(x)$的一个原函数$(a<x<b)$

D. $f(x)$在$[a,b]$上是可积的

1-3-8 若$f(x)$为可导函数，且已知$f(0)=0$，$f'(0)=2$，则$\lim_{x\to 0}\frac{\int_0^x f(t)\mathrm{d}t}{x^2}=$（ ）。

A. 0　B. 1　C. 2　D. 不存在

1-3-9 广义积分$I=\int_e^{+\infty}\frac{\mathrm{d}x}{x(\ln x)^2}$，则（ ）。

A. $I=1$　B. $I=-1$　C. $I=\frac{1}{2}$　D. 此广义积分发散

1-3-10 下列广义积分中发散的是（ ）。

A. $\int_2^{+\infty}\frac{1}{x\ln^3 x}\mathrm{d}x$　B. $\int_0^{+\infty}e^{-x}\mathrm{d}x$　C. $\int_{-1}^{0}\frac{2}{\sqrt{1-x^2}}\mathrm{d}x$　D. $\int_1^{e}\frac{1}{x\ln x}\mathrm{d}x$

1-3-11 设$Q(x)=\int_0^{x^2}te^{-t}\mathrm{d}t$，则$Q'(x)=$（ ）。

A. xe^{-x}　B. $-xe^{-x}$　C. $2x^3e^{-x^2}$　D. $-2x^3e^{-x^2}$

1-3-12 $\int_0^a f(x)\mathrm{d}x=$（ ）。

A. $\int_0^{\frac{a}{2}}[f(x)+f(x-a)]\mathrm{d}x$　B. $\int_0^{\frac{a}{2}}[f(x)+f(a-x)]\mathrm{d}x$

C. $\int_0^{\frac{a}{2}}[f(x)-f(a-x)]\mathrm{d}x$　D. $\int_0^{\frac{a}{2}}[f(x)-f(x-a)]\mathrm{d}x$

1-3-13 设$f(x)=\begin{cases}1 & 0\leqslant x\leqslant\frac{1}{2}\\ 0 & \frac{1}{2}<x\leqslant 1\end{cases}$，则$\xi$在等式$f(\xi)=\int_0^1 f(x)\mathrm{d}x$中的情况是（ ）。

A. 在$[0,1]$内至少有一点ξ，使该式成立

B. 在$[0,1]$内不存在ξ，使该式成立

C. 在$\left[0,\frac{1}{2}\right]$，$\left(\frac{1}{2},1\right]$都存在$\xi$，使该式成立

D. 仅在$\left[0,\frac{1}{2}\right]$中存在$\xi$，使该式成立

1-3-14 下列结论中，错误的是（ ）。

A. $\int_{-a}^{a}f(x^2)\mathrm{d}x=2\int_0^a f(x^2)\mathrm{d}x$　B. $\int_0^{2\pi}\sin^{10}x\mathrm{d}x=\int_0^{2\pi}\cos^{10}x\mathrm{d}x$

C. $\int_{-\pi}^{\pi}\cos 5x\sin 7x\,\mathrm{d}x=0$　D. $\int_0^1 10^x\mathrm{d}x=9$

1-3-15 设$f(x)$在$[-a,a]$上连续且为非零偶函数，则$\varphi(x)=\int_0^x f(t)\mathrm{d}t$是（ ）。

A. 偶函数　B. 奇函数　C. 非奇非偶函数　D. 不存在

1-3-16 设函数$f(x)$在$[0,+\infty]$上连续，且满足$f(x)=xe^{-x}+e^x\int_0^1 f(x)\mathrm{d}x$，则$f(x)$是（ ）。

A. xe^{-x}　B. $xe^{-x}-e^{x-1}$　C. e^{x-1}　D. $(x-1)e^{-x}$

1-3-17 曲线$y^2=4-x$与y轴所围成部分的面积为（ ）。

A. $\int_{-2}^{2}(4-y^2)\mathrm{d}y$　B. $\int_0^2(4-y^2)\mathrm{d}y$

C. $\int_0^4\sqrt{4-x}\,\mathrm{d}x$　D. $\int_{-4}^{4}\sqrt{4-x}\,\mathrm{d}x$

1-3-18 在区间$[0,2\pi]$上，曲线$y=\sin x$与$y=\cos x$之间所围图形的面积是（ ）。

A. $\int_{\frac{\pi}{4}}^{\pi}(\sin x-\cos x)\mathrm{d}x$　B. $\int_{\frac{\pi}{4}}^{\frac{5}{4}\pi}(\sin x-\cos x)\mathrm{d}x$

C. $\int_0^{2\pi}(\sin x-\cos x)\mathrm{d}x$　D. $\int_0^{\frac{5}{4}\pi}(\sin x-\cos x)\mathrm{d}x$

1-3-19 若$\int_0^x f(t)\mathrm{d}t=\frac{1}{2}x^4$，则$\int_0^4\frac{1}{\sqrt{x}}f(\sqrt{x})\,\mathrm{d}x=$（　　）。

A. 2　　B. 4　　C. 8　　D. 16

第四节　多元函数微分学

一、多元函数的概念

（一）n元函数定义

设有集合$E\subset R^n$（R^n表示n维实数空间），如果对于E中每一点$P(x_1,x_2,\cdots,x_n)$，按照对应法则有唯一一个确定的u值与之对应，则称u为$(x_1,x_2,\cdots,x_n)$的n元函数(当$n\geqslant 2$时称为多元函数)。

在R^n中点$P_1(x_1,x_2,\cdots,x_n)$和点$P_2(y_1,y_2,\cdots,y_n)$间的距离公式为

$$|P_1P_2|=\sqrt{(y_1-x_1)^2+\cdots+(y_n-x_n)^2}\tag{1-4-1}$$

与点P_0的距离小于$\delta(\delta>0)$的点M的全体称为点P_0的δ邻域，记为$U(P_0,\delta)$。用$U(P_0)$表示点P_0的某一邻域；用$\overline{U}(P_0,\delta)$表示 P_0点的δ去心邻域。

（当$n=2$时，即二元函数的定义，二维空间两点间的距离公式及点P_0的δ邻域的概念同上。）

（二）二元函数的极限

设二元函数$z=f(x,y)$的定义域为$D\subset R^2$，点$P(x_0,y_0)$为D的聚点（即在P_0的任一邻域内，总含有D中无限多个点，则称P_0为D的聚点）。若$\forall\varepsilon>0$，$\exists\delta>0$,使当$0<\sqrt{(x-x_0)^2+(y-y_0)^2}<\delta$时，有$|f(x,y)-A|<\varepsilon$成立，则称$A$为二元函数$f(x,y)$，当$(x,y)\to(x_0,y_0)$的极限，记为$\lim\limits_{\substack{x\to x_0\\y\to y_0}}f(x,y)=A$,其中点$(x,y)\to(x_0,y_0)$要求以任意方式进行，极限均存在且相等，仅个别路径不行，这是二元函数极限与一元函数极限最大的不同之处。

二元函数比一元函数多了一个自变量，求极限时注意它们的区别与联系。关于一元函数的极限的运算法则和计算公式，可以推广到二元函数，但形式要比一元函数复杂得多。

（三）二元函数的连续性

设$f(x,y)$的定义域为D，$M_0(x_0,y_0)\in D$，且为D的聚点，若有$\lim\limits_{\substack{x\to x_0\\y\to y_0}}f(x,y)=f(x_0,y_0)$，则称$f(x,y)$在点$M_0$连续。若$f(x,y)$在区域$D$中的每一点均连续，则称$f(x,y)$在$D$上连续。在有界闭区域上连续的二元函数，介值定理、最值定理仍成立。连续二元函数的和、差、积、商（分母不为零）仍为连续函数，二元连续函数的复合函数也具有相应的连续性。二元初等函数在定义区域上连续。这些性质都可推广到三元以上的函数中。

二、二元函数的偏导数和全微分

（一）偏导数

1. 二元函数在一点的偏导数

设$z=f(x,y)$在点$P_0(x_0,y_0)$的某一邻域内有定义，$P_1(x_0+\Delta x,y_0)$为该邻域内的一点，若有

$$\lim_{\Delta x\to 0}\frac{f(x_0+\Delta x,y_0)-f(x_0,y_0)}{\Delta x}\tag{1-4-2}$$

存在，则称此极限为$f(x,y)$在点P_0处对x的偏导数，记作$z'_x|_{(x_0,y_0)}$，$\left.\frac{\partial z}{\partial x}\right|_{(x_0,y_0)}$，$f'_x|_{(x_0,y_0)}$，$\left.\frac{\partial f}{\partial x}\right|_{(x_0,y_0)}$。

类似地，函数$z=f(x,y)$在点$P_0(x_0,y_0)$处对y的偏导数定义为

$$f'_y(x_0,y_0)=\lim_{\Delta y\to 0}\frac{f(x_0,y_0+\Delta y)-f(x_0,y_0)}{\Delta y}$$

记作$z'_y\big|_{(x_0,y_0)}$，$\frac{\partial z}{\partial y}\big|_{(x_0,y_0)}$，$f'_y\big|_{(x_0,y_0)}$，$\frac{\partial f}{\partial y}\big|_{(x_0,y_0)}$。

2. 二元函数偏导函数

若$z=f(x,y)$在定义域D内的每一点(x,y)处对x（或y）的偏导数都存在，称这种对应关系所确定的函数为函数z对x（对y）的偏导函数，记作$\frac{\partial z}{\partial x}$，$z'_x$，$\frac{\partial f}{\partial x}$，$f'_x$$\left(\frac{\partial z}{\partial y},z'_y,\frac{\partial f}{\partial y},f'_y\right)$。

计算二元函数在一点的偏导数，可以用定义求，也可用先求出偏导函数再代值的方法计算。求二元函数的偏导函数时，只要把一个变量当作变量，另一个变量看作常数求导即可。对于二元分段函数，在分界点处的偏导数，必须用函数在一点的偏导数定义计算。

对于一元函数，曾有函数在一点可导，在这一点必连续的结论；对于二元函数，函数在一点存在对x、对y的偏导数，但不能保证函数在这一点连续。

3. 基本概念关系图（见图 1-4-1）

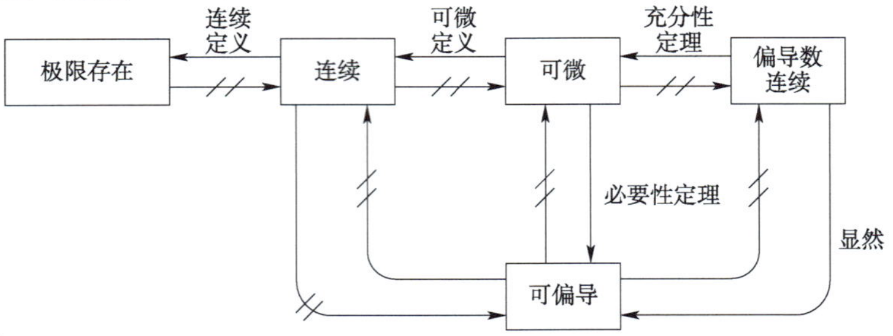

注：—//→表示“不一定”

图 1-4-1

反例就不一一列举了，请大家记住结论即可。

4. 二元函数高阶偏导

函数$z=f(x,y)$在D内的偏导数$\frac{\partial z}{\partial x}$和$\frac{\partial z}{\partial y}$仍是$x$，$y$的二元函数，如果$\frac{\partial z}{\partial x}$和$\frac{\partial z}{\partial y}$的偏导数也存在，则称它们的偏导数为$z=f(x,y)$的二阶偏导数，按求导数次序不同有

$$\frac{\partial^2 z}{\partial x^2}=\frac{\partial}{\partial x}\left(\frac{\partial z}{\partial x}\right)\qquad \frac{\partial^2 z}{\partial x\partial y}=\frac{\partial}{\partial y}\left(\frac{\partial z}{\partial x}\right)$$

$$\frac{\partial^2 z}{\partial y^2}=\frac{\partial}{\partial y}\left(\frac{\partial z}{\partial y}\right)\qquad \frac{\partial^2 z}{\partial y\partial x}=\frac{\partial}{\partial x}\left(\frac{\partial z}{\partial y}\right)$$

其中，$\frac{\partial^2 z}{\partial x\partial y}$与$\frac{\partial^2 z}{\partial y\partial x}$称为二阶混合偏导。类似可定义三阶、四阶以及$n$阶偏导。二阶及二阶以上的偏导数称为高阶偏导数。在$\frac{\partial^2 z}{\partial x\partial y}$与$\frac{\partial^2 z}{\partial y\partial x}$连续时，高阶混合偏导与求导的次序无关，即$\frac{\partial^2 z}{\partial x\partial y}=\frac{\partial^2 z}{\partial y\partial x}$。

（二）全微分

（1）二元函数全微分定义：

设$z=f(x,y)$在点$P(x,y)$的某一邻域内有定义，点$P_1(x+\Delta x,y+\Delta y)$在该邻域内，若全增量$\Delta z=f(x+\Delta x,y+\Delta y)-f(x,y)$可表示为

$$\Delta z=A\Delta x+B\Delta y+o(\rho) \tag{1-4-3}$$

式中，A、B与Δx及Δy无关，而仅与x、y有关；$\rho=\sqrt{(\Delta x)^2+(\Delta y)^2}$，$o(\rho)$表示关于$\rho$的高阶无穷小。则称$f(x,y)$在$(x,y)$处可微。$A\Delta x+B\Delta y$为$f(x,y)$在点$(x,y)$处的全微分，记作$\mathrm{d}z=A\Delta x+B\Delta y$。

若$z=f(x,y)$在区域D内每点均可微分，称$f(x,y)$在区域D内可微。

函数$z=f(x,y)$的全微分为

$$\mathrm{d}z=\frac{\partial z}{\partial x}\mathrm{d}x+\frac{\partial z}{\partial y}\mathrm{d}y \tag{1-4-4}$$

（2）如果函数$z=f(x,y)$在点(x,y)处可微，则该函数在点(x,y)的偏导$\frac{\partial z}{\partial x}$、$\frac{\partial z}{\partial y}$都存在，且$\mathrm{d}z=\frac{\partial z}{\partial x}\mathrm{d}x+\frac{\partial z}{\partial y}\mathrm{d}y$。

（3）二元函数在(x,y)点可微、偏导存在、连续之间的关系（见图 1-4-2）：

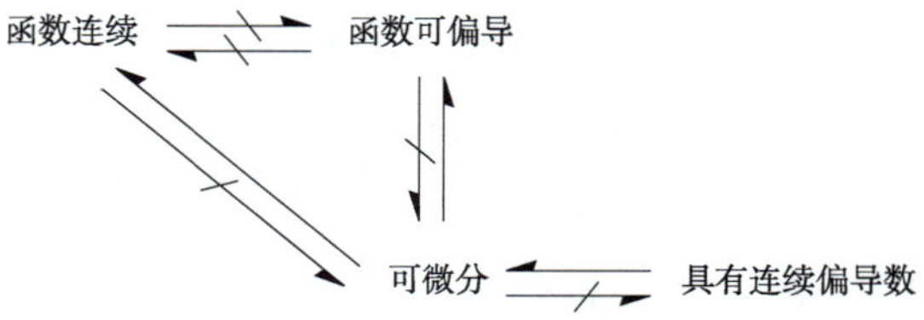

图　1-4-2

二元函数$z=f(x,y)$在(x,y)点可微，函数在点(x,y)的偏导一定存在；但偏导存在，二元函数在点(x,y)不一定可微。函数$z=f(x,y)$在点(x,y)可微，则函数在点(x,y)连续；但函数在点(x,y)连续，二元函数在这一点不一定可微。如果函数$z=f(x,y)$的偏导数$\frac{\partial z}{\partial x}$、$\frac{\partial z}{\partial y}$在点$(x,y)$连续，则二元函数在该点可微分。

这个结论一定要牢记，在考概念性题目中经常要用到。

（4）二元函数$f(x,y)$在一点(x_0,y_0)偏导的几何意义：

二元函数$z=f(x,y)$在$P_0(x_0,y_0)$对x的偏导数$f_x'(x_0,y_0)$的几何意义为由曲面$z=f(x,y)$与平面$y=y_0$交成的曲线C在点$M_0(x_0,y_0,z_0)$的切线斜率。对y的偏导数$f_y'(x_0,y_0)$表示由曲面$z=f(x,y)$与平面$x=x_0$交成的曲线C在点$M_0(x_0,y_0,z_0)$的切线斜率。

（三）复合函数的微分法

1. 复合函数全导数公式

设$u=\varphi(t)$，$v=\psi(t)$在点t可导，函数$z=f(u,v)$在对应点(u,v)具有连续偏导数，则复合函数$z=f[\varphi(t),\psi(t)]$在点t可导，且有

$$\frac{\mathrm{d}z}{\mathrm{d}t}=\frac{\partial z}{\partial u}\frac{\mathrm{d}u}{\mathrm{d}t}+\frac{\partial z}{\partial v}\frac{\mathrm{d}v}{\mathrm{d}t} \tag{1-4-5}$$

推广：设$u=f(x,y,z,t)$，$x=u(t)$，$y=v(t)$，$z=\omega(t)$，则

$$\frac{\mathrm{d}u}{\mathrm{d}t}=\frac{\partial u}{\partial x}\frac{\mathrm{d}x}{\mathrm{d}t}+\frac{\partial u}{\partial y}\frac{\mathrm{d}y}{\mathrm{d}t}+\frac{\partial u}{\partial z}\frac{\mathrm{d}z}{\mathrm{d}t}+\frac{\partial u}{\partial t} \tag{1-4-6}$$

式（1-4-5）、式（1-4-6）称函数z对t的全导数公式。

2. 复合函数偏导数公式

推广到多个中间变量，多个自变量的情况有下面公式：

（1）设$z=f(u,v)$，$u=\varphi(x,y)$，$v=\psi(x,y)$，则

$$\frac{\partial z}{\partial x}=\frac{\partial z}{\partial u}\cdot\frac{\partial u}{\partial x}+\frac{\partial z}{\partial v}\cdot\frac{\partial v}{\partial x}\qquad \frac{\partial z}{\partial y}=\frac{\partial z}{\partial u}\cdot\frac{\partial u}{\partial y}+\frac{\partial z}{\partial v}\cdot\frac{\partial v}{\partial y} \tag{1-4-7}$$

（2）设$z=f(u,x,y)$，$u=\varphi(x,y)$，则复合函数$z=f[\varphi(x,y),x,y]$的偏导数

$$\frac{\partial z}{\partial x}=\frac{\partial f}{\partial u}\cdot\frac{\partial u}{\partial x}+\frac{\partial f}{\partial x}\qquad \frac{\partial z}{\partial y}=\frac{\partial f}{\partial u}\cdot\frac{\partial u}{\partial y}+\frac{\partial f}{\partial y} \tag{1-4-8}$$

（3）设$z=f(u,v,\omega)$，$u=\varphi(x,y)$，$v=\psi(x,y)$，$\omega=\omega(x,y)$，则

$$\frac{\partial z}{\partial x}=\frac{\partial z}{\partial u}\cdot\frac{\partial u}{\partial x}+\frac{\partial z}{\partial v}\cdot\frac{\partial v}{\partial x}+\frac{\partial z}{\partial \omega}\cdot\frac{\partial \omega}{\partial x} \tag{1-4-9a}$$

$$\frac{\partial z}{\partial y}=\frac{\partial z}{\partial u}\cdot\frac{\partial u}{\partial y}+\frac{\partial z}{\partial v}\cdot\frac{\partial v}{\partial y}+\frac{\partial z}{\partial \omega}\cdot\frac{\partial \omega}{\partial y} \tag{1-4-9b}$$

（四）隐函数的微分法

（1）设方程$F(x,y)=0$，满足$F(x_0,y_0)=0,F(x,y)$在点(x_0,y_0)的某一邻域内连续，且有连续的偏导数$F'_x(x,y)$、$F'_y(x,y),F'_y(x_0,y_0)\neq 0$，则方程$F(x,y)=0$在点$(x_0,y_0)$的邻域内恒能唯一确定一个单值连续且具有连续导数的函数$y=f(x)$，它满足条件$y_0=f(x_0)$，并有

$$\frac{\mathrm{d}y}{\mathrm{d}x}=-\frac{F'_x(x,y)}{F'_y(x,y)} \tag{1-4-10}$$

（2）设方程$F(x,y,z)=0$满足$F(x_0,y_0,z_0)=0$，$F(x,y,z)$在点(x_0,y_0,z_0)的某一邻域内连续且有连续偏导数$F'_x(x,y,z)$、$F'_y(x,y,z)$、$F'_z(x,y,z),F'_z(x_0,y_0,z_0)\neq 0$，则在点$(x_0,y_0,z_0)$的邻域内，方程$F(x,y,z)=0$恒能唯一确定一个单值且具有连续偏导数的函数$z=f(x,y)$，它满足条件$z_0=f(x_0,y_0)$，并有

$$\frac{\partial z}{\partial x}=-\frac{F'_x(x,y,z)}{F'_z(x,y,z)},\quad \frac{\partial z}{\partial y}=-\frac{F'_y(x,y,z)}{F'_z(x,y,z)} \tag{1-4-11}$$

三、多元函数的应用

（一）空间曲线的切线与法平面

设空间曲线γ的参数方程为$x=x(t)$，$y=y(t)$，$z=z(t)$，其中$x(t)$，$y(t)$，$z(t)$均可微。曲线γ上的点$M_0(x_0,y_0,z_0)$对应$t=t_0$，且$x'(t_0)$、$y'(t_0)$、$z'(t_0)$不同时为零，则曲线γ在点M_0处的切线方程为

$$\frac{x-x_0}{x'(t_0)}=\frac{y-y_0}{y'(t_0)}=\frac{z-z_0}{z'(t_0)} \tag{1-4-12}$$

过点M_0与切线垂直的平面称为曲线γ在点M_0处的法平面，它的方程为

$$x'(t_0)(x-x_0)+y'(t_0)(y-y_0)+z'(t_0)(z-z_0)=0$$

其中，$\{x'(t_0),y'(t_0),z'(t_0)\}$既是曲线$\gamma$在$M_0$处的切线的方向向量，又是$\gamma$在$M_0$处的法平面的法向量。

（二）曲面的切平面与法线

设曲面Σ的方程为$F(x,y,z)=0$，$M_0(x_0,y_0,z_0)$为Σ上的一点，$F(x,y,z)$在点M_0可微，且$F'_x(x_0,y_0,z_0)$，$F'_y(x_0,y_0,z_0)$，$F'_z(x_0,y_0,z_0)$不同时为零，则曲面Σ在点M_0处的切平面方程为

$$F'_x|_{M_0}(x-x_0)+F'_y\big|_{M_0}(y-y_0)+F'_z|_{M_0}(z-z_0)=0 \tag{1-4-13}$$

过点M_0与切平面垂直的直线称为曲面Σ在M_0的法线，法线方程为

$$\frac{x-x_0}{F'_x(x_0,y_0,z_0)}=\frac{y-y_0}{F'_y(x_0,y_0,z_0)}=\frac{z-z_0}{F'_z(x_0,y_0,z_0)} \tag{1-4-14}$$

其中，$\{F'_x,F'_y,F'_z\}_{M_0}$既是曲面Σ在点M_0处的切平面的法向量，又是曲面Σ在点M_0处的法线的方向向量。

（三）多元函数的极值

多元函数的极值问题分为无条件极值和条件极值两大类。对于自变量除了限定其在定义域内变化

外，没有其他任何限制的极值问题，称为无条件极值；如果自变量还要受一定的其他条件限制，则称为条件极值。

1. 无条件极值

设函数$z=f(x,y)$在点(x_0,y_0)的某个邻域内有定义，对于该邻域内异于点(x_0,y_0)的点(x,y)，恒有$f(x,y)<f(x_0,y_0)$［或$f(x,y)>f(x_0,y_0)$］，则称$f(x_0,y_0)$为$f(x,y)$的极大值（或极小值），则称点(x_0,y_0)为极大值点（或极小值点）。

函数的极大值和极小值统称为函数的极值。使$f(x,y)$的一阶偏导数均等于零的点称为$f(x,y)$的驻点。可偏导的函数在点(x_0,y_0)取得极值的必要条件是点(x_0,y_0)为它的驻点。

驻点和使$f(x,y)$的一阶偏导数不存在的点统称为函数的极值可疑点，判断驻点是否为函数的极值点的方法如下：

设函数$z=f(x,y)$在点(x_0,y_0)的某邻域内连续且有一阶及二阶连续偏导数，又$f'_x(x_0,y_0)=0$，$f'_y(x_0,y_0)=0$，记$A=f''_{xx}(x_0,y_0)$，$B=f''_{xy}(x_0,y_0)$，$C=f''_{yy}(x_0,y_0)$则

（1）$AC-B^2>0$时具有极值，且当$A<0$时有极大值，当$A>0$时有极小值；

（2）$AC-B^2<0$时没有极值；

（3）$AC-B^2=0$时可能有极值，也可能没有极值，需另找其他方法判断。

2. 条件极值

求解条件极值的基本方法是设法将它转化为无条件极值问题求解。常用的转化方法有两种：

（1）直接由约束条件找出变量之间的关系，代入目标函数将条件极值化为无条件极值；

（2）运用拉格朗日乘数法，构造辅助函数。

拉格朗日乘数法：求$z=f(x,y)$（目标函数）在约束条件$\varphi(x,y)=0$下的极值，可构造函数

$$F(x,y,\lambda)=f(x,y)+\lambda\varphi(x,y) \qquad (1\text{-}4\text{-}15)$$

将$F(x,y,\lambda)$分别对x、y、λ求偏导，并令其为零，得到方程组$\begin{cases}F'_x=f'_x+\lambda\varphi'_x=0\\F'_y=f'_y+\lambda\varphi'_y=0\\F'_\lambda=\varphi(x,y)=0\end{cases}$，解出$x$、$y$、$\lambda$。得到$F(x,y,\lambda)$的驻点$(x_0,y_0,\lambda_0)$，则$(x_0,y_0)$就是原问题的极值可疑点。对于实际问题可根据问题本身的性质确定该极值可疑点是否为极值点。

这种方法可以推广到自变量多于两个，条件多于一个的情况。

在实际问题中，如果多元函数只有唯一可能极值点，而根据问题的性质可知，最大值（或最小值）一定存在，那么在这个可能极值点处，取得函数的最大值（或最小值）。

【例 1-4-1】 $f(x,y)=\ln\left(x+\frac{y}{2x}\right)$，求$\left.\frac{\partial z}{\partial x}\right|_{(1,0)}$，$\left.\frac{\partial z}{\partial y}\right|_{(1,0)}$。

解

$$\frac{\partial z}{\partial x}=\frac{1}{x+\frac{y}{2x}}\left(1-\frac{y}{2x^2}\right)=\frac{2x^2-y}{x(2x^2+y)}，则\left.\frac{\partial z}{\partial x}\right|_{(1,0)}=1$$

$$\frac{\partial z}{\partial y}=\frac{1}{x+\frac{y}{2x}}\cdot\frac{1}{2x}=\frac{1}{2x^2+y}，则\left.\frac{\partial z}{\partial y}\right|_{(1,0)}=\frac{1}{2}$$

【例 1-4-2】 设函数$z=\left(\frac{y}{x}\right)^x$，则全微分$\mathrm{d}z\big|_{\substack{x=1\\y=2}}=$：

A. $\ln 2\mathrm{d}x+\frac{1}{2}\mathrm{d}y$　　B. $(\ln 2+1)\mathrm{d}x+\frac{1}{2}\mathrm{d}y$

C. $2\left[(\ln 2-1)\mathrm{d}x+\frac{1}{2}\mathrm{d}y\right]$　　D. $\frac{1}{2}\ln 2\mathrm{d}x+2\mathrm{d}y$

解 利用二元函数求全微分公式$\mathrm{d}z=\frac{\partial z}{\partial x}\mathrm{d}x+\frac{\partial z}{\partial y}\mathrm{d}y$计算，代入$x=1$，$y=2$，求出$\mathrm{d}z\big|_{\substack{x=1\\y=2}}$的值。

（1）计算$\frac{\partial z}{\partial x}$：

$z=\left(\frac{y}{x}\right)^x$

z对x求导，为幂指函数求导，两边取对数，得

$\ln z = x\ln\left(\frac{y}{x}\right)$

两边对x求导，得

$\frac{1}{z}z_x=\ln\frac{y}{x}+x\cdot\frac{x}{y}\left(-\frac{y}{x^2}\right)=\ln\frac{y}{x}-1$

进而得

$z_x=z\left(\ln\frac{y}{x}-1\right)=\left(\frac{y}{x}\right)^x\left(\ln\frac{y}{x}-1\right)$

（2）计算$\frac{\partial z}{\partial y}$：

$\frac{\partial z}{\partial y}=x\left(\frac{y}{x}\right)^{x-1}\frac{1}{x}=\left(\frac{y}{x}\right)^{x-1}$

$\mathrm{d}z=\frac{\partial z}{\partial x}\mathrm{d}x+\frac{\partial z}{\partial y}\mathrm{d}y=\left(\frac{y}{x}\right)^x\left(\ln\frac{y}{x}-1\right)\mathrm{d}x+\left(\frac{y}{x}\right)^{x-1}\mathrm{d}y$

$\mathrm{d}z\Big|_{\substack{x=1\\y=2}}=2(\ln 2-1)\mathrm{d}x+\mathrm{d}y=2\left[(\ln 2-1)\mathrm{d}x+\frac{1}{2}\mathrm{d}y\right]$

答案： C

【例 1-4-3】 设$z=z(x,y)$是由方程$xz-xy+\ln(xyz)=0$所确定的可微函数，则$\frac{\partial z}{\partial y}$等于：

A. $\frac{-xz}{xz+1}$　　B. $-x+\frac{1}{2}$　　C. $\frac{z(-xz+y)}{x(xz+1)}$　　D. $\frac{z(xy-1)}{y(xz+1)}$

解 设函数$F(x,y,z)=xz-xy+\ln(xyz)$

$F_x=z-y+\frac{yz}{xyz}=z-y+\frac{1}{x}$，$F_y=-x+\frac{xz}{xyz}=-x+\frac{1}{y}$，$F_z=x+\frac{xy}{xyz}=x+\frac{1}{z}$

$\frac{\partial z}{\partial y}=-\frac{F_y}{F_z}=-\frac{\frac{-xy+1}{y}}{\frac{xz+1}{z}}=-\frac{(1-xy)z}{y(xz+1)}=\frac{z(xy-1)}{y(xz+1)}$

答案： D

【例 1-4-4】 设方程$x_2+y_2+z_2=4z$确定可微函数$z=z(x,y)$，则全微分$\mathrm{d}z$等于：

A. $\frac{1}{2-z}(y\mathrm{d}x+x\mathrm{d}y)$　　B. $\frac{1}{2-z}(x\mathrm{d}x+y\mathrm{d}y)$

C. $\frac{1}{2+z}(\mathrm{d}x+\mathrm{d}y)$　　D. $\frac{1}{2-z}(\mathrm{d}x-\mathrm{d}y)$

解 设函数$F(x,y,z)=x_2+y_2+z_2-4z$，则

$F_x=2x$，$F_y=2y$，$F_z=2z-4$

$\frac{\partial z}{\partial x}=-\frac{F_x}{F_z}=-\frac{2x}{2z-4}=-\frac{x}{z-2}$，$\frac{\partial z}{\partial y}=-\frac{F_y}{F_z}=-\frac{2y}{2z-4}=-\frac{y}{z-2}$

$\mathrm{d}z=\frac{\partial z}{\partial x}\mathrm{d}x+\frac{\partial z}{\partial y}\mathrm{d}y=-\frac{x}{z-2}\mathrm{d}x-\frac{y}{z-2}\mathrm{d}y=\frac{1}{2-z}(x\mathrm{d}x+y\mathrm{d}y)$

答案： B

【例 1-4-5】 设$z=f\left(xy,\frac{x}{y}\right)$，函数$z=f(u,v)$具有连续偏导数，求$\frac{\partial z}{\partial x}$，$\frac{\partial z}{\partial y}$。

解

$$\frac{\partial z}{\partial x}=\frac{\partial z}{\partial u}\cdot y+\frac{\partial z}{\partial v}\cdot\frac{1}{y}=y\frac{\partial z}{\partial u}+\frac{1}{y}\frac{\partial z}{\partial v}$$

$$\frac{\partial z}{\partial y}=\frac{\partial z}{\partial u}\cdot x+\frac{\partial z}{\partial v}\left(-\frac{x}{y^2}\right)=x\frac{\partial z}{\partial u}-\frac{x}{y^2}\frac{\partial z}{\partial v}$$

【例 1-4-6】 求曲线$x=t$，$y=t^2$，$z=t^3$在点(1,1,1)处的切线和法平面。

解　将点(1,1,1)代入曲线方程可得$t=1$

$$切向量\vec{s}=\{1,2t,3t^2\}，\vec{s}|_{t=1}=\{1,2,3\}$$

切线方程
$$\frac{x-1}{1}=\frac{y-1}{2}=\frac{z-1}{3}$$

法平面方程
$$(x-1)+2(y-1)+3(z-1)=0$$

【例 1-4-7】 曲面$x^2-4y^2+2z^2=6$上点(2,2,3)处的法线方程是：

A. $x-1=\frac{y-6}{-4}=\frac{z}{3}$　　B. $\frac{x-2}{-1}=\frac{y-2}{-4}=\frac{z-3}{3}$

C. $\frac{x-1}{1}=\frac{y-6}{4}=\frac{z-1}{2}$　　D. $\frac{x-2}{1}=\frac{y-2}{-4}=\frac{z-3}{3}$

解　曲面$x^2-4y^2+2z^2-6=0$

设函数
$$F(x,y,z)=x^2-4y^2+2z^2-6$$

则
$$F_x=2x，F_y=-8y，F_z=4z$$

$$\vec{n}_{切}=\{2x,-8y,4z\}|_{(2,2,3)}=\{4,-16,12\}$$

取切平面的法向量为法线的方向向量$\vec{s}=\{4,-16,12\}$

即法线方程为
$$\frac{x-2}{4}=\frac{y-2}{-16}=\frac{z-3}{12}$$

化简得
$$\frac{x-2}{1}=\frac{y-2}{-4}=\frac{z-3}{3}$$

答案： D

【例 1-4-8】 已知函数$f\left(xy,\frac{x}{y}\right)=x^2$，则$\frac{\partial f(x,y)}{\partial x}+\frac{\partial f(x,y)}{\partial y}$等于：

A. $2x+2y$　　B. $x+y$　　C. $2x-2y$　　D. $x-y$

解　题目中需要求解$\frac{\partial f}{\partial x}$和$\frac{\partial f}{\partial y}$，故联想到采用换元的形式，将函数$f\left(xy,\frac{x}{y}\right)$变形为$f(u,v)$的形式。此时求解$\frac{\partial f}{\partial u}$和$\frac{\partial f}{\partial v}$，即可认为是求解$\frac{\partial f}{\partial x}$和$\frac{\partial f}{\partial y}$，再换写成$f(x,y)$的形式。若不进行换元，将无法进行偏导数计算。

设$u=xy$，$v=\frac{x}{y}$，那么$x=\frac{u}{y}$，$x=yv$

$$x^2=\frac{u}{y}\cdot yv=u\cdot v$$

原函数化为$f(u,v)=uv$，即$f(x,y)=xy$

$f_x'(x,y)=y$，$f_y'(x,y)=x$

$$\frac{\partial f}{\partial x}+\frac{\partial f}{\partial y}=y+x$$

答案： B

【例 1-4-9】 函数$z=f(x,y)$在点(x_0,y_0)处具有偏导数是它在该点存在全微分的：

A. 必要不充分条件　　B. 充分不必要条件

C. 充分必要条件　　D. 既不充分也不必要条件

解　可通过图 1-4-1 “基本概念关系图” 得到结果。

答案： A

【例 1-4-10】 对于二元函数$z=f(x,y)$在点(x_0,y_0)处连续是它在该点处偏导数存在的：

A. 必要不充分条件　　B. 充分不必要条件

C. 充分必要条件　　D. 既不充分也不必要条件

解 可通过图 1-4-1 "基本概念关系图" 得到结果。

答案： D

【例 1-4-11】 函数$f(x,y)$在点$P_0(x_0,y_0)$处有一阶偏导数是函数在该点连续的：

A. 必要条件　　B. 充分条件

C. 充分必要条件　　D. 既不充分也不必要条件

解 可通过图 1-4-1 "基本概念关系图" 得到结果。$f(x,y)$在点$P_0(x_0,y_0)$处有一阶偏导数，不能说明$f(x,y)$在点$P_0(x_0,y_0)$处连续；同样，$f(x,y)$在点$P_0(x_0,y_0)$处连续，也不能确定$f(x,y)$在点$P_0(x_0,y_0)$处有一阶偏导数。

答案： D

习　题

1-4-1 设$z=u^2\ln v$，而$u=\varphi(x,y)$，$v=\psi(y)$均为可导函数，则$\frac{\partial z}{\partial y}$为（　　）。

A. $2u\ln v+u^2\cdot\frac{1}{v}$　　B. $2\varphi_y'\ln v+u^2\cdot\frac{1}{v}$

C. $2u\varphi_y'\ln v+u^2\cdot\frac{1}{v}\cdot\psi'$　　D. $2u\psi_y'\cdot\frac{1}{v}\cdot\psi'$

1-4-2 已知$y=y(x,z)$，由方程$xyz=e^{x+y}$确定，则$\frac{\partial y}{\partial x}$是（　　）。

A. $\frac{y(x-1)}{x(1-y)}$　　B. $\frac{y}{x(1-y)}$　　C. $\frac{yz}{1-y}$　　D. $\frac{y(1-xz)}{x(1-y)}$

1-4-3 若函数$z=\frac{\ln(xy)}{y}$，则当$x=e$，$y=e^{-1}$时，全微分$\mathrm{d}z$等于（　　）。

A. $e\mathrm{d}x+\mathrm{d}y$　　B. $e^2\mathrm{d}x-\mathrm{d}y$

C. $\mathrm{d}x+e^2\mathrm{d}y$　　D. $e\mathrm{d}x+e^2\mathrm{d}y$

1-4-4 在曲线$x=t$，$y=t^2$，$z=t^3$上某点的切线平行于平面$x+2y+z=4$，则该点的坐标为（　　）。

A. $\left(-\frac{1}{3},\frac{1}{9},-\frac{1}{27}\right)$，$(-1,1,-1)$　　B. $\left(-\frac{1}{3},\frac{1}{9},-\frac{1}{27}\right)$，$(1,1,1)$

C. $\left(\frac{1}{3},\frac{1}{9},\frac{1}{27}\right)$，$(1,1,1)$　　D. $\left(\frac{1}{3},\frac{1}{9},\frac{1}{27}\right)$，$(-1,1,-1)$

1-4-5 曲面$z=x^2-y^2$与平面$x-y-z-1=0$平行的切平面方程是（　　）。

A. $x-y-z-1=0$　　B. $x-y-z+1=0$

C. $x-y-z=0$　　D. $x-y-z-2=0$

1-4-6 二元函数$z=x^3-y^3+3x^2+3y^2-9x$的极大值点是（　　）。

A. $(1,0)$　　B. $(1,2)$　　C. $(-3,0)$　　D. $(-3,2)$

1-4-7 曲面$xyz=1$上平行于$x+y+z+3=0$的切平面方程是（　　）。

A. $x+y+z=0$　　B. $x+y+z=1$

C. $x+y+z=2$　　D. $x+y+z=3$

1-4-8 曲面$z=x^2-y^2$在点$(\sqrt{2},-1,1)$处的法线方程是（　　）。

A. $\frac{x-\sqrt{2}}{2\sqrt{2}}=\frac{y+1}{-2}=\frac{z-1}{-1}$　　B. $\frac{x-\sqrt{2}}{2\sqrt{2}}=\frac{y+1}{-2}=\frac{z-1}{1}$

C. $\frac{x-\sqrt{2}}{2\sqrt{2}}=\frac{y+1}{2}=\frac{z-1}{-1}$　　D. $\frac{x-\sqrt{2}}{2\sqrt{2}}=\frac{y+1}{2}=\frac{z-1}{1}$

1-4-9 对于二元函数$z=f(x,y)$，下列有关偏导数和全微分关系中正确的命题是（　　）。

A. 偏导数不连续，则全微分必不存在

B. 偏导数连续，则全微分必存在

C. 全微分存在，则偏导数必连续

D. 全微分存在，而偏导数不一定存在

1-4-10 若二元函数$z=f(x,y)$在点$P_0(x_0,y_0)$处的两个偏导数$\frac{\partial z}{\partial x}$，$\frac{\partial z}{\partial y}$存在，则（　　）。

A. $f(x,y)$在点P_0处连续　　B. $z=f(x,y_0)$在点P_0处连续

C. $\mathrm{d}z=\left.\frac{\partial z}{\partial x}\right|_{P_0}\mathrm{d}x+\left.\frac{\partial z}{\partial y}\right|_{P_0}\mathrm{d}y$　　D. 上述选项都不对

第五节　多元函数积分学

一、二重积分

（一）二重积分的概念与性质

1. 二重积分的定义

设$f(x,y)$为有界闭区域D上的有界函数，将D分割成n个小区域$\Delta\sigma_1$，$\Delta\sigma_2$，…，$\Delta\sigma_n$，$\Delta\sigma_i$也表示第i个小区域的面积，用λ_i表示$\Delta\sigma_i(i=1,2,\cdots,n)$的直径（$\Delta\sigma_i$上任意两点间距离的最大值），在每一$\Delta\sigma_i$上任取一点$(x_i,y_i)$，作积分和$\sum\limits_{i=1}^{n}f(x_i,y_i)\Delta\sigma_i$，如果$\|\lambda\|\to 0$时，($\|\lambda\|=\max\{\lambda_1,\cdots,\lambda_n\}$)积分和有极限$I$，即

$$\lim_{\|\lambda\|\to 0}\sum_{i=1}^{n}f(x_i,y_i)\Delta\sigma_i=I \tag{1-5-1}$$

则称I为二元函数$f(x,y)$在闭区域D上的二重积分，记作$\iint\limits_D f(x,y)\mathrm{d}\sigma$。

2. 二重积分存在的充分条件

若$f(x,y)$在D上连续，则二重积分$\iint\limits_D f(x,y)\mathrm{d}\sigma$一定存在。

3. 二重积分的几何意义

若$f(x,y)\geqslant 0$，则二重积分$\iint\limits_D f(x,y)\mathrm{d}\sigma$表示以曲面$z=f(x,y)$为顶，以区域$D$为底，以$D$的边界为准线，母线平行于$Oz$轴的柱面围成的曲顶柱体的体积。当$f(x,y)=1$时，$\iint\limits_D 1\mathrm{d}x\mathrm{d}y$表示$D$的面积。

4. 二重积分的性质

（1）$\iint\limits_D kf(x,y)\mathrm{d}\sigma=k\iint\limits_D f(x,y)\mathrm{d}\sigma$　（k为常数）。

（2）$\iint\limits_D[f(x,y)\pm g(x,y)]\mathrm{d}\sigma=\iint\limits_D f(x,y)\mathrm{d}\sigma\pm\iint\limits_D g(x,y)\mathrm{d}\sigma$。

（3）$\iint\limits_D f(x,y)\mathrm{d}\sigma=\iint\limits_{D_1}f(x,y)\mathrm{d}\sigma+\iint\limits_{D_2}f(x,y)\mathrm{d}\sigma$　（其中$D=D_1+D_2$）。

（4）在D上，$f(x,y)=1$，σ为D的面积，则$\iint\limits_D 1\mathrm{d}\sigma=\iint\limits_D \mathrm{d}\sigma=\sigma$。

（5）在D上，$f(x,y)\leqslant g(x,y)$，则$\iint\limits_D f(x,y)\mathrm{d}\sigma\leqslant\iint\limits_D g(x,y)\mathrm{d}\sigma$。

（6）设M，m分别为$f(x,y)$在闭区域D上的最大值、最小值，σ是D的面积，则

$m\sigma \leqslant \iint_D f(x,y)\mathrm{d}\sigma \leqslant M\sigma$。

（7）设$f(x,y)$在闭区域D上连续，σ是D的面积，则在D上至少存在一点(ξ,η)使$\iint_D f(x,y)\mathrm{d}\sigma = f(\xi,\eta)\sigma$。

（二）二重积分的计算

1. 直角坐标系

计算二重积分时，可根据被积函数$f(x,y)$和区域D的形状选择积分顺序，是先y后x，还是先x后y，把D用不等式组表示，再将二重积分化为累次积分计算。

若$D=\{(x,y)|a\leqslant x\leqslant b, y_1(x)\leqslant y\leqslant y_2(x)\}$，则

$$\iint_D f(x,y)\mathrm{d}x\mathrm{d}y = \int_a^b \mathrm{d}x \int_{y_1(x)}^{y_2(x)} f(x,y)\,\mathrm{d}y \tag{1-5-2}$$

若$D=\{(x,y)|c\leqslant y\leqslant d, x_1(y)\leqslant x\leqslant x_2(y)\}$，则

$$\iint_D f(x,y)\mathrm{d}x\mathrm{d}y = \int_c^d \mathrm{d}y \int_{x_1(y)}^{x_2(y)} f(x,y)\,\mathrm{d}x \tag{1-5-3}$$

2. 极坐标系

如果积分区域D的边界曲线用极坐标方程表示比较方便（如圆周等），且被积函数用极坐标表示也较方便（如含有x^2+y^2等），则可以利用直角坐标与极坐标的关系式$x=r\cos\theta$，$y=r\sin\theta$，面积元素$\mathrm{d}x\mathrm{d}y = r\mathrm{d}r\mathrm{d}\theta$，将二重积分转化为极坐标计算

$$\iint_D f(x,y)\mathrm{d}x\mathrm{d}y = \iint_D f(r\cos\theta, r\sin\theta)r\mathrm{d}r\mathrm{d}\theta \tag{1-5-4}$$

在极坐标系下，若

（1）$D=\{(r,\theta)|\alpha\leqslant\theta\leqslant\beta, \varphi_1(\theta)\leqslant r\leqslant\varphi_2(\theta)\}$，则

$$\iint_D f(r\cos\theta, r\sin\theta)r\mathrm{d}r\mathrm{d}\theta = \int_\alpha^\beta \mathrm{d}\theta \int_{\varphi_1(\theta)}^{\varphi_2(\theta)} f(r\cos\theta, r\sin\theta)r\mathrm{d}r \tag{1-5-5}$$

（2）$D=\{(r,\theta)|\alpha\leqslant\theta\leqslant\beta, 0\leqslant r\leqslant\varphi(\theta)\}$，则

$$\iint_D f(r\cos\theta, r\sin\theta)r\mathrm{d}r\mathrm{d}\theta = \int_\alpha^\beta \mathrm{d}\theta \int_0^{\varphi(\theta)} f(r\cos\theta, r\sin\theta)\,r\mathrm{d}r \tag{1-5-6}$$

式中，α、$\beta\in[0,2\pi]$且$\alpha<\beta$；$\varphi(\theta)$、$\varphi_1(\theta)$、$\varphi_2(\theta)$均为连续函数。式（1-5-5）对应于极点位于积分区域D外部的情况；式（1-5-6）对应于极点位于积分区域D内部或边界上的情形。

二、三重积分

（一）三重积分的一般概念

1. 三重积分的定义

设$f(x,y,z)$是空间有界闭区域Ω上的有界函数，用任意分法将Ω分成n份ΔU_1，ΔU_2，…，ΔU_n（同时用它表示子区域的体积），在ΔU_i内任取一点(x_i,y_i,z_i)作积分和$\sum_{i=1}^{n} f(x_i,y_i,z_i)\Delta U_i$，若当$n\to\infty$，$\|\lambda\|\to 0$时［$\|\lambda\|$表示$\Delta U_i(i=1,2,\cdots,n)$的最大直径］极限$\lim\limits_{\substack{n\to\infty\\ \|\lambda\|\to 0}} \sum_{i=1}^{n} f(x_i,y_i,z_i)\Delta U_i$存在，则称此极限值为$f(x,y,z)$在$\Omega$上的三重积分，记作$\iiint_\Omega f(x,y,z)\mathrm{d}U$。

2. 三重积分存在的充分条件

在有界闭区域Ω上连续函数$f(x,y,z)$在Ω上必定可积。

3. 三重积分的性质

三重积分也有类似二重积分的 7 个性质（不再赘述）。

（二）三重积分的计算

三重积分的计算，也是根据被积函数和积分区域Ω的情况，选择一种合适的坐标系和积分顺序，将它化为累次积分进行计算。

1. 直角坐标

设$\Omega=\{(x,y,z)|a\leqslant x\leqslant b,y_1(x)\leqslant y\leqslant y_2(x),z_1(x,y)\leqslant z\leqslant z_2(x,y)\}$，则

$$\iiint_{\Omega} f(x,y,z)\mathrm{d}x\mathrm{d}y\mathrm{d}z=\int_a^b \mathrm{d}x\int_{y_1(x)}^{y_2(x)}\mathrm{d}y\int_{z_1(x,y)}^{z_2(x,y)} f(x,y,z)\,\mathrm{d}z \tag{1-5-7}$$

同理可写出其他顺序，将三重积分化为三次积分。（在直角坐标系下，体积元素$\mathrm{d}v=\mathrm{d}x\mathrm{d}y\mathrm{d}z$）

2. 柱坐标

设$\Omega=\{(x,y,z)|\alpha\leqslant\theta\leqslant\beta,r_1(\theta)\leqslant r\leqslant r_2(\theta),z_1(r,\theta)\leqslant z\leqslant z_2(r,\theta)\}$，则

$$\iiint_{\Omega} f(x,y,z)\mathrm{d}x\mathrm{d}y\mathrm{d}z=\int_\alpha^\beta \mathrm{d}\theta\int_{r_1(\theta)}^{r_2(\theta)} r\mathrm{d}r\int_{z_1(r,\theta)}^{z_2(r,\theta)} f(r\cos\theta,r\sin\theta,z)\,\mathrm{d}z \tag{1-5-8}$$

同理也可写出其他顺序，将三重积分化为三次积分。

在柱坐标系下，体积元素$\mathrm{d}v=r\mathrm{d}r\mathrm{d}\theta\mathrm{d}z$，直角坐标和柱坐标的关系$x=r\cos\theta$，$y=r\sin\theta$，$z=z$。

3. 球面坐标

设$\Omega=\{(x,y,z)|\alpha\leqslant\theta\leqslant\beta,\varphi_1(\theta)\leqslant\varphi\leqslant\varphi_2(\theta),r_1(\theta,\varphi)\leqslant r\leqslant r_2(\theta,\varphi)\}$，则

$$\iiint_{\Omega} f(x,y,z)\mathrm{d}x\mathrm{d}y\mathrm{d}z=\int_\alpha^\beta \mathrm{d}\theta\int_{\varphi_1(\theta)}^{\varphi_2(\theta)}\sin\varphi\mathrm{d}\varphi\int_{r_1(\theta,\varphi)}^{r_2(\theta,\varphi)} f(r\sin\varphi\cos\theta,r\sin\varphi\sin\theta,r\cos\varphi)\,r^2\mathrm{d}r \tag{1-5-9}$$

在球坐标系下，体积元素$\mathrm{d}v=r^2\sin\varphi\mathrm{d}r\mathrm{d}\theta\mathrm{d}\varphi$，直角坐标和球面坐标的关系$x=r\sin\varphi\cos\theta$，$y=r\sin\varphi\sin\theta$，$z=r\cos\varphi$。

在计算三重积分时，当积分区域Ω为圆柱形（或柱形）区域，或Ω的投影为圆域时，被积函数具有$f(x^2+y^2)$的形式，一般可采用柱面坐标计算；当积分区域为球形区域或锥面与球面围成的区域，被积函数具有$f(x^2+y^2+z^2)$的形式，用球面坐标计算较为方便。

【例 1-5-1】 设D域为$0\leqslant x\leqslant y$，$0\leqslant y\leqslant 1$，则$\iint_D \mathrm{d}x\mathrm{d}y$为：

A. 1　　B. $\frac{1}{2}$　　C. 2　　D. 3

解 画出D域图形（见解图）

$\iint_D \mathrm{d}x\mathrm{d}y$中被积函数$f(x,y)=1$

二重积分在数值上等于D的面积，所以

$\iint_D \mathrm{d}x\mathrm{d}y=\frac{1}{2}\times1\times1=\frac{1}{2}$

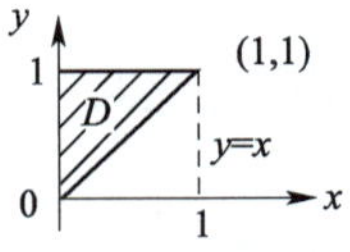

例 1-5-1 解图

答案：B

【例 1-5-2】 若D域是以(0,0)，(1,0)，(0,1)为顶点的三角形区域，由二重积分的几何意义知，$\iint_D(1-x-y)\mathrm{d}\sigma$的值等于：

A. $\frac{1}{3}$　　B. $\frac{1}{2}$　　C. 1　　D. $\frac{1}{6}$

解 由二重积分的几何意义知，$\iint\limits_D (1-x-y)\mathrm{d}\sigma$表示以$z=1-x-y$为曲顶、$D$为底的曲顶柱体的体积。

曲顶柱体见解图，曲顶为一平面，方程$z=1-x-y$，该二重积分表示正三棱锥的体积，所以

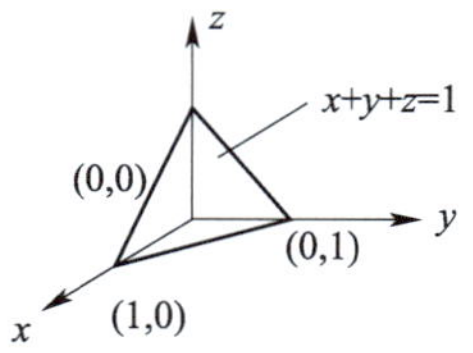

例 1-5-2 解图

$$\iint\limits_D (1-x-y)\mathrm{d}\sigma=\frac{1}{3}\times \text{底面积}\times \text{高}=\frac{1}{3}\times\frac{1}{2}\times 1\times 1\times 1=\frac{1}{6}$$

答案：D

【例 1-5-3】 将二重积分$\iint\limits_D f(x,y)\mathrm{d}x\mathrm{d}y$化为直角坐标系下的二次积分，其中$D$由$x+y=1$，$x-y=1$及$y$轴围成（见图），要求用两种积分顺序表示。

解 （1）先y后x

$$D:\begin{cases}0\leqslant x\leqslant 1\\ x-1\leqslant y\leqslant -x+1\end{cases}$$

$$\iint\limits_D f(x,y)\mathrm{d}x\mathrm{d}y=\int_0^1 \mathrm{d}x\int_{x-1}^{1-x} f(x,y)\mathrm{d}y$$

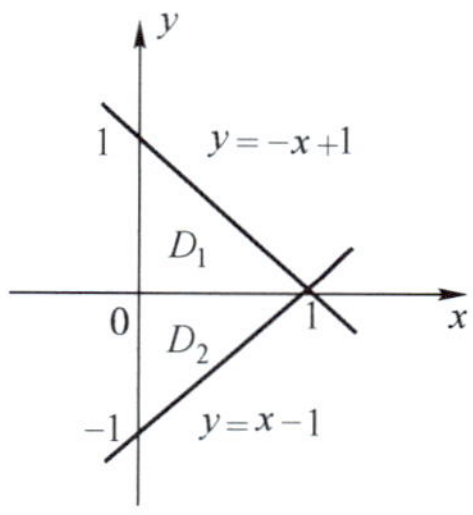

例 1-5-3 图

（2）先x后y

由于右边界曲线由两个方程给出，把D分为D_1，D_2两部分，见图。

$$\iint\limits_D=\iint\limits_{D_1+D_2}=\iint\limits_{D_1}+\iint\limits_{D_2}$$

$$D_1:\begin{cases}0\leqslant y\leqslant 1\\ 0\leqslant x\leqslant 1-y\end{cases}\qquad D_2:\begin{cases}-1\leqslant y\leqslant 0\\ 0\leqslant x\leqslant 1+y\end{cases}$$

$$\iint\limits_D f(x,y)\mathrm{d}x\mathrm{d}y=\int_0^1 \mathrm{d}y\int_0^{1-y} f(x,y)\mathrm{d}x+\int_{-1}^0 \mathrm{d}y\int_0^{1+y} f(x,y)\mathrm{d}x$$

注：计算二重积分时，确定积分上下限：若x的范围简单（从 0 到 1），则y的范围一定会变难（利用函数表示从$x-1$到$1-x$），反之亦然。

【例 1-5-4】 设D：$|x|\leqslant\pi$，$0\leqslant y\leqslant 1$，则$\iint\limits_D (2+xy)\mathrm{d}\sigma$等于：

A. 0　　B. 2π　　C. 1　　D. 4π

解 画出积分区域D的图形（见解图）。

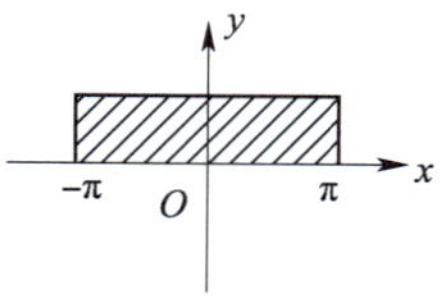

例 1-5-4 解图

$$\iint\limits_D (2+xy)\mathrm{d}\sigma=\iint\limits_D 2\mathrm{d}\sigma+\iint\limits_D xy\mathrm{d}\sigma$$

首先，利用二重积分的对称性及二重积分的几何意义计算，积分区域D关于y轴对称，函数$f(x,y)$满足$f(-x,y)=-f(x,y)$，为关于变量x的奇函数，因而

$$\iint\limits_D xy\mathrm{d}\sigma=0$$

其次，$\iint\limits_D 2\mathrm{d}\sigma=2\iint\limits_D \mathrm{d}\sigma=2\times D$的面积$=2\times 2\pi\times 1=4\pi$，故原式$=4\pi$。

答案：D

【例 1-5-5】 已知二重积分$I=\int_0^1 \mathrm{d}x\int_x^{\sqrt{x}}\frac{\sin y}{y}\mathrm{d}y$，其值等于：

A. $2-\sin 1$　　B. $1-\sin 2$　　C. 0　　D. $1-\sin 1$

解 如解图所示，先对y积分时，被积函数无初等函数表示的原函数，需要改变积分顺序后再计算。先作出曲线$y=x$，$y=\sqrt{x}$，求交点(0,0)、(1,1)，再作直线$x=0$、$x=1$把积分区域还原。

按先x后y的顺序

$$D:\begin{cases}0\leqslant y\leqslant 1\\ y^2\leqslant x\leqslant y\end{cases}$$

$$I=\int_0^1 \mathrm{d}y\int_{y^2}^{y}\frac{\sin y}{y}\mathrm{d}x=\int_0^1\frac{\sin y}{y}x\Big|_{y^2}^{y}\mathrm{d}y$$
$$=\int_0^1\frac{\sin y}{y}(y-y^2)\mathrm{d}y=\int_0^1(1-y)\sin y\mathrm{d}y$$
$$=\int_0^1(\sin y-y\sin y)\mathrm{d}y=\int_0^1\sin y\mathrm{d}y-\int_0^1 y\sin y\mathrm{d}y$$
$$=-\cos y\Big|_0^1+\int_0^1 y\,\mathrm{d}\cos y=-(\cos 1-1)+y\cos y\Big|_0^1-\int_0^1\cos y\mathrm{d}y$$
$$=-(\cos 1-1)+\cos 1-\sin y\Big|_0^1$$
$$=-\cos 1+1+\cos 1-(\sin 1-0)=1-\sin 1$$

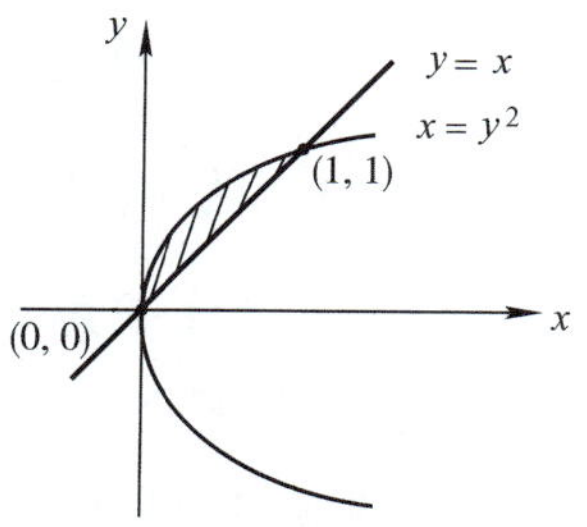

例 1-5-5 解图

答案： D

注：这是一个交换积分次序的题目，先根据所给出的积分上下限画出积分区域，再按正确的积分次序写出二次积分的积分上下限。

【例 1-5-6】 若D域是$x^2+y^2\leqslant 4$，$y\geqslant 0$，则$\iint\limits_D \sin(x^3y^2)\,\mathrm{d}\sigma$的值等于：

A. 0　　B. 2　　C. 3　　D. 无法计算

解　画出积分区域D的图形，D为上半圆和x轴围成的图形（见解图），图形关于y轴对称，方程$f(x,y)=\sin(x^3y^2)$满足$f(-x,y)=-f(x,y)$，为关于变量x的奇函数，由二重积分几何意义可知$\iint\limits_D \sin(x^3y^2)\,\mathrm{d}\sigma=0$。

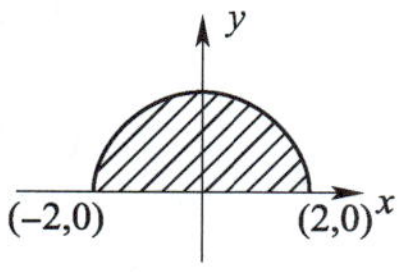

例 1-5-6 解图

答案： A

【例 1-5-7】 二次积分$\int_0^1\mathrm{d}x\int_{x^2}^{x}f(x,y)\mathrm{d}y$交换积分次序后的二次积分是：

A. $\int_{x^2}^{x}\mathrm{d}y\int_0^1 f(x,y)\mathrm{d}x$　　B. $\int_0^1\mathrm{d}y\int_{y^2}^{y}f(x,y)\mathrm{d}x$

C. $\int_y^{\sqrt{y}}\mathrm{d}y\int_0^1 f(x,y)\mathrm{d}x$　　D. $\int_0^1\mathrm{d}y\int_y^{\sqrt{y}}f(x,y)\mathrm{d}x$

解　根据给出的二重积分的上下限$0\leqslant x\leqslant 1$，$x^2\leqslant y\leqslant x$画出积分区域$D$，再写出先$x$后$y$的积分表达式。

D：$0\leqslant y\leqslant 1$，$y\leqslant x\leqslant\sqrt{y}$　（见解图）

$y=x$，即$x=y$；$y=x^2$，得$x=\sqrt{y}$

所以二次积分交换积分顺序后为$\int_0^1\mathrm{d}y\int_y^{\sqrt{y}}f(x,y)\mathrm{d}x$。

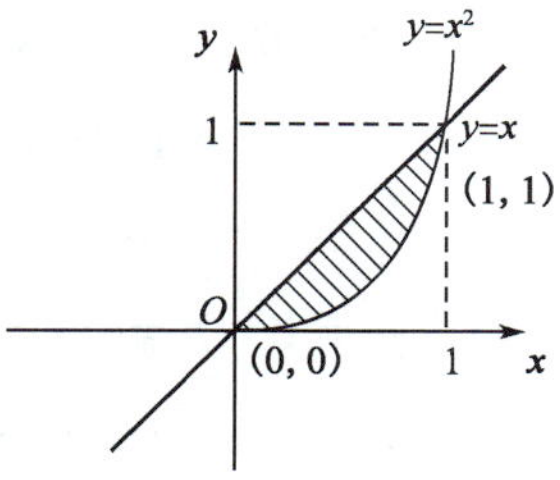

例 1-5-7 解图

答案： D

【例 1-5-8】 $I=\int_0^1\mathrm{d}y\int_0^{\sqrt{1-y}}3x^2y^2\mathrm{d}x$，则交换积分次序后得：

A. $I=\int_0^1\mathrm{d}x\int_0^{\sqrt{1-x}}3x^2y^2\mathrm{d}y$　　B. $I=\int_0^{\sqrt{1-y}}\mathrm{d}x\int_0^1 3x^2y^2\mathrm{d}y$

C. $I=\int_0^1\mathrm{d}x\int_0^{1-x^2}3x^2y^2\mathrm{d}y$　　D. $I=\int_0^1\mathrm{d}x\int_0^{1+x^2}3x^2y^2\mathrm{d}y$

解　画出积分区域D（见解图），写出先y后x的积分表达式。

由$x=\sqrt{1-y}$，得$x^2=1-y$，$y=1-x^2$

D：$\begin{cases}0\leqslant x\leqslant 1\\0\leqslant y\leqslant 1-x^2\end{cases}$

故$I=\int_0^1\mathrm{d}x\int_0^{1-x^2}3x^2y^2\mathrm{d}y$。

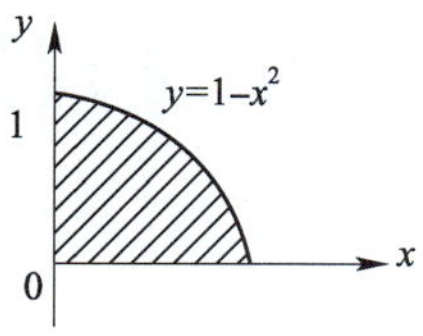

例 1-5-8 解图

答案： C

【例 1-5-9】 区域D由x轴，圆$x^2+y^2-2x=0(y\geqslant 0)$的内部及直线$x+y=2$下方所围成，$f(x,y)$是连续函数，化$\iint\limits_D f(x,y)\mathrm{d}x\mathrm{d}y$为二次积分是：

A. $\int_0^{\frac{\pi}{4}}d\varphi\int_0^{2\cos\varphi}f(\rho\cos\varphi,\rho\sin\varphi)\rho d\rho$　　B. $\int_0^1 dy\int_{1-\sqrt{1-y^2}}^{2-y}f(x,y)dx$

C. $\int_0^{\frac{\pi}{2}}d\varphi\int_0^1 f(\rho\cos\varphi,\rho\sin\varphi)\rho d\rho$　　D. $\int_0^1 dx\int_0^{\sqrt{2x-x^2}}f(x,y)dy$

解 积分区域D为$x^2+y^2-2x=0$，即$(x-1)^2+y^2=1$。由解图可知，选项 A、C 积分变量ρ、φ的取值均有错误。

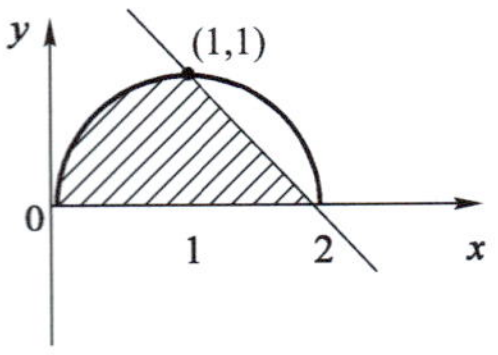

例 1-5-9 解图

在化为直角坐标计算时，按先x后y的顺序积分

由$(x-1)^2+y^2=1$，$(x-1)^2=1-y^2$，$x-1=\pm\sqrt{1-y^2}$，

$x=1\pm\sqrt{1-y^2}$，取方程$x=1-\sqrt{1-y^2}$。

$$D:\begin{cases}0\leqslant y\leqslant 1\\1-\sqrt{1-y^2}\leqslant x\leqslant 2-y\end{cases}$$

$$\iint\limits_D f(x,y)dxdy=\int_0^1 dy\int_{1-\sqrt{1-y^2}}^{2-y}f(x,y)dx$$

答案： B

【例 1-5-10】 设D是由直线$y=x$和圆$x^2+(y-1)^2=1$所围成且在直线$y=x$下方的平面区域，则二重积分$\iint\limits_D xdxdy$等于：

A. $\int_0^{\frac{\pi}{2}}\cos\theta d\theta\int_0^{2\cos\theta}\rho^2 d\rho$　　B. $\int_0^{\frac{\pi}{2}}\sin\theta d\theta\int_0^{2\sin\theta}\rho^2 d\rho$

C. $\int_0^{\frac{\pi}{4}}\sin\theta d\theta\int_0^{2\sin\theta}\rho^2 d\rho$　　D. $\int_0^{\frac{\pi}{4}}\cos\theta d\theta\int_0^{2\sin\theta}\rho^2 d\rho$

解 本题考查将直角坐标系下的二重积分化为极坐标系下的二次积分的知识。关键是把区域D写成极坐标系下的不等式组，其中将圆的方程$x^2+(y-1)^2=1$化为极坐标系下的表达式又是关键的关键。如解图所示。

$x^2+(y-1)^2=1$，即$x^2+y^2-2y=0$

直角坐标和极坐标的关系为：

$x=\rho\cos\theta$，$y=\rho\sin\theta$

代入方程$x^2+(y-1)^2=1$，得：

$$\rho^2-2\rho\sin\theta=0,\ \rho(\rho-2\sin\theta)=0$$

所以$\rho=0$，$\rho=2\sin\theta$

积分区域D的极坐标表达式为$\begin{cases}0\leqslant\theta\leqslant\frac{\pi}{4}\\0\leqslant\rho\leqslant 2\sin\theta\end{cases}$

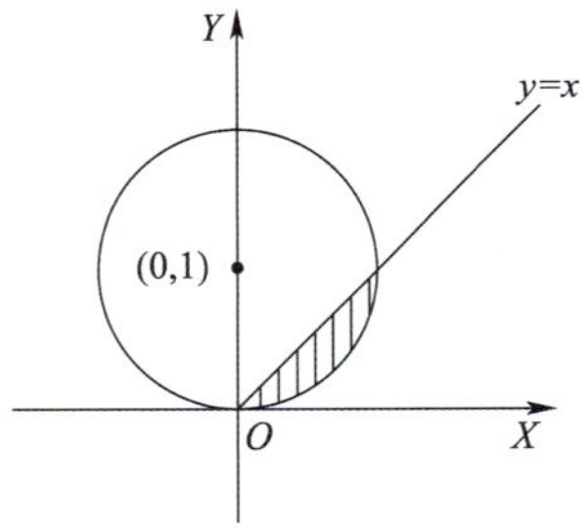

例 1-5-10 解图

面积元素$dxdy=\rho d\rho d\theta$，

$$\iint\limits_D xdxdy=\iint\limits_D\rho\cos\theta\rho d\rho d\theta=\int_0^{\frac{\pi}{4}}\cos\theta d\theta\int_0^{2\sin\theta}\rho^2 d\rho$$

答案： D

【例 1-5-11】 设D是由$y=x^2-4$和$y=0$围成的平面区域（见图），则$I=\iint\limits_D(ax+y)dxdy$：

A. $I>0$　　B. $I=0$

C. $I<0$　　D. I的符号与参数a有关

解

$$\iint\limits_D(ax+y)dxdy=\underset{(\mathrm{I})}{\iint\limits_D axdxdy}+\underset{(\mathrm{II})}{\iint\limits_D ydxdy}$$

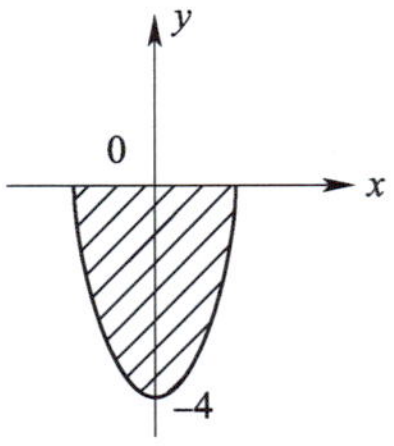

例 1-5-11 图

（I）由于积分区域D关于y轴对称，被积函数满足$f(-x,y)=-f(x,y)$，故$\iint\limits_D axdxdy=0$。

（Ⅱ）由于在积分区域D内，被积函数$y\leqslant 0$，故$\iint\limits_D y\mathrm{d}x\mathrm{d}y<0$。

答案： C

【例 1-5-12】 计算由曲面$z=2-x^2-y^2$及$z=\sqrt{x^2+y^2}$所围成立体的体积（见图）。

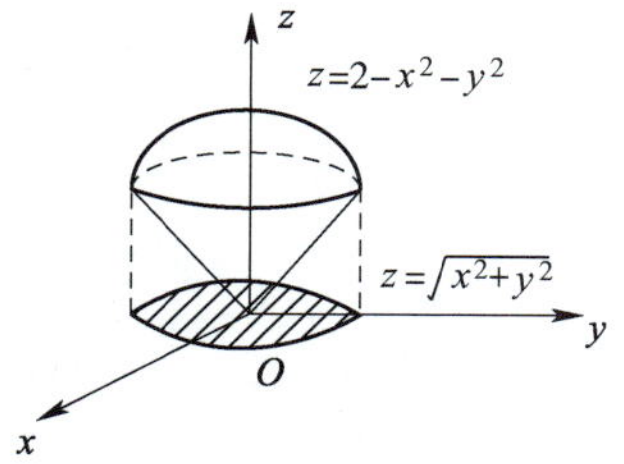

例 1-5-12 图

解 利用三重积分计算（本题也可用二重积分计算）

投影区域D_{xy}

$$\begin{cases} z=2-x^2-y^2 \\ z=\sqrt{x^2+y^2} \end{cases} \xRightarrow{\text{消字母}z} D_{xy}:\ x^2+y^2\leqslant 1$$

利用柱面坐标计算，将$x=r\cos\theta$，$y=r\sin\theta$代入方程，即

$z=2-x^2-y^2$，得$z=2-r^2$，又由$z=\sqrt{x^2+y^2}$，可得$z=r$，Ω：$\begin{cases} r\leqslant z\leqslant 2-r^2 \\ 0\leqslant r\leqslant 1 \\ 0\leqslant\theta\leqslant 2\pi \end{cases}$

$$V=\iiint\limits_\Omega \mathrm{d}V=\int_0^{2\pi}\mathrm{d}\theta\int_0^1 r\mathrm{d}r\int_r^{2-r^2}\mathrm{d}z=\frac{5}{6}\pi$$

【例 1-5-13】 计算由曲面$z=\sqrt{x^2+y^2}$及$z=x^2+y^2$所围成的立体体积的三次积分为：

A. $\int_0^{2\pi}\mathrm{d}\theta\int_0^1 r\mathrm{d}r\int_{r^2}^{r}\mathrm{d}z$　　B. $\int_0^{2\pi}\mathrm{d}\theta\int_0^1 r\mathrm{d}r\int_r^1\mathrm{d}z$

C. $\int_0^{2\pi}\mathrm{d}\theta\int_0^{\frac{\pi}{4}}\sin\varphi\,\mathrm{d}\varphi\int_0^1 r^2\mathrm{d}r$　　D. $\int_0^{2\pi}\mathrm{d}\theta\int_{\frac{\pi}{4}}^{\frac{\pi}{2}}\sin\varphi\mathrm{d}\varphi\int_0^1 r^2\mathrm{d}r$

解 由已知条件画出积分区域，如解图所示。

将直角坐标系方程化为球坐标系下的方程：

$z=\sqrt{x^2+y^2}\Rightarrow\varphi=\frac{\pi}{4}$；　$z=x^2+y^2\Rightarrow r\cos\varphi=r^2\sin^2\varphi\Rightarrow r=\frac{\cos\varphi}{\sin^2\varphi}$

所以，球坐标系下三次积分为$\int_0^{2\pi}\mathrm{d}\theta\int_{\frac{\pi}{4}}^{\frac{\pi}{2}}\sin\varphi\,\mathrm{d}\varphi\int_0^{\frac{\cos\varphi}{\sin^2\varphi}}r^2\,\mathrm{d}r$，选项 C、D 错。

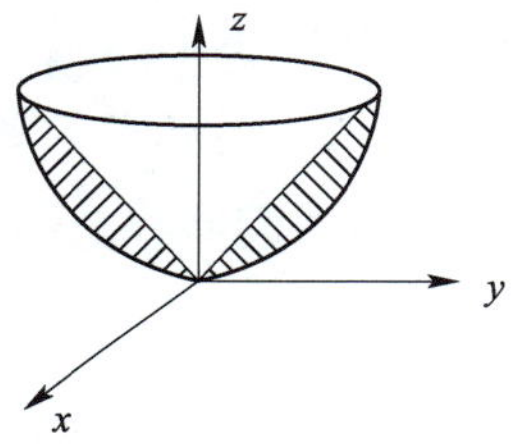

例 1-5-13 解图

化柱面坐标计算，求D_{xy}，消z。由$\begin{cases} z=\sqrt{x^2+y^2} \\ z=x^2+y^2 \end{cases}$，得$D_{xy}$：$x^2+y^2\leqslant 1$

Ω化为柱面坐标为$\begin{cases} r^2\leqslant z\leqslant r \\ 0\leqslant r\leqslant 1 \\ 0\leqslant\theta\leqslant 2\pi \end{cases}$，$\mathrm{d}V=r\mathrm{d}r\mathrm{d}\theta\mathrm{d}z$

$$V=\iiint\limits_\Omega 1\mathrm{d}V=\int_0^{2\pi}\mathrm{d}\theta\int_0^1 r\mathrm{d}r\int_{r^2}^{r}1\mathrm{d}z$$

答案： A

【例 1-5-14】 设函数$f(x,y)$在$x^2+y^2\leqslant 1$范围内连续，使下式

$$\iint\limits_{x^2+y^2\leqslant 1} f(x,y)\mathrm{d}x\mathrm{d}y=4\int_0^1\mathrm{d}x\int_0^{\sqrt{1-x^2}} f(x,y)\mathrm{d}y$$

成立的充分条件是：

A. $f(-x,y)=f(x,y)$，$f(x,-y)=-f(x,y)$

B. $f(-x,y)=f(x,y)$，$f(x,-y)=f(x,y)$

C. $f(-x,y)=-f(x,y)$，$f(x,-y)=-f(x,y)$

D. $f(-x,y)=-f(x,y)$，$f(x,-y)=f(x,y)$

解 如解图所示，因为积分区域D关于y轴对称，函数$f(x,y)$满足$f(-x,y)=f(x,y)$，所以

$$\iint\limits_D f(x,y)\mathrm{d}x\mathrm{d}y=2\iint\limits_{D_1} f(x,y)\mathrm{d}x\mathrm{d}y$$

又因D_1关于x轴对称，函数$f(x,y)$满足$f(x,-y)=f(x,y)$，则

$$\iint\limits_{D_1} f(x,y)\mathrm{d}x\mathrm{d}y=2\iint\limits_{D_2} f(x,y)\mathrm{d}x\mathrm{d}y$$

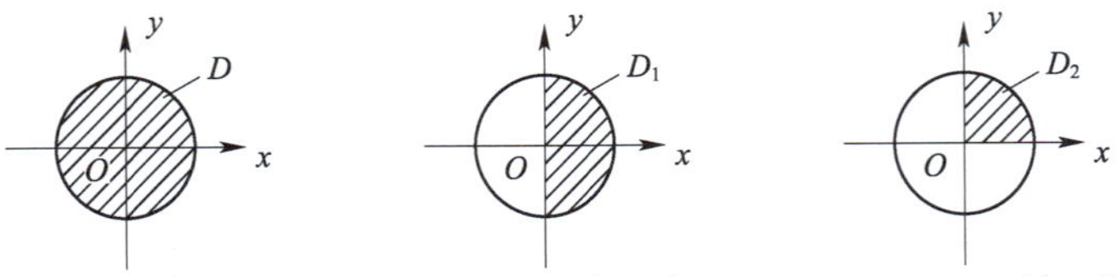

D：$x^2+y^2\leqslant 1$　　D_1：$x_2+y_2\leqslant 1(x\geqslant 0)$　　D_2：$x_2+y_2\leqslant 1(x\geqslant 0,y\geqslant 0)$

例 1-5-14 解图

故 $\iint\limits_{x^2+y^2\leqslant 1} f(x,y)\mathrm{d}x\mathrm{d}y = 4\iint\limits_{D_2} f(x,y)\mathrm{d}x\mathrm{d}y$，$D_2$：$\begin{cases}0\leqslant x\leqslant 1\\ 0\leqslant y\leqslant\sqrt{1-x^2}\end{cases}$

所以 $\iint\limits_{x^2+y^2\leqslant 1} f(x,y)\mathrm{d}x\mathrm{d}y = 4\int_0^1\mathrm{d}x\int_0^{\sqrt{1-x^2}} f(x,y)\mathrm{d}y$

答案： B

三、对弧长的曲线积分

（一）对弧长的曲线积分的概念

设L是平面上的可求长曲线，$f(x,y)$是定义在L上的有界函数，将L任意地分为n个小弧段$\overparen{M_{i-1}M_i}\,(i=1,2,\cdots,n)$，设$\overparen{M_{i-1}M_i}$的长为$\Delta s_i$，在$\overparen{M_{i-1}M_i}$上任意取一点$(\xi_i,\eta_i)$作积分和$\sum\limits_{i=1}^{n} f(\xi_i,\eta_i)\Delta s_i$，若$\lambda=\max\{\Delta s_i,(i=1,2,\cdots,n)\}\to 0$，上述和式极限存在，则称此极限为$f(x,y)$在$L$上对弧长的曲线积分，记作$\int_L f(x,y)\mathrm{d}s$。

（二）对弧长的曲线积分的性质

（1）$\int_L kf(x,y)\mathrm{d}s = k\int_L f(x,y)\mathrm{d}s$（$k$为常数）

（2）可加性：$\int_{\overparen{AB}} f(x,y)\mathrm{d}s = \int_{\overparen{AC}} f(x,y)\mathrm{d}s + \int_{\overparen{CB}} f(x,y)\mathrm{d}s$　（C为$\overparen{AB}$上的任一点）

（3）与路径方向无关性：$\int_{\overparen{AB}} f(x,y)\mathrm{d}s = \int_{\overparen{BA}} f(x,y)\mathrm{d}s$

（三）对弧长的曲线积分的计算

（1）设曲线的参数方程为$x=\varphi(t)$、$y=\psi(t)$，$\alpha\leqslant t\leqslant\beta$且$\psi(t)$、$\varphi(t)$在$[\alpha,\beta]$上具有连续导数，则

$$\int_L f(x,y)\mathrm{d}s = \int_\alpha^\beta f[\varphi(t),\psi(t)]\sqrt{[\varphi'(t)]^2+[\psi'(t)]^2}\mathrm{d}t \tag{1-5-10}$$

（2）设曲线方程为$y=y(x)$，$a\leqslant x\leqslant b$且$y(x)$在$[a,b]$上具有连续导数，则

$$\int_L f(x,y)\mathrm{d}s = \int_a^b f[x,y(x)]\sqrt{1+[y'(x)]^2}\mathrm{d}x$$

式中，当$f(x,y)=1$时，$\int_L \mathrm{d}s = \int_a^b\sqrt{1+[f'(x)]^2}\mathrm{d}x$，可用它计算平面曲线的弧长，与一元定积分应用求弧长公式一样。

（3）设曲线方程为$x=x(y)$，$c\leqslant y\leqslant d$，且$x(y)$在$[c,d]$上具有连续导数，则

$$\int_L f(x,y)\mathrm{d}s = \int_c^d f[x(y),y]\sqrt{1+[x'(y)]^2}\mathrm{d}y \tag{1-5-11}$$

在计算对弧长的曲线积分时，由于$\mathrm{d}s>0$，化为定积分后，积分下限必须小于积分上限。

四、对坐标的曲线积分

（一）对坐标的曲线积分的概念和性质

设L为平面上的有向曲线，$P(x,y)$是定义在L上的有界函数，自L的起点至终点任意分L为n个弧段

$\widehat{M_{i-1}M_i}$ $(i=1,2,\cdots,n)$，$\widehat{M_{i-1}M_i}$在x轴上的投影为Δx_i，在$\widehat{M_{i-1}M_i}$上任取一点(ξ_i,η_i)作积分和$\sum\limits_{i=1}^{n}P(\xi_i,\eta_i)\Delta x_i$，如果$\lambda=\max|\Delta x_i|$，$(i=1,2,\cdots,n)\}\to 0$，上述和式的极限存在，则称此极限为函数$P(x,y)$沿曲线$L$对坐标$x$的曲线积分，记作$\int_L P(x,y)\mathrm{d}x$，即

$$\int_L P(x,y)\mathrm{d}x=\lim_{\lambda\to 0}\sum_{i=1}^{n}P(\xi_i,\eta_i)\Delta x_i$$

同理，可以定义函数$Q(x,y)$沿曲线L对坐标y的曲线积分

$$\int_L Q(x,y)\mathrm{d}y=\lim_{\lambda\to 0}\sum_{i=1}^{n}Q(\xi_i,\eta_i)\Delta y_i$$

一般平面曲线L对坐标的曲线积分表达式为

$$\int_L P(x,y)\mathrm{d}x+Q(x,y)\mathrm{d}y$$

对坐标的曲线积分具有以下性质：

1. 可加性

$$\int_L P\mathrm{d}x+Q\mathrm{d}y=\int_{L_1}P\mathrm{d}x+Q\mathrm{d}y+\int_{L_2}P\mathrm{d}x+Q\mathrm{d}y$$

其中，$L=L_1+L_2$。

2. 与积分曲线的方向有关

$$\int_L P(x,y)\mathrm{d}x+Q(x,y)\mathrm{d}y=-\int_{-L}P(x,y)\mathrm{d}x+Q(x,y)\mathrm{d}y \tag{1-5-12}$$

其中，L和$-L$方向相反。

（二）计算

（1）设曲线L的参数方程为$x=\varphi(t)$，$y=\psi(t)$，L的起点与终点所对应的参数依次为α与β，且$P(x,y)$、$Q(x,y)$连续，$\psi(t)$、$\varphi(t)$连续可微，则

$$\int_L P(x,y)\mathrm{d}x+Q(x,y)\mathrm{d}y=\int_{\alpha}^{\beta}\{P[\varphi(t),\psi(t)]\varphi'(t)+Q[\varphi(t),\psi(t)]\psi'(t)\}\mathrm{d}t \tag{1-5-13}$$

（2）设曲线L的方程$y=y(x)$连续可微，起点与终点的横坐标依次为a、b，则

$$\int_L P(x,y)\mathrm{d}x+Q(x,y)\mathrm{d}y=\int_a^b\{P[x,y(x)]+Q[x,y(x)]y'(x)\}\mathrm{d}x \tag{1-5-14}$$

（3）设曲线L的方程$x=x(y)$连续可微，起点与终点的纵坐标依次为c、d，则

$$\int_L P(x,y)\mathrm{d}x+Q(x,y)\mathrm{d}y=\int_c^d\{P[x(y),y]x'(y)+Q[x(y),y]\}\mathrm{d}y \tag{1-5-15}$$

五、多元积分学的应用

（一）平面图形的面积

设D为xOy平面上的有界闭区域，则D的面积A为

$$A=\iint_D \mathrm{d}x\mathrm{d}y \tag{1-5-16}$$

（二）几何体的体积

设Ω为三维空间里的几何体，则Ω的体积V为

$$V=\iiint_\Omega \mathrm{d}x\mathrm{d}y\mathrm{d}z \tag{1-5-17}$$

（三）曲顶柱体体积

设曲面Σ的方程为$z=f(x,y)\geqslant 0$，$(x,y)\in D$，则D上以Σ为顶的曲顶柱体体积V为

$$V=\iint_D f(x,y)\mathrm{d}x\mathrm{d}y \tag{1-5-18}$$

多元积分可用于计算曲面面积、平面薄片和空间物体的质量、重心、转动惯量、对质点的引力等。曲线积分可用于计算曲线形构件的质量、重心、转动惯量、引力、变力沿曲线运动所做的功等。

【例 1-5-15】 已知$\int_L \sqrt{y}\mathrm{d}s$，其中$L$是抛物线$y=x^2$上点$A(0,0)$与点$B(1,1)$之间的一段弧（见图），其值为：

A. $\frac{1}{12}(5\sqrt{5}-1)$　　B. $5\sqrt{5}-1$　　C. $\frac{1}{12}$　　D. $\frac{5}{12}\sqrt{5}$

解 用对弧长的曲线积分的方法，计算如下：

抛物方程为$y=x^2$，故$y'=2x$

利用公式$\int_L f(x,y)\mathrm{d}s=\int_a^b f[x,y(x)]\sqrt{1+y'^2(x)}\mathrm{d}x$

L：$\begin{cases}x=x\\y=x^2\end{cases}$，$\mathrm{d}s=\sqrt{1^2+(2x)^2}\mathrm{d}x=\sqrt{1+4x^2}\mathrm{d}x$　$(0\leqslant x\leqslant 1)$

有：$\int_L \sqrt{y}\mathrm{d}s=\int_0^1\sqrt{x^2}\sqrt{1+4x^2}\mathrm{d}x$

$=\int_0^1 x\sqrt{1+4x^2}\mathrm{d}x=\frac{1}{12}(5\sqrt{5}-1)$

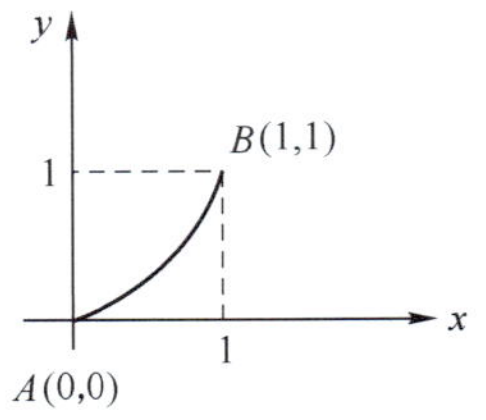

例 1-5-15 图

答案： A

【例 1-5-16】 设L是从$A(1,0)$至$B(-1,2)$的线段，则$\int_L(x+y)\mathrm{d}s$等于：

A. $-2\sqrt{2}$　　B. $2\sqrt{2}$　　C. 2　　D. 0

解 如解图所示，线段AB的方程为

$$y-2=\frac{-2}{2}(x+1),\ y=-x+1$$

L参数方程：$\begin{cases}y=-x+1\\x=x\end{cases}(-1\leqslant x\leqslant 1)$，$\mathrm{d}s=\sqrt{1+1}\mathrm{d}x=\sqrt{2}\mathrm{d}x$

故$\int_L(x+y)\mathrm{d}s=\int_{-1}^1[x+(-x+1)]\sqrt{2}\mathrm{d}x=\int_{-1}^1\sqrt{2}\mathrm{d}x=\sqrt{2}x\Big|_{-1}^1=2\sqrt{2}$

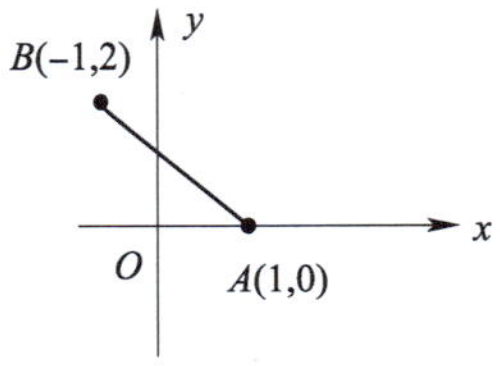

例 1-5-16 解图

答案： B

【例 1-5-17】 已知$\int_L(x+y)\mathrm{d}x+(x-y)\mathrm{d}y$，其中$L$为直线$y=2x-1$上从$(1,1)$到$(2,3)$的有向线段（见图）。其值为：

A. 0　　B. $\frac{5}{2}$　　C. 1　　D. 2

解 本题为对坐标的曲线积分，计算方法如下：

通过计算直线方程为$y=2x-1$，直线L的参数方程为$\begin{cases}x=x\\y=2x-1\end{cases}(x:1\to 2)$。将原式中所有的$y$替换为$x$的表达式，则：

$$\int_L(x+y)\mathrm{d}x+(x-y)\mathrm{d}y\quad(x:1\to 2)$$

$$=\int_1^2(x+2x-1)\mathrm{d}x+(x-2x+1)2\mathrm{d}x$$

$$=\int_1^2(x+1)\mathrm{d}x=\frac{5}{2}$$

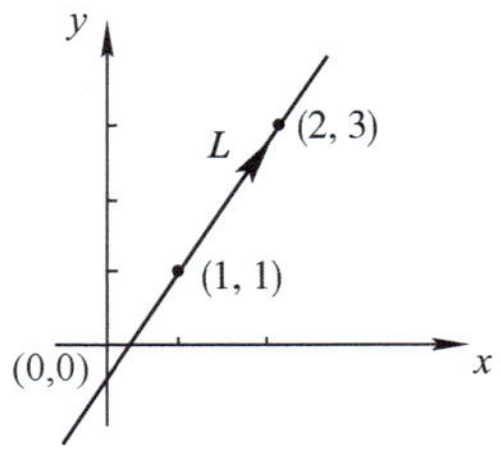

例 1-5-17 图

答案： B

【例 1-5-18】 设L是椭圆$\begin{cases}x=a\cos\theta\\y=b\sin\theta\end{cases}(a>0,b>0)$的上半椭圆周，沿顺时针方向，则曲线积分$\int_L y^2\mathrm{d}x$等于：

A. $\frac{5}{3}ab^2$　　B. $\frac{4}{3}ab^2$　　C. $\frac{2}{3}ab^2$　　D. $\frac{1}{3}ab^2$

解　本题考查了参数方程形式的对坐标的曲线积分（也称第二类曲线积分），注意绕行方向为顺时针。

积分路径L沿顺时针方向，取椭圆上半周，则角度θ的取值范围为π到 0。

根据$x = a\cos\theta$，可知$\mathrm{d}x = -a\sin\theta\mathrm{d}\theta$，因此原式有：

$$\int_L y^2\mathrm{d}x = \int_\pi^0 (b\sin\theta)^2(-a\sin\theta)\mathrm{d}\theta = \int_0^\pi ab^2\sin^3\theta\,\mathrm{d}\theta$$
$$= ab^2\int_0^\pi \sin^2\theta\,\mathrm{d}(-\cos\theta)$$
$$= -ab^2\int_0^\pi (1-\cos^2\theta)\mathrm{d}(\cos\theta) = \frac{4}{3}ab^2$$

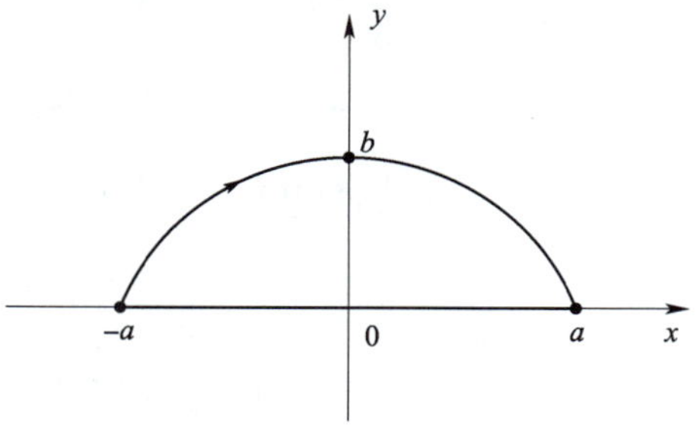

例 1-5-18 解图

答案： B

注：对坐标的曲线积分应注意积分路径的方向，然后写出积分变量的上下限，本题若取逆时针为绕行方向，则θ的范围应从 0 到π。简单作图即可观察和验证。

【例 1-5-19】 设L是曲线$y = \ln x$上从点$(1,0)$至点$(e,1)$的一段曲线，则曲线积分$\int_L \frac{2y}{x}\mathrm{d}x + x\mathrm{d}y$等于：

A. e　　B. $e+2$　　C. 2　　D. $e-1$

解　见解图。

L_1: $\begin{cases} y = \ln x \\ x = x \end{cases}$　$(x: 1 \to e)$

原式$= \int_1^e \frac{2\ln x}{x}\mathrm{d}x + x\cdot\frac{1}{x}\mathrm{d}x = \int_1^e\left(\frac{2\ln x}{x}+1\right)\mathrm{d}x$

$= [(\ln x)^2 + x]\Big|_1^e = (1+e)-(0+1) = e$

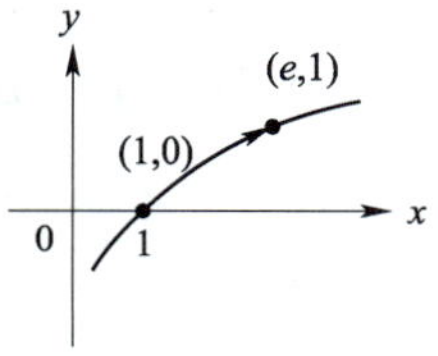

例 1-5-19 解图

答案： A

【例 1-5-20】 设圆周曲线L：$x^2+y^2=1$取逆时针方向，则对坐标的曲线积分$\int_L \frac{y\mathrm{d}x - x\mathrm{d}y}{x^2+y^2}$等于：

A. 2π　　B. -2π　　C. π　　D. 0

解　本题考查对坐标的曲线积分的计算方法。应注意对坐标的曲线积分与曲线的积分路径方向有关，积分变量的变化区间应从起点所对应的参数积到终点所对应的参数。

L：$x^2+y^2=1$

参数方程可表示为$\begin{cases} x = \cos\theta \\ y = \sin\theta \end{cases}$　$(0 \leqslant \theta \leqslant 2\pi)$，则

$$\int_L \frac{y\mathrm{d}x - x\mathrm{d}y}{x^2+y^2} = \int_0^{2\pi}\frac{\sin\theta(-\sin\theta)-\cos\theta\cos\theta}{\cos^2\theta+\sin^2\theta}\mathrm{d}\theta = \int_0^{2\pi}(-1)\mathrm{d}\theta = -\theta\Big|_0^{2\pi} = -2\pi$$

答案： B

习　题

1-5-1　设D为由$y = x$，$x = 0$，$y = 1$所围成的区域，则$\iint\limits_D e^{-y}\mathrm{d}x\mathrm{d}y =$（　　）。

A. $\frac{1}{2}(e^{-1})$　　B. $-\frac{1}{2e}$　　C. $\frac{1}{2}(1+e)$　　D. $1-\frac{2}{e}$

1-5-2　化二次积分为极坐标系下的二次积分，$\int_0^1\mathrm{d}x\int_0^{x^2}f(x,y)\mathrm{d}y =$（　　）。

A. $\int_0^{\frac{\pi}{3}}\mathrm{d}\theta\int_0^{\sec\theta\tan\theta}f(r\cos\theta, r\sin\theta)r\mathrm{d}r$　　B. $\int_0^{\frac{\pi}{4}}\mathrm{d}\theta\int_0^{\sec\theta\tan\theta}f(r\cos\theta, r\sin\theta)r\mathrm{d}r$

C. $\int_0^{\frac{\pi}{3}} d\theta \int_{\sec\theta\tan\theta}^{\sec\theta} f(r\cos\theta, r\sin\theta) r dr$ D. $\int_0^{\frac{\pi}{4}} d\theta \int_{\sec\theta\tan\theta}^{\sec\theta} f(r\cos\theta, r\sin\theta) r dr$

1-5-3 设D为圆域$x^2+y^2\leqslant 4$，则下列式子中正确的是（ ）。

A. $\iint\limits_D \sin(x^2+y^2)\,\mathrm{d}x\mathrm{d}y = \iint\limits_D \sin 4\mathrm{d}x\mathrm{d}y$

B. $\iint\limits_D \sin(x^2+y^2)\,\mathrm{d}x\mathrm{d}y = \int_0^{2\pi}\mathrm{d}\theta\int_0^4 \sin r^2\mathrm{d}r$

C. $\iint\limits_D \sin(x^2+y^2)\,\mathrm{d}x\mathrm{d}y = \int_0^{2\pi}\mathrm{d}\theta\int_0^2 r\sin r^2\mathrm{d}r$

D. $\iint\limits_D \sin(x^2+y^2)\,\mathrm{d}x\mathrm{d}y = \int_0^{2\pi}\mathrm{d}\theta\int_0^2 \sin r^2\mathrm{d}r$

1-5-4 $I=\iint\limits_D xy\mathrm{d}\sigma$，$D$由$y^2=x$及$y=x-2$所围成，则化为二次积分后的结果为（ ）。

A. $I=\int_0^4\mathrm{d}x\int_{y+2}^{y^2} xy\mathrm{d}y$ B. $I=\int_{-1}^2\mathrm{d}y\int_{y^2}^{y+2} xy\mathrm{d}x$

C. $I=\int_0^1\mathrm{d}x\int_{-\sqrt{x}}^{\sqrt{x}} xy\mathrm{d}y+\int_1^4\mathrm{d}x\int_{x-2}^{x} xy\mathrm{d}y$ D. $I=\int_{-1}^2\mathrm{d}x\int_{y^2}^{y+2} xy\mathrm{d}y$

1-5-5 改变积分次序$\int_0^3\mathrm{d}y\int_y^{6-y} f(x,y)\mathrm{d}x$，则有（ ）。

A. $\int_0^3\mathrm{d}x\int_x^{6-x} f(x,y)\mathrm{d}y$ B. $\int_0^3\mathrm{d}x\int_0^x f(x,y)\mathrm{d}y+\int_3^6\mathrm{d}x\int_0^{6-x} f(x,y)\mathrm{d}y$

C. $\int_0^3\mathrm{d}x\int_0^x f(x,y)\mathrm{d}y$ D. $\int_3^6\mathrm{d}x\int_0^{6-x} f(x,y)\mathrm{d}y$

1-5-6 曲线$y=\frac{2}{3}x^{\frac{3}{2}}$上相应于$x$从 0 到 1 的一段弧的长度是（ ）。

A. $\frac{2}{3}(\sqrt[3]{4}-1)$ B. $\frac{4}{3}\sqrt{2}$ C. $\frac{2}{3}(2\sqrt{2}-1)$ D. $\frac{4}{15}$

1-5-7 设L是连接$A(1,0)$，$B(0,1)$，$C(-1,0)$的折线，则曲线积分$\int_{ABC}\frac{\mathrm{d}x+\mathrm{d}y}{|x|+|y|}=$（ ）。

A. 0 B. −2 C. 2 D. 4

1-5-8 两个圆柱体$x^2+y^2\leqslant R^2$，$x^2+z^2\leqslant R^2$公共部分的体积V为（ ）。

A. $2\int_0^R\mathrm{d}x\int_0^{\sqrt{R^2-x^2}}\sqrt{R^2-x^2}\mathrm{d}y$ B. $8\int_0^R\mathrm{d}x\int_0^{\sqrt{R^2-x^2}}\sqrt{R^2-x^2}\mathrm{d}y$

C. $\int_{-R}^R\mathrm{d}x\int_{-\sqrt{R^2-x^2}}^{\sqrt{R^2-x^2}}\sqrt{R^2-x^2}\mathrm{d}y$ D. $4\int_{-R}^R\mathrm{d}x\int_{-\sqrt{R^2-x^2}}^{\sqrt{R^2-x^2}}\sqrt{R^2-x^2}\mathrm{d}y$

1-5-9 设平面闭区域D由$x=0$，$y=0$，$x+y=\frac{1}{2}$，$x+y=1$所围成，$I_1=\iint\limits_D[\ln(x+y)]^3\mathrm{d}x\mathrm{d}y$，$I^2=\iint\limits_D(x+y)^3\mathrm{d}x\mathrm{d}y$，$I^3=\iint\limits_D[\sin(x+y)]^3\mathrm{d}x\mathrm{d}y$，则$I_1$，$I_2$，$I_3$之间的关系应是（ ）。

A. $I_1<I_2<I_3$ B. $I_1<I_3<I_2$ C. $I_3<I_2<I_1$ D. $I_3<I_1<I_2$

第六节 级 数

一、常数项级数及其敛散性

（一）常数项级数的概念

1. 常数项级数定义

由无穷数列$\{a_n\}$组成的表达式

$$\sum_{n=1}^{\infty}a_n=a_1+a_2+\cdots+a_n+\cdots \tag{1-6-1}$$

称为常数项无穷级数，简称常数项级数。a_n称为级数的通项（或一般项）。

2. 常数项级数敛散性定义

$$S_n=\sum_{i=1}^{n}a_i=a_1+a_2+\cdots+a_n$$

称为级数式（1-6-1）的前n项和，简称部分和。若$\lim\limits_{n\to\infty}S_n=S$存在，则称级数$\sum\limits_{n=1}^{\infty}a_n$收敛，$S$为该级数的和，即$S=\sum\limits_{n=1}^{\infty}a_n$。若$\lim\limits_{n\to\infty}S_n$不存在，则称级数$\sum\limits_{n=1}^{\infty}a_n$发散。

由于$a_n=S_n-S_{n-1}$，可以得到级数$\sum\limits_{n=1}^{\infty}a_n$收敛的必要条件$\lim\limits_{n\to\infty}a_n=0$。

（二）常数项级数的性质

（1）如果级数$\sum\limits_{n=1}^{\infty}a_n$收敛于和$S$，$c$为常数，则$\sum\limits_{n=1}^{\infty}ca_n$收敛，其和为$cS$。

（2）如果级数$\sum\limits_{n=1}^{\infty}a_n$、$\sum\limits_{n=1}^{\infty}b_n$都收敛，其和分别为$A$、$B$，则$\sum\limits_{n=1}^{\infty}(a_n\pm b_n)$收敛，其和为$A\pm B$。

（3）一个级数收敛，另一个级数发散，则它们对应项的和或差所得的级数发散。

（4）两个发散级数对应项的和或差所得的级数敛散性不定。

（5）在级数中去掉、加上或改变有限项不会改变级数的收敛性。在收敛时和要改变。

（6）如果级数$\sum\limits_{n=1}^{\infty}a_n$收敛，则对其任意加括号后所得的级数仍收敛且其和不变。若加括号后所成的级数发散，则原级数也发散。

二、正项级数敛散性判别法

各项为正数的级数$\sum\limits_{n=1}^{\infty}a_n=a_1+a_2+\cdots+a_n+\cdots(a_n\geqslant 0)$称为正项级数，各项符号相同的级数都可以归入正项级数（负项级数各项乘以-1 可化为正项级数来判定）。正项级数的部分和S_n构成一个单调增加（或不减少）的数列$\{S_n\}$。由极限存在准则可知，正项级数收敛的充要条件是其部分和数列$\{S_n\}$有上界。

（一）利用级数收敛的必要条件判别

设$\sum\limits_{n=1}^{\infty}a_n$，其中$a_n\geqslant 0(n=1,2,\cdots)$。若$\lim\limits_{n\to\infty}a_n\neq 0$，则$\sum\limits_{n=1}^{\infty}a_n$发散。

（二）正项级数收敛的基本定理

正项级数收敛的充要条件是其部分和数列有界。

（三）常用的正项级数敛散法

1. 比较判别法

设$\sum\limits_{n=1}^{\infty}a_n$、$\sum\limits_{n=1}^{\infty}b_n$为两个正项级数，且$0\leqslant a_n\leqslant b_n(n=1,2,\cdots)$，那么若$\sum\limits_{n=1}^{\infty}b_n$收敛，则$\sum\limits_{n=1}^{\infty}a_n$收敛；若$\sum\limits_{n=1}^{\infty}a_n$发散，则$\sum\limits_{n=1}^{\infty}b_n$发散。

2. 比较判别法的极限形式

设$\sum\limits_{n=1}^{\infty}a_n$、$\sum\limits_{n=1}^{\infty}b_n$为两个正项级数，若$\lim\limits_{n\to\infty}\frac{a_n}{b_n}=c$，则当：

（1）$0<c<+\infty$时，$\sum\limits_{n=1}^{\infty}a_n$与$\sum\limits_{n=1}^{\infty}b_n$具有相同的敛散性；

（2）$c=0$时，$\sum\limits_{n=1}^{\infty}b_n$收敛，则$\sum\limits_{n=1}^{\infty}a_n$也收敛；

（3）$c=+\infty$时，$\sum\limits_{n=1}^{\infty}b_n$发散，则$\sum\limits_{n=1}^{\infty}a_n$也发散。

在运用比较判别法时，常用下面三个级数作为比较的级数：①等比级数$\sum\limits_{n=1}^{\infty}aq^{n-1}$，当$|q|<1$时级

数收敛，当$|q|\geqslant 1$时发散。②调和级数$\sum\limits_{n=1}^{\infty}\frac{1}{n}$，这是一个发散的级数。③$p$级数$\sum\limits_{n=1}^{\infty}\frac{1}{n^p}$（$p>0$，实数），当$p>1$时，$p$级数收敛；当$p\leqslant 1$时，$p$级数发散。

3. 比值判别法

设$\sum\limits_{n=1}^{\infty}a_n$为正项级数，若$\lim\limits_{n\to\infty}\frac{a_{n+1}}{a_n}=\rho$，则当$\rho<1$时，级数收敛；当$\rho>1$（包括$+\infty$）时，级数发散，当$\rho=1$时，级数的敛散性不确定。

4. 根值判别法

设$\sum\limits_{n=1}^{\infty}a_n$为正项级数，若$\lim\limits_{n\to\infty}\sqrt[n]{a_n}=\rho$，则当$\rho<1$时，级数收敛；当$\rho>1$（包括$\rho=\infty$）时，级数发散，当$\rho=1$时，级数的敛散性不确定。

三、任意项级数敛散性的判定

（一）交错级数敛散性的判定（莱布尼茨定理）

设交错级数$\sum\limits_{n=1}^{\infty}(-1)^{n-1}a_n(a_n>0,n=1,2,\cdots)$，即$a_1-a_2+a_3-a_4+a_5\cdots$组成的级数，满足条件：①$\lim\limits_{n\to\infty}a_n=0$；②$a_n\geqslant a_{n+1}(n=1,2,\cdots)$。则交错级数收敛，且其和$S\leqslant a_1$。

（二）一般异号级数敛散性的判定

若一个级数$\sum\limits_{n=1}^{\infty}a_n$各项为任意实数，$a_n(n=1,2,\cdots)$可正、可负和零，构成的级数，称为一般异号级数。一般异号级数敛散性的判定方法：

把级数各项取绝对值，化为正项级数判定。

设$\sum\limits_{n=1}^{\infty}a_n$，其中项$a_n(n=1,2,\cdots)$为任意实数，若$\sum\limits_{n=1}^{\infty}|a_n|$收敛，则$\sum\limits_{n=1}^{\infty}a_n$也收敛；若各项取绝对值的级数$\sum\limits_{n=1}^{\infty}|a_n|$采用比值法或根值法判定得到级数发散，则原级数$\sum\limits_{n=1}^{\infty}a_n$一定发散。

设级数$\sum\limits_{n=1}^{\infty}a_n$为一般异号级数，若$\lim\limits_{n\to\infty}a_n\neq 0$，则$\sum\limits_{n=1}^{\infty}a_n$发散。

（三）绝对收敛与条件收敛

设$\sum\limits_{n=1}^{\infty}a_n$，其中项$a_n(n=1,2,\cdots)$为任意实数，若$\sum\limits_{n=1}^{\infty}|a_n|$收敛，则称$\sum\limits_{n=1}^{\infty}a_n$绝对收敛；若$\sum\limits_{n=1}^{\infty}|a_n|$发散，但$\sum\limits_{n=1}^{\infty}a_n$收敛，则称$\sum\limits_{n=1}^{\infty}a_n$条件收敛。

已知级数$\sum\limits_{n=1}^{\infty}a_n$，如果级数$\sum\limits_{n=1}^{\infty}a_n$绝对收敛，则级数$\sum\limits_{n=1}^{\infty}a_n$必定收敛。

四、幂级数及其敛散性

（一）幂级数

（1）形如$a_0+a_1x+a_2x^2+\cdots+a_nx^n+\cdots$的级数称为幂级数，常数$a_0$，$a_1$，$\cdots$，$a_n$，$\cdots$称为幂级数的系数。对于形如$a_0+a_1(x-x_0)+a_2(x-x_0)^2+\cdots+a_n(x-x_0)^n+\cdots$的幂级数，令$z=x-x_0$就可把它化为上面的形式。

（2）阿贝尔定理：如果级数$\sum\limits_{n=0}^{\infty}a_nx^n$在$x=x_0(x_0\neq 0)$时收敛，则适合不等式$|x|<|x_0|$的一切$x$使该幂级数绝对收敛。反之，如果级数$\sum\limits_{n=0}^{\infty}a_nx^n$在$x=x_0$时发散，则适合不等式$|x|>|x_0|$的一切$x$使该幂级数发散。

（3）形如$\sum_{n=0}^{\infty} a_n x^n$幂级数的收敛区间、收敛域：

①存在一个正数$R(0<R<\infty)$，当$|x|<R$时，幂级数收敛；当$|x|>R$时，幂级数发散。称开区间$(-R,R)$为幂级数的收敛区间。再通过判定端点$x=\pm R$的敛散性，得到级数的收敛域。有下列几种情况：$(-R,R)$或$(-R,R]$或$[-R,R)$或$[-R,R]$。

②对任何实数x幂级数都收敛，幂级数的收敛区间、收敛域均为$(-\infty,+\infty)$。

③除$x=0$外幂级数均发散，收敛域只有一点$x=0$。

对于情况①，常数R称为幂级数的收敛半径；情况②，幂级数的收敛半径$R=+\infty$；情况③，收敛半径$R=0$。

（二）幂级数收敛半径R的求法

1. 不缺项的幂级数

（1）设$\sum_{n=0}^{\infty} a_n x^n$，若$\lim_{n\to\infty}\left|\frac{a_{n+1}}{a_n}\right|=\rho$，则：①当$0<\rho<\infty$时，$R=\frac{1}{\rho}$；②当$\rho=0$时，$R=+\infty$；③当$\rho=+\infty$时，$R=0$。其中，$a_{n+1}$、$a_n$为幂级数连续两项的系数。

（2）对于形如$\sum_{n=0}^{\infty} a_n (x-x_0)^n$的幂级数，令$y=x-x_0$，将它化为$\sum_{n=0}^{\infty} a_n y^n$的形式，再利用上面方法求出$R$值，回代$y=x-x_0$，解不等式得到$x$的收敛范围。

2. 缺项的幂级数

对于$\sum_{n=0}^{\infty} a_n x^n$级数中，缺少$x$的乘方次数为奇数次的项或缺少$x$的乘方次数为偶数次的项时，例如$\sum_{n=0}^{\infty} a_n x^{2n}$、$\sum_{n=0}^{\infty} a_n x^{2n-1}$，可把级数看作为函数项级数，用比值法计算，即$\lim_{n\to\infty}\left|\frac{U_{n+1}(x)}{U_n(x)}\right|=\rho(x)\begin{cases}<1,\text{解出}|x|<R,\text{级数绝对收敛。}\\>1,\text{解出}|x|>R,\text{级数发散。}\end{cases}$

则R值为级数的收敛半径。

[其中$U_{n+1}(x)$，$U_n(x)$为幂级数的相邻两项]

注：求幂级数的收敛半径R，重点应放在“1.不缺项的幂级数”这一部分。

（三）幂级数的运算

1. 幂级数的四则运算

设$\sum_{n=0}^{\infty} a_n x^n$与$\sum_{n=0}^{\infty} \mathrm{b}_n x^n$的收敛半径分别为$R$与$R'$，则：

（1）$\sum_{n=0}^{\infty} a_n x^n \pm \sum_{n=0}^{\infty} b_n x^n = \sum_{n=0}^{\infty} (a_n \pm b_n) x^n$，其收敛半径$R=\min\{R,R'\}$；

（2）$\sum_{n=0}^{\infty} a_n x^n$与$\sum_{n=0}^{\infty} b_n x^n$的积所得级数的收敛半径$R=\min\{R,R'\}$；

（3）$\sum_{n=0}^{\infty} a_n x^n$与$\sum_{n=0}^{\infty} b_n x^n (b_0\neq 0)$的商所得到的级数，在比$R$、$R'$小得多的范围内收敛。

2. 幂级数的分析运算法

设幂级数$\sum_{n=0}^{\infty} a_n x^n$的收敛半径为$R$，和函数为$S(x)$，则：

（1）$S(x)$在其收敛区间上连续。

（2）$S(x)$在$(-R,R)$上可积，$\forall_x \in (-R,R)$，有逐项积分公式

$$\int_0^x S(x)\mathrm{d}x = \int_0^x \sum_{n=0}^{\infty} a_n x^n \mathrm{d}x = \sum_{n=0}^{\infty} \int_0^x a_n x^n \mathrm{d}x \tag{1-6-2}$$

（3）$S(x)$在$(-R,R)$上可导，且有逐项求导公式

$$S'(x) = \left(\sum_{n=0}^{\infty} a_n x^n\right)' = \sum_{n=0}^{\infty} (a_n x^n)' = \sum_{n=1}^{\infty} n a_n x^{n-1} \tag{1-6-3}$$

逐项积分和逐项微分后的级数的收敛半径仍为R，但端点$x=\pm R$的敛散性可能会发生变化。

利用幂级数的四则运算和分析运算的性质以及一些函数幂级数的展开式可求出幂级数的和函数，并由此可求出一些常数项级数的和。

（四）函数的幂级数展开式

1. 函数的泰勒级数与麦克劳林级数

设$f(x)$在$x=x_0$的各阶导数都存在，$a_n=\frac{1}{n!}f^{(n)}(x_0)\ (n=1,2,\cdots)$，称为函数$f(x)$的泰勒系数，以这些系数写成的幂级数称为$f(x)$的泰勒级数，记为

$$f(x_0)+\frac{f'(x_0)}{1!}(x-x_0)+\cdots+\frac{1}{n!}f^{(n)}(x_0)(x-x_0)^n+\cdots \tag{1-6-4}$$

但此级数不一定收敛于$f(x)$，只有当函数$f(x)$在包含$x=x_0$的某区间I内无限次可导，而且泰勒公式中的余项$R_n(x)$，当$x\in I$时，满足条件

$$\lim_{n\to\infty} R_n(x)=0 \tag{1-6-5}$$

其中$R_n(x)=\frac{f^{(n+1)}(\xi)}{(n+1)!}(x-x_0)^{n+1}$，$\xi$是介于$x$与$x_0$之间的某个值。则$f(x)$的泰勒级数，当$x\in I$时，收敛于$f(x)$，即

$$f(x)=f(x_0)+\frac{f'(x_0)}{1!}(x-x_0)+\cdots+\frac{1}{n!}f^{(n)}(x_0)(x-x_0)^n+\cdots \tag{1-6-6}$$

称为$f(x)$在$x=x_0$的泰勒级数展开式。当$x_0=0$时，称为$f(x)$的麦克劳林级数展开式

$$f(x)=f(0)+\frac{f'(0)}{1!}x+\frac{f''(0)}{2!}x^2+\cdots+\frac{1}{n!}f^n(0)x^n+\cdots \tag{1-6-7}$$

2. 函数的幂级数展开式

通常用直接展开法和间接展开法将函数展开成幂级数。直接展开法是先求出$f^{(n)}(x)(n=1,2,\cdots)$，写出$f(x)$的幂级数，求出收敛半径R，然后再讨论在$(-R,R)$内泰勒公式中的余项$R_n(x)\to 0(n\to\infty)$，得到幂级数在该区间内收敛于$f(x)$。间接展开法是利用一些已知函数的幂级数展开式如e^x、$\sin x$、$\cos x$、$\ln(1+x)$、$(1+x)^m$等的展开式作为基础，再利用幂级数的四则运算和分析运算的性质，以及函数幂级数展开式的唯一性定理将函数展开成幂级数。

常用的函数展开式有

$e^x=1+x+\frac{1}{2!}x^2+\cdots+\frac{1}{n!}x^n+\cdots=\sum_{n=0}^{\infty}\frac{x^n}{n!}\quad(-\infty,+\infty)$

$\sin x=x-\frac{1}{3!}x^3+\frac{1}{5!}x^5+\cdots+(-1)^n\frac{x^{2n+1}}{(2n+1)!}+\cdots=\sum_{n=0}^{\infty}(-1)^n\frac{x^{2n+1}}{(2n+1)!}\quad(-\infty,+\infty)$

$\cos x=1-\frac{1}{2!}x^2+\frac{1}{4!}x^4+\cdots+(-1)^n\frac{x^{2n}}{(2n)!}+\cdots\sum_{n=0}^{\infty}(-1)^n\frac{x^{2n}}{(2n)!}\quad(-\infty,+\infty)$

$\ln(1+x)=x-\frac{x^2}{2}+\frac{x^3}{3}-\cdots+(-1)^n\frac{x^{n+1}}{(n+1)}+\cdots=\sum_{n=1}^{\infty}(-1)^{n-1}\frac{x^n}{n}\quad(-1,1]$

$(1+x)^m=1+mx+\frac{m(m-1)}{2!}x^2+\cdots+\frac{m(m-1)\cdots(m-n+1)}{n!}x^n+\cdots\quad$（$m$为任意常数）

当$m>0$时，收敛于$[-1,1]$；当$-1<m<0$时，收敛于$(-1,1]$；当$m\leqslant -1$时，收敛于$(-1,1)$。

$$\frac{1}{1+x}=1-x+x^2-\cdots+(-1)^n x^n+\cdots=\sum_{n=0}^{\infty}(-1)^n x^n \quad (-1,1)$$

$$\frac{1}{1-x}=1+x+x^2+\cdots+x^n+\cdots=\sum_{n=0}^{\infty}x^n \quad (-1,1)$$

函数$\frac{1}{1+x}$、$\frac{1}{1-x}$的展开式应特别关注，在求函数展开式中经常用到。

五、傅里叶级数

（一）傅里叶系数、傅里叶级数

若周期为 2π的函数$f(x)$可积，则

$$\begin{aligned} a_n&=\frac{1}{\pi}\int_{-\pi}^{\pi}f(x)\cos nx\,\mathrm{d}x \qquad (n=0,1,2,\cdots) \\ b_n&=\frac{1}{\pi}\int_{-\pi}^{\pi}f(x)\sin nx\,\mathrm{d}x \qquad (n=1,2,\cdots) \end{aligned} \tag{1-6-8}$$

称为$f(x)$的傅里叶系数。以傅里叶系数为系数写出的级数

$$\frac{a_0}{2}+\sum_{n=1}^{\infty}(a_n\cos nx+b_n\sin nx) \tag{1-6-9}$$

称为$f(x)$的傅里叶级数。函数的傅里叶级数不一定收敛，即使收敛，它的和函数也不一定就是$f(x)$，这一点值得注意。

（二）狄利克雷收敛定理

狄利克雷收敛定理：若$f(x)$是周期为2π的周期函数，且满足在一个周期内连续或只有有限个第一类间断点，并且至多只有有限个极值点，则$f(x)$的傅里叶级数收敛，并且当x是$f(x)$的连续点时，级数收敛于$f(x)$，当x是$f(x)$的间断点时，级数收敛于$\frac{f(x-0)+f(x+0)}{2}$。

只要函数满足狄利克雷收敛条件，那么傅里叶级数在连续点处收敛于函数在该点的函数值，在间断点处，收敛于函数在该点左极限与右极限的算术平均值。

（三）函数展开成傅里叶级数

（1）设函数$f(x)$为以 2π为周期函数，且满足狄利克雷收敛定理条件，则系数

$$\begin{aligned} a_0&=\frac{1}{\pi}\int_{-\pi}^{\pi}f(x)\mathrm{d}x \\ a_n&=\frac{1}{\pi}\int_{-\pi}^{\pi}f(x)\cos nx\,\mathrm{d}x \qquad (n=1,2,\cdots) \\ b_n&=\frac{1}{\pi}\int_{-\pi}^{\pi}f(x)\sin nx\,\mathrm{d}x \qquad (n=1,2,\cdots) \end{aligned}$$

它的傅里叶级数为

$$f(x)=\frac{a_0}{2}+\sum_{n=1}^{\infty}(a_n\cos nx+b_n\sin nx) \qquad [\text{在}f(x)\text{连续点处收敛}]$$

（2）若周期为 2π的连续函数$f(x)$是奇函数，则

$$\begin{aligned} a_n&=0 \qquad (n=0,1,2,\cdots) \\ b_n&=\frac{2}{\pi}\int_{0}^{\pi}f(x)\sin nx\,\mathrm{d}x \qquad (n=1,2,\cdots) \end{aligned}$$

它的傅里叶级数只含有正弦项，即

$$f(x)=\sum_{n=1}^{\infty}b_n\sin nx \qquad [\text{在}f(x)\text{连续点处收敛}]$$

若周期为 2π的连续函数$f(x)$是偶函数，则

$$a_n=\frac{2}{\pi}\int_0^{\pi}f(x)\cos nx\,\mathrm{d}x \qquad (n=0,1,2,\cdots)$$

$$b_n=0 \qquad (n=1,2,\cdots)$$

它的傅里叶级数只含有常数项和余弦项，即

$$f(x)=\frac{a_0}{2}+\sum_{n=1}^{\infty}a_n\cos nx \quad [\text{在}f(x)\text{连续点处收敛}]$$

分别称这样的级数为正弦级数和余弦级数。

（3）如果$f(x)$在$[-\pi,\pi]$上有定义，通过周期延拓，变成以 2π为周期的周期函数，然后展开成傅里叶级数，在$(-\pi,\pi)$上的展式即为$f(x)$的展式，端点$x=-\pi$、$x=\pi$由延拓后的函数来确定。若在该点连续，包括在内；若在该点间断，不包括在内。只定义在$[0,\pi]$上的函数$f(x)$，可先通过奇延拓（或偶延拓），再周期延拓得到以2π为周期的周期函数，展开成傅里叶级数，在$(0,\pi)$上的展式即为$f(x)$的展式，$x=0$、$x=\pi$点由延拓后的函数来确定，若在该点连续，包括在内；若在该点间断，不包括在内。

（4）周期为$2l$的函数，也有相关的收敛定理，它的系数的计算公式为

$$a_n=\frac{1}{l}\int_{-l}^{l}f(x)\cos\frac{n\pi x}{l}\mathrm{d}x \qquad (n=0,1,2,\cdots)$$

$$b_n=\frac{1}{l}\int_{-l}^{l}f(x)\sin\frac{n\pi x}{l}\mathrm{d}x \qquad (n=1,2,\cdots) \qquad (1\text{-}6\text{-}10)$$

傅里叶级数为

$$f(x)=\frac{a_0}{2}+\sum_{n=1}^{\infty}\left(a_n\cos\frac{n\pi x}{l}+b_n\sin\frac{n\pi x}{l}\right) \quad (\text{确定收敛域}) \qquad (1\text{-}6\text{-}11)$$

周期为$2l$的奇（或偶）函数，定义在$[-l,l]$上的函数及定义在$[0,l]$上的函数可仿照周期为 2π的函数，定义在$[-\pi,\pi]$上的函数及定义在$[0,\pi]$上的函数来处理。

【例 1-6-1】 级数$\sum_{n=1}^{\infty}\frac{(-1)^n}{a_n}(a_n>0)$满足下列什么条件时收敛：

A. $\lim_{n\to\infty}a_n=\infty$　　B. $\lim_{n\to\infty}\frac{1}{a_n}=0$

C. 发散　　D. $\{a_n\}$单调递增且$\lim_{n\to\infty}a_n=+\infty$

解 本题考查级数收敛的充分条件。

注意本题有$(-1)^n$，显然$\sum_{n=1}^{\infty}\frac{(-1)^n}{a_n}(a_n>0)$是一个交错级数。

交错级数收敛，即$\sum_{n=1}^{\infty}(-1)^n a_n$，只要满足：①$a_n>a_{n+1}$，②$a_n\to 0(n\to\infty)$。

在选项 D 中，已知a_n单调递增，即$a_n<a_{n+1}$，所以$\frac{1}{a_n}>\frac{1}{a_{n+1}}$

已知$\lim_{n\to\infty}a_n=+\infty$，所以$\lim_{n\to\infty}\frac{1}{a_n}=0$

故级数$\sum_{n=1}^{\infty}\frac{(-1)^n}{a_n}(a_n>0)$收敛

其他选项均不符合交错级数收敛的判别方法。

答案： D

【例 1-6-2】 级数$\sum_{n=1}^{\infty}(-1)^n\frac{1}{n^{p-1}}$：

A. 当$1<p\leqslant 2$时条件收敛　　B. 当$p>2$时条件收敛

C. 当$p<1$时条件收敛　　D. 当$p>1$时条件收敛

解 $\sum_{n=1}^{\infty}(-1)^n\frac{1}{n^{p-1}}$级数条件收敛应满足条件：①取绝对值后级数发散；②原级数收敛。

$\sum_{n=1}^{\infty}\left|(-1)^n\frac{1}{n^{p-1}}\right|=\sum_{n=1}^{\infty}\frac{1}{n^{p-1}}$，取绝对值后的级数为$p$级数，当$0<p-1\leqslant 1$时，即$1<p\leqslant 2$，取绝对值后级数发散，原级数$\sum_{n=1}^{\infty}(-1)^n\frac{1}{n^{p-1}}$为交错级数。

在$1<p\leqslant 2$时，取绝对值后的级数发散，而当$p>1$时，满足莱布尼兹定理条件：①$\frac{1}{n^{p-1}}>\frac{1}{(n+1)^{p-1}}$；②$\lim\limits_{n\to\infty}\frac{1}{n^{p-1}}=0$，原级数收敛［因幂函数$y=x^p$，当$p>0$在$(0,+\infty)$递增，即有$n^p<(n+1)^p$，$\frac{1}{n^p}>\frac{1}{(n+1)^p}$。本题中，$p>1$，则有$p-1>0$，进而有上面结论$\frac{1}{n^{p-1}}>\frac{1}{(n+1)^{p-1}}$成立］。

综合以上结论$1<p\leqslant 2$和$p>1$，应为$1<p\leqslant 2$。

答案： A

【例 1-6-3】 幂级数$x-\frac{x^2}{2}+\frac{x^3}{3}-\cdots+(-1)^{n-1}\frac{x^n}{n}+\cdots$的收敛半径和收敛域为：

A. 2；$(-2,2]$　　B. 2；$(-2,2)$　　C. 1；$(-1,1]$　　D. 1；$(-1,1)$

解

$$\rho=\lim_{n\to\infty}\left|\frac{a_{n+1}}{a_n}\right|=\lim_{n\to\infty}\frac{\frac{1}{n+1}}{\frac{1}{n}}=1$$

$R=\frac{1}{\rho}=1$，即$|x|<1$收敛

当$x=1$时，代入级数得：

$1-\frac{1}{2}+\frac{1}{3}-\cdots+(-1)^{n-1}\frac{1}{n}+\cdots$为交错级数，满足莱布尼兹定理条件，收敛。

当$x=-1$时，代入级数得：

$-1-\frac{1}{2}-\frac{1}{3}-\cdots-\frac{1}{n}\cdots=-\left(1+\frac{1}{2}+\frac{1}{3}+\cdots+\frac{1}{n}+\cdots\right)$为调和级数，发散。

收敛域$(-1,1]$

答案： C

注：在求级数的收敛域时，要注意对两个端点的讨论。本题中，要对端点$x=1$，$x=-1$加以讨论。

【例 1-6-4】 函数$f(x)=\frac{1}{x}$，将其展开为$x-3$的幂级数为：

A. $\frac{1}{3}\sum_{n=0}^{\infty}(-1)^n\left(\frac{x-3}{3}\right)^n$　$(0,6)$　　B. $\frac{1}{2}\sum_{n=0}^{\infty}(-1)^n\left(\frac{x-3}{4}\right)^n$　$(0,6)$

C. $\frac{1}{4}\sum_{n=0}^{\infty}(-1)^n\left(\frac{x-3}{4}\right)^n$　$(0,6)$　　D. $\sum_{n=0}^{\infty}(-1)^n\left(\frac{x-3}{3}\right)^n$　$(0,6)$

解

$$\frac{1}{x}=\frac{1}{3+x-3}=\frac{1}{3}\times\frac{1}{1+\frac{x-3}{3}}$$

利用已知$\frac{1}{1+x}=1-x+x^2-x^3+\cdots$，$x\in(-1,1)$，展开式得到

$$\frac{1}{3}\times\frac{1}{1+\frac{x-3}{3}}=\frac{1}{3}\times\left[1-\frac{x-3}{3}+\left(\frac{x-3}{3}\right)^2-\left(\frac{x-3}{3}\right)^3+\cdots\right]$$

由$-1<x<1$，代入$-1<\frac{x-3}{3}<1$，得$0<x<6$

$$\frac{1}{x}=\frac{1}{3}\times\left[1-\frac{x-3}{3}+\left(\frac{x-3}{3}\right)^2-\cdots\right]\quad(0,6)$$

答案： A

【例 1-6-5】 函数$f(x)=e^{2x-1}$的麦克劳林级数展开式的前三项是：

A. $e^{-1}+e^{-2}x+e^{-3}x^2$　　B. $e+2ex+4ex^2$

C. $e^{-1}+2e^{-1}x+2e^{-1}x^2$　　D. $e^{-1}+2e^{-2}x+4e^{-3}x^3$

解　方法 1：函数展开成麦克劳林级数的一般形式为：

$$f(x)=f(0)+\frac{f'(0)}{1!}x+\frac{f''(0)}{2!}x^2+\cdots+\frac{f^{(n)}(0)}{n!}x^n+R_n(x)$$

其中，$R_n(x)=\frac{f^{(n+1)}(\xi)}{(n+1)!}x^{n+1}$（$\xi$是介于 0 与$x$之间的某个数）

本题函数$f(x)=e^{2x-1}$，则$f'(x)=2e^{2x-1}$，$f''(x)=4e^{2x-1}$

代入$x=0$，则$f(0)=e^{-1}$，$f'(0)=2e^{-1}$，$f''(0)=4e^{-1}$

其麦克劳林级数展开式的前三项为：$f(0)+f'(0)x+\frac{f''(0)}{2!}x^2$

代入$e^{-1}+\frac{2e^{-1}}{1!}x+\frac{4e^{-1}}{2!}x^2=e^{-1}+2e^{-1}x+2e^{-1}x^2$

即$f(x)$的前三项为$e^{-1}+2e^{-1}x+2e^{-1}x^2$

方法 2：利用间接法展开

$$f(x)=e^{2x-1}=e^{-1}e^{2x}=e^{-1}\left[1+\frac{2x}{1!}+\frac{(2x)^2}{2!}+\cdots\right]=e^{-1}+2e^{-1}x+2e^{-1}x^2+\cdots$$

即$f(x)$麦克劳林级数展开式的前三项为$e^{-1}+2e^{-1}x+2e^{-1}x^2$

答案：C

【例 1-6-6】 下列各级数发散的是：

A. $\sum\limits_{n=1}^{\infty}\sin\frac{1}{n}$　　B. $\sum\limits_{n=1}^{\infty}(-1)^{n-1}\frac{1}{\ln(n+1)}$

C. $\sum\limits_{n=1}^{\infty}\frac{n+1}{3^{\frac{n}{2}}}$　　D. $\sum\limits_{n=1}^{\infty}(-1)^{n-1}\left(\frac{2}{3}\right)^n$

解　选 A。分析如下：

$\sum\limits_{n=1}^{\infty}\sin\frac{1}{n}$为正项级数，对于$\lim\limits_{n\to\infty}\frac{\sin\frac{1}{n}}{\frac{1}{n}}$，因$\lim\limits_{x\to\infty}\frac{\sin\frac{1}{x}}{\frac{1}{x}}\xlongequal{\text{设}t=\frac{1}{x}，\text{当}x\to\infty\text{时}，t\to 0}\lim\limits_{t\to 0}\frac{\sin t}{t}=1$，故$\lim\limits_{n\to\infty}\frac{\sin\frac{1}{n}}{\frac{1}{n}}=1$

而$\sum\limits_{n=1}^{\infty}\frac{1}{n}$发散，所以$\sum\limits_{n=1}^{\infty}\sin\frac{1}{n}$发散

选项 B，$\sum\limits_{n=1}^{\infty}(-1)^{n-1}\frac{1}{\ln(n+1)}$为交错级数，可用莱布尼兹定理判定：①$u_n\geqslant u_{n+1}$；②$\lim\limits_{n\to\infty}u_n=0$。级数收敛。

选项 C，$\sum\limits_{n=1}^{\infty}\frac{n+1}{3^{\frac{n}{2}}}$为正项级数，用比值判别法$\lim\limits_{n\to\infty}\frac{u_{n+1}}{u_n}=\frac{1}{\sqrt{3}}<1$，收敛。

选项 D，$\sum\limits_{n=1}^{\infty}(-1)^{n-1}\left(\frac{2}{3}\right)^n=\frac{2}{3}-\left(\frac{2}{3}\right)^2+\left(\frac{2}{3}\right)^3+\left(\frac{2}{3}\right)^4+\cdots$为等比级数，公比$q=-\frac{2}{3}$，$|q|<1$，收敛。

答案：A

【例 1-6-7】 级数$\sum\limits_{n=1}^{\infty}u_n$收敛的充要条件是：

A. $\lim\limits_{n\to\infty}u_n=0$　　B. $\lim\limits_{n\to\infty}\frac{u_{n+1}}{u_n}=r<1$

C. $u_n\leqslant\frac{1}{n^2}$　　D. $\lim\limits_{n\to\infty}S_n$存在，其中$S_n=u_1+\cdots+u_n$

解　选项 A 错误：$\sum\limits_{n=1}^{\infty}u_n$收敛$\Rightarrow\lim\limits_{n\to\infty}u_n=0$仅是级数收敛的必要条件，而非充分条件。例如调和级数$\sum\limits_{n=1}^{\infty}\frac{1}{n}$，满足$\lim\limits_{n\to\infty}u_n=\lim\limits_{n\to\infty}\frac{1}{n}=0$，但级数发散。

选项 B 错误：$\lim\limits_{n\to\infty}\frac{u_{n+1}}{u_n}=r<1$为正项级数收敛的充分条件，但所给级数并未说明是什么类型的级数。

选项 C 错误：此条件仅对正项级数收敛适用。

选项 D 正确：$\lim_{n\to\infty} S_n$存在是级数$\sum_{n=1}^{\infty} u_n$收敛的充分必要条件，这是判定级数敛散性的基本定理。

答案： D

【例 1-6-8】 设部分和$S_n=\sum_{k=1}^{n} a_k$，则数列$\{S_n\}$有界，是级数$\sum_{n=1}^{\infty} a_n$收敛的：

A. 充分不必要条件　　B. 必要不充分条件

C. 充分必要条件　　D. 既不充分条件也不必要条件

解　正项极数收敛的充要条件是其部分和数列$\{S_n\}$有上界，但在本题中数列$\{a_n\}$的a_n未给出$a_n\geqslant 0$的条件，所以选项 C 不成立。部分数列$\{S_n\}$有界仅是级数收敛的必要条件，但非充分条件。

例如：级数$\sum_{n=1}^{\infty} n$，$S_n=1+2+\cdots+n=\frac{n(n+1)}{2}$，部分数列$\{S_n\}$无界，级数一定发散；例如：极数$\sum_{n=1}^{\infty}(-1)^{n+1}$，$S_n=1-1+1\cdots+(-1)^{n+1}$，$|S_n|\leqslant 1$有界，但级数发散，选项 A、D 也不成立。所以选项 B 成立。

答案： B

【例 1-6-9】 级数$\sum_{n=1}^{\infty}\frac{\sin\frac{n\pi}{2}}{\sqrt{n^3}}$的收敛性是：

A. 绝对收敛　　B. 发散　　C. 条件收敛　　D. 无法判定

解　级数各项取绝对值，即$\sum_{n=1}^{\infty}\left|\frac{\sin\frac{n\pi}{2}}{\sqrt{n^3}}\right|$，因$\left|\frac{\sin\frac{n\pi}{2}}{\sqrt{n^3}}\right|\leqslant\frac{1}{n^{\frac{3}{2}}}$，而级数$\sum_{n=1}^{\infty}\frac{1}{n^{\frac{3}{2}}}$，$p=\frac{3}{2}>1$，收敛，由正项级数比较法知，级数$\sum_{n=1}^{\infty}\left|\frac{\sin\frac{n\pi}{2}}{\sqrt{n^3}}\right|$收敛，所以原级数$\sum_{n=1}^{\infty}\frac{\sin\frac{n\pi}{2}}{\sqrt{n^3}}$绝对收敛。

答案： A

【例 1-6-10】 已知数列$\{b_n\}$，有$\lim_{n\to\infty} b_n=\infty$，且$b_n\neq 0(n=1,2,3,\cdots)$，则级数$\sum_{n=1}^{\infty}\left(\frac{1}{b_n}-\frac{1}{b_{n+1}}\right)$的和为：

A. $\frac{1}{b_1}$　　B. $\frac{1}{2b_1}$　　C. $\frac{1}{b_1b_2}$　　D. ∞

解　$S_n=\left(\frac{1}{b_1}-\frac{1}{b_2}\right)+\left(\frac{1}{b_2}-\frac{1}{b_3}\right)+\cdots+\left(\frac{1}{b_n}-\frac{1}{b_{n+1}}\right)=\frac{1}{b_1}-\frac{1}{b_{n+1}}$

$\lim_{n\to\infty} S_n=\lim_{n\to\infty}\left(\frac{1}{b_1}-\frac{1}{b_{n+1}}\right)=\frac{1}{b_1}\quad(b_1\neq 0)$

注：$\lim_{n\to\infty} b_n=\infty$，$\lim_{n\to\infty} b_{n+1}=\infty$，$\lim_{n\to\infty}\frac{1}{b_{n+1}}=0$。

答案： A

【例 1-6-11】 级数$\sum_{n=1}^{\infty} n\left(\frac{1}{2}\right)^{n-1}$的和是：

A. 1　　B. 2　　C. 3　　D. 4

解　考虑级数$\sum_{n=1}^{\infty} nx^{n-1}$，收敛区间$(-1,1)$，则

$$S(x)=\sum_{n=1}^{\infty} nx^{n-1}=\sum_{n=1}^{\infty}(x^n)'=\left(\sum_{n=1}^{\infty} x^n\right)'=\left(\frac{x}{1-x}\right)'=\frac{1}{(1-x)^2}$$

故$\sum_{n=1}^{\infty} n\left(\frac{1}{2}\right)^{n-1}=S\left(\frac{1}{2}\right)=4$

答案： D

【例 1-6-12】 函数e^x展开成为$x-1$的幂级数是：

A. $\sum_{n=0}^{\infty}\frac{(x-1)^n}{n!}$　　B. $e\sum_{n=0}^{\infty}\frac{(x-1)^n}{n!}$　　C. $\sum_{n=0}^{\infty}\frac{(n-1)^n}{n}$　　D. $\sum_{n=0}^{\infty}\frac{(x-1)^n}{ne}$

解　$e^x=e^{x-1+1}=ee^{x-1}$

已知$e^x = 1 + \frac{1}{1!}x + \frac{1}{2!}x^2 + \cdots + \frac{1}{n!}x^n + \cdots \quad (-\infty, +\infty)$

$e^{x-1} = 1 + \frac{1}{1!}(x-1) + \frac{1}{2!}(x-1)^2 + \cdots + \frac{1}{n!}(x-1)^n + \cdots = \sum_{n=0}^{\infty}\frac{1}{n!}(x-1)^n \quad (-\infty, +\infty)$

$e^x = e\sum_{n=0}^{\infty}\frac{1}{n!}(x-1)^n \quad (-\infty, +\infty)$

答案： B

注：求函数$f(x)$的展开式时，一般都是用间接展开法，即利用已知函数的幂级数展开式计算。常用的$\frac{1}{1+x}$、$\frac{1}{1-x}$及e^x函数的展开式应牢记，是近几年来的热门考点。

【例 1-6-13】 级数$\sum_{n=1}^{\infty}\frac{(2x+1)^n}{n}$的收敛域是：

A. $(-1,1)$　　B. $[-1,1]$　　C. $[-1,0)$　　D. $(-1,0)$

解 设$2x+1=z$，级数为$\sum_{n=1}^{\infty}\frac{z^n}{n}$。

$\lim_{n\to\infty}\left|\frac{a_{n+1}}{a_n}\right| = \lim_{n\to\infty}\frac{\frac{1}{n+1}}{\frac{1}{n}} = 1$，$\rho = 1$，$R = \frac{1}{\rho} = 1$

当$z=1$时，$\sum_{n=1}^{\infty}\frac{1}{n}$发散；当$z=-1$时，$\sum_{n=1}^{\infty}\frac{(-1)^n}{n}$收敛。

所以$-1 \leqslant z < 1$收敛，即$-1 \leqslant 2x+1 < 1$，$-1 \leqslant x < 0$。

答案： C

【例 1-6-14】 若级数$\sum_{n=1}^{\infty}b_n$收敛，且$\lim_{n\to\infty}\frac{a_n}{b_n} = 1$，则级数$\sum_{n=1}^{\infty}a_n$：

A. 收敛　　B. 发散

C. 收敛且其和与$\sum_{n=1}^{\infty}b_n$的和相等　　D. 不一定收敛

解 如果$\sum_{n=1}^{\infty}a_n$和$\sum_{n=1}^{\infty}b_n$都是正项级数，且$\lim_{n\to\infty}\frac{a_n}{b_n} = 1$，由正项级数的比较判别法极限形式，可判定$\sum_{n=1}^{\infty}a_n$一定收敛，但如果$\sum_{n=1}^{\infty}a_n$和$\sum_{n=1}^{\infty}b_n$不是正项级数，则结论不一定成立。

例如：$b_n = (-1)^n\frac{1}{\sqrt{n}}$，$a_n = (-1)^n\frac{1}{\sqrt{n}} + \frac{1}{n}$

可判定$\sum_{n=1}^{\infty}b_n$收敛，而$\lim_{n\to\infty}\frac{(-1)^n\frac{1}{\sqrt{n}}+\frac{1}{n}}{(-1)^n\frac{1}{\sqrt{n}}} = \lim_{n\to\infty}\left[1 + (-1)^n\frac{1}{\sqrt{n}}\right] = 1$

但$\sum_{n=1}^{\infty}a_n$发散。因为$\sum_{n=1}^{\infty}(-1)^n\sqrt{\frac{1}{n}}$收敛，$\sum_{n=1}^{\infty}\frac{1}{n}$发散，对应项之和所得到的级数发散。

答案： D

【例 1-6-15】 下列命题中，正确的是：

A. 周期函数$f(x)$的傅里叶级数收敛于$f(x)$

B. 若$f(x)$有任意阶导数，则$f(x)$的泰勒级数收敛于$f(x)$

C. 正项级数收敛的充分必要条件是级数的部分和数列有界

D. 若正项级数收敛，则级数$\sum_{n=1}^{\infty}\sqrt{a_n}$必收敛

解 选项 A 错误。由迪利克雷收敛定理知，周期函数在满足一定的条件下，展开成的傅里叶级数才收敛于$f(x)$。

选项 B 错误。若$f(x)$有任意阶导数，$f(x)$的泰勒级数在$\lim_{n\to\infty}R_n(x) = 0$的条件下才收敛于$f(x)$。

选项 D 错误。举例说明，$\sum_{n=1}^{\infty}\frac{1}{n^2}$收敛$(p>1)$，但$\sum_{n=1}^{\infty}\frac{1}{n}$为调和级数，发散。

选项 C 正确。正项级数收敛的充分必要条件是级数的部分和数列有界，这是正项级数收敛的基本定理。

答案： C

【例 1-6-16】 关于级数$\sum_{n=1}^{\infty}(-1)^{n-1}\frac{1}{n^p}$收敛性的正确结论是：

A. $0<p\leqslant 1$时发散　　B. $p>1$时条件收敛

C. $0<p\leqslant 1$时绝对收敛　　D. $0<p\leqslant 1$时条件收敛

解 本题考查级数条件收敛、绝对收敛的有关概念，以及判定级数收敛与发散的基本方法。

将级数$\sum_{n=1}^{\infty}(-1)^{n-1}\frac{1}{n^p}$各项取绝对值，得$p$级数$\sum_{n=1}^{\infty}\frac{1}{n^p}$。当$p>1$时，原级数$\sum_{n=1}^{\infty}(-1)^{n-1}\frac{1}{n^p}$绝对收敛；当$0<p\leqslant 1$时，级数$\sum_{n=1}^{\infty}\frac{1}{n^p}$发散。所以，选项B、C均不成立。

再判定原级数$\sum_{n=1}^{\infty}(-1)^{n-1}\frac{1}{n^p}$在$0<p\leqslant 1$时的敛散性。

级数$\sum_{n=1}^{\infty}(-1)^{n-1}\frac{1}{n^p}$为交错级数，记$u_n=\frac{1}{n^p}$。当$p>0$时，$n^p<(n+1)^p$，$\frac{1}{n^p}>\frac{1}{(n+1)^p}$，则$u_n>u_{n+1}$，又$\lim\limits_{n\to\infty}u_n=0$，所以级数$\sum_{n=1}^{\infty}(-1)^{n-1}\frac{1}{n^p}$在$0<p\leqslant 1$时条件收敛。

答案： D

【例 1-6-17】 设级数$\sum_{n=1}^{\infty}a_n(x-2)^n$在$x=0$处收敛，在$x=4$处发散，则级数的收敛域为：

A. [0,4)　　B. (0,4)　　C. [0,4]　　D. [−2,2]

解 设$x-2=t$，级数$\sum_{n=1}^{\infty}a_nt^n$，当$x=0$，$t=-2$，级数收敛

由阿贝尔定理可知，$\sum_{n=1}^{\infty}a_nt^n$在$(-2,2)$收敛，因当$t=-2$时收敛，所以在$[-2,2)$收敛

又当$x=4$，$t=2$时，级数发散，由阿贝尔定理可知，$\sum_{n=1}^{\infty}a_nt^n$在$(-\infty,-2)$和$(2,+\infty)$上发散

因当$t=2$时级数发散，所以$\sum_{n=1}^{\infty}a_nt^n(-\infty,-2)$和$[2,+\infty)$上发散，在$[-2,2)$上收敛

所以级数$\sum_{n=1}^{\infty}a_nt^n$的收敛域取公共部分为$[-2,2)$

把t值代入$x-2=t$，当$t=2$，$x=4$；当$t=-2$，$x=0$

则原级数$\sum_{n=1}^{\infty}a_n(x-2)^n$的收敛域为$[0,4)$

答案： A

【例 1-6-18】 周期为2的函数$f(x)$，它在一个周期内的表达式为$f(x)=x(-1\leqslant x<1)$，设它的傅里叶级数的和函数为$S(x)$，则$S\left(\frac{3}{2}\right)$等于：

A. 1　　B. $-\frac{1}{2}$　　C. −1　　D. $\frac{1}{2}$

解 设函数$f(x)$的傅里叶级数为

$$\frac{a_0}{2}+\sum_{n=1}^{\infty}a_n\cos\frac{n\pi x}{l}+b_n\sin\frac{n\pi x}{l}$$

由狄利克雷收敛可知，$x=\frac{3}{2}$是函数$f(x)$的连续点（见解图），级数的和函数$S(x)$收敛于$x=\frac{3}{2}$对应的函数值。

因为$f(x)$是周期为2的周期函数，则

$$S\left(\frac{3}{2}\right)=S\left(-\frac{1}{2}\right)=f\left(-\frac{1}{2}\right)=x\Big|_{x=-\frac{1}{2}}=-\frac{1}{2}$$

答案： B

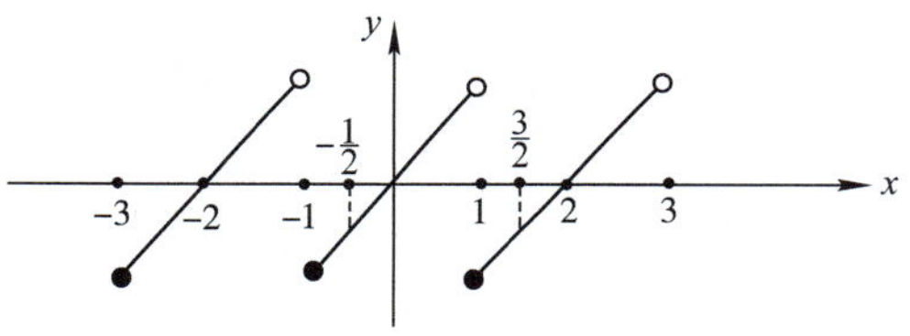

例 1-6-18 解图

习 题

1-6-1 下列级数中，发散的级数是（　　）。

A. $\sum\limits_{n=1}^{\infty}(-1)^n\frac{1}{\sqrt{n}}$　　B. $\sum\limits_{n=1}^{\infty}\frac{n}{2^n}$

C. $\sum\limits_{n=1}^{\infty}\left(\frac{1}{n}-\frac{1}{n+1}\right)$　　D. $\sum\limits_{n=1}^{\infty}\sin\frac{n\pi}{3}$

1-6-2 函数 $\sum\limits_{n=1}^{\infty}\frac{(-1)^{n-1}}{n}$的收敛性是（　　）。

A. 绝对收敛　　B. 条件收敛

C. 等比级数收敛　　D. 发散

1-6-3 设级数 $\sum\limits_{n=1}^{\infty}U_n$是条件收敛的，又设$U_n{}^*=\frac{U_n+|U_n|}{2}$，$U_n{}^{**}=\frac{U_n-|U_n|}{2}$，则级数 $\sum\limits_{n=1}^{\infty}U_n^*$和 $\sum\limits_{n=1}^{\infty}U_n^{**}$（　　）。

A. $\sum\limits_{n=1}^{\infty}U_n^*$和 $\sum\limits_{n=1}^{\infty}U_n^{**}$都是收敛的　　B. $\sum\limits_{n=1}^{\infty}U_n^*$和 $\sum\limits_{n=1}^{\infty}U_n^{**}$都是发散的

C. $\sum\limits_{n=1}^{\infty}U_n^*$发散，但 $\sum\limits_{n=1}^{\infty}U_n^{**}$收敛　　D. $\sum\limits_{n=1}^{\infty}U_n^*$收敛，但 $\sum\limits_{n=1}^{\infty}U_n^{**}$发散

1-6-4 已知幂级数 $\sum\limits_{n=1}^{\infty}\frac{a^n-b^n}{a^n+b^n}x^n(0<a<b)$，则所给级数的收敛半径$R$等于（　　）。

A. b　　B. $\frac{1}{a}$

C. $\frac{1}{b}$　　D. R的值与a，b无关

1-6-5 级数 $\sum\limits_{n=1}^{\infty}\left(x^n+\frac{1}{2^nx^n}\right)$的收敛域为（　　）。

A. $|x|<1$　　B. $|x|>\frac{1}{2}$　　C. $\frac{1}{2}<|x|<1$　　D. 无法确定

1-6-6 设$f(x)=\begin{cases}x & -\pi\leqslant x<0\\ 1 & 0\leqslant x\leqslant\pi\end{cases}$的傅里叶级数展开式为$\frac{a_0}{2}+\sum\limits_{n=1}^{\infty}(a_n\cos nx+b_n\sin nx)$，则其中的系数$a_3=$（　　）。

A. $\frac{1}{\pi}$　　B. $\frac{2}{\pi}$　　C. $\frac{2}{9\pi}$　　D. 0

1-6-7 幂级数$x^2-\frac{1}{2}x^3+\frac{1}{3}x^4-\cdots+\frac{(-1)^{n+1}}{n}x^{n+1}+\cdots(-1<x\leqslant1)$的和是（　　）。

A. $x\sin x$　　B. $\frac{x^2}{1+x^2}$　　C. $x\ln(1-x)$　　D. $x\ln(1+x)$

1-6-8 若$\lim\limits_{n\to\infty}\left|\frac{C_n}{C_{n+1}}\right|=3$，则幂级数 $\sum\limits_{n=0}^{\infty}C_n(x-1)^n$的敛散性为（　　）。

A. 必在$|x|>3$时发散　　B. 必在$|x|\leqslant3$时发散

C. 在$x=-3$处敛散性不定　　D. 其收敛半径为 3

1-6-9 函数$f(x)=\frac{x}{x^2-5x+6}$展开成$(x-5)$的级数的收敛区间是（　　）。

A. (10,1)　　B. (−1,1)　　C. (3,7)　　D. (4,5)

1-6-10 设$f(x)$是以 2π为周期的奇函数，它在$[0,\pi)$上的表达式为$f(x)=\begin{cases}x & 0\leqslant x\leqslant\frac{\pi}{2}\\ \pi & \frac{\pi}{2}<x<\pi\end{cases}$，$S(x)=\sum\limits_{n=1}^{\infty}b_n\sin nx$，其中$b_n=\frac{2}{\pi}\int_0^{\pi}f(x)\sin nx\mathrm{d}x$，则$S\left(-\frac{\pi}{2}\right)$的值是（　　）。

A. $\frac{\pi}{2}$　　B. $\frac{3\pi}{4}$　　C. $-\frac{3\pi}{4}$　　D. 0

第七节 常微分方程

一、微分方程的基本概念

凡含有未知函数的导数（或微分）的方程，称为微分方程。未知函数是一元函数的方程，称为常微分方程。方程中所出现的导数的最高阶数，称为微分方程的阶。代入微分方程能使方程成为恒等式的函数，称为微分方程的解。微分方程的解中含有独立个任意常数，且任意常数的个数与微分方程的阶数相同，称为微分方程的通解。用来确定任意常数的条件，称为初始条件。确定了通解中任意常数以后的解，称为微分方程的特解。

二、一阶微分方程的解法

（一）可分离变量的微分方程

如果一阶微分方程$F(x,y,y')=0$可以写成$y'=f(x)g(y)$，易化为形式$\psi(y)\mathrm{d}y=\varphi(x)\mathrm{d}x$，两端积分，可得通解

$$\int\psi(y)\mathrm{d}y=\int\varphi(x)\mathrm{d}x+C \tag{1-7-1}$$

设函数$G(y)$和$F(x)$是依次为$\psi(y)$和$\varphi(x)$的原函数，则$G(y)=F(x)+C$为微分方程的通解，C为任意常数。

（二）齐次方程

形如$\frac{\mathrm{d}y}{\mathrm{d}x}=f\left(\frac{y}{x}\right)$的微分方程称为齐次方程。作变量代换 $u=\frac{y}{x}$ ，$y=xu$，$y'=u+xu'$，代入方程可化为$u+xu'=f(u)$，分离变量后，两边积分，得

$$\int\frac{\mathrm{d}u}{f(u)-u}=\int\frac{\mathrm{d}x}{x}+C \tag{1-7-2}$$

其中，C为任意常数。求出积分后，再把 $u=\frac{y}{x}$代入，得到齐次方程通解。

若一阶微分方程可化为$\frac{\mathrm{d}x}{\mathrm{d}y}=f(\frac{x}{y})$的形式，也称为齐次方程，类似可设$v=\frac{x}{y}$求通解。

（三）一阶线性方程

若一阶方程$F(x,y,y')=0$可化为

$$y'+P(x)y=Q(x) \tag{1-7-3}$$

其中，$P(x)$、$Q(x)$是x的函数或常数，则该方程称为一阶线性微分方程，当$Q(x)\neq0$时，称为一阶线性非齐次方程。当$Q(x)=0$时，$y'+P(x)y=0$称为一阶线性齐次微分方程。解一阶线性非齐次方程时，可先解对应的齐次方程，求出一阶线性齐次方程通解$y=Ce^{-\int P(x)\mathrm{d}x}$，然后常数变易，将解中的$c$写成$C(x)$，代入求出$C(x)=\int Q(x)e^{\int P(x)\mathrm{d}x}\mathrm{d}x+C$，最后得到非齐次的通解

$$y=e^{-\int P(x)\mathrm{d}x}\left[\int Q(x)e^{\int P(x)\mathrm{d}x}\mathrm{d}x+C\right] \tag{1-7-4}$$

通常可以直接利用式（1-7-4），求出一阶线性非齐次方程的通解。

将式（1-7-4）写成$y=e^{-\int P(x)\mathrm{d}x}\int Q(x)e^{\int P(x)\mathrm{d}x}\mathrm{d}x+Ce^{-\int P(x)\mathrm{d}x}$形式，得到一阶非齐次方程的通解=（第一项）非齐线性方程的一个特解+（第二项）线性齐次方程的通解。

（四）全微分方程

若一阶微分方程$P(x,y)\mathrm{d}x+Q(x,y)\mathrm{d}y=0$的左端恰好是某一函数$u=u(x,y)$的全微分，称为全微分方程。即

$$\mathrm{d}u(x,y)=P(x,y)\mathrm{d}x+Q(x,y)\mathrm{d}y$$

这里，$\frac{\partial u}{\partial x}=P(x,y)$，$\frac{\partial u}{\partial y}=Q(x,y)$

那么$u(x,y)=C$就是全微分方程的通解。

通解的求法：

当$P(x,y)$、$Q(x,y)$在单连通域G内具有一阶连续偏导数，$\frac{\partial P}{\partial y}=\frac{\partial Q}{\partial x}$在区域$G$内恒成立，那么全微分方程的通解可通过计算下面积分求出

$$u(x,y)=\int_{x_0}^{x}P(x,y)\mathrm{d}x+\int_{y_0}^{y}Q(x_0,y)\mathrm{d}y=C \tag{1-7-5}$$

或

$$u(x,y)=\int_{x_0}^{x}P(x,y_0)\mathrm{d}x+\int_{y_0}^{y}Q(x,y)\mathrm{d}y=C \tag{1-7-6}$$

其中，x_0、y_0是在区域G内适当选定的点$M_0(x_0,y_0)$的坐标。

三、可降阶的高阶微分方程

（一）$y^{(n)}=f(x)$型

这种方程只需逐次积分，求出其通解。每次积分，方程的阶数降低一次，出现一个任意常数。

（二）$y''=f(x,y')$型

微分方程中不显含y。

应牢记用下面方法变形，然后计算。

令$y'=P(x)$，则$y''=P'(x)$，方程化为$\frac{\mathrm{d}P}{\mathrm{d}x}=f(x,P)$，解微分方程求出$P=\varphi(x,C_1)$，代入$y'=P(x)$，从而把方程化为$\frac{\mathrm{d}y}{\mathrm{d}x}=\varphi(x,C_1)$，运用分离变量法，求得原方程的通解为

$$y=\int\varphi(x,C_1)\mathrm{d}x+C_2 \tag{1-7-7}$$

（三）$y''=f(y,y')$型

微分方程中不显含x。

令$y'=P(y)$，则$y''=\frac{\mathrm{d}P}{\mathrm{d}x}=\frac{\mathrm{d}P}{\mathrm{d}y}\cdot\frac{\mathrm{d}y}{\mathrm{d}x}=P\frac{\mathrm{d}P}{\mathrm{d}y}$，从而可将原方程化为$P\frac{\mathrm{d}P}{\mathrm{d}y}=f(y,P)$，设其通解为$P=\varphi(y,C_1)$，再运用分离变量法，求得原方程的通解为

$$\int\frac{\mathrm{d}y}{\varphi(y,C_1)}=x+C_1 \tag{1-7-8}$$

【例 1-7-1】 对于微分方程$y''+2y'+y=0$，则$y=Cxe^{-x}$(其中C为任意常数)是：

A. 通解　　B. 特解　　C. 方程的解　　D. 不是解

解 将$y=Cxe^{-x}$代入微分方程验证是方程的解，因为$y=Cxe^{-x}$含有任意常数C，故非特解，但含有独立的任意常数的个数只有一个，而微分方程的阶数是二，所以不是通解。

答案： C

【例 1-7-2】 判别一阶微分方程$(e^{x+y}-e^{x})\mathrm{d}x+(e^{x+y}+e^{y})\mathrm{d}y=0$的类型，并求其通解。

解
$$e^x(e^y-1)\mathrm{d}x+e^y(e^x+1)\mathrm{d}y=0$$
$$\frac{e^x}{e^x+1}\mathrm{d}x+\frac{e^y}{e^y-1}\mathrm{d}y=0$$

微分方程为一阶可分离变量方程。

$$\int\frac{e^x}{e^x+1}\mathrm{d}x+\int\frac{e^y}{e^y-1}\mathrm{d}y=\ln c$$
$$\ln(e^x+1)+\ln(e^y-1)=\ln c$$
$$\ln(e^x+1)(e^y-1)=\ln c$$
$$(e^x+1)(e^y-1)=C$$

通解为$(e^x+1)(e^y-1)=C$

【例 1-7-3】 微分方程$y\mathrm{d}x+(y^2x-e^y)\mathrm{d}y=0$是：

A. 可分离变量方程　　B. 可化为一阶线性的微分方程

C. 全微分方程　　D. 齐次方程

解　将方程变形：

$$y\mathrm{d}x+(y^2x-e^y)\mathrm{d}y=0,\ y\frac{\mathrm{d}x}{\mathrm{d}y}+y^2x-e^y=0$$
$$y\frac{\mathrm{d}x}{\mathrm{d}y}+y^2x=e^y,\ \frac{\mathrm{d}x}{\mathrm{d}y}+yx=\frac{1}{y}e^y$$

答案： B

【例 1-7-4】 微分方程$xy'-y=x^2e^{2x}$通解y等于：

A. $x\left(\frac{1}{2}e^{2x}+C\right)$　　B. $x(e^{2x}+C)$

C. $x\left(\frac{1}{2}x^2e^{2x}+C\right)$　　D. $x^2e^{2x}+C$

解　$xy'-y=x^2e^{2x}$，$y'-\frac{1}{x}y=xe^{2x}$

$$P(x)=-\frac{1}{x},\ Q(x)=xe^{2x}$$
$$y=e^{-\int\left(-\frac{1}{x}\right)\mathrm{d}x}\left[\int xe^{2x}e^{\int\left(-\frac{1}{x}\right)\mathrm{d}x}\mathrm{d}x+C\right]=e^{\ln x}\left(\int xe^{2x}e^{-\ln x}\mathrm{d}x+C\right)$$
$$=x\left(\int e^{2x}\mathrm{d}x+C\right)=x\left(\frac{1}{2}e^{2x}+C\right)$$

答案： A

【例 1-7-5】 设$f(x)$满足关系式$f(x)=\int_0^{2x}f\left(\frac{t}{2}\right)\mathrm{d}t+\ln 2$，则$f(x)$等于：

A. $e^x\ln 2$　　B. $e^{2x}\ln 2$　　C. $e^x+\ln 2$　　D. $e^{2x}+\ln 2$

解　**方法 1：** 将所给选项代入关系式直接验算，可得到选项 B 正确。

方法 2： 对积分关系式两边求导化为微分方程，并注意到由所给关系式在特殊点可确定出微分方程所应满足的初始条件。

将关系式$f(x)=\int_0^{2x}f\left(\frac{t}{2}\right)\mathrm{d}t+\ln 2$两边求导，$f'(x)=f\left(\frac{2x}{2}\right)\cdot 2\Rightarrow f'(x)=2f(x)$，分离变量$\frac{\mathrm{d}f(x)}{f(x)}=2\mathrm{d}x$，两边积分$\ln f(x)=2x+\ln C$，即$f(x)=Ce^{2x}$。由原关系式$f(0)=\ln 2$，得$C=\ln 2$，所以$f(x)=e^{2x}\ln 2$。

答案： B

注：一般未知函数中含有变上限的积分时，常可通过对关系式两边求导化为微分方程再找出初始条件而解之。

【例 1-7-6】 设$\int_0^x f(t)\mathrm{d}t=2f(x)-4$，且$f(0)=2$，则$f(x)$是：

A. $e^{\frac{x}{2}}$　　B. $e^{\frac{x}{2}+1}$　　C. $2e^{\frac{x}{2}}$　　D. $\frac{1}{2}e^{2x}$

解 方程左边是积分上限函数，可利用积分上限函数求导的方法计算。

方程两边求导，得$f(x)=2f'(x)$

设$f(x)=y$，$f'(x)=y'$，方程化为$2y'=y$，解方程$\frac{2}{y}\mathrm{d}y=\mathrm{d}x$，得$2\ln y=x+C_1 \Rightarrow \ln y=\frac{x}{2}+\frac{C_1}{2}$，$y=e^{\frac{x}{2}+\frac{1}{2}}=Ce^{\frac{x}{2}}$，其中$C=e^{\frac{1}{2}}$

代入初始条件$x=0$，$y=2$，得$C=2$

所以$y=2e^{\frac{x}{2}}$，即$f(x)=2e^{\frac{x}{2}}$

答案： C

【例 1-7-7】 已知微分方程$y'+p(x)y=q(x)[q(x)\neq 0]$有两个不同的特解$y_1(x)$，$y_2(x)$，$C$为任意常数，则该微分方程的通解是：

A. $y=C(y_1-y_2)$　　B. $y=C(y_1+y_2)$

C. $y=y_1+C(y_1+y_2)$　　D. $y=y_1+C(y_1-y_2)$

解 $y'+p(x)y=q(x)$，$y_1(x)-y_2(x)$为对应齐次方程的解。

微分方程$y'+p(x)y=q(x)$的通解为$y=y_1+C(y_1-y_2)$

其中y_1为一阶非齐次方程的一个特解，$C(y_1-y_2)$为一阶齐次方程的通解。

答案： D

【例 1-7-8】 设$p(x)$在$(-\infty,+\infty)$连续且不恒等于 0，$y_1(x)$、$y_2(x)$是微分方程$y'+p(x)y=0$的两个不同特解，则下列结论中不成立的是：

A. $\frac{y_2(x)}{y_1(x)}\equiv$常数［假设其中$y_1(x)\neq 0$］

B. $C(y_1-y_2)$构成方程的通解

C. $(y_1-y_2)=$常数

D. $y_1(x)-y_2(x)$在任意一点不等于 0

解 因为$p(x)$不恒等于 0，非零常数不可能是微分方程$y'+p(x)y=0$的解。因为$y_1(x)$，$y_2(x)$是方程两个不同的解，则$y_1(x)-y_2(x)$也是这个方程的解，而(y_1-y_2)为非零常数，所以$C(y_1-y_2)$构成方程的通解，选项 B 成立。

一阶线性齐次方程$y'+p(x)y=0$任意两个解，只差一个常数因子，所以$\frac{y_2(x)}{y_1(x)}=$常数，选项 A 成立。

对于一阶微分方程$y'+p(x)y=0$两个不同的解不能满足在相同的初始条件下使函数值相同，所以$y_1(x)-y_2(x)$在任意一点不等于 0，选项 D 成立。

因为$y_1(x)$，$y_2(x)$只差一个常数因子，$y_1-y_2\neq$常数，选项 C 不成立。

答案： C

四、高阶线性微分方程

（一）线性微分方程解的结构

二阶和二阶以上的微分方程称为高阶微分方程。形如

$$y''+P(x)y'+Q(x)y=f(x) \tag{1-7-9}$$

其中$P(x)$、$Q(x)$为x的函数或常数。当$f(x)\neq 0$时，方程称为二阶线性非齐次方程。

当$f(x)=0$时，对应的方程

$$y'' + P(x)y' + Q(x)y = 0 \tag{1-7-10}$$

称为二阶线性齐次方程。

1. 二阶线性齐次微分方程（1-7-10）解的结构

（1）如果函数$y_1(x)$与$y_2(x)$是方程（1-7-10）的两个解，那么$y = C_1y_1 + C_2y_2$也是方程（1-7-10）的解，其中C_1、C_2是任意常数。

（2）如果$y_1(x)$与$y_2(x)$是方程（1-7-10）的两个线性无关的解，那么$y = C_1y_1 + C_2y_2$就是方程（1-7-10）的通解。

2. 二阶线性非齐次方程（1-7-9）解的结构

（1）若y^*是二阶非齐次线性方程（1-7-9）的一个特解，Y是对应的线性齐次方程（1-7-10）的通解，那么$y = Y + y^*$是二阶非齐次线性微分方程（1-7-9）的通解。

（2）若非齐次线性方程（1-7-9）的右端$f(x)$是几个函数的和，如

$$y'' + P(x)y' + Q(x)y = f_1(x) + f_2(x) \tag{1-7-11}$$

而y_1^*与y_2^*分别是方程$y'' + P(x)y' + Q(x)y = f_1(x)$与$y'' + P(x)y' + Q(x)y = f_2(x)$的特解，那么$y_1^* + y_2^*$就是方程（1-7-11）的特解。

（二）二阶常系数线性齐次方程通解的计算

（1）定义：当二阶线性齐次方程$y'' + P(x)y' + Q(x)y = 0$中$P(x)$、$Q(x)$为常数时，即$y'' + py' + qy = 0$（其中，p、q为常数），该方程称为二阶常系数线性齐次方程。

（2）二阶常系数线性齐次方程通解的计算：设二阶常系数线性齐次方程

$$y'' + py' + qy = 0 \tag{1-7-12}$$

（其中，p、q均为常数）

求方程解（1-7-12）的步骤如下：

①写出对应的特征方程

$$r^2 + pr + q = 0 \tag{1-7-13}$$

②求出特征根（即特征方程的根）

$$r_{1,2} = \frac{-p \pm \sqrt{p^2 - 4q}}{2} \tag{1-7-14}$$

③按下面规则写出方程（1-7-12）的通解

若$r_1 \neq r_2$，为两个不同的实特征根，则方程的通解为

$$y = C_1e^{r_1x} + C_2e^{r_2x} \tag{1-7-15}$$

若$r_1 = r_2$，为重特征根，则方程的通解为

$$y = e^{r_1x}(C_1 + C_2x) \tag{1-7-16}$$

若$r_{1,2} = \alpha \pm i\beta$，为一对共轭复根，则方程的通解为

$$y = e^{\alpha x}(C_1\cos\beta x + C_2\sin\beta x) \tag{1-7-17}$$

（三）二阶常系数线性非齐次方程简介

$y'' + py' + qy = f(x)$中，$f(x) = P_m(x) \cdot e^{\lambda x}$[$P_m(x)$为某个多项式，乘指数函数$e^{\lambda x}$]时方程通解的求法：

（1）二阶常系数线性非齐次方程的通解为

$y = \overline{y}$（二阶常系数线性齐次方程的通解）$+y^*$（二阶常系数线性非齐次方程的一个特解）

（2）二阶常系数线性齐次方程$y''+py'+qy=0$的通解按“（二）二阶常系数线性齐次方程通解的计算”求出。

（3）当自由项$f(x)=P_m(x)e^{\lambda x}$[$P_m(x)$为某个多项式，乘指数函数$e^{\lambda x}$]时，方程有形如$y^*=x^kQ_m(x)e^{\lambda x}$的特解，其中$Q_m(x)$与$P_m(x)$为同次多项式，其系数待定，而$k$按$\lambda$不是特征方程的根、是特征方程的单根或是特征方程的重根，依次取为0、1或2。

注：考试大纲中没有“二阶常系数非齐次方程”，但2013年、2017年试题中均出现过，应该是超纲了。为了帮助考生了解二阶常系数非齐次方程，我们特意加了一点简介。

【例 1-7-9】 求二阶线性齐次方程（1）$y''-y'-6y=0$；（2）$y''+9y=0$；（3）$y''+2y'+y=0$的通解。

解 （1）$r^2-r-6=0$

$r_1=3$，$r_2=-2$

$y=C_1e^{3x}+C_2e^{-2x}$

（2）$r^2+9=0$

$r_1=\pm 3i\quad(\alpha=0,\beta=3)$

$y=C_1\cos 3x+C_2\sin 3x$

（3）$r^2+2r+1=0$

$r=-1$ （重根）

$y=e^{-x}(C_1+C_2x)$

【例 1-7-10】 二阶微分方程$xy''+y'=0$的通解是：

A. $C_1x^3+C_2$　　B. $C_1\ln x+C_2$　　C. $C_1e^x+C_2$　　D. 不存在

解 本题为可降阶的高阶微分方程，不显含变量y：

设　$y'=P$，$y''=P'$

方程转化为　$xP'+P=0$，$x\frac{dP}{dx}=-P$，$\frac{1}{P}dP=-\frac{1}{x}dx$

积分　$\ln P=-\ln x+\ln C_1$，$P=\frac{C_1}{x}$，即$\frac{dy}{dx}=\frac{C_1}{x}$，$y=C_1\ln x+C_2$

故$y=C_1\ln x+C_2$

答案： B

【例 1-7-11】 微分方程$y''-4y'+3y=0$，$y|_{x=0}=6$，$y'|_{x=0}=10$，满足初始条件的特解：

A. $y=4e^x+e^{3x}$　　B. $y=e^x+2e^{3x}$

C. $y=4e^x+2e^{3x}$　　D. $y=2e^x+4e^{3x}$

解 方程的特征方程为$r^2-4r+3=0$，解得$r_1=1$，$r_2=3$

则通解为$y=C_1e^x+C_2e^{3x}$

求导$y'=C_1e^x+3C_2e^{3x}$

代入初始条件$\begin{cases}C_1+C_2=6\\C_1+3C_2=10\end{cases}\Rightarrow C_1=4$，$C_2=2$

方程的特解为$y=4e^x+2e^{3x}$

答案： C

【例 1-7-12】 由微分方程$y''-y'=0$所确定的积分曲线方程，使其在点$M(0,0)$和直线$y=x$相切，则曲线方程为：

A. $y=C_1+C_2e^x$　　B. $y=-1+e^x$　　C. $y=1+e^x$　　D. $y=2+e^{2x}$

解 $y''-y'=0$的特征方程为：$r^2-r=0$，解得$r_1=0$，$r_2=1$

故通解为$y=C_1e^{0x}+C_2e^x$，即$y=C_1+C_2e^x$，$y'=C_2e^x$

初始条件为：$y|_{x=0}=0$，$y'|_{x=0}=1$

代入通解，得：$C_1+C_2=0$，$C_2=1$

所以$C_2=1$，$C_1=-1$，$y=-1+e^x$

答案： B

【例 1-7-13】 已知函数$y_1(x)$，$y_2(x)$，$y_3(x)$都是方程$y''(x)+P_1(x)y'(x)+P_2(x)y(x)=Q(x)$（以下称方程①）的特解，其中$P_1$，$P_2$，$Q$为已知非零连续函数，且$\frac{y_1-y_2}{y_2-y_3}\neq$常数，方程①的通解是：

A. $y=C_1y_1+C_2y_2+y_3$　　B. $y=C_1y_1+C_2(y_1-y_3)+y_2$

C. $y=C_1(y_2-y_3)+C_2y_1+y_1$　　D. $y=(C_1+1)y_1+(C_2-C_1)y_2-C_2y_3$

（其中C_1、C_2为常数）

解 验证：y_1-y_2，y_2-y_3是方程①对应的齐次方程的解，如将y_1-y_2代入方程，$(y_1''-y_2'')+P_1(y_1'-y_2')+P_2(y_1-y_2)=y_1''+P_1y_1'+P_2y_1-(y_2''+P_1y_2'+P_2y_2)=Q(x)-Q(x)=0$。

所以y_1-y_2是方程①对应齐次方程的解。

同样验证y_2-y_3也是方程①对应齐次方程的解。

而已知$\frac{y_1-y_2}{y_2-y_3}\neq$常数，所以$y_1-y_2$，$y_2-y_3$是方程①对应齐次方程的两个线性无关的解。可知方程①对应齐次方程的通解为：$y=C_1(y_1-y_2)+C_2(y_2-y_3)$

所以方程①的通解是：$y=C_1(y_1-y_2)+C_2(y_2-y_3)+y_1$

解整理得：$y=(C_1+1)y_1+(C_2-C_1)y_2-C_2y_3$

答案： D

【例 1-7-14】 已知y_0是微分方程$y''+py'+qy=0$的解，y_1是微分方程$y''+py'+qy=f(x)[f(x)\neq 0]$的解，则下列函数中的微分方程$y''+py'+qy=f(x)$的解是：

A. $y=y_0+C_1y_1$（C_1是任意常数）　　B. $y=C_1y_1+C_2y_0$（C_1、C_2是任意常数）

C. $y=y_0+y_1$　　D. $y=2y_1+3y_0$

解 本题考查微分方程解的基本知识。可将选项代入微分方程，满足微分方程的才是解。

已知y_1是微分方程$y''+py'+qy=f(x)[f(x)\neq 0]$的解，即将$y_1$代入后，满足微分方程$y_1''+py_1'+qy_1=f(x)$，但对任意常数$C_1(C_1\neq 1)$，$C_1y_1$得到的解均不满足微分方程，验证如下：

设$y=C_1y_1(C_1\neq 1)$，求导$y'=C_1y_1'$，$y''=C_1y_1''$，并将$y=C_1y_1$代入方程得：

$$C_1y_1''+pC_1y_1'+qC_1y_1=C_1(y_1''+py_1'+qy_1)=C_1f(x)\neq f(x)$$

所以C_1y_1不是微分方程的解。

因而在选项 A、B、D 中，含有常数$C_1(C_1\neq 1)$乘y_1的形式，即C_1y_1这样的解均不满足方程解的条件，所以选项 A、B、D 均不成立。

可验证选项 C 成立，已知$y=y_0+y_1$，$y'=y_0'+y_1'$，$y''=y_0''+y_1''$，代入方程得

$$\begin{aligned}(y_0''+y_1'')+p(y_0'+y_1')+q(y_0+y_1)&=y_0''+py_0'+qy_0+y_1''+py_1'+qy_1\\&=0+f(x)=f(x)\end{aligned}$$

注意：本题只是验证选项中哪一个解是微分方程的解，不是求微分方程的通解。

答案： C

【例 1-7-15】 微分方程$\frac{d^2y}{dx^2}+2y=1$的通解为：

A. $\frac{1}{2}+C_1\cos\sqrt{2}x+C_2\sin\sqrt{2}x$　　B. $\frac{1}{2}+C_1e^{\sqrt{2}x}+C_2e^{-\sqrt{2}x}$

C. $C_1\cos\sqrt{2}x+C_2\sin\sqrt{2}x$　　D. $C_1e^{\sqrt{2}x}+C_2e^{-\sqrt{2}x}$

解　可直接看出$y^*=\frac{1}{2}$是二阶线性非齐次方程的一个特解，

二阶线性齐次方程$\frac{d^2y}{dx^2}+2y=0$的特征方程为：$r^2+2=0$，解得$r_{1,2}=\pm\sqrt{2}i$

故齐次线性方程的通解为$y=C_1\cos\sqrt{2}x+C_2\sin\sqrt{2}x$

原方程的通解为：$y=y^*+y$，即$y=\frac{1}{2}+C_1\cos\sqrt{2}x+C_2\sin\sqrt{2}x$

答案： A

【例 1-7-16】 微分方程$y''-6y'+9y=(x+1)e^{3x}$的待定特解的形式是：

A. $x^2(Ax+B)$　　B. $x^2(x+1)e^{3x}$

C. Axe^{3x}　　D. $x^2(Ax+B)e^{3x}$

解　二阶线性非齐次方程对应的齐次方程的特征方程为$r^2-6r+9=0$，$r_{1,2}=3$。

$f(x)=(x+1)e^{3x}$，$r=3$为对应齐次方程的特征方程的二重根。

故微分方程特解形式为$y^*=x^2(Ax+B)e^{3x}$。

答案： D

习　题

1-7-1　判断下列一阶微分方程中可化为一阶线性方程的是（　　）。

A. $(5-2xy-y^2)dx-(x+y)^2dy=0$　　B. $(x^2+y^2)dx-xydy=0$

C. $(x^2e^y-2y)dy+e^{-y}dx=0$　　D. $dy-e^xdx=-2xydx$

1-7-2　微分方程$y'=\frac{x}{y}+\frac{y}{x}$，$y|_{x=1}=2$的特解为（　　）。

A. $y^2=x^2(2+\ln x)$　　B. $y^2=4\ln x$

C. $y^2=2x^2(2+\ln x)$　　D. $y^2=x^2(4+\ln x)$

1-7-3　若方程$y'+p(x)y=0$的一个特解为$y=\cos 2x$，则该方程满足初始条件$y|_{x=0}=2$的特解为（　　）。

A. $\cos 2x+2$　　B. $\cos 2x+1$　　C. $2\cos x$　　D. $2\cos 2x$

1-7-4　设函数$p(x)$，$q(x)$，$f(x)$都连续，$f(x)\neq 0$，y_1，y_2，y_3都是$y''+p(x)y'+q(x)y=f(x)$的解，则它必定有解（　　）。

A. $y_1+y_2+y_3$　　B. $-y_1-y_2-y_3$

C. $y_1+y_2-y_3$　　D. $y_1-y_2-y_3$

1-7-5　微分方程$(1+x^2)y''=2xy'$满足初始条件$y|_{x=0}=1$，$y'|_{x=0}=3$的特解是（　　）。

A. x^3+3x+2　　B. $9x^3+3x+1$

C. x^3+3x+1　　D. $9x^3+3x+2$

1-7-6　下列函数中不是方程$y''-2y'+y=0$的解的函数是（　　）。

A. x^2e^x　　B. e^x　　C. xe^x　　D. $(x+2)e^x$

1-7-7　已知$r_1=3$，$r_2=-3$是方程$y''+py'+qy=0$（p和q是常数）的特征方程的两个根，则该微分方程是（　　）。

A. $y''+9y'=0$　　B. $y''-9y'=0$　　C. $y''+9y=0$　　D. $y''-9y=0$

1-7-8 函数$y=C_1e^x+C_2e^{-2x}+xe^x$满足的一个微分方程是（ ）。

A.$y''-y'-2y=3xe^x$　　B.$y''-y'-2y=3e^x$

C.$y''+y'-2y=3xe^x$　　D.$y''+y'-2y=3e^x$

第八节 线性代数

一、行列式及其计算

二阶行列式：$\begin{vmatrix} a_{11} & a_{12} \\ a_{21} & a_{22} \end{vmatrix}=a_{11}a_{22}-a_{12}a_{21}$

三阶行列式：$\begin{vmatrix} a_{11} & a_{12} & a_{13} \\ a_{21} & a_{22} & a_{23} \\ a_{31} & a_{32} & a_{33} \end{vmatrix}$

$=a_{11}a_{22}a_{33}+a_{12}a_{23}a_{31}+a_{13}a_{21}a_{32}-a_{11}a_{23}a_{32}-a_{12}a_{21}a_{33}-a_{13}a_{22}a_{31}$

它们有以下特点：

（1）展开式有$n!$项$(n=2,3)$，每项都是n个元素相乘，这n个元素既位于不同的行又位于不同的列。

（2）每项带有正号或负号，当这n个元素所在行按自然顺序排定后，若相应的列号的排列是偶排列时，该项取正号；反之，即其列号的排列是奇排列时，该项取负号。

定义：设有n^2个数a_{ij} $(i,j=1,2,\cdots,n)$，令

$$\begin{vmatrix} a_{11} & a_{12} & \cdots & a_{1n} \\ a_{21} & a_{22} & \cdots & a_{2n} \\ \vdots & \vdots & & \vdots \\ a_{n1} & a_{n2} & \cdots & a_{nn} \end{vmatrix}=\sum_{p_1p_2\cdots p_n}(-1)^t a_{1p_1}a_{2p_2}\cdots a_{np_n}$$

这里$\sum\limits_{p_1p_2\cdots p_n}$对所有$n$阶排列$p_1p_2\cdots p_n$求和，共有$n!$项，叫作一个$n$阶行列式，记作$|\boldsymbol{A}|$，也记作$\det\boldsymbol{A}$。$n$阶行列式中共有$n!$项求和。

特别地，当$n=1$ 时，一阶行列式就是$|a|=a$，注意不要与绝对值符号相混淆；当$n=2$、3 时，与上面的二阶、三阶行列式展开式一致。

（一）行列式的展开定理与推论

1. 定义：将行列式$\boldsymbol{D}_n$中a_{ij}所在的行与列划去，剩下的元素按原顺序排成的低一阶行列式，叫作元素a_{ij}的余子式，记作M_{ij}。称$A_{ij}=(-1)^{i+j}M_{ij}$为元素a_{ij}的代数余子式。

2. 定理：n阶行列式

$$\boldsymbol{D}=\begin{vmatrix} a_{11} & a_{12} & \cdots & a_{1n} \\ a_{21} & a_{22} & \cdots & a_{2n} \\ \vdots & \vdots & & \vdots \\ a_{n1} & a_{n2} & \cdots & a_{nn} \end{vmatrix}$$

的值等于它的任意一行（列）的各元素与其对应代数余子式的乘积的和。

即
$$\begin{aligned} \boldsymbol{D}&=a_{i1}A_{i1}+a_{i2}A_{i2}+\cdots+a_{in}A_{in} \quad (i=1,2,\cdots,n) \\ \boldsymbol{D}&=a_{1j}A_{1j}+a_{2j}A_{2j}+\cdots+a_{nj}A_{nj} \quad (j=1,2,\cdots,n) \end{aligned} \qquad (1\text{-}8\text{-}1)$$

三角行列式$\begin{vmatrix} a_{11} & a_{12} & \cdots & a_{1n} \\ 0 & a_{22} & \cdots & a_{2n} \\ 0 & 0 & \ddots & \vdots \\ 0 & 0 & \cdots & a_{nn} \end{vmatrix}=\begin{vmatrix} a_{11} & 0 & \cdots & 0 \\ a_{21} & a_{22} & \cdots & 0 \\ \vdots & \vdots & \ddots & \vdots \\ a_{n1} & a_{n2} & \cdots & a_{nn} \end{vmatrix}=a_{11}a_{22}\cdots a_{nn}$

3. 推论：n阶行列式$\boldsymbol{D}$的某一行（列）的各元素与另一行（列）对应元素的代数余子式的乘积之和等于零。

即

$$\begin{aligned} a_{i1}A_{j1}+a_{i2}A_{j2}+\cdots+a_{in}A_{jn}=0 \quad (i\neq j;\ i,j=1,2,\cdots,n) \\ a_{1i}A_{1j}+a_{2i}A_{2j}+\cdots+a_{ni}A_{nj}=0 \quad (i\neq j;\ i,j=1,2,\cdots,n) \end{aligned} \tag{1-8-2}$$

（二）行列式的性质

（1）行列式与它的转置行列式相等。

（2）对换行列式的任意两行（列），行列式仅改变符号。

（3）行列式的一行（列）的所有元素同乘以数k，等于该行列式乘以数k［一行（列）元素的公因数可以提到行列式外］。

（4）如果行列式中有两行（列）元素成比例，则行列式为零。

（5）若行列式某一行（列）的各元素是两个数之和，则该行列式等于按此行（列）分成的两个相应行列式的和。

例如 $\begin{vmatrix} a_{11}+a'_{11} & a_{12}+a'_{12} \\ a_{21} & a_{22} \end{vmatrix}=\begin{vmatrix} a_{11} & a_{12} \\ a_{21} & a_{22} \end{vmatrix}+\begin{vmatrix} a'_{11} & a'_{12} \\ a_{21} & a_{22} \end{vmatrix}$

（6）将行列式的某一行（列）的各元素同乘以一个数后加到另一行（列）对应元素上，行列式值不变。

行列式的计算可根据行列式的元素及其排列特点灵活运用性质和展开定理。三、四阶行列式和简单的高阶行列式是重点。

（三）克莱姆法则

设方程组① $\begin{cases} a_{11}x_1+a_{12}x_2+\cdots+a_{1n}x_n=b_1 \\ a_{21}x_1+a_{22}x_2+\cdots+a_{2n}x_n=b_2 \\ \cdots \\ a_{n1}x_1+a_{n2}x_2+\cdots+a_{nn}x_n=b_n \end{cases}$，用矩阵记为$\boldsymbol{Ax}=\boldsymbol{b}$（见“五、线性方程组”）

若线性方程组①的系数行列式$\boldsymbol{D}=|\boldsymbol{A}|\neq 0$，则该方程组有唯一解

$$x_j=\frac{\boldsymbol{D}_j}{\boldsymbol{D}} \quad (j=1,2,\cdots,n)$$

其中$\boldsymbol{D}_j$是将$\boldsymbol{D}$中的第j列用方程组的常数列$\boldsymbol{b}$替换后得到的n阶行列式。

在变量个数较少且$|\boldsymbol{A}|\neq 0$时，可用克莱姆法则求解。（一般解法见“五、线性方程组”）

【例 1-8-1】 解方程$\begin{vmatrix} 1 & 1 & 1 & 1 \\ 1 & x & 2 & 2 \\ 2 & 2 & x & 3 \\ 3 & 3 & 3 & x \end{vmatrix}=0$。

解 由于$\begin{vmatrix} 1 & 1 & 1 & 1 \\ 1 & x & 2 & 2 \\ 2 & 2 & x & 3 \\ 3 & 3 & 3 & x \end{vmatrix}\xlongequal[\substack{-2r_1+r_3 \\ -3r_1+r_4}]{-r_1+r_2}\begin{vmatrix} 1 & 1 & 1 & 1 \\ 0 & x-1 & 1 & 1 \\ 0 & 0 & x-2 & 1 \\ 0 & 0 & 0 & x-3 \end{vmatrix}\xlongequal{\text{三角行列式}}(x-1)(x-2)(x-3)$

所以方程的解为$x=1$，$x=2$，$x=3$［$-3r_1+r_4$表示第 1 行元素乘（-3）加到第 4 行］

【例 1-8-2】 计算行列式$\boldsymbol{D}=\begin{vmatrix} 0 & 3 & 0 & 1 \\ a & d & e & f \\ 0 & 1 & b & 2 \\ 0 & 0 & 0 & c \end{vmatrix}$。

解

$$D\xlongequal{\text{按}r_1\text{展开}}(-1)^{1+2}3\begin{vmatrix}a & e & f\\0 & b & 2\\0 & 0 & c\end{vmatrix}+(-1)^{1+4}\begin{vmatrix}a & d & e\\0 & 1 & b\\0 & 0 & 0\end{vmatrix}\xlongequal{\text{三角行列式}}-3abc$$

或

$$D\xlongequal{\text{按}c_1\text{展开}}(-1)^{2+1}a\begin{vmatrix}3 & 0 & 1\\1 & b & 2\\0 & 0 & c\end{vmatrix}\xlongequal{\text{按}r_3\text{展开}}-ac\begin{vmatrix}3 & 0\\1 & b\end{vmatrix}=-3abc\quad(c_1\text{表示第 1 列})$$

【例 1-8-3】 设$D=\begin{vmatrix}-1 & 5 & 7 & -8\\1 & 1 & 1 & 1\\2 & 0 & -9 & 6\\-3 & 4 & 3 & 7\end{vmatrix}$，则$A_{41}+A_{42}+A_{43}+A_{44}=$:

A. 2　　B. 1　　C. −1　　D. 0

解 **方法 1**：将行列式第 4 行换成（1　1　1　1）

得行列式$D_1=\begin{vmatrix}-1 & 5 & 7 & -8\\1 & 1 & 1 & 1\\2 & 0 & -9 & 6\\1 & 1 & 1 & 1\end{vmatrix}=0$　［行列式性质（4）］

把D_1按第 4 行展开，$D_1=1\cdot A_{41}+1\cdot A_{42}+1\cdot A_{43}+1\cdot A_{44}=0$。

方法 2：D的第二行元素与第四行元素代数余子式乘积之和等于 0。

答案：D

【例 1-8-4】 在函数$f(x)=\begin{vmatrix}2x & 1 & -1\\-x & -x & x\\1 & 2 & x\end{vmatrix}$中$x^3$的系数是:

A. 1　　B. −2　　C. −1　　D. 3

解 将行列式按第一行展开

$$f(x)=2x\begin{vmatrix}-x & x\\2 & x\end{vmatrix}+1\times(-1)^{1+2}\begin{vmatrix}-x & x\\1 & x\end{vmatrix}+(-1)\times(-1)^{1+3}\begin{vmatrix}-x & -x\\1 & 2\end{vmatrix}$$

可以看出，在展开式中含有x^3的项仅有$2x\begin{vmatrix}-x & x\\2 & x\end{vmatrix}=2x(-x^2-2x)=-2x^3-4x^2$，其余均不含$x^3$的项。

所以x^3的系数为−2。

答案：B

【例 1-8-5】 行列式D非零的充分条件是:

A. D的所有元素非零

B. D至少有几个元素非零

C. D的任意两行元素之间不成比例

D. 以D为系数行列式的齐次线性方程组有唯一解

解 **方法 1**（举反例）:

$\begin{vmatrix}1 & 1\\1 & 1\end{vmatrix}=0$，选项 A 错；$\begin{vmatrix}1 & 1\\0 & 0\end{vmatrix}=0$，选项 B 错；$\begin{vmatrix}1 & 1 & 0\\0 & 1 & 1\\0 & 0 & 0\end{vmatrix}=0$，选项 C 错。

方法 2［利用“五、线性方程组”中（一）3 结论（2）］:

A为n阶方阵时，齐次线性方程组$Ax=0$只有零解（有唯一解）的充要条件是$|A|\neq 0$。

选项 D 成立。

答案：D

二、矩阵及其运算

（一）矩阵的概念

由$m \times n$个数$a_{ij}(i = 1,2,\cdots,m;\ j = 1,2,\cdots,n)$排成$m$行$n$列的数表

$$\boldsymbol{A}_{m\times n} = \begin{bmatrix} a_{11} & a_{12} & \cdots & a_{1n} \\ a_{21} & a_{22} & \cdots & a_{2n} \\ \vdots & \vdots & & \vdots \\ a_{m1} & a_{m2} & \cdots & a_{mn} \end{bmatrix} = (a_{ij})_{m\times n}$$

叫作m行n列矩阵，a_{ij}叫作矩阵$\boldsymbol{A}$的第i行第j列元素。

若$m = n$，则$\boldsymbol{A}$为n阶方阵。

只有一行的矩阵称为行矩阵（或行向量），只有一列的矩阵称为列矩阵（或列向量）。

元素都是零的矩阵称为零矩阵，记作$\boldsymbol{0}$。

主对角线上的元素为 1，其他元素全为 0 的n阶方阵，称为n阶单位矩阵，记作$\boldsymbol{E}$，即

$$\boldsymbol{E} = \begin{bmatrix} 1 & & \\ & \ddots & \\ & & 1 \end{bmatrix}$$

除主对角线外，其他元素全部为零的方阵称为对角方阵，记作$\boldsymbol{\Lambda}$，即$\boldsymbol{\Lambda} = \begin{bmatrix} a_{11} & & 0 \\ & \ddots & \\ 0 & & a_{nn} \end{bmatrix}$。

矩阵

$$\begin{bmatrix} a_{11} & \cdots & a_{1n} \\ & \ddots & \vdots \\ 0 & & a_{nn} \end{bmatrix} \text{和} \begin{bmatrix} a_{11} & & 0 \\ \vdots & \ddots & \\ a_{n1} & \cdots & a_{nn} \end{bmatrix}$$

分别称为上三角矩阵和下三角矩阵。

（二）矩阵的运算

1. 矩阵相等

如果两个$m \times n$矩阵$\boldsymbol{A} = (a_{ij})$，$\boldsymbol{B} = (b_{ij})$的对应元素相等，即

$$a_{ij} = b_{ij} \quad (i = 1,2,\cdots,m;\ j = 1,2,\cdots,n)$$

则称矩阵$\boldsymbol{A}$与矩阵$\boldsymbol{B}$相等，记作$\boldsymbol{A} = \boldsymbol{B}$。

2. 矩阵的运算

（1）

$$\boldsymbol{A} \pm \boldsymbol{B} = \begin{bmatrix} a_{11} \pm b_{11} & \cdots & a_{1n} \pm b_{1n} \\ a_{21} \pm b_{21} & \cdots & a_{2n} \pm b_{2n} \\ \vdots & & \vdots \\ a_{m1} \pm b_{m1} & \cdots & a_{mn} \pm b_{mn} \end{bmatrix}$$

设$\boldsymbol{A}$、$\boldsymbol{B}$、$\boldsymbol{C}$均为$m \times n$矩阵，则

$\boldsymbol{A} + \boldsymbol{B} = \boldsymbol{B} + \boldsymbol{A}$

$\boldsymbol{A} + \boldsymbol{B} + \boldsymbol{C} = (\boldsymbol{A} + \boldsymbol{B}) + \boldsymbol{C} = \boldsymbol{A} + (\boldsymbol{B} + \boldsymbol{C})$

（2）设λ为数

$$\lambda \boldsymbol{A} = \begin{bmatrix} \lambda a_{11} & \cdots & \lambda a_{1n} \\ \lambda a_{21} & \cdots & \lambda a_{2n} \\ \vdots & & \vdots \\ \lambda a_{m1} & \cdots & \lambda a_{mn} \end{bmatrix}$$

注意：数乘矩阵是用这个数乘矩阵的每一个元素，而数乘行列式是用这个数乘行列式的某一行（列）的每个元素。

设$\boldsymbol{A}$、$\boldsymbol{B}$均为$m \times n$矩阵，λ、μ为数，则

$\lambda(\boldsymbol{A} + \boldsymbol{B}) = \lambda \boldsymbol{A} + \lambda \boldsymbol{B}$

$(\lambda+\mu)\boldsymbol{A}=\lambda\boldsymbol{A}+\mu\boldsymbol{A}$

（3）
$$\boldsymbol{A}_{m\times n}\boldsymbol{B}_{n\times p}=\begin{bmatrix}a_{11} & \cdots & a_{1n}\\ a_{21} & \cdots & a_{2n}\\ \vdots & & \vdots\\ a_{m1} & \cdots & a_{mn}\end{bmatrix}\begin{bmatrix}b_{11} & \cdots & b_{1p}\\ b_{21} & \cdots & b_{2p}\\ \vdots & & \vdots\\ b_{n1} & \cdots & b_{np}\end{bmatrix}=\begin{bmatrix}c_{11} & \cdots & c_{1p}\\ c_{21} & \cdots & c_{2p}\\ \vdots & & \vdots\\ c_{m1} & \cdots & c_{mp}\end{bmatrix}=\boldsymbol{C}_{m\times p}$$

其中$c_{ij}=a_{i1}b_{1j}+a_{i2}b_{2j}+\cdots+a_{in}b_{nj}(i=1,2,\cdots,m;\ j=1,2,\cdots,p)$。

c_{ij}是左矩阵$\boldsymbol{A}$的第i个行向量与右矩阵$\boldsymbol{B}$的第j个列向量的数量积（内积）。$c_{ij}=0$表示两向量正交（垂直）。

注意：矩阵相乘时，必须满足左矩阵的列数与右矩阵的行数相同。

假设运算均是可行的，则

$(\boldsymbol{AB})\boldsymbol{C}=\boldsymbol{A}(\boldsymbol{BC})$

$\boldsymbol{A}(\boldsymbol{B}+\boldsymbol{C})=\boldsymbol{AB}+\boldsymbol{AC}$

$(\boldsymbol{B}+\boldsymbol{C})\boldsymbol{A}=\boldsymbol{BA}+\boldsymbol{CA}$

$\lambda(\boldsymbol{AB})=(\lambda\boldsymbol{A})\boldsymbol{B}=\boldsymbol{A}(\lambda\boldsymbol{B})$ （λ为数）

$\boldsymbol{AE}=\boldsymbol{A}$，$\boldsymbol{EA}=\boldsymbol{A}$

注意：

①矩阵的乘法不满足交换律，即$\boldsymbol{AB}\neq\boldsymbol{BA}$。

②矩阵乘法不满足消去律，即由$\boldsymbol{AB}=\boldsymbol{AC}$，且$\boldsymbol{A}\neq\boldsymbol{0}$，不能推出$\boldsymbol{B}=\boldsymbol{C}$，只有当$\boldsymbol{A}$为可逆方阵时，由$\boldsymbol{AB}=\boldsymbol{AC}$可推出$\boldsymbol{B}=\boldsymbol{C}$。

③由$\boldsymbol{AB}=\boldsymbol{0}$不能推出$\boldsymbol{A}=\boldsymbol{0}$或$\boldsymbol{B}=\boldsymbol{0}$。例如$\begin{bmatrix}1 & 1\\ -1 & -1\end{bmatrix}\begin{bmatrix}-1 & -1\\ 1 & 1\end{bmatrix}=\begin{bmatrix}0 & 0\\ 0 & 0\end{bmatrix}$。

$\boldsymbol{AB}=\boldsymbol{0}$表示$\boldsymbol{A}$的每个行向量与$\boldsymbol{B}$的每个列向量正交（垂直）。

（4）设$\boldsymbol{A}$是n阶方阵，k个$\boldsymbol{A}$相乘记作$\boldsymbol{A}^k$，称为$\boldsymbol{A}$的k次幂。

$$\boldsymbol{A}^k\boldsymbol{A}^l=\boldsymbol{A}^{k+l},\ (\boldsymbol{A}^k)^l=\boldsymbol{A}^{kl}$$

注意：

①由$\boldsymbol{A}^2=\boldsymbol{A}$不能推出$\boldsymbol{A}=\boldsymbol{0}$或$\boldsymbol{A}=\boldsymbol{E}$，仅当方阵$\boldsymbol{A}$可逆时，可以推出$\boldsymbol{A}=\boldsymbol{E}$；仅当$\boldsymbol{A}-\boldsymbol{E}$可逆时，可以推出$\boldsymbol{A}=\boldsymbol{0}$。

②由$\boldsymbol{A}^2=\boldsymbol{0}$，不能推出$\boldsymbol{A}=\boldsymbol{0}$。例如$\boldsymbol{A}=\begin{bmatrix}1 & -1\\ 1 & -1\end{bmatrix}$，$\boldsymbol{A}^2=\begin{bmatrix}1 & -1\\ 1 & -1\end{bmatrix}\begin{bmatrix}1 & -1\\ 1 & -1\end{bmatrix}=\begin{bmatrix}0 & 0\\ 0 & 0\end{bmatrix}$。

（三）转置矩阵

1. 定义：把矩阵$\boldsymbol{A}$的所有行换成相应的列所得的矩阵，称为矩阵$\boldsymbol{A}$的转置矩阵，记作$\boldsymbol{A}^{\mathrm{T}}$。

若
$$\boldsymbol{A}=\begin{bmatrix}a_{11} & a_{12} & \cdots & a_{1n}\\ a_{21} & a_{22} & \cdots & a_{2n}\\ \vdots & \vdots & & \vdots\\ a_{m1} & a_{m2} & \cdots & a_{mn}\end{bmatrix}$$

则
$$\boldsymbol{A}^{\mathrm{T}}=\begin{bmatrix}a_{11} & a_{21} & \cdots & a_{m1}\\ a_{12} & a_{22} & \cdots & a_{m2}\\ \vdots & \vdots & & \vdots\\ a_{1n} & a_{2n} & \cdots & a_{mn}\end{bmatrix}$$

2. 性质：

$(\boldsymbol{A}^{\mathrm{T}})^{\mathrm{T}}=\boldsymbol{A}$

$(\lambda\boldsymbol{A})^{\mathrm{T}}=\lambda\boldsymbol{A}^{\mathrm{T}}$ （λ为数）

$(\boldsymbol{A}+\boldsymbol{B})^{\mathrm{T}}=\boldsymbol{A}^{\mathrm{T}}+\boldsymbol{B}^{\mathrm{T}}$

$(\boldsymbol{AB})^{\mathrm{T}} = \boldsymbol{B}^{\mathrm{T}}\boldsymbol{A}^{\mathrm{T}}$

$(\boldsymbol{AB}\cdots\boldsymbol{C})^{\mathrm{T}} = \boldsymbol{C}^{\mathrm{T}}\cdots\boldsymbol{B}^{\mathrm{T}}\boldsymbol{A}^{\mathrm{T}}$

3. 定义：若n阶方阵$\boldsymbol{A}$满足$\boldsymbol{A} = \boldsymbol{A}^{\mathrm{T}}$，则称$\boldsymbol{A}$为对称矩阵；若$n$阶方阵满足$\boldsymbol{A} = -\boldsymbol{A}^{\mathrm{T}}$，则称$\boldsymbol{A}$为反对称矩阵。

（四）方阵的行列式

1. 定义：由n阶方阵$\boldsymbol{A}$的元素按原次序组成的行列式叫作方阵$\boldsymbol{A}$的行列式，记作$|\boldsymbol{A}|$或 $\det\boldsymbol{A}$。

①设$\boldsymbol{A}$、$\boldsymbol{B}$是两个n阶方阵，则：$|\boldsymbol{A}^{\mathrm{T}}| = |\boldsymbol{A}|$，$|k\boldsymbol{A}| = k^n|\boldsymbol{A}|$（$k$为数），$|\boldsymbol{AB}| = |\boldsymbol{A}||\boldsymbol{B}|$，$|\boldsymbol{A}^k| = |\boldsymbol{A}|^k$（$k$为正整数）；②设$\boldsymbol{A}$为$m$阶方阵，$\boldsymbol{B}$为$n$阶方阵，则$(m+n)$阶行列式$\begin{vmatrix}\boldsymbol{A} & \boldsymbol{0}\\ \boldsymbol{0} & \boldsymbol{B}\end{vmatrix} = |\boldsymbol{A}||\boldsymbol{B}|$。

2. 定义：若n阶方阵$\boldsymbol{A}$，满足$|\boldsymbol{A}| \neq 0$，则称$\boldsymbol{A}$为非奇异矩阵；如果$|\boldsymbol{A}| = 0$，则称$\boldsymbol{A}$为奇异矩阵。

三、可逆矩阵、矩阵的秩与矩阵的初等变换

（一）可逆矩阵

1. 定义：设$\boldsymbol{A}$为n阶方阵，若存在n阶方阵$\boldsymbol{B}$，使

$$\boldsymbol{AB} = \boldsymbol{BA} = \boldsymbol{E}$$

则称$\boldsymbol{A}$是可逆矩阵，并称$\boldsymbol{B}$为$\boldsymbol{A}$的逆矩阵，记作$\boldsymbol{A}^{-1} = \boldsymbol{B}$。

所以
$$\boldsymbol{AA}^{-1} = \boldsymbol{A}^{-1}\boldsymbol{A} = \boldsymbol{E}$$

方阵$\boldsymbol{A}$的逆矩阵$\boldsymbol{A}^{-1}$若存在，则必唯一。因为若$\boldsymbol{B}$、$\boldsymbol{C}$都是$\boldsymbol{A}$的逆矩阵，则$\boldsymbol{B} = \boldsymbol{BE} = \boldsymbol{BAC} = \boldsymbol{EC} = \boldsymbol{C}$。

2. 结论：设$\boldsymbol{A}$、$\boldsymbol{B}$均为n阶方阵，若$\boldsymbol{AB} = \boldsymbol{E}$或$\boldsymbol{BA} = \boldsymbol{E}$，则$\boldsymbol{A}$、$\boldsymbol{B}$均可逆，且互为逆矩阵，即$\boldsymbol{A}^{-1} = \boldsymbol{B}$，$\boldsymbol{B}^{-1} = \boldsymbol{A}$（利用此结论不仅可验证$n$阶方阵$\boldsymbol{A}$、$\boldsymbol{B}$是否互为逆矩阵，还可证明逆矩阵公式）。

（1）若$\boldsymbol{A}$可逆，则$\boldsymbol{A}^{-1}$亦可逆，且$(\boldsymbol{A}^{-1})^{-1} = \boldsymbol{A}$。

（2）若$\boldsymbol{A}$可逆，数$\lambda \neq 0$，则$\lambda\boldsymbol{A}$可逆，且$(\lambda\boldsymbol{A})^{-1} = \frac{1}{\lambda}\boldsymbol{A}^{-1}$，因为$(\lambda\boldsymbol{A})\left(\frac{1}{\lambda}\boldsymbol{A}^{-1}\right) = \boldsymbol{E}$。

（3）若$\boldsymbol{A}$可逆，则$\boldsymbol{A}^{\mathrm{T}}$亦可逆，且$(\boldsymbol{A}^{\mathrm{T}})^{-1} = (\boldsymbol{A}^{-1})^{\mathrm{T}}$，因为$\boldsymbol{A}^{\mathrm{T}}(\boldsymbol{A}^{-1})^{\mathrm{T}} = (\boldsymbol{A}^{-1}\boldsymbol{A})^{\mathrm{T}} = \boldsymbol{E}^{\mathrm{T}} = \boldsymbol{E}$。

（4）若$\boldsymbol{A}$、$\boldsymbol{B}$为同阶方阵且均可逆，则$\boldsymbol{AB}$亦可逆，且$(\boldsymbol{AB})^{-1} = \boldsymbol{B}^{-1}\boldsymbol{A}^{-1}$，因为$(\boldsymbol{AB})(\boldsymbol{B}^{-1}\boldsymbol{A}^{-1}) = \boldsymbol{AEA}^{-1} = \boldsymbol{E}$。

（5）设$\boldsymbol{A}$为m阶可逆矩阵，$\boldsymbol{B}$为n阶可逆矩阵，则$\begin{bmatrix}\boldsymbol{A} & \boldsymbol{0}\\ \boldsymbol{0} & \boldsymbol{B}\end{bmatrix}^{-1} = \begin{bmatrix}\boldsymbol{A}^{-1} & \boldsymbol{0}\\ \boldsymbol{0} & \boldsymbol{B}^{-1}\end{bmatrix}$，$\begin{bmatrix}\boldsymbol{0} & \boldsymbol{A}\\ \boldsymbol{B} & \boldsymbol{0}\end{bmatrix}^{-1} = \begin{bmatrix}\boldsymbol{0} & \boldsymbol{B}^{-1}\\ \boldsymbol{A}^{-1} & \boldsymbol{0}\end{bmatrix}$。

（6）$|\boldsymbol{A}^{-1}| = \frac{1}{|\boldsymbol{A}|}$。因为$\boldsymbol{AA}^{-1} = \boldsymbol{E}$，$|\boldsymbol{A}|\cdot|\boldsymbol{A}^{-1}| = |\boldsymbol{AA}^{-1}| = |\boldsymbol{E}| = 1$。

3. 定义：设$\boldsymbol{A}$为n阶方阵，如果$\boldsymbol{A}^{\mathrm{T}}\boldsymbol{A} = \boldsymbol{AA}^{\mathrm{T}} = \boldsymbol{E}$，则称$\boldsymbol{A}$为正交矩阵（$\boldsymbol{A}^{\mathrm{T}}$也是正交矩阵）。

①若$\boldsymbol{A}$为正交矩阵，则$\boldsymbol{A}^{-1} = \boldsymbol{A}^{\mathrm{T}}$，$(\boldsymbol{A}^{\mathrm{T}})^{-1} = \boldsymbol{A}$。

②$\boldsymbol{A}$为正交矩阵的充要条件是$\boldsymbol{A}$的行（列）向量是两两正交的单位向量组。

4. 伴随矩阵

定义：
$$\text{设}\boldsymbol{A} = \begin{bmatrix}a_{11} & a_{12} & \cdots & a_{1n}\\ a_{21} & a_{22} & \cdots & a_{2n}\\ \vdots & \vdots & & \vdots\\ a_{n1} & a_{n2} & \cdots & a_{nn}\end{bmatrix}$$

A_{ij}是方阵的行列式$|\boldsymbol{A}|$中元素a_{ij}的代数余子式，则称矩阵$\boldsymbol{A}^* = \begin{bmatrix}A_{11} & A_{21} & \cdots & A_{n1}\\ A_{12} & A_{22} & \cdots & A_{n2}\\ \vdots & \vdots & & \vdots\\ A_{1n} & A_{2n} & \cdots & A_{nn}\end{bmatrix}$为矩阵$\boldsymbol{A}$的伴

随矩阵。注意：元素a_{ij}的代数余子式A_{ij}在$\boldsymbol{A}^*$中的第j行第i列。

结论：

（1）$\boldsymbol{A}\boldsymbol{A}^*=\boldsymbol{A}^*\boldsymbol{A}=|\boldsymbol{A}|\boldsymbol{E}$（由行列式展开定理和推论可得）。

（2）设$\boldsymbol{A}$为n阶方阵，则$|\boldsymbol{A}^*|=|\boldsymbol{A}|^{n-1}$。

（3）方阵$\boldsymbol{A}$可逆（$\boldsymbol{A}^{-1}$存在）的充要条件是$|\boldsymbol{A}|\neq 0$（$\boldsymbol{A}$为非奇异方阵），且

$$\boldsymbol{A}^{-1}=\frac{1}{|\boldsymbol{A}|}\boldsymbol{A}^* \tag{1-8-3}$$

用此式求$\boldsymbol{A}^{-1}$要算一个n阶行列式和n^2个$n-1$阶行列式，计算量较大，后面会介绍简便算法。[见初等变换的应用（4）]

对于二阶矩阵$\boldsymbol{A}=\begin{bmatrix}a & b\\ c & d\end{bmatrix}$，当$|\boldsymbol{A}|=ad-bc\neq 0$时，$\boldsymbol{A}^{-1}=\frac{1}{ad-bc}\begin{bmatrix}d & -b\\ -c & a\end{bmatrix}$。

另外，当$a_{11}a_{22}\cdots a_{nn}\neq 0$时，$\begin{bmatrix}a_{11} & & & \\ & a_{22} & & \\ & & \ddots & \\ & & & a_{nn}\end{bmatrix}^{-1}=\begin{bmatrix}1/a_{11} & & & \\ & 1/a_{22} & & \\ & & \ddots & \\ & & & 1/a_{nn}\end{bmatrix}$。

（4）若$\boldsymbol{A}$可逆，则$\boldsymbol{A}^*=|\boldsymbol{A}|\boldsymbol{A}^{-1}$，$(\boldsymbol{A}^*)^{-1}=\frac{\boldsymbol{A}}{|\boldsymbol{A}|}$。

【例 1-8-6】 设$\boldsymbol{A}$为 4 阶矩阵，且$|\boldsymbol{A}|=2$，则$\left|\frac{1}{2}\boldsymbol{A}\right|$为：

A. $\frac{1}{8}$　　B. 4　　C. 1　　D. 0

解　利用公式$|k\boldsymbol{A}|=k^n|\boldsymbol{A}|$，则$\left|\frac{1}{2}\boldsymbol{A}\right|=\left(\frac{1}{2}\right)^4\cdot|\boldsymbol{A}|=\frac{1}{16}\times 2=\frac{1}{8}$

答案： A

【例 1-8-7】 设$\boldsymbol{A}$为 3 阶方阵，且$|\boldsymbol{A}|=\frac{1}{2}$，则$|(2\boldsymbol{A}^*)^{-1}|=$：

A. $\frac{1}{2}$　　B. $\frac{1}{4}$　　C. 1　　D. 2

解　利用公式$|\boldsymbol{A}^{-1}|=\frac{1}{|\boldsymbol{A}|}$，$|k\boldsymbol{A}|=k^n|\boldsymbol{A}|$，$|\boldsymbol{A}^*|=|\boldsymbol{A}|^{n-1}$，

$$|(2\boldsymbol{A}^*)^{-1}|=\frac{1}{|2\boldsymbol{A}^*|}\xlongequal[\text{行列式}]{|\boldsymbol{A}^*|\text{为三阶}}\frac{1}{8|\boldsymbol{A}^*|}\xlongequal[\text{矩阵}]{\boldsymbol{A}\text{为三阶}}\frac{1}{8}\frac{1}{|\boldsymbol{A}|^{3-1}}=\frac{1}{8}\frac{1}{|\boldsymbol{A}|^2}=\frac{1}{8}\times 4=\frac{1}{2}$$

答案： A

【例 1-8-8】 设$\boldsymbol{A}$、$\boldsymbol{B}$均为三阶矩阵，且行列式$|\boldsymbol{A}|=1$，$|\boldsymbol{B}|=-2$，$\boldsymbol{A}^{\mathrm{T}}$为$\boldsymbol{A}$的转置矩阵，则行列式$\left|-2\boldsymbol{A}^{\mathrm{T}}\boldsymbol{B}^{-1}\right|$等于：

A. −1　　B. 1　　C. −4　　D. 4

解　利用公式$|k\boldsymbol{A}|=k^n|\boldsymbol{A}|$，$|\boldsymbol{A}\boldsymbol{B}|=|\boldsymbol{A}||\boldsymbol{B}|$，$\left|\boldsymbol{A}^{\mathrm{T}}\right|=|\boldsymbol{A}|$，$|\boldsymbol{A}^{-1}|=\frac{1}{|\boldsymbol{A}|}$

$$\left|-2\boldsymbol{A}^{\mathrm{T}}\boldsymbol{B}^{-1}\right|=(-2)^3\left|\boldsymbol{A}^{\mathrm{T}}\boldsymbol{B}^{-1}\right|=(-8)\left|\boldsymbol{A}^{\mathrm{T}}\right|\cdot|\boldsymbol{B}^{-1}|=(-8)|\boldsymbol{A}|\cdot\frac{1}{|\boldsymbol{B}|}=-8\times 1\times\frac{1}{-2}=4$$

答案： D

【例 1-8-9】 设$\boldsymbol{A}$，$\boldsymbol{B}$为三阶方阵，且行列式$|\boldsymbol{A}|=-\frac{1}{2}$，$|\boldsymbol{B}|=2$，$\boldsymbol{A}^*$是$\boldsymbol{A}$的伴随矩阵，则行列式$|2\boldsymbol{A}^*\boldsymbol{B}^{-1}|$等于：

A. 1　　B. −1　　C. 2　　D. −2

解　$|2\boldsymbol{A}^*\boldsymbol{B}^{-1}|=2^3|\boldsymbol{A}^*\boldsymbol{B}^{-1}|=2^3|\boldsymbol{A}^*|\cdot|\boldsymbol{B}^{-1}|=2^3|\boldsymbol{A}|^{3-1}\frac{1}{|\boldsymbol{B}|}=1$

答案： A

【例 1-8-10】 设$\boldsymbol{A}$为 3 阶矩阵，且$|\boldsymbol{A}|=\frac{1}{2}$，则$\left|\frac{3}{2}\boldsymbol{A}^{-1}+7\boldsymbol{A}^*\right|$等于：

A. 10　　B. 125　　C. 500　　D. 250

解 因为$A^{-1}=\frac{1}{|A|}A^*$

$$\left|\frac{3}{2}A^{-1}+7A^*\right|=\left|\frac{3}{2}\frac{1}{|A|}A^*+7A^*\right|=|3A^*+7A^*|=|10A^*|\xlongequal[\text{三阶矩阵}]{A^*\text{为}}10^3|A^*|$$

$$\xlongequal{\text{公式}|A^*|=|A|^{n-1}}10^3|A|^{3-1}=10^3|A|^2=10^3\times\frac{1}{4}=250$$

答案： D

（二）矩阵的秩

1. 定义：在$m\times n$矩阵A中任取k行、k列($k\leqslant\min\{m,n\}$)，位于这些行列交叉处的k^2个元素按其原来的次序构成一个k阶行列数，称为矩阵A的k阶子式。

矩阵A中不为零的子式的最高阶数，称为矩阵A的秩，记为$R(A)$。

规定零矩阵的秩为零，即$R(0)=0$。

（1）矩阵的秩$R(A)\geqslant r$的充分必要条件是A中至少有一个r阶子式不为零。

矩阵的秩$R(A)\leqslant r$的充分必要条件是A中所有$r+1$阶子式全为零。

如果矩阵A中至少有一个r阶子式不为零，而所有$r+1$阶子式全为零，则$R(A)=r$。

（2）当n阶方阵A的秩$R(A)=n$时，称方阵A为满秩阵。

n阶方阵A的秩$R(A)=n$的充分必要条件是$|A|\neq 0$（A为满秩阵的充要条件是A为非奇异矩阵）。

2. 结论：

（1）$R(A)=R(A^T)$。

（2）若A为$m\times n$矩阵，$A\neq 0$，则$0<R(A)\leqslant\min\{m,n\}$。

（3）$R(A+B)\leqslant R(A)+R(B)$。

（4）若$A+B=kE(k\neq 0)$，则$R(A)+R(B)\geqslant n$，其中A、B为n阶方阵。

（5）$R(AB)\leqslant\min[R(A),R(B)]$。

（6）若$AB=0$，则$R(A)+R(B)\leqslant n$，其中A为$m\times n$矩阵，B为$n\times s$矩阵。

（7）若A可逆，则$R(AB)=R(B)$，若B可逆，则$R(AB)=R(A)$。

（8）设A为n阶方阵，A^*为A的伴随矩阵，则

①$R(A)=n\Leftrightarrow R(A^*)=n$

②$R(A)=n-1\Leftrightarrow R(A^*)=1$

③$R(A)\leqslant n-2\Leftrightarrow R(A^*)=0$，即$A^*=0$。

【例 1-8-11】 设A、B是n阶矩阵，且$B\neq 0$，满足$AB=0$，则以下选项中错误的是：

A. $R(A)+R(B)\leqslant n$　　B. $|A|=0$ 或$|B|=0$

C. $0\leqslant R(A)<n$　　D. $A=0$

解 由矩阵乘法运算法则可知，两个非零矩阵之积可以是零矩阵。所以由$AB=0$，得$A=0$是错误的，即选项D错误。$AB=0$表明A的行向量与B的列向量正交（垂直）。正交向量可以是非零向量。

选项A、B、C可由矩阵的秩的性质判定。

若$AB=0$，则$R(A)+R(B)\leqslant n$，选项A正确。

已知$AB=0$，$|AB|=|0|$，$|A||B|=0$，所以$|A|=0$或$|B|=0$，选项B正确。

另外，因$AB=0$，所以$R(A)+R(B)\leqslant n$成立，而$B\neq 0$，所以$1\leqslant R(B)\leqslant n$，$0\leqslant R(A)<n$，选项

C 正确。

答案： D

【例 1-8-12】 设矩阵$\boldsymbol{A}$中有一个$(k-1)$阶子式不为零，且所有$(k+1)$阶子式全为零，则$\boldsymbol{A}$的秩r必为：

A. k　　B. $k-1$　　C. $k+1$　　D. $k-1$或k

解 $\boldsymbol{A}$中所有$(k+1)$阶子式全为零，故$R(\boldsymbol{A})<k+1$，又因为$\boldsymbol{A}$中有一个$(k-1)$阶子式不为零，故$R(\boldsymbol{A})\geqslant k-1$，由此可知，$r=k-1$或$r=k$。

答案： D

【例 1-8-13】 已知矩阵$\boldsymbol{A}=\begin{bmatrix}1&1&2&-2\\1&3&-x&-2x\\1&-1&6&0\end{bmatrix}$的秩为 2，则$x=$：

A. 1　　B. 2　　C. 4　　D. −1

解 $R(\boldsymbol{A})=2$说明矩阵$\boldsymbol{A}$的一切三阶子式都为 0，

故$\begin{vmatrix}1&1&2\\1&3&-x\\1&-1&6\end{vmatrix}=0$

而$\begin{vmatrix}1&1&2\\1&3&-x\\1&-1&6\end{vmatrix}\overset{r_1\times(-1)+r_2}{\underset{r_1\times(-1)+r_3}{=\!=\!=\!=}}\begin{vmatrix}1&1&2\\0&2&-x-2\\0&-2&4\end{vmatrix}=\begin{vmatrix}2&-2-x\\-2&4\end{vmatrix}$

$=8-(4+2x)=4-2x=0$，即$x=2$。

答案： B

（三）矩阵的初等变换、初等矩阵

1. 矩阵的初等变换

（1）对调两行（对调i、j两行，记作$r_i\leftrightarrow r_j$）；

（2）以数$k\neq 0$乘以某一行中所有元素（第i行乘k记作$r_i\times k$）；

（3）把某一行元素的k倍加到另一行对应元素上（第j行的k倍加到第i行上，记作kr_j+r_i）。

以上是矩阵的初等行变换。

如果把其中的“行”换成“列”，即得矩阵的初等列变换（其中记号“r”换成“c”即可）。

矩阵的初等行（列）变换，统称为矩阵的初等变换。

2. 初等矩阵

由单位矩阵$\boldsymbol{E}=\begin{bmatrix}1&0&0&\cdots&0\\0&1&0&\cdots&0\\0&0&1&\cdots&0\\\vdots&\vdots&\vdots&&\vdots\\0&0&0&\cdots&1\end{bmatrix}$经过一次初等变换得到的矩阵称为初等矩阵。

三种初等变换对应着三种初等矩阵。

（1）对调两行或对调两列

交换n阶单位矩阵的第i行（列）和第j行（列）所得初等矩阵，可记作$\boldsymbol{E}(i,j)$。

$$\boldsymbol{E}\xrightarrow[(c_i\leftrightarrow c_j)]{r_i\leftrightarrow r_j}\boldsymbol{E}(i,j)=\begin{bmatrix}1&0&\cdots&0&\cdots&0\\\vdots&\vdots&&\vdots&&\vdots\\0&0&\cdots&1&\cdots&0\\\vdots&\vdots&&\vdots&&\vdots\\0&1&\cdots&0&\cdots&0\\\vdots&\vdots&&\vdots&&\vdots\\0&0&\cdots&0&\cdots&1\end{bmatrix}\begin{matrix}\\\\i\\\\j\\\\\\\end{matrix}$$

（2）以数$k\neq 0$乘某行或某列

把n阶单位矩阵第i行（列）乘以一个非零常数k所得的初等矩阵可记作$\boldsymbol{E}[i(k)]$。

$$\boldsymbol{E}\xrightarrow[kc_i]{kr_i}\boldsymbol{E}[i(k)]=\begin{bmatrix}1&&&&&&\\&\ddots&&&&&\\&&1&&&&\\&&&k&&&\\&&&&1&&\\&&&&&\ddots&\\&&&&&&1\end{bmatrix}i$$

（3）以数k乘某行（列）加到另一行（列）上去

把n阶单位矩阵的第j行（第i列）所有元素乘以k，加到第i行（第j列）所得初等矩阵可记作$\boldsymbol{E}[i,j(k)]$。

$$\boldsymbol{E}\xrightarrow[kc_i+c_j]{kr_j+r_i}\boldsymbol{E}[i,j(k)]=\begin{bmatrix}1&&&&&\\&\ddots&&&&\\&&1&k&&\\&&&\ddots&&\\&&&&1&\\&&&&&\ddots&\\&&&&&&1\end{bmatrix}\begin{matrix}i\\ \\ j\end{matrix}$$

初等矩阵都是可逆的，其逆矩阵仍是初等矩阵，且有

$$[\boldsymbol{E}(i,j)]^{-1}=\boldsymbol{E}(i,j)$$
$$\left[\boldsymbol{E}\left(i(k)\right)\right]^{-1}=\boldsymbol{E}\left[i\left(\frac{1}{k}\right)\right]$$
$$\left[\boldsymbol{E}\left(i,j(k)\right)\right]^{-1}=\boldsymbol{E}[i,j(-k)]$$

3. 结论：

（1）方阵$\boldsymbol{A}$可逆的充要条件是$\boldsymbol{A}$等于若干个初等矩阵的乘积。

（2）矩阵的初等变换与初等矩阵有下面关系：矩阵$\boldsymbol{A}$左乘一个初等矩阵，相当于对矩阵$\boldsymbol{A}$作一次与初等矩阵同类型的初等行变换；矩阵$\boldsymbol{A}$右乘一个初等矩阵，相当于对矩阵$\boldsymbol{A}$作了一次与初等矩阵同类型的初等列变换。设$\boldsymbol{A}$为$m\times n$矩阵，$\boldsymbol{P}$为m阶可逆矩阵，$\boldsymbol{Q}$为n阶可逆矩阵，则$\boldsymbol{PA}$表示对$\boldsymbol{A}$进行若干次初等行变换，$\boldsymbol{AQ}$表示对$\boldsymbol{A}$进行若干次初等列变换。

（3）初等变换不改变矩阵的秩。

设$\boldsymbol{A}$为$m\times n$矩阵，$\boldsymbol{P}$为m阶可逆矩阵，$\boldsymbol{Q}$为n阶可逆矩阵，则$R(\boldsymbol{PAQ})=R(\boldsymbol{PA})=R(\boldsymbol{AQ})=R(\boldsymbol{A})$。

4. 应用

（1）求$R(\boldsymbol{A})$

利用初等行变换求矩阵的秩时，只需把矩阵化为行阶梯形，非零行的个数即为矩阵的秩。

$\boldsymbol{A}\xrightarrow{\text{初等行变换}}\boldsymbol{B}$（行阶梯形矩阵），$R(\boldsymbol{A})=R(\boldsymbol{B})$。

如$\boldsymbol{B}=\begin{bmatrix}1&2&-1&0&2\\0&3&2&2&-1\\0&0&0&-3&1\\0&0&0&0&0\end{bmatrix}$就是行阶梯形矩阵，其特征是：

①可以画出一个阶梯折线，线的左侧、下侧全是0；

②每个阶梯只占一个非零行；

③每个非零行在阶梯线右侧第一个数不为0。

矩阵$\boldsymbol{B}$中，$b_{11}=1$，$b_{22}=3$，$b_{34}=-3$。$\boldsymbol{B}$有3个非零行，$R(\boldsymbol{B})=3$。

【例 1-8-14】已知矩阵$\boldsymbol{A}=\begin{bmatrix}1&0&0\\0&1&2\\0&2&4\end{bmatrix}$，则$\boldsymbol{A}$的秩$R(\boldsymbol{A})$等于：

A. 0　　B. 1　　C. 2　　D. 3

解 $A=\begin{bmatrix}1&0&0\\0&1&2\\0&2&4\end{bmatrix}\xrightarrow{(-2)r_2+r_3}\begin{bmatrix}1&0&0\\0&1&2\\0&0&0\end{bmatrix}$

行阶梯形矩阵的非零行向量的个数为 2，所以$R(\boldsymbol{A})=2$。

答案： C

【例 1-8-15】 设$\boldsymbol{A}=\begin{bmatrix}1&-1&2\\2&1&1\\-1&1&-2\end{bmatrix}$，$\boldsymbol{B}=\begin{bmatrix}2&a&1\\0&3&a\\0&0&-1\end{bmatrix}$，则秩$R(\boldsymbol{AB}-\boldsymbol{A})$等于：

A. 1　　B. 2　　C. 3　　D. 与a的取值有关

解 方法 1：$\boldsymbol{AB}-\boldsymbol{A}=\boldsymbol{AB}-\boldsymbol{AE}=\boldsymbol{A}(\boldsymbol{B}-\boldsymbol{E})$

$$=\begin{bmatrix}1&-1&2\\2&1&1\\-1&1&-2\end{bmatrix}\begin{bmatrix}1&a&1\\0&2&a\\0&0&-2\end{bmatrix}=\begin{bmatrix}1&a-2&-a-3\\2&2a+2&a\\-1&-a+2&a+3\end{bmatrix}\xrightarrow[r_1+r_3]{-2r_1+r_2}$$

$$\begin{bmatrix}1&a-2&-a-3\\0&6&3a+6\\0&0&0\end{bmatrix}(\text{两个非零行})$$

所以$R(\boldsymbol{AB}-\boldsymbol{A})=2$

方法 2：$\boldsymbol{AB}-\boldsymbol{A}=\boldsymbol{A}(\boldsymbol{B}-\boldsymbol{E})$

$\boldsymbol{B}-\boldsymbol{E}=\begin{bmatrix}1&a&1\\0&2&a\\0&0&-2\end{bmatrix}$，$|\boldsymbol{B}-\boldsymbol{E}|\xlongequal{\text{三角行列式}}-4\neq 0$

所以矩阵$\boldsymbol{B}-\boldsymbol{E}$可逆

利用矩阵秩的性质：若$\boldsymbol{A}$可逆，则$R(\boldsymbol{AB})=R(\boldsymbol{B})$

$R[\boldsymbol{A}(\boldsymbol{B}-\boldsymbol{E})]=R(\boldsymbol{A})$

而$\boldsymbol{A}=\begin{bmatrix}1&-1&2\\2&1&1\\-1&1&-2\end{bmatrix}\xrightarrow[r_1+r_3]{-2r_1+r_2}\begin{bmatrix}1&-1&2\\0&3&-3\\0&0&0\end{bmatrix}$

$R(\boldsymbol{A})=2$，所以$R(\boldsymbol{AB}-\boldsymbol{A})=2$

答案： B

（2）求向量组的秩和最大线性无关组（详见“四、向量组的线性相关性”）

$$\boldsymbol{A}\xrightarrow{\text{初等行变换}}\boldsymbol{B}(\text{行阶梯形矩阵})$$

（3）解矩阵方程$\boldsymbol{AX}=\boldsymbol{B}$和$\boldsymbol{XA}=\boldsymbol{B}$

若$\boldsymbol{A}$可逆，$\boldsymbol{A}^{-1}\boldsymbol{AX}=\boldsymbol{A}^{-1}\boldsymbol{B}$，$\boldsymbol{X}=\boldsymbol{A}^{-1}\boldsymbol{B}$。

注意$\boldsymbol{A}^{-1}\boldsymbol{A}=\boldsymbol{E}$与$\boldsymbol{A}^{-1}\boldsymbol{B}=\boldsymbol{X}$表示对$\boldsymbol{A}$与$\boldsymbol{B}$进行了相同的初等行变换，$\boldsymbol{A}$化为$\boldsymbol{E}$时$\boldsymbol{B}$就化为$\boldsymbol{X}$。

$$(\boldsymbol{A}|\boldsymbol{B})\xrightarrow{\text{初等行变换}}(\boldsymbol{E}|\boldsymbol{X})$$

解$\boldsymbol{XA}=\boldsymbol{B}$时，可先化为$\boldsymbol{A}^{\mathrm{T}}\boldsymbol{X}^{\mathrm{T}}=\boldsymbol{B}^{\mathrm{T}}$，$(\boldsymbol{A}^{\mathrm{T}}|\boldsymbol{B}^{\mathrm{T}})\xrightarrow{\text{初等行变换}}(\boldsymbol{E}|\boldsymbol{X}^{\mathrm{T}})$，再求$\boldsymbol{X}$。

【例 1-8-16】 设$\boldsymbol{A}=\begin{bmatrix}2&5\\1&3\end{bmatrix}$，$\boldsymbol{B}=\begin{bmatrix}4&-6\\2&1\end{bmatrix}$，求解矩阵方程$\boldsymbol{AZ}=\boldsymbol{B}$。

解 方法 1：方程两边左乘$\boldsymbol{A}^{-1}$，得$\boldsymbol{Z}=\boldsymbol{A}^{-1}\boldsymbol{B}$

$$\boldsymbol{A}^{-1}=\frac{1}{|\boldsymbol{A}|}\boldsymbol{A}^{*}=\frac{1}{6-5}\begin{bmatrix}3&-5\\-1&2\end{bmatrix}=\begin{bmatrix}3&-5\\-1&2\end{bmatrix}$$

所以 $$\boldsymbol{Z}=\begin{bmatrix}3&-5\\-1&2\end{bmatrix}\begin{bmatrix}4&-6\\2&1\end{bmatrix}=\begin{bmatrix}2&-23\\0&8\end{bmatrix}$$

方法 2：$[\boldsymbol{A}|\boldsymbol{B}]=\left[\begin{array}{cc|cc}2&5&4&-6\\1&3&2&1\end{array}\right]\xrightarrow{r_1\leftrightarrow r_2}\left[\begin{array}{cc|cc}1&3&2&1\\2&5&4&-6\end{array}\right]\xrightarrow{-2r_1+r_2}\left[\begin{array}{cc|cc}1&3&2&1\\0&-1&0&-8\end{array}\right]\xrightarrow[-1\times r_2]{3r_2+r_1}\left[\begin{array}{cc|cc}1&0&2&-23\\0&1&0&8\end{array}\right]$

$$Z=\begin{bmatrix}2 & -23\\ 0 & 8\end{bmatrix}$$

（4）求A^{-1}（解方程$AX=E$）

$$(A|E)\xrightarrow{\text{初等行变换}}(E|A^{-1})$$

【例 1-8-17】已知矩阵$A=\begin{bmatrix}1 & 2 & -1\\ 3 & 4 & -2\\ 5 & -4 & 1\end{bmatrix}$，则$A^{-1}$为：

A. $\begin{bmatrix}-4 & 2 & 0\\ -13 & 6 & -1\\ -32 & 14 & -2\end{bmatrix}$ B. $\begin{bmatrix}-4 & -13 & -32\\ 2 & 6 & 14\\ 0 & -1 & -2\end{bmatrix}$ C. $\begin{bmatrix}-2 & 1 & 0\\ -13 & 3 & -\frac{1}{2}\\ -16 & 7 & -1\end{bmatrix}$ D. $\begin{bmatrix}-2 & 1 & 0\\ -\frac{13}{2} & 3 & -\frac{1}{2}\\ -16 & 7 & -1\end{bmatrix}$

解 方法 1：$A^{-1}=\frac{1}{|A|}A^{*}$

$$|A|=\begin{vmatrix}1 & 2 & -1\\ 3 & 4 & -2\\ 5 & -4 & 1\end{vmatrix}=\begin{vmatrix}1 & 2 & -1\\ 0 & -2 & 1\\ 0 & -14 & 6\end{vmatrix}=2\neq 0$$

$$A^{*}=\begin{bmatrix}-4 & -13 & -32\\ 2 & 6 & 14\\ 0 & -1 & -2\end{bmatrix}^{\mathrm{T}}=\begin{bmatrix}-4 & 2 & 0\\ -13 & 6 & -1\\ -32 & 14 & -2\end{bmatrix},\ A^{-1}=\frac{1}{2}A^{*}=\begin{bmatrix}-2 & 1 & 0\\ -\frac{13}{2} & 3 & -\frac{1}{2}\\ -16 & 7 & -1\end{bmatrix}$$

方法 2：

$$(A|E)=\left[\begin{array}{ccc|ccc}1 & 2 & -1 & 1 & 0 & 0\\ 3 & 4 & -2 & 0 & 1 & 0\\ 5 & -4 & 1 & 0 & 0 & 1\end{array}\right]\xrightarrow[-5r_1+r_3]{-3r_1+r_2}\left[\begin{array}{ccc|ccc}1 & 2 & -1 & 1 & 0 & 0\\ 0 & -2 & 1 & -3 & 1 & 0\\ 0 & -14 & 6 & -5 & 0 & 1\end{array}\right]\xrightarrow{-\frac{1}{2}r_2}$$

$$\left[\begin{array}{ccc|ccc}1 & 2 & -1 & 1 & 0 & 0\\ 0 & 1 & -\frac{1}{2} & \frac{3}{2} & -\frac{1}{2} & 0\\ 0 & -14 & 6 & -5 & 0 & 1\end{array}\right]\xrightarrow[14r_2+r_3]{-2r_2+r_1}$$

$$\left[\begin{array}{ccc|ccc}1 & 0 & 0 & -2 & 1 & 0\\ 0 & 1 & -\frac{1}{2} & \frac{3}{2} & -\frac{1}{2} & 0\\ 0 & 0 & -1 & 16 & -7 & 1\end{array}\right]\xrightarrow[-r_3]{-\frac{1}{2}r_3+r_2}\left[\begin{array}{ccc|ccc}1 & 0 & 0 & -2 & 1 & 0\\ 0 & 1 & 0 & -\frac{13}{2} & 3 & -\frac{1}{2}\\ 0 & 0 & 1 & -16 & 7 & -1\end{array}\right]$$

$$A^{-1}=\begin{bmatrix}-2 & 1 & 0\\ -\frac{13}{2} & 3 & -\frac{1}{2}\\ -16 & 7 & -1\end{bmatrix}$$

方法 3：矩阵A与选项中矩阵相乘，乘积应为单位矩阵。矩阵A乘选项 D 的矩阵得E，那么选项 D 为A的逆矩阵。该方法是选择题比较适用的做题方法。

答案： D

【例 1-8-18】已知矩阵$A=\begin{bmatrix}1 & 2 & -1\\ 3 & 4 & -2\\ 5 & -4 & 1\end{bmatrix}$，且$A^2-AB=E$，则矩阵$B$为：

A. $\begin{bmatrix}3 & 1 & -1\\ \frac{19}{2} & 1 & -\frac{3}{2}\\ 21 & -11 & 2\end{bmatrix}$ B. $\begin{bmatrix}3 & 1 & -1\\ 4 & \frac{3}{2} & -3\\ 21 & -11 & 2\end{bmatrix}$ C. $\begin{bmatrix}2 & 1 & -1\\ \frac{19}{2} & 1 & -\frac{3}{2}\\ 21 & -11 & 2\end{bmatrix}$ D. $\begin{bmatrix}3 & 1 & -1\\ \frac{19}{2} & 1 & -\frac{3}{2}\\ 12 & -11 & 2\end{bmatrix}$

解 因为$A^2-AB=E$，$A(A-B)=E$，所以A与$(A-B)$互为逆阵，$A-B=A^{-1}$，由上例，

$$A^{-1}=\begin{bmatrix}-2 & 1 & 0\\ -\frac{13}{2} & 3 & -\frac{1}{2}\\ -16 & 7 & -1\end{bmatrix}$$

$$B = A - A^{-1} = \begin{bmatrix} 1 & 2 & -1 \\ 3 & 4 & -2 \\ 5 & -4 & 1 \end{bmatrix} - \begin{bmatrix} -2 & 1 & 0 \\ -\frac{13}{2} & 3 & -\frac{1}{2} \\ -16 & 7 & -1 \end{bmatrix} = \begin{bmatrix} 3 & 1 & -1 \\ \frac{19}{2} & 1 & -\frac{3}{2} \\ 21 & -11 & 2 \end{bmatrix}$$

答案： A

（5）解方程组$\boldsymbol{Ax} = \mathbf{0}$和$\boldsymbol{Ax} = \boldsymbol{b}\quad(\boldsymbol{b} \neq \mathbf{0})$（详见“五、线性方程组”）

（四）等价矩阵与矩阵的标准形

1. 定义：如果矩阵$\boldsymbol{A}$经有限次初等变换变成矩阵$\boldsymbol{B}$，就称矩阵$\boldsymbol{A}$与$\boldsymbol{B}$等价，记作$\boldsymbol{A} \cong \boldsymbol{B}$。或设$\boldsymbol{A}$、$\boldsymbol{B}$均为$m \times n$矩阵，$\boldsymbol{P}$为$m$阶可逆矩阵，$\boldsymbol{Q}$为$n$阶可逆矩阵，若$\boldsymbol{PAQ} = \boldsymbol{B}$或$\boldsymbol{PA} = \boldsymbol{B}$或$\boldsymbol{AQ} = \boldsymbol{B}$，则称矩阵$\boldsymbol{A}$与矩阵$\boldsymbol{B}$等价。

矩阵之间的等价关系具有下列性质：

（1）反身性：$\boldsymbol{A} \cong \boldsymbol{A}$；

（2）对称性：若$\boldsymbol{A} \cong \boldsymbol{B}$，则$\boldsymbol{B} \cong \boldsymbol{A}$；

（3）传递性：若$\boldsymbol{A} \cong \boldsymbol{B}$，$\boldsymbol{B} \cong \boldsymbol{C}$，则$\boldsymbol{A} \cong \boldsymbol{C}$。

（4）若$\boldsymbol{A} \cong \boldsymbol{B}$，则$R(\boldsymbol{A}) = R(\boldsymbol{B})$。

2. 定义：形如$\begin{bmatrix} \boldsymbol{E}_{\mathrm{r}} & \mathbf{0} \\ \mathbf{0} & \mathbf{0} \end{bmatrix}$的矩阵，称为矩阵的标准形，其中$\boldsymbol{E}_{\mathrm{r}} = \begin{bmatrix} 1 & & \\ & \ddots & \\ & & 1 \end{bmatrix}$为$r$阶单位矩阵。矩阵标准形中单位矩阵$\boldsymbol{E}_{\mathrm{r}}$的阶数$r$为矩阵的秩。

结论：

（1）任何矩阵都可经过一系列的初等行、列变换化为标准形，所以矩阵与它的标准形等价。

（2）每个非零矩阵都有唯一的等价标准形。

（3）有相同标准形的矩阵是等价的。

（4）n阶方阵$\boldsymbol{A}$可逆的充要条件是$\boldsymbol{A} \cong \boldsymbol{E}$。

四、向量组的线性相关性

（一）n维向量

1. 定义：由n个数组成的有序数组$(a_1, a_2, \cdots, a_n)$，称为n维向量，称$\boldsymbol{\alpha} = (a_1, a_2, \cdots, a_n)$为$n$维行向量，$\boldsymbol{\alpha}^{\mathrm{T}} = \begin{bmatrix} a_1 \\ a_2 \\ \vdots \\ a_n \end{bmatrix}$为$n$维列向量。其中$a_i$称作$\boldsymbol{\alpha}$的第$i$个坐标（分量）$(i = 1,2,\cdots,n)$。

分量全为实数的向量称为实向量。我们只讨论实向量。

分量全为 0 的向量称为零向量，记作$\mathbf{0}$，即$\mathbf{0} = (0,0,\cdots,0)$

向量$-\boldsymbol{\alpha} = (-a_1, -a_2, \cdots, -a_n)$，称为$\boldsymbol{\alpha}$的负向量。

2. 运算：设$\boldsymbol{\alpha} = (a_1, a_2, \cdots, a_n)$，$\boldsymbol{\beta} = (b_1, b_2, \cdots, b_n)$

当$a_i = b_i(i = 1,2,\cdots,n)$时，称$\boldsymbol{\alpha}$与$\boldsymbol{\beta}$相等，记作$\boldsymbol{\alpha} = \boldsymbol{\beta}$。

向量加法定义：

$$\boldsymbol{\alpha} + \boldsymbol{\beta} = (a_1 + b_1, a_2 + b_2, \cdots, a_n + b_n)$$

向量减法定义：

$$\boldsymbol{\alpha} - \boldsymbol{\beta} = \boldsymbol{\alpha} + (-\boldsymbol{\beta}) = (a_1 - b_1, a_2 - b_2, \cdots, a_n - b_n)$$

数与向量$\boldsymbol{\alpha}$乘积定义：k为实数，则$k\boldsymbol{\alpha}=(k\alpha_1,k\alpha_2,\cdots,k\alpha_n)$

n维向量的加法和数乘运算满足下面性质（设$\boldsymbol{\alpha}$、$\boldsymbol{\beta}$、$\boldsymbol{\gamma}$为n维向量，k、l为实数）。

（1）$\boldsymbol{\alpha}+\boldsymbol{\beta}=\boldsymbol{\beta}+\boldsymbol{\alpha}$;

（2）$(\boldsymbol{\alpha}+\boldsymbol{\beta})+\boldsymbol{\gamma}=\boldsymbol{\alpha}+(\boldsymbol{\beta}+\boldsymbol{\gamma})$;

（3）$\boldsymbol{\alpha}+\boldsymbol{0}=\boldsymbol{\alpha}$;

（4）$\boldsymbol{\alpha}+(-\boldsymbol{\alpha})=\boldsymbol{0}$;

（5）$k(\boldsymbol{\alpha}+\boldsymbol{\beta})=k\boldsymbol{\alpha}+k\boldsymbol{\beta}$;

（6）$(k+l)\boldsymbol{\alpha}=k\boldsymbol{\alpha}+l\boldsymbol{\alpha}$。

（二）向量的线性表示

定义：设$\boldsymbol{\alpha}_1$，$\boldsymbol{\alpha}_2$，…，$\boldsymbol{\alpha}_s$，$\boldsymbol{\beta}$均为n维向量，若存在一组数k_1，k_2，…，k_s，使得$\boldsymbol{\beta}=k_1\boldsymbol{\alpha}_1+k_2\boldsymbol{\alpha}_2+\cdots+k_s\boldsymbol{\alpha}_s$，则称向量$\boldsymbol{\beta}$是向量组$\boldsymbol{\alpha}_1$，$\boldsymbol{\alpha}_2$，…，$\boldsymbol{\alpha}_s$的一个线性组合，也称向量$\boldsymbol{\beta}$可由向量组$\boldsymbol{\alpha}_1$，$\boldsymbol{\alpha}_2$，…，$\boldsymbol{\alpha}_s$线性表示。

说明：$\boldsymbol{\beta}$可由$\boldsymbol{\alpha}_1$，$\boldsymbol{\alpha}_2$，…，$\boldsymbol{\alpha}_s$线性表示与方程组$x_1\boldsymbol{\alpha}_1+x_2\boldsymbol{\alpha}_2+\cdots+x_s\boldsymbol{\alpha}_s=\boldsymbol{\beta}$有解一致。

（三）向量组的线性相关性

1. 定义：对于m个n维向量$\boldsymbol{\alpha}_1$，$\boldsymbol{\alpha}_2$，…，$\boldsymbol{\alpha}_m$，若存在不全为零的m个数k_1，k_2，…，k_m，使得

$$k_1\boldsymbol{\alpha}_1+k_2\boldsymbol{\alpha}_2+\cdots+k_m\boldsymbol{\alpha}_m=\boldsymbol{0}$$

则称这m个向量线性相关；否则，称它们线性无关。

说明：$\boldsymbol{\alpha}_1$，$\boldsymbol{\alpha}_2$，…，$\boldsymbol{\alpha}_m$线性相关与齐次线性方程组$x_1\boldsymbol{\alpha}_1+x_2\boldsymbol{\alpha}_2+\cdots+x_m\boldsymbol{\alpha}_m=\boldsymbol{0}$有非零解一致。$\boldsymbol{\alpha}_1$，$\boldsymbol{\alpha}_2$，…，$\boldsymbol{\alpha}_m$线性无关与齐次线性方程组$x_1\boldsymbol{\alpha}_1+x_2\boldsymbol{\alpha}_2+\cdots+x_m\boldsymbol{\alpha}_m=\boldsymbol{0}$只有零解一致。

2. 结论：

（1）单独一个零向量线性相关；

（2）含有零向量的向量组线性相关；

（3）单独一个非零向量线性无关；

（4）n个n维标准单位向量$\boldsymbol{\varepsilon}_1=(1,0,0,\cdots,0)$，$\boldsymbol{\varepsilon}_2=(0,1,0,\cdots,0)$，…，$\boldsymbol{\varepsilon}_n=(0,\cdots,0,1)$线性无关。

3. 判别向量组的线性相关性还有下面几个重要定理：

（1）若$\boldsymbol{\alpha}_1$，$\boldsymbol{\alpha}_2$，…，$\boldsymbol{\alpha}_s$线性无关，而$\boldsymbol{\alpha}_1$，$\boldsymbol{\alpha}_2$，…，$\boldsymbol{\alpha}_s$，$\boldsymbol{\beta}$线性相关，则$\boldsymbol{\beta}$可由$\boldsymbol{\alpha}_1$，$\boldsymbol{\alpha}_2$，…，$\boldsymbol{\alpha}_s$线性表示，且表示法唯一。

（2）如果一个向量组中有一部分向量线性相关，那么这个向量组线性相关。（相关组增加向量还相关）

（3）如果一个向量组线性无关，那么它的任何一部分向量组也线性无关。（无关组减少向量还无关）

（4）如果向量组$\boldsymbol{\alpha}_i=(a_{1i},a_{2i},a_{3i},\cdots,a_{ji})$，$i=1$，2，…，$s$，线性无关，那么在每一个向量上添一个分量所得到的向量组$\boldsymbol{\beta}_i=(a_{1i},a_{2i},a_{3i},\cdots,a_{ji},a_{(j+1)i})$，$i=1$，2，…，$s$，也线性无关。

（5）$n+1$个n维向量线性相关。（推广：m个n维向量$\boldsymbol{\alpha}_1$，$\boldsymbol{\alpha}_2$，…，$\boldsymbol{\alpha}_m$，当$m>n$时，$\boldsymbol{\alpha}_1$，$\boldsymbol{\alpha}_2$，…，$\boldsymbol{\alpha}_m$线性相关。）

（6）向量组$\boldsymbol{\alpha}_1$，$\boldsymbol{\alpha}_2$，…，$\boldsymbol{\alpha}_s(s\geqslant 2)$线性相关的充要条件是其中至少有一个向量可由其余向量线性表示。

向量组$\boldsymbol{\alpha}_1$，$\boldsymbol{\alpha}_2\cdots\boldsymbol{\alpha}_s(s\geqslant 2)$线性无关的充要条件是向量组中任一向量都不能由其余向量线性表示。

（7）n个n维向量$\boldsymbol{\alpha}_i=(a_{i1},a_{i2},\cdots,a_{in})$，$i=1,2,\cdots,n$，线性无关的充要条件是行列式

$$\begin{vmatrix} a_{11} & a_{12} & \cdots & a_{1n} \\ \vdots & \vdots & & \vdots \\ a_{n1} & a_{n2} & \cdots & a_{nn} \end{vmatrix} \neq 0$$

（8）n个n维向量$\boldsymbol{\alpha}_i=(a_{i1},a_{i2},\cdots,a_{in})$，$i=1,2,\cdots,n$，线性相关的充要条件是行列式

$$\begin{vmatrix} a_{11} & a_{12} & \cdots & a_{1n} \\ \vdots & \vdots & & \vdots \\ a_{n1} & a_{n2} & \cdots & a_{nn} \end{vmatrix} = 0$$

（9）设$\boldsymbol{A}$为$m\times n$矩阵，则

①m个n维行向量线性相关的充要条件是$R(\boldsymbol{A})<m$，n个m维列向量线性相关的充要条件是$R(\boldsymbol{A})<n$。

②m个n维行向量线性无关的充要条件是$R(\boldsymbol{A})=m$，n个m维列向量线性无关的充要条件是$R(\boldsymbol{A})=n$。

【例 1-8-19】 设$\boldsymbol{\beta}=(0,k,k^2)$能由$\boldsymbol{\alpha}_1=(1+k,1,1)$，$\boldsymbol{\alpha}_2=(1,1+k,1)$，$\boldsymbol{\alpha}_3=(1,1,1+k)$唯一线性表示，则$k$的取值为：

A. $k\neq 0$　　B. $k=0$或 1　　C. $k\neq 1$　　D. $k\neq 0$，-3

解 $\boldsymbol{\beta}$可由$\boldsymbol{\alpha}_1$，$\boldsymbol{\alpha}_2$，$\boldsymbol{\alpha}_3$唯一线性表示，即仅存在一组数x_1，x_2，x_3使$x_1\boldsymbol{\alpha}_1+x_2\boldsymbol{\alpha}_2+x_3\boldsymbol{\alpha}_3=\boldsymbol{\beta}$，即方程组$(\boldsymbol{\alpha}_1^{\mathrm{T}},\boldsymbol{\alpha}_2^{\mathrm{T}},\boldsymbol{\alpha}_3^{\mathrm{T}})\begin{bmatrix} x_1 \\ x_2 \\ x_3 \end{bmatrix}=\boldsymbol{\beta}^{\mathrm{T}}$有唯一解。那么系数行列式

$$|\boldsymbol{\alpha}_1^{\mathrm{T}},\boldsymbol{\alpha}_2^{\mathrm{T}},\boldsymbol{\alpha}_3^{\mathrm{T}}|=\begin{vmatrix} 1+k & 1 & 1 \\ 1 & 1+k & 1 \\ 1 & 1 & 1+k \end{vmatrix} \xlongequal[c_3+c_1]{c_2+c_1} \begin{vmatrix} 3+k & 1 & 1 \\ 3+k & 1+k & 1 \\ 3+k & 1 & 1+k \end{vmatrix} \xlongequal[-r_1+r_3]{-r_1+r_2} \begin{vmatrix} 3+k & 1 & 1 \\ 0 & k & 0 \\ 0 & 0 & k \end{vmatrix}$$
$$=k^2(3+k)\neq 0$$

即$k\neq 0$，-3。

答案： D

【例 1-8-20】 若向量组$\boldsymbol{\alpha}$、$\boldsymbol{\beta}$、$\boldsymbol{\gamma}_1$线性无关，$\boldsymbol{\alpha}$、$\boldsymbol{\beta}$、$\boldsymbol{\gamma}_2$线性相关，则：

A. $\boldsymbol{\alpha}$必可由向量组$\boldsymbol{\beta}$，$\boldsymbol{\gamma}_1$，$\boldsymbol{\gamma}_2$线性表示

B. $\boldsymbol{\beta}$必不可由$\boldsymbol{\alpha}$，$\boldsymbol{\gamma}_1$，$\boldsymbol{\gamma}_2$线性表示

C. $\boldsymbol{\gamma}_2$必可由$\boldsymbol{\alpha}$，$\boldsymbol{\beta}$，$\boldsymbol{\gamma}_1$线性表示

D. $\boldsymbol{\gamma}_2$必不可由$\boldsymbol{\alpha}$，$\boldsymbol{\beta}$，$\boldsymbol{\gamma}_1$线性表示

解 因为$\boldsymbol{\alpha}$、$\boldsymbol{\beta}$、$\boldsymbol{\gamma}_1$线性无关，所以$\boldsymbol{\alpha}$，$\boldsymbol{\beta}$线性无关［定理（3）］，而$\boldsymbol{\alpha}$、$\boldsymbol{\beta}$、$\boldsymbol{\gamma}_2$线性相关，故$\boldsymbol{\gamma}_2$必可由$\boldsymbol{\alpha}$，$\boldsymbol{\beta}$线性表示［定理（1）］，从而$\boldsymbol{\gamma}_2$必可由$\boldsymbol{\alpha}$、$\boldsymbol{\beta}$、$\boldsymbol{\gamma}_1$线性表示($\boldsymbol{\gamma}_2=k_1\boldsymbol{\alpha}+k_2\boldsymbol{\beta}=k_1\boldsymbol{\alpha}+k_2\boldsymbol{\beta}+0\cdot\boldsymbol{\gamma}_1$)。

答案： C

【例 1-8-21】 设$\boldsymbol{\alpha}$，$\boldsymbol{\beta}$，$\boldsymbol{\gamma}$，$\boldsymbol{\delta}$是n维向量，已知$\boldsymbol{\alpha}$，$\boldsymbol{\beta}$线性无关，$\boldsymbol{\gamma}$可以由$\boldsymbol{\alpha}$，$\boldsymbol{\beta}$线性表示，$\boldsymbol{\delta}$不能由$\boldsymbol{\alpha}$，$\boldsymbol{\beta}$线性表示，则以下选项中正确的是：

A. $\boldsymbol{\alpha}$，$\boldsymbol{\beta}$，$\boldsymbol{\gamma}$，$\boldsymbol{\delta}$线性无关　　B. $\boldsymbol{\alpha}$，$\boldsymbol{\beta}$，$\boldsymbol{\gamma}$线性无关

C. $\boldsymbol{\alpha}$，$\boldsymbol{\beta}$，$\boldsymbol{\delta}$线性相关　　D. $\boldsymbol{\alpha}$，$\boldsymbol{\beta}$，$\boldsymbol{\delta}$线性无关

解 已知$\boldsymbol{\gamma}$可以由$\boldsymbol{\alpha}$，$\boldsymbol{\beta}$线性表示，根据“3”定理（6）可推出$\boldsymbol{\alpha}$、$\boldsymbol{\beta}$、$\boldsymbol{\gamma}$线性相关，所以选项 B 错误。用定理（2），由$\boldsymbol{\alpha}$，$\boldsymbol{\beta}$，$\boldsymbol{\gamma}$相关，推出$\boldsymbol{\alpha}$，$\boldsymbol{\beta}$，$\boldsymbol{\gamma}$，$\boldsymbol{\delta}$也相关，所以选项 A 错误。

选项 C 可用反证法证明它是错误的。假设$\boldsymbol{\alpha}$，$\boldsymbol{\beta}$，$\boldsymbol{\delta}$线性相关，已知$\boldsymbol{\alpha}$，$\boldsymbol{\beta}$线性无关，根据定理（1），$\boldsymbol{\delta}$可由$\boldsymbol{\alpha}$，$\boldsymbol{\beta}$线性表示，与已知$\boldsymbol{\delta}$不能由$\boldsymbol{\alpha}\boldsymbol{\beta}$线性表示矛盾，所以$\boldsymbol{\alpha}$，$\boldsymbol{\beta}$，$\boldsymbol{\delta}$线性无关，选项 C 错误。

注意： 不相关就无关，不无关就相关。在选项 C、D 中必有一个对，一个错。

答案： D

（四）最大线性无关组

定义（1）：设有两个向量组，$\boldsymbol{A}$：$\boldsymbol{\alpha}_1$，$\boldsymbol{\alpha}_2$，$\cdots$，$\boldsymbol{\alpha}_s$，$\boldsymbol{B}$：$\boldsymbol{\beta}_1$，$\boldsymbol{\beta}_2$，$\cdots$，$\boldsymbol{\beta}_t$，如果向量组$\boldsymbol{A}$中每个向量都能由向量组$\boldsymbol{B}$线性表示，则称向量组$\boldsymbol{A}$能由向量组$\boldsymbol{B}$线性表示。

定义（2）：如果向量组$\boldsymbol{A}$能由向量组$\boldsymbol{B}$线性表示，且向量组$\boldsymbol{B}$也能由向量组$\boldsymbol{A}$线性表示，则称两个向量组等价，记作$\boldsymbol{A} \cong \boldsymbol{B}$。

注意这里的$\boldsymbol{A}$、$\boldsymbol{B}$不是矩阵，是向量组。$\boldsymbol{A}$组与$\boldsymbol{B}$组等价，向量维数必须相同，但向量个数可以不同。矩阵$\boldsymbol{A}$、$\boldsymbol{B}$等价时，行数相同，列数相同。

1. 向量组等价性质

（1）反身性：$\boldsymbol{A} \cong \boldsymbol{A}$。

（2）对称性：若$\boldsymbol{A} \cong \boldsymbol{B}$，则$\boldsymbol{B} \cong \boldsymbol{A}$。

（3）传递性：若$\boldsymbol{A} \cong \boldsymbol{B}$，$\boldsymbol{B} \cong \boldsymbol{C}$，则$\boldsymbol{A} \cong \boldsymbol{C}$。

2. 定义：设有向量组$\boldsymbol{A}$：$\boldsymbol{\alpha}_1$，$\boldsymbol{\alpha}_2$，$\cdots$，$\boldsymbol{\alpha}_s$，而向量组$\boldsymbol{B}$：$\boldsymbol{\alpha}_{i1}$，$\boldsymbol{\alpha}_{i2}$，$\cdots$，$\boldsymbol{\alpha}_{ir}(r \leqslant s)$是向量组$\boldsymbol{A}$的一个部分向量组。如果：①向量组$\boldsymbol{B}$线性无关；②向量组$\boldsymbol{A}$中的每一个向量都可由向量组$\boldsymbol{B}$线性表示，则称向量组$\boldsymbol{B}$是向量组$\boldsymbol{A}$的一个最（极）大线性无关组。

由定义可知，向量组的一个最大线性无关组与向量组本身是等价的。

一般地，向量组的最大线性无关组不是唯一的。一个向量组的任意两个极大线性无关组可以互相线性表示，因此它们是等价的。两个等价的线性无关的向量组各自所含的向量的个数必定相等。因而一个向量组的最大线性无关向量组所含向量的个数是个不变数，它由向量组本身确定。

（五）向量组的秩

1. 定义：向量组的最大线性无关组中所含向量的个数，称为向量组的秩。

结论：

（1）设向量组$\boldsymbol{A}$的秩为r_1，向量组$\boldsymbol{B}$的秩为r_2，若向量组$\boldsymbol{A}$可以由向量组$\boldsymbol{B}$线性表示，则$r_1 \leqslant r_2$。若向量组$\boldsymbol{B}$可以由向量组$\boldsymbol{A}$线性表示，则$r_2 \leqslant r_1$。

（2）等价向量组有相同的秩。

2. 定义：设$\boldsymbol{A}$是$m \times n$矩阵，将矩阵的每个行看作行向量，矩阵的m个行向量构成一个向量组，该向量组的秩称为矩阵的行秩。

将矩阵的每个列看作列向量，矩阵的n个列向量构成一个向量组，该向量组的秩称为矩阵的列秩。

定理：矩阵的行秩=矩阵的列秩=矩阵的秩。

3. 求向量组的秩和最大线性无关组的步骤：

（1）当$\boldsymbol{\alpha}_1$，$\boldsymbol{\alpha}_1$，$\cdots$，$\boldsymbol{\alpha}_m$是列向量时，记矩阵$\boldsymbol{A} = (\boldsymbol{\alpha}_1, \boldsymbol{\alpha}_1, \cdots, \boldsymbol{\alpha}_m)$；当$\boldsymbol{\alpha}_1$，$\boldsymbol{\alpha}_1$，$\cdots$，$\boldsymbol{\alpha}_m$是行向量时，记矩阵$\boldsymbol{A} = \left(\boldsymbol{\alpha}_1^{\mathrm{T}}, \boldsymbol{\alpha}_2^{\mathrm{T}}, \cdots, \boldsymbol{\alpha}_m^{\mathrm{T}}\right)^{\mathrm{T}}$。

（2）$\boldsymbol{A} \xrightarrow{\text{初等行变换}} \boldsymbol{B}$（行阶梯形矩阵），向量组的秩$r = R(\boldsymbol{A}) = R(\boldsymbol{B}) = \boldsymbol{B}$中非零行的行数。

（3）在矩阵$\boldsymbol{B}$的r个阶梯上各取一个非零的数（分布在不同的r列上），它们在矩阵$\boldsymbol{A}$上对应的r个列向量构成最大线性无关组。

【例 1-8-22】已知向量组$\boldsymbol{\alpha}_1 = (3,2,-5)^{\mathrm{T}}$，$\boldsymbol{\alpha}_2 = (3,-1,3)^{\mathrm{T}}$，$\boldsymbol{\alpha}_3 = \left(1,-\frac{1}{3},1\right)^{\mathrm{T}}$，$\boldsymbol{\alpha}_4 = (6,-2,6)^{\mathrm{T}}$，则该向量组的一个极大线性无关组是：

A. $\boldsymbol{\alpha}_2$，$\boldsymbol{\alpha}_4$　　B. $\boldsymbol{\alpha}_3$，$\boldsymbol{\alpha}_4$　　C. $\boldsymbol{\alpha}_1$，$\boldsymbol{\alpha}_2$　　D. $\boldsymbol{\alpha}_2$，$\boldsymbol{\alpha}_3$

解　$\boldsymbol{\alpha}_1$、$\boldsymbol{\alpha}_2$、$\boldsymbol{\alpha}_3$、$\boldsymbol{\alpha}_4$为列向量作矩阵$\boldsymbol{A}$，进行初等行变换。

$$A=\begin{bmatrix}3&3&1&6\\2&-1&-\frac{1}{3}&-2\\-5&3&1&6\end{bmatrix}\xrightarrow{-r_1+r_3}\begin{bmatrix}3&3&1&6\\2&-1&-\frac{1}{3}&-2\\-8&0&0&0\end{bmatrix}\xrightarrow[\text{(第 3 行只有一个数非零)}]{-\frac{1}{8}r_3}$$

$$\begin{bmatrix}3&3&1&6\\2&-1&-\frac{1}{3}&-2\\1&0&0&0\end{bmatrix}\xrightarrow[(-2)r_3+r_2]{(-3)r_3+r_1}\begin{bmatrix}0&3&1&6\\0&-1&-\frac{1}{3}&-2\\1&0&0&0\end{bmatrix}\xrightarrow{3r_2+r_1}$$

$$\begin{bmatrix}0&0&0&0\\0&-1&-\frac{1}{3}&-2\\1&0&0&0\end{bmatrix}\xrightarrow{r_1\leftrightarrow r_3}\begin{bmatrix}1&0&0&0\\0&-1&-\frac{1}{3}&-2\\0&0&0&0\end{bmatrix}=B$$

（说明：利用第二个矩阵第三行的特点，可不经计算直接写出第四个矩阵。）

注意：$b_{11}=1$与$b_{22}=-1$不为 0，又不同行、不同列，$b_{11}=1$与$b_{23}=-\frac{1}{3}$不为 0，又不同行、不同列，$b_{11}=1$与$b_{24}=-2$不为 0，又不同行、不同列。

极大无关组可取$\boldsymbol{\alpha}_1$、$\boldsymbol{\alpha}_2$或$\boldsymbol{\alpha}_1$、$\boldsymbol{\alpha}_3$或$\boldsymbol{\alpha}_1$、$\boldsymbol{\alpha}_4$。（说明：直接观察$\boldsymbol{\alpha}_2$、$\boldsymbol{\alpha}_3$、$\boldsymbol{\alpha}_4$成比例，可判断选项 A、B、D 错误。）

答案：C

五、线性方程组

（一）齐次线性方程组

1. 三种表达

（1）
$$\begin{cases}a_{11}x_1+a_{12}x_2+\cdots+a_{1n}x_n=0\\a_{21}x_1+a_{22}x_2+\cdots+a_{2n}x_n=0\\\cdots\\a_{m1}x_1+a_{m2}x_2+\cdots+a_{mn}x_n=0\end{cases}\tag{1-8-4}$$

可用矩阵形式表示为

（2） $\boldsymbol{Ax}=\boldsymbol{0}$［表示解向量$\boldsymbol{x}$与$\boldsymbol{A}$的每个行向量都正交（垂直）］

其中，$\boldsymbol{A}$为系数矩阵

$$\boldsymbol{A}=\begin{bmatrix}a_{11}&a_{12}&\cdots&a_{1n}\\a_{21}&a_{22}&\cdots&a_{2n}\\\vdots&\vdots&&\vdots\\a_{m1}&a_{m2}&\cdots&a_{mn}\end{bmatrix};\ \boldsymbol{x}=\begin{bmatrix}x_1\\x_2\\\vdots\\x_n\end{bmatrix}$$

若将$\boldsymbol{A}$的第j列元素看作是向量$\boldsymbol{\alpha}_j=\begin{bmatrix}a_{1j}\\a_{2j}\\\vdots\\a_{mj}\end{bmatrix}(j=1,2,\cdots,n)$，则方程组（1-8-4）可用向量形式表示为

（3） $x_1\boldsymbol{\alpha}_1+x_2\boldsymbol{\alpha}_2+\cdots+x_n\boldsymbol{\alpha}_n=\boldsymbol{0}$

显然$\boldsymbol{A0}=\boldsymbol{0}$，即$\boldsymbol{Ax}=\boldsymbol{0}$必有零解。

因此$\boldsymbol{Ax}=\boldsymbol{0}$有唯一解就是只有零解。

2. $\boldsymbol{Ax}=\boldsymbol{0}$解的性质

（1）设$\boldsymbol{\xi}_1$，$\boldsymbol{\xi}_2$均为齐次线性方程组$\boldsymbol{Ax}=\boldsymbol{0}$的解，则$\boldsymbol{\xi}_1+\boldsymbol{\xi}_2$也是方程组$\boldsymbol{Ax}=\boldsymbol{0}$的解。

（2）设$\boldsymbol{\xi}$为齐次线性方程组$\boldsymbol{Ax}=\boldsymbol{0}$的解，则$k\boldsymbol{\xi}$（$k$为任意常数）也是方程组$\boldsymbol{Ax}=\boldsymbol{0}$的解。

（3）若$\boldsymbol{\xi}_1$，$\boldsymbol{\xi}_2$，…，$\boldsymbol{\xi}_t$均为齐次线性方程组$\boldsymbol{Ax}=\boldsymbol{0}$的解，则$k_1\boldsymbol{\xi}_1+k_2\boldsymbol{\xi}_2+\cdots+k_t\boldsymbol{\xi}_t$（$k_1$，$k_2$，…，$k_t$为任意常数）也是方程组$\boldsymbol{Ax}=\boldsymbol{0}$的解。

显然，$\boldsymbol{Ax}=\boldsymbol{0}$有非零解就是有无穷多解。

3. 结论

（1）设$\boldsymbol{A}$为$m\times n$矩阵，则

$\boldsymbol{Ax}=\boldsymbol{0}$只有零解的充要条件是$R(\boldsymbol{A})=n$；

$\boldsymbol{Ax}=\boldsymbol{0}$有非零解的充要条件是$R(\boldsymbol{A})<n$。

（2）设$\boldsymbol{A}$为n阶方阵，则

$\boldsymbol{Ax}=\boldsymbol{0}$只有零解的充要条件是$|\boldsymbol{A}|\neq 0$；

$\boldsymbol{Ax}=\boldsymbol{0}$有非零解的充要条件是$|\boldsymbol{A}|=0$。

4. 定义

设$\boldsymbol{\beta}_1$，$\boldsymbol{\beta}_2$，…，$\boldsymbol{\beta}_l$是$\boldsymbol{Ax}=\boldsymbol{0}$的$l$个解向量，若：

（1）$\boldsymbol{\beta}_1$，$\boldsymbol{\beta}_2$，…，$\boldsymbol{\beta}_l$线性无关；

（2）$\boldsymbol{Ax}=\boldsymbol{0}$的任意解向量都是$\boldsymbol{\beta}_1$，$\boldsymbol{\beta}_2$，…，$\boldsymbol{\beta}_l$的线性组合。

则称$\boldsymbol{\beta}_1$，$\boldsymbol{\beta}_2$，…，$\boldsymbol{\beta}_l$是$\boldsymbol{Ax}=\boldsymbol{0}$的基础解系。

$\boldsymbol{Ax}=\boldsymbol{0}$的基础解系就是所有解向量的最大线性无关组。只有零解时，没有基础解系。

5. 结论

（1）设$\boldsymbol{A}$为$m\times n$矩阵，且$R(\boldsymbol{A})=r<n$，则$\boldsymbol{Ax}=\boldsymbol{0}$的基础解系由$n-r$个线性无关的解向量构成。

（2）设$\boldsymbol{\xi}_1$，$\boldsymbol{\xi}_2$，…，$\boldsymbol{\xi}_{n-r}$为$\boldsymbol{Ax}=\boldsymbol{0}$的一组基础解系，则通解$x=k_1\boldsymbol{\xi}_1+k_2\boldsymbol{\xi}_2+\cdots+k_{n-r}\boldsymbol{\xi}_{n-r}$（其中$k_1$，$k_2$，…，$k_{n-r}$为任意常数）。

6. 解法

（1）$\boldsymbol{A}\xrightarrow{\text{初等行变换}}\boldsymbol{B}$（行阶梯形矩阵），求$R(\boldsymbol{A})$，判断解是否唯一。

（2）若$R(\boldsymbol{A})<n$，有非零解，$\boldsymbol{B}\xrightarrow{\text{初等行变换}}\boldsymbol{C}$（简化行阶梯形），得$\boldsymbol{Ax}=\boldsymbol{0}$的同解方程组$\boldsymbol{Cx}=\boldsymbol{0}$，求出基础解系和通解。

【例 1-8-23】求线性齐次方程组$\begin{cases}x_1-x_2-x_3+x_4=0\\x_1-x_2+x_3-3x_4=0\\x_1-x_2-2x_3+3x_4=0\end{cases}$的通解。

解

$$\boldsymbol{A}=\begin{bmatrix}1&-1&-1&1\\1&-1&1&-3\\1&-1&-2&3\end{bmatrix}\xrightarrow[-r_1+r_3]{-r_1+r_2}\begin{bmatrix}1&-1&-1&1\\0&0&2&-4\\0&0&-1&2\end{bmatrix}\xrightarrow{\frac{1}{2}r_2}$$

$$\begin{bmatrix}1&-1&-1&1\\0&0&1&-2\\0&0&-1&2\end{bmatrix}\xrightarrow[r_2+r_3]{r_2+r_1}\begin{bmatrix}1&-1&0&-1\\0&0&1&-2\\0&0&0&0\end{bmatrix}=\boldsymbol{C}(\text{简化行阶梯形})$$

同解方程组为$\begin{cases}x_1-x_2-x_4=0\\x_3-2x_4=0\end{cases}$，$\begin{cases}x_1=x_2+x_4\\x_3=2x_4\end{cases}$

$\begin{bmatrix}x_2\\x_4\end{bmatrix}$取$\begin{bmatrix}1\\0\end{bmatrix}$，$\begin{bmatrix}0\\1\end{bmatrix}$，则$\begin{bmatrix}x_1\\x_3\end{bmatrix}$为$\begin{bmatrix}1\\0\end{bmatrix}$，$\begin{bmatrix}1\\2\end{bmatrix}$

基础解系$\boldsymbol{\xi}_1=\begin{bmatrix}1\\1\\0\\0\end{bmatrix}$，$\boldsymbol{\xi}_2=\begin{bmatrix}1\\0\\2\\1\end{bmatrix}$；通解$\boldsymbol{x}=C_1\begin{bmatrix}1\\1\\0\\0\end{bmatrix}+C_2\begin{bmatrix}1\\0\\2\\1\end{bmatrix}$（其中$C_1$，$C_2$为任意实数）。

【例 1-8-24】 设$\boldsymbol{B}$是3阶非零矩阵，已知$\boldsymbol{B}$的每一列都是方程组$\begin{cases}x_1+2x_2-2x_3=0\\2x_1-x_2+tx_3=0\\3x_1+x_2-x_3=0\end{cases}$的解，则$t$等于：

A. 0　　B. 2　　C. −1　　D. 1

解 已知$\boldsymbol{B}$是3阶非零矩阵，即在$\boldsymbol{B}$中至少有一列为非零向量。可知方程组应有非零解。因而方程组系数矩阵的行列式$\begin{vmatrix}1&2&-2\\2&-1&t\\3&1&-1\end{vmatrix}=0$

计算$\begin{vmatrix}1&2&-2\\2&-1&t\\3&1&-1\end{vmatrix}\xlongequal[(-3)r_1+r_3]{(-2)r_1+r_2}\begin{vmatrix}1&2&-2\\0&-5&4+t\\0&-5&5\end{vmatrix}\xlongequal{(-1)r_2+r_3}\begin{vmatrix}1&2&-2\\0&-5&4+t\\0&0&1-t\end{vmatrix}=-5(1-t)=0\Rightarrow t=1$

答案： D

【例 1-8-25】 设$\boldsymbol{A}=\begin{bmatrix}1&2&-2\\4&t&3\\3&-1&1\end{bmatrix}$，$\boldsymbol{B}$为三阶非零矩阵，且$\boldsymbol{AB}=\boldsymbol{0}$，则参数$t$等于：

A. −3　　B. 1　　C. 4　　D. −1

解 **方法1：** 因为$\boldsymbol{B}$是三阶非零矩阵，设$\boldsymbol{B}=(\boldsymbol{b}_1,\boldsymbol{b}_2,\boldsymbol{b}_3)$，则$\boldsymbol{b}_1$，$\boldsymbol{b}_2$，$\boldsymbol{b}_3$中至少有一个为非零向量，由$\boldsymbol{AB}=\boldsymbol{0}$，有$\boldsymbol{A}(\boldsymbol{b}_1,\boldsymbol{b}_2,\boldsymbol{b}_3)=\boldsymbol{0}$，即$(\boldsymbol{Ab}_1,\boldsymbol{Ab}_2,\boldsymbol{Ab}_3)=\boldsymbol{0}$

从而有$\boldsymbol{Ab}_1=\boldsymbol{0}$，$\boldsymbol{Ab}_2=\boldsymbol{0}$，$\boldsymbol{Ab}_3=\boldsymbol{0}$，即方程组$\boldsymbol{Ax}=\boldsymbol{0}$有非零解。

由方程组$\boldsymbol{Ax}=\boldsymbol{0}$有非零解的充要条件是$|\boldsymbol{A}|=0$，得：

$$|\boldsymbol{A}|=\begin{vmatrix}1&2&-2\\4&t&3\\3&-1&1\end{vmatrix}\xlongequal[r_1\times(-3)+r_3]{r_1\times(-4)+r_2}\begin{vmatrix}1&2&-2\\0&t-8&11\\0&-7&7\end{vmatrix}=7(t-8)+77$$
$$=7t-56+77=0,\ 7t+21=0,\ t=-3$$

方法2： 因为$\boldsymbol{AB}=\boldsymbol{0}$，所以$R(\boldsymbol{A})+R(\boldsymbol{B})\leqslant n=3$。

又因为$\boldsymbol{B}$为非零矩阵，所以$R(\boldsymbol{B})>0$，则有$R(\boldsymbol{A})\leqslant 2$。

故$|\boldsymbol{A}|=0$，$t=-3$。

答案： A

【例 1-8-26】 设$\boldsymbol{A}$为矩阵，$\boldsymbol{\alpha}_1=\begin{bmatrix}1\\0\\2\end{bmatrix}$，$\boldsymbol{\alpha}_2=\begin{bmatrix}0\\1\\-1\end{bmatrix}$都是线性方程组$\boldsymbol{Ax}=\boldsymbol{0}$的解，则矩阵$\boldsymbol{A}$为：

A. $\begin{bmatrix}0&1&-1\\4&-2&-2\\0&1&1\end{bmatrix}$　　B. $\begin{bmatrix}2&0&-1\\0&1&1\end{bmatrix}$　　C. $\begin{bmatrix}-1&0&2\\0&1&-1\end{bmatrix}$　　D. $(-2\quad 1\quad 1)$

解 **方法1：**（验算）

$\begin{bmatrix}0&1&-1\\4&-2&-2\\0&1&1\end{bmatrix}\begin{bmatrix}1\\0\\2\end{bmatrix}=\begin{bmatrix}-2**\end{bmatrix}\neq\boldsymbol{0}\rightarrow$选项A错误。

$\begin{bmatrix}2&0&-1\\0&1&1\end{bmatrix}\begin{bmatrix}1\\0\\2\end{bmatrix}=\begin{bmatrix}0\\2\end{bmatrix}\neq\boldsymbol{0}\rightarrow$选项B错误。

$\begin{bmatrix}-1&0&2\\0&1&-1\end{bmatrix}\begin{bmatrix}1\\0\\2\end{bmatrix}=\begin{bmatrix}3*\end{bmatrix}\neq\boldsymbol{0}\rightarrow$选项C错误。

$(-2\quad 1\quad 1)\begin{bmatrix}1\\0\\2\end{bmatrix}=0$，$(-2\quad 1\quad 1)\begin{bmatrix}0\\1\\-1\end{bmatrix}=0\rightarrow$选项D正确。

方法2： 已知$\boldsymbol{\alpha}_1$、$\boldsymbol{\alpha}_2$是方程组$\boldsymbol{Ax}=\boldsymbol{0}$的解，而$\boldsymbol{\alpha}_1$、$\boldsymbol{\alpha}_2$线性无关，未知数个数$n=3$，方程组$\boldsymbol{Ax}=\boldsymbol{0}$的基础解系解向量的个数$=n-R(\boldsymbol{A})=3-R(\boldsymbol{A})\geqslant 2$，$R(\boldsymbol{A})\leqslant 1$，选项D正确。

答案： D

（二）非齐次线性方程组

1. 三种表达

（1）
$$\begin{cases} a_{11}x_1 + a_{12}x_2 + \cdots + a_{1n}x_n = b_1 \\ a_{21}x_1 + a_{22}x_2 + \cdots + a_{2n}x_n = b_2 \\ \cdots \\ a_{m1}x_1 + a_{m2}x_2 + \cdots + a_{mn}x_n = b_m \end{cases} \tag{1-8-5}$$

（常数b_1，b_2，…，b_m不全为 0）

用矩阵形式表示为

（2）
$$\boldsymbol{Ax} = \boldsymbol{b},\ \boldsymbol{b} = (b_1, b_2, \cdots, b_m)^{\mathrm{T}} \neq \boldsymbol{0}$$

$\boldsymbol{A}$为方程组的系数矩阵。

或用向量形式表示为

（3）
$$x_1\boldsymbol{\alpha}_1 + x_2\boldsymbol{\alpha}_2 + \cdots + x_n\boldsymbol{\alpha}_n = \boldsymbol{b}(\boldsymbol{b} \neq \boldsymbol{0}) \tag{1-8-6}$$

向量$\boldsymbol{\alpha}_j = \left(a_{1j}, a_{2j}, \cdots, a_{mj}\right)^{\mathrm{T}}(j = 1,2,\cdots,n)$为$\boldsymbol{A}$的第$j$列。

2. 定义

$$记\widetilde{\boldsymbol{A}} = \begin{bmatrix} a_{11} & a_{12} & \cdots & a_{1n} & b_1 \\ a_{21} & a_{22} & \cdots & a_{2n} & b_2 \\ \cdots & \cdots & \cdots & \cdots & \cdots \\ a_{m1} & a_{m2} & \cdots & a_{mn} & b_m \end{bmatrix} = (\boldsymbol{A}|\boldsymbol{b})$$

称$\widetilde{\boldsymbol{A}}$为$\boldsymbol{Ax} = \boldsymbol{b}$的增广矩阵。

3. 结论

设$\boldsymbol{A}$为$m \times n$矩阵，则

（1）$\boldsymbol{Ax} = \boldsymbol{b}$有解的充要条件是$R(\boldsymbol{A}) = R\left(\widetilde{\boldsymbol{A}}\right)$。

（2）$\boldsymbol{Ax} = \boldsymbol{b}$有唯一解的充要条件是$R(\boldsymbol{A}) = R\left(\widetilde{\boldsymbol{A}}\right) = n$；

$\boldsymbol{Ax} = \boldsymbol{b}$有无穷多解的充要条件是$R(\boldsymbol{A}) = R\left(\widetilde{\boldsymbol{A}}\right) < n$。

（3）若y_1，y_2是方程组$\boldsymbol{Ax} = \boldsymbol{b}$的解，则$y_1 - y_2$是对应齐次方程组$\boldsymbol{Ax} = \boldsymbol{0}$的解。

（4）若y_1，y_2，…，y_s为$\boldsymbol{Ax} = \boldsymbol{b}$的解，$k_1$，$k_2$，…，$k_s$为常数，则

①$k_1y_1 + k_2y_2 + \cdots + k_sy_s$为$\boldsymbol{Ax} = \boldsymbol{0}$的解的充要条件是$k_1 + k_2 + \cdots + k_s = 0$；

②$k_1y_1 + k_2y_2 + \cdots + k_sy_s$为$\boldsymbol{Ax} = \boldsymbol{b}$的解的充要条件是$k_1 + k_2 + \cdots + k_s = 1$。

（5）若y是方程组$\boldsymbol{Ax} = \boldsymbol{b}$的解，$\boldsymbol{\xi}$是$\boldsymbol{Ax} = \boldsymbol{0}$的解，则$y + \boldsymbol{\xi}$是方程组$\boldsymbol{Ax} = \boldsymbol{b}$的解。

（6）若$R(\boldsymbol{A}) = R(\widetilde{\boldsymbol{A}}) = r < n$时，$\boldsymbol{Ax} = \boldsymbol{b}$有无穷多解，则其通解为

$$x = y^* + k_1\xi_1 + k_2\xi_2 + \cdots + k_{n-r}\xi_{n-r}$$

其中y^*为$\boldsymbol{Ax} = \boldsymbol{b}$的一个解，$\xi_1$，$\xi_2$，…，$\xi_{n-r}$为$\boldsymbol{Ax} = \boldsymbol{0}$的一组基础解系，$k_1$，$k_2$，…，$k_{n-r}$为任意常数。

4. 解法

（1）$\widetilde{\boldsymbol{A}} = (\boldsymbol{A}|\boldsymbol{b}) \xrightarrow{\text{初等行变换}} \boldsymbol{B}$（行阶梯形矩阵），求$R(\boldsymbol{A})$（不看$\boldsymbol{B}$的最后一列）、$R\left(\widetilde{\boldsymbol{A}}\right)$，判断是否有解，解是否唯一。

（2）若$R(\boldsymbol{A}) = R\left(\widetilde{\boldsymbol{A}}\right) = r \leqslant n$，$\boldsymbol{B} \xrightarrow{\text{初等行变换}} \boldsymbol{C}$（简化行阶梯形）。

（3）按矩阵$\boldsymbol{C}$还原出一个线性方程组（原方程组的同解方程组），解这个同解方程组。

【例 1-8-27】 设y_1，y_2，…，y_s是方程组$\boldsymbol{Ax} = \boldsymbol{b}$的解，若$k_1y_1 + k_2y_2 + \cdots + k_sy_s$也是$\boldsymbol{Ax} = \boldsymbol{b}$的

解，则$k_1+k_2+\cdots+k_s$等于：

A. 2　　B. 1　　C. −1　　D. 不存在

解 若$k_1y_1+k_2y_2+\cdots+k_sy_s$是方程组的解，则$\boldsymbol{A}(k_1y_1+k_2y_2+\cdots+k_sy_s)=\boldsymbol{b}$

即$\boldsymbol{A}k_1y_1+\boldsymbol{A}k_2y_2+\cdots+\boldsymbol{A}k_sy_s=k_1\boldsymbol{A}y_1+k_2\boldsymbol{A}y_2+\cdots+k_s\boldsymbol{A}y_s=k_1\boldsymbol{b}+k_2\boldsymbol{b}+\cdots+k_s\boldsymbol{b}$

$$=(k_1+k_2+\cdots+k_s)\boldsymbol{b}=\boldsymbol{b}$$

因$\boldsymbol{b}\neq\boldsymbol{0}$，所以$k_1+k_2+\cdots+k_s=1$［可直接用结论（4）中的②判定］

答案： B

【例 1-8-28】 设方程组$\begin{cases}x_1-x_2+6x_3=0\\4x_2-8x_3=-4\\x_1+3x_2-2x_3=a\end{cases}$，问$a$取何值时，方程组有解：

A. −4　　B. 2　　C. 1　　D. −1

解

$$\widetilde{\boldsymbol{A}}=\begin{bmatrix}1&-1&6&0\\0&4&-8&-4\\1&3&-2&a\end{bmatrix}\xrightarrow{-r_1+r_3}\begin{bmatrix}1&-1&6&0\\0&4&-8&-4\\0&4&-8&a\end{bmatrix}\xrightarrow{-r_2+r_3}\begin{bmatrix}1&-1&6&0\\0&4&-8&-4\\0&0&0&a+4\end{bmatrix}$$

$a=-4$时，$R(\boldsymbol{A})=R(\widetilde{\boldsymbol{A}})$，方程组有解。

答案： A

【例 1-8-29】 设非齐次线性方程组$\begin{cases}x_1-x_2-x_3+x_4=0\\x_1-x_2+x_3-3x_4=1\\x_1-x_2-2x_3+3x_4=-\frac{1}{2}\end{cases}$，求方程组通解。

解 $$\widetilde{\boldsymbol{A}}=\begin{bmatrix}1&-1&-1&1&0\\1&-1&1&-3&1\\1&-1&-2&3&-\frac{1}{2}\end{bmatrix}\xrightarrow[(-1)r_1+r_3]{(-1)r_1+r_2}\begin{bmatrix}1&-1&-1&1&0\\0&0&2&-4&1\\0&0&-1&2&-\frac{1}{2}\end{bmatrix}$$

$$\xrightarrow{\frac{1}{2}r_2}\begin{bmatrix}1&-1&-1&1&0\\0&0&1&-2&\frac{1}{2}\\0&0&-1&2&-\frac{1}{2}\end{bmatrix}\xrightarrow{1\cdot r_2+r_3}\begin{bmatrix}1&-1&-1&1&0\\0&0&1&-2&\frac{1}{2}\\0&0&0&0&0\end{bmatrix}=B$$

$$\xrightarrow{1\cdot r_2+r_1}\begin{bmatrix}1&-1&0&-1&\frac{1}{2}\\0&0&1&-2&\frac{1}{2}\\0&0&0&0&0\end{bmatrix}=\boldsymbol{C}$$

$R(\boldsymbol{A})=R(\widetilde{\boldsymbol{A}})=2<4$，方程组有解且有无穷多组解。

同解方程组为 $\begin{cases}x_1-x_2-x_4=\frac{1}{2}\\x_3-2x_4=\frac{1}{2}\end{cases}$

变形 $\begin{cases}x_1=x_2+x_4+\frac{1}{2}\\x_3=2x_4+\frac{1}{2}\end{cases}$（$x_2$，$x_4$为自由未知量）

令$x_2=C_1$，$x_4=C_2$

$$\begin{cases}x_1=C_1+C_2+\dfrac{1}{2}\\x_2=C_1\\x_3=2C_2+\dfrac{1}{2}\\x_4=C_2\end{cases}$$

方程组通解$\begin{bmatrix}x_1\\x_2\\x_3\\x_4\end{bmatrix}=C_1\begin{bmatrix}1\\1\\0\\0\end{bmatrix}+C_2\begin{bmatrix}1\\0\\2\\1\end{bmatrix}+\begin{bmatrix}\frac{1}{2}\\0\\\frac{1}{2}\\0\end{bmatrix}$（$C_1$，$C_2$为任意常数）

六、方阵的特征值与特征向量

（一）定义

1. 对于n阶方阵$\boldsymbol{A}$，如果存在常数λ和n维非零列向量$\boldsymbol{x}$满足

$$\boldsymbol{Ax}=\lambda\boldsymbol{x}$$

则数λ称为方阵$\boldsymbol{A}$的特征值，非零向量$\boldsymbol{x}$称为方阵$\boldsymbol{A}$对应特征值λ的特征向量。

2. 上式可写成

$$(\boldsymbol{A}-\lambda\boldsymbol{E})\boldsymbol{x}=\boldsymbol{0}\quad\text{或}\quad(\lambda\boldsymbol{E}-\boldsymbol{A})\boldsymbol{x}=\boldsymbol{0}$$

该齐次线性方程组有非零解的充要条件是系数行列式

$$|\boldsymbol{A}-\lambda\boldsymbol{E}|=0\quad\text{或}\quad|\lambda\boldsymbol{E}-\boldsymbol{A}|=0\quad\text{或}\quad R(\lambda\boldsymbol{E}-\boldsymbol{A})<n \tag{1-8-7}$$

即

$$\begin{vmatrix}a_{11}-\lambda & a_{12} & \cdots & a_{1n}\\ a_{21} & a_{22}-\lambda & \cdots & a_{2n}\\ \vdots & \vdots & & \vdots\\ a_{n1} & a_{n2} & \cdots & a_{nn}-\lambda\end{vmatrix}=0\text{ 或}\begin{vmatrix}\lambda-a_{11} & -a_{12} & \cdots & -a_{1n}\\ -a_{21} & \lambda-a_{22} & \cdots & -a_{2n}\\ \vdots & \vdots & & \vdots\\ -a_{n1} & -a_{n2} & \cdots & \lambda-a_{nn}\end{vmatrix}=0$$

$|\boldsymbol{A}-\lambda\boldsymbol{E}|$或$|\lambda\boldsymbol{E}-\boldsymbol{A}|$是关于$\lambda$的$n$次多项式称作方阵$\boldsymbol{A}$的特征多项式。$|\boldsymbol{A}-\lambda\boldsymbol{E}|=0$或$|\lambda\boldsymbol{E}-\boldsymbol{A}|=0$是以$\lambda$为未知数的一元$n$次方程，叫作方阵$\boldsymbol{A}$的特征方程。特征方程的解，就是方阵$\boldsymbol{A}$的特征值，在复数范围内$n$阶方阵有$n$个特征值（包括重根）。

3. 设$\lambda=\lambda_i$为$\boldsymbol{A}$的一个特征值，则方程

$$(\lambda_i\boldsymbol{E}-\boldsymbol{A})\boldsymbol{x}=\boldsymbol{0}$$

的非零解$\boldsymbol{x}=\boldsymbol{p}_i$就是方阵$\boldsymbol{A}$对应于特征值$\lambda_i$的特征向量。

（二）求n阶矩阵$\boldsymbol{A}$的特征值与特征向量的步骤

（1）求$\boldsymbol{A}$的特征方程$|\lambda\boldsymbol{E}-\boldsymbol{A}|=0$的全部根$\lambda_1$，$\lambda_2$，…，$\lambda_n$。

（2）将$\lambda=\lambda_i$代入$(\lambda\boldsymbol{E}-\boldsymbol{A})\boldsymbol{x}=\boldsymbol{0}$，得齐次线性方程组$(\lambda_i\boldsymbol{E}-\boldsymbol{A})\boldsymbol{x}=\boldsymbol{0}$。

（3）方程组$(\lambda_i\boldsymbol{E}-\boldsymbol{A})\boldsymbol{x}=\boldsymbol{0}$的基础解系，就是$\boldsymbol{A}$对应于$\lambda_i$的线性无关的特征向量，通解（$\boldsymbol{0}$除外）就是$\boldsymbol{A}$对应于$\lambda=\lambda_i$的全部特征向量。

若有$\lambda=0$，那么$\boldsymbol{Ax}=\boldsymbol{0}$的所有非零解向量，即为特征值$\lambda=0$对应的特征向量。

（三）特征值和特征向量的重要性质

（1）如果n阶方阵$\boldsymbol{A}$的全部特征值是λ_1，λ_2，…，λ_n，那么

①$\lambda_1+\lambda_2+\cdots+\lambda_n=a_{11}+a_{22}+\cdots+a_{nn}$（其中$a_{11}$，$a_{22}$，…，$a_{nn}$为方阵$\boldsymbol{A}$主对角线上的元素）。

②$\lambda_1\lambda_2\cdots\lambda_n=|\boldsymbol{A}|$。

（2）方阵$\boldsymbol{A}$可逆的充要条件是$\boldsymbol{A}$的特征值全不为0。

（3）若λ为$\boldsymbol{A}$的特征值，则矩阵$k\boldsymbol{A}$、$a\boldsymbol{A}+b\boldsymbol{E}$（$a$，$b$是不为零的常数）、$\boldsymbol{A}^2$、$\boldsymbol{A}^m$、$\boldsymbol{A}^{-1}$、$\boldsymbol{A}^*$分别有特征值$k\lambda$、$a\lambda+b$、$\lambda^2$、$\lambda^m$、$\frac{1}{\lambda}$、$\frac{|\boldsymbol{A}|}{\lambda}(\lambda\neq0)$，且特征向量相同。

（4）$\boldsymbol{A}^{\mathrm{T}}$与$\boldsymbol{A}$有相同的特征值（特征向量一般不同）。

（5）若线性无关的向量$\boldsymbol{x}_1$，…，$\boldsymbol{x}_m$都是矩阵$\boldsymbol{A}$的属于特征值λ的特征向量，则对任意不全为零的数k_1，…，k_m，则向量$k_1\boldsymbol{x}_1+\cdots+k_m\boldsymbol{x}_m$也是矩阵$\boldsymbol{A}$的属于特征值$\lambda$的特征向量。

（6）方阵$\boldsymbol{A}$的属于不同特征值的特征向量是线性无关的，即如果λ_1，λ_2，…，λ_m是方阵$\boldsymbol{A}$的两两互不相同的特征值，向量$\boldsymbol{x}_1$，$\boldsymbol{x}_2$，…，$\boldsymbol{x}_m$是依次与之对应的特征向量，那么向量组$\boldsymbol{x}_1$，$\boldsymbol{x}_2$，…，$\boldsymbol{x}_m$一定

线性无关。注意：常数k_1，k_2，…，k_m中至少有两个不为0时，$k_1\boldsymbol{x}_1+k_2\boldsymbol{x}_2+\cdots+k_m\boldsymbol{x}_m$不是$\boldsymbol{A}$的特征向量。

【例 1-8-30】 求矩阵$\boldsymbol{A}=\begin{bmatrix}-2&1&1\\0&2&0\\-4&1&3\end{bmatrix}$的特征值与特征向量。

解 （1）求特征值

$$|\lambda\boldsymbol{E}-\boldsymbol{A}|=\begin{vmatrix}\lambda+2&-1&-1\\0&\lambda-2&0\\4&-1&\lambda-3\end{vmatrix}\xlongequal{\text{按}r_2\text{展开}}(\lambda-2)\begin{vmatrix}\lambda+2&-1\\4&\lambda-3\end{vmatrix}=(\lambda-2)^2(\lambda+1)=0$$

所以$\lambda_1=\lambda_2=2$，$\lambda_3=-1$

（2）求特征向量

将$\lambda=2$代入得$(2\boldsymbol{E}-\boldsymbol{A})\boldsymbol{x}=\boldsymbol{0}$

$$2\boldsymbol{E}-\boldsymbol{A}=\begin{bmatrix}4&-1&-1\\0&0&0\\4&-1&-1\end{bmatrix}\xrightarrow{-r_1+r_3}\begin{bmatrix}4&-1&-1\\0&0&0\\0&0&0\end{bmatrix}\xrightarrow{\frac{1}{4}r_1}\begin{bmatrix}1&-\frac{1}{4}&-\frac{1}{4}\\0&0&0\\0&0&0\end{bmatrix}=C$$

$x_1=\frac{1}{4}x_2+\frac{1}{4}x_3$

$x_2=1$，$x_3=0$时，$x_1=\frac{1}{4}$；$x_2=0$，$x_3=1$ 时，$x_1=\frac{1}{4}$

$\lambda=2$，对应的全部特征向量是$k_1\begin{bmatrix}\frac{1}{4}\\1\\0\end{bmatrix}+k_2\begin{bmatrix}\frac{1}{4}\\0\\1\end{bmatrix}$（常数$k_1$、$k_2$不同时为0）

$=C_1\begin{bmatrix}1\\4\\0\end{bmatrix}+C_2\begin{bmatrix}1\\0\\4\end{bmatrix}$（$C_1$,$C_2$是不同时为零的任意常数）

求$\lambda_3=-1$对应的特征向量，解$(\lambda_3\boldsymbol{E}-\boldsymbol{A})\boldsymbol{x}=\boldsymbol{0}$

$$-\boldsymbol{E}-\boldsymbol{A}=\begin{bmatrix}1&-1&-1\\0&-3&0\\4&-1&-4\end{bmatrix}\xrightarrow{-4r_1+r_3}\begin{bmatrix}1&-1&-1\\0&-3&0\\0&3&0\end{bmatrix}\xrightarrow{r_2+r_3}\begin{bmatrix}1&-1&-1\\0&-3&0\\0&0&0\end{bmatrix}\xrightarrow[-\frac{1}{3}r_2]{-\frac{1}{3}r_2+r_1}\begin{bmatrix}1&0&-1\\0&1&0\\0&0&0\end{bmatrix}$$

所以$\begin{cases}x_1=x_3\\x_2=0\end{cases}$，当$x_3=1$ 时，$x_2=0$，$x_1=1$，特征向量$\boldsymbol{\xi}=\begin{bmatrix}1\\0\\1\end{bmatrix}$

$\lambda_3=-1$对应的全部特征向量为$C\begin{bmatrix}1\\0\\1\end{bmatrix}$（其中$C$为不等于0的任意常数）。

【例 1-8-31】 设三阶方阵有3个特征值λ_1，λ_2，λ_3，若$|\boldsymbol{A}|=36$，$\lambda_1=2$，$\lambda_2=3$，则λ_3为：

A. 6　　B. 3　　C. 2　　D. 4

解 由方阵$\boldsymbol{A}$的行列式与特征值的关系$|\boldsymbol{A}|=\lambda_1\lambda_2\lambda_3$，得：$\lambda_1\lambda_2\lambda_3=36$

又$\lambda_1=2$，$\lambda_2=3$，所以$\lambda_3=\frac{36}{\lambda_1\lambda_2}=\frac{36}{2\times3}=6$。

答案： A

【例 1-8-32】 设$\boldsymbol{A}$是3阶矩阵，$\boldsymbol{\alpha}_1=(1,0,1)^{\mathrm{T}}$，$\boldsymbol{\alpha}_2=(1,1,0)^{\mathrm{T}}$是$\boldsymbol{A}$的属于特征值为1的特征向量。$\boldsymbol{\alpha}_3=(0,1,2)^{\mathrm{T}}$是$\boldsymbol{A}$的属于特征值为$-1$的特征向量，则：

A. $\boldsymbol{\alpha}_1-\boldsymbol{\alpha}_2$是$\boldsymbol{A}$的属于特征值为1的特征向量

B. $\boldsymbol{\alpha}_1-\boldsymbol{\alpha}_3$是$\boldsymbol{A}$的属于特征值为1的特征向量

C. $\boldsymbol{\alpha}_1-\boldsymbol{\alpha}_3$是$\boldsymbol{A}$的属于特征值为2的特征向量

D. $\boldsymbol{\alpha}_1+\boldsymbol{\alpha}_2+\boldsymbol{\alpha}_3$是$\boldsymbol{A}$的属于特征值为1的特征向量

解 **方法1：** 根据矩阵的特征值和特征向量的定义，$\boldsymbol{\alpha}_1$，$\boldsymbol{\alpha}_2$是矩阵$\boldsymbol{A}$特征值1对应的特征向量，就

有$\begin{cases} \boldsymbol{A}\alpha_1 = 1\cdot\boldsymbol{\alpha}_1 & ① \\ \boldsymbol{A}\alpha_2 = 1\cdot\boldsymbol{\alpha}_2 & ② \end{cases}$ 成立。

①式−②式得$\boldsymbol{A}(\boldsymbol{\alpha}_1-\boldsymbol{\alpha}_2)=1\cdot(\boldsymbol{\alpha}_1-\boldsymbol{\alpha}_2)$，而$\boldsymbol{\alpha}_1-\boldsymbol{\alpha}_2$为非零向量，由定义可知，$\boldsymbol{\alpha}_1-\boldsymbol{\alpha}_2$是$\boldsymbol{A}$的属于特征值为 1 的特征向量，选项 B、C、D 均不成立。

方法 2： 可通过特征值和特征向量的重要性质（5）和（6）中的“注意”直接判定。

答案： A

【例 1-8-33】 已知3维列向量$\boldsymbol{\alpha}$、$\boldsymbol{\beta}$满足$\boldsymbol{\beta}\neq k\boldsymbol{\alpha}$（$k$为常数），$\boldsymbol{\alpha}^{\mathrm{T}}\boldsymbol{\beta}=4$，设3阶矩阵$\boldsymbol{A}=\boldsymbol{\beta}\boldsymbol{\alpha}^{\mathrm{T}}$，则：

A. $\boldsymbol{\beta}$是$\boldsymbol{A}$的属于特征值 0 的特征向量

B. $\boldsymbol{\alpha}$是$\boldsymbol{A}$的属于特征值 0 的特征向量

C. $\boldsymbol{\beta}$是$\boldsymbol{A}$的属于特征值 4 的特征向量

D. $\boldsymbol{\alpha}$是$\boldsymbol{A}$的属于特征值 4 的特征向量

解 因为$\boldsymbol{\alpha}^{\mathrm{T}}\boldsymbol{\beta}=4$，所以$\boldsymbol{\alpha}\neq\mathbf{0}$，$\boldsymbol{\beta}\neq\mathbf{0}$。

因为$\boldsymbol{A\beta}=\boldsymbol{\beta}\boldsymbol{\alpha}^{\mathrm{T}}\boldsymbol{\beta}=\boldsymbol{\beta}(\boldsymbol{\alpha}^{\mathrm{T}}\boldsymbol{\beta})=4\boldsymbol{\beta}$，选项 C 成立。

$\boldsymbol{A\alpha}\xlongequal[A=\beta\alpha^{\mathrm{T}}]{\text{代入}}\boldsymbol{\beta}\boldsymbol{\alpha}^{\mathrm{T}}\boldsymbol{\alpha}=\boldsymbol{\beta}|\boldsymbol{\alpha}|^2=|\boldsymbol{\alpha}|^2\boldsymbol{\beta}\neq|\boldsymbol{\alpha}|^2k\boldsymbol{\alpha}$，即$\boldsymbol{A\alpha}\neq\lambda\boldsymbol{\alpha}$，$\boldsymbol{\alpha}$不是$\boldsymbol{A}$的特征向量，选项 B、D 不成立。

答案： C

七、相似矩阵的概念和性质

（一）相似矩阵的概念

定义设$\boldsymbol{A}$、$\boldsymbol{B}$都是n阶矩阵，若有可逆矩阵$\boldsymbol{P}$，使$\boldsymbol{P}^{-1}\boldsymbol{AP}=\boldsymbol{B}$，则称$\boldsymbol{A}$和$\boldsymbol{B}$相似，或说$\boldsymbol{A}$相似于$\boldsymbol{B}$，记作$\boldsymbol{A}\sim\boldsymbol{B}$，可逆矩阵$\boldsymbol{P}$称为相似变换矩阵。

若$\boldsymbol{A}\sim\boldsymbol{B}$，则$\boldsymbol{A}\cong\boldsymbol{B}$（相似必等价，等价未必相似）。

（二）相似矩阵的性质

（1）$\boldsymbol{A}\sim\boldsymbol{A}$。

（2）若$\boldsymbol{A}\sim\boldsymbol{B}$，则$\boldsymbol{B}\sim\boldsymbol{A}$。

（3）若$\boldsymbol{A}\sim\boldsymbol{B}$且$\boldsymbol{B}\sim\boldsymbol{C}$，则$\boldsymbol{A}\sim\boldsymbol{C}$。

（4）设n阶方阵$\boldsymbol{A}$和$\boldsymbol{B}$相似，则有：

①$R(\boldsymbol{A})=R(\boldsymbol{B})$；

②$|\boldsymbol{A}|=|\boldsymbol{B}|$；

③$\boldsymbol{A}$和$\boldsymbol{B}$的特征多项式相同，即$|\lambda\boldsymbol{E}-\boldsymbol{A}|=|\lambda\boldsymbol{E}-\boldsymbol{B}|$；

④$\boldsymbol{A}$和$\boldsymbol{B}$的特征值相同。

⑤$\boldsymbol{A}$和$\boldsymbol{B}$主对角线元素之和相等，即$\sum\limits_{i=1}^{n}a_{ii}=\sum\limits_{i=1}^{n}b_{ii}$。

【例 1-8-34】 设$\boldsymbol{A}=\begin{bmatrix}1 & x & 1\\ x & 1 & y\\ 1 & y & 1\end{bmatrix}$，$\boldsymbol{B}=\begin{bmatrix}0 & 0 & 0\\ 0 & 1 & 0\\ 0 & 0 & 2\end{bmatrix}$，且$\boldsymbol{A}$与$\boldsymbol{B}$相似，则下列结论中成立的是：

A. $x=y=0$　　B. $x=0$，$y=1$　　C. $x=1$，$y=0$　　D. $x=y=1$

解 因为$\boldsymbol{A}$与$\boldsymbol{B}$相似，所以$|\boldsymbol{A}|=|\boldsymbol{B}|=0$，且$R(\boldsymbol{A})=R(\boldsymbol{B})=2$。

方法 1： 当$x=y=0$时，$|\boldsymbol{A}|=\begin{vmatrix}1&0&1\\0&1&0\\1&0&1\end{vmatrix}=0$，$\boldsymbol{A}=\begin{bmatrix}1&0&1\\0&1&0\\1&0&1\end{bmatrix}\xrightarrow{-r_1+r_3}\begin{bmatrix}1&0&1\\0&1&0\\0&0&0\end{bmatrix}$

$R(\boldsymbol{A})=R(\boldsymbol{B})=2$

方法 2： $|\boldsymbol{A}|=\begin{vmatrix}1&x&1\\x&1&y\\1&y&1\end{vmatrix}\overset{-xr_1+r_2}{\underset{-r_1+r_3}{=\!=\!=}}\begin{vmatrix}1&x&1\\0&1-x^2&y-x\\0&y-x&0\end{vmatrix}=-(y-x)^2$

令$|\boldsymbol{A}|=0$，得$x=y$

当$x=y=0$时，$|\boldsymbol{A}|=|\boldsymbol{B}|=0$，$R(\boldsymbol{A})=R(\boldsymbol{B})=2$；

当$x=y=1$时，$|\boldsymbol{A}|=|\boldsymbol{B}|=0$，但$R(\boldsymbol{A})=1\neq R(\boldsymbol{B})$。

答案： A

八、矩阵的相似对角化

1. 定义：对n阶方阵$\boldsymbol{A}$，若存在可逆矩阵$\boldsymbol{P}$，使

$$\boldsymbol{P}^{-1}\boldsymbol{A}\boldsymbol{P}=\begin{bmatrix}\lambda_1&&&\\&\lambda_2&&\\&&\ddots&\\&&&\lambda_n\end{bmatrix}=(\text{对角矩阵}) \tag{1-8-8}$$

则称$\boldsymbol{A}$相似于对角矩阵，也称矩阵$\boldsymbol{A}$可相似对角化。

2. 结论

（1）若有可逆矩阵$\boldsymbol{P}$，使得

$$\boldsymbol{P}^{-1}\boldsymbol{A}\boldsymbol{P}=\begin{bmatrix}\lambda_1&&&\\&\lambda_2&&\\&&\ddots&\\&&&\lambda_n\end{bmatrix}$$

则λ_1，λ_2，…，λ_n为$\boldsymbol{A}$的n个特征值，而矩阵$\boldsymbol{P}$的n个列向量是矩阵$\boldsymbol{A}$的对应于这些特征值λ_1，λ_2，…，λ_n的n个线性无关的特征向量。

（2）n阶矩阵$\boldsymbol{A}$相似于对角矩阵$\boldsymbol{\Lambda}$的充要条件是$\boldsymbol{A}$有n个线性无关的特征向量。

（3）如果n阶方阵$\boldsymbol{A}$有n个不同的特征值，则$\boldsymbol{A}$一定可以相似对角化。

（4）如果$\boldsymbol{A}$有重特征值，且对每一个重特征值，其重数和对应的线性无关的特征向量的个数都相等，则$\boldsymbol{A}$一定可以相似对角化。

（5）如果对应方阵$\boldsymbol{A}$的某个特征值λ线性无关的特征向量的个数小于该特征值λ的重数，造成方阵$\boldsymbol{A}$的线性无关的特征向量个数小于n，从而$\boldsymbol{A}$不可相似对角化。

3. 实对称矩阵的相似对角化

定义：如果n阶方阵$\boldsymbol{A}$等于它的转置矩阵，即$\boldsymbol{A}=\boldsymbol{A}^{\mathrm{T}}$，则称$\boldsymbol{A}$为对称矩阵。所有元素为实数的对称矩阵，称为实对称矩阵。

性质：

（1）n阶实对称矩阵有n个实特征值（重根按重数计算）。

（2）实对称矩阵对应于不同特征值的特征向量必正交。

定理：设$\boldsymbol{A}$为n阶实对称矩阵，则必存在正交矩阵$\boldsymbol{P}$，使

$$P^{-1}AP=P^{T}AP=\Lambda=\begin{bmatrix}\lambda_1 & & & \\ & \lambda_2 & & \\ & & \ddots & \\ & & & \lambda_n\end{bmatrix}$$

其中λ_1，λ_2，…，λ_n是A的特征值，P的列向量是A的分别与λ_1，λ_2，…，λ_n对应的两两正交的单位特征向量。

4. 给定实对称矩阵A，求正交矩阵P使A相似对角化的步骤

（1）解特征方程$|\lambda E-A|=0$，求出A的全部特征值λ_1，λ_2，…，λ_n（做完这一步，就可以求出A的相似对角矩阵Λ）。

（2）解齐次线性方程组$(\lambda_i E-A)x=0$，求出基础解系，如果特征值λ_i是单根，就对应一个特征向量，如果特征值λ_i是k重根，就对应k个线性无关的特征向量。

（3）特征值是单根时，对求出的这个特征向量单位化。

（4）特征值是k重根时，对它所对应的那组k个线性无关的特征向量进行正交化再单位化（或称正交规范化）。

（5）将所有经过正交化、单位化的两两正交的单位特征向量q_1，q_2，…，q_n（依次对应特征值λ_1，λ_2，…λ_n）排成一个矩阵，$P=(q_1,q_2,\cdots,q_n)$,那么P是正交矩阵，而且有$P^{-1}AP=P^{T}AP=\Lambda=\begin{bmatrix}\lambda_1 & & & \\ & \lambda_2 & & \\ & & \ddots & \\ & & & \lambda_n\end{bmatrix}$。

注意：$P=(q_1,q_2,\cdots,q_n)$中，q_1，q_2，…，q_n的排列顺序应和特征值λ_1，λ_2，…，λ_n的排列顺序一致，即$q_i(i=1,\cdots,n)$恰好是λ_i对应的特征向量。

【例 1-8-35】 已知矩阵$A=\begin{bmatrix}1 & -1 & 1\\ 2 & 4 & -2\\ -3 & -3 & 5\end{bmatrix}$与$B=\begin{bmatrix}\lambda & 0 & 0\\ 0 & 2 & 0\\ 0 & 0 & 2\end{bmatrix}$相似，则$\lambda$等于：

A. 6　　B. 5　　C. 4　　D. 14

解 因为A与B相似，由相似矩阵性质（4）⑤A与B主对角线元素之和相等，即$1+4+5=\lambda+2+2$，得$\lambda=6$。

答案： A

【例 1-8-36】 已知二阶实对称矩阵A的一个特征值为 1，而A对应特征值 1 的特征向量为$\begin{bmatrix}1\\ -1\end{bmatrix}$，若$|A|=-1$，则$A$的另一个特征值及其对应的特征向量是：

A. $\lambda=1$，$x=(1,1)^{T}$　　B. $\lambda=-1$，$x=(1,1)^{T}$

C. $\lambda=-1$，$x=(-1,1)^{T}$　　D. $\lambda=-1$，$x=(1,-1)^{T}$

解 利用公式$|A|=\lambda_1\lambda_2\cdots\lambda_n$，当$A$为二阶方阵时，$|A|=\lambda_1\lambda_2$

则有$\lambda_2=\frac{|A|}{\lambda_1}=\frac{-1}{1}=-1$。

根据实对称矩阵性质（2），实对称矩阵对应不同特征值的特征向量正交。

$\begin{bmatrix}1\\ 1\end{bmatrix}^{T}\cdot\begin{bmatrix}1\\ -1\end{bmatrix}=[1,1]\cdot\begin{bmatrix}1\\ -1\end{bmatrix}=0$，所以$\begin{bmatrix}1\\ 1\end{bmatrix}$与$\begin{bmatrix}1\\ -1\end{bmatrix}$正交。

答案： B

【例 1-8-37】 设$\lambda_1=6$，$\lambda_2=\lambda_3=3$为三阶实对称矩阵A的特征值，属于$\lambda_2=\lambda_3=3$的特征向量为$\xi_2=(-1,0,1)^{T}$，$\xi_3=(1,2,1)^{T}$，则属于$\lambda_1=6$的特征向量是：

A. $(1,-1,1)^{\mathrm{T}}$ B. $(1,1,1)^{\mathrm{T}}$ C. $(0,2,2)^{\mathrm{T}}$ D. $(2,2,0)^{\mathrm{T}}$

解 实对称矩阵的不同特征值对应的特征向量必正交。$\lambda_1=6$对应的特征向量$\boldsymbol{\xi}_1$必定与λ_2和λ_3所对应的特征向量$\boldsymbol{\xi}_2$和$\boldsymbol{\xi}_3$分别正交，故有$\boldsymbol{\xi}^{\mathrm{T}}{}_1\cdot\boldsymbol{\xi}_2=\boldsymbol{\xi}^{\mathrm{T}}{}_1\cdot\boldsymbol{\xi}_3=0$，代入选项只有A满足。

答案： A

九、合同矩阵的概念和性质

（一）合同矩阵

定义：设$\boldsymbol{A}$、$\boldsymbol{B}$为n阶方阵，若存在n阶可逆矩阵$\boldsymbol{P}$，使$\boldsymbol{P}^{\mathrm{T}}\boldsymbol{A}\boldsymbol{P}=\boldsymbol{B}$，则称$\boldsymbol{A}$合同于$\boldsymbol{B}$或$\boldsymbol{A}$与$\boldsymbol{B}$合同，记作$\boldsymbol{A}\simeq\boldsymbol{B}$。

若$\boldsymbol{A}\simeq\boldsymbol{B}$，则$\boldsymbol{A}\cong\boldsymbol{B}$（合同必等价，等价未必合同）。

（二）合同矩阵的性质

合同是方阵之间的又一个等价关系，它具有下列性质：

（1）自反性：$\boldsymbol{A}\simeq\boldsymbol{A}$。

（2）对称性：若$\boldsymbol{A}\simeq\boldsymbol{B}$，则$\boldsymbol{B}\simeq\boldsymbol{A}$。

（3）传递性：若$\boldsymbol{A}\simeq\boldsymbol{B}$且$\boldsymbol{B}\simeq\boldsymbol{C}$，则$\boldsymbol{A}\simeq\boldsymbol{C}$。

（4）若$\boldsymbol{A}\simeq\boldsymbol{B}$，则$R(\boldsymbol{A})=R(\boldsymbol{B})$（合同变换不改变矩阵的秩）。

（5）设$\boldsymbol{A}$为对称矩阵，若$\boldsymbol{A}\simeq\boldsymbol{B}$，则$\boldsymbol{B}$也为对称矩阵。

结论：任何一个实对称矩阵$\boldsymbol{A}$都合同于对角矩阵，即存在正交矩阵$\boldsymbol{P}$，使得

$$\boldsymbol{P}^{\mathrm{T}}\boldsymbol{A}\boldsymbol{P}=\begin{bmatrix}\lambda_1&&&\\&\lambda_2&&\\&&\ddots&\\&&&\lambda_n\end{bmatrix}\text{(其中}\lambda_1,\lambda_2,\cdots,\lambda_n\text{为实对称矩阵}\boldsymbol{A}\text{的特征值)}\tag{1-8-9}$$

十、二次型

（一）二次型定义

含有n个变量x_1，x_2，…，x_n的二次齐次函数（即每项都是二次的多项式）

$f(x_1,x_2,\cdots,x_n)=a_{11}x_1^2+a_{22}x_2^2+\cdots+a_{nn}x_n^2+2a_{12}x_1x_2+2a_{13}x_1x_3+\cdots+2a_{n-1,n}x_{n-1}x_n$称为一个$n$元二次型，简称二次型。当$a_{ij}$都是实数时，称为实二次型。

（二）实二次型的矩阵表示（令$a_{ij}=a_{ji}$）

$$\begin{aligned}f(x_1,x_2,\cdots,x_n)=&x_1(a_{11}x_1+a_{12}x_2+\cdots+a_{1n}x_n)+x_2(a_{21}x_1+a_{22}x_2+\cdots+a_{2n}x_n)+\cdots+\\&x_n(a_{n1}x_1+a_{n2}x_2+\cdots+a_{nn}x_n)\\=&(x_1,x_2,\cdots,x_n)\begin{bmatrix}a_{11}x_1+a_{12}x_2+\cdots+a_{1n}x_n\\a_{21}x_1+a_{22}x_2+\cdots+a_{2n}x_n\\\vdots\\a_{n1}x_1+a_{n2}x_2+\cdots+a_{nn}x_n\end{bmatrix}\\=&(x_1,x_2,\cdots,x_n)\begin{bmatrix}a_{11}&a_{12}&\cdots&a_{1n}\\a_{21}&a_{22}&\cdots&a_{2n}\\\vdots&\vdots&&\vdots\\a_{n1}&a_{n2}&\cdots&a_{nn}\end{bmatrix}\begin{bmatrix}x_1\\x_2\\\vdots\\x_n\end{bmatrix}\end{aligned}\tag{1-8-10}$$

记 $A=\begin{bmatrix} a_{11} & a_{12} & \cdots & a_{1n} \\ a_{21} & a_{22} & \cdots & a_{2n} \\ \vdots & \vdots & & \vdots \\ a_{n1} & a_{n2} & \cdots & a_{nn} \end{bmatrix}$，$x=\begin{bmatrix} x_1 \\ x_2 \\ \vdots \\ x_n \end{bmatrix}$

则二次型可记作

$$f=\boldsymbol{x}^{\mathrm{T}}\boldsymbol{A}\boldsymbol{x}$$

其中，$\boldsymbol{A}$为实对称矩阵。

对称矩阵$\boldsymbol{A}$叫作二次型f的矩阵。$\boldsymbol{A}$的秩叫作二次型f的秩。

例如二次型$f=x^2-3z^2-4xy+yz$用矩阵表示，就是

$$f=(x,y,z)\begin{bmatrix} 1 & -2 & 0 \\ -2 & 0 & \frac{1}{2} \\ 0 & \frac{1}{2} & -3 \end{bmatrix}\begin{bmatrix} x \\ y \\ z \end{bmatrix}$$

任给一个实二次型，就唯一地确定一个实对称矩阵；反之，任给一个实对称矩阵，也可唯一地确定一个实二次型。一个实二次型和一个实对称矩阵是一一对应的。

（三）二次型的标准形和规范形

1. 定义：形如$f=\varphi_1x_1^2+\varphi_2x_2^2+\cdots+\varphi_nx_n^2$的二次型称为二次型的标准形。在标准形中，如果平方项的系数$\varphi_i(i=1,2,\cdots,n)$为 1，−1 或 0，即$f=x_1^2+x_2^2+\cdots+x_p^2-x_{p+1}^2-\cdots-x_r^2$，则称其为二次型的规范形。

正交变换定义：如果$\boldsymbol{P}$为正交矩阵，则线性变换$\boldsymbol{x}=\boldsymbol{P}\boldsymbol{y}$称为正交变换。

2. **定理**：任给实二次型$f(x_1,x_2,\cdots,x_n)=\boldsymbol{x}^{\mathrm{T}}\boldsymbol{A}\boldsymbol{x}$(其中$\boldsymbol{A}=\boldsymbol{A}^{\mathrm{T}}$)，一定有正交变换$\boldsymbol{x}=\boldsymbol{P}\boldsymbol{y}(\boldsymbol{P}^{\mathrm{T}}=\boldsymbol{P}^{-1})$，使$f=\lambda_1y_1^2+\lambda_2y_2^2+\cdots+\lambda_ny_n^2=\boldsymbol{y}^{\mathrm{T}}\begin{bmatrix} \lambda_1 & & & \\ & \lambda_2 & & \\ & & \ddots & \\ & & & \lambda_n \end{bmatrix}\boldsymbol{y}$。

其中λ_1，λ_2，…，λ_n是$\boldsymbol{A}$的特征值，而$\boldsymbol{P}$的列向量就是对应于λ_1，λ_2，…，λ_n的两两正交的单位特征向量。

3. 用正交变换化实二次型为标准形的计算步骤：

（1）写出二次型的矩阵$\boldsymbol{A}$。

（2）求出矩阵$\boldsymbol{A}$的特征值λ_1，λ_2，…，λ_n，二次型的标准形为$\lambda_1y_1^2+\lambda_2y_2^2+\cdots+\lambda_ny_n^2$。

如果需要，则求出正交变换$\boldsymbol{x}=\boldsymbol{P}\boldsymbol{y}$。

（3）求特征值对应的线性无关的特征向量。

（4）将单特征值对应的一个特征向量单位化。

将k重特征值对应的k个线性无关的特征向量先正交化再单位化（称为正交规范化），得到两两正交的k个单位特征向量。

（5）将这些两两正交的单位向量按$\lambda_1,\lambda_2,\cdots,\lambda_n$对应的顺序排列成矩阵，得到正交矩阵$\boldsymbol{P}$，这时有$\boldsymbol{P}^{\mathrm{T}}\boldsymbol{A}\boldsymbol{P}=\boldsymbol{P}^{-1}\boldsymbol{A}\boldsymbol{P}=\boldsymbol{\Lambda}=\begin{bmatrix} \lambda_1 & & & \\ & \lambda_2 & & \\ & & \ddots & \\ & & & \lambda_n \end{bmatrix}$。

在正交变换$\boldsymbol{x}=\boldsymbol{P}\boldsymbol{y}$下，$f=\boldsymbol{x}^{\mathrm{T}}\boldsymbol{A}\boldsymbol{x}=(\boldsymbol{P}\boldsymbol{y})^{\mathrm{T}}\boldsymbol{A}\boldsymbol{P}\boldsymbol{y}=\boldsymbol{y}^{\mathrm{T}}\boldsymbol{P}^{\mathrm{T}}\boldsymbol{A}\boldsymbol{P}\boldsymbol{y}=\boldsymbol{y}^{\mathrm{T}}\boldsymbol{\Lambda}\boldsymbol{y}=\lambda_1y_1^2+\lambda_2y_2^2+\cdots+\lambda_ny_n^2$。

说明：用配方法也可以求二次型的标准形，这时线性变换$\boldsymbol{x}=\boldsymbol{P}\boldsymbol{y}$是可逆变换（$\boldsymbol{P}$为可逆矩阵），平

方项的系数未必是特征值。

【例 1-8-38】 求二次型$f(x_1,x_2,x_3)=4x_1^2+x_2^2-3x_3^2+4x_1x_2$的秩，并把它化为标准形、规范形。

解 f对应矩阵$\boldsymbol{A}=\begin{bmatrix}4&2&0\\2&1&0\\0&0&-3\end{bmatrix}$

$\boldsymbol{A}\xrightarrow{\text{初等行变换}}\begin{bmatrix}2&1&0\\0&0&-3\\0&0&0\end{bmatrix}$，$R(\boldsymbol{A})=2$，二次型的秩为 2。

方法 1：（正交变换化为标准形）

①求特征值并写出标准形：

$$|\lambda\boldsymbol{E}-\boldsymbol{A}|=\begin{vmatrix}\lambda-4&-2&0\\-2&\lambda-1&0\\0&0&\lambda+3\end{vmatrix}=(\lambda+3)(\lambda^2-5\lambda)=0$$

$\lambda_1=5$，$\lambda_2=-3$，$\lambda_3=0$

$R(\boldsymbol{A})=2$，$\boldsymbol{A}$有两个特征值不为 0，f有标准形$5y_1^2-3y_2^2+0y_3^2$

②求正交矩阵$\boldsymbol{P}$（本题可以省略这一步）：

$$5\boldsymbol{E}-\boldsymbol{A}=\begin{bmatrix}1&-2&0\\-2&4&0\\0&0&8\end{bmatrix}\to\begin{bmatrix}1&-2&0\\0&0&1\\0&0&0\end{bmatrix}，\boldsymbol{p}_1=\begin{bmatrix}2\\1\\0\end{bmatrix}，\text{单位化}\boldsymbol{q}_1=\begin{bmatrix}\frac{2}{\sqrt5}\\\frac{1}{\sqrt5}\\0\end{bmatrix}$$

$$-3\boldsymbol{E}-\boldsymbol{A}=\begin{bmatrix}-7&-2&0\\-2&-4&0\\0&0&0\end{bmatrix}\to\begin{bmatrix}1&0&0\\0&1&0\\0&0&0\end{bmatrix}，\boldsymbol{p}_2=\begin{bmatrix}0\\0\\1\end{bmatrix}，\text{单位化}\boldsymbol{q}_2=\begin{bmatrix}0\\0\\1\end{bmatrix}$$

$$0\boldsymbol{E}-\boldsymbol{A}=\begin{bmatrix}-4&-2&0\\-2&-1&0\\0&0&3\end{bmatrix}\to\begin{bmatrix}2&1&0\\0&0&1\\0&0&0\end{bmatrix}，\boldsymbol{p}_3=\begin{bmatrix}1\\-2\\0\end{bmatrix}，\text{单位化}\boldsymbol{q}_3=\begin{bmatrix}\frac{1}{\sqrt5}\\-\frac{2}{\sqrt5}\\0\end{bmatrix}$$

$$\text{正交矩阵}\boldsymbol{P}=\begin{bmatrix}\frac{2}{\sqrt5}&0&\frac{1}{\sqrt5}\\\frac{1}{\sqrt5}&0&-\frac{2}{\sqrt5}\\0&1&0\end{bmatrix}$$

$$f\overset{\boldsymbol{x}=\boldsymbol{P}\boldsymbol{y}}{=\!=\!=}5y_1^2-3y_2^2+0y_3^2\;\underset{z_3=y_3}{\overset{z_1=\sqrt5y_1,\ z_2=\sqrt3y_2}{=\!=\!=\!=\!=\!=}}\;z_1^2-z_2^2+0z_3^2\text{（规范形）}$$

方法 2：（可逆变换化为标准形）（配方法）

$$f=4x_1^2+4x_1x_2+x_2^2-3x_3^2=(2x_1+x_2)^2-3x_3^2$$

令$\begin{cases}y_1=2x_1+x_2\\y_2=x_3\\y_3=x_2\end{cases}$，则$\begin{bmatrix}y_1\\y_2\\y_3\end{bmatrix}=\begin{bmatrix}2&1&0\\0&0&1\\0&1&0\end{bmatrix}\begin{bmatrix}x_1\\x_2\\x_3\end{bmatrix}$，即$\boldsymbol{y}=\boldsymbol{Q}\boldsymbol{x}$，$\boldsymbol{x}=\boldsymbol{Q}^{-1}\boldsymbol{y}$

$$f=\boldsymbol{x}^{\mathrm T}\boldsymbol{A}\boldsymbol{x}\overset{\boldsymbol{x}=\boldsymbol{Q}^{-1}\boldsymbol{y}}{=\!=\!=\!=}\boldsymbol{y}^{\mathrm T}\begin{bmatrix}1&0&0\\0&-3&0\\0&0&0\end{bmatrix}\boldsymbol{y}=y_1^2-3y_2^2\text{（标准形）}$$

$$\overset{z_1=y_1}{=\!=\!=}z_1^2-z_2^2+0z_3^2\text{（规范形）}$$

$z_2=\sqrt3y_2$，$z_3=y_3$

说明：本题不要求变换矩阵，配方后可直接写出标准形和规范形。

（本题二次型的正惯性指数为 1，负惯性指数为 1）

（四）惯性定理

惯性定理： 设n元实二次型$f=\boldsymbol{x}^{\mathrm T}\boldsymbol{A}\boldsymbol{x}$的秩$R(A)=r$。两个实的可逆变换$\boldsymbol{x}=\boldsymbol{P}\boldsymbol{y}$及$\boldsymbol{x}=\boldsymbol{Q}\boldsymbol{z}$（$\boldsymbol{P}$，$\boldsymbol{Q}$为$n$阶可逆矩阵），使

$$f \xlongequal{x=Py} k_1y_1^2 + k_2y_2^2 + \cdots + k_ry_r^2 \quad (k_i \neq 0)$$

及

$$f \xlongequal{x=Qz} \lambda_1z_1^2 + \lambda_2z_2^2 + \cdots + \lambda_rz_r^2 \quad (\lambda_i \neq 0)$$

则k_1，…，k_r中正数的个数与λ_1，…，λ_r中正数的个数相等。

在标准形中，正平方项个数p称为正惯性指数，负平方项个数q称为负惯性指数，$p+q=r$。

（五）二次型及其矩阵的正定性

1. 定义：设有实二次型$f(\boldsymbol{x})=\boldsymbol{x}^{\mathrm{T}}\boldsymbol{A}\boldsymbol{x}$，如果对任何$\boldsymbol{x}\neq\boldsymbol{0}$，都有$f(\boldsymbol{x})>0$，则称$f$为正定二次型，并称实对称矩阵$\boldsymbol{A}$是正定矩阵；如果对任何$\boldsymbol{x}\neq\boldsymbol{0}$，都有$f(\boldsymbol{x})<0$，则称$f$为负定二次型，并称实对称矩阵$\boldsymbol{A}$是负定矩阵。

2. 几个充要条件：

（1）实二次型$f=\boldsymbol{x}^{\mathrm{T}}\boldsymbol{A}\boldsymbol{x}$为正定的充分必要条件是正惯性指数等于未知数的个数。

（2）实二次型$f=\boldsymbol{x}^{\mathrm{T}}\boldsymbol{A}\boldsymbol{x}$为正定的充分必要条件是对称矩阵$\boldsymbol{A}$的特征值全为正。

（3）实二次型$f=\boldsymbol{x}^{\mathrm{T}}\boldsymbol{A}\boldsymbol{x}$为正定的充分必要条件是$\boldsymbol{A}$的各阶顺序主子式都为正，即

$$a_{11}>0,\ \begin{vmatrix} a_{11} & a_{12} \\ a_{21} & a_{22} \end{vmatrix}>0,\ \cdots,\ \begin{vmatrix} a_{11} & \cdots & a_{1n} \\ \vdots & & \vdots \\ a_{n1} & \cdots & a_{nn} \end{vmatrix}>0$$

（4）实对称矩阵$\boldsymbol{A}$为负定的充分必要条件是$\boldsymbol{A}$的奇数阶顺序主子式为负，而偶数阶顺序主子式为正，即

$$(-1)^r\begin{vmatrix} a_{11} & \cdots & a_{1r} \\ \vdots & & \vdots \\ a_{r1} & \cdots & a_{rr} \end{vmatrix}>0 \qquad (r=1,2,\cdots,n)$$

（5）实二次型$f=\boldsymbol{x}^{\mathrm{T}}\boldsymbol{A}\boldsymbol{x}$为正定的充分必要条件是对称矩阵$\boldsymbol{A}$合同于单位矩阵$(\boldsymbol{A}\approx\boldsymbol{E})$。

（6）设$\boldsymbol{A}$、$\boldsymbol{B}$均为n阶实对称矩阵，$\boldsymbol{A}\simeq\boldsymbol{B}$（$\boldsymbol{A}$与$\boldsymbol{B}$合同），则$\boldsymbol{A}$为正定矩阵的充要条件是$\boldsymbol{B}$为正定矩阵。

【例 1-8-39】 实二次型$f(x_1,x_2,x_3)=x_1^2+2x_1x_2+tx_2^2+3x_3^2$，当$t=$（　　）时，$f$的秩为 2。

A. 0　　B. 1　　C. 2　　D. 3

解　实二次型对应的矩阵$\boldsymbol{A}=\begin{bmatrix} 1 & 1 & 0 \\ 1 & t & 0 \\ 0 & 0 & 3 \end{bmatrix}$

对$\boldsymbol{A}$进行初等行变换

$$\begin{bmatrix} 1 & 1 & 0 \\ 1 & t & 0 \\ 0 & 0 & 3 \end{bmatrix}\to\begin{bmatrix} 1 & 1 & 0 \\ 0 & t-1 & 0 \\ 0 & 0 & 3 \end{bmatrix}$$

因为$\boldsymbol{R}(\boldsymbol{A})=2$，故$t-1=0$，$t=1$

答案：B

【例 1-8-40】 判别二次型$f_1=2x_1^2+3x_2^2+x_3^2+2\sqrt{2}x_1x_2$，$f_2=-x_1^2-x_2^2-3x_3^2-2x_1x_3-2x_2x_3$是正定的，还是负定的？

解　（1）f_1对应矩阵$\boldsymbol{A}=\begin{bmatrix} 2 & \sqrt{2} & 0 \\ \sqrt{2} & 3 & 0 \\ 0 & 0 & 1 \end{bmatrix}$

顺序主子式$\boldsymbol{D}_1=2>0$，$\boldsymbol{D}_2=\begin{vmatrix} 2 & \sqrt{2} \\ \sqrt{2} & 3 \end{vmatrix}=6-2>0$，$\boldsymbol{D}_3=\begin{vmatrix} 2 & \sqrt{2} & 0 \\ \sqrt{2} & 3 & 0 \\ 0 & 0 & 1 \end{vmatrix}=1\times\begin{vmatrix} 2 & \sqrt{2} \\ \sqrt{2} & 3 \end{vmatrix}>0$

f_1是正定的。

（2）f_2对应矩阵$\boldsymbol{A}=\begin{bmatrix}-1&0&-1\\0&-1&-1\\-1&-1&-3\end{bmatrix}$

顺序主子式$\boldsymbol{D}_1=-1<0$，$\boldsymbol{D}_2=\begin{vmatrix}-1&0\\0&-1\end{vmatrix}=1>0$，$\boldsymbol{D}_3=\begin{vmatrix}-1&0&-1\\0&-1&-1\\-1&-1&-3\end{vmatrix}=-1<0$

f_2是负定的。

【例 1-8-41】 若实二次型$f(x_1,x_2,x_3)=x_1^2+4x_2^2+2x_3^2+2tx_1x_2+2x_1x_3$是正定的，则$t$应满足：

A. $-2<t<2$　　B. $-\sqrt{2}<t<\sqrt{2}$

C. $-\sqrt{2}<t<2$　　D. $-2<t<\sqrt{2}$

解　二次型f的矩阵为$\begin{bmatrix}1&t&1\\t&4&0\\1&0&2\end{bmatrix}$

要使二次型正定，其各阶顺序主子式应满足

$$|\boldsymbol{A}_1|=1>0,\ |\boldsymbol{A}_2|=\begin{vmatrix}1&t\\t&4\end{vmatrix}=4-t_2>0,\ |\boldsymbol{A}_3|=\begin{vmatrix}1&t&1\\t&4&0\\1&0&2\end{vmatrix}=4-2t_2>0$$

解不等式组$\begin{cases}4-t^2>0\Rightarrow t^2<4\Rightarrow -2<t<2\\4-2t^2>0\Rightarrow t^2<2\Rightarrow -\sqrt{2}<t<\sqrt{2}\end{cases}$

取公共部分得：$-\sqrt{2}<t<\sqrt{2}$。

答案： B

【例 1-8-42】 已知三元二次型$f=ax_1^2+ax_2^2+x_3^2-2ax_2x_3$，$a$满足以下哪个条件时，$f$是正定二次型？

A. $a>1$　　B. $0<a<1$　　C. $-1<a<0$　　D. $a>0$

解　二次型的矩阵$\boldsymbol{A}=\begin{bmatrix}a&0&0\\0&a&-a\\0&-a&1\end{bmatrix}$

f为正定的充要条件：

$$a>0,\ \begin{vmatrix}a&0\\0&a\end{vmatrix}>0,\ \begin{vmatrix}a&0&0\\0&a&-a\\0&-a&1\end{vmatrix}>0$$

即$\begin{cases}a>0\\a^2>0\\a^2(1-a)>0\end{cases}\Rightarrow 0<a<1$

答案： B

习　题

1-8-1　行列式$\boldsymbol{D}_1=\begin{vmatrix}1&3&1\\2&2&3\\3&1&5\end{vmatrix}$，$\boldsymbol{D}_2=\begin{vmatrix}\lambda&0&1\\0&\lambda-1&1\\1&0&\lambda\end{vmatrix}$，若$\boldsymbol{D}_1=\boldsymbol{D}_2$，则$\lambda$的值为（　　）。

A. 0，1　　B. 0，2　　C. −1，1　　D. −1，2

1-8-2　已知行列式$\begin{vmatrix}&&&\lambda_1\\&&\lambda_2&\\&\iddots&&\\\lambda_n&&&\end{vmatrix}$，其中$\lambda_i\neq 0(i=1,2,\cdots,n)$，则行列式的值为（　　）。

A. $\lambda_1\lambda_2\lambda_3\cdots\lambda_n$　　B. 0

C. $-\lambda_1\lambda_2\cdots\lambda_n$　　D. $(-1)^{\frac{n(n-1)}{2}}\lambda_1\lambda_2\cdots\lambda_n$

1-8-3 设$\boldsymbol{A}$是4×5矩阵，$\boldsymbol{B}$是5×4矩阵，则下列结论中不正确的是（　　）。

A. $|\boldsymbol{AB}|\neq0$　　B. $|\boldsymbol{A}^{\mathrm{T}}\boldsymbol{B}^{\mathrm{T}}|$有意义

C. $R(\boldsymbol{A})=R(\boldsymbol{A}^{\mathrm{T}})\leqslant4$　　D. $R(\boldsymbol{AB})\leqslant4$

1-8-4 已知$\boldsymbol{\alpha}_1=\begin{bmatrix}2\\0\\0\end{bmatrix}$，$\boldsymbol{\alpha}_2=\begin{bmatrix}0\\0\\-3\end{bmatrix}$，下列向量中是$\boldsymbol{\alpha}_1$，$\boldsymbol{\alpha}_2$的线性组合的是（　　）。

A. $\boldsymbol{\beta}=\begin{bmatrix}-3\\0\\4\end{bmatrix}$　　B. $\boldsymbol{\beta}=\begin{bmatrix}0\\1\\0\end{bmatrix}$　　C. $\boldsymbol{\beta}=\begin{bmatrix}1\\1\\0\end{bmatrix}$　　D. $\boldsymbol{\beta}=\begin{bmatrix}0\\-1\\1\end{bmatrix}$

1-8-5 向量组的秩为r的充要条件是（　　）。

A. 该向量组所含向量的个数必大于r

B. 该向量组中任何r个向量必线性无关，任何$r+1$个向量必线性相关

C. 该向量组中有r个向量线性无关，有$r+1$个向量线性相关

D. 该向量组中有r个向量线性无关，任何$r+1$个向量必线性相关

1-8-6 利用初等行变换求矩阵$\begin{bmatrix}1&1&2&2&1\\0&2&1&5&-1\\2&0&3&-1&3\\1&1&0&4&-1\end{bmatrix}$的列向量组的一个最大无关组为（　　）。

A. 第1、2列　　B. 第2、3列　　C. 第4、5列　　D. 第1、2、3列

1-8-7 设$\boldsymbol{A}=\begin{bmatrix}a_1b_1&a_1b_2&\cdots&a_1b_n\\a_2b_1&a_2b_2&\cdots&a_2b_n\\\vdots&\vdots&&\vdots\\a_nb_1&a_nb_2&\cdots&a_nb_n\end{bmatrix}$，其中$a_i\neq0$，$b_i\neq0(i=1,2,\cdots,n)$，则矩阵$\boldsymbol{A}$的秩等于（　　）。

A. n　　B. 0　　C. 1　　D. 2

1-8-8 设$\boldsymbol{\alpha}_1$，$\boldsymbol{\alpha}_2$，$\boldsymbol{\alpha}_3$是四元非齐次线性方程组$\boldsymbol{Ax}=\boldsymbol{b}$的三个解向量，且$R(\boldsymbol{A})=3$，$\boldsymbol{\alpha}_1=(1,2,3,4)^{\mathrm{T}}$，$\boldsymbol{\alpha}_2+\boldsymbol{\alpha}_3=(0,1,2,3)^{\mathrm{T}}$，$C$表示任意常数，则线性方程组$\boldsymbol{Ax}=\boldsymbol{b}$的通解$\boldsymbol{x}$为（　　）。

A. $\begin{bmatrix}1\\2\\3\\4\end{bmatrix}+C\begin{bmatrix}1\\1\\1\\1\end{bmatrix}$　　B. $\begin{bmatrix}1\\2\\3\\4\end{bmatrix}+C\begin{bmatrix}0\\1\\2\\3\end{bmatrix}$　　C. $\begin{bmatrix}1\\2\\3\\4\end{bmatrix}+C\begin{bmatrix}2\\3\\4\\5\end{bmatrix}$　　D. $\begin{bmatrix}1\\2\\3\\4\end{bmatrix}+C\begin{bmatrix}3\\4\\5\\6\end{bmatrix}$

1-8-9 可逆矩阵$\boldsymbol{A}$（即$|\boldsymbol{A}|\neq0$）与矩阵（　　）有相同的特征值。

A. $\boldsymbol{A}^{\mathrm{T}}$　　B. $\boldsymbol{A}^{-1}$　　C. $\boldsymbol{A}^2$　　D. $\boldsymbol{A}+\boldsymbol{E}$

1-8-10 设$\boldsymbol{A}$、$\boldsymbol{B}$均为n阶矩阵，则下列各式中正确的是（　　）。

A. $(\boldsymbol{A}+\boldsymbol{B})(\boldsymbol{A}-\boldsymbol{B})=\boldsymbol{A}^2-\boldsymbol{B}^2$　　B. $(\boldsymbol{AB})^2=\boldsymbol{A}^2\boldsymbol{B}^2$

C. 由$\boldsymbol{AC}=\boldsymbol{BC}$，必可推出$\boldsymbol{A}=\boldsymbol{B}$　　D. $\boldsymbol{A}^2-\boldsymbol{E}=(\boldsymbol{A}+\boldsymbol{E})(\boldsymbol{A}-\boldsymbol{E})$

1-8-11 设$\boldsymbol{A}$、$\boldsymbol{B}$、$\boldsymbol{C}$均为n阶方阵，且$\boldsymbol{ABC}=\boldsymbol{E}$，则（　　）。

A. $\boldsymbol{ACB}=\boldsymbol{E}$　　B. $\boldsymbol{CBA}=\boldsymbol{E}$　　C. $\boldsymbol{BAC}=\boldsymbol{E}$　　D. $\boldsymbol{BCA}=\boldsymbol{E}$

1-8-12 设$\boldsymbol{A}$为三阶矩阵，$|\boldsymbol{A}|=\frac{1}{2}$，则$|(2\boldsymbol{A})^{-1}-5\boldsymbol{A}^*|$为（　　）。

A. 0　　B. −16　　C. 4　　D. −8

1-8-13 设$\boldsymbol{A}$为n阶方阵，且$|\boldsymbol{A}|=a\neq0$，则$|\boldsymbol{A}^*|=$（　　）。

A. a　　B. $\frac{1}{a}$　　C. a^{n-1}　　D. a^n

1-8-14 设三阶方阵$\boldsymbol{A}$的特征值为 1，2，−2，它们所对应的特征向量分别为$\boldsymbol{\alpha}_1$，$\boldsymbol{\alpha}_2$，$\boldsymbol{\alpha}_3$，令$\boldsymbol{P}=(\boldsymbol{\alpha}_1,\boldsymbol{\alpha}_2,\boldsymbol{\alpha}_3)$，则$\boldsymbol{P}^{-1}\boldsymbol{AP}=$（　　）。

A. $\begin{bmatrix}1&&\\&2&\\&&-2\end{bmatrix}$ B. $\begin{bmatrix}2&&\\&1&\\&&-2\end{bmatrix}$ C. $\begin{bmatrix}-1&&\\&-2&\\&&2\end{bmatrix}$ D. $\begin{bmatrix}-2&&\\&1&\\&&2\end{bmatrix}$

1-8-15 设$\lambda=2$是可逆矩阵$\boldsymbol{A}$的一个特征值，则矩阵$\boldsymbol{E}+\left(\frac{1}{2}\boldsymbol{A}^3\right)^{-1}$有一个特征值等于（ ）。

A. $\frac{1}{4}$ B. $\frac{5}{4}$ C. 5 D. $\frac{4}{5}$

1-8-16 设$\boldsymbol{A}$为n阶方阵，则以下结论正确的是（ ）。

A. 若$\boldsymbol{A}$可逆，则$\boldsymbol{A}$的对应于λ的特征向量也是$\boldsymbol{A}^{-1}$对应于特征值$\frac{1}{\lambda}$的特征向量

B. $\boldsymbol{A}$的特征向量的任一线性组合仍是$\boldsymbol{A}$的特征向量

C. 若λ是方阵$\boldsymbol{A}$对应特征向量$\boldsymbol{x}$的特征值，那么$\boldsymbol{A}^*$对应于特征向量$\boldsymbol{x}$的特征值为$\lambda|\boldsymbol{A}|$

D. $\boldsymbol{A}$的特征向量为方程组$(\boldsymbol{A}-\lambda\boldsymbol{E})\boldsymbol{x}=0$的全部解向量

1-8-17 已知向量$\boldsymbol{\alpha}=(1,a,1)^{\mathrm{T}}$，$\boldsymbol{\beta}=(-1,-1,-b)^{\mathrm{T}}$，$\boldsymbol{\gamma}=(b,2,0)^{\mathrm{T}}$为三阶实对称矩阵$\boldsymbol{A}$的 3 个不同特征值对应的特征向量，则（ ）。

A. $a=1,b=-2$ B. $a=-2,b=1$

C. $a=-1,b=2$ D. $a=2,b=-1$

1-8-18 已知三阶矩阵$\boldsymbol{A}$的特征值为−1，1，2，则矩阵$\boldsymbol{B}=(\boldsymbol{A}^*)^{-1}$（其中$\boldsymbol{A}^*$为$\boldsymbol{A}$的伴随矩阵）的特征值为（ ）。

A. 1，−1，−2 B. $\frac{1}{2}$，$-\frac{1}{2}$，-1

C. $-\frac{1}{4}$，$\frac{1}{4}$，$\frac{1}{2}$ D. $-\frac{1}{3}$，$\frac{1}{3}$，$\frac{2}{3}$

1-8-19 设$\boldsymbol{A}$是一个三阶实矩阵，如果对于任一三维列向量$\boldsymbol{x}$，都有$\boldsymbol{x}^{\mathrm{T}}\boldsymbol{A}\boldsymbol{x}=0$，那么（ ）。

A. $|\boldsymbol{A}|=0$ B. $|\boldsymbol{A}|>0$

C. $|\boldsymbol{A}|<0$ D. 以上都不成立

1-8-20 n阶实对称矩阵$\boldsymbol{A}$为正定矩阵，则下列不成立的是（ ）。

A. 所有K阶子式为正$(K=1,2,\cdots,n)$

B. $\boldsymbol{A}$的所有特征值全为正

C. $\boldsymbol{A}^{-1}$为正定矩阵

D. 秩$(\boldsymbol{A})=n$

第九节 概率论与数理统计

一、随机事件与概率

（一）随机事件与样本空间

随机试验（记作E）具有以下特点：每次试验结果不可能事先确定，但试验的全部可能结果是可知的，在相同条件下试验可以重复进行。

随机试验E的每个可能结果称为一个基本事件，试验E的所有可能结果的集合称为E的样本空间，记作Ω。

随机事件可以由E的某些基本事件组成，通常用A，B，C，…表示。

每次试验必然发生的事件，称作必然事件，记作Ω；每次试验必不发生的事件，称作不可能事

件，记作∅。用图形表示事件，可使分析直观方便，图 1-9-1 中方形区域表示Ω。

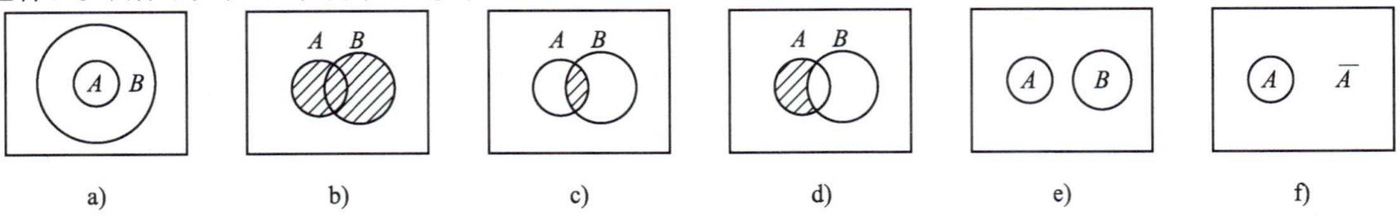

图 1-9-1

（二）随机事件的关系及运算

1. 包含与相等

若事件A发生必然导致事件B发生，则称事件B包含事件A或A被B包含，记作$B\supset A$或$A\subset B$（见图 1-9-1a）。若$A\subset B$且$B\subset A$，则称事件A与事件B相等，记作$A=B$。

2. 和事件

事件A与B中至少有一个发生的事件称作事件A与B的和事件，记作$A\cup B$或$A+B$（见图 1-9-1b）。

3. 积事件

事件A与B同时发生的事件称作事件A与B的积事件，记作AB或$A\cap B$（见图 1-9-1c）。

4. 差事件

事件A发生而事件B不发生，这样的事件称作事件A与B的差事件，记作$A-B$（见图 1-9-1d）。

5. 互不相容事件

若事件A与B不能同时发生，即$AB=\varnothing$，则称事件A与B互不相容或互斥（见图 1-9-1e）。

6. 对立事件

若在一次实验中，事件A与B中必有且仅有一个发生，即$A\cup B=\Omega$且$AB=\varnothing$，则称A与B互为对立事件（或逆事件）。A的对立事件记为$\overline{A}$，所以$A\cup\overline{A}=\Omega$，$A\overline{A}=\varnothing$（见图 1-9-1f）。注意“$A$不发生”即“$\overline{A}$发生”，所以$A-B=A\overline{B}$。

事件的运算律：

①$A\cup B=B\cup A$

②$A\cup(B\cup C)=(A\cup B)\cup C$

③$AB=BA$

④$(AB)C=A(BC)$

⑤$A(B\cup C)=(AB)\cup(AC)$

⑥$A\cup(BC)=(A\cup B)(A\cup C)$

⑦$\overline{A\cup B}=\overline{A}\,\overline{B}$

⑧$\overline{AB}=\overline{A}\cup\overline{B}$

【例 1-9-1】 有A、B、C三个事件，下列选项中与事件A互斥的是：

A. $\overline{B\cup C}$　　B. $\overline{A\cup B\cup C}$　　C. $\overline{A}B+AC$　　D. $A(B+C)$

解　$A(\overline{B\cup C})=A\overline{B}\,\overline{C}$可能发生，选项 A 错。

$A(\overline{A\cup B\cup C})=A\overline{A}\,\overline{B}\,\overline{C}=\varnothing$，选项 B 对。

或见解图：

图 a），$\overline{B\cup C}$（斜线区域）与A有交集。

图 b），$\overline{A\cup B\cup C}$（斜线区域）与A无交集。

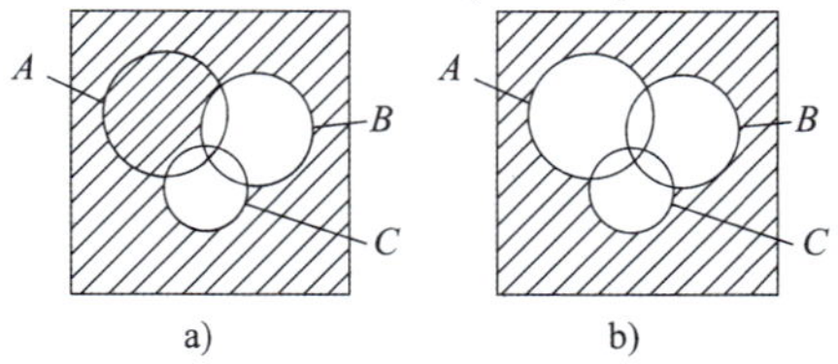

例 1-9-1 解图

答案： B

（三）概率及其性质

1. 概率的统计定义

若在n次重复试验中事件A出现了m次，则比值$\frac{m}{n}$称为事件A在这n次试验中出现的频率，记为$f_n(A)=\frac{m}{n}$。

当试验次数n无限增大时，$f_n(A)$就稳定于某个常数p，则数p称为A的概率，记作$P(A)$。$P(A)$表示事件A发生的可能性有多大。在图示法中，可把$P(A)$看作A区域的面积（表示Ω的方形区域面积为 1）。

2. 概率的性质（公式）

（1）对任意事件A，有$0\leqslant P(A)\leqslant 1$。$P(\Omega)=1$，$P(\varnothing)=0$。

（2）对任意两事件A、B（见图 1-9-1b），有$P(A\cup B)=P(A)+P(B)-P(AB)$。

（3）对互不相容事件A、B（见图 1-9-1e），有$P(A\cup B)=P(A)+P(B)$。

（4）$P(A)+P(\overline{A})=1$，$P(\bar{A})=1-P(A)$（见图 1-9-1f）。

（5）$P(AB)+P(A\overline{B})=P(A)$，$P(A\overline{B})=P(A-B)=P(A)-P(AB)$（见图 1-9-1d）。

当$B\subset A$时，$AB=B$，$P(A-B)=P(A)-P(B)$。

【例 1-9-2】若$P(A)=0.8$，$P(A\overline{B})=0.2$，则$P(\overline{A}\cup\overline{B})$等于：

A. 0.4　　B. 0.6　　C. 0　　D. 0.3

解 因 $P(AB)+P(A\overline{B})=P(A)$

所以 $P(AB)=P(A)-P(A\overline{B})=0.6$

$P(\overline{A}\cup\overline{B})=P(\overline{AB})=1-P(AB)=1-0.6=0.4$

答案： A

3. 概率的古典定义

设随机试验的全部可能结果是n个等可能发生的基本事件，其中有且仅有m个基本事件被随机事件A包含，则事件A的概率

$$P(A)=\frac{m}{n}$$

例如，在一批N个产品中有M个次品。设事件A是“从这批产品中任取n个产品，其中恰有m个次品”，那么

$$P(A)=\frac{C_M^m\cdot C_{N-M}^{n-m}}{C_N^n}$$

【例 1-9-3】袋中有 5 个球，其中 3 个是白球，2 个是红球，一次随机地取出 3 个球，其中恰有 2 个是白球的概率是：

A. $\left[\frac{3}{5}\right]^2\frac{2}{5}$　　B. $C_5^3\left[\frac{3}{5}\right]^2\frac{1}{5}$　　C. $\left[\frac{3}{5}\right]^2$　　D. $\frac{C_3^2C_2^1}{C_5^3}$

答案： D

（四）条件概率

1. 条件概率

定义：设A、B为两个事件，$P(A)>0$，则称$P(B|A)=\frac{P(AB)}{P(A)}$为事件$A$发生的条件下，事件$B$发生的条件概率。

说明：①$P(B)=\frac{P(B)}{P(\Omega)}$表示在$\Omega$范围内$B$发生的可能性大小；$P(B|A)=\frac{P(AB)}{P(A)}$表示在$A$范围内$B$（就是$AB$）发生的可能性大小。

②求条件概率有时不用此式，而用压缩样本空间方法，把思考范围从Ω压缩到A的范围内。

条件概率性质（公式）：设A、B、C为随机事件，$P(C)>0$，则：

（1）$0\leqslant P(A|C)\leqslant 1$；

（2）$P(A\cup B|C)=P(A|C)+P(B|C)-P(AB|C)$；

（3）$AB=\varnothing$时，$P(A\cup B|C)=P(A|C)+P(B|C)$；

（4）$P(A|C)+P(\overline{A}|C)=1$；

（5）$P(AB|C)+P(A\overline{B}|C)=P(A|C)$。

2. 乘法公式

$$P(A)>0\text{ 时，}P(AB)=P(A)P(B|A) \quad (1\text{-}9\text{-}1)$$

$$P(B)>0\text{ 时，}P(AB)=P(B)P(A|B)$$

3. 全概率公式

设事件组A_1，A_2，$\cdots$，A_n互不相容，且$A_1\cup A_2\cup\cdots\cup A_n=\Omega$，$P(A_i)>0$，$i=1$，$2$，$\cdots$，$n$。则对任一事件$B$有

$$P(B)=\sum_{i=1}^{n}P(B|A_i)P(A_i) \quad (1\text{-}9\text{-}2)$$

4. 贝叶斯（Bayes）公式

在全概率公式条件下，且$P(B)>0$，则有

$$P(A_i|B)=\frac{P(A_i)P(B|A_i)}{\sum_{k=1}^{n}P(A_k)P(B|A_k)} \quad (i=1,2,\cdots,n) \quad (1\text{-}9\text{-}3)$$

【例 1-9-4】 设有一箱产品由三家工厂生产，第一家工厂生产总量的$\frac{1}{2}$，其他两厂各产总量的$\frac{1}{4}$，又知各厂次品率分别为 2%、2%、4%，现从此箱任取一件产品，（1）问取到正品的概率是多少？（2）如果已知取到的这件产品恰为正品，问它是由第二家工厂生产的概率是多少？

解 注意：$\frac{1}{2}$、$\frac{1}{4}$、$\frac{1}{4}$为概率，分别设对应的一个事件；2%、2%、4%为条件概率，分别设对应的两个事件。设A_i为“取到一件第i厂产品”，$i=1$，2，3；B为“取到一件正品”，$\overline{B}$为“取到一件次品”。

$P(A_1)=\frac{1}{2}$，$P(A_2)=P(A_3)=\frac{1}{4}$，$P(\overline{B}|A_1)=0.02$，$P(\overline{B}|A_2)=0.02$，$P(\overline{B}|A_3)=0.04$。

（1）由全概率公式 $P(B)=\sum_{i=1}^{3}P(A_i)P(B|A_i)$

且$P(B|A_i)=1-P(\overline{B}|A_i)\quad(i=1,2,3)$

$$P(B)=\frac{1}{2}\times 0.98+\frac{1}{4}\times 0.98+\frac{1}{4}\times 0.96=0.975$$

或

$$P(\overline{B})=\frac{1}{2}\times 0.02+\frac{1}{4}\times 0.02+\frac{1}{4}\times 0.04=0.025$$

$$P(B)=1-P(\overline{B})=0.975$$

（2）由贝叶斯公式可知

$$P(A_2|B)=\frac{\frac{1}{4}\times 0.98}{\frac{1}{2}\times 0.98+\frac{1}{4}\times 0.98+\frac{1}{4}\times 0.96}\approx 0.2513$$

(五)独立性

1. 相互独立

定义:若事件A、B满足$P(AB)=P(A)P(B)$,则称A与B相互独立。

结论:

(1)如果A、B相互独立,则A与$\overline{B}$、$\overline{A}$与B、$\overline{A}$与$\overline{B}$均相互独立。

(2)如果A、B独立,$0<P(A)<1$,则$P(B|A)=P(B|\overline{A})=P(B)$($A$发生与否不影响$B$发生的概率)。$A$、$B$独立的含意是"$A$发生与否"同"$B$发生与否"在概率上互不影响。

【例 1-9-5】已知事件A与B相互独立,且$P(\overline{A})=0.4$,$P(\overline{B})=0.5$,则$P(A\cup B)$等于:

A. 0.6　　B. 0.7　　C. 0.8　　D. 0.9

解 因为A与B独立,所以$\overline{A}$与$\overline{B}$独立。

$P(A\cup B)=1-P(\overline{A\cup B})=1-P(\overline{A}\,\overline{B})=1-P(\overline{A})P(\overline{B})=0.8$

或者$P(A\cup B)=P(A)+P(B)-P(AB)$

由于A与B相互独立,则$P(AB)=P(A)P(B)$

而$P(A)=1-P(\overline{A})=0.6$,$P(B)=1-P(\overline{B})=0.5$

故$P(A\cup B)=0.6+0.5-0.6\times 0.5=0.8$

答案: C

【例 1-9-6】若$P(A)>0$,$P(B)>0$,$P(\overline{B})>0$,$P(A|B)=P(A)$,则下列各式不成立的是:

A. $P(B|A)=P(B)$　　B. $P(A|\overline{B})=P(A)$

C. $P(AB)=P(A)P(B)$　　D. $AB=\varnothing$

解 因$P(AB)=P(B)P(A|B)=P(A)P(B)>0$,而$AB=\varnothing$时,$P(AB)=0$。选项 D 不成立。

或因$P(AB)=P(B)P(A|B)=P(A)P(B)$,选项 C 成立;$A$、$B$相互独立,所以选项 A、B 也成立。

答案: D

定义:对于三个事件A、B、C,如果有

$$P(AB)=P(A)P(B)$$
$$P(AC)=P(A)P(C)$$
$$P(BC)=P(B)P(C)$$
$$P(ABC)=P(A)P(B)P(C)$$

则称三事件A、B、C相互独立。

定义:对于n个事件A_1、A_2、$\cdots$、A_n,如果对任何整数$k(2\leqslant k\leqslant n)$,任意$1\leqslant i_1<i_2<\cdots<i_k\leqslant n$,有$P(A_{i1}A_{i2}\cdots A_{ik})=P(A_{i1})P(A_{i2})\cdots P(A_{ik})$成立,则称$A_1$、$A_2$、$\cdots$、$A_n$相互独立。

2. 独立重复试验(贝努利概型)

设一次试验中,事件A发生的概率为$p(0<p<1)$,则在n次独立重复试验(n重贝努利试验)中A发生k次的概率

$$P_k=C_n^k p^k q^{n-k}\qquad(q=1-p;k=0,1,2,\cdots,n)$$

【例 1-9-7】在一小时内一台车床不需要工人看管的概率为 0.8,一个工人看管三台车床,三台车床工作相互独立,求在一小时内三台车床中至少有一台不需要人看管的概率。

解 设A表示"一小时内一台车床不需要看管",看管三台车床相当于 3 次独立重复试验。

B表示"一小时内三台车床中至少有一台不需要看管";

B_k表示"一小时内三台车床中恰有k台不需要看管",k=0,1,2,3。

由题意可知 $p=P(A)=0.8$

方法 1: $P(B_k)=C_3^k 0.8^k 0.2^{3-k} \quad (k=0,1,2,3)$

$$P(B)=P(B_1)+P(B_2)+P(B_3)=\sum_{k=1}^{3} C_3^k 0.8^k 0.2^{3-k}=0.992$$

方法 2: $P(B)=1-P(\overline{B})$，$P(\overline{B})=P(B_0)=0.2^3$，$P(B)=1-0.2^3=0.992$

由此可见，借助性质$P(A)=1-P(\overline{A})$有时可简化计算。

二、随机变量

为了进一步研究随机现象，需要将随机试验的结果数量化，为此先定义随机变量。

（一）随机变量及其分布函数

1. 如果对于随机试验的每一个可能结果ω，变量X都有一确定实数与它对应，则称X为随机变量。含随机变量的等式、不等式表示随机事件，如$X=0$，$X\leqslant 2$等。

2. 对任意实数x，称函数

$$F(x)=P\{X\leqslant x\} \qquad (-\infty<x<+\infty)$$

为随机变量X的分布函数。

3. 分布函数性质：

（1）$0\leqslant F(x)\leqslant 1(-\infty<x<+\infty)$；$\lim\limits_{x\to+\infty} F(x)=1$，$\lim\limits_{x\to-\infty} F(x)=0$；

（2）$F(x)$是非减函数，即$x_1<x_2$时，$F(x_1)\leqslant F(x_2)$；

（3）$F(x)$是右连续的，即$\lim\limits_{x\to a^+} F(x)=F(a)$；

（4）$P\{a<X\leqslant b\}=F(b)-F(a)$，$P(X>a)=1-F(a)$。

（二）离散型随机变量

1. 离散型随机变量的全部可能取值为有限多个（记为x_1，x_2，$\cdots$，x_n）或可数多个（记为x_1，x_2，$\cdots$，x_n，$\cdots$）。

离散型随机变量的分布律为

$$P\{X=x_k\}=P_k \qquad (k=1,2,\cdots,n,\cdots)$$

也可用表格表示

X	x_1	x_2	$\cdots$	x_n	$\cdots$
P_k	P_1	P_2	$\cdots$	P_n	$\cdots$

2. 分布律的性质：

（1）非负性，$P_k\geqslant 0(k=1,2,\cdots)$；

（2）全部概率的和为 1，即$\sum\limits_{k=1}^{\infty} P_k=1$。

（3）$P(a<X\leqslant b)=\sum\limits_{a<x_k\leqslant b} P_k$。

3. 离散型随机变量的分布函数：

$$F(x)=P\{X\leqslant x\}=\sum_{x_k\leqslant x} P\{X=x_k\}$$

【例 1-9-8】 离散型随机变量X的分布律为$P(X=k)=C\lambda^k(k=0,1,2,\cdots)$，则下列不成立的是：

A. $C>0$　　B. $0<\lambda<1$　　C. $C=1-\lambda$　　D. $C=\frac{1}{1-\lambda}$

解 由分布律性质知$C\lambda^k\geqslant 0(k=0,1,2,\cdots)$，$\sum\limits_{k=0}^{\infty} C\lambda^k=\frac{C}{1-\lambda}=1$。所以$C>0$，$\lambda>0$，$|\lambda|<1$，

$C=1-\lambda$。

答案：D

（三）连续型随机变量

1. 定义：对于随机变量X，如果存在非负函数$f(x)$，使对任意实数x有

$$F(x)=P\{X\leqslant x\}=\int_{-\infty}^{x}f(t)\mathrm{d}t$$

则称X为连续型随机变量，称$f(x)$为X的概率密度。此时，$F(x)$为连续函数。

2. 概率密度$f(x)$性质：

（1）$\int_{-\infty}^{+\infty}f(x)\mathrm{d}x=1$（其中$f(x)\geqslant 0$）；

（2）在$f(x)$连续点有$F'(x)=f(x)$；

（3）$P\{a<X\leqslant b\}=F(b)-F(a)=\int_a^b f(x)\mathrm{d}x$（等于曲边梯形面积）。

注意：连续型随机变量X取任一定值a的概率$P\{X=a\}=0$，但“$X=a$”有时并非不可能事件。

【例 1-9-9】下列函数中，可以作为连续型随机变量的分布函数的是：

A. $\Phi(x)=\begin{cases}0 & x<0\\ 1-e^{x} & x\geqslant 0\end{cases}$　　B. $F(x)=\begin{cases}e^{x} & x<0\\ 1 & x\geqslant 0\end{cases}$

C. $G(x)=\begin{cases}e^{-x} & x<0\\ 1 & x\geqslant 0\end{cases}$　　D. $H(x)=\begin{cases}0 & x<0\\ 1+e^{-x} & x\geqslant 0\end{cases}$

解　分布函数［记为$Q(x)$］性质为：①$0\leqslant Q(x)\leqslant 1$，$Q(-\infty)=0$，$Q(+\infty)=1$；②$Q(x)$是非减函数；③$Q(x)$是右连续的。

$\Phi(+\infty)=-\infty$；$F(x)$满足分布函数的性质①、②、③；

$G(-\infty)=+\infty$；$x\geqslant 0$时，$H(x)>1$。

答案：B

【例 1-9-10】设随机变量X的概率密度为$f(x)=\begin{cases}Axe^{-\frac{x^2}{2\sigma^2}} & x\geqslant 0\\ 0 & x<0\end{cases}$，求常数$A$。

解　由$\int_{-\infty}^{+\infty}f(x)\mathrm{d}x=1$，可知$\int_0^{+\infty}Axe^{-\frac{x^2}{2\sigma^2}}\mathrm{d}x=-A\sigma^2\int_0^{+\infty}e^{-\frac{x^2}{2\sigma^2}}\mathrm{d}\left(-\frac{x^2}{2\sigma^2}\right)=A\sigma^2=1$，得$A=\frac{1}{\sigma^2}$。

【例 1-9-11】设连续型随机变量X的分布函数为

$$F(x)=A+B\arctan x\quad(-\infty<x<+\infty)$$

求：（1）常数A与B；

（2）随机变量X在$(-1,1)$内取值的概率；

（3）随机变量X的概率密度。

解　（1）因$F(+\infty)=A+\frac{\pi}{2}B=1$，$F(-\infty)=A-\frac{\pi}{2}B=0$

所以$A=\frac{1}{2}$，$B=\frac{1}{\pi}$，$F(x)=\frac{1}{2}+\frac{1}{\pi}\arctan x$

（2）$P\{-1<X<1\}=F(1)-F(-1)=\frac{1}{\pi}\arctan 1-\frac{1}{\pi}\arctan(-1)=\frac{1}{2}$

（3）$f(x)=F'(x)=\frac{1}{\pi(1+x^2)}\quad(-\infty<x<+\infty)$

（四）常用概率分布

1. 0–1 分布

分布律

$$P\{X=k\}=p^k q^{1-k}\quad(k=0,1)$$

或

$$\begin{array}{c|cc}X & 0 & 1\\ \hline P_k & q & p\end{array}\quad(0<p<1,q=1-p)$$

2. 二项分布$B(n,p)$

分布律

$$P\{X=k\}=C_n^k p^k q^{n-k} \qquad (0<p<1, q=1-p; k=0,1,2,\cdots,n)$$

说明：（1）$0-1$分布就是$B(1,p)$。

（2）当X表示“n次独立重复试验中，事件A发生的次数”时，$X\sim B(n,p)$，$p=P(A)$。

3. 泊松分布$P(\lambda)$

分布律

$$P\{X=k\}=\frac{e^{-\lambda}\lambda^k}{k!} \qquad (\text{参数}\lambda\text{为正常数}, k=0,1,2,\cdots)$$

4. 均匀分布$U(a,b)$

概率密度

$$f(x)=\begin{cases}\dfrac{1}{b-a} & a\leqslant x\leqslant b\\ 0 & \text{其他}\end{cases}$$

5. 指数分布$E(\lambda)$

概率密度

$$f(x)=\begin{cases}\lambda e^{-\lambda x} & x\geqslant 0\\ 0 & x<0\end{cases} \quad (\text{参数}\lambda\text{为正常数})$$

6. 正态分布$N(\mu,\sigma^2)$

概率密度

$$f(x)=\frac{1}{\sqrt{2\pi}\sigma}e^{-\frac{(x-\mu)^2}{2\sigma^2}} \qquad (-\infty<x<+\infty，\mu\text{为常数}，\sigma\text{为正常数})$$

标准正态分布$N(0,1)$

概率密度

$$\varphi(x)=\frac{1}{\sqrt{2\pi}}e^{-\frac{x^2}{2}} \qquad (-\infty<x<+\infty) \qquad (1\text{-}9\text{-}4)$$

分布函数 $\Phi(x)=\frac{1}{\sqrt{2\pi}}\int_{-\infty}^{x}e^{-\frac{t^2}{2}}\mathrm{d}t$

$\Phi(x)$为图 1-9-2 斜线部分面积值。显然

$$\Phi(0)=0.5$$

$$\Phi(-a)=1-\Phi(a) \quad (\text{见图 1-9-3})$$

$$a>0\text{时}，P\{|X|<a\}=2\Phi(a)-1 \quad (\text{见图 1-9-3})$$

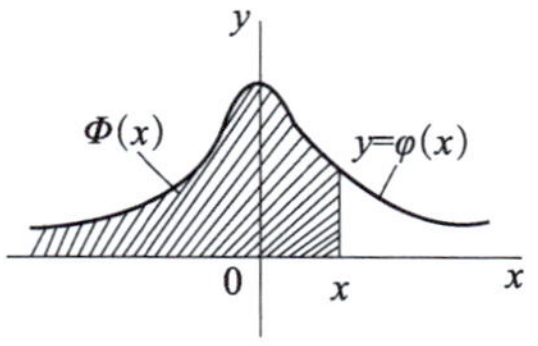

图 1-9-2

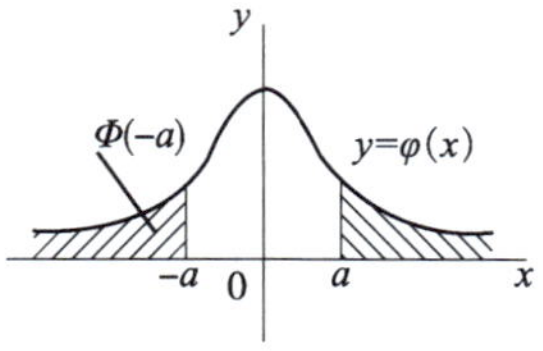

图 1-9-3

结论：设$X\sim N(\mu,\sigma^2)$，则

（1）$\frac{X-\mu}{\sigma}\sim N(0,1)$ （X的标准化）

（2）$P(a<X\leqslant b)=P\left(\frac{a-\mu}{\sigma}<\frac{X-\mu}{\sigma}\leqslant\frac{b-\mu}{\sigma}\right)=\Phi\left(\frac{b-\mu}{\sigma}\right)-\Phi\left(\frac{a-\mu}{\sigma}\right)$

（3）当a、b为常数，$a\neq 0$时，$aX+b\sim N(a\mu+b,a^2\sigma^2)$。

【例 1-9-12】 设$X \sim N(1,2^2)$，$\Phi(0.5)=0.69$，$\Phi(1)=0.84$，求$P\{-1<X^3<8\}$。

解　$P\{-1<X^3<8\}=P\{-1<X<2\}$

$$=\Phi\left(\frac{2-1}{2}\right)-\Phi\left(\frac{-1-1}{2}\right)=\Phi(0.5)-\Phi(-1)$$

$$=\Phi(0.5)-[1-\Phi(1)]=0.69-(1-0.84)=0.53$$

为了便于应用，对于标准正态分布，我们引入上α分位数的定义：

设$X \sim N(0,1)$，若数z_α满足条件（见图 1-9-4）

$$P\{X>z_\alpha\}=\alpha \qquad (0<\alpha<1) \qquad (1\text{-}9\text{-}5)$$

则称数z_α为标准正态分布上α分位数。$\Phi(z_\alpha)=P(X \leqslant z_\alpha)=1-\alpha$，由于概率密度$\varphi(x)$为偶函数，所以$z_{1-\alpha}=-z_\alpha$。（有的书不用$z_\alpha$而用$u_\alpha$）

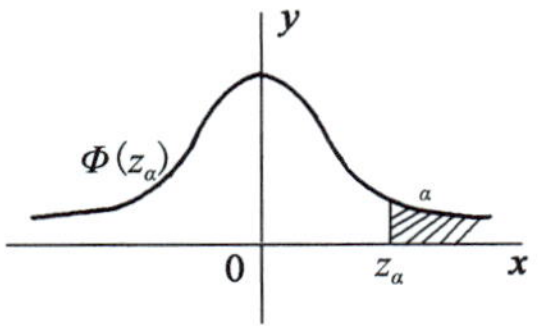

图 1-9-4

查表可知$z_{0.05}=1.645$，$z_{0.025}=1.96$，$z_{0.95}=-1.645$。

7. 二维离散型随机变量

（1）联合分布律

定义：设随机变量X可能取值为x_1，x_2，$\cdots$，x_m，$\cdots$，随机变量Y可能取值为y_1，y_2，$\cdots$，y_n，$\cdots$，把$X=x_i$与$Y=y_j$的积事件的概率$P(X=x_i,Y=y_j)=p_{ij}(i=1,2,\cdots,m,\cdots;j=1,2,\cdots,n,\cdots)$称为$(X,Y)$的联合分布律（简称分布律）。

性质：①$p_{ij} \geqslant 0(i=1,2,\cdots,m,\cdots;j=1,2,\cdots,n,\cdots)$；②$\sum_{i=1}^{\infty}\sum_{j=1}^{\infty}p_{ij}=1$。

（2）边缘分布律

定义：设(X,Y)的联合分布律为$P(X=x_i,Y=y_j)=p_{ij}(i=1,2,\cdots,m,\cdots;j=1,2,\cdots,n,\cdots)$，称$P(X=x_i)=\sum_{j=1}^{\infty}p_{ij}=p_{i\cdot}(i=1,2,\cdots,m,\cdots)$为关于$X$的边缘分布律，称$P(Y=y_j)=\sum_{i=1}^{\infty}p_{ij}=p_{\cdot j}(j=1,2,\cdots,n,\cdots)$为关于$Y$的边缘分布律。

（3）X与Y相互独立的充要条件是$P(X=x_i,Y=y_j)=P(X=x_i)P(Y=y_j)$恒成立，即$p_{ij} \equiv p_{i\cdot}p_{\cdot j}$。

【例 1-9-13】 设二维随机变量(X,Y)的分布律为

例 1-9-13 表

Y	X		
	1	2	3
1	$\frac{1}{6}$	$\frac{1}{9}$	$\frac{1}{18}$
2	$\frac{1}{3}$	β	α

X与Y相互独立，则α与β的取值为：

A. $\alpha=\frac{1}{6}$，$\beta=\frac{1}{6}$　　　B. $\alpha=0$，$\beta=\frac{1}{3}$

C. $\alpha=\frac{2}{9}$，$\beta=\frac{1}{9}$　　　D. $\alpha=\frac{1}{9}$，$\beta=\frac{2}{9}$

解　**方法 1**：利用性质$\sum_{i=1}^{\infty}\sum_{j=1}^{\infty}p_{ij}=1$和$X$与$Y$相互独立的充要条件$p_{ij} \equiv p_{i\cdot}p_{\cdot j}$建立两个方程。

$$\begin{cases}\frac{1}{6}+\frac{1}{9}+\frac{1}{18}+\frac{1}{3}+\beta+\alpha=1\\ P(X=2,Y=1)=P(X=2)P(Y=1)\end{cases}，即\begin{cases}\alpha+\beta=\frac{1}{3}\\ \frac{1}{9}=\left(\frac{1}{9}+\beta\right)\left(\frac{1}{6}+\frac{1}{9}+\frac{1}{18}\right)\end{cases}$$

$\alpha=\frac{1}{9}$，$\beta=\frac{2}{9}$

方法 2：利用$p_{ij}\equiv p_{i\cdot}p_{\cdot j}$导出比例关系。

$$\frac{P(X=i,Y=1)}{P(X=i,Y=2)}=\frac{P(X=i)P(Y=1)}{P(X=i)P(Y=2)}=\frac{P(Y=1)}{P(Y=2)}\quad(i=1,2,3)$$

得$\frac{1/6}{1/3}=\frac{1/9}{\beta}=\frac{1/18}{\alpha}$（两个方程），即$\alpha=\frac{1}{9}$，$\beta=\frac{2}{9}$

答案：D

注：二维离散型随机变量X与Y相互独立时，联合分布律（矩阵）任意两行（列）对应成比例，考试时不必推导，直接使用。

8. 二维连续型随机变量

（1）二维连续型随机变量X、Y的联合概率密度$f(x,y)$的性质

$f(x,y)\geqslant 0$且$\int_{-\infty}^{+\infty}\int_{-\infty}^{+\infty}f(x,y)\mathrm{d}x\mathrm{d}y=1$

（2）边缘概率密度

关于X的边缘概率密度：$f_X(x)=\int_{-\infty}^{+\infty}f(x,y)\mathrm{d}y\quad(-\infty<x<+\infty)$

关于Y的边缘概率密度：$f_Y(y)=\int_{-\infty}^{+\infty}f(x,y)\mathrm{d}x\quad(-\infty<y<+\infty)$

（3）X与Y相互独立的充要条件是

$f(x,y)=f_X(x)\cdot f_Y(y)$处处成立（严格地讲应是“几乎处处成立”）

如设X、Y的联合概率密度为：

$$f(x,y)=\begin{cases}6xy^2 & 0\leqslant x\leqslant 1，0\leqslant y\leqslant 1\\ 0 & 其他\end{cases}$$

则

$$f_X(x)=\begin{cases}\int_0^1 6xy^2\mathrm{d}y=2x\cdot y^3\Big|_0^1=2x & 0\leqslant x\leqslant 1\\ 0 & 其他\end{cases}$$

$$f_Y(y)=\begin{cases}\int_0^1 6xy^2\mathrm{d}x=3y^2\cdot x^2\Big|_0^1=3y^2 & 0\leqslant y\leqslant 1\\ 0 & 其他\end{cases}$$

因为$f(x,y)=f_X(x)\cdot f_Y(y)$处处成立，所以$X$与$Y$相互独立。

【例 1-9-14】 设二维随机变量(X,Y)的概率密度为$f(x,y)=\begin{cases}e^{-2ax+by} & x>0，y>0\\ 0 & 其他\end{cases}$，则常数$a$，$b$应满足的条件是：

A. $ab=-\frac{1}{2}$，且$a>0$，$b<0$

B. $ab=\frac{1}{2}$，且$a>0$，$b>0$

C. $ab=-\frac{1}{2}$，$a<0$，$b<0$

D. $ab=\frac{1}{2}$，且$a<0$，$b<0$

解 **方法 1**：利用联合概率密度的性质，$\int_{-\infty}^{+\infty}\int_{-\infty}^{+\infty}f(x,y)\mathrm{d}x\mathrm{d}y=1$

$$\int_0^{+\infty}\int_0^{+\infty}e^{-2ax+by}\mathrm{d}y\mathrm{d}x=\int_0^{+\infty}e^{-2ax}\mathrm{d}x\cdot\int_0^{+\infty}e^{by}\mathrm{d}y=1$$

当$a>0$时，$\int_0^{+\infty}e^{-2ax}\mathrm{d}x=\frac{-1}{2a}e^{-2ax}\Big|_0^{+\infty}=\frac{1}{2a}$

当$b<0$时，$\int_0^{+\infty}e^{by}\mathrm{d}y=\frac{1}{b}e^{by}\Big|_0^{+\infty}=\frac{-1}{b}$

$\frac{1}{2a}\times\frac{-1}{b}=1$，$ab=-\frac{1}{2}$

方法 2：$x>0$，$y>0$时

$$f(x,y)=e^{-2ax+by}=2ae^{-2ax}\cdot(-b)e^{by}\cdot\frac{-1}{2ab}$$

当$\frac{-1}{2ab}=1$，即$ab=-\frac{1}{2}$时，X服从参数$\lambda=2a(a>0)$的指数分布，Y服从参数$\lambda=-b(b<0)$的指数分布，X与Y相互独立。

答案： A

（4）二维正态分布$N(\mu_1,\mu_2,\sigma_1^2,\sigma_2^2,\rho)$

①若X与Y的联合概率密度为

$$f(x,y)=\frac{1}{2\pi\sigma_1\sigma_2\sqrt{1-\rho^2}}e^{-\frac{1}{2(1-\rho^2)}\left[\frac{(x-\mu_1)^2}{\sigma_1^2}-2\rho\frac{(x-\mu_1)(y-\mu_2)}{\sigma_1\sigma_2}+\frac{(y-\mu_2)^2}{\sigma_2^2}\right]}$$

（μ_1，μ_2为常数，σ_1、σ_2为正常数，$|\rho|<1$）

则称(X,Y)服从二维正态分布，记为$(X,Y)\sim N(\mu_1,\mu_2,\sigma_1^2,\sigma_2^2,\rho)$

②设$(X,Y)\sim N(\mu_1,\mu_2,\sigma_1^2,\sigma_2^2,\rho)$，则

a.$X\sim N(\mu_1,\sigma_1^2)$，$Y\sim N(\mu_2,\sigma_2^2)$

b.X与Y相互独立的充要条件是$\rho=0$ (X,Y不相关)，即

$$f(x,y)=\frac{1}{\sqrt{2\pi}\sigma_1}e^{-\frac{(x-\mu_1)^2}{2\sigma_1^2}}\cdot\frac{1}{\sqrt{2\pi}\sigma_2}e^{-\frac{(y-\mu_2)^2}{2\sigma_2^2}}$$

三、随机变量的数字特征

（一）随机变量的数字特征

1. 数学期望（均值）

（1）定义：设离散型随机变量X的分布律为$P\{X=x_k\}=P_k(k=1,2,\cdots,n,\cdots)$。若$\sum\limits_{k=1}^{\infty}x_kP_k$绝对收敛，则称$\sum\limits_{k=1}^{\infty}x_kP_k$为$X$的数学期望，记作$E(X)$，即$E(X)=\sum\limits_{k=1}^{\infty}x_kP_k$。

设连续型随机变量X的概率密度为$f(x)$，若$\int_{-\infty}^{+\infty}xf(x)\mathrm{d}x$绝对收敛，则称$\int_{-\infty}^{+\infty}xf(x)\mathrm{d}x$为$X$的数学期望，记作$E(X)$，即$E(X)=\int_{-\infty}^{+\infty}xf(x)\mathrm{d}x$。

（2）性质：

①$E(c)=c$ (c为常数)；

②$E(kX)=kE(X)$ (k为常数)；

③$E(kX+b)=kE(X)+b$ (k,b均为常数)；

④$E(X_1+X_2+\cdots+X_m)=E(X_1)+E(X_2)+\cdots+E(X_m)$。

⑤设X_1，X_2，…，X_m相互独立，则$E(X_1X_2\cdots X_m)=E(X_1)E(X_2)\cdots E(X_m)$。

（3）随机变量函数的数学期望：

①设X为离散型，分布律为$P(X=x_i)=P_i(i=1,2,\cdots)$，$Y=g(X)$，则随机变量$Y$的数学期望为

$$E(Y)=E[g(X)]=\sum_{i=1}^{\infty}g(x_i)P_i\quad(\text{绝对收敛})$$

②设X为连续型，概率密度为$f(x)$，$Y=g(X)$，则随机变量Y的数学期望为

$$E(Y)=E[g(X)]=\int_{-\infty}^{+\infty}g(x)f(x)\mathrm{d}x\quad(\text{绝对收敛})$$

③设(X,Y)的联合分布律为$P(X=x_i,Y=y_j)=p_{ij}(i=1,2,\cdots,m,\cdots;j=1,2,\cdots,n,\cdots)$，$Z=g(X,Y)$，则

$$E(Z)=E[g(X,Y)]=\sum_{i=1}^{\infty}\sum_{j=1}^{\infty}g(x_i,y_j)p_{ij}$$

④设(X,Y)的联合概率密度为$f(x,y)$，$Z=g(X,Y)$，则

$$E(Z)=E[g(X,Y)]=\int_{-\infty}^{+\infty}\int_{-\infty}^{+\infty}g(x,y)f(x,y)\mathrm{d}x\mathrm{d}y$$

2. 方差

（1）定义：称$E[(X-E(X))^2]$为X的方差，记为$D(X)$，即$D(X)=E[(X-E(X))^2]$，方差用于刻画随机变量取值分散程度。称$\sqrt{D(X)}$为X的标准差或均方差。

设离散型随机变量X的分布律为$P(X=x_k)=P_k\ (k=1,2,\cdots)$，则

$$D(X)=\sum_{k=1}^{\infty}[x_k-E(X)]^2P_k$$

设连续型随机变量X的概率密度为$f(x)$，则

$$D(X)=\int_{-\infty}^{+\infty}[x-E(X)]^2f(x)\mathrm{d}x$$

计算方差有时用公式

$$D(X)=E(X^2)-[E(X)]^2 \tag{1-9-6}$$

（2）性质：

①$D(C)=0$　(C为常数)；

②$D(CX)=C^2D(X)$，$D(X\pm C)=D(X)$　(C为常数)；

③设随机变量X_1，X_2相互独立，则

$$D(X_1\pm X_2)=D(X_1)+D(X_2)$$

设随机变量X_1，X_2，…，X_n相互独立，C_1，C_2，…，C_n为常数，则$D(\sum_{i=1}^{n}C_iX_i)=\sum_{i=1}^{n}C_i^2D(X_i)$。

特别对独立同分布的随机变量X_1，…，X_n，如果$E(X_i)=\mu$，$D(X_i)=\sigma^2\ (i=1,2,\cdots,n)$，令$\overline{X}=\frac{1}{n}\sum_{i=1}^{n}X_i$，则

$$E(\overline{X})=E(\frac{1}{n}\sum_{i=1}^{n}X_i)=\mu$$

$$D(\overline{X})=D(\frac{1}{n}\sum_{i=1}^{n}X_i)=\frac{1}{n}\sigma^2$$

【例 1-9-15】 已知$E(X)=2$，$D(X)=1$，$Y=X^2$，求$E(Y)$。

解　$E(Y)=E(X^2)=D(X)+[E(X)]^2=1+2^2=5$。

（二）常用概率分布的期望和方差（见表 1-9-1）

表 1-9-1

X服从的分布	$E(X)$	$D(X)$
参数p的$0-1$分布，$q=1-p$	p	pq
二项分布$B(n,p)$，$q=1-p$	np	npq
参数λ的泊松分布$P(\lambda)$	λ	λ
(a,b)上的均匀分布$U(a,b)$	$\frac{a+b}{2}$	$\frac{(b-a)^2}{12}$
参数λ的指数分布$E(\lambda)$	$\frac{1}{\lambda}$	$\frac{1}{\lambda^2}$
正态分布$N(\mu,\sigma^2)$	μ	σ^2

【例 1-9-16】设随机变量X服从参数为 2 的泊松分布，则随机变量$Z = 3X + 2$的标准差是：

A. 18　　B. $3\sqrt{2}$　　C. 6　　D. 4

解 $\sqrt{D(Z)} = \sqrt{9D(X)} = \sqrt{9 \times 2} = 3\sqrt{2}$

答案： B

（三）矩、协方差、相关系数及其性质

（1）设k为正整数，称$E(X^k)$为X的k阶原点矩，$E(X)$存在时，称$E[(X - E(X))^k]$为X的k阶中心矩。X的方差$D(X)$为X的二阶中心矩。

（2）设X、Y为随机变量，$E(X)$、$E(Y)$存在，则称$E[(X - E(X))(Y - E(Y))]$为X与Y的协方差，记作$\mathrm{Cov}(X、Y)$，即$\mathrm{Cov}(X、Y) = E[(X - E(X))(Y - E(Y))]$。

因为$[X - E(X)][Y - E(Y)] = XY - XE(Y) - YE(X) + E(X)E(Y)$，所以

$$\mathrm{Cov}(X, Y) = E(XY) - E(X) \cdot E(Y)$$

协方差性质：

①$\mathrm{Cov}(X, Y) = \mathrm{Cov}(Y, X)$；

②$\mathrm{Cov}(X_1 + X_2, Y) = \mathrm{Cov}(X_1, Y) + \mathrm{Cov}(X_2, Y)$；

③$\mathrm{Cov}(aX, bY) = ab\mathrm{Cov}(X, Y)$，其中$a$、$b$为常数；

④若X与Y相互独立，则$\mathrm{Cov}(X, Y) = 0$。

（3）设$D(X) > 0$，$D(Y) > 0$，则称$\frac{\mathrm{Cov}(X,Y)}{\sqrt{D(X)D(Y)}}$为$X$与$Y$的相关系数，记作$\rho_{XY}$。

相关系数性质：

①$|\rho_{XY}| \leqslant 1$；

②$|\rho_{XY}| = 1$的充分必要条件是存在常数a、$b(a \neq 0)$，使$P\{Y = aX + b\} = 1$。

ρ_{XY}描述X和Y之间线性相关关系的密切程度。$|\rho_{XY}|$接近 1，说明X、Y之间有密切的线性相关关系；$\rho_{XY} = 0$时称X与Y不相关，说明X与Y之间没有线性相关关系。

四、数理统计的基本概念

（一）总体与样本

在统计学中，我们把研究对象的全体（或某项指标X）称为总体，组成总体的基本单元称为个体。总体可以用随机变量X表示。例如X表示钢筋强度、灯泡寿命等。

从一个总体X中，随机地抽取n个个体称为样本，记为X_1，X_2，⋯，X_n。若样本X_1，X_2，⋯，X_n相互独立，且与X有相同的概率分布，则称X_1，X_2，⋯，X_n是来自总体X的容量为n的（简单随机）样本。每次具体抽样，所得数据为样本观察值，用x_1，x_2，⋯，x_n表示。

如果总体的概率密度为$f(x)$，则$(X_1, X_2, \cdots, X_n)$有联合密度$f(x_1)f(x_2)\cdots f(x_n)$。

（二）统计量

设X_1，X_2，⋯，X_n是来自总体X的样本，则不含未知参数的连续函数$g(X_1, X_2, \cdots, X_n)$称为统计量。

常用统计量有：

（1）样本均值$\overline{X} = \frac{1}{n}\sum_{i=1}^{n} X_i$；

（2）样本方差$S^2 = \frac{1}{n-1}\sum_{i=1}^{n}(X_i - \overline{X})^2$；

（3）样本标准差$S=\sqrt{\frac{1}{n-1}\sum_{i=1}^{n}(X_i-\overline{X})^2}$。

如果$E(X)=\mu$，$D(X)=\sigma^2$，则$E(\overline{X})=\mu$，$D(\overline{X})=\frac{1}{n}\sigma^2$且$E(S^2)=\sigma^2$。

（4）样本k阶原点矩 $A_k=\frac{1}{n}\sum_{i=1}^{n}X_i^k \quad (k=1,2,\cdots)$

样本k阶中心矩 $B_k=\frac{1}{n}\sum_{i=1}^{n}\left(X_i-\overline{X}\right)^k \quad (k=1,2,\cdots)$

（三）正态总体样本均值与样本方差的分布

1. 数理统计中常用的分布

（1）χ^2分布

设Z_1，Z_2，…，Z_n相互独立且都服从$N(0,1)$分布，则称

$$Y=\sum_{i=1}^{n}Z_i^2$$

服从自由度为n的χ^2分布，记作$Y\sim\chi^2(n)$。

若数$\chi_\alpha^2(n)$满足$P\{Y>\chi_\alpha^2(n)\}=\alpha(0<\alpha<1)$，则称数$\chi_\alpha^2(n)$为$\chi^2(n)$分布的上$\alpha$分位数（见图 1-9-5）。

χ^2分布的性质：

①设$X\sim\chi^2(n)$，则$E(X)=n$，$D(X)=2n$。

②可加性：设$X\sim\chi^2(n_1)$，$Y\sim\chi^2(n_2)$，且X，Y相互独立，则$X+Y\sim\chi^2(n_1+n_2)$。

（2）t分布

设X、Y相互独立，且$X\sim N(0,1)$，$Y\sim\chi^2(n)$，则称

$$T=\frac{X}{\sqrt{\frac{Y}{n}}}$$

服从自由度为n的t分布，记作$T\sim t(n)$。

若数$t_\alpha(n)$满足

$$P\{T>t_\alpha(n)\}=\alpha \qquad (0<\alpha<1)$$

则称数$t_\alpha(n)$为$t(n)$分布的上α分位数（见图 1-9-6）。

$t(n)$分布的概率密度$f(x)$为偶函数，因而有

$$t_{1-\alpha}(n)=-t_\alpha(n)$$

（3）F分布

设X、Y相互独立，且$X\sim\chi^2(n_1)$、$Y\sim\chi^2(n_2)$，则称

$$F=\frac{X/n_1}{Y/n_2}$$

服从F分布，记作$F\sim F(n_1,n_2)$，n_1、n_2分别为第一、第二自由度。

若数$F_\alpha(n_1,n_2)$满足

$$P\{F>F_\alpha(n_1,n_2)\}=\alpha \qquad (0<\alpha<1)$$

则称数$F_\alpha(n_1,n_2)$为$F(n_1,n_2)$分布的上α分位数（见图 1-9-7）。

若$F\sim F(n_1,n_2)$，则$\frac{1}{F}\sim F(n_2,n_1)$，由此可得$F_{1-\alpha}(n_1,n_2)=\frac{1}{F_\alpha(n_2,n_1)}$。

若$T\sim t(n)$，则$T^2\sim F(1,n)$，$\frac{1}{T^2}\sim F(n,1)$。

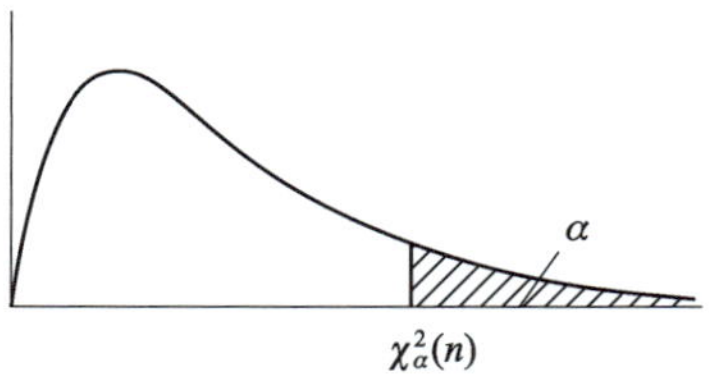

图 1-9-5

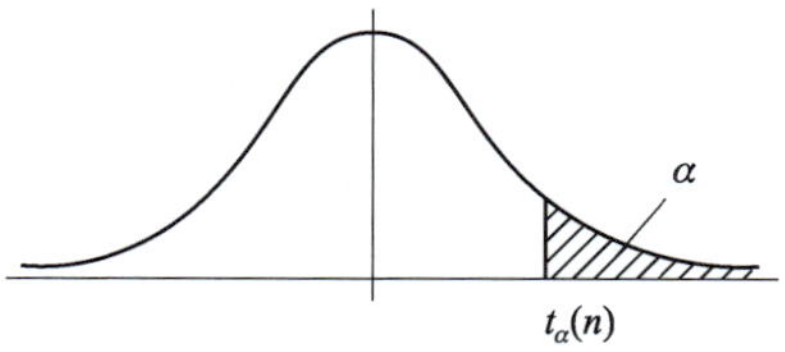

图 1-9-6

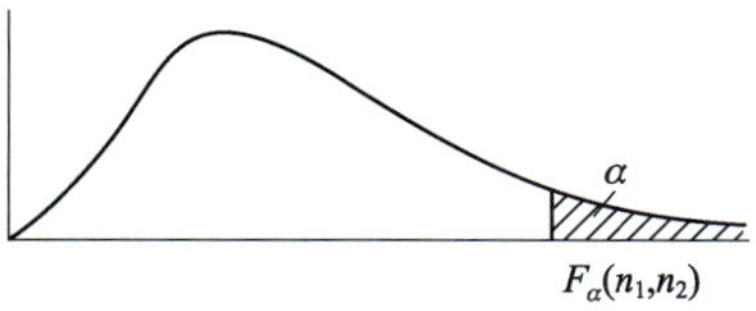

图 1-9-7

2. 正态总体常用抽样分布

结论（1）：设X_1，X_2，…，X_n是来自总体$N(\mu,\sigma^2)$的样本，$\overline{X}$为样本均值，S^2为样本方差，则

①$\overline{X}$与S^2相互独立。

②$\overline{X}\sim N\left(\mu,\frac{\sigma^2}{n}\right)$，$\frac{\overline{X}-\mu}{\frac{\sigma}{\sqrt{n}}}\sim N(0,1)$。

③$Y=\frac{(n-1)S^2}{\sigma^2}=\frac{\sum\limits_{i=1}^{n}(X_i-\overline{X})^2}{\sigma^2}\sim\chi^2(n-1)$。

④$T=\frac{\overline{X}-\mu}{\frac{S}{\sqrt{n}}}\sim t(n-1)$。

结论（2）：设X_1，X_2，…，X_m和Y_1，Y_2，…，Y_n是分别来自总体$N(\mu_1,\sigma_1^2)$和$N(\mu_2,\sigma_2^2)$的样本，且X_1，X_2，…，X_m；Y_1，Y_2，…，Y_n相互独立，$\overline{X}$，$\overline{Y}$分别为两样本均值，S_1^2、S_2^2分别为两样本方差，则

①当${\sigma_1}^2={\sigma_2}^2=\sigma^2$时，记$S_w=\sqrt{\frac{(m-1)S_1^2+(n-1)S_2^2}{m+n-2}}$，

$$\frac{(\overline{X}-\overline{Y})-(\mu_1-\mu_2)}{\sqrt{\frac{m+n}{mn}}S_w}\sim t(m+n-2)$$

②$\frac{\sigma_2^2S_1^2}{\sigma_1^2S_2^2}\sim F(m-1,n-1)$

【例 1-9-17】 设X_1，X_2，…，X_n与Y_1，Y_2，…，Y_n是来自正态总体$X\sim N(\mu,\sigma^2)$的样本，并且相互独立，$\overline{X}$与$\overline{Y}$分别是其样本均值，则$\frac{\sum\limits_{i=1}^{n}(X_i-\overline{X})^2}{\sum\limits_{i=1}^{n}(Y_i-\overline{Y})^2}$服从的分布是：

A. $t(n-1)$　　B. $F(n-1,n-1)$

C. $\chi^2(n-1)$　　D. $N(\mu,\sigma^2)$

解　设$S_1^2=\frac{1}{n-1}\sum\limits_{i=1}^{n}(X_i-\overline{X})^2$，因为总体$X\sim N(\mu,\sigma^2)$

所以$\frac{\sum\limits_{i=1}^{n}(X_i-\overline{X})^2}{\sigma^2}=\frac{(n-1)S_1^2}{\sigma^2}\sim\chi^2(n-1)$，同理$\frac{\sum\limits_{i=1}^{n}(Y_i-\overline{Y})^2}{\sigma^2}\sim\chi^2(n-1)$

又因为两样本相互独立，所以$\frac{\sum\limits_{i=1}^{n}(X_i-\overline{X})^2}{\sigma^2}$与$\frac{\sum\limits_{i=1}^{n}(Y_i-\overline{Y})^2}{\sigma^2}$相互独立

$$\frac{\sum\limits_{i=1}^{n}\left(X_i-\overline{X}\right)^2}{\sum\limits_{i=1}^{n}\left(Y_i-\overline{Y}\right)^2}=\frac{\frac{\sum\limits_{i=1}^{n}\left(X_i-\overline{X}\right)^2}{(n-1)\sigma^2}}{\frac{\sum\limits_{i=1}^{n}\left(Y_i-\overline{Y}\right)^2}{(n-1)\sigma^2}}\sim F(n-1,n-1)$$

答案： B

说明：如果知道$\sum\limits_{i=1}^{n}\left(X_i-\overline{X}\right)^2$与$\chi^2$分布有关，$\frac{\sum\limits_{i=1}^{n}(X_i-\overline{X})^2}{\sum\limits_{i=1}^{n}(Y_i-\overline{Y})^2}$与$F$分布有关，而本题只有一个选项是$F$分布，不用推导即可判定。

五、参数估计

用样本来估计总体的某些未知参数（主要是期望和方差），这就是参数估计。参数估计有点估计和区间估计两种。

（一）点估计

设总体X的分布函数为$F(x,\theta)$，θ是未知参数，构造一个统计量$g(X_1,X_2\cdots,X_n)$，用它的值$g(x_1,x_2,\cdots,x_n)$估计参数θ，称为参数的点估计问题。称统计量$g(X_1,X_2\cdots,X_n)$为θ的估计量，称$g(x_1,x_2,\cdots,x_n)$为θ的估计值，θ的估计量和估计值可记为$\hat{\theta}$。

1. 矩估计法

设X_1，X_2，…，X_n是X的样本，X的分布中含k个待估计参数θ_1，θ_2，…，θ_k。如果总体矩$\mu_l=E(X^l)\ (l=1,2,\cdots,k)$存在，相应的样本矩$A_l=\frac{1}{n}\sum\limits_{i=1}^{n}X_i^l\ (l=1,2,\cdots,k)$，令$\mu_l=A_l\ (l=1,2,\cdots,k)$，$\theta_1$，$\theta_2$，…，$\theta_k$的解$\hat{\theta}_1$，$\hat{\theta}_2$，…，$\hat{\theta}_k$分别为$\theta_1$，$\theta_2$，…，$\theta_k$的矩估计量。

样本均值 $\overline{X}=\frac{1}{n}\sum\limits_{i=1}^{n}X_i$

样本二阶中心矩 $S_n^2=\frac{1}{n}\sum\limits_{i=1}^{n}(X_i-\bar{X})^2$

$\bar{X}$、S_n^2分别是总体参数$E(X)$、$D(X)$的矩估计量。

【例 1-9-18】 设总体X服从均匀分布$U(1,\theta)$，$\overline{X}=\frac{1}{n}\sum\limits_{i=1}^{n}X_i$，则$\theta$的矩估计为：

A. $\overline{X}$　　B. $2\overline{X}$　　C. $2\overline{X}-1$　　D. $2\overline{X}+1$

解 因为$X\sim U(1,\theta)$，所以$E(X)=\frac{1+\theta}{2}$，则$\theta=2E(X)-1$，用$\overline{X}$代替$E(X)$，得θ的矩估计$\hat{\theta}=2\overline{X}-1$。

答案： C

【例 1-9-19】 设总体X的概率密度$f(x)=\begin{cases}(\theta+1)x^\theta & 0<x<1\\ 0 & 其他\end{cases}$，其中$\theta>-1$是未知参数，$X_1$，$X_2$，…，$X_n$是来自总体$X$的样本，则$\theta$的矩估计量是：

A. $\overline{X}$　　B. $\frac{2\overline{X}-1}{1-\overline{X}}$　　C. $2\overline{X}$　　D. $\overline{X}-1$

解 $E(X)=\int_0^1 x(\theta+1)x^\theta\mathrm{d}x=\frac{\theta+1}{\theta+2}$，$\theta=\frac{2E(X)-1}{1-E(X)}$，用$\overline{X}$替换$E(X)$，得$\hat{\theta}=\frac{2\overline{X}-1}{1-\overline{X}}$。

答案： B

【例 1-9-20】 设总体X的概率分布为：

X	0	1	2	3
P	θ^2	$2\theta(1-\theta)$	θ^2	$1-2\theta$

其中$\theta(0<\theta<\frac{1}{2})$是未知参数，利用样本值3，1，3，0，3，1，2，3，所得θ的矩估计值是：

A. $\frac{1}{4}$　　B. $\frac{1}{2}$　　C. 2　　D. 0

解 $E(X)=1\times2\theta(1-\theta)+2\theta^2+3(1-2\theta)=3-4\theta$，$\theta=\frac{3-E(X)}{4}$，用$\overline{X}$替换$E(X)$，得估计量$\hat{\theta}=\frac{3-\overline{X}}{4}$。

因为$\overline{X}=\frac{3+1+3+3+1+2+3}{8}=2$，得估计值$\hat{\theta}=\frac{3-2}{4}=\frac{1}{4}$。

答案： A

2. 最（极）大似然估计法

（1）似然函数

设总体X的分布律为$P(X=x_k)=P_k(\theta)\ (k=1,2,\cdots)$，其中含有未知参数$\theta$，$x_1$，$x_2$，…，$x_n$为一

组样本值，则函数$L(\theta)=\prod_{i=1}^{n}P(X=x_i)$称为似然函数。

设总体X的概率密度$f(x,\theta)$已知，其中θ为未知参数，Θ为θ的取值范围。对于样本X_1，X_2，…，X_n的一组样本值x_1，x_2，…，x_n，

则函数
$$L(\theta)=\prod_{i=1}^{n}f(x_i,\theta),\ \theta\in\Theta \tag{1-9-7}$$
称为似然函数。未知参数可以是一个也可以是多个。

（2）最（极）大似然估计

如果似然函数$L(\theta)$在$\hat{\theta}$上取得最大值，则称$\hat{\theta}$为θ的最（极）大似然估计。一般来说，求θ的最（极）大似然估计$\hat{\theta}$可以通过求解下面方程
$$\frac{\mathrm{d}L(\theta)}{\mathrm{d}\theta}=0\quad 或\quad \frac{d}{\mathrm{d}\theta}\ln L(\theta)=0$$
求得，当概率密度中含多个未知参数θ_1，…，θ_k时，可用类似方法求得$\hat{\theta}_1$，…，$\hat{\theta}_k$。

【例 1-9-21】 设总体X服从指数分布，概率密度为
$$f(x)=\begin{cases}\lambda e^{-\lambda x} & x>0\\ 0 & x\leqslant 0\end{cases}\qquad(\lambda>0)$$
其中λ为未知数，如果取得样本观察值为x_1，x_2，…，x_n，求参数λ的极大似然估计。

解 似然函数
$$L(\lambda)=\prod_{i=1}^{n}\lambda e^{-\lambda x_i}=\lambda^n e^{-\lambda\sum_{i=1}^{n}x_i}\quad(\lambda>0)$$
$$\ln L(\lambda)=n\ln\lambda-\lambda\sum_{i=1}^{n}x_i$$
$$\frac{\mathrm{d}}{\mathrm{d}\lambda}\ln L(\lambda)=\frac{n}{\lambda}-\sum_{i=1}^{n}x_i=0$$
所以，λ的极大似然估计为
$$\hat{\lambda}=\frac{n}{\sum_{i=1}^{n}x_i}=\frac{1}{\bar{x}}(估计值),\ \hat{\lambda}=\frac{1}{\bar{X}}(估计量)$$

（二）估计量的评选标准

1. 无偏性

设$\hat{\theta}=\hat{\theta}(X_1,X_2,\cdots,X_n)$是参数$\theta$的估计量，若$E(\hat{\theta})=\theta$，则称$\hat{\theta}$是$\theta$的无偏估计量。

结论：$\bar{X}=\frac{1}{n}\sum_{i=1}^{n}X_i$是$E(X)$的无偏估计量。

$S^2=\frac{1}{n-1}\sum_{i=1}^{n}(X_i-\bar{X})^2$是$D(X)$的无偏估计量。

【例 1-9-22】 设$\hat{\theta}$是参数θ的一个无偏估计量，又方差$D(\hat{\theta})>0$，下面结论中正确的是：

A. $\hat{\theta}^2$是θ^2的无偏估计量

B. $(\hat{\theta})^2$不是θ^2的无偏估计量

C. 不能确定$(\hat{\theta})^2$是不是θ^2的无偏估计量

D. $(\hat{\theta})^2$不是θ^2的估计量

解 因为$\hat{\theta}$是θ的一个无偏估计量，所以$E(\hat{\theta})=\theta$。
$$E\left[(\hat{\theta})^2\right]=D(\hat{\theta})+\left[E(\hat{\theta})\right]^2=D(\hat{\theta})+\theta^2$$
又因$D(\hat{\theta})>0$，所以$E\left[(\hat{\theta})^2\right]>\theta^2$，$(\hat{\theta})^2$不是$\theta^2$的无偏估计量。

答案： B

2. 有效性

设$\hat{\theta}_1$、$\hat{\theta}_2$都是θ的无偏估计量，若$D(\hat{\theta}_1) < D(\hat{\theta}_2)$，则称$\hat{\theta}_1$比$\hat{\theta}_2$有效。

例如，设$\mu = E(X)$，$\sigma^2 = D(X) > 0$，X_1、X_2为总体X的样本，μ的两个估计量为

$$\hat{\mu}_1 = \frac{1}{2}X_1 + \frac{1}{2}X_2,\ \hat{\mu}_2 = \frac{1}{3}X_1 + \frac{2}{3}X_2$$

因为

$$E(\hat{\mu}_1) = \frac{1}{2}E(X_1) + \frac{1}{2}E(X_2) = \mu$$

$$E(\hat{\mu}_2) = \frac{1}{3}E(X_1) + \frac{2}{3}E(X_2) = \mu$$

所以$\hat{\mu}_1$、$\hat{\mu}_2$都是μ的无偏估计量。

但是

$$D(\hat{\mu}_1) = \frac{1}{4}D(X_1) + \frac{1}{4}D(X_2) = \frac{1}{2}\sigma^2$$

$$D(\hat{\mu}_2) = \frac{1}{9}D(X_1) + \frac{4}{9}D(X_2) = \frac{5}{9}\sigma^2$$

$$D(\hat{\mu}_1) < D(\hat{\mu}_2)$$

所以$\hat{\mu}_1$比$\hat{\mu}_2$有效。

结论：设X_1，X_2，…，X_n是总体X的样本，$E(X) = \mu$，$D(X) = \sigma^2$，C_1，C_2，…，C_n为常数。

则：（1）$\hat{\mu} = \sum_{i=1}^{n} C_i X_i$是$\mu$的无偏估计量的充要条件是$\sum_{i=1}^{n} C_i = 1$。

（2）$\overline{X} = \frac{1}{n}\sum_{i=1}^{n} X_i$在（1）的所有无偏估计量当中最有效。

3. 一致性

设$\hat{\theta}(X_1,X_2,\cdots,X_n)$是$\theta$的估计量，若对任一给定的$\varepsilon > 0$和一切$\theta \in \Theta$（$\Theta$为$\theta$的可能取值范围，称为参数空间），均有$\lim_{n\to\infty} P(|\hat{\theta} - \theta| > \varepsilon) = 0$，则称$\hat{\theta}$是$\theta$的一致估计量。

结论：设X_1，X_2，…，X_n是总体X的一个样本，$E(X) = \mu$，$D(X) > 0$，则样本均值$\overline{X}$是μ的一致估计量。

（三）区间估计

点估计不能反映估计的可靠性和精确性，由此产生了区间估计。

设总体X的分布含有未知参数θ。若由样本X_1，X_2，…，X_n确定的两个统计量$\theta_1(X_1,X_2,\cdots,X_n)$及$\theta_2(X_1,X_2,\cdots,X_n)$，对于给定的值$\alpha(0 < \alpha < 1)$满足

$$P\{\theta_1(X_1,X_2,\cdots,X_n) < \theta < \theta_2(X_1,X_2,\cdots,X_n)\} = 1 - \alpha \tag{1-9-8}$$

则称随机区间(θ_1,θ_2)为θ的置信度为$(1-\alpha)$的置信区间。θ_1和θ_2分别称为置信下限和置信上限。

式（1-9-8）的意义是：随机抽样得到的区间(θ_1,θ_2)包含θ真值的概率为$(1-\alpha)$，不含θ值的概率为α。

置信度$1-\alpha$就是区间估计的可靠性，α小则置信度高。区间长度$\theta_2 - \theta_1$反映区间估计的精确性，$\theta_2 - \theta_1$小表示估计精度高。当n一定时，提高置信度（α取值小）则降低估计精度（$\theta_2 - \theta_1$的值大）。

求置信区间的方法：

（1）先找一个与待估参数有关的统计量，一般找θ的一个良好的点估计量$\hat{\theta}$。

（2）设法找出表达式中含此统计量$\hat{\theta}$和待估参数θ的一个随机变量U，其分布已知且与θ无关。

（3）对于给定的置信度$(1-\alpha)$，选取常数a、b，使$P(a < U < b) = 1 - \alpha$。一般取$b$为$U$的分布的上$\frac{\alpha}{2}$分位数，取$a$为$U$的分布的上$(1-\frac{\alpha}{2})$分位数。

（4）把不等式$a < U < b$改写为等价的形式$\theta_1 < \theta < \theta_2$，其中$\theta_1$、$\theta_2$与$a$、$b$和样本$X_1$，$X_2$，…，$X_n$

有关，而与θ无关，于是有$P(\theta_1<\theta<\theta_2)=1-\alpha$，随机区间$(\theta_1,\theta_2)$就是参数$\theta$的一个置信度为$(1-\alpha)$的置信区间。

1. 正态总体均值μ的区间估计

设总体$X\sim N(\mu,\sigma^2)$。

（1）σ^2已知，求μ的置信区间

取$\hat{\mu}=\overline{X}$，由于$U=\frac{\overline{X}-\mu}{\sigma/\sqrt{n}}\sim N(0,1)$，$P\left\{-z_{\frac{\alpha}{2}}<\frac{\overline{X}-\mu}{\sigma}\sqrt{n}<z_{\frac{\alpha}{2}}\right\}=1-\alpha$

$$P\left\{\overline{X}-z_{\frac{\alpha}{2}}\frac{\sigma}{\sqrt{n}}<\mu<\overline{X}+z_{\frac{\alpha}{2}}\frac{\sigma}{\sqrt{n}}\right\}=1-\alpha$$

总体均值μ的$(1-\alpha)$置信区间为

$$\left(\overline{X}-z_{\frac{\alpha}{2}}\frac{\sigma}{\sqrt{n}},\overline{X}+z_{\frac{\alpha}{2}}\frac{\sigma}{\sqrt{n}}\right) \tag{1-9-9}$$

说明：置信上下限为$\overline{X}\pm z_{\frac{\alpha}{2}}\frac{\sigma}{\sqrt{n}}$。

（2）σ^2未知，求μ的置信区间

$$S^2=\frac{1}{n-1}\sum_{i=1}^{n}\left(X_i-\overline{X}\right)^2$$

取$\hat{\mu}=\overline{X}$，由于$U=\frac{\overline{X}-\mu}{S/\sqrt{n}}\sim t(n-1)$，$P\left\{-t_{\frac{\alpha}{2}}(n-1)<\frac{\overline{X}-\mu}{S}\sqrt{n}<t_{\frac{\alpha}{2}}(n-1)\right\}=1-\alpha$

总体均值μ的$(1-\alpha)$置信区间为

$$\left(\overline{X}-t_{\frac{\alpha}{2}}(n-1)\frac{S}{\sqrt{n}},\overline{X}+t_{\frac{\alpha}{2}}(n-1)\frac{S}{\sqrt{n}}\right) \tag{1-9-10}$$

说明：公式（1-9-10）与公式（1-9-9）对比记。

2. 正态总体方差σ^2的区间估计（μ未知）

取$\hat{\sigma}^2=S^2$，由于$U=\frac{(n-1)S^2}{\sigma^2}\sim\chi^2(n-1)$，

$$P\left\{\chi^2_{1-\frac{\alpha}{2}}(n-1)<\frac{(n-1)S^2}{\sigma^2}<\chi^2_{\frac{\alpha}{2}}(n-1)\right\}=1-\alpha$$

总体方差σ^2的$(1-\alpha)$置信区间为$\left(\frac{(n-1)S^2}{\chi^2_{\frac{\alpha}{2}}(n-1)},\frac{(n-1)S^2}{\chi^2_{1-\frac{\alpha}{2}}(n-1)}\right)$ (1-9-11)

3. 两个正态总体均值差和方差比的区间估计

设X_1，X_2，…，X_m和Y_1，Y_2，…，Y_n分别是总体$N(\mu_1,\sigma_1^2)$和$N(\mu_2,\sigma_2^2)$的两个相互独立的样本。$\overline{X}$和$\overline{Y}$为两样本均值，S_1^2和S_2^2为两样本方差。

（1）σ_1^2和σ_2^2已知时，$(\mu_1-\mu_2)$的置信区间

由于$\overline{X}-\overline{Y}\sim N\left(\mu_1-\mu_2,\frac{\sigma_1^2}{m}+\frac{\sigma_2^2}{n}\right)$，$\frac{(\overline{X}-\overline{Y})-(\mu_1-\mu_2)}{\sqrt{\frac{\sigma_1^2}{m}+\frac{\sigma_2^2}{n}}}\sim N(0,1)$

$(\mu_1-\mu_2)$的$(1-\alpha)$置信区间为

$$\left(\overline{X}-\overline{Y}-z_{\frac{\alpha}{2}}\sqrt{\frac{\sigma_1^2}{m}+\frac{\sigma_2^2}{n}},\overline{X}-\overline{Y}+z_{\frac{\alpha}{2}}\sqrt{\frac{\sigma_1^2}{m}+\frac{\sigma_2^2}{n}}\right)$$

（2）σ_1^2、σ_2^2未知，但知$\sigma_1^2=\sigma_2^2$时，$(\mu_1-\mu_2)$的置信区间

记
$$S_w=\sqrt{\frac{(m-1)S_1^2+(n-1)S_2^2}{m+n-2}}$$

由于
$$\frac{(\overline{X}-\overline{Y})-(\mu_1-\mu_2)}{\sqrt{\frac{m+n}{mn}}S_{\mathrm{w}}}\sim t(m+n-2)$$

所以$(\mu_1-\mu_2)$的$(1-\alpha)$置信区间为

$$\left(\overline{X}-\overline{Y}-t_{\frac{\alpha}{2}}(m+n-2)\sqrt{\frac{m+n}{mn}}S_{\mathrm{w}},\overline{X}-\overline{Y}+t_{\frac{\alpha}{2}}(m+n-2)\sqrt{\frac{m+n}{mn}}S_{\mathrm{w}}\right)$$

【例 1-9-23】 甲、乙两工人生产同一零件，甲 8 天的日产量是 628、583、510、554、612、523、530、615，乙 10 天的日产量是 535、433、398、470、567、480、498、560、503、426。

假定日产量均服从正态分布，且方差相同，试求两工人日平均产量之差的置信区间。$(\alpha=0.05)$

解 记甲日产量为X，乙日产量为Y，$m=8$，$n=10$。

$$\overline{X}=569.38，S_1^2=2110.55$$

$$\overline{Y}=487.00，S_2^2=3256.22$$

$$S_{\mathrm{w}}=\sqrt{\frac{(m-1)S_1^2+(n-1)S_2^2}{m+n-2}}=\sqrt{\frac{7\times2110.55+9\times3256.22}{16}}=52.488$$

$$t_{0.025}(16)=2.1199$$

$$t_{\frac{\alpha}{2}}(m+n-2)\sqrt{\frac{m+n}{mn}}S_{\mathrm{w}}=2.1199\times\sqrt{\frac{18}{80}}\times52.488=52.78$$

则$(\mu_1-\mu_2)$的 0.95 置信区间为(29.60,135.16)。

（3）σ_1^2/σ_2^2的置信区间

由于
$$\frac{\sigma_2^2S_1^2}{\sigma_1^2S_2^2}\sim F(m-1,n-1)$$

$$P\left\{F_{1-\frac{\alpha}{2}}(m-1,n-1)<\frac{\sigma_2^2S_1^2}{\sigma_1^2S_2^2}<F_{\frac{\alpha}{2}}(m-1,n-1)\right\}=1-\alpha$$

所以σ_1^2/σ_2^2的$(1-\alpha)$置信区间为

$$\left(\frac{S_1^2}{S_2^2}\cdot\frac{1}{F_{\frac{\alpha}{2}}(m-1,n-1)},\frac{S_1^2}{S_2^2}\cdot\frac{1}{F_{1-\frac{\alpha}{2}}(m-1,n-1)}\right)$$

六、假设检验

假设检验是根据样本信息，通过构造适当的统计量，对原假设是否为真作出统计推断，得出拒绝或接受的决定。假设检验的基本思想是：小概率事件（例如发生概率小于 0.01 的事件）在一次观察中可以认为几乎不可能发生。

（一）假设检验的一般步骤

（1）根据问题的要求，设立一个待检验的原假设H_0（也称零假设）及对立假设H_1（也称备择假设），这里H_0、H_1是首先必须明确给出的。假设检验分为参数假设检验（对总体未知参数提出假设）和非参数假设检验（如检验总体是否服从正态分布）。参数假设检验时，H_0中一定有等号，H_1中一定没有等号。设θ为未知参数，θ_0为已知常数：①检验θ与θ_0是否有（显著）差异时，H_0：$\theta=\theta_0$，H_1：$\theta\neq\theta_0$；②检验θ是否比θ_0（显著）大时，H_0：$\theta\leqslant\theta_0$（或$\theta=\theta_0$），H_1：$\theta>\theta_0$；③检验θ是否比

θ_0（显著）小时，H_0：$\theta \geqslant \theta_0$（或$\theta = \theta_0$），$H_1$：$\theta < \theta_0$。

（2）选一个检验“统计量”$T(X_1,X_2,\cdots,X_n)$，在假设H_0成立（等号成立）的条件下，其分布是完全已知的。[严格地讲，$T(X_1,X_2,\cdots X_n)$在H_0中等号成立时，才是统计量]

（3）选一检验显著性水平α（小概率值）并确定H_0的一个否定域（或拒绝域）W_α，使H_0成立时，$P(T \in W_\alpha) = \alpha$。

（4）由样本具体数据算出$T(X_1,X_2,\cdots,X_n)$的实际值$T(x_1,x_2,\cdots,x_n)$，若$T \in W_\alpha$，则否定H_0接受H_1，这时可能犯第一类错误（弃真），其概率为α。若$T \notin W_\alpha$，则接受H_0。这时可能犯第二类错误（取伪）。

（二）正态总体参数的假设检验

设总体$X \sim N(\mu,\sigma^2)$，X_1，X_2，$\cdots$，X_n是来自X的一个样本，$\overline{X}$为样本均值，S^2为样本方差，显著性水平为α。

1. σ^2已知时，总体均值μ的假设检验（见表 1-9-2）

H_0：$\mu = \mu_0$，H_1：$\mu \neq \mu_0$（μ_0为已知常数）

H_0成立时，统计量$U = \frac{\overline{X}-\mu_0}{\sigma}\sqrt{n} \sim N(0,1)$

当$|U| = \frac{|\overline{X}-\mu_0|}{\sigma}\sqrt{n} > z_{\frac{\alpha}{2}}$时（用$\overline{X}$代替$\mu$与$\mu_0$比较，$\overline{X}$与$\mu_0$差别大，推断$\mu$与$\mu_0$差别大），否定$H_0$；当$|U| \leqslant z_{\frac{\alpha}{2}}$时，接受$H_0$。

表 1-9-2

H_0	H_1	统计量及其分布	拒绝（H_0）域
$\mu = \mu_0$	$\mu \neq \mu_0$	$U = \frac{\overline{X}-\mu_0}{\sigma}\sqrt{n} \sim N(0,1)$	$\lvert U \rvert > z_{\frac{\alpha}{2}}$
$\mu \leqslant \mu_1$	$\mu > \mu_0$		$U > z_\alpha$
$\mu \geqslant \mu_0$	$\mu < \mu_0$		$U < -z_\alpha$

2. σ^2未知时，总体均值μ的假设检验（见表 1-9-3）

H_0：$\mu \leqslant \mu_0$，H_1：$\mu > \mu_0$（μ_0为已知常数）

$\mu = \mu_0$时，统计量$T = \frac{\overline{X}-\mu_0}{S}\sqrt{n} \sim t(n-1)$

当$T = \frac{\overline{X}-\mu_0}{S}\sqrt{n} > t_\alpha(n-1)$时（$\overline{X}$比$\mu_0$显著大，推断$\mu$比$\mu_0$显著大），否定$H_0$；当$T \leqslant t_\alpha(n-1)$时，接受$H_0$。

表 1-9-3

H_0	H_1	统计量及其分布	拒绝(H_0)域
$\mu = \mu_0$	$\mu \neq \mu_0$	$T = \frac{\overline{X}-\mu_0}{S}\sqrt{n} \sim t(n-1)$	$\lvert T \rvert > t_{\frac{\alpha}{2}}(n-1)$
$\mu \leqslant \mu_1$	$\mu > \mu_0$		$T > t_\alpha(n-1)$
$\mu \geqslant \mu_0$	$\mu < \mu_0$		$T < -t_\alpha(n-1)$

3. μ未知时，总体方差σ^2的假设检验（见表 1-9-4）

H_0：$\sigma^2 \geqslant \sigma_0^2$，$H_1$：$\sigma^2 < \sigma_0^2$（$\sigma_0$为已知常数）

$\sigma^2 = \sigma_0^2$时，统计量

$$\chi^2 = \frac{1}{\sigma_0^2}\sum_{i=1}^{n}\left(X_i - \overline{X}\right)^2 = \frac{(n-1)S^2}{\sigma_0^2} \sim \chi^2(n-1)$$

当$\chi^2 < \chi^2_{1-\alpha}(n-1)$时，否定$H_0$（$\sigma^2$比$\sigma_0^2$显著小）；否则，接受$H_0$。

表 1-9-4

H_0	H_1	统计量及其分布	拒绝(H_0)域
$\sigma^2=\sigma_0^2$	$\sigma^2 \neq \sigma_0^2$		$\chi^2 < \chi^2_{1-\frac{\alpha}{2}}(n-1)$或$\chi^2 < \chi^2_{\frac{\alpha}{2}}(n-1)$
$\sigma^2 \leqslant \sigma_0^2$	$\sigma^2 > \sigma_0^2$	$\chi^2=\dfrac{(n-1)S^2}{\sigma_0^2} \sim \chi^2(n-1)$	$\chi^2 > \chi^2_{\alpha}(n-1)$
$\sigma^2 \geqslant \sigma_0^2$	$\sigma^2 < \sigma_0^2$		$\chi^2 < \chi^2_{1-\alpha}(n-1)$

【例 1-9-24】根据长期经验和资料的分析，某砖瓦厂生产的砖的抗断强度X服从正态分布，方差$\sigma^2=1.21$，今从该厂生产的一批砖中随机抽取 6 块，测得抗断强度分别为（单位：$\mathrm{kg/cm^2}$）：32.56，29.66，31.64，30.00，31.87，31.03。

问：这批砖的平均抗断强度可否认为是$32.50\mathrm{kg/cm^2}$？$(\alpha=0.05)$

解 假设H_0：$\mu=32.50$，H_1：$\mu \neq 32.50$

根据所给样本值，计算统计量U的值

$$U=\frac{\overline{x}-32.50}{\sigma/\sqrt{n}}=\frac{31.13-32.50}{\sqrt{1.21/6}}=\frac{-1.37}{1.1}\times\sqrt{6}\approx -3$$

$z_{0.025}=1.96$，而$|U|=3>1.96$，故应在显著性水平$\alpha=0.05$下否定H_0，即不能认为平均抗断强度是$32.50\mathrm{kg/cm^2}$。

【例 1-9-25】设X_1，X_2，…，X_n是来自总体$N(\mu,\sigma^2)$的样本，μ、σ^2未知，$\overline{X}=\frac{1}{n}\sum\limits_{i=1}^{n}X_i$，$Q^2=\sum\limits_{i=1}^{n}\left(X_i-\overline{X}\right)^2$，$Q>0$。则检验假设$H_0$：$\mu=0$时应选取的统计量是：

A. $\sqrt{n(n-1)}\dfrac{\overline{X}}{Q}$　　B. $\sqrt{n}\dfrac{\overline{X}}{Q}$　　C. $\sqrt{n-1}\dfrac{\overline{X}}{Q}$　　D. $\sqrt{n}\dfrac{\overline{X}}{Q^2}$

解 当σ^2未知时检验假设H_0：$\mu=\mu_0$，应选取统计量$T=\frac{\overline{X}-\mu_0}{S}\sqrt{n}$，本题$S^2=\frac{1}{n-1}\cdot\sum\limits_{i=1}^{n}\left(X_i-\overline{X}\right)^2=\frac{1}{n-1}Q^2$，$S=\frac{Q}{\sqrt{n-1}}$，取$\mu_0=0$，$T=\frac{\overline{X}}{Q}\sqrt{n(n-1)}$。

答案：A

习 题

1-9-1 设A、B为随机事件，$A\cup B=B$，则错误的是（ ）。

A. $A\subset B$　　B. $\overline{B}\subset\overline{A}$　　C. $A\overline{B}=\varnothing$　　D. $\overline{A}B=\varnothing$

1-9-2 设$P(A)=P(B)=\frac{1}{2}$，则正确的是（ ）。

A. $P(A\cup B)=1$　　B. $P(\overline{AB})=\frac{1}{4}$

C. $P(AB)=\frac{1}{2}$　　D. $P(AB)=P(\overline{A}\,\overline{B})$

1-9-3 设$P(A)>0$，则$P(B|A)=1$成立的充分条件是（ ）。

A. $A=\Omega$　　B. $B\subset A$　　C. $A\subset B$　　D. $P(B|\overline{A})=0$

1-9-4 两台机床加工同样的零件，第一台出现废品的概率是 0.03，第二台出现废品的概率是 0.02，第一台加工的零件比第二台加工的零件多一倍，将加工出来的零件放在一起，则任意取出一零件是合格品的概率是（ ）。

A. 0.027　　B. 0.973　　C. 0.954　　D. 0.982

1-9-5 两个小组生产同样的零件，第一组的废品率是2%，第二组的产量是第一组的2倍而废品率是3%。若两组生产的零件放在一起，从中任抽取一件，经检查是废品，则这件废品是第一组生产的概率为（ ）。

A. 15% B. 25% C. 35% D. 45%

1-9-6 设随机事件A与B相互独立，且$P(A)=0.4$，$P(B)=0.3$，则$P(A\cup B)$是（ ）。

A. 0.48 B. 0.58 C. 0.50 D. 0.70

1-9-7 设A、B相互独立，$P(A)=0.2$，$P(B)=0.4$，则$P(\overline{A}|B)$等于：

A. 0.2 B. 0.4 C. 0.6 D. 0.8

1-9-8 设A、B相互独立，$P(A)>0$，$P(B)>0$，则一定有$P(A\cup B)$等于：

A. $P(A)+P(B)$ B. $P(A)P(B)$ C. $1-P(\overline{A})P(\overline{B})$ D. $1+P(\overline{A})P(\overline{B})$

1-9-9 设$0<P(A)<1$，$0<P(B)<1$，$P(A|B)+P(\overline{A}|\overline{B})=1$，则正确的是（ ）。

A. A、B互斥 B. A、B对立 C. A、B独立 D. A、B不独立

1-9-10 某人射击，每次击中目标的概率为0.8，射击3次，至少击中2次的概率约为（ ）。

A. 0.7 B. 0.8 C. 0.5 D. 0.9

1-9-11 设X的分布律为

X	0	1	2	3
P	0.4	a	b	0.1

，已知随机事件$\{X\leqslant 1\}$与$\{0<X<3\}$相互独立，则（ ）。

A. $a=0.2$ $b=0.3$ B. $a=0.4$ $b=0.1$

C. $a=0.3$ $b=0.2$ D. $a=0.1$ $b=0.4$

1-9-12 设随机变量X的概率密度$f(x)$为偶函数，X的分布函数为$F(x)$，则对任意实数a，有（ ）。

A. $F(-a)=1-\int_0^a f(x)\mathrm{d}x$ B. $F(-a)=\frac{1}{2}-\int_0^a f(x)\mathrm{d}x$

C. $F(-a)=F(a)$ D. $F(-a)=2F(a)-1$

1-9-13 下列函数中，（ ）可作为随机变量的概率密度。

A. $f(x)=\begin{cases}x & -1<x<1\\0 & \text{其他}\end{cases}$ B. $f(x)=\begin{cases}x^2 & -1<x<1\\0 & \text{其他}\end{cases}$

C. $f(x)=\begin{cases}\frac{1}{2} & -1<x<1\\0 & \text{其他}\end{cases}$ D. $f(x)=\begin{cases}2 & -1<x<1\\0 & \text{其他}\end{cases}$

1-9-14 设X服从参数$\lambda=3$的指数分布，其分布函数为$F(x)$，则$F\left(\frac{1}{3}\right)$等于：

A. $\frac{1}{3e}$ B. $\frac{e}{3}$ C. $1-e^{-1}$ D. $1-\frac{1}{3}e^{-1}$

1-9-15 设$X\sim N(\mu,\sigma^2)$，则σ增大时，$P(|X-\mu|<\sigma)$（ ）。

A. 增大 B. 减小 C. 不变 D. 变化情况不确定

1-9-16 设随机变量X服从正态$N(1,2^2)$，$a=P\{12<X\leqslant 16\}$，$b=P\{14<X\leqslant 18\}$，则a与b之间的关系是（ ）。

A. $a<b$ B. $a>b$ C. $a=b$ D. $a\leqslant b$

1-9-17 设X的分布律为

X	-2	1	a
P	$\frac{1}{4}$	b	$\frac{1}{4}$

，$E(X)=1$，则常数a、b分别为：

A. 2，$\frac{1}{2}$　　B. 4，$\frac{1}{2}$　　C. 6，$\frac{1}{4}$　　D. 8，$\frac{1}{3}$

1-9-18 设X的分布函数$F(x)=\frac{1}{2}+\frac{1}{\pi}\arctan x$，则$E(X)=$（　　）。

A. 0　　B. $\frac{1}{2}$　　C. $\frac{1}{\pi}$　　D. 不存在

1-9-19 设X表示 4 次独立射击命中次数，已知 4 次射击至少命中一次的概率为$\frac{15}{16}$，则$E(X^2)=$（　　）。

A. 2　　B. 3　　C. 4　　D. 5

1-9-20 设$E(X)=E(Y)=\frac{1}{3}$，$E(X^2)=E(Y^2)=\frac{1}{6}$，$E(XY)=\frac{1}{12}$，则$X$与$Y$的相关系数$\rho=$（　　）。

A. $\frac{1}{3}$　　B. $-\frac{1}{3}$　　C. $\frac{1}{2}$　　D. $-\frac{1}{2}$

1-9-21 设总体X的分布律为

X	0	1
P	$1-p$	p

（$0<p<1$），X_1，X_2，…，X_n为样本，则样本均值$\overline{X}$的标准差为：

A. $\sqrt{\frac{p(1-p)}{n}}$　　B. $\frac{p(1-p)}{n}$　　C. $\sqrt{np(1-p)}$　　D. $np(1-p)$

1-9-22 设X_1，X_2，…，X_{16}为正态总体$N(\mu,4)$的一个样本，样本均值$\overline{X}=\frac{1}{16}\sum_{i=1}^{16}X_i$，则$E\left[\left(\overline{X}-\mu\right)^2\right]=$（　　）。

A. $\frac{1}{8}$　　B. $\frac{1}{4}$　　C. $\frac{1}{16}$　　D. $\frac{1}{12}$

1-9-23 设X_1，X_2，…，X_{16}为正态总体$N(\mu,4)$的一个样本，样本均值$\overline{X}=\frac{1}{16}\sum_{i=1}^{16}X_i$，则$P\left(\left|\overline{X}-\mu\right|<1\right)=$（　　）。[$\Phi(2)=0.977\ 2$]

A. 0.954 4　　B. 0.931 2　　C. 0.960 7　　D. 0.972 2

1-9-24 设总体$X\sim N(0,\sigma^2)$，X_1，X_2，…，X_n是样本，$Y=C\left(\sum_{i=1}^{n}X_i\right)^2\sim\chi^2(1)$，则$C=$（　　）。

A. n　　B. $n\sigma$　　C. $\frac{1}{\sigma}$　　D. $\frac{1}{n\sigma^2}$

1-9-25 设X、Y是两个方差相等的正态总体，$(X_1,\cdots,X_{n_1})$、$(Y_1,\cdots,Y_{n_2})$分别是X、Y的样本，两样本独立，样本方差分别为S_1^2、S_2^2，则统计量$F=\frac{S_1^2}{S_2^2}$服从F分布，它的自由度为（　　）。

A. (n_1-1,n_2-1)　　B. (n_1,n_2)

C. (n_1+1,n_2+1)　　D. (n_1+1,n_2-1)

1-9-26 设总体X的概率密度$f(x)=\begin{cases}\lambda x^{-(\lambda+1)} & x>1\\ 0 & x\leqslant 1\end{cases}$（$\lambda>1$）。$X_1$，$X_2$，…，$X_n$为样本，$\overline{X}$为样本均值，则$\lambda$的矩估计量是（　　）。

A. $\frac{\overline{X}}{\overline{X}+1}$　　B. $\frac{\overline{X}}{\overline{X}-1}$　　C. $\frac{\overline{X}+1}{\overline{X}}$　　D. $\frac{\overline{X}-1}{\overline{X}}$

1-9-27 设总体$X\sim N(\mu,\sigma^2)$，μ，σ^2均未知，X_1，X_2，…，X_n为样本，则σ^2的无偏估计是：

A. $\frac{1}{n-1}\sum_{i=1}^{n}\left(X_i-\overline{X}\right)^2$　　B. $\frac{1}{n-1}\sum_{i=1}^{n}(X_i-\mu)^2$　　C. $\frac{1}{n}\sum_{i=1}^{n}\left(X_i-\overline{X}\right)^2$　　D. $\frac{1}{n}\sum_{i=1}^{n}(X_i-\mu)^2$

1-9-28 设总体$X\sim P(\lambda)$（参数λ的泊松分布），λ未知，X_1，X_2，…，X_n是样本，$\overline{X}$是样本均值，S^2是样本方差，$\hat{\lambda}=a\overline{X}+(2-3a)S^2$为$\lambda$的无偏估计，则$a=$（　　）。

A. −1　　B. 0　　C. $\frac{1}{2}$　　D. 1

1-9-29 设X_1、X_2是总体X的样本，$E(X)=\mu$未知，$D(X)=\sigma^2$，则下列μ的估计量中最有效的估计量是（　　）。

A. $\frac{2}{3}X_1+\frac{1}{3}X_2$　　B. $\frac{1}{4}X_1+\frac{3}{4}X_2$　　C. $\frac{2}{5}X_1+\frac{3}{5}X_2$　　D. $\frac{1}{2}X_1+\frac{1}{2}X_2$

1-9-30 设总体$X\sim N(\mu,\sigma^2)$，μ未知，σ^2已知，X_1，X_2，…，X_n是样本，下列选项中能提高μ的区间估计精度（置信区间长度L小，估计精度高）的做法是（　　）。

A. 减小α，增大n　　B. 减小α，减小n

C. 增大α，增大n　　D. 增大α，减小n

1-9-31 某厂家广告宣称，饮用其产品一个月可平均减体重大于 3kg。为考察广告的真实性，检验部门随机抽取 30 名饮用者，测得一个月平均减体重 2.8kg。设月减体重$X\sim N(\mu,\sigma^2)$，原假设H_0和对立假设应写成（　　）。

A. H_0：$\mu\leqslant 3$，H_1：$\mu>3$　　B. H_0：$\mu\geqslant 3$，H_1：$\mu<3$

C. H_0：$\mu\leqslant 2.8$，H_1：$\mu>2.8$　　D. H_0：$\mu\geqslant 2.8$，H_1：$\mu<2.8$

1-9-32 某厂生产合金弦线，其抗拉强度服从均值为 10 560MPa 的正态分布$N(\mu,\sigma^2)$。现从一批产品中随机抽出 10 根，得样本均值$\overline{x}=10\,631.4$，样本方差$S^2=\frac{1}{n-1}\sum\limits_{i=1}^{n}(x_i-\overline{x})^2=6\,560.4$，现检验这批产品的平均抗拉强度有无显著变化$(\alpha=0.05)$。

检验假设H_0：$\mu=10\,560$，H_1：$\mu\neq 10\,560$

问：在H_0成立时采用统计量$\frac{\overline{X}-10\,560}{S/\sqrt{10}}$服从（　　）。

A. $t(9)$分布　　B. $t(10)$分布　　C. 正态分布　　D. $\chi^2(9)$分布

1-9-33 对单个正态总体$N(\mu,\sigma^2)$作假设检验时，在下列（　　）情况下采用t检验法（检验统计量服从t分布）。

A. σ^2已知，H_0：$\mu=\mu_0$（μ_0为已知常数）

B. σ^2未知，H_0：$\mu=\mu_0$（μ_0为已知常数）

C. μ已知，H_0：$\sigma^2=\sigma_0^2$（σ_0为已知正常数）

D. μ未知，H_0：$\sigma^2=\sigma_0^2$（σ_0为已知正常数）

习题题解及参考答案

第一节

1-1-1　**解：** 利用向量积求出与$\vec{\alpha}$、$\vec{\beta}$都垂直的向量，$\vec{\alpha}\times\vec{\beta}=\begin{vmatrix}\vec{i}&\vec{j}&\vec{k}\\1&2&3\\1&-3&-2\end{vmatrix}=5(\vec{i}+\vec{j}-\vec{k})$，$|\vec{\alpha}\times\vec{\beta}|=5\sqrt{3}$，因单位向量$\vec{\alpha}^0=\frac{\vec{\alpha}}{|a|}$，所以$\vec{\alpha}^0=\pm\frac{1}{\sqrt{3}}(\vec{i}+\vec{j}-\vec{k})$。

答案： D

1-1-2　**解：** 利用数量积计算公式$\vec{a}\cdot\vec{a}=|\vec{a}|^2$，求出$|\vec{a}|^2$，即得到$|\vec{a}|$。$|\vec{a}+\vec{b}|^2=(\vec{a}+\vec{b})\cdot(\vec{a}+\vec{b})=\vec{a}\cdot\vec{a}+2\,\vec{a}\cdot\vec{b}+\vec{b}\cdot\vec{b}=5$，所以$|\vec{a}+\vec{b}|=\sqrt{5}$。

答案： D

1-1-3　**解：** 运用数量积和向量积的定义及它们的运算性质计算，$(\vec{a}+\vec{b})\cdot(\vec{a}-\vec{b})=\vec{a}\cdot\vec{a}+\vec{b}\cdot$

$\vec{a}-\vec{a}\cdot\vec{b}-\vec{b}\cdot\vec{b}=|\vec{a}|^2-|\vec{b}|^2$，选项 A 成立。选项 B、C、D 均不成立。

答案： A

1-1-4 **解：** 利用已知的两直线方程计算出它们各自的方向向量。

例如$\begin{cases}3x+z=4\\y+2z=9\end{cases}$，$\vec{s_1}=\vec{n}_1\times\vec{n}_2=\begin{vmatrix}\vec{i}&\vec{j}&\vec{k}\\3&0&1\\0&1&2\end{vmatrix}=-\vec{i}-6\vec{j}+3\vec{k}$，同理求出$\vec{s_2}=-6\vec{i}-36\vec{j}+18\vec{k}$。$\vec{s_1}$、$\vec{s_2}$对应坐标成比例，故$\vec{s_1}\,/\!/\,\vec{s_2}$，则$\vec{L_1}\,/\!/\,\vec{L_2}$或重合，在$L_1$上取一点（1,7,1），代入$L_2$方程，不满足$L_2$方程，因而$L_1$、$L_2$平行但不重合。

答案： A

1-1-5 **解：** 直线L的方向向量$\vec{s}=\{2,1,3\}$，平面π的法向量$\vec{n}=\{4,-2,-2\}$，$\vec{s}\cdot\vec{n}=0$，则$\vec{s}\perp\vec{n}$，直线与平面平行或重合，取L上一点（−3,−4,0）代入平面π方程得$4\times(-3)-2\times(-4)+0=-4\neq3$，不满足平面方程，故直线$/\!/$平面。

答案： A

1-1-6 **解：** 见解图，取已知直线的方向向量为与其垂直平面的法向量，取$\vec{n}=\vec{s}=\{3,2,-1\}$，$M_0(2,1,3)$。过$M_0$与$L$垂直的平面方程：$3(x-2)+2(y-1)-(z-3)=0$，化简得$3x+2y-z-5=0$。求出已知直线和垂直平面的交点，$L$的参数方程为$x=3t-1$，$y=2t+1$，$z=-t$，代入平面方程$3(3t-1)+2(2t+1)+t-5=0$，解出$t=\frac{3}{7}$，交点为$M_1\left(\frac{2}{7},\frac{13}{7},-\frac{3}{7}\right)$。连接$M_0M_1$，$\overrightarrow{M_0M_1}=\left\{-\frac{12}{7},\frac{6}{7},-\frac{24}{7}\right\}=-\frac{6}{7}\{2,-1,4\}$，取$\vec{s}_{M_0M_1}=\{2,-1,4\}$，与已知直线垂直相交的直线方程为$\frac{x-2}{2}=\frac{y-1}{-1}=\frac{z-3}{4}$。

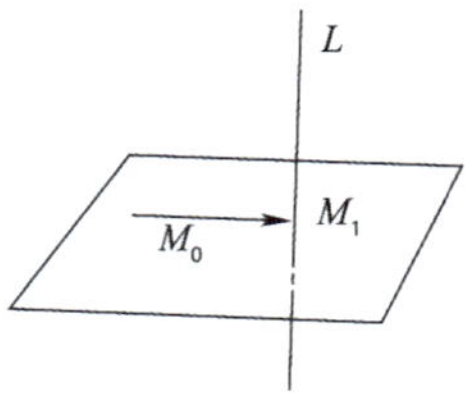

题 1-1-6 解图

答案： C

1-1-7 **解：** 利用给出的直线方程，求出直线方程的方向向量

$\vec{n}_1=\{1,-1,-1\}$，$\vec{n}_2=\{2,1,-3\}$

$$\vec{n}_1\times\vec{n}_2=\begin{vmatrix}\vec{i}&\vec{j}&\vec{k}\\1&-1&-1\\2&1&-3\end{vmatrix}=\vec{i}\begin{vmatrix}-1&-1\\1&-3\end{vmatrix}-\vec{j}\begin{vmatrix}1&-1\\2&-3\end{vmatrix}+\vec{k}\begin{vmatrix}1&-1\\2&1\end{vmatrix}=4\vec{i}+\vec{j}+3\vec{k}$$

取$\vec{s}=\{4,1,3\}$

利用$\vec{s}=\{4,1,3\}$，点$M(3,-2,1)$写出L的方程：$\frac{x-3}{4}=\frac{y+2}{1}=\frac{z-1}{3}$。

答案： D

1-1-8 **解：** 通过方程组$\begin{cases}x^2+y^2+(z+3)^2=25\\z=1\end{cases}$消去$z$，得$x^2+y^2=9$，为空间曲线在$xOy$平面上的投影柱面。联立$\begin{cases}x^2+y^2=9\\z=1\end{cases}$，为球面与平面$z=1$的交线。

答案： D

1-1-9 **解：** 设点$M_1(1,1,0)$，$M_2(0,0,1)$，$M_3(0,1,1)$，分别写出向量$\overrightarrow{M_1M_2}=\{-1,-1,1\}$，$\overrightarrow{M_1M_3}=\{-1,0,1\}$，平面$\pi$的法向量$\vec{n}=\overrightarrow{M_1M_2}\times\overrightarrow{M_1M_3}=-\vec{i}+0\vec{j}-\vec{k}=\{-1,0,-1\}$，取$\vec{s}=\vec{n}=\{1,0,1\}$，点$M(1,1,1)$，所求直线对称式方程为：$\frac{x-1}{1}=\frac{y-1}{0}=\frac{z-1}{1}$。

答案： A

1-1-10 **解：** 在xOz平面上的曲线$f(x,z)=0$，绕x轴旋转一周，旋转曲面方程为$f\left(x,\pm\sqrt{y^2+z^2}\right)=0$。则旋转曲面方程为$\frac{x^2}{9}+\frac{y^2+z^2}{4}=1$。

答案： C

1-1-11 **解：** $\begin{cases} 2x^2+y^2+z^2=16 & ① \\ x^2-y^2+z^2=0 & ② \end{cases}$

消x，由②式×2 得$2x^2-2y^2+2z^2=0$ ③

①式−③式得 $3y^2-z^2=16$

答案： C

1-1-12 **解：** **方法 1**，已知直线L_0，点$M_0(1,2,3)$，$\vec{S}\{3,2,1\}$

xOy平面方程为$z=0$，法向量$\vec{n}=\{0,0,1\}$

设直线L_0在xOy平面上投影平面的法向量为$\vec{n}_{投影平面}$，则

$$\vec{n}_{投影平面}=\vec{s}\times\vec{n}=\begin{vmatrix} \vec{i} & \vec{j} & \vec{k} \\ 3 & 2 & 1 \\ 0 & 0 & 1 \end{vmatrix}=\{2,-3,0\}$$

过点M_0在xOy平面上投影平面为$2(x-1)-3(y-2)=0$，即$2x-3y+4=0$

L_0在xOy平面上投影直线方程为$\begin{cases} 2x-3y+4=0 \\ z=0 \end{cases}$

方法 2，也可以用L_0方程中前面部分$\frac{x-1}{3}=\frac{y-2}{2}$所表示的平面和$z=0$所表示的平面表示$L_0$在$xOy$平面上的投影直线方程，即$\begin{cases} \frac{x-1}{3}=\frac{y-2}{2} \\ z=0 \end{cases}$，整理得$\begin{cases} 2x-3y+4=0 \\ z=0 \end{cases}$

答案： B

第二节

1-2-1 **解：** 因为$\frac{1}{f(x)}=\frac{x}{x-1}$，所以

$$f\left[\frac{1}{f(x)}\right]=\frac{\frac{1}{f(x)}-1}{\frac{1}{f(x)}}=\frac{\frac{x}{x-1}-1}{\frac{x}{x-1}}=\frac{1}{x}$$

答案： C

1-2-2 **解：**

$$\lim_{x\to\infty}\frac{3x^2+5}{5x+3}\sin\frac{2}{x}=\lim_{x\to\infty}\frac{x\left(3x+\frac{5}{x}\right)}{5x+3}\sin\frac{2}{x}$$
$$=\lim_{x\to\infty}\frac{3x+\frac{5}{x}}{5x+3}\times\frac{\sin\frac{2}{x}}{\frac{2}{x}}\times 2=\frac{3}{5}\times 1\times 2=\frac{6}{5}$$

答案： B

1-2-3 **解：** 因为$\lim\limits_{x\to\infty}\frac{x^3-2x+5}{3x^5+2x+3}=0$，$|2+\cos x-3\sin x|\leqslant 6$

所以$\lim\limits_{x\to\infty}\frac{x^3-2x+5}{3x^5+2x+3}(2+\cos x-3\sin x)=0$

答案： B

1-2-4 **解：** 举例说明：

设$f(u)=|u|$，在$u=0$处不可导，取$u=g(x)=\sin x$在$x=0$处可导，$f[g(x)]$在$x=0$处不可导，选项 A 错。

取$u=g(x)=x^4$，$f[g(x)]=|x^4|=x^4$在$x=0$处可导，选项 B 错，所以选项 C 正确。

另设$f(u)=\begin{cases} 1 & u\geqslant 0 \\ -1 & u<0 \end{cases}$，在$u=0$处既不可导也不连续，$u=g(x)=x^3$在$x=0$可导，

$f(g(x))=\begin{cases}1 & x\geqslant 0\\ -1 & x<0\end{cases}$在$x=0$处不连续，选项 D 错。

答案： C

1-2-5 **解：** $x\to 0$利用等价无穷小计算

$$\ln(1-tx^2)\sim -tx^2,\ x^2\sim x\sin x$$

$$原式=\lim_{x\to 0}\frac{-tx^2}{x^2}=-t$$

答案： B

1-2-6 **解：** $\lim\limits_{x\to 0}\frac{x^2-\sin x}{x}=\lim\limits_{x\to 0}\left(x-\frac{\sin x}{x}\right)=-1(\neq 0)$，为同阶无穷小，但不是等价无穷小。

答案： B

1-2-7 **解：** $\lim\limits_{x\to 0}\frac{\sqrt{2-2\cos x}}{x}=\lim\limits_{x\to 0}\frac{\sqrt{4\sin^2\frac{x}{2}}}{x}=\lim\limits_{x\to 0}\frac{2\left|\sin\frac{x}{2}\right|}{x}$

当$x\to 0^+$时

$$\lim_{x\to 0^+}\frac{2\left|\sin\frac{x}{2}\right|}{x}=\lim_{x\to 0^+}\frac{\sin\frac{x}{2}}{\frac{x}{2}}=1$$

当$x\to 0^-$时

$$\lim_{x\to 0^-}\frac{2\left|\sin\frac{x}{2}\right|}{x}=\lim_{x\to 0^-}\frac{-2\sin\frac{x}{2}}{\frac{x}{2}}=-1$$

答案： A

1-2-8 **解：** 在$x=0$处，当满足$\lim\limits_{x\to 0^+}f(x)=\lim\limits_{x\to 0^-}f(x)=f(0)$时，$f(x)$在$x=0$处连续。

计算：$x=0$，$f(0)=1$，$\lim\limits_{x\to 0^-}\left(\cos x+x\sin\frac{1}{x}\right)=1$，$\lim\limits_{x\to 0^+}(x^2+1)=1$，所以在$x=0$处，$f(x)$连续。

答案： D

1-2-9 **解：** 举列说明

①$\alpha(x)=x$，$\beta(x)=x^4$，在$x\to 0$时为无穷小

$$\lim_{x\to 0}\frac{x^2}{x^4}=\lim_{x\to 0}\frac{1}{x^2}=\infty$$

②$\alpha(x)=x^2$，$\beta(x)=x^4$，在$x\to 0$时为无穷小

$$\lim_{x\to 0}\frac{(x^2)^2}{x^4}=1$$

答案： D

1-2-10 **解：** 可以验证$f(x)=Cg(x)$错误，求导$f'(x)=Cg'(x)$。

答案： A

1-2-11 **解：** 利用函数在一点可导的定义计算

$$f'(x_0)=\lim_{\Delta x\to 0}\frac{f(x_0+\Delta x)-f(x_0)}{\Delta x}$$

$$原式=\lim_{x\to 0}\frac{1}{\frac{f(x_0-2x)-f(x_0)}{x}}=\lim_{x\to 0}\frac{1}{\frac{f(x_0-2x)-f(x_0)}{-2x}\times(-2)}=\frac{1}{-2f'(x_0)}=\frac{1}{4}$$

求出$f'(x_0)=-2$

答案： C

1-2-12 **解：** 验证$f(x)$在区间[1,2]上满足拉格朗日中值定理的条件，即有

$$f(2)-f(1)=f'(\xi)(2-1)，1<\xi<2$$

$$\frac{3}{2}-2=-\frac{1}{x^2}\bigg|_{x=\xi}(2-1)，\ -\frac{1}{2}=-\frac{1}{\xi^2}，\xi^2=2，\xi=\sqrt{2}$$

答案： A

1-2-13 **解：** 利用点(0,1)是曲线$y=ax^3+bx^2+c$拐点的条件，$y'=3ax^2+2bx$，$y''=6ax+2b$，令$y''=0$，$6ax+2b=0$，$x=\frac{-2b}{6a}=-\frac{1}{3}\frac{b}{a}$。

因拐点横坐标为0，即$x=0$，则$b=0$。

将$b=0$代入曲线方程，$y=ax^3+C$，$y''=6ax$，当$a\neq 0$时，$(-\infty,0)$，$(0,+\infty)$两侧y''异号，再将拐点坐标$x=0$，$y=1$代入$y=ax^3+bx^2+c$，$c=1$，所以$b=0$，$c=1$，a为不等于0的任何实数。

答案： B

1-2-14 **解：** 利用多元隐函数方法求导，$F(x,y)=0$，求出F_x、F_y

则$\frac{dy}{dx}=-\frac{F_x}{F_y}$，$F_x=3x^2+\cos(\pi y)$，$F_y=3y^2+(x+1)[-\sin(\pi y)\cdot\pi]$

$$\frac{dy}{dx}=-\frac{F_x}{F_y}=-\frac{3x^2+\cos(\pi y)}{3y^2+(x+1)[-\pi\sin(\pi y)]}$$

当$x=-1$时，代入原方程$y=-2$

切线斜率$K_{切}=\frac{dy}{dx}\bigg|_{\substack{x=-1\\y=-2}}=-\frac{3+1}{3\times 4}=-\frac{1}{3}$

法线斜率$K_{法}=3$

法线方程$y+2=3(x+1)$，即$y-3x-1=0$。

答案： B

1-2-15 **解：** 面积$A=\int_a^{a+1}x^2dx=\frac{1}{3}[(a+1)^3-a^3]$

利用导数知识求在面积最小时的a值

$$A'=\frac{1}{3}[3(a+1)^2-3a^2]=2a+1$$

令$A'=0$，$a=-\frac{1}{2}$，$A''=2>0$，所以当$a=-\frac{1}{2}$取得面积最小。

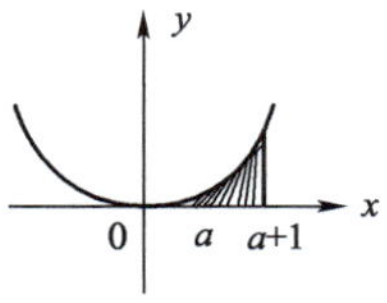

题 1-2-15 解图

答案： B

1-2-16 **解：** 用复合函数求导法则计算

$$y'=\frac{1}{f(x)}\cdot f'(x)=\frac{f'(x)}{f(x)}$$

再利用函数商的求导法则

$$y''=\frac{f''\cdot f-f'\cdot f'}{f^2(x)}=\frac{f\cdot f''-(f')^2}{f^2}$$

答案： A

1-2-17 **解：** $\frac{dy}{dt}=f(t)+tf'(t)$，$\frac{dx}{dt}=f'(t)-\frac{f'(t)}{f(t)}$

$$\frac{dy}{dx}=\frac{\frac{dy}{dt}}{\frac{dx}{dt}}=\frac{f^2(t)+tf(t)f'(t)}{f(t)f'(t)-f'(t)}$$

将$t=0$，$f(0)=2$，$f'(0)=2$代入得：

$$\left.\frac{\mathrm{d}y}{\mathrm{d}x}\right|_{\substack{t=0\\f(0)=2\\f'(0)=2}}=\frac{2^2+0}{2\times2-2}=2$$

答案：D

1-2-18 解：$\frac{\mathrm{d}y}{\mathrm{d}x}=\frac{2}{1+x^2}$，已知直线$y=x-1$，斜率$k=1$，$\frac{2x}{1+x^2}=1$，$x^2-2x+1=0$，解出$x=1$，二重根。当$x=1$时，$y=\ln2$。

答案：C

1-2-19 解：已知$f'(x)=f(1-x)$，两边求导，有：$f''(x)=-f'(1-x)$ ①

在式$f'(x)=f(1-x)$中，当x取$1-x$时，有：$f'(1-x)=f(x)$ ②

将②式代入①式：$f''(x)=-f(x)$，$f''(x)+f(x)=0$。

答案：C

1-2-20 解：已知$f(x)$在$x=0$可导，即左导$f'_-(0)=$右导$f'_+(0)$，则

$$f'_+(0)=\lim_{x\to0^+}\frac{f(x)-f(0)}{x-0}=\lim_{x\to0^+}\frac{ax+2-2}{x-0}=a$$

$$f'_-(0)=\lim_{x\to0^-}\frac{f(x)-f(0)}{x-0}=\lim_{x\to0^-}\frac{e^{-x}+1-2}{x}=\lim_{x\to0^-}\frac{e^{-x}-1}{x}$$

$$=\lim_{x\to0^-}\frac{-x}{x}=-1\qquad(\text{当}x\to0\text{ 时},e^{-x}-1\sim-x)$$

答案：D

1-2-21 解：$f(x)$在$x=0$可导，所以在$x=0$必连续，即

$$\lim_{x\to0^+}f(x)=\lim_{x\to0^-}f(x)=f(0)，f(0)=b$$

$$\lim_{x\to0^+}x^2\sin\frac{1}{x}=0，\lim_{x\to0^-}(ax+b)=b$$

得到$b=0$

利用$f(x)$在$x=0$可导，$f'_+(0)=f'_-(0)$，而

$$f'_+(0)=\lim_{x\to0^+}\frac{x^2\sin\frac{1}{x}-b}{x-0}=\lim_{x\to0^+}\frac{x^2\sin\frac{1}{x}}{x}=\lim_{x\to0^+}x\sin\frac{1}{x}=0，f'_-(0)=\lim_{x\to0^-}\frac{ax+b-b}{x}=a$$

得到$a=0$，$b=0$

答案：C

1-2-22 解：$\frac{\mathrm{d}x}{\mathrm{d}t}=\frac{-4t}{(1+t^2)^2}$，$\frac{\mathrm{d}y}{\mathrm{d}t}=\frac{2-2t^2}{(1+t^2)^2}$

则$\frac{\mathrm{d}y}{\mathrm{d}x}=\frac{\frac{\mathrm{d}y}{\mathrm{d}t}}{\frac{\mathrm{d}x}{\mathrm{d}t}}=\frac{t^2-1}{2t}$

答案：A

1-2-23 解：$f(x)$为幂指函数，利用对数求导法计算，两边取对数，即

$$\frac{1}{y}\frac{\mathrm{d}y}{\mathrm{d}x}=-\frac{1}{x^2}\ln(1+x)+\frac{1}{x(1+x)}$$

$$\frac{\mathrm{d}y}{\mathrm{d}x}=(1+x)^{\frac{1}{x}}\left[-\frac{1}{x^2}\ln(1+x)+\frac{1}{x(1+x)}\right]$$

$$\left.\frac{\mathrm{d}y}{\mathrm{d}x}\right|_{x=1}=2\times\left[(-1)\ln2+\frac{1}{2}\right]=-2\ln2+1=1-\ln4$$

答案：D

1-2-24 **解：** 定义域$(0,+\infty)$

$$f'(x)=\frac{10}{1+x^2}-\frac{3}{x}=\frac{-3x^2+10x-3}{x(1+x^2)}$$

令$f'(x)=0$，$-3x^2+10x-3=0$，得到$x=3$，$x=\frac{1}{3}$，分割定义域，判定$x=\frac{1}{3}$，$x=3$邻近两侧一阶导数的符号。当$x<3$时，$f'(x)>0$，$x>3$时，$f'(x)<0$；当$x<\frac{1}{3}$时，$f'(x)<0$，$x>\frac{1}{3}$时，$f'(x)>0$。确定$x=3$处取得极大值$f(3)$。

答案： C

1-2-25 **解：** 画示意图

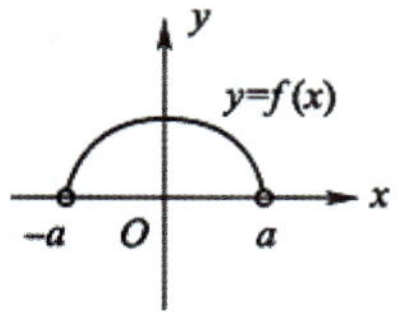

题 1-2-25 解图

已知当$0<x<a$时，$f(x)<f(0)$，函数是连续偶函数，所以当$-a<x<0$时，$f(0)>f(x)$，即$f(0)$是$f(x)$在$(-a,a)$上的极大值，也是最大值。

答案： C

1-2-26 **解：** 定义域$(-\infty,+\infty)$，$y=x^3(x-4)=x^4-4x^3$，$y'=4x^2(x-3)=0$，得到$x=0$，$x=3$。则由$y''=12(x-2)x=0$，得到$x=0$，$x=2$。列表如下。

题 1-2-26 解表

x	$(-\infty,0)$	0	$(0,2)$	2	$(2,3)$	3	$(3,+\infty)$
y'	−	0	−	−	−	0	+
y''	+	0	−	0	+	+	+
y	↘	拐	↘	拐	↘	极值	↗

确定单增且向上凹的区间为$(3,+\infty)$。

答案： D

1-2-27 **解：** 定义域$[-4,-1]$

$$f'(x)=x+2+\frac{1}{x}=\frac{x^2+2x+1}{x}$$

可作为公式记住，$(\ln|x|)'=\frac{1}{x}$

令$f'(x)=0$，即$x^2+2x+1=0$，$x=-1$为驻点，端点$x=-4$，$x=-1$，比较$f(-1)$与$f(-4)$函数值的大小，确定最大值。

答案： C

1-2-28 **解：** 将x_0代入方程$x_0f''(x_0)+3x_0\big(f'(x_0)\big)^2=1-e^{-x_0}$，已知$x_0$是函数的一个驻点，则$f'(x_0)=0$，化简，得：

$$x_0f''(x_0)=1-e^{-x_0},\ f''(x_0)=\frac{1-e^{-x_0}}{x_0}=\frac{e^{x_0}-1}{x_0e^{x_0}}>0$$

由极值存在的第二充分条件，可知$f(x_0)$是$f(x)$的极小值。

[注：当$x_0>0$时，$e^{x_0}-1>0$，$x_0e^{x_0}>0$，所以$f''(x_0)>0$；当$x_0<0$时，$e^{x_0}-1<0$，$x_0e^{x_0}<0$，所以$f''(x_0)>0$。]

答案： B

第三节

1-3-1 **解：** 利用凑微分方法，即

$$\int f'(3-2x)\mathrm{d}x = \frac{-1}{2}\int f'(3-2x)\mathrm{d}(-2x+3) = -\frac{1}{2}f(3-2x)+C$$

答案： A

1-3-2 **解：** 利用第一类换元积分法（凑微分法），即

$$\int e^{-x}f(e^{-x})\mathrm{d}x = -\int f(e^{-x})\mathrm{d}e^{-x} = -F(e^{-x})+C$$

答案： B

1-3-3 **解：** 凑微分，即

$$\int \frac{f'(\ln x)}{x\sqrt{f(\ln x)}}\mathrm{d}x = \int \frac{f'(\ln x)}{\sqrt{f(\ln x)}}\mathrm{d}\ln x = \int \frac{1}{\sqrt{f(\ln x)}}\mathrm{d}f(\ln x) = 2\sqrt{f(\ln x)}+C$$

答案： C

1-3-4 **解：** 利用函数原函数的定义计算。

$$(x^2)' = 2x，g(x) = 2x，(\cos x)' = -\sin x，f(x) = -\sin x$$

所以$f[g(x)] = -\sin[g(x)] = -\sin 2x$。

答案： D

1-3-5 **解：** 计算函数的积分，即左$=\int f'(\ln x)\mathrm{d}\ln x = f(\ln x)+C_1$，而右$=x^2+C_2$，则$f(\ln x)+C_1 = x^2+C_2$，设$t=\ln x$，$x=e^t$，代入得$f(t)+C_1 = e^{2t}+C_2$，则$f(x) = e^{2x}+C$（其中$C = C_2 - C_1$）。

答案： C

1-3-6 **解：** $\lim\limits_{x\to a}\frac{x}{x-a}\int_a^x f(t)\mathrm{d}t = \lim\limits_{x\to a}\frac{x\int_a^x f(t)\mathrm{d}t}{x-a} \overset{\frac{0}{0}}{=} \lim\limits_{x\to a}\frac{\int_a^x f(t)\mathrm{d}t + xf(x)}{1} = af(a)\left(因\int_a^a f(t)\mathrm{d}t = 0\right)$。

答案： C

1-3-7 **解：** $f(x)$在$[a,b]$连续，$f(x)$在$[a,b]$可积，定积分$\int_a^b f(x)\mathrm{d}x$为一确定常数。

答案： A

1-3-8 **解：** $\lim\limits_{x\to 0}\frac{\int_0^x f(t)\mathrm{d}t}{x^2} \overset{\frac{0}{0}}{=} \lim\limits_{x\to 0}\frac{f(x)}{2x} = \frac{1}{2}\lim\limits_{x\to 0}\frac{f(x)-f(0)}{x-0} = \frac{1}{2}f'(0) = \frac{2}{2} = 1$。

答案： B

1-3-9 **解：** $I = \int_e^{+\infty}\frac{1}{x(\ln x)^2}\mathrm{d}x = \int_e^{+\infty}\frac{1}{(\ln x)^2}\mathrm{d}\ln x = -\frac{1}{\ln x}\Big|_e^{+\infty} = -\left(\lim\limits_{x\to+\infty}\frac{1}{\ln x} - \frac{1}{\ln e}\right) = 1$

答案： A

1-3-10 **解：** 逐一计算各个选项来确定。

选项 A：$\int_2^{+\infty}\frac{1}{x\ln^3 x}\mathrm{d}x = \int_2^{+\infty}\frac{1}{\ln^3 x}\mathrm{d}(\ln x) = -\frac{1}{2}\frac{1}{\ln^2 x}\Big|_2^{+\infty} = -\frac{1}{2}\left(\lim\limits_{x\to+\infty}\frac{1}{\ln^2 x} - \frac{1}{\ln^2 2}\right) = \frac{1}{2\ln^2 2}$，收敛。

选项 B：$\int_0^{+\infty}e^{-x}\mathrm{d}x = -e^{-x}\Big|_0^{+\infty} = -\left(\lim\limits_{x\to+\infty}e^{-x} - 1\right) = 1$，收敛。

选项 C：因$x=-1$为无穷不连续点，则$\int_{-1}^0\frac{2}{\sqrt{1-x^2}}\mathrm{d}x = 2\arcsin x\Big|_{-1}^0 = 2\left(0 - \lim\limits_{x\to-1^+}\arcsin x\right) = \pi$，收敛。

选项 D：因$x=1$为函数的无穷不连续点，则$\int_1^e\frac{1}{x\ln x}\mathrm{d}x = \int_1^e\frac{1}{\ln x}\mathrm{d}\ln x = \ln\ln x\Big|_1^e = \ln\ln e - \lim\limits_{x\to 1^+}\ln\ln x = \infty$，发散。

答案： D

1-3-11 **解：** 积分上限函数求导数，$Q'(x) = x^2e^{-x^2} \cdot 2x = 2x^3e^{-x^2}$。

答案： C

1-3-12 **解：** $\int_0^a f(x)\mathrm{d}x = \int_0^{\frac{a}{2}} f(x)\mathrm{d}x + \int_{\frac{a}{2}}^a f(x)\mathrm{d}x$。

将$\int_{\frac{a}{2}}^a f(x)\mathrm{d}x$变形，设$x = a - t$，$\mathrm{d}x = -\mathrm{d}t$。

当$x = a$时，$t = 0$；当$x = \frac{a}{2}$时，$t = \frac{a}{2}$。

$\int_{\frac{a}{2}}^a f(x)\mathrm{d}x = \int_{\frac{a}{2}}^0 f(a-t)(-\mathrm{d}t) = \int_0^{\frac{a}{2}} f(a-t)\mathrm{d}t = \int_0^{\frac{a}{2}} f(a-x)\mathrm{d}x$。

答案： B

1-3-13 **解：** 计算$\int_0^1 f(x)\mathrm{d}x = \int_0^{\frac{1}{2}} 1\mathrm{d}x + \int_{\frac{1}{2}}^1 0\mathrm{d}x = \frac{1}{2}$，因此在$[0,1]$内不存在$\xi$，使等式成立。

答案： B

1-3-14 **解：** 可以验证选项 A、B、C 均成立，例如$\int_{-a}^a f(x^2)\mathrm{d}x = \int_{-a}^0 f(x^2)\mathrm{d}x + \int_0^a f(x^2)\mathrm{d}x$，设$x = -t$，$\mathrm{d}x = -\mathrm{d}t$，$\int_{-a}^0 f(x^2)\mathrm{d}x = \int_a^0 f[(-t)^2](-\mathrm{d}t) = \int_0^a f(t^2)\mathrm{d}t = \int_0^a f(x^2)\mathrm{d}x$，从而$\int_{-a}^a f(x)\mathrm{d}x = 2\int_0^a f(x^2)\mathrm{d}x$。

选项 D：$\int_0^1 10^x\mathrm{d}x = \frac{1}{\ln 10}10^x\Big|_0^1 = \frac{1}{\ln 10}(10-1) = \frac{9}{\ln 10}$。

答案： D

1-3-15 **解：** $\varphi(-x) = \int_0^{-x} f(t)\mathrm{d}t$

设$t = -u$，$\mathrm{d}t = -\mathrm{d}u$

当$t = -x$时，$u = x$；当$t = 0$时，$u = 0$

$\varphi(-x) = \int_0^{-x} f(t)\mathrm{d}t = \int_0^x f(-u)(-\mathrm{d}u) \xlongequal{f\text{为偶函数}} -\int_0^x f(u)\mathrm{d}u = -\int_0^x f(t)\mathrm{d}t = -\varphi(x)$

即$\varphi(-x) = -\varphi(x)$，所以$\varphi(x)$为奇函数。

答案： B

1-3-16 **解：** 已知$f(x)$在$[0,+\infty]$连续，$f(x)$在$[0,1]$上可积，定积分$\int_0^1 f(x)\mathrm{d}x$为一常数。

设$A = \int_0^1 f(x)\mathrm{d}x$，则$f(x) = xe^{-x} + Ae^x$，两边在$[0,1]$区间上作定积分，得

$$\int_0^1 f(x)\mathrm{d}x = \int_0^1 xe^{-x}\mathrm{d}x + \int_0^1 Ae^x\mathrm{d}x$$

$$A = \int_0^1 xe^{-x}\mathrm{d}x + A\int_0^1 e^x\mathrm{d}x \qquad ①$$

而$\int_0^1 xe^{-x}\mathrm{d}x = -\int_0^1 x\,\mathrm{d}e^{-x} = -\left(xe^{-x}\Big|_0^1 - \int_0^1 e^{-x}\mathrm{d}x\right) = -\left(\frac{2}{e} - 1\right)$，$\int_0^1 e^x\mathrm{d}x = e - 1$

代入①式

$$A = -\left(\frac{2}{e} - 1\right) + (e-1)A$$

求出$A = -\frac{1}{e}$，则

$$f(x) = xe^{-x} - \frac{1}{e}e^x = xe^{-x} - e^{x-1}$$

答案： B

1-3-17 **解：** 见解图，$y^2 = 4 - x$，$x = 4 - y^2$，当$x = 0$时，$y = \pm 2$，$S = \int_{-2}^2 (4 - y^2)\mathrm{d}y$。

答案： A

1-3-18 **解：** 画解图，x：$\left[\frac{\pi}{4}, \frac{5}{4}\pi\right]$

$$A=\int_{\frac{1}{4}\pi}^{\frac{5}{4}\pi}(\sin x-\cos x)\mathrm{d}x$$

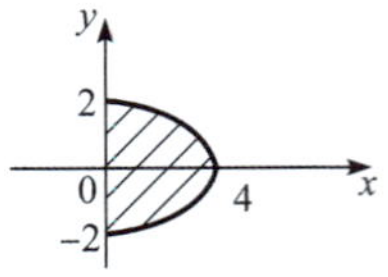

题 1-3-17 解图

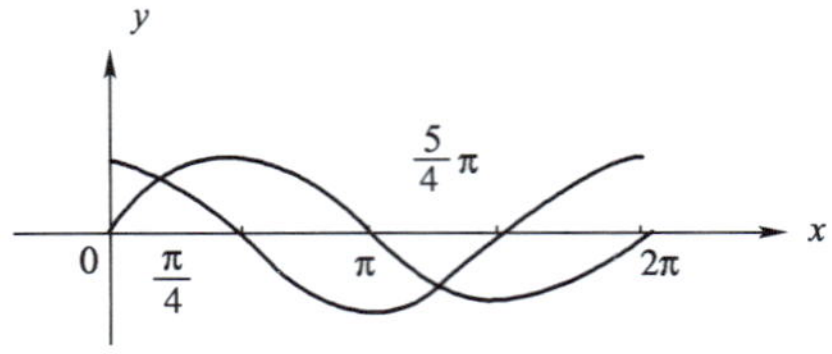

题 1-3-18 解图

答案： B

1-3-19 **解：** 因为积分上限函数$F(x)=\int_0^x f(t)\,\mathrm{d}t=\frac{1}{2}x^4$是$f(x)$的一个原函数。所以

$$\int_0^4\frac{1}{\sqrt{x}}f(\sqrt{x})\,\mathrm{d}x=\int_0^4 2f(\sqrt{x})\,\mathrm{d}\sqrt{x}=2F(\sqrt{x})\Big|_0^4=2[F(2)-F(0)]=2\times\frac{1}{2}\times(2)^4=16$$

答案： D

第四节

1-4-1 **解：** 利用二元复合函数，求偏导的方法计算。

$$\frac{\partial z}{\partial y}=\frac{\partial z}{\partial u}\cdot\frac{\partial u}{\partial y}+\frac{\partial z}{\partial v}\cdot\frac{\partial v}{\partial y}=2u\varphi_y'\ln v+\frac{u^2}{v}\varphi'$$

答案： C

1-4-2 **解：** $xyz-e^{x+y}=0$，设函数$F(x,y,z)=xyz-e^{x+y}$，$F_x=yz-e^{x+y}$，$F_y=xz-e^{x+y}$。

$$\frac{\partial y}{\partial x}=-\frac{F_x}{F_y}=-\frac{yz-e^{x+y}}{xz-e^{x+y}}\xlongequal[xyz=e^{x+y}]{\text{由原方程可知}}-\frac{yz-xyz}{xz-xyz}=-\frac{z(y-xy)}{z(x-xy)}=-\frac{y(1-x)}{x(1-y)}$$

答案： A

1-4-3 **解：** $\frac{\partial z}{\partial x}=\frac{1}{y}\cdot\frac{1}{xy}\cdot y=\frac{1}{xy}$，$\frac{\partial z}{\partial x}\Big|_{y=e^{-1}}^{x=e}=1$

$$\frac{\partial z}{\partial y}=\frac{\frac{1}{xy}xy-\ln(xy)}{y^2}=\frac{1-\ln xy}{y^2}，\quad\frac{\partial z}{\partial y}\Big|_{y=e^{-1}}^{x=e}=e^2$$

$\mathrm{d}z=\mathrm{d}x+e^2\mathrm{d}y$

答案： C

1-4-4 **解：** 曲线切线的方向向量$\vec{s}=\{1,2t,3t^2\}$，平面法向量$\vec{n}=\{1,2,1\}$，切线与平面平行，那么切线的方向向量应与平面的法向量垂直。

$\vec{s}\perp\vec{n}$,则$\vec{s}\cdot\vec{n}=0$，即$1+4t+3t^2=0$，解方程$3t^2+4t+1=0$，$t_1=-\frac{1}{3}$，$t_2=-1$，得对应点$\left(-\frac{1}{3},\frac{1}{9},-\frac{1}{27}\right)$，$(-1,1,-1)$。

答案： A

1-4-5 **解：** 求曲面$z=x^2-y^2$的切平面的法向量，$x^2-y^2-z=0$，设函数$F(x,y,z)=x^2-y^2-z$，$\vec{n}=\{F_x,F_y,F_z\}=\{2x,-2y,-1\}$，已知平面法向量$\vec{n}_{已知}=\{1,-1,-1\}$，两平面平行，法向量平行，$\vec{n}/\!/\vec{n}_{已知}$，对应坐标成比例，有$\frac{2x}{1}=\frac{-2y}{-1}=\frac{-1}{-1}=1$，得$x=\frac{1}{2}$，$y=\frac{1}{2}$，代入方程得$z=0$，求出切点坐标$M_0\left(\frac{1}{2},\frac{1}{2},0\right)$。已知$\vec{n}=\{1,-1,-1\}$，切平面方程$\left(x-\frac{1}{2}\right)-\left(y-\frac{1}{2}\right)-(z-0)=0$，化简为$x-y-z=0$。

答案： C

1-4-6 **解：** 利用二元函数求极值的充分条件计算

$$\begin{cases}z'_x = 3x^2+6x-9=0，得x_1=-3，x_2=1\\ z'_y=-3y^2+6y=0，得y_1=0，y_2=2\end{cases}$$

求出驻点$M_1(-3,0)$，$M_2(-3,2)$，$M_3(1,0)$，$M_4(1,2)$，再求出z_{xx}，z_{xy}，z_{yy}，逐一判定在哪一点取得极大值，如$M_2(-3,2)$，设$A=z_{xx}=6x+6$，$B=z_{xy}=0$，$C=z_{yy}=-6y+6$，代入$A=-12$，$B=0$，$C=-6$，$AC-B^2>0$，$A<0$，在该点取得极大值。

答案： D

1-4-7 **解：** $xyz-1=0$，设函数$F(x,y,z)=xyz-1$，计算F_x、F_y、F_z，即$F_x=yz$，$F_y=xz$，$F_z=xy$，$\vec{n}=\{yz,xz,xy\}$。已知平面法向量$\vec{n}=\{1,1,1\}$，因两平面平行，平面法向量平行，对应坐标成比例，即$\frac{yz}{1}=\frac{xz}{1}=\frac{xy}{1}$，解出$y=x=z$，代入得$x^3=1$，$x=1$，即$x=y=z=1$。

M_0点坐标$(1,1,1)$，$\vec{n}=\{1,1,1\}$，切平面方程$(x-1)+(y-1)+(z-1)=0$，$x+y+z-3=0$。

答案： D

1-4-8 **解：** $z=x^2-y^2$，$M_0(\sqrt{2},-1,1)$，$x^2-y^2-z=0$，

$\vec{n}=\{2x,-2y,-1\}|_{(\sqrt{2},-1,1)}=\{2\sqrt{2},2,-1\}$，取$\vec{s}=\vec{n}=\{2\sqrt{2},2,-1\}$，$M_0(\sqrt{2},-1,1)$，法线方程为

$$\frac{x-\sqrt{2}}{2\sqrt{2}}=\frac{y+1}{2}=\frac{z-1}{-1}$$

答案： C

1-4-9 **解：** 可通过图 1-4-1 基本概念关系图得到正确答案为 B。

答案： B

1-4-10 **解：** 偏导数$\left.\frac{\partial z}{\partial x}\right|_{(x_0,y_0)}$存在，表示一元函数$z=f(x,y_0)$在点$x=x_0$处可导，所以$z=f(x,y_0)$在$P_0$点连续，即选项 B 正确。

选项 A 对于二元函数在某一点存在偏导数，即使是存在所有偏导，也不能推出函数在该点连续，所以 A 错误。

选项 C 对于二元函数在某一点存在所有偏导数也推不出函数在该点可微，所以 C 错误，D 也错误。

答案： B

第五节

1-5-1 **解：** 求交点$\begin{cases}y=x\\y=1\end{cases}$，$(1,1)$，先对$y$积分，再对$x$积分

D：$\begin{cases}0\leqslant x\leqslant 1\\ x\leqslant y\leqslant 1\end{cases}$

$$\iint_D e^{-y}\mathrm{d}x\mathrm{d}y=\int_0^1\mathrm{d}x\int_x^1 e^{-y}\mathrm{d}y=-\int_0^1\left(\frac{1}{e}-e^{-x}\right)\mathrm{d}x=-\left(\frac{1}{e}\cdot x+e^{-x}\right)\Big|_0^1$$

$$=-\left(\frac{2}{e}-1\right)=-\frac{2}{e}+1$$

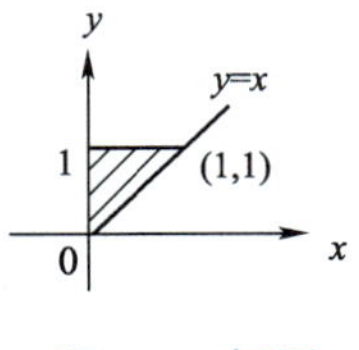

题 1-5-1 解图

答案： D

1-5-2 **解：** 还原积分区域D，如解图所示，D在极坐标下不等式组为：

$$\begin{cases}0\leqslant\theta\leqslant\frac{\pi}{4}\\ \tan x\sec\theta\leqslant r\leqslant\sec\theta\end{cases}$$

利用直角坐标与极坐标的关系式$x=r\cos\theta$，$y=r\sin\theta$变形

其中$y=x^2$，化为$r\sin\theta=(r\cos\theta)^2$，$r=\frac{\sin\theta}{\cos^2\theta}=\tan\theta\sec\theta$。

$x=1$，化为$r\cos\theta=1$，$r=\sec\theta$，面积元素$\mathrm{d}x\mathrm{d}y=r\mathrm{d}r\mathrm{d}\theta$，

原式$=\int_0^{\frac{\pi}{4}}\mathrm{d}\theta\int_{\tan\theta\sec\theta}^{\sec\theta}f(r\cos\theta,\sin\theta)r\mathrm{d}r$

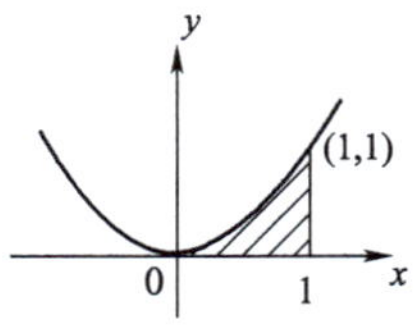

题 1-5-2 解图

答案： D

1-5-3 **解：** G为圆域$\iint\limits_G\sin(x^2+y^2)\,\mathrm{d}x\mathrm{d}y$，用$x=r\cos\theta$，$y=r\sin\theta$，$\mathrm{d}x\mathrm{d}y=r\mathrm{d}r\mathrm{d}\theta$代入积分式，

原式$=\iint\limits_D\sin r^2\cdot r\mathrm{d}r\mathrm{d}\theta=\int_0^{2\pi}\mathrm{d}\theta\int_0^2 r\sin r^2\,\mathrm{d}r$　　D：$\begin{cases}0\leqslant\theta\leqslant2\pi\\0\leqslant r\leqslant2\end{cases}$

答案： C

1-5-4 **解：** 求交点$\begin{cases}y^2=x\\y=x-2\end{cases}$，$(4,2)$，$(1,-1)$

先对x积分，后对y积分，D：$\begin{cases}-1\leqslant y\leqslant2\\y^2\leqslant x\leqslant y+2\end{cases}$，$I=\int_{-1}^2\mathrm{d}y\int_{y^2}^{y+2}xy\mathrm{d}x$

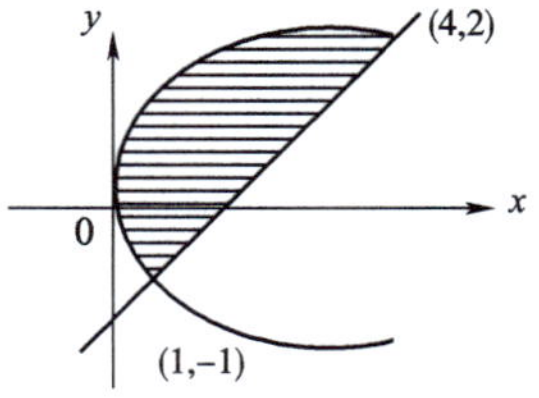

题 1-5-4 解图

答案： B

1-5-5 **解：** 复原积分区域画出图形。

求交点$\begin{cases}y=6-x\\y=x\end{cases}$，交点为$(3,3)$，因围成区域$D$的上面曲线由两个方程组成，因而分成两个部分计算。

D_1：$\begin{cases}0\leqslant x\leqslant3\\0\leqslant y\leqslant x\end{cases}$，$D_2$：$\begin{cases}3\leqslant x\leqslant6\\0\leqslant y\leqslant6-x\end{cases}$

原式$=\iint\limits_D f(x,y)\mathrm{d}x\mathrm{d}y=\iint\limits_{D_1}f(x,y)\mathrm{d}x\mathrm{d}y+\iint\limits_{D_2}f(x,y)\mathrm{d}x\mathrm{d}y$

$=\int_0^3\mathrm{d}x\int_0^x f(x,y)\mathrm{d}y+\int_3^6\mathrm{d}x\int_0^{6-x}f(x,y)\mathrm{d}y$

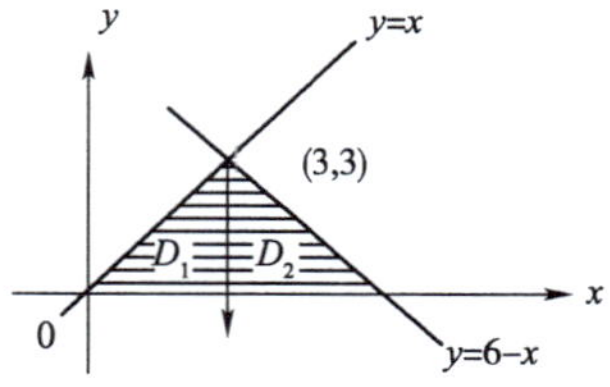

题 1-5-5 解图

答案： B

1-5-6 **解：** L：$\begin{cases}y=\frac{2}{3}x^{\frac{3}{2}}\\x=x\end{cases}$，　$0\leqslant x\leqslant1$

$$\mathrm{d}s=\sqrt{1+[y'(x)]^2}\mathrm{d}x=\sqrt{1+x}\mathrm{d}x$$

$$S=\int_L 1\cdot\mathrm{d}s=\int_0^1\sqrt{1+x}\mathrm{d}x=\frac{2}{3}(2\sqrt{2}-1)$$

答案： C

1-5-7 **解：** 此题为对坐标的曲线积分

$$\int_{ABC}\frac{\mathrm{d}x+\mathrm{d}y}{|x|+|y|}=\int_{L_1}+\int_{L_2}$$

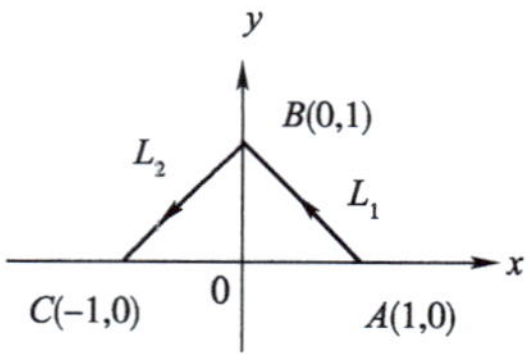

题 1-5-7 解图

L_1：$\begin{cases}y=-x+1\\x=x\end{cases}$，$x$：$1\to0$，$\int_{L_1}=\int_1^0\frac{1+(-1)}{x+(-x+1)}\mathrm{d}x=0$

L_2：$\begin{cases}y=x+1\\x=x\end{cases}$，$x$：$0\to-1$，$\int_{L_2}=\int_0^{-1}\frac{1+1}{-x+(x+1)}\mathrm{d}x=\int_0^{-1}2\mathrm{d}x=-2\int_{-1}^0\mathrm{d}x=-2$

答案： B

1-5-8 **解：** 画出公共部分图形，V由八块相等的部分构成，只要求出一块即可。

计算V_1，体积$V=8V_1$，D_1由$x^2+y^2=R^2$，$x=0$，$y=0$围成

由$x^2+z^2=R^2$，得$z=\sqrt{R^2-x^2}$

$V_1=\iint\limits_{D_1}\sqrt{R^2-x^2}\mathrm{d}x\mathrm{d}y$，$D_1$：$\begin{cases}0\leqslant x\leqslant R\\0\leqslant y\leqslant\sqrt{R^2-x^2}\end{cases}$

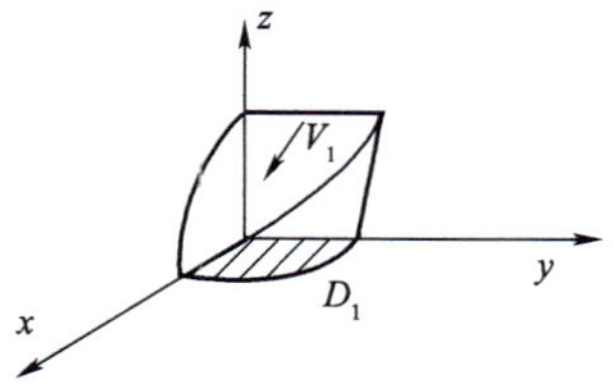

题 1-5-8 解图

$V_1 = \int_0^R \mathrm{d}x \int_0^{\sqrt{R^2-x^2}} \sqrt{R^2-x^2}\,\mathrm{d}y$

则 $V = 8\int_0^R \mathrm{d}x \int_0^{\sqrt{R^2-x^2}} \sqrt{R^2-x^2}\mathrm{d}y$

答案： B

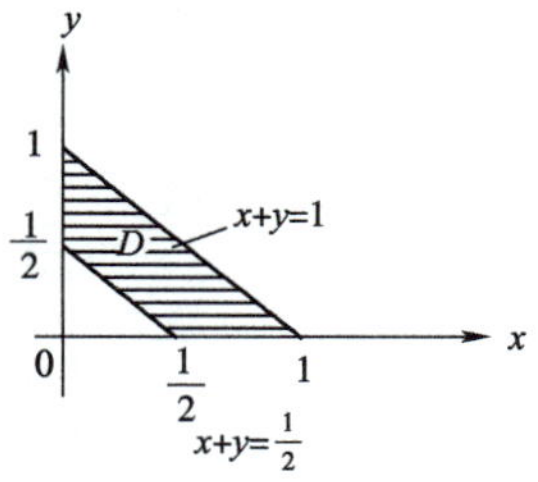

题 1-5-9 解图

1-5-9 **解：** 在 D 内 $\frac{1}{2} \leqslant x+y \leqslant 1$，$\ln(x+y) \leqslant 0$，$[\ln(x+y)]^3 \leqslant 0$，已知当 $0<x<\frac{\pi}{2}$ 时，$\sin x < x$，在 D 内的点满足 $0<x+y<\frac{\pi}{2}$，所以 $0<\sin(x+y)<x+y$ 成立，即 $0<\sin^3(x+y)<(x+y)^3$，在 D 上满足 $\ln^3(x+y)<\sin^3(x+y)<(x+y)^3$，则 $\iint\limits_D \ln^3(x+y)\,\mathrm{d}x\mathrm{d}y < \iint\limits_D \sin^3(x+y)\,\mathrm{d}x\mathrm{d}y < \iint\limits_D (x+y)^3\mathrm{d}x\mathrm{d}y$，即 $I_1<I_3<I_2$。

答案： B

第六节

1-6-1 **解：** 可验证选项 A、B、C 均收敛。

$\sum\limits_{n=1}^{\infty}(-1)^n\frac{1}{\sqrt{n}}$，因 $u_n \geqslant u_{n+1}$，$\lim\limits_{n\to\infty} u_n = 0$，交错级数收敛。

$\sum\limits_{n=1}^{\infty}\frac{n}{2^n}$，因 $\lim\limits_{n\to\infty}\frac{u_{n+1}}{u_n} = \lim\limits_{n\to\infty}\frac{\frac{n+1}{2^{n+1}}}{\frac{n}{2^n}} = \lim\limits_{n\to\infty}\frac{n+1}{n}\cdot\frac{1}{2} = \frac{1}{2} < 1$，级数收敛。

$\sum\limits_{n=1}^{\infty}\left(\frac{1}{n}-\frac{1}{n+1}\right)$，因 $\frac{1}{n}-\frac{1}{n+1} = \frac{1}{n(n+1)} < \frac{1}{n^2}$，而 $\sum\limits_{n=1}^{\infty}\frac{1}{n^2}$ 收敛，所以 $\sum\limits_{n=1}^{\infty}\left(\frac{1}{n}-\frac{1}{n+1}\right)$ 收敛。

$\sum\limits_{n=1}^{\infty}\sin\frac{n\pi}{3}$，因 $\lim\limits_{n\to\infty} u_n = \lim\limits_{n\to\infty}\sin\frac{n\pi}{3} \neq 0$，级数发散。

答案： D

1-6-2 **解：** $\sum\limits_{n=1}^{\infty}\left|(-1)^{n-1}\frac{1}{n}\right| = \sum\limits_{n=1}^{\infty}\frac{1}{n}$ 发散，而原级数 $\sum\limits_{n=1}^{\infty}(-1)^{n-1}\frac{1}{n}$ 满足 $u_n \geqslant u_{n+1}$，且 $\lim\limits_{n\to\infty} u_n = 0$，级数 $\sum\limits_{n=1}^{\infty}\frac{(-1)^{n-1}}{n}$ 收敛，所以级数 $\sum\limits_{n=1}^{\infty}(-1)^{n-1}\frac{1}{n}$ 条件收敛。

答案： B

1-6-3 **解：** $\sum\limits_{n=1}^{\infty} U_n$ 条件收敛，即 $\sum\limits_{n=1}^{\infty}|U_n|$ 发散，$\sum\limits_{n=1}^{\infty} U_n$ 收敛，所以 $\frac{1}{2}\sum\limits_{n=1}^{\infty} U_n$ 收敛，$\frac{1}{2}\sum\limits_{n=1}^{\infty}|U_n|$ 发散。

而 $U^* = \frac{1}{2}U_n + \frac{1}{2}|U_n|$，$\sum\limits_{n=1}^{\infty} U^*$ 发散。（注：常数项级数性质 3）

$U^{**} = \frac{1}{2}U_n - \frac{1}{2}|U_n|$，$\sum\limits_{n=1}^{\infty} U^{**}$ 发散。（注：常数项级数性质 3）

根据常数项级数的性质。

答案： B

1-6-4 **解：**

$$\lim_{n\to\infty}\left|\frac{a_{n+1}}{a_n}\right| = \lim_{n\to\infty}\frac{\dfrac{a^{n+1}-b^{n+1}}{a^{n+1}+b^{n+1}}}{\dfrac{a^n-b^n}{a^n+b^n}} = \lim_{n\to\infty}\frac{a^{n+1}-b^{n+1}}{a^n-b^n}\cdot\frac{a^n+b^n}{a^{n+1}+b^{n+1}}$$

$$= \lim_{n\to\infty}\frac{b^{n+1}\left[\left(\dfrac{a}{b}\right)^{n+1}-1\right]}{b^n\left[\left(\dfrac{a}{b}\right)^n-1\right]}\cdot\frac{b^n\left[\left(\dfrac{a}{b}\right)^n+1\right]}{b^{n+1}\left[\left(\dfrac{a}{b}\right)^{n+1}+1\right]}$$

因为 $0<a<b$，$0<\frac{a}{b}<1$，$\lim\limits_{n\to\infty}\left(\frac{a}{b}\right)^n = 0$，所以 $\lim\limits_{n\to\infty}\left|\frac{a_{n+1}}{a_n}\right| = b\cdot\frac{1}{b} = 1$

$R = \frac{1}{\rho} = 1$

答案： D

1-6-5 **解**：$\sum_{n=1}^{\infty}\left(x^n+\frac{1}{2^n x^n}\right)=\sum_{n=1}^{\infty}x^n+\sum_{n=1}^{\infty}\frac{1}{2^n x^n}$

级数$\sum_{n=1}^{\infty}x^n$为公比$q=x$的等比级数，当$|x|<1$时，级数收敛

级数$\sum_{n=1}^{\infty}\frac{1}{2^n x^n}=\sum_{n=1}^{\infty}\left(\frac{1}{2x}\right)^n$为公比$q=\frac{1}{2x}$的等比级数，

当$\left|\frac{1}{2x}\right|<1$时，级数收敛，即$|x|>\frac{1}{2}$时收敛

因此，级数$\sum_{n=1}^{\infty}x^n$，$\sum_{n=1}^{\infty}\left(\frac{1}{2x}\right)^n$的和在$\frac{1}{2}<|x|<1$收敛

答案：C

1-6-6 **解**：$f(x)=\begin{cases}x & -\pi\leqslant x<0\\ 1 & 0\leqslant x\leqslant\pi\end{cases}$，利用公式求出$a_3$的值。

$$a_3=\frac{1}{\pi}\int_{-\pi}^{\pi}f(x)\cos 3x\mathrm{d}x=\frac{1}{\pi}\left(\int_{-\pi}^{0}x\cos 3x\mathrm{d}x+\int_{0}^{\pi}\cos 3x\mathrm{d}x\right)$$
$$=\frac{1}{\pi}\left(\frac{1}{3}\int_{-\pi}^{0}x\mathrm{d}\sin 3x+0\right)=\frac{1}{\pi}\left[\frac{1}{3}\left(x\sin 3x\,|_{-\pi}^{0}-\int_{-\pi}^{0}\sin 3x\mathrm{d}x\right)\right]$$
$$=\frac{1}{9\pi}\cos 3x\Big|_{-\pi}^{0}=\frac{1}{9\pi}[1-(-1)]=\frac{2}{9\pi}$$

答案：C

1-6-7 **解**：原级数$=x\left(x-\frac{1}{2}x^2+\frac{1}{3}x^3-\cdots+\frac{(-1)^{n+1}}{n}x^n+\cdots\right)$

已知$\ln(1+x)=x-\frac{1}{2}x^2+\frac{1}{3}x^3-\cdots$，$-1<x\leqslant 1$，幂级数和为$x\ln(1+x)$。

答案：D

1-6-8 **解**：设$x-1=z$，原幂级数$=\sum_{n=0}^{\infty}C_n z^n$

因为$\lim_{n\to\infty}\left|\frac{C_{n+1}}{C_n}\right|=\lim_{n\to\infty}\left|\frac{1}{\frac{C_n}{C_{n+1}}}\right|=\frac{1}{3}$

所以$R=3$，$\sum_{n=0}^{\infty}C_n z^n$在$-3<z<3$收敛，即原幂级数在$-2<x<4$收敛。

只有选项D正确。

答案：D

1-6-9 **解**：利用$f(x)=\frac{x}{(x-2)(x-3)}=\frac{A}{x-2}+\frac{B}{x-3}$，计算出$A=-2$，$B=3$。

$f(x)=\frac{-2}{x-2}+\frac{3}{x-3}$，函数$\frac{-2}{x-2}=-2\frac{1}{x-5+3}=-\frac{2}{3}\frac{1}{1+\frac{x-5}{3}}$，展开成$x-5$的幂级数后，收敛区间通过下式计算：由$-1<\frac{x-5}{3}<1$，解出$2<x<8$。

同理，函数$\frac{3}{x-3}=3\times\frac{1}{x-5+2}=\frac{3}{2}\times\frac{1}{1+\frac{x-5}{2}}$，展开成$x-5$的幂级数后，求出收敛区间$3<x<7$，故公共部分$3<x<7$。

答案：C

1-6-10 **解**：奇延拓，周期延拓，作出$f(x)$的图形，由迪利克雷收敛定理可知，因$x=-\frac{\pi}{2}$为函数的间断点，且$f(x)$是以2π为周期的奇函数，则

$$S\left(-\frac{\pi}{2}\right)=-S\left(\frac{\pi}{2}\right)$$
$$=-\frac{f\left(\frac{\pi}{2}-0\right)+f\left(\frac{\pi}{2}+0\right)}{2}$$
$$=-\frac{\frac{\pi}{2}+\pi}{2}=-\frac{3}{4}\pi$$

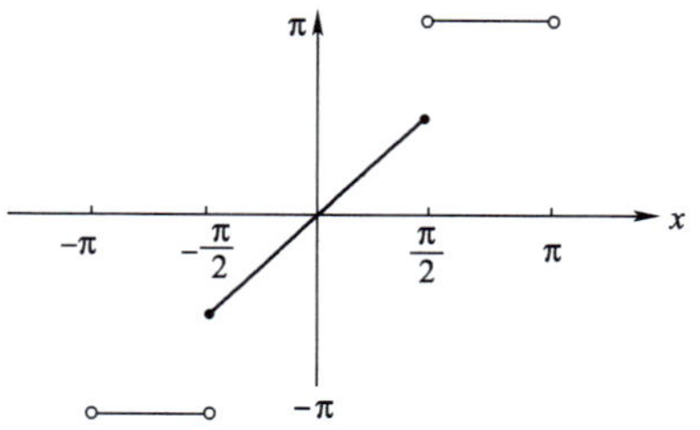

题 1-6-10 解图

答案：C

第七节

1-7-1　**解：** $\mathrm{d}y - e^x\mathrm{d}x = -2xy\mathrm{d}x$，$\frac{\mathrm{d}y}{\mathrm{d}x} - e^x = -2xy$，$\frac{\mathrm{d}y}{\mathrm{d}x} + 2xy = e^x$。

答案： D

1-7-2　**解：** 本题为一阶齐次方程。

设$u = \frac{y}{x}$，$y = xu$，$\frac{\mathrm{d}y}{\mathrm{d}x} = u + x\frac{\mathrm{d}u}{\mathrm{d}x}$，代入方程$y' = \frac{x}{y} + \frac{y'}{x}$

得$u + x\frac{\mathrm{d}u}{\mathrm{d}x} = \frac{1}{u} + u$，$x\frac{\mathrm{d}u}{\mathrm{d}x} = \frac{1}{u}$，$u\mathrm{d}u = \frac{1}{x}\mathrm{d}x$，$\frac{1}{2}u^2 = \ln x + C$

通解$\frac{1}{2}\frac{y^2}{x^2} = \ln x + C$，代入初始条件$x = 1$，$y = 2$，$C = 2$，特解$y^2 = 2x^2(2 + \ln x)$。

答案： C

1-7-3　**解：方法 1**，可将$y = \cos 2x$代入原方程求出$p(x)$，计算如下：

$y = \cos 2x$，$y' = -2\sin 2x$，代入$-2\sin 2x + p(x)\cos 2x = 0$，则$p(x) = 2\tan 2x$

再把求出的$p(x)$代入原方程得：

$$y' + 2(\tan 2x)y = 0,\quad \frac{\mathrm{d}y}{\mathrm{d}x} = -2(\tan 2x)\cdot y$$

$$\frac{1}{y}\mathrm{d}y = -2\tan 2x\mathrm{d}x\ ,\quad \ln y = \ln\cos 2x + \ln C$$

通解$y = C\cos 2x$，代入初始条件$x = 0$，$y = 2$，解出$C = 2$，选项 D 正确。

方法 2，因为一阶线性齐次方程$y' + p(x)y = 0$任意两个解只差一个常数因子，所以选项 A、B、C 都不是该方程的解。

答案： D

1-7-4　**解：** 已知y_1, y_2, y_3都是$y'' + p(x)y' + q(x)y = f(x)$的解，即$y_1'' + p(x)y_1' + q(x)y_1 = f(x)$，$y_2'' + p(x)y_2' + q(x)y_2 = f(x)$，$y_3'' + p(x)y_3' + q(x)y_3 = f(x)$

则$(y_1 + y_2 - y_3)'' + p(x)(y_1 + y_2 - y_3)' + q(x)(y_1 + y_2 - y_3) = 2f(x) - f(x) = f(x)$

即$y_1 + y_2 - y_3$是方程$y'' + p(x)y' + q(x)y = f(x)$的解。

答案： C

1-7-5　**解：** 方程是$y'' = f(x, y')$不显含字母y，设$y' = p(x)$，$y'' = p'$，代入方程$(1 + x^2)p' = 2xp$，$(1 + x^2)\mathrm{d}p = 2xp\mathrm{d}x$，分离变量得$\frac{\mathrm{d}p}{p} = \frac{2x}{1+x^2}\mathrm{d}x$，两边积分，$\ln p = \ln(1 + x^2) + \ln C_1$，$p = C_1(1 + x^2)$，即$y' = C_1(1 + x^2)$，由条件$y'|_{x=0} = 3$，知$C_1 = 3$，得$y' = 3(1 + x^2)$，两边积分$y = x^3 + 3x + C_2$，由条件$y|_{x=0} = 1$，得$C_2 = 1$，特解$y = x^3 + 3x + 1$。

答案： C

1-7-6　**解：** $y'' - 2y' + y = 0$。

方法 1，对应特征方程$r^2 - 2r + 1 = 0$，$r = 1$，二重根。

通解$y = (C_1 + C_2x)e^x$，其中C_1、C_2为任意常数。

当$C_1 = 0$，$C_2 = 1$时，解$y = xe^x$，选项 C 成立。

当$C_1 = 2$，$C_2 = 1$时，解为$y = (x + 2)e^x$，选项 D 成立。

当$C_1 = 1$，$C_2 = 0$时，解为$y = e^x$，选项 B 也成立，选项 A 不是方程的解。

方法 2，将选项 A、B、C、D 逐个代入方程检验，选项 A 代入后不满足方程，计算如下：

$y = x^2e^x$，$y' = (2x + x^2)e^x$，$y'' = (2 + 4x + x^2)e^x$

把y、y'、y''代入原方程不成立，所以选项 A 不是方程的解函数。选项 B、C、D 代入均成立。

方法 3，在方程的通解$y=(C_1+C_2x)e^x$中，常数C_1、C_2取任意数，选项 A 均不成立。

答案： A

1-7-7　**解：** 已知$r_1=3$，$r_2=-3$，从而可知二阶线性齐次方程对应的特征方程为$(r-3)\cdot(r+3)=0$，即$r^2-9=0$，反推知二阶常系数线性齐次方程为$\frac{\mathrm{d}^2y}{\mathrm{d}x^2}-9y=0$。

答案： D

1-7-8　**解：** **方法 1**，将函数代入所给选项关系式直接验算，知选项 D 正确。

方法 2，可将函数$y=C_1e^x+C_2e^{-2x}+xe^x$看作为二阶常系数线性非齐次微分方程的通解。$y=C_1e^x+C_2e^{-2x}$是对应线性齐次微分方程的通解，可得方程的特征根为$r_1=1$，$r_2=-2$，特征方程$r^2+r-2=0$，则对应二阶常系数齐次微分方程为$y''+y'-2y=0$，可设线性非齐次微分方程的形式为$y''+y'-2y=Q(x)$，它的一个特解为$y^*=xe^x$，且$y^{*\prime}=(x+1)e^x$，$y^{*\prime\prime}=(x+2)e^x$，代入到方程中，可得$Q(x)=3e^x$。

答案： D

第八节

1-8-1　**解：** 分别求出行列式$\boldsymbol{D}_1$，$\boldsymbol{D}_2$的值。

即$\boldsymbol{D}_1=0$，$\boldsymbol{D}_2=(\lambda+1)(\lambda-1)^2$，从而$\lambda$值取$-1$，1。

答案： C

1-8-2　**解：** 利用行列式的性质将第一行按顺序与第二行、第三行互换，一直换到第n行，一共交换$n-1$次，变号次数$(n-1)$次，再将原行列式第二行按顺序换到第$n-1$行，交换$(n-2)$次，依次进行，最后将原行列式第$n-1$行和第n行交换，得

$$\begin{vmatrix} & & & \lambda_1 \\ & & \lambda_2 & \\ & \iddots & & \\ \lambda_n & & & \end{vmatrix}=(-1)^{n-1}(-1)^{n-2}\cdots(-1)^1\begin{vmatrix}\lambda_n & & & \\ & \lambda_{n-1} & & \\ & & \ddots & \\ & & & \lambda_1\end{vmatrix}$$

$$=(-1)^{1+2+\cdots+(n-1)}\begin{vmatrix}\lambda_n & & & \\ & \lambda_{n-1} & & \\ & & \ddots & \\ & & & \lambda_1\end{vmatrix}=(-1)^{\frac{n(n-1)}{2}}\begin{vmatrix}\lambda_n & & & \\ & \lambda_{n-1} & & \\ & & \ddots & \\ & & & \lambda_1\end{vmatrix}$$

$$=(-1)^{\frac{n(n-1)}{2}}\lambda_1\lambda_2\cdots\lambda_n$$

答案： D

1-8-3　**解：** 矩阵$\boldsymbol{AB}$可能为奇异矩阵，也可能为非奇异矩阵；若$\boldsymbol{AB}$为奇异矩阵，则有$|\boldsymbol{AB}|=0$。如$\boldsymbol{A}=\boldsymbol{0}$时，$\boldsymbol{AB}=\boldsymbol{0}$，$|\boldsymbol{AB}|=0$，故选项 A 不成立。或$\boldsymbol{A}^{\mathrm{T}}\boldsymbol{B}^{\mathrm{T}}$为 5×5 方阵，选项 B 正确。$R(\boldsymbol{A})=R(\boldsymbol{A}^{\mathrm{T}})\leqslant\min\{4,5\}=4$，选项 C 正确。$\boldsymbol{AB}$为 4×4 方阵，$R(\boldsymbol{AB})\leqslant 4$，选项 D 正确。

答案： A

1-8-4　**解：** **方法 1**，若$\boldsymbol{\beta}$是$\boldsymbol{\alpha}_1$，$\boldsymbol{\alpha}_2$的线性组合，则$\boldsymbol{\beta}$，$\boldsymbol{\alpha}_1$，$\boldsymbol{\alpha}_2$线性相关，于是$|\boldsymbol{\beta},\boldsymbol{\alpha}_1,\boldsymbol{\alpha}_2|=0$。选项 A 计算如下：$\begin{vmatrix}-3 & 2 & 0\\ 0 & 0 & 0\\ 4 & 0 & -3\end{vmatrix}=0$，其余选项计算行列式的值均不为 0，故选项 A 成立。

方法 2，由于$\boldsymbol{\alpha}_1$与$\boldsymbol{\alpha}_2$的第 2 个分量为 0，所以$\boldsymbol{\alpha}_1$、$\boldsymbol{\alpha}_2$线性组合的第 2 个分量还为 0，选 A。

答案： A

1-8-5　**解：** 向量组的秩为r，即它的最大线性无关组向量个数为r，因此选项 D 正确。

答案：D

1-8-6 **解**：将矩阵作行的初等变换化为行阶梯形，找出不为零的最高阶子式对应的列向量。

$$\begin{bmatrix}1&1&2&2&1\\0&2&1&5&-1\\2&0&3&-1&3\\1&1&0&4&-1\end{bmatrix}\xrightarrow[-r_1+r_4]{-2r_1+r_3}\begin{bmatrix}1&1&2&2&1\\0&2&1&5&-1\\0&-2&-1&-5&1\\0&0&-2&2&-2\end{bmatrix}\xrightarrow{r_2+r_3}$$

$$\begin{bmatrix}1&1&2&2&1\\0&2&1&5&-1\\0&0&0&0&0\\0&0&-2&2&-2\end{bmatrix}\xrightarrow{r_3\leftrightarrow r_4}\begin{bmatrix}1&1&2&2&1\\0&2&1&5&-1\\0&0&-2&2&-2\\0&0&0&0&0\end{bmatrix}，因为\begin{vmatrix}1&1&2\\0&2&1\\0&0&-2\end{vmatrix}\neq 0。$$

注意：第1、2、4列或第1、2、5列也是最大线性无关组。

答案：D

1-8-7 **解**：**方法1**，$A\xrightarrow[-\frac{a_n}{a_1}r_1+r_n]{-\frac{a^2}{a_1}r_1+r_2\ \cdots}\begin{bmatrix}a_1b_1&a_1b_2&\cdots&a_1b_n\\0&0&\cdots&0\\\cdots&\cdots&\cdots&\cdots\\0&0&\cdots&0\end{bmatrix}$，则$R(\boldsymbol{A})=1$

方法2，令$\boldsymbol{B}=\begin{bmatrix}a_1\\a_2\\\vdots\\a_n\end{bmatrix}_{n\times1}$，$\boldsymbol{C}=(b_1,b_2,\cdots,b_n)_{1\times n}$，则$\boldsymbol{A}=\boldsymbol{B}_{n\times1}\cdot\boldsymbol{C}_{1\times n}\neq\boldsymbol{0}$

因$R(\boldsymbol{B}_n\times1)=1$，$R(\boldsymbol{C}_{1\times n})=1$，$0<R(\boldsymbol{A})=R(\boldsymbol{BC})\leqslant\min\{R(\boldsymbol{B})、R(\boldsymbol{C})\}$，则$R(\boldsymbol{A})=1$

答案：C

1-8-8 **解**：**方法1**，验证$\boldsymbol{\alpha}=\frac{\boldsymbol{\alpha}_2+\boldsymbol{\alpha}_3}{2}$是非齐次方程组$\boldsymbol{Ax}=\boldsymbol{b}$的解。

代入方程$\boldsymbol{A\alpha}=\boldsymbol{A}\frac{\boldsymbol{\alpha}_2+\boldsymbol{\alpha}_3}{2}=\frac{1}{2}(\boldsymbol{A\alpha}_2+\boldsymbol{A\alpha}_3)=\frac{1}{2}(\boldsymbol{b}+\boldsymbol{b})=\boldsymbol{b}$，$\boldsymbol{\alpha}=\frac{\boldsymbol{\alpha}_2+\boldsymbol{\alpha}_3}{2}=\begin{bmatrix}0\\\frac{1}{2}\\1\\\frac{3}{2}\end{bmatrix}$，因$\boldsymbol{\alpha}_1$是非齐次线性方程组的解，$\boldsymbol{\alpha}$也是非齐次线性方程组的解，可以验证$\boldsymbol{\alpha}_1-\boldsymbol{\alpha}$是对应齐次方程组$\boldsymbol{Ax}=\boldsymbol{0}$的解，代入方程组$\boldsymbol{A}(\boldsymbol{\alpha}_1-\boldsymbol{\alpha})=\boldsymbol{A\alpha}_1-\boldsymbol{A\alpha}=\boldsymbol{b}-\boldsymbol{b}=\boldsymbol{0}$。

设$\boldsymbol{\xi}=\boldsymbol{\alpha}_1-\boldsymbol{\alpha}=\begin{bmatrix}1\\\frac{3}{2}\\2\\\frac{5}{2}\end{bmatrix}$，而对应齐次线性方程组$\boldsymbol{Ax}=\boldsymbol{0}$基础解系中向量个数=未知数个数−$R(\boldsymbol{A})=4-3=1$，所以对应齐次线性方程组的通解为$C\boldsymbol{\xi}$（$C$为任意常数），非齐次方程组$\boldsymbol{Ax}=\boldsymbol{b}$的通解为：

$\boldsymbol{x}=\boldsymbol{\alpha}_1+C\boldsymbol{\xi}$（非齐次的一个特解＋齐次的通解）

$$=\begin{bmatrix}1\\2\\3\\4\end{bmatrix}+C\begin{bmatrix}1\\\frac{3}{2}\\2\\\frac{5}{2}\end{bmatrix}=\begin{bmatrix}1\\2\\3\\4\end{bmatrix}+C\frac{1}{2}\begin{bmatrix}2\\3\\4\\5\end{bmatrix}$$

即$x=\begin{bmatrix}1\\2\\3\\4\end{bmatrix}+C_1\begin{bmatrix}2\\3\\4\\5\end{bmatrix}\quad\left(C_1=\frac{C}{2}\right)$

方法2，观察四个选项，发现它们唯一不同之处是C后面的向量，因此解题的关键是判定任意常数C后面哪个向量是$\boldsymbol{Ax}=\boldsymbol{0}$的基础解系（$\boldsymbol{Ax}=\boldsymbol{0}$的一个非零解向量）。利用结论：

设y_1，y_2，⋯，y_s为$\boldsymbol{Ax}=\boldsymbol{b}$的解，则$\sum_{i=1}^{s}k_iy_i$是$\boldsymbol{Ax}=\boldsymbol{0}$的解的充要条件是$\sum_{i=1}^{s}k_i=0$。

$2\alpha_1-(\alpha_2+\alpha_3)=\begin{bmatrix}2\\3\\4\\5\end{bmatrix}\neq\boldsymbol{0}$，是$\boldsymbol{Ax}=\boldsymbol{0}$的基础解系。

答案： C

1-8-9 **解：** 矩阵对应的特征多项式相同，则有相同的特征值。

因$|\lambda\boldsymbol{E}-\boldsymbol{A}^{\mathrm{T}}|=|(\lambda\boldsymbol{E}-\boldsymbol{A})^{\mathrm{T}}|=|\lambda\boldsymbol{E}-\boldsymbol{A}|$，所以$\boldsymbol{A}^{\mathrm{T}}$与$\boldsymbol{A}$的特征多项式相同，因而有相同的特征值。或直接用特征值和特征向量的性质（4）$\boldsymbol{A}^{\mathrm{T}}$与$\boldsymbol{A}$有相同特征值。

答案： A

1-8-10 **解：** 运算中应注意矩阵的乘法不满足交换律，即$\boldsymbol{AB}\neq\boldsymbol{BA}$，逐个验证选项 A、B、C、D，计算如下：

选项 A，$(\boldsymbol{A}+\boldsymbol{B})(\boldsymbol{A}-\boldsymbol{B})=\boldsymbol{A}^2+\boldsymbol{BA}-\boldsymbol{AB}+\boldsymbol{B}^2\neq\boldsymbol{A}^2-\boldsymbol{B}^2$。

选项 B，$(\boldsymbol{AB})^2=(\boldsymbol{AB})(\boldsymbol{AB})=\boldsymbol{ABAB}\neq\boldsymbol{A}^2\boldsymbol{B}^2$。

选项 C，$\boldsymbol{AC}=\boldsymbol{BC}$，只有当矩阵$\boldsymbol{C}$可逆时，选项 C 才成立，但矩阵$\boldsymbol{C}$是否可逆，未知。

选项 D，$(\boldsymbol{A}+\boldsymbol{E})(\boldsymbol{A}-\boldsymbol{E})=\boldsymbol{A}^2+\boldsymbol{EA}-\boldsymbol{AE}-\boldsymbol{E}^2=\boldsymbol{A}^2-\boldsymbol{E}$，成立。

答案： D

1-8-11 **解：** 因$\boldsymbol{A}$、$\boldsymbol{B}$、$\boldsymbol{C}$均为n阶方阵，且$\boldsymbol{ABC}=\boldsymbol{E}$，取行列式$|\boldsymbol{ABC}|=1$，即$|\boldsymbol{A}||\boldsymbol{B}||\boldsymbol{C}|=1$，可知$|\boldsymbol{A}|$、$|\boldsymbol{B}|$、$|\boldsymbol{C}|$均不为 0，所以$\boldsymbol{A}$、$\boldsymbol{B}$、$\boldsymbol{C}$均可逆。

等式$\boldsymbol{ABC}=\boldsymbol{E}$两边左乘$\boldsymbol{A}^{-1}$，得$\boldsymbol{BC}=\boldsymbol{A}^{-1}\boldsymbol{E}$，$\boldsymbol{BC}=\boldsymbol{EA}^{-1}$，等式两边再右乘$A$得$\boldsymbol{BCA}=\boldsymbol{EA}^{-1}\boldsymbol{A}=\boldsymbol{E}$。

注：此题可用一个小技巧，$\boldsymbol{ABC}=\boldsymbol{E}$，记住$\boldsymbol{A}$后面是$\boldsymbol{B}$，$\boldsymbol{B}$后面是$\boldsymbol{C}$，$\boldsymbol{C}$后面是$\boldsymbol{A}$，就对了，$\boldsymbol{BCA}=\boldsymbol{CAB}=\boldsymbol{E}$。推广：设$\boldsymbol{A}_1$，$\boldsymbol{A}_2$，⋯，$\boldsymbol{A}_k$均为$n$阶方阵，$\boldsymbol{A}_1\boldsymbol{A}_2\cdots\boldsymbol{A}_k=\boldsymbol{E}$，记住$\boldsymbol{A}_1$后面是$\boldsymbol{A}_2$，$\boldsymbol{A}_2$后面是$\boldsymbol{A}_3$，⋯，$\boldsymbol{A}_k$后面是$\boldsymbol{A}_1$，如$\boldsymbol{A}_{k-1}\boldsymbol{A}_k\boldsymbol{A}_1\cdots\boldsymbol{A}_{k-2}=\boldsymbol{E}$。

答案： D

1-8-12 **解：** 因$\boldsymbol{A}^{-1}=\frac{1}{|\boldsymbol{A}|}$，所以$\boldsymbol{A}^*=|\boldsymbol{A}|\boldsymbol{A}^{-1}$

再用公式$(\lambda\boldsymbol{A})^{-1}=\frac{1}{\lambda}\boldsymbol{A}^{-1}$，$|k\boldsymbol{A}|=k^n|\boldsymbol{A}|$，$|\boldsymbol{A}^{-1}|=\frac{1}{|\boldsymbol{A}|}$

$$\begin{aligned}|(2\boldsymbol{A})^{-1}-5\boldsymbol{A}^*|&=\left|\frac{1}{2}\boldsymbol{A}^{-1}-5\,|\,\boldsymbol{A}\,|\,\boldsymbol{A}^{-1}\,\right|=\left|\frac{1}{2}\boldsymbol{A}^{-1}-\frac{5}{2}\boldsymbol{A}^{-1}\right|\\&=|-2\boldsymbol{A}^{-1}|=(-2)^3|\boldsymbol{A}^{-1}|=-8\times2=-16\end{aligned}$$

答案： B

1-8-13 **解：** $|\boldsymbol{A}^*|=|\boldsymbol{A}|^{n-1}=a^{n-1}$。

答案： C

1-8-14 **解：** 若$\boldsymbol{P}^{-1}\boldsymbol{AP}=\begin{bmatrix}\lambda_1&&\\&\lambda_2&\\&&\lambda_3\end{bmatrix}$，$\boldsymbol{P}$的列向量的排列顺序与对角矩阵主对角线上特征值的排列顺序之间存在着对应关系。$\boldsymbol{P}$中的$\boldsymbol{\alpha}_1$对应对角矩阵中的$\lambda_1=1$，$\boldsymbol{P}$中的$\boldsymbol{\alpha}_2$对应对角矩阵中的$\lambda_2=2$，$\boldsymbol{P}$中的$\boldsymbol{\alpha}_3$对应对角矩阵中的$\lambda_3=-2$。

答案： A

1-8-15 **解：** $\boldsymbol{A}$有一个特征值λ，$\boldsymbol{A}^3$有特征值λ^3，$\frac{1}{2}\boldsymbol{A}^3$有特征值$\frac{1}{2}\lambda^3$，$\left(\frac{1}{2}\boldsymbol{A}^3\right)^{-1}$有特征值$\frac{2}{\lambda^3}$，$\boldsymbol{E}+\left(\frac{1}{2}\boldsymbol{A}^3\right)^{-1}$有特征值$1+\frac{2}{\lambda^3}$，代入$\lambda=2$。或一步写出答案，$\boldsymbol{E}$改为 1（$\boldsymbol{E}$的特征值为 1），$\boldsymbol{A}$改

为$\lambda=2$，即可得$1+\left(\frac{1}{2}\times 2^3\right)^{-1}$。

答案： B

1-8-16 **解：** 选项 A，设可逆阵$\boldsymbol{A}$的特征值λ对应的特征向量为$\boldsymbol{\alpha}$，则$\boldsymbol{A\alpha}=\lambda\boldsymbol{\alpha}$，$\lambda\neq 0$，所以$\boldsymbol{\alpha}=\boldsymbol{A}^{-1}\lambda\boldsymbol{\alpha}=\lambda\boldsymbol{A}^{-1}\boldsymbol{\alpha}$，$\boldsymbol{A}^{-1}\boldsymbol{\alpha}=\frac{1}{\lambda}\boldsymbol{\alpha}$，所以$\alpha$也是$\boldsymbol{A}^{-1}$对应特征值$\frac{1}{\lambda}$的特征向量。

选项 B，设λ_1，λ_2为n阶方阵$\boldsymbol{A}$的两个不相等特征值。$\boldsymbol{x}_1$，$\boldsymbol{x}_2$分别为λ_1，λ_2对应的特征向量，则线性组合$\boldsymbol{x}_1+\boldsymbol{x}_2$不是$\boldsymbol{A}$的特征向量，选项 B 不成立。

选项 C，可逆方阵$\boldsymbol{A}$对应特征向量$\boldsymbol{x}$的特征值$\lambda\neq 0$，那么$\boldsymbol{A}^*=|\boldsymbol{A}|\boldsymbol{A}^{-1}$对应于特征向量$\boldsymbol{x}$的特征值为$\frac{|\boldsymbol{A}|}{\lambda}$，$\lambda\neq 0$，选项 C 不成立。

选项 D，由于$\boldsymbol{A}$的特征向量为非零向量，故方程组$(\boldsymbol{A}-\lambda\boldsymbol{E})\boldsymbol{x}=\boldsymbol{0}$的零解不是$\boldsymbol{A}$的特征向量，选项 D 不成立。

答案： A

1-8-17 **解：** 实对称矩阵对应于不同特征值的特征向量必正交。

$\boldsymbol{\alpha}^{\mathrm{T}}\cdot\boldsymbol{\beta}=0$，即$(1,a,1)\begin{bmatrix}-1\\-1\\-b\end{bmatrix}=-1-a-b=0$，$a+b+1=0$，选项 C、D 错误。

$\boldsymbol{\beta}^{\mathrm{T}}\boldsymbol{\gamma}=0$，即$(-1,-1,-b)\begin{bmatrix}b\\2\\0\end{bmatrix}=-b-2=0$，$b=-2$，只能选 A。

$\boldsymbol{\alpha}^{\mathrm{T}}\boldsymbol{\gamma}=0$，即$(1,a,1)\begin{bmatrix}b\\2\\0\end{bmatrix}=b+2a=0$；（可省略）

解方程组$\begin{cases}a+b+1=0\\b+2=0\\b+2a=0\end{cases}$，解出$a=1$，$b=-2$。（可省略）

答案： A

1-8-18 **解：** 设$\boldsymbol{A}$有特征值λ_1，λ_2，λ_3，则有$|\boldsymbol{A}|=\lambda_1\lambda_2\lambda_3=-1\times 1\times 2=-2\neq 0$。

$\boldsymbol{AA}^*=|\boldsymbol{A}|\boldsymbol{E}$，$\frac{\boldsymbol{AA}^*}{|\boldsymbol{A}|}=\boldsymbol{E}$，$(\boldsymbol{A}^*)^{-1}=\frac{\boldsymbol{A}}{|\boldsymbol{A}|}$

$(\boldsymbol{A}^*)^{-1}$有特征值$\frac{\lambda_1}{|\boldsymbol{A}|}=\frac{1}{2}$，$\frac{\lambda_2}{|\boldsymbol{A}|}=-\frac{1}{2}$，$\frac{\lambda_3}{|\boldsymbol{A}|}=-1$。

答案： B

1-8-19 **解：** **方法 1**，已知对任一三维列向量$\boldsymbol{x}$，有$\boldsymbol{x}^{\mathrm{T}}\boldsymbol{Ax}=0$，所以$(\boldsymbol{x}^{\mathrm{T}}\boldsymbol{Ax})^{\mathrm{T}}=\boldsymbol{x}^{\mathrm{T}}\boldsymbol{A}^{\mathrm{T}}\boldsymbol{x}=0$，

$\boldsymbol{x}^{\mathrm{T}}\boldsymbol{Ax}+\boldsymbol{x}^{\mathrm{T}}\boldsymbol{A}^{\mathrm{T}}\boldsymbol{x}=\boldsymbol{x}^{\mathrm{T}}(\boldsymbol{A}+\boldsymbol{A}^{\mathrm{T}})\boldsymbol{x}=0$

因$(\boldsymbol{A}+\boldsymbol{A}^{\mathrm{T}})^{\mathrm{T}}=(\boldsymbol{A})^{\mathrm{T}}+(\boldsymbol{A}^{\mathrm{T}})^{\mathrm{T}}=\boldsymbol{A}^{\mathrm{T}}+\boldsymbol{A}=\boldsymbol{A}+\boldsymbol{A}^{\mathrm{T}}$，所以$\boldsymbol{A}+\boldsymbol{A}^{\mathrm{T}}$为实对称矩阵。

设$\boldsymbol{A}+\boldsymbol{A}^{\mathrm{T}}=\boldsymbol{B}=\begin{bmatrix}a_{11}&a_{12}&a_{13}\\a_{12}&a_{22}&a_{23}\\a_{13}&a_{23}&a_{33}\end{bmatrix}$，即有$(x_1,x_2,x_3)\begin{bmatrix}a_{11}&a_{12}&a_{13}\\a_{12}&a_{22}&a_{23}\\a_{13}&a_{23}&a_{33}\end{bmatrix}\begin{bmatrix}x_1\\x_2\\x_3\end{bmatrix}=0$，

也就是$a_{11}x_1^2+a_{22}x_2^2+a_{33}x_3^2+2a_{12}x_1x_2+2a_{13}x_1x_3+2a_{23}x_2x_3=0$，

代入$\begin{bmatrix}1\\0\\0\end{bmatrix}$、$\begin{bmatrix}0\\1\\0\end{bmatrix}$、$\begin{bmatrix}0\\0\\1\end{bmatrix}$、$\begin{bmatrix}1\\1\\0\end{bmatrix}$、$\begin{bmatrix}1\\0\\1\end{bmatrix}$、$\begin{bmatrix}0\\1\\1\end{bmatrix}$，可得$a_{11}$，$a_{22}$，$a_{33}$，$a_{12}$，$a_{13}$，$a_{23}$皆为 0，

所以$\boldsymbol{A}+\boldsymbol{A}^{\mathrm{T}}=0$，$\boldsymbol{A}=-\boldsymbol{A}^{\mathrm{T}}$

所以$\boldsymbol{A}$为三阶反对称矩阵。 ①

①式取行列式：$|\boldsymbol{A}|=\left|-\boldsymbol{A}^{\mathrm{T}}\right|=(-1)^3\left|\boldsymbol{A}^{\mathrm{T}}\right|=-\left|\boldsymbol{A}^{\mathrm{T}}\right|=-|\boldsymbol{A}|$，得$2|\boldsymbol{A}|=0$，则$|\boldsymbol{A}|=0$。

说明：解题过程最后一段可以得出一个结论：设$\boldsymbol{A}$为奇数阶反对称矩阵，则$|\boldsymbol{A}|=0$。

方法 2，设$\boldsymbol{A}=\begin{bmatrix}a_{11} & a_{12} & a_{13}\\ a_{21} & a_{22} & a_{23}\\ a_{31} & a_{32} & a_{33}\end{bmatrix}$，$\boldsymbol{x}=\begin{bmatrix}x_1\\ x_2\\ x_3\end{bmatrix}$

$\boldsymbol{x}^{\mathrm{T}}\boldsymbol{A}\boldsymbol{x}=a_{11}x_1^2+a_{22}x_2^2+a_{33}x_3^2+(a_{12}+a_{21})x_1x_2+(a_{13}+a_{31})x_1x_3+(a_{23}+a_{32})x_2x_3$

因为对任一$\boldsymbol{x}$，都有$\boldsymbol{x}^{\mathrm{T}}\boldsymbol{A}\boldsymbol{x}=0$，代入$x_1=1$，$x_2=x_3=0$，可得$a_{11}=0$，同理$a_{22}=a_{33}=0$；代入$x_1=x_2=1$，$x_3=0$，可得$a_{12}+a_{21}=0$，同理$a_{13}+a_{31}=a_{23}+a_{32}=0$

则$\boldsymbol{A}=\begin{bmatrix}0 & a_{12} & a_{13}\\ -a_{12} & 0 & a_{23}\\ -a_{13} & -a_{23} & 0\end{bmatrix}$，$|\boldsymbol{A}|=a_{12}a_{23}(-a_{13})+a_{13}(-a_{12})(-a_{23})=0$

注意：不可把$\boldsymbol{A}$设成对称矩阵。

答案：A

1-8-20 **解**：**方法 1**，已知n阶实对称矩阵$\boldsymbol{A}$为正定矩阵，所以$\boldsymbol{A}$的所有特征值皆正，选项 B 成立。设$\boldsymbol{A}$的特征值为λ_1，λ_2，…，λ_n，可知$\boldsymbol{A}^{-1}$的特征值为$\frac{1}{\lambda_1}$，$\frac{1}{\lambda_2}$，…，$\frac{1}{\lambda_n}$。因λ_1，λ_2，…，λ_n均大于 0，则$\frac{1}{\lambda_1}$，$\frac{1}{\lambda_2}$，…，$\frac{1}{\lambda_n}$均大于 0，所以$\boldsymbol{A}^{-1}$为正定矩阵，选项 C 成立。

又由于$\boldsymbol{A}$为正定，其所有顺序主子式全大于零，因而矩阵$\boldsymbol{A}$的行列式大于 0，$R(\boldsymbol{A})=n$，选项 D 成立，故选项 A 不成立。

方法 2，（举反例）$\boldsymbol{A}=\begin{bmatrix}1 & 0 & 0\\ 0 & 1 & 0\\ 0 & 0 & 1\end{bmatrix}$为正定矩阵，但二阶子式$\begin{vmatrix}0 & 0\\ 1 & 0\end{vmatrix}=0$，选项 A 错误。

答案：A

第九节

1-9-1 **解**：$A\subset(A\cup B)=B$，$\overline{B}=(\overline{A}\,\overline{B})\subset\overline{A}$，$A\overline{B}=A(\overline{A\cup B})=A\,\overline{A}\,\overline{B}=\varnothing$，选项 A、B、C 均正确。

答案：D

1-9-2 **解**：$P(A\cup B)=P(A)+P(B)-P(AB)=1-P(AB)\leqslant 1$

$P(\overline{A}\,\overline{B})=P(\overline{A\cup B})=1-P(A\cup B)=1-[P(A)+P(B)-P(AB)]=P(AB)$。

答案：D

1-9-3 **解**：$A=\Omega$时，$AB=B$，$P(B|A)=\frac{P(AB)}{P(A)}=\frac{P(B)}{P(\Omega)}=P(B)\leqslant 1$

$B\subset A$时，$AB=B$且$P(B)\leqslant P(A)$，$P(B|A)=\frac{P(AB)}{P(A)}=\frac{P(B)}{P(A)}\leqslant 1$

$A\subset B$时，$AB=A$，$P(B|A)=\frac{P(AB)}{P(A)}=\frac{P(A)}{P(A)}=1$。

答案：C

1-9-4 **解**：注意 0.03 和 0.02 是条件概率，作为条件的事件与不作条件的事件要分别设。

设A_i为“取到第i台加工的零件”（$i=1,2$），B为“废品”，则$\overline{B}$为合格品。

$P(A_1)=\frac{2}{3}$，$P(A_2)=\frac{1}{3}$，$P(B|A_1)=0.03$，$P(B|A_2)=0.02$，应用全概率公式

$$P(\overline{B})=1-P(B)=1-[P(A_1)P(B|A_1)+P(A_2)P(B|A_2)]$$

$$=1-\left(\frac{2}{3}\times 0.03+\frac{1}{3}\times 0.02\right)=\frac{292}{300}\approx 0.973$$

答案：B

1-9-5 **解**：设A_i为“取到第i组生产的零件”，$i=1$、2，B为“废品”，则$P(A_1)=\frac{1}{3}$，$P(A_2)=\frac{2}{3}$，$P(B|A_1)=0.02$，$P(B|A_2)=0.03$，求$P(A_1|B)$，显然可用贝叶斯公式，

$$P(A_1|B)=\frac{P(A_1B)}{P(B)}=\frac{P(A_1)P(B|A_1)}{P(A_1)P(B|A_1)+P(A_2)P(B|A_2)}=\frac{\frac{1}{3}\times 0.02}{\frac{1}{3}\times 0.02+\frac{2}{3}\times 0.03}=\frac{1}{4}$$

答案： B

1-9-6 **解：** A与B相互独立，即$P(AB)=P(A)P(B)$

$$P(A\cup B)=P(A)+P(B)-P(AB)=P(A)+P(B)-P(A)P(B)$$

或 $$P(A\cup B)=1-P(\overline{A\cup B})=1-P(\overline{A}\,\overline{B})=1-P(\overline{A})P(\overline{B})$$

$$=1-[1-P(A)][1-P(B)]=1-(1-0.4)(1-0.3)$$

$$=0.58$$

答案： B

1-9-7 **解：** 因为A、B相互独立，所以$\overline{A}$、B相互独立，则

$$P(\overline{A}|B)=P(\overline{A})=1-P(A)=0.8$$

答案： D

1-9-8 **解：** $P(A\cup B)=P(A)+P(B)-P(AB)=P(A)+P(B)-P(A)P(B)$，选项 A、B 错误；

$1+P(\overline{A})P(\overline{B})\geqslant 1$，选项 D 错误。

$P(A\cup B)=1-P(\overline{A\cup B})=1-P(\overline{A}\,\overline{B})=1-P(\overline{A})P(\overline{B})$，选项 C 正确。

答案： C

1-9-9 **解：** 注意从$P(A)=0$推不出$A=\emptyset$，从$P(A)\leqslant P(B)$推不出$A\subset B$，从$P(B)=1$推不出$B=\Omega$，单从概率值推不出互斥、包含、对立关系，选项 A、B 错误。从选项内容看，答案一定在选项 C 和 D 中。

$P(A|B)+P(\overline{A}|\overline{B})=1$，$P(A|B)=1-P(\overline{A}|\overline{B})=P(A|\overline{B})$

注意：$P(A|B)=P(A|\overline{B})$表示B发生或不发生对A发生的概率无影响，所以可由此式判断A、B独立。推导过程如下：

$$\frac{P(AB)}{P(B)}=\frac{P(A\overline{B})}{P(\overline{B})}=\frac{P(A)-P(AB)}{1-P(B)}$$

$P(AB)-P(AB)P(B)=P(B)P(A)-P(B)P(AB)$，$P(AB)=P(A)P(B)$。

答案： C

1-9-10 **解：** 这是 3 次独立重复试验，设A为“每次命中目标”，$P(A)=0.8$，至少击中两次的概率为：

$$P=C_3^2 0.8^2\times 0.2+C_3^3 0.83^3=0.896\approx 0.9$$

或设X为“3 次射击命中的次数”，则$X\sim B(3,0.8)$

$$P(X\geqslant 2)=P(X=2)+P(X=3)$$

答案： D

1-9-11 **解：** 由分布律的性质可知$0.4+a+b+0.1=1$，即$a+b=0.5$

$$\{X\leqslant 1\}\cap\{0<X<3\}=\{X=1\}$$

由独立性$P\{X=1\}=P\{X\leqslant 1\}\cdot P\{0<X<3\}$

即$a=(0.4+a)(a+b)$，得出$a=0.4$，$b=0.1$

答案： B

1-9-12 **解：** 因$f(-x)=f(x)$，所以$F(0)=\int_{-\infty}^{0}f(x)\mathrm{d}x=\int_{0}^{+\infty}f(t)\mathrm{d}t=0.5$

$$F(-a)=\int_{-\infty}^{-a}f(x)\mathrm{d}x\overset{x=-t}{=\!=\!=}-\int_{+\infty}^{a}f(-t)\mathrm{d}t=\int_{a}^{+\infty}f(t)\mathrm{d}t$$

$$=\int_{0}^{+\infty}f(x)\mathrm{d}x-\int_{0}^{a}f(x)\mathrm{d}x=0.5-\int_{0}^{a}f(x)\mathrm{d}x$$

也可把$f(x)$的积分值理解为曲边梯形面积（见解图）并利用图形对称性来判定。

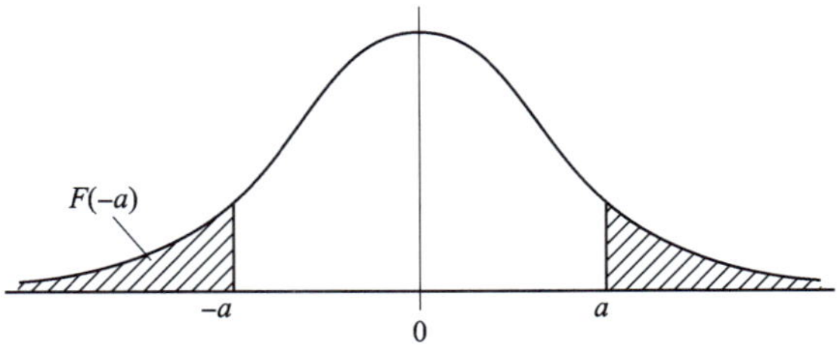

题 1-9-12 解图

答案： B

1-9-13　**解：** 用概率密度性质$f(x)\geqslant 0$且$\int_{-\infty}^{+\infty}f(x)\mathrm{d}x=1$去核对。

选项 A 中$f(x)$不满足$f(x)\geqslant 0$。

选项 B、D 中$f(x)$不满足$\int_{-\infty}^{+\infty}f(x)\mathrm{d}x=1$。

选项 C 中$f(x)$满足$f(x)\geqslant 0$，且$\int_{-\infty}^{+\infty}f(x)\mathrm{d}x=1$。

也可以由均匀分布的概率密度函数$f(x)=\begin{cases}\frac{1}{b-a} & a<x<b\\ 0 & \text{其他}\end{cases}$直接判定选项 C 正确。

答案： C

1-9-14　**解：** $F\left(\frac{1}{3}\right)=P\left(X\leqslant\frac{1}{3}\right)=\int_0^{\frac{1}{3}}3e^{-3x}\mathrm{d}x=-e^{-3x}\Big|_0^{\frac{1}{3}}=1-e^{-1}$

答案： C

1-9-15　**解：** $X\sim N(\mu,\sigma^2)$，$\frac{X-\mu}{\sigma}\sim N(0,1)$，$P(|X-\mu|<\sigma)=P\left(\left|\frac{X-\mu}{\sigma}\right|<1\right)=2\Phi(1)-1$

答案： C

1-9-16　**解：** $f(x)>0$，且$x>1$时，$f(x)$单调减少（见解图）。

$a=\int_{12}^{16}f(x)\mathrm{d}x$等于区间$[12,16]$上曲边梯形面积。

$b=\int_{14}^{18}f(x)\mathrm{d}x$等于区间$[14,18]$上曲边梯形面积。

显然$a>b$，或

$$b=\int_{14}^{18}f(x)\mathrm{d}x\overset{x=t+2}{=\!=\!=}\int_{12}^{16}f(t+2)\mathrm{d}t=\int_{12}^{16}f(x+2)\mathrm{d}x$$

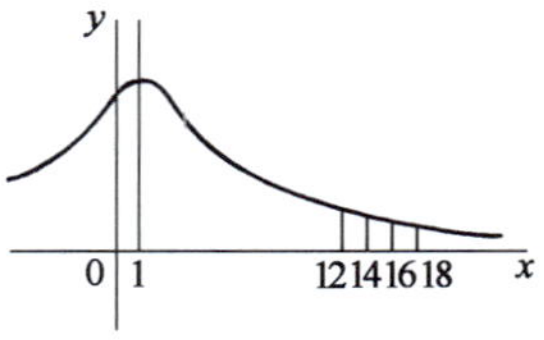

题 1-9-16 解图

$$a-b=\int_{12}^{16}f(x)\mathrm{d}x-\int_{12}^{16}f(x+2)\mathrm{d}x=\int_{12}^{16}[f(x)-f(x+2)]\mathrm{d}x$$

因为$x>1$时，$f(x)$严格单调减少，所以在［12,16］上$f(x)-f(x+2)>0$

故$a-b>0$，$a>b$。

答案： B

1-9-17　**解：** 由分布律性质$\frac{1}{4}+b+\frac{1}{4}=1$，得$b=\frac{1}{2}$

由$E(X)=-2\times\frac{1}{4}+1\times\frac{1}{2}+a\times\frac{1}{4}=1$，得$a=4$。

答案： B

1-9-18　**解：** $f(x)=F'(x)=\frac{1}{\pi(1+x^2)}$

$E(X)=\int_{-\infty}^{+\infty}\frac{x}{\pi(1+x^2)}\mathrm{d}x=\frac{1}{2\pi}\int_{-\infty}^{+\infty}\frac{1}{1+x^2}\mathrm{d}(1+x^2)=\frac{1}{2\pi}\ln(1+x^2)\Big|_{-\infty}^{+\infty}$（发散）

答案： D

注意：本题如果根据$f(x)$为偶函数，判定$E(X)=0$就错了。

1-9-19 **解：** $X\sim B(4,p)$，$P(X\geqslant 1)=\frac{15}{16}$，$P(X=0)=(1-p)^4=\frac{1}{16}$，$p=\frac{1}{2}$

$E(X^2)=D(X)+[E(X)]^2=np(1-p)+(np)^2$，代入$n=4$，$p=\frac{1}{2}$

答案： D

1-9-20 **解：** $D(X)=E(X^2)-[E(X)]^2=\frac{1}{18}$，$D(Y)=\frac{1}{18}$，

$\mathrm{Cov}(X,Y)=E(XY)-E(X)E(Y)=-\frac{1}{36}$，$\rho=\frac{\mathrm{Cov}(X,Y)}{\sqrt{D(X)D(Y)}}=-\frac{1}{2}$。

答案： D

1-9-21 **解：** X服从 0–1 分布，$D(X)=p(1-p)$

$$D(\overline{X})=\frac{D(X)}{n}=\frac{p(1-p)}{n},\quad \sqrt{D(\overline{X})}=\sqrt{\frac{p(1-p)}{n}}$$

答案： A

1-9-22 **解：** 因为$E(\overline{X})=E(X)=\mu$，所以$E\left[(\overline{X}-\mu)^2\right]=D(\overline{X})=\frac{D(X)}{n}=\frac{\sigma^2}{n}=\frac{4}{16}=\frac{1}{4}$。

答案： B

1-9-23 **解：** $X\sim N(\mu,\sigma^2)$，$\overline{X}\sim N\left(\mu,\frac{\sigma^2}{n}\right)$，$\frac{\overline{X}-\mu}{\frac{\sigma}{\sqrt{n}}}=2(\overline{X}-\mu)\sim N(0,1)$，

$P(|\overline{X}-\mu|<1)=P(|2(\overline{X}-\mu)|<2)=2\Phi(2)-1=0.954\,4$。

答案： A

1-9-24 **解：** 当$W\sim N(0,1)$时，$W^2\sim\chi^2(1)$。

要使$Y=C\left(\sum_{i=1}^{n}X_i\right)^2=\left(\sum_{i=1}^{n}\sqrt{C}X_i\right)^2\sim\chi^2(1)$，应使$\sum_{i=1}^{n}\sqrt{C}X_i\sim N(0,1)$，应使$D\left(\sum_{i=1}^{n}\sqrt{C}X_i\right)=1$

即$\sum_{i=1}^{n}CD(X_i)=nCD(X)=nC\sigma^2=1$，$C=\frac{1}{n\sigma^2}$。

答案： D

1-9-25 **解：** 注意对两个正态总体的样本，有$\frac{\sigma_2^2S_1^2}{\sigma_1^2S_2^2}\sim F(n_1-1,n_2-1)$，两总体方差相等，即$\sigma_1^2=\sigma_2^2$时，$\frac{\sigma_2^2S_1^2}{\sigma_1^2S_2^2}=\frac{S_1^2}{S_2^2}\sim F(n_1-1,n_2-1)$。

答案： A

1-9-26 **解：** $E(X)=\int_1^{+\infty}x\lambda x^{-(\lambda+1)}\mathrm{d}x=\frac{\lambda}{\lambda-1}$，$\lambda=\frac{E(X)}{E(X)-1}$，用$\overline{X}$替换$E(X)$，得$\lambda$的矩估计量$\hat{\lambda}=\frac{\overline{X}}{\overline{X}-1}$。

答案： B

1-9-27 **解：** 根据无偏性的结论$S^2=\frac{1}{n-1}\sum_{i=1}^{n}(X_i-\overline{X})^2$，$E(S^2)=D(X)=\sigma^2$。

注意：选项 B 和 D 中μ是未知参数，所以不是估计量。

答案： A

说明：选项 B、D 中含有未知参数μ，不是统计量，因而不是估计量。选项 C 是σ^2的矩估计量，但不是无偏估计量。

1-9-28 **解：** 因$\overline{X}$，S^2分别为$E(x)$，$D(x)$的无偏估计：

$E(\hat{\lambda})=aE(\overline{X})+(2-3a)E(S^2)=aE(X)+(2-3a)D(X)$

$=a\lambda+(2-3a)\lambda=(2-2a)\lambda=\lambda$

$2-2a=1$，$a=\frac{1}{2}$。

答案： C

1-9-29 **解：** 用有效性结论：当$\sum_{i=1}^{n} C_i = 1$时，$\sum_{i=1}^{n} C_i X_i$是$E(X)$的无偏估计，在这些无偏估计中$\overline{X}$的方差最小，$\overline{X}$最有效。或仿有效性中的例子做。

答案： D

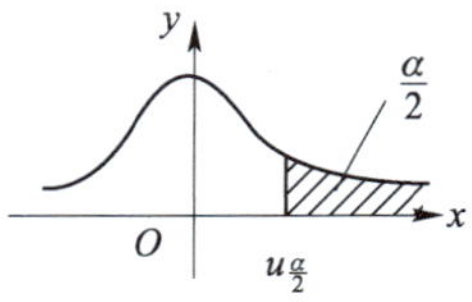

题 1-9-30 解图

1-9-30 **解：** μ的$(1-\alpha)$置信区间是$\left(\overline{X} - u_{\frac{\alpha}{2}}\frac{\sigma}{\sqrt{n}}, \overline{X} + u_{\frac{\alpha}{2}}\frac{\sigma}{\sqrt{n}}\right)$

区间长$L = 2u_{\frac{\alpha}{2}}\frac{\sigma}{\sqrt{n}}$

提高精度（应减小L），应减小$u_{\frac{\alpha}{2}}$，增大n；而减小$u_{\frac{\alpha}{2}}$应增大α（见解图）。

答案： C

说明：标准正态分布上α分位数可记为z_α，有时也记为u_α。

1-9-31 **解：** 月减体重$X \sim N(\mu, \sigma^2)$，μ为月平均减体重。广告宣称的月平均减体重大于 3kg，即$\mu > 3$。检验$\mu > 3$是真是伪（没有等号应作为H_1），H_0应写成$\mu \leqslant 3$或$\mu = 3$（2.8 是样本均值$\overline{X}$的观测值$\overline{x}$）。

答案： A

1-9-32 **解：** 总体$X \sim N(\mu, \sigma^2)$，σ^2未知时，$\frac{\overline{X}-\mu}{\frac{S}{\sqrt{n}}} \sim t(n-1)$，在$H_0$：$\mu = \mu_0$成立时，检验统计量$\frac{\overline{X}-\mu_0}{\frac{S}{\sqrt{n}}} \sim t(n-1)$。本题$n = 10$，$\mu_0 = 10\,560$。

答案： A

1-9-33 **解：** 选项 A，H_0成立时，统计量$U = \frac{\overline{X}-\mu_0}{\sigma}\sqrt{n} \sim N(0,1)$（称为$u$检验法）；

选项 B，H_0成立时，统计量$T = \frac{\overline{X}-\mu_0}{S}\sqrt{n} \sim t(n-1)$（称为$t$检验法）；

选项 C，H_0成立时，统计量$\sum_{i=1}^{n}\left(\frac{X_i-\mu}{\sigma_0}\right)^2 \sim \chi^2(n)$（称为$\chi^2$检验法）；

选项 D，H_0成立时，统计量$\frac{(n-1)S^2}{{\sigma_0}^2} \sim \chi^2(n-1)$（称为$\chi^2$检验法）。

答案： B

第二章 普 通 物 理

复 习 指 导

一、考试大纲

2.1 热学

气体状态参量；平衡态；理想气体状态方程；理想气体的压强和温度的统计解释；自由度；能量按自由度均分原理；理想气体内能；平均碰撞频率和平均自由程；麦克斯韦速率分布律；方均根速率；平均速率；最概然速率；功；热量；内能；热力学第一定律及其对理想气体等值过程的应用；绝热过程；气体的摩尔热容量；循环过程；卡诺循环；热机效率；净功；制冷系数；热力学第二定律及其统计意义；可逆过程和不可逆过程。

2.2 波动学

机械波的产生和传播；一维简谐波表达式；描述波的特征量；波面，波前，波线；波的能量、能流、能流密度；波的衍射；波的干涉；驻波；自由端反射与固定端反射；声波；声强级；多普勒效应。

2.3 光学

相干光的获得；杨氏双缝干涉；光程和光程差；薄膜干涉；光疏介质；光密介质；迈克尔逊干涉仪；惠更斯-菲涅尔原理；单缝衍射；光学仪器分辨本领；衍射光栅与光谱分析；X 射线衍射；布拉格公式；自然光和偏振光；布儒斯特定律；马吕斯定律；双折射现象。

二、复习指导

（一）热学

热学包含两部分内容：气体分子运动论和热力学基础。

气体分子运动论主要是研究宏观热现象的本质，对大量分子运用统计平均方法揭示压强、温度的微观本质，进而讨论三个统计规律，即分子平均动能按自由度均分的统计规律，分子速率分布的统计规律，分子碰撞的统计规律。

其中，理想气体状态方程，气体的压强和温度公式及其推导，理想气体的内能，麦克斯韦分子速率分布为重点。本部分内容公式较多，但切不可死记公式，必须弄清公式的来龙去脉和公式的物理意义。

热力学部分的核心是热力学第一定律、热力学第二定律，尤以热力学第一定律及其在各等值过程、绝热过程中的应用为重点。此外，对循环过程（包括卡诺循环）热机效率也应予以足够的重视。

热力学部分习题主要是根据热力学第一定律来计算理想气体的几种典型过程的功、热量、内能变化以及循环过程的效率等问题。解题前应首先弄清是什么过程（等温、等压、等容、绝热）及这一过程的特点。因为功、热量都是过程量，其值与过程的性质有关。

（二）波动学

这一节主要讨论机械波的产生、描述、能量和干涉。其中平面简谐波的波动方程和波的干涉为本节重点。

理解波动方程$y(x,t)$时要特别注意理解建立波动方程的思路，要从三个不同角度，即x=常量，t=常量以及x和t都变化的三个方面去理解波动方程的物理意义。

学习波的干涉时，要注意掌握相干条件并运用相位差或波程差的概念分析相干波的叠加后振幅极大、极小问题。

此外，由于机械振动是产生机械波的根源，因此有必要复习机械振动的有关概念：谐振动方程、相位、同方向同频率谐振动的合成。

（三）光学

光学（波动光学）含有三部分内容：光的干涉、光的衍射、光的偏振。

光的干涉是波动光学的基础，在光的衍射、偏振中都要用到。

在光的干涉中，以分波阵面干涉（双缝）和分振幅干涉（薄膜、劈尖）为重点。但不管是分波阵面干涉还是分振幅干涉，最重要的是要善于分析光路，掌握好光程的概念及在垂直入射的情况下光程差的计算。此外，在光程差的计算中，应注意因界面反射条件不同而产生的附加光程差$\lambda/2$（半波损失）。

光的衍射以夫琅禾费单缝衍射为重点。要特别注意不要把单缝衍射暗纹公式$a\sin\theta = k\lambda$与双缝干涉明纹公式$\delta = k\lambda$相混淆，二者形式相似而结果相反，前者表示单缝边缘光线的光程差，后者是两束相干光的光程差。

此外，式中k是一可变的整数，具体取值视问题的条件而定。

在光的偏振中，以马吕斯定律和布儒斯特定律为重点。理解马吕斯定律时应注意，定律中的光强I_0为入射偏振片前的偏振光的光强，而自然光通过偏振片后光强减小为入射光强度一半。

第一节 热 学

一、平衡态、气体状态参量

热学的研究对象是由大量原子、分子组成的宏观物质系统，称为热力学系统。关于分子数目的典型常数是阿伏伽德罗常数$N_0 = 6.022\times10^{23}$个分子/mol，即 1mol 的任何物质含有6.022×10^{23}个分子。热学的研究内容：热现象所遵循的普遍规律，即热力学第一定律和热力学第二定律，以及（热力学）系统的物理性质与冷热现象的关系。

（一）平衡态

系统的宏观物理性质不随时间变化的状态，称系统处于平衡态，或称为静态。

（二）气体状态参量

系统的宏观物理性质，是由经过定义的物理量来描述。经长期研究发现，当一定量的气体处于平衡态时，用它的体积V、压强p、温度T来描述它的物理状态，这些描述气体状态的物理量，称为气体平衡状态参量，简称状态参量。

体积（V），指气体分子可到达的空间。在容器中气体的体积，也就是容器体积（容积）。体积的国际单位是立方米（m^3）。有时也用升（L），$1L = 10^{-3}m^3$。

压强（p），是指气体作用于外界（例如容器壁）每单位面积上的正压力。压强的国际单位称为帕斯卡，简称帕（Pa），即牛顿/米^2（N/m^2）。实际应用中经常会出现大气压的压强单位，$1atm = 1.013 \times 10^5 Pa$。

温度（T），是热学中特有的表示系统冷热程度的物理量，温度的数值表示叫温标，采用热力学温标（开尔文温标）时，温度用T表示，而用摄氏温标时，温度用t表示，热力学温度T与摄氏温度t的关系为

$$T(K) = 273.15 + t \quad (℃)$$

二、理想气体状态方程

严格遵守波义耳-马略特定律、盖吕萨克定律、查理定律和阿伏伽德罗定律的气体称为理想气体，与气体的化学成分无关。实际中的各种气体只是在压强较低（或稀薄气体）的情况下才能视为理想气体。

综合上述理想气体遵守的四条定律，可导出理想气体状态参量之间的一个在任何情况下都成立的关系式，叫理想气体状态方程。

$$pV = \frac{m}{M}RT \tag{2-1-1}$$

式中：m ——气体的质量；

M ——摩尔质量；

R ——摩尔气体常量，值为$8.31 J/(mol \cdot K)$。

理想气体状态方程还可化为另一种形式，设质量为m的气体的分子数为N，1 mol 气体的分子数为N_0（阿伏伽德罗常数），$\left(\frac{m}{M}\right)$mol 气体的分子数为$N = \frac{m}{M}N_0$。

即
$$\frac{m}{M} = \frac{N}{N_0} \tag{2-1-2}$$

把它代入式（2-1-1），有$pV = \frac{N}{N_0}RT = N\frac{R}{N_0}T$，即

$$p = \frac{N}{V}\frac{R}{N_0}T \tag{2-1-3}$$

令
$$n = \frac{N}{V}, \quad k = \frac{R}{N_0} \tag{2-1-4}$$

于是
$$p = nkT \tag{2-1-5}$$

式中：n ——单位体积内的分子数，称分子数密度；

k ——$1.38 \times 10^{-23} J/K$，称玻尔兹曼常数。

【例 2-1-1】 有两种理想气体，第一种的压强为p_1，体积为V_1，温度为T_1，总质量为M_1，摩尔质量为μ_1；第二种的压强为p_2，体积为V_2，温度为T_2，总质量为M_2，摩尔质量为μ_2。当$V_1 = V_2$，$T_1 = T_2$，$M_1 = M_2$时，则$\frac{\mu_1}{\mu_2}$：

A. $\frac{\mu_1}{\mu_2} = \sqrt{\frac{p_1}{p_2}}$　　B. $\frac{\mu_1}{\mu_2} = \frac{p_1}{p_2}$　　C. $\frac{\mu_1}{\mu_2} = \sqrt{\frac{p_2}{p_1}}$　　D. $\frac{\mu_1}{\mu_2} = \frac{p_2}{p_1}$

解 理想气体状态方程$pV = \frac{M}{\mu}RT$，因为$V_1 = V_2$，$T_1 = T_2$，$M_1 = M_2$，所以$\frac{\mu_1}{\mu_2} = \frac{p_2}{p_1}$。

答案： D

三、理想气体的压强和温度的统计解释

（一）理想气体的微观图景

从微观图景来看，理想气体是由数目巨大的运动着的分子组成。各运动着的分子之间，以及分子与

容器壁之间会发生频繁的碰撞，使每个分子的运动速率和方向发生频繁的变化，这样，从整体来看，理想气体是一个这样的群体：其中每一个分子都做杂乱无章的运动，或者说，分子做热运动。

（二）理想气体分子模型

最简单的分子模型是把分子看成一个直径可忽略不计的、具有一定质量（分子质量）m'的弹性小球。所谓直径可以忽略是指小球之间的距离远大于小球直径，这样，可把小球当作质点来处理。小球与器壁间碰撞，视为完全弹性碰撞。

（三）压强的统计解释

理想气体对容器壁产生的压强，是大量分子不断撞击器壁的结果。根据完全弹性碰撞的力学知识，以及处于平衡态的理想气体的压强特征——对容器各面施加的压强相等，可推导出一个重要的压强公式

$$p = \frac{2}{3}n\bar{\omega} \qquad (2\text{-}1\text{-}6)$$

式中，$n = N/V$，即分子数密度，N是分子总数，$\bar{\omega}$称为分子的平均平动动能，它等于全体分子的平动动能之和除以全体分子总数，即

$$\bar{\omega} = \left(\frac{1}{2}m'v_1^2 + \frac{1}{2}m'v_2^2 + \cdots + \frac{1}{2}m'v_N^2\right)/N = \frac{1}{2}m'\bar{v}^2 \qquad (2\text{-}1\text{-}7)$$

$\bar{v}^2$为分子速率平方的平均值。请注意，各分子间的频繁碰撞使每个分子的速率v_1，v_2，…，v_N在发生频繁的变化，但$\bar{v}^2$及$\bar{\omega}$却不随时间变化（因为压强p不随时间变化），这是大量做热运动分子集体的统计规律性的表现。所谓统计规律性，是指以平动动能为例，一个特定的分子，例如编号为i的分子，它的平动动能$\omega_i = \frac{1}{2}m'v_i^2$是随时（或随机）变化的，而大量分子的平均平动动能$\bar{\omega}$却表现出不变的规律性，即统计规律性。

（四）温度的统计解释

联立理想气体状态方程（2-1-5）及压强公式（2-1-6）

$$\begin{cases} p = nkT \\ p = \dfrac{2}{3}n\bar{\omega} \end{cases}$$

由上两式消去p得

$$\bar{\omega} = \frac{3}{2}kT \qquad (2\text{-}1\text{-}8)$$

上式把热学中特有的量——温度与大量分子的平均平动动能联系起来，这使我们摆脱了温度是冷热程度这种无法定量描述的经验之谈，而把温度看作是大量分子热运动强度的标志。温度越高，分子的总体表现是热运动越激烈。

【例 2-1-2】 关于温度的意义，有下列几种说法：

（1）气体的温度是分子平均平动动能的量度；

（2）气体的温度是大量气体分子热运动的集体体现，具有统计意义；

（3）温度的高低反映物质内部分子运动剧烈程度的不同；

（4）从微观上看，气体的温度表示每个分子的冷热程度。

这些说法中正确的是：

A.（1），（2），（4）　　B.（1），（2），（3）

C.（2），（3），（4）　　D.（1），（3），（4）

解 本题考核气体分子运动论。气体的温度是分子平均平动动能的量度，气体的温度是大量气体分子热运动的集体体现，具有统计意义，温度的高低反映物质内部分子运动剧烈程度的不同，正是因为它的统计意义，单独说某个分子的温度是没有意义的。

答案： B

四、能量按自由度均分原理

（一）自由度数目i

气体中每一个分子可由单个原子或多个原子组成，称单原子分子或多原子分子，由单原子分子组成的气体如氦气（He）、氖气（Ne）等，由双原子分子组成的气体如氧气（O_2）、氮气（N_2）等，至于甲烷气（CH_4），自然是由五原子分子组成的气体了。

自由度数目i是指决定某物体在空间的位置所需要的独立坐标数目。

据此，把构成气体分子的每一个原子看成一质点，且各原子之间的距离固定不变（称刚性分子，即视为刚体）。那么，单原子分子的自由度$i=3$，即有三个平动自由度；刚性双原子分子的自由度$i=5$，即有三个平动自由度和两个转动自由度；由三个及以上原子组成的刚性多原子分子$i=6$，有三个平动自由度和三个转动自由度。

（二）能量按自由度均分原理

它的内容是：在温度为T的平衡态下，每一个分子的每一个自由度都具有相同的平均动能，其值为$\frac{1}{2}kT$（请特别注意“平均”两字）。

据此，一个单原子分子有三个平均自由度，单原子分子的平均（平动）动能$\varpi=3\cdot\frac{1}{2}kT$，这正是式（2-1-8）。刚性双原子分子$i=5$，它的平均动能$\bar{\varepsilon}=\frac{5}{2}kT$（细说起来，即三个平动自由度对应平均平动动能为$\frac{3}{2}kT$，两个转动自由度对应平均转动动能为$\frac{2}{2}kT$）。一般说来，若一个分子的自由度数为$i$，那么，据能量按自由度均分原理，该分子的平均动能为

$$\bar{\varepsilon}=\frac{i}{2}kT$$

五、理想气体内能

从微观上讲，理想气体是指分子之间相互作用势能小到可以忽略不计的气体，因为各分子的热运动动能远大于它们之间相互作用势能。这样，整个理想气体具有的机械能量，就等于每个分子热运动动能之和，设理想气体分子总数为N，一个分子的动能用ε表示，则理想气体的内能E可表示为

$$E=\varepsilon_1+\varepsilon_2+\cdots+\varepsilon_N=N\cdot\frac{\varepsilon_1+\varepsilon_2+\cdots+\varepsilon_N}{N}=N\bar{\varepsilon}$$

式中，$\bar{\varepsilon}$为每一分子的平均动能，应为$\frac{i}{2}kT$，故

$$E=\frac{i}{2}NkT \tag{2-1-9}$$

$$N=\left(\frac{m}{M}\right)N_0$$

$$N_0k=R$$

$$E=\frac{i}{2}\left(\frac{m}{M}\right)RT \tag{2-1-10}$$

由于理想气体状态方程$pV=\left(\frac{m}{M}\right)RT$，$E$还可表示为

$$E=\frac{i}{2}pV \tag{2-1-11}$$

理想气体每单位体积的内能，即内能密度为

$$E/V=\frac{i}{2}p \tag{2-1-12}$$

【例 2-1-3】 在标准状态下，当氢气和氦气的压强与体积都相等时，氢气和氦气的内能之比为：

A. $\frac{5}{3}$　　B. $\frac{3}{5}$　　C. $\frac{1}{2}$　　D. $\frac{3}{2}$

解 由$E=\frac{m}{M}\frac{i}{2}RT=\frac{i}{2}pV$，注意到氢为双原子分子，氦为单原子分子，即$i(H_2)=5$，$i(He)=3$，又$p(H_2)=p(He)$，$V(H_2)=V(He)$，故$\frac{E(H_2)}{E(He)}=\frac{i(H_2)}{i(He)}=\frac{5}{3}$。

答案： A

六、麦克斯韦速率分布律

（一）速率分布函数

设理想气体分子总数为N，各分子的速率自然有大有小，现以$\mathrm{d}N$表示速率在$v\to v+\mathrm{d}v$区间内的分子数，定义速率分布函数为

$$f(v)=\frac{\mathrm{d}N}{N\mathrm{d}v} \tag{2-1-13}$$

从速率分布函数的定义式可知，它的意义是在单位速率间隔内分子的百分数，当理想气体处于平衡态时，分布函数与时间无关，而与速率v有关。式（2-1-13）可改写为

$$\mathrm{d}N=Nf(v)\mathrm{d}v \tag{2-1-14}$$

如要表示速率在$v_1\to v_2$区间内的分子数，可将上式积分

$$\int_{v_1}^{v_2}\mathrm{d}N=\Delta N=\int_{v_1}^{v_2}Nf(v)\mathrm{d}v$$

故

$$\int_{v_1}^{v_2}f(v)\mathrm{d}v=\frac{\Delta N}{N} \tag{2-1-15}$$

表示速率在$v_1\to v_2$区间内的分子数占总分子数的百分率。由于全体分子速率分布总在$0\to\infty$区间内，把式（2-1-14）从$v=0$到$v\to\infty$积分得

$$\int_0^{\infty}f(v)\mathrm{d}v=1 \tag{2-1-16}$$

上式说明，$\int_0^{\infty}f(v)dv=$分布曲线下总面积$=1$，速率分布函数应满足归一化条件。

（二）麦克斯韦速率分布函数

理论和实践都证实，处于温度为T的理想气体，速率分布函数的具体数学形式是

$$f(v)=\left(\frac{m'}{2\pi kT}\right)^{3/2}e^{\frac{-m'v^2}{2kT}}4\pi v^2 \tag{2-1-17}$$

式中各文字的意义都已交代过。此式称为麦克斯韦速率分布函数。若以v为横坐标，以$f(v)$为纵坐标，此函数的大致图形，如图 2-1-1 所示，温度越高，分布曲线的最高点越向速率大的方向移动。

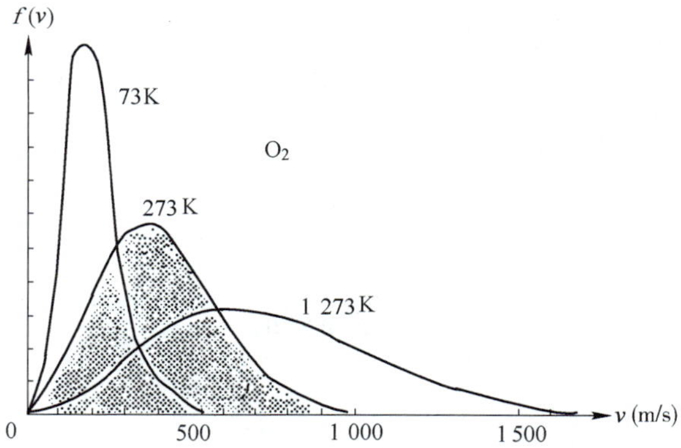

图 2-1-1　不同温度下速率分布曲线

（三）三种速率

知道了麦克斯韦速率分布函数后，可求出全体分子的三种速率。

（1）最可几速率v_p（最概然速率）：与$f(v)$的极大值相对应的速率。

由$\frac{df(v)}{dv}=0$，得

$$v_p=\sqrt{\frac{2kT}{m'}}=\sqrt{\frac{2RT}{M}} \tag{2-1-18}$$

M为气体的摩尔质量。

（2）平均速率$\bar{v}$：大量分子速率的算术平均值。

$$\bar{v}=\frac{1}{N}\int_0^\infty v\mathrm{d}N=\int_0^\infty vf(v)\mathrm{d}v=\sqrt{\frac{8kT}{\pi m'}}=\sqrt{\frac{8RT}{\pi M}} \tag{2-1-19}$$

【例 2-1-4】 假定氧气的热力学温度提高一倍，氧分子全部离解为氧原子，则氧原子的平均速率是氧分子平均速率的：

A. 4 倍　　B. 2 倍　　C. $\sqrt{2}$倍　　D. $\frac{1}{\sqrt{2}}$

解　$\bar{v}=\sqrt{\frac{8RT}{\pi M}}$，$\bar{v}_{O_2}=\sqrt{\frac{8RT}{\pi M}}=\sqrt{\frac{8RT}{\pi\cdot 32}}$

氧气的热力学温度提高一倍，氧分子全部离解为氧原子，$T_O=2T_{O_2}$

$\bar{v}_O=\sqrt{\frac{8RT_O}{\pi M_O}}=\sqrt{\frac{8R\cdot 2T}{\pi\cdot 16}}$，则$\frac{\bar{v}_O}{\bar{v}_{O_2}}=\sqrt{\frac{8R\cdot 2T}{\pi\cdot 16}}\Big/\sqrt{\frac{8RT}{\pi\cdot 32}}=2$

答案： B

（3）方均根速率$\sqrt{\bar{v}^2}$：大量分子速率二次方平均值的平方根。

$$\bar{v}^2=\frac{1}{N}\int_0^\infty v^2 f(v)\mathrm{d}v=\frac{3kT}{m'} \tag{2-1-20}$$

$$\sqrt{\bar{v}^2}=\sqrt{\frac{3kT}{m'}}=\sqrt{\frac{3RT}{M}}$$

七、平均碰撞频率$\bar{Z}$和平均自由程$\bar{\lambda}$

气体分子间在做频繁的相互碰撞，一个分子在单位时间内的碰撞次数Z简称为碰撞次数，或称碰撞频率。由于分子热运动的无规则性，没有理由说各分子的Z是一样的，Z对全体分子的平均值$\bar{Z}$，称平均碰撞频率（次数）。

一个分子在相继的两次碰撞之间所自由通过的路程，叫自由程。各分子的自由程各不相同，对全体分子取平均，叫平均自由程，以$\bar{\lambda}$表示。对于一个分子平均来说，在单位时间内自由通过的路程为平均速率$\bar{v}$，所以下式成立

$$\bar{v}=\bar{Z}\,\bar{\lambda} \tag{2-1-21}$$

研究表明

$$\bar{Z}=\sqrt{2}\pi d^2 n\bar{v} \tag{2-1-22}$$

式中：n ——分子数密度；

d ——分子有效直径，不同分子有不同的有效直径。

$$\bar{\lambda}=\frac{\bar{v}}{\bar{Z}}=\frac{1}{\sqrt{2}\pi d^2 n}=\frac{kT}{\sqrt{2}\pi d^2 p} \tag{2-1-23}$$

上式户最后一等式利用了理想气体状态方程$p=nkT$。式（2-1-23）表明在T一定时，$\bar{\lambda}$与p成反比。$\bar{\lambda}$在对气体内迁移现象（包括热传导、扩散、黏滞等）讨论时起重要作用。

【例 2-1-5】 容积恒定的容器内盛有一定量的某种理想气体，分子的平均自由程为$\bar{\lambda}_0$，平均碰撞频率为$\bar{Z}_0$，若气体的温度降低为原来的1/4，则此时分子的平均自由程$\bar{\lambda}$和平均碰撞频率$\bar{Z}$为：

A. $\bar{\lambda}=\bar{\lambda}_0$，$\bar{Z}=\bar{Z}_0$　　B. $\bar{\lambda}=\bar{\lambda}_0$，$\bar{Z}=\frac{1}{2}\bar{Z}_0$

C. $\bar{\lambda}=2\bar{\lambda}_0$，$\bar{Z}=2\bar{Z}_0$　　D. $\bar{\lambda}=\sqrt{2}\bar{\lambda}_0$，$\bar{Z}=4\bar{Z}_0$

解　气体分子的平均碰撞频率$Z_0=\sqrt{2}n\pi d^2\bar{v}=\sqrt{2}n\pi d^2\sqrt{\frac{8RT}{\pi M}}$，平均自由程$\bar{\lambda}_0=\frac{\bar{v}}{\bar{Z}_0}=\frac{1}{\sqrt{2}n\pi d^2}$，$T'=\frac{1}{4}T$，$\bar{\lambda}=\bar{\lambda}_0$，$\bar{Z}=\frac{1}{2}\bar{Z}_0$。

答案： B

八、热力学第一定律

（一）准静态过程

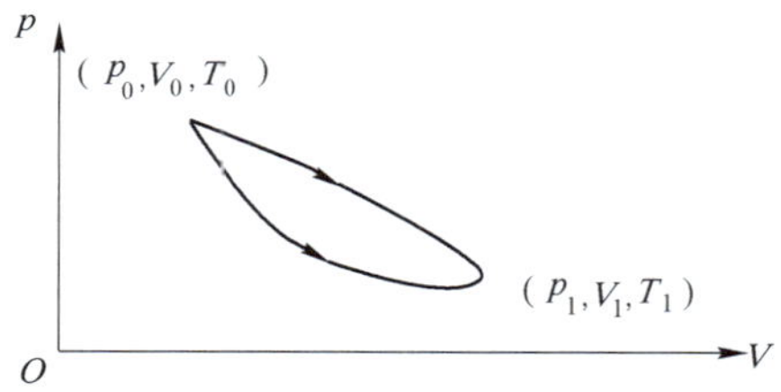

图　2-1-2

热力学系统在与外界发生相互作用时，它（以及外界）的状态要发生变化，状态变化的过程，叫热力学过程。以理想气体为例，系统从初态（p_0，V_0，T_0）变化到终态（p_1，V_1，T_1），可通过各种不同过程实现（参看示意图 2-1-2），不同的过程体现了系统与外界的不同相互作用。

要使原先处于平衡态的理想气体状态发生变化，首先要破坏它原先的平衡态。也即系统要历经一非平衡态（非静态）情形。但若过程进行得如此缓慢，使过程进行中系统的状态都近似达到平衡态，这种理想化的过程叫准静态过程。在准静态过程中，气体的状态都可用平衡态（静态）参量（p，V，T）来描述。

（二）理想气体内能的改变ΔE

一定量理想气体的内能E由式（2-1-10）确定。故理想气体经历任何过程从温度为T_1的状态变到温度为T_2的状态时，内能的增量为

$$\Delta E=E_2-E_1=\frac{m}{M}\frac{i}{2}R(T_2-T_1)=\frac{m}{M}\frac{i}{2}R\Delta T \tag{2-1-24}$$

显然，一定量理想气体的内能增量只取决于系统的初、终态，而与联系初、终态的过程无关，这一结论十分重要。或者可说，内能本身是状态的单值函数。

（三）功A

利用力学中功的概念，计算气缸中气体在准静态过程中所做的功。设气体的压强为p，活塞面积为S，气体对活塞的压力$f = pS$（见图 2-1-3），当活塞移动微小距离$\mathrm{d}L$时，气体体积变化$\mathrm{d}V = S\mathrm{d}L$，过程中所做微功$\mathrm{d}A = f\mathrm{d}L = pS\mathrm{d}L = p\mathrm{d}V$。当气体体积从$V_1$膨胀到$V_2$时，气体对外（活塞）做功为

$$A = \int_{V_1}^{V_2} p\mathrm{d}V \tag{2-1-25}$$

当过程用p-V图上一条曲线表示时（见图 2-1-4），功A即表示曲边梯形的面积。可见，若以不同的曲线（代表不同的变化过程）连接相同的初态（V_1）、终态（V_2），功A不同，功与过程有关。注意，若$V_2 > V_1$，气体体积随过程膨胀，气体对外做正功（$A > 0$）；反之，若$V_2 < V_1$，气体被压缩，气体对外做负功。还要注意，功A的表达式（2-1-25）只对准静态过程成立，对非准静态过程不成立。如气体向真空膨胀，对外做功$A = 0$。

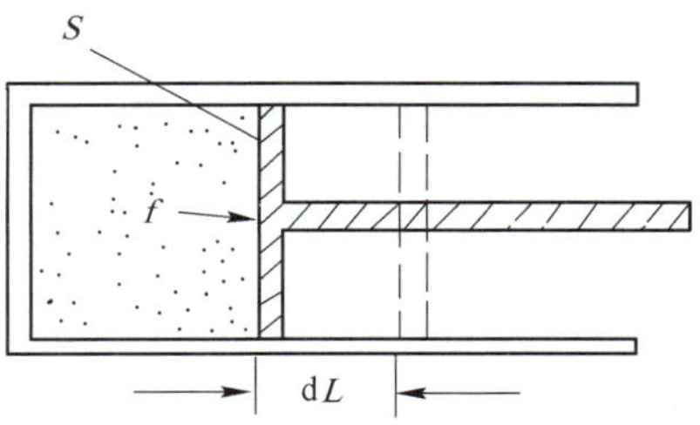

图 2-1-3

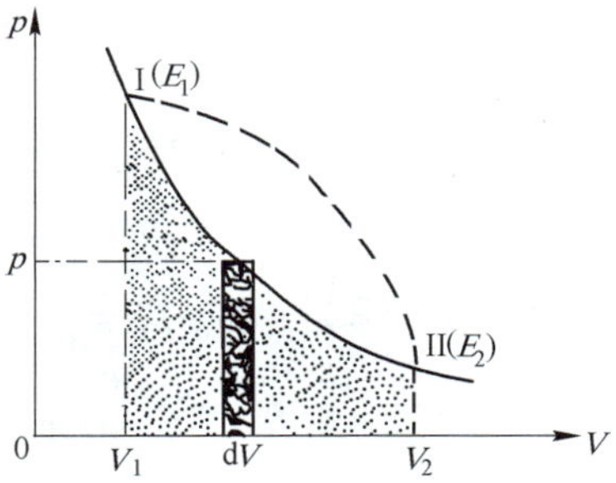

图 2-1-4

（四）热量Q

气体对外做正功或负功（外界对气体做正功），都会使气体（及外界）状态发生变化。改变系统状态，不仅可采取做功的方式，也可采取热量交换的方式。气体从外界吸收热量或放热给外界，都会使气体（及外界）状态发生变化。气体从外界吸收（或放热给外界）的热量多少，不仅取决于气体的初、终态，也取决于联系两态的变化过程，这一点在热力学第一定律中会清楚地看出。

（五）热力学第一定律

设一热力学系统与外界相互作用，使系统从某一初态 a 经过一个系统状态变化过程到达终态 b，无数试验事实总结出下面的热力学第一定律（即能量守恒与转换定律）

$$Q_{\mathrm{a}\to\mathrm{b}} = E_{\mathrm{b}} - E_{\mathrm{a}} + A_{\mathrm{a}\to\mathrm{b}}$$

或简写为

$$Q = \Delta E + A \tag{2-1-26}$$

式中：Q ——过程中系统从外界吸收的热量（若$Q > 0$为吸热，$Q < 0$为放热）；

A ——过程中系统对外界做功（可正可负，负功表示外界对系统做正功）；

ΔE ——系统内能的增量，即系统终态内能与初态内能的差。

若过程的初、终态一定，则ΔE一定，而A与过程有关，故Q也与过程有关。

对于一个微小变化过程，热力学第一定律可写成微分形式

$$\mathrm{d}Q = \mathrm{d}E + \mathrm{d}A$$

热力学第一定律不仅适用于理想气体，而且还适用于液体、固体等一切热力学系统。

【例 2-1-6】 一定量的理想气体由 a 状态经过一过程到达 b 状态，吸热为 335J，系统对外做功 126J；若系统经过另一过程由 a 状态到达 b 状态，系统对外做功 42J，则过程中传入系统的热量为：

A. 530J B. 167J C. 251J D. 335J

解 两过程都是由 a 状态到达 b 状态，内能是状态量，内能增量$\Delta E=\frac{m}{M}\frac{i}{2}R(T_b-T_a)$相同。

由热力学第一定律$Q=(E_2-E_1)+W=\Delta E+W$，有$Q_1-W_1=Q_2-W_2$，即$335-126=Q_2-42$，可得$Q_2=251J$。

答案： C

九、热力学第一定律对理想气体等值过程和绝热过程的应用

$\left(\frac{m}{M}\right)$mol 的理想气体，从初态（p_1，V_1，T_1）经某一过程变化到终态（p_2，V_2，T_2），如何计算热力学第一定律中的Q、ΔE、A？

首先要注意ΔE与过程无关，它由式（2-1-24）确定

$$\Delta E=\left(\frac{m}{M}\right)\frac{i}{2}R(T_2-T_1)$$

功A可通过式（2-1-25）计算，那么过程吸热Q可以从热力学第一定律算出。

（一）等容过程

过程方程：$V=$恒量，或$p/T=$恒量

$$A=\int_{V_1}^{V_2}p\mathrm{d}V=0 \qquad (\mathrm{d}V=0)$$

$$Q_V=\Delta E+A=\left(\frac{m}{M}\right)\frac{i}{2}R(T_2-T_1) \tag{2-1-27}$$

（二）等压过程

过程方程：$p=$恒量，或$T/V=$恒量

$$A=\int_{V_1}^{V_2}p\mathrm{d}V=p(V_2-V_1)$$

利用状态方程$pV=\left(\frac{m}{M}\right)RT$，可将上式写成

$$A=\left(\frac{m}{M}\right)R(T_2-T_1) \tag{2-1-28}$$

$$Q_p=\Delta E+A=\left(\frac{m}{M}\right)\left(\frac{i+2}{2}\right)R(T_2-T_1) \tag{2-1-29}$$

比较式（2-1-29）和式（2-1-27）可知，等压过程吸热量比等容过程吸热量多。

【例 2-1-7】 一定量的理想气体，经过等体过程，温度增量ΔT，内能变化ΔE_1，吸收热量Q_1；若经过等压过程，温度增量也为ΔT，内能变化ΔE_2，吸收热量Q_2，则一定是：

A. $\Delta E_2=\Delta E_1$，$Q_2>Q_1$ B. $\Delta E_2=\Delta E_1$，$Q_2<Q_1$

C. $\Delta E_2>\Delta E_1$，$Q_2>Q_1$ D. $\Delta E_2<\Delta E_1$，$Q_2<Q_1$

解 两过程温度增量均为ΔT，内能增量$\Delta E=\frac{m}{M}\frac{i}{2}R\Delta T$相同，即$\Delta E_2=\Delta E_1$。

由热力学第一定律，等体过程不做功，$W_1=0$，$Q_1=\Delta E_1=\frac{m}{M}\frac{i}{2}R\Delta T$；

对于等压过程，$Q_2=\Delta E_2+W_2=\frac{m}{M}\left(\frac{i}{2}+1\right)R\Delta T$，所以$Q_2>Q_1$。

答案： A

【例 2-1-8】 有 1mol 刚性双原子分子理想气体，在等压过程中对外做功W，则其温度变化ΔT为：

A. $\frac{R}{W}$ B. $\frac{W}{R}$ C. $\frac{2R}{W}$ D. $\frac{2W}{R}$

解 等压过程由$W = p\Delta V = p(V_2 - V_1) = \frac{m}{M}R\Delta T$，令$\frac{m}{M} = 1$，故$\Delta T = \frac{W}{R}$。

答案： B

（三）等温过程

过程方程：T=恒量，或pV=恒量

$$A = \int_{V_1}^{V_2} p\mathrm{d}V = \int_{V_1}^{V_2} \frac{\left(\frac{m}{M}\right)RT}{V}\mathrm{d}V = \left(\frac{m}{M}\right)RT\int_{V_1}^{V_2}\frac{\mathrm{d}V}{V}$$

$$A = \left(\frac{m}{M}\right)RT\ln\frac{V_2}{V_1} = \left(\frac{m}{M}\right)RT\ln\frac{p_1}{p_2} \tag{2-1-30}$$

而$\Delta E = 0$（因$T_2 = T_1$）

$$Q_{\mathrm{T}} = A = \left(\frac{m}{M}\right)RT\ln\frac{V_2}{V_1} = \left(\frac{m}{M}\right)RT\ln\frac{p_1}{p_2} \tag{2-1-31}$$

可见等温过程中，理想气体从外界吸收的热量Q，全部转化为气体对外做功。

【例 2-1-9】 一定量理想气体由初态（p_1，V_1，T_1）经等温膨胀到达终态（p_2，V_2，T_1），则气体吸收的热量Q为：

A. $Q = p_1V_1\ln\frac{V_2}{V_1}$　　B. $Q = p_1V_2\ln\frac{V_2}{V_1}$

C. $Q = p_1V_1\ln\frac{V_1}{V_2}$　　D. $Q = p_2V_1\ln\frac{p_2}{p_1}$

解 等温过程$\Delta E = 0$，吸收的热量等于对外做功，$Q = \frac{m}{M}RT\ln\frac{V_2}{V_1} = p_1V_1\ln\frac{V_2}{V_1}$。

答案： A

（四）绝热过程

$$Q = 0$$
$$A = -\Delta E = -\left(\frac{m}{M}\right)\frac{i}{2}R(T_2 - T_1) \tag{2-1-32}$$

绝热过程中，气体对外做功，是以减少自己的内能为代价的。绝热过程的方程将在第十一节中介绍。

【例 2-1-10】 一定量的理想气体对外做了 500J 的功，如果过程是绝热的，气体内能的增量为：

A. 0　　B. 500J　　C. −500J　　D. 250J

解 由热力学第一定律$Q = W + \Delta E$知，绝热过程做功等于内能增量的负值，$\Delta E = -W = -500\mathrm{J}$。

答案： C

十、热容量

（一）热容量定义

一系统每升高单位温度所吸收的热量，称为系统的热容量。即

$$C = \mathrm{d}Q/\mathrm{d}T \tag{2-1-33}$$

当系统为 1mol 时，它的热容量称摩尔热容量，单位为$\mathrm{J/(mol \cdot K)}$。系统热容量C等于摩尔热容量乘以摩尔数。

（二）定容摩尔热容量C_{V}与定压摩尔热容量C_{p}

1mol 系统在等容过程中，每升高单位温度所吸收的热量，称定容摩尔热容量C_{V}。1mol 系统在等压过程中，每升高单位温度所吸收的热量，称定压摩尔热容量C_{p}，即

$$C_V = \left.\frac{dQ}{dT}\right|_{V=\text{恒量}}, \quad C_p = \left.\frac{dQ}{dT}\right|_{p=\text{恒量}} \tag{2-1-34}$$

对 1mol 理想气体而言，由式（2-1-27）及式（2-1-29）可得

$$C_V = \frac{Q}{T_2 - T_1} = \frac{i}{2}R,\ C_p = \frac{Q}{T_2 - T_1} = \frac{i+2}{2}R \tag{2-1-35}$$

由此可知

$$C_p - C_V = R \tag{2-1-36}$$

此式也称为迈耶公式。

令

$$\gamma = C_p/C_V = (i+2)/i \tag{2-1-37}$$

γ为比热容比，亦为绝热系数。

对单原子分子，自由度$i = 3$，故$\gamma = 5/3$；对刚性双原子分子，$i = 5$，故$\gamma = 7/5$。

引入C_V与C_p后，式(2-1-27)可表示为$Q_V = \left(\frac{m}{M}\right)C_V(T_2 - T_1)$，式(2-1-29)可表示为$Q_p = \left(\frac{m}{M}\right)C_p(T_2 - T_1)$。

十一、绝热过程方程

理想气体的绝热过程方程可由热力学第一定律式（2-1-26）通过积分求得，结果是

$$V^{\gamma-1}T = \text{恒量} \tag{2-1-38}$$

利用理想气体状态方程还可把上式改写为以下两种形式

$$pV^{\gamma} = \text{恒量},\ p^{\gamma-1}T^{-\gamma} = \text{恒量} \tag{2-1-39}$$

绝热过程做功已由式（2-1-32）给出。也可根据理想气体状态方程$pV = \frac{m}{M}RT$改写为

$$A = \frac{i}{2}(p_1V_1 - p_2V_2)$$

由式（2-1-37）知$\frac{i}{2} = \frac{1}{\gamma-1}$，故

$$A = \frac{1}{\gamma - 1}(p_1V_1 - p_2V_2) \tag{2-1-40}$$

这是绝热过程做功的另一计算公式。此公式可直接由功的表达式得到

$$A = \int_{V_1}^{V_2} p dV = p_1V_1^{\gamma}\int_{V_1}^{V_2}\frac{dV}{V^{\gamma}} = p_1V_1^{\gamma}\left(\frac{V_2^{1-\gamma}}{1-\gamma} - \frac{V_1^{1-\gamma}}{1-\gamma}\right) = \frac{1}{\gamma-1}(p_1V_1 - p_2V_2)$$

十二、循环过程、热机效率、卡诺循环

（一）循环过程

系统从某一状态开始经一系列变化过程又回到原来状态，这个变化过程叫循环过程。在过程的p-V图上，循环过程必为一封闭曲线。系统经一循环后，由于返回原来状态，故系统内能不变，这是循环过程的重要特性。

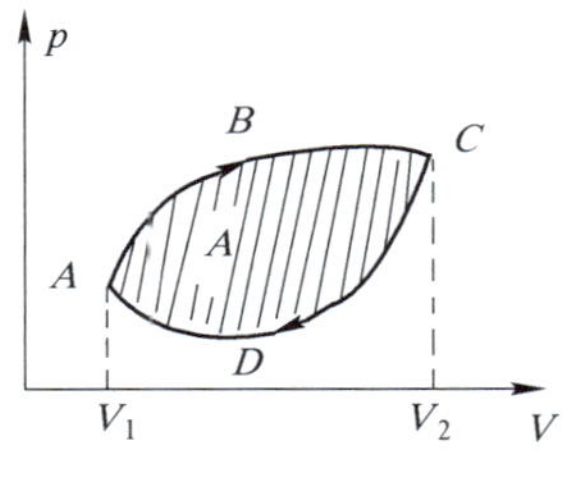

图 2-1-5

在如图 2-1-5 所示的循环过程中，系统从A态出发，在过程$A \to B \to C$中，系统对外做正功；在过程$C \to D \to A$中，系统对外做负功（外界对系统做正功）。因此，整个循环过程系统对外做的净功为循环过程曲线所包围的面积（图中阴影部分），把热力学第一定律应用

于循环过程，因$\Delta E = 0$，故有

$$A = Q(\text{循环过程}) \tag{2-1-41}$$

即系统对外做的净功应等于系统从外界吸收的净热量。循环是顺时针的，则$A > 0$，称为热机。

（二）热机效率η

式（2-1-41）中Q表示系统在循环过程中从外界吸收的净热量，可把它改写成$Q = Q_1 - Q_2$，Q_1表示吸热，Q_2表示放热，热机效率η被定义为

$$\eta = \frac{A}{Q_1} = \frac{Q_1 - Q_2}{Q_1} = 1 - \frac{Q_2}{Q_1} \tag{2-1-42}$$

（三）致冷系数ω

如果工作物质做逆循环，系统从低温热源吸收热量Q_2，向高温热源放出热量Q_1，而外界必须做功A，这样的循环为制冷机，致冷系数定义为：

$$\omega = \frac{Q_2}{A} = \frac{Q_2}{Q_1 - Q_2} \tag{2-1-43}$$

（四）卡诺循环

卡诺循环是在两个恒定的高温（T_1）热源和低温（T_2）热源之间工作的热机的一个特殊循环过程。它由两个等温过程、两个绝热过程组成。以理想气体为工作物质的卡诺循环如图 2-1-6 所示。

过程 1→2 为等温吸热过程，系统从高温热源吸热Q_1由式（2-1-31）确定

$$Q_1 = \frac{m}{M} RT_1 \ln \frac{V_2}{V_1}$$

过程 3→4 为等温放热过程，系统放热给低温热源Q_2为

$$Q_2 = \frac{m}{M} RT_2 \ln \frac{V_3}{V_4}$$

又因 2→3 及 4→1 均为绝热过程，故有

$$T_1 V_1^{\gamma-1} = T_2 V_4^{\gamma-1}$$

$$T_1 V_2^{\gamma-1} = T_2 V_3^{\gamma-1}$$

$$\frac{V_2}{V_1} = \frac{V_3}{V_4}$$

于是，卡诺循环效率为

$$\eta = \frac{Q_1 - Q_2}{Q_1} = \frac{T_1 - T_2}{T_1} = 1 - \frac{T_2}{T_1} \tag{2-1-44}$$

若使卡诺循环逆时针方向进行：1→4→3→2→1，如图 2-1-7 所示。气体将从低温热源吸热Q_2，又接受外界做功A，向高温热源放热$Q_1 = A + Q_2$，这是卡诺制冷循环。

由致冷系数定义

$$\omega = \frac{Q_2}{A} = \frac{Q_2}{Q_1 - Q_2}$$

因此卡诺制冷机的制冷系数为

$$\omega_{\text{卡诺}} = \frac{T_2}{T_1 - T_2} \tag{2-1-45}$$

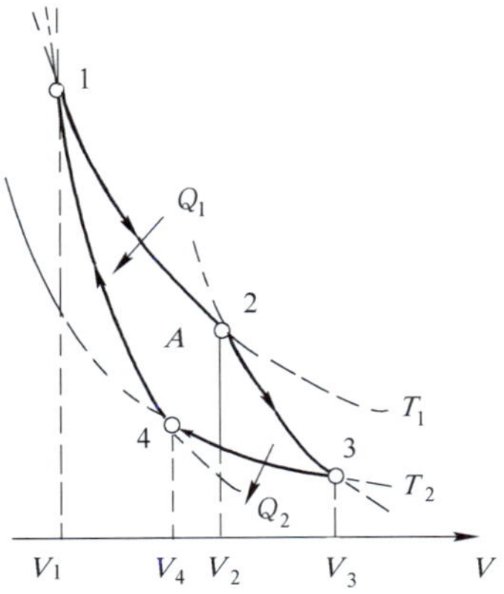

图 2-1-6

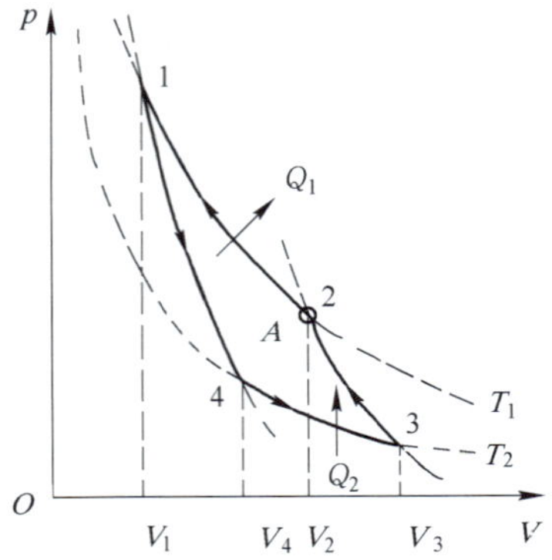

图 2-1-7

【例 2-1-11】 两个卡诺热机的循环曲线如图所示，一个工作在温度为T_1与T_3的两个热源之间，另一个工作在温度为T_2与T_3的两个热源之间，已知这两个循环曲线所包围的面积相等，由此可知：

A. 两个热机的效率一定相等

B. 两个热机从高温热源所吸收的热量一定相等

C. 两个热机向低温热源所放出的热量一定相等

D. 两个热机吸收的热量与放出的热量（绝对值）的差值一定相等

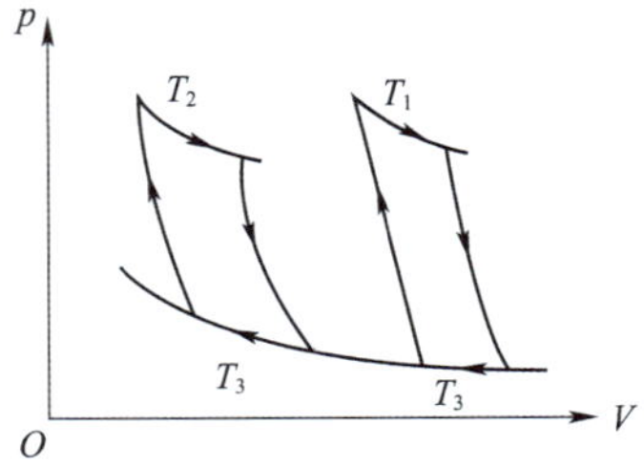

例 2-1-11 图

解 此题考查卡诺循环。卡诺循环的热机效率$\eta = 1 - \frac{T_2}{T_1}$，由图看出高温热源 T_1与T_2不同，低温热源T_3相同，所以效率不同。两个循环曲线所包围的面积相等，净功相等，$W = Q_1 - Q_2$，即两个热机吸收的热量与放出的热量（绝对值）的差值一定相等。

答案： D

【例 2-1-12】 一卡诺热机，低温热源的温度为 27℃。热机效率为 40%，其高温热源温度为：

A. 500K　　B. 45℃　　C. 400K　　D. 500℃

解 卡诺循环的热机效率$\eta = 1 - \frac{T_2}{T_1} = 1 - \frac{273+27}{T_1} = 40\%$，$T_1 = 500\text{K}$

此题注意开尔文温度与摄氏温度的变换。

答案： A

【例 2-1-13】 卡诺致冷机工作于温度为 300K 和 400K 的两个热源之间，此致冷机的致冷系数为：

A. 2　　B. 1/2　　C. 1/3　　D. 3

解 卡诺致冷机$\omega = \frac{T_2}{T_1 - T_2} = \frac{300}{400-300} = 3$

答案： D

十三、可逆过程和不可逆过程

系统在外界作用下经过一个过程从初态变到终态，外界同时要发生变化：也从初态变到终态，现使系统发生的变化过程逆向进行，即从终态到初态，若外界同时也从终态恢复到初态，那么系统（及外界）发生的过程叫可逆过程。所谓可逆过程是指逆过程可以抹去正过程所留下的一切变化，好像世界上什么事情都没有发生过一样，不满足可逆过程条件的一切过程，称为不可逆过程。

功、热转换过程是不可逆的：功可以完全转变成热量；但在不引起其他任何变化的条件下（外界也同时复原），热不能完全变化为功。热量可以自动地从高温物体传到低温物体。但在不引起其他任何变化的条件下（即不能自动地），热量不能从低温物体传到高温物体。气体分子可自动地从密度大处向密度小处扩散，而自动的逆过程不行。动、植物的生老病死等等都是不可逆过程。

十四、热力学第二定律及其统计意义

上节提到的许多不可逆过程实例，说明自然界所发生的千变万化的过程有单向性（不可逆性），可以证明，各种单向性过程是相互沟通的，即从某一过程的单向性可推得另一过程的单向性。因此，要说明这种单向性的变化规律，只要任选一实例即可。有以下两种典型表述，并称之为热力学第二定律。

（1）开尔文表述：不可能制造出一种循环工作的热机，它只从单一热源吸热使之完全变为功而不使外界发生任何变化。

（2）克劳修斯表述：热量不能自动地从低温物体传向高温物体而不引起外界变化。

人们把从单一热源吸热并使之全部变成功而不引起其他变化的机器叫第二类永动机。这种永动机不违背热力学第一定律，但违背热力学第二定律，故不能制成。

电冰箱是克劳修斯表述的很好注释。热量不是不能从低温物体（冰箱内部）传向高温物体（箱外），而是不能自动地进行。冰箱不插上电源就不会制冷。

自（动）发（生）过程的单向性可以用系统处于某一状态的几率予以解释，这称为热力学第二定律的统计意义（或统计解释）。我们举一个气体向真空膨胀（扩散）的具体例子，来说明热力学第二定律的统计意义。假定气体由N个分子组成，处在体积为V的容器中，但一开始全部气体被隔板挡在只占容器$1/n$的空间中。当隔板被抽掉时，气体会自动扩散到均匀占满整个容器空间为止，这是个不可逆过程。

系统的初态几率为$(1/n)^N$，扩散过程使气体分子占据越来越大空间，即n减小，几率变大，最后当$n=1$时，即气体分布在整个容器中时，几率达最大，自发过程终止，系统达平衡态。系统内部进行的自发过程，总是由几率小的宏观状态向几率大的宏观状态进行，这就是热力学第二定律的统计意义。由于分子总数N极大，n与 1 的任何有限偏离，例如$n=1.1$，则此宏观态的概率为$(1/1.1)^N \to 0$，因此，要使系统自动返回初态的可能性几近乎零，即实际上过程是不可逆的。

习　题

2-1-1　两容器内分别装有氢气和氦气，若它们的温度和质量分别相等，则（　　）。

A. 两种气体分子的平均平动动能相等

B. 两种气体分子的平均动能相等

C. 两种气体分子的平均速率相等

D. 两种气体的内能相等

2-1-2　若理想气体的体积为V，压强为p，温度为T，一个分子的质量为m'，k为玻兹曼常量，R为摩尔气体常量，则该理想气体的分子数为（　　）。

A. pV/m'　　B. $pV/(kT)$　　C. $pV/(RT)$　　D. $pV/(m'T)$

2-1-3　一瓶氦气和一瓶氮气密度相同，分子平均平动动能相同，而且它们都处于平衡状态，则它们（　　）。

A. 温度相同、压强相同

B. 温度、压强都不相同

C. 温度相同，但氦气的压强大于氮气的压强

D. 温度相同，但氦气的压强小于氮气的压强

2-1-4 压强为p、体积为V的氦气（He，视为刚性分子理想气体）的内能为（　　）。

A. $\frac{3}{2}pV$　　B. $\frac{5}{2}pV$　　C. $\frac{1}{2}pV$　　D. $3pV$

2-1-5 在容积$V = 8 \times 10^{-3}\text{m}^3$的容器中，装有压强$p = 5 \times 10^2\text{Pa}$的理想气体，则容器中气体分子的平动动能总和为（　　）。

A. 2J　　B. 3J　　C. 5J　　D. 6J

2-1-6 某容器内储有 1mol 氢气和 1mol 氦气，设两种气体各自对器壁产生的压强分别为p_1和p_2，则两者的大小关系是（　　）。

A. $p_1 > p_2$　　B. $p_1 = p_2$　　C. $p_1 < p_2$　　D. 不确定

2-1-7 两瓶不同的气体，一瓶是氧，另一瓶是一氧化碳，若它们的压强和温度相同，但体积不同，则下列量相同的是：①单位体积中的分子数，②单位体积的质量，③单位体积的内能，其中正确的是（　　）。

A. ①②　　B. ②③　　C. ①③　　D. ①②③

2-1-8 两种理想气体的温度相等，则它们的：①分子的平均动能相等，②分子的转动动能相等，③分子的平均平动动能相等，④内能相等，以上论断中，正确的是（　　）。

A. ①②③④　　B. ①②④　　C. ①④　　D. ③

2-1-9 一定量氢气和氧气，都可视为理想气体，它们分子的平均平动动能相同，那么它们分子的平均速率之比$\overline{v}_{H_2}:\overline{v}_{O_2}$为（　　）。

A. 1∶16　　B. 16∶1　　C. 1∶4　　D. 4∶1

2-1-10 一定量的理想气体，在容积不变的条件下，当温度升高时，分子平均碰撞次数$\overline{Z}$及平均自由程$\overline{\lambda}$的变化情况是（　　）。

A. $\overline{Z}$增大，$\overline{\lambda}$不变　　B. $\overline{Z}$不变，$\overline{\lambda}$增大

C. $\overline{Z}$增大，$\overline{\lambda}$增大　　D. $\overline{Z}$、$\overline{\lambda}$都不变

2-1-11 理想气体的密度ρ在某一过程中与绝对温度T成反比关系，则该过程为（　　）。

A. 等容过程　　B. 等压过程　　C. 等温过程　　D. 绝热过程

2-1-12 两个相同的容器，一个装氦气，一个装氧气（视为刚性分子），开始时它们的温度和压强都相同。现将 9J 的热量传给氦气，使之升高一定温度。若使氧气也升高同样的温度，则应向氧气传递的热量是（　　）。

A. 9J　　B. 15J　　C. 18J　　D. 6J

2-1-13 1mol 氧气和 1mol 水蒸气（均视为刚性分子理想气体），若在体积不变的情况下吸收相等的热量，则它们的（　　）。

A. 温度升高相同，压强增加相同　　B. 温度升高不同，压强增加不同

C. 温度升高相同，压强增加不同　　D. 温度升高不同，压强增加相同

2-1-14 在常温条件下，压强、体积、温度都相同的氮气和氦气在等压过程中吸收了相等的热量，则它们对外做功之比为（　　）。

A. 5∶9　　B. 5∶7　　C. 1∶1　　D. 9∶5

2-1-15 如图所示，理想气体由初态a经acb过程变到终态b。则（　　）。

A. 内能增量为正，对外做功为正，系统吸热为正

B. 内能增量为负，对外做功为正，系统吸热为正

C. 内能增量为负，对外做功为正，系统吸热为负

D. 不能判断

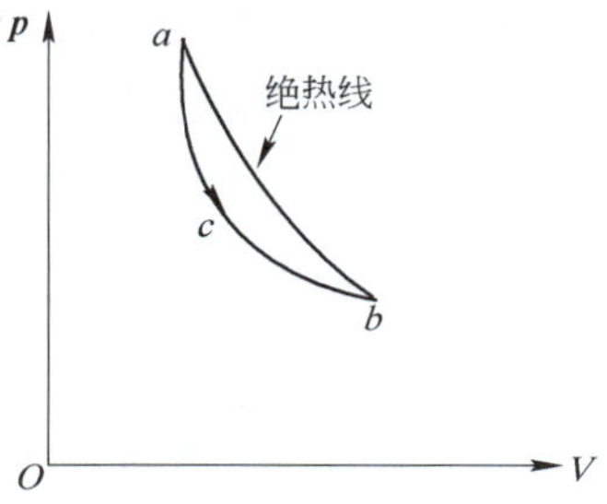

题 2-1-15 图

2-1-16 一定量理想气体，从状态A开始，分别经历等压、等温、绝热三种过程（AB、AC、AD），其容积由V_1都膨胀到$2V_1$，其中（　　）。

A. 气体内能增加的是等压过程，气体内能减少的是等温过程

B. 气体内能增加的是绝热过程，气体内能减少的是等压过程

C. 气体内能增加的是等压过程，气体内能减少的是绝热过程

D. 气体内能增加的是绝热过程，气体内能减少的是等温过程

2-1-17 一定量的理想气体，起始温度为T，体积为V_0，后经历绝热过程，体积变为$2V_0$，再经过等压过程，温度回升到起始温度，最后再经过等温过程，回到起始状态，则在此循环过程中（　　）。

A. 气体从外界净吸的热量为负值　　B. 气体对外界净做的功为正值

C. 气体从外界净吸的热量为正值　　D. 气体内能减少

2-1-18 设高温热源的热力学温度是低温热源热力学温度的n倍，则理想气体在一次卡诺循环中，传给低温热源的热量是从高温热源吸取的热量的（　　）。

A. n倍　　B. $n-1$倍　　C. $1/n$　　D. $(n+1)/n$倍

2-1-19 热力学第二定律可表述为（　　）。

A. 功可以全部转换为热，但热不能全部转换为功

B. 热量不能从低温物体传到高温物体

C. 热可以全部转换为功，但功不能全部转换为热

D. 热量不能自动地从低温物体传到高温物体

2-1-20 “理想气体和单一热源接触做等温膨胀时，吸收的热量全部用来对外做功。”对此说法，有如下几种评论，哪种是正确的？（　　）。

A. 不违反热力学第一定律，但违反热力学第二定律

B. 不违反热力学第二定律，但违反热力学第一定律

C. 不违反热力学第一定律，也不违反热力学第二定律

D. 违反热力学第一定律，也违反热力学第二定律

第二节　波　动　学

一、机械波的产生和传播

（一）一些基本概念

振动（状态）的传播过程称为波动。机械振动在弹性媒质中的传播过程称为机械波。变化的电磁场

在空间的传播过程称为电磁波。本节研究的是机械波，但许多基本规律都适用于电磁波。

产生波动要有两个条件：第一要有振动源，第二要有传播振动的弹性媒质。

如果质点振动方向与波的传播方向垂直，这种波叫横波（如手握长绳一端上下抖动，振动沿水平方向传播出去，绳上形成横波）。如果质点振动方向与波的传播方向一致，这种波叫纵波（如空气中传播的声波是纵波）。

波从波源出发，在媒质中向各个方向传播，那些振动相位相同的点的集合称为波（阵）面。波面为平面的称为平面波，波面为球面的称为球面波等。传到最前面的那个波面称为波前。波的传播方向称为波线。在各向同性的媒质中，波线与波面垂直。

（二）波速、波长、频率

波速是单位时间内振动状态传播的距离，以u表示。u取决于媒质的物理性质，对机械波来说，取决于媒质的惯性与弹性，具体结论如下。

在弹性固体中，横波与纵波的速度分别是

$$u=\sqrt{G/\rho} \quad \text{(横波)}$$

$$u=\sqrt{Y/\rho} \quad \text{(纵波)}$$

式中，G和Y分别为媒质的切变弹性模量和杨氏弹性模量，ρ为媒质密度。

在气体和液体中，不能传播横波，因为它们的切变弹性模量为零。而纵波在气体和液体中的传播速度为

$$u=\sqrt{B/\rho} \quad \text{(纵波)}$$

式中，B为媒质容变弹性模量。在理想气体中，声速为

$$u=\sqrt{\gamma p/\rho}=\sqrt{\gamma RT/M}$$

式中，$\gamma=C_p/C_V$，p为压强，ρ为密度，M为摩尔质量。

波长λ：波动传播时，同一波线上的两个相邻的相位相差为2π的质点，它们之间的距离称为波长λ。

周期T和频率ν：振动状态传播一个波长的距离所需的时间为一个周期T。频率$\nu=1/\mathrm{T}$，单位为1/秒（1/s），或称赫兹（Hz）。

二、平面简谐波的波动方程

波面为平面、媒质中各点均做简谐振动（简谐振动的传播过程）的波，叫平面简谐波。

设在无吸收的均匀媒质中，有一平面简谐波沿x轴正向以波速u传播。各质点振动位移方向与x轴垂直（横波），即y方向，设在$x=0$处质点的振动方程为

$$y=A\cos(\omega t+\varphi_0)$$

式中，A为振幅，ω为圆频率（角频率），y是$x=0$处的质点在t时刻偏离平衡位置的位移。设媒质中某点P的x坐标为x_P，由于P点的振动是由$x=0$处的振动以波速u传过来的，故应比$x=0$处的质点晚振动x_P/u的时间，P点的振动方程应为

$$y_P=A\cos[\omega(t-x_P/u)+\varphi_0]$$

略去P，即媒质中任一坐标为x的质点，其振动方程，亦即平面简谐波的波动方程为

$$y=A\cos\left[\omega\left(t-\frac{x}{u}\right)+\varphi_0\right] \tag{2-2-1}$$

利用$\omega = 2\pi\nu$，$\nu = 1/T$，$u = \lambda/T$等，可将波动方程变为如下形式

$$y = A\cos\left(2\pi\nu t - \frac{2\pi x}{\lambda} + \varphi_0\right) \tag{2-2-2}$$

$$y = A\cos\left[2\pi\left(\frac{t}{T} - \frac{x}{\lambda}\right) + \varphi_0\right] \tag{2-2-3}$$

$$y = A\cos\left[\frac{2\pi}{\lambda}(ut - x) + \varphi_0\right] \tag{2-2-4}$$

波动方程的意义：

（1）当x一定时（即波线上某一点），波动方程表示坐标为x的质点的振动方程。

（2）当t一定时（即某一瞬时），波动方程表示t时刻各质点的位移，即t时刻的波形。

（3）当x、t都变时，波动方程表示整个波形以波速u向x正方向传播。

如果波沿x轴负向传播，仍设$x = 0$处振动方程为

$$y = A\cos(\omega t + \varphi_0)$$

任一坐标为x的质点要比$x = 0$处的质点早振动x/u这么多时间，即相位超前$\omega\frac{x}{u}$。因此，任一坐标为x的质点振动方程，即波动方程为

$$\begin{aligned} y &= A\cos\left[\omega\left(t + \frac{x}{u}\right) + \varphi_0\right] = A\cos\left(2\pi\nu t + \frac{2\pi x}{\lambda} + \varphi_0\right) \\ &= A\cos\left[2\pi\left(\frac{t}{T} + \frac{x}{\lambda}\right) + \varphi_0\right] = A\cos\left[\frac{2\pi}{\lambda}(ut + x) + \varphi_0\right] \end{aligned} \tag{2-2-5}$$

又若设$x = x_0$处质点的振动方程为

$$y = A\cos(\omega t + \Phi)$$

则沿x正向传播，波速为u的波动方程为

$$y = A\cos\left[\omega\left(t - \frac{x - x_0}{u}\right) + \Phi\right] \tag{2-2-6}$$

沿x轴负向传播的波动方程为

$$y = A\cos\left[\omega\left(t + \frac{x - x_0}{u}\right) + \Phi\right] \tag{2-2-7}$$

【例 2-2-1】 一平面简谐波沿x轴正方向传播，振幅$A = 0.02\text{m}$，周期$T = 0.5\text{s}$，波长$\lambda = 100\text{m}$，原点处质元的初相位$\varphi = 0$，则波动方程的表达式为：

A. $y = 0.02\cos 2\pi\left(\frac{t}{2} - 0.01x\right)$（SI）

B. $y = 0.02\cos 2\pi(2t - 0.01x)$（SI）

C. $y = 0.02\cos 2\pi\left(\frac{t}{2} - 100x\right)$（SI）

D. $y = 0.02\cos 2\pi(2t - 100x)$（SI）

解 当初相位φ=0 时，波动方程的表达式为$y = A\cos\left[\omega\left(t - \frac{x}{u}\right) + \varphi_0\right]$，利用$\omega = 2\pi\nu$，$\nu = \frac{1}{T}$，$u = \lambda\nu$，波动方程可写为$y = A\cos\left[2\pi\left(\frac{t}{T} - \frac{x}{\lambda}\right) + \varphi_0\right]$，令$A = 0.02\text{m}$，$T = 0.5\text{s}$，$\lambda = 100\text{m}$，则得$y = 0.02\cos 2\pi(2t - 0.01x)$（SI）。

答案：B

【例 2-2-2】 一横波沿一根弦线传播，其方程为$y = -0.02\cos\pi(4x - 50t)$（SI），该波的振幅与波长分别为：

A. 0.02cm，0.5cm　　B. −0.02m，−0.5m

C. −0.02m，0.5m　　D. 0.02m，0.5m

解 ①波动方程标准式：$y = A\cos\left[\omega\left(t-\frac{x-x_0}{u}\right)+\varphi_0\right]$

②本题方程：$y = -0.02\cos\pi(4x-50t) = 0.02\cos[\pi(4x-50t)+\pi]$

$= 0.02\cos[\pi(50t-4x)+\pi] = 0.02\cos\left[50\pi\left(t-\frac{4x}{50}\right)+\pi\right]$

$= 0.02\cos\left[50\pi\left(t-\frac{x}{\frac{50}{4}}\right)+\pi\right]$

故$\omega = 50\pi = 2\pi\nu$，$\nu = 25\text{Hz}$，$u = \frac{50}{4}$，波长$\lambda = \frac{u}{\nu} = 0.5\text{m}$，振幅$A = 0.02\text{m}$。

答案： D

【例 2-2-3】 已知平面简谐波的方程为$y = A\cos(Bt - Cx)$，式中A、B、C为正常数，此波的波长和波速分别为：

A. $\frac{B}{C}$，$\frac{2\pi}{C}$ B. $\frac{2\pi}{C}$，$\frac{B}{C}$ C. $\frac{\pi}{C}$，$\frac{2B}{C}$ D. $\frac{2\pi}{C}$，$\frac{C}{B}$

解 此题考查波动方程基本关系。

$y = A\cos(Bt - Cx) = A\cos B\left(t-\frac{x}{B/C}\right)$

$u = \frac{B}{C}$，$\omega = B$，$T = \frac{2\pi}{\omega} = \frac{2\pi}{B}$

$\lambda = u\cdot T = \frac{B}{C}\cdot\frac{2\pi}{B} = \frac{2\pi}{C}$

答案： B

【例 2-2-4】 一平面简谐波的波动方程为$y = 2\times10^{-2}\cos 2\pi\left(10t-\frac{x}{5}\right)$（SI）。$t = 0.25\text{s}$时，处于平衡位置，且与坐标原点$x = 0$最近的质元的位置是：

A. $\pm5\text{m}$ B. 5m C. $\pm1.25\text{m}$ D. 1.25m

解 在$t = 0.25\text{s}$时刻，处于平衡位置，$y = 0$

由简谐波的波动方程$y = 2\times10^{-2}\cos 2\pi\left(10\times0.25-\frac{x}{5}\right) = 0$，可知$\cos 2\pi\left(10\times0.25-\frac{x}{5}\right) = 0$

则$2\pi\left(10\times0.25-\frac{x}{5}\right) = (2k+1)\frac{\pi}{2}$，$k = 0$，$\pm1$，$\pm2$，…

由此可得$x = \frac{5}{4}(9-2k)$

当$x = 0$时，$k = 4.5$。所以$k = 4$，$x = 1.25$或$k = 5$，$x = -1.25$时，与坐标原点$x = 0$最近。

答案： C

【例 2-2-5】 一横波的波动方程是$y = 2\times10^{-2}\cos 2\pi\left(10t-\frac{x}{5}\right)$（SI），$t = 0.25\text{s}$时，距离原点（$x = 0$）处最近的波峰位置为：

A. $\pm2.5\text{m}$ B. $\pm7.5\text{m}$ C. $\pm4.5\text{m}$ D. $\pm5\text{m}$

解 所谓波峰，其纵坐标$y = +2\times10^{-2}\text{m}$，亦即要求$\cos 2\pi\left(10t-\frac{x}{5}\right) = 1$，即$2\pi\left(10t-\frac{x}{5}\right) = \pm2k\pi$；当$t = 0.25\text{s}$时，$20\pi\times0.25-\frac{2\pi x}{5} = \pm2k\pi$，$x = (12.5\mp5k)$。

距原点最近的点取$x = 0$，得$k = 2.5$。则当$k = 2$，$x = 2.5$；$k = 3$，$x = -2.5$。

答案： A

三、波的能量、能流密度

（一）波的能量

当弹性媒质中有振动传播时，各质元要发生振动，因而有动能。各质元也要发生弹性形变，因而有势能，振动传播时，媒质中各质元由近及远一层层振动起来，所以能量也逐层传播出去。能量随波动而传播，这是波动的重要特征。

设在质量密度为ρ的弹性媒质中，有一平面简谐波以速度u沿x轴正向传播，初相$\varphi_0 = 0$，其波动方程设为式（2-2-1）[注：也可设为式（2-2-5），结果一样]

$$y = A\cos\omega\left(t - \frac{x}{u}\right)$$

在x处取一小块媒质，体积为ΔV，质量为$\Delta m = \rho\Delta V$（质元），此质元做简谐振动，其动能W_K为

$$W_k = \frac{1}{2}\Delta m v^2 = \frac{1}{2}\rho\Delta V\left(\frac{\partial y}{\partial t}\right)^2 = \frac{1}{2}\rho A^2\omega^2\sin^2\left[\omega\left(t - \frac{x}{u}\right)\right]\Delta V$$

可以证明，质元的弹性形变势能$W_p = W_k$，所以在质元（或体元）内总机械能为

$$W = W_k + W_p = \rho A^2\omega^2\sin^2\left[\omega\left(t - \frac{x}{u}\right)\right]\Delta V \tag{2-2-8}$$

说明两点：

（1）由于$\sin^2[\omega(t - \frac{x}{u})] = \sin^2[\frac{2\pi}{T}(t - \frac{x}{u})]$随时间$t$在0~1之间变化。当$\Delta V$中机械能增加时，说明上一个邻近体元传给它能量；当$\Delta V$中机械能减少时，说明它的能量传给下一个邻近体元。这正符合能量传播图。

（2）体元ΔV中动能与势能同时达最大值（当体元处在平衡位置$y = 0$时）及最小值（当体元处在最大位移$y = A$时）。

（二）能量密度、能流密度

能量（体）密度是指媒质中每单位体积具有的机械能，按式（2-2-8），应为

$$w = W/\Delta V = \rho A^2\omega^2\sin^2\left[\omega\left(t - \frac{x}{u}\right)\right] \tag{2-2-9}$$

可见ω也随时间而变化。能量密度在一个周期内的平均值叫平均能量密度，用$\overline{\omega}$表示，即

$$\overline{\omega} = \frac{1}{T}\int_0^T \rho A^2\omega^2\sin^2\left[\omega\left(t - \frac{x}{u}\right)\right]\mathrm{d}t = \frac{1}{2}\rho A^2\omega^2 \tag{2-2-10}$$

从上式可看出，对平面简谐波而言，$\overline{\omega}$与体元所在位置无关，是个恒量。它的单位是$\mathrm{J/m^3}$。

为了定量地描述能量随波动而传播，引进能流密度这一物理量，它的定义是：单位时间内通过垂直于波传播方向每单位截面面积的平均能量，用I表示。

参见图 2-2-1，在垂直于波传播方向上取一截面积S，并以波速u为高作一柱体，该柱体内含有能量平均为

$$\overline{W} = \overline{\omega}\Delta V = \frac{1}{2}\rho A^2\omega^2 Su$$

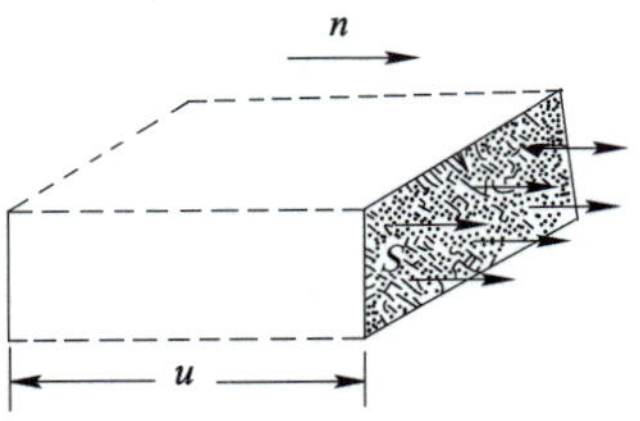

图 2-2-1

在单位时间内，这些能量都应传过S面，根据能流密度I的定义应为

$$I = \overline{W}/S = \frac{1}{2}\rho A^2\omega^2 u \tag{2-2-11}$$

定义能流密度矢量$\boldsymbol{I}$，它的方向为波的传播方向，即波速$\boldsymbol{u}$的方向，故

$$\boldsymbol{I} = \frac{1}{2}\rho A^2\omega^2\boldsymbol{u} \tag{2-2-12}$$

能流密度又称为波强。它的单位是$\mathrm{J/(m^2\cdot s)}$，或$\mathrm{W/m^2}$(瓦/米^2)。

【例 2-2-6】 一平面简谐波的波动方程为$y = 2\times10^{-2}\cos 2\pi\left(10t - \frac{x}{5}\right)$（SI），对$x = 2.5\mathrm{m}$处的质元，在$t = 0.25\mathrm{s}$时，它的：

A. 动能最大，势能最大　　　　B. 动能最大，势能最小

C. 动能最小，势能最大　　　　D. 动能最小，势能最小

解 简谐波在弹性媒质中传播时媒质质元的能量不守恒，任一质元 $W_p = W_k$，平衡位置时动能及势能均为最大，最大位移处动能及势能均为零。

将$x = 2.5\text{m}$，$t = 0.25\text{s}$代入波动方程$y = 2 \times 10^{-2}\cos 2\pi\left(10 \times 0.25 - \frac{2.5}{5}\right) = 0.02\text{m}$，为波峰位置，动能及势能均为零。

答案： D

四、波的衍射

波在传播过程中遇到障碍物时，能够绕过障碍物的边缘，在障碍物的阴影区内继续传播，这种现象称为波的衍射。

五、波的干涉

（一）波的叠加原理

从几个波源发出的波在同一媒质中传播时，不论相遇与否，都各自保持原有特性（频率、波长、振动方向、传播方向等），按各自原来的传播方向前进。在相遇区域中，各质点同时参与几种振动，各质点的振动位移等于各振动引起位移的矢量和。上述结论，称为波的叠加原理。

（二）波的干涉现象

由两个（或多个）频率相同、振动方向相同、相位差恒定的波源发出的波叫相干波。满足上述条件的波源叫相干波源。在相干波相遇的区域内，各质点（同时参与两种振动）的振动将有恒定的振幅，但有的质点振幅大，即振动加强；有的质点振幅小，即振动减弱。这种现象称为波的干涉现象。

（三）干涉条件

设两相干波源S_1及S_2的振动方程为

$$y_1 = A_1\cos(\omega t + \Phi_1)$$
$$y_2 = A_2\cos(\omega t + \Phi_2)$$

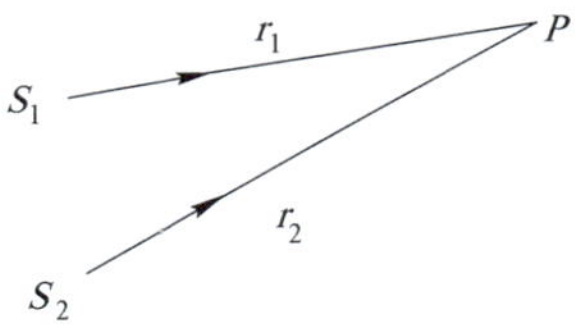

图 2-2-2

由两波源发出的两列平面简谐波在媒质中经r_1、r_2的波程分别传到P点相遇（参见图 2-2-2）。在P点引起的分振动分别为

$$y_{1P} = A_1\cos\left(\omega t + \Phi_1 - \frac{2\pi r_1}{\lambda}\right)$$
$$y_{2P} = A_2\cos\left(\omega t + \Phi_2 - \frac{2\pi r_2}{\lambda}\right)$$

P点的合振动方程为

$$y_P = y_{1P} + y_{2P} = A\cos(\omega t + \Phi) \tag{2-2-13}$$

其中

$$A = \sqrt{A_1^2 + A_2^2 + 2A_1A_2\cos[\Phi_2 - \Phi_1 - \frac{2\pi(r_2 - r_1)}{\lambda}]} \tag{2-2-14}$$

$$\tan\Phi = \frac{A_1\sin\left(\Phi_1 - \frac{2\pi r_1}{\lambda}\right) + A_2\sin\left(\Phi_2 - \frac{2\pi r_2}{\lambda}\right)}{A_1\cos\left(\Phi_1 - \frac{2\pi r_1}{\lambda}\right) + A_2\cos\left(\Phi_2 - \frac{2\pi r_2}{\lambda}\right)} \tag{2-2-15}$$

由式(2-2-14)可看出，当两分振动在P点的相位差$\Delta\Phi=\Phi_2-\Phi_1-2\pi(r_2-r_1)/\lambda$为$2\pi$的整数倍时，合振幅最大，$A=A_1+A_2$；当$\Delta\Phi$为$\pi$的奇数倍时，合振幅最小，$A=|A_1-A_2|$。即：

$\Delta\Phi=\pm 2k\pi \quad (k=0,1,2,\cdots)$干涉加强条件。

$\Delta\Phi=\pm(2k+1)\pi \quad (k=0,1,2,\cdots)$干涉减弱条件。

干涉加强及减弱条件也可用波程差$\delta=r_2-r_1$来表示：

当$\delta=r_2-r_1=\pm k\lambda-(\Phi_2-\Phi_1)\lambda/(2\pi)$时，干涉加强。

当$\delta=r_2-r_1=\pm(2k+1)\lambda/2-(\Phi_2-\Phi_1)\lambda/(2\pi)$时，干涉减弱。

如果两相干波源的振动初相位相等，即$\Phi_1=\Phi_2$，则：

当$\delta=r_2-r_1=\pm k\lambda$时，干涉加强；

当$\delta=r_2-r_1=\pm(2k+1)\lambda/2$时，干涉减弱。

波的干涉加强及减弱条件，在讨论光的干涉现象时会用到。

【例 2-2-7】两列相干波，其表达式分别为$y_1=2A\cos 2\pi\left(\nu t-\frac{x}{2}\right)$和$y_2=A\cos 2\pi\left(\nu t+\frac{x}{2}\right)$，在叠加后形成的合成波中，波中质元的振幅范围是：

A. $A\sim 0$　　B. $3A\sim 0$　　C. $3A\sim -A$　　D. $3A\sim A$

解 两列振幅不相同的相干波，在同一直线上沿相反方向传播，叠加的合成波振幅为：

$$A^2=A_1^2+A_2^2+2A_1A_2\cos\Delta\varphi$$

当$\cos\Delta\varphi=1$时，合振幅最大，$A'=A_1+A_2=3A$；

当$\cos\Delta\varphi=-1$时，合振幅最小，$A'=|A_1-A_2|=A$。

此题注意振幅没有负值，要取绝对值。

答案：D

六、驻波

（一）驻波的形成

两频率相同、振动方向相同、振幅相同，沿相反方向传播的平面简谐波，叠加起来形成驻波，这是一种具体的干涉现象。

如图 2-2-3 所示，左边放一音叉，音叉末端系一水平细绳AB，细绳经过滑轮悬一重物。音叉振动时，绳上产生波动向右传播到达B点，在B点反射产生反射波向左传播。这样入射波和反射波在同一绳子上沿相反方向传播，它们相互干涉产生驻波。这里波在绳子固定端B处反射，反射波在分界处产生相位跃变π，入射波与反射波相位相反，因而在反射处形成波节（振幅为零）。如果波在绳子自由端反射，那么反射处形成波腹（振幅最大）。所谓自由端反射，是指反射端是自由不受限制的，波在该点反射不存在半波损失，入射波与反射波同相，反射点为波腹。

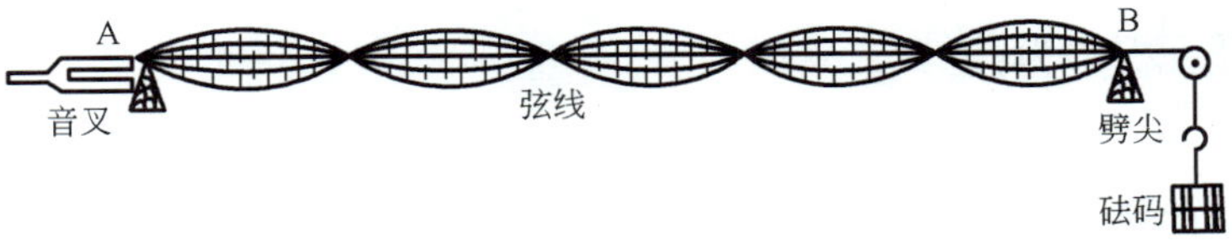

图 2-2-3　驻波试验

（二）驻波方程

设一列平面简谐波沿x正向传播，另一列沿x负向传播，波动方程分别设为

$$y_1 = A\cos 2\pi\left(vt - \frac{x}{\lambda}\right)$$

$$y_2 = A\cos 2\pi\left(vt + \frac{x}{\lambda}\right)$$

合成波的波动方程为

$$y = y_1 + y_2 = A\cos 2\pi\left(vt - \frac{x}{\lambda}\right) + A\cos 2\pi\left(vt + \frac{x}{\lambda}\right)$$

利用三角公式

$$\cos\alpha + \cos\beta = 2\cos\left(\frac{\alpha+\beta}{2}\right)\cos\left(\frac{\alpha-\beta}{2}\right)$$

可得

$$y = 2A\cos\frac{2\pi x}{\lambda}\cos 2\pi vt \qquad (2\text{-}2\text{-}16)$$

上式为驻波方程。

（三）驻波的特点

1. 振幅分布特点

驻波中各质点的振幅$\left|2A\cos 2\pi\frac{x}{\lambda}\right|$随各质点的位置$x$而变化。

当$2\pi x/\lambda = k\pi(k = 0, \pm1, \pm2, \cdots)$时，即

$$x = k\lambda/2 \qquad (k = 0, \pm1, \pm2, \cdots)$$

各处的振幅最大（$2A$），这些点称为波腹。

当$2\pi x/\lambda = (2k+1)\pi/2(k = 0, \pm1, \pm2, \cdots)$时，即

$$x = (2k+1)\lambda/4 \qquad (k = 0, \pm1, \pm2, \cdots)$$

各处的振幅为零，即质点不动，这些点称为波节。可见，相邻两波节（或波腹）间距为半波长$\lambda/2$。

2. 位相分布特点

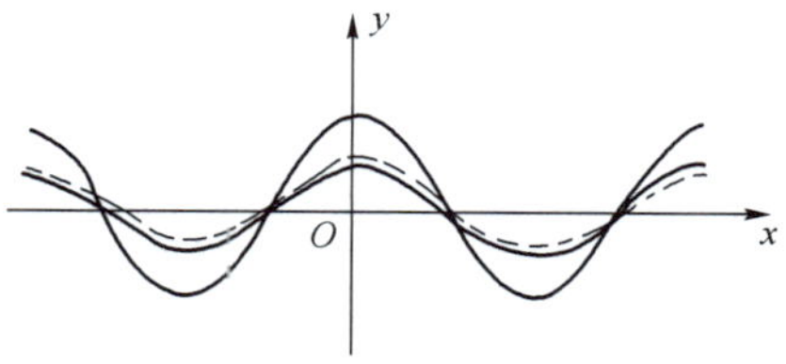

图 2-2-4

从驻波方程式（2-2-16）看，有$\cos 2\pi vt$，似乎各点相位都为$2\pi vt$，即各点相位似乎相同。其实不然。因$2A\cos(2\pi x/\lambda)$是随x的变化而有正、负之分，而在相邻两节点间各质点因为$2A\cos(2\pi x/\lambda)$有相同的符号，所以各质点相位相同；在同一节点的两侧各质点因$2A\cos(2\pi x/\lambda)$有相反的符号，故节点两侧的质点相位相反（即相位相关为π）。也就是说，驻波被波节点分成若干长度为$\lambda/2$的小段，每一小段上各质点相位相同；相邻两段上各质点相位相反。概貌见图 2-2-4。

3. 能量传播特点

驻波是由方向相反的两列波叠加而成。由能流密度矢量$\boldsymbol{I} = \frac{1}{2}\rho A^2\omega^2\boldsymbol{u}$知，驻波的能流密度矢量$\boldsymbol{I}^1 + \boldsymbol{I}^2 = 0$，故驻波不传播能量。

【例 2-2-8】 两列相干波，其表达式$y_1 = A\cos 2\pi\left(vt - \frac{x}{\lambda}\right)$和$y_2 = A\cos 2\pi\left(vt + \frac{x}{\lambda}\right)$，在叠加后形成的驻波中，波腹处质元振幅为：

A. A　　B. $-A$　　C. $2A$　　D. $-2A$

解 两列振幅相同的相干波，在同一直线上沿相反方向传播，叠加的结果即为驻波。

叠加后形成的驻波的波动方程为$y = y_1 + y_2 = \left(2A\cos 2\pi\frac{x}{\lambda}\right)\cos 2\pi vt$，驻波的振幅是随位置变化的，$A' = 2A\cos 2\pi\frac{x}{\lambda}$，波腹处有最大振幅$2A$。

答案： C

七、声波、声强级

在弹性媒质中传播的机械纵波，其频率在 20~20 000Hz 之间，能引起人的听觉，这种波叫声波；频率高于 20 000Hz 的波叫超声波，低于 20Hz 的叫次声波。

（一）声强

声强就是声波的能流密度，即

$$I = \frac{1}{2}\rho A^2\omega^2 u \tag{2-2-17}$$

由上式可知，频率越高，越容易获得较大的声强。

（二）声强级

能引起听觉的声波，不仅有频率范围，而且还有声强范围。对于每个可闻频率，声强都有上下两个限值，低于下限的声强不能引起听觉，称为听阈声强，高于上限的声强也不能引起听觉，太高了只能引起痛觉，称为痛阈声强。在 1 000Hz 频率时，一般正常人听觉的最高声强为$10^{-4}\mathrm{W/m^2}$，最低声强为$10^{-12}\mathrm{W/m^2}$，规定声强$I_0 = 10^{-12}\mathrm{W/m^2}$作为测定声强的标准，由于声强的数量级相差悬殊，所以常用对数标度作为声强级的量度，声强级I_L定义为

$$I_L = \lg\frac{I}{I_0}(\mathrm{B}) \tag{2-2-18}$$

声强级单位为贝尔（B），1 贝尔=10 分贝（dB），故声强级也可定义为

$$I_L = 10\lg\frac{I}{I_0}(\mathrm{dB}) \tag{2-2-19}$$

【例 2-2-9】两人轻声谈话的声强级为 40dB，热闹市场上噪声的声强级为 80dB。市场上噪声的声强与轻声谈话的声强之比为：

A. 2　　B. 20　　C. 10^2　　D. 10^4

解　声强级为$L = 10\lg\frac{I}{I_0}$，其中$I_0 = 10^{-12}\mathrm{W/m^2}$为测定基准，$I$的单位为 B（贝尔）。轻声谈话的声强级为 40dB（分贝），dB 为 B（贝尔）的$1/10$，即为 4B（贝），则由$4 = \lg\frac{I_1}{I_0}$，得轻声谈话声强$I_1 = I_0 \times 10^4\mathrm{W/m^2}$，同理可得热闹市场上声强$I_2 = I_0 \times 10^8\mathrm{W/m^2}$，可知市场上噪声的声强与轻声谈话的声强之比$\frac{I_2}{I_1} = \frac{I_0\times10^8}{I_0\times10^4} = 10^4$。

答案： D

八、多普勒效应

当波源、观察者（接收器）相对媒质静止时，观察者接收到的频率是波源的频率ν_0。

当波源或观察者相对媒质运动，或两者都相对媒质运动时，观察者接收到的频率ν'和声源频率ν_0不同，这种现象称为多普勒效应。

为简明计，设声源和观察者在同一直线上运动（这种限制并非必要，下面要说明的）。以v_S表示波源（相对于媒质）的运动速度，v_B表示观察者（相对于媒质）的运动速度，u表示波在媒质中的传播速度，下面分三种情况讨论。

（一）声源不动，观察者以v_B运动

若观察者向着波源运动，表示$v_B > 0$（规定）。此时，相当于波以$u + v_B$的速度通过观察者，所以单位时间内通过观察者的完整波数，即观察者接收到的波的频率为

$$\nu' = \frac{u + v_B}{\lambda} = \left(1 + \frac{v_B}{u}\right)\nu_0 \tag{2-2-20}$$

可见，若观察者向着波源运动，$v_B > 0$，$\nu' > \nu_0$；反之若观察者背离波源运动，$v_B < 0$，$\nu' < \nu_0$。

（二）观察者静止，波源以v_S运动

若波源向着观察者运动，表示$v_S > 0$。由于波速u与波源运动无关，波在一周期内传播距离总等于波长λ，但在一周期内波源向前移动了$v_S T$的距离，其效果相当于波长缩短为

$$\lambda' = \lambda - v_S T$$

因此，观察者接收到的频率ν'由于波长缩短而增大为

$$\nu' = \frac{u}{\lambda - v_S T} = \frac{u}{(u - v_S)T} = \frac{u}{u - v_S}\nu_0 \tag{2-2-21}$$

若波源背离观察者运动，$v_S < 0$，$\nu' < \nu_0$。

（三）波源、观察者同时运动

综上（一）、（二）所述，此时观察者接收到的频率为

$$\nu' = \frac{u}{u - v_S}\left(1 + \frac{v_B}{u}\right)\nu_0 = \frac{u + v_B}{u - v_S}\nu_0 \tag{2-2-22}$$

最后要说明，如果波源与观察者不在同一直线上运动，则以上公式中v_B、v_S代表观察者及波源速度在两者连线上的分量。

【例 2-2-10】 一声波波源相对媒质不动，发出的声波频率是ν_0。设以观察者的运动速度为波速的1/2，当观察者远离波源运动时，他接收到的声波频率是：

A. ν_0　　B. $2\nu_0$　　C. $\nu_0/2$　　D. $3\nu_0/2$

解 本题考查声波的多普勒效应公式。注意波源不动，$v_S = 0$，观察者远离波源运动，v_0前取负号。设波速为u，则：

$$\nu' = \frac{u - v}{u}\nu_0 = \frac{u - \frac{1}{2}u}{u}\nu_0 = \frac{1}{2}\nu_0$$

答案： C

习　题

2-2-1　一横波沿绳子传播时的波动方程为$y = 0.05\cos(4\pi x - 10\pi t)$ (SI)，则（　　）。

A. 波长为 0.05m　　B. 波长为 0.5m

C. 波速为 25m/s　　D. 波速为 5m/s

2-2-2　一平面简谐波在弹性媒质中传播，在某一瞬时，媒质中某质元正处于平衡位置，此时它的能量是（　　）。

A. 动能为零，势能为零　　B. 动能最大，势能最大

C. 动能为零，势能最大　　D. 动能最大，势能为零

2-2-3　一平面简谐波沿x轴正向传播，已知$x = L(L < \lambda)$处质点的振动方程为$y = A\cos\omega t$，波速为u，那么$x = 0$处质点的振动方程为（　　）。

A. $y = A\cos(\omega t + L/u)$　　B. $y = A\cos(\omega t - L/u)$

C. $y = A\cos\omega(t + L/u)$　　D. $y = A\cos\omega(t - L/u)$

2-2-4　一振幅为A、周期为T、波长为λ的平面简谐波沿x轴负向传播，在$x = \lambda/2$处，$t = T/4$时，振

动相位为π，则此平面简谐波的波动方程为（　　）。

A. $y = A\cos(2\pi t/T - 2\pi x/\lambda - \pi/2)$

B. $y = A\cos(2\pi t/T + 2\pi x/\lambda + \pi/2)$

C. $y = A\cos(2\pi t/T + 2\pi x/\lambda - \pi/2)$

D. $y = A\cos(2\pi t/T - 2\pi x/\lambda + \pi)$

2-2-5 在下面几种说法中，正确的说法是（　　）。

A. 波源不动时，波源的振动周期与波动周期在数值上是不同的

B. 波源振动的速度与波速相同

C. 在波传播方向上的任一质点的振动相位总是比波源的相位滞后

D. 在波传播方向上的任一质点的振动相位总是比波源的相位超前

2-2-6 一平面简谐波在媒质中沿x轴正方向传播，传播速度$u = 15\text{cm/s}$，波的周期$T = 2\text{s}$，沿波线上A、B两点相距 5.0cm，当波传播时，B点的振动相位比A点落后（　　）。

A. $\pi/2$　　B. $\pi/3$　　C. $\pi/6$　　D. $3\pi/2$

2-2-7 一平面简谐波在弹性媒质中传播，在媒质质元从最大位移处回到平衡位置的过程中（　　）。

A. 它的势能转换成动能

B. 它的动能转换成势能

C. 它从相邻一段媒质元获得能量，其能量逐渐增加

D. 它把自己的能量传给相邻的一段媒质元，其能量逐渐减少

2-2-8 在驻波中，两个相邻波节间各质点的振动（　　）。

A. 振幅相同，相位相同　　B. 振幅不同，相位相同

C. 振幅相同，相位不同　　D. 振幅不同，相位不同

2-2-9 两列相干平面简谐波振幅都是 4cm，两波源相距 30cm，相位差为π，在两波源连线的中垂线上任意一点P，两列波叠加后合振幅为（　　）。

A. 8cm　　B. 16cm　　C. 30cm　　D. 0

2-2-10 两振幅均为A的相干波源S_1和S_2（见图）相距$3\lambda/4$（λ为波长），若在S_1、S_2的连线上，S_1右侧的各点合振幅均为$2A$，则两波的初相位差$\Phi_{02} - \Phi_{01}$是（　　）。

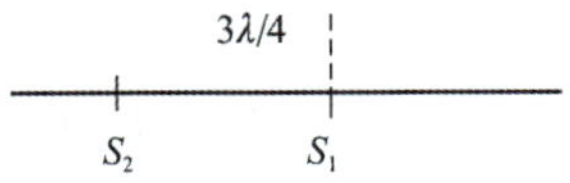

题 2-2-10 图

A. 0　　B. $\pi/2$　　C. π　　D. $3\pi/2$

2-2-11 在波长为λ的驻波中两个相邻波节之间的距离为（　　）。

A. λ　　B. $\lambda/2$　　C. $3\lambda/4$　　D. $\lambda/4$

第三节 光　学

光波是电磁波，是电磁量$\boldsymbol{E}$、$\boldsymbol{H}$（$\boldsymbol{E}$为电场强度，$\boldsymbol{H}$为磁场强度）的扰动在空间的传播。它不依赖于空间是否存在媒质，光的传播速度为$c = 3.0 \times 10^8\text{m/s}$，在媒质中的传播速度为$u = c/n$，$n$为媒质的折射率。光波是横波，其中$\boldsymbol{E}$、$\boldsymbol{H}$矢量的振动方向与光波的传播方向总是垂直的（见图 2-3-1）。

由于对人眼和光学仪器起作用的主要是由矢量$\boldsymbol{E}$，故称$\boldsymbol{E}$为光矢量。

一、相干光波的叠加

几列光波在媒质中传播而相遇时，通常满足波的叠加原理。我们首先讨论的是同方向、同频率、有恒定初相差的两个单色光源（称相干光源）所发出的两列光波的叠加（即相干光的叠加）。

在场点P，由相干光源S_1、S_2（见图 2-3-2）所发出的两列相干光波引起的光扰动分别为

$$y_1 = A_1\cos\left(\omega t - 2\pi\frac{r_1}{\lambda} + \varphi_1\right)$$

$$y_2 = A_2\cos\left(\omega t - 2\pi\frac{r_2}{\lambda} + \varphi_2\right)$$

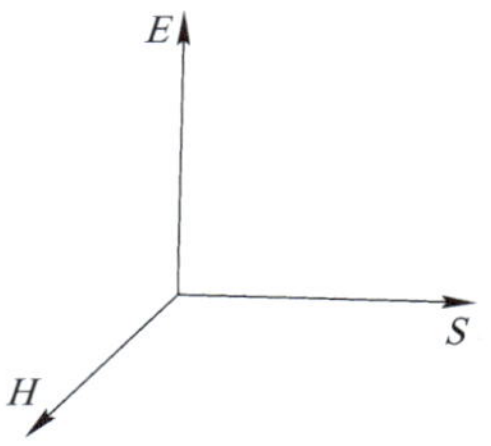

图 2-3-1

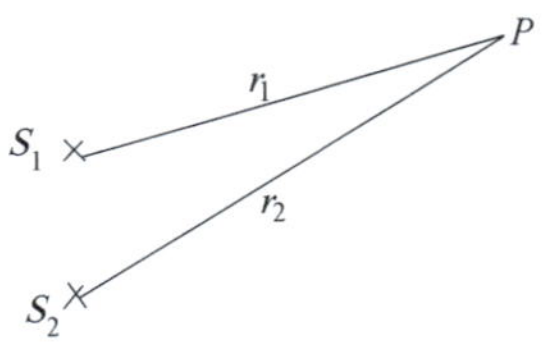

图 2-3-2

在P点合扰动的振幅满足

$$A^2 = A_1^2 + A_2^2 + 2A_1A_2\cos\left(\varphi_2 - \varphi_1 - 2\pi\frac{r_2 - r_1}{\lambda}\right)$$

相应地，P点的光强为

$$I = I_1 + I_2 + 2\sqrt{I_1I_2}\cos\Delta\Phi \tag{2-3-1}$$

式中，$I_1 = A_1^2$，$I_2 = A_2^2$，$2\sqrt{I_1I_2}\cos\Delta\Phi$为干涉项，它决定了空间干涉场的光强分布。

当$\Delta\Phi = \pm 2k\pi$时$(k = 0,1,2,\cdots)$，有$I_{max} = I_1 + I_2 + 2\sqrt{I_1I_2}$，此时场点光强最大、亮点。

当$\Delta\Phi = \pm(2k+1)\pi$时$(k = 0,1,2,\cdots)$，则有$I_{min} = I_1 + I_2 - 2\sqrt{I_1I_2}$，此时场点光强最小、暗点。

在干涉场中，凡具有相同相位差的所有亮点（或暗点）的轨迹，就形成同一k级的（或暗）条纹，k称干涉条纹的级次。

当$\Delta\Phi$为其他值，该对应点光强介于I_{max}与I_{min}之间。

当$I_1 = I_2$时，则合光强为

$$I = 2I_1 + 2I_1\cos\Delta\Phi = 2I_1(1 + \cos\Delta\Phi) = 4I_1\cos^2\frac{\Delta\Phi}{2} \tag{2-3-2}$$

当$\Delta\Phi = \pm 2k\pi$时，$I_{max} = 4I_1$；

当$\Delta\Phi = \pm(2k+1)\pi$时，$I_{min} = 0$。

若相干光源的初相位相同，即$\varphi_1 = \varphi_2$，则

$$\Delta\Phi = 2\pi\frac{r_1 - r_2}{\lambda} \tag{2-3-3}$$

当波程差$\delta = r_1 - r_2$满足以下条件时，即

$$\delta = r_1 - r_2 = \begin{cases} \pm k\lambda & \text{有最大光强} \\ & (k = 0,1,2,\cdots) \\ \pm(2k+1)\dfrac{\lambda}{2} & \text{有最小光强} \end{cases} \tag{2-3-4}$$

二、光程与光程差

在实际问题中经常遇到相干的两束光在不同媒质中传播的情形，此时须引入光程的概念。

若两相干光分别在折射率为n_1、n_2的媒质中传播r_1、r_2的几何路程，因光在媒质中的传播速度u是真空中光速c的$\frac{1}{n}$，而在媒质中的波长λ_n与真空中波长λ的关系为$\lambda_n=\lambda/n$，一个波长对应2π的相位改变。故有

$$2\pi r_1/\lambda_1=2\pi n_1 r_1/\lambda$$

$$2\pi r_2/\lambda_2=2\pi n_2 r_2/\lambda$$

将媒质的折射率n与光在媒质中通过的几何路程r的乘积叫光程(nr)。于是

$$\Delta\Phi=\varphi_2-\varphi_1+\frac{2\pi}{\lambda}(n_1 r_1-n_2 r_2) \tag{2-3-5}$$

通常两束相干光源取自同一波阵面上，有$\varphi_2=\varphi_1$，则两束相干光在空间各点的相位差仅取决于光程差δ，即

$$\Delta\Phi=\frac{2\pi}{\lambda}(n_1 r_1-n_2 r_2)=\frac{2\pi}{\lambda}\delta \tag{2-3-6}$$

当

$$\Delta\Phi=\frac{2\pi}{\lambda}\delta=\begin{cases}\pm 2k\pi & \text{加强} \\ & (k=0,1,2,\cdots) \\ \pm(2k+1)\pi & \text{减弱}\end{cases} \tag{2-3-7}$$

或

$$\delta=\begin{cases}\pm k\lambda & \text{加强} \\ & (k=0,1,2,\cdots) \\ \pm(2k+1)\frac{\lambda}{2} & \text{减弱}\end{cases} \tag{2-3-8}$$

三、相干光的获得

前面提到通过分离光波，可得到相干光。有两种方法：分割波阵面及分割振幅。

- 相干光的获得
  - 分割波阵面法
    - 杨氏双缝干涉
    - 双面镜干涉
    - 洛埃镜干涉
  - 分割振幅法——薄膜干涉
    - 等倾——迈克尔逊干涉仪
    - 等厚——
      - 劈尖干涉
      - 牛顿环
    - 增透膜
    - 增反膜

四、光的干涉

（一）杨氏双缝干涉

如图 2-3-3 所示，杨氏用单色光从S发出的光波波阵面到达离S等远的双缝S_1、S_2时，S_1、S_2为同一

波阵面上的两点，可视为两相干波源（称分波阵面法），从S_1、S_2发出的两列波分别经r_1、r_2传到屏上P点，产生干涉条纹的明暗条件由光程差δ决定。

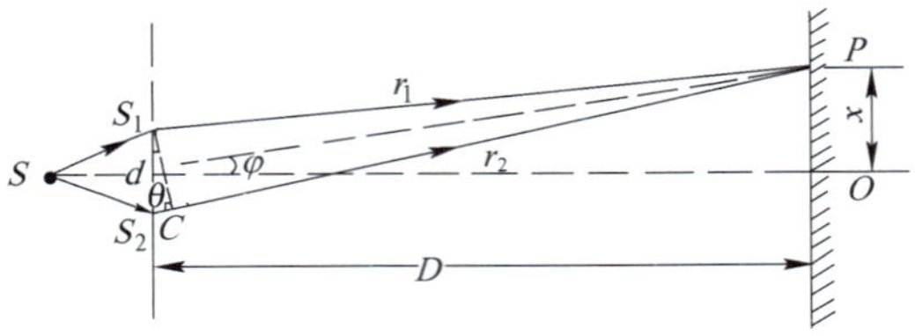

图 2-3-3 双狭缝干涉条纹分布计算用图

1. 干涉条纹分布的特点

（1）屏幕上出现的是平行、等距的明、暗相间的直条纹，条纹间距与D成正比，与缝距d成反比，条纹间距随入射波长的增大而变大。

（2）以白光入射，除中央条纹为白色外，两侧的干涉条纹将按波长从中间向两侧对称排列，对同级彩色条纹，紫光靠正中央明纹，红光远离中央明纹。

（3）由于不同波长与其相应的干涉条纹的间距不同，故当级次增加时，不同级的条纹可能发生重叠。

（4）干涉条纹不仅出现在屏幕上，凡是两束光重叠的区域都存在干涉场，场内均可观察到干涉条纹，故杨氏双缝干涉属于非定域干涉。

2. 明、暗纹条件、位置及间距

在折射率为n的媒质中，两束相干光在干涉场中任一点P的光程差为$\delta = n(r_2 - r_1)$

当

$$\delta = \begin{cases} \pm k\lambda & \text{出现明条纹} \\ & (k = 0,1,2,\cdots) \\ \pm(2k+1)\dfrac{\lambda}{2} & \text{出现暗条纹} \end{cases}$$

式中：λ ——光在真空中的波长。

由图 2-3-3 知 $$r_2 - r_1 \approx d\sin\theta \approx xd/D$$

所以 $$\delta = nd\sin\theta = nxd/D$$

故明、暗的位置为

$$\begin{aligned} x_{明} &= \pm kD\lambda/(nd) \\ x_{暗} &= \pm(2k+1)D\lambda/(2nd) \end{aligned} \quad (k = 0,1,2,\cdots) \qquad (2\text{-}3\text{-}9)$$

相邻明（或暗）纹的间距为

$$\Delta x = D\lambda/(nd) \qquad (2\text{-}3\text{-}10)$$

【例 2-3-1】在空气中用波长为λ的单色光进行双缝干涉实验时，观测到相邻明条纹的间距为1.33mm，当把实验装置放入水中（水的折射率为$n = 1.33$）时，则相邻明条纹的间距变为：

A. 1.33mm　　B. 2.66mm　　C. 1mm　　D. 2mm

解　由杨氏双缝干涉条纹间距公式知，空气中$\Delta x = \frac{D}{d}\lambda$，放入水中$\Delta x_n = \frac{D}{d}\lambda_n = \frac{\Delta x}{n} = \frac{1.33}{1.33} = 1$。

答案：C

（二）薄膜干涉

1. 等倾干涉

图 2-3-4 为厚度均匀，折射率为n_2的薄膜，置于折射率为n_1的媒质中，一单色光经薄膜上下表面反

射后得到 1 和 2 两条光线，它们相互平行，并且是相干的。由反射、折射定律可得到两光束的光程差为

$$\delta = 2d\sqrt{n_2^2 - n_1^2 \sin^2 i} = 2n_2 d\cos\gamma$$

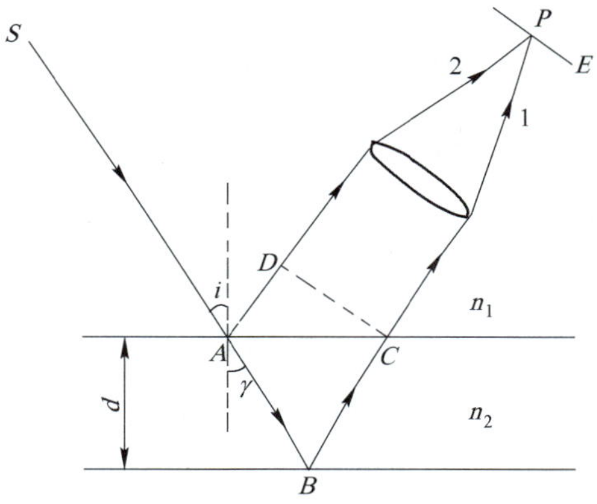

图　2-3-4

由上式可知，光程差取决于入射角i的大小，理论证明，当光从光疏媒质射向光密媒质，在分界面反射时有半波损失。在我们讨论的问题中，不论$n_1 < n_2$，还是$n_1 > n_2$，1 与 2 两条光线之一总有半波损失出现，因而在光程差中必须计及这个半波损失。1 与 2 两条光线的光程差最后应表示为

$$\delta = 2n_2 d\cos\gamma + \frac{\lambda}{2} \tag{2-3-11}$$

而光线的干涉图样由下式决定

$$\delta = 2n_2 d\cos\gamma + \frac{\lambda}{2} = \begin{cases} 2k\dfrac{\lambda}{2} & (k = 1,2,\cdots) \quad \text{相长干涉(明纹)} \\ (2k+1)\dfrac{\lambda}{2} & (k = 0,1,2,\cdots) \quad \text{相消干涉(暗纹)} \end{cases} \tag{2-3-12}$$

要注意的是，引时干涉图样不是在薄膜面上，而是在无穷远，若用透镜进行观察，在置于透镜焦平面的屏上，可以看到干涉图样。因干涉图样中同一干涉条纹是来自膜面的等倾角光线经透镜聚焦后的轨迹，故称为等倾干涉条纹。

当$i = 0$时，光垂直入射，有

$$\delta = 2n_2 d + \frac{\lambda}{2} = \begin{cases} 2k\dfrac{\lambda}{2} & (k = 1,2,\cdots) \quad \text{反射光加强，透射光减弱} \\ (2k+1)\dfrac{\lambda}{2} & (k = 0,1,2,\cdots) \quad \text{反射光相消，透射光加强} \end{cases} \tag{2-3-13}$$

2. 等厚干涉

劈尖薄膜的厚度不均匀而形成如图 2-3-5 所示的劈尖形的膜层，称之为劈尖。

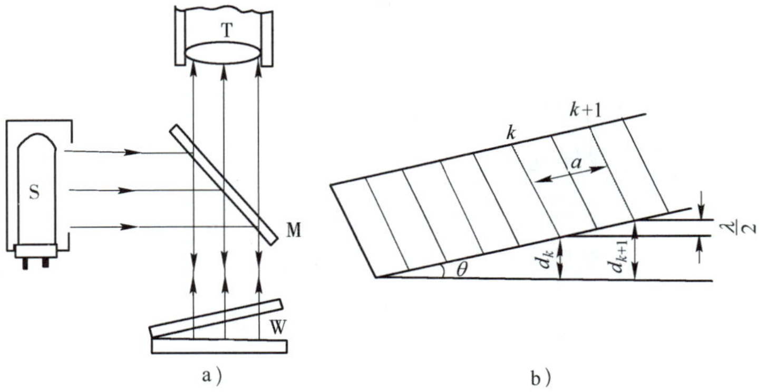

图　2-3-5

从单色光源S发出的光经光学系统成为平行光束，经平玻璃片M反射后垂直入射到空气壁尖W，由劈尖上、下表面反射的光速进行相干叠加，形成干涉条纹，通过显微镜T进行观察、测量。

根据式（2-3-13）知

$$\delta = 2d + \frac{\lambda}{2} = \begin{cases} 2k\frac{\lambda}{2} & (k = 1,2,\cdots) \quad \text{明条纹} \\ (2k+1)\frac{\lambda}{2} & (k = 0,1,2,\cdots) \quad \text{暗条纹} \end{cases} \tag{2-3-14}$$

显然，同一明（或暗）条纹对应相同厚度的空气层，因而是等厚条纹。

由式（2-3-14）得，两相邻明（或暗）条纹对应的空气层厚度差都等于$\lambda/2$，见图 2-3-5b）。

$$d_{k+1} - d_k = \lambda/2$$

设劈尖的夹角为θ，则相邻明（或暗）纹之间距a应满足关系式

$$a\sin\theta = \lambda/2 \tag{2-3-15}$$

从式（2-3-15）看出，θ角越小，条纹分布越疏；反之，θ角越大，条纹分布越密。当θ角大到一定程度，干涉条纹将密得无法分辨，这时将看不到干涉条纹。

从式（2-3-15）可知，如已知夹角θ，测出条纹间距a，就可算出波长λ。反之，如λ已知，测出条纹，就可算出微小角度θ。

【例 2-3-2】 在玻璃（折射率$n_3 = 1.60$）表面镀一层MgF_2（折射率$n_2 = 1.38$）薄膜作为增透膜，为了使波长为 500nm（$1nm = 10^{-9}m$）的光从空气（$n_1 = 1.00$）正入射时尽可能少反射，MgF_2薄膜的最小厚度应是：

A. 78.1nm　　B. 90.6nm　　C. 125nm　　D. 181nm

解 此题考查光的干涉。薄膜上下两束反射光的光程差：$\delta = 2n_2e$

增透膜要求反射光相消：$\delta = 2n_2e = (2k+1)\frac{\lambda}{2}$

$k = 0$时，膜有最小厚度，$e = \frac{\lambda}{4n_2} = \frac{500}{4\times1.38} = 90.6\text{nm}$

答案：B

【例 2-3-3】 在空气中有一肥皂膜，厚度为$0.32\mu m(1\mu m = 10^{-6}m)$，折射率$n = 1.33$，若用白光垂直照射，通过反射，此膜呈现的颜色大体是：

A. 紫光（430nm）　　B. 蓝光（470nm）

C. 绿光（566nm）　　D. 红光（730nm）

解 此题考查光的干涉。薄膜上下两束反射光的光程差：$\delta = 2ne + \frac{\lambda}{2}$

反射光加强：$\delta = 2ne + \frac{\lambda}{2} = k\lambda$，$\lambda = \frac{2ne}{k-\frac{1}{2}} = \frac{4ne}{2k-1}$

$k = 2$时，$\lambda = \frac{4ne}{2k-1} = \frac{4\times1.33\times0.32\times10^3}{3} = 567\text{nm}$

答案：C

【例 2-3-4】 波长为λ的单色光垂直照射在折射率为n的劈尖薄膜上，在由反射光形成的干涉条纹中，第五级明条纹与第三级明条纹所对应的薄膜厚度差为：

A. $\frac{\lambda}{2n}$　　B. $\frac{\lambda}{n}$　　C. $\frac{\lambda}{5n}$　　D. $\frac{\lambda}{3n}$

解 相邻两条纹的厚度差为介质中的半个波长，第五级明条纹与第三级明条纹所对应的薄膜厚度差为$2\cdot\frac{\lambda}{2n} = \frac{\lambda}{n}$。

答案：B

3. 迈克尔逊干涉仪

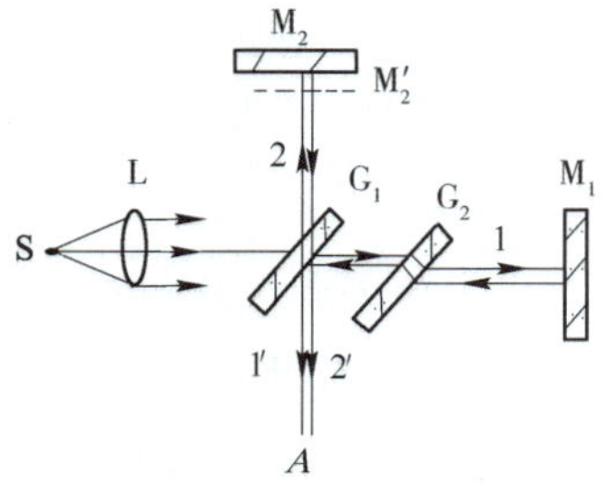

图 2-3-6 迈克尔逊干涉仪光路示意图

如图 2-3-6 所示迈克尔逊干涉仪结构示意图。M_1、M_2为平面反射镜，G_1、G_2为两块相同材料制成的等厚平行玻璃板，在G_1的一面镀有半透明的薄银层，称为分束板，G_2为光路补偿板。G_1、G_2与M_1、M_2均成 45°交角。

平行光束射入G_1后到达半透明银膜层，分成两束，其中一束I_1透过银层到达G_2，穿过G_2传向M_1，经M_1反射后又穿过G_2，再经G_1的薄银层反射传向A处；另一束I_2经镀银层反射，经G_1射出向M_2传播，经M_2反射后再穿过G_1传向A处。I_1、I_2满足相干条件，故在A处通过望远镜可以看到干涉条纹。

由图可知，从M_1上反射的光，可以看成是从M_1在G_1的薄银层产生的虚像M'处发出的，故I_1、I_2之间的光程差由M_2与M_1'之间距离Δd决定。

当M_1与M_2不严格垂直时，M_1'与M_2构成劈尖，产生明暗相间的等厚干涉条纹。

当M_1与M_2严格垂直时，M_1'与M_2平行，产生等倾干涉条纹。

当移动M_2时，Δd改变，干涉条纹移动。当M_2移动$\frac{\lambda}{2}$的距离，视场中看到干涉条纹移动 1 条，若条纹移动ΔN条，则M_2移动的距离为

$$\Delta d = \Delta N \frac{\lambda}{2} \tag{2-3-16}$$

依此可测光波波长；反之，若已知波长λ，可测微小长度Δd。

【例 2-3-5】若在迈克尔逊干涉仪的可动反射镜M移动了 0.620mm 的过程中，观察到干涉条纹移动了 2 300 条，则所用光波的波长为：

A. 269nm　　B. 539nm　　C. 2 690nm　　D. 5 390nm

解 由迈克尔逊干涉仪公式$\Delta d = k \cdot \frac{\lambda}{2}$，可得$\lambda = \frac{2\times0.62\times10^6}{2\,300} = 539\text{nm}$。

答案： B

注：此题由可见光范围（400~760nm）可不用计算直接得出结论。

【例 2-3-6】在空气中做牛顿环实验，当平凸透镜垂直向上缓慢平移而远离平面镜时，可以观察到这些环状干涉条纹：

A. 向右平移　　B. 静止不动　　C. 向外扩张　　D. 向中心收缩

解 牛顿环的环状干涉条纹为等厚干涉条纹，当平凸透镜垂直向上缓慢平移而远离平面镜时，原k级条纹向环中心移动，故这些环状干涉条纹向中心收缩。

答案： D

五、光的衍射

光沿直线传播是建立几何光学的基本依据，在通常情况下，光表现出直线传播的性质。但是，当光通过很窄的单缝时，却表现出与直线传播不同的现象，一部分光线绕过单缝的边缘到达偏离直线传播的区域在屏上出现明、暗相间的条纹，这种现象称为光的衍射现象。它与光的干涉现象一样，显示了光的波的特性。

（一）惠更斯-菲涅耳原理

惠更斯原理可以解释光偏离直线传播的现象，但它不能解释为什么在屏上会出现明、暗条纹。菲涅

耳接受了惠更斯的次波概念，并提出各次波都是相干的，从而发展了惠更斯原理，后称惠更斯-菲涅耳原理。其要点可定性表述为：从同一波源上各点发出的次波是相干波，经过传播在空间某点相遇时的叠加是相干叠加。

（二）夫琅禾费单缝衍射

平行光线的衍射现象，叫夫琅禾费衍射。

在不透明的平面物体上开一条狭缝K（缝长远大于缝宽），用一束平行光线垂直地照射在狭缝上，当缝宽a与入射光波长的数量级相近时，经单缝衍射的光线，通过透镜L会聚在屏幕E上，出现与狭缝平行的明暗相间的衍射条纹。

采用菲涅耳“半波带法”可以说明衍射图样的形成。如图 2-3-7a）所示，AB为狭缝截面，缝宽为a。一束平行单色光垂直狭缝平面入射，通过狭缝的光发生衍射，衍射角φ相同的平行光束经透镜L_2会聚于放置在透镜焦平面处的屏上，会聚点P的光强取决于同一衍射角φ的平行光束中各光线之间的光程差。

如图 2-3-7b）所示，对应于某衍射角φ，把缝上波前S沿着与狭缝平行方向分成一系列宽度相等的窄条ΔS，并使从相邻ΔS各对应点发出的光线的光程差为半个波长，这样的ΔS称为半波带。由图 2-3-7 可知，对应于衍射角为φ的屏上P点，缝边缘两条光线之间的光程差为

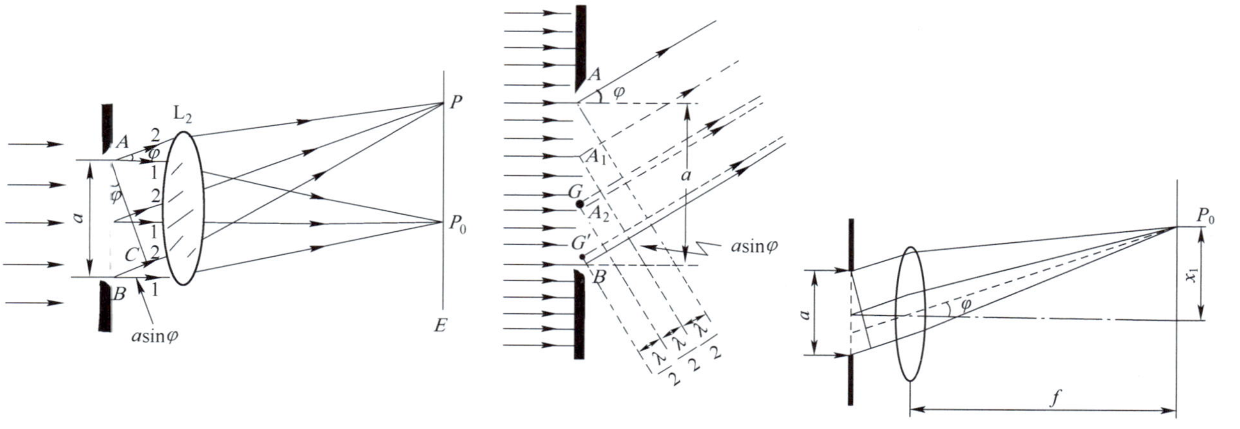

a) b) c)

图 2-3-7

$$\delta = BC = a\sin\varphi$$

因而半波带的数目N为

$$N = 2a\sin\varphi/\lambda$$

当N恰好为偶数时，因相邻半波带各对应点的光线的光线差都是$\lambda/2$，即相位差为π，因而两相邻半波带的光线在P点都干涉相消，P点的光强为零，即P点为暗点；当N为奇数时，因相邻半波带发出的光两两干涉相消后，剩下一个半波带发出的光未被抵消，因此P点为明点。由此可得单缝夫琅和费衍射条纹的明暗纹条件为

$$a\sin\varphi = \begin{cases} \pm 2k\lambda/2 & (k=1,2,\cdots) \quad 暗纹 \\ \pm(2k+1)\lambda/2 & (k=0,1,2,\cdots) \quad 明纹 \end{cases} \tag{2-3-17}$$

当$\varphi = 0$时，有

$$a\sin\varphi = 0 \qquad 中央明纹中心$$

式中k为衍射级，中央明纹是零级明纹，因所有光线到达中央明纹中心P_0点的光程相同，光程差为零，故中央明纹中心P_0处光强最大。明暗以中央明纹为中心两边对称分布，依次是第一级（$k=1$），第

二级（$k=2$），……暗纹和明纹。中央明纹宽度是由紧邻中央明纹两侧的暗纹（$k=1$）决定，即

$$-\lambda < a\sin\varphi < \lambda$$

当半波带数N不是整数时，P点的光强介于明暗之间，实际上屏上光强的分布是连续变化的。对一定波长的单色光，缝宽a越小，各级条纹的衍射角φ越大，在屏上相邻条纹的间隔也越大，即衍射效果越显著。反之，a越大，φ越小，各级衍射条纹向中央明纹靠拢；当a增大到分辨不清各级条纹时，衍射现象消失，此时相当于光直线传播的情况。

中央明纹的宽度由紧邻中央明纹两侧的暗纹（$k=1$）决定。如图 2-3-7c）所示，通常衍射角φ很小。

由暗纹条件$a\sin\varphi = 1\times\lambda(k=1)$，得$\varphi \approx \frac{\lambda}{a}$，$x_1=\varphi f$。

第一级暗纹距中心P_0的距离为$x_1=\varphi f=\frac{\lambda}{a}f$，所以中央明纹的宽度$l_0=2x_1=\frac{2\lambda f}{a}$。

其他明纹宽度是中央明纹宽度的一半，即$l=\frac{l_0}{2}=\frac{\lambda f}{a}$。

【例 2-3-7】 在单缝夫琅禾费衍射实验中，波长为λ的单色光垂直入射到单缝上，对应衍射角为 30°的方向上，若单缝处波阵面可分成 3 个半波带，则缝宽a为：

A. λ　　B. 1.5λ　　C. 2λ　　D. 3λ

解 由单缝夫琅禾费衍射明纹条件，对应衍射角为 30°的方向上，单缝处波面可分成 3 个半波带，即$\delta = a\sin30° = (2k+1)\frac{\lambda}{2} = 3\cdot\frac{\lambda}{2}$，可得$a=3\lambda$。

答案：D

【例 2-3-8】 在单缝夫琅禾费衍射实验中，屏上第三级暗纹对应的单缝处波面可分成的半波带的数目为：

A. 3　　B. 4　　C. 5　　D. 6

解 由单缝夫琅禾费衍射暗纹条件，$a\sin\varphi = 2k\cdot\frac{\lambda}{2} = 6\cdot\frac{\lambda}{2}$，半波纹的数目为 6。

答案：D

【例 2-3-9】 在单缝夫琅禾费衍射实验中，单缝宽度$a=1\times10^{-4}$m，透镜焦距$f=0.5$m。若用$\lambda=400$nm的单色平行光垂直入射，中央明纹的宽度为：

A. 2×10^{-3}m　　B. 2×10^{-4}m　　C. 4×10^{-4}m　　D. 4×10^{-3}m

解 单缝夫琅禾费衍射中央明纹的宽度为：

$$l_0=\frac{2\lambda f}{a}=\frac{2\times400\times10^{-9}\times0.5}{1\times10^{-4}}=4\times10^{-3}\text{m}$$

答案：D

（三）光学仪器的分辨本领

若夫琅禾费单缝衍射中的狭缝用直径为D的圆孔代替，则衍射图样的中央是一明亮的圆斑，外围是一组同心暗环和明环，如图 2-3-8 所示。

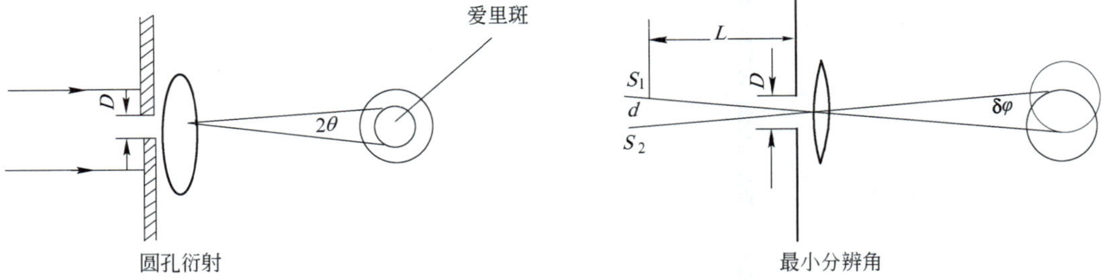

图 2-3-8

由第一暗环所包围的中央亮斑称爱里斑，其光强占整个入射光强的 84%，理论计算可得爱里斑的半角宽度为

$$\theta = 1.22\lambda/D \tag{2-3-18}$$

通常，光学仪器中所用的光阑和透镜都是圆形的，点光源通过透镜所成的像因圆孔衍射其结果不是一个清晰的像点，而是一个衍射光斑。

当用光学仪器观察物体时，物体上靠得很近的两物点（或靠得很近的两物体）S_1、S_2发出的光通过直径为D的透镜时，形成了两个一定大小的爱里斑，如图 2-3-8 所示。瑞利指出，若一个点光源的爱里斑中心恰好与另一点光源的爱里斑的第一暗环相重合，这两个点光源恰好能为光学仪器所分辨，这就是瑞利准则。

两物点的像的最小分辨角$\delta\varphi$恰等于爱里斑的半角宽度，即

$$\delta\varphi = \theta = 1.22\lambda/D \tag{2-3-19}$$

分辨角$\delta\varphi$越小，说明光学仪器的分辨率越高，常取$1/\delta\varphi$表示光学仪器的分辨本领R，即

$$R = D/1.22\lambda \tag{2-3-20}$$

例如，人眼的瞳孔直径$D \approx 2\text{mm}$，入射光平均波长$\lambda = 550\text{nm}$，可算得最小分辨角$\delta\varphi \approx 3.4 \times 10^{-4}\text{rad}$，即约$1'$；而世界上最大天文望远镜物镜的孔径有 6m，可算得$\delta\varphi = 1.12 \times 10^{-7}\text{rad}$，比人眼的分辨能力提高 3 000 倍。

【例 2-3-10】 通常亮度下，人眼睛瞳孔的直径约为 3mm，视觉感受到最灵敏的光波波长为 $550\text{nm}(1\text{nm} = 1 \times 10^{-9}\text{m})$，则人眼睛的最小分辨角约为：

A. $2.24 \times 10^{-3}\text{rad}$　　B. $1.12 \times 10^{-4}\text{rad}$

C. $2.24 \times 10^{-4}\text{rad}$　　D. $1.12 \times 10^{-3}\text{rad}$

解 人眼睛的最小分辨角：

$$\theta = 1.22\frac{\lambda}{D} = \frac{1.22 \times 550 \times 10^{-6}}{3} = 2.24 \times 10^{-4}\text{rad}$$

答案： C

（四）衍射光栅

单缝衍射形成的明条纹尚不够理想，为使明纹本身既窄又亮且相邻明纹分得很开，通常都使用衍射光栅。例如我们在玻璃片上刻划出许多等距离等宽度的平行直线，刻痕处不透光，而两刻痕间可以透光，相当于一个单缝，这样就构成了透射式平面衍射光栅。由大量等宽、等间距的平行狭缝所组成的光学元件称衍射光栅。光栅和棱镜一样是一种分光装置，主要用来形成光谱（见图 2-3-9）。

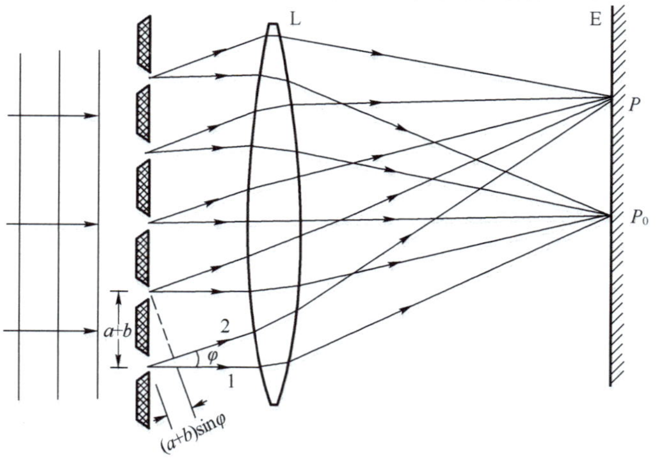

图 2-3-9　衍射光栅

缝的宽度a和刻痕（不透光）的宽度b之和，即$a+b$称为光栅常数。

一束平行单色光垂直照射在光栅上，光线经过透镜L后将在屏幕E上呈现各级衍射条纹，如图 2-3-9 所示。

对光栅中每一条透光缝，由于衍射都将在屏幕上呈现衍射图样，而各缝发出的衍射光都是相干光，所以缝与缝之间的光波相互干涉，光栅衍射条纹是单缝衍射和多缝干涉的总效果。

$$(a+b)\sin\varphi=\pm k\lambda\quad(k=0,1,2,\cdots)\tag{2-3-21}$$

当衍射角φ满足条件时，即形成明条纹。显然，光栅上狭缝的条数愈多，条纹就愈明亮。上式中整数k表示条纹的级数，上述明条纹称为光栅的衍射条纹。式（2-3-21）称为光栅公式。

一般来说，当φ满足式（2-3-21）时，是合成光强为最大的必要条件，这些明条纹，细窄而明亮，称为主极大。可以证明，各主极大明条纹之间充满大量的暗条纹，当光栅狭缝数很大时，在主极大明条纹之间实际上形成一片黑暗的背景。当多缝干涉明纹与单缝衍射暗纹位置重叠时，会产生缺级现象。

【例 2-3-11】 波长$\lambda=550\text{nm}(1\text{nm}=10^{-9}\text{m})$的单色光垂直入射于光栅常数为$2\times10^{-4}\text{cm}$的平面衍射光栅上，可能观察到光谱线的最大级次为：

A. 2　　B. 3　　C. 4　　D. 5

解　光栅公式　$d\sin\theta=\pm k\lambda\quad(k=1,2,3,\cdots)$

在波长、光栅常数不变的情况下，要使k最大，$\sin\theta$必最大，取$\sin\theta=1$，此时

$$d=\pm k\lambda,\ k=\pm\frac{d}{\lambda}=\pm\frac{2\times10^{-4}\times10^{-2}}{550\times10^{-9}}=3.636$$

取整后可得最大级次为 3。

答案： B

（五）光谱分析

由式（2-3-21）可知，在给定光栅常数情况下，衍射角φ的大小和入射光的波长有关，白光通过光栅后，各单色光将产生相应的各自分开的条纹，形成光栅的衍射光谱。中央明纹（零级）仍为白色，而在中央条纹两侧，对称地排列着第一级、第二级等光谱，如图 2-3-10 所示。

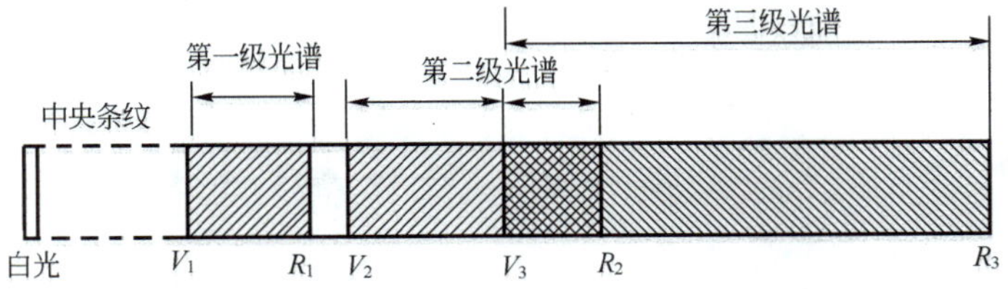

图 2-3-10　衍射光谱

由于不同元素（或化合物）各有自己特定的光谱，所以由谱线的成分可以分析出发光物质所含的元素和化合物，还可以从谱线的强度定量地分析出元素的含量，这种分析方法叫作光谱分析。

（六）伦琴射线的衍射

伦琴射线又叫X射线，它是一种波长为 0.1nm 数量级电磁波。1912 年德国物理学家劳厄用晶格常数d（晶体中相邻原子间距）作衍射光栅，获得了X射线的衍射图样，开创了X射线作晶体结构分析的重要应用。

英国科学家布喇格把晶体中周期性排列的原子看成为一系列互相平行的原子层，如图 2-3-11 所示，当一束平行的X射线照射到晶体上时，晶体中各原子都成为向各方向散射子波的波源，各层间的散射线相互叠加产生相干现象。

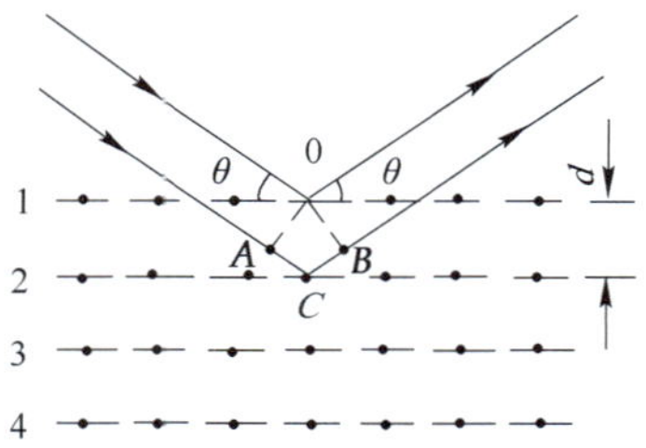

图 2-3-11 布喇格方法

如图 2-3-11 所示，设原子层之间距离为d，当一束平行的相干X射线以与晶面夹角θ入射时，相邻两层反射线的光程差为

$$AC + CB = 2d\sin\theta$$

显然，当符合以下条件

$$2d\sin\theta = k\lambda \quad (k = 1,2,3,\cdots) \qquad (2\text{–}3\text{–}22)$$

时，各原子层的反射线都将相互加强，光强极大，上式就是著名的布喇格公式。

晶体对X射线的衍射应用很广，若已知晶体的晶格常数，就可用来测定X射线的波长，这一方面的工作叫X射线的光谱分析；若用已知波长的X射线在晶体上衍射，就可测定晶体的晶格常数，这类工作叫X光结构分析。

六、光的偏振

（一）自然光和偏振光

光矢量只限于单一方向振动的光称线偏振光。一般光源（如电灯、太阳等）的发光机理是由为数众多的原子或分子等的自发辐射，它们之间，无论在发光的前后次序（相位），振动的取向和大小（偏振和振幅），以及发光的持续时间（波列的长短）都相互独立。所以从垂直光传播方向的平面上看，几乎各个方向都有大小不等、前后参差不齐而变化很快的光矢量的振动，按统计平均而言，无论哪一个方向的振动都不比其他方向占优势，这种光就是自然光。

自然光中任一方向的光振动，都可分解成某两个相互垂直方向的振动，它们在每个方向上的时间平均值相等，但无固定的相位关系，不能合成一个线偏振光。通常把自然光用两个相互独立的、等振幅的、振动方向互相垂直的线偏振光表示，如图 2-3-12 所示，这两个线偏振光的光强等于自然光光强度的一半。

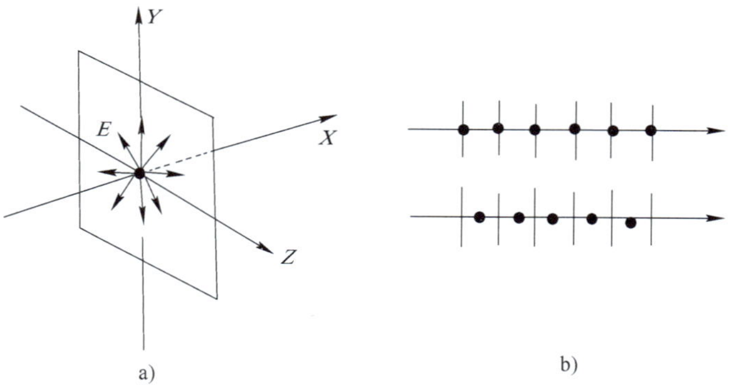

图 2-3-12

线偏振光传播方向与振动方向构成的平面叫振动面。由于线偏振光的$\boldsymbol{E}$总在振动面内，故又称平面偏振光如图 2-3-13a）所示。

若光矢量$\boldsymbol{E}$可取任意方向，但在各方向上振幅不同，这种光叫部分偏振光，如图 2-3-13b）所示。

（二）起偏和检偏，马吕斯定律

1. 偏振片的起偏和检偏

使自然光转变成偏振光叫起偏，能使自然光变成偏振光的装置叫偏振器。

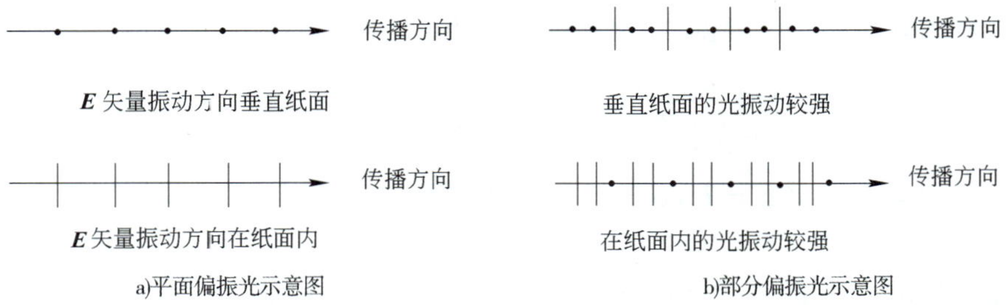

图 2-3-13

起偏器只能透过沿某方向振动的光矢量或光矢量振动沿该方向的分量，而不能透过与该方向垂直振动的光矢量或光矢量振动与该方向垂直的分量。这个透光方向称为偏振化方向或起偏方向。自然光透过偏振片后，透光强变为入射光强的一半，透射光即变为偏振光。由偏振片的特性可知，它既可用作起偏器，也可用作检偏器，检验向它入射的光是否为线偏振光。

自然光透过偏振片后，逆着光的传播方向观察透射光的强弱，当转动偏振片时，光强不变。若线偏振光入射偏振片，则透射光的强弱在转动偏振片时要发生周期性变化。光矢量振动方向与偏振光方向平行时透射光量最强，垂直时最暗。

图 2-3-14 表示利用偏振片起偏与检偏的情况，图中A、B分别为起偏器和检偏器。

2. 马吕斯定律

若入射线偏振光的光强为I_0，透过检偏器后，透射光强（不计检偏器对光的吸收）为I，则

$$I = I_0 \cos^2 \alpha \tag{2-3-23}$$

式中，α是线偏振光振动方向和检偏器偏振化方向之间的夹角。上式即为马吕斯定律（参见图 2-3-15）。

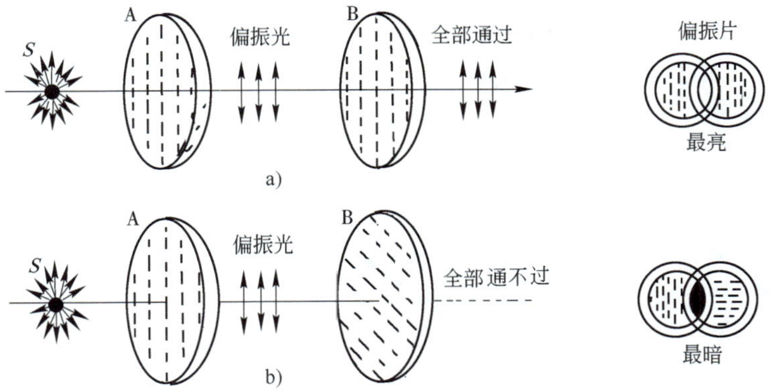

图 2-3-14

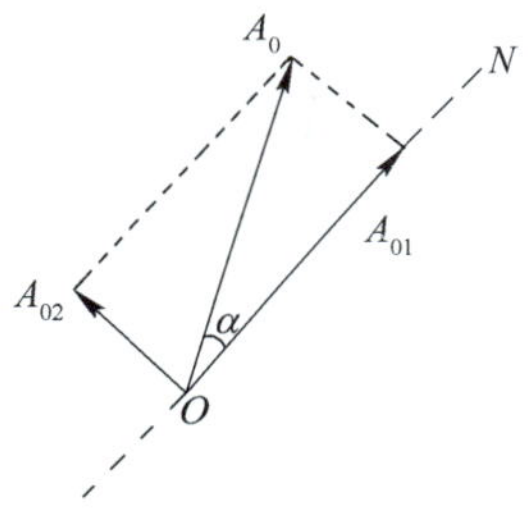

图 2-3-15

由式上可知，当$\alpha = 0°$(或 180°)时，$I = I_0$；$\alpha = 90°$(或 270°)时，$I = 0$，此时无光从检偏器射出。

【例 2-3-12】 两偏振片叠放在一起，欲使一束垂直入射的线偏振光经过两个偏振片后振动方向转过 90°，且使出射光强尽可能大，则入射光的振动方向与前后两偏振片的偏振化方向夹角分别为：

A. 45°和 90°　　B. 0°和 90°　　C. 30°和 90°　　D. 60°和 90°

解 注意题目给定入射光为线偏振光，由马吕斯定律：

经过第一个偏振片后 $I = I_0 \cos^2 \alpha$

经过第二个偏振片后 $I' = I \cos^2 \left(\frac{\pi}{2} - \alpha\right) = \frac{I_0}{4} \sin^2(2\alpha)$

出射光强最大 $I' = \frac{I_0}{4} \sin^2(2\alpha) = \frac{I_0}{4}$，$\sin(2\alpha) = 1$，$\alpha = \frac{\pi}{4}$

答案：A

【例 2-3-13】 一束自然光垂直穿过两个偏振片，两个偏振片的偏振化方向成 45°。已知通过此两偏

振片后光强为I，则入射至第二个偏振片的线偏振光强度。

A. I　　B. 2I　　C. 3I　　D. $I/2$

解 注意题目的问题为入射至第二个偏振片的线偏振光强度。

由马吕斯定律：$I=I_0\cos^2\alpha=I_0\cos^2 45°$，则$I_0=2I$。

答案： B

【例 2-3-14】 一束自然光通过两块叠放在一起的偏振片，若两偏振片的偏振化方向间夹角由α_1转到α_2，则前后透射光强度之比为：

A. $\frac{\cos^2\alpha_2}{\cos^2\alpha_1}$　　B. $\frac{\cos\alpha_2}{\cos\alpha_1}$　　C. $\frac{\cos^2\alpha_1}{\cos^2\alpha_2}$　　D. $\frac{\cos\alpha_1}{\cos\alpha_2}$

解 此题考查马吕斯定律。

$$I=I_0\cos^2\alpha$$

光强为I_0的自然光通过第一个偏振片的光强为入射光强的一半，即$I_1=\frac{1}{2}I_0\cos^2\alpha_1$，通过第二个偏振片的光强为$I_2=\frac{I_0}{2}\cos^2\alpha_2$，则：

$$\frac{I_1}{I_2}=\frac{\frac{1}{2}I_0\cos^2\alpha_1}{\frac{1}{2}I_0\cos^2\alpha_2}=\frac{\cos^2\alpha_1}{\cos^2\alpha_2}$$

答案： C

（三）反射、折射产生的偏振、布儒斯特定律

当一束自然光在两种媒质n_1、n_2的分界面上反射和折射时，反射光和折射光都是部分偏振光。实验表明：反射光中垂直入射面的光振动较强，折射光中平行于入射面的光振动较强，它们随入射角的变化而变化，参见图 2-3-16。

1815 年，布儒斯特发现：当入射角i增大至某一特定值i_0，且满足

$$\tan i_0=n_2/n_1=n_{21} \tag{2-3-24}$$

时，反射光为光振动垂直入射面的线偏振光，折射光仍为部分偏振光。i_0称为布儒斯特角。上式即布儒斯特定律的数学表达式，式中，n_1、n_2为媒质的折射率。

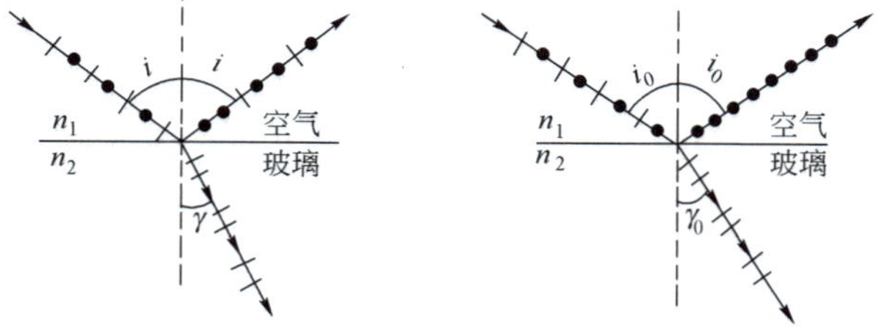

a)自然光经反射和折射后产生部分偏振光　　b)入射角为布儒斯特角时，反射光为偏振光

图 2-3-16　反射和折射时的偏振现象

由折射定律，入射角i_0与折射角γ的关系

$$\frac{\sin i_0}{\sin r}=\frac{n_2}{n_1}=\tan i_0=\frac{\sin i_0}{\cos i_0}$$

故

$$i_0+\gamma=\pi/2 \tag{2-3-25}$$

【例 2-3-15】 一束自然光从空气投射到玻璃板表面上，当折射角为 30°时，反射光为完全偏振光，则此玻璃的折射率为：

A. 2　　B. 3　　C. $\sqrt{2}$　　D. $\sqrt{3}$

解 依据布儒斯特定律，折射角为30°时，入射角为60°，则$\tan 60° = \frac{n_2}{n_1} = \sqrt{3}$。

答案： D

七、双折射现象

（一）概述

当一束自然光射向各向异性媒质时，在界面折入晶体内部的折射光线常分为传播方向不同的两束折射光线，如图 2-3-17 所示，这种现象称为晶体的双折射现象。

试验发现，两束折射光具有如下特性：

（1）两束折射光是光振动方向不同的线偏振光。

（2）其中一束折射光始终在入射面内，并遵守折射定律，称为寻常光，简称o光；另一束折射光一般不在入射面内，且不遵从折射定律，称为非常光，简称e光。在入射角$i = 0$时，寻常光沿原方向传播$(\gamma_0 = 0)$，而非常光一般不沿原方向传播$(\gamma_0 \neq 0)$，如图 2-3-18 所示，此时当以入射光为轴转动晶体时，o光不动，而e光绕轴旋转。

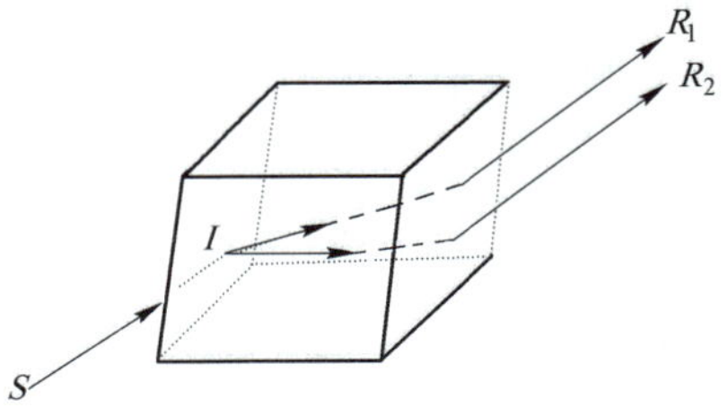

图 2-3-17

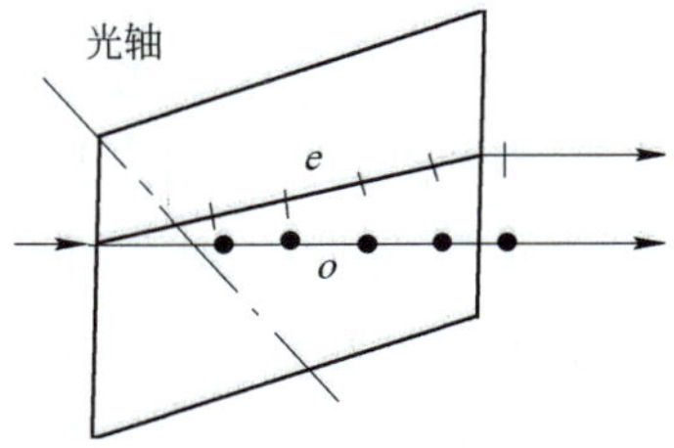

图 2-3-18

（3）在方解石一类晶体内存在一个特殊方向，光线沿该方向传播时，不产生双折射现象，这个特殊的方向称为晶体的光轴。光轴仅标志双折射晶体的一个特定方向，任何平行于这个方向的直线都是晶体的光轴。只有一个光轴方向的晶体，称为单轴晶体，为方解石、石英等；有两个光轴方向的晶体，称为双轴晶体，如云母、硫磺等。

当光线沿晶体的某一表面入射时，此表面的法线与晶体的光轴所构成的平面叫做主截面，方解石的主截面是一平行四边形，自然光沿如图 2-3-18 所示的方向入射时，入射面就是主截面，由检偏器可以检测到o光、e光都是偏振光，o光的光振动垂直于主截面，而e光的光振动则在主截面内。

（二）偏振光的干涉

振幅为A的偏振光通过晶体后形成o、e光，这两束光频率相同，存在一定相位差，只是由于振动方向相互垂直而不相干，于是利用偏振片N偏振化方向与偏振片M的偏振化方向正交，如图 2-3-19 所示把o、e光的振动方向引到同一方向，这样就成为两束相干的偏振光。

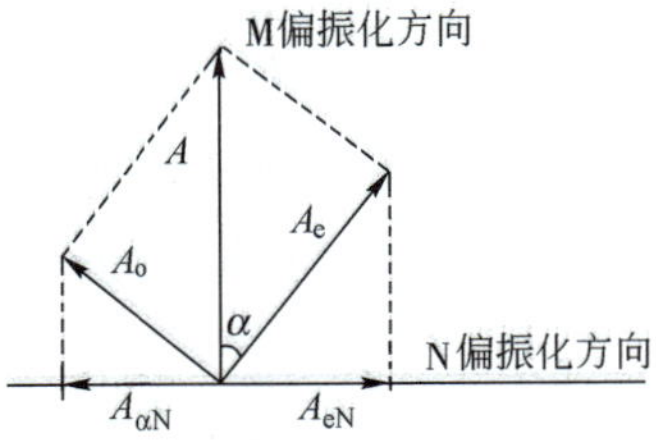

图 2-3-19 偏振光的干涉

习 题

2-3-1 在真空中波长为λ的单色光，在折射率为n的透明介质中从A沿某路径传播到B，若A、B两点相位差为3π，则此路径AB的光程为（　　）。

A. 1.5λ　　B. $1.5n\lambda$　　C. 3λ　　D. $\frac{1.5\lambda}{n}$

2-3-2 用白光光源进行双缝实验，若用一个纯红色的滤光片遮盖一条缝，用一个纯蓝色的滤光片遮盖另一条缝，则（　　）。

A. 干涉条纹的宽度将发生改变　　B. 产生红光和蓝光的两套彩色干涉条纹

C. 干涉条纹的亮度将发生改变　　D. 不产生干涉条纹

2-3-3 在双缝干涉实验中，若用透明的云母片遮住上面的一条缝，则（　　）。

A. 干涉图样不变　　B. 干涉图样下移

C. 干涉图样上移　　D. 不产生干涉条纹

2-3-4 双缝间距为2mm，双缝与屏幕相距300cm，用波长600nm的光照射时，屏幕上干涉条纹的相邻两明纹的距离是（单位：mm）（　　）。

A. 5.0　　B. 4.5　　C. 4.2　　D. 0.9

2-3-5 一束波长为 λ 的单色光从空气垂直入射到折射率为n的透明薄膜上，要使反射光线得到加强，薄膜最小厚度应为（　　）。

A. $\frac{\lambda}{4}$　　B. $\frac{\lambda}{4n}$　　C. $\frac{\lambda}{2}$　　D. $\frac{\lambda}{2n}$

2-3-6 真空中波长为λ的单色光，在折射率为n的均匀透明媒质中，从A点沿某一路径传播到B点，路径长度为L，A、B两点光振动相位差记为$\Delta\Phi$，则（　　）。

A. $L = 3\lambda/2$ 时，$\Delta\Phi = 3\pi$　　B. $L = 3\lambda/(2n)$时，$\Delta\Phi = 3n\pi$

C. $L = 3\lambda/(2n)$时，$\Delta\Phi = 3\pi$　　D. $L = 3n\lambda/2$ 时，$\Delta\Phi = 3n\pi$

2-3-7 两块平玻璃构成空气壁尖，左边为棱边。用单色平行光垂直入射。若上面的玻璃慢慢向上平移，则干涉条纹（　　）。

A. 向棱边方向平移，条纹间隔变小　　B. 向棱边方向平移，条纹间隔变大

C. 向棱边方向平移，条纹间隔不变　　D. 向离开棱边方向平移，条纹间隔不变

2-3-8 用波长为λ的单色光垂直照射到空气劈尖上，从反射光中观察干涉条纹，距顶点L处是暗纹。使劈尖角θ连续增大，直到该处再次出现暗纹时（见图），劈尖角的改变量$\Delta\theta$是（　　）。

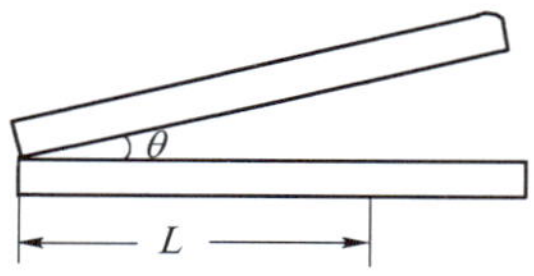

题 2-3-8 图

A. $\frac{\lambda}{2L}$　　B. $\frac{\lambda}{L}$

C. $\frac{2\lambda}{L}$　　D. $\frac{\lambda}{4L}$

2-3-9 在单缝夫琅和费衍射实验中波长为λ的单色光垂直入射到单缝上，对应于衍射角$\Phi = 30°$的方向上，若单缝处波阵面可划分为 4 个半波带，则单缝的宽度$a =$（　　）。

A. 6λ　　B. 4λ　　C. 3λ　　D. λ

2-3-10 在单缝夫琅和费衍射实验中，若将缝宽缩小一半，原来第三级暗纹处将是（　　）。

A. 第一级暗纹　　B. 第一级明纹

C. 第二级暗纹　　D. 第二级明纹

2-3-11 汽车两前灯相距约 1.2m，夜间人眼瞳孔直径为 5mm，车灯发出波长为0.5μm的光，则人眼夜间能区分两前车灯的最大距离为（　　）。

A. 10km　　B. 3km　　C. 2km　　D. 4km

2-3-12 在两个偏振化方向正交的偏振片P_1和P_2之间，平行地插入第三个偏振片P，P_1与P的偏振化方

向间的夹角为 60°。若入射自然光的光强为I_0，不考虑偏振片的吸收与反射，则出射光的光强为（　　）。

A. $I_0/4$　　B. $3I_0/32$　　C. $3I_0/8$　　D. $I_0/16$

2-3-13 一束自然光以布儒斯特角入射到平板玻璃上，则（　　）。

A. 反射光束垂直于入射面偏振，透射光束平行于入射面偏振且为完全偏振光

B. 反射光束平行于入射面偏振，透射光束为部分偏振光

C. 反射光束是垂直于入射面的线偏振光，透射光束是部分偏振光

D. 反射光束和透射光束都是部分偏振光

2-3-14 假设某一介质对于空气的临界角是 45°，则光从空气射向此介质时的布儒斯特角是（　　）。

A. 45°　　B. 90°　　C. 35.2°　　D. 54.7°

2-3-15 某单色光垂直入射到一个每一毫米有 800 条刻痕线的光栅上，如果第一级谱线的衍射角为 30°，则入射光的波长应为（　　）。

A. 0.625μm　　B. 1.25μm　　C. 2.5μm　　D. 5μm

2-3-16 波长$\lambda = 0.55\mu\text{m}$的单色光垂直入射于光栅常数$(a+b) = 2\times10^{-6}\text{m}$的平面衍射光栅上，可能观察到的光谱线的最大级次为（　　）。

A. 第二级　　B. 第三级　　C. 第四级　　D. 第五级

2-3-17 一束自然光从空气投射到玻璃表面上（空气折射率为 1），当折射角为 30°时，反射光是完全偏振光，则此玻璃板的折射率等于（　　）。

A. 1.33　　B. $\sqrt{2}$　　C. $\sqrt{3}$　　D. 1.5

习题题解及参考答案

第一节

2-1-1 **解：** 用$\overline{\omega} = \frac{3}{2}kT$，平均动能$=\frac{i}{2}kT$，平均速率$\bar{v} \propto \sqrt{\frac{RT}{M}}$，$E_{内} = \frac{m}{M}\frac{i}{2}RT$分析，注意到$M(H_2) \neq M(He)$，$i(H_2) \neq i(He)$。

答案： A

2-1-2 **解：** $p = nkT$，分子数密度$n = \frac{N(分子数)}{V}$，即$p = \frac{N}{V}kT$，则$N = \frac{pV}{kT}$。

答案： B

2-1-3 **解：** 由$\overline{\omega} = \frac{3}{2}kT$知，若两气体分子平均平动动能相同，则$T(He) = T(N_2)$，又根据$pV = \frac{m}{M}RT$得$p = \frac{\frac{m}{V}}{M}RT$，式中$\frac{m}{V}$即气体密度，由于摩尔质量$M(He) < M(N_2)$，故$p(He) > p(N_2)$。

答案： C

2-1-4 **解：** $E = \frac{i}{2}\frac{m}{M}RT = \frac{i}{2}pV$。氦气自由度$i = 3$，则$E = \frac{3}{2}pV$。

答案： A

2-1-5 **解：** 气体分子的平动自由度$i = 3$，平动动能的总和即气体由于平动产生的部分内能

$$E = \frac{3}{2}\frac{m}{M}RT = \frac{3}{2}pV = \frac{3}{2}\times5\times10^2\times8\times10^{-3} = 6\text{J}$$

答案： D

2-1-6 **解：** 用$p=nkT$或$pV=\frac{m}{M}RT$分析。注意到氢气、氦气都在同一容器中，温度相同，单位体积的分子数相同。

答案： B

2-1-7 **解：** 1.用$p=nkT$分析①，单位体积内分子数n应相同。

2. 用$pV=\frac{m}{M}RT$分析②，单位体积内的质量$\frac{m}{V}=\frac{pM}{RT}$不同（摩尔质量$M$不同）。

3. 用内能$E=\frac{i}{2}\frac{m}{M}RT=\frac{i}{2}pV$分析③，单位体积内的内能$\frac{E}{V}=\frac{i}{2}p$应相同，因为氧和一氧化碳都是双原子分子，自由度$i$相同。

答案： C

2-1-8 **解：** 1.平均动能 = 平均平动动能 + 平均转动动能 $=\frac{3}{2}kT+\frac{i(转动)}{2}kT$。

2. 内能$E=\frac{i}{2}\frac{m}{M}RT$。温度相同，平均平动动能相等。

答案： D

2-1-9 **解：** 由$\overline{\omega}=\frac{3}{2}kT$，知：$T(H_2)=T(O_2)$

又平均速率$\overline{v}\propto\sqrt{\frac{RT}{M}}$，$\frac{\overline{v}_{H_2}}{\overline{v}_{O_2}}=\sqrt{\frac{M(O_2)}{M(H_2)}}=\sqrt{\frac{32}{2}}=\frac{4}{1}$。

答案： D

2-1-10 **解：** 平均碰撞次数$\overline{Z}=\sqrt{2}\pi d^2n\overline{v}$，平均速率$\overline{v}=1.6\sqrt{\frac{RT}{M}}$，平均自由程$\overline{\lambda}=\frac{\overline{v}}{\overline{Z}}=\frac{1}{\sqrt{2}\pi d^2n}$。

答案： A

2-1-11 **解：** 由$pV=\frac{m}{M}RT$，可得$p=\frac{\rho}{M}RT$；当p不变时，ρ与T成反比。

答案： B

2-1-12 **解：** 由$pV=\frac{m}{M}RT$，知：$\frac{m}{M}(He)=\frac{m}{M}(O_2)$

对He，有$\frac{m}{M}\frac{3}{2}R\Delta T=9J$，即$\frac{m}{M}R\Delta T=6J$

对O_2，有$\frac{m}{M}\frac{5}{2}R\Delta T=\frac{5}{2}\times6=15J$

答案： B

2-1-13 **解：** $Q_V=\frac{m}{M}\frac{i}{2}R\Delta T$

本题，$Q_V=\frac{m}{M}\frac{i(O_2)}{2}R\Delta T\ (O_2)=\frac{m}{M}\frac{i(H_2O)}{2}R\Delta T(H_2O)$

因$i(O_2)\neq i(H_2O)$，则$\Delta T(H_2)\neq\Delta T(H_2O)$，又由$pV=\frac{m}{M}RT$，知$V$不变时，$\Delta p(O_2)\neq\Delta p(H_2O)$。

答案： B

2-1-14 **解：** $Q_p=\frac{m}{M}(\frac{i}{2}+1)R\Delta T=(\frac{i}{2}+1)p\Delta V$

$$A_p=p\Delta V$$

$$\frac{7}{2}p\Delta V(N_2)=\frac{5}{2}p\Delta V'(He)$$

$$\frac{A(N_2)}{A(He)}=\frac{p\Delta V}{p\Delta V'}=\frac{5}{7}$$

答案： B

2-1-15 **解：** ①由图知$T_a>T_b$，所以沿acb过程内能减少（内能增量为负）。

②由图知沿acb过程$A>0$。

③$Q_{acb}=E_b-E_a+A_{acb}$，又$E_b-E_a=-A_{绝热}=-$(绝热曲线下面积)。

比较$A_{绝热}$和A_{acb}，知$Q_{acb}<0$。

答案： C

2-1-16 **解：** 画p-V图，当容积增加时，等压过程内能增加（T增加），绝热过程内能减少。而等温过程内能不变。

答案： C

2-1-17 **解：** 画p-V图，此循环为逆循环（制冷机），$Q(\text{循环}) = A(\text{净})$，$A(\text{净}) < 0$。

答案： A

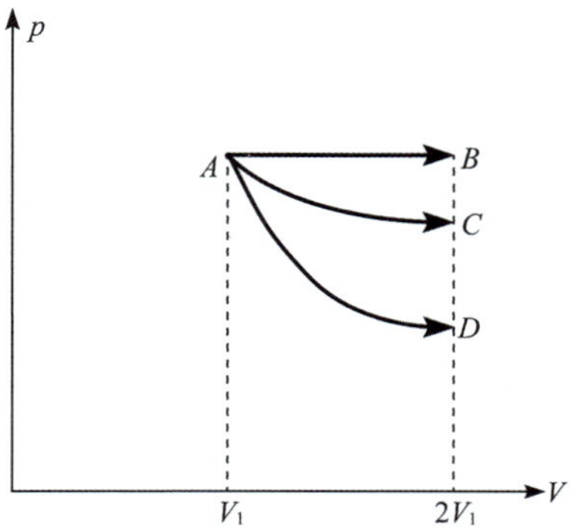

题 2-1-16 解图

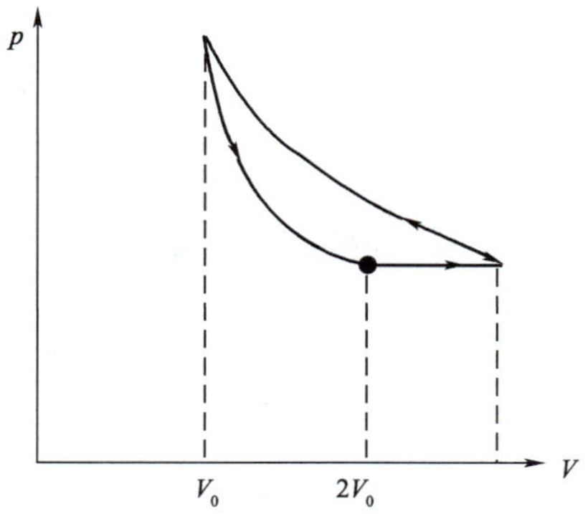

题 2-1-17 解图

2-1-18 **解：** $\eta_{卡诺} = 1 - \frac{T_2}{T_1} = 1 - \frac{Q_2}{Q_1}$，$T_1 = nT_2$，$\frac{1}{n} = \frac{Q_2}{Q_1}$，$Q_2 = \frac{1}{n}Q_1$

答案： C

2-1-19 **解：** 注意对热力学第二定律的全面理解，选项 A 表述不完整，选项 B、C 不正确，选项 D 表明热传导过程的不可逆性。

答案： D

2-1-20 **解：** 热力学第二定律开尔文表述：不可能制成一种循环动作的热机，只从一个热源吸取热量，使之完全变为有用功而不产生出其他影响，而本题叙述的是单一的“等温过程”，不是循环，不违反热力学第二定律。

答案： C

第二节

2-2-1 **解：** 将波动方程化为标准形式，再比较计算。并注意到$\cos\varphi = \cos(-\varphi)$，

$$y = 0.05\cos(4\pi x - 10\pi t) = 0.05\cos(10\pi t - 4\pi x) = 0.05\cos\left[10\pi\left(t - \frac{x}{2.5}\right)\right]$$

故$\omega = 10\pi = 2\pi\nu$，波速$u = 2.5\text{m/s}$，波长$\lambda = \frac{u}{\nu} = \frac{2.5}{5} = 0.5\text{m}$。

答案： B

2-2-2 **解：** 在波动中，质元的动能和势能变化是同相位的，它们同时达到最大值，又同时达到最小值。本题中“质元正处于平衡位置”，此时速度最大。

答案： B

2-2-3 **解：** 以$x = L$处为原点，写出波动方程

$$y_L = A\cos\omega(t - \frac{x}{u})$$

再令$x = -L$代入波动方程，得$x = 0$处质点的振动方程。

答案： C

2-2-4 **解：** 设负向传播波动方程为

$$y = A\cos\left(\omega t + \frac{\omega x}{u} + \varphi_0\right) = A\cos\left(\frac{2\pi}{T}t + \frac{2\pi x}{\lambda} + \varphi_0\right)$$

因

$$\frac{2\pi}{T}\times\frac{T}{4}+\frac{2\pi\times\frac{\lambda}{2}}{\lambda}+\varphi_0=\pi$$

所以

$$\varphi_0=-\frac{\pi}{2}$$

答案：C

2-2-5 **解**：波动周期等于波源的振动周期，沿波传播方向上任一点总是比波源的相位滞后。

答案：C

2-2-6 **解**：$\Delta\Phi=\frac{2\pi(\Delta x)}{\lambda}$，波速$u=\lambda\nu=\lambda\frac{1}{T}$，故

$$\Delta\Phi=\frac{2\pi}{u\cdot T}\cdot\Delta x=\frac{2\pi\cdot 5}{15\times 2}=\frac{\pi}{3}$$

答案：B

2-2-7 **解**：在波动中动能和势能的变化是同相位的，它们同时达到最大值，又同时达到最小值。对任意质元来说，它的机械能是不守恒的，即沿着波动的传播方向，该质元不断地从后面的质元获得能量（质元从一端点向平衡位置移动时），又不断地把能量传递给前面的质元（质元从平衡位置向端点移动时）。

答案：C

2-2-8 **解**：由驻波性质：驻波两相邻波节间各点振幅不同，相位相同。合振幅为$\left|2A\cos 2\pi\frac{x}{\lambda}\right|$。

答案：B

2-2-9 **解**：由干涉减弱条件，$\Delta\Phi=\Phi_{02}-\Phi_{01}-\frac{2\pi(r_2-r_1)}{\lambda}=\pm(2k+1)\pi\quad(k=0,1,2,\cdots)$

现$\varphi_{02}-\varphi_{01}=\pi$，$r_2-r_1=0$，故$\Delta\varphi=\pi$，$A=|A_1-A_2|=0$。

答案：D

2-2-10 **解**：按题意作解图，S_1右侧任取P点，可见$r_2-r_1=\frac{3\lambda}{4}$，又知$S_1$右侧的各点合振幅均为$2A$，说明$S_1$右侧各点干涉加强，即$\Delta\Phi=0$（取$k=0$）。

$$\Delta\Phi=\Phi_{02}-\Phi_{01}-\frac{2\pi(r_2-r_1)}{\lambda}=0\quad(k=0)$$

得

$$\Phi_{02}-\Phi_{01}=\frac{2\pi\left(\frac{3\lambda}{4}\right)}{\lambda}=\frac{3}{2}\pi$$

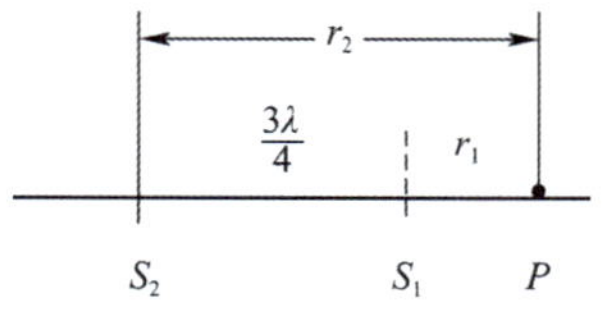

题 2-2-10 解图

答案：D

2-2-11 **解**：波节的位置$x=(2k+1)\frac{\lambda}{4}\qquad(k=0,\pm1,\pm2,\cdots)$

令$k=0$和$k=1$，相邻两波节之间距离$x_1-x_0=\frac{\lambda}{2}$。

同理，两相邻波腹间的距离亦为$\frac{\lambda}{2}$。

答案：B

第三节

2-3-1 **解**：$\Delta\Phi=\frac{2\pi\delta}{\lambda}$（$\delta$指光程差）。$\delta=\frac{3\pi}{2\pi}\lambda=\frac{3}{2}\lambda$。

答案：A

2-3-2 **解**：考虑相干光源（波源）的条件，从两滤光片出来的光不是相干光。白光是复色光源，红色滤光片与蓝色滤光片透射光频率不同，不能相干。

答案： D

2-3-3　**解：** 考查零级明纹向哪一方向移动，遮板后上缝较下缝到原中央明纹处光程增加了$(n-1)e$。

答案： C

2-3-4　**解：** $\Delta x=\frac{D}{d}\lambda=\frac{3\,000}{2}\times 600\times 10^{-6}=0.9\text{mm}$。

答案： D

2-3-5　**解：** $2ne+\frac{\lambda}{2}=k\lambda\,(k=1)$，式中$\frac{\lambda}{2}$为附加光程差（半波损失）。

答案： B

2-3-6　**解：** $\Delta\Phi=\frac{2\pi\delta}{\lambda}$（$\delta$指光程差），依本题题意$\delta=nL$，即$\Delta\Phi=\frac{2\pi nL}{\lambda}$。

答案： C

2-3-7　**解：** 见解图，同一明纹（暗纹）对应相同厚度的空气层，间距为$\frac{\lambda}{2\sin\theta}$。

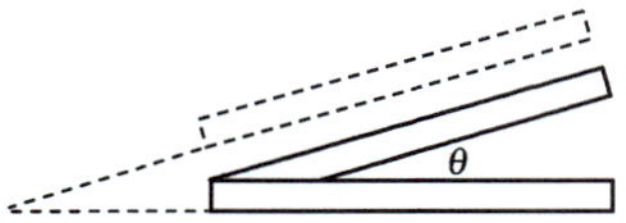

题 2-3-7 解图

答案： C

2-3-8　**解：** $\theta\approx\frac{e}{L}$（e为空气层厚度），$\Delta\theta=\frac{\Delta e}{L}$，又相邻两明（暗）纹对应的空气层厚度差$\Delta e=e_{k+1}-e_k=\frac{\lambda}{2}$。

答案： A

2-3-9　**解：** $a\sin\varphi=k\lambda=2k\frac{\lambda}{2}$，令$a\sin 30°=4\times\frac{\lambda}{2}$。

答案： B

2-3-10　**解：** 由$a\sin\varphi=k\lambda$（暗纹），知$a\sin\varphi=3\lambda$，现$a'\sin\varphi=\frac{3}{2}\lambda\left(a'=\frac{a}{2}\right)$，应满足明纹条件，即$a'\sin\varphi=\frac{3}{2}\lambda=(2k+1)\frac{\lambda}{2}\Rightarrow k=1$。

答案： B

2-3-11　**解：** 最小分辨角$\delta\varphi=1.22\frac{\lambda}{D}$，两车灯对瞳孔中心张角为$\frac{\Delta x(\text{车灯距})}{L(\text{人车距离})}$，故

$$1.22\frac{\lambda}{D(\text{孔径})}=\frac{\Delta x}{L},\ L=\frac{D\cdot\Delta x}{1.22\cdot\lambda}=\frac{5\times10^{-3}\times1.2}{1.22\times0.5\times10^{-6}}\approx10\times10^{3}\text{m}$$

答案： A

2-3-12　**解：** 由$I=I_0\cos^2\alpha$，并注意到“自然光通过偏振片后，光强减半”，则

$$I=\frac{I_0}{2}\cos^2 60°\cos^2 30°=\frac{3I_0}{32}$$

答案： B

2-3-13　**解：** 自然光以布儒斯特角入射，反射光为垂直于入射面的线偏振光，折射光（透射光束）为部分偏振光。

答案： C

2-3-14　**解：** 如解图所示，按临界角的概念，光必须从光密介质射向光疏介质才可能发生全反射，即$\frac{\sin 45°}{\sin 90°}=\frac{n_1}{n_2}$，而光从空气射向介质时，布儒斯特角应满足$\tan i_0=\frac{n_2}{n_1}$，故$\tan i_0=\frac{n_2}{n_1}=\frac{1}{\sin 45°}=\sqrt{2}$，$i_0=54.7°$。

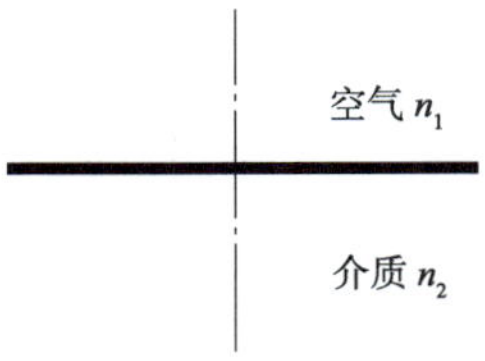

题 2-3-14 解图

答案： D

2-3-15 **解：** 注意到光栅常数$a+b=\frac{1}{800}$mm，由$(a+b)\sin\varphi=k\lambda$，$\frac{1}{800}\sin 30°=1\times\lambda$，$1\mu m=10^{-6}$m。

答案： A

2-3-16 **解：** 由$(a+b)\sin\varphi=k\lambda$，今$2\times10^{-6}\sin 90°=k\times0.55\times10^{-6}$，$k=3.6$，$k$只能取整数。

答案： B

2-3-17 **解：** 由$\tan i_0=\frac{n_2}{n_1}$，又$i_0+\gamma_0=90°$，$\tan 60°=n_2$。

答案： C

第三章　普通化学

复习指导

一、考试大纲

3.1　物质的结构和物质状态

原子结构的近代概念；原子轨道和电子云；原子核外电子分布；原子和离子的电子结构；原子结构和元素周期律；元素周期表；周期、族；元素性质及氧化物及其酸碱性。离子键的特征；共价键的特征和类型；杂化轨道与分子空间构型；分子结构式；键的极性和分子的极性；分子间力与氢键；理想气体状态方程；分压定律；晶体与非晶体；晶体类型与物质性质。

3.2　溶液

溶液的浓度；非电解质稀溶液通性；渗透压；弱电解质溶液的解离平衡；解离常数；同离子效应；缓冲溶液；水的离子积及溶液的 pH 值；盐类的水解及溶液的酸碱性；溶度积常数；溶度积规则。

3.3　化学反应速率及化学平衡

反应热与热化学方程式；化学反应速率；温度和反应物浓度对反应速率的影响；活化能的物理意义；催化剂；化学反应方向的判断；化学平衡的特征；化学平衡移动原理。

3.4　氧化还原反应与电化学

氧化还原的概念；氧化剂与还原剂；氧化还原电对；氧化还原反应方程式的配平；原电池的组成和符号；电极反应与电池反应；标准电极电势；电极电势的影响因素及应用；金属腐蚀与防护。

3.5　有机化学

有机物特点、分类及命名；官能团及分子构造式；同分异构；有机物的重要反应：加成、取代、消除、氧化、催化加氢、聚合反应、加聚与缩聚；基本有机物的结构、基本性质及用途：烷烃、烯烃、炔烃、芳烃、卤代烃、醇、苯酚、醛和酮、羧酸、酯；合成材料：高分子化合物、塑料、合成橡胶、合成纤维、工程塑料。

二、复习指导

普通化学中基本概念和基本理论较多，而计算方面的问题比较简单，所以在复习时应特别注意对基本概念及理论的理解。

（一）物质结构和物质状态

本节内容多、概念多，考生复习时不易掌握。若将其分类，可包括以下两个方面的内容。

1. 原子结构

核外电子到底是如何运动的？它涉及原子轨道、波函数、量子数、电子云等基本概念。考生必须明确一个波函数就是一个原子轨道，它由三个量子数（n、l、m）正确组合来决定，在每个轨道上只能容纳二个自旋相反的电子（即$m_s = \pm\frac{1}{2}$），在此基础上才能进行包括原子、离子的核外电子排布，进一步了解原子核外电子的排布与周期表的关系，以及元素性质、元素氧化物及其水合物酸碱性的递变规律。

2. 化学键与晶体结构

化学键
- 离子键——离子晶体
- 共价键——
  - 分子晶体
  - 原子晶体
- 金属键——金属晶体

（1）不同的化学键有不同的形成和特征。例如共价键：①形成；②特征；③类型；④键的极性和分子的极性。

（2）不同的晶体结构有不同的物理特性。

（3）分子间力与氢键。

（4）杂化轨道理论，这部分内容是难点但不是重点，只要求对给出的分子能确定它的杂化类型和分子的空间构型即可。

本节其余部分作为一般了解。

（二）溶液

溶液中包括溶质和溶剂。

溶液的浓度是指一定量溶剂（或溶液）中含有的溶质量，常用的有“物质的量”浓度和质量摩尔浓度。

溶剂可以是水、乙醇、苯、四氯化碳等。

溶质按其在水中是否电离分电解质和非电解质，本节讨论非电解质稀溶液的通性。

电解质按其电离的程度分强电解质和弱电解质，本节讨论弱电解质的电离平衡及其移动。

电解质按其溶解的程度分易溶电解质和难溶电解质，本节讨论后者的溶解平衡及其移动。

1. 稀溶液的通性

稀溶液的通性是指难挥发非电解质的稀溶液的蒸气压下降、沸点升高、凝固点下降以及渗透压等。计算不是重点，但对浓溶液和电解质溶液要求会定性分析。

2. 电离平衡、溶解平衡及其移动

这是本节的重点。内容较多，但不难掌握，可按以下思路复习。

（1）电离平衡

①弱电解质的电离平衡；

②水的离子积及 pH 值；

③水解平衡。

以上要求掌握电离平衡常数的表达式，它与电离度的关系，溶液的C_{H^+}、C_{OH^-}和 pH 值的计算。

（2）电离平衡的移动

①单相同离子效应；

②缓冲溶液：缓冲溶液的组成、溶液 pH 值的计算。

（3）溶解平衡

①溶度积（K_{sp}）；

②溶度积与溶解度（S）的关系；

③溶度积规则及应用。

（三）化学反应速率和化学平衡

本节讨论三个问题，重点是后两者。同时提出几个要点：

1. 书写热化学方程式时注意物质的状态、反应条件、计量系数，$\Delta H < 0$为放热；$\Delta H > 0$为吸热。

2. 平均速率与瞬时速率均能表示反应速率，但以不同物质的浓度变化表示反应速率时其数值不一定相等。

3. 影响速率的因素主要有物质的本性（对给定反应体现在活化能上）、反应温度、反应物浓度及催化剂。

（1）浓度的影响

除必须掌握质量作用定律以外，还要明确基元反应、非基元反应、反应级数、速度常数等基本概念。

（2）温度的影响

主要反应在温度对速度常数的影响上，公式不用死记，但温度升高时速率常数升高、反应速度增加的结论必须掌握，而且这结论对吸热反应、放热反应、正反应的速率常数、逆反应的速率常数均适用。

（3）催化剂的影响

使用催化剂能降低活化能从而提高反应速率。明确活化能、活化分子等概念，反应热与正、逆反应活化能的关系。

4. 化学平衡

除明确平衡时的特征外，还必须写出平衡时的特征常数——平衡常数表达式。掌握平衡常数物理意义、影响因素、特征和应用。

在化学平衡的移动方面，掌握浓度、温度、压强改变对移动的影响。

总之除掌握质量作用定律表达式和平衡常数表达式外，还要掌握浓度、温度、压力、催化剂对速率、速率常数、平衡常数及平衡移动的影响。

（四）氧化还原与电化学

本节没有难点，基本概念与要记忆的较多，要求掌握以下五个方面。

1. 基本概念

如氧化数、氧化剂、还原剂、氧化反应、还原反应等，以及它们之间的关系。如：

氧化剂在发生还原反应过程中氧化数降低。

还原剂在发生氧化反应过程中氧化数升高。

2. 原电池

自发的氧化还原反应（即原电池中的电池反应）可以组成原电池，原电池中有正、负极，两极上发生不同的电极反应。原电池的电动势$E = \varphi_{正} - \varphi_{负}$，最后落实到原电池符号。

3. 电极电势

影响电极电势的因素中，温度的影响一般不大，常将温度定在 298K；浓度、介质与物质的本性对电极电势的影响，可从能斯特方程看出。例如半反应

$$MnO_4^- + 8H^+ + 5e \rightleftharpoons Mn^{2+} + 4H_2O$$

能斯特方程为

$$\varphi_{MnO_4^-/Mn^{2+}} = \varphi^{\ominus}_{MnO_4^-/Mn^{2+}} + \frac{0.059}{5}\lg\frac{C_{MnO_4^-} \cdot C_{H^+}^8}{C_{Mn^{2+}}}$$

由上式可见氧化态的浓度升高、介质的酸度升高，能使电极电势升高。至于物质本性的影响体现在$\varphi^{\ominus}$数值的大小上。

电极电势应用很广，可用来判断原电池的正、负极；氧化剂、还原剂的相对强弱；氧化还原反应的方向和进行的程度。

4. 电解

电解池中发生的氧化还原反应是不自发的，因此电解池中两极名称、两极反应不同于原电池，除要掌握这些之外，还要明确分解电压、超电势的概念及形成的原因，判断电解的产物。

5. 金属腐蚀及防止

了解电化学腐蚀的目的是如何防止金属的腐蚀。

（五）有机化合物

重点掌握：

（1）有机物的特点、分类和命名。

（2）有机物的重要反应包括取代、加成、消去、氧化还原、加聚、缩聚反应和定位效应、不对称加成规则及查氏规则。

（3）重要的高分子材料，如 PVC、ABS、环氧树脂、橡胶等。

第一节　物质结构和物质状态

物质结构与性质之间有着必然的联系，要深入了解物质的宏观性质，必须探究其微观性质。分子是保持物质化学性质的最小微粒，由原子组成。所以本节主要学习原子结构理论，在此基础上，讨论分子结构和晶体结构的基本内容。

一、原子核外电子排布

（一）核外电子运动的特性

核外电子运动具有两大特性，即量子化和波粒二象性，这也是一切实物微粒运动的共同特性。

1. 能量的量子化

实验证明，辐射能的吸收和发射只能是一小份一小份的，是不连续的。这一小份不连续能量的基本单位叫量子。物质吸收或发射能量只能是量子的整数倍。量子的能量E与频率ν成正比。即

$$E = h\nu \tag{3-1-1}$$

式中，h为普朗克常数，等于 6.626×10^{-34}J·s。

原子中电子的能量是量子化的，当电子从高能量状态$E_{高}$跃迁到低能量状态$E_{低}$时，就以光量子的形式发射能量；反之吸收能量，其频率为

$$\nu = \frac{E_{高} - E_{低}}{h} \tag{3-1-2}$$

由于电子的能量是量子化的，所以光量子的能量和波长也是不连续的，这就是原子光谱是线状的原因所在。

2. 波粒二象性

一切实物微粒（光子、电子、中子、质子等）运动时，既有粒子的性质又有波的性质，即为波粒二象性。电子在核外运动也有波粒二象性。粒子性表现在电子与实物相互作用时有能量的吸收或发射，如能量E和动量p；波动性表现在电子在传播过程中有干涉和衍射现象，如波长λ和频率ν。

波粒二象性的内在联系是

$$E = h\nu \tag{3-1-3}$$

$$p = \frac{h}{\lambda} \tag{3-1-4}$$

$$\lambda = \frac{h}{p} = \frac{h}{mv} \tag{3-1-5}$$

式中，m为实物粒子的质量；v为实物粒子的运动速度；p为动量。

此式就是著名的德布罗意（de Broglie）关系式，它把微观粒子的粒子性和波动性统一起来。人们把这种与微观粒子相联系的波，叫作德布罗意波或物质波。

3. 测不准原理

宏观物体运动时，人们可以依据经典物理定律准确确定其在任何指定时刻的位置和速度。而对于微观粒子则不同，对运动中的微观粒子来说，不可能同时准确确定它的位置和动量。这就是海森堡（Heisenberg）不确定原理。其关系式为

$$\Delta p \cdot \Delta x \geqslant \frac{h}{4\pi} \tag{3-1-6}$$

式中，Δp为微观粒子动量的不确定度；Δx为微观粒子位置的不确定度。

它表明，微观粒子位置的不确定度Δx越小，相应它的动量的不确定度Δp就越大。对电子来说，当电子位置确定的误差越小，相应的动量的测定误差就越大，反之亦然。也就是说，电子的位置若能准确的测定，其动量就不可能准确的测定。电子运动有它特殊的规律。

（二）核外电子运动状态的描述

可用波函数和电子云来描述核外电子运动的状态。

1. 波函数与原子轨道

描述核外电子运动规律的方程叫薛定谔方程，对单电子体系该方程可写成下列形式

$$\frac{\partial^2\psi}{\partial x^2} + \frac{\partial^2\psi}{\partial y^2} + \frac{\partial^2\psi}{\partial z^2} + \frac{8\pi^2 m}{h^2}(E - V)\psi = 0 \tag{3-1-7}$$

式中，ψ为描述电子运动情况的波函数，m为电子质量，E为电子的总能量，V为电子的势能。

求解该方程，可得到波函数ψ和总能量E。在求解过程中必须引入三种量子数n、l、m，才能解出一系列符合量子数条件的波函数ψ_1、ψ_2、…，以及相应的能量E_1、E_2、…。

波函数是描述波的数学函数式，表示核外电子的运动状态；波函数是空间坐标的函数$\psi(x,y,z)$或$\psi(\gamma,\theta,\Phi)$。在量子力学里，将描述原子中单个电子运动状态的函数式称为波函数，习惯上又称为原子轨道。每一个波函数代表核外电子的一种运动状态，表示一个原子轨道。所以不同波函数$\psi_{n、l、m}$就可以表示电子在核外出现的不同原子轨道或运动状态。

2. 量子数

波函数ψ是描述原子处于定态时电子运动状态的数学函数式。求解薛定谔方程时，要得到合理的波函数解，要求方程中的一些参数满足一定的条件，为此引进取分立值的三个参数（量子数），即主量子数n、角量子数l、磁量子数m。三个量子数取值不是任意的，有一定限制条件。一组允许的量子数n、l、m取值对应一个合理的波函数$\psi_{n,l,m}$，即可以确定一个原子轨道。电子除轨道运动外，还有自旋运动，所以，描述一个电子的运动状态除以上三个量子数外，还需第四个量子数，即自旋量子数m_s。量子数的物理意义及取值的限制描述如下：

（1）主量子数n

n的取值：n=1，2，3，…，目前稳定原子中n最大为7。

n的意义：

①代表电子层，n=1，2，…，分别为第一电子层，第二电子层，……，分别用K，L，M，N，…表示；

②代表电子离核的平均距离（$r \propto n^2$）；

③决定原子轨道的能级（$E \propto n$）。

所以n越大能级越高（$E_1 < E_2 < E_3 < \cdots$），电子离核的平均距离越远（$r_1 < r_2 < r_3 < \cdots$）。

（2）角量子数l

l的取值：l=0，1，2，…，n−1，目前l最大为3。

n与l的关系为：n=1，l=0；n=2，l=0，1；n=3，l=0，1，2；n=4，l=0，1，2，3，…

l的意义：

①表示电子亚层，l=0，1，2，3，分别为s，p，d，f亚层，其轨道分别叫s，p，d，f轨道，轨道上的电子分别叫s，p，d，f电子。

②确定轨道的形状：l=0，1，2，…，轨道的形状分别为球形、双球形、四橄榄形……。

③在多电子原子中l还决定亚层的能量，当n一定时，l越大亚层能量也越大，同一亚层的原子轨道能量相等，故叫等价（简并）轨道。

（3）磁量子数m

m的取值：m=0，±1，±2，±3，…，±l，由于l最大为3，所以m只有前7个取值。

l与m的关系为：l=0，m=0；l=1，m=0，±1；l=2，m=0，±1、±2；l=3，m=0，±1，±2，±3。

m的意义：

①确定轨道在空间的取向。

②确定亚层中轨道的数目。m的每一个取值代表轨道在空间的一种取向，即一条轨道。如l=1的p亚层，m为0，±1三个取值，所以p亚层在空间有三种取向，有三条p轨道。

③在无外加磁场的情况下，轨道能量与m无关。

（4）自旋量子数m_s

m_s决定电子自旋方向，可取$+\frac{1}{2}$和$-\frac{1}{2}$两个值。每一套（n，l，m），m_s可取$\pm\frac{1}{2}$两个值。

量子数与核外电子运动状态列于表3-1-1。

量子数与核外电子运动状态 表 3-1-1

主量子数 n	主层符号	角量子数 l	亚层符号	磁量子数 m	亚层轨道数	电子层中轨道数	自旋量子数 m_s	电子层中电子容量
1	K	0	1s	0	1	1	±1/2	2
2	L	0	2s	0	1	4	±1/2	8
		1	2p	0，±1	3		±1/2	
3	M	0	3s	0	1	9	±1/2	18
		1	3p	0，±1	3		±1/2	
		2	3d	0，±1，±2	5		±1/2	
4	N	0	4s	0	1	16	±1/2	32
		1	4p	0，±1	3		±1/2	
		2	4d	0，±1，±2	5		±1/2	
		3	4f	0，±1，±2，±3	7		±1/2	

【例 3-1-1】 下列量子数正确组合的是：

A. $n=1$，$l=1$，$m=0$　　B. $n=2$，$l=0$，$m=1$

C. $n=3$，$l=2$，$m=3$　　D. $n=4$，$l=3$，$m=2$

解 三个量子数取值不是任意的，有一定限制条件。n的取值：$n=1$，2，3，…，目前稳定原子中n最大为 7；l的取值：$l=0$，1，2，…，$n-1$，目前l最大为 3；m的取值：$m=0$，±1，±2，±3，…，±l，由于l最大为 3，所以m只有前 7 个取值。选项 A 中，n取 1，l可取 0；选项 B 中，l取 0，m可取 0；选项 C 中，l取 2，m可取 0，±1，±2。

答案： D

【例 3-1-2】 量子数$n=4$，$l=2$，$m=0$的原子轨道数目是：

A. 1　　B. 2　　C. 3　　D. 4

解 一组允许的量子数n、l、m取值对应一个合理的波函数，即可以确定一个原子轨道。量子数$n=4$，$l=2$，$m=0$为一组合理的量子数，确定一个原子轨道。

答案： A

【例 3-1-3】 决定原子轨道取向的量子数和确定原子轨道形状的量子数分别是：

A. 主量子数、角量子数　　B. 角量子数、磁量子数

C. 磁量子数、角量子数　　D. 自旋量子数、主量子数

解 三个量子数的物理意义分别为：

主量子数n：①代表电子层；②代表电子离原子核的平均距离；③决定原子轨道的能量。

角量子数l：①表示电子亚层；②确定原子轨道形状；③在多电子原子中决定亚层能量。

磁量子数m：①确定原子轨道在空间的取向；②确定亚层中轨道数目。

答案： C

【例 3-1-4】 多电子原子中同一电子层原子轨道能级（量）最高的亚层是：

A. s 亚层　　B. p 亚层　　C. d 亚层　　D. f 亚层

解 多电子原子中原子轨道的能级取决于主量子数 n 和角量子数 l：主量子数 n 相同时，l 越大，能量越高；角量子数 l相同时，n越大，能量越高。同一电子层中的原子轨道n相同，l 越大，能量越高。

答案： D

【例 3-1-5】 主量子数n=3 的原子轨道最多可容纳的电子总数是：

A. 10　　B. 8　　C. 18　　D. 32

解 主量子数为n的电子层中原子轨道数为n^2，最多可容纳的电子总数为 $2n^2$。主量子n=3，原子轨道最多可容纳的电子总数为 $2\times3^2=18$。

答案： C

3. 概率密度与电子云

概率是核外电子在空间出现的机会。概率密度是电子在核外空间某处单位体积内出现的概率。根据实验和理论的研究已经证实，电子的概率密度等于波函数的平方，即ψ^2。为了形象地表示电子在原子中的概率密度分布情况，在化学上引入电子云的概念。电子云是用黑点的疏密度来表示核外空间各点电子概率密度大小的具体图像。例如基态氢原子的 1s 电子云呈球状。

4. 原子轨道和电子云的角度分布图

用数学方法把$\psi(\gamma,\theta,\Phi)$分成两个函数的乘积，即

$$\psi(\gamma,\theta,\Phi)=R(r)\cdot Y(\theta,\Phi) \tag{3-1-8}$$

式中： $R(r)$ ——波函数的径向分布部分；

$Y(\theta,\Phi)$ ——波函数的角度分布部分。

角度分布图：波函数的角度分布部分(Y)随角度(θ,Φ)变化的图形。原子轨道和电子云的角度分布平面示意图见图 3-1-1 和图 3-1-2。两图的作法、外形和空间取向相似，区别在于前者比后者“胖”些；前者有“+”、“−”之分，后者则没有。

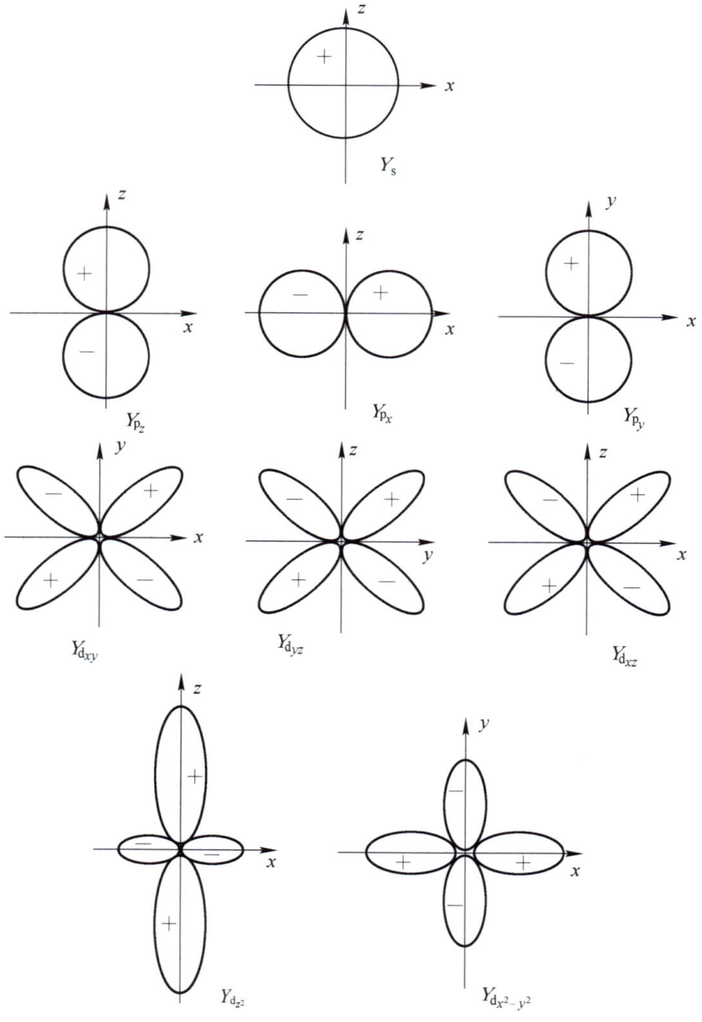

图 3-1-1 s、p、d 原子轨道角度分布平面示意图

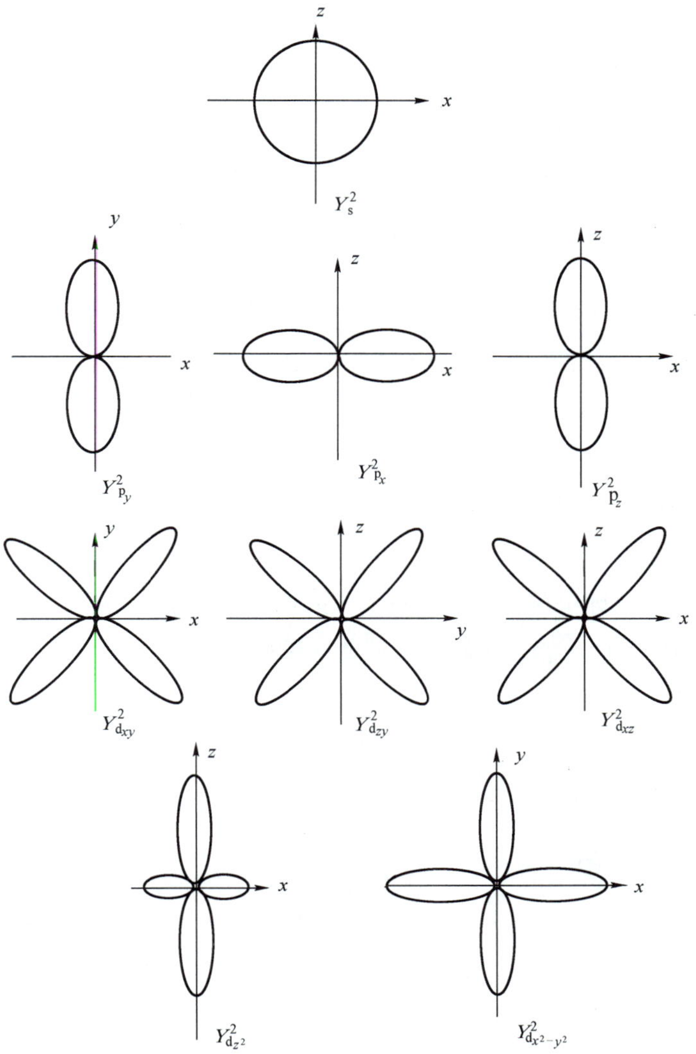

图 3-1-2 s、p、d 电子云角度分布平面示意图

（三）核外电子的分布

1. 原子轨道的近似能级顺序

在多电子原子中，原子轨道的能级不仅与主量子数有关，与角量子数也有关系。我国化学家徐光宪教授，根据光谱试验数据的结果归纳出一个近似规律：在多电子原子中各原子轨道的能量由$n+0.7l$来决定，数值越大，能量越高，见表 3-1-2。

多电子原子的能级顺序表　　表 3-1-2

轨道符号	1s	2s	2p	3s	3p	4s	3d	4p	5s	4d	5p	6s	4f	5d	6p	7s	5f	…
$n+0.7l$	1.0	2.0	2.7	3.0	3.7	4.0	4.4	4.7	5.0	5.4	5.7	6.0	6.1	6.4	6.7	7.0	7.1	
能级高低顺序	----------→ 从左到右、依次升高																	

由表 3-1-2 可知：

（1）当l不变时，E随n增大而增大。如$E_{1s}<E_{2s}<E_{3s}<\cdots$，$E_{2p}<E_{3p}<E_{4p}<\cdots$。

（2）当n不变时，E随l增大而增大。如$E_{4s}<E_{4p}<E_{4d}<E_{4f}$。

（3）当n、l均变化时，出现能级交错。如$E_{4s}<E_{3d}<E_{4p}$，$E_{5s}<E_{4d}<E_{5p}$，$E_{6s}<E_{4f}<E_{5d}<E_{6p}$。

2. 屏蔽效应

在多电子原子中，核电荷（Z）对某个电子的吸引力，由于其他电子对该电子的排斥而被削弱的作用称为屏蔽效应，若削弱部分为σ（叫屏蔽常数），则有效核电荷$Z^* = Z - \sigma$。屏蔽作用越大，核电荷减小越多，核对电子的引力越小，电子能级越高，屏蔽作用的大小为K > L > M > N⋯，所以当l相同时，能级随n增大而升高。

3. 钻穿效应

外层电子穿过内层钻入核附近，减少内层电子对它的屏蔽作用而使能级降低的现象称为钻穿效应。钻穿效应越大，轨道能级越低。钻穿效应的大小顺序为$ns > np > nd > nf$，所以当n不变时，轨道能级随l增大而升高。

至于能量出现交错如$E_{4s} < E_{3d}$，是因为 4s 电子钻穿效应比 3d 大，受其他电子的屏蔽作用小，故使得 4s 电子的能级比 3d 还低。同理可解释$E_{6s} < E_{4f} < E_{5d} < E_{6p}$。

4. 核外电子排布的规则

原子中的电子按一定规则排布在各原子轨道上。人们根据原子光谱实验和量子力学理论，总结出三个排布原则：泡利不相容原理、能量最低原理和洪特规则。

（1）泡利不相容原理

在同一原子中，不可能有四个量子数完全相同的两个电子存在。每一个轨道上最多只能容纳两个自旋相反的电子。每个电子层中电子的最大容量为$2n^2$。

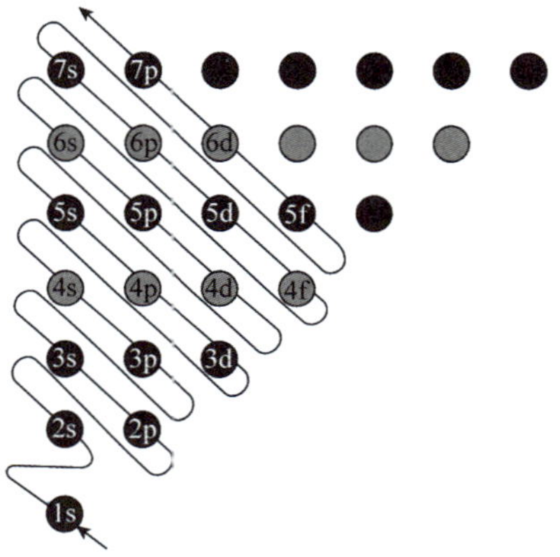

图 3-1-3 电子进入轨道后的顺序示意图

（2）能量最低原理

电子总是尽先占据能级较低的轨道。电子进入轨道的先后顺序为：ns、(n−2) f、(n −1) d、np，即按 1s，2s、2p，3s、3p，4s、3d、4p，5s、4d、5p，6s、4f、5d、6p，7s、5f、6d、7p 的顺序填充，如图 3-1-3 所示。

（3）洪特规则

在等价轨道（如 3 个 p 轨道、5 个 d 轨道、7 个 f 轨道）上，电子尽可能分占不同的轨道，而且自旋方向相同。同一电子亚层，电子处于全充满（p^6、d^{10}、f^{14}）、半充满（p^3、d^5、f^7）状态时较稳定。

5. 核外电子分布式和外层电子分布式

原子的核外电子分布式是电子按n和l增大的顺序在各个轨道上分布的式子。例如，25 号元素 Mn 原子的核外电子分布式为 $1s^2 2s^2 2p^6 3s^2 3p^6 3d^5 4s^2$。

外层电子（价电子）是指那些对元素性质有显著影响的电子，它们在各个轨道上分布的式子叫作外层电子分布式，或外层（价层）电子构型。例如，Mn 的外层电子构型为 $3d^5 4s^2$，又如 K 是 $4s^1$。

原子得到或失去电子后便是离子。应当指出，当原子失去电子而成为正离子时，一般是能量较高的最外层的电子先失去，而且往往引起电子层数的减少。原子成为负离子时，原子所得的电子总是分布在它的最外电子层上。Mo^{2+}和 I^-离子的核外电子分布式及外层电子分布式为：

离子	离子的核外电子分布式	离子的外层电子分布式
Mo^{2+}	$1s^2 2s^2 2p^6 3s^2 3p^6 3d^{10} 4s^2 4p^6 4d^4$	$4s^2 4p^6 4d^4$
I^-	$1s^2 2s^2 2p^6 3s^2 3p^6 3d^{10} 4s^2 4p^6 4d^{10} 5s^2 5p^6$	$5s^2 5p^6$

正确书写核外电子分布式，可先根据三个分布规则和近似能级顺序将电子依次填入相应轨道，再

按电子层顺序整理一下分布式，按n由小到大自左向右排列各原子轨道，相同电子层的轨道排在一起。

例如，4s 轨道的能级比 3d 轨道低，在填入电子时，先填入 4s，后填入 3d，但 4s 是比 3d 更外层的轨道，因而在正确书写原子的电子分布式时，3d 总是写在 4s 前面。

例如，第 29 号元素铜，Cu $1s^22s^22p^63s^23p^63d^{10}4s^1$。

对于核外电子比较多的元素，由光谱测定的核外电子分布，并不完全与理论预测的一致。对于这些特例，应以实验事实为准。

【例 3-1-6】 下列基态原子的核外电子分布式错误的是：

A. $1s^22s^22p^63s^23p^3$　　B. $1s^22s^22p^63s^13p^1$

C. $1s^22s^22p^63s^23p^4$　　D. $1s^22s^22p^63s^23p^5$

解 选项 B 中的核外电子分布式不是基态原子的核外电子分布式。正确的是 $1s^22s^22p^63s^2$。

答案： B

二、原子结构与元素周期律

原子核外电子分布的周期性是元素周期律的基础，元素周期表是周期律的表现形式。

（一）核外电子的排布与元素周期表的关系

首先分析周期表中各元素最后一个电子填充的电子亚层，见表 3-1-3。

电子填充与周期表的关系　　表 3-1-3

周期	IA IIA	IIIB~VIIB、VIII、IB、IIB	IIIA~0	元素的数目	电子填充的亚层	最高主量子数n	原子的电子层数
1	$1s^1$		$1s^2$	2	1s	1	1
2	$2s^{1\sim2}$		$2p^{1\sim6}$	8	2s、2p	2	2
3	$3s^{1\sim2}$		$3p^{1\sim6}$	8	3s、3p	3	3
4	$4s^{1\sim2}$	$3d^{1\sim10}4s^{1\sim2}$	$4p^{1\sim6}$	18	4s、3d、4p	4	4
5	$5s^{1\sim2}$	$4d^{1\sim10}5s^{1\sim2}$	$5p^{1\sim6}$	18	5s、4d、5p	5	5
6	$6s^{1\sim2}$	$4f^{1\sim14}5d^{1\sim10}6s^{1\sim2}$	$6p^{1\sim6}$	32	6s、4f、5d、6p	6	6

由表 3-1-3 可看到：

（1）在周期表中各同周期或同族元素的外层电子排布是有规律的。如同主族元素，原子的最外层电子数相等；同周期主族元素最外层电子数由 1 逐渐增加到 8 个电子。

（2）核外电子排布与划分周期有关。如元素所在周期数等于该元素原子的电子层数，等于原子中最高主量子数。

（3）核外电子排布与族的关系，由表 3-1-3 可见：

主族、IB 和IIB 的族数等于（$ns+np$）层上的电子数，n为最高主量子数。

IIIB~VIIB 的族数等于［$(n-1)d+ns$］层上的电子数。

VIII族元素的电子数为［$(n-1)d+ns$］层上的电子数，即 8~10 个电子。

（4）元素在周期表中的分区：

s 区：包括 IA、IIA 族元素。外层电子构型为ns^1和ns^2（n是最高主量子数）。

p 区：包括IIIA 至VIIA 和零族元素。外层电子构型为ns^2np^1至ns^2np^6（He 为 $1s^2$）。

d区：包括IIIB至VIIB和VIII族元素。外层电子构型一般为$(n-1)d^1ns^2$至$(n-1)d^8ns^2$，但有例外。

ds 区：包括 IB、IIB 族元素。外层电子构型为$(n-1)d^{10}ns^1$和$(n-1)d^{10}ns^2$。d 区和 ds 区元素叫过渡元素。

f 区：包括镧系中的 57~71 号元素和锕系中的 89~103 号元素。外层电子构型为$(n-2)f^{0\sim14}(n-1)d^{0\sim2}ns^2$。

【例 3-1-7】 锰原子的核外电子排布式为 $1s^22s^22p^63s^23p^63d^54s^2$，锰所在的：（1）周期数为（ ）；（2）族数为（ ）。

（1）A. 2　　B. 4　　C. 3　　D. 5

（2）A. VIIA　　B. IIA　　C. VIIB　　D. IIB

解 周期数为最高主量子数；价电子构型 $3d^54s^2$，为 d 区副族元素，族数为价电子数。

答案：（1）B；（2）C

（二）周期表中元素性质的递变规律

元素的性质决定于原子结构。由于原子的电子层结构呈周期性变化，所以元素的基本性质如原子半径、电离能、电子亲和能、电负性等也呈周期性变化，元素的化合物如氧化物及其水合物的酸碱性也呈递变性规律变化。

1. 原子半径

原子半径包括共价半径、金属半径、范德华半径。共价半径是同种元素的两原子以共价单键结合时两原子核间距的一半；金属半径是金属晶体中相邻两原子核间距的一半；在分子晶体中，分子间是以范德华力结合的。例如稀有气体形成的单原子分子晶体中，两个同种原子核间距离的一半就是范德华半径。

在周期表中，原子半径的变化规律为：同一周期主族元素从左到右有效核电荷E^*依次增加，原子半径依次减小，副族元素的原子半径略有减小；同一族元素从上到下，主族元素原子半径递增，副族元素略有增大但不明显，特别是五、六周期的元素，由于镧系收缩使得它们的原子半径相差很小。

2. 电离能（I）

定义：基态的气态原子失去一个电子形成+1 价气态离子所需要的最低能量为该原子的第一电离能（I_1）；从+1 价气态离子再失去一个电子形成+2 价气态离子时所需最低能量为第二电离能（I_2）；依此类推。随失去电子数的增加，电离能依次增加，即$I_1<I_2<I_3<\cdots$。通常所说的电离能是指I_1，单位为$\mathrm{kJ/mol}$。

变化规律：同一周期从左到右，主族元素的有效核电荷数依次增加，原子半径依次减小，电离能依次增大；同一主族元素从上到下原子半径依次增大，电离能依次减小，副族元素的变化不如主族元素那样有规律。

意义：电离能可用来衡量单个气态原子失去电子的难易程度。元素的电离能越小，越易失去电子，金属性越强。

3. 电子亲和能（Y）

基态的气态原子得到一个电子形成−1 价气态离子所放出的能量称为该元素的电子亲和能。电子亲和能越大，越容易获得电子，元素的非金属性越强。

4. 电负性（X）

为了衡量分子中各原子吸引电子的能力，泡利在 1932 年引入了电负性的概念。电负性数值越大，表明原子在分子中吸引电子的能力越强；电负性数值越小，表明原子在分子中吸引电子的能力越弱。元素的电负性较全面反映了元素的金属性和非金属性的强弱。

变化规律：同一周期从左到右，主族元素的电负性逐渐增大；同一主族从上到下元素的电负性逐渐减小。副族元素的电负性规律性较差。金属元素的电负性一般小于 2.0（金和铂除外）；非金属元素的电负性一般大于 2.0（硅除外）。

【例 3-1-8】下列元素中第一电离能最小的是：

A. H　　B. Li　　C. Na　　D. K

解 第一电离能是基态的气态原子失去一个电子形成+1 价气态离子所需要的最低能量。变化规律：同一周期从左到右，主族元素的有效核电荷数依次增加，原子半径依次减小，电离能依次增大；同一主族元素从上到下原子半径依次增大，电离能依次减小。

答案：D

【例 3-1-9】下列元素，电负性最大的是：

A. F　　B. Cl　　C. Br　　D. I

解 周期表中元素电负性的递变规律：同一周期从左到右，主族元素的电负性逐渐增大；同一主族元素从上到下电负性逐渐减小。

答案：A

【例 3-1-10】下列几种元素中原子半径最小的是：

A. Na　　B. Al　　C. F　　D. Bi

解 原子半径的变化规律为：同一周期主族元素从左到右原子半径依次减小，同一主族元素从上到下原子半径依次增加。Na、Al、P、Cl 是同一周期主族元素，原子半径 Na > Al>P >Cl；P 和 Bi 是同一主族元素，原子半径 Bi>P；F 和 Cl 是同一主族元素，原子半径 Cl>F。所以题中四个元素原子半径最小的是 F。

答案：C

5. 对角线规则和镧系收缩

在 s 区和 p 区元素中，除了同族元素的性质相似外，还有一些元素及其化合物的性质呈现出“对角线”相似性。所谓对角线相似，即 IA 族的 Li 与IIA 族的 Mg、IIA 族的 Be 与IIIA 族的 Al、IIIA 族的 B 与IVA 族的 Si，这三对元素在周期表中处于对角线位置，相应的两元素及其化合物的性质有许多相似之处。这种相似性称为对角线规则。

镧系元素的原子半径和离子半径的递变趋势是随着原子序数的增大而缓慢的减小，这种现象称为镧系收缩。随着原子序数的增加，镧系元素的原子半径虽然只是缓慢的变小，但是经过从 La 到 Yb 的 14 种元素的原子半径递减的积累却减小了 14pm 之多，从而造成了镧系后边 Lu，Hf 和 Ta 的原子半径与同族的 Y，Zr 和 Nb 的原子半径极为接近。

（三）元素的氧化物及其水合物酸碱性递变规律

1. 分类

（1）碱性氧化物——活泼金属的氧化物。

（2）酸性氧化物——主要是非金属氧化物。

（3）两性氧化物——主要是 Be、Al、Pb、Sb 等对角线上元素的氧化物和一些金属氧化物，如 TiO_2、Cr_2O_3 等。

（4）惰性氧化物或称不成盐氧化物，即不与水、酸、碱反应的氧化物，如 CO、NO 等。

2. 一般规律

（1）同周期元素最高价态氧化物及其水合物从左到右酸性递增、碱性递减。例如第三周期主族元素的氧化物及其水合物的酸碱性变化规律如下：

氧化物	Na_2O	MgO	Al_2O_3	SiO_2	P_2O_5	SO_3	Cl_2O_7
氧化物的水合物	$NaOH$	$Mg(OH)_2$	$Al(OH)_3$	H_2SiO_3	H_3PO_4	H_2SO_4	$HClO_4$
酸碱性	强碱	中强碱	两性	弱酸	中强酸	强酸	最强酸

酸性递增、碱性递减 →

又如第四周期副族：

氧化物	Sc_2O_3	TiO_2	V_2O_5	CrO_3	Mn_2O_7
氧化物的水合物	$Sc(OH)_3$	$Ti(OH)_4$	HVO_3	H_2CrO_4	$HMnO_4$
酸碱性	碱性	两性	弱酸	中强酸	高强酸

酸性递增、碱性递减 →

（2）同一主族元素相同价态的氧化物及其水合物，从上至下酸性减弱、碱性增强。例如 VA 族：

碱性增强 ↓				酸性增强 ↑
	N_2O_3	HNO_2	中强酸	
	P_2O_3	H_3PO_3	中强酸	
	As_2O_3	H_3AsO_3	两性偏酸	
	Sb_2O_3	$Sb(OH)_3$	两性偏碱	
	Bi_2O_3	$Bi(OH)_3$	碱性	

又例如VIB 族：

酸性 $H_2CrO_4>H_2MoO_4>H_2WO_4$

（3）同一元素不同价态的氧化物及其水合物，依价态升高的顺序酸性增强，碱性减弱。

例如：

CrO	Cr_2O_3	CrO_3
$Cr(OH)_2$	$Cr(OH)_3$	H_2CrO_4
碱性	两性	酸性

酸性增强 →

3. 氧化物及其水合物的酸碱性与结构的关系

（1）R—O—H 规则

以下分四点简要说明规则内容：

①氧化物的水合物不论是酸还是碱，其结构中均含有 R—O—H 部分。如：

$Mg(OH)_2$：HO—Mg—OH；H_2SO_4：HO—S(=O)(=O)—OH

②规则把 R、O、H 都看成离子，即 R^{n+}、O^{2-}、H^+。

③R—O—H 有两种电离方式，即：

R — O ┆ H　酸式电离，产生H^+，则为酸

R ┆ O — H　碱式电离，产生OH^-，则为碱

④采取何种方式电离取决于 R^{n+}与 O^{2-}和 O^{2-}与 H^+之间作用力的大小。若 R^{n+}的电荷多、半径小，

则 R^{n+}与 O^{2-}的引力将大于 O^{2-}与 H^+的引力，则发生酸式电离呈酸性；若 R^{n+}电荷少，半径大，具有 8 电子构型，R^{n+}与 O^{2-}的引力将小于 O^{2-}与 H^+的引力，则发生碱式电离呈碱性；如果 R^{n+}与 O^{2-}的引力近似等于 O^{2-}与 H^+的引力，既可发生酸式电离，也可以发生碱式电离，该水合物具有两性。以第三周期氧化物之水合物的酸碱性递变规律说明如下：

R^{n+}	Na^+	Mg^{2+}	Al^{3+}	Si^{4+}	P^{5+}	S^{6+}	Cl^{7+}
R^{n+}电荷数	+1	+2	+3	+4	+5	+6	+7
R^{n+}半径（Pm）	90	65	50	41	34	29	26
$R(OH)_n$	NaOH	$Mg(OH)_2$	$Al(OH)_3$	H_2SiO_3	H_3PO_4	H_2SO_4	$HClO_4$
酸碱性	强碱	中强碱	两性	弱酸	中强酸	强酸	最强酸

R^{n+}的电荷数递增，半径递减，R^{n+}与O^{2-}引力递增，酸式电离递增，酸性增强。→

（2）鲍林规则

为了说明含氧酸酸性的相对强弱，鲍林将含氧酸写成 $(HO)_mRO_n$，n为不与 H 结合的氧原子数。鲍林认为：n值越大，酸性越强。例如：

$HClO_4$	写成 $HOClO_3$	$n = 3$	↓ n值下降
H_2SO_4	写成 $(HO)_2SO_2$	$n = 2$	酸性减弱
HNO_2	写成 HONO	$n = 1$	
H_3BO_3	写成 $(HO)_3B$	$n = 0$	

【例 3-1-11】 下列物质中酸性最弱的是：

A. H_3PO_4　　B. $HClO_4$　　C. H_3AsO_4　　D. H_3AsO_3

解 同一周期元素最高价态氧化物及其水合物从左到右酸性递增、碱性递减，酸性 $HClO_4$> H_3PO_4；同一元素不同价态的氧化物及其水合物，依价态升高的顺序酸性增强、碱性减弱。酸性 H_3PO_4> H_3AsO_4> H_3AsO_3。所以题中最弱酸是 H_3AsO_3。

答案： D

三、化学键

化学键是分子或晶体中原子或离子间的强烈作用力。键能约为 100~800 kJ/mol，是决定分子和晶体的化学性质的主要因素。一般分为共价键、离子键和金属键三大类。

（一）离子键

1. 离子键的形成和特性

电负性大的非金属原子（如VIIA 元素）和电负性小的金属原子（如 IA 元素）相互靠近时发生电子转移形成正负离子，正负离子借静电作用形成离子键。由离子键结合而成的化合物或晶体叫离子型化合物或离子晶体。

离子键的特征是没有饱和性和方向性。离子键的实质是静电引力。离子的电荷数取决于形成离子时原子得失电子数。

2. 离子半径

离子半径是反映离子大小的一个物理量。在离子型化合物中，相邻两正、负离子的核间距也就是正、负离子半径之和。离子半径的导出以正、负离子半径之和等于相邻两正、负离子的核间距（离子键键长）这一原理为基础，从大量 X 射线晶体结构分析实测键长值中推引出离子半径。离子半径的大小主要取决于离子所带电荷和离子本身的电子分布，但还要受离子化合物结构类型的影响。其变化规律为：同周期不同元素离子的半径随离子电荷代数值增大而减小，如 $S^{2-}>Cl^->Na^+>Mg^{2+}>Al^{3+}>Si^{4+}>P^{5+}$。同族元素电荷数相同的离子半径随电子层数增加而增大，如 $Be^{2+}<Mg^{2+}<Ca^{2+}<Sr^{2+}<Ba^{2+}$，$F^-<Cl^-<Br^-<I^-$。同种元素的离子半径随电荷数的增大而减小，如 $Fe^{2+}>Fe^{3+}$，$Pb^{2+}>Pb^{4+}$等。

3. 离子的电子构型

在离子型化合物中，对简单的负离子来讲都具有稀有气体原子的稳定结构，如 Cl^-（$3s^23p^6$）、O^{2-}（$2s^22p^6$）等，对正离子来讲具有：

（1）2 电子构型，如 Li^+、Be^{2+}（$1s^2$）。

（2）8 电子构型，如 Na^+、Mg^{2+}、Al^{3+}、Ca^{2+}（ns^2np^6）。

（3）9~17 电子构型，如 Fe^{2+}、Cr^{3+}、Cu^{2+}、Mn^{2+}（$ns^2np^6nd^{1\sim9}$）。

（4）18 电子构型，如 Cu^+、Zn^{2+}、Ag^+、Cd^{2+}（$ns^2np^6nd^{10}$）。

（5）18+2 电子构型，如 Sn^{2+}、Pb^{2+}、$Sb^{3+}$$[(n-1)s^2(n-1)p^6(n-1)d^{10}ns^2]$。

4. 晶格能（U）

在离子晶体中表示离子键的强度和晶格的牢固程度可用晶格能衡量。晶格能是指在 298K、100kPa 压力下，由气态正负离子生成 1 摩尔离子晶体时所放出的能量。由此可见晶格能值越大，放出的能量越大，离子晶体越稳定，破坏其晶格时耗费的能量也越大。

影响晶格能的因素主要有正负离子的电荷数和其半径，它们的关系可粗略表示为

$$U \propto \frac{|Z_+ \cdot Z_-|}{r_+ + r_-} \tag{3-1-9}$$

对于晶体构型相同的离子晶体，离子电荷越多，半径越小，晶格能越大，离子键越强，晶格越牢固。

5. 离子的极化

离子在外电场或另一离子作用下，发生变形产生诱导偶极的现象叫离子极化。正负离子相互极化的强弱取决于离子的极化力和变形性。

离子的极化力是指某离子使其他离子变形的能力，极化力取决于：

（1）离子的电荷。电荷数越多，极化力越强。

（2）离子的半径。半径越小，极化力越强。

（3）离子的电子构型。当电荷数相等、半径相近时，极化力的大小为：18 或 18+2 电子构型>9~17 电子构型>8 电子构型。

离子的变形性是指某离子在外电场作用下电子云变形的程度。影响变形性的因素有：

（1）离子的电荷。正离子电荷越多，变形性越小；负离子电荷越多，变形性越大，如

$$Si^{4+} < Al^{3+} < Mg^{2+} < Na^+ < F^- < O^{2-}$$

（2）离子半径。半径越大，变形性越大。如

$$I^- > Br^- > Cl^- > F^-$$

（3）离子的电子构型。8电子构型的离子其变形性小于其他电子构型。

每种离子都具有极化力与变形性，但在一般情况下，主要考虑正离子的极化力和负离子的变形性，只有当正离子也容易变形时才考虑正负离子间的相互极化作用。

由于离子的极化作用，使负离子的电子云向正离子偏移，导致电子云的重叠，键的极性减弱，使离子键向共价键过渡，离子晶体向分子晶体过渡。例如d区、ds区、p区金属元素的氯化物、氧化物等晶体的过渡就是离子极化作用的结果。

【例3-1-12】 在NaCl，$MgCl_2$，$AlCl_3$，$SiCl_4$四种物质中，离子极化作用最强的是：

A. NaCl　　B. $MgCl_2$　　C. $AlCl_3$　　D. $SiCl_4$

解 离子的极化作用是指离子的极化力，离子的极化力为某离子使其他离子变形的能力。极化力取决于：①离子的电荷，电荷数越多，极化力越强；②离子的半径，半径越小，极化力越强；③离子的电子构型，当电荷数相等、半径相近时，极化力的大小为：18或18+2电子构型>9~17电子构型>8电子构型。每种离子都具有极化力和变形性，一般情况下，主要考虑正离子的极化力和负离子的变形性。离子半径的变化规律：同周期不同元素离子的半径随离子电荷代数值增大而减小。四个化合物中$SiCl_4$是分子晶体。NaCl、$MgCl_2$、$AlCl_3$中的阴离子相同，都为Cl^-，阳离子分别为Na^+、Mg^{2+}、Al^{3+}，离子半径逐渐减小，离子电荷逐渐增大，极化力逐渐增强，对Cl^-的极化作用逐渐增强，所以离子极化作用最强的是$AlCl_3$。

答案： C

（二）共价键

1. 共价键的形成

当非金属元素和电负性相差不大的原子之间相互靠近时，通过电子相互配对形成的化学键为共价键。由共价键形成的化合物叫共价型化合物。共价型化合物的晶体有原子晶体和分子晶体。

共价键理论包括价键理论和杂化轨道理论。

2. 价键理论的要点

（1）两原子靠近时，自旋相反的未成对电子可以配对形成共价键（所以价键理论也称电子配对法）。

（2）成键电子的原子轨道必须发生最大限度的重叠。轨道重叠越多，共价键越牢固。

3. 共价键的特征

（1）具有饱和性。一个原子含有n个未成对电子，只能和n个自旋方向相反的电子配对成键。如$:\dot{\underset{\cdot}{N}}\cdot$可形成3个共价单键，或形成一个共价叁键；$:\underset{\cdot}{\dot{O}}:$可形成2个共价单键，或形成一个共价双键，$:\ddot{\underset{\cdot\cdot}{F}}\cdot$只能形成一个共价单键。

（2）具有方向性。轨道重叠时成键电子的原子轨道总是沿一定的方向进行重叠。

4. 共价键的类型——σ键和π键

σ键：成键轨道沿键轴（两原子核间连线）方向以“头碰头”的方式重叠。重叠部分以键轴为对称轴呈圆柱形对称分布。故σ键重叠程度大、键能大、稳定性高。

π键：成键轨道沿键轴方向以“肩并肩”方式重叠。重叠部分垂直于键轴镜面反对称。π键重叠程度较σ键小，π键没有σ键牢固，稳定性较差，易发生化学反应。共价单键一般为σ键，双键中含一个σ键一个π键，叁键中一个σ键两个π键。

【例 3-1-13】 $H_2C=HC-CH=CH_2$ 分子中所含化学键共有：

A. 4个σ键，2个π键　　B. 9个σ键，2个π键

C. 7个σ键，4个π键　　D. 5个σ键，4个π键

解 共价键的类型分σ键和π键。共价单键均为σ键；共价双键中含1个σ键，1个π键；共价三键中含1个σ键，2个π键。

丁二烯分子中，碳氢间均为共价单键，碳碳间含1个碳碳单键，2个碳碳双键。结构式为：

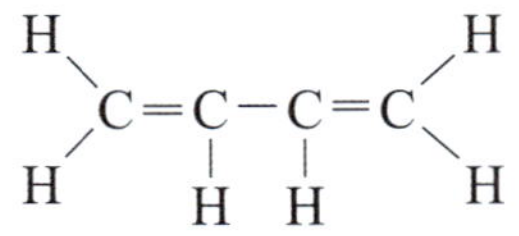

答案： B

5. 杂化轨道理论要点

杂化轨道理论是在价键理论基础上发展起来的，能较好的解释多原子分子的空间构型。其主要论点为：

（1）原子轨道在成键过程中并不是一成不变的。原子（一般为中心原子）在成键时，受外力作用使原子中能级相近的原子轨道重新组合成新的原子轨道，这一过程称为轨道杂化，简称杂化。新组合成的原子轨道叫杂化轨道。

（2）杂化轨道的数目取决于参加杂化的轨道数（见表3-1-4），即一个原子中能量相近的n个原子轨道，可以而且只能形成n个杂化轨道。

杂化类型与分子空间构型　　表 3-1-4

杂化类型	sp	sp^2	sp^3	sp^3不等性	
参加杂化轨道数	1个s、1个p	1个s、2个p	1个s、3个p	1个s、3个p	
杂化轨道数	2	3	4	4	
轨道间夹角	180°	120°	109°28'	<109°28'	<109°28'
空间构型	直线形	平面三角形	正四面体	三角锥形	"V"字形
实例	$BeCl_2$、$HgCl_2$	BF_3、BCl_3	CH_4、SiF_4	NH_3、PH_3	H_2O、H_2S

（3）杂化轨道的形状：杂化后使轨道的正瓣变大，更能满足最大重叠原理，从而提高成键能力，使分子更稳定。

（4）杂化轨道的空间构型决定分子的空间构型（见表 3-1-4）。sp^3杂化轨道中含孤电子对数不同，分子的空间构型不同。

（5）杂化轨道分等性杂化轨道和不等性杂化轨道。凡能量相等、成分相同的杂化轨道叫等性杂化轨道；凡原子中有孤对电子占据杂化轨道而不成键的杂化叫不等性杂化，所形成的杂化轨道的成分不完全等同，故称不等性杂化轨道。

6. 杂化类型的确定

对于AB_n型的分子、离子，且限于只有s、p参与的杂化，下面介绍如何确定中心原子的杂化类型。

（1）确定A的价电子对数（x）

若AB_n为分子：$x=\frac{1}{2}$（A的价电子数+B提供的电子总数），见表3-1-5。

表 3-1-5

族数	H	IIA、IIB	IIIA	IVA	VA	VIA	VIIA
A 的价电子数	—	2	3	4	5	6	7
B 提供的电子数	1	—	—	—	—	0	1

若 AB_n^{m+}为正离子：$x=\frac{1}{2}$（A 的价电子数+B 提供的电子总数−离子的电荷数）

若 AB_n^{m-}为负离子：$x=\frac{1}{2}$（A 的价电子数+B 提供的电子总数+离子的电荷数）

离子的电荷数即m值。

（2）确定杂化类型（见表 3-1-6）

表 3-1-6

价电子对数	2	3	4
杂化类型	sp 杂化	sp^2 杂化	sp^3 杂化

【例 3-1-14】PCl_3 分子空间几何构型及中心原子杂化类型分别为：

A. 正四面体，sp^3 杂化　　B. 三角锥形，不等性 sp^3 杂化

C. 正方形，dsp^2 杂化　　D. 正三角形，sp^2 杂化

解 PCl_3 分子中心原子 P 的价电子对数$x=\frac{1}{2}(5+3)=4$，中心原子 P 与三个 Cl 形成三个σ键，且中心原子 P 还有一个孤对电子，所以中心原子 P 为不等性 sp^3 杂化，PCl_3 分子空间几何构型为三角锥形。

答案： B

（三）金属键

金属中自由电子与原子（或正离子）之间的作用力称为金属键。

1. 金属键的形成

金属元素的原子半径一般较大，而最外层电子数又较少，因此，金属晶体中最外层电子易从金属原子上脱落，在晶体内自由运动，成为自由电子。原子脱落电子后形成正离子。在整个金属晶体中的原子（或离子）与自由电子所形成的化学键称为金属键。又称改性共价键，即将自由电子看成是金属原子或离子的共有电子，所有原子都参与的一种特殊的共价键。金属的一些特性，如传热性、导电性、延展性等，都与自由电子的存在与运动有关。

2. 金属键的特征

无方向性和无饱和性。

3. 金属键的强度

决定于金属的价电子数和原子半径。价电子数越多，原子半径越小，金属键越强。

离子键通常存在于离子晶体中，共价键存在于共价型单质或共价型化合物中，金属键存在于金属及合金中。

四、分子间的力和氢键

（一）共价键的极性

共价键有无极性取决于相邻两原子间共用电子对有无偏移。有偏移的是极性共价键；没有偏移的是非极性共价键。采用电负性差值来判别时：电负性差等于零为非极性共价键；电负性差不等于零为极性共价键。

（二）分子的极性

分子是否有极性取决于分子中正负电荷中心是否重合。重合的为非极性分子；不重合的为极性分子。分子是否有极性或分子极性的大小也可用分子的偶极矩来判断。

偶极矩μ等于极上电荷q乘以偶极长度l。μ等于零为非极性分子；μ不等于零为极性分子，而且μ值越大，分子的极性越大。

对双原子分子，分子的极性决定于键的极性。对于多原子分子，分子的极性决定于键的极性和分子的空间构型，若键有极性，而分子空间构型对称，则分子无极性，如 CO_2、$HgCl_2$、BF_3、CCl_4 等；若键有极性，而分子空间构型不对称，则分子有极性，如 NH_3、H_2O、$SiHCl_3$ 等。

多原子分子（AB_n 型）极性的判断：

A 的氧化数的绝对值与 A 的价电子数是否相等，相等为非极性分子，不等为极性分子。

总之，共价键是否有极性，取决于相邻两原子间共用电子对是否偏移；而分子是否有极性，取决于整个分子中正、负电荷中心是否重合。

上述讨论分子极性时，只是考虑孤立分子中电荷的分布情况。如果把分子置于外加电场中，由于同性相斥，异性相吸，非极性分子原来重合的正、负电荷中心被分开，极性分子原来不重合的正、负电荷中心也被进一步分开。这种正、负两“极”（即电中心）分开的过程叫极化。由此产生的偶极叫诱导偶极。分子被极化的难易程度用分子的极化率来表示，极化率由试验测定，它反映分子在外电场作用下变形的性质。分子的变形性与分子大小有关，分子越大，包含的电子越多，就会有较多的电子被吸引得较松，分子的变形性也越大。

分子以原子核为骨架，电子受到骨架的吸引。但是，原子核和电子无时无刻不在运动。所谓分子构型其实只表现了在一段时间内的大体情况，每一瞬间都是不平衡的。因此，所谓的正、负电荷中心的位置只是在一段时间的统计结果。在某一瞬间，正、负电荷中心可能离开它的平衡位置，由此产生的偶极叫瞬时偶极。

（三）分子间力

在分子与分子之间存在的作用力称分子间力，也称范德华力。分子间力是分子间一种较弱的相互作用力，比化学键小 1~2 个数量级。

1. 分子间力的产生

任何分子都有正、负电荷中心，非极性分子也有正、负电荷中心，不过是重合在一起。任何分子都有变形的性能。分子的极性和变形性是当分子互相靠近时分子间产生吸引作用的根本原因。

（1）色散力

色散力是瞬时偶极与瞬时偶极之间产生的作用力。瞬时偶极是由于每一瞬间分子的正、负电荷中心不重合产生的偶极。分子量越大，产生的瞬时偶极也越大，色散力越大。色散力存在于非极性分子与非极性分子之间，也存在于非极性分子与极性分子、极性分子与极性分子之间。

（2）诱导力

诱导力是由诱导偶极和固有偶极之间产生的作用力。诱导偶极是由于在极性分子的固有偶极的影响下产生的偶极。固有偶极越大，产生的诱导偶极也越大，诱导力也就越大。诱导力存在于非极性分子与极性分子之间，也存在于极性分子与极性分子之间。

诱导偶极也可在外电场的作用下产生。

（3）取向力

取向力是由固有偶极和固有偶极之间产生的作用力。固有偶极即极性分子原有的偶极。分子的极性越大，取向力越大。取向力存在于极性分子与极性分子之间。

分子间力是色散力、诱导力、取向力的总称。

2. 影响分子间力的因素

分子间力以色散力为主，只有当分子的极性特别大时（如 H_2O）才以取向力为主。

在同类型分子中，色散力正比于分子的摩尔质量，正比于分子半径。所以分子间力正比于分子的摩尔质量，正比于分子半径。

3. 分子间力的特征

（1）没有方向性和饱和性；

（2）分子间力比化学键小 1~2 个数量级；

（3）分子间力的作用范围 0.3~0.5nm。

分子间力主要影响物质的熔点、沸点和硬度等。对同类型分子，分子量越大，色散力越大，分子间力越大，物质的熔、沸点相对要高，硬度要大。

（四）氢键

氢原子与电负性大、半径小、有孤对电子的原子 X（如 F、O、N）形成强极性共价键（H—X）后，还能吸引另一个电负性较大的原子Y（如F、O、N）中的孤对电子而形成氢键（X—H···Y），点线表示氢键。氢键具有饱和性和方向性，其键能比共价键的键能小得多，与分子间力更为接近些。氢键分为分子内氢键和分子间氢键，分子间氢键使物质熔点、沸点升高，分子内氢键使物质溶、沸点降低。若溶质分子与溶剂分子之间可以形成氢键，则溶质的溶解度增大。

【例 3-1-15】 下列分子中属极性分子的是：

A. $SiCl_4$　　B. NH_3　　C. CO_2　　D. BF_3

解　对于多原子分子，分子的极性取决于键的极性和分子的空间构型，若键有极性，而分子的空间构型对称，则分子无极性；若键有极性，而分子的空间构型不对称，则分子有极性。$SiCl_4$、NH_3、CO_2、BF_3 四个分子中的共价键都是极性键，但 $SiCl_4$、CO_2、BF_3 三个分子空间构型对称，为非极性分子，而 NH_3 是三角锥形分子，为极性分子。

答案：B

【例 3-1-16】 下列每组分子中只存在色散力的是：

A. H_2 和 CO_2　　B. HCl 和 SO_3

C. H_2O 和 O_2　　D. SO_2 和 H_2S

解　非极性分子与非极性分子间只存在色散力，极性分子与非极性分子间存在色散力和诱导力；极性分子与极性分子间存在色散力、诱导力和取向力。H_2 和 CO_2 都为非极性分子，只存在色散力。

答案：A

【例 3-1-17】 下列分子中存在氢键的是：

A. CO_2　　B. HBr　　C. NH_3　　D. CH_4

解　当分子中的氢原子与电负性大、半径小、有孤对电子的原子（如 N、O、F）形成强极性共价键后，还能吸引另一个电负性较大原子（如 N、O、F）中的孤对电子而形成氢键。

答案：C

【例 3-1-18】 下列分子中键的极性最大的是：

A. HF　　B. HCl　　C. HBr　　D. HI

解 两个原子间形成共价键时，两原子电负性差值越大，共价键极性越大。F原子电负性最大。

答案： A

【例 3-1-19】 下列化合物中，含极性键的非极性分子是：

A. Cl_2　　B. H_2S　　C. CH_4　　D. H_2O

解 不同原子间形成的共价键为极性共价键。对于多原子分子，分子的极性取决于键的极性和分子的空间构型，若键有极性，而分子的空间构型对称，则分子无极性。CH_4 为正四面体构型，为非极性分子。

答案： C

五、理想气体定律

气体的基本特征是它的扩散性和压缩性。

气体的密度小，分子之间的空隙很大，这正是气体具有较大压缩性的原因，也是不同气体可以任何比例混合成为均匀混合物的原因。

温度与压力对气体体积的影响很大，联系体积、压力和温度之间关系的方程式称为状态方程。

（一）理想气体状态方程

理想气体体积、温度和压力之间的关系式为理想气体状态方程式，即为

$$pV = nRT \tag{3-1-10}$$

式中，R称为摩尔气体常数。在国际单位制中，p以 Pa、V以 m^3、T以 K 为单位，则$R = 8.314J/(mol \cdot K)$。

对真实气体，该式实际上是一个近似方程式，只有在分子本身体积极小（接近于没有体积）和分子间相互作用力极小（可忽略）的情况下，上述方程式才是准确的。真实气体分子本身有体积，分子之间有相互作用力，但在较高温度（不低于 0℃）、较低压强（不高于 101.3kPa）的情况下，这两个因素可忽略不计，用上式进行计算的结果能接近实际情况。

（二）混合气体分压定律

（1）分体积：指相同温度下，组分气体i具有和混合气体相同压强时所占的体积V_i。若混合气体中有组分 1，2，3，…，i种气体，则混合气体的体积$V_{总} = V_1 + V_2 + \cdots + V_i$。

（2）体积分数：指某组分i的分体积V_i与总体积$V_{总}$之比，即$X_i = V_i/V_{总}$。

（3）分压强：在恒温时，某组分气体i占据与混合气体相同体积时，对容器所产生的压强，即为该组分气体的分压强p_i，也称分压。

（4）分压定律：

由实验结果得出：混合气体的总压强$p_{总}$为各组分气体的分压之和，即

$$p_{总} = p_1 + p_2 + \cdots + p_i \tag{3-1-11}$$

混合气体中每一种气体都分别遵守理想气体状态方程式，即

$$p_i V_{总} = n_i RT \tag{3-1-12}$$

由以上两点可引出两条重要推论，即

$$p_i = p_{总} \times \frac{V_i}{V_{总}} \quad (3-1-13)$$

$$p_i = p_{总} \times \frac{n_i}{n_{总}} \quad (3-1-14)$$

所以混合气体分压定律为：混合气体的总压强$p_{总}$等于组分气体分压之和；某组分气体分压p_i的大小和它在气体混合物中的体积分数$V_i/V_{总}$（或摩尔分数$n_i/n_{总}$）成正比。

（三）有关计算

根据分压定律，可以计算混合气体的总压，也可根据总压和体积分数计算组分气体的分压。

【例 3-1-20】 在 298K 时，将压强为 3.33×10^4Pa 的氮气 0.2L 和压强为 4.67×10^4Pa 的氧气 0.3L 移入 0.3L 的真空容器，问混合气体中各组分气体的分压强、分体积和总压强各为多少？从答案中可得到什么结论？

解　由题意可知，两气体混合过程中温度不变，又知两气体在 298K 时不发生化学反应，混合前后物质的量不变。所以

$$(pV)_{混合前} = (pV)_{混合后}$$

对氮气

$$3.33 \times 10^4 \times 0.2 = P_{N_2} \times 0.3，\ p_{N_2} = 2.22 \times 10^4 \mathrm{Pa}$$

对氧气

$$4.67 \times 10^4 \times 0.3 = p_{O_2} \times 0.3，\ p_{O_2} = 4.67 \times 10^4 \mathrm{Pa}$$

$$p_{总} = (2.22 + 4.67) \times 10^4 = 6.89 \times 10^4 \mathrm{Pa}$$

根据分压定律

$$p_i = p_{总} \times V_i/V_{总}，\ V_i = p_i \times V_{总}/P_{总}$$

对氮气

$$V_{N_2} = 2.22 \times 10^4 \times 0.3 \div (6.89 \times 10^4) = 0.097\mathrm{L}$$

对氧气

$$V_{O_2} = 4.67 \times 10^4 \times 0.3 \div (6.89 \times 10^4) = 0.203\mathrm{L}$$

则氮气和氧气的分压分别为2.22×10^4Pa和4.67×10^4Pa，分体积分别为 0.097L 和 0.203L，总压强为6.89×10^4Pa。可见分体积并不一定是混合前气体的体积。

【例 3-1-21】 将 1 体积氮气和 3 体积氢气的混合物放入反应器中，在总压强为 1.42×10^6Pa 的压强下开始反应，当原料气有 9%反应时，各组分的分压和混合气体的总压各为多少？

解　①先求反应前各物质的分压，根据

$$p_i = p_{总} \times \frac{V_i}{V_{总}}$$

对氮气

$$p_{N_2} = 1.42 \times 10^6 \times \frac{1}{1+3} = 3.55 \times 10^5 \mathrm{Pa}$$

对氢气

$$p_{H_2} = 1.42 \times 10^6 \times \frac{3}{1+3} = 1.065 \times 10^6 \mathrm{Pa}$$

②求反应后各物质的分压，由于氮气和氢气已有 9%起了反应，故它们的分压比反应前减小 9%，即：

对氮气　$p_{N_2} = 3.55 \times 10^5 \times (1 - 9\%) = 3.23 \times 10^5 \mathrm{Pa}$

对氢气　$p_{H_2} = 1.065 \times 10^6 \times (1-9\%) = 9.69 \times 10^5\text{Pa}$

对氨气：根据化学反应方程式

$$N_2 + 3H_2 = 2NH_3$$

氨的生成量为氮消耗量的 2 倍，因此生成的氨的分压为氮分压减少值的 2 倍，即

$$p_{NH_3} = 2 \times (3.55 - 3.23) \times 10^5 = 6.40 \times 10^4\text{Pa}$$

因此混合气体的总压强

$$p_{总} = p_{H_2} + p_{N_2} + p_{NH_3} = (3.23 + 9.69 + 0.64) \times 10^5 = 1.36 \times 10^6\text{Pa}$$

则氮的分压为3.23×10^5Pa，氢的分压为9.69×10^5Pa，氨的分压6.40×10^4Pa；混合气体的总压为1.36×10^6Pa。

六、液体蒸气压、沸点、汽化热

同气体相比，液体是不可压缩的；液体分子的扩散也比气体分子缓慢得多。

（一）液体的蒸气压

蒸气压是饱和蒸气压的简称，指在一定温度下与液体相互平衡的蒸气所具有的压强。

在某温度下，若将某液体放置在密封的容器中，液体分子将迅速蒸发，随气相中蒸气分子的浓度增加，凝聚速度V_1逐渐增加而接近蒸发速度V_2

$$液体 \underset{凝聚}{\overset{蒸发}{\rightleftharpoons}} 蒸气$$

当$V_1 = V_2$时，液气之间达成动态平衡，此时蒸气分子的浓度和蒸气压均达到某一恒定值。只要有液体与蒸气共存，蒸气压与容器的体积无关。当温度升高时，蒸气压升高。如80℃时水的蒸气压为47.4kPa，100℃时为 101.3kPa。

（二）液体的沸点

液体在其蒸气压与液面上压强相等时的温度下沸腾，如果此压强为一个标准大气压（101.3kPa），液体沸腾时的温度就为该液体的正常沸点。即一种液体的正常沸点就是它的平衡蒸气压恰好等于101.3kPa 时的温度。在 101.3kPa 下的水，正常沸点是 100℃，苯的正常沸点是 80℃。若液面上的压强降低，液体的沸点低于正常沸点，如水面压强降到 3.2kPa，水在 25℃就沸腾，水的沸点为 25℃。反之，水面压强高于 101.3kPa，水的沸点高于正常沸点 100℃，如高压锅中沸水的温度就高于 100℃。

（三）液体的汽化热

为使一种液体能在恒温下蒸发，必须向此液体供给充分的热量。所以把在恒温下使单位质量的液体蒸发所必须供给的热能叫作汽化热。如水的汽化热在 100℃时为 40.6kJ/mol，50℃时为 42.7kJ/mol。

七、晶体类型与物质的性质

（一）晶体的基本类型及物理性质

大多数固体物质都是晶体。晶体是具有规则几何多面体外形的固体。由于晶格结点上的粒子不同，粒子间作用力不同，可将晶体分为离子晶体、原子晶体、分子晶体和金属晶体四种基本类型。

1. 离子晶体

在离子晶体中，组成晶格的微粒是正、负离子，它们交错地排列在晶格结点上，彼此以离子键相

结合，离子键的键能较大，因此离子晶体具有较高的熔点、沸点，硬而较脆，易溶于极性溶剂，固态时不导电，熔融状态或水溶液中能导电。

绝大多数盐类（如 NaCl、CaF_2、K_2SO_4 等）、强碱（如 NaOH、KOH 等）和许多金属氧化物（如 MgO、CaO、Na_2O 等）都属于离子晶体的结构类型。

离子晶体的熔点、硬度与晶格的牢固程度与晶格能的大小有关。晶格能是指在 298.15K 和标准压力下，由气态正、负离子生成 1mol 离子晶体所释放出来的能量。

离子电荷与离子半径对离子晶体熔点和硬度的影响：晶格能的大小与正、负离子的电荷（分别以 q^+、q^-表示）及正、负离子的半径（分别用r^+、r^-表示）有关。离子电荷数越多、离子半径越小时，产生的静电强度越大，与相反电荷离子的结合力就越强，相应离子的晶格能就越大，熔点就越高，硬度也越大。

2. 原子晶体

在原子晶体中，组成晶格的粒子是原子。原子间以共价键相结合，由于共价键的结合力极强，所以这类晶体的熔点极高，硬度极大，延展性差，不能导电，不溶于大多数溶剂中。

周期表中第IVA 族元素碳（金刚石）、硅、锗、灰锡等单质的晶体是原子晶体。周期表中第IIIA、IVA、VA 族元素彼此组成的化合物如碳化硅（SiC）、氮化铝（AlN）等化合物也是原子晶体。

3. 分子晶体

在分子晶体中，组成晶格的粒子是分子，分子内部虽以共价键相结合，但分子之间则仅靠分子间作用力结合成晶体。由于分子间力比化学键力弱得多，因此，分子晶体的熔点、沸点都很低，在常温下多为气体、液体或低熔点固体。

在分子晶体中，不存在离子或自由电子，所以无论是固态、还是液态都不导电。

分子晶体的物种极多，许多单质如 H_2、O_2、N_2、I、硫（S_3）、白磷（P_4）等和数以万计的化合物如冰（H_2O）、氨（NH_3）、氯化氢（HCl）等在一定条件下形成的固体都属于分子晶体。

4. 金属晶体

在金属晶体的晶格结点上排列着金属的原子和正离子，在它们之间存在着从金属原子脱落下来的自由电子。由于自由电子的存在使金属具有导电性。它的导电性随着温度的升高而降低，它还具有良好的传热性和延展性。

以上四种晶体的结构特征及物理特性，归纳于表 3-1-7。

四种晶体的结构特征与物理特性 表 3-1-7

晶体类型		离子晶体	原子晶体	分子晶体	金属晶体
晶格结点上粒子		正、负离子	原子	分子	原子、正离子
粒子间作用力		离子键	共价键	分子间力（氢键）	金属键
物理特性	熔点	较高	高	低	多数高、少数低
	硬度	较硬	大	小	多数大、少数小
	导电性	熔融或溶解后导电	差	差	良
	延展性	差	差	差	良
实例		NaCl、MgO、KNO_3、CsCl	金刚石、Si、SiC、GaAs、BN	CO_2、H_2、I_2、H_2O、SO_2	金属及合金

（二）过渡型晶体

过渡型晶体又叫混合型晶体。晶体内部质点间有多种作用力。

1. 层状结构晶体

如石墨，层内碳原子间作用力是 sp^2-$sp^2$$\sigma$键和大π键，层与层之间是分子间力。故石墨耐高温，有金属光泽和良好的传热性、导电性及润滑性。

2. 链状结构晶体

如石棉，链内原子之间是共价键，链与链之间作用力是弱静电引力。故石棉易撕裂成纤维状。

（三）推测晶体某些物理特性的一般方法

1. 根据元素的性质确定键型和晶型

（1）绝大多数金属为金属键，属金属晶体。

（2）在共价化合物中，先区分原子晶体。原子晶体为数不多，如金刚石（C）、Si、Ge、灰 Sn，化合物有 SiC、SiO_2、GaAs、AlN、BN 等。

（3）区分离子晶体和分子晶体。位于周期表左下角的金属元素与右上角的非金属元素形成的晶体是典型的离子晶体；一般金属元素与非金属元素形成的晶体是过渡型晶体；非金属元素的单体及其化合物除少数为原子晶体外，其余都是分子晶体。

2. 根据各类晶体的特性预测其物理性能

注意区分分子晶体中原子间作用力（即化学键力）和分子间作用力（包括分子间力和氢键），同类型分子晶体随摩尔质量增大，分子间力增大，熔沸点升高。有氢键的分子晶体，熔沸点有所升高但仍低于离子晶体、原子晶体和金属晶体。

不同的金属晶体金属键强度差别较大，IA 族金属原子半径较大、价电子最少，因此金属键较弱，金属晶体熔点低，硬度小，VIB 族原子未成对的外电子数多，原子半径小，金属键较强，元素单质的熔沸点最高。

【例 3-1-22】 下列物质中熔点最高的是：

A. NaCl　　B. NaF　　C. NaBr　　D. NaI

解　四个化合物都是离子晶体，离子晶体晶格能越大，熔点越高。晶格能大小与正、负离子电荷和半径有关，离子电荷数越多、离子半径越小，晶格能越大。四个化合物正、负离子电荷数相同，氟离子半径最小，NaF 的晶格能最大，熔点最高。

答案： B

【例 3-1-23】 下列物质中熔点最高的是：

A. $AlCl_3$　　B. $SiCl_4$　　C. SiO_2　　D. H_2O

解　四种晶体类型中，原子晶体熔点最高。题中四种物质，SiO_2 是原子晶体，熔点最高。

答案： C

习　题

3-1-1　下列各套量子数中不合理的是（　　）。

A. $n=2$，$l=1$，$m=-1$　　B. $n=3$，$l=1$，$m=0$

C. $n=2$，$l=2$，$m=-2$　　D. $n=4$，$l=3$，$m=3$

3-1-2 下列原子或离子的外层电子分布式中不正确的是（ ）。

A. V^{2+} $3s^2$ $3p^6$ $3d^3$　　B. Fe^{2+} $3d^4$ $4s^2$

C. Cu^{2+} $3s^2$ $3p^6$ $3d^9$　　D. Cl $3s^2$ $3p^5$

3-1-3 属于第五周期的某一元素的原子失去三个电子后，在角量子数为 2 的外层轨道上电子恰好处于半充满状态，该元素的原子序数为（ ）。

A. 26　　B. 41　　C. 76　　D. 44

3-1-4 量子数$n = 4$、$l = 2$的轨道上允许容纳的最多电子数是（ ）。

A. 8　　B. 10　　C. 18　　D. 32

3-1-5 下列各组原子和离子半径变化的顺序中，不正确的一组是（ ）。

A. $P^{3-}>S^{2-}>Cl^{-}>F^{-}$　　B. $K^{+}>Ca^{2+}>Fe^{2+}>Ni^{2+}$

C. Al>Si>Mg>Ca　　D. $V>V^{2+}>V^{3+}>V^{4+}$

3-1-6 下列元素电负性大小顺序中正确的是（ ）。

A. Be>B>Al>Mg　　B. B>Al>Be≈Mg

C. B>Be≈Al>Mg　　D. B≈Al<Be<Mg

3-1-7 下列含氧酸中酸性最弱的是（ ）。

A. $HClO_3$　　B. $HBrO_3$　　C. H_2SO_4　　D. H_2CO_3

3-1-8 下列氢氧化物中碱性最强的是（ ）。

A. $Sr(OH)_2$　　B. $Fe(OH)_3$　　C. $Ca(OH)_2$　　D. $Sc(OH)_3$

3-1-9 下列共价型化合物中键有极性、分子没有极性的是（ ）。

A. H_2O　　B. $CHCl_3$　　C. BF_3　　D. PCl_3

3-1-10 OF_2分子中氧原子的杂化轨道是（ ）。

A. sp^3杂化　　B. dsp^2杂化

C. sp^2杂化　　D. sp^3不等性杂化

3-1-11 下列各组判断中不正确的是（ ）。

A. $SiCl_4$、CH_4、CO_2、BCl_3均为非极性分子

B. H_2O、H_2S、OF_2、SO_2均为非极性分子

C. $SnCl_2$、HCl、H_2S、PCl_3均为极性分子

D. CO、HI、NH_3、HF 均为极性分子

3-1-12 SO_2分子之间存在着（ ）。

A. 色散力　　B. 色散力、诱导力

C. 色散力、取向力　　D. 取向力、诱导力、色散力

3-1-13 下列化合物中，分子间具有氢键的是（ ）。

A. SiH_4　　B. HF　　C. H_2S　　D. C_2H_6

3-1-14 下列晶体熔化时要破坏共价键力的是（ ）。

A. SiC　　B. MgO　　C. CO_2　　D. Cu

第二节　溶　　液

溶液是由一种或几种物质以分子、原子或离子状态分散到另一种物质中形成均匀而稳定的体系。后者称溶剂，一般为液体；前者为溶质，可为固体、液体、气体。

一、溶液的浓度及计算

溶液的浓度是指一定量的溶剂（或溶液）中含有的溶质量。

（一）质量百分比浓度（A%）

溶液中组分 A 的质量百分比浓度可表示为

$$A\% = \frac{\text{A 的质量}}{\text{溶液总质量}} \times 100\% \tag{3-2-1}$$

例如，36%的浓盐酸即为 100g 浓盐酸中含 36g 氯化氢和 64g 水。

（二）“物质的量”浓度（C_A）

在溶液的单位体积V中，含有溶质 A 的“物质的量”n_A。表达式为

$$C_A = \frac{n_A(\text{mol})}{V(\text{L})} \tag{3-2-2}$$

（三）物质的量分数（或摩尔分数）（X_A）

溶液中组分 A 的“物质的量”（或组分 A 的摩尔数）n_A，与各组分的“物质的量”总和（或各组分的总摩尔数）$n_A + n_B$之比，可表达为

$$X_A = \frac{n_A}{n_A + n_B} \tag{3-2-3}$$

（四）质量摩尔浓度（m_A）

1 000g 溶剂中溶质 A 的“物质的量”为n_A，则m_A可表示为

$$m_A = n_A/1\,000\text{g} \tag{3-2-4}$$

【例 3-2-1】现有 100mL 浓硫酸，测得其质量分数为 98%，密度为 $1.84\text{g}\cdot\text{mL}^{-1}$，其物质的量浓度为：

A. $18.4\text{mol}\cdot\text{L}^{-1}$　　B. $18.8\text{mol}\cdot\text{L}^{-1}$　　C. $18.0\text{mol}\cdot\text{L}^{-1}$　　D. $1.84\text{mol}\cdot\text{L}^{-1}$

解　100mL 浓硫酸中 H_2SO_4 的物质的量$n = 100 \times 1.84 \times 0.98/98 = 1.84\text{mol}$

物质的量浓度$C = 1.84/0.1 = 18.4\text{mol}\cdot\text{L}^{-1}$

答案： A

二、稀溶液通性

稀溶液的通性是指溶液的蒸气压降低、沸点升高、凝固点下降以及渗透压等。这些性质只与溶质的粒子数有关，与溶质本性无关，所以又叫依数性。

（一）溶液的蒸气压下降

蒸气压是指在一定温度下，液体与它的蒸气处于平衡时蒸气所具有的压强。所谓溶液的蒸气压，

实际上是指溶液中溶剂的蒸气压。在相同温度下，溶液的蒸气压总是低于纯溶剂的蒸气压。纯溶剂的蒸气压p^*与溶液蒸气压$p_{溶液}$之差叫溶液蒸气压的降低Δp。

$$\Delta p = p^* - p_{溶液} \quad (3\text{-}2\text{-}5)$$

其定量关系为拉乌尔定律

$$\Delta p = \frac{n_A}{n_A + n_B} \times p^* \quad 或 \quad \Delta p = \frac{n_A}{n_B} \times p^* \quad (3\text{-}2\text{-}6)$$

式中，n_A、n_B分别表示溶质、溶剂物质的量。$\frac{n_A}{n_A+n_B}$（或$\frac{n_A}{n_B}$）称溶质 A 的物质的量分数。该式表示：难挥发非电解质稀溶液的蒸气压下降与溶质的物质的量分数成正比。

（二）溶液的沸点上升和凝固点下降

沸点就是液相蒸气压等于外压时的温度，而凝固点则是固相蒸气压等于液相蒸气压时的温度。一切纯物质都有一定的沸点和凝固点。例如当纯水的蒸气压等于 101.325kPa 时，它的沸点（正常沸点）就是 100℃，而 0℃即为水的凝固点，此时$p_{H_2O}(s) = p_{H_2O}(L)$ =0.611kPa，冰水共存。

由于溶液的蒸气压下降，使得它的沸点高于纯溶剂的沸点。而溶液的凝固点都低于纯溶剂的凝固点。溶液沸点上升和凝固点下降的定量关系为拉乌尔定律。

$$\Delta T_{bp} = k_{bp} \cdot m \quad (3\text{-}2\text{-}7)$$

$$\Delta T_{fp} = k_{fp} \cdot m \quad (3\text{-}2\text{-}8)$$

上述式中：ΔT_{bp}、ΔT_{fp} ——分别表示沸点升高度数和凝固点降低度数；

k_{bp}、k_{fp} ——分别表示溶剂的沸点上升常数和凝固点下降常数；

m ——质量摩尔浓度，在近似计算中也可用物质的量浓度（C）代替。

沸点升高用于热处理，凝固点下降一般作制冷剂的防冻剂。

【例 3-2-2】将 3.0g 尿素 $CO(NH_2)_2$溶于 200g 水中，计算此溶液的沸点和凝固点。已知水的k_{bp} = 0.52，k_{fp} = 1.86。

解　尿素的摩尔质量为60g/mol，尿素的$n = 3.0/60 = 0.05$mol

质量摩尔浓度

$$m = \frac{0.05}{200} \times 1\ 000 = 0.25\ \text{mol/kg}$$

$$\Delta T_{bp} = k_{bp} \cdot m = 0.52 \times 0.25 = 0.13℃$$

此溶液的沸点为

$$100 + 0.13 = 100.13℃$$

$$\Delta T_{fp} = k_{fp} \cdot m = 1.86 \times 0.25 = 0.47℃$$

此溶液的凝固点为

$$0.00 - 0.47 = -0.47℃$$

【例 3-2-3】下列溶液凝固点最高的是：

A. 1mol/L HAc　　B. 0.1mol/L $CaCl_2$

C. 1mol/L H_2SO_4　　D. 0.1mol/L HAc

解　根据拉乌尔定律，溶液凝固点下降的度数与溶液中所有溶质粒子的质量摩尔浓度（近似等于物质量浓度）成正比。四种溶液中溶质粒子浓度大小顺序为：C>A>B>D，所以选项 D 溶液凝固点下降最小，凝固点最高。

答案：D

（三）渗透压

只允许溶剂分子通过，不允许溶质分子通过的薄膜叫半透膜。溶剂分子透过半透膜进入溶液的现象叫渗透。阻止溶剂分子通过半透膜进入溶液所施加于溶液的最小额外压力叫渗透压。渗透压的大小可用范托夫公式表示

$$p_{渗} = \frac{n}{V}RT = CRT \tag{3-2-9}$$

式中：R ——取值为 8.31[Pa · m³/(mol · K)]；

T ——绝对温度（K）。

难挥发非电解质稀溶液的性质（Δp、ΔT_{bp}、ΔT_{fp}、$p_{渗}$）与一定量溶剂中所溶解溶质的物质的量成正比，与溶质本性无关。

稀溶液定律并不适用于浓溶液和电解质溶液，但可做到定性比较。例如下列水溶液的凝固点，由高到低的排列顺序为：0.1mol/L $C_6H_{12}O_6$ >0.1mol/L HAc > 0.1mol/L NaCl > 0.1 mol/L $CaCl_2$ > 1mol/L $C_6H_{12}O_6$ > 1 mol/L HAc > 1mol/L NaCl > 1 mol/L H_2SO_4。

【例 3-2-4】 下列溶液中渗透压最高的是：

A. 0.1mol/L C_2H_5OH　　B. 0.1mol/L NaCl

C. 0.1mol/L HAc　　D. 0.1mol/L Na_2SO_4

解　根据范托夫公式$p_{渗} = CRT$，四种溶液中粒子浓度顺序为：D>B>C>A，所以选项 D 溶液的渗透压最大。

答案： D

三、电解质溶液

在水溶液中或在熔融状态下能形成离子，因而能导电的物质称电解质。在水溶液中能完全电离的电解质称为强电解质；仅能部分电离的称为弱电解质。

（一）一元弱酸、弱碱的电离平衡

$$AB \rightleftharpoons A^+ + B^-$$

平衡时

$$K_i = \frac{[C_{A^+}/C^\Theta][C_{B^-}/C^\Theta]}{[C_{AB}/C^\Theta]} \text{或} K_i = \frac{C_{A^+} \cdot C_{B^-}}{C_{AB}} \tag{3-2-10}$$

式中：K_i ——电离常数，K_i是温度的函数，与物质的浓度无关；对类型相同的酸或碱可用K_i值的大小衡量它们电离程度的大小，并比较其酸性或碱性的相对强弱。

当弱电解质在溶液中达到电离平衡时，已电离的分子数占溶质分子总数的百分比叫作电离度（解离度），常用α表示，即

$$\alpha = \frac{\text{已电离的溶质分子数}}{\text{溶质的分子总数}} \times 100\% \tag{3-2-11}$$

α与K_i都能表示弱电解质的电离能力，都可用来比较弱电解质的相对强弱，不同的是电离度受温度和浓度的影响。

电离度α与K_i的关系

$$K_i = \frac{C\alpha^2}{1-\alpha} \tag{3-2-12}$$

式中：C ——AB 的起始浓度。

当$C/K_i \geqslant 500$时，α很小，上式可改写为

$$K_i = C\alpha^2 \text{或} \alpha = \sqrt{\frac{K_i}{C}} \quad \text{(稀释定律)} \tag{3-2-13}$$

它表明浓度越稀，电离度越大。

当 AB 为弱酸时，$K_i = K_a$；$C_{A^+} = C_{H^+}$

$$C_{H^+} = C \cdot \alpha = \sqrt{K_a \cdot C} \tag{3-2-14}$$

当 AB 为弱碱时，$K_i = K_b$；$C_{B^-} = C_{OH^-}$

$$C_{OH^-} = C \cdot \alpha = \sqrt{K_b \cdot C} \tag{3-2-15}$$

当 AB 是 H_2O 时，$C_{H^+} = C_{A^+}$；$C_{OH^-} = C_{B^-}$

则

$$C_{H^+} \cdot C_{OH^-} = K_i \cdot C_{H_2O} = K_w \tag{3-2-16}$$

K_w为 H_2O 的离子积，298K 纯水中$C_{H^+} = C_{OH^-} = 1\times10^{-7}$mol/L，所以$K_w = 1\times10^{-14}$。

令

$$-\lg C_{H^+} = \text{pH} \quad \text{(酸度)} \tag{3-2-17}$$

$$-\lg C_{OH^-} = \text{pOH} \quad \text{(碱度)} \tag{3-2-18}$$

则

$$-\lg C_{H^+} - \lg C_{OH^-} = -\lg K_w$$

$$\text{pH} + \text{pOH} = 14 \tag{3-2-19}$$

【例 3-2-5】 已知$K_b^\ominus(NH_3 \cdot H_2O) = 1.8\times10^{-5}$，0.1mol·L^{-1}的 $NH_3 \cdot H_2O$ 溶液的 pH 为：

A. 2.87　　B. 11.13　　C. 2.37　　D. 11.63

解 $NH_3 \cdot H_2O$ 为一元弱碱，

$$C_{OH^-} = \sqrt{K_b \cdot C} = \sqrt{1.8\times10^{-5}\times0.1} \approx 1.34\times10^{-3}\text{mol/L}$$

$$C_{H^+} = 10^{-14}/C_{OH^-} \approx 7.46\times10^{-12}，\text{pH} = -\lg C_{H^+} \approx 11.13$$

答案： B

（二）多元弱酸的电离平衡

多元弱酸的电离是分级进行的，每一级有一个电离常数，且$K_{a1} > K_{a2}$，以硫化氢为例：

一级电离　$H_2S \rightleftharpoons H^+ + HS^-$　　$K_{a1} = C_{H^+} \cdot C_{HS^-}/C_{H_2S} = 1.0\times10^{-7}$

二级电离　$HS^- \rightleftharpoons H^+ + S^{2-}$　　$K_{a2} = C_{H^+} \cdot C_{S^{2-}}/C_{HS^-} = 1.3\times10^{-13}$

计算溶液中C_{H^+}时，可采用与一元弱酸计算C_{H^+}相似的计算方法，如 H_2S 水溶液中

$$C_{H^+} = C_{HS^-} = \sqrt{K_{a1} \cdot C} \tag{3-2-20}$$

因此，比较多元弱酸的强弱时，或与一元弱酸比较强弱时，只需比较K_{a1}的大小即可。

计算$C_{S^{2-}}$时用K_{a2}

$$C_{S^{2-}} = K_{a2} \cdot \frac{C_{HS^-}}{C_{H^+}} = K_{a2} \tag{3-2-21}$$

以上两级电离平衡符合多重平衡规则：两电离平衡方程式相加得总平衡式，总式的K_a等于$K_{a1} \cdot K_{a2}$，即

$$H_2S \rightleftharpoons 2H^+ + S^{2-} \qquad K_a = K_{a1} \cdot K_{a2} = \frac{C_{H^+}^2 \cdot C_{S^{2-}}}{C_{H_2S}}$$

或

$$C_{S^{2-}} = K_{a1} \cdot K_{a2} \cdot \frac{C_{H_2S}}{C_{H^+}^2} \tag{3-2-22}$$

该关系式表明：只要调节 H_2S 饱和溶液中的 pH 值就可以控制 S^{2-} 的浓度。室温时 H_2S 饱和溶液的浓度可视为 0.1mol/L。

（三）单相同离子效应

在弱电解质溶液中，加入与其具有共同离子的强电解质时，导致弱电解质电离度降低的现象称为单相同离子效应。它是离子浓度的改变引起电离平衡移动的结果。例如在 HAc 溶液中加入 NaAc，由于增加了 Ac^- 离子的浓度，使 HAc 电离平衡向左移动，从而降低了 HAc 的电离度。

【例 3-2-6】 往 0.1mol/L 的 $NH_3 \cdot H_2O$ 溶液中加入一些 NH_4Cl 固体并使其完全溶解后，则：

A. 氨的电离度增加　　B. 氨的电离度减小

C. 溶液的 pH 值增加　　D. 溶液的 H^+ 浓度下降

解 $NH_3 \cdot H_2O$ 溶液中存在如下电离平衡：$NH_3 \cdot H_2O \rightleftharpoons NH_4^+ + OH^-$，加入一些 NH_4Cl 固体并使其完全溶解后，溶液中的 NH_4^+ 浓度增加，平衡逆向移动，氨的电离度减小，溶液的 pH 值减小。

答案： B

（四）缓冲溶液

缓冲溶液是弱酸及弱酸盐（或弱碱及弱碱盐）的混合液，其 pH 值能在一定范围内不受少量酸或碱或稀释的影响而发生显著的变化。缓冲溶液的缓冲原理就是单相同离子效应。

【例 3-2-7】 下列各组溶液能作缓冲溶液的是：

A. KOH 溶液—KNO_3 溶液

B. 0.1mol/L 20mL $NH_3 \cdot H_2O$—0.1mol/L 30mL HCl 溶液

C. 0.5mol/L 50mL HAc 溶液—0.5mol/L 25mL NaOH 溶液

D. 0.5mol/L 50mL HCl 溶液—0.5mol/L 25mL NaOH 溶液

解 缓冲溶液是由弱酸及弱酸盐（或弱碱及弱碱盐）的混合液。选项 C 中 HAc 的物质的量是 NaOH 的 2 倍，两种溶液混合后反应生成 NaAc，形成 HAc—NaAc 缓冲溶液。

答案： C

缓冲溶液 pH 值的计算方法：

酸性缓冲溶液

$$C_{H^+} = K_a \cdot C_{酸}/C_{盐}$$

$$pH = pK_a - \lg(C_{酸}/C_{盐}) \tag{3-2-23}$$

式中

$$pK_a = -\lg K_a$$

碱性缓冲溶液

$$C_{OH^-} = K_b \cdot C_{碱}/C_{盐}$$

$$pH = 14 - pK_b + \lg(C_{碱}/C_{盐}) \tag{3-2-24}$$

式中

$$pK_b = -\lg K_b$$

【例 3-2-8】 20mL 0.1mol/L 氨水与 10mL 0.1mol/L HCl 混合。求 pH 值（$K_b = 1.77 \times 10^{-5}$）。

解 两种溶液混合后，生成 NH_4Cl，其浓度为 $C_{NH_4^+} = 10 \times 0.1/30 = \frac{1}{30}$ mol/L，剩余的氨浓度为 $C_{NH_3} = (20 \times 0.1 - 10 \times 0.1)/30 = \frac{1}{30}$ mol/L。所以该体系为 NH_3—NH_4^+ 体系，其 pH 值为 $pH = 14 - pK_b + \lg C_{碱}/C_{盐} = 14 - 4.75 = 9.25$。

缓冲溶液的选择与配制：

缓冲溶液的 pH 值首先取决于 pK_a 或 pK_b，其次是 $C_{酸}/C_{盐}$ 或 $C_{碱}/C_{盐}$ 的比值。在配制一定 pH 值的缓冲溶液时，所选择弱酸的 pK_a（或弱碱的 pK_b）要尽可能与要求的 pH 值（或 pOH 值）接近，然后调节 $C_{酸}/C_{盐}$（或 $C_{碱}/C_{盐}$）的比值，当比值为 1 时缓冲能力最大。这时溶液的 $pH=pK_a$（$pOH=pK_b$）。例如配制 pH 值为 5 的缓冲溶液时，可选择 HAc−NaAc（因 $pK_{HAc}=4.75$），然后再确定 HAc 和 NaAc 的用量。

【例 3-2-9】 将 0.2mol/L的醋酸与 0.2mol/L的醋酸钠溶液混合，为使溶液的 pH 维持在 4.05，则加入酸和盐的体积比为（$K_a=1.76\times10^{-5}$）：

A. 6∶1　　B. 4∶1　　C. 5∶1　　D. 10∶1

解　弱酸和弱酸盐组成的缓冲溶液 $pH = pK_a - \lg C_{酸}/C_{盐}$

所以 $4.05 = -\lg1.76\times10^{-5} - \lg C_{酸}/C_{盐}$

$\lg C_{酸}/C_{盐} = -\lg 1.76\times10^{-5} - 4.05 \approx 0.704$，$C_{酸}/C_{盐} \approx 5.0$

设加入酸的体积为 $V_{酸}$，加入盐的体积为 $V_{盐}$，则

$$\frac{\left(0.2\times V_{酸}\right)\div\left(V_{酸}+V_{盐}\right)}{\left(0.2\times V_{盐}\right)\div\left(V_{酸}+V_{盐}\right)}=5$$

即 $V_{酸}/V_{盐} = 5:1$

答案： C

（五）盐类的水解

盐类的水解是指盐类的离子与水作用生成弱酸或弱碱的反应。由于这个反应的发生，破坏了水的电离平衡，使溶液具有酸性或碱性。

盐类的水解由水的电离平衡和弱电解质的电离平衡组成。其水解常数 K_h 可由多重平衡规则导出。如 NaAc 的水解平衡，可由下列两个电离平衡相减得到

$$H_2O \rightleftharpoons H^+ + OH^- \qquad K_w$$

$$HAc \rightleftharpoons H^+ + Ac^- \qquad K_a$$

$$H_2O + Ac^- \rightleftharpoons HAc + OH^- \qquad K_h$$

$$K_h = \frac{C_{HAc}\cdot C_{OH^-}}{C_{Ac^-}} = \frac{K_w}{K_a} \tag{3-2-25}$$

同理可推导出一元弱碱强酸盐、弱酸弱碱盐及多元弱酸强碱盐的水解常数（见表 3-2-1）。

各类盐的水解常数、C_{H^+} 或 C_{OH^-} 及溶液的酸碱性　　表 3-2-1

盐的种类	水解平衡实例	水解常数	C_{H^+} 或 C_{OH^-}	酸碱性
强碱弱酸盐	$Ac^-+H_2O \rightleftharpoons HAc+OH^-$	K_w/K_a	$C_{OH^-}=\sqrt{C\cdot K_w/K_a}$	碱性
强酸弱碱盐	$NH_4^++H_2O \rightleftharpoons NH_3\cdot H_2O+H^+$	K_w/K_b	$C_{H^+}=\sqrt{C\cdot K_w/K_b}$	酸性
弱酸弱碱盐	$NH_4^++Ac^-+H_2O \rightleftharpoons NH_3\cdot H_2O+HAc$	$K_w/K_a\cdot K_b$	$C_{H^+}=\sqrt{K_a\cdot K_w/K_b}$	$K_a=K_b$ 中性 $K_a>K_b$ 酸性 $K_a<K_b$ 碱性
多元弱酸盐	$CO_3^{2-}+H_2O \rightleftharpoons HCO_3^-+OH^-$ $HCO_3^-+H_2O \rightleftharpoons H_2CO_3+OH^-$	K_w/K_{a2} K_w/K_{a1}	$C_{OH^-}=\sqrt{\dfrac{K_w\cdot C}{K_{a2}}}$	碱性

盐类水解的程度可用水解常数来衡量，K_h 越大（或 K_a 或 K_b 越小），盐类的水解程度越大；也可用水解度 h 来衡量。

$$h = \frac{\text{已水解盐的物质的量(或浓度)}}{\text{起始盐物质的量(或浓度)}} \times 100\% \tag{3-2-26}$$

多元弱酸强碱盐的水解是分级进行的。如 Na_2CO_3 按下面两级进行水解：

一级水解　　$CO_3^{2-}+H_2O \rightleftharpoons HCO_3^-+OH^-$　　$K_{h1} = 1.8 \times 10^{-4}$

二级水解　　$HCO_3^-+H_2O \rightleftharpoons H_2CO_3+OH^- \rightleftharpoons H_2CO_3 + OH^-$　　$K_{h2} = 2.3 \times 10^{-8}$

由于$K_{h1} \geqslant K_{h2}$，所以计算该类盐溶液的 pH 值时，一般只考虑一级水解即可。

影响水解平衡移动的因素有：水解离子的本性、温度、盐的浓度、溶液的酸度等。

【例 3-2-10】 已知K_b（$NH_3 \cdot H_2O$）$=1.8\times10^{-5}$，将 $0.2mol \cdot L^{-1}$ 的 $NH_3 \cdot H_2O$ 溶液和 $0.2mol \cdot L^{-1}$ 的 HCl 溶液等体积混合，其混合溶液 pH 为：

A. 5.12　　B. 8.87　　C. 1.63　　D. 9.73

解　将 $0.2mol \cdot L^{-1}$ 的 $NH_3 \cdot H_2O$ 与 $0.2mol \cdot L^{-1}$ 的 HCl 溶液等体积混合生成 $0.1mol \cdot L^{-1}$ 的 NH_4Cl 溶液，NH_4Cl 为强酸弱碱盐，可以水解，

溶液$C_{H^+} = \sqrt{C \cdot K_W/K_b} = \sqrt{0.1 \times 10^{-14}/(1.8 \times 10^{-5})} \approx 7.5 \times 10^{-6}$，$pH = -\lg C_H^+ = 5.12$

答案： A

【例 3-2-11】 浓度均为 $0.1mol \cdot L^{-1}$ 的 NH_4Cl、NaCl、NaOAc、Na_3PO_4 溶液，其 pH 值从小到大顺序正确的是：

A. NH_4Cl，NaCl，NaOAc，Na_3PO_4　　B. Na_3PO_4，NaOAc，NaCl，NH_4Cl

C. NH_4Cl，NaCl，Na_3PO_4，NaOAc　　D. NaOAc，Na_3PO_4，NaCl，NH_4Cl

解　NH_4Cl 为强酸弱碱盐，水解显酸性；NaCl 不水解；NaOAc 和 Na_3PO_4 均为强碱弱酸盐，水解显碱性，因为$K_a(HAc)>K_{a_3}(H_3PO_4)$，所以 Na_3PO_4 的水解程度更大，碱性更强。

答案： A

（六）多相离子平衡

一定温度下的难溶电解质饱和溶液中未溶解的固体与溶液中离子之间的平衡叫多相离子平衡，简称溶解平衡。平衡时离子浓度的乘积为一常数，称溶度积。

1. 溶度积（K_{sp}）

$$A_nB_m(s) \rightleftharpoons nA^{m+} + mB^{n-}$$

溶度积的表达式为

$$K_{sp(A_nB_m)} = C_{A^{m+}}^n \cdot C_{B^{n-}}^m \tag{3-2-27}$$

溶度积和溶解度S（单位：mol/L）都可表示物质的溶解能力。如用K_{sp}直接比较，仅限于同类型的难溶电解质。K_{sp}与S的关系如下：

对 AB 型物质：如 AgX、$BaSO_4$、$CaCO_3$ 等。

$$S = \sqrt{K_{sp(AB)}} \tag{3-2-28}$$

对 A_2B（或 AB_2）型物质：如 Ag_2CrO_4、$Mg(OH)_2$ 等。

$$S = \sqrt[3]{\frac{K_{sp(A_2B)}}{4}} \tag{3-2-29}$$

对同类型的难溶物质，其溶度积大，则溶解度也一定大。但对于不同类型的难溶物质，溶度积大的，溶解度不一定大，所以要求出溶解度方可比较溶解能力的大小。

【例 3-2-12】能正确表示 $HgCl_2$ 的 S 与 K_{sp} 之间的关系式是：

A. $S=\sqrt{\frac{K_{sp}}{2}}$　　B. $S=\sqrt{K_{sp}}$

C. $S=\sqrt[3]{K_{sp}}$　　D. $S=\sqrt[3]{\frac{K_{sp}}{4}}$

解　$HgCl_2$ 为 AB_2 型物质，S 与 K_{sp} 的关系为 D 式。

答案：D

2. 溶度积规则

对于难溶电解质 A_nB_m，在任意状态时

$$C^n_{A^{m+}}\cdot C^m_{B^{n-}}=Q(\text{离子积}) \tag{3-2-30}$$

若 $Q>K_{sp}$　为过饱和溶液，有沉淀析出；

若 $Q=K_{sp}$　为饱和溶液，处于平衡状态；

若 $Q<K_{sp}$　为不饱和溶液，无沉淀析出。

3. 多相同离子效应

在难溶电解质饱和溶液中加入含有相同离子的强电解质，使难溶电解质溶解度降低的现象称多相同离子效应。利用同离子效应可使某些离子沉淀更完全。离子沉淀完全的条件是被沉淀离子的浓度 $\leqslant 10^{-5}$mol/L。

4. 沉淀的溶解

根据溶度积规则，沉淀溶解的必要条件是 $Q<K_{sp}$。因此，一切能降低离子浓度的方法都会促使溶解平衡向溶解的方向移动，沉淀就会溶解。通常采用的方法有酸碱溶解法、氧化还原法、配合溶解法等。

5. 沉淀的转化

由一种沉淀向另一种沉淀转化的过程称沉淀的转化。向沉淀物中加入另一沉淀剂后，沉淀转化的可能性和限度，由平衡常数 K 确定。

例如

$$Ag_2CrO_4(s)+2Cl^-\rightleftharpoons 2AgCl(s)+{CrO_4}^{2-}$$

$$K=\frac{C_{{CrO_4}^{2-}}}{C^2_{Cl^-}}=\frac{C_{{CrO_4}^{2-}}\cdot C^2_{Ag^+}}{C^2_{Cl^-}\cdot C^2_{Ag^+}}=\frac{K_{sp(Ag_2CrO_4)}}{K^2_{sp(AgCl)}}$$

$$K=\frac{9\times10^{-12}}{(1.56\times10^{-10})^2}=3.7\times10^8>1\times10^7$$

K 值较大，沉淀转化可以实现。对同一类型的难溶电解质，反应物的 K_{sp} 与生成物的 K_{sp} 的比值越大，沉淀转化越完全。

6. 分步沉淀

若溶液中含有多种离子，加入沉淀剂时，离子积先超过 K_{sp} 的离子先沉淀，后超过者后沉淀。这种先后沉淀的现象叫分步沉淀。分步沉淀不仅与 K_{sp} 有关，而且还与被沉淀的离子浓度有关。当离子浓度相同时，对同类型难溶电解质，K_{sp} 越小者越先沉淀。

分步沉淀可用来分离或提纯物质。如果被分离的几种物质 K_{sp} 相差越大，则分离就越完全。

【例 3-2-13】在 $BaSO_4$ 饱和溶液中，加入 $BaCl_2$，利用同离子效应使 $BaSO_4$ 的溶解度降低，体系中 $C({SO_4}^{2-})$ 的变化是：

A. 增大　　B. 减小　　C. 不变　　D. 不能确定

解　在 $BaSO_4$ 饱和溶液中，存在 $BaSO_4 = Ba^{2+}+{SO_4}^{2-}$ 平衡，加入 $BaCl_2$，溶液中 Ba^{2+} 增加，平衡向

左移动，SO_4^{2+}的浓度减小。

答案： B

【例 3-2-14】 AgCl固体在下列哪一种溶液中的溶解度最大：

A. 0.01mol/L氨水溶液　　B. 0.01mol/L氯化钠溶液

C. 纯水　　D. 0.01mol/L硝酸银溶液

解 AgCl 溶液中存在如下沉淀溶解平衡：AgCl（s）$\rightleftharpoons Ag^+ + Cl^-$。加入氯化钠和硝酸银溶液都会使AgCl的溶解度降低（多相同离子效应）；加入纯水对AgCl溶解度没影响；加入氨水后，Ag^+与NH_3形成配合物，使平衡向右移动，从而使AgCl溶解度增大。

答案： A

【例 3-2-15】 下列水溶液中pH值最大的是：

A. 0.1mol/dm³ HCN

B. 0.1mol/dm³ NaCN

C. 0.1mol/dm³ HCN+0.1mol/dm³ NaCN

D. 0.1mol/dm³ NaAc

解 HCN和HAc两个弱酸的解离常数分别为5.8×10^{-10}和1.76×10^{-5}

选题A溶液为一元弱酸，$C_{H^+} = \sqrt{K_a \cdot C} = \sqrt{5.8\times10^{-11}} \approx 7.6\times10^{-6}\text{mol}\cdot\text{L}^{-1}$

选项C溶液为缓冲溶液，$C_{H^+} = K_a \times C_{酸}/C_{盐} = K_a = 5.8\times10^{-10}\text{mol}\cdot\text{L}^{-1}$

选项B、D均为强碱弱酸盐，可以水解，溶液显碱性。

选项B溶液的$C_{OH^-} = \sqrt{C\times\frac{K_W}{K_a}} = \sqrt{0.1\times\frac{10^{-14}}{5.8\times10^{-10}}} \approx 1.3\times10^{-3}\text{mol}\cdot\text{L}^{-1}$

则$C_{H^+} = \frac{K_W}{C_{OH^-}} \approx 7.7\times10^{-12}\text{mol}\cdot\text{L}^{-1}$

选项D溶液的$C_{OH^-} = \sqrt{C\times\frac{K_W}{K_a}} = \sqrt{0.1\times\frac{10^{-14}}{1.76\times10^{-5}}} \approx 7.5\times10^{-6}\text{mol}\cdot\text{L}^{-1}$

则$C_{H^+} = \frac{K_W}{C_{OH^-}} \approx 1.3\times10^{-9}\text{mol}\cdot\text{L}^{-1}$

总结：一元弱酸溶液显酸性；一元弱酸及弱酸盐组成的缓冲溶液显酸性；强碱弱酸盐显碱性，弱酸的解离常数越小，强碱弱酸盐的碱性越强。

答案： B

7. 多相离子平衡计算举例

【例 3-2-16】 计算$Mg(OH)_2$：①在纯水中；②在0.01mol/L $MgCl_2$溶液中；③在0.2mol/L NH_4Cl和0.5mol/L氨水混合溶液中的溶解度。已知$K_{sp[Mg(OH)_2]} = 1.8\times10^{-11}$，$K_{b[NH_3\cdot H_2O]} = 1.77\times10^{-5}$。

解 设$Mg(OH)_2$的溶解度为$x$mol/L

①在纯水中

$$Mg(OH)_2(s) \rightleftharpoons Mg^{2+} + 2OH^-$$

平衡浓度(mol/L)　　x　　$2x$

$$K_{sp} = C_{Mg^{2+}}\cdot C_{OH^-}^2 = 4x^3$$

$$x = \sqrt[3]{\frac{K_{sp[Mg(OH)_2]}}{4}} = \sqrt[3]{\frac{1.8\times10^{-11}}{4}} = 1.65\times10^{-4}\text{mol/L}$$

②在$MgCl_2$溶液中

$$Mg(OH)_2(s) \rightleftharpoons Mg^{2+} + 2OH^-$$

平衡浓度(mol/L) $\qquad 0.01 + x \qquad 2x$

$$K_{sp} = (0.01 + x)(2x)^2 = 1.8 \times 10^{-11}$$

按近似计算，$0.01 + x \approx 0.01$，则$x = 2.12 \times 10^{-5}$mol/L

③在混合溶液中

$$Mg(OH)_2(s) + 2NH_4^+ \rightleftharpoons Mg^{2+} + 2NH_3 \cdot H_2O$$

平衡浓度(mol/L) $\qquad 0.2 - 2x \qquad x \qquad 0.5 + 2x$

该式的K

$$K = K_{sp[Mg(OH)]_2}/K_b^2 = 1.8 \times 10^{-11}/(1.77 \times 10^{-5})^2 = 0.057$$

$$K = C_{Mg^{2+}} \cdot C_{NH_3 \cdot H_2O}^2/C_{NH_4^+}^2 = x(0.5 + 2x)^2/(0.2 - 2x)^2 = 0.057$$

按近似计算，$0.5 + 2x \approx 0.5$，则$x = 9.12 \times 10^{-3}$mol/L

因$2x$远小于0.2，故可忽略$2x$。

【例 3-2-17】 向含有0.1mol/L $CuSO_4$和1.0mol/L HCl混合液中不断通入 H_2S 气体，计算溶液中残留的 Cu^{2+}离子浓度。已知K_{a1} =1.1×10^{-7}，K_{a2} =1.3×10^{-13}，$K_{sp(CuS)}$ = 6.3×10^{-36}，H_2S 饱和溶液的浓度为 0.1mol/L。

解 设反应后溶液中残留的 Cu^{2+}浓度为$x$mol/L

$$Cu^{2+} + H_2S \rightleftharpoons CuS(s) + 2H^+$$

平衡浓度(mol/L) $\qquad x \qquad 0.1 \qquad 1.2 - 2x$

$$K = \frac{K_{a1} \cdot K_{a2}}{K_{sp}} = \frac{1.1 \times 10^{-7} \times 1.3 \times 10^{-13}}{6.3 \times 10^{-36}} = 2.27 \times 10^{15}$$

$$2.27 \times 10^{15} = C_{H^+}^2/C_{Cu^{2+}} \cdot C_{H_2S} = (1.2 - 2x)^2/x \times 0.1$$

按近似计算，$1.2 - 2x \approx 1.2$

$$x = 1.2^2/(0.1 \times 2.27 \times 10^{15}) = 6.3 \times 10^{-15}\text{mol/L}$$

【例 3-2-18】 在 0.1mol/L $FeCl_3$溶液中加入等体积 0.2mol/L氨水和 2.0mol/L NH_4Cl 混合液，能否产生 $Fe(OH)_3$沉淀？已知$K_{sp[Fe(OH)_3]}$ =4.0×10^{-38}，$K_{b(NH_3 \cdot H_2O)}$ =1.77×10^{-5}。

解 加入等体积的 $NH_3 \cdot H_2O$ 和 NH_4Cl 溶液后，各物质浓度将降低一半。即

$C_{Fe^{3+}} = 0.05$mol/L，$C_{NH_3 \cdot H_2O} = 0.1$mol/L，$C_{NH_4Cl} = 1.0$mol/L

$$C_{OH^-} = K_b \cdot \frac{C_{碱}}{C_{盐}} = 1.77 \times 10^{-5} \times \frac{0.1}{1.0} = 1.77 \times 10^{-6}\text{mol/L}$$

$$Q = C_{Fe^{3+}} \cdot C_{OH^-}^3 = 0.05 \times (1.77 \times 10^{-6})^3 = 2.8 \times 10^{-19} > 4.8 \times 10^{-38}$$

所以有 $Fe(OH)_3$ 沉淀析出。

习 题

3-2-1 在 120cm^3 的水溶液中含糖（$C_{12}H_{22}O_{11}$）15.0g，溶液密度为 1.047g/cm^3，该溶液的质量百分比浓度（%）、物质的量浓度（mol/L）、质量摩尔浓度（mol/kg）、物质的量分数分别为（ ）。

A. 11.1%、0.366mol/L、0.347mol/kg，7.09×10^{-3}

B. 11.9%、0.366mol/L、0.397mol/kg，7.09×10^{-3}

C. 11.9%、0.044mol/L、0.347mol/kg，7.09×10^{-3}

D. 11.1%、0.044mol/L、0.397mol/kg，6.20×10^{-3}

3-2-2 在20℃时，将15.0g葡萄糖（$C_6H_{12}O_6$）溶于200g水中，该溶液的冰点（$K_{fp}=1.86$）、正常沸点（$K_{bp}=0.52$）、渗透压（设$C=m$）分别是（　　）。

A. −0.776℃、100.22℃、1.02×10^3Pa

B. 0.776℃、99.78℃、1.02×10^3kPa

C. −0.776℃、100.22℃、1.02×10^3kPa

D. 273.93℃、72.93℃、1.02×10^6Pa

3-2-3 下列酸溶液的C_{H^+}、电离度分别为（　　）。

（1）0.25mol/L 氢溴酸；（2）0.25mol/L 次氯酸（$K_a=3.2\times10^{-8}$）。

A. （1）0.25mol/L，0%；（2）8.9×10^{-5}mol/L，0.036

B. （1）0.25mol/L，50%；（2）8.0×10^{-9}mol/L，3.2×10^{-6}

C. （1）0.25mol/L，100%；（2）8.0×10^{-9}mol/L，3.2×10^{-6}%

D. （1）0.25mol/L，100%；（2）8.9×10^{-5}mol/L，0.036%

3-2-4 H_2S 饱和溶液浓度为 0.1mol/L，已知$K_{a1}=1.32\times10^{-7}$，$K_{a2}=7.1\times10^{-15}$，该溶液的C_{H^+}、C_{HS^-}、$C_{S^{2-}}$和 pH 值分别为（　　）。

A. 1.15×10^{-4}、1.15×10^{-4}、7.1×10^{-15}、3.94

B. 1.15×10^{-4}、7.1×10^{-15}、2.3×10^{-4}、3.94

C. 3.6×10^{-15}、0、7.1×10^{-15}、14.4

D. 2.3×10^{-4}、1.15×10^{-4}、1.15×10^{-4}、3.64

3-2-5 在0.1mol/L醋酸溶液中，下列说法不正确的是（　　）。

A. 加入少量氢氧化钠溶液，醋酸的电离平衡向右移动

B. 加入水稀释后，醋酸的电离度增加

C. 加入冰醋酸，由于增加反应物的浓度，使醋酸的电离平衡向右移动，电离度增加

D. 加入少量盐酸，使醋酸电离度减小

3-2-6 在含有 0.1mol/L 氨水与 0.1mol/L NH_4Cl 的溶液中，C_{H^+}为（　　）（已知$K_{bNH_3\cdot H_2O}=1.8\times10^{-5}$）。

A. 1.34×10^{-3}mol/L　　B. 9.46×10^{-12}mol/L

C. 1.8×10^{-5}mol/L　　D. 5.56×10^{-10}mol/L

3-2-7 50mL、0.1mol/L的某一元弱酸HA溶液与20mL、0.10mol/L的KOH溶液混合，并加水稀释至100mL，测得该溶液的pH=5.25。此一元弱酸的电离常数为（　　）。

A. 5.6×10^{-6}　　B. 3.7×10^{-6}

C. 8.4×10^{-6}　　D. 6.3×10^{-6}

3-2-8 AgCl 在（1）纯水中；（2）NaCl 溶液中；（3）$Na_2S_2O_3$ 溶液中的溶解度大小的顺序是（　　）。

A. （1）>（2）>（3）　　B. （3）>（2）>（1）

C. （3）>（1）>（2）　　D. （1）>（3）>（2）

3-2-9 0.025mol/L NaAc 溶液的 pH 值及水解度分别为（ ）（K_a =1.76×10^{-5}）。

A. 5.42，1.06×10^{-4}　　B. 8.58，0.015%

C. 8.58，1.06×10^{-4}　　D. 5.42，0.015%

第三节 化学反应速率与化学平衡

一、热化学

（一）系统和环境、状态和状态函数

1. 系统和环境

系统：人们将其作为研究对象的那部分物质世界，即被研究的物质和它们所占有的空间。

环境：系统之外并与系统有密切联系的其他物质或空间。

系统和环境之间可以有物质和能量的传递。按传递情况不同，将系统分为：

（1）敞开系统：与环境之间既有物质交换又有能量交换的系统。

（2）封闭系统：与环境之间没有物质交换，但有能量交换的系统。

（3）隔离系统：与环境之间既无物质交换又无能量交换的系统。

2. 状态和状态函数

状态：即系统的物理和化学性质的综合表现。系统的状态由状态量进行描述。状态量就是描述系统有确定值的物理量。如以气体为系统时，n、p，V、T等。

状态函数：确定体系状态的物理量。

状态函数的特点：状态函数是状态的单值函数。当系统的状态发生变化时，状态函数的变化量只与系统的始、末态有关，而与变化的实际途径无关。

（二）化学反应计量式和反应进度

根据质量守恒定律，用规定的化学符号和化学式来表示化学反应的式子，叫作化学反应方程式或化学反应计量式。

书写化学反应计量式时应做到：

（1）根据实验事实，正确写出反应物和产物的化学式；

（2）反应前后原子的种类和数量保持不变，即满足原子守恒，如果是离子方程式还要满足电荷守恒；

（3）要表明物质的聚集状态，g 表示气态，l 表示液态，s 表示固态，aq 表示水溶液。

一般用化学反应计量式表示化学反应中的质量守恒关系，通式为

$$0=\sum_{\mathrm{B}}\nu_{\mathrm{B}}\mathrm{B} \qquad (3\text{-}3\text{-}1)$$

ν_B称为 B 的化学计量数，量纲为一。并规定，反应物的化学计量数为负，产物的化学计量数为正。对任一反应

$$a\mathrm{A}+b\mathrm{B}=y\mathrm{Y}+z\mathrm{Z}$$

$$\nu_{\mathrm{A}}=-a;\ \nu_{\mathrm{B}}=-b;\ \nu_{\mathrm{Y}}=y;\ \nu_{\mathrm{Z}}=z$$

例如，合成氨的化学反应计量式为

$$N_2 + 3H_2 = 2NH_3$$

则$\nu(N_2) = -1$；$\nu(H_2) = -3$；$\nu(NH_3) = 2$

化学计量数与化学反应方程式的写法有关，如合成氨的化学反应计量式写为

$$\frac{1}{2}N_2 + \frac{3}{2}H_2 = NH_3$$

则$\nu(N_2) = -\frac{1}{2}$；$\nu(H_2) = -\frac{3}{2}$；$\nu(NH_3) = 1$

ν_B的物理意义：表示按计量反应方程式反应时各物质转化的比例数。

反应进度：为了描述化学反应进行的程度，引入一个新物理量——反应进度。反应进度ξ的定义为式

$$d\xi = {\nu_B}^{-1}dn_B \tag{3-3-2}$$

式中，n_B为物质 B 的物质的量，ν_B为 B 的化学计量数。反应进度ξ的单位为 mol。

对于有限的变化，有$\Delta\xi = \Delta n_B/\nu_B$

对于化学反应，一般选尚未反应时，$\xi = 0$，因此

$$\xi = [n_B(\xi) - n_B(0)]/\nu_B \tag{3-3-3}$$

式中，$n_B(0)$为$\xi = 0$时物质 B 的物质的量，$n_B(\xi)$为$\xi = \xi$时物质 B 的物质的量。

引入反应进度这个量的最大优点，是在反应进行到任意时刻时，可用任一反应物或产物来表示反应进行的程度，所得的值总是相等的。

应用反应进度时应注意：

（1）反应进度与化学计量式匹配；

（2）对于同一化学反应计量式，用任何物质的量的变化量来计算反应进度都是相等的。

ξ =1mol 的物理意义：反应按所给反应式的系数比例进行了一个单位的化学反应。

（三）热和功

热和功是系统发生变化时与环境进行能量交换的两种形式。

（1）热。系统与环境之间因温度不同而交换或传递的能量称为热，表示为Q。规定：系统从环境吸热时，Q为正值；系统向环境放热时，Q为负值。Q与具体的变化途径有关，不是状态函数。

（2）功。除了热之外，其他被传递的能量叫作功，表示为W。规定：环境对系统做功时，W为正值；系统对环境做功时，W为负值。功与途径有关，不是状态函数。功分体积功和非体积功（表面功、电功等）。

等外压过程中，体积功为

$$W_{体} = -p_{外}(V_2 - V_1) = -p_{外}\Delta V \tag{3-3-4}$$

（四）热力学能

热力学能为系统内部运动能量的总和。内部运动包括分子的平动、转动、振动以及电子运动和核运动，用U表示。

由于分子内部运动的相互作用十分复杂，因此目前尚无法测定内能的绝对数值。

内能的特征：状态函数、无绝对数值、广度性质。

（五）热力学第一定律

当系统由始态变化到终态时，系统与环境间传递的热量Q和功W之和等于系统的热力学能的变化量ΔU。即

$$\Delta U = Q + W \tag{3-3-5}$$

这就是热力学第一定律的数学表达式。

例如，某封闭系统在某一过程中从环境中吸收了 50kJ 的热量，对环境做了 30kJ 的功，则系统在过程中热力学能的变化为：$\Delta U_{体系}=(+50\text{kJ})+(-30\text{kJ})=20\text{kJ}$。系统热力学能净增为 20kJ。

（六）化学反应的反应热

化学反应热是指等温过程热，即当反应发生后，使反应产物的温度回到反应前始态的温度，化学反应过程中吸收或放出的热量，简称反应热。

根据反应条件的不同，反应热又可分为恒容反应热和恒压反应热两种。

1. 恒容反应热

恒容过程，体积功$W_{体}=0$，不做非体积功$W'=0$时，所以

$$W=W_{体}+W'=0,\ Q_V=\Delta U \tag{3-3-6}$$

2. 恒压反应热

恒压过程，不做非体积功时，$W_{体}=-p(V_2-V_1)$，所以$Q_p=\Delta U+p(V_2-V_1)$

（七）焓和焓变

在封闭系统中等压反应条件下进行化学反应时，反应热为

$$Q_p=\Delta U+p(V_2-V_1)=(U_2-U_1)+p(V_2-V_1)=(U_2+p_2V_2)-(U_1+p_1V_1) \tag{3-3-7}$$

定义：$H=U+pV$，H称为焓。则$Q_p=H_2-H_1=\Delta H$。

H是一个重要的热力学函数，是状态函数，但不能知道它的绝对数值。

公式$Q_p=\Delta H$的意义：

（1）等压热效应即为焓的增量，故Q_p也只取决于始终态，而与途径无关；

（2）可以通过ΔH的计算求出的Q_p值。

通常，许多化学反应是在“敞口”容器中进行的，系统压力与环境压力相等，这时的反应热称为定压反应热。定压反应热以ΔH表示，单位：kJ/mol。并规定，当反应放出热量时（放热反应），$\Delta H<0$；当反应吸收热量时（吸热反应），$\Delta H>0$。

（八）热化学方程式

热化学方程式：表示化学反应与其热效应关系的化学方程式。

如：$2H_2(g)+O_2(g)=2H_2O(g)$；$\Delta_rH_m^\ominus(298)=-483.6\text{kJ/mol}$

表示在 298K、100kPa 下，当反应进度为 1mol 时，放出 483.6kJ 的热量。

r 表示反应（reaction），Δ_rH_m表示反应的摩尔焓变，m 表示反应进度为 1mol，$^\ominus$表示热力学标准态。

热力学中对标准态（$^\ominus$）的规定：气态物质的标准态是标准压力$p^\ominus$=100kPa 时表现出理想气体性质的纯气体物质的状态；液体、固体物质的标准态是指处于标准压力下纯液体或纯固体的状态；溶液中溶质的标准态是在标准压力下，质量摩尔浓度为 1mol/kg 时的状态。标准状态时温度不作规定。

书写热化学方程式时应注意以下几个问题：

（1）注明反应物与生成物的聚集状态。g 表示气态，l表示液态，s 表示固态。

$$2H_2(g)+O_2(g)=2H_2O(g),\ \Delta_rH_m^\ominus=-483.6\text{kJ/mol}$$

$$2H_2(g)+O_2(g)=2H_2O(l),\ \Delta_rH_m^\ominus=-571.68\text{kJ/mol}$$

（2）不同计量系数的同一反应，其摩尔反应热不同。

$$H_2(g)+\frac{1}{2}O_2(g)=H_2O(g),\ \Delta_rH_m^\ominus(298)=-241.8\text{kJ/mol}$$

$$2H_2(g)+O_2(g)=2H_2O(g),\ \Delta_rH_m^\ominus(298)=-483.6kJ/mol$$

（3）正逆反应的反应热效应数值相等，符号相反。

$$2H_2(g)+O_2(g)=2H_2O(g),\ \Delta_rH_m^\ominus(298)=-483.6kJ/mol$$

$$2H_2O(g)=2H_2(g)+O_2(g),\ \Delta_rH_m^\ominus(298)=+483.6kJ/mol$$

（4）注明反应的温度和压力。

（九）盖斯定律

盖斯定律，即化学反应的恒压或恒容反应热只与物质的始态或终态有关而与变化的途径无关。换句话说，一个化学反应如果分几步完成，则总反应的反应热等于各步反应的反应热之和。

应用盖斯定律通过计算不仅可以得到某些恒压反应热，从而减少大量实验测定工作，而且可以计算出难以或无法用实验直接测定的某些反应的反应热。

（十）标准摩尔生成焓

标准状态时，由指定单质生成单位物质的量的纯物质 B 时反应的焓变，称为标准摩尔生成焓，记作$\Delta_fH_m^\ominus$。上标 $^\ominus$ 表示标准状态，下标“f”（formation 的词头）表示生成。$\Delta_fH_m^\ominus$的单位为 kJ/mol，通常使用的是 298.15K 的摩尔生成焓数据。

指定单质通常指标准压力和该温度下最稳定的单质。如 C：石墨（s）；Hg：Hg（l）等。但 P 为白磷（s），即 P（s，白）。

显然，标准态指定单质的标准生成焓为 0。生成焓的负值越大，表明该物质键能越大，对热越稳定。

由标准摩尔生成焓（$\Delta_fH_m^\ominus$）计算标准摩尔反应焓变（$\Delta_rH_m^\ominus$）：根据标准摩尔生成焓的定义，应用盖斯定律可以导出，化学反应的标准摩尔反应焓变等于生成物的标准摩尔生成焓的总和减去反应物的标准摩尔生成焓的总和。

【例 3-3-1】 在 298K，100kPa 下，反应$2H_2(g)+O_2(g)=2H_2O(l)$的$\Delta_rH_m^\ominus=-572kJ\cdot mol^{-1}$，则 H_2O（l）的$\Delta_fH_m^\ominus$是：

A. $572kJ\cdot mol^{-1}$　　B. $-572kJ\cdot mol^{-1}$　　C. $286kJ\cdot mol^{-1}$　　D. $-286kJ\cdot mol^{-1}$

解　由物质的标准摩尔生成焓$\Delta_rH_m^\ominus$和反应的标准摩尔反应焓变$\Delta_rH_m^\ominus$的定义可知，H_2O（l）的标准摩尔生成焓$\Delta_fH_m^\ominus$为反应$H_2(g)+\frac{1}{2}O_2(g)=H_2O(l)$的标准摩尔反应焓变$\Delta_rH_m^\ominus$。反应$2H_2(g)+O_2(g)=2H_2O(l)$的标准摩尔反应焓变是反应$H_2(g)+\frac{1}{2}O_2(g)=H_2O(l)$的标准摩尔反应焓变的 2 倍，即$H_2(g)+\frac{1}{2}O_2(g)=H_2O(l)$的$\Delta_fH_m^\ominus=\frac{1}{2}\times(-572)=-286kJ\cdot mol^{-1}$。

答案： D

【例 3-3-2】 反应 $A(s)+B(g)\rightleftharpoons 2C(g)$ 在体系中达到平衡，如果保持温度不变，升高体系的总压（减小体积），平衡向左移动，则$K^\ominus$的变化是：

A. 增大　　B. 减小　　C. 不变　　D. 无法判断

解　对于指定反应，平衡常数$K^\ominus$的值只是温度的函数，与参与平衡的物质的量、浓度、压强等无关。

答案： C

二、化学反应速率

（一）化学反应速率的表示方法

化学反应速率通常是用单位时间内反应物或生成物浓度的变化量来表示。时间单位常用 s（秒）、

min（分）或 h（小时），浓度单位一般用 mol/L。

$$\overline{v}_i = \Delta C_i/\Delta t\ (\text{平均速率}) \tag{3-3-8}$$

对同一反应，用不同物质的浓度变化表示$\overline{v}$时，其数值不一定相等。如

$$N_2(g) + 3H_2(g) \rightleftharpoons 2NH_3(g)$$

当$\overline{v}_{NH_3}$=0.2mol/(L·s)时，$\overline{v}_{H_2}$=0.3mol/(L·s)，而$\overline{v}_{N_2}$=0.1mol/(L·s)。它们的比值恰好等于反应方程中各物质的化学计量数之比，即

$\overline{v}_{N_2}$ ∶ $\overline{v}_{H_2}$ ∶ $\overline{v}_{NH_3}$=0.1 ∶ 0.3 ∶ 0.2=1 ∶ 3 ∶ 2

所以当反应速率以数值表达时应注明以哪种物质的浓度变化为标准。

实际速率为瞬时速率v_i，即

$$v_i = \lim_{\Delta t \to 0} \frac{\Delta C_i}{\Delta t} = \frac{dC_i}{dt} \tag{3-3-9}$$

瞬时速率可通过试验，并经作图法求得。

用反应进度定义的反应速率：单位体积内反应进度随时间的变化率。即

$$v = \frac{1}{V}\frac{d\xi}{dt} \tag{3-3-10}$$

因为$d\xi = v_B{}^{-1}dn_B$，对于恒容反应$dC_B = dn_B/V$，上式可写成反应速率的常用定义式

$$v = \frac{1}{v_B} \cdot \frac{dC_B}{dt} \tag{3-3-11}$$

v的 SI 单位：mol/(dm³·s)。

例如，对于合成氨反应$N_2(g) + 3H_2(g) == 2NH_3(g)$

其反应速率：

$$v = \frac{1}{2}\frac{dC(NH_3)}{dt} = -\frac{dC(N_2)}{dt} = -\frac{1}{3}\frac{dC(H_2)}{dt}$$

显然，用反应进度定义的反应速率的量值与表示速率物质的选择无关，亦即一个反应就只有一个反应速率值，但与计量系数有关，所以在表示反应速率时，必须写明相应的化学计量方程式。

（二）反应速率方程

浓度是影响反应速率的重要因素之一，表明反应物浓度与反应速率之间的定量关系的方程称为反应速率方程，简称速率方程。

1. 基元反应的速率方程——质量作用定律

实验证明，浓度越大，速率越快，对基元反应（一步完成的反应）

$$aA + bB \longrightarrow C$$

其反应速率方程或质量作用定律表达式为

$$v = kC_A^a \cdot C_B^b \tag{3-3-12}$$

即基元反应的反应速率与以化学计量数为方次的反应物浓度的乘积成正比，这就是质量作用定律，也叫速率定律。

a、b分别是反应物 A、B 的化学计量数，表示反应级数。对于 A 是a级反应，对于 B 是b级反应，对整个反应或总反应的级数为（$a + b$）级。一个一级反应就是$a + b = 1$的反应，依此类推。

k为速率常数，它表示反应物均为单位浓度时的反应速率。k的大小取决于反应物的本质及反应温度，而与浓度无关。

质量作用定律只适用于基元反应。

2. 非基元反应的速率方程

非基元反应即由几个基元反应组成的复杂反应，质量作用定律虽适用于其中每一个基元反应，但往往不适用于总的反应，其速率方程必须由实验测得反应速度才能确定。对于反应式

$$aA + bB \longrightarrow cC + dD$$

其速率方程为

$$v = kC_A^x \cdot C_B^y$$

式中，x、y的值通常由实验测定，可为零、整数或小数。

上述定量关系式，除适用于气体反应外，也适用于溶液中的反应。液态和固态纯物质由于浓度不变，在式中通常不表达出来。气体压力的改变相当于浓度的影响。

【例 3-3-3】 某基元反应的速率方程为$v = kC_A \cdot C_B^2$，当$C_A' = 2C_A$；$C_B' = 2C_B$时，其速率方程为：

A. $v' = v$　　B. $v' = 4v$　　C. $v' = 8v$　　D. $v' = 16v$

解　$v' = k(2C_A)(2C_B)^2 = 8kC_A \cdot C_B^2 = 8v$

答案： C

（三）温度对速率的影响——阿仑尼乌斯公式

温度对化学反应速率的影响主要体现在速率常数k上。温度升高，k值增大。两者的定量关系可用阿仑尼乌斯公式表示

$$k = Ze^{\frac{-\varepsilon}{RT}}$$

或

$$\lg k = -\frac{\varepsilon}{2.303RT} + \lg Z \tag{3-3-13}$$

式中：ε ——给定的反应活化能；

Z ——给定的指前因子。

由公式可知：

（1）对某反应温度越高，速率常数就越大，所以速率也越大；温度一定时，活化能越大，速率常数就越小，速率也越小。

（2）以$\lg k$对$\frac{1}{T}$作图可得一直线，其斜率为$-\varepsilon/2.303R$，截距为$\lg Z$。因此，由作图法可求给定反应的活化能和指前因子，以及给定温度下的速率常数值。ε也可由下式求得

$$\lg\frac{k_2}{k_1} = \frac{\varepsilon}{2.303R}\left(\frac{T_2 - T_1}{T_1 \cdot T_2}\right) \tag{3-3-14}$$

（四）催化剂对速率的影响

化学反应过程的实质是旧的化学键断裂，新的化学键建立的过程，在此过程中必定伴随着能量的变化。首先需足够的能量使旧的化学键断裂。

1. 化学反应活化能和活化分子

根据气体运动理论，只有具有足够能量的分子（或原子）的碰撞才有可能发生反应。这种能够发生反应的碰撞叫有效碰撞。这种具有足够能量可以发生有效碰撞而发生反应的分子叫作活化分子。活化分子所具有的平均能量与反应物分子的平均能量之差称为活化能。活化能的大小，由反应物自身性质所决定。活化分子占反应分子总数的百分比叫活化分子百分数。反应的活化能越高，活化分子百分数越小，反应越慢，反之反应越快。

2. 催化剂

催化剂是一种能改变反应速率而本身在反应前后的质量和化学性质都不改变的物质。催化剂之所以加快反应的速率，是因为它改变了反应的历程，降低了反应活化能，增加了活化分子百分数，如图3-3-1所示。

图 3-3-1 表明有催化剂时和无催化剂时活化能的差别。图中A和B分别为反应物分子和生成物分子的平均能量；C和C'分别表示无催化剂和有催化剂时活化分子的平均能量；ε_1和ε_2分别为无催化剂和有催化剂时的活化能，显然$\varepsilon_1 > \varepsilon_2$。

一般化学反应的活化能在 40~420kJ/mol 之间，大多数反应在 60~240kJ/mol 之间。

对可逆反应，ε_1为正反应活化能，ε_1'为逆反应活化能，则正反应的热效应$\Delta H_{正}$和逆反应的热效应$\Delta H_{逆}$可表示为

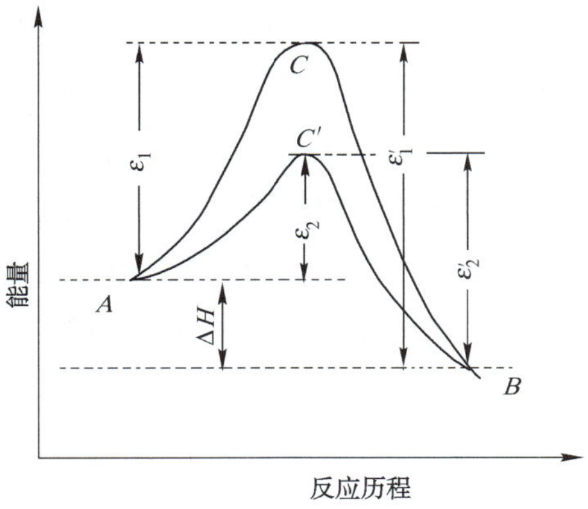

图 3-3-1 有催化与无催化的反应活化能比较

$$\Delta H_{正} = \varepsilon_1 - \varepsilon_1' = -\Delta H_{逆} \quad (3-3-15)$$

由以上讨论可见：浓度、温度、催化剂对反应速率的影响都可归结为活化分子数的改变，但改变的原因各不相同。浓度的影响是通过增加单位体积内的分子总数；温度的影响是通过能量的变化改变活化分子百分数；而催化剂是通过改变反应机理，降低反应活化能增加活化分子的百分数。

【例 3-3-4】 催化剂可加快反应速率的原因，下列叙述正确的是：

A. 降低了反应的$\Delta_r H_m^\Theta$　　B. 降低了反应的$\Delta_r G_m^\Theta$

C. 降低了反应的活化能　　D. 使反应的平衡常数K^Θ减小

解 催化剂之所以加快反应的速率，是因为它改变了反应的历程，降低了反应的活化能，增加了活化分子百分数。

答案： C

三、化学反应的方向

（一）化学反应的自发性

在给定条件下能自动进行的反应或过程叫自发反应或自发过程。

自发过程具有以下共同特征：

（1）具有不可逆性——单向性；

（2）有一定的限度；

（3）可由一定物理量判断变化的方向和限度。

化学反应在指定条件下自发进行的方向和限度问题，是科学研究和生产实践中极为重要的理论问题之一。

（二）化学反应方向的判据

1. 化学反应方向和焓变

化学反应中，许多放热反应都能自发的进行。例如：

$$H_2(g)+\frac{1}{2}O_2(g)=H_2O(l),\ \Delta_rH_m^{\ominus}(298K)=-285.83kJ/mol$$

$$H^+(aq)+OH^-(aq)=H_2O(l),\ \Delta_rH_m^{\ominus}(298K)=-55.84kJ/mol$$

显然，能量越低，体系的状态就越稳定。化学反应一般也符合上述能量最低原理。的确，很多化学反应自发朝着放热的方向进行。据此，有人曾试图以反应的焓变（Δ_rH_m）作为反应自发性的判据。认为，在等温等压条件下，当$\Delta_rH_m<0$时，化学反应自发进行。

但是，试验表明，有些吸热过程（$\Delta_rH_m>0$）也能自发进行。例如：

$NH_4Cl(s)=NH_4{}^+(aq)+Cl^-(aq)$，$\Delta_rH_m^{\ominus}(298K)=9.76kJ/mol$

$CaCO_3(s)=CaO(s)+CO_2(g)$，$\Delta_rH_m^{\ominus}(1\,123K)=178.32kJ/mol$

$H_2O(l)=H_2O(g)$，$\Delta_rH_m^{\ominus}(298K)=44kJ/mol$

这些吸热反应在一定条件下均能自发进行。说明放热（$\Delta_rH_m<0$）只是有助于反应自发进行的因素之一，而不是唯一的因素。当温度升高时，另外一个因素变得更重要，热力学上，将决定反应自发性的另一个状态函数称为熵。

2. 化学反应与熵变

研究发现，自然界中的物理和化学的自发过程一般都朝着混乱程度增大的方向进行。热力学上，用一个新的状态函数“熵”来表示体系的混乱度。熵是系统内部质点混乱程度或无序程度的量度，以“S”表示。系统的混乱度愈大，熵愈大。熵是状态函数。熵的变化只与始态、终态有关，而与途径无关。

热力学第二定律的统计表达：在隔离系统中发生的自发进行的反应必伴随着熵的增加，或隔离系统的熵总是趋向于极大值。这就是自发过程的热力学准则，称为熵增加原理。这就是隔离系统的熵判据。

热力学第三定律：系统内物质微观粒子的混乱度与物质的聚集状态和温度等有关。在绝对零度时，理想晶体内分子的各种运动都将停止，物质微观粒子处于完全整齐有序的状态。人们根据一系列低温实验事实和推测，总结出一个经验定律——热力学第三定律。

在绝对零度时，一切纯物质的完美晶体的熵值都等于零，即$S(0K)=0$。

知道某一物质从绝对零度到指定温度下的一些化学数据，就可以求出此温度的熵值，称为这一物质的规定熵。

标准摩尔熵：单位物质的量的纯物质在标准状态下的规定熵叫作该物质的标准摩尔熵，以S_m（或简写为S）表示。注意S_m的 SI 单位为$J/(mol\cdot K)$。

根据上述讨论并比较物质的标准熵值，可以得出下面一些规律：对于同一种物质，$S_g>S_l>S_s$；同一物质在相同的聚集状态时，其熵值随温度的升高而增大，$S_{高温}>S_{低温}$。对于不同种物质，$S_{复杂分子}>S_{简单分子}$。对于混合物和纯净物，$S_{混合物}>S_{纯物质}$。

熵变的计算：熵是状态函数，反应或过程的熵变Δ_rS，只跟始态和终态有关，而与变化的途径无关。反应的标准摩尔熵变$\Delta_rS_m^{\ominus}$（或简写为$\Delta S^{\ominus}$），其计算及注意点与Δ_rH_m的相似。

$$\Delta_rS_m^{\ominus}=\sum v_iS_m^{\ominus}(生成物)-\sum v_iS_m^{\ominus}(反应物)$$

应当指出，虽然物质的标准熵随温度的升高而增大，但只要温度升高没有引起物质聚集状态的改变时，则可忽略温度的影响，近似认为反应的熵变基本不随温度而变。

虽然熵增加有利于反应的自发进行，但与反应焓变一样，一般情况不能仅用熵变作为反应自发进行的判据。要判断反应自发进行的方向，必须将这两个因素综合考虑。

3. 反应自发性的判据——反应的吉布斯函数变

为了确定反应自发性的判据，1875年，美国化学家吉布斯（Gibbs）首先提出一个把焓和熵归并在一起的热力学函数——G（现称吉布斯自由能或吉布斯函数），并定义：$G = H - TS$。

对于等温过程：

$$\Delta G = \Delta H - T\Delta S \tag{3-3-16}$$

ΔG表示反应和过程的吉布斯函数变，简称吉布斯函数变，式（3-3-16）称为吉布斯等温方程。

反应自发性的判据：根据热力学推导得出，对于恒温、恒压不做非体积功的一般反应，其自发性的判断标准（称为最小自由能原理）为：

$\Delta G < 0$，自发过程，过程能向正方向进行。

$\Delta G = 0$，平衡状态。

$\Delta G > 0$，非自发过程，过程能向逆方向进行。

这一规律表明：等温、等压的封闭体系内，不做非体积功的条件下，任何自发过程总是朝着吉布斯函数减小的方向进行。系统不会自发地从吉布斯函数小的状态向吉布斯函数大的状态进行。

恒温、恒压下化学反应自发进行方向的判据是化学反应的ΔG，ΔG的大小取决于反应的ΔH、ΔS和温度T。表 3-3-1 给出了ΔH、ΔS和T对反应自发性的影响。

ΔH、ΔS和T对反应自发性的影响　　表 3-3-1

反应实例	ΔH	ΔS	$\Delta G = \Delta H - T\Delta S$	反应情况
$H_2(g) + Cl_2(g) = 2HCl(g)$	−	+	−	自发（任何温度）
$2CO(g) = 2C(s) + O_2(g)$	+	−	+	非自发（任何温度）
$CaCO_3(s) = CaO(s) + CO_2(s)$	+	+	升高至某温度时由正值变为负值	升高温度有利于反应自发进行
$N_2(g) + 3H_2(g) = 2NH_3(g)$	−	−	降低至某温度时由正值变为负值	降低温度有利于反应自发进行

4. 反应的摩尔吉布斯函数变的计算及应用

（1）标准状态下摩尔吉布斯函数变的计算

标准摩尔生成吉布斯函数：在标准状态时，由指定单质生成单位物质的量的纯物质时反应的吉布斯函数变，叫作该物质的标准摩尔生成吉布斯函数，用$\Delta_f G_m^\ominus$表示，常用单位为 kJ/mol。

任何指定单质（注意磷为白磷）：$\Delta_f G_m^\ominus = 0$

298.15K 时的物质的$\Delta_f G_m^\ominus$可以查到。

反应的标准摩尔吉布斯函数变以$\Delta_r G_m^\ominus$表示。

298.15K 时，反应的标准摩尔吉布斯函数变的计算公式为

$$\Delta_r G_m^\ominus(298.15\text{K}) = \sum v_i \Delta_f G_m^\ominus(\text{生成物}) - \sum v_i \Delta_f G_m^\ominus(\text{反应物})$$

利用物质的$\Delta_f H_m^\ominus(298.15\text{K})$和$S_m^\ominus(298.15\text{K})$的数据求算：先计算得到反应的$\Delta_r H_m^\ominus$和$\Delta_r S_m^\ominus$，然后利用下列公式计算反应的$\Delta_r G_m^\ominus(298.15\text{K})$

$$\Delta_r G_m^\ominus(298.15\text{K}) = \Delta_r H_m^\ominus(298.15\text{K}) - 298.15\Delta_r S_m^\ominus(298.15\text{K})$$

需要指出，上式计算得到的$\Delta_r G_m^\ominus$为 298.15K 时的值，而$\Delta_r G_m^\ominus$值随温度不同而改变。但由于温度对大多数反应的焓变和熵变影响较小，对这些反应可看作：$\Delta_r H_m^\ominus(T) \approx \Delta_r H_m^\ominus(298.15\text{K})$，$\Delta_r S_m^\ominus(T) \approx \Delta_r S_m^\ominus(298.15\text{K})$，所以任一温度$T$时的标准摩尔吉布斯函数变可按下式近似计算

$$\Delta_r G_m^\ominus(T) = \Delta_r H_m^\ominus(T) - T\Delta_r S_m^\ominus(T) \approx \Delta_r H_m^\ominus(298.15\text{K}) - T\Delta_r S_m^\ominus(298.15\text{K})$$

（2）非标准状态下摩尔吉布斯函数变的计算

许多化学反应是在等温等压非标准状态下进行的，此时反应的$\Delta_r G_m$可根据实际条件用热力学等温方程进行计算

$$\Delta_r G_m(T) = \Delta_r G_m^\ominus(T) + RT\ln Q \tag{3-3-17}$$

式中，Q为反应熵。

【例 3-3-5】已知反应$N_2(g) + 3H_2(g) \rightarrow 2NH_3(g)$的$\Delta_r H_m < 0$，$\Delta_r S_m < 0$，则该反应为：

A. 低温易自发，高温不易自发　　B. 高温易自发，低温不易自发

C. 任何温度都易自发　　D. 任何温度都不易自发

解　由公式$\Delta G = \Delta H - T\Delta S$可知，当$\Delta H$和$\Delta S$均小于零时，$\Delta G$在低温时小于零，所以低温自发，高温非自发。

答案：A

【例 3-3-6】某化学反应在任何温度下都可以自发进行，此反应需满足的条件是：

A. $\Delta_r H_m < 0$，$\Delta_r S_m > 0$　　B. $\Delta_r H_m > 0$，$\Delta_r S_m < 0$

C. $\Delta_r H_m < 0$，$\Delta_r S_m < 0$　　D. $\Delta_r H_m > 0$，$\Delta_r S_m > 0$

解　由公式$\Delta G = \Delta H - T\Delta S$可知，当$\Delta H < 0$和$\Delta S > 0$时，$\Delta G$在任何温度下都小于零，都能自发进行。

答案：A

【例 3-3-7】金属钠在氯气中燃烧生成氯化钠晶体，其反应的熵变是：

A. 增大　　B. 减少　　C. 不变　　D. 无法判断

解　反应方程式为$2Na(s) + Cl_2(g) = 2NaCl(s)$。气体分子数增加的反应，其熵值增大；气体分子数减小的反应，熵值减小。

答案：B

四、化学平衡

（一）化学平衡时的特征

当$v_{正} = v_{逆}$时，化学反应达到平衡状态。化学平衡的特征：

（1）外观上反应“停顿”了，实质是动态平衡；

（2）当外界条件不变时，反应物和生成物浓度不再随时间改变；

（3）平衡状态可以从正逆两方向到达。

（二）化学平衡常数表达式

1. 经验平衡常数（或实验平衡常数）

对任何可逆反应

$$aA + bB \rightleftharpoons dD + gG$$

在一定温度下，反应达到平衡时生成物浓度的乘积与反应物浓度乘积之比是一个常数

$$\frac{C_G^g \cdot C_D^d}{C_A^a \cdot C_B^b} = K_c \tag{3-3-18}$$

K_c叫浓度平衡常数，简称平衡常数。上式为化学平衡常数表达式。

对气体反应，平衡常数既可用浓度表示，也可用平衡时各气体的分压表示。

$$K_p = \frac{p_G^g \cdot p_D^d}{p_A^a \cdot p_B^b} \tag{3-3-19}$$

K_p叫分压平衡常数（或压力平衡常数）。K_p与K_c的关系为

$$K_p = K_c(RT)^{\Delta n} \tag{3-3-20}$$

式中，$\Delta n = (g+d)-(a+b)$，$R = 8.314\text{Pa}\cdot\text{m}^3/(\text{K}\cdot\text{mol})$。注意计算时$p$、$C$与$R$的单位一致。

2. 标准平衡常数$K^\ominus$

在K_c与K_p表达式中，浓度或分压均为用平衡时物质的绝对浓度或绝对分压来表示的；而标准平衡常数，则是用平衡时物质的相对浓度或相对分压来表示。如

$$\text{Zn(s)} + 2\text{H}^+ \rightleftharpoons \text{H}_2\text{(g)} + \text{Zn}^{2+}$$

$$K^\ominus = \frac{[C_{\text{Zn}^{2+}}/C^\ominus][p_{\text{H}_2}/p^\ominus]}{[C_{\text{H}^+}/C^\ominus]^2} \tag{3-3-21}$$

式中：$C^\ominus$ ——标准浓度，$C^\ominus$ =1.0mol/L；

$p^\ominus$ ——标准压强，$p^\ominus$ =100kPa。

热力学上，标准平衡常数简称平衡常数，是一无量纲的量。平衡常数是表征化学反应进行到最大程度时反应进行程度的一个常数。对于同一类型的反应，在给定反应条件下，$K^\ominus$值越大，表明正反应进行得越完全。在一定温度下，不同反应，各有其特定的$K^\ominus$值。对于指定反应，其平衡常数$K^\ominus$的值只是温度的函数，而与参与平衡的物质的量无关。

书写平衡常数表达式时应注意：

（1）平衡常数表达式与反应历程无关，但必须是平衡时的相对浓度或相对压力，化学计量数为其指数；

（2）纯固体、纯液体的浓度不列入表达式；

（3）平衡常数表达式与反应方程的书写形式有关，例如在 373K 时

$$\text{N}_2\text{O}_4 \rightleftharpoons 2\text{NO}_2 \qquad K_1 = \frac{[C_{\text{NO}_2}/C^\ominus]^2}{C_{\text{N}_2\text{O}_4}/C^\ominus} = 0.36$$

$$\frac{1}{2}\text{N}_2\text{O}_4 \rightleftharpoons \text{NO}_2 \qquad K_2 = \frac{C_{\text{NO}_2}/C^\ominus}{[C_{\text{N}_2\text{O}_4}/C^\ominus]^{\frac{1}{2}}} = \sqrt{K_1} = 0.6$$

$$2\text{NO}_2 \rightleftharpoons \text{N}_2\text{O}_4 \qquad K_3 = \frac{C_{\text{N}_2\text{O}_4}/C^\ominus}{[C_{\text{NO}_2}/C^\ominus]^2} = \frac{1}{K_1} = 2.8$$

【例 3-3-8】 下列反应的标准平衡常数可用$p^\ominus/p_{\text{H}_2}$表示的是：

A. $\text{H}_2\text{(g)} + \text{S(g)} \rightleftharpoons \text{H}_2\text{S(g)}$　　B. $\text{H}_2\text{(g)} + \text{S(s)} \rightleftharpoons \text{H}_2\text{S(g)}$

C. $\text{H}_2\text{(g)} + \text{S(s)} \rightleftharpoons \text{H}_2\text{S}(l)$　　D. $\text{H}_2(l) + \text{S(s)} \rightleftharpoons \text{H}_2\text{S(s)}$

解 选项 A、B、C、D 的标准平衡常数分别为：

$$K_1^\ominus = \frac{p_{\text{H}_2\text{S}}/p^\ominus}{p_{\text{H}_2}/p^\ominus \cdot p_{\text{S}}/p^\ominus} = \frac{p_{\text{H}_2\text{S}} \cdot p^\ominus}{p_{\text{H}_2} \cdot p_{\text{S}}}$$

$$K_2^\ominus = \frac{p_{\text{H}_2\text{S}}/p^\ominus}{p_{\text{H}_2}/p^\ominus} = \frac{p_{\text{H}_2\text{S}}}{p_{\text{H}_2}}$$

$$K_3^\Theta = \frac{1}{p_{H_2}/p^\Theta} = \frac{p^\Theta}{p_{H_2}}$$

$$K_4^\Theta = \frac{1}{1} = 1$$

答案： C

3. 平衡常数的物理意义和特征

（1）平衡常数是可逆反应进行程度的特征常数，其值越大，表明正反应趋势越大，反应物的平衡转化率也越高，见表 3-3-2。

（2）平衡常数只是温度的函数。表 3-3-2 中，反应 I 的K值，随温度的升高而减少，此反应为放热反应，$\Delta H < 0$；反应II的K值，随温度的升高而增大，此反应为吸热反应，$\Delta H > 0$。

平衡常数与转化率　　表 3-3-2

反应 I：$SO_2(g) + \frac{1}{2}O_2(g) \rightleftharpoons SO_3(g)$				反应II：$CH_4(g) + H_2O(g) \rightleftharpoons CO(g) + 3H_2(g)$			
T(K)	400	500	600	T(K)	600	700	900
K	442.4	50.5	9.37	K	0.38	7.4	1.3×10^3
SO_2转化率（%）	99.2	93.5	73.6	CH_4转化率（%）	65	92	99

（3）符合多重平衡规则。当n个反应相加（或相减）得总反应时，总反应的K等于各个反应平衡常数的乘积（或商）。如

$$\begin{array}{rl} FeO(s) + CO(g) \rightleftharpoons Fe(s) + CO_2(g) & K_1 \\ -)FeO(s) + H_2(g) \rightleftharpoons Fe(s) + H_2O(g) & K_2 \\ \hline CO(g) + H_2O(g) = CO_2(g) + H_2(g) & K_3 = K_1/K_2 \end{array}$$

【例 3-3-9】 已知反应（1）$H_2(g) + S(s) \rightleftharpoons H_2S(g)$，其平衡常数为$K_1^\Theta$，

（2）$S(s) + O_2(g) \rightleftharpoons SO_2(g)$，其平衡常数为$K_2^\Theta$，则反应

（3）$H_2(g) + SO_2(s) \rightleftharpoons O_2(g) + H_2S(g)$的平衡常数为$K_3^\Theta$是：

A. $K_1^\Theta + K_2^\Theta$　　B. $K_1^\Theta \cdot K_2^\Theta$　　C. $K_1^\Theta - K_2^\Theta$　　D. K_1^Θ / K_2^Θ

解 多重平衡规则：当n个反应相加（或相减）得总反应时，总反应的K等于各个反应平衡常数的乘积（或商）。题中反应（3）=（1）−（2），所以$K_3^\Theta = K_1^\Theta / K_2^\Theta$。

答案： D

4. 平衡常数的应用

（1）判断反应进行的方向

对于反应　　$aA + bB \rightleftharpoons gG + dD$

体系处于任意状态，浓度商和分压商分别为

$$Q_c = \frac{[C_G/C^\Theta]^g \cdot [C_D/C^\Theta]^d}{[C_A/C^\Theta]^a \cdot [C_B/C^\Theta]^b} \qquad Q_p = \frac{[p_G/p^\Theta]^g \cdot [p_D/p^\Theta]^d}{[p_A/p^\Theta]^a \cdot [p_B/p^\Theta]^b} \tag{3-3-22}$$

Q_c与Q_p总称反应商Q。

当$Q = K$时，处于平衡状态；

当$Q < K$时，反应正向进行；

当$Q > K$时，反应逆向进行。

这就是化学反应进行方向的反应商判据。

（2）进行有关的计算

①已知K和各反应物的起始浓度，可求各物质的平衡浓度及某反应物的转化率。平衡转化率为

$$\alpha = \frac{\text{某物已转化浓度}}{\text{该物起始浓度}} \times 100\% \tag{3-3-23}$$

②已知某温度下各物质的平衡浓度（分压）或各反应物的起始浓度（分压）和某一物质的转化率，求K。

③用多重平衡规则求另一平衡的K

【例 3-3-10】 在 313K 时，$N_2O_4 \rightleftharpoons 2NO_2$ 反应的压力为 506.625kPa，K=0.9，求该温度下 N_2O_4 的平衡转化率。

解 设 N_2O_4 的起始量为$n$mol，平衡转化率为α。 $N_2O_4 \rightleftharpoons 2NO_2$

起始物质的量（mol）	n	0
平衡物质的量（mol）	$n - n\alpha$	$2n\alpha$
平衡时总物质的量（mol）	$n - n\alpha + 2n\alpha = n(1+\alpha)$	
平衡时物质的量分数	$\frac{1-\alpha}{1+\alpha}$	$\frac{2\alpha}{1+\alpha}$
平衡时分压（Pa）	$\frac{1-\alpha}{1+\alpha} \cdot p$	$\frac{2\alpha}{1+\alpha} \cdot p$

$$K = \frac{[p_{NO_2}/p^\ominus]^2}{[p_{N_2O_4}/p^\ominus]} = \frac{4\alpha^2 p}{(1-\alpha^2)p^\ominus} = 0.9$$

$$\frac{20\alpha^2}{1-\alpha^2} = 0.9 \Rightarrow \alpha = 0.208 = 20.8\%$$

标准平衡常数可由吉布斯等温方程式导出。

在化学热力学中，推导出了$\Delta_r G_m$与系统组成间的关系

$$\Delta_r G_m(T) = \Delta_r G_m^\ominus(T) + RT\ln Q \tag{3-3-24}$$

当反应达到平衡时$\Delta_r G_m = 0$，$Q = K^\ominus$

$$\Delta_r G_m^\ominus(T) = -RT\ln K^\ominus$$

$$\ln K^\ominus = \frac{\Delta_r G_m^\ominus}{-RT} \tag{3-3-25}$$

上式反映了标准平衡常数$K^\ominus$与$\Delta_r G_m^\ominus$之间的关系。

（三）化学平衡的移动

化学平衡是相对的、暂时的、有条件的。当外界条件（浓度、压强、温度）改变时，可逆反应从一个平衡状态向另一个平衡状态转化的过程称化学平衡的移动。

1. 浓度对平衡的影响

对处于平衡状态的可逆反应，若保持其他条件不变，则增加反应物浓度或减少生成物浓度，使$Q < K$，平衡向右移动；同理减少反应物浓度或增加生成物浓度，使$Q > K$，平衡向左移动。

2. 压强对平衡的影响

对有气体参加的反应，改变总压强（各气体反应物和生成物分压之和）时，如果反应前后气体分子数相等，平衡不移动；如果反应前后气体分子总数不等，平衡就会移动。例如

$$N_2 + 3H_2 \rightleftharpoons 2NH_3$$

平衡时各气体分压（Pa） a b c

$$K = \frac{c^2}{a \cdot b^3}(p^{\ominus})^2$$

总压增大 2 倍时（Pa）　　$2a$　$2b$　　$2c$

$$Q = \frac{c^2}{4a \cdot b^3}(p^{\ominus})^2$$

$Q < K$，平衡向右移动

所以增加总压强时，平衡向气体分子总数减少的方向移动；降低总压强时，平衡向气体分子数增加的方向移动。

【例 3-3-11】 在一容器中，反应$2SO_2(g) + O_2(g) \rightleftharpoons 2SO_3(g)$达平衡后，在恒温下加入一定量氮气，并保持总压不变，平衡将会：

A. 正向移动　　B. 逆向移动

C. 无明显变化　　D. 不能判断

解　加入氮气，总压不变，各气体分压减小，平衡向气体分子数增加方向移动，逆向移动。

答案：B

3. 温度对平衡的影响

温度对平衡的影响与反应的热效应有关。对放热反应（$\Delta H < 0$），升高温度，K下降（使$K < Q$），平衡向吸热方向移动；对吸热反应（$\Delta H > 0$），升高温度，K升高（使$K > Q$），平衡向吸热反应方向移动。总之，温度升高，平衡向吸热方向移动；温度降低，平衡向放热方向移动。正反应为放热反应，则逆反应为吸热反应；若正反应为吸热反应，则逆反应为放热反应。

4. 吕查德原理

如果改变平衡体系的条件之一（浓度、压强和温度），平衡就向着削弱这种改变的方向移动（见表 3-3-3）。

外界条件对反应速率、平衡常数和平衡移动的影响　　表 3-3-3

影响因素	v	k	K	平衡移动方向
增加反应物浓度	增加	不变	不变	向正反应方向移动
增加气体分子总压强	增加	不变	不变	向气体分子总数减小方向移动
升高反应温度	增加	增大	正反应吸热K增大，正反应放热K减小	向吸热方向移动
加催化剂	增加	增大	不变	不移动

【例 3-3-12】 已知反应$C_2H_2(g) + 2H_2(g) \rightleftharpoons C_2H_6(g)$的$\Delta_r H_m < 0$，当反应达平衡后，欲使反应向右进行，可采取的方法是：

A. 升温，升压　　B. 升温，减压

C. 降温，升压　　D. 降温，减压

解　此反应为气体分子数减小的反应，升压，反应向右进行；反应的$\Delta_r H_m < 0$，为放热反应，降温，反应向右进行。

答案：C

【例 3-3-13】 反应$A(S) + B(g) \rightleftharpoons C(g)$的$\Delta H < 0$，欲增大其平衡常数，可采取的措施是：

A. 增大 B 的分压　　B. 降低反应温度

C. 使用催化剂　　D. 减小 C 的分压

解　此反应为放热反应。平衡常数只是温度的函数，对于放热反应，平衡常数随着温度升高而减小。相反，对于吸热反应，平衡常数随着温度的升高而增大。

答案： B

习 题

3-3-1 升高温度可以增加反应速率的主要原因是（ ）。

A. 增加了分子总数 B. 降低了活化能

C. 增加了活化分子百分数 D. 分子平均动能增加

3-3-2 某放热反应的正反应活化能为 15kJ/mol，逆反应的活化能是（ ）。

A. −15kJ/mol B. 大于 15kJ/mol

C. 小于 15kJ/mol D. 无法判断

3-3-3 对于一个给定条件下的反应，随着反应的进行（ ）。

A. 正反应速率降低 B. 速率常数变小

C. 平衡常数变大 D. 逆反应速率降低

3-3-4 下列不正确的说法是（ ）。

A. 质量作用定律只适用于基元反应

B. 对吸热反应温度升高，平衡常数减小

C. 非基元反应是由若干个基元反应组成

D. 反应速率常数的大小取决于反应物的本性及反应温度

3-3-5 某温度下，下列反应的平衡常数的关系是（ ）。

$$2SO_2(g) + O_2(g) \rightleftharpoons 2SO_3(g) \qquad K_1$$

$$SO_3(g) \rightleftharpoons SO_2(g) + \frac{1}{2}O_2(g) \qquad K_2$$

A. $K_1 = K_2$ B. $K_1 = \frac{1}{(K_2)^2}$ C. $(K_2)^2 = K_1$ D. $K_2 = 2K_1$

3-3-6 在 298K，总压强为 100kPa 的混合气体中，含有 N_2、H_2、He、CO_2 四种气体，其质量均为 1g，它们分压的大小顺序是（ ）。

A. H_2>He>N_2>CO_2 B. CO_2>N_2>He>H_2

C. He>N_2>CO_2>H_2 D. CO_2>He>N_2>H_2

3-3-7 某气相反应 $2NO(g) + O_2(g) \rightleftharpoons 2NO_2(g)$ 是放热反应，反应达到平衡时，使平衡向右移动的条件是（ ）。

A. 升高温度和增加压力 B. 降低温度和压力

C. 降低温度和增加压力 D. 升高温度和降低压力

3-3-8 已知在一定温度下

$$SO_3(g) \rightleftharpoons SO_2(g) + \frac{1}{2}O_2(g) \qquad K = 0.050$$

$$NO_2(g) \rightleftharpoons NO(g) + \frac{1}{2}O_2(g) \qquad K = 0.012$$

则反应 $SO_2(g) + NO_2(g) \rightleftharpoons SO_3(g) + NO(g)$ 的 K 为（ ）。

A. 4.2 B. 0.038 C. 0.24 D. 0.062

第四节 氧化还原反应与电化学

一、氧化还原反应的基本概念

化学反应中有电子转移的反应称氧化还原反应，反应前后反应物和生成物的氧化数发生了变化。

（一）氧化数（又称氧化值）

元素的氧化数是划分氧化还原反应和非氧化还原反应的主要依据，也是定义氧化剂、还原剂的重要概念。

1. 氧化数的概念

氧化数是某元素一个原子的电荷数，这种电荷数可由假设把每个键中的电子指定给电负性更大的原子而求得。

2. 确定氧化数的规则

（1）在离子型化合物中，氧化数等于离子电荷。

（2）在共价化合物中，把共用电子对指定给电负性大的原子后，原子的表观电荷数就是该原子的氧化数。

（3）分子或离子的总电荷数等于各元素氧化数的代数和。分子的总电荷数为零。

3. 一些已知元素氧化数的习惯规定

（1）在单质中，元素的氧化数均为零。

（2）除在金属氢化物中 H 的氧化数为−1 外，氢在其他化合物中的氧化数均为+1。

（3）除在过氧化物中氧的氧化数为−1，在氟化物中氧的氧化数为+1 或+2（分别如 O_2F_2 和 OF_2）外，氧的氧化数一般为−2。

（4）在化合物中，碱金属的氧化数为+1，碱土金属的氧化数为+2，F 的氧化数为−1。

（二）氧化剂和还原剂

在氧化还原反应中，某元素的原子失去电子，使该元素的氧化数增加；相反，某元素的原子得到电子，其氧化数减少。

失去电子的物质为还原剂，在反应中被氧化；得到电子的物质为氧化剂，在反应中被还原。

例如

失电子，氧化数升高（氧化）

$$Zn + Cu^{2+} = Zn^{2+} + Cu$$

得电子，氧化数降低（还原）

还原剂　　氧化剂

氧化、还原是指反应过程。

（三）氧化还原方程的配平

1. 配平原则

还原剂失电子总数等于氧化剂的电子总数，反应前后各元素原子总数相等。

2. 配平的步骤

（1）写出未配平的离子方程，如 $MnO_4^{-}+SO_3^{2-}+H^{+}\longrightarrow Mn^{2+}+SO_4^{2-}+H_2O$

（2）将离子方程写成氧化、还原半反应式，并配平，即

还原反应 $MnO_4^- + 8H^+ + 5e^- = Mn^{2+} + 4H_2O$

氧化反应 $SO_3^{2-} + H_2O - 2e^- = SO_4^{2-} + 2H^+$

（3）将两个半反应式各乘以适当系数，使得失电子数相等，然后将两个半反应式合并得到一个配平的氧化还原方程，即

$$\begin{array}{rr|l} & 2\times & MnO_4^- + 8H^+ + 5e^- = Mn^{2+} + 4H_2O \\ + & 5\times & SO_3^{2-} + H_2O - 2e^- = SO_4^{2-} + 2H^+ \\ \hline \end{array}$$

$$2\,MnO_4^- + 5\,SO_3^{2-} + 6H^+ = 2Mn^{2+} + 5SO_4^{2-} + 3H_2O$$

二、原电池

原电池是借助氧化还原反应产生电流的装置。

（一）原电池的组成、电极反应和电池反应

1. 原电池的组成

原电池由三部分组成。

（1）半电池或称电极（包括导体）。

（2）金属导线：组成外电路。

（3）盐桥：盐桥的作用为沟通内电路，保持溶液电中性，使电流持续产生，例如铜锌原电池是由两个半电池组成，一个为锌半电池或叫锌电极；另一个为铜半电池或叫铜电极。

2. 电极反应和电池反应

对于铜锌原电池：

锌电极上发生的电极反应为

$$Zn(s) - 2e^- = Zn^2 + (aq) \qquad \text{(氧化反应)}$$

铜电极上发生的电极反应为

$$Cu^2 + (aq) + 2e^- = Cu(s) \qquad \text{(还原反应)}$$

原电池中发生的电池反应为

$$Zn(s) + Cu^{2+}(aq) = Zn^{2+}(aq) + Cu(s) \qquad \text{(氧化还原反应)}$$

电极反应也称半反应，每一个半反应都有两类物质：一类可作还原剂的物质，称为还原态物质，如 Cu、Zn 等；另一类可作氧化剂的物质，称为氧化态物质，如 Cu^{2+}、Zn^{2+}等。氧化态和相应的还原态物质组成电对，称氧化还原电对，可表示为氧化态/还原态，如 Cu^{2+}/Cu 和 Zn^{2+}/Zn。一些电极反应，电极符号见表 3-4-1。

电极种类和电极符号　　表 3-4-1

电极种类	电极反应	电极符号	
		负极	正极
I.金属—金属离子	$Zn^{2+} + 2e^- \rightleftharpoons Zn$	$Zn\|Zn^{2+}$	$Zn^{2+}\|Zn$
II.同种金属不同价态离子	$Fe^{3+} + e^- \rightleftharpoons Fe^{2+}$	$Pt\|Fe^{3+}$，Fe^{2+}	Fe^{2+}，$Fe^{3+}\|Pt$
III.非金属—非金属离子	$2H^+ + 2e^- \rightleftharpoons H_2$	$Pt\|H_2\|H^+$	$H^+\|H_2\|Pt$
IV.金属—金属难溶盐—负离子	$AgCl(s) + e^- \rightleftharpoons Ag + Cl^-$	$Ag\|AgCl(s)\|Cl^-$	$Cl^-\|AgCl(s)\|Ag$

在铜半电池中，氧化剂 Cu^{2+}发生还原反应，所以是正极；在锌半电池中，还原剂 Zn 发生氧化反应，所以是负极。原电池中电子流动方向由负极流向正极，电流方向刚好相反。原电池电动势为

$$E=\varphi_{正}-\varphi_{负}=\varphi_{氧化剂}-\varphi_{还原剂} \quad (3\text{-}4\text{-}1)$$

（二）原电池的符号（图式）

原电池的装置可用符号表示，如铜锌原电池表示为

$$(-)Zn|ZnSO_4(C_1)||CuSO_4(C_2)|Cu(+)$$

按规定负极写在左边，正极写在右边，以双垂线（||）表示盐桥，单线（|）表示两相之间的界面，盐桥两边应是半电池组成中的溶液，若离子浓度不是标准浓度（1mol/L），则需标明。除金属及其对应的金属盐溶液组成的半电池外，其余几种电极在组成半电池时需外加导电体材料如铂、石墨等。

【例 3-4-1】 两个电极组成原电池，下列叙述正确的是：

A. 作正极的电极的$\varphi_{正}$值必须大于零

B. 作负极的电极的$\varphi_{负}$值必须小于零

C. 必须是$\varphi^{\ominus}_{正}>\varphi^{\ominus}_{负}$

D. 电极电势φ值大的是正极，φ值小的是负极

解 电对的电极电势越大，其氧化态的氧化能力越强，越易得电子发生还原反应，做正极；电对的电极电势越小，其还原态的还原能力越强，越易失电子发生氧化反应，做负极。

答案： D

【例 3-4-2】 将下列反应组成原电池，并用原电池符号表示

$$FeCl_3+KI\longrightarrow I_2+FeCl_2+KCl$$

解 ①由氧化数变化确定氧化剂和还原剂

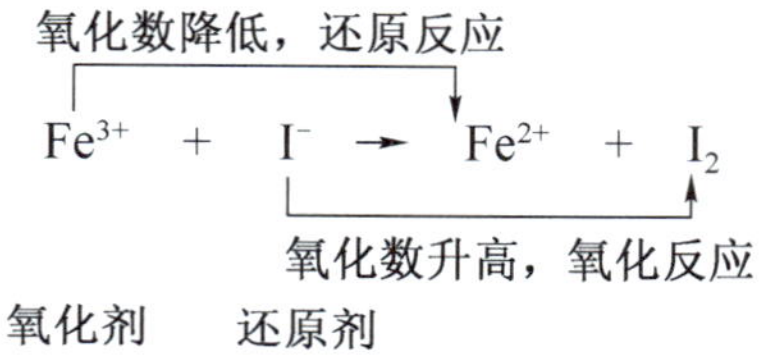

②确定正负极，并选择电极

氧化剂发生还原反应为正极；还原剂发生氧化反应为负极。正极选择第II类电极；负极选择第III类电极。

③组成原电池并用原电池符号表示

$$(-)Pt|I_2(s)|\ I^-(C_1)||Fe^2+(C_2),\ Fe^3+(C_3)|Pt(+)$$

三、电极电势

（一）标准电极电势

当温度为 298K，离子浓度为 1mol/L，气体的分压为 100kPa，固体为纯固体，液体为纯液体，此状态称标准状态。标准状态时的电极电势称标准电极电势，用$\varphi^{\ominus}$表示，非标准状态下的电势就称电极电势，用φ表示。标准电极电势标志着物质氧化还原能力的大小，是判断氧化剂、还原剂强弱以及氧化还原反应方向的基本依据。$\varphi^{\ominus}$值的大小只取决于物质的本性，与物质的数量和电极反应的方向无关。例如

$$Zn^{2+}+2e^-\rightleftharpoons Zn \qquad \varphi^{\ominus}=-0.76V$$

$$2Zn^{2+} + 4e^- \rightleftharpoons 2Zn \qquad \varphi^\ominus = -0.76V$$

$$Zn \rightleftharpoons Zn^{2} + 2e^- \qquad \varphi^\ominus = -0.76V$$

电极电势的物理意义和注意事项：

（1）$\varphi^\ominus$代数值越大，表明电对的氧化态越易得电子，即氧化态就是越强的氧化剂；$\varphi^\ominus$代数值越小，表明电对的还原态越易失电子，即还原态就是越强的还原剂。如：$\varphi^\ominus(Cl_2/Cl^-) = 1.3583V$，$\varphi^\ominus(Br_2/Br^-) = 1.066V$，$\varphi^\ominus(I_2/I^-) = 0.5355V$。可知：$Cl_2$氧化性较强，而$I^-$还原性较强。

（2）$\varphi^\ominus$代数值与电极反应中化学计量数的选配无关。如 $Zn^{2+}+2e^-=Zn$ 与 $2Zn^{2+}+4e^-=2Zn$，$\varphi^\ominus$数值相同。

（3）$\varphi^\ominus$代数值与半反应的方向无关。无论电对物质在实际反应中的转化方向如何，其$\varphi^\ominus$代数值不变。如 $Cu^{2+}+2e^-=Cu$ 与 $Cu=Cu^{2+}+2e^-$，$\varphi^\ominus$数值相同。

（二）浓度对电极电势的影响——能斯特方程

电极电势与物质的本性、物质的浓度、温度有关，一般温度的影响较小，对某一电对而言，浓度的影响可用能斯特方程表示

$$a_{\text{氧化型}} + ne^- \rightleftharpoons b_{\text{还原型}}$$

在 25℃时

$$\varphi = \varphi^\ominus + \frac{0.059}{n}\lg\frac{C^a_{\text{氧化型}}}{C^b_{\text{还原型}}} \qquad (3\text{-}4\text{-}2)$$

式中，φ为指定浓度下的电极电势；$\varphi^\ominus$为标准电极电势；n为电极反应中得失电子数；$C_{\text{还原型}}$为还原态物质的浓度；$C_{\text{氧化型}}$为氧化态物质的浓度。

利用该方程可计算不同离子浓度或不同分压时的φ值，但使用时须注意：

（1）纯固体、纯液体不列入方程；

（2）电极反应式中，化学计量数为浓度或分压的指数；

（3）参加电极反应的 H^+或 OH^-或其他离子的浓度也应列入方程；水的浓度不必写入式中。

【例 3-4-3】 计算当H^+浓度为 3.0mol/L，其他离子浓度为 1mol/L 时，电对$Cr_2O_7^{2-}/Cr^{3+}$的电极电势。已知$\varphi^\ominus_{Cr_2O_7^{2-}/Cr^{3+}} = 1.33V$。

解 $Cr_2O_7^{2-} + 14H^+ + 6e^- \rightleftharpoons 2Cr^{3+} + 7H_2O$

能斯特方程

$$\varphi_{Cr_2O_7^{2-}/Cr^{3+}} = \varphi^\ominus_{Cr_2O_7^{2-}/Cr^{3+}} + \frac{0.059}{n}\lg\frac{c_{Cr_2O_7^{2-}}\cdot c^{14}_{H^+}}{c^2_{Cr^{3+}}}$$

$$= 1.33 + \frac{0.059}{6}\lg 3^{14}$$

$$= 1.40V$$

【例 3-4-4】 向原电池(−)Ag，AgCl|Cl⁻||Ag⁺|Ag(+)的负极中加入 NaCl，则原电池电动势的变化是：

A. 变大　　B. 变小　　C. 不变　　D. 不能确定

解 负极氧化反应：$Ag+Cl^- = AgCl+e^-$

正极还原反应：$Ag^++e^- = Ag$

电池反应：$Ag^++Cl^- = AgCl$

原电池负极能斯特方程式为：$\varphi_{AgCl/Ag} = \varphi^\ominus_{AgCl/Ag} + 0.059\lg\frac{1}{c_{Cl^-}}$由于负极中加入 NaCl，$Cl^-$浓度增加，则负极电极电势减小，正极电极电势不变，因此电池的电动势增大。

答案： A

【例 3-4-5】有原电池$(-)Zn|ZnSO_4(c_1)||CuSO_4(c_2)|Cu(+)$，如向铜半电池中通入硫化氢，则原电池电动势变化趋势是：

A. 变大　　B. 变小　　C. 不变　　D. 无法判断

解 铜电极通入 H_2S，生成 CuS 沉淀，Cu^{2+}浓度减小。

铜半电池反应为：$Cu^{2+}+2e^-=Cu$，根据电极电势的能斯特方程式

$$\varphi=\varphi^{\ominus}+\frac{0.059}{2}\lg\frac{C_{氧化型}}{C_{还原型}}=\varphi^{\ominus}+\frac{0.059}{2}\lg C_{cu^{2+}}$$

$C_{cu^{2+}}$减小，电极电势减小。原电池的电动势$E=\varphi_{正}-\varphi_{负}$，$\varphi_{正}$减小，$\varphi_{负}$不变，则电动势$E$减小。

答案： B

【例 3-4-6】下列各电对的电极电势与 H^+浓度有关的是：

A. Zn^{2+}/Zn　　B. Br_2/Br　　C. AgI/Ag　　D. MnO_4^-/Mn^{2+}

解 四个电对的电极反应分别为：

$Zn^{2+}+2e^-=Zn$；$Br_2+2e^-=2Br^-$

$AgI+e^-=Ag+I^-$

$MnO_4^-+8H^++5e^-=Mn^{2+}+4H_2O$

只有 MnO_4^-/Mn^{2+}电对的电极反应与 H^+的浓度有关。

根据电极电势的能斯特方程式，MnO_4^-/Mn^{2+}电对的电极电势与 H^+的浓度有关。

答案： D

（三）电极电势的应用

（1）判断原电池正负极，计算原电池电动势，φ值较大的为正极，φ值较小的为负极。当两极处于标准状态时，直接用$\varphi^{\ominus}$来判断和计算。

（2）判断氧化剂和还原剂的相对强弱。$\varphi^{\ominus}$值或φ值越大，表示电对中氧化态的氧化能力越强，是强氧化剂；$\varphi^{\ominus}$值或φ值越小，表示电对中还原态的还原能力越强，是强还原剂。

（3）判断氧化还原反应的方向

$$E=\varphi_{氧化剂}-\varphi_{还原剂}>0 \quad 反应正向进行$$

$$E=\varphi_{氧化剂}-\varphi_{还原剂}=0 \quad 处于平衡状态$$

$$E=\varphi_{氧化剂}-\varphi_{还原剂}<0 \quad 反应逆向进行$$

（4）判断反应进行的程度

氧化还原反应达到平衡时，平衡常数$K^{\ominus}$与标准电动势$E^{\ominus}$之间的关系为

$$\lg K^{\ominus}=\frac{nE^{\ominus}}{0.059}=\frac{n\left(\varphi^{\ominus}_{氧化剂}-\varphi^{\ominus}_{还原剂}\right)}{0.059} \quad (3-4-3)$$

式中，n为氧化还原反应中转移的电子数。K越大，反应进行的程度越大。

【例 3-4-7】在 298K 时，对反应

$$2Fe^{3+}(1.0mol/L)+Cu \rightleftharpoons 2Fe^{2+}(0.2mol/L)+Cu^{2+}(0.01mol/L)$$

已知$\varphi^{\ominus}_{Cu^{2+}/Cu}=0.34V$，$\varphi^{\ominus}_{Fe^{3+}/+Fe^{2+}}=0.77V$。

①将该反应设计成原电池，并用符号表示；

②写出两极反应；

③判断反应进行方向；

④计算 298K 时反应的平衡常数$K^{\ominus}$。

解 ①设计原电池

$$\varphi_{Fe^{3+}/Fe^{2+}} = 0.77 + \frac{0.059}{1}\lg\frac{1.0}{0.2} = 0.81V$$

$$\varphi_{Cu^{2+}/Cu} = 0.34 + \frac{0.059}{2}\lg 0.01 = 0.28V$$

原电池符号：$(-)Cu|Cu^{2+}(0.01mol/L)\|Fe^{2+}(0.2mol/L)，Fe^{3+}(1.0mol/L)|Pt(+)$

②写出两极反应

正极电极反应　　$Fe^{3+} + e^- \rightleftharpoons Fe^{2+}$

负极电极反应　　$Cu - 2e^- \rightleftharpoons Cu^{2+}$

③判断反应方向

$$E = \varphi_{氧化剂} - \varphi_{还原剂} = 0.81 - 0.28 = 0.53V > 0(反应正向进行)$$

计算平衡常数

$$\lg K^{\ominus} = \frac{nE^{\ominus}}{0.059} = \frac{2\times(0.77-0.34)}{0.059} = 14.58$$

$$K^{\ominus} = 3.80\times 10^{14}$$

【例 3-4-8】 已知：$\varphi^{\ominus}_{Fe^{3+}/Fe^{2+}} = 0.77V$；$\varphi^{\ominus}_{Zn^{2+}/Zn} = -0.76V$；$\varphi^{\ominus}_{Cu^{2+}/Cu} = 0.34V$。

氧化型物质的氧化能力由强到弱的排列次序正确的是：

A. $Fe^{3+}>Zn^{2+}>Cu^{2+}$　　B. $Zn^{2+}>Fe^{3+}>Cu^{2+}$

C. $Cu^{2+}>Fe^{3+}>Zn^{2+}$　　D. $Fe^{3+}>Cu^{2+}>Zn^{2+}$

解 $\varphi^{\ominus}$值或φ值越大，表示电对中氧化态的氧化能力越强；$\varphi^{\ominus}$值或φ值越小，表示电对中还原态的还原能力越强。三个电对中氧化型物质的氧化能力由强到弱的顺序为：$Fe^{3+}>Cu^{2+}>Zn^{2+}$。

答案： D

【例 3-4-9】 反应 Zn^{2+}（1.0mol/L）$+Fe \rightleftharpoons Zn+Fe^{2+}$（0.1mol/L）自发进行的方向是：

A. 正向　　B. 逆向　　C. 平衡状态　　D. 不能判断

解

$$\varphi_{Zn^{2+}/Zn} = \varphi^{\ominus}_{Zn^{2+}/Zn} + \frac{0.059}{2}\lg C_{Zn^{2+}} = -0.76V$$

$$\varphi_{Fe^{2+}/Fe} = \varphi^{\ominus}_{Fe^{2+}/Fe} + \frac{0.059}{2}\lg C_{Fe^{2+}} = -0.44 - 0.029\ 5 \approx -0.47V$$

$$E = \varphi_{Zn^{2+}/Zn} - \varphi^{\ominus}_{Fe^{2+}/Fe} = -0.76 + 0.47 = -0.29V < 0(反应逆向进行)$$

答案： B

【例 3-4-10】 上题反应的$\lg K^{\ominus}$是：

A. $\frac{-2\times0.32}{0.059}$　　B. $\frac{2\times0.32}{0.059}$　　C. $\frac{-2\times0.29}{0.059}$　　D. $\frac{2\times0.29}{0.059}$

解 $\lg K^{\ominus} = \frac{nE^{\ominus}}{0.059} = \frac{2\times(-0.76+0.44)}{0.059} = \frac{-2\times0.32}{0.059}$

答案： A

（四）元素电势图

当某元素可以形成三种或三种以上氧化值的物质时，这些物质可以组成多种不同的电对，各电对的标准电极电势可用图的形式表示出来，这种图叫作元素电势图。元素电势图一般按元素的氧化值由高到低的顺序，把各物质的化学式从左到右写出来，各不同氧化值物质之间用直线连接起来，在直线上表明两种不同氧化值物质所组成的电对的标准电极电势。例如氧元素在酸性溶液中的电势图为：

$$O_2 \xrightarrow{0.6945} H_2O_2 \xrightarrow{1.763} H_2O$$
$$O_2 \xrightarrow{1.229} H_2O$$

元素电势图的应用：

（1）判断歧化反应。对于元素电势图 $A \xrightarrow{\varphi^{\ominus}_{左}} B \xrightarrow{\varphi^{\ominus}_{右}} C$，若 $\varphi^{\ominus}_{右} > \varphi^{\ominus}_{左}$，B 即是电极电势大的电对的氧化型，可作氧化剂，又是电极电势小的电对的还原型，也可作还原剂，B 的歧化反应能够发生；若 $\varphi^{\ominus}_{右} < \varphi^{\ominus}_{左}$，B 的歧化反应不能发生。

（2）计算标准电极电势。根据元素电势图，可以从已知某些电对的标准电极电势计算出另一电对的标准电极电势。假如有一元素电势图为：$A \xrightarrow[(z_1)]{\varphi^{\ominus}_1} B \xrightarrow[(z_2)]{\varphi^{\ominus}_2} C$（$A \xrightarrow[(z_x)]{\varphi^{\ominus}_x} C$），则 $\varphi^{\ominus}_x = \frac{z_1\varphi^{\ominus}_1 + z_2\varphi^{\ominus}_2}{z_x}$（$z$ 为电对中具有变价的元素的一个原子氧化值的变化数）。

如在酸性溶液中，铜元素的电势图为 $Cu^{2+} \xrightarrow{0.16V} Cu^{+} \xrightarrow{0.52V} Cu$，则计算得：$\varphi^{\ominus}_{Cu^{2+}/Cu} = \frac{\varphi^{\ominus}_{Cu^{2+}/Cu^{+}} + \varphi^{\ominus}_{Cu^{+}/Cu}}{2} = \frac{0.16+0.52}{2} = 0.34V$。

四、电解

电流通过电解液在电极上引起氧化还原反应的过程叫电解。

（一）电解池的组成和电极反应

电解池是将电能转变成化学能的装置。电解池中有两极，与外电源负极相连的极叫阴极，与外电源正极相连的极叫阳极。电解时阴极上发生还原反应，阳极上发生氧化反应。

（二）分解电压与超电压

使电解顺利进行时所需最小外加电压叫实际分解电压，理论分解电压是电解产物形成原电池时所产生的电动势，它与外加电压方向相反。一般情况下实际分解电压总是大于理论分解电压。主要原因是电极的极化。电极极化又分浓差极化和电化学极化两类。

浓差极化是由电极反应速度快，而离子扩散速度慢，使电极表面离子浓度低于整体的离子浓度所造成的极化现象。阴极表面离子浓度降低将使阴极电势更负，阳极表面离子浓度降低将使阳极电势更正，分解电压将增大。浓差极化可用加热和搅拌等方法消除。

电化学极化是电极反应速度慢所引起的极化现象。其结果也是使阴极电势变得更负，阳极电势更正。实际析出电势与理论析出电势之差叫超电势（η 表示），统一规定超电势取正值。即

$$\eta_{阴} = \varphi_{阴、理} - \varphi_{阴、实} \qquad (3\text{-}4\text{-}4)$$

$$\eta_{阳} = \varphi_{阳、实} - \varphi_{阳、理} \qquad (3\text{-}4\text{-}5)$$

阴极超电势与阳极超电势之和等于超电压，即

$$E_{超} = \eta_{阴} + \eta_{阳} \qquad (3\text{-}4\text{-}6)$$

（三）电解产物的一般规律

电解产物析出的先后顺序由它们的析出电势来决定。而析出电势又与标准电极电势、离子浓度、超电势等有关。但总的原则是：析出电势代数值较大的氧化型物质首先在阴极还原；析出电势代数值较小的还原型物质首先在阳极氧化。一般规律是：

阴极　　　　当 $\varphi^{\ominus} > \varphi^{\ominus}_{Al^{3+}/Al}$ 时　　$M^{n+} + ne^- \rightleftharpoons M$

当$\varphi^{\ominus} < \varphi^{\ominus}_{Al^{3+}/Al}$时　　$2H^+ + 2e^- \rightleftharpoons H_2$

阳极　　可溶性电极　　　　$M - ne^- \rightleftharpoons M^{n+}$

惰性电极　简单负离子，如 Cl^-、Br^-、I^-、S^{2-}分别析出 Cl_2、Br_2、I_2、S。

复杂离子，如$4OH^- - 4e^- \rightleftharpoons O_2 + 2H_2O$。

【例 3-4-11】 电解 NaCl 水溶液时，阴极上放电的离子是：

A. H^+　　B. OH^-　　C. Na^+　　D. Cl^-

解　电解产物析出顺序由它们的析出电势决定。析出电势与标准电极电势、离子浓度、超电势有关。总的原则：析出电势代数值较大的氧化型物质首先在阴极还原，析出电势代数值较小的还原型物质首先在阳极氧化。

阴极：当$\varphi^{\ominus} > \varphi^{\ominus}_{Al^{3+}/Al}$时，$M^{n+} + ne^- = M$

当$\varphi^{\ominus} < \varphi^{\ominus}_{Al^{3+}/Al}$时，$2H^+ + 2e^- = H_2$

因$\varphi^{\ominus}_{Na^+/Na} < \varphi^{\ominus}_{Al^{3+}/Al}$时，所以$H^+$首先放电析出。

答案： A

五、金属的腐蚀及其防止

（一）金属的腐蚀

金属腐蚀是指金属表面与周围介质发生化学或电化学作用而遭受的破坏。金属腐蚀分化学腐蚀和电化学腐蚀两大类。

单纯由化学作用引起的腐蚀叫化学腐蚀。其特点是腐蚀过程中没有水汽的参与。如金属与干燥的 O_2、H_2S、Cl_2、SO_2 等气体和石油中的有机硫化物作用生成相应的化合物，高温时尤为显著。

金属与电解质溶液接触时发生电化学腐蚀。在腐蚀过程中形成许多微小的腐蚀电池。杂质等电极电势较大的物质作为阴极发生还原反应，电极电势较小的物质在阳极上发生氧化反应而被腐蚀。由于腐蚀介质的不同，电化学腐蚀又可分为下列三种类型。

1. 析氢腐蚀

在酸性介质中（以 Fe 为例）

阳极　　$Fe - 2e^- \rightleftharpoons Fe^{2+}$

阴极（导电杂质）　　$2H^+ + 2e^- = H_2$

电池反应　　$Fe + 2H^+ \rightleftharpoons Fe^{2+} + H_2$

或　　$Fe + 2H_2O \rightleftharpoons Fe(OH)_2 + H_2$

2. 吸氧腐蚀

在弱碱性或中性介质中（以 Fe 为例）：

阳极　　$Fe - 2e^- \rightleftharpoons Fe^{2+}$

阴极（导电杂质）　　$\frac{1}{2}O_2 + H_2O + 2e^- \rightleftharpoons 2OH^-$

总反应　　$Fe + H_2O + \frac{1}{2}O_2 \rightleftharpoons Fe(OH)_2$

$Fe(OH)_2$在空气中进一步氧化脱水成为铁锈 Fe_2O_3，钢铁在大气中的腐蚀主要是吸氧腐蚀。

3. 差异充气腐蚀

当金属表面氧气分布不均时发生差异充气腐蚀，实际上是吸氧腐蚀的一种。

$$O_2 + 2H_2O + 4e^- \rightleftharpoons 4OH^-$$
$$\varphi = \varphi^\Theta + \frac{0.059}{4}\lg\frac{p_{O_2}}{C_{OH^-}^4}$$

可见，p_{O_2}小的部位，φ值小，作为阳极被腐蚀。这种腐蚀的危害极大，多发生在金属表面不光滑或加工的接口处等。

【例 3-4-12】在差异充气腐蚀中，氧气浓度大和小部分的名称分别为：

A. 阳极和阴极　　B. 阴极和阳极

C. 正极和负极　　D. 负极和正极

解 差异充气腐蚀中，$\varphi = \varphi^\Theta + \frac{0.059}{4}\lg\frac{p_{O_2}}{C_{OH^-}^4}$，所以，$p_{O_2}$大的部分，$\varphi$值大，为阴极；$p_{O_2}$小的部分，$\varphi$值小，为阳极，被腐蚀。

答案： B

（二）金属腐蚀的防止

防止金属腐蚀的方法很多，常用的有组成合金法、表面涂层法、缓蚀剂法、阴极保护法等。

缓蚀剂法是在腐蚀介质中加入少量物质来延缓腐蚀速率的方法，所加的物质叫缓蚀剂。缓蚀剂分为无机缓蚀剂和有机缓蚀剂两大类，在中性或碱性介质中常加无机缓蚀剂，如亚硝酸盐、铬酸盐、重铬酸盐、磷酸盐等；在酸性介质中加入有机缓蚀剂，如乌洛托品［六次甲基四胺$(CH_2)_6N_4$］、若丁（其主要成分为苯基硫脲）等来减缓钢铁的腐蚀。

阴极保护法分为两种。

1. 牺牲阳极保护法

将活泼金属与被保护金属组成原电池，使活泼金属作为腐蚀电池的阳极而被腐蚀，被保护的金属作为阴极得到保护。此法常用于保护海轮外壳、锅炉及海底设备。

2. 外加电流法

这是在直流电源作用下，将被保护的金属与另一附加电极组成电解池，被保护金属作为电解池的阴极而达到保护的目的。这种方法用于防止土壤、河水和海水中的金属设备被腐蚀。

【例 3-4-13】下列防止金属腐蚀的方法中错误的是：

A. 在金属表面涂刷油漆

B. 在外加电流保护法中，被保护金属直接与电源正极相连

C. 在外加电流保护法中，被保护金属直接与电源负极相连

D. 为了保护铁制管道，可使其与锌片相连

解 在外加电流保护法中，被保护金属作为电解池的阴极得到保护，与电源负极相连。

答案： B

六、原电池、电解池、腐蚀电池的比较

（一）原电池中发生自发的氧化还原反应（表 3-4-2）

表 3-4-2

电极名称	电势	电极反应
正极	高	还原反应
负极	低	氧化反应

（二）电解池中发生强制的氧化还原反应（表 3-4-3）

表 3-4-3

电极名称	电势	电极反应
阳极	高	氧化反应
阴极	低	还原反应

（三）腐蚀电池中发生自发的氧化还原反应（表 3-4-4）

表 3-4-4

电极名称	电势	电极反应
阴极	高	还原反应
阳极	低	氧化反应

习 题

3-4-1 在 $KMnO_4+HCl \longrightarrow KCl+MnCl_2+Cl_2+H_2O$ 反应中，配平后各物种前的化学计量数从左到右依次为（　　）。

A. 2、8、2、2、3、8　　B. 2、16、2、2、5、8

C. 2、4、1、2、3、8　　D. 2、16、2、2、5、4

3-4-2 在上题反应中，作为氧化剂的是（　　）。

A. HCl　　B. $MnCl_2$　　C. Cl_2　　D. $KMnO_4$

3-4-3 下列两电极反应

$$Cu^{2+} + 2e^- \rightleftharpoons Cu$$

$$I_2 + 2e^- \rightleftharpoons 2I^-$$

当离子浓度增大时，电极电势变化正确的是（　　）。

A. $\varphi_{Cu^{2+}/Cu}$变小，φ_{I_2/I^-}变大　　B. $\varphi_{Cu^{2+}/Cu}$变大，φ_{I_2/I^-}变大

C. $\varphi_{Cu^{2+}/Cu}$变小，φ_{I_2/I^-}变大　　D. $\varphi_{Cu^{2+}/Cu}$变大，φ_{I_2/I^-}变小

3-4-4 已知$\varphi^{\ominus}_{MnO_4^-/Mn^{2+}} = 1.51V$，$\varphi^{\ominus}_{MnO_4^-/MnO_2} = 1.68V$，$\varphi^{\ominus}_{MnO_4^-/MnO_4^{2-}} = 0.56V$，则还原型物质的还原性由强到弱排列的次序是（　　）。

A. $MnO_4^- > MnO_2 > Mn^{2+}$　　B. $Mn^{2+} > MnO_4^- > MnO_2$

C. $MnO_4^- > Mn^{2+} > MnO_2$　　D. $MnO_2 > MnO_4^- > Mn^{2+}$

3-4-5 下列两反应能自发进行

$$2Fe^{3+} + Cu \rightleftharpoons 2Fe^{2+} + Cu^{2+};\ Cu^{2+} + Fe \rightleftharpoons Fe^{2+} + Cu$$

由此比较 a：$\varphi_{Fe^{3+}/Fe^{2+}}$，b：$\varphi_{Cu^{2+}/Cu}$，c：$\varphi_{Fe^{2+}/Fe}$的代数值大小顺序为（　　）。

A. $a > b > c$　　B. $c > b > a$　　C. $b > a > c$　　D. $a > c > b$

3-4-6 反应 $A+B^{2+} = A^{2+}+B$ 的标准平衡常数是 10^4，则该反应组成原电池时，该原电池的电动势是（　　）。

A. 0.118V　　B. 1.20V　　C. 0.07V　　D. 0.236V

3-4-7 用铜作电极电解 $CuCl_2$ 水溶液时，阳极的主要反应是（　　）。

A. $4OH^- - 4e^- \rightleftharpoons 2H_2O + O_2$　　B. $2Cl^- - 2e^- = Cl_2$

C. $2H^+ + 2e^- \rightleftharpoons H_2$　　D. $Cu - 2e^- = Cu^{2+}$

3-4-8 将钢管一部分埋在沙土中，另一部分埋在黏土中，埋入黏土中的钢管成为腐蚀电池的(　　)。

A. 正极　　B. 负极　　C. 阴极　　D. 阳极

第五节 有机化合物

一、有机化合物的特点、分类及命名

有机化合物在结构和性质上的特点如下：

（一）结构特点

（1）碳原子之间可以形成 C—C 单键、C=C 双键和 C ≡ C 叁键。碳原子的连接方式有长短不等的直链、支链和首尾相连的环链。例如

$CH_3—C≡CH$

丙烷

$CH_3(CH_2)_{16}CH_3$

正十八烷

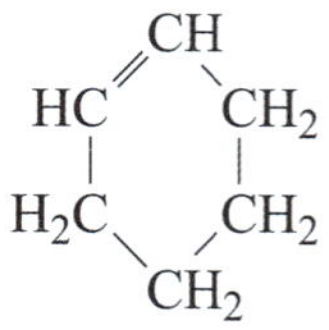

环己烯

（2）普遍存在同分异构现象。一种分子式往往可以表示几种性能完全不同的化合物，这些化合物叫同分异构体。例如正丁烷与异丁烷的分子式都是 C_4H_{10}，而它们的结构式分别为

$CH_3—CH_2—CH_2—CH_3$

正丁烷

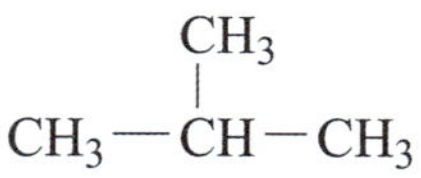

异丁烷

这种由于碳原子的连接方式不同形成的异构体叫碳骼异构体。又如分子式都是 C_2H_6O 的乙醇和甲醚结构式分别为

$CH_3—CH_2—OH$

乙醇

$CH_3—O—CH_3$

甲醚

这种由于官能团的不同形成的异构体叫官能团异构体。因此，为了准确地表示一个有机化合物，通常采用结构式而不用分子式。

（二）性质特点

（1）容易燃烧。除 CCl_4 外都可以燃烧，目前所用的固体、液体、气体燃料几乎都是有机物。

（2）熔点、沸点低。绝大多数有机化合物都是共价化合物，晶体类型属分子晶体，分子间作用力较弱。故大多数有机物的熔点、沸点较低，一般熔点在 573K 以下。

（3）难溶于水，易溶于有机溶剂。大多数有机化合物是非极性或弱极性的分子，根据“相似相溶”原则，都可溶于酒精、乙醚、丙酮、煤油、汽油等有机溶剂。

（4）反应速率慢、产物种类多。有机物之间的反应速率慢，常要用加热加压或加催化剂的方法来

加速反应。有机反应进行时，常有副反应发生，产物种类多。

（5）绝缘性能好。绝大多数有机物是非电解质，在溶解和熔融状态下不导电，是优良的绝缘材料。

（三）有机物的分类

1. 按碳原子的连接方式分类

（1）开链化合物

碳原子相互连接成两端张开的链，开链化合物又叫脂肪类化合物。如

CH_3-CH_2-OH

乙醇

丙酮

$H_2C=CH-CH=CH_2$

1,3-丁二烯

（2）碳环化合物

碳原子相互连接成环状。碳环化合物又分三类：

脂环化合物，性质与链状化合物相似，主要存在于石油和煤焦油中，如：

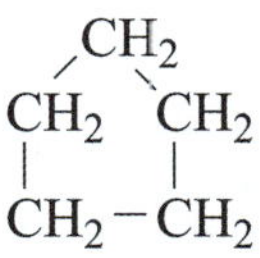

环戊烯

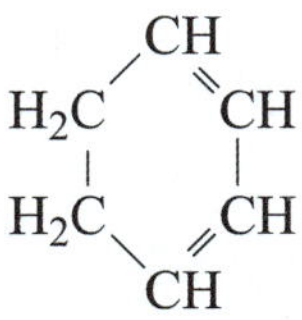

1,3-环己二烯

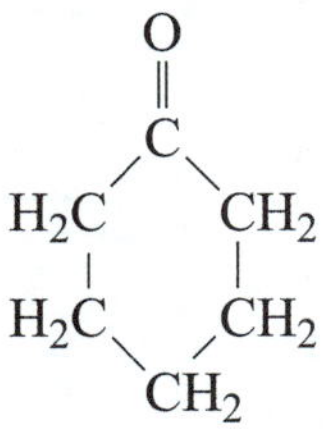

环己酮

芳香族化合物，这类化合物分子中都含有苯环结构，如：

苯

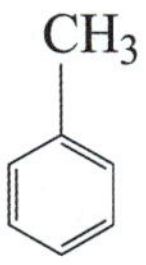

甲苯

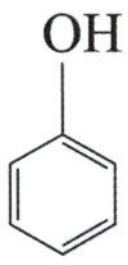

苯酚

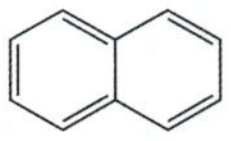

萘

③杂环化合物，环上除有碳原子外，还有其他原子（如 O、N、S），如：

呋喃

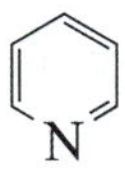

吡啶

噻吩

2. 按官能团分类

将含有相同官能团和化学性质基本相似的化合物划分为一类。表 3-5-1 列出了一些主要化合物的类别、官能团的名称及通式等。表中 R、R'表示烷基，Ar 表示芳烃基，X 表示卤素。

一些主要有机物的类型　　表 3-5-1

类 别	通 式	官能团	名 称	例 子
烷烃	C_nH_{2n+2}			CH_4　甲烷
烯烃	C_nH_{2n}	$\gt C=C \lt$	双键	$CH_2=CH_2$　乙烯
炔烃	C_nH_{2n-2}	$-C\equiv C-$	叁键	$CH\equiv CH$　乙炔
卤代烃	R—X	—X	卤素原子	C_6H_5Br　溴苯

续上表

类 别	通 式	官能团	名 称	例 子
醇或酚	R—OH 或 Ar—OH	—OH	羟基	CH_3CH_2OH 乙醇，C_6H_5OH 苯酚
醚	R—O—R'	—O—	醚键	C_2H_5—O—C_2H_5 乙醚
醛	R—CHO	$-\overset{H}{\overset{\vert}{C}}=O$	醛基	$CH_3-\overset{O}{\overset{\Vert}{C}}-H$ 乙醛
酮	$R-\overset{O}{\overset{\Vert}{C}}-R'$	$-\overset{O}{\overset{\Vert}{C}}-$	羰基	$CH_3-\overset{O}{\overset{\Vert}{C}}-CH_3$ 丙酮
羧酸	RCOOH	$-\overset{O}{\overset{\Vert}{C}}-OH$	羧基	CH_3COOH 乙酸
酯	RCOOR'	$-\overset{O}{\overset{\Vert}{C}}-O-R'$	烷氧羰基	$CH_3COOCH_2CH_3$ 乙酸乙酯
胺	R—NH_2	—NH_2	氨基	$H_2NCH_2CH_2NH_2$ 乙二胺
酰胺	$R-\overset{O}{\overset{\Vert}{C}}-NH_2$	$-\overset{O}{\overset{\Vert}{C}}-NH_2$	氨基甲酰基	$CH_3-\overset{O}{\overset{\Vert}{C}}-NH_2$ 乙酰胺
腈	R—CN	—CN	氰基	$H_2C{=}CHCN$ 丙烯腈
硝基化合物	R—NO_2 或 Ar—NO_2	—NO_2	硝基	$C_6H_5NO_2$ 硝基苯
磺酸	R—SO_3H	—SO_3H	磺酸基	$C_6H_5SO_3H$ 苯磺酸

（四）有机物的命名

有机物的命名方法有习惯命名法、衍生物命名法、系统命名法。重点介绍系统命名法。

1. 链烃及其衍生物的命名原则

（1）选择主链

选择最长碳链或含有官能团的最长碳链为主链，以主链作为母体，主链中的碳原子数用甲、乙、……壬、癸、十一、十二……表示，称某烷、某烯、某炔、某醇、某醛、某酸等，支链、卤原子、硝基则视为取代基。

（2）主链编号

从距取代基或官能团最近的一端开始，对碳原子依次用1，2，3，…进行编号，来表明取代基或官能团的位置。但要尽可能采用最小数目。有n个取代基时，简单的在前，复杂的在后，相同的取代基和官能团的数目，用二、三、…表示。

（3）写出全称

将取代基的位置编号、数目和名称写在前面，将母体化合物的名称写在后面，例如

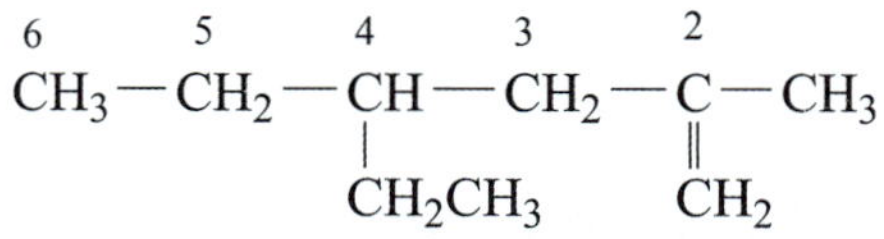
2-甲基-4-乙基-1-乙烯

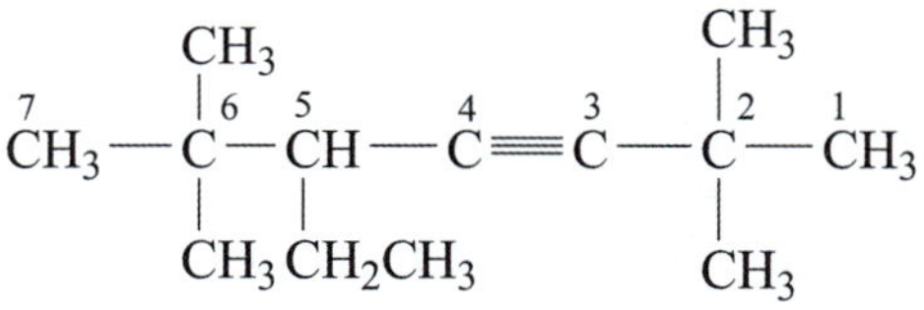
2，2，6，6-四甲基-5-乙基-3-庚炔

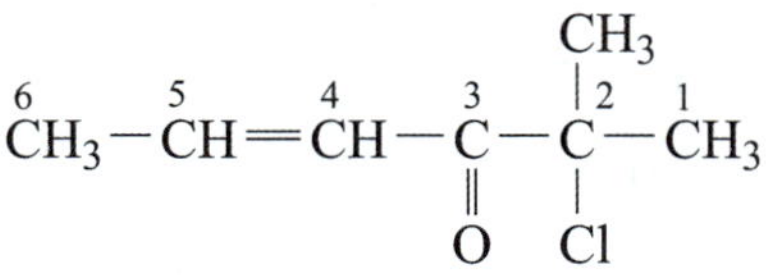
2-氯-2-甲基-4-己烯-3-酮

2. 芳香烃及其衍生物的命名原则

（1）选择母体

选择苯环上所连官能团（—OR、—NH$_2$、—OH、—CO—、—CN、—CHO、—CONH$_2$、—COX、—SO$_3$H、—COOR、—COOH、>C=C<、—C≡C—）或带官能团最长的碳链为母体，把苯环视为取代基。当苯环上有简单的烃基（分子量较小的烃基）、卤原子、硝基时，把苯环当做母体。

（2）编号

将母体中碳原子依次用 1，2，…编号，使官能团或取代基位次具有最小值。当苯环上含有两个或三个取代基时，可分别用邻-、间-、对-或连-、均-、偏-等词头表示。例如：

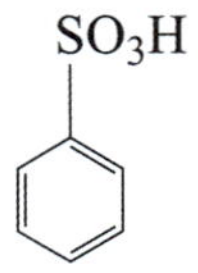
苯磺酸

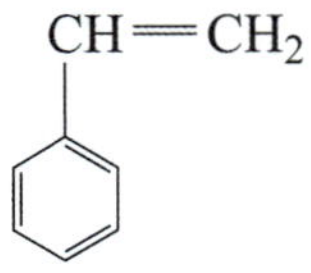
苯乙烯

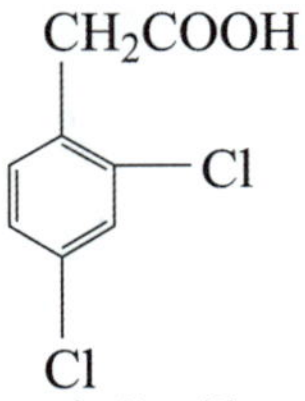
2，4二氯苯乙烯

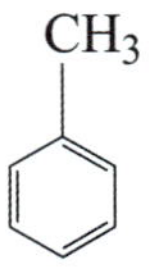
甲苯

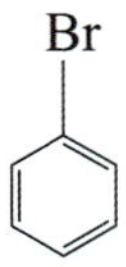
溴苯

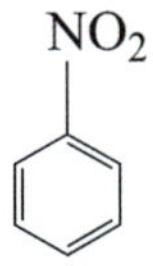
硝基苯

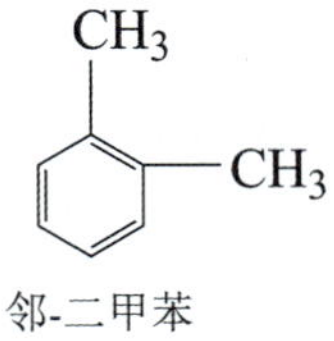
邻-二甲苯

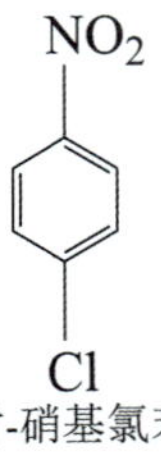
对-硝基氯苯

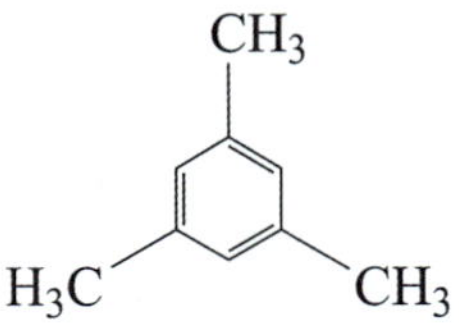
均-三甲苯

【例 3-5-1】 下列物质中，不属于醇类的是：

A. C_4H_9OH　B. 甘油　C. $C_6H_5CH_2OH$　D. C_6H_5OH

解　羟基与烷基直接相连为醇，通式为R—OH（R为烷基）；羟基与芳香基直接相连为酚，通式为

Ar—OH（Ar 为芳香基）。

答案： D

【例 3-5-2】 下列有机物中，对于可能处在同一平面上的最多原子数目的判断，正确的是：

A. 丙烷最多有 6 个原子处于同一平面上

B. 丙烯最多有 9 个原子处于同一平面上

C. 苯乙烯（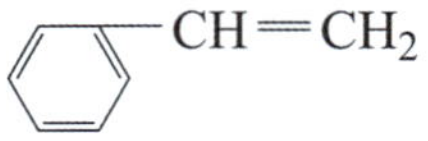）最多有 16 个原子处于同一平面上

D. $CH_3CH{=}CH{-}C{\equiv}C{-}CH_3$ 最多有 12 个原子处于同一平面上

解 丙烷最多 5 个原子处于一个平面，丙烯最多 7 个原子处于一个平面，苯乙烯最多 16 个原子处于一个平面，$CH_3CH{=}CH{-}C{\equiv}C{-}CH_3$ 最多 10 个原子处于一个平面。

答案： C

二、有机物的重要反应

（一）裂化反应

有机化合物在高温下分解叫热解，烷烃的热解叫裂化反应，裂化反应的实质是 C—C 键和 C—H 键的断裂。反应产物是混合物，碳原子越多的有机物热解时产物越复杂。丁烷的裂化反应如下

$$CH_3CH_2CH_2CH_3 \longrightarrow \begin{cases} CH_3-CH{=}CH_2+CH_4 \\ CH_2{=}CH_2+CH_3-CH_3 \\ CH_3-CH_2-CH{=}CH_2+H_2 \end{cases}$$

在催化裂化下，除有 C—C 键的断裂外还伴随着异构化、环化、芳香化、聚合、缩合等反应发生。

（二）取代反应

在反应中，反应物分子的一个原子或原子团被其他原子或原子团替代的反应。例如：在日光或加热下，CH_4 与 Cl_2 发生的取代反应生成 HCl 和氯甲烷（CH_3Cl）、二氯甲烷（CH_2Cl_2）、三氯甲烷（$CHCl_3$）、四氯化碳（CCl_4）。

芳香烃有以下几种重要取代反应：

（1）氯化

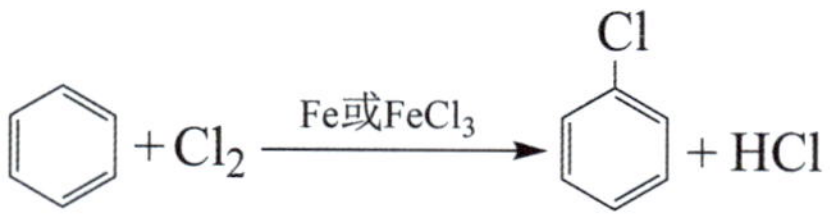

（2）硝化

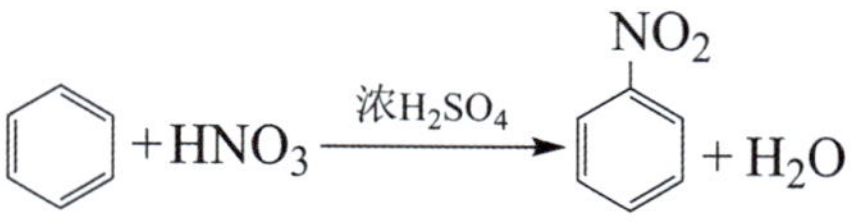

（3）磺化

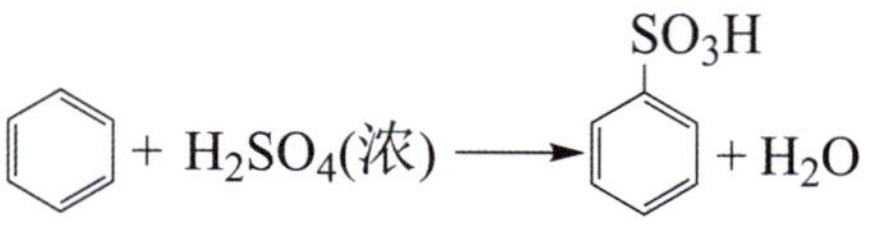

当苯环上已有一个取代基，再进入第二个取代基时，按苯环的结构可以进入邻位、间位和对位形

成三种异构体。但事实上这三个不同的位置取代的机会是不均等的，第二个取代基进入的位置决定于苯环上原有取代基，与新进入的取代基关系不大，把苯环上原有取代基对新进入取代基的定位作用叫取代基的定位效应。根据实验结果一般把定位基分为两类：

（1）邻位、对位定位基

定位效应的大小顺序：$—NH_2$>—OH>$—CH_3$>Cl>Br>I>$—C_6H_5$，同时使苯环活化。例如：

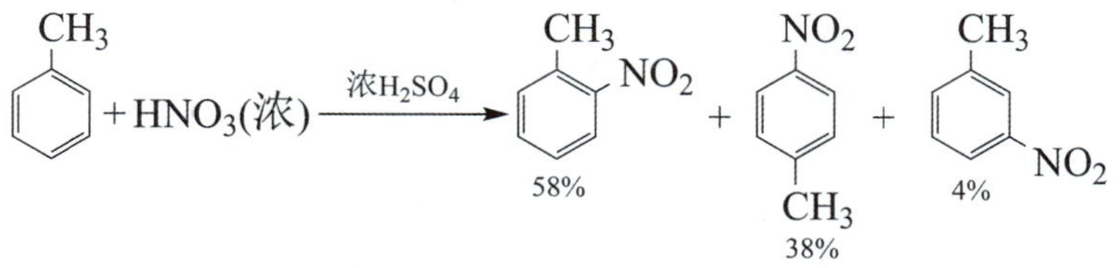

（2）间位定位基

其定位效应大小顺序：$—NO_2$>—CN>$—SO_3H$>—CHO>—COOH，同时使苯环钝化。例如：

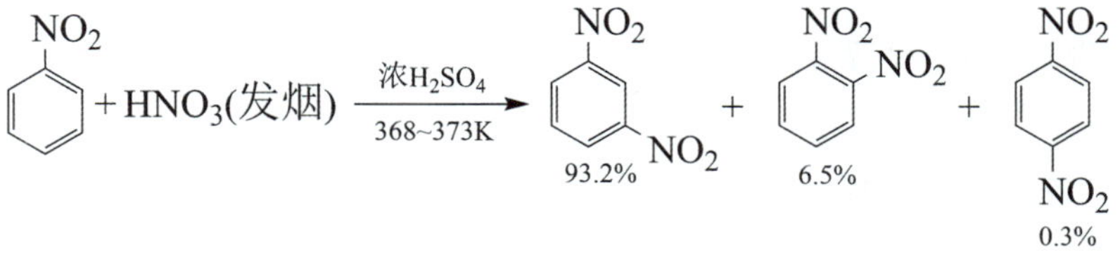

（三）加成反应

不饱和分子中的双键、叁键打开，即分子中的π键断裂，两个一价的原子或原子团加到不饱和键的两个碳原子上，这种反应叫加成反应，重要的加成反应有以下两种类型。

1. 不饱和烃的加成反应

如烯烃的加成反应

$$CH_3CH{=}CH_2 + HOH \longrightarrow CH_3\underset{|}{\overset{OH}{C}}H-\overset{H}{\underset{|}{C}}H_2$$

像这种结构不对称的烯烃与水、卤化氢等极性试剂加成时，主要是试剂中带负电荷的部分加到双键含氢较少的或不含氢的碳原子上，而带正电荷部分加到双键含氢较多的碳原子上，这一规律称不对称加成规则，此经验规律也称马尔可夫尼克夫规则，简称马氏规则。合成高分子的原料如氯乙烯、乙酸乙烯酯、丙烯腈等都是通过加成反应得到的。例如：乙炔与 HCl 的加成得氯乙烯

$$CH{\equiv}CH + HCl \xrightarrow{HgCl_2} CH_2{=}CHCl$$

乙炔与乙酸的加成得乙酸乙烯酯

$$CH{\equiv}CH + CH_3COOH \xrightarrow[150\times10^5\sim180\times10^5Pa]{碱} CH_2{=}CH-O-\overset{O}{\overset{\|}{C}}-CH_3$$

乙炔与 HCN 的加成得丙烯腈

$$CH{\equiv}CH + HCN \xrightarrow[353\sim363K]{CuCl_2+NH_4Cl} CH_2{=}CHCN$$

2. 醛和酮的加成反应

醛和酮的分子中都含有羰基（$-\overset{O}{\overset{\|}{C}}-$），羰基中 C═O 双键也能发生加成反应。当醛酮与结构

对称的试剂加成时，反应情况类似烯烃加成；当与结构不对称的试剂加成时，由于

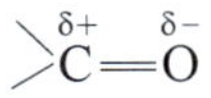

试剂分子中带负电荷的部分加到碳原子上，带正电荷部分加到氧原子上。如醛、酮与 HCN 的加成反应

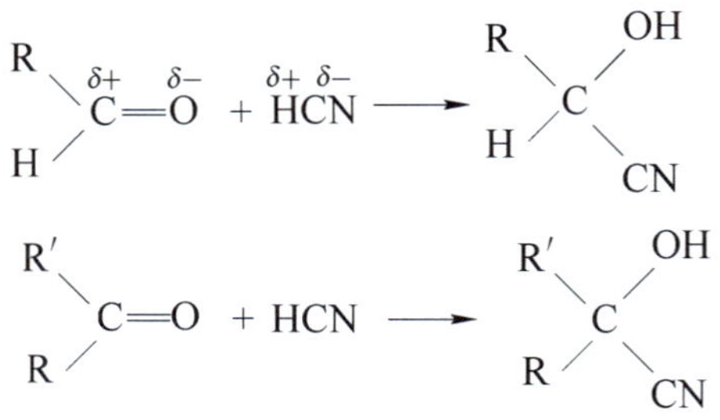

（四）消去反应

从有机化合物分子中消去一个小分子化合物如 HX、H_2O 等的作用叫消去反应，重要的消去反应有卤代烷的消去反应和醇的消去反应等。

1. 卤代烷的消去反应

卤代烷与 NaOH 的乙醇溶液共热时，可发生消去反应

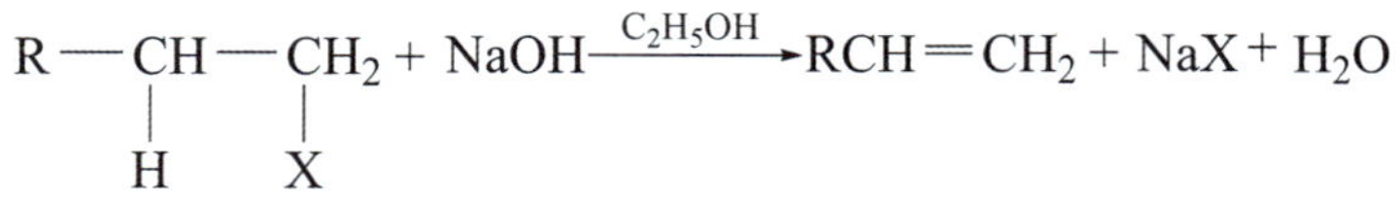

叔卤代烷最容易脱卤化氢，仲卤代烷次之，伯卤代烷最难。仲、叔卤代烷脱卤化氢时，氢原子主要是从含氢较少的碳原子上脱去，如 2-溴丁烷的消去反应

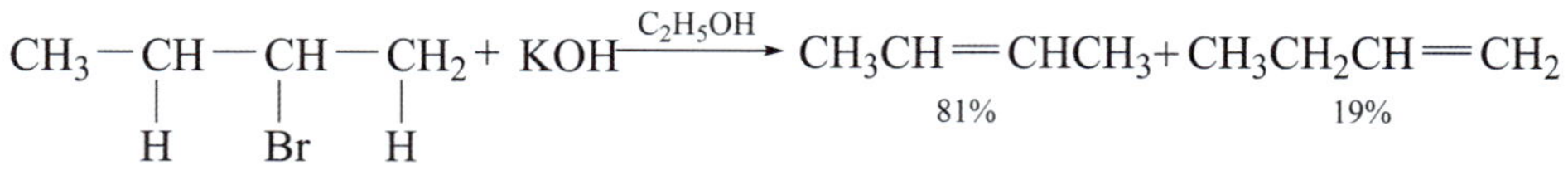

2. 醇的消去反应

醇在有催化剂和一定高温下能发生消去反应，使醇分子脱去水而变成烯烃，例如

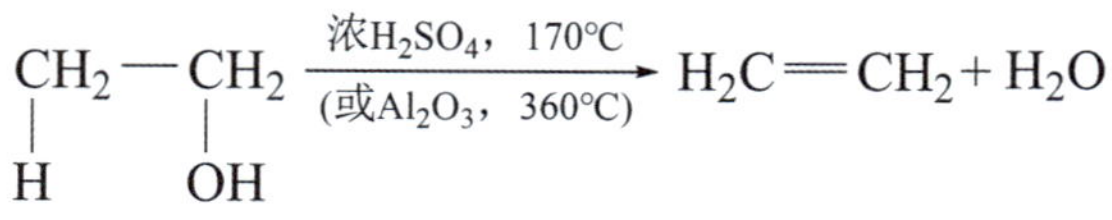

醇脱水时主要从含氢较少的碳原子上脱去氢原子，这样形成的烯烃比较稳定，此规律叫作查依采夫规律，简称查氏规则，例如

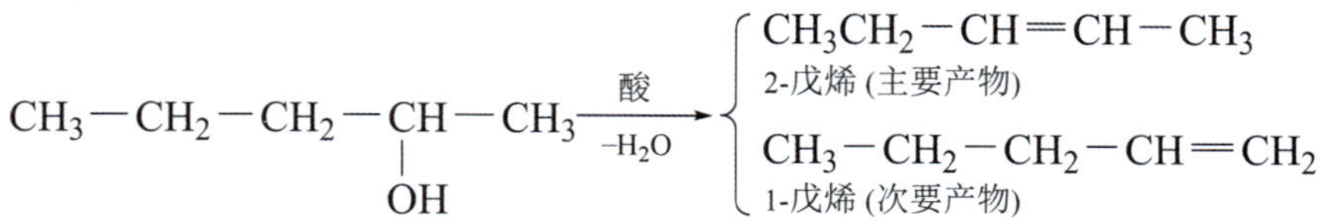

（五）氧化还原反应

有机化学中把分子中加入氧或失去氢的反应叫氧化反应，把分子中失去氧或加入氢的反应叫还原反应。

1. 烷烃的氧化

烷烃在常温下是稳定的，但在高温催化下可氧化成醇、醛、酮、酸，例如甲烷氧化可得到甲醛、甲酸

$$CH_4 + O_2 \xrightarrow[873K]{Ni} HCHO + H_2O$$

2. 不饱和烃的氧化

烯烃分子中由于存在双键，比烷烃容易氧化，冷的稀高锰酸钾碱性溶液能使烯烃氧化为二元醇

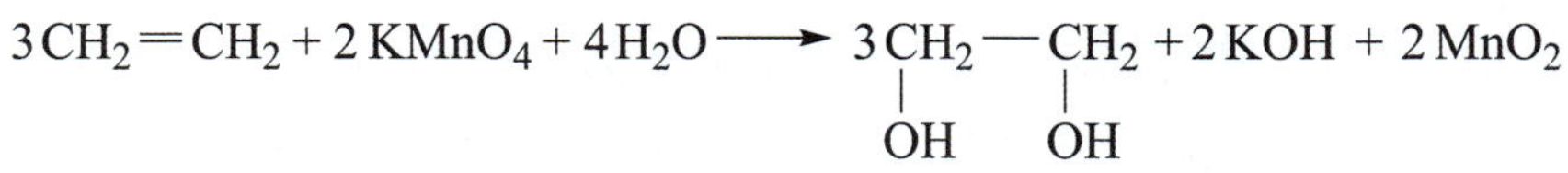

在较强的氧化剂作用下（如酸性高锰酸钾溶液），可进一步氧化而使碳链在原双键处完全断裂，氧化结果可简单表示如下

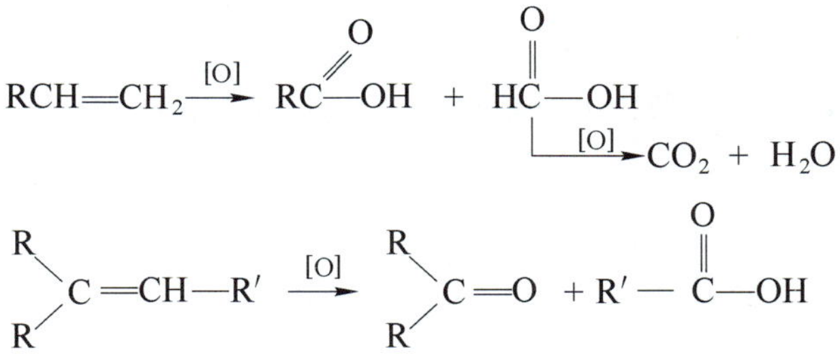

即当原双键碳原子上连有两个氢原子时，氧化后 CH_2< 就变成甲酸或进一步氧化成 CO_2 和 H_2O；当原双键碳原子上连有一个氢原子和一个烷基时，氧化后 RCH< 就变成 RCOOH（羧酸）；当原双键碳原子上连有两个烷基时，氧化后 R_2C< 就变成 R—C(=O)—R（酮）。

炔烃最易被氧化，一般叁键完全断裂，如乙炔被 $KMnO_4$ 氧化

$$3CH \equiv CH + 10KMnO_4 + 2H_2O \longrightarrow 6CO_2 + 10KOH + 10MnO_2 \downarrow$$

3. 芳烃的氧化

芳香烃中苯环较稳定，普通情况下与氧化剂不作用。但苯环带有侧链时，不论侧链长短如何，都是侧链中直接与苯环连接的碳原子被氧化变为羧基（—COOH），例如

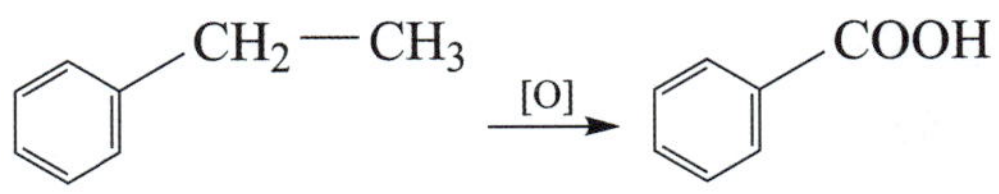

4. 醇的氧化

醇的氧化随分子中—OH 的位置不同而难易程度不同：伯醇（R—OH）氧化最初得到醛，继续氧化可得到羧酸，例如

$$CH_3CH_2OH \xrightarrow{[O]} CH_3CHO \xrightarrow{[O]} CH_3COOH$$

仲醇（R_2CH—OH）氧化得到酮，一般不再被氧化，例如

$$CH_3-\underset{\displaystyle OH}{\underset{|}{CH}}-CH_3 \xrightarrow{[O]} CH_3-\underset{\displaystyle O}{\underset{\|}{C}}-CH_3$$

异丙酮　　　　丙酮

5. 醛的氧化

醛非常容易氧化成酸。弱氧化剂（$CuSO_4$ 及酒石酸钾钠的碱溶液）可将醛氧化成酸，但与酮不能反应。

（六）加聚反应

由低分子化合物（单体）通过加成反应，相互结合成为高聚物的反应叫加聚反应。在此反应过程中，没有产生其他副产物，因此高聚物具有与单体相同的成分。发生加聚反应的单体必须含有不饱和键，乙烯类单体的加聚反应如下

$$n\,CH_2=\underset{\displaystyle X}{\underset{|}{CH}} \longrightarrow \left[CH_2-\underset{\displaystyle X}{\underset{|}{CH}}\right]_n$$

乙烯类单体　　　　乙烯类高聚物

反应式中 $\left[CH_2-\underset{\displaystyle X}{\underset{|}{CH}}\right]_n$ 为链节，n为聚合度，X 可以是 H、R、Cl、CN、Ar 等。

常见的单体和加聚而成的高聚物见表 3-5-2。

常见单体和高聚物　　　　表 3-5-2

单体	高聚物
$CH_2=CH_2$　乙烯	$\left[CH_2-CH_2\right]_n$　聚乙烯
$CH_2=CH-CH_3$　丙烯	$\left[CH_2-\underset{\displaystyle CH_3}{\underset{|}{CH}}\right]_n$　聚丙烯
$CH_2=CHCl$　氯乙烯	$\left[CH_2-CHCl\right]_n$　聚氯乙烯
$CH_2=CH-CH=CH_2$　1,3-丁二烯	$\left[CH_2-CH=CH-CH_2\right]_n$　聚丁二烯
$CH_2=CHCN$　丙烯腈	$\left[CH_2-\underset{\displaystyle CN}{\underset{|}{CH}}\right]_n$　聚丙烯腈
$CF_2=CF_2$　四氟乙烯	$\left[CF_2-CF_2\right]_n$　聚四氟乙烯
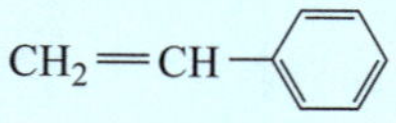　苯乙烯	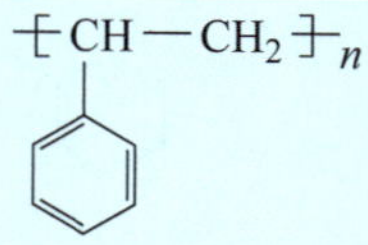　聚苯乙烯
$CH_2=\underset{\displaystyle CH_3}{\underset{|}{C}}-COOCH_3$　2-甲基丙烯酸甲酯	$\left[CH_2-\overset{\displaystyle CH_3}{\overset{|}{\underset{\displaystyle COOCH_3}{\underset{|}{C}}}}\right]_n$　聚 2-甲基丙烯酸甲酯（有机玻璃）
$CH_2=CH-O-\overset{\displaystyle O}{\overset{\|}{C}}-CH_3$　乙酸乙烯酯	$\left[CH_2-\underset{\displaystyle O-\underset{\displaystyle O}{\underset{\|}{C}}-CH_3}{\underset{|}{CH}}\right]_n$　聚乙酸乙烯酯

（七）缩聚反应

由一种或多种单体互相缩合成为高聚物，同时析出其他低分子物质（如水、氨、醇、卤化氢等）的反应叫缩聚反应，所生成的高聚物的成分与单体不同，例如

$$n\mathrm{HO}-\underset{\mathrm{O}}{\underset{\|}{\mathrm{C}}}-\!\left[\mathrm{CH_2}\right]_4\!-\underset{\mathrm{O}}{\underset{\|}{\mathrm{C}}}-\mathrm{OH} + n\mathrm{H}-\underset{\mathrm{H}}{\underset{|}{\mathrm{N}}}-\!\left[\mathrm{CH_2}\right]_6\!-\underset{\mathrm{H}}{\underset{|}{\mathrm{N}}}-\mathrm{H} \longrightarrow$$

（己二酸）　　　　（己二胺）

$$\left[\underset{\mathrm{O}}{\underset{\|}{\mathrm{C}}}-\!\left[\mathrm{CH_2}\right]_4\!-\underset{\mathrm{O}}{\underset{\|}{\mathrm{C}}}-\underset{\mathrm{H}}{\underset{|}{\mathrm{N}}}-\!\left[\mathrm{CH_2}\right]_6\!-\underset{\mathrm{H}}{\underset{|}{\mathrm{N}}}\right]_n + (2n-1)\mathrm{H_2O}$$

（聚酰胺 66，即尼龙 66）

一般而言，含有两个官能团的单体缩聚形成线型高聚物，如聚酰胺 66；含有三个官能团的单体缩聚形成体型高聚物，如丙三醇与邻苯二甲酸酐缩聚形成醇酸树脂，反应如下

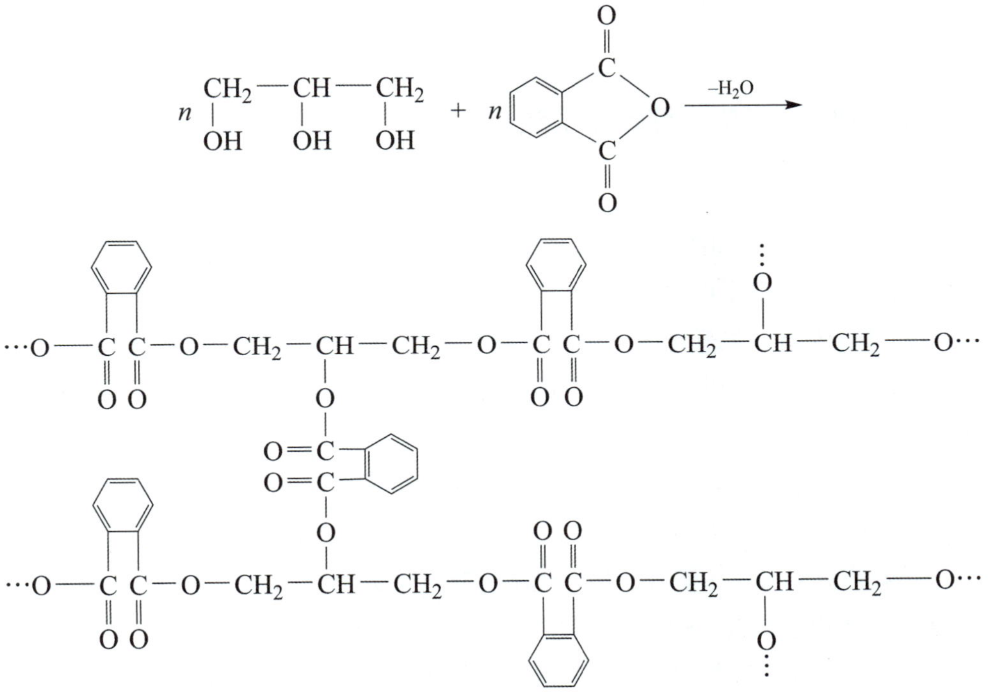

（八）催化加氢

催化加氢是指在催化剂作用下，还原剂氢等与不饱和化合物的加成反应。

1. 碳-碳重键的加氢反应

催化加氢方法几乎能使各种类型的碳-碳双键或叁键，无论是孤立的还是共轭的，以不同的难易程度加氢成为饱和键（示例如下）。常用的催化剂有钯、铂、镍等。该方法具有成本低、操作简单、收率高、产品质量好和选择性好等优点，因此它在精细有机合成和工业生产中成为广泛采用的方法。

$$\mathrm{CH_2{=}CH_2} \xrightarrow[\text{催化剂}]{\mathrm{H_2}} \mathrm{CH_3{-}CH_3}$$

2. 芳香环系的加氢反应

芳香族化合物也能进行催化加氢，转变成饱和的脂肪族环系。但它要比脂肪族化合物中的烯键加氢困难得多。例如，异丙烯基苯在很温和的条件下（常温、常压），侧链上的烯键就能够被加氢，而苯环保持不变。

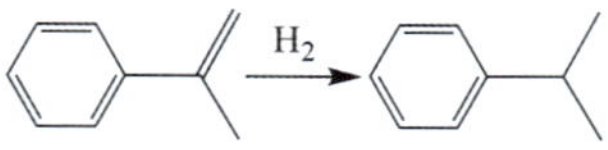

芳香环系催化加氢示例

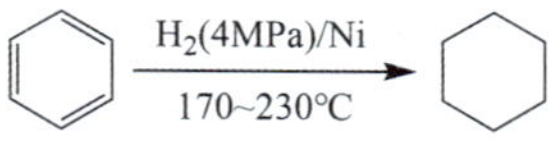

【例 3-5-3】 在下列有机物中，经催化加氢反应后不能生成 2-甲基戊烷的是：

A. $CH_2{=}\underset{\displaystyle |\atop \displaystyle CH_3}{C}CH_2CH_2CH_3$　　B. $(CH_3)_2CHCH_2CH{=}CH_2$

C. $CH_3\underset{\displaystyle |\atop \displaystyle CH_3}{C}{=}CHCH_2CH_3$　　D. $CH_3CH_2\underset{\displaystyle |\atop \displaystyle CH_3}{CH}CH{=}CH_2$

解 选项 A、B、C 催化加氢均生成 2-甲基戊烷，选项 D 催化加氢生成 3-甲基戊烷。

答案： D

三、典型有机物的分子式、性质和用途

（一）烷烃

烷烃是只有碳-碳单键的饱和链烃。烷烃的通式为 C_nH_{2n+2}。随着相对分子质量的增加，烷烃的熔沸点有规律地升高，它们的密度也由小变大。烷烃都不溶于水，易溶于有机溶剂。烷烃的化学性质较稳定，常温下与强酸、强碱、强氧化剂及还原剂都不易反应，所以除作为燃料外，还常用作溶剂、润滑油。在较特殊的条件下，烷烃也显示一定的反应能力，而这些化学性质在基本有机原料工业及石油化工中都非常重要。

甲烷（CH_4）是最简单的烷烃。甲烷是无色、无味的可燃性气体，比空气轻，微溶解于水，燃烧热 3.97×10^4kJ/m^3，可被液化和固化；性质稳定，在适当条件下能发生氧化、卤化、热解等反应；甲烷与空气的混合气体在点燃时会发生爆炸，爆炸极限 5.3%~14.0%（体积）。

甲烷在工业上主要用于制造乙炔以及经转化制成氢气或合成氨和有机合成的原料气，也用于制备炭黑、硝基甲烷、一氯甲烷、二氯甲烷、三氯甲烷（氯仿）、二硫化碳、四氯化碳和氢氰酸等，也可直接用作燃料。

（二）烯烃

烯烃是指含碳-碳双键（烯键）的碳氢化合物，属于不饱和烃。烯烃的通式为 C_nH_{2n}。随着相对分子质量的增加，烯烃的熔沸点逐渐升高。烯烃最重要的反应是双键上的亲电加成反应。不饱和烯烃通过聚合反应可以形成聚合物。烯烃双键两边 C 原子均通过共价键与不同基团连接时，有顺反异构体。

（三）炔烃

炔烃是含碳-碳叁键的一类不饱和脂肪烃。炔烃的通式为 C_nH_{2n-2}。炔烃的熔沸点低，密度小，难溶于水，易溶于有机溶剂。炔烃的化学活性比烯烃弱，能被高锰酸钾氧化，产物为羧酸。

（四）芳烃

芳烃是芳香烃的简称，是指分子结构中含有一个或者多个苯环的烃类化合物。最简单和最重要的芳烃是苯及其同系物甲苯、二甲苯、乙苯等。芳烃的物理性质和其他烃类类似，它们都没有极性，不溶于水，密度比水小。

苯（）是无色、易挥发、易燃烧的液体，有芳香气味；有毒，比水轻；熔点 5.5℃，沸点 80.1℃，溶于乙醇、乙醚等许多有机溶剂；苯蒸气与空气形成爆炸性混合物，爆炸极限 1.5%~8.0%（体积）；在适当情况下，分子中的氢能被卤素、硝基、磺酸基等置换；也能与氯、氢等起加成反应。

苯是染料、塑料、合成橡胶、合成树脂、合成纤维、合成药物和农药等的重要原料，也可用作动力燃料以及涂料、橡胶、胶水等的溶剂。

苯的来源：工业上由焦炉气（煤气）和炼焦油的轻油部分中回收，近年来随石油化工的发展，将由石油产品的芳构化得到。

甲苯（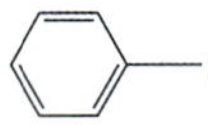CH_3）是无色易挥发的液体，有芳香气味，比水轻，熔点−95℃，沸点 110.8℃，不溶于水，溶于乙醇、乙醚和丙酮，化学性质与苯相似；蒸气与空气形成爆炸性混合物，爆炸极限 1.2%~7.0%（体积）；用于制造糖精、染料、药物和炸药等，并用作溶剂；由分馏煤焦油的轻油部分或由催化重整轻汽油馏分而制得。

（五）卤代烃

卤代烃是指烃分子中的氢原子被卤素（氟、氯、溴、碘）取代后生成的化合物。绝大多数卤代烃不溶于水或在水中溶解度很小，但能溶于很多有机溶剂，有些可以直接作为溶剂使用。卤代烃大都具有一种特殊气味，多卤代烃一般都难燃或不燃。卤代烃是一类重要的有机合成中间体，是许多有机合成的原料。

（六）醇

醇的官能团是羟基。醇的沸点比含同数碳原子的烷烃、卤代烷高。在同系列中醇的沸点也是随着碳原子数的增加而有规律地上升。低级的醇能溶于水，相对分子质量增加，溶解度就降低。含有三个以下碳原子的一元醇，可以和水混溶。醇也能溶于强酸。醇在强酸水溶液中溶解度要比在纯水中大。醇的用途极广，是有机合成工业的原料，也是用得最多最普遍的溶剂。

乙醇为无色透明易挥发的液体，比水轻，熔点−117.3℃，沸点 78.4℃，能溶于水、甲醇、乙醚和氯仿等溶剂，也能作为溶剂溶解有机化合物和若干无机化合物；乙醇与水能形成共沸混合物，普通的酒精中含乙醇 95.57%（质量）在 78.10℃时馏出；乙醇是易燃的液体，其蒸气与空气混合能形成爆炸性混合物，爆炸极限 3.5%~18%（体积）。

乙醇的用途很广，是一种重要的溶剂，并用于制染料、涂料、药物、合成橡胶、洗涤剂等。

长期以来乙醇是由淀粉、纤维素以及某些植物的糖通过发酵来制取的。

$$\underset{\text{葡萄糖}}{C_6H_{12}O_6} \xrightarrow{\text{酵素中的酶}} \underset{\text{乙醇}}{2C_2H_5OH} + 2CO_2\uparrow$$

由发酵得来的醇溶液含有 8%~12%的乙醇，通过分馏可得 95%的乙醇。在 CaO 或 BaO 上进行蒸馏可除去残余水而得到绝对酒精，即无水酒精。

大量乙醇是由乙烯按直接或间接方法生产的

$$CH_2{=}CH_2 + H_2O \xrightarrow{H^+} CH_3CH_2OH$$

（七）酚

酚是—OH 基与芳烃基直接连接的化合物，通式为 Ar—OH（Ar 为芳烃基）。根据分子中所含羟基的数目可分为一元酚：分子中含一个羟基，如苯酚 C_6H_5OH；二元酚：分子中含二个羟基，如苯二酚

$C_6H_4(OH)_2$；多元酚：分子中含三个或三个以上羟基，如苯三酚 $C_6H_3(OH)_3$ 和苯六酚 $C_6(OH)_6$。

酚类大多数是无色晶体，难溶于水，易溶于乙醇和乙醚，和醇相比，酚有显著酸性，能和碱直接作用形成酚盐（如苯酚钠 C_6H_5ONa），大多能与三氯化铁溶液作用而发生特殊颜色，可资鉴别。

苯酚 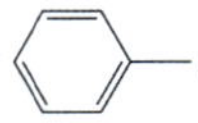—OH（俗名石碳酸），无色或白色晶体，有特殊气味，有毒，具有腐蚀性，在空气中变成粉红色，比水重，熔点 42~43℃，沸点 182℃，在室温时稍溶于水，65℃以上时能与水混溶，易溶于乙醇、乙酸、氯仿、甘油、二硫化碳等溶剂，苯酚的水溶液与三氯化铁溶液作用呈紫色；苯酚与醛类缩聚生成酚醛树脂，商业上称电木。

苯酚除用作防腐剂、医药品、增塑剂外，还用于制染料、合成树脂、塑料、合成纤维和农药等。

（八）醛和酮

醛和酮是含有羰基的化合物。一般来说，醛和酮比烯烃的沸点高，比醇和羧酸的沸点低。小于或等于 5 个碳原子的低级醛和酮在水中的溶解度较高，醛和酮一般能溶于有机溶剂。很大程度上，醛和酮都有芳香性气味，是芬芳气味天然物质中的主要活性成分。基于此，一些醛和酮被用作香水和香料。

乙醛（CH_3CHO）为无色流动的液体，有辛辣刺激性的气味，比水轻，熔点 −123.5℃，沸点 20.2℃；能与水、乙醇、乙醚、氯仿相混合，易燃、易挥发，蒸气与空气形成爆炸性混合物，爆炸极限 4.0%~57.0%（体积），易氧化成乙酸，与碱作用时发生许多复杂的变化，于浓硫酸或盐酸存在下聚合成三聚乙醛。

乙醛用于制造醋酸、乙酸乙酯、正丁醇、合成树脂等。

（九）羧酸

羧酸是一类通式为 RCOOH 或 $R(COOH)_n$ 的化合物，式中 R 为脂烃基或芳烃基，分别称为脂肪（族）酸或芳香（族）酸。羧酸的沸点比多数相对分子质量相近的烃、卤代烃都要高，甚至比相对分子质量相当的醇、醛、酮的沸点还要高。羧酸在水中可以电离出氢离子，它的酸性比醇和酚要强得多。羧酸在自然界中分布广泛，在有机合成中有着重要的作用。

（十）酯

酯是指由酸（羧酸或无机含氧酸）与醇起反应生成的一类有机化合物。酯类都难溶于水，易溶于乙醇和乙醚等有机溶剂，密度一般比水小。低级酯是具有芳香气味的液体。在有酸或有碱存在的条件下，酯能发生水解反应生成相应的酸或醇。相对分子质量小的酯可用作溶剂，相对分子质量较大的酯是良好的增塑剂。

乙酸乙酯（$CH_3COOC_2H_5$）为无色可燃性液体，有果子香味，熔点−83.6℃，沸点 77.1℃；易着火，微溶于水，溶于乙醇、乙醚、氯仿和苯等溶剂，易起水解和皂化作用，蒸气与空气形成爆炸性混合物，爆炸极限 2.2%~11.2%（体积）。

乙酸乙酯用作清漆、稀薄剂、人造革、硝酸纤维素塑料等的溶剂，也用作制染料、药物、香料等的原料。

四、几种重要的高分子合成材料

高分子合成材料的主要成分是合成树脂，其次为增强和改善材料的某些性能，还常加入一些填料、增塑剂、固定剂、润滑剂、抗静电剂等。主要的合成树脂有聚乙烯、聚苯乙烯、聚氯乙烯、聚酰胺、环氧树脂、ABS 树脂、聚碳酸酯等，下面简要介绍：

（一）聚乙烯 $\left[CH_2-CH_2\right]_n$

聚乙烯是由单体乙烯加聚而成的加聚物，有低分子量和高分子量两种。

低分子量聚乙烯一般为无色、无臭、无味、无毒的液体；比水轻；不溶于水，微溶于松节油、甲苯等溶剂；耐水和大多数化学品；可用作高级润滑油和涂料等。

高分子量聚乙烯的纯品是乳白色蜡状固体粉末，经加入稳定剂后可加工成粒状；在常温下不溶于已知溶剂中，但在脂肪烃、芳香烃、卤代烃中长期接触时能溶胀；在 70℃以上时可稍溶于甲苯、醋酸、戊酯等溶剂中，具热塑性；在空气中加热和受日光影响，发生氧化作用；能耐大多数酸碱的侵蚀，吸水性小；在低温时可保持柔软性，电绝缘性高。

聚乙烯主要用于制造塑料制品，如包装薄膜、容器、管道、日用品、电视和雷达的高频电绝缘材料，也用于抽丝成纤维，以及用作金属、木材和织物的涂层等。

（二）聚氯乙烯 $\left[CH_2-CHCl\right]_n$

聚氯乙烯是由单体氯乙烯 $CH_2{=\!=}CHCl$ 经加聚而成的高聚物。

聚氯乙烯有热塑性；工业品是白色或浅黄色粉末；相对密度约 1.4，含氯量 56%~58%；低分子量的易溶于酮类、酯类、氯化烃类溶剂，高分子量的则难溶解；具有极好的耐化学腐蚀性，但热稳定性和耐光性较差，在 140℃开始分解出氯化氢，在制造塑料时需加稳定剂；电绝缘性优良，不会燃烧。

聚氯乙烯用于制造塑料、涂料、合成纤维等。根据所加增塑剂的多少，可制得软质和硬质塑料，前者可用于制成薄膜（如雨衣、台布、包装材料、农业用薄膜等）、人造革和电线套层等，后者可用于制板材、管道和阀等。

（三）聚丙烯腈 $\left[CH_2-\underset{CN}{\underset{|}{CH}}\right]_n$

聚丙烯腈是由单体丙烯腈 $CH_2{=\!=}CH—CN$ 经加聚而成的高分子化合物。

聚丙烯腈为白色粉末，溶于二甲基甲酰胺或硫氰酸盐等溶液；耐老化强度高，绝热性能好。

聚丙烯腈主要用于制造合成纤维（如人造羊毛）。

（四）聚酰胺（尼龙）

聚酰胺树脂是具有许多重复的酰胺基 $—\overset{O}{\overset{\|}{C}}-\overset{H}{\overset{|}{N}}—$ 的高聚物的总称，商品名尼龙。它是由二元胺与二元酸缩聚而成或由内酰胺聚合而成的，例如尼龙 66（聚己二酰己二胺）是由己二胺 $H_2N—(CH_2)_6—NH_2$ 和己二酸[$HOOC(CH_2)_4COOH$]缩聚而成的。

尼龙 6（聚己内酰胺）是由氨基酸或其内酰胺缩聚而成的，尼龙 1010（聚癸二酰癸二胺）则是癸二酸与癸二胺的缩聚物。

聚酰胺为白色至淡黄色的不透明固体，熔点 180~280℃；不溶于乙醇、丙酮、醋酸乙酯等普通溶剂，但溶于酚类、硫酸、甲酸、醋酸和某些无机盐溶液；有良好的韧性、耐油和耐溶剂性、优异的机械性能、耐磨性，一定的吸水性和耐温性。

主要用于制合成纤维、工程塑料、涂料和胶黏剂等。

（五）聚碳酸酯

聚碳酸酯的结构式为：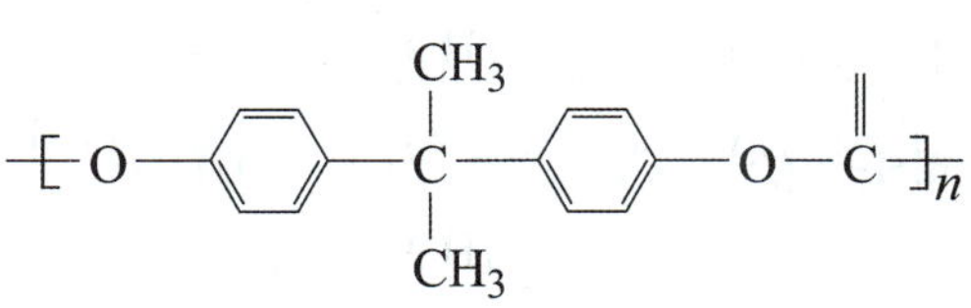

它是由二酚基丙烷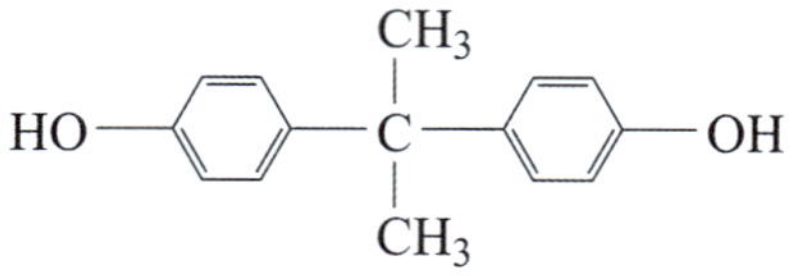的钠盐与光气 $Cl-\overset{\displaystyle O}{\overset{\|}{C}}-Cl$ 在常温常压下缩聚而成的。或由二酚基丙烷与碳酸二苯酯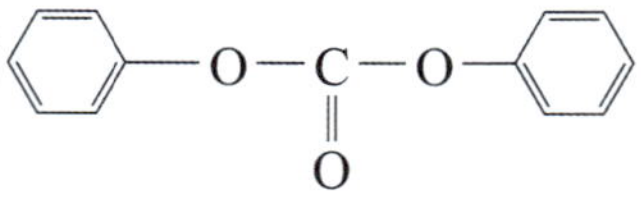经酯交换和缩聚而制得。

聚碳酸酯是透明几乎无色或淡黄色的固体，相对密度为 1.2，熔点等于或大于 220℃，软化点高；能耐低温；溶于二氯甲烷，稍溶于芳香烃和酮等；吸水性小；熔化与冷却后变成透明的玻璃状物；能耐盐类、无机稀酸、有机稀酸、弱碱等，但被碱破坏、在甲醇中溶胀。聚碳酸酯可用作工程塑料，特别适用于制造外形复杂的摩擦件，如齿轮和其他机械零件、电子元件、精密仪器零件等；可用作医疗用具、光学仪器、家具日用品等，还可用作薄膜、泡沫体和玻璃纤维增强塑料等。

（六）ABS 树脂

ABS 树脂又称丙丁苯树脂，学名丙烯腈-丁二烯-苯乙烯共聚物。即它是由丙烯腈（A）与丁二烯（B）、苯乙烯（S）共聚而制成。其结构式为

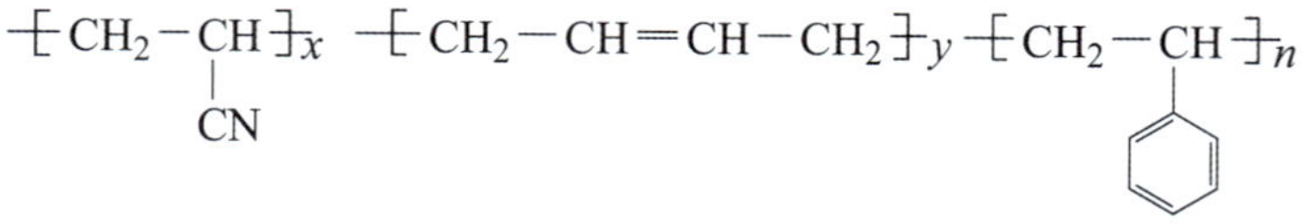

ABS 树脂兼有丙烯腈较高的强度、耐热和耐油性；苯乙烯的透明、坚硬、良好的电绝缘性和机械加工性；以及丁二烯的弹性和抗冲击性等优良的综合性能。

ABS 树脂可用作工程塑料，制造齿轮、轴承、仪表壳、冰箱门框衬里、汽车零件、电话机、行李箱、水管、煤气管、工具零件等。

（七）橡胶

天然橡胶是由异戊二烯互相结合起来而成的高聚物。

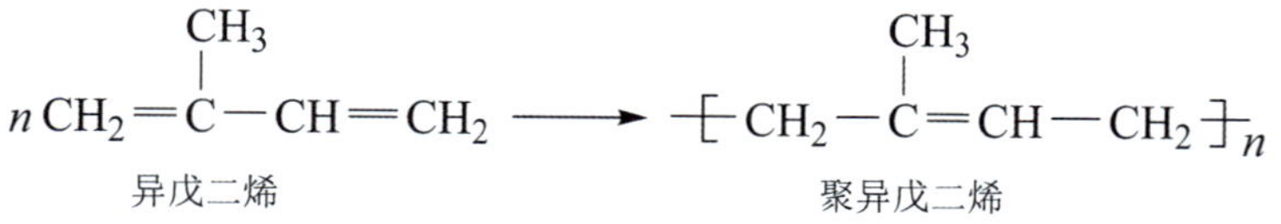

合成橡胶是由 1，3-丁二烯或与其他单体聚合而成的丁二烯类高聚物。

1. 丁二烯类合成橡胶

在催化剂作用下，1，3-丁二烯可聚合成顺丁橡胶。

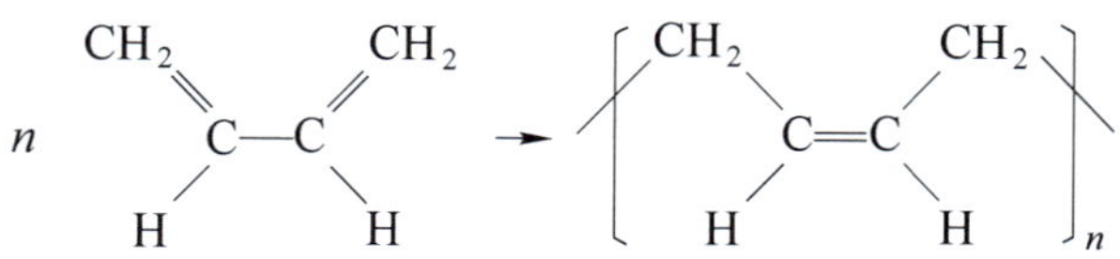

顺丁橡胶的弹性虽好，但抗拉强度和塑性都不如天然橡胶。

由 1，3-丁二烯与苯乙烯共聚可得丁苯橡胶，一般可用下式表示

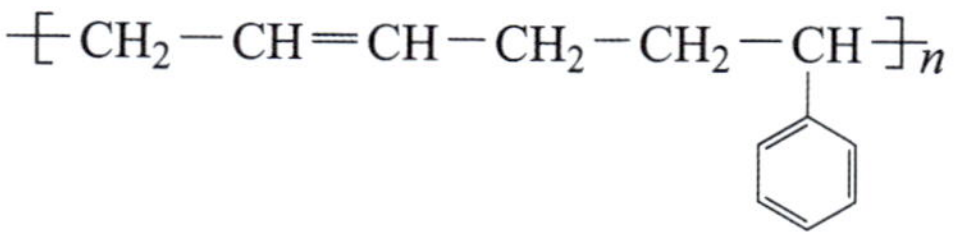

丁苯橡胶的机械性能和耐磨性接近天然橡胶，绝缘性较好，但不耐油和有机溶剂。

由丁二烯与丙烯腈共聚则可得丁腈橡胶，可用下式表示

$$\left[CH_2-CH=CH-CH_2-CH_2-\underset{\displaystyle CN}{\underset{|}{CH}} \right]_n$$

丁腈橡胶的最大优点是耐油，抗拉强度比丁苯橡胶好，耐磨性、耐热性比天然橡胶好，但塑性低，加工较难。

顺丁橡胶用于制造胶鞋、胶管、胶板、胶布和模型等制品；丁苯橡胶主要用于制造轮胎和其他橡胶等工业制品，苯乙烯含量约 10%的丁苯橡胶用于制造耐寒橡胶制品；丁腈橡胶用于制造耐油胶管、飞机油箱、密封热圈、胶黏剂等橡胶制品。

2. 硅橡胶

硅橡胶是含有硅原子的特种合成橡胶的总称，结构式示意如下

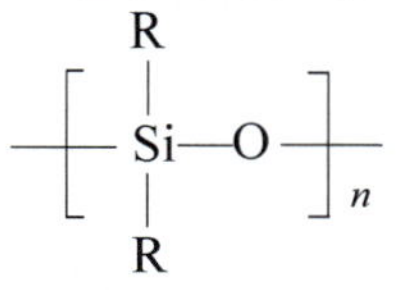

式中，R 主要是甲基 CH_3，部分是乙基 C_2H_5、乙烯基 $CH{=}CH_2$、苯基 C_6H_5或其他有机基团，以改进胶的性能。

硅橡胶是一种线形的聚硅氧烷，它是由有机硅单体部分水解后缩聚而成的。例如：

$$\underset{\text{二甲基二氯硅烷}}{(CH_3)_2SiCl_2} + 2H_2O \longrightarrow \underset{\text{二甲基硅二醇}}{(CH_3)_2Si(OH)_2} + 2HCl$$

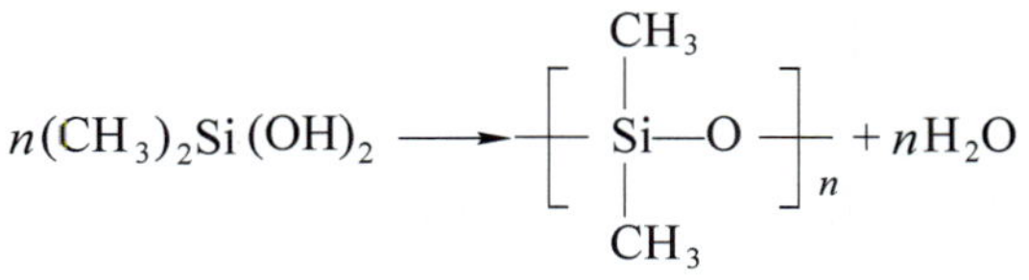

硅橡胶的种类很多，具有不同技术性能和用途。一般在−60~250°C仍能保持良好的弹性，耐热、耐油、防水、不易老化、绝缘性能好，但机械性能较差，耐碱性不及其他橡胶。

硅橡胶用于制造火箭、导弹、飞机的零件和绝缘材料，也用于制造高温和低温下使用的垫圈，密封零件，高温高压设备的衬垫、油管衬里等。

（八）环氧树脂

环氧树脂是含有环氧基团 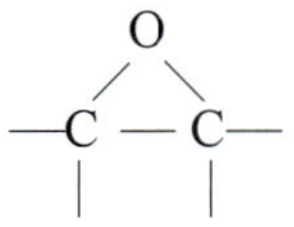 的树脂的总称。环氧树脂品种很多，目前应用较广的是由环氧氯丙烷 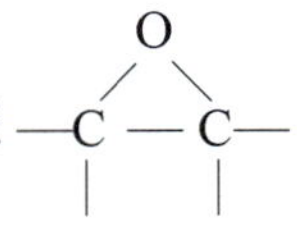 和双酚 A 即二酚基丙烷 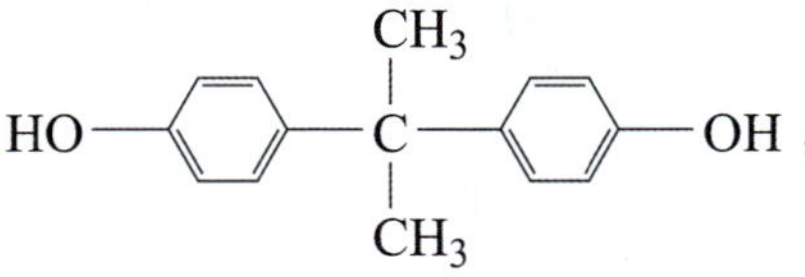，在碱性催化作用下缩聚而成的线形高聚物，结构简示如下

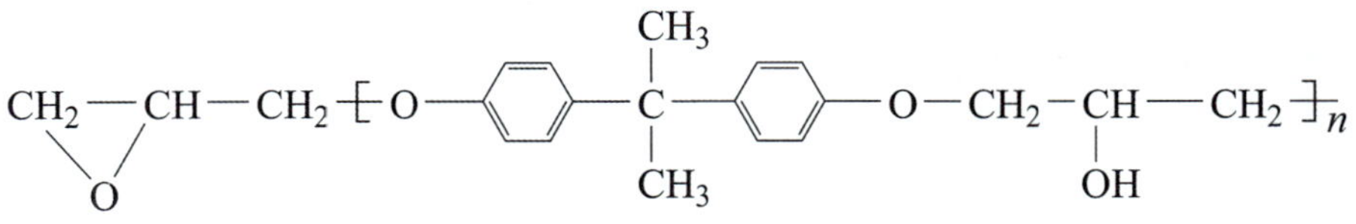

根据不同配比和制法，可得不同相对分子质量的产品。相对分子质量小的是黄色或琥珀色高黏度透明液体，相对分子质量大的是固体，熔点一般在 145~155°C；溶于丙酮、乙二醇、甲苯和苯乙烯等

溶剂；无臭无味，耐碱和大部分溶剂；与多元胺、有机酸酐、其他固化剂反应变成坚硬的体型高聚物；耐热性、绝缘性、硬度和柔韧性都好；对金属和非金属具有优异的黏合力。

环氧树脂是目前广泛使用的黏合剂，俗称万能胶，可作金属和非金属材料（如陶瓷、玻璃、木材等）的黏合剂，也可用以制造涂料、增强塑料或浇铸成绝缘制品等，还可用于处理纺织品，起防皱、防缩、防水等作用。

【例 3-5-4】 某液体烃与溴水发生加成反应生成 2，3-二溴-2-甲基丁烷，该液体烃是：

A. 2-丁烯　　B. 2-甲基-1-丁烷

C. 3-甲基-1-丁烷　　D. 2-甲基-2-丁烯

解 加成反应生成 2，3-二溴-2-甲基丁烷，该烃在 2，3 位碳碳间有双键，所以该烃为 2-甲基-2-丁烯。

答案： D

【例 3-5-5】 下列各组物质在一定条件下反应，可以制得比较纯净的 1，2-二氯乙烷的是：

A. 乙烯通入浓盐酸中　　B. 乙烷与氯气混合

C. 乙烯与氯气混合　　D. 乙烯与卤化氢气体混合

解 乙烯与氯气混合，可以发生加成反应：$C_2H_4+Cl_2 = CH_2Cl—CH_2Cl$。

答案： C

【例 3-5-6】 下列有机物中，既能发生加成反应和酯化反应，又能发生氧化反应的化合物是：

A. $CH_3CH=CHCOOH$　　B. $CH_3CH=CHCOOC_2H_5$

C. $CH_3CH_2CH_2CH_2OH$　　D. $HOCH_2CH_2CH_2CH_2OH$

解 选项 A 为丁烯酸，烯烃能发生加成反应和氧化反应，酸可以发生酯化反应。

答案： A

【例 3-5-7】 人造象牙的主要成分是 $\text{-[}CH_2-O\text{]-}_n$，它是经加聚反应制得的。合成此高聚物的单体是：

A. $(CH_3)_2O$　　B. CH_3CHO

C. HCHO　　D. HCOOH

解 由低分子化合物（单体）通过加成反应，相互结合成高聚物的反应称为加聚反应。加聚反应没有产生副产物，高聚物成分与单体相同，单体含有不饱和键。HCHO 为甲醛，加聚反应为：

$$n\,H_2C=O \longrightarrow \text{-[}CH_2-O\text{]-}_n$$

。

答案： C

【例 3-5-8】 人造羊毛的结构简式为：$\text{-[}CH_2-\underset{\displaystyle CN}{\underset{|}{CH}}\text{]-}_n$，它属于：

①共价化合物；②无机化合物；③有机化合物；④高分子化合物；⑤离子化合物。

A. ②④⑤　　B. ①④⑤　　C. ①③④　　D. ③④⑤

解 人造羊毛为聚丙烯腈，由单体丙烯腈通过加聚反应合成，为高分子化合物。分子中存在共价键，为共价化合物，同时为有机化合物。

答案： C

习　题

3-5-1 下列化合物属于芳香族化合物的是（　　）。

A. 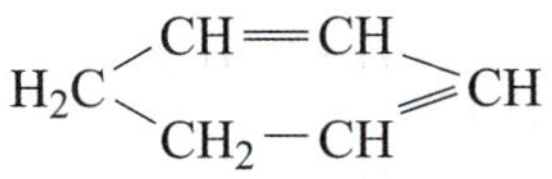

B. 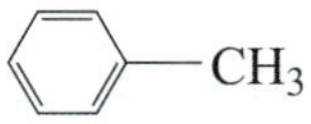

C. $CH_2=CH-CH=CH_2$

D. 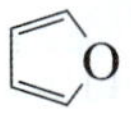

3-5-2 下列化合物属于醛类的有机物是（　　）。

A. RCHO　　B. $R-\underset{\underset{O}{\|}}{C}-R'$　　C. R—OH　　D. RCOOH

3-5-3 下列化合物叫2，4-二氯苯乙酸的物质是（　　）。

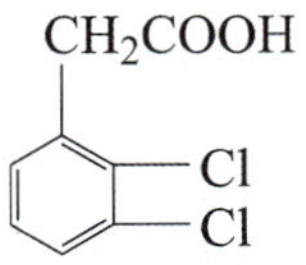

A.

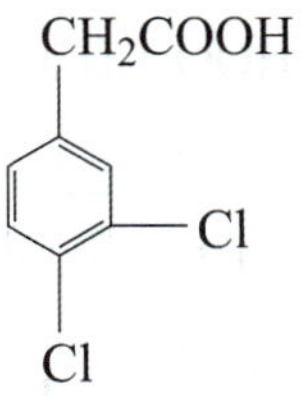

B.

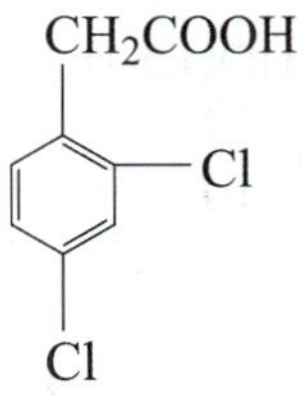

C.

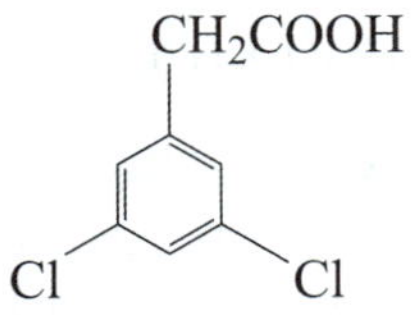

D.

3-5-4 下列反应属于取代反应的是（　　）。

A. 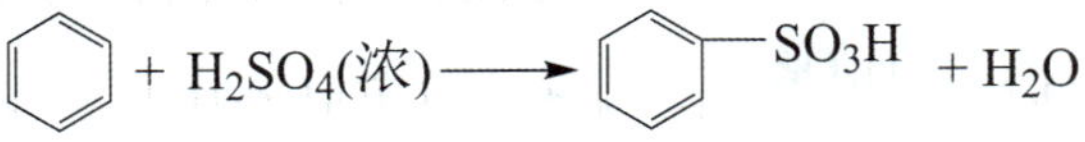

B. $CH_3-CH=CH_2+H_2O \longrightarrow CH_3-\underset{\underset{OH}{|}}{CH}-CH_3$

C. $CH_3-CH_2-\underset{\underset{Br}{|}}{CH}-CH_3 \xrightarrow[KOH]{C_2H_5OH} CH_3-CH=CH-CH_3$

D. $3CH_2=CH_2+2KMnO_4+4H_2O \longrightarrow 3\underset{\underset{OH}{|}}{CH_2}-\underset{\underset{OH}{|}}{CH_2}+2KOH+2MnO_2$

3-5-5 苯乙烯与丁二烯反应后的产物是（　　）。

A. 尼龙 66　　B. 丁苯橡胶　　C. 环氧树脂　　D. 聚苯乙烯

3-5-6 ABS 是下列哪一组单体的共聚物（　　）。

A. 苯乙烯、氯丁烯、丙烯腈　　B. 丁二烯、氯乙烯、苯烯腈

C. 苯烯腈、丁二烯、苯乙烯　　D. 丁二烯、苯乙烯、丙烯腈

3-5-7 聚酰胺树脂中含有下列哪种结构（　　）。

A. $\left[CH_2-\underset{\underset{CN}{|}}{CH}\right]$

B. $CH_3-\underset{\underset{CH_3}{|}}{C}=CH-CH_2\left.\right]$

C. $\left[\overset{\overset{O}{\|}}{C}-\overset{\overset{H}{|}}{N}\right]$

D. $\left[\overset{\overset{R}{|}}{\underset{\underset{R}{|}}{Si}}-O\right]$

3-5-8 双酚 A 与环氧氯丙烷作用后的产物为（　　）。

A. 尼龙 66　　B. 聚碳酸酯

C. 顺丁橡胶　　D. 环氧树脂

习题题解及参考答案

第一节

3-1-1 **解：** 三个量子数取值不是任意的。n的取值：$n=1, 2, 3, \cdots$，目前稳定原子中n最大为7；l的取值：$l=0, 1, 2, \cdots, n-1$，目前l最大为3；m的取值：$m=0, \pm1, \pm2, \pm3, \cdots, \pm l$，由于$l$最大为3，所以$m$只有前7个取值。选项C中$n$取2时，$l$可以取0，1。

答案： C

3-1-2 **解：** 原子得到或失去电子后便是离子。当原子失去电子而成为正离子时，一般是能量较高的最外层的电子先失去，而且往往引起电子层数的减小。Fe原子基态时外层电子分布式为$3d^6 4s^2$，Fe^{2+}的外层电子分布式为$3s^2 3p^6 3d^6$。

答案： B

3-1-3 **解：** 据题意该元素三价正离子的外层电子分布式为$4s^2 4p^6 4d^5$，故该元素原子基态外层电子分布式为$4d^6 5s^2$。所以该元素原子序数为44。

答案： D

3-1-4 **解：** $n=4$，$l=2$为4d轨道，d轨道为5个等价的原子轨道，每个轨道可以容纳两个自旋相反的电子，所以4d轨道最大容纳10个电子。

答案： B

3-1-5 **解：** 原子半径变化规律：同一周期从左到右，主族元素的有效核电荷数依次增加，原子半径依次减小；同一主族元素从上到下原子半径依次增加。

离子半径变化规律：同周期不同元素离子的半径随离子电荷代数值增大而减小，同族元素电荷数相同的离子半径随电子层数增加而增大，同种元素的离子半径随电荷数代数值增大而减小。

答案： C

3-1-6 **解：** 同一周期从左到右，主族元素的电负性逐渐增大，同一主族元素从上到下电负性逐渐减小。根据对角线规则，Be与Al的性质相似。

答案： C

3-1-7 **解：** 元素氧化物及其水合物酸碱性变化规律：同周期元素最高价态氧化物及其水合物从左到右酸性递增、碱性递减；同一主族元素相同价态的氧化物及其水合物，从上至下酸性减弱、碱性增强；同一元素不同价态的氧化物及其水合物，依价态升高的顺序酸性增强，碱性减弱。

答案： D

3-1-8 **解：** 根据元素氧化物及其水合物酸碱性变化规律（同题3-1-7）。

答案： A

3-1-9 **解：** 不同元素原子间形成的共价键为极性共价键。分子的极性取决于键的极性和分子的空间构型。若键有极性，而分子的空间构型对称，则分子无极性；若键有极性，而分子空间构型不对称，则分子有极性。BF_3中B与F间为极性共价键，而分子为平面三角形分子，为非极性分子。

答案： C

3-1-10 **解：** OF_2 中 O 原子的价电子对数 $x=\frac{1}{2}(6+2)=4$，中心原子 O 的杂化类型与 H_2O 中的氧原子类似，为 sp^3 不等性杂化。

答案： D

3-1-11 **解：** 分子的极性取决于键的极性和分子的空间构型。若键有极性，而分子的空间构型对称，则分子无极性；若键有极性，而分子空间构型不对称，则分子有极性。B 项中四个化合物均为极性分子。

答案： B

3-1-12 **解：** 分子间力包括色散力、诱导力和取向力。非极性分子与非极性分子间只有色散力，极性分子与非极性分子间存在诱导力和色散力，极性分子间存在取向力、诱导力和色散力。SO_2 为极性分子，极性分子间存在取向力、诱导力和色散力。

答案： D

3-1-13 **解：** 氢键形成条件：当分子中的氢原子与电负性大、半径小、有孤对电子的原子（如 N、O、F）形成强极性共价键后，还能吸引另一个电负性较大原子（如 N、O、F）中的孤对电子而形成氢键。

答案： B

3-1-14 **解：** 原子晶体融化时要破坏共价键。SiC 为原子晶体。

答案： A

第二节

3-2-1 **解：** 糖水溶液质量=120×1.047≈125.6g

糖水中水的质量=125.6−15.0=110.6g

糖水中糖和水的物质的量 $n_{糖}=\frac{15.0}{342}\approx 0.043\,9\text{mol}$，$n_{水}=\frac{110.6}{18}\approx 6.14\text{mol}$

质量百分比浓度= $\frac{15.0}{125.6}\times 100\%\approx 11.9\%$

物质的量浓度 $C_{糖}=\frac{0.043\,9}{0.12}\approx 0.366\text{mol/L}$

质量摩尔浓度 $m_{糖}=\frac{0.043\,9}{110.6}\times 1000\approx 0.397\text{mol/kg}$

物质的量分数 $x_{糖}=\frac{0.043\,9}{0.043\,9+6.14}\approx 7.09\times 10^{-3}$

答案： B

3-2-2 **解：** 葡萄糖水溶液的质量摩尔浓度 $m=\frac{\frac{15.0}{180}}{200}\times 1\,000\approx 0.417\text{mol/kg}$

根据拉乌尔定律，$\Delta T_{fp}=k_{fp}\cdot m=1.86\times 0.417\approx 0.776℃$

则溶液冰点为−0.776℃

$\Delta T_{bp}=k_{bp}\cdot m=0.52\times 0.417\approx 0.220℃$

则溶液沸点为 100.22℃

溶液渗透压 $p_{渗}=CRT\approx mRT=0.417\times 8.31\times 293\approx 1.02\times 10^3\text{kPa}$

答案： C

3-2-3 **解：** 氢溴酸是强酸，水溶液中完全电离，所以 0.25mol/L 氢溴酸的氢离子浓度和电离度分别为 0.25mol/L、100%。

次氯酸为一元弱酸，0.25mol/L 次氯酸的$C_{H^+}=\sqrt{K_a\cdot C}=\sqrt{3.2\times10^{-8}\times0.25}$
$\approx 8.9\times10^{-5}$mol/L

电离度$\alpha=\frac{8.9\times10^{-5}}{0.25}\times100\%\approx0.036\%$

答案： D

3-2-4 **解：** 因为 H_2S 的$K_{a1}\gg K_{a2}$，计算C_{H^+}时，按一元弱酸处理，

所以$C_{H^+}=C_{HS^-}=\sqrt{K_{a1}\cdot C}=\sqrt{1.32\times10^{-7}\times0.1}\approx1.15\times10^{-4}$mol/L

计算$C_{S^{2-}}$时用二级电离 $HS^-\rightleftharpoons H^++S^{2-}$

$C_{S^{2-}}=K_{a2}\cdot\frac{C_{HS^-}}{C_{H^+}}=7.1\times10^{-15}$mol/L

$pH=-\lg1.15\times10^{-4}\approx3.94$

答案： A

3-2-5 **解：** 根据公式$\alpha=\sqrt{\frac{K_a}{C}}$，加入冰醋酸，浓度增大，电离度减小。

答案： C

3-2-6 **解：** 氨水和氯化铵组成缓冲溶液

$C_{OH^-}=K_b\cdot\frac{C_{碱}}{C_{盐}}=1.8\times10^{-5}\times\frac{0.1}{0.1}=1.8\times10^{-5}$mol/L

$C_{H^+}=\frac{K_W}{C_{OH^-}}=\frac{10^{-14}}{1.8\times10^{-5}}\approx5.56\times10^{-10}$mol/L

答案： D

3-2-7 **解：** HA 过量，反应后形成 HA—KA 缓冲溶液，溶液中 HA 和 KA 的浓度分别为：

$C_{HA}=\frac{(0.05-0.02)\times0.1}{0.1}=0.03$mol/L

$C_{KA}=\frac{0.02\times0.1}{0.1}=0.02$mol/L

$pH=5.25$，则$C_{H^+}=5.62\times10^{-6}$mol/L

根据公式$C_{H^+}=K_a\times\frac{C_{酸}}{C_{盐}}$

则$K_a=\frac{C_{H^+}\times C_{盐}}{C_{酸}}=\frac{5.62\times10^{-6}\times0.02}{0.03}\approx3.7\times10^{-6}$

答案： B

3-2-8 **解：** 在 NaCl 溶液中由于同离子效应，AgCl 溶解度降低；在 $Na_2S_2O_3$ 溶液中，由于形成 $Ag_2S_2O_3$ 沉淀，AgCl 溶解度增大。

答案： C

3-2-9 **解：** NaAc 为强碱弱酸盐，发生水解

$C_{OH^-}=\sqrt{C\times\frac{K_W}{K_a}}=\sqrt{0.025\times\frac{10^{-14}}{1.76\times10^{-5}}}\approx3.77\times10^{-6}$mol/L

$C_{H^+}=\frac{K_W}{C_{OH^-}}=\frac{10^{-14}}{3.77\times10^{-6}}\approx2.65\times10^{-9}$mol/L

$pH=-\lg2.65\times10^{-9}\approx8.58$

水解度$\alpha=\frac{C_{OH^-}}{C_{盐}}=\frac{3.77\times10^{-6}}{0.025}\approx0.015\%$

答案： B

第三节

3-3-1 **解：** 升高温度，分子获得能量，活化分子百分数增加。

答案： C

3-3-2 **解：** $\Delta H = \varepsilon - \varepsilon'$，$\Delta H$为正反应热效应，$\varepsilon$为正反应活化能，$\varepsilon'$为逆反应活化能。正反应为放热反应，$\Delta H < 0$，则$\varepsilon - \varepsilon' < 0$，$\varepsilon' > \varepsilon =15\text{kJ/mol}$。

答案： B

3-3-3 **解：** 随着反应进行，反应物浓度降低，生成物浓度升高，正反应速度降低，逆反应速度升高，速率常数和平衡常数不变。

答案： A

3-3-4 **解：** 对放热反应，温度升高，平衡常数减小；对吸热反应，温度升高，平衡常数增大。

答案： B

3-3-5 **解：** 反应方程式 1 为反应方程式 2 的逆反应乘以 2。

根据多重平衡规则，$K_1 = \left(\frac{1}{K_2}\right)^2 = \frac{1}{(K_2)^2}$

答案： B

3-3-6 **解：** 四种气体质量相等，分子量越小，物质的量越大。四种气体分子量大小顺序为：H_2<He<N_2<CO_2，所以物质的量的大小顺序为：CO_2<N_2<He<H_2。根据分压定律可知分压大小顺序为：H_2>He>N_2>CO_2。

答案： A

3-3-7 **解：** 放热反应，降低温度，平衡向右移动；气体分子数减小的反应，增大压力，平衡向右移动。

答案： C

3-3-8 **解：** 反应 3 为反应 2 减反应 1 得到的。

根据多重平衡规则，$K_3 = \frac{K_2}{K_1} = \frac{0.012}{0.050} = 0.24$

答案： C

第四节

3-4-1 **解：** 按氧化还原配平法配平。

答案： B

3-4-2 **解：** Mn 的氧化数由+7（反应物 $KMnO_4$）降低到+2（生成物 $MnCl_2$），得电子，$KMnO_4$为氧化剂。

答案： D

3-4-3 **解：** 两个电极的电极电势分别为：

$$\varphi_{Cu^{2+}/Cu} = \varphi^{\Theta}_{Cu^{2+}/Cu} + \frac{0.059}{2}\lg C_{Cu^{2+}}$$

$$\varphi_{I_2/I^-} = \varphi^{\Theta}_{I_2/I^-} + \frac{0.059}{2}\lg\frac{1}{(C_{I^-})^2} = \varphi^{\Theta}_{I_2/I^-} - 0.059\lg C_{I^-}$$

所以，当离子浓度增大时，$\varphi_{Cu^{2+}/Cu}$变大，φ_{I_2/I^-}变小。

答案： D

3-4-4 **解：** φ^{Θ}值或φ值越大，表示电对中氧化态的氧化能力越强，φ^{Θ}值或φ值越小，表示电对中还原态的还原能力越强。三个电对中还原型物质的还原能力由强到弱的顺序为选项 C。

答案： C

3-4-5 **解：** 两个反应能自发进行，所以两个反应的电动势都大于零，即正极电极电势大于负极电极电势。由反应 1 可知：$\varphi_{Fe^{3+}/Fe^{2+}} > \varphi_{Cu^{2+}/Cu}$；由反应 2 可知：$\varphi_{Cu^{2+}/Cu} > \varphi_{Fe^{2+}/Fe}$。

答案： A

3-4-6 **解：**根据$\lg K^\Theta = \frac{nE^\Theta}{0.059}$，知$E^\Theta = \frac{0.059\times\lg K^\Theta}{n} = \frac{0.059\times\lg 10^4}{2} = 0.118\text{V}$。

答案：A

3-4-7 **解：**电解池中，与外电源负极相连的极叫阴极，与外电源正极相连的极叫阳极。电解时阴极发生还原反应，阳极发生氧化反应。析出电势代数值较大的氧化型物质首先在阴极还原，析出电势代数值较小的还原型物质首先在阳极氧化。电解时，阳极如果是可溶性电极，可溶性电极首先被氧化，阳极如果是惰性电极，简单负离子被氧化，如 Cl^-、Br^-、I^-、S^{2-}分别析出 Cl_2、Br_2、I_2、S。

答案：D

3-4-8 **解：**为差异充气腐蚀，埋在黏土中的钢管表面氧气浓度小，作为阳极。

答案：D

第五节

3-5-1 **解：**芳香族类化合物分子中含有苯环结构。选项 A 为脂环化合物，选项 D 为杂环化合物。

答案：B

3-5-2 **解：**选项 A 为醛，选项 B 为酮，选项 C 为醇，选项 D 为酸。

答案：A

3-5-3 **解：**根据芳香烃及其衍生物命名原则，选项 A 为 2，3-二氯苯乙酸，选项 B 为 3，4-二氯苯乙酸，选项 C 为 2，4-二氯苯乙酸，选项 D 为 3，5-二氯苯乙酸。

答案：C

3-5-4 **解：**选项A为苯环上的磺化反应，相当于苯环上的氢被磺酸基取代；选项B为加成反应；选项 C 为消去反应；选项 D 为氧化反应。

答案：A

3-5-5 **解：**1，3-丁二烯与苯乙烯共聚可得丁苯橡胶。

答案：B

3-5-6 **解：**ABS 树脂又称丙丁苯树脂，学名丙烯腈-丁二烯-苯乙烯共聚物。

答案：D

3-5-7 **解：**聚酰胺树脂，商品名尼龙，是具有许多重复的酰胺基的高聚物。

答案：C

3-5-8 **解：**环氧树脂是含有环氧基团的树脂，品种很多，目前应用较广的是双酚 A 与环氧氯丙烷在碱性催化作用下缩聚而成的线性高聚物。

答案：D

第四章 理论力学

复习指导

一、考试大纲

4.1 静力学

平衡；刚体；力；约束及约束力；受力图；力矩；力偶及力偶矩；力系的等效和简化；力的平移定理；平面力系的简化；主矢；主矩；平面力系的平衡条件和平衡方程式；物体系统（含平面静定桁架）的平衡；摩擦力；摩擦定律；摩擦角；摩擦自锁。

4.2 运动学

点的运动方程；轨迹；速度；加速度；切向加速度和法向加速度；平动和绕定轴转动；角速度；角加速度；刚体内任一点的速度和加速度。

4.3 动力学

牛顿定律；质点的直线振动；自由振动微分方程；固有频率；周期；振幅；衰减振动；阻尼对自由振动振幅的影响——振幅衰减曲线；受迫振动；受迫振动频率；幅频特性；共振；动力学普遍定理；动量；质心；动量定理及质心运动定理；动量及质心运动守恒；动量矩；动量矩定理；动量矩守恒；刚体定轴转动微分方程；转动惯量；回转半径；平行轴定理；功；动能；势能；动能定理及机械能守恒；达朗贝尔原理；惯性力；刚体作平动和绕定轴转动（转轴垂直于刚体的对称面）时惯性力系的简化；动静法。

二、基本要求

（一）静力学

熟练掌握并能灵活运用静力学中的基本概念及公理分析相关问题，特别是对物体的受力分析；掌握不同力系的简化方法和简化结果；能够根据各种力系和滑动摩擦的特性，定性或定量地分析和解决物体系统的平衡问题。

（二）运动学

熟练运用直角坐标法和自然法求解点的各运动量；能根据刚体的平行移动（平动）、绕定轴转动和平面运动的定义及其运动特征，求解刚体的各运动量；掌握刚体上任一点的速度和加速度的计算公式及刚体上各点速度和加速度的分布规律。

（三）动力学

能应用动力学基本定律列出质点运动微分方程；能正确理解并熟练地计算动力学普遍定理中各基本物理量（如动量、动量矩、动能、功、势能等），熟练掌握动力学普遍定理（包括动量定理、质心运动定理、动量矩定理、刚体定轴转动微分方程、动能定理）及相应的守恒定理；掌握刚体转动惯量的计算公式及方法，熟记杆、圆盘及圆环的转动惯量，并会利用平行移轴定理计算简单组合形体的转动惯量；能正确理解惯性力的概念，并能正确表示出各种不同运动状态的刚体上惯性力系主矢和主矩的大小、方向、作用点，能应用动静法求解质点、质点系的动力学问题；能应用质点运动微分方程列出单自由度系统线性振动的微分方程，并会求其周期、频率和振幅。掌握阻尼对自由振动振幅的影响及受迫振动的幅频特性和共振的概念。

三、重点难点分析

（一）静力学

静力学所研究的是物体受力作用后的平衡规律，重点包括以下三部分内容：

（1）静力学的基本概念（平衡、刚体、力、力偶等）和公理；约束的类型及约束力的确定；物体的受力分析和受力图。这一部分的难点就是物体的受力分析。在画受力图时除根据约束的类型确定约束力的方向外，还要会利用二力平衡原理、三力汇交平衡定理、力偶的性质等，来确定铰链或固定铰支座约束力的方向。

（2）各种力系的简化方法及简化结果。其难点在于主矢和主矩的概念及计算。可通过力的平移定理加深对主矢、主矩、合力、合力偶的认识，通过熟练掌握力的投影，力对点之矩和力对轴之矩的计算，来得到主矢和主矩的正确结果。

（3）各种力系的平衡条件及与之相对应的平衡方程，平衡方程的不同形式及对应的附加条件。难点在于物体及物体系统（包括考虑摩擦）平衡问题的求解。解题时要灵活选取合适的研究对象进行受力分析，列平衡方程时要选取适当的投影轴和矩心（矩轴），使问题能够得到快速准确的解答。

（二）运动学

运动学研究物体运动的几何性质。重点是：

（1）描述点的运动的矢量法、直角坐标法和自然法。要明确用不同的方法所表示的同一个点的运动量，形式不同，但不同形式的结果之间是相互有关系的，要熟练掌握这些关系，并将这些关系应用到解题当中去。

（2）刚体的平动及其运动特征（尤其是作曲线平动的刚体）；作定轴转动刚体的转动方程、角速度和角加速度及刚体内各点速度、加速度的计算方法。这是运动学的基本内容，在物理学中都学习过，正是这些看似简单的问题，却往往容易出现概念性错误且不能熟练应用。解决的方法是在认真分析刚体运动形式的基础上，根据其运动特征，选择相应的计算公式。

（3）点的复合运动。解题时首先要明确一个动点、两个坐标系以及与之相应的三种运动，合理选择动点、动系，其原则是相对运动轨迹易于判断。这一部分的难点是牵连点的概念，以及牵连速度、牵连加速度的判断与计算。要把动系看成是$x'O'y'$平面，在此平面上与所选动点相重合的点，即为牵连点，该点相对于定参考系的速度、加速度，称为牵连速度和牵连加速度，解题时一定要深刻理解这一定义。

（4）刚体的平面运动。要会正确判断机构中作平面运动的刚体，熟练掌握并能灵活运用求平面运动刚体上点的速度的三种方法——基点法、瞬心法和速度投影法；会应用基点法求平面运动刚体上点的加速度。特别要熟悉刚体瞬时平动时的运动特征为：刚体的角速度为零，角加速度不为零；刚体上各点的速度相同，加速度不同，但其上任意两点的加速度在该两点连线上的投影相等。

（三）动力学

动力学研究物体受力作用后的运动规律。重点是：

（1）会应用动力学基本定律（牛顿第二定律）和动力学普遍定理（动量定理、动量矩定理和动能定理）列出质点和质点系（包括平动、定轴转动、平面运动的刚体）的运动微分方程，解微分方程时要注意初始条件只能用于确定微分方程解中的积分常数；要熟练掌握动量、动量矩、动能、势能、功的概念与计算方法，正确选择及综合应用动力学普遍定理求解质点系动力学问题；动力学普遍定理的综合应用，大体上包含两方面含义：一是对几个定理，即动量定理、质心运动定理、动量矩定理、定轴转动微分方程、平面运动微分方程和动能定理的特点、应用条件、可求解何类问题等有透彻的了解，能根据不同类型问题的已知条件和待求量，选择适当的定理，包括各种守恒情况的判断，相应守恒定理的应用。二是对比较复杂的问题，应能采用多个定理联合求解。此外，求解动力学问题，往往需要进行运动分析，以提供运动学补充方程。因而对动力学普遍定理的综合应用，须熟悉有关定理及应用范围和条件，多做练习，通过比较总结（包括一题多解的讨论），从中摸索出规律。其解题步骤是：首先选取研究对象，对其进行受力分析和运动分析；其次是根据分析的结果，针对物体不同的运动选择不同的定理，通常可先应用动能定理求解系统的各运动量（速度、加速度、角速度和角加速度），再应用质心运动定理或动量矩定理（定轴转动微分方程）求解未知力。

（2）刚体系统惯性力系的简化及达朗贝尔原理的应用。这一部分的关键是要分析物体的运动形式，并根据其运动形式确定惯性力并将其画在受力图上，根据受力图列平衡方程，求解未知量。要注意的是：因为达朗贝尔原理是采用静力平衡方程求解未知量，故未知量的数目不能超过独立的平衡方程数。未知量中包括速度、加速度、角速度、角加速度、约束力等，若未知量数目超过了独立的平衡方程数，则需要建立补充方程，在多数情况下，是建立运动学的补充方程。当单独使用达朗贝尔原理解题出现计算上的困难（如需解微分方程）时，由于质点系的达朗贝尔原理实际是动量定理、动量矩定理的另一种表达形式，故可联合应用达朗贝尔原理与动能定理求解质点系的动力学问题。

第一节 静 力 学

静力学研究物体在力作用下的平衡规律，主要包括物体的受力分析、力系的等效简化、力系的平衡条件及其应用。

一、静力学的基本概念及基本原理

（一）基本概念

1. 力的概念

力是物体间相互的机械作用，这种作用将使物体的运动状态发生变化——运动效应，或使物体的形状发生变化——变形效应。力的量纲为牛顿（N）。力的作用效果取决于力的三要素：力的大小、方向、作用点。力是矢量，满足矢量的运算法则。当求共点二力之合力时，采用力的平行四边形法则：其合力可由两个共点力为边构成的平行四边形的对角线确定，见图 4-1-1a）。或者说，合力矢等于此二力的几何和，即

$$\boldsymbol{F}_{\mathrm{R}}=\boldsymbol{F}_1+\boldsymbol{F}_2 \tag{4-1-1}$$

显然，求$\boldsymbol{F}_{\mathrm{R}}$时，只需画出平行四边形的一半就够了，即以力矢$\boldsymbol{F}_1$的尾端$B$作为力矢$\boldsymbol{F}_2$的起点，连接

AC所得矢量即为合力$\boldsymbol{F}_R$。如图 4-1-1b）所示三角形ABC称为力三角形。这种求合力的方法称为力的三角形法则。

多个共点力的合成可采用力的多边形规则：若有汇交于点A的四个力$\boldsymbol{F}_1$、$\boldsymbol{F}_2$、$\boldsymbol{F}_3$、$\boldsymbol{F}_4$，如图 4-1-2a）所示，求合力时可任取一点a，先作力三角形求出$\boldsymbol{F}_1$与$\boldsymbol{F}_2$的合力$\boldsymbol{F}_{R1}$，再作力三角形求出$\boldsymbol{F}_{R1}$与$\boldsymbol{F}_3$的合力$\boldsymbol{F}_{R2}$，最后作力三角形合成$\boldsymbol{F}_{R2}$与$\boldsymbol{F}_4$即得合力$\boldsymbol{F}_R$，如图 4-1-2b）所示。多边形$abcde$称为此汇交力系的力多边形，而封闭边ae则表示此汇交力系合力$\boldsymbol{F}_R$的大小和方向，显然$\boldsymbol{F}_R$的作用线必过汇交点A。利用力多边形法简化力系时，求$\boldsymbol{F}_{R1}$和$\boldsymbol{F}_{R2}$的中间过程可略去，只需将组成力多边形的各分力首尾相连，而合力则由第一个分力的起点指向最后一个分力的终点（矢端）即可。根据矢量相加的交换率，任意变换各分力矢的作图次序，可得形状不同的力多边形，但其合力矢仍然不变，如图 4-1-2c）所示。

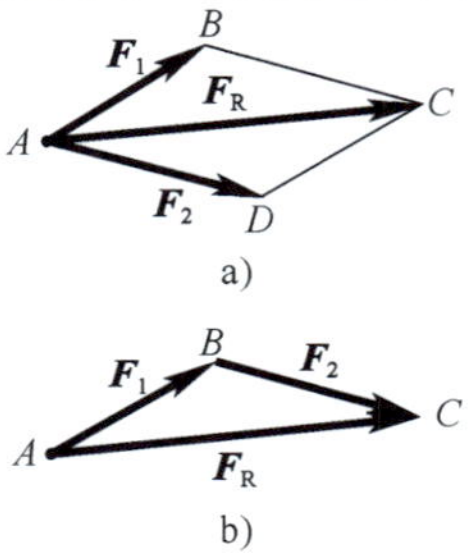

图 4-1-1　力的平行四边形法则

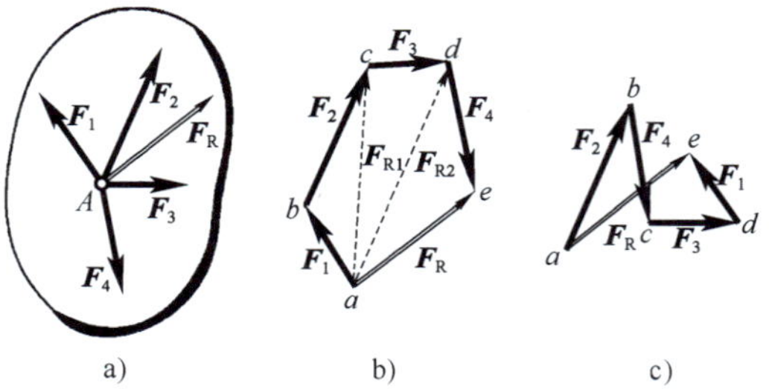

图 4-1-2　力的多边形规则

【例 4-1-1】 平面汇交力系$(\boldsymbol{F}_1,\boldsymbol{F}_2,\boldsymbol{F}_3,\boldsymbol{F}_4,\boldsymbol{F}_5)$的力多边形如图所示，则该力系的合力$\boldsymbol{F}_R$等于：

A. $\boldsymbol{F}_3$　　B. $-\boldsymbol{F}_3$

C. $\boldsymbol{F}_2$　　D. $-\boldsymbol{F}_2$

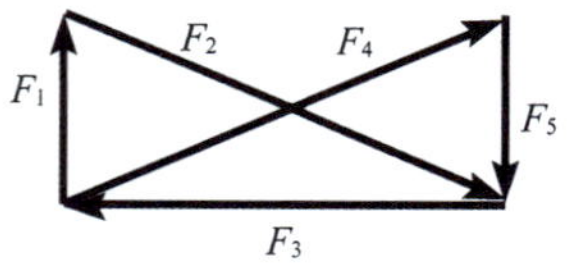

例 4-1-1 图

解 根据力的多边形规则，当$\boldsymbol{F}_1$、$\boldsymbol{F}_2$、$\boldsymbol{F}_3$、$\boldsymbol{F}_4$、$\boldsymbol{F}_5$各分力首尾相连时，合力应由第一个分力$\boldsymbol{F}_1$的起点指向最后一个分力$\boldsymbol{F}_5$的终点（矢端）。

答案： B

（1）力对点之矩

力使物体绕某支点（或矩心）转动的效果可用力对点之矩度量。设力$\boldsymbol{F}$作用于刚体上的A点，如图 4-1-3 所示，用$\boldsymbol{r}$表示空间任意点O到A点的矢径，于是，力$\boldsymbol{F}$对O点的力矩定义为矢径$\boldsymbol{r}$与力矢$\boldsymbol{F}$的矢量积，记为$\boldsymbol{M}_O(\boldsymbol{F})$。即

$$\boldsymbol{M}_O(\boldsymbol{F}) = \boldsymbol{r} \times \boldsymbol{F} \tag{4-1-2}$$

式（4-1-2）中点O称作力矩中心，简称矩心。力$\boldsymbol{F}$使刚体绕O点转动效果的强弱取决于：①力矩的大小；②力矩的转向；③力和矢径所组成平面的方位。因此，力矩是一个矢量，矢量的模即力矩的大小为

$$|\boldsymbol{M}_O(\boldsymbol{F})| = |\boldsymbol{r} \times \boldsymbol{F}| = rF\sin\theta = Fd \tag{4-1-3}$$

矢量的方向与OAB平面的法线$\boldsymbol{n}$一致，按右手螺旋法则来确定。力矩的单位为 N · m 或 kN · m。

（2）力对轴之矩

如图 4-1-4 所示，力$\boldsymbol{F}$对任意轴z的矩用$M_z(\boldsymbol{F})$表示，称为力对轴之矩。其值为

$$M_z(\boldsymbol{F}) = M_O(\boldsymbol{F}_{xy}) = \pm F_{xy}d \tag{4-1-4}$$

力对轴的矩是力使刚体绕某轴转动效果的度量，是代数量。其正负号按右手螺旋法则确定。从力对轴之矩的定义可得其性质：

①当力沿其作用线移动时，力对轴之矩不变。

②当力的作用线与某轴平行（如与z轴平行，则$F_{xy}=0$）或相交（$d=0$）时，力对该轴之矩为零。

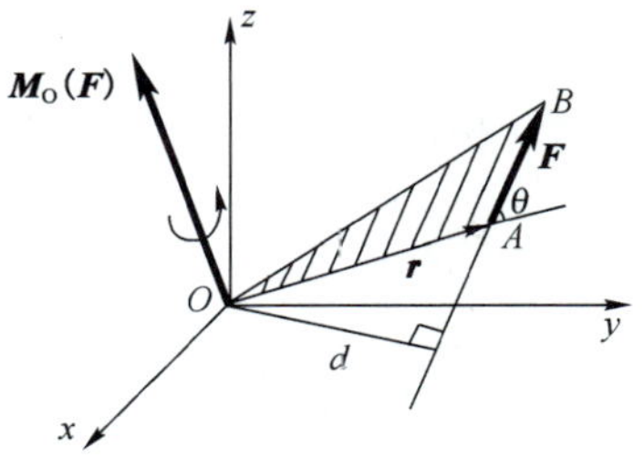

图 4-1-3 力对点之矩

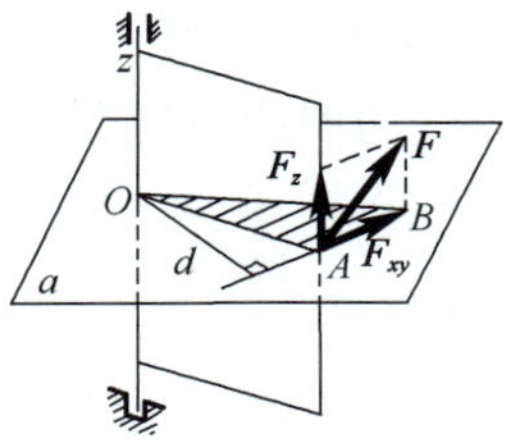

图 4-1-4 力对轴之矩

（3）力矩关系定理

力对任意点的矩矢在通过该点的任一轴上的投影，等于此力对该轴的矩。即

$$[\boldsymbol{M}_O(\boldsymbol{F})]_z = M_z(\boldsymbol{F}) \tag{4-1-5}$$

（4）合力矩定理

汇交力系的合力对某点（或某轴）之矩等于力系中各分力对同一点（或同一轴）之矩的矢量和（或代数和）。即

$$\boldsymbol{M}_{\mathrm{O}}(\boldsymbol{F}_{\mathrm{R}}) = \sum \boldsymbol{M}_{\mathrm{O}}(\boldsymbol{F}_i) \tag{4-1-6a}$$

或

$$M_z(\boldsymbol{F}_{\mathrm{R}}) = \sum M_z(\boldsymbol{F}_i) \tag{4-1-6b}$$

【例 4-1-2】 如图所示结构直杆BC，受荷载$\boldsymbol{F}$、q作用，$BC = L$，$F = qL$，其中q为均布荷载，单位 N/m，集中力以 N 计，长度以 m 计。则该主动力系对O点的合力矩为：

A. $M_{\mathrm{O}} = 0$

B. $M_{\mathrm{O}} = qL^2/2\ \mathrm{N \cdot m}$（↶）

C. $M_{\mathrm{O}} = 3qL^2/2\ \mathrm{N \cdot m}$（↶）

D. $M_{\mathrm{O}} = qL^2 \mathrm{N \cdot m}$（↷）

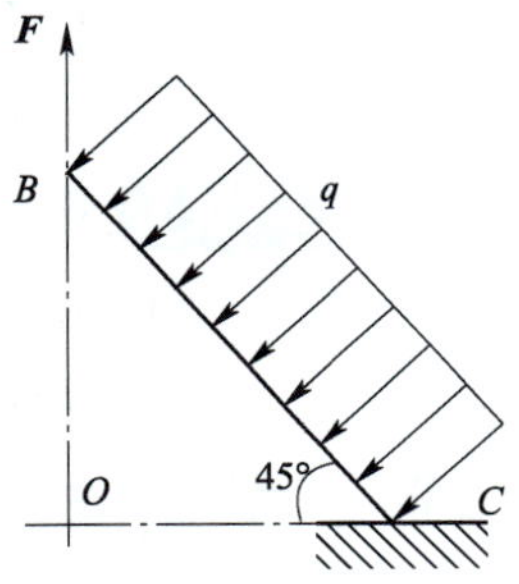

例 4-1-2 图

解 根据合力矩定理，主动力系对O点的合力矩等于各分力对O点的力矩之代数和，即：$M_{\mathrm{O}}(\boldsymbol{F}_{\mathrm{R}}) = M_{\mathrm{O}}(\boldsymbol{F}) + M_{\mathrm{O}}(qL)$。由于$\boldsymbol{F}$力和均布荷载$q$的合力作用线均通过$O$点，故合力矩为零。

答案： A

2. 力偶的概念

大小相等、方向相反、作用线互相平行但不重合的两个力所组成的力系（见图 4-1-5），称为力偶，记为$(\boldsymbol{F},\boldsymbol{F}')$，且$\boldsymbol{F} = -\boldsymbol{F}'$。力偶与力同是力学中的基本元素。力偶没有合力，故只能使物体产生转动并将改变其转动状态。力偶对物体的转动效果取决于力偶矩矢$\boldsymbol{M}$。$\boldsymbol{M}$定义为组成力偶的两个力对任一点之矩的矢量和，即

$$\boldsymbol{M} = \boldsymbol{M}_{\mathrm{O}}(\boldsymbol{F}) + \boldsymbol{M}_{\mathrm{O}}(\boldsymbol{F}') = \boldsymbol{r}_{\mathrm{A}} \times \boldsymbol{F} + \boldsymbol{r}_{\mathrm{B}} \times \boldsymbol{F}' = \boldsymbol{r}_{\mathrm{BA}} \times \boldsymbol{F} \tag{4-1-7}$$

力偶矩矢与矩心O无关。 力偶的三要素为

（1）力偶矩的大小；

（2）力偶的转向；

（3）力偶作用面的方位。

力偶矩矢的大小为

$$|\boldsymbol{M}| = Fd \tag{4-1-8}$$

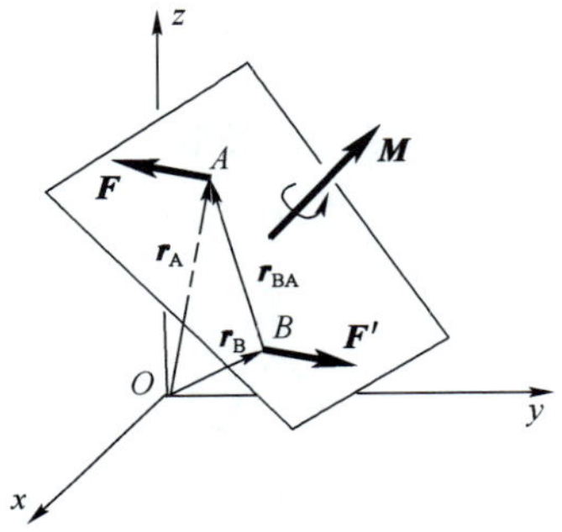

图 4-1-5 力偶矩矢量

其中，d为力偶中两个力之间的垂直距离，称为力偶臂。方向按右手螺旋法则确定。

力偶的作用效果仅取决于力偶矩矢，故只要保持力偶矩矢不变，力偶可在其作用面内任意移动和转动，或同时改变力偶中力的大小和力偶臂的长短，或在平行平面内移动，都不改变力偶对同一刚体的作用效果。

3. 刚体的概念

在物体受力以后的变形对其运动和平衡的影响小到可以忽略不计的情况下，便可把物体抽象成为不变形的力学模型——刚体。

4. 平衡的概念

平衡是指物体相对惯性参考系静止或作匀速直线平行移动的状态。

（二）基本原理

1. 二力平衡原理

不计自重的刚体在二力作用下平衡的必要和充分条件是：二力沿着同一作用线，大小相等，方向相反。仅受两个力作用且处于平衡状态的物体，称为二力体，又称二力构件。

2. 加减平衡力系原理

在作用于刚体的力系中，加上或减去任意一个平衡力系，不改变原力系对刚体的作用效应。

推论Ⅰ：力的可传性。作用于刚体上的力可沿其作用线滑移至刚体内任意点而不改变力对刚体的作用效应。

推论Ⅱ：三力平衡汇交定理。作用于刚体上三个相互平衡的力，若其中两个力的作用线汇交于一点，则此三力必在同一平面内，且第三个力的作用线通过汇交点。

【例 4-1-3】作用在一个刚体上的两个力$\boldsymbol{F}_1$、$\boldsymbol{F}_2$，满足$\boldsymbol{F}_1=-\boldsymbol{F}_2$的条件，则该二力可能是：

A. 作用力和反作用力或一对平衡的力　　B. 一对平衡的力或一个力偶

C. 一对平衡的力或一个力和一个力偶　　D. 作用力和反作用力或一个力偶

解　因为作用力和反作用力分别作用在两个不同的刚体上，故选项 A、D 是错误的；而当$\boldsymbol{F}_1=-\boldsymbol{F}_2$时，两个力不可能合成为一个力，选项 C 也不正确。

答案：B

注：作用力与反作用力、一对平衡的力和一个力偶中的两个力均可用矢量表达式$\boldsymbol{F}_1=-\boldsymbol{F}_2$表示，一定要分清三者的不同之处。

（三）约束与约束力

阻碍物体运动的限制条件称为约束，约束对被约束物体的机械作用称为约束力。

工程中常见的几种典型约束的性质以及相应约束力的确定方法见表 4-1-1。

几种典型约束的性质及相应约束力的确定方法　　表 4-1-1

约束的类型	约束的性质	约束力的确定
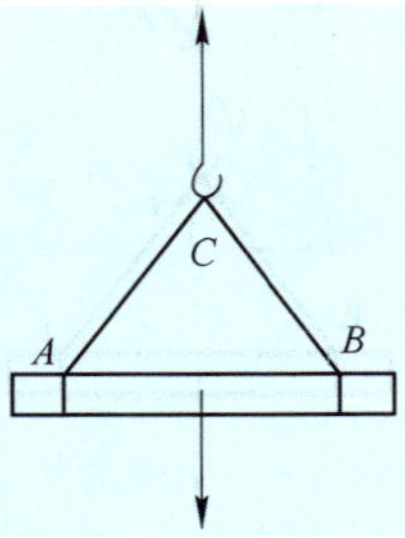	柔体约束只能限制物体沿着柔体的中心线伸长方向的运动，而不能限制物体沿其他方向的运动	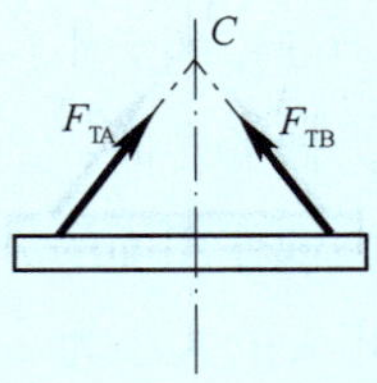
柔体约束（如绳索、胶带、链条等）		约束力必定沿柔体的中心线，且背离被约束的物体

续上表

约束的类型	约束的性质	约束力的确定
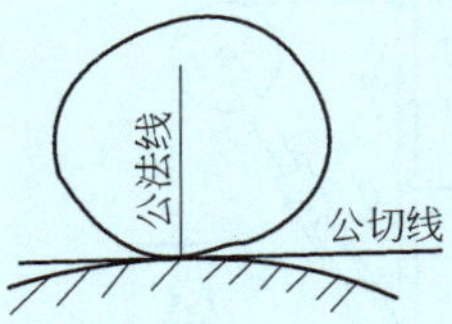 光滑接触约束	光滑接触约束只能限制物体沿接触面的公法线指向支承面的运动，而不能限制物体沿接触面或离开支承面的运动	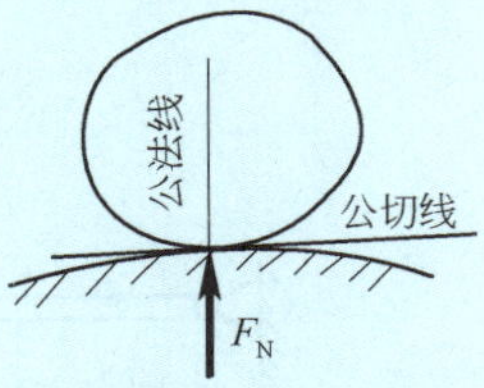 光滑接触面的约束力通过接触点，沿接触面的公法线并指向被约束的物体
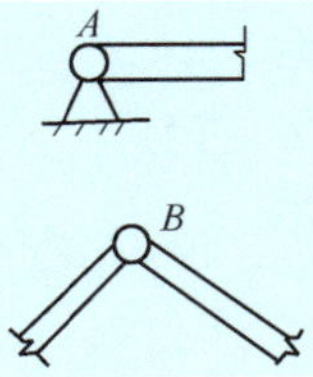 圆柱铰链与铰链支座	铰链约束只能限制物体在垂直于销钉轴线的平面内任意方向的运动，而不能限制物体绕销钉的转动	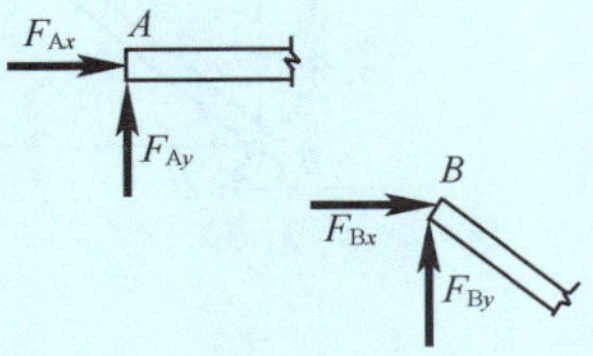 约束力作用在垂直于销钉轴线平面内，通过销钉中心，而方向待定
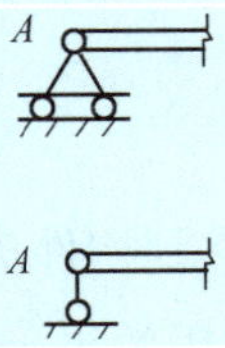 可动铰支座（辊轴支座）	可动铰支座不能限制物体绕销钉的转动和沿支承面的运动，而只能限制物体在支承面垂直方向的运动	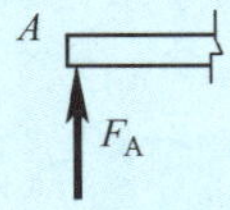 可动铰支座的约束力通过销钉中心且垂直于支承面，指向待定
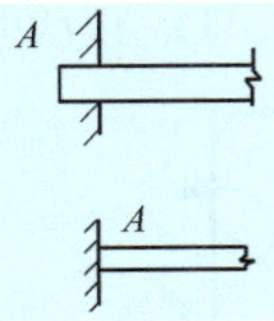 固定端约束	固定端约束既能限制物体移动，又能限制物体绕固定端转动	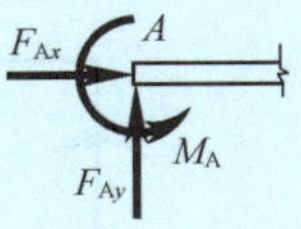 约束力可表示为两个互相垂直的分力和一个约束力偶，指向均待定

（四）受力分析与受力图

分析力学问题时，往往必须首先根据问题的性质、已知量和所要求的未知量，选择某一物体（或几个物体组成的系统）作为研究对象，并假想地将所研究的物体从与之接触或连接的物体中分离出来，即解除其所受的约束而代之以相应的约束力。解除约束后的物体，称为分离体。分析作用在分离体上的全部主动力和约束力，画出分离体的受力简图——受力图。这一过程即为受力分析。

受力分析是求解静力学和动力学问题的重要基础，具体步骤如下：

（1）选定合适的研究对象，确定分离体；

（2）画出所有作用在分离体上的主动力（一般皆为已知力）；

（3）在分离体的所有约束处，根据约束的性质画出约束力。

【例 4-1-4】 如图所示构架由AC、BD、CE三杆组成，A、B、C、D处为铰接，E处光滑接触。已知：$F_p=2\text{kN}$，$\theta=45°$，杆及轮重均不计，则E处约束力的方向与x轴正向所成的夹角为：

A. 0°　　B. 45°　　C. 90°　　D. 225°

解 E处为光滑接触面约束，根据约束的性质，约束力应垂直于支撑面，指向被约束物体。

答案： B

【例 4-1-5】 结构如图所示，杆DE的点H由水平闸拉住，其上的销钉C置于杆AB的光滑直槽中，各杆自重均不计，已知$F_p = 10\text{kN}$。销钉C处约束力的作用线与x轴正向所成的夹角为：

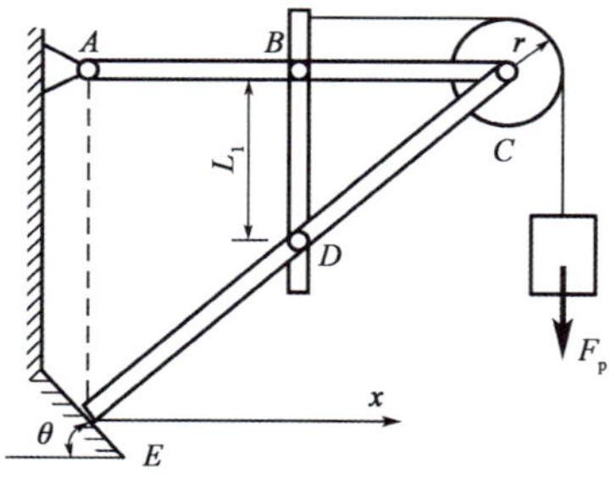

例 4-1-4 图

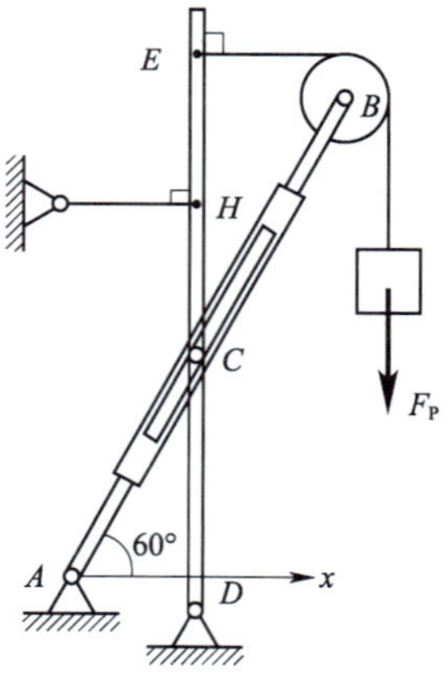

例 4-1-5 图

A. 0°　　B. 90°　　C. 60°　　D. 150°

解　销钉C处为光滑接触约束，约束力应垂直于AB光滑直槽，由于$\boldsymbol{F}_p$的作用，直槽的左上侧与销钉接触，故其约束力的作用线与x轴正向所成的夹角为 150°。

答案： D

【例 4-1-6】 在如图 a）所示结构中，如果将作用于构件AC上的力偶M搬移到构件BC上，则根据力偶的性质（力偶可在其作用面内任意移动和转动，不改变力偶对同一刚体的作用效果），A、B、C三处的约束力：

A. 都不变　　B. 仅C处改变　　C. 都改变　　D. 仅C处不变

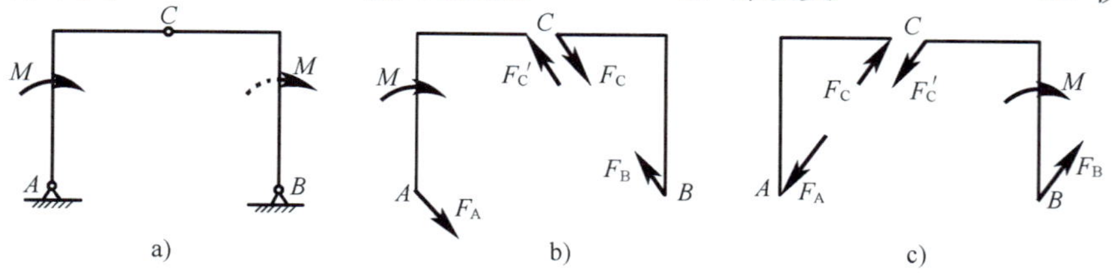

例 4-1-6 图

解　若力偶M作用于构件AC上，则BC为二力构件，AC满足力偶的平衡条件，受力图如图 b）所示；若力偶M作用于构件BC上，则AC为二力构件，BC满足力偶的平衡条件，受力图如图 c）所示。从图中看出，两种情况下A、B、C三处约束力的方向都发生了变化，这与力偶的性质并不矛盾，因为力偶在其作用面内移动后（从构件AC移至构件BC），并未改变其使系统整体（ACB）产生顺时针转动趋势的作用效果。

答案： C

【例 4-1-7】 图示三铰刚架中，若将作用于构件BC上的力$\boldsymbol{F}$沿其作用线移至构件AC上，则A、B、C处约束力的大小：

A. 都不变

B. 都改变

C. 只有C处改变

D. 只有C处不改变

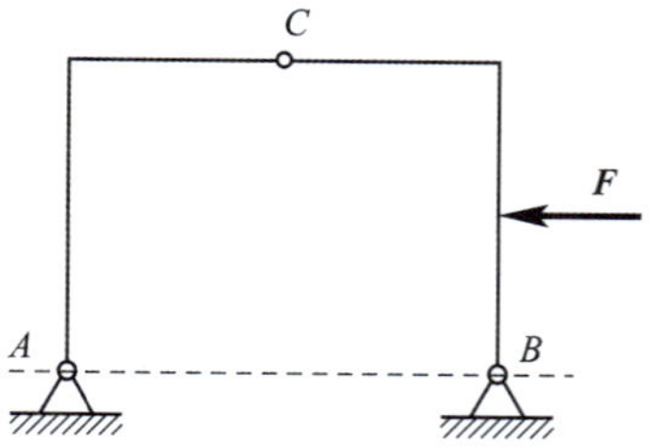

例 4-1-7 图

解　若力$\boldsymbol{F}$作用于构件BC上，则AC为二力构件，满足二力平衡条件，BC满足三力平衡条件，受力图如解图 a）所示。

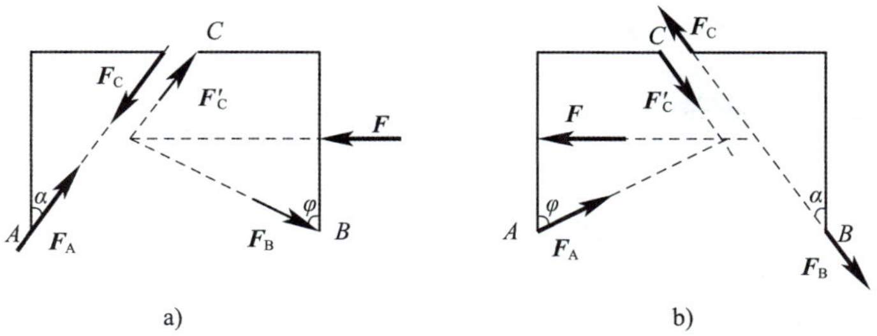

例 4-1-7 解图

对BC列平衡方程：

$$\sum F_x = 0,\ F - F_B\sin\varphi - F'_C\sin\alpha = 0$$

$$\sum F_y = 0,\ F'_C\cos\alpha - F_B\cos\varphi = 0$$

解得：

$$F'_C = \frac{F}{\sin\alpha + \cos\alpha\tan\varphi} = F_A,\ F_B = \frac{F}{\tan\alpha\cos\varphi + \sin\varphi}$$

若力$\boldsymbol{F}$移至构件AC上，则BC为二力构件，而AC满足三力平衡条件，受力图如解图 b）所示。

对AC列平衡方程：

$$\sum F_x = 0,\ F - F_A\sin\varphi - F'_C\sin\alpha = 0$$

$$\sum F_y = 0,\ F_A\cos\varphi - F'_C\cos\alpha = 0$$

解得：

$$F'_C = \frac{F}{\sin\alpha + \cos\alpha\tan\varphi} = F_B,\ F_A = \frac{F}{\tan\alpha\cos\varphi + \sin\varphi}$$

由此可见，两种情况下，只有C处约束力的大小没有改变，而A、B处约束力的大小都发生了改变。

答案： D

注：此题问的是约束力大小的变化，这就需要在数值上计算一下，不像前一道例题，问的是约束力的变化，这就需要考虑力的三要素，其中一个要素有变化，约束力就改变了。所以一定要注意题目问的是什么。

【例 4-1-8】 如图 a）所示将大小为 100N 的力$\boldsymbol{F}$沿x、y方向分解，若$\boldsymbol{F}$在x轴上的投影为 50N，而沿x方向的分力的大小为 200N，则$\boldsymbol{F}$在y轴上的投影为：

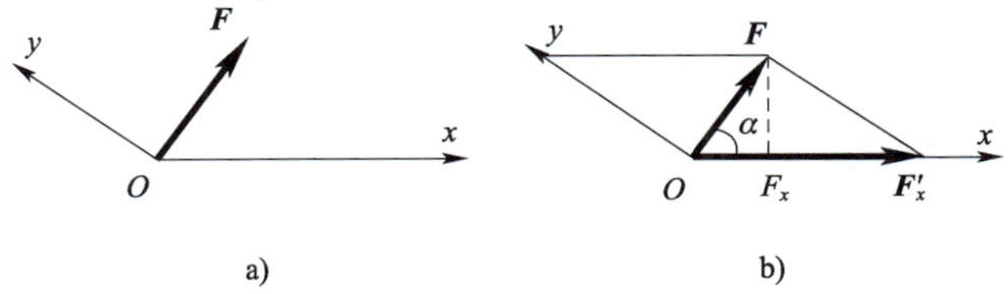

例 4-1-8 图

A. 0　　B. 50N　　C. 200N　　D. 100N

解 如图 b）所示，根据力的投影公式，$F_x = F\cos\alpha = 50\text{N}$，故$\alpha = 60°$。而分力$\boldsymbol{F}'_x$的大小是力$\boldsymbol{F}$大小的 2 倍，因此力$\boldsymbol{F}$与$y$轴垂直，在$y$轴的投影为零。

答案： A

【例 4-1-9】 试确定如图 a）、b）所示系统中A、B处约束力的方向。

解 在图 a）中，BC为二力杆，根据二力平衡原理，B处约束力$\boldsymbol{F}_B$必沿杆BC方向；因为系统整体受三个力作用，由三力平衡汇交定理知，A处约束力$\boldsymbol{F}_A$与力$\boldsymbol{F}_B$、$\boldsymbol{F}$汇交于一点，见图 c）。

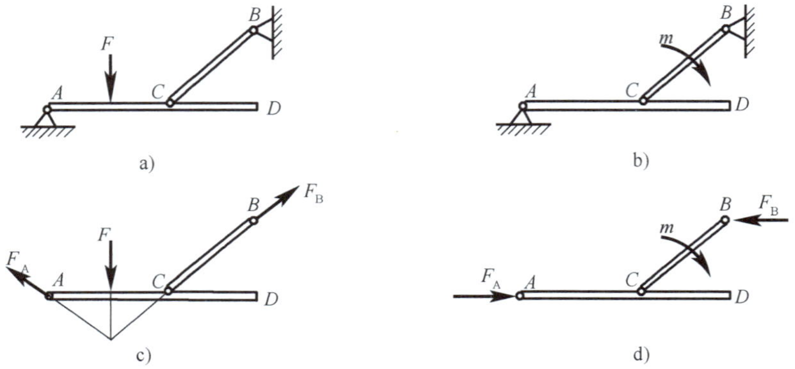

例 4-1-9 图

在图 b）中，AC为二力杆（只在A、C处受力），根据二力平衡原理，A处约束力$\boldsymbol{F}_\mathrm{A}$必沿杆$AC$方向；由力偶的性质（力偶只能与力偶平衡）知，$B$处约束力$\boldsymbol{F}_\mathrm{B}$应与力$\boldsymbol{F}_\mathrm{A}$组成一力偶，与$m$平衡，其受力如图 d）所示。

【例 4-1-10】 图示结构由直杆AC，DE和直角弯杆BCD所组成，自重不计，受载荷$\boldsymbol{F}$与$M = Fa$作用。则A处约束力的作用线与x轴正向所成的夹角为：

A. 135°　　B. 90°

C. 0°　　D. 45°

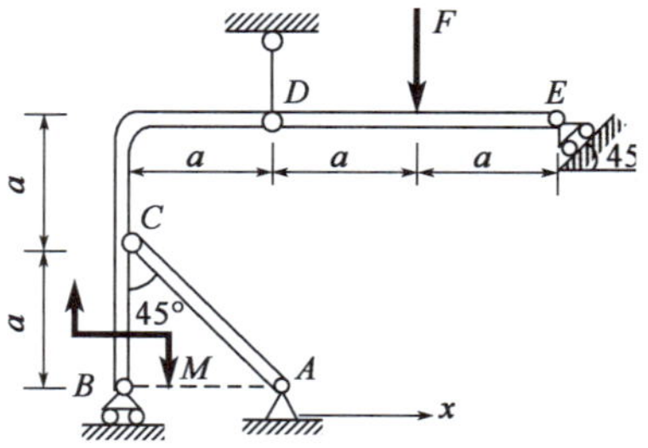

例 4-1-10 图

解 首先分析杆DE，E处为活动铰链支座，约束力垂直于支撑面如解图 a）所示，杆DE的铰链D处的约束力可按三力汇交原理确定；其次分析铰链D，D处铰接了杆DE、直角弯杆BCD和连杆，连杆的约束力$\boldsymbol{F}_\mathrm{D}$沿杆为铅垂方向，杆$DE$作用在铰链$D$上的力为$\boldsymbol{F}'_{\mathrm{D右}}$，按照铰链$D$的平衡，其受力图如解图 b）所示；最后分析直杆$AC$和直角弯杆$BCD$，直杆$AC$为二力杆，$A$处约束力沿杆方向，根据力偶的平衡，由$\boldsymbol{F}_\mathrm{A}$与$\boldsymbol{F}'_{\mathrm{D左}}$组成的逆时针转向力偶与顺时针转向的主动力偶$\boldsymbol{M}$组成平衡力系，故$A$处约束力的指向如解图 c）所示。

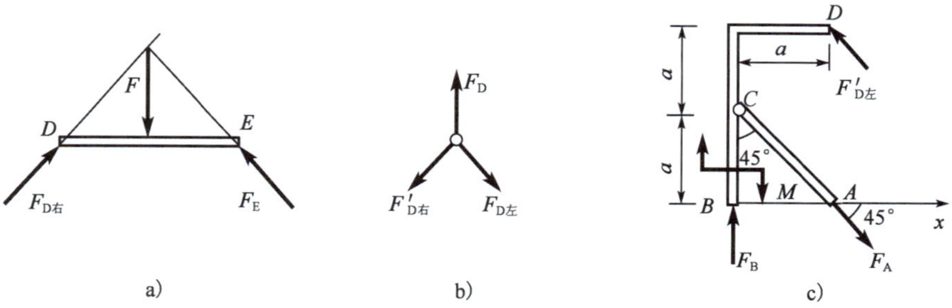

例 4-1-10 解图

答案： D

二、力系的简化

将作用在物体上的一个力系用另一个与其对物体作用效果相同的力系来代替，则这两个力系互为等效力系。若用一个简单力系等效地替换一个复杂力系，则称为力系的简化。

（一）力的平移定理

作用在刚体上的力可以向任意点O平移，但必须同时附加一个力偶，这一附加力偶的力偶矩等于平移前的力对平移点O之矩。

（二）任意力系的简化

考察作用在刚体上的任意力系$(\boldsymbol{F}_1,\boldsymbol{F}_2,\cdots,\boldsymbol{F}_n)$，如图 4-1-6a）所示。若在刚体上任取一点$O$（简化中心），应用力的平移定理，将力系中的各力$\boldsymbol{F}_1$，$\boldsymbol{F}_2$，…，$\boldsymbol{F}_n$逐个向简化中心平移，最后得到汇交于$O$点的，由$\boldsymbol{F}'_1$，$\boldsymbol{F}'_2$，…，$\boldsymbol{F}'_n$组成的汇交力系，以及由所有附加力偶$\boldsymbol{M}_1$，$\boldsymbol{M}_2$，…，$\boldsymbol{M}_n$组成的力偶系，如图 4-1-6b）所示。

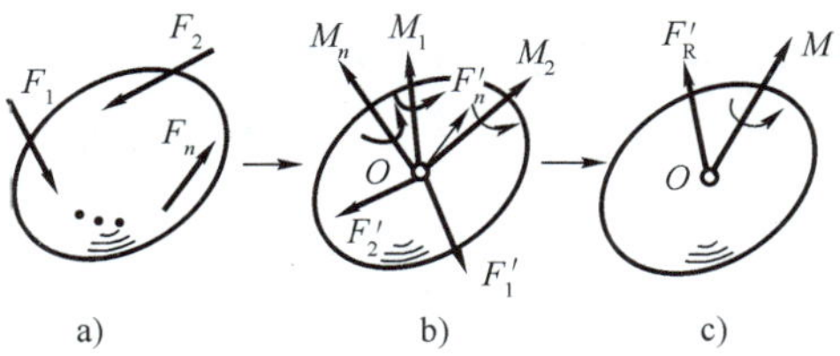

图 4-1-6 任意力系的简化

平移后得到的汇交力系和力偶系，可以分别合成一个作用于O点的合力$\boldsymbol{F}'_{\mathrm{R}}$，以及合力偶$\boldsymbol{M}_{\mathrm{O}}$，如图 4-1-6c）所示。其中

$$\left.\begin{aligned}\boldsymbol{F}'_{\mathrm{R}} &= \sum_{i=1}^{n}\boldsymbol{F}_i \\ \boldsymbol{M}_{\mathrm{O}} &= \sum_{i=1}^{n}\boldsymbol{M}_i = \sum_{i=1}^{n}\boldsymbol{M}_{\mathrm{O}}(\boldsymbol{F}_i)\end{aligned}\right\} \tag{4-1-9}$$

任意力系中所有各力的矢量和$\boldsymbol{F}'_{\mathrm{R}}$，称为该力系的主矢；而诸力对于任选简化中心$O$之矩的矢量和$\boldsymbol{M}_{\mathrm{O}}$，称为该力系对简化中心的主矩。

上述结果表明：任意力系向任选一点O简化，可得一个力和一个力偶，这个力等于该力系的主矢，作用线通过简化中心；简化所得力偶的力偶矩矢等于该力系对简化中心O的主矩。注意：任意力系的主矢与简化中心的选择无关，而其主矩与简化中心的选择有关。

（三）平面力系的简化结果

平面力系的简化结果见表 4-1-2。

平面力系简化的最后结果 表 4-1-2

$\boldsymbol{F}'_{\mathrm{R}}$（主矢）	M_{O}（主矩）	最后结果	说明
$\boldsymbol{F}'_{\mathrm{R}} \neq \boldsymbol{0}$	$M_{\mathrm{O}} \neq 0$	合力	合力作用线到简化中心O的距离为 $d=\dfrac{\lvert \boldsymbol{M}_{\mathrm{O}}\rvert}{F'_{\mathrm{R}}}$
	$M_{\mathrm{O}} = 0$	合力	合力作用线通过简化中心
$\boldsymbol{F}'_{\mathrm{R}} = \boldsymbol{0}$	$M_{\mathrm{O}} \neq 0$	合力偶	此时主矩与简化中心无关
	$M_{\mathrm{O}} = 0$	平衡	

【例 4-1-11】如图所示边长为a的正方形物块$OABC$。已知：各力的大小=F，力偶矩$M_1 = M_2 = Fa$。该力系向O点简化后的主矢及主矩应为：

A. $F_{\mathrm{R}} = 0\mathrm{N}$，$M_{\mathrm{O}} = 4Fa$（↷）

B. $F_R = 0N$，$M_O = 3Fa$（↶）

C. $F_R = 0N$，$M_O = 2Fa$（↶）

D. $F_R = 0N$，$M_O = 2Fa$（↷）

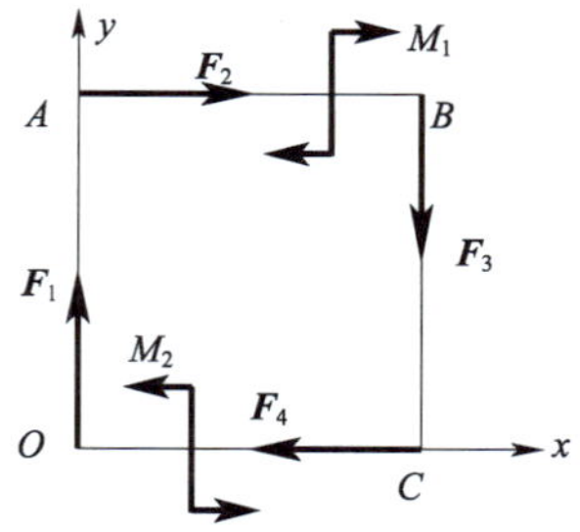

例 4-1-11 图

解 四个分力构成自行封闭的四边形（F_1与F_3等值反向、F_2与F_4等值反向），故主矢为零：$F_R = 0N$；M_1与M_2等值反向，$\boldsymbol{F}_1$与$\boldsymbol{F}_3$、$\boldsymbol{F}_2$与$\boldsymbol{F}_4$构成顺时针转向的两个力偶，每个力偶的力偶矩大小均为Fa，故主矩为：$M_O = M_2 - M_1 - Fa - Fa = -2Fa$（顺时针）。

答案： D

注：平面力系若不平衡，简化的最后结果只可能是合力或合力偶。

【例 4-1-12】 平面力系不平衡，其简化的最后结果为：

A. 合力　　B. 合力偶

C. 合力或合力偶　　D. 合力和合力偶

解 对于平面力系，若主矢为零，力系简化的最后结果为合力偶；若主矢不为零，无论主矩是否为零，力系简化的最后结果均为合力。

答案： C

注：平面力系若不平衡，简化的最后结果只可能是合力或合力偶。

【例 4-1-13】 图示平面力系中，已知$q = 10\text{kN/m}$，$M = 20\text{kN}\cdot\text{m}$，$a = 2\text{m}$。则该主动力系对$B$点的合力矩为：

A. $M_B = 0$

B. $M_B = 20\text{kN}\cdot\text{m}$（↶）

C. $M_B = 40\text{kN}\cdot\text{m}$（↶）

D. $M_B = 40\text{kN}\cdot\text{m}$（↷）

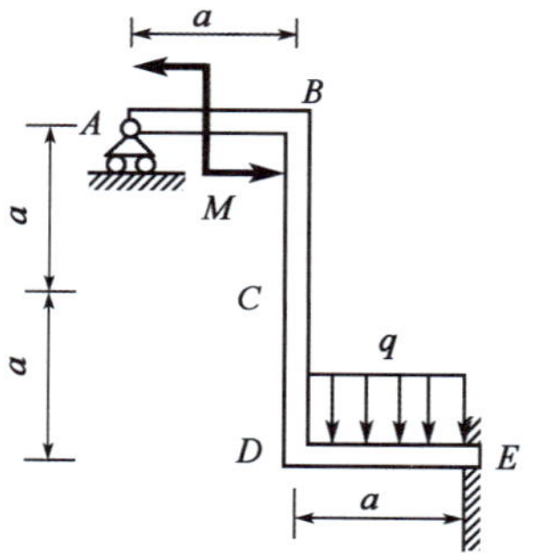

例 4-1-13 图

解 将主动力系对B点取矩求代数和：

$$M_B = M - qa^2/2 = 20 - 10 \times 2^2/2 = 0$$

答案： A

三、力系的平衡

力系平衡的充分必要条件是力系的主矢与主矩同时等于零。

（一）平面力系的平衡

1. 平面力系的平衡方程

根据平衡条件$\boldsymbol{F}'_R = 0$，$\boldsymbol{M}_O = 0$，可得平面任意力系和平面特殊力系的几种不同形式的平衡方程（见表 4-1-3）。

平面力系的平衡方程　　表 4-1-3

力（偶）系	平面任意力系	平面汇交力系	平面平行力系（取y轴与各力作用线平行）	平面力偶系
平衡条件	主矢、主矩同时为零 $\boldsymbol{F}'_R = 0$，$\boldsymbol{M}_O = 0$	合力为零 $\boldsymbol{F}_R = 0$	主矢、主矩同时为零 $\boldsymbol{F}'_R = 0$，$\boldsymbol{M}_O = 0$	合力偶矩为零 $\boldsymbol{M} = 0$

续上表

力（偶）系	平面任意力系	平面汇交力系	平面平行力系（取y轴与各力作用线平行）	平面力偶系
基本形式平衡方程	$\sum F_x = 0$ $\sum F_y = 0$ $\sum m_O(\boldsymbol{F}) = 0$	$\sum F_x = 0$ $\sum F_y = 0$	$\sum F_y = 0$ $\sum m_O(\boldsymbol{F}) = 0$	$\sum m = 0$
二力矩形式平衡方程	$\sum F_x = 0$（或$\sum F_y = 0$） $\sum m_A(\boldsymbol{F}) = 0$ $\sum m_B(\boldsymbol{F}) = 0$ A、B两点连线不垂直于x轴（或y轴）	$\sum m_A(\boldsymbol{F}) = 0$ $\sum m_B(\boldsymbol{F}) = 0$ A、B两点与力系的汇交点不在同一直线上	$\sum m_A(\boldsymbol{F}) = 0$ $\sum m_B(\boldsymbol{F}) = 0$ A、B两点连线不与各力平行	无
三力矩形式平衡方程	$\sum m_A(\boldsymbol{F}) = 0$ $\sum m_B(\boldsymbol{F}) = 0$ $\sum m_C(\boldsymbol{F}) = 0$ A、B、C三点不在同一直线上	无	无	无

【例 4-1-14】 平面平行力系处于平衡，应有独力平衡方程的个数为：

A. 1 个　　B. 2 个　　C. 3 个　　D. 4 个

解 对于平面平行力系，向一点简化的结果仍为一主矢和一主矩，但主矢的作用线与平行力系中的力平行，若要令其等于零，只需一个平衡方程。而主矩为零应和任意力系一样需要一个平衡方程。

答案： B

【例 4-1-15】 如图 a）所示平面构架，不计各杆自重。已知：物块M重力的大小为F_P，悬挂如图所示，不计小滑轮D的尺寸与重量，A、E、C均为光滑铰链，$L_1 = 1.5\text{m}$，$L_2 = 2\text{m}$。则支座B的约束力为：

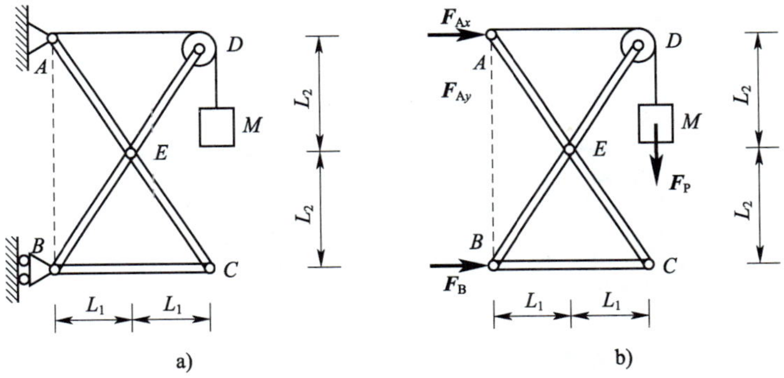

例 4-1-15 图

A. $F_B = 3F_P/4$（→）　　B. $F_B = 3F_P/4$（←）

C. $F_B = F_P$（←）　　D. $F_B = 0$

解 取构架整体为研究对象，根据约束的性质，B处为活动铰链支座，约束力为水平方向（图 b）。列平衡方程：$\sum M_A(F) = 0$，$F_B \cdot 2L_2 - F_P \cdot 2L_1 = 0$，$F_B = 3F_P/4$。

答案： A

【例 4-1-16】 重力为$\boldsymbol{W}$的圆球置于光滑的斜槽内，如图所示。右侧斜面B处对球的约束力$\boldsymbol{F}_{NB}$的大小为：

A. $F_{NB} = W/(2\cos\theta)$　　B. $F_{NB} = W/\cos\theta$

C. $F_{NB}=W\cos\theta$　　　　D. $F_{NB}=W\cos\theta/2$

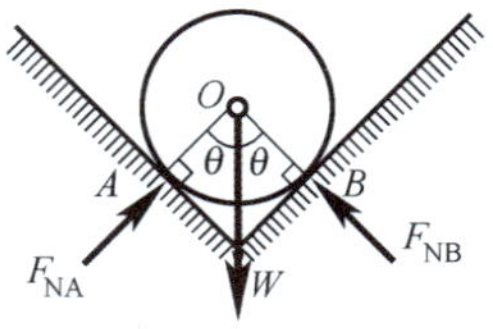

例 4-1-16 图

解　以圆球为研究对象，沿OA、OB方向有约束力$\boldsymbol{F}_{NA}$和$\boldsymbol{F}_{NB}$，由对称性可知两约束力大小相等，对圆球列铅垂方向的平衡方程

$$\sum F_y=0,\ F_{NA}\cos\theta+F_{NB}\cos\theta-W=0,\ F_{NB}=\frac{W}{2\cos\theta}$$

答案：A

2. 物体系统的平衡

由两个或两个以上的物体（构件）通过一定的约束方式连接在一起而组成的系统，称为物体系统，简称物系。

当物系整体平衡时，系统中每一个物体也都平衡。系统内各物体间相互的作用力，称为内力；系统以外的物体作用于系统的力，称为外力。

通常情况下，每一个处于平衡状态的物体在平面力系作用下，具有三个独立的平衡方程，若物体系统由n个物体组成，则系统便具有$3n$个独立的平衡方程（在特殊力系作用下，物系中独立的平衡方程数目可由表 4-1-3 确定），可解$3n$个未知量。若物系中实际存在的未知量数目为k，则当$k=3n$时，应用全部独立的平衡方程就可求得全部未知量，此类问题称为静定问题；当$k>3n$时，应用全部独立的平衡方程不能求出全部未知量，此类问题称为静不定问题，或称为超静定问题。

求解物体系统平衡问题的方法及步骤：

（1）首先判断物系的静定性。只有肯定了所给物系是静定的，才着手求解。

（2）选取研究对象。尽可能通过整体平衡，求得某些未知约束力，再根据具体所要求的未知量，选择合适的局部或单个物体作为研究对象。

（3）进行受力分析。根据约束的性质及作用与反作用定律，严格区分施力体与受力体，内力与外力（只分析所选研究对象受到的外力），画出研究对象的受力图。

（4）建立平衡方程，求解未知量。

【例 4-1-17】 在如图 a）所示结构中，已知q、L，设力偶逆时针转向为正。则固定端B处约束力的值为：

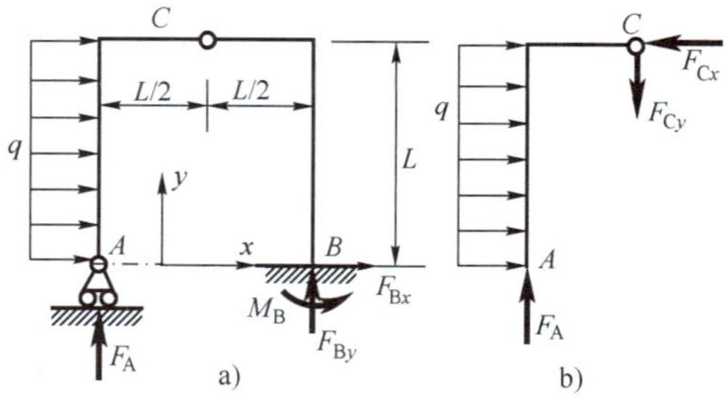

例 4-1-17 图

A. $F_{Bx}=qL$，$F_{By}=qL$，$M_B=-3qL^2/2$

B. $F_{Bx}=-qL$，$F_{By}=qL$，$M_B=3qL^2/2$

C. $F_{Bx}=qL$，$F_{By}=-qL$，$M_B=3qL^2/2$

D. $F_{Bx}=-qL$，$F_{By}=-qL$，$M_B=3qL^2/2$

解　选AC为研究对象，受力如图 b）所示，列平衡方程

$$\sum m_C(\boldsymbol{F})=0,\ qL\cdot\frac{L}{2}-F_A\cdot\frac{L}{2}=0,\ F_A=qL$$

再选结构整体为研究对象，受力如图 a）所示，列平衡方程

$$\sum F_x=0,\ F_{Bx}+qL=0,\ F_{Bx}=-qL$$

$$\sum F_y=0,\ F_A+F_{By}=0,\ F_{By}=-qL$$

$$\sum m_B(\boldsymbol{F})=0,\ M_B-qL\cdot\frac{L}{2}-F_A\cdot L=0,\ M_B=\frac{3}{2}qL^2$$

答案： D

【例 4-1-18】 图示多跨梁由AC和CD铰接而成，自重不计。已知$q=10\text{kN/m}$，$M=40\text{kN}\cdot\text{m}$，$F=2\text{kN}$作用在$AB$中点，且$\theta=45°$，$L=2\text{m}$。则支座$D$的约束力为：

A. $F_D=10\text{kN}$（铅垂向上）　　B. $F_D=15\text{kN}$（铅垂向上）

C. $F_D=40.7\text{kN}$（铅垂向上）　　D. $F_D=14.3\text{kN}$（铅垂向下）

解　以CD为研究对象，其受力如解图所示，列平衡方程：

$$\sum M_C(F)=0,\ 2L\cdot F_D-M-q\cdot L\cdot\frac{L}{2}=0$$

代入数值得：$F_D=15\text{kN}$（铅垂向上）

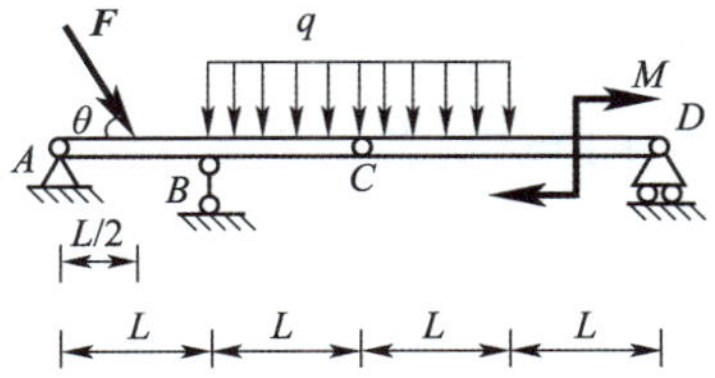

例 4-1-18 图

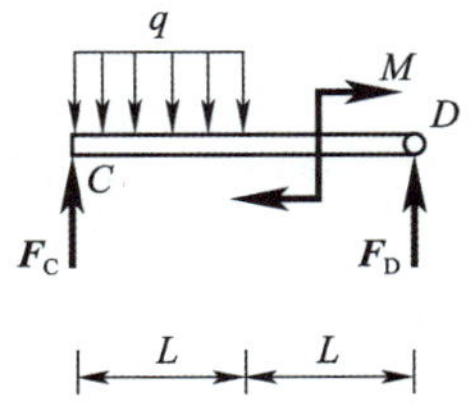

例 4-1-18 解图

答案： B

【例 4-1-19】 如图 a）所示水平梁AB由铰A与杆BD支撑。在梁上O处用小轴安装滑轮，轮上跨过软绳，绳一端水平地系于墙上，另一端悬挂重力为$\boldsymbol{W}$的物块。构件均不计自重。铰A的约束力大小为：

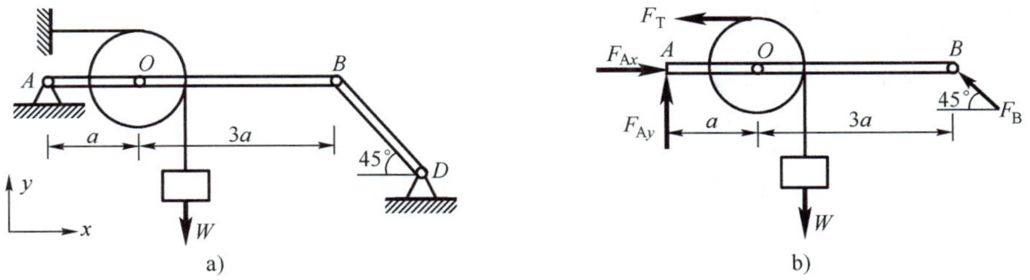

例 4-1-19 图

A. $F_{Ax}=5W/4$，$F_{Ay}=3W/4$　　B. $F_{Ax}=W$，$F_{Ay}=W/2$

C. $F_{Ax}=3W/4$，$F_{Ay}=W/4$　　D. $F_{Ax}=W/2$，$F_{Ay}=W$

解　取杆AB及滑轮为研究对象，受力如图 b）所示。列平衡方程：

$\sum m_A(\boldsymbol{F})=0$，$F_B\cos 45°\times 4a+F_T\cdot r-W(a+r)=0$

因为$F_T=W$，$F_B\cos 45°=F_B\sin 45°=W/4$

$\sum F_x=0$，$F_{Ax}-F_T-F_B\cos 45°=0$，$F_{Ax}=5W/4$

$\sum F_y=0$，$F_{Ay}-W+F_B\sin 45°=0$，$F_{Ay}=3W/4$

答案： A

【例 4-1-20】 在如图 a）所示机构中，已知：F_P，$L=2\text{m}$，$r=0.5\text{m}$，$\theta=30°$，$BE=EG$，$CE=EH$。则支座A的约束力为：

A. $F_{Ax}=F_P$（←），$F_{Ay}=1.75F_P$（↓）

B. $F_{Ax}=0$，$F_{Ay}=0.75F_P$（↓）

C. $F_{Ax}=0$，$F_{Ay}=0.75F_P$（↑）

D. $F_{Ax}=F_P$（→），$F_{Ay}=1.75F_P$（↑）

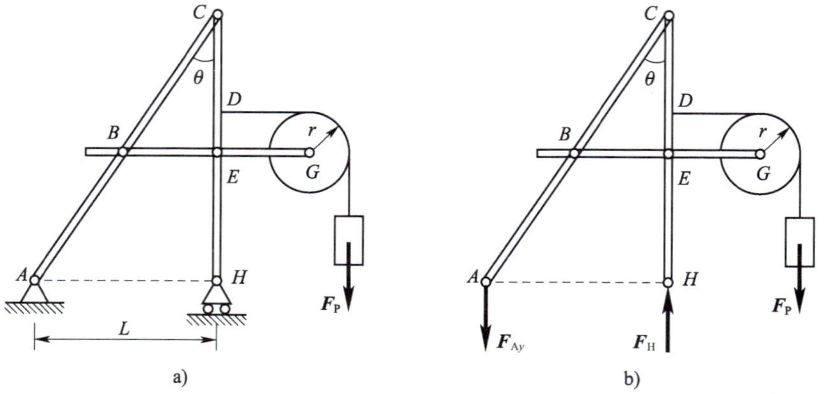

例 4-1-20 图

解　对系统进行整体分析，外力有主动力$\boldsymbol{F}_P$，A、H处约束力，由于$\boldsymbol{F}_P$与H处约束力均为铅垂方向，故A处也只有铅垂方向约束力（图 b），列平衡方程$\sum M_H(\boldsymbol{F})=0$，$F_{Ay}\cdot L-F_P(0.5L+r)=0$，$F_{Ay}=0.75F_P$。

答案： B

（二）平面静定桁架

桁架是一种由若干直杆在两端彼此用铰链连接而成的杆系结构，其特点是受力后几何形状不变。若桁架所有的杆件都在同一平面内，称其为平面桁架，各杆间的铰接点称作节点；各杆自重不计，所受荷载均作用于节点上，或平均分配在杆件两端的节点上。所以桁架中的各杆均为二力杆。

平面静定桁架的内力计算方法：

（1）节点法——利用平面汇交力系的平衡方程，选取各节点为研究对象，计算桁架中各杆之内力；常用于结构的设计计算。

（2）截面法——利用平面一般力系的平衡方程，用假想平面截取其中一部分桁架作为研究对象，计算桁架中指定杆件之内力；常用于结构的校核计算。

【例 4-1-21】 如图所示不计自重的水平梁与桁架在B点铰接。已知：荷载$\boldsymbol{F}_1$、$\boldsymbol{F}$均与BH垂直，$F_1=8\text{kN}$，$F=4\text{kN}$，$M=6\text{kN}\cdot\text{m}$，$q=1\text{kN/m}$，$L=2\text{m}$。则杆件 1 的内力为：

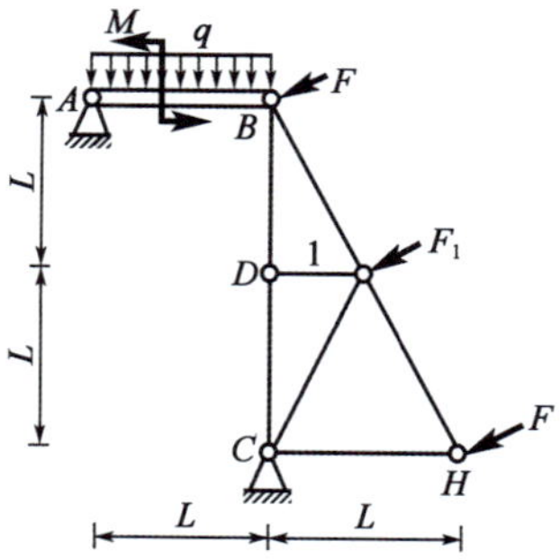

例 4-1-21 图

A. $F_1=0$

B. $F_1=8\text{kN}$

C. $F_1=-8\text{kN}$

D. $F_1=-4\text{kN}$

解　取节点D分析其平衡，可知 1 杆为零杆。

答案： A

【例 4-1-22】 不经计算，通过直接判定得出如图所示桁架中内力为零的杆数为：

A. 2 根　　　B. 3 根

C. 4 根　　　D. 5 根

解 根据节点法，由节点E的平衡，可判断出杆EC、EF为零杆，再由节点C和G，可判断出杆CD、GD为零杆；由系统的整体平衡可知：支座A处只有铅垂方向的约束力，故通过分析节点A，可判断出杆AD为零杆。

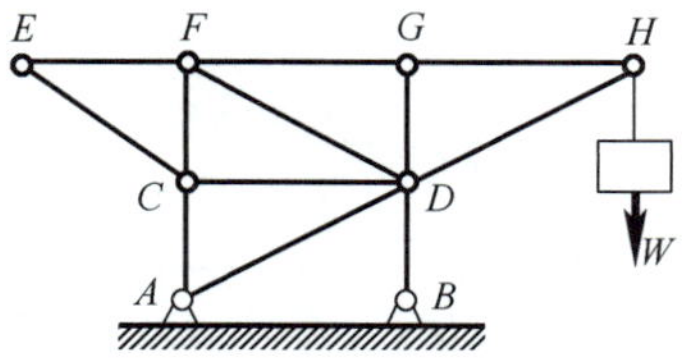

例 4-1-22 图

答案： D

注：判断零杆时，首先分析无外荷载作用的两杆节点和其中两杆在同一直线上的三杆节点。

（三）滑动摩擦

在主动力作用下，当两物体接触处有相对滑动或有相对滑动趋势时，在接触处的公切面内将受到一定的阻力阻碍其相对滑动，这种现象称为滑动摩擦。

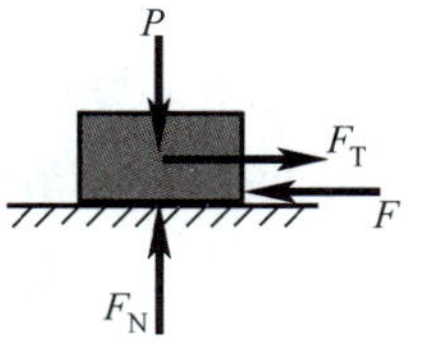

图 4-1-7 滑动摩擦

1. 各种摩擦力的计算公式

图 4-1-7 中所示力$\boldsymbol{P}$、$\boldsymbol{F}_T$为主动力，摩擦力$\boldsymbol{F}$可根据物体的运动状态分为三类。其计算公式见表 4-1-4。

摩擦力计算一览表 表 4-1-4

类别	静摩擦力$\boldsymbol{F}_s$	最大静摩擦力$\boldsymbol{F}_{max}$	动摩擦力$\boldsymbol{F}_d$
产生条件	物体接触面之间有相对滑动趋势，但物体仍保持静止	物体接触面之间有相对滑动趋势，但物体处于要滑而未滑的临界平衡状态	物体接触面之间开始相对滑动
方向	与相对滑动趋势方向相反	与相对滑动趋势方向相反	与相对滑动方向相反
大小	$0 \leqslant F_s \leqslant F_{max}$ F_s之值由平衡方程确定 $F_s = F_T$	$F_{max} = f_s F_N$ 式中，F_N为接触面的法向约束力（也称法向正压力）；f_s称作静滑动摩擦因数，其值可从工程手册中查找	$F_d = f_d F_N$ 式中，F_N为接触面法向反力；f_d为动滑动摩擦因数

2. 摩擦曲线

摩擦力$\boldsymbol{F}$与主动力$\boldsymbol{F}_T$之间的关系以及物体的运动状态，可用如图 4-1-8 所示的摩擦曲线来表示。

3. 摩擦角与自锁

静摩擦力$\boldsymbol{F}_s$与法向约束力$\boldsymbol{F}_N$的合力$\boldsymbol{F}_{RA}$称为全约束力，其作用线与接触面的公法线成一偏角φ，见图 4-1-9a）。当物块处于平衡的临界状态时，静摩擦力达到最大值$\boldsymbol{F}_{max}$，偏角φ也达到最大值φ_f，见图 4-1-9b）。全约束力与法线间夹角的最大值φ_f称为摩擦角。由图可得

$$\tan \varphi_f = \frac{F_{max}}{F_N} = \frac{f_s F_N}{F_N} = f_s \tag{4-1-10}$$

即摩擦角的正切等于静摩擦因数。

因静摩擦力$\boldsymbol{F}_s$总是小于或等于最大静摩擦力$\boldsymbol{F}_{max}$，故全约束力与支承面法线间的夹角φ，总是小于或等于摩擦角φ_f，其变化范围为

$$0 \leqslant \varphi \leqslant \varphi_f \tag{4-1-11}$$

如图 4-1-10a）所示，若设作用于物块上主动力的合力$\boldsymbol{F}_R$与接触面法线的夹角为θ，全约束力$\boldsymbol{F}_{RA}$与接触面法线间的夹角为φ，则当$\boldsymbol{F}_R$的作用线在摩擦角之内（$\theta < \varphi_f$）时，无论这个力怎样大，都会产生与之满足二力平衡条件的全约束力$\boldsymbol{F}_{RA}(\varphi = \theta < \varphi_f)$，使物块保持静止，这种现象称为自锁现象。

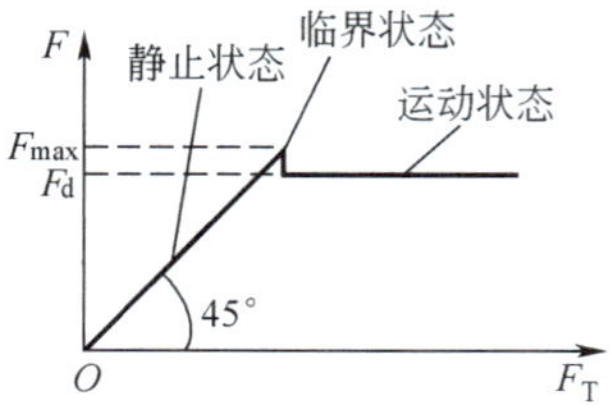

图 4-1-8 摩擦曲线

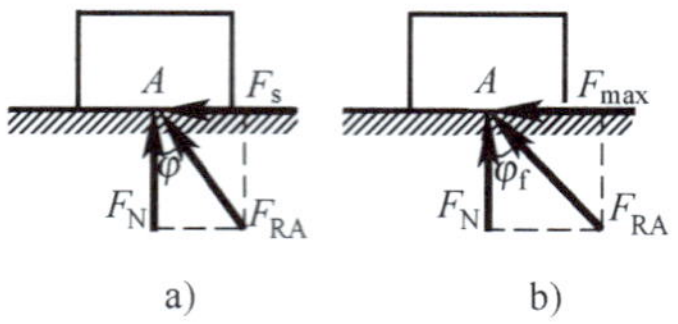

图 4-1-9 摩擦角

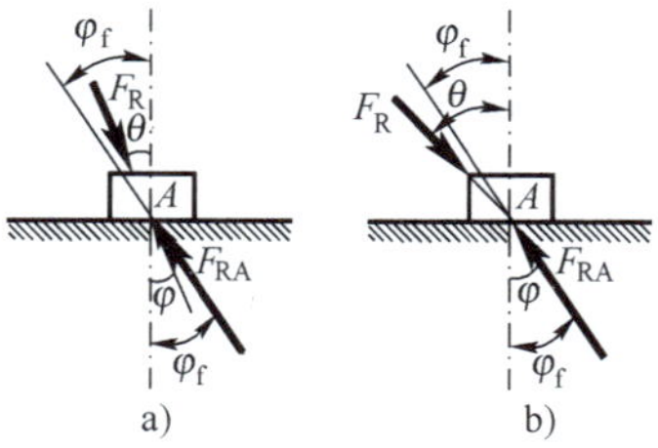

图 4-1-10 自锁现象

反之，如图 4-1-10b）所示，当$\boldsymbol{F}_R$的作用线在摩擦角之外($\theta > \varphi_f$)时，无论这个力怎样小，物块一定会滑动。$\theta = \varphi_f$时，物块处于临界平衡状态。

4. 考虑滑动摩擦时物体系统的平衡

考虑摩擦时平衡问题的特点是：在受力分析时必须考虑摩擦力。考虑摩擦力后，物体系统除满足力系的平衡条件（平衡方程）外，还需满足物理条件，即

$$F_s \leqslant f_s F_N \quad 或 \quad \theta \leqslant \varphi_f$$

【例 4-1-23】 重力大小为W的物块自由地放在倾角为α的斜面上，如图 a）所示。且$\sin\alpha = 3/5$，$\cos\alpha = 4/5$。物块上作用一水平力$\boldsymbol{F}$，且$F = W$。若物块与斜面间的静摩擦系数$f = 0.2$，则该物块的状态为：

A. 静止状态　　B. 临界平衡状态

C. 滑动状态　　D. 条件不足，不能确定

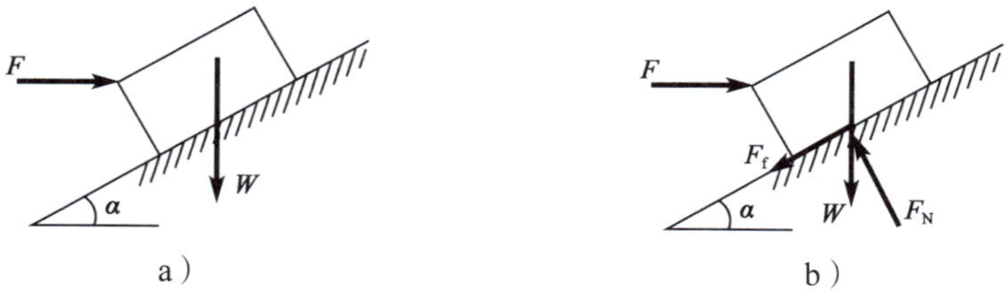

例 4-1-23 图

解 如图 b）所示，若物块平衡，沿斜面方向有$F_f = F\cos\alpha - W\sin\alpha = 0.2F$

而最大静摩擦力$F_{fmax} = f \cdot F_N = f(F\sin\alpha + W\cos\alpha) = 0.28F$

因$F_{fmax} > F_f$，所以物块静止。

答案： A

【例 4-1-24】 杆AB的A端置于光滑水平面上，AB与水平面夹角为 30°，杆重力大小为P如图所示。B处有摩擦，则杆AB平衡时，B处的摩擦力与x方向的夹角为：

A. 90°　　B. 30°

C. 60°　　D. 45°

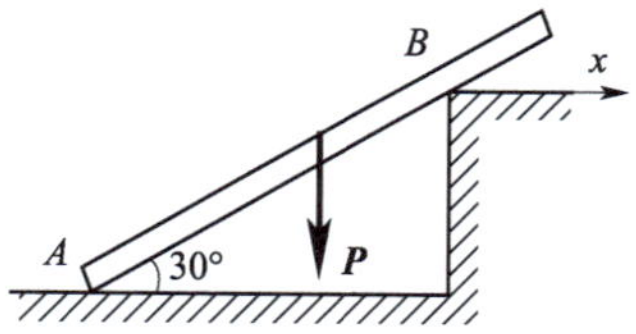

例 4-1-24 图

解 在重力作用下，杆A端有向左侧滑动的趋势，故B处摩擦力应沿杆指向右上方向。

答案： B

【例 4-1-25】 如图 a）所示结构中，已知：B处光滑，杆AC与墙间的静摩擦因数$f_s = 1$，$\theta = 60°$，$BC = 2AB$，杆自重不计。试问在垂直于杆AC的力$\boldsymbol{F}$作用下，杆能否平衡？为什么？

解 本例已知静摩擦因数以及外加力方向，求保持静止的条件，因此需用平衡方程与物理条件联合求解，现用解析法与几何法分别求解。

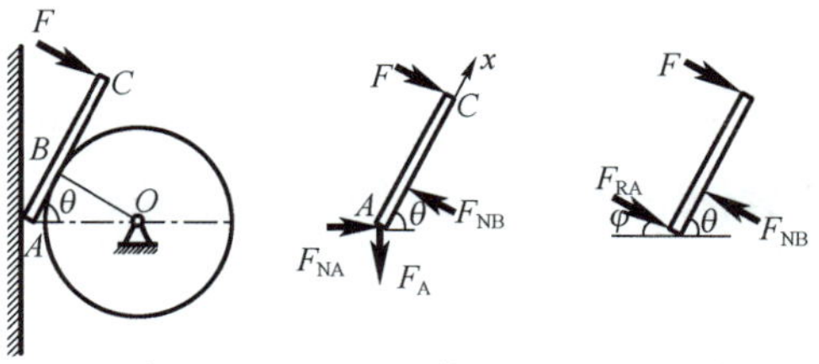

例 4-1-25 图

（1）解析法

以杆AC为研究对象，其受力图如图 b）所示。注意到，杆在A处有摩擦，B处光滑。应用平面力系平衡方程和A处摩擦力的物理方程，有

$$\sum \boldsymbol{F}_x = 0,\ F_{\mathrm{NA}}\cos 60° - F_{\mathrm{A}}\sin 60° = 0 \qquad ①$$

$$F_{\mathrm{A}} \leqslant f_{\mathrm{s}} F_{\mathrm{NA}} \qquad ②$$

由①式得

$$\frac{F_{\mathrm{A}}}{F_{\mathrm{NA}}} = \frac{\cos 60°}{\sin 60°} = \cot 60° = 0.577 \qquad ③$$

由②式得

$$\frac{F_{\mathrm{A}}}{F_{\mathrm{NA}}} \leqslant f_{\mathrm{s}} = 1 \qquad ④$$

比较③式和④式，满足平衡条件，所以系统平衡。

（2）几何法

因为杆AC在C、B两处的力均垂直于杆，故杆若平衡，A处的全反力$\boldsymbol{F}_{\mathrm{RA}}$必与杆垂直，见图 c），其中$\boldsymbol{F}_{\mathrm{RA}} = \boldsymbol{F}_{\mathrm{A}} + \boldsymbol{F}_{\mathrm{NA}}$。由于$\boldsymbol{F}_{\mathrm{RA}}$与$\boldsymbol{F}_{\mathrm{NA}}$的夹角$\varphi = 30°$，而$A$处的摩擦角为

$$\varphi_{\mathrm{f}} = \arctan f_{\mathrm{s}} = \arctan 1 = 45°$$

由此可得$\varphi < \varphi_{\mathrm{f}}$，满足自锁条件，所以系统平衡。

注：若已知条件为摩擦角而非摩擦因数时，尽量应用自锁条件求解摩擦问题。

习　　题

4-1-1　如图所示三力矢$\boldsymbol{F}_1$、$\boldsymbol{F}_2$、$\boldsymbol{F}_3$的关系是（　　）。

A. $\boldsymbol{F}_1 + \boldsymbol{F}_2 + \boldsymbol{F}_3 = 0$

B. $\boldsymbol{F}_3 = \boldsymbol{F}_1 + \boldsymbol{F}_2$

C. $\boldsymbol{F}_2 = \boldsymbol{F}_1 + \boldsymbol{F}_3$

D. $\boldsymbol{F}_1 = \boldsymbol{F}_2 + \boldsymbol{F}_3$

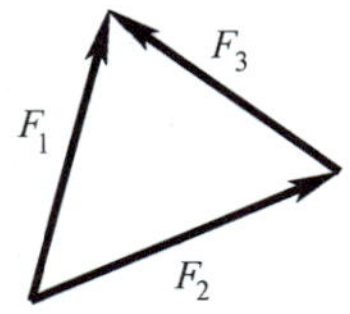

题 4-1-1 图

4-1-2　作用在一个刚体上的两个力$\boldsymbol{F}_{\mathrm{A}}$、$\boldsymbol{F}_{\mathrm{B}}$，满足$\boldsymbol{F}_{\mathrm{A}} = -\boldsymbol{F}_{\mathrm{B}}$的条件，则该二力可能是（　　）。

A. 作用力和反作用力或一对平衡的力

B. 一对平衡的力或一个力偶

C. 一对平衡的力或一个力和一个力偶

D. 作用力和反作用力或一个力偶

4-1-3　两直角刚杆AC、CB支承如图所示，在铰C处受力$\boldsymbol{P}$作用，则A、B两处约束反力与x轴正向所

成的夹角$\alpha=$（ ），$\beta=$（ ）。

A. 30°，45° B. 45°，135° C. 90°，30° D. 135°，90°

4-1-4 已知$\boldsymbol{F}_1$、$\boldsymbol{F}_2$、$\boldsymbol{F}_3$、$\boldsymbol{F}_4$为作用于刚体上的平面共点力系，其力矢关系如图所示为平行四边形，由此可知（ ）。

A. 力系可合成为一个力偶 B. 力系可合成为一个力

C. 力系简化为一个力和一力偶 D. 力系的合力为零，力系平衡

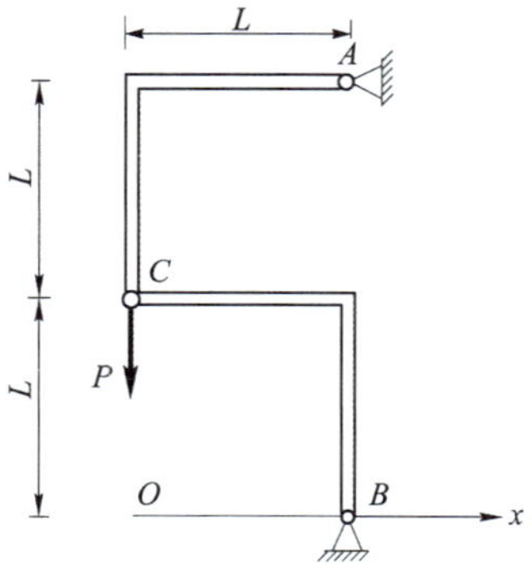

题 4-1-3 图

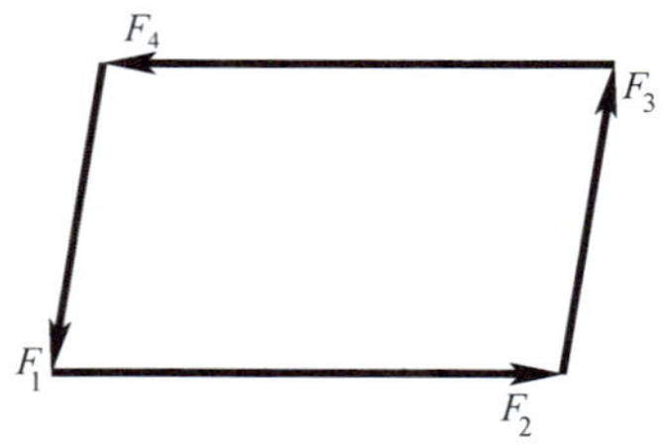

题 4-1-4 图

4-1-5 设力$\boldsymbol{F}$在x轴上的投影为F，则该力在与x轴共面的任一轴上的投影（ ）。

A. 一定不等于零 B. 不一定等于零

C. 一定等于零 D. 等于F

4-1-6 如图所示结构受力$\boldsymbol{P}$作用，杆重不计，则A支座约束力的大小为（ ）。

A. $P/2$ B. $\sqrt{3}P/2$

C. $P/\sqrt{3}$ D. 0

4-1-7 如图所示一等边三角形板，边长为a，沿三边分别作用有力$\boldsymbol{F}_1$、$\boldsymbol{F}_2$和$\boldsymbol{F}_3$，且$F_1=F_2+F_3$，则此三角形板处于（ ）状态。

A. 平衡 B. 移动

C. 转动 D. 既移动又转动

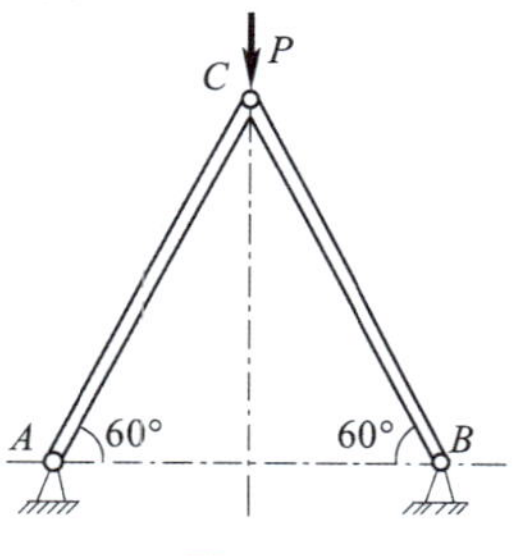

题 4-1-6 图

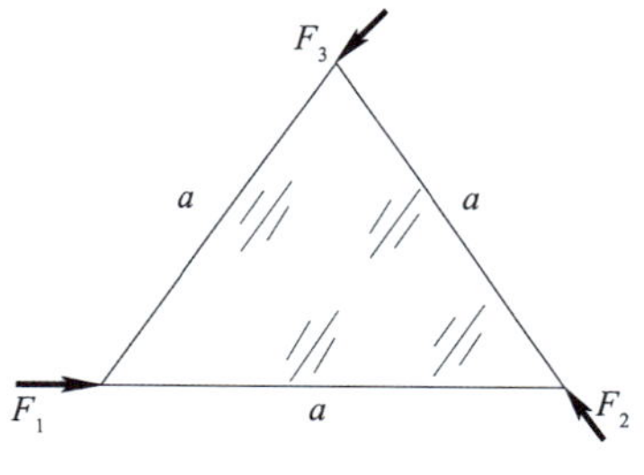

题 4-1-7 图

4-1-8 在如图所示结构中，如果将作用于构件AC上的力偶m搬移到构件BC上，则A、B、C三处的反力（ ）。

A. 都不变 B. A、B处反力不变，C处反力改变

C. 都改变 D. A、B处反力改变，C处反力不变

4-1-9 杆AF、BE、EF、CD相互铰接，并支承如图所示，今在AF杆上作用一力偶($\boldsymbol{P}$、$\boldsymbol{P}'$)，若不计各杆自重，则A支座反力的作用线（ ）。

A. 过A点平行力$\boldsymbol{P}$ B. 过A点平行BG连线

C. 沿AG直线 D. 沿AH直线

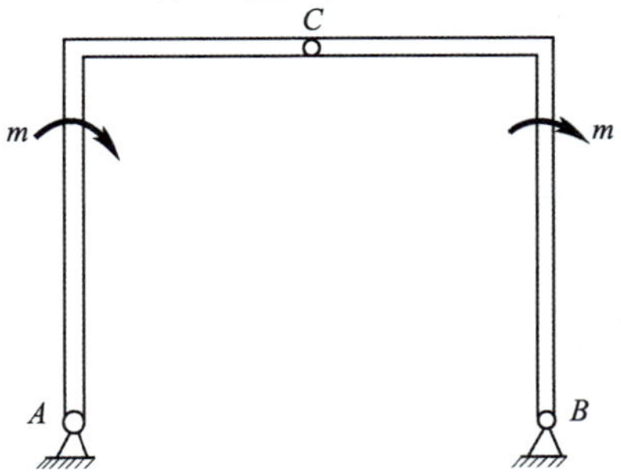

题 4-1-8 图

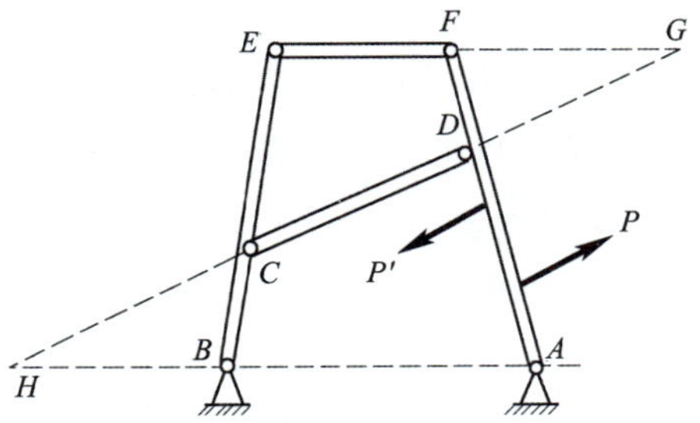

题 4-1-9 图

4-1-10 力$\boldsymbol{F}_1$，$\boldsymbol{F}_2$共线且方向相反，大小为$F_1 = 2F_2$，其合力为$\boldsymbol{F}_{\mathrm{R}}$可表示为（ ）。

A. $\boldsymbol{F}_{\mathrm{R}} = \boldsymbol{F}_1 - \boldsymbol{F}_2$　　B. $\boldsymbol{F}_{\mathrm{R}} = \boldsymbol{F}_2 - \boldsymbol{F}_1$

C. $\boldsymbol{F}_{\mathrm{R}} = \boldsymbol{F}_1/2$　　D. $\boldsymbol{F}_{\mathrm{R}} = \boldsymbol{F}_2$

4-1-11 平面力系向点 1 简化时，主矢$\boldsymbol{R}' = 0$，主矩$\boldsymbol{M}_1 \neq 0$，如将该力系向另一点 2 简化，则（ ）。

A. $\boldsymbol{R}' \neq 0$，$\boldsymbol{M}_2 \neq 0$　　B. $\boldsymbol{R}' \neq 0$，$\boldsymbol{M}_2 \neq \boldsymbol{M}_1$

C. $\boldsymbol{R}' \neq 0$，$\boldsymbol{M}_2 = \boldsymbol{M}_1$　　D. $\boldsymbol{R}' \neq 0$，$\boldsymbol{M}_2 = \boldsymbol{M}_1$

4-1-12 五根等长的细直杆铰接成图所示杆系结构，各杆重量不计，若$P_{\mathrm{A}} = P_{\mathrm{C}} = P$，且垂直$BD$，则杆$BD$的内力$S_{\mathrm{BD}}$为（ ）。

A. $-P$（压）　B. $-\sqrt{3}P$（压）　C. $-\sqrt{3}P/3$（压）　D. $-\sqrt{3}P/2$（压）

4-1-13 在如图所示系统中，绳DE能承受的最大拉力为 10kN，杆重不计，则力$\boldsymbol{P}$的最大值为（ ）。

A. 5kN　B. 10kN　C. 15kN　D. 20kN

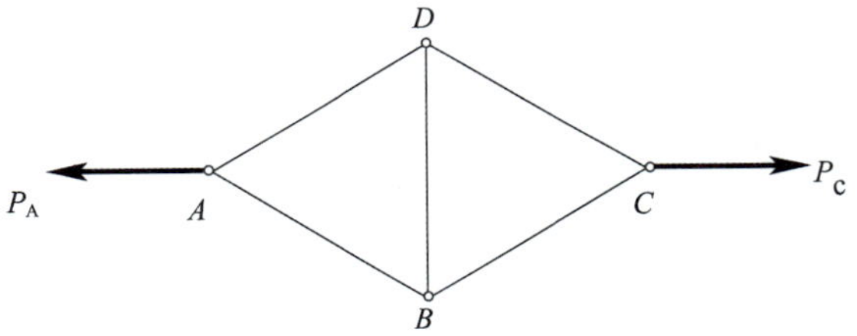

题 4-1-12 图

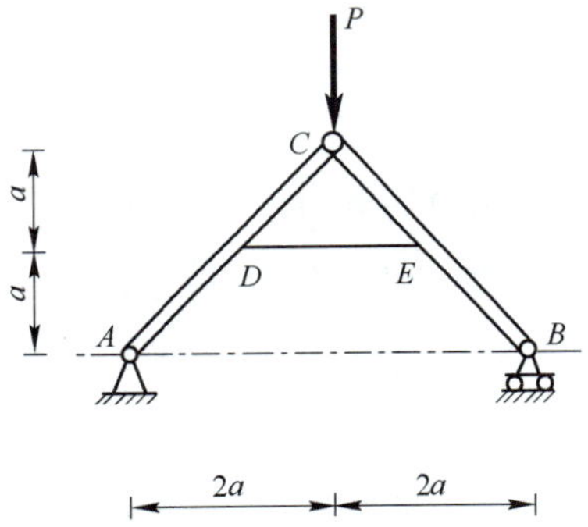

题 4-1-13 图

4-1-14 力系简化时若取不同的简化中心，则（ ）。

A. 力系的主矢、主矩都会改变

B. 力系的主矢不会改变，主矩一般会改变

C. 力系的主矢会改变、主矩一般不改变

D. 力系的主矢、主矩都不会改变，力系简化时与简化中心无关

4-1-15 某平面任意力系向O点简化后，得到如图所示的一个力$\boldsymbol{R}$和一个力偶矩为$\boldsymbol{M}_{\mathrm{O}}$的力偶，则该力系的最后合成结果是（ ）。

A. 作用在O点的一个合力

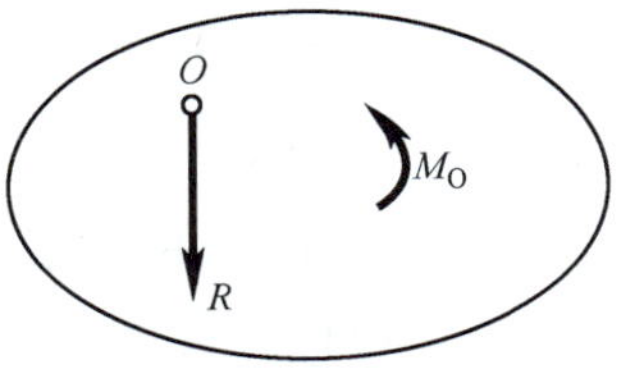

题 4-1-15 图

B. 合力偶

C. 作用在O点左边某点的一个合力

D. 作用在O点右边某点的一个合力

4-1-16 桁架结构形式与荷载$\boldsymbol{F}_P$均已知（见图）。结构中杆件内力为零的杆件数为（　　）。

A. 零根　　B. 2 根　　C. 4 根　　D. 6 根

4-1-17 两直角刚杆ACD，BEC在C处铰接，并支承如图所示。若各杆重不计，则支座A处约束力的方向为（　　）。

A. $\boldsymbol{F}_A$的作用线沿水平方向

B. $\boldsymbol{F}_A$的作用线沿铅垂方向

C. $\boldsymbol{F}_A$的作用线平行于B、C连线

D. $\boldsymbol{F}_A$的作用线方向无法确定

4-1-18 带有不平行两槽的矩形平板上作用一力偶M，如图所示。今在槽内插入两个固定于地面的销钉，若不计摩擦则有（　　）。

A. 平板保持平衡　　B. 平板不能平衡

C. 平衡与否不能判断　　D. 上述三种结果都不对

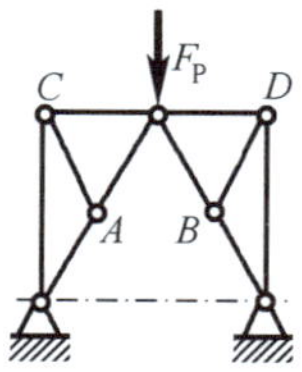

题 4-1-16 图

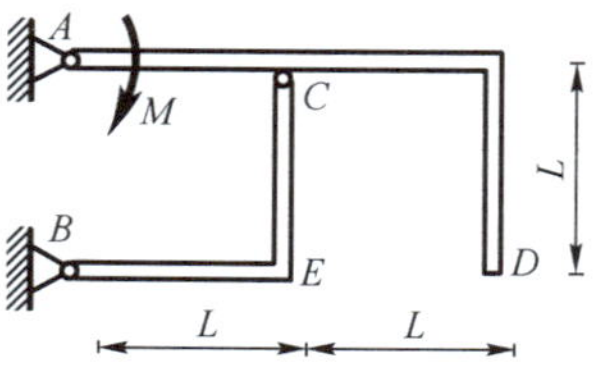

题 4-1-17 图

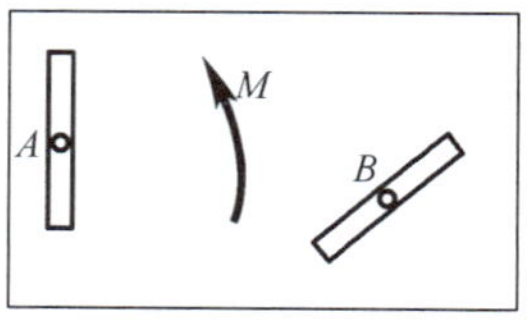

题 4-1-18 图

4-1-19 物块A的重力$W = 10\text{N}$，被大小为$F_P = 50\text{N}$的水平力挤压在粗糙的铅垂墙面B上，且处于平衡（见图）。物块与墙间的摩擦系数$f = 0.3$。A与B间的摩擦力大小为（　　）。

A. $F = 15\text{N}$

B. $F = 10\text{N}$

C. $F = 3\text{N}$

D. 只依据所给条件则无法确定

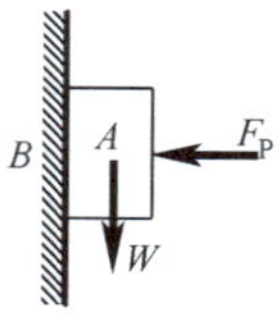

题 4-1-19 图

4-1-20 物块重力的大小为 5kN，与水平面间的摩擦角为$\varphi_m = 35°$，今用与铅垂线成 60°角的力$\boldsymbol{P}$推动物块，如图所示，若$P = 5\text{kN}$，则物块将（　　）。

A. 不动　　B. 滑动

C. 处于临界状态　　D. 滑动与否无法确定

4-1-21 物块重力的大小为$G = 20\text{N}$，用$P = 40\text{N}$的力按如图所示方向把物块压在铅直墙上，物块与墙之间的摩擦系数$f = \sqrt{3}/4$，则作用在物块上的摩擦力等于（　　）

A. 20N　　B. 15N　　C. 0　　D. $10\sqrt{3}\text{N}$

4-1-22 重力$W = 80\text{kN}$的物体自由地放在倾角为 30°的斜面上，如图所示，若物体与斜面间的静摩擦系数$f = \sqrt{3}/4$，动摩擦系数$f' = 0.4$，则作用在物体上的摩擦力的大小为（　　）。

A. 30kN　　B. 40kN　　C. 27.7kN　　D. 0

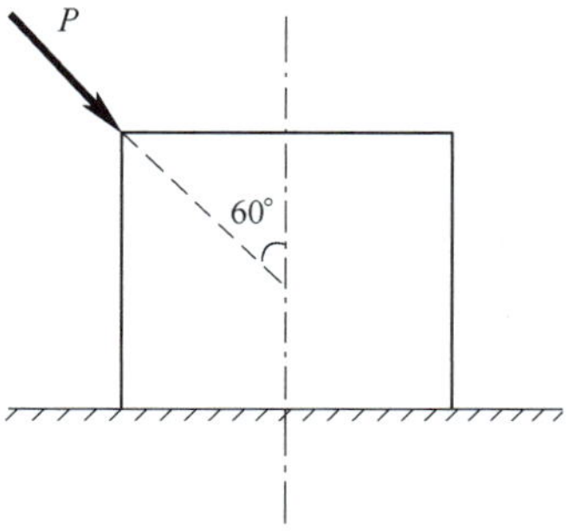

题 4-1-20 图

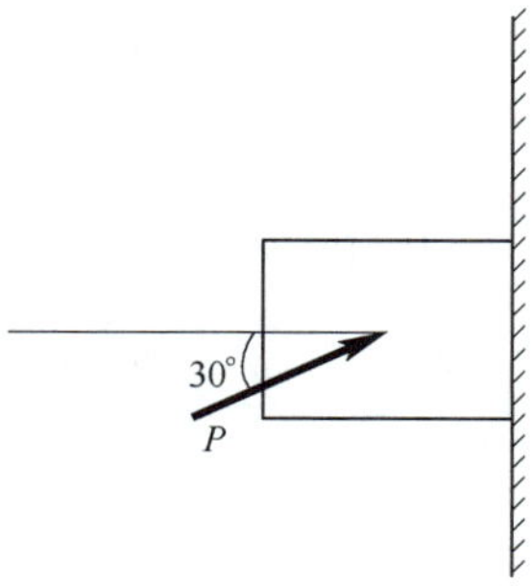

题 4-1-21 图

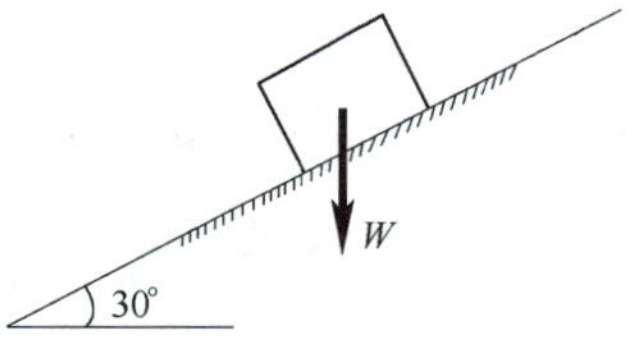

题 4-1-22 图

4-1-23 物A重力的大小为 100kN，物B重力的大小为 25kN，A物与地面摩擦系数为 0.2，滑轮处摩擦不计，如图所示，则物体A与地面间的摩擦力为（　　）。

A. 20kN　　　B. 16kN

C. 15kN　　　D. 12kN

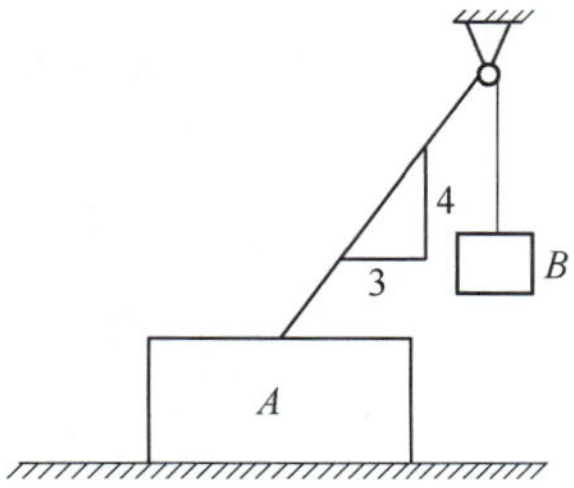

题 4-1-23 图

第二节　运　动　学

运动学是用几何学的观点来研究物体的运动规律，即物体运动的描述（其在空间的位置随时间变化的规律）、运动的速度和加速度，而不涉及引起物体运动的物理原因。

一、点的运动学

点的运动学主要研究点相对于某一参考系的运动量随时间的变化规律，包括点的运动方程的建立、运动轨迹的描述、速度和加速度的确定。

（一）描述点的运动的基本方法与基本公式

描述点的运动常用的基本方法有矢量法、直角坐标法、自然法。现将这三种方法及其应用范围归纳于表 4-2-1 中。

研究点的运动的基本方法　　表 4-2-1

方　法	矢　量　法	直角坐标法	自　然　法
特点与用途	简明、直观，常用于理论推导	便于代数及微积分运算，常用于轨迹未知的情况	速度、切向加速度、法向加速度的算式简单、物理意义明确，常用于轨迹已知的情况
参考系		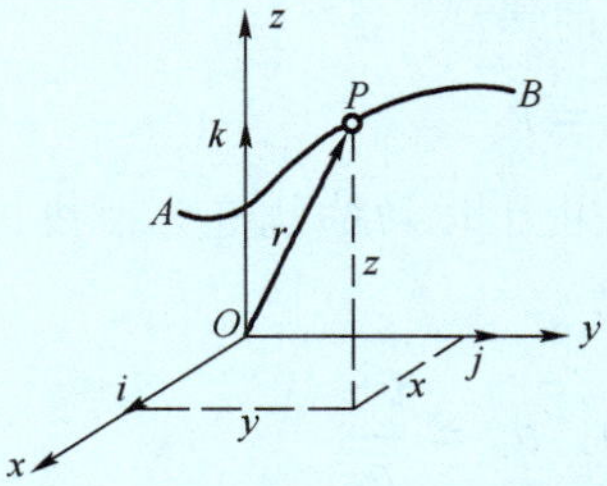	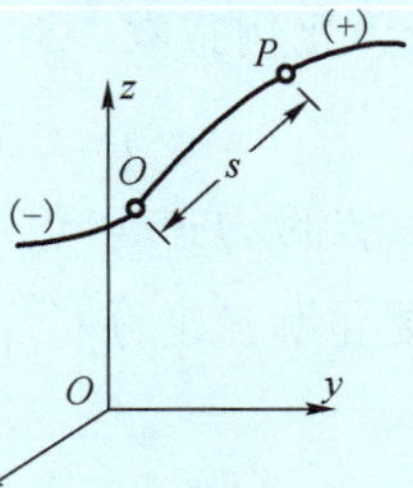
参考系	以参考体上任一固定点O为参考点	以直角坐标系的三个坐标轴为参考坐标轴	在轨迹上任选一点O为参考点
运动方程	$\boldsymbol{r}=\boldsymbol{r}(t)$	$x=f_1(t)$，$y=f_2(t)$，$z=f_3(t)$	$s=f(t)$
轨迹	矢径$\boldsymbol{r}$的矢端曲线	从上式中消去时间“t”即可得轨迹方程：$F_1(x,y)=0$，$F_2(y,z)=0$	事先已知

用上述三种方法描述的点的速度、加速度的基本公式见表 4-2-2。

速度、加速度计算公式 表 4-2-2

基本方法	速度	加速度分量	全加速度	备注
矢量法	$\boldsymbol{v}=\frac{\mathrm{d}\boldsymbol{r}}{\mathrm{d}t}=\dot{\boldsymbol{r}}$		$\boldsymbol{a}=\frac{\mathrm{d}\boldsymbol{v}}{\mathrm{d}t}=\frac{\mathrm{d}^2\boldsymbol{r}}{\mathrm{d}t^2}=\ddot{\boldsymbol{r}}$	
直角坐标法	$v_x=\frac{\mathrm{d}x}{\mathrm{d}t}$，$v_y=\frac{\mathrm{d}y}{\mathrm{d}t}$，$v_z=\frac{\mathrm{d}z}{\mathrm{d}t}$ $v=\sqrt{v_x^2+v_y^2+v_z^2}$ $\cos(\boldsymbol{v},\ \boldsymbol{i})=\frac{v_x}{v}$ $\cos(\boldsymbol{v},\ \boldsymbol{j})=\frac{v_y}{v}$ $\cos(\boldsymbol{v},\ \boldsymbol{k})=\frac{v_z}{v}$	$a_x=\frac{\mathrm{d}v_x}{\mathrm{d}t}=\ddot{x}$ $a_y=\frac{\mathrm{d}v_y}{\mathrm{d}t}=\ddot{y}$ $a_z=\frac{\mathrm{d}v_z}{\mathrm{d}t}=\ddot{z}$	$a=\sqrt{a_x^2+a_y^2+a_z^2}$ $\cos(\boldsymbol{a},\ \boldsymbol{i})=\frac{a_x}{a}$ $\cos(\boldsymbol{a},\ \boldsymbol{j})=\frac{a_y}{a}$ $\cos(\boldsymbol{a},\ \boldsymbol{k})=\frac{a_z}{a}$	
自然法	$v=\frac{\mathrm{d}s}{\mathrm{d}t}=\dot{s}$ 或 $\boldsymbol{v}=\dot{s}\boldsymbol{\tau}$	$a_\tau=\frac{\mathrm{d}v}{\mathrm{d}t}=\ddot{s}$ 沿切线方向 $a_n=\frac{v^2}{\rho}=\frac{(\dot{s})^2}{\rho}$ 恒指向曲率中心	$a=\sqrt{a_\tau^2+a_n^2}$，$\tan\beta=\frac{\lvert a_\tau\rvert}{a_n}$ β为$\boldsymbol{a}$与法线轴n正向间的夹角	加速度恒指向曲线凹的一侧

（二）三种基本方法之间的相互关系（见表 4-2-3）

三种基本方法之间的相互关系 表 4-2-3

运动方程	速度	加速度
$\boldsymbol{r}=x\boldsymbol{i}+y\boldsymbol{j}+z\boldsymbol{k}$	$\boldsymbol{v}=v_x\boldsymbol{i}+v_y\boldsymbol{j}+v_z\boldsymbol{k}=\dot{s}\boldsymbol{\tau}$ $v=\dot{s}=\sqrt{v_x^2+v_y^2+v_z^2}$	$\boldsymbol{a}=a_x\boldsymbol{i}+a_y\boldsymbol{j}+a_z\boldsymbol{k}=\ddot{s}\boldsymbol{\tau}+\frac{\dot{s}^2}{\rho}\boldsymbol{n}$ $a=\sqrt{a_x^2+a_y^2+a_z^2}=\sqrt{\ddot{s}^2+\frac{\dot{s}^4}{\rho^2}}$

【例 4-2-1】 如图所示点P沿螺线自外向内运动。它走过的弧长与时间的一次方成正比。关于该点的运动，有以下 4 种答案，请判断哪一个答案是正确的：

A. 速度越来越快　　B. 速度越来越慢

C. 加速度越来越大　　D. 加速度越来越小

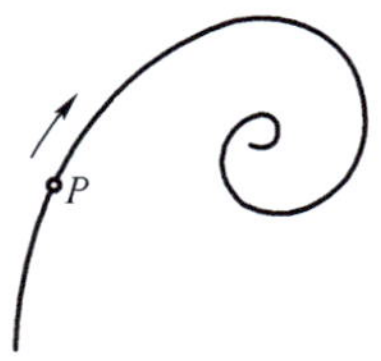

例 4-2-1 图

解 因为运动轨迹的弧长与时间的一次方成正比，所以有

$$s=kt$$

其中k为比例常数。对时间求一次导数后得到点的速度

$$v=\dot{s}=k$$

可见该点做匀速运动。但这只是指速度的大小。由于运动的轨迹为曲线，速度的方向不断改变，所以，还需要作加速度分析。于是，有

$$a_\tau=\frac{\mathrm{d}v}{\mathrm{d}t}=0,\ a_n=\frac{v^2}{\rho}$$

总加速度

$$a=\sqrt{a_\tau^2+a_n^2}=a_n=\frac{v^2}{\rho}$$

当点由外向内运动时，运动轨迹的曲率半径ρ逐渐变小，所以加速度a越来越大。

答案： C

【例 4-2-2】点在铅垂平面Oxy内的运动方程为$\begin{cases}x = v_0 t \\ y = gt^2/2\end{cases}$，式中，$t$为时间，$v_0$、$g$为常数。点的运动轨迹应为：

A. 直线　　B. 圆弧曲线

C. 抛物线　　D. 直线与圆连线

解 由第一个方程可得$t = x/v_0$，将其代入第二个方程，可得抛物线方程$y = gx^2/(2v_0^2)$。

答案：C

【例 4-2-3】点沿直线运动，其速度$v = 20t + 5$，已知：当$t = 0$时，$x = 5\text{m}$，则点的运动方程为：

A. $x = 10t^2 + 5t + 5$　　B. $x = 20t + 5$

C. $x = 10t^2 + 5t$　　D. $x = 20t^2 + 5t + 5$

解 因为速度$v = \frac{\mathrm{d}x}{\mathrm{d}t}$，积一次分，即：$\int_5^x \mathrm{d}x = \int_0^t (20t + 5)\mathrm{d}t$，$x - 5 = 10t^2 + 5$。

答案：A

【例 4-2-4】已知动点的运动方程为$x = t$，$y = 2t^2$，则其轨迹方程为：

A. $x = t^2 - t$　　B. $y = 2t$

C. $y - 2x^2 = 0$　　D. $y + 2x^2 = 0$

解 将运动方程中的参数t消去：$t = x$，$y = 2x^2$。

答案：C

【例 4-2-5】一炮弹以初速度和仰角α射出。对于如图所示直角坐标的运动方程为$x = v_0 \cos\alpha t$，$y = v_0 \sin\alpha t - gt^2/2$，则当$t = 0$时，炮弹的速度和加速度的大小分别为：

A. $v = v_0 \cos\alpha$，$a = g$　　B. $v = v_0$，$a = g$

C. $v = v_0 \sin\alpha$，$a = -g$　　D. $v = v_0$，$a = -g$

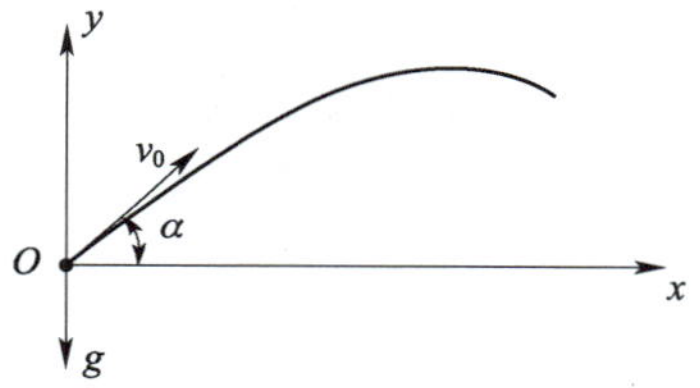

例 4-2-5 图

解 分别对运动方程x和y求时间t的一阶、二阶导数，即：$\dot{x} = v_0 \cos\alpha$，$\dot{y} = v_0 \sin\alpha - gt$；$\ddot{x} = 0$，$\ddot{y} = -g$；当$t = 0$时，速度的大小$v = \sqrt{\dot{x}^2 + \dot{y}^2} = v_0$，加速度的大小$a = |\ddot{y}| = g$。

答案：B

【例 4-2-6】动点A和B在同一坐标系中的运动方程分别为$\begin{cases}x_A = t \\ y_A = 2t^2\end{cases}$，$\begin{cases}x_B = t^2 \\ y_B = 2t^4\end{cases}$，其中$x$、$y$以cm 计，$t$以 s 计，则两点相遇的时刻为：

A. $t = 1\text{s}$　　B. $t = 0.5\text{s}$　　C. $2s$　　D. $t = 1.5\text{s}$

解 两点相遇时应具有相同的坐标，即$x_A = x_B$，$y_A = y_B$，根据运动方程有$t = t^2$，$2t^2 = 2t^4$，解得$t = 1\text{s}$。

答案：A

【例 4-2-7】一动点沿直线轨道按照$x = 3t^3 + t + 2$的规律运动（x以 m 计，t以 s 计），则当$t = 4\text{s}$时，动点的位移、速度和加速度分别为：

A. $x = 54\text{m}$，$v = 145\text{m/s}$，$a = 18\text{m/s}^2$

B. $x = 198\text{m}$，$v = 145\text{m/s}$，$a = 72\text{m/s}^2$

C. $x = 198\text{m}$，$v = 49\text{m/s}$，$a = 72\text{m/s}^2$

D. $x = 192\text{m}$，$v = 145\text{m/s}$，$a = 12\text{m/s}^2$

解 将x对时间t求一阶导数为速度，即：$v = 9t^2 + 1$；再对时间t求一阶导数为加速度，即$a =$

$18t$，将$t=4\text{s}$代入，可得：$x=198\text{m}$，$v=145\text{m/s}$，$a=72\text{m/s}^2$。

答案： B

二、刚体的基本运动

刚体的基本运动包括刚体的平行移动和刚体绕定轴转动这两种简单的运动形式。

（一）刚体的平行移动

1. 定义

刚体运动时，其上任意直线始终平行于其初始位置，刚体的这种运动称为平行移动，简称平移。

2. 平移刚体的运动分析

若在平移刚体内任选两点A、B（见图 4-2-1），其矢径分别为$\boldsymbol{r}_A$和$\boldsymbol{r}_B$，则两条矢端曲线就是这两点的轨迹。根据图中的几何关系，有：$\boldsymbol{r}_A=\boldsymbol{r}_B+\boldsymbol{r}_{BA}$，且$\boldsymbol{r}_{BA}$为常矢量，则类似地，有

$$\dot{\boldsymbol{r}}_A=\dot{\boldsymbol{r}}_B\text{，即}\boldsymbol{v}_A=\boldsymbol{v}_B \tag{4-2-1}$$

$$\dot{\boldsymbol{v}}_A=\dot{\boldsymbol{v}}_B\text{，即}\boldsymbol{a}_A=\boldsymbol{a}_B \tag{4-2-2}$$

式（4-2-1）和式（4-2-2）表明：刚体平移时，其上各点的运动轨迹形状相同；同一瞬时，刚体上各点的速度、加速度均相同。因此平移时，可以用刚体上任一点（如质心）的运动表示刚体的运动。于是，研究平移刚体的运动可归结为研究点的运动。

（二）刚体绕定轴转动

1. 定义

刚体运动时，若其上（或其扩展部分）有一条直线始终保持不动，则称这种运动为绕定轴转动，简称转动。这条固定的直线称为转轴（见图 4-2-2）。轴线上各点的速度和加速度均恒为零，其他各点均围绕轴线做圆周运动。

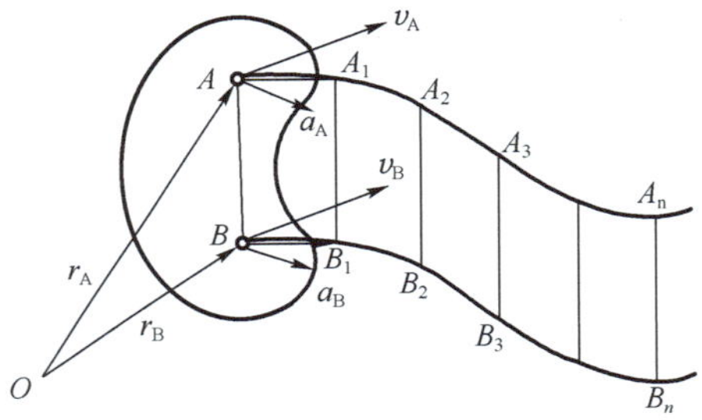

图 4-2-1 平移刚体的运动分析

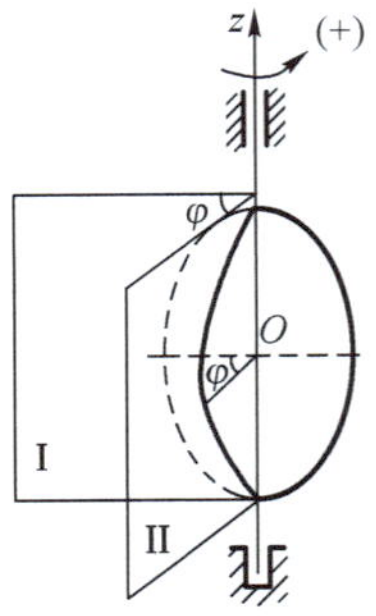

图 4-2-2 刚体绕定轴转动

2. 转动刚体的运动分析

（1）转动方程

如图 4-2-2 所示绕定轴z转动的刚体，设通过转轴z所作的平面 I 固定不动（称为定平面），平面II与刚体固连随刚体一起转动（称为动平面）。任一瞬时刚体的位置，可由动平面II与定平面 I 的夹角φ确定。角φ称为转角，单位是弧度（rad），为代数量。当刚体转动时，转角φ随时间t变化，它是时间的单值连续函数，即

$$\varphi=f(t) \tag{4-2-3}$$

上式称为刚体的转动方程，它反映了刚体绕定轴转动的规律。

（2）角速度

刚体的转角对时间的一阶导数，称为角速度，用于度量刚体转动的快慢和转动方向，用字母ω表示。即

$$\omega = \frac{\mathrm{d}\varphi}{\mathrm{d}t} = \dot{\varphi} \tag{4-2-4}$$

角速度的单位是弧度/秒（rad/s）。在工程中很多情况还用转速n（转/分）来表示刚体转动的快慢。此时，ω与n之间的换算关系为

$$\omega = \frac{2n\pi}{60} = \frac{n\pi}{30} \tag{4-2-5}$$

（3）角加速度

刚体的角速度对时间的一阶导数，称为角加速度，用于度量角速度的快慢和转动方向，用字母α表示。即

$$\alpha = \frac{\mathrm{d}\omega}{\mathrm{d}t} = \dot{\omega} = \ddot{\varphi} \tag{4-2-6}$$

角加速度的单位为弧度/秒^2（rad/s^2）。角速度和角加速度都是描述刚体整体运动的物理量。

3. 定轴转动刚体上各点的速度和加速度

在转动刚体上任取一点M，设其到转轴O的垂直距离为r称为转动半径，如图 4-2-3 所示。显然，M点的运动是以O为圆心、r为半径的圆周运动。若转动刚体的角速度为ω，角加速度为α，弧坐标原点为O'，则当刚体转过角度φ时，点M的弧坐标为

$$s = r\varphi \tag{4-2-7}$$

点M速度的大小为

$$v = \frac{\mathrm{d}s}{\mathrm{d}t} = \frac{\mathrm{d}}{\mathrm{d}t}(r\varphi) = r\frac{\mathrm{d}\varphi}{\mathrm{d}t} = r \cdot \omega \tag{4-2-8}$$

点M的切向加速度和法向加速度的大小分别为

$$a_\tau = \frac{\mathrm{d}v}{\mathrm{d}t} = \frac{\mathrm{d}}{\mathrm{d}t}(r\omega) = r\frac{\mathrm{d}\omega}{\mathrm{d}t} = r \cdot \alpha \tag{4-2-9}$$

$$a_n = \frac{v^2}{\rho} = \frac{(r\omega)^2}{\rho} = r \cdot \omega^2 \tag{4-2-10}$$

所以刚体上任一M点的加速度大小为

$$\left.\begin{aligned} a &= \sqrt{a_\tau^2 + a_n^2} = r\sqrt{\alpha^2 + \omega^4} \\ \text{方向} \quad \tan\theta &= \frac{|a_\tau|}{a_n} = \frac{|\alpha|}{\omega^2} \end{aligned}\right\} \tag{4-2-11}$$

式中：θ——加速度$\boldsymbol{a}$与法向加速度的夹角。

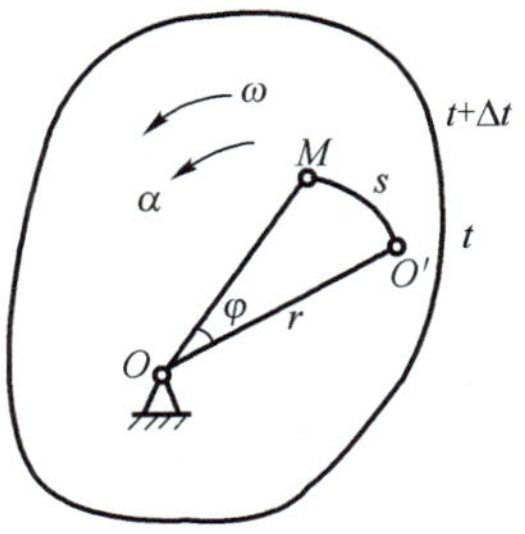

图 4-2-3 转动刚体上M点的运动分析

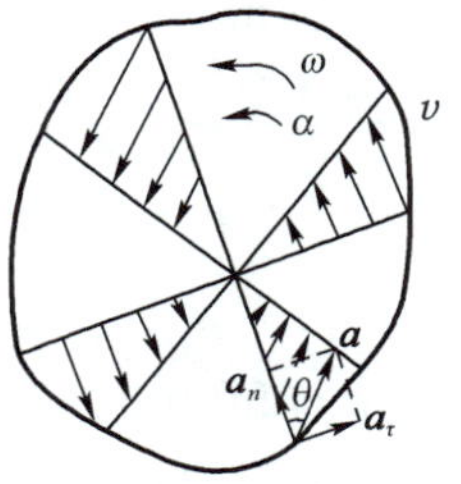

图 4-2-4 转动刚体上各点速度、加速度分布

由公式（4-2-8）与式（4-2-11）可得以下结论：

①在任意瞬时，转动刚体内各点的速度、切向加速度、法向加速度和全加速度的大小与各点的转动半径成正比。

②在任意瞬时，转动刚体内各点的速度方向与各点的转动半径垂直，各点的全加速度的方向与各点转动半径的夹角全部相同。所以，刚体内任一条通过且垂直于轴的直线上各点的速度和加速度呈线性分布，如图 4-2-4 所示。

【例 4-2-8】 两摩擦轮如图所示。则两轮的角速度与半径关系的表达式为：

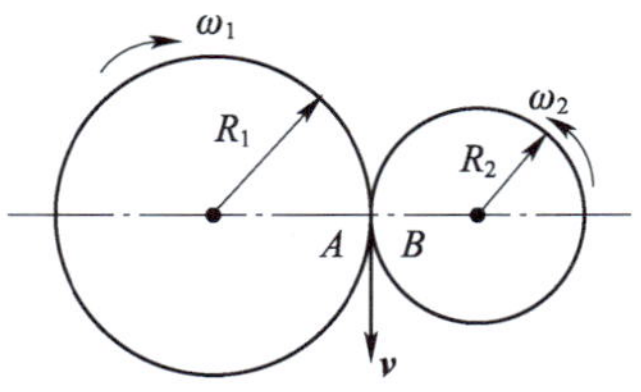

例 4-2-8 图

A. $\omega_1/\omega_2 = R_1/R_2$　　B. $\omega_1/\omega_2 = R_2/R_1^2$

C. $\omega_1/\omega_2 = R_1/R_2^2$　　D $\omega_1/\omega_2 = R_2/R_1$

解 两轮啮合点A、B的速度相同，且$v_A = R_1\omega_1 = v_B = R_2\omega_2$，所以有$\omega_1/\omega_2 = R_2/R_1$。

答案： D

【例 4-2-9】 一定轴转动刚体，其运动方程为$\varphi = a - bt^2/2$，其中a、b均为常数，则知该刚体作：

A. 匀加速转动　　B. 匀减速转动　　C. 匀速转动　　D. 减速转动

解 根据角速度和角加速度的定义，$\omega = \dot{\varphi} = -bt$，$\alpha = \dot{\omega} = \ddot{\varphi} = -b$，因为角加速度与角速度同为负号，且为常量，所以刚体作匀加速转动。

答案： A

注：分析此题时很容易因为角加速度为负，错判选项 B 为正确答案。刚体作定轴转动时，只要角速度与角加速度同符号，则刚体加速转动，反之异号时，刚体减速转动。

【例 4-2-10】 杆$OA = l$，绕固定轴O转动，某瞬时杆端A点的加速度a如图所示，则该瞬时杆OA的角速度及角加速度为：

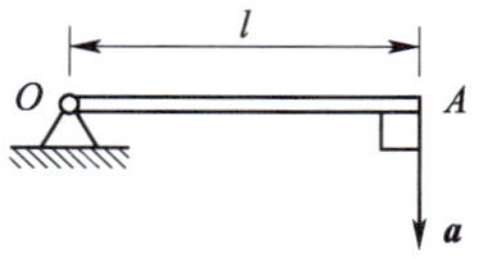

例 4-2-10 图

A. 0，$\frac{a}{l}$　　B. $\sqrt{\frac{a\cos\alpha}{l}}$，$\frac{a\sin\alpha}{l}$

C. $\sqrt{\frac{a}{l}}$，0　　D. 0，$\sqrt{\frac{a}{l}}$

解 根据定轴转动刚体上一点加速度与转动角速度、角加速度的关系：$a_n = \omega^2 l$，$a_\tau = \alpha l$，而题中$a_n = 0 = \omega^2 l$，$a_\tau = a = \alpha l$，所以有杆的角速度$\omega = 0$，角加速度$\alpha = \frac{a}{l}$。

答案： A

【例 4-2-11】 物体作定轴转动的转动方程为$\varphi = 4t - 3t^2$（φ以 rad 计，t以 s 计），则此物体内转动半径r=0.5m 的一点，在t=1s 时的速度和切向加速度的大小分别为：

A. -2m/s，-20m/s^2　　B. -1m/s，-3m/s^2

C. -2m/s，-8.54m/s^2　　D. 0m/s，-20.2m/s^2

解 物体的角速度及角加速度分别为：$\omega = \dot{\varphi} = 4 - 6t\text{rad/s}$，$\alpha = \ddot{\varphi} = -6\text{rad/s}^2$，则$t = 1\text{s}$时物体内转动半径$r = 0.5\text{m}$点的速度为：$v = \omega r = -1\text{m/s}$，切向加速度为：$a_\tau = a_r = -3\text{m/s}^2$。

答案： B

【例 4-2-12】 滑轮半径$r = 50\text{mm}$，安装在发动机上旋转，其皮带的运动速度为20m/s，加速度为6m/s^2。扇叶半径$R = 75\text{mm}$，如图所示。则扇叶最高点B的速度和切向加速度分别为：

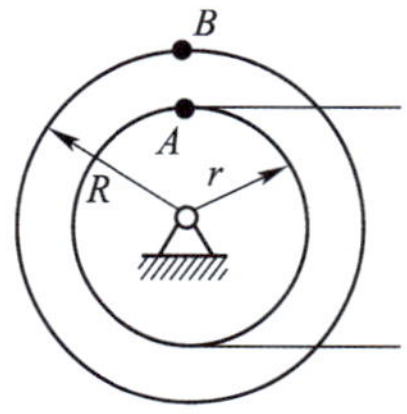

例 4-2-12 图

A. 30m/s，9m/s^2　　B. 60m/s，9m/s^2

C. 30m/s，6m/s^2　　　　D. 60m/s，18m/s^2

解 滑轮上A点的速度和切向加速度与皮带相应的速度和加速度相同，根据定轴转动刚体上速度、切向加速度的线性分布规律，可得B点的速度$v_B = 20R/r = 30\text{m/s}$，切向加速度$a_{Bt} = 6R/r = 9\text{m/s}^2$。

答案： A

【例 4-2-13】 一绳缠绕在半径为r的鼓轮上，绳端系一重物M，重物M以速度v和加速度a向下运动（如图所示）。则绳上两点A、D和轮缘上两点B、C的加速度是：

A. A、B两点的加速度相同，C、A两点的加速度相同

B. A、B两点的加速度不相同，C、D两点的加速度不相同

C. A、B两点的加速度相同，C、D两点的加速度不相同

D. A、B两点的加速度相同，C、D两点的加速度相同

解 绳上各点的加速度大小均为a，而轮缘上各点的加速度大小为$\sqrt{a^2+\left(\frac{v^2}{r}\right)^2}$。

答案： B

【例 4-2-14】 图示机构中，三杆长度相同，且$AC /\!/ BD$，则AB杆的运动形式为：

A. 绕点C的定轴转动　　　　B. 平行移动

C. 绕点O的定轴转动　　　　D. 圆周运动

解 因为A、B两点的速度方向相同，大小相等，根据刚体作平行移动时的特性，可作判断。

答案： B

【例 4-2-15】 图示机构中，曲柄$OA = r$，以常角速度ω转动。则滑动构件BC的速度、加速度的表达式为：

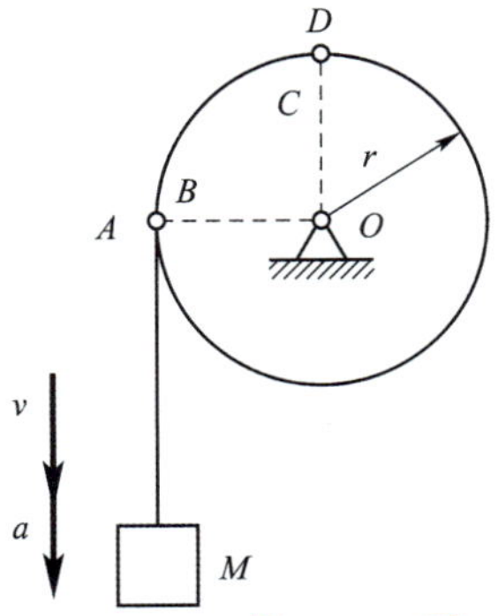

例 4-2-13 图

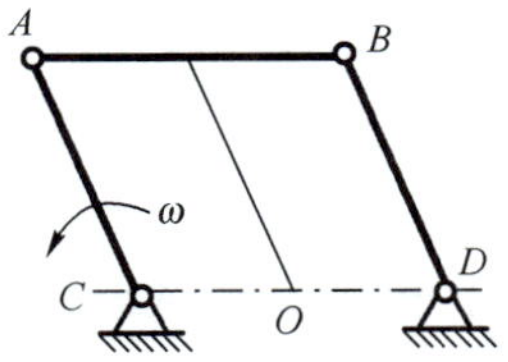

例 4-2-14 图

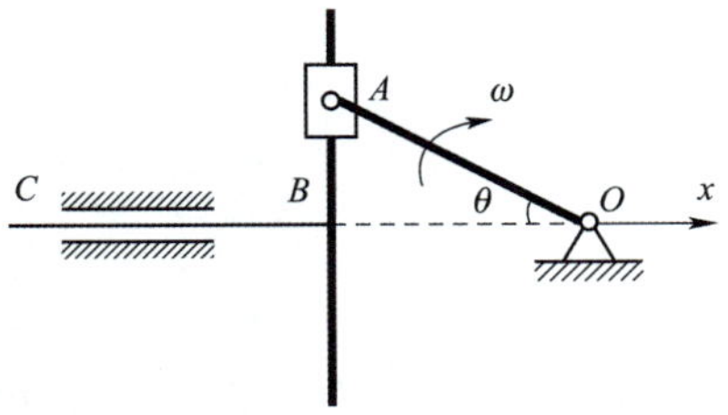

例 4-2-15 图

A. $r\omega\sin\omega t$，$r\omega\cos\omega t$　　　　B. $r\omega\cos\omega t$，$r\omega^2\sin\omega t$

C. $r\sin\omega t$，$r\omega\cos\omega t$　　　　D. $r\omega\sin\omega t$，$r\omega^2\sin\omega t$

解 构件BC是平行移动刚体，根据其运动特性，构件上各点有相同的速度和加速度，用其上一点B的运动即可描述整个构件的运动，点B的运动方程为：

$$x_B = -r\cos\theta = -r\cos\omega t$$

则其速度为$v_{BC} = \dot{x}_B = r\omega\sin\omega t$，加速度的表达式为$a_{BC} = \ddot{x}_B = r\omega^2\cos\omega t$。

答案： D

习　　题

4-2-1　点M沿半径为R的圆周运动，其速度的大小为$v = kt$，k是有量纲的常数，则点M的全加速度的大小为（　　）。

A. $(k^2t^2/R)+k^2$　　B. $[(k^2t^2/R^2)+k^2]^{\frac{1}{2}}$

C. $[(k^4t^4/R^2)+k^2]^{\frac{1}{2}}$　　D. $[(k^4t^2/R^2)+k^2]^{\frac{1}{2}}$

4-2-2　已知点P在xOy平面内的运动方程为$\begin{cases}x=4\sin\frac{\pi}{3}t\\y=4\cos\frac{\pi}{3}t\end{cases}$，则点的运动轨迹为（　　）。

A. 直线运动　　B. 圆周运动　　C. 椭圆运动　　D. 不能确定

4-2-3　圆轮绕固定轴O转动，某瞬时轮缘上一点的速度v和加速度a如图所示，试问（　　）情况是不可能的。

A. 图 a）、图 b）的运动是不可能的　　B. 图 a）、图 c）的运动是不可能的

C. 图 b）、图 c）的运动是不可能的　　D. 均不可能

4-2-4　直角刚杆OAB在如图所示瞬时有$\omega=2\text{rad/s}$，$\alpha=5\text{rad/s}^2$，若$OA=40\text{cm}$，$AB=30\text{cm}$，则B点的速度大小为（　　）cm/s。

A. 100　　B. 160　　C. 200　　D. 250

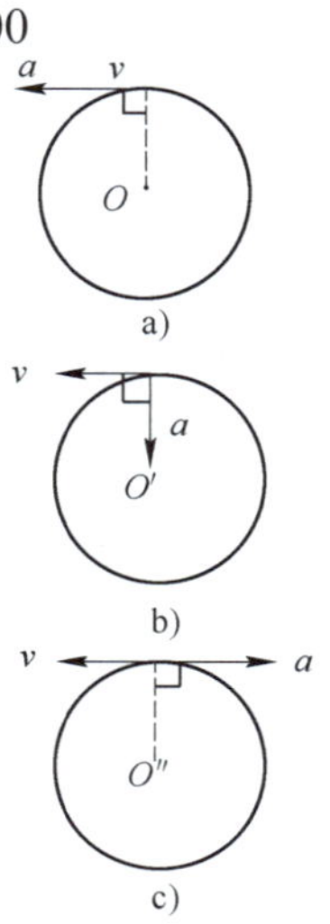

题 4-2-3 图

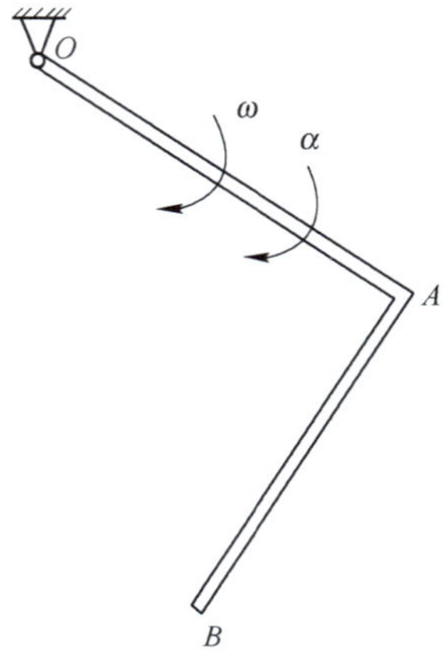

题 4-2-4 图

4-2-5　直角刚杆$AO=2\text{m}$，$BO=3\text{m}$，已知某瞬时A点速度的大小$v_A=6\text{m/s}$，而B点的加速度与BO成$\theta=60°$角，如图所示，则该瞬时刚杆的角加速度α为（　　）rad/s²。

A. 3　　B. $\sqrt{3}$　　C. $5\sqrt{3}$　　D. $9\sqrt{3}$

4-2-6　直角刚杆OAB可绕固定轴O在图示平面内转动，已知$OA=40\text{cm}$，$AB=30\text{cm}$，$\omega=2\text{rad/s}$，$\alpha=1\text{rad/s}^2$，则如图所示瞬时，B点加速度在y方向的投影为（　　）cm/s²。

A. 40　　B. 200　　C. 50　　D. −200

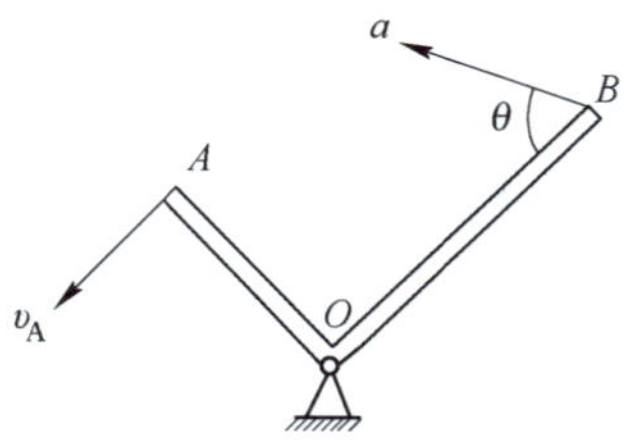

题 4-2-5 图

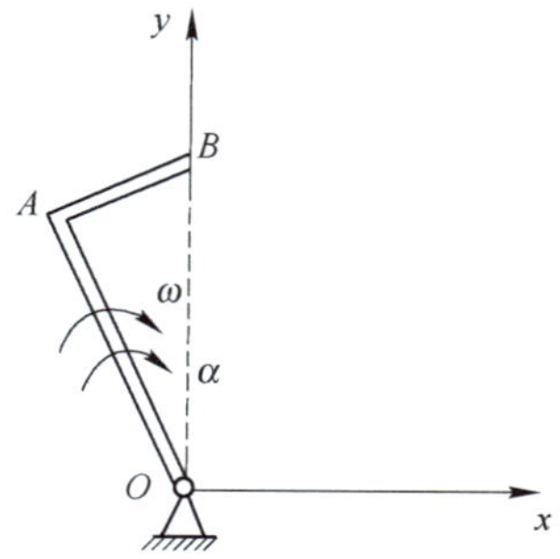

题 4-2-6 图

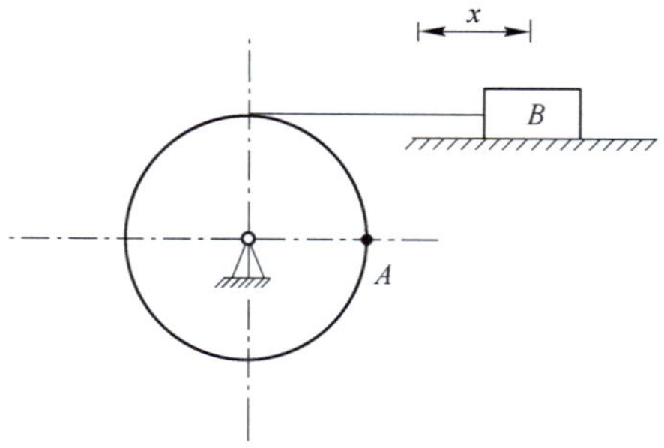

题 4-2-7 图

4-2-7　绳子的一端绕在滑轮上，另一端与置于水平面上的物块B相连，如图所示，若物B的运动方

程为$x = kt^2$，其中k为常数，轮子半径为R，则轮缘上A点的加速度的大小为（　　）。

A. $2k$　　　　B. $(4k^2t^2/R)^{\frac{1}{2}}$

C. $(4k^2 + 16k^4t^4/R^2)^{\frac{1}{2}}$　　　　D. $2k + 4k^2t^2/R$

4-2-8　圆盘某瞬时以角速度ω，角加速度α绕O轴转动，其上A、B两点的加速度分别为$\boldsymbol{a}_A$和$\boldsymbol{a}_B$，与半径的夹角分别为θ和φ，如图所示，若$OA = R$，$OB = R/2$，则（　　）。

A. $a_A = a_B$，$\theta = \varphi$　　　　B. $a_A = a_B$，$\theta = 2\varphi$

C. $a_A = 2a_B$，$\theta = \varphi$　　　　D. $a_A = 2a_B$，$\theta = 2\varphi$

4-2-9　两个相啮合的齿轮，A、B分别为齿轮O_1、O_2上的啮合点（见图），则A、B两点的加速度关系是（　　）。

A. $a_{A\tau} = a_{B\tau}$，$a_{An} = a_{Bn}$　　　　B. $a_{A\tau} = a_{B\tau}$，$a_{An} \neq a_{Bn}$

C. $a_{A\tau} \neq a_{B\tau}$，$a_{An} = a_{Bn}$　　　　D. $a_{A\tau} \neq a_{B\tau}$，$a_{An} \neq a_{Bn}$

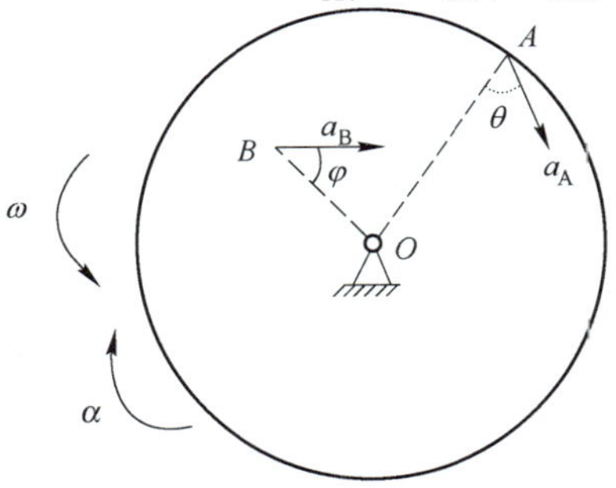

题 4-2-8 图

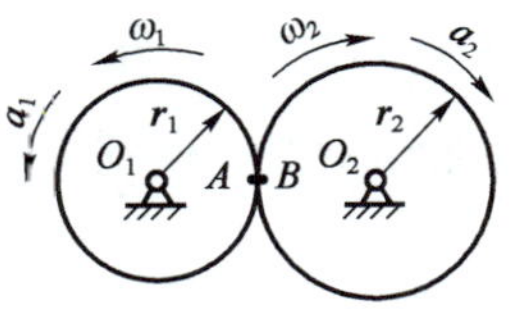

题 4-2-9 图

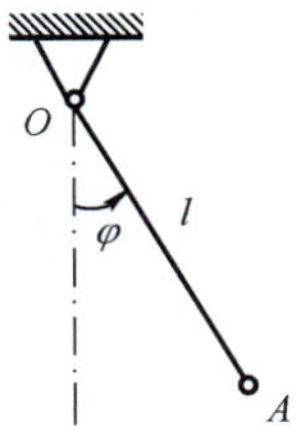

题 4-2-10 图

4-2-10 单摆由长l的摆杆与摆锤A组成（见图），其运动规律$\varphi = \varphi_0 \sin \omega t$。锤$A$在$t = \frac{\pi}{4\omega}$s时的速度、切向加速度与法向加速度在自然坐标系中的投影分别为（　　）。

A. $v = \frac{1}{2}l\varphi_0\omega$，$a_\tau = -\frac{1}{2}l\varphi_0\omega^2$，$a = \frac{\sqrt{2}}{2}l\varphi_0^2\omega^2$

B. $v = \frac{1}{2}l\varphi_0\omega$，$a_\tau = \frac{1}{2}l\varphi_0\omega^2$，$a = -\frac{\sqrt{2}}{2}l\varphi_0^2\omega^2$

C. $v = \frac{\sqrt{2}}{2}l\varphi_0\omega$，$a_\tau = -\frac{\sqrt{2}}{2}l\varphi_0\omega^2$，$a = \frac{1}{2}l\varphi_0^2\omega^2$

D. $v = \frac{\sqrt{2}}{2}l\varphi_0\omega$，$a_\tau = \frac{\sqrt{2}}{2}l\varphi_0\omega^2$，$a = -\frac{1}{2}l\varphi_0^2\omega^2$

4-2-11 每段长度相等的直角折杆在图示的平面内绕O轴转动，角速度ω为顺时针转向，M点的速度方向应是图中的（　　）。

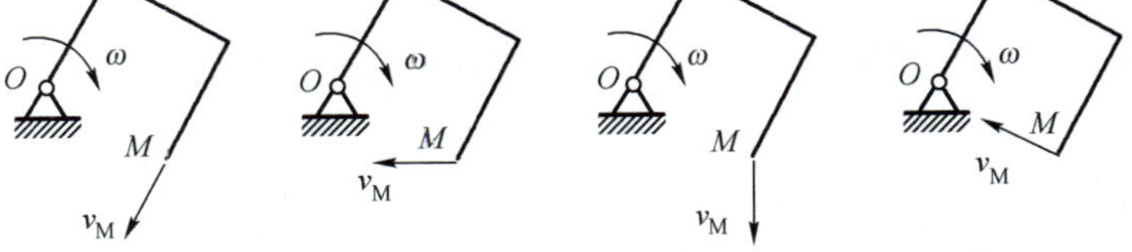

A.　　B.　　C.　　D.

第三节　动　力　学

动力学所研究的是物体的运动与其所受力之间的关系。

一、动力学基本定律及质点运动微分方程

（一）动力学基本定律

动力学的全部理论都是建立在动力学基本定律基础之上的。而动力学基本定律就是牛顿运动定律，或曰牛顿三定律。其中最重要的是牛顿第二定律，即质量为m的质点在合力$\boldsymbol{F}_R$的作用下所产生的加速度$\boldsymbol{a}$满足下列关系式

$$\boldsymbol{F}_R = m\boldsymbol{a} \tag{4-3-1}$$

式（4-3-1）称为动力学基本方程。

（二）质点运动微分方程

若将式（4-3-1）中的加速度表示为矢径对时间的二阶导数，便得质点运动微分方程为

$$m\frac{\mathrm{d}^2\boldsymbol{r}}{\mathrm{d}t^2} = \boldsymbol{F}_R \quad 或 \quad m\ddot{\boldsymbol{r}} = \boldsymbol{F}_R \tag{4-3-2}$$

将式（4-3-2）投影到固定的直角坐标轴上，得到直角坐标形式的质点运动微分方程为

$$m\ddot{x} = F_{Rx},\ m\ddot{y} = F_{Ry},\ m\ddot{z} = F_{Rz} \tag{4-3-3}$$

将式（4-3-2）投影到质点轨迹的自然轴系上，得到质点自然形式的运动微分方程为

$$m\ddot{s} = F_{R\tau},\ m\frac{\dot{s}^2}{\rho} = F_{Rn},\ 0 = F_{Rb} \tag{4-3-4}$$

应用式（4-3-3）和式（4-3-4）可求解质点动力学的两类问题。第一类问题是：已知质点的运动，求作用于该质点的力；第二类问题是：已知作用于质点的力，求该质点的运动。由式（4-3-2）可知，第一类问题只需进行微分运算，而第二类问题则需要解微分方程（进行积分运算），借已知的运动初始条件确定积分常数后，才能完全确定质点的运动。

【例 4-3-1】 设物块A为质点，其重力大小W =10N，静止在一个可绕y轴转动的平面上，如图所示。绳长l =2m，取重力加速度g =10m/s²。当平面与物块以常角速度 2rad/s 转动时，则绳中的张力是：

A. 11N　　B. 8.66N　　C. 5.00N　　D. 9.51N

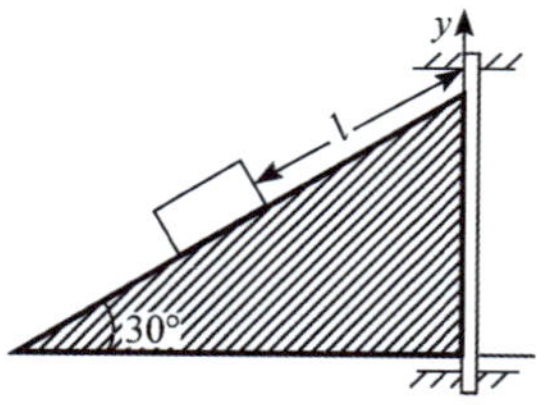

例 4-3-1 图

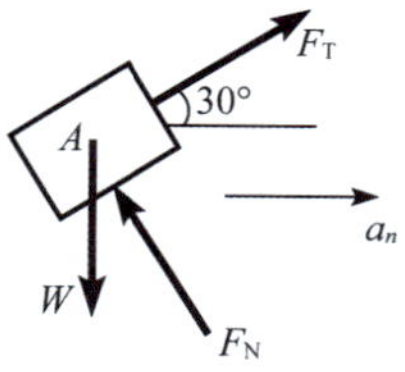

例 4-3-1 解图

解 物块围绕y轴做匀速圆周运动，其加速度为指向y轴的法向加速度a_n，其运动及受力分析如解图所示。

根据质点运动微分方程$ma = F$，将方程沿着斜面方向投影有：

$$\frac{W}{g}a_n\cos 30° = F_T - W\sin 30°$$

将$a_n = \omega^2 l\cos 30°$代入，解得：$F_T = 6 + 5 = 11\text{N}$。

答案： A

【例 4-3-2】 放在弹簧平台上的物块A，重力为$\boldsymbol{W}$，做上下往复运动，当经过图示位置的 1、0、2 时（0 为静平衡位置），平台对A的约束力分别为$\boldsymbol{P_1}$、$\boldsymbol{P_2}$、$\boldsymbol{P_3}$，它们之间的大小关系为：

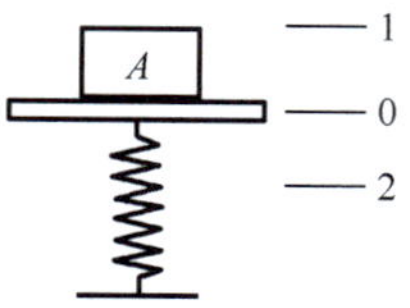

例 4-3-2 图

A. $P_1=P_2=W=P_3$　　B. $P_1>P_2=W>P_3$

C. $P_1<P_2=W<P_3$　　D. $P_1<P_3=W>P_2$

解 物块A在位置 1 时，其加速度向下，应用牛顿第二定律，$Wa/g=W-P_1$，则$P_1=W(1-a/g)$；而在静平衡位置 0 时，物块A的加速度为零，即$P_2=W$；同理，物块A在位置 2 时，其加速度向上，故$P_3=W(1+a/g)$。

答案：C

【例 4-3-3】 质量为m的物块A，置于与水平面成θ角的斜面B上，如图 a）所示，A与B间的摩擦系数为f，为保持A与B一起以加速度$\boldsymbol{a}$水平向右运动，则所需的加速度$\boldsymbol{a}$最大是：

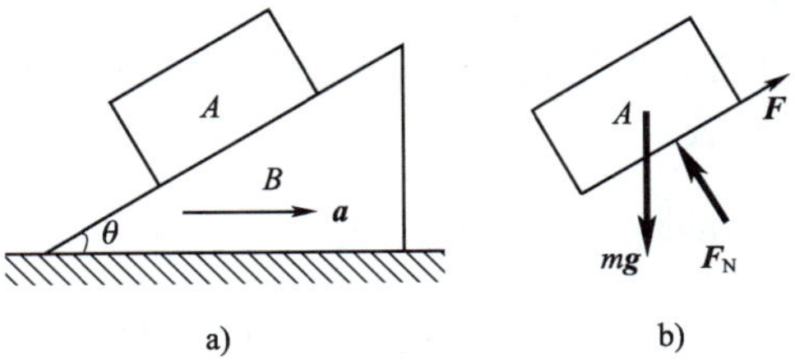

例 4-3-3 图

A. $a=\dfrac{g(f\cos\theta+\sin\theta)}{\cos\theta+f\sin\theta}$　　B. $a=\dfrac{gf\cos\theta}{\cos\theta+f\sin\theta}$

C. $a=\dfrac{g(f\cos\theta-\sin\theta)}{\cos\theta+f\sin\theta}$　　D. $a=\dfrac{gf\sin\theta}{\cos\theta+f\sin\theta}$

解 物块A的受力如图 b）所示，应用牛顿第二定律，沿斜面方向有：$ma\cos\theta=F-mg\sin\theta$，垂直于斜面方向有：$ma\sin\theta=mg\cos\theta-F_N$；所以当摩擦力$F=ma\cos\theta+mg\sin\theta\leqslant F_Nf$时可保证$A$与$B$一起以加速度$a$水平向右运动。式中$F_N=mg\cos\theta-ma\sin\theta$，代入后可求：$a\leqslant\dfrac{g(f\cos\theta-\sin\theta)}{\cos\theta+f\sin\theta}$。

答案：C

【例 4-3-4】 质量为m的物体M在地面附近自由降落，它所受的空气阻力的大小为$F_R=Kv^2$，其中K为阻力系数，v为物体速度，该物体所能达到的最大速度为：

A. $v=\sqrt{mg/K}$　　B. $v=\sqrt{mgK}$　　C. $v=\sqrt{g/K}$　　D. $v=\sqrt{gK}$

解 按照牛顿第二定律，在铅垂方向有$ma=F_R-mg=Kv^2-mg$，当$a=0$（速度v的导数为零）时有速度最大，为$v=\sqrt{mg/K}$。

答案：A

二、动力学普遍定理

由有限个或无限个质点通过约束联系在一起的系统，称为质点系。工程实际中的机械和结构物以及刚体均为质点系。对于质点系，没有必要研究其中每个质点的运动。

动力学普遍定理（包括动量定理、动量矩定理、动能定理）建立了表明质点系整体运动的物理量（如动量、动量矩、动能）与表明力作用效果的量（如冲量、力、力矩、力的功）之间的关系。应用动力学普遍定理能够有效地解决质点系的动力学问题。

（一）动力学普遍定理中各物理量的概念及定义

1. 质心

质心为质点系的质量中心，其位置可通过下列公式确定

$$x_C=\frac{\sum m_ix_i}{\sum m_i}=\frac{\sum m_ix_i}{m},\quad y_C=\frac{\sum m_iy_i}{\sum m_i}=\frac{\sum m_iy_i}{m},\quad z_C=\frac{\sum m_iz_i}{\sum m_i}=\frac{\sum m_iz_i}{m}\tag{4-3-5}$$

若令质点系质心的矢径为$\boldsymbol{r}_C = x_C\boldsymbol{i} + y_C\boldsymbol{j} + z_C\boldsymbol{k}$，第$i$个质点的矢径为$\boldsymbol{r}_i = x_i\boldsymbol{i} + y_i\boldsymbol{j} + z_i\boldsymbol{k}$；则质点系质心坐标的公式还可表示为

$$\boldsymbol{r}_C = \frac{\sum m_i\boldsymbol{r}_i}{\sum m_i} = \frac{\sum m_i\boldsymbol{r}_i}{m} \tag{4-3-6}$$

2. 转动惯量

转动惯量的定义、计算公式及常用简单形体的转动惯量见表 4-3-1 及表 4-3-2。

转动惯量的定义及计算公式　　表 4-3-1

名称	定　义	计 算 公 式
转动惯量	刚体内各质点的质量与质点到轴的垂直距离平方的乘积之和，是刚体转动惯性的度量	$J_z = \sum_{i=1}^{n} m_i r_i^2$
	刚体的质量与回转半径平方的乘积	$J_z = m\rho_z^2$
平行移轴定理	刚体对任一轴的转动惯量等于其对通过质心并与该轴平行的轴的转动惯量，加上刚体质量与两轴间距离平方的乘积	$J_z = J_{Cz} + md^2$

常用简单均质物体的转动惯量及回转半径　　表 4-3-2

物 体 形 状	简　图	转 动 惯 量	回 转 半 径
细直杆	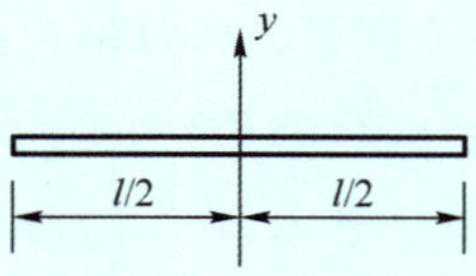	$J_y = \frac{1}{12}ml^2$	$\rho_y = \frac{1}{\sqrt{12}}l$
细圆环	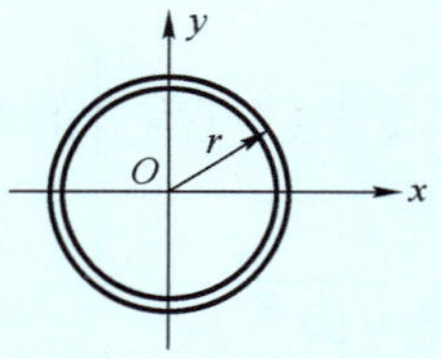	$J_x = J_y = \frac{1}{2}mr^2$ $J_z = J_O = mr^2$	$\rho_x = \rho_y = \frac{1}{\sqrt{2}}r$ $\rho_z = r$
薄圆盘	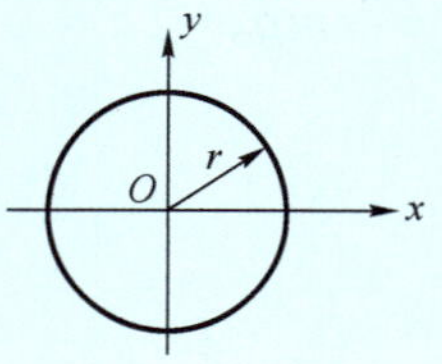	$J_x = J_y = \frac{1}{4}mr^2$ $J_z = J_O = \frac{1}{2}mr^2$	$\rho_x = \rho_y = \frac{1}{2}r$ $\rho_z = \frac{1}{\sqrt{2}}r$

3. 其他基本物理量

动力学普遍定理中各基本物理量（如动量、动量矩、动能、冲量、功、势能等）的概念、定义及表达式见表 4-3-3。

动力学普遍定理中各物理量的概念、定义及表达式　　表 4-3-3

物 理 量	概 念 及 定 义	表 达 式		量纲及单位
		质　点	质点系	
动量	物体的质量与其速度的乘积，是物体机械运动强弱的一种度量	$m\boldsymbol{v}$	$\boldsymbol{p} = \sum m_i\boldsymbol{v}_i = m\boldsymbol{v}_C$	$[M][L][T]^{-1}$ kg·m/s
冲量	力与其作用时间的乘积，用以度量作用于物体的力在一段时间内对其运动所产生的累计效应	$\boldsymbol{I} = \int_{t_1}^{t_2}\boldsymbol{F}\,\mathrm{d}t$	$\boldsymbol{I} = \sum\int_{t_1}^{t_2}\boldsymbol{F}_i\mathrm{d}t = \sum\boldsymbol{I}_i$	$[M][L][T]^{-1}$ kg·m/s

续上表

物理量		概念及定义	表达式 质点　质点系	量纲及单位
动量矩	质点	质点的动量对任选固定点O之矩，用以度量质点绕该点运动的强弱	$\boldsymbol{M}_O(m\boldsymbol{v})=\boldsymbol{r}\times m\boldsymbol{v}$ $[\boldsymbol{M}_O(m\boldsymbol{v})]_z=M_z(m\boldsymbol{v})$	$[M][L]^2[T]^{-1}$ $kg\cdot m^2/s$ 或 $N\cdot m\cdot s$
	质系	质点系中所有各质点的动量对于任选固定点O之矩的矢量和	$\boldsymbol{L}_O=\sum\boldsymbol{M}_O(m_i\boldsymbol{v}_i)=\sum\boldsymbol{r}_i\times m_i\boldsymbol{v}_i$	
	平移刚体	刚体的动量对于任选固定点O之矩	$\boldsymbol{L}_O=\boldsymbol{M}_O(m\,\boldsymbol{v}_C)=\boldsymbol{r}_C\times m\boldsymbol{v}_C$	
	转动刚体	刚体的转动惯量与角速度的乘积	$L_z=J_z\omega$	
动能	质点	质点的质量与速度平方的乘积之半，是由于物体的运动而具有的能量	$T=\dfrac{1}{2}mv^2$	$[M][L]^2[T]^{-2}$ J 或 $N\cdot m$ 或 $kg\cdot m^2/s^2$
	质系	质点系中所有各质点动能之和	$T=\sum\dfrac{1}{2}m_iv_i^2$	
	平移刚体	刚体的质量与质心速度的平方之半	$T=\dfrac{1}{2}mv_C^2$	
	转动刚体	刚体的转动惯量与角速度的平方之半	$T=\dfrac{1}{2}J_z\cdot\omega^2$	
	平面运动刚体	随质心平移的动能与绕质心转动的动能之和	$T=\dfrac{1}{2}mv_C^2+\dfrac{1}{2}J_C\omega^2$	
功		力在其作用点的运动路程中对物体作用的累积效应，功是能量变化的度量	$W_{12}=\int_{M_1}^{M_2}\boldsymbol{F}\cdot\mathrm{d}\boldsymbol{r}$ $=\int_{M_1}^{M_2}(\boldsymbol{F}_x\mathrm{d}x+\boldsymbol{F}_y\mathrm{d}y+\boldsymbol{F}_z\mathrm{d}z)$	$[M][L]^2[T]^{-2}$ J 或 $N\cdot m$ 或 $kg\cdot m^2/s^2$
		重力的功只与质点起、止位置有关	$W_{12}=mg(z_1-z_2)$	
		弹性力的功只与质点起、止位置的变形量有关	$W_{12}=\dfrac{k}{2}(\delta_1^2-\delta_2^2)$	
		定轴转动刚体上作用力的功 若$m_z(\boldsymbol{F})$=常量，则表达式表示如右栏	$W_{12}=\int_{\varphi_1}^{\varphi_2}m_z(\boldsymbol{F})\mathrm{d}\varphi$ $W_{12}=m_z(\boldsymbol{F})(\varphi_2-\varphi_1)$	
势能		质点从某位置至零势点有势力所做的功	$V=\int_{M}^{M_0}\boldsymbol{F}\cdot\mathrm{d}\boldsymbol{r}$	$[M][L]^2[T]^{-2}$ J 或 $N\cdot m$ 或 $kg\cdot m^2/s^2$
		重力势能：空间直角坐标系原点为零势点	$V=mgz_C$	
		弹性势能：弹簧原长为零势点	$V=\dfrac{1}{2}k\delta^2$	

（二）动力学三大普遍定理

动力学普遍定理（包括动量定理、质心运动定理，对固定点和相对质心的动量矩定理、动能定理）及相应的守恒定理的表达式及适用范围见表 4-3-4。

动力学普遍定理的表达式及适用范围 表 4-3-4

定理		表 达 式		守 恒 情 况	说 明
动量定理	质点	$\frac{\mathrm{d}}{\mathrm{d}t}(m\boldsymbol{v})=\boldsymbol{F}$		若$\sum \boldsymbol{F}^{(e)}=0$，则$\boldsymbol{p}=$恒量 若$\sum F_x^{(e)}=0$，则$\boldsymbol{p}_x=$恒量	主要阐明了刚体作平动或质系随质心平动部分的运动规律，常用于研究平动部分、质心的运动及约束力的求解
	质系	$\frac{\mathrm{d}}{\mathrm{d}t}\boldsymbol{p}=\sum \boldsymbol{F}^{(e)}$		若$\sum \boldsymbol{F}^{(e)}=0$，则$\boldsymbol{v}_C=$恒量；当$\boldsymbol{v}_{C0}=0$时，$\boldsymbol{r}_C=$恒量，即质心位置不变	
	质心运动定理	$m\boldsymbol{a}_C=\sum \boldsymbol{F}^{(e)}$		若$\sum F_x^{(e)}=0$，则$v_{Cx}=$恒量；当$v_{Cx0}=0$时，$x_C=$恒量，即质心x坐标不变	
动量矩定理	质点	$\frac{\mathrm{d}}{\mathrm{d}t}\boldsymbol{M}_O(m\boldsymbol{v})=\boldsymbol{M}_O(\boldsymbol{F})$ $\frac{\mathrm{d}}{\mathrm{d}t}M_z(m\boldsymbol{v})=M_z(\boldsymbol{F})$		若$\boldsymbol{M}_O(\boldsymbol{F})=0$，则$\boldsymbol{M}_O(m\boldsymbol{v})=$恒量 若$M_z(\boldsymbol{F})=0$，则$M_z(m\boldsymbol{v})$=恒量	主要阐明了刚体作定轴转动或质系绕质心转动部分的运动规律，常用于研究定轴转动及绕质心转动部分的运动
	质系	$\frac{\mathrm{d}\boldsymbol{L}_O}{\mathrm{d}t}=\boldsymbol{M}_O^{(e)}=\sum \boldsymbol{M}_O(\boldsymbol{F}^{(e)})$ $\frac{\mathrm{d}L_z}{\mathrm{d}t}=M_z^{(e)}=\sum M_z(\boldsymbol{F}^{(e)})$ 注：矩心O可以是任意固定点，亦可是质心		若$\sum \boldsymbol{M}_O(\boldsymbol{F}^e)=0$，则$\boldsymbol{L}_O=$恒量 若$\sum M_z(\boldsymbol{F}^{(e)})=0$，则$L_z=$恒量	
	定轴转动刚体	$J_z\alpha=\sum M_z(\boldsymbol{F}^{(e)})$		若$\sum M_z(\boldsymbol{F}^{(e)})=0$，则$\alpha=0$，$\omega=$恒量，刚体绕$z$轴作匀角速度转动	
	平面运动刚体	$m\boldsymbol{a}_C=\sum \boldsymbol{F}^{(e)}$ $J_C\alpha=\sum M_C(\boldsymbol{F}^{(e)})$		若$\sum M_z(\boldsymbol{F}^{(e)})=$恒量，则$\alpha=$恒量，刚体绕$z$轴作匀变速度转动	
动能定理		微分形式	积分形式	若质点或质系只在有势力作用下运动，则机械能守恒 $E=T+V=$常值	由于能量的概念更为广泛，所以此定理能阐明平动、转动、平面运动等运动规律，故常用于解各物体有关的运动量($\boldsymbol{v}$、$\boldsymbol{a}$、ω、α)
	质点	$\mathrm{d}\left(\frac{1}{2}mv^2\right)=\delta W$	$\frac{1}{2}mv_2^2-\frac{1}{2}mv_1^2=W_{12}$		
	质系	$\mathrm{d}T=\sum \delta W_i$	$T_2-T_1=\sum W_{12i}$		

【例 4-3-5】 如图所示丁字杆$OABD$的OA及BD段质量均为m，且$AD=AB=OA/2=l/2$，已知丁字杆在图示位置的角速度为ω，求此瞬时丁字杆的动量，对O轴的动量矩及动能。

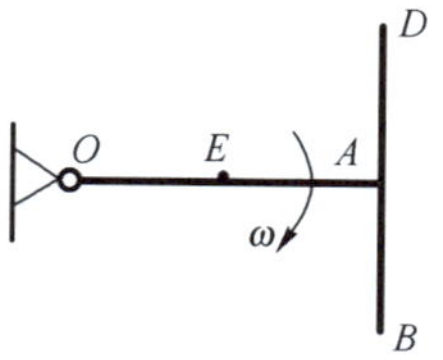

例 4-3-5 图

解 丁字杆作定轴转动，按照定义可求如下物理量。

(1) 动量

根据公式$\boldsymbol{p}=\sum m_i\boldsymbol{v}_i=\sum \boldsymbol{p}_i=m\boldsymbol{v}_C$，可将丁字杆分为$OA$和$BD$两部分，则整体的动量大小为

$$p=p_{OA}+p_{BD}=mv_E+mv_A=m\frac{l}{2}\omega+ml\omega=\frac{3}{2}ml\omega \quad (方向铅垂向下)$$

亦可求出丁字杆质心C的位置，即

$$x_C=\frac{m\frac{l}{2}+ml}{2m}=\frac{3}{4}l$$

丁字杆的动量为

$$p = 2mv_C = 2m \cdot \frac{3}{4}l\omega = \frac{3}{2}ml\omega$$

（2）对O轴的动量矩

$$L_O = J_O\omega$$

其中转动惯量J_O为

$$J_O = \frac{1}{3}ml^2 + \frac{1}{12}ml^2 + ml^2 = \frac{17}{12}ml^2$$

所以对O轴的动量矩为

$$L_O = \frac{17}{12}ml^2\omega$$

（3）动能

$$T = \frac{1}{2}J_O\omega^2 = \frac{17}{24}ml^2\omega^2$$

注：求解刚体的动量时，主要是求出刚体质心的速度；而求解刚体的动量矩和动能时，则首先需要判断刚体的运动形式，再应用相应的公式求解。

【例 4-3-6】 图示均质圆轮，质量m，半径R，由挂在绳上的重力大小为W的物块使其绕O运动。设物块速度为v，不计绳重，则系统动量、动能的大小为：

A. $\frac{W}{g} \cdot v$；$\frac{1}{2} \cdot \frac{v^2}{g}\left(\frac{1}{2}mg + W\right)$

B. mv；$\frac{1}{2} \cdot \frac{v^2}{g}\left(\frac{1}{2}mg + W\right)$

C. $\frac{W}{g} \cdot v + mv$；$\frac{1}{2} \cdot \frac{v^2}{g}\left(\frac{1}{2}mg - W\right)$

D. $\frac{W}{g} \cdot v - mv$；$\frac{W}{g} \cdot v + mv$

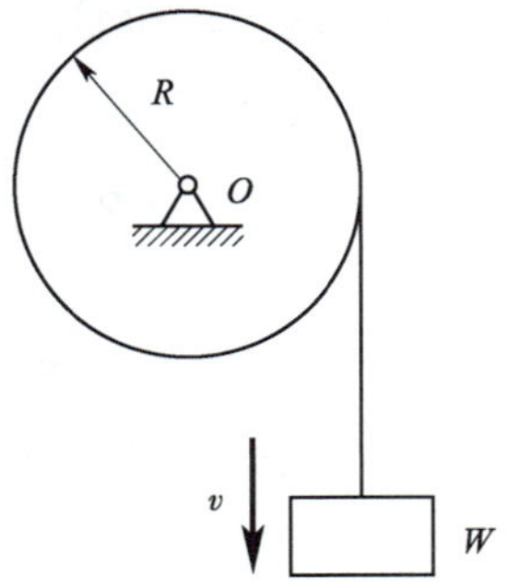

例 4-3-6 图

解 根据动量的公式：$p = mv_C$，则圆轮质心速度为零而动量为零，故系统的动量只有物块的$\frac{W}{g} \cdot v$。

又根据动能的公式：圆轮的动能为$\frac{1}{2} \cdot \frac{1}{2}mR^2\omega^2 = \frac{1}{4}mR^2\left(\frac{v}{R}\right)^2 = \frac{1}{4}mv^2$，物块的动能为$\frac{1}{2} \cdot \frac{W}{g}v^2$，二者相加为$\frac{1}{2} \cdot \frac{v^2}{g}\left(\frac{1}{2}mg + W\right)$。

答案： A

【例 4-3-7】 A块与B块叠放如图所示，各接触面处均考虑摩擦。当B块受力F作用沿水平面运动时A块仍静止于B块上，于是：

A. 各接触面处的摩擦力均做负功

B. 各接触面处的摩擦力均做正功

C. A块上的摩擦力做正功

D. B块上的摩擦力做正功

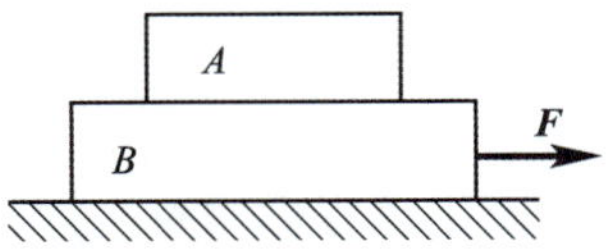

例 4-3-7 图

解 作用在物块B上下两面的摩擦力均水平向左，而物块B向右运动，其摩擦力做负功；而作用在物块A上的摩擦力水平向右，使其向右运动，做正功。

答案： C

【例 4-3-8】 质量m_1与半径r均相同的三个均质滑轮，在绳端作用有力或挂有重物，如图所示。已知均质滑轮的质量为$m_1 = 2\text{kN} \cdot \text{s}^2/\text{m}$，重物的质量分别为$m_2 = 0.2\text{kN} \cdot \text{s}^2/\text{m}$，$m_3 = 0.1\text{kN} \cdot \text{s}^2/\text{m}$，重力加速度按$g = 10\text{m/s}^2$计算，则各轮转动的角加速度$\alpha$间的关系是：

A. $\alpha_1 = \alpha_3 > \alpha_2$　　B. $\alpha_1 < \alpha_2 < \alpha_3$

C. $\alpha_1>\alpha_3>\alpha_2$　　　　D. $\alpha_1\neq\alpha_2=\alpha_3$

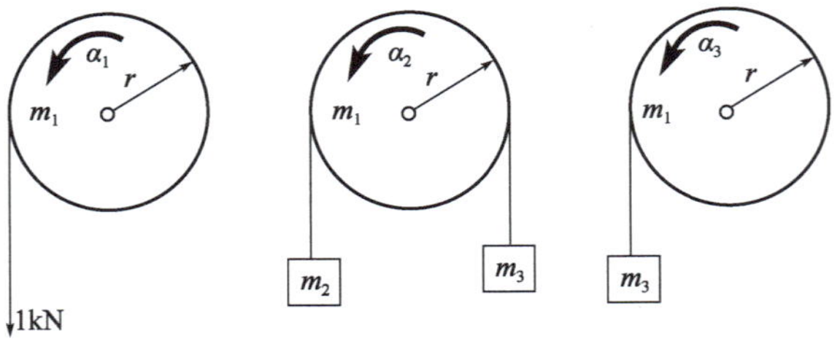

例 4-3-8 图

解　根据动量矩定理：$J\alpha_1=1\times r$（J为滑轮的转动惯量）；$J\alpha_2+m_2r^2\alpha_2+m_3r^2\alpha_2=(m_2g-m_3g)r=1\times r$；$J\alpha_3+m_3r^2a_3=m_3gr=1\times r$，则

$$\alpha_1=\frac{1\times r}{J};\ \alpha_2=\frac{1\times r}{J+m_2r^2+m_3r^2};\ \alpha_3=\frac{1\times r}{J+m_3r^2}$$

答案： C

【例 4-3-9】 如图所示圆环以角速度ω绕铅直轴AC自由转动，圆环的半径为R，对转轴z的转动惯量为I。在圆环中的A点放一质量为m的小球，设由于微小的干扰，小球离开A点。忽略一切摩擦，则当小球达到B点时，圆环的角速度为：

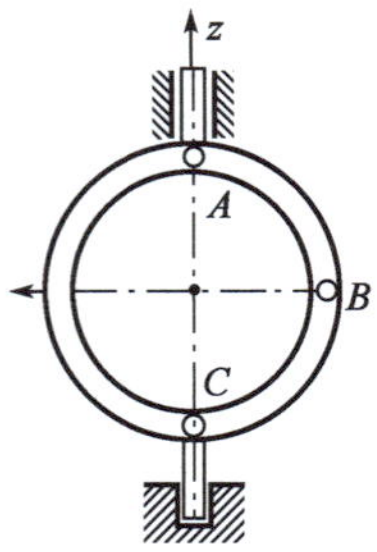

例 4-3-9 图

A. $mR^2\omega/(I+mR^2)$　　　　B. $I\omega/(I+mR^2)$

C. ω　　　　D. $2I\omega/(I+mR^2)$

解　系统在转动中对转动轴z的动量矩守恒，即：$I\omega=(I+mR^2)\omega_t$（设ω_t为小球达到B点时圆环的角速度），则$\omega_t=I\omega/(I+mR^2)$。

答案： B

【例 4-3-10】 质量为m，长为$2l$的均质细杆初始位于水平位置，如图 a）所示。A端脱落后，杆绕轴B转动，当杆转到铅垂位置时，AB杆B处的约束力大小为：

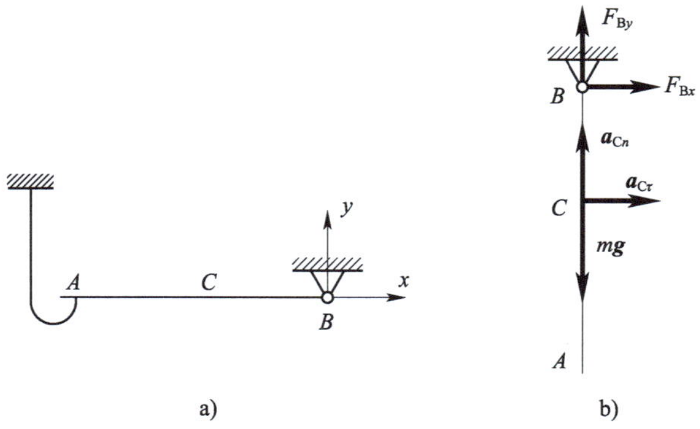

例 4-3-10 图

A. $F_{Bx}=0$；$F_{By}=0$　　　　B. $F_{Bx}=0$；$F_{By}=mg/4$

C. $F_{Bx}=l$；$F_{By}=mg$　　　　D. $F_{Bx}=0$；$F_{By}=5mg/2$

解　根据动能定理，当杆从水平位置转动到铅垂位置时（图 b）

初动能$T_1=0$；末动能$T_2=\frac{1}{2}J_B\omega^2=\frac{1}{2}\cdot\frac{1}{3}m(2l)^2\omega^2=\frac{2}{3}ml^2\omega^2$

重力的功$W_{12}=mgl$

代入动能定理$T_2-T_1=W_{12}$，得$\omega_2=\frac{3g}{2l}$，$\omega=\sqrt{\frac{3g}{2l}}$

根据定轴转动微分方程：$J_B\alpha=M_B(F)=0$，$\alpha=0$

杆质心的加速度$a_{C\tau} = l\alpha = 0$，$a_{Cn} = l\omega^2 = \frac{3g}{2}$

由质心运动定理：$m\boldsymbol{a}_C = \sum \boldsymbol{F}$

可得：$ml\omega^2 = F_{By} - mg$，则$F_{By} = \frac{5}{2}mg$，$F_{Bx} = 0$

答案： D

【例 4-3-11】 如图所示均质链条传动机构的大齿轮以角速度ω转动，已知大齿轮半径为R，质量为m_1，小齿轮半径为r，质量为m_2，链条质量不计，则此系统的动量为：

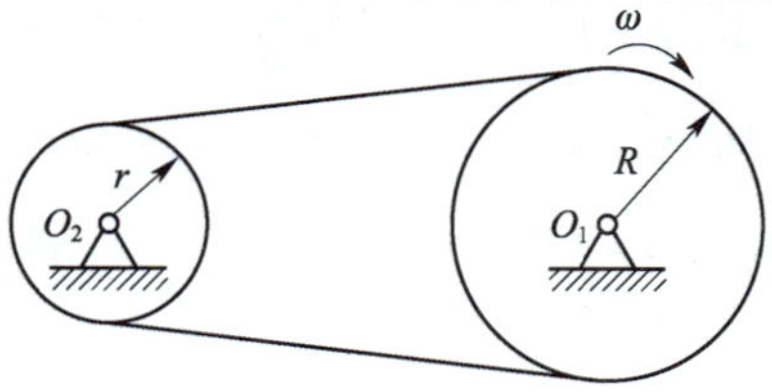

例 4-3-11 图

A. $(m_1 + 2m_2)v \rightarrow$　　　　B. $(m_1 + m_2)v \rightarrow$

C. $(2m_2 - m_1)v \rightarrow$　　　　D. 0

解 根据动量的定义，系统的动量$p = m_i v_i$，而两轮质心的速度均为零，故动量为零，链条不计质量，所以此系统的动量为零。

答案： D

【例 4-3-12】 均质圆柱体半径为R，质量为m，绕关于对纸面垂直的固定水平轴自由转动，初瞬时静止（质心G在O轴的铅垂线上，$\theta = 0$），如图所示。则圆柱体在位置$\theta = 90°$时的角速度是：

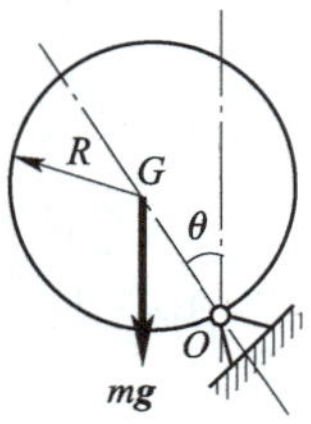

例 4-3-12 图

A. $\sqrt{\frac{g}{3R}}$　　B. $\sqrt{\frac{2g}{3R}}$　　C. $\sqrt{\frac{4g}{3R}}$　　D. $\sqrt{\frac{g}{2R}}$

解 根据动能定理：$T_2 - T_1 = W_{12}$，其中$T_1 = 0$（初瞬时静止），$T_2 = \frac{1}{2} \cdot \frac{3}{2} mR^2\omega^2$，$W_{12} = mgR$，代入动能定理：$\frac{3}{4}mR^2\omega^2 - 0 = mgR$，可得$\omega = \sqrt{\frac{4g}{3R}}$。

答案： C

三、达朗贝尔原理

达朗贝尔原理提供了研究非自由质点系动力学问题的一种普遍方法，即通过引入惯性力，将动力学问题在形式上转化为静力学问题，用静力学中求解平衡问题的方法求解动力学问题，故亦称动静法。

（一）惯性力的概念

当质点受到力的作用而要其改变运动状态时，由于质点具有保持其原有运动状态不变的惯性，将会体现出一种抵抗能力，这种抵抗力，就是质点给予施力物体的反作用力，而这个反作用力称为惯性力，用$\boldsymbol{F}_I$表示。质点惯性力的大小等于质点的质量与加速度的乘积，方向与质点加速度方向相反。即

$$\boldsymbol{F}_I = -m\boldsymbol{a} \tag{4-3-7}$$

需要特别指出的是，质点的惯性力是质点对改变其运动状态的一种抵抗，它并不作用于质点上，而是作用在使质点改变运动状态的施力物体上，但由于惯性力反映了质点本身的惯性特征，所以其大小、方向又由质点的质量和加速度来度量。

（二）刚体惯性力系的简化

对于刚体，可以将其细分而作为无穷多个质点的集合。如果我们研究刚体整体的运动，可以运用静

力学中所述力系简化的方法，将刚体无穷多质点上虚加的惯性力向一点简化，并利用简化的结果来等效原来的惯性力系。其简化结果见表 4-3-5。

刚体惯性力系的简化结果　　表 4-3-5

刚体的运动形式	表达式	备注	
平移刚体	$\boldsymbol{F}_{\mathrm{I}}=-m\boldsymbol{a}_{\mathrm{C}}$，$M_{\mathrm{IC}}=0$	惯性力合力的作用点在质心，适用于任意形状的刚体	
定轴转动刚体	$\boldsymbol{F}_{\mathrm{I}}=-m\boldsymbol{a}_{\mathrm{C}}$，$M_{\mathrm{IO}}=-J_{\mathrm{O}}\alpha$	惯性力的作用点在转动轴O处	只适用于转动轴垂直于质量对称平面的刚体
	$\boldsymbol{F}_{\mathrm{I}}=-m\boldsymbol{a}_{\mathrm{C}}$，$M_{\mathrm{IC}}=-J_{\mathrm{C}}\alpha$	惯性力的作用点在质心C处	
平面运动刚体	$\boldsymbol{F}_{\mathrm{I}}=-m\boldsymbol{a}_{\mathrm{C}}$，$M_{\mathrm{IC}}=-J_{\mathrm{C}}\alpha$	惯性力的作用点在质心C处	

（三）达朗贝尔原理的含义

当质点（系）上施加了恰当的惯性力后，从形式上看，质点（系）运动的任一瞬时，作用于质点上的主动力、约束力，以及质点的惯性力构成一平衡力系。这就是质点（系）的达朗贝尔原理。应用该原理求解动力学问题的方法，称为动静法。达朗贝尔原理的方程见表 4-3-6。

达朗贝尔原理基本方程　　表 4-3-6

方法	方程	备注
质点的达朗贝尔原理	$\boldsymbol{F}+\boldsymbol{F}_{\mathrm{N}}+\boldsymbol{F}_{\mathrm{I}}=0$	由牛顿第二定律推出，只具有平衡方程的形式，而没有平衡的实质。特别适用于已知质点（系）的运动求约束力的情形。对质点系的动静法，只需考虑外力的作用
质点系的达朗贝尔原理	$\sum_{i=1}^{n}\boldsymbol{F}_i+\sum_{i=1}^{n}\boldsymbol{F}_{\mathrm{N}i}+\sum_{i=1}^{n}\boldsymbol{F}_{\mathrm{I}i}=0$ $\sum_{i=1}^{n}\boldsymbol{M}_{\mathrm{O}}(\boldsymbol{F}_i)+\sum_{i=1}^{n}\boldsymbol{M}_{\mathrm{O}}(\boldsymbol{F}_{\mathrm{N}i})+\sum_{i=1}^{n}\boldsymbol{M}_{\mathrm{O}}(\boldsymbol{F}_{\mathrm{I}i})=0$	

【例 4-3-13】 如图所示均质圆盘作定轴转动，其中图 a）、图 c）的转动角速度为常量，而图 b）、图 d）的角速度不为常量。则（　　）的惯性力系简化结果为平衡力系。

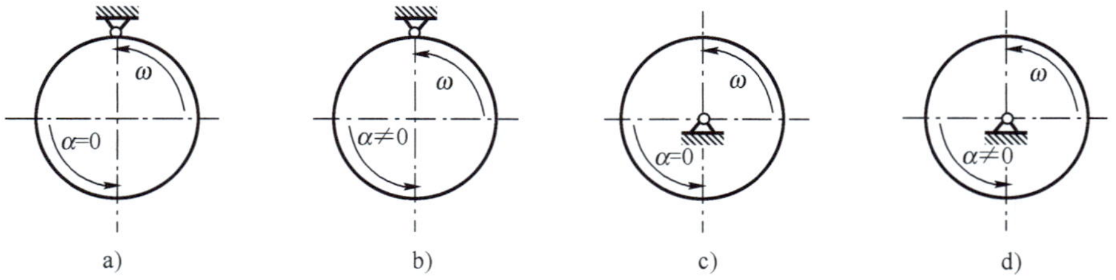

例 4-3-13 图

A. 图 a）　　B. 图 b）　　C. 图 c）　　D. 图 d）

解 根据定轴转动刚体惯性力系的简化结果，上述圆盘的惯性力系均可简化为作用于质心的一个力F_{I}和一力偶矩为M_{IC}的力偶，且

$$\boldsymbol{F}_{\mathrm{I}}=-m\boldsymbol{a}_{\mathrm{C}},\quad M_{\mathrm{IC}}=-J_{\mathrm{C}}\alpha$$

在图 c）中，$\boldsymbol{a}_{\mathrm{C}}=0$，$\alpha=0$，故$\boldsymbol{F}_{\mathrm{I}}=0$，$M_{\mathrm{IC}}=0$，惯性力系成为平衡力系。

答案：C

【例 4-3-14】 质量为m，半径为R的均质圆盘，绕垂直于图面的水平轴O转动，其角速度为ω，在图示瞬时，角加速度为零，盘心C在其最低位置，此时将圆盘的惯性力系向O点简化，其惯性力主矢和惯性力主矩的大小分别为：

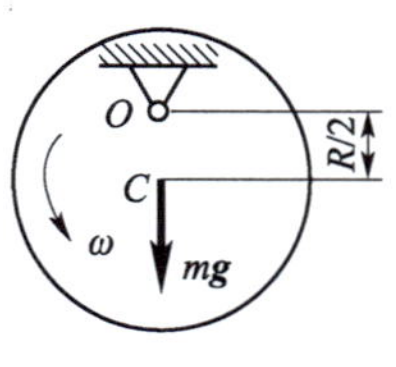

例 4-3-14 图

A. $m\frac{R}{2}\omega^2$；0　　B. $mR\omega^2$；0

C. 0；0　　　　D. 0；$\frac{1}{2}mR^2\omega^2$

解 根据定轴转动刚体惯性力系的简化结果，求惯性力主矢和主矩大小的公式分别为$F_{\mathrm{I}}=ma_C$，$M_{\mathrm{IO}}=J_O\alpha$，此题中：$a_{\mathrm{C}}=\frac{1}{2}R\omega^2$，$a=0$，代入公式可得：$F_{\mathrm{I}}=m\frac{R}{2}\omega^2$，$M_{\mathrm{I}}=0$。

答案： A

【例 4-3-15】 均质直杆OA的质量为m，长为l，以匀角速度ω绕O轴转动如图示。此时将OA杆的惯性力系向O点简化，其惯性力主矢和惯性力主矩的大小分别为：

A. 0，0　　　　B. $\frac{1}{2}ml\omega^2$，$\frac{1}{3}ml^2\omega^2$

C. $ml\omega^2$，$\frac{1}{2}ml^2\omega^2$　　　　D. $\frac{1}{2}ml\omega^2$，0

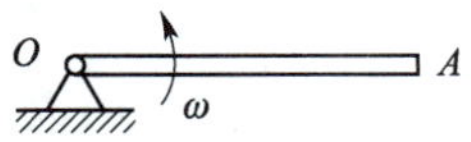

例 4-3-15 图

解 根据定轴转动刚体惯性力系的简化结果分析，匀角速度转动（$\alpha=0$）刚体的惯性力主矢和主矩的大小分别为：$F_{\mathrm{I}}=ma_{\mathrm{C}}=\frac{1}{2}ml\omega^2$，$M_{\mathrm{IO}}=J_O\alpha=0$。

答案： D

【例 4-3-16】 质量不计的水平细杆AB长为L，在沿垂图面内绕A轴转动，其另一端固连质量为m的质点B，在图 a）示水平位置静止释放。则此瞬时质点B的惯性力为：

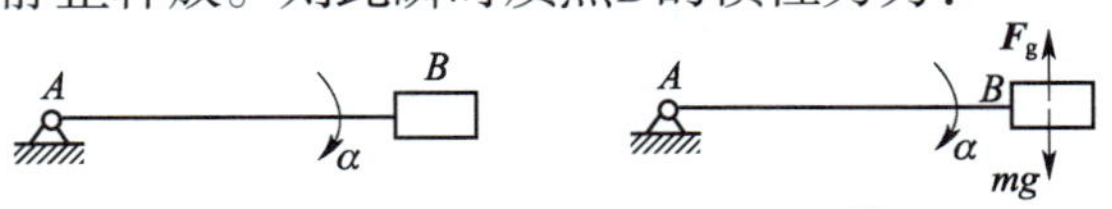

a)　　　　b)

例 4-3-16 图

A. $F_{\mathrm{g}}=mg$　　　　B. $F_{\mathrm{g}}=\sqrt{2}mg$　　　　C. 0　　　　D. $F_{\mathrm{g}}=\frac{\sqrt{2}}{2}mg$

解 杆水平瞬时，其角速度为零，加在物块上的惯性力铅垂向上（图 b），列平衡方程$\sum M_O(\boldsymbol{F})=0$，则有$(F_{\mathrm{g}}-mg)l=0$，所以$F_{\mathrm{g}}=mg$。

答案： A

【例 4-3-17】 三角形物块沿水平地面运动的加速度为$\boldsymbol{a}$，方向如图 a）所示。物块倾斜角为θ。重力大小为W的小球在斜面上用细绳拉住，绳另端固定在斜面上。设物块运动中绳不松软，则小球对斜面的压力$\boldsymbol{F}_{\mathrm{N}}$的大小为：

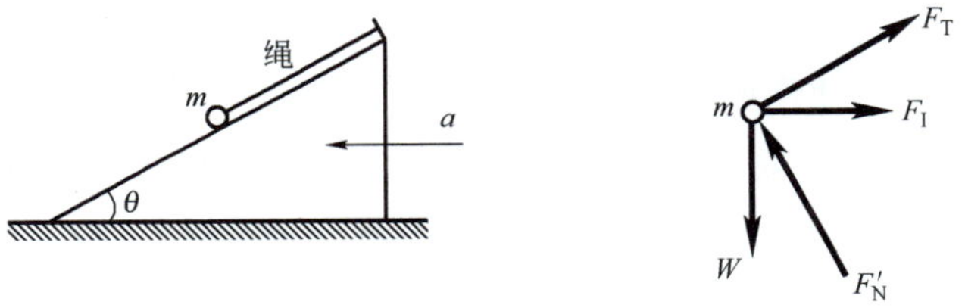

a)　　　　b)

例 4-3-17 图

A. $F_{\mathrm{N}}<W\cos\theta$　　　　B. $F_{\mathrm{N}}>W\cos\theta$

C. $F_{\mathrm{N}}=W\cos\theta$　　　　D. 只根据所给条件则不能确定

解 应用达朗贝尔原理，在小球上加一水平向右的惯性力$\boldsymbol{F}_{\mathrm{I}}$，使其与重力$\boldsymbol{W}$、绳的拉力$\boldsymbol{F}_{\mathrm{T}}$及斜面的约束力$\boldsymbol{F}'_{\mathrm{N}}$形成形式上的平衡状态，受力如图 b）所示。将小球所受之力沿垂直于斜面的方向列力的投影平衡方程，有

$$F'_{\mathrm{N}}-F_{\mathrm{I}}\sin\theta-W\cos\theta=0$$

则$F'_{\mathrm{N}}=F_{\mathrm{N}}=F_{\mathrm{I}}\sin\theta+W\cos\theta$

答案： B

【例 4-3-18】物块A的质量为 8kg，静止放在无摩擦的水平面上。另一质量为 4kg 的物块B被绳系住，如图所示，滑轮无摩擦。若物块A的速度$a = 3.3\text{m/s}^2$，则物块B的惯性力为：

A. 13.2N(铅垂向上)

B. 13.2N(铅垂向下)

C. 26.4N(铅垂向上)

D. 26.4N(铅垂向下)

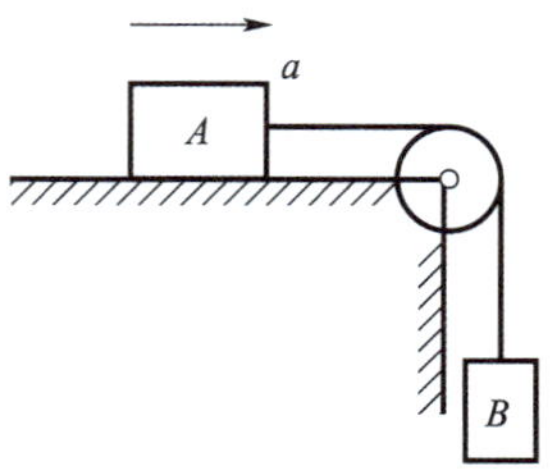

例 4-3-18 图

解 根据惯性力的定义：$F_\text{I} = -ma$，物块B的加速度与物块A的加速度大小相同，且向下，故物块B的惯性力$F_\text{BI} = 4 \times 3.3 = 13.2\text{N}$，方向与其加速度方向相反，即铅垂向上。

答案： A

四、质点的直线振动

物体在某一位置附近作往复运动，这种运动称为振动。常见的振动有钟摆的运动、汽缸中活塞的运动等。

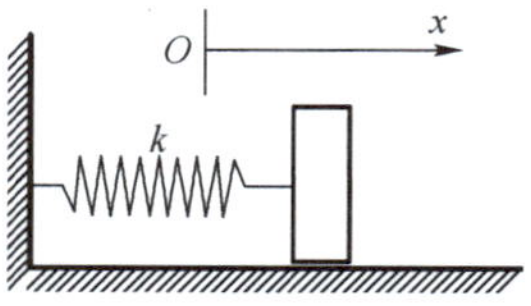

图 4-3-1 单自由度系统自由振动模型

（一）自由振动微分方程

质量块受初始扰动，仅在恢复力作用下产生的振动称为自由振动。考查如图 4-3-1 所示之弹簧振子，设物块的质量为m，弹簧的刚度为k，由牛顿定律

$$m\frac{\text{d}^2x}{\text{d}t^2} = -kx$$

令$\omega_0^2 = \frac{k}{m}$，则有

$$\frac{\text{d}^2x}{\text{d}t^2} + \omega_0^2 x = 0 \tag{4-3-8}$$

此式称为无阻尼自由振动微分方程的标准形式。其解为

$$x = A\sin(\omega_0 t + \varphi) \tag{4-3-9}$$

（二）振动周期、固有频率和振幅

若初始$t = 0$时，$x = x_0$，$v = v_0$，则式（4-3-9）中各参数的物理意义及计算公式列于表 4-3-7 中。

自由振动的参数 表 4-3-7

	振幅	初相角	固有圆频率	周期
公式	$A = \sqrt{x_0^2 + \frac{v_0^2}{\omega_0^2}}$	$\varphi = \arctan\frac{\omega_0 x_0}{v_0}$	$\omega_0 = \sqrt{\frac{k}{m}}$	$T = \frac{2\pi}{\omega_0}$
定义	相对于振动中心的最大位移	初相角决定质点运动的起始位置	2π秒内的振动次数	振动一次所需要的时间

（三）求固有频率的方法

1. 列微分方程

化振动微分方程为标准形式（4-3-8）后，取位移坐标x前的系数，即为固有频率ω_0的平方。

2. 利用弹簧的静变形δ_st

在静平衡位置，刚度为k的弹簧产生的弹性力与物块的重力mg相等，即$k\delta_\text{st} = mg$，将其代入表 4-3-7 中固有圆频率的表达式，有

$$\omega_0 = \sqrt{\frac{k}{m}} = \sqrt{\frac{mg}{m\delta_{st}}} = \sqrt{\frac{g}{\delta_{st}}} \tag{4-3-10}$$

3. 等效弹簧刚度

图 4-3-2a）为两个弹簧并联的模型，图 4-3-2b）为弹簧串联模型，这两种模型均可简化为如图 4-3-2c）所示弹簧-质量系统。

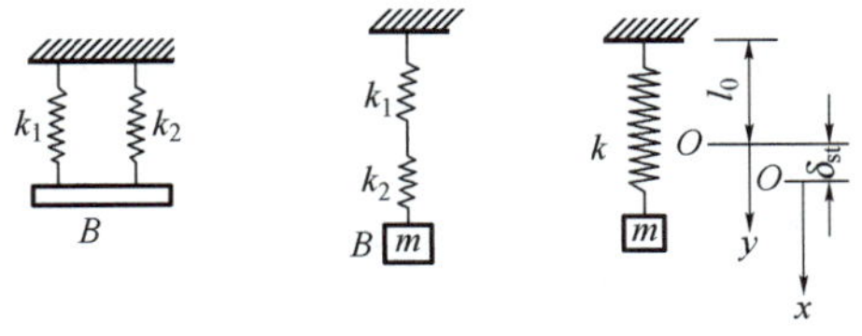

图 4-3-2 弹簧的并联和串联模型

弹簧并联
$$k = k_1 + k_2 \tag{4-3-11}$$

系统的固有频率
$$\omega_0 = \sqrt{\frac{k}{m}} = \sqrt{\frac{k_1 + k_2}{m}}$$

弹簧串联
$$k = \frac{k_1 k_2}{k_1 + k_2} \tag{4-3-12}$$

系统的固有频率
$$\omega_0 = \sqrt{\frac{k}{m}} = \sqrt{\frac{k_1 k_2}{m(k_1 + k_2)}}$$

4. 能量法

因为自由振动系统为保守系统，故运动过程中，系统的机械能守恒。若设系统的静平衡位置（振动中心）为零势能位置，则在此位置，物块的速度达到最大，系统具有最大动能，势能为零；当物块偏离振动中心极端位置时，位移最大，速度为零，系统具有最大势能，动能为零。因此在这两个位置机械能守恒，有

$$T_{max} = V_{max} \tag{4-3-13}$$

根据式（4-3-9）可得$T_{max} = \frac{1}{2}m\dot{x}_{max}^2 = \frac{1}{2}mA^2\omega_0^2$，$V_{max} = \frac{1}{2}kA_{max}^2 = \frac{1}{2}kA^2$

则有
$$\omega_0 = \sqrt{\frac{k}{m}}$$

所得结果与表 4-3-7 中固有频率的公式相同。

（四）衰减振动

振动中的阻力，习惯上称为阻尼。这里仅考虑阻力的大小与运动速度成正比，阻力的方向与速度矢量的方向相反这种类型的阻力，即

$$\boldsymbol{F}_d = -c\boldsymbol{v} \tag{4-3-14}$$

如图 4-3-3 所示为弹簧振子的有阻尼自由振动的力学模型，根据牛顿定律

$$m\frac{d^2x}{dt^2} = -kx - c\frac{dx}{dt}$$

令$n = c/(2m)$，上述方程可以整理成

$$\frac{d^2x}{dt^2} + 2n\frac{dx}{dt} + \omega_0^2 x = 0 \tag{4-3-15}$$

对于不同的n值，上述方程的解有以下三种不同形式。

1. 弱阻尼状态（或欠阻尼状态）

此时，$n < \omega_0$，方程（4-3-15）的解为

$$x = Ae^{-nt}\sin\left(\sqrt{\omega_0^2 - n^2}t + \varphi\right) \tag{4-3-16}$$

式中，A、φ为积分常数，由初始条件决定。如图 4-3-4 所示为振子的位移与时间的关系。此时振子的运动是一种振幅按指数规律衰减的振动。图中振幅的包络线的表达式为Ae^{-nt}，相邻的两个振幅之比称为减缩系数，记作η。

$$\eta = \frac{A_m}{A_{m+1}} = \frac{Ae^{-nt_\mathrm{m}}}{Ae^{-n(t_\mathrm{m}+T_\mathrm{d})}} = e^{nT_\mathrm{d}} \tag{4-3-17}$$

其中$T_\mathrm{d} = \frac{2\pi}{\omega_\mathrm{d}} = \frac{2\pi}{\sqrt{\omega_0^2 - n^2}}$为阻尼振动的周期。为应用方便，常引入对数减缩率，记作Λ。

$$\Lambda = \ln\left(\frac{A_m}{A_{m+1}}\right) = nT_\mathrm{d} \tag{4-3-18}$$

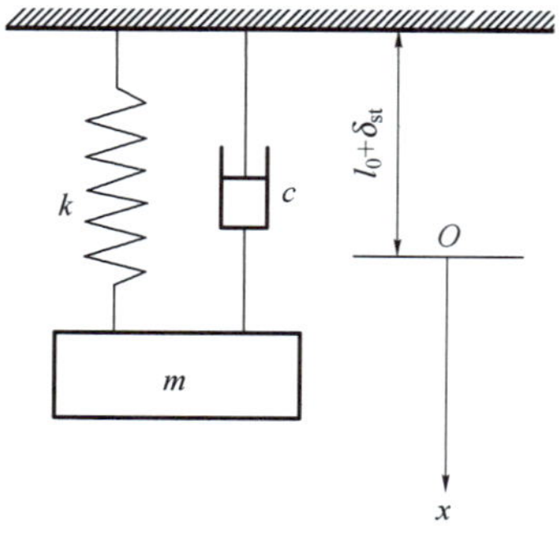

图 4-3-3 弹簧振子的有阻尼自由振动模型

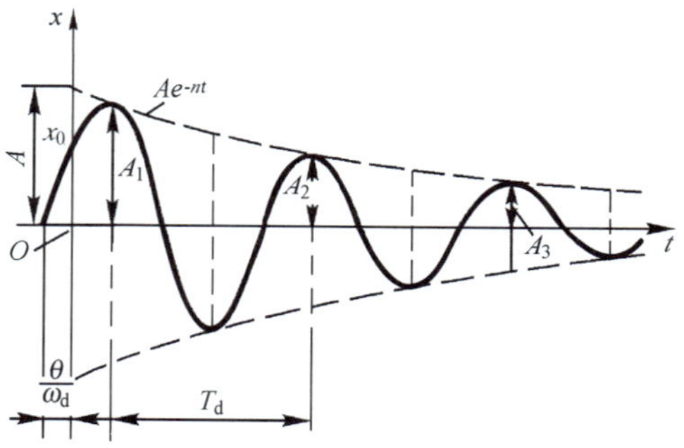

图 4-3-4 弱阻尼状态振子的位移与时间的关系

2. 过阻尼状态

此时$n > \omega_\mathrm{n}$，方程（4-3-15）的解为

$$x = C_1e^{\lambda_1 t} + C_2e^{\lambda_2 t} \tag{4-3-19}$$

式中，C_1、C_2为积分常数，由初始条件决定。此时已不能振动，系统缓慢回到平衡状态。

3. 临界阻尼状态

此时$n = \omega_\mathrm{n}$，方程（4-3-15）的解为

$$x = e^{-nt}(C_1 + C_2t) \tag{4-3-20}$$

系统也不能振动且较快地回到平衡位置。

（五）受迫振动

受迫振动是系统在外界激励下所产生的振动，如图 4-3-5 所示为强迫振动的力学模型，系统在激振力$\boldsymbol{F}$作用下发生振动。

外激振力一般为时间的函数，最简单的形式是简谐激振力

$$F = H\sin\omega t \tag{4-3-21}$$

对质点应用牛顿第二定律，有

$$m\frac{\mathrm{d}^2x}{\mathrm{d}t^2} = -kx - c\frac{\mathrm{d}x}{\mathrm{d}t} + H\sin\omega t$$

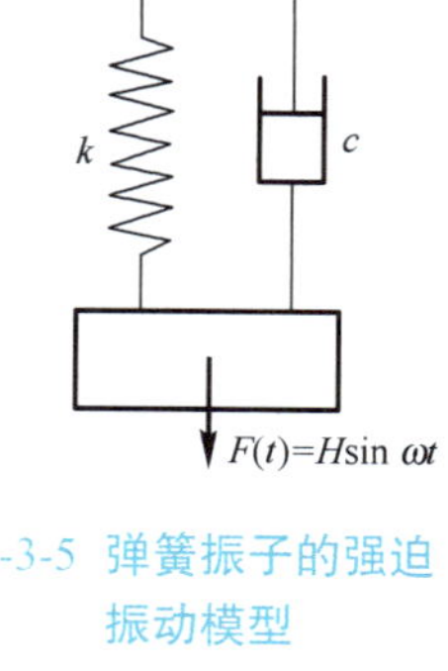

图 4-3-5 弹簧振子的强迫振动模型

令$h=H/m$，上述方程变为

$$\frac{d^2x}{dt^2}+2n\frac{dx}{dt}+\omega_0^2x=h\sin\omega t \tag{4-3-22}$$

这一方程称为有阻尼受迫振动微分方程的标准形式，若其中第二项（即阻尼项）为零，则为无阻尼受迫振动。方程（4-3-20）的通解为

$$x=Ae^{-nt}\sin\left(\sqrt{\omega_0^2-n^2}t+\varphi\right)+B\sin(\omega t-\varepsilon) \tag{4-3-23}$$

其中A和φ为积分常数，由运动初始条件确定；B为受迫振动的振幅，ε为受迫振动的相位差，可由下列公式表示

$$B=\frac{h}{\sqrt{(\omega_0^2-\omega^2)^2+4n^2\omega^2}} \tag{4-3-24}$$

$$\tan\varepsilon=\frac{2n\omega}{\omega_0^2-\omega^2} \tag{4-3-25}$$

可见有阻尼受迫振动的解由两部分组成，第一部分是衰减振动，第二部分是受迫振动。通常将第一部分称为瞬态过程，第二部分称为稳态过程，稳态过程是研究的重点。

受迫振动的振幅达到极大值的现象称为共振。

在稳态过程中，受迫振动的一个重要特征是：振幅、相位差的取值与激振力的频率、系统的自由振动固有频率和阻尼有关。其关系曲线如图 4-3-6、图 4-3-7 所示。采用量纲为 1 的形式，图中横轴表示频率比$s=\omega/\omega_0$，纵轴表示振幅比$\beta=B/B_0$（$B_0=H/k$），阻尼的改变用阻尼比$\zeta=n/\omega_0$的改变来表示。

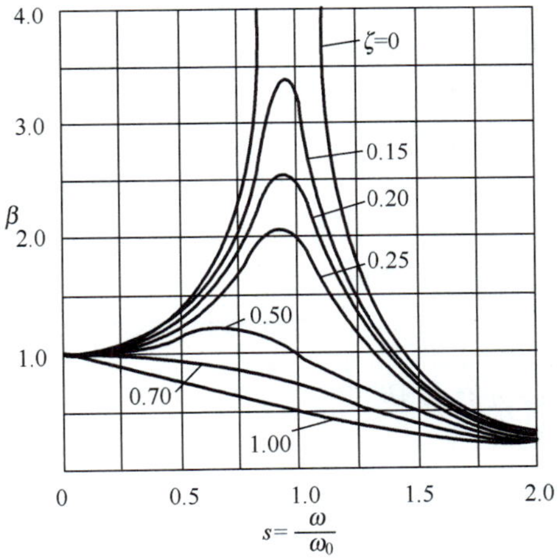

图 4-3-6 幅频特性曲线

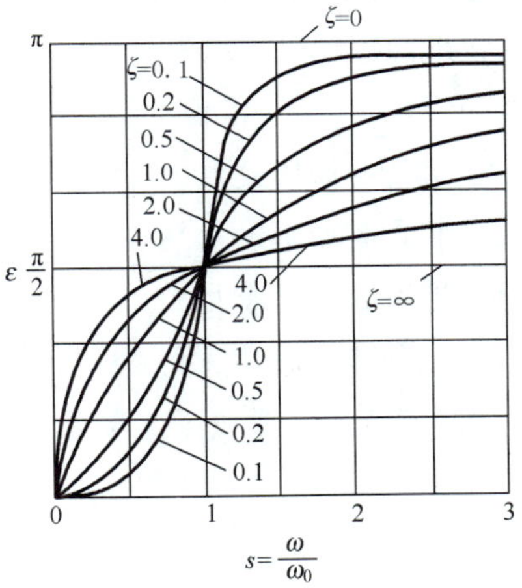

图 4-3-7 相频特性曲线

将式（4-3-24）对ω求一次导数并令其等于零，可以发现，此时振幅B有极大值，即共振固有圆频率ω_r为

$$\omega_r=\sqrt{\omega_0^2-2n^2} \tag{4-3-26}$$

当阻尼为零时，共振固有圆频率为

$$\omega_r=\omega_0 \tag{4-3-27}$$

即无阻尼强迫振动时，只要激振力频率与自由振动频率相等，便发生共振，由式（4-3-20）可知，此时的振幅B为无穷大。

共振是受迫振动中常见的现象，共振时，振幅随时间的增加不断增大，有时会引起系统的破坏，应

设法避免；利用共振也可制造各种设备，如超声波发生器、核磁共振仪等，造福于人类。实际问题中，由于阻尼的存在，振幅不会无限增大。

【例 4-3-19】 如图所示，弹簧-物块直线振动系统位于铅垂面内。弹簧刚度系数为k，物块质量为m。若已知物块的运动微分方程为$m\ddot{x}+kx=0$，则描述运动坐标Ox的坐标原点应为：

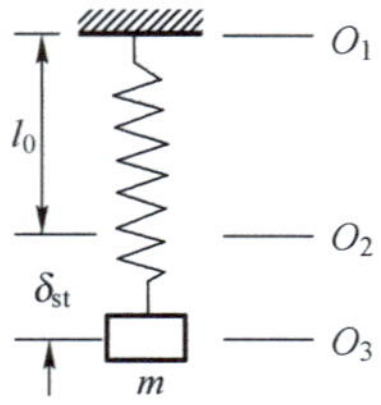

例 4-3-19 图

A. 弹簧悬挂处之点O_1

B. 弹簧原长l_0处之点O_2

C. 弹簧由物块重力引起静伸长δ_{st}之点O_3

D. 任意点皆可

解 列振动微分方程时，把坐标原点设在物体静平衡的位置处，列出的方程才是齐次微分方程。

答案： C

【例 4-3-20】 单摆作微幅摆动的周期与质量m和摆长l的关系是：

A. $\frac{1}{2\pi}\sqrt{\frac{g}{l}}$　　B. $\frac{1}{2\pi}\sqrt{\frac{l}{g}}$　　C. $2\pi\sqrt{\frac{g}{l}}$　　D. $2\pi\sqrt{\frac{l}{g}}$

解 单摆的运动微分方程为$ml\ddot{\varphi}=-mg\sin\varphi$

因为是微幅摆动，$\sin\varphi\approx\varphi$，则有$\ddot{\varphi}+\frac{g}{l}\varphi=0$

所以，单摆的圆频率$\omega=\sqrt{\frac{g}{l}}$，而周期$T=\frac{2\pi}{\omega}=2\pi\sqrt{\frac{l}{g}}$

答案： D

【例 4-3-21】 图示振动系统中$m=200\text{kg}$，弹簧刚度$k=10\,000\text{N/m}$，设地面振动可表示为$y=0.1\sin(10t)$（y以 cm、t以 s 计）。则：

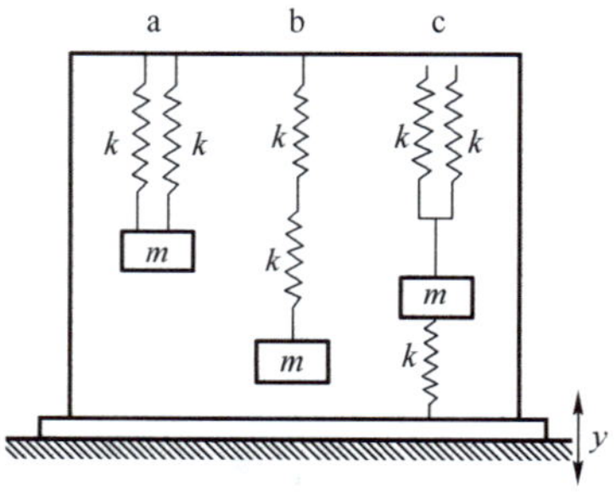

例 4-3-21 图

A. 装置 a 振幅最大

B. 装置 b 振幅最大

C. 装置 c 振幅最大

D. 三种装置振动情况一样

解 此系统为无阻尼受迫振动，装置 a、b、c 的自由振动频率分别为

$$\omega_{0a}=\sqrt{\frac{2k}{m}}=\sqrt{\frac{20\,000}{200}}=10\text{rad/s}$$

$$\omega_{0b}=\sqrt{\frac{k}{2m}}=\sqrt{\frac{10\,000}{400}}=5\text{rad/s}$$

$$\omega_{0c}=\sqrt{\frac{3k}{m}}=\sqrt{\frac{30\,000}{200}}=12.25\text{rad/s}$$

由于外加激振y的频率为 10rad/s，与ω_{0a}相等，故装置 a 会发生共振，从理论上讲振幅将无穷大。

答案： A

【例 4-3-22】 质量为 110kg 的机器固定在刚度为 2×10^6N/m 的弹性基础上，当系统发生共振时，机器的工作频率为：

A. 66.7rad/s　　B. 95.3rad/s　　C. 42.6rad/s　　D. 134.8rad/s

解 发生共振时，系统的工作频率与其固有频率相等，为$\sqrt{\frac{k}{m}}=\sqrt{\frac{2\times10^6}{110}}=134.8\text{rad/s}$

答案： D

【例 4-3-23】 如图所示系统中，当物块振动的频率比为 1.27 时，k的值是：

A. $1\times10^5\text{N/m}$

B. $2\times10^5\text{N/m}$

C. $1\times10^4\text{N/m}$

D. $1.5\times10^5\text{N/m}$

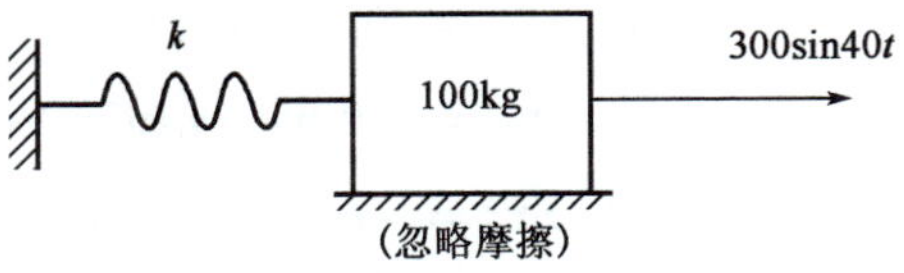

例 4-3-23 图

解 已知频率比$\frac{\omega}{\omega_0}$=1.27，且$\omega=40\text{rad/s}$，$\omega_0=\sqrt{\frac{k}{m}}$ $(m=100\text{kg})$，所以

$$k=\left(\frac{40}{1.27}\right)^2\times100=9.9\times10^4\approx1\times10^5\text{N/m}$$

答案： A

【例 4-3-24】 一无阻尼弹簧—质量系统受简谐激振力作用，当激振频率为$\omega_1=6\text{rad/s}$时，系统发生共振。给质量块增加 1kg 的质量后重新试验，测得共振频率为$\omega_2=5.86\text{rad/s}$。则原系统的质量及弹簧刚度系数是：

A. 19.68kg，623.55N/m　　B. 20.68kg，623.55N/m

C. 21.68kg，744.53N/m　　D. 20.68kg，744.53N/m

解 当激振频率与系统的固有频率相等时，系统发生共振，即：

$$\omega_0=\sqrt{\frac{k}{m}}=\omega_1=6\text{rad/s};\quad\sqrt{\frac{k}{1+m}}=\omega_2=5.86\text{rad/s}$$

联立求解可得：$m=20.68\text{kg}$，$k=744.53\text{N/m}$

答案： D

习　题

4-3-1 已知A物重力的大小$P=20\text{N}$，B物重力的大小$Q=30\text{N}$，滑轮C、滑轮D不计质量，并略去各处摩擦，如图所示，则绳水平段的拉力为（　　）。

A. 30N　　B. 20N　　C. 16N　　D. 24N

4-3-2 求解质点动力学问题时，质点的初条件是用来（　　）。

A. 分析力的变化规律　　B. 建立质点运动微分方程

C. 确定积分常数　　D. 分离积分变量

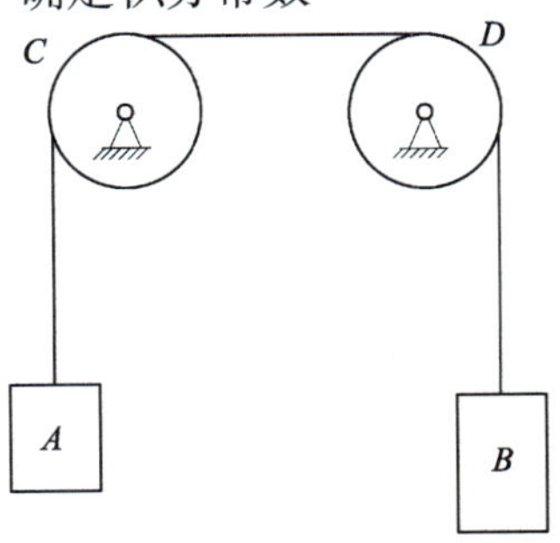

题 4-3-1 图

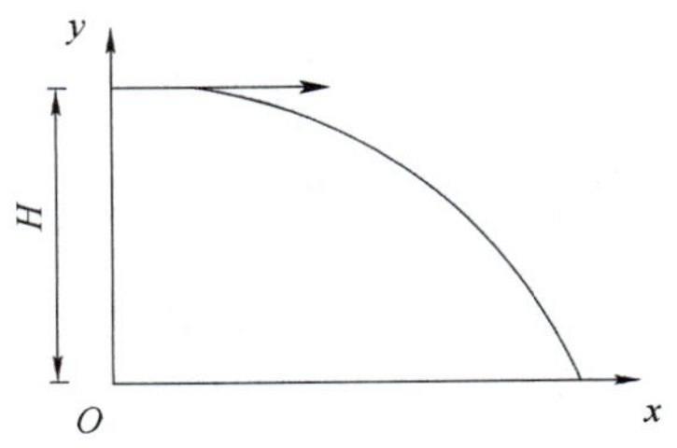

题 4-3-3 图

4-3-3 质量为m的物体自高H处水平抛出，如图所示，运动中受到与速度一次方成正比的空气阻力$\boldsymbol{R}$作用，$\boldsymbol{R}=-km\boldsymbol{v}$，$k$为常数。则其运动微分方程为（　　）。

A. $m\ddot{x}=-km\dot{x}$，$m\ddot{y}=-km\dot{y}-mg$

B. $m\ddot{x}=km\dot{x}$，$m\ddot{y}=km\dot{y}-mg$

C. $m\ddot{x}=-km\dot{x}$，$m\ddot{y}=km\dot{y}-mg$

D. $m\ddot{x}=-km\dot{x}$，$m\ddot{y}=-km\dot{y}+mg$

4-3-4 汽车以匀速率v在不平的道路上行驶，如图所示，当汽车通过A、B、C三个位置时，汽车对路面的压力分别为$\boldsymbol{N}_{\mathrm{A}}$、$\boldsymbol{N}_{\mathrm{B}}$、$\boldsymbol{N}_{\mathrm{C}}$，则下述关系式（　　）成立。

A. $N_{\mathrm{A}}=N_{\mathrm{B}}=N_{\mathrm{C}}$　　B. $N_{\mathrm{A}}<N_{\mathrm{B}}<N_{\mathrm{C}}$

C. $N_{\mathrm{A}}>N_{\mathrm{B}}>N_{\mathrm{C}}$　　D. $N_{\mathrm{A}}=N_{\mathrm{B}}>N_{\mathrm{C}}$

4-3-5 质量分别为$m_1=m$，$m_2=2m$的两个小球M_1，M_2用长为L而重量不计的刚杆相连，现将M_1置于光滑水平面上，且M_1M_2与水平面成60°角，如图所示，则当无初速释放、M_2球落地时，M_1球移动的水平距离为（　　）。

A. $L/3$　　B. $L/4$　　C. $L/6$　　D. 0

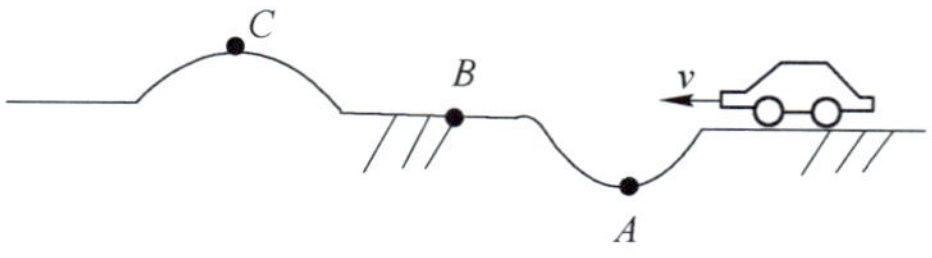

题 4-3-4 图

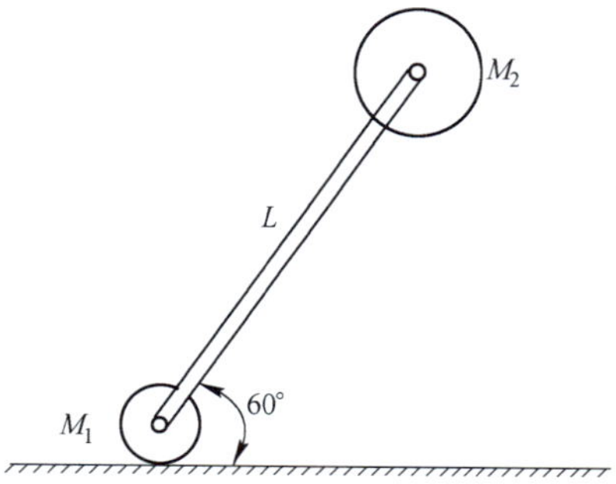

题 4-3-5 图

4-3-6 设有质量相等的两物体A、B，在同一段时间内，A物发生水平移动，而B物发生铅直移动，则此两物体的重力在这段时间内的冲量（　　）。

A. 不同　　B. 相同

C. A物重力的冲量大　　D. B物重力的冲量大

4-3-7 匀质杆质量为m，长$OA=l$，在铅垂面内绕定轴O转动。杆质心C处连接刚度系数k较大的弹簧，弹簧另端固定。图示位置为弹簧原长，当杆由此位置逆时针方向转动时，杆上A点的速度为v_{A}，若杆落至水平位置的角速度为零，则v_{A}的大小应为（　　）。

A. $\sqrt{\frac{1}{2}(2-\sqrt{2})^2\frac{k}{m}l^2-2gl}$

B. $\sqrt{\frac{1}{4}(2-\sqrt{2})^2\frac{k}{m}l^2-gl}$

C. $\sqrt{\frac{1}{2}(2-\sqrt{2})^2\frac{k}{m}l^2-8gl}$

D. $\sqrt{\frac{3}{4}(2-\sqrt{2})^2\frac{k}{m}l^2-3gl}$

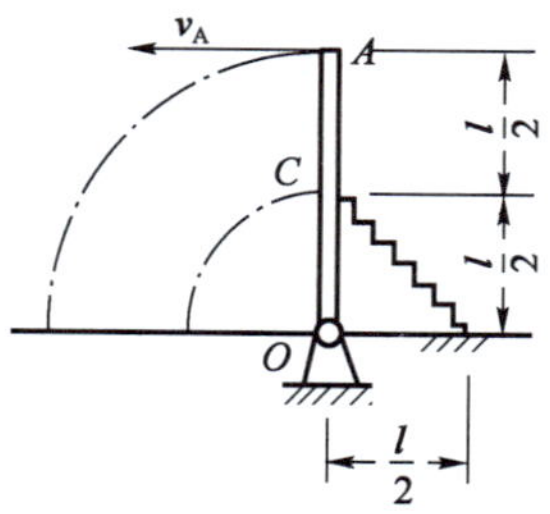

题 4-3-7 图

4-3-8 在光滑的水平面上，放置一静止的均质直杆AB，当AB上受一力偶m作用时，如图所示，AB将绕（　　）点转动。

A. A点　　B. B点

C. C点　　D. 先绕A点转动，然后绕C点转动

4-3-9 如图所示，两种不同材料的均质细长杆焊接成直杆ABC，AB段为一种材料，长度为a，质量为m_1，BC段为另一种材料，长度为b，质量为m_2，杆ABC以匀角速度ω转动，则其对A轴的动量矩大小为（　　）。

A. $L_A=(m_1+m_2)(a+b)^2\omega/3$

B. $L_A=[m_1a^2/3+m_2b^2/12+m_2(b/2+a)^2]\omega$

C. $L_A=(m_1a^2/3+m_2b^2/3+m_2a^2)\omega$

D. $L_A=m_1a^2\omega/3+m_2b^2\omega/3$

4-3-10 如图所示，直角均质弯杆ABC，$AB=BC=L$，每段质量记作M_{AB}、M_{BC}，则弯杆对过A且垂直于图平面的A轴的转动惯量为（　　）。

A. $J_A=M_{AB}L^2/3+M_{BC}L^2/3+M_{BC}L^2$

B. $J_A=M_{AB}L^2/3+M_{BC}L^2/3+M_{BC}\sqrt{2}\,L^2$

C. $J_A=M_{AB}L^2/3+M_{BC}L^2/12+M_{BC}L^2/4$

D. $J_A=M_{AB}L^2/3+M_{BC}L^2/12+5M_{BC}L^2/4$

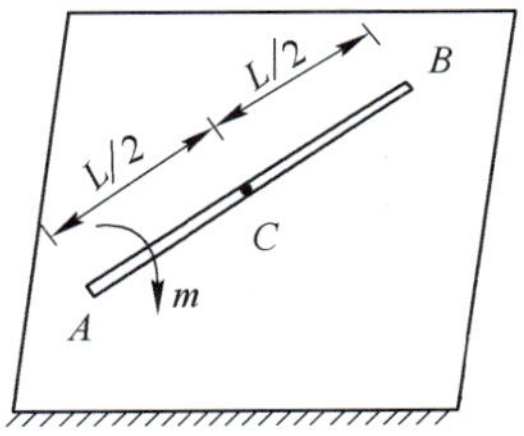

题 4-3-8 图

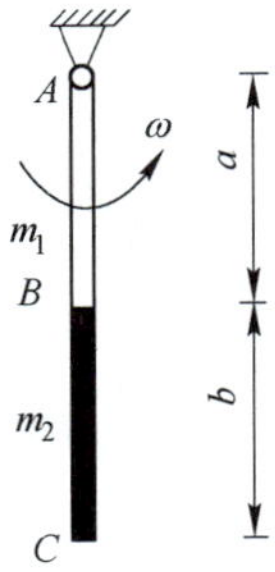

题 4-3-9 图

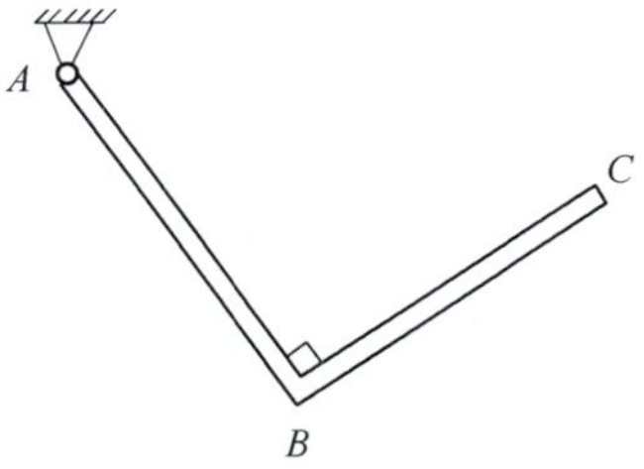

题 4-3-10 图

4-3-11 如图所示，刚体的质量m，质心为C，对定轴O的转动惯量为J_O，对质心的转动惯量为J_C，若转动角速度为ω，则刚体对O轴的动量矩H_O为（　　）。

A. $mv_C\cdot OC$　　B. $J_O\omega$　　C. $J_C\omega$　　D. $J_O\omega^2$

4-3-12 一端固结于O点的弹簧，如图所示，另一端可自由运动，弹簧的原长$L_0=2b/3$，弹簧的弹性系数为k，若以B点处为零势能面，则A处的弹性势能为（　　）。

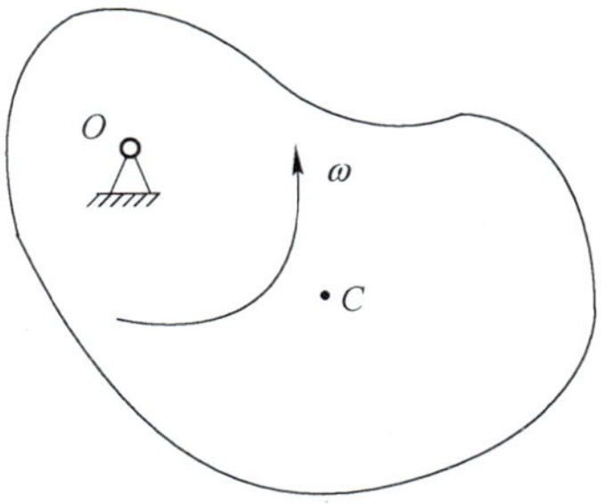

题 4-3-11 图

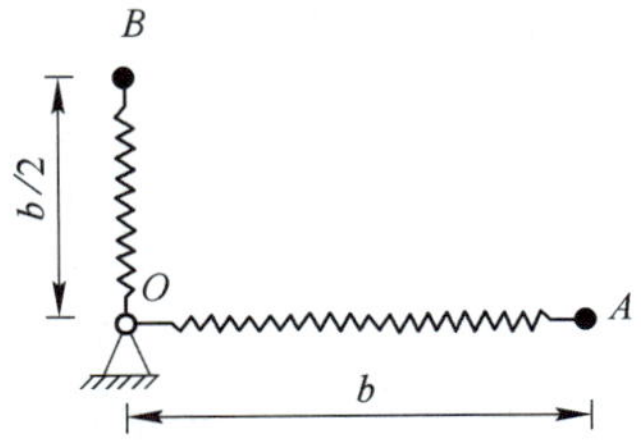

题 4-3-12 图

A. $kb^2/24$　　B. $5kb^2/18$　　C. $3kb^2/8$　　D. $-3kb^2/8$

4-3-13 某弹簧的弹性系数为k，在Ⅰ位置弹簧的变形为δ_1，在Ⅱ位置弹簧的变形为δ_2。若取Ⅱ位置为零势能位置，则在Ⅰ位置弹性力的势能为（　　）。

A. $k(\delta_1^2-\delta_2^2)$　　B. $k(\delta_2^2-\delta_1^2)$　　C. $\frac{1}{2}k(\delta_1^2-\delta_2^2)$　　D. $\frac{1}{2}k(\delta_2^2-\delta_1^2)$

4-3-14 半径为R，质量为m的均质圆盘在其自身平面内作平面运动。在如图所示位置时，若已知图形上A、B两点的速度方向如图所示，$\alpha = 45°$，且知B点速度大小为v_B。则圆轮的动能为（　　）。

A. $mv_B^2/16$　　B. $3mv_B^2/16$　　C. $mv_B^2/4$　　D. $3mv_B^2/4$

4-3-15 已知曲柄OA长r，以角速度ω转动，均质圆盘半径为R，质量为m，在固定水平面上作纯滚动，则如图所示瞬时圆盘的动能为（　　）。

A. $2mr^2\omega^2/3$　　B. $mr^2\omega^2/3$　　C. $4mr^2\omega^2/3$　　D. $mr^2\omega^2$

4-3-16 如图所示，一弹簧常数为k的弹簧下挂一质量为m的物体，若物体从静平衡位置（设静伸长为δ）下降Δ距离，则弹性力所做的功为（　　）。

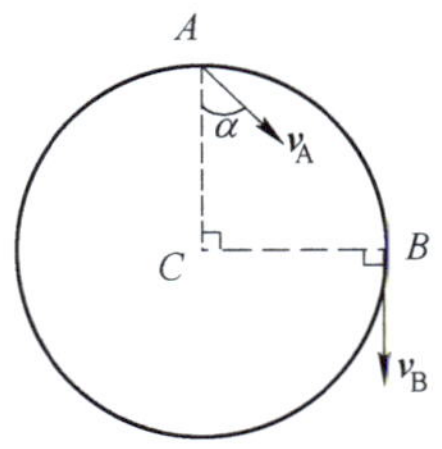

题 4-3-14 图

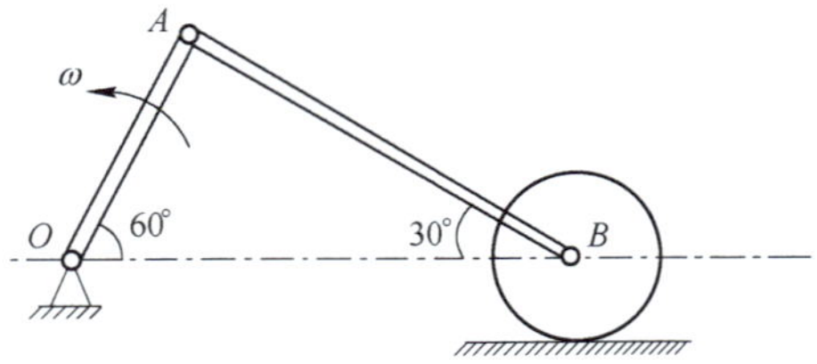

题 4-3-15 图

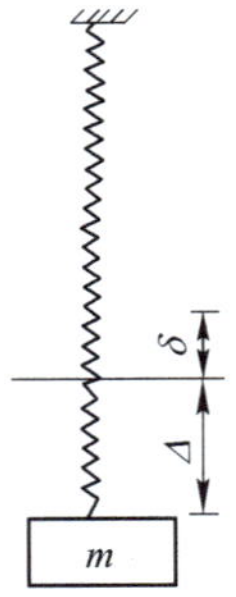

题 4-3-16 图

A. $\frac{1}{2}k\Delta^2$　　B. $\frac{1}{2}k(\delta+\Delta)^2$

C. $\frac{1}{2}k[(\Delta+\delta)^2-\delta^2]$　　D. $\frac{1}{2}k[\delta^2-(\Delta+\delta)^2]$

4-3-17 如图所示，忽略质量的细杆$OC = l$，其端部固结均质圆盘，杆上点C为圆盘圆心，盘质量为m，半径为r，系统以角速度ω绕轴O转动，系统的动能是（　　）。

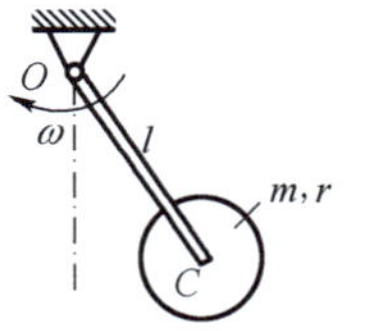

题 4-3-17 图

A. $T = \frac{1}{2}m(l\omega)^2$　　B. $T = \frac{1}{2}m[(l+r)\omega^2]$

C. $T = \frac{1}{2}\left(\frac{1}{2}mr^2\right)\omega^2$　　D. $T = \frac{1}{2}\left(\frac{1}{2}mr^2+ml^2\right)\omega^2$

4-3-18 两重物的质量均为m，分别系在两软绳上（见图）。此两绳又分别绕在半径各为r与$2r$并固结一起的两圆轮上。两圆轮构成之鼓轮的质量亦为m，对轴O的回转半径为ρ_0。两重物中一铅垂悬挂，一置于光滑平面上。当系统在左重物重力作用下运动时，鼓轮的角加速度α为（　　）。

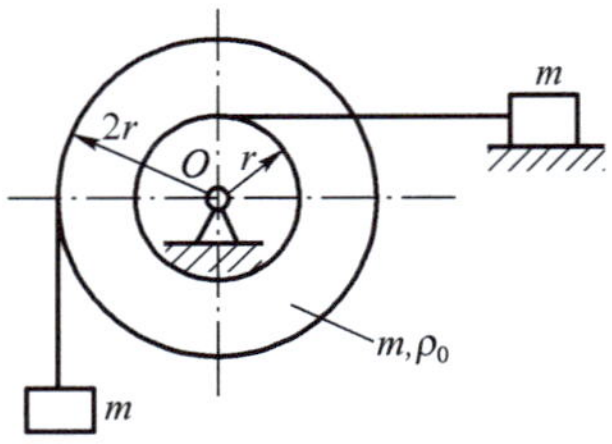

题 4-3-18 图

A. $\alpha = 2gr/(5r^2+\rho_0^2)$　　B. $\alpha = 2gr/(3r^2+\rho_0^2)$

C. $\alpha = 2gr/\rho_0^2$　　D. $\alpha = gr/(5r^2+\rho_0^2)$

4-3-19 如图所示，均质圆盘作定轴转动，其中图 a)、图 c)的转动角速度为常数($\omega = C$)，而图 b)、图 d)的角速度不为常数($\omega \neq C$)，则（　　）的惯性力系简化的结果为平衡力系。

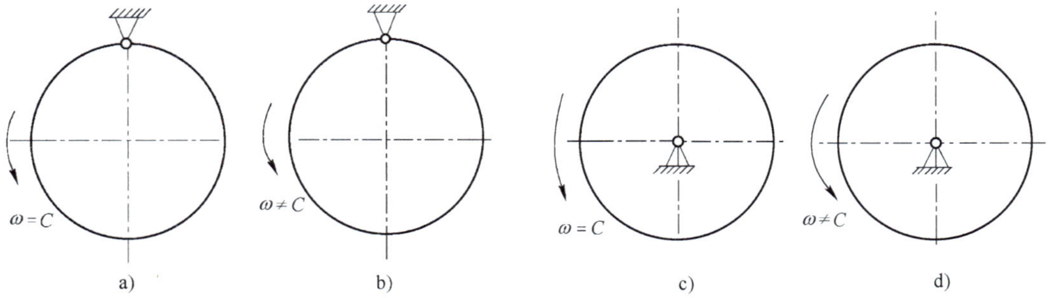

题 4-3-19 图

A. 图a）　　B. 图b）　　C. 图c）　　D. 图d）

4-3-20 均质细杆AB重力大小为P、长$2L$，支承如图所示水平位置。当B端细绳突然剪断瞬时，AB杆的角加速度的大小为（　　）。

A. 0　　B. $3g/(4L)$　　C. $3g/(2L)$　　D. $6g/L$

4-3-21 如图所示，在倾角为α的光滑斜面上置一弹性系数为k的弹簧，一质量为m的物块沿斜面下滑s距离与弹簧相碰，碰后弹簧与物块不分离并发生振动，则自由振动的固有圆频率为（　　）。

A. $(k/m)^{\frac{1}{2}}$　　B. $[k/(ms)]^{\frac{1}{2}}$

C. $[k/(m\sin\alpha)]^{\frac{1}{2}}$　　D. $(k\sin\alpha/m)^{\frac{1}{2}}$

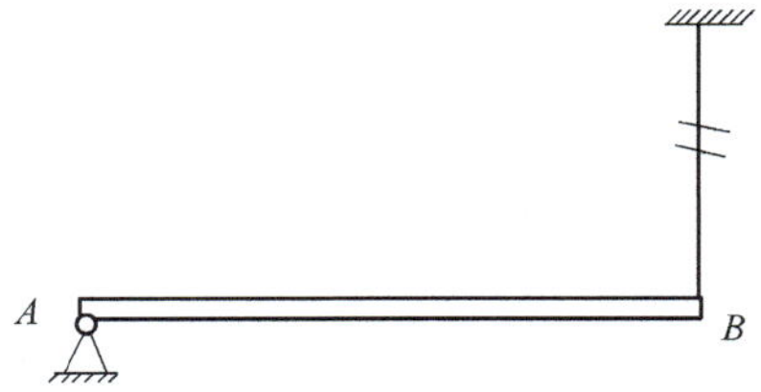

题 4-3-20 图

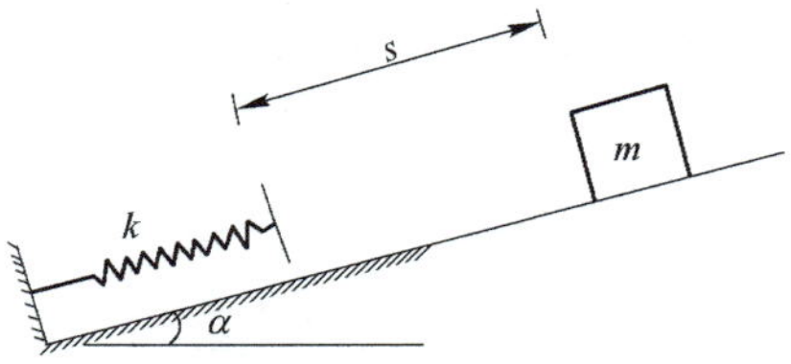

题 4-3-21 图

4-3-22 设如图所示 a)、b)、c) 三个质量弹簧系统的固有频率分别为ω_1、ω_2、ω_3，则它们之间的关系是（　　）。

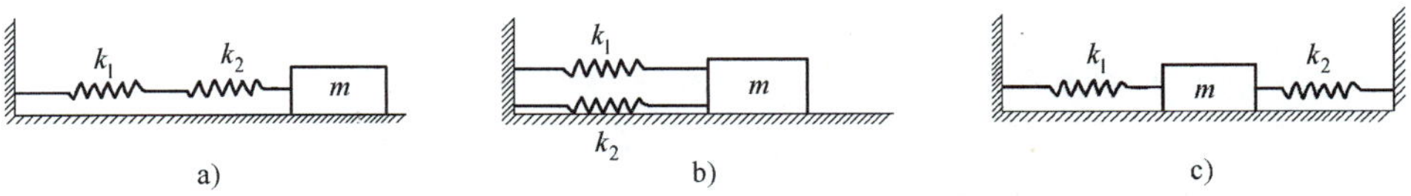

题 4-3-22 图

A. $\omega_1 < \omega_2 = \omega_3$　　B. $\omega_2 < \omega_3 = \omega_1$　　C. $\omega_3 < \omega_1 = \omega_2$　　D. $\omega_1 = \omega_2 = \omega_3$

习题题解及参考答案

第一节

4-1-1　**解：**根据力多边形法则：各分力首尾相连，而合力则由第一个分力的起点指向最后一个分力的终点（矢端），题中$\boldsymbol{F}_2$、$\boldsymbol{F}_3$首尾相连为分力，而$\boldsymbol{F}_1$由$\boldsymbol{F}_2$的起点指向$\boldsymbol{F}_3$的终点为两分力的合力，所以表达式为：$\boldsymbol{F}_1 = \boldsymbol{F}_2 + \boldsymbol{F}_3$。

答案：D

4-1-2　**解：**作用力与反作用力分别作用在两个不同的物体上，所以选项 A、D 不对。而由于一个刚体上的两个力满足$\boldsymbol{F}_{\mathrm{A}} = -\boldsymbol{F}_{\mathrm{B}}$，故无合力，选项 C 亦错。

答案：B

4-1-3　**解：**AC与BC均为二力构件，故A处约束力沿AC方向，B处约束力沿BC方向；分析铰链C的平衡，其受力如解图所示。

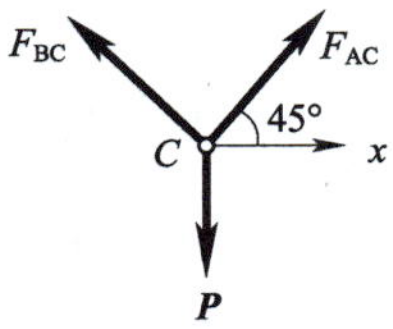

题 4-1-3 解图

答案：B

4-1-4　**解：**题中四个力为作用于同一刚体上的平面共点力系，其力矢关系图构成了首尾相连自行封闭的平行四边形，满足平面共点力系平衡的几何条件，所以力系平衡。

答案： D

4-1-5　**解：** 因为$\boldsymbol{F}$与x轴平行，故$\boldsymbol{F}$除在与x轴垂直的轴上投影为零外，在其他轴上的投影均不为零。

答案： B

4-1-6　**解：** AC与BC均为二力杆，铰链C的受力图见解图，列平衡方程：$\sum F_x = 0$，可得$F_A = F_B$；$\sum F_y = 0$，$F_A \sin 60° + F_B \sin 60° - P = 0$，解得：$F_A = P/\sqrt{3}$。

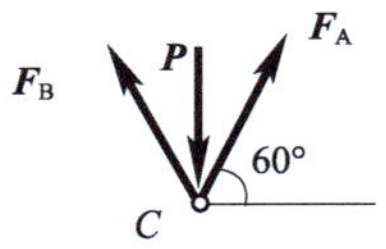

题 4-1-6 解图

答案： C

4-1-7　**解：** 将各力向$\boldsymbol{F}_1$力作用点平移进行简化，简化后的主矢为零（各力首尾相连），$\boldsymbol{F}_2$平移后将附加一力偶（$\boldsymbol{F}_1$不动$\boldsymbol{F}_3$沿作用线移动），使三角形板转动。

答案： C

4-1-8　**解：** 力偶作用在AC杆时，BC杆是二力构件，B、C处约束力沿BC连线方向；再考虑整体平衡，A、B处约束力应组成一力偶与主动力偶m平衡，故A处约束力的方向与B处约束力反向平行。若将外力偶搬移至BC杆，则AC杆是二力构件，同理：A、B、C处约束力的方向均沿AC连线方向。由此可知，力偶作用在不同的刚体上，约束力的作用线方向都改变了。

答案： C

4-1-9　**解：** 题中杆CD、EF为二力杆，故C处约束力沿CD方向，E处约束力沿EF方向，分析BE杆，应用三力平衡汇交定理得B处约束力的作用线应汇交于G点（也是C、E两处约束力的汇交点）；再分析结构整体平衡，A、B处约束力应组成一力偶与主动力偶（P，P'）平衡，故A处约束力的方向与B处约束力反向平行（平行于BG连线）。

答案： B

4-1-10　**解：** 按矢量的表达式应该表示为：$\boldsymbol{F}_R = \boldsymbol{F}_1 + \boldsymbol{F}_2$，如解图所示，合力的方向应与$\boldsymbol{F}_1$相同，大小等于$\boldsymbol{F}_1$的一半。

题 4-1-10 解图

答案： C

4-1-11　**解：** 根据平面任意力系的简化结果分析，主矢为零时，力系简化的最后结果为一合力偶，合力偶矩与简化中心的位置无关。

答案： C

4-1-12　**解：** 截面法（见解图）：设y轴与BC垂直，则

$\sum F_y = 0$，$P_C \cos 60° + F_{DB} \cos 30° = 0$

$F_{DB} = -\sqrt{3}P/3$（压）

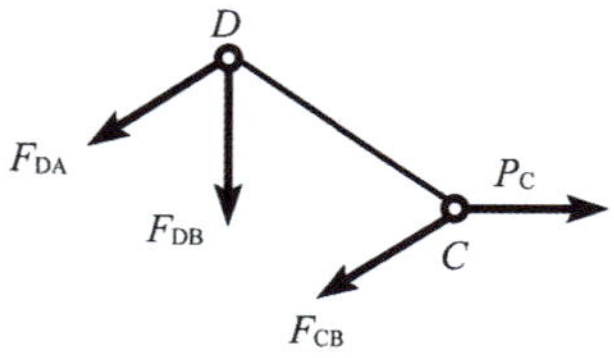

题 4-1-12 解图

答案： C

4-1-13　**解：** 根据整体的对称性，A、B处的约束力均垂直向上，大小为$F_A = F_B = \frac{P}{2}$。以BC为研究对象，受力如解图所示，列平衡方程：

$$\sum M_C(F) = 0，F_B \cdot 2a - T_E \cdot a = 0$$

将$T_E = 10\text{kN}$代入，得：$P = 10\text{kN}$。

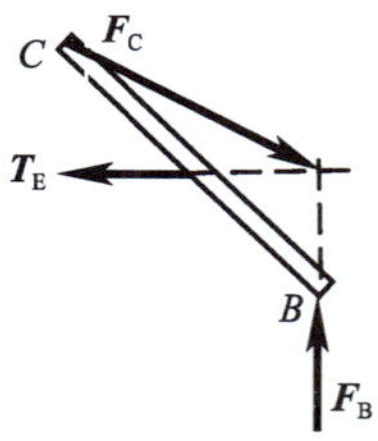

题 4-1-13 解图

答案： B

4-1-14　**解：** 根据主矢和主矩的性质，主矢与简化中心无关，主矩一般与简化中心有关。

答案： B

4-1-15 **解：** 根据力的平移定理，若主矢$\boldsymbol{R}$向O点左边某点O'平移后，将附加一顺时针转向的力偶$M_O' = Rd$（d为垂直于R的OO'距离），其中$d = M_O/R$，这样，力系最后合成的结果是作用于O'点的合力。

答案： C

4-1-16 **解：** 应用桁架零杆判断的方法，先分析A、B节点，可知AC、BD杆为零杆，再分析C、D节点，两节点分别连接的是两根互相垂直的杆件，若要节点平衡，则两节点连接的杆均为零杆。

答案： D

4-1-17 **解：** 因为BEC为二力构件，故B处约束力的方向应是沿BC连线，对结构整体分析，A、B处的约束力必须组成一力偶，才能与作用在结构上的外力偶M组成平衡力系。

答案： C

4-1-18 **解**：A、B槽均为光滑接触面约束，其约束力均垂直于槽壁，由于两约束力的作用线不平行，无法组成力偶与外力偶M平衡，故平板不能平衡。

答案： B

4-1-19 **解：** 物块平衡，受力如解图所示，最大摩擦力为$F_{max} = f \cdot F_N = 0.3 \times 50 = 15\text{N}$，而主动力$W = 10\text{N}$，所以摩擦力可按铅垂方向力的平衡来计算，即:$F = W = 10\text{N}$。

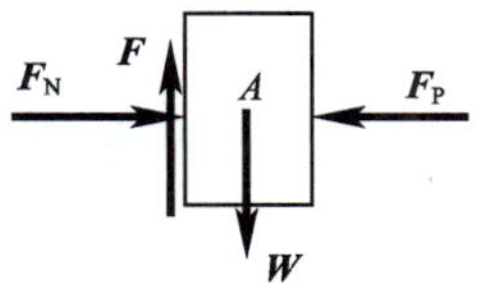

题 4-1-19 解图

答案： B

4-1-20 **解：** 主动力（大小相等的重力与P力）合力的作用线与接触面法线的夹角为 30°，小于摩擦角 35°，故物块自锁。

答案： A

4-1-21 **解：** 在铅垂方向主动力合力为：$P\sin 30° - G = 40 \times 0.5 - 20 = 0$，物块无滑动趋势，故摩擦力为零。

答案： C

4-1-22 **解：** 摩擦角$\varphi_m = \arctan f = 23.4° < 30°$（斜面的倾角），故物块不自锁而滑动，摩擦力为

$$F = W\cos 30° f' = 80 \times 0.866 \times 0.4 = 27.7\text{kN}$$

答案： C

4-1-23 **解：** 物A所受正压力$F_N = 100 - 25 \times 4/5 = 80\text{kN}$，$F_{max} = F_N \cdot f = 16\text{kN}$，而水平方向的主动力为$2.5 \times \frac{3}{5} = 15\text{kN}$，故物体处于平衡状态，摩擦力按平衡方程来计算。

答案： C

第二节

4-2-1 **解：** 因为$a_\tau = \frac{dv}{dt} = k$，$a_n = v^2/R = (kt)^2/R$，所以$a = \sqrt{a_\tau^2 + a_n^2} = \sqrt{k^2 + (k^4t^4/R^2)}$。

答案： C

4-2-2 **解：** 将两个运动方程平方相加，有$x^2 + y^2 = 4^2\left(\sin^2\frac{\pi}{3}t + \cos^2\frac{\pi}{3}t\right) = 4^2$。

答案： B

4-2-3 **解：** 轮缘上一点做圆周运动，必有法向加速度，所以图 a）、c）的运动是不可能的。

答案： B

4-2-4 **解：** 曲杆OAB为定轴转动刚体，点B的速度为转动半径OB与角速度的乘积，即：$v_B = OB \cdot \omega = 50 \times 2 = 100\text{cm/s}$。

答案： A

4-2-5 **解：** 由$v_A = \omega \cdot OA$，所以$\omega = 6/2 = 3\text{rad/s}$；再由$\tan\theta = \alpha/\omega^2$，求得$\alpha = 3^2 \times \tan 60° = 9\sqrt{3}\text{rad/s}^2$。

答案： D

4-2-6 **解：** 曲杆OAB为定轴转动刚体，点B的加速度在y轴上的投影即为其法向加速度，点B的转动半径为OB，故$a_{By} = -\omega^2 \cdot OB = -2^2 \times 50 = -200\text{cm/s}^2$。

答案： D

4-2-7 **解：** 轮缘点A的速度与物块B的速度相同，即：$v_A = v_B = \frac{dx}{dt} = 2kt$；轮缘点$A$的切向加速度与物块$B$的加速度相同，即：$a_{A\tau} = a_B = \frac{dv_B}{dt} = 2k$。所以，$a_{An} = v_A^2/R = 4k^2t^2/R$，而$a_A = \sqrt{a_{A\tau}^2 + a_{An}^2} = \sqrt{4k^2 + 16k^4t^4/R^2}$。

答案： C

4-2-8 **解：** 定轴转动刚体内各点加速度的分布为$a = r\sqrt{\alpha^2 + \omega^4}$，其中$r$为点到转动轴的距离；而各点加速度与转动半径的夹角均相同，即$\tan\theta = \tan\varphi = \frac{\alpha}{\omega^2}$，所以，$a_A = 2a_B$，$\theta = \varphi$。

答案： C

4-2-9 **解：** 根据两啮合齿轮运动的性质，A、B两点无相对滑动，故两点速度和切向加速度相同，而法向加速度分别为$a_{An} = v_A^2/r_1$，$a_{Bn} = v_B^2/r_2$，由于$v_A = v_B$，$r_1 \neq r_2$，所以两点法向加速度不同。

答案： B

4-2-10 **解：** 摆杆的角速度为$\dot{\varphi} = \varphi_0\omega\cos\omega t$

角加速度为$\ddot{\varphi} = -\varphi_0\omega^2\sin\omega t$

将$t = \frac{\pi}{4\omega}$s代入，则有：$\dot{\varphi} = \frac{\sqrt{2}}{2}\varphi_0\omega$，$\ddot{\varphi} = -\frac{\sqrt{2}}{2}\varphi_0\omega^2$

摆锤A的速度为$v = \dot{\varphi}l = \frac{\sqrt{2}}{2}l\varphi_0\omega$

切向加速度为$a_\tau = \ddot{\varphi}l = -\frac{\sqrt{2}}{2}l\varphi_0\omega^2$，法向加速度为$a_n = l\dot{\varphi}^2 = \frac{1}{2}l\varphi_0^2\omega^2$

答案： C

4-2-11 **解：** 根据定轴转动刚体内点的速度分析，M点速度的方向应垂直于转动半径OM。

答案： A

第三节

4-3-1 **解：** 设绳的拉力为$\boldsymbol{F}_T$且处处相等（因为滑轮质量及各处摩擦不计），对A、B物块分别使用牛顿第二定律：$\frac{P}{g}a_A = F_T - P$；$\frac{Q}{g}a_B = Q - F_T$，且$a_A = a_B$，解得：$F_T = 24\text{N}$。

答案： D

4-3-2 **解：** 初始条件反映的是质点某一时刻的运动，只能用来确定解质点运动微分方程时出现的积分常数。

答案： C

4-3-3 **解：** 质点在运动过程中受重力和阻力作用，应用直角坐标形式的质点运动微分方程，而阻力在直角坐标系中可表示为：$\boldsymbol{R} = -km\dot{x}\boldsymbol{i} - km\dot{y}\boldsymbol{j}$。

答案： A

4-3-4　**解：** 汽车匀速行驶，切向加速度为零，途经A、B、C三点时的法向加速度分别为铅垂向上、零、铅垂向下，可加惯性力用达朗贝尔原理进行分析，在A、B、C三点所加惯性力分别为铅垂向下、零、铅垂向上，由此可知，汽车对路面的压力$N_A > N_B > N_C$。

答案： C

4-3-5　**解：** 系统在水平方向受力为零，且初始为静止，故质心在水平方向守恒，其运动轨迹为铅垂线，而系统质心到M_1的距离为$2L/3$。

答案： A

4-3-6　**解：** 同样力的冲量只取决于作用时间，与位移无关。

答案： B

4-3-7　**解：** 应用动能定理$T_2 - T_1 = W_{12}$

其中，$T_2 = 0$

$$T_1 = \frac{1}{2}J_O\omega^2 = \frac{1}{2}\cdot\frac{1}{3}ml^2\frac{v_A^2}{l^2} = \frac{1}{6}mv_A^2$$

$$W_{12} = mg\frac{l}{2} - \frac{k}{2}\left(l - \frac{\sqrt{2}}{2}l\right)^2 = mg\frac{l}{2} - \frac{k}{8}\left(2-\sqrt{2}\right)^2 l^2$$

答案： D

4-3-8　**解：** 根据质心运动定理，在水平面上直杆受力为零，故质心不运动，且动量矩定理$J_C\alpha = m$，故AB杆绕质心C转动。

答案： C

4-3-9　**解：** $L_A = J_A\omega$，其中$J_A = J_{(BC)A} + J_{(BC)A}$，且$J_{AB(A)} = m_1a^2/3$

求$J_{(BC)A}$时要使用平行移轴定理，即：

$$J_{(BC)A} = \frac{1}{12}m_2b^2 + m_2\left(a + \frac{b}{2}\right)^2$$

答案： B

4-3-10　**解：** $J_A = J_{(AB)A} + J_{(BC)A}$，其中$J_{(AB)A} = M_{AB}L^2/3$

求$J_{(BC)A}$时要使用平行移轴定理，即：

$$J_{(BC)A} = \frac{1}{12}M_{BC}L^2 + M_{BC}\left(L^2 + \frac{L^2}{4}\right)$$

答案： D

4-3-11　**解：** 根据定轴转动刚体动量矩的定义$H_0 = J_0\cdot\omega$。

答案： B

4-3-12　**解：** 根据势能的定义$U = k(\delta_A^2 - \delta_B^2)/2$，式中$\delta_A$、$\delta_B$分别为$A$、$B$位置弹簧的变形量，$\delta_A = b - L_0 = b/3$，$\delta_B = L_0 - b/2 = b/6$，代入势能公式得：$U = kb^2/24$。

答案： A

4-3-13　**解：** 根据势能的定义，弹性力从Ⅰ位置到Ⅱ位置所做的功即为弹性力在Ⅰ位置的势能。

答案： C

4-3-14　**解：** 根据v_A、v_B的方向可求出圆盘的瞬时速度中心在BC延长线与轮缘左侧的交点，故圆盘的角速度为：$\omega = v_B/(2R)$，质心的速度为：$v_C = v_B/2$，再由动能的定义$T = mv_C^2/2 + J_C\omega^2/2$求解，其中：$J_C = mR^2/2$。

答案：B

4-3-15 解：应用速度投影定理通过A点速度求出B点速度，即：$v_A = r\omega = v_B \cos 30°$，进而求出圆轮的角速度$\omega = v_B/R$，并由$T = mv_B^2/2 + J_B\omega^2/2$求动能，其中：$J_B = mR^2/2$。

答案：D

4-3-16 解：弹性力的功$W_{12} = k(\delta_1^2 - \delta_2^2)/2$。其中，初始位置$\delta_1 = \delta$，末态位置$\delta_2 = \Delta + \delta$。

答案：D

4-3-17 解：圆盘绕轴O作定轴转动，其动能为$T = J_O\omega^2/2$。其中，$J_O = mr^2/2 + ml^2$。

答案：D

4-3-18 解：应用动能定理：$T_2 - T_1 = W_{12}$。若设重物A下降h时鼓轮的角速度为ω_O，则系统的动能为$T_2 = mv_A^2/2 + mv_B^2/2 + J_O\omega_O^2/2$，$T_1 =$常量。其中$v_A = 2r\omega_O$，$v_B = r\omega_O$，$J_O = m\rho_O^2$。力所做的功为$W_{12} = mgh$。

答案：A

4-3-19 解：因为只有图 c）质心的加速度和轮的角加速度均为零，故惯性力系的主矢和主矩皆为零。

答案：C

4-3-20 解：将惯性力系向A点简化，其运动和受力分析如解图所示，图中

$$M_{IA} = J_{A\alpha} = \frac{1}{3}\frac{P}{g}(2L)^2\alpha$$

通过平衡方程$\sum M_A(F) = 0$，$M_{IA} - PL = 0$可求出角速度。

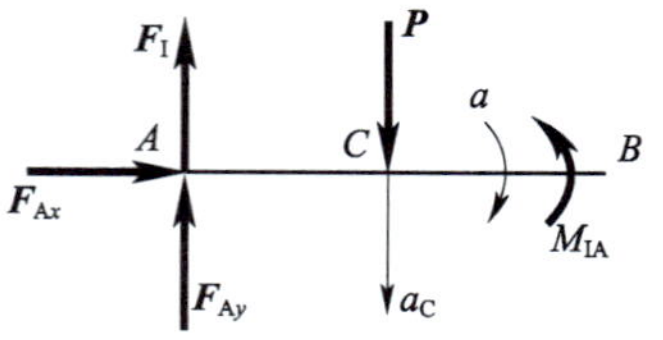

题 4-3-20 解图

答案：B

4-3-21 解：物块的自由振动固有圆频率为$\sqrt{\frac{k}{m}}$，与其他条件无关。

答案：A

4-3-22 解：因为$\omega = \sqrt{\frac{k}{m}}$，所以只要系统等效的弹簧刚度大，固有频率就大。按弹簧的串、并联计算其等效的弹簧刚度 。图 a）两弹簧为串联，$k = k_1k_2/(k_1 + k_2)$；图 b）和 c）两弹簧均为并联，$k = k_1 + k_2$。

答案：A

第五章 材料力学

复习指导

一、考试大纲

5.1 材料在拉伸、压缩时的力学性能

低碳钢、铸铁拉伸、压缩试验的应力-应变曲线；力学性能指标。

5.2 拉伸和压缩

轴力和轴力图；杆件横截面和斜截面上的应力；强度条件；虎克定律；变形计算。

5.3 剪切和挤压

剪切和挤压的实用计算；剪切面；挤压面；剪切强度；挤压强度；剪切虎克定律。

5.4 扭转

扭矩和扭矩图；圆轴扭转切应力；切应力互等定理；圆轴扭转的强度条件；扭转角计算及刚度条件。

5.5 截面几何性质

静矩和形心；惯性矩和惯性积；平行轴公式；形心主轴及形心主惯性矩概念。

5.6 弯曲

梁的内力方程；剪力图和弯矩图；分布荷载、剪力、弯矩之间的微分关系；正应力强度条件；切应力强度条件；梁的合理截面；弯曲中心概念；求梁变形的积分法、叠加法。

5.7 应力状态

平面应力状态分析的解析法和应力圆法；主应力和最大切应力；广义虎克定律；四个常用的强度理论。

5.8 组合变形

拉/压-弯组合、弯-扭组合情况下杆件的强度校核；斜弯曲。

5.9 压杆稳定

压杆的临界荷载；欧拉公式；柔度；临界应力总图；压杆的稳定校核。

二、复习指导

根据“考试大纲”的要求，结合以往的考试，考生在复习材料力学部分时，应注意以下几点。

（1）轴向拉伸和压缩部分的内容重点考察基本概念，考试题以概念类、记忆类、简单计算类为主。

（2）剪切和挤压实用计算部分，受力分析和破坏形式是重点，剪切面和挤压面的区分是难点，挤压面面积的计算容易混淆，考试题以概念题、比较判别题和简单计算题为主。

（3）扭转部分考试题以概念、记忆和一般计算为主，对于实心圆截面和空心圆截面两种情形，截面上剪应力的分布、极惯性矩与抗扭截面系数计算要严格区分。

（4）截面的几何性质部分的考试题，侧重于平行移轴公式的应用，形心主轴概念的理解和有一对称轴的组合截面惯性矩的计算步骤与计算方法。

（5）弯曲内力部分考试题主要考察作Q、M图的熟练程度，熟练掌握用简便法计算指定截面的Q、M和用简便法作Q、M图是这部分的关键所在。

（6）弯曲应力部分考试题重点考察：①正应力最大的危险截面，剪应力最大的危险截面的确定；②梁受拉侧、受压侧的判断，对于U形、T形等截面中性轴为非对称轴的情形尤其重要；③焊接工字形截面梁三类危险点的确定，即除了正应力危险点，剪应力危险点外，还有一类危险点，即在M、Q均较大的截面上腹板与翼缘交界处的点，但该类危险点处于复杂应力状态，需要用强度理论进行强度计算。题型以分析、计算为主。

（7）弯曲变形部分考试题重点考察给定梁的边界条件和连续条件的正确写法和用叠加法求梁的位移的灵活应用。叠加法有三方面的应用：①荷载分解，变形或位移叠加，这是叠加法的直接应用；②计算梁不变形部分的位移的叠加法，就是变形部分的位移叠加上不变形部分的位移；③逐段刚化法，是上面两种方法的进一步延拓。

（8）应力状态与强度理论部分考试题重点测试：①应力状态的有关概念；②主应力、最大剪应力的计算；③主应力、最大剪应力计算与强度理论的综合应用；④在各种应力状态下尤其是单向应力状态、纯剪切应力状态下材料的破坏原因分析。考试题多属于概念理解、分析计算类。

（9）组合变形部分考试题重点考察：①各种基本变形组合时的分析方法；②对于有两根对称轴、四个角点的截面杆，在斜弯曲、拉（压）-弯曲、偏心拉（压）时最大正应力计算；③用强度理论解决弯-扭组合变形的强度计算问题。

（10）压杆稳定部分考试题重点测试：①压杆稳定性的概念。压杆的极限应力不但与材料有关，而且与λ有关，而λ又与长度、支承情况、截面形状和尺寸有关；②压杆临界应力的计算思路，即先计算压杆在两个形心主惯性平面内的柔度，取其中最大的一个作为依据，再根据该最大柔度的范围选择适当的临界应力计算公式计算临界应力。考试题多属概念类和比较判别类。

本章的重点是弯曲内力、弯曲应力、应力状态与强度理论，其他各部分均有考题，覆盖了全部内容。

材料力学本身概念性很强，基本内容要求相当熟练，少部分内容如应力状态分析和压杆稳定则还要求能深入进行分析，一般来说，计算都不复杂。尤其是注册结构工程师基础考试，题量大，时间紧，更不会涉及很复杂的计算。

第一节 概 论

材料力学是研究各种类型构件（主要是杆）的强度、刚度和稳定性的学科，它提供了有关的基本理论、计算方法和试验技术，使我们能合理地确定构件的材料、尺寸和形状，以达到安全与经济的设计要求。

一、材料力学的基本思路

（一）理论公式的建立

理论公式的建立思路如图5-1-1所示。

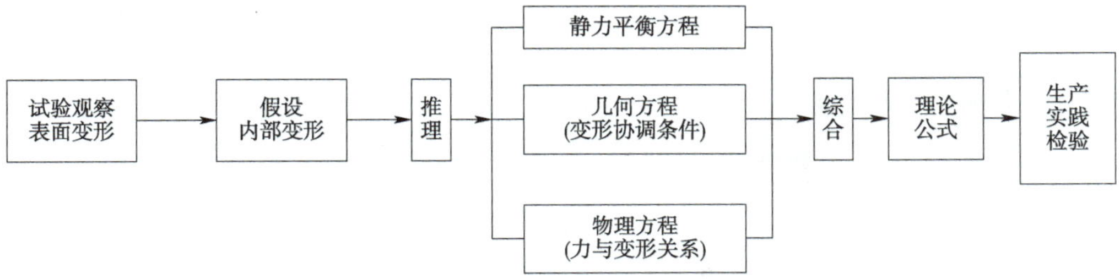

图 5-1-1

（二）分析问题和解决问题

分析问题和解决问题思路如图 5-1-2 所示。

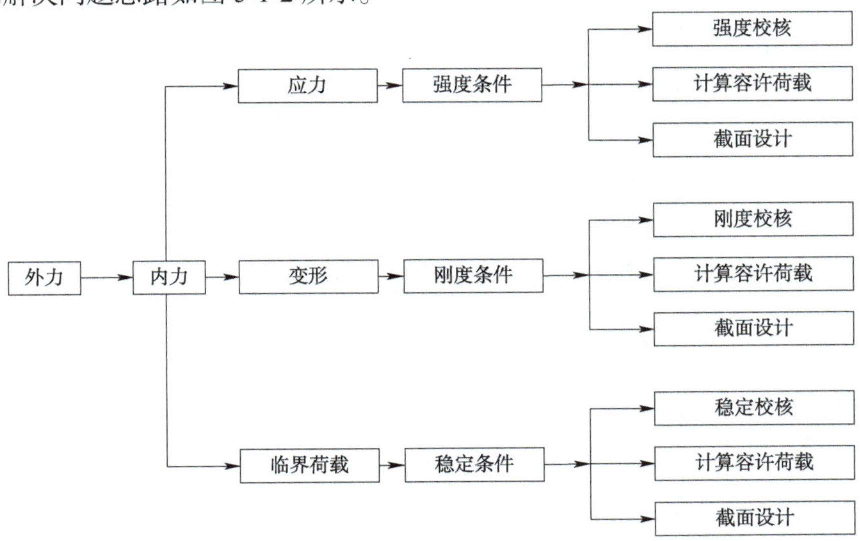

图 5-1-2

二、杆的四种基本变形

杆的四种基本变形见表 5-1-1。

杆的四种基本变形 表 5-1-1

类型	轴向拉伸（压缩）	剪切	扭转	平面弯曲	
外力特点	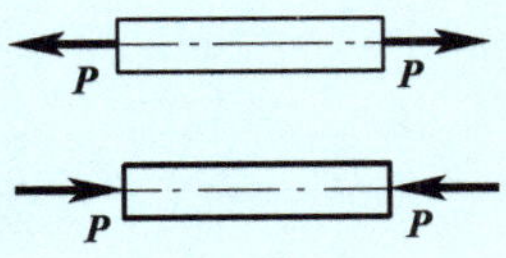	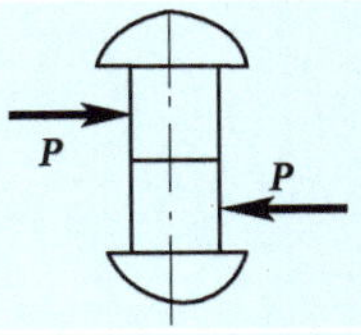	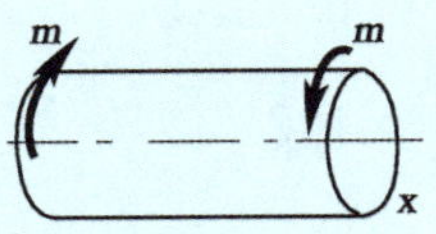	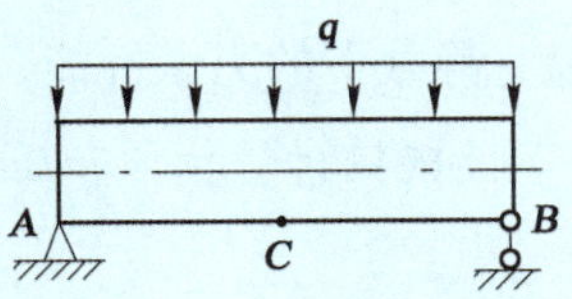	
横截面内力	轴力N等于截面一侧所有轴向外力代数和	剪力Q等于P	扭矩T等于截面一侧对x轴外力偶矩代数和	弯矩M等于截面一侧外力对截面形心力矩代数和	剪力Q等于截面一侧所有竖向外力代数和
应力分布情况	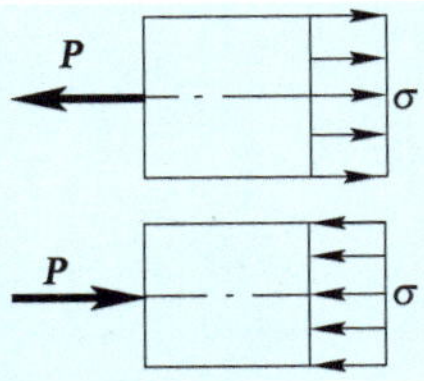	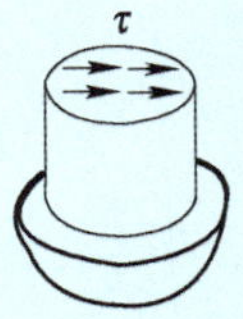	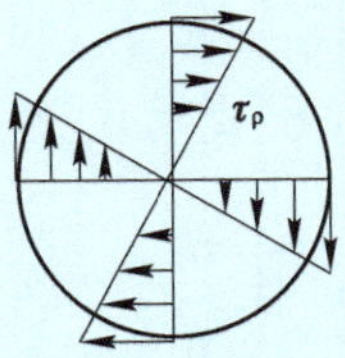	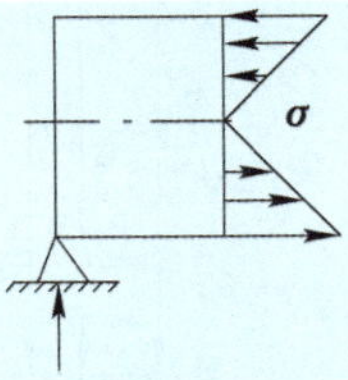	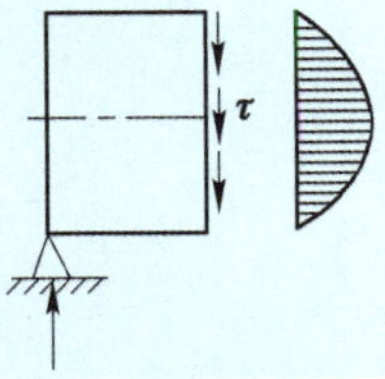
	均布	假设均布	线性分布	线性分布	抛物线分布

续上表

类型	轴向拉伸（压缩）	剪切	扭转	平面弯曲	
应力公式	$\sigma=\dfrac{N}{A}$	$\tau=\dfrac{Q}{A_s}$ $\sigma_{bs}=\dfrac{P_{bs}}{A_{bs}}$	$\tau_\rho=\dfrac{T}{I_p}\rho$	$\sigma=\dfrac{M}{I_z}y$	$\tau=\dfrac{QS_z^*}{bI_z}$
强度条件	$\sigma_{max}=\dfrac{N_{max}}{A}\leqslant[\sigma]$	$\tau=\dfrac{Q}{A_s}\leqslant[\tau]$ $\sigma_{bs}=\dfrac{P_{bs}}{A_{bs}}\leqslant[\sigma_{bs}]$	$\tau_{max}=\dfrac{T_{max}}{W_p}\leqslant[\tau]$	$\sigma_{max}=\dfrac{M_{max}}{W_z}\leqslant[\sigma]$	$\tau_{max}=\dfrac{Q_{max}S_{zmax}^*}{bI_z}\leqslant[\tau]$
变形公式	$\Delta l=\dfrac{Nl}{EA}$		$\Phi=\dfrac{Tl}{GI_p}$	$f_c=\dfrac{5ql^4}{384EI_z}$	$\theta_A=\dfrac{ql^3}{24EI_z}$
刚度条件			$\varphi_{max}=\dfrac{T_{max}}{GI_p}\leqslant[\varphi]$	$\dfrac{f_{max}}{l}\leqslant\left[\dfrac{f}{l}\right]$	$\theta_{max}\leqslant[\theta]$
应变能	$U=\dfrac{N^2l}{2EA}$		$U=\dfrac{T^2l}{2GI_p}$	纯弯 $U=\dfrac{M^2l}{2EI_z}$	非纯弯 $U=\int_l\dfrac{M^2(x)}{2EI_z}dx$

三、材料的力学性质

在表 5-1-1 所列的强度条件中，为确保构件不致因强度不足而破坏，应使其最大工作应力σ_{max}不超过材料的某个限值。显然，该限值应小于材料的极限应力σ_u，可规定为极限应力σ_u的若干分之一，并称之为材料的许用应力，以$[\sigma]$（或$[\tau]$）表示，即

$$[\sigma]=\frac{\sigma_u}{n} \tag{5-1-1}$$

式中，n是一个大于 1 的系数，称为安全系数，其数值通常由设计规范规定；而极限应力σ_u则要通过材料的力学性能试验才能确定。这里主要介绍典型的塑性材料——低碳钢和典型的脆性材料——铸铁在常温、静载下的力学性能。

（一）低碳钢材料拉伸和压缩时的力学性质

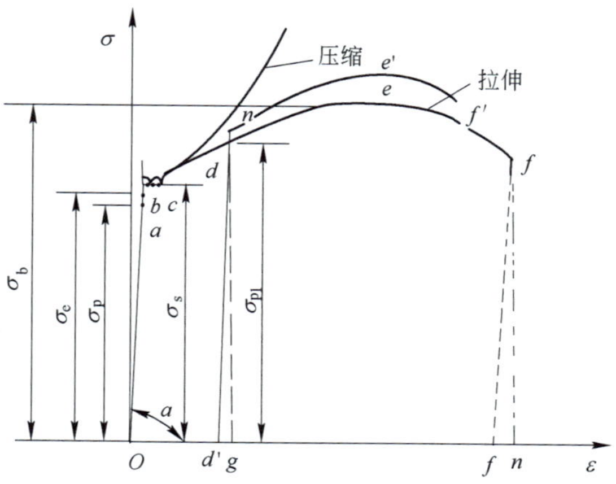

图 5-1-3 低碳钢拉伸、压缩的力学性质

低碳钢（通常将含碳量在 0.3%以下的钢称为低碳钢，也叫软钢）材料拉伸和压缩时的σ-ε曲线如图 5-1-3 所示。

从图 5-1-3 中拉伸时的σ-ε曲线可看出，整个拉伸过程可分为以下四个阶段。

1. 弹性阶段（Ob段）

在该段中的直线段（Oa）称线弹性段，其斜率即为弹性模量E，对应的最高应力值σ_{p}为比例极限。在该段应力范围（即$\sigma \leqslant \sigma_{\mathrm{p}}$）内，虎克定律$\sigma = E\varepsilon$成立。而$ab$段，即为非线性弹性段，在该段内所产生的应变仍是弹性的，但它与应力已不成正比。b点相对应的应力σ_{e}称为弹性极限。

2. 屈服阶段（bc段）

该段内应力基本上不变，但应变却在迅速增长，而且在该段内所产生的应变成分，除弹性应变外，还包含了明显的塑性变形，该段的应力最低点σ_s称为屈服极限。这时，试件上原光滑表面将会出现与轴线大致成 45°的滑移线，这是由于试件材料在 45°的斜截面上存在着最大剪应力而引起的。对于塑性材料来说，由于屈服时所产生的显著的塑性变形将会严重地影响其正常工作，故σ_s是衡量塑性材料强度的一个重要指标。对于无明显屈服阶段的其他塑性材料，工程上将产生 0.2%塑性应变时的应力作为名义屈服极限，并用$\sigma_{0.2}$表示。

3. 强化阶段（ce段）

在该段，应力又随应变增大而增大，故称强化。该段中的最高点e所对应的应力乃材料所能承受的最大应力σ_b，称为强度极限，它是衡量材料强度（特别是脆性材料）的另一重要指标。在强化阶段中，绝大部分的变形是塑性变形，并发生“冷作硬化”的现象。

4. 局部变形阶段（ef段）

在应力到达e点之前，试件标距内的变形是均匀的；但当到达e点后，试件的变形就开始集中于某一较弱的局部范围内进行，该处截面纵向急剧伸长，横向显著收缩，形成“颈缩”；最后至f点试件被拉断。

试件拉断后，可测得以下两个反映材料塑性性能的指标。

（1）延伸率

$$\delta = \frac{l_1 - l_0}{l_0} \times 100\% \tag{5-1-2}$$

式中：l_0 ——试件原长；

l_1 ——试件拉断后的长度。

工程上规定$\delta \geqslant 5\%$的材料称为塑性材料，$\delta < 5\%$的称为脆性材料。

（2）截面收缩率

$$\psi = \frac{A_0 - A_1}{A_0} \times 100\% \tag{5-1-3}$$

式中：A_0 ——变形前的试件横截面面积；

A_1 ——试件拉断后的最小截面积。

对比低碳钢压缩时与拉伸时的σ-ε曲线可知，低碳钢压缩时的弹性模量E、比例极限σ_p和屈服极限σ_s与拉伸时大致相同。

（二）铸铁拉伸与压缩时的力学性质

铸铁拉伸与压缩时的σ-ε曲线如图 5-1-4 所示。

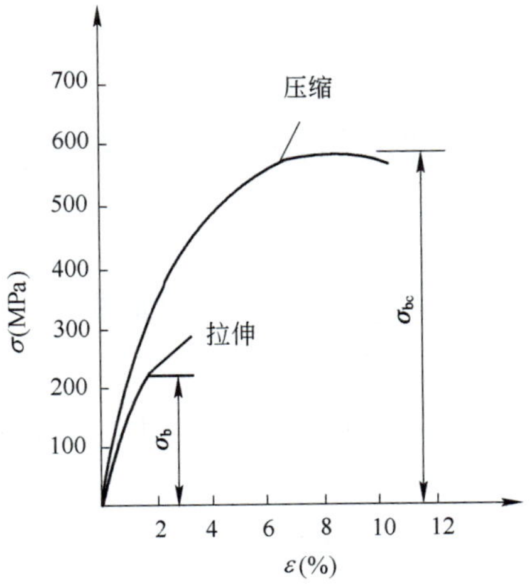

图 5-1-4

从铸铁拉伸时的σ-ε曲线中可以看出，它没有明显的直线部分。因其拉断前的应变很小，因此工程上通常取其σ-ε曲线的一条割线的斜率，作为其弹性模量。它没有屈服阶段，也没有颈缩现象（故衡量铸铁拉伸强度的唯一指标就是它被拉断时的最大应力σ_b），在较小的拉应力作用下即被拉断，且其延伸率很小，故铸铁是一种典型的脆性材料。

铸铁压缩时的σ-ε曲线与拉伸相比，可看出这类材料的抗压能力要比抗拉能力强得多，其塑性变形也较为明显。破坏断口为斜断面，这表明试件是因τ_{max}而剪坏的。

对于塑性材料制成的杆，通常取屈服极σ_s（或名义屈服极限$\sigma_{0.2}$）作为极限应力σ_u的值；而对脆性材料制成的杆，应该取强度极限σ_b作为极限应力σ_u的值。

【例 5-1-1】 图示四种材料的应力-应变曲线中，强度最大的材料是：

A. A

B. B

C. C

D. D

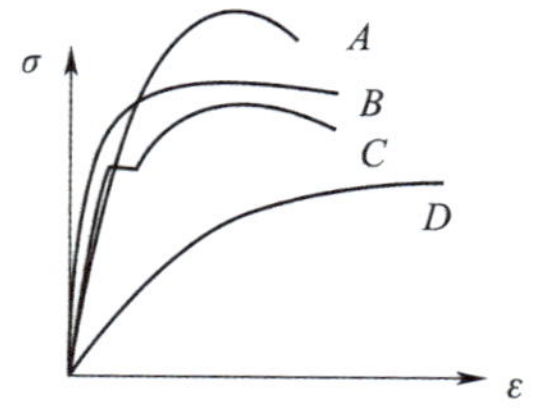

例 5-1-1 图

解 由图可知，曲线A的强度失效应力最大，故 A 材料强度最高。

答案： A

习 题

5-1-1 在低碳钢拉伸实验中，冷作硬化现象发生在（ ）。

A. 弹性阶段

B. 屈服阶段

C. 强化阶段

D. 局部变形阶段

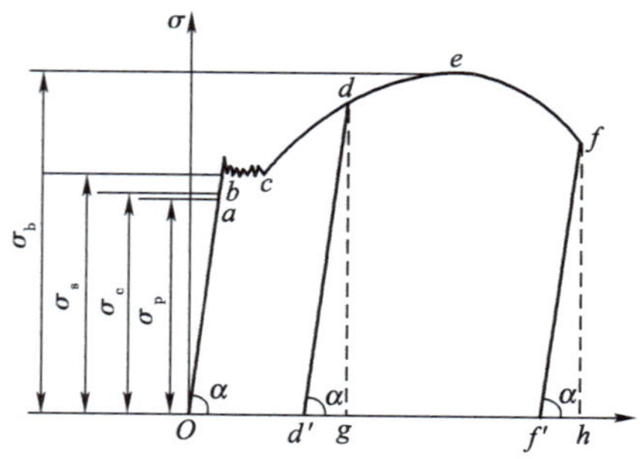

题 5-1-1 图

第二节 轴向拉伸与压缩

一、轴向拉伸与压缩的概念

（一）力学模型

轴向拉压杆的力学模型如图 5-2-1 所示。

（二）受力特征

作用于杆两端外力的合力，大小相等、方向相反，并沿杆件轴线作用。

（三）变形特征

杆件主要产生轴线方向的均匀伸长（缩短）。

图 5-2-1 轴向拉压杆的力学模型

P-轴向拉力或压力

二、轴向拉伸（压缩）杆横截面上的内力

（一）内力

由外力作用而引起的构件内部各部分之间的相互作用力。

（二）截面法

截面法是求内力的一般方法，用截面法求内力的步骤如下。

（1）截开。在需求内力的截面处，假想地沿该截面将构件截分为二。

（2）代替。任取一部分为研究对象，称为脱离体。用内力代替弃去部分对脱离体的作用。

（3）平衡。对脱离体列写平衡条件，求解未知内力。

截面法示意图如图 5-2-2 所示。

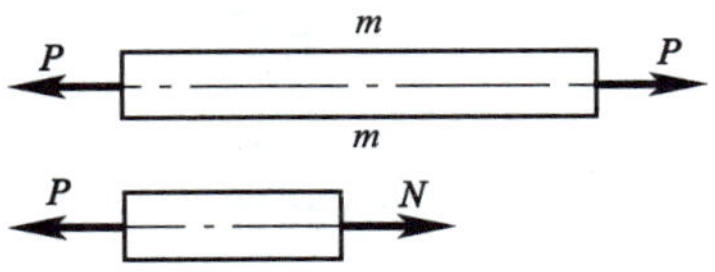

图 5-2-2　截面法示意图

（三）轴力

轴向拉压杆横截面上的内力，其作用线必定与杆轴线相重合，称为轴力，以N表示。轴力N规定以拉力为正，压力为负。

（四）轴力图

轴力图表示沿杆件轴线各横截面上轴力变化规律的图线。

【例 5-2-1】 试作如图 a）所示等直杆的轴力图。

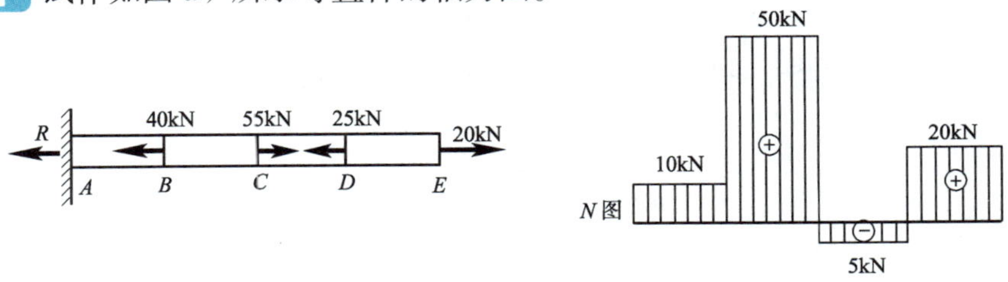

a）外力图　　b）轴力图

例 5-2-1 图

解　先考虑外力平衡，求出支反力$R = 10\text{kN}$

显然　$N_{AB} = 10\text{kN}$，$N_{BC} = 50\text{kN}$，$N_{CD} = -5\text{kN}$，$N_{DE} = 20\text{kN}$

由图 b）可见，某截面上外力的大小等于该截面两侧内力的变化。

三、轴向拉压杆横截面上的应力

分布规律：轴向拉压杆横截面上的应力垂直于截面，为正应力，且正应力在整个横截面上均匀分布，如图 5-2-3 所示。

正应力公式

$$\sigma = \frac{N}{A} \tag{5-2-1}$$

式中：N——轴力（N）；

A——横截面面积（m^2）。

应力单位为 N/m^2，即 Pa，也常用 MPa，$1\text{MPa} = 10^6\text{Pa} = 1\text{N/mm}^2$。

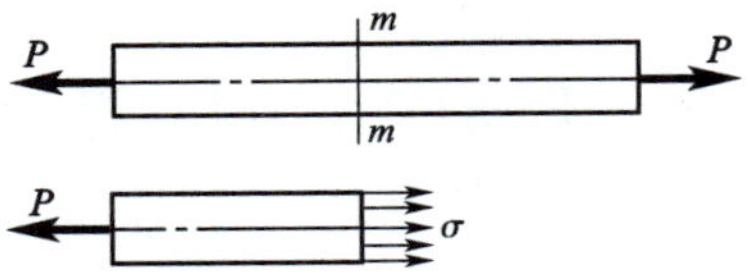

图 5-2-3　正应力在整个横截面上均匀分布

四、轴向拉压杆斜截面上的应力

斜截面上的应力均匀分布，如图 5-2-4 所示，其总应力及应力分量如下。

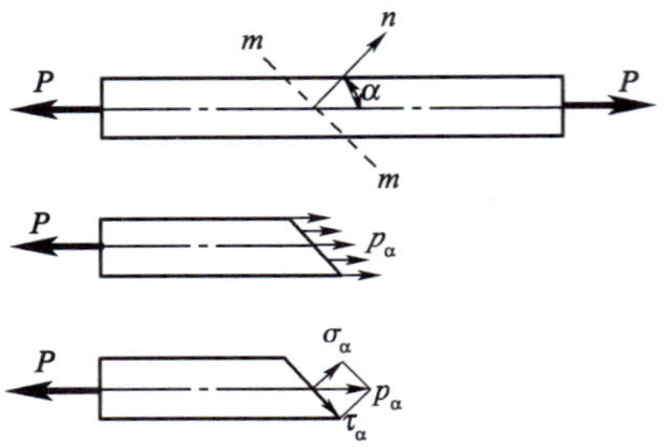

图 5-2-4　斜截面上的应力均匀分布

总应力

$$p_\alpha = \frac{N}{A_\alpha} = \sigma_0 \cos\alpha \tag{5-2-2}$$

正应力

$$\sigma = p_\alpha \cos\alpha = \sigma_0 \cos^2\alpha \tag{5-2-3}$$

剪应力

$$\tau_\alpha = p_\alpha \sin\alpha = \frac{\sigma_0}{2}\sin 2\alpha \tag{5-2-4}$$

上述式中：α ——由横截面外法线转至斜截面外法线的夹角，以逆时针转动为正；

A_α ——斜截面m-m的截面积；

σ_0 ——横截面上的正应力。

σ_α拉应力为正，压应力为负。τ_α以其对截面内一点产生顺时针力矩时为正，反之为负。

轴向拉压杆中最大正应力发生在α =0°的横截面上，最小正应力发生在α =90°的纵截面上，其值分别为

$$\sigma_{\alpha\max} = \sigma_0，\ \sigma_{\alpha\min} = 0$$

最大剪应力发生在$\alpha = \pm 45°$的斜截面上，最小剪应力发生在α =0°的横截面和α =90°的纵截面上，其值分别为

$$|\tau_\alpha|_{\max} = \frac{\sigma_0}{2}，\ |\tau_\alpha|_{\min} = 0$$

五、强度条件

（一）许用应力

材料正常工作容许采用的最高应力，由极限应力除以安全系数求得。

1. 塑性材料

$$[\sigma] = \frac{\sigma_s}{n_s} \tag{5-2-5}$$

2. 脆性材料

$$[\sigma] = \frac{\sigma_b}{n_b} \tag{5-2-6}$$

上两式中：σ_s ——屈服极限；

σ_b ——抗拉强度；

n_s、n_b ——安全系数。

（二）强度条件

构件的最大工作应力不得超过材料的许用应力。轴向拉压杆的强度条件为

$$\sigma_{\max} = \frac{N_{\max}}{A} \leqslant [\sigma] \tag{5-2-7}$$

强度计算的三类问题：

（1）强度校核：

$$\sigma_{max} = \frac{N_{max}}{A} \leqslant [\sigma]$$

（2）截面设计：

$$A \geqslant \frac{N_{max}}{[\sigma]}$$

（3）确定许可荷载$N_{max} \leqslant [\sigma]A$，再根据平衡条件，由$N_{max}$计算$[P]$。

【例 5-2-2】 图示结构的两杆许用应力均为$[\sigma]$，杆 1 的面积为A，杆 2 的面积为 $2A$，则该结构的许用载荷是：

A. $[F] = A[\sigma]$　　B. $[F] = 2A[\sigma]$

C. $[F] = 3A[\sigma]$　　D. $[F] = 4A[\sigma]$

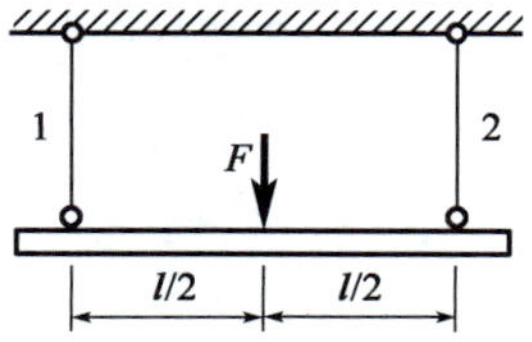

例 5-2-2 图

解　此题受力是对称的，故$F_1 = F_2 = \frac{F}{2}$

由杆 1，得$\sigma_1 = \frac{F_1}{A_1} = \frac{\frac{F}{2}}{A} = \frac{F}{2A} \leqslant [\sigma]$，故$F \leqslant 2A[\sigma]$

由杆 2，得$\sigma_2 = \frac{F_2}{A_2} = \frac{\frac{F}{2}}{2A} = \frac{F}{4A} \leqslant [\sigma]$，故$F \leqslant 4A[\sigma]$

从两者取最小的，所以$[F] = 2A[\sigma]$。

答案： B

六、轴向拉压杆的变形——虎克定律

（一）轴向拉压杆的变形

杆件在轴向拉伸时，轴向伸长，横向缩短，见图 5-2-5；而在轴向压缩时，轴向缩短，横向伸长。

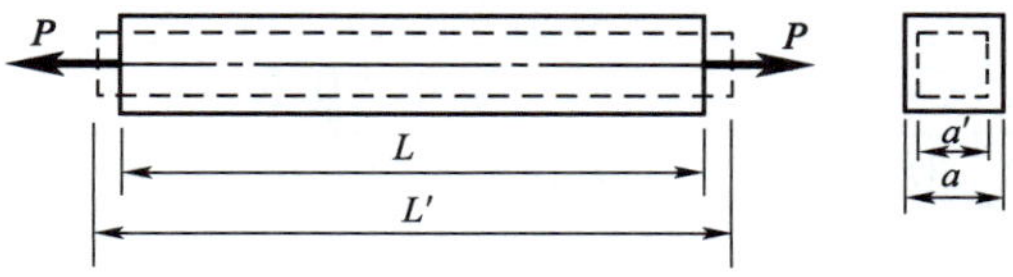

图 5-2-5　轴向拉杆的变形

轴向变形

$$\Delta L = L' - L \tag{5-2-8}$$

轴向线应变

$$\varepsilon = \frac{\Delta L}{L} \tag{5-2-9}$$

横向变形

$$\Delta a = a' - a \tag{5-2-10}$$

横向线应变

$$\varepsilon' = \frac{\Delta a}{a} \tag{5-2-11}$$

（二）虎克定律

当应力不超过材料比例极限时，应力与应变成正比，即

$$\sigma = E\varepsilon \tag{5-2-12}$$

式中：E ——材料的弹性模量。

或用轴力及杆件变形量表示为

$$\Delta L = \frac{NL}{EA} \tag{5-2-13}$$

式中：EA——杆的抗拉（压）刚度，表示杆件抵抗拉、压弹性变形的能力。

【例 5-2-3】 变截面杆AC受力如图所示。已知材料弹性模量为E，杆BC段的截面积为A，杆AB段的截面积为 $2A$，则杆C截面的轴向位移是：

A. $FL/(2EA)$

B. $FL/(EA)$

C. $2FL/(EA)$

D. $3FL/(EA)$

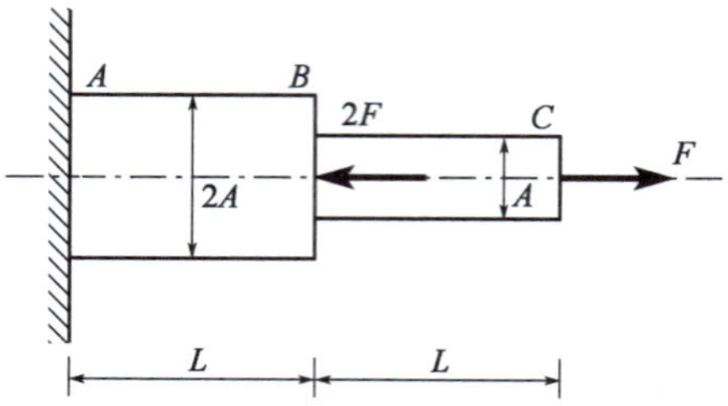

例 5-2-3 图

解 用直接法求轴力，可得：$N_{AB} = -F, N_{BC} = F$

杆C截面的位移是

$$\delta_C = \Delta l_{AB} + \Delta l_{BC} = -Fl/(E \cdot 2A) + Fl/(EA) = Fl/(2EA)$$

答案： A

（三）泊松比

当应力不超过材料的比例极限时，横向线应变ε'与纵向线应变ε之比的绝对值，即为泊松比，即

$$\mu = \left|\frac{\varepsilon'}{\varepsilon}\right| = -\frac{\varepsilon'}{\varepsilon} \tag{5-2-14}$$

泊松比μ是材料的弹性常数之一，无量纲。

【例 5-2-4】 已知拉杆横截面积A =100mm²，弹性模量E =200GPa，横向变形系数μ =0.3，轴向拉力F =20kN，拉杆的横向应变是：

A. $\varepsilon' = 0.3 \times 10^{-3}$　　B. $\varepsilon' = -0.3 \times 10^{-3}$

C. $\varepsilon' = 10^{-3}$　　D. $\varepsilon' = -10^{-3}$

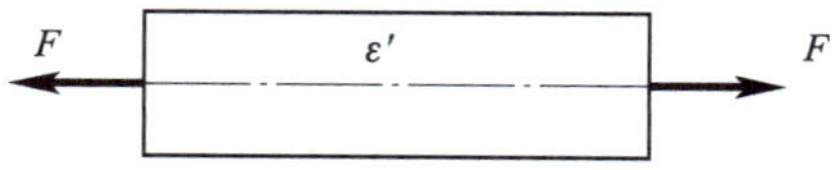

例 5-2-4 图

解 $\varepsilon' = -\mu\varepsilon = -\mu\frac{\sigma}{E} = -\mu\frac{F_N}{AE} = -0.3\frac{20 \times 10^3\text{N}}{100\text{mm}^2 \times 200 \times 10^3\text{MPa}} = -0.3 \times 10^{-3}$

答案： B

习 题

5-2-1 等截面杆轴向受力如图所示。杆的最大轴力是（ ）kN。

A. 8　　B. 5　　C. 3　　D. 13

5-2-2 如图所示，拉杆承受轴向拉力$\boldsymbol{P}$的作用，设斜截面m-m的面积为A，则$\sigma = P/A$为（ ）。

A. 横截面上的正应力　　B. 斜截面上的正应力

C. 斜截面上的应力　　D. 斜截面上的剪应力

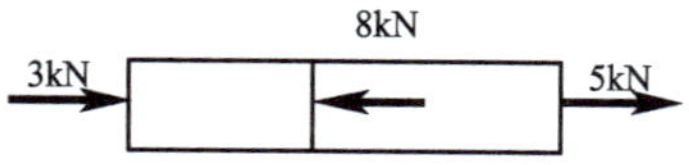

题 5-2-1 图

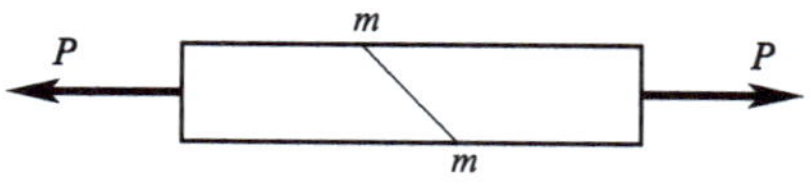

题 5-2-2 图

5-2-3 两拉杆的材料和所受拉力都相同，且均处在弹性范围内，若两杆长度相等，横截面面积$A_1 > A_2$，则（ ）。

A. $\Delta l_1 < \Delta l_2$，$\varepsilon_1 = \varepsilon_2$　　B. $\Delta l_1 = \Delta l_2$，$\varepsilon_1 < \varepsilon_2$

C. $\Delta l_1 < \Delta l_2$，$\varepsilon_1 < \varepsilon_2$　　D. $\Delta l_1 = \Delta l_2$，$\varepsilon_1 = \varepsilon_2$

5-2-4 等直杆的受力情况如图所示，则杆内最大拉力N_1和最大压力N_2分别为（　　）。

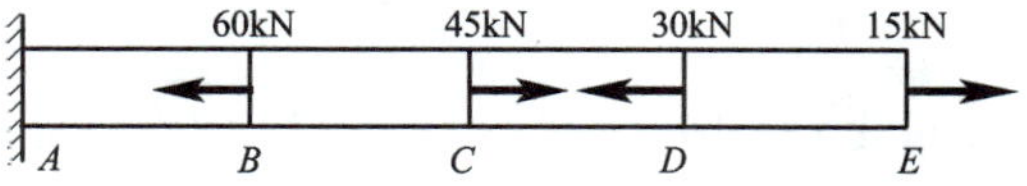

题 5-2-4 图

A. $N_1 = 60\text{kN}$，$N_2 = 15\text{kN}$　　B. $N_1 = 60\text{kN}$，$N_2 = -15\text{kN}$

C. $N_1 = 30\text{kN}$，$N_2 = -30\text{kN}$　　D. $N_1 = 90\text{kN}$，$N_2 = -60\text{kN}$

5-2-5 如图所示，刚梁AB由杆 1 和杆 2 支承。已知两杆的材料相同，长度不等，横截面面积分别为A_1和A_2，若荷载$\boldsymbol{P}$使刚梁平行下移，则其截面面积为（　　）。

A. $A_1 < A_2$　　B. $A_1 = A_2$

C. $A_1 > A_2$　　D. A_1、A_2为任意

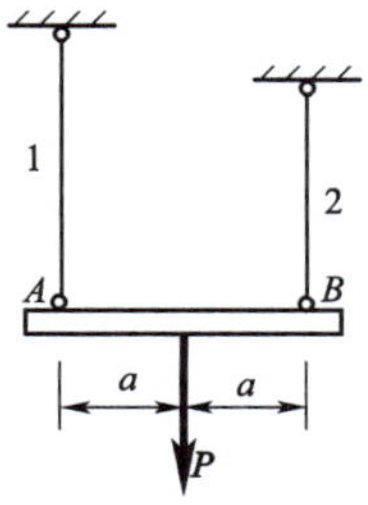

题 5-2-5 图

5-2-6 如图所示变截面杆中，AB段、BC段的轴力为（　　）。

A. $N_{AB} = -10\text{kN}$，$N_{BC} = 4\text{kN}$　　B. $N_{AB} = 6\text{kN}$，$N_{BC} = 4\text{kN}$

C. $N_{AB} = -6\text{kN}$，$N_{BC} = 4\text{kN}$　　D. $N_{AB} = 10\text{kN}$，$N_{BC} = 4\text{kN}$

5-2-7 变形杆如图所示，其中在BC段内（　　）。

A. 有位移，无变形　　B. 有变形，无位移

C. 既有位移，又有变形　　D. 既无位移，又无变形

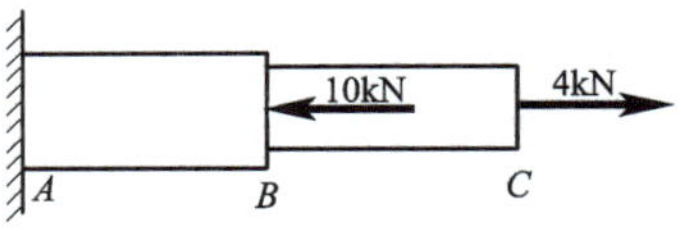

题 5-2-6 图

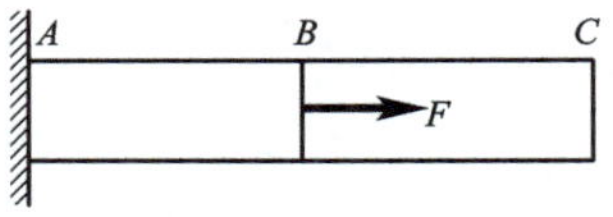

题 5-2-7 图

5-2-8 已知如图所示等直杆的轴力图（N图），则该杆相应的荷载图如（　　）所示。（图中集中荷载单位均为 kN，分布荷载单位均为 kN/m）

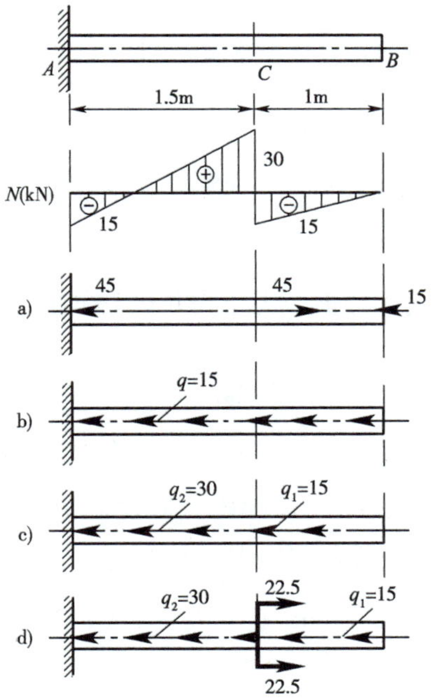

题 5-2-8 图

A. 图 a）　　B. 图 b）　　C. 图 c）　　D. 图 d）

5-2-9　有一横截面面积为A的圆截面杆件受轴向拉力作用，在其他条件不变时，若将其横截面改为面积仍为A的空心圆，则杆为（　　）。

A. 内力、应力、轴向变形均增大　　B. 内力、应力、轴向变形均减少

C. 内力、应力、轴向变形均不变　　D. 内力、应力不变、轴向变形增大

5-2-10 如图所示桁架，在结点C沿水平方向受P力作用。各杆的抗拉刚度相等。若结点C的铅垂位移以V_C表示，BC杆的轴力以N_{BC}表示，则（　　）。

A. $N_{BC}=0$，$V_C=0$　　B. $N_{BC}=0$，$V_C\neq 0$

C. $N_{BC}\neq 0$，$V_C=0$　　D. $N_{BC}\neq 0$，$V_C\neq 0$

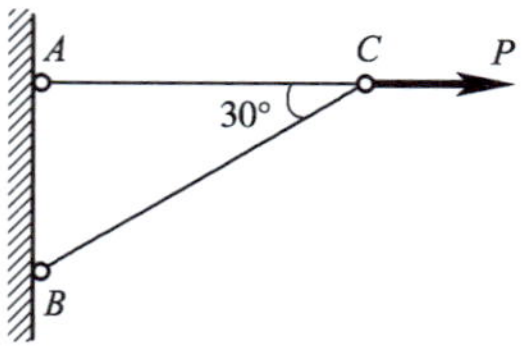

题 5-2-10 图

第三节　剪切和挤压

一、剪切的实用计算

（一）剪切的概念

力学模型如图 5-3-1 所示。

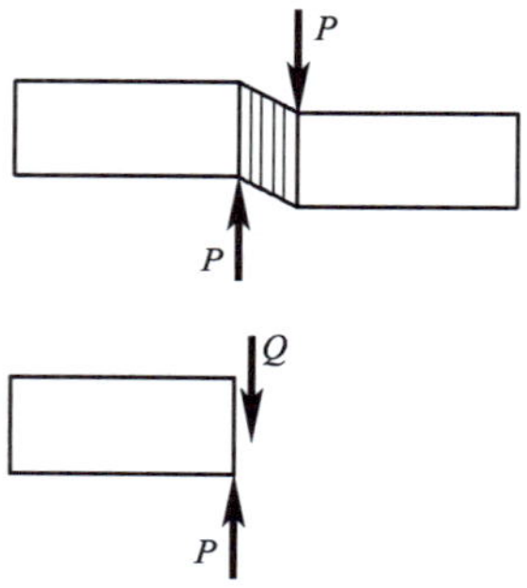

图 5-3-1　剪切的力学模型

（1）受力特征。构件上受到一对大小相等、方向相反，作用线相距很近，且与构件轴线垂直的力作用。

（2）变形特征。构件沿两力的分界面有发生相对错动的趋势。

（3）剪切面。构件将发生相对错动的面。

（4）剪力Q。剪切面上的内力，其作用线与剪切面平行。

（二）剪切实用计算

（1）名义剪应力。假定剪应力沿剪切面是均匀分布的，若A_Q为剪切面面积，Q为剪力，则

$$\tau=\frac{Q}{A_Q} \tag{5-3-1}$$

（2）许用剪应力。按实际构件的受力方式，用试验的方法求得名义剪切极限应力τ^0，再除以安全系数n。

（3）剪切强度条件。剪切面上的工作剪应力不得超过材料的许用剪应力

$$\tau=\frac{Q}{A_Q}\leqslant[\tau] \tag{5-3-2}$$

【例 5-3-1】 直径$d=0.5\text{m}$的圆截面立柱，固定在直径$D=1\text{m}$的圆形混凝土基座上，圆柱的轴向压力$F=1\ 000\text{kN}$，混凝土的许用应力$[\tau]=1.5\text{MPa}$。假设地基对混凝土板的支反力均匀分布，为使混凝土基座不被立柱压穿，混凝土基座所需的最小厚度t应是：

A. 159mm　　B. 212mm　　C. 318mm　　D. 424mm

解　混凝土基座与圆截面立柱的交接面，即圆环形基座板的内圆柱面即为剪切面，如解图所示。

$$A_Q=\pi dt$$

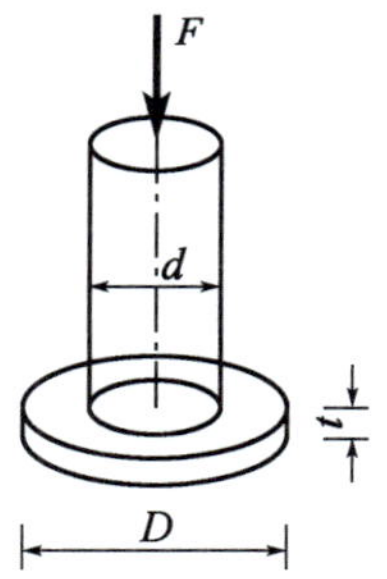

例 5-3-1 图

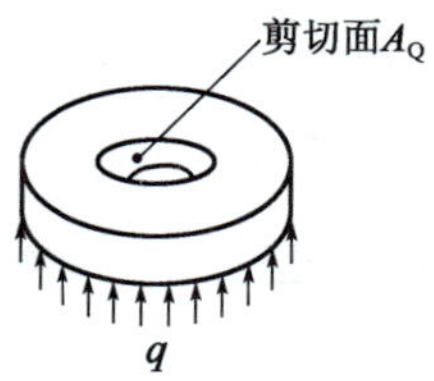

例 5-3-1 解图

圆形混凝土基座上的均布压力（面荷载）为：

$$q=\frac{1\,000\times 10^3\text{N}}{\frac{\pi}{4}\times 1\,000^2\text{mm}^2}=\frac{4}{\pi}\text{MPa}$$

作用在剪切面上的剪力为：

$$Q=q\cdot\frac{\pi}{4}\left(1\,000^2-500^2\right)=750\text{kN}$$

由剪切强度条件：

$$\tau=\frac{Q}{A_Q}=\frac{Q}{\pi dt}\leqslant[\tau]$$

可得：

$$t\geqslant\frac{Q}{\pi d[\tau]}=\frac{750\times 10^3\text{N}}{\pi\times 500\text{mm}\times 1.5\text{MPa}}=318.3\text{mm}$$

答案： C

二、挤压的实用计算

（一）挤压的概念

（1）挤压。两构件相互接触的局部承压作用。

（2）挤压面。两构件间相互接触的面。

（3）挤压力P_{bs}。承压接触面上的总压力。

（二）挤压实用计算

（1）名义挤压应力。假设挤压力在名义挤压面上均匀分布，即

$$\sigma_{bs}=\frac{P_{bs}}{A_{bs}} \tag{5-3-3}$$

式中：A_{bs}——名义挤压面面积。

当挤压面为平面时，名义挤压面面积等于实际的承压接触面面积；当挤压面为曲面时，则名义挤压面面积取为实际承压接触面在垂直挤压力方向的投影面积。

（2）许用挤压应力。根据直接试验结果，按照名义挤压应力公式计算名义极限挤压应力，再除以安全系数。

（3）挤压强度条件。挤压面上的工作挤压应力不得超过材料的许用挤压应力，即

$$\sigma_{bs}=\frac{P_{bs}}{A_{bs}}\leqslant[\sigma_{bs}] \tag{5-3-4}$$

【例 5-3-2】 已知铆钉的许用切应力为$[\tau]$，许用挤压应力为$[\sigma_{bs}]$，钢板的厚度为t，则图示铆钉直

径d与钢板厚度t的合理关系是：

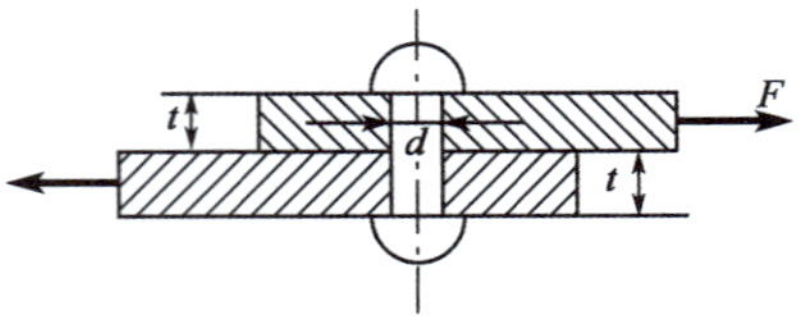

例 5-3-2 图

A. $d=\frac{8t[\sigma_{bs}]}{\pi[\tau]}$　　B. $d=\frac{4t[\sigma_{bs}]}{\pi[\tau]}$

C. $d=\frac{\pi[\tau]}{8t[\sigma_{bs}]}$　　D. $d=\frac{\pi[\tau]}{4t[\sigma_{bs}]}$

解　由铆钉的剪切强度条件：

$$\tau=\frac{F_s}{A_s}=\frac{F}{\frac{\pi}{4}d^2}=[\tau]$$

可得：

$$\frac{4F}{\pi d^2}=[\tau] \tag{①}$$

由铆钉的挤压强度条件：

$$\sigma_{bs}=\frac{F_{bs}}{A_{bs}}=\frac{F}{dt}=[\sigma_{bs}]$$

可得：

$$\frac{F}{dt}=[\sigma_{bs}] \tag{②}$$

d与t的合理关系应使两式同时成立，②式除以①式，得到

$$\frac{\pi d}{4t}=\frac{[\sigma_{bs}]}{[\tau]}$$

即

$$d=\frac{4t[\sigma_{bs}]}{\pi[\tau]}$$

答案：B

三、剪应力互等定理与剪切虎克定律

（一）纯剪切

若单元体各个侧面上只有剪应力而无正应力，称为纯剪切。

纯剪切引起剪应变γ，即相互垂直的两线段间角度的改变。

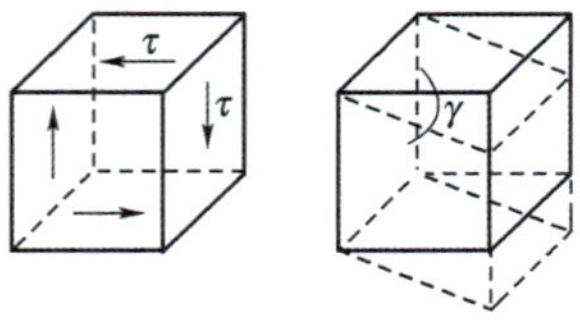

图 5-3-2　纯剪切单元体

（二）剪应力互等定理

在互相垂直的两个平面上，垂直于两平面交线的剪应力，总是大小相等，且共同指向或背离这一交线（见图 5-3-2），即

$$\tau=-\tau' \tag{5-3-5}$$

（三）剪切虎克定律

当剪应力不超过材料的剪切比例极限时，剪应力τ与剪应变γ成正比，即

$$\tau=G\gamma \tag{5-3-6}$$

式中：G——材料的剪切弹性模量。

对各向同性材料，E、G、μ间只有两个独立常数，即

$$G=\frac{E}{2(1+\mu)} \tag{5-3-7}$$

习　题

5-3-1　钢板用两个铆钉固定在支座上，铆钉直径为d，在图示荷载下，铆钉的最大切应力是(　　)。

A. $\tau_{max}=\frac{4F}{\pi d^2}$　　B. $\tau_{max}=\frac{8F}{\pi d^2}$　　C. $\tau_{max}=\frac{12F}{\pi d^2}$　　D. $\tau_{max}=\frac{2F}{\pi d^2}$

5-3-2　螺钉受力如图所示，一直螺钉和钢板的材料相同，拉伸许用应力$[\sigma]$是剪切许可应力$[\tau]$的 2 倍，即$[\sigma]=2[\tau]$，钢板厚度t是螺钉头高度h的 1.5 倍，则螺钉直径d的合理值为（　　）。

A. $d=2h$　　B. $d=0.5h$　　C. $d^2=2Dt$　　D. $d^2=Dt$

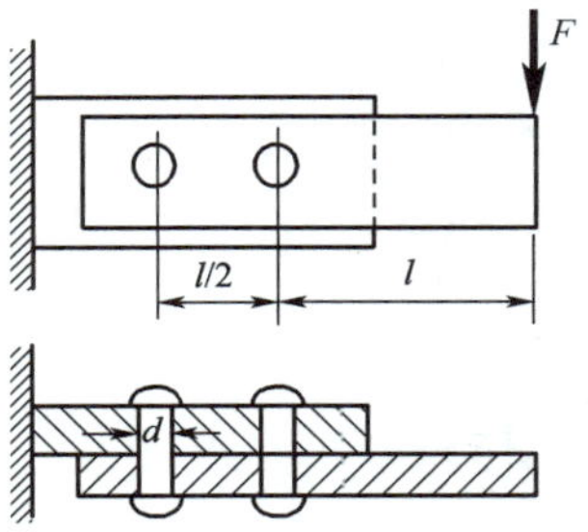

题 5-3-1 图

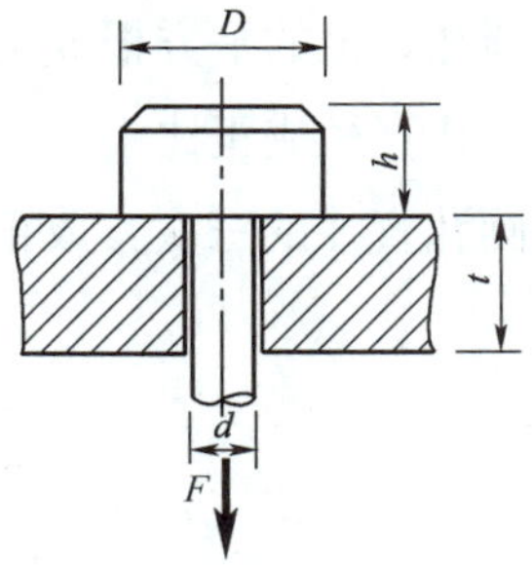

题 5-3-2 图

5-3-3　图示连接件，两端受拉力$\boldsymbol{P}$作用，接头的挤压面积为（　　）。

A. ab　　B. cb　　C. lb　　D. lc

5-3-4　如图所示，在平板和受拉螺栓之间垫上一个垫圈，可以提高（　　）。

A. 螺栓的拉伸强度　　B. 螺栓的剪切强度

C. 螺栓的挤压强度　　D. 平板的挤压强度

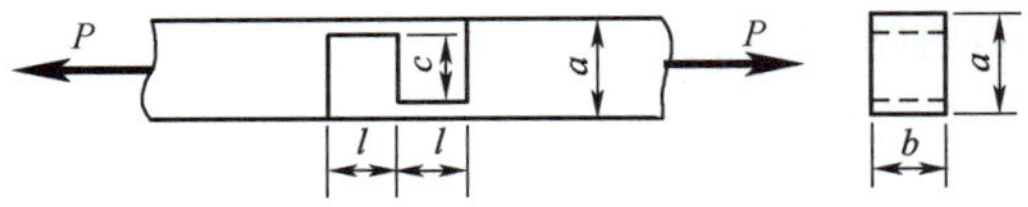

题 5-3-3 图

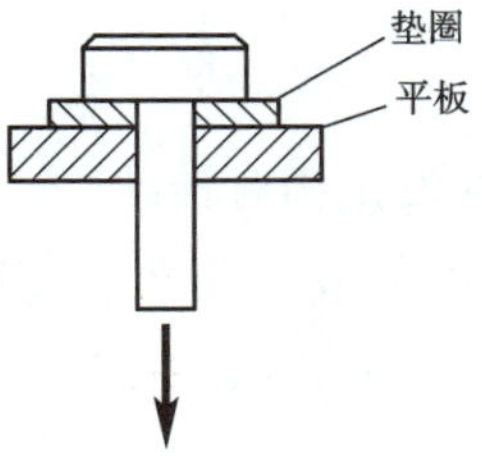

题 5-3-4 图

5-3-5　图示铆接件，设钢板和铝铆钉的挤压应力分别为$\sigma_{jy,1}$、$\sigma_{jy,2}$，则两者的大小关系是（　　）。

A. $\sigma_{jy,1}<\sigma_{jy,2}$　　B. $\sigma_{jy,1}=\sigma_{jy,2}$

C. $\sigma_{jy,1}>\sigma_{jy,2}$　　D. 不确定的

5-3-6　如图所示，插销穿过水平放置平板上的圆孔，在其下端受有一拉力$\boldsymbol{P}$，该插销的剪切面积和挤压面积分别为（　　）。

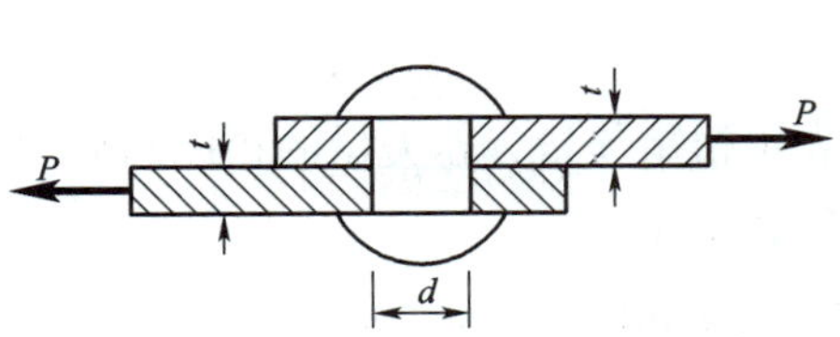

题 5-3-5 图

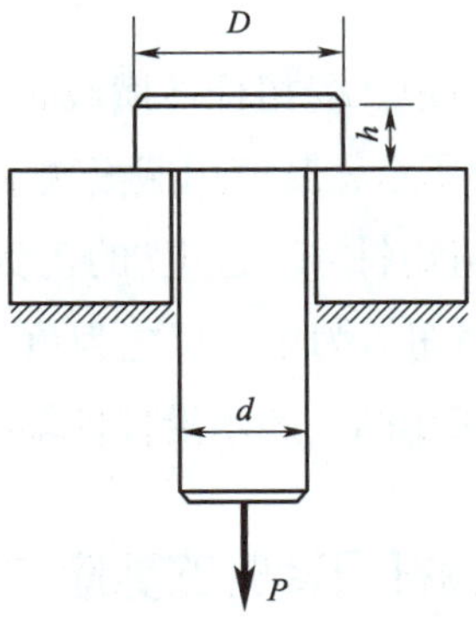

题 5-3-6 图

A. πdh，$\pi D^2/4$

B. πdh，$\pi(D^2-d^2)/4$

C. πDh，$\pi D^2/4$

D. πDh，$\pi(D^2-d^2)/4$

5-3-7　要用冲床在厚度为t的钢板上冲出一圆孔，则冲力大小（　　）。

A. 与圆孔直径的平方成正比

B. 与圆孔直径的平方根成正比

C. 与圆孔直径成正比

D. 与圆孔直径的三次方成正比

第四节　扭　　转

一、扭转的概念

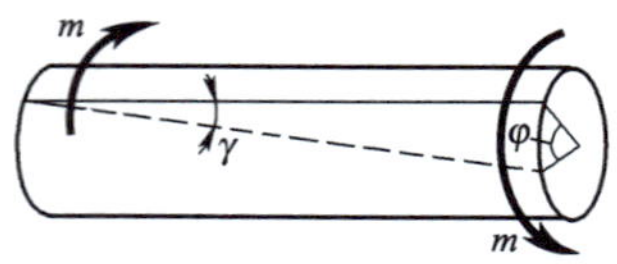

图 5-4-1　扭转力学模型

（一）扭转的力学模型

扭转的力学模型，如图 5-4-1 所示。

（1）受力特征。杆两端受到一对力偶矩相等，转向相反，作用平面与杆件轴线相垂直的外力偶作用。

（2）变形特征。杆件表面纵向线变成螺旋线，即杆件任意两横截面绕杆件轴线发生相对转动。

（3）扭转角φ。杆件任意两横截面间相对转动的角度。

（二）外力偶矩的计算

轴所传递的功率、转速与外力偶矩（kN·m）间有如下关系

$$m = 9.55\frac{P}{n} \tag{5-4-1}$$

式中：P ——传递功率（kW）；

n ——转速（r/min）。

二、扭矩及扭矩图

（1）扭矩。受扭杆件横截面上的内力是一个在截面平面内的力偶，其力偶矩称为扭矩，用T表示，如图 5-4-2 所示，其值用截面法求得。

（2）扭矩符号。扭矩T的正负号规定，以右手法则表示扭矩矢量，若矢量的指向与截面外向法线的指向一致时扭矩为正，反之为负。如图 5-4-2 所示，扭矩均为正号。

（3）扭矩图。表示沿杆件轴线各横截面上扭矩变化规律的图线。扭矩图实例见本节后习题 5-4-6。

三、圆杆扭转时的剪应力与强度条件

（一）横截面上的剪应力

（1）剪应力分布规律。横截面上任一点的剪应力，其方向垂直于该点所在的半径，其值与该点到圆心的距离成正比，如图 5-4-3 所示。

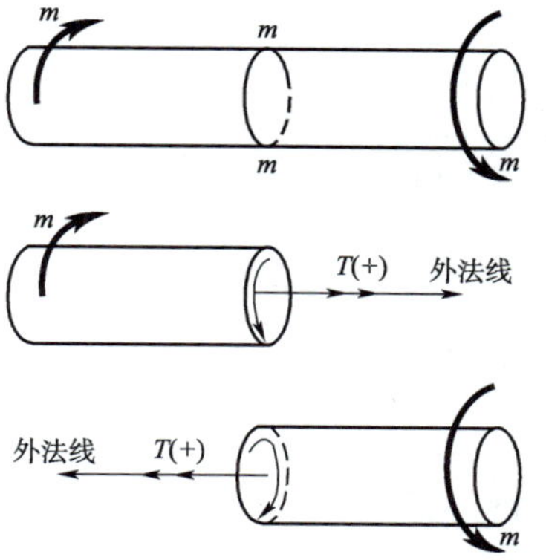

图 5-4-2 扭矩及其正负号规定

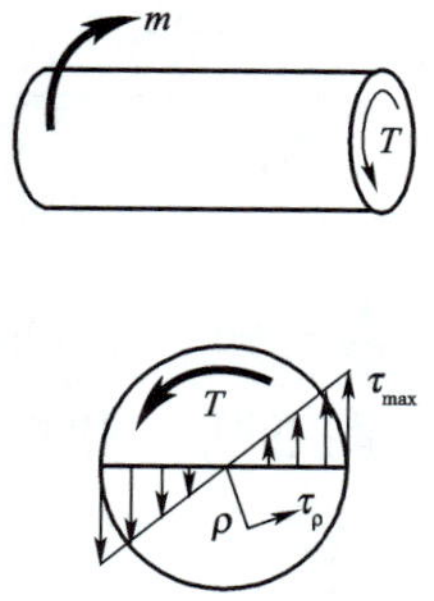

图 5-4-3 圆杆扭转时横截面上的剪应力

（2）剪应力计算公式。横截面上距圆心为ρ的任一点的剪应力τ_ρ为

$$\tau_\rho = \frac{T}{I_p}\rho \tag{5-4-2}$$

横截面上的最大剪应力发生在横截面周边各点处，其值为

$$\tau_{max} = \frac{T}{I_p}R = \frac{T}{W_p} \tag{5-4-3}$$

（3）剪应力公式的讨论：

①公式适用于线弹性范围（$\tau_{max} \leqslant \tau_p$），小变形条件下的等截面实心或空心圆直杆。

②T为所求截面上的扭矩。

③I_p称为极惯性矩，W_p称为抗扭截面系数，其值与截面尺寸有关。

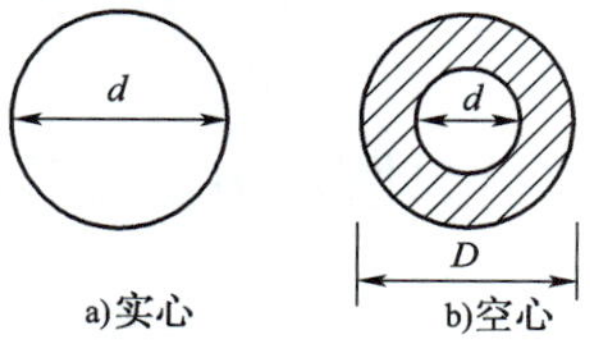

图 5-4-4 圆截面

实心圆截面（见图 5-4-4a）

$$\left.\begin{aligned} I_p &= \frac{\pi d^4}{32} \\ W_p &= \frac{\pi d^3}{16} \end{aligned}\right\} \tag{5-4-4}$$

空心圆截面（见图 5-4-4b）

$$\left.\begin{aligned} I_p &= \frac{\pi D^4}{32}(1-\alpha^4) \\ W_p &= \frac{\pi D^3}{16}(1-\alpha^4) \end{aligned}\right\} \tag{5-4-5}$$

其中$\alpha = d/D$

【例 5-4-1】 图示两根圆轴，横截面积相同，但分别为实心圆和空心圆。在相同的扭矩T作用下，两轴最大切应力的关系是：

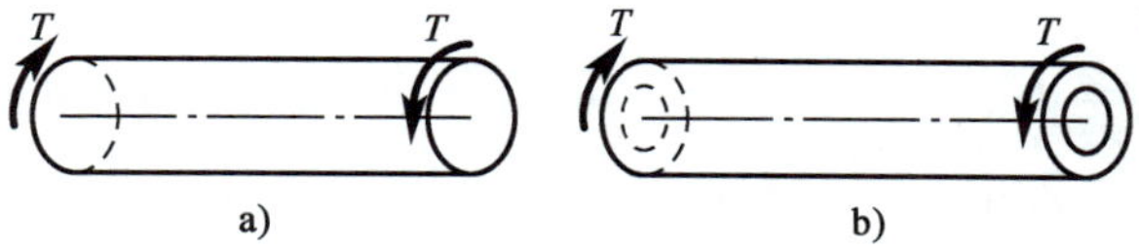

例 5-4-1 图

A. $\tau_a < \tau_b$　　B. $\tau_a = \tau_b$　　C. $\tau_a > \tau_b$　　D. 不能确定

解 设实心圆直径为d，空心圆外径为D，空心圆内外径之比为α，因两者横截面积相同，故有$\frac{\pi}{4}d^2 = \frac{\pi}{4}D^2(1-\alpha^2)$，即$d = D(1-\alpha^2)^{\frac{1}{2}}$。

$$\frac{\tau_a}{\tau_b}=\frac{\dfrac{T}{\frac{\pi}{16}d^3}}{\dfrac{T}{\frac{\pi}{16}D^3(1-\alpha^4)}}=\frac{D^3(1-\alpha^4)}{d^3}=\frac{D^3(1-\alpha^2)(1+\alpha^2)}{D^3(1-\alpha^2)(1-\alpha^2)^{\frac{1}{2}}}=\frac{1+\alpha^2}{\sqrt{1-\alpha^2}}>1$$

答案： C

【例 5-4-2】 已知实心圆轴按强度条件可承担的最大扭矩为T，若改变该轴的直径，使其横截面积增加 1 倍，则可承担的最大扭矩为：

A. $\sqrt{2}T$　　B. $2T$　　C. $2\sqrt{2}T$　　D. $4T$

解 由强度条件$\tau_{max}=T/W_p\leqslant[\tau]$，可知直径为$d$的圆轴可承担的最大扭矩为$T\leqslant[\tau]W_p=[\tau]\pi d^3/16$。若改变该轴直径为$d_1$，使$A_1=\pi d_1^2/4=2A=2\pi d^2/4$，则有$d_1^2=2d^2$，即$d_1=\sqrt{2}d$。

故其可承担的最大扭矩为：$T_1=[\tau]\pi d_1^3/16=2\sqrt{2}[\tau]\pi d^3/16=2\sqrt{2}T$

答案： C

（二）圆杆扭转时的强度条件

强度条件：圆杆扭转时横截面上的最大剪应力不得超过材料的许用剪应力，即

$$T_{max}=\frac{T_{max}}{W_p}\leqslant[\tau] \tag{5-4-6}$$

由强度条件可对受扭杆进行强度校核、截面设计和确定许可荷载三类问题的计算。

四、圆杆扭转时的变形及刚度条件

（一）圆杆的扭转变形计算

单位长度扭转角θ（rad/m）

$$\theta=\frac{d\varphi}{dx}=\frac{T}{GI_p} \tag{5-4-7}$$

扭转角φ（rad）

$$\varphi=\int_L\frac{T}{GI_p}dx \tag{5-4-8}$$

若在长度L内，T、G、I_p均为常量时

$$\varphi=\frac{TL}{GI_p} \tag{5-4-9}$$

式（5-4-9）适用于线弹性范围，小变形下的等直圆杆。GI_p表示圆杆抵抗扭转弹性变形的能力，称为抗扭刚度。

【例 5-4-3】 图示圆轴在扭转力矩作用下发生扭转变形，该轴A、B、C三个截面相对于D截面的扭转角间满足：

A. $\phi_{DA}=\phi_{DB}=\phi_{DC}$　　B. $\phi_{DA}=0$，$\phi_{DB}=\phi_{DC}$

C. $\phi_{DA}=\phi_{DB}=2\phi_{DC}$　　D. $\phi_{DA}=2\phi_{DC}$，$\phi_{DB}=0$

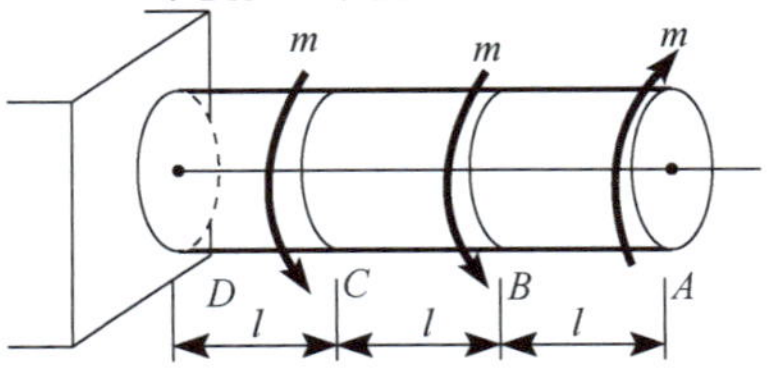

例 5-4-3 图

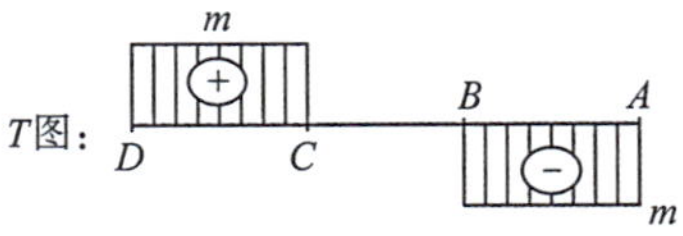

例 5-4-3 解图

解 根据该轴的外力和反力可得其扭矩图如解图所示。故

$$\phi_{DA}=\phi_{DC}+\phi_{CB}+\phi_{BA}=\frac{ml}{GI_p}+0-\frac{ml}{GI_p}=0$$

$$\phi_{DB}=\phi_{DC}+\phi_{CB}=\phi_{DC}+0$$

答案： B

（二）圆杆扭转时的刚度条件

即刚度条件：圆杆扭转时的最大单位长度扭转角不得超过规定的许可值$[\theta]$（°/m），即

$$\theta_{max}=\frac{T_{max}}{GI_p}\times\frac{180°}{\pi}\leqslant[\theta] \tag{5-4-10}$$

由刚度条件，同样可对受扭圆杆进行刚度校核、截面设计和确定许可荷载三类问题的计算。

习 题

5-4-1 直径为d的实心圆轴受扭，为使扭转最大切应力减少一半，圆轴的直径应改为（ ）。

A. $2d$ B. $0.5d$ C. $\sqrt{2}d$ D. $\sqrt[3]{2}d$

5-4-2 圆轴直径为d，剪切弹性模量为G，在外力作用下发生扭转变形，现测得单位长度扭转角为θ，圆轴的最大切应力是（ ）。

A. $\tau=16\theta G/(\pi d^3)$ B. $\tau=\theta G\pi d^3/16$ C. $\tau=\theta Gd$ D. $\tau=\theta Gd/2$

5-4-3 图 a）所示圆轴抗扭截面模量为W_p，切变模量为G，扭转变形后，圆轴表面A点处截取的单元体互相垂直的相邻边线改变了γ角，如图 b）所示。圆轴承受的扭矩T为（ ）。

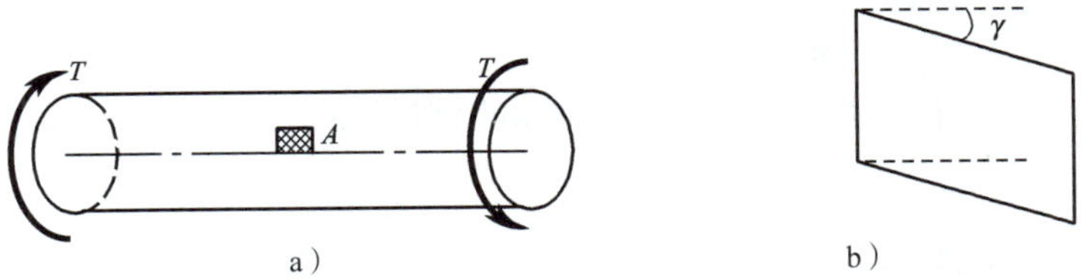

题 5-4-3 图

A. $T=G\gamma W_p$ B. $T=G\gamma/W_p$ C. $T=\gamma W_p/G$ D. $T=W_p/(G\gamma)$

5-4-4 直径为d的实心圆轴受扭，若使扭转角减小一半，圆轴的直径需变为（ ）。

A. $\sqrt[4]{2}d$ B. $\sqrt[3]{\sqrt{2}}\,d$ C. $0.5d$ D. $2d$

5-4-5 如图所示，左端固定的直杆受扭转力偶作用，在截面 1-1 和 1-2 处的扭矩为（ ）。

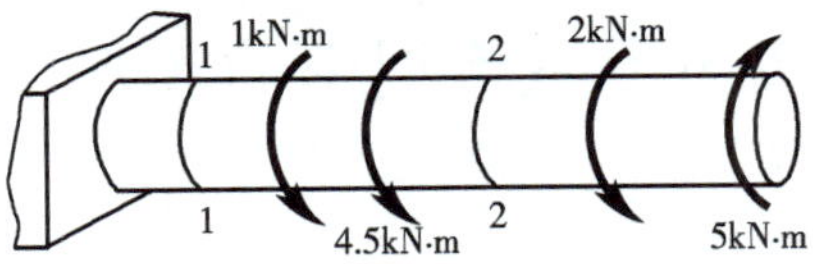

题 5-4-5 图

A. 12.5kN·m，−3kN·m B. −2.5kN·m，−3kN·m

C. −2.5kN·m，3kN·m D. 2.5kN·m，−3kN·m

5-4-6 如图所示，圆轴的扭矩图为（ ）。

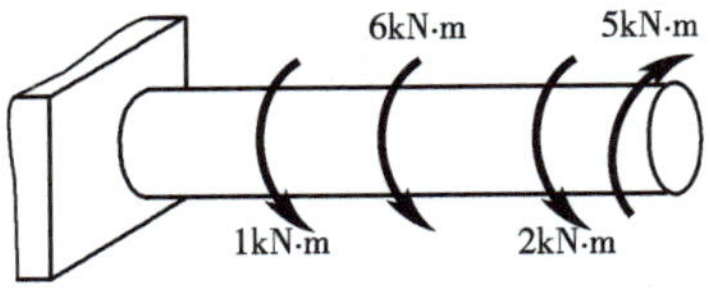

题 5-4-6 图

A.
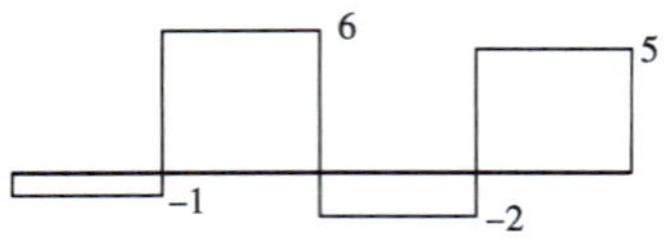

B.
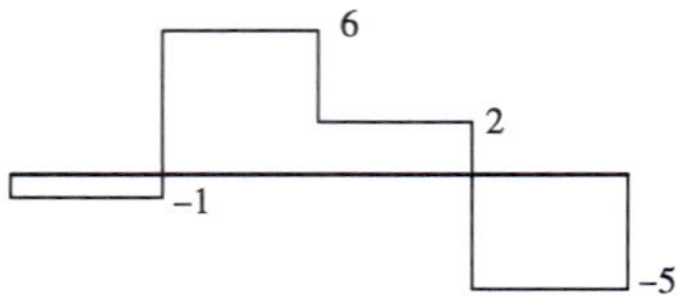

C.
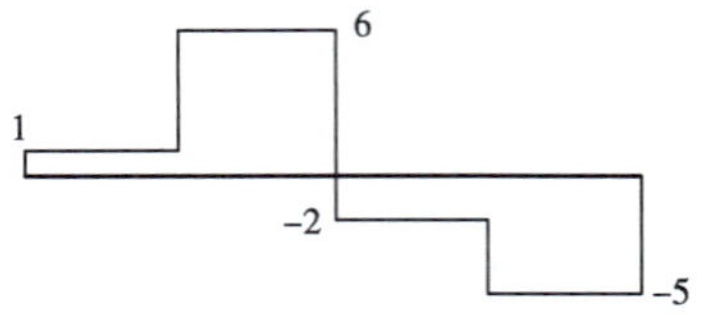

D.
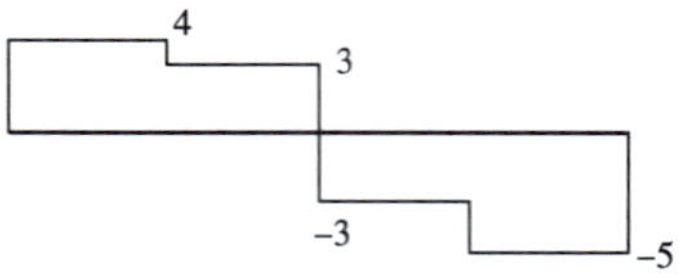

5-4-7　直径为D的实心圆轴，两端受扭转力矩作用，轴内最大剪应力为τ。若轴的直径改为$D/2$，则轴内的最大剪应力应为（　　）。

A. 2τ　　B. 4τ　　C. 8τ　　D. 16τ

5-4-8　如图所示，直杆受扭转力偶作用，在截面 1-1 和 2-2 处的扭矩为（　　）。

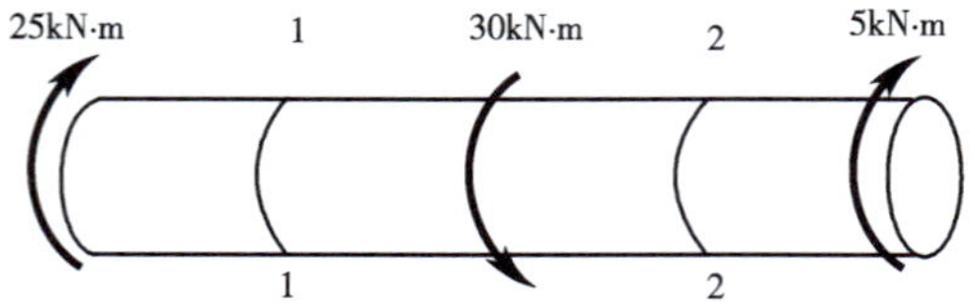

题 5-4-8 图

A. 5kN·m，5kN·m　　B. 25kN·m，−5kN·m

C. 35kN·m，−5kN·m　　D. −25kN·m，25kN·m

5-4-9　两端受扭转力偶矩作用的实心圆轴，不发生屈服的最大许可荷载为M_0，若将其横截面面积增加 1 倍，则最大许可荷载为（　　）。

A. $\sqrt{2}M_0$　　B. $2M_0$　　C. $2\sqrt{2}M_0$　　D. $4M_0$

5-4-10 空心圆轴和实心圆轴的外径相同时，截面的抗扭截面模量较大的是（　　）。

A. 空心轴　　B. 实心轴　　C. 一样大　　D. 不能确定

5-4-11 受扭实心等直圆轴，当直径增大 1 倍时，其最大剪应力$\tau_{2\max}$和两端相对扭转角φ_2与原来的$\tau_{1\max}$和φ_1的比值为（　　）。

A. $\tau_{2\max}:\tau_{1\max}=1:2$，$\varphi_2:\varphi_1=1:4$　　B. $\tau_{2\max}:\tau_{1\max}=1:4$，$\varphi_2:\varphi_1=1:8$

C. $\tau_{2\max}:\tau_{1\max}=1:8$，$\varphi_2:\varphi_1=1:16$　　D. $\tau_{2\max}:\tau_{1\max}=1:4$，$\varphi_2:\varphi_1=1:16$

第五节　截面图形的几何性质

一、静矩与形心

对图 5-5-1 所示截图

$$\left.\begin{aligned}S_z&=\int_A y\,\mathrm{d}A\\ S_y&=\int_A z\,\mathrm{d}A\end{aligned}\right\}\tag{5-5-1}$$

静矩的量纲为长度的三次方。

对于由几个简单图形组成的组合截面

$$\left.\begin{aligned}S_z &= A_1y_1 + A_2y_2 + A_3y_3 + \cdots = A\cdot y_c\\ S_y &= A_1z_1 + A_2z_2 + A_3z_3 + \cdots = A\cdot z_c\end{aligned}\right\} \tag{5-5-2}$$

形心坐标

$$\left.\begin{aligned}y_c &= \frac{A_1y_1 + A_2y_2 + A_3y_3 + \cdots}{A_1 + A_2 + A_3 + \cdots} = \frac{S_z}{A}\\ z_c &= \frac{A_1z_1 + A_2z_2 + A_3z_3 + \cdots}{A_1 + A_2 + A_3 + \cdots} = \frac{S_y}{A}\end{aligned}\right\} \tag{5-5-3}$$

显然，若z轴过形心，$y_c = 0$，则有$S_z = 0$，反之亦然；若y轴过形心，$z_c = 0$，则有$S_y = 0$，反之亦然。

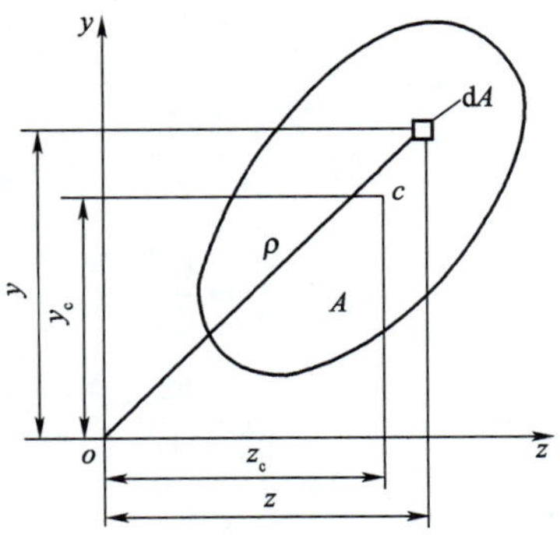

图 5-5-1 截面图形

二、惯性矩、惯性半径、极惯性矩、惯性积

对图 5-5-1 所示截面，对z轴和y轴的惯性矩为

$$I_z = \int_A y^2\mathrm{d}A\,;\ I_y = \int_A z^2\mathrm{d}A \tag{5-5-4}$$

惯性矩总是正值，其量纲为长度的四次方，亦可写成

$$I_z = Ai_z^2;\ I_y = Ai_y^2 \tag{5-5-5}$$

$$i_z = \sqrt{\frac{I_z}{A}};\ i_y = \sqrt{\frac{I_y}{A}} \tag{5-5-6}$$

i_z、i_y称为截面对z、y轴的惯性半径，其量纲为长度的 1 次方。

截面对o点的极惯性矩为

$$I_\mathrm{p} = \int_A \rho^2\mathrm{d}A \tag{5-5-7}$$

因$\rho^2 = y^2 + z^2$，故有$I_\mathrm{p} = I_z + I_y$，显然I_p也恒为正值，其量纲为长度的 4 次方。

截面对y、z轴的惯性积为

$$I_{yz} = \int_A yz\mathrm{d}A \tag{5-5-8}$$

I_{yz}可以为正值，也可以为负值，也可以是零，其量纲为长度的 4 次方。若y、z两坐标轴中有一个为截面的对称轴，则其惯性积I_{yz}恒等于零。

常用截面的几何性质见表 5-5-1。

常用截面的几何性质 表 5-5-1

项目	矩 形	图 形	空 心 圆	箱 形
截面图形	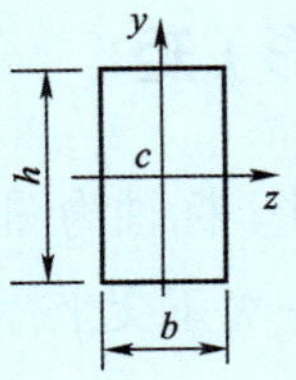	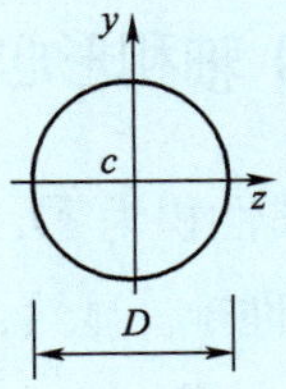	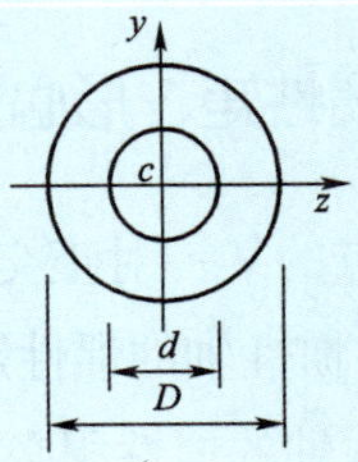	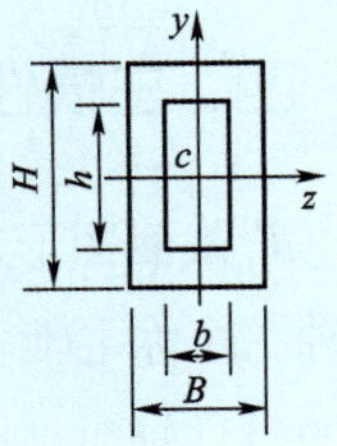

续上表

项目	矩形	图形	空心圆	箱形
截面的几何性质	$A=bh$ $I_z=\frac{bh^3}{12}$ $I_y=\frac{hb^3}{12}$ $I_{yz}=0$ $i_z=\frac{h}{2\sqrt{3}}$ $i_y=\frac{b}{2\sqrt{3}}$ $W_z=\frac{bh^2}{6},W_y=\frac{hb^2}{6}$	$A=\frac{\pi}{4}D^2$ $I_z=I_y=\frac{\pi}{64}D^4$ $I_p=\frac{\pi}{32}D^4$ $I_{yz}=0$ $i_z=i_y=\frac{D}{4}$ $W_z=W_y=\frac{\pi}{32}D^3$ $W_p=\frac{\pi}{16}D^3$	$A=\frac{\pi}{4}D^2(1-\alpha^2)$ $I_z=I_y=\frac{\pi}{64}D^4(1-\alpha^4)$ $I_p=\frac{\pi}{32}D^4(1-\alpha^4)$ $I_{yz}=0,\alpha=\frac{d}{D}$ $i_z=i_y=\frac{\sqrt{D^2+d^2}}{4}$ $W_z=W_y=\frac{\pi}{32}D^3(1-\alpha^4)$ $W_p=\frac{\pi}{16}D^3(1-\alpha^4)$	$A=BH-bh$ $I_z=\frac{BH^3-bh^3}{12}$ $I_y=\frac{HB^3-hb^3}{12}$ $I_{yz}=0$

注：图形中的c为截面形心；公式中W_z、W_y为抗弯截面系数，W_p为抗扭截面系数。

【例 5-5-1】 如图所示，空心圆轴的外径为D，内径为d，其极惯性矩I_p是：

A. $I_p=\pi(D^3-d^3)/16$

B. $I_p=\pi(D^3-d^3)/32$

C. $I_p=\pi(D^4-d^4)/16$

D. $I_p=\pi(D^4-d^4)/32$

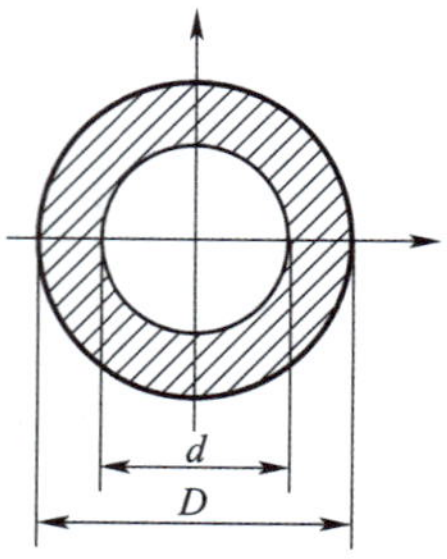

例 5-5-1 图

解 根据极惯性矩I_p的定义：$I_p=\int_A \rho^2 dA$，可知极惯性矩是一个定积分，具有可加性，所以：$I_p=\pi D^4/32-\pi d^4/32=\pi(D^4-d^4)/32$。

答案： D

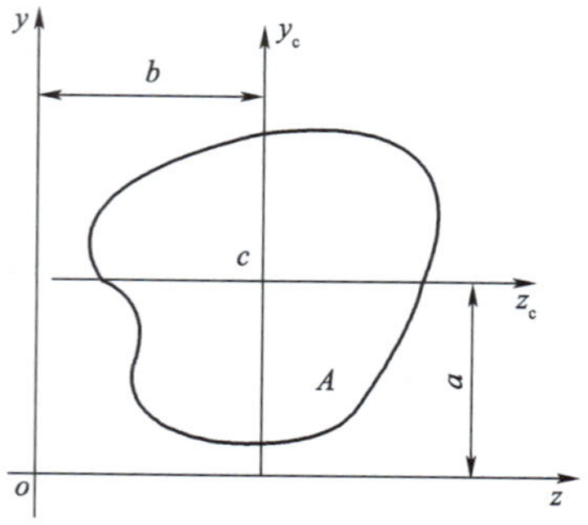

图 5-5-2 具有平行轴的截面图形

三、平行移轴公式

若已知任一截面图形（见图 5-5-2）形心为c，面积为A，对形心轴z_c和y_c的惯性矩为I_{zc}和I_{yc}、惯性积为I_{yczc}，则该图形对于与z_c轴平行且相距为a的z轴，及与y_c轴平行且相距为b的y轴的惯性矩和惯性积分别为

$$\left.\begin{aligned} I_z&=I_{zc}+a^2A \\ I_y&=I_{yc}+b^2A \\ I_{yz}&=I_{yczc}+abA \end{aligned}\right\} \quad (5\text{-}5\text{-}9)$$

显然，在图形对所有互相平行的惯性矩中，以形心轴的惯性矩为最小。

四、主惯性轴和主惯性矩、形心主（惯性）轴和形心主（惯形）矩

若截面图形对通过某点的某一对正交坐标轴的惯性积为零，则称这对坐标轴为图形在该点的主惯性轴，简称主轴。图形对主惯性轴的惯性矩称为主惯性矩。显然，当任意一对正交坐标轴中之一轴为图形的对称轴时，图形对该两轴的惯性积必为零，故这对轴必为主轴。

过截面形心的主惯性轴，称为形心主轴。截面对形心主轴的惯性矩称为形心主矩。杆件的轴线与横

截面形心主轴所组成的平面，称为形心主惯性平面。

习　题

5-5-1　图示矩形截面对z_1轴的惯性矩I_{z_1}为（　　）。

A. $I_{z_1}=bh^3/12$　　B. $I_{z_1}=bh^3/3$　　C. $I_{z_1}=7bh^3/6$　　D. $I_{z_1}=13bh^3/12$

5-5-2　矩形截面挖去一个边长为a的正方形，如图所示，该截面对z轴的惯性矩I_z为（　　）。

A. $I_z=bh^3/12-a^4/12$　　B. $I_z=bh^3/12-13a^4/12$

C. $I_z=bh^3/12-a^4/3$　　D. $I_z=bh^3/12-7a^4/12$

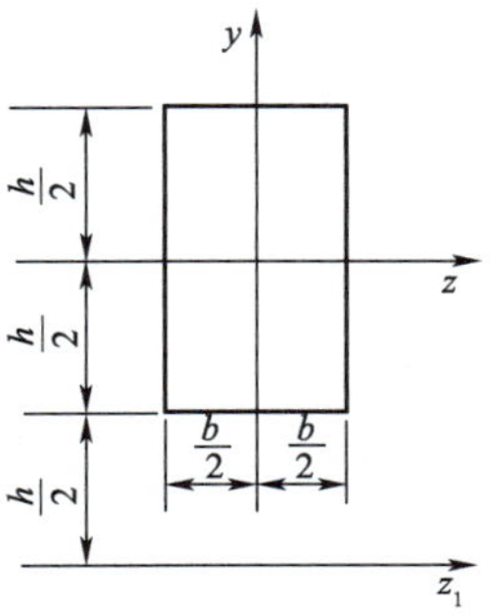

题 5-5-1 图

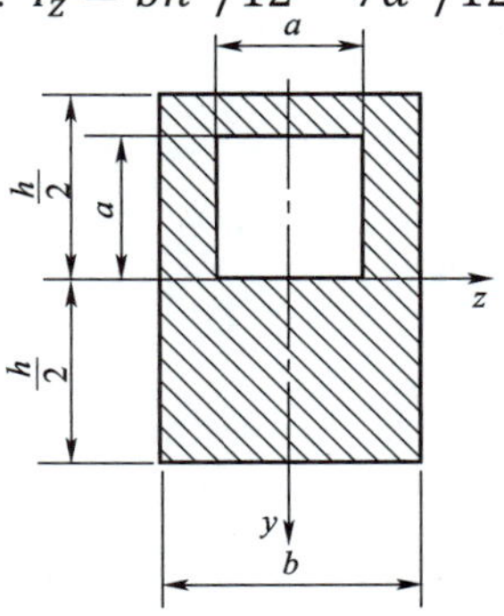

题 5-5-2 图

5-5-3　面积相等的两个图形分别如图所示。它们与对称轴y、z的惯性矩之间的关系为（　　）。

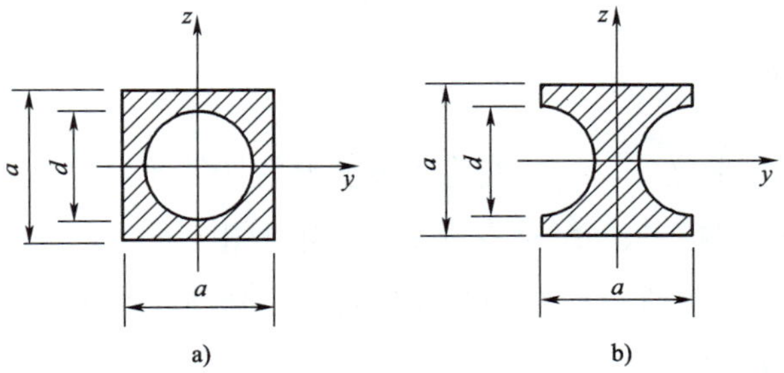

题 5-5-3 图

A. $I_z^a<I_z^b$，$I_y^a=I_y^b$　　B. $I_z^a>I_z^b$，$I_y^a=I_y^b$

C. $I_z^a=I_z^b$，$I_y^a=I_y^b$　　D. $I_z^a=I_z^b$，$I_y^a>I_y^b$

5-5-4　在yoz正交坐标系中，设图形对y、z轴的惯性矩分别为I_y和I_z，则图形对坐标原点极惯性矩为（　　）。

A. $I_p=0$　　B. $I_p=I_z+I_y$　　C. $I_p=\sqrt{I_z^2+I_y^2}$　　D. $I_p=I_z^2+I_y^2$

5-5-5　图示矩形截面，m-m线以上部分和以下部分对形心轴z的两个静矩（　　）。

A. 绝对值相等，正负号相同　　B. 绝对值相等，正负号不同

C. 绝对值不等，正负号相同　　D. 绝对值不等，正负号不同

5-5-6　直径为d的圆形对其形心轴的惯性半径i等于（　　）。

A. $d/2$　　B. $d/4$　　C. $d/6$　　D. $d/8$

5-5-7　图示的矩形截面和正方形截面具有相同的面积。设它们对对称轴y的惯性矩分别为I_y^a、I_y^b，对对称轴z的惯性分别为I_z^a、I_z^b，则（　　）。

A. $I_z^a>I_z^b$，$I_y^a<I_y^b$　　B. $I_z^a>I_z^b$，$I_y^a>I_y^b$

C. $I_z^a < I_z^b$，$I_y^a > I_y^b$　　D. $I_z^a < I_z^b$，$I_y^a < I_y^b$

5-5-8 在图形对通过某点的所有轴的惯性矩中，图形对主惯性轴的惯性矩一定（　　）。

A. 最大　　B. 最小

C. 最大或最小　　D. 为零

5-5-9 如图所示的截面，其轴惯性矩的关系为（　　）。

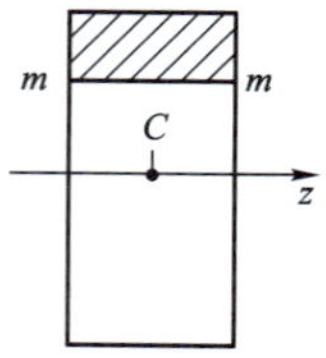

题 5-5-5 图

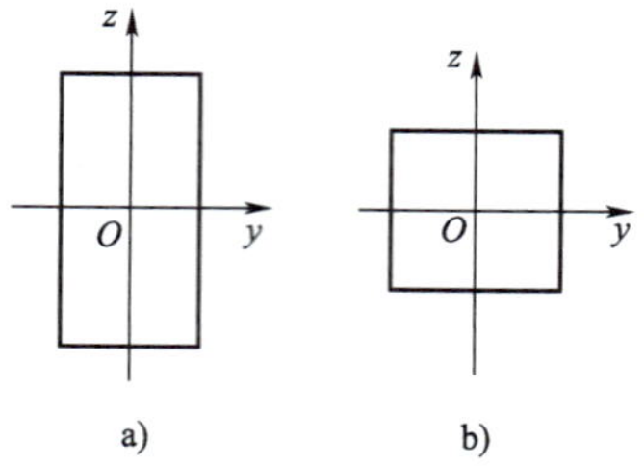

题 5-5-7 图

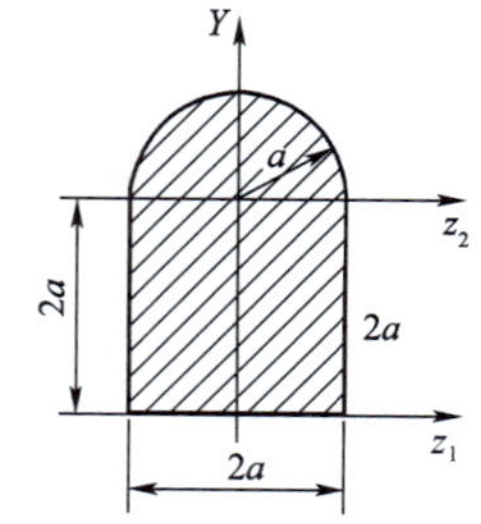

题 5-5-9 图

A. $I_{z_1} = I_{z_2}$　　B. $I_{z_1} > I_{z_2}$

C. $I_{z_1} < I_{z_2}$　　D. 不能确定

第六节　弯曲梁的内力、应力和变形

一、平面弯曲的概念

弯曲变形是杆件的基本变形之一。以弯曲为主要变形的杆件通常为梁。

（1）弯曲变形特征。任意两横截面绕垂直杆轴线的轴做相对转动，同时杆的轴线也弯成曲线。

（2）平面弯曲。荷载作用面（外力偶作用面或横向力与梁轴线组成的平面）与弯曲平面（即梁轴线弯曲后所在平面）相平行或重合的弯曲。

产生平面弯曲的条件：

（1）梁具有纵对称面时，只要外力（横向力或外力偶）都作用在此纵对称面内。

（2）非对称截面梁。

纯弯曲时，只要外力偶作用在与梁的形心主惯平面（即梁的轴线与其横截面的形心主惯性轴所构成的平面）平行的平面内。

横力弯曲时，横向力必须通过截面的弯曲中心，并在与梁的形心主惯性平面平行的平面内。

二、梁横截面上的内力分量——剪力与弯矩

（一）剪力与弯矩

（1）剪力。梁横截面上切向分布内力的合力，称为剪力，以Q表示。

（2）弯矩。梁横截面上法向分布内力形成的合力偶矩，称为弯矩，以M表示。

（3）剪力与弯矩的符号。考虑梁微段dx，使右侧截面对左侧截面产生向下相对错动的剪力为正，反之为负；使微段产生凹向上的弯曲变形的弯矩为正，反之为负，如图 5-6-1 所示。

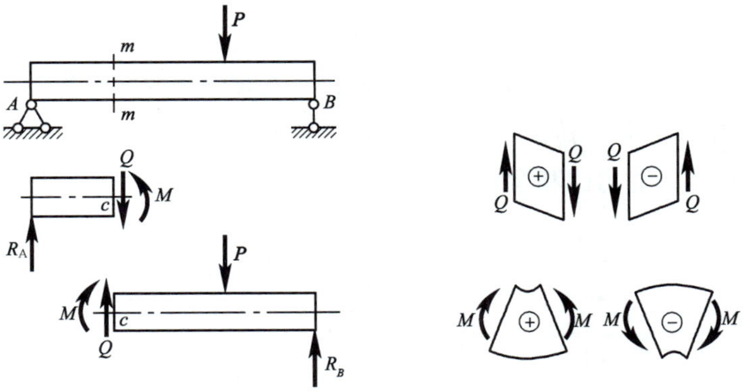

a) 截面法求梁的内力　　b) 剪力和弯矩正负号的规定

图 5-6-1　梁的内力

（4）剪力与弯矩的计算。由截面法可知，梁的内力可用直接法求出：

①横截面上的剪力，其值等于该截面左侧（或右侧）梁上所有外力在横截面方向的投影代数和，且左侧梁上向上的外力或右侧梁上向下的外力引起正剪力，反之则引起负剪力。

②横截面上的弯矩，其值等于该截面左侧（或右侧）梁上所有外力对该截面形心的力矩代数和，且向上外力均引起正弯矩，左侧梁上顺时针转向的外力偶及右侧梁上逆时针转向的外力偶引起正弯矩，反之则产生负弯矩，如图 5-6-2 所示。

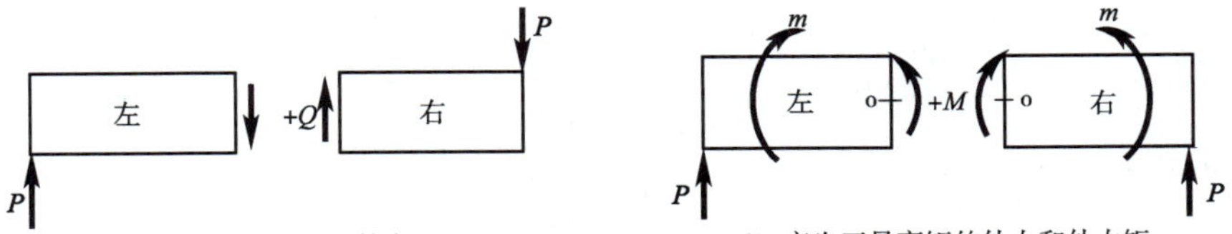

a) 产生正号剪力的外力　　b) 产生正号弯矩的外力和外力矩

图 5-6-2　直接法求梁的内力

【例 5-6-1】 如图所示，求 1-1 截面和 2-2 截面的内力。

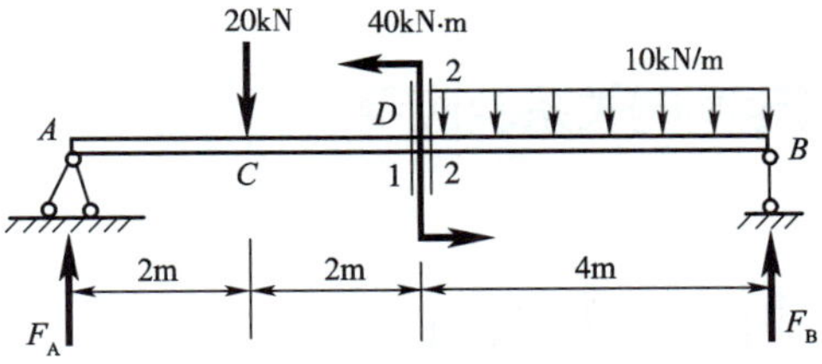

例 5-6-1 图

解　先求支反力，$\sum M_B = 0$

$$F_A \times (2+2+4) = 20 \times 6 + 40 + (10 \times 4) \times 2,\ F_A = 30\text{kN}$$

$$\sum F_y = 0, F_A + F_B = 20 + 10 \times 4,\ F_B = 30\text{kN}$$

直接法求内力，$Q_1 = F_A - 20 = 30 - 20 = 10\text{kN}$

$$M_1 = F_A \times 4 - 20 \times 2 = 30 \times 4 - 40 = 80\text{kN} \cdot \text{m}$$

$$Q_2 = 10 \times 4 - F_B = 40 - 30 = 10\text{kN}$$

$$M_2 = F_B \times 4 - (10 \times 4) \times 2 = 30 \times 4 - 80 = 40\text{kN} \cdot \text{m}$$

（二）内力方程——剪力方程与弯矩方程

（1）剪力方程。表示沿杆轴各横截面上剪力随截面位置变化的函数，称为剪力方程，表示为

$$Q = Q(x)$$

（2）弯矩方程。表示沿杆轴各横截面上弯矩随截面位置变化的函数，称为弯矩方程，表示为

$$M = M(x)$$

（三）剪力图与弯矩图

（1）剪力图。表示沿杆轴和横截面上剪力随截面位置变化的图线，称为剪力图。

（2）弯矩图。表示沿杆轴各横截面上弯矩随截面位置变化的图线，称为弯矩图。

图 5-6-3 给出了常用梁的剪力图和弯矩图。

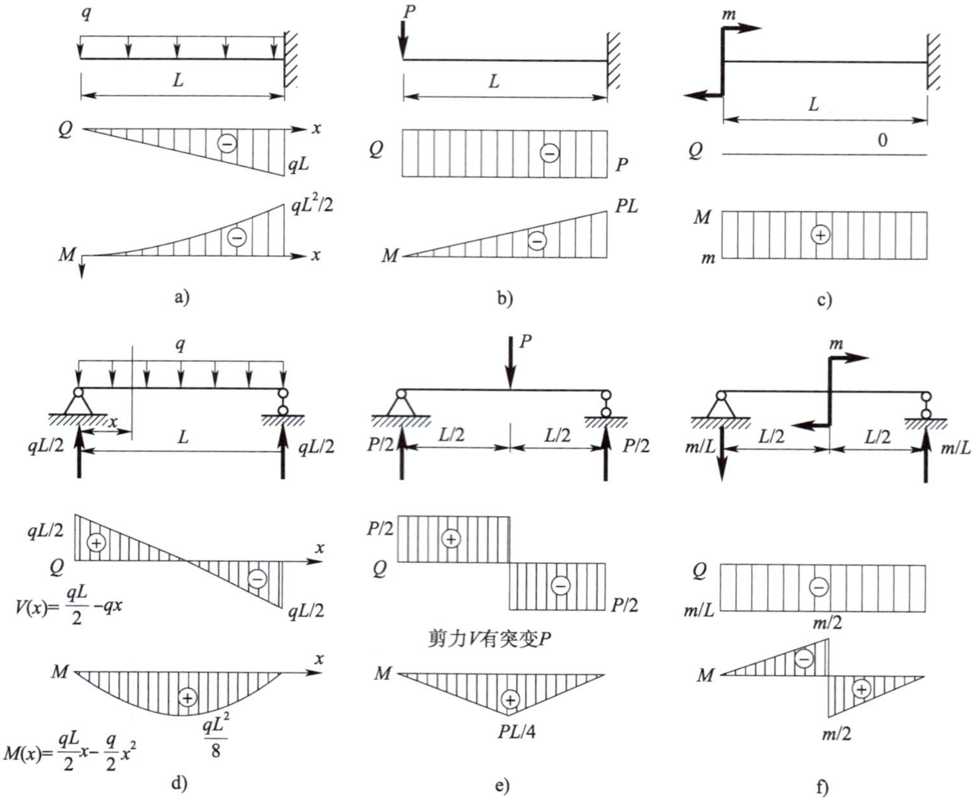

图 5-6-3

三、荷载集度与剪力、弯矩间的关系及应用

（一）微分关系

若规定荷载集度q向上为正，则梁任一横截面上的剪力、弯矩与荷载集度间的微分关系

$$\frac{\mathrm{d}Q}{\mathrm{d}x}=q;\quad \frac{\mathrm{d}M}{\mathrm{d}x}=Q;\quad \frac{\mathrm{d}^2M}{\mathrm{d}x^2}=q \tag{5-6-1}$$

当以梁的左端为x轴原点，且以向右为x正轴，并规定剪力图以向上为正轴，而弯矩图则取向下为正轴时，可将工程上常见的外力与剪力图和弯矩图之间的关系列在表 5-6-1 中。

几种常见外力与剪力图和弯矩图间的关系 表 5-6-1

梁上外力情况	$q=0$（无外力段）	$q=$ 常量<0 水平直线	$q=$ 常量>0 水平直线	集中力 P	集中力偶 m	特殊点
剪力图Q	$Q=$ 常量 水平直线	下斜直线 $Q=0$	上斜直线 $Q=0$	在集中力作用处发生突变，突变方向、大小与P相同	无影响	无集中力作用的端点 $Q=0$
弯矩图M	斜直线	M_{max} 抛物线	M_{min} 抛物线	在集中力作用处发生转折（斜率改变）	在m作用处发生突变，突变大小与m相同	无集中偶作用的简支端、自由端、中间铰 $M=0$

利用表 5-6-1 可以快速地作出剪力图和弯矩图。

【例 5-6-2】 悬臂梁的荷载如图所示，若有集中力m在梁上移动，梁的内力变化情况是：

A. 剪力图、弯矩图均不变

B. 剪力图、弯矩图均改变

C. 剪力图不变，弯矩图改变

D. 剪力图改变，弯矩图不变

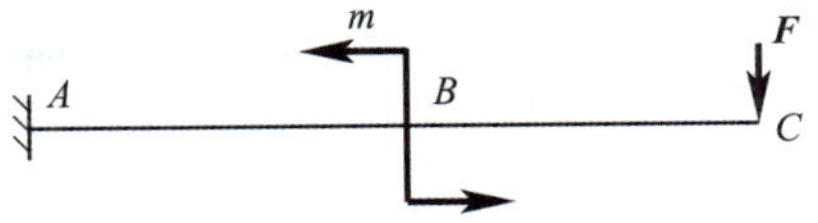

例 5-6-2 图

解 集中力偶m在梁上移动，对剪力图没有影响，但是受集中力偶作用的位置其弯矩图会发生突变，故力偶m位置的变化会引起弯矩图的改变。

答案： C

（二）快速作图法

（1）求支反力，并校核。

（2）根据外力不连续点分段。

（3）定形：根据各段梁上的外力，确定其Q、M图的形状。

（4）定量：用直接法计算各分段点、极值点的Q、M值。

【例 5-6-3】 作图 a）所示悬臂梁的剪力图、弯矩图。

解 见图 b）、c）。

【例 5-6-4】 由图 b）所示梁的剪力图，画出梁的荷载图和弯矩图。（梁上无集中力偶作用）

解 见图 a）、c）。

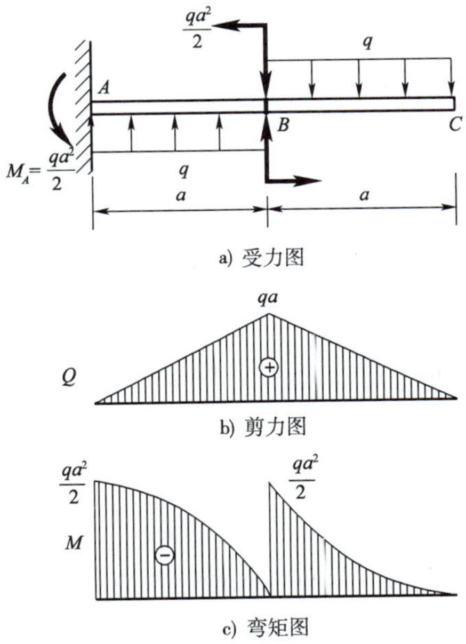

例 5-6-3 图

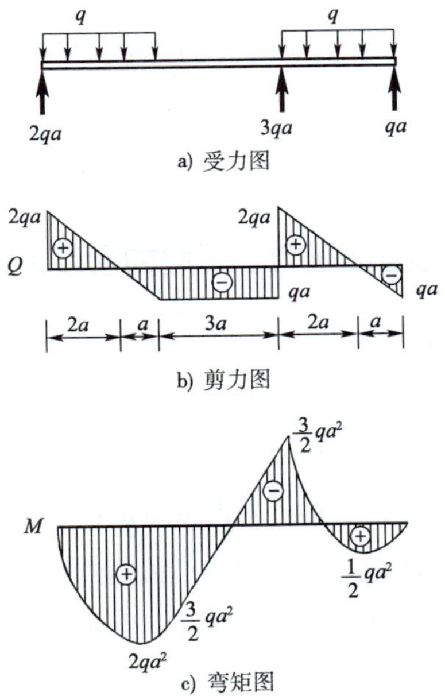

例 5-6-4 图

【例 5-6-5】 简支梁AB的剪力图和弯矩图如图所示。该梁正确的受力图是：

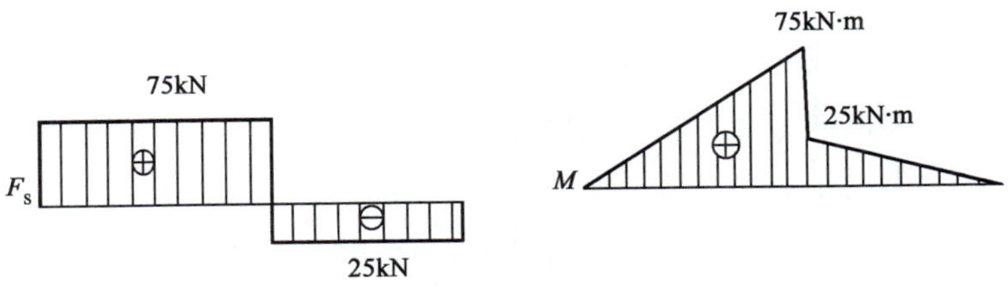

例 5-6-5 图

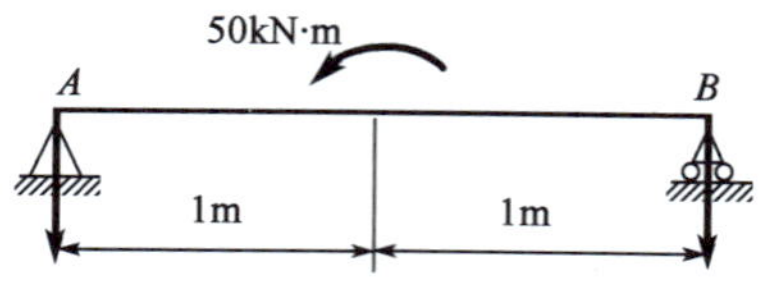

A.

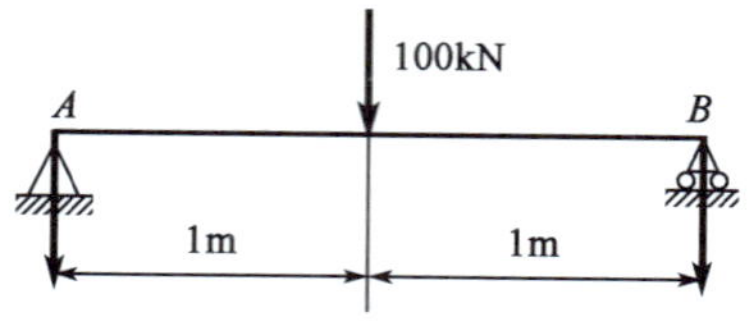

B.

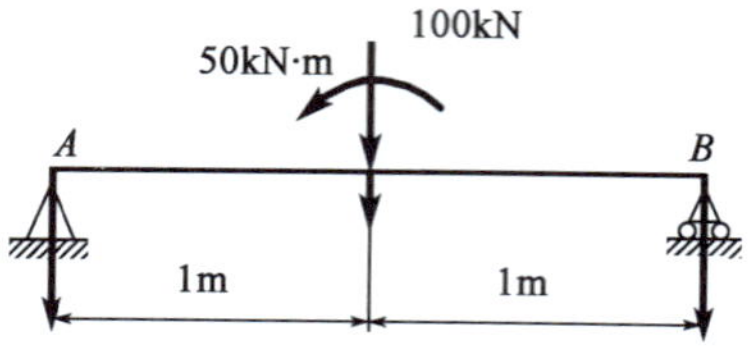

C.

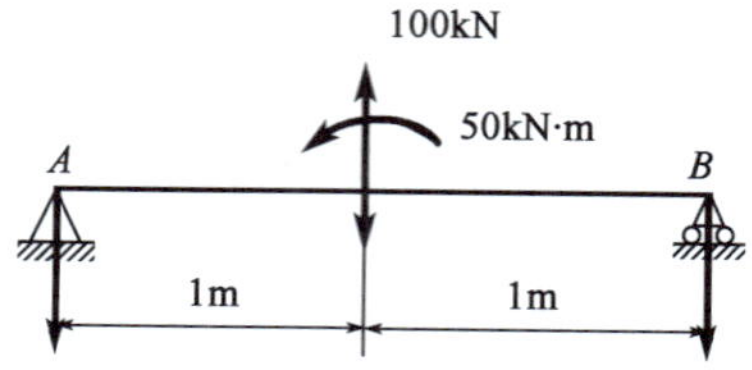

D.

解 从剪力图看梁跨中有一个向下的突变，对应于一个向下的集中力，其值等于突变值 100kN；从弯矩图看梁的跨中有一个突变值 50kN·m，对应于一个外力偶矩 50kN·m，所以只能选 C 图。

答案： C

【例 5-6-6】 梁AB的弯矩图如图所示，梁上荷载F、m的值为：

A. $F = 8\text{kN}$，$m = 14\text{kN}\cdot\text{m}$

B. $F = 8\text{kN}$，$m = 6\text{kN}\cdot\text{m}$

C. $F = 6\text{kN}$，$m = 8\text{kN}\cdot\text{m}$

D. $F = 6\text{kN}$，$m = 14\text{kN}\cdot\text{m}$

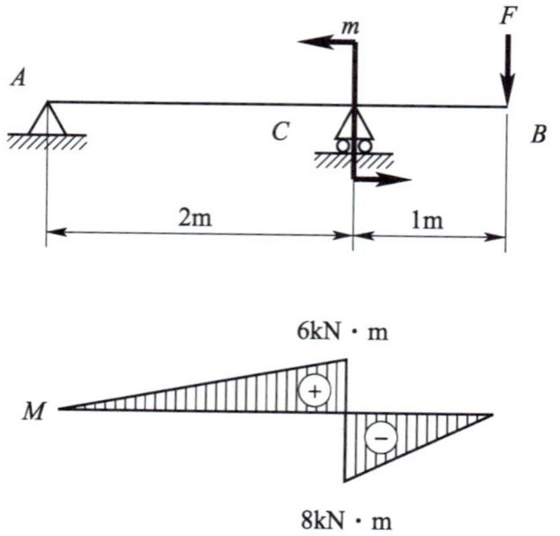

例 5-6-6 图

解 由最大负弯矩为 8kN·m，可以反推：$M_{max} = F \times 1\text{m}$，故$F$ =8kN

再由支座C处（即外力偶矩m作用处）两侧的弯矩的突变值是 14kN·m，可知外力偶矩m =14kN·m

答案： A

四、弯曲正应力、正应力强度条件

（一）纯弯曲

梁的横截面上只有弯矩而无剪力时的弯曲，称为纯弯曲。

（二）中性层与中性轴

（1）中性层。杆件弯曲变形时既不伸长也不缩短的一层。

（2）中性轴。中性层与横截面的交线，即横截面上正应力为零的各点的连线。

（3）中性轴位置。当杆件发生平面弯曲，且处于线弹性范围时，中性轴通过横截面形心，且垂直于荷载作用平面。

（4）中性层的曲率。杆件发生平面弯曲，中性层（或杆轴）的曲率与弯矩间的关系为

$$\frac{1}{\rho} = \frac{M}{EI_z} \tag{5-6-2}$$

式中：ρ ——变形后中性层（或杆轴）的曲率半径；

EI_z ——杆的抗弯刚度，轴z为横截面的中性轴。

（三）平面弯曲杆件横截面上的正应力

分布规律：正应力与大小与该点至中性轴的垂直距离成正比，中性轴一侧为拉应力，另一侧为压应

力，如图 5-6-4 所示。

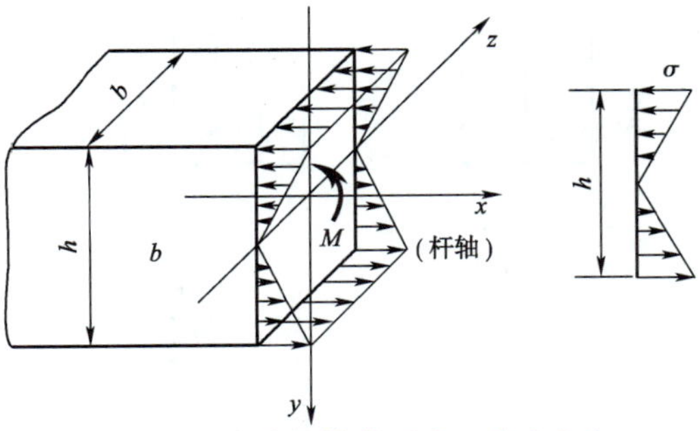

图 5-6-4 弯曲梁横截面上正应力分布

计算公式如下，任一点应力

$$\sigma = \frac{M}{I_z}y \tag{5-6-3}$$

最大应力

$$\sigma_{max} = \frac{M}{I_z}y_{max} = \frac{M}{W_z} \tag{5-6-4}$$

其中

$$W_z = \frac{I_z}{y_{max}} \tag{5-6-5}$$

式中：M ——截面上的弯矩；

I_z ——截面对其中性轴的惯性矩；

W_z ——抗弯截面系数，其量纲为长度的三次方，常用截面W_z的计算公式，见表 5-2；

y ——计算点与中性轴间的距离。

【例 5-6-7】图示矩形截面简支梁中点承受集中力F =100kN。若h =200mm，b =100mm，梁的最大弯曲正应力是：

A. 75MPa　　B. 150MPa　　C. 300MPa　　D. 50MPa

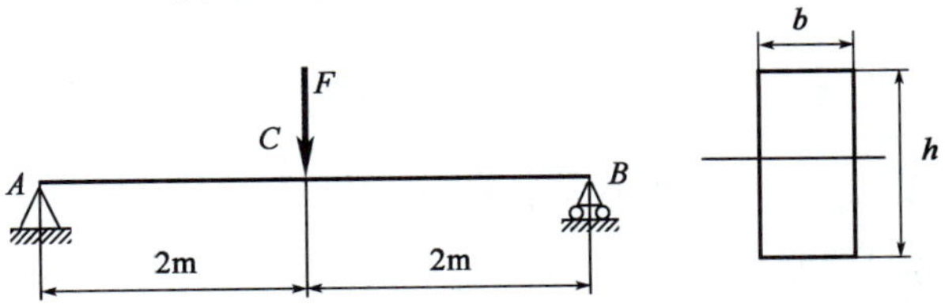

例 5-6-7 图

解 梁两端的支座反力为$F/2$ =50kN，梁中点最大弯矩$M_{max} = 50 \times 2 = 100\text{kN} \cdot \text{m}$

最大弯曲正应力

$$\sigma_{max} = \frac{M_{max}}{W_z} = \frac{M_{max}}{\frac{bh^2}{6}} = \frac{100 \times 10^6 \text{N} \cdot \text{mm}}{\frac{1}{6} \times 100 \times 200^2 \text{mm}^3} = 150\text{MPa}$$

答案：B

【例 5-6-8】承受竖直向下荷载的等截面悬臂梁，结构分别采用整块材料、两块材料并列、三块材料并列和两块材料叠合（未黏结）四种方案，对应横截面如图所示。在这四种横截面中，发生最大弯曲正应力的截面是：

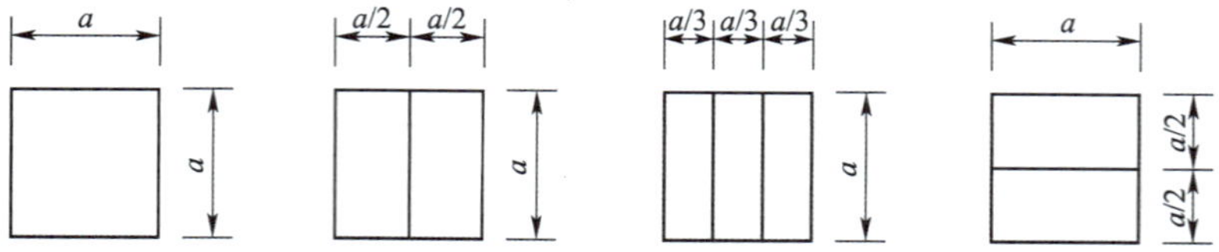

A.　　　　B.　　　　C.　　　　D.

解　A 图看整体：

$$\sigma_{\max}=\frac{M}{W_z}=\frac{M}{\frac{a^3}{6}}=\frac{6M}{a^3}$$

B 图看一根梁：

$$\sigma_{\max}=\frac{M}{W_z}=\frac{0.5M}{\frac{0.5a^3}{6}}=\frac{M}{\frac{a^3}{6}}=\frac{6M}{a^3}$$

C 图看一根梁：

$$\sigma_{\max}=\frac{M}{W_z}=\frac{\frac{1}{3}M}{\frac{\frac{1}{3}a^3}{6}}=\frac{M}{\frac{a^3}{6}}=\frac{6M}{a^3}$$

D 图看一根梁：

$$\sigma_{\max}=\frac{M}{W_z}=\frac{0.5M}{\frac{a\times(0.5a)^2}{6}}=\frac{2M}{\frac{a^3}{6}}=\frac{12M}{a^3}$$

答案： D

（四）梁的正应力强度条件

在危险截面上

$$\sigma_{\max}=\frac{M}{W_z}\leqslant[\sigma] \tag{5-6-6}$$

或

$$\left.\begin{aligned}\sigma_{\max}^{+}&=\frac{M}{I_z}y_{\max}^{+}\leqslant[\sigma_t]\\ \sigma_{\max}^{-}&=\frac{M}{I_z}y_{\max}^{-}\leqslant[\sigma_c]\end{aligned}\right\} \tag{5-6-7}$$

式中：　$[\sigma]$ ——材料的许用弯曲正应力；

$[\sigma_t]$ ——材料的许用拉应力；

$[\sigma_c]$ ——材料的许用压应力；

$y_{\max}^{+}$、$y_{\max}^{-}$ ——分别为最大拉应力$\sigma_{\max}^{+}$和最大压应力$\sigma_{\max}^{-}$所在的截面边缘到中性轴z的距离。

【例 5-6-9】 图示悬臂梁AB，由三根相同的矩形截面直杆胶合而成，材料的许可应力为$[\sigma]$。若胶合面开裂，假设开裂后三根杆的挠曲线相同，接触面之间无摩擦力，则开裂后的梁承载能力是原来的：

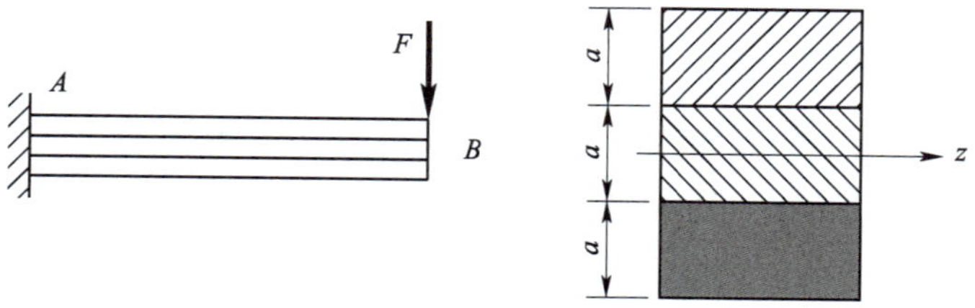

例 5-6-9 图

A. 1/9　　　　B. 1/3　　　　C. 两者相同　　　　D. 3 倍

解 开裂前，由整体梁的强度条件$\sigma_{max}=M/W_g\leqslant[\sigma]$，可知

$$M\leqslant[\sigma]W_g=[\sigma]\frac{b(3a)^2}{6}=\frac{3}{2}ba^2[\sigma]$$

胶合面开裂后，每根梁承担总弯矩M_1的1/3，由单根梁的强度条件

$$\sigma_{1max}=\frac{M_1}{W_{g1}}=\frac{\frac{M_1}{3}}{W_{g1}}=\frac{M_1}{3W_{g1}}\leqslant[\sigma]$$

可知

$$M_1\leqslant3[\sigma]W_{g1}=3[\sigma]\frac{ba^2}{6}=\frac{1}{2}ba^2[\sigma]$$

故开裂后每根梁的承载能力是原来的1/3。

答案： B

五、弯曲剪应力与剪应力强度条件

（一）矩形截面梁的剪应力

两个假设：

（1）剪应力方向与截面的侧边平行。

（2）沿截面宽度剪应力均匀分布（见图 5-6-5）。

计算公式

$$\tau=\frac{QS_z^*}{bI_z} \tag{5-6-8}$$

式中：Q ——横截面上的剪力；

b ——横截面的宽度；

I_z ——整个横截面对中性轴的惯性矩；

S_z^* ——横截面上距中性轴为y处横线一侧的部分截面对中性轴的静矩。

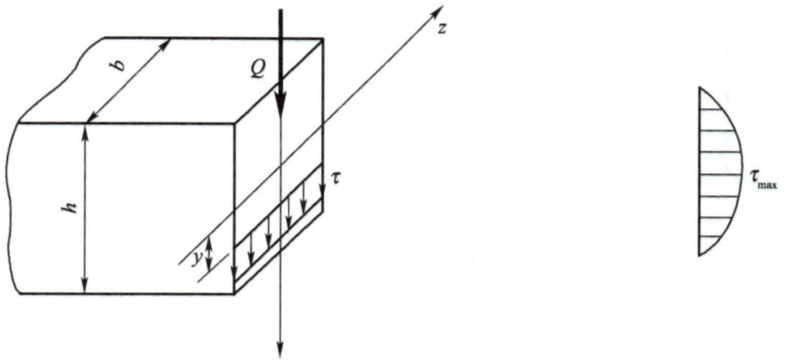

a)沿截面宽度剪应力均匀分布　　b)沿截面高度剪应力抛物线分布

图 5-6-5　矩形截面梁剪应力的分布

最大剪应力发生在中性轴处

$$\tau_{max}=\frac{3}{2}\frac{Q}{bh}=\frac{3}{2}\frac{Q}{A} \tag{5-6-9}$$

（二）其他常用截面梁的最大剪应力

工字形截面

$$\tau_{max}=\frac{QS_{zmax}^*}{I_zd} \tag{5-6-10}$$

其中，d为腹板厚度，工字型钢中，I_z/S_{zmax}^*可查型钢表。

圆形截面

$$\tau_{max}=\frac{4}{3}\frac{Q}{A} \tag{5-6-11}$$

环形截面

$$\tau_{max}=2\frac{Q}{A} \tag{5-6-12}$$

最大剪应力均发生在中性轴上。

（三）剪应力强度条件

梁的最大工作剪应力不得超过材料的许用剪应力，即

$$\tau_{max}=\frac{Q_{max}S_{zmax}^*}{bI_z}\leqslant[\tau] \tag{5-6-13}$$

式中：Q_{max} ——全梁的最大剪力；

S_{zmax}^* ——中性轴一边的横截面面积对中性轴的静矩；

b ——横截面在中性轴处的宽度；

I_z ——整个横截面对中性轴的惯矩。

【例 5-6-10】 梁的横截面是由狭长矩形构成的工字形截面，如图 a）所示，z轴为中性轴，截面上的剪力竖直向下，该截面上的最大切应力在：

A. 腹板中性轴处　　B. 腹板上下缘延长线与两侧翼缘相交处

C. 截面上下缘　　D. 腹板上下缘

解 矩形截面切应力的分布是一个抛物线形状（见图 b），最大切应力在中性轴子上，图 a）示梁的横截面可以看作是一个中性轴，附近梁的宽度b突然变大的矩形截面。根据弯曲切应力的计算公式：

$$\tau=\frac{QS_g^*}{gI_g}$$

在b突然变大的情况下，中性轴附近的τ突然变小，切应力分布图沿y方向的分布如图 b）所示。所以最大切应力该在 2 点。

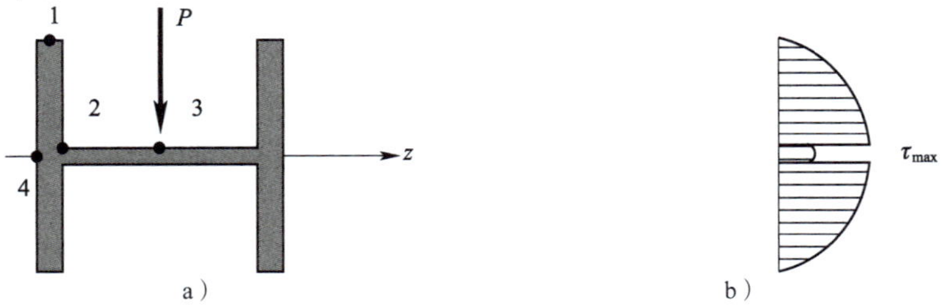

例 5-6-10 图

答案： B

六、梁的合理截面

梁的强度通常是由横截面上的正应力控制的。由弯曲正应力强度条件$\sigma_{max}=\frac{M_{max}}{W_z}\leqslant[\sigma]$可知，在截面积$A$一定的条件下，截面图形的抗弯截面系数越大，梁的承载能力就越大，故截面就越合理。因此就W_z/A而言，对工字形、矩形和圆形三种形状的截面，工字形最为合理，矩形次之，圆形最差。此外对于$[\sigma_t]=[\sigma_c]$的塑性材料，一般采用对称于中性轴的截面，使截面上、下边缘的最大拉应力和最大压应力

同时达到许用应力。对于$[\sigma_t] \neq [\sigma_c]$的脆性材料，一般采用不对称于中性轴的截面，如$T$形、⊓形等，使最大拉应力$\sigma_{tmax}$和最大压应力$\sigma_{cmax}$同时达到$[\sigma_t]$和$[\sigma_c]$，如图 5-6-6 所示。

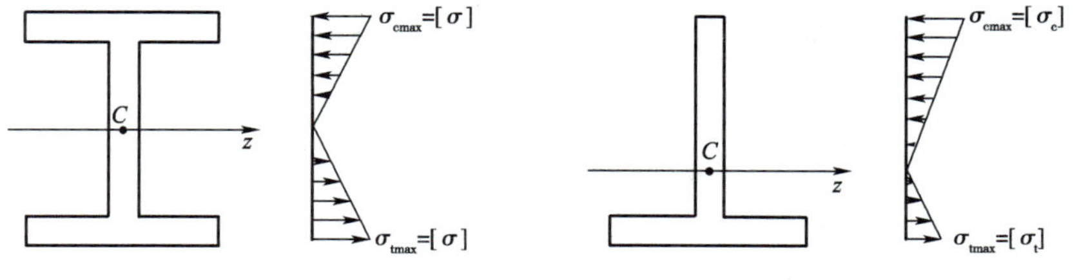

a) 工字形　　b) T形

图 5-6-6　横截面上正应力的分布

七、弯曲中心的概念

在横向力作用下，梁分别在两个形心主惯性平面xy和xz的内弯曲时，横截面上剪力Q_y和Q_z作用线的交点，称为截面的弯曲中心，也称为剪切中心。

当梁上的横向力不能过截面的弯曲中心时，梁除了发生弯曲变形外还要发生扭转变形。

弯曲中心的位置仅取决于截面的几何形状和大小，它与外力的大小和材料的力学性质无关。弯曲中心实际上是截面上弯曲剪应力的合力作用点，见表 5-6-2。

几种薄壁截面的弯心位置　　表 5-6-2

项次	1	2	3	4	5	6	7
截面形状	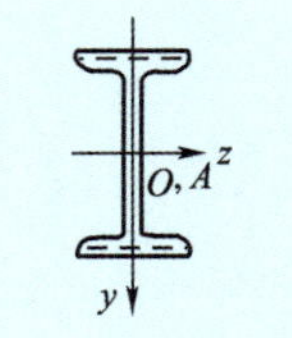	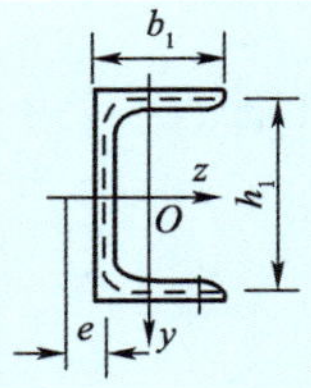	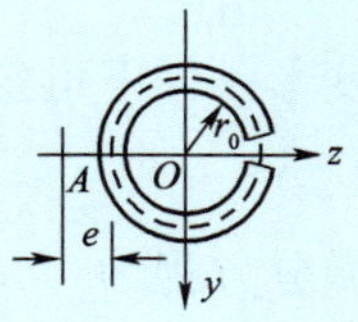	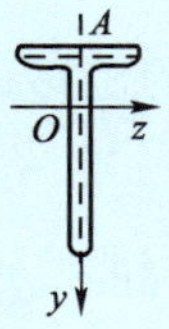	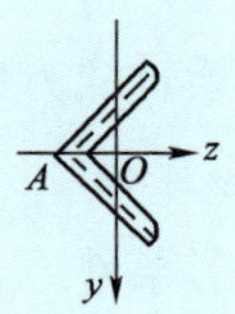	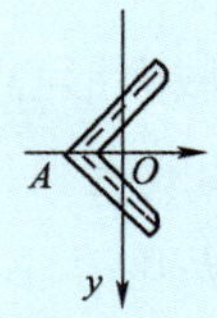	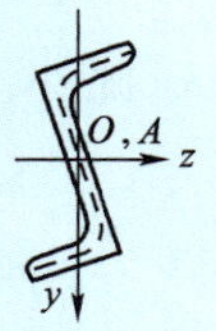
弯心A的位置	与形心重合	$e=\dfrac{b_1^2<h_1^2<2t}{4I_z}$	$e=r_0$	在两个狭长矩形中线的交点			与形心重合

因此，弯曲中心的位置有以下特点。

（1）具有两个对称轴或反对称轴的截面，其弯曲中心与形心重合。

（2）有一个对称轴的截面，其弯曲中心必在此对称轴上。

（3）若薄壁截面的中心线是由相交于一点的若干直线段所组成，则此交点就是截面的弯曲中心。

八、梁的变形——挠度与转角

（一）挠曲线

在外力作用下，梁的轴线由直线变为光滑的弹性曲线，梁弯曲后的轴线称为挠曲线。在平面弯曲下，挠曲线为梁形心主惯性平面内的一条平面曲线$v=f(x)$，如图 5-6-7 所示。

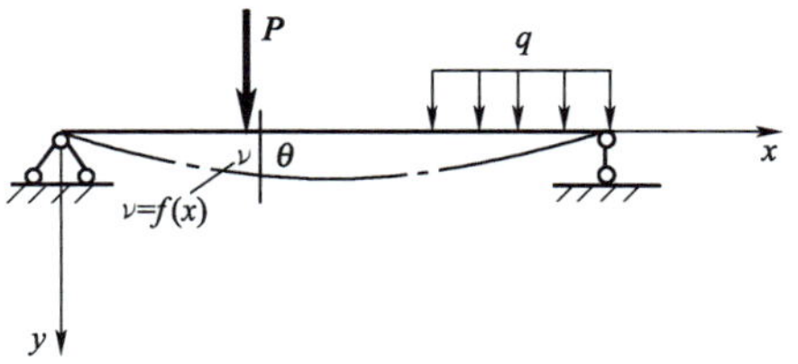

图 5-6-7　梁的挠度与转角

【例 5-6-11】图示ACB用积分法求变形时，确定积分常数的条件是：（式中V为梁的挠度，θ为梁横截面的转角，ΔL为杆DB的伸长变形）

A. $V_A = 0$，$V_B = 0$，$V_{C左} = V_{C右}$，$\theta_C = 0$

B. $V_A = 0$，$V_B = \Delta L$，$V_{C左} = V_{C右}$，$\theta_C = 0$

C. $V_A = 0$，$V_B = \Delta L$，$V_{C左} = V_{C右}$，$\theta_{C左} = \theta_{C右}$

D. $V_A = 0$，$V_B = \Delta L$，$V_C = 0$，$\theta_{C左} = \theta_{C右}$

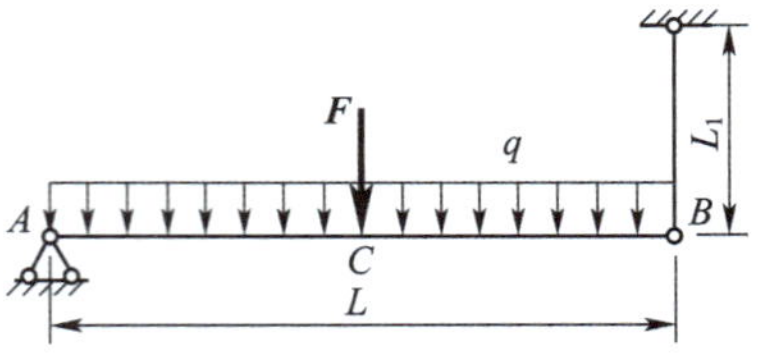

例 5-6-11 图

解 A处为固定铰链支座，挠度总是等于0，即$V_A = 0$

B处挠度等于BD杆的变形量，即$V_B = \Delta L$

C处有集中力$\boldsymbol{F}$作用，挠度方程和转角方程将发生转折，但是满足连续光滑的要求，即：$V_{C左} = V_{C右}$，$\theta_{C左} = \theta_{C右}$。

答案： C

（二）挠度与转角

梁弯曲变形后，梁的每一个横截面都要产生位移，它包括挠度和转角两部分。

（1）挠度。梁横截面形心在垂直于轴线方向的线位移，称为挠度，记作ν。沿梁轴各横截面挠度的变化规律，即为梁的挠曲线方程，即

$$\nu = f(x)$$

（2）转角。横截面相对原来位置绕中性轴所转过的角度，称为转角，记作θ。小变形情况下

$$\theta \approx \tan\theta = \frac{\mathrm{d}\nu}{\mathrm{d}x} = \nu'$$

此外，横截面形心沿梁轴线方向的位移，小变形条件下可忽略不计。

（三）挠曲线近似微分方程

在线弹性范围、小变形条件下，挠曲线近似微分方程为

$$\frac{\mathrm{d}^2\nu}{\mathrm{d}x^2} = -\frac{M(x)}{EI_z} \tag{5-6-14}$$

挠度ν向下为正，转角θ顺时针转为正。

九、积分法计算梁的变形

根据挠曲线近似微分方程（5-6-14），积分两次，即得梁的转角方程和挠度方程

$$\theta = \frac{\mathrm{d}\nu}{\mathrm{d}x} = -\int \frac{M(x)}{EI_i}\mathrm{d}x + C$$

$$\nu = -\iint \frac{M(x)}{EI_z}\mathrm{d}x\mathrm{d}x + Cx + D$$

其中，积分常数C、D可由梁的边界条件来确定。当梁的弯矩方程需分段列出时，挠曲线微分方程也需分段建立、分段积分。于是全梁的积分常数数目将为分段数目的2倍。为了确定全部积分常数，除利用边界条件外，还需利用分段处挠曲线的连续条件（在分界点处左、右两段梁的转角和挠度均应相等）。

十、用叠加法求梁的变形

（一）叠加原理

几个荷载同时作用下梁的任一截面的挠度或转角，等于各个荷载单独作用下同一截面挠度或转角

的总和。

（二）叠加原理的适用条件

叠加原理仅适用于线性函数。要求挠度、转角为梁上荷载的线性函数，必须满足以下条件：

（1）材料为线弹性材料。

（2）梁的变形为小变形。

（3）结构为几何线性。

（三）叠加法的特征

（1）各荷载同时作用下的挠度、转角等于各荷载单独作用下挠度、转角的总和，应该是几何和，同一方向的几何和即为代数和。

（2）梁的简单荷载作用下的挠度、转角应为已知或可查手册，见表 5-6-3。

（3）叠加法适宜于求梁某一指定截面的挠度和转角。

几种常用梁在简单荷载作用下的变形　　表 5-6-3

序号	支承和荷载作用情况	梁端转角	最大挠度
1	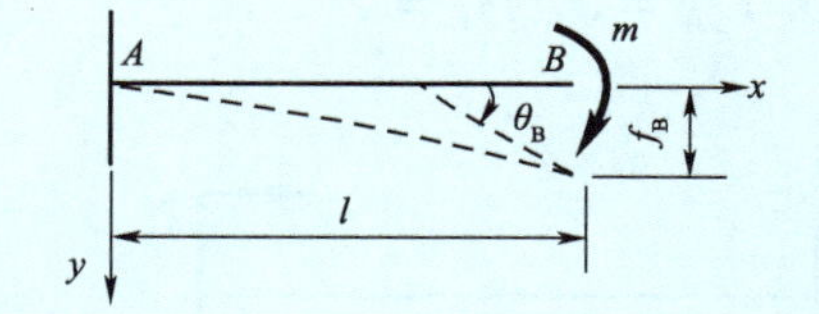	$\theta_B = \frac{ml}{EI}$	$f_B = \frac{ml^2}{2EI}$
2	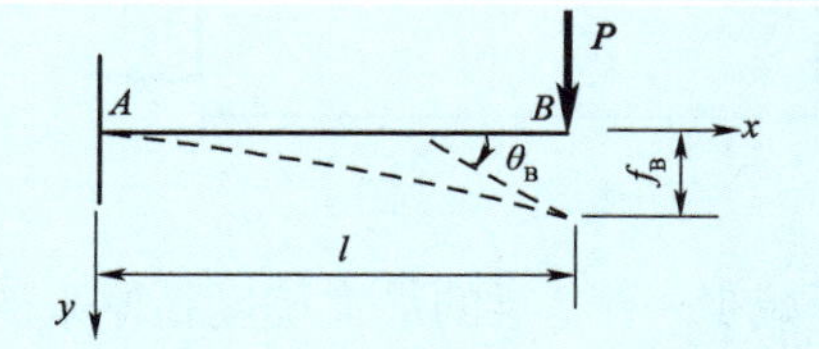	$\theta_B = \frac{Pl^2}{2EI}$	$f_B = \frac{Pl^3}{3EI}$
3	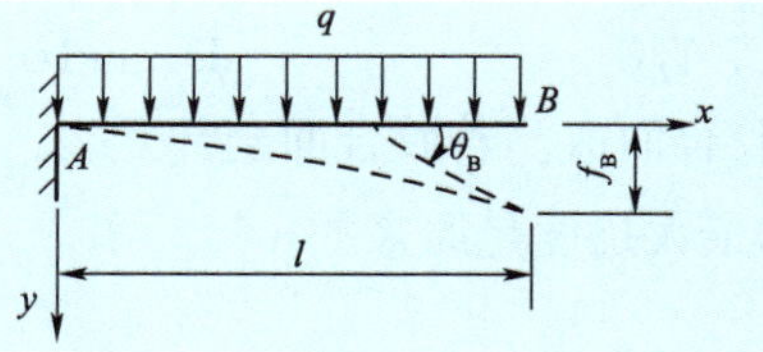	$\theta_B = \frac{ql^3}{6EI}$	$f_B = \frac{ql^4}{8EI}$
4	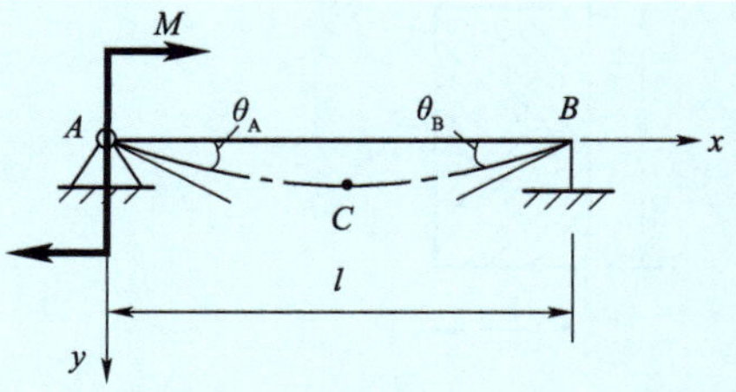	$\theta_A = \frac{Ml}{3EI}$ $\theta_B = -\frac{Ml}{6EI}$	$x = \left(1 - \frac{1}{\sqrt{3}}\right)l$处，$f_{max} = \frac{Ml^2}{9\sqrt{3}EI}$ $x = \frac{l}{2}$处，$f_C = \frac{Ml^2}{16EI}$
5	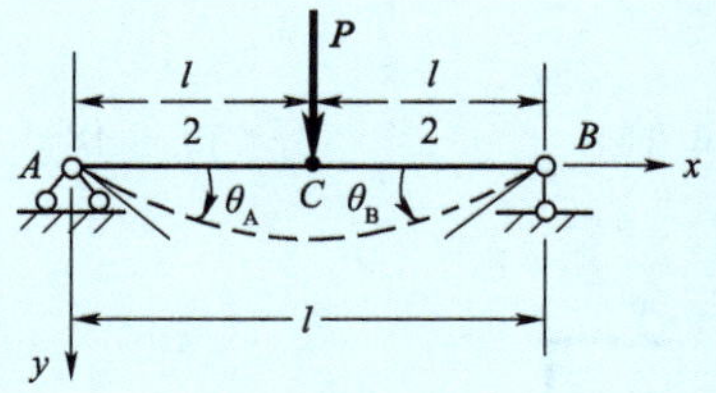	$\theta_A = -\theta_B = \frac{Pl^2}{16EI}$	$x = \frac{l}{2}$处，$f_C = \frac{Pl^3}{48EI}$
6	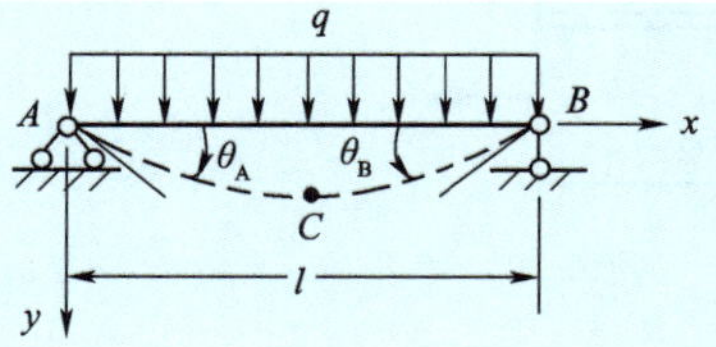	$\theta_A = -\theta_B = \frac{ql^3}{24EI}$	$x = \frac{l}{2}$处，$f_C = \frac{5ql^4}{384EI}$

【例 5-6-12】 图示悬臂梁自由端承受集中力偶M_g。若梁的长度减少一半，梁的最大挠度是原来的：

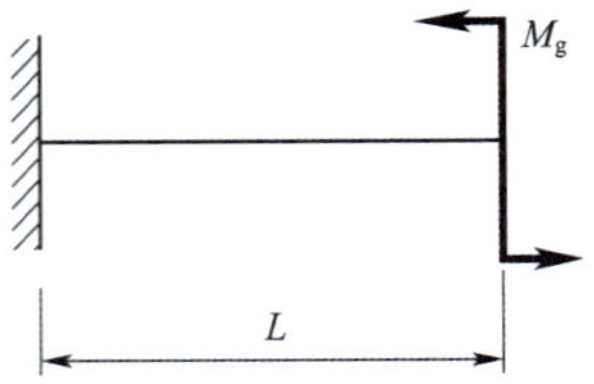

例 5-6-12 图

A. 1/2　　B. 1/4

C. 1/8　　D. 1/16

解 由悬臂梁的最大挠度计算公式$f_{max}=\frac{M_gL^2}{2EI}$，可知$f_{max}$与$L^2$成正比，故有：

$$f_{1max}=\frac{M_g\left(\frac{L}{2}\right)^2}{2EI}=\frac{1}{4}f_{max}$$

答案： B

习 题

5-6-1 图示外伸梁，在C、D处作用相同的集中力F，截面A的剪力和截面C的弯矩分别是（　　）。

A. $F_{SA}=0$，$M_C=0$　　B. $F_{SA}=F$，$M_C=Fl$

C. $F_{SA}=F/2$，$M_C=Fl/2$　　D. $F_{SA}=0$，$M_C=2Fl$

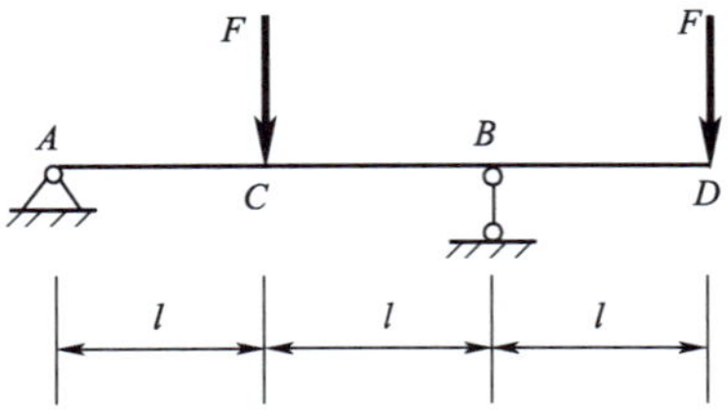

题 5-6-1 图

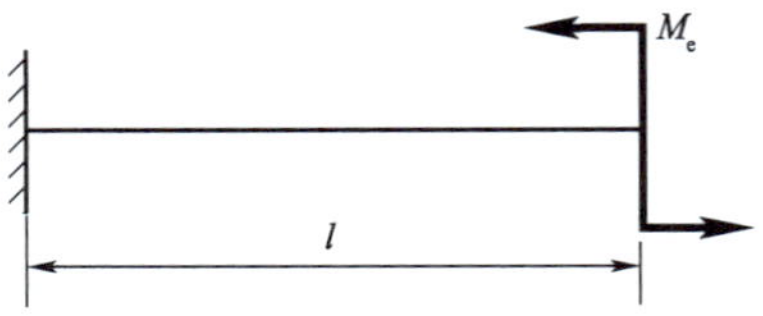

题 5-6-2 图

5-6-2 图示悬臂梁自由端承受集中力偶M_e，若梁的长度减少一半，梁的最大挠度是原来的（　　）。

A. 1/2　　B. 1/4　　C. 1/8　　D. 1/16

5-6-3 如图所示，悬臂梁AB由两根相同的矩形截面梁胶合而成。若胶合面全部开裂，假设开裂后两杆的弯曲变形相同，接触面之间无摩擦力，则开裂后梁的最大挠度是原来的（　　）。

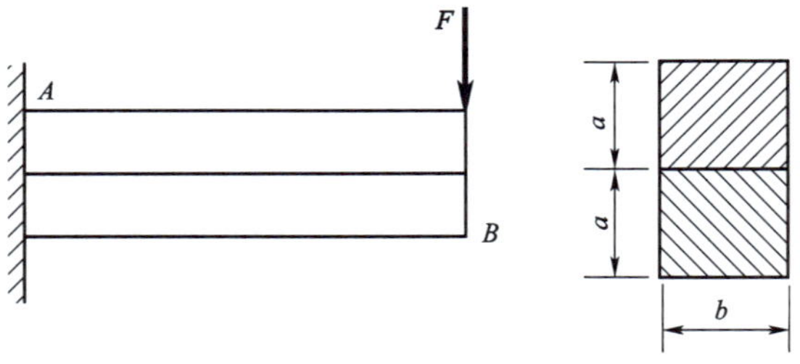

题 5-6-3 图

A. 两者相同　　B. 2 倍　　C. 4 倍　　D. 8 倍

5-6-4 图示外伸梁，A截面的剪力为（　　）。

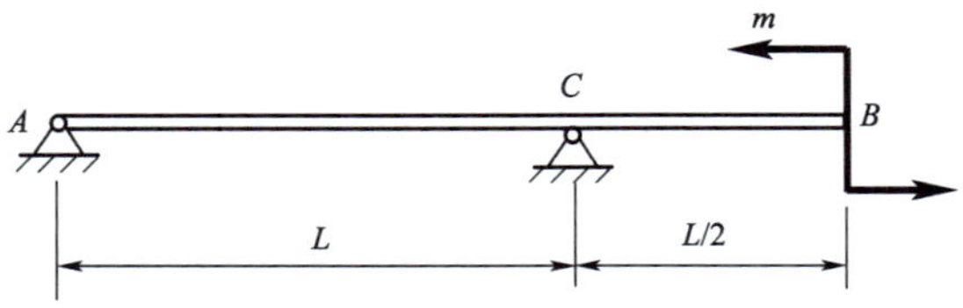

题 5-6-4 图

A. 0　　B. $3m/(2L)$　　C. m/L　　D. $-m/L$

5-6-5 两根梁长度、截面形状和约束条件完全相同，一根材料为钢，另一根为铝。在相同的外力作用下发生弯曲形变，两者不同之处为（ ）。

A. 弯曲内力　　B. 弯曲正应力　　C. 弯曲切应力　　D. 挠曲线

5-6-6 图示四个悬臂梁中挠曲线是圆弧的（ ）。

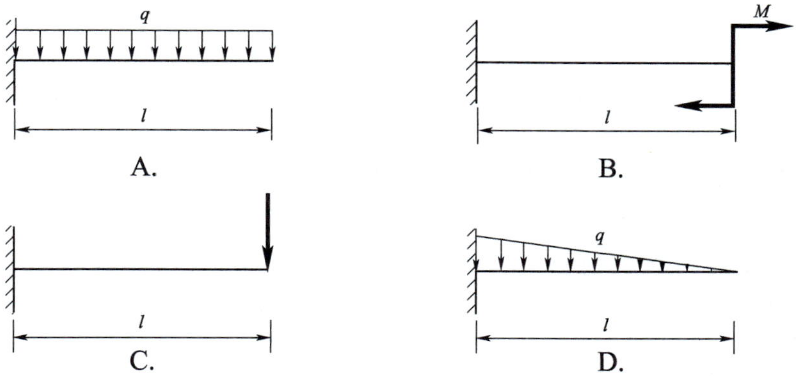

5-6-7 带有中间铰的静定梁受载情况如图所示，则（ ）。

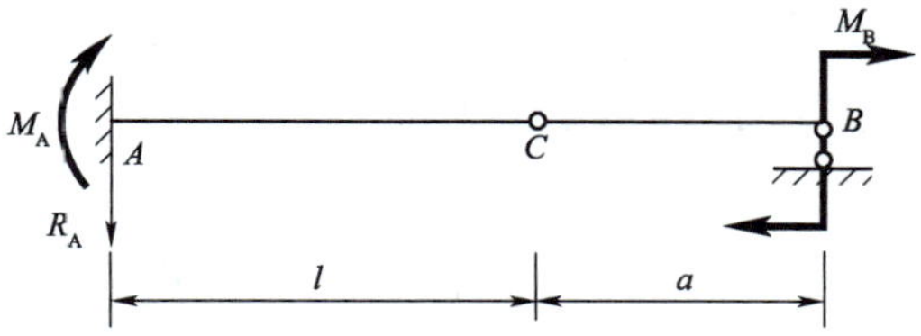

题 5-6-7 图

A. a越大，则M_A越大　　B. l越大，M_A则越大

C. a越大，则R_A越大　　D. l越大，R_A则越大

5-6-8 设图示两根圆截面梁的直径分别为d和 $2d$，许可荷载分别为$[P_1]$和$[P_2]$。若两梁的材料相同，则$[P_2]/[P_1]$等于（ ）。

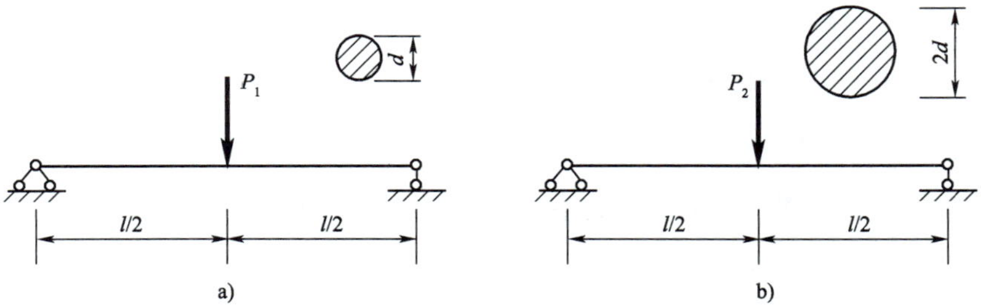

题 5-6-8 图

A. 2　　B. 4　　C. 8　　D. 16

5-6-9 悬臂梁受截情况如图所示，在截面C上（ ）。

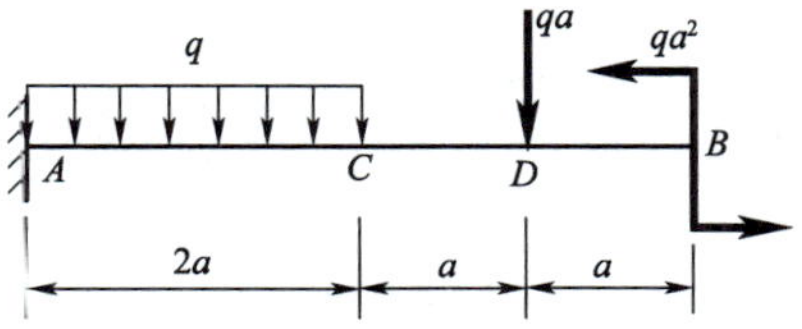

题 5-6-9 图

A. 剪力为零，弯矩不为零　　B. 剪力不为零，弯矩为零

C. 剪力和弯矩均为零　　D. 剪力和弯矩不为零

5-6-10 已知图示两梁的抗弯截面刚度EI相同，若两者自由端的挠度相等，则P_1/P_2等于（ ）。

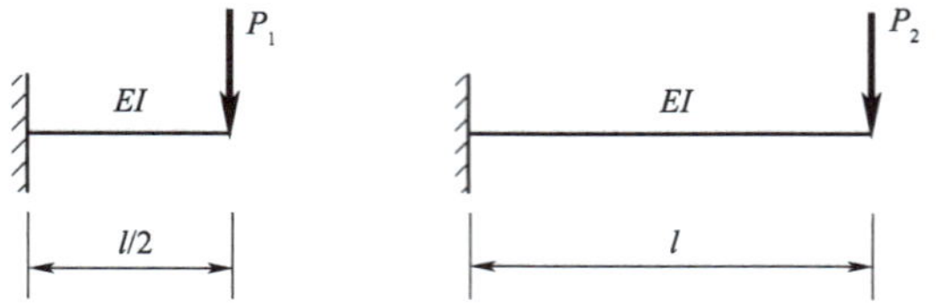

题 5-6-10 图

A. 2 B. 4 C. 8 D. 16

5-6-11 矩形截面梁横力弯曲时，在横截面的中性轴处（ ）。

A. 正应力最大，剪应力为零 B. 正应力为零，剪应力最大

C. 正应力和剪应力均最大 D. 正应力和剪应力均为零

5-6-12 一跨度为l的简支架，若仅承受一个集中力P，当P在梁上任意移动时，梁内产生的最大剪力$Q_{\max}$和最大弯矩$M_{\max}$分别满足（ ）。

A. $Q_{\max} \leqslant P$，$M_{\max} = Pl/4$ B. $Q_{\max} \leqslant P/2$，$M_{\max} \leqslant Pl/4$

C. $Q_{\max} \leqslant P$，$M_{\max} \leqslant Pl/4$ D. $Q_{\max} \leqslant P/2$，$M_{\max} = Pl/2$

5-6-13 图示梁的剪力等于零的截面位置x之值为（ ）。

A. $5a/6$ B. $6a/5$ C. $6a/7$ D. $7a/6$

5-6-14 梁的横截面形状如图所示，则截面对z轴的抗弯截面模量W_z为（ ）。

A. $(BH^3 - bh^3)/12$ B. $(BH^2 - bh^2)/6$

C. $(BH^3 - bh^3)/(6H)$ D. $(BH^3 - bh^3)/(6h)$

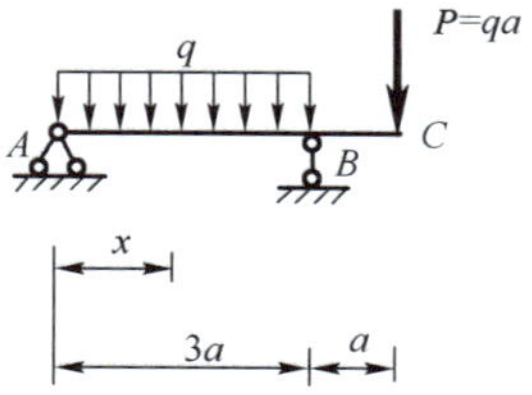

题 5-6-13 图

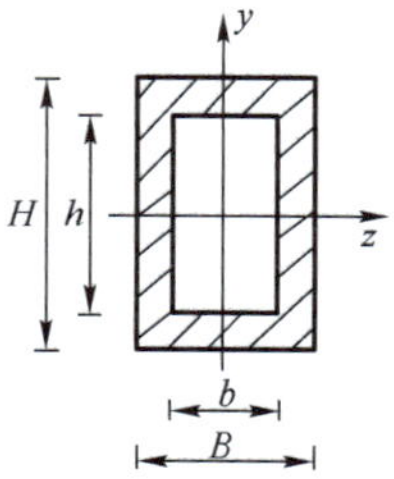

题 5-6-14 图

5-6-15 就正应力强度而言，如图所示的梁，以下列哪个图所示的加载方式最好？（ ）

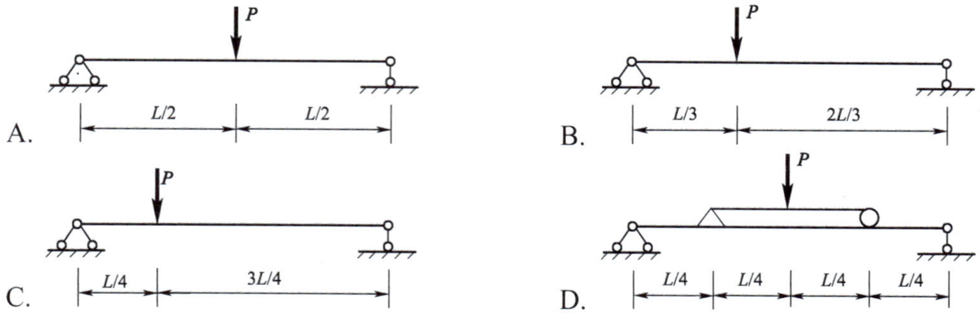

5-6-16 在等直梁平面弯曲的挠曲线上，曲率最大值发生在（ ）的截面上。

A. 挠度最大 B. 转角最大 C. 弯矩最大 D. 剪力最大

第七节 应力状态与强度理论

一、点的应力状态及其分类

（1）定义：受力后构件上任一点沿各个不同方向上应力情况的集合，称为一点的应力状态。

（2）单元体选取方法：

①分析构件的外力和支座反力；

②过研究点取横截面，分析其内力；

③确定横截面上该点的σ、τ的大小和方向。

（3）主平面：过某点的无数多个截面中，最大（或最小）正应力所在的平面称为主平面，主平面上剪应力必为零。

（4）主应力：主平面上的最大（或最小）正应力。

（5）点的应力状态分类：对任一点总可找到三对互相垂直的主平面，相应地存在三个互相垂直的主应力，按代数值大小排列为$\sigma_1 \geqslant \sigma_2 \geqslant \sigma_3$。若这三个主应力中，仅一个不为零，则该应力状态称为单向应力状态；如有两个不为零，称为二向应力状态；当三个主应力均不为零时，称为三向应力状态。

二、二向应力状态

（一）斜截面上的应力

平面应力状态如图 5-7-1 所示，设其σ_x、σ_y、τ_x为已知，则任意斜截面（其外法线n与x轴夹角为α）上的正应力和剪应力分别为

$$\left.\begin{aligned}\sigma_\alpha &= (\sigma_x + \sigma_y)/2 + \cos 2\alpha(\sigma_x - \sigma_y)/2 - \tau_x \sin 2\alpha \\ \tau_\alpha &= \sin 2\alpha(\sigma_x - \sigma_y)/2 + \tau_x \cos 2\alpha\end{aligned}\right\} \quad (5\text{-}7\text{-}1)$$

式（5-7-1）中应力的符号规定为：正应力以拉应力为正，压应力为负；剪应力对单元体内任意点的矩为顺时针者为正，反之为负。α的符号规定为：由x轴转到外法线n为逆时针者为正，反之为负。

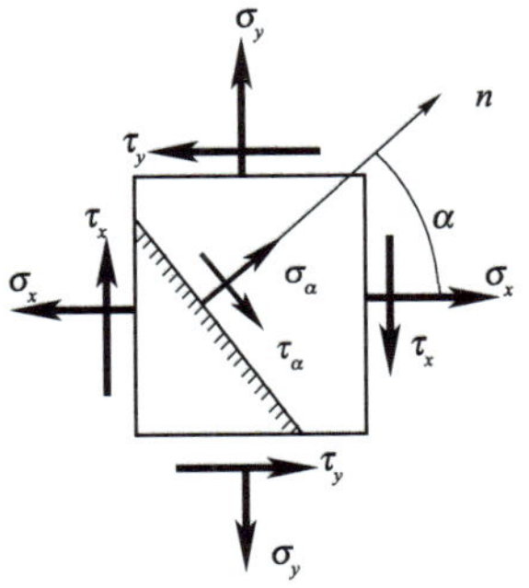

图 5-7-1 平面应力状态单元体

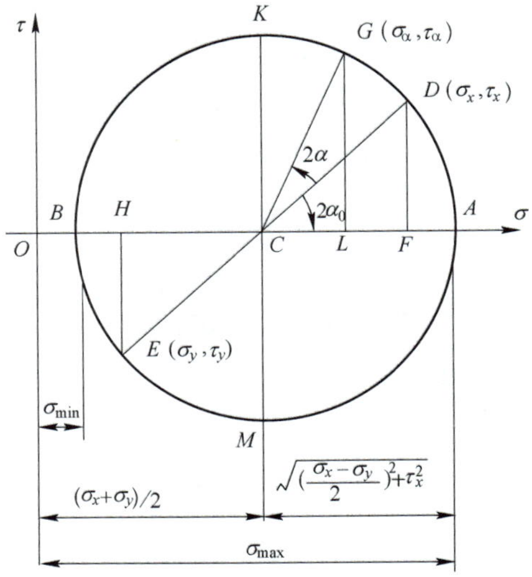

图 5-7-2 应力圆

首先，按下列方法画应力圆，如图 5-7-2 所示。按一定比例尺在σ轴上取横坐标$\overline{OF}=\sigma_x$，在τ轴上取纵坐标$\overline{FD}=\tau_x$，得D点；量取$\overline{OH}=\sigma_y$，$\overline{HE}=\tau_y$，得E点；连接D、E两点的直线，与x轴交于C点（此点即为应力圆的圆心）；以C点为圆心，$\overline{CD}$或$\overline{CE}$为半径作圆，此圆即为应力圆。

然后，以CD为单元体x轴的基准线，沿逆时针方向量 2α角度，画其射线，此射线与应力圆的交点G的横坐标和纵坐标，即为单元体α斜截面上的正应力σ_α和剪应力τ_α。

图解法的步骤可以用 16 个字概括如下：点面对应，先找基准，转向相同，夹角两倍。

（二）主应力、主平面

根据理论推导，平面应力状态（见图 5-7-2）的主应力计算公式为

$$\left.\begin{matrix}\sigma_{max}\\ \sigma_{min}\end{matrix}\right\}=\frac{\sigma_x+\sigma_y}{2}\pm\sqrt{\left(\frac{\sigma_x-\sigma_y}{2}\right)^2+\tau_x^2} \tag{5-7-2}$$

主平面所在截面的方位α_0可由下式确定

$$\tan 2\alpha_0=\frac{-2\tau_x}{\sigma_x-\sigma_y} \tag{5-7-3}$$

同时满足该式的两个角度α_1和α_3相差 90°，其中α_1和α_3分别对应于主应力α_1和α_3（设$\alpha_2=0$，则$\alpha_1=\sigma_{max}$，$\alpha_3=\sigma_{min}$，否则按代数值排列）。若式（5-7-2）中的负号放在分子上，按$\tan 2\alpha_0$的定义确定$2\alpha_0$的象限，即设$\theta=\arctan\left(\frac{-2\tau_x}{\sigma_x-\sigma_y}\right)$，则$2\alpha_0$分别为$\theta$（第 I 象限），180°$-\theta$（第II象限），180°$+\theta$（第III象限）和$-\theta$（第IV象限），这样得到的$\alpha_0$即为$\alpha_1$的值。

在图 5-7-2 中，$\overline{OA}=\sigma_{max}$，$\overline{OB}=\sigma_{min}$，由图可见，在应力圆上$D$点（代表法线为$x$轴的平面）到$A$点所对的圆心角为$2\alpha_0$（顺时针方向），相应地，在单元体上由$x$轴顺时针方向量取$\alpha_0$，就是$\sigma_{max}$所在平面的法线位置。

【例 5-7-1】 两单元体分别如图 a）、b）所示。关于其主应力和主方向，下面论述中正确的是：

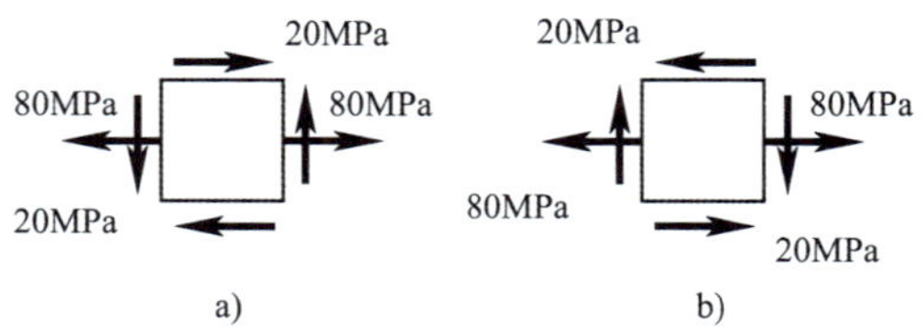

例 5-7-1 图

A. 主应力大小和方向均相同　　B. 主应力大小相同，但方向不同

C. 主应力大小和方向均不同　　D. 主应力大小不同，但方向均相同

解 图 a）、图 b）两单元体中$\sigma_y=0$，用解析法公式：

$$\left.\begin{matrix}\sigma_1\\ \sigma_3\end{matrix}\right\}=\frac{\sigma}{2}\pm\sqrt{\left(\frac{\sigma}{2}\right)^2+\tau^2}=\frac{80}{2}\pm\sqrt{\left(\frac{80}{2}\right)^2+20^2}=\begin{matrix}84.72\\ -4.72\end{matrix}\text{MPa}$$

则$\sigma_1=84.72$MPa，$\sigma_2=0$MPa，$\sigma_3=-4.72$MPa，两单元体主应力大小相同。

两单元体主应力的方向可以用观察法判断。

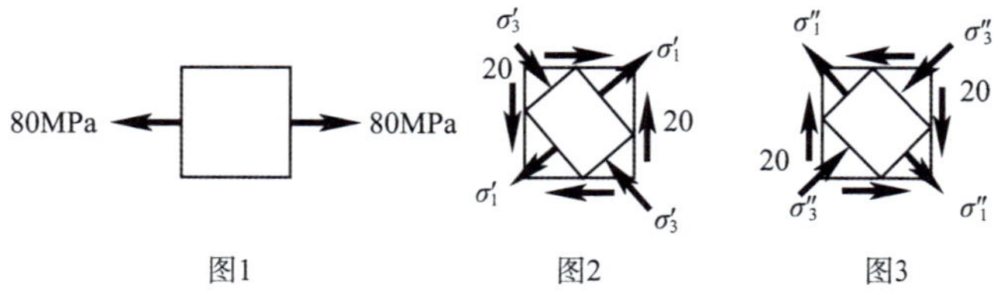

例 5-7-1 解图

图 a）主应力的方向可以看成是解图 1 和图 2 两个单元体主应力方向的叠加，显然主应力σ_1的方向在第一象限。

图 b）主应力的方向可以看成是解图 1 和图 3 两个单元体主应力方向的叠加，显然主应力σ_1的方向在第四象限。

所以两单元体主应力的方向不同。

答案： B

（三）最大（最小）剪应力

图 5-7-2 中应力圆上K、M点的纵坐标即分别为$\tau_{\max}$和$\tau_{\min}$

$$\begin{matrix}\tau_{\max}\\ \tau_{\min}\end{matrix} = \pm\sqrt{\left(\frac{\sigma_x-\sigma_y}{2}\right)^2+\tau_x^2} \qquad (5\text{-}7\text{-}4)$$

显然，最大（最小）剪应力所在平面与主平面夹角为 45°。

三、三向应力状态、广义虎克定律

（一）斜截面上应力、最大剪应力

在σ-τ直角坐标系下，代表单元体任何截面上应力的点，必定在由σ_1和σ_2、σ_2和σ_3、σ_3和σ_1所组成的三个应力圆（见图 5-7-3）的圆周上，或由它们所围成的阴影范围内。

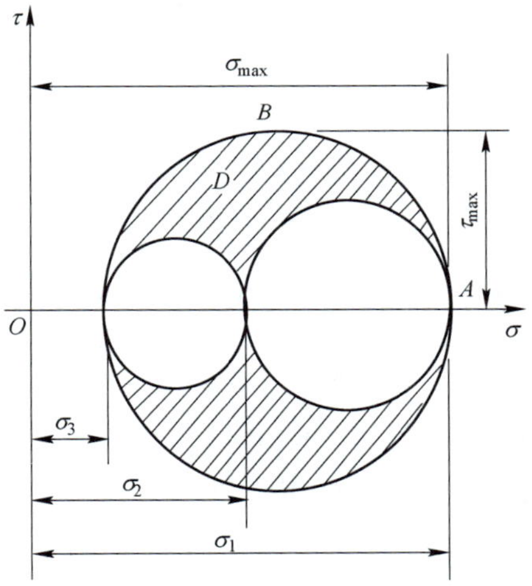

图 5-7-3　三向应力状态的应力圆

理论分析证明了在三向应力状态中，最大剪应力的作用面与最大主应力σ_1和最小主应力σ_3所在平面成 45°，而与σ_2所在平面垂直，其值为

$$\tau_{\max}=\frac{\sigma_1-\sigma_3}{2} \qquad (5\text{-}7\text{-}5)$$

（二）广义虎克定律

对各向同性材料，在线弹性范围内，复杂应力状态下的应力与应变之间存在着如下的关系，这种关系称为广义虎克定律，即

$$\left.\begin{aligned}\varepsilon_x&=\frac{1}{E}\left[\sigma_x-\mu\left(\sigma_y+\sigma_z\right)\right]\\ \varepsilon_y&=\frac{1}{E}\left[\sigma_y-\mu\left(\sigma_z+\sigma_x\right)\right]\\ \varepsilon_z&=\frac{1}{E}\left[\sigma_z-\mu\left(\sigma_x+\sigma_y\right)\right]\end{aligned}\right\} \qquad (5\text{-}7\text{-}6)$$

以及
$$\tau_{xy}=G\gamma_{xy}\quad \tau_{yz}=G\gamma_{yz}\quad \tau_{zx}=G\gamma_{zx} \tag{5-7-7}$$

在平面应力状态下，$\sigma_z=0$，式（5-7-5）成为

$$\left.\begin{aligned}\varepsilon_x&=\frac{1}{E}(\sigma_x-\mu\sigma_y)\\ \varepsilon_y&=\frac{1}{E}(\sigma_y-\mu\sigma_x)\\ \varepsilon_z&=-\frac{\mu}{E}(\sigma_x+\sigma_y)\end{aligned}\right\} \tag{5-7-8}$$

由式（5-7-7）可以反解出

$$\left.\begin{aligned}\sigma_x&=\frac{E}{1-\mu^2}(\varepsilon_x+\mu\varepsilon_y)\\ \sigma_y&=\frac{E}{1-\mu^2}(\varepsilon_y+\mu\varepsilon_x)\end{aligned}\right\} \tag{5-7-9}$$

四、强度理论

强度理论实质上是利用简单拉压的试验结果，建立复杂应力状态下的强度条件的一些假说。这些假说认为，复杂应力状态下的危险准则，是某种决定因素达到单向拉伸时同一因素的极限值。强度理论分为两类：一类是解释材料发生脆性断裂破坏原因的，例如，最大拉应力理论（第一强度理论）和最大伸长线应变理论（第二强度理论）；另一类是解释塑性屈服破坏原因的，例如，最大剪应力理论（第三强度理论）和最大形状改变比能理论（第四强度理论）。这四种常用的强度理论的强度条件为

$$\sigma_{r1}=\sigma_1\leqslant[\sigma] \tag{5-7-10}$$
$$\sigma_{r2}=\sigma_1-\mu(\sigma_2+\sigma_3)\leqslant[\sigma] \tag{5-7-11}$$
$$\sigma_{r3}=\sigma_1-\sigma_3\leqslant[\sigma] \tag{5-7-12}$$
$$\sigma_{r4}=\sqrt{\sigma_1^2+\sigma_2^2+\sigma_3^2-\sigma_1\sigma_2-\sigma_2\sigma_3-\sigma_3\sigma_1}\leqslant[\sigma] \tag{5-7-13}$$

式中：$\sigma_{ri}(i=1,2,3,4)$ ——相当应力；

σ_1、σ_2、σ_3 ——分别为复杂应力状态下的主应力；

$[\sigma]$ ——材料单向拉伸的许用应力。

在平面应力状态下（如$\sigma_2=0$），第四强度理论可简化为

$$\sigma_{r4}=\sqrt{\sigma_1^2+\sigma_3^2-\sigma_1\sigma_3}\leqslant[\sigma] \tag{5-7-14}$$

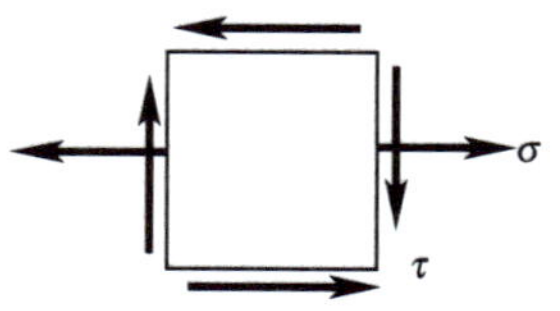

图 5-7-4　$\sigma_y=0$时的平面应力状态

若平面应力状态如图 5-7-4 所示，即$\sigma_x=\sigma$，$\sigma_y=0$，$\tau_x=\tau_y=\tau$时

$$\sigma_{r3}=\sqrt{\sigma^2+4\tau^2}\leqslant[\sigma] \tag{5-7-15}$$
$$\sigma_{r4}=\sqrt{\sigma^2+3\tau^2}\leqslant[\sigma] \tag{5-7-16}$$

梁中任一点的应力状态，以及弯扭组合或拉扭组合变形时危险点的应力状态都可以归结为上述情况。

此外，对于抗拉和抗压强度不等的材料，还有根据综合试验结果建立的莫尔强度理论，其强度条件为

$$\sigma_m=\sigma_1-\frac{[\sigma_t]}{[\sigma_c]}\sigma_3\leqslant[\sigma_t] \tag{5-7-17}$$

式中：σ_m ——莫尔强度理论的相当应力；

$[\sigma_t]$、$[\sigma_c]$ ——分别为材料的单向拉伸和单向压缩时的许用拉应力和许用压应力。

【例 5-7-2】 已知某点的应力状态如图 a）所示，求该点的主应力大小及方位。

解

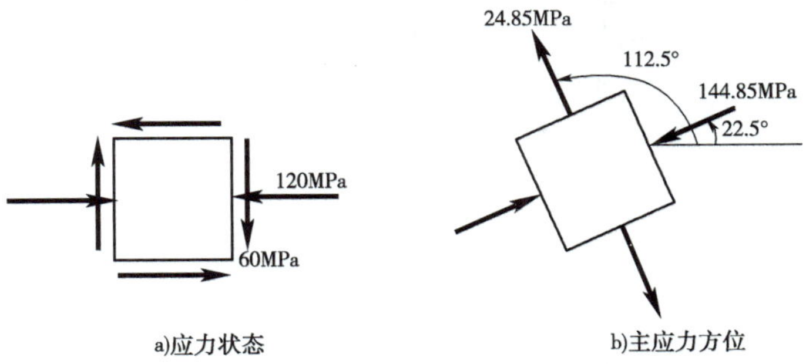

例 5-7-2 图

$$\begin{matrix}\sigma_{max}\\ \sigma_{min}\end{matrix} = \frac{\sigma_x+\sigma_y}{2} \pm \sqrt{\left(\frac{\sigma_x-\sigma_y}{2}\right)^2+\tau_x^2} = \frac{-120+0}{2} \pm \sqrt{\left(\frac{-120-0}{2}\right)^2+60^2} = \begin{matrix}24.85\text{MPa}\\ -144.85\text{MPa}\end{matrix}$$

$$\sigma_1 = 24.85\text{MPa}，\sigma_2 = 0\text{MPa}，\sigma_3 = -144.85\text{MPa}$$

$$\tan 2\alpha_1 = \frac{-2\tau_x}{\sigma_x-\sigma_y} = \frac{-2\times 60}{-120-0} = 1$$

$$2\alpha_1 = 180° + 45° = 225°$$

$$\alpha_1 = 112.5°，\alpha_3 = 112.5° - 90° = 22.5°$$

主应力方位如图 b）所示。

思考：主应力方向位能否用观察法确定。

【例 5-7-3】 按照第三强度理论，图示两种应力状态的危险程度是：

A. 无法判断　　B. 两者相同　　C. a）更危险　　D. b）更危险

解 图 a）中：

$\sigma_1 = 200\text{MPa}，\sigma_2 = 0，\sigma_3 = 0$

$\sigma_{r3}^a = \sigma_1 - \sigma_3 = 200\text{MPa}$

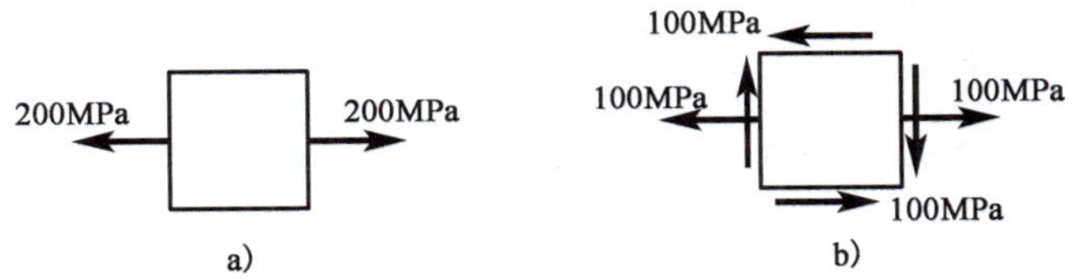

例 5-7-3 图

图 b）中：

$$\sigma_1 = \frac{100}{2} + \sqrt{\left(\frac{100}{2}\right)^2+100^2} = 161.8\text{MPa}，\sigma_2 = 0，\sigma_3 = \frac{100}{2} - \sqrt{\left(\frac{100}{2}\right)^2+100^2} = -61.8\text{MPa}$$

$\sigma_{r3}^b = \sigma_1 - \sigma_3 = 223.6\text{MPa}$

故图 b）更危险。

答案： D

【例 5-7-4】 在图示xy坐标系下，单元体的最大主应力σ_1大致指向：

A. 第一象限，靠近x轴

B. 第一象限，靠近y轴

C. 第二象限，靠近x轴

D. 第二象限，靠近y轴

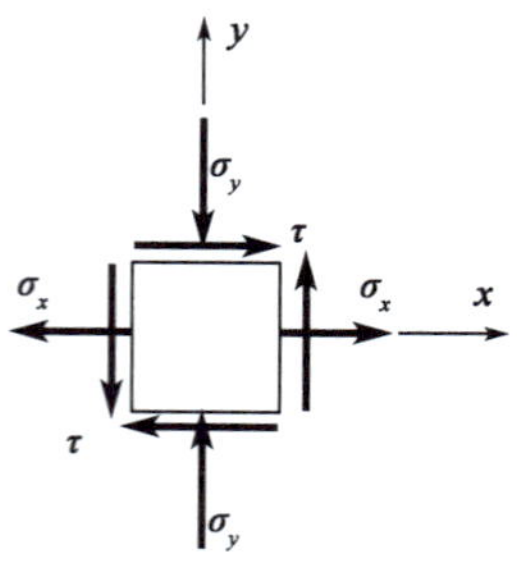

例 5-7-4 图

解 图示单元体的最大主应力σ_1的方向，可以看作是σ_x的方向(沿x轴)和纯剪切单元体的最大拉应力的主方向（在第一象限沿 45°向上），叠加后的合应力的指向。

答案： A

习 题

5-7-1 在图示四种应力状态中，最大切应力值最大的应力状态是（ ）。

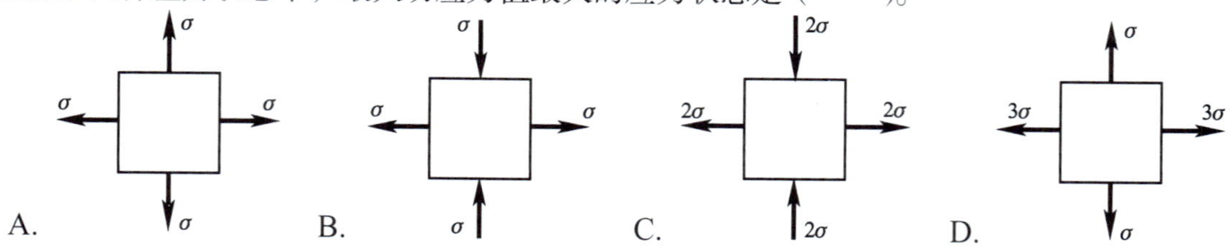

5-7-2 受力体一点处的应力状态如图所示，该点的最大主应力σ_1为（ ）MPa。

A. 70　　B. 10　　C. 40　　D. 50

5-7-3 设受扭圆轴中的最大剪应力为τ，则最大正应力（ ）。

A. 出现在横截面上，其值为τ

B. 出现在 45°斜截面上，其值为 2τ

C. 出现在横截面上，其值为 2τ

D. 出现在 45°斜截面上，其值为τ

5-7-4 图示为三角形单元体，已知ab、ca两斜布的正应力为σ，剪应力为零。在竖直面bc上有（ ）。

A. $\sigma_x = \sigma$，$\tau_{xy} = 0$

B. $\sigma_x = \sigma$，$\tau_{xy} = \sigma\sin 60° - \sigma\sin 45°$

C. $\sigma_x = \sigma\cos 60° + \sigma\cos 45°$，$\tau_{xy} = 0$

D. $\sigma_x = \sigma\cos 60° + \sigma\cos 45°$，$\tau_{xy} = \sigma\sin 60° - \sigma\sin 45°$

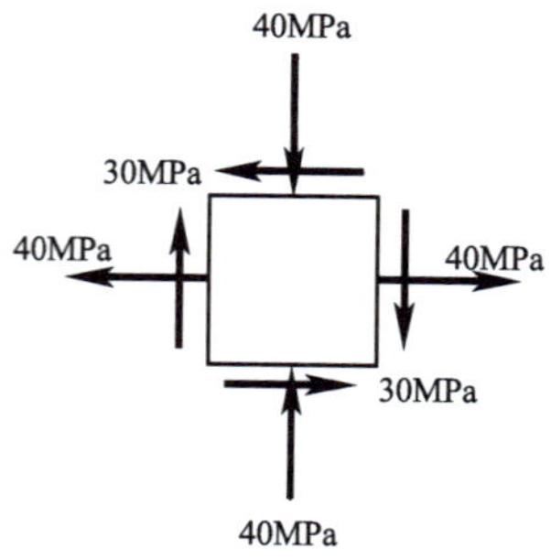

题 5-7-2 图

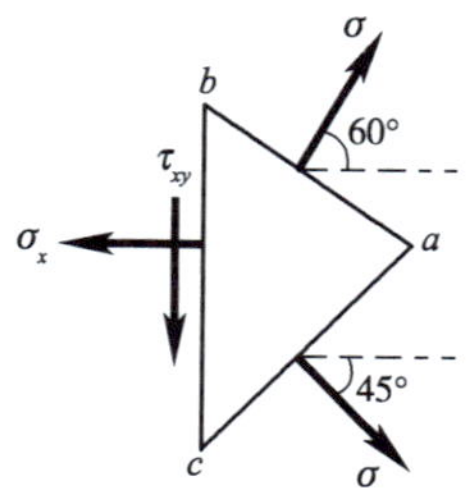

题 5-7-4 图

5-7-5 四种应力状态分别如图所示，按照第三强度理论，其相当应力最大的是（ ）。

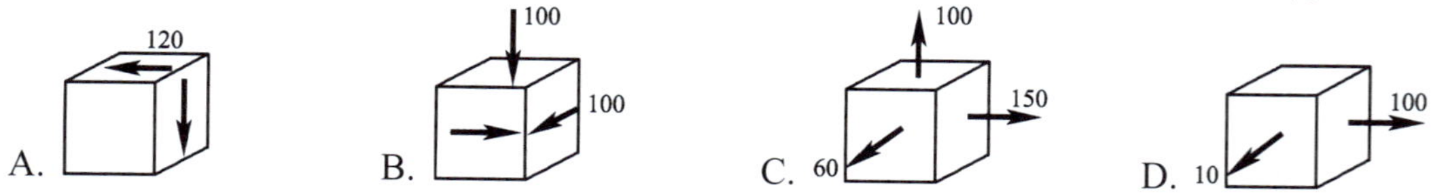

5-7-6 图示为等腰直角三角形单元体，已知两直角边表示的截面上只有剪应力，且等于τ_0，则底边表示的截面上的正应力σ和剪应力τ分别为（　　）。

A. $\sigma=\tau_0$，$\tau=\tau_0$　　　　B. $\sigma=\tau_0$，$\tau=0$

C. $\sigma=\sqrt{2}\tau_0$，$\tau=\tau_0$　　　　D. $\sigma=\sqrt{2}\tau_0$，$\tau=0$

5-7-7 单元体的应力状态如图所示，若已知其中一个主应力为 5MPa，则另一个主应力为（　　）MPa。

A. −85　　B. 85　　C. −75　　D. 75

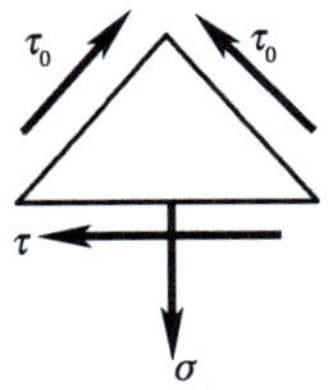

题 5-7-6 图

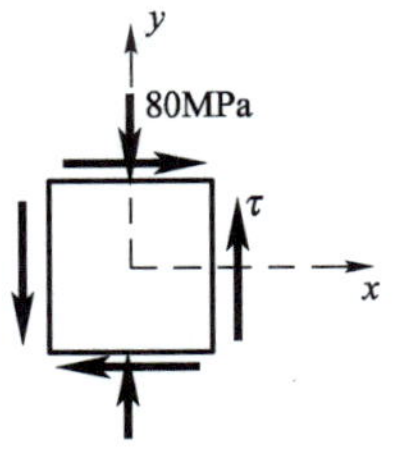

题 5-7-7 图

5-7-8 如图所示悬臂梁，给出了 1、2、3、4 点处的应力状态如图所示，其中应力状态错误的位置点是（　　）。

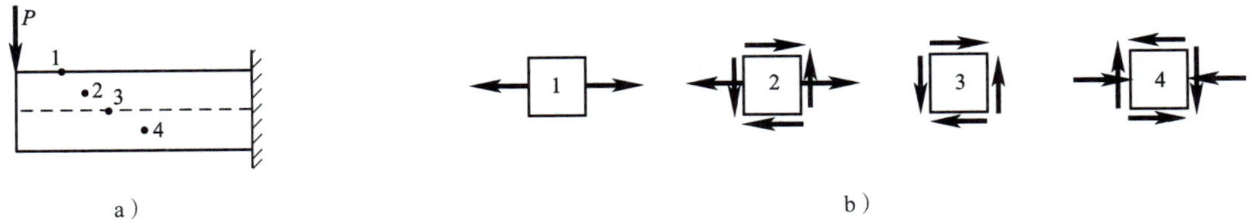

题 5-7-8 图

A. 1 点　　B. 2 点　　C. 3 点　　D. 4 点

5-7-9 单元体的应力状态如图所示，其σ_1的方向（　　）。

A. 在第一、三象限内，且与x轴成小于 45°的夹角

B. 在第一、三象限内，且与y轴成小于 45°的夹角

C. 在第二、四象限内，且与x轴成小于 45°的夹角

D. 在第二、四象限内，且与y轴成小于 45°的夹角

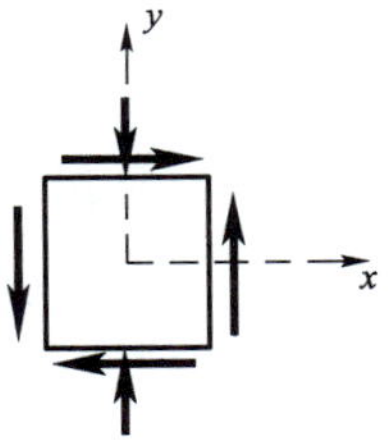

题 5-7-9 图

5-7-10 对于平面应力状态，以下说法正确的是（　　）。

A. 主应力就是最大正应力

B. 主平面上无剪应力

C. 最大剪应力作用的平面上正应力必为零

D. 主应力必不为零

5-7-11 三种平面应力状态如图所示（图中用σ和τ分别表示正应力和剪应力），它们之间的关系是（　　）。

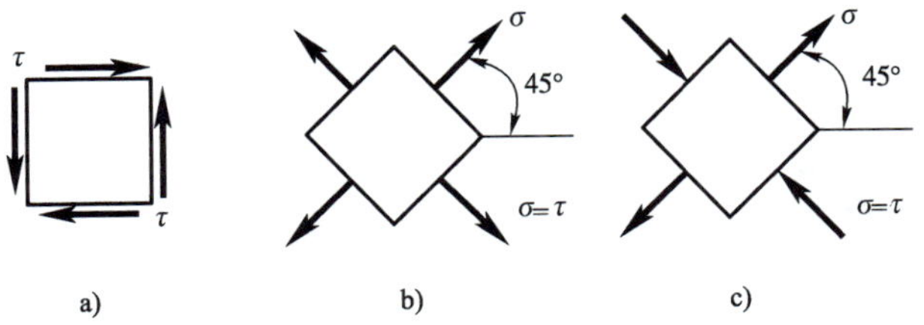

题 5-7-11 图

A. 全部等价　　B. a）与 b）等价　　C. a）与 c）等价　　D. 都不等价

第八节 组合变形

在小变形和材料服从虎克定律的前提下，组合变形问题的解法思路如图 5-8-1 所示。

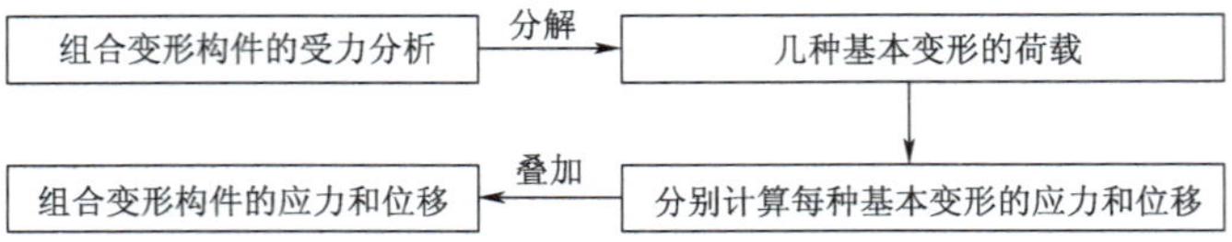

图 5-8-1 组合变形问题的解法思路

一、斜弯曲

当梁上的横向荷载与形心主惯性平面不平行时，梁将发生斜弯曲，其特点为：

（1）斜弯曲可看作两个相互垂直平面内的平面弯曲的叠加。

（2）斜弯曲后，梁的挠曲线所在平面不再与荷载所在平面相重合。

（3）其危险点为单向应力状态，最大正应力为两个方向平面弯曲正应力的代数和。

①对于有棱角的截面，如矩形、工字形、槽形等，危险点在凸角处，具体位置可用观察法确定。其强度条件为

$$\sigma_{\max}=\frac{M_{y\max}}{W_y}+\frac{M_{z\max}}{W_z}\leqslant[\sigma] \tag{5-8-1}$$

式中：$M_{y\max}$、$M_{z\max}$ ——分别为危险截面上两个表心主惯性平面内的弯矩；

W_y、W_z ——分别为截面对y轴、z轴的抗弯截面模量。

②对没有凸角的截面，则必须先确定中性轴的位置，斜弯曲梁的中性轴是一条过截面形心的斜线，其与z轴的夹角α可根据下式确定

$$\tan\alpha=\frac{I_zM_y}{I_yM_z} \tag{5-8-2}$$

式中：M_y、M_z ——分别为梁危险截面上两个形心主惯性平面内的弯矩；

I_y、I_z ——分别为危险截面对y轴、z轴的惯性矩。

设截面上距中性轴最远的危险点a的坐标为y_a、z_a，则其强度条件为

$$\sigma_{\max}=\frac{M_{y\max}}{I_y}z_a+\frac{M_{z\max}}{I_z}y_a\leqslant[\sigma] \tag{5-8-3}$$

③对圆轴截面（或正多边形截面），因为任一形心轴均为形心主轴，所以最大弯矩的方向即为最大应力的方向，其强度条件为

$$\sigma_{\max}=\frac{M_{\max}}{W}=\frac{32\sqrt{M_y^2+M_z^2}}{\pi d^3}\leqslant[\sigma] \tag{5-8-4}$$

二、拉（压）弯组合变形

当构件同时受到轴向力和横向力作用，或构件上仅作用有轴向力，但其作用线未与轴线重合，即偏心拉伸（压缩）时，都会产生拉（压）弯组合变形。其强度条件都可用式（5-8-5）表示

$$\begin{matrix}\sigma_{tmax} \\ \sigma_{cmax}\end{matrix} = \frac{N}{A} \pm \frac{M_y}{W_y} \pm \frac{M_z}{W_z} \leqslant \begin{matrix}[\sigma_t] \\ [\sigma_c]\end{matrix} \tag{5-8-5}$$

式中： N、M_y、M_z ——分别为危险截面上的轴力、弯矩；

$[\sigma_t]$、$[\sigma_c]$ ——分别为材料的许用拉应力、许用压应力。

其危险点在危险截面的上、下边缘，为单向应力状态，最大拉应力和最大压应力为轴向拉压正应力和两个方向平面弯曲正应力的代数和。式（5-8-5）中各项的正负号可由观察法确定。

对于有棱角的截面，危险点在凸角处；对没有凸角的截面，则必须先确定中性轴的位置。偏心压缩构件危险截面上的中性轴是一条不通过截面形心的斜直线，它在y轴、z轴上的截距分别为

$$a_y = -\frac{i_z^2}{y_P};\ a_z = -\frac{i_y^2}{z_P} \tag{5-8-6}$$

式中：i_z、i_y ——分别为截面对z轴、y轴的惯性半径；

z_P、y_P ——分别为轴向力P的作用点距y轴、z轴的偏心距。

【例 5-8-1】 图示矩形截面受压杆，杆的中间段右侧有一槽，如图 a）所示，若在杆的左侧，即槽的对称位置也挖出同样的槽（见图 b），则图 b）杆的最大压应力是图 a）最大压应力的：

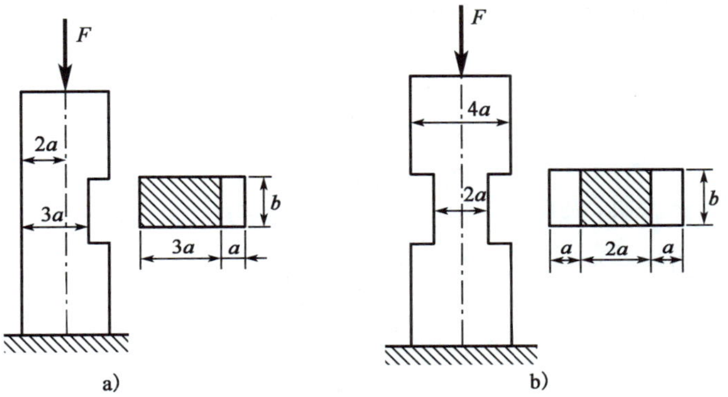

例 5-8-1 图

A. 3/4　　B. 4/3　　C. 3/2　　D. 2/3

解 题图 a）是偏心受压，在中间段危险截面上，外力作用点O与被削弱的截面形心C之间的偏心距$e = a/2$（见解图），产生的附加弯矩$M = F \cdot a/2$，故题图 a）中的最大应力：

$$\sigma_a = -\frac{F_N}{A_a} - \frac{M}{W} = -\frac{F}{3ab} - \frac{F\frac{a}{2}}{\frac{b}{6}(3a)^2} = -\frac{2F}{3ab}$$

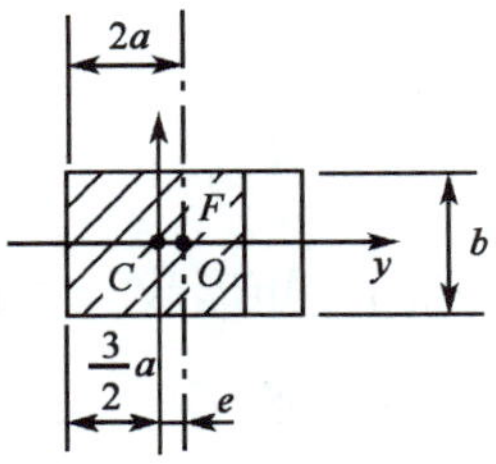

例 5-8-1 解图

题图 b）虽然截面面积小，但却是轴向压缩，其最大压应力：

$$\sigma_b = -\frac{F_N}{A_b} = -\frac{F}{2ab}$$

故$\sigma_b/\sigma_a = 3/4$

答案： A

【例 5-8-2】 图示正方形截面杆AB，力F作用在xOy平面内，与x轴夹角α，杆距离B端为a的横截面上最大正应力在$\alpha = 45°$时的值是$\alpha = 0$时值的：

A. $7\sqrt{2}/2$倍　　B. $3\sqrt{2}$倍　　C. $5\sqrt{2}/2$倍　　D. $\sqrt{2}$倍

解 当$\alpha = 0°$时，杆是轴向受位：

$$\sigma_{max}^{0°}=\frac{F_N}{A}=\frac{F}{a^2}$$

当$\alpha=45°$时，杆是轴向受拉与弯曲组合变形：

$$\sigma_{max}^{45°}=\frac{F_N}{A}+\frac{M_g}{W_g}=\frac{\frac{\sqrt{2}}{2}F}{a^2}+\frac{\frac{\sqrt{2}}{2}F\cdot a}{\frac{a^3}{6}}=\frac{7\sqrt{2}}{2}\frac{F}{a^2}$$

可得

$$\frac{\sigma_{max}^{45°}}{\sigma_{max}^{0°}}=\frac{\frac{7\sqrt{2}}{2}\frac{F}{a^2}}{\frac{F}{a^2}}=\frac{7\sqrt{2}}{2}$$

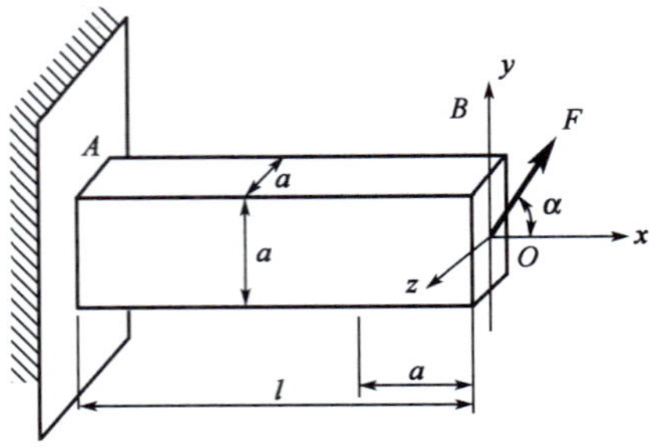

例 5-8-2 图

答案： A

三、弯扭组合变形

弯扭组合变形（或拉压、弯、扭组合变形）时的危险截面是最大弯矩M_{max}（或最大轴力N_{max}）与最大扭矩同时作用的截面，危险点是σ_{max}（弯曲正应力或拉压应力）和τ_{max}（扭转剪应力）同时作用的点。该点属复杂应力状态，因此其第三和第四强度理论的强度条件仍可由式（5-7-15）、式（5-7-16）来表示

$$\sigma_{r3}=\sqrt{\sigma^2+4\tau^2}$$

$$\sigma_{r4}=\sqrt{\sigma^2+3\tau^2}$$

式中：σ、τ——分别在危险点处的最大弯曲（或拉压）正应力、最大扭转剪应力。

对于圆截面杆，在弯扭组合变形时，可以用下式计算

$$\sigma_{r3}=\frac{\sqrt{M^2+T^2}}{W}\leqslant[\sigma] \tag{5-8-7}$$

其中 $$W=\frac{\pi d^3}{32};\ \sigma_{r4}=\frac{\sqrt{M^2+0.75T^2}}{W}\leqslant[\sigma] \tag{5-8-8}$$

式中：M ——危险截面上的弯矩或合成弯矩，$M=\sqrt{M_y^2+M_z^2}$；

T ——危险截面上的扭矩；

W ——抗弯截面系数。

习 题

5-8-1 矩形截面杆AB，A端固定，B端自由，B端右下角处承受力与轴线平行的集中力F（见图），杆的最大正应力是（ ）。

A. $\sigma=3F/(bh)$ B. $\sigma=4F/(bh)$ C. $\sigma=7F/(bh)$ D. $\sigma=13F/(bh)$

5-8-2 图示圆轴固定端最上缘A点的单元体的应力状态是（ ）。

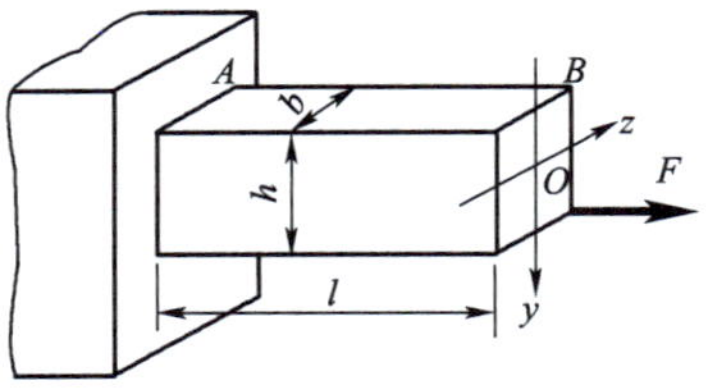

题 5-8-1 图

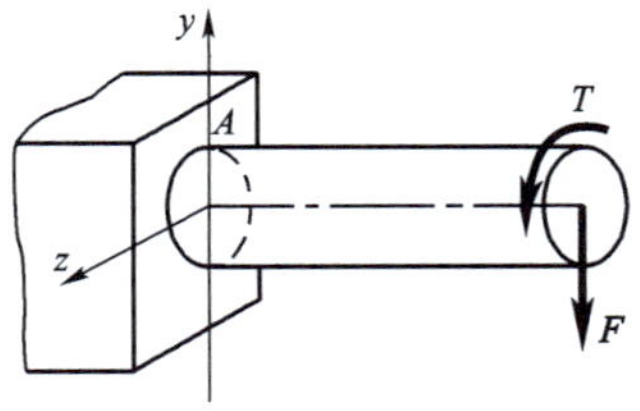

题 5-8-2 图

A. 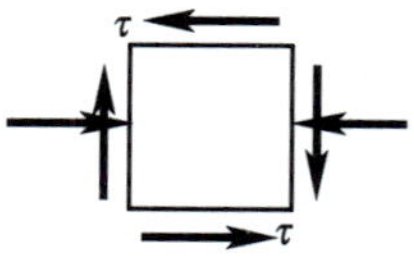

B. 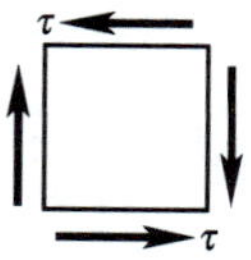

C. 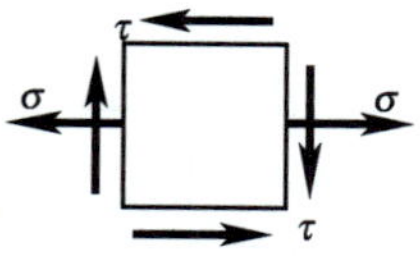

D. 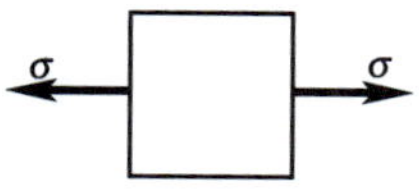

5-8-3　图示为T形截面杆，一端固定、一端自由，自由端的集中力F作用在截面的左下角点，并与杆件的轴线平行。该杆发生的变形为（　　）。

A. 绕y和z轴的双向弯曲

B. 轴向拉伸和绕y、z轴的双向弯曲

C. 轴向拉伸和绕z轴弯曲

D. 轴向拉伸和绕y轴弯曲

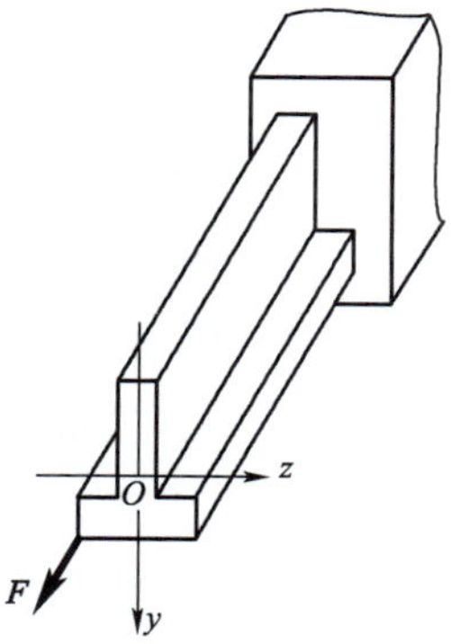

题 5-8-3 图

5-8-4　图示圆轴，在自由端圆周边界承受竖直向下的集中力F，按第三强度理论，危险截面的相当力σ_{r3}为（　　）。

A. $\sigma_{r3}=\frac{16}{\pi d^3}\sqrt{(FL)^2+4\left(\frac{Fd}{2}\right)^2}$

B. $\sigma_{r3}=\frac{16}{\pi d^3}\sqrt{(FL)^2+\left(\frac{Fd}{2}\right)^2}$

C. $\sigma_{r3}=\frac{32}{\pi d^3}\sqrt{(FL)^2+4\left(\frac{Fd}{2}\right)^2}$

D. $\sigma_{r3}=\frac{32}{\pi d^3}\sqrt{(FL)^2+\left(\frac{Fd}{2}\right)^2}$

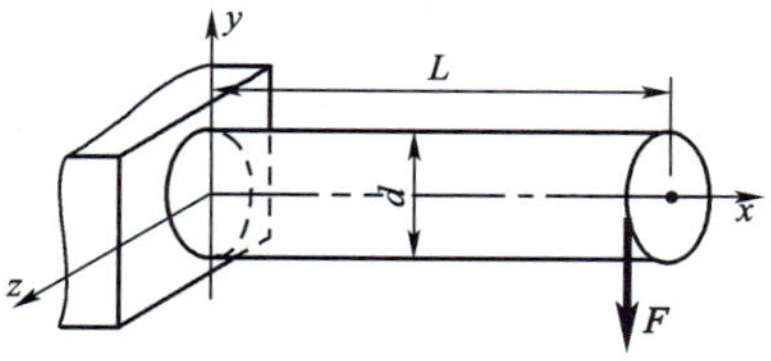

题 5-8-4 图

5-8-5　图示为正方形截面等直杆，抗弯截面模量为W，在危险截面上，弯矩为M，扭矩为M_n，A点处有最大正应力σ和最大剪应力τ。若材料为低碳钢，则其强度条件为（　　）。

A. $\sigma\leqslant[\sigma],\tau\leqslant[\tau]$　　　B. $\frac{1}{W}\sqrt{M^2+M_n^2}\leqslant[\sigma]$

C. $\frac{1}{W}\sqrt{M^2+0.75M_n^2}\leqslant[\sigma]$　　　D. $\sqrt{\sigma^2+4\tau^2}\leqslant[\sigma]$

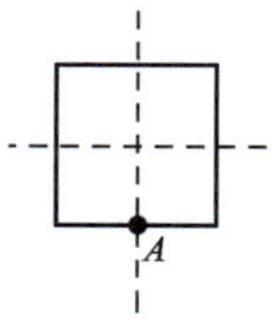

题 5-8-5 图

5-8-6　工字形截面梁在图示荷载作用下，截面m-m上的正应力分布为（　　）。

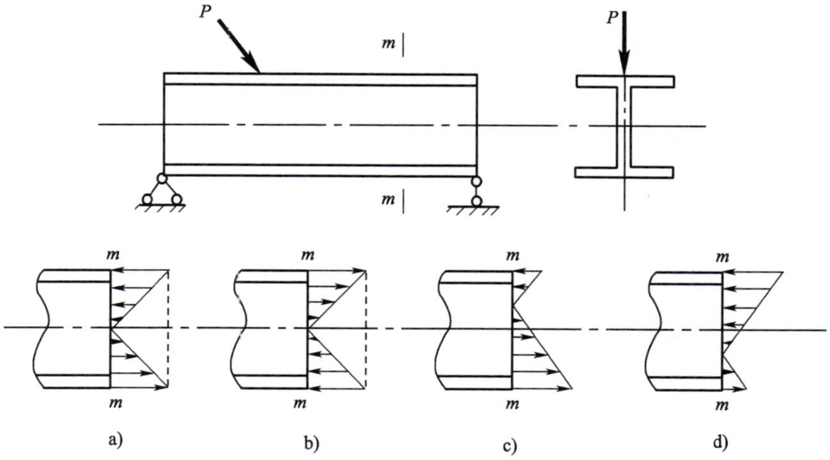

题 5-8-6 图

A. 图 a）　　B. 图 b）　　C. 图 c）　　D. 图 d）

5-8-7　矩形截面杆的截面宽度沿杆长不变，杆的中段高度为 2α，左、右段高度为 3α，在图示三角形分布荷载作用下，杆的截面m-m和截面n-n分别发生（　　）。

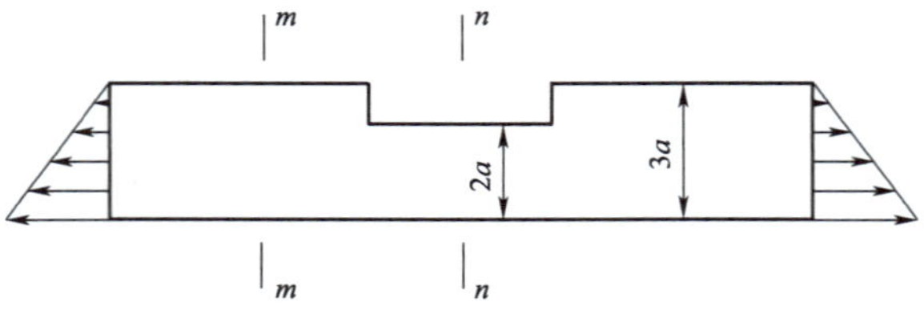

题 5-8-7 图

A. 单向拉伸、拉弯组合变形　　B. 单向拉伸、单向拉伸变形

C. 拉弯组合、单向拉伸变形　　D. 拉弯组合、拉弯组合变形

5-8-8　一正方形截面短粗立柱（图 a），若将其底面加宽 1 倍（图 b），原厚度不变，则该立柱的强度（　　）。

A. 提高 1 倍　　B. 提高不到 1 倍

C. 不变　　D. 降低

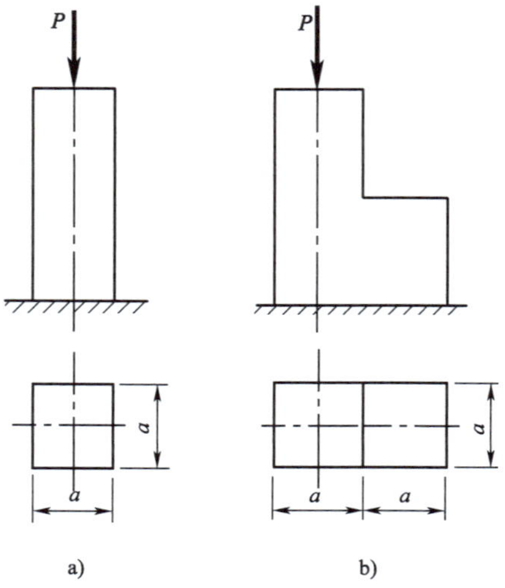

题 5-8-8 图

5-8-9　图示应力状态为其危险点的应力状态，则杆件为（　　）。

A. 斜弯曲变形　　B. 偏心拉弯变形

C. 拉弯组合变形　　D. 弯扭组合变形

5-8-10 折杆受力如图所示，以下结论中错误的为（　　）。

A. 点B和D处于纯剪状态

B. 点A和C处为二向应力状态，两点处$\sigma_1 > 0$，$\sigma_2 = 0$，$\sigma_3 < 0$

C. 按照第三强度理论，点A及C比点B及D危险

D. 点A及C的最大主应力σ_1数值相同

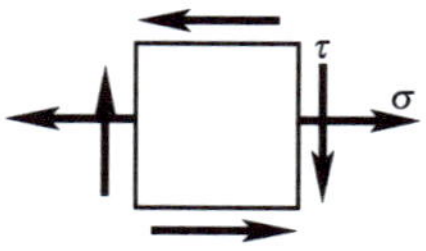

题 5-8-9 图

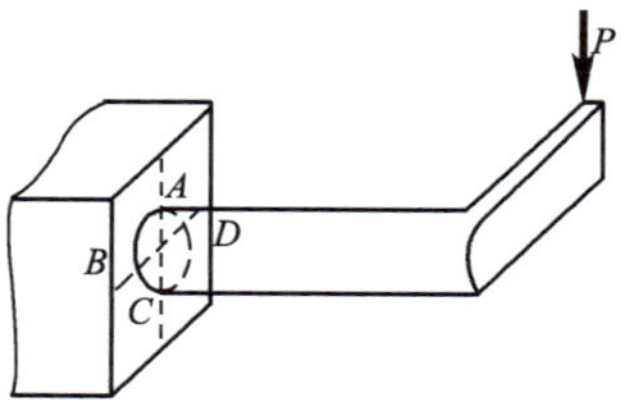

题 5-8-10 图

第九节 压杆稳定

一、细长压杆的临界力——欧拉公式

欧拉公式如下

$$P_{cr}=\frac{\pi^2 EI}{(\mu l)^2} \tag{5-9-1}$$

式中：P_{cr} ——压杆的临界力；

E ——压杆材料的弹性模量；

I ——截面的主惯性矩；

μ ——长度系数；

μl ——压杆失稳时挠曲线中一个“半波正弦曲线”的长度，称为相当长度，此相当长度等于压杆失稳时挠曲线上两个弯矩零点之间的长度。

常用的四种杆端约束压杆的长度系数μ：

（1）一端固定、一端自由，$\mu=2$；

（2）两端铰支，$\mu=1$；

（3）一端固定、一端铰支，$\mu=0.7$；

（4）两端固定，$\mu=0.5$。

工程实际中压杆的杆端约束往往比较复杂，不能简单地将它归于哪一类，要对其做具体分析，从而定出与实际较接近的μ值。

【例 5-9-1】 图示细长压杆AB的A端自由，B端固定在简支梁上。该压杆的长度系数μ是：

A. $\mu>2$　　B. $2>\mu>1$　　C. $1>\mu>0.7$　　D. $0.7>\mu>0.5$

解 杆端约束越弱，μ越大，在两端固定（μ=0.5），一端固定、一端铰支（μ=0.7），两端铰支（μ=1）和一端固定、一端自由（μ=2）这四种杆端约束中，一端固定、一端自由的约束最弱，μ最大。而图示细长压杆AB一端自由、一端固定在简支梁上，其杆端约束比一端固定、一端自由（μ=2）时更弱，故μ比2更大。

答案： A

【例 5-9-2】 一端固定另端自由的细长（大柔度）压杆，长度为L（图 a），当杆的长度减少一半时（图 b），其临界载荷是原来的：

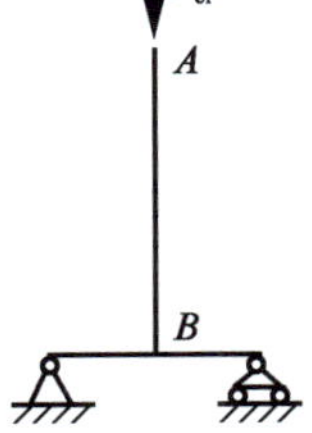

例 5-9-1 图

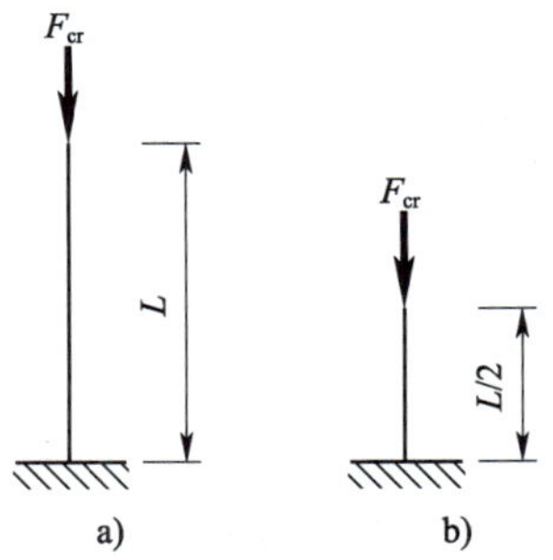

例 5-9-2 图

A. 4倍　　B. 3倍　　C. 2倍　　D. 1倍

解 由一端固定、另端自由的细长压杆的临界力计算公式$F_{cr}=\frac{\pi^2 EI}{(2l)^2}$，可知$F_{cr}$与$L^2$成反比。故有：

$$F_{cr1}=\frac{\pi^2 EI}{\left(2\cdot\frac{L}{2}\right)^2}=4\frac{\pi^2 EI}{(2L)^2}=4F_{cr}$$

答案： A

二、临界应力、柔度、欧拉公式的适用范围

（一）临界应力、柔度

$$\sigma_{cr}=\frac{P_{cr}}{A}=\frac{\pi^2 EI}{(\mu l)^2 A}=\frac{\pi^2 Ei^2}{(\mu l)^2}=\frac{\pi^2 E}{\left(\frac{\mu l}{i}\right)^2}=\frac{\pi^2 E}{\lambda^2} \tag{5-9-2}$$

其中$i=\sqrt{\frac{I}{A}}$，$\lambda=\frac{\mu l}{i}$

式中：i ——惯性半径，它是反映截面形状和尺寸的一个几何量；

λ ——压杆的柔度，又称为长细比，它是一个无量纲量，综合地反映了杆长、杆端约束以及截面形状和尺寸对临界应力的影响。

可见，柔度λ是一个极其重要的量。

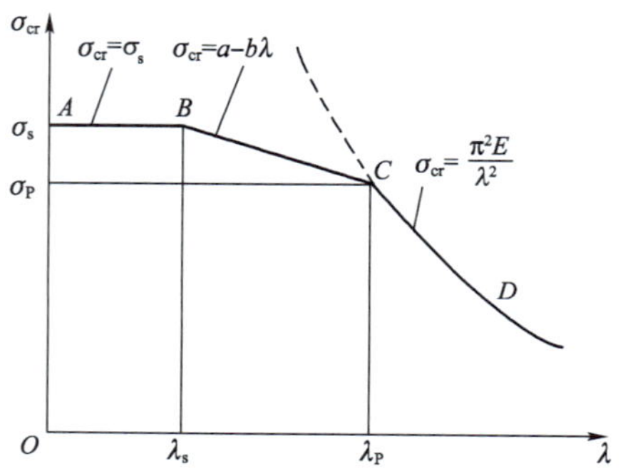

图 5-9-1　压杆临界应力总图

（二）临界应力总图、欧拉公式的适用范围

根据压杆的柔度值可将所有压杆分为三类：$\lambda\geqslant\lambda_p$的压杆为细长杆或大柔度杆，其临界应力可按欧拉公式计算；$\lambda_s<\lambda<\lambda_p$的压杆为中长杆或中柔度杆，其临界应力可按经验公式$\sigma_{cr}=a-b\lambda$计算；$\lambda\leqslant\lambda_s$的压杆则为短杆或小柔度杆，应按强度问题处理，用$\sigma_{cr}=\sigma_s$来计算其临界应力。图 5-9-1 表示出这三种压杆的临界应力σ_{cr}随柔度λ的变化关系，称为临界应力总图，由图 5-9-1 中可以看到欧拉公式的使用条件是$\sigma_{cr}=\frac{\pi^2 E}{\lambda^2}\leqslant\sigma_p$，亦即

$$\lambda\geqslant\sqrt{\frac{\pi^2 E}{\sigma_p}}=\lambda_p \tag{5-9-3}$$

中长杆与短杆的柔度分界值为（a、b是由试验得到的材料常数）

$$\lambda_s=\frac{a-\sigma_s}{b} \tag{5-9-4}$$

三、压杆的稳定计算

（一）安全系数法

$$P\leqslant\frac{P_{cr}}{[n_{st}]}\quad 或\quad n_{st}=\frac{P_{cr}}{P}\geqslant[n_{st}] \tag{5-9-5}$$

式中：P ——压杆所受的实际轴向压力；

P_{cr} ——压杆的临界力；

n_{st} ——压杆的工作稳定安全系数；

$[n_{st}]$ ——规定的稳定安全系数。

（二）折减系数法（土建结构规范中常用）

$$\sigma = \frac{P}{A} \leqslant [\sigma_{st}] = \varphi[\sigma] \quad 或 \quad \frac{P}{\varphi A} \leqslant [\sigma] \tag{5-9-6}$$

式中：$[\sigma]$ ——强度许用应力；

A ——压杆横截面面积；

$[\sigma_{st}]$ ——稳定许用应力；

φ ——$[\sigma_{st}]$与$[\sigma]$的比值，称为折减系数，是一个小于 1 的系数，其值可根据有关材料的φ-λ关系曲线或折减系数表查得，或由经验公式算得。

对折减系数表中没有的非整数λ所对应值的φ值，可用线性插值公式计算

$$\varphi = \varphi_1 - \frac{\lambda - \lambda_1}{\lambda_2 - \lambda_1}(\varphi_1 - \varphi_2) \tag{5-9-7}$$

式中：λ_1、λ_2 ——整数的柔度；

φ_1、φ_2 ——分别为λ_1、λ_2所对应的折减系数。

利用式（5-9-5）、式（5-9-6）两个稳定条件，除了可用来对压杆的稳定性进行校核，确定压杆的允许荷载外，还可用试算法确定压杆的截面尺寸。

若压杆横截面上两个形心主惯性轴方向μ和i各不相同，则应用公式$\lambda = \mu l / i$分别计算λ_y和λ_z，求出最大柔度λ_{max}作为计算的依据。

四、提高压杆稳定性的措施

（1）减小压杆长度l，或在压杆的中间增加支承。

（2）改善杆端约束，使长度系数μ值减小。

（3）选择合理的截面形状：

①尽可能将材料分布的离截面形心较远，以增大惯性矩I；

②尽可能使压杆在两个形心主惯性平面内有相等或相近的稳定性，即$\lambda_z \approx \lambda_y$。

（4）合理选用材料。

对大柔度杆，在弹性模量E值相同或相近的材料中，没有必要选用高强度钢。对中柔度杆和小柔度杆，选用高强度钢能提高其稳定性。

习　题

5-9-1　图示三根压杆均为细长（大柔度），且弯曲刚度均为EI。三根压杆的临界荷载F_{cr}的关系为（　　）。

A. $F_{cra} > F_{crb} > F_{crc}$　　B. $F_{crb} > F_{cra} > F_{crc}$

C. $F_{crc} > F_{cra} > F_{crb}$　　D. $F_{crb} > F_{crc} > F_{cra}$

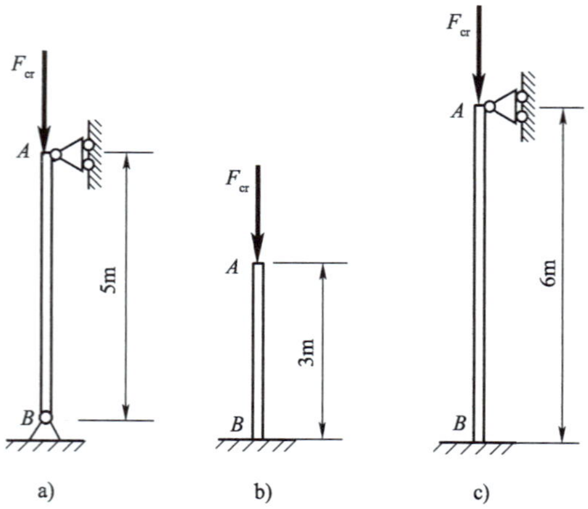

题 5-9-1 图

5-9-2 两根安全相同的细长（大柔度）压杆AB和CD如图所示，杆的下端为固定铰链约束，上端与刚性水平杆固结。两杆的弯曲刚度均为EI，其临界荷载F_a为（　　）。

A. $2.04\times\pi^2EI/L^2$　　B. $4.08\times\pi^2EI/L^2$

C. $8\times\pi^2EI/L^2$　　D. $2\times\pi^2EI/L^2$

5-9-3 圆截面细长压杆的材料和杆端约束保持不变，若将其直径缩小一半，则压杆的临界压力的原压杆的（　　）。

A. 1/2　　B. 1/4　　C. 1/8　　D. 1/16

5-9-4 压杆下端固定，上端与水平弹簧相连，如图所示，该杆长度系数μ值为（　　）。

A. $\mu<0.5$　　B. $0.5<\mu<0.7$

C. $0.7<\mu<2$　　D. $\mu>2$

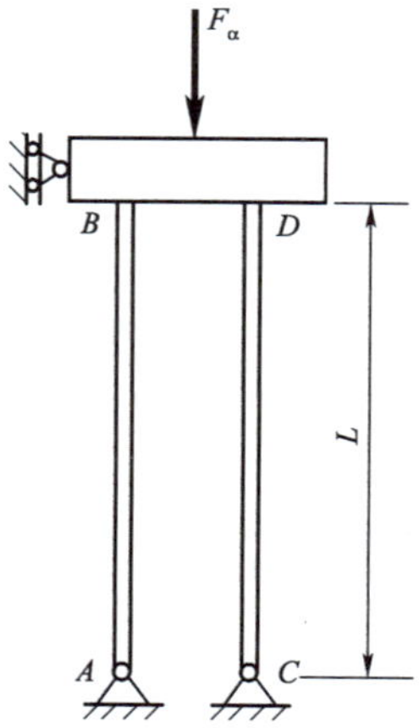

题 5-9-2 图

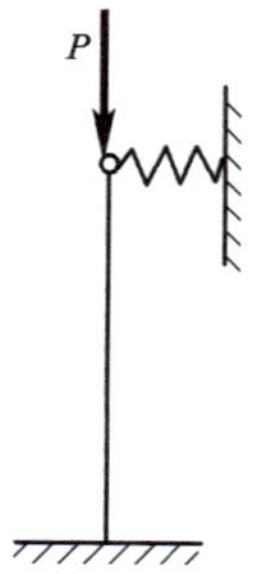

题 5-9-4 图

5-9-5 压杆失稳是指压杆在轴向压力作用下（　　）。

A. 局部横截面的面积迅速变化

B. 危险截面发生屈服或断裂

C. 不能维持平衡状态而突然发生运动

D. 不能维持直线平衡状态而突然变弯

5-9-6 假设图示三个受压结构失稳时临界压力分别为P_{cr}^a、P_{cr}^b、P_{cr}^c，比较三者的大小，则（　　）。

A. P_{cr}^a最小　　B. P_{cr}^b最小　　C. P_{cr}^c最小　　D. $P_{cr}^a=P_{cr}^b=P_{cr}^c$

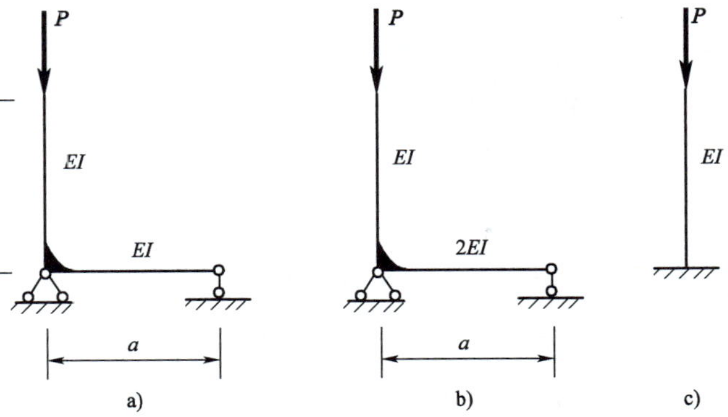

题 5-9-6 图

5-9-7 图示两端铰支压杆的截面为矩形，当其失稳时，(　　)。

A. 临界压力$P_{cr}=\pi^2 EI_y/l^2$，挠曲线位于xy面内

B. 临界压力$P_{cr}=\pi^2 EI_y/l^2$，挠曲线位于xz面内

C. 临界压力$P_{cr}=\pi^2 EI_z/l^2$，挠曲线位于xy面内

D. 临界压力$P_{cr}=\pi^2 EI_z/l^2$，挠曲线位于xz面内

5-9-8 在材料相同的条件下，随着柔度的增大(　　)。

A. 细长杆的临界应力是减小的，中长杆不是

B. 中长杆的临界应力是减小的，细长杆不是

C. 细长杆和中长杆的临界应力均是减小的

D. 细长杆和中长杆的临界应力均不是减小的

5-9-9 如图所示，一端固定，一端为球形铰的大柔度压杆，横截面为矩形，则该杆临界力P_{cr}为(　　)。

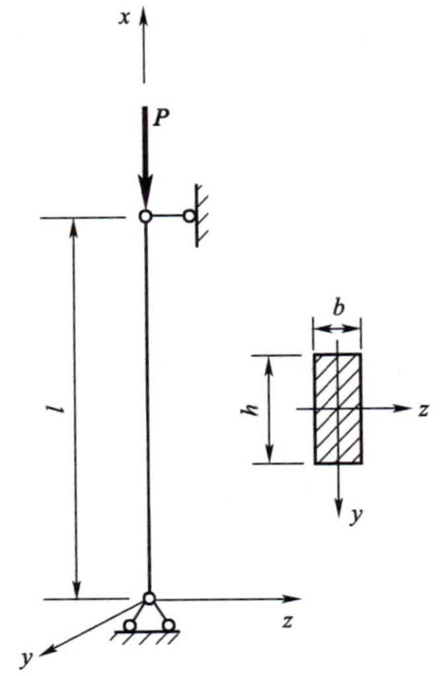

题 5-9-7 图

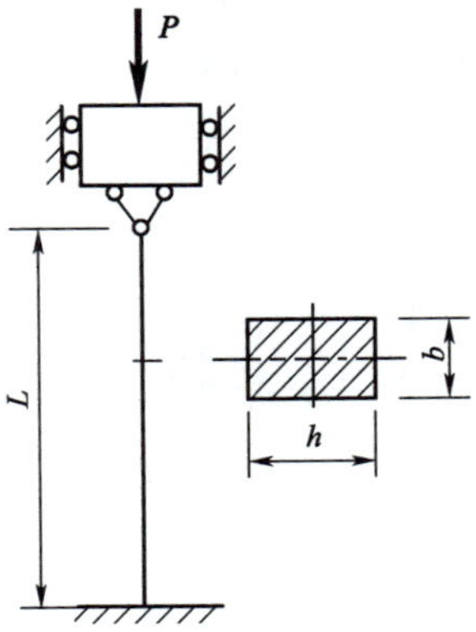

题 5-9-9 图

A. $1.68Ebh^3/L^2$　　B. $3.29Ebh^3/L^2$　　C. $1.68Eb^3h/L^2$　　D. $0.82Eb^3h/L^2$

习题题解及参考答案

第一节

5-1-1 **解：**低碳钢拉伸试验时的应力—应变曲线如图 5-1-3 所示。当材料拉伸到强化阶段（ce段）后，卸除荷载时，应力和应变按直线规律变化，如图 5-1-3 中直线dd'。当再次加载时，沿$d'd$直线上升，材料的比例极限提高到d而塑性减少，此现象称为冷作硬化。

答案：C

第二节

5-2-1 **解：**用直接法求轴力，可得左段轴力为−3kN，而右段轴力为 5kN。

答案：B

5-2-2 **解：**由于A是斜截面m-m的面积，轴向拉力P沿斜截面是均匀分布的，所以$\sigma = P/A$应为斜截面上沿轴线方向的总应力，而不是垂直于斜截面的正应力。

答案：C

5-2-3 **解：**$\Delta l_1 = \frac{F_N l}{EA_1}l$，$\Delta l_2 = \frac{F_N l}{EA_2}$

因为$A_1 > A_2$，所以$\Delta l_1 < \Delta l_2$。又

$$\varepsilon_1 = \frac{\Delta l_1}{l}, \quad \varepsilon_2 = \frac{\Delta l_2}{l}$$

故$\varepsilon_1 < \varepsilon_2$。

答案：C

5-2-4 **解：**用直接法求轴力，可得$N_{AB} = -30\text{kN}$，$N_{BC} = 30\text{kN}$，$N_{CD} = -15\text{kN}$，$N_{DE} = 15\text{kN}$。

答案：C

5-2-5 **解：**$N_1 = N_2 = \frac{P}{2}$，若使刚梁平行下移，则应使两杆位移相同，即$\Delta l_2 = \frac{2}{E}\frac{l_1}{A_1} = \Delta l_2 \frac{\frac{P}{2}l_2}{EA_2}$，则$A_1/A_2 = l_1/l_2 > 1$。

答案：C

5-2-6 **解：**用直接法求轴力，可得$N_{AB} = -6\text{kN}$，$N_{BC} = 4\text{kN}$。

答案：C

5-2-7 **解：**用直接法求内力，可得AB段轴力为F，既有变形，又有位移；BC段没有轴力，所以没有变形，但是由于AB段的位移使BC段有一个向右的位移。

答案：A

5-2-8 **解：**由轴力图（N图）可见，轴力沿轴线是线性渐变的，所以杆上必有沿轴线分布的均布荷载，同时在C截面两侧轴力的突变值是 45kN，故在C截面上一定对应有集中力 45kN。

答案：D

5-2-9 **解：**受轴向拉力作用杆件的内力$F_N = \sum F_x$（截面一侧轴向外力代数和），应力$\sigma = F_N/A$，轴向变形$\Delta l = F_N l/(EA)$，若横截面面积A和其他条件不变，则内力、应力、轴向变形均不变。

答案： C

5-2-10 **解：** 由零杆判别法可知BC杆为零杆，$N_{BC}=0$。但是AC杆受拉伸长后与BC杆仍然相连，由杆的小变形的威利沃特法（williot）可知变形后C点移到C'点，如解图所示。

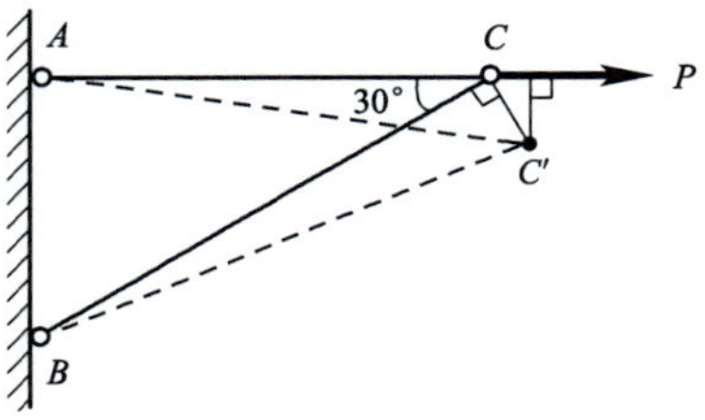

题 5-2-10 解图

答案： B

第三节

5-3-1 **解：** 把F平移到铆钉群中心O点，并加一个附加力偶m，如解图所示。

$\sum M_O=0$，$Q_1\cdot\frac{1}{2}=F\cdot\frac{5}{4}l=m$，$Q_1=\frac{5}{2}F$

$\sum M_y=0$，$Q_2=\frac{F}{2}$

式中，Q_1为力偶m产生的剪力，Q_2为平移后的F力产生的剪力。显然铆钉B比铆钉A受的剪力大，

$F_{\text{smax}}=Q_1+Q_2=3F$

$$\tau_{\max}=\frac{F_{\text{smax}}}{A_s}=\frac{3F}{\frac{\pi}{4}d^2}=\frac{12F}{\pi d^2}$$

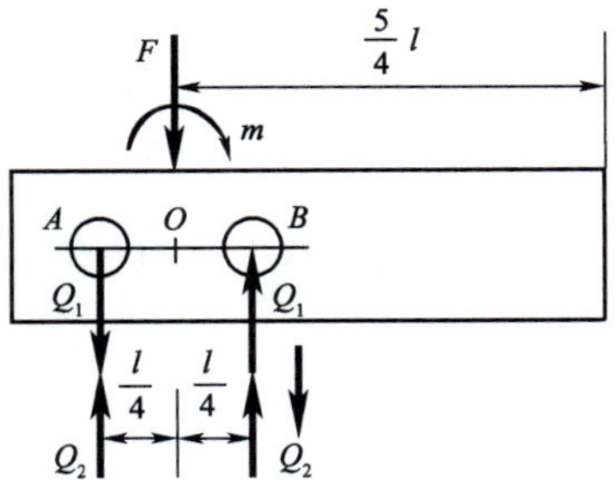

题 5-3-1 解图

答案： C

5-3-2 **解：** 由螺杆的拉伸强度条件，得

$$\sigma=\frac{F_N}{A}=\frac{F}{\frac{\pi}{4}d^2}=\frac{4F}{\pi d^2}=[\sigma]$$

由螺母的剪切强度条件，得

$$\tau=\frac{F_s}{A_s}=\frac{F}{\pi dh}=[\tau]$$

把以上两式代入$[\sigma]=2\tau$，得

$$\frac{4F}{\pi d^2}=2\frac{F}{\pi dh}$$

即$d=2h$

答案： A

5-3-3 **解：** 当挤压的接触面为平面时，接触面面积cb就是挤压面积。

答案： B

5-3-4 **解：** 加垫圈后，螺栓的剪切面、挤压面、拉伸面积都无改变，只有平板的挤压面积增加了，平板的挤压强度提高了。

答案： D

5-3-5 **解：** 挤压应力等于挤压力除以挤压面积。钢板和铝铆钉的挤压力互为作用力和反作用力，大小相等、方向相反；而挤压面积就是相互接触面的正投影面积，也相同。

答案： B

5-3-6 **解：** 插销中心部分有向下的趋势，插销帽周边部分受平板支撑有向上的趋势，故插销的剪切面积是一个圆柱面积πdh，而插销帽与平板的接触面积就是挤压面积，为一个圆环面积$\frac{\pi}{4}(D^2-d^2)$。

答案：B

5-3-7 **解**：在钢板上冲断的圆孔板，如解图所示。设冲力为F，剪力为Q，钢板的剪切强度极限为τ_b，圆孔直径为d。则有$\tau=\frac{Q}{\pi dt}=\tau_b$，故冲力$F=Q=\tau dt\tau_b$。

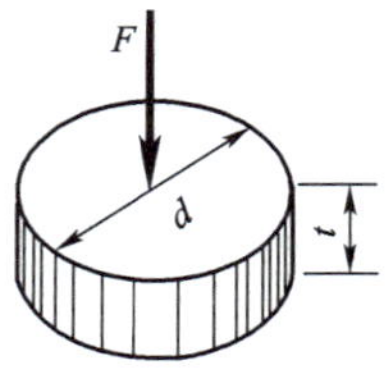

题 5-3-7 解图

答案：C

第四节

5-4-1 **解**：为使$\tau_1=\tau/2$，应使

$$\frac{T}{\frac{\pi}{16}d_1^3}=\frac{1}{2}\frac{T}{\frac{\pi}{16}d^3}$$

即$d_1^3=2d^3$，$d_1=\sqrt[3]{2}d$。

答案：D

5-4-2 **解**：由$\theta=T/(GI_p)$，得$T/I_p=\theta G$，故

$$\tau_{max}=\frac{T}{I_p}\frac{d}{2}=\frac{\theta Gd}{2}$$

答案：D

5-4-3 **解**：根据剪应力计算公式$\tau=T/W_p$，可得$T=\tau W_p$，又由剪切胡克定律$\tau=G\gamma$，有$T=G\gamma W_p$。

答案：A

5-4-4 **解**：设圆轴的直径变为d_1，则有$\phi_1=\phi/2$，即

$$\frac{Tl}{GI_{p1}}=\frac{1}{2}\frac{Tl}{GI_p}$$

所以$I_{p1}=2I_p$，则$\frac{\pi}{64}d_1^4=2\times\frac{\pi}{64}d^4$，得到$d_1=\sqrt[4]{2}d$。

答案：A

5-4-5 **解**：首先考虑整体平衡，设左端反力偶m由外向里转，则有

$$\sum M_x=0，m-1-4.5-2+5=0，m=2.5\text{kN}\cdot\text{m}$$

再由截面法平衡求出：$T_1=m=2.5\text{kN}\cdot\text{m}$，$T_2=2-5=-3\text{kN}\cdot\text{m}$

答案：D

5-4-6 **解**：首先考虑整体平衡，设左端反力偶m在外表面由外向里转，则有

$$\sum M_x=0，m-1-6-2+5=0，m=4\text{kN}\cdot\text{m}$$

再由直接法求出各段扭矩，从左至右各段扭矩分别为$4\text{kN}\cdot\text{m}$、$3\text{kN}\cdot\text{m}$、$-3\text{kN}\cdot\text{m}$、$-5\text{kN}\cdot\text{m}$，在各集中力偶两侧截面上扭矩的变化量就等于集中力偶矩的大小。显然符合这些规律的扭矩图只有 D 图。

答案：D

5-4-7 **解**：设直径为D的实心圆轴最大剪应力

$$\tau=\frac{T}{\frac{\pi}{16}D^3}$$

则直径为$D/2$的实心圆轴最大剪应力

$$\tau_1=\frac{T}{\frac{\pi}{16}\left(\frac{D}{2}\right)^3}=8\frac{T}{\frac{\pi}{16}D^3}=8\tau$$

答案：C

5-4-8 **解**：用截面法（或直接法）可求出截面 1-1 处的扭矩为 25kN·m，截面 2-2 处的扭矩为 −5kN·m。

答案：B

5-4-9 **解**：设实心圆原来横截面面积为$A=\frac{\pi}{4}d^2$，增大后面积$A_1=\frac{\pi}{4}d_1^2$，则有：$A_1=2A$，即$\frac{\pi}{4}d_1^2=2\frac{\pi}{4}d^2$，所以$d_1=\sqrt{2}d$。

原面积不发生屈服时

$$\tau_{\max}=\frac{M_0}{W_{\rm p}}=\frac{M_0}{\frac{\pi}{16}d^3}\leqslant\tau_{\rm s},\quad M_0\leqslant\frac{\pi}{16}d^3\tau_{\rm s}$$

将面积增大后

$$\tau_{\max1}=\frac{M_1}{W_{\rm p1}}=\frac{M_1}{\frac{\pi}{16}d_1^3}\leqslant\tau_{\rm s}$$

最大许可荷载

$$M_1\leqslant\frac{\pi}{16}d_1^3\tau_{\rm s}=2\sqrt{2}\frac{\pi}{16}d^3\tau_{\rm s}=2\sqrt{2}M_0$$

答案：C

5-4-10 **解**：实心圆轴截面的抗扭截面模量$W_{\rm p1}=\frac{\pi}{16}D^3$，空心圆轴截面的抗扭截面模量$W_{\rm p2}=\frac{\pi}{16}D^3\left(1-\frac{d^4}{D^4}\right)$，当外径$D$相同时，显然$W_{\rm p1}>W_{\rm p2}$。

答案：B

5-4-11 **解**：

$$\tau_{2\max}=\frac{T}{\frac{\pi}{16}(2d)^3}=\frac{1}{8}\frac{T}{\frac{\pi}{16}d^3}=\frac{1}{8}\tau_{1\max}$$

$$\phi_2=\frac{Tl}{G\frac{\pi}{32}(2d)^4}=\frac{1}{16}\frac{Tl}{G\frac{\pi}{32}d^4}=\frac{1}{16}\phi_1$$

答案：C

第五节

5-5-1 **解**：图示矩形截面形心轴为z轴，z_1轴到z轴距离是h，由移轴定理可得

$$I_{z1}=I_z+a^2A=\frac{bh^3}{12}+h^2\cdot bh=\frac{13}{12}bh^3$$

答案：D

5-5-2 **解**：正方形的形心轴距z轴是$\frac{a}{2}$，如解图所示。用移轴定理得$I_z^{方}=I_{zc}+\left(\frac{a}{2}\right)^2A=\frac{a^4}{12}+\frac{a^2}{4}\cdot a^2=\frac{a^4}{3}$，整个组合截面的惯性矩为

$$I_z=I_z^{矩}-I_z^{方}=\frac{bh^3}{12}-\frac{a^4}{3}$$

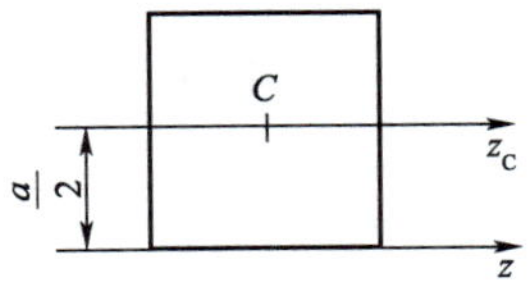

题 5-5-2 解图

答案：C

5-5-3 **解**：由定义$I_z=\int_A y^2{\rm d}A$和$I_y=\int_A z^2{\rm d}A$，可知 a)、b) 两图图形面积相同，但图 a) 中的面积距离z轴较远，因此$I_z^{\rm a}>I_z^{\rm b}$；而两图面积距离y轴远近相同，故$I_y^{\rm a}=I_y^{\rm b}$。

答案： B

5-5-4 **解：** 由定义$I_p = \int_A \rho^2 dA$，$I_z = \int_A y^2 dA$，$I_y = \int_A z^2 dA$，以及勾股定理$\rho^2 = y^2 + z^2$，两边积分就可得$I_p = I_z + I_y$。

答案： B

5-5-5 **解：** 根据静矩定义$S_z = \int_A y dA$，图示矩形截面的静矩等于m-m线以上部分和以下部分静矩之和，即$S_z = S_z^{上} + S_z^{下}$，又由于z轴是形心轴，$S_z = 0$，故$S_z^{上} + S_z^{下} = 0$，$S_z^{上} = -S_z^{下}$。

答案： B

5-5-6 **解：**

$$i = i_y = i_z = \sqrt{\frac{I_z}{A}} = \sqrt{\frac{\frac{\pi}{64}d^4}{\frac{\pi}{4}d^2}} = \frac{d}{4}$$

答案： B

5-5-7 **解：** 根据惯性矩的定义$I_z = \int_A y^2 dA$，$I_y = \int_A z^2 dA$，可知惯性矩的大小与面积到轴的距离有关。面积分布离轴越远，其惯性矩越大；面积分布离轴越近，其惯性矩越小。可见I_y^a最大，I_z^a最小。

答案： C

5-5-8 **解：** 图形对主惯性轴的惯性积为零，对主惯性轴的惯性矩是对通过某点的所有轴的惯性矩中的极值，也就是最大或最小的惯性矩。

答案： C

5-5-9 **解：** 由移轴定理$I_z = I_{zc} + a^2 A$可知，在所有与形心轴平行的轴中，距离形心轴越远，其惯性矩越大。图示截面为一个正方形与一半圆形的组合截面，其形心轴应在正方形形心和半圆形形心之间。所以z_1轴距离截面形心轴较远，其惯性矩较大。

答案： B

第六节

5-6-1 **解：** 对B点取力矩：$\sum M_B = 0$，$F_A = 0$。应用直接法求剪力和弯矩，得$F_{SA} = 0$，$M_C = 0$。

答案： A

5-6-2 **解：** 原来$f = \frac{Ml^2}{2EI}$，梁长减半后

$$f_1 = \frac{M\left(\frac{l}{2}\right)^2}{2EI} = \frac{1}{4}f$$

答案： B

5-6-3 **解：** 开裂前$f = Fl^3/(3EI)$，其中$I = b(2a)^3/12 = 8ba^3/12 = 8I_1$

开裂后

$$f_1 = \frac{\frac{F}{2}l^3}{3EI_1} = \frac{\frac{1}{2}Fl^3}{3E\cdot\frac{I}{8}} = 4\frac{Fl^3}{3EI} = 4f$$

答案： C

5-6-4 **解：** 设F_A向上，取整体平衡：$\sum M_C = 0$，$m - F_A L = 0$，所以$F_A = m/l$。用直接法求A截面

剪力$F_{SA}=F_A=m/l$。

答案： C

5-6-5 **解：** 因为钢和铝的弹性模量不同，而只有挠度涉及弹性模量，所以选挠曲线。

答案： D

5-6-6 **解：** 由挠曲线方程$v=Mx^2/(2EI)$可以得到正确答案。

答案： B

5-6-7 **解：** 由中间铰链C处断开，分别画出AC和BC的受力图（见解图）。

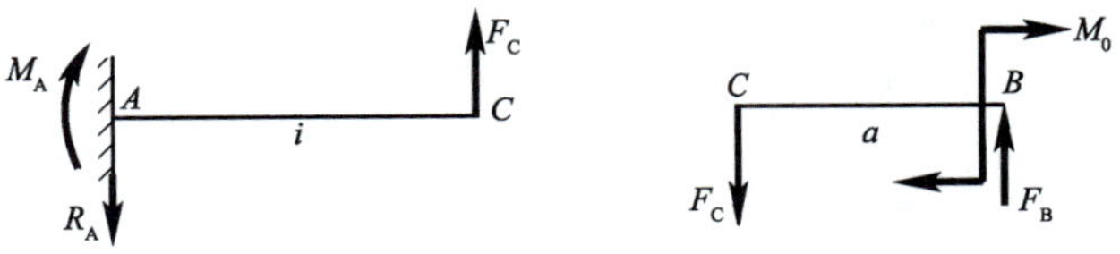

题 5-6-7 解图

先取BC杆，$\sum M_B=0$，$F_C a=M_0$，$F_C=M_0/a$

再取AC杆，$\sum M_y=0$，$R_A=F_C=M_0/a$

$$\sum M_A=0,\ M_A=F_C l=M_0 l/a$$

可见只有选项B是正确的。

答案： B

5-6-8 **解：** 从题图a）可知，$M_{max}=P_1 l/4$

$$\sigma_{max}=\frac{M_{max}}{W_z}=\frac{\frac{P_1 l}{4}}{\frac{\pi}{32}d^3}=\frac{8P_1 l}{\pi d^3}\leqslant[\sigma]$$

所以$P_1\leqslant\pi d^3[\sigma]/(8l)$

从题图b）可知，$M_{max}=P_2 l/4$，同理，$P_2\leqslant\pi(2d)^3[\sigma]/(8l)$

可见$P_2/P_1=(2d)^3/d^3=8$

答案： C

5-6-9 **解：** 用直接法，取截面C右侧计算比较简单：$F_{SC}=qa$，$M_C=qa^2-qa\cdot a=0$。

答案： B

5-6-10 **解：** 设

$$f_1=\frac{P_1\left(\frac{l}{2}\right)^3}{3EI},\ f_2=\frac{P_2 l^3}{3EI}$$

令$f_1=f_2$，则有

$$P_1\left(\frac{l}{2}\right)^3=P_{2l}^3,\ \frac{P_1}{P_2}=8$$

答案： C

5-6-11 **解：** 矩形截面梁横力弯曲时，横截面上的正应力σ沿截面高度线性分布，如解图a）所示，在上下边缘σ最大，在中性轴上正应力为零。横截面上的剪应力τ沿截面高度呈抛物线分布，如解图b）所示，在上下边缘τ为零，在中性轴处剪应力最大。

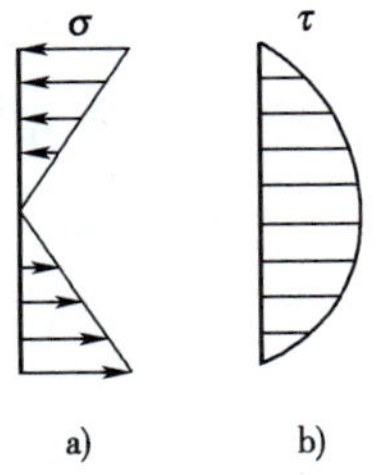

题 5-6-11 解图

答案： B

5-6-12 **解：** 经分析可知，移动荷载作用在跨中$l/2$处时，有最大弯矩$M_{\max} = Pl/4$，支反力和弯矩图如解图 a）所示。当移动荷载作用在支座附近、无限接近支座时，见解图 b）有最大剪力$Q_{\max}$趋近于P值。

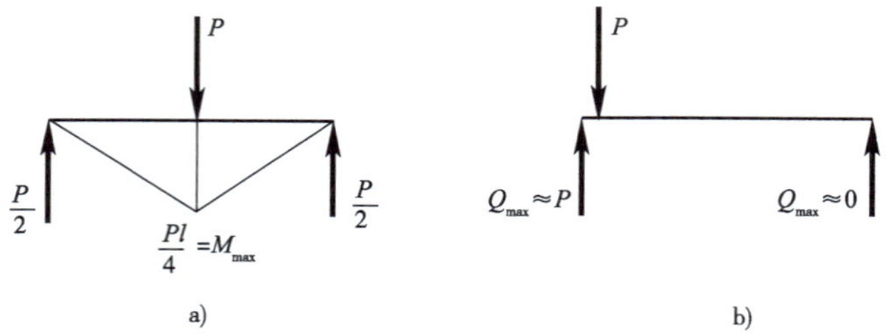

题 5-6-12 解图

答案： A

5-6-13 **解：** 首先求支反力，设F_A向上，取整体平衡：

$\sum M_B = 0$，$F_A \cdot 3a + qa \cdot a = 3qa \cdot \frac{3}{2}a$

所以$F_A = 7qa/6$

由$F_S(x) = F_A = qx = 0$，得$x = \frac{F_A}{q} = \frac{7}{6}a$

答案： D

5-6-14 **解：** 根据定义

$$W_z = \frac{I_z}{y_{\max}} = \frac{\frac{BH^3}{12} - \frac{bh^3}{12}}{\frac{H}{2}} = \frac{BH^3 - bh^3}{6H}$$

答案： C

5-6-15 **解：** 题图所示四个梁，其支反力和弯矩图如解图所示。

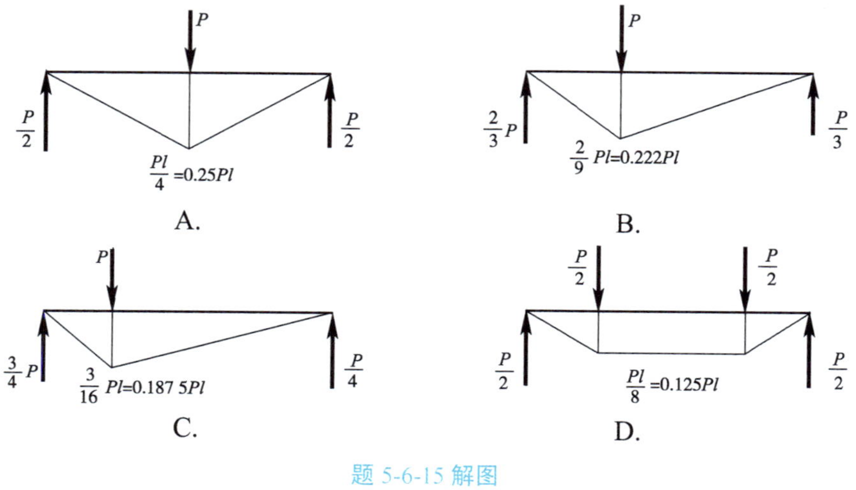

题 5-6-15 解图

就梁的正应力强度条件而言，$\sigma_{\max} = M_{\max}/W_z \leqslant [\sigma]$，$M_{\max}$越小，$\sigma_{\max}$越小，梁就越安全。上述四个弯矩图中显然 D 图的$M_{\max}$最小。

答案： D

5-6-16 **解：** 根据公式梁的弯曲曲率$1/\rho = M/(EI)$与弯矩成正比，故曲率的最大值发生在弯矩最大的截面上。

答案： C

第七节

5-7-1 **解**：选项 A，图中$\sigma_1=\sigma$，$\sigma_2=\sigma$，$\sigma_3=0$；选项 B，图中$\sigma_1=\sigma$，$\sigma_2=0$，$\sigma_3=-\sigma$

选项 C，图中$\sigma_1=2\sigma$，$\sigma_2=0$，$\sigma_3=-2\sigma$；选项 D，图中$\sigma_1=3\sigma$，$\sigma_2=\sigma$，$\sigma_3=0$

根据最大切应力公式$\tau_{max}=(\sigma_1-\sigma_3)/2$，显然 C 图$\tau_{max}=[2\sigma-(-2\sigma)]/2=2\sigma$最大。

答案：C

5-7-2 **解**：图中，$\sigma_x=40\text{MPa}$，$\sigma_y=-40\text{MPa}$，$\tau_x=30\text{MPa}$，由公式

$$\sigma_{max}=\frac{\sigma_x+\sigma_y}{2}+\sqrt{\left(\frac{\sigma_x-\sigma_y}{2}\right)^2+\tau_x^2}=\frac{40+(-40)}{2}+\sqrt{\left[\frac{40-(-40)}{2}\right]^2+30^2}=50\text{MPa}$$

故$\sigma_1=50\text{MPa}$

答案：D

5-7-3 **解**：受扭圆轴最大剪应力τ发生在圆轴表面，是纯剪切应力状态（解图 a），而其主应力$\sigma_1=\tau$出现在 45°斜截面上（解图 b），其值为τ。

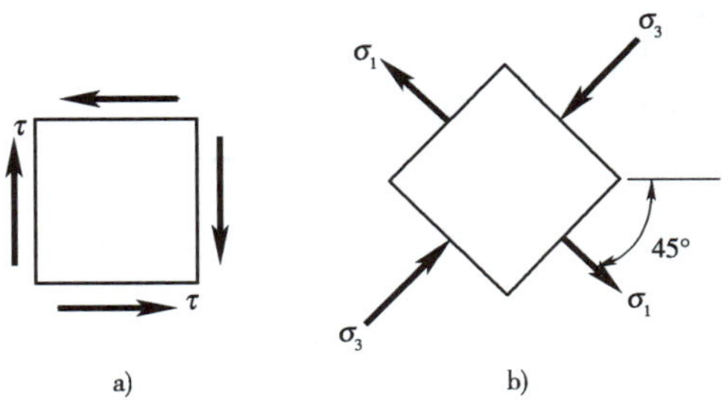

题 5-7-3 解图

答案：D

5-7-4 **解**：设单元体厚度为 1，则ab、bc、ac三个面的面积就等于ab、bc、ac；在单元体图上作辅助线ad，则

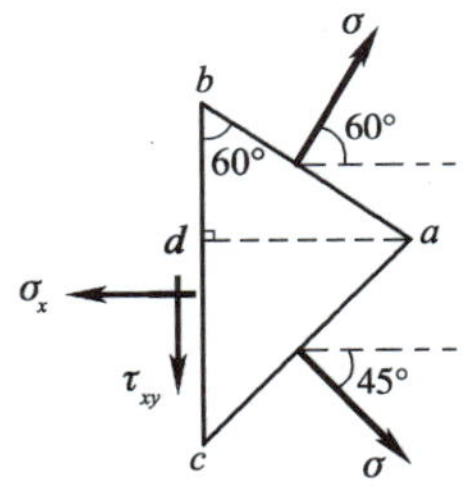

题 5-7-4 解图

从图中可以看出如下几何关系：

$ad=ab\sin 60°=ac\sin 45°$

$bc=bd+dc=ac\cos 60°+ac\cos 45°$

由单元体的整体平衡方程，可得：

$\sum F_x=0$，$\sigma_x\cdot bc=\sigma\cos 60°\cdot ab+\sigma\cos 45°\cdot ac=\sigma(bd+dc)=\sigma\cdot bc$

$\sigma_x=\sigma$

$\sum F_y=0$，$\tau_{xy}\cdot bc=\sigma\sin 60°\cdot ab-\sigma\sin 45°\cdot ac=\sigma(ad-ad)=0$

$\tau_{xy}=0$

答案：A

5-7-5 **解**：

状态 A，$\sigma_{r3}=\sigma_1-\sigma_3=120-(-120)=240$

状态 B，$\sigma_{r3}=\sigma_1-\sigma_3=100-(-100)=200$

状态 C，$\sigma_{r3}=\sigma_1-\sigma_3=150-60=90$

状态 D，$\sigma_{r4}=\sigma_1-\sigma_3=100-0=100$

显然状态 A 相当应力σ_{r3}最大。

答案：A

5-7-6　**解：** 该题有两种解法。

方法 1，对比法

把图示等腰三角形单元体与纯剪切应力状态对比。把两上直角边看作是纯剪切应力状态中单元体的两个边，则σ和τ所在截面就相当于纯剪切单元体的主平面，故$\sigma = \tau_0$，$\tau = 0$。

方法 2，小块平衡法

设两个直角边截面面积为A，则底边截面面积为$\sqrt{2}A$。由平衡方程

$\sum F_y = 0$，$\sigma \cdot \sqrt{2}A = 2\tau_0 A \cdot \sin 45°$，$\sigma = \tau_0$

$\sum F_x = 0$，$\tau \cdot \sqrt{2}A + \tau_0 A\cos 45° = \tau_0 A \cdot \cos 45°$，$\tau = 0$

答案： B

5-7-7　**解：** 图示单元体应力状态类同于梁的应力状态：$\sigma_2 = 0$且$\sigma_x = 0$（或$\sigma_y = 0$），故其主应力的特点与梁相同，即有如下规律

$$\sigma_1 = \frac{\sigma}{2} + \sqrt{\left(\frac{\sigma}{2}\right)^2 + \tau^2} > 0;\ \sigma_3 = \frac{\sigma}{2} - \sqrt{\left(\frac{\sigma}{2}\right)^2 + \tau^2} < 0$$

已知其中一个主应力为$5\text{MPa} > 0$，即

$$\sigma_1 = \frac{-80}{2} + \sqrt{\left(\frac{-80}{2}\right)^2 + \tau^2} = 5\text{MPa}$$

所以

$$\sqrt{\left(\frac{-80}{2}\right)^2 + \tau^2} = 45\text{MPa}$$

则另一个主应力必为

$$\sigma_3 = \frac{-80}{2} - \sqrt{\left(\frac{-80}{2}\right)^2 + \tau^2} = -85\text{MPa}$$

答案： A

5-7-8　**解：** 首先分析各横截面上的内力——剪力Q和弯矩M，如解图 a）所示。再分析各横截面上的正应力σ和剪应力τ沿高度的分布，如解图 b）和图 c）所示。可见 4 点的剪应力方向不对。

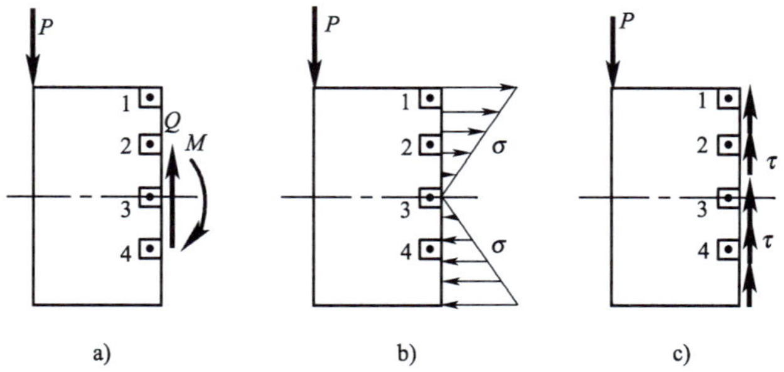

题 5-7-8 解图

答案： D

5-7-9　**解：** 题图单元体的主方向可用叠加法判断。把图中单元体看成是单向压缩和纯剪切两种应力状态的叠加，如解图 a）、b）所示。

其中解图 a）主压应力σ_3'的方向即为σ_y的方向（沿y轴），而解图 b）与解图 c）等价，其主压应力σ_3'的方向沿与y轴成 45°的方向。因此题中单元体主压应力σ_3的方向应为σ_3'和σ_3''的合力方向。根据求合力的平行四边形法则，σ_3与y轴的夹角α必小于 45°，而σ_1与σ_3相互垂直，故σ_1与x轴夹角也是$\alpha < 45°$，如解图 d）所示。

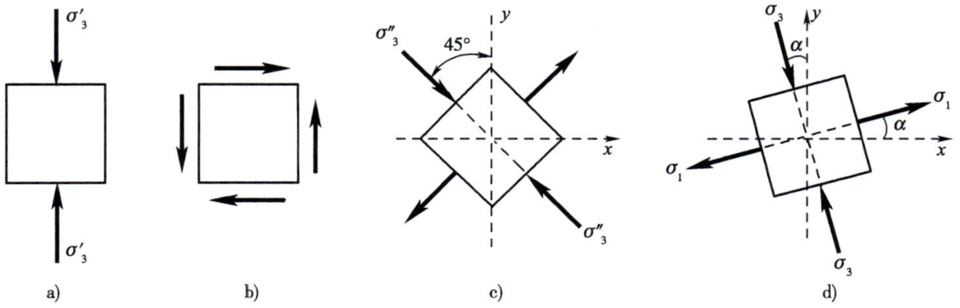

题 5-7-9 解图

答案： A

5-7-10　**解：** 根据定义，剪应力等于零的平面为主平面，主平面上的正应力为主应力。可以证明，主应力为该点各平面中的最大或最小正应力。主应力可以是零。

选项 A 错，因为主应力可能是最大的应力，也可能是最小的应力。

选项 C 错，没有这个规律。

选项 D 也是错的，主应力有可能是零。

答案： B

5-7-11　**解：** 图 a）为纯剪切应力状态，经分析可知其主应力为$\sigma_1 = \tau$，$\sigma_2 = 0$，$\sigma_3 = -\tau$，方向如图 c）所示。

答案： C

第八节

5-8-1　**解：** 把力F平移到截面形心，加两个附加力偶M_y和M_z，AB杆的变形为轴向拉伸和对y、z轴双向弯曲。最大拉应力

$$\sigma_{\max}^{+} = \frac{F_N}{A} + \frac{M_z}{W_z} + \frac{M_y}{W_y} = \frac{F}{bh} + \frac{F\dfrac{h}{2}}{\dfrac{bh^2}{6}} + \frac{F\dfrac{b}{2}}{\dfrac{hb^2}{6}} = 7\frac{F}{bh}$$

答案： C

5-8-2　**解：** 图示圆轴为弯扭组合变形。力F产生的弯矩引起A点的拉应力σ，力偶T产生的扭矩引起A点的切应力τ。

答案： C

5-8-3　**解：** 这显然是偏心拉伸，而且对y、z轴都有偏心。把F力平移到截面形心O点，要加两个附加力偶矩，该杆要发生轴向拉伸和绕y、z轴的双向弯曲。

答案： B

5-8-4　**解：** 把F力向轴线x平移并加一个附加力偶，则使圆轴产生弯曲和扭转组合变形。最大弯矩$M = Fl$，最大扭矩$T = Fd/2$。由公式

$$\sigma_{r3} = \frac{\sqrt{M^2 + T^2}}{W_z} = \frac{\sqrt{(Fl)^2 + \left(\dfrac{Fd}{2}\right)^2}}{\dfrac{\pi}{32}d^3}$$

可知正确答案为D。

答案： D

5-8-5 **解：** 在弯扭组合变形情况下，A点属于复杂应力状态，既有最大正应力，又有最大剪应力τ（见解图）。和梁的应力状态相同：

$$\sigma_y=0,\ \sigma_2=0,\ \sigma_1=\frac{\sigma}{2}+\sqrt{\left(\frac{\sigma}{2}\right)^2+\tau^2},\ \sigma_3=\frac{\sigma}{2}-\sqrt{\left(\frac{\sigma}{2}\right)^2+\tau^2}$$

$$\sigma_{r3}=\sigma_1-\sigma_3=\sqrt{\sigma^2+4\tau^2}$$

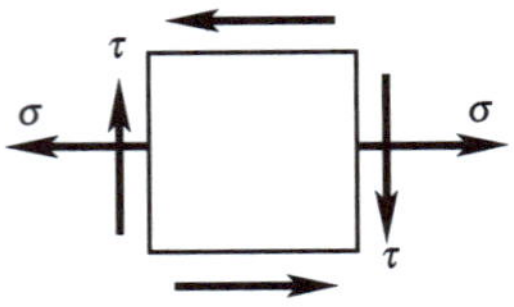

题 5-8-5 解图

选项中A为单向应力状态，B、C只适用于圆截面。

答案： D

5-8-6 **解：** 从截面m-m截开后取右侧部分分析可知，右边只有一个铅垂的反力，只能在m-m截面上产生题图a）所示的弯曲正应力。

答案： A

5-8-7 **解：** 图中三角形分布荷载可简化为一个合力，其作用线距离杆的截面下边缘的距离为$\frac{3a}{3}=a$，所以这个合力对m-m截面是一个偏心拉力，m-m截面要发生拉弯组合变形，而这个合力作用线正好通过n-n截面发生单向拉伸变形。

答案： C

5-8-8 **解：** 题图a）是轴向受压变形，最大压应力$\sigma_{\max}^{a}=-P/a^2$

题图b）底部是偏心受压变形，偏心矩为$a/2$，最大压应力

$$\sigma_{\max}^{b}=\frac{F_N}{A}-\frac{M_z}{W_z}=-\frac{P}{2a^2}-\frac{P\cdot\frac{a}{2}}{\frac{a}{6}(2a)^2}=-\frac{5P}{4a^2}$$

显然题图b）最大压应力大于题图a），该立柱的承载力降低了。

答案： D

5-8-9 **解：** 斜弯曲、偏心拉弯和拉弯组合变形中单元体上只有正应力没有剪应力，只有弯扭组合变形中才既有正应力σ，又有剪应力τ。

答案： D

5-8-10 **解：** 把力P平移到圆轴轴线上，再加一个附加力偶，可见圆轴为弯扭组合变形。其中A点的应力状态如解图a）所示，C点的应力状态如解图b）所示。A、C两点的应力状态与梁中各点相同，而B、D两点位于中性轴上，为纯剪切应力状态。但由于A点的正应力为拉应力，而C点的正应力为压应力，所以最大拉力

$$\sigma_1=\frac{\sigma}{2}+\sqrt{\left(\frac{\sigma}{2}\right)^2+\tau^2}$$

计算中，σ的正负号不同，σ_1的数值也不相同。

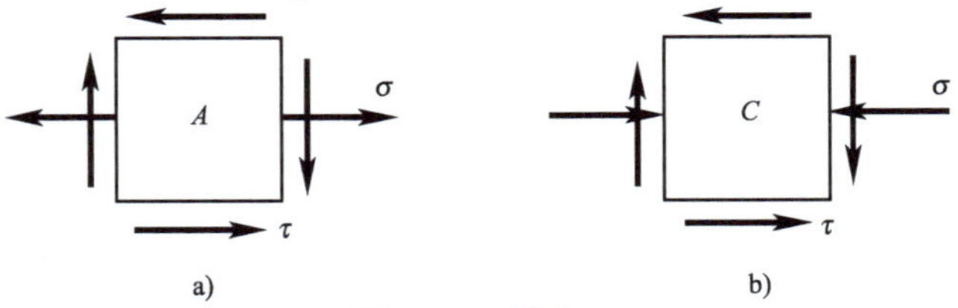

题 5-8-10 解图

答案： D

第九节

5-9-1 **解**：题图 a）：$\mu l = 1 \times 5 = 5\text{m}$

题图 b）：$\mu l = 2 \times 3 = 6\text{m}$

题图 c）：$\mu l = 0.7 \times 6 = 4.2\text{m}$

由公式

$$F_{cr} = \pi^2 EI/(\mu l)^2$$

可知题图 b）中F_{crb}最小，题图 c）中F_{crc}最大。

答案：C

5-9-2 **解**：题图所示结构的临界荷载应该是使压杆AB和CD同时到达临界荷载，也就是压杆AB（或CD）临界荷载的 2 倍，故有

$$F_a = 3F_{cr} = 2 \times \frac{\pi^2 EI}{(0.7l)^2} = 4.08 \times \frac{\pi^2 EI}{l^2}$$

答案：B

5-9-3 **解**：细长压杆临界力

$$P_{cr} = \frac{\pi^2 EI}{(\mu l)^2}$$

对圆截面$I = \pi d^4/64$，当直径d缩小一半，变为$d/2$时，压杆的临界力P_{cr}为压杆的$\left(\frac{1}{2}\right)^4 = \frac{1}{16}$。

答案：D

5-9-4 **解**：从常用的四种杆端约束压杆的长度系数μ的值变化规律中可看出，杆端约束越强，μ值越小（压杆的临界力越大）。图示压杆的杆端约束一端固定、一端弹性支承，比一端固定、一端自由时（$\mu = 2$）强，但又比一端固定、一端铰支时（$\mu = 0.7$）弱，故$0.7 < \mu < 2$，即为选项 C 的范围内。

答案：C

5-9-5 **解**：根据压杆稳定的概念，压杆稳定是指压杆直线平衡的状态在微小外力干扰去除后自我恢复的能力，因此只有选项 D 是正确的。

答案：D

5-9-6 **解**：根据压杆临界压力的公式

$$P_{cr} = \frac{\pi^2 EI}{(\mu l)^2}$$

可知，当EI相同时，杆端约束越强，μ值越小，压杆的临界压力越大。题图 a）中压杆下边杆端约束最弱（刚度为EI），题图 c）中杆端约束最强（刚度为无穷大），故P_{cr}^{a}最小。

答案：A

5-9-7 **解**：临界压力是指压杆由稳定开始转化为不稳定的最小轴向压力。

由公式

$$P_{cr} = \frac{\pi^2 EI}{(\mu l)^2}$$

可知，当压杆截面对某轴惯性矩最小时，则压杆截面绕该轴转动并发生弯曲最省力，即这时的轴向压力最小。显然图示矩形截面中I_y是最小惯性矩，而挠曲线应位于xz面内。

答案：B

5-9-8 **解：** 不同压杆的临界应力总图如解图所示。解图中AB段表示短杆的临界应力，BC段表示中长杆的临界应力，CD段表示细长杆的临界应力。从解图中可以看出，在材料相同的条件下，随着柔度的增大，细长杆和中长杆的临界应力均是减小的。

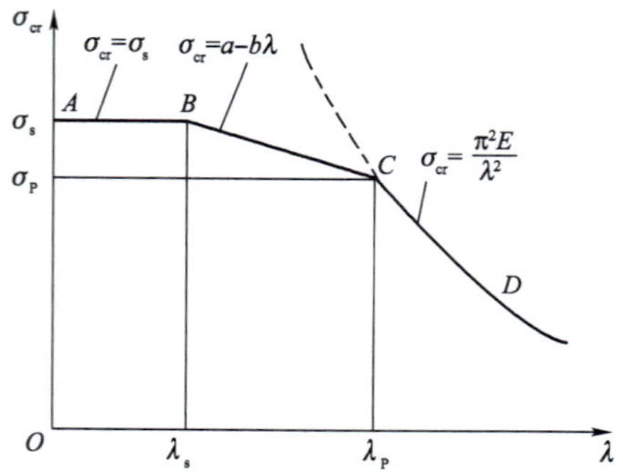

题 5-9-8 解图

答案： C

5-9-9 **解：** 压杆临界力公式中的惯性矩应取压杆横截面上的最小惯性矩I_{max}，故

$$P_{cr}=\frac{\pi^2 EI_{min}}{(\mu l)^2}=\frac{\pi^2 E\frac{1}{12}hb^3}{(0.7L)^2}=1.68\frac{Eb^3h}{L^2}$$

答案： C

第六章 流体力学

复习指导

一、考试大纲

6.1 流体的主要物性与流体静力学

流体的压缩性与膨胀性；流体的黏性与牛顿内摩擦定律；流体静压强及其特性；重力作用下静水压强的分布规律；作用于平面的液体总压力的计算。

6.2 流体动力学基础

以流场为对象描述流动的概念；流体运动的总流分析；恒定总流连续性方程、能量方程和动量方程的运用。

6.3 流动阻力和能量损失

沿程阻力损失和局部阻力损失；实际流体的两种流态——层流和紊流；圆管中层流运动；紊流运动的特征；减小阻力的措施。

6.4 孔口、管嘴管道流动

孔口自由出流、孔口淹没出流；管嘴出流；有压管道恒定流；管道的串联和并联。

6.5 明渠恒定流

明渠均匀水流特性；产生均匀流的条件；明渠恒定非均匀流的流动状态；明渠恒定均匀流的水力计算。

6.6 渗流、井和集水廊道

土壤的渗流特性；达西定律；井和集水廊道。

6.7 相似原理和量纲分析

力学相似原理；相似准数；量纲分析法。

二、复习指导

注册工程师基础课程考试的特点是题型固定（均为单项选择题），每题做题时间短（平均每 2 分钟应做完一道题），知识覆盖面宽且侧重于基本概念、基本理论、基本公式的应用，较少涉及艰深复杂的理论和数量大的计算。根据以上特点，在复习时应注意对基本概念的准确理解，以提高分析判断能力。例如，下面节后习题 6-2-1，其中的 B 项中有“剪切变形”，而 D 项中有“剪切变形速度”，两者只差“速度”两字，如果对牛顿内摩擦定律有准确的理解，可立刻判断出 D 项为正确答案。在单选题中有一部分是数字答案供选择，这部分题是需要经过计算后确定的，所以在复习时应记住重要的基本公式，并掌握其运用方法，结合第四节提供的复习题灵活运用，勤加练习，例如习题 6-3-2，就是应用静水压强基本方程和压强的三种表示方法解答的。在单选题中有一部分题是要靠记住一些基本结论去回答的，例如习题 6-5-2、习题 6-5-4，是要记住层流与紊流核心区的流速分布图才能正确选择。所以复习时对一些重要结论应该加强记忆。在单选题中，还有一部分题是要用基本原理或基本方程去分析的题，例如圆柱形外管嘴流量增加的原因，就是要用能量方程去分析，证明管内收缩断面处存在真空值，产生吸力，增加了作用水头，从而使流量增加。如果理解了能量方程的物理意义，就能解释在位能不变的条件下，流速增加的地方，压强将减小。所以在复习基本方程时，不仅要记住其表达式，更重要的是应理解其物理意义，并学会应用这些方程分析问题。

下面按考试大纲的顺序列出一部分需要准确理解、熟练掌握、灵活运用的基本概念、基本理论和基本方程，供复习时参考。

连续介质，流体的黏性及牛顿内摩擦定律，$\tau=\mu\frac{\mathrm{d}u}{\mathrm{d}y}$。

静水压强及其特性；静水压强的基本方程：$p=p_0+\rho gh$；压强分布图；测管水头$z+\frac{p}{\rho g}$的物理意义；等压面的性质和画法以及运用等压面求解压力计算题的方法；平面总压力的大小、方向和作用点（公式$P=\gamma h_{\mathrm{c}}A$，$y_{\mathrm{D}}=y_{\mathrm{c}}+\frac{J_{\mathrm{c}}}{y_{\mathrm{c}}A}$，或图解法公式$P=\Omega b$）；曲面总压力水平分力和垂直分力的计算公式$P_x=\gamma h_{\mathrm{c}}A_z$，$P_z=\gamma V$，$\theta=\arctan\frac{P_z}{P_x}$。

流线、元流、总流的性质，过流断面及水力要素；流量、平均流速关系式：$Q=VA$；连续性方程：$v_1A_1=v_2A_2$；能量方程：$z_1+\frac{p_1}{\gamma}+\frac{\alpha_1v_1^2}{2g}=z_2+\frac{p_2}{\gamma}+\frac{\alpha_2v_2^2}{2g}+h_{\mathrm{w}}$的物理意义，应用范围，应用方法（选断面、基准面、选点）；动量方程$\sum F=\rho Q(\alpha_{02}v_2-\alpha_{01}v_1)$的物理意义，应用范围和应用方法（选控制体、选坐标），总水头线、测压管水头线的画法和变化规律。

层流与紊流的判别标准，沿程损失的基本公式（$h_{\mathrm{f}}=\lambda\frac{L}{d}\frac{v^2}{2g}$）和圆管层流的流速分布；紊流的流速分布和紊流沿程阻力系数的变化规律（尼古拉兹图）；局部水头损失产生的原因及计算公式（$h_{\mathrm{m}}=\zeta\frac{v^2}{2g}$），突扩及突缩局部阻力系数公式；边界层及边界层的分离现象，绕流阻力。

孔口及管嘴出流的流速、流量公式（$v=\phi\sqrt{2gH_0}$，$Q=\mu A\sqrt{2gH_0}$）；流速系数、收缩系数、流量系数之间的相互关系；圆柱形外管嘴流量增加的原因；串联管路总水头；并联管路水头损失相等、流量与阻抗平方根成反比等概念。

明渠均匀流水力坡度、水面坡度、渠底坡度相等的概念，发生明渠均匀流的条件；谢才公式$v=C\sqrt{Ri}$与曼宁公式$C=\frac{1}{n}R^{\frac{1}{6}}$公式的联合运用；梯形断面水力要素的计算，水力最佳断面概念。

渗流模型必须遵循的条件；达西定律（$v=KJ$，$Q=KAJ$）的物理意义，应用范围；潜水井、承压井、廊道的流量计算。

基本量纲与导出量纲，量纲和谐原理的应用，无量纲量的组合方法，π 定理；两个流动力学相似的条件；重力、黏性力、压力相似准则的物理意义；在何种情况下选用何种相似准则。

流速、压强、流量的量测仪器和量测方法。

第一节 流体力学定义及连续介质假设

流体力学是研究流体宏观机械运动规律及其在工程上应用方法的科学。本章所研究的流体仅限于不可压缩流体，即以水为代表的液体和密度变化较小的低流速气体。

流体力学原理在水利、土木、环保、航天、化工、机械等工程上均有广泛的应用，是土木工程师、结构工程师所应具有的基础理论知识。

流体是由大量的分子所组成，分子间具有一定的空隙，每个分子都在不断地作不规则运动，因此流体的微观结构和运动，在空间和时间上都是不连续的。由于流体力学是研究流体的宏观运动，没有必要对流体进行以分子为单元的微观研究，因而假设流体为连续介质，即认为流体是由微观上充分大而宏观上充分小的质点所组成，质点之间没有空隙，连续地充满流体所占有的空间。将流体运动作为由无数个流体质点所组成的连续介质的运动，它们的物理量在空间和时间上都是连续的。这样就可以摆脱研究分子运动的复杂性，运用数学分析中的连续函数这一有力工具。根据连续介质假设所得的理论结果，在很多情况下与相应的实验结果很符合，因此这一假设已普遍地被采用，只是在某些特殊情况，例如高空的稀薄气体不能作为连续介质来处理。此外，在深入探讨流体黏滞性产生机理时，仍不能不考虑到流体实际存在着分子运动。

【例 6-1-1】 连续介质假设意味着是：

A. 流体分子相互紧连　　　　B. 流体的物理量是连续函数

C. 流体分子间有间隙　　　　D. 流体不可压缩

解　根据连续介质假设可知，流体的物理量是连续函数。

答案： B

习　题

6-1-1　连续介质假设既可摆脱研究流体分子运动的复杂性，又可（　　）。

A. 不考虑流体的压缩性

B. 不考虑流体的黏性

C. 运用数学分析中的连续函数理论分析流体运动

D. 不计及流体的内摩擦力

第二节　流体的主要物理性质

流体运动的外因是流体所受到的外力和外部边界的作用，流体运动的内因则是流体自身的物理性质。为了研究流体的运动规律，必须对两方面有所探讨，本节首先介绍流体所具有的主要的物理性质。

一、易流动性

固体在静止时，可以承受切应力，流体在静止时不能承受切应力，只要在微小切应力作用下，就发生流动而变形。流体在静止时不能承受切应力、抵抗剪切变形的性质称为易流动性。这是因为流体分子之间距离远大于固体，流体也被认为不能承受拉力，而只能承受压力。

二、质量、密度

物体中所含物质数量，称为质量，单位体积流体中所含流体的质量称为密度，以ρ表示。对于均质

流体，设体积为V的流体具有的质量为m，则其密度为

$$\rho=\frac{m}{V} \tag{6-2-1}$$

对于非均质流体，由连续介质假设可得

$$\rho=\lim_{\Delta V\to 0}\frac{\Delta m}{\Delta V} \tag{6-2-2}$$

密度的国际单位为 kg/m^3。

流体密度随温度与压强而变，对于液体和低流速气体，可认为密度是一个常数。在一个标准大气压下，不同温度的水和空气的物理性质分别见表 6-2-1 及表 6-2-2。4℃左右水的密度ρ =1 000kg/m³，可以作为标准状态下水的密度，一般的冷水也可采用此值，温度较高的热水要考虑密度的变化。

水的物理特性（在一个标准大气压下） 表 6-2-1

温度（℃）	重度 γ（kN/m^3）	密度 ρ（kg/m^3）	黏度 $\mu\times10^3$（$N\cdot s/m^2$）	运动黏度 $\nu\times10^6$（m^2/s）	表面张力 σ（N/m）	汽化压强 p_v（kN/m^2）绝对	体积模量 $K\times10^{-6}$（kN/m^2）
0	9.805	999.8	1.781	1.785	0.075 6	0.61	2.02
5	9.807	1000.0	1.518	1.519	0.074 9	0.87	2.06
10	9.804	999.7	1.307	1.396	0.074 2	1.23	2.10
15	9.798	999.1	1.139	1.139	0.073 5	1.70	2.15
20	9.789	998.2	1.002	1.003	0.072 8	2.34	2.18
25	9.777	997.0	0.890	0.893	0.072 0	3.17	2.22
30	9.764	995.7	0.798	0.800	0.071 2	4.24	2.25
40	9.730	992.2	0.653	0.658	0.069 6	7.38	2.28
50	9.689	988.0	0.547	0.553	0.067 9	12.33	2.29
60	9.642	983.2	0.466	0.474	0.066 2	19.92	2.28
70	9.589	977.8	0.404	0.413	0.064 4	31.16	2.25
80	9.530	971.8	0.354	0.364	0.062 6	46.34	2.20
90	9.466	965.3	0.315	0.326	0.060 8	70.10	2.14
100	9.399	958.4	0.282	0.294	0.058 9	101.33	2.07

空气的物理特性（在一个标准大气压下） 表 6-2-2

温度（℃）	密度ρ（kg/m^3）	重度γ（N/m^3）	黏度$\mu\times10^5$（$N\cdot s/m^2$）	运动黏度$\nu\times10^5$（m^2/s）
−40	1.515	14.86	1.49	0.98
−20	1.395	13.68	1.61	1.15
0	1.293	12.68	1.71	1.32
10	1.248	12.24	1.76	1.41
20	1.205	11.82	1.81	1.50
30	1.165	11.43	1.86	1.60

续上表

温度（℃）	密度ρ（kg/m^3）	重度γ（N/m^3）	黏度$\mu\times10^5$（$N\cdot s/m^2$）	运动黏度$\nu\times10^5$（m^2/s）
40	1.128	11.06	1.90	1.68
60	1.060	10.40	2.00	1.87
80	1.000	9.81	2.09	2.09
100	0.946	9.28	2.18	2.31
200	0.747	7.33	2.58	3.45

三、重力、重度

地球对流体的引力，即为重力，单位体积流体内所具有的重力称为容重或重度，以γ表示。对于均质流体，设体积为V的流体具有的重力为G，则重度

$$\gamma = \frac{G}{V} \tag{6-2-3}$$

对于非均质流体，由连续介质假设可得

$$\gamma = \lim_{\Delta V\to 0}\frac{\Delta G}{\Delta V} \tag{6-2-4}$$

由牛顿运动定律知：$G=mg$，g为重力加速度，一般采用$g=9.8m/s^2$，由式（6-2-3）可得

$$\gamma = \rho g \tag{6-2-5}$$

重度γ的单位为 N/m^3，亦随压力和温度而变，在一个标准大气压下水的重度随温度而变化的值见表 6-2-1。一般冷水的重度可视为常数，可用γ =9 800N/m^3（重度γ均可用ρg代替）。

四、黏性

流体在运动时，具有抵抗剪切变形速度的性质，称为黏性，它是由于流体内部分子的黏聚力及分子运动的动量输运所引起。当某流层对其邻流层发生相对位移而引起剪切变形时，在流层间产生的切力（即流层间内摩擦力）就是黏性的表现。由实验知，在二维平行直线流动中，流层间切力（即内摩擦力）T的大小与流体的黏性有关，并与速度梯度$\frac{du}{dy}$（即剪切变形速度）和接触面积A成正比，而与接触面上压力无关，即

$$T = \mu A\frac{du}{dy} \tag{6-2-6}$$

单位面积上的切力称为切应力，以τ表示，有

$$\tau = \mu\frac{du}{dy} \tag{6-2-7}$$

上式为牛顿内摩擦定律的表达式，式中μ称为动力黏度（或动力黏性系数），单位为 Pa·s（帕·秒）或$N\cdot s/m^2$，动力黏度与密度的比值称为运动黏度（或运动黏性系数），以ν表示，即

$$\nu = \frac{\mu}{\rho} \tag{6-2-8}$$

ν的单位为 m^2/s，或 cm^2/s，动力黏度μ与运动黏度ν的值均随温度t和流体种类而变，水、空气的μ及ν值随温度t的变化可查表 6-2-1 和表 6-2-2。水的运动黏度ν可用下列经验公式求得

$$\nu = \frac{0.017\,75}{1 + 0.033\,7t + 0.000\,221t^2} \tag{6-2-9}$$

式中：ν ——运动黏度（cm^2/s），在后面的计算中，采用单位 m^2/s；

t ——水温（℃）。

由上式可知水的运动黏度随温度升高而减少，而空气的运动黏度随温度升高而增加。

【例 6-2-1】 水的运动黏性系数随温度的升高而：

A. 增大　　B. 减小　　C. 不变　　D. 先减小然后增大

解 水的运动黏性系数随温度的升高而减小。

答案： B

式（6-2-6）中的速度梯度$\frac{du}{dy}$也就是剪切变形速度$\frac{d\alpha}{dt}$，可证明如下：

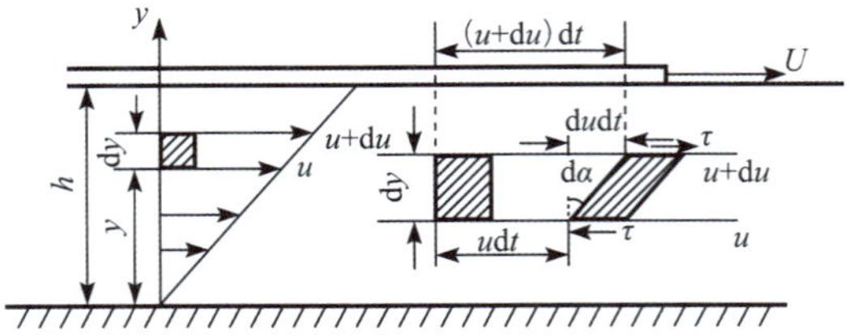

图 6-2-1

从图 6-2-1 可看出，原为正方形的微元体，由于速度梯度的存在，上边运动快于下边，经时间dt后，正方形变为平行四边形，直角变形为锐角，产生一剪切变形角$d\alpha$，当$d\alpha$角度很小时，$d\alpha \approx \tan d\alpha = \frac{dudt}{dy}$。

即

$$\frac{du}{dy} = \frac{d\alpha}{dt}$$

$\frac{d\alpha}{dt}$为单位时间内的剪切变形角度，故称为剪切变形速度，或剪切变形率。

凡是符合牛顿内摩擦定律的流体称为牛顿流体，例如水、酒精和一般气体。凡τ与$\frac{du}{dy}$不成线性关系的流体称为非牛顿流体，例如泥浆、血液、胶溶液、聚合物液体等。本章主要讨论牛顿流体。

【例 6-2-2】 某固定不动平板水平放置，其上有一层厚度为 10mm 的油层，油的黏度$\mu = 9.81 \times 10^{-2}Pa \cdot s$，油层液面上漂浮一水平滑移平板，已知其水平移动速度u =1m/s，试求作用在移动平板上单位面积的切应力τ；又若油层厚度增加至 80mm，且沿铅直方向油层断面上的流速分布式为：$u = 4y - y^2$，式中y为从固定平板起算的铅直坐标，此时平板移动速度改变，再求移动平板单位面积切应力τ（参见图 6-2-1）。

解 （1）当油层厚度为 10mm 时，由于厚度小流速分布可近似为直线分布，此时沿铅直方向的流速梯度

$$\frac{du}{dy} \approx \frac{u}{y} = \frac{1m/s}{0.01m} = 100s^{-1}$$

切应力

$$\tau = \mu\frac{du}{dy} = 9.81 \times 10^{-2} \times 100 = 9.81Pa$$

（2）当厚度增至 80mm，流速分布为$u = 4y - y^2$，则有

$$\tau = \mu\frac{du}{dy} = \mu(4 - 2y) = 9.81 \times 10^{-2} \times (4 - 2 \times 0.08) = 0.376\,7Pa$$

五、压缩性与热胀性

当作用在流体上的压力增大时，流体的体积减小；压力减小时，体积增大的性质称为流体的压缩性或流体的弹性。液体的压缩性一般以体积压缩系数β或弹性系数K来量度，设液体体积为V，压强增加dp后，体积减小dV，则压缩系数

$$\beta = -\frac{\frac{dV}{V}}{dp} \tag{6-2-10}$$

式中，负号表示压强增大，体积减小；β的单位为 m^2/N。

压缩系数的倒数称为体积弹性模量K，即

$$K = \frac{1}{\beta} = -V\frac{dp}{dV} \tag{6-2-11}$$

体积弹性模量的单位为 N/m^2 或 Pa。β及K均为正值，不同的液体有不同的β及K值，水的体积弹性模量K可近似地取为 2×10^9Pa。若压强增量dp为一个大气压，则体积的相对变化$\Delta V/V$约为 1/20 000，因此在dp不大时，水的体积压缩性可忽略不计，此种液体称为不可压缩流体。

气体的压缩性较大，对于理想气体体积与压强、温度的关系，一般遵循理想气体的状态方程式

$$\frac{p}{\rho} = RT \tag{6-2-12}$$

式中：p ——压强(Pa)；

ρ ——密度(kg/m^3)；

T ——流体温度(K)；

R ——气体常数[m · N/(kg · K)]，与气体的分子量有关，对空气R =287m · N/(kg · K)。

当气体的流速小于 50m/s 时，密度变化为 1%，可作为未压缩气体来处理。

流体温度升高体积膨胀的性质称为热胀性，可用热胀系数α来量度，$\alpha = \frac{dV}{VdT}$或$\alpha = -\frac{d\rho}{\rho dT}$。

六、表面张力特性

在流体自由液面的分子作用半径范围内，由于分子的引力大于斥力，在表层沿表面产生极其微小的拉力，称为表面张力。其大小可用表面张力系数σ来量度，σ是自由液面单位长度上所受到的张力，单位为 N/m。

由于表面张力的作用，如果把细管竖立在液体中，液体就会在细管中上升（如水）或下降（如水银），这种现象称为毛细管现象。毛细管内外液面高差h与液体的种类及毛细管直径d有关。对于水，由于黏聚力小于水与管壁的附着力，因此毛细管内液面上升，实验得知

$$h = \frac{29.8}{d} \tag{6-2-13}$$

对于水银，黏聚力大于附着力，管中水面下降，其液面差

$$h = \frac{10.5}{d} \tag{6-2-14}$$

式中，h和d均以 mm 计。

后文将要介绍的玻璃测压管，为了避免表面张力毛细现象的影响，其管径d应大于 10mm。

七、汽化压强与空蚀现象

液体分子逸出液面，向空间扩散的过程称汽化，液体汽化为蒸气；汽化的逆过程为凝结，蒸气凝结为液体。在液体中，汽化与凝结同时存在，当这两个过程达到平衡时，宏观的汽化现象停止，此时液面压强称为饱和蒸气压强或汽化压强，水的汽化压强列于表 6-2-3。当液体某处的压强低于汽化压时，该

处即产生汽化。液体汽化处，将发生空泡，当空泡流入高压区时，会突然破裂溃灭，周围水则以极高速度充填其间并产生很高的冲击压力。如空泡在固壁处溃灭，则使壁面承受很高的冲压，使壁面受到破坏，同时汽化时逸出的活泼气体，也有化学腐蚀的作用，因此液体在汽化时易引起固壁的所谓空蚀现象。水泵或建筑物中发生空蚀时，往往伴有振动、噪声、断流等现象，应尽量避免。

水的汽化压强　　表 6-2-3

水温（℃）	0	5	10	15	20	25	30
汽化压强（kN/m²）	0.61	0.87	1.23	1.70	2.34	3.17	4.21
水温（℃）	40	50	60	70	80	90	100
汽化压强（kN/m²）	7.38	12.33	19.92	31.16	47.34	70.10	101.33

【例 6-2-3】 半径为R的圆管中，横截面上流速分布为$u = 2(1 - r^2/R^2)$，其中r表示到圆管轴线的距离，则在$r_1 = 0.2R$处的黏性切应力与$r_2 = R$处的黏性切应力大小之比为：

A. 5　　B. 25　　C. 1/5　　D. 1/25

解　切应力$\tau = \mu \frac{\mathrm{d}u}{\mathrm{d}y}$，而$y = R - r$，$\mathrm{d}y = -\mathrm{d}r$，故$\frac{\mathrm{d}u}{\mathrm{d}y} = -\frac{\mathrm{d}u}{\mathrm{d}r}$

题设流速$u = 2\left(1 - \frac{r^2}{R^2}\right)$，故$\frac{\mathrm{d}u}{\mathrm{d}y} = -\frac{\mathrm{d}u}{\mathrm{d}r} = \frac{2\times 2r}{R^2} = \frac{4r}{R^2}$

题设$r_1 = 0.2R$，故切应力$\tau_1 = \mu\left(\frac{4\times 0.2R}{R^2}\right) = \mu\left(\frac{0.8}{R}\right)$

题设$r_2 = R$，则切应力$\tau_2 = \mu\left(\frac{4R}{R^2}\right) = \mu\left(\frac{4}{R}\right)$

切应力大小之比$\frac{\tau_1}{\tau_2} = \frac{\mu\left(\frac{0.8}{R}\right)}{\mu\left(\frac{4}{R}\right)} = \frac{0.8}{4} = \frac{1}{5}$

答案：C

习　题

6-2-1　与牛顿内摩擦定律直接有关的因素是（　　）。

A. 压强、速度和黏度　　B. 压强、黏度、剪切变形

C. 切应力、温度和速度　　D. 黏度、切应力与剪切变形速度

6-2-2　水的动力黏度随温度的升高而（　　）。

A. 增大　　B. 减小　　C. 不变　　D. 不定

第三节　流体静力学

一、作用在流体上的力

作用在流体上的力可分为两大类。

（一）质量力

作用于每一个流体质点上与流体质量成正比的力，称质量力；在均质流体中它与体积成正比，又称为体积力。常见的质量力有重力和惯性力，重力等于质量m与重力加速度g的乘积，惯性力则等于质量

与加速度的乘积，方向与加速度方向相反。在分析流体运动时，常引用单位质量流体所受质量力，称为单位质量力，以$\boldsymbol{F}/m$表示，具有加速度$\boldsymbol{a}$的量纲。设单位质量在直角坐标系三个轴上的分量，以X、Y、Z表示，则单位质量力的表达式为$\vec{f}=X\vec{i}+Y\vec{j}+Z\vec{k}$。$X=F_x/m$，$Y=F_y/m$，$Z=F_z/m$。对于仅受重力作用的流体，其单位质量力在三个轴上的分量分别为

$$X=0,\ Y=0,\ Z=-g$$

（二）表面力

作用于流体的表面，与作用的面积成比例的力称表面力。表面力又可以分为垂直于作用面的压力和沿作用面切线方向的切力；表面力既可以是作用于流体边界面上的压力、切力，例如大气压力、活塞压力，也可以是一部分流体质点作用于另一部分流体质点上的压力和切力；表面力的单位为N。

作用在单位面积上的表面力称为表面应力，例如压应力和切应力，在连续介质中可用下式表示

$$p=\lim_{\Delta A\to 0}\frac{\Delta p}{\Delta A} \tag{6-3-1}$$

$$\tau=\lim_{\Delta A\to 0}\frac{\Delta T}{\Delta A} \tag{6-3-2}$$

式中：p ——压应力或压强（Pa）；

τ ——切应力（Pa）。

在静止流体中，没有切应力，只有压强。静水压强有两个特性：垂直于作用面，且同一点上的静水压强在各个方向上相等，与作用面的方位无关。

二、欧拉平衡微分方程

1755年，欧拉（Euler）以平衡流体中取出的正六面体作为隔离体，经过微元分析，在外力平衡条件下得出了欧拉平衡微分方程

$$\begin{cases} X-\dfrac{1}{\rho}\dfrac{\partial p}{\partial x}=0 \\ Y-\dfrac{1}{\rho}\dfrac{\partial p}{\partial y}=0 \\ Z-\dfrac{1}{\rho}\dfrac{\partial p}{\partial z}=0 \end{cases} \tag{6-3-3}$$

式中：X、Y、Z ——分别代表x、y、z方向上流体所受的单位质量力；

ρ ——流体密度；

$\frac{1}{\rho}\frac{\partial p}{\partial x}$、$\frac{1}{\rho}\frac{\partial p}{\partial y}$、$\frac{1}{\rho}\frac{\partial p}{\partial z}$ ——分别为x、y、z三个方向上的单位质量表面力，$\frac{\partial p}{\partial x}$、$\frac{\partial p}{\partial y}$、$\frac{\partial p}{\partial z}$分别为三个轴向的压强变化率。

改写欧拉平衡微分方程，可得

$$\begin{cases} X=\dfrac{1}{\rho}\dfrac{\partial p}{\partial x} \\ Y=\dfrac{1}{\rho}\dfrac{\partial p}{\partial y} \\ Z=\dfrac{1}{\rho}\dfrac{\partial p}{\partial z} \end{cases}$$

对于不可压缩流体，其密度ρ为常数，上式表明质量力与压强变化率同号，即质量力作用的方向即为压强增加的方向。仅受重力作用的静水中，压强沿地心引力的方向增加，所以静水中越往下，水深越

大压强也越大。上式还表明，如果任两个轴向的单位质量力为零，则此两轴构成的面为等压面；等压面上压强不变。例如仅受重力作用的静水，$X=0$、$Y=0$，则X，Y轴构成的面为等压面，即仅受重力作用的静水中，等压面是与重力垂直的面，在小范围内是水平面。将欧拉平衡方程（6-3-3）各式分别乘以$\mathrm{d}x$、$\mathrm{d}y$、$\mathrm{d}z$相加后可得

$$\mathrm{d}p=\rho(X\mathrm{d}x+Y\mathrm{d}y+Z\mathrm{d}z) \tag{6-3-4}$$

式中：$\mathrm{d}p$ ——压强的全微分；

其余符号意义同前。

上式是欧拉平衡微分方程的又一形式。

三、仅受重力作用时静水压强基本方程

将欧拉平衡微分方程（6-3-4）对仅受重力作用的静水积分即可得静水压强基本方程。

以$X=Y=0$，$Z=-g$代入上式得

$$\mathrm{d}p=-\rho g\mathrm{d}z=-\gamma\mathrm{d}z$$

两边作不定积分得

$$p=-\gamma z+C$$

或

$$z+\frac{p}{\gamma}=C \tag{6-3-5}$$

式中：C ——积分常数，可根据边界条件定出。

以如图 6-3-1 所示静水容器中表面压强为p_0，自液面向下计算的水深为$h=z_0-z$，则由式（6-3-5）

$$z+\frac{p}{\gamma}=z_0+\frac{p_0}{\gamma}$$

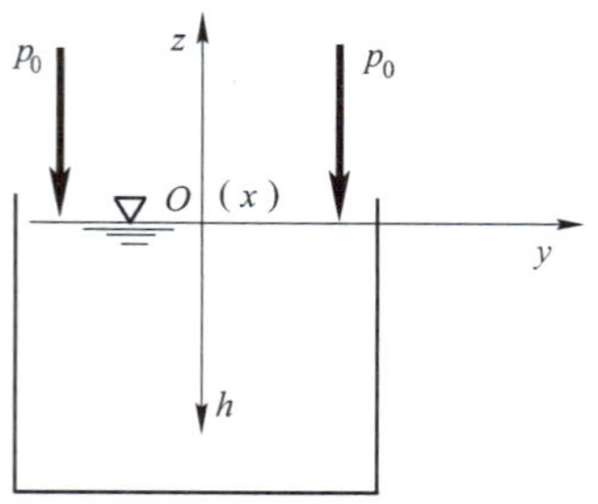

图 6-3-1

则有

$$p=p_0+\gamma(z_0-z)$$

或

$$p=p_0+\gamma h=p_0+\rho gh \tag{6-3-6}$$

式（6-3-6）称为静水压强基本方程，可用来计算液面下某一水深处的流体静压强p。

式中表面压强p_0在敞口容器中为大气压强p_a，大气压强p_a的值与海拔标高有关，通常海拔高度不大处，一般采用p_a=98kPa，即为一个工程大气压（用 at 表示），1at=98kPa。这不同于海平面处的标准大气压，一个标准大气压为 101.325kPa（以 atm 表示）。

式（6-3-6）表明水下任一点静压强由表面压强p_0与水柱重力所构成的压强γh两部分组成，且水面压强p_0均匀传播到水中所有各点，与水深无关，这正是读者熟知的帕斯卡原理。

四、压强的两种基准和三种表示方法

（一）两种基准

压强的基准是指压强的起算点，如以绝对真空为零点起算的压强称为绝对压强p'；绝对压强最小为零，无负压强。

如以当地大气压为零起算则称为相对压强p，它与绝对压强p'只相差一当地大气压p_a，即

$$p = p' - p_a \tag{6-3-7}$$

相对压强可正可负，当相对压强小于当地大气压时则出现负压，此时称为出现部分真空现象，真空值用p_v表示，其大小可用下式求出

$$p_v = p_a - p' \tag{6-3-8}$$

或

$$p_v = -p \tag{6-3-9}$$

真空值所对应的液柱高度为h_v，称真空度，真空度始终为正值，即

$$h_v = \frac{p_v}{\gamma} \tag{6-3-10}$$

（二）压强的三种表示方法[1]

第一种表示压强的方法是从压强的基本定义出发，以单位面积上的压力来表示，在国际单位制中为N/m^2或Pa，$1N/m^2 = 1Pa$。第二种表示方法是用工程大气压的倍数表示，$1at = 9.8 \times 10^4 Pa = 98kPa$。第三种表示方法是用液柱高度$h$来表示，常用水柱高度或水银柱高度来表示，其单位是 mH_2O 或 mmHg。与压强p的关系可用$h = p/\gamma$确定，例如一个工程大气压所对应的水柱高度h应为

$$h = \frac{p}{\gamma} = \frac{9.8 \times 10^4}{9.8 \times 10^3} = 10mH_2O$$

记住下面一组数据，有助于以心算法进行压强单位的换算，即 $1mH_2O = 0.1$ 个工程大气压 $= 9.8kPa$。

【例 6-3-1】 密闭水箱如图所示，已知水深$h = 1m$，自由面上的压强$p_0 = 90kN/m^2$，当地大气压$p_a = 101kN/m^2$，则水箱底部A点的真空度为：

A. $-1.2kN/m^2$　　B. $9.8kN/m^2$

C. $1.2kN/m^2$　　D. $-9.8kN/m^2$

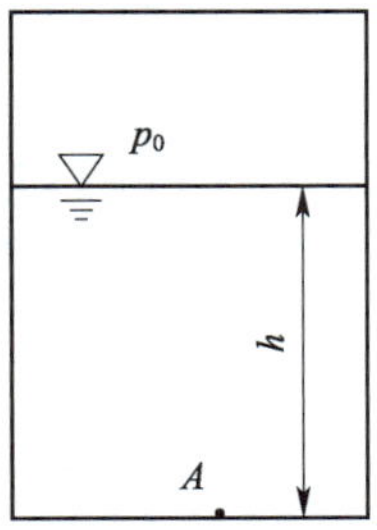

例 6-3-1 图

解 真空度$p_v = p_a - p' = 101 - (90 + 9.8) = 1.2kN/m^2$

答案： C

五、静水压强基本方程的物理意义

（一）几何意义

z ——位置高度，即计算点距基准面的铅直高度，以 m 计；

$\frac{p}{\gamma}$ ——压强高度或测压管高度，即计算点至测压管中液面的铅直高度，以 m 计，见图 6-3-2；

$z + \frac{p}{\gamma}$ ——测压管水头，即从基准面到测压管中液面的高度，以 m 计。在静止液体中$z + \frac{p}{\gamma} = C$，即静水中各点的测压管水头相等，各点测压管水头上端构成的线或面称为测压管水头线（或面）。静水中测压管水头线是一水平线。

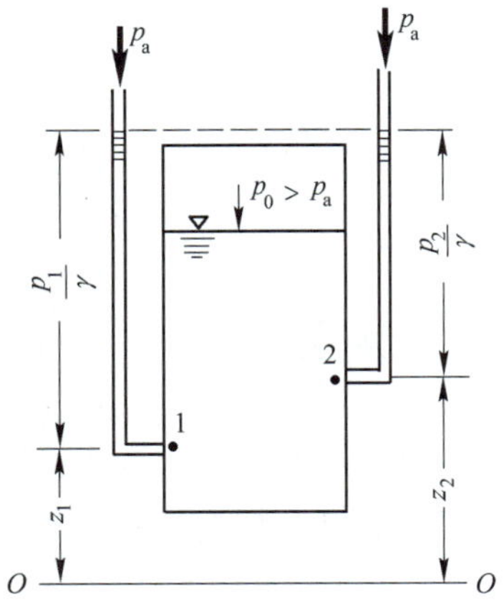

图 6-3-2

[1]《中华人民共和国法定计量单位》中规定，标准大气压和毫米汞（水）柱两种压强的表示方法（即本款所述的第二、第三种方法），属于废除单位。但在目前工程实用上，仍有大量资料应用后两种单位，故此处仍编入。

（二）能量意义

z ——单位重量流体的位能，因为$z=\frac{mg\cdot z}{mg}$，简称单位位能；

$\frac{p}{\gamma}$ ——单位重量流体的压能，因为$\frac{p}{\gamma}=\frac{mg\cdot\frac{p}{\gamma}}{mg}$，简称单位压能；

$z+\frac{p}{\gamma}$ ——单位重量流体的势能，简称单位势能。在静水中$z+\frac{p}{\gamma}=C$，表明静水中各点单位势能相等，为能量守恒定律的一种反映。

在图 6-3-2 中，$z_1+\frac{p_1}{\gamma}=z_2+\frac{p_2}{\gamma}$。此外，在水力学中习惯上将高度称为水头，所以$z$又可称为位置水头，$\frac{p}{\gamma}$称为压强水头。

六、压强分布图

在实际工程中常把静压强的分布用作图法表示出来，便于形象直观地分析问题。从静压强基本方程$p=p_0+\gamma h$可知，当容器为敞口时，表面压强$p_0=p_a$，容器外壁同时作用着大气压强p_a，两者抵消后，容器所受到的有效压强为相对压强。此外$p=\gamma h$，即与水深h为一线性关系，所以压强沿水深的变化为一直线，在液面处$\gamma h=0$，在水深为H处为γH，此两点连一直线，即为压强分布图。作图时应注意力矢的方向要与作用面成直角，因为静水压强的特性之一是与作用面垂直，各种情况下的压强分布如图 6-3-3 所示。如在密闭容器中$p_0\neq p_a$时，则要计及p_0的作用，但因p_0在传递时是等值的，与h无关，所以只要几何地叠加即可。

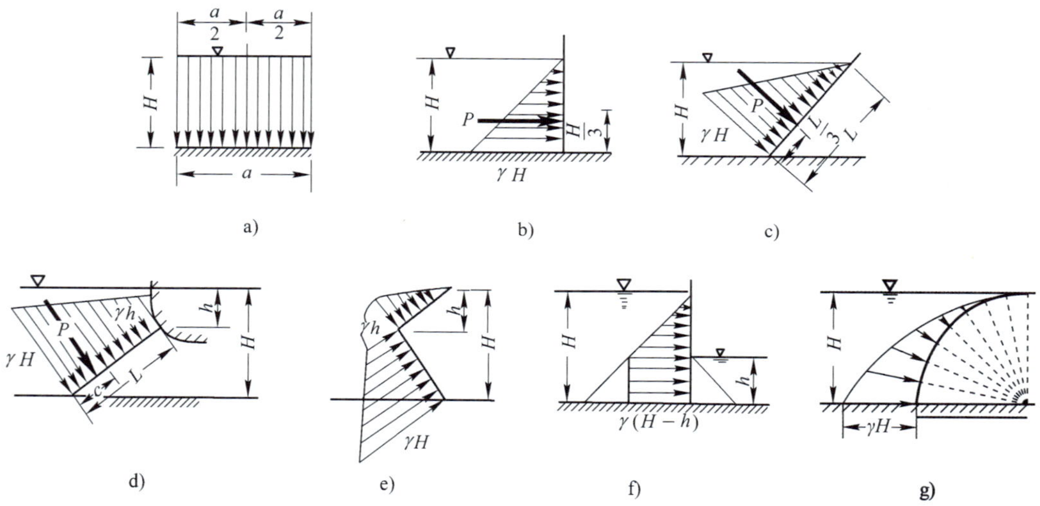

图 6-3-3

七、测压计

测量流体静压强的方法、仪器种类很多，并日趋现代化。下面介绍常用的液柱式测压计及其原理，其余将在流体参数的量测一节中再讲。

（一）玻璃测压管

测压管是一根两端开口的玻璃管，一端与所测流体连通，另一端与大气连通，管内液体在压强作用下上升至某一高度h_A，见图 6-3-4a），则被测点流体压强$p_A=\gamma h_A$。当压强较大时，测压管太长，使用不便，可采用 U 形水银压力计测压。

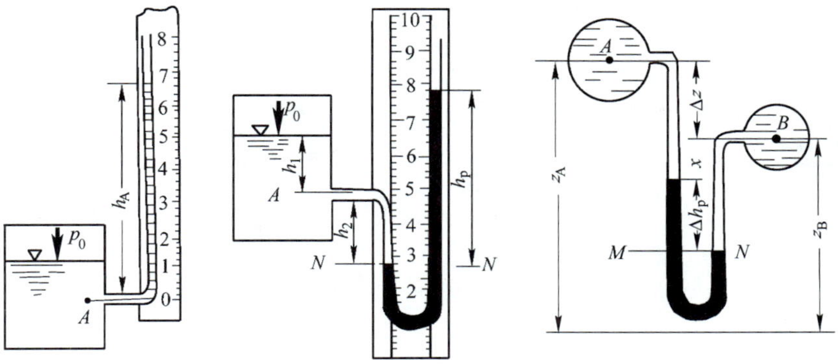

a) b) c)

图 6-3-4

（二）U 形水银压力计

此种压力计如图 6-3-4b）所示，在 U 形玻璃管中盛以与水不相混掺的某种液体，例如水银。在测量气体压强时，可盛水或酒精。被测点压强$p_A = \gamma_{Hg}h_p - \gamma h_2$，液面压强$p_0 = \gamma_{Hg}h_p - \gamma(h_1 + h_2)$。

（三）压差计

水银压差计如图 6-3-4c）所示，可测出液体中两点的压差Δp或两点测压管水头差。仅受重力作用的等压面为水平面如图 6-3-4 中的MN平面，等压面上压强处处相等。利用等压面原理可导出图中A、B两点压差为

$$p_B - p_A = \Delta p = \gamma\Delta z + \left(\frac{\gamma_{Hg}}{\gamma} - 1\right)\gamma\Delta h_p$$

两点测压管水头差为

$$\left(z_B + \frac{p_B}{\gamma}\right) - \left(z_A + \frac{p_A}{\gamma}\right) = \left(\frac{\gamma_{Hg}}{\gamma} - 1\right)\Delta h_p$$

若水的重度γ =9.8kN/m^3，水银的重度γ_{Hg} =133.28kN/m^3，则压差为

$$\Delta p = \gamma\Delta z + 12.6\gamma\Delta h_p$$

两点测压管水头差为

$$\left(z_B + \frac{p_B}{\gamma}\right) - \left(z_A + \frac{p_A}{\gamma}\right) = 12.6\Delta h_p$$

八、液体的相对平衡

液体相对于地球运动，但液体质点之间及液体与容器壁之间无相对运动时，称为液体的相对平衡或相对静止状态。例如相对于地面作等加速直线运动的洒水车和容器中的液体绕中心轴作等角速旋转运动，在运动经历一定时间后就会达到这种相对平衡状态。

现在用达伦伯原理，取坐标系在运动容器上，液体相对于这一坐标系是静止的，这样可使这种运动问题作为静止问题来处理。如图 6-3-5a）所示为一水平等加速运动的洒水车，取直角坐标系x、y、z在自由液面上，此时车中液体在重力及水平惯性力共同作用处于相对平衡状态，作用在液体质点上的单位质量力在各个轴向的分量分别为

$$X = -a,\ Y = 0,\ Z = -g$$

代入 Euler 平衡方程$\mathrm{d}p = \rho(X\mathrm{d}x + Y\mathrm{d}y + Z\mathrm{d}z)$，有

$$\mathrm{d}p = \rho(-a\mathrm{d}x - g\mathrm{d}z)$$

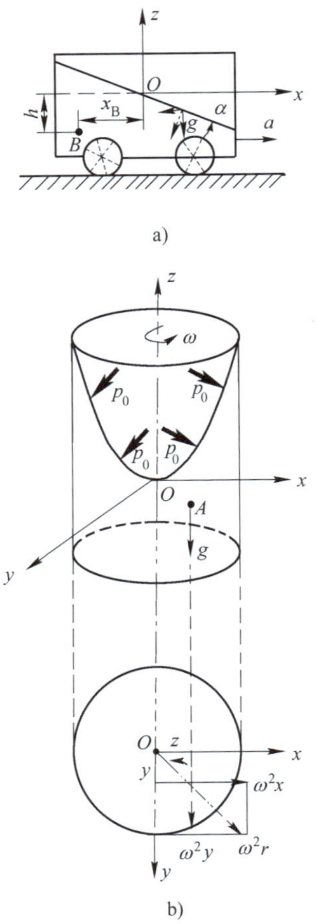

a)

b)

图 6-3-5

积分后得

$$p=-(\rho ax+\rho gz)+C$$

或

$$p=-\gamma\left(\frac{a}{g}x+z\right)+C$$

当$x=0$，$z=0$时，$p=p_0$代入上式可得$C=p_0$，最后得

$$p=p_0-\gamma\left(\frac{a}{g}x+z\right)$$

其中，p_0为液面压强，$\gamma=\rho g$为液体重度。自由液面上$p=p_0$，即$ax/g+z=0$，或$ax+gz=0$，液面倾角为α，则$\tan\alpha=-z/x=a/g$，当水平加速度增加时，液面倾角增大。

又如图 6-3-5b）为绕容器纵轴作等角速旋转之相对平衡，此时各轴向的单位质量力分别为

$$X=\omega^2x,\ Y=\omega^2y,\ Z=-g$$

代入 Euler 平衡方程后积分得

$$p=p_0+\gamma\left(\frac{\omega^2\mathrm{r}^2}{2g}-z\right)$$

式中：ω——旋转角速度；

r——质点距轴心的旋转半径。

自由液面上$p=p_0$，由上式可得自由液面方程为

$$z=\frac{\omega^2r^2}{2g}$$

所以自由液面为一旋转抛物面，旋转越快，液面上高度越大。在同一转速下，边壁处液面上升最高。

九、作用在平面上的液体总压力

（一）平面静水总压力的大小

如图 6-3-6 所示一倾斜置于水下的任意形状平面，总面积为A，与水平线的交角为α，围绕面上M点取一微小面积$\mathrm{d}A$，淹没深度为h，作用在$\mathrm{d}A$上的静水总压力为$\mathrm{d}P$，则

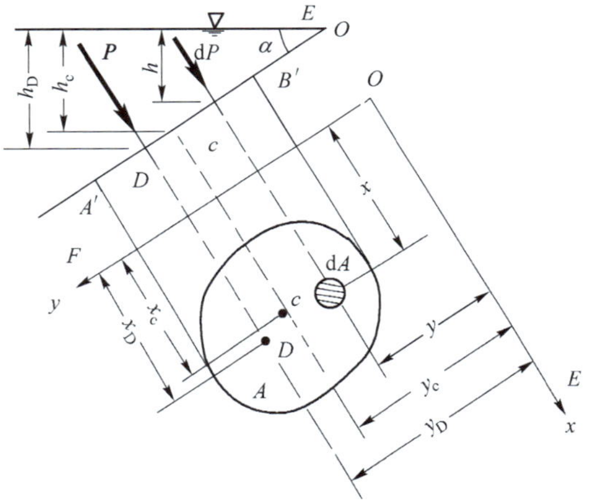

图 6-3-6

$$\mathrm{d}P=p\mathrm{d}A=\gamma h\mathrm{d}A$$

而全面积A上的静水总压为P，则

$$P=\int_A\mathrm{d}P=\int_A\gamma h\mathrm{d}A=\int_A\gamma y\sin\alpha\mathrm{d}A=\gamma\sin\alpha\int_A y\,\mathrm{d}A=\gamma\sin\alpha y_cA=\gamma h_cA=p_cA$$

即

$$P=\gamma h_cA=p_cA \tag{6-3-11}$$

式中：h_c——面积A形心点c处的水深；

p_c——形心点c处的静压强。

上式表明平面总压力的大小等于形心点压强乘以平面受压面积。

（二）平面总压力的方向和作用点

由静水压强特性知，总压力垂直于受压平面，总压力作用点可根据合力对某一轴的力矩等于各分力对同一轴力矩之和求得。设总压力对x轴的力矩为$P \cdot y_D$，y_D为总压力作用点D至x轴的距离，则有

$$P \cdot y_D = \int y \mathrm{d}P = \int_A y \gamma y \sin\alpha \mathrm{d}A = \gamma \sin\alpha \int_A y^2 \mathrm{d}A$$
$$= \gamma \sin\alpha J_x = \gamma \sin\alpha (J_c + y_c^2 A)$$

又因为$P = \gamma y \sin\alpha A$，代入上式后求得$y_D$

$$y_D = y_c + \frac{J_c}{y_c A} \tag{6-3-12}$$

式中：y_c ——面积形心c点至x轴的距离；

J_c ——过形心c轴的受压面积A的惯性矩，可查有关表格，例如矩形面积$J_c = bh^3/12$，圆形面积$J_c = \pi r^4/4$。

（三）平面总压力的图解法

对于垂直置于水中的矩形平面，见图 6-3-3b），总压力可应用图解法求得，其大小等于压强分布图的面积S乘以受压面的宽度b，即$p = b \cdot S$。总压力的作用线通过压强分布图的形心，作用线与受压面的交点，即为总压力的作用点。

十、作用在曲面上的液体总压力

如图 6-3-7a）所示一二维受压曲面，取曲面上一点M并绕M取微小面积$\mathrm{d}A$，作用在微小面积$\mathrm{d}A$上的总压力为$\mathrm{d}P = p\mathrm{d}A = \gamma h \mathrm{d}A$，$\mathrm{d}P$垂直于$\mathrm{d}A$，与水平方向成$\theta$角，将$\mathrm{d}P$分解为水平分力$\mathrm{d}P_x$及铅垂分力$\mathrm{d}P_z$，分别为

$$\mathrm{d}P_x = \mathrm{d}P\cos\theta = \gamma h \mathrm{d}A\cos\theta = \gamma h \mathrm{d}A_x$$
$$\mathrm{d}P_z = \mathrm{d}P\sin\theta = \gamma h \mathrm{d}A\sin\theta = \gamma h \mathrm{d}A_z$$

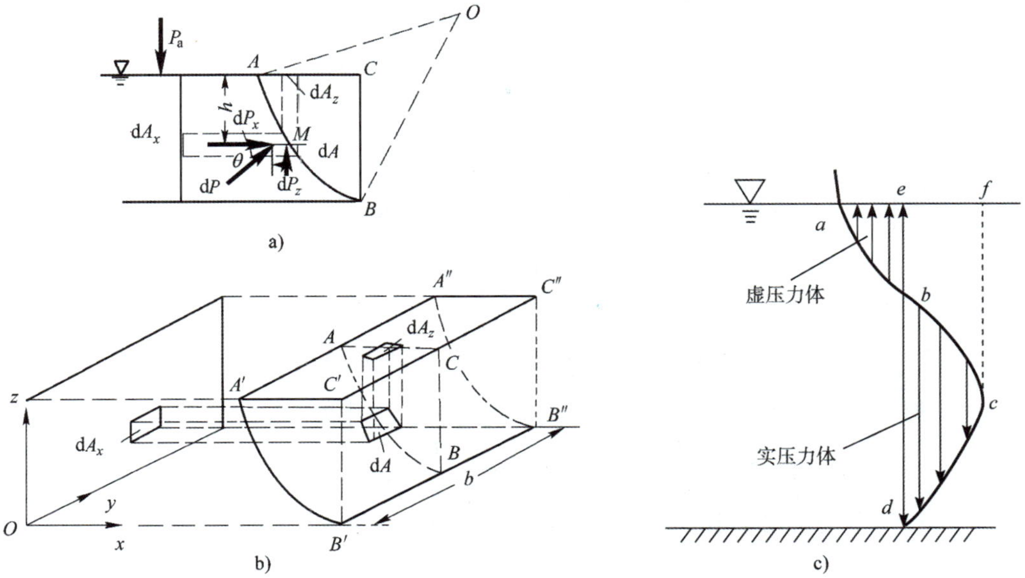

图 6-3-7

作用在全部曲面上的水平总分力为

$$P_x = \int \mathrm{d}P_x = \int_A \gamma h \,\mathrm{d}A\cos\theta = \int_{A_x} \gamma h \mathrm{d}A_x = \gamma h_c A_x$$

即
$$P_x = \gamma h_c A_x \tag{6-3-13}$$
式中：h_c——曲面在铅垂面上投影面积A_x的形心点水深。

作用在全部曲面上的铅垂总分力为
$$P_z = \int \mathrm{d}P_z = \int_A \gamma\, h\mathrm{d}A \sin\theta = \int_{A_z} \gamma\, h\mathrm{d}A_z = \gamma \int_{A_z} h\,\mathrm{d}A_z$$
积分式$\int_{A_z} h\mathrm{d}A_z$为曲面以上与自由液面（或其延长面）以下铅垂柱体的体积，称为压力体的体积V，如图6-3-7b）所示$A'B'C'A''B''C''$的体积，所以曲面总压力的铅垂分力为
$$P_z = \gamma V \tag{6-3-14}$$
即铅垂分力$\boldsymbol{P}_z$等于压力体内液体的重力γV。若压力体内有液体压力体与液体在曲面同一侧则为实压力体，$\boldsymbol{P}_z$方向向下，若压力体内无液体，液体在曲面的另一侧，则为虚压力体，此时$\boldsymbol{P}_z$的方向向上，称为浮力，参见图6-3-7c）。曲面总压力的合力$\boldsymbol{P}$可用$\boldsymbol{P}_x$及$\boldsymbol{P}_z$求得
$$P = \sqrt{P_x^2 + P_z^2} \tag{6-3-15}$$
曲面总压力与水平线的夹角θ
$$\theta = \arctan\frac{P_z}{P_x} \tag{6-3-16}$$
对于对称的几何图形，总压力作用点均应在水平对称轴上。

【例6-3-2】 设有一弧形闸门，如图所示，已知闸门宽度$b = 3\text{m}$，半径$r = 2.828\text{m}$，$\varphi = 45°$，闸门转动轴O点距底面高度$H = 2\text{m}$，门轴O在水面延长线上，试求当闸门前水深$h = 2\text{m}$时，作用在闸门上的静水总压力。

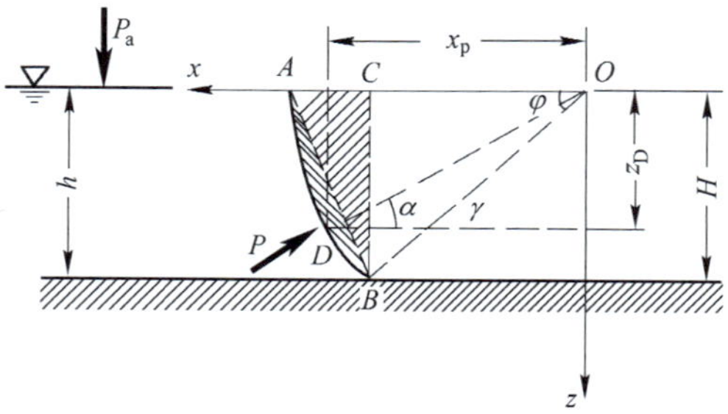

例6-3-2图

解　水平分力
$$P_x = \gamma h_c A_x = 9.8 \times 10^3 \times \frac{1}{2} \times 2 \times 2 \times 3$$
$$= 58.8 \times 10^3\text{N} = 58.8\text{kN}$$
铅直分力
$$P_z = \gamma V = \gamma\left(\frac{\varphi}{360°} \times \pi \times r^2 - \frac{1}{2} h \times r\cos\varphi\right) \times b$$
V是图中阴影线部分体积，为虚压力体，$\boldsymbol{P}_z$方向向上，为浮力。
$$P_z = 9.8 \times 10^3\left(\frac{45°}{360°} \times \pi \times 2.828^2 - \frac{1}{2} \times 2 \times 2.828 \times \cos 45°\right) \times 3$$
$$= 33.52 \times 10^3\text{N} = 33.52\text{kN}$$
合力
$$P = \sqrt{P_x^2 + P_z^2} = \sqrt{(58.8 \times 10^3)^2 + (33.52 \times 10^3)^2}$$
$$= 67.68 \times 10^3\text{N} = 67.68\text{kN}$$
与水平线夹角为
$$\theta = \arctan\frac{P_z}{P_x} = \arctan\frac{33.52 \times 10^3}{58.8 \times 10^3} = 30°$$

十一、浮力和潜体及浮体的稳定性

浸没于液体中的物体称为潜体，漂浮在液体自由表面的物体称为浮体。无论是潜体还是浮体，也无论物体表面形状是如何的复杂多变，它们均受到液体对其施加的铅直向上的托举力的作用，此力称为浮力或浮托力。浮力的大小可用上述曲面总压力铅垂分力计算法计算。如图 6-3-8 所示一浸没于水中的潜体沿潜体表面作铅直切线AA'、BB'……，这些切线组成切于潜体表面的垂直向上的柱状体，该柱面与潜体表面的交线，把潜体表面分为AFB、AHB上下两部分，上半部分AFB表面所受到静水总压力铅垂分力$\boldsymbol{P}_z$，应等于曲面AFB上压力体内液体的重力，方向向下，下半部分AHB表面所受到的静水总压力铅垂分力$\boldsymbol{P}_{z2}$等于曲面AHB以上压力体的重力，方向向上为浮力。作用在整个潜体表面上的铅垂分力$P_z = P_{z2} - P_{z1}$，亦即等于潜体自身体积大小的液体重力，所以潜体所受浮力应等于潜体所排开的同体积的液体重力。潜体所受的水平分力$\boldsymbol{P}_x$，左右前后均大小相等方向相反，水平分力的合力$\boldsymbol{P}_x = 0$，故潜体所受总压力的合力，只有铅垂向上的浮力。计算潜体浮力的原理就是人们熟知的阿基米德（Archimeds）原理，此原理对浮体也同样适用。

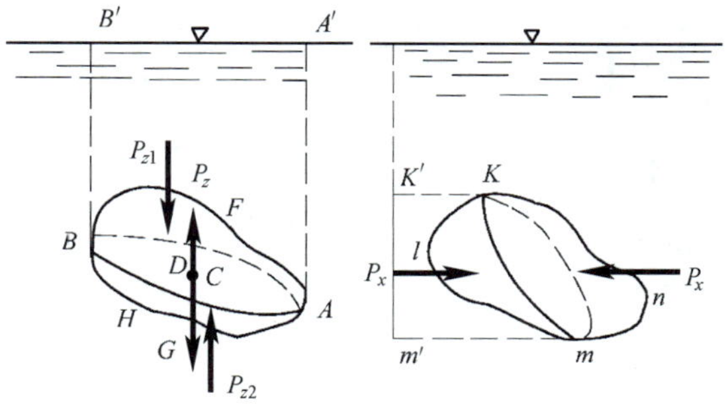

图 6-3-8

浮力的作用点称为浮心，浮心显然与所排开液体体积的形心重合。

潜体除了浮力作用外，还同时受到重力的作用，当潜体重力$\boldsymbol{G}$大于浮力$\boldsymbol{P}_z$时，物体下沉；当$G = P_z$时，物体可在液体中任意深度保持平衡。当$G < P_z$时，物体上升，减少在液体中浸没体积，从而减小浮力，直至浮力与重力相等时为止，此时潜体就变为浮体了。

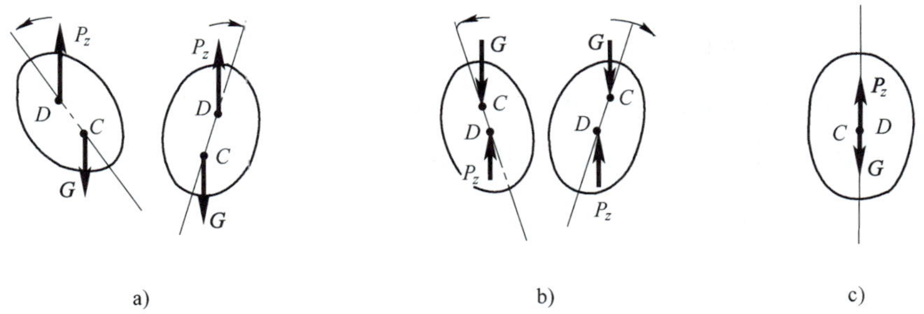

图 6-3-9

现探讨潜体的稳定性。潜体在倾斜后恢复其原来平衡位置的能力，称为潜体的稳定性。按照重心C与浮心D在同一铅垂线上的相对位置，有三种可能性：①重心C位于浮心D之下，如图 6-3-9a）所示，潜体如有倾斜，重力$\boldsymbol{G}$与浮力$\boldsymbol{P}_z$形成一个使潜体恢复原来平衡位置的转动力矩，使潜体能恢复原位，称为稳定平衡。②重心C位于浮心D之上，如图 6-3-9b）所示，潜体如有倾斜，重力$\boldsymbol{G}$与浮力$\boldsymbol{P}_z$将产生一个使潜体继续倾斜的转动力矩，潜体不能恢复其原位，称为不稳定平衡。③重心C与浮心D相重合，如图 6-3-9c）

所示，潜体如有倾斜，重力$\boldsymbol{G}$与浮力$\boldsymbol{P}_z$不产生转动力矩，潜体处于随遇平衡状态。即潜体在任意位置均可随意平衡，不需恢复原有状态。

浮体平衡的稳定性要求与潜体有所不同，浮体重心C在浮心D之上时，其平衡仍有可能是稳定的。设有两浮体如图 6-3-10 所示，浮体处于平衡位置时重心C与浮心D的连线垂直于浮面（浮体在平衡位置时与自由液面交线），称为浮轴，浮心与重心均在浮轴上；倾斜后重心C位置一般不改变，但浮心及浮力和浮轴不重合，改变了位置。设浮力与浮轴的交点为M，称定倾中心，定倾中心到原浮心D的距离称定倾半径，以ρ表示。重心C和原浮心D的距离称为偏心距，以e表示。浮体倾斜后能否恢复其原平衡位置，取决于重心C与定倾中心M的相对位置，有三种可能性：①$\rho > e$，即M点高于C点，如图 6-3-10a）所示，这时重力$\boldsymbol{G}$与倾斜后的浮力$\boldsymbol{P}_z'$构成一扶正力矩，使浮体恢复到原位，浮体处于稳定平衡；②$\rho < e$，即M点低于C点，如图 6-3-10b）所示，这时重力$\boldsymbol{G}$与倾斜后浮力$\boldsymbol{P}_z'$构成一倾覆力矩，使浮体继续倾斜，浮体处于不稳定平衡；③$\rho = e$，即M与C重合，这时$\boldsymbol{G}$与$\boldsymbol{P}_z'$不产生力矩，浮体处于随遇平衡。

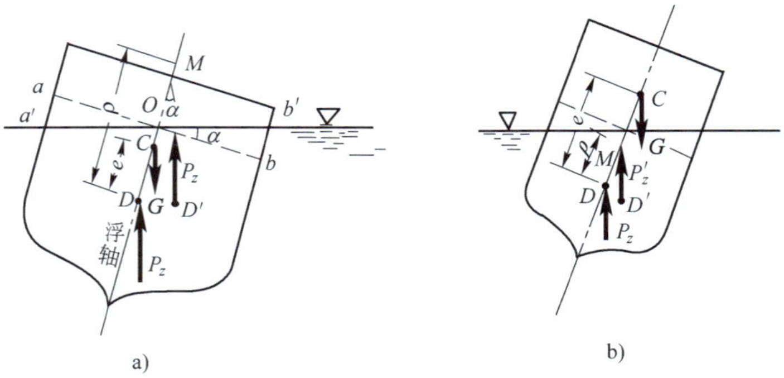

图 6-3-10

【例 6-3-3】 密闭水箱如图所示，已知水深$h = 2\text{m}$，自由面上的压强$p_0 = 88\text{kN/m}^2$，当地大气压强$p_a = 101\text{kN/m}^2$，则水箱底部A点的绝对压强与相对压强分别为：

A. 107.6kN/m^2 和-6.6kN/m^2

B. 107.6kN/m^2 和 6.6kN/m^2

C. 120.6kN/m^2 和-6.6kN/m^2

D. 120.6kN/m^2 和 6.6kN/m^2

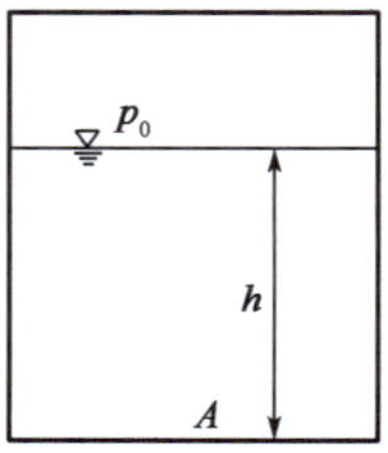

例 6-3-3 图

解 A点绝对压强$p_A' = p_0 + \rho g h = 88 + 1 \times 9.8 \times 2 = 107.6\text{kPa}$

A点相对压强$p_A = p_A' - p_a = 107.6 - 101 = 6.6\text{kPa}$。

答案： B

习 题

6-3-1 单位质量力的国际单位是（ ）。

A. 牛（N） B. 帕（Pa） C. 牛/千克（N/kg） D. 米/秒^2（m/s^2）

6-3-2 与大气相连通的自由水面下 5m 处的相对压强为（ ）。

A. 5at B. 0.5at C. 98kPa D. 40kPa

6-3-3 某点的相对压强为-39.2kPa，则该点的真空值与真空高度分别为（ ）。

A. 39.2kPa，4mH_2O　　B. 58.8kPa，6mH_2O

C. 34.3kPa，3.5mH_2O　　D. 19.6kPa，2mH_2O

6-3-4　密闭容器内自由表面压强p_0 =9.8kPa 液面下水深 2m 处的绝对压强为（　　）。

A. 19.6kPa　　B. 29.4kPa　　C. 205.8kPa　　D. 117.6kPa

6-3-5　用 U 形水银压力计测容器中某点水的相对压强，如已知水和水银的重度分别为γ及γ'，压力计中液面差为Δh，被测点至内侧低水银液面的高差为h_1，则被测点的相对压强为（　　）。

A. $\gamma'\Delta h$　　B. $(\gamma'-\gamma)\Delta h$　　C. $\gamma'(h_1+\Delta h)$　　D. $\gamma'\Delta h-\gamma h_1$

6-3-6　圆形木桶，顶部与底部用环箍紧，桶内盛满液体，顶箍与底箍所受张力之比为（　　）。

A. 2　　B. 1/2　　C. 2/3　　D. 1/4

6-3-7　一垂直立于水中的矩形平板闸门，门宽 4m，门前水深 2m，该闸门所受静水总压强为(　　)，压力中心距自由液面的铅直距离为（　　）。

A. 60kPa，1m　　B. 78.4kN，4/3m　　C. 85kN，1.2m　　D. 70kN，1m

第四节　流体动力学

一、流体运动学基本概念

表征流体运动的各种物理量，如速度、加速度、压强、密度、动量、能量等，称为运动要素。流体运动学就是要研究流体运动要素随时间、空间而变化的规律。由于描述流体运动的方法不同，运动要素的表示式也有不同。在流体力学中，有两种描述流体运动方法，即拉格朗日（Largange）法和欧拉（Euler）法。

拉格朗日是从分析流体质点的运动着手，设法描述出每一个流体质点自始至终的运动过程，即它们的位置随时间变化的规律。如所有流体质点的运动轨迹均知道了，则整个流体运动的状况也就清楚了。为了区分不同的流体质点，拉格朗日采用起始时刻$t=t_0$时每个质点的空间坐标(a,b,c)作为标志，然后表达出每一流体质点在任意时刻t在空间的坐标位置，在直角坐标系它们皆是拉格朗日变量a、b、c和时间t的连续函数，即

$$\begin{cases} x=x(a,b,c,t) \\ y=y(a,b,c,t) \\ z=z(a,b,c,t) \end{cases}$$

由上式可知，若a，b，c为常数，t为变数，可得某个指定质点运动轨迹方程；如果t为常数，a、b、c为变数，可得某一瞬时不同质点在空间分布位置。如a、b、c、t全都是变量时，则方程所表达的是任意质点的运动轨迹。流体质点在任何时刻的速度，可从上式对时间取偏导数得到，即

$$u_x=\frac{\partial x}{\partial t}=\frac{\partial x(a,b,c,t)}{\partial t}$$
$$u_y=\frac{\partial y}{\partial t}=\frac{\partial y(a,b,c,t)}{\partial t}$$
$$u_z=\frac{\partial z}{\partial t}=\frac{\partial z(a,b,c,t)}{\partial t}$$

任意流体质点在任何时刻的加速度，可从上式对时间取偏导数得到，即

$$a_x=\frac{\partial u_x}{\partial t}=\frac{\partial^2 x(a,b,c,t)}{\partial t^2}$$
$$a_y=\frac{\partial u_y}{\partial t}=\frac{\partial^2 y(a,b,c,t)}{\partial t^2}$$
$$a_z=\frac{\partial u_z}{\partial t}=\frac{\partial^2 z(a,b,c,t)}{\partial t^2}$$

当加速度确定后，可通过牛顿第二定律，建立运动和作用于该点上力的关系，反之亦然。

由于流体不同于固体，流体微团运动中有线变形、角变形，互相间位置不固定，因此运动轨迹极其复杂多变，要想求出这些函数，常导致数学上的困难；其次，在实际工程上，多数情况下并不需要知道每一质点的运动轨迹及其速度等要素的变化；再次，测量流体运动要素，要跟着流体质点移动测量仪器，以测出不同瞬时的数值，这种测量方法是很难实现的。因此不常采用拉格朗日方法，而多采用欧拉方法。

欧拉方法是从分析通过流场中某固定空间点上流体质点的运动着手，设法描述出每一个空间点上流体质点的运动随时间变化的规律。如果知道了所有空间点上质点的运动规律，那么整个流动情况也就清楚了。至于流体质点在到达某空间点之前是从哪里来的，到达某空间点后又将到那里去，则不予研究。在直角坐标系中，选取坐标(x,y,z)将每一空间点区分开来。在一般情况下，同一时刻，不同空间点上流体质点的速度也是不同的，所以任意时刻任意空间点在流体质点的速度u将是空间坐标和时间的函数，写成向量形式为

$$u=u(x,y,z,t)$$

投影到x，y，z各个轴向的速度分量为

$$u_x=u_x(x,y,z,t)$$
$$u_y=u_y(x,y,z,t)$$
$$u_z=u_z(x,y,z,t)$$

同样，其他运动要素如压强p和密度ρ可写为

$$p=p(x,y,z,t)$$
$$\rho=\rho(x,y,z,t)$$

由上式可知，当t为常数，(x,y,z)为变数，则可得同一瞬时，通过不同空间点各流体质点速度分布情况，是某瞬时空间的流速向量场。若(x,y,z)为常数，t为变量，则可得不同瞬时，通过空间某固定点流体质点速度变化的情况。

现讨论流体质点加速度的表达式。从欧拉法的观点来看，在流动中不仅处于不同空间点上的质点可以具有不同的速度，就是同一空间点上的质点，也因时间先后的不同可以有不同的速度。所以流体质点的加速度由两部分组成，一是由于时间过程而使空间点上的质点速度发生变化的加速度，称当地加速度（或时变加速度），另一是流动中质点位置移动而引起的速度变化所形成的加速度，称为迁移加速度（或位变加速度）。以欧拉法求加速度时，x，y，z，t均看成是自变量，以复合函数求导法则，求流速u的全导数，各轴加速度的分量为

$$a_x=\frac{\mathrm{d}u_x}{\mathrm{d}t}=\frac{\partial u_x}{\partial t}+\frac{\partial u_x}{\partial x}\frac{\mathrm{d}x}{\mathrm{d}t}+\frac{\partial u_x}{\partial y}\frac{\mathrm{d}y}{\mathrm{d}t}+\frac{\partial u_x}{\partial z}\frac{\mathrm{d}z}{\mathrm{d}t}$$
$$a_y=\frac{\mathrm{d}u_y}{\mathrm{d}t}=\frac{\partial u_y}{\partial t}+\frac{\partial u_y}{\partial x}\frac{\mathrm{d}x}{\mathrm{d}t}+\frac{\partial u_y}{\partial y}\frac{\mathrm{d}y}{\mathrm{d}t}+\frac{\partial u_y}{\partial z}\frac{\mathrm{d}z}{\mathrm{d}t}$$
$$a_z=\frac{\mathrm{d}u_z}{\mathrm{d}t}=\frac{\partial u_z}{\partial t}+\frac{\partial u_z}{\partial x}\frac{\mathrm{d}x}{\mathrm{d}t}+\frac{\partial u_z}{\partial y}\frac{\mathrm{d}y}{\mathrm{d}t}+\frac{\partial u_z}{\partial z}\frac{\mathrm{d}z}{\mathrm{d}t}$$

上式中$\mathrm{d}x$、$\mathrm{d}y$、$\mathrm{d}z$是流体质点在$\mathrm{d}t$时段内在空间的位移在各个轴的投影，因此

$$\frac{\mathrm{d}x}{\mathrm{d}t}=u_x\ \frac{\mathrm{d}y}{\mathrm{d}t}=u_y\ \frac{\mathrm{d}z}{\mathrm{d}t}=u_z$$

代入上式得欧拉法流体质点加速度的表达式

$$\left.\begin{aligned}a_x&=\frac{\partial u_x}{\partial t}+u_x\frac{\partial u_x}{\partial x}+u_y\frac{\partial u_x}{\partial y}+u_z\frac{\partial u_x}{\partial z}\\a_y&=\frac{\partial u_y}{\partial t}+u_x\frac{\partial u_y}{\partial x}+u_y\frac{\partial u_y}{\partial y}+u_z\frac{\partial u_y}{\partial z}\\a_z&=\frac{\partial u_z}{\partial t}+u_x\frac{\partial u_z}{\partial x}+u_y\frac{\partial u_z}{\partial y}+u_z\frac{\partial u_z}{\partial z}\end{aligned}\right\}\tag{6-4-1}$$

工程上大多采用欧拉法，因多数情况下，感兴趣的只是某些固定位置上流体质点的运动情况，并不一定要知道流体质点运动情况的历史演变。其次，测量流体的运动要素，用欧拉法时可将测试仪表固定在指定的空间点上即可，较易进行量测。

二、迹线、流线、元流、总流等基本概念

（一）迹线

迹线是一个流体质点在一段连续时间内在空间运动的轨迹线，它是拉格朗日法研究流体的几何表示。

（二）流线

流线是这样的曲线，对于某一固定时刻而言，曲线上任一点的速度方向与曲线在该点的切线方向重合；流线描绘出同一时刻不同位置上流体质点的速度方向。可以把流体运动想象为流线族构成的几何图像，如图 6-4-1 所示。这是欧拉法研究流体运动的几何表示方式。

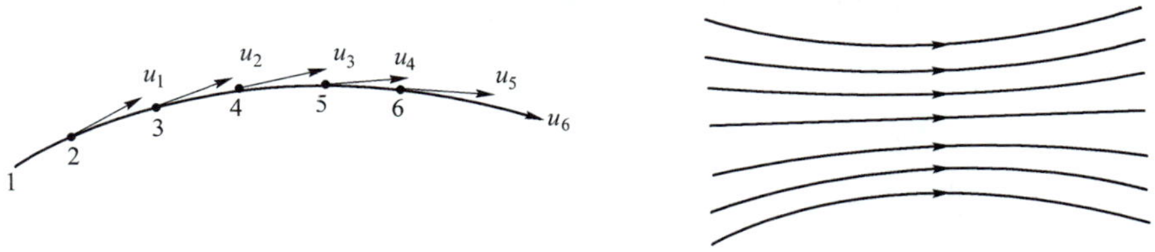

图　6-4-1

由流线的定义可知，流线有这样一些性质：过空间某点在同一时刻只能作一根流线；流线不能转折，因为折点处会有两个流速向量，流线只能是光滑的连续曲线；对流速不随时间变化的恒定流动，流线形状不随时间改变，与迹线重合，对非恒定流流线形状随时间而改变；流线密处流速快，流线疏处流速慢。

由于流速向量与切线向量重合，两向量方向余弦相同，方向平行，所以两向量的向量积

$$u\times \mathrm{d}s=0$$

从而可得

$$\frac{\mathrm{d}x}{u_x}=\frac{\mathrm{d}y}{u_y}=\frac{\mathrm{d}z}{u_z}=\frac{\mathrm{d}s}{u}\tag{6-4-2}$$

上式称为流线微分方程，式中，$\mathrm{d}x$、$\mathrm{d}y$、$\mathrm{d}z$为流线上微小长度$\mathrm{d}s$在三个坐标轴上的投影，u_x、u_y、u_z为相应的流速分量，解上式可得到流线方程。

【例 6-4-1】 关于流线，下列说法错误的是：

A. 流线不能相交

B. 流线可以是一条直线，也可以是光滑的曲线，但不可能是折线

C. 在恒定流中，流线与迹线重合

D. 流线表示不同时刻的流动趋势

解　流线表示同一时刻的流动趋势。

答案： D

（三）流管、流束、过流断面、元流、总流

在流场中，任意取一非流线且不自相交的封闭曲线，从这封闭曲线上各点绘出流线，组成管状曲面，称为流管，如图 6-4-2 所示的虚线所示流管内的流体称为流束。在流束上取一横断面，使它与流线正交，这一断面称为过流断面，当流体为水时称为过水断面。过流断面为无限小的流束称为元流，元流同一断面上各点的运动要素如流速，压强等可以认为是相等的。过流断面面积有一定大小的流束称为总流，总流可以看成是由无限多个元流所组成，总流断面上各点的流速、压强不一定相等。

（四）流量、断面平均流速

单位时间内流过过流断面的流体数量称为流量，它可以用体积流量Q、质量流量Q_m、重力流量Q_G表示，单位分别为 m^3/s、kg/s、N/s 等。对不可压缩流体，一般均用体积流量Q表示；对于元流而言，流速为u，断面上各点相等，断面积为dA，则体积流量为

$$dQ = udA \tag{6-4-3}$$

对于总流而言，通过断面积为A的体积流量为

$$Q = \int_A dQ = \int_A udA \tag{6-4-4}$$

当点流速u在断面上的分布函数已知时，可用上式直接积分求出流量。当总流断面各点流速u的变化未知时，需利用断面平均流速v来计算总流量。断面平均流速v是假想的，在断面上均匀分布的流速，以此流速计算的流量，应与各点以实际流速通过的流量相等。如图 6-4-3 所示。

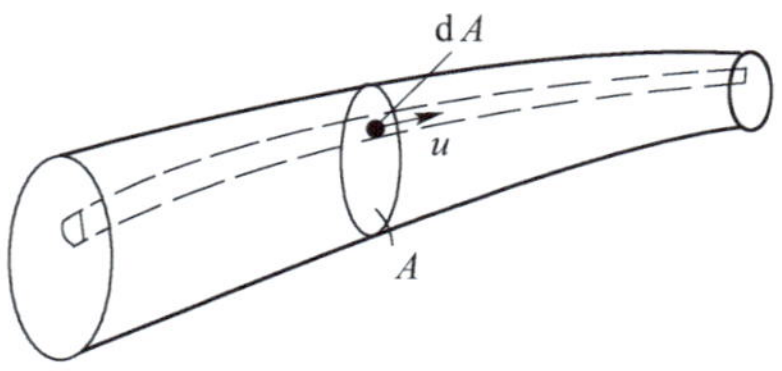

图 6-4-2

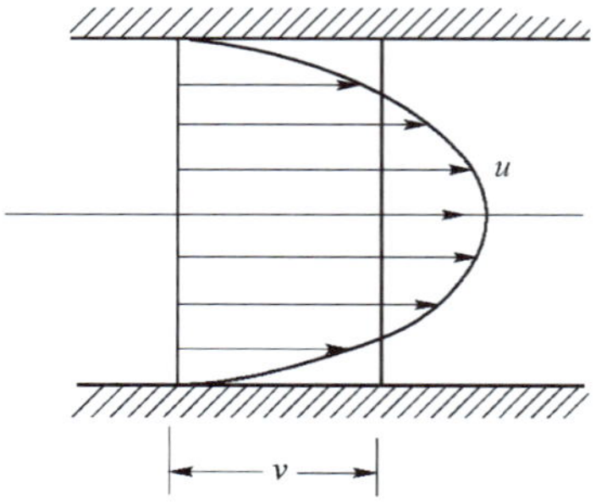

图 6-4-3

将平均流速代入式（6-4-4）中可求得总流的流量Q，即

$$Q = \int_A dQ = \int_A udA = \int_A vdA = v\int_A dA = vA$$

即

$$Q = vA \tag{6-4-5}$$

或

$$v = \frac{Q}{A} \tag{6-4-6}$$

已知体积流量Q，可以用下面式子求出质量流量Q_m和重力流量Q_G

$$Q_m = \rho Q \tag{6-4-7}$$

$$Q_G = \gamma Q \tag{6-4-8}$$

式中：ρ、γ——分别为流体的密度和重度。

（五）流体运动的分类

按各点运动要素（流速、压强等）是否随时间而变化，可将流体运动分为恒定流和非恒定流。各点运动要素不随时间而变化的流体运动称为恒定流，例如常水头孔口出流即是恒定流的一种。各点运动要

素随时间而变化的流体运动称为非恒定流，变水头孔口出流即是一例。

按各点运动要素是否随位置而变化，可将流体运动分成均匀流和非均匀流。在给定的某一时刻，各点流速都不随位置而变的流动称为均匀流；反之，则称为非均匀流。按此严格定义的均匀流，工程上甚少出现。在经常使用的管道渠道中，一般定义均匀流是按各断面相应点流速相等为均匀流，或流线为平行直线的流动为均匀流，例如直径不变的长直管道内离进口较远处的流动，即是实际均匀流的一种。反之如流线不平行或相应点流速不相等的流动为非均匀流。

按流线是否接近于平行直线，又可将非均匀流分成渐变流和急变流。各流线之间的夹角很小，即各流线几乎是平行的，且各流线曲率半径很大，即各流线几乎是直线的流体运动称为渐变流；反之，则称为急变流。顶角很小的渐变圆锥形管道中的流动，可视为渐变流。

按限制总流的边界情况，可将流体运动分为有压流、无压流和射流。边界全部为固体所限没有自由液面的流动称为有压流，例如水泵的压水管道中的流动。边界部分为固体、部分为大气，具有自由液面的流体运动称为无压流，例如河流、引水明渠中的流动。流体经由孔口或管嘴喷射到某一空间，在充满气体或其他流体的空间继续喷射流动，其边界不受固体限制而与其他流体接触，这种流动称为射流，例如消防水枪的喷射流动即是射流的一种。

按决定流体的运动要素所需空间坐标的维数，可将流动分为一维、二维、三维流动，或称一元、二元、三元流动。长管、明渠以断面平均运动要素而言，主流方向只有一个，故可视为平均意义上的一维流动。

三、恒定流连续方程

连续性方程是根据质量守恒定理与连续介质假设推导而得。取一元流如图 6-4-4 所示，设为恒定流，流管形状不变，在dt时间内由dA_1流入的质量为$\rho_1 u_1 dA_1 dt$，从dA_2流出的质量为$\rho_2 u_2 dA_2 dt$，由于流体为连续介质，流管内充满无空隙的流体，根据质量守恒原理，流入的质量必与流出的质量相等，可得

$$\rho_1 u_1 dA_1 dt = \rho_2 u_2 dA_2 dt$$

消去 dt得

$$\rho_1 u_1 dA_1 = \rho_2 u_2 dA_2 \qquad (6\text{-}4\text{-}9)$$

对于不可压缩流体$\rho_1=\rho_2=\rho$，有

$$u_1 dA_1 = u_2 dA_2 \qquad (6\text{-}4\text{-}10)$$

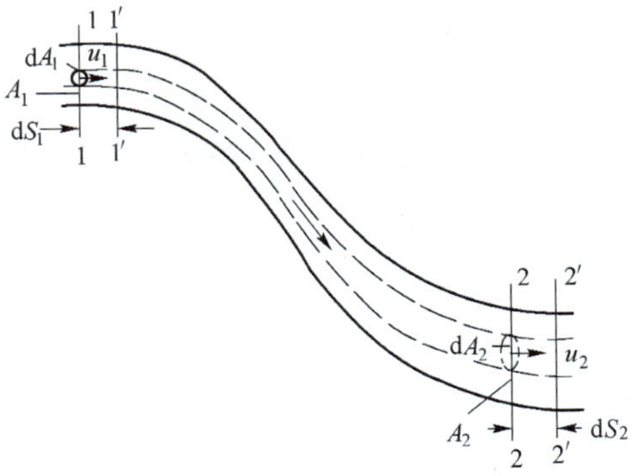

图 6-4-4

式（6-4-9）、式（6-4-10）为元流连续性方程。将式（6-4-10）积分，可得不可压缩流体总流连续性方程。即

$$\int_{A_1} u_1 dA_1 = \int_{A_2} u_2 dA_2$$

$$Q_1 = Q_2$$

$$v_1 A_1 = v_2 A_2 \qquad (6\text{-}4\text{-}11)$$

将式（6-4-9）对总流积分可得

$$\rho_1 v_1 A_1 = \rho_2 v_2 A_2 \qquad (6\text{-}4\text{-}12)$$

由式（6-4-11）可写出

$$\frac{v_1}{v_2}=\frac{A_2}{A_1}$$

上式表明在同一总流上，各断面的断面平均流速v与断面面积成反比，即断面增大时流速减少，反之亦然。

四、欧拉运动微分方程

由牛顿第二运动定律：$F=ma$，两边除以质量m，对单位质量而言，有

$$\frac{F}{m}=a$$

即单位质量的外力合力等于加速度，比拟欧拉平衡方程的形式，将上式写成应用于流体微元的三维表达式

$$\left.\begin{aligned}X-\frac{1}{\rho}\frac{\partial p}{\partial x}=\frac{\mathrm{d}u_x}{\mathrm{d}t}\\ Y-\frac{1}{\rho}\frac{\partial p}{\partial y}=\frac{\mathrm{d}u_y}{\mathrm{d}t}\\ Z-\frac{1}{\rho}\frac{\partial p}{\partial z}=\frac{\mathrm{d}u_z}{\mathrm{d}t}\end{aligned}\right\}\tag{6-4-13}$$

上式即为欧拉运动微分方程，仅适用于理想流体，因为没有计及流体的黏性切应力。

欧拉方程有四个未知数u_x、u_y、u_z、p，它与连续性微分方程一起有四个方程式，所以从原则上讲欧拉方程是可解的，但因为它是一阶非线性偏微分方程，至今仍未找到一般解，只是在几种特殊情况下得到了它的解，水力学中最常见的是在重力场中的伯诺里（Bernoulli）积分。

五、恒定流能量方程（或伯努利方程）

（一）理想流体元流的能量方程

理想流体，即无黏性流体，无内摩擦力和能量损失。

将欧拉方程在下列条件下积分：

恒定流：$\frac{\partial u}{\partial t}=0$，$\frac{\partial p}{\partial t}=0$，则

$$\mathrm{d}p=\frac{\partial p}{\partial x}\mathrm{d}x+\frac{\partial p}{\partial y}\mathrm{d}y+\frac{\partial p}{\partial z}\mathrm{d}z$$

不可压缩流体：$\rho=$常数

仅受重力作用：$X=Y=0$，$Z=-g$

沿流线积分：$\mathrm{d}x=u_x\mathrm{d}t$，$\mathrm{d}y=u_y\mathrm{d}t$，$\mathrm{d}z=u_z\mathrm{d}t$

将式（6-4-13）分别乘以dx，dy，dz，相加后得

$$(X\mathrm{d}x+Y\mathrm{d}y+Z\mathrm{d}z)-\frac{1}{\rho}\left(\frac{\partial p}{\partial x}\mathrm{d}x+\frac{\partial p}{\partial y}\mathrm{d}y+\frac{\partial p}{\partial x}\mathrm{d}z\right)=\frac{\mathrm{d}u_x}{\mathrm{d}t}\mathrm{d}x+\frac{\mathrm{d}u_y}{\mathrm{d}t}\mathrm{d}y+\frac{\mathrm{d}u_z}{\mathrm{d}t}\mathrm{d}z$$

利用上述积分条件可得

$$\begin{aligned}-g\mathrm{d}z-\frac{1}{\rho}\mathrm{d}p&=u_x\mathrm{d}u_x+u_y\mathrm{d}u_y+u_z\mathrm{d}u_z\\&=\frac{1}{2}\mathrm{d}\left(u_x^2+u_y^2+u_z^2\right)=\mathrm{d}\left(\frac{u^2}{2}\right)\end{aligned}$$

因为$\rho=$常数，上式变为

$$\mathrm{d}\left(gz+\frac{p}{\rho}+\frac{u^2}{2}\right)=0$$

积分得

$$gz+\frac{p}{\rho}+\frac{u^2}{2}=\text{常数}$$

两边除以重力加速度g，并且因$\rho g=\gamma$得

$$z+\frac{p}{\gamma}+\frac{u^2}{2g}=\text{常数} \tag{6-4-14}$$

上式即为伯诺里积分或理想流体元流伯诺里方程，对同一元流的任意二断面可将式（6-4-14）写成

$$z_1+\frac{p_1}{\gamma}+\frac{u_1^2}{2g}=z_2+\frac{p_2}{\gamma}+\frac{u_2^2}{2g} \tag{6-4-15a}$$

上式以$\gamma=\rho g$代入，可写成

$$z_1+\frac{p_1}{\rho g}+\frac{u_1^2}{2g}=z_2+\frac{p_2}{\rho g}+\frac{u_2^2}{2g} \tag{6-4-15b}$$

（二）理想流体元流能量方程的物理意义

z ——位置高度或位置水头，单位位能；

$\frac{p}{\gamma}$ ——压强高度或压强水头，单位压能；

$\frac{u^2}{2g}$ ——流速水头，单位动能，因为单位动能等于动能$\frac{1}{2}mu^2$除以流体重力mg，即单位动能$=\frac{\frac{1}{2}mu^2}{mg}=\frac{u^2}{2g}$；

$z+\frac{p}{\gamma}$ ——测压管水头，单位势能，各断面测压管水头的连线称测管水头线，如图 6-4-5 所示，测压管水头线沿流向可升、可降、可水平；

$z+\frac{p}{\gamma}+\frac{u^2}{2g}$ ——总水头，单位重力流体的总机械能，简称单位能，沿流各断面总水头的连线为总水头线，理想流体的总水头线是一水平线，反映了理想流体运动时各断面单位能守恒，是能量守恒定律在流体运动中的一种体现。因任一断面三种单位能之和为一常数，如果其中某一种单位能发生变化，则另两种必定也会跟着转变。例如对一水平管道，单位位能z各断面相同，当管道断面变小处，该处流速加快（连续性方程），单位动能$\frac{u^2}{2g}$加大，则该处压强水头或单位压能$\frac{p}{\gamma}$必然降低，当动能加大到一定程度，该处将出现负压，可将气体或其他流体吸入，这就是喷射器（或射流泵）能抽水的原因。这也表明流体运动过程中，不仅遵循能量守恒原理，同时能量也可从一种形式转化为另一种形式，体现了能量转化原理。

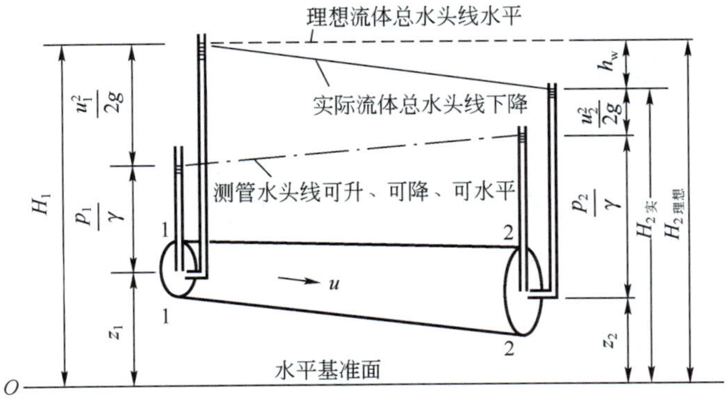

图 6-4-5

人们利用元流能量方程原理，制造出简便的测量流体某处流速u的仪器，这就是工程上常用的毕托（Pitot）管，毕托管构造示意于图 6-4-6。毕托管是一有 90°弯曲的细管，其顶端开孔截面正对迎面液流，放在测定点A处，在来流势能、动能共同作用下，流体沿弯管上升至一定高度$\frac{p'}{\gamma}$后保持稳定，此时A点的运动质点由于受到测速管的阻滞，流速变为零。测压管置于和A同一断面的壁上，其液柱高度为$\frac{p}{\gamma}$。未放测速毕托管前A处的总单位能为$z+\frac{p}{\gamma}+\frac{u^2}{2g}$，放入测速毕托管后，动能全部转化为压能，故总单位能为$z+\frac{p'}{\gamma}$。

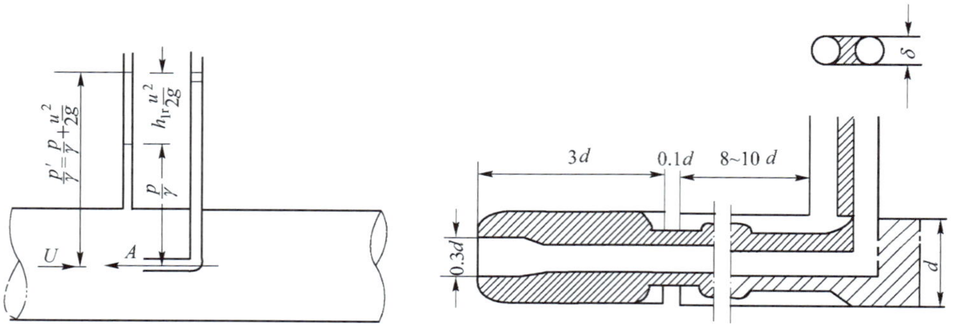

图　6-4-6

对于恒定流，当测管很少影响流场时，A点的单位能应保持不变，故

$$z+\frac{p}{\gamma}+\frac{u^2}{2g}=z+\frac{p'}{\gamma}$$

$$\frac{u^2}{2g}=\frac{p'}{\gamma}-\frac{p}{\gamma}=h_u$$

式中，h_u为测速管与测压管二者水头差，反映了被测点的流速水头大小，而流速u可按下式求得

$$u=\sqrt{2gh_u}=\sqrt{2g\left(\frac{p'-p}{\gamma}\right)} \tag{6-4-16}$$

毕托管细部构造亦示意于图 6-4-6 中，由于放入毕托管后流场受到干扰，而实际流体的黏性亦有影响，所以使用式（6-4-16）时需加一修正系数C，称毕托管修正系数。由实验确定，$C=1\sim1.04$，近似可取$C=1.0$。此时流速为

$$u=C\sqrt{2g\left(\frac{p'-p}{\gamma}\right)} \tag{6-4-17}$$

（三）实际流体元流能量方程

对于实际流体，黏性切应力阻碍流体运动，为克服阻力将损失机械能，单位重量流体损失的机械能称为单位能损失，所对应的水柱高度称为水头损失。令元流断面 1 至断面 2 的水头损失为$h'_{w_{1\text{-}2}}$，则实际流体元流的能量方程为

$$z_1+\frac{p_1}{\gamma}+\frac{u_1^2}{2g}=z_2+\frac{p^2}{\gamma}+\frac{u_2^2}{2g}+h'_{w_{1\text{-}2}} \tag{6-4-18}$$

实际流体元流的总水头线是一条沿流下降的斜坡线，又称为水力坡度线。总水头线的坡度称为水力坡度J，水力坡度可用单位长度上的水头损失计算，对线性变化的水力坡度

$$J=\frac{h'_w}{L} \tag{6-4-19}$$

L为发生水头损失流段的流长，当非线性变化时，水力坡度为

$$J=\frac{\mathrm{d}h_{\mathrm{w}}'}{\mathrm{d}L} \tag{6-4-20}$$

（四）实际流体总流的能量方程

根据实际流体元流的能量方程（6-4-18）对总流过水断面积分，即可得到实际流体总流的能量方程。在积分时需做一些假设，除了要满足伯诺里积分时的四个假设之外，还需满足无能量输入或输出总流之中和所取过水断面处满足渐变流条件。由于渐变流中加速度很小，加速度形成的惯性力可不计，质量力仅为重力，因而同一过水断面上动压按静压分布，即同一断面上的$z+\frac{p}{\gamma}=$常数，即同一断面的各点测压管水头相等。

根据式（6-4-18），单位时间内通过元流两过水断面的总能量的关系式为

$$\left(z_1+\frac{p_1}{\gamma}+\frac{u_1^2}{2g}\right)\gamma\mathrm{d}Q=\left(z_2+\frac{p_2}{\gamma}+\frac{u_2^2}{2g}\right)\gamma\mathrm{d}Q+h_{\mathrm{w}_{1-2}}'\gamma\mathrm{d}Q$$

而由连续性方程知$\mathrm{d}Q=u_1\mathrm{d}A_1=u_2\mathrm{d}A_2$，代入上式后并对总流两断面进行积分

$$\int_{A_1}\left(z_1+\frac{p_1}{\gamma}+\frac{u_1^2}{2g}\right)\gamma u_1\mathrm{d}A_1=\int_{A_2}\left(z_2+\frac{p_2}{\gamma}+\frac{u_2^2}{2g}\right)\gamma u_2\mathrm{d}A_2+\int_Q h_{\mathrm{w}_{1-2}}'\gamma\mathrm{d}Q$$

上式中第一种形式的积分为

$$\int_A\left(z+\frac{p}{\gamma}\right)\gamma\mathrm{d}Q=\gamma\left(z+\frac{p}{\gamma}\right)\int_A\mathrm{d}Q=\gamma Q\left(z+\frac{p}{\gamma}\right)$$

第二种形式的积分为

$$\begin{aligned}\int_A\gamma\frac{u^3}{2g}\mathrm{d}A&=\frac{\gamma}{2g}\int_A u^3\mathrm{d}A=\frac{\gamma}{2g}\int_A(v+\Delta u)^3\mathrm{d}A\\&=\frac{\gamma}{2g}\int_A(v^3+3v^2\Delta u+3v\Delta u^2+\Delta u^3)\mathrm{d}A\\&=\frac{\gamma}{2g}\left(v^3A+3v^2\int_A\Delta u\mathrm{d}A+3v\int_A\Delta u^2\mathrm{d}A+\int_A\Delta u^3\mathrm{d}A\right)\\&=\frac{\gamma}{2g}\left(v^3A+3v\int\Delta u^2\mathrm{d}A\right)=\frac{\gamma}{2g}(\alpha v^3A)=\gamma Q\frac{\alpha v^2}{2g}\end{aligned}$$

因为$\int_A\Delta u\mathrm{d}A=0$，而$\int_A\Delta u^3\mathrm{d}A$可略去，括号内$3v\int\Delta u^2\mathrm{d}A$项为正值，故$\int_A u^3\mathrm{d}A>v^3A$。

令$\alpha=\frac{\int u^3\mathrm{d}A}{v^3A}$，则知$\alpha>1$，称为动能改正系数，由试验知$\alpha=1.0\sim1.1$，通常取$\alpha=1.0$。第三种积分为$\int_Q h_{\mathrm{w}}'\gamma\mathrm{d}Q'$，若令$h_{\mathrm{w}}$为单位质量流体从断面1流至断面2能量损失的平均值，上积分可写成

$$\int_Q h_{\mathrm{w}}'\gamma\mathrm{d}Q=\gamma Qh_{\mathrm{w}}$$

将上述三种积分结果汇总化简后可得

$$\left(z_1+\frac{p_1}{\gamma}\right)\gamma Q+\frac{\alpha_1v_1^2}{2g}\gamma Q=\left(z_2+\frac{p_2}{\gamma}\right)\gamma Q+\frac{\alpha_2v_2^2}{2g}\gamma Q+h_{\mathrm{w}}\gamma Q$$

以重量流量γQ除以各项，得到以单位重量流体表示的总流能量方程

$$z_1+\frac{p_1}{\gamma}+\frac{\alpha_1v_1^2}{2g}=z_2+\frac{p_2}{\gamma}+\frac{\alpha_2v_2^2}{2g}+h_{\mathrm{w}_{1\text{-}2}} \tag{6-4-21a}$$

以$\gamma=\rho g$代入，上式亦可写为

$$z_1+\frac{p_1}{\rho g}+\frac{\alpha_1v_1^2}{2g}=z_2+\frac{p_2}{\rho g}+\frac{\alpha_2v_2^2}{2g}+h_{\mathrm{w}_{1\text{-}2}} \tag{6-4-21b}$$

与元流能量方程比较可见，以平均流速流速水头与动能改正系数乘积$\frac{\alpha v^2}{2g}$代替了$\frac{u^2}{2g}$，又以总流的水

头损失h_w代替了元流的水头损失h'_w，其余各项不变。

（五）总流能量方程的应用范围和应用举例

由能量方程推导过程可知，能量方程必须满足这些条件方可应用，即恒定流、不可压缩流体、仅受重力作用、所取断面必须是渐变流、两断面间无机械能的输入或输出、也无流量的汇入或分出。

如果欲用于有机械能的输入或输出，则可修正如下

$$z_1+\frac{p_1}{\gamma}+\frac{\alpha_1 v_1^2}{2g}\pm H=z_2+\frac{p_2}{\gamma}+\frac{\alpha_2 v_2^2}{2g}+h_w \tag{6-4-22}$$

上式中H为输入或输出的单位机械能以液柱高度表示的水头，输入时用正号，输出时用负号。如果欲用于有流量分出或汇入的情况，则按单位能的意义作如下处理，对于如图 6-4-7a）所示的情况有

$$\left.\begin{aligned}z_1+\frac{p_1}{\gamma}+\frac{\alpha_1 v_1^2}{2g}&=z_2+\frac{p_2}{\gamma}+\frac{\alpha_2 v_2^2}{2g}+h_{w_{1\text{-}2}}\\z_1+\frac{p_1}{\gamma}+\frac{\alpha_1 v_1^2}{2g}&=z_3+\frac{p_3}{\gamma}+\frac{\alpha_3 v_3^2}{2g}+h_{w_{1\text{-}3}}\\Q_1&=Q_2+Q_3\end{aligned}\right\} \tag{6-4-23}$$

对于如图 6-4-7b）所示的情况有

$$\left.\begin{aligned}z_1+\frac{p_1}{\gamma}+\frac{\alpha_1 v_1^2}{2g}&=z_3+\frac{p_3}{\gamma}+\frac{\alpha_3 v_3^3}{2g}+h_{w_{1\text{-}3}}\\z_2+\frac{p_2}{\gamma}+\frac{\alpha_2 v_2^2}{2g}&=z_3+\frac{p_3}{\gamma}+\frac{\alpha_3 v_3^2}{2g}+h_{w_{2\text{-}3}}\\Q_1+Q_2&=Q_3\end{aligned}\right\} \tag{6-4-24}$$

在使用能量方程时，应注意配合应用连续方程。

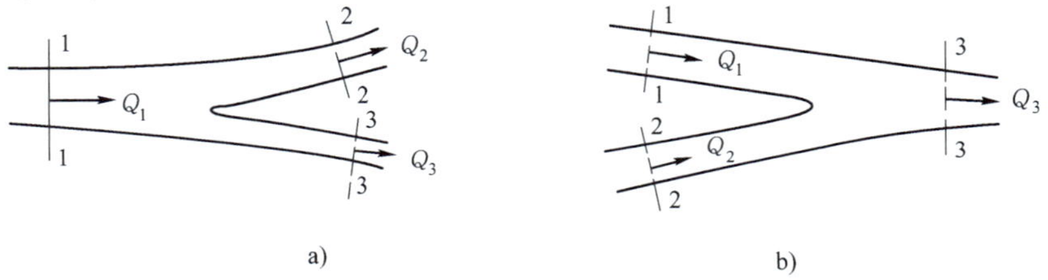

图 6-4-7

【例 6-4-2】 用一根直径d为 100mm 的管道从恒定水位的水箱引水，如图所示。若所需引水流量Q为 30L/s，水箱至管道出口的总水头损失h_w =3m，水箱水面流速很小可忽略不计，试求水面至出口中心点的水头H。

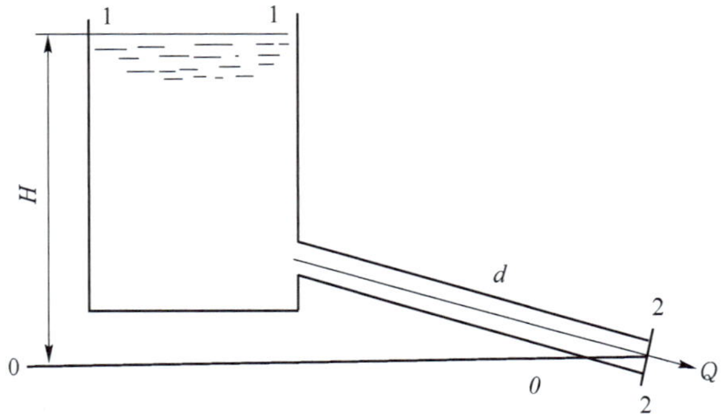

例 6-4-2 图

解 选水箱水面为断面 1-1，管道出口断面为断面 2-2，过断面 2-2 中点取一水平面为基准面 0-0，对此二断面写能量方程

$$z_1+\frac{p_1}{\gamma}+\frac{\alpha_1 v_1^2}{2g}=z_2+\frac{p_2}{\gamma}+\frac{\alpha_2 v_2^2}{2g}+h_{w1\text{-}2}$$

$$H+0+0=0+0+\frac{\alpha_2 v_2^2}{2g}+h_{w1\text{-}2}$$

因两断面均与大气相连，压强为当地大气压，所以$p_1=p_2=0$，水面流速$v_1\approx 0$，现取$\alpha_2=1.0$，则有

$$H=\frac{v_2^2}{2g}+h_{w1\text{-}2}$$

管道出口流速$v_2=\frac{Q}{A_2}=\frac{Q}{\frac{\pi}{4}d^2}=3.82\text{m/s}$，所以水头$H$为

$$H=\frac{3.82^2}{2\times 9.8}+3=3.74\text{m}$$

【例 6-4-3】 试导出如图所示的文丘里（Venturi）流量计的流量公式，若已测出测压管水头差$\Delta h=0.5\text{mH}_2\text{O}$，流量系数$\mu=0.98$；管道直径$d_1=100\text{mm}$，文丘里管的喉管直径$d_2=50\text{mm}$，求此时管内通过的流量$Q$。

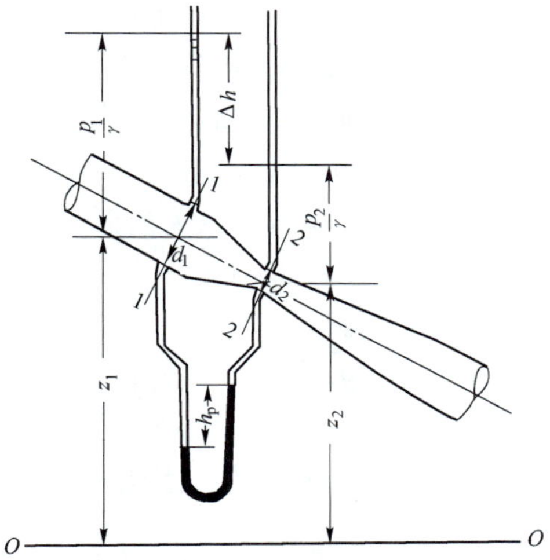

例 6-4-3 图

解 如图在测压管所在位置选取与流线垂直的断面 1-1 及 2-2，基准面选在管道下方任一位置。对断面 1-1 及 2-2 写能量方程，则

$$z_1+\frac{p_1}{\gamma}+\frac{\alpha_1 v_1^2}{2g}=z_2+\frac{p_2}{\gamma}+\frac{\alpha_2 v_2^2}{2g}+h_{w1\text{-}2}$$

令$\alpha_1=\alpha_2\approx 1.0$，因文丘里管两断面相距很近且很光滑，阻力很小，$h_w$可先忽略不计，再用实验得到的流量系数校正。

$$\left(z_1+\frac{p_1}{\gamma}\right)-\left(z_2+\frac{p_2}{\gamma}\right)=\frac{v_2^2-v_1^2}{2g}$$

等号左端为断面 1-1 与断面 2-2 测压管水头差Δh，所以

$$v_2^2-v_1^2=2g\Delta h$$

利用连续方程$v_1A_1=v_2A_2$，可将v_2换算成v_1

$$v_2=v_1\frac{A_1}{A_2}=v_1\left(\frac{d_1}{d_2}\right)^2$$

代入上式

$$v_1^2\left(\frac{d_1}{d_2}\right)^4-v_1^2=2g\Delta h$$

故

$$v_1=\sqrt{\frac{2g\Delta h}{\left(\frac{d_1}{d_2}\right)^4-1}}$$

流量

$$Q = v_1A_1 = \frac{\pi}{4}d_1^2\sqrt{\frac{2g\Delta h}{\left(\frac{d_1}{d_2}\right)^4 - 1}} \tag{6-4-25}$$

对某一已知的文丘里流量计，直径d_1及d_2为已定常数，$g = 9.8\text{m/s}^2$也是常数，所以$\frac{\pi}{4}d_1^2 \times \sqrt{\frac{2g}{\left(\frac{d_1}{d_2}\right)^4 - 1}}$也是一常数，令$K = \frac{\pi}{4}d_1^2\sqrt{\frac{2g}{\left(\frac{d_1}{d_2}\right)^4 - 1}}$，则有

$$Q = K\sqrt{\Delta h} \tag{6-4-26}$$

代入本题数据得

$$K = \frac{\pi}{4}(0.1)^2\sqrt{\frac{2 \times 9.8}{\left(\frac{0.1}{0.05}\right)^4 - 1}} \approx 0.008\,97\text{m}^{\frac{5}{2}}/\text{s}$$

$$Q = \mu K\sqrt{\Delta h} = 0.98 \times 0.008\ \ 97 \times \sqrt{0.5} = 0.006\ \ 22\text{m}^3/\text{s}$$

【例 6-4-4】 设在供水管路中有一水泵，如图所示，已知吸水池水面与水塔水面高差z =30m，从断面 1-1 流至断面 2-2 的总水头损失$h_{w_{1\text{-}2}}$为 5m。求水泵所需要的水头或水泵扬程。

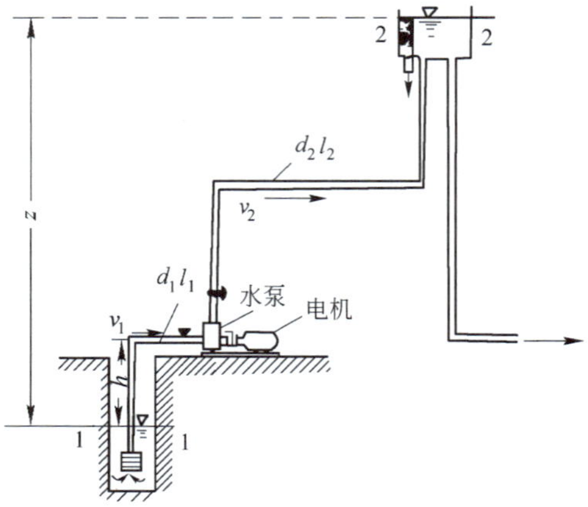

例 6-4-4 图

解 因为在流程中有水泵的机械能输入，所以采用式（6-4-21），选断面 1 及 2 写能量方程

$$z_1 + \frac{p_1}{\gamma} + \frac{\alpha_1 v_1^2}{2g} + H = z_2 + \frac{p_2}{\gamma} + \frac{\alpha_2 v_2^2}{2g} + h_{w_{1\text{-}2}}$$

水泵扬程H为

$$H = (z_2 - z_1) + \frac{p_2 - p_1}{\gamma} + \frac{\alpha_2 v_2^2 - \alpha_1 v_1^2}{2g} + h_{w_{1\text{-}2}}$$

$z_2 - z_1 = z$为两水面高差，1-1 及 2-2 液面均为当地大气压，相对压强为零，$p_1 = p_2 = 0$，令$\alpha_1 = \alpha_2 = 1.0$，且因水面流速很小可不计，$v_1 = v_2 \approx 0$，所以

$$H = z + h_{w_{1\text{-}2}}$$

代入本题数据后得

$$H = 30 + 5 = 35\text{m}$$

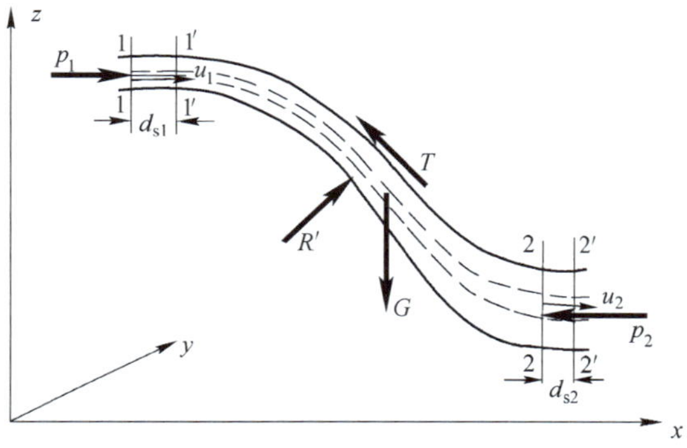

图 6-4-8

六、恒定流动量方程

流体像其他物体一样遵循动量定律，即动量对于时间的变化率$\frac{dK}{dt}$等于作用于物体上各外力的合力F。现将此定理运用于如图 6-4-8 所示的元流和总流推导出恒定流动量方程，取过流断面 1-1 及 2-2，作为控制面，流体由 1-1 向 2-2 流动，先取一条元流（图中虚线所示）分析。经过时间dt后断面从 1-1 移至 1′-1′，2-2 移至 2′-2′，元流的动量增量应为 1-1′ 段和 2-2′ 段

的动量之差，即等于流出控制面的动量减去流入控制面的动量，因为中间一段 1′-2 动量无变化，所以

$$\mathrm{d}\boldsymbol{K}=\rho\mathrm{d}S_2\mathrm{d}A_2\boldsymbol{u}_2-\rho\mathrm{d}S_1\mathrm{d}A_1\boldsymbol{u}_1$$
$$=\rho\mathrm{d}Q\mathrm{d}t(\boldsymbol{u}_2-\boldsymbol{u}_1)$$

动量的变化率$\frac{\mathrm{d}\boldsymbol{K}}{\mathrm{d}t}=\rho\mathrm{d}Q(\boldsymbol{u}_2-\boldsymbol{u}_1)$，按动量定律

$$\rho\mathrm{d}Q(\boldsymbol{u}_2-\boldsymbol{u}_1)=\boldsymbol{F}$$

将上式对总流积分，即可得总流动量方程

$$\int_{A_2}\rho\boldsymbol{u}_2u_2\mathrm{d}A_2-\int_{A_1}\rho\boldsymbol{u}_1u_1\mathrm{d}A_1=\sum\boldsymbol{F}$$

现分析$\int_A u^2\mathrm{d}A$的积分形式

$$\int_A u^2\mathrm{d}A=\int_A(v+\Delta u)^2\mathrm{d}A=\int_A(v^2+2v\Delta u+\Delta u^2)\mathrm{d}A=v^2A+\int_A\Delta u^2\mathrm{d}A=\alpha_0v^2A$$

因为$\int_A\Delta u\mathrm{d}A=0$，且$\int\Delta u^2\mathrm{d}A$为正数，故$\int_A u^2\mathrm{d}A>v^2A$，$\alpha_0>1$，$\alpha_0=\frac{\int_A u^2\mathrm{d}A}{v^2A}$称动量改正系数，由试验确定，$\alpha_0=1.0\sim1.05$，一般可取$\alpha_0\approx1.0$。将此代入原积分式后有

$$\alpha_{02}\rho v_2v_2A_2-\alpha_{01}\rho v_1v_1A_1=\sum F$$

因

$$v_2A_2=v_1A_1=Q$$

得

$$\sum F=\rho Q(\alpha_{02}v_2-\alpha_{01}v_1) \tag{6-4-27}$$

上式即为以向量形式表示的动量方程，如果投影到三个坐标轴上分别计算，则有

$$\begin{cases}\sum F_x=\rho Q(\alpha_{02}v_{2x}-\alpha_{01}v_{1x})\\ \sum F_y=\rho Q(\alpha_{02}v_{2y}-\alpha_{01}v_{1y})\\ \sum F_z=\rho Q(\alpha_{02}v_{2z}-\alpha_{01}v_{1z})\end{cases} \tag{6-4-28}$$

动量方程中的力F和速度$\boldsymbol{v}$均是向量，即使应用式（6-4-27），应注意方向和正负号。并且牢记脚标“2”代表流出控制体的断面，脚标“1”代表流入控制体的断面，且动量的增量要用“2”减去“1”，次序不能颠倒。

动量方程主要用于求流体与固体边界的相互作用力。

【例 6-4-5】 求水平放置的等截面弯头所受到的水流推力，如图所示，弯管直径d =200mm，管中流速v =4m/s，压强为p =98kPa，不计水头损失。

解 取二维坐标x、y如图所示，选控制面为 1-1、2-2，令管壁对水流的反力在两个轴上投影分别为R'_x、R'_y，先对x轴应用式（6-4-28）

$$\sum F_x=\rho Q(\alpha_{02}v_{2x}-\alpha_{01}v_{1x})$$

设$\alpha_{02}=\alpha_{01}=1.0$，则

$$-R'_x-p_2A_2\cos\theta+p_1A_1=\rho Q(v_2\cos\theta-v_1)$$

由于是等截面，所以$A_1=A_2=A$，得

$$R'_x=A(p_1-p_2\cos\theta)-\rho Q(v_2\cos\theta-v_1)$$

由于等截面，又不计水头损失，所$v_1=v_2=v=4\text{m/s}$，

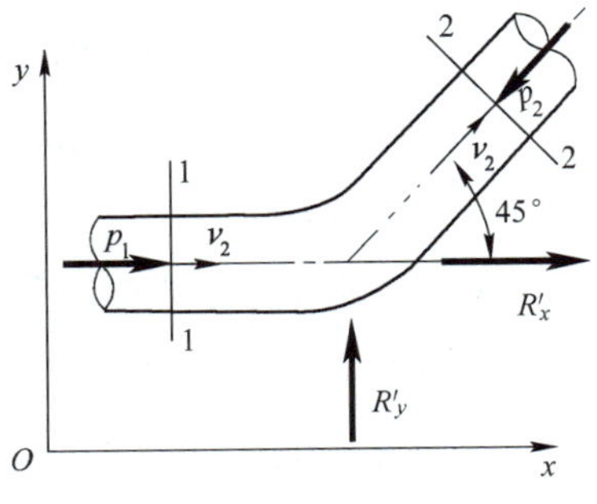

例 6-4-5 图

$p_1 = p_2 = p = 98\text{kPa}$，$Q = \frac{\pi}{4}d^2 v = \frac{\pi}{4}0.2^2 \times 4 = 0.126\text{m}^3/\text{s}$。将数字代入求得

$$R'_x = \frac{\pi}{4}0.2^2 \times (98 \times 10^3 - 98 \times 10^3 \cos 45°) - 1\,000 \times 0.126 \times (4 \times \cos 45° - 4)$$
$$= 1\,049.7\text{N}$$

再对y轴应用式（6-4-28）

$$\sum F_y = \rho Q(\alpha_{02} v_2 y - \alpha_{01} v_1 y)$$
$$R'_y - p_2 A_2 \sin\theta = \rho Q(v_2 \sin\theta - 0)$$
$$R'_y = p_2 A_2 \sin\theta + \rho Q v_2 \sin 45°$$
$$= 98 \times 10^3 \times \frac{\pi}{4}0.2^2 \times \sin 45° + 1\,000 \times 0.126 \times 4 \sin 45° = 2\,533\text{N}$$

合力$R = \sqrt{R_x^2 + R_y^2} = \sqrt{1\,049.7^2 + 2\,533^2} = 2\,741.9\text{N}$

管道所受推力$\boldsymbol{P}$与此大小相等方向相反，$\boldsymbol{P} = -\boldsymbol{R}$。

习 题

6-4-1 理想流体是指（ ）的流体。

A. 密度为常数 B. 黏度不变 C. 不可压缩 D. 无黏性

6-4-2 恒定流是指（ ）。

A. 当地加速度$\frac{\partial u}{\partial t} = 0$ B. 迁移加速度$\frac{\partial u}{\partial s} = 0$

C. 当地加速度$\frac{\partial u}{\partial t} \neq 0$ D. 迁移加速度$\frac{\partial u}{\partial s} \neq 0$

6-4-3 均匀流是指（ ）。

A. 当地加速度为零 B. 合加速度为零

C. 流线为平行直线 D. 流线为平行曲线

6-4-4 伯努利方程中$z + \frac{p}{\gamma} + \frac{\alpha v^2}{2g}$表示（ ）。

A. 单位重量流体的势能 B. 单位重量流体的动能

C. 单位重量流体的机械能 D. 单位质量流体的机械能

6-4-5 毕托管测速比压计中的水头差是（ ）。

A. 单位动能与单位压能之差 B. 单位动能与单位势能之差

C. 测压管水头与流速水头之差 D. 总水头与测压管水头之差

6-4-6 黏性流体测压管水头线的沿程变化是（ ）。

A. 沿程下降 B. 沿程上升

C. 保持水平 D. 前三种情况都有可能

6-4-7 变直径有压圆管流动，上游断面 1 的直径d_1 =150mm，下游断面 2 的直径d_2 =300mm，断面 1 的平均流速v_1 =6m/s，断面 2 的平均流速v_2为（ ）。

A. 3m/s B. 2m/s C. 1.5m/s D. 1m/s

6-4-8 已知倾斜放置的文丘里流量计的测压管水头差 Δh=0.6mH_2O，如例 6-4-2 图所示，收缩前粗管直径d_1 =100mm，喉管直径d_2 =50mm，流量校正系数μ =0.98，流量Q为（ ）。

A. 0.008m³/s B. 0.006 51m³/s C. 0.007 5m³/s D. 0.006 81m³/s

第五节　流动阻力和能量损失

本节主要研究由于流体黏性的作用而产生的流动阻力和由于克服阻力而消耗的能量损失。对于液体，常用单位重量液体的能量损失即水头损失h_w来表示；对于气体，常用单位体积的能量损失即压强损失$p_w=\gamma h_w$来表示。

水头损失可分为沿程水头损失和局部水头损失两种类型。当流体作流线平行的均匀流动时，水流阻力只有沿程不变的切应力，称为沿程阻力，由于克服沿程阻力消耗能量而产生的水头损失称为沿程水头损失h_f，如图 6-5-1 所示直管段部分的水头损失即是此种水头损失；当限制流体的固体边界急剧改变，从而引起流体流速分布、内部结构变化、形成漩涡等一系列现象，因此产生的阻力称为局部阻力，由于克服局部阻力消耗能量而产生的水头损失称为局部水头损失h_m，如图 6-5-1 所示流经“弯头”“缩小”“放大”及“闸门”等处的水头损失即为局部损失。

图 6-5-1 流段两断面间的全部水头损失h_w可以表示为两断面间所有沿程损失和所有局部损失的总和，即

$$h_w=\sum h_f+\sum h_m$$

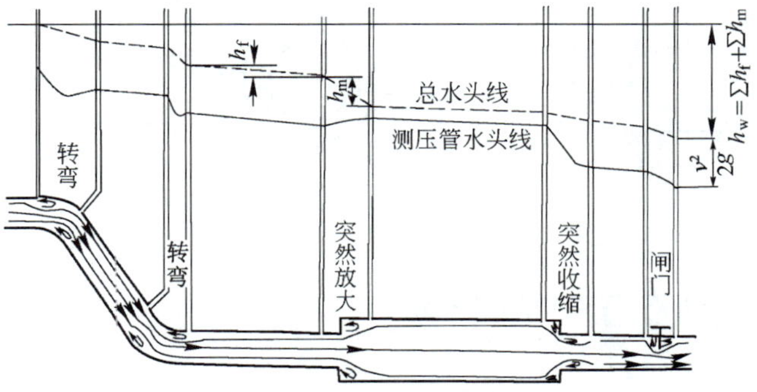

图　6-5-1

一、两种流态——层流和紊流

1883 年英国物理学家奥斯本·雷诺（Osborne Reynotds）经实验研究发现，水头损失和流体流动状态有关，而流动状态又可分为层流和紊流两种类型。

（一）层流

流体呈层状流动，各层的质点互不混掺；层流时水头损失h_f与平均流速的一次方成比例，即$h_f=k_1 v$；层流一般发生在低流速、细管径、高黏性的流体流动中。

（二）紊流

流体的质点互相混掺，迹线紊乱的流动；紊流时水头损失h_f与平均流速的 1.75~2 次方成比例，即$h_f=k_2 v^{1.75\sim2}$；紊流发生在流速较快、断面较大、黏性小的流体流动中。

（三）层流与紊流的判别标准

雷诺经大量实验研究后提出用一个无量纲数$\frac{vd}{\nu}$来区别流态。后人为纪念他，称之为下临界雷诺数，并以雷诺名字的头两个字母表示，即

$$Re_k = \frac{v_k d}{\nu} = 2\,000 \qquad (6\text{-}5\text{-}1)$$

若管道中实际的雷诺数$Re = \frac{vd}{\nu} < 2\,000$为层流，$Re > 2\,000$为紊流。

【例 6-5-1】 直径为 20mm 的管流，平均流速为 9m/s，已知水的运动黏性系数ν =0.011 4cm²/s，则管中水流的流态和水流流态转变的层流流速分别是：

A. 层流，19cm/s　　B. 层流，11.4cm/s

C. 紊流，19cm/s　　D. 紊流，11.4cm/s

解 管中雷诺数$Re = \frac{v \cdot d}{\nu} = \frac{2\times 900}{0.011\,4} = 157\ 894.74 \gg Re_k$，为紊流。

欲使流态转变为层流时的流速$v_k = \frac{Re_k \cdot \nu}{d} = \frac{2\,000\times 0.011\,4}{2} = 11.4$cm/s。

答案： D

二、均匀流基本方程

在均匀流条件下可导出切应力τ与水力坡度J的关系式

$$\tau = \rho g R J = \rho g \frac{r}{2} J$$

上式表明圆管中切应力与半径r成正比，为线性分布，如图 6-5-2a）所示。

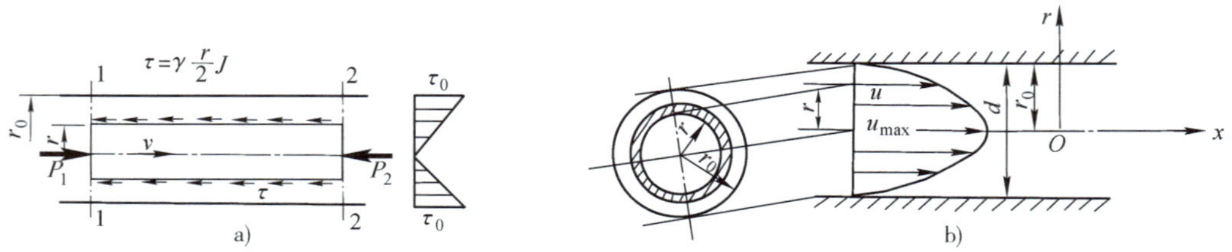

图 6-5-2

三、圆管中的层流运动及沿程损失计算

当圆管中的流态为层流时，断面上各点的流速u可用下式计算

$$u = \frac{\gamma J}{4\mu}(r_0^2 - r^2) \qquad (6\text{-}5\text{-}2)$$

式中：γ ——重度；

J ——水力坡度；

μ ——动力黏度；

r_0 ——水管内半径；

r ——断面上任一点半径。

由上式可知，层流时圆管断面流速分布为二次抛物线，如图 6-5-2b）所示。最大流速u_{max}发生在$r = 0$的管轴心处，$u_{max} = \frac{\gamma J}{4\mu} r_0^2$；断面平均流速$v = \frac{Q}{A} = \frac{\int_A u\mathrm{d}A}{A}$经积分计算后可得$v = \frac{\gamma J}{8\mu} r_0^2$，所以$v = \frac{1}{2}u_{max}$，即平均流速是最大流速的一半。而动能改正系数$\alpha = 2$，动量改正系数$\alpha_0 = 1.33$。

若以$u_m = \frac{\gamma J}{4\mu} r_0^2$代入式（6-5-2）中可得：$u = u_m\left[1 - \left(\frac{r}{r_0}\right)^2\right]$。

圆管层流时水头损失h_f的计算公式可导出为

$$h_f = \lambda \frac{L}{d}\frac{v^2}{2g} \qquad (6\text{-}5\text{-}3)$$

上式称达西-魏斯巴赫（Darcy-Weisbach），公式中L为流长，d为管内径，v为断面平均流速，g为重力加速度，λ为沿程阻力系数，在圆管层流时可按下式计算

$$\lambda = \frac{64}{\mathrm{Re}} \tag{6-5-4}$$

上式只能在 Re<2 300 时应用。

对于非圆断面的管道，可以用水力半径R来代替式中的管径d，水力半径为断面面积A与湿周χ之比，即

$$R = \frac{A}{\chi} \tag{6-5-5}$$

对有压圆管其水力半径按式（6-5-5）可求得为

$$R = \frac{\frac{\pi}{4}\mathrm{d}^2}{\pi d} = \frac{d}{4}$$

将此关系代入式（6-5-3）可得

$$h_{\mathrm{f}} = \lambda \frac{L}{4R}\frac{v^2}{2g} \tag{6-5-6}$$

上式称达西公式，比式（6-5-3）应用范围更广。

【例 6-5-2】 一直径为 50mm 的圆管，运动黏性系数υ =0.18cm²/s，密度ρ =0.85g/cm³ 的油在管内以v =5cm/s 的速度做层流运动，则沿程损失系数是：

A. 0.09　　B. 0.461　　C. 0.1　　D. 0.13

解 有压圆管层流运动的沿程损失系数$\lambda = \frac{64}{\mathrm{Re}}$

而雷诺数$\mathrm{Re} = \frac{vd}{\upsilon} = \frac{5 \times 5}{0.18} = 138.89$，$\lambda = \frac{64}{138.89} = 0.461$

答案：B

【例 6-5-3】 半圆形明渠，半径r_0 =4m，水力半径为：

A. 4m　　B. 3m　　C. 2m　　D. 1m

解 水力半径R等于过流面积除以湿周，即$R = \frac{\pi r_0^2}{2\pi r_0}$

代入题设数据，可得水力半径$R = \frac{\pi \times 4^2}{2 \times \pi \times 4} = 2\mathrm{m}$

答案：C

四、紊流运动及沿程损失计算

（一）紊流的脉动现象

在紊流中由于质点的混掺及旋涡的转移，使紊流中某点的流速、压强均随时间t而围绕某一时间平均值上下跳动，此现象称为脉动现象。图 6-5-3a）表示紊流流速u_x随时间t而脉动的情况，由于紊流脉动是一个随机过程，从瞬时来看没有规律，给研究带来困难。但从较长的时间过程来看，它又有一定规律，它可以看成是一个时间平均流动和脉动的叠加，而时均流动是恒定的。例如时均流速$\overline{u}_x = \frac{1}{T}\int u_x \mathrm{d}t$，在图 6-5-3 中$\overline{u}_x$是一条水平线。

（二）紊流的阻力

紊流除由于黏性而产生的黏性切应力之外，更主要的是由于质点混掺、动量交换而形成的惯性切应力$\overline{\tau}_2 = -\rho\overline{u_x' u_y'}$。根据普朗德（Prandtl）混掺长度半经验理论，惯性切应力

$$\tau_2 = \rho l^2\left(\frac{\mathrm{d}u_x}{\mathrm{d}y}\right)^2$$

式中，l为混掺长度。据卡门（Kazman）的研究：$l = ky$，k =0.36~0.435，平均值取k =0.4。所以紊流阻力由两部分叠加，得

$$\tau = \mu\frac{\mathrm{d}u_x}{\mathrm{d}y} + \rho l^2\left(\frac{\mathrm{d}u_x}{\mathrm{d}y}\right)^2$$

根据上述紊流阻力公式，可导出紊流核心区紊流速分布公式为

$$u = \frac{1}{k}v^* \cdot \ln y + C \tag{6-5-7}$$

由上式知紊流核心区流速分布为对数分布，远较层流均匀，如图 6-5-3b）所示，式中$v_* = \sqrt{\frac{\tau_0}{\rho}}$称为切应力流速，$y$为距壁面的距离。式中积分常数与固壁壁面的粗糙度$\Delta$高低有关，所以紊流的阻力、流速分布、水头损失，不仅与黏性有关，与雷诺数 Re 有关，而且还与边壁粗糙度Δ和相对粗糙度$\frac{\Delta}{d}$有关。

在壁面附近的黏性底层中，紊流流速分布为直线分布。

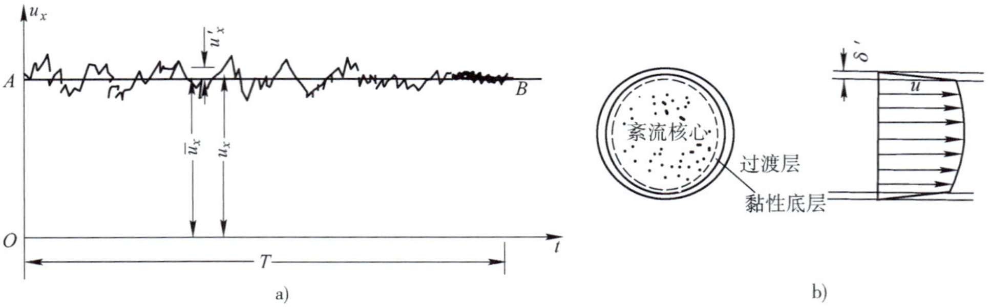

图 6-5-3

（三）紊流的沿程阻力系数

紊流与层流一样，计算沿程损失的公式仍可用达西公式（6-5-3）或公式（6-5-6），但沿程阻力系数随流态不同及所在流区不同而用不同公式计算。根据尼柯拉兹（Nikuradse）在人工粗糙（黏沙粒）管中的试验，流区可划分如下：

1. 层流区

Re <2 000，$\lambda = \frac{64}{\mathrm{Re}}$，参见图 6-5-4。

2. 紊流光滑区

4 000< Re <10^5，管壁绝对粗糙度Δ <0.4δ，而黏性底层厚度$\delta = \frac{32.8d}{\mathrm{Re}\sqrt{\lambda}}$，此时黏性底层厚度遮盖了边壁粗糙度，沿程阻力系数仅随雷诺数而变，$\lambda = \lambda(\mathrm{Re})$，可用伯拉休斯（Blasince）公式计算

$$\lambda = \frac{0.316\,4}{\mathrm{Re}^{0.25}} \tag{6-5-8}$$

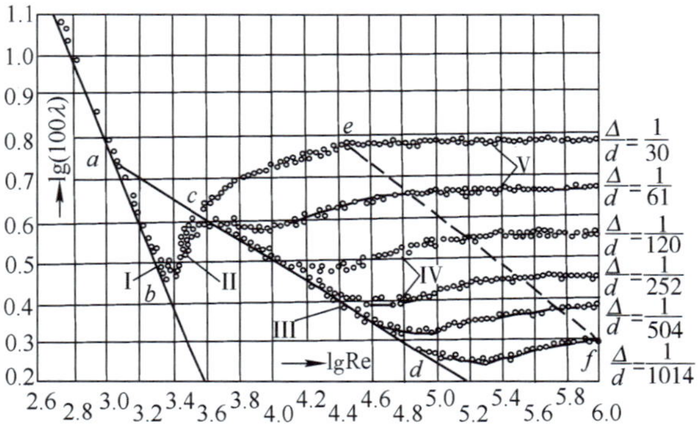

图 6-5-4

也可用尼柯拉兹光滑管公式计算

$$\frac{1}{\sqrt{\lambda}}=2\lg\left(\mathrm{Re}\sqrt{\lambda}\right)-0.8 \tag{6-5-9}$$

【例 6-5-4】尼古拉兹实验曲线中，当某管路流动在紊流光滑区内时，随着雷诺数的 Re 增大，其沿程损失系数λ将：

A. 增大　　B. 减小　　C. 不变　　D. 增大或减小

解　由尼古拉兹实验曲线图可知，在紊流光滑区，随着雷诺数 Re 的增大，沿程损失系数将减小。

答案： B

3. 紊流过渡区

由水力光滑区向水力粗糙区的过渡，此时 $0.4\delta<\Delta<6\delta$，沿程阻力系数λ可按柯列布洛克（Colebrook）公式计算，此时λ与Re、$\frac{\Delta}{d}$均有关，即

$$\frac{1}{\sqrt{\lambda}}=-2\lg\left(\frac{\Delta}{3.7d}+\frac{2.51}{\mathrm{Re}\sqrt{\lambda}}\right) \tag{6-5-10}$$

本流区的沿程阻力系数也可用阿尔特苏尔经验公式计算：$\lambda=0.11\left(\frac{\Delta}{d}+\frac{68}{\mathrm{Re}}\right)^{0.25}$。

4. 紊流粗糙区（或称阻力平方区）

因为此时阻力系数λ只与相对粗糙度$\frac{\Delta}{d}$有关，与 Re 无关，h_f与v^2成正比。阻力系数有多种计算公式，最著名的有尼柯拉兹粗糙区公式和谢才（Chegy）公式。尼氏公式如下

$$\lambda=\frac{1}{\left(2\lg3.7\frac{d}{\Delta}\right)^2} \tag{6-5-11}$$

应用范围为$\Delta>6\delta$。

谢才公式如下

$$v=C\sqrt{RJ} \tag{6-5-12}$$

式中：v ——平均流速；

C ——谢才系数；

R ——水力半径，$R=A/\chi$；

J ——水力坡度，$J=h_f/L$，或者$h_f=LJ$。

谢才系数有多种计算公式，其中工程上常用的有曼宁（Manning）公式

$$C=\frac{1}{n}R^{\frac{1}{6}} \tag{6-5-13}$$

式中：n——边壁粗糙系数，可查表 6-5-1。

粗 糙 系 数 n 值　　表 6-5-1

序号	壁面性质及状况	n
1	特别光滑的黄铜管、玻璃管	0.009
2	精致水泥浆抹面，安装及连接良好的新制的清洁铸铁管及钢管，精刨木板	0.011
3	正常情况下无显著水锈的给水管，非常清洁的排水管，最光滑的混凝土面	0.012
4	正常情况的排水管，略有积污的给水管，良好的砖砌体	0.013
5	积污的给水管和排水管，中等情况下渠道的混凝土砌面	0.014
6	良好的块石圬工，旧的砖砌体，比较粗制的混凝土砌面，特别光滑、仔细开挖的岩石面	0.017

续上表

序号	壁面性质及状况	n
7	坚实黏土的渠道，不密实淤泥层（有的地方是中断的）覆盖的黄土、砾石及泥土的渠道，良好养护情况下的大土渠	0.022 5
8	良好的干砌圬工，中等养护情况的土渠，情况极良好的河道（河床清洁、顺直、水流畅通、无塌岸深潭）	0.025
9	养护情况中等标准以下的土渠	0.027 5
10	情况较坏的土渠（如部分渠底有杂草、卵石或砾石、部分岸坡崩塌等），情况良好的天然河道	0.030
11	情况很坏的土渠（如断面不规则，有杂草、块石、水流不畅等），情况较良好的天然河道，但有不多的块石和野草	0.035
12	情况特别坏的土渠（如有不少深潭及塌岸，杂草丛生，渠底有大石块等），情况不大良好的天然河道（如杂草、块石较多，河床不甚规则而有弯曲，有不少深潭和塌岸）	0.040

比较达西公式与谢才公式，可得

$$\left.\begin{aligned} C &= \sqrt{\frac{8g}{\lambda}} \\ \lambda &= \frac{8g}{C^2} \end{aligned}\right\} \tag{6-5-14}$$

谢才公式对水力粗糙区的明渠、管道均可用，对明渠应用尤为方便。

5. 第一过渡区（流态过渡区）

由层流向紊流过渡，该区域很窄，且λ无定量公式。

此后，柯列布洛克（Co Lebrook）等人，对工业上实用管道进行研究，得出了计算紊流过渡区的阻力系数公式［式（6-5-10）］，式中Δ为实用管道的当量粗糙度，所谓当量粗糙度，就是指和实用管道紊流粗糙区λ值相等的、管径相同的尼古拉兹人工粗糙管的砂粒粒径高度。见表 6-5-2。1944 年莫迪（Moody L.F）在式（6-5-10）的基础上绘制了实用管道的λ与 Re、$\frac{\Delta}{d}$之间关系图，称莫迪图，如图 6-5-5 所示。根据已知的 Re 与$\frac{\Delta}{d}$可由莫迪图查出沿程阻力系数λ值。

实用管道当量粗糙度Δ值　　表 6-5-2

序　号	边 界 种 类	当量粗糙度Δ值（mm）
1	钢板制风管	0.15（引自全国通用通风管道计算表）
2	塑料板制风管	0.10（引自全国通用通风管道计算表）
3	表面光滑砖风道	4.0（引自采暖通风设计手册）
4	矿渣混凝土板风道	1.5（引自采暖通风设计手册）
5	钢丝网抹灰风道	10~15（引自采暖通风设计手册）
6	胶合板风道	1.0（引自采暖通风设计手册）
7	铅管、铜管、玻璃管	0.01（引自莫迪当量粗糙度图等）
8	镀锌钢管	0.15（引自莫迪当量粗糙度图等）
9	铸铁管	0.25（引自莫迪当量粗糙度图等）
10	混凝土管	0.3~3（引自莫迪当量粗糙度图等）
11	旧的生锈金属管	0.60（引自莫迪当量粗糙度图等）
12	污秽的金属管	0.75~0.97（引自莫迪当量粗糙度图等）

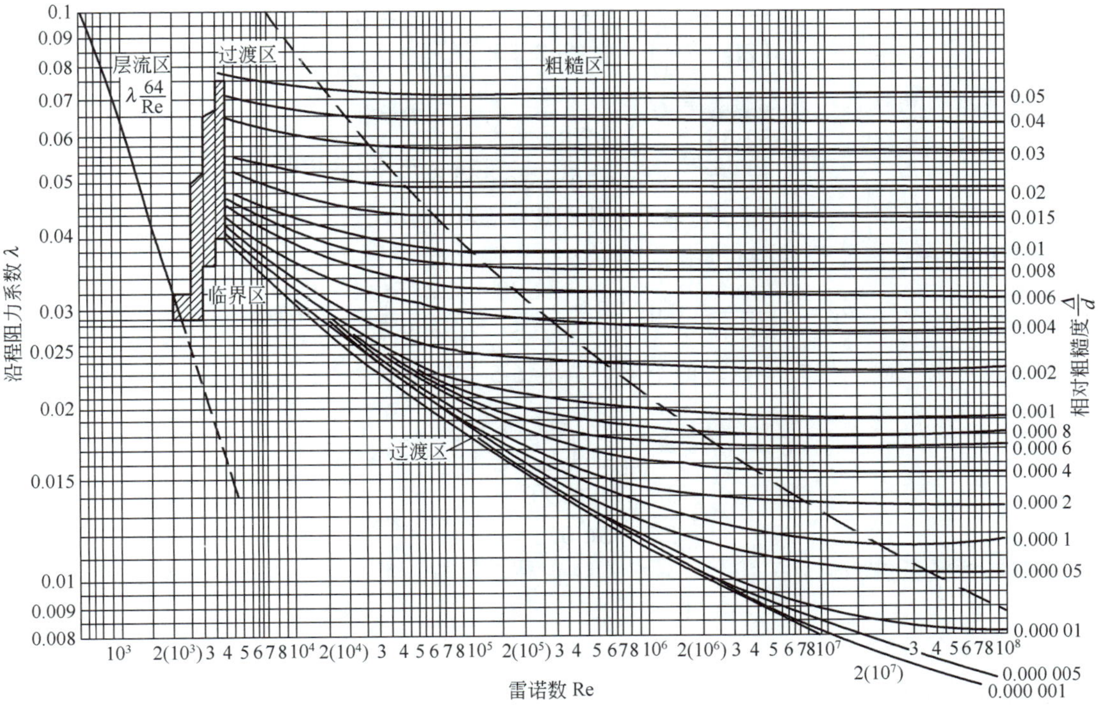

图 6-5-5

【例 6-5-5】 设有一恒定均匀有压管流，管径d =200mm，绝对粗糙度Δ =0.2mm，水的运动黏度ν =0.15×10^{-5}m²/s，流量Q =5L/s，试求该管的沿程阻力系数λ及每米管长沿程损失h_f。

解 为判别流态，先求断面平均流速v

$$v=\frac{Q}{A}=\frac{4Q}{\pi d^2}=\frac{4\times0.005}{\pi\times0.2^2}=0.16\text{m/s}$$

雷诺数$Re=\frac{vd}{\nu}=\frac{0.16\times0.2}{0.15\times10^{-5}}=21\,333>2\,000$紊流，但$Re<10^5$。

设紊流处于水力光滑区，按伯拉休斯公式求沿程阻力的系数$\lambda=\frac{0.316\,4}{Re^{0.25}}=\frac{0.316\,4}{21\,333^{0.25}}=0.026$。验证是否在水力光滑区，为此先求黏性底层厚度

$$\delta=\frac{32.8d}{Re\sqrt{\lambda}}=\frac{32.8\times0.2}{21\,333\sqrt{0.026}}=1.95\text{mm}$$

$$0.4\delta=0.4\times1.95=0.78\text{mm}>0.2\text{mm}$$

是光滑区，假设正确。

$$h_f=\lambda\frac{L}{d}\cdot\frac{v^2}{2g}=0.026\times\frac{1}{0.2}\times\frac{0.16^2}{19.6}=1.7\times10^{-4}\text{m}$$

【例 6-5-6】 略有积污的给水管，管径d为 600mm，通过流量Q为 352L/s，管长 7.5km，绝对粗糙度Δ =1.5mm，平均水温 10℃，求沿程损失h_f。

解 流速

$$v=\frac{4Q}{\pi d^2}=\frac{4\times0.352}{\pi0.6^2}=1.245\text{m/s}$$

雷诺数

$$Re=\frac{vd}{\nu}=\frac{1.245\times0.6}{1.306\times10^{-6}}=571\,950>2\,000$$

因Re较大且粗糙度较大，设在水力粗糙区用尼氏粗糙公式（6-5-11）求沿程阻力系数λ

$$\lambda=\frac{1}{\left(2\lg 3.7\frac{d}{\Delta}\right)^{2}}=\frac{1}{\left(2\lg 3.7\times\frac{600}{1.5}\right)^{2}}=0.0249$$

验证是否在水力粗糙区，求黏性底层厚度

$$\delta=\frac{32.8d}{\mathrm{Re}\sqrt{\lambda}}=\frac{32.8\times0.6}{571\,950\times\sqrt{0.0249}}=0.218\mathrm{mm}$$

$$6\delta=6\times0.218=1.308\mathrm{mm}$$

$\Delta=1.5\mathrm{mm}>6\delta$，是在水力粗糙区。

$$h_{\mathrm{f}}=\lambda\frac{L}{d}\frac{v^2}{2g}=0.0249\times\frac{7\,500}{0.6}\times\frac{1.245^2}{2\times9.8}=24.61\mathrm{m}$$

用谢才公式再求一次，按略有积污的给水管查表 6-5-1 得粗糙系数$n=0.013$，代入曼宁公式

$$C=\frac{1}{n}R^{\frac{1}{6}}=\frac{1}{0.013}\left(\frac{0.6}{4}\right)^{\frac{1}{6}}=56.071\sqrt{\mathrm{m}}/\mathrm{s}$$

$$\lambda=\frac{8g}{C^2}=\frac{8\times9.8}{56.071^2}=0.02494$$

与用尼氏式计算基本相同，在以上计算中关键是要把粗糙系数及绝对粗糙度选好，其次选用流区公式要正确。

五、局部水头损失

局部水头损失计算的普遍公式为

$$h_{\mathrm{m}}=\zeta\frac{v^2}{2g}\tag{6-5-15}$$

式中：ζ——局部阻力系数，视局部阻力形式而定，其数值由试验确定，可查局部阻力系数图表。

但对突然放大的局部损失（见图 6-5-6），可用理论导出局部阻力系数。

$$\zeta_1=\left(1-\frac{A_1}{A_2}\right)^2,\ h_{\mathrm{m}}=\zeta_1\frac{v_1^2}{2g}$$

相应于放大前流速v_1。

$$\zeta_2=\left(\frac{A_2}{A_1}-1\right)^2,\ h_{\mathrm{m}}=\zeta_2\frac{v_2^2}{2g}$$

相应于放大后流速v_2

对于突然缩小的局部损失，其局部阻力系数为

$$\zeta=0.5\left(1-\frac{A_2}{A_1}\right),\ h_{\mathrm{m}}=\zeta\frac{v_2^2}{2g}$$

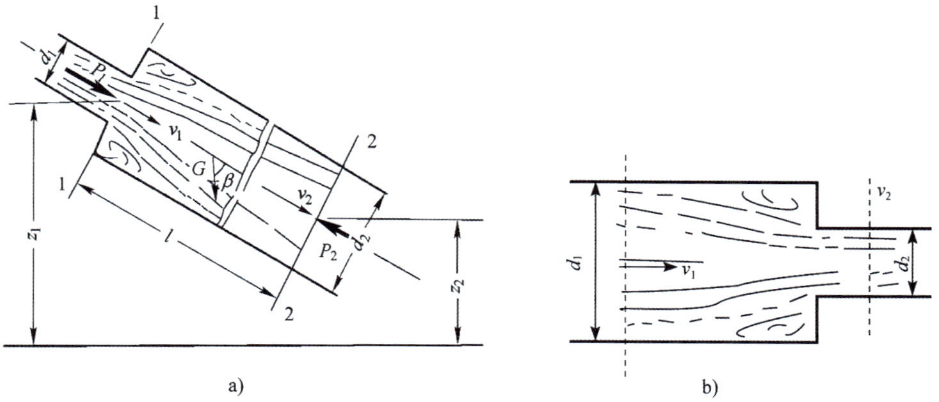

图 6-5-6

六、边界层基本概念和线流阻力

（一）边界层的定义和分类

当应用理想流体运动微分方程即欧拉运动方程来求解低黏性大雷诺数的实际流动时与实验结果出现有较大的差别，在圆柱绕流问题上甚至出现谬误，但完全应用黏性流体运动方程，即纳维-斯托克司（Navier-Stokes）方程求解整个流场时又有数学上的困难。直到 1904 年普朗德（L Prandtl）提出了边界层理论，为解决实际流体的流动开拓了新的境界，现以如图 6-5-7 所示的平板边界层为例加以说明。当实际流体以某一速度u_0流向平板时，不论其雷诺数多么大，由于黏性作用紧贴固定边界上的流速必为零，但沿边界法线方向（图中y方向）流速迅速增大，这样，在边界附近的流区存在着相当大的流速梯度，此区内的黏性切应力就不能忽略，边界附近的这一流体层就称为边界层。边界层外的流区，因流速梯度小，黏性作用可略去，按理想流体处理。普朗德又根据边界层内流动的具体条件，运用量级对比法，把实际流体运动微分方程（N-S）方程加以简化，成为边界层方程，为解决边界层内的流动创造了条件。

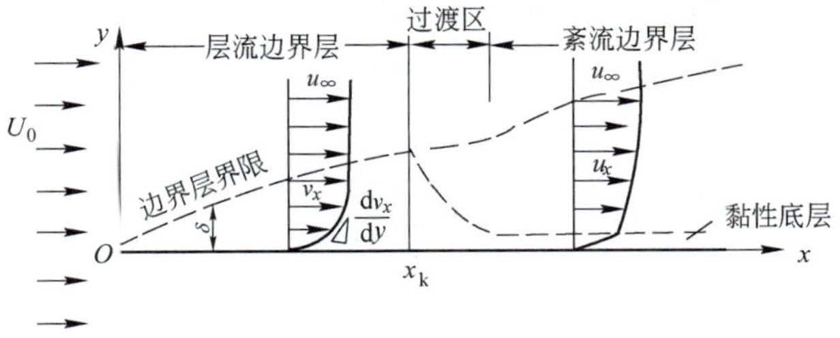

图　6-5-7

边界层的厚度δ从理论上讲，应该是由平板的表面流速为零处沿平板外法线方向一直到流速达到来流流速u_0的地方，这样厚度δ将是无穷大。实际观察发现，在离平板法向很小距离内流速就恢复到接近来流的速度。因此，一般规定当$u_x = 0.99U_0$时的地方，即是边界层的外边界，所以边界层的厚度δ是随距平板前端 0 点处的水平距离x而变的，在$x = 0$即平板前端处$\delta = 0$，然后随x之增大δ也随之增大；在$x = x_k$以前为层流边界层，在$x > x_k$以后经一很短的过渡段就发展为紊流边界层。层流边界层转变为紊流边界层的转变点称为转捩点，转捩点的雷诺数为$Re_k = u_0 x_k/\nu$，对于光滑平板Re_k的范围为$3 \times 10^5 < Re_k < 3 \times 10^6$。在紊流边界层内紧靠壁面处，流速较小，黏性仍起作用，近于层流运动，这一极薄层称为黏性底层（或近壁层流层）。

伯拉休斯（Blasiuce）于 1908 年求得边界层方程在层流边界时的精确解，边界层厚度δ与x坐标的关系如下

$$\delta = 5\sqrt{\frac{Lx}{Re_L}} = 5\frac{x}{\sqrt{Re_x}} \tag{6-5-16}$$

式中：L ——平板长度；

x ——水平距离；

Re_L ——平板末端断面的雷诺数，$Re_L = \frac{u_0 L}{\nu}$；

Re_x ——距起点x距离断面的雷诺数，$Re_x = \frac{u_0 x}{\nu}$。

由式（6-5-16）可知平板末端层流边界层的厚度

$$\delta = 5\frac{L}{\sqrt{Re_L}} \tag{6-5-17}$$

当平板边界层已发展为紊流边界层时，则需用卡门（Kazman）动量积分方程求近似解。

（二）边界层的分离现象

当流体不是流经平板，而是流向曲面物体时，可能产生边界层分离现象。现以圆柱绕流为例加以分析，如图 6-5-8a）所示一圆柱绕流的平面图。流体由A至B流动时，断面收缩，流速加快，压强减少（$\frac{\partial p}{\partial x}<0$）是加速减压段，此顺流的压差足以克服边界层内的阻力和主流动能的增加，边界层内流速不会减至零。但在流过B点以后，由于断面扩大，流体处于减速增压段（$\frac{\partial p}{\partial x}>0$），这时动能部分恢复为压能，为克服边界层内的阻力，也消耗了动能，此双重原因，使边界层内质点流速迅速降低，到一定地点，如图 6-5-8b）所示的贴近柱面的C点流速降到了零，流体质点将在C点停滞下来，继续流来的流体质点被迫脱离原来的流线，沿CE方向流去，从而使边界层脱离了柱面，这种现象即为边界层分离现象。C点称为分离点，它不是指柱面上流速为零的点而是指贴近柱面流速为零的点。由于分离点下游的逆流向压差，使边界层分离后的液体反向回流，形成旋涡区。绕流物体边界层分离后的旋涡区称为绕流物体的尾流区，尾流区是充斥旋涡体的负压力，这使绕流体上下游形成“压差阻力”。尾流区的大小取决于边界层分离点的位置，而分离点的位置又取决于绕流物体的形状、粗糙度、雷诺数等。如流体遇到绕流体的锐缘时，分离点就在锐缘，如遇到流线形状的绕流体，则尾流区大大减小，所以“压差阻力”又称为“形状阻力”。

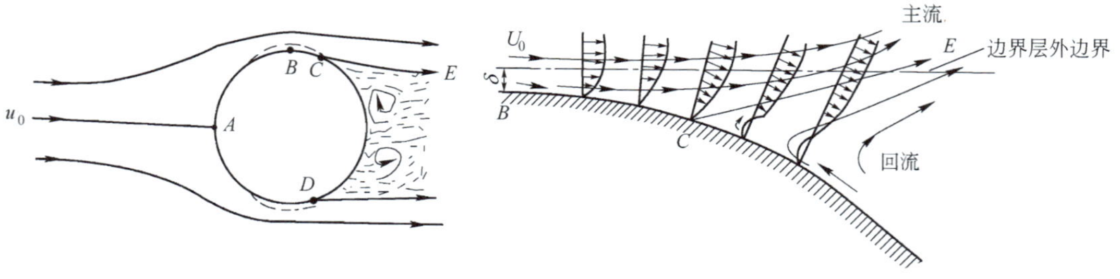

图 6-5-8

（三）绕流阻力

绕流阻力是指物体受到的绕其流过的流体所给予的阻力，绕流阻力由摩擦阻力和压差阻力（或称形状阻力）两部分所组成。1726 年牛顿提出绕流阻力计算公式为

$$D = C_D A \frac{\rho u_0^2}{2} \tag{6-5-18}$$

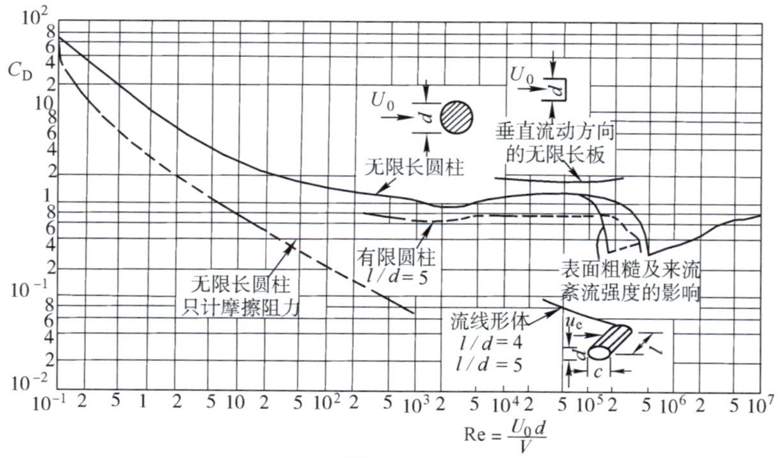

图 6-5-9

式中：D ——绕流阻力；

ρ ——流体密度；

u_0 ——来流流体未受物体影响前相对于物体的流速；

A ——绕流物体与流体流向正交的断面投影面积；

C_D ——绕流阻力系数，主要取决于被绕流体的形状、流体雷诺数、物面粗糙度及来流紊流强度，依靠试验来确定（参见图 6-5-9）。

1851 年斯托克司（Stokes）研究了微小圆球形颗粒在流体中极慢流动（蠕动）时的阻力，它利用黏性流体运动微分方程（N-S方程）忽略了惯性项，进行理论分析，得到了绕流阻力公式

$$D = 3\pi\mu v d \tag{6-5-19}$$

式中：D ——圆球绕流阻力；

μ ——流体动力黏度；

d ——圆球颗粒直径；

v ——颗粒与流体的相对流速。

当泥沙颗粒在水中下沉时，重力与浮力及绕流阻力三者达到平衡，颗粒将均匀下沉，此时相对速度即为沉降速度v，重力与浮力之差为$\frac{\pi}{6}d^3(\gamma' - \gamma)$，$\gamma'$与$\gamma$分别为颗粒重度与流体重度。此两力差与式（6-5-19）所表示之绕流阻力平衡后可求得沉速$v = \frac{1}{3\pi\mu d}\frac{\pi}{6}d^3(\gamma' - \gamma)$，即

$$v = \frac{d^2}{18\mu(\gamma' - \gamma)} \tag{6-5-20}$$

上式在$\mathrm{Re} < 1$时适用。

将圆球阻力公式（6-5-19）与牛顿提出的绕流阻力普遍公式（6-5-18）比较，可得圆球阻力系数C_D的理论公式为

$$C_D A \frac{\rho u_0^2}{2} = 3\pi\mu u_0 d$$

$$C_D \times \frac{\pi}{4} d^2 \frac{\rho u_0^2}{2} = 3\pi\mu u_0 d$$

化简后得

$$C_D = \frac{24}{\mathrm{Re}} \tag{6-5-21}$$

式中：Re——雷诺数，$\mathrm{Re} = \frac{u_0 d}{\nu}$。

上式在$\mathrm{Re} < 1$时与实验符合很好。在$\mathrm{Re} = 10 \sim 10^3$时，$C_D \approx \frac{13}{\sqrt{\mathrm{Re}}}$，当$\mathrm{Re} = 10^3 \sim 2 \times 10^5$时，可采用平均值$C_D = 0.45$。而且当$\mathrm{Re} > 1$时，沉降速度用下式计算

$$v = \sqrt{\frac{4}{3C_D}\left(\frac{\gamma' - \gamma}{\gamma}\right) g d} \tag{6-5-22}$$

为了减小绕流阻力可将物体设计成流线型使边界层分离点后移，尾流区缩小，减少形状阻力；使物体表面光滑平顺及吸走边界层停滞点处的流体，也可达到减阻的目的。

七、减小阻力的措施

长期以来，减小阻力就是工程流体力学中的一个重要的研究课题。这方面的研究成果，对国民经济和国防建设的很多部门都有十分重大的意义。例如，对于在流体中航行的各种运载工具（飞机、轮船等），减小阻力就意味着减小发动机的功率和节省燃料消耗，或者在可能提供的动力条件下提高航行速度。这一点在军事上具有更大的意义。长距离输送像原油这类黏性很大的液体，需要消耗巨大的能量，如能将原油的管输摩阻大幅度降低，会给国民经济带来很大好处。对于经常运转的其他管道系统，减阻在节约

能源上的意义也是不容忽视的。因此近年来减阻问题的研究，日益引起各有关领域的重视。

减小管中流体运动的阻力有两条完全不同的途径：一是改进流体外部的边界，改善边壁对流动的影响；另一是在流体内部投加极少量的添加剂，使其影响流体运动的内部结构来实现减阻。

添加剂减阻是近二十年才迅速发展起来的减阻技术。虽然到目前为止，它在工业技术中还没有得到广泛的应用，但就当前了解的试验研究成果和少数生产使用情况来看，它的减阻效果是很突出的。此外，添加剂减阻又和紊流机理这个流体力学中的基本理论问题密切相关。通过对添加剂减阻机理的研究，必将推动紊流理论的进一步发展。添加剂减阻已成为流体力学中一项富有生命力的研究课题。

下面介绍改善边壁的减阻措施。

要降低粗糙区或过渡区内的紊流沿程阻力，最容易想到的减阻措施是减小管壁的粗糙度。此外，用柔性边壁代替刚性边壁也可能减少沿程阻力。水槽中的拖曳试验表明，高雷诺数下的柔性平板的摩擦阻力比刚性平板小 50%。对安放在另一管道中间的弹性软管进行过阻力试验，两管间的环形空间充满液体，结果比同样条件的刚性管道的沿程阻力小 35%。环形空间内液体的黏性愈大，软管的管壁愈薄，减阻效果愈好。

减小紊流局部阻力的着眼点在于防止或推迟流体与壁面的分离，避免旋涡区的产生或减小旋涡区的大小和强度。下面选几种典型的常用配件为例来说明这个问题。

（一）管道进口

图 6-5-10 表明，平顺的管道进口可以减小局部损失系数 90%以上。

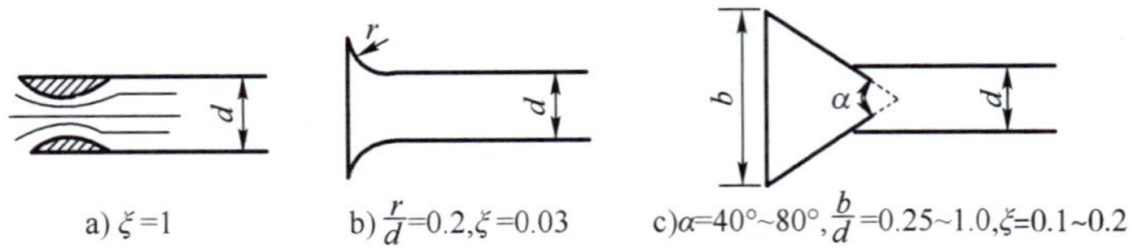

图 6-5-10 几种进口阻力系数

（二）渐扩管和突扩管

扩散角大的渐扩管阻力系数较大，如制成图 6-5-11a）示的形式，在扩散角$\alpha<25°$的条件下，阻力系数约减小一半。突扩管如制成图 6-5-11b）示的台阶式，阻力系数也可能有所减小。

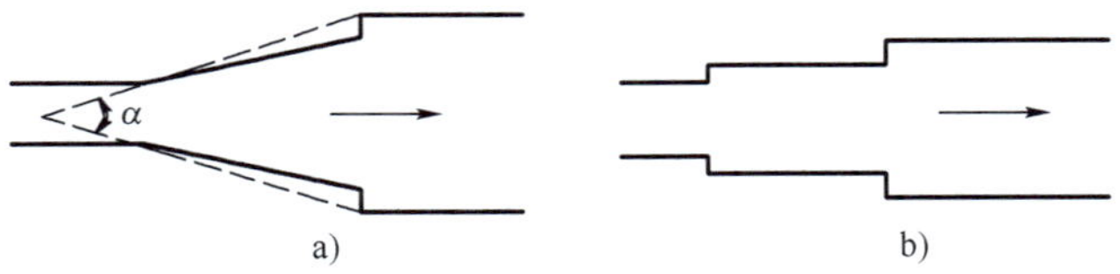

图 6-5-11 复合式渐扩管和台阶式突扩管

（三）弯管

弯管的阻力系数在一定范围内随曲率半径R的增大而减小。表 6-5-3 给出了 90°弯管在不同R/d时的ξ值。

不同R/d时 90°弯管的ξ值（$Re=10^6$） 表 6-5-3

R/d	0	0.5	1	2	3	4	6	10
ξ	1.14	1.00	0.246	0.159	0.145	0.167	0.20	0.24

由表可知，如$R/d<1$，ξ值随R/d的减小而急剧增加，这与旋涡区的出现和增大有关。如$R/d>3$，ξ值又随R/d的加大而增加，这是由于弯管加长后，摩阻增大造成的。因此弯管的R最好在（1~4）d的范

围内。

断面大的弯管，往往只能采用较小的R/d，可在弯管内部布置一组导流叶片，以减小旋涡区和二次流，降低弯管的阻力系数。愈接近内侧，导流叶片应布置得愈密些。如图 6-5-12 所示的弯管，装上圆弧形导流叶片后，阻力系数由 1.0 减小到 0.3 左右。

（四）三通

尽可能地减小支管与合流管之间的夹角，或将支管与合流管连接处的折角改缓，都能改进三通的工作，减小局部阻力系数。例如将 90°T 形三通的折角切割成如图 6-5-13 所示的 45°斜角，则合流时的$\xi_{1\text{-}3}$和$\xi_{2\text{-}3}$减小 30%~50%，分流时的$\xi_{3\text{-}1}$减小 20%~30%。但对分流的$\xi_{3\text{-}2}$影响不大。如将切割的三角形加大，阻力系数还能显著下降。

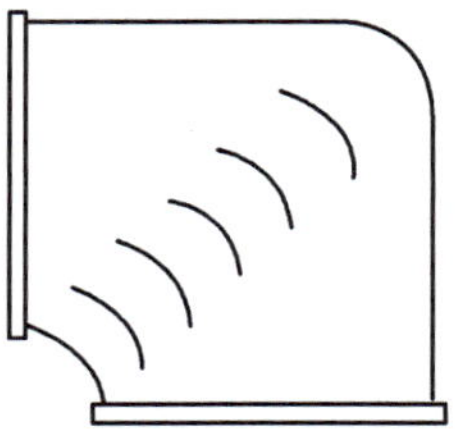

图 6-5-12 装有导叶的弯管

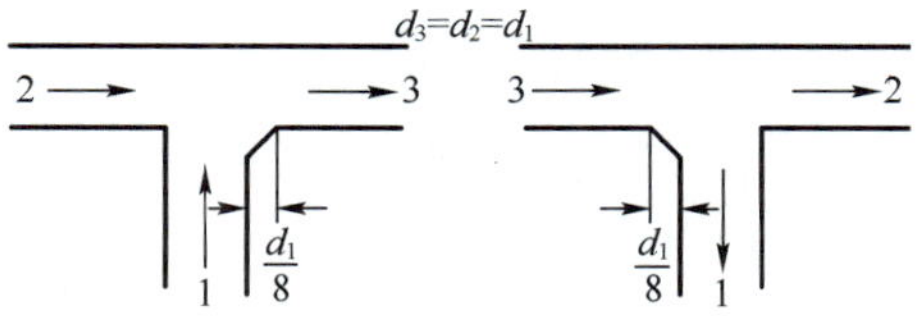

图 6-5-13 切割折角的 T 形三通

配件之间的不合理衔接，也会使局部阻力加大。例如在既要转 90°，又要扩大断面的流动中，如均选用$R/d=1$的弯管和$A_2/A_1=2.28$、$l_d/r_1=4.1$的渐扩管，在直接连接（$l_s=0$）的情况下，先弯后扩的水头损失为先扩后弯的水头损失的 4 倍。即使中间都插入一段$l_0=4d$的短管，也仍然大 2.4 倍。因此，如果没有其他原因，先弯后扩是不合理的。

习 题

6-5-1 有压圆管均匀流切应力τ沿断面的分布为（ ）。

A. 断面上各点τ相等　B. 管壁处是零，向管轴线性增大

C. 管轴处是零，与半径成正比　D. 按抛物线分布

6-5-2 圆管层流运动的流速分布图是（ ）。

A. 直线分布　B. 对数曲线分布

C. 抛物线分布　D. 双曲线分布

6-5-3 圆管层流运动，轴心处最大流速与断面平均流速的比值是（ ）。

A. 1　B. 2　C. 3/2　D. 3

6-5-4 圆管紊流核心区的流速分布是（ ）。

A. 直线分布　B. 抛物线分布　C. 对数曲线分布　D. 双曲线分布

6-5-5 有压圆管流动，若断面 1 的直径是其下游断面 2 直径的 2 倍，则断面 1 与断面 2 雷诺数的关系是（ ）。

A. $Re_1=0.5Re_2$　B. $Re_1=Re_2$　C. $Re_1=1.5Re_2$　D. $Re_1=2Re_2$

6-5-6 有压圆管层流的沿程阻力系数λ在莫迪图上随着雷诺数 Re 的增加而（ ）。

A. 增加　B. 线性的减少　C. 不变　D. 以上答案均不对

6-5-7 层流的沿程损失与平均流速的（ ）成正比。

A. 2 次方　　B. 1.75 次方　　C. 1 次方　　D. 1.85 次方

6-5-8 有压圆管流动，紊流粗糙区的沿程阻力系数λ（　　）。

A. 与相对粗糙度有关　　B. 与雷诺数有关

C. 与相对粗糙度及雷诺数均有关　　D. 与雷诺数及管长有关

6-5-9 谢才公式仅适用于（　　）。

A. 水力光滑区　　B. 水力粗糙区或阻力平方区

C. 紊流过渡区　　D. 第一过渡区

6-5-10 若一管道的绝对粗糙度Δ不改变，只要改变管中流动参数，也能使其由水力粗糙管变成水力光滑管，这是（　　）。

A. 因为加大流速后，黏性底层变厚了

B. 减小管中雷诺数，黏性底层变厚遮住了绝对粗糙度

C. 流速加大后，把管壁冲得光滑了

D. 其他原因

6-5-11 流体绕固体流动时所形成的绕流阻力，除了黏性摩擦力外，更主要的是因为（　　）形成的形状阻力。

A. 流速和密度的加大

B. 固体表面粗糙

C. 雷诺数加大，表面积加大

D. 有尖锐边缘的非流线形物体，产生边界层的分离和漩涡区

6-5-12 如例 6-4-4 图所示的水泵供水管路，水池与水塔液面高差$z=15\text{m}$，两液面间吸水管及压水管系统总阻力系数$\zeta_s=\sum\lambda\frac{L}{d}+\sum\zeta=65$，管中流速$v=1\text{m/s}$，水泵所需的最小扬程$H$为（　　）。

A. $16\text{mH}_2\text{O}$　　B. $20\text{mH}_2\text{O}$　　C. $17.31\text{mH}_2\text{O}$　　D. $18.32\text{mH}_2\text{O}$

第六节　孔口、管嘴及有压管流

一、孔口出流

（一）孔口出流的分类

容器壁上开一孔口有液体流出称孔口出流。如壁厚对出流现象无影响，孔壁与液流仅在一条周线上接触，这种孔口称为薄壁孔口，反之称为非薄壁孔口。当孔口高度$e<\frac{H}{10}$时称为小孔口，式中H为孔口形心上的水头，小孔口断面上各点水头近似相等可用形心点水头代表。若孔口高度$e\geqslant\frac{H}{10}$就称为大孔口。孔口前水头H恒定不变时，称为常水头孔口，如孔口前水头随时间而改变时称为变水头孔口出流。液体经孔口流入大气称自由出流孔口，液体经孔口流入液面以下称为淹没出流孔口。

（二）常水头薄壁小孔口自由出流

如图 6-6-1 所示，取基准面 0-0 过孔口中心，并取上游自由液面为断面 1-1，孔口外收缩断面（距壁$e/2$处）c-c为下游断面，写能量方程

$$H+0+\frac{\alpha_1 v_0^2}{2g}=0+0+\frac{\alpha_2 v_c^2}{2g}+h_w$$

令$H_0 = H + \frac{\alpha_1 v_0^2}{2g}$，$v_0$为上游水面流速，$H_0$称自由出流小孔口水头。当$v_0$很小时$H_0 \approx H$，孔口水头损失$h_w = \zeta_c \frac{v_c^2}{2g}$，$\zeta_c$为小孔口阻力系数，由试验确定。代入上式后得$H = (\alpha_c + \zeta_c)\frac{v_c^2}{2g}$，故收缩断面平均流速

$$v_c = \frac{1}{\sqrt{\alpha_c + \zeta_c}}\sqrt{2gH_0} = \varphi\sqrt{2gH_0} \quad (6\text{-}6\text{-}1)$$

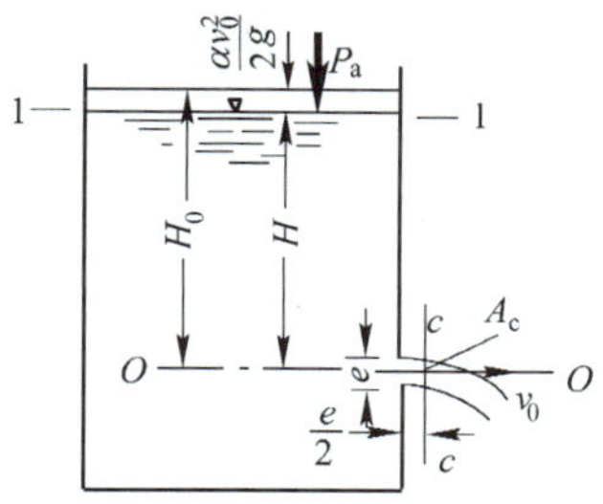

图 6-6-1

式中，$\varphi = \frac{1}{\sqrt{\alpha_c + \zeta_c}}$为小孔口流速系数，可由试验确定，据前人研究$\varphi$ =0.97，ζ_c =0.06，α_c =1.0。

设收缩断面面积与孔口断面面积比值为$\varepsilon = A_c/A$，称为收缩系数，小孔口的收缩系数ε =0.64（当收缩为充分、完善圆形时），故小孔口的出流流量

$$Q = V_c A_c = \varphi\sqrt{2gH_0} \times \varepsilon A = \varepsilon\varphi A\sqrt{2gH_0}$$

令$\mu = \varepsilon\varphi$，称小孔口流量系数，则有

$$Q = \mu A\sqrt{2gH_0} \quad (6\text{-}6\text{-}2)$$

对充分收缩的圆形小孔口，μ =0.97×0.64≈0.62，收缩是否充分和完善与孔口至容器壁的距离有关，当孔口距壁的距离大于相应的孔口边长的 3 倍时，为充分完善收缩，否则为不充分完善收缩。

（三）常水头薄壁小孔口淹没出流

如图 6-6-2 所示，取上游自由液面为断面 1-1，下游过水断面 2-2，能量方程为

$$H_1 + 0 + \frac{\alpha_1 v_0^2}{2g} = H_2 + 0 + \frac{\alpha_2 v_2^2}{2g} + h_w$$

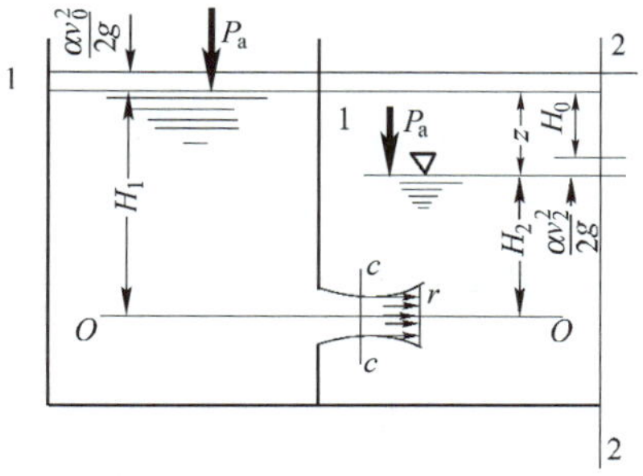

图 6-6-2

水头损失包括水流经孔口的局部损失及经收缩面后放大的损失两项，即$h_w = (\zeta_1 + \zeta_2)\frac{v_c^2}{2g}$。

令$H_0 = (H_1 - H_2) + \frac{\alpha_1 v_0^2}{2g} - \frac{\alpha_2 v_2^2}{2g}$，代入上式可得

$$H_0 = (\zeta_1 + \zeta_2)\frac{v_c^2}{2g}$$

因A_2远大于A_c，故$\zeta_2 = 1$，所以流速

$$v_c = \frac{1}{\sqrt{1 + \zeta_1}}\sqrt{2gH_0} = \varphi\sqrt{2gH_0}$$

孔口流量

$$Q = \varepsilon\varphi A\sqrt{2gH_0} = \mu A\sqrt{2gH_0}$$

上式与小孔口自由出流形式完全相同，但应注意孔口的水头H_0的意义有所不同，此处的H_0是孔口上下游断面总水头之差，当上下游断面流速水头可不计时，即为上下游液面高差Z。

（四）薄壁大孔口出流

上述关于小孔口出流的公式可以用于大孔口，只是流量系数μ值要大于小孔口，随孔口型式而变，大约为μ =0.65~0.9，详见水力学手册有关表格。

二、管嘴出流

管嘴出流是在孔口处连接长为 3~4 倍孔口直径的短管后形成的液体出流，与孔口类似可以分为常水头、变水头、自由出流、淹没出流等，并根据外形可以将管嘴分为如图 6-6-3 所示的圆柱形、圆锥形

和流线型管嘴等类型。

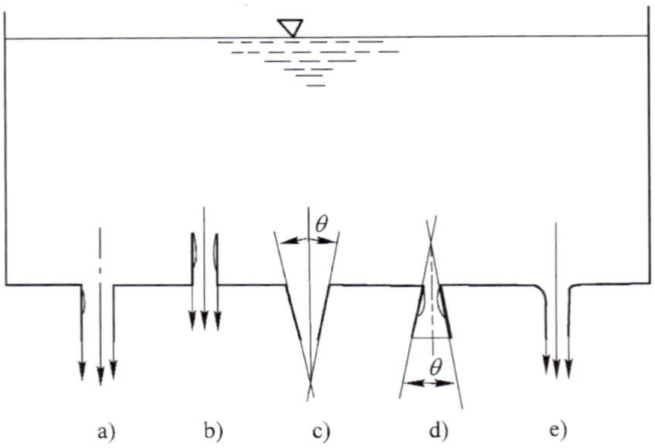

图 6-6-3

管嘴出流很多地方与孔口类似，故流速流量公式可应用与孔口相同的公式，但流速系数φ及流量系数μ与孔口不同，现以圆柱形外管嘴为例加以说明。圆柱形管嘴进口处先收缩，形成一收缩断面，收缩断面后流线扩张至出口处充满断面，无收缩，故出口断面的收缩系数$\varepsilon=1$，流速系数φ与流量系数相等，其值为$\varphi=\mu=0.82$，远大于小孔口的流量系数。与相同直径、水头的小孔口相比较，其出流量约为小孔口的$0.82/0.62=1.32$倍。流量增加的原因是在收缩断面处存在真空，其真空度$p_v/\gamma=0.75H_0$，这就使管嘴比孔口的作用总水头加大，从而加大了出流量。圆柱形管嘴必须满足的工作条件是：$H<9\mathrm{mH_2O}$，管嘴长度$L=3\sim4\mathrm{d}$。

其余各种管嘴的φ、μ、ε值均可查有关水力计算手册确定。

三、有压管流

（一）有压管流的分类及简单短管水力计算

按水头损失所占比例不同可将有压管分为长管和短管。长管是指该管流中的能量损失以沿程损失为主，局部损失和流速水头所占比重很小，可以忽略不计的管道；短管是指局部损失和流速水头所占比重较大，计算时不能忽略的管道。根据管道布置与连接情况又可将有压管道分为简单管道与复杂管道两类，前者指没有分支的等直径管道，后者指由两条以上的管道组成的管系。复杂管又可分为串联、并联管道和枝状、环状管网，如图 6-6-4 所示。

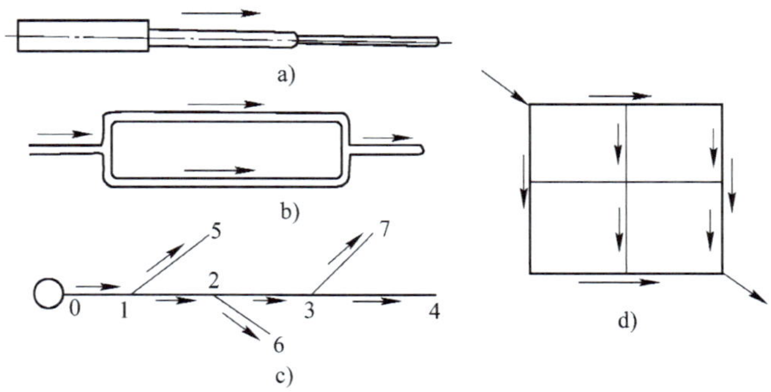

图 6-6-4

【例 6-6-1】 在长管水力计算中：

A. 只有速度水头可忽略不计

B. 只有局部水头损失可忽略不计

C. 速度水头和局部水头损失均可忽略不计

D. 两断面的测压管水头差并不等于两断面间的沿程水头损失

解 在长管水力计算中，速度水头和局部水头损失均可忽略不计。

答案：C

1. 短管自由出流

若短管中的液体经出口流入大气中，称为自由出流，如图 6-6-5 所示。

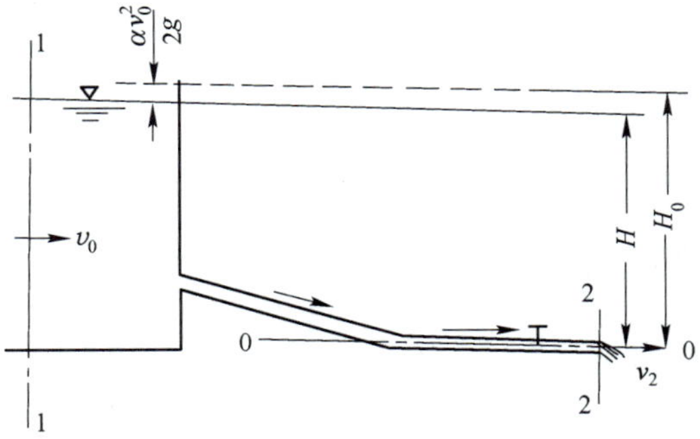

图 6-6-5

选上游过流断面 1-1 和管道出口过流断面 2-2，其能量方程为

$$H+0+\frac{\alpha_1 v_0^2}{2g}=0+0+\frac{\alpha_2 v_0^2}{2g}+h_{w1\text{-}2}$$

令$H_0=H+\frac{\alpha_1 v_0^2}{2g}$，称作用水头，则

$$H_0=\frac{\alpha v_2}{2g}+h_w \tag{6-6-3}$$

水头损失$h_w=\sum h_f+\sum h_m=\sum\lambda\frac{L}{d}\frac{v^2}{2g}+\sum\zeta\frac{v^2}{2g}=\zeta_c\frac{v^2}{2g}$，$\zeta_c=\sum\lambda\frac{L}{d}+\sum\zeta$为短管的总阻力系数，代入式（6-6-3）中得

$$H_0=(\alpha+\zeta_c)\frac{v^2}{2g} \tag{6-6-4}$$

取$\alpha=1$得

$$v=\frac{1}{\sqrt{1+\zeta_c}}\sqrt{2gH_0}=\varphi_c\sqrt{2gH_0} \tag{6-6-5}$$

$\varphi_c=\frac{1}{\sqrt{1+\zeta_c}}$称为短管的流速系数。

短管的流量为

$$Q=vA=\varphi_c A\sqrt{2gH_0}=\mu_c A\sqrt{2gH_0} \tag{6-6-6}$$

式中：A ——短管过流断面积；

$\varphi_c=\mu_c$ ——短管流量系数。

2. 短管淹没出流

若短管中流体经出口流入下游自由液面之下的液体中，则称为淹没出流，如图 6-6-6 所示。以下游自由液面为基准面，对断面 1-1 及 2-2 写能量方程，即

$$H+0+\frac{\alpha_0 v_0^2}{2g}=0+0+\frac{\alpha_2 v_2^2}{2g}+h_w$$

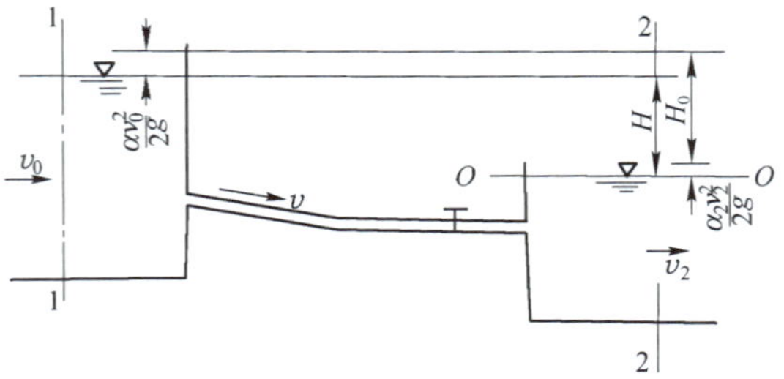

图 6-6-6

令$H_0 = z + \frac{\alpha_0 v_0^2}{2g} - \frac{\alpha_2 v_2^2}{2g}$，则得

$$H_0 = h_w = h_f + h_m \tag{6-6-7}$$

H_0为淹没出流短管上下游断面总水头之差，式中的水头损失可按$h_w = \zeta_c \frac{v^2}{2g}$计算，$\zeta_c = \sum\lambda\frac{L}{d} + \sum\zeta$，式中$\sum\zeta$比自由出流多一出口，损失$\zeta_{出口}$ =1.0 代入式（6-6-7）中，有

$$H_0 = \zeta_c \frac{v^2}{2g}$$

或

$$v = \frac{1}{\sqrt{\zeta_c}}\sqrt{2gH_0} = \varphi_c\sqrt{2gH_0} \tag{6-6-8}$$

短管的流量

$$Q = vA = \varphi_c A\sqrt{2gH_0} = \mu_c A\sqrt{2gH_0} \tag{6-6-9}$$

式中，$\mu_c = \varphi_c = \frac{1}{\sqrt{\zeta_c}}$。比较与自由出流短管的差别主要在于总水头不同，淹没出流用的是总水头之差。当上下游水面流速很小时，$H_0 = H$，即可用液面高差代替总水头之差。

3. 简单短管水力计算几类问题

应用简单短管基本公式于工程实际的水力计算，一般有以下几类问题。

（1）已知水头、管径、管长、管道壁面性质和局部阻力的组成，求流量和流速。这类问题多属校核性质，可直接代入短管的流量、流速公式求解。

（2）已知流量、管径、管长、管壁性质及局部阻力组成，求作用水头。

（3）已知流量、水头、管长、管壁性质及局部阻力组成，求管径。这类问题直接用前述各短管公式求解有一定困难，因为式中阻力系数及断面面积中均包含有管径，所以一般用试算法求解。解得的管径尺寸，与标准管径的规格可能不一致，要选用相近的且稍大的标准管径。

（4）计算各过流断面的压强。对于位置固定的管道，绘制测压管水头线，便可解决此类问题。有时为了防止短管最高点处，由于真空而产生汽蚀、汽化，需求出短管最高点允许的安装高度。

【例 6-6-2】 离心泵管道系统如图所示。已知水泵流量Q =25m³/h，吸水管长L_1 =5m，压水管长L_2 =20m，水泵提水高度z =18m，最大允许的真空度不超过$\frac{p_v}{\gamma}$ =6mH₂O。试确定吸水管直径d_a、压水管直径d_p和水泵允许的安装高度h_s以及水泵的总扬程H。

解 由给排水设计手册查得水泵吸水管允许的经济流速v_a =1~1.6m/s，现采用v_a =1.6m/s，则吸水管径：

$$d_a = \frac{4Q}{\pi v_a} = \frac{4\times 25}{\pi\times 1.6\times 3\,600} = 0.074\text{m} = 74\text{mm}$$

选取标准管径d_a = 75mm，相应的v_a为

$$v_a=\frac{4\times 25}{\pi\times 0.075^2\times 3\,600}=1.57\text{m/s}$$

对吸水池液面 1-1 及水泵吸入口断面 2-2 写能量方程，得水泵吸水管最高点安装高度（水泵轴线高度），即

$$h_s=\frac{p_v}{\gamma}-\frac{\alpha_2 v_2^2}{2g}-h_{w_{1\text{-}2}}$$

给水管粗糙系数$n=0.012\,5$，用曼宁公式求谢才系数$C=\frac{1}{n}R^{\frac{1}{6}}=\frac{1}{0.012\,5}\times\left(\frac{0.075}{4}\right)^{\frac{1}{6}}=41.23\sqrt{\text{m}}/\text{s}$，沿程阻力系数$\lambda=\frac{8g}{C^2}=\frac{8\times 9.8}{41.23^2}=0.046\,1$。吸水管的局部阻力系数有滤水网底阀$\zeta_1=8.5$，弯头$\zeta_2=0.29$。水泵入口前的渐缩管$\zeta_3=0.1$，将数据代入求安装高度，即

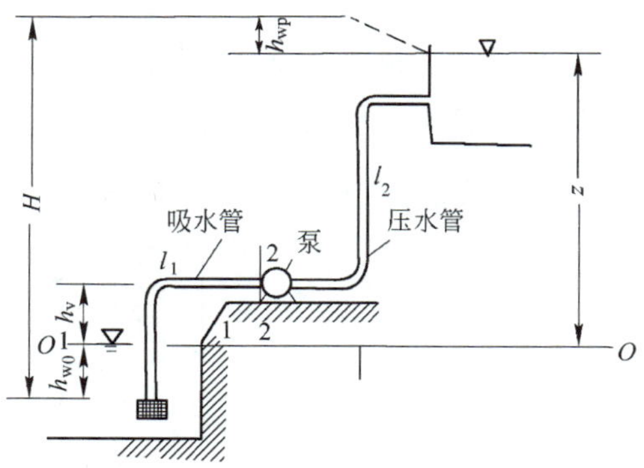

例 6-6-2 图

$$h_s=6-\frac{1.57^2}{2\times 9.8}-\left(0.046\,1\times\frac{5}{0.075}+8.5+0.29+0.1\right)\times\frac{1.57^2}{2\times 9.8}=4.37\text{m}$$

如压水管选取相同的经济流速，可得相同的管径，即$d_p=0.075\text{m}=75\text{mm}$，$v_p=1.57\text{m/s}$，$\lambda=0.046\,1$。压水管的局部阻力系数有两个弯头，一个出口即$\zeta_{弯头}=0.29$，$\zeta_{出口}=1.0$。压水管水头损失

$$h_{wp}=\left(0.046\times\frac{20}{0.075}+2\times 0.29+1\right)\times\frac{1.57^2}{2\times 9.8}=1.74\text{m}$$

吸水管水头损失

$$h_{wa}=\left(0.046\,1\times\frac{5}{0.075}+8.5+0.29+0.1\right)\times\frac{1.57^2}{2\times 9.8}=1.5\text{m}$$

水泵总扬程

$$H=z+h_w=z+h_{wp}+h_{wa}=18+1.74+1.5=21.24\text{m}$$

（二）有压长管中的恒定流

1. 简单长管

图 6-6-7 为一简单长管示意图。由于不考虑流速水头，总水头线与测管水头线重合。又因不计局部损失，对断面 1-1 及 2-2 写能量方程可得

$$H=h_f=\lambda\frac{L}{d}\frac{v^2}{2g}=\lambda\frac{L}{d}\frac{\left(\frac{4Q}{\pi d^2}\right)^2}{2g}=\frac{8\lambda}{\pi^2 g d^5}LQ^2$$

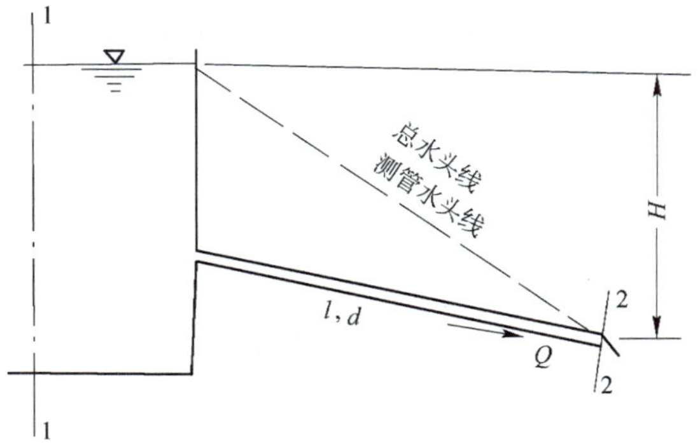

图 6-6-7

令$S_0=\frac{8\lambda}{\pi^2 g d^5}$，称为管道的比阻，为单位流量通过单位长度管道所损失的水头。S_0的单位为s^2/m^6，$S_0=f(\lambda,d)$，当管壁性质已知时，S_0仅与d有关，可制成表格备查。将比阻代入长管公式可得

$$H = h_f = S_0 L Q^2 = SQ^2 \tag{6-6-10}$$

上式即为简单长管的基本公式，它可解Q、H、d各类问题，式中$S = S_0 L$称为管道的阻抗。S的单位为 s^2/m^5。

【例 6-6-3】 如图所示由大体积水箱供水，且水位恒定，水箱顶部压力表读数 19 600Pa，水深 H =2m，水平管道长l =100m，直径d =200mm，沿程损失系数 0.02，忽略局部损失，则管道通过流量是：

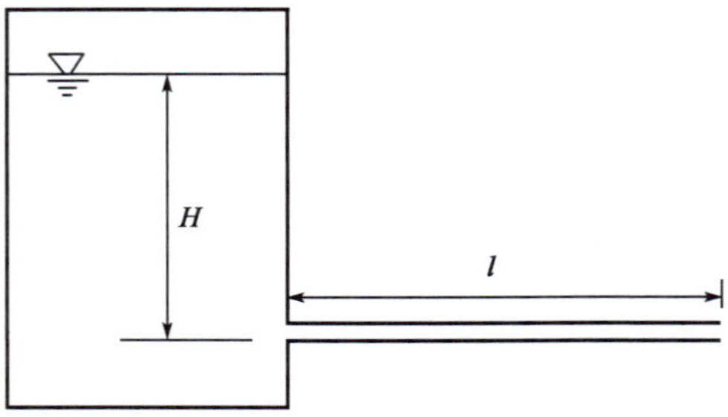

例 6-6-3 图

A. 83.8L/s　　B. 196.5L/s　　C. 59.3L/s　　D. 47.4L/s

解 对水箱自由液面与管道出口写能量方程：

$$H + \frac{p}{\rho g} = \frac{v^2}{2g} + h_f = \frac{v^2}{2g}\left(1 + \lambda \frac{L}{d}\right)$$

代入题设数据并化简：

$$2 + \frac{19\,600}{9\,800} = \frac{v^2}{2g}\left(1 + 0.02 \times \frac{100}{0.2}\right)$$

计算得流速$v = 2.67\text{m/s}$

流量$Q = v \times \frac{\pi}{4} d^2 = 2.67 \times \frac{\pi}{4} \times 0.2^2 = 0.083\,84\text{m}^3/\text{s} = 83.84\text{L/s}$

答案： A

2. 串联管道

由不同直径的管段顺次联结而成的管道系统称为串联管系，如图 6-6-8 所示。

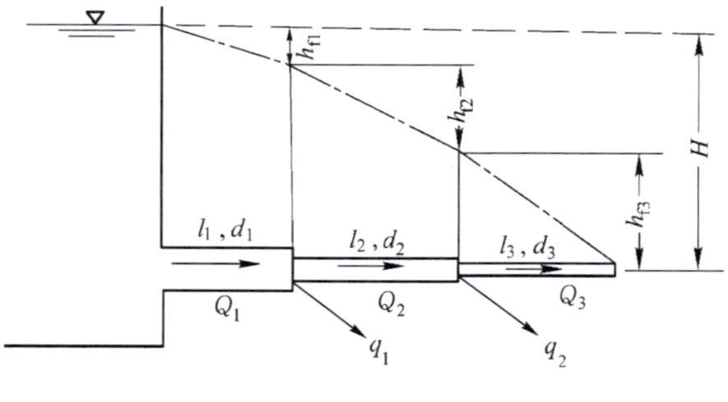

图 6-6-8

各管段流量关系，由连续性方程可得

$$Q_i = Q_{i+1} + q_i \tag{6-6-11}$$

总水头

$$H = \sum h_f = \sum_{i=1}^{n} S_{0i} L_i Q_i^2 = \sum_{i=1}^{n} S_i Q^2 \tag{6-6-12}$$

将上两式联立可解Q、H、d等问题。

3. 并联管道

两条以上的管道在一处分流，以后又在另一处汇流，这样组成的管系称为并联管系，如图 6-6-9 所示。

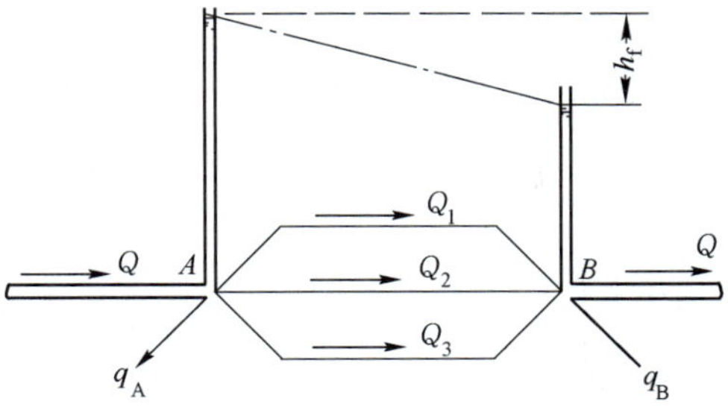

图 6-6-9

并联管道分流点与汇流点之间各管段水头损失皆相等，即

$$h_{f_1}=h_{f_2}=h_{f_3}=\cdots=h_f$$

或

$$h_f=S_1Q_1^2=S_2Q_2^2=S_3Q_3^2=\cdots=S_iQ_i^2 \tag{6-6-13}$$

而每一并联管段中的流量

$$Q_i=\sqrt{\frac{h_f}{S_i}} \tag{6-6-14}$$

分流点A之前的总流量

$$Q=Q_1+Q_2+Q_3+\cdots+Q_n+q_A$$

或

$$Q=\sum_{i=1}^{n}Q_i+q_A \tag{6-6-15}$$

当已知总流量Q，欲求各并联管流量时可用下式

$$Q_i=(Q-q_A)\sqrt{\frac{S_p}{S_i}} \tag{6-6-16}$$

式中，S_p可按下式求解

$$\frac{1}{\sqrt{S_p}}=\frac{1}{\sqrt{S_1}}+\frac{1}{\sqrt{S_2}}+\cdots+\frac{1}{\sqrt{S_n}}$$

由式（6-6-13）可看出任两分路流量之比，等于该两管段阻抗反比之平方根，即

$$\frac{Q_1}{Q_2}=\sqrt{\frac{S_2}{S_1}}$$

【例 6-6-4】 并联长管 1、2，两管的直径相同，沿程阻力系数相同，长度$L_2=3L_1$，通过的流量为：

A. $Q_1=Q_2$　　B. $Q_1=1.5Q_2$　　C. $Q_1=1.73Q_2$　　D. $Q_1=3Q_2$

解 并联长管路的水头损失相等，即$S_1Q_1^2=S_2Q_2^2$

式中管路阻抗

$$S_1=\frac{8\lambda\frac{L_1}{d_1}}{g\pi^2d_1^4},\quad S_2=\frac{8\lambda\frac{3L_1}{d_2}}{g\pi^2d_2^4}$$

又因$d_1=d_2$，所以得：

$$\frac{Q_1}{Q_2}=\sqrt{\frac{S_2}{S_1}}=\sqrt{\frac{3L_1}{L_1}}=1.732,\ Q_1=1.732Q_2$$

答案：C

【例 6-6-5】 主干管在A、B间是由两条支管组成的一个并联管路，两支管的长度和管径分别为$l_1=1\,800\text{m}$，$d_1=150\text{mm}$，$l_2=3\,000\text{m}$，$d_2=200\text{mm}$，两支管的沿程阻力系数λ均为 0.01，若主干管流量$Q=39\text{L/s}$，则两支管流量分别为：

A. $Q_1=12\text{L/s}$，$Q_2=27\text{L/s}$　　B. $Q_1=15\text{L/s}$，$Q_2=24\text{L/s}$

C. $Q_1=24\text{L/s}$，$Q_2=15\text{L/s}$　　D. $Q_1=27\text{L/s}$，$Q_2=12\text{L/s}$

解 $Q_1+Q_2=39\text{L/s}$

$$\frac{Q_1}{Q_2}=\sqrt{\frac{S_2}{S_1}}=\sqrt{\frac{8\lambda L_2}{\pi^2 g d_2^5}\Big/\frac{8\lambda L_1}{\pi^2 g d_1^5}}=\sqrt{\frac{L_2\cdot d_1^5}{L_1\cdot d_2^5}}=\sqrt{\frac{3\,000}{1\,800}\times\left(\frac{0.15}{0.20}\right)^5}=0.629$$

即$0.629Q_2+Q_2=39\text{L/s}$，得$Q_2=24\text{L/s}$，$Q_1=15\text{L/s}$

答案：B

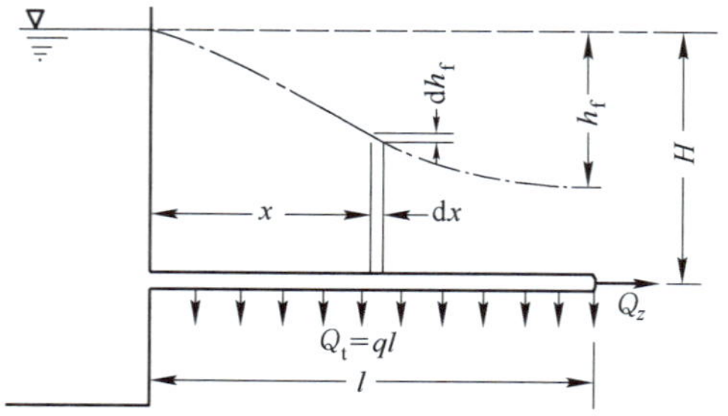

图 6-6-10　沿程均匀泄流管道

（三）沿程均匀泄流长管

沿程均匀泄流管道如图 6-6-10 所示。

距进口x距离处的通过流量Q_x与转输流Q_z及途泄流量Q_t的关系如下

$$Q_x=Q_z+Q_t-\frac{Q_t}{L}x$$

在dx长度上的沿程损失为$dh_f=SdxQ_x^2$，即$dh_f=S_0\left(Q_z+Q_t-\frac{Q_t}{L}x\right)^2dx$，全长水头损失

$$h_f=\int_0^L dh_f=S_0L\left(Q_z^2+Q_zQ_t+\frac{1}{3}Q_t^2\right)\tag{6-6-17}$$

当转输流量$Q_z=0$，即仅有途泄流量时，则

$$h_f=\frac{1}{3}S_0LQ_t^2\tag{6-6-18}$$

表明当全程均匀泄流时的水头损失，等于全部流量在末端泄出时的水头损失的 1/3。式（6-6-17）还可用下列近似公式代替

$$h_f=S_0L(Q_z+0.55Q_t)^2=S_0LQ_c^2\tag{6-6-19}$$

Q_c称为计算流量，而

$$Q_c=Q_z+0.55Q_t\tag{6-6-20}$$

（四）枝状管网

枝状管网是由多条管段串联而成的干管和与干管相连的多条支管组成，如图 6-6-11 所示。

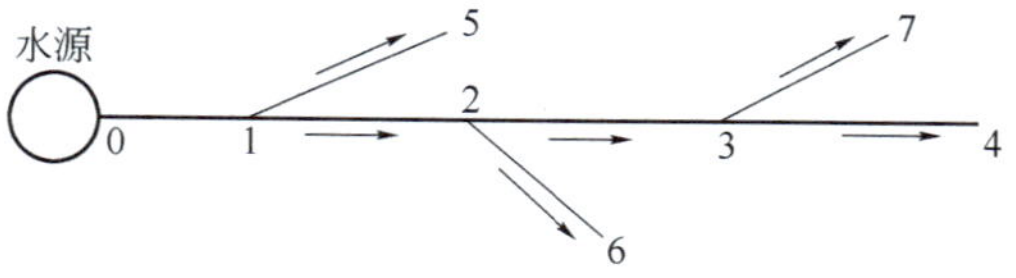

图 6-6-11

枝状管网水力计算主要是求干管起点水头及管径。计算顺序是先由经济流速求干管管径，再求干线

起点水头和各节点水头，最后由各节点水头和支管流量求支管管径。经济流速可查设计手册求得，在初步计算时，可参考下列数值：管径d =100~200mm，流速v =0.6~1.0m/s，管径d =200~400mm，流速v =1.0~1.4m/s。

干管是指从水源开始到供水条件最不利点的管道，其余则为支线。供水条件最不利点一般是指距水源远、地形高、建筑物层数多、需用流量大的供水点。为克服沿途阻力和满足供水的其他要求，在水流到达最不利点之后，应保留一定的剩余水头（或称自由水头），由图 6-6-12 可推得干管起点水塔水面距地面的总水头H为

$$H = \sum h_{\mathrm{f}} + H_z + z - z_0 \tag{6-6-21}$$

式中：H_z ——供水条件最不利点所需自由水头，由用户提出需要，对于楼房建筑可参考表 6-6-1；

z ——最不利点高程；

z_0 ——起点地面高程。

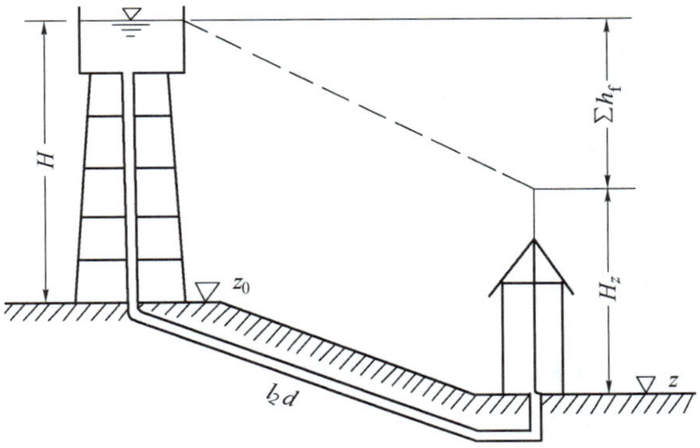

图 6-6-12

表 6-6-1

建筑物层数	1	2	3	4	5	6	7	8
自由水头（m）	10	12	16	20	24	28	32	36

（五）环状管网

环状管网是由多条管段互相连接成为闭合形状的管道系统，其优点是增加了供水的可靠性，缺点是增加了管长从而也增加了造价。将有两个环的管网示意于图 6-6-13。

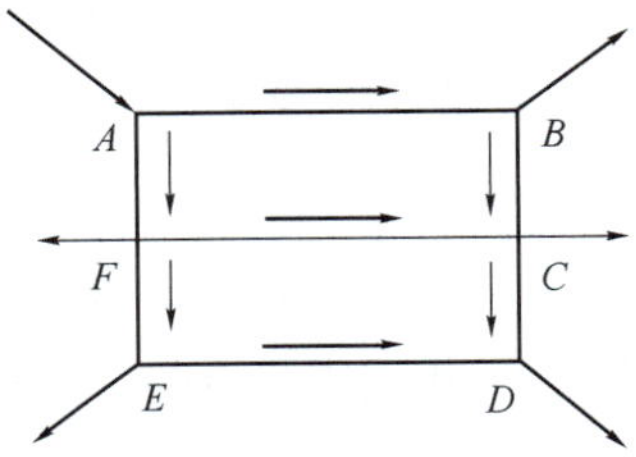

图 6-6-13

根据工程要求先进行管线布置，管长和各节点流量均是已知的。环网计算主要求各管段通过流量、管径和管段水头损失，管径当通过流量已知时可用选定的经济流速求出，与管段数相等的通过流量是待求的未知数，管段数、节点数与环数有下列关系

$$n_{\mathrm{p}} = n_j + n_{\mathrm{c}} - 1 \tag{6-6-22}$$

式中：n_{p} ——管段总数；

n_j ——节点数；

n_{c} ——环数。

如图 6-6-13 所示两个环网的管段数$n_{\mathrm{p}} = 6 + 2 - 1 = 7$。

下面探讨一下是否能列n_{p}个方程求解n_{p}个未知流量。由环网特性，必须满足下列两个水力计算原则。

（1）节点流量的代数和为零，即

$$\sum Q_{\text{节点}}=0 \qquad (6\text{-}6\text{-}23)$$

因为流入某一节点的流量必须等于同时流出该节点的流量（连续性要求）。如以流入为正流出为负，则节点流量正负相消代数和为零。

（2）沿任一闭合环路水头损失的代数和为零，即

$$\sum h_{\text{f沿环}}=0 \qquad (6\text{-}6\text{-}24)$$

任一闭合环路均可视为分流点与汇流点两边的并联管道，因此沿分流点两个方向至汇流点的水头损失应相等，如以顺时针方向为正，逆时针方向为负，则沿环一周水头损失代数和为零。就以图6-6-13中的上一环为例有

$$h_{\text{fABC}}-h_{\text{fAFC}}=0$$

根据水力计算第一原则可列出（n_j-1）个方程，根据第二原则可列出n_c个方程，共可列出$n_j+n_c-1=n_p$个方程，方程数与管段数相等，正好求解n_p个未知数。但当环数增多，方程个数很多时手工计算工作量很大，目前多用电脑辅助计算。对于环数较少的简单环网，可用哈代-克罗斯（Hardy-Cross）逐步渐近法求解较好，该法实质上是解环方程方法，其计算步骤如下。

（1）初步拟定水流方向，并按$\sum Q_{\text{节}}=0$分配各管段通过流量。

（2）按初分流量和所选经济流速求管径d，$d=\sqrt{\frac{4Q}{\pi v}}$，选接近的标准直径。

（3）根据d、n或λ求比阻S_0，再求出各段水头损失$h_f=S_0LQ^2=SQ^2$，S为阻抗。

（4）求每一环的水头损失代数和$\sum h_{\text{f沿环}}$，视其是否满足$\sum h_{\text{f沿环}}=0$，如不满足，则其值$\sum h_{\text{f沿环}}=\Delta h$为闭合差；然后看$|\Delta h|$是否小于允许的误差$\varepsilon$，如$|\Delta h|>\varepsilon$，则需校正初步分配的流量。

（5）求各环的校正流量。

设各环的校正流量为ΔQ，则

$$\Delta Q=-\frac{\sum h_f}{2\sum\frac{h_f}{Q}}=\frac{-\Delta h}{2\sum\frac{h_f}{Q}} \qquad (6\text{-}6\text{-}25)$$

当流量校正后需从步骤（3）开始重复计算，直到每一环的闭合差Δh均趋于零或小于允许的误差。

（六）有压管路中的水击（水锤）

1. 水击现象

在有压管道中，由于某种原因（如迅速关闭或开启阀门、水泵机组突然停机等）使得管中水流速度发生突然变化，从而引起管内压强急剧升高和降低的交替变化及水体、管壁压缩与膨胀的交替变化，并以波的形式在管中往返传播的现象称为水击（或水锤），因其声音犹如用锤锤击管道的声音一样。水击可能导致强烈的振动、噪声和气穴，有时甚至引起管道的变形、爆裂或阀门的损坏。因此水击问题，影响工程的安全与经济，应给予足够的重视。

水击现象产生的外因是边界条件的突然变化，内因则是水流运动的惯性和水体的压缩性以及管壁的弹性。

2. 水击波的发展过程

水击波的发展过程如图6-6-14所示，约为四个过程，现以关闭阀门水击为例加以说明。

（1）升压波向上游传播

如图6-6-14a）所示，在$0<t<L/c$时间段，水击压力升高水头$\Delta H=\Delta p/\gamma$，以很高波速c（钢管中

约 1 000m/s）从阀门处开始逆流而上，在$t = L/c$时传到水箱处。

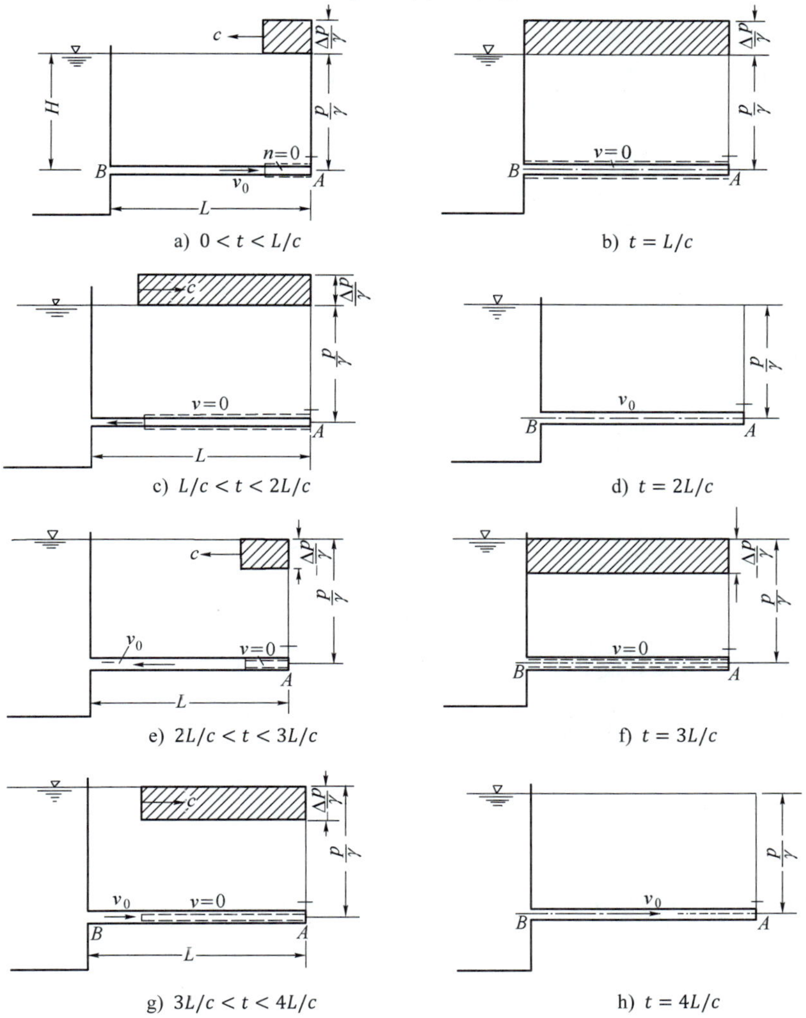

图 6-6-14 水击波的发展过程

（2）降压反射波向下游传播

如图 6-6-14c）所示，当$t = L/c$时，升压波到达水箱，由于水箱水位不变，管中压力大于水箱水位，使高压水向水箱流去产生一反向流速$\boldsymbol{v}$，即产生一降压反射波使管中压力恢复正常；在$2L/c < t < 3L/c$时段一直持续着；当$t = 2L/c$时到达阀门。

（3）降压波向上游传播

如图 6-6-14e）所示，当$t = 2L/c$时，降压反射波到达阀门后，因惯性使阀门处水流反向流动，在阀门处形成一降压波向上游传播；在$2L/c < t < 3L/c$时段一直持续着；当$t = 3L/c$时，降压波到达水箱，并且压力低于水箱中水位，这使水箱中水向阀门流动，流速由零变为$\boldsymbol{v}$，这就开始了第四过程。

（4）升压反射波向下游传播

如图 6-6-14g）所示，在$3L/c < t < 4L/c$过程中，升压反射波一直向阀门传播，反射波传到处，压强即由负压恢复到正常；在$t = 4L/c$，传到了阀门处，完成了一个传播周期，此后又重复上述过程，直到能量消耗殆尽为止。

水击波往返传播一次的时间称为相长，$2L/c$为半周期，周期为$4L/c$。

3. 水击的分类和直接水击压强的计算

水击按关闭阀门时间T_s与相长$2L/c$比较可以分为直接水击和间接水击两种。

（1）直接水击

$T_s < 2L/c$，此时降压反射波尚未回到阀门处，水击压力升高已经完成，所以未受到降压的抵消作用，因此直接水击压力升高大，最为危险，须尽量避免和防止。直接水击压力升高计算式已于 1898 年被儒柯夫斯基导出，即

$$\Delta p = \rho c v_0 \tag{6-6-26}$$

或以水头表示

$$\Delta H = \frac{c v_0}{g} \tag{6-6-27}$$

式中：v_0 ——阀门全开时的流速；

g ——重力加速度；

c ——水击传播速度（m/s）。

而

$$c = \frac{c_0}{\sqrt{1+\frac{K}{E}\frac{D}{\delta}}} = \frac{1\ 435}{\sqrt{1+\frac{K}{E}\frac{D}{\delta}}} \tag{6-6-28}$$

式中：c_0 ——液体中声波传播速度，在 1~25 个大气压时，c_0 =1 435m/s；

K ——水的弹性模量，在水温 10℃，1 个标准大气压时，$K=2.10\times10^5\text{N/cm}^2$；

E ——管壁材料的弹性模量，钢管的$E=2.06\times10^7\text{N/cm}^2$；

D ——管内直径；

δ ——壁厚。

对于一般钢管$D/\delta \approx 100$，$K/E \approx 0.01$，代入式（6-6-27），得$c \approx 1\ 000\text{m/s}$。如管内关阀前流速$v_0 = 1\text{m/s}$，则直接水击压力升高水头$\Delta H = cv_0/g = 1\ 000 \times 1/9.8 = 102\text{mH}_2\text{O}$。

（2）间接水击

$T_S \geqslant 2L/c$，此时降压反射波已回到阀门处，抵消了部分压力升高值，此种水击称间接水击，间接水击压力小于直接水击。间接水击压力的精确计算，涉及水击波的叠加，较为复杂，但可按下式作近似的估算

$$\Delta p = \rho c v_0 \frac{T}{T_S} \tag{6-6-29}$$

$$\Delta H = \frac{c v_0}{g}\frac{T}{T_S} \tag{6-6-30}$$

式中：T ——水击波相长，$T = 2L/c$；

T_S ——阀门关闭的时间；

其余符号意义同前。

4. 水击危害的预防

一般来说，可从延长关闭阀门时间，缩短水击波传播长度，减小管内流速，以及在管路上设置减压、缓冲装置等方面着手。

习　题

6-6-1　环状管网水力计算的原则是（　　）。

A. 各节点的流量与各管段流量代数和为零，水头损失相等

B. 各管段水头损失代数和为零，流量相等

C. 流入为正、流出为负，每一节点流量的代数和为零；顺时针为正，逆时针为负，沿环一周水头损失的代数和为零

D. 其他

6-6-2 水头与直径均相同的圆柱形外管嘴和小孔口，前者的通过流量是后者的（　　）倍，原因是（　　）。

A. 1.75，前者收缩断面处有真空存在　　B. 0.75，后者的阻力比前者小

C. 1.82，前者过流面积大　　D. 1.32，前者收缩断面处有真空存在

6-6-3 某常水头薄壁小孔口的水头H_0 =5m，孔口直径d =10mm，流量系数μ =0.62，该小孔口的出流量Q为（　　）。

A. 0.61L/s　　B. $7.82\times10^{-4}m^3/s$　　C. 0.58L/s　　D. $4.82\times10^{-4}m^3/s$

第七节 明渠恒定流

一、明渠均匀流特性及其发生条件

明渠均匀流是水深、断面平均流速、断面流速分布均沿流程不变的具有自由液面的明渠流，如图 6-7-1 所示。

由于河底坡度线与水面线及水力坡度线三条线平行，所以三线的坡度相等，即

$$J = J_z = i \tag{6-7-1}$$

式中：J ——水力坡度，$J = h_f/L$；

J_z ——水面坡度；

$$J_z = \frac{(z_1 + h_1) - (z_2 + h_2)}{L}$$

i ——河底坡度，$i = (z_1 - z_2)/L$，$i = \sin\theta$，当 $\theta < 6°$时，$\sin\theta \approx \tan\theta$，$i = \Delta z/(Lx)$。

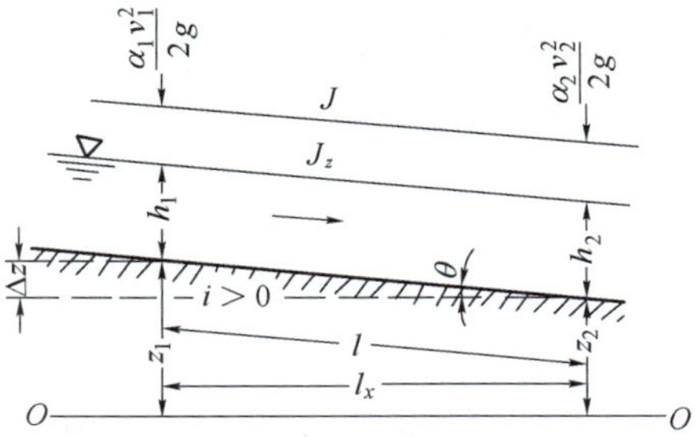

图 6-7-1

水力坡度=水面坡度=河底坡度，是明渠均匀流的特性。产生明渠均匀流必须满足以下这些条件：渠中流量保持不变；渠道为长直棱柱体；顺坡渠道（即河底高程沿水流方向降低）；渠壁粗糙系数沿程不变，没有局部损失，以及底坡不变、断面形状与面积不变等。所以均匀流多在人工明渠中产生，天然河流的顺直渠段，可近似作为均匀流来处理。

二、明渠均匀流基本公式及断面水力要素

明渠流断面尺寸大，流速快，壁面粗糙，一般均属于大雷诺数的水力粗糙区，其水力计算的基本公式用谢才公式

$$v = C\sqrt{RJ}$$

但在均匀流时由明渠均匀流特性知$J=i$，可用渠底坡度i代替J，应用更加方便，此时

$$\left.\begin{aligned} v&=C\sqrt{Ri}\\ Q&=CA\sqrt{Ri}=K\sqrt{i}\\ K&=CA\sqrt{R}\end{aligned}\right\}\tag{6-7-2}$$

式中，K称为流量模数，单位为 m^3/s，与流量同。为了使用谢才公式，必须配合断面水力要素的计算公式和谢才系数C的计算公式，例如前面介绍的$C=\frac{1}{n}R^{\frac{1}{6}}$的曼宁公式。

断面水力要素的计算公式常用的有矩形、梯形和未充满的圆形断面以及复式断面几种，如图 6-7-2 所示，现分别介绍。

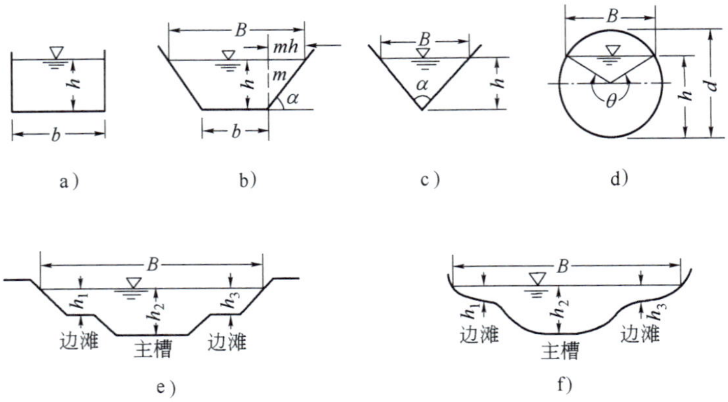

图 6-7-2

（一）矩形断面水力要素

$$\left.\begin{aligned} A&=bh\\ \chi&=b+2h\\ R&=\frac{A}{\chi}\end{aligned}\right\}\tag{6-7-3}$$

（二）梯形断面水力要素

$$\left.\begin{aligned} A&=(b+mh)h\\ \chi&=b+2h\sqrt{1+m^2}\\ R&=\frac{A}{\chi}\\ B&=b+2mh\end{aligned}\right\}\tag{6-7-4}$$

上式中$m=\cot\alpha$，称为边坡系数，α为边坡角，见图 6-7-2b)，当$\alpha=90°$时，$m=0$，梯形变为矩形，式（6-7-3）是式（6-7-4）的一个特例。

【例 6-7-1】 一梯形断面明渠，水力半径$R=1$m，底坡$i=0.000\,8$，粗糙系数$n=0.02$，则输水流速度为：

A. 1m/s　　B. 1.4m/s　　C. 2.2m/s　　D. 0.84m/s

解 由明渠均匀流谢才公式知流速$v=C\sqrt{Ri}$，$C=\frac{1}{n}R^{\frac{1}{6}}$

代入题设数据，得：$C=\frac{1}{0.02}1^{\frac{1}{6}}=50\sqrt{m}/s$

流速$v=50\sqrt{1\times0.000\,8}=1.41$m/s

答案： B

（三）未充满的圆形断面水力要素

$$\left.\begin{aligned} A &= \frac{d^2}{8}(\theta - \sin\theta) \\ \chi &= \frac{d}{2}\theta \\ R &= \frac{d}{4}\left(1 - \frac{\sin\theta}{\theta}\right) \\ B &= d\sin\frac{\theta}{2} \end{aligned}\right\} \tag{6-7-5}$$

上式中θ为圆心角，与管内液体的充满度h/d有关，h为充水深度，见图 6-7-2d）。因此

$$\frac{h}{d} = \sin^2\frac{\theta}{4} \tag{6-7-6}$$

当已知充满度h/d后可用上式求出θ，再由直径d和θ用式（6-7-5）求各种水力要素。

（四）复式断面水力要素

可将其分解为几个简单的几何图形叠加求解，注意湿周只计入固体与液体接触的边长，液体与液体接触部分不计入。断面各部分水力坡度J不变，则

$$Q = (K_1 + K_2 + \cdots)\sqrt{J}$$

【例 6-7-2】 两条明渠过水断面面积相等，断面形状分别为（1）方形，边长为a；（2）矩形，底边宽为 2a，水深为 0.5a，它们的底坡与粗糙系数相同，则两者的均匀流流量关系式为：

A. $Q_1 > Q_2$　　B. $Q_1 = Q_2$　　C. $Q_1 < Q_2$　　D. 不能确定

解 由明渠均匀流谢才-曼宁公式$Q = \frac{1}{n}R^{\frac{2}{3}}i^{\frac{1}{2}}A$可知：在题设条件下面积$A$，粗糙系数$n$，底坡$i$均相同，则流量$Q$的大小取决于水力半径$R$的大小。对于方形断面，其水力半径$R_1 = \frac{a^2}{3a} = \frac{a}{3}$，对于矩形断面，其水力半径为$R_2 = \frac{2a\times0.5a}{2a+2\times0.5a} = \frac{a^2}{3a} = \frac{a}{3}$，即$R_1 = R_2$。故$Q_1 = Q_2$。

答案： B

三、明渠的水力最佳断面和允许流速

（一）水力最佳断面

当过水断面积A、粗糙系数n、底坡i一定时，通过流量Q或过水能力最大时的断面形状，称为水力最佳断面。由谢才公式和曼宁公式可得

$$Q = CA\sqrt{Ri} = \frac{1}{n}R^{\frac{1}{6}}AR^{\frac{1}{2}}i^{\frac{1}{2}} = \frac{1}{n}\left(\frac{A}{\chi}\right)^{\frac{2}{3}}Ai^{\frac{1}{2}} = \frac{1}{n}R^{\frac{2}{3}}Ai^{\frac{1}{2}}$$

即

$$Q = \frac{i^{\frac{1}{2}}}{n}A^{\frac{5}{3}}\chi^{-\frac{2}{3}} \tag{6-7-7}$$

由式（6-7-7）可知，当A、n、i一定时，湿周χ最小，Q才最大，故圆形是最佳的形状。但在明渠中，圆形施工不便，往往用梯形。梯形的边坡系数取决于土壤的性质，当边坡系数m按土壤性质已确定时，梯形的水力最佳断面条件，可由$\frac{\mathrm{d}\chi}{\mathrm{d}h}=0$求$\chi$极小值的办法求出。

$$\chi = \frac{A}{h} - mh + 2h\sqrt{1+m^2}$$

$$\frac{\mathrm{d}\chi}{\mathrm{d}h} = -\frac{A}{h^2} - m + 2\sqrt{1+m^2} = 0$$

将$A = (b+mh)h$代入上式并整理后可得

$$\beta = \frac{b}{h} = 2\left(\sqrt{1+m^2} - m\right) \tag{6-7-8}$$

式中，$\beta = b/h$为水力最佳宽深比。将式（6-7-8）依次代入A及χ公式，最后求得水力最佳的水力半径为

$$R = \frac{h}{2} \tag{6-7-9}$$

对于矩形断面$m=0$，代入式（6-7-8）得水力最佳矩形断面宽深比为$\beta=2$，即$b = 2h$的扁矩形。对于小型土渠，工程造价主要取决于土方量，因此水力最佳断面，可能是经济实用的。对于大型渠道，按水力最佳梯形决定的断面，往往是太过窄而深，深挖高填式施工，未必是经济合理的，就不一定采用水力最佳断面。

（二）明渠的允许流速

明渠中流速过大会引起渠道的冲刷，过小又会导致水中悬浮泥沙在渠中淤积，且易使河滩上滋生杂草，从而影响渠道的输水能力。因此，在设计渠道时，应使其断面平均流速v在允许范围内，即

$$v_{max} > v > v_{min}$$

式中：v_{max}——渠道最大不冲刷流速或最大允许流速；

v_{min}——渠道最小不淤积流速或最小允许流速。

最大允许流速取决于渠道土壤或加固材料性质，最小允许流速取决于悬浮泥沙颗粒大小，可查有关手册或用经验公式计算。

四、明渠均匀流水力计算的几类问题

（一）已知b、h、m、n、i要求渠道的通过流量Q

这类问题往往是对已建成渠道进行的校核验算，可直接代入谢才公式求解。

（二）已知Q、b、h、m、i，求粗糙系数n

可联合用谢才、曼宁两式解出n

$$n = \frac{A}{Q} R^{\frac{2}{3}} i^{\frac{1}{2}}$$

直接代入数据即可。

（三）已知Q、b、h、m、n，设计渠道底坡i

先求出流量模数$K = AC\sqrt{R}$，之后再代入谢才公式求底坡$i = Q^2/K^2$，或求出流速再用$i = v^2/(C^2R)$求底坡。在实际工程中，由此计算而得的底坡数值，只是一个参考值，还要综合考虑地形、地质、施工等因素后才能确定。

（四）已知Q、m、n、i，设计渠道过水断面的尺寸b和h

此时，在基本公式中出现两个未知数，解答不确定。为了使问题有唯一确定的解，须结合工程要求和经济条件，先定出其中的一个b或h值，或是宽深比β值，再行设计，现分述如下。

1. 设定渠道底宽b，求均匀流水深h_0

首先由已知的流量Q及底坡i，算出所设计的渠道断面应具有的流量模数$K_0 = Q/\sqrt{i}$；然后根据$K = AC\sqrt{R} = (b+mh)h\frac{1}{n}\left[\frac{(b+mh)h}{b+2h\sqrt{1+m^2}}\right]^{\frac{2}{3}} = f(h)$公式，用试算法或图解法求解。以试算为例，就要多次设定一系列的h，求对应的K，当此K值恰好等于K_0时，此时的h就是所要求的水深h_0。如以所设定的一系列的水深h为纵标，以所对应的K作为横标，可绘出$K = f(h)$曲线；再以$K_0 = Q/\sqrt{i}$为横坐标，作垂线交$K =$

$f(h)$曲线于一点，由交点引水平线截取纵坐标于一点，此点的h值即为所求的均匀流水深h_0。

2. 设定渠道水深h_0，求相应的渠道底宽b

这种情况与上面的相似，可用试算法或图解法求解。设定一系列b，求对应的K，作出$K=f(b)$曲线；再求出$K_0=Q/\sqrt{i}$，在$K=f(b)$曲线上找出对应于此K_0的b值，即为所求的底宽b。

3. 设定渠道宽深比β，求相应的h_0和b值

由于补充了一个条件，设定了β，使h_0和b转变成互相依赖的一个变量，使方程有确定的解。按上面介绍的方法，求得h_0或b后，即可由$\beta=b/h_0$求得另一个。

4. 根据允许流速求断面尺寸

先求面积$A=\frac{Q}{v_{\max}}$，再求水力半径$R=\left(\frac{nv_{\max}}{\sqrt{i}}\right)^{\frac{3}{2}}$。

五、圆形断面无压排水管水力计算

现行《室外排水设计规范》(GB 50014—2006)(2016 年版)规定，雨水管道与合流管道，可按满流设计。而污水管道应按不满流设计，其最大设计充满度$\alpha=h/d$按表 6-7-1 规定采用。

最大设计充满度　　表 6-7-1

管径d（mm）	最大设计充满度$\alpha\left(\frac{h}{d}\right)$	管径d（mm）	最大设计充满度$\alpha\left(\frac{h}{d}\right)$
150~300	0.60	500~900	0.75
350~450	0.70	≥1 000	0.80

在进行排水管水力计算时，首先确定其充满度$\alpha=h/d$值，然后由$h/d=\sin^2\frac{\theta}{4}$，解出圆心角$\theta$，再由$d$及$\theta$用式（6-7-5）求出水力要素，最后由谢才公式求解所要解的问题。

排水管水力计算问题的类型，与明渠均匀流相似，也是求流量Q、粗糙系数n、底坡i和管径d或水深h。现举例说明。

【例 6-7-3】 某圆形污水管管径d =600mm，管壁粗糙系数n =0.014，管道底坡i =0.0024，求最大设计充满度时的流速和流量。

解 由表 6-7-1 查出，d =600mm 时最大设计充满度$\alpha=\frac{h}{d}$=0.75，代入式（6-7-6），解出$\theta=\frac{4}{3}\pi$

由式（6-7-5）可得：

面积$A=\frac{d^2}{8}(\theta-\sin\theta)=\frac{0.6^2}{8}\times\left(\frac{4}{3}\pi-\sin\frac{4}{3}\pi\right)=0.227\,5\text{m}^2$

湿周$\chi=\frac{d}{2}\theta=\frac{0.6}{2}\times\frac{4}{3}\pi=1.256\,6\text{m}$

水力半径$R=\frac{A}{\chi}=\frac{0.227\,5}{1.256\,6}=0.181\,0\text{m}$

谢才系数$C=\frac{1}{n}R^{\frac{1}{6}}=\frac{1}{0.014}\times(0.181)^{\frac{1}{6}}=53.722\sqrt{\text{m}}/\text{s}$

流速$v=C\sqrt{Ri}=53.722\times\sqrt{0.181\times0.002\,4}=1.12\text{m/s}$

流量$Q=vA=1.12\times0.227\,5=0.254\,8\text{m}^3/\text{s}$

在实际工作中，为了简便，还制定了各种图表，载于各种手册中，此处就省略了。

排水管水力最优充满度为h/d =0.95，θ =308°，此时流量最大；当h/d =0.81 时，流速最快。但这两个充满度均大于最大设计充满度，不宜作为设计充满度采用。

六、明渠非均匀流基本概念

（一）明渠非均匀流发生的条件

无论是天然河流或人工渠道，由于地形、地质情况复杂多变，河槽本身的边界条件是不断变化的，而且在河渠上往往有各种形式的水工建筑物（如闸、坝、跌水、桥、涵等）。在河槽边界发生变化的地方和有水工建筑物的地方，破坏了均匀流形成的条件，就会产生非均匀流的水流现象。例如闸、坝挡水后使上游水位壅高，水深增加，流速变小；而在陡坡或跌水的上游则水位降低，水深逐渐减小，流速变大。

对非均匀流现象进行研究具有重要的实际意义，如计算壅水曲线，可正确估计闸、坝壅水对上游淹没影响的范围；对水跃现象的研究，有助于正确设计下游消能防冲措施。

（二）明渠非均流的特点和几类现象

明渠非均匀流的特点是水深、流速不断地沿程变化，而在此变化中又可分为渐变流和急变流。

属于渐变流的有以下两类水力现象：

1. 壅水现象

如在河流或渠道中的水流遇到闸、坝等挡水建筑物时，上游水位壅高，水深沿流增加，流速逐渐减少，这种现象称为壅水现象，其水面曲线称为壅水曲线，如图 6-7-3 所示。

2. 降水现象

如在河底坡度突然变陡的陡坡上游或河底高程突然下降的跌水上游，水深沿流不断减小，水面高程逐渐下降的现象称为降水现象，其水面曲线，如图 6-7-4 所示。

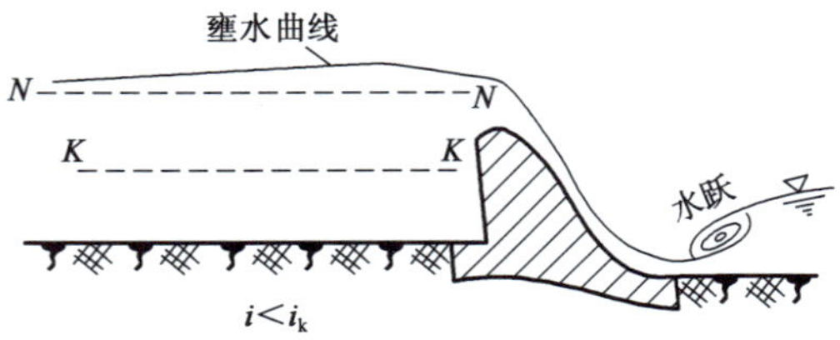

图 6-7-3 壅水曲线

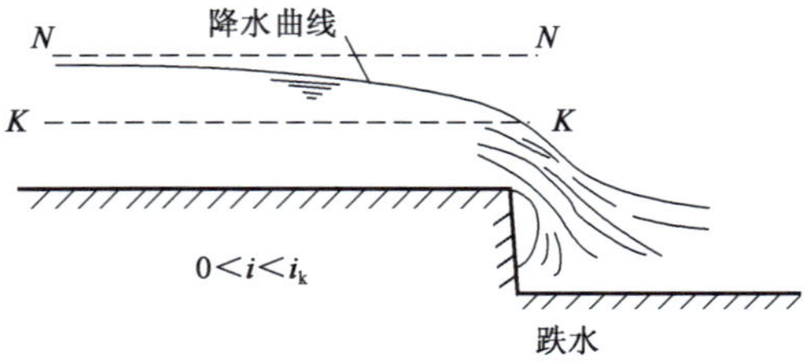

图 6-7-4 降水曲线与跌水

属于急变流的有以下两类水力现象：

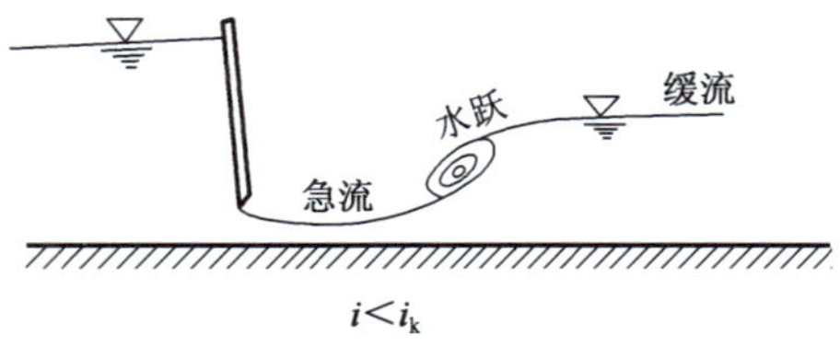

图 6-7-5 水跃现象

1.水跃现象

当水流由水深小、流速大的急流状态急剧转变为水深大、流速小的缓流时，将发生强烈的旋滚和消耗巨大的能量，这就是水跃现象，如图 6-7-5 所示。

2. 跌水现象

在底坡突然下降或由缓坡变陡处，水面骤然下降，流速剧增的现象称为跌水现象，如图 6-7-4 所示。

（三）明渠非均匀流的流态（急流、缓流、临界流）

本段所讨论的是以微弱扰动波在水中传播的速度为判别标准的一种流动分类。这种流态的划分，对明渠非均匀流运动规律的分析，很有帮助。

1. 明渠中弱扰动波传播速度

由于明渠的自由液面没有固体边界的限制，受扰动后可改变水面标高以适应扰动，因而能在水面形成一微微隆起的波（简称微幅波），此波形成后将以某一速度向四周传播，称为微幅波的传播波速c，它的快慢与水流深度有关。现在我们对矩形断面渠道中静止水中的波速c的计算方法进行分析（见图 6-7-6）。

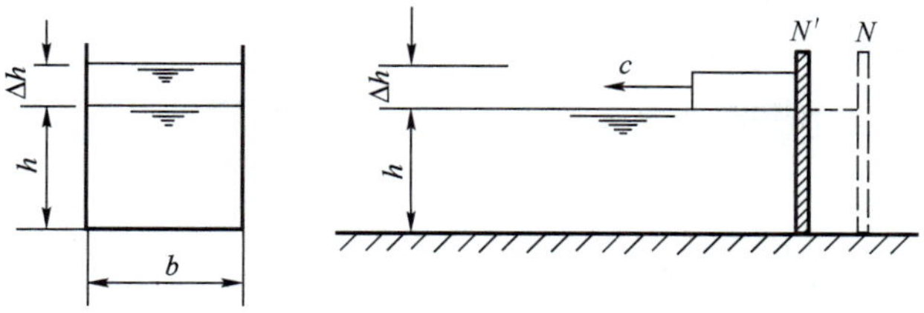

图 6-7-6 微幅波的传播

将平板N向左拨动到N'时，水面将产生一隆起的微幅波，并以波速c向左传播。设波高Δh很小，与水深相比可以忽略不计，波移动时的摩擦阻力也可忽略不计，呈非恒定流。现取移动坐标，以速度c与波一起向左移动，此时波就固定不动，而渠中的水则有了向右的速度c，呈恒定流。由伯努利方程可知

$$h+\frac{c^2}{2g}=\text{常数}$$

另一方面，对单位宽度而言，连续性方程可写成

$$ch=\text{常数}$$

将上两式微分后为

$$\begin{cases}\mathrm{d}h+\dfrac{c\mathrm{d}c}{g}=0\\ c\mathrm{d}h+h\mathrm{d}c=0\end{cases}$$

将上述方程组联立求解，得

$$\frac{c^2\mathrm{d}c}{g}-h\mathrm{d}c=0$$

$$\left(\frac{c^2}{g}-h\right)\mathrm{d}c=0$$

$$\frac{c^2}{g}=h$$

故

$$c=\pm\sqrt{gh} \tag{6-7-10}$$

对梯形等棱柱形断面，可用平均水深$\bar{h}=A/B$代入，式中A为过水断面面积，B为水面宽度，则上式变为

$$c=\pm\sqrt{g\bar{h}}$$

如果在明渠流中，水流流速为v，则波的传递速度与水流流速叠加后即为波的实际传播速度c'，即

$$c'=v\pm\sqrt{g\bar{h}}$$

当微波顺水流方向传播时，上式右端第二项取正号；逆水流方向传播时，取负号。

2. 急流、缓流、临界流

我们以波速c与流速v的相互关系来区分明渠中水流的缓急。

当明渠中水流流速较大而波速较小，满足不等式$v>c$或$v>\sqrt{g\bar{h}}$时，则微幅波速与流速叠加后的波速为正值，说明干扰只能顺水流方向向下游传播，不能逆水流方向朝上游传播，这种流动称为急流。

当明渠中水流流速较小而波速较大，满足不等式$v<c$或$v<\sqrt{g\bar{h}}$时，则叠加后的波速值可能有正有负。说明干扰既能向下游传播，也能向上游传播，这种流动称为缓流。

当明渠中水流流速v正好等于波速c时，即满足等式$v=c$时，干扰向上游传播的速度为零，正是急流与缓流的分界，称为临界流。此时的水流流速称为临界流速$v_c=\sqrt{g\bar{h}}$，可用来判别流态的缓急。$v>v_c$为急流，$v<v_c$为缓流，$v=v_c$为临界流。

3. 弗劳德数

如果把流态判别式的等号两边都除以$\sqrt{g\bar{h}}$可得

$$\left.\begin{aligned}\frac{v}{\sqrt{g\bar{h}}}>1 \quad 急流\\ \frac{v}{\sqrt{g\bar{h}}}=1 \quad 临界流\\ \frac{v}{\sqrt{g\bar{h}}}<1 \quad 缓流\end{aligned}\right\} \tag{6-7-11}$$

等号左边为无量纲数，称为弗劳德数，以符号 Fr 表示，Fr 可作为判断流态缓急的判别准则。

$$\left.\begin{aligned}\mathrm{Fr}>1 \quad 急流\\ \mathrm{Fr}=1 \quad 临界流\\ \mathrm{Fr}<1 \quad 缓流\end{aligned}\right\} \tag{6-7-12}$$

4. 临界水深和临界底坡

为了区别渠中流态的缓、急，还可以运用临界水深和临界底坡的概念。

（1）临界水深h_k是断面比能（$h+\frac{\alpha v^2}{2g}$）最小时的水深，对矩形断面可用下式计算

$$h_k=\sqrt[3]{\frac{\alpha q^2}{g}} \tag{6-7-13}$$

式中，q为单宽流量；α为动能改正系数，一般取 1~1.1。

设明渠中产生均匀流的水深为正常水深h_0，则有

$$\left.\begin{aligned}h_0<h_k \quad 急流\\ h_0=h_k \quad 临界流\\ h_0>h_k \quad 缓流\end{aligned}\right\} \tag{6-7-14}$$

（2）临界底坡i_k，当通过一定流量时的正常水深恰好等于临界水深，此时的底坡称为临界底坡。临界底坡可用下式计算

$$i_k=\frac{Q^2}{K_k^2} \tag{6-7-15}$$

式中，Q为通过流量；K_k为临界流时的流量模数，$K_k=C_kA_k\sqrt{R_k}$。

设明渠中形成均匀流时的底坡为i，则有

$$\left.\begin{aligned}i>i_k \quad 急流\\ i=i_k \quad 临界流\\ i<i_k \quad 缓流\end{aligned}\right\} \tag{6-7-16}$$

习　题

6-7-1　明渠均匀流的特征是（　　）。

A. 断面面积、壁面粗糙度沿流程不变　　B. 流量不变的长直渠道

C. 底坡不变、粗糙度不变的长渠　　D. 水力坡度、水面坡度、渠底坡度皆相等

6-7-2　某梯形断面明渠均匀流，渠底宽度b =2.0m，水深h =1.2m，边坡系数m =1.0，渠道底坡i =0.000 8，粗糙系数n =0.025，则渠中的通过流量Q应为（　　）。

A. 5.25m³/s　　B. 3.46m³/s　　C. 2.52m³/s　　D. 1.95m³/s

第八节　渗流定律、井和集水廊道

一、渗流及渗流模型

流体在孔隙介质中的流动称为渗流，水在土壤孔隙中的流动是渗流典型的例子。工程中水源井、集水廊道出水量的计算，以滤池为代表的各种过滤设备中流经多孔介质的渗流速度、渗流系数的确定，地下水资源、油气资源的开发利用等方面，均需应用渗流理论的有关知识。在土木工程上，主要是研究以水为代表的液体，在土壤孔隙中的流动。水在土壤孔隙中的流动，是极不规则的迂回曲折运动，要详细考察每一孔隙中的流动状况是非常困难的，一般也无此必要。工程中所关心的主要是宏观的平均效果，为了研究方便，常用简化的渗流模型来代替实际的渗流运动。所谓渗流模型，是设想流体作为连续介质连续地充满渗流区的全部空间，包括土壤颗粒骨架所占据的空间；渗流的运动要素可作为渗流区全部空间的连续函数来研究。以渗流模型取代实际渗流，必须要遵循这几个原则：①通过渗流模型某一断面的流量必须与实际渗流通过该断面的流量相等；②渗流模型某一确定作用面上的压力，要与实际渗流在该作用面上的真实压力相等；③渗流模型的阻力与实际渗流的阻力相等，即能量损失相等。

渗流模型中的渗流流速u为渗流模型中微小过流断面面积ΔA除通过该面积的真实渗流量ΔQ，即

$$u=\frac{\Delta Q}{\Delta A}$$

因为上式中ΔA内有一部分面积为土粒所占据，所以孔隙的过流断面面积$\Delta A'$要比ΔA小，$\Delta A'=n\Delta A$，n为土壤孔隙率（为孔隙体积与土壤总体积之比）。因此孔隙中真实渗流速度为

$$u'=\frac{\Delta Q}{\Delta A'}=\frac{\Delta Q}{n\Delta A}=\frac{u}{n}$$

由于孔隙率$n<1$，所以$u'>u$。引入渗流模型之后，把渗流视为连续介质运动，前面各章关于分析连续介质空间场运动要素的各种方法和概念就可直接应用于渗流中。例如按运动要素是否随时间变化，可分为恒定渗流和非恒定渗流；按运动要素是否沿流程变化，可分为均匀渗流和非均匀渗流等。非均匀渗流又可分为渐变渗流和急变渗流；从有无地下水自由浸润面可分为无压渗流和有压渗流等。

二、渗流基本定律——达西定律

1852~1855 年，达西对均质沙土中的渗流，做了大量的试验研究，总结得出了渗流能量损失与渗流流速、流量之间的关系式为

$$Q=kAJ \tag{6-8-1}$$

式中：Q ——渗流流量；

k ——渗透系数，表示土壤在透水方面的物理性质，具有速度的量纲；

J ——水力坡度，$J = h_w/L \approx (H_1 - H_2)/L$；

H_1、H_2 ——分别为渗流上、下游断面的测压管水头。

如图 6-8-1 所示。因渗流速极小，流速水头可忽略不计，测压管水头差就可代替总水头差。$J = -\frac{dH}{dL}$，所以用负号是因H沿L减少。

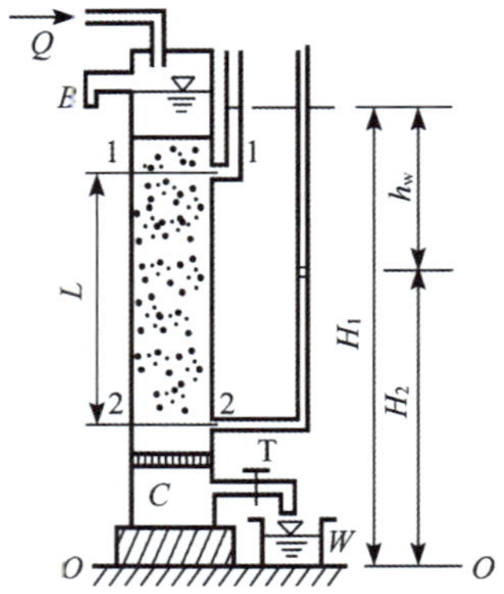

图 6-8-1

渗流断面平均流速为

$$v = \frac{Q}{A} = kJ \qquad (6\text{-}8\text{-}2)$$

上式表明渗流速度与水力坡度一次方成正比，亦即与水头损失一次方成正比，并与土壤的透水性有关。由此得知渗流遵循层流运动的规律，所以达西渗流定律也称为渗流线性定律。

对于均质土壤试样，其中产生的是均匀渗流，可认为各点的流动状态相同，点流速u与断面平均流速v相同，所以达西定律也可写为

$$u = kJ \qquad (6\text{-}8\text{-}3)$$

对于非均质土壤，u与J均与位置有关，u与v不一定相同，达西定律只能以式（6-8-3）的形式表示。

对于渐变渗流，裘皮幼（Dupuit）认为流线曲率很小，两断面间任一流线长度dS近似相等，水力坡度相同、断面上各点流速均匀分布，即

$$u = v = kJ = -k\frac{dH}{dS}$$

也可以应用达西定律。

达西定律的适用范围为线性渗流，其雷诺数$Re = \frac{vd}{\nu} < 1\sim10$。式中，$d$为土壤颗粒有效粒径，可用$d_{10}$代表，$d_{10}$表示筛分后占10%质量的土粒所能通过的筛孔直径。

三、集水廊道

集水廊道既是采集地下水作水源的给水建筑物，又是排泄地下水降低附近地下水位的排水建筑物。如图 6-8-2 所示一水平底的集水廊道，底部为不透水层，侧面为透水性均质土壤，上为地面，在廊道未取水前土壤中天然无压地下水水面（称浸润面），为一水平线，如图中虚线所示，取水后水面降落为曲率极小的缓降曲线，为一渐变渗流，可以用达西定律。

集水廊道主要解决两类问题：一是求出每一侧面单位长度的出流量q、总流量Q；另一是求出地下水降落曲面的坐标x及z的关系式，以便确定取水后各处的水位z值。x为距廊道侧壁的水平距离，z为从廊道底部算起的水面铅垂高度，即地下水水位。设h为廊道内水深，根据达西定律，$Q = kAJ$，单位长流量

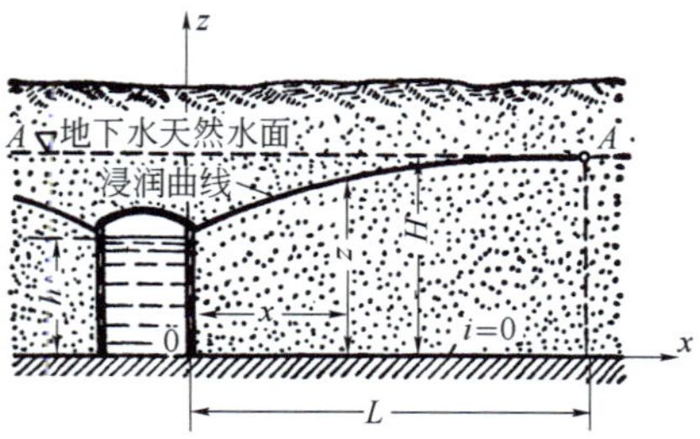

图 6-8-2

$$q = kz\frac{dz}{dx}$$

$$\frac{q}{k}\int_0^x dx = \int_h^z z dz$$

$$\frac{q}{k}x=\frac{1}{2}(z^2-h^2)$$

或
$$z^2-h^2=\frac{2q}{k}x \tag{6-8-4}$$

上式为地下廊道采水后地下水浸润线方程，若q及h已知，k是渗流系数，为常数，则任一距离x处的水位z可求得，并可绘出水面曲线。

为了求单长流量q，可利用其边界条件，当水平距离$x\to L$时，地下水位$z\to H$，H为取水前地下水天然水平面到不透水层的高度，亦称含水层厚度，代入式（6-8-4）可得

$$q=\frac{k(H^2-h^2)}{2L} \tag{6-8-5}$$

式中，L称为集水廊道的影响长度（沿x方向），即在L之外水面不再降落，恢复天然地下水位，不受取水的影响。

集水廊道两侧的总流量为Q，则

$$Q=2qL_0 \tag{6-8-6}$$

式中：L_0——垂直于纸面的廊道纵向长度。

四、管井涌水量的计算

（一）潜水井（普通完全井）

具有自由液面的无压地下水称潜水。潜水井用来汲取无压地下水，井的断面通常为圆形，水由透水的井壁渗入井中。潜水井又可分为完全井与不完全井两类，井底深达不透水层的称为完全井，如图 6-8-3 所示，按达西定律其流量为

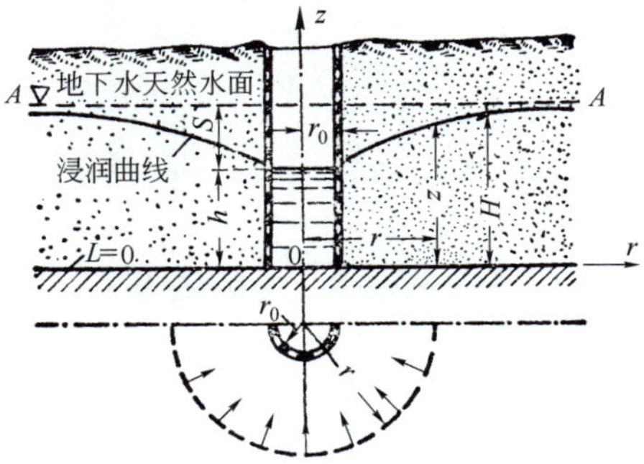

图　6-8-3

$$Q=kAJ=k2\pi rz\frac{\mathrm{d}z}{\mathrm{d}r}$$

分离变量后积分上式，得

$$\int z\mathrm{d}z\&=\frac{Q}{2\pi k}\int\frac{\mathrm{d}r}{r}$$

$$z^2=\frac{Q}{\pi k}\ln r+c$$

式中：c——积分常数。

当$r=r_0$时，$z=h$，代入上式得积分常数$c=h^2-\frac{Q}{\pi k}\ln r_0$，将积分常数$c$再代回原式有

$$z^2-h^2=\frac{Q}{\pi k}\ln\frac{r}{r_0} \tag{6-8-7}$$

换成常用对数后得

$$z^2-h^2=\frac{0.73Q}{k}\lg\frac{r}{r_0} \tag{6-8-8}$$

式中：h——井中水深；

r_0——井的半径。

上式表明潜水井取水时井外地下水浸润线方程，即r与z的关系式。从理论上说，当某井取水，四周形成漏斗状浸润面后，水面降落的影响应该延伸到无穷远处。但从工程实用观点来看，当水面降落的浸润线延伸到某一距离R之后，水面即接近含水层原有的厚度。即当$r\to R$后，$z\to H$，R称为井的影响半

径，将此边界条件代入式（6-8-8）中，可求出潜水井涌水量公式

$$Q = 1.366\frac{k(H^2 - h^2)}{\lg\frac{R}{r_0}} \tag{6-8-9}$$

式中的影响半径R可由试验方法求得。当无试验资料，初步计算时可用经验公式估算

$$R = 3\,000S\sqrt{k} \tag{6-8-10}$$

式中，$S = H - h$，为抽水稳定后，井中水面降落深度以米（m）计。k为渗流系数，以 m/s 计。

【例 6-8-1】 潜水完全井抽水量大小与相关物理量的关系是：

A. 与井半径成正比　　B. 与井的影响半径成正比

C. 与含水层厚度成正比　　D. 与土体渗透系数成正比

解 根据公式（6-8-9）可知，潜水完全井抽水量与渗透系数k和含水层厚度H有关，且与渗透系数k成正比。

答案： D

（二）自流井（承压井）

如含水层位于两不透水层之间，其中渗流所受的压强大于大气压强，这样的含水层称为自流层，由自流层供水的井为自流井。设一井底直至不透水层的完全自流井如图 6-8-4 所示。在未抽水时，井中水位将升高至H高度处，此H值即为天然状态下含水层的测压管水头，它大于含水层的厚度t，有时甚至高出地面，使水从井口中自动流出。当抽水经过相当长的时间后，井四周的测管水头线，将形成一稳定的轴对称的漏斗状曲线，如图 6-8-4 所示。取距井中心轴为r处的渗流过水断面，该面面积$A = 2\pi rt$，它与测管水头无关，该处水力坡度$J = \frac{dz}{dr}$，为该处测管水头线的坡度，则该断面渗流流量Q按达西公式，有

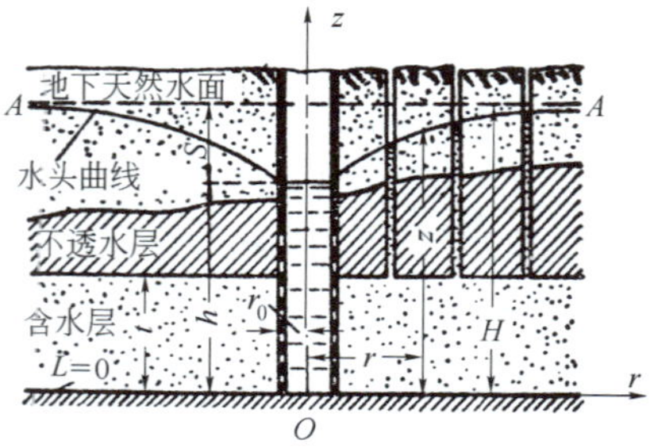

图 6-8-4

$$Q = k2\pi rt\frac{dz}{dr}$$

分离变量并积分得

$$z = \frac{Q}{2\pi kt}\ln r + c$$

式中，c为积分常数，由边界条件确定。当$r = r_0$时，$z = h$，代入上式得$c = h - \frac{Q}{2\pi kt}\ln r_0$，将$c$代入原式有

$$z - h = \frac{Q}{2\pi kt}\ln\frac{r}{r_0} \tag{6-8-11}$$

或转换成常用对数

$$z - h = 0.366\frac{Q}{kt}\lg\frac{r}{r_0} \tag{6-8-12}$$

此即自流井水头曲线方程。引入井的影响半径概念，令上式中的$r = R$时，$z = H$，就可得到自流井的涌水量公式

$$Q = 2.73\frac{kt(H - h)}{\lg\frac{R}{r_0}} \tag{6-8-13}$$

井中水面降落深度$S = H - h$，上式可写成

$$Q = 2.73\frac{ktS}{\lg\frac{R}{r_0}} \tag{6-8-14}$$

五、大口井涌水量

大口井是汲取浅层地下水的一种井，井径较大，大致为 2~10m 或更大些。大口井一般是不完全井，下接含水量丰富的透水层，底部进水成为涌水量的重要部分。如图 6-8-5 所示一底部为半球形，井壁四周为不透水层，主要由底部进水的大口井，利用达西公式可推得其流量Q的计算公式

$$Q = \frac{2\pi kS}{\frac{1}{r_0} - \frac{1}{R}} \tag{6-8-15}$$

因$R \gg r_0$，所以上式近似为

$$Q = 2\pi k r_0 S \tag{6-8-16}$$

对于平底大口井，福希海梅认为过流断面是半椭球面，渗流流线是双曲线，如图 6-8-6 所示。其涌水量Q的公式为

$$Q = 4kr_0S \tag{6-8-17}$$

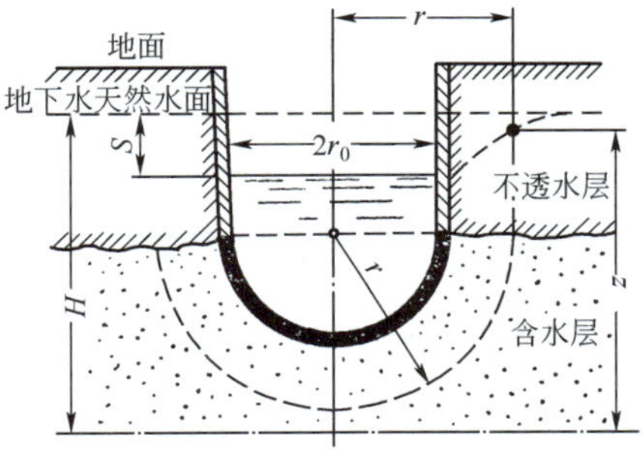

图 6-8-5

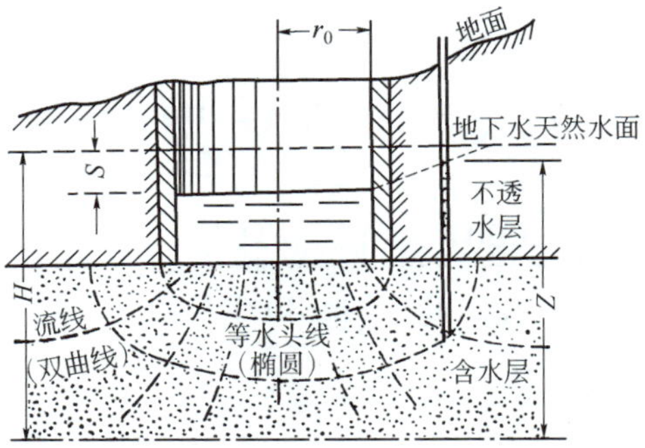

图 6-8-6

六、井群的涌水量

（一）潜水井井群

如图 6-8-7 所示一潜水井井群平面图，在水平不透水层上有n个完全潜水井，由于各井之间距离较近，因此各井的出水量和浸润曲线的形状均相互影响，所以井群计算与单井不同，需应用势流叠加原理。经分析推导得潜水井群的浸润线方程为

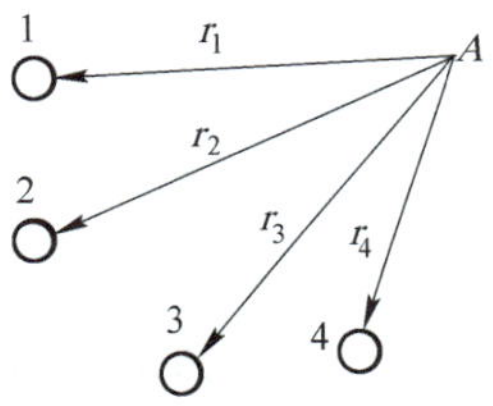

图 6-8-7

$$z^2 = H^2 - 0.732\frac{Q}{k}\left[\lg R - \frac{1}{n}\lg(r_1 r_2 r_3 \cdots r_n)\right] \tag{6-8-18}$$

式中：z ——潜水井井群影响范围内某点的浸润线水头；

H ——未抽水时含水层水位；

Q ——井群总流量；

n ——井的总数；

r_1、r_2、r_3、…、r_n ——各个井到计算点的半径；

R ——井群的影响半径可用经验公式（6-8-19）计算或做抽水试验确定。

$$R = 575S\sqrt{Hk} \tag{6-8-19}$$

井群的总流量公式为

$$Q = 1.366\frac{k(H^2 - z^2)}{\lg R - \frac{1}{n}\lg(r_1 r_2 r_3 \cdots r_n)} \tag{6-8-20}$$

（二）自流井井群

与潜水井类似，用势流叠加原理可导出自流井井群的水头线方程和流量公式。水头线方程为

$$z = H - \frac{0.366Q}{kt}\left[\lg R - \frac{1}{n}(r_1 r_2 r_3 \cdots r_n)\right] \tag{6-8-21}$$

自流井井群的流量为

$$Q = 2.73\frac{kt(H - z)}{\lg R - \frac{1}{n}\lg(r_1 r_2 r_3 \cdots r_n)} \tag{6-8-22}$$

【例 6-8-2】 设某圆形基坑，其周围布置了 6 个潜水完全井，如图所示。各井距基坑中心点距离r为 30m，含水层厚度H为 15m，渗流系数k =0.0008m/s，井群影响半径R =300m，欲使基坑中心点水位下降S =5m，求各井的抽水量。

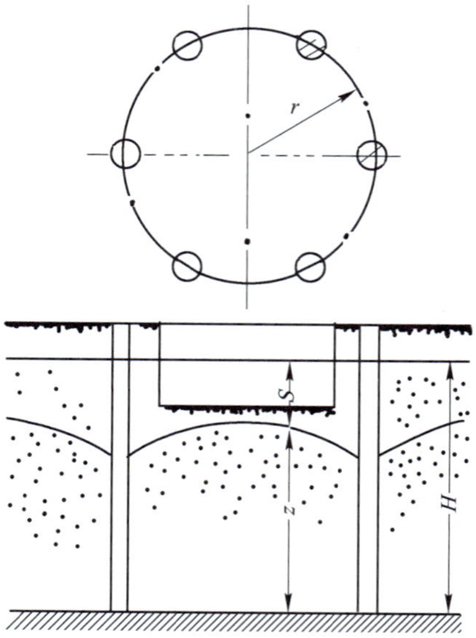

例 6-8-2 图

解 $r_1 = r_2 = r_3 = \cdots = r_n = 30$m，代入式（6-8-16）得总流

$$Q = 1.366\frac{0.0008 \times (15^2 - 10^2)}{\lg 300 - \frac{1}{6}\lg(30^6)} = 0.136\text{m}^3/\text{s}$$

每口井抽出量为

$$\frac{Q}{n} = \frac{0.136}{6} = 0.0227\text{m}^3/\text{s} = 22.7\text{L/s}$$

习　题

6-8-1　达西渗透定律表明渗流量与（　　）成正比，与（　　）有关。

A. 过流面积、流速，介质颗粒大小

B. 过流面积、水力坡度，水的黏性

C. 过流面积、水头损失，土壤均匀程度

D. 过流面积、水力坡度一次方，渗透系数

6-8-2　潜水井是指（　　）。

A. 全部潜没在地下水中的井

B. 从有自由表面潜水含水层中开凿的井

C. 井底直达不透水层的井

D. 从两不透水层之间汲取有压地下水的井

6-8-3　某一井底直达不透水层的潜水井，井的半径r_0 =0.2m，含水层的水头H =10m，渗透系数k =0.0006m/s，影响半径R =294m，抽水稳定后井中水深为h =6m，此时该井的出水流量Q为（　　）。

A. 20.51L/s　　B. 18.5L/s　　C. 16.56L/s　　D. 14.55L/s

第九节 量纲分析和相似原理

一、量纲分析

（一）量纲和单位

描述流体运动的物理量如长度、时间、质量、速度、加速度等，都可按其性质不同而加以分类，表征各种物理量性质和类别的标志称为物理量的量纲（或因次）。例如长度、时间、质量是三个性质完全不同的物理量，因而具有三种不同的量纲。我们注意到这三种量纲是互不依赖的，即其中任一量纲，不能从其他两个推导出来，这种互不依赖，互相独立的量纲称为基本量纲。通常表示量纲的符号用方括号将字母括起来，这三个基本量纲可分别表示为：长度［L］、时间［T］、质量［M］。其他物理量的量纲，均可用基本量纲推导出来，称为导出量纲，例如速度量纲就是导出量纲，$[v]=\frac{[L]}{[T]}$。各种导出量纲，一般可用基本量纲指数乘积的形式来表示，$[v]=[LT^{-1}]$。如以[x]表任一物理量的导出量纲，则

$$[x]=\left[L^aT^bM^c\right] \tag{6-9-1}$$

例如力 F 的量纲为导出量纲$[F]=[LT^{-2}M]$，则其量纲指数$a=1$，$b=-2$，$c=1$；又如前面导出的速度量纲，其量纲指数$a=1$，$b=-1$，$c=0$。导出量纲按照其基本量纲的指数可分成以下三类：

（1）如果$a\neq0$，$b=0$，$c=0$为几何学的量；

（2）如果$a\neq0$，$b\neq0$，$c=0$为运动学的量；

（3）如果$c\neq0$为动力学的量。

除现在所选择的三种基本量纲[L]、[T]、[M]（国际单位制 SI）之外，以往在工程上曾广泛使用过工程单位制，其基本量纲的选择为[L]、[T]、[F]，质量反而成为导出量纲。

为了比较同一类物理量的大小，可以选择与其同类的标准量加以比较，此标准量称为单位。例如要比较长度的大小，可以选择 m、cm 或市尺为单位。但由于选择的单位不同，同一长度可以用不同的数值表示，可以是 1（以 m 为单位），也可以是 100（以 cm 为单位），也可以是 3（以市尺为单位）。可见有量纲量的数值大小是不确定的，随所选用单位不同而变化的。当基本量纲指数$a=b=c=0$时，则

$$[x]=[L^0T^0M^0]=[1]$$

[x]为无量纲纯数，或量纲为 1 的量，它的数值大小，与所选用单位无关。使实验成果无量纲化，往往更具普遍意义。例如要反映沿程机械能减少情况，用水力坡度$J=hw/L$这一无量纲值（$[J]=[LL^{-1}]=[1]$）要比用水头损失值更能反映其普遍性。因为后者随所选单位不同而变化，而前者不论所选择的是何种长度单位，只要形成该水力坡度的物理条件不变，则J的值也不会变。又如判别流态的雷诺数$Re=\frac{vd}{\nu}$，其量纲式为

$$[Re]=\frac{[LT^{-1}][L]}{[L^2T^{-1}]}=[L^0T^0M^0]=[1]$$

为无量纲数。

前已指出下临界雷诺数$Re_k=2\,000$，就是判别流态的普适性常数，不论单位是英制还是国际单位制$Re_k=2\,000$不变，均是判别流态是层流还是紊流的标准数值。

（二）量纲和谐原理

一个正确的、完整的反映客观规律的物理方程中，各项的量纲是一致的，这就是量纲一致性原理，

或称量纲和谐原理。

量纲和谐原理用途广泛，是量纲分析的基础，它首先可以判断物理方程是否正确。人们熟知水动力学三大方程是正确的，这三个方程的量纲每一个均是和谐的。连续方程等号前后是流量的量纲，能量方程每一项皆为长度量纲，动量方程每一项皆为力的量纲。

量纲和谐原理还可用来确定方程式中系数的量纲以及分析经验公式的结构是否合理。

量纲和谐原理还表明，量纲相同的量才可以相加减；量纲不同的量不能相加减，也不能相等，但可以相乘除。

量纲和谐原理最主要的用途还在于将各有关的物理量的函数关系，以各物理量指数乘积的形式表达出来，并确定其指数，以便将实验结果建立起一个结构合理、正确反映客观规律的力学方程或物理方程，此种分析方法称为量纲分析法。

（三）量纲分析法

量纲分析法有两种：一种适用于影响因素间的关系为单项指数形式的场合，称瑞利（RayLeigh）法；另一种为具有普遍性的方法，称π定理。下面分别介绍。

1. 瑞利法

首先列出影响该物理过程的主要因素x_1、x_2、x_3、…、x_n之间待定的函数关系

$$y = f(x_1, x_2, x_3, \cdots, x_n)$$

由于各因素的量纲只能由基本量纲的积和商导出而不能相加减，因此函数关系式可写成指数乘积的形式为

$$y = kx_1^{a_1}x_2^{a_2}x_3^{a_3}\cdots x_n^{a_n}$$

式中：　k ——无量纲系数；

x_1、x_2、…、x_n ——待定指数。

再将上式用基本量纲表示为

$$[\mathrm{L}^a\mathrm{T}^b\mathrm{M}^c] = [\mathrm{L}^{a_1}\mathrm{T}^{b_1}\mathrm{M}^{c_1}]\alpha_1[\mathrm{L}^{a_2}\mathrm{T}^{b_2}\mathrm{M}^{c_2}]\alpha_2\cdots[\mathrm{L}^{a_n}\mathrm{T}^{b_n}\mathrm{M}^{c_n}]\alpha_n$$

由量纲和谐原理可得

[L]　$a = a_1\alpha_1 + a_2\alpha_2 + \cdots a_n\alpha_n$

[T]　$b = b_1\alpha_1 + b_2\alpha_2 + \cdots b_n\alpha_n$

[M]　$c = c_1\alpha_1 + c_2\alpha_2 + \cdots c_n\alpha_n$

解上述联立方程组，可求出待定α_1、α_2、…、α_n，从而确定函数关系。但因方程组中的方程数只有三个，当待定指数个数$n > 3$时，则有（$n - 3$）个指数需用其他指数的函数来表示。

【例 6-9-1】 实验指出判别层流、紊流的下临界流速v_k与管径d、流体密度ρ、流体黏度μ有关，试用量纲分析法求出它们间的函数关系。

解

$$v_\mathrm{k} = f(d, \rho, \mu)$$

或

$$v_\mathrm{k} = kd^{a_1}\rho^{a_2}\mu^{a_3}$$

再写成量纲式

$$[\mathrm{LT^{-1}M^0}] = [\mathrm{LT^0M^0}]\alpha_1[\mathrm{L^{-3}T^0M}]\alpha_2[\mathrm{L^{-1}T^{-1}M}]\alpha_3$$

由量纲和谐得

$$\left.\begin{aligned}&[\mathrm{L}] \quad 1=\alpha_1-3\alpha_2-\alpha_3\\&[\mathrm{T}] \quad -1=-\alpha_3\\&[\mathrm{M}] \quad 0=\alpha_2+\alpha_3\end{aligned}\right\}\text{解得}\alpha_3=1,\ \alpha_2=-1,\ \alpha_1=-1$$

将指数α_1、α_2、α_3回代入指数乘积函数关系式，有

$$v_\mathrm{k}=k\frac{\mu}{\rho d}=k\frac{v}{d}$$

上式化为无量纲形式后有

$$k=\frac{v_\mathrm{k}d}{\nu}$$

此无量纲数k即为下临界雷诺数

$$\mathrm{Re}_\mathrm{k}=\frac{v_\mathrm{k}d}{\nu}$$

2. π定理

π定理在 1915 年由布金汉（E Buckingham）首先提出，所以又称为布金汉原理。

设有n个变量的物理方程式

$$f(x_1,x_2,x_3,\cdots,x_n)=0$$

其中可选出m个变量在量纲上是互相独立的，那么此方程式必然可以表示为（$n-m$）个无量纲数（以π表示）的物理方程，即

$$F(\pi_1,\pi_2,\pi_3,\cdots,\pi_{n-m})=0$$

在应用π定理时，要注意所选取的m个量纲独立的物理量，应使它们不能组成一个无量纲数。设所选择的物理量为x_1、x_2、x_3，它们的量纲式可用基本量纲表示为

$$\left.\begin{aligned}[x_1]&=[\mathrm{L}^{a_1}\mathrm{T}^{b_1}\mathrm{M}^{c_1}]\\[x_2]&=[\mathrm{L}^{a_2}\mathrm{T}^{b_2}\mathrm{M}^{c_2}]\\[x_3]&=[\mathrm{L}^{a_3}\mathrm{T}^{b_3}\mathrm{M}^{c_3}]\end{aligned}\right\} \tag{6-9-2}$$

为使x_1、x_2、x_3互相独立、不能组合成无量纲数，就要使它们的指数乘积不能为零，也就要求式（6-9-2）中的指数行列式不等于零（证明略去），即

$$\begin{vmatrix}a_1&b_1&c_1\\a_2&b_2&c_2\\a_3&b_3&c_3\end{vmatrix}\neq 0 \tag{6-9-3}$$

现以x_1为长度，x_2为时间，x_3为质量，即$a_1=1$，$b_2=1$，$c_3=1$，其余均为零代入式（6-9-3）

$$\begin{vmatrix}1&0&0\\0&1&0\\0&0&1\end{vmatrix}=1\neq 0$$

所以上述三个基本物理量的量纲是互相独立的。如果我们所选择的物理量分别属于此三种类型，则容易满足相互独立的条件。在实践中常分别选几何学的量（管径d，水头H等）、运动学的量（速度v，加速度g等）和动力学的量（密度ρ，黏度μ等）各一个，作为独立的变量。

无量纲的π项的组成，可以从所选用的独立变量之外的其余变量中，每次轮取一个，与所选的独立变量组合而成，即

$$\left.\begin{aligned}&\pi_1=x_1^{\alpha_1}x_2^{\beta_1}x_3^{\gamma_1}x_4\\&\pi_2=x_1^{\alpha_2}x_2^{\beta_2}x_3^{\gamma_2}x_5\\&\cdots\cdots\\&\pi_{n-m}=x_1^{\alpha(n-m)}x_2^{\beta(n-m)}x_3^{\gamma(n-m)}x_n\end{aligned}\right\} \tag{6-9-4}$$

式中：α_i、β_i、γ_i——待定指数。

根据量纲和谐原理，可以求出式（6-9-4）中的指数α_i、β_i、γ_i，因左端各π项的指数为零（π为无量纲数）。

二、流动相似的概念

为了能用模型试验的结果去预测原型流将要发生的情况，必须使模型流动与原型流动满足力学相似条件，所谓力学相似包括几何相似、运动相似、动力相似、初始条件与边界条件相似几个方面。在下面的讨论中，原型中的物理量标以下标p，模型中的物理量标以下标m。

（一）几何相似

几何相似是指两个流动的对应线段长度成比例，对应角度相等，对应的边界性质相同或边界条件相似（指固体边界的粗糙度和自由液面等），亦即原型和模型两个流动的几何形状相似。

$$\theta_{\mathrm{p}} = \theta_{\mathrm{m}}$$

式中，θ表示两线段之间的夹角。

两个流动的长度比尺、面积比尺、体积比尺可分别表示为

$$\left.\begin{aligned} \lambda_{\mathrm{L}} &= \frac{L_{\mathrm{p}}}{L_{\mathrm{m}}} \\ \lambda_{\mathrm{A}} &= \frac{A_{\mathrm{p}}}{A_{\mathrm{m}}} = \lambda_{\mathrm{L}}^2 \\ \lambda_{\mathrm{V}} &= \frac{v_{\mathrm{p}}}{v_{\mathrm{m}}} = \lambda_{\mathrm{L}}^3 \end{aligned}\right\} \tag{6-9-5}$$

长度比尺视试验场地大小，试验要求不同而取不同的值，通常水工模型λ_{L} =10~100。当长、宽、高三个方向长度比尺相同时称为正态模型，否则称为变态模型。几何相似是力学相似的前提。

（二）运动相似

运动相似是指两个流场对应点上同名的运动学的量成比例，主要是流速场、加速度场相似。时间比尺、速度比尺、加速度比尺可分别表示为

$$\left.\begin{aligned} \lambda_{\mathrm{t}} &= \frac{t_{\mathrm{p}}}{t_{\mathrm{m}}} \\ \lambda_{\mathrm{v}} &= \frac{v_{\mathrm{p}}}{v_{\mathrm{m}}} \\ \lambda_{\mathrm{a}} &= \frac{a_{\mathrm{p}}}{a_{\mathrm{m}}} \end{aligned}\right\} \tag{6-9-6}$$

作为特例，重力加速度比尺$\lambda_{\mathrm{g}} = g_{\mathrm{p}}/g_{\mathrm{m}}$，如果原型与模型均在同一星球上，$\lambda_{\mathrm{g}} \approx 1$。

（三）动力相似

动力相似是指两个流场对应点上同名的动力学的量成比例，即力场相似。密度比尺、动力黏度比尺、作用力比尺可分别表示为

$$\left.\begin{aligned} \lambda_{\rho} &= \frac{\rho_{\mathrm{p}}}{\rho_{\mathrm{m}}} \\ \lambda_{\mu} &= \frac{\mu_{\mathrm{p}}}{\mu_{\mathrm{m}}} \\ \lambda_{\mathrm{F}} &= \frac{F_{\mathrm{p}}}{F_{\mathrm{m}}} \end{aligned}\right\} \tag{6-9-7}$$

作用在流体上的外力通常有重力G、黏性切力T、压力P、弹性力E、表面张力S等，其比尺为

$$\lambda_F=\frac{G_p}{G_m}=\frac{T_p}{T_m}=\frac{P_p}{P_m}=\frac{E_p}{E_m}=\frac{S_p}{S_m}$$

对非恒定流还应满足初始条件相似。

（四）边界条件与初始条件相似

初始条件和边界条件的相似是保证两个流动相似的充分条件，正如初始条件和边界条件是微分方程的定解条件一样。

对于非恒定流，初始条件是必需的；对于恒定流，初始条件则失去了实际意义。

边界条件相似，是指两个流动相应边界性质相同，如固体边界上的法向流速都为零；自由液面上的压强均等于大气压强等等，对于原型和模型来说都是一样的。

当然，如果把边界条件相似归类于几何相似，对于恒定流动来说，又无需考虑初始条件相似问题，这样流体运动的力学相似就只包括几何相似、运动相似和动力相似三个方面了。

（五）牛顿一般相似原理

设作用在流体上的外力合力F，使流体产生的加速度为a，流体的质量为m，则由牛顿第二定律惯性力$F=ma$可知，力的比尺λ_F也可表示为

$$\lambda_F=\frac{F_p}{F_m}=\frac{M_p a_p}{M_m a_m}=\frac{\rho_p L_p^2 v_p^2}{\rho_m L_m^2 v_m^2} \tag{6-9-8}$$

或

$$\frac{F_p}{\rho_p L_p^2 v_p^2}=\frac{F_m}{\rho_m L_m^2 v_m^2} \tag{6-9-9}$$

式中，$\frac{F}{\rho L^2 v^2}$为一无量纲数，以Ne表示有

$$\mathrm{Ne}=\frac{F}{\rho L^2 v^2} \tag{6-9-10}$$

Ne称为牛顿数。式（6-9-10）可表示为

$$(\mathrm{Ne})_p=(\mathrm{N_e})_m$$

两流动动力相似，归结为牛顿数相等。以比尺表示可得

$$\frac{\lambda_F}{\lambda_\rho \lambda_L^2 \lambda_v^2}=1 \tag{6-9-11}$$

三、相似准则

要使流动完全满足牛顿相似准则，牛顿数相等，就要求相应点上所有的同名力均有同一比尺，实际上很难做到。在某一具体流动中，占主导地位的作用力往往只有一种，因此在做模型试验时，只要让主要作用力满足相似条件即可。下面介绍只考虑一种主要作用力的相似准则。

（一）重力相似准则

当外力只有重力G时，则牛顿数中的外力合力$F=G$，考虑式（6-9-8）有

$$\lambda_F=\frac{G_p}{G_m}=\frac{\rho_p L_p^3 g_p}{\rho_m L_m^3 g_m}=\frac{\rho_p L_p^2 v_p^2}{\rho_m L_m^2 v_m^2}$$

化简后得

$$\frac{v_p^2}{g_p L_p}=\frac{v_m^2}{g_m L_m} \tag{6-9-12}$$

上式中$\frac{v^2}{gL}$为一无量纲数，称为弗劳德（Fraude）数，以Fr表示，则重力相似，归结为弗劳德数相等，即

$$(\mathrm{Fr})_{\mathrm{p}} = (\mathrm{Fr})_{\mathrm{m}} \tag{6-9-13}$$

以相似比尺表示

$$\frac{\lambda_{\mathrm{v}}^2}{\lambda_{\mathrm{g}}\lambda_{\mathrm{L}}} = 1 \tag{6-9-14}$$

一般$\lambda_{\mathrm{g}} = 1$，所以在重力相似时，流速比尺与长度比尺的关系为

$$\lambda_{\mathrm{v}} = \lambda_{\mathrm{L}}^{\frac{1}{2}} \tag{6-9-15}$$

据此，可推得流量比尺λ_{Q}

$$\lambda_{\mathrm{Q}} = \lambda_{\mathrm{v}}\lambda_{\mathrm{A}} = \lambda_{\mathrm{L}}^{\frac{1}{2}}\lambda_{\mathrm{L}}^2$$

所以

$$\lambda_{\mathrm{Q}} = \lambda_{\mathrm{L}}^{\frac{5}{2}} \tag{6-9-16}$$

同理可导出时间比尺λ_{t}

$$\lambda_{\mathrm{t}} = \frac{\lambda_{\mathrm{L}}}{\lambda_{\mathrm{v}}} = \lambda_{\mathrm{L}}^{\frac{1}{2}} \tag{6-9-17}$$

弗劳德数的物理意义为惯性力与重力之比。

（二）黏性切力相似准则

当主要作用力为黏性切力T时，$F = T$，代入式（6-9-8）有

$$\lambda_{\mathrm{F}} = \frac{T_{\mathrm{p}}}{T_{\mathrm{m}}} = \frac{\mu_{\mathrm{p}}L_{\mathrm{p}}v_{\mathrm{p}}}{\mu_{\mathrm{m}}L_{\mathrm{m}}v_{\mathrm{m}}} = \frac{\rho_{\mathrm{p}}L_{\mathrm{p}}^2v_{\mathrm{p}}^2}{\rho_{\mathrm{m}}L_{\mathrm{m}}^2v_{\mathrm{m}}^2}$$

考虑到运动黏度$\nu_{\mathrm{p}} = \frac{\mu_{\mathrm{p}}}{\rho_{\mathrm{p}}}$，$\nu_{\mathrm{m}} = \frac{\mu_{\mathrm{m}}}{\rho_{\mathrm{m}}}$

化简后得

$$\frac{v_{\mathrm{p}}L_{\mathrm{p}}}{\nu_{\mathrm{p}}} = \frac{v_{\mathrm{m}}L_{\mathrm{m}}}{\nu_{\mathrm{m}}} \tag{6-9-18}$$

式中$\frac{vL}{\nu}$为一无量纲数，为雷诺数，以Re表示，则黏性切力相似准则归结为雷诺数相等，即

$$(\mathrm{Re})_{\mathrm{p}} = (\mathrm{Re})_{\mathrm{m}} \tag{6-9-19}$$

以比尺表示为

$$\frac{\lambda_{\mathrm{v}}\lambda_{\mathrm{L}}}{\lambda_{\nu}} = 1 \tag{6-9-20}$$

如原型与模型均用同一种流体且温度也相近，则黏度比尺$\lambda_{\nu} = 1$，所以黏性力相似时，速度比尺、流量比尺及时间比尺有以下关系

$$\left.\begin{aligned}\lambda_{\mathrm{v}} &= \frac{1}{\lambda_{\mathrm{L}}}\\ \lambda_{\mathrm{Q}} &= \lambda_{\mathrm{L}}\\ \lambda_{\mathrm{t}} &= \lambda_{\mathrm{L}}^2\end{aligned}\right\} \tag{6-9-21}$$

雷诺数的物理意义为惯性力与黏性力之比。

一般来说，当影响流速的主要因素是黏滞力时，就可用雷诺准则设计模型，例如有压管流，当其阻力处于层流区、水力光滑区，主要考虑使原型与模型的雷诺数相等，在紊流过渡区，既要雷诺数相等，又要相对粗糙度$\frac{\Delta}{d}$相似。但在紊流粗糙区或称阻力平方区时，阻力主要取决于相对粗糙度$\frac{\Delta}{d}$，而与黏性关

系很少，故只要保持原型与模型几何相似、相对糙度相似即可达到力学相似，而不需要雷诺数相等，这一区域称为自动模型区。在阻力平方区的明渠也只要考虑重力相似准则和几何相似准则，而不必考虑雷诺准则。

若要同时满足弗劳德准则和雷诺准则是很困难的，因为必须使这两个准则等价，即

$$\frac{\lambda_v^2}{\lambda_g\lambda_L}=\frac{\lambda_v\lambda_L}{\lambda_\nu}$$

$\lambda_g=1$，代入上式有

$$\lambda_\nu=\frac{\lambda_L^2}{\lambda_v}=\frac{\lambda_L^2}{\lambda_L^{\frac{1}{2}}}=\lambda_L^{\frac{3}{2}}$$

要使流体的黏度正好满足上式很难做到。

（三）压力相似准则

$$\lambda_F=\frac{P_p}{P_m}=\frac{p_pL_P^2}{p_mL_m^2}=\frac{\rho_pL_p^2v_p^2}{\rho_mL_m^2v_m^2}$$

化简后得

$$\frac{p_p}{\rho_pv_p^2}=\frac{p_m}{\rho_mv_m^2} \tag{6-9-22}$$

式中：$\frac{p}{\rho v^2}$ ——无量纲数，称欧拉（Euler）数，以Eu表示，则压力相似归结为欧拉数相等。

$$(\mathrm{Eu})_p=(\mathrm{Eu})_m \tag{6-9-23}$$

写成比尺形式

$$\frac{\lambda_p}{\lambda_\rho\lambda_v^2}=1 \tag{6-9-24}$$

欧拉准则不是独立准则，当佛劳德准则与雷诺准则满足时，欧拉准则自动满足。Eu也可用压差形式表示为

$$\mathrm{Eu}=\frac{\Delta p}{\rho v^2} \tag{6-9-25}$$

（四）其他各种准则

除上述三种主要的相似准数外，尚有柯西（Canchy）数、马赫（Mach）数、韦伯（Weber）数和斯特鲁哈（Strohae）数等准数，分别表示弹性力、高速气流弹性力、表面张力、惯性力（非恒定性）等起的作用。土木工程上较少应用，此处不再详述。

【例 6-9-2】 烟气在加热炉回热装置中流动，拟用空气介质进行实验。已知空气黏度$\nu_{空气}=15\times10^{-6}\mathrm{m^2/s}$，烟气运动黏度$\nu_{烟气}=60\times10^{-6}\mathrm{m^2/s}$，烟气流速$v_{烟气}=3\mathrm{m/s}$，如若实际长度与模型长度的比尺$\lambda_L=5$，则模型空气的流速应为：

A. 3.75m/s　　B. 0.15m/s　　C. 2.4m/s　　D. 60m/s

解 按雷诺模型，$\frac{\lambda_v\lambda_L}{\lambda_\nu}=1$，流速比尺$\lambda_v=\frac{\lambda_\nu}{\lambda_L}$

按题设$\lambda_\nu=\frac{60\times10^{-6}}{15\times10^{-6}}=4$，长度比尺$\lambda_L=5$，因此流速比尺$\lambda_v=\frac{4}{5}=0.8$

$\lambda_v=\frac{v_{烟气}}{v_{空气}}$，$v_{空气}=\frac{v_{烟气}}{\lambda_v}=\frac{3\mathrm{m/s}}{0.8}=3.75\mathrm{m/s}$

答案： A

【例 6-9-3】 新设计汽车的迎风面积为1.5m²，最大行驶速度为108km/h，拟在风洞中进行模型试验。已知风洞试验段的最大风速为45m/s，则模型的迎风面积为：

A. $0.67m^2$　　B. $2.25m^2$　　C. $3.6m^2$　　D. $1m^2$

解 模型在风洞中用空气进行试验，则黏滞阻力为其主要作用力，应按雷诺准则进行模型设计，即

$$(Re)_p = (Re)_m \text{或} \frac{\lambda_v \lambda_L}{\lambda_\nu} = 1$$

因为模型与原型都是使用空气，假定空气温度也相同，可以认为运动黏度$\nu_p = \nu_m$，所以，$\lambda_\nu = 1$，$\lambda_v \lambda_L = 1$

已知汽车原型最大速度$v_p = 108km/h = 30m/s$，模型最大风速$v_m = 45m/s$

于是，线性比尺

$$\lambda_L = \frac{1}{\lambda_v} = \frac{1}{v_p/v_m} = \frac{v_m}{v_p} = \frac{45}{30} = 1.5$$

面积比尺$\lambda_A = {\lambda_L}^2 = 1.5^2 = 2.25$

已知汽车迎风面积$A_p = 1.5m^2$，$\lambda_A = A_p/A_m$，可求得模型的迎风面积为：

$$A_m = \frac{A_p}{\lambda_A} = \frac{1.5}{2.25} = 0.667m^2$$

由上述计算可知，线性比尺大于 1，模型的迎风面积应小于原型汽车的迎风面积，所以选项 B 和 C 可以被排除。若选择选项 D，模型面积过小，原型与模型的面积比尺及线性比尺均增大，则速度比尺减小，所需的风洞风速会过大，超过风洞所能提供的最大风速，因此，可使得模型的迎风面积略大于计算值 $0.667m^2$，选择选项 A 较为合理。

答案： A

习　题

6-9-1　量纲和谐原理用途很多，其中最重要的一种是（　　）。

A. 判断物理方程是否正确

B. 确定经验公式中系数的量纲

C. 分析经验公式结构是否合理

D. 作为量纲分析原理探求物理量间的函数关系

6-9-2　模型设计中的自动模型区是指（　　）。

A. 只要原型与模型雷诺数相等，即自动相似的区域

B. 只要模型与原型弗劳德数相等，即自动相似的区域

C. 处于水力光滑区时，两个流场雷诺数不需要相等即自动相似

D. 在紊流粗糙区，只要满足几何相似，即可自动满足力学相似

习题题解及参考答案

第一节

6-1-1　**解：** 运用高等数学中连续函数理论分析流体运动。

答案： C

第二节

6-2-1 **解：**与牛顿内摩擦定律直接有关的因素是黏度、切应力、与剪切变形速度。

答案：D

6-2-2 **解：**水的动力黏度随温度的升高而减少。

答案：B

第三节

6-3-1 **解：**单位质量力具有加速度的量纲。

答案：D

6-3-2 **解：**与大气连通的自由液面下5m水深处的相对压强为0.5at。

答案：B

6-3-3 **解：**真空高度$h_v=\frac{p_v}{\rho g}=\frac{39.2\text{kPa}}{9.8\text{kN/m}^3}=4\text{m H}_2\text{O}$，真空值$p_v=39.2\text{kPa}$

答案：A

6-3-4 **解：**绝对压强$p'=p_0+\rho gh=9.8\text{kPa}+9.8\times 2\text{kPa}=29.4\text{kPa}$

答案：B

6-3-5 **解：**被测点的相对压强为$\gamma'\Delta h-\gamma h_1$。

答案：D

6-3-6 **解：**设桶顶部所受张力为T_1，底部所受张力为T_2，总压力p作用于距底部$1/3$水深h处，由静力矩原量可知：$T_1\cdot 2h/3=T_2\cdot h/3$，则有$T_1/T_2=1/2$，则张力之比为$1/2$。

答案：B

6-3-7 **解：**总压力$p=\rho gh_c A=9.8\text{kN/m}^3\times 1\text{m}\times 4\text{m}\times \pi\text{m}=78.4\text{kN}$

压力中心距液面为$2h/3=2/3\times 2\text{m}=\frac{4}{3}\text{m}$

答案：B

第四节

6-4-1 **解：**理想流体是指无黏性流体。

答案：D

6-4-2 **解：**恒定流是指当地加速度$\frac{\partial u}{\partial t}=0$的流动。

答案：A

6-4-3 **解：**均匀流指流线为平行直线的流动。

答案：C

6-4-4 **解：**伯努利方程中$z+\frac{p}{\gamma}+\frac{\alpha v^2}{2g}$表示单位重量流体的机械能。

答案：C

6-4-5 **解：**毕托管比压计中的水头差是总水头与测压管水头之差。

答案：D

6-4-6 **解：**黏性流体测压管水头线的沿程变化：可升、可降、可水平。

答案：D

6-4-7 **解：**由连续方程可得：

$$v_2 = v_1\left(\frac{A_1}{A_2}\right) = v_1\left(\frac{d_1}{d_2}\right)^2 = 6\text{m/s} \times \left(\frac{150\text{mm}}{300\text{mm}}\right)^2 = 1.5\text{m/s}$$

答案：C

6-4-8　解：文丘里流量计的流量：

$$Q = \mu\frac{\pi}{4}d_1^2\sqrt{\frac{2g\Delta h}{\left(\frac{d_1}{d_2}\right)^4 - 1}}$$

代入数据后：

$$Q = 0.98 \times \frac{\pi}{4} \times 0.1^2 \times \sqrt{\frac{2 \times 9.8 \times 0.6}{\left(\frac{0.1}{0.05}\right)^4 - 1}} = 0.006\,81\text{m}^3/\text{s}$$

答案：D

第五节

6-5-1　解：有压圆管均匀流切应力τ沿断面的分布为管轴处是 0，与半径成正比。

答案：C

6-5-2　解：圆管层流的流速分布是抛物线分布。

答案：C

6-5-3　解：圆管层流轴心处最大流速是断面平均流速的 2 倍。

答案：B

6-5-4　解：圆管紊流核心区的流速分布为对数分布曲线。

答案：C

6-5-5　解：由题设条件得：$d_1 = 2d_2$

由连续方程知：

$$v_1 = v_2\left(\frac{d_2}{d_1}\right)^2 = v_2\left(\frac{d_2}{2d_2}\right)^2 = \frac{v_2}{4}$$

代入雷诺数公式：

$$\text{Re}_1 = \frac{v_1 d_1}{\nu} = \frac{\frac{v_2}{4}\cdot 2d_2}{\nu} = \frac{1}{2}\frac{v_2 d_2}{\nu} = \frac{1}{2}\text{Re}_2 = 0.5\text{Re}_2$$

答案：A

6-5-6　解：有压圆管层流的沿程阻力系数：$\lambda = \frac{64}{\text{Re}}$，随Re的增加阻力系数$\lambda$线性减少。

答案：B

6-5-7　解：层流的沿程损失与平均流速的 1 次方成正比。

答案：C

6-5-8　解：有压圆管流动，紊流粗糙区的沿程阻力系数与相对粗糙度有关。

答案：A

6-5-9　解：谢才公式仅适用于水力粗糙区即阻力平方区。

答案：B

6-5-10　解：随雷诺数的减少，黏性底层变厚，遮住了绝对粗糙度。

答案： B

6-5-11 **解：** 由于边界层分离形成漩涡区，增大了压差阻力。

答案： D

6-5-12 **解：** 水泵所需扬程$H = z + h_w = 15\text{m} + 65 \times \frac{1^2}{2\times9.8}\text{m} = 18.33\text{m}$

答案： D

第六节

6-6-1 **解：** 每一节点流量代数和为 0，即$\sum Q_{节点} = 0$；沿环一周水头损失的代数和为 0，即$\sum h_{w\,沿环} = 0$。

答案： C

6-6-2 **解：** 水头与直径均相同的圆柱形外管嘴过流量是小孔口过流量的 1.32 倍。

答案： D

6-6-3 **解：** 小孔口出流量：

$$Q = \mu A\sqrt{2gH_0} = 0.62 \times \frac{\pi}{4} \times (0.01)^2 \times \sqrt{2 \times 9.8 \times 5} = 4.82 \times 10^{-4}\text{m}^3/\text{s}$$

答案： D

第七节

6-7-1 **解：** 明渠均匀流的特征是：水力坡度=水面坡度=渠底坡度。

答案： D

6-7-2 **解：** 明渠均匀流的流量：$Q = CA\sqrt{Ri}$，$C = \frac{1}{n}R^{\frac{1}{6}}$，其中：

面积$A = (b + mh)h = (2 + 1 \times 1.2) \times 1.2 = 3.84\text{m}^2$

湿周$\chi = b + 2h\sqrt{1 + m^2} = 2 + 2 \times 1.2\sqrt{1 + 1^2} = 5.394\text{m}$

水力半径$R = A/\chi = 3.84/5.394 = 0.711\,9\text{m}$

谢才系数$C = \frac{1}{n}R^{\frac{1}{6}} = 1/0.025 \times 0.711\,9^{\frac{1}{6}} = 37.8\sqrt{\text{m}}/\text{s}$

代入流量公式：

$Q = CA\sqrt{Ri} = 37.8 \times 3.84 \times \sqrt{0.711\,9 \times 0.000\,8} = 3.463\text{m}^3/\text{s}$

答案： B

第八节

6-8-1 **解：** 渗流量与过流面积A、水力坡度J的一次方成正比，与土壤的渗透系数k有关。

答案： D

6-8-2 **解：** 潜水井是指从有自由液面的潜水含水层中开凿的井。

答案： B

6-8-3 **解：** 潜水井流量公式：

$$Q = 1.366\frac{k(H^2 - h^2)}{\lg\frac{R}{r_0}}$$

代入数据：

$$Q = 1.366\frac{0.000\,6 \times (10^2 - 6^2)}{\lg\frac{294}{0.2}} = 0.016\,56\text{m}^3/\text{s} = 16.56\text{L/s}$$

答案： C

第九节

6-9-1 **解：** 纲和谐原量最重要一种用途是：探求物理量间的函数关系。

答案： D

6-9-2 **解：** 紊流粗糙区为自动模型区。

答案： D

第七章　电工电子技术

复习指导

一、考试大纲

7.1　电磁学概念

电荷与电场；库仑定律；高斯定理；电流与磁场；安培环路定律；电磁感应定律；洛仑兹力。

7.2　电路知识

电路组成；电路的基本物理过程；理想电路元件及其约束关系；电路模型；欧姆定律；基尔霍夫定律；支路电流法；等效电源定理；叠加原理；正弦交流电的时间函数描述；阻抗；正弦交流电的相量描述；复数阻抗；交流电路稳态分析的相量法；交流电路功率；功率因数；三相配电电路及用电安全；电路暂态；R-C、R-L 电路暂态特性；电路频率特性；R-C、R-L 电路频率特性。

7.3　电动机与变压器

理想变压器；变压器的电压变换、电流变换和阻抗变换原理；三相异步电动机接线、起动、反转及调速方法；三相异步电动机运行特性；简单继电-接触控制电路。

7.5　模拟电子技术

晶体二极管；极型晶体三极管；共射极放大电路；输入阻抗与输出阻抗；射极跟随器与阻抗变换；运算放大器；反相运算放大电路；同相运算放大电路；基于运算放大器的比较器电路；二极管单相半波整流电路；二极管单相桥式整流电路。

7.6　数字电子技术

与、或、非门的逻辑功能；简单组合逻辑电路；D 触发器；JK 触发器数字寄存器；脉冲计数器。

二、复习指导

本章内容可以分为电场与磁场、电路分析方法、电机及拖动基础、模拟电子技术和数字电子技术五个部分。复习重点及要点如下。

（一）电场与磁场

该部分属于物理学中电学部分的内容，是分析电学现象的基础，主要包括库仑定律、高斯定律、安培环路定律、电磁感应定律。利用这些定理分析电磁场问题时物理概念一定要清楚，要注意所用公式、定律的使用条件和公式中各物理量的意义。

（二）电路分析方法

1.直流电路重点

重点内容包括电路的基本元件、欧姆定律、基尔霍夫定律、叠加原理、戴维南定理。

电路分析的任务是分析线性电路的电压、电流及功率关系。重点是要弄清有源元件（电压源和电流源）和无源元件（电阻、电感和电容）在电路中的作用；电路中电压、电流受克希霍夫电压定律和电流定律约束，欧姆定律控制了电路元件中电压电流关系；使用公式时必须注意电路图中电压、电流正方向和实际方向的关系。叠加原理和戴维南定理是分析线性电路重要定理，必须通过大量的练习灵活地处理电路问题。

2.正弦交流电路重点

重点内容包括正弦量的表示方法、单相和三相电路计算、功率及功率因数、串联与并联谐振的概念。

交流电路与直流电路的分析方法相同，关键是建立正弦交流电路大小、相位和频率的概念和正确地表示正弦量的最大值、有效值、初相位、相位差和角频率，熟悉各种表示方法间的关系并进行转换；能用相量法和复数法计算正弦交流电路。

交流电路的无功功率反映电路中储能元件与电源进行能量交换的规模，有功功率才是电路中真正消耗掉的功率，它不仅与电路中电压和电流的大小有关，还与功率因数$\cos\phi$有关。

谐振是交流电路中电压的相位与电流的相位相同时的特殊现象。此时电路对外呈电阻性质，注意掌握串联谐振和并联谐振的条件和电压电流特征。

三相电路中负载连接的原则是保证负载上得到额定电压，分清对称性负载和非对称性负载的条件，并会计算对称性负载三相电路中电压电流和有功功率的大小；注意星形接法中中线的作用。

3.一阶电路的暂态过程

理解暂态过程出现的条件和物理意义。含有储能元件 C、L 的电路中，电容电压和电感电流不会发生跃变。电路换路（如开关动作）时必须经过一段时间，各物理量才会从旧的稳态过渡到新的稳态。重点是建立电路暂态的概念，用一阶电路三要素法分析电路换路时，电路的电压电流的变化规律。关键在于确定电压电流的初始值、稳态值和时间常数，并用典型公式计算。

（三）电机及拖动基础

主要内容：变压器、三相异步电动机的基本工作原理和使用方法、常用继电器-接触器控制电路、安全用电常识。

了解变压器的基本结构、工作原理，单相变压器原副边电压、电流、阻抗关系及变压器额定值的意义，经济运行条件。了解三相交流异步电动机中转速、转矩、功率关系、名牌数据的意义，特别是电动机的常规使用方法。例如，对三相交流异步电动机启动进行控制的目的是限制电动机的起动电流。正常运行为三角形接法的电动机，起动时采用星形接法，起动电流减少的程度可根据三相电路理论，将三相电动机视为一个三相对称形负载便可确定。

掌握常用低压电气控制电路的绘图方法，必须明确，控制电路图中控制电器符号是按照电器未动作的状态表示的。阅读继电接触器控制电路图时要特别注意自锁、联锁的作用，了解过载，短路和失压保护的方法。

安全用电属于基本用电知识，重点是了解接零、接地的区别和应用场合。

（四）模拟电子技术

主要内容：二极管及二极管整流电路、电容电感滤波原理、稳压电路的基本结构；三极管及单管电压放大电路，能够确定三极管电压放大电器的主要技术指标。

了解半导体器件结构、原理、伏安特性、主要参数及使用方法。学习半导体器件的重点是要掌握 PN 结的单向导电性，难点是正确理解和应用二极管的非线性、三极管的电流控制关系。

能正确计算二极管整流电路中输入电压的有效值和整流输出电压平均值的大小关系，理解电容滤波电路的滤波原理和稳压管稳压电路的原理和对电路输出电压的影响。

分析分离元件放大电路的基础在于正确读懂放大电路图（静态偏置、交流耦合、反馈环节的主要特点），正确计算放大电路的静态参数，并会用微变等效电路分析放大器的动态指标（放大倍数、输入电阻、输出电阻）。

分析理想运算放大器组成的线性运算电路（比例、加法、减法和积分运算电路）的基础是正确理解应用运算放大器的理想条件（虚短路——同相输入端和反向输入端的电位相同，虚断路——运放的输入电流为零，输出电阻很小——恒压输出），然后根据线性电路理论分析输出电压（电流）与输入电压（电流）的关系。

（五）数字电子技术

数字电路是利用晶体管的开关特性工作的，分析数字电路时要注意输入和输出信号的逻辑关系，而不是大小关系。复习要点是正确对电路进行化简，并会用波形图和逻辑代数式表示电路输出和输入逻辑关系。基础元件是与门、或门、与非门和异或门电路。学员必需熟练地应用这些器件的逻辑功能，组合逻辑电路就是这些元件的逻辑组合，组合电路没有记忆功能，输出只与当前的输入逻辑有关。

时序逻辑电路有保持、记忆和计数功能，这种触发器主要有三种：R-S、D、J-K 型触发器。分析时序电路时必须注意时钟作用时刻，复习时必须记住这三种触发器的逻辑状态表，会分析时序电路输入、输出信号的时序关系。

第一节　电场与磁场

（一）库仑定律

库仑定律是研究两个静止的点电荷在真空中相互作用规律的，内容如下：

在真空中两个静止点电荷间的相互作用力，方向沿两个点电荷的连线，同种电荷相斥，异种电荷相吸；大小正比于两点电荷电量大小的乘积，反比于两点电荷间距离的平方。

该定律可用矢量公式表示为

$$\boldsymbol{F}_{21}=-\boldsymbol{F}_{12}=\frac{1}{4\pi\varepsilon_0}\frac{q_1q_2}{r_{12}^3}\boldsymbol{r}_{12} \tag{7-1-1}$$

式中：$\boldsymbol{F}_{12}$——点电荷 2 作用于点电荷 1 上的力（N）；

$\boldsymbol{F}_{21}$——点电荷 1 作用于点电荷 2 上的力（N）；

r_{12}——点电荷 1 和 2 之间的距离（m）；

$\boldsymbol{r}_{12}$——点电荷 1 指向点电荷 2 的矢量（m）；

q_1、q_2——分别为点电荷 1 和 2 的电量（C），含正负；

ε_0——真空的介电常数，大小为 $8.85\times10^{-12}C^2/(N\cdot m^2)$。

（二）电场强度

传递电力的中介物质是电场。置于电场中某点的试验电荷q_0将受到源电荷作用的电力$\boldsymbol{F}$，定义该点电场强度（简称场强）

$$\boldsymbol{E}=\frac{\boldsymbol{F}}{q_0}\quad(\mathrm{N/C}) \tag{7-1-2}$$

作为描写电场的场量。$\boldsymbol{E}$是矢量，可以叠加。

若场源是电量为q（含正负）的点电荷，由计算可知，在观察点P的电场强度为

$$\boldsymbol{E}=\frac{q}{4\pi\varepsilon_0 r^3}\boldsymbol{r} \tag{7-1-3}$$

式中：$\boldsymbol{E}$ ——点电荷q产生的电场强度（N/C）；

r ——点电荷q至观察点P的距离（m）；

$\boldsymbol{r}$ ——点电荷q指向P的矢径（m）。

【例 7-1-1】 真空中，点电荷q_1和q_2的空间位置如图所示，q_1为正电荷，且$q_2=-q_1$，则A点的电场强度的方向是：

A. 从A点指向q_1

B. 从A点指向q_2

C. 垂直于q_1q_2连线，方向向上

D. 垂直于q_1q_2连线，方向向下

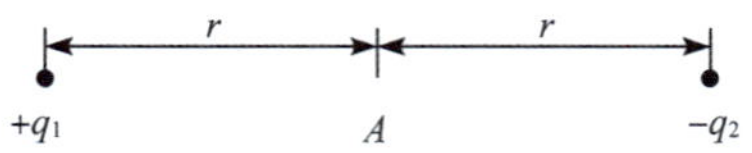

例 7-1-1 图

解　点电荷q_1、q_2电场作用的方向分布为：始于正电荷（q_1），终止于负电荷（q_2）。

答案： B

【例 7-1-2】 两个等量异号的点电荷$+q$和$-q$，间隔为l，求如图所示考察点P在两点电荷连线的中垂线上时，P点的电场强度。

解　正负电荷单独在P点产生的电场的场强分别为

$$E_+=\frac{1}{4\pi\varepsilon_0}\frac{q}{r^2+\left(\frac{l}{2}\right)^2};\quad E_-=\frac{1}{4\pi\varepsilon_0}\frac{q}{r^2+\left(\frac{l}{2}\right)^2}$$

方向如图所示，故P点总场强大小为$E_{\rm p}=E_{+\cos\alpha}+E_{-\cos\alpha}=2E_{+\cos\alpha}$，而$\cos\alpha=\frac{l}{2\sqrt{r^2+\left(\frac{l}{2}\right)^2}}$，当$r\gg l$时，注意到强场方向，有$\boldsymbol{E}_{\rm p}=-\frac{1}{4\pi\varepsilon_0}\frac{q\boldsymbol{l}}{r^3}$（其中，$\boldsymbol{l}$为负电荷指向正电荷的矢量）。

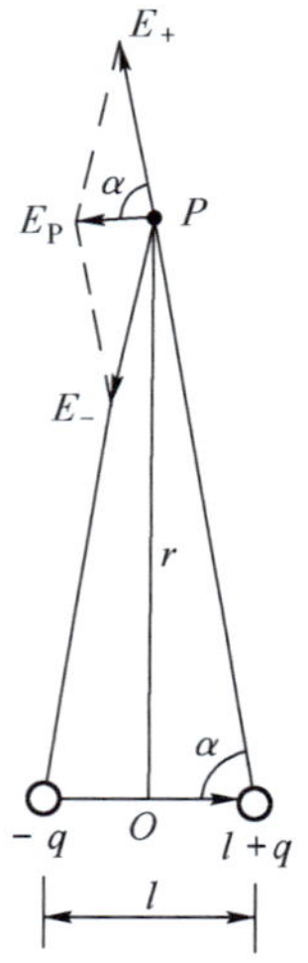

例 7-1-2 图

（三）高斯定理

高斯定理指出了电场强度的分布与场源之间的关系：静电场对任意封闭曲面的电通量只决定于被包围在该曲面内部的电量，且等于被包围在该曲面内的电量代数和除以ε_0，即

$$\oint_A \boldsymbol{E}\cdot \mathrm{d}\boldsymbol{A}=\frac{1}{\varepsilon_0}\sum q \tag{7-1-4}$$

式中：$\boldsymbol{E}$ ——电场强度（N/C）；

$\mathrm{d}\boldsymbol{A}$ ——面积元矢量，大小等于$\mathrm{d}A$（A为封闭曲面），方向是$\mathrm{d}A$的正法线方向（由内指向外）；

ε_0 ——真空介电常数；

$\sum q$ ——封闭曲面内电量代数和（C）。

【例 7-1-3】 用高斯定理计算场强。如图所示，无限长带电直导线，电荷密度为η，求其电场。

解　任取一考查点P，到导线距离为R，过P作一封闭圆柱面，柱面高l，底面半径R，轴线与导线重合。由对称性知，P点场强方向沿半径方向，设其大小为E，按高斯定理，有

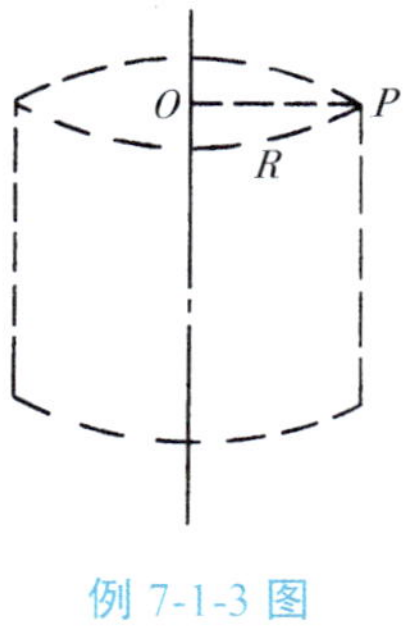

例 7-1-3 图

$$2\pi Rl \cdot E = \frac{1}{\varepsilon_0}\eta \cdot l$$

所以

$$E = \frac{1}{\varepsilon_0}\eta \cdot \frac{1}{2\pi R}$$

考虑方向，有$\boldsymbol{E} = \frac{1}{2\pi\varepsilon_0}\frac{\eta}{R} < \boldsymbol{R}^0$（$\boldsymbol{R}^0$为由$O$点指向$P$的单位矢量）。

（四）电场力做功

电荷从a点移至b点，电场力做功

$$A_{\mathrm{ab}} = \int_a^b \boldsymbol{F} \cdot \mathrm{d}\boldsymbol{l} \tag{7-1-5}$$

式中：$\boldsymbol{F}$——电场对电荷的作用力。

可以证明，A_{ab}的大小仅与试验电荷电量以及a、b点的位置有关，而与路径无关，即静电场力是保守力。

基于静电场是保守力场，可以定义电场空间位置的标量函数：电势，其量值等于单位正电荷从该点经任意路径到无穷远处时电场力所做的功，单位为伏特（V）。静电场中，任意两点a和b的电势之差叫电势差，也叫电压。

（五）磁感应强度，磁场强度，磁通

（1）静止的电荷产生静电场；而运动电荷周围不仅存在电场，也存在磁场。对于电场曾以作用在试验电荷上的电力定义了场强$\boldsymbol{E}$，仿此，研究作用在运动电荷上的磁力来引入描写磁场的物理量：磁感应强度（又称磁通密度）$\boldsymbol{B}$，单位为特斯拉（T）。在各向同性的磁介质中，再定义辅助量磁场强度$\boldsymbol{H}$（A/m），即

$$\boldsymbol{H} = \frac{\boldsymbol{B}}{\mu} \tag{7-1-6}$$

式中：μ ——磁介质的相对磁导率，在空气中$\mu = \mu_0 = 4\pi \times 10^{-7}\mathrm{H/m}$。

举例来说，如图 7-1-1 所示无限长直导线电流强度大小为I，方向向上，则距导线a处磁感应强度大小为$\frac{I\mu}{2\pi a}$，磁场强度大小为$H = \frac{I}{2\pi a}$，两者方向皆垂直半径，与电流方向成右手螺旋。

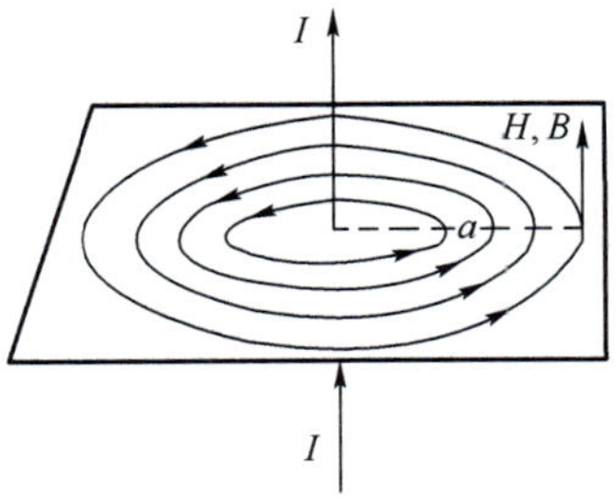

图 7-1-1　无限长直导线的磁感应强度与磁场强度

例 7-1-4 图

【例 7-1-4】由图示长直导线上的电流产生的磁场：

A. 方向与电流方向相同

B. 方向与电流方向相反

C. 顺时针方向环绕长直导线（自上向下俯视）

D. 逆时针方向环绕长直导线（自上向下俯视）

解　电流与磁场的方向可以根据右手螺旋定则确定，即让右手大拇指指向电流的方向，那么四指的

指向就是磁感线的环绕方向。

答案： D

（2）定义通过有限曲面S的磁通量（Wb）为

$$\Phi_m = \int_S \boldsymbol{B} \cdot \mathrm{d}\boldsymbol{S} \tag{7-1-7}$$

（六）安培力

磁场中的载流导体会受到磁场力的作用，称为安培力，考查电流元所受安培力，有

$$\mathrm{d}\boldsymbol{F} = I\mathrm{d}\boldsymbol{l} \times \boldsymbol{B} \tag{7-1-8}$$

式中：$I\mathrm{d}\boldsymbol{l}$——电流元；

$\boldsymbol{B}$——磁感应强度。

至于任意形状载流导体在磁场中所受安培力，应等于各电流元所受安培力之和（矢量和）

$$\boldsymbol{F} = \int_L \mathrm{d}\boldsymbol{F} = \int I\mathrm{d}\boldsymbol{l} \times \boldsymbol{B} \tag{7-1-9}$$

显然，长为l的直线电流在匀强磁场$\boldsymbol{B}$中所受安培力为

$$\boldsymbol{F} = I\boldsymbol{l} \times \boldsymbol{B} \tag{7-1-10}$$

【例 7-1-5】 一载流直导线AB如图所示放置，电流大小为i_0，方向从A至B，磁感应强度$\boldsymbol{B}_0$方向沿x轴正向，大小为B_0，求AB导线受力。

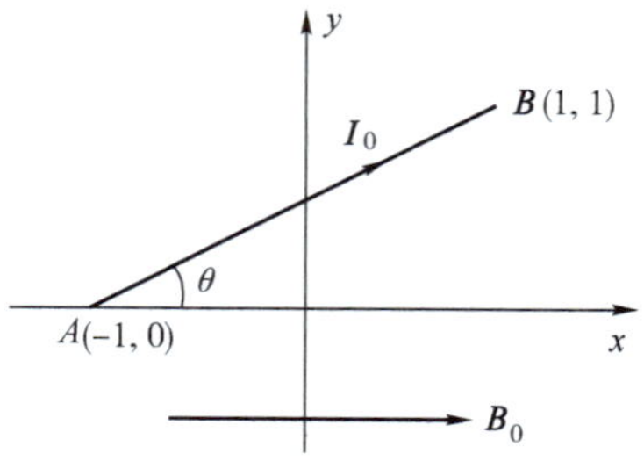

例 7-1-5 图

解

$$\boldsymbol{F} = i_0\overrightarrow{AB} \times \boldsymbol{B}_0$$

$$|\vec{F}| = i_0B|\overrightarrow{AB}|\sin\theta = i_0B_0\sqrt{5} \times \frac{1}{\sqrt{5}} = i_0B_0$$

$\boldsymbol{F}$方向可以用左手判定，垂直纸面向内。

（七）安培环路定理

在稳恒电流产生的磁场中，不管载流回路形状如何，对任意闭合路径，磁感应强度的线积分（即环流）仅取决于被闭合路径所圈围的电流的代数和

$$\oint_L \boldsymbol{B} \cdot \mathrm{d}\boldsymbol{l} = \mu_0 \sum I \tag{7-1-11}$$

式中：$\boldsymbol{B}$——磁感应强度（T）；

μ_0——真空磁导率（H/m）；

$\sum I$——被闭合路径圈围的电流代数和（A）。

亦可表示成

$$\oint_L \boldsymbol{H} \cdot \mathrm{d}\boldsymbol{l} = \sum I \tag{7-1-12}$$

式中：$\boldsymbol{H}$——磁场强度。

电流的正负，由积分时在闭合曲线上所取绕行方向按右手螺旋法则决定。

【例 7-1-6】 磁场由若干互相平行的无限长载流直导线产生，各导线电流分别记为I_1、I_2、I_3、I_4、I_5、I_6，大小分别为i_1、i_2、i_3、i_4、i_5、i_6，方向如图所示，求磁感应强度$\boldsymbol{B}$对闭合回路C的线积分，绕行方向如图所示。

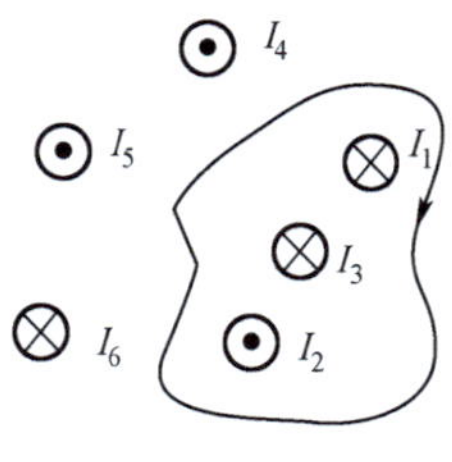

例 7-1-6 图

解　根据安培环路定理

$$\oint_C \boldsymbol{B} \cdot \mathrm{d}\boldsymbol{l} = \mu_0(i_1 - i_2 + i_3)$$

【例 7-1-7】 运动的电荷在穿越磁场时会受到力的作用，这种力称为：

A. 库仑力　　B. 洛伦兹力　　C. 电场力　　D. 安培力

解　洛伦兹力是运动电荷在磁场中所受的力。这个力既适用于宏观电荷，也适用于微观电荷粒子。电流元在磁场中所受安培力就是其中运动电荷所受洛伦兹力的宏观表现。

库仑力指在真空中两个静止的点电荷之间的作用力。

电场力是指电荷之间的相互作用，只要有电荷存在就会有电场力。

安培力是通电导线在磁场中受到的作用力。

答案：B

（八）电磁感应定律

当空间磁场随时间发生变化时，就在周围空间激起感应电场，这个感应电场作用于导体回路，在导体回路中产生感应电动势，并形成感应电流。

法拉第电磁感应定律指出：不论任何原因，使通过回路面积的磁通量发生变化时，回路中产生的感应电动势与磁通量对时间的变化率成正比，即

$$\varepsilon = -\frac{\mathrm{d}\Phi}{\mathrm{d}t} \tag{7-1-13}$$

如果感应回路不止一匝，而是N匝，则有：

任意规定回路“绕行正方向”如下

$$\varepsilon = -N\frac{\mathrm{d}\Phi}{\mathrm{d}t} \tag{7-1-14}$$

使用式（7-1-13）及式（7-1-14）时，要先在回路上任意规定一个绕行方向作为回路正方向，再用右手螺旋法则确定回路面积正法线方向。

【例 7-1-8】 如图所示，均匀磁场中，磁感应强度方向向上，大小为 5T，圆环半径 0.5m，电阻 5Ω，现磁感应强度以 1T/s 速度均匀减小，问圆环内电流的大小及方向。

解　确定绕行方向如图所示，则

$$\boldsymbol{\Phi} = \int_S \boldsymbol{B} \cdot \mathrm{d}S = B \cdot \pi r^2$$

$$\varepsilon = -\frac{\mathrm{d}\Phi}{\mathrm{d}t} = -\frac{\mathrm{d}B}{\mathrm{d}t} \cdot \pi r^2 = \frac{\pi}{4}$$

所以圆环内电流大小$i = \frac{\varepsilon}{R} = \frac{\pi}{20}$，方向与绕行方向一致。

【例 7-1-9】 图示铁芯线圈通以直流电流I，并在铁芯中产生磁通Φ，线圈的电阻为R，那么线圈两端的电压为：

A. $U = IR$　　B. $U = N\frac{\mathrm{d}\theta}{\mathrm{d}t}$

C. $U = -N\frac{\mathrm{d}\theta}{\mathrm{d}t}$　　D. $U = 0$

解　线圈中通入直流电流I，铁芯中磁通$\boldsymbol{\Phi}$为常量，根据电磁感应定律：$e = -N\frac{\mathrm{d}\Phi}{\mathrm{d}t} = 0$，因此本题中电压电流关系仅受线圈的电阻$R$影响。所以$U = IR$。

答案：A

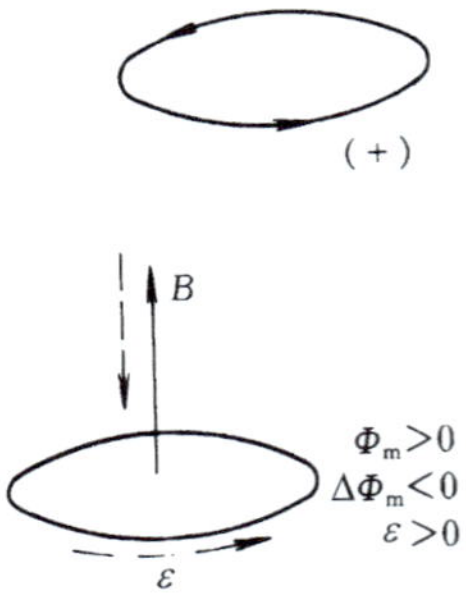

例 7-1-8 图

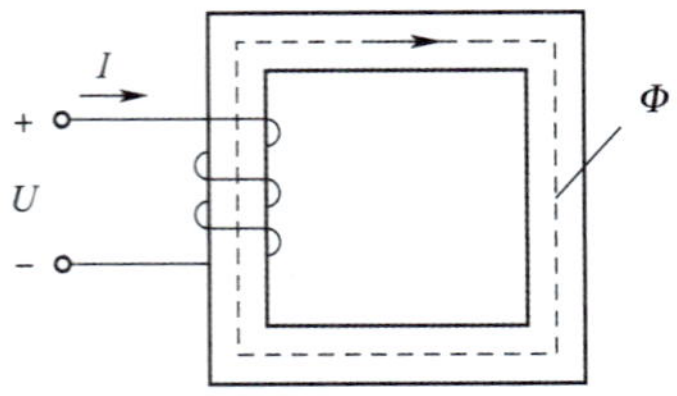

例 7-1-9 图

习　题

7-1-1　无限大平行板电容器，两极板相隔 5cm，板上均匀带电，$\sigma=3\times10^{-6}c/m^2$，若将负极板接地，则正极板的电势为（　　）。

A. $\frac{7.5}{\varepsilon_0}\times10^{-8}V$　　B. $\frac{15}{\varepsilon_0}\times10^{-8}V$　　C. $\frac{30}{\varepsilon_0}\times10^{-6}V$　　D. $\frac{7.5}{\varepsilon_0}\times10^{-6}V$

7-1-2　如图所示导体回路处在一均匀磁场中，$B=0.5T$，$R=2\Omega$，ab边长$L=0.5m$，可以滑动，$\alpha=60°$，现以速度$v=4m/s$将ab边向右匀速平行移动，通过R的感应电流为（　　）。

A. 0.5A　　B. −1A　　C. −0.86A　　D. 0.43A

7-1-3　如图所示电路中，磁性材料上绕有两个导电线圈，若上方线圈加的是 100V 的直流电压，则（　　）。

A. 下方线圈两端不会产生磁感应电动势

B. 下方线圈两端产生方向为左“−”右“+”的磁感应电动势

C. 下方线圈两端产生方向为左“+”右“−”的磁感应电动势

D. 磁性材料内部的磁通取逆时针方向

7-1-4　在图中，线圈 a 的电阻为R_a，线圈 b 的电阻为R_b，两者彼此靠近如图示，若外加激励$u=U_M\sin\omega t$，则（　　）。

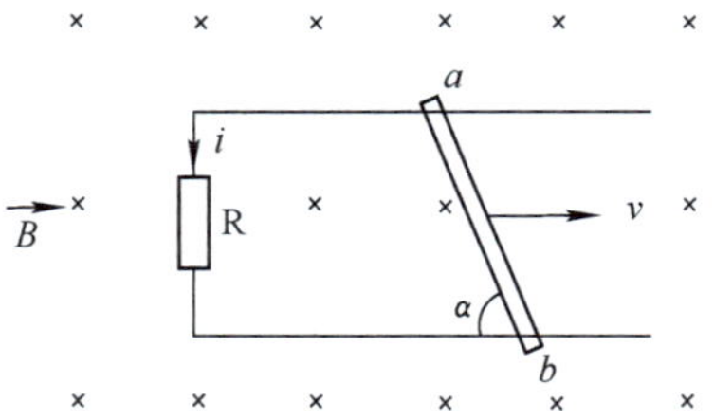

题 7-1-2 图

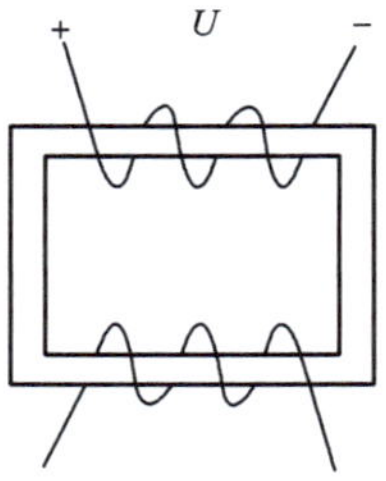

题 7-1-3 图

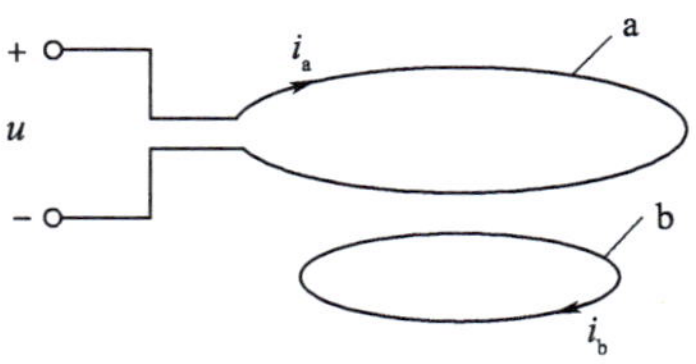

题 7-1-4 图

A. $i_a=\frac{u}{R_a}$，$i_b=0$　　B. $i_a\neq\frac{u}{R_a}$，$i_b\neq0$

C. $i_a=\frac{u}{R_a}$，$i_b\neq0$　　D. $i_a\neq\frac{u}{R_a}$，$i_b=0$

第二节　电路的基本概念和基本定律

一、电路的作用和基本物理量

（一）电路的作用

电路是电流流通的路径。它是人们为实现某种要求，将必要的元件、设备按一定的方式组合起来的物理系统。

电路的作用大体上可以分为两类：实现能量的传输与分配和传递并处理信息。但无论电路的作用属于前者或是后者，从电路的具体结构中都可以分为电源、负载和中间环节这三部分。

电源：将非电能转变为电能的物理装置（如发电机、电池、传感器等），作用是为电路提供电能或信号。

负载：将电能转变为非电能的物理装置（如电炉、电动机、扬声器等）。

中间环节：对电能量进行传输，分配和控制的部分(如开关等)。

为便于对实际电路进行分析，可以用数学语言来说明电路现象，根据问题要求，突出电路的电、磁性质，用电路符号和连线组合起来的图形就是电路模型，如图 7-2-1 所示。

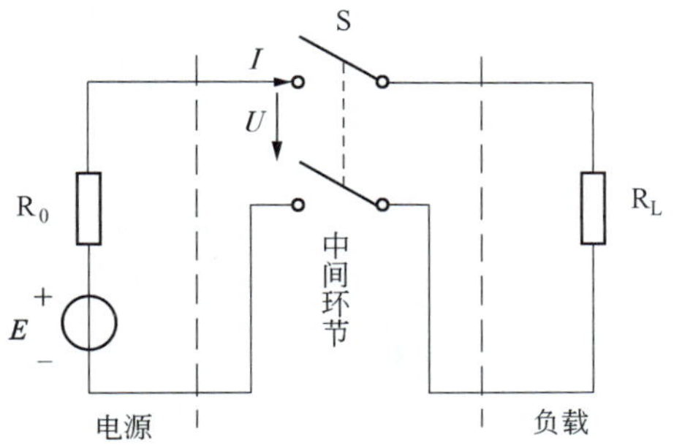

图 7-2-1　电路模型

（二）电路的基本物理量

1. 电流

反映电荷定向流动的物理现象。

（1）电流的大小用**电流强度**表示，简称**电流**，单位是安培（A）。

电流用公式表示为：

$$i = \frac{\mathrm{d}q}{\mathrm{d}t} \tag{7-2-1}$$

当$i = I$（常数）时，称为直流电流。

（2）电流的实际方向定义为正电荷移动的方向，在电工理论中为解题方便常常采用“正方向”的概念。

即：在解题中先人为假定正方向，用箭头标在电路图中，然后根据假定的正方向求解，最后根据电流数值的正负号判定电流的真实方向。

如图 7-2-2 所示电路中，求解电流为$I = 3\text{A} > 0$，说明假定电流正方向与电流实际方向一致；反之，如果$I = -3\text{A} < 0$，说明假设的电流正方向与实际的电流方向是相反的。

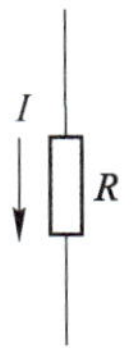

图 7-2-2　电路图

2. 电压与电位差

电压是衡量电场力对电荷做功的物理量，其大小用电场力将单位正电荷从高电位点移动到另一低电位点所做的功。

电位是电路中某一点对于参考点之间的电压，电路中由a点到b点之间的电压U_{ab}可以表示为：

$$U_{ab} = U_a - U_b \tag{7-2-2}$$

式中，U_a，U_b分别表示电路中a，b两点的电位。

电压、电位的基本单位是伏特（V）。

3. 电动势

电动势是反映电源内部非电力做功的物理量，在数值上等于非静电力将单位正电荷从低电位点推向高电位点所做的功。

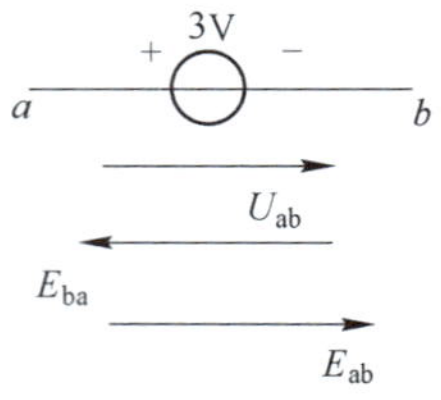

图 7-2-3 电压与电动势方向

电动势E的正方向是从低电位指向高电位，如图 7-2-3 所示。

$$\left.\begin{aligned} E_{ba} &= 3\text{V} \\ U_{ab} &= 3\text{V} \end{aligned}\right\} U_{ab} = E_{ba}$$

$$\left.\begin{aligned} U_{ab} &= 3\text{V} \\ E_{ab} &= -3\text{V} \end{aligned}\right\} U_{ab} = -E_{ab}$$

在分析电源问题时用电动势表示与用电压表示是一样的，注意的是E与U的箭头指向一致时数值相反，两者箭头指向相反时数值相同。

同样，在解题过程人们很难事先确定电压、电动势的实际方向。因此，与电流一样，在实际电路中也是用“正方向”的概念求解电压和电动势的。

4. 电功率

当电路中某部分的电压电流正方向一致时，根据$P = UI$计算出的功率若为正值，表示该电路在吸收功率；若计算出的功率为负值，则认为该电路是发出功率的，起电源的作用。

【例 7-2-1】 分析如图所示电路的功率分配情况。

解 根据

$$I = \frac{U}{R} = \frac{10}{2} = 5\text{A}$$

且

$$P_R = RI^2 = 2 \times 5^2 = 50\text{W} > 0$$

可见负载 R 消耗功率。

10V 电源功率为：

$$P_s = -UI = -10 \times 5 = -50\text{W} < 0$$

可见，该电压源发出功率。

全部电路的功率关系：

$$\sum P = P_R + P_s = 50 + (-50) = 0\text{W}$$

说明该电路的功率平衡。

【例 7-2-2】 图示电路消耗电功率 2W，则下列表达式中正确的是：

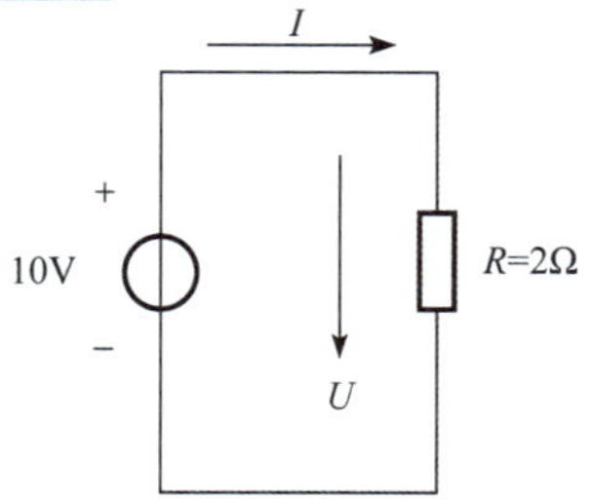

例 7-2-1 图

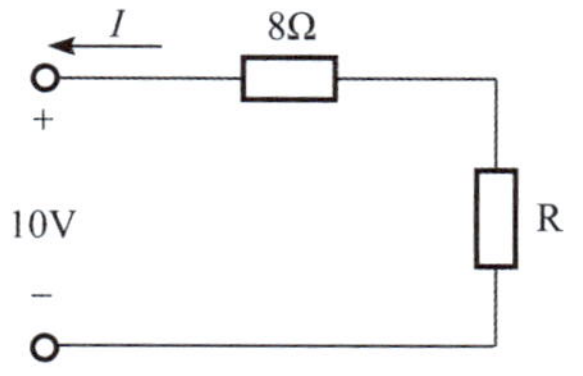

例 7-2-2 图

A. $(8+R)I^2 = 2$，$(8+R)I = 10$

B. $(8+R)I^2=2$，$-(8+R)I=10$

C. $-(8+R)I^2=2$，$-(8+R)I=10$

D. $-(8+R)I=10$，$(8+R)I=10$

解　电路的功率关系$P=UI=I^2R$以及欧姆定律$U=RI$，是在电路的电压、电流的正方向一致时成立；当方向不一致时，前面增加“−”号。

答案： B

二、基本电路元件

电路中的元件必须能正确反映电路的两种性质：电源性质和负载性质。

（一）电源元件

电源的作用是满足负载要求的电压、电流和功率。电源的外特性（电压、电流关系）称为电源的“V-A 特性”，它可以表示电源的端电压和端电流关系。实际电源的物理结构可以不同，但是对外电路的作用都可以用电压源模型或者是电流源模型来表示。

1. 电压源模型

电动势（U_s）与电阻（R_0）串联组成如图 7-2-4a）所示，电压源端电压可用下式计算

$$U=U_s-R_0I \tag{7-2-3}$$

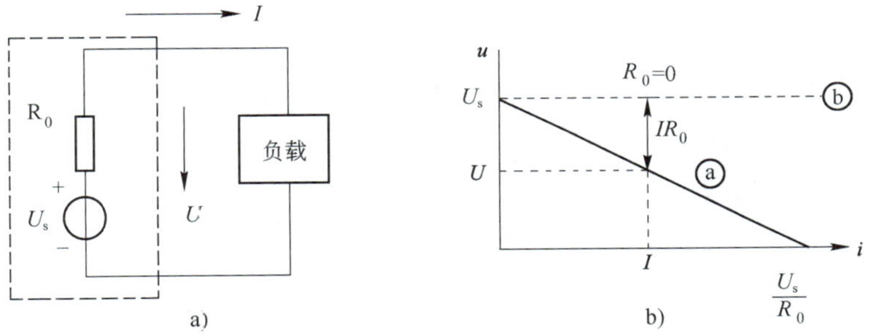

图 7-2-4　电源模型与 V-A 特性

可以得出如图 7-2-4b）所示的“V-A 特性”。可见，负载电流增加时电源端电压减少的过程，并且电压减少的程度与R_0的大小有关。为减少电源内部的能量消耗，我们希望实际电压源的内阻R_0越小越好。

$R_0=0$的电压源称为理想电压源，如图 7-2-4b）所示曲线ⓑ，理想电压源的特点是：$U=E_s=$常数，与负载电流的大小无关，理想电压源供出电流大小是由负载控制的：$I=U_s/R$。

2. 电流源模型

电流源（I_s）与电源内阻（R_0）并联组成。如图 7-2-5a）所示，电流源输出电流的大小可以用下式表示：

$$I=I_s-\frac{U}{R_0} \tag{7-2-4}$$

“V-A 特性”如图 7-2-5b）所示，可见实际电流源的电流随负载电压的增加而减少，为减少电流源内部损耗，电流源内阻R_0越大越好。

$R_0=\infty$的电流源称为理想电流源，如图 7-2-5b）所示曲线。

理想电流源的特点是$I=I_s=$常数，即输出电流与负载的大小无关；而理想电流源两端的电压大小

由负载电阻决定：$U = R \cdot I_s$。

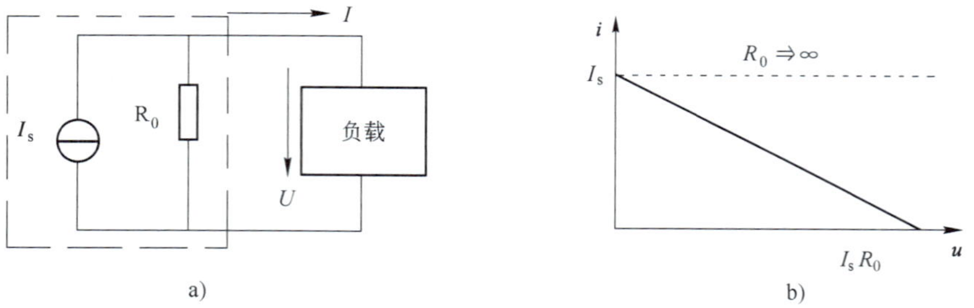

图 7-2-5　电流源模型及外特性

3. 两种电源的等效变换

在实际中，用电压源或电流源符号表示电源的作用没有本质的区别，因为两种电源模型对外部（负载）作用是完全等效的。

电压源与电流源的变换方法：电压源和电流源中电阻R_0的数值相同。

且$U_s = R_0 I_s$，则公式（7-2-3）可改写为

$$U = R_0 I_s - R_0 I \tag{7-2-5}$$

进而可改写为

$$I = I_s - \frac{U}{R_0}$$

与式（7-2-4）一致。

两种电源的外特性方程一致，它们对外电路的作用是一样的，这就是等效变换的概念。

【例 7-2-3】 将如图所示的电压源变换为电流源，并证明两个电源对负载R_L的作用相同。

解　将电压源图 a）转换为电流源图 b)，其中

$$R_0 = 1\Omega，I_s = \frac{U_s}{R_0} = \frac{5}{1} = 5\text{A}$$

$$I = \frac{U_s}{R_0 + R_L} = 1\text{A} \qquad I = I_s \frac{R_0}{R_0 + R_L} = 1\text{A}$$

$$U = R_L I = 4\text{V} \qquad U = R_L I = 4\text{V}$$

可见两个电源在电阻R_L上产生的电压、电流相同，$P_R = UI = 4 \times 1 = 4\text{W}$。

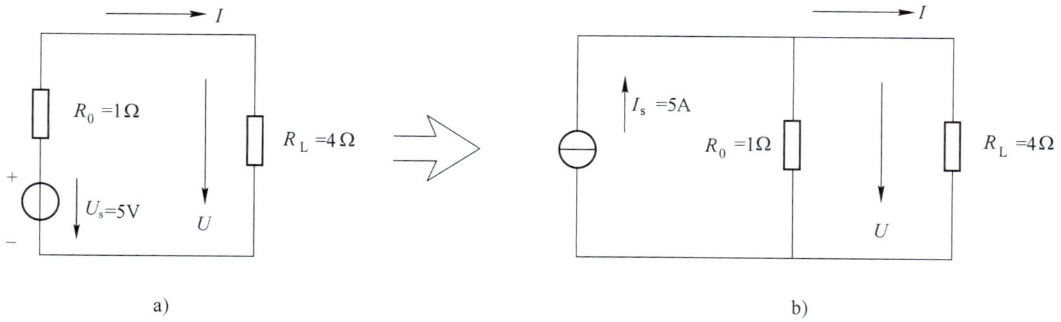

例 7-2-3 图　电压源转变为电流源

这里有三点需要注意：

（1）理想电压源与理想电流源不能等效变换；

（2）所谓等效变换是指端电压U、端电流I的等效，即对外部负载等效，不对内部电路等效；

（3）变换以后电流源I_s正方向与电源U_s的方向相反。

（二）负载元件

1. 电阻元件

电阻元件是反映电路中消耗电能多少的元件，其端电压u的大小与流过该电阻电流i的大小成比例。

线性电阻：$u/i = r = R =$常数（见图 7-2-6 中曲线ⓐ）；非线性电阻：$u/i = r \neq$常数（见图 7-2-6 中曲线ⓑ）。

2. 电感元件

电感元件是反映储存磁场能量多少的元件，由物理学中电磁感应定律（Ψ为电感元件中的磁通量），即

$$e_1 = -\frac{\mathrm{d}\Psi}{\mathrm{d}t} = -\left(\frac{\mathrm{d}\Psi}{\mathrm{d}i}\right)\frac{\mathrm{d}i}{\mathrm{d}t}$$

当$\frac{\mathrm{d}\Psi}{\mathrm{d}i} =$常数$= L$，称为线性电感（见图 7-2-7 中曲线ⓐ），可写出电压电流关系式

$$u = -e = L\frac{\mathrm{d}i}{\mathrm{d}t}\left(\text{或}i = \frac{1}{L}\int u\mathrm{d}t\right)$$

当$\frac{\mathrm{d}\Psi}{\mathrm{d}i} \neq$常数，称为非线性电感（见图 7-2-7 中曲线ⓑ）。

3. 电容元件

电容元件是反映储存电场能量多少的元件。

根据$i = \frac{\mathrm{d}q}{\mathrm{d}t} = \frac{\mathrm{d}q}{\mathrm{d}u}\cdot\frac{\mathrm{d}u}{\mathrm{d}t}$，当$\frac{\mathrm{d}q}{\mathrm{d}u} = C =$常数时，为线性电容，见图 7-2-8 中曲线ⓐ，即

$$i = C\frac{\mathrm{d}u}{\mathrm{d}t} \quad \text{或} \quad u = \frac{1}{C}\int i\mathrm{d}t$$

当$\frac{\mathrm{d}q}{\mathrm{d}u} \neq$常数时，为非线性电容，见图 7-2-8 中曲线ⓑ。

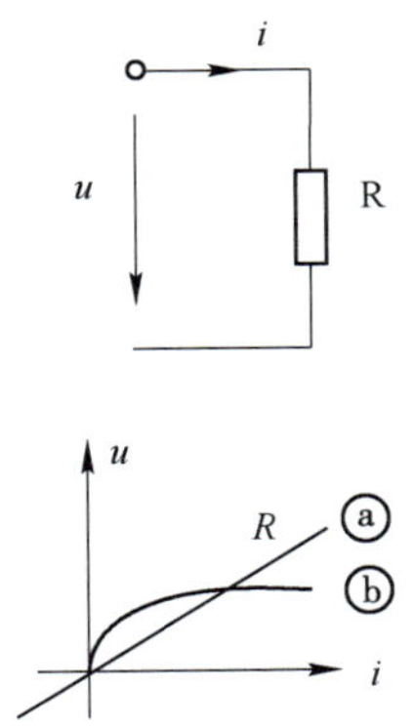

图 7-2-6　电阻元件

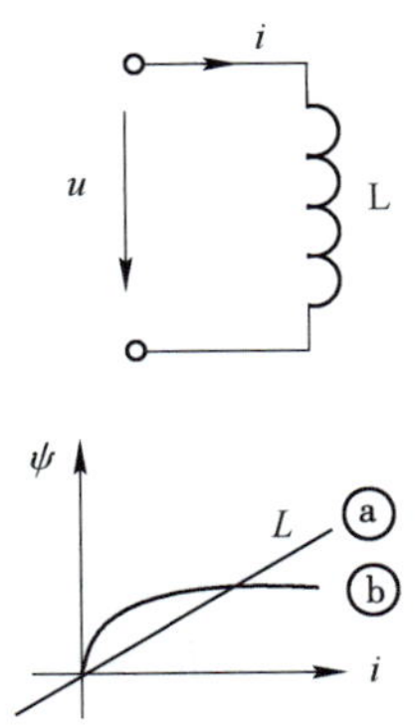

图 7-2-7　线性电感

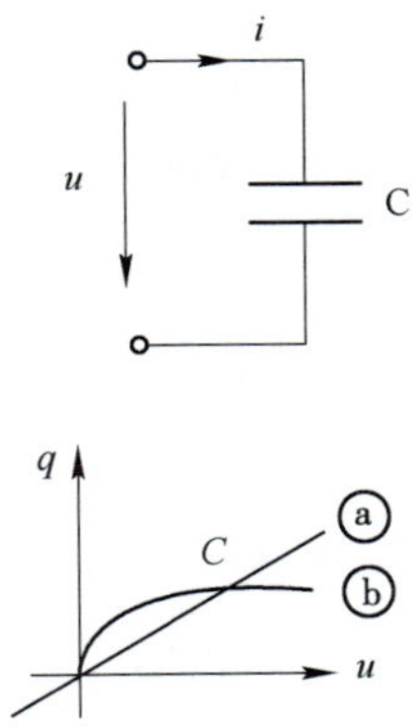

图 7-2-8　电容元件

电路基础部分是以分析线性电路为主。

线性电路是由独立电源和线性元件构成的。即使在后边遇到非线性元件（二极管、三极管……），也是将非线性元件线性化以后，用线性电路的解题方法处理。

独立电源——电压源 E_s、电流源 I_s 的数值为常数，与其供出的电流和电压无关。

线性元件——R、L、C 线性元件。

三、电路的工作状态

如图 7-2-9 所示为最简单的电源向负载供电路：通过开关 S_1、S_2 的适当组合，电路将工作于三种状态（有载工作状态、开路和短路工作状态）。

电源端电压关系　　$U = U_s - R_0 I$　［得图 7-2-9b）中曲线①］　(7-2-6)

负载电压关系　　$U = R_L I$　［得图 7-2-9b）中曲线②］　(7-2-7)

图 7-2-9b）中①、②曲线交点I_Q、U_Q是实际电路的工作电压和工作电流。

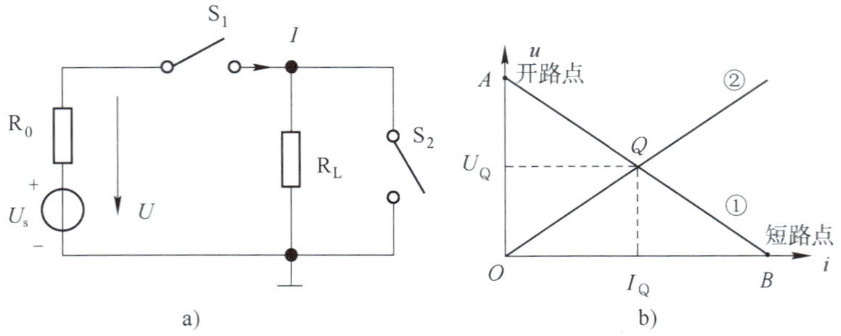

图 7-2-9　工作电路

（一）有载工作状态（S_1合，S_2分）

这时电源与负载接通向负载供电，供电的多少与负载电阻R_L有关。

由式（7-2-6）和式（7-2-7）可知　　$U_s - R_0 I = R_L I$

变为功率方程　　$U_s I - R_0 I^2 = R_L I^2$

即

$$P_s - \Delta P = P_L \quad (7\text{-}2\text{-}8)$$

电源电动势发出的功率P_s减去电源内阻R_0上消耗的功率ΔP以后，才是负载上实际得到的功率P_L。

当电源或负载电压、电流、功率都达到规定值（生产厂家规定的标称值）时，称电源或负载运行为额定工作状态。

（二）开路状态

指电源与负载断开（S_1分），即

$$I = 0,\ U = U_s,\ P_L = 0$$

此时称电路的开路状态，电源不向负载供电（空载）。

（三）短路状态

指电源电流不流经负载，直接由导线返回电源的情况。对电压源来说短路时，$U = 0$，$I = U_s/R_0$，$P_L = 0$（图 7-2-9 中B点）。但电源电动势产生的功率很大（$P_s = IU_s$），该功率全部消耗在电源内阻R_0上，使电源严重发热。电压源短路是一种事故状态，实际中必须避免。

四、电路的基本定律

电路一旦构成，应注意如何分析电路中的电压、电流和功率的大小。分析电路的依据有两个：一是元件本身的规律；二是这些元件组成电路以后，电路中电压、电流的规律（即基尔霍夫电压、电流定律）。

（一）基尔霍夫电流定律

根据电流连续性质，基尔霍夫电流定律是用来处理节点（三条或三条以上通电导线汇合点）电流关系的定律。

定义：任一电路，任何时刻，任一节点电流的代数和为 0，即

$$\sum i = 0 \quad (7\text{-}2\text{-}9)$$

一般流入节点电流为正，流出节点电流为负。

如图 7-2-10 所示电路中，节点a的电流关系为

$$I_1 + I_2 - I_3 = 0$$

基尔霍夫电流定律也可以用来分析闭合曲面的电流关系，如图 7-2-11 所示电路，$I' = I$。当 S 打开时，$I = 0$。

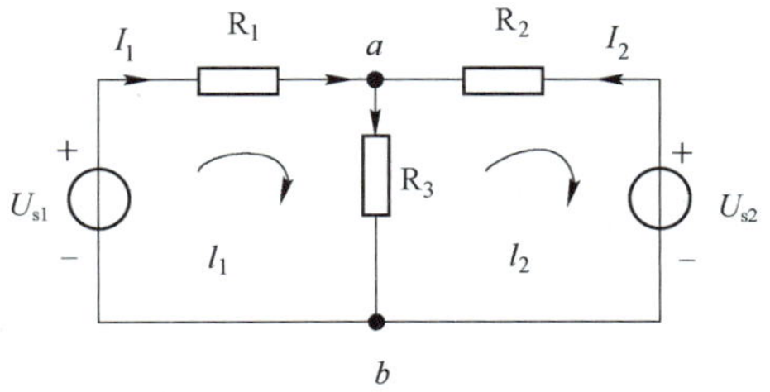

图　7-2-10

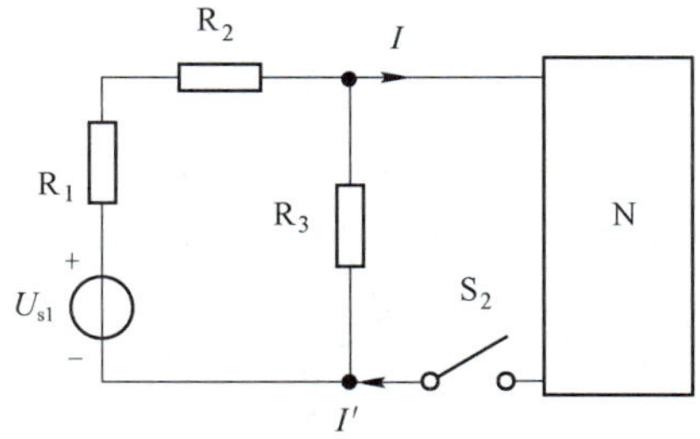

图　7-2-11

（二）基尔霍夫电压定律

根据能量守恒性质，基尔霍夫电压定律可以确定回路中各部分电压关系。

定义：任一电路，任何时刻，回路电压降的代数和为 0，即

$$\sum u = 0 \tag{7-2-10}$$

如图 7-2-10 所示电路l_1、l_2回路（取顺时针方向），有

$$l_1: \quad -U_{s1} + I_1R_1 + I_3R_3 = 0$$

$$l_2: \quad -I_3R_3 - I_2R_2 + U_{s2} = 0$$

同样基尔霍夫定律也可以从闭合回路推广应用于开路的情况。

【例 7-2-4】 已知电路如图 a）所示，其中电流I等于：

A. 0.1A　　B. 0.2A　　C. −0.1A　　D. −0.2A

解　见图 b），设 2V 电压源电流为I'，则：$I = I' + 0.1$

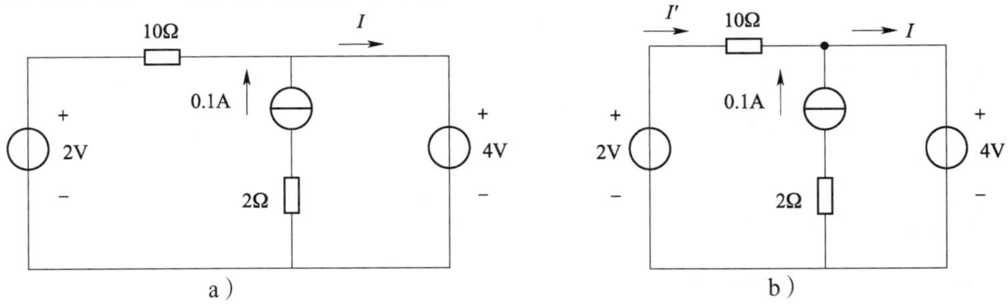

例 7-2-4 图

$$10I' = 2 - 4 = -2\text{V}, \quad I' = -0.2\text{A}$$

$$I = -0.2 + 0.1 = -0.1\text{A}$$

答案： C

习　题

7-2-1　如图所示电阻电路中a、b端的等效电阻为（　　）。

A. 6Ω　　B. 12Ω　　C. 3Ω　　D. 9Ω

7-2-2 某电热器的额定功率为 2W，额定电压为 100V。拟将它串联一电阻后接在额定电压为 200V 的直流电源上使用，则该串联电阻 R 的阻值和额定功率P_N分别应为（ ）。

A. R=5kΩ，P_N=1W　　B. R=5kΩ，P_N=2W

C. R=10kΩ，P_N=2W　　D. R=10kΩ，P_N=1W

7-2-3 在如图所示的电路中，用量程为 10V、内阻为 20kΩ/V 级的直流电压表，测得A、B两点间的电压U_{AB}为（ ）。

A. 6V　　B. 5V　　C. 4V　　D. 3V

7-2-4 如图所示电路中，已知：$U_1 = U_2 = 12V$，$R_1 = R_2 = 4kΩ$，$R_3 = 16kΩ$。S 断开后A点电位U_{AO}和 S 闭合后A点电位U_{As}分别是（ ）。

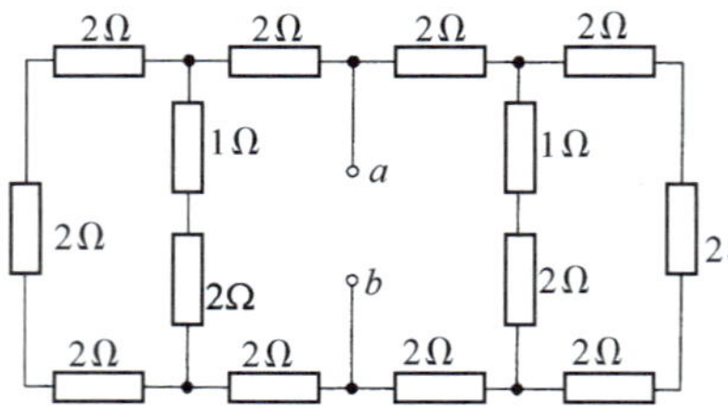

题 7-2-1 图

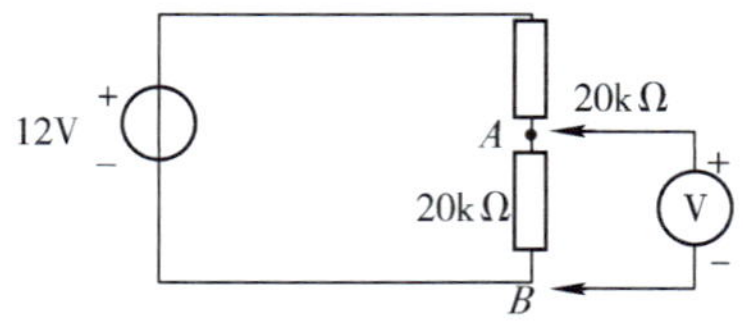

题 7-2-3 图

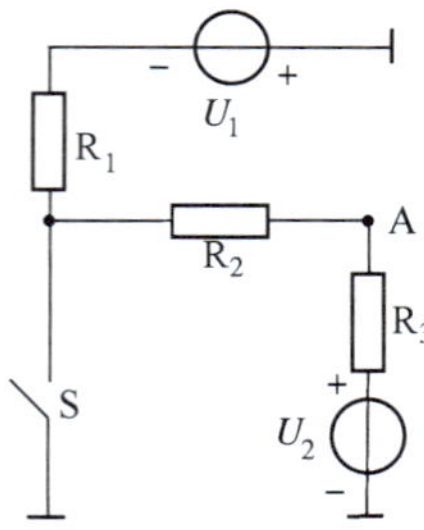

题 7-2-4 图

A. −4V，3.6V　　B. 6V，0V

C. 4V，−2.4V　　D. −4V，2.4V

7-2-5 在如图所示的电路中，$I_{s1} = 3A$，$I_{s2} = 6A$。当电流源I_{s1}单独作用时，流过$R = 1Ω$ 电阻的电流$I' = 1A$，则流过电阻 R 的实际电流I值为（ ）。

A. −1A　　B. +1A　　C. −2A　　D. +2A

7-2-6 观察如图所示的直流电路，可知，在该电路中（ ）。

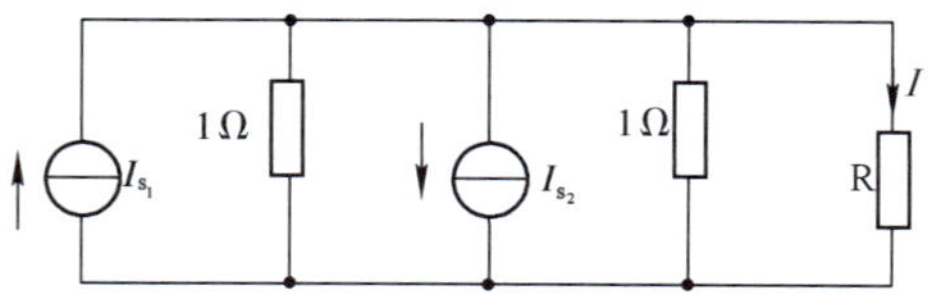

题 7-2-5 图

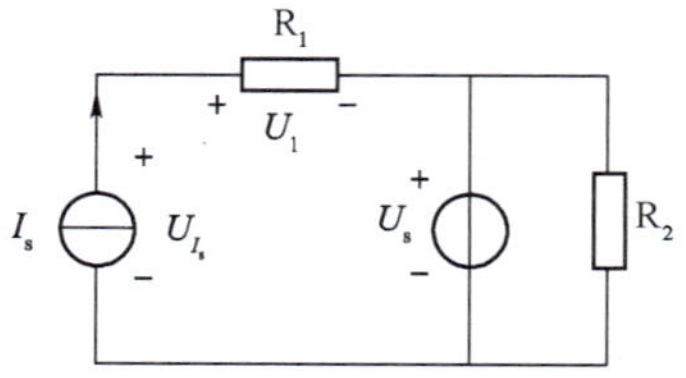

题 7-2-6 图

A. I_s和 R_1 形成一个电流源模型，U_s和 R_2 形成一个电压源模型

B. 理想电流源I_s的端电压为 0

C. 理想电流源I_s的端电压由U_1和U_2共同决定

D. 流过理想电压源的电流与I_s无关

第三节 直流电路的解题方法

电路分析的目的是找出电路中U、I、P的关系。在线性电路中解决问题的常用方法是叠加原理和戴维南定理。

对于不能用简单串并联方法求解的复杂电路，要根据电路的特点去寻找更合适的求解方法。本部分总结几种最常用的电路分析方法：电源变换法、支路电流法、叠加原理和戴维南定理。

一、电源等效变换法

由上节电源元件的介绍，可知电压源模型的外特性和电流源模型的外特性是相同的。因此，电源的两种模型互相等效，可以进行等效变换。但是，电压源模型和电流源模型的等效关系只是对外电路而言的，对电源内部则不等效。

例如在图 7-3-1a）中，当电压源开路时，$I=0$，电源内阻R_0上不损耗功率；但在图 7-3-1b）中电流源开路时，电源内部仍有电流，内阻R_0上有功率损耗。

电源等效电阻不限于电源内部内阻R_0，只要一个电压为U_s的理想电压源和某个电阻R_0串联的电路，都可以化为一个电流为I_s的理想电流源和这个电阻并联的电路图 7-3-2，两者是等效的。

其中

$$I_s=\frac{U_s}{R_0}\quad 或\quad U_s=R_0I_s \tag{7-3-1}$$

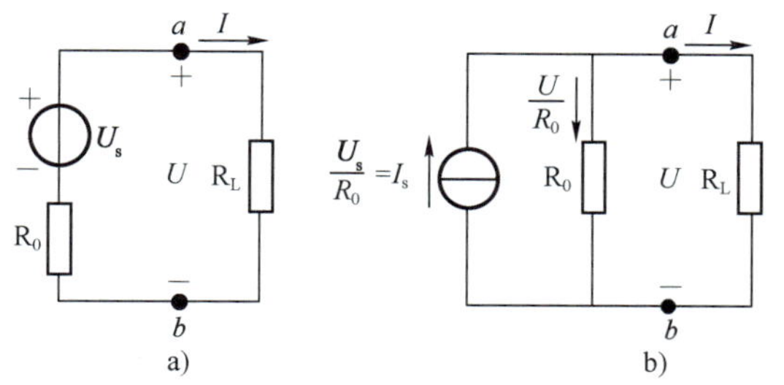

图　7-3-1

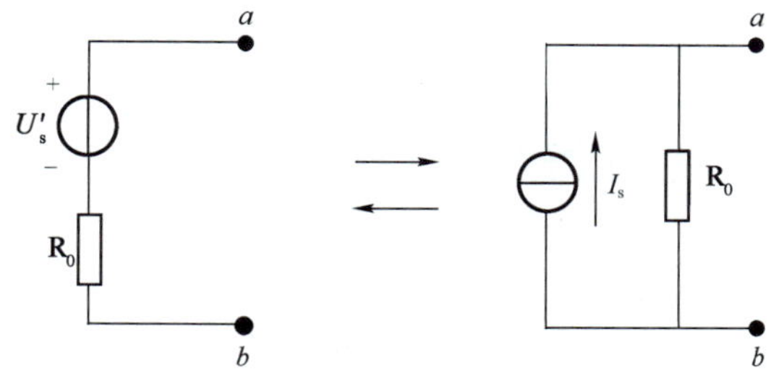

图　7-3-2

在分析复杂电路时，也可以用电源等效变换的方法。

【例 7-3-1】 用电源变换法求如图所示电路中的电流。

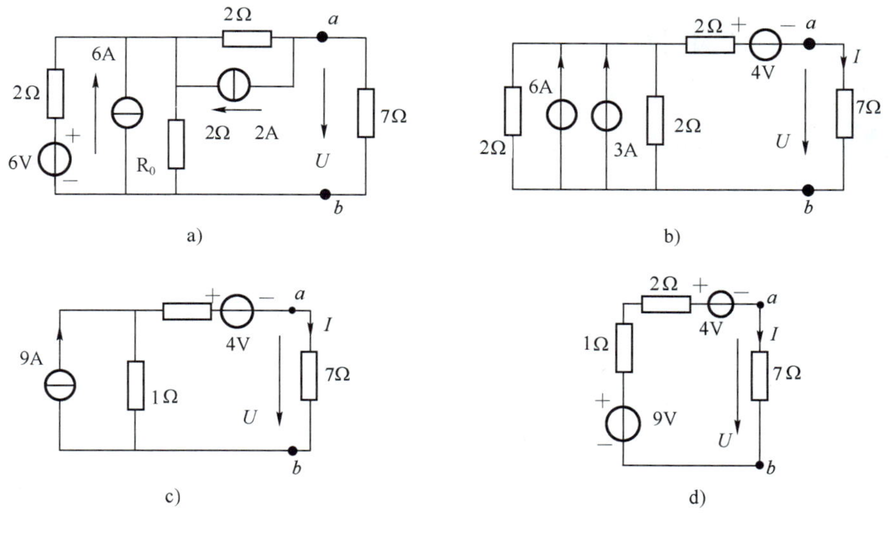

例 7-3-1 图

解　电源变换过程如图 b)、c)、d）所示，由图 d）得出$I=\frac{9-4}{1+2+7}=0.5A$。

二、支路电流法

在计算复杂电路的各种方法中，支路电流法是最基本的。它是应用基尔霍夫电流定律和电压定律分别对结点和回路列出所需要的方程组，而后解出各未知支路电流。

支路电流法的解题步骤：

（1）选定支路并标出各支路电流的参考方向，并对选定的回路标出回路循行方向。

（2）应用 KCL 列出$(n-1)$个独立的结点电流方程。

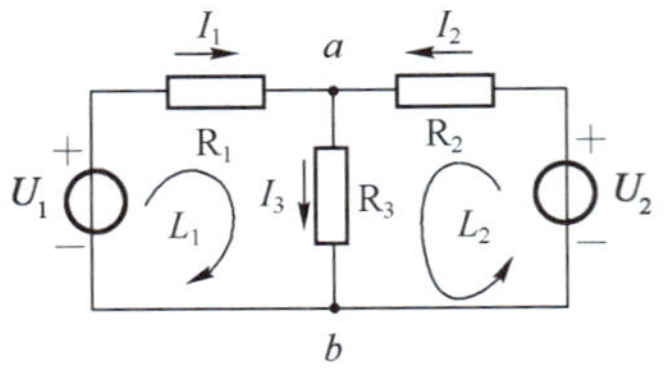

图　7-3-3

（3）应用 KVL 列出$b-(n-1)$个独立的回路电压方程。

（4）联立求解b个方程，求出各支路电流。

今以如图 7-3-3 所示的两个电源并联的电路为例说明支路电流法的应用。在本电路中，支路数$b=3$，结点数$n=2$，共要列出三个独立方程。

对结点a和回路L_1、回路L_2列 KCL 方程及 KVL 方程

$$
\begin{aligned}
&I_1+I_2-I_3=0\\
&U_1=R_1I_1+R_3I_3\\
&U_2=R_2I_2+R_3I_3
\end{aligned}
\qquad (7\text{-}3\text{-}2)
$$

最后对三个方程联立求解，就可以得出支路电流I_1、I_2、I_3。

三、叠加原理

1. 内容

在有多个电源共同作用的线性电路中，各支路电流（或元件的端电压）等于各个电源单独作用时，在该支路中产生电流（或电压）的代数和。

2. 方法

当一个电源单独作用时，其他不作用的电源令其数值为 0。即不作用的电压源电压$E_s=0$（短路），不作用的电流源$I_s=0$（断路）。电路其他部分结构参数不变的情况下求其响应。

对单个电源作用的响应求代数和时，要注意各电源单独作用时支路电流（或电压）的方向是否与原图一致，一致时此项取“+”号，相反时该项为“−”号。

【例 7-3-2】 用叠加原理求图中的电流I。

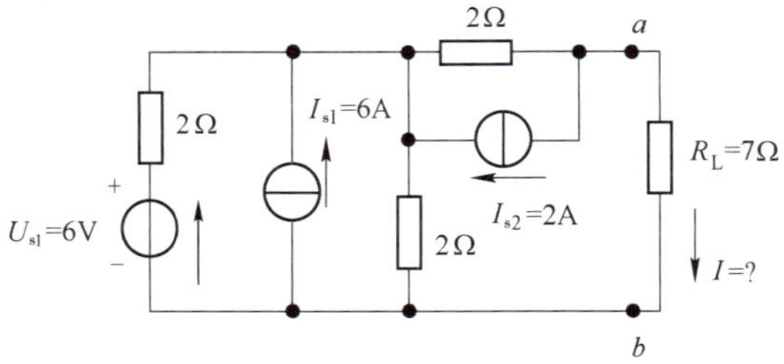

例 7-3-2 图　电路图（叠加原理）

分析　该图有三个独立电源共同作用，且为线性电阻，该电路为线性电路，可以用叠加原理求。

解　第一步：将原图改画为单一电源作用的简单电路，如解图所示。

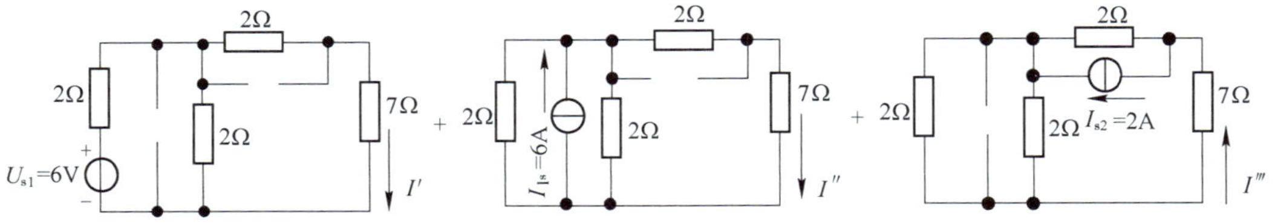

a)U_{s1}作用　　b)I_{s1}作用　　c)I_{s2}作用

例 7-3-2 解图　简单电路图

第二步：求分电路中电流I'、I''和I'''。

$$I' = \frac{U_{s1}}{2+2/\!/(2+7)} \cdot \frac{2}{2+(7+2)} = \frac{6}{2+(2/\!/9)} \cdot \frac{2}{11} = 0.3\text{A}$$

$$I'' = I_{s1}\frac{2}{2+2/\!/(2+7)} \cdot \frac{2}{2+(7+2)} = \frac{6\times 2}{2+(2/\!/9)} \cdot \frac{2}{2+9} = 0.6\text{A}$$

$$I''' = I_{s2}\frac{2}{[(2/\!/2)+7]+2} = 2\times\frac{2}{1+7+2} = 0.4\text{A}$$

（这里“//”为电阻并联符号，如$2/\!/9 = \frac{2\times 9}{2+9}$）

第三步：求各电源单独作用时响应的代数和。

$$I = I' + I'' - I''' = 0.3 + 0.6 - 0.4 = 0.5\text{A}$$

【例 7-3-3】 已知电路如图 a）所示，其中，响应电流I在电压源单独作用时的分量为：

A. 0.375A　　B. 0.25A　　C. 0.125A　　D. 0.187 5A

解 根据叠加原理，写出电压源单独作用时的电路模型，如图 b）所示。

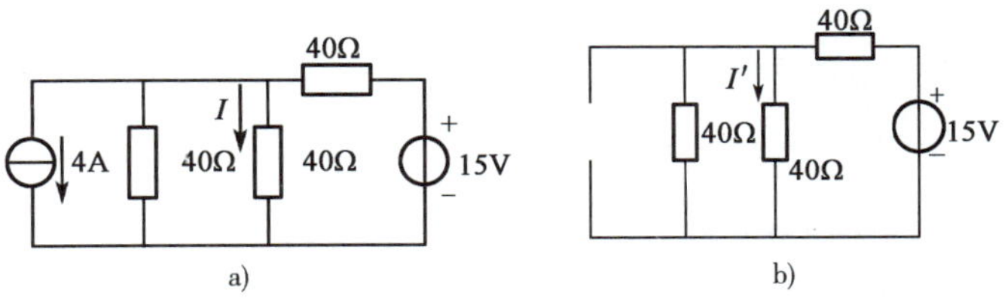

例 7-3-3 图

$$I' = \frac{15}{40+40/\!/40} \times \frac{40}{40+40} = \frac{15}{40+20} \times \frac{1}{2} = 0.125\text{A}$$

答案： C

四、戴维南定理

1. 内容

任何一个线性有源二端网络，对外部电路来说总可以用一个电压为U_s的理想电压源和一个电阻R_0串联的电路表示，如图 7-3-4 所示。

2. 方法

理想电压源电压为原来电路在图 7-3-4a）中a、b点断开的开路电压

$$U_s = U_{oc}$$

等效电阻 R_0 的数值：由电路开路端口（图 7-3-4 中a、b点）向线性有源二端网络内部看过去的除源电阻（除源——去除电源作用，将电压源短路、电流源断路即可）。

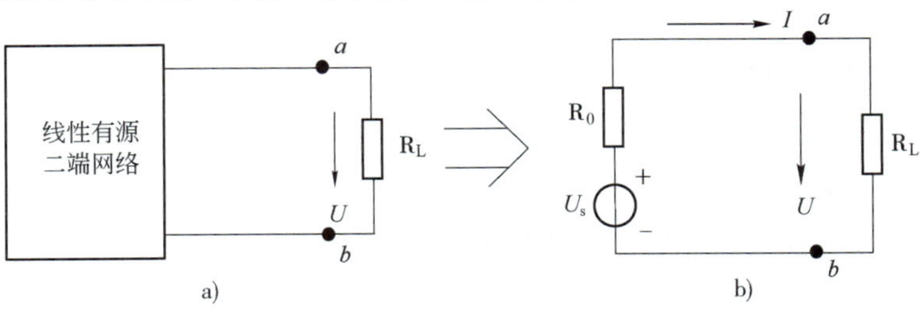

图 7-3-4　线性有源二端网络简化

【例 7-3-4】 用戴维南定理求图中 7Ω 电阻中的电流I。

解　第一步：移去待求电流支路，将图中a、b点断开，构成线性有源二端网络。

第二步：求等效电压源电压U_s和内阻R_0。

（1）用叠加原理求U_{oc}（见图 a）

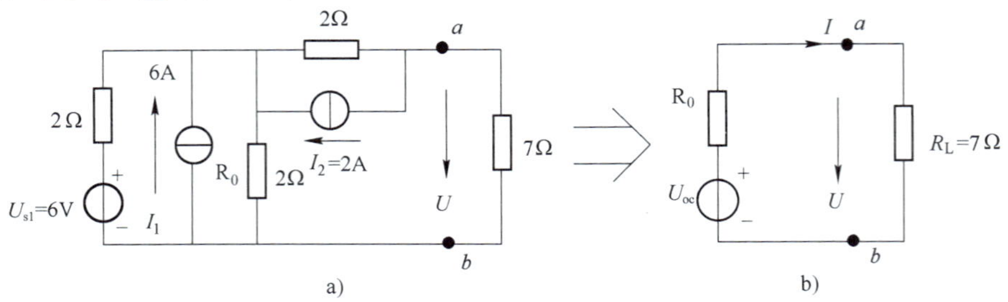

例 7-3-4 图　电路图（戴维南定理）

$$U_{oc}=U_{s1}\frac{2}{2+2}+I_1(2/\!/2)-I_2\cdot 2=6\times\frac{2}{4}+6\times 1-2\times 2=5\text{V}$$

（2）求R_0

将有源二端网络除源后，求端口电阻R_{ab}，见解图。

$$R_{ab}=2+(2/\!/2)=3\Omega$$

第三步：画等效电路图，如图 b）所示，求I。

$$R_0=R_{ab}=3\Omega,\ U_s=U_{oc}=5\text{V}$$

$$I=\frac{U_s}{R_0+R_L}=\frac{5}{3+7}=0.5\text{A}$$

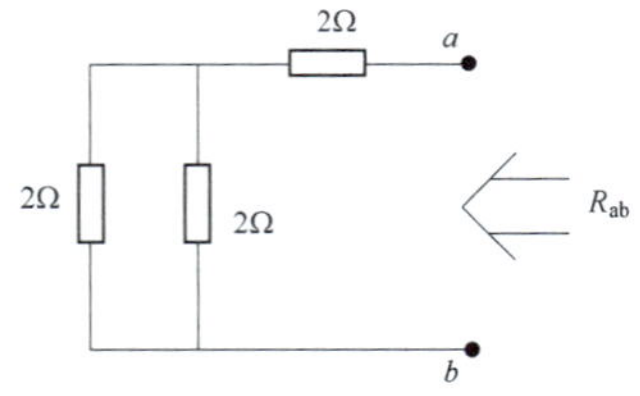

例 7-3-4 解图　等效电阻

习　题

7-3-1　在如图 a）所示电路中的电流为I时，可将图 a）等效为图 b），其中等效电压源电动势E_s和等效电源内阻R_0分别为（　　）。

A. −1V，5.143Ω　　B. 1V，5Ω　　C. −1V，5Ω　　D. 1V，5.143Ω

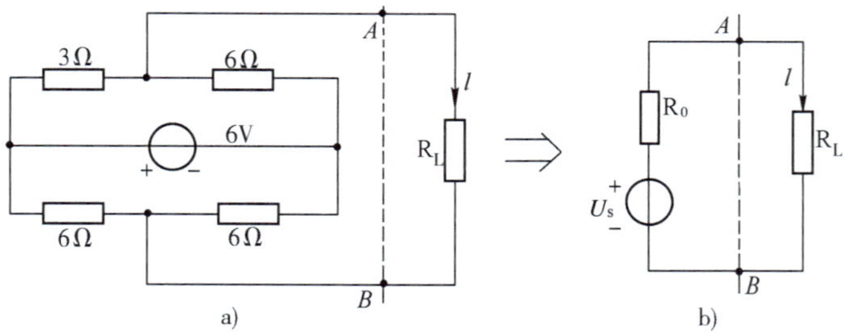

题 7-3-1 图

7-3-2　如图所示电路中，已知：U_{s1} =100V，U_{s2} =80V，R_2 =2Ω，I =4A，I_2 =2A，则可用基尔霍夫定律求得电阻 R_1 和供给负载 N 的功率分别为（　　）。

A. 16Ω，304W　　B. 16Ω，272W　　C. 12Ω，304W　　D. 12Ω，0W

7-3-3　电路如图所示，用叠加定理求得电阻 R_L 消耗的功率为（　　）。

A. 1/24W　　B. 3/8W　　C. 1/8W　　D. 1/12W

7-3-4　如图所示电路中，电压源U_{s2}单独作用时，电流源端电压分量U'_{I_s}为（　　）。

A. $U_{s2}-I_sR_2$　　B. U_{s2}　　C. 0　　D. I_sR_2

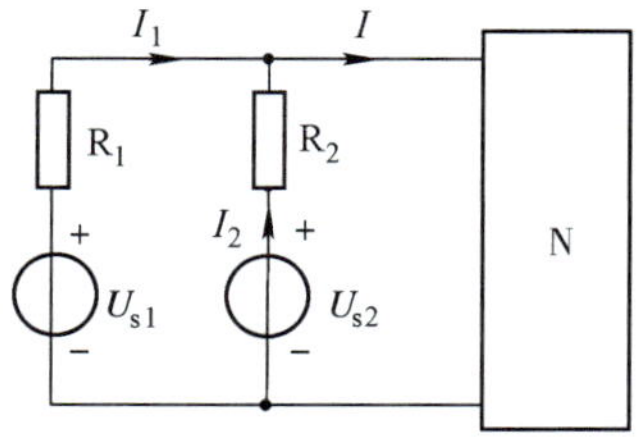

题 7-3-2 图

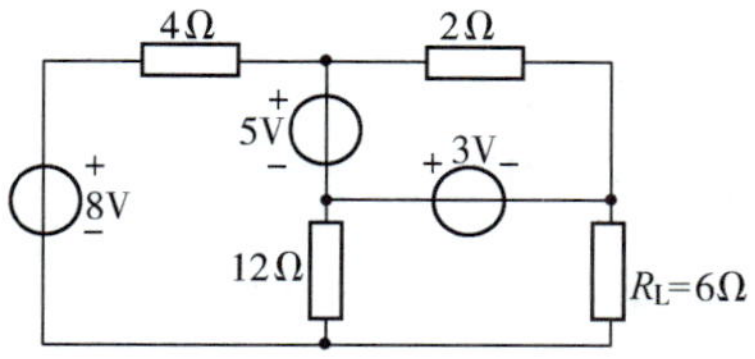

题 7-3-3 图

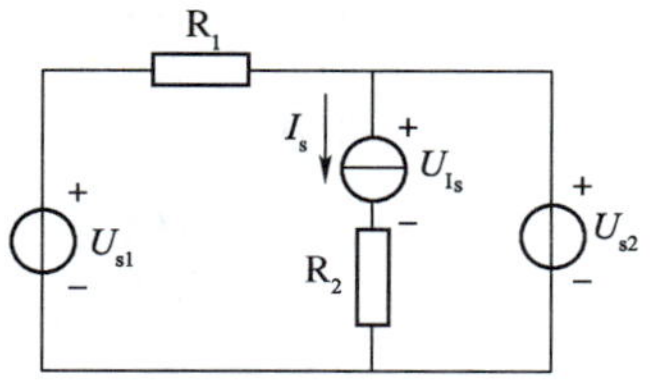

题 7-3-4 图

第四节　正弦交流电路的解题方法

如果电路中的电压、电流随时间按正弦规律变化，该电路便称为“正弦交流电路”，电网上输送的电能都是以正弦交流形式工作的。

一、正弦交流电的三要素表示法

（一）正弦交流电的三要素

已知正弦电流随时间的变化规律如图 7-4-1 所示，写成瞬时值表达式为

$$i(t)=I_m\sin(\omega t+\psi_i)\,(\mathrm{A})$$

其中，I_m、ω和ψ_i分别表示正弦电流的大小、变化速度和在时间轴上的位置，称为正弦交流电的三要素。

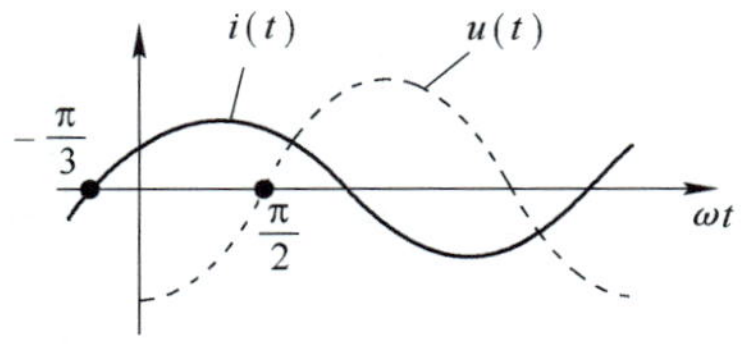

图 7-4-1　正弦电流电压随时间变化规律

1. 幅值与有效值

幅值I_m表示正弦量在变化的过程中可能出现的最高峰值。

有效值 I 是从交流电流与直流电流在同一元件上产生的热效应相等条件考虑的，交流电的有效值为

$$I=\sqrt{\frac{1}{T}\int_0^T i^2(t)\mathrm{d}t}$$

当$i(t)$是正弦交流电时，$i(t)=I_m\sin(\omega t+\psi i)$，则

$$I=I_m/\sqrt{2}=0.707I_m \tag{7-4-1}$$

此结论也适用于正弦交流电压，电动势的有效值计算。

2. 频率与周期

角频率

$$\omega=\frac{2\pi}{T}\quad(\mathrm{rad/s})$$

其中

$$T=\frac{1}{f} \tag{7-4-2}$$

式中：f（频率）——反映正弦量每秒钟变化的次数（Hz）；

T（周期）——反映正弦量变化一次所用的时间（s）。

对于工频电源$f = 50\text{Hz}$，$T = 1/f = 0.02\text{s}$，$\omega = 2\pi f = 314\text{rad/s}$。

3. 初相位和相位差

ψ叫作正弦量的初相位（当时间$t = 0$时正弦量的相位）。

相位差是两个正弦量的相位之差，反映正弦量在时间上的先后关系，当两个正弦量的频率相同时，相位差也就是初相位之差。

相位差

$$\varphi = (\omega t + \psi_\text{u}) - (\omega t + \psi_\text{i}) = \psi_\text{u} - \psi_\text{i} \tag{7-4-3}$$

如图 7-4-1 所示

$$i(t) = I_\text{m}\sin\left(\omega t + \frac{\pi}{3}\right)$$

$$u(t) = U_\text{m}\sin\left(\omega t - \frac{\pi}{2}\right)$$

$$\varphi = \left(-\frac{\pi}{2}\right) - \frac{\pi}{3} = -\frac{5}{6}\pi$$

$\varphi < 0$说明电压$u(t)$滞后于$i(t)\frac{5}{6}\pi$。正弦量的初相位ψ与计时点有关，而相位差φ与计时起点无关；并且只有同频率的正弦量才有相位差可言。

（二）正弦量的表示法

有四种方法可以表示正弦量：

（1）三角函数，$i(t) = I_\text{m}\sin(\omega t + \psi_i)$；

（2）波形图，如图 7-4-1 所示；

（3）相量表示法；

（4）复数表示法。

前面两种方法都直观地表示了正弦量的三要素，但是对电路进行定量分析时很不方便，后面两种方法是定量求解正弦交流电路的常用方法。

可以证明，线性电路中各部分电压电流的频率与电源频率相同。因此在计算时，只要解出各正弦量的大小关系（幅值或有效值）和相对位置（初相位或相位差）即可。

1. 相量表示法

相量是一个特殊矢量，与空间矢量不同的是相量表示的是在特定时刻正弦量的大小和位置，即幅值（或有效值）与初相位关系。线性电路中的u，i频率已由电源频率确定，利用相量法求解线性交流电路将使计算大大简化。

当$t = 0$时

$$i(t) = I_\text{m}\sin\psi_\text{i}$$

写成相量式为

$$\dot{I}_\text{m} = I_\text{m}\angle\psi_\text{i}$$

相量图如图 7-4-2 所示。

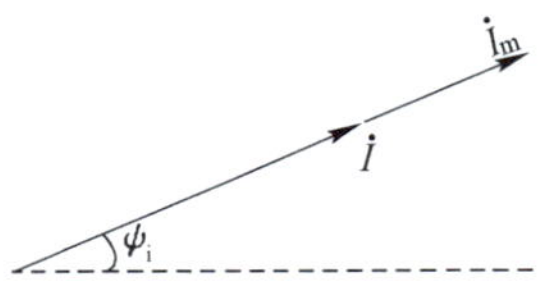

图 7-4-2　相量图

频率相同的正弦量可以画在同一张相量图上，这样可以直观地反映多个正弦量之间的大小及其相位关系。

相量也可用有效值表示　　$\dot{I} = I\angle\psi_\text{i}$

即　　$\dot{I}_\text{m} = \dot{I}_\text{m}/\sqrt{2}$

2. 复数表示法

在数学中，可以用复数来表示矢量，既然正弦量表示为特殊矢量（相量），那么正弦相量就可用复数表示。

对于如图 7-4-3 所示的电流相量用复数坐标表示后，如图 7-4-3 所示，可以写为三种对应的复数表达式。

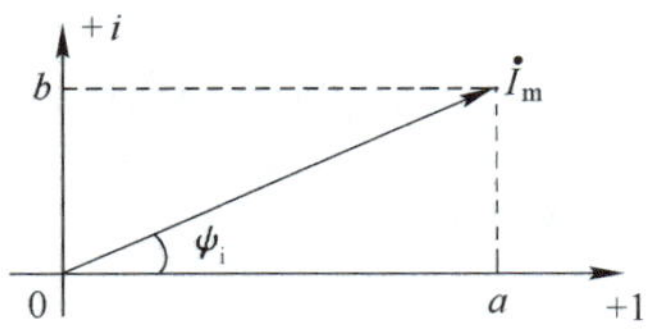

图 7-4-3　复数图

代数式

$$\dot{I}_m = a + jb \tag{7-4-4}$$

极坐标式

$$\dot{I}_m = I_m \angle \psi_i \tag{7-4-5}$$

指数式

$$\dot{I}_m = I_m e^{j\psi_i} \tag{7-4-6}$$

变换公式如下

$$\left.\begin{aligned} I_m &= \sqrt{a^2 + b^2} \\ \psi_i &= \arctan\frac{b}{a} \end{aligned}\right\} \tag{7-4-7}$$

$$\left.\begin{aligned} a &= I_m \cos\psi_i \\ b &= I_m \sin\psi_i \end{aligned}\right\} \tag{7-4-8}$$

【例 7-4-1】 已知有效值为 10V 的正弦交流电压的相量图如图所示，则它的时间函数形式是：

A. $u(t) = 10\sqrt{2}\sin(\omega t - 30°)\text{V}$

B. $u(t) = 10\sin(\omega t - 30°)\text{V}$

C. $u(t) = 10\sqrt{2}\sin(-30°)\text{V}$

D. $u(t) = 10\cos(-30°) + 10\sin(-30°)\text{V}$

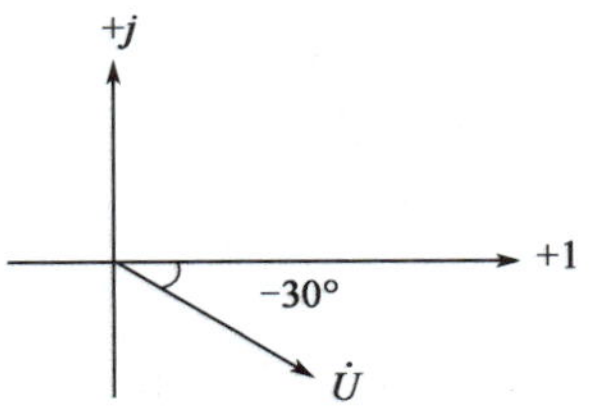

例 7-4-1 图

解　本题注意正弦交流电的三个特征（大小、相位、速度）和描述方法。

由相量图可分析，电压最大值为 $10\sqrt{2}$V，初相位为−30°，角频率用ω表示，正确描述为：

$$u(t) = 10\sqrt{2}\sin(\omega t - 30°)\,\text{V}$$

答案： A

二、单相交流电路

在交流电路中由于电压、电流随时间变化，那么电路中储存的电磁场能量也都是随时间变化的，因此交流电路分析时不仅要分析电阻（R）元件的消耗电能情况，还要注意电感（L）元件和电容（C）元件对电场磁场储能的变化情况。

（一）纯电阻电路（见图 7-4-4）

1. u_R-i关系

由$u_R = Ri$，设$i(t) = I_m\sin(\omega t + \psi_i)$

$$u_R = RI_m\sin(\omega t + \psi_i) = U_{Rm}\sin(\omega t + \psi_u)$$

大小关系　　$U_{Rm} = RI_m$　（或$U_R = RI$）

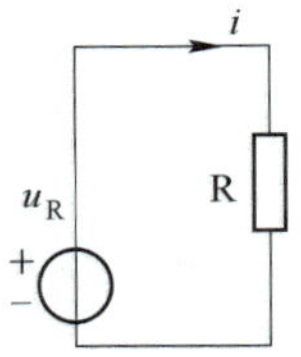

图 7-4-4　纯电阻电路

相位关系　　　　$\psi_u=\psi_i$，$\varphi=\psi_u-\psi_i=0$

纯电阻元件中电压电流的相位相同。

复数表达式

$$\dot{I}_m=I_m\angle\psi_i$$

$$\dot{U}_{Rm}=U_{Rm}\angle\psi_u=RI_m\angle\psi_i=R\dot{I}_m$$

即　　$\dot{U}_{Rm}=R\dot{I}_m$（或$\dot{U}_R=R\dot{I}$）

相量图（设$\psi_i=0$）如图 7-4-5a）所示，波形图如图 7-4-5b）所示。

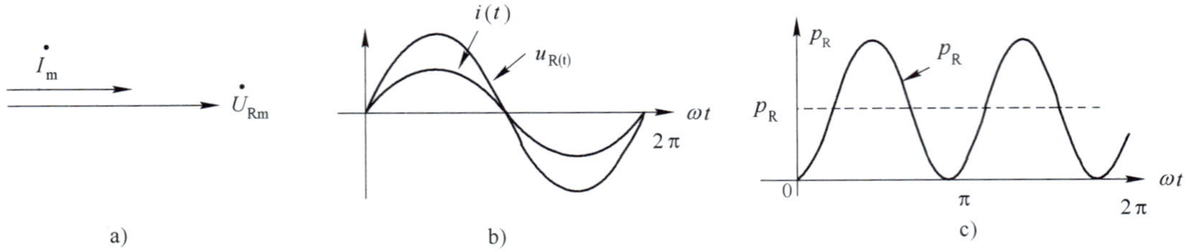

图 7-4-5　纯电阻电路中u_R-i关系

2. 功率关系

瞬时功率

$$p_R=u_Ri=U_{Rm}\sin(\omega t+\psi_u)I_m\sin(\omega t+\psi_i)$$

令$\psi_i=0$，则$\psi_u=0$

$$p_R=U_RI(1-\cos2\omega t)$$

图 7-4-5c）表示瞬时功率波形图，$p_R>0$电阻元件任何瞬时都在消耗功率。

瞬时功率形象反映任意时刻电阻消耗功率情况，但我们平时用功率表测量的功率是电路中平均消耗功率的多少，定为平均功率（有功功率）。

平均功率

$$P_R=\frac{1}{T}\int_0^T p_R\mathrm{d}t=U_RI=RI^2=U_R^2/R \tag{7-4-9}$$

（二）纯电感电路（见图 7-4-6）

1. u_L-i关系

$$u_L=L\frac{\mathrm{d}}{\mathrm{d}t}i(t) \tag{7-4-10}$$

设　　$i(t)=I_m\sin(\omega t+\psi_i)$

$$u_L=L\frac{\mathrm{d}}{\mathrm{d}t}[I_m\sin(\omega t+\psi_i)]=(\omega L)I_m\sin(\omega t+90°+\psi_i)=U_{Lm}\sin(\omega t+\psi_u)$$

大小关系　　$U_{Lm}=(\omega L)I_m$

定义　　$X_L=\omega L=2\pi fL$ [Ω]

称X_L为电路的感抗。

相位关系（见图 7-4-7）　　$\psi_u=\psi_i+90°$

$$\varphi=\psi_u-\psi_i=90°$$

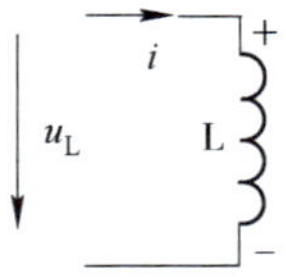

图 7-4-6　纯电感电路

图 7-4-7　纯电感电路相量图

电感元件两端电压u_L比通过电感元件的电流$i(t)$在相位上超前 90°。

复数表达式

$$\begin{aligned}\dot{U}_{Lm} &= U_{Lm} \angle \psi_u = X_L I_m \angle \psi_i + 90^\circ \\ &= (X_L e^{j90^\circ})(I_m e^{j\psi_i}) = jX_L \cdot \dot{I}_m\end{aligned} \quad (7\text{-}4\text{-}11)$$

相量图（设$\psi_i = 0^\circ$）如图 7-4-7 所示。

电感元件的电压$u_L(t)$和电流$i(t)$波形图如图 7-4-8a）所示。

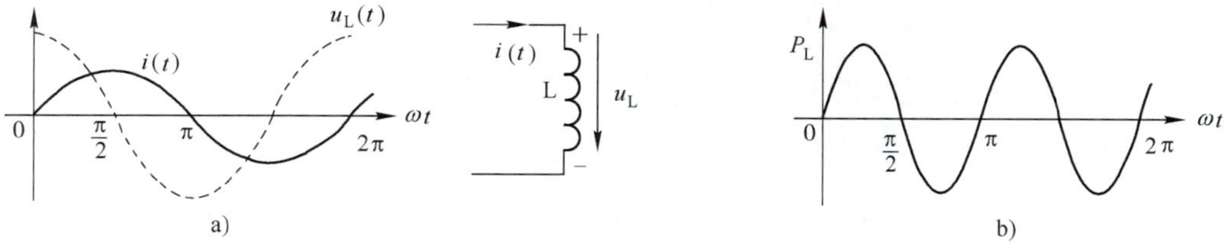

图 7-4-8　纯电感电路中各电量关系

2. 功率关系

瞬时功率　　$p_L = u_L i = U_{Lm} \sin(\omega t + 90^\circ) I_m \sin(\omega t) = U_L I \sin(2\omega t)$

得到波形如图 7-4-8b）所示。

下面分析电感元件中磁场能量转化情况。

在图 7-4-8a）中 0~$\frac{\pi}{2}$：$u_L(t)>0$，且$i(t)>0$，说明此时间内电感元件的实际电压、电流方向就是假定的正方向。

$$p_L(t) = u_L(t) i(t) > 0$$

电感元件的作用相当于负载，它将电源能量吸收后变成磁场能量储存。

$\frac{\pi}{2}$~π：$u_L(t)<0$，但$i(t)>0$

$$p_L(t) = u_L(t) \cdot i(t) < 0$$

电感元件的作用相当于电源，它是把已经储存的磁场能量还给电源。

在 0~π 内，纯电感元件吸收的能量与发出的能量相等。

平均功率

$$P_L = \frac{1}{T}\int_0^T p_L(t) \mathrm{d}t = 0 \quad (7\text{-}4\text{-}12)$$

可见，理想电感元件不消耗能量。

为了衡量电感元件与电源之间进行能量交换的规模，定义无功功率用符号“Q_L”表示，单位为“乏”，记为 var，即

$$Q_L = U_L I = I_2 X_L = U_L^2 / X_L \quad (\text{var}) \quad (7\text{-}4\text{-}13)$$

（三）纯电容电路（见图 7-4-9）

1. u_C-i关系

$$i = C\frac{\mathrm{d}u_C}{\mathrm{d}t}$$

设$u_C = U_{Cm} \sin(\omega t + \psi_u)$，则

$$i = C\frac{\mathrm{d}}{\mathrm{d}t}[U_{Cm} \sin(\omega t + \psi_u)] = (\omega C) U_{Cm} \sin(\omega t + \psi_u + 90^\circ) = I_m \sin(\omega t + \psi_i)$$

大小关系　　$I_m = U_{Cm} / \left(\frac{1}{\omega C}\right)$

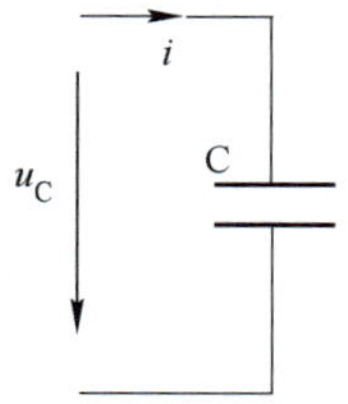

图 7-4-9　纯电容电路

定义“$X_C=\frac{1}{\omega C}$”为电路的“容抗”，单位为 Ω。

则 $$I_m=U_{Cm}/X_C$$

或 $$I=U_C/X_C$$

相位关系 $$\psi_i+\psi_u+90°$$

$$\varphi=\psi_u-\psi_i=-90°$$

即：电容元件中的电流$i(t)$比电压u_C超前 90°［或元件的端电压$u_C(t)$滞后电流$i(t)$90°］。

用复数表示电容元件电压、电流的大小和相位关系。

$$\dot{I}_m=I_m\angle\psi_i=\frac{U_{Cm}}{X_C}\angle\psi_u+90°=\left(\frac{1}{X_C}e^{j90°}\right)\cdot U_{Cm}=\frac{1}{-jX_C}\dot{U}_{Cm}$$

$$\dot{U}_{Cm}=-jX_C\dot{I}_m\ (\text{或}\dot{I}_C=-jX_C\dot{I})$$

相量图和波形图如图 7-4-10 所示，其中$\psi_u=0°$。

图 7-4-10　纯电容电路的相量图和波形图

2. 功率关系

瞬时功率

$$p_C(t)=u_C(t)i(t)=U_{Cm}\sin(\omega t)I_m\sin(\omega t+90°)=U_CI\sin2(\omega t)$$

平均功率

$$P_C=\frac{1}{T}\int_0^T p_C(t)\mathrm{d}t=0$$

无功功率

$$Q_C=U_CI=I^2X_C=U_C^2/X_C$$

为将P与Q对应，平均功率P又称为电路的“有功功率”。

（四）RLC 串联的正弦交流电路

1. u-i关系

RLC 串联交流电路如图 7-4-11 所示。

设

$$i=I_m\sin\omega t$$

由克希荷夫电压定律可知

$$\begin{aligned}u&=u_R+u_L+u_C=Ri+L\frac{\mathrm{d}i}{\mathrm{d}t}+\frac{1}{C}\int i\mathrm{d}t\\&=RI_m\sin\omega t+L\omega I_m\sin(\omega t+90°)+\frac{I_m}{\omega C}\sin(\omega t-90°)\\&=U_m\sin(\omega t+\psi_u)\end{aligned}\tag{7-4-14}$$

相量关系

$$\begin{aligned}\dot{U}&=\dot{U}_R+\dot{U}_L+\dot{U}_C=R\dot{I}+jX_L\dot{I}-jX_C\dot{I}\\&=[R+j(X_L-X_C)]\dot{I}=Z\dot{I}\end{aligned}\tag{7-4-15}$$

假设：$X_L>X_C$，作出相量图如图 7-4-12 所示。

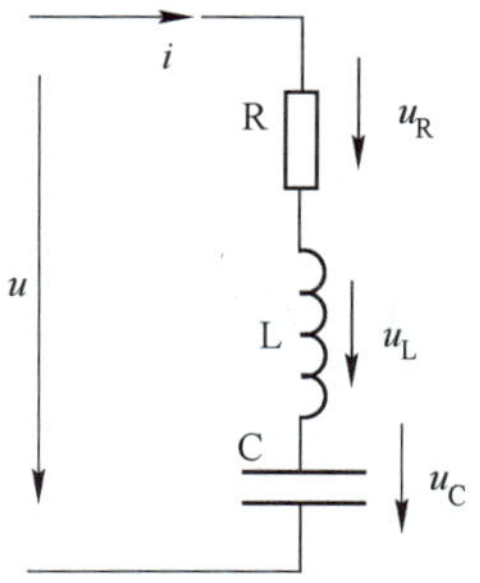

图 7-4-11　RLC 串联电路

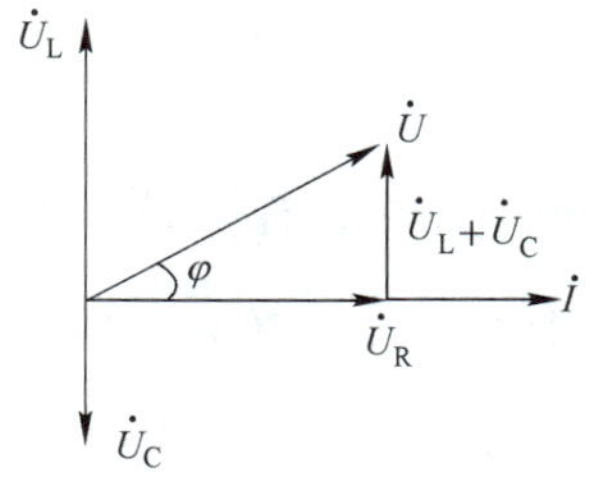

图 7-4-12　RLC 串联电路的相量图

可见，$\dot{U}$、$\dot{U}_R$、$\dot{U}_L+\dot{U}_C$组成一个直角三角形，称为电压三角形，利用它可知$\dot{U}$的大小和相位关系

$$U=\sqrt{U_R^2+(U_L-U_C)^2}=\sqrt{(IR)^2+(IX_L-IX_C)^2}=I\sqrt{R^2+(X_L-X_C)^2}$$

$\frac{U}{I}=\sqrt{R^2+(X_L-X_C)^2}$，称为电路的阻抗，用$|Z|$表示，单位“欧姆”。

相位差φ可以用下式分析

$$\varphi=\arctan\frac{U_L-U_C}{U_R}=\arctan\frac{X_L-X_C}{R}$$

已知X_L、X_C、R参数后，完全可以确定u、i的大小和相位关系，即可以将$\dot{U}$、$\dot{I}$表示如下

$$\frac{\dot{U}}{\dot{I}}=Z=|Z|\angle\psi=\sqrt{R^2+(X_L-X_C)^2} \tag{7-4-16}$$

定义：$Z=|Z|\angle\psi$为电路的复阻抗，由此作出的三角形称为阻抗三角形，如图 7-4-13a）所示（注意：Z并不是表示正弦量的相量，阻抗三角形各边只能用直线段表示不要画“箭头”）。

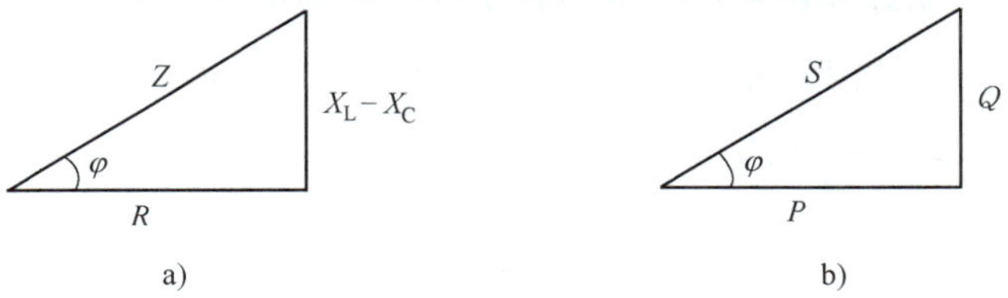

图 7-4-13　阻抗三角形和功率三角形

交流电路中欧姆定律的复数表达式为

$$\dot{U}=Z\dot{I} \tag{7-4-17}$$
$$\varphi=\psi_u-\psi_i$$

φ表示电压超前电流的角度。

当$X_L>X_C$时，$\varphi>0$，电压超前于电流，该电路具有感性性质，称感性电路。

当$X_L<X_C$时，$\varphi<0$，电压滞后于电流，该电路具有容性性质，称容性电路。

当$X_L=X_C$时，$\varphi=0$，电压与电流同相位，该电路具有阻性性质，称阻性电路。

【例 7-4-2】 图示电路中，$Z_1=6+j8\Omega$，$Z_2=-jX_c\Omega$，为使I取得最大值，X_C的数值为：

A. 6　　B. 8

C. −8　　D. 0

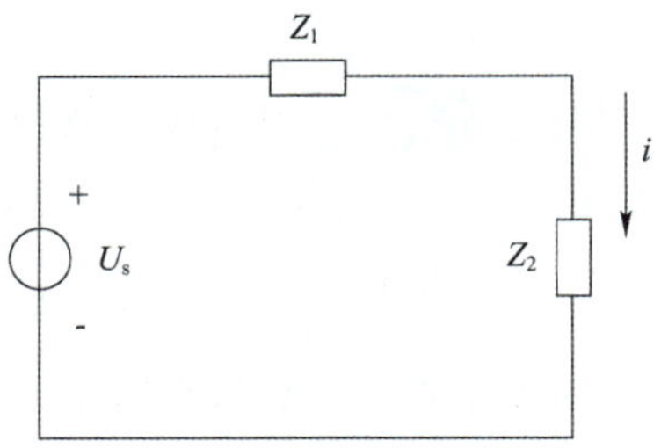

例 7-4-2 图

解　根据电路可以分析，总阻抗$Z=Z_1+Z_2=6+j8-jX_C$，当$X_C=8$时，Z有最小值，电流I有最大值（电路出现谐振，呈现电

阻性质)。

答案： B

2. 功率关系

在RLC串联的交流电路中，有耗能元件R又有储能元件L和C，即在消耗能量的过程中又与电源不断进行能量交换，既有有功功率，又有无功功率。

有功功率（平均功率）

$$P = U_R I = UI\cos\varphi \quad (\mathrm{W}) \tag{7-4-18}$$

无功功率

$$Q = (U_L - U_C)I = Q_L - Q_C = UI\sin\varphi \quad (\mathrm{var}) \tag{7-4-19}$$

视在功率

$$S = UI = UI\sqrt{\cos^2\varphi + \sin^2\varphi} = \sqrt{(UI\cos\varphi)^2 + (UI\sin\varphi)^2}$$

$$S = \sqrt{(P^2 + Q^2)} \tag{7-4-20}$$

由此形成的功率关系用功率三角形表示（见图 7-4-13b），其中$S = UI$表示电源做功能力，消耗的功率为$P = S\cos\varphi$，这里$\cos\varphi$称为电路的功率因数，在交流电路中是个重要概念。

（五）交流电路的计算

计算交流电路的方法与直流电路的计算方法相同，以叠加原理和戴维南定理为主要解题方法。注意的是由于交流电路中电压电流相位不同，我们不仅要注意电压电流的大小关系，也同样要注意它们之间的相位关系，所以交流电路的计算是采用相量图和复数运算相结合的办法。

简单地说，在计算交流电路时只要把直流电路中的R，U，I，P参数分别改写为相应的Z，$\dot{U}$，$\dot{I}$，S即可。

欧姆定律

$$\dot{U} = Z\dot{I} \tag{7-4-21}$$

基尔霍夫电压定律：$\sum\dot{U} = 0$

基尔霍夫电流定律：$\sum\dot{I} = 0$

视在功率

$$S = UI \tag{7-4-22}$$

有功功率

$$P = UI\cos\varphi \tag{7-4-23}$$

无功功率

$$Q = UI\sin\varphi \tag{7-4-24}$$

【例 7-4-3】 电路如图所示，已知：$u(t) = 220\sqrt{2}\sin 314t$（V），求$i$，$i_1$，$i_2$，并分析功率关系。

解　（1）相量分析

i_1支路为感性，i_1滞后u，i_2支路为容性，i_2超前u，将u写为复数$\dot{U} = 220\angle 0^\circ$（V）。

定性作相量图如解图所示。

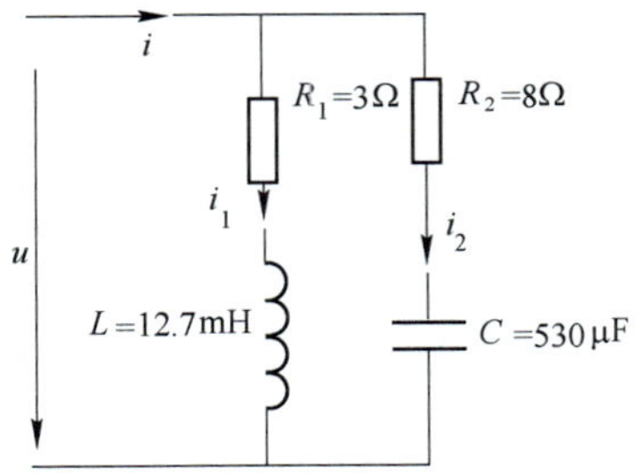

例 7-4-3 图　电路图

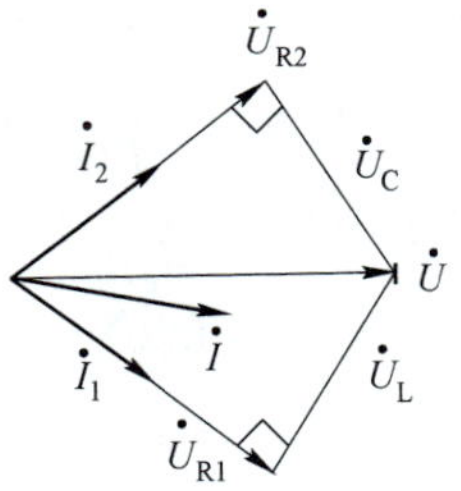

例 7-4-3 解图　相量图

（2）复数计算

$$Z_1 = R_1 + jX_{L1} = 3 + j(314 \times 1.27 \times 10^{-3}) = 3 + j4 = 5\angle 53.1°\Omega$$

$$Z_2 = R_2 - jX_{C1} = 8 - j\frac{10^6}{314 \times 530} = 8 - j6 = 10\angle -36.9°\Omega$$

$$\dot{I}_1 = \frac{\dot{U}}{Z_1} = \frac{220\angle 0°}{5\angle 53.1°} = 44\angle -53.1°\text{A}$$

$$\dot{I}_2 = \frac{\dot{U}}{Z_2} = \frac{220\angle 0°}{10\angle -36.9°} = 22\angle 36.9°\text{A}$$

$$\begin{aligned}\dot{I} &= \dot{I}_1 + \dot{I}_2 = 44\angle -53.1° + 22\angle 36.9° \\ &= 44\cos(-53.1°) + j44\sin(-53.1°) + 22\cos 36.9° + j22\sin 36.9° \\ &= 49.2\angle -26.5°\end{aligned}$$

电流计算结果可见与相量图的分析是一致的。

【例 7-4-4】 用仪表测得图示电路的电压$u(t)$和电流$i(t)$的结果是 10V 和 0.2A，设电流$i(t)$的初相位为 10°，电压与电流呈反相关系，则如下关系成立的是：

A. $\dot{U} = 10\angle -10°$V　　B. $\dot{U} = -10\angle -10°$V

C. $\dot{U} = 10\sqrt{2}\angle -170°$V　　D. $\dot{U} = 10\angle -170°$V

解　画相量图分析（见解图），电压表和电流表读数为有效值。

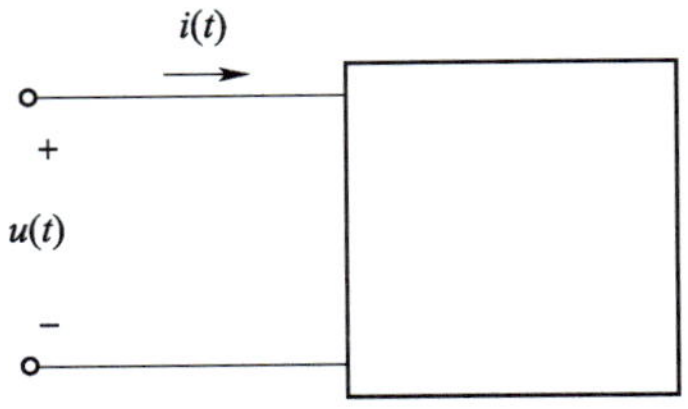

例 7-4-4 图

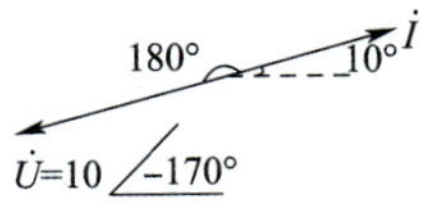

例 7-4-4 解图

答案：D

【例 7-4-5】 一交流电路由 R、L、C 串联而成，其中，$R = 10\Omega$，$X_L = 8\Omega$，$X_C = 6\Omega$。通过该电路的电流为 10A，则该电路的有功功率、无功功率和视在功率分别为：

A. 1kW，1.6kvar，2.6kV·A　　B. 1kW，200var，1.2kV·A

C. 100W，200var，223.6V·A　　D. 1kW，200var，1.02kV·A

解　交流电路的功率关系为：

$$S^2 = P^2 + Q^2$$

式中：S——视在功率反映设备容量；

P——耗能元件消耗的有功功率；

Q——储能元件交换的无功功率。

本题中：$P=I^2R=1\,000\text{W}$，$Q=I^2(X_\text{L}-X_\text{C})=200\text{var}$

$S=\sqrt{P^2+Q^2}=1\,019\approx1\,020\text{V}\cdot\text{A}$

答案： D

（六）交流电路的谐振

在有 R、L、C 三种元件存在的交流电路中，电压电流的大小和相位关系除了与这三个参数有关以外，还与电源频率有关，即

$$\frac{\dot{U}}{\dot{I}}=Z=F\left(R,\ L,\ C,\ f\right)$$

如果调节电路参数使$\varphi=0$（电路出现纯电阻性质），我们就说该电路出现谐振。这是交流电的特殊现象，在电子技术中非常有用，而在强电系统中要防止电路中出现过高电压，过大电流必须避免电路出现谐振。因此我们必须充分认识电路的谐振现象，对它进行合理的应用和控制。

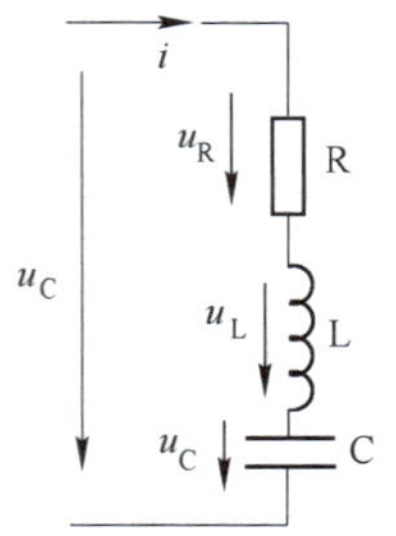

图 7-4-14　RLC 串联电路

1. 串联谐振（见图 7-4-14）

（1）串联谐振条件

根据$Z=R+j(X_\text{L}-X_\text{C})=\sqrt{R^2+(X_\text{L}-X_\text{C})^2}\ \angle\arctan\frac{X_\text{L}-X_\text{C}}{R}$

可知：当$X_\text{L}=X_\text{C}$时$\varphi=0$电路出现纯电阻性质，即

$$\omega_0L=(\omega_0C)^{-1}$$

$$\omega_0=\frac{1}{\sqrt{LC}}\quad\text{或}\quad f_0=\frac{1}{2\pi\sqrt{LC}}\tag{7-4-25}$$

（2）串联电路谐振特点

阻抗最小

$$Z_0=R=Z_{\min}$$

电流最大

$$I_0=\frac{U}{|Z_0|}=\frac{U}{Z_{\min}}=I_{\max}$$

电压谐振，因

$$U_\text{C}=I_0X_\text{C}=\frac{U}{R}X_\text{C}=\left(\frac{X_\text{C}}{R}\right)\cdot U$$

定义品质因数

$$Q=\frac{X_\text{C}}{R}$$

所以

$$U_\text{C}=QU$$

$$U_\text{L}=U_\text{C}=QU\tag{7-4-26}$$

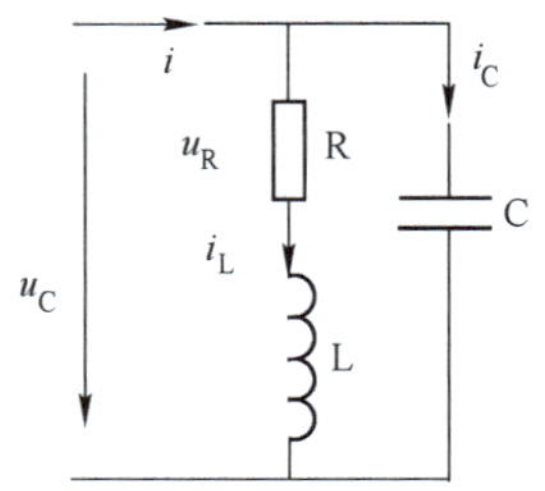

图 7-4-15　LC 并联电路

当$Q\gg1$时，分电压（U_L或U_C）可能比总电压大许多倍，故称为电压谐振。

2. 并联谐振

这里主要分析电感线圈与电容器并联的实际情况，一般电容器的漏电流很小，可以设电容器为纯电容元件，得如图 7-4-15 所示电路图。同样，当$u(t)$和$i(t)$的相位相同时（$\varphi=0$），电路谐振。

（1）并联谐振条件

根据

$$\frac{\dot{I}}{\dot{U}}=\frac{1}{Z}=\frac{1}{R+jX_L}+\frac{1}{-jX_C}=\frac{R-jX_L}{R^2+X_L^2}+j\frac{1}{X_C}$$
$$=\frac{R}{R^2+X_L^2}+j\left(\frac{1}{X_C}-\frac{X_2}{R^2+X_L^2}\right)$$

令：上式的虚部为 0，则可实现$\varphi=0$的要求（且设电感线圈的电阻R比其感抗X_L小许多）。

$$\frac{1}{X_C}=\frac{X_L}{R^2+X_L^2}\approx\frac{1}{X_L}$$

可得并联电路谐振条件为：

$$\omega_0 C=\frac{1}{\omega_0 L}$$

$$\omega_0=\frac{1}{\sqrt{LC}} \quad 或 \quad f_0=\frac{1}{2\pi\sqrt{LC}}$$

（2）并联电路谐振特点

阻抗最大

$$Z_0=\frac{R^2+X_L^2}{R}=Z_{max}$$

电流最小

$$I_0=\frac{U}{|Z_0|}=\frac{U}{|Z_{max}|}=I_{min}$$

电流谐振

$$I_0=\frac{U}{Z_0}=\frac{UR}{R^2+X_L^2}\approx\frac{UR}{X_L^2}=\frac{U}{X_C}\cdot\frac{R}{X_L}=\frac{I_C}{Q}$$

$$I_C=QI_0$$

当$Q=\frac{X_C}{R}\gg 1$时，电路中电容支路的分电流I_C可能会比总电流大许多，这就是“电流谐振”的含义。

三、三相交流电路

（一）三相交流电源（见图 7-4-16）

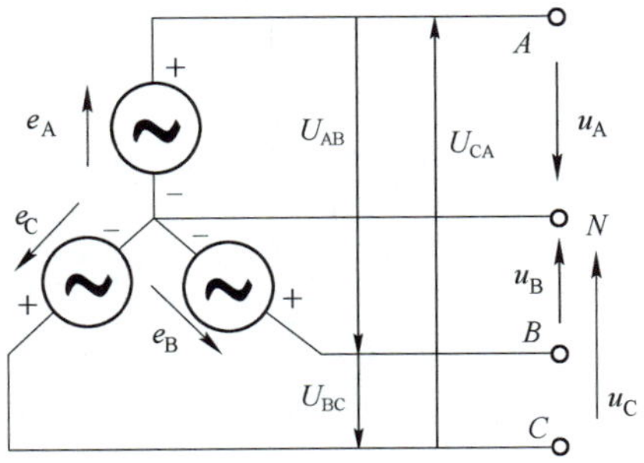

图 7-4-16 三相交流电源

三相交流电是目前广泛使用的输、配电方式，其原因是三相电源应用方便，且经济性能也比较理想。在用电方面三相电的负载主要是三相交流电动机。

三相交流电源是三相交流发电机产生的，三相发电机内部有三相定子绕组，电机中每套绕组电动势分别为

$$\left.\begin{aligned}e_A&=E_m\sin(\omega t)\\e_B&=E_m\sin(\omega t-120^\circ)\\e_C&=E_m\sin(\omega t+120^\circ)\end{aligned}\right\}\qquad(7-4-27)$$

这种具有有效值（或幅值）相等、频率相等、相位上互差 120°的三相电动势，称为对称三相电动势，具有这一性质的电源就是我们常说的三相电源。

1. 两种端线

（1）火线：各电动势的正向（绕组首端）引出线（A，B，C）；

（2）中线：各相电动势的尾端公共线（N）。

2. 两种端电压

（1）相电压：火线与中线之间的电压（U_A，U_B，U_C），简记为“U_P”；

（2）线电压：火线与火线间的电压（U_{AB}，U_{BC}，U_{CA}），简记为“U_L”。

一般相电压的有效值可以用U_P表示。两种电压之间的关系分析如下

$$\left.\begin{aligned}\dot{U}_A &= \dot{E}_A = U_P\angle 0^\circ \\ \dot{U}_B &= U_P\angle -120^\circ \\ \dot{U}_C &= U_P\angle 120^\circ\end{aligned}\right\} \tag{7-4-28}$$

同理

$$\left.\begin{aligned}\dot{U}_{AB} &= \dot{U}_A - \dot{U}_B = (\sqrt{3}U_P\angle 30^\circ) \\ \dot{U}_{BC} &= (\sqrt{3}\angle 30^\circ)\dot{U}_B \\ \dot{U}_{BA} &= (\sqrt{3}\angle 30^\circ)\dot{U}_C\end{aligned}\right\} \tag{7-4-29}$$

通常，三相交流电器的电压标称值是线电压U_L。

（二）三相交流负载

负载与电源之间的接线原则是：使负载上得到额定电压，具体接法分为两种。

（1）星形接法：负载上得到电源的相电压。

（2）三角形接法：负载上得到电源的线电压。

就负载本身性质分析，又可以将负载划分为两类，对称性负载（$Z_A = Z_B = Z_C$）和不对称负载（不符合对称关系的负载）。三相电动机和三相变压器是属于三相对称性负载，使用时必须接在三相电源上方能工作。而白炽灯、日光灯及普通家用电器为单相用电器，使用时是接在三相源的其中一相上，在分析三相电路时，这类负载对三相电源的关系为不对称负载。

1. 三相负载的星形（Y）连接

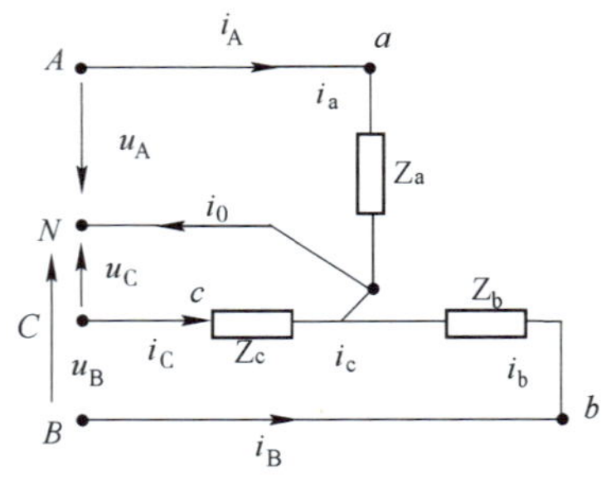

图 7-4-17　三相负载星形连接

由图 7-4-17 可知，星形连接时负载上得到的电压是电源的相电压，数值为$U_{Load} = U_P = U_L/\sqrt{3}$，流过负载的电流$i_a$、$i_b$、$i_c$叫作相电流，用$I_P$表示相电流的有效值；在输电线流过的电流$i_A$、$i_B$、$i_C$叫作线电流，用$I_L$表示线电流的有效值。

在负载为星形接法的三相电路中，各个相电流与线电流相等，即

$$I_P = I_L \tag{7-4-30}$$

如果是三相对称性电路，则只取一相计算即可，如

$$I_L = I_P = I_A = \frac{U_A}{|Z_A|}$$

可以证明：采用三相四线制（有中线）星形连接的三相对称性负载，中线电流$I_N = 0$；此时使中线断开，负载的相电压仍旧保持三相对称关系，也就是说星形接法的对称性三相电路中，可以采用三相三线制（无中线）供电体系。但是当负载不对称时中线电流不为零（$I_N \neq 0$），为了保证负载的电压对称，中线不允许断开，所以在不对称负载、星形接法的三相电路中，中线上不许接熔断器或刀闸开关，并且中线应选用强度较好的钢线。

2. 三相负载的三角形（△）连接

当三相负载采用三角形接法时，负载上得到的电压是电源的线电压：

$$U_{\text{Load}} = U_{\text{L}} \tag{7-4-31}$$

如果负载是对称的，三角形接法的线电流是相电流的$\sqrt{3}$倍：

$$I_{\text{L}} = \sqrt{3}I_{\text{P}} = \sqrt{3}\frac{U_{\text{AB}}}{|Z_{\text{AB}}|} \tag{7-4-32}$$

三角形接法（见图 7-4-18）的负载不能引中线，因此，它只有一种三相三线制供电体系。

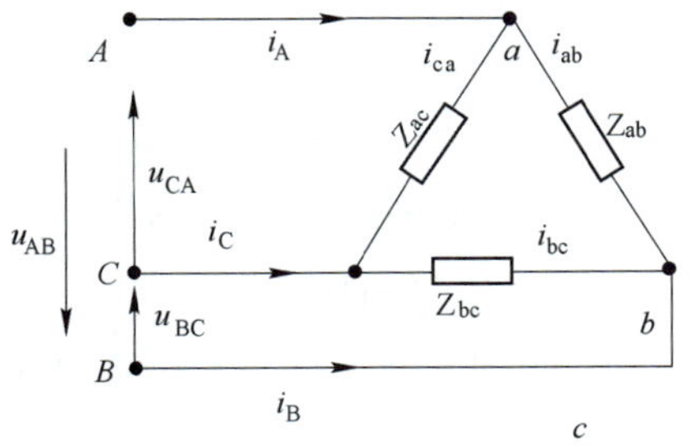

图 7-4-18 三相负载三角形连接

在实际中应采用何种方法将负载与三相电源连接，主要取决于负载额定电压的大小。例如：三个额定电压为 220V 的负载，接入 380V 的三相电源中，必须以星形连接方式与电源接通，并且应使三个负载分别接在电源的三相中，以便保证三相电源平衡分配。

三相电路的有功功率P和无功功率Q可以分相计算，对称式三相电路的功率关系为

有功功率

$$P = 3U_{\text{P}}I_{\text{P}}\cos\varphi = \sqrt{3}U_{\text{L}}I_{\text{L}}\cos\varphi$$

无功功率

$$Q = 3U_{\text{P}}I_{\text{P}}\sin\varphi = \sqrt{3}U_{\text{L}}I_{\text{L}}\sin\varphi$$

视在功率

$$S = 3U_{\text{P}}I_{\text{P}} = \sqrt{3}U_{\text{L}}I_{\text{L}}$$

【例 7-4-6】 额定容量为 20kV·A、额定电压为 220V 的某交流电源，有功功率为 8kW、功率因数为 0.6 的感性负载供电后，负载电流的有效值为：

A. $20 \times 10^3/220 = 90.9\text{A}$　　B. $8 \times 10^3/(0.6 \times 220) = 60.6\text{A}$

C. $8 \times 10^3/220 = 36.36\text{A}$　　D. $20 \times 10^3/(0.6 \times 220) = 151.5\text{A}$

解 交流电路中电压、电流与有功功率的基本关系为：

$$P = UI\cos\varphi \quad (\cos\varphi\text{是功率因数})$$

可知，$I = P/(U\cos\varphi) = 8\,000/(220 \times 0.6) = 60.6\text{A}$

答案：B

习　题

7-4-1　如图所示正弦交流电路中，各电压表读数均为有效值。已知电压表 V、V_1 和 V_2 的读数分别为 10V、6V 和 3V，则电压表 V_3 读数为（　　）。

A. 1V　　B. 5V　　C. 4V　　D. 11V

7-4-2　如图所示电路中，已知 Z_1 是纯电阻负载，电流表 A、A_1、A_2 的读数分别为 5A、4A、3A，那么 Z_2 负载一定是（　　）。

A. 电阻性的　　B. 纯电感性或纯电容性质

C. 电感性的　　D. 电容性的

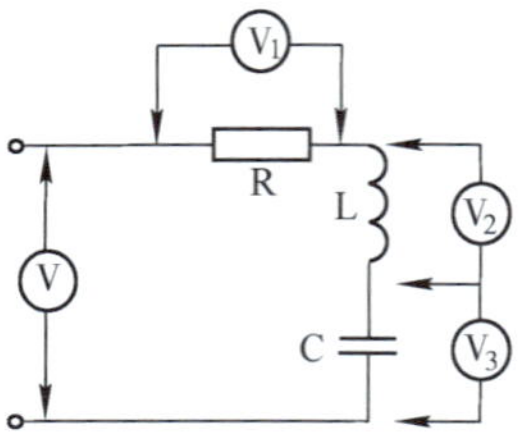

题 7-4-1 图

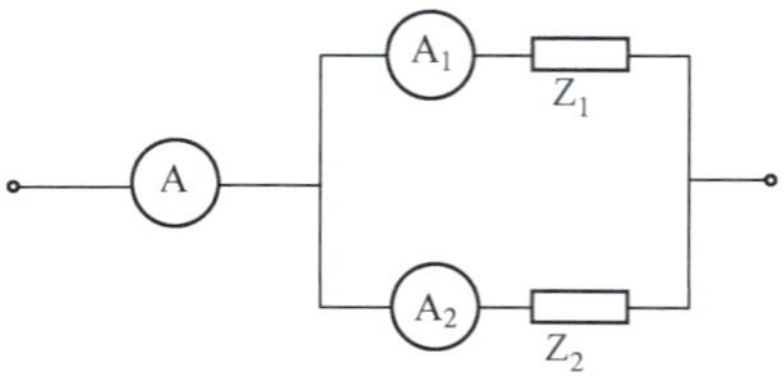

题 7-4-2 图

7-4-3　已知无源二端网络如图所示，输入电压和电流按下式计算

$$u(t) = 220\sqrt{2}\sin(314t + 30°)\,(\mathrm{V})$$
$$i(t) = 4\sqrt{2}\sin(314t - 25°)\,(\mathrm{V})$$

则该网络消耗的电功率为（　　）。

A. 721W　　B. 880W　　C. 505W　　D. 850W

7-4-4　如图所示正弦交流电路中，已知$u = 100\sin(10t + 45°)\,\mathrm{V}$，$i_1 = i = 10\sin(10t + 45°)\,\mathrm{A}$，$i_2 = 20\sin(10t + 135°)\,\mathrm{A}$，元件 1、2、3 的等效参数值分别为（　　）。

A. $R = 5\Omega$，$L = 0.5\mathrm{H}$，$C = 0.02\mathrm{F}$　　B. $L = 0.5\mathrm{H}$，$C = 0.02\mathrm{F}$，$R = 20\Omega$

C. $R_1 = 10\Omega$，$R_2 = 10\mathrm{H}$，$C = 5\mathrm{F}$　　D. $R = 10\Omega$，$C = 0.02\mathrm{F}$，$L = 0.5\mathrm{H}$

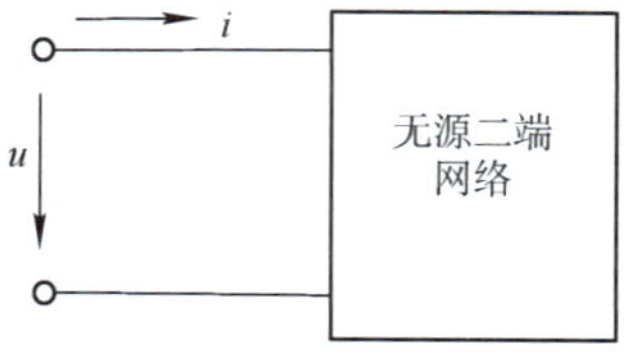

题 7-4-3 图

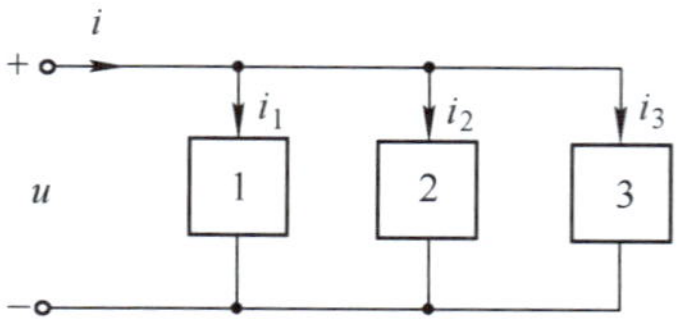

题 7-4-4 图

7-4-5　某三相电路中，三个线电流分别为

$$i_A = 18\sin(314t + 23°)\,(\mathrm{A})$$
$$i_R = 18\sin(314t - 97°)\,(\mathrm{A})$$
$$i_C = 18\sin(314t + 143°)\,(\mathrm{A})$$

当$t = 10\mathrm{s}$时，三个电流之和为（　　）。

A. 18A　　B. 0A　　C. $18\sqrt{2}$A　　D. $18\sqrt{3}$A

7-4-6　如图所示 RLC 串联电路原处于感性状态，今保持频率不变欲调节可变电容使其进入谐振状态，则电容 C 值（　　）。

A. 必须增大　　B. 必须减小

C. 不能预知其增减　　D. 先增大后减小

题 7-4-6 图

7-4-7　在三相对称电路中，负载每相的复阻抗为Z，且电源电压保持不变。若负载接成 Y 形时消耗的有功功率为P_Y，接成△形时消耗的有功功率为$P_\triangle$，则两种连接法的有功功率关系为（　　）。

A. $P_\triangle = 3P_Y$　　B. $P_\triangle = 1/3P_Y$　　C. $P_\triangle = P_Y$　　D. $P_\triangle = 1/2P_Y$

7-4-8　有三个 100Ω 的线性电阻接成△形三相对称负载，然后挂接在电压为 220V 的三相对称电源上，这时供电线路上的电流应为（　　）A。

A. 6.6　　B. 3.8　　C. 2.2　　D. 1.3

7-4-9　中性点接地的三相五线制电路中，所有单相电气设备电源插座的正确接线是图中的（　　）。

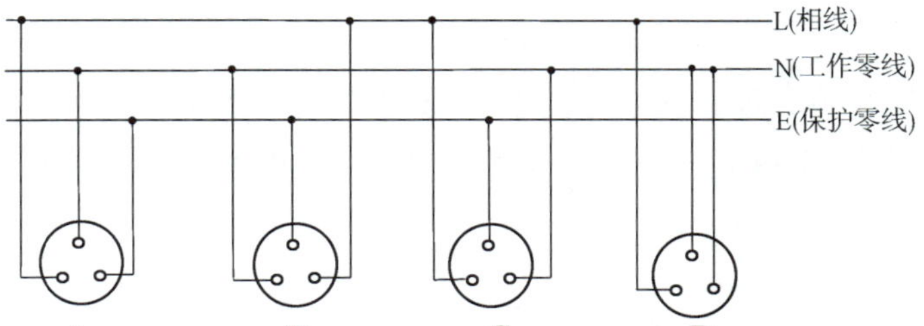

7-4-10 在如图所示的三相四线制低压供电系统中，如果电动机 M_1 采用保护接中线，电动机 M_2 采用保护接地。当电动机 M_2 的一相绕组的绝缘破坏导致外壳带电，则电动机 1 的外壳与地的电位(　　)。

A. 相等或不等　　B. 不相等　　C. 不能确定　　D. 相等

7-4-11 当如图所示电路的激励电压 $u_{\mathrm{i}}=\sqrt{2}U_{\mathrm{i}}\sin(\omega t+\varphi)$ 时，电感元件上的响应电压 u_{L} 的初相位为(　　)。

A. $90°-\arctan\frac{\omega L}{R}$　　B. $90°-\arctan\frac{\omega L}{\mathrm{R}}+\varphi$

C. $\arctan\frac{\omega L}{R}$　　D. $\varphi-\arctan\frac{\omega L}{\mathrm{R}}$

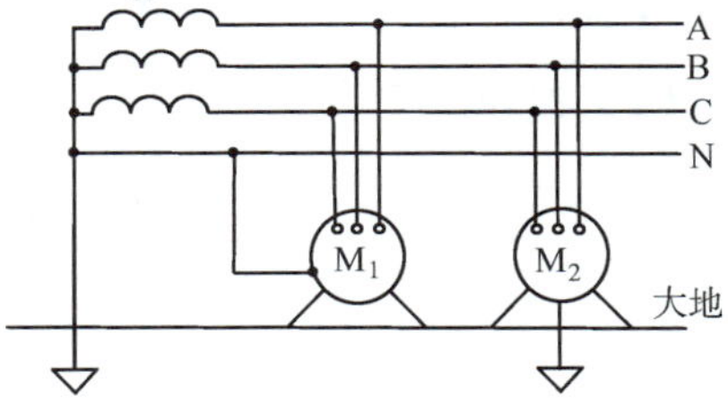

题 7-4-10 图

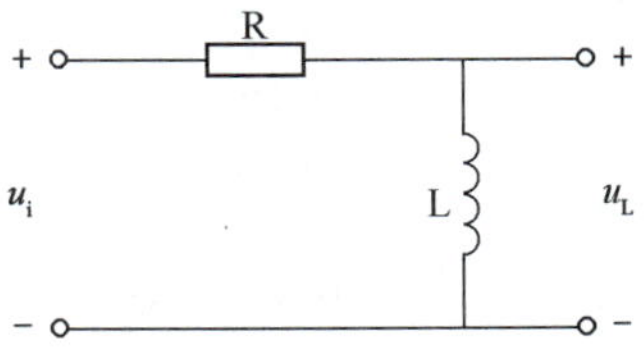

题 7-4-11 图

第五节　电路的暂态过程

电路的结构发生变化（如开关动作），电路就要从一种稳定状态向另一种稳定状态过渡。在有储能元件的电路中（有 L、C 元件），转换需要有一定的时间才能完成，这种物理过程就是电路的暂态过程。

如果电路中只有一个储能元件（L 或 C），而元件的伏安关系为积分或微分关系，那么描述这一电路的方程就是一阶微分方程，我们将这种电路的暂态过程称为“一阶电路的暂态过程”。

（一）电路的响应

电路中的电源（电压源或电流源）称为电路的激励，它推动电路工作；由激励作用在电路中各部分产生的电压和电流称为电路的响应。

根据电路储能元件的不同分为 RC 电路响应和 RL 电路响应，同时每种响应都可以划分为三种基本响应方式。

1. 零输入响应

电路换路以后，无外加激励，暂态过程仅由初始能量产生。

2. 零状态响应

电路的初始能量为零，仅由外加激励产生响应。

3. 全响应

电路的响应由储能元件（L、C）的初始能量和外加激励共同产生。

（二）换路定则

换路定则用来确定电路暂态过程的电压、电流的初始值。根据能量不跃变原则，能量的积累和衰减都要经过一段时间，否则相应的电功率$p=\frac{\mathrm{d}w}{\mathrm{d}t}$就趋向无限大（即$\mathrm{d}t\to 0$，而$\mathrm{d}w\neq 0$）一般电路是做不到功率无限大的。

已知

$$\text{磁场能量}\qquad W_{\mathrm{L}}=\frac{1}{2}Li_{\mathrm{L}}^{2}$$

$$\text{电场能量}\qquad W_{\mathrm{C}}=\frac{1}{2}Cu_{\mathrm{C}}^{2}$$

既然能量（W_{L}、W_{C}）不会跃变，i_{L}和u_{C}也不能出现跃变，由此可得出换路定则的两个公式

$$I_{\mathrm{L}(t_0+)}=I_{\mathrm{L}(t_0-)} \tag{7-5-1}$$

$$U_{\mathrm{C}(t_0+)}=U_{\mathrm{C}(t_0-)} \tag{7-5-2}$$

（三）求解一阶电路的三要素法

对于一阶电路（RL 或 RC），响应不论是电压还是电流都由稳态分量和暂态分量两部分合成，即

$$f(t)=f(\infty)+[f(t_0+)-f(\infty)]e^{-t/\tau} \tag{7-5-3}$$

式中：$f(t)$ ——电压、电流的全响应；

$f(\infty)$ ——电压、电流的稳分量；

$[f(t_0+)-f(\infty)]e^{-t/\tau}$ ——电压、电流的暂态分量；

τ ——暂态过程的时间常数。

可见，只要能解出$f(\infty)$、$f(t_0+)$和τ这三个要素，就可以求出暂态过程中的电压或电流响应。下面通过一个具体例子加以说明。

【例 7-5-1】 如图所示电路中已知$U_{\mathrm{s}}=4\mathrm{V}$，$R_1=2\mathrm{k\Omega}$，$R_2=2\mathrm{k\Omega}$，$R_3=1\mathrm{k\Omega}$，$C=1\mathrm{\mu F}$。开关 S 在$t_0$时刻突然闭合，电容电压的初始值为$U_{\mathrm{C}(0-)}=1\mathrm{V}$，试求$i_2(t)$，$u_{\mathrm{C}}(t)$，并画出$U_{\mathrm{C}}(t)$的暂态过程曲线。

解 （1）确定初始值$f(0+)$

根据换路定则 $U_{\mathrm{C}(0+)}=U_{\mathrm{C}(0-)}=1\mathrm{V}$

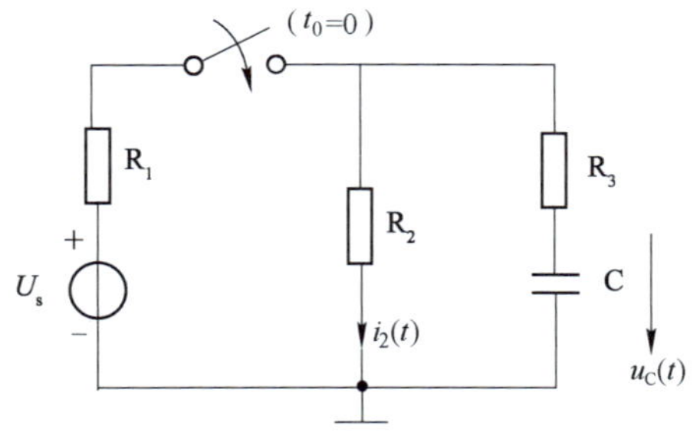

例 7-5-1 图 电路图

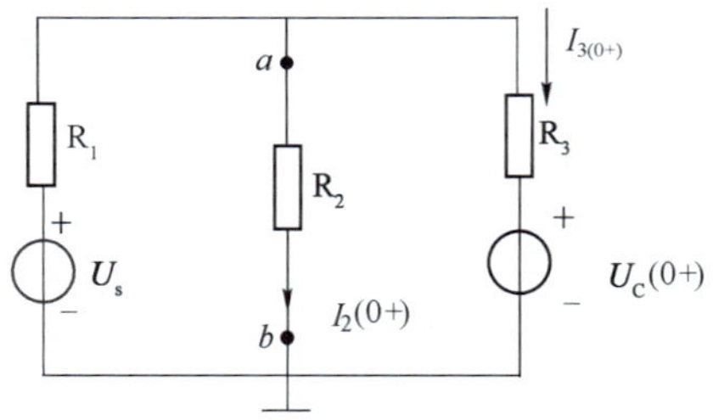

例 7-5-1 解图 1 t=0+时的电路图

将$t=0+$的电路表示为如解图 1 所示，这时$U_{\mathrm{C}(0+)}$的作用与独立电源的作用相同（其数值与当前电路结构无关，仅由$U_{\mathrm{C}(0-)}$决定）。

求$I_{2(0+)}$时可以用戴维南定理，具体做法是：将 R_2 电阻两端a、b点分开，求除去 R_2 以后，a、b两端除源电阻 R_0，即

$$R_0=R_1/\!/R_3=\frac{1\times 2}{1+2}=\frac{2}{3}\mathrm{k\Omega}$$

求ab端的开路电压U_{ab0}，即

$$U_{ab0}=U_{C(0+)}+I_{3(0+)}R_3=U_{C(0+)}+\frac{U_s-U_{C(0+)}}{R_1+R_3}\cdot R_3$$
$$=1+\frac{4-1}{2+1}\times 1=2\text{V}$$

R_2电阻与等效电压源接通以后（见解图2），求实际R_2电阻中通过的电流$I_{2(0+)}$，即：

$$I_{2(0+)}=\frac{U_{2ab0}}{R_0+R_2}=\frac{2}{\frac{2}{3}+2}=0.75\text{mA}$$

（2）确定稳态值$f(\infty)$

在稳态时，电容元件相当于开路，电路如解图3所示。

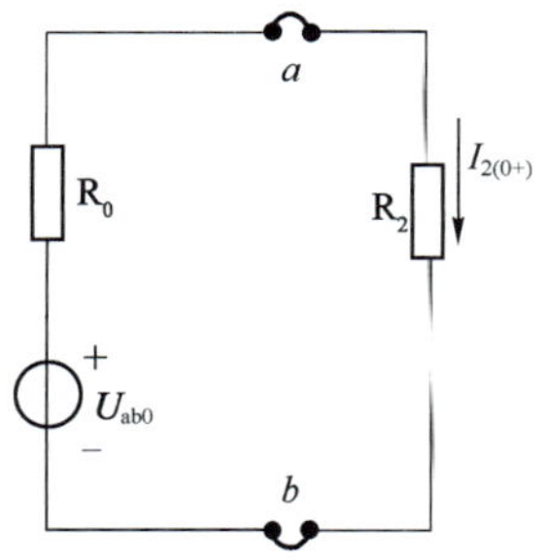

例 7-5-1 解图 2　R_2等效电路

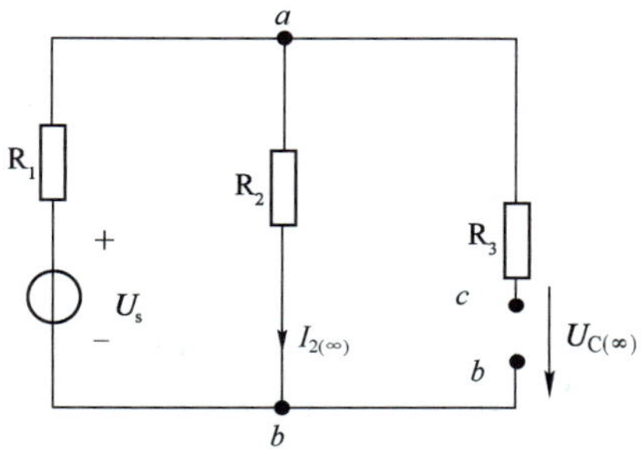

例 7-5-1 解图 3　$t\to\infty$稳态电路

$$I_{2(\infty)}=\frac{U_s}{R_1+R_2}=\frac{4}{2+2}=1\text{mA}$$
$$U_{2(\infty)}=R_2I_{2(\infty)}=2\times 1=2\text{V}$$
$$U_{C(\infty)}=U_{2(\infty)}=2\text{V}$$

（3）确定时间常数τ

$$\tau=R\cdot C \tag{7-5-4}$$

R是由电容C两端向电路其他部分看的除源等效电阻，如解图4所示。

$$R=R_3+(R_1/\!/R_2)=1+(2/\!/2)=2\text{k}\Omega$$
$$\tau=R\cdot C=2\times 1\times 10^{-3}=2\text{ms}$$

（4）将三要素参数代入公式

$$u_C(t)=U_{C(\infty)}+\left(U_{C(0+)}-U_{C(\infty)}\right)e^{-t/\tau}=2+(1-2)e^{-t/2\times 10^{-3}}(\text{V})$$
$$i_2(t)=I_{2(\infty)}+\left(I_{2(0+)}-I_{2(\infty)}\right)e^{-t/\tau}=1+(0.75-1)e^{-t/2\times 10^{-3}}(\text{mA})$$

（5）绘制$u_C(t)$的暂态过程曲线（见解图5）

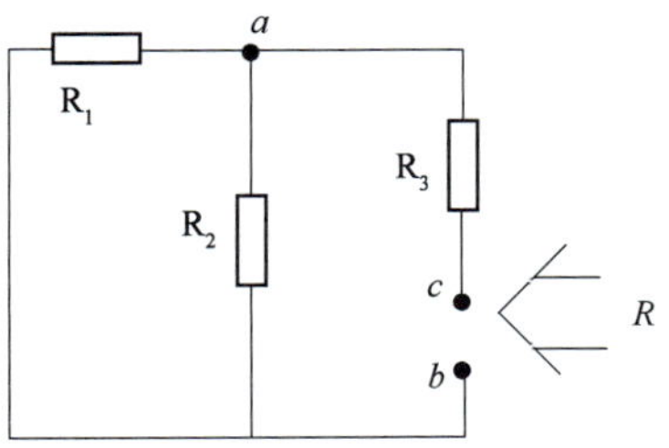

例 7-5-1 解图 4　等效电阻

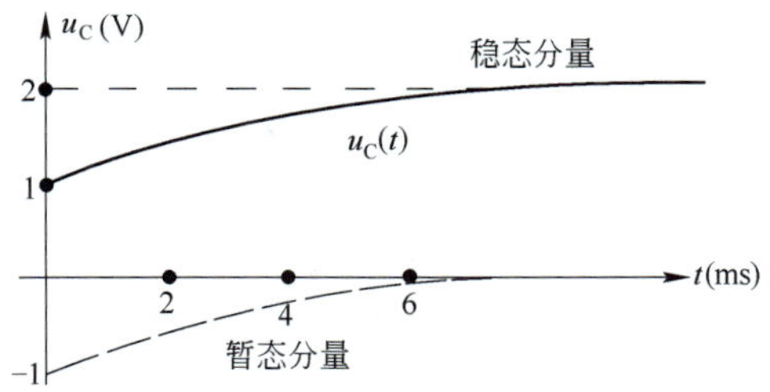

例 7-5-1 解图 5　电容电压$u_C(t)$的波形图

这里，我们只分析了RC电路，RL电路的暂态过程分析方法不变，但有如表7-5-1所示三点区别。

表 7-5-1

序号	区 别	RC 电 路	RL 电 路
1	时间常数	$\tau = RC$	$\tau = L/R$
2	在稳态电路中	电容元件开路	电感元件短路
3	在t_0+电路中	$U_{C(t_0+)} = U_{C(t_0-)}$电容初始电压按理想电压源处理	$I_{L(t_0+)} = I_{L(t_0-)}$电感初始电流按理想电流源处理

【例 7-5-2】 图示电路中，电感及电容元件上没有初始储能，开关 S 在$t = 0$时刻闭合，那么，在开关闭合瞬间（$t = 0$），电路中取值为 10V 的电压是：

A. u_L

B. u_C

C. $u_{R1} + u_{R2}$

D. u_{R2}

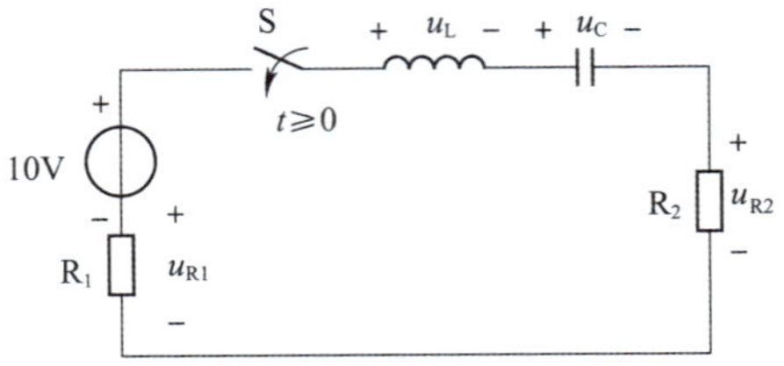

例 7-5-2 图

解 在开关 S 闭合时刻：

$$U_{C(0+)} = 0V, \; I_{L(0+)} = 0A$$

则$U_{R_1(0+)} = U_{R_2(0+)} = 0V$

根据电路的回路电压关系：$\sum U_{(0+)} = -10 + U_{L(0+)} + U_{C(0+)} + U_{R1(0+1)} + U_{R2(0+)} = 0$

代入数值，得$U_{L(0+)} = 10V$

答案： A

【例 7-5-3】 已知电路如图所示，设开关在$t = 0$时刻断开，那么：

A. 电流i_C从 0 逐渐增长，再逐渐衰减为 0

B. 电压从 3V 逐渐衰减到 2V

C. 电压从 2V 逐渐增长到 3V

D. 时间常数τ=4C

解 开关未动作前，$u = U_{C(0-)}$

在直流稳态电路中，电容为开路状态时，$U_{C(0-)} = \frac{1}{2} \times 6 = 3V$

电源充电进入新的稳压时

$$U_{C(\infty)} = \frac{1}{3} \times 6 = 2V$$

因此换路电器电压逐步衰减到 2V。

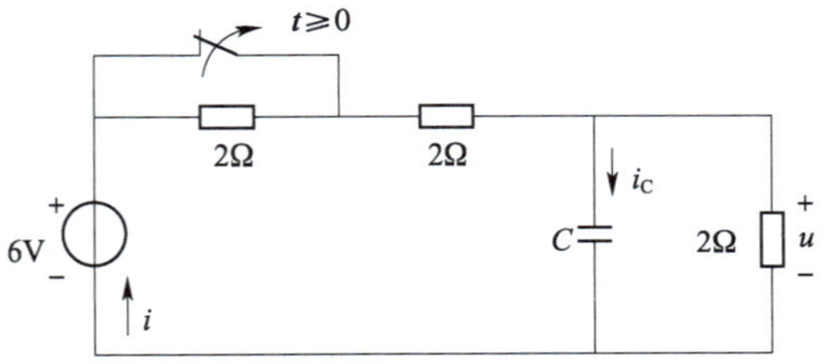

例 7-5-3 图

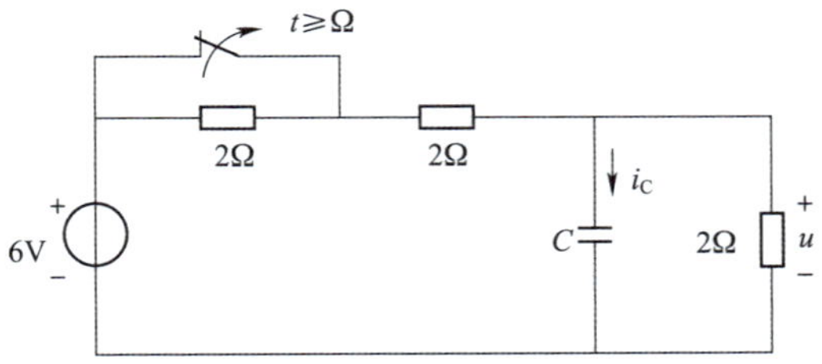

例 7-5-3 解图

答案： B

习 题

7-5-1 在开关 S 闭合瞬间，如图所示电路中的i_R、i_L、i_C和i这四个量中，发生跃变的量是（ ）。

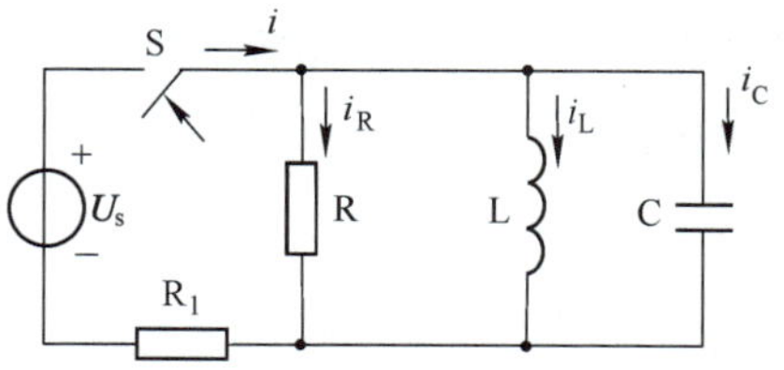

题 7-5-1 图

A. i_{R}和i_{C}　　B. i_{C}和i　　C. i_{C}和i_{L}　　D. i_{R}和i

7-5-2　如图所示电路在开关 S 闭合后的时间常数τ值为（　　）。

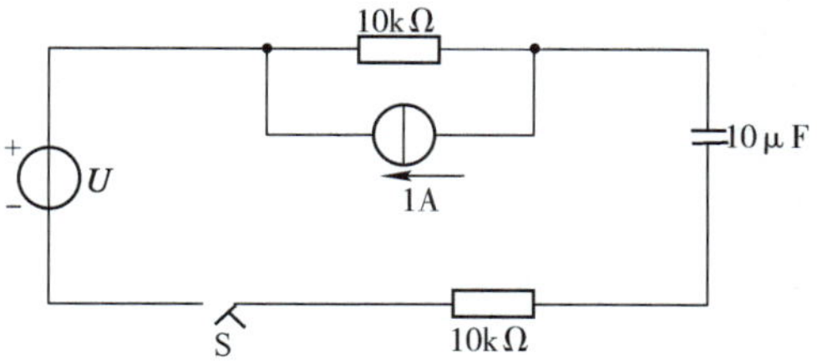

题 7-5-2 图

A. 0.1s　　B. 0.2s　　C. 0.3s　　D. 0.5s

7-5-3　如图所示电路当开关 S 在位置“1”时已达稳定状态。在$t = 0$时将开关 S 瞬间合到位置“2”，则在$t > 0$后电流i_{e}应（　　）。

A. 与图示方向相同且逐渐增大

B. 与图示方向相反且逐渐衰减到零

C. 与图示方向相同且逐渐减少

D. 与图示方向相同且逐渐衰减到零

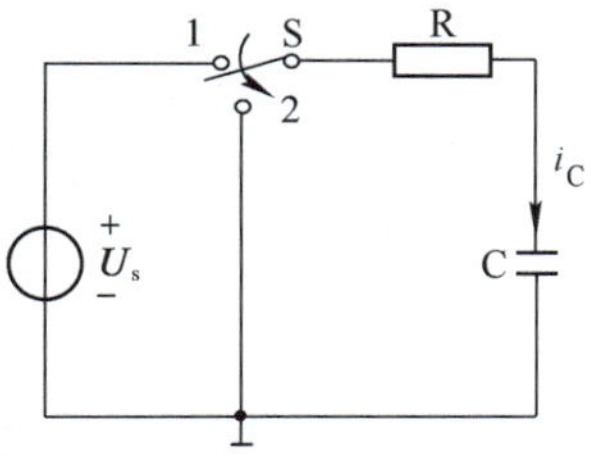

题 7-5-3 图

7-5-4　如图所示电路中，$R = 1\mathrm{k}\Omega$，$C = 1\mu\mathrm{F}$，$U_1 = 1\mathrm{V}$，电容无初始储能，如果开关 S 在$t = 0$时刻闭合，则给出输出电压波形的是（　　）。

A. a）　　B. b）　　C. c）　　D. d）

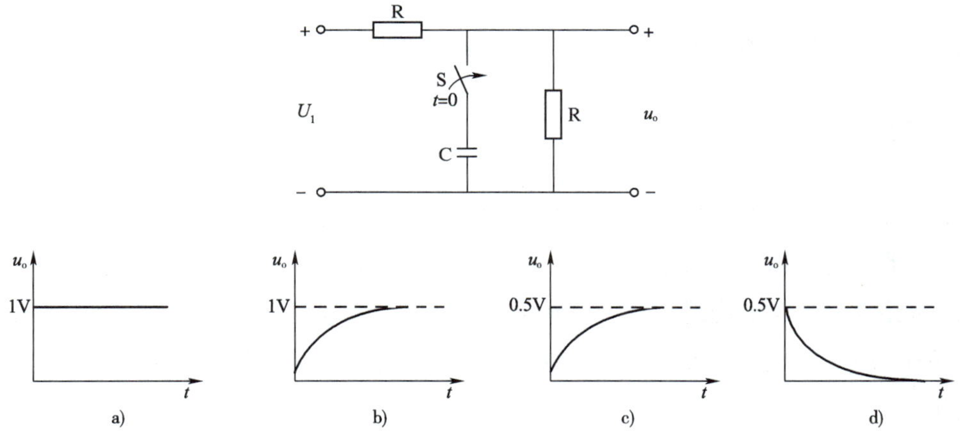

题 7-5-4 图

第六节　变压器、电动机及继电接触控制

一、磁路基础知识

在变压器、电机以及其他含有铁磁元件的电路中，不仅有电路问题，而且有磁路问题，两者是互相

关联的，只有同时掌握了电路和磁路的基本知识，才能对这些元件或电路进行分析。

磁路和电路有许多相似之处，现在将两者的情况对照于表 7-6-1。

磁路与电路对照图　　　　表 7-6-1

	磁　路	电　路
物理量	磁动势$F=NI$ 磁通Φ 磁感应强度$B=\frac{\Phi}{S}$ 磁阻$R_m=\frac{l}{\mu S}$	电动势E 电流I 电流密度J 电阻$R=\frac{l}{\rho S}$
模型	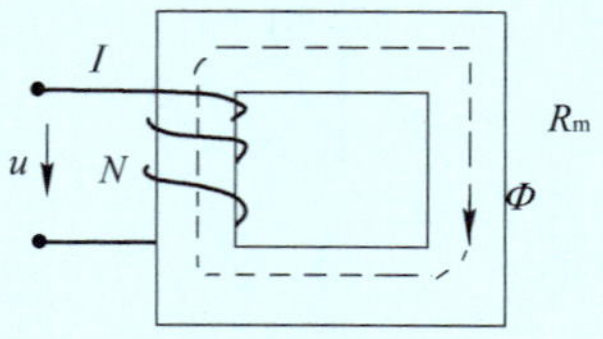	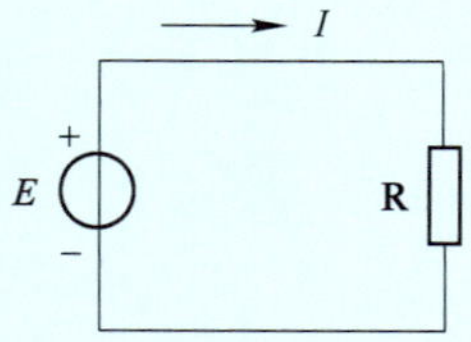
计算公式	$\Phi=\frac{F}{R_m}=\frac{NI}{R_m}$	$I=\frac{E}{R}$

分析磁路的一般做法是将磁路关系转化为电路关系，这就要用到磁场电流定律——安培环路定律

$$\oint \boldsymbol{H}\mathrm{d}\boldsymbol{l}=\sum I \tag{7-6-1}$$

由此可以得出两个关系式

$$\Phi=\frac{NI}{\frac{l}{\mu s}}=\frac{F}{R_m} \tag{7-6-2}$$

该式在形式上与电路的欧姆定律相似，称为“磁路欧姆定律”。由于磁导率μ不是常数（与电流I有关），则该公式不作为定量公式，只能用来定性分析。

$$\sum I=NI=H_1l_1+H_2l_2+\cdots=\sum(Hl)$$

式中，H_1l_1，$H_2l_2\cdots$是磁路各段的磁压降，从形式看，它可以称为磁路的克希荷夫定律，可以直接计算磁路。

本课程的重点在于用磁路基础分析电动机和变压器的性质。

二、变压器

变压器是一种常用的交流电气设备，在电力系统和电子线路中应用广泛。

变压器的一般构造包括闭合铁芯和高压、低压绕组等主要部分，其中绕组是变压器的电路部分，铁芯是变压器的磁路部分。对于绕组来说，与电源相连的称为原绕组（或称初级绕组、一次绕组），与负载相连的称为副绕组（或称次级绕组、二次绕组）。变压器的工作基于电磁感应原理，图 7-6-1 为变压器的原理示意图。

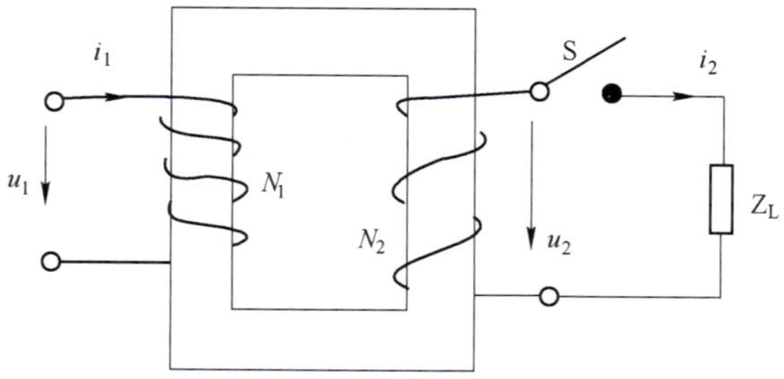

图 7-6-1　变压器原理示意图

（一）电压变换

若原绕组接交流电源，电压有效值为U_1，则副绕组空载电压为U_{2o}。

则：

$$\frac{U_1}{U_{2o}}=\frac{N_1}{N_2}=K \qquad (7-6-3)$$

式中，K为变压器的变化，亦即原绕组匝数N_1与副绕组匝数N_2的比。

式（7-6-3）说明，空载时，变压器原、副绕组的电压之比等于匝数比。当电源电压U_1一定时，只要改变匝数比，就可以得到不同的输出电压U_{2o}，这就是变压器的电压变换作用。当变压器有载工作时，负载电压U_2与空载电压U_{2o}近似相等。

（二）电流变换

若原绕组的电流为I_1，副绕组的电流为I_2，则

$$\frac{I_1}{I_2}=\frac{N_2}{N_1}=\frac{1}{K} \qquad (7-6-4)$$

式（7-6-4）说明，变压器原、副绕组电流有效值之比近似等于它们匝数比的倒数，这就是变压器的电流变换作用。

（三）阻抗变换

当把阻抗为Z_L的负载接到变压器副边，则

$$|Z_L|=\frac{U_2}{I_2}$$

对电源来说，它所接的负载等效阻抗为

$$|Z_L'|=\frac{U_1}{I_1}=\frac{KU_2}{I_2/K}=K^2\frac{U_2}{I_2}=K^2|Z_L| \qquad (7-6-5)$$

式（7-6-5）说明，当把阻抗为$|Z_L|$的负载接到变压器副边，对电源来说，相当于接上一个阻抗为$|Z_L'|=K^2|Z_L|$的负载。这就是变压器的阻抗变换作用，在电子电路中就可以根据这一功能实现阻抗“匹配”。

【例 7-6-1】 图示变压器为理想变压器，且$N_1=100$匝，若希望$I_1=1$A 时，$P_{R2}=40$W，则N_2应为：

A. 50 匝　　B. 200 匝

C. 25 匝　　D. 400 匝

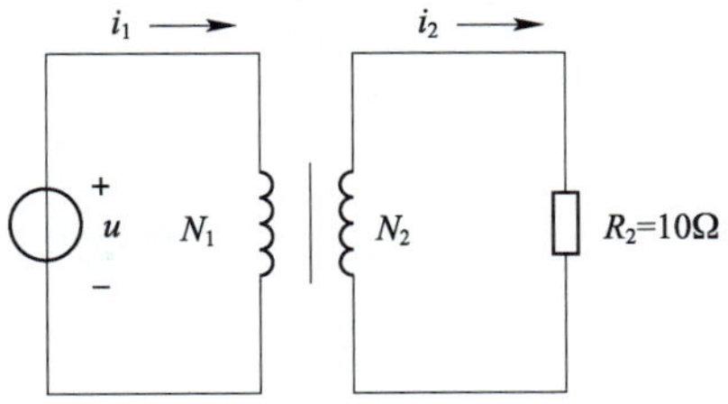

例 7-6-1 图

解　根据理想变压器关系有

$I_2=\sqrt{\frac{P_2}{R_2}}=\sqrt{\frac{40}{10}}=2\text{A}$，$K=\frac{I_2}{I_1}=2$，$N_2=\frac{N_1}{K}=\frac{100}{2}=50$匝

答案： A

【例 7-6-2】 设图示变压器为理想器件，且$u_s=90\sqrt{2}\sin\omega t$ V，开关 S 闭合时，信号源的内阻R_1与信号源右侧电路的等效电阻相等，那么，开关 S 断开后，电压：

A. u_1，因变压器的匝数比k及电阻R_L、R_1未知而无法确定

B. $u_1=45\sqrt{2}\sin\omega t$ V

C. $u_1=60\sqrt{2}\sin\omega t$ V

D. $u_1=30\sqrt{2}\sin\omega t$ V

解　图示电路可以等效为解图，其中，$R_L'=k^2R_L$

S 闭合时，$2R_1//R_L'=R_1$，可知$R_L'=2R_1$

如果开关 S 打开，则$u_1=\frac{R_L'}{R_1+R_L'}u_s=\frac{2}{3}u_s=60\sqrt{2}\sin\omega t$V

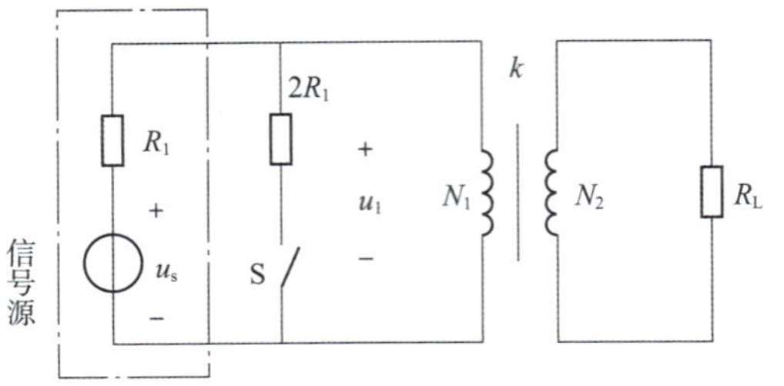

例 7-6-2 图

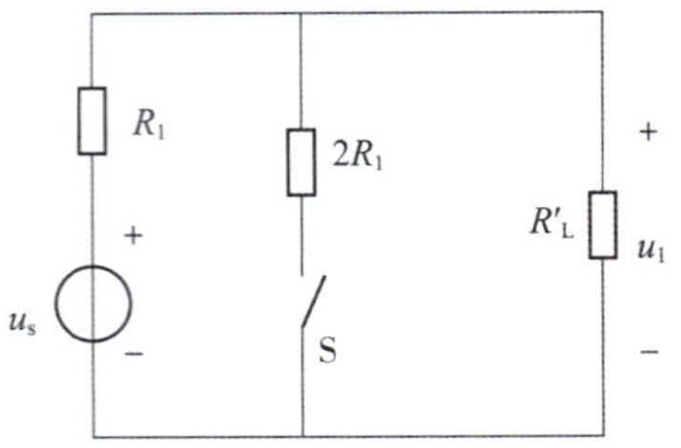

例 7-6-2 解图

答案： C

三、三相交流异步电动机

电动机是一种能将电能转化为机械能的旋转机械，电动机按照电源的种类不同，可分为交流电动机和直流电动机。交流电动机又分为异步电动机（或称感应电动机）和同步电动机。异步电动机按结构又分为鼠笼式异步电动机和绕线异式步电动机。三相异步电动机是在工农业生产、科研和国防等部门得到最广泛应用的一种电动机。

三相异步电动机主要由固定不动的定子和可转动的转子以及其他零部件组成。无论是定子还是转子，都包括绕组和铁芯两个主要部分。

（一）三相异步电动机基本关系

1. 转速和转向

三相异步电动机的转速n是转子转速，其大小取决于定子绕组通以三相交流电后产生的旋转磁场的转速n_0（称为同步转速），同步转速可用下式计算

$$n_0 = \frac{60f_1}{P} \quad (\text{转/分}，\ \text{r/min}) \tag{7-6-6}$$

式中：f_1 ——电源频率；

P ——电动机的磁极对数。

异步电动机的转速$n < n_0$，转差率s是用来表示n与n_0相差程度的量，即

$$s = \frac{n_0 - n}{n_0} \tag{7-6-7}$$

一般异步电动机在额定负载时的转差率为 1%~9%，而在起动开始瞬间由于$n = 0$而$s = 1$为最大，式（7-6-7）也可写成

$$n = (1 - s)n_0 \tag{7-6-8}$$

表 7-6-2 为三相异步电动机的磁极对数P与同步转速n_0以及电动机转速n（当$s = 3\%$）之间的数量关系。

P与n_0及n的关系　　表 7-6-2

P（极对数）	1	2	3	4	5	6
n_0（r/min）	3 000	1 500	1 000	750	600	500
n（r/min）	2 910	1 455	970	728	582	485

三相异步电动机的型号中，最后一位数字是表示磁极数的，例如 Y132-4 型号说明了该电动机为 4 极（即$P = 2$）电机。根据这个数字就可以判断电动机的转速，反过来也可以根据转速确定磁极数。

异步机的转向与旋转磁场的转向相同。要改变电动机转向，只要任意对调两根定子绕组连接电源的导线即可。

2. 机械特性曲线和电磁转矩

（1）机械特性曲线

在一定的电源电压和转子电阻下，转速与电磁转矩的关系曲线$n = f(T)$称为电动机的机械特性曲线。如图 7-6-2 所示。

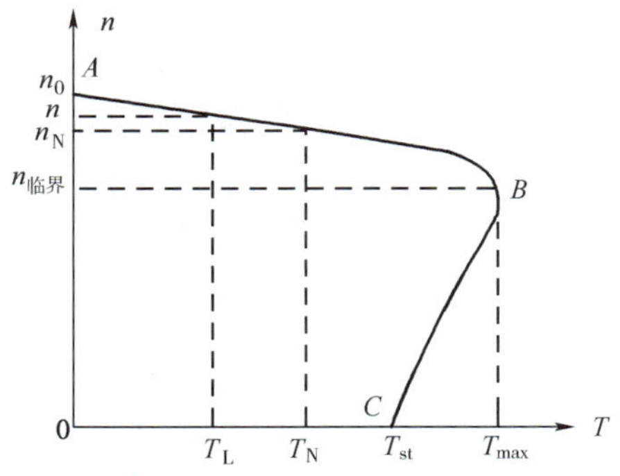

图 7-6-2　电动机的机械特性曲线和电磁转矩

机械特性曲线上的AB段是电动机的稳定工作段。在AB段，当负载有所变动，电动机能自动调节转速和转矩来适应负载的变化。例如当负载增大，电动机会沿着AB段下行，降低转速（仍高于临界转速）而发出更大的电磁转矩来满足负载，电动机仍能稳定工作。AB段较平坦，电动机从空载到额定负载转速下降很少，也就是说异步电动机的机械特性是硬特性。

BC段则是不稳定段。假如负载转矩增大到超过电动机的最大转矩，那么电动机的转速下降超过临界转速，于是它发出的电磁转矩也减小，直至电动停转发生堵转（闷车），时间一长则电动机烧毁。

（2）电磁转矩

异步电动机的电磁转矩是由旋转磁场的每极磁通与转子电流相互作用而产生的。转矩与定子电压的平方成正比，并与转子回路的电阻和感抗、转差率以及电动机的结构有关。

①额定转矩T_N

电动机在额定负载时的转矩

$$T_N = 9\,550\frac{P_{2N}}{n_N} \qquad (牛·米，N·m) \qquad (7\text{-}6\text{-}9)$$

式中：P_{2N} ——电动机的额定输出功率（kW）；

n_N ——电动机的额定转速（r/min）。

②负载转矩T_L

电动机在实际负载下发出的实际转矩

$$T_L = 9\,550\frac{P_2}{n} \qquad (N·m) \qquad (7\text{-}6\text{-}10)$$

式中：P_2 ——电动机的实际输出功率（kW）；

n ——电动机的实际转速（r/min）。

③最大转矩T_{max}

电动机能发出的最大转矩

$$T_{max} = \lambda T_N \qquad (7\text{-}6\text{-}11)$$

式中，λ为电动机的过载系数，一般为 1.8~2.2。电动机发出最大转矩时对应的转速为临界转速$n_{临界}$。

起动转矩T_{st}

电动机刚起动时发出的转矩，一般有

$$T_{st} = (1.0\sim2.2)T_N \qquad (7\text{-}6\text{-}12)$$

3. 星形接法和三角形接法

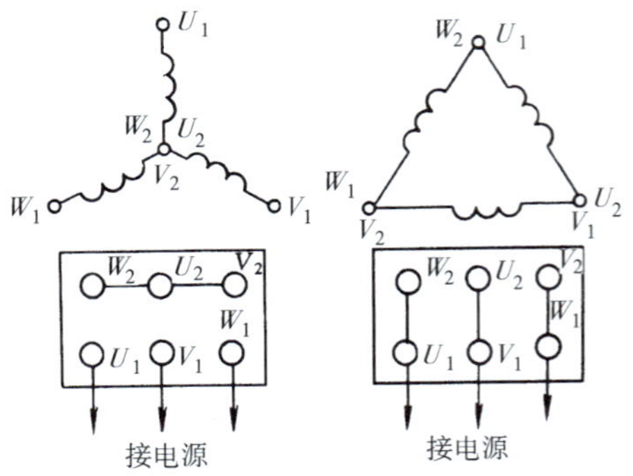

图 7-6-3 定子绕组的星形连接和三角形连接

鼠笼式异步电动机接线盒内有 6 根引出线，分别标以U_1、U_2、V_1、V_2、W_1和W_2。其中U_1和U_2是定子第一相绕组的首末端，V_1和V_2、W_1和W_2分别是第二相和第三相绕组的首末端。定子三相绕组的连接法有星形和三角形两种，见图 7-6-3。

4. 功率、效率和功率因数

电动机的输入功率

$$P_1 = \sqrt{3} U_L I_L \cos\varphi \tag{7-6-13}$$

式中：U_L、I_L ——分别为线电压、线电流；

$\cos\varphi$ ——电动机的功率因数。

电动机的输出功率$P_2 < P_1$，其差值为电动机本身的功率损耗，包括铜损、铁损以及机械损耗，电动机的效率

$$\eta = \frac{P_2}{P_1} \tag{7-6-14}$$

一般为 72%~93%。

电动机的功率因数在额定负载时为 0.7~0.9，轻载和空载时为 0.2~0.3。故应适当选用电动机容量，避免“大马拉小车”，更要缩短空载运行时间。

（二）三相异步电动机的应用

1. 起动

将三相异步电动机接到三相电源上，它的转速从零开始，直到匀速转动的过程为起动。三相异步电动机起动转矩的大小与定子电压U_1和转子电阻R_2有关，当定子电压减小时起动转矩减小，在一定条件下转子电阻R_2增加时起动转矩增加。

三相异步电动机起动时的电流很大，定子边的起动电流为额定电流的 5~7 倍，但起动转矩却较小。因此，为了减小异步电动机的起动电流（有时也为了提高起动转矩）必须采用适当的起动方法。

（1）直接起动

直接起动（也称全压起动）是利用闸刀开关或接触器，将电动机直接接到具有额定电压的电源上，这种起动方法最为简单经济。电动机能否直接起动，应按各地区电业部门的规定执行，30kW 以下的异步电动机一般都可以采用直接起动。

（2）降压起动

在不允许直接起动的场合，可以采用降低定子绕组电压的方法来减小起动电流称为降压起动，主要有以下几种方法。

①星形-三角形换接起动

正常工作时采用三角形接法的异步电动机，起动时先接成星形，待转速上升到接近额定转速时，再换接成三角形，这种方法叫星-角（Y-△）换接起动。

由于电动机的转矩与电压的平方成正比，所以采用 Y-△换接起动时，起动电流、起动转矩都减小到直接起动时的$(1/\sqrt{3})^2 = 1/3$。

这种方法虽然使起动电流受到控制，但也使起动转矩减小很多，故只适应于空载或轻载起动的电动机。

②自耦变压器降压起动

对于容量较大，且正常运行时做星形连接的鼠笼式异步电动机，可利用三相自耦变压器来降压起动，称为自耦变压器降压起动。

这种方法适用于起动不频繁的场合。由于起动设备较笨重且费用高，故本方法仅适用于较大容量的鼠笼式异步电动机。

自耦变压器起动时电动机的起动电流和起动转矩均为直接起动时的$1/K^2$，其中K为自耦变压器的变比。

③转子串电阻起动

由于绕线式异步电动机的结构特点，绕线式异步电动机可采用在转子电路中串入附加电阻的方法来起动。

起动时，转子电路串入附加电阻，起动完毕后，将附加电阻短接。这种方法不仅可以减小起动电流，还可以使起动转矩提高，因此，广泛应用于要求起动转矩较大的生产机械，如起重机、卷扬机等。

2. 调速

调速就是在同一负载下得到不同转速，以满足生产过程的要求。改变电动机的转速有三种可能，即改变电源的频率调速，改变电动机极对数调速，以及改变电动机转差率调速，前两者是鼠笼式异步电动机的调速方法，后者是绕线式异步电动机的调速方法。随着近年来电子技术的迅速发展，变频调速技术发展很快。

3. 制动

因为电动机的转动部分有惯性，所以把电源切断后，电动机还继续转动一定时间，然后停止。为了缩短辅助工时，提高生产机械的生产率，并为了安全起见，往往要求电动机能够迅速停车，这就需要对电动机制动。电动机制动，也就是要求它产生一个与转子转动方向相反的制动转矩。

异步电动机的制动常用下列几种方法。

（1）能耗制动

这种制动方法就是在切断三相电源的同时，接通直流电源，使直流通入定子绕组从而生产制动转矩。

因为这种方法是用消耗转子的动能来进行制动的，所以称为能耗制动。这种制动能量消耗小，制动平稳，但需要直流电源。

（2）反接制动

在电动机停车时，可将定子绕组接到电源的三根导线中的任意两根对调位置，从而产生制动转矩的制动方法。

这种制动比较简单，效果较好，但能量消耗较大，且当转速接近零时，应利用某种控制电器将电源自动切断，否则电动机将反转。

（3）发电反馈制动

当转子的转速超过旋转磁场的转速时，这时的转矩也是制动的。例如，当起重机快速下放重物时，就会发生这种情况。实际上这时电动机已转入发电机运行，将重物的位能转换为电能而反馈到电网里去，所以称为发电反馈制动。

四、电动机的继电接触器控制

采用继电器、接触器及按钮等控制电器来实现对电动机的自动控制称为电动机的继电器、接触器控制。

（一）常用控制电器

1. 组合开关

组合开关有单极、双极、三极和四极几种，额定持续电流有 10A、25A、60A 和 100A 等多种。可以用作电源的引入开关，也可以用它来直接起动和停止小容量的电动机或使电动机正反转等。

2. 按钮

按钮通常用来接通或断开控制电路，从而控制电动机的运行。

按钮的特点是靠外力（手按）动作（常闭断开或常开闭合），但当外力消失时可以自己复位，按钮结构原理图及符号如图 7-6-4 所示。

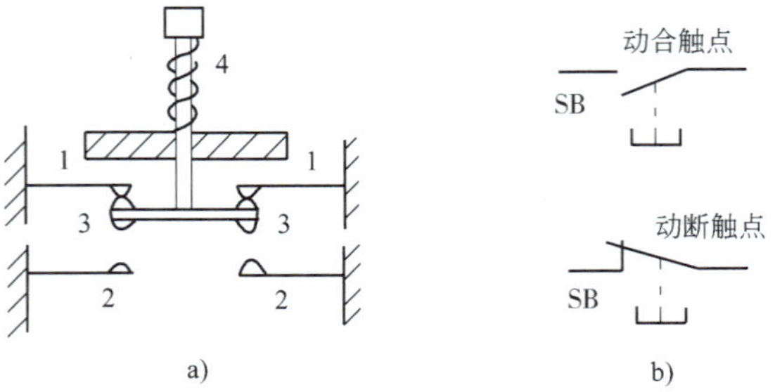

图 7-6-4　按钮结构原理及符号

3. 行程开关

行程开关（即限位开关）是利用生产机械的某些运动部件碰撞而使其动作，从而接通或断开控制电路的一种电器，行程开关结构及符号如图 7-6-5 所示。

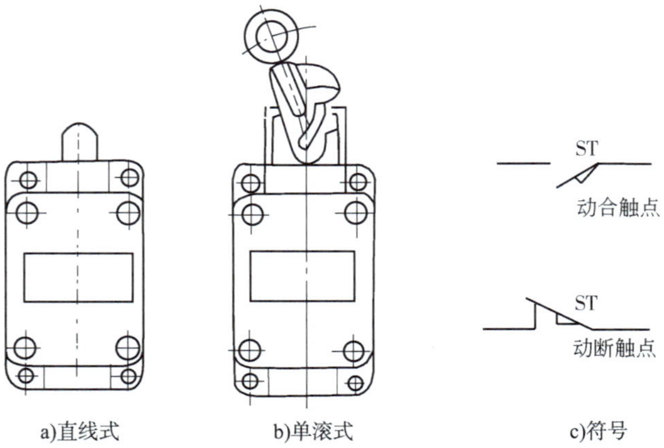

图 7-6-5　行程开关结构及符号

4. 交流接触器

交流接触器常用来接通或断开电动机的主电路。

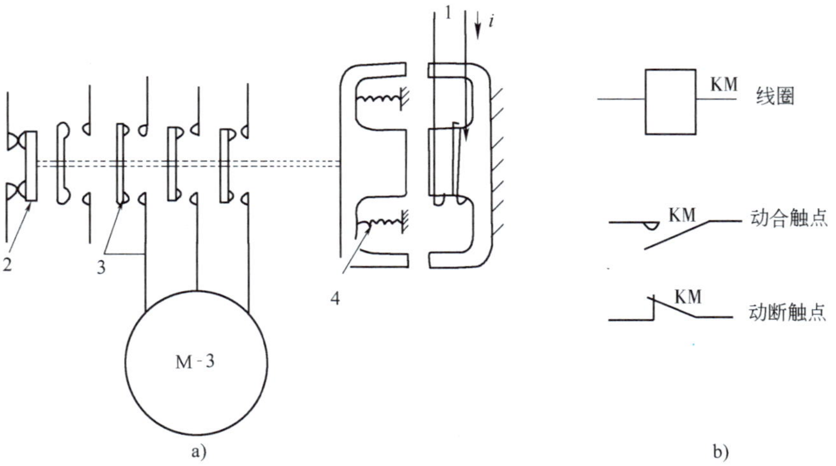

图 7-6-6　接触器结构图及电器符号

接触器是利用电磁吸力来工作的，主要由电磁铁和触点两部分组成，其结构原理图及电器符号如图7-6-6所示。当线圈1得电产生电磁吸力使触点2、3动作（常开闭合，或常闭断开）；当线圈失电，触点靠弹簧4拉力而复位。图7-6-6b）为交流接触器的电器符号。

5. 热继电器

热继电器是用于电动机过载保护的一种电器，它的动作原理基于电流的热效应，其结构图及符号如图7-6-7所示。发热元件串接在电动机的主电路中，当电动机长期过载时，发热元件通过电流大于容许值，其热量使双金属片受热弯曲，从而脱扣，使动断（常闭）触点断开，切断电路达到保护电器的目的。

由于热惯性，热继电器不能立即动作，因此不能作短路保护。

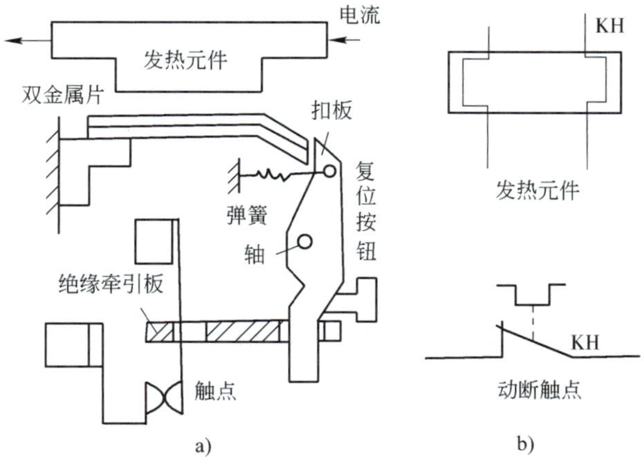

图7-6-7　热继电器结构图及电器符号

6. 熔断器

熔断器（常说的“保险丝”）是最常用的简便有效的保护电器，熔断器的熔体用电阻率较高的易熔合金制成。

7. 自动空气断路器

自动空气断路器又名自动空气开关。它兼有刀开关和熔断器的功能，其特点是动作后不要更换元件，动作电流可整定，切断电流大，断开时间短，工作安全可靠。

（二）三相异步电动机的基本控制电路

这里主要分析的是鼠笼电机的控制电路。在看电气控制原理图时，要分清主电路和控制电路。主电路是从电源到电动机，其中接有开关（闸门开关、组合开关等）、熔断器、接触器的主触头、热断电器的发热元件等；控制电路中接有按钮、接触器的线圈和辅助触头（如自锁和互锁触头）、热继电器的常闭触头和其他控制电器的触头和线圈。

在电气原理图中各种电器都有规定的符号（下面分别介绍）和文字表示。为读图方便，同一电器的线圈和触点虽然按需要分画在电路的不同部分（主电路和辅电路），但必须用同一符号说明；另外还要说明的是各种触点的状态全表示在电气未通电的状态。

1. 直接起动控制电路

控制原理图如图7-6-8所示。

电路的工作过程：先将组合开关Q闭合，为电动机起动作准备。当按下起动钮SB_2时，交流接触器KM的线圈得电，动铁心被吸合而将三个主触点闭合，电动机M起动。当松开SB_2时，起动按钮复位，但是由于与起动按钮并联的辅助触点和主触点同时闭合，因此接触器线圈的电路仍然接通，而使接触器触点保持在闭合的位置，这个辅助触点称为自锁触点。如将停止按钮SB_1按下，则将线圈的电路切断，动铁心和触点恢复到断开的位置而使电动机停机。

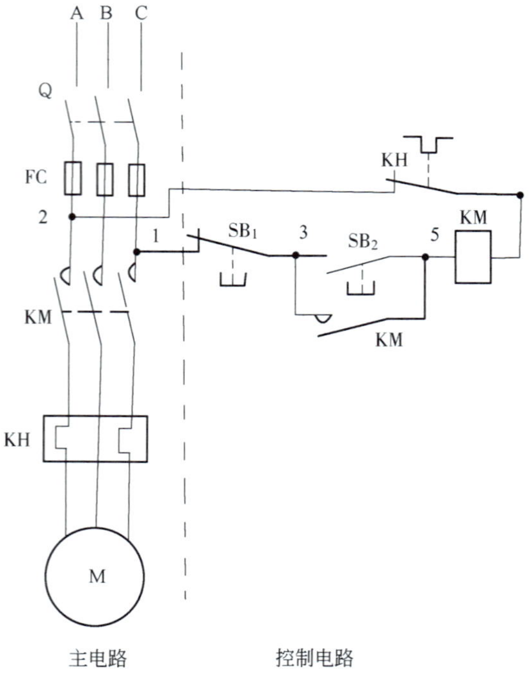

图 7-6-8　直接起动控制电路

上述控制线路中，熔断器 FU 起短路保护，热继电器 KH 起过载保护，交流接触器 KM 起零压和失压保护作用。

2. 正反转控制电路

控制电路原理图如图 7-6-9 所示。

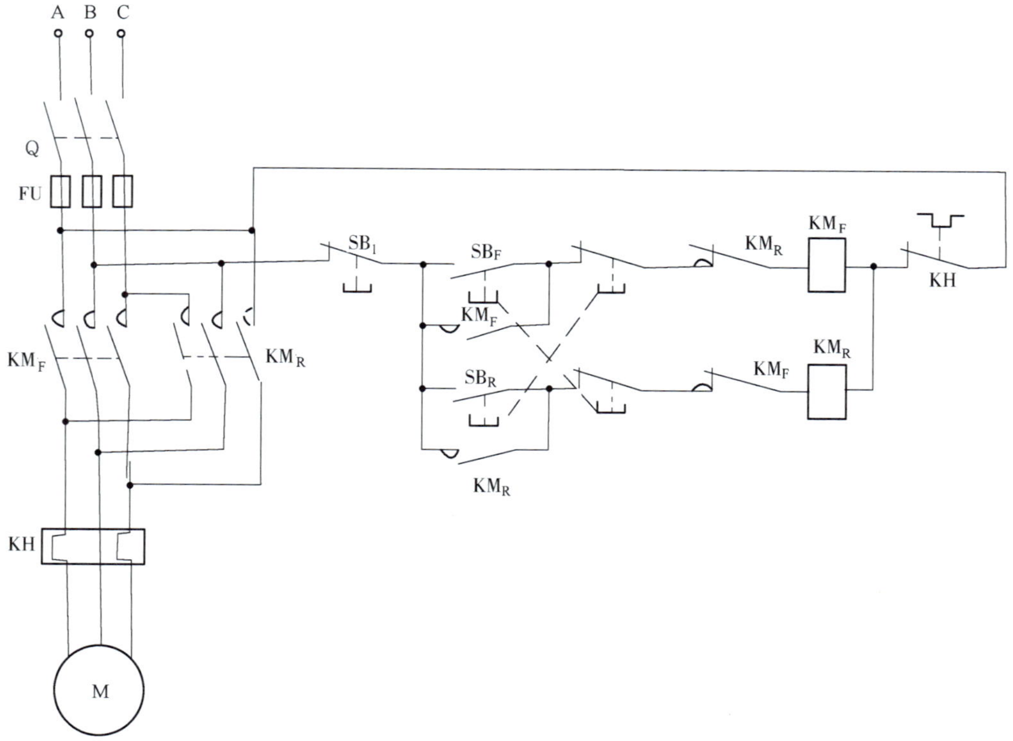

图 7-6-9　鼠笼式电动机正反转的控制电路

按下正转起动按钮 SB_F，正转接触器 KM_F 通电，电动机 M 正转；按下反转起动按钮 SB_R，反转接触器 KM_R 通电，电动机 M 反转。按下停机按钮 SB_1，正反转接触器 KM_F 和 KM_R 均失电，电动机停止运行。

上述控制电路中，正转接触器 KM_F 的一个常闭辅助触点串接在反转接触器 KM_R 的线圈电路中，而反转接触器的一个常闭辅助触点串接在正转接触器的线圈电路中，这两个常闭触点称为联锁触点。联锁触点可防止正反转两个接触器同时闭合，以免造成电源短路。

【例 7-6-3】 为实现对电动机的过载保护，除了将热继电器的热元件串接在电动机的供电电路中外，还应将其：

A. 常开触点串接在控制电路中　　B. 常闭触点串接在控制电路中

C. 常开触点串接在主电路中　　D. 常闭触点串接在主电路中

解　实现对电动机的过载保护，除了将热继电器的热元件串联在电动机的主电路的解，还应将热继电器的常闭触点串接在控制电路中。

当电机过载时，这个常闭触点断开，控制电路供电通路断开。

答案： B

【例 7-6-4】 三相电路如图所示，设电灯 D 的额定电压为三相电源的相电压，用电设备 M 的外壳线a及电灯 D 另一端线b应分别接到：

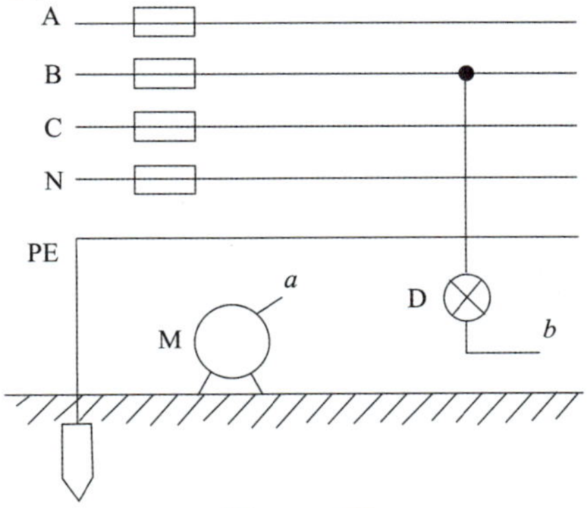

例 7-6-4 图

A. PE 线和 PE 线　　B. N 线和 N 线

C. PE 线和 N 线　　D. N 线和 PE 线

解　用电设备 M 的外壳线a接到保护地线 PE 上，电灯 D 的b线应接到电源中性点 N 上。说明如下：

三相四线制：相线 A、B、C，保护零线 PEN（图示的 N 线）。PEN 线上有工作电流通过，PEN 线在进入用电建筑物处要做重复接地；我国民用建筑采用该配电方式。

三相五线制：相线 A、B、C，零线 N，保护接地线 PE。N 线有工作电流通过，PE 线平时无电流（仅在出现对地漏电或短路时有故障电流）。

零线和地线的根本差别在于一个构成工作回路，一个起保护作用（叫作保护接地），一个回电网，一个回大地，在电子电路中这两个概念要区别开，工程中也要求这两根线分开接。

答案： C

五、安全用电

为了人身安全和电力系统工作的需要，要求电气设备采取接地措施。

（一）工作接地

将电力系统的中性点接地，如图 7-6-10 所示，这种接地方式称为工作接地。

工作接地有下列目的：

（1）降低触电电压；

（2）迅速切断故障设备；

（3）降低电气设备对地的绝缘水平。

（二）保护接地

保护接地就是将电气设备正常情况下不带电的金属外壳接地，如图 7-6-11 所示，保护接地适用于中性点不接地的低压系统。

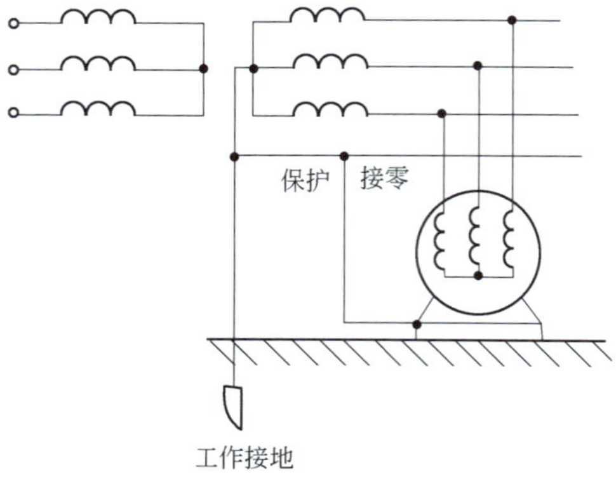

图 7-6-10　工作接地、保护接零

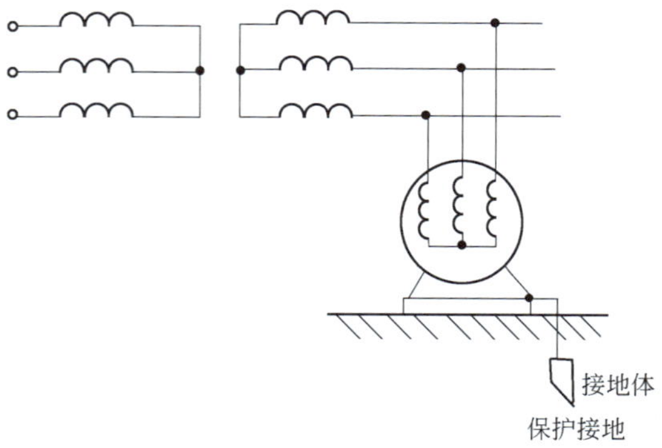

图 7-6-11　保护接地

（三）保护接零

保护接零就是将电气设备的金属外壳接到零线（或称中线）上，如图 7-6-10 所示，保护接零宜用于中性点接地的低压系统中。

习　题

7-6-1　有一容量为 10kV·A 的单相变压器，电压为 3 300/220V，变压器在额定状态下运行。在理想的情况下副边可接 40W、220V、功率因数$\cos\varphi=0.44$ 的日光灯（　　）盏。

A. 110　　B. 200　　C. 250　　D. 50

7-6-2　三相异步电动机的转动方向由（　　）决定。

A. 电源电压的大小　　B. 电源频率

C. 定子电流相序　　D. 起动瞬间定转子相对位置

7-6-3　三相异步电动机空载起动与满载起动时的起动转矩关系是（　　）。

A. 二者相等　　B. 满载起动转矩大　　C. 空载起动转矩大　　D. 无法估计

7-6-4　针对三相异步电动机起动的特点，采用 Y-△换接起动可减小起动电流和起动转矩，以下说法中正确的是（　　）。

A. Y 连接的电动机采用 Y-△换接起动，起动电流和起动转矩都是直接起动的$1/3$

B. Y 连接的电动机采用 Y-△换接起动，起动电流是直接起动的$1/3$，起动转矩是直接起动的$1/\sqrt{3}$

C. △连接的电动机采用 Y-△换接起动，起动电流是直接起动的$1/\sqrt{3}$，起动转矩是直接起动的$1/\sqrt{3}$

D. △连接的电动机采用 Y-△换接起动，起动电流和起动转矩都是直接起动的$1/3$

7-6-5　三相异步电动机在额定负载下，欠压运行，定子电流将（　　）。

A. 小于额定电流　　B. 大于额定电流　　C. 等于额定电流　　D. 不变

7-6-6　如图所示的控制电路中，SB 为按钮，KM 为接触器，若按动 SB_2，试判断下述哪个结论正确？（　　）

A. 接触器 KM_2 通电动作后 KM_1 跟着动作

B. 只有接触器 KM_2 动作

C. 只有接触器 KM_1 动作

D. 以上都不对

7-6-7　如图所示为两台电动机 M_1、M_2 的控制电路，两个交流接触器 KM_1、KM_2 的主常开触头分别接入 M_1、M_2 的主电路，该控制电路所起的作用是（　　）。

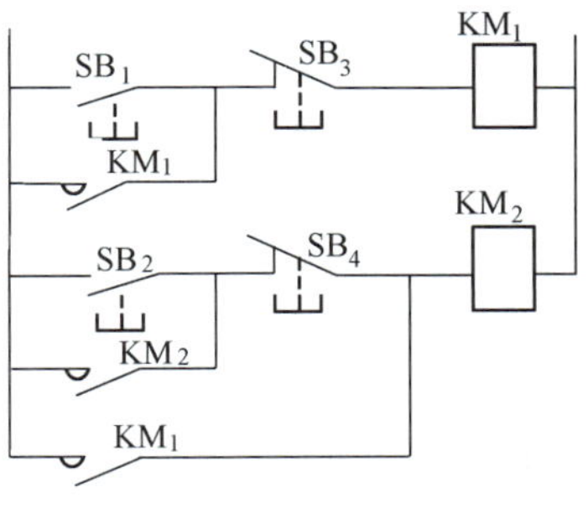

题 7-6-6 图

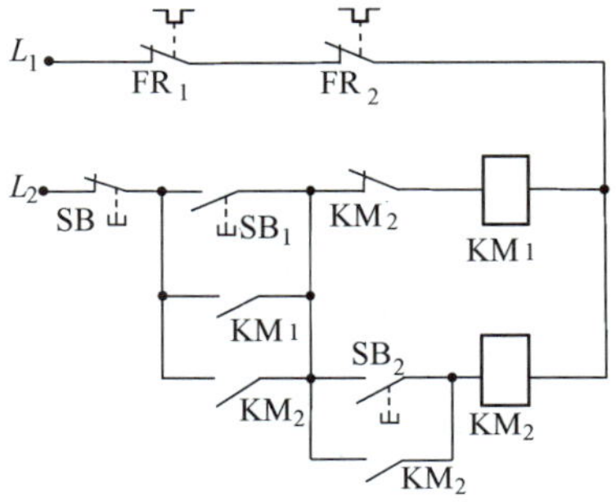

题 7-6-7 图

A. 必须 M_1 先起动，M_2 才能起动，然后两机连续运转

B. M_1、M_2 可同时起动，必须 M_1 先停机，M_2 才能停机

C. 必须 M_1 先起动、M_2 才能起动，M_2 起动后，M_1 自动停机

D. 必须 M_2 先起动，M_1 才能起动，M_1 起动后，M_2 自动停机

7-6-8　额定转速为 1 450r/min 的三相异步电动机，空载运行时转差率为（　　）。

A. $s=\frac{1\,500-1\,450}{1\,500}=0.033$　　B. $s=\frac{1\,500-1\,450}{1\,450}=0.035$

C. $0.033<s<0.035$　　D. $s<0.033$

7-6-9　在电动机的继电接触控制电路中，具有短路保护、过载保护、欠压保护和行程保护，其中，需要同时接在主电路和控制电路中的保护电器是（　　）。

A. 热继电器和行程开关　　B. 熔断器和行程开关

C. 接触哭和行程开关　　D. 接触器和热继电器

第七节　二极管及其应用

半导体材料与导体、绝缘体最大的不同之处在于它的导电能力在一定条件下可以转化，当温度变化或掺入杂质以后它的导电能力会发生明显的改变。

常用的半导体材料是硅（Si）和锗（Ge），它们都是四价元素，我们称纯净的半导体材料为本征半导体。如果我们在本征半导体的一侧掺入五价元素（如磷）将生成大量的自由电子，构成N型半导体；在另一侧掺入三价元素（如硼）就会产生大量的空穴。这样在P型区和N型区的交界处就形成PN结，PN结是构成各种半导体器件的基础。

当不加电源时，在半导体内部由于P型区和N型区的浓度差别出现扩散过程。扩散的结果在PN结交界处形成“空间电荷区”，这个空间电荷区产生一个内电场，内电场的方向由N区指向P区。

二极管的核心就是PN结，由P区引出的电极叫作阳极，N区引出的电极叫作阴极。我们把阳极电位高于阴极电位的情况叫作二极管的正向偏置状态，简称“正偏”，如图7-7-1a）所示，而把阳极电位低于阴极电位的状态叫作二极管的反向偏置状态，如图7-7-1b）所示。

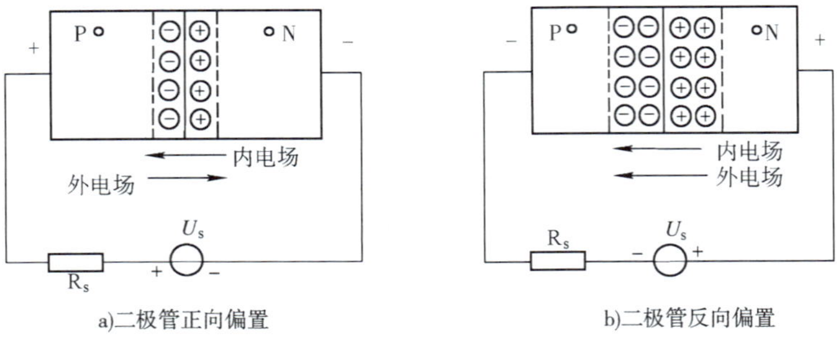

图 7-7-1

当二极管加上正偏电源时，外电场与内电场方向相反，空间电荷区变薄，半导体的导电能力增加，外部产生较大的正向电流I_F。当二极管加上反向偏置的外部电源时外电场与内部电场方向相同，使PN结处的空间电荷区加宽，半导体的导电能力削弱，产生的反向电流I_R远小于正向电流I_F。

可见二极管具有单向导电性。

二极管符号如图7-7-2所示。

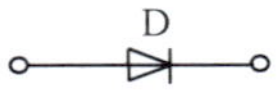

图7-7-2 二极管符号

一、二极管

二极管的伏安特性如图7-7-3所示。

由图可见，当外加正向电压很低时，正向电流很小，几乎为零。当正向电压超过一定数值后，电流增长很快，这个一定数值的正向电压称为死区电压，死区电压U_T的大小与材料及环境温度有关。通常，硅管的死区电压约为0.5V，锗管约为0.2V；二极管正常工作电压U_F硅管为0.6~1V，锗管工作电压为0.2~0.3V。

当外加反向电压时，只有很小的反向电流。反向电流随温度的上升增长很快；在反向电压不超过某一范围时基本恒定，而与反向电压的高低无关，故通常称它为反向饱和电流。当外加反向电压过高时，反向电流将突然增加，二极管失去单向导电性，这种现象称为击穿，二极管被击穿后，一般不能恢复原来的性能而损坏。

二、稳压管

稳压管是一种特殊的面接触型半导体硅二极管，由于它在电路中与适当数值的电阻配合后能起稳定电压的作用，故称为稳压管。

稳压管的伏安特性曲线与普通二极管类似，如图 7-7-4 所示。其差异是稳压管的反向特性曲线比较陡，且电压较低。

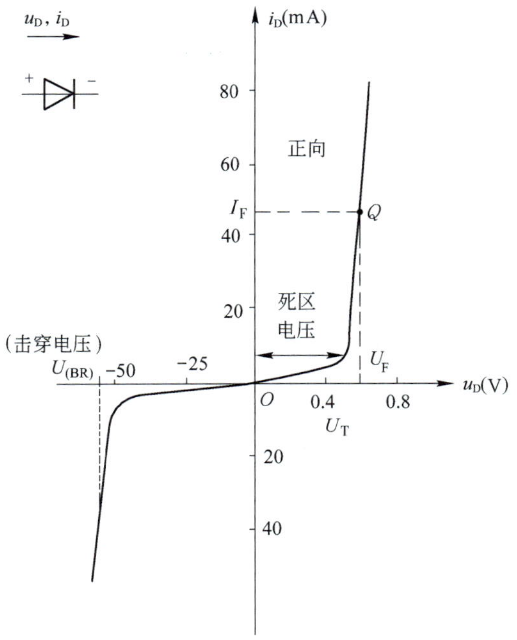

图 7-7-3　2CP10 硅二极管的伏安特性曲线

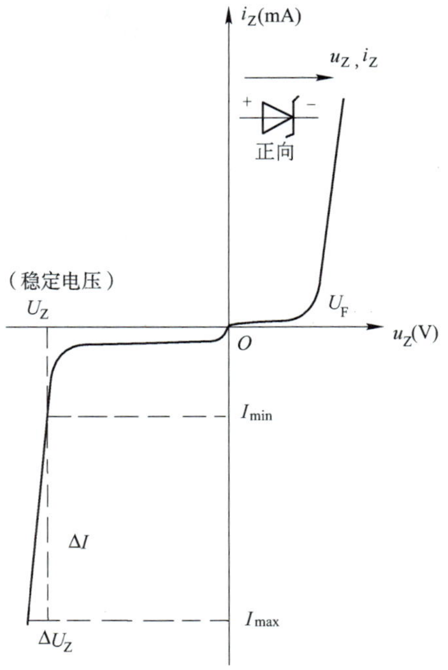

图 7-7-4　稳压管的伏安特性曲线

稳压管工作于反向击穿区，从反向特性曲线上可见，在反向击穿区，虽然电流在很大范围内变化，但稳压管两端的电压变化很小，正是利用这一特性实现稳压。稳压管与普通二极管不同的是反向击穿是可逆的，去掉反向电压之后，稳压管可恢复正常。当然，如果反向电流超过允许范围，稳压管也将会发生热击穿而损坏。

三、二极管应用电路

（一）整流电路

整流电路的作用是将交流电变为单方向变化的直流电，目前主要采用单相半波整流电路和桥式整流电路。

1. 单相半波整流电路

如图 7-7-5 所示为单相半波整流电路，由整流变压器T_r、整流元件 D（二极管）及负载电阻 R_L 组成。

设整流变压器副边的电压为

$$u = \sqrt{2}U\sin\omega t$$

其波形如图 7-7-6a）所示。

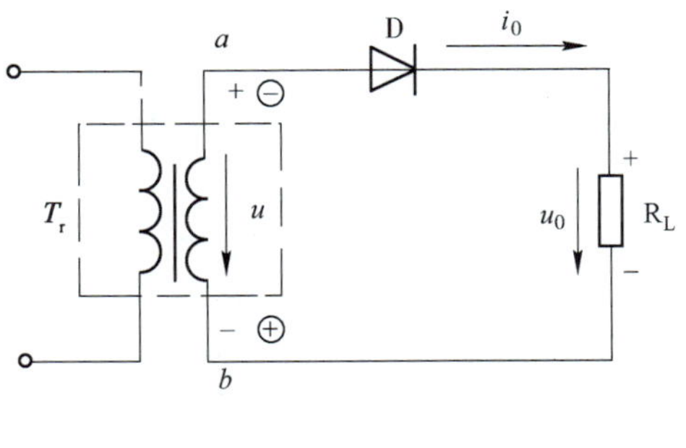

图 7-7-5　单相半波整流电路

由于二极管具有单向导电性，只有当它的阳极电位高于阴极电位时才能导通。在变压器副边电压u的正半周，a点的电位高于b点，二极管因承受正向电压而导通，二极管的正向压降可以忽略不计，这时负载电阻 R_L 上的电压u_0的正半波和u的正半波是相同的，通过的电流为i_0。在电压u的负半周，a点的电位低于b点，二极管因承受反向电压而截止，负载电阻 R_L 上没有电压，因此，在负载电阻 R_L 上得到的是半波整流电压 u_0，如图 7-7-6 负载上整流电压的平均值

$$U_0=\frac{1}{2\pi}\int_0^{\pi}\sqrt{2}U\sin\omega t\mathrm{d}(\omega t)=\frac{\sqrt{2}}{\pi}U=0.45U \tag{7-7-1}$$

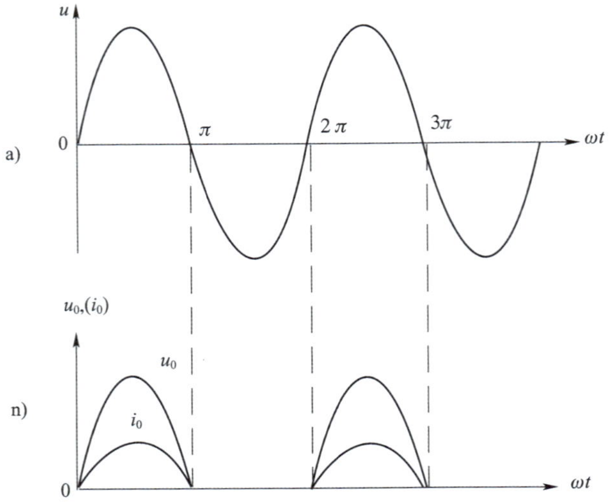

图 7-7-6　单相半波整流电路的电压与电流的波形

负载上整流电流平均值

$$I_0=\frac{U_0}{R_L}=0.45\frac{U}{R_L} \tag{7-7-2}$$

二极管不导通时，承受的最高反向电压和平均电流为

$$\left.\begin{aligned}U_{DRM}&=U_m=\sqrt{2}U\\ I_D&=I_0=0.45\frac{U}{R_L}\end{aligned}\right\} \tag{7-7-3}$$

这样，根据U_0、I_0和U_{DRM}、I_D就可确定整流电路输出电压、电流的大小，并可以选择合适的整流元件。

2. 单相桥式整流电路

单相桥式整流电路如图 7-7-7 所示。

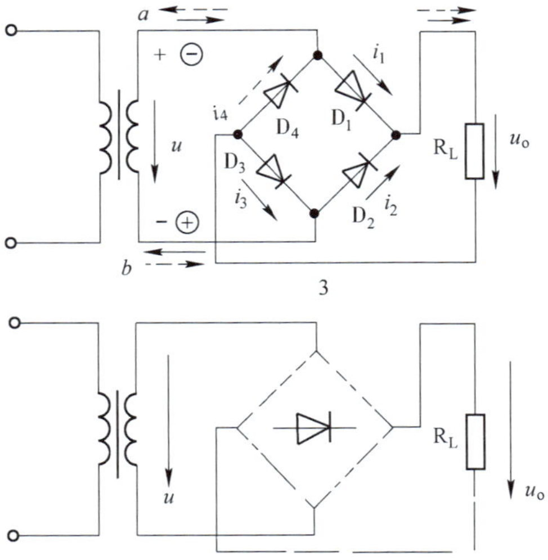

图 7-7-7　单相桥式整流电路

在变压器副边电压u的正半周，a点的电位高于b点，二极管 D_1 和 D_3 导通，D_2 和 D_4 截止；电流i_1的通路是$a \to D_1 \to R_L \to D_3 \to b$。这时，负载电阻 R_L 上得到一个半波电压，如图 7-7-8b）所示的 0~π段所示。

在电压u的负半周，b点的电位高于a点；因此，D_1 和 D_3 截止，D_2 和 D_4 导通，电流i_2的通路是$b \to D_2 \to R_L \to D_4 \to a$；同样，在负载电阻上得到一个半波电压，如图 7-7-8b）所示的π~2π段所示。

因此，单相桥式整流电路的整流电压的平均值U_o比半波整流时增加了 1 倍，即

$$U_o = 2 \times 0.45U = 0.9U \tag{7-7-4}$$

负载电阻中的直流电流为：

$$I_o = \frac{U_o}{R_L} = 0.9\frac{U}{R_L} \tag{7-7-5}$$

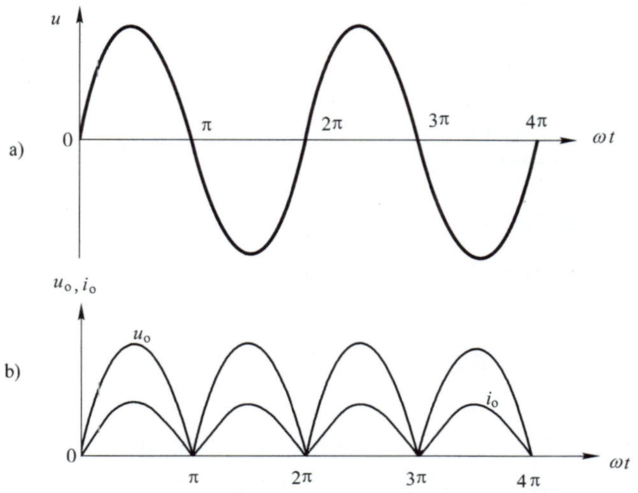

图 7-7-8　单相桥式整流电路的电压与电流的波形

由于四个二极管是交替导通的，故每个二极管中流过的平均电流只有负载电流的一半，即

$$I_D = \frac{1}{2}I_o = 0.45\frac{U}{R_L} \tag{7-7-6}$$

二极管截止时所承受的最高反向电压就是电源电压的最大值，即

$$U_{DRM} = \sqrt{2}U \tag{7-7-7}$$

【例 7-7-1】 二极管应用电路如图所示，设二极管为理想器件，当$u_1 = 10\sin\omega t$ V时，输出电压u_o的平均值U_o等于：

A. 10V　　　　B. $0.9 \times 10 = 9$V

C. $0.9 \times \frac{10}{\sqrt{2}} = 6.36$V　　　　D. $-0.9 \times \frac{10}{\sqrt{2}} = -6.36$V

解　本题采用全波整流电路结构与二极管连接方式结合分析。

输出直流电压U_o与输入交流有效值U_i的关系为：

$$U_o = -0.9U_i$$

本题$U_i = \frac{10}{\sqrt{2}}$V，代入上式得$U_o = -0.9 \times \frac{10}{\sqrt{2}} = -6.36$V。

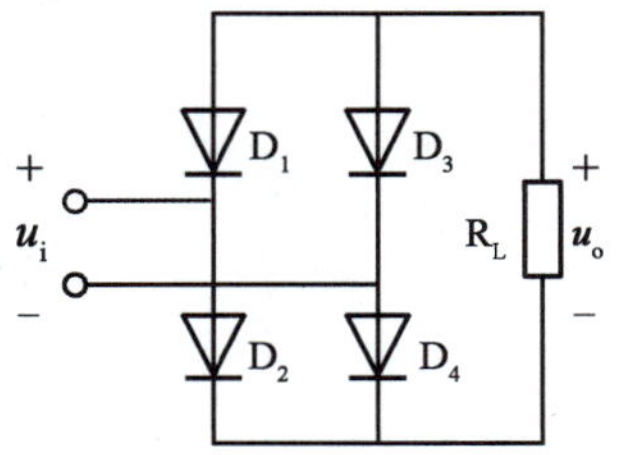

例 7-7-1 图

答案：D

（二）滤波电路

整流电路虽然可以把交流电转换为直流电，但是这种直流电压是脉动电压。为了改善输出电压的脉动程度，整流电路中还要接滤波器。

常用的滤波电路有：

1. 电容滤波器（C 滤波器）

负载两端并联电容器就是一个最简单的滤波器，如图 7-7-9 所示。电容滤波器是根据电容器的端电压在电路状态改变时不能跃变的原理制成的。

电容滤波器电路简单，一般用于输出电压U_o较高，并且负载变化较小的场合。

2. 电感电容滤波器（LC 滤波器）

为了减小输出电压的脉动程度，在滤波电容之前串接一个铁芯电感线圈 L，这样就组成了电感电容滤波器，如图 7-7-10 所示。

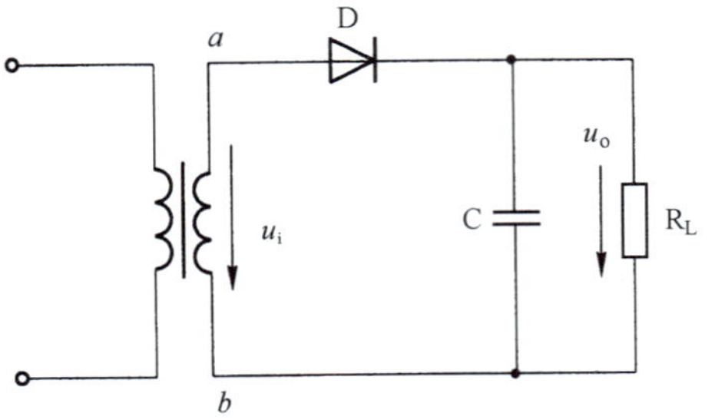

图 7-7-9　接有电容滤波器的单相半波整流电路

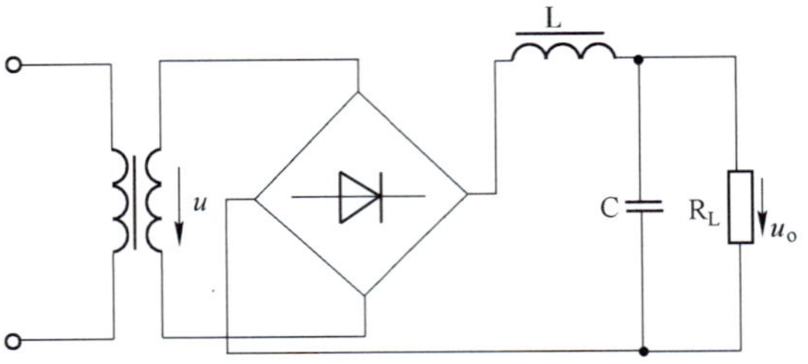

图 7-7-10　电感电容滤波电路

由于当通过电感线圈的电流发生变化时，线圈中要产生自感电动势阻碍电流的变化，因而使负载电流和负载电压的脉动大为减小。

具有 LC 滤波器的整流电路适用于电流较大，要求输出电压脉动很小的场合。

3. π 形滤波器

如果要求输出电压的脉动更小，可以在 LC 滤波器的前面再并联一滤波电容，这样便构成 π 形 LC 滤波器。它的滤波效果比 LC 滤波器更好，但整流二极管冲击电流较大。

π 形滤波电路主要适用于负载电流较小而又要求输出电压脉动很小的场合。

（三）稳压电路

经整流和滤波后的电压往往会随交流电源电压的波动和负载的变化而变化，因此需要设置稳压电路。最简单的直流稳压电路是采用稳压管的稳压电路，如图 7-7-11 所示。

引起电压不稳定的原因是交流电源电压的波动和负载电流的变化。通过稳压管与电阻 R 的调整作用，可以维持输出电压的稳定。

稳压管稳压电路的稳压效果不够理想，它一般适用于稳压性能要求不高，并且负载电流较小的场合。串联型晶体管稳压电路是性能较好的一种稳压电路，目前广泛采用的集成稳压电路也都是以晶体管串联稳压电路为基础的。

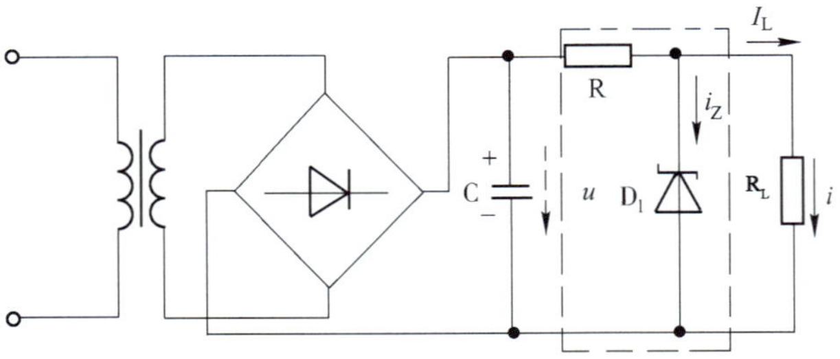

图 7-7-11　稳压管稳压电路

习　　题

7-7-1　如果把一个小功率二极管直接同一个电源电压为 1.5V、内阻为零的电池实行正向连接，电路如图所示，则后果是该管（　　）。

A. 击穿　　B. 电流为零　　C. 电流正常　　D. 电流过大使管子烧坏

7-7-2　在如图所示的二极管电路中，设二极管 D 是理想的（正向电压为 0V，反向电流为 0A），且电压表内阻为无限大，则电压表的读数为（　　）。

A. 15V　　B. 3V　　C. −18V　　D. −15V

7-7-3　如图所示电路中，A 点和 B 点的电位分别是（　　）。

A. 2V，−1V　　B. −2V，1V　　C. 2V，1V　　D. 1V，2V

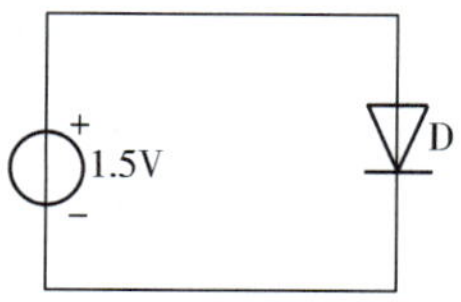

题 7-7-1 图

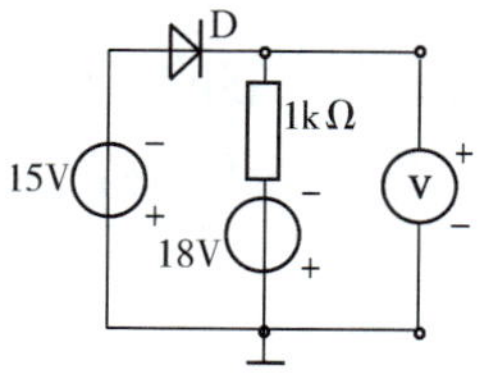

题 7-7-2 图

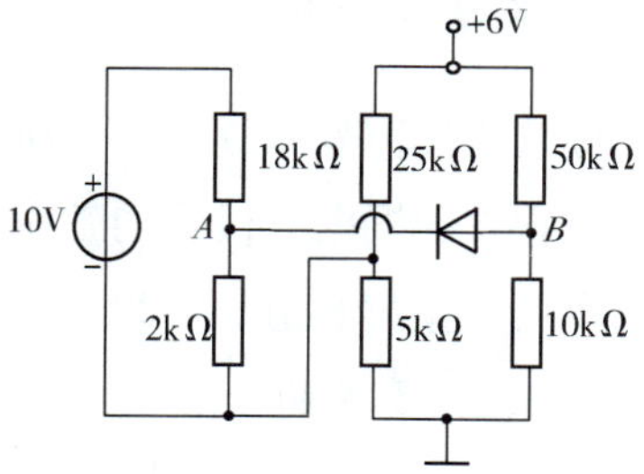

题 7-7-3 图

7-7-4　单相桥式整流电路如图 a）所示，变压器副边电压u_2的波形如图 b）所示，设四个二极管均为理想元件，则二极管 D_1 两端的电压u_{D_1}的波形为图 c）中的（　　）图。

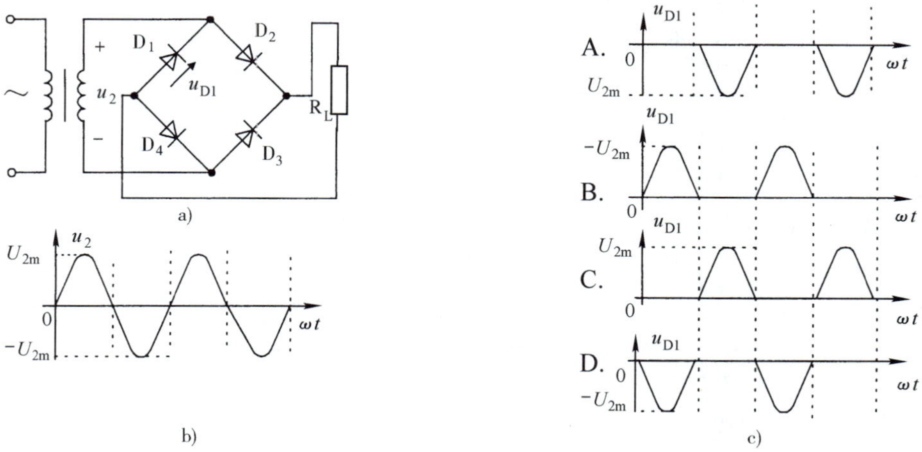

题 7-7-4 图

7-7-5　整流滤波电路如图所示，已知$U_1 = 30\text{V}$，$U_0 = 12\text{V}$，$R = 2\text{k}\Omega$，$R_L = 4\text{k}\Omega$，稳压管的稳定电流$I_{zmin} = 5\text{mA}$ 与$I_{zmax} = 18\text{mA}$，通过稳压管的电流和通过二极管的平均电流分别是（　　）。

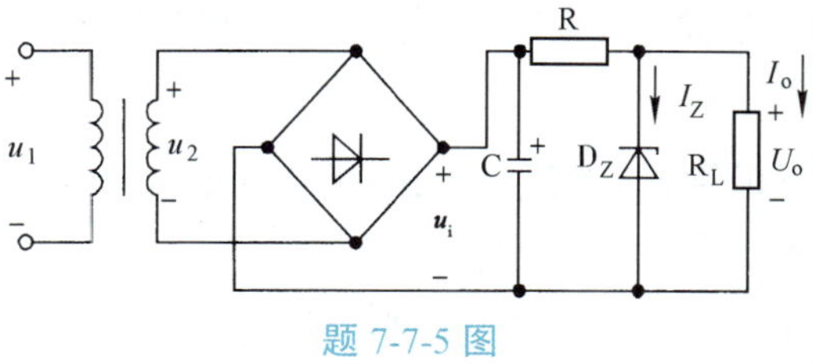

题 7-7-5 图

A. 5mA，2.5mA　　B. 8mA，8mA　　C. 6mA，2.5mA　　D. 6mA，4.5mA

7-7-6　如图所示电路中，若输入电压$U_i = 10\sin(\omega t + 30°)\text{V}$，则输出电压的平均值$U_o$为（　　）V。

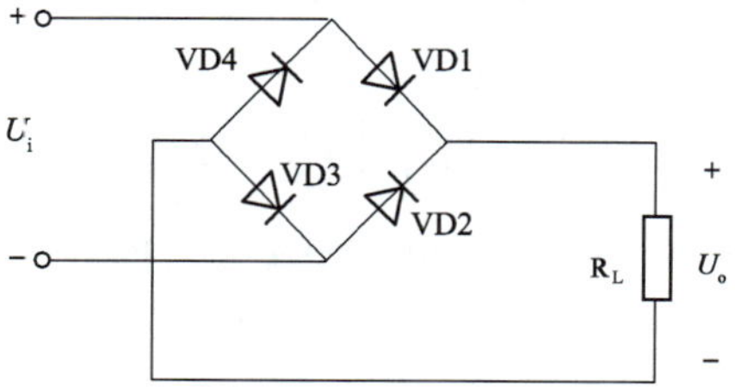

题 7-7-6 图

A. 3.18　　B. 5　　C. 6.36　　D. 10

第八节　三极管及其基本放大电路

一、晶体三极管

三极管（又称晶体管）是一种重要的半导体材料，它的出现使半导体技术出现了重大的飞越，三极管的种类很多，根据三极管的工作频率分，可以分为高频管和低频管；根据功率分，可以分为大功率管和小功率管；按材料分，可以分为硅管和锗管。

（一）三极管结构

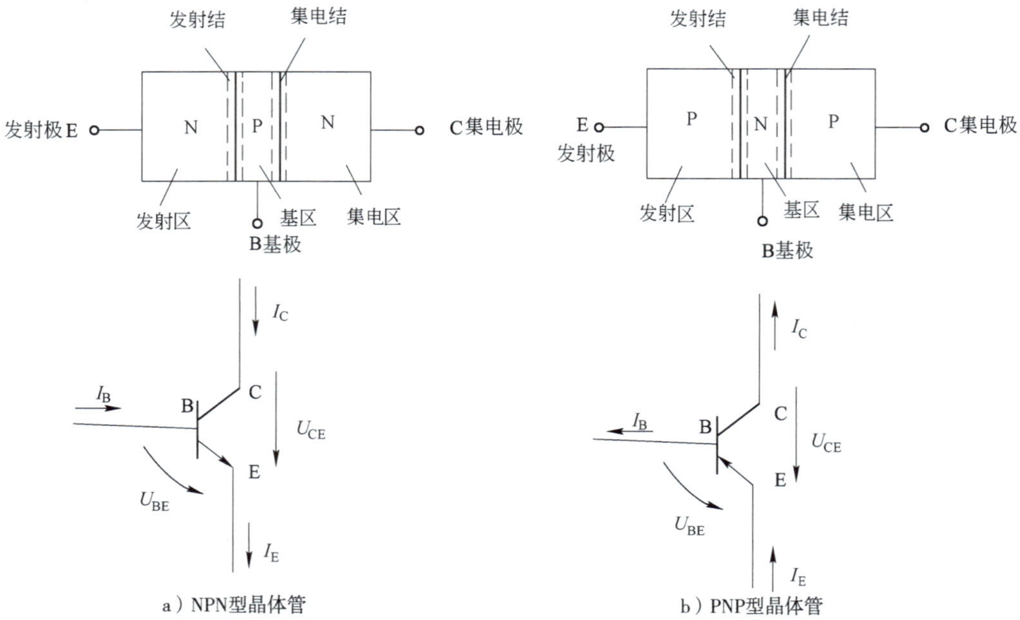

图 7-8-1　三极管的结构示意图和表示符号

三极管在结构上可以分为 NPN 型和 PNP 型两类，其结构示意图和符号如图 7-8-1 所示。

每一类都分成基区、发射区和集电区，分别引出基极 B、发射极 E 和集电极 C；三极管内部有两个 PN 结，基区和发射区之间的 PN 结称为发射结，基区和集电区之间的 PN 结称为集电结。

（二）三极管的特性曲线

三极管的特性曲线反映了三极管各电极上的电压和电流之间的函数关系。常用的是三极管共发射极接法的特性曲线，分为输入特性曲线和输出特性曲线。

NPN 管的特性曲线分析如下，见图 7-8-2 晶体管试验电路。

1. 输入特性曲线

三极管的输入特性曲线是指当集-射极电压U_{CE}为常数时，输入电路中基极电流i_B与基-射极电压u_{BE}之间的关系曲线，其表达式为

$$i_B = f(u_{BE})\Big|U_{CE} = 常数 \tag{7-8-1}$$

如图 7-8-3 所示，三极管输入特性曲线与二极管的伏安特性一样。

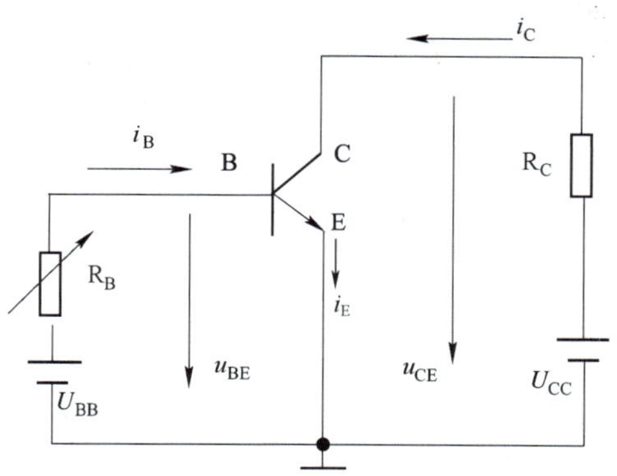

图 7-8-2 晶体管实验电路

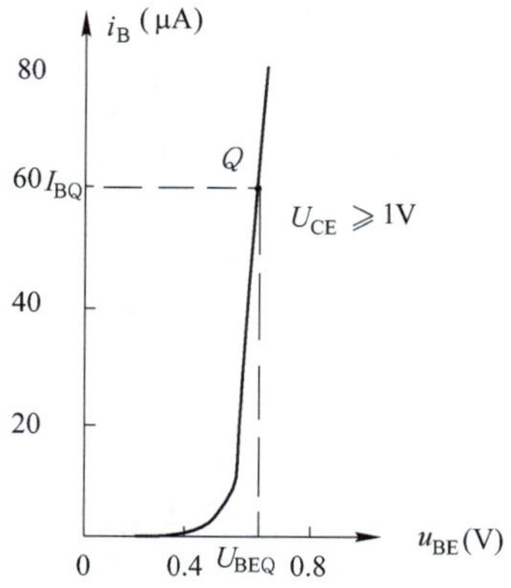

图 7-8-3 3DG6 三极管的输入特性曲线

2. 输出特性曲线

输出特性曲线是指基极电流I_B为常数时，集电极电流i_C与集-射极电压u_{CE}之间的关系曲线，其表达式为

$$i_C = f(u_{CE})\big|_{I_B} = 常数 \qquad (7-8-2)$$

如图 7-8-4 所示，不同的I_B下，可得出不同的曲线，所以三极管的输出特性曲线是一族曲线。

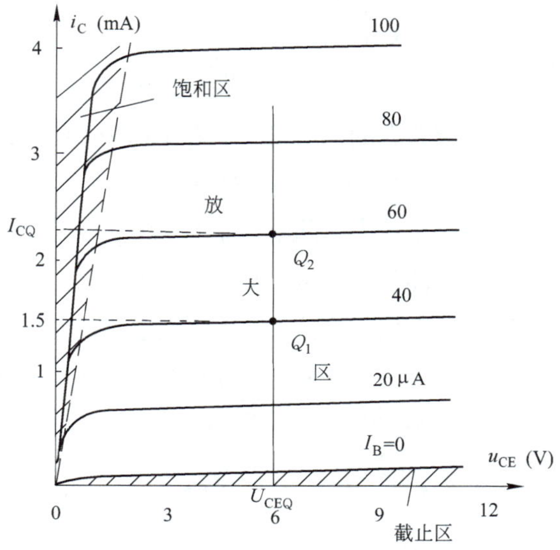

图 7-8-4 3DG6 三极管的输出特性曲线

通常把三极管的输出特性曲线分为三个工作区。

（1）截止区

$I_B = 0$的曲线以下的区域称为截止区。此时$I_B = 0$、$I_C \approx 0$，相当于三极管的三个极处于断开状态。其特点是发射结和集电结均处于反向偏置状态。

（2）放大区

输出特性曲线近似水平，且各曲线之间又相互平行的部分是放大区。此时，I_C和I_B成正比例关系，即$I_C = \beta I_B$（β为电流放大系数），这就是三极管的电流放大作用。三极管工作于放大状态时，发射结处于正向偏置，集电结处于反向偏置。

（3）饱和区

当$U_{CE} < U_{BE}$时，集电结处于正向偏置，三极管工作于饱和区，此时I_B的变化对I_C的影响较小。其特点是发射结和集电结均处于正向偏置状态。

二、基本放大电路

三极管放大电路是将模拟信号进行放大的电路系统，对放大电路的基本要求是能够不失真地放大信号。

放大电路的框图，如图 7-8-5 所示。

图 7-8-5 中①-①′左端是等效信号源，是放大器处理的对象，②-②′右端是放大器的负载。放大器的基本任务是：在输入信号的控制下把电源的能量无失真地传递给负载。

放大器内的三极管是主要控制元件，它必须工作在放大状态。

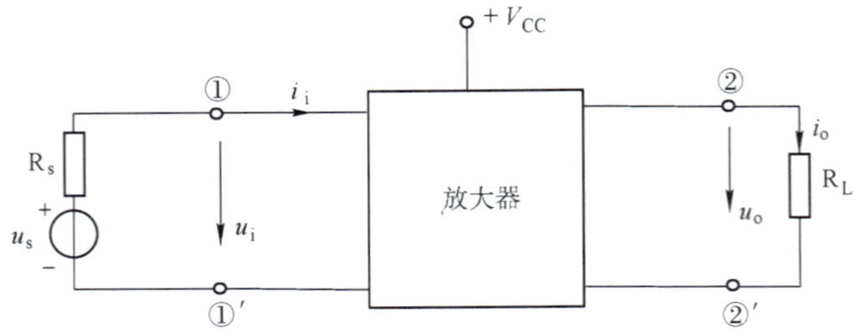

图　7-8-5

这部分内容的复习要求是能确定放大器在没有信号输入时三极管的静态工作点（I_{BQ}，I_{CQ}，V_{CEQ}），并能正确估算放大器的动态指标（电压放大倍数A_u，输入电阻r_i，输出电阻r_o）。

（一）放大电路的组成

利用三极管的电流放大作用，可以组成多种类型的放大电路，常见的有共射极接法的单管电压放大电路，如图 7-8-6 所示。

需要放大的输入电压u_i接在三极管的基极和发射极之间，负载电阻 R_L 接在三极管的集电极和发射极之间，被放大的输出电压u_o从 R_L 两端取出。

（二）放大电路的静态分析

静态是指放大电路输入信号为零时的工作状态。静态分析是要确定放大电路的静态值（直流值）I_B、I_C、U_{BE}和U_{CE}，以保证三极管工作在放大区。

因为静态值是直流，故用放大电路的直流通路分析计算。绘制放大电路直流通路的原则是电路中的电容视为开路，图 7-8-6 电路的直流通路如图 7-8-7 所示。

由图 7-8-7 的直流通路，可得出

$$I_B = \frac{U_{CC} - U_{BE}}{R_B} \approx \frac{U_{CC}}{R_B} \tag{7-8-3}$$

硅管的U_{BE}为 0.6~0.7V，相对于U_{CC}较小，计算时可以将U_{BE}忽略。

$$I_C = \beta I_B \tag{7-8-4}$$

$$U_{CE} = U_{CC} - I_C R_C \tag{7-8-5}$$

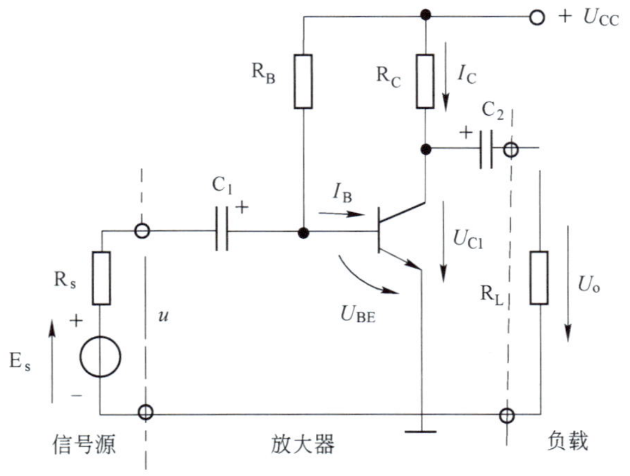

图 7-8-6　基本交流放大电路

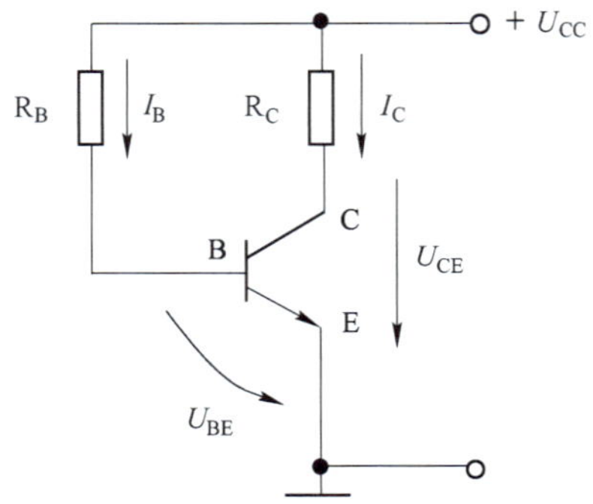

图 7-8-7　图 7-8-5 示交流放大器的直流通路

（三）放大电路的动态分析

动态是放大电路有输入信号时的工作状态，动态分析要确定放大电路的电压放大倍数A_u、输入电阻

r_i和输出电阻r_o等。它是在静态值确定后分析动态信号的传输情况，考虑的只是电流和电压的动态信号分量，常用的分析方法是微变等效电路法。

1. 微变等效电路

所谓放大电路的微变等效电路，是把非线性电路等效为一个线性电路，即把三极管线性化，图 7-8-8a）示三极管的微变等效电路如图 7-8-8b）所示。

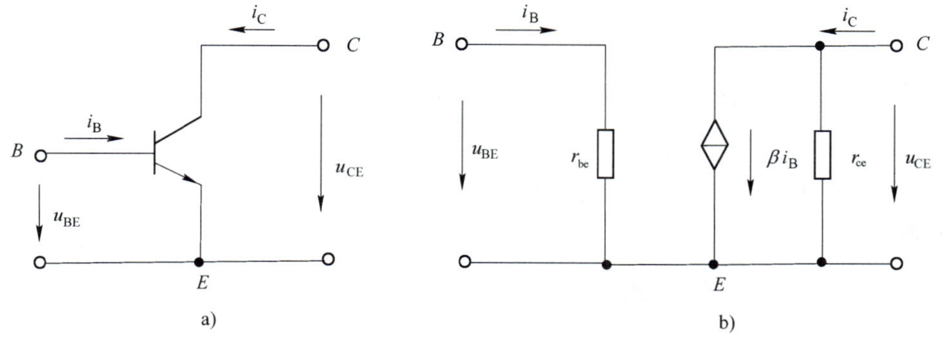

图 7-8-8　三极管及其微变等效电路

其中输入电阻r_{be}的估算公式为

$$r_{be} = r_{bb} + (\beta + 1)\frac{26(\text{mV})}{I_E(\text{mA})} \tag{7-8-6}$$

式中，r_{bb}为三极管的体电阻，其数值在 200~300Ω之间。

将三极管用微变等效电路代替后可得出放大电路的微变等效电路。画放大器的微变等效电路时要把电路中的电容及直流电源视为短路，如图 7-8-9b）所示。

2. 电压放大倍数A_u

根据图 7-8-9b），当放大电路输入正弦交流信号时，可将电压和电流用相量表示，分析如下

$$\dot{U}_i = \dot{I}_B r_{be}$$

$$\dot{U}_o = -\dot{I}_C R_L' = -\beta \dot{I}_B R_L'$$

式中

$$R_L' = R_C /\!/ R_L$$

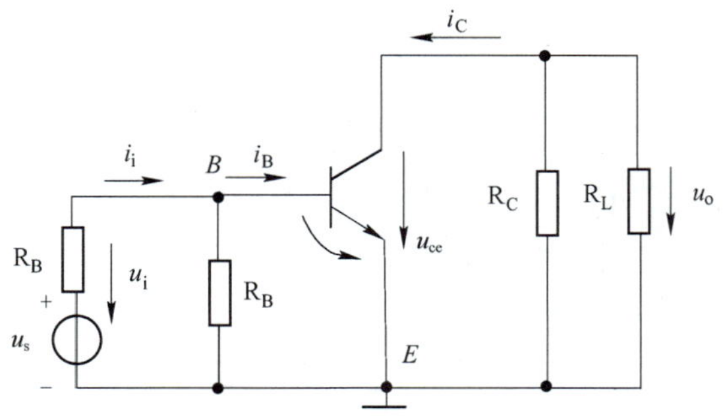

a）图7-8-5所示放大器的交流通路

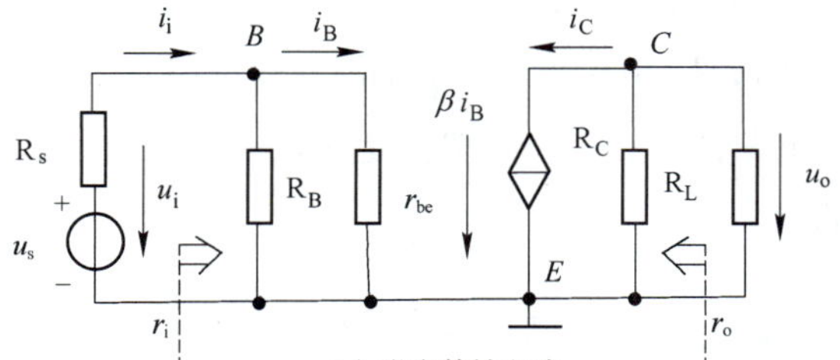

b）微变等效电路

图　7-8-9

整理后可知放大电路的电压放大倍数

$$\dot{A}_u = \frac{\dot{U}_o}{\dot{U}_i} = -\beta \frac{R'_L}{r_{be}} \tag{7-8-7}$$

3. 输入电阻r_i

放大电路的输入电阻r_i是从信号源u_i向放大器看进去的电阻

$$r_i = \frac{\dot{U}_i}{\dot{I}_i} = R_B // r_{be} \approx r_{be} \tag{7-8-8}$$

通常放大器的基极电阻R_B远大于三极管输入电阻r_{be}（约 1kΩ），分析时可认为放大器的输入电阻就是r_{be}的数值。

r_i是对交流而言的动态电阻，通常希望电压放大电路的输入电阻能高一些。

4. 输出电阻r_o

放大电路的输出电阻就是放大电路的输出端向左看的等效电阻

$$r_o \approx R_c \tag{7-8-9}$$

通常，希望放大电路的输出电阻r_o越小越好。

（四）静态工作点和静态工作点稳定的放大电路

放大电路应有合适的静态工作点，以保证有较好的放大效果，否则将引起非线性失真。

在图 7-8-6 的基本交流放大电路中

$$I_B = \frac{U_{CC} - U_{BE}}{R_B} \approx \frac{U_{CC}}{R_B}$$

当R_B一经选定后，I_B也就固定下来，故该电路称为固定偏置电路。

固定偏置电路虽然简单和容易调整，但在外部因素的影响下，将引起静态工作点的变动，严重时使放大电路不能正常工作，其中影响最大的是温度变化。

为使静态工作点稳定，常采用图 7-8-10 所示的分压偏置式放大电路。

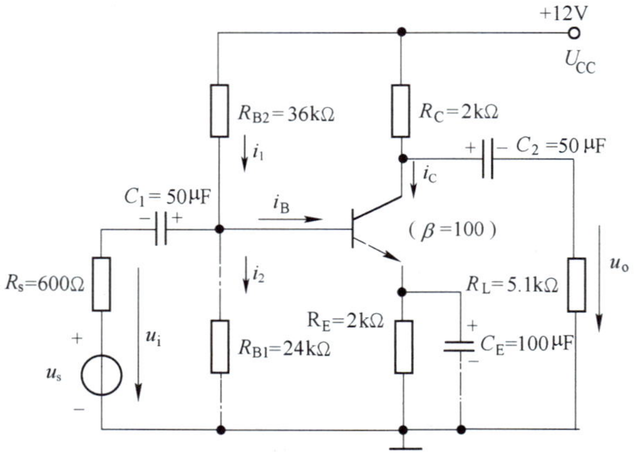

图 7-8-10 分压式偏置放大电路

分压偏置放大电路的特点有两个：第一是在输入端用 R_{B1}、R_{B2} 两分压电阻使B点电位U_B不变；第二是用了 R_E 电阻使温度发生变化时，U_E电位变化，从而U_{BE}改变，调节I_B后，使I_C稳定。

当温度变化时，导致放大电路的I_C变化，只要稳定了I_C，也就稳定了静态工作点。分压式偏置电路稳定静态工作点的物理过程如下

$$T(℃)\uparrow \to I_C \uparrow \to I_E \uparrow \xrightarrow{R_E} U_E \uparrow \xrightarrow{U_B\text{不变}} U_{BE} \downarrow$$

$$I_C \downarrow \leftarrow I_B \downarrow \leftarrow$$

【例 7-8-1】设如图所示放大电路的输入信号u_i为正弦信号，可见，该电路具有稳定I_C的作用。电路参数如图上所注。试求：（1）放大电路的输入电阻和输出电阻；（2）放大电路的电压放大倍数。

解　因放大器的动态参数与静态工作点有关，故应先分析放大器的静态工作点，先画出放大电路的直流通路，如解图 1a）所示。从三极管基极端与接地端往左看，R_{B1}、R_{B2}和电源 U_{CC} 组成一个有源两端网络。应用戴维南定理，此有源两端网络可用一个等效电压源表示，如解图 1b）所示。其中U_0为有源两端网络的开路电压，即

$$U_B=\frac{R_{B1}}{R_{B1}+R_{B2}}U_{CC}=\frac{24\times10^3}{(24+36)\times10^3}\times12=4.8\text{V}$$

R_0为除源网络的等效电阻，将电压源短路（除源）得

$$R_B=\frac{R_{B1}R_{B2}}{R_{B1}+R_{B2}}=\frac{24\times10^3\times36\times10^3}{(24+36)\times10^3}=14.4\text{k}\Omega$$

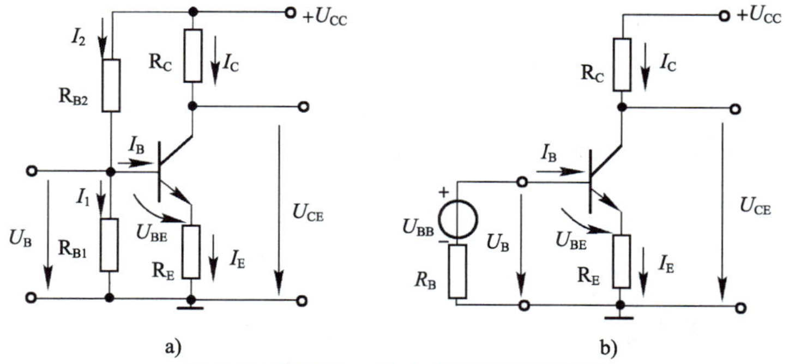

例 7-8-1 解图 1　放大电路的直流通路

由此，列出基极回路的 KVL 方程

$$U_B=I_BR_B+U_{BE}+I_ER_E=I_BR_B+U_{BE}+(1+\beta)I_BR_E$$

所以，基极电流

$$I_B=\frac{U_{BB}-U_{BE}}{R_B+(1+\beta)R_E}=\frac{4.8-0.7}{14.4\times10^3+(1+100)\times2\times10^3}=19\mu\text{A}$$

发射极电流

$$I_E=(1+\beta)I_B=(1+100)\times19\times10^{-6}=1.92\text{mA}$$

三极管的输入电阻

$$r_{be}=300+(\beta+1)\frac{26(\text{mV})}{I_E(\text{mA})}=300+(100+1)\times\frac{26}{1.92}=1.668\text{k}\Omega$$

在实际放大电路中，一般取$I_1\gg I_B$［$I_1\geqslant(5\sim10)I_B$］，用以保证U_B不随I_B而变，所以$I_1\approx I_2$。在近似估算时，可认为基极对地电位

$$U_B\approx\frac{R_{B1}}{R_{B1}+R_{B2}}U_{CC}=4.8\text{V}$$

发射极电流

$$I_E=\frac{U_B-U_{BE}}{R_E}=\frac{4.8-0.7}{2\times10^3}=2\text{mA}$$

三极管的输入电阻

$$r_{be}=300+(\beta+1)\times\frac{26(\text{mV})}{I_E(\text{mA})}=300+(100+1)\times\frac{26}{2}=1.6\text{k}\Omega$$

从上可见，应用估算法与应用戴维南定理的精确计算法相比，r_{be}稍小些（本例小于 4%），这在工程计算中是允许的。

（1）为了求出放大电路的输入电阻和输出电阻，画出其微变等效电路如解图 2 所示。可以看出，

放大电路的输入电阻r_i是R_{B1}、R_{B2}和r_{be}三者的并联，即

$$r_i = R_{B1} /\!/ R_{B2} /\!/ r_{be} = 24 /\!/ 36 /\!/ 1.6 = 1.44\text{k}\Omega$$

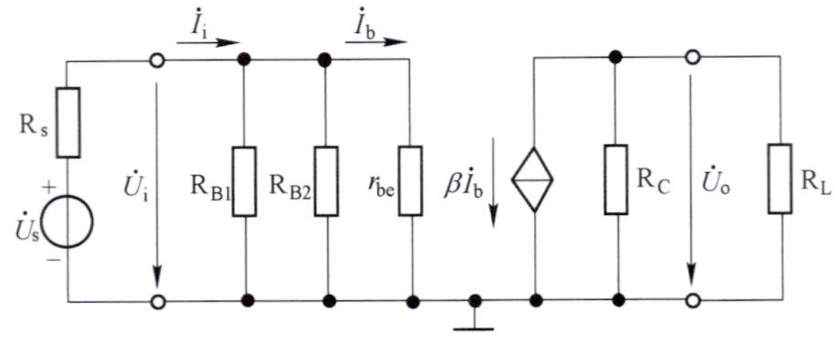

例 7-8-1 解图 2　微变等效电路图

由解图 2 可知，输出电阻r_o等于集电极负载电阻R_C，即

$$r_o = R_C = 2\text{k}\Omega$$

（2）如果考虑信号源内阻R_s的影响时，放大电路的电压放大倍数应该是

$$\dot{A}_{us} = \frac{\dot{U}_o}{\dot{U}_s} = \frac{\dot{U}_o}{\dot{U}_i} \times \frac{\dot{U}_i}{\dot{U}_s} = -\beta\frac{R_L'}{r_{be}} \times \frac{r_i}{R_s + r_i} \tag{7-8-10}$$

从上式可见，当$r_i \gg R_s$时，R_s对电压放大倍数的影响就很小。因此，一般要求电压放大电路的输入电阻r_i值较大。

对于本例题，电压放大倍数

$$\dot{A}_{us} = -100 \times \frac{1.44 \times 10^3}{1.6 \times 10^3} \times \frac{1.44 \times 10^3}{(0.6 + 1.44) \times 10^3} = -89 \times 0.71 = -63$$

式（7-8-10）中，$R_L' = R_C /\!/ R_L = 2 /\!/ 5.1 = 1.44\text{k}\Omega$

【例 7-8-2】 晶体三极管放大电路如图所示，在并入电容C_E后 ，下列不变的量是：

A. 输入电阻和输出电阻　　B. 静态工作点和电压放大倍数

C. 静态工作点和输出电阻　　D. 输入电阻和电压放大倍数

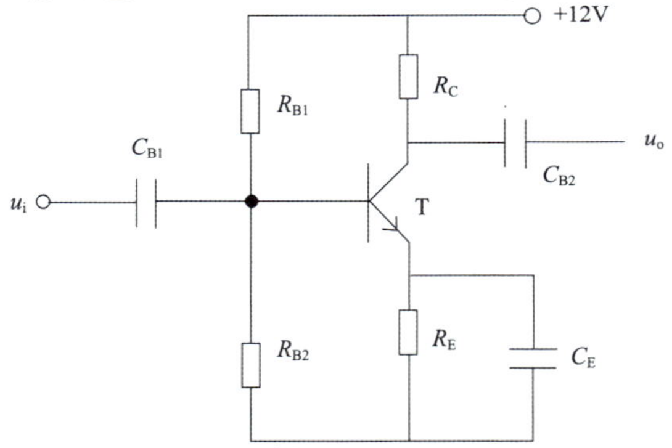

例 7-8-2 图

解　电压放大器的耦合电容有隔直通交的作用，因此电容C_E接入以后不会改变放大器的静态工作点。对于交变信号，接入电容C_E以后电阻R_E被短路，根据放大器的交流通道来分析放大器的动态参数，输入电阻R_i、输出电阻R_o、电压放大倍数A_u分别为

$$R_i = R_{B1} /\!/ R_{B2} /\!/ [r_{be} + (1+\beta)R_E]$$

$$R_o = R_C$$

$$A_u = \frac{-\beta R_L'}{r_{be} + (1+\beta)R_E} \qquad (R_L' = R_C /\!/ R_L)$$

可见，输出电阻R_o与R_E无关。

所以，并入电容C_E后不变的量是静态工作点和输出电阻R_o。

答案： C

（五）射极输出器

1. 射极输出器的工作原理

共发射极电路能获得较高的电压放大倍数，但其输入电阻较小，输出电阻较大。因此，共发射极电路常用作多级放大电路的中间级，用来获得较高的电压放大倍数。射极输出器具有较高的输入电阻和较低的输出电阻，可用作多级放大电路的输入级或输出级，以适应信号源或负载对放大电路的要求。

如图 7-8-11 所示是射极输出器的电路，从图可见，这种电路的负载电阻 R_L 经过耦合电容 C_2 接在三极管的发射极上，即输出电压u_o从三极管的发射极取出，所以称为射极输出器。它的直流和交流通路如图 7-8-12、图 7-8-13 所示，由交流通路可见，这种电路以三极管的集电极作为输入回路和输出回路的公共端，所以是属共集电极电路。

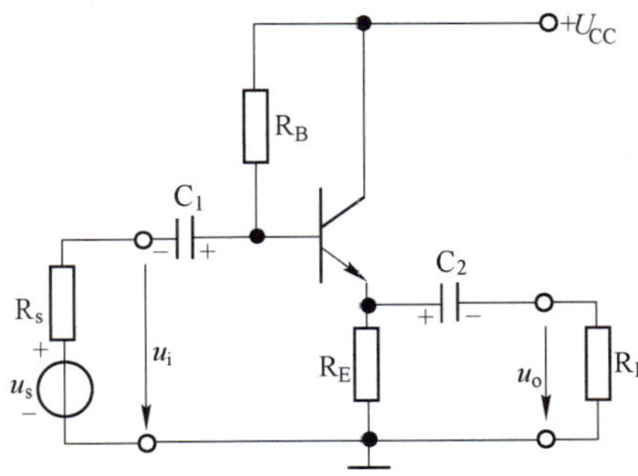

图 7-8-11　射极输出器

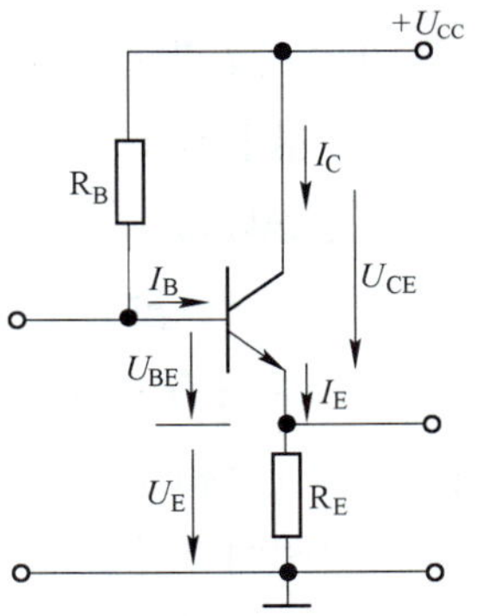

图 7-8-12　射极输出器的直流通路

当没有输入信号（静态）时，射极输出器可用如图 7-8-12 所示的直流通路来分析，此时基极电流

$$I_B = \frac{U_{CC} - U_{BE}}{R_B + (\beta + 1)R_E}$$

静态时的集电极电流

$$I_C = \beta I_B = \frac{\beta(U_{CC} - U_{BE})}{R_B + (\beta + 1)R_E}$$

静态时的集电极-发射极间电压

$$U_{CE} = U_{CC} - I_E R_E \approx U_{CC} - I_C R_E$$

2. 射极输出器的电压放大倍数

为了分析射极输出器的电压放大倍数，图 7-8-14 中画出射极输出器的微变等效电路。图中假设输入为正弦信号，放大电路没有非线性失真，即电压和电流的交流分量也是正弦信号，所以均用相量表示。

从图 7-8-14 可列出输入回路的电压方程

$$\dot{U}_i = \dot{I}_b r_{be} + \dot{I}_e(R_E /\!/ R_L) = \dot{I}_b r_{be} + (\beta + 1)\dot{I}_b(R_E /\!/ R_L) = \dot{I}_b[r_{be} + (\beta + 1)R_L']$$

式中，$R_L' = R_E /\!/ R_L$为等效负载电阻。

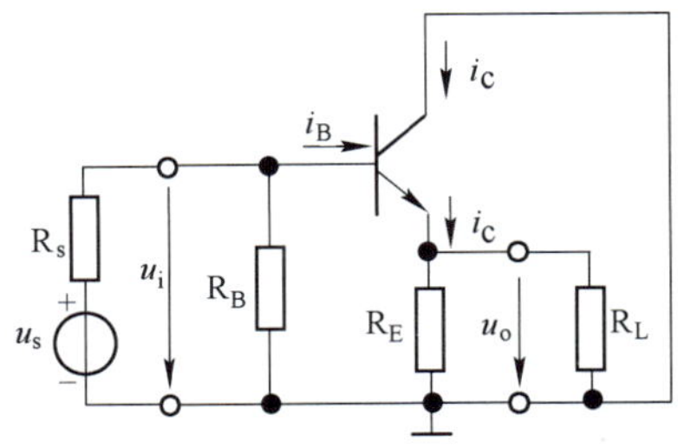

图 7-8-13　射极输出器的交流通路

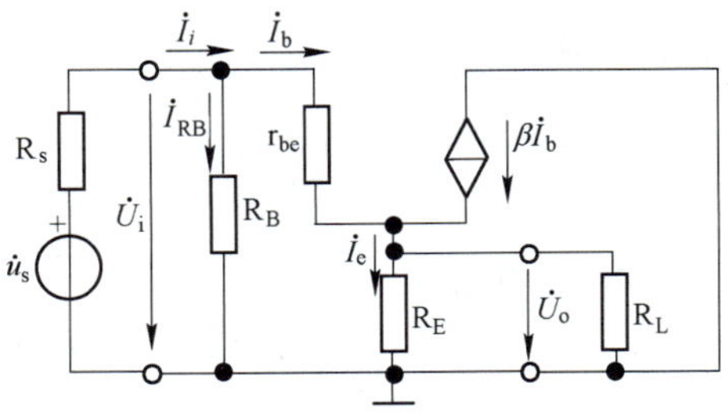

图 7-8-14　射极输出器的微变等效电路

输出电压

$$\dot{U}_o = \dot{I}_e(R_E /\!/ R_L) = (\beta+1)\dot{I}_b R'_L$$

所以，电压放大倍数

$$\dot{A}_u = \frac{\dot{U}_o}{\dot{U}_i} = \frac{(\beta+1)\dot{I}_b R'_L}{\dot{I}_b[r_{be}+(\beta+1)R'_L]} = \frac{(\beta+1)R'_L}{r_{be}+(\beta+1)R'_L} \tag{7-8-11}$$

一般$\beta \gg 1$，且r_{be}小于R'_L，所以

$$\dot{A}_u \approx \frac{\beta R'_L}{r_{be}+\beta R'_L} \leqslant 1 \tag{7-8-12}$$

从上式可见，射极输出器的电压放大倍数小于 1，即输出电压U_o的大小接近于输入电压U_i的大小。同时从式（7-8-9）还可看到$\dot{A}_u$为正，即射极输出器的输出电压$\dot{U}_o$和输入电压$\dot{U}_i$同相位。

综上所述，射极输出器不但输出电压U_o的大小与输入电压U_i的大小相等，而且两者的相位相同。也就是说，输出电压U_o总是跟随输入电压U_i作相应变化，因此，射极输出器又称为电压跟随器。

应该指出，虽然射极输出器没有电压放大作用，但是，由于射极输出器的发射极电流I_e比基极电流I_b要大（$\beta+1$）倍，所以它具有一定的电流放大和功率放大作用。

3. 射极输出器的输入电阻和输出电阻

射极输出器的输入电阻可以从如图 7-8-14 所示的微变等效电路中求得，同时可以看出，输入电流

$$\dot{I}_i = \dot{I}_{RB} + \dot{I}_b = \frac{\dot{U}_i}{R_B} + \frac{\dot{U}_i}{r_{be}+(\beta+1)R'_L} = \left[\frac{1}{R_B} + \frac{1}{r_{be}+(\beta+1)R'_L}\right]\dot{U}_i$$

所以，射极输出器的输入电阻

$$r_i = \frac{\dot{U}_i}{\dot{I}_i} = \frac{1}{\dfrac{1}{R_B}+\dfrac{1}{r_{be}+(\beta+1)R'_L}} = R_B /\!/ [r_{be}+(\beta+1)R'_L] \tag{7-8-13}$$

可见，射极输出器的输入电阻r_i由两部分电阻并联而成：一个是偏置电阻R_B；另一个是基极回路电阻$[r_{be}+(\beta+1)R'_L]$。在一般情况下，R_B的阻值很大（几十千欧到几百千欧），并且基极回路电阻$[r_{be}+(\beta+1)R'_L]$要比共发射极放大电路的输入电阻大得多。所以，射极输出器的输入电阻比共发射极放大电路的输入电阻提高几十倍到几百倍。

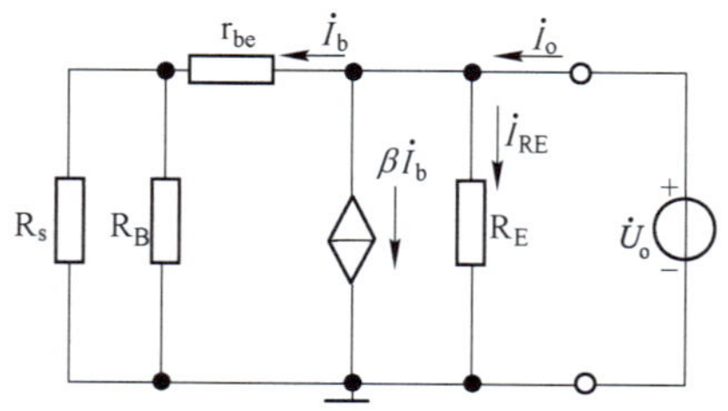

图 7-8-15　求射极输出器的输出电阻

射极输出器的输出电阻，按定义可用求等效电源内电阻的方法求得。其方法之一是除源法，即将信号源u_s短路（除独立源），在输出端（断开负载电阻R_L）加一交流电压$\dot{U}_o$，如图 7-8-15 所示。

按输出电阻的定义

$$r_0 = \frac{\dot{U}_o}{\dot{I}_o}\bigg|_{\substack{R_L=\infty \\ u_s=0}}$$

由图 7-8-15 可得

$$\begin{aligned}\dot{I}_o &= \dot{I}_{RE} + \beta\dot{I}_b + \dot{I}_b = \dot{I}_{RE} + (\beta+1)\dot{I}_b \\ &= \frac{\dot{U}_o}{R_E} + \frac{(\beta+1)\dot{U}_o}{r_{be}+(R_s /\!/ R_B)} = \left(\frac{1}{R_E} + \frac{\beta+1}{r_{be}+R'_s}\right)\dot{U}_o\end{aligned}$$

式中，$R'_S = R_S // R_B$。

所以，输出电阻

$$r_o = \frac{\dot{U}_o}{\dot{I}_o} = \frac{1}{\dfrac{1}{R_E} + \dfrac{\beta+1}{r_{be}+R'_S}} = R_E // \frac{r_{be}+R'_S}{\beta+1} \tag{7-8-14}$$

上式说明，射极输出器的输出电阻r_o是R_E和$\frac{r_{be}+R'_S}{\beta+1}$两部分电阻并联的结果。在一般情况下，（$r_{be}+R'_S$）较小，$\beta \gg 1$，而$R_E$通常为几千欧，因此射极输出器的输出电阻$r_o$很低。

习　题

7-8-1　如图所示电路，能实现交流放大的是图（　　）。

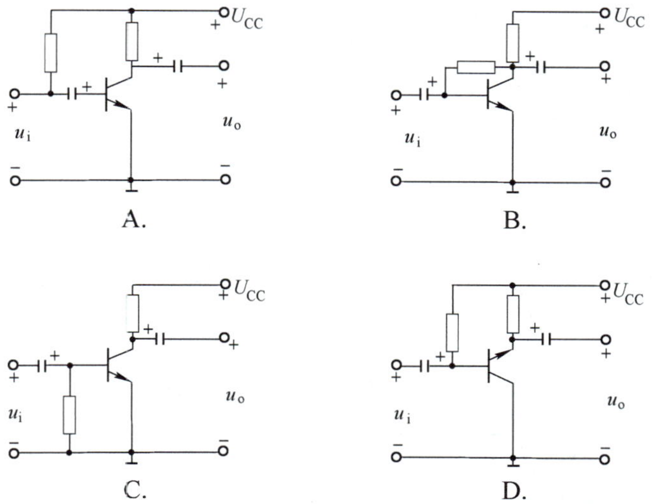

7-8-2　如图所示电路中的晶体管，当输入信号为 3V 时，工作状态是（　　）。

A. 饱和　　B. 截止　　C. 放大　　D. 不确定

7-8-3　如图所示为共发射极单管电压放大电路，估算静态点I_B、I_C、V_{CE}分别为（　　）。

A. 57μA，2.28mA，5.16V　　B. 57μA，2.8mA，8V

C. 57μA，4mA，0V　　D. 30μA，2.8mA，3.5V

7-8-4　如图所示放大器的输入电阻r_i、输出电阻r_o和电压放大倍数A_u分别为（　　）。（$r_{be}=1.25\text{k}\Omega$）

A. 200kΩ，3kΩ，47.5 倍　　B. 1.25kΩ，3kΩ，47.5 倍

C. 1.25kΩ，3kΩ，−47.5 倍　　D. 1.25kΩ，1.5kΩ，−47.5 倍

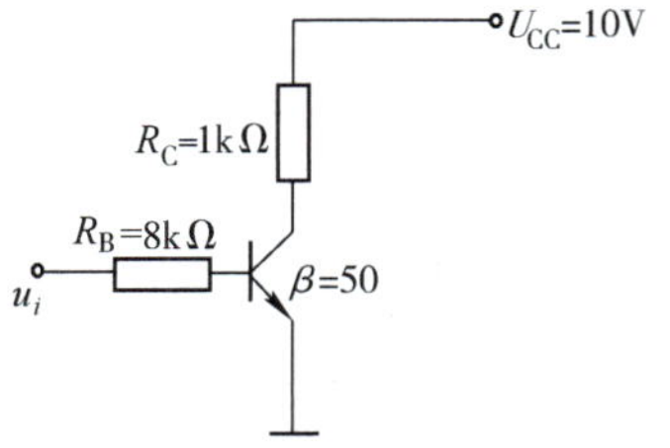

题 7-8-2 图

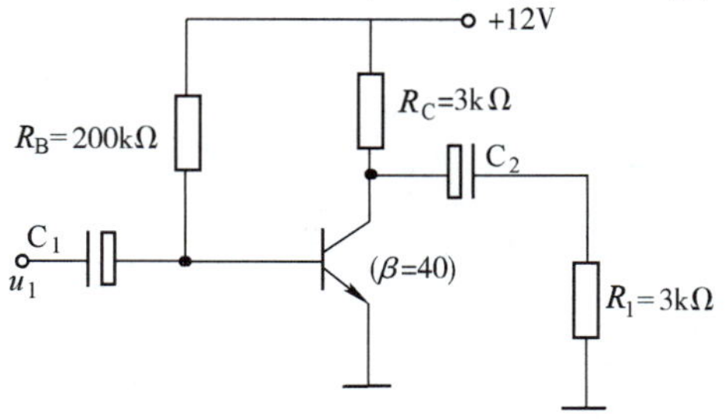

题 7-8-3、题 7-8-4 图

7-8-5　某晶体管放大电路的空载放大倍数$A_k=-80$、输入电阻r_i =1kΩ 和输出电阻r_o =3kΩ，将信号源（$u_s=10\sin\omega t\text{mV}$，$R_s=1\text{k}\Omega$）和负载（$R=5\text{k}\Omega$）接于该放大电路之后（见图），负载电压$u_o$将

为（　　）。

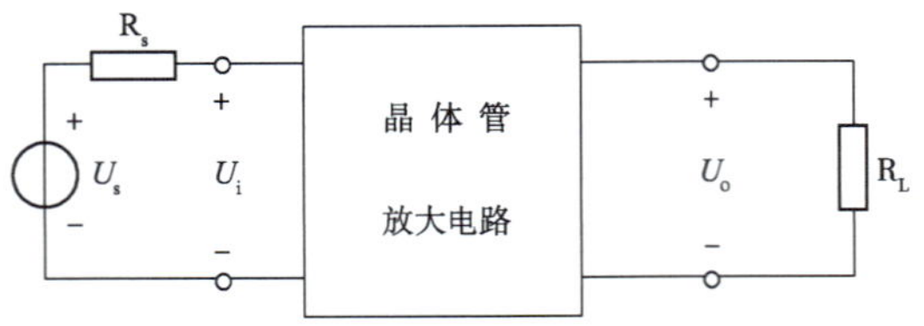

题 7-8-5 图

A. $-0.8\sin\omega t\text{V}$　　B. $-0.5\sin\omega t\text{V}$　　C. $-0.4\sin\omega t\text{V}$　　D. $-0.25\sin\omega t\text{V}$

7-8-6　将放大倍数为 1，输入电阻为 100Ω，输出电阻为 50Ω 的射级输出器插接在信号源（u_s，R_s）与负载（R_L）之间，形成图 b）电路，与图 a）电路相比，负载电压的有效值（　　）。

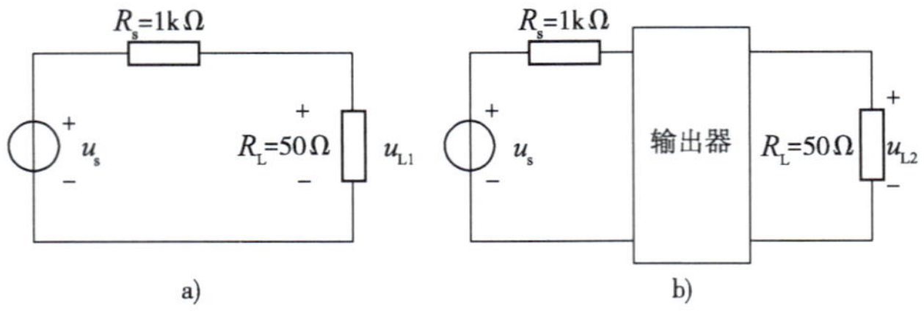

题 7-8-6 图

A. $U_{L2}>U_{L1}$　　B. $U_{L2}=U_{L1}$

C. $U_{L2}<U_{L1}$　　D. 因为U_2未知，不能确定U_{L1}和U_{L2}之间的关系

第九节　集成运算放大器

一、集成运算放大器简介

集成运算放大器是具有高开环放大倍数并带有深度负反馈的多级直接耦合放大电路，它不仅可以放大直流信号，也可以放大交流信号。集成运算放大器具有开环放大倍数高、输入电阻高、输出电阻低、可靠性高、体积小等主要特点。

为了使集成运算放大器（简称运算放大器）电路分析得以简化，一般将实际运算放大器进行理想化，理想化的条件是：

开环电压放大倍数　　$A_u\to\infty$

输入电阻　　$r_i\to\infty$

输出电阻　　$r_o\to 0$

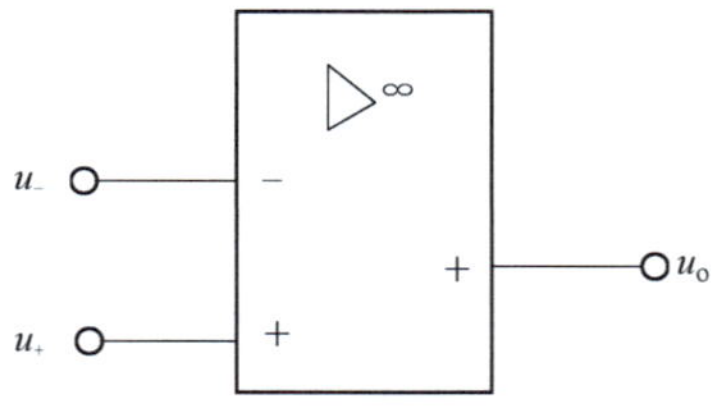

图 7-9-1　运算放大器的图形符号

如图 7-9-1 所示是理想运算放大器的图形符号，它有两个输入端和一个输出端。反相输入端标上“−”号，同相输入端和输出端标上“+”号。它们对“地”的电位分别用u_-、u_+和u_o表示反相输入信号u_-的电位变化极性与输出信号u_o的极性相反；同反相输入信号u_+的电位变化极性与输出信号u_o的极性相同。当运算放大器工作在线性区时，u_o、u_+和u_-之间关系为

$$u_o=A_u(u_+-u_-)\qquad(7-9-1)$$

由于$r_i = \infty$，故可认为两个输入端的输入电流为零（即虚断路）；由于运算放大器的开环电压放大倍数$A_u \to \infty$，而输出电压u_o是一个有限值，则

$$u_+ - u_- = \frac{u_o}{A_u} \approx 0$$

即

$$u_+ \approx u_- \quad（即虚短路） \tag{7-9-2}$$

如果反相端有输入时，同相端接“地”，即$u_+ = 0$，则$u_- \approx 0$。这就是说反相输入端的电位接近于“地”电位，通常称为“虚地”。

由于$r_o \Rightarrow 0$，可以认为输出端电压恒定，仅受输入信号控制，与负载R_L的变化无关：

$$u_o = A_u(u_+ - u_-)$$

二、基本运算电路

（一）比例运算

1. 反相输入

如图 7-9-2 所示，输入信号从反相输入端引入。

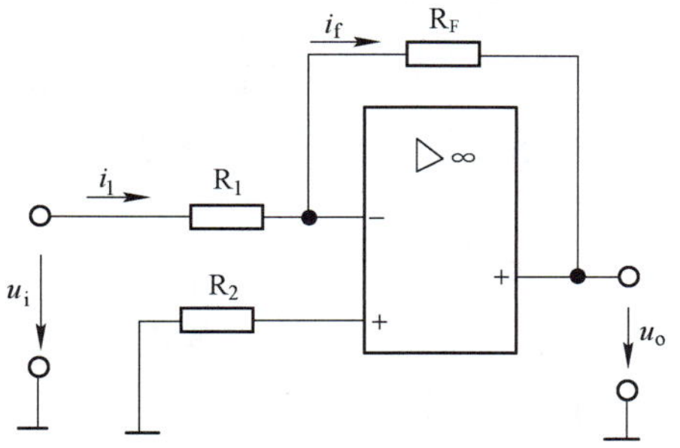

图 7-9-2　反相比例运算电路

由于$i_1 \approx i_f$，$u_- \approx u_+ = 0$（流过图 7-9-2 中电阻R_2的电流基本为 0），则

$$i_1 = \frac{u_i - u_-}{R_1} = \frac{u_i}{R_1}$$
$$i_f = \frac{u_- - u_o}{R_F} = -\frac{u_o}{R_F}$$

由此得出

$$u_o = -\frac{R_F}{R_1}u_i \tag{7-9-3}$$

闭环电压放大倍数为

$$A_{uf} = \frac{u_o}{u_i} = -\frac{R_F}{R_1} \tag{7-9-4}$$

上式表明，输出电压与输入电压是反相比例运算关系。

2. 同相输入

如图 7-9-3 所示，输入信号从同相输入端引入。

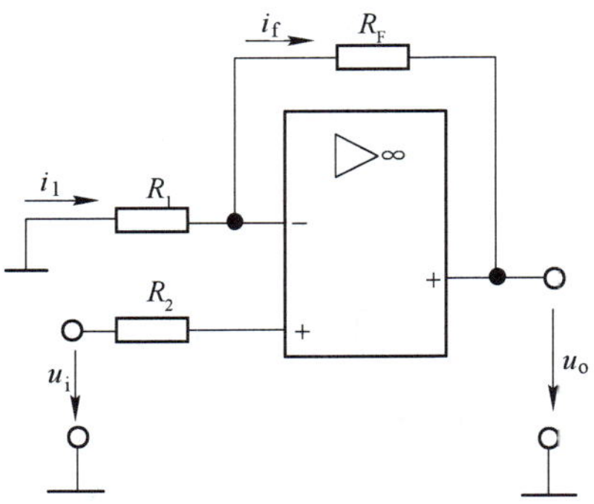

图 7-9-3　同相比例运算电路

由于

$$u_- \approx u_+ = u_i$$

则

$$i_1 = \frac{0 - u_-}{R_1} = \frac{-u_i}{R_1}$$
$$i_f = \frac{u_- - u_o}{R_F} = \frac{u_i - u_o}{R_F}$$

由于$i_1 = i_f$，可得出

$$-\frac{u_i}{R_i} = \frac{u_i - u_o}{R_F}$$

则

$$u_o = \left(1 + \frac{R_F}{R_1}\right)u_i \tag{7-9-5}$$

闭环电压放大倍数则为

$$A_{uf}=\frac{u_o}{u_i}=1+\frac{R_F}{R_1} \tag{7-9-6}$$

可见，输出电压与输入电压是同相比例运算关系。

【例 7-9-1】运算放大器应用电路如图所示，设运算放大器输出电压的极限值为±11V。如果将−2.5V 电压接入 A 端，而 B 端接地后，测得输出电压为 10V，如果将−2.5V 电压接入 B 端，而 A 端接地，则该电路的输出电压u_o等于：

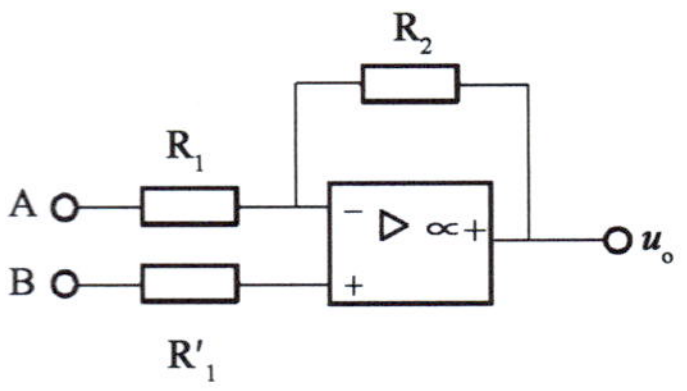

例 7-9-1 图

A.10V　　B.−10V

C.−11V　　D.−12.5V

解　将电路 A 端接入−2.5V 的信号电压，B 端接地，则构成反相比例运算电路。输出电压与输入的信号电压关系为：$u_o=-\frac{R_2}{R_1}u_i$，可知：$\frac{R_2}{R_1}=-\frac{u_o}{u_i}$=4。

当 A 端接地，B 端接信号电压，就构成同相比例电路，则输出u_o与输入电压u_i的关系为：

$$u_o=\left(1+\frac{R_2}{R_1}\right)u_i=-12.5V$$

考虑到运算放大器输出电压在−11~11V 之间，可以确定放大器已经工作在负饱和状态，输出电压为负的极限值−11V。

答案：C

（二）加法运算

如果在反相输入端增加若干输入电路，则构成反相加法运算电路，如图 7-9-4 所示。

由图可列出

$$i_{11}=\frac{u_{i1}}{R_{11}}\quad i_{12}=\frac{u_{i2}}{R_{12}}\quad i_{13}=\frac{u_{i3}}{R_{13}}\quad i_f=\frac{-u_o}{R_F}$$

$$i_f=i_{11}+i_{12}+i_{13}$$

整理可得

$$u_o=-\left(\frac{R_F}{R_{11}}u_{i1}+\frac{R_F}{R_{12}}u_{i2}+\frac{R_F}{R_{13}}u_{i3}\right) \tag{7-9-7}$$

当$R_{11}=R_{12}=R_{13}=R_F$时，则上式为

$$u_o=-(u_{i1}+u_{i2}+u_{i3}) \tag{7-9-8}$$

（三）减法电路

减法运算电路如图 7-9-5 所示。两个输入端都有信号输入，为差动输入方式。

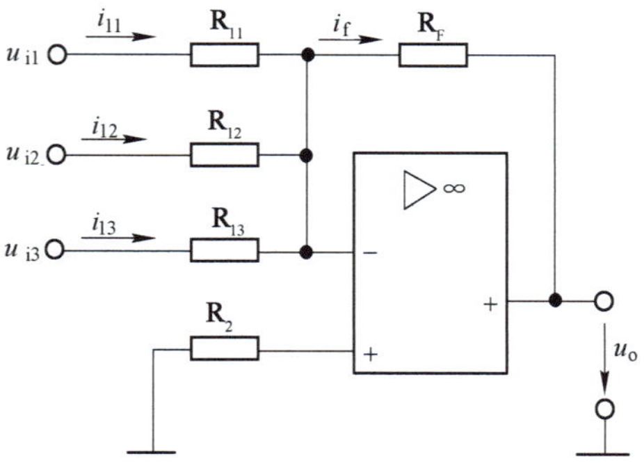

图 7-9-4　反相加法运算电路

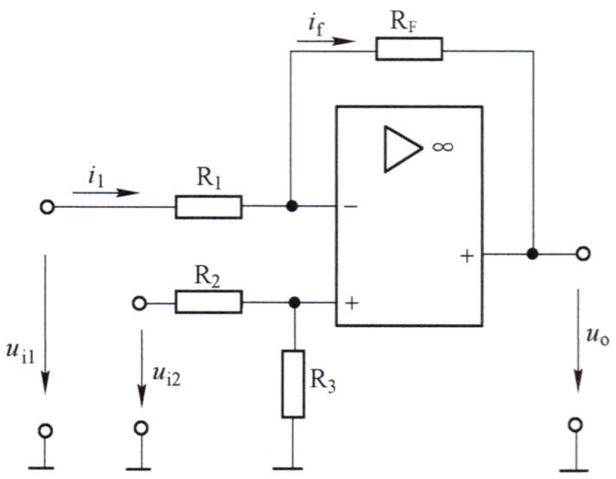

图 7-9-5　减法运算电路

由图 7-9-5 可列出

$$u_- = u_{i1} - i_1 R_1 = u_{i1} - \frac{u_{i1} - u_o}{R_1 + R_F} R_1$$

$$u_+ = \frac{u_{i2}}{R_2 + R_3} R_3$$

因为$u_- \approx u_+$，整理可得

$$u_o = \left(1 + \frac{R_F}{R_1}\right) \frac{R_3}{R_2 + R_3} u_{i2} - \frac{R_F}{R_1} u_{i1} \tag{7-9-9}$$

当$R_1 = R_2 = R_3 = R_F$，则

$$u_o = u_{i2} - u_{i1} \tag{7-9-10}$$

可见，输出电压u_o是两个输入电压的差值，实现了减法运算。

（四）积分运算

积分运算电路如图 7-9-6 所示。

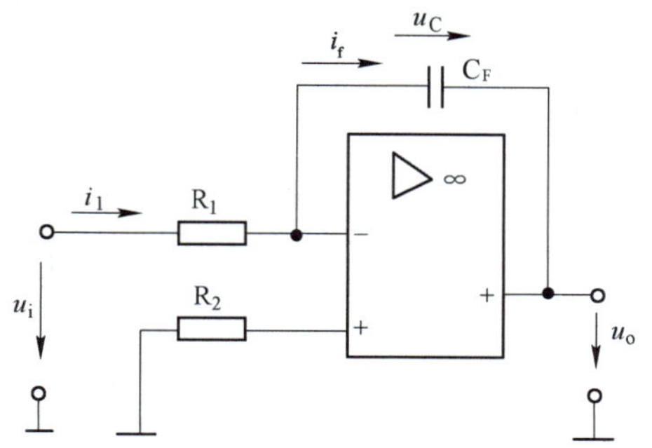

图 7-9-6　积分运算电路

由于反相输入$u_- = u_+ \approx 0$，故

$$i_1 = \frac{u_i}{R_1}$$

$$i_f = C_F \frac{du_C}{dt} = C_F \frac{d(u_- - u_o)}{dt} = -C_F \frac{du_o}{dt}$$

则

$$u_o = -\frac{1}{R_1 C_F} \int u_i dt \tag{7-9-11}$$

上式表明u_o与u_i的积分成比例，R_1C_F称为积分时间常数。

【例 7-9-2】 运算放大器应用电路如图所示，其中$C = 1\mu F$，$R = 1M\Omega$，$U_{OM} = \pm 10V$，若$u_1 = 1V$，则u_o：

A. 等于 0V

B. 等于 1V

C. 等于 10V

D. $t < 10s$ 时，为$-t$；$t \geq 10s$ 后，为$-10V$

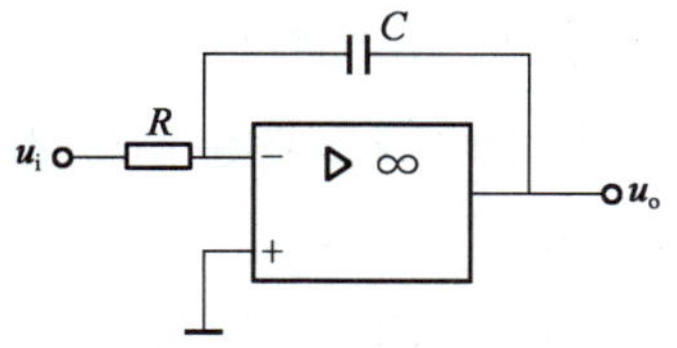

例 7-9-2 图

解　该电路为运算放大器的积分运算电路。

$$u_o = -\frac{1}{RC} \int u_i dt$$

当$u_i = 1V$时，$u_o = -\frac{1}{RC} t$

当$t < 10s$ 时，$u_o = -t$

$t \geq 10s$ 后，电路出现反向饱和，$u_o = -10V$

波形分析如解图所示。

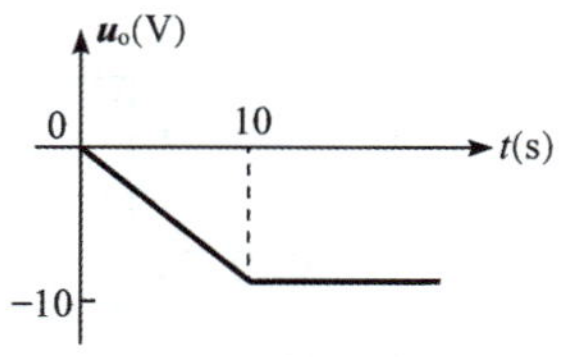

例 7-9-2 解图

答案： D

实例： 仪表测量电路

如图 7-9-7 所示为三运放构成的仪用放大器，A_1，A_2均为同相放大电路。

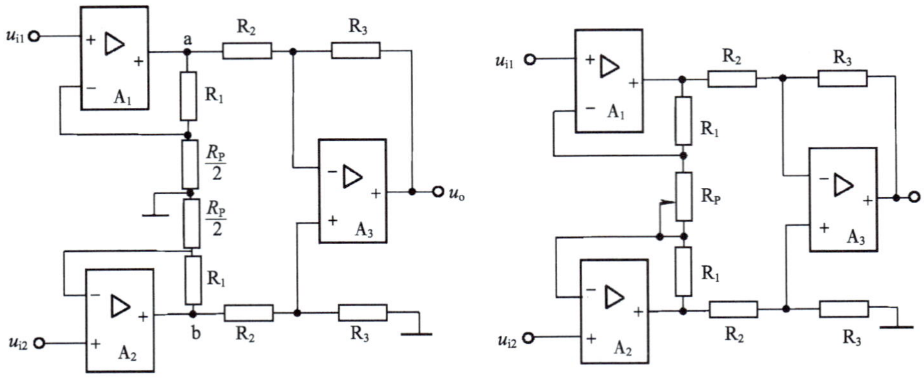

a) 三运放组成的仪表放大电路　　b)实用的仪表放大电路

图　7-9-7

其中

$$u_a=\left(1+\frac{R_1}{\frac{R_P}{2}}\right)u_{i1}, \quad u_b=\left(1+\frac{R_1}{\frac{R_P}{2}}\right)u_{i2}$$

$$u_{ab}=u_a-u_b=\left(1+\frac{2R_1}{R_P}\right)(u_{i1}-u_{i2})$$

A_3为差动放大电路，输出电压

$$u_o=-\frac{R_3}{R_2}u_{ab}=\frac{R_3}{R_2}\left(1+\frac{2R_1}{R_P}\right)(u_{i2}-u_{i1})$$

当输出电压需要调节时可以采用图 7-9-7b）所示电路，调节可变电阻 R_P 即可改变电路的电压放大倍数。该电路的特点为电压放大倍数容易调整，输入电阻较大。在 LH0036 系列仪表中电路的输入电阻可达到 300MΩ 以上。

三、电压比较器电路

电压比较器的作用是用来比较输入电压和参考电压，图 7-9-8a）是一种基本电压比较器电路和输入、输出电压的传输特性。

该电路的参考电压U_R加在同相输入端，输入电压u_i加在反相输入端，运算放大器工作于开环状态。由于运算放大器的开环电压放大倍数很高，即使输入端有一个非常微小的差值信号，也会使输出电压饱和。因此，用作比较器时，运算放大器工作在饱和区（即非线性区）。当$u_i<U_R$时，$U_o=+U_{o(sat)}$；当$u_i>U_R$时，$U_o=-U_{o(sat)}$。当参考电压$U_R=0$时，电压比较器又叫作过零比较器，图 7-9-9b）是过零比较器的电压传输特性。

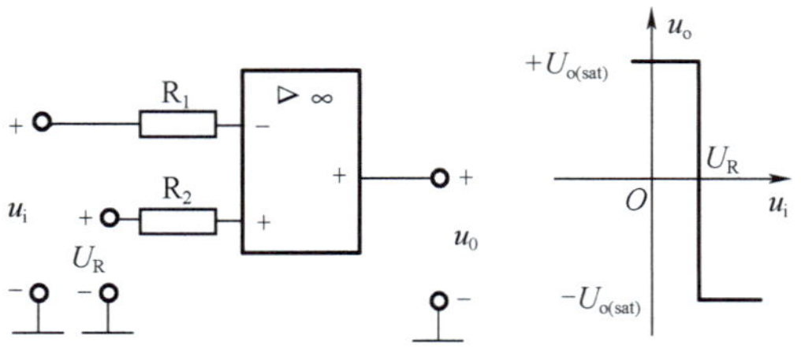

a)　　b)

图 7-9-8　电压比较器

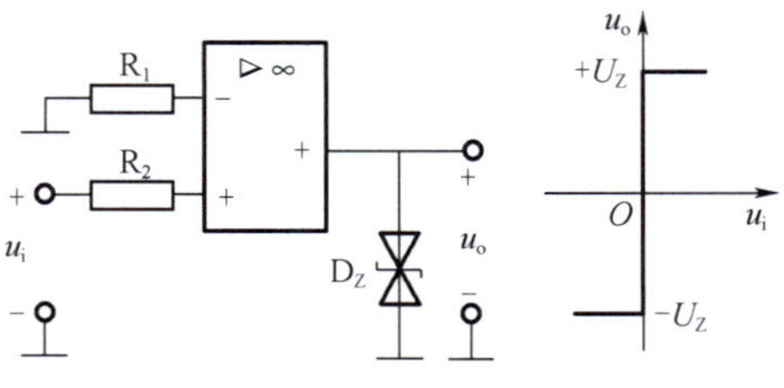

a)　　b)

图 7-9-9　过零比较器电路和电压传输特性

图 7-9-10 为过零比较器将正弦波电压转变为矩形波电压。

当电压比较器的输入端进行模拟信号大小的比较时，在输出端则以高电平或低电平[即为数字信号（1 或 0）]来反映比较结果。当$U_R = 0$时，输入电压u_i与零电平比较，成为过零比较器。

有时为了将输出电压限制在某一特定值，与接在输出端的数字电路的电平配合，可在比较器的输出端与“地”之间跨接一个双向稳压二极管 D_Z，作双向限幅用。稳压二极管的电压为U_Z，电路和传输特性如图 7-9-11 所示。U_i与零电平比较，输出电压u被限制在$+U_Z$或$-U_Z$。

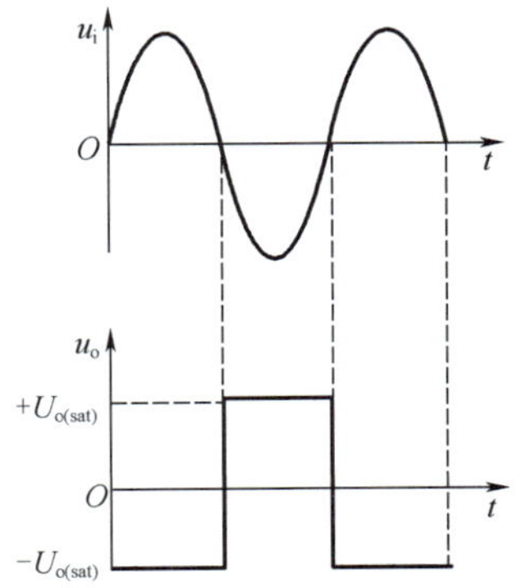

图 7-9-10　过零比较器将正弦波电压转变为矩形波电压

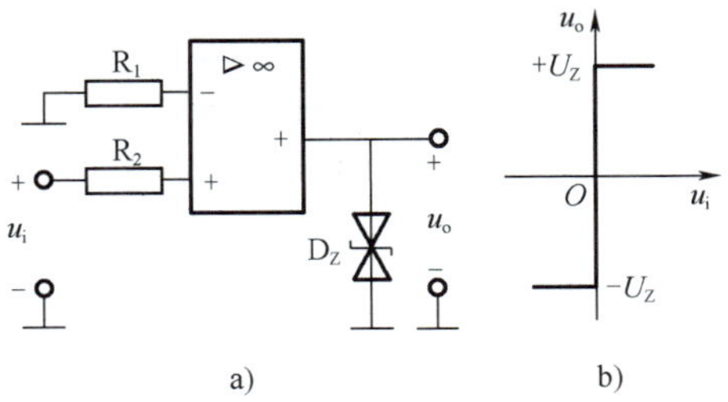

图 7-9-11　带有输出限幅的电压比较电路

【例 7-9-3】 图示为一种电压比较电路，用作电平检测电路，图中U_R为参考电压且为正值，D_R和D_G分别为红色和绿色发光二极管，试判断在什么情况下它们会亮?

解　当$u_i < U_R$时（$U_+ < U_-$），$u_o = -U_{o(sat)}$，二极管 D_G 导通，D_R 截止，绿灯亮；

当$u_i > U_R$时（$U_+ < U_-$），$u_o = +U_{o(sat)}$，二极管 D_G 截止，D_R 导通，红灯亮。

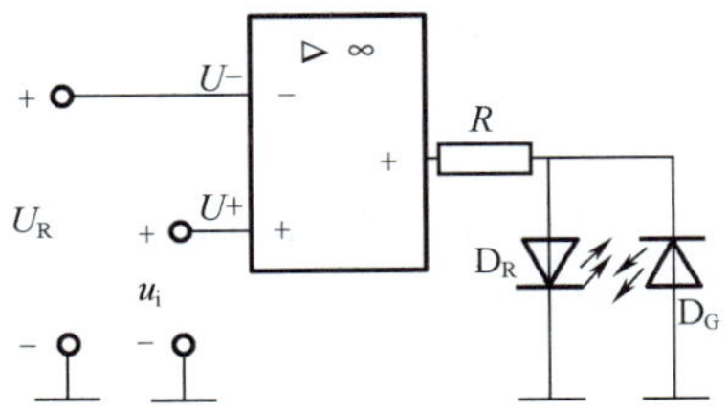

例 7-9-3 图　电压比较电路用作电平检测电路

四、滤波电路的基础知识

（一）滤波电路分类

通常，按照滤波电路的工作频带为其命名，分为低通滤波器（LPF）、高通滤波器（HPF）、带通滤波器（BPF）、带阻滤波器（BEF）和全通滤波器（AF）。设截止频率为f_p，频率低于f_p的信号可以通过，高于f_p的信号被衰减的滤波电路称为低通滤波器；反之，频率高于f_p的信号可以通过，而频率低于f_p的信号被衰减的滤波电路称为高通滤波器。前者可以作为直流电源整流后的滤波电路，以便得到平滑的直流电压；后者可以作为交流放大电路的耦合电路，隔离直流成分，削弱低频信号，只放大频率高于f_p的信号。

设低频段的截止频率为f_{p1}，高频段的截止频率为f_{p2}，频率为f_{p1}到f_{p2}之间的信号可以通过，低于f_{p1}或高于f_{p2}的信号被衰减的滤波电路称为带通滤波器；反之，频率低于f_{p1}和高于f_{p2}的信号可以通过，而频率是f_{p1}到f_{p2}之间的信号被衰减的滤波电路称为带阻滤波器。前者常用于载波通信或弱信号提取等场合，以提高信噪比；后者用于在已知干扰或噪声频率的情况下，阻止其通过。

全通滤波器对于频率从零到无穷大的信号具有同样的比例系数，但对于不同频率的信号将产生不同的相移。

（二）典型滤波电路

实际上，任何滤波器均不可能具备如图 7-9-12 所示的幅频特性，在通带和阻带之间存在着过渡带。称通带中输出电压与输入电压之比$\dot{A}_{up}$为通带放大倍数。如图 7-9-13 所示为低通滤波器电路和幅频特性。

使$|\dot{A}_u| \approx 0.707|\dot{A}_{up}|$的频率为通带截止频率$f_p$。从$f_p$到$|\dot{A}_u|$接近零的频段称为过渡带。使$|\dot{A}_u|$趋近于零的频段称为阻带。过渡带愈窄，电路的选择性愈好，滤波特性愈理想。

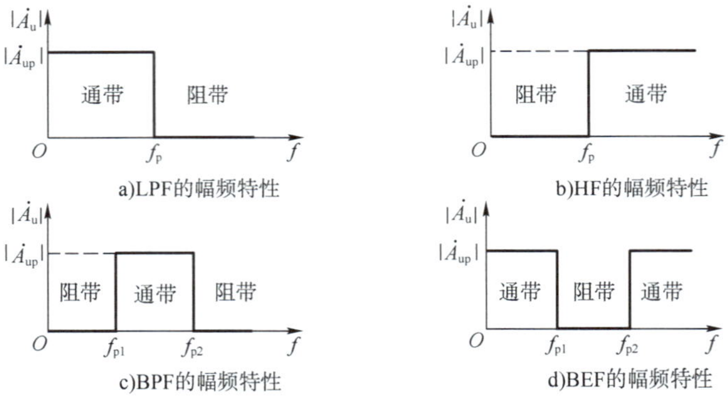

图 7-9-12　理想滤波电路的幅频特性

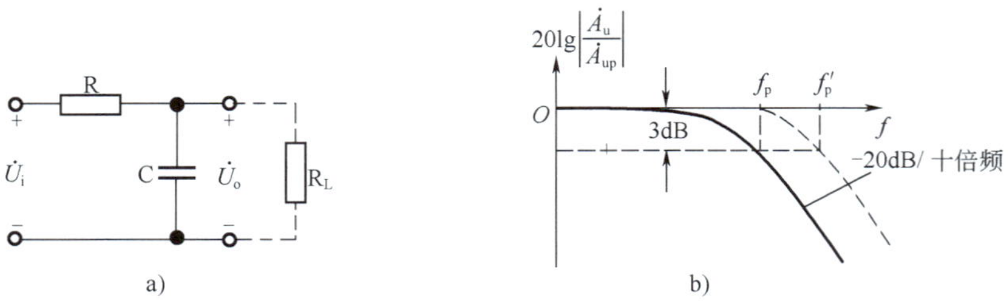

图 7-9-13　低通滤波器电路和幅频特性

分析滤波电路，就是求解电路的频率特性。若滤波电路仅由无源元件（电阻、电容、电感）组成，则称为无源滤波电路。 若滤波电路不仅有无源元件，还有有源元件（双极型管、单极型管、集成运放）组成，则称为有源滤波电路。

1. 无源低通滤波器

如图 7-9-13 所示为 RC 低通滤波器，当信号频率趋于零时，电容的容抗趋于无穷大，通带放大倍数计算如下

$$\dot{A}_u = \frac{\dot{U}_o}{\dot{U}_i} = \frac{R_L /\!/ \dfrac{1}{j\omega C}}{R + R_L /\!/ \dfrac{1}{j\omega C}} = \frac{\dfrac{R_L}{R+R_L}}{1 + j\omega(R /\!/ R_L)C}$$

$$\dot{A}_u = \frac{\dot{U}_o}{\dot{U}_i} = \frac{\dot{A}_{up}}{1 + j\dfrac{f}{f_p'}}$$

$$f_p' = \frac{1}{2\pi\left(R /\!/ R_L\right)C}$$

结果表明负载电阻R_L对放大倍数的影响：负载电阻R_L减小，通带放大倍数的数值减小，通带截止频率升高。可见，无源滤波电路的通带放大倍数及其截止频率都随负载而变化，这一缺点不符合信号处理的要求，因而产生有源滤波电路。

2. 有源滤波电路

为了使负载不影响滤波特性，可在无源滤波电路和负载之间加一个高输入电阻低输出电阻的隔离电路，最简单的方法是加一个电压跟随器，即构成一阶有源低通滤波电路，如图 7-9-14a）所示，这样就构成了有源滤波电路。在理想运放的条件下，由于电压跟随器的输入电阻为无穷大，输出电阻为零，电路的负载能力提高。负载变化，放大倍数的表达式不变，因此频率特性不变。

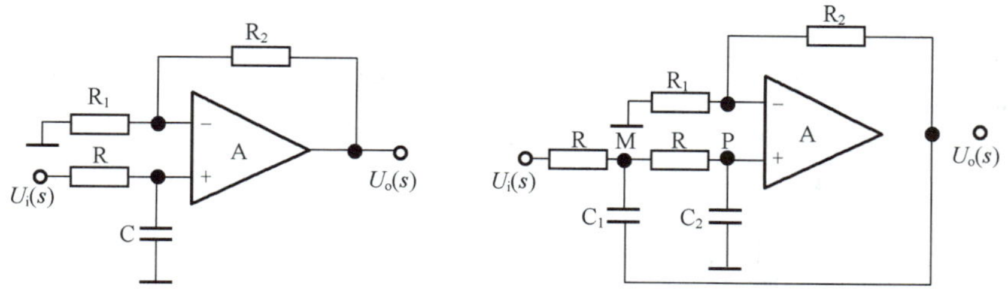

a）一阶低通滤波电路　　　　b）二阶低通滤波电路

图 7-9-14　低通滤波电路

有源滤波电路一般由 RC 网络和集成运放组成，因而必须在合适的直流电源供电的情况下才能起滤波作用，与此同时，还可以进行放大。组成电路时，应选用带宽合适的集成运放。有源滤波电路不适于高电压、大电流的负载，只适用于信号处理。

图 7-9-14b）为用运算放大器构成的一阶、二阶低通滤波电路。

高通滤波电路与低通滤波电路具有对偶性，如果将如图 7-9-14b）所示二阶低通滤波电路中滤波环节的电容替换成电阻，电阻替换成电容，就可得如图 7-9-15 所示的高通滤波电路。

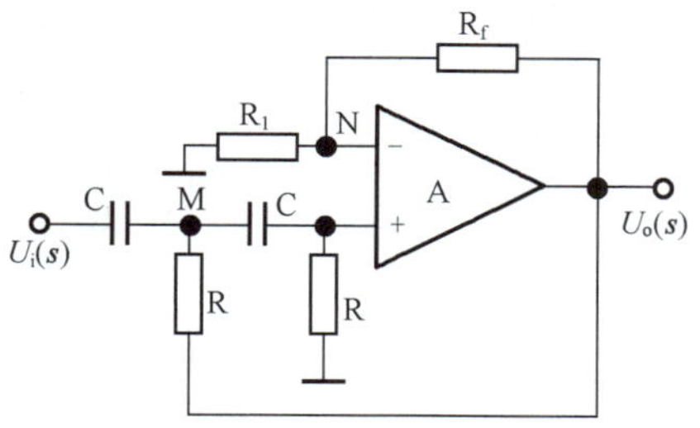

图 7-9-15　二阶高通滤波电路

习　题

7-9-1　如图所示电路中，输出电压的表达式是（　　）。

A. $-\frac{R_{F2}}{R_2}u_{i1}+\left(1+\frac{R_{F2}}{R_2}\right)u_{i2}$　　B. $-\frac{R_{F1}}{R_2}u_{i1}+\left(1+\frac{R_{F2}}{R_2}\right)u_{i2}$

C. $u_{i1}\frac{R_{F1}\cdot R_{F2}}{R_1R_2}+u_{i2}\frac{R_2+R_{F2}}{R_2}$　　D. $u_{i1}\frac{R_{F1}\cdot R_{F2}}{R_1R_2}-u_{i2}\frac{R_2+R_{F2}}{R_2}$

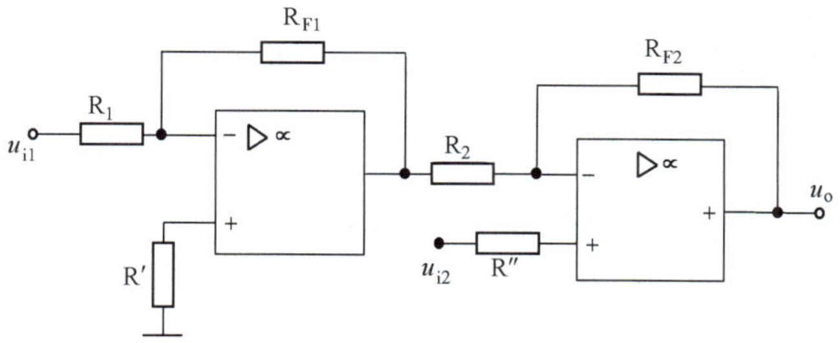

题 7-9-1 图

7-9-2　电路如图所示，负载电流i_L与负载电阻R_L的关系为（　　）。

A. R_L增加，i_L减小　　B. i_L的大小与R_L的阻值无关

C. i_L随R_L增加而增大　　D. R_L减小，i_L减小

7-9-3　如图所示为可变电压放大器，当输入$u_i=\frac{1}{2}$V 时，调节范围为（　　）。

A. −5.5~5.5V　　B. −1~+1V

C. −0.5~−1V　　D. −0.5~−5.5V

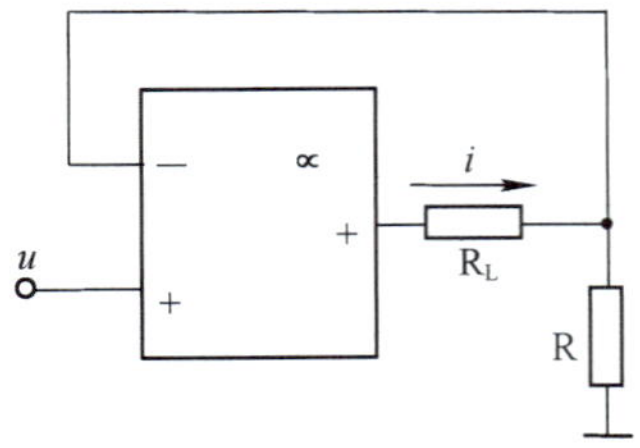

题 7-9-2 图

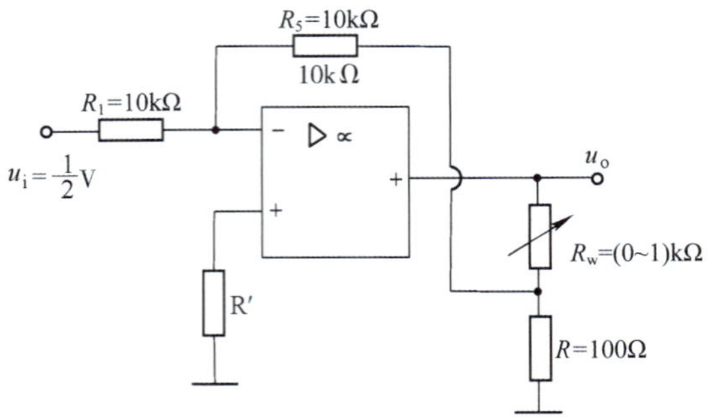

题 7-9-3 图

7-9-4　将运算放大器直接用于两信号的比较，如图 a）所示，其中：$u_{i2}=-1\text{V}$，u_{i1}的波形由图 b）给出，则输出电压u_o等于（　　）。

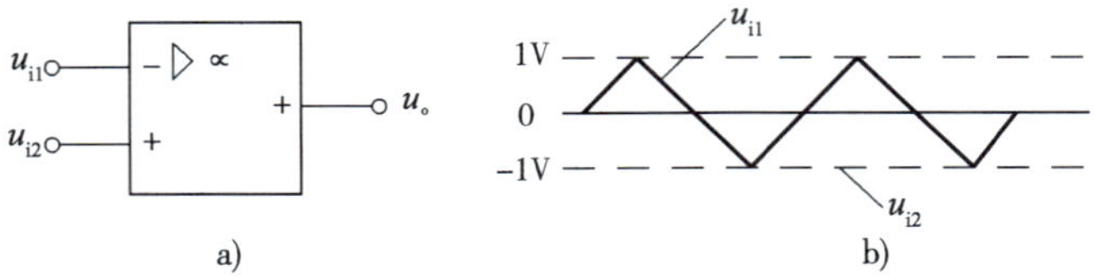

题 7-9-4 图

A. u_{i1}　　B. $-u_{i2}$　　C. 正的饱和值　　D. 负的饱和值

7-9-5　运算放大器应用电路如图所示，在运算放大器线性工作区，输出电压与输入电压之间的运算关系是（　　）。

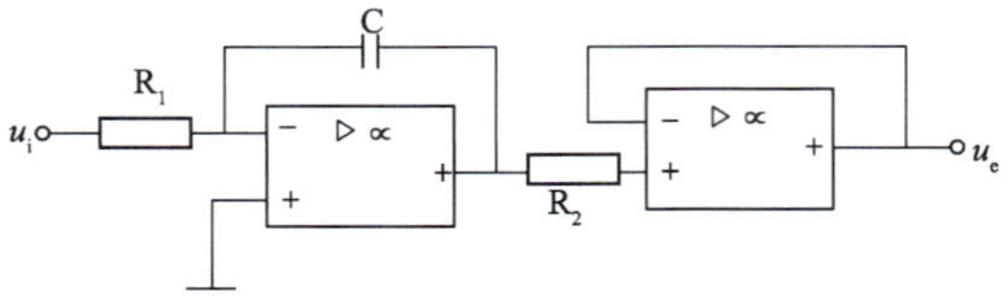

题 7-9-5 图

A. $u_o=-\frac{1}{R_1C}\int u_i\text{d}t$　　B. $u_o=\frac{1}{R_1C}\int u_i\text{d}t$

C. $u_o=-\frac{1}{(R_1+R_2)C}\int u_i\text{d}t$　　D. $u_o=\frac{1}{(R_1+R_2)C}\int u_i\text{d}t$

第十节　数字电路

一、门电路

（一）门电路的基本概念

在数字电路中，门电路是组合逻辑电路的最基本逻辑元件，它的应用极为广泛。所谓门，就是一个开关，在一定的条件下允许信号通过，条件不满足，信号就不能通过。门电路的输入信号与输出信号之间存在一定的逻辑关系，所以门电路又称为逻辑门电路。基本逻辑门电路有与门、或门和非门电路。

（二）基本门电路

1. 与门电路

如图 7-10-1a）所示为二极管与门电路，其中 A、B 为输入逻辑变量，F 为输出端。设二极管 D_A、D_B 为理想元件，即导通时端电压为 0V。由图 7-10-1 可见，在 A、B 中只要有一个输入为低电平时，输出端 F 就是低电平，只有当 A、B 端全为高电平时，F 端才有可能出现高电平。现在我们把高电平定义为逻辑“1”，而把低电平定义为逻辑“0”，则 F 与输入端 A、B 的逻辑关系符合与逻辑关系。

$$F=A\cdot B \tag{7-10-1}$$

逻辑功能表见表 7-10-1。

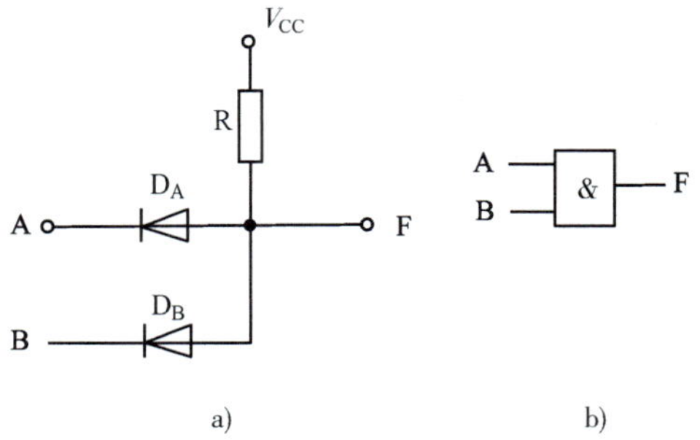

图 7-10-1　二极管与门电路及符号

与门逻辑状态表　　表 7-10-1

A	B	F
0	0	0
0	1	0
1	0	0
1	1	1

通常在进行逻辑电路的分析时，人们只关心输出和输入之间的逻辑关系，而不关心其内部结构，因此可以把与门用图 7-10-1b）的逻辑符号表示。

2. 或门电路

如图 7-10-2a）所示为二极管或门电路和它的逻辑符号。

两个二极管的负极同时经电阻 R 接到了负电源 V_{EE} 上，只要 A、B 中有一个是高电平；F 就是高电平；只有在 A、B 同时为低电平时，F 才是低电平。因此 F 与 A、B 之间为或的逻辑关系，逻辑状态表见表 7-10-2。

$$F=A+B \tag{7-10-2}$$

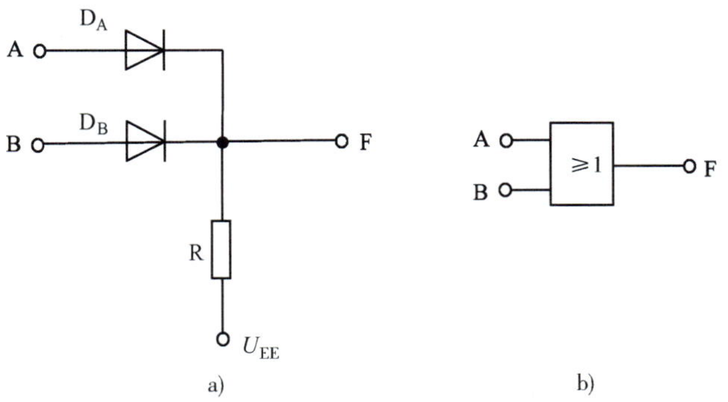

图 7-10-2　二极管或门电路及符号

或门逻辑状态表　　表 7-10-2

A	B	F
0	0	0
0	1	1
1	0	1
1	1	1

3. 三极管非门电路

（1）半导体三极管的开关特性

三极管有截止、饱和、放大三个工作区，在如图 7-10-3 所示的三极管电路中，$U_i \leqslant 0$时，$V_{BE} \leqslant 0$，因而三极管工作在截止区。截止区的工作特点是$i_B \approx 0$，集电极电流$i_C = i_{CEO} \approx 0$，所以三极管的集射极之间如同一个断开的开关一样，这时输出电压$u_o \approx V_{CC}$。

当u_i为正，并且使$i_B \geqslant i_{BS} = \frac{V_{CC}}{\beta R_C}$时，$V_{BE}$和$V_{BC}$同时为正向偏置，三极管工作在饱和区。饱和区的工作特点是 C-E 间的饱和压降$V_{CES} \approx 0$，而i_C不再随i_B的增加而增加，此时 C-E 间如同开关短路一样，故三极重集电极电位$V_C = 0$。

可见，只要用u_i的高低电平控制三极管分别工作在饱和导通和截止状态，就可控制它的开关状态，并在输出端得到对应的高、低电平。而与之相反的电平，即符合“非”的逻辑关系。

电路中通常满足$V_{CC} \gg V_{CES}$，$i_{CEO} \approx 0$，所以在分析三极管开关电路时经常使用图 7-10-4 给出的三极管开关等效电路。

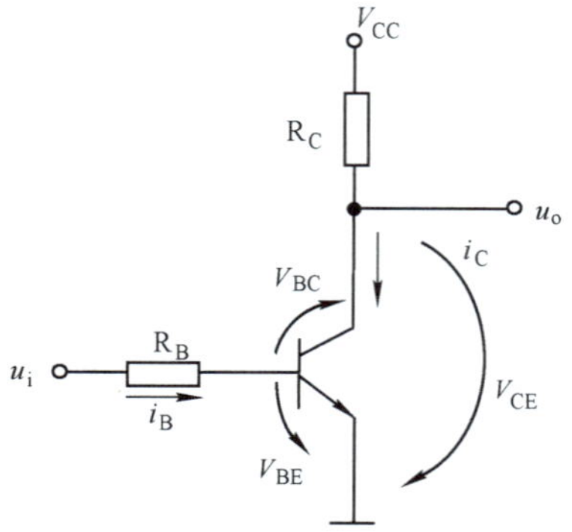

图 7-10-3 三极管非门电路

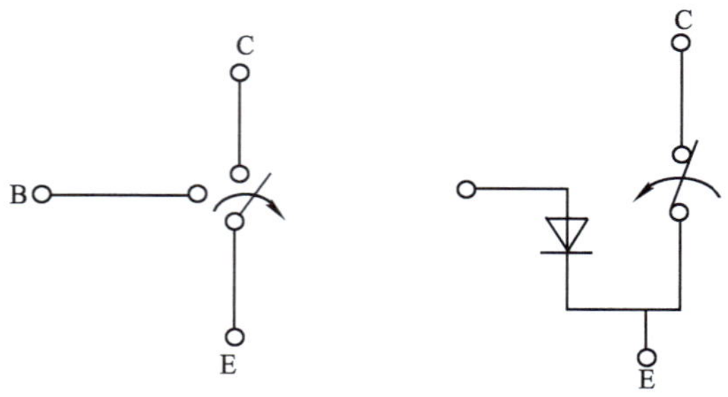

图 7-10-4 三极管开关等效电路

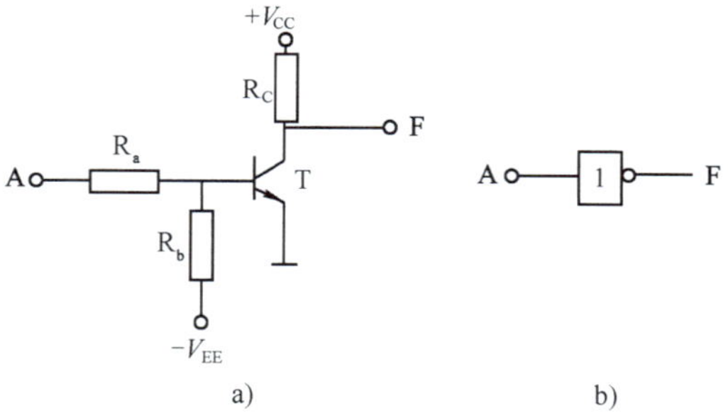

图 7-10-5

（2）非门

从以上分析的三极管开关特性可以发现，当输入u_i为低电平时，输出u_o为高电平；而输入u_i为高电平时输出u_o为低电平，因此输入与输出之间具有反相关系，即非逻辑，因此我们可以把它当作非门使用。

在实用的非门电路中，为保证输入为低电平时三极管能可靠截止，通常将电路接成如图 7-10-5 所示的形式。由于增加了电阻 R_a 和负电源 V_{EE}，当输入低电平信号为 0V 时三极管的基极电位为负电位，发射结处于反向偏置，从而可以保证三极管可靠截止。

图 7-10-5b）是非门的逻辑符号，其中 F 与 A 的逻辑关系式为

$$F = \overline{A} \tag{7-10-3}$$

表 7-10-3 是非门逻辑状态表。

以上三种是基本逻辑门电路，有时还可以把它们组合成为组合门电路，以丰富逻辑功能。常用的一种是与非门电路，其图形符号如图 7-10-6 所示。

非门逻辑状态表　　表 7-10-3

A	F
0	1
1	0

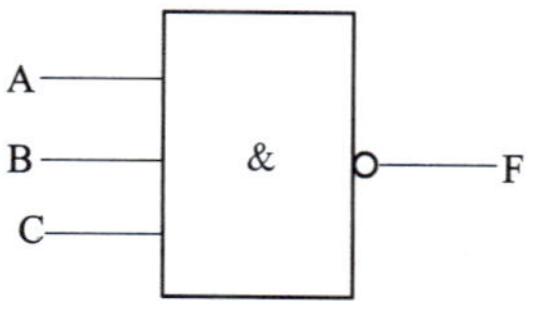

图 7-10-6 与非门电路的图形符号

与非门的逻辑功能是：当输入端全为 1 时，输出为 0；当输入端有一个或几个为 0 时，输出为 1。与非逻辑关系可用下式表示

$$F = \overline{A \cdot B \cdot C} \tag{7-10-4}$$

表 7-10-4 是与非门逻辑状态表。

与非门逻辑状态　　　表 7-10-4

A	B	C	F	A	B	C	F
0	0	0	1	1	0	0	1
0	0	1	1	1	0	1	1
0	1	0	1	1	1	0	1
0	1	1	1	1	1	1	0

【例 7-10-1】 如图所示电路中$R_C = 1k\Omega$，$R_1 = 12k\Omega$，$R_2 = 12k\Omega$，$V_{CC} = 12V$，$V_{EE} = 12V$，晶体三极管的电流放大倍数$\beta = 30$。分析在输入电位$V_A = 0V$和$V_A = 3V$时此电路是否符合“非”门逻辑要求？如不符合应如何调整？输出端与+3V 电源相连的二极管起什么作用？

解 ①当输入端 A 为“0”时，$V_A = 0V$，此时V_B电位可按下式计算（此时晶体三极管设为截止状态，$I_B = 0A$）

$$V_B = V_A - \frac{V_A - (-V_{EE})}{R_1 + R_2}R_1 = 0 - \frac{0-(-12)}{12+2} \times 2 = -1.71V$$

此时$V_B = V_{BE} < 0.5V$，三极管可靠截止，输出状态为“1”。

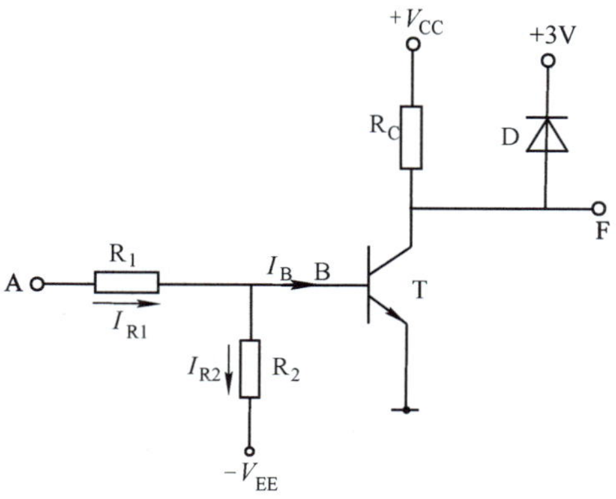

例 7-10-1 图

②当输入端 A 为“1”，即$V_A = 3V$时，设三极管为导通状态，$V_{BE} = 0.7V$，则

$$I_B = I_{R1} - I_{R2} = \frac{V_A - V_B}{R_1} - \frac{V_B - V_{EE}}{R_2} = \frac{3-0.7}{2} - \frac{0.7-(-12)}{12}$$
$$= 1.15 - 1.06 = 0.09mA$$

$$I_{BS} = \frac{I_{CS}}{\beta} \approx \frac{V_{CC}/R_C}{\beta} = \frac{12/1}{30} = 0.4mA$$

（I_{CS}为三极管集电极最大允许电流）

故$I_B \leqslant I_{BS}$

I_B不足以使三极管饱和，必须调整。若使$R_1 = 1.5k\Omega$，$R_2 = 18k\Omega$，则

$$I_B = \frac{3-0.7}{1.5} - \frac{0.7-(-12)}{18} = 0.83mA > I_{BS}$$

此时$I_B > I_{BS}$，三极管处于饱和状态，$V_{CE} = V_{CES} = 0.3V$，即为逻辑“0”。通常逻辑电路中的电平高于 2.4V 时，设为逻辑“1”状态；逻辑“0”的电平小于 0.4V，此电路接入二极管是使输出高电平时二极管导通，使输出电位不超过 3V 太多（实际为 3.3V 左右）。符合“1”电平要求。

【例 7-10-2】 试分析图示逻辑电路的逻辑功能。

解 根据逻辑图，可写出其逻辑表达式为

$$F = \overline{\overline{\overline{ABC} \cdot A} \cdot \overline{\overline{ABC} \cdot B} \cdot \overline{\overline{ABC} \cdot C}}$$

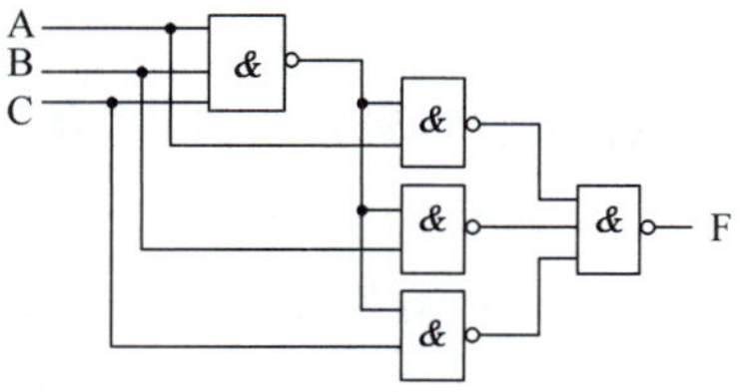

例 7-10-2 图　逻辑电路

利用逻辑代数的反演定理，上式可化简为

$$F = \overline{ABC} \cdot A + \overline{ABC} \cdot B + \overline{ABC} \cdot C = \overline{ABC}(A+B+C)$$
$$= \overline{ABC} \cdot \overline{\overline{A} \cdot \overline{B} \cdot \overline{C}}$$
$$= \overline{ABC + \overline{A} \cdot \overline{B} \cdot \overline{C}}$$

其逻辑状态表见解表。可知，该电路的逻辑功能是：当三个输入端的电平一致时（A、B、C均为“1”或均为“0”），输出为“0”；当三个输入电平不一致时，输出为“1”。

因此有时把它称为“不一致”电路，可以用这个逻辑电路来识别输入电平是否一致。

逻辑状态表　　例 7-10-2 解表

A	B	C	F	A	B	C	F
0	0	0	0	1	0	0	1
0	0	1	1	1	0	1	1
0	1	0	1	1	1	0	1
0	1	1	1	1	1	1	0

【例 7-10-3】 已知数字信号 A 和数字信号 B 的波形如图所示，则数字信号 $F=\overline{AB}$的波形为：

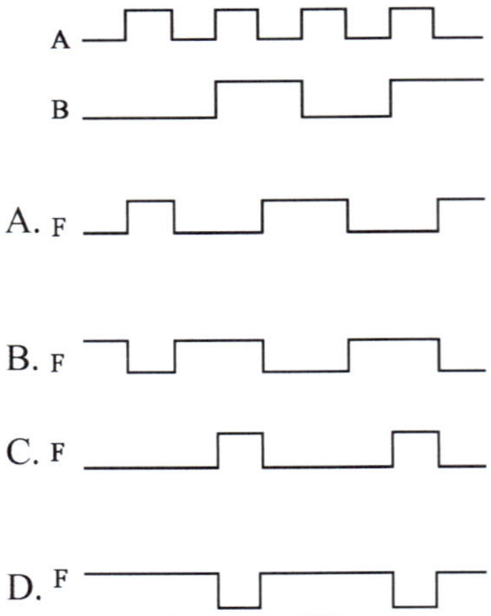

例 7-10-3 图

解　“与非门”电路遵循输入有“0”输出则“1”的原则，利用输入信号 A、B 的对应波形分析如解图所示，可见 D 图正确。

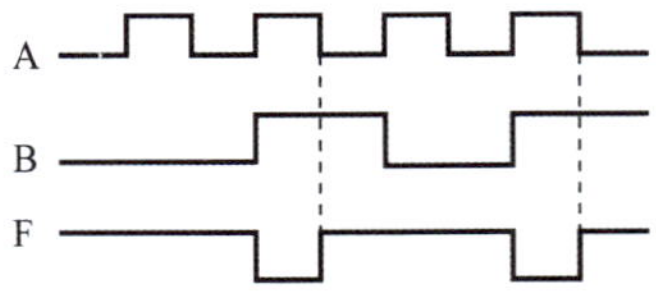

例 7-10-3 解图

答案：D

二、触发器

触发器是时序逻辑电路的基本单元，常见的 RS 触发器、D 触发器和 JK 触发器都是具有两个稳定状态的双稳态触发器。

（一）RS 触发器

RS 触发器又分基本 RS 触发器和可控 R-S 触发器。

1. 基本 RS 触发器

基本 RS 触发器可由两个与非门交叉连接而成，如图 7-10-7a）所示。

Q与$\overline{Q}$是基本 RS 触发器的输出端，两者的逻辑状态在正常条件下保持相反。这种触发器有两种稳定状态：Q =1、$\overline{Q}$ =0，称为置位状态（“1” 态）；Q =0、$\overline{Q}$ =1，称为复位状态（“0” 态）。相应的输入端分别为直接置位端或直接置1端（$\overline{S}_D$）和直接复位端或直接置0端（$\overline{R}_D$）。

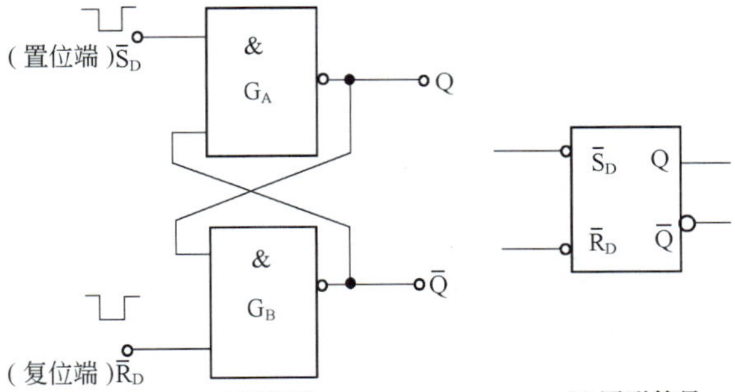

a) 逻辑图　b) 图形符号

$\bar{S}_D$	$\bar{R}_D$	Q
1	0	0
0	1	1
1	1	不变
0	0	不定

c) 状态表

图 7-10-7　基本 RS 触发器

基本 RS 触发器输入对应有四种不同的状态，可以得出输出与输入的逻辑关系如图 7-10-7c）所示状态表。从而可知，基本 RS 触发器有两个稳定的状态，它可以直接置位或复位。在直接置位端加负脉冲（$\bar{S}_D$ =0）即可置位，在直接复位端加负脉冲（$\bar{R}_D$ =0）即可复位。负脉冲除去以后，直接置位端和直接复位端都处于"1"态高电平（平时固定接高电平），此时触发器保持原状态不变，实现存储或记忆功能。但是，负脉冲不可同时加直接置位端和直接复位端。

图 7-10-7b）是基本 RS 触发器的图形符号，图中输入端引线上靠近方框的小圆圈是表示触发器用负脉冲（0 电平）来置位或复位，即代表低电平有效；输出端$\bar{Q}$的小圆圈表示在正常情况下$\bar{Q}$与Q的状态相反。

2. 可控 RS 触发器

图 7-10-8a）是可控 RS 触发器的逻辑图。其中，与非门 G_A 和 G_B 构成基本触发器，与非门 G_C 和 G_D 构引导电路，R 和 S 是信号输入端。cp 是时钟脉冲输入端，通过引导电路来实现脉冲对输入端 R 和 S 的控制，故称为可控 RS 触发器。

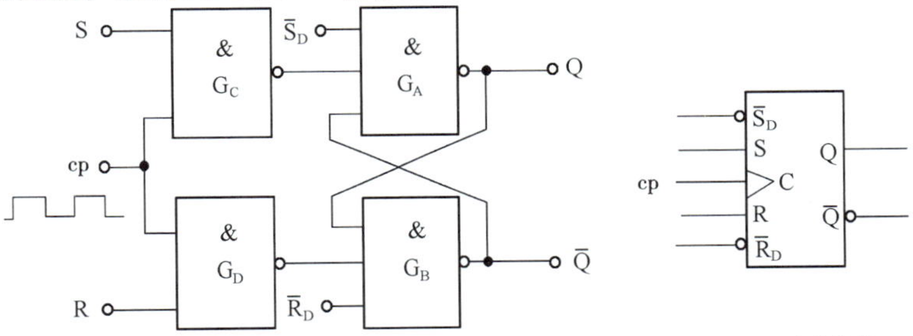

a) 逻辑图　b) 图形符号

cp	S	R	Q_{n+1}
↗	0	0	Q_n
↗	0	1	0
↗	1	0	1
↗	1	1	不定

c) 状态表

图 7-10-8　可控 RS 触发器

当时钟脉冲来到之前，即 cp=0 时，不论 R 和 S 端的电平如何变化，G_C 门和 G_D 门的输出均为 1，基本触发器保持原状态不变。只有 cp=1 时，触发器才按 R、S 端的输入状态来决定其输出状态。时钟脉冲过去后，cp 恢复为"0"状态，输出状态不变。

R_D 和 S_D 是直接复位端和直接置位端，即不经过时钟脉冲 cp 的控制可以直接使基本触发器置 0 或置 1。一般用在工作之初，预先使触发器处于某一给定状态，在不用时让它们处于高电平。触发器的输出状态与 R、S 输入状态的关系如图 7-10-8c）所示的状态表。Q_n表示时钟脉冲来到之前触发器的输出状态，Q_{n+1}表示时钟脉冲来到之后的状态。

（二）JK 触发器

如图 7-10-9a）所示是 JK 触发器的逻辑图，它由两个可控 RS 触发器组成，分别称为主触发器和从触发器。此外，还通过一个非门将两个触发器联系起来。这就是触发器的主从器结构，时钟脉冲先使主触发器翻转，然后使从触发器翻转，“主从”之名由此而来。

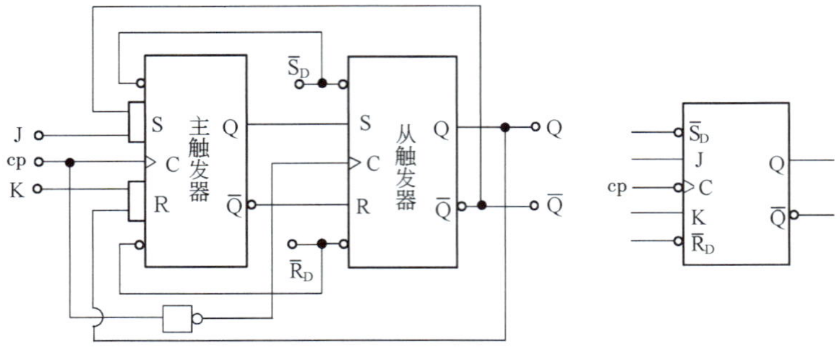

a) 逻辑图　　b) 图形符号

cp	J	K	Q_{n+1}
↓	0	0	Q_n
↓	0	1	0
↓	1	0	1
↓	1	1	$\overline{Q}_n$

c) 状态表

图 7-10-9　主从型 JK 触发器

当时钟脉冲来到后，即 cp=1 时，非门的输出为 0，从触发器的状态不变；至于这时主触发器是否翻转，要看触发器当前输出的状态以及 J、K 输入端所处状态而定（$S=J\overline{Q}$、$R=KQ$）。当 cp 从 1 变为 0 时，主触发器的状态保持；由于这时非门的输出为 1，从触发器打开，主触发器就可以将信号送到从触发器，使两者状态一致。

可见，在时钟脉冲来到之前（即 cp=0 时），触发器的状态（即从触发器的状态）与主触发器的状态是一致的。

由于 JK 触发器在 cp=1 时，把输入信号暂时存储在主触发器中，为从触发器翻转或保持原态做好准备；到 cp 下跳为 0 时，存储的信号起作用，或者触发从触发器使之翻转，或者使之保持原态。此外，主从型触发器具有在 cp 下跳为 0 时翻转的特点，也就是具有在时钟脉冲后沿触发的特点。后沿触发在图形符号中 cp 输入端靠近方框处用小圆圈表示，如图 7-10-9b）所示。

JK 触发器的状态表如图 7-10-9c）所示。

（三）D 触发器

D 触发器的逻辑功能是：它的输出端 Q 的状态随输入端 D 的状态而变化，但总比输入端状态的变化晚一步。

即

$$Q_{n+1} = D_n \tag{7-10-5}$$

如图 7-10-10a）所示为 JK 触发器转换为 D 触发器的逻辑电路图。

D 触发器和 JK 触发器都是常用的寄存器和计数器等时序逻辑电路的逻辑部件。

D 触发器的状态表如图 7-10-10b）所示。

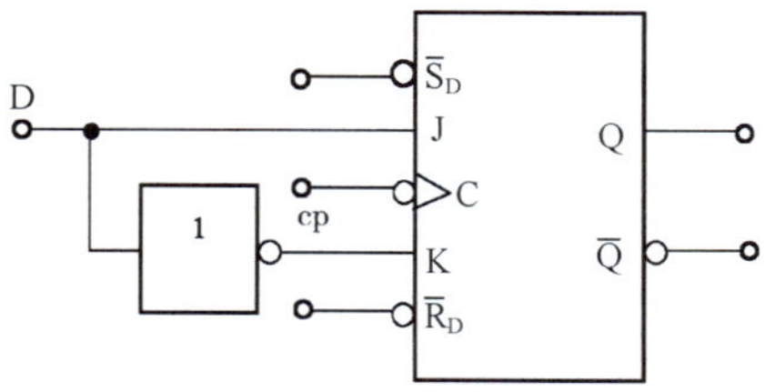

a) 逻辑图

cp	D_n	Q_{n+1}
↓	0	0
↓	1	1

b) 触发器的状态表

图 7-10-10　将 JK 触发器转换为 D 触发器

【例 7-10-4】 图示为单脉冲输出电路，输入信号 J_1、P_1 和时钟 cp 的信号如图所示，试画出Q_1、Q_2 和 M 端的工作波形（设触发器的初始状态为“0”）。

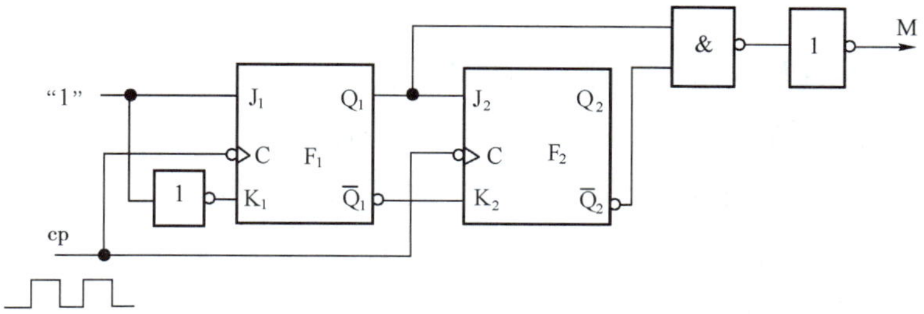

例 7-10-4 图　单脉冲输出电路

解　触发器 F_1 和 F_2 在同一时钟脉冲作用下，为同步触发方式。分析时，应先确定 Q_1、Q_2 的波形；

输出端 M 与 Q_1、Q_2 的输出为组合逻辑关系，$M=Q_1\cdot\overline{Q}_2$。绘制的 Q_1、Q_2 和 M 的波形如解图所示。

触发器具有时序逻辑的特征，可以由它组成各种时序逻辑电路。其中，寄存器和计数器是最典型的时序逻辑电路。

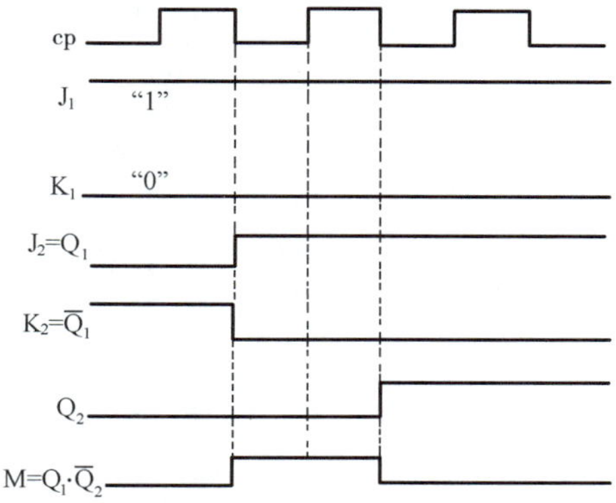

例 7-10-4 解图　波形图

【例 7-10-5】 如图 a）所示电路中，复位信号、数据输入及时钟脉冲信号如图 b）所示，经分析可知，在第一个和第二个时钟脉冲的下降沿过后，输出 Q 先后等于：

A. 0，0　　B. 0，1　　C. 1，0　　D. 1，1

解　图示为 JK 触发器和与非门的组合，触发时刻为 cp 脉冲的下降沿，触发器输入信号为：$J=\overline{Q\cdot A}$，K= “0”。

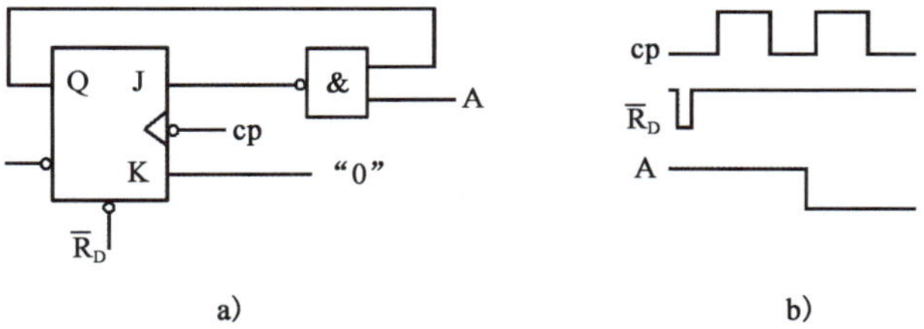

例 7-10-5 图

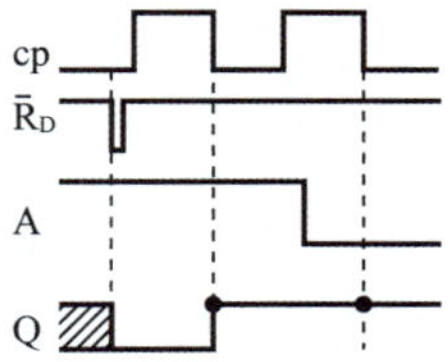

例 7-10-5 解图

输出波形为解图 Q 所示。两个脉冲的下降沿后 Q 为高电平。

答案： D

三、寄存器

寄存器用来暂时存放参与运算的数据和运算结果。一个触发器只能寄存一位二进制数，要存多位数时就得用多个触发器。

寄存器存放数码的方式有并行和串行两种。并行方式就是数码各位从各对应位输入端同时输入到寄存器中，串行方式就是数码从一个输入端逐位输入到寄存器中。

寄存器取出数码的方式也有并行和串行两种。在并行方式中，被取出的数码各位在对应于各位的输出端上同时出现；　而在串行方式中，被取出的数码仅在一个输出端逐位出现。

寄存器常分为数码寄存器和移位寄存器两种，其区别在于有无移位的功能。

（一）数码寄存器

这种寄存器只有寄存数码和清除原有数码的功能。图 7-10-11 是一种四位数码寄存器。输入端是四个与门，如果要输入四位二进制数 d_3~d_0 时，可使与门的寄存控制信号 IE=1，把与非打开 d_3~d_0 便输入。当时钟脉冲 cp=1 时，d_3~d_0 以反量形式寄存在四个 D 触发器 FF_3~FF_0 的 Q 端。输出端是四个三态非门（当取出信号 OE=0 时 Q_3~Q_0 端悬空，当 OE=1 时 Q_3~Q_0 取触发器 FF_3~FF_0 端悬空输出的反量）。这样，如果要取出时，可使三态门的输出控制信号 OE=1，d_3~d_0 便可从三态门的 Q_3~Q_0 端输出。

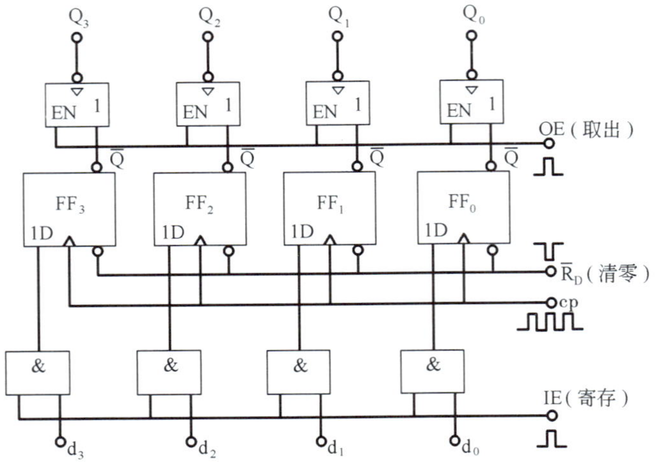

图 7-10-11　四位数码寄存器

（二）移位寄存器

移位寄存器除了有存放数码的功能以外，还有将存储的数据移位的功能，即每当来一个移位正脉冲（时钟脉冲），触发器的状态便向右或向左移一位，也就是指寄存的数码可以在移位脉冲的控制下依次进行左右移位。

1. 单向移位寄存器

图 7-10-12 是由 JK 触发器组成的四位移位寄存器。FF_0 接成 D 触发器，数码由 D 端输入。设寄存的二进制数为 1011，按移位脉冲的工作节拍从高位到低位依次串行送到 D 端。

工作之初各触发器清零。

首先 D=1，第一个移位脉冲的下降沿来到时使触发器 FF_0 翻转 Q_0=1，其他仍保持 0 态。接着 D=0，第二个移位脉冲的下降沿来到时使 FF_0 和 FF_1 同时翻转，由于 FF_1 的 J 端为 1，FF_0 的 J 端为 0，所以 Q_1=1，Q_0=0，Q_2 和 Q_3 仍为 0。

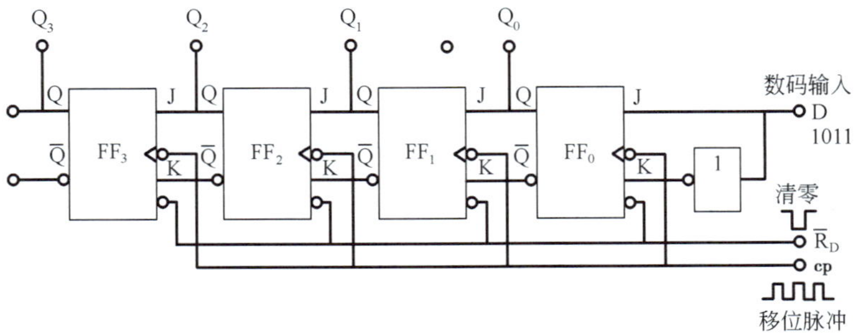

图 7-10-12　四位移位寄存器

以后的过程见表 7-10-5，移位一次存入一个新的数码。直到第四个脉冲的下降沿来到时，存数结束，这时可以在四个触发器的输出端得到并行的数码输出。

移位寄存器状态表　　表 7-10-5

移位脉冲数	寄存器中的数码				移 动 过 程
	Q_3	Q_2	Q_1	Q_0	
0	0	0	0	0	清零
1	0	0	0	1	左移一位
2	0	0	1	0	左移二位
3	0	1	0	1	左移三位
4	1	0	1	1	左移四位

2. 双向移位寄存器

74LS194 是双向移位寄存器，其外引线排列和逻辑符号如图 7-10-13 所示，各引线说明如下：

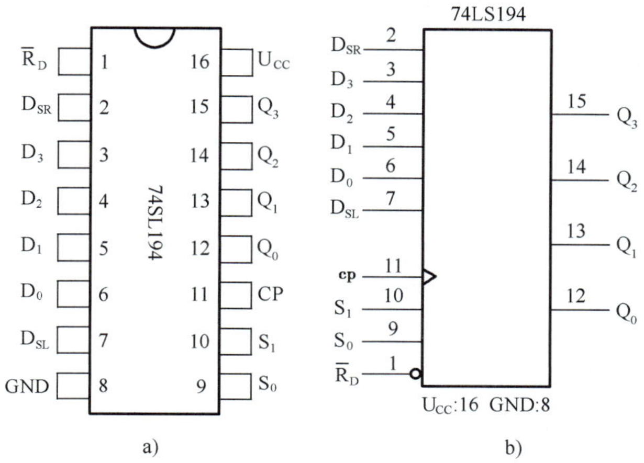

图 7-10-13　74LS194 引线排列和逻辑符号

1 为数据清零端，R_D 是清零线，低电平有效。

3~6 为并行数据输入端 D_3~D_0。

12~15 位数据输出端 Q_3~Q_0。

2 为右移的串行数据输入端 D_{SR}。

7 为左移的串行数据输入端 D_{SL}。

9、10 位工作方式控制端：当 $S_1=S_0=1$ 时，数据并行输入；

$S_1=0$，$S_0=1$ 时，右移数据输入；

$S_1=1$，$S_0=0$ 时，左移数据输入；

$S_1=S_0=0$ 时，寄存器处于保持状态。

11 为时钟脉冲输入端 cp，上升沿有效（cp↑）。

可见，74LS194 型移位寄存器具有清零、并行输入、串行输入、数据右移和左移的移位功能。

四、计数器

在数字逻辑系统中，计数器是基本部件之一，它能累计输入脉冲的数目，最后给出累计的总数。计数器可以进行加法计数，也可以进行减法计数，或者可以进行两者兼有的可逆计数。若从进位制来分，有二进制计数器、十进制计数器等多种。

（一）二进制计数器

二进制只有 0 和 1 两个数码。当本位是 1，再加 1 时，本位变为 0，而向高位进位。由于双稳态触发器有 1 和 0 两个状态，所以一个触发器可以表示一位二进制数。如果要表示n位二进制数，就得用n个触发器。

根据上述，可以列出四位二进制加法计数器的状态表 7-10-6，表中还列出对应的十进制数。要实现四位二进制加法计数，必须用四个双稳态触发器。

四位二进制加法计数器的状态　　表 7-10-6

计数脉冲数	二进制数				十进制数
	Q_3	Q_2	Q_1	Q_0	
0	0	0	0	0	0
1	0	0	0	1	1
2	0	0	1	0	2
3	0	0	1	1	3
4	0	1	0	0	4
5	0	1	0	1	5
6	0	1	1	0	6
7	0	1	1	1	7
8	1	0	0	0	8
9	1	0	0	1	9
10	1	0	1	0	10
11	1	0	1	1	11
12	1	1	0	0	12
13	1	1	0	1	13
14	1	1	1	0	14
15	1	1	1	1	15
16	0	0	0	0	0

续上表

1. 异步二进制计数器

由表 7-10-14 可见，每来一个计数脉冲，最低位触发器翻转一次；而高位触发器是在相邻的低位触发器从 1 变为 0 进位时翻转。因此，可用四个主从型 JK 触发器来组成四位异步二进制加法计数器图 7-10-14 所示，触发器的 J、K 端悬空相当于 1，有计数功能。触发器的进位脉冲从 Q 端输出送到相邻高位触发器的 cp 端，这符合主从型触发器在输入正脉冲的下降沿触发的特点。

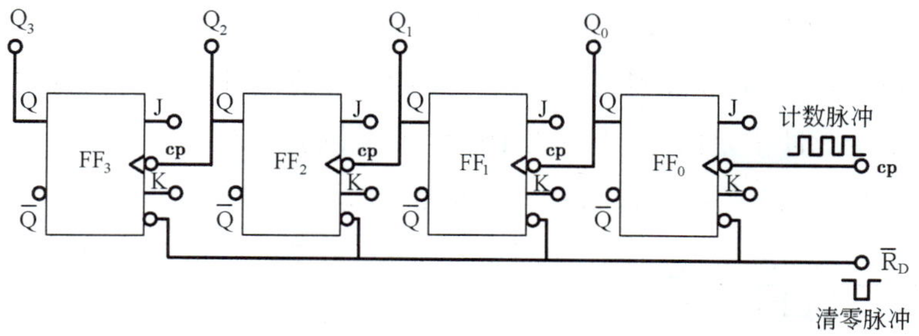

图 7-10-14　四位异步二进制加法计数器

图 7-10-15 是四位异步二进制加法计数器的波形图。

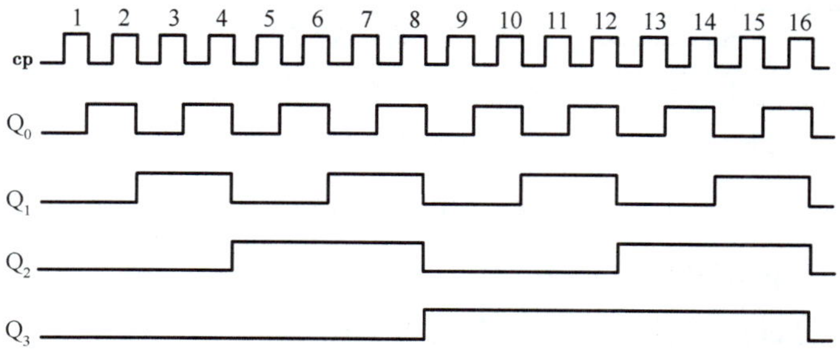

图 7-10-15　四位异步二进制加法计数器波形图

2. 同步二进制计数器

如果计数器还是用四个主从型 JK 触发器组成，根据表 7-10-6 可得出各位触发器的 J、K 端的逻辑关系式：

（1）第一位触发器 FFo，每来一个计数脉冲就翻转一次，故 $J_0=K_0=1$；

（2）第二位触发器 FF_1，在 $Q_0=1$ 时再来一个脉冲才翻转，故 $J_1=K_1=Q_0$；

（3）第三位触发器 FF_2，在 $Q_1=Q_0=1$ 时再来一个脉冲才翻转，故 $J_2=K_2=Q_1Q_0$；

（4）第四位触发器 FF_3，在 $Q_2=Q_1=Q_0=1$ 时再来一个脉冲才翻转，故 $J_3=K_3=Q_2Q_1Q_0$。

由上述逻辑关系式可得出如图 7-10-16 所示的四位同步二进制加法计数器的逻辑电路图。由于计数脉冲同时加到各位触发器的 cp 端，各触发器输出端的状态变换和计数脉冲同步，这是“同步”名称的由来，并与“异步”相区别。同步计数器的计数速度较异步为快。

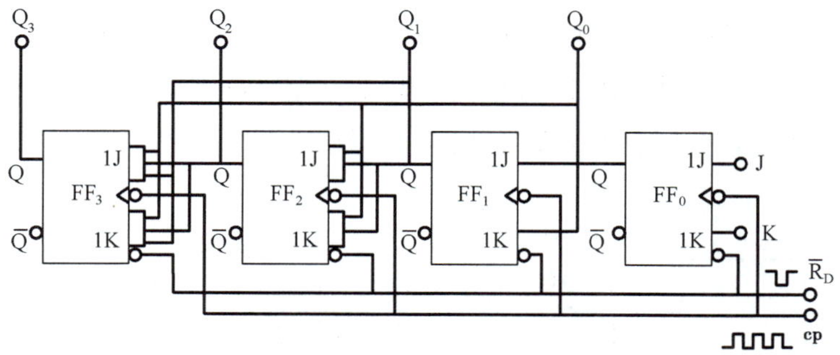

图 7-10-16　四位同步二进制加法计数器

四位二进制加法计数器，能记的最大十进制数为 $2^4-1=15$。n位二进制加法计数器，能记的最大十进制数为 2^n-1。

（二）十进制计数器

二进制计数器结构简单，但是读数不习惯，所以在有些场合采用十进制计数器较为方便。

十进制计数器是在二进制计数器的基础上得出的，用四位二进制数来代表十进制的每一位数所以也称为二-十进制计数器。 如采用最常用的 8421 编码方式，是取四位二进制数前面的 0000~1001 来表示十进制的 0~9 十个数码，而去掉后面的 1010~1111 六个数。也就是计数器计到第九个脉冲时再来一个脉冲，即由 1001 变为 0000，经过十个脉冲循环一次。同步十进制计数器与二进制加法计数器相比，同步十进制计数器来第十个脉冲不是由 1001 变为 1010，而是恢复 0000，即要求第二位触发器 FF_1 不得翻转，保持 0 态，第四位触发器 FF_3 应翻转为 0。图 7-10-17 是十进制加法计数器的波形图。

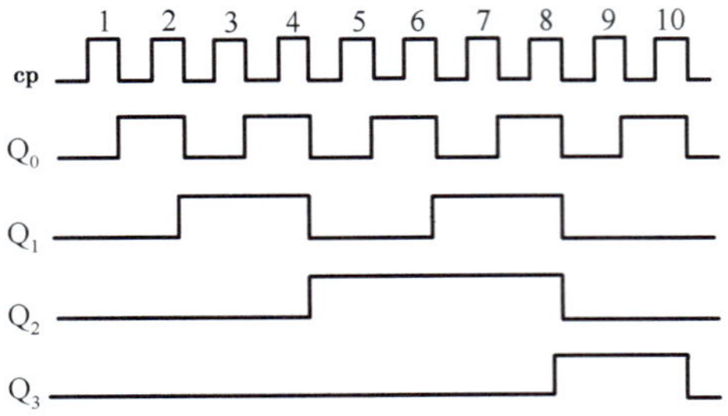

图 7-10-17　十进制加法计数器波形图

图 7-10-18 是 74LS290 型异步二-五-十进制计数器的逻辑图和外引线列图。

$R_{0(1)}$和 $R_{0(2)}$是清零输入端，当两端全为 1 时，将四个触发器清零；$S_{9(1)}$和 $S_{9(2)}$是置“9”输入端。同样，当两端全为 1 时，$Q_3Q_2Q_1Q_0$=1001，即表示十进制数 9。清零时，$S_{9(1)}$和 $S_{9(2)}$中至少有一端为 0，不使置 1，以保证清零可靠进行。它有两个时钟脉冲输入端 cp_0 和 cp_1。

（1）只输入计数脉冲 cp_0，由 Q_0 输出，FF_1~ FF_3 三位触发器不用，为二进制计数器。

（2）只输入计数脉冲 cp_1，由 $Q_3Q_2Q_1$ 输出，为五进制计数器。

（3）将 Q_0 端与 FF_1 的 cp_1 端连接，输入计数脉冲 cp_0。

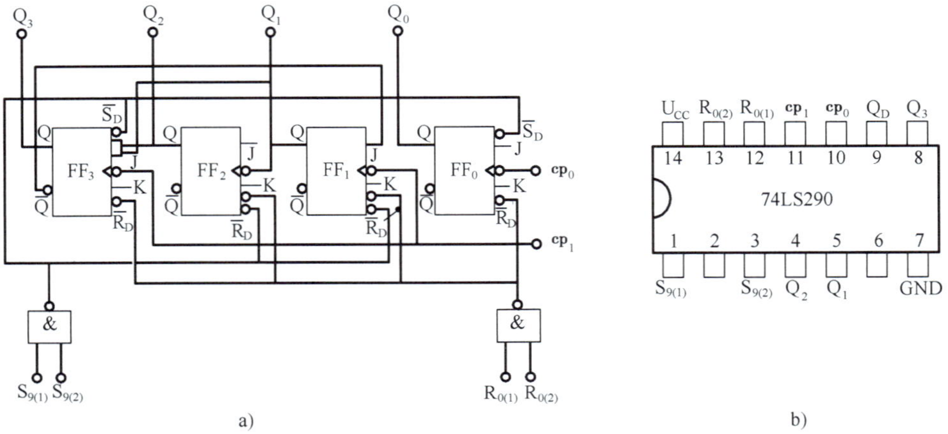

图 7-10-18　74LS290 型计数器的逻辑图和外引线列图

（三）任意进制计数器

当需要任意进制的计数器时，将现有的计数器改接即可。如利用清零端进行反馈置 0，可得出小于原进制的多种进制的计数器。将图 7-10-19a）中的 74LS290 型十进制计数器改接成图 7-10-19 所示的两个电路，就分别成为六进制计数器和九进制计数器。以图 7-10-19 为例，它从 0000 开始计数，来 5 个脉冲 cp 后变为 0101。

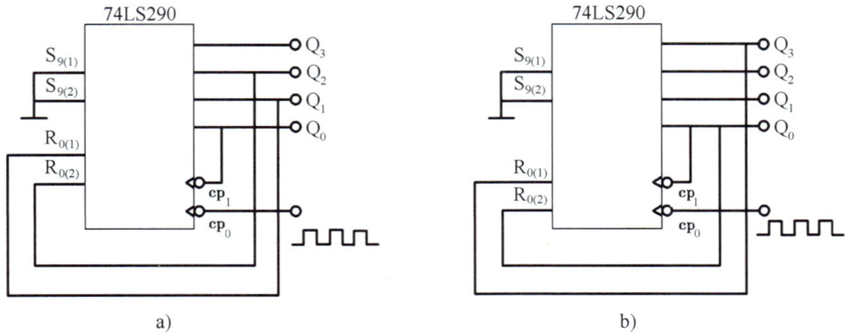

图 7-10-19　六进制计数器和九进制计数器

当第六个脉冲来到后，出现 0110 的状态，由于 Q_0 和 Q_1 端分别接到 $R_{0(1)}$和 $R_{0(2)}$清零端强迫清零，

0110 这一状态转瞬即逝，立即回到 0000。它经过 6 个脉冲循环一次，故为六进制计数器，状态循环如图 7-10-20 所示。

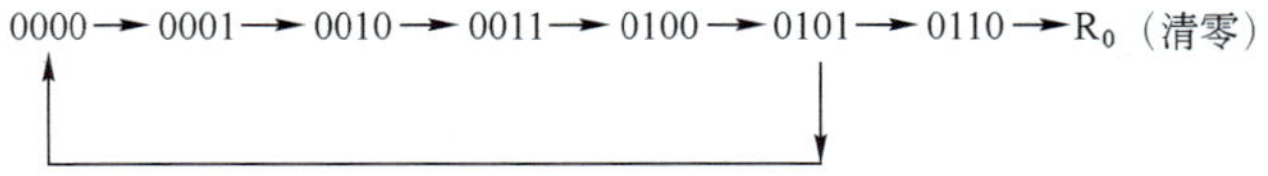

图 7-10-20　进制计数器状态循环图

当需要十以上进制的计数时，可以采用多片 74LS290 来实现。

习　题

7-10-1　由三个二极管和电阻 R 组成一个基本逻辑门电路，如图所示，输入二极管的高电平和低电平分别是 3V 和 0V，电路的逻辑关系式是（　　）。

A. Y=ABC　　B. Y=A+B+C

C. Y=AB+C　　D. Y=C·（A+B）

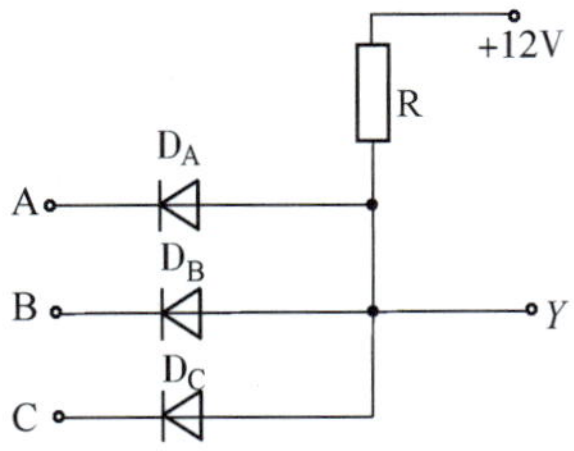

题 7-10-1 图

7-10-2　现有一个三输入端与非门，需要把它用作反相器（非门），请问如图所示电路中哪种接法正确（　　）。

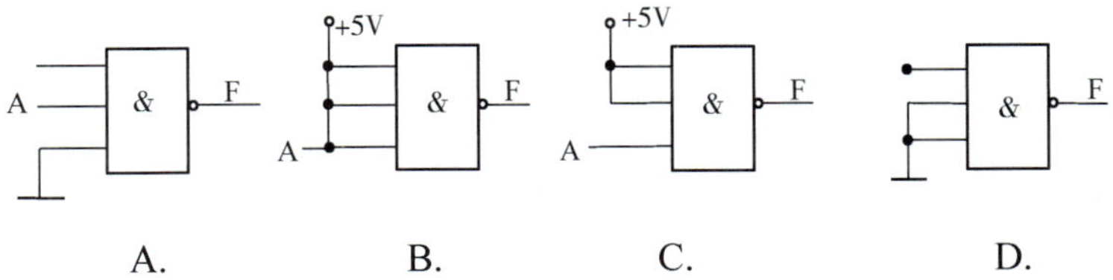

7-10-3　如图所示电路的逻辑式是（　　）。

A. $Y=AB(\overline{A}+\overline{B})$　　B. $Y=A\overline{B}+B\overline{A}$

C. $Y=(A+B)\overline{AB}$　　D. $Y=AB+\overline{A}\ \overline{B}$

7-10-4　逻辑电路如图所示，A=“1”时，C 脉冲来到后 D 触发器（　　）。

A. 具有计数器功能　　B. 置“0”　　C. 置“1”　　D. 无法确定

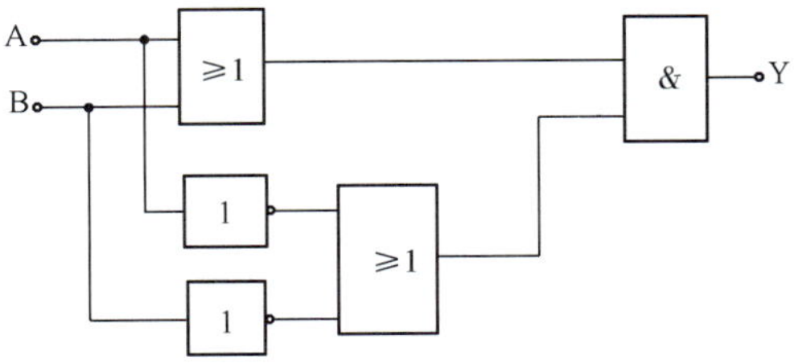

题 7-10-3 图

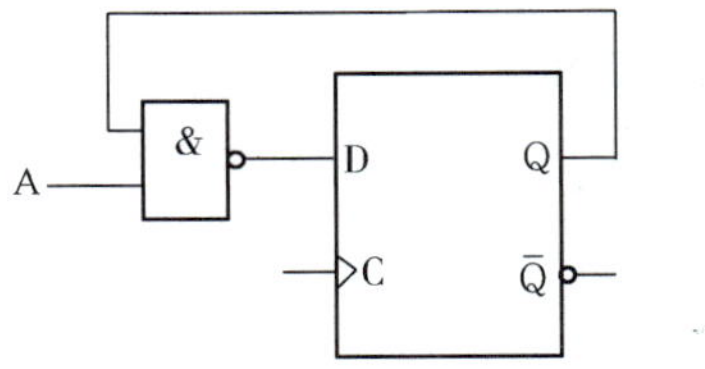

题 7-10-4 图

7-10-5　由两个主从型 JK 触发器组成的逻辑电路如图 a）所示，设 Q_1、Q_2 的初始态是 00，已知输入信号 A 和脉冲信号 cp 的波形如图 b）所示，当第二个 cp 脉冲作用后，Q_1Q_2 将变为（　　）。

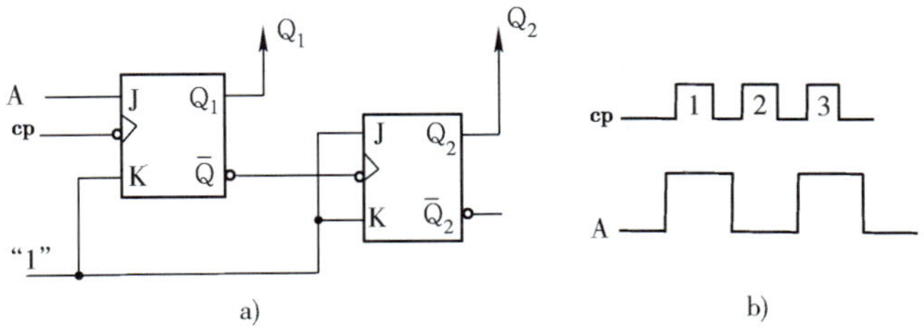

题 7-10-5 图

A. 11　　　　B. 10　　　　C. 01　　　　D. 保持 00 不变

7-10-6　已知 RS 触发器，R、S、C 端的信号如图所示，请问输出端 Q 的几种波形中，正确的是（　　）（设触发器初始状态为“0”）。

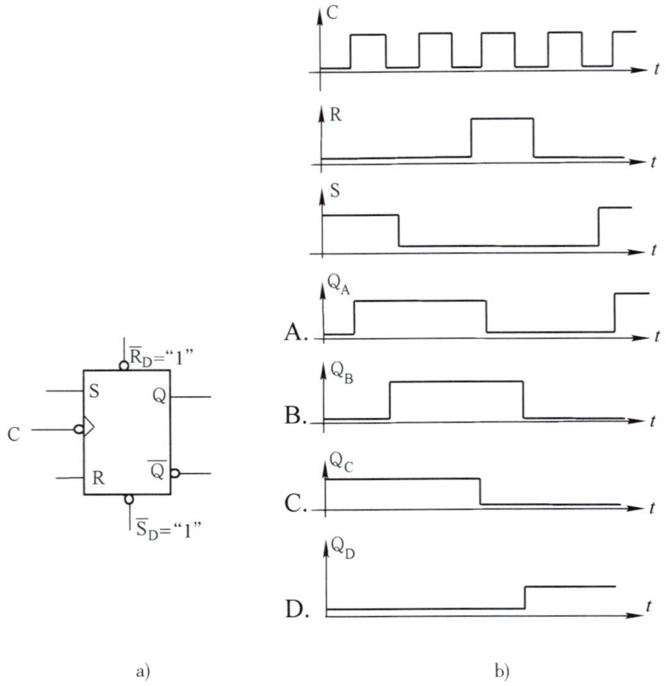

题 7-10-6 图

习题题解及参考答案

第一节

7-1-1　**解：** σ为电荷密度，对于无限大平行板电容器而言，极板间的电势差为$\sigma l/\varepsilon_0$。

答案： B

7-1-2　**解：** 感应电动势的大小与磁感应强度B、导体切割磁场的速度以及磁场中有效导体的长度成正比。

答案： D

7-1-3　**解：** 根据电磁感应定律$e=-\frac{\mathrm{d}\varphi}{\mathrm{d}t}$，当外加电压为直流量时，$\frac{\mathrm{d}\varphi}{\mathrm{d}t}=0$，则$e=0$，则下方线圈中无感应电动势。

答案： A

7-1-4　**解：** a 线圈中加上变化的电源u，则产生变化的电流和磁通ϕ（在线圈中产生感应电动势e_a，影响电流i_a）；该磁通又与线圈 b 交链，在线圈 b 中产生感应电动势，并由此产生电流i_b。

答案： B

第二节

7-2-1　**解：** 注意所求电阻的端口位置，用简单电阻串、并联方法求解。

答案： C

7-2-2　**解：** 根据题意可知，电热器的额定电阻为$R_N = U_N^2/P_N = 100^2/2 = 5k\Omega$。

答案： B

7-2-3　**解：** 电压表内阻与 20kΩ 电阻为并联法。

答案： C

7-2-4　**解：** 当开关 S 开时，电阻 R_1、R_2、R_3 为串联，当开关 S 闭合时，电位可以 R_1、R_2 电阻分压决定。

答案： D

7-2-5　**解：** 用线性电路的叠加原理分析。

答案： A

7-2-6　**解：** 理想电流源I_s两端的电压由其以外电路决定。$U_{I_s} = U_1 + U_s$。

答案： C

第三节

7-3-1　**解：** 用戴维南定理。U_s为原电路的负载R_L开路电压，R_0为除源（6V 电压源短路）的电阻。

答案： B

7-3-2　**解：** 根据节点电流关系求出电流I_1后，确定网络N的端口电压。

答案： C

7-3-3　**解：** 用叠加原理求出R_L上的电压U_L后，再用公式$P_L = \frac{U_L^2}{R_L}$计算功率。

答案： A

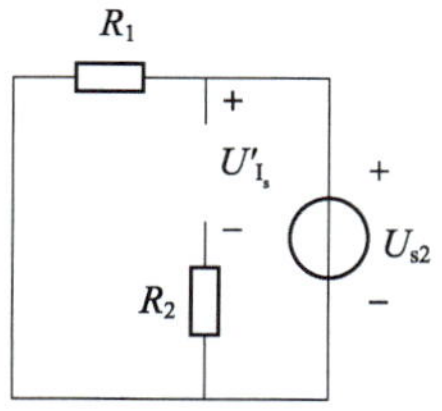

题 7-3-4 解图

7-3-4　**解：** 当电压源U_{s2}单独作用时需将U_{s1}短路，电流源I_s断路处理。题图的电路应等效为解图所示电路，即$U'_{I_s} = U_{s2}$。

答案： B

第四节

7-4-1　**解：** 交流电压表读数为交流电压的有效值，回路电压关系为相量关系：$\dot{U} = \dot{U}_1 + \dot{U}_2 + \dot{U}_3$。

答案： D

7-4-2　**解：** 交流电路中电流为相量关系：$\dot{I} = \dot{I}_1 + \dot{I}_2$，以并联电压为参考，画出电流相量图即可。

答案： B

7-4-3　**解：** 电路中消耗的功率为：$P = UI\cos\varphi$，$\varphi = \varphi_u - \varphi_i$。

答案： C

7-4-4　**解：** 由给定条件$i_1 = i$可见该电路为谐振电路，1 为电阻性电路，2、3 分别为纯电容电路和纯电感电路（或反之）。

答案： D

7-4-5　**解：** 三相对称电路中三相电流之和为 0，即：

$$i_A + i_B + i_C = 0$$

答案： B

7-4-6 **解：** 串联电路中$z = R + j\left(\omega_L - \frac{1}{\omega_C}\right)$，感性电路中$\omega_L > \frac{1}{\omega_C}$，而处于谐振状态的电路$\omega_L = \frac{1}{\omega_C}$。

答案： B

7-4-7 **解：** 三相对称电路中负载消耗的功率与每相负载电压有关，当电源线电压一定时，三角形连接负载电压是星形连接负载电压的$\sqrt{3}$倍。

答案： A

7-4-8 **解：** 三角形连接的对称三相电路中，线电流是相电流的$\sqrt{3}$倍。

答案： B

7-4-9 **解：** 三相供电系统中对于单相供电的负载一般要用到火线 L（相线），电源的中性点线 N（或工作零线），以及保护零线 E。电源插座对这三根线位置有明确的规定。如解图所示。

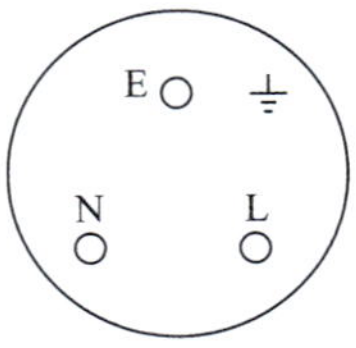

题 7-4-9 解图

答案： B

7-4-10 **解：** 此题分析时应考虑接地电阻对电路的影响。

答案： B

7-4-11 **解：** 用交流电路的复数符号法分析。

电感上的电压相量：

$$\dot{U}_L = \frac{j\omega L}{R + j\omega L}\dot{U}_i$$

答案： B

第五节

7-5-1 **解：** 根据储能元件的换路关系，电容电压不跃变，电感元件的电流不跃变。

答案： B

7-5-2 **解：** 一阶 R-C 电路的暂态过程中，时间常数$\tau = RC$，其中 R 的数值是在电容 C 两端等效的电阻。

答案： B

7-5-3 **解：** 开关动作以后，电容进入放电过程。电流是由电容电压释放形成的，应与图示电流i的参考方向相反。

答案： B

7-5-4 **解：** 根据一阶电路暂态过程的三要素公式：$u_{o(t)} = U_{c(\infty)} + \left[U_{e(0+)} - U_{c(\infty)}\right]e^{-t/\tau}$。

答案： C

第六节

7-6-1 **解：** 变压器的容量为视在功率S =10kV·A，理想情况下负载上得到的总的有功功率$P =$

$S\cos\varphi = N \times 40$，“$N$”为所求日光灯数量。

答案： A

7-6-2 **解：** 电动机转子的转向与旋转磁场转向一致，旋转磁场的转向由定子电流的相序决定。

答案： C

7-6-3 **解：** 三相异步电动机的起动转矩由定子电压和转子电阻决定，与负载无关。

答案： A

7-6-4 **解：** Y-△换接起动方法仅用于正常运行时△连接的电机，起动时由于绕组电压降低，使得电流和起动转矩都是直接起动的1/3。

答案： D

7-6-5 **解：** 根据电动机的功率平衡关系即可分析。

答案： B

7-6-6 **解：** 控制电路中电器符号均为设有动作的状态，且同电器采用同标号。读图时一般采用自上而下的顺序。

答案： B

7-6-7 **解：** 同上题。

答案： C

7-6-8 **解：** 由三相交流异步电动机的转差率关系

$$S_{\mathrm{N}} = \frac{n_0 - n_{\mathrm{N}}}{n_0} \times 100\% = 0.033$$

可以判断电动机为 4 极电机，旋转磁场的转速$n_0 = 1\,500\mathrm{r/min}$，电机空载时转差率应小于额定转差率。

答案： D

7-6-9 **解：** 根据继电器工作原理分析，其线圈在控制电路中，接触点分别在主辅电路中。

答案： D

第七节

7-7-1 **解：** 二极管为非线性元件。当它正向偏置时，电流-电压关系成指数关系，正向电压一般为 0.3V 或 0.7V 左右。

答案： D

7-7-2 **解：** 由电路分析可见，该图中的二极管工作于正向偏置，处于导通状态。

答案： D

7-7-3 **解：** 首先设二极管处于截止状态，判断二极管的偏置状态。

答案： C

7-7-4 **解：** 该电路为桥式的全波整流电路，当u_2的瞬时电压为负时，D_1二极管正向偏置；当u_2的瞬时电压为正时，二极管反向偏置。

答案：B

7-7-5 **解**：该电路为全波整流、稳压电路，其中电容 C 上的电压为直流量，可以认为电容电流为零；整流二极管中的电流为电阻 R 中电流的 1/2。

答案：D

7-7-6 **解**：该电路为二极管桥式全波整流电路，电压关系为$U_L = 0.9U_i$，$U_i = 10/\sqrt{2}$。

答案：C

第八节

7-8-1 **解**：图示电路中三极管发射极电压反偏时为截止状态，$i_B=0$。集电结反偏时为放大状态，$i_c=\beta i_B$；集电结正偏（$V_C<V_B$）时，放大器工作在饱和状态。

答案：A

7-8-2 **解**：分为放大电路的静态和动态两部分电路分析。静态时，要求工作点合适（在线性工作区）。动态时，信号能正常输出。

答案：B

7-8-3 **解**：画放大器的直流通道分析，如解图所示。

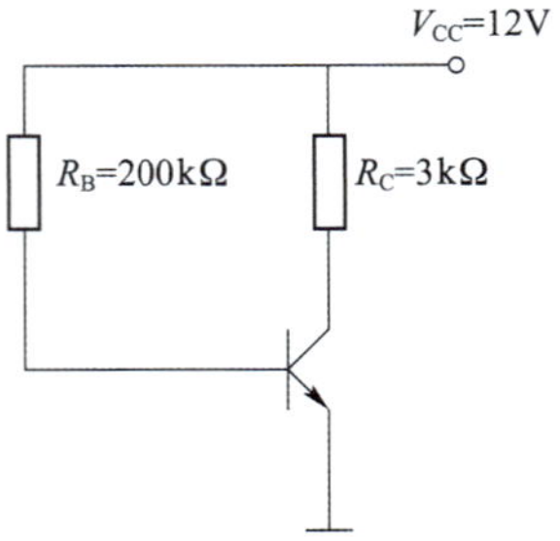

题 7-8-3 解图

设$U_{BE}=0.6$V，则

$$I_B=\frac{V_{CC}-U_{BE}}{R_B}=\frac{12-0.6}{200}=0.057\text{mA}$$

$$I_C=\beta I_B=40\times0.057=2.28\text{mA}$$

$$U_{CE}=V_{CC}-I_CR_C=12-2.28\times3=5.16\text{V}$$

答案：A

7-8-4 **解**：画放大器的交流微变等效电路图分析。

答案：C

7-8-5 **解**：考虑放大器输入、输出电阻影响时，可以将电路等效为解图：

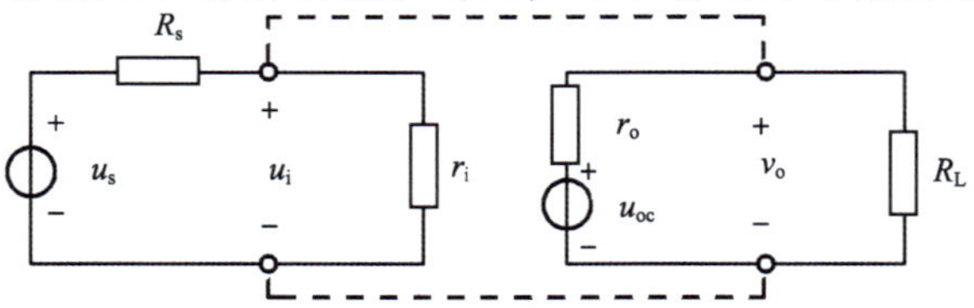

题 7-8-5 解图

答案：D

7-8-6 **解**：图 b）的等效电路与上题的提示电路相仿。R_s与输入电阻r_i串联，输出电阻r_o与负载电阻串联。

答案：C

第九节

7-9-1 **解**：图示为两级放大电路，第一级为反相比例电路，第二级为比例减法电路。

设第一级输出电压为u_o'，则：$u_o'=-\frac{R_{F1}}{R_1}u_{i1}$

$$u_o = -\frac{R_{F2}}{R_2}u_o' + \left(1+\frac{R_{F2}}{R_2}\right)u_{i2} = \frac{R_{F1}\cdot R_{F2}}{R_1\cdot R_2}u_{i1} + \left(1+\frac{R_{F2}}{R_2}\right)u_{i2}$$

答案： C

7-9-2　**解：** 本电路为运算放大器的线性应用电路，可用三个理想条件分析。如解图所示，由虚断路和虚短路分析，可知负载电阻R_L与R中的电流相同。则：

$i = i_R = u_R/R$ ，$U_R = u_- = u_+ = u$

因此$i = u/R$，即i与R_L无关。

答案： B

7-9-3　**解：** 本电路为运算放大器的线性应用电路。如解图所示，分析如下：

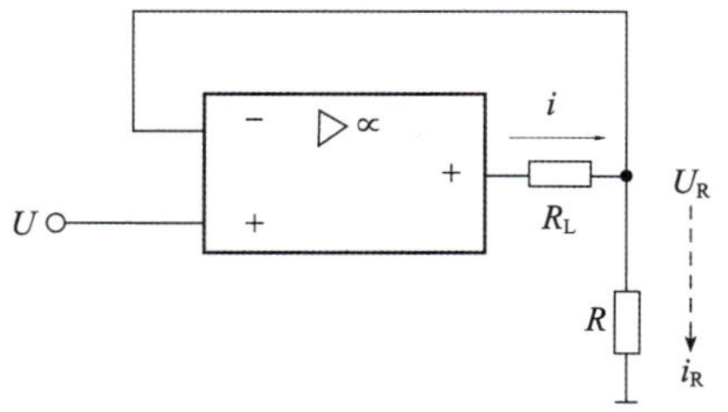

题 7-9-2 解图

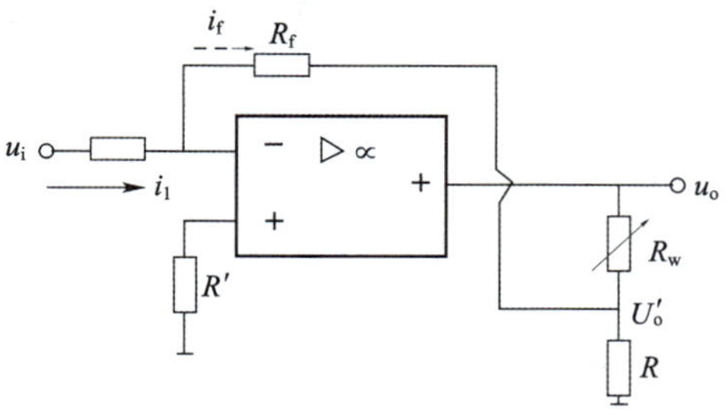

题 7-9-3 解图

$i_1 = i_f$，$u_+ = u_- = 0$，$u_o' = -\frac{R_f}{R_1}u_i$

题中$R_f = 10\text{k}\Omega$，$R = 100\Omega$，$R_f \gg R$

可以认为R_W与R中的电流相同。

$$\frac{u_o'}{R} = \frac{u_o}{R+R_W}$$

$$u_o = \frac{R+R_W}{R}\left(-\frac{R_f}{R_1}\right)u_i$$

$R_W = 0$时，$u_o = -u_i = -0.5\text{V}$

$R_W = 1\text{k}\Omega$时，$u_o = \frac{0.1+1}{0.1}\times(-u_i) = 5.5\text{V}$

所以u_o的调节范围是$-0.5\sim-5.5\text{V}$。

答案： D

7-9-4　**解：** 本电路为电压比较电路，属于运放的非线性应用。$u_+ > u_-$时，输出u_o是正饱和的；$u_+ < u_-$时，输出u_o是负饱和的。$u_+ = u_{i2}$ ，$u_- = u_{i1}$。从波形图观察所有的时间点上均有$u_{i1} > u_{i2}$，因此$u_- > u_+$均成立，运放是处于负饱和的。

答案： D

7-9-5　**解：** 电路为集成运算放大器构成的二级线性放大电路，第一级为积分电路，第二级是电压跟随电路。

答案： A

第十节

7-10-1　**解：** 输出信号 y 与输入信号按逻辑分析，当某点电压u≥2.4V时，为逻辑“1”；当某点电压u≤0.4V时，为逻辑“0”。分析时可以设二极管为理想二极管。

答案： A

7-10-2　**解：** 当与非门的输入端接 5V 为逻辑“1”，接地为逻辑“0”，悬空为逻辑“1”处理。

答案： C

7-10-3　**解：** 用逻辑代数公式计算。

答案： B

7-10-4　**解：** D 触发器的逻辑关系式为$Q_{n+1}=D$，$Q_{n+1}=\overline{Q}_n$时为计数功能。

答案： A

7-10-5　**解：** 根据触发器符号可见输出信号在 cp 脉冲的下降沿动作。

答案： C

7-10-6　**解：** 利用 R-S 触发器的功能表分析，输出信号在脉冲 C 的下降沿动作。

答案： B

第八章　信号与信息技术

复 习 指 导

一、考试大纲

7.4　信号与信息

信号；信息；信号的分类；模拟信号与信息；模拟信号描述方法；模拟信号的频谱；模拟信号增强；模拟信号滤波；模拟信号变换；数字信号与信息；数字信号的逻辑编码与逻辑演算；数字信号的数值编码与数值运算。

二、复习指导

目前，信号与信息技术正处于快速发展阶段，内容涉及面广，主要包括：计算机基础知识、电路电子技术、信息通信技术等。但是，就其具体内容来讲，该部分内容正是目前工程技术人员在工作中经常用到的问题。复习的重点是信息技术应用的系统化、规范化。

根据考试大纲的要求，本次复习应该注意以下几项内容：

（一）信息、消息与信号的概念

信息、消息和信号关系是借助于信号形式，传送消息，使受信者从所得到的消息中获取信息。

（二）信号的分类

要搞清楚信号的概念：什么是确定性信号、随机信号、连续信号和离散信号，特别要搞清楚模拟信号和数字信号形式上的不同，并区别它们的不同表示方法。

（三）模拟信号的描述

在信号分析中不仅可以从时域考虑，而且可以从频域考虑问题。在复习本部分内容时，一般是以正弦函数为基本信号，分析常用的周期和非周期信号的一些基本特性以及信号在系统中的传输问题。抓住基本概念，即周期信号频谱的离散性、谐波性和收敛性。

频谱分析是模拟信号分析的重要方法，也是模拟信号处理的基础，在工程上有着重要的应用。

要了解模拟信号滤波、模拟信号变换、模拟信号识别的知识。

数字电子信号的处理采用了与模拟信号不同的方式，电子器件的工作状态也不同。数字电路的工作信号是二值信号，要用它来表示数并进行数的运算，就必须采取二进制形式表示。复习内容主要包括：

（1）了解数字信号的数制和代码，掌握几种常用进制表示，数制转换、数字信号的常用代码。

（2）搞清楚算术运算和逻辑运算的特点和区别，逻辑函数化简处理后能凸显其内在的逻辑关系，通常还可以使硬件电路结构简单。

（3）了解数字信号的符号信息处理方法，数字信号的存储技术，模拟信号与数字信号的互换知识。

数字信号是信息的编码形式，可以用电子电路或电子计算机方便、快速地对它进行传输、存储和处理。因此，将模拟信号转换为数字信号，或者说用数字信号对模拟信号进行编码，从而将模拟信号问题转化为数字信号问题加以处理，是现代信息技术中的重要内容。

第一节　基本概念

一、信息、消息与信号

信息、消息和信号三者的关系是借助于某种信号形式，传送消息，使受信者从所得到的消息中获取信息。具体可以概括为：

信息（information）——受信者预先不知道的新内容。一般是指人的大脑通过感官直接或间接接收的关于客观事物的存在形式和变化情况。

消息（message）——信息的物理形式（如声音、文字、图像等），一般是指传递信息的媒体。

信号（signal）——消息的表现形式。信号是运载消息的工具，是可以直接观测到的物理现象（如电、光、声、电磁波等）。通常说“信号是信息的表现形式”。

在现代技术中信息表现为有特点的数据。数据是一种符号代码，用来描述信息。广义地讲，数据包括一切可以用来描述信息的符号体系，如文字、数字、图表、曲线等。在信息工程中，数据是一种以二进制数数字 “0”和“1”为代码的符号体系。应当指出，任何符号本身都不具有特定的含义，只有当它们按照确定的编码规则，被用来表示特定的信息时才可以称为数据。因此。正是由此在信息技术中通常认为数据就是信息。信号是具体的，可以对它进行加工、处理和传输；信息和数据都是抽象的，它们都必须借助信号才能得以加工、处理和传送。有些教材中把信息、消息和信号比喻成货物、道路（媒体）和交通工具（车）的关系，即信息是货，媒体是路，信号是车。“货”是利用“车”通过“路”来传送的。

除了人的大脑，任何物理系统都不能直接处理抽象的信息或数据，因此在以计算机为核心的信息系统中以数字信号来表示、存储、处理、传送信息或数据。从这个意义上讲，数字信号是信息的物理代码，亦可称为代码信号。

人们通过两个渠道从信号获取信息：一个是直接观测对象；另一个是通过人与人之间的交流。前者是借助对象发出的真实信号直接获取信息。例如，观测化学反应器中的温度、压力、流量、浓度等信号随时间变化的情况，获取化工过程的信息，观测机械零件和建筑结构中的应力、变形等信号，获取机械或建筑物的状态信息等；后者则用符号对信息进行编码后再以信号的形式传送出去，人们在收到这种编码信号并对它进行必要的翻译处理（译码）之后，间接获取信息，例如书籍、报刊用的是文字符号编码，口头报告、演讲用的是语音信号编码，数字通信系统中使用的是数字信号编码等，它们传递的都是预先编制好的信息。

二、信号的分类

直接观测对象所获取的信号是在现实世界的时间域里进行的，是随时间变化的，称为时间信号；人为生成并按照既定的编码规则对信息进行编码的信号是代码信号。时间信号可以用时间函数、时间曲线或时间序列来描述，在波形图上时间信号是按照时间的变化反映的。但是代码信号与时间信号不同，只能用它的序列式波形图或自身所代表的符号代码序列表示。

图 8-1-1a）表示的是实际观测到的时间信号-压力信号$p(t)$的时间曲线描述形式，它的时间函数描述形式为$p=f(t)$；

图 8-1-1b）是一个二进制数代码信号的波形表示形式，它的符号代码序列描述形式是 0101100。

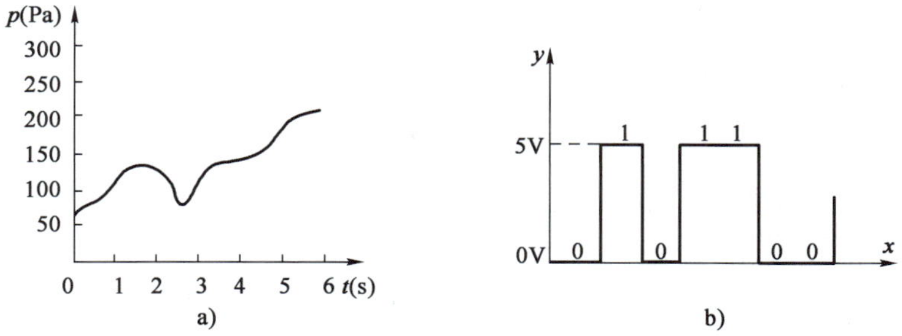

图 8-1-1　时间信号与代码信号

文字、图像、语言、数据等消息的复杂性，导致传送的信号也是多种多样的，但无论信号多么复杂，终归可以表示成时间的函数，因此“信号”与“函数”常常相互通用。信号随时间变化的规律是多种多样的，可以大致分类如下：

- 时间信号
  - 确定性信号
    - 连续信号
      - 周期信号
        - 正弦信号
        - 非正弦信号
      - 非周期信号
    - 离散信号
  - 随机信号

1. 确定性信号和随机信号

按信号是否可以预知划分，可以将其分为确定性信号和随机信号。

（1）确定性信号，是可以表示成确定时间函数的信号，即对于给定的时刻，信号都有一个确定的函数值与之对应，如$f(t)=2\cos 2\pi t$等。

（2）随机信号，是只能知道在某时刻取某一数值的概率，不能表示成确定时间函数的信号。由于随机信号带有“不确定性”和“不可预知性”，通常使用概率统计的方法进行研究。

例如电力系统的运行中难免受到其他信号的干扰，这些干扰信号是不可预知的，是随机出现的，那么该系统中负荷变化的信号属于随机信号。

严格来讲，除了实验室专用设备发出的有规律的信号外，电子信息系统中传输的信号都是随机信号。

2. 连续信号和离散信号

按信号是否是时间连续的函数划分，可以将其分为连续时间信号和离散时间信号，简称连续信号和离散信号。

（1）连续信号，是指在某一时间范围内，对于一切时间值除了有限个间断点外都有确定的函数值的信号$f(t)$。连续时间信号的时间一定是连续的，但是幅值不一定是连续的（存在有限个间断点）。

连续信号与通常所说的模拟信号不同，模拟信号是幅值随时间连续变化的连续时间信号。由观测所得到的各种原始形态的时间信号（光的、热的、机械的、化学的，等等）都必须转换成电信号（电压或电流信号）之后才能加以处理。通常，由原始时间信号转换而来的电信号就称为模拟信号。

为了保证模拟转换不丢信息，模拟信号的变化规律必须与原始信号相同；而为了便于处理，模拟信号的幅值变化区间又必须控制在一定的范围之内，在电气与信息工程中，模拟信号的幅值范围为 0~5V（电压信号）或 0~20mA（电流信号）。

从技术上讲，由于“模拟”转换在观测过程中就已实际完成，所以通常指时间信号为模拟信号；而离散的时间信号通常是运用模-数（AD）转换技术变换为数字代码信号之后再加以处理的，所以在电气与信息工程中，实际处理的模拟信号都是连续的时间信号。因此，“模拟信号”一词实际上是指连续时间信号。

（2）离散信号，是指在某些不连续时间（也称离散时刻）定义函数值的信号，在离散时刻以外的时间，信号是无定义的。离散信号的时间不连续，幅值可连续也可不连续。在离散信号中相邻离散时刻的间隔可以是相等的，也可以是不相等的。

为了方便研究或处理信号，人们常常将连续信号进行采样，即只取有代表性的离散时刻的信号数值，抽样后得到离散的采样信号。将幅值量化后并以二进制代码表示的离散信号（也就是时间和幅值均离散的信号）称为数字信号。

数字信号通常是指以二进制数字符号“0”和“1”为代码对信息进行编码的信号。在实际应用中，数字信号是一种电压信号，它通常取 0V 和+5V 两个离散值，这两个具体的离散值分别用来表示两个抽象的代码“0”和“1”。一个数字信号序列表示一串代码，只要确定某种编码规则，这种数字代码串就可以用来对任何信息进行编码。

模拟信号具体、直观，便于人的理解和运用；数字信号则便于计算机处理。所以，在实际应用中经常将两者互相转换，以发挥各自的优点。

模拟信号数字化的过程如图 8-1-2 所示。时间、幅值均连续的模拟信号如图 8-1-2a）所示， 经过等间距采样变成时间离散、幅值连续的抽样信号如图 8-1-2b）所示，再经过量化后的离散信号如图 8-1-2c）所示，以二进制对量化的幅度编码得到的数字信号如图 8-1-2d）所示。

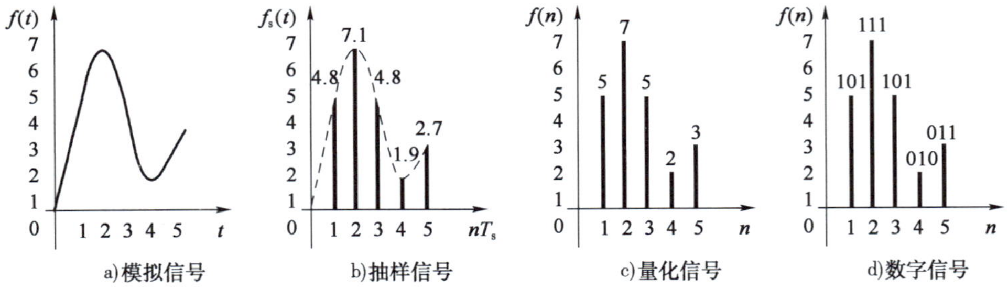

图 8-1-2　模拟信号数字化的过程

3. 周期信号和非周期信号

按信号是否具有重复性，可以将其划分为周期信号和非周期信号。

（1）周期信号，是按一定时间间隔T或N重复着某一变化规律的连续或离散信号。最典型的连续周期信号是正弦函数的信号。除正弦函数信号以外的连续周期函数信号称为非正弦周期信号。

连续周期信号$f(t)$满足

$$f(t)=f(t+mT)\qquad (m=0,\pm1,\pm2,\cdots)\tag{8-1-1}$$

时间间隔T称为最小正周期，简称连续周期信号的周期。

离散周期信号$f(k)$满足

$$f(k)=f(k+mN)\qquad (m=0,\pm1,\pm2,\cdots)\tag{8-1-2}$$

时间间隔N称为最小正周期，简称离散周期信号的周期。

（2）非周期信号，是不满足周期信号特性的、不具有重复性的连续或离散信号。当周期信号的周期为无穷大时，周期信号就变成了非周期信号。

4. 采样信号

按等时间间隔读取连续信号某一时刻的数值叫作采样（或抽样），采样所得到的信号称为采样（抽样）信号。显然，采样信号是一种离散信号，它是连续信号的离散化形式。或者说，通过采样，连续信号被转换为离散信号。

采样的更深一层意义在于通过模拟-数字转换装置，可以将采样信号进一步转换为数字描述形式，并进而采用数值分析与计算方法高效地处理模拟信号，例如，采用数值运算方法实现模拟信号的放大、变换、滤波等（见图 8-1-3）。

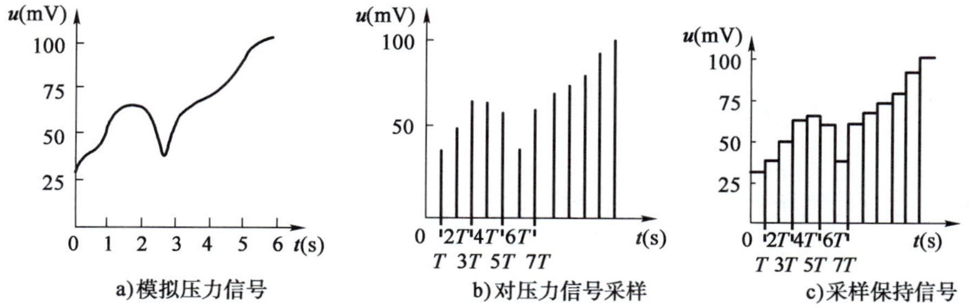

图 8-1-3 对压力信号的采样过程

图 8-1-3b）的电压信号是图 8-1-3a）压力信号的采样信号。不难看出，在每个采样点上，采样信号的值与连续信号在该点上的瞬间值相等，而在整个采样区间里，采样信号的变化规律与连续信号相同。

由于如图 8-1-3b）所示的离散时间信号是如图 8-1-3a）所示的连续时间信号的采样信号，所以，若连续时间信号的连续时间函数描述为

$$u = f(t)$$

则该离散时间信号的离散时间序列描述形式为

$$u^* = \{f(0), f(T), f(2T), f(3T), \cdots, f(nT), f[(n+1)T], \cdots\} \tag{8-1-3}$$

所谓离散时间信号是指只在特定的时间点上才出现的信号。例如图 8-1-3b）所示的信号，它只在时间点 0、T、$2T$、$3T$、$4T$…上出现，而在这些时间点之间的任何瞬间，信号的值是没有定义的。所以，在离散时间信号的描述中，时间轴上是不能连续取值的。

令采样的时间间隔为采样周期T，每秒采样次数为采样频率f，那么采样频率越高，采样信号越接近原来的连续信号。但是过于频繁的采样，势必会降低系统的整体工作效率。按照著名的采样定理，取采样频率为信号中最高谐波频率的 2 倍以上时，采样信号即可保留原始信号的全部信息。在实际应用中，往往将采样得到的每一个瞬间信号在其采样周期内予以保持，生成所谓的采样保持信号如图 8-1-3c）所示。采样保持信号是一种特殊信号形式，它兼有离散和连续的双重性质，在数字控制系统中有着广泛应用。

三、模拟信号与信息

模拟信号是通过观测，直接从对象获取的信号。模拟信号是连续的时间信号，它提供对象原始形态的信息。

在时间域里，它的瞬间量值表示对象的状态信息，比如某一时刻对象中的温度有多高，压力是多强；它随时间变化的情况提供对象的过程信息，比如对象中的温度或压力是在增加还是在减小，它们以什么样的规律在变化等。通过时间函数的描述，可以借助相关的数学运算对模拟信号进行各种处理和变换，实现信息分析、综合、评价等各种复杂的处理。

在频率域里，模拟信号是由诸多频率不同、大小不同、相位不同的信号叠加组成的，具有自身特定的频谱结构。所以从频域的角度看，信息被装载于模拟信号的频谱结构之中，通过频域分析可以从中提取更加丰富、更加细微的信息，进行更为简洁、更为精细的信息分析和处理。

（一）常用模拟信号的描述

在信号分析中，常用一些基本函数表示复杂信号。

1. 直流信号

直流信号定义为

$$f(t) = A \qquad (-\infty < t < \infty) \tag{8-1-4}$$

即在全时间域上等于恒值的信号，波形如图 8-1-4 所示。

2. 正弦信号

如图 8-1-5 所示为大家所熟知的正弦信号，表示为

$$f(t) = A\sin(\omega t + \varphi) \tag{8-1-5}$$

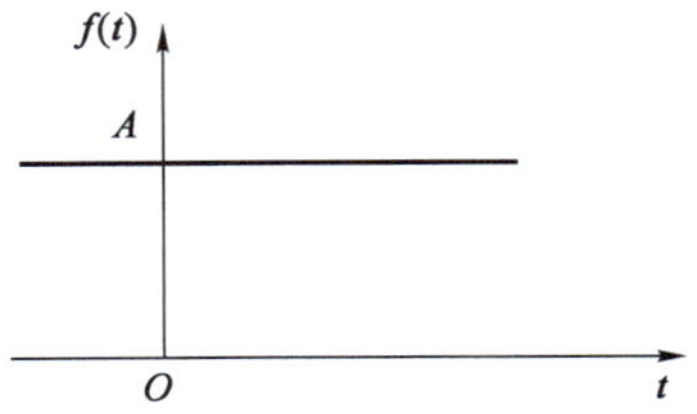

图 8-1-4　直流信号

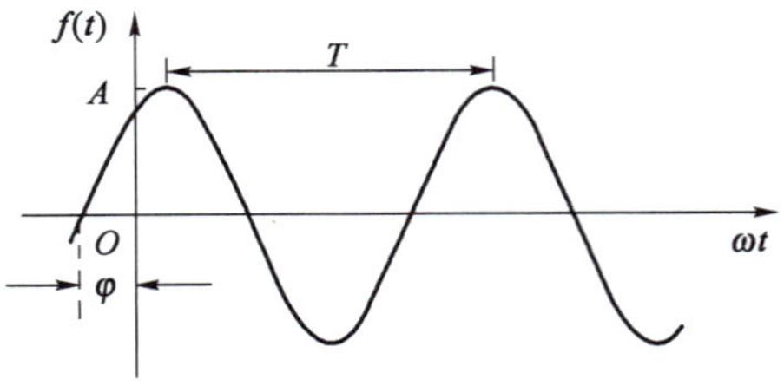

图 8-1-5　正弦信号

3. 单位阶跃信号

单位阶跃信号用$\varepsilon(t)$表示，其定义为

$$\varepsilon(t) = \begin{cases} 1 & (t > 0) \\ 0 & (t < 0) \end{cases} \tag{8-1-6}$$

该函数在$t = 0$处发生跃变，数值 1 为阶跃的幅度，若阶跃幅度为A，则可记为$A\varepsilon(t)$。延迟t_0后发生跃变的单位阶跃函数可表示为

$$\varepsilon(t - t_0) = \begin{cases} 1 & (t > t_0) \\ 0 & (t < t_0) \end{cases} \tag{8-1-7}$$

在负时间域幅值恒定为 1，而在$t = 0$发生跃变到零的阶跃信号可表示为

$$\varepsilon(-t) = \begin{cases} 1 & (t < 0) \\ 0 & (t > 0) \end{cases} \tag{8-1-8}$$

$\varepsilon(t)$、$\varepsilon(t - t_0)$和$\varepsilon(-t)$的波形分别如图 8-1-6 所示。

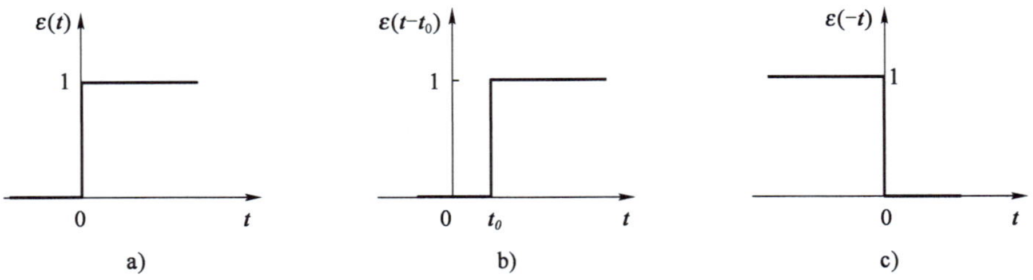

图 8-1-6　波形图

4. 斜坡信号

斜坡信号常用$r(t)$表示，其定义为

$$r(t)=\begin{cases}t & (t\geq 0)\\ 0 & (t<0)\end{cases} \tag{8-1-9}$$

也可以借助阶跃信号简洁地表示为

$$r(t)=t\varepsilon(t) \tag{8-1-10}$$

斜坡信号的波形如图 8-1-7 所示。

5. 实指数信号

常用的实指数信号是单边的，其定义为

$$f(t)=Ae^{-\alpha t}\qquad(\alpha>0,\ t>0) \tag{8-1-11}$$

实指数信号的波形如图 8-1-8 所示。

要注意的是，引入单位阶跃函数后，信号$f(t)$和$f(t)\varepsilon(t)$的波形有时是不同的。例如，信号e^{-t}和$e^{-t}\varepsilon(t)$的波形如图 8-1-9 所示，图 8-1-9a）在整个时间域均按e^{-t}规律变化，而图 8-1-9b）仅在正时间域按规律e^{-t}变化，它在负时间域全为零。

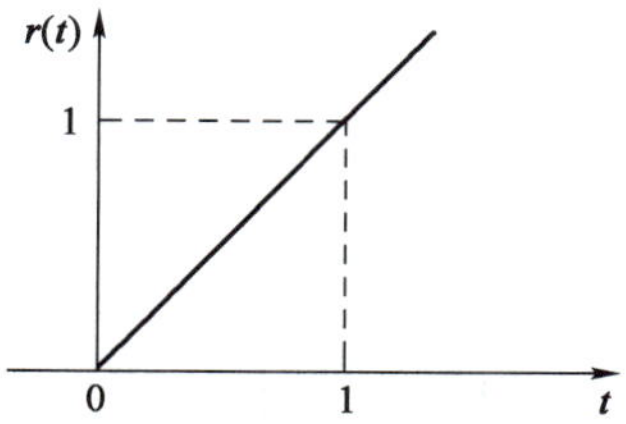

图 8-1-7　斜坡信号

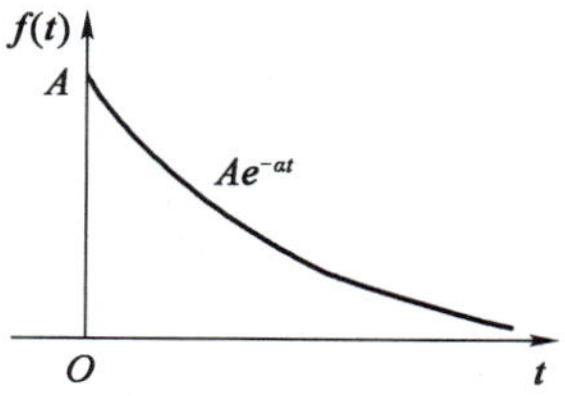

图 8-1-8　指数信号

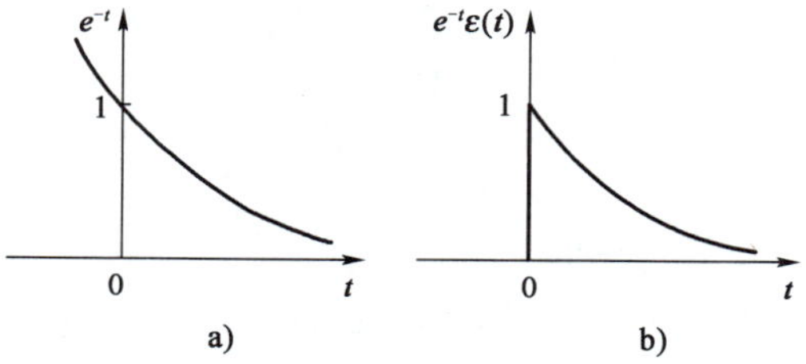

图 8-1-9　e^{-t}和$e^{-t}\varepsilon(t)$的波形

6. 复指数信号

设α为任意实数，则复指数信号可表示为

$$f(t)=Ae^{(\alpha+j\omega)t} \tag{8-1-12}$$

式中，若$\alpha=0$，则$f(t)$成为虚指数信号；若$\omega=0$，则$f(t)$成为实指数信号。根据欧拉公式，复指数信号可以表示为

$$f(t)=Ae^{\alpha t}(\cos\omega t+j\sin\omega t) \tag{8-1-13}$$

$\alpha<0$，$t\geqslant 0$时，实部和虚部波形如图 8-1-10 所示。

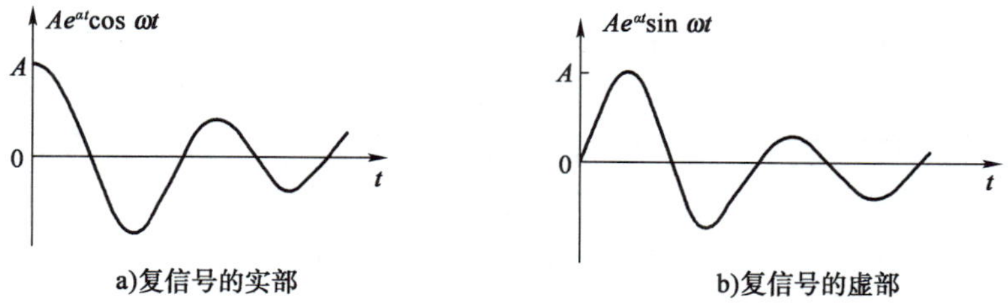

图 8-1-10　复指数信号

（二）模拟信号的时域处理

在信号的时域分析中，复杂信号可以通过对简单信号进行加（减）、延时、反转、尺度展缩、微分、积分等运算获得。

1. 相加与相乘

设有信号$f_1(t)=\varepsilon(t)$，$f_2(t)=-\varepsilon(t-t_0)$，则两者之和为$f(t)=\varepsilon(t)-\varepsilon(t-t_0)$。

$f(t)$在任意时刻的值是两信号在该时刻值的和，$f(t)$的波形如图 8-1-11 所示。

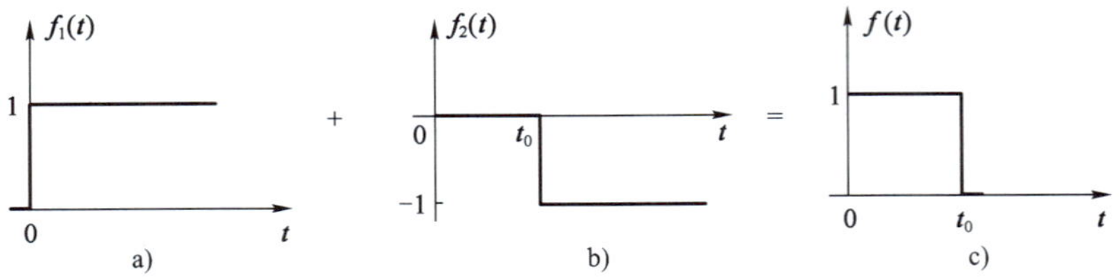

图 8-1-11 信号相加的波形图

信号$f_1(t)$和$f_2(t)$相乘所得的新函数$f(t)=f_1(t)f_2(t)$在任意时刻的值等于两个信号在该时刻的值之积，图 8-1-12 为信号相乘的波形。

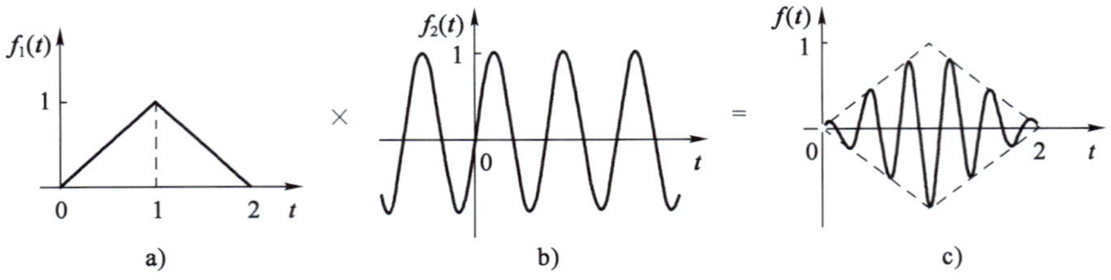

图 8-1-12 信号相乘后的波形图

2. 反转与延时

将信号$f_1(t)$的自变量t换为$-t$，可得到另一个信号$f_1(-t)$，这称为信号的反转。作图时将$f_1(t)$的波形以纵坐标为轴反转 180°即成为$f_1(-t)$，图 8-1-13a）是其示意图。

将信号$f_2(t)$的自变量t换为$(t\pm t_0)$，t_0为正的实常数，则可得一个新的信号$f_2(t\pm t_0)$。这就意味着把$f(t)$的波形沿时间轴整体平移（延时）t_0个单位，$f_2(t+t_0)$表示向右平移t_0个单位，$f(t-t_0)$表示向左平移t_0个单位。图 8-1-13b）为其示意图。

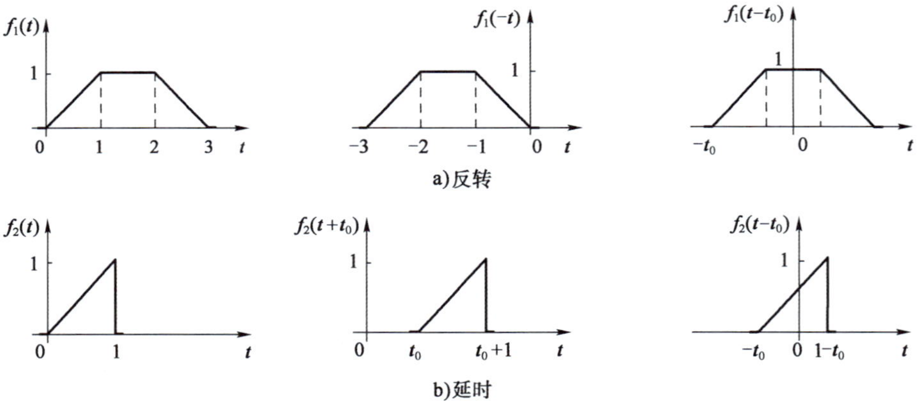

图 8-1-13 信号反转与延时后波形图

3. 压缩与扩展

若将信号$f(t)$的自变量t换为αt（α为正实数），则信号$f(\alpha t)$将在时间尺度上压缩或扩展，这称为信号的尺度变换。若$0<\alpha<1$，就意味着原信号从原点沿t轴扩展；若$\alpha>1$，就意味着原信号沿t轴压缩（幅值不变）。如图 8-1-14 中$f(t)$和$x(t)$所示。

信号的尺度展缩应用在信息的存储、压缩和解压缩技术方面。如$f(t)$是已录制好的音乐信号磁带，则$f(2t)$是以原声的 2 倍速度播放，$f\left(\frac{t}{2}\right)$是将原声降低一半速度播放。

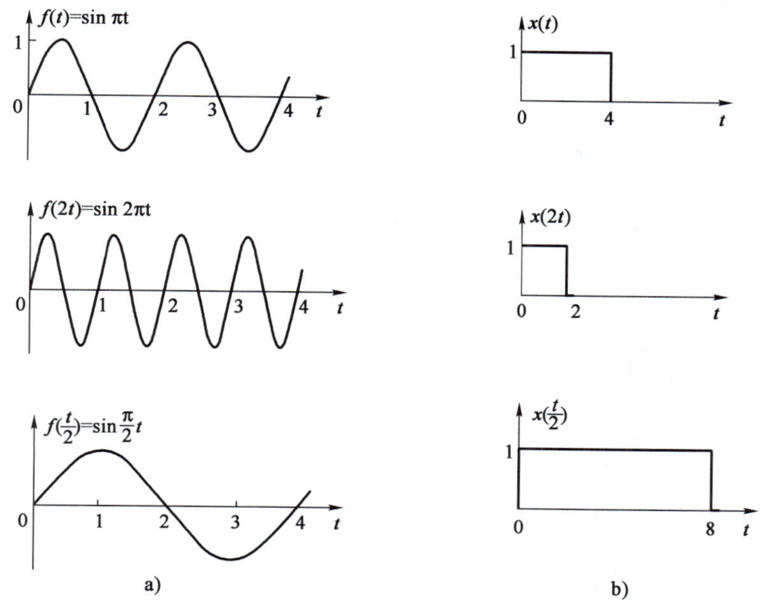

图 8-1-14　信号压缩与扩展后的波形图

4. 微分与积分

设信号$f(t)$的微分表示为

$$y(t)=\frac{\mathrm{d}f(t)}{\mathrm{d}t}=f'(t)=f^{(1)}(t) \tag{8-1-14}$$

$f(t)$的积分表示为

$$y(t)=\int_{-\infty}^{t}f(\tau)\mathrm{d}\tau=f^{(-1)}(t) \tag{8-1-15}$$

式中τ为积分变量，以区别于积分上限t。

对于斜坡函数，其导数为阶跃函数，即$r'(t)=\varepsilon(t)$；反之，单位阶跃函数的积分为斜坡函数，即

$$r(t)=\int_{-\infty}^{t}\varepsilon(\tau)\mathrm{d}\tau=t\varepsilon(t) \tag{8-1-16}$$

例如，对于如图 8-1-15 所示信号$f(t)$，可表示为

$$f(t)=\begin{cases}\frac{1}{2}t+1 & (-2\leqslant t\leqslant 0)\\ -\frac{1}{2}t+1 & (0\leqslant t\leqslant 2)\end{cases} \tag{8-1-17}$$

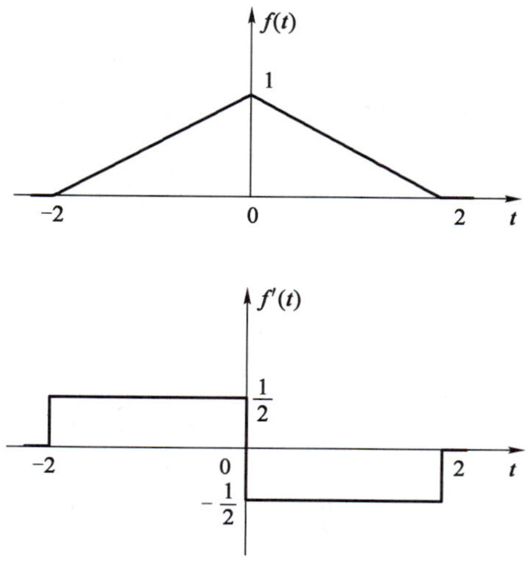

图　8-1-15

5. 单位冲激函数

冲激函数的提出有着广泛的物理基础。RC 串联电路接通直流电源的情形。如图 8-1-16a）所示，设电容电压初始状态为零，当$t=0$时电路接通，充电电流从起始值开始按指数规律下降，即

$$i_c(t)=\frac{1}{R}e^{-\frac{t}{rc}}\quad (t>0) \tag{8-1-18}$$

若电路中$R\to 0$，则充电时间常数$\tau=RC=0$，这意味着

在$t=0$瞬间电源以无穷大电流给电容充电，即

$$i_c(t)=\begin{cases}\infty & (t=0)\\ 0 & (t\neq 0)\end{cases} \tag{8-1-19}$$

电容上的电荷应是电流的积分值，即

$$q=\int_{-\infty}^{\infty} i_c \mathrm{d}t = CU_s = 1\mathrm{C} \tag{8-1-20}$$

这 1C 的电荷恰是图 8-1-16b）中i_c曲线下的面积。

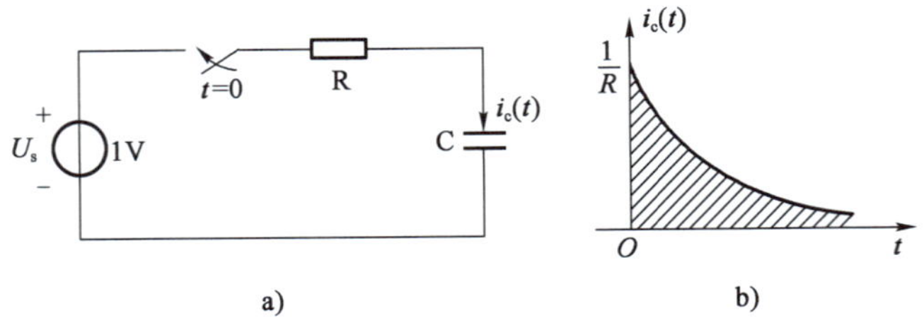

图 8-1-16　电容充电波形

再观察图 8-1-17 中的函数$f(t)$，当其缓升宽度$\tau\to 0$时，它就变成了阶跃信号$\varepsilon(t)$；而对$f(t)$求导后，则变为高度为$1/\tau$、宽度为τ的矩形脉冲，即$f'(t)=f_\tau(t)$，注意$f_\tau(t)$的面积为 1。当$\tau\to 0$时$f_\tau(t)$的高度变为无穷大，但此面积仍为 1，此时变为冲激函数，用$\delta(t)$表示。对应来看，即有$\varepsilon'(t)=\delta(t)$。可见，$\delta(t)$只在$t=0$出现，其余时间均为零。

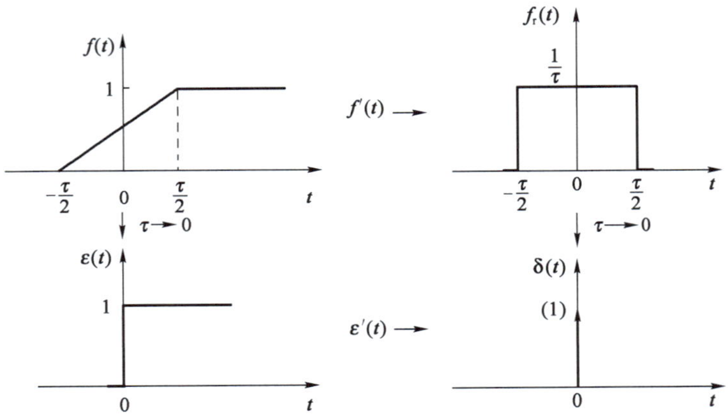

图 8-1-17　冲激函数的概念

由上可知，单位冲激函数$\delta(t)$可以看作是一个宽度为无穷小，高度为无穷大，但面积为 1 的极窄矩形脉冲。该函数是一个不同于一般信号的奇异函数，其定义为

$$\begin{cases}\delta(t)=0 \quad (t\neq 0)\\ \int_{-\infty}^{0}\delta(t)\mathrm{d}t=1\end{cases} \tag{8-1-21}$$

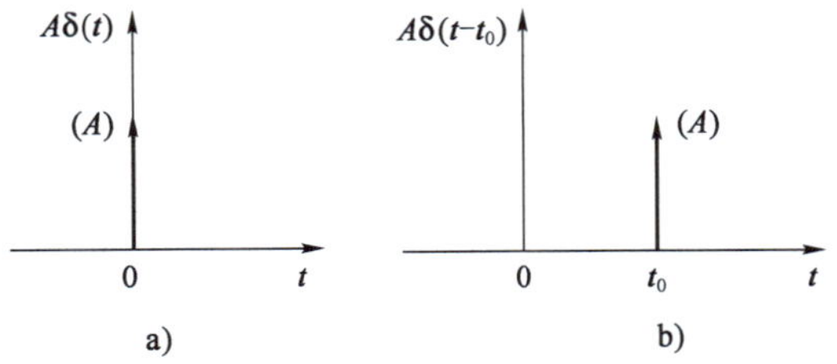

图 8-1-18　冲激信号及延时

上述定义表明，$\delta(t)$是在$t=0$瞬间出现又立即消失的信号，且幅值为无限大；在$t\neq 0$处，它始终为零，而积分$\int_{-\infty}^{\infty}\delta(t)\mathrm{d}t=1$是该函数的面积，通常称为$\delta(t)$的强度。强度为$A$的冲激信号可记为$A\delta(t)$，延迟$t_0$出现的冲激信号可记为$A\delta(t-t_0)$，它们的波形如图 8-1-18 所示，符号（$A$）表示其强度。

根据$\delta(t)$的定义，可以建立单位阶跃函数与单位冲击函数的确切关系，由于$\delta(t)$只在$t=0$时刻存在，所以

$$\int_{-\infty}^{\infty}\delta(t)\mathrm{d}t=\int_{0-}^{0+}\delta(t)\mathrm{d}t=1 \tag{8-1-22}$$

则

$$\int_{-\infty}^{\infty}\delta(t)\mathrm{d}t=\begin{cases}1 & (t>0)\\0 & (t<0)\end{cases} \tag{8-1-23}$$

上式表明：单位冲激信号的积分为单位阶跃信号；反过来，单位阶跃信号的导数应为单位冲激信号，即

$$\delta(t)=\frac{\mathrm{d}\varepsilon(t)}{\mathrm{d}t} \tag{8-1-24}$$

在引入$\delta(t)$的前提下，函数在不连续点处也有导数值。

【例 8-1-1】 已知$f(t)$的波形如图 a）所示，试求其一阶导数并画出波形。

解 首先用$\varepsilon(t)$的组合表示$f(t)$，即$f(t)=\varepsilon(t)+\varepsilon(t-t_1)-2\varepsilon(t-t_2)$

对上式求导，得$f'(t)=\delta(t)+\delta(t-t_1)-2\delta(t-t_2)$

其波形如图 b）所示。

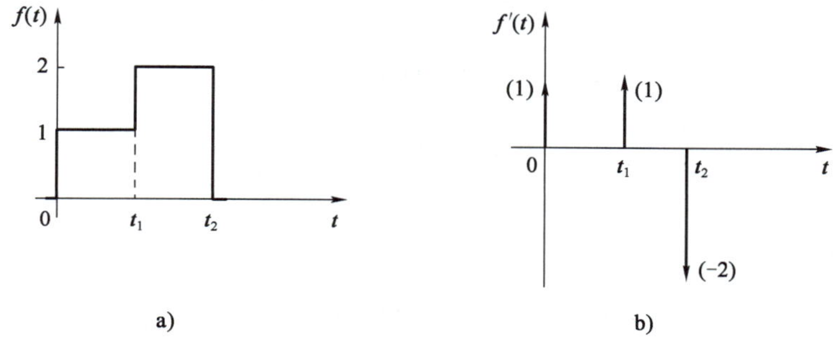

例 8-1-1 图

【例 8-1-2】 给出如图 a）所示非周期信号的时域描述形式：

A. $u(t)=10\times1(t-3)-10\times1(t-6)\mathrm{V}$

B. $u(t)=3\times1(t-3)-10\times1(t-6)\mathrm{V}$

C. $u(t)=3\times1(t-3)-6\times1(t-6)\mathrm{V}$

D. $u(t)=10\times1(t-3)-1(t-6)\mathrm{V}$

解 将图 a）中的信号$u(t)$分解为图 b）所示信号$u_1(t)$和图 c）所示信号$u_2(t)$的叠加$u(t)=u_1(t)+u_2(t)$。

答案： A

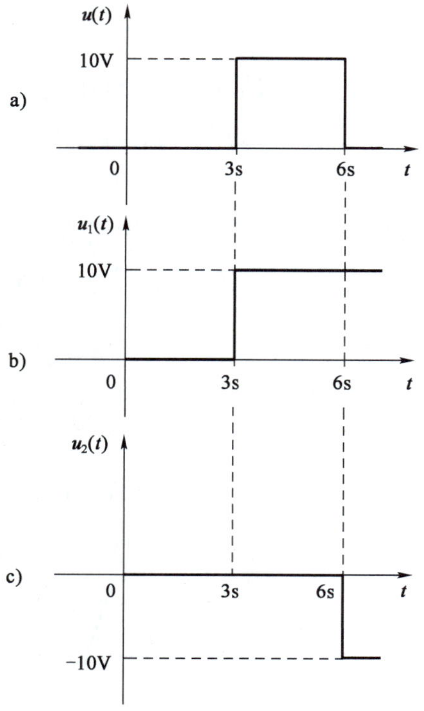

例 8-1-2 图

（三）模拟信号的频谱

本部分以正弦函数（余弦函数亦统称为正弦函数）为基本信号，分析常用的周期和非周期信号的一些基本特性以及信号在系统中的传输问题。由数学上的欧拉公式可知

$$\left.\begin{aligned}\sin\omega t&=\frac{1}{2j}(e^{j\omega t}-e^{-j\omega t})\\\cos\omega t&=\frac{1}{2}(e^{j\omega t}+e^{-j\omega t})\end{aligned}\right\} \tag{8-1-25}$$

可把虚指数函数$e^{j\omega t}$作为基本信号，将任意周期信号和非周期信号分解为一系列虚指数函数的和。分解工具是傅里叶级数（针对周期信号）和傅里叶积分（针对非周期信号）。利用信号的正弦分解思想，系统的响应可看作各不同频率正弦信号产生响应的叠加。由于在信号分析中所用的独立变量是频率，故称为频域分析。

1. 周期信号的频谱

周期信号是定义在（$-\infty,\infty$）区间内，每隔一定周期T按相同规律重复变化的信号，它们一般可表示为

$$f(t)=f(t+mT)\quad(m=0,\pm1,\pm2,\cdots) \tag{8-1-26}$$

当周期信号$f(t)$满足狄里赫利条件时，则可用傅里叶级数表示为三角函数

$$f(t)=a_0+\sum_{n=1}^{\infty}(a_n\cos n\omega_1 t+b_n\sin n\omega_1 t) \tag{8-1-27}$$

式中，$\omega_1=\frac{2\pi}{T}$称为$f(t)$的基波角频率，$n\omega_1$称为n次谐波的频率；a_0为$f(t)$的直流分量，a_n和b_n分别为各余弦分量和正弦分量的幅度。当函数给定以后，系数a_0、a_n和b_n可以由下式确定

$$\left.\begin{aligned} a_0&=\frac{1}{T}\int_0^T f(t)\mathrm{d}t\\ a_n&=\frac{2}{T}\int_0^T f(t)\cos n\omega t\,\mathrm{d}t\\ b_n&=\frac{2}{T}\int_0^T f(t)\sin n\omega t\,\mathrm{d}t \end{aligned}\right\} \tag{8-1-28}$$

傅里叶级数还可以写成

$$f(t)=A_0+\sum_{n=1}^{\infty}A_n\cos(n\omega_1 t+\varphi_n) \tag{8-1-29}$$

这里

$$A_n=\sqrt{a_n^2+b_n^2},\quad \varphi_n=-\arctan\frac{b_n}{a_n} \tag{8-1-30}$$

可见，模拟信号为一个直流信号和一系列正弦信号的叠加。由于直流信号可表示为 0 次谐波信号，$A_n\cos(n\omega_1 t+\varphi_n)$称为函数$f(t)$的第$n$次谐波分量，这种将一个周期函数展开成一系列谐波之和的傅里叶级数的方法叫作谐波分析。谐波分析中，我们认为模拟信号是由一系列谐波信号叠加而成的。我们用典型模拟信号分析：不同周期信号的谐波构成情况是不相同的，例如如图 8-1-19 所示的几种常见周期信号经过傅里叶级数分解后的谐波分量描述形式分别为

$$u_1(t)=\frac{4U_{1\mathrm{m}}}{\pi}\left(\frac{1}{2}-\frac{1}{3}\cos 2\omega t-\frac{1}{15}\cos 4\omega t-\cdots\right) \tag{8-1-31}$$

$$u_2(t)=\frac{4U_{2\mathrm{m}}}{\pi}\left(\sin\omega t+\frac{1}{3}\sin 3\omega t+\frac{1}{5}\sin 5\omega t+\cdots\right) \tag{8-1-32}$$

$$u_3(t)=U_{3\mathrm{m}}\left[\frac{1}{2}-\frac{1}{\pi}\left(\sin\omega t+\frac{1}{2}\sin 2\omega t+\frac{1}{3}\sin 3\omega t+\cdots\right)\right] \tag{8-1-33}$$

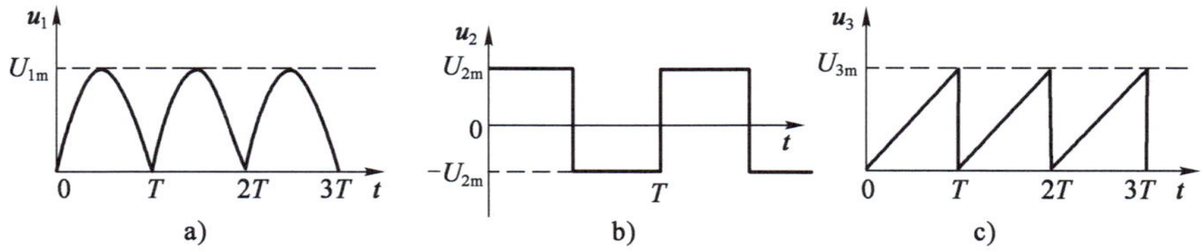

图 8-1-19　典型非正弦信号的时域波形图

显然，周期信号的波形不同，其谐波组成的成分情况也不同。信号的谐波组成情况通常用频谱的形式来表示。

（1）周期信号波形的谐波叠加

图 8-1-20 表示了图 8-1-19b）信号谐波叠加的情况。其中，图 8-1-20b）、c）表示的是 1、3 次谐波叠加的波形与原始方波波形的比较；图 8-1-20c）表示的是 1、3、 5 次谐波叠加后的波形与原始方波的比较。不难看出，随着更多谐波成分的加入，叠加后的波形将越来越趋近于原始的方波波形。

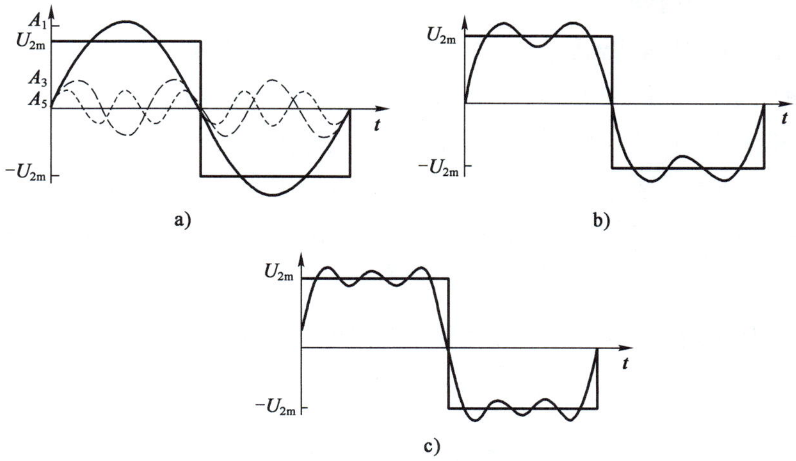

图 8-1-20　方波信号的谐波叠加

（2）周期信号的频谱

仔细考查式（8-1-32）可以发现：随着谐波次数k的增加，方波信号各个谐波的幅值按照$\frac{4}{k\pi}$的规律衰减（其中，$k=1, 3, 5, 7\cdots$），而它们的初相位却保持 0°不变。 将方波信号谐波成分的这种特性用图形的形式表达出来，就形成了如图 8-1-21 所示的谱线形式。这种表示方波信号性质的谱线称为频谱。图 8-1-21a）所表示的谐波幅值谱线随频率的分布状况称为幅度频谱；图 8-1-21b）则称为相位频谱，它表示谐波的初相与频率的关系。谱线顶点的连线称为频谱的包络线（图中以虚线表示），它形象地表示了频谱的分布状况。借助数学工具分析可知，周期信号频谱的谱线只出现在周期信号频率ω整数倍的地方，是离散的频谱。周期信号的幅度频谱随着谐波次数的增高而迅速减小。

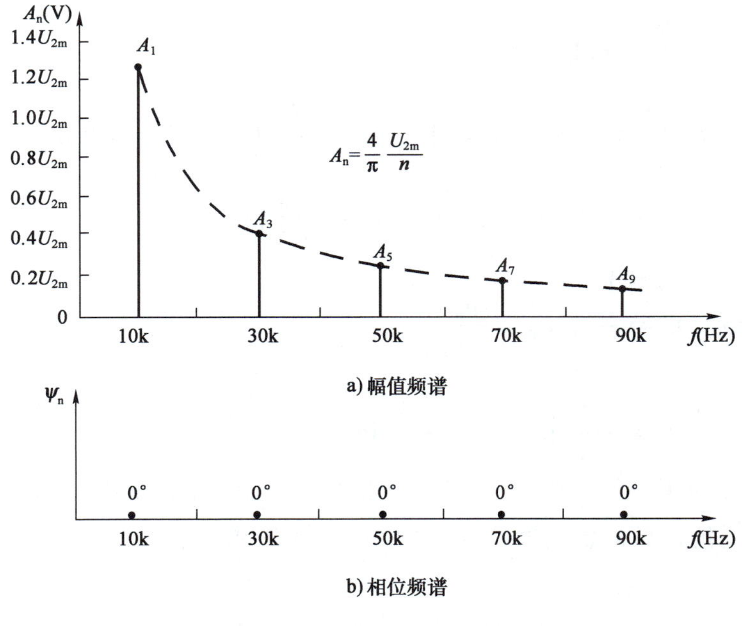

图 8-1-21　方波信号的频谱

【例 8-1-3】设周期信号$u(t)$的幅值频谱如图所示，则该信号：

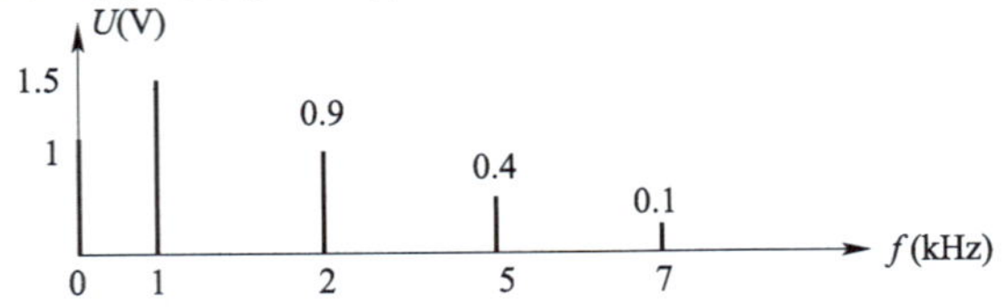

例 8-1-3 图

A. 是一个离散时间信号　　B. 是一个连续时间信号

C. 在任意瞬间均取正值　　D. 最大瞬时值为 1.5V

解　周期信号的幅值频谱是离散且收敛的。这个周期信号一定是时间上的连续信号，选项 A 错误。本题给出的图形是周期信号的频谱图。频谱图是非正弦信号中不同正弦信号分量的幅值按频率变化排列的图形，其大小是表示各次谐波分量的幅值，用正值表示。例如本题频谱图中出现的 1.5V 对应于 1kHz 的正弦信号分量的幅值，而不是这个周期信号的幅值。因此本题选项 C 或 D 都是错误的。

答案： B

【例 8-1-4】求如图所示周期信号$f(t)$的傅里叶级数展开式，并画出频谱图。

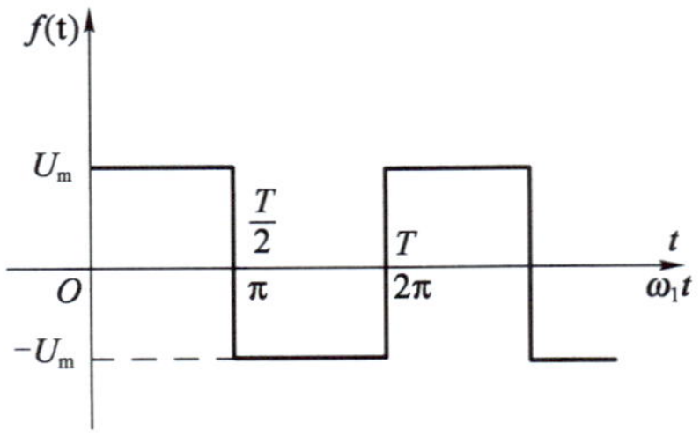

例 8-1-4 图　矩形波

解　$f(t)$在第一个周期内的表达式为

$$\begin{cases} f(t) = U_m & 0 \leqslant t \leqslant \frac{T}{2} \\ f(t) = -U_m & \frac{T}{2} \leqslant t \leqslant T \end{cases}$$

根据式（8-1-28）求得所需要的系数为

$$a_n = \frac{1}{T}\int_0^T f(t)\mathrm{d}t = 0$$

$$a_k = \frac{1}{\pi}\int_0^{2\pi} f(t)\cos(k\omega_1 t)\,\mathrm{d}(\omega_1 t) = \frac{2U_m}{\pi}\int_0^{\pi}\cos(k\omega_1 t)\,\mathrm{d}(\omega_1 t) = 0$$

$$b_k = \frac{1}{\pi}\int_0^{2\pi} f(t)\sin(k\omega_1 t)\,\mathrm{d}(\omega_1 t) = \frac{2U_m}{k\pi}[1-\cos(k\pi)]$$

当k为偶数时，$\cos(k\pi)=1$，$b_k=0$

当k为奇数时，$\cos(k\pi)=-1$，$b_k=\frac{4U_m}{k\pi}$

由此求得

$$f(t) = \frac{4U_m}{\pi}\left[\sin(\omega_1 t) + \frac{1}{3}\sin(3\omega_1 t) + \frac{1}{5}\sin(5\omega_1 t) + \cdots\right]$$

图 8-1-22 是矩形波函数的频谱图，由上例方波信号的频谱图中，每根垂直线称为谱线，其所在频率位置$n\omega_1$为该次谐波的角频率。每根谱线的高度为该次谐波的振幅值。观察可知，周期信号的振幅谱具有下列特点：

①离散性。频谱图由频率离散的谱线组成，每根谱线代表一个谐波分量。这样的频谱称为不连续

频谱或离散频谱。

②谐波性。谱中的谱线只能在基波频率ω_1的整数倍频率上出现。

③收敛性。频谱中各谱线的高度，随谐波次数的增高而逐渐减小。当谐波次数无限增多时，谐波分量的振幅趋于无穷小。

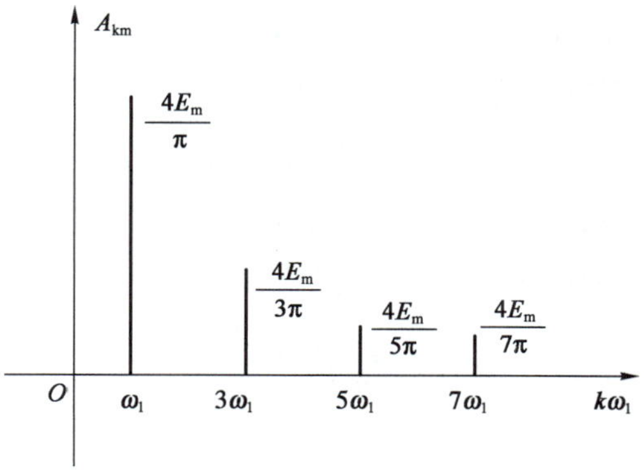

图 8-1-22　矩形波函数的频谱图

这些特点虽然是从具体的信号得出的，但除了少数特例外，许多信号的频谱都具有这些特点。

【例 8-1-5】 模拟信号$\mu_1(t)$和$\mu_2(t)$的幅值频谱分别如图 a）和图 b）所示，则在时域中：

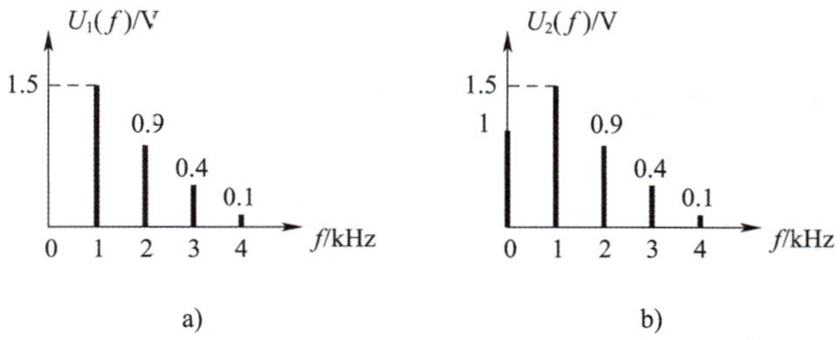

例 8-1-5 图

A. $\mu_1(t)$和$\mu_2(t)$是同一个函数

B. $\mu_1(t)$和$\mu_2(t)$都是离散时间函数

C. $\mu_1(t)$和$\mu_2(t)$都是周期性连续时间函数

D. $\mu_1(t)$是非周期性时间函数，$\mu_2(t)$是周期性时间函数

解　本题中$u_1(t)$、$u_2(t)$信号的幅频特性都是离散的，可以判断这两个信号都是周期信号。又观察到图 b）u_2的频谱特性中含有$f=0$的直流分量，而u_1没有。可见，这两个周期信号并不相等，它们不是同一时间函数。因此只有选项 C 正确。

答案： C

【例 8-1-6】 若某周期信号的一次谐波分量为$5\sin 10^3 t\,\text{V}$，则它的三次谐波分量可表示为：

A. $U\sin 3\times 10^3 t$，$U>5\text{V}$　　B. $U\sin 3\times 10^3 t$，$U<5\text{V}$

C. $U\sin 10^6 t$，$U>5\text{V}$　　D. $U\sin 10^6 t$，$U<5\text{V}$

解　周期信号频谱是离散的频谱，信号的幅度随谐波次数的增高而减小。针对本题情况可知该周期信号的一次谐波分量为：

$u_1=U_{1m}\sin\omega_1 t=5\sin 10^3 t$，$U_{1m}=5\text{V}$，$\omega_1=10^3$

$u_3=U_{3m}\sin 3\omega t$，$\omega_3=3\omega_1=3\times 10^3$

$U_{3m}<U_{1m}$，故$U_{3m}<5\text{V}$

答案：B

2. 非周期信号的频谱

非周期信号是模拟信号的普遍形式，所以本节所讨论的非周期信号描述问题实质上是模拟信号描述的一般性问题。

从直观的角度看，非周期信号可以定义为周期$T\to\infty$（或频率$f=0$）的周期信号，即：当周期信号的周期趋向无穷大时，这个周期信号就转化成了非周期信号。当周期T趋向无穷大时，各次谐波之间的谱线距离趋于消失，信号的频谱也从离散形式变成了连续形式。因此在非周期信号的分析中，可以先把这种非周期函数看作一种周期函数，在周期趋于无限大的条件下，求出其极限形式的傅氏级数展开式，就得到了表示这种非周期函数的傅氏积分公式。得到

$$f(t)=\sum_{k=-\infty}^{\infty}c_{\mathrm{k}}e^{jk\omega_1 t} \tag{8-1-34}$$

其中

$$c_{\mathrm{k}}=\frac{1}{T}\int_{-\frac{T}{2}}^{\frac{T}{2}}f(t)e^{-jk\omega_1 t}\mathrm{d}t \quad (k=0,\pm1,\pm2\cdots) \tag{8-1-35}$$

c_{k}的频谱是$k\omega_1$的函数，且为线状的，其相邻间隔（频率差）为

$$\Delta\omega_{\mathrm{k}}=(k+1)\omega_1-k\omega_1=\omega_1=\frac{2\pi}{T} \tag{8-1-36}$$

当T越来越大时，c_{k}的值及相邻谱线的间隔就越来越小，谱线就变成连续的，而其幅度$|k\omega_1|$将趋于无限小，这样我们可以定义一个新的函数

$$F(jk\omega_1)=Tc_{\mathrm{k}}=\frac{2\pi c_{\mathrm{k}}}{\Delta\omega_{\mathrm{k}}}=\int_{-\frac{T}{2}}^{\frac{T}{2}}f(t)e^{-jk\omega_1 t}\mathrm{d}t \tag{8-1-37}$$

当$T\to\infty$时，$\omega_1=\frac{2\pi}{T}\to\mathrm{d}\omega$，而相邻谐波之间的频率差也越来越小，这时可以把$k\omega_1$看作是一个连续变量$\omega$并取极限时，式（8-1-37）可以写成

$$F(j\omega)=\int_{-\infty}^{\infty}f(t)e^{-jk\omega t}\mathrm{d}t \tag{8-1-38}$$

上式称为傅里叶积分或傅里叶变换。它把一个时间函数变成了一个频率函数。另外，由式（8-1-37）知

$$c_{\mathrm{k}}=\frac{F(jk\omega_1)}{T}=\frac{\Delta\omega_k F(jk\omega_1)}{2\pi} \tag{8-1-39}$$

将c_{k}代入式（8-1-34），当$T\to\infty$时，上式的求和变成积分，可以将式（8-1-34）改写成

$$f(t)=\frac{1}{2\pi}\int_{-\infty}^{\infty}F(j\omega)e^{jk\omega t}\mathrm{d}\omega \tag{8-1-40}$$

式（8-1-40）称为傅氏反变换。频谱函数$F(j\omega)$一般为ω的复函数，有时把$F(j\omega)$简记为$F(\omega)$。将非周期信号的频谱表示为傅里叶积分，当然，时域信号$f(t)$要满足绝对可积。凡满足绝对可积条件的信号，它的变换$F(\omega)$必然存在。对非周期函数进行傅氏变换就可以得到非周期函数的频谱。

下面给出几个常用非周期信号的频谱：

（1）门函数$g_\tau(t)$的频谱

幅度为1、宽度为τ的单个矩形脉冲常称为门函数，记为$g_\tau(t)$，它可表示

$$g_\tau(t)=\begin{cases}1 & \left(|t|<\dfrac{\tau}{2}\right)\\ 0 & \left(|t|>\dfrac{\tau}{2}\right)\end{cases} \tag{8-1-41}$$

其波形如图 8-1-23a）所示。

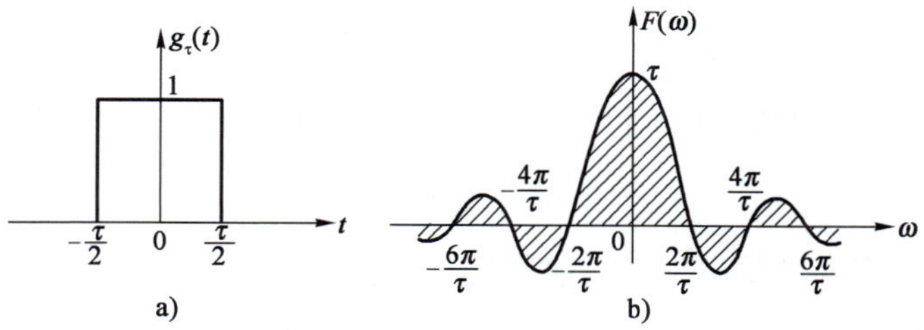

图 8-1-23　门函数的频谱图

（2）冲击函数$\delta(t)$的频谱

由定义式（8-1-38），并应用$\delta(t)$的取样性质，得

$$F(\omega)=\int_{-\infty}^{\infty}\delta(t)e^{-j\omega t}\mathrm{d}t=1 \tag{8-1-42}$$

即有变换对

$$\delta(t)\leftrightarrow 1 \tag{8-1-43}$$

图 8-1-24 为它们的图示。可见，冲激信号的频谱是均匀谱。

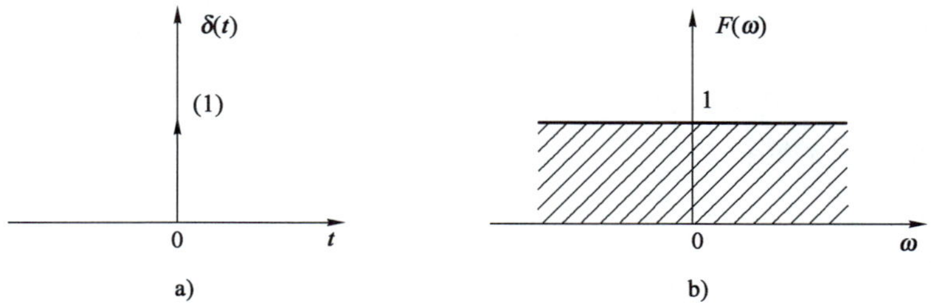

图 8-1-24　冲击函数的频谱图

（3）直流信号的频谱

设直流信号

$$f(t)=1 \qquad (-\infty,\infty) \tag{8-1-44}$$

经傅氏反变换，且$\delta(t)$为t的偶函数，则$\delta(t)$可表示为

$$\delta(t)=\delta(-t)=\frac{1}{2\pi}\int_{-\infty}^{\infty}1\cdot e^{-j\omega t}\mathrm{d}\omega \tag{8-1-45}$$

将上式中ω换为t，t换为ω，有

$$2\pi\delta(\omega)=\int_{-\infty}^{\infty}1\cdot e^{-j\omega t}\mathrm{d}t \tag{8-1-46}$$

上式表明单位直流信号的傅里叶变换（频谱）为$2\pi\delta(\omega)$，即

$$1\leftrightarrow 2\pi\delta(\omega) \tag{8-1-47}$$

它们的图形如图 8-1-25 所示。这表明，直流仅由$\omega=0$的分量组成。

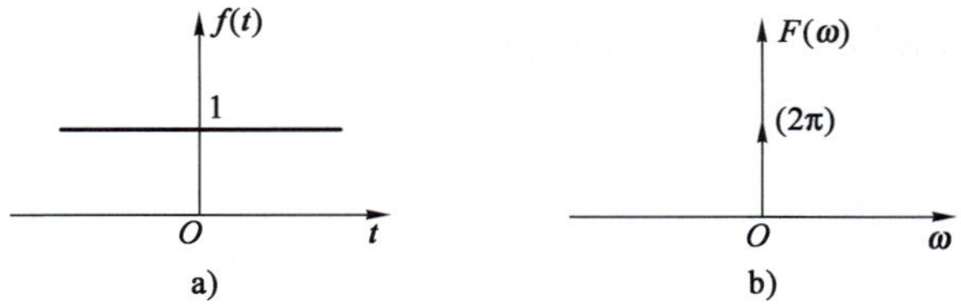

图 8-1-25　直流信号的频谱图

归纳以上分析，对于非周期信号可以得到如下重要结论：

①非周期信号的频谱是连续频谱；

②若信号在时域中持续时间有限，则其频谱在频域将延伸到无限，这可简单地称为时间有限，频域无限。

③信号的脉冲宽度越窄，则信号的带宽越宽。

频谱分析是模拟信号分析的重要方法，也是模拟信号处理的基础，在工程上有着重要的应用。这种分析方法实质上是对信号特征的更为细致的提取，在信号处理中，根据频谱的特征可以进行信号的识别和信息的提取。

在实际运用中，根据问题性质和分析目标的不同，可以采用不同方式来描述模拟信号。例如，在电路稳态分析中采用时域描述方式以求分析过程直观并便于理解；在电路动态过程分析中，则采用频域描述方式以求分析简便和透彻。

【例 8-1-7】 周期信号中的谐波信号是：

A. 离散时间信号　　B. 数字信号　　C. 采样信号　　D. 连续时间信号

解　周期信号中的谐波信号是从傅里叶级数分解中得到的，它是正弦交流信号，是连续时间信号。

答案： D

【例 8-1-8】 周期信号的频谱是：

A. 离散的

B. 连续的

C. 高频谐波部分是离散的，低频谐波部分是连续的

D. 有离散的，也有连续的，无规律可循

解　周期信号的谐波是按照级数形式分解出来的，所以频谱是离散的频谱。

答案： A

【例 8-1-9】 模拟信号$u_1(t)$和$u_2(t)$的幅值频谱分别如图 a）和图 b）所示，则：

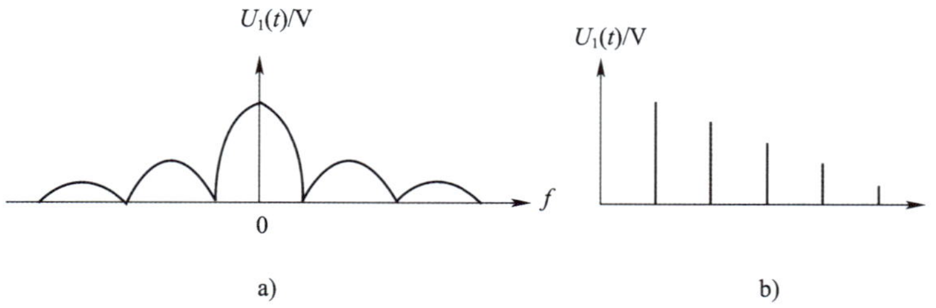

例 8-1-9 图

A. $u_1(t)$是连续时间信号，$u_2(t)$是离散时间信号

B. $u_1(t)$是非周期性时间信号，$u_2(t)$是周期性时间信号

C. $u_1(t)$和$u_2(t)$都是非周期性时间信号

D. $u_1(t)$和$u_2(t)$都是周期性时间信号

解　根据信号的幅值频谱关系，周期信号的频谱是离散的，而非周期信号的频谱是连续的。图 a）是非周期性时间信号的频谱，图 b）是周期性时间信号的频谱。

答案： B

四、模拟信号的处理

信号是信息的载体。在电子系统中，信号的处理服从于信息处理的需要，如信号的放大处理为的是信息的增强，信号之间的算术运算、微分积分运算等是信息的变换，信号的滤波、整形等则通常是为了信息的识别和提取。

（一）模拟信号增强

将微弱的信号放大到可以方便观测和利用是模拟信号最基本的一种处理方式。信号的放大包含信号幅度的放大和信号带载能力的增强两个目标，前者称为电压放大，后者称为功率放大，这是模拟电子电路的重点内容。实际上，电压放大和功率放大都涉及信号本身能量的增强，所以，信号的放大过程可以理解为一种能量转换过程，电子电路的放大理论就是在较微弱的信号控制下把电源的能量转换成具有较大能量的信号。 模拟信号放大的核心问题是保证放大前后的信号是同一个信号，即经过放大处理后的信号不能失真、信号的形状或频谱结构保持不变，即信号所携带的信息保持不变。

针对这些基本要求，电子电路中所要处理的问题主要有：

（1）非线性问题。电子器件本身的非线性特性无法严格保持信号放大过程的线性变换关系，这导致信号放大之后出现波形的畸变。

（2）频率特性问题。由于电路中储能元件（电容、电感）的影响，电子电路不能保证信号中的各次谐波成分获得同等比例的放大效果，这导致放大后信号的谐波组分或频谱结构发生改变。

（3）噪声与干扰问题。放大电路内部的电子噪声和外部的干扰信号导致放大后的信号中夹杂着其他的信号，在情况严重时，这些夹杂信号会淹没放大信号本身，导致无法对信号进行识别和应用。

（二）模拟信号滤波

从信号中滤除部分谐波信号叫作滤波。滤波是从模拟信号中去除伪信息，提取有用信息的一种重要技术手段。

滤波电路通常是按照滤波电路的工作频带命名的，分为低通滤波器（LPF）、高通滤波器（HPF）、带通滤波器（BPF）、带阻滤波器（BEF）等。

各种滤波器的理想幅频特性如图 8-1-26 所示。允许通过的频段称为通带，将信号的幅值衰减到零的频段称为阻带。

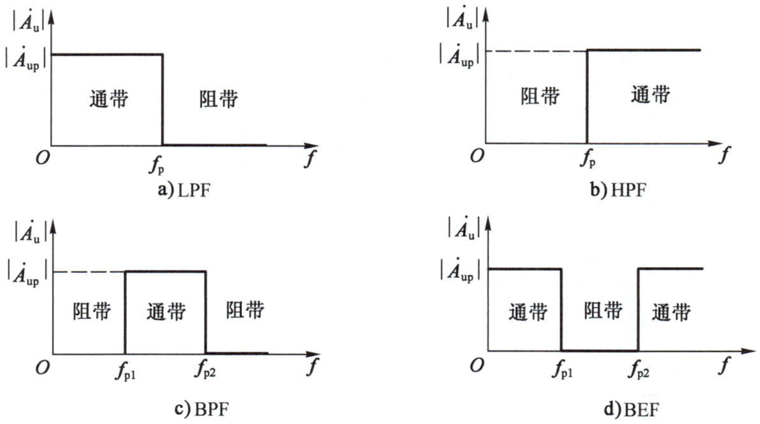

图 8-1-26　理想滤波电路的幅频特性

幅频特性通常用来描述放大器的电压放大倍数与频率变化之间的关系，如图 8-1-26 描述了典型滤波器的幅频特性。在图 8-1-26a）中，设截止频率为f_p，低于频率f_p的信号可以通过，高于f_p的信号被衰减的滤波电路称为低通滤波器；反之，频率高于f_p的信号可以通过，而频率低于f_p的信号被衰减的滤波电路称为高通滤波器。低通和高通滤波器的理想频率特性分别如图 8-1-26a)、b) 所示。

对于带通电路，设低频段的截止频率为f_{p1}，高频段的截止频率为f_{p2}，频率在f_{p1}到f_{p2}之间的信号可以通过，低于f_{p1}或高于f_{p2}的信号被衰减的滤波电路称为带通滤波器，如图 8-1-26c) 所示；对于频率低于f_{p1}和高于f_{p2}的信号可以通过，频率是f_{p1}到f_{p2}之间的信号被衰减的滤波电路称为带阻滤波器，如图 8-1-26d) 所示。

滤波是模拟信号处理的一项核心技术，在信号识别和信息提取中有着重要应用，通常信号在传输和处理过程中会受到干扰信号的影响，干扰信号的谐波与有用信号的谐波往往分布在频谱不同的频段上，所以通常采用滤波手段来排除或削弱干扰信号。例如，在观测到的大型汽轮发电机组的振动信号中，包含有正常运转的振动信号和因机械故障所引起的附加振动信号，这通常用信号和干扰信号谐波组分分布在频谱中的不同区间里，利用适当的滤波手段即可从总的振动信号中识别出故障信号，借以判断系统有无故障、故障类型及故障程度等信息；另外，各个广播电台和电视台采用不同的载波频率播送节目，它们分布在天线所接收到的信号频谱中的不同频段上，利用带通滤波即可将它们提取出来收听或观看。

（三）模拟信号变换

将一种信号变换为另一种信号是模拟信号处理的一项主要内容。在模拟系统中，信号的相加、相减、比例、微分及积分变换是常见的几种信号变换。从信息处理的角度看，信号变换是从信号中提取信息的重要手段，例如通过信号相加提取求和信息，从相减提取差异信息，通过比例变换提取增强后的信息，从微分变换提取信号时间变化率信息，从积分变换提取信号对时间的累积信息等。

信号变换的主要问题是：由于难以找到一种理想的运算装置，所以，信号变换都只能近似地实现，这为信息的提取带来不便。实际上，在模拟系统中，为了准确提取信息，往往还要增加许多额外的处理过程，如反馈技术。

图 8-1-27 给出一个模拟信号微分-积分变换的理想波形图。从图中可知，一个三角波模拟信号描述函数为$f_1(t)$，经过微分变换

$$f_2(t)=\frac{\mathrm{d}f_1(t)}{\mathrm{d}t} \tag{8-1-48}$$

被变换为一个方波信号$f_2(t)$，这个方波信号承载的是三角波信号的时间变化率信息；反之，一个方波信号$f_2(t)$经过积分变换

$$f_1(t)=\int f_2(t)\mathrm{d}t \tag{8-1-49}$$

被变换为一个三角波$f_1(t)$信号，它承载的是方波信号时间累积信息。

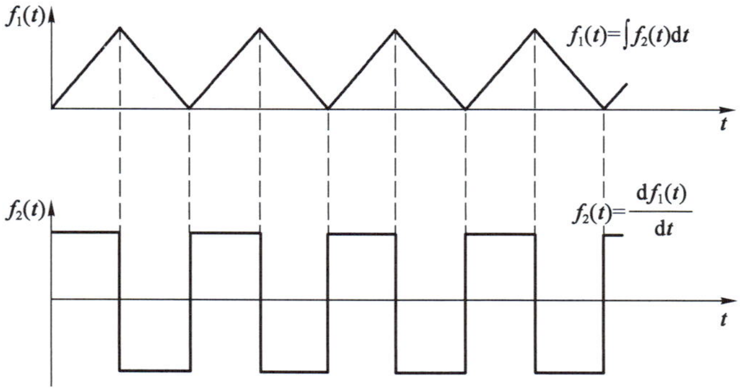

图 8-1-27 模拟信号微分-积分变换波形

（四）模拟信号识别

从一种不干净的、夹杂着许多无用信号的混合信号中把所需要的信号提取出来，这是信号识别问题。从信息的角度讲，信号识别是信息提取的一种前期处理过程，它剔除夹杂在信号中的各种伪信息，并保留原来的信息。 利用频率的差异，采用滤波器滤除夹杂信号是信号识别的主要方法，但是，由于各种滤波器的特性都是非理想的，所以对于与信号频率相近的夹杂信号，滤波方法是无能为力的。增强有用信号自身的强度，也是一种信号识别的常用方法。但是，对于微弱信号，由于电子噪声信号也随着信号的增强而增强，这种方法的效果是有限的。

图 8-1-28 表示的是从调幅信号中识别出一个正弦波信号的过程。图 8-1-28a）表示原始的调幅信号$u_1(t)$，图 8-1-28b）表示经过单向导电器件处理后的调幅信号$u_2(t)$，图 8-1-28c）表示采用滤波器滤除高频载波信号后的信号u_3(t)，图 8-1-28d）表示滤除直流信号后所提取出来的真实信号$u_4(t)$。

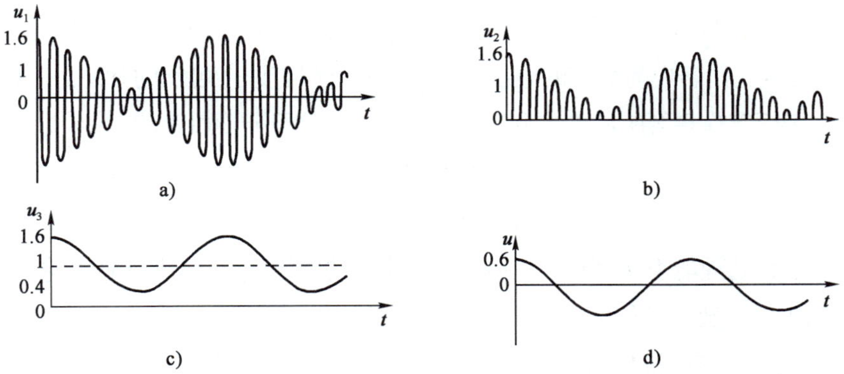

图 8-1-28　从调制信号中识别出模拟信号的过程

【例 8-1-10】 设放大器的输入信号为$u_1(t)$，放大器的幅频特性如图所示，令$u_1(t)=\sqrt{2}u_1\sin2\pi ft$，且$f>f_H$，则：

A. $u_2(t)$的出现频率失真

B. $u_2(t)$的有效值$U_2=AU_1$

C. $u_2(t)$的有效值$U_2<AU_1$

D. $u_2(t)$的有效值$U_2>AU_1$

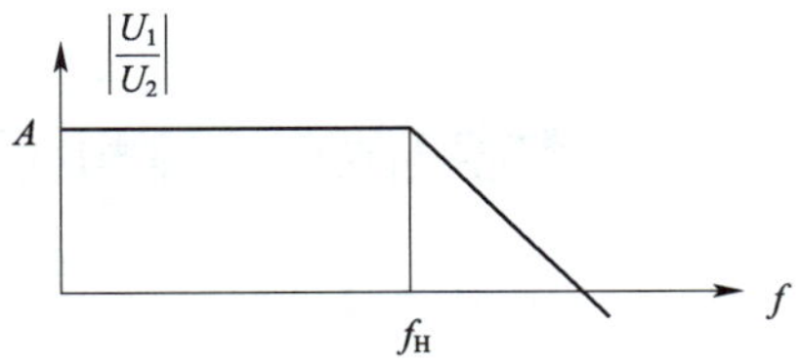

例 8-1-10 图

解 放大器的输入为正弦交流信号。但$u_1(t)$的频率过高，超出了上限频率f_H，放大倍数小于A，因此输出信号u_2的有效值$U_2<AU_1$。

答案： C

【例 8-1-11】 某周期信号$u(t)$的幅频特性如图 a）所示，某低通滤波器的幅频特性如图 b)所示，当将信号$u(t)$通过该低通滤波器处理以后，则：

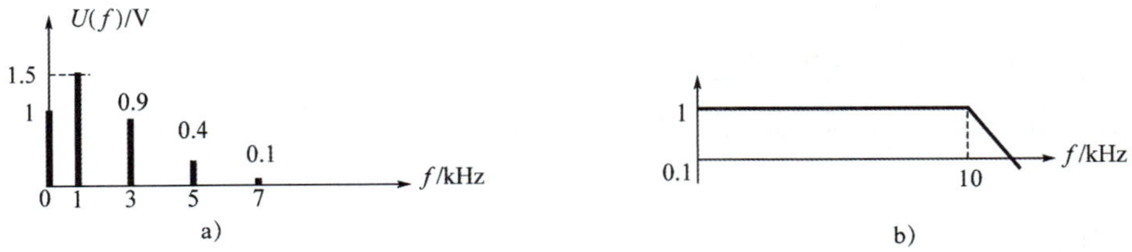

例 8-1-11 图

A. 信号的谐波结构改变，波形改变　　　　B. 信号的谐波结构改变，波形不变

C. 信号的谐波结构不变，波形不变　　　　D. 信号的谐波结构不变，波形改变

解　从周期信号$u(t)$的幅频特性图a）可见，其频率范围均在低通滤波器图b）的通频段以内，这个区间放大倍数相同，各个频率分量得到同样的放大，则该信号通过这个低通滤波以后，其结构和波形不会变化。

答案：C

第二节　数字信号与信息

对电子信号的处理，针对数字信号与模拟信号的不同采用了不同的处理方式，电子器件的工作状态也不同。数字电路的工作信号是二值信号，要用它来表示数并进行数的运算，就必须采取二进制形式表示。在电子电路中，信号往往表现为突变的电压或电流，并且只有两个可能的状态。正如我们所知，数字电路中的二极管和三极管工作在开关状态。利用导通和截止两种不同的工作状态，代表不同的数字信息，完成信号的传递和处理任务。由于一个n位的二进制数字代码序列可以有多种不同的排列方式，所以数字代码具有极强的表达能力。采用适当长度的数字脉冲序列数字信号就可以用来对各种复杂信息进行编码，并借助数字计算机的强大处理能力实现信息的处理，这就是数字信号得以广泛应用的根本所在。

数字信号可以用来对“数”进行编码，实现数值信息的表示、运算、传送和处理；号也可以用来对文字和其他符号进行编码，实现符号信息的表达、传送和处理；数字信号可以用来表示逻辑关系，实现逻辑演算、逻辑控制等。因此，在数字电路中，重点研究的是输入信号与输出信号之间的逻辑关系。为了分析这些逻辑关系，必须了解信号的编码规则，使用一套科学的代码和数学工具来处理数字信号，即逻辑代码和逻辑代数。

一、数字信号的数制和代码

（一）几种常用进制

1. 十进制

十进制是我们所熟悉的计数体制，它用0~9十个数字符号，按照一定的规律排列起来，表示数值的大小。

例如，$123.45 = 1 \times 10^2 + 2 \times 10^1 + 3 \times 10^0 + 4 \times 10^{-1} + 5 \times 10^{-2}$

十进制数的特点：它的基数是10，其中低位和相邻高位之间的关系是“逢十进一”，故称为十进制。任意一个十进制数D均可展开为

$$D = \sum k_i \times 10^i \tag{8-2-1}$$

式中，k_i是第i位的系数，它可以是0~9这十个数码中的任何一个。

若整数部分的位数是n，小数部分的位数是m，则i包含从$n-1$到0的所有正整数和从-1到$-m$的所有负整数。

若以N取代式（8-2-1）中的10，即可得到任意进制（N进制）数展开式的普遍形式

$$D = \sum k_i \times N^i \tag{8-2-2}$$

式中i的取值与式（8-2-1）的规定相同，N称为计数的基数，k_i为第i位的系数，N^i为第i位的权。

2. 二进制

目前在数字电路中应用最广的是二进制。在二进制数中，每一位仅有 0 和 1 两个可能的数字符号，所以计数的基数为 2。低位和相邻高位间的进位关系是“逢二进一”，故称为二进制。

根据式（8-2-2），任何一个二进制数均可展开为

$$D=\sum k_i\times 2^i \tag{8-2-3}$$

并由此计可算出它表示的十进制数的数值。

例如，$(101.11)_2=1\times 2^2+0\times 2^1+1\times 2^0+1\times 2^{-1}+1\times 2^{-2}=(5.75)_{10}$

上式中分别使用下脚注的 2 和 10 表示括号里的数是二进制和十进制数。有时也用 B（Binary）和 D（Decimal）代替 2 和 10 这两个脚注。

3. 十六进制

十六进制数用 0~9、A、B、C、D、E、F 等 16 个符号表示。任意一个十六进制数均可表示为

$$D=\sum k_i\times 16^i \tag{8-2-4}$$

例如，$(2B.6F)_{16}=2\times 16^1+11\times 16^0+6\times 16^{-1}+15\times 16^{-2}=(43.433\ 59)_{10}$

式中的下脚注 16 表示括号里的数是十六进制，有时也用 H（Hexadecimal）标注。

由于目前在微型计算机中普遍采用 8 位、16 位和 32 位二进制并行运算，而 8 位、16 位和 32 位的二进制数可以用 2 位、4 位和 8 位的十六进制数表示。为了应用方便，通常用十六进制符号书写程序。

（二）数制转换

1. 二~十转换

把二进制数转换为等值的十进制数称为二~十转换。转换时只要将二进制数按式（8-2-3）展开，然后把所有各项的数值按十进制数相加，就可以得到等值的十进制数了。

例如，$(1101.01)_2=1\times 2^3+1\times 2^2+0\times 2^1+1\times 2^0+0\times 2^{-1}+1\times 2^{-2}=(13.25)_{10}$

2. 十~二转换

把十进制数转换为二进制数，整数部分用“除 2 取余法”，小数部分用“乘 2 取整法”，具体操作举例如下。

【例 8-2-1】 分别将（25）$_{10}$ 和（0.8125）$_{10}$ 转换为二进制数。

解

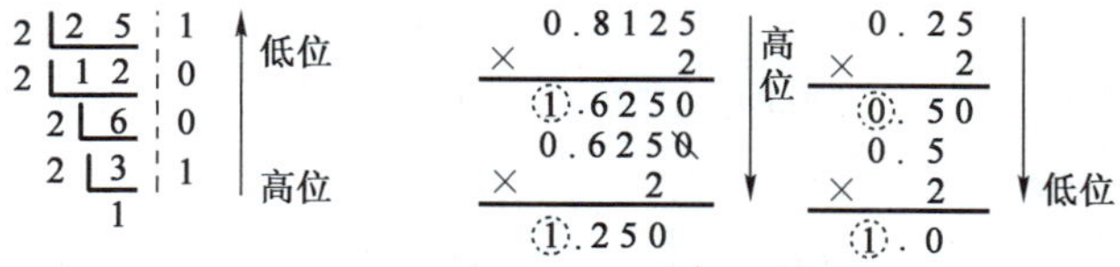

因此　$(25)_{10}=(11001)_2$　$(0.8125)_{10}=(0.1101)_2$

3. 二~十六转换

把二进制数转换为等值的十六进制数，称为二~十六转换。

由于 4 位二进制数恰好有 16 个状态，而把这 4 位二进制数看作一个整体时，它的进位输出又正好是逢十六进一，所以只要从低位到高位将每 4 位二进制数分为一组，并代之以等值的十六进制数，即可得到对应的十六进制数。

例如，将（01101010.11010010）$_2$ 化为十六进制数时可得

$$(0110,1010.1101,0010)_2$$
$$\downarrow\quad\downarrow\qquad\downarrow\quad\downarrow$$
$$=(6\quad A\quad .\quad D\quad 2)_{16}$$

4. 十六~二转换

十六~二转换是指把十六进制数转换成等值的二进制数。转换时只需将十六进制数的每一位用等值的 4 位二进制数代替就行了。

例如，将（8FB .C5）$_{16}$ 化为二进制数时可得

$$
\begin{array}{ccccc}
(8 & F & B & .C & 5)_{16} \\
\downarrow & \downarrow & \downarrow & \downarrow & \downarrow \\
=(1000 & 1111 & 1011 & .1100 & 0101)_2
\end{array}
$$

5. 十六进制数与十进制数的转换

在将十六进制数转换为十进制数时，可根据式（8-2-4）将各位数按权展开后相加求得。在将十进制数转换为十六进制数时，可以先转换成二进制数，然后再将得到的二进制数转换为等值的十六进制数。

（三）代码

不同的数码不仅可以表示不同的数量大小，而且还能用来表示不同的事物。在后一种情况下，这些数码已没有表示数量大小的含义，只是表示不同事物的代号而已。这些数码称为代码。为了便于记忆和处理，在编制代码时总要遵循一定的规则，这些规则就叫作“码制”。

例如，在用 4 位二进制数码表示 1 位十进制数的 0~9 这十个状态时，就有多种不同的码制。通常将这些代码称为二~十进制代码，简称 BCD（Binary Coded Decimal）代码。表 8-2-1 列出了几种常见的 BCD 代码，它们的码制规则各不相同。

几种常见的 BCD 代码　　表 8-2-1

十进制数	编码种类				
	8421 码	余 3 码	2421 码	5211 码	余 3 循环码
0	0000	0011	0000	0000	0010
1	0001	0100	0001	0001	0110
2	0010	0101	0010	0100	0111
3	0011	0110	0011	0101	0101
4	0100	0111	0100	0111	0100
5	0101	1000	1011	1000	1100
6	0110	1001	1100	1001	1101
7	0111	1010	1101	1100	1111
8	1000	1011	1110	1101	1110
9	1001	1100	1111	1111	1010
权	8421		2421	5211	

下面分别介绍不同码制的特点：

（1）8421 码是 BCD 代码中最常用的一种。在这种编码方式中，每一位二值代码的 1 都代表一个固定的数值，把每一位的 1 代表的十进制数加起来，得到的结果就是它所代表的十进制数码。由于代码中从左到右每一位的 1 分别表示 8、4、2、1，所以把这种代码叫作 8421 码。每一位的 1 代表的十进制数称为这一位的权。8421 码中每一位的权是固定不变的，它属于恒权代码。

（2）余 3 码的编码规则与 8421 码不同，如果把每一个余 3 码看作 4 位二进制数，则它的数值要比

它所表示的十进制数码多 3，故而将这种代码叫作余 3 码。

如果将两个余 3 码相加，所得的和将比十进制数和所对应的二进制数多 6。因此，在用余 3 码作十进制加法运算时，若两数之和为 10，则余 3 码正好等于二进制数的 16，便从高位自动产生进位信号。

此外，从表 8-1 还可以看出，0 和 9、1 和 8、2 和 7、3 和 6、4 和 5 的余 3 码互为反码，这对于求取对 10 的补码是很方便的。

余 3 码不是恒权代码。如果试图把每个代码视为二进制数，并使它所等效的十进制数与所表示的代码相等，那么代码中每一位的 1 所代表的十进制数在各个代码中不是固定的。

（3）2421 码是一种恒权代码。它的 0 和 9、1 和 8、2 和 7、3 和 6、4 和 5 也互为反码，这个特点和余 3 码相仿。

（4）5211 码是另一种恒权代码。学了计数器的分频作用后可以发现，如果按 8421 码接成十进制计数器，则连续输入计数脉冲的 4 个触发器输出脉冲对于计数脉冲的分频比从低位到高位依次为 5∶2∶1∶1。可见，5211 码每一位的权正好与 8421 码十进制计数器 4 个触发器输出脉冲的分频比相对应。这种对应关系在构成某些数字系统时很有用。

（5）余 3 循环码是一种变权码，每一位的 1 在不同代码中并不代表固定的数值。它的主要特点是相邻的两个代码之间仅有一位的状态不同。因此，按余 3 循环码接成计数器时，每次状态转换过程中只有一个触发器翻转，译码时不会发生竞争冒险现象。

实际上，包括文字在内的任何抽象的符号，以及诸如图像、语音等任何具体的物理符号都可以用“0”和“1”代码进行编码，并以数字信号的形式进行信息的传输和处理。为此，诞生了许多国际通用的编码标准或协议，以便于信息的交流和应用。通用的符号为美国标准信息代码 ASCII（America Standard Code for Information Interchange）的一些基本的示例，它规范了全球抽象符号的编码形式。相应地，还有图像编码标准、语音编码标准等。按照这些标准进行编码的信息都可以用数字信号来描述，从而可以实现诸如文字信息、图像信息、语音信息等复杂的数字处理，并且可以在世界范围内自由地通信和交流。

【例 8-2-2】 十进制数 65 的八位二进制代码是：

A. 01100101　　B. 01000001　　C. 10000000　　D. 10000001

解　根据二进制数规则，数 65 需要用 7 位二进制数表示，最高位的权重是 $2^6=64$，习惯上可以用八位二进制数表示，所以它的二进制代码是 01000001。

答案： B

【例 8-2-3】 十进制数 65 的 BCD 码是：

A. 01100101　　B. 01000001　　C. 10000000　　D. 10000001

解　BCD 码用 4bit 二进制代码表示十进制数的 1 个位，所以 BCD 码是 $6_{10}=0110_2$ 和 $5_{10}=0101_2$ 的组合，即 $65_{10}=01100101_2$。

答案： A

【例 8-2-4】 十进制数字 32 的 BCD 码为：

A. 00110010　　B. 00100000　　C. 100000　　D. 00100011

解　BCD 码是用二进制数表示的十进制数，属于无权码，此题的 BCD 码是用四位二进制数表示的。

答案： A

二、算术运算

（一）基本算术运算

在数字电路中，1 位二进制数码的 0 和 1 不仅可以表示数量的大小，而且可以表示两种不同的逻辑状态。例如，可以用 1 和 0 分别表示一件事情的是和非、真和伪、有和无、好和坏，或者表示电路的通和断、电灯的亮和暗等。这种只有两种对立逻辑状态的逻辑关系称为二值逻辑。当两个二进制数码表示两个数量的大小时，它们之间可以进行数值运算，这种运算称为算术。二进制的算术运算和十进制的算术运算的规则基本相同，唯一区别是二进制运算是逢二进一，而十进制数的加法逢十进一；当然，结合信号处理上的一些硬件电路的特殊要求，还要了解二进制运算中的特殊方法。事实上，二进制数的运算都是用代码的“移位”和“相加”（相减也转换为补码相加）两种操作来实现。

1. 加减运算

（1）加法。和十进制加法规则一样，二进制的加法也是从低位开始加，逢二进一。

（2）减法。为简化逻辑运算过程，在数字电路中减法的运算是用它们的补码来完成的。

二进制的补码定义：最高位是符号位（正数为 0，负数为 1）；正数的补码与原码相同；负数的补码可以通过将原码的数值逐位求反，然后将结果加 1 实现的（即求反加一）。

例如，数 1010 的反码是 0101，而它的补码就是它的反码加 1：

$$(1010)_{补码} = 0101 + 0001 = 0110$$

【例 8-2-5】 计算$(+1001)_2-(0101)_2$

解 根据二进制的运算规则可知

$$(+1001-0101)_{补}=(+1001)_{补}+(-0101)_{补}$$

$$\begin{array}{r} 0\ 1\ 0\ 0\ 1 \\ +\ \ 1\ 1\ 0\ 1\ 1 \\ \hline 1\ 0\ 0\ 1\ 0\ 0 \end{array}$$

溢出 ← 1；符号位 ↑ 0；└真值 0100

因此，$+1001-0101=00100$（正数），真值为 $(4)_{10}$。

说明：在采取补码运算时，首先求出 $(+1001)_2$ 和 $(-0101)_2$ 的补码，它们是：

$[+1\,0\,0\,1]_{补}=$ [0] 1 0 0 1
└正数，符号位为0

$[0\,1\,0\,1]_{补}=$ [1] 1 0 1 1
└负数，符号位为1

然后两个补码相加并舍去进位，则得到与前面一样的结果。这样就把减法运算转化成了加法运算。

2. 乘除运算

（1）乘法。与十进制数的乘法相同，二进制数的乘法也是从右向左逐位操作的，下面是二进制数乘法操作的示例。

【例 8-2-6】 $(7\times 6)_{10}=(111)_2\times(110)_2=(101010)_2=(42)_{10}$

因

$$\begin{array}{r} 1\,1\,1 \\ \times\ 1\,1\,0 \\ \hline 0\,0\,0 \\ 1\,1\,1\ \ \\ 1\,1\,1\ \ \ \ \\ \hline 1\,0\,1\,0\,1\,0 \end{array}$$

所以$(111)_2\times(110)_2=(101010)_2$

仔细考查例题中的乘法运算可以发现，它实际上是由一系列“移位”和“相加”操作组成的，即被乘数逐步左移并逐步相加即可完成乘法运算。被乘数左移的位数与乘数中取值“1”所处的位数相同，而在乘数取值“0”的位置上则不进行任何操作。这样，示例中的乘法运算步骤转变成：

①乘数第 0 位为“0”，不做任何操作；

②乘数第 1 位为“1”，乘数左移 1 位，得数 1110；

③乘数第 2 位为“1”，乘数左移 2 位，得数 11100；

④将前面两数相加：1110+11100= 101010。

乘法的原意是被乘数自身相加若干次（乘数规定了相加的次数），一个数与自身每相加一次，其值加倍，对二进制数而言，这意味着这个数向左移动一个位。从这个角度看，二进制数的乘法运算等价为“移位加”的操作就不难理解了。

（2）除法。与十进制数相同，二进制数除法运算也是从左向右操作的，下面是二进制数除法运算的一个示例。

【例 8-2-7】 $42 \div 6 = (42)_{10} \div (6)_{10}$

$$= (101010)_2 \div (110)_2 = (111)_2$$

$$= (7)_{10}$$

```
        0 1 1 1
110 ) 1 0 1 0 1 0
      1 1 0
      1 0 0 1
        1 1 0
          1 1 0
          1 1 0
              0
```

分析可知，二进制的除法运算实际上是由一系列“移位”和“相减”操作组成的，即以被除数逐步右移并逐步和被除数相减的方式完成除法运算的。当被除数大于除数时，进行相减，完成一次比较，该位的商置 1，接着除数右移一位（减半）再和前面相减的余数比较，这样逐位进行，若被除数小于除数，则不操作，相应位的商置 0，则接着将除数减半（右移 1 位）再行比较，如此逐位进行。因为除法的本意是“求解一数（被除数）是另一数（除数）的多少倍”，这实质上是一个两个数的比较问题。上述“移位减”操作的含义是这样的：

①将除数倍增到和被除数相同的位数，先进行大数比较，求得商的高位值（0 或 1）；

②然后将除数减半（右移 1 位），再和前面的余数比较，求得低一位的商值（0 或 1）；

③如此进行，直到除尽为止。

不难发现，乘法运算可以用加法和移位两种操作实现，而除法运算可以用减法和移位操作实现。因此，二进制数的加、减、乘、除运算都可以用加法运算电路完成，这就大大简化了运算电路的结构。

3. 微分与积分运算

在数值计算中，微分运算被转换为差分运算，积分运算则被转换为数值的逐步累积即所谓的数值积分运算，它们都可以用上述基本的算术运算来实现。

这为通过数字信号处理来实现数值信息处理提供了方便。当然，还有二进制小数的表示及运算等其他问题，

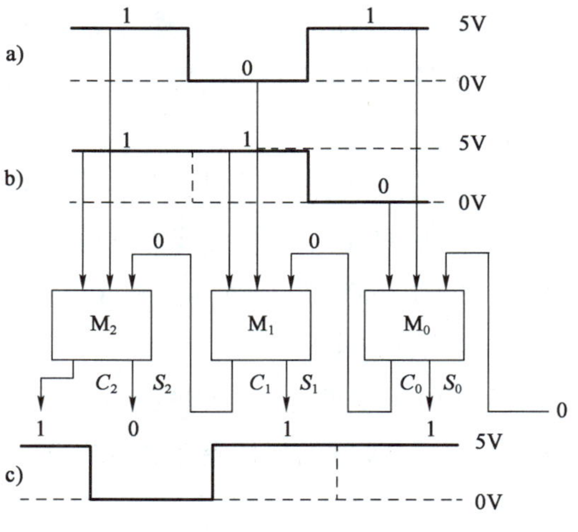

图 8-2-1　三位数相加的数字系统原理图

这里不再作进一步介绍，读者可参阅相关计算机课程的教材。

（二）用数字电路实现数值运算

在数字系统中，数字信号的“移位”位操作由移寄存器电路来实现；数字信号的“相加”则由相应的逻辑电路即所谓的加法器电路来完成。数字电子电路加法器就是根据“异或”原理设计的。图 8-2-1 是实现两个三位数（101 和 110）相加的数字系统原理图。图 8-2-1 中的数字信号分别表示这两个数以及这两个数之“和”。M_2、M_1、M_0分别表示三个加法器。C_2、C_1、C_0表示各位相加后的进位值，在电路的接法上是与前级串联，表示进位。S_2、S_1、S_0是每一位相加后的输出值，显然，这个系统的输出信号是两个输入信号之和信号的移位由数字移位寄存器来完成。

三、逻辑运算

当两个二进制数码表示不同的逻辑状态时，它们之间可以按照指定的某种因果关系进行逻辑运算。这种逻辑运算和算术运算有着本质的不同。下面介绍逻辑运算的各种规律。

（一）逻辑变量与逻辑函数

事物的发展和变化通常是按照一定的因果关系进行的。例如，照明电路中电灯是否能亮取决于电源是否接通和灯泡的好坏。后两者是因，前者是果。这种因果关系一般称为逻辑关系。逻辑代数正是反映这种逻辑关系的数学工具。

为了描述事物两种对立的逻辑状态，采用的是仅有两个取值的变量。这种变量称为逻辑变量。和普通代数变量一样，逻辑变量都是用字母表示。但是，它又和普通代数变量有着本质区别，研究的逻辑变量的取值只有 0 和 1 两种可能，而且这里的 0 和 1 不是表示数值大小，而是代表逻辑变量的两种对立状态。

如果以逻辑变量作为输入，以运算结果作为输出，那么当输入变量的取值确定之后，输出的取值便随之而定。因此，输出与输入之间乃是一种函数关系，这种函数关系称为逻辑函数，其逻辑关系用逻辑代数（布尔代数）讨论。下面就逻辑代数体系作一简要介绍：

1. 符号

（1）变量。逻辑变量用大写英文字母（ABC···XYZ）表示。

（2）数值。“0”和“1”表示逻辑变量的取值，“0”表示“假”（F），“1”表示“真”（T）。

（3）运算符。“+”“×”分别表示由逻辑连接词“或”和“与”所定义的逻辑“或”和逻辑“与”运算，称为逻辑“加”和逻辑“乘”；逻辑求反运算用变量上方加一横杆表示，如$\overline{A}$、$\overline{B}$等。符号“=”是逻辑演绎推理的演算符。和代数运算一样，逻辑“乘”运算符“×”通常不写出来。

2. 函数（表达式）

如前所述，逻辑变量表示事物或事件的状态，逻辑函数或逻辑表达式表示事物或事件之间的关系，即事物运动演化的规律性描述。逻辑函数是由逻辑变量符和运算符组成，它表述变量之间的逻辑关系，例如，$C = A + B$、$D = (A + B) + AB$等。

3. 逻辑函数化简

直接由逻辑变量写出的逻辑函数表达式往往不是简洁的表达式，简化处理后逼近能凸显其内在的逻辑关系，通常还可以使硬件电路结构简单。表 8-2-2 中列出了逻辑代数运算中的基本公式。

逻辑代数运算中的基本公式　　表 8-2-2

范　围	名　称	逻 辑 与	逻 辑 或
变量与常量的关系	01 律	(1) $A\cdot 1=A$ (3) $A\cdot 0=0$	(2) $A+0=A$ (4) $A+1=1$
和普通代数相似的定律	交通律 结合律 分配律	(5) $A\cdot B=B\cdot A$ (7) $A\cdot(B\cdot C)=(A\cdot B)\cdot C$ (9) $A\cdot(B+C)=A\cdot B+A\cdot C$	(6) $A+B=B+A$ (8) $A+(B+C)=(A+B)+C$ (10) $A+(B\cdot C)=(A+B)\cdot(A+C)$
逻辑代数特殊规律	互补律 重叠律 反演律 (摩根定理)对合律	(11) $A\cdot\overline{A}=0$ (13) $A\cdot A=A$ (15) $\overline{A\cdot B}=\overline{A}+\overline{B}$ (17) $\overline{\overline{A}}=A$	(12) $A+\overline{A}=1$ (14) $A+A=A$ (16) $\overline{A+B}=\overline{A}\cdot\overline{B}$

【例 8-2-8】 对逻辑表达式的$ABCD+\overline{A}+\overline{B}+\overline{C}+\overline{D}$的简化结果是：

A. 0　　B. 1　　C. ABCD　　D. $\overline{A}\ \overline{B}\ \overline{C}\ \overline{D}$

解 根据逻辑函数的摩根定理对原式进行分析：

$$ABCD+\overline{A}+\overline{B}+\overline{C}+\overline{D}=ABCD+\overline{\overline{\overline{A}+\overline{B}+\overline{C}+\overline{D}}}=ABCD+\overline{ABCD}=1$$

答案： B

【例 8-2-9】 逻辑表达式$(A+B)(A+C)$的化简结果是：

A. A　　B. $A^2+AB+AC+BC$

C. $A+BC$　　D. $(A+B)(A+C)$

解 根据逻辑代数公式分析如下：

$$(A+B)(A+C)=A\cdot A+A\cdot B+A\cdot C+B\cdot C=A(1+B+C)+BC=A+BC$$

答案： C

这是常用的逻辑电路分析方法，需要熟练掌握和灵活运用。从工程的角度看，逻辑函数的运算是借助数字逻辑系统完成的。逻辑器件按照逻辑表达式的要求组合起来构成数字逻辑系统，因此，逻辑表达式的简化形式还需要考虑数字逻辑系统组建的技术因素，这种化简并不意味着“越简越好”。经验丰富的电气工程师能够恰当地处理这个问题。

4. 数字信号的逻辑演算

用数字信号表示逻辑变量的取值情况，逻辑函数的演算即可以用数字信号处理的方法来实现。

图 8-2-2 说明用数字信号表示逻辑变量、逻辑函数以及实现基本逻辑演算的情况。其中的数字信号 a 和 b 分别表示逻辑变量 A 和 B 的输入情况，信号中的高位 5V 代表“真”（逻辑“I”状态），低位 0V 代表“假”（逻辑“0”状态）；而数字信号 c、d、e、f 分别表示$A+B$、AB、$\overline{A}$、$\overline{B}$则表示“或”“与”“非”三种简单逻辑函数的演算结果。

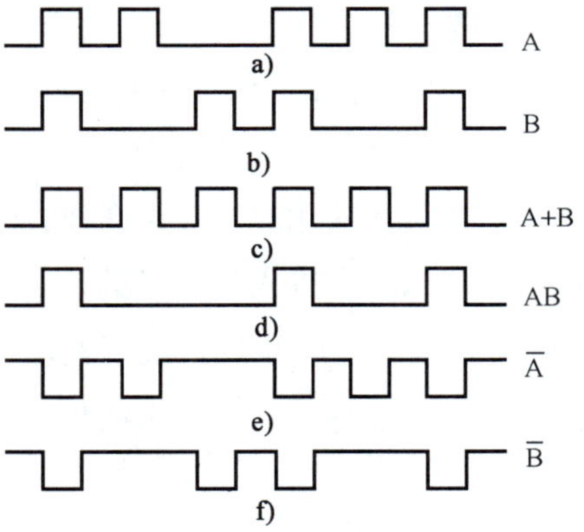

图 8-2-2　数字信号的基本逻辑运算

在数字系统中使用专门制作的各种逻辑门电路来自动、快速地完成数字信号之间按位的逻辑“与”“或”“非”演算操作，将这些基本的演算逻辑门电路组合起来组成所谓的组合逻辑系统，就可以完成任意复杂的逻辑函数的演算。有关技术细节请参阅本书第 7 章关于数字电路问题的讨论。

【例 8-2-10】 已知数字信号 A 和数字信号 B 的波形如图所示，则数字信号 $F=\overline{A+B}$的波形为：

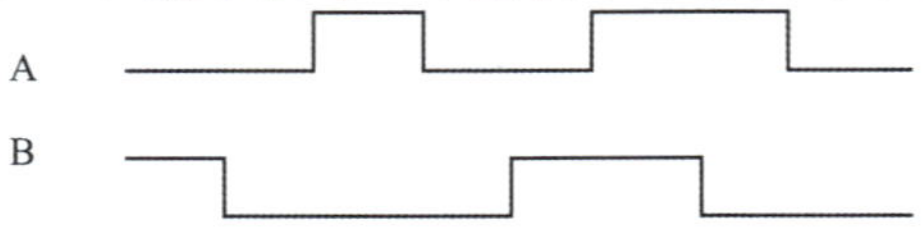

例 8-2-10 图

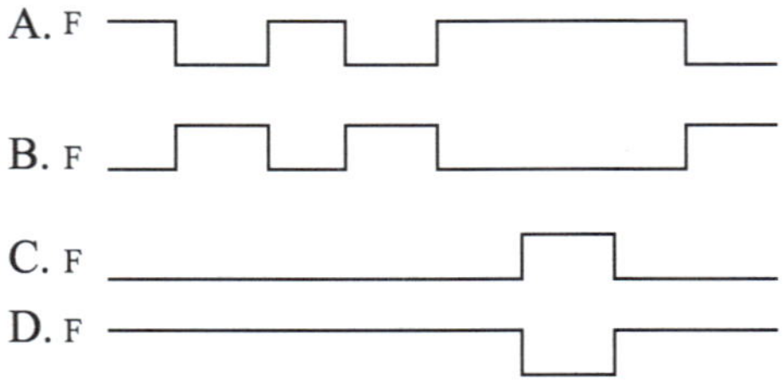

解 $\overline{A+B}$=F，F 是个或非关系，可以用“有 1 则 0”的口诀处理。

答案： B

【例 8-2-11】 逻辑函数 F= f(A, B, C)的真值表如下所示，由此可知：

例 8-2-11 表

A	B	C	F	A	B	C	F
0	0	0	0	1	0	0	0
0	0	1	1	1	0	1	0
0	1	0	1	1	1	0	0
0	1	1	0	1	1	1	0

A. $F=\bar{A}\bar{B}C+B\bar{C}$　　B. $F=\bar{A}\bar{B}C+\bar{A}B\bar{C}$

C. $F=\bar{A}\bar{B}\bar{C}+\bar{A}BC$　　D. $F=A\bar{B}\bar{C}+ABC$

解 从真值表到逻辑表达式的方法：首先在真值表中 F=1 的项组用“或”组合；然后每个 F=1 的项组输入变量取值，对应一个乘积项为“与”逻辑，其中输入变量取值为 1 的写原变量，取值为 0 的写反变量；最后将输出函数 F“合成”。

根据真值表可以写出逻辑表达式为$F=\bar{A}\bar{B}C+\bar{A}B\bar{C}$

答案： B

（二）数字信号的符号信息处理

符号的处理主要体现为符号代码转换。在数字技术中，各种符号信息都是按照 ASCII 标准编码的。当符号被具体应用时，这些符号的标准代码往往需要转换为便于处理的其他形式，如在汉字处理中，以拼音方式从键盘输入计算机的是 ASCII 代码，在计算机内部，这个代码要转换为汉字编码（即所谓的汉字内码）才能进一步进行汉字处理。又如，在符号显示中，数字的、文字的或其他符号的 ASCII 代码都必须转换为显示装置所要求的代码形式才能在显示器中显示这些符号。

四、数字信号的存储

数字电路处理数字信号的存储问题，简单来说，就是只要将 0V 或 5V 信号电压按原来的顺序保持在一个电路中即可，这在电子电路中是容易实现的。如图 8-2-3 所示的原理电路可以确切地表示数字信号存储的方法，它由双位置开关和 5V 电源组成。开关合到电源侧，对应位置给出的是 5V 电压；开关投到接地侧，对应位置则给出 0V 电压。只要开关位置不变，信号就被永久保存。 图中的开关所处的位置表示存储的是数字信号 110（即 5V、5V、0V 信号），开关链的长度和数字信号的位数相同。数字信号中的每一位电压被用来触发对应位置上的开关动作，完成信号的存储。

显然，图 8-2-3 电路是一种通用的存储器设计方案，它可以存储任何数字信号。当前数字系统中普遍采用的信息存储器正是根据这种简单的方案设计制作的。 便于存储是数字信号得到广泛应用的一个重要原因。相比之下，模拟信号由于是连续取值的信号，它的存储在技术上十分困难，这个问题尚未得到理想的解决方法。

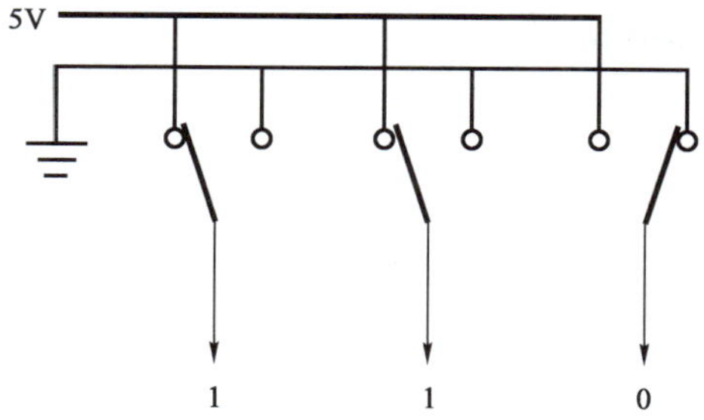

图 8-2-3　数字信号存储原理

五、模拟信号与数字信号的相互转换

我们已经知道模拟信号真实反映原始形式的物理信号，是人类感知外部世界的主要信息来源，也是信息处理的主要对象，而数字信号是信息的编码形式，可以用电子电路或电子计算机方便、快速地对它进行传输、存储和处理。因此，将模拟信号转换为数字信号，或者说用数字信号对模拟信号进行编码，从而将模拟信号问题转化为数字信号问题加以处理，是现代信息技术中的一项重要内容。

图 8-2-4 表示的是现代数字化信息系统的基本组成。模拟信号通过采样和模拟/数字 （Analog to Digital，简记为 A/D）转换完成数字编码，数字编码信号经过处理、存储、传输后，再由数字/模拟（Digital to Analog，简记为 D/A） 转换为模拟信号的形式输出。例如，在数字化的广播系统中，连续的声音信号经过采样、A/D 变换后，以数字信号的形式发送和传输，在接收端经过 D/A 变换将数字信号还原成连续的声音信号。在控制系统中，对象状态和过程的连续信号经过采样和 A/D 变换被转换为数字信号，数字信号经过控制系统模型的运算和处理后输出数字控制信号，再经过 D/A 变换，将数字控制信号转换成模拟控制信号，完成对象的控制和调节等。

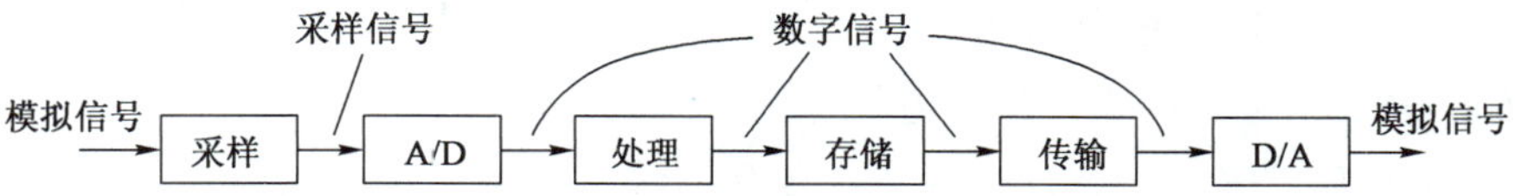

图 8-2-4　现代数字信息系统组成

（一）信号的采样与采样定理

对模拟信号进行采样可获得采样信号，采样信号是一种可连续取值的离散时间信号。采样过程在采样脉冲的控制下进行，它的基本原理如图 8-2-5a）所示。采样脉冲控制开关 k 的通断，从而将连续的模拟信号（见图 8-2-5b）转换成离散的采样信号，如图 8-2-5c）所示。采样脉冲的频率称为采样频率。从直观上看，采样频率越高，采样信号就越接近模拟信号，采样所造成的信息损失也就越小。但是，这种采样方法将占用大量的系统有效工作时间，降低系统的运行速度。从理论上讲，只要采样频率保持在被采样信号带宽（最高谐波频率）的 2 倍以上，就可以保证采样处理不会丢失原来的信息。这就是著名的采样定理。

当然，在采样之前需要对模拟信号进行预处理，包括滤波、放大等，以消除经过传感器变换或其他系统噪声带来的干扰，并增强模拟信号的幅值； 在采样之后还要对离散的采样信号进行滤波处理，以保证采样后的信号不丢失有用的信息。

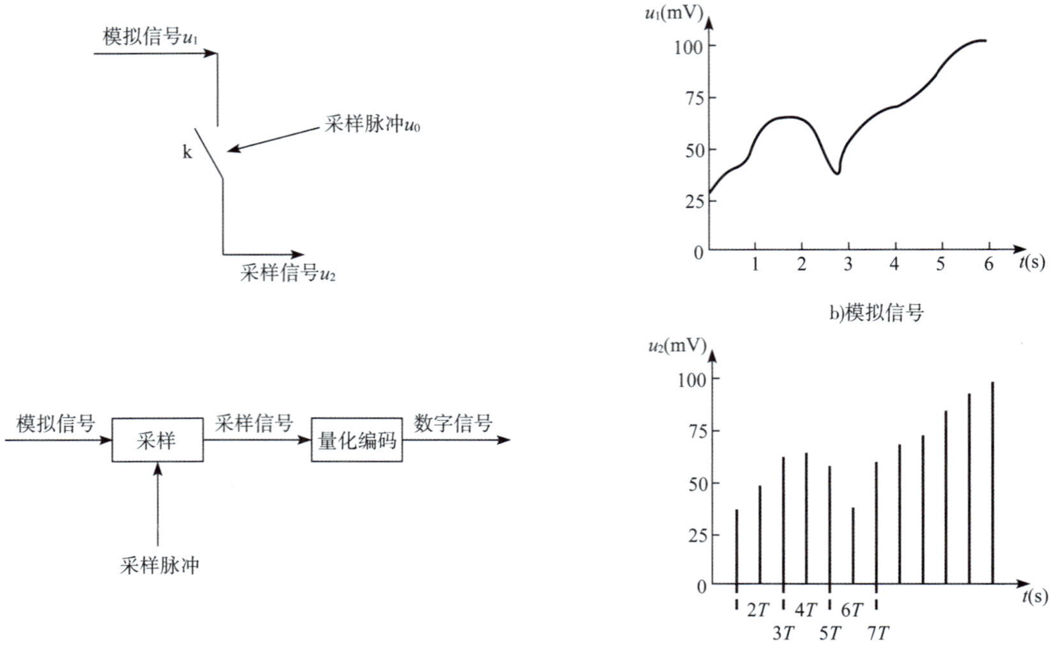

a)采样原理　　c)采样信号

图 8-2-5　信号采样

（二）数字/模拟转换 （D/A）

D/A 转换过程和 A/D 相反，它将数字信号转换为模拟信号。从信息处理的角度讲，A/D 转换是对模拟信号进行编码，D/A 转换则是对数字信号进行解码。从技术的角度看，D/A 转换只要用简单的电阻网络即可实现，这要比 A/D 转换容易得多。

图 8-2-6 表示的是一种 4 位 D/A 转换器的原理图，它是一个由 4 个电阻构成的网络，每个电阻转换一位数字信号。电阻的阻值按二进制设置，其中 D_3 位电阻为R、D_2 位电阻为 2R、D_1 位电阻为 4R、D_0 位电阻为 8R。电流/电压转换器通常用运算放大器电路实现，它将输入电流转换为电压输出，其传递特性为$U_A = R_A I$。电压/电流转换器输入端保持在零电位，因此，D_3 ，⋯，D_0 端上的信号电压就分别加到了电阻R、2R、4R、8R上，所以，各个电阻上的电流为

$$I_3 = D_3/R\ ,\ I_2 = D_2/2R\ ,\ I_1 = D_1/4R\ ,\ I_0 = D_0/8R$$

$$I = I_3 + I_2 + I_1 + I_0$$

$$U_A = IR$$

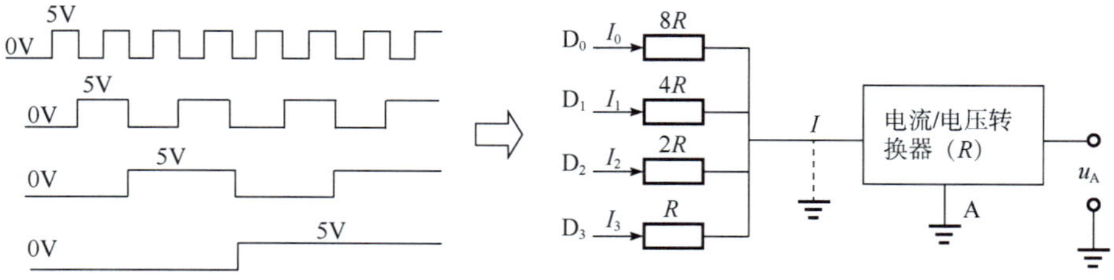

a）输入数字电压信号　　b）D/A转换器电路

图 8-2-6　D/A 转换原理图

表 8-2-3 给出该 4 位 D/A 转换器按图 8-2-6b）的顺序输入数字信号时的转换关系。从表 8-2-3 中可以看出，D/A 转换过程将数字信号转换成逐级增长的阶梯形模拟信号，信号代码不同，阶梯高度也就不同。在前面关于 A/D 转换问题的讨论中，我们已经利用了 D/A 转换器作为阶梯信号发生器来产生模拟比较电压。图 8-2-7 表示的是一个 4 应数字信号的所有代码从 0000 开始，以逐 1 增长的顺序转换成模拟信号的情况。不同的代码对应不同的阶梯电压高度。

D/A 转换器中主要数据关系　　表 8-2-3

数字信号（V）				数字代码				各电阻电流				电流	模拟信号
D_3	D_2	D_1	D_0	D_3	D_2	D_1	D_0	I_3	I_2	I_1	I_0	$I=I_3+I_2+I_1+I_0$	u_A
0	0	0	0	0	0	0	0	0	0	0	0	0	0
0	0	0	5	0	0	0	1	0	0	0	$5/8R$	I_0	I_0R_A
0	0	5	0	0	0	1	0	0	0	$5/4R$	0	$2I_0$	$2I_0R_A$
0	0	5	5	0	0	1	1	0	0	$5/4R$	$5/8R$	$3I_0$	$3I_0R_A$
0	5	0	0	0	1	0	0	0	$5/2R$	0	0	$4I_0$	$4I_0R_A$
0	5	0	5	0	1	0	1	0	$5/2R$	0	$5/8R$	$5I_0$	$5I_0R_A$
0	5	5	0	0	1	1	0	0	$5/2R$	$5/4R$	0	$6I_0$	$6I_0R_A$
0	5	5	5	0	1	1	1	0	$5/2R$	$5/4R$	$5/8R$	$7I_0$	$7I_0R_A$
5	0	0	0	1	0	0	0	$5/R$	0	0	0	$8I_0$	$8I_0R_A$
5	0	0	5	1	0	0	1	$5/R$	0	0	$5/8R$	$9I_0$	$9I_0R_A$
5	0	5	0	1	0	1	0	$5/R$	0	$5/4R$	0	$10I_0$	$10I_0R_A$
5	0	5	5	1	0	1	1	$5/R$	0	$5/4R$	$5/8R$	$11I_0$	$11I_0R_A$
5	5	0	0	1	1	0	0	$5/R$	$5/2R$	0	0	$12I_0$	$12I_0R_A$
5	5	0	5	1	1	0	1	$5/R$	$5/2R$	0	$5/8R$	$13I_0$	$13I_0R_A$
5	5	5	0	1	1	1	0	$5/R$	$5/2R$	$5/4R$	0	$14I_0$	$14I_0R_A$
5	5	5	5	1	1	1	1	$5/R$	$5/2R$	$5/4R$	$5/8R$	$15I_0$	$15I_0R_A$

（三）模拟/数字转换（A/D）

采样信号在离散的采样点上或采样期间（采样脉冲宽度）里表示模拟信号的值。而 A/D 转换则对采样信号进行幅值量化处理，即用二进制代码来表示采样瞬间信号的值，或者说，用“0”“1”代码对采样信号的值进行编码，从而将采样信号进一步转换为数字信号。

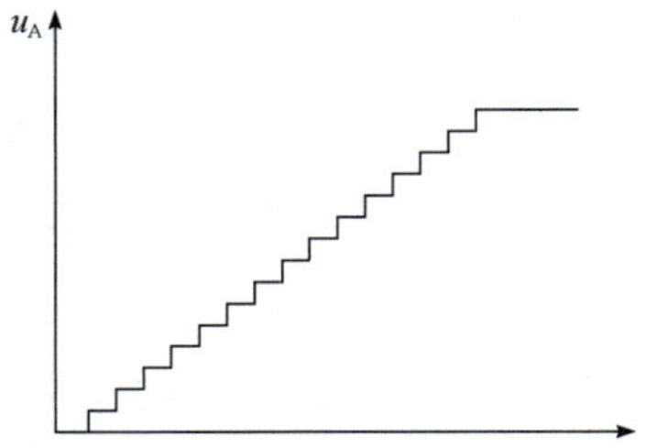

图 8-2-7　D/A 转换器输出电压波形

有多种方法可以用来将模拟信号转换为数字信号，图 8-2-8a）是数字电路中典型的基于逐次比较原理的 8 位 AD 转换原理图。图中的阶梯信号发生器在一个 8 位的数字信号（D_0，…，D_7，代码形式是从 0000 0000 到 1111 1111）驱动下工作，它从 0000000 开始，以每次加 1 的顺序产生 $2^8=256$ 个数字信号。相应地，阶梯波发生器从 0 开始，以每次增加一个台阶的顺序生成阶梯形式的模拟输出电压。对 8 位 A/D 转换器而言，阶梯信号发生器最多可以产生 255 个阶梯的模拟电压。不难看出，阶梯信号发生器将数字信号转换成了模拟信号，所以它实质上是一个 D/A 转换器。

A/D 转换的主要过程叙述如下（见图 8-2-8a）：数字发生器发出信号 D_0，…，D_7 按二进制计数方式从 0 开始逐次加 1 生成数字信号序列，并驱动阶梯信号发生器输出电压逐次上升一个阶梯，同时将驱动数字信号送入寄存器中暂存；阶梯信号发生器输出电压u在比较器上与待转换的模拟信号电压u_x进行比较，当$u \geqslant u_x$时，比较器送出一个脉冲信号u_0，并控制寄存器将此时的数字信号输出，变换过程至此结束。

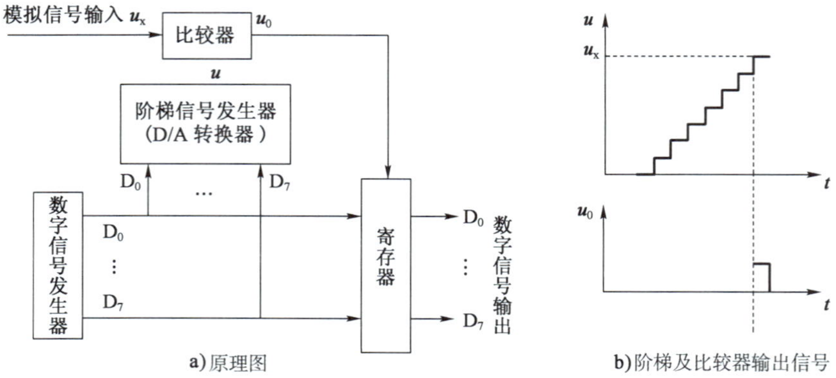

图 8-2-8　A/D 变换器工作原理

在实际测量中，阶梯信号电压与被测电压的逐次比较过程不可能正好以整数次结束。由于系统误差和外界干扰的影响，在被测值附近会发生一个阶梯电压的差异，即有时多一个字，有时少一个字的测量误差。数字电压表在使用中所发生的最后一位数字跳动的现象也是来源于此。所以，通常以字误差表示数字电压表的测量误差。本例中一个字误差等于

$$\Delta u = \frac{5v}{2^8 - 1} = 19.61\text{mV} \approx 20\text{mV}$$

即电压表的误差字约为 20mV，所以 8 位转换器组成的 5V 量程数字电压表只能用 3 位数来表示测量值，即整数 1 位，小数 2 位。显然，由于该表无法分辨 20mV 以下的电压，所以更长位数的显示对它是没有意义的。

习　　题

8-2-1　信息与消息和信号的意义不同，但三者又是互相关联的概念，信息指受信者预先不知道的新内容。下列对于信息的描述正确的是（　　）。

A. 信号用来表示信息的物理形式，消息是运载消息的工具

B. 信息用来表示消息的物理形式，信号是运载消息的工具

C. 消息用来表示信号的物理形式，信息是运载消息的工具

D. 消息用来表示信息的物理形式，信号是运载消息的工具

8-2-2　信息可以以编码的方式载入（　　）。

A. 数字信号之中　　　B. 模拟信号之中

C. 离散信号之中　　　D. 采样保持信号之中

8-2-3　下述信号中哪一种属于时间信号（　　）。

A. 数字信号　　　B. 模拟信号

C. 数字信号和模拟信号　　　D. 数字信号和采样信号

8-2-4 模拟信号是（ ）。

A. 从对象发出的原始信号
B. 从对象发出并由人的感官所接收的信号
C. 从对象发出的原始信号的采样信号
D. 从对象发出的原始信号的电模拟信号

8-2-5 下列信号中哪一种是代码信号（ ）。

A. 模拟信号
B. 模拟信号的采样信号
C. 采样保持信号
D. 数字信号

8-2-6 下述哪种说法是错误的（ ）。

A. 在时间域中，模拟信号是信息的表现形式，信息装载于模拟信号的大小和变化之中
B. 在频率域中，信息装载于模拟信号特定的频谱结构之中
C. 模拟信号可描述为时间的函数，在一定条件下也可以用频率函数表示
D. 信高级息装载于模拟信号的传输媒体之中

8-2-7 用传感器对某管道中流动的液体流量$x(t)$进行测量，测量结果为$u(t)$，用采样器对$u(t)$采样后得到信号$u^*(t)$，那么（ ）。

A. $x(t)$和$u(t)$均随时间连续变化，因此均是模拟信号
B. $u^*(t)$仅在采样点上有定义，因此是离散信号
C. $u^*(t)$仅在采样点上有定义，因此是数字信号
D. $u^*(t)$是$x(t)$的模拟信号

8-2-8 模拟信号$u(t)$的波形图如图所示，它的时间域描述形式是（ ）。

A. $u(t)=2(1-e^{-10t})\cdot 1(t)$
B. $u(t)=2(1-e^{-0.1t})\cdot 1(t)$
C. $u(t)=[2(1-e^{-10t})-2]\cdot 1(t)$
D. $u(t)=2(1-e^{-10t})\cdot 1(t)-2\cdot 1(t-2)$

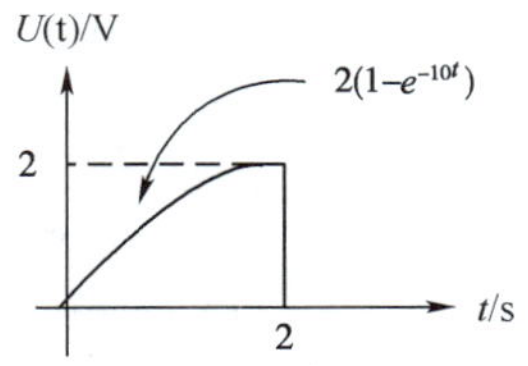

题 8-2-8 图

8-2-9 周期信号中的谐波信号频率是（ ）。

A. 固定不变的
B. 连续变化的
C. 按周期信号频率的整倍数变化
D. 按指数规律变化

8-2-10 非周期信号的频谱是（ ）。

A. 离散的
B. 连续的
C. 高频谐波部分是离散的，低频谐波部分是连续的
D. 有离散的有连续的，无规律可循

8-2-11 如图所示为电报信号、温度信号、触发脉冲信号和高频脉冲信号的波形，其中是连续信号的是（ ）。

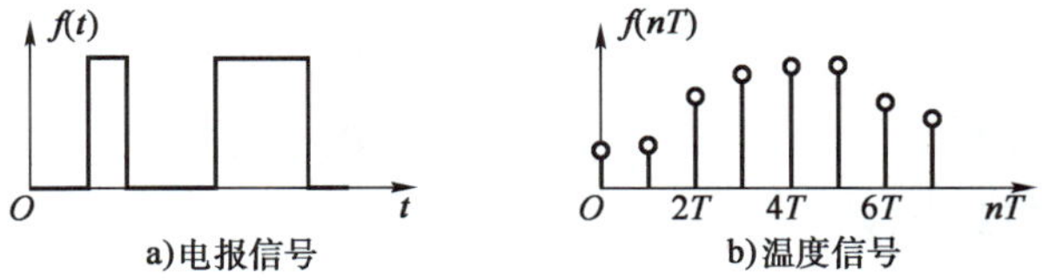

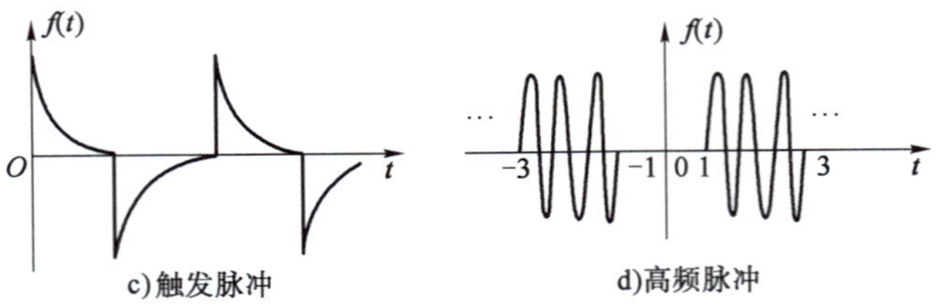

题 8-2-11 图

A. a）c）d）　　B. b）c）d）　　C. a）b）c）　　D. a）b）d）

8-2-12 图 a）所示电压信号波形经电路 A 变换成图 b）波形，在经电路 B 变换成图 c）波形，那么，电路 A 和电路 B 应依次选用（　　）。

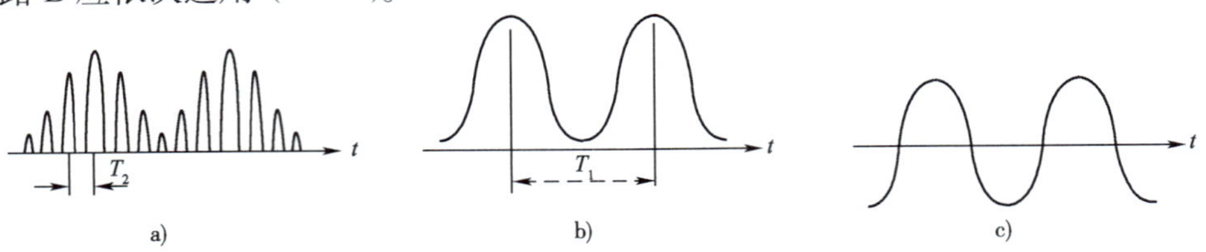

题 8-2-12 图

A. 低通滤波器和高通滤波器　　B. 高通滤波器和低通滤波器

C. 低通滤波器和带通滤波器　　D. 高通滤波器和带通滤波器

8-2-13 模拟信号经过（　　），才能转化为数字信号。

A. 信号幅度的量化　　B. 信号时间上的量化

C. 幅度和时间的量化　　D. 抽样

8-2-14 连续时间信号与通常所说的模拟信号的关系（　　）。

A. 完全不同　　B. 是同一个概念

C. 不完全相同　　D. 无法回答

8-2-15 根据如图所示信号 $f(t)$ 画出的 $f(2t)$ 波形图是（　　）。

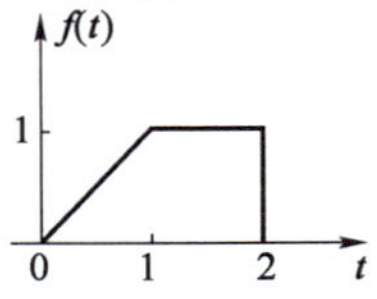

题 8-2-15 图

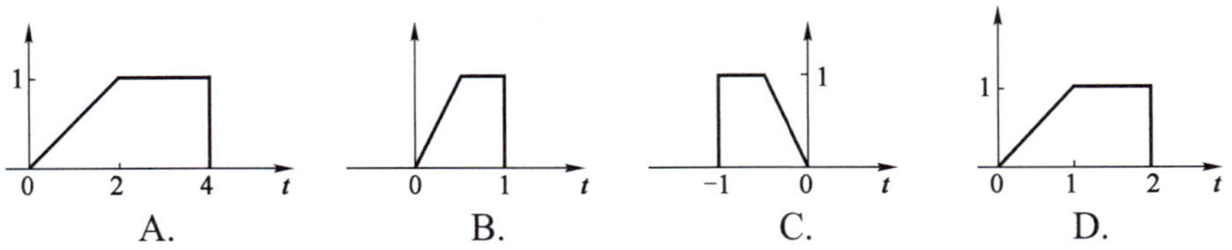

8-2-16 单位冲激信号 $\delta(t)$ 是（　　）。

A. 奇函数　　B. 偶函数

C. 非奇非偶函数　　D. 奇异函数，无奇偶性

8-2-17 单位阶跃函数信号 $\varepsilon(t)$ 具有（　　）。

A. 周期性　　B. 抽样性　　C. 单边性　　D. 截断性

8-2-18 单位阶跃信号 $\varepsilon(t)$ 是物理量单位跃变现象，而单位冲激信号 $\delta(t)$ 是物理量产生单位跃变（　　）的现象。

A. 速度　　　　B. 幅度　　　　C. 加速度　　　　D. 高度

8-2-19 如图所示的周期为T的三角波信号，在用傅氏级数分析周期信号时，系数a_0、a_n和b_n判断正确的是（　　）。

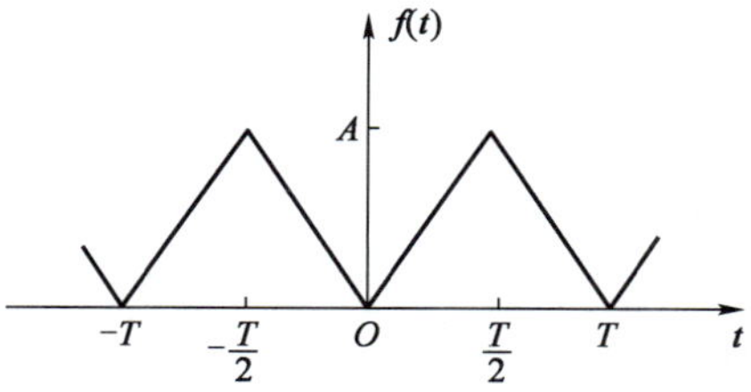

题 8-2-19 图

A. 该信号是奇函数且在一个周期的平均值为零，所以傅里叶系数a_0和b_n是零

B. 该信号是偶函数且在一个周期的平均值不为零，所以傅里叶系数a_0和a_n不是零

C. 该信号是奇函数且在一个周期的平均值不为零，所以傅里叶系数a_0和b_n不是零

D. 该信号是偶函数且在一个周期的平均值为零，所以傅里叶系数a_0和b_n是零

8-2-20 $(70)_{10}$的二进制数是（　　）。

A. $(0011100)_2$　　B. $(1000110)_2$　　C. $(1110000)_2$　　D. $(0111001)_2$

8-2-21 将$(10010.0101)_2$转换成十进制数是（　　）。

A. 36.1875　　B. 18.1875　　C. 18.3125　　D. 36.3125

8-2-22 将$(11010010.01010100)_2$表示成十六进制数是（　　）。

A. $(D2.54)_H$　　B. D2.54　　C. $(D2.A8)_H$　　D. $(D2.54)_B$

8-2-23 数字信号如图所示，如果用其表示数值，那么，该数字信号表示的数量是（　　）。

A. 3 个 0 和 3 个 1

B. 一万零一十一

C. 3

D. 19

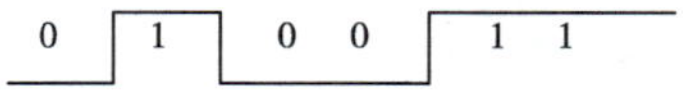

题 8-2-23 图

8-2-24 某逻辑问题的真值表见表，由此可以得到，该逻辑问题的输入输出之间的关系为（　　）。

A. $F = 0 + 1 = 1$

B. $F = \overline{A}\,\overline{B}C + ABC$

C. $F = A\overline{B}C + ABC$

D. $F = \overline{A}\,\overline{B} + AB$

题 8-2-24 表

C A B	F
0 0 0	0
0 0 1	0
0 1 0	0
0 1 1	0
1 0 0	1
1 0 1	0
1 1 0	0
1 1 1	1

习题题解及参考答案

第二节

8-2-1　**解：**信息、消息与信号的关系是借助某种信号的形式传送消息，受信者可以从所得到的消息中提取信息。

答案： D

8-2-2　**解：** 信息是以编码方式载入数字信号中的。

答案： A

8-2-3　**解：** 模拟信号是连续的时间信号，是实际物理对象随时间变化的真实过程。

答案： B

8-2-4　**解：** 同上题。

答案： D

8-2-5　**解：** 模拟信号是连续的时间信号，它的采样信号是离散的时间信号，采样保持信号是采样信号的特殊形式，只有数字信号是代码信号。

答案： D

8-2-6　**解：** 传输媒体是一种介质，它可以传送信号但不表示信息。

答案： D

8-2-7　**解：** 由原始形态（光、热等物理量）转换而来的连续时间信号，通常是指电信号，称作模拟信号。

答案： B

8-2-8　**解：** 本题可以用信号的叠加关系分析。将原图分解为指数函数和阶跃函数，将结果求和即可。

答案： D

8-2-9　**解：** 周期信号中的谐波信号是由傅里叶级数分解得到的，它的频率是同期信号频率的整数倍。

答案： C

8-2-10　**解：** 非周期信号的傅里叶变换形式是频率的连续函数，它的频谱是连续频谱。

答案： B

8-2-11　**解：** 图示中的温度信号是采样以后的信号，$f(nt)$只是在n为整数点上有值，因此它是个离散信号。

答案： A

8-2-12　**解：** 该电路是通过频率选择器，根据信号频率的不同来处理信号的。

答案： A

8-2-13　**解：** 模拟信号不仅要经过抽样过程，还要在信号的幅度上进行量化才能成为数字信号。

答案： C

8-2-14　**解：** 模拟信号定义为在时间和数值都连续的信号，通常指的是电信号。

答案： C

8-2-15　**解：** 图 b）所示的信号是原图信号的压缩信号。

答案： B

8-2-16　**解：** 单位冲激信号符合偶数特性，关于y轴对称。

答案： B

8-2-17　**解：** 单位阶跃信号有单边性质。$\varepsilon(t)=\begin{cases}0 & t<0\\ 1 & t>0\end{cases}$

答案： C

8-2-18　**解：** 单位中激函数和单位阶跃信号的关系为$\delta(t)=\frac{\mathrm{d}}{\mathrm{d}t}[\varepsilon(t)]$。

答案：A

8-2-19 **解**：当函数在一个周期里的正、负面积相等时，a_0等于零；函数关于$f(t)$轴对称，为偶函数，$a_n = 0$；如果函数对称于原点时，$b_n = 0$。

答案：B

8-2-20 **解**：根据$D = \sum k_i \times N^i$展开，进制中$k_i = 0$，1。

答案：B

8-2-21 **解**：将十进制转换为二进制数时，整数部分用除法，小数部分用乘法。

答案：C

8-2-22 **解**：将二进制转换为十六进制数时，以小数点为界，将二进制 4 位一组，左右两边分开写。注意只有十进制数的脚标才能省去。

答案：A

8-2-23 **解**：通常数字信号是二进制数。数字电路中的高电位表示“1”，低电位表示“0”。

即$(010011)_B = 1 \times 2^4 + 1 \times 2^1 + 1 \times 2^0 = 16 + 2 + 1 = 19$

答案：D

8-2-24 **解**：本题考查的是如何从真值表写出逻辑表达式。首先应写出输出 F 为“1”的项的“或”逻辑组合，然后写出输出 A、B、C 中的“与”关系，当输入为“1”时，写原变量，输入为“0”的项写反变量。由此写出 F=$\overline{A}\,\overline{B}\,C + ABC$。

答案：B

第九章　计算机应用基础

复 习 指 导

一、考试大纲

7.7　计算机系统

计算机系统组成；计算机的发展；计算机的分类；计算机系统特点；计算机硬件系统组成；CPU；存储器；输入/输出设备及控制系统；总线；数模/模数转换；计算机软件系统组成；系统软件；操作系统；操作系统定义；操作系统特征；操作系统功能；操作系统分类；支撑软件；应用软件；计算机程序设计语言。

7.8　信息表示

信息在计算机内的表示；二进制编码；数据单位；计算机内数值数据的表示；计算机内非数值数据的表示；信息及其主要特征。

7.9　常用操作系统

Windows 发展；进程和处理器管理；存储管理；文件管理；输入/输出管理；设备管理；网络服务。

7.10　计算机网络

计算机与计算机网络；网络概念；网络功能；网络组成；网络分类；局域网；广域网；因特网；网络管理；网络安全；Windows 系统中的网络应用；信息安全；信息保密。

二、复习指导

在计算机系统这一章中要求掌握以下几部分内容。

（一）计算机基础知识

计算机的分类、计算机系统的组成（硬件和软件的组成及功能）、操作系统，在这部分中重点掌握以下内容：

（1）计算机按年代的分类；

（2）CPU 的组成及功能、存储器的种类、输入/输出设备；

（3）软件的组成；

（4）操作系统的功能。

（二）计算机程序设计语言

计算机语言的分类，发展趋势及计算机常用的高级程序设计语言。

（三）信息表示

数制、二进制、数值转换、信息的表示及存储，并要求重点掌握以下内容：

（1）信息的表示方法；

（2）数制的定义；

（3）二进制；

（4）数制的转换；

（5）非数值数据在计算机内的表示；

（6）多媒体数据在计算机内的表示。

（四）常用操作系统

Windows 的发展、操作系统管理，并要求重点掌握以下内容：

（1）进程和处理器管理；

（2）存储资源管理；

（3）文件管理；

（4）输入/输出管理；

（5）设备管理；

（6）网络服务。

（五）计算机网络

网络的功能、组成及分类、网络安全、网络应用，并要求重点掌握以下内容：

（1）网络的概念；

（2）网络的功能；

（3）网络的组成；

（4）网络的分类；

（5）TCP/IP 协议的作用；

（6）IP 地址和域名的作用；

（7）如何防止病毒的攻击；

（8）网络应用；

（9）网络管理。

第一节　计算机基础知识

一、计算机的发展

1946 年 2 月，人类历史上第一台数字电子计算机 ENIAC 诞生了，它标志着人类社会计算机时代的开始。ENIAC 由 18 000 多个电子管和 1 500 多个继电器组成，占地达 170m^2，重 30t，每秒钟可执行 5 000 次加法运算，应用于当时军事指挥中的弹道计算。它的严重缺陷在于不能存储程序。

为了解决存储程序问题，1946 年 6 月，著名数学家冯·诺依曼提出了“存储程序”和“程序控制”的概念，为现代计算机的体系结构奠定了理论基础。它的主要思想是：

（1）采用二进制形式表示数据和指令。

（2）计算机应包括运算器、控制器、存储器、输入设备和输出设备等五大基本部件。

（3）采用存储程序和程序控制的工作方式。

存储程序是指把解决问题的程序和需要加工处理的原始数据存入存储器中，这是计算机能够自动、连续工作的先决条件。

程序控制是指由控制器从存储器中逐条地读出指令，并发出各条指令相应的控制信号，指挥和控制计算机的各个组成部件自动、协调地执行指令所规定的操作，直至得到最终的结果，即整个信息处理过程是在程序的控制下自动实现的。因此，计算机的工作过程实际上是周而复始地取指令，执行指令的过程。

半个多世纪以来，尽管计算机技术的发展速度是惊人的，但至今广泛使用的绝大部分计算机，就其基本组成而言，仍遵循冯·诺依曼提出的这种设计思想，均属于冯·诺依曼体系的计算机。

计算机与信息处理技术的广泛应用，推动了集成电路技术与制造工艺的迅猛发展。自 ENIAC 诞生以来直至多年后的今天，微型计算机上使用的 Pentium（奔腾）CPU 芯片，集成了上亿个晶体管，而面积只有几个平方毫米，时钟工作频率可达 3G 以上，总功率几十瓦。1981 年美国 IBM 公司推出的个人计算机（Personal Computer，PC），最终导致了计算机应用的社会化与家庭化。

【例 9-1-1】 当前计算机的发展趋势是向多个方向发展，下面四个选项中不正确的一项是：

A. 高性能、人性化、网络化　　B. 多极化、多媒体、智能化

C. 高性能、多媒体、智能化　　D. 高集成、低噪声、低成本

答案： D

【例 9-1-2】 根据冯·诺依曼结构原理，计算机的 CPU 是由：

A. 运算器、控制器组成　　B. 运算器、寄存器组成

C. 控制器、寄存器组成　　D. 运算器、寄存储器组成

解　CPU 是分析指令和执行指令的部件，是计算机的核心。它主要是由运算器和控制器组成。

答案： A

二、现代计算机的分类

（一）按年代分类

1. 大型主机阶段

20 世纪 40~50 年代，是第一代电子管计算机。经历了电子管数字计算机、晶体管数字计算机、集成电路数字计算机和大规模集成电路数字计算机的发展历程，计算机技术逐渐走向成熟。

2. 小型计算机阶段

20 世纪 60~70 年代，是对大型主机进行的第一次“缩小化”，可以满足中小企业事业单位的信息处理要求，成本较低，价格可被接受。

3. 微型计算机阶段

20 世纪 70~80 年代，是对大型主机进行的第二次“缩小化”，1976 年美国苹果公司成立，1977 年就推出了 Apple II 计算机，大获成功。1981 年 IBM 推出 IBM-PC，此后它经历了若干代的演进，占领了个人计算机市场，使得个人计算机得到了很大的普及。

4. 客户机/服务器阶段

该阶段即 C/S 阶段。随着 1964 年 IBM 与美国航空公司建立了第一个全球联机订票系统，把美国当时 2 000 多个订票的终端用电话线连接在了一起，标志着计算机进入了客户机/服务器阶段，这种模式至今仍在大量使用。在客户机/服务器网络中，服务器是网络的核心，而客户机是网络的基础，客户

机依靠服务器获得所需要的网络资源，而服务器为客户机提供网络必需的资源。C/S 结构的优点是能充分发挥客户端 PC 的处理能力，很多工作可以在客户端处理后再提交给服务器，大大减轻了服务器的压力。

5. Internet 阶段

Internet 阶段也称互联网、因特网、网际网阶段。互联网即广域网、局域网及单机按照一定的通信协议组成的国际计算机网络。互联网始于 1969 年，是在 ARPA（美国国防部研究计划署）将美国西南部的大学［UCLA（加利福尼亚大学洛杉矶分校）、StanfordResearchInstitute（史坦福大学研究学院）、UCSB（加利福尼亚大学）和 University of Utah（犹他州大学）］的四台主要的计算机连接起来。此后经历了文本到图片，到现在语音、视频等阶段，带宽越来越快，功能越来越强。互联网的特征是：全球性，交互性，成长性，即时性，多媒体性。

6. 云计算时代

从 2008 年起，云计算（Cloud Computing）概念逐渐流行起来，它正在成为一个通俗和大众化（Popular）的词语。云计算被视为“革命性的计算模型”，因为它使得超级计算能力通过互联网自由流通成为可能。企业与个人用户无需再投入昂贵的硬件购置成本，只需要通过互联网来购买或租赁计算力，用户只需为自己需要的功能付钱，同时消除传统软件在硬件、软件、专业技能方面的花费。云计算让用户脱离技术与部署上的复杂性而获得应用。云计算囊括了开发、架构、负载平衡和商业模式等，是软件业的未来模式。它基于 Web 的服务，以互联网为中心。

（二）按硬件分类

将计算机按硬件分类，分为服务器、工作站、台式机、笔记本计算机、手持设备五大类。

1. 服务器

服务器的英文名为 Server，专指某些高性能计算机，能通过网络对外提供服务。相对于普通电脑来说，稳定性、安全性、性能等方面都要求更高，因此在 CPU、芯片组、内存、磁盘系统、网络等硬件上和普通电脑有所不同。服务器是网络的节点，存储、处理网络上 80%的数据、信息，在网络中起到举足轻重的作用。它们是为客户端计算机提供各种服务的高性能的计算机，其高性能主要表现在高速度的运算能力，长时间的可靠运行，强大的外部数据吞吐能力等方面。服务器的构成与普通电脑类似，也有处理器、硬盘、内存、系统总线等，但因为它是针对具体的网络应用特别制定的，因而服务器与微机在处理能力、稳定性、可靠性、安全性、可扩展性、可管理性等方面差异很大。

2. 工作站

工作站的英文名为 Workstation，是一种以个人计算机和分布式网络计算为基础，主要面向专业应用领域，具备强大的数据运算与图形、图像处理能力，为满足工程设计、动画制作、科学研究、软件开发、金融管理、信息服务、模拟仿真等专业领域而设计开发的高性能计算机。它属于一种高档的电脑，一般拥有较大屏幕显示器和大容量的内存和硬盘，也拥有较强的信息处理功能和高性能的图形、图像处理功能以及联网功能。

3. 台式机

台式机的英文名为 Desktop，也叫桌面机，为现在非常流行的微型计算机，多数家用和办公用的机器都是台式机。台式机的性能相对较笔记本电脑要强。

4. 笔记本电脑

笔记本电脑的英文名为 Notebook Computer（简称 NB），也称手提电脑或膝上型电脑，笔记本电脑可以大体分为4类：

（1）商务型。商务型笔记本电脑一般可以概括为移动性强、电池续航时间长、商务软件多。

（2）时尚型。时尚型外观主要针对时尚女性。

（3）多媒体应用型。多媒体应用型笔记本电脑则有较强的图形、图像处理功能和多媒体功能，尤其是播放功能。

（4）特殊用途。

5. 手持设备

手持设备英文名为Handhold，种类较多，如PDA，SmartPhone，智能手机，3G手机，Netbook，EeePC等，它们的特点是体积小。随着3G时代的到来，手持设备将会获得更大的发展，其功能也会越来越强。

（三）计算机系统的特点

（1）具有强大的计算能力。所有复杂的计算问题都可以通过计算机进行计算。

（2）具有逻辑判断能力。通过判断决定程序的不同走向，从而进行管理和实施控制，应用于决策和推理领域。

（3）存储能力强大。拥有巨大的信息存储空间。

（4）计算精确。可以满足各个领域的计算精度要求。

（5）计算速度快。计算机依次进行操作所需时间可以小到纳秒（ns）计算的速度。

（6）通用性强。通过编程使用不同的软件可实现不同的应用。

（7）操作界面简单。适合不同用户使用计算机。

（8）具有互联网功能，把世界各地的计算机系统连接在一起。实现信息及软硬件资源的共享。

【例9-1-3】 根据冯·诺依曼结构原理，计算机的硬件由：

A. 运算器、存储器、打印机组成

B. 寄存器、存储器、硬盘存储器组成

C. 运算器、控制器、存储器、I/O设备组成

D. CPU、显示器、键盘组成

解　根据冯·诺依曼结构原理，计算机硬件是由运算器、控制器、存储器、I/O设备组成。

答案：C

【例9-1-4】 计算机系统拥有非常突出的特点，在下面有关计算机系统特点的四个选项中不正确的一项是：

A. 计算能力、判断能力、存储能力　　B. 精确计算能力、通俗易用

C. 价格低廉、操作方便、界面友好　　D. 联网功能、快速操作能力、通用性

解　选项C属于没有抓住重点，表述不完善。

答案：C

【例9-1-5】 计算机按用途可分为：

A. 专业计算机和通用计算机　　B. 专业计算机和数字计算机

C. 通用计算机和模拟计算机　　D. 数字计算机和现代计算机

解　计算机按用途可分为专业计算机和通用计算机。专业计算机是为解决某种特殊问题而设计的计算机，针对具体问题能显示出有效、快速和经济的特性，但它的适应性较差，不适用于其他方面的应

用。在导弹和火箭上使用的计算机很大部分就是专业计算机。通用计算机适应性很强，应用范围很广，如应用于科学计算、数据处理和实时控制等领域。

答案： A

（四）计算机系统的组成

计算机系统由硬件和软件两大部分组成。其中，硬件是指构成计算机系统的物理实体（或物理装置），如主板、机箱、键盘、显示器和打印机等。软件是指为运行、维护、管理和应用计算机所编制的所有程序的集合。图 9-1-1 给出了计算机硬件系统组成框图。

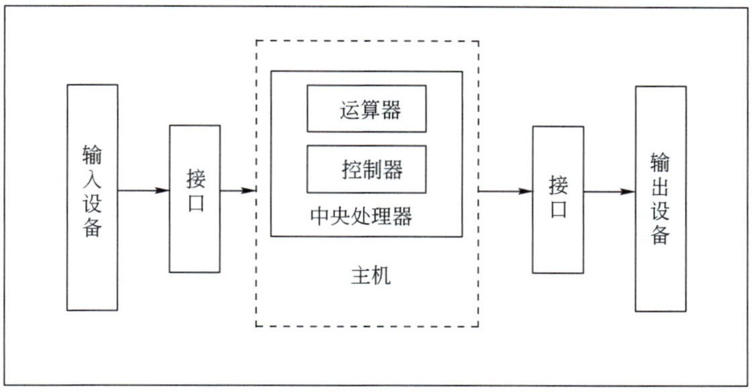

图 9-1-1　计算机硬件系统组成

1. 硬件部分

（1）输入装置。将程序和数据的信息转换成相应的电信号，让计算机能接收的装置，如键盘、鼠标、光笔、扫描仪、图形板、外存储器等。

（2）输出装置。能将计算机内部处理后的信息传递出来的设备，如显示器、打印机、绘图仪、外存储器等。

（3）存储器。计算机在处理数据的过程中或在处理数据之后把程序和数据存储起来的装置。存储器分为主存储器和辅助存储器。主存储器与中央处理器组装在一起构成主机，直接受 CPU 控制，因此也被称为内存储器，简称内存。存储器由内存、高速缓存、外存和管理这些存储器的软件组成，以字节为单位，是用来存放正在执行的程序、待处理数据及运算结果的部件。内存分为只读存储器（ROM）、随机存储器（RAM）、高速缓冲存储器（Cache）。

①只读存储器（ROM）：是一种只能读不能写入的存储器，最大特点是电源断电后信息不会丢失，经常用来存放监控和诊断程序。

②随机存储器（RAM）：可随机读出和写入信息，用来存放用户的程序和数据，关机后 RAM 中的内容自动消失，并不可恢复。

③高速缓冲存储器（Cache）：在逻辑上位于 CPU 和内存之间，其运算速度高于内存而低于 CPU，其作用是减少 CPU 的等待时间，提高 CPU 的读写速度，而不会改变内存的容量。辅助存储器也称外存储器，存储容量大，外存分为磁表面存储器和光存储器两大类。

（4）运算器。它是计算机的核心部件，对信息或数据进行加工和处理，主要由逻辑运算单元（ALU）组成，在控制器的指挥下可以完成各种算术运算、逻辑运算和其他操作。

（5）控制器。它是计算机的神经中枢和指挥中心，计算机的硬件系统由控制器控制其全部动作。运算器和控制器一起称为中央处理器。主存、运算器和控制器统称为主机。输入装置和输出装置统称为输入、输出装置。通常把输入、输出装置和外存一起称为外围设备。外存既是输入设备又是输出设备。

（6）中央处理器（CPU）。CPU 主要由运算器、控制器、寄存器等组成。运算器按控制器发出的命令来完成各种操作。控制器规定计算机执行指令的顺序，并根据指令的信息控制计算机各部分协同动作。

（7）计算机总线。在计算机系统中，各个部件之间传送信息的公共通路叫总线。总线是一种内部结构，它是 CPU、内存、输入、输出设备传递信息的公用通道，主机的各个部件通过总线相连接，外部设备通过相应的接口电路再与总线相连接，从而形成了计算机硬件系统。微型计算机是以总线结构来连接各个功能部件的。总线分为主板总线、硬盘总线及其他总线。

（8）数模/模数转换。数模转换器是将数字信号转换为模拟信号的系统，一般用低通滤波即可以实现。模数转换器是将模拟信号转换成数字信号的系统，是一个滤波、采样保持和编码的过程。模拟信号经带限滤波、采样保持电路，变为阶梯形状信号，然后通过编码器，使得阶梯状信号中的各个电平变为二进制码。

【例 9-1-6】 总线中的控制总线传输的是：

A. 程序和数据　　B. 主存储器的地址码

C. 控制信息　　D. 用户输入的数据

解　计算机的总线可以划分为数据总线、地址总线和控制总线。数据总线用来传输数据，地址总线用来传输数据地址，控制总线用来传输控制信息。

答案：C

【例 9-1-7】 微处理器与存储器以及外围设备之间的数据传送操作通过：

A. 显示器和键盘进行　　B. 总线进行

C. 输入/输出设备进行　　D. 控制命令进行

解　当要对存储器中的内容进行读写操作时，来自地址总线的存储器地址经地址译码器译码之后，选中指定的存储单元，而读写控制电路根据读写命令实施对存储器的存取操作，数据总线则用来传送写入内存储器或从内存储器读出的信息。

答案：B

2. 软件部分（见图 9-1-2）

（1）系统软件。它是生成、准备和执行其他软件所需要的一组程序，通常负责管理、监督和维护计算机各种软硬件资源。给用户提供一个友好的操作界面。

- 软件
  - 系统软件
    - 操作系统
      - 单用户操作系统
      - 多用户操作系统
      - 网络操作系统
      - ……
    - 语言处理程序
      - 汇编程序
      - 解释程序
      - 编译程序
    - 数据库管理系统
    - 工具软件
      - 诊断与维护程序
      - 调试程序
      - 编辑程序
      - 装配链接程序
  - 应用软件
    - 软件包
    - 用户程序

图 9-1-2　软件的组成

系统软件主要有操作系统、程序设计语言［机器语言、汇编语言、高级语言、非过程语言（不必关心问题的解法和处理过程的描述，只要说明所要完成的加工和条件，指明输入数据以及输出形式，就能得到所要的结果。如 Visual C++、Java 语言等）、智能性语言（应用于抽象问题求解、数据逻辑、公式处理、自然语言理解、专家系统和人工智能的许多领域）］。

（2）应用软件。它是用户为了解决某些特定具体问题而开发或外购的各种程序，如 Word，Excel 等。

【例 9-1-8】 在计算机内，ASSCII 码是为：

A. 数字而设置的一种编码方案

B. 汉字而设置的一种编码方案

C. 英文字母而设置的一种编码方案

D. 常用字符而设置的一种编码方案

解：ASSCII 码是“美国信息交换标准代码”的简称，是目前国际上最为流行的字符信息编码方案。在这种编码中每个字符用 7 个二进制位表示，从 0000000 到 1111111 可以给出 128 种编码，用来表示 128 个不同的常用字符。

答案： D

【例 9-1-9】 目前常用的计算机辅助设计软件是：

A. Microsoft Word　　B. Auto CAD

C. Visual BASIC　　D. Microsoft Access

解 Microsoft Word 是文字处理软件。Visual BASIC 简称 VB，是 Microsoft 公司推出的一种 Windows 应用程序开发工具。Microsoft Access 是小型数据库管理软件。Auto CAD 是专业绘图软件，主要用于工业设计中，被广泛用于民用、军事等各个领域。CAD 是 Computer Aided Design 的缩写，意思为计算机辅助设计。加上 Auto，指它可以应用于几乎所有跟绘图有关的行业，比如建筑、机械、电子、天文、物理、化工等。

答案： B

【例 9-1-10】 根据软件的功能和特点，计算机软件一般分为：

A. 系统软件和非系统软件

B. 应用软件和非应用软件

C. 系统软件和应用软件

D. 系统软件和管理软件

答案： C

【例 9-1-11】 计算机的软件系统是由：

A. 高级语言程序、低级语言程序构成

B. 系统软件、支撑软件、应用软件构成

C. 操作系统、专用软件构成

D. 应用软件和数据库管理系统构成

解 计算机的软件系统是由系统软件、支撑软件和应用软件构成。系统软件是负责管理、控制和维护计算机软、硬件资源的一种软件，它为应用软件提供了一个运行平台。支撑软件是支持其他软件的编写制作和维护的软件。应用软件是特定应用领域专用的软件。

答案： B

三、操作系统

（一）操作系统定义

操作系统是控制其他程序运行，管理系统资源并为用户提供操作界面的系统软件的集合。

（二）操作系统功能及特征

操作系统（Operating System，OS）是一种管理电脑硬件与软件资源的程序，同时也是计算机系统的内核与基石。操作系统身负诸如管理与配置内存，决定系统资源供需的优先次序，控制输入与输出设备，操作网络与管理文件系统等基本事务。操作系统管理计算机系统的全部硬件资源，包括软件资源及数据资源，控制程序运行，改善人机界面，为其他应用软件提供支持等，使计算机系统所有资源最大限度地发挥作用，为用户提供方便的、有效的、友善的服务界面。操作系统是一个庞大的管理控制程序，大致包括五个方面的管理功能：进程与处理机管理，作业管理，存储管理，设备管理，文件管理。目前微机上常见的操作系统有 DOS、OS/2、UNIX、XENIX、LINUX、Windows、Netware 等。但所有的操作系统都具有并发性、共享性、虚拟性和随机性这四个基本特征。

（三）操作系统的分类

操作系统大致可分为六种类型。

1. 简单操作系统

它是计算机初期所配置的操作系统，如 IBM 公司的磁盘操作系统 DOS/360 和微型计算机的操作系统 CP/M 等。这类操作系统的功能主要是操作命令的执行，文件服务，支持高级程序设计语言编译程序和控制外部设备等。

2. 分时系统

它支持位于不同终端的多个用户同时使用一台计算机，彼此独立互不干扰，用户感到好像一台计算机全为他所用。

3. 实时操作系统

它是为实时计算机系统配置的操作系统。其主要特点是资源的分配和调度，首先要考虑实时性，然后才是效率。此外，实时操作系统应有较强的容错能力。

4. 网络操作系统

它是为计算机网络配置的操作系统。在其支持下，网络中的各台计算机能互相通信和共享资源。其主要特点是与网络的硬件相结合来完成网络的通信任务。

5. 分布操作系统

它是为分布计算系统配置的操作系统。它在资源管理、通信控制和操作系统的结构等方面都与其他操作系统有较大的区别。由于计算机系统的资源分布于系统的不同计算机上，操作系统对用户的资源需求不能像一般的操作系统那样等待有资源时直接分配的简单做法，而是要在系统的各台计算机上搜索，找到所需资源后才可进行分配。对于有些资源，如具有多个副本的文件，还必须考虑一致性。所谓一致性，是指若干个用户对同一个文件所同时读出的数据是一致的。为了保证一致性，操作系统须控制文件的读、写、操作，使得多个用户可同时读一个文件，而任一时刻最多只能有一个用户在修改文件。分布操作系统的通信功能类似于网络操作系统。由于分布计算机系统不像网络分布得很广，同时分布操作系统还要支持并行处理，因此它提供的通信机制和网络操作系统提供的有所不同，它要求通信速度高。分布操作系统的结构也不同于其他操作系统，它分布于系统的各台计算机上，能并行地处理用户的各种需求，有较强的容错能力。

6. 智能操作系统

现在很多智能操作系统应用在手机上，如 Symbian 操作系统在智能移动终端上拥有强大的应用程序以及通信能力，它有一个非常健全的核心——强大的对象导向系统、企业用标准通信传输协议以及完美的 sunjava 语言。Symbian 认为无线通信装置除了要提供声音沟通的功能外，同时也应具有其他多种沟通方式，如触笔、键盘等。在硬件设计上，它可以提供许多不同风格的外形，像使用真实或虚拟的键盘，在软件功能上可以容纳许多功能，包括和他人互相分享信息，浏览网页，传输、接收电子信件，传真以及个人生活行程管理等。此外，Symbian 操作系统在扩展性方面为制造商预留了多种接口，而且操作系统还可以细分成三种类型：Pearl、Quartz、Crystal，分别对应普通手机、智能手机、HandHeld PC 场合的应用。

习　题

9-1-1　微型计算机的硬件包括（　　）。

A. 微处理器、存储器、外部设备、外围设备

B. 微处理器、RAM、MS 系统、FORTRAN 语言

C. ROM 和键盘、显示器

D. 软盘驱动器和微处理器、打印机

9-1-2　微型计算机的软件包括（　　）。

A. MS-DOS 系统、Super SAP　　B. dBASE 数据库、FORTRAN 语言

C. 机器语言和通用软件　　D. 系统软件、程序语言和通用软件

9-1-3　运算器的主要功能是完成（　　）。

A. 存储程序和数据　　B. 算术运算和逻辑运算

C. 程序计数　　D. 算术运算

9-1-4　既可做输入设备，又可做输出设备的是（　　）。

A. 显示器　　B. 打印机

C. 硬盘　　D. 光盘

9-1-5　软件中（　　）是非系统软件。

A. DOS 系统　　B. FORTRAN 77

C. BASIC　　D. TBSA

9-1-6　计算机的中央处理器包括（　　）。

A. 整个计算机主板　　B. CPU 的运算器部分

C. CPU 的控制器部分　　D. 运算器和控制器

9-1-7　计算机中 CPU 中央处理器的功能是（　　）。

A. 完成输入输出操作　　B. 进行数据处理

C. 协调计算机各种操作　　D. 负责各种运算和控制工作

9-1-8　在工作中，若微型计算机的电源突然中断，则只有（　　）不会丢失。

A. RAM 和 ROM 中的信息　　B. ROM 中的信息

C. RAM 中的信息　　D. RAM 中部分信息

9-1-9　在“我的电脑”窗口中，如果要整理磁盘上的碎片，应选择磁盘“属性”对话框的（　　）选项卡。

A. 常规　　B. 硬件　　C. 共享　　D. 工具

第二节　计算机程序设计语言

一、计算机语言

计算机语言（Computer Language）指用于人与计算机之间通讯的语言。计算机语言是人与计算机之间传递信息的媒介。计算机系统的最大特征是指令通过一种语言传达给机器。为了使电子计算机进行各种工作，就需要有一套用以编写计算机程序的数字、字符和语法规则，由这些字符和语法规则组成对计算机的各种指令（或各种语句），就是计算机能接受的语言。

（一）计算机语言的分类

计算机语言的种类非常的多，总的来说可以分成机器语言、汇编语言、高级语言三大类。

1. 机器语言

机器语言是用二进制代码表示的计算机能直接识别和执行的一种机器指令的集合。它是计算机的设计者通过计算机的硬件结构赋予计算机的操作功能。机器语言具有灵活、直接执行和速度快等特点。

用机器语言编写程序，编程人员要首先熟记所用计算机的全部指令代码和代码的含义。手编程序时，程序员得自己处理每条指令和每一数据的存储分配和输入输出，还得记住编程过程中每步所使用的工作单元处在何种状态。这是一件十分繁琐的工作，编写程序花费的时间往往是实际运行时间的几十倍或几百倍。而且，编出的程序全是些 0 和 1 的指令代码。直观性差，还容易出错。除了计算机生产厂家的专业人员外，绝大多数程序员已经不再去学习机器语言了。

2. 汇编语言

为了克服机器语言难读、难编、难记和易出错的缺点，人们就用与代码指令实际含义相近的英文缩写词、字母和数字等符号来取代指令代码（如用 ADD 表示运算符号“+”的机器代码），于是就产生了汇编语言。所以说，汇编语言是一种用助记符表示的仍然面向机器的计算机语言。汇编语言亦称符号语言。汇编语言由于是采用了助记符号来编写程序，比用机器语言的二进制代码编程要方便些，在一定程度上简化了编程过程。汇编语言的特点是用符号代替了机器指令代码。而且助记符与指令代码一一对应，基本保留了机器语言的灵活性。使用汇编语言能面向机器并较好地发挥机器的特性，得到质量较高的程序。

汇编语言中由于使用了助记符号，用汇编语言编制的程序送入计算机，计算机不能像用机器语言编写的程序一样直接识别和执行，必须通过预先放入计算机的 “汇编程序”的加工和翻译，才能变成能够被计算机识别和处理的二进制代码程序。用汇编语言等非机器语言书写好的符号程序称源程序，运行时汇编程序要将源程序翻译成目标程序。目标程序是机器语言程序，它一经被安置在内存的预定位置上，就能被计算机的 CPU 处理和执行。

汇编语言像机器指令一样，是硬件操作的控制信息，因而仍然是面向机器的语言，使用起来还是比较繁琐费时，通用性也差。汇编语言是低级语言。但是，汇编语言用来编制系统软件和过程控制软件，其目标程序占用内存空间少，运行速度快，有着高级语言不可替代的用途。

3. 高级语言

不论是机器语言还是汇编语言都是面向硬件具体操作的，语言对机器过分依赖，要求使用者必须对硬件结构及其工作原理都十分熟悉，这对非计算机专业人员是难以做到的，对于计算机的推广应用是不利的。计算机事业的发展，促使人们去寻求一些与人类自然语言相接近且能为计算机所接受的语意确定、规则明确、自然直观和通用易学的计算机语言。这种与自然语言相近并为计算机所接受和执行的计算机语言称高级语言。高级语言是面向用户的语言。无论何种机型的计算机，只要配备上相应的高级语言的编译或解释程序，则用该高级语言编写的程序就可以通用。

如今被广泛使用的高级语言有 BASIC、PASCAL、C、COBOL、FORTRAN、LOGO 以及 VC、VB 等。这些语言都是属于系统软件。

计算机并不能直接地接受和执行用高级语言编写的源程序，源程序在输入计算机时，通过“翻译程序”翻译成机器语言形式的目标程序，计算机才能识别和执行。这种“翻译”通常有两种方式，即编译方式和解释方式。编译方式是：事先编好一个称为编译程序的机器语言程序，作为系统软件存放在计算机内，当用户由高级语言编写的源程序输入计算机后，编译程序便把源程序整个地翻译成用机器语言表示的与之等价的目标程序，然后计算机再执行该目标程序，以完成源程序要处理的运算并取得结果。解释方式是：源程序进入计算机时，解释程序边扫描边解释并逐句输入逐句翻译，计算机一句句执行，并不产生目标程序。PASCAL、FORTRAN、COBOL 等高级语言执行编译方式；BASIC 语言则以执行解释方式为主；而 PASCAL、C 语言是能书写编译程序的高级程序设计语言。每一种高级（程序设计）语言，都有自己人为规定的专用符号、英文单词、语法规则和语句结构（书写格式）。高级语言与自然语言（英语）更接近，而与硬件功能相分离（彻底脱离了具体的指令系统），便于广大用户掌握和使用。高级语言的通用性强，兼容性好，便于移植。

（二）计算机语言的发展趋势

面向对象程序设计以及数据抽象在现代程序设计思想中占有很重要的地位，未来语言的发展将不再是一种单纯的语言标准，将会以一种完全面向对象，更易表达现实世界，更易为人编写，其使用将不再只是专业的编程人员，人们完全可以用订制真实生活中一项工作流程的简单方式来完成编程。

二、计算机程序设计语言

1. C 语言

C 语言是 Dennis Ritchie 在 20 世纪 70 年代创建的，它功能更强大且与 ALGOL 保持更连续的继承性，而 ALGOL 则是 COBOL 和 FORTRAN 的结构化继承者。C 语言被设计成一个比它的前辈更精巧、更简单的版本，它适于编写系统级的程序，比如操作系统。在此之前，操作系统是使用汇编语言编写的，而且不可移植。C 语言是第一个使得系统级代码移植成为可能的编程语言。

2. C++

C++语言是具有面向对象特性的 C 语言的继承者。面向对象编程，或称 OOP（Object Oriented Programming）是结构化编程的下一步。OOP 程序由对象组成，其中的对象是数据和函数离散集合。有许多可用的对象库存在，这使得编程简单得只需要将一些程序堆在一起。比如说，有很多的 GUI（Graphical User Interface）和数据库的库实现为对象的集合。

3. 汇编语言

汇编是第一个计算机语言。汇编语言实际上是你对计算机处理器实际运行的指令的命令形式表示法。这意味着你将与处理器的底层打交道，比如寄存器和堆栈。如果你要找的是类英语且有相关的自我说明的语言，这不是你想要的。 特别注意：语言的名字叫“汇编”。把汇编语言翻译成真实的机器码的工具叫“汇编程序”。把这门语言叫做“汇编程序”这种用词不当相当普遍，因此，请从这门语言的正确称呼作为起点出发。

4. Pascal 语言

Pascal 语言是由 NicolasWirth 在 20 世纪 70 年代早期设计的，Pascal 被设计来强行使用结构化编程。最初的 Pascal 被严格设计成教学之用，最终，大量的拥护者促使它闯入了商业编程中。当 Borland 发布 IBMPC 上的 TurboPascal 时，Pascal 辉煌一时。集成的编辑器，闪电般的编译器加上低廉的价格使之变得不可抵抗，Pascal 编程成为 MS-DOS 编写小程序的首选语言。然而时日不久，C 编译器变得更快，并具有优秀的内置编辑器和调试器。Pascal 在 1990 年 Windows 开始流行时走到了尽头，Borland 放弃了 Pascal 而把目光转向了为 Windows 编写程序的 C++。TurboPascal 很快被人遗忘。

5. Java

Java 是由 Sun 最初设计用于嵌入程序的可移植性“小 C++”。在网页上运行小程序的想法着实吸引了不少人的目光，于是，这门语言迅速崛起。事实证明，Java 不仅仅适于在网页上内嵌动画，它是一门极好的完全的软件编程的小语言。“虚拟机”机制、垃圾回收以及没有指针等使它很容易成为不易崩溃且不会泄漏资源的可靠程序。

虽然不是 C++的正式续篇，Java 从 C++中借用了大量的语法。它丢弃了很多 C++的复杂功能，从而形成一门紧凑而易学的语言。不像 C++，Java 强制面向对象编程，要在 Java 里写非面向对象的程序就像要在 Pascal 里写“空心粉式代码”一样困难。

6. C#

C#是一种精确、简单、类型安全、面向对象的语言。其是.Net 的代表性语言。什么是.Net 呢？按照微软总裁兼首席执行官 Steve Ballmer 把它定义为：.Net 代表一个集合，一个环境，它可以作为平台支持下一代 Internet 的可编程结构。

7. FORTRAN

FORTRAN 语言是世界上第一个被正式推广使用的高级语言。它是 1954 年被提出来的，1956 年开始正式使用，至今已有五十多年的历史，但仍历久不衰，它始终是数值计算领域所使用的主要语言。FORTRAN 语言是 Formula Translation 的缩写，意为“公式翻译”。它是为科学、工程问题或企事业管理中的那些能够用数学公式表达的问题而设计的，其数值计算的功能较强。

习　题

9-2-1　根据计算机语言的发展过程，它们出现的顺序为（　　）。

A. 机器语言、汇编语言、高级语言　　B. 汇编语言、机器语言、高级语言

C. 高级语言、汇编语言、机器语言　　D. 机器语言、高级语言、汇编语言

9-2-2　汇编语言是（　　）。

A. 机器语言　　B. 低级语言　　C. 高级语言　　D. 自然语言

第三节　信 息 表 示

一、计算机中的信息表示方法

计算机采用二进制，用 0 和 1 存储信息。

数据的存储单位有位、字节和字等。

1. 位

比特，记为 bit，是计算机最小的存储信息单位，是用 0 或 1 来表示的一个二进制位数。

2. 字节

拜特，记为 Byte，是数据存储中最常用的基本单位。8 位二进制构成一个字节，从最小的 00000000 到最大的 11111111。

3. 字符

以一个字节表示的信息称为一个字符。一个英文字符占一个字节的位置，一个中文占两个字节的位置。

4. 字

由若干个字节组成一个存储单元，称为“字”（Word）。一个存储单元中存放一条指令或一个数据。

【例 9-3-1】计算机信息数量的单位常用 KB、MB、GB、TB 表示，它们中表示信息数量最大的一个是：

A. KB　　B. MB　　C. GB　　D. TB

解　$1\text{KB}=2^{10}\text{B}=1024\text{B}$　　$1\text{MB}=2^{20}\text{B}=1024\text{kB}$

$1\text{GB}=2^{30}\text{B}=1024\text{MB}$　　$1\text{TB}=2^{40}\text{B}=1024\text{GB}$

答案：D

【例 9-3-2】计算机存储器是按字节进行编址的，一个存储单元是：

A. 8 个字节　　B. 1 个字节　　C. 16 个二进制数位　　D. 32 个二进制数位

解　计算机内的存储器是由一个个存储单元组成的，每一个存储单元的容量为 8 位二进制信息，称 1 个字节。

答案：B

二、信息的表示及存储

信息是人们表示一定意义的符号的集合，可以是数字、文字、图形、图像、动画、声音等。数据是信息在计算机内部的表现形式。数据本身就是一种信息。

（一）数制

1. 数制的定义

用一种固定的数字（数码符号）和一套统一的规则来表示数值的方法，即为数制。

（1）数制的种类，如十进制、二进制、八进制、十六进制、六十进制、十二进制等。

（2）数制的规则，如 R 进制的规则是逢 R 进 1。

2. 权

权是指指数位上的数字乘上一个固定的数值。

3. 基数

十进制的基数是十，二进制的基数是二，八进制的基数是八。

进位计数制中的三个要素：数位（数字在一个数中所处的位置）、权、基数。

4. 二进制数

二进制是“逢二进一”的计数方法，计算机中的数据如文字、数字、声音、图像、动画、色彩等信息都是用二进制数来表示的。

采用二进制记数的原因，主要是由于二进制数在技术操作上的可行性、可靠性、简易性及通用性。

（1）可行性。二进制数只有 0、1 两个数码，要表示这两个状态，在物理技术上很容易实现，如电灯的亮和灭、晶体管门电路的导通和截止等。

（2）可靠性。因二进制只有两个状态，数字转移和处理抗干扰能力强，不易出错。

（3）简易性。二进制数的运算法则简单，使计算机运算器结构大大简化。

（4）通用性。因为二进制数只有 0、1 两个数码，与逻辑代数中的“真”和“假”两个值对应，从而为计算机实现逻辑运算和逻辑判断提供了方便。

（二）数制的转换

日常生活中使用的进位制很多，如一年等于十二个月（十二进制），一斤等于十两（十进制），一分钟等于六十秒（六十进制）等。在计算机系统中经常使用十进制、八进制、十六进制、二进制。

1. 十进制数转换二进制数

十进制数转换为二进制数步骤：

（1）将十进制整数转换为二进制整数。

（2）将十进制小数转换为二进制小数。

（3）合成一个二进制数。

【例 9-3-3】 信息与数据之间存在着固有的内在联系，信息是：

A. 由数据产生的　　　　B. 信息就是数据

C. 没有加工过的数据　　D. 客观地记录事物的数据

解　数据是反映客观事物属性的原始事实。信息是由原始数据经过处理加工，按特定的方式组织起来的，对人们有价值的数据的集合。

答案： A

【例 9-3-4】 把十进制数 29.125 转换为二进制数。

解　①先将十进制整数 29 转换成二进制（除 2 取余数法）

十进制数	余数	
2 | 29	……………………1	转换结果的最低位 ↑
2 | 14	……………………0	
2 | 7	……………………1	
2 | 3	……………………1	
1	……………………1	转换结果的最低位

转换后结果：$(29)_{10} = (11101)_2$

②把十进制小数 0.125 转换成二进制（乘 2 取整法）

0.125	取整数部分
× 2	
0.250	0……………………………转换结果的最高位
× 2	
0.50	0
× 2	
1.0	1……………………………转换结果的最低位

转换后结果：$(0.125)_{10} = (0.001)_2$

③将整数部分与小数部分合在一起。

$$(29)_{10} + (0.125)_{10} = (11101)_2 + (0.001)_2$$
$$(29.125)_{10} = (11101.001)_2$$

注：带小数点数制的转换要分为两部分，一部分是整数的转换，另一部分是小数的转换。

2. 二进制数转换成十进制数

【例 9-3-5】 将二进制数$(11101.001)_2$转换成十进制数（按权展开法）。

解

$$\begin{aligned}(11101.001)_2 &= 1\times2^4+1\times2^3+1\times2^2+0\times2^1+1\times2^0+0\times2^{-1}+0\times2^{-2}+1\times2^{-3}\\ &= 16+8+4+0+1+0.0+0.0+0.125\\ &= (29.125)_{10}\end{aligned}$$

3. 八进制数与十六进制数

计算机中经常使用八进制数与十六进制数，因为二进制数写起来太长，不便于比较和记忆。而八进制数、十六进制数与二进制数有简单的对应规则，可方便地写成二进制数的形式。它们的对应关系见表 9-3-1、表 9-3-2。

表 9-3-1

十六进制数	0	1	2	3	…	8	9	A	B	…	E	F
二进制数	0000	0001	0010	0011	…	1000	1001	1010	1011	…	1110	1111

表 9-3-2

八进制数	0	1	2	3	4	5	6	7
二进制数	000	001	010	011	100	101	110	111

例如，十进制数 345 可表示为表 9-3-3 所列的其他制数。

表 9-3-3

<table>
<tr><td>八进制数</td><td>531</td><td colspan="2">5</td><td colspan="2">3</td><td>1</td></tr>
<tr><td>二进制数</td><td>101011001</td><td colspan="2">1 0 1</td><td colspan="2">0 1 1</td><td>0 0 1</td></tr>
<tr><td>十六进制数</td><td>159</td><td>1</td><td colspan="2">5</td><td colspan="2">9</td></tr>
</table>

4. 十进制数转换为R进制数

对于十进制数转换为R进制数仍可采用除R取余法和乘R取整法。

5. *R*进制数转换为十进制数

对于*R*进制数转换为十进制仍可采用按权（R^i）展开算法。

（三）非数值数据在计算机内的表示

计算机中数据的概念是广义的。计算机内除了有数值的信息之外，还有数字、字母、通用符号、控制符号等字符信息，还有逻辑信息、图形、图像、语音等信息，这些信息进入计算机都转变成 0、1 表示的编码，所以称为非数值数据。

1. 字符的表示方法

字符主要是指数字、字母、通用符号等，在计算机内它们都被转换成计算机能够识别的十进制编码形式。这些字符编码方式有很多种，国际上广泛采用的是美国国家信息交换标准代码(American Standard Code for Information Interchange)，简称 ASCII 码，如表 9-3-4 所示。

ASCII 字符编码表　　表 9-3-4

	000	001	010	011	100	101	110	111
0000	NUL	DLE	SP	0	@	P	、	p
0001	SOH	DC1	!	1	A	Q	a	q
0010	STX	DC2	“	2	B	R	b	r
0011	ETX	DC3	#	3	C	S	c	s
0100	EOT	DC4	$	4	D	T	d	t
0101	ENQ	NAK	%	5	E	U	e	u
0110	ACK	SYN	&	6	F	V	f	v
0111	BEL	ETB	‘	7	G	W	g	w
1000	BS	CAN	(	8	H	X	h	x
1001	HT	EM	)	9	I	Y	i	y
1010	LF	SUB	*	:	J	Z	j	z
1011	VT	ESC	+	;	K	]	k	{
1100	FF	FS	,	<	L	\	l	|
1101	CR	GS	−	=	M	]	m	}
1110	SO	RS	.	>	N	^	n	~
1111	SI	US	/	?	O	−	o	del

ASCII 规定每个字符用 7 位二进制编码表示，表中的横坐标是第 6、5、4 位的二进制编码值，纵坐标是第 3、2、1、0 位的十进制编码值，两坐标的交点则是指定的字符，7 位二进制可以给出 128 个编码，表示 128 个常用的字符。其中 95 个编码，对应着计算机终端能输入并可以显示的 95 个字符，打印机设备也能打印这 95 个字符，如大小写各 26 个英文字母，0~9 这 10 个数字符，通用的运算符和标点符号=、−、*、/、<、>,,、{、} 等。

【例 9-3-6】 查表写出字母 A，字母 1 的 ASCII 码。

解　根据字母 A 在表中的位置，行指示了 ASCII 码第 3、2、1、0 位的状态，列指示第 6、5、4 位的状态，因此字母 A 的 ASCII 码是 1000001B = 41H。同理可以查到数字 1 的 ASCII 码是 0110001B = 31H。

2. 汉字编码

我国制定了《信息交换用汉字编码字符集——基本集》(GB 2312—80)。这种编码称为国标码。在国标码的字符集中共收录了汉字和图形符 7 445 个，其中一级汉字 3 755 个，二级汉字 3 008 个，图形符号 682 个。

国标 GB 2312—80 规定，全部国标汉字及符号组成94 × 94的矩阵。在这矩阵中，每一行称为一个“区”，每一列称为一个“位”。这样，就组成了 94 个区（01~94 区），每个区内有 94 个位（01~94）的汉字字符集。区码和位码简单地组合在一起（即两位区码居高位，两位位码居低位）就形成了“区位码”。区位码可唯一确定某一个汉字或汉字符号，反之，一个汉字或汉字符号都对应唯一的区位码，如汉字“玻”的区位码为“1803”（即在 18 区的第 3 位）。

所有汉字及符号的 94 个区划分成如下四个组：

（1）1~15 区为图形符号区，其中，1~9 区为标准区，10~15 区为自定义符号区。

（2）16~55 区为一级常用汉字区，共有 3 755 个汉字，该区的汉字按拼音排序。

（3）56~87 区为二级非常用汉字区，共有 3 008 个汉字，该区的汉字按部首排序。

（4）88~94 区为用户自定义汉字区。

汉字的内码是从上述区位码的基础上演变而来的。它是在计算机内部进行存储、传输所使用的汉字代码。

区码和位码的范围都在 01~94 内，如果直接用它作为内码就会与基本 ASCII 码发生冲突，因此汉字的内码采用如下的运算规定：

高位内码 = 区码 + 20H + 80H

低位内码 = 位码 + 20H + 80H

在上述运算规则中加 20H 应理解为基本 ASCII 的控制码；加 80H 意在把最高二进制位置“1”与基本 ASCII 码相区别，或者说是识别是否汉字的标志位。

例：将汉字“玻”的区位码转换成机内码：

$$
\begin{aligned}
\text{高位内码} &= (18)_{10} + (20)_{16} + (80)_{16} \\
&= (00010010)_2 + (00100000)_2 + (10000000)_2 \\
&= (10110010)_2 \\
&= (B2)_{16} = B2H
\end{aligned}
$$

$$
\begin{aligned}
\text{低位内码} &= (3)_{10} + (20)_{16} + (80)_{16} \\
&= (00000011)_2 + (00100000)_2 + (10000000)_2 \\
&= (10100011)_2 \\
&= (A3)_{16} = A3H
\end{aligned}
$$

$$
\begin{aligned}
\text{内码} &= \text{区码} + 20H + 80H + \text{位码} + 20H + 80H \\
&= (1011001010100011)_2 = B2A3H
\end{aligned}
$$

【例 9-3-7】 汉字的国标码是用两个字节码表示，为与 ASCII 码区别，是将两个字节的最高位：

A. 都置成 0　　B. 都置成 1

C. 分别置成 1 和 0　　D. 分别置成 0 和 1

解 ASCII码最高位都置成0，它是“美国信息交换标准代码”的简称，是目前国际上最为流行的字符信息编码方案。在这种编码中每个字符用7个二进制位表示。对于两个字节的国标码将两个字节的最高位都置成1，而后由软件或硬件来对字节最高位做出判断，以区分ASCII码与国标码。

答案： B

（四）多媒体数据在计算机内的表示

1. 多媒体技术

多媒体信息都是以数字形式而不是以模拟信号的形式存储和传输的。传播信息的媒体的种类很多，如文字、声音、图形、图像、动画等。多媒体技术是指能对多种载体（媒介）的信息和多种存储体（媒质）上的信息进行处理的技术，是一种将文字、图形、图像、视频、动画和声音等表现信息的媒体结合在一起，并通过计算机进行综合处理和控制，将多媒体各个要素进行有机组合，完成一系列随机性交互式操作的技术。

2. 媒体的分类

按照国际电联的定义，媒体分为五类：

（1）感觉媒体，如图形、图像、语言、音乐等。

（2）表示媒体，如图像编码、声音编码、电报码、条形码等。

（3）显示媒体，如显示器、打印机、鼠标、摄像机等。

（4）存储媒体，如软盘、硬盘、光盘等。

（5）传输媒体，如同轴电缆、光纤、无线链路等。

3. 多媒体的特性

（1）多样性。多媒体强调的是信息媒体的多样化和媒体处理方式的多样化，它将文字、声音、图形、图像甚至视频集成进入了计算机，使得信息的表现有声有色，图文并茂。

（2）交互性。其指任何计算机能对话，以便进行人工干预控制。交互性是多媒体技术的关键特征，也就是可与使用者作交互性沟通的特征，这也正是它与传统媒体的最大不同。

（3）集成性。将计算机、声像、通信技术合为一体，即把多种媒体如文本、声音、图形、图像、视频等信息有机地组织在一起，共同表达一个完整的多媒体信息。

（4）数字化。其指多媒体中各个多媒体信息都以数字形式存放在计算机中。

（5）实时性。声音、图像是与时间密切相关的，这就决定了多媒体技术必须要支持实时处理。

4. 矢量图形的表示

矢量图（vector），也叫向量图，简单地说，就是缩放不失真的图像格式。矢量图是通过多个对象的组合生成的，对其中每一个对象的记录方式，都是以数学函数来实现的，也就是说，矢量图实际上并不是相位图那样记录画面上每一点的信息，而是记录了元素形状及颜色的算法，当你打开一副矢量图的时候，软件对图像对应的函数进行运算，将运算结果（图形的形状和颜色）显示给你看。无论显示画面是大还是小，画面上的对象对应的算法是不变的，所以，即使对画面进行倍数相当大的缩放，其显示效果仍然相同（不失真）。举例来说，矢量图就好比画在质量非常好的橡胶膜上的图，不管对橡胶膜怎样的长宽等比成倍拉伸，画面依然清晰，不管你离得多么近去看，也不会看到图形的最小单位。

矢量图的好处是轮廓的形状更容易修改和控制，但是对于单独的对象，色彩上变化的实现不如位图来得方便直接。另外，支持矢量格式的应用程序也远远没有支持位图的多，很多矢量图形都需要专门设计的程序才能打开浏览和编辑。

常用的矢量绘制软件有 adobe illustrator、coreldraw、freehand、flash 等，对应的文件格式为“.ai”“.eps”“.cdr”“.fh”等，另外还有“.dwg”“.wmf”“.emf”等。

5. 位图的表示

位图（bitmap），也叫点阵图、删格图像、像素图，简单地说，就是最小单位由像素构成的图，缩放会失真。构成位图的最小单位是像素，位图就是由像素阵列的排列来实现其显示效果的，每个像素有自己的颜色信息，在对位图图像进行编辑操作的时候，可操作的对象是每个像素，可以改变图像的色相、饱和度、明度，从而改变图像的显示效果。举个例子，位图图像就好比在巨大的沙盘上画好的画，当你从远处看的时候，画面细腻多彩，但是当你靠得非常近的时候，你就能看到组成画面的每粒沙子以及每个沙粒单纯的不可变化的颜色。

位图的好处是色彩变化丰富，编辑上可以改变任何形状区域的色彩显示效果，相应的，要实现的效果越复杂，需要的像素数越多，图像文件的大小（长宽）和体积（存储空间）越大。

常用的位图绘制软件有 adobe photoshop、corel painter 等，对应的文件格式为“.psd”“tif”“.rif”等，另外还有“.jpg”“.gif”“.png”“.bmp”等。

6. 声音的表示

声音是一种连续变化的模拟量。我们可以通过“模/数”转换器对声音信号按固定的时间进行采样，把它变成数字量，一旦转变成数字形式，便可把声音存储在计算机中并进行处理了。声音是一种物理信号，计算机要对它进行处理，其前提是必须用二进制数字的编码形式来表示声音。最常用的声音信号数字化方法是取样—量化法，它分成如下三个步骤：

取样（Sampling）→量化→编码（Encoding）。

计算机中的数字声音有两种不同的表示方法。一种称为“波形声音”，通过对实际声音的波形信号进行数字化（取样和量化）处理而获得，它可表示任何种类的声音。另一种是“合成声音”，它使用符号（参数）对声音进行描述，然后通过合成（synthesize）的方法生成声音，合成语音（用声母、韵母或清音、浊音、基音频率等参数描述的语音）等。

计算机中使用最广泛的波形声音文件采用 wav 作为扩展名，称为波形文件格式（wave file format），wav 文件格式能支持多种取样频率和样本精度，并支持压缩的声音数据。

习　题

9-3-1　二进制数 10110101111 的八进制数和十进制数分别为（　　）。

A. 2657，1455　　B. 2657，1554

C. 2657，1545　　D. 2567，1455

9-3-2　计算机能直接接收的数为（　　）。

A. 二进制　　B. 十六进制　　C. 十进制　　D. 其他进制

9-3-3　下列数据中，有可能是八进制数的是（　　）。

A. 488　　B. 317　　C. 597　　D. 189

9-3-4　信息与数据之间存在着固有的内在联系，信息是（　　）。

A. 由数据产生的　　B. 信息就是数据

C. 没有加工过的数据　　D. 客观地记录事物的数据

9-3-5　标准的 ASCII 编码采用（　　）。

A. 7 位编码，在存储时点用一个字节　　B. 8 位编码，在存储时占用一个字节

C. 16 位编码，在存储时占用两个字节　　D. 24 位编码，在存储时占用三个字节

9-3-6　由于计算机采用了多媒体技术，使计算机具有处理（　　）。

A. 文字与数据的能力　　B. 文字、图形、声音、视频和动画的能力

C. 照片与图形的能力　　D. 文互性的能力

第四节　常用操作系统

操作系统就是管理电脑硬件与软件的程序，所有的软件都是在基于操作系统程序的基础上去开发的。操作系统种类很多，有工业用的，商业用的，个人用的，涉及的范围很广，电脑常用的操作系统有以下几种。

一、常用操作系统

（一）Windows 操作系统

Windows 操作系统由微软公司开发，大多数用于我们平时的台式电脑和笔记本电脑。Windows 操作系统有着良好的用户界面和简单的操作。我们最熟悉的莫过于 Windows XP 和现在很流行的 Windows 7，还有比较新的 Windows 10。Windows 之所以取得成功，主要在于它具有以下优点：直观、高效的面向对象的图形用户界面，易学易用。Windows 是一个多任务的操作环境，它允许用户同时运行多个应用程序，或在一个程序中同时做几件事情。每个程序在屏幕上占据一块矩形区域，这个区域称为窗口，窗口是可以重叠的。用户可以移动这些窗口，或在不同的应用程序之间进行切换，并可以在程序之间进行手工和自动的数据交换和通信。虽然同一时刻计算机可以运行多个应用程序，但仅有一个是处于活动状态的，其标题栏呈现高亮颜色。一个活动的程序是指当前能够接收用户键盘输入的程序。

（二）UNIX 操作系统

UNIX 操作系统是一个强大的多用户、多任务操作系统，支持多种处理器架构，最早由 Ken Thompson、Dennis Ritchie 和 Douglas Mcllroy 于 1969 年在 AT&T 的贝尔实验室开发。经过长期的发展和完善，目前已成长为一种主流的操作系统技术和基于这种技术的产品大家族。由于 UNIX 具有技术成熟、可靠性高、网络和数据库功能强、伸缩性突出和开放性好等特色，可满足各行各业的实际需要，特别能满足企业重要业务的需要，已经成为主要的工作站平台和重要的企业操作平台。

（三）Linux 操作系统

Linux 继承了 UNIX 的许多特性，还加入自己的一些新的功能。Linux 是开放源代码的，免费的。谁都可以拿去做修改，然后开发出有自己特色的操作系统。做的比较好的有红旗、Ubntu、Fedora、Debian 等。这些都可以装在台式机或笔记本上。

（四）苹果操作系统

Mac OS X 是全球领先的操作系统。基于 UNIX 基础，设计简单直观，让处处创新的 mac 安全易用，兼容 mac 软件，不支持其他软件。Mac OS X 以稳定可靠著称。由于系统不兼容任何非 mac 软件，因此在开发 Snow Leopard 的过程中，Apple 工程师们只能开发 mac 系列软件。所以他们可以不断寻找可供

完善、优化和提速的地方，即从简单的卸载外部驱动到安装操作系统。只专注一样，所以品质非凡。

二、操作系统管理

（一）进程和处理器管理

进程和处理器管理或称处理器调度，是操作系统资源管理功能的另一个重要内容。在一个允许多道程序同时执行的系统里，操作系统会根据一定的策略将处理器交替地分配给系统内等待运行的程序。一道等待运行的程序只有在获得了处理器后才能运行。一道程序在运行中若遇到某个事件，如启动外部设备而暂时不能继续运行下去，或一个外部事件的发生等，操作系统就要来处理相应的事件，然后将处理器重新分配。

（二）存储管理

系统的设备资源和信息资源都是操作系统根据用户需求按一定的策略来进行分配和调度的。操作系统的存储管理就负责把内存单元分配给需要内存的程序以便让它执行，在程序执行结束后将它占用的内存单元收回以便再使用。对于提供虚拟存储的计算机系统，操作系统还要与硬件配合做好页面调度工作，根据执行程序的要求分配页面，在执行中将页面调入和调出内存以及回收页面等。

（三）文件管理

文件管理是操作系统的一个重要的功能，主要是向用户提供一个文件系统。一般来说，一个文件系统向用户提供创建文件、撤销文件、读写文件、打开和关闭文件等功能。有了文件系统后，用户可按文件名存取数据而无需知道这些数据存放在哪里。这种做法不仅便于用户使用而且还有利于用户共享公共数据。此外，由于文件建立时允许创建者规定使用权限，这就可以保证数据的安全性。

（四）输入/输出管理

操作系统的人机交互功能是决定计算机系统“友善性”的一个重要因素。人机交互功能主要靠可输入输出的外部设备和相应的软件来完成。可供人机交互使用的设备主要有键盘显示、鼠标、各种模式识别设备等。与这些设备相应的软件就是操作系统提供人机交互功能的部分。人机交互部分的主要作用是控制有关设备的运行和理解并执行通过人机交互设备传来的有关的各种命令和要求。早期的人机交互设施是键盘显示器。操作员通过键盘输入命令，操作系统接到命令后立即执行并将结果通过显示器显示。输入的命令可以有不同方式，但每一条命令的解释是清楚的、唯一的。随着计算机技术的发展，操作命令也越来越多，功能也越来越强。随着模式识别，如语音识别、汉字识别等输入设备的发展，操作员和计算机在类似于自然语言或受限制的自然语言这一级上进行交互成为可能。此外，通过图形进行人机交互也吸引着人们去进行研究。这些人机交互可称为智能化的人机交互。

（五）设备管理

操作系统的设备管理功能主要是分配和回收外部设备以及控制外部设备按用户程序的要求进行操作等。对于非存储型外部设备，如打印机、显示器等，它们可以直接作为一个设备分配给一个用户程序，在使用完毕后回收以便给另一个需求的用户使用。对于存储型的外部设备，如磁盘、磁带等，则是提供存储空间给用户，用来存放文件和数据。存储性外部设备的管理与信息管理是密切结合的。

（六）网络服务

网络服务（Web Services）是指一些在网络上运行的、面向服务的、基于分布式程序的软件模块，网络服务采用 HTTP 和 XML 等互联网通用标准，使人们可以在不同的地方通过不同的终端设备访问 WEB 上的数据，如网上订票、查看订座情况。网络服务在电子商务、电子政务、公司业务流程电子化等领域有广泛的应用，被业内人士奉为互联网的下一个重点，据估计，未来网络服务将占领软件行业的半壁江山，特别是在目前 IT 领域衰退的情况下，网络服务更被认为是软件行业的一个新的增长点。

【例 9-4-1】 在下面四条有关进程特征的叙述中，其中正确的一条是：

A. 静态性、并发性、共享性、同步性

B. 动态性、并发性、共享性、异步性

C. 静态性、并发性、独立性、同步性

D. 动态性、并发性、独立性、异步性

解　进程与程序的概念是不同的，进程有以下四个特征。

动态性：进程是动态的，它由系统创建而产生，并由调度而执行。

并发性：用户程序和操作系统的管理程序等，在它们运行过程中，产生的进程在时间上是重叠的，它们同存在于内存储器中，并共同在系统中运行。

独立性：进程是一个能独立运行的基本单位，同时也是系统中独立获得资源和独立调度的基本单位，进程根据其获得的资源情况可独立地执行或暂停。

异步性：由于进程之间的相互制约，使进程具有执行的间断性。各进程按各自独立的、不可预知的速度向前推进。

注：首先要了解什么是进程、什么是程序，再判断进程的特征。

答案： D

【例 9-4-2】 一幅图像的分辨率为640×480像素，这表示该图像中：

A. 至少由 480 个像素组成　　B. 总共由 480 个像素组成

C. 每行由 640×480 个像素组成　　D. 每列由 480 个像素组成

解　点阵中行数和列数的乘积称为图像的分辨率，若一个图像的点阵总共有 480 行，每行 640 个点，则该图像的分辨率为$640 \times 480 = 307\,200$个像素。每一条水平线上包含 640 个像素点，共有 480 条线，即扫描列数为 640 列，行数为 480 行。

答案： D

【例 9-4-3】 操作系统的设备管理功能是对系统中的外围设备：

A. 提供相应的设备驱动程序，初始化程序和设备控制程序等

B. 直接进行操作

C. 通过人和计算机的操作系统对外围设备直接进行操作

D. 既可以由用户干预，也可以直接执行操作

解　操作系统的设备管理功能是负责分配、回收外部设备，并控制设备的运行，是人与外部设备之间的接口。

答案： C

【例 9-4-4】 操作系统中的进程与处理器管理的主要功能是：

A. 实现程序的安装、卸载

B. 提高主存储器的利用率

C. 使计算机系统中的软硬件资源得以充分利用

D. 优化外部设备的运行环境

解　进程与处理器调度负责把 CPU 的运行时间合理地分配给各个程序，以使处理器的软硬件资源

得以充分的利用。

答案： C

【例 9-4-5】 操作系统的随机性指的是：

A. 操作系统的运行操作是多层次的

B. 操作系统与单个用户程序共同系统资源

C. 操作系统的运行是在一个随机的环境中进行的

D. 在计算机系统中同时存在多个操作系统，且同时进行操作

解　操作系统的运行是在一个随机的环境中进行的，也就是说，人们不能对于所运行的程序的行为以及硬件设备的情况做任何的假定，一个设备可能在任何时候向微处理器发出中断请求。人们也无法知道运行着的程序会在什么时候做了些什么事情，也无法确切的知道操作系统正处于什么样的状态之中，这就是随机性的含义。

答案： C

习　　题

9-4-1　操作系统在计算机中是哪部分的接口？（　　）

A. 软件与硬件的接口　　B. 主机与外设的接口

C. 计算机与用户的接口　　D. 高级语言与机器的接口

9-4-2　运行中的 Windows 应用程序名，列在桌面任务栏的（　　）中。

A. 地址工具栏　　B. 系统区

C. 活动任务区　　D. 快捷启动工具栏

9-4-3　在“资源管理器”右窗口中，若希望显示文件的名称、类型、大小、修改时间等信息，则应该选择“查看”等菜单的（　　）命令。

A. 平铺　　B. 详细信息　　C. 图标　　D. 列表

9-4-4　Windows XP 中，操作具有（　　）的特点。

A. 先选择操作命令，再选择操作对象

B. 先选择操作对象，再选择操作命令

C. 需同时选择操作命令和操作对象

D. 允许用户任意选择

9-4-5　操作系统的功能是（　　）。

A. 管理和控制计算机系统的所有资源　　B. 管理存储器

C. 管理微处理机存储程序和数据　　D. 管理输入/输出设备

9-4-6　Windows　XP 的许多应用程序的“文件”菜单中，都有“保存”和“另存为”两个命令，下列说法中正确的是（　　）。

A. “保存”命令只能用原文件名存盘，“另存为”不能用原文件名

B. “保存”命令不能用原文件名存盘，“另存为”只能用原文件名

C. “保存”命令只能用原文件名存盘，“另存为”也能用原文件名

D. “保存”和“另存为”命令都能用任意文件名存盘

9-4-7　下列说法中不正确的是（　　）。

A. 在同一台 PC 机上可以安装多个操作系统

B. 在同一台 PC 机上可以安装多个网卡

C. 在 PC 机的一个网卡上可以同时绑定多个 IP 地址

D. 一个 IP 地址可以同时绑定到多个网卡上

9-4-8　操作系统功能不包括（　　）。

A. 提供用户操作界面　　B. 管理系统资源

C. 提供应用程序接口　　D. 提供 HTML

第五节　计算机网络

一、网络的概念

计算机发展到现在，已经不再是单机使用，而是进入了计算机网络时代。网络已是无处不在。数据通信就是将数据从某端传送到另一端，达到信息交换的目的。从计算机与计算机之间的数据传送，乃至于无线广播、卫星通信等，均属于数据通信的范畴。利用通信设备联结多台计算机及外设而成的系统，就称为计算机网络（Computer Network）。

二、计算机网络的功能

计算机网络的功能主要有硬件资源共享、软件资源共享和用户间信息交换。

（一）硬件资源共享

可以在全网范围内提供对处理资源、存储资源、输入输出资源等设备的共享，使用户节省投资，也便于集中管理和均衡分担负荷。

（二）软件资源共享

允许互联网上的用户远程访问各类大型数据库，可以得到网络文件传送服务、远地进程管理服务和远程文件访问服务，从而避免软件研制上的重复劳动以及数据资源的重复存储，也便于集中管理。

（三）用户间信息交换

计算机网络为分布在各地的用户提供了强有力的通信手段。用户可以通过计算机网络传送电子邮件，发布新闻消息和进行电子商务活动。

【例 9-5-1】计算机网络的主要功能包括：

A. 软、硬件资源共享，数据通信，提高可靠性，增强系统处理功能

B. 计算机计算功能、通信功能和网络功能

C. 信息查询功能、快速通信功能、修复系统软件功能

D. 发送电报、拨打电话、进行微波通信等功能

答案： A

三、计算机网络的组成及分类

计算机网络，通俗地讲，就是将分散的多台计算机、终端和外部设备用通信线路互联起来，彼此间实现互相通信。总的来说，计算机网络的组成基本上包括计算机、网络操作系统、传输介质以及相应的应用软件四部分。按照地理范围划分，可以把各种网络类型划分为局域网、城域网、广域网和互联网四种。

（一）计算机网络的组成

网络硬件是计算机网络系统的物质基础。要构成一个计算机网络系统，首先要将计算机及其附属硬件设备与网络中的其他计算机系统连接起来。不同的计算机网络系统，在硬件方面是有差别的。随着计算机技术和网络技术的发展，网络硬件日趋多样化，功能更加强大，更加复杂。下面是一些常见的网络硬件。

（1）主机。在网络上提供资源和服务的主机被称为服务器，使用资源和接受服务的计算机被称为客户机。

（2）传输介质。传输介质是传输数据信号的物理通道，将网络中各种设备连接起来。常用的有线传输介质有双绞线、同轴电缆、光缆等。

（3）网络互联设备。用于连接计算机与传输介质、连接网络与网络的设备，如网卡、交换机、路由器、网关等。

网络软件是实现网络功能不可缺少的软件环境。在网络系统中，网络上的每个用户，都可享有系统中的各种资源，系统必须对用户进行控制。否则，就会造成系统混乱、信息数据的破坏和丢失。为了协调系统资源，系统需要通过软件工具对网络资源进行全面的管理、调度和分配，并采取一系列的安全保密措施，防止用户不合理的数据和信息访问，以防数据和信息的破坏与丢失。网络软件主要包括网络协议和网络操作系统。

（4）网络协议。网络协议是实现计算机之间、网络之间相互识别并正确进行通信的一组标准规则，它是计算机网络工作的基础。如 TCP、IP、HTTP、FTP 协议等。

（5）网络操作系统。网络操作系统是网络系统管理和通信控制软件的集合，它负责整个网络的软、硬件资源的管理以及网络通信和任务的调度，并提供用户与网络之间的接口。目前，常用的网络操作系统有 Windows 2000 Server、Windows XP、UNIX 和 Linux 等。

从另一种角度来看，计算机网络可以分为资源子网和通信子网两个组成部分，如图 9-5-1 所示。

资源子网主要负责全网的信息处理，为网络用户提供网络服务和资源共享功能等。它主要包括网络中所有的主计算机、I/O 设备、终端，各种网络协议、网络软件和数据库等。

通信子网主要负责全网的数据通信，为网络用户提供数据传输、转接、加工和变换等通信处理工作。它主要包括通信线路（即传输介质）、网络连接设备（如网络接口设备、通信控制处理器、网桥、路由器、交换机、网关、调制解调器、卫星地面接收站等）、网络通信协议和通信控制软件等。

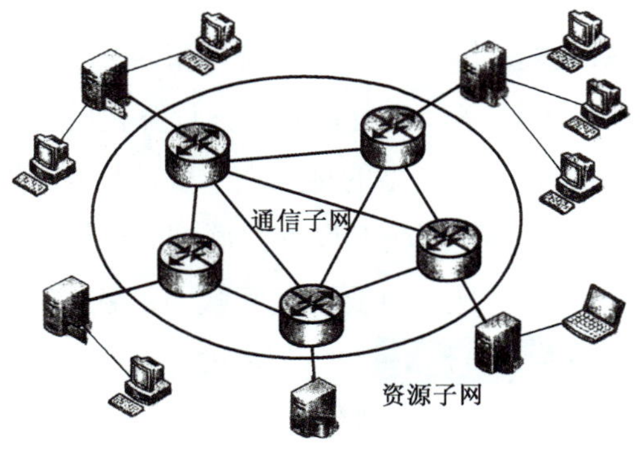

图 9-5-1 资源子网和通信子网

值得一提的是，资源子网和通信子网的概念是针对计算机广域网而言的，对局域网来讲，没有通信子网和资源子网之分。

（二）局域网（LAN）

LAN 就是指局域网，这是最常见、应用最广的一种网络。现在，随着整个计算机网络技术的发展和提高，局域网得到了充分的应用和普及，几乎每个单位都有自己的局域网，甚至有的家庭都有自己的小型局域网。很明显，所谓局域网，就是在局部地区范围内的网络，它所覆盖的地区范围较小。局域网在计算机数量配置上没有太多的限制，少的可以只有两台，多的可达几百台。一般来说，在企业局域网中，工作站的数量在几十到两百台左右。在网络所涉及的地理距离上，一般来说，可以是几米至 10km 以内。局域网一般位于一个建筑物或一个单位内，不存在寻径问题，不包括网络层的应用。这种网络的特点就是：联结范围窄，用户数少，配置容易，联结速率高。目前，局域网最快的速率要算现今的 10G 以太网了。IEEE 的 802 标准委员会定义了多种主要的 LAN 网：以太网（Ethernet）、令牌环网（Token Ring）、光纤分布式接口网络（FDDI）、异步传输模式网（ATM）以及最新的无线局域网（WLAN）。

（三）城域网（MAN）

这种网络的地理范围一般是一座城市，其联结距离在 10~100km 之间，采用的是 IEEE 802.6 标准。MAN 与 LAN 相比，扩展的距离更长，连接的计算机数量更多，在地理范围上可以说是 LAN 网络的延伸。在一个大型城市或都市地区，一个 MAN 网络通常联结着多个 LAN 网，如联结政府机构的 LAN、医院的 LAN、电信的 LAN、公司企业的 LAN 等。由于光纤联结的引入，使 MAN 中高速的 LAN 互联成为可能。

城域网多采用 ATM 技术做骨干网。ATM 是一个用于数据、语音、视频以及多媒体应用程序的高速网络传输方法。ATM 包括一个接口和一个协议，该协议能够在一个常规的传输信道上，在比特率不变及变化的通信量之间进行切换。ATM 也包括硬件、软件以及与 ATM 协议标准一致的介质。ATM 提供一个可伸缩的主干基础设施，以便能够适应不同规模、速度以及寻址技术的网络。ATM 的最大缺点就是成本太高，所以一般在政府城域网中应用，如邮政、银行、医院等。

（四）广域网（WAN）

这种网络也称为远程网，所覆盖的范围比城域网（MAN）更广，它一般是在不同城市之间的 LAN 或者 MAN 网络互联，地理范围可从几百公里到几千公里。因为距离较远，信息衰减比较严重，所以这种网络一般是要租用专线，通过 IMP（接口信息处理）协议和线路联结起来，构成网状结构，解决寻径问题。这种城域网因为所联结的用户多，总出口带宽有限，所以用户的终端联结速率一般较低，通常为 9.6k~45Mbit/s，如邮电部的 CHINANET、CHINAPAC 和 CHINADDN 网。

（五）互联网（Internet）

互联网又称因特网。在互联网应用如此发展的今天，它已是我们每天都要打交道的一种网络，无论是从地理范围还是从网络规模来讲它都是最大的一种网络，就是我们常说的 Web、WWW 和万维网。从地理范围来说，它可以是全球计算机的互联，这种网络最大的特点就是不定性，整个网络的计算机每时每刻随着人们网络的接入在不变地变化。当你联在互联网上的时候，你的计算机可以算是互联网的一部分，但一旦断开与互联网的联结时，你的计算机就不属于互联网了。它的优点是信息量大，传播广，无论你身处何地，只要联上互联网，就可以对任何可以联网用户发出你的信函和广告。

【例 9-5-2】 一个典型的计算机网络系统主要是由：

A. 网络硬件系统和网络软件系统组成　　B. 主机和网络软件系统组成

C. 网络操作系统和若干计算机组成　　D. 网络协议和网络操作系统组成

解　一个典型的计算机网络系统主要是由网络硬件系统和网络软件系统组成。网络硬件是计算机网络系统的物质基础，网络软件是实现网络功能不可缺少的软件环境。

答案：A

（六）网络体系结构与协议

1. 网络协议概念

计算机网络是由多种计算机和各类终端，通过通信线路连接起来组成的一个复合系统，要实现资源共享、数据传输、均衡负载、分布处理等网络功能，都离不开信息交换（即通信），而通信双方交流什么，怎样交流，以及何时交流，都必须遵循某种互相都能接受的一组规则，这些规则的集合称为协议（Protocol），它可以定义为在两实体间控制数据交换的规则的集合。

一般来说，网络协议主要由语法、语义和同步（定时）三个要素组成。

（1）语法。即数据与控制信息的结构或格式。例如在某个协议中，第一个字节表示源地址，第二个字节表示目的地址，其余字节为要发送的数据等。

（2）语义。定义数据格式中每一个字段的含义。例如发出何种控制信息，完成何种动作以及做出何种应答等。

（3）同步。收发双方或多方在收发时间和速度上的严格匹配，即事件实现顺序的详细说明。

由此可见，网络协议是计算机网络不可缺少的组成部分。

2. 分层原则

由于不同系统中的实体间通信的任务十分复杂，很难想象制定一个完整的规则来描述所有的问题。为了简化计算机网络设计复杂程度，一般将网络功能分成若干层，每一层关注和解决通信中的某一方面的规则。

一般来说，层次划分应遵循以下原则。

（1）每层的功能应是明确的，并且是相互独立的。当某一层具体实现方法更新时，只要保持与上、下层的接口不变，那么就不会对邻层产生影响。

（2）同一节点相邻层之间通过接口通信，层间接口必须清晰，跨越接口的信息量应尽可能少。

（3）层数应适中。若层数太少，则层间功能的划分会不明确，多种功能混杂在一层中，造成每一层的协议太复杂。若层次太多，则体系过于复杂，各层组装时的任务要变得困难。

（4）每一层都使用下层的服务，并为上层提供服务。

（5）在需要不同的通信服务时，可在一层内再设置两个或更多的子层次，当不需要该服务时，也可绕过这些子层次。

3. 网络的体系结构

所谓网络的体系结构（Architecture），就是计算机网络各层次及其协议的集合。层次结构一般以垂直分层模型来表示。如果两个网络的体系结构不完全相同就称为异构网络。异构网络之间的通信需要相应的连接设备进行协议的转换。

网络的体系结构具有以下特点。

（1）以功能作为划分层次的基础。

（2）第n层的实体在实现自身定义的功能时，只能使用第$n-1$层提供的服务。

（3）第n层向第$n+l$层提供和服务不仅包含第n层本身的功能，还包含由下层服务提供的功能。

（4）仅在相邻层间有接口，且所提供的服务的具体实现细节对上一层完全屏蔽。

（5）不同层次根据本层数据单元格式对数据进行封装。

应该注意的是，网络体系结构中层次的划分是人为的，有多种划分的方法。每一层功能也可以有多种协议实现。因此伴随网络的发展产生了多种体系结构模型。

4. 接口和服务

接口和服务是分层体系结构中十分重要的概念。实际上，正是通过接口和服务将各个层次的协议连接为整体，完成网络通信的全部功能。

对于一个层次化的网络体系结构，每一层中活动的元素被称为实体（Entity）。实体可以是软件实体，如一个进程；也可以是硬件实体，如智能芯片等。不同系统的同一层实体称为对等实体。同一系统中的下层实体向上层实体提供服务。经常称下层实体为服务提供者，上层实体为服务用户。

服务是通过接口完成的。接口就是上层实体和下层实体交换数据的地方，被称为服务访问点（Service Access Point，SAP）。例如n层实体和$n-1$层实体之间的接口就是n层实体和$n-1$层实体之间交换数据的SAP。为了找到这个SAP，每一个SAP都有一个唯一的标志，称为端口（Port）或套接字（Socket）。

通过上述分析可以看出，协议和服务是两个不同的概念。协议好像是“水平方向”的，即协议是不同系统对等层实体之间的通信规则。而服务则是在“垂直方向”上的，即服务是同一系统中下层实体向上层实体通过层间的接口提供的。网络通信协议是实现不同系统对等层之间的逻辑连接，而服务则是通过接口实现同一个系统中不同层之间的物理连接，并最终通过物理介质实现不同系统之间的物理传输过程。

上下层实体之间交换的数据传输单位称为数据单元，数据单元分为三种：协议数据单元、接口数据单元和服务数据单元。

5. 开放系统互联参考模型OSI/RM

从20世纪70年代起，世界许多著名计算机公司都纷纷推出自己的网络体系结构，如IBM公司的SNA（System Network Architecture），Digital公司的DNA（Digital Network Architecture）等。

有了网络体系结构，满足同一体系结构的计算机系统能够很容易地互连在一起。然而，已建立的网络系统结构很不一致，互不相容，难于相互连接。为了建立一个国际统一标准的网络体系结构，国际标准化组织（International Organization for Standardization，ISO）从1978年2月开始研究开放系统互联参考模型（Open Systems Interconnection Reference Model，OSI/RM），1982年4月形成国际标准草案。

所谓开放系统，是指一个系统在它和其他系统进行通信时，能够遵循OSI标准的系统。按OSI标准研制的系统，均可实现互连。OSI/RM采用分层描述的方法，将整个网络的通信功能划分为七个层次，每层各自完成一定的功能。由低层至高层分别称为物理、数据链路层、网络层、传输层、会话层、表示层和应用层。OSI参考模型如图9-5-2所示。

7	应用层
6	表示层
5	会话层
4	传输层
3	网络层
2	数据链路层
1	物理层

图9-5-2　OSI参考模型

OSI参考模型包括7层功能及其对应的协议，每完成一个明确定义的功能集合，并按协议相互通信。每层向上层提供所需的服务，在完成本层协议时使用下层提供的服务。各层的功能是相对独立的，层间的相互作用通过层接口实现。只要保证层接口不变，那么任何一层实现技术的变更均不影响其余各层。

下面简单介绍一下各层的主要功能。

（1）物理层（Physical Layer）。物理层的功能及其特性物理层是网络通信协议的最低层，它建立在通信媒体的基础上，规定通信双方相互连接的机械、电气、功能和规程特性。物理层提供在两个物理通信实体之间的透明的位流传输，过程中的传输状态进行检测，出现故障时，即通知相关的通信实体。

关于物理上互联的问题，国际上已有许多标准可用。其中主要有美国电子工业协会（EIA）的 RS-232-C、RS-366-A、RS-449，CCITT 建议的 X.21，IEEE 802 系列标准等。

（2）数据链路层（Data Link Layer）。数据链路层负责在数据链路上无差错地传送。数据链路层将传输的数据组织的数据链路协议数据单元（Protocol Data Unit，PDU），称为数据帧（Frame）。数据帧中包含地址、控制、数据及校验码等信息。这样，数据链路层就把一条有可能出差错的实际链路，转变成让其上一层（网络层）看起来好像是一条不出差错的链路。

数据链路层的主要作用是，确定目的节点的物理地址并实现接收方和发送方数据帧的时钟同步：通过校验、确认和重等手段，将不可靠的物理链路改造成对网络层来说是无差错的数据链路；数据链路层还要协调收发双方的数据传输速率，即进行流量控制，以防止接收方因来不及处理发送方来的高速数据而导致溢出或阻塞。

（3）网络层（Network Layer）。网络层的基本工作是接收来自源主机的报文，把它转换成报文分组或称数据包括（Packet），而后送到指定目标主机。报文分组在源主机与目标主机之间建立起的网络连接上传送，当它到达目标主机后再还原为报文。

网络层关心的是通信子网的运行控制，需要在通信子网中进行路由选择。如果同时在通信子网中出现过多的分组，会造成阻塞，因而要对其进行控制。当分组要跨越多个通信子网才能到达目的地时，还要解决网际互联的问题。此外，网络层因为要涉及不同网络之间的数据传送，所以如何表示和确定网络地址和主机地址也是网络层协议的重要内容之一。

（4）传输层（Transport Layer）。传输层为上一层（会话层）提供一个可靠的端到端的服务，实现端到端的透明数据传输服务。该层的目的是提供一种独立于通信子网的数据传输服务，即对高层隐藏通信子网的结构，使高层用户不必关心通信子网的存在。由此用统一的传输原语书写的高层软件便可运行于任何通信子网上。传输层传输信息的单位称为报文（Message）。当报文较长时，先分成几个分组（称为段），然后再交给下一层（网络层）进行传输。

传输层的具体工作是负责是建立和管理两个端点中应用程序（或进程）之间的连接，实现端到端的数据传输、差错控制和流量控制；服务访问点寻址；传输层数据在源端分段和在目的端重新装配；连接控制问题。

传输层是一个端对端，也就是主机到主机的层，负责端到端的通信。其上各层面向应用，是属于资源子网的问题；其下各层面向通信，主要解决通信子网的问题。显然，传输层是七层协议中很重要一个中间过渡层，实现了数据通信中由通信子网向资源子网的过渡，和两种不同类型问题的转换。

（5）会话层（Session Layer）。将进程之间的数据通信称为会话。会话层的主要功能是组织和同步不同的主机上各种进程间的通信，控制和管理会话过程的有效进行。会话层负责在两个会话层实体之间进行会话连接的建立和拆除。

会话层不参与具体的数据传输，但对数据传输的同步进行管理。会话层在两个不同系统互相通信的应用进程之间建立、组织和协调其交互。在会话层及以上更高层次中，数据传送的单位一般都称为报文。

（6）表示层（Presentation Layer）。表示层为上层用户提供共同需要的数据或信息语法表示变换。大多数用户间并非仅交换随机的比特数据，而是要交换诸如人名、日期、货币数量和商业凭证之类的信息。

它们是通过字符、整型数、浮点数以及由简单类型组合成的各种数据结构来表示的。不同的机器采用不同的编码方法来表示这些数据类型和数据结构（如ASCII或EBCDIC、反码或补码等）。为了让采用不同编码方法的计算机通信交换后能相互理解数据的值，可以采用抽象的标准方法来定义数据结构，并采用标准的编码表示形式。管理这些抽象的数据结构，并把计算机内部的表示形式，转换成网络通信中采用的标准表示形式，是由表示层来完成的。数据压缩和加密也是表示层可提供的表示变换功能。

（7）应用层（Application Layer）。应用层是开放系统互联环境中的最高层。不同的应用层为特定类型的网络应用提供访问OSI环境的手段。例如因特网中使用的支持Web应用的HTTP协议，支持收发电子邮件的SMTP协议等都属于应用层的范畴。

开放系统互联参考模型OSI/RM在网络技术发展中起了主导作用，促进了网络技术的发展和标准化。但是应该指出的是，OSI参考模型只是定义了分层结构中每一层向其高层所提供的服务，并没有为准确地定义互连结构的服务和协议提供分的细节。OSI参考模型并非具体实现的协议描述，它只是一个为制定标准而提供的概念性框架，仅仅是功能参考模型。对于学习者，通过OSI的七层参考模型比较容易对网络通信的功能和实现过程建立起具体形象的概念。

但是OSI参考模型是在其协议开发之前设计出来的。这就意味着OSI模型在协议实现方面存在某些不足。实际上，OSI协议过于复杂，这也是OSI从未真正流行开来的原因所在。

虽然OSI模型和协议并未获得巨大的成功，但是OSI参考模型在计算机网络的发展过程中仍然起了非常重要的指导作用，作为一种参考模型和完整体系，它仍对今后计算机网络技术朝标准化、规范化方向发展具有指导意义。

【例9-5-3】 在OSI参考模型中，处于数据链路层与传输层之间的是：

A. 物理层　　B. 表示层　　C. 会话层　　D. 网络层

解 从OSI参考模型图中可以看出，处于数据链路层与传输层之间的是网络层。

答案： D

6. TCP/IP体系结构

TCP/IP是运行在Internet上的一个网络通信协议，实际上TCP/IP是一个协议集，目前已包含了100多个协议，TCP和IP是其中的两个协议，也是最基本、最重要的两个协议，因此通常用TCP/IP来代表整个协议集。

TCP/IP最早的起源可以追溯到1969年由美国国防部开发的ARPANET，它是为该网络制定的网络体系结构和体系标准，其目的是为了能无缝隙地连接多个网络。TCP/IP可用于任何互联网系统间的通信。它既能用于局域网中，也能用于广域网中。在TCP/IP协议出现之后，出现了TCP/IP参考模型。

TCP/IP使各种单独的网络有了一个共同的可参考的网络协议，实现了不同设备间互操作。虽然TCP/IP不是OSI的标准，但由于TCP/IP能够用来连接异构机环境，得到了工业界很多公司的支持，而且TCP/IP已经成为UNIX实现的一部分，特别是TCP/IP是Internet的连接协议，使得它已被公认为当前的网络互联标准。

TCP/IP协议之所以能够迅速发展，是因为它适应了世界范围内数据通信的需要。TCP/IP协议具有以下几个特点。

（1）协议标准具有开放性，它独立于特定的计算机硬件与操作系统，可以免费使用。

（2）统一分配网络地址，使得整个TCP/IP设备在网络中都具有唯一的IP地址。

（3）实现了高层协议的标准化，能为用户提供多种可靠的服务。

在 TCP/IP 参考模型的各层中定义了不同的协议，这些分层的协议形成了一组从上到下单项依赖关系的协议栈，也称为协议簇。TCP/IP 参考模型与 TCP/IP 协议簇之间的关系如图 9-5-3 所示。

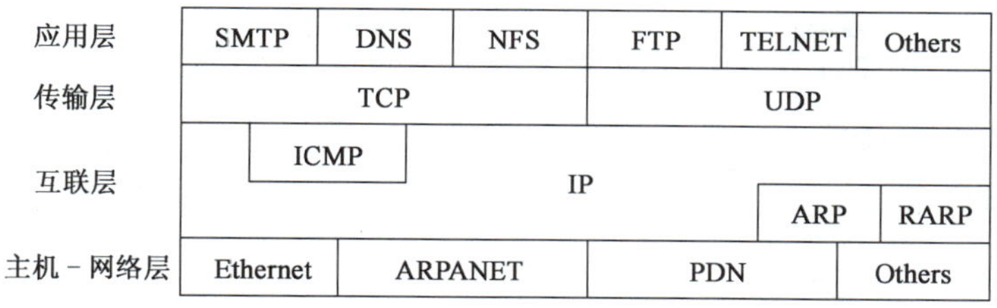

图 9-5-3　TCP/IP 参考模型与 TCP/IP 协议簇

（1）主机网络层。TCP/IP 参考模型允许主机联入网络使用多种现成的、流行的协议，如局域网协议或其他一些协议。在 TCP/IP 的主机—网络层中，它包括各种物理网协议，例如局域网的 Ethernet、Token Ring、分组交换网的 X.25、FDDI、ISDN 等。当某种物理网被用作传送 IP 数据的通道时，就可以认为是这一层的内容。这体现了 TCP/IP 协议的兼容性与适应性。TCP/IP 还用于多种传输介质，如在 Ethernet 中可以支持同轴电缆、双绞线和光纤等。

（2）互联层。

①IP 协议。互联层的核心协议是互联网协议 IP。IP 协议的基本任务是通过互联网传输数据报，各个 IP 数据报之间是相互独立的。IP 协议是提供无连接数据服务，这是 Internet 和 Intranet 上最主要的服务。IP 并不保证正确的传递数据报。分组可能丢失、重复、延迟以及次序颠倒，系统既不能检测这些情况，也不通知发送者和接收者。一系统的 IP 数据报从一台计算机传送到另一台计算机可以通过不同的路径。

IP 提供了三个基本功能：一是基本数据单元的传送，规定了通过 TCP/IP 网的数据的确切格式；二是 IP 软件执行路功能，选择传递数据的路径；三是 IP 包括了一些其他规则以确定主机和路由器如何处理分组、差错报文产生的处理等。

除 IP 协议之外，互联层还包括以下协议：互联网络控制报文协议 ICMP、正向地址解析协议 ARP、反向地址解析协议 RARP。

②ICMP 协议。ICMP 协议是 IP 的一部分，随同 IP 一起使用。ICMP 允许路由器向其他路由器或主机发送差错或控制报文，ICMP 在两台机器上的 Internet 协议软件之间提供了通信。另外，ICMP 还用来检测报文差错，根据 ICMP 协议数据单元格式规定的代码可确定差错类型。

③ARP 协议。地址解析协议 ARP 是将 IP 地址转换成相应物理地址的协议。只需给出目的主机的互联网地址，它可以找出同一物理网络中任一主机的物理地址。这样，网络的物理编址可以对网络层服务透明。

④RARP 协议。反向地址解析协议 RARP 是将物理地址转换成 IP 地址的协议。当节点只有自己的物理地址而没有 IP 地址时，则可能通过 RARP 协议发出广播请求，征寻自己的 IP 地址，这样，无 IP 地址的节点可通过 RARP 协议取得自己的 IP 地址。

（3）传输层。TCP/IP 模型在传输层提供了两个协议，即传输控制协议 TCP 和用户数据报协议 UDP。

①TCP 协议。TCP 是一种建立在 IP 协议之上的可靠的、面向连接的、端到端的通信协议，它保证将一台主机的字节流无差错地传送到目的主机。TCP 协议将来自应用层的字节流分成多个字节段，然后将一个个的字节段传送到互联层，发送到目的主机。当互联层将接收到的字节段传送给传输层时，传输

层再将多个字节还原成字节流传送到应用层。为了保障数据的可靠传输，TCP 对从应用层传送来的数据进行监控管理，提供重发机制。TCP 协议同时要完成流量控制功能，协调收发双方的发送与接收速度，达到正确传输的目的。

②UDP 协议。UDP 协议是建立在 IP 协议之上的不可靠的、无法连接的端到端的通信协议。它没有重发和纠错功能，不能保障数据传输的可靠性。因此 UDP 适用于不要求分组顺序到达的传输过程，分组传输顺序的检查与排序由应用层完成。UDP 增加了多端口机制，发送方使用这种机制可以区分一台主机上的多个接收者的问题。

（4）应用层。TCP/IP 模型的应用层包括了所有的高层协议，并且总是不断有新的协议加入。目前，应用层协议主要有以下几种：

①网络终端协议 Telnet，用于实现互联网中的远程登录功能，它允许一台本地机器登录到远程服务器上作为服务器的终端，以共享远程服务器的所有资源和功能。

②文件传输协议 FTP，用于实现互联网中交互式文件传输功能，它允许授权用户登录到文件服务器中，通过远程服务器传输文件，也可向远程服务器下载或上载文件。

③简单邮件传输协议 SMTP，用于实现互联网中电子邮件传送功能，它解决如何通过一条链路把电子邮件传送到接收者。

④域名系统 DNS，用于实现网络设备名到 IP 地址映射的网络服务，它采用层次结构的域名系统，为用户提供了高效、可靠的查询方式。

⑤简单网络管理协议 SNMP，用于管理与监视网络设备，它定义了一种在工作站或微机等典型的管理平台与设备之间使用 SNMP 命令进行网络设备管理的标准。

⑥超文本传输协议 HTTP，用于 WWW（World Wide Web）服务。通过它可以将 WWW 服务器中的用超文本标注语言 HTML 制作的网页传送到客户机中，用户便可以用浏览器浏览网页。

应用层协议可以分为三类：一类依赖于 TCP 协议，如网络终端协议 Telnet、简单电子邮件协议 SMTP、文件传输协议 FTP 等；另一类依赖于 UDP 协议，如简单网络管理协议 SNMP、简单文件传输协议 TFTP；再一类则既依赖于 TCP 协议，也依赖于 UDP 协议，如域名系统 DNS。

【例 9-5-4】 网络协议主要组成的三要素是：

A. 资源共享、数据通信和增强系统处理功能

B. 硬件共享、软件共享和提高可靠性

C. 语法、语义和同步（定时）

D. 电路交换、报文交换和分组交换

解 网络协议主要由语法、语义和同步（定时）三个要素组成。语法是数据与控制信息的结构或格式。语义是定义数据格式中每一个字段的含义。同步是收发双方或多方在收发时间和速度上的严格匹配，即事件实现顺序的详细说明。

答案： C

（七）IP 地址和域名

1. IP 地址

Internet 上有几百上万台主机，那么各主机是如何标志自己的呢？原来，Internet 中的每台主机都分配一个地址，叫 IP 地址。IP 地址相当于计算机主机在互联网上的门牌号码。网络上每台主机都必须拥有一个独一无二的 IP 地址，每一笔通过网络传送的信息都会清楚表明发出信息的主机及终点主机的地

址，以确保传送无误。IP 地址的表示方法是以 4 组 0~255 的数字，中间用“.”符号隔开，如 198.137.240.92 是美国白宫的 IP 地址，198.116.14.34 是美国太空总署的 IP 地址等。

IP 地址是由一个 32 位的二进制数组成的号码，并将 32 位的二进制数分为 4 段，每段 8 位。IP 地址的表示方法为：nnn.hhh.hhh.hhh。IP 地址由两部分组成，即网络地址和收信主机（收信主机指网络中的计算机主机或通信设备如路由器、网关等）地址。

Internet 网委员会定义了五类地址，即 A、B、C、D、E 类地址，以适应不同网络规模的要求。每类地址规定了网络地址、收信主机地址各使用多少位，也就定义了可能有的网络数目和每个网络中可能有的收信主机数，下面以 A、B、C 三类地址为例分别定义如下：

（1）A 类地址（见表 9-5-1）

表 9-5-1

1 位	7 位	24 位
0	网络地址	主机地址

A 类地址有效网络数为 126 个，每个网络主机数为 16777214，这类地址一般分配给具有大量主机的网络使用。

（2）B 类地址（见表 9-5-2）

表 9-5-2

2 位	14 位	16 位
10	网络地址	主机地址

B 类地址有效网络数为 16348 个，每个网络主机数为 65534，这类地址一般分配给具有中等规模主机数的网络使用。

（3）C 类地址（见表 9-5-3）

表 9-5-3

3 位	21 位	8 位
110	网络地址	主机地址

C 类地址有效网络数为 2097154 个，每个网络主机数为 254，这类地址一般分配给小型的局域网络使用。

【例 9-5-5】 在微机系统内，为存储器中的每一个：

A. 字节分配一个地址　　B. 字分配每一个地址

C. 双字分配一个地址　　D. 四字分配一个地址

解　计算机系统内的存储器是由一个个存储单元组成的，而每一个存储单元的容量为 8 位二进制信息，称为一个字节。为了对存储器进行有效的管理，给每个单元都编上一个号，也就是给存储器中的每一个字节都分配一个地址码，俗称给存储器地址“编址”。

答案： A

2. 域名

域是指局域网或互联网所涵盖的范围中，某些计算机及网络设备的集合。而域名则是指某一区域的名称，它可以用来当作互联网上一台主机的代称，而且域名要比 IP 地址便于记忆。一般来说，域名可以分解为三部分，分别为：

（1）主机名称。主机名称通常是按照主机所提供的服务种类来命名，如提供 WWW 服务的主机，其主机名称为 WWW，而提供 FTP 服务的主机，其主机名称就会是 FTP。WWW 是 World Wide Web 的缩写，中文意思是“全球网络信息查询系统”，简称为“环球网”或“万维网”，用户可以通过“IE”等浏览器查询 WWW 系统中的信息。

（2）机构名称及类别。机构名称通常是指公司、政府机构的英文名称或简称，如 sina 为新浪网络公司，sohu 为搜狐网络公司等；而类别则是指机构的性质，如 com 为公司，gov 为政府机关，edu 为教育机构等。

（3）地理名称。地理名称用以指出服务器主机的所在地，一般只有在美国以外的地区才会使用地理名称，如中国 cn，日本 jp，英国 uk 等。

（八）URL

URL（Uniform Resource Locator）用来指示某一项资源（或信息）的所在位置及访问方法，URL 的格式——访问方法：//主机地址/路径文件名。例如，http：//www.bta.net.cn/index.htm。

1. 访问方法

它用来表示该 URL 所链接的网络服务性质，如“http”为 www 的访问方式，“ftp”为文件传输服务的访问方式等。

2. 主机地址

它用来表示该项资源所在服务器主机的域名，如 www.bta.net.cn 及 www.sohu.com 等。

3. 路径文件名

它用来表示该项资源所在服务器主机中的路径及文件名，如 index.htm。

四、网络安全

目前计算机病毒及各类“黑客”软件多如牛毛，一台没有进行任何安全设置的 Windows 系统（不安装各种系统补丁、不安装病毒防火墙），在 Internet 中很快就会被攻陷，致使人们在使用网络提供的各种高效工作方式的同时，不得不时刻提防来自计算机病毒、黑客等诸多方面的潜在威胁。所以，掌握 Windows 系列产品的安全防范技术十分重要，可以说这是每个计算机用户必须掌握的基本技术。各种用于网络安全防范的设置方法和工具软件，可以在很大程度上帮助用户提高计算机抵抗外来侵害的能力，能方便地检查和堵塞可能存在的各种安全漏洞。美国微软公司的 Windows 系列操作系统以其简便、易用的特点占据了较大的市场份额，自然也成为被攻击的主要对象。

（一）安装 Windows 系统补丁

对于一个新安装完毕的 Windows 操作系统，首先要做的事情就是立即安装系统补丁程序。微软公司为了方便用户使用，专门开设有“Windows Update”网站，随时发布各种新系统漏洞的补丁程序。一般情况下，能够及时安装补丁程序并进行安全设置的计算机不会受到病毒的侵袭。

（二）启用 Windows 防火墙

启用 Windows 防火墙可以有效地防止来自网络中其他计算机的访问，提高系统的安全性。

（三）用户账户安全设置

通过设置适当的用户账户，禁止不必要的用户账户来加强 Windows 的安全性。

（四）设置 TCP/IP 筛选

如果计算机在使用时有非常固定的用途，如某 Web 服务器工作时仅需要对外开放用户 HTTP 联结的 TCP80 端口和用户站点维护的 FTP 端口（默认为 TCP21 端口），此时可使用 Windows 的 TCP/IP 筛选器关闭所有其他端口。

（五）使用安全系数高的密码

提高安全性的最简单有效的方法之一就是使用一个不会轻易被暴力攻击所猜到的密码。

暴力攻击就是攻击者使用一个自动化系统来尽可能快地猜测密码，以希望不久可以发现正确的密码。因此，设置密码时应使用包含特殊字符和空格，同时使用大小写字母，避免使用从字典中能找到的单词。每使你的密码长度增加一位，就会以倍数级别增加由你的密码字符所构成的组合。一般来说，小于 8 个字符的密码被认为是很容易被破解的。可以用 10 个、12 个字符作为密码，16 个当然更好了。在不会因为过长而难于键入的情况下，让你的密码尽可能的更长会更加安全。

（六）升级软件

在很多情况下，在安装部署生产性应用软件之前，对系统进行补丁测试工作是至关重要的，最终安全补丁必须安装到你的系统中。如果很长时间没有进行安全升级，可能会导致你使用的计算机非常容易成为不道德黑客的攻击目标。因此，不要把软件安装在长期没有进行安全补丁更新的计算机上。同样的情况也适用于任何基于特征码的恶意软件保护工具，诸如防病毒应用程序，如果不对它进行及时的更新，从而不能得到当前的恶意软件特征定义，防护效果会大打折扣。

（七）使用数据加密

对于那些有安全意识的计算机用户或系统管理员来说，有不同级别的数据加密范围可以使用，根据需要选择正确级别的加密通常是根据具体情况来决定的。数据加密的范围很广，从使用密码工具来逐一对文件进行加密，到文件系统加密，最后到整个磁盘加密。

（八）使用数字签名技术

数字签名的主要作用是保证信息传输的完整性，发送者的身份认证，防止交易中的抵赖发生。数字签名的应用过程是，数据源发送方使用自己的私钥对数据校验或其他与数据内容有关的变量进行加密处理，完成对数据的合法“签名”，数据接收方则利用对方的私钥来解读收到的“数字签名”，并将解读结果用于对数据完整性的检验，以确认签名的合法性。数字签名技术是在网络系统虚拟环境中确认身份的重要技术，完全可以代替现实过程中的“亲笔签字”，在技术和法律上有保证。

（九）通过备份保护你的数据

备份数据是在面对灾难的时候把损失降到最低的重要方法之一。数据冗余策略既可以包括简单、基本的定期拷贝数据到 CD 上，也包括复杂的定期自动备份到一个服务器上。

【例 9-5-6】 在对网络安全问题的解决上，采用了多项技术，下列叙述中不正确的是：

A. 加密的目的是为防止信息的非授权泄漏

B. 鉴别的目的是验明用户或信息的正身

C. 访问控制的目的是防止非法访问

D. 防火墙的目的是防止火灾的发生

答案： D

【例 9-5-7】 现在全国都在开发三网合一的系统工程，即：

A. 将电信网、计算机网、通信网合为一体

B. 将电信网、计算机网、无线电视网合为一体

C. 将电信网、计算机网、有线电视网合为一体

D. 将电信网、计算机网、电话网合为一体

解　“三网合一”是指在未来的数字信息时代，当前的数据通信网（俗称数据网、计算机网）将与电视网（含有线电视网）以及电信网合三为一，并且合并的方向是传输、接收和处理全部实现数字化。

答案：C

【例 9-5-8】下面四个选项中，不属于数字签名技术的是：

A. 权限管理

B. 接收者能够核实发送者对报文的签名

C. 发送者事后不能对报文的签名进行抵赖

D. 接收者不能伪造对报文的签名

解　数字签名机制提供了一种鉴别方法，以解决伪造、抵赖、冒充和篡改等安全问题。接收方能够鉴别发送方所宣称的身份，发送方事后不能否认他曾经发送过数据这一事实。数字签名技术是没有权限管理的。

答案：A

【例 9-5-9】下列选项中，不是计算机病毒特点的是：

A. 非授权执行性、复制传播性　　B. 感染性、寄生性

C. 潜伏性、破坏性、依附性　　D. 人机共患性、细菌传播性

解　计算机病毒特点包括非授权执行性、复制传染性、依附性、寄生性、潜伏性、破坏性、隐蔽性、可触发性。

答案：D

【例 9-5-10】为有效地防范网络中的冒充、非法访问等威胁，应采用的网络安全技术是：

A. 数据加密技术

B. 防火墙技术

C. 身份验证与鉴别技术

D. 访问控制与目录管理技术

解　在网络安全技术中，鉴别是用来验明用户或信息的真实性。对实体声称的身份进行唯一性地识别，以便验证其访问请求或保证信息是否来自或到达指定的源和目的。鉴别技术可以验证消息的完整性，有效地对抗冒充、非法访问、重演等威胁。

答案：C

五、网络服务与应用

（一）网上订票、订旅馆

在网上订购飞机票、火车票及旅馆，既方便，又节省时间。例如，在 IE 浏览器的地址栏中，输入首铁在线的网址“http：//www.036.com.cn”，打开网站首页，就可以在网上订票。

（二）查询公交线路

有时出门不知道如何乘车到达目的地，利用 8684 公交网，可以方便地查到最佳乘车方案。例如，在 IE 浏览器的地址栏中，输入 8684 公交网的网址“http：//www.8684.cn”，打开网站首页，而后选择城

市即可查询。

（三）利用 Outlook Express 进行邮件收发

Outlook Express 是 Office 组件之一，它是一个桌面信息管理系统，可以处理许多办公日常事务。使用它，可以收发电子邮件，管理邮件，安排约会，建立联系人和任务等，从而提高日常工作效率。

（四）IE 浏览器和搜索引擎

要获取网络信息，浏览器和搜索引擎是必不可少的。浏览器是用于显示网页信息的软件，目前最常用的是 Windows 自带的 Internet Explorer。搜索引擎运用特定的计算机程序搜索网络信息，并对信息进行组织和处理，为人们提供检索服务，常用的搜索引擎有百度、Google、Hao123 等。

（五）电子商务、电子政务

如利用网络购书、购物，还可以在网上查看政府的规章制度及网上申请注册填表等。

六、网络管理

（一）网络管理的概念

网络管理是指网络管理员通过网络管理程序对网络上的资源进行集中化管理的操作，包括配置管理、性能和记账管理、问题管理、操作管理和变化管理等。一台设备所支持的管理程度反映了该设备的可管理性及可操作性。

（二）网络管理软件的划分

网络管理技术是伴随着计算机、网络和通信技术的发展而发展的，两者相辅相成。从网络管理范畴来分类，可分为对网“路”的管理，即针对交换机、路由器等主干网络进行管理；对接入设备的管理，即对内部 PC、服务器、交换机等进行管理；对行为的管理，即针对用户的使用进行管理；对资产的管理，即统计 IT 软硬件的信息等。根据网管软件的发展历史，可以将其划分为三代：

第一代网管软件就是最常用的命令行方式，并结合一些简单的网络监测工具，它不仅要求使用者精通网络的原理及概念，还要求使用者了解不同厂商的不同网络设备的配置方法。

第二代网管软件有良好的图形化界面。用户无须过多了解设备的配置方法，就能图形化地对多台设备同时进行配置和监控，大大提高了工作效率。但仍然存在人为因素造成的设备功能使用不全面或不正确的问题，容易引发误操作。

第三代网管软件相对来说比较智能，是真正将网络和管理进行有机结合的软件系统，具有“自动配置”和“自动调整”功能。对网管人员来说，只要把用户情况、设备情况以及用户与网络资源之间的分配关系输入网管系统，系统就能自动地建立图形化的人员与网络的配置关系，并自动鉴别用户身份，分配用户所需的资源（如电子邮件、Web、文档服务等）。

（三）网络管理的五大功能

根据国际标准化组织定义的网络管理有五大功能：故障管理、配置管理、性能管理、安全管理、计费管理。依据网络管理软件产品功能的不同，又可细分为五类，即网络故障管理软件、网络配置管理软件、网络性能管理软件、网络服务/安全管理软件、网络计费管理软件。

1. 故障管理

故障管理是网络管理中最基本的功能之一。用户都希望有一个可靠的计算机网络。当网络中某个组成失效时，网络管理器必须迅速查找到故障并及时排除。通常不大可能迅速隔离某个故障，因为网络故障的产生原因往往相当复杂，特别是当故障由多个网络组成共同引起的。在此情况下，一般先将网络修复，然后再分析网络故障的原因。分析故障原因对于防止类似故障的再发生相当重要。网络故障管理包括故障检测、隔离和纠正三方面，应包括以下典型功能：

（1）故障监测。主动探测或被动接收网络上的各种事件信息，并识别出其中与网络和系统故障相关的内容，对其中的关键部分保持跟踪，生成网络故障事件记录。

（2）故障报警。接收故障监测模块传来的报警信息，根据报警策略驱动不同的报警程序，以报警窗口/振铃（通知一线网络管理人员）或电子邮件（通知决策管理人员）发出网络严重故障警报。

（3）故障信息管理。依靠对事件记录的分析，定义网络故障并生成故障卡片，记录排除故障的步骤和与故障相关的值班员日志，构造排错行动记录，将事件—故障—日志构成逻辑上相互关联的整体，以反映故障产生、变化、消除的整个过程的各个方面。

（4）排错支持工具。向管理人员提供一系列的实时检测工具，对被管设备的状况进行测试并记录下测试结果以供技术人员分析和排错。根据已有的排错经验和管理员对故障状态的描述给出对排错行动的提示。

（5）检索/分析故障信息。浏阅并且以关键字检索查询故障管理系统中所有的数据库记录，定期收集故障记录数据，在此基础上给出被管网络系统、被管线路设备的可靠性参数。

（6）对网络故障的检测是对网络组成部件状态监测的依据。不严重的简单故障通常被记录在？错误日志中，并不作特别处理；而严重一些的故障则需要通知网络管理器，即所谓的“警报”。 一般网络管理器应根据有关信息对警报进行处理，排除故障。当故障比较复杂时，网络管理器应能执行一些诊断测试来辨别故障原因。

2. 计费管理

计费管理记录网络资源的使用，目的是控制和监测网络操作的费用和代价。它对一些公共商业网络尤为重要。它可以估算出用户使用网络资源可能需要的费用和代价，以及已经使用的资源。网络管理员还可规定用户可使用的最大费用，从而控制用户过多占用和使用网络 资源。这也从另一方面提高了网络的效率。另外，当用户为了一个通信目的需要使用多个网络中的资源时，计费管理应可计算总计费用。

（1）计费数据采集。计费数据采集是整个计费系统的基础，但计费数据采集往往受到采集设备硬件与软件的制约，而且也与进行计费的网络资源有关。

（2）数据管理与数据维护。计费管理人工交互性很强，虽然有很多数据维护系统自动完成，但仍然需要人为管理，包括交纳费用的输入、联网单位信息维护，以及账单样式决定等。

（3）计费政策制定。由于计费政策经常灵活变化，因此实现用户自由制定输入计费政策尤其重要。这样需要一个制定计费政策的友好人机界面和完善的实现计费政策的数据模型。

（4）政策比较与决策支持。计费管理应该提供多套计费政策的数据比较，为政策制定提供决策依据。

（5）数据分析与费用计算。利用采集的网络资源使用数据，联网用户的详细信息以及计费政策计算网络用户资源的使用情况，并计算出应交纳的费用。

（6）数据查询。提供给每个网络用户关于自身使用网络资源情况的详细信息，网络用户根据这些信息可以计算、核对自己的收费情况。

3. 配置管理

配置管理同样相当重要。它初始化网络并配置网络，以使其提供网络服务。配置管理是一组对辨别、定义、控制和监视组成一个通信网络的对象所必要的相关功能，目的是为了实现某个特定功能或使网络性能达到最优。

（1）配置信息的自动获取。在一个大型网络中，需要管理的设备是比较多的，如果每个设备的配置信息都完全依靠管理人员的手工输入，工作量则相当大，而且还存在出错的可能性。对于不熟悉网络结构的人员来说，这项工作甚至无法完成，因此，一个先进的网络管理系统应该具有配置信息自动获取功能。即使在管理人员不是很熟悉网络结构和配置状况的情况下，也能通过有关的技术手段来完成对网络的配置和管理。在网络设备的配置信息中，根据获取手段大致可以分为三类：第一类是网络管理协议标准的 MIB 中定义的配置信息（包括 SNMP 和 CMIP 协议）；第二类是不在网络管理协议标准中有定义，但是对设备运行比较重要的配置信息；第三类就是用于管理的一些辅助信息。

（2）自动配置、自动备份及相关技术。配置信息自动获取功能相当于从网络设备中“读”信息，相应的，在网络管理应用中还有大量“写”信息的需求。同样，根据设置手段对网络配置信息进行分类：第一类是可以通过网络管理协议标准中定义的方法（如 SNMP 中的 set 服务）进行设置的配置信息；第二类是可以通过自动登录到设备进行配置的信息；第三类就是需要修改的管理性配置信息。

（3）配置一致性检查。在一个大型网络中，由于网络设备众多，而且由于管理的原因，这些设备很可能不是由同一个管理人员进行配置的。实际上，即使是同一个管理员对设备进行的配置，也会由于各种原因导致发生配置一致性问题。因此，对整个网络的配置情况进行一致性检查是必需的。在网络的配置中，对网络正常运行影响最大的，主要是路由器端口配置和路由信息配置，因此，要进行一致性检查的也主要是这两类信息。

（4）用户操作记录功能。配置系统的安全性是整个网络管理系统安全的核心。因此，必须对用户进行的每一配置操作进行记录。在配置管理中，需要对用户操作进行记录，并保存下来。管理人员可以随时查看特定用户在特定时间内进行的特定配置操作。

4. 性能管理

性能管理估价系统资源的运行状况及通信效率等系统性能。其能力包括监视和分析被管网络及其所提供服务的性能机制。性能分析的结果可能会触发某个诊断测试过程或重新配置网络以维持网络的性能。性能管理收集分析有关被管网络当前状况的数据信息，并维持和分析性能日志。一些典型的功能包括：

（1）性能监控。由用户定义被管对象及其属性。被管对象类型包括线路和路由器，被管对象属性包括流量、延迟、丢包率、CPU 利用率、温度、内存余量。对于每个被管对象，定时采集性能数据，自动生成性能报告。

（2）阈值控制。可对每一个被管对象的每一条属性设置阈值，对于特定被管对象的特定属性，可以针对不同的时间段和性能指标进行阈值设置。可通过设置阈值检查开关控制阀值检查和告警，提供相应的阈值管理和溢出告警机制。

（3）性能分析。对历史数据进行分析、统计和整理，计算性能指标，对性能状况作出判断，为网络规划提供参考。

（4）可视化的性能报告。对数据进行扫描和处理，生成性能趋势曲线，以直观的图形反映性能分析的结果。

（5）实时性能监控。提供一系列实时数据采集、分析和可视化工具，用以对流量、负载、丢包、温度、内存、延迟等网络设备和线路的性能指标进行实时检测，可任意设置数据采集间隔。

（6）网络对象性能查询。可通过列表或按关键字检索被管网络对象及其属性的性能记录。

5. 安全管理

安全性一直是网络的薄弱环节之一，而用户对网络安全的要求又相当高，因此网络安全管理非常重要。网络中主要有以下几大安全问题：

网络数据的私有性（保护网络数据不被侵入者非法获取），授权（防止侵入者在网络上发送错误信息），访问控制（控制对网络资源的访问）。

相应的，网络安全管理应包括对授权机制、访问控制 、加密和加密关键字的管理，另外还要维护和检查安全日志，包括网络管理过程中，存储和传输的管理及控制信息对网络的运行和管理至关重要，一旦泄密、被篡改和伪造，将给网络造成灾难性的破坏。

（1）网络管理本身的安全由以下机制来保证：

①管理员身份认证，采用基于公开密钥的证书认证机制。为提高系统效率，对于信任域内（如局域网）的用户，可以使用简单口令认证。

②管理信息存储和传输的加密与完整性。Web 浏览器和网络管理服务器之间采用安全套接字层（SSL）传输协议，对管理信息加密传输并保证其完整性；内部存储的机密信息，如登录口令等，也是经过加密的。

③网络管理用户分组管理与访问控制。网络管理系统的用户（即管理员）按任务的不同分成若干用户组，不同的用户组中有不同的权限范围，对用户的操作由访问控制检查，保证用户不能越权使用网络管理系统。

④系统日志分析、记录用户所有的操作，使系统的操作和对网络对象的修改有据可查，同时也有助于故障的跟踪与恢复。

（2）网络对象的安全管理有以下功能：

①网络资源的访问控制。通过管理路由器的访问控制链表，完成防火墙的管理功能，即从网络层和传输层控制对网络资源的访问，保护网络内部的设备和应用服务，防止外来的攻击。

②告警事件分析。接收网络对象所发出的告警事件，分析与安全相关的信息（如路由器登录信息、SNMP 认证失败信息），实时地向管理员告警，并提供历史安全事件的检索与分析机制，及时地发现正在进行的攻击或可疑的攻击迹象。

③主机系统的安全漏洞检测。实时地监测主机系统的重要服务（如 WWW、DNS 等）的状态，提供安全监测工具，以搜索系统可能存在的安全漏洞或安全隐患，并给出弥补的措施。

（四）网络管理协议

随着网络的不断发展，规模增大，复杂性增加，简单的网络管理技术已不能适应网络迅速发展的要求。以往的网络管理系统往往是厂商在自己的网络系统中开发的专用系统，很难对其他厂商的网络系统、通信设备软件等进行管理，这种状况很不适应网络异构互联的发展趋势。20 世纪 80 年代初期 Internet 的出现和发展使人们进一步意识到了这一点。研究开发者们迅速展开了对网络管理的研究，并提出了多种网络管理方案，包括 HEMS、SGMP、CMIS/CMIP 等。

1. SNMP

简单网络管理协议 SNMP 的前身是 1987 年发布的简单网关监控协议 SGMP。 SGMP 给出了监控网关 OSI 第三层路由器的直接手段，SNMP 则是在其基础上发展而来。最初，SNMP 是作为一种可提供最小网络管理功能的临时方法开发的，它具有以下两个优点：

（1）与 SNMP 相关的管理信息结构（SMI）以及管理信息库（MIB）非常简单，从而能够迅速、简便地实现。

（2）SNMP 是建立在 SGMP 基础上的，而对于 SGMP 人们积累了大量的操作经验。SNMP 经历了两次版本升级，现在的最新版本是 SNMP-V3。在前两个版本中 SNMP 功能都得到了极大的增强，而在最新的版本中，SNMP 在安全性方面有了很大的改善，SNMP 缺乏安全性的弱点正逐渐得到克服。

2. CMIS/CMIP

公共管理信息服务/公共管理信息协议 CMIS/CMIP 是 OSI 提供的网络管理协议簇。CMIS 定义了每个网络组成部分提供的网络管理服务，这些服务在本质上是很普通的，CMIP 则是实现 CMIS 服务的协议。

OSI 网络协议旨在为所有设备在 ISO 参考模型的每一层提供一个公共网络结构，而 CMIS/CMIP 正是这样一个用于所有网络设备的完整网络管理协议簇。出于通用性的考虑，CMIS/CMIP 的功能与结构跟 SNMP 很不相同，SNMP 是按照简单和易于实现的原则设计的，而 CMIS/CMIP 则能够提供支持一个完整网络管理方案所需的功能。

3. CMOT

公共管理信息服务与协议 CMOT 是在 TCP/IP 协议簇上实现 CMIS 服务，这是一种过渡性的解决方案，直到 OSI 网络管理协议被广泛采用。

4. LMMP

局域网个人管理协议 LMMP 试图为 LAN 环境提供一个网络管理方案。LMMP 以前被称为 IEEE802 逻辑链路控制上的公共管理信息服务与协议 CMOL。由于该协议直接位于 IEEE802 逻辑链路层 LLC 上，它可以不依赖于任何特定的网络层协议进行网络传输。由于不要求任何网络层协议，LMMP 比 CMIS/CMIP 或 CMOT 都易于实现。然而没有网络层提供路由信息，LMMP 信息不能跨越路由器，从而限制了它只能在局域网中发展。但是，跨越局域网传输局限的 LMMP 信息转换代理可能会克服这一问题。

习　题

9-5-1　因特网能提供的服务有多种，其中大多数是免费的，在下列因特网能提供的服务中，叙述错误的一条是（　　）。

A. 文件传输服务　　B. 信息搜索服务、电子邮件服务

C. 远程登录服务　　D. 网络自动连接、网络自动管理

9-5-2　用 IE 浏览上网时，要进入某一页，可在 IE 的 URL 栏中输入该网页的（　　）。

A. IP 地址或域名　　B. 只能是域名

C. 实际的文件名称　　D. 只能是 IP 地址

9-5-3　下列邮件地址格式中，正确的是（　　）。

A. 用户名@主机域名　　B. 主机域名@用户名

C. 用户名.主机域名　　D. 主机域名.用户名

9-5-4　建立计算机网线路和主要目的是（　　）。

A. 资源共享　　B. 速度快　　C. 内存增大　　D. 可靠性高

9-5-5 合法的 IP 地址是（　　）。

A. 202：196：112：50　　B. 202、196、112、50

C. 202，196，112，50　　D. 202.196.112.50

9-5-6 校园网属于（　　）。

A. 远程网　　B. 局域网

C. 广域网　　D. 城域网

9-5-7 计算机系统安全与保护计算机系统的全部资源具有（　　）、完备性和可用性。

A. 秘密性　　B. 公开性

C. 系统性　　D. 先进性

9-5-8 计算机病毒主要是通过（　　）传播的。

A. 硬盘　　B. 键盘　　C. 软盘　　D. 显示器

9-5-9 目前计算机病毒对计算机造成的危害主要是通过（　　）实现的。

A. 腐蚀计算机的电源　　B. 破坏计算机程序和数据

C. 破坏计算机的硬件设备　　D. 破坏计算机的软件和硬件

9-5-10 下列哪一个不能防病毒（　　）。

A. KV300　　B. KILL

C. WPS　　D. 防病毒卡

9-5-11 计算机病毒种类繁多，按计算机病毒的类型来分，下面四条有关病毒的表述中，不属于计算机病毒的一条叙述是（　　）。

A. 文件型计算机病毒、引导区型计算病毒、混合型计算机病毒

B. 引导区型计算机病毒、宏病毒、特洛伊木马病毒

C. 蠕虫病毒、混合型计算机病毒、时间炸弹和逻辑炸弹

D. 在人畜间流行的病毒、人畜混合型病毒

9-5-12 给信息实施保密可供选择的方法有两种（　　）。

A. 给计算机系统加密，给用户个人账户加密

B. 为计算机配置杀毒软件，每天进行杀毒操作

C. 计算机系统使用正版软件，不使用盗版软件

D. 给信息加密，把信息藏起来

9-5-13 用于解域名的协议是（　　）。

A. HTTP　　B. DNS

C. FTP　　D. SMTP

9-5-14 TCP 协议称为（　　）。

A. 网际协议　　B. 传输控制协议

C. Network 内部协议　　D. 中转控制协议

9-5-15 IP 地址能唯一地确定 Internet 上每台计算机与每个用户的（　　）。

A. 距离　　B. 费用

C. 位置　　D. 时间

习题题解及参考答案

第一节

9-1-1　**解：**一个完整的计算机系统包括硬件与软件部分。硬件包括中央处理器、存储器、外部设备等。

答案：A

9-1-2　**解：**计算机的软件系统包括系统软件和应用软件两个部分，如操作系统、程序语言及通用办公软件等。

答案：D

9-1-3　**解：**运算器又称算术运算/逻辑运算部件，它的主要功能是对数据进行算术运算和逻辑运算，是对信息或数据进行加工处理和运算的部件。

答案：B

9-1-4　**解：**可以从硬盘读出数据，也可以往硬盘上写入数据，因此它既可是输入设备，又可是输出设备。

答案：C

9-1-5　**解：**DOS 属于操作系统软件，FORTRAN 77 和 BASIC 属于程序设计语言，而 TBSA 是应用软件。

答案：D

9-1-6　**解：**从计算机硬件系统组成，我们可以看到中央处理器包括运算器和控制器。

答案：D

9-1-7　**解：**在中央处理器中，运算器按控制器发出的指令来完成各种操作。控制器规定计算机执行指令的顺序，并根据指令的信息控制计算机各部分协同动作。

答案：D

9-1-8　**解：**ROM 是只读存储器，程序固化在芯片上，当电源断电时，上面的信息是不会丢失的。

答案：B

9-1-9　**解：**在“我的电脑”窗口中，可以实施驱动器、文件夹、文件等管理功能。当磁盘使用时间比较长，用户存放新文件、删除文件、修改文件时，都会使文件在磁盘上被分成多块不连续的碎片，碎片多了，系统读写文件的时间就会加长，降低系统性能。“属性”对话框有“常规”“工具”“共享”等选项卡。利用“常规”选项卡可设置或修改磁盘的卷标，查看磁盘容量、已使用字节和可用字节数以及清理磁盘；利用“共享”选项卡可以设置驱动器是否共享，如果选择了共享，还可以设置访问的类型：“只读”“完全”或“根据密码访问”；利用“工具”选项卡可以检查磁盘、做磁盘备份和整理磁盘碎片。

答案：D

第二节

9-2-1　**解：**计算机语言发展经历了由最初的机器语言发展到使用符号表示的汇编语言，继而开发出人们使用方便的高级语言。

答案： A

9-2-2　**解：** 机器语言和汇编语言都属于计算机低级语言。

答案： B

第三节

9-3-1　**解：** 二进制最后一位为1，所对应的十进制数一定是个奇数，二进制数转为十进制数，按权展开法得到1455。将二进制从后往前每3位为一组，所对应的八进制为2657 。

答案： A

9-3-2　**解：** 计算机能接收的语言为机器语言，而机器语言是由二进制编码组成的。

答案： A

9-3-3　**解：** 八进制数是由0、1、2、3、4、5、6、7八个数码组成，采用的是逢八进一的规则。

答案： B

9-3-4　**解：** 数据是信息的符号表示或称为载体，信息是数据的内涵，是对数据语义的解释。采用数据这种形势来表示信息，更加易于人们的理解和接受。

答案： A

9-3-5　**解：** 在ASCII编码中，每个字符用7位二进制数表示。一个字符的ASCII码通常占用一个字节，由7位二进制数编码组成，所以ASCII码最多可表示128个不同的字符。

答案： A

9-3-6　**解：** 计算机的多媒体技术，使计算机不仅具有处理文字与数字的能力，而且还有处理文字、图形、声音、视频和动画的能力，使计算机拥有了处理多媒体信息的能力。

答案： B

第四节

9-4-1　**解：** 计算机操作系统是计算机的系统软件。在计算机内，操作系统管理计算机系统的各种资源，扩充硬件的功能，它提供良好的人机界面，方便用户使用计算机。它在整个计算机系统中具有承上启下的作用，是计算机与用户的接口。

答案： C

9-4-2　**解：** 运行中的Windows应用程序名，是列在桌面任务栏的活动任务区，作用主要是方便程序打开和管理，比如可以把多个窗口最小化到任务栏中。

答案： C

9-4-3　**解：** 在资源管理器查看菜单下有缩略图、平铺、图标、列表、详细信息等子菜单，如果希望查看文件的名称、类型、大小、修改时间等信息，要进入详细信息子菜单。

答案： B

9-4-4　**解：** 在Windows XP中，要想进行操作，首先要选择操作对象。

答案： B

9-4-5　**解：** 操作系统（Operating System，OS）的功能为：管理计算机系统的全部硬件资源，包括软件资源及数据资源；控制程序运行；改善人机界面；为其他应用软件提供支持等，使计算机系统所有资源最大限度地发挥作用，为用户提供方便的、有效的、友善的服务界面。

答案：A

9-4-6 **解**：在 Windows 操作系统中，“保存”文件和“另存为”文件都可以使用原文件名。

答案：C

9-4-7 **解**：操作系统是管理计算机系统的各种软、硬件资源，以及提供人机交互的界面。为了使用不同的操作系统，常常在同一台 PC 机上安装多个操作系统。若某一台 PC 机连接了两个网络，便需要为该计算机配置两个 IP 地址，这两个 IP 地址可以配置在同一个网卡上，也可以配置在不同的网卡上（前提条件为该 PC 机安装多个网卡）。但一个 IP 地址却不可以同时绑定到多个网卡上。

答案：D

9-4-8 **解**：操作系统有两个重要的作用：

（1）通过资源管理，提高计算机系统的效率。操作系统是计算机系统的资源管理者，它含有对系统软、硬件资源实施管理的一组程序。其首要作用就是通过 CPU 管理、存储管理、设备管理和文件管理，对各种资源进行合理的分配，改善资源的共享和利用程度，最大限度地发挥计算机系统的工作效率，提高计算机系统在单位时间内处理工作的能力。

（2）改善人机界面，向用户提供友好的工作环境。操作系统不仅是计算机硬件和各种软件之间的接口，也是用户与计算机之间的接口。试想如果不安装操作系统，用户将要面对的是 01 代码和一些难懂的机器指令,通过按钮或开关来操作计算机,这样既笨拙又费时。安装操作系统后，用户面对的不再是笨拙的裸机，而是操作便利、服务周到的操作系统，从而明显改善了用户界面，提高了用户的工作效率。

HTML 代表的意义是超文本标记语言，它是全球广域网上描述网页内容和外观的标准。所以，HTML 不是由操作系统提供的。

答案：D

第五节

9-5-1 **解**：因特网能提供多种服务，其中电子邮件服务、文件传输服务、远程登录服务、WWW 服务、信息搜索服务等是目前公认的有代表性的服务。

答案：D

9-5-2 **解**：当要浏览某一网页时，IP 地址就等于域名。

答案：A

9-5-3 **解**：邮件地址格式，不允许把用户名放在@后面。

答案：A

9-5-4 **解**：建立网络的目的主要是数据、信息、资源共享。

答案：A

9-5-5 **解**：IP 地址在数据之间是用点来分割的。

答案：D

9-5-6 **解**：局域网地域范围小，用于办公室、机关、学校、工厂等内部联网。其范围没有严格的定义，一般认为距离为 0.1~25km。

答案：B

9-5-7 **解**：计算机系统安全与保护指计算机系统的全部资源具有系统性、完备性和可用性。

答案： C

9-5-8　**解：** 通过使用外界被感染的软盘，如不同渠道来的系统盘，来历不明的软件、游戏盘等是最普遍的传染途径。

答案： C

9-5-9　**解：** 大部分病毒在激发的时候直接破坏计算机的重要信息数据，所利用的手段有格式化磁盘、改写文件分配表和目录区、删除重要文件或者用无意义的“垃圾”数据改写文件等。引导型病毒的一般侵占方式是由病毒本身占据磁盘引导扇区，而把原来的引导区转移到其他扇区，也就是引导型病毒要覆盖一个磁盘扇区。被覆盖的扇区数据永久性丢失，无法恢复。

答案： B

9-5-10　**解：** WPS 是一个应用软件，用于文档的编辑与处理。

答案： C

9-5-11　**解：** 计算机病毒是破坏计算机功能或者破坏数据，影响计算机使用的一组计算机指令或者程序代码，是一种功能比较特殊的、具有破坏性的计算机程序，并非真的是医学上的病毒。

答案： D

9-5-12　**解：** 给信息加密，即隐蔽信息的可读性，将可读的信息数据转换为不可读的信息数据，即密文，也称密码。这样就可以使非法者不能直接了解数据内容，从而达到给信息加密的目的。把信息藏起来，即隐蔽信息的存在性，将信息隐藏在一个容量更大的信息载体之中，形成隐秘载体，做到使非法者难于察觉出其中隐藏有某些数据，从而实现给信息加密的目的。

答案： D

9-5-13　**解：** DNS 就是将各个网页的 IP 地址转换成人们常见的网址。

答案： B

9-5-14　**解：** TCP 为 Transmission Control Protocol 的简写，译为传输控制协议，又名网络通信协议，是 Internet 最基本的协议。

答案： B

9-5-15　**解：** IP 地址能唯一地确定 Internet 上每台计算机与每个用户的位置。

答案： C

第十章 工 程 经 济

复 习 指 导

一、考试大纲

9.1 资金的时间价值

资金时间价值的概念；利息及计算；实际利率和名义利率；现金流量及现金流量图；资金等值计算的常用公式及应用；复利系数表的应用。

9.2 财务效益与费用估算

项目的分类；项目计算期；财务效益与费用；营业收入；补贴收入；建设投资；建设期利息；流动资金；总成本费用；经营成本；项目评价涉及的税费；总投资形成的资产。

9.3 资金来源与融资方案

资金筹措的主要方式；资金成本；债务偿还的主要方式。

9.4 财务分析

财务评价的内容；盈利能力分析(财务净现值、财务内部收益率、项目投资回收期、总投资收益率、项目资本金净利润率)；偿债能力分析（利息备付率、偿债备付率、资产负债率)；财务生存能力分析；财务分析报表（项目投资现金流量表、项目资本金现金流量表、利润与利润分配表、财务计划现金流量表)；基准收益率。

9.5 经济费用效益分析

经济费用和效益；社会折现率；影子价格；影子汇率；影子工资；经济净现值；经济内部收益率；经济效益费用比。

9.6 不确定性分析

盈亏平衡分析（盈亏平衡点、盈亏平衡分析图)；敏感性分析（敏感度系数、临界点、敏感性分析图)。

9.7 方案经济比选

方案比选的类型；方案经济比选的方法（效益比选法、费用比选法、最低价格法)；计算期不同的互斥方案的比选。

9.8 改扩建项目的经济评价特点

改扩建项目的经济评价特点。

9.9 价值工程

价值工程原理；实施步骤。

二、复习指导

（一）资金的时间价值

复习本节时应注意掌握资金时间价值的概念，熟悉现金流量和现金流量图。重点掌握资金等值计算，应会利用公式和复利系数表进行计算，掌握实际利率和名义利率的概念及计算公式。

对于资金等值计算公式，应该注意等额系列计算公式中F、P、A发生的时点，应用时注意它的应用条件。

应会查复利系数表，掌握$(F/P,i,n)$、$(P/F,i,n)$、$(F/A,i,n)$、$(A/F,i,n)$、$(P/A,i,n)$、$(A/P,i,n)$几个符号的含义，如$(P/A,i,n)$是表示已知A求P的等额支付现值系数。

（二）财务效益与费用估算

本节应了解项目的分类和项目的计算期，熟悉财务效益与费用所包含的内容，重点掌握建设投资的构成、建设期利息的计算、经营成本的概念、项目评价涉及的税费以及总投资形成的资产。

（三）资金来源与融资方案

本节应了解资金筹措的主要方式，掌握资金成本的概念及计算，熟悉债务偿还的主要方式。

（四）财务分析

本节应了解财务评价的内容，熟练掌握盈利能力分析的相关指标的概念和计算，重点掌握净现值、内部收益率、净年值、费用现值、费用年值、投资回收期的含义和计算方法，熟悉利用这些指标评价方案盈利能力时的判别标准。如采用净现值、净年值指标时要根据其是否大于或等于零进行判断，采用内部收益率指标要根据其是否大于或等于基准收益率进行判断等。应用时注意它们的应用条件，如内部收益率可用于单个方案自身的经济性评价，两个方案比选时就要用差额内部收益率等。熟悉偿债能力分析、财务生存能力的概念，熟悉相关财务分析报表。

（五）经济费用效益分析

本节应理解社会折现率、影子价格、影子汇率、影子工资的概念，复习时应注意经济净现值、经济内部收益率指标与财务净现值、财务内部收益率的区别。了解效益费用比的概念。掌握经济净现值、经济内部收益率、效益费用比的判别标准。

（六）不确定性分析

对于盈亏平衡分析，应熟悉固定成本、可变成本的概念，熟练掌握盈亏平衡分析的计算，了解盈亏平衡点的含义。

对于单因素敏感性分析，应了解该方法的概念、敏感度系数和临界点的含义，看懂敏感性分析图。

（七）方案经济比选

本节应熟悉独立型方案与互斥型方案的区别，掌握互斥方案比选的效益比选法、费用比选法和判别标准，了解最低价格法的概念；熟悉计算期不同的互斥方案的比选可采用的方法和指标。

（八）改扩建项目的经济评价特点

对于改扩建项目，应了解其与新建项目在经济评价上的不同特点。

（九）价值工程

应掌握价值工程的基本概念，包括价值工程中价值、功能及成本的概念，掌握价值的公式，根据公式可知提高价值的途径。

了解价值工程的实施步骤，掌握价值系数、功能系数、成本系数的计算。应掌握价值工程的核心。

本章的复习，应注重掌握相关的基本概念、基本公式和计算方法。在复习的同时，应该通过做习题训练，进一步巩固考试大纲要求掌握的内容。做习题时，应注意掌握习题考核的知识点。

第一节 资金的时间价值

一、资金时间价值的概念

随着时间的推移，资金的价值是会发生变化的。通过资金运动可以使资金增值。不同时间发生的等额资金在价值上的差别称为资金的时间价值，也称为货币的时间价值。

应该指出，资金的时间价值不是资金本身或时间产生的，而是在资金运动中产生的。把资金作为生产要素，经过生产与交换，会给投资者带来资金的增值。当然，资金的增值也不可能没有资金和时间，资金是其增值的基础，而生产与交换，需要经历一定的时间过程。

二、利息与利率

（一）利息的计算

利息是在一定时期内占用资金所付出的代价，用下式表示

$$利息=目前应付(收)总金额-原来借(贷)款金额$$

原来的借（贷）款金额称为本金。

计算利息的时间单位称为计息周期，通常为年、季、月、周或日。

利率是一个计息周期中单位资金所产生的利息（即单位时间里所得到的利息额）与本金之比，通常用百分数表示

$$i=\frac{I}{P}\times 100\% \tag{10-1-1}$$

式中：i ——利率；

P ——本金；

I ——单位时间所得利息。

计算利息有单利计息和复利计息两种方法。

1. 单利计息

这种计息方法是指计算利息时，只考虑本金计算利息，而利息本身不再另外计算利息。

单利计息的计算公式为

$$I=P\cdot i\cdot n \tag{10-1-2}$$

$$F=P(1+i\cdot n) \tag{10-1-3}$$

式中：I ——利息；

P ——本金；

i ——利率；

n ——计息周期；

F ——本金与利息之和，简称本利和。

由于单利计息没有考虑利息本身的时间价值，在工程经济分析中的应用较少，一般只适合于不超过

一年的短期投资或短期贷款。

2. 复利计息

复利计息是指在计算利息时，将上一计息期产生的利息，累加到本金中去，以本利和的总额进行计息。即不仅本金要计算利息，而且上一期利息在下一计息期中仍然要计算利息。

复利计息公式为

$$F = P(1+i)^n \tag{10-1-4}$$

式中符号含义同前。应该注意，上式中的i和n所反映的时段应该是一致的，如i为年利率，则n为计息年数；如i为月利率，则n为计息月数。

（二）实际利率与名义利率

计息期通常以一年为计算单位，但有时借贷双方也可以商定每年分几次按复利计息，这时计息周期短于一年，如按月、按季或按半年计息等。比如，设月度为计息期，每月利率为 1%，则一年要计息 12 次，$1\% \times 12 = 12\%$称为名义利率，即名义利率是周期利率与每年计息周期数的乘积。这种计息方式习惯上表述为“年利率为 12%，按月计息”。

需要注意的是，名义利率为 12%时的实际利息额比年利率为 12%时的利息额要高，比如借款 1000 元，年利率 12%，按月计息，则第 1 年年末的本利和为

$$F = 1\,000 \times \left(1 + \frac{12\%}{12}\right)^{12} = 1\,126.83 \text{ 元}$$

若按年利率 12%复利计息，则第 1 年年末本利和为

$$F = 1\,000 \times (1 + 12\%) = 1\,120 \text{ 元}$$

比按月计息少了 6.83 元。由此可见，一年内复利计息次数不同。其年末的本利和也不同。对于相同的名义利率，如果一年内计息次数增加，则年末的本利和也会增加。

实际利息多少可以用实际利率计算。为了避免不同语言表述方式不同可能造成的混乱，1973 年通过的国际“借贷真实性法”规定：年实际利率是一年利息额与本金之比。

例如上面的例子，年名义利率都是 12%，计息期不同，则按年计息的实际利率为

$$\text{年实际利率} = \frac{F-P}{P} = \frac{1\,120 - 1\,000}{1\,000} = 12\%$$

按月计息的年实际利率为

$$\text{年实际利率} = \frac{F-P}{P} = \frac{1\,126.83 - 1\,000}{1\,000} = 12.68\%$$

这意味着“名义利率 12%，按月计息”与按年利率 12.68%计息，两者是一致的。

设名义利率为r，一年中的计息周期数为m，则一个计息周期的利率为$\frac{r}{m}$，根据复利计息公式，由名义利率求年实际利率的公式为

$$i = \left(1 + \frac{r}{m}\right)^m - 1 \tag{10-1-5}$$

【例 10-1-1】 某企业向银行借款，按季度计息，年名义利率为 8%，则年实际利率为：

A. 8%　　B. 8.16%　　C. 8.24%　　D. 8.3%

解 利用由年名义利率求年实际利率的公式计算：

$$i = \left(1 + \frac{r}{m}\right)^m - 1 = \left(1 + \frac{8\%}{4}\right)^4 - 1 = 8.24\%$$

答案： C

【例 10-1-2】 某项目借款 2 000 万元，借款期限 3 年，年利率为 6%，若每半年计复利一次，则实际年利率会高出名义利率多少？

A. 0.16%　　B. 0.25%　　C. 0.09%　　D. 0.06%

解　年实际利率为：

$$i=\left(1+\frac{r}{m}\right)^m-1=\left(1+\frac{6\%}{2}\right)^2-1=6.09\%$$

年实际利率高出名义利率：$6.09\%-6\%=0.09\%$

答案： C

三、现金流量及现金流量图

一个投资建设项目在其整个计算期内各个时间点上有货币的收入和支出，其中货币收入称现金流入(CI)，记为“+”；货币支出称现金流出(CO)，记为“−”。

现金流入和现金流出统称为现金流量。现金流入与现金流出之差称为净现金流量，记为 NCF 或(CI−CO)，即

$$净现金流量=现金流入-现金流出$$

现金流量有三个要素：流向、大小、时间。现金流量可以用表格或图形表示。在工程经济分析中，经常用图形表示现金流量。用于表示现金流量与时间对应关系的图形称为现金流量图，如图 10-1-1 所示。

在现金流量图中，横轴是时间标度，每一格代表一个时间单位（如年、季、月等），即一期。0 点为计算期的起始时刻，也称为零期。横轴上任意一时点t表示第t期期末，同时也是第$t+1$期的期初。

各时间点上箭头向上表示现金流入，向下表示现金流出，其箭线的长短与现金流入和现金流出的大小成比例，箭头处一般要标注出现金流量的数值。

在工程经济分析中，对投资与收益发生的时间点有两种处理方法。一种是年初投资年末收益法，即将投资计入发生年的年初，收益计入发生年的年末；一种是年（期）末习惯法，即将投资和收益均计入发生年的年（期）末。两种处理方法的计算结果稍有差别，但一般不会引起本质的变化。

当实际问题的现金流量发生的时点未说明是期末还是期初时，一般可将投资画在期初，经营费用和销售收入画在期末。

借方的现金流量就是贷方的现金流出，对于借贷双方，其财务活动的现金流量图正好相反。例如，张某现在从银行贷款 10 000 元，3 年后需还本付息共 11 500 元，其现金流量图如图 10-1-2a）所示，而对于银行，该项财务活动的现金流量图如图 10-1-2b）所示。

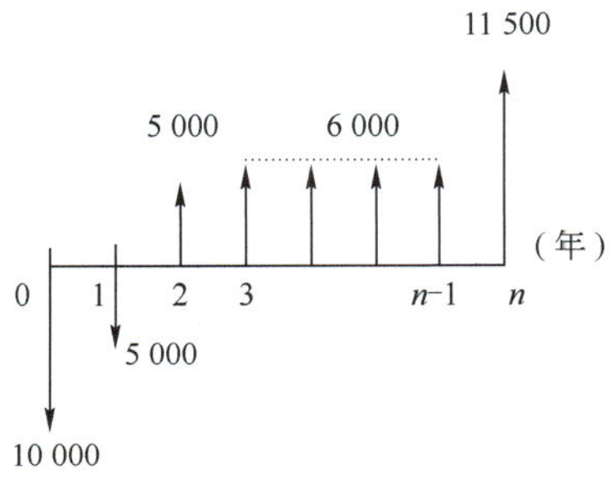

图 10-1-1　现金流量图

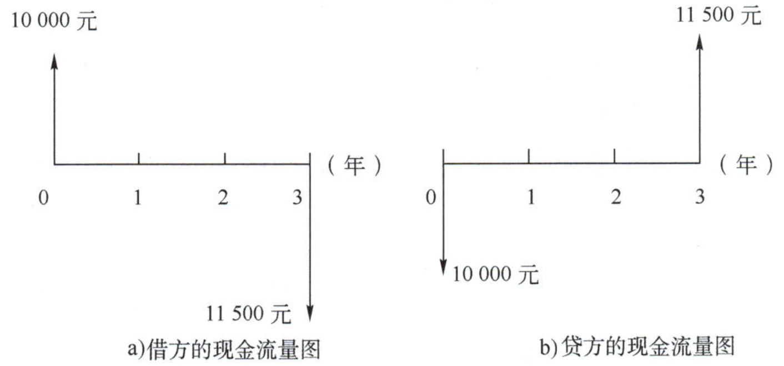

图 10-1-2　某项财务活动的现金流量图

四、资金等值计算的常用公式及应用

在工程经济分析中，常常需要将发生在某一时点上的资金换算到另一时点，以便进行计算分析和比较。

在不同时点上发生的资金，其绝对数额不等但价值可能相等。如果我们考虑反映资金时间价值的尺度复利率i，将某一时点发生的资金按利率i换算到另一时点，则二者绝对数额不等，但它们的价值相等，这就是资金的等值。这种资金金额的换算称为资金等值计算。

若把将来某一时点的资金金额换算成该时点之前某一时点的等值金额，称之为"贴现"或"折现"，计算中所采用的反映资金时间价值尺度的参数i称为"贴现率"或"折现率"，折现率一般采用银行利率进行计算。

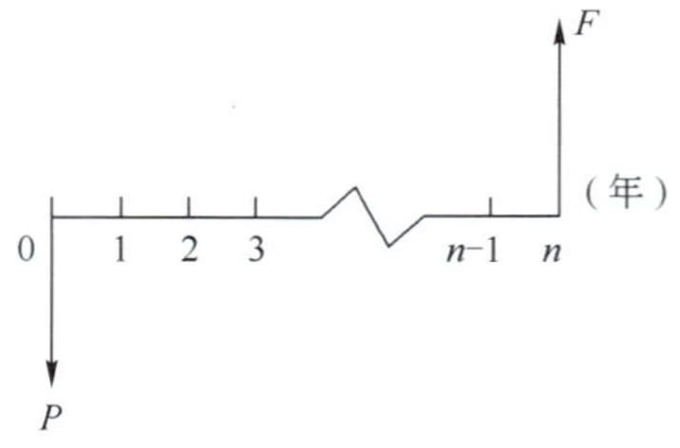

图 10-1-3 一次支付现金流量图

（一）一次支付系列

一次支付系列是指在期初借款P，当借款到期时，将本利和F一次还清。一次支付的现金流量图如图 10-1-3 所示。

1. 一次支付终值公式（已知P求F）

一次支付终值公式为

$$F = P(1+i)^n \tag{10-1-6}$$

上式称为一次支付终值公式，式中P称为本金或现值；F称为本利和，也称为终值或将来值；i为利率；n为计息期数；$(1+i)^n$称为一次支付终值系数（一次支付终值因子），可用$(F/P,i,n)$表示，含义为利率i、计息期数n，已知P求F。上式可写成

$$F = P(1+i)^n = P(F/P,i,n)$$

为计算方便，可将$(F/P,i,n)$按不同的利率i和不同的计息期数n制成复利系数表格以便于应用。

应用上式时应注意，期数为n时，P发生在第一个计息期的期初，F发生在第n期的期末。

如图 10-1-2 所示，借款 10 000 元发生在第一年年初（0 年末），还款 11 500 元发生在第 3 年年末。

【例 10-1-3】 某工程贷款 1 000 万元，合同规定 3 年后偿还，年利率为 5%，问 3 年后应偿还贷款的本利和是多少？

解 绘出现金流量图如解图所示。

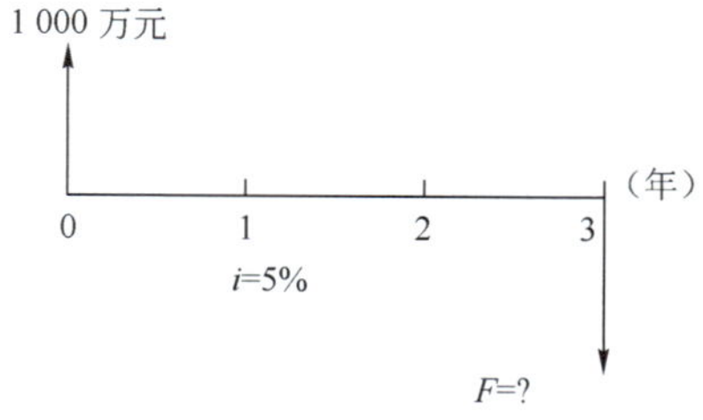

例 10-1-3 解图 某工程贷款现金流量图

查复利系数表（参见表 10-1-1），可得

$$(F/P,5,3) = 1.158$$

3 年后本利和为

$$F = P(F/P,5,3) = 1\,000 \times 1.158 = 1\,158 \text{ 万元}$$

也可按一次支付终值公式计算，即

$$F = P(1+i)^n = 1\,000 \times (1+5\%)^3 = 1\,158 \text{ 万元}$$

也即 3 年后应偿还本利和 1 158 万元。

2. 一次支付现值公式（已知F求P）

当需要将期末一次性偿还的本利和折算成现值时，即已知将来值F求现值P，可由一次支付终值公式得到

$$P = \frac{F}{(1+i)^n} = F(P/F,i,n) \tag{10-1-7}$$

式中，$\frac{1}{(1+i)^n}$称为一次支付现值系数，记为$(P/F,i,n)$。

【例 10-1-4】 为了 5 年后得到 500 万元，年利率为 8%，问现在应投资多少？

解 绘出现金流量图，如解图所示。

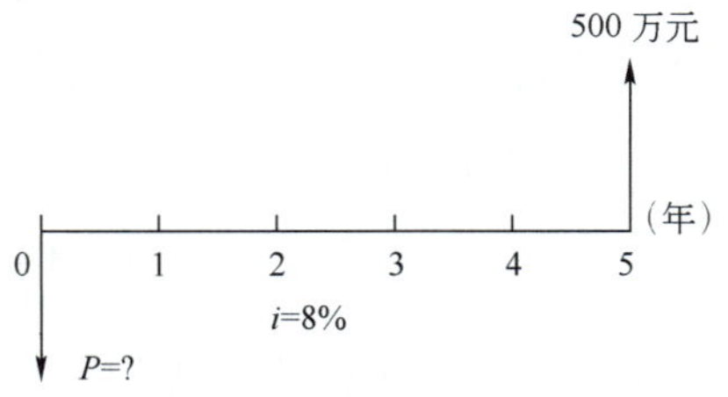

例 10-1-4 解图 现金流量图

查表可得$(P/F,8,5)=0.6806$，现在应投资额为

$$P=F(P/F,8,5)=500\times0.6806=340.3 \text{ 万元}$$

或 $P=F/(1+i)^n=500/(1+8\%)^5=340.3$ 万元

【例 10-1-5】 某人预计 5 年后需要一笔 50 万元的资金，现市场上正发售期限为 5 年的电力债券，年利率为 5.06%，按年复利计息，5 年末一次还本付息，若想 5 年后拿到 50 万元的本利和，他现在应该购买电力债券：

A. 30.52 万元　　B. 38.18 万元

C. 39.06 万元　　D. 44.19 万元

解 根据一次支付现值公式（已知F求P）：

$$P=\frac{F}{(1+i)^n}=\frac{50}{(1+5.06\%)^5}=39.06 \text{ 万元}$$

答案： C

（二）等额多次支付系列

等额多次支付是指所分析系统中的现金流入或现金流出在多个时点上发生，其现金流量每期均发生，且数额相等。等额多次支付情况下，共有 4 个参数：i、n、A，再加上F或P。等额多次支付有 4 个等值计算公式，在各个计算公式中，i、n均为已知。

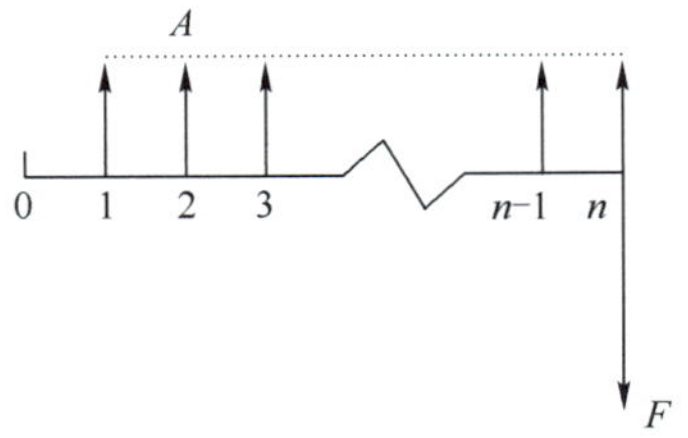

图 10-1-4 多次支付现金流量图

1. 等额支付终值公式（已知A求F）

假设某人连续每期期末从银行贷款，数额均为A，连续贷款n期，则n期后应一次还贷多少？该问题的现金流量图如图 10-1-4 所示。

如图 10-1-4 所示的现金流量图，等额资金为A，利率i，计息期数n，将来值为F，计算公式为

$$F=A\left[\frac{(1+i)^n-1}{i}\right]=A(F/A,i,n) \quad (10\text{-}1\text{-}8)$$

上式称为等额支付终值公式，$\frac{(1+i)^n-1}{i}$称为等额支付终值系数，记为$(F/A,i,n)$。

【例 10-1-6】 若连续 6 年每年年末投资 1 000 万元，年复利利率$i=5\%$，问 6 年后可得本利和多少？

解 绘出现金流量图，见解图。

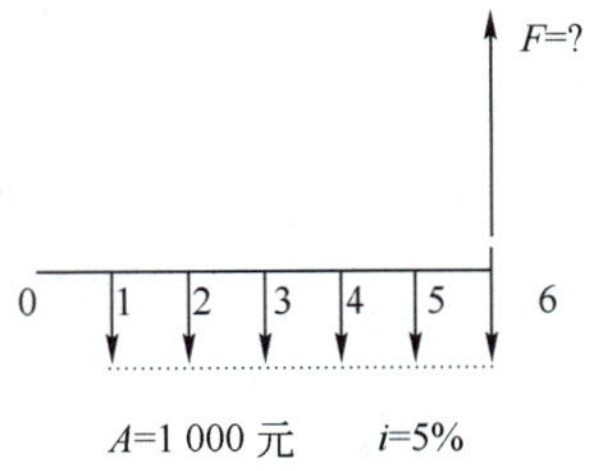

例 10-1-6 解图 等额投资现金流量图

根据上式，可得

$$F=A\left[\frac{(1+i)^n-1}{i}\right]$$
$$=1\,000\times\left[\frac{(1+5\%)^6-1}{5\%}\right]$$
$$=6\,802 \text{ 万元}$$

或利用复利系数表，可得

$$F=A(F/A,i,n)=1\,000\times6.802=6\,802 \text{ 万元}$$

即 6 年后可得本利和 6 802 万元。

2. 等额支付偿债基金公式（已知F求A）

等额支付偿债基金是指为了未来偿还一笔债务F，每期期末预先准备的年金。

由等额支付终值公式可得

$$A = F\left[\frac{i}{(1+i)^n - 1}\right] = F(A/F,i,n) \tag{10-1-9}$$

上式称为等额支付偿债基金公式，式中$\frac{i}{(1+i)^n-1}$称为等额支付偿债基金系数，记为$(A/F,i,n)$。

应用上面等额支付系列终值公式和等额支付偿债基金公式时应注意，等额支付的第一个A发生在第1期期末，最后一个A与F同时发生在第n期期末。

【例 10-1-7】 某企业预计 4 年后需要资金 100 万元，$i=5\%$，复利计息，问每年年末应存款多少？

解 绘出现金流量图，见解图。

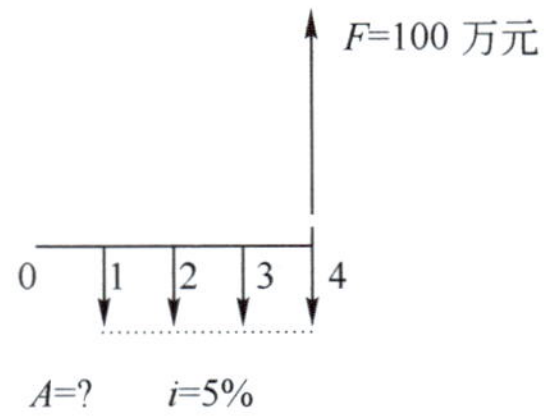

例 10-1-7 解图 某企业等额支付现金流量图

根据上面公式，可得

$$A = F\left[\frac{i}{(1+i)^n - 1}\right]$$

$$= 100 \times \left[\frac{5\%}{(1+5\%)^4 - 1}\right] = 23.20\ 万元$$

或利用复利系数表，可得

$$A = F(A/F,i,n) = 100 \times 0.232\,01 = 23.20\ 万元$$

即每年年末应存款 23.20 万元。

3. 等额支付资金回收公式（已知P求A）

等额支付资金回收是指以利率i投入一笔资金，希望今后n期内以每期等额A的方式回收，其A值应为多少？这类问题的现金流量图如图 10-1-5 所示。

等额支付资金回收公式为

$$A = P\left[\frac{i(1+i)^n}{(1+i)^n - 1}\right] = P(A/P,i,n) \tag{10-1-10}$$

式中，$\frac{i(1+i)^n}{(1+i)^n-1}$称为等额支付资金回收系数，记为$(A/P,i,n)$。

【例 10-1-8】 如现在投资 100 万元，预计年利率为 10%，分 5 年等额回收，每年可回收：[已知：$(A/P,10\%,5) = 0.263\,8$，$(A/F,10\%,5) = 0.163\,8$]

A. 16.38 万元　　B. 26.38 万元　　C. 62.09 万元　　D. 75.82 万元

解 根据等额支付资金回收公式，每年可回收：

$$A = P(A/P,10\%,5) = 100 \times 0.263\,8 = 26.38\ 万元$$

答案： B

4. 等额支付现值公式（已知A求P）

每年收益（或支付）等额年金，求其现值，现金流量图如图 10-1-6 所示。

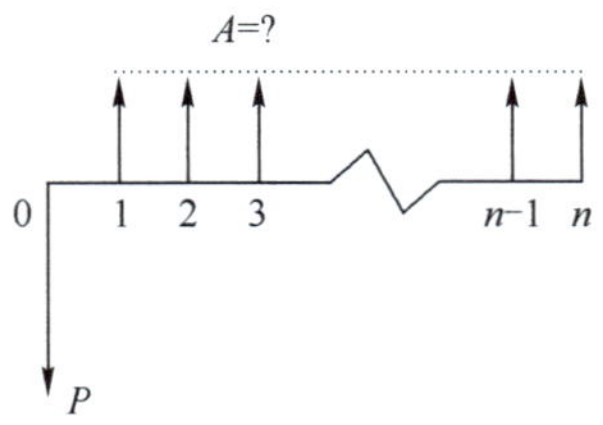

图 10-1-5 等额支付资金回收现金流量图

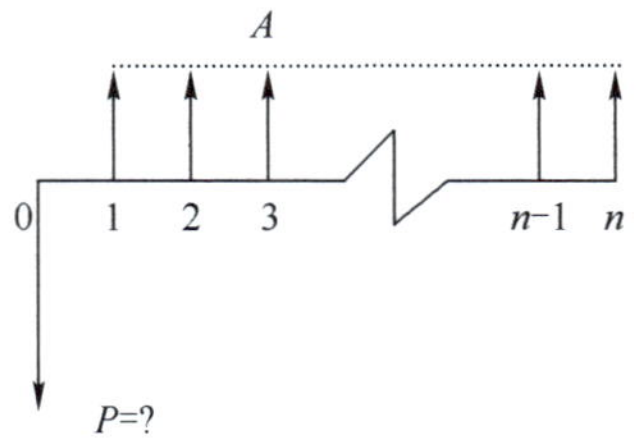

图 10-1-6 等额支付现值现金流量图

等额支付现值公式为

$$P = A\left[\frac{(1+i)^n - 1}{i(1+i)^n}\right] = A(P/A,i,n) \tag{10-1-11}$$

式中$\frac{(1+i)^n-1}{i(1+i)^n}$称为等额支付现值系数，记为$(P/A,i,n)$。

应用等额支付资金回收公式和等额支付现值公式时应注意，P发生在第0年年末，即第1期期初，A发生在各期期末，P和A不在同一时间发生。

【例 10-1-9】 某企业利用银行贷款建设，年复利率 8%，当年建成并投产，预计每年可获得净利润 100 万元，要求 10 年内收回全部贷款，问投资额应控制在多少以内？

解 绘出现金流量图，如解图所示。

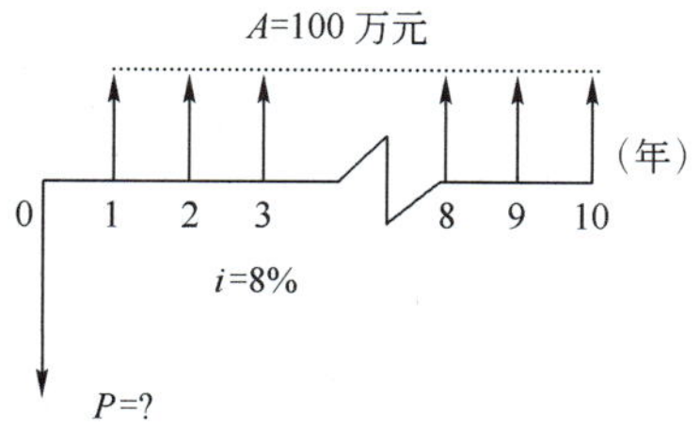

例 10-1-9 解图 等额支付现金流量图

根据上式，可得

$$P = A\left[\frac{(1+i)^n - 1}{i(1+i)^n}\right]$$

$$= 100 \times \left[\frac{(1+8\%)^{10} - 1}{8\% \times (1+8\%)^{10}}\right] = 671.0 \text{ 万元}$$

或利用复利系数表，可得

$$P = A(P/A,i,n) = 100 \times 6.710 = 671.0 \text{ 万元}$$

即投资额应控制在 671.0 万元以内。

五、复利系数表的应用

资金等值计算时，可以利用相应的公式计算，也可以应用复利系数表进行计算。复利系数表的形式见表 10-1-1 所列。表 10-1-1 是利率为 5%的复利系数表。

复利系数表（利率为 5%） 表 10-1-1

年份 n	一次支付		等额支付			
	终值系数	现值系数	终值系数	偿债基金系数	资金回收系数	现值系数
	$(1+i)^n$ $(F/P,i,n)$	$\frac{1}{(1+i)^n}$ $(P/F,i,n)$	$\frac{(1+i)^n-1}{i}$ $(F/A,i,n)$	$\frac{i}{(1+i)^n-1}$ $(A/F,i,n)$	$\frac{i(1+i)^n}{(1+i)^n-1}$ $(A/P,i,n)$	$\frac{(1+i)^n-1}{i(1+i)^n}$ $(P/A,i,n)$
1	1.050	0.952 4	1.000	1.000 00	1.050 00	0.952
2	1.103	0.907 0	2.050	0.487 80	0.537 80	1.859
3	1.158	0.868 8	3.153	0.317 21	0.367 21	2.723
4	1.216	0.827 7	4.310	0.232 01	0.282 01	3.546
5	1.276	0.783 5	5.526	0.180 97	0.230 97	4.329
6	1.340	0.746 2	6.802	0.147 02	0.197 02	5.076
7	1.407	0.710 7	8.142	0.122 82	0.172 82	5.78
8	1.477	0.676 8	9.549	0.104 72	0.154 72	6.463
9	1.551	0.644 6	11.027	0.090 69	0.140 69	7.108
10	1.629	0.613 9	12.578	0.079 50	0.129 50	7.722

【例 10-1-10】 某项目建设期 2 年，前 2 年年初分别投资 1 000 万元和 800 万元，2 年建成并投产，从第 3 年开始每年净收益 300 万元，项目生产期为 10 年，年利率为 5%，试计算该项目的净现值（净现值：按设定的折现率，将项目计算期内各年的净现金流量折现到建设期初的现值之和）。

解 该项目的现金流量图如解图所示，净现值为

$$\begin{aligned} NPV &= -1\,000 - 800(P/F,5,1) + 300(P/A,5,10)(P/F,5,2) \\ &= -1\,000 - 800 \times 0.952\,4 + 300 \times 7.722 \times 0.907\,0 \\ &= 339.24 \text{ 万元} \end{aligned}$$

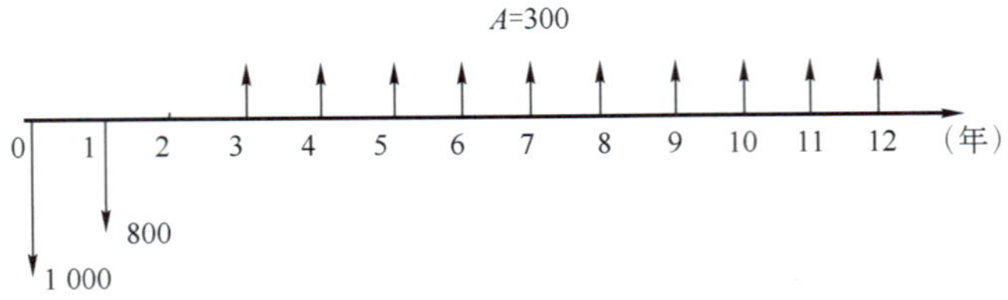

例 10-1-10 解图 某投资项目的现金流量图

习 题

10-1-1 某公司购买设备，有三家银行可提供贷款，甲银行年利率 18%，半年计息一次；乙银行年利率 17%，每月计息一次；丙银行年利率 18.2%，每年计息一次。均按复利计息，若其他条件相同，公司应向（ ）。

A. 向甲银行借款　　B. 向乙银行借款

C. 向丙银行借款　　D. 向甲银行、丙银行借款都一样

10-1-2 某公司从银行贷款，年利率 11%，每年年末贷款金额 10 万元，按复利计息，到第 5 年年末需偿还本利和（ ）。

A. 54.4 万元　　B. 55.5 万元　　C. 61.051 万元　　D. 62.278 万元

10-1-3 某公司从银行贷款，年利率 8%，按复利计息，借贷期限 5 年，每年年末偿还等额本息 50 万元。到第 3 年年初，企业已经按期偿还 2 年本息，现在企业有较充裕资金，与银行协商，计划第 3 年年初一次偿还贷款，需还款金额为（ ）。

A. 89.2 万元　　B. 128.9 万元　　C. 150 万元　　D. 199.6 万元

10-1-4 某学生从银行贷款上学，贷款年利率 5%，上学期限 3 年，与银行约定从毕业工作的第 1 年年末开始，连续 5 年以等额本息还款方式还清全部贷款，预计该生每年还款能力为 6 000 元。该学生上学期间每年年初可从银行得到等额贷款是（ ）。

A. 7 848 元　　B. 8 240 元　　C. 9 508 元　　D. 9 539 元

第二节 财务效益与费用估算

一、项目的分类与项目计算期

对建设项目可以从不同的角度进行分类，通常有以下分类方法：

（1）按项目的目标，可分为经营性项目和非经营性项目；

（2）按项目的产出属性（产品或服务），可分为公共项目和非公共项目；

（3）按项目的投资管理形式，可分为政府投资项目和企业投资项目；

（4）按项目与企业原有资产的关系，可分为新建项目和改扩建项目；

（5）按项目的融资主体，可分为新设法人项目和既有法人项目。

一个建设项目要经历若干个不同的阶段。在进行建设项目经济评价时，项目计算期是指经济评价中为进行动态分析所设定的期限，包括建设期和运营期。建设期是指项目资金正式投入开始到项目建成投产为止所需要的时间，一般按合理工期或预定的建设进度确定；运营期又分为投产期和达产期两个阶段。投产期是指项目投入生产，但生产能力尚未达到设计能力时的过渡阶段。达产期是指生产运营达到设计预期水平后的时间。运营期的长短一般取决于主要设备经济寿命。

项目计算期的长短与行业特点、主要设备经济寿命等有关。

二、财务效益与费用

财务效益与费用是对项目进行财务分析的基础，这里的财务效益与费用是指项目实施后所获得的收入和费用支出。

（一）收入

项目的收入包括营业收入和补贴收入。

1. 营业收入

营业收入是指销售产品或提供服务获得的收入。对于生产销售产品的项目，营业收入就是销售收入。销售收入是指企业向社会出售商品或提供劳务的货币收入。

$$销售收入 = 产品销售量 \times 产品单价$$

在项目经济评价中需要对营业收入进行估算，根据市场预测分析数据、产品或服务价格、各期的运营负荷（产品或服务的数量）等因素估算。

2. 补贴收入

补贴收入是企业从政府或某些国际组织得到的补贴。

对于适用增值税的经营性项目，除营业收入外，可得到的增值税返还也作为补贴收入计入财务效益；对于非经营性项目，财务效益包括可能获得的各种补贴收入。

3. 利润

利润是企业在一定期间的经营成果。

营业利润 = 营业收入 − 营业成本 − 营业税金及附加 − 销售费用 − 管理费用 − 财务费用 − 资产减值损失 − 公允价值变动损失(+收益) + 投资收益(−损失)

利润总额 = 营业利润 + 营业外收入 − 营业外支出

净利润 = 利润总额 − 所得税费用 = 利润总额 × (1 − 所得税率)

【例 10-2-1】 对于国家鼓励发展的增值税的经营项目，可以获得增值税的优惠。在财务评价中，先征后返的增值税应记作项目的：

A. 补贴收入　　B. 营业收入

C. 经营成本　　D. 营业外收入

解 根据建设项目经济评价方法的有关规定，在建设项目财务评价中，对于先征后返的增值税、按销量或工作量等依据国家规定的补助定额计算并按期给予的定额补贴，以及属于财政扶持而给予的其他形式的补贴等，应按相关规定合理估算，记作补贴收入。

答案： A

（二）项目的费用支出

建设项目所支出的费用主要包括投资、成本费用和税金等。

1. 建设投资

建设投资是指项目筹建和建设期间所需的建设费用。建设投资由工程费用（包括建筑工程费、设备购置费、安装工程费）、工程建设其他费用和预备费（包括基本预备费和涨价预备费）所组成。

其中工程建设其他费用是指建设投资中除建筑工程费、设备购置费和安装工程费之外的，为保证项目顺利建成并交付使用的各项费用，包括建设用地费用、与项目建设有关的费用（如建设管理费、可行性研究费、勘察设计费等）及与项目运营有关的费用（如专利使用费、联合试运转费、生产准备费等）。

建设项目的总投资包括建设投资、建设期利息和流动资金之和。建设期利息包括银行借款和其他债务资金的利息，以及其他融资费用。流动资金是指项目运营期内长期占用并周转使用的营运资金。建设项目投资构成如图 10-2-1 所示。

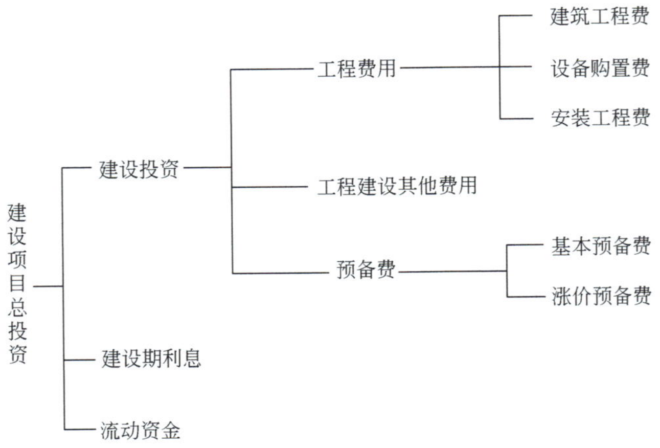

图 10-2-1　建设项目投资构成

【例 10-2-2】 在下列费用中，应列入项目建设投资的是：

A. 项目经营成本　　B. 流动资金

C. 预备费　　D. 建设期利息

解　建设项目评价中的总投资包括建设投资、建设期利息和流动资金之和。建设投资由工程费用（建筑工程费、设备购置费、安装工程费）、工程建设其他费用和预备费（基本预备费和涨价预备费）组成。

答案： C

2. 建设期利息

建设期利息是指为建设项目所筹措的债务资金在建设期内发生并按规定允许在投产后计入固定资产原值的利息，即资本化利息。估算建设期利息一般按年计算。

根据借款是在建设期各年年初发生还是在各年年内均衡发生，估算建设期利息应采用不同的计算公式。

（1）借款在建设期各年年初发生，建设期利息为

$$Q=\sum[(P_{t-1}+A_t)\cdot i] \tag{10-2-1}$$

式中：Q ——建设期利息；

P_{t-1} ——按单利计算时为建设期第$t-1$年末借款累计，按复利计息时为建设期第$t-1$年末借款本息累计；

A_t ——建设期第t年借款额；

i ——借款年利率；

t ——年份。

（2）借款在建设期各年年内均衡发生，建设期利息为

$$Q=\sum\left[\left(P_{t-1}+\frac{A_t}{2}\right)\cdot i\right] \tag{10-2-2}$$

【例 10-2-3】 某新建项目，建设期为 3 年，第 1 年年初借款 500 万元，第 2 年年初借款 800 万元，第 3 年年初借款 400 万元，借款年利率 8%，按年计息，建设期内不支付利息。试问该项目的建设期利息是多少？

解 第 1 年借款利息：$Q_1=(P_{1-1}+A_1)\times i=500\times 8\%=40$万元

第 2 年借款利息：$Q_2=(P_{2-1}+A_2)\times i=(540+800)\times 8\%=107.2$万元

第 3 年借款利息：$Q_3=(P_{3-1}+A_3)\times i=(540+907.2+400)\times 8\%=147.78$万元

建设期利息为：$Q=Q_1+Q_2+Q_3=40+107.2+147.78=294.98$万元

【例 10-2-4】 某新建项目，建设期为 3 年，第 1 年借款 500 万元，第 2 年借款 800 万元，第 3 年借款 400 万元，各年借款均在年内均衡发生，借款年利率 8%，每年计息一次，建设期内按期支付利息。试问该项目的建设期利息是多少？

解 第 1 年借款利息：$Q_1=(P_{1-1}+A_1/2)\times i=500\div 2\times 8\%=20$ 万元

第 2 年借款利息：$Q_2=(P_{2-1}+A_2/2)\times i=(500+800\div 2)\times 8\%=72$ 万元

第 3 年借款利息：$Q_3=(P_{3-1}+A_3/2)\times i=(500+800+400\div 2)\times 8\%=120$ 万元

建设期利息为：$Q=Q_1+Q_2+Q_3=20+72+120=212$ 万元

【例 10-2-5】 某建设项目的建设期为 2 年，第一年贷款额为 400 万元，第二年贷款额 800 万元，贷款在年内均衡发生，贷款年利率为 6%，建设期内不支付利息，计算建设期贷款利息为：

A. 12 万元　　B. 48.72 万　　C. 60 万元　　D. 60.72 万元

解 第一年贷款利息：$400/2\times 6\%=12$ 万元

第二年贷款利息：$(400+800/2+12)\times 6\%=48.72$ 万元

建设期贷款利息：$12+48.72=60.72$ 万元

答案： D

3. 流动资金

流动资金是指运营期内长期占用并周转使用的营运资金，不包括运营中需要的临时性营运资金。建设项目投资期垫支的营运资金一般默认在营业终结期（项目寿命期满）收回。营运资金垫支一般发生在投资期，垫支时做现金流出，在项目寿命期满收回时做现金流入。流动资金估算的基础是营业收入、经营成本和商业信用等。在估算营业收入和经营成本后估算流动资金。按行业或前期研究阶段的不同，估算流动资金的方法可选用扩大指标法或分项详细估算法。

（1）扩大指标法

扩大指标法是参照同类企业流动资金占营业收入或经营成本的比例，或者单位产品占用营运资金

的数额估算流动资金，计算公式如下

$$流动资金 = 年营业收入额 \times 营业收入资金率$$

或

$$流动资金 = 年经营成本 \times 经营成本资金率$$

或

$$流动资金 = 单位产品占用流动资金额 \times 年产量$$

（2）分项详细估算法

分项详细估算法是利用流动资产与流动负债估算项目占用的流动资金。流动资产的构成要素一般包括存货、库存现金、应收账款和预付账款，流动负债的构成要素一般只考虑应付账款和预收账款。计算公式如下

$$流动资金 = 流动资产 - 流动负债$$

$$流动资产 = 存货 + 现金 + 应收账款 + 预付账款$$

$$流动负债 = 应付账款 + 预收账款$$

$$流动资金本年增加额 = 本年流动资金 - 上年流动资金$$

4. 总成本费用

费用是指企业在日常活动中发生的、会导致所有者权益减少的、与向所有者分配利润无关的经济利益的总流出。成本通常是指企业为生产产品或提供服务所进行经营活动的耗费。

总成本费用是指在运营期内为生产产品或提供服务所发生的全部费用，等于经营成本与折旧费、摊销费和财务费用之和。

总成本费用可按以下两种方法计算：

（1）生产成本加期间费用估算法

$$总成本费用 = 生产成本 + 期间费用$$

其中　生产成本=直接材料费+直接燃料和动力费+直接工资+其他直接支出+制造费用

$$期间费用 = 管理费用 + 营业费用 + 财务费用$$

生产成本是企业为生产产品或提供服务而发生的各项生产费用，包括各项直接支出和制造费用。其中，直接支出包括直接材料、直接燃料和动力、直接工资、其他直接支出（如福利费）；制造费用是指企业内的车间为组织和管理生产所发生的各项费用，包括车间管理人员工资、折旧费、修理费及其他制造费用（办公费、差旅费、劳保费等）。

管理费用是指企业行政管理部门为组织和管理生产经营活动而发生的各项费用，包括企业管理人员的工资、福利费及公司一级的折旧费、修理费、无形资产摊销费、长期待摊费用、其他管理费用（如办公费、差旅费、技术转让费、咨询费等）。

营业费用是指企业在销售产品和提供服务等经营过程中发生的各项费用以及专设销售机构的各项经费。

财务费用是指企业在生产经营过程中为筹集资金而发生的各项费用，包括企业生产经营期间发生的利息支出、汇兑净损失、金融机构手续费等。在项目评价中一般只考虑其中的利息支出。

（2）生产要素估算法

$$\begin{aligned}总成本费用 = {} & 外购原材料、燃料和动力费 + 工资及福利费 + 折旧费 + 摊销费 + \\ & 修理费 + 财务费用(利息支出) + 其他费用\end{aligned}$$

5. 固定资产折旧

固定资产是指使用期限超过一年，单位价值在规定标准以上，并在使用过程中保持原有物质形态的

资产。固定资产在使用过程中，其价值量会不断变化。

建设项目建成或者设备购置投入使用时发生并核定的固定资产完全原始价值总量，称为固定资产原值。固定资产在使用过程中会发生损耗，这种损耗称为固定资产损耗，产生的损耗，包括有形损耗和无形损耗。有形损耗也称为物理损耗，是由于使用或者自然力的作用而引起的固定资产物质上的损耗。无形损耗也称为精神损耗，是由于科学技术进步、社会劳动生产率提高而引起原来的固定资产贬值。

固定资产原值或者重置价值减去累计折旧额后的余额称为固定资产净值，它反映了固定资产现存的价值。

固定资产达到规定的使用期限或者报废清理时可以回收的价值称为固定资产残值。

固定资产折旧简称折旧，是指固定资产在使用过程中由于逐渐磨损和贬值而转移到产品中去的那部分价值。固定资产在使用过程中，虽然其实物形态不变，但是由于磨损和贬值其价值会发生变化。折旧是固定资产价值补偿的一种方式，通过从销售收入中提取折旧费对固定资产进行价值形态的补偿，提取的折旧费积累起来可以用作固定资产的更新。

在项目投产前一次性支付的无形资产的费用，如技术转让费（包括专利费、许可证费等），在项目投产后分次摊入成本的金额，称为摊销费。摊销费是无形资产转移到成本的那部分价值。同样，摊销费也在销售收入中回收，其性质与折旧费类似，所以也可以把它列入计算折旧的栏目中，一并计算现金流量。

折旧常用的方法有年限平均法、工作量法、双倍余额递减法、年数总和法等。其中，双倍余额递减法属于加速折旧法，对企业较为有利，一方面可以避免承担固定资产无形损耗带来的风险；另一方面可以冲减企业的利润，减少同期的纳税额。各种折旧方法计算公式如下：

（1）年限平均法

$$年折旧额=\frac{固定资产原值-残值}{折旧年限} \tag{10-2-3}$$

残值与固定资产原值之比称为净残值率，将上式两边同除以固定资产原值，可以得到年折旧率，所以年折旧额也可以按以下两式计算

$$年折旧率=\frac{1-预计净残值率}{折旧年限}\times 100\% \tag{10-2-4}$$

$$年折旧额=固定资产原值\times 年折旧率 \tag{10-2-5}$$

按这种折旧方法计算，折旧率不变，每年折旧额也相等。

【例 10-2-6】 某企业以 15 万元购入一种测试仪器，按规定使用年限为 10 年，残值率为 3%，求各年的折旧额。

解 根据式（10-2-4）和式（10-2-5），可知

$$年折旧率=\frac{1-3\%}{10}=9.7\%$$

$$年折旧额=15\times 9.7\%=1.455\ 万元$$

（2）工作量法

这种方法根据固定资产实际完成的工作量计算折旧额。一些专业设备，如汽车、机床等一般用这种方法计提折旧。工作量法分为两种，一种是按照行驶里程计算折旧，另一种是按照工作小时计算折旧。

按行驶里程计算折旧的公式如下

$$单位里程折旧额 = \frac{原值 \times (1 - 预计净残值率)}{总行驶里程} \tag{10-2-6}$$

$$年折旧额 = 单位里程折旧额 \times 年行驶里程$$

按照工作小时计算折旧的公式为

$$每工作小时折旧额 = \frac{原值 \times (1 - 预计净残值率)}{总工作小时} \tag{10-2-7}$$

$$年折旧额 = 每工作小时折旧额 \times 年工作小时$$

采用工作量法折旧，若每年的工作量不同，则每年的折旧额不等。

【例 10-2-7】 同例 10-2-6，各年该测试仪器工作小时见表，用工作量法计算各年的折旧额。

某测试仪器各年的工作小时　　　　例 10-2-7 表

年　份	1	2	3	4	5	6	7	8	9	10	合计
工作小时	420	450	460	500	510	500	530	550	540	540	5000

解 根据公式（10-2-7），可知

$$第\ 1\ 年折旧额 = (15 - 15 \times 3\%) \times \frac{420}{5\,000} = 1.222\ 万元$$

$$第\ 2\ 年折旧额 = (15 - 15 \times 3\%) \times \frac{450}{5\,000} = 1.310\ 万元$$

同样，可求得其余各年折旧额。

（3）双倍余额递减法

双倍余额递减法属于加速折旧法，是一种加快回收折旧金额的方法。此法初始年折旧额大，随着固定资产使用年数的增加，年折旧额逐年降低，但每年的折旧率是相同的。

$$年折旧率 = \frac{2}{折旧年限} \times 100\% \tag{10-2-8}$$

$$第n年折旧额 = 第n年固定资产净值 \times 年折旧率 \tag{10-2-9}$$

采用此法计算折旧额，应在固定资产折旧年限到期的前 2 年内，将固定资产净值扣除预计残值后的净额平均摊销。

【例 10-2-8】 同例 10-2-6，但用双倍余额递减法计算各年的折旧额。

解 根据公式（10-2-8）和公式（10-2-9）可得

$$年折旧率 = \frac{2}{10} \times 100\% = 20\%$$

第 1 年折旧额 $= 15 \times 20\% = 3$ 万元

第 2 年折旧额 $= (15 - 3) \times 20\% = 2.4$ 万元

第 3 年折旧额 $= 15 \times (1 - 20\%)^2 \times 20\% = 1.92$ 万元

……

第 8 年折旧额 $= 15 \times (1 - 20\%)^7 \times 20\% = 0.629$ 万元

第 9 年和第 10 年的折旧额：

(固定资产净值 − 预计残值) $\div 2 = [15 \times (1 - 20\%)^8 - 15 \times 3\%] \div 2 = 1.033$ 万元

（4）年数总和法

$$年折旧率 = \frac{折旧年限 - 已使用年限}{折旧年限 \times (折旧年限 + 1) \div 2} \times 100\% \qquad (10\text{-}2\text{-}10)$$

$$年折旧额 = (固定资产原值 - 残值) \times 年折旧率 \qquad (10\text{-}2\text{-}11)$$

年数总和法也是一种加速折旧的方法，前几种方法每年的折旧率是不变的，而采用这种方法折旧，折旧额和折旧率都是逐年减小的。

【例 10-2-9】 同例 10-2-6，但用年数总和法计算各年的折旧额。

解 根据公式（10-2-10）和公式（10-2-11）可得

第 1 年折旧率 $= \frac{10-0}{10\times(10+1)\div 2} \times 100\% = 18.18\%$

第 1 年折旧额 $= (15 - 15 \times 3\%) \times 18.18\% = 2.645$ 万元

第 2 年折旧率 $= \frac{10-1}{10\times(10+1)\div 2} \times 100\% = 16.36\%$

第 2 年折旧额 $= (15 - 15 \times 3\%) \times 16.36\% = 2.380$ 万元

同理，可计算出各年的折旧率及折旧额。

各年折旧额累计之和应等于固定资产原值减去残值。

6. 经营成本

经营成本是指建设项目总成本费用扣除折旧费、摊销费和财务费用以后的全部费用。

经营成本是项目评价中所使用的特定概念，是从投资方案本身考察的，在一定期间（一般为一年）内由于生产和销售产品或提供服务而实际发生的现金支出。经营成本不包括虽已经计入产品成本费用中但实际没有发生现金支出的费用项目。

经营成本与项目的融资方案无关，在完成建设投资和营业收入的估算后就可以估算经营成本，为项目融资之前的现金流量分析提供依据。

经营成本按下式计算

$$经营成本 = 外购原材料、燃料和动力费 + 工资及福利费 + 修理费 + 其他费用$$

经营成本与总成本费用之间的关系是

$$经营成本 = 总成本费用 - 折旧费 - 摊销费 - 财务费用$$

7. 固定成本和可变成本

总成本费用按成本与产量的关系可分为固定成本和可变成本。

固定成本是指产品总成本中，在一定产量范围内不随产量变动而变动的费用，如固定资产折旧费、管理费用等。固定成本一般包括折旧费、摊销费、修理费、工资、福利费（计件工资除外）及其他费用等。通常把运营期间发生的全部利息也作为固定成本。

可变成本也称为变动成本，是指产品总成本中随产量变动而变动的费用，如产品外购原材料、燃料及动力费、计件工资等。

固定成本总额在一定时期和一定业务范围内不随产量的增加而变动。但在单位产品成本中，固定成本部分与产量的增加成反比，即产量增加，单位产品的固定成本减少。

变动成本总额随产量增加而增加，但单位产品成本中，产量增加，单位可变成本不变。

8. 机会成本和沉没成本

机会成本是指将有限资源投入某种经济活动时所放弃的投入到其他经济活动所能带来的最高收益。

沉没成本是指过去已经支出而现在已无法得到补偿的成本。

【例 10-2-10】 某项目投资中有部分资金源于银行贷款，该贷款在整个项目期间将等额偿还本息。项目预计年经营成本为 5 000 万元，年折旧费和摊销为 2 000 万元，则该项目的年总成本费用应：

A. 等于 5 000 万元　　B. 等于 7 000 万元

C. 大于 7 000 万元　　D. 在 5 000 万元与 7 000 万元之间

解 经营成本是指项目总成本费用扣除固定资产折旧费、摊销费和利息支出以后的全部费用。即，经营成本=总成本费用−折旧费−摊销费−利息支出。本题经营成本与折旧费、摊销费之和为 7 000 万元，再加上利息支出，则该项目的年总成本费用大于 7 000 万元。

答案： C

（三）项目评价涉及的税费

项目评价涉及的税费主要包括关税、增值税、营业税、消费税、所得税、资源税、城市维护建设税和教育费附加等，有的行业还涉及土地增值税。

我国目前的工商税制分为流转税、资源税、收益税、财产税、特定行为税等几类。其中项目评价所涉及的主要税费有从销售收入中扣除的增值税、营业税及附加，计入总成本费用的房产税、土地使用税、车船使用税、印花税等，计入建设投资的引进技术、设备材料的关税和固定资产投资方向调节税等，以及从利润中扣除的所得税等。以下简述几种主要的税种。

1. 增值税

增值税是就商品生产、商品流通和劳务服务各个环节的增值额征收的一种流转税（流转税是指以商品生产、商品流通和劳务服务的流转额为征税对象的各种税，包括增值税、消费税和营业税）。增值税设基本税率、低税率和零税率三档。计税公式为

$$应纳税额 = 当期销项税额 - 当期进项税额$$

其中

$$销项税额 = 销售额 \times 适用增值税率$$

销项税额是按照销售额和规定税率计算并向购买方收取的增值税额。进项税额是指纳税人购进货物或者应税劳务所支付或者负担的增值税额。准予从销项税额中抵扣的进项税额，是指从销售方取得增值税专用发票上注明的增值税额或从海关取得的完税凭证上注明的增值税额。

财务分析应按税法规定计算增值税。当采用含（增值）税价格计算销售收入和原材料、燃料动力成本时，利润和利润分配表以及现金流量表中应单列增值税科目；采用不含（增值）税价格计算时，利润表和利润分配表以及现金流量表中不包括增值税科目。

2. 营业税

营业税是对在我国境内提供应税劳务、转让无形资产、销售不动产的单位和个人，就其营业额征收的一种税。凡在我国境内从事交通运输、建筑业、金融保险业、邮电通信业、文化体育业、娱乐业、服务业、转让无形资产、销售不动产等业务，都属于营业税的征收范围。其计算公式为

$$应纳营业税税额 = 营业额 \times 适用税率$$

营业税是价内税，包含在营业收入之内。

3. 资源税

资源税是对在我国境内从事开采特定矿产品和生产盐的单位和个人征收的税种，通常按矿产的产量计征。

4. 消费税

消费税是以特定消费品为纳税对象的税种。

5. 关税

关税是以进出口应税货物为纳税对象的税种。

6. 土地增值税

土地增值税是按照转让房地产所取得的增值额征收的一种税。房地产开发项目应按规定计算土地增值税。

7. 城乡维护建设税

城乡维护建设税是对一切有经营收入的单位和个人，就其经营收入征收的一种税。城市维护建设税是一种地方附加税，目前以流转税额（包括增值税、营业税和消费税）为计税依据。

8. 教育费附加

教育费附加是向缴纳增值税、消费税、营业税的单位和个人征收的一种专项费用。

9. 企业所得税

企业所得税是企业应纳税所得额征收的税种，其计算公式为

$$\text{应纳所得税额} = \text{应纳税所得额} \times \text{所得税税率}$$

$$\text{应纳税所得额} = \text{利润总额} \pm \text{税收项目调整项目金额}$$

10. 固定资产投资方向调节税

固定资产投资方向调节税是以投资行为为征税对象的一种税。按国家规定，自 2000 年 1 月起新发生的投资额，暂停征收固定资产投资方向调节税。

在财务现金流量表中所列的“营业税及附加”，是指在项目运营期内各年销售产品或提供服务所发生的应从营业收入中缴纳的税金，包括营业税、资源税、消费税、土地增值税、城市维护建设税和教育费附加。

（四）总投资形成的资产

建设项目评价中的总投资，是指项目建设和投入运营所需要的全部投资，为建设投资、建设期利息和流动资金之和。应注意项目评价中的总投资区别于目前国家考核建设规模的总投资，后者包括建设投资和 30%的流动资金（又称铺底流动资金）。

按现行财务会计制度的规定，固定资产是指为生产商品、提供劳务、出租或经营管理而持有的，使用寿命超过一个会计年度的有形资产。

无形资产是指企业拥有或控制的没有实物形态的可辨认非货币性资产。

其他资产，原称递延资产，是指除流动资产、长期投资、固定资产、无形资产以外的其他资产，如长期待摊费用。

项目评价中总投资形成的资产可划分为：

1. 固定资产

构成固定资产原值的费用包括：

（1）工程费用，即建筑工程费、设备购置费和安装工程费；

（2）工程建设其他费用；

（3）预备费，可含基本预备费和涨价预备费；

（4）建设期利息。

2. 无形资产

构成无形资产原值的费用，主要包括技术转让费或技术使用费（含专利权和非专利技术）、商标权

和商誉等。

3. 其他资产

构成其他资产原值的费用，主要包括生产准备费、开办费、出国人员费、来华人员费、图纸资料翻译复制费、样品样机购置费和农业开荒费等。

建设项目经济评价中，应按有关规定将建设投资中的各分项分别形成固定资产原值、无形资产原值和其他资产原值。形成的固定资产原值可用于计算折旧费，形成的无形资产原值和其他资产原值可用于计算摊销费。建设期利息应计入固定资产原值。

总投资中的流动资金与流动负债共同构成流动资产。

习　题

10-2-1 构成建设项目的总投资的三部分费用是（　　）。

A. 工程费用、预备费、流动资金

B. 建设投资、建设期利息、流动资金

C. 建设投资、建设期利息、预备费

D. 建筑安装工程费、工程建设其他费用、预备费

10-2-2 建设项目总投资中，形成固定资产原值的费用包括（　　）。

A. 工程费用、工程建设其他费用、预备费、建设期利息

B. 工程费用、专利费、预备费、建设期利息

C. 建筑安装工程费、设备购置费、建设期利息、商标权

D. 建筑安装工程费、预备费、流动资金、技术转让费

10-2-3 某新建项目，建设期 2 年，第 1 年年初借款 1 500 万元，第 2 年年初借款 1 000 万元，借款按年计息，利率为 7%，建设期内不支付利息，第 2 年借款利息为（　　）。

A. 70 万元　　　　B. 77.35 万元

C. 175 万元　　　　D. 182.35 万元

10-2-4 某企业购置一台设备，固定资产原值为 20 万元，采用双倍余额递减法折旧，折旧年限为 10 年，则该设备第 2 年折旧额为（　　）。

A. 2 万元　　　　B. 2.4 万元

C. 3.2 万元　　　　D. 4.0 万元

10-2-5 某工业企业预计今年销售收入可达 8 000 万元，总成本费用为 8 200 万元，则该企业今年可以不缴纳（　　）。

A. 企业所得税　　　　B. 营业税金及附加

C. 企业自有车辆的车船税　　　　D. 企业自有房产的房产税

10-2-6 在建设项目总投资中，以下应计入固定资产原值的是（　　）。

A. 建设期利息　　　　B. 外购专利权

C. 土地使用权　　　　D. 开办费

第三节 资金来源与融资方案

一、资金筹措的主要方式

一个项目的建设，需要通过融资筹集建设项目所需的资金，资金筹措方式是指项目获得资金的具体方式。按照融资主体不同，项目的融资可分为既有法人融资和新设法人融资两种融资方式；按融资的性质，可以分为权益融资和债务融资。权益融资形成项目的资本金，债务融资形成项目的债务资金。

（一）资本金筹措

项目资本金是指在建设项目总投资中，由投资者认缴的出资额，对项目来说是非债务资金，投资者按出资比例依法享有所有者权益，可转让其出资，但不得抽回。项目法人不承担资本金的任何利息和债务，没有按期还本付息的压力。股利的支付依投产后的经营状况而定，项目法人的财务负担较小。由于股利从税后利润中支付，没有抵税作用，且发行费用较高，故资金成本较高。

项目资本金（即项目权益资金）的来源和筹措方式根据融资主体的特点有不同筹措方式。

既有法人融资项目新增资本金，可通过原有股东增资扩股、吸收新股东投资、发行股票、政府投资等方式筹措；新设法人融资项目的资本金，可通过股东直接投资、发行股票、政府投资等方式筹措。

（二）债务资金筹措

债务资金是项目投资中以负债方式从金融机构、证券市场等资本市场取得的资金。债务资金的特点是：使用上有时间性限制，到期必须偿还；不管企业经营好坏，均得按期还本付息，形成企业的财务负担；资金成本一般比权益资金低；不会分散投资者对企业的控制权。

目前，我国项目债务资金的来源和筹措方式有：

1. 商业银行贷款

国内商业银行贷款手续简单、成本较低，适用于有偿债能力的项目。

2. 政策性银行贷款

政策性银行贷款一般期限较长，利率较低。

3. 外国政府贷款

外国政府贷款在经济上有援助性质，期限长、利率低。

4. 国际金融组织贷款

国际金融组织贷款，如国际货币基金组织、世界银行、亚洲开发银行等。国际金融组织有自己的贷款政策，符合该组织认为应当支持的项目才能获得贷款。

5. 出口信贷

出口信贷是设备出口国政府为促进本国设备出口，鼓励本国银行向本国出口商或外国进口商（或进口方银行）提供的贷款。贷款的使用条件是购买贷款国的设备，其利率通常低于国际上商业银行的利率，但需要支付一定的附加费用（管理费、承诺费、信贷保险费等）。

6. 银团贷款

银团贷款是指多家银行组成一个集团，由一家或几家银行牵头，采用同一贷款协议，按照共同约定的贷款计划，向借款人提供贷款的贷款方式。它主要适用于资金需要量大、偿债能力较强的项目。

7. 企业债券

企业债券是企业以自身的财务状况和信用条件为基础，按有关法律、法规规定的条件和程序发行的、约定在一定期限内还本付息的债券。企业债券的特点是筹资对象广，但发债条件严格、手续复杂；其利率虽低于贷款利率，但发行费用较高。它适用于资金需求量大、偿债能力较强的项目。

8. 国际债券

国际债券是在国际金融市场上发行的、以外国货币为面值的债券。

9. 融资租赁

租赁筹资是指出租人以租赁方式将出租物租给承租人，承租人以交纳租金的方式取得租赁物的使用权，在租赁期间出租人仍保持出租物的所有权，并于租赁期满收回出租物的一种经济行为。

企业筹集资金除了受到宏观经济、法律、政策及行业特点等因素制约外，还受到企业或项目自身因素的影响，包括拟建项目的规模、拟建项目的速度、控制权、资金结构、资金成本等因素的影响。

（三）准股本资金筹措

准股本资金是一种既具有资本金性质，又具有债务资金性质的资金。主要包括优先股股票和可转换债券。

（1）优先股股票：是一种兼具资本金和债务资金性质的有价证券。从普通股股东的立场看，优先股可视同一种负债；但从债权人的立场看，优先股可视同资本金。

在项目评价中，优先股股票应视为项目资本金。

（2）可转换债券：兼有债券和股票的特性。有债权性、股权性和可转换性三个特点。在项目评价中，可转换债券应视为项目债务资金。

二、资金成本

资金成本是企业为筹措资金和使用资金而付出的代价，由资金筹集费和资金占用费所组成。资金筹集费是筹集资金过程中发生的费用，如律师费、证券印刷费、发行手续费、资信评估费等；资金占用费是使用资金过程中向提供资金者所支付的费用，如借款利息、债券利息、优先股股息、普通股股息等。

资金成本一般用资金成本率表示。资金成本率是指筹集的资金与筹资发生的各种费用等值时的贴现率。考虑了资金时间价值的资金成本率的一般计算公式为

$$\sum_{t=0}^{n}\frac{F_t - C_t}{(1+K)^n} = 0 \tag{10-3-1}$$

式中：F_t ——各年实际筹措资金流入额；

C_t ——各年实际资金筹集费和资金占用费；

K ——资金成本率；

n ——资金占用期限。

若不考虑资金的时间价值，资金成本可按下式计算

$$K = \frac{D}{I-C} = \frac{D}{I(1-f)} \tag{10-3-2}$$

式中：K ——资金成本；

D ——资金占用费；

I ——筹集资金总额；

C ——资金筹集费；

f ——筹资费率。

（一）各种资金来源的资金成本

1. 银行借款成本

借贷、债券等的融资费用和利息支出均在缴纳所得税之前支付，因此作为股权投资者可以获得所得税抵减的好处，所得税后资金成本可根据下式计算

$$所得税后资金成本 = 所得税前资金成本 \times (1 - 所得税税率)$$

借款成本主要是利息支出，在筹资的时候也有一些费用，但这些费用一般较少，进行财务评价时可以忽略不计。考虑到利息在所得税前支付，可少交一部分所得税。其资金成本计算公式为

$$K_e = R_e(1 - T) \tag{10-3-3}$$

式中：K_e ——借款成本；

R_e ——借款利率；

T ——所得税税率。

如果考虑筹资费用，计算公式为

$$K_e = \frac{R_e(1 - T)}{1 - f} \tag{10-3-4}$$

式中：f ——筹资费率。

【例 10-3-1】 某项目从银行贷款 500 万元，年利率为 8%，在借款期间每年支付利息 2 次，所得税税率为 25%，手续费忽略不计，问该借款的资金成本是多少？

解　将名义利率折算为实际利率，即

$$R_e = \left(1 + \frac{r}{m}\right)^m - 1 = \left(1 + \frac{8\%}{2}\right)^2 - 1 = 8.16\%$$

借款资金成本$K_e = R_e(1 - T) = 8.16\% \times (1 - 25\%) = 6.12\%$

2. 债券成本

与借款类似，企业发行债券筹集成本所支付的利息计入税前成本费用，同样可以少交一部分所得税。企业发行债券的筹资费用较高，计算其资金成本时应予以考虑。债券成本的计算公式为

$$K_b = \frac{R_b(1 - T)}{B(1 - f_b)} \tag{10-3-5}$$

式中：K_b ——债券成本；

R_b ——债券每年实际利息；

B ——债券每年发行总额；

f_b ——债券筹资费用率。

3. 优先股资金成本

优先股是一种兼有资本金和债务资金特点的融资方式，优先股股东不参与公司经营管理，对公司无控制权。发行优先股通常不需要还本，但需要支付固定股息，股息一般高于银行贷款利息。从债权人的立场看，优先股可视为资本金；从普通股股东的立场看，优先股可视为一种负债。在项目评价中，优先股股票应视为资本金。优先股资金成本的计算公式为

$$优先股资金成本 = \frac{优先股股息}{优先股发行价格 - 发行成本}$$

【例 10-3-2】 某优先股面值 100 元，发行价格 99 元，发行成本为面值的 3%，每年支付利息 1 次，固定股息率为 8%，问该优先股的资金成本是多少？

解 该优先股的资金成本= $\frac{8}{99-3}\times 100\% = 8.33\%$

4. 普通股资金成本

普通股资金成本属于权益资金成本。其计算方法有资本资产定价模型法、税前债务成本加风险溢价法、股利增长模型法等。

（1）资本资产定价模型法

资本资产定价模型法的计算公式为

$$K_c = R_f + \beta(R_m - R_f) \tag{10-3-6}$$

式中：K_c ——普通股资金成本；

R_m ——市场投资组合预期收益率；

R_f ——无风险投资收益率；

β ——项目的投资风险系数。

（2）股利增长模型法

该模型是一种假定股票投资收益以固定的增长率递增的计算股票资金成本的方法，计算公式为

$$K_s = \frac{D_i}{P_0(1-f)} + g \tag{10-3-7}$$

式中：K_s ——普通股资金成本；

D_i ——第i期支付的股利；

P_0 ——普通股现值；

f ——筹资费率；

g ——期望股利增长率。

由于股利必须在企业税后利润中支付，因而不能抵减所得税的缴纳。

5. 保留盈余资金成本

保留盈余又称留存收益，是指企业从历年实现的利润中提取或形成的留存于企业内部的积累。保留盈余包括盈余公积和未分配利润。由于企业保留盈余资金不仅可以用来追加本企业的投资，也可把资金放入银行或者投资到别的企业。因此，使用保留盈余资金意味着要承受机会成本。

（二）扣除通货膨胀影响的资金成本

借贷资金利息等通常包含通货膨胀因素的影响，扣除通货膨胀因素影响的资金成本计算公式为

$$\text{扣除通货膨胀因素影响的资金成本} = \frac{1 + \text{未扣除通货膨胀因素影响的资金成本}}{1 + \text{通货膨胀率}} - 1 \tag{10-3-8}$$

如果需要计算扣除所得税和扣除通货膨胀因素影响的资金成本，应当先计算扣除所得税影响的资金成本，然后再计算扣除通货膨胀因素影响的资金成本。

【例 10-3-3】 如果通货膨胀率为 2%，试计算例 10-3-1 的借款资金成本。

解 例 10-3-1 的计算结果已扣除了所得税的影响，则扣除通货膨胀因素影响的借款资金成本为

$$(1 + 6.12\%) \div (1 + 2\%) - 1 = 4.04\%$$

（三）加权平均资金成本

项目的资金有不同来源，其成本一般是不同的。对项目进行评价时，需要计算整个融资方案的综合

资金成本，一般是以各种资金所占全部资金的比重为权重，对个别资金成本进行加权计算，即加权平均资金成本，其计算公式为

$$K_{\mathrm{w}} = \sum_{t=1}^{n} K_t W_t$$

式中：K_{w}——加权平均资金成本；

K_t——第t种融资的资金成本；

W_t——第t种融资金额占总融资金额的比重，有$\sum W_t = 1$。

【例 10-3-4】 某项目资金来源包括普通股、长期借款和短期借款，其融资金额分别为 500 万元、400 万元和 200 万元，资金成本分别为 15%、6%和 8%。试计算该项目融资的加权平均资金成本。

解 该项目融资总金额为 500+400+200=1 100 万元，其加权平均资金成本为

$$\frac{500}{1\,100} \times 15\% + \frac{400}{1\,100} \times 6\% + \frac{200}{1\,100} \times 8\% = 10.45\%$$

从以上例子可以看出，个别资金成本、税收、通货膨胀等因素会影响企业的平均资金成本。

三、债务偿还的主要方式

(一) 等额利息法

等额利息法，即每期付息额相等，期中不还本金，最后一期归还本金和当期利息。

(二) 等额本金法

等额本金法，即每期偿还相等的本金和相应的利息。

假定每年还款，等额本金法的计算公式为

$$A_t = \frac{I_{\mathrm{c}}}{n} + I_{\mathrm{c}} \cdot \left(1 - \frac{t-1}{n}\right) \cdot i \qquad (10\text{-}3\text{-}9)$$

式中：A_t——第t期的还本付息额；

I_{c}——还款开始的期初借款余额；

$\frac{I_{\mathrm{c}}}{n}$——每年偿还的本金；

n——约定的还款期；

i——借款的年利率。

(三) 等额本息法

等额本息法，即每期偿还本利额相等。

可利用等额支付资金回收公式（10-1-10）计算，即

$$A = P\left[\frac{i(1+i)^n}{(1+i)^n - 1}\right] = P(A/P, i, n)$$

【例 10-3-5】 某公司向银行借款 150 万元，期限为 5 年，年利率为 8%，每年年末等额还本付息一次（即等额本息法），到第五年末还完本息。则该公司第 2 年年末偿还的利息为：[已知：$(A/P, 8\%, 5) = 0.250\,5$]

A. 9.954 万元　　B. 12 万元　　C. 25.575 万元　　D. 37.575 万元

解 注意题目问的是第 2 年年末偿还的利息（不包括本金）。

等额本息法每年还款的本利和相等，根据等额支付资金回收公式（已知P求A），每年年末还本付息金额为：

$$A=P\left[\frac{i(1+i)^n}{(1+i)^n-1}\right]=P(A/P,8\%,5)=150\times0.2505=37.575\text{ 万元}$$

则第 1 年年末偿还利息为$150\times8\%=12$万元，偿还本金为$37.575-12=25.575$万元

第 1 年已经偿还本金 25.575 万元，尚未偿还本金为$150-25.575=124.425$万元

第 2 年年末应偿还利息为$(150-25.575)\times8\%=9.954$万元

答案： A

（四）“气球法”（任意法）

“气球法”，即期中任意偿还本利，到期末全部还清。

（五）一次偿付法

一次偿付法，即最后一期偿还本利。

（六）偿债基金法

偿债基金法，即每期偿还贷款利息，同时向银行存入一笔等额现金，到期末存款正好偿付贷款本金。

【例 10-3-6】 某公司向银行借款 2 400 万元，期限为 6 年，年利率为 8%，每年年末付息一次，每年等额还本，到第 6 年年末还完本息。请问该公司第 4 年年末应还的本息和是：

A. 432 万元　　B. 464 万元　　C. 496 万元　　D. 592 万元

解 该公司借款的偿还方式为等额本金法。

每年应偿还的本金均为：$2\,400/6=400$万元

前 3 年已经偿还本金：$400\times3=1\,200$万元

尚未还款本金：$2\,400-1\,200=1\,200$万元

第 4 年年末应还利息为：$I_4=1\,200\times8\%=96$万元

第 4 年年末应还本息和：$A_4=400+96=496$万元

或按等额本金法公式计算：

$$A_t=\frac{I_c}{n}+I_c\cdot\left(1-\frac{t-1}{n}\right)\cdot i=\frac{2\,400}{6}+2\,400\times\left(1-\frac{4-1}{6}\right)\times8\%=496\text{ 万元}$$

答案： C

习　题

10-3-1　某企业发行债券筹集资金，发行总额 500 万元，债券年利率为 5%，发行时的筹资费用率 1%，所得税税率 25%，该债券筹资成本为（　　）。

A. 3%　　B. 3.8%　　C. 5%　　D. 6%

10-3-2　某扩建项目总投资 1000 万元，筹集资金的来源为：原有股东增资 400 万元，资金成本为 15%；银行长期借款 600 万元，年实际利率为 6%。该项目年初投资当年获利，所得税税率 25%，该项目所得税后加权平均资金成本为（　　）。

A. 7.2%　　B. 8.7%　　C. 9.6%　　D. 10.5%

10-3-3　某项目从银行贷款 500 万元，期限 5 年，年利率 5%，采取等额还本利息照付方式还本付息，每年末还本付息一次，第 2 年应付利息是（　　）万元。

A. 5　　B. 20　　C. 23　　D. 25

10-3-4　某公司发行普通股筹资 10 000 万元，筹资费率为 3%，第一年股利率为 8%，以后每年增长 6%，所得税率为 25%，则普通股资金成本为（　　）。

A. 8.25%　　B. 10.69%　　C. 14.00%　　D. 14.25%

第四节　财 务 分 析

建设项目经济评价包括财务评价（也称财务分析）和国民经济评价（也称经济分析）。

财务评价（财务分析）是在国家现行财税制度和价格体系的前提下，从项目的角度进行经济分析，评价项目的盈利能力和借款偿还能力，评价项目在财务上的可行性。对于经营性项目，应分析项目的盈利能力、偿债能力和财务生存能力，判断项目的财务可接受性；对于非经营性项目，财务分析主要分析项目的财务生存能力。

一、财务评价的内容

（1）根据项目的性质和目标选择适当的方法。

（2）收集、预测财务分析的数据，进行财务效益和费用的估算。

（3）进行财务分析。通过编制财务报表，计算财务指标，分析项目的盈利能力、偿债能力和财务生存能力。

（4）进行不确定性分析，估计项目可能承担的风险。

二、盈利能力分析

财务分析可分为融资前分析和融资后分析，一般先进行融资前分析，在满足条件的基础上，考虑融资方案进行融资后分析。

融资前分析应以动态分析（折现现金流量分析）为主，静态分析为辅。融资前动态分析，不考虑债务融资方案，通过编制项目投资现金流量表，计算项目投资内部收益率和净现值等指标，从项目投资总获利能力的角度，考察项目方案的合理性。

根据分析的角度不同，融资前分析可选择计算所得税前指标和（或）所得税后指标。

融资前分析也可计算静态投资回收期指标，以反映收回项目投资所需要的时间。

融资后的盈利能力分析包括动态分析和静态分析，其中动态分析包括项目资本金现金流量分析和投资各方现金流量分析。项目资本金现金流量分析考虑了融资方案的影响，通过编制项目资本金现金流量表，计算项目资本金财务内部收益率，考察项目资本金的收益水平。投资各方现金流量分析通过编制投资各方现金流量表，计算投资各方的财务内部收益率指标，考察投资各方的收益水平。静态分析不考虑资金的时间价值，依据利润和利润分配表计算项目资本金净利润率和总投资收益率指标。

按照是否考虑资金的时间价值，项目经济评价指标可分为静态评价指标和动态评价指标；按照指标的性质，项目经济评价指标可分为时间性指标、价值性指标和比率性指标；国家发改委、住建部发布的《建设项目经济评价方法与参数》（第三版）按照分析的角度不同，将项目经济评价分为财务分析和经济分析，对应的指标为财务分析指标和经济分析指标。

以下介绍常用的评价指标。

（一）净现值

净现值是考察项目在计算期内盈利能力的主要动态评价指标，是采用最为普遍的指标之一。

净现值是指按行业的基准收益率或设定的折现率，将项目计算期内各年的净现金流量折现到建设期初的现值之和。基准收益率也称基准折现率，是企业或行业或投资者以动态的观点所确定的、可接受的投资项目最低标准的受益水平。

净现值的计算公式为

$$NPV = \sum_{t=0}^{n} (CI - CO)_t (1 + i_c)^{-t} \tag{10-4-1}$$

式中：NPV ——净现值；

CI ——现金流入量；

CO ——现金流出量；

$(CI - CO)_t$ ——第t年的净现金流量；

n ——项目计算期；

i_c ——基准收益率（折现率）。

确定基准收益率应考虑年资金费用率、机会成本、投资风险和通货膨胀等因素，一般可按下式确定：

$$i_c = (1 + i_1)(1 + i_2)(1 + i_3) - 1 \approx i_1 + i_2 + i_3 \tag{10-4-2}$$

式中：i_1 ——资金费用率与机会成本中较高者；

i_2 ——风险贴补率；

i_3 ——通货膨胀率。

利用净现值指标时，首先确定一个基准收益率i_c，然后确定计算现值的基准年，计算时将各年发生的净现金流量等值换算到基准年，最后根据计算结果进行评价。

根据净现值的计算结果进行评价，NPV≥0 表示项目的投资方案可以接受。

【例 10-4-1】 某项目寿命期为 5 年，各年投资额及收支情况见表，基准投资收益率为 10%，试用净现值指标判断该项目财务上的可行性。

某项目的现金流量表（单位：万元） 例 10-4-1 表

年末	0	1	2	3	4	5
投资支出	40	20				
收入			30	45	45	45
经营成本			15	20	20	20
净现金流量	-40	-20	15	25	25	25

解 绘出该项目的现金流量图，见解图。

项目方案的净现值为

$$NPV = -40 - 20(P/F, 10, 1) + [15 + 25(P/A, 10, 3)](P/F, 10, 2)$$
$$= -40 - 20 \times 0.9091 + (15 + 25 \times 2.4869) \times 0.8264$$
$$= 5.59 \text{ 万元} > 0$$

由于$NPV > 0$，故从盈利的角度上看，该项目可取。

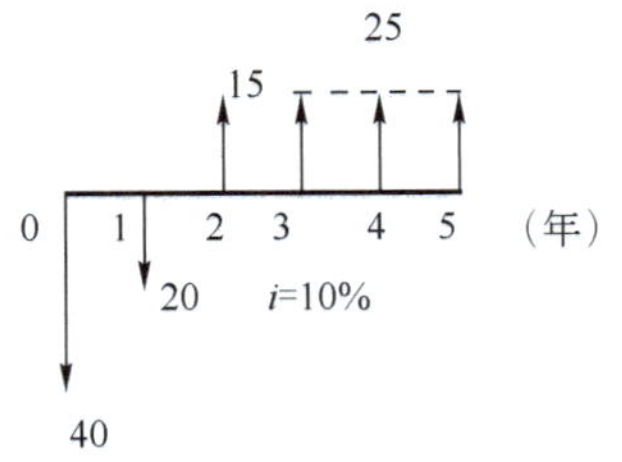

例 10-4-1 解图 某项目的现金流量图

净现值指标是最常用的动态指标之一，其优点是只要设定了收益率，可以根据 NPV 是否大于零判断方案财务上的可行性，概念清晰。对于单方案的经济评价，可以直接采用净现值指标进行评价。其缺点在于多方案比较时，该指标一是有利于投资额大的方案，二是有利于寿命期长的方案。因此，当进行投资额相差较大的方案比较，或是寿命期不等的方案比较时，可采用其他评价指标作为净现值的辅助评价指标。

净现值用于项目的财务分析时，计算时采用设定的折现率一般为基准收益率，其结果称为财务净现值，记为 FNPV；净现值用于项目的经济分析时，设定的折现率为社会折现率，其结果称为经济净现值，记为 ENPV。

（二）净年度等值（净年值）

净年度等值也可以简称净年值 NAV、等额年值 AW。它是通过资金的等值计算，将项目净现值分摊到寿命期内各年年末的等额年值。其计算公式为

$$\begin{aligned}\mathrm{NAV} &= \mathrm{NPV}(A/P,i_c,n)\\ &= \sum_{t=0}^{n}(\mathrm{CI}-\mathrm{CO})_t(1+i_c)^{-t}(A/P,i_c,n)\end{aligned} \tag{10-4-3}$$

式中： NPV ——净现值；

$$\mathrm{NPV}=\sum_{t=0}^{n}(\mathrm{CI}-\mathrm{CO})_t(1+i_c)^{-t}$$

$(A/P,i_c,n)$ ——等额支付资金回收系数；

$$(A/P,i_c,n)=\frac{i_c(1+i_c)^n}{(1+i_c)^n-1}$$

其余符号含义同前。

对于单一方案，NAV≥0 时，表示方案在经济上可行。从等值计算公式可知，由于等额支付资金回收系数$(A/P,i,n)$为正数，因此 NAV 与 NPV 符号相同，即若 NPV≥0，则 NAV 也一定不小于 0，采用 NPV 指标和 NAV 指标评价同一方案的经济性时，得出的结论是一致的。

在项目投资方案比选时，常用净年值指标作为净现值指标的补充。比如对一些寿命期不等的方案比选，采用净现值指标一般有利于寿命期长的方案，这时可采用净年值指标进行项目方案的经济评价，净年值大的方案较优。

当方案的收益相同或者收益难以直接计算时（如教育、环保、国防等项目），进行方案比较也可以用年度费用等值 AC（费用年值）指标，其计算公式为

$$\mathrm{AC}=\mathrm{NPV}(A/P,i_c,n)=\sum_{t=0}^{n}\mathrm{CO}_t(1+i_c)^{-t}(A/P,i_c,n) \tag{10-4-4}$$

采用年度费用等值指标进行方案比选时，年度费用等值小的方案较优。

如果采用基准收益率计算费用的净现值，称为费用现值。费用现值小的方案较优。

【例 10-4-2】某项目的净现金流量见表，已知设定的折现率为 10%，试用净年值指标评价方案的可行性。

某项目的净现金流量（单位：万元） 例 10-4-2 表

年末	0	1~10
净现金流量	-400	80

解 该项目的净年度等值为

$$\mathrm{NAV}=-400(A/P,10\%,10)+80=-400\times0.1627+80=14.92\text{ 万元}$$

由于 NAV>0，故该项目经济上可行。

（三）内部收益率 IRR

内部收益率也是考查项目在计算期内盈利能力的主要动态评价指标。内部收益率是使项目净现值为零时的折现率，其表达式为

$$\sum_{t=0}^{n}(\mathrm{CI}-\mathrm{CO})_t(1+\mathrm{IRR})^{-t}=0$$

式中：IRR ——内部收益率；

其余符号意义同前面公式。

前面介绍净现值指标时，需要事先给出基准收益率或者设定一个折现率i，对于一个具体的项目，采用不同的折现率i计算净现值 NPV，可以得出不同的 NPV 值。NPV 与i之间的函数关系称为净现值函数。图 10-4-1 为某项目的净现值函数，图中净现值曲线与横坐标的交点所对应的利率就是内部收益率 IRR。计算内部收益率不需要事先给定折现率。

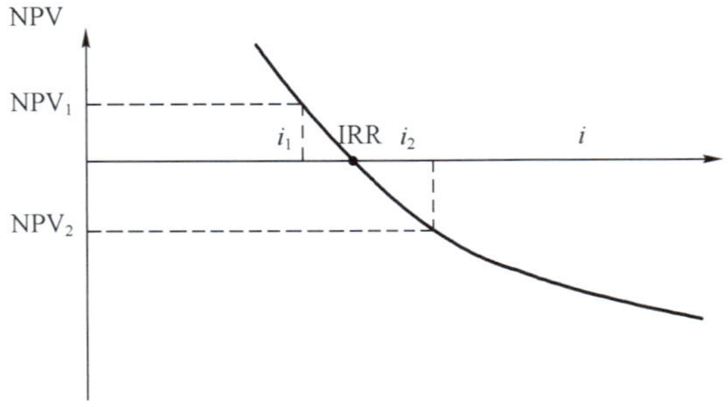

图 10-4-1 某项目的净现值函数

内部收益率的经济内涵可以这样理解：资金投入项目后，通过项目各年的净收益回收投资，各年尚未回收的资金以内部收益率 IRR 为利率增值，则到项目寿命期末时，正好可以全部收回投资。

常规项目投资方案是指净现金流量除建设期初或投产期初的净现金流量为负值外，以后年份均为正值，计算期内净现金流量由负到正只变化一次，常规项目只要累计净现金流量大于零，则内部收益率就有唯一解。

采用内部收益率指标评价项目方案时，其判定准则为：设基准收益率为i_c，若 IRR≥i_c，则方案在经济效果上可以接受；反之，则不能接受。内部收益率用于财务分析时，称为财务内部收益率，记为 FIRR；用于经济分析时，称为经济内部收益率，记为 EIRR。

可采用线性插值试算法求得 IRR 的近似解，其计算步骤为：

（1）作出方案的现金流量图或现金流量表，列出净现值计算公式。

（2）选择一个初始的收益率代入净现值计算公式，计算净现值。若 NPV>0，说明试算的收益率较小，应增大收益率；若 NPV<0，说明试算的收益率偏大，应减小。

（3）重复步骤（2）。

（4）当试算的两个净现值的绝对值较小，且符号相反时，可用线性插值公式求得内部收益率的近似解。其计算公式为

$$\mathrm{IRR}=i_1+\frac{\mathrm{NPV}_1}{\mathrm{NPV}_1+|\mathrm{NPV}_2|}(i_2-i_1) \tag{10-4-5}$$

式中：i_1 ——试算较小的收益率；

i_2 ——试算较大的收益率；

NPV_1 ——用i_1计算的净现值，$\mathrm{NPV}_1>0$；

NPV_2 ——用i_2计算的净现值，$\mathrm{NPV}_2<0$。

【例 10-4-3】某项目 A 的现金流量见表，已知基准收益率i_c =15%，试用内部收益率指标判断该项目的经济性。

某项目 A 的现金流量表（单位：万元）　　例 10-4-3 表

年份	0	1	2	3	4	5
净现金流量	−120	30	40	40	40	40

解　项目 A 的净现值计算公式为

$$NPV = -120 + 30(P/F, i, 1) + 40(P/A, i, 4)(P/F, i, 1)$$

现在分别设$i_1 = 15\%$，$i_2 = 18\%$，计算相应的净现值NPV_1和NPV_2如下。

$$NPV_1 = -120 + 30 \times 0.869\,6 + 40 \times 2.855\,0 \times 0.869\,6 = 5.396\,3 \text{ 万元}$$

$$NPV_2 = -120 + 30 \times 0.847\,5 + 40 \times 2.690\,1 \times 0.847\,5 = -3.380\,6 \text{ 万元}$$

利用公式（10-4-4）可求得 IRR 的近似解

$$IRR = i_1 + \frac{NPV_1}{NPV_1 + |NPV_2|}(i_2 - i_1)$$

$$= 15\% + \frac{5.396\,3}{5.396\,3 + 3.380\,6} \times (18\% - 15\%) = 16.8\%$$

因为该项目$IRR = 16.8\% > i_c = 15\%$，所以该项目在经济效果上可以接受。

（四）差额内部收益率

由于 IRR 并不是初始投资的收益率，实际上是未收回投资的增值率，所以在互斥方案比较排序时，不能用 IRR 进行排序和选优，而应该采用差额投资内部收益率指标。差额投资内部收益率（增量投资内部收益率）是两个方案各年净现金流量差额的现值之和等于零时的折现率，其表达式为

$$\sum_{t=0}^{n} [(CI - CO)_2 - (CI - CO)_1]_t (1 + \Delta IRR)^{-t} = 0 \qquad (10\text{-}4\text{-}6)$$

式中：$(CI - CO)_1$ ——投资小的方案的年净现金流量；

$(CI - CO)_2$ ——投资大的方案的年净现金流量；

ΔIRR ——差额投资内部收益率；

n ——计算期。

采用 ΔIRR 进行方案比较时，应将 ΔIRR 与基准收益率i_c比较，其评价准则是：

若 $\Delta IRR > i_c$，投资大的方案为优；

若 $\Delta IRR < i_c$，投资小的方案为优。

（五）动态投资回收期

动态投资回收期T^*是指在给定的基准收益率（基准折现率）i_c的条件下，用项目的净收益回收总投资所需要的时间。动态投资回收期的表达式为：

$$\sum_{t=0}^{T^*} (CI - CO)_t (1 + i_c)^{-t} = 0 \qquad (10\text{-}4\text{-}7)$$

式中：T^* ——动态投资回收期；

其余符号含义同前。

【例 10-4-4】某项目动态投资回收期刚好等于项目计算期，则以下说法中正确的是：

A. 该项目动态回收期小于基准回收期　　B. 该项目净现值大于零

C. 该项目净现值小于零　　D. 该项目内部收益率等于基准收益率

解 动态投资回收期T^*是指在给定的基准收益率（基准折现率）i_c的条件下，用项目的净收益回收总投资所需要的时间。动态投资回收期的表达式为：

$$\sum_{t=0}^{T^*}(\mathrm{CI}-\mathrm{CO})_t(1+i_c)^{-t}=0$$

式中，i_c为基准收益率。

内部收益率 IRR 是使一个项目在整个计算期内各年净现金流量的现值累计为零时的利率，表达式为：

$$\sum_{t=0}^{n}(\mathrm{CI}-\mathrm{CO})_t(1+\mathrm{IRR})^{-t}=0$$

式中，n为项目计算期。如果项目的动态投资回收期正好等于计算期，则该项目的内部收益率 IRR 等于基准收益率i_c。

答案： D

（六）静态投资回收期

静态投资回收期指在不考虑资金时间价值的条件下，以项目的净收益（包括利润和折旧）回收全部投资所需要的时间。投资回收期通常以“年”为单位，一般从建设年开始计算。其表达式为

$$\sum_{t=0}^{P_t}(\mathrm{CI}-\mathrm{CO})_t=0 \tag{10-4-8}$$

式中：CI ——现金流入量；

CO ——现金流出量；

$(\mathrm{CI}-\mathrm{CO})_t$——第$t$年的净现金流量；

P_t ——投资回收期。

通常按下式计算

$$P_t=\frac{\text{累计净现金流量开始}}{\text{出现正值的年份数}}-1+\frac{\text{上年累计净现金流量的绝对值}}{\text{当年净现金流量}} \tag{10-4-9}$$

计算出投资回收期P_t后，应与部门或行业的基准投资回收期P_c进行比较，当$P_t \leqslant P_c$时，表明项目投资在规定的时间内可以回收，该项目在投资回收能力上是可以接受的。

【例 10-4-5】 某建设项目 A 的各年净现金流量见表，项目计算期 10 年，基准投资回收期P_c为 6 年。试使用投资回收期法评价项目经济上的可行性。

项目 A 的投资及各年纯收入表（单位：万元） 例 10-4-5 表

年份	0	1	2	3	4~10
净现金流量	-100	-200	-500	175	275

解 该项目的累计净现金流量表见解表。

项目 A 的累计净现金流量（单位：万元） 例 10-4-5 解表

序号	0	1	2	3	4	5	6	7	8	9	10
净现金流量	-100	-200	-500	175	275	275	275	275	275	275	275
累计净现金流量	-100	-300	-800	-625	-350	-75	200	475	750	1 025	1 300

根据上表和公式（10-4-8），可得该项目的投资回收期为

$$P_t=6-1+\frac{|-75|}{275}=5.3\text{ 年}$$

由于$P_t < P_c$，所以该项目的投资方案可以接受。

（七）总投资收益率（ROI）

总投资收益率表示总投资的盈利水平，是指项目达到设计能力后，正常年份的年息税前利润或运营期内年平均息税前利润（EBIT）与项目总投资（TI）的比率。其计算公式为

$$总投资收益率 = \frac{正常年份的年息税前利润或运营期内年平均息税前利润}{项目总投资} \times 100\%$$

息税前利润是指企业支付利息和缴纳所得税之前的利润。

总投资收益率高于同行业的收益率参考值，说明用总投资收益率表示的盈利能力满足要求。

（八）项目资本金净利润率

项目资本金净利润率表示项目资本金的盈利水平，是指项目达到设计能力后，正常年份的年净利润或运营期内年平均净利润与项目资本金的比率。其计算公式为

$$项目资本金净利润率 = \frac{正常年份的年净利润或运营期内年平均净利润}{项目资本金} \times 100\% \qquad (10\text{-}4\text{-}10)$$

如果项目资本金净利润率高于同行业的资本金净利润率参考值，说明用项目资本金净利润率表示的盈利能力满足要求。

【例 10-4-6】某新建项目的资本金为 2 000 万元，建设投资为 4 000 万元，需要投入流动资金 700 万元，项目建设获得银行贷款 3 000 万元，年利率为 10%。项目一年建成并投产，预计达产期年利润总额为 800 万元，正常运营期每年支付银行利息 100 万元，所得税率为 25%，试计算该项目的总投资收益率和项目资本金净利润率。

解 该项目的总投资为

总投资 = 建设投资 + 建设期利息 + 流动资金

= 4 000 + 3 000 × 10% + 700 = 5 000 万元

息税前利润 = 利润总额 + 利息支出 = 800 + 100 = 900 万元

总投资收益率 = 900 ÷ 5 000 × 100% = 18%

年净利润 = 利润总额 × (1 − 所得税率) = 800 × (1 − 25%) = 600 万元

项目资本金净利润率 = 600 ÷ 2 000 × 100% = 30%

三、偿债能力分析和财务生存能力分析

（一）偿债能力分析

偿债能力分析是通过编制相关报表，计算利息备付率、偿债备付率和资产负债率等指标，考察财务主体的偿债能力。

1. 利息备付率

利息备付率是指在借款偿还期内的息税前利润与应付利息的比值。该指标从付息资金来源的充裕性角度，反映偿付债务利息的保障程度和支付能力。其计算公式为

$$利息备付率 = \frac{息税前利润}{应付利息} \qquad (10\text{-}4\text{-}11)$$

利息备付率应分年计算。利息备付率越高，利息偿付的保障程度越高，利息备付率应大于 1，一般

不宜低于 2，并结合债权人的要求确定。

【例 10-4-7】 某建设项目预计生产期第三年息税前利润为 200 万元，折旧与摊销为 50 万元，所得税为 25 万元，计入总成本费用的应付利息为 100 万元，则该年的利息备付率为：

A. 1.25　　B. 2　　C. 2.25　　D. 2.5

解

$$利息备付率 = 息税前利润/应付利息$$

式中，息税前利润 = 利润总额 + 利息支出

本题已经给出息税前利润，因此该年的利息备付率为：

$$利息备付率 = 息税前利润/应付利息 = 200/100 = 2$$

答案： B

2. 偿债备付率

偿债备付率是指在借款偿还期内，用于计算还本付息的资金与应还本付息金额之比。该指标从还本付息资金来源的充裕性角度，反映偿付债务本息的保障程度和支付能力。其计算公式为

$$偿债备付率 = \frac{用于计算还本付息的资金}{应还本付息金额} \tag{10-4-12}$$

式中用于还本付息的资金按下式计算

$$用于计算还本付息的资金 = 息税前利润 + 折旧和摊销 - 所得税$$

偿债备付率应分年计算。偿债备付率越高，可用于还本付息的资金保障程度越高，偿债备付率应大于 1，一般不宜低于 1.3，并结合债权人的要求确定。

3. 资产负债率

资产负债率是指各期末负债总额同资产总额的比率，按下式计算

$$资产负债率 = \frac{期末负债总额}{期末资产总额} \tag{10-4-13}$$

适度的资产负债率，表明企业经营安全、有较强的筹资能力，企业和债权人的风险较小。

【例 10-4-8】 某建设项目预计第三年息税前利润为 200 万元，折旧与摊销为 30 万元，所得税为 20 万元。项目生产期第三年应还本付息金额为 100 万元。该年的偿债备付率为：

A. 1.5　　B. 1.9　　C. 2.1　　D. 2.5

解

$$偿债备付率 = \frac{用于计算还本付息的资金}{应还本付息金额}$$

式中，用于计算还本付息的资金 = 息税前利润 + 折旧和摊销 − 所得税

$$偿债备付率 = \frac{200 + 30 - 20}{100} = 2.1 万元$$

答案： C

（二）财务生存能力分析

财务生存能力分析是通过编制财务计划现金流量表，计算项目在计算期内的净现金流量和累计盈余资金，分析项目是否有足够的净现金流量维持正常经营，实现财务的可持续性，从而判断项目在财务上的生存能力。

可通过以下两个方面具体判断项目的财务生存能力：

（1）拥有足够的经营净现金流量是财务可持续性的基本条件。

（2）各年累计盈余资金不出现负值是财务生存的必要条件。

四、财务分析报表

进行财务分析需要编制相关的财务分析报表。财务分析报表主要包括项目投资现金流量表、项目资本金现金流量表、投资各方现金流量表、利润与利润分配表、财务计划现金流量表、资产负债表和借款还本付息计划表等。

（一）项目投资现金流量表

现金流量表是反映项目计算期内各年现金收支的报表，用以计算各项静态和动态指标，进行项目的财务盈利能力分析。

项目投资现金流量表原称为全部投资现金流量表，是以项目建设所需总投资为计算基础，不考虑融资方案的影响，反映计算期内各年的现金流入和流出的财务报表。该表用于项目投资现金流量分析，通过计算项目投资内部收益率和净现值等指标来评价项目在财务上的可行性。项目投资现金流量分析属于融资前分析，排除了融资方案的影响，从项目投资总的获利能力的角度，考察项目方案设计本身的合理性。项目投资现金流量表的构成见表 10-4-1。

项目投资现金流量表　　表 10-4-1

序号	项　目	合 计	计 算 期				
			1	2	3	…	n
1	现金流入						
1.1	营业收入						
1.2	补贴收入						
1.3	回收固定资产余值						
1.4	回收流动资金						
2	现金流出						
2.1	建设投资						
2.2	流动资金						
2.3	经营成本						
2.4	营业税金及附加						
2.5	维持运营投资						
3	所得税前净现金流量（1−2）						
4	累计所得税前净现金流量						
5	调整所得税						
6	所得税后净现金流量（3−5）						
7	累计所得税后净现金流量						

计算指标：项目投资财务内部收益率(%)（所得税前），项目投资财务内部收益率(%)（所得税后）
项目投资财务净现值（所得税前）（i_c = %），项目投资财务净现值（所得税后）（i_c = %）
项目投资回收期（所得税前），项目投资回收期（所得税后）

表中的调整所得税为以息税前利润为基数计算的所得税。

（二）项目资本金现金流量表

项目资本金现金流量表从项目资本金出资者整体的角度，以项目资本金为计算的基础，根据拟定的融资方案和项目其他数据，确定项目各年的现金流入和现金流出，用于进行项目资本金现金流量分析。项目资本金现金流量表考虑了融资，属于融资后分析。根据项目资本金现金流量表计算的指标，可以反映项目权益投资者整体在该投资项目上的盈利能力。项目资本金现金流量表见表 10-4-2。

项目资本金现金流量表　　表 10-4-2

序号	项　目	合计	计　算　期				
			1	2	3	…	n
1	现金流入						
1.1	营业收入						
1.2	补贴收入						
1.3	回收固定资产余值						
1.4	回收流动资金						
2	现金流出						
2.1	项目资本金						
2.2	借款本金偿还						
2.3	借款利息支付						
2.4	经营成本						
2.5	营业税金及附加						
2.6	所得税						
2.7	维持运营投资						
3	净现金流量（1−2）						
计算指标：项目财务内部收益率(%)							

项目资本金现金流量分析考察的是项目资本金整体的获利能力，有时为了考察投资各方的收益，还需要编制投资各方现金流量表。

（三）投资各方现金流量表

此表是在项目融资后的财务盈利能力分析中，以项目投投资者的出资额作为计算基础。把股权投资、租赁资产支出和其他现金流出作为现金流出；而现金流入包括股利分配、资产处置收益分配、租赁费收入、技术转让收入和其他现金流入，用以计算项目投资各方的财务内部收益率和财务净现值等评价指标，反映项目投资各方可能获得的收益水平。

（四）利润与利润分配表

利润与利润分配表反映项目计算期内各年利润总额、所得税及税后利润的分配情况，用以计算投资利润率、投资利税率和资本金利润率等指标。利润与利润分配表见表 10-4-3。

利润与利润分配表　　表 10-4-3

序号	项目	合计	计算期				
			1	2	3	…	n
1	营业收入						
2	营业税金及附加						
3	总成本费用						
4	补贴收入						
5	利润总额（1−2−3+4）						
6	弥补以前年度亏损						
7	应纳税所得额（5−6）						
8	所得税						
9	净利润（5−8）						
10	期初未分配利润						
11	可供分配利润（9+10）						
12	提取法定盈余公积金						
13	可供投资者分配的利润（11−12）						
14	应付优先股股利						
15	提取任意盈余公积金						
16	应付普通股股利（13−14−15）						
17	各投资方利润分配 其中：××方 …						
18	未分配利润（13−14−15−17）						
19	息税前利润（利润总额+利息支出）						
20	息税折旧摊销前利润（息税前利润+折旧+摊销）						

（五）财务计划现金流量表

财务计划现金流量表反映项目计算期内各年经营活动、投资活动和筹资活动的现金流入和流出，用于计算各年的累计盈余资金，分析项目是否有足够的净现金流量维持正常运营，即项目的财务生存能力。

（六）资产负债表

资产负债表反映项目计算期内各年年末资产、负债和所有者权益的增减变化及对应关系，用以考察项目的资产、负债、所有者权益的结构是否合理，通过计算资产负债率，进行偿债能力分析。

（七）借款还本付息计划表

借款还本付息计划表用于计算利息备付率和偿债备付率指标，用于偿债能力分析。

【例 10-4-9】 在进行融资前项目投资现金流量分析时，现金流量应包括：

A. 资产处置收益分配　　B. 流动资金

C. 借款本金偿还　　D. 借款利息偿还

解 融资前项目投资的现金流量包括现金流入和现金流出，其中现金流入包括营业收入、补贴收入、回收固定资产余值、回收流动资金等，现金流出包括建设投资、流动资金、经营成本和税金等。

答案： B

习　题

10-4-1　某项目第 1、2 年年初分别投资 800 万元、400 万元，第 3 年开始每年年末净收益 300 万元，项目运营期 8 年，残值 30 万元。设折现率为 10%，已知$(P/F,10\%,1)=0.909\,1$，$(P/F,10\%,2)=0.826\,4$，$(P/F,10\%,10)=0.385\,5$，$(P/A,10\%,8)=5.334\,9$。则该项目的财务净现值为（　　）。

A. 158.99 万元　　B. 170.55 万元

C. 448.40 万元　　D. 1 230 万元

10-4-2　已知某项目投资方案一次投资 12 000 元，预计每年净现金流量为 4 300 元，项目寿命 5 年，$(P/A,18\%,5)=3.127$，$(P/A,20\%,5)=2.991$，$(P/A,25\%,5)=2.689$，则该方案的内部收益率为（　　）。

A. <18%　　B. 18%~20%　　C. 20%~25%　　D. >25%

10-4-3　某投资项目一次性投资 200 万元，当年投产并收益，评价该项目的财务盈利能力时，计算财务净现值选取的基准收益率为i_c，若财务内部收益率小于i_c，则有（　　）。

A. i_c低于贷款利率　　B. 内部收益率低于贷款利率

C. 净现值大于零　　D. 净现值小于零

10-4-4　某小区建设一块绿地，需一次性投资 20 万元，每年维护费用 5 万元，设基准折现率 10%，绿地使用 10 年，则费用年值为（　　）万元。

A. 4.750　　B. 5　　C. 7.250　　D. 8.255

10-4-5　某项目的净现金流量见题表，则该项目的静态投资回收期为（　　）。

题 10-4-5 表

年份	1	2	3	4	5	6	7
净现金流量(万元)	−400	−100	100	200	200	200	200

A. 4.5 年　　B. 5 年　　C. 5.5 年　　D. 6 年

10-4-6　某项目建设投资 400 万元，建设期贷款利息 40 万元，流动资金 60 万元。投产后正常运营期每年净利润为 60 万元，所得税为 20 万元，利息支出为 10 万元。则该项目的总投资收益率为（　　）。

A. 19.6%　　B. 18%　　C. 16%　　D. 12%

10-4-7　某项目总投资 16 000 万元，资本金 5 000 万元。预计项目运营期总投资收益率为 20%，年利息支出为 900 万元，所得税率为 25%，则该项目的资本金净利润率为（　　）。

A. 30%　　B. 32.4%　　C. 34.5%　　D. 48%

10-4-8 某企业去年利润总额 300 万元，上缴所得税 75 万元，在成本中列支的利息 100 万元，折旧和摊销费 30 万元，还本金额 120 万元，该企业去年的偿债备付率为（　　）。

A. 1.34　　B. 1.55　　C. 1.61　　D. 2.02

10-4-9 下列关于现金流量表的表述中，正确的是（　　）。

A. 项目资本金现金流量表排除了融资方案的影响

B. 通过项目投资现金流量表计算的评价指标反映投资者各方权益投资的获利能力

C. 通过项目投资现金流量表可计算财务内部收益、财务净现值和投资回收期等评价指标

D. 通过项目资本金现金流量表进行的分析反映了项目投资总体的获利能力

10-4-10 为了从项目权益投资者整体角度考查盈利能力，应编制（　　）。

A. 项目资本金现金流量表　　B. 项目投资现金流量表

C. 借款还本付息计划表　　D. 资产负债表

第五节 经济费用效益分析

经济费用效益分析是在合理配置社会资源的前提下，分析项目投资的经济效益和对社会福利所作出的贡献，评价项目的经济合理性。经济费用效益分析强调从资源配置效率的角度分析项目的外部效果，考察项目对国民经济的贡献。

对于以下类型的项目应作经济费用效益分析：①有垄断特征的项目；②产出有公共产品特征的项目；③外部效果显著的项目；④资源开发项目；⑤涉及国家经济安全的项目；⑥受过度行政干预的项目。

一、经济费用效益分析参数

进行项目的经济费用效益分析，首先需要对项目的经济效益和费用进行识别。项目对提高社会福利和社会经济所作的贡献都记为项目的经济效益，包括项目的直接效益和间接效益；整个社会为项目所付出的代价记为项目的经济费用。经济效益的计算应遵循支付意愿原则和接受补偿意愿原则（项目产出物的正面效果的计算遵循支付意愿原则；项目产生物的负面效果的计算遵循接受补偿意愿原则），经济费用的计算（项目投入物的经济价值计算）应遵循机会成本的原则。计算经济费用效益指标采用的参数有社会折现率、影子价格、影子汇率和影子工资等。

经济费用效益分析应按照“有无对比，增量分析”的原则，不应考虑沉没成本和已实现的效益，“转移支付”不作为经济分析中的效益和费用。

（一）社会折现率

社会折现率是社会对资金时间价值的估量，是从整个国民经济角度所要求的资金投资收益率标准。社会折现率代表社会投资所应获得的最低收益率水平，代表资金占用的机会成本，在建设项目国民经济评价中是衡量经济内部收益率的基准值，也是计算项目经济净现值、用作不同年份之间资金换算的折现率。

（二）影子价格

影子价格是计算经济费用效益分析中投入物或产出物所使用的计算价格，是社会处于某种最优状态下，能够反映社会劳动消耗、资源稀缺程度和最终产品需求状况的一种计算价格。影子价格应能够反

映项目投入物和产出物的真实经济价值。

对于市场定价货物的影子价格，可按下述公式计算：

（1）可外贸货物影子价格

$$直接进口投入物的影子价格(到厂价) = 到岸价(CIF) \times 影子汇率 + 进口费用 \tag{10-5-1}$$

$$直接出口产出物的影子价格(出厂价) = 离岸价(FOB) \times 影子汇率 - 出口费用 \tag{10-5-2}$$

（2）市场定价的非外贸货物影子价格

$$投入物影子价格(到厂价) = 市场价格 + 国内运杂费 \tag{10-5-3}$$

$$产出物的影子价格(出厂价) = 市场价格 - 国内运杂费 \tag{10-5-4}$$

（三）影子汇率

影子汇率是指单位外汇的经济价值，是能正确反映国家外汇经济价值的汇率，即外汇的影子价格。建设项目国民经济评价中，项目的进口投入物、出口产出物均应采用影子汇率以正确反映外汇的真实经济价值。影子汇率换算系数是影子汇率与外汇牌价的比值。影子汇率按下式计算

$$影子汇率 = 外汇牌价 \times 影子汇率换算系数 \tag{10-5-5}$$

（四）影子工资

影子工资是指建设项目使用劳动力资源而使社会付出的代价，按下式计算

$$影子工资 = 劳动力机会成本 \times 新增资源消耗 \tag{10-5-6}$$

式中，劳动力机会成本是指劳动力在本单位使用，而不能在其他项目中使用而被迫放弃的劳动收益；新增资源消耗是指劳动力在本项目新就业或由其他就业岗位转移来本项目而发生的社会资源消耗。影子工资与财务分析中的劳动力工资之间的比值称为影子工资换算系数，影子工资可按下式计算

$$影子工资 = 财务工资 \times 影子工资换算系数 \tag{10-5-7}$$

【例 10-5-1】 某项目要从国外进口一种原材料，原始材料的 CIF（到岸价格）为150 美元/t，美元的影子汇率为 6.5，进口费用为240 元/t，请问这种原材料的影子价格是：

A. 735 元人民币　　B. 975 元人民币

C. 1 215 元人民币　　D. 1 710 元人民币

解

$$\begin{aligned}直接进口原材料的影子价格(到厂价) &= 到岸价(CIF) \times 影子汇率 + 进口费用 \\ &= 150 \times 6.5 + 240 = 1\,215\ 元人民币/t\end{aligned}$$

答案： C

二、经济费用效益指标

（一）经济净现值

经济净现值是指按社会折现率将项目计算期内各年的经济净效益折现到建设期初的现值之和，按下式计算

$$ENPV = \sum_{t=1}^{n} (B - C)_t (1 + i_s)^{-t} \tag{10-5-8}$$

式中：ENPV ——经济净现值；

B ——经济效益流量；

C ——经济费用流量；

$(B-C)_t$ ——第t年的经济净效益流量；

n ——项目计算期；

i_s ——社会折现率。

经济净现值是反映项目对社会经济贡献的绝对值，是经济效益分析的主要指标。如果经济净现值等于或大于 0，则表明项目可达到符合社会折现率的效率水平，从经济资源配置的角度可以接受该项目。

（二）经济内部收益率

经济内部收益率是指项目在计算期内经济净效益流量的现值累计等于 0 时的折现率。其表达式为

$$\sum_{t=1}^{n}(B-C)_t(1+\mathrm{EIRR})^{-t}=0 \tag{10-5-9}$$

式中：EIRR ——经济内部收益率；

其余符号意义同前面公式。

经济内部收益率是经济费用效益分析的辅助评价指标，如果经济内部收益率等于或者大于社会折现率，则表明项目资源配置的效率达到了可以被接受的水平。

（三）效益费用比

效益费用比是指项目在计算期内效益流量的现值与费用流量的现值之比，计算公式为

$$R_{BC}=\frac{\sum_{t=1}^{n}B_t(1+i_s)^{-t}}{\sum_{t=1}^{n}C_t(1+i_s)^{-t}} \tag{10-5-10}$$

式中：R_{BC} ——效益费用比；

B_t ——第t期的经济效益；

C_t ——第t期的经济费用。

效益费用比也是经济费用效益分析的辅助评价指标，如果效益费用比大于 1，说明项目资源配置的经济效益达到了可以被接受的水平。

【例 10-5-2】 交通部门拟修建一条公路，预计建设期为一年，建设期初投资为 100 万元，建设后即投入使用，预计使用寿命为 10 年，每年将产生的效益为 20 万元，每年需投入保养费 8 000 元。若社会折现率为 10%，则该项目的效益费用比为：

A. 1.07　　B. 1.17　　C. 1.85　　D. 1.92

解 项目建设期 1 年、使用寿命 10 年，则项目计算期为 11 年，现金流量图如解图所示：

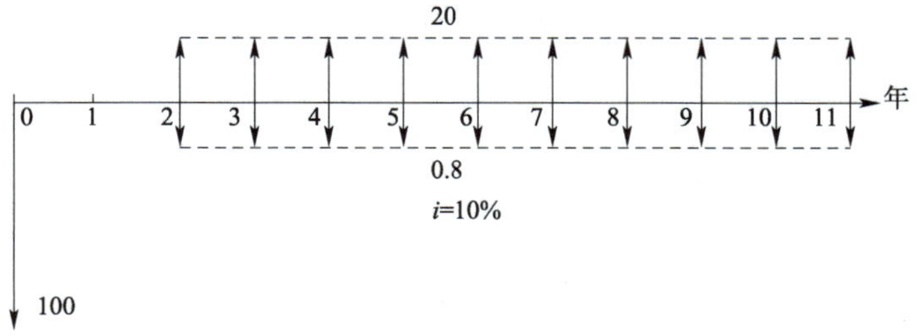

例 10-5-2 解图　现金流量图

项目计算期内效益流量的现值为：

$$B=20\times(P/A,10\%,10)\times(P/F,10\%,1)=20\times6.144\,6\times0.909\,1=111.72\text{ 万元}$$

费用流量的现值为：

$$C = 0.8 \times (P/A, 10\%, 10) \times (P/F, 10\%, 1)100$$
$$= 0.8 \times 6.1446 \times 0.9091 + 100 = 104.47 \text{ 万元}$$

该项目的效益费用比为：

$$R_{BC} = B/C = 111.72/104.47 = 1.07$$

答案： A

习　题

10-5-1　对建设项目进行经济费用效益分析所使用的影子价格的正确含义是（　　）。

A. 政府为保证国计民生为项目核定的指导价格

B. 使项目产出品具有竞争力的价格

C. 项目投入物和产出物的市场最低价格

D. 反映项目投入物和产出物真实经济价值的价格

10-5-2　计算经济效益净现值采用的折现率应是（　　）。

A. 企业设定的折现率　　B. 国债平均利率

C. 社会折现率　　D. 银行贷款利率

10-5-3　从经济资源配置的角度判断建设项目可以被接受的条件是（　　）。

A. 经济内部收益率等于或大于社会折现率

B. 财务内部收益率等于或大于社会折现率

C. 经济内部收益率等于或大于银行利率

D. 财务内部收益率等于或大于银行利率

10-5-4　某地区为减少水灾损失，拟建水利工程。项目投资预计 500 万元，计算期按无限年考虑，年维护费 20 万元。项目建设前每年平均损失 300 万元。若利率 5%，则该项目的费用效益比为（　　）。

A. 6.11　　B. 6.67　　C. 7.11　　D. 7.22

第六节　不确定性分析

不确定性分析是对影响项目的不确定性因素进行分析，测算不确定性因素变化对经济评价指标的影响程度，从而判断项目可能承担的风险，为投资决策提供依据。不确定分析方法有盈亏平衡分析、敏感性分析等。

一、盈亏平衡分析

通过分析产品产量、成本和盈利之间的关系，找出项目方案在产量、单价、成本等方面的临界点，进而判断不确定因素对方案经济效果的影响程度。这个临界点称为盈亏平衡点（BEP）。盈亏平衡点是企业盈利与亏损的转折点，在该点上销售收入（扣除销售税金及附加）正好等于总成本费用，达到盈亏平衡。盈亏平衡分析就是通过计算项目达产年的盈亏平衡点，分析项目收入与成本费用的平衡关系，判断项目对产品数量变化的适应能力和抗风险能力。盈亏平衡分析只用于财务分析。

盈亏平衡分析可分为线性盈亏平衡分析和非线性盈亏平衡分析，对建设项目评价仅进行线性盈亏平衡分析。线性盈亏平衡分析的基本假定有：

（1）产量等于销售量；

（2）产量变化，单位可变成本不变，从而总成本费用是产量的线性函数；

（3）产量变化，产品售价不变，从而销售收入是产量的线性函数；

（4）按单一产品计算，生产多种产品的应换算成单一产品，不同产品的生产负荷率变化保持一致。

如果营业收入和成本费用都是按含税价格计算的，还应减去增值税。

为了便于进行盈亏平衡分析，可将项目投产后的总成本费用分为固定成本和可变成本（变动成本）两部分。固定成本指在一定生产规模限度内不随产量变动而变动的费用；可变成本是指随产品产量变动而变动的费用。总成本费用是固定成本与可变成本之和。对于线性盈亏平衡分析，收入与销售量、费用与销售量的关系可以在同一坐标图上表示出来，即盈亏平衡分析图，见图 10-6-1。

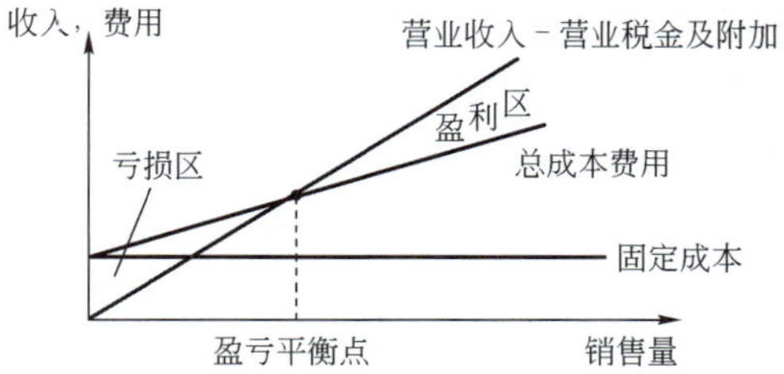

图 10-6-1 盈亏平衡分析图

图中纵坐标为销售收入和成本费用，横坐标为产品销售量。销售收入线与总成本费用线的交点称作盈亏平衡点（BEP），该点是项目盈利与亏损的临界点。在 BEP 右边，销售收入大于总成本费用，项目盈利；在 BEP 左边，销售收入小于总成本费用，项目亏损；在 BEP 上，销售收入等于总成本费用，项目不盈不亏。盈亏平衡点对应的产量称为盈亏平衡产量。盈亏平衡点可以用产量、生产能力利用率或产品售价等表示。盈亏平衡点可采用以下公式计算

$$\mathrm{BEP}_{生产能力利用率}=\frac{年固定总成本}{年营业收入-年可变成本-年营业税金及附加}\times 100\% \tag{10-6-1}$$

生产能力利用率是盈亏平衡产量与设计生产能力的比率。

$$\begin{aligned}\mathrm{BEP}_{产量}&=\frac{年固定总成本}{单位产品销售价格-单位产品可变成本-单位产品营业税金及附加}\\&=\mathrm{BEP}_{生产能力利用率}\times 设计生产能力\end{aligned} \tag{10-6-2}$$

在其他条件不变的前提下，盈亏平衡产量与年固定总成本成正比。

$$\mathrm{BEP}_{单位产品售价}=\frac{年固定总成本}{设计生产能力}+单位产品可变成本+单位产品营业税金及附加 \tag{10-6-3}$$

盈亏平衡点越低，项目盈利可能性越大，抗风险能力越强。

【例 10-6-1】 某工业项目生产的产品年设计生产能力为 200t，达产第一年销售收入为 4 000 万元，营业税金及附加为 240 万元，固定成本 1 300 万元，可变成本 1 200 万元。销售收入和成本费用均以不含税价格表示，求以生产能力利用率、产量及销售价格表示的盈亏平衡点。

解 首先计算单位产品变动成本

$$\mathrm{BEP}_{生产能力利用率}=1\,300\div(4\,000-1\,200-240)\times 100\%=50.78\%$$

$$BEP_{产量}=1\,300\div(4\,000\div200-1\,200\div200-240\div200)=101.56\text{t}$$

或
$$BEP_{产量}=200\times50.78\%=101.56\text{t}$$

$$BEP_{产品售价}=1\,300\div200+1\,200\div200+240\div200=13.7\text{ 万元}$$

计算结果表明，该项目的生产负荷达到设计能力的50.78%即可实现盈亏平衡，产量达到101.56t则可实现盈亏平衡，产品售价最低降至13.7万元/t即可维持盈亏平衡。

二、敏感性分析

敏感性分析是通过测定一个或者多个不确定因素的变化所导致财务或经济评价指标的变化幅度，了解各种因素变化对实现预期目标的影响程度，从而对外部因素发生变化时项目投资方案的承受能力作出判断。通常只进行单因素敏感性分析。单因素敏感性分析在计算敏感因素对经济效果指标影响时，假定只有一个因素变动，其他因素不变。

（一）单因素敏感性分析的步骤和内容

1. 选择需要分析的不确定性因素，并设定这些因素的变动范围

对于一般工业投资项目，常从以下因素中选取需要作为敏感性分析的因素：

（1）投资额，包括固定资产投资和流动资金占用；

（2）项目建设期限、投产期限、投产时产出能力及达到设计能力所需时间；

（3）产品产量及销售量；

（4）产品价格；

（5）经营成本，特别是其中的变动成本；

（6）项目寿命期；

（7）项目寿命期的资产残值；

（8）折现率；

（9）外汇汇率。

选择需要分析的不确定因素时，应根据实际情况设定其可能的变动范围，一般选择不确定性因素变化的百分率为±5%、±10%、±15%、±20%等。

2. 确定分析指标

敏感性分析可选用前述各种评价指标，如内部收益率、净现值、投资回收期等。一般进行敏感性分析的指标应与确定性分析采用的指标一致。通常财务分析与评价中的敏感性分析必选的指标是项目投资财务内部收益率。

3. 计算各不确定性因素在不同幅度变化下，所导致的评价指标变动结果

建立起一一对应的关系，一般用图或表的形式表示。

4. 确定敏感因素，对方案的风险情况作出判断

通过计算敏感度系数和临界点，找出敏感因素，可粗略预测项目可能承担的风险。

敏感因素是指其数值变动能显著影响方案经济效果的因素。

（二）敏感性指标的计算

1. 敏感度系数

敏感度系数是指项目评价指标变化的百分率与不确定性因素变化的百分率之比。敏感度系数高，表示项目效益对该不确定性因素的敏感程度高。敏感度系数的计算公式为

$$S_{AF}=\frac{\Delta A/A}{\Delta F/F} \tag{10-6-4}$$

式中：S_{AF}——评价指标A对于不确定性因素F的敏感度系数；

$\Delta F/F$ ——不确定性因素F的变化率；

$\Delta A/A$ ——不确定性因素F发生ΔF变化率时，评价指标A的相应变化率。

$S_{AF}>0$，表示评价指标与不确定性因素同方向变化；$S_{AF}<0$，表示评价指标与不确定性因素反方向变化。S_{AF}绝对值较大者敏感度系数高，$|S_{AF}|$越大，说明评价指标A对不确定性因素F越敏感。

2. 临界点（转换值）

临界点是指不确定性因素的变化使项目由可行变为不可行的临界数值。即当不确定性因素达到某一变化率时，正好使内部收益率等于基准收益率（或者使净现值等于零），该变化率就是临界点。

临界点的高低与计算临界点的指标的初始值有关，如果选取基准收益率为计算临界点的指标，则对于同一个项目，随着设定的基准收益率的提高，临界点就会变低；而在一定的基准收益率下，临界点越低，说明该因素对项目评价指标的影响就越大，项目对该因素就越敏感。敏感性分析的结果通常采用敏感性分析表和敏感性分析图表示。

【例 10-6-2】 某项目以内部收益率作为项目评价指标，选取投资额、产品价格和主要原材料成本作为敏感性因素对项目进行敏感性分析，计算基本方案的内部收益率为 17.5%，当投资额增加 10%时，内部收益率降为 14.5%，试计算其敏感度系数。

解 投资额增加 10%时，内部收益率的变化率为

$$\Delta A=(14.5\%-17.5\%)\div 17.5\%=-0.171$$

敏感度系数 $$S_{AF}=-0.171\div 0.1=-1.71$$

图 10-6-2 是单因素敏感性分析的一个例子，该例选取的分析指标为净现值 NPV，考虑投资额、产品价格、经营成本的变动（按一定百分比变动）对净现值指标的影响。

由图可以看出，本方案的净现值对产品价格最敏感，不确定性因素产品价格的临界点约为 10%，产品价格降低 10%左右，净现值将为 0，项目对三个不确定性因素的敏感程度由高到低依次为产品价格、经营成本、投资额。

【例 10-6-3】 某项目在进行敏感性分析时，得到以下结论：产品价格下降 10%，可使 NPV=0；经营成本上升 15%，NPV=0；寿命期缩短 20%，NPV=0；投资增加 25%，NPV=0。则下列因素中，最敏感的是：

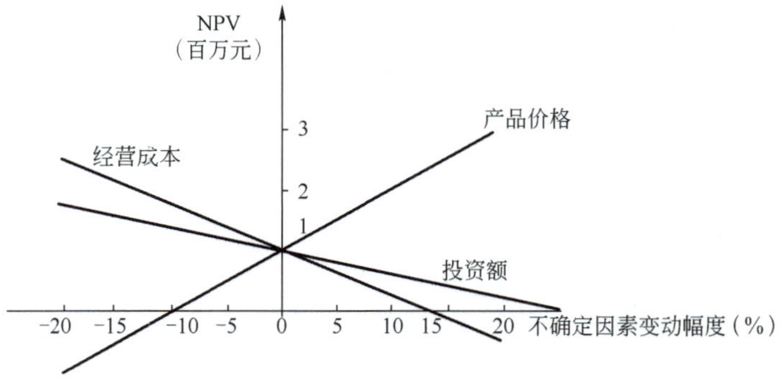

图 10-6-2 敏感性分析图

A. 产品价格　　B. 经营成本　　C. 寿命期　　D. 投资

解 题目中影响因素中，产品价格变化幅度较小就使得项目净现值为零，故该因素最敏感。

答案： A

习 题

10-6-1 某项目设计生产能力为年产 5 000 台，每台销售价格 500 元，单位产品可变成本 350 元，每台产品税金 50 元，年固定成本 265 000 元，则该项目的盈亏平衡产量为（ ）。

A. 2 650 台　B. 3 500 台　C. 4 500 台　D. 5 000 台

10-6-2 某企业拟投资生产一种产品，设计生产能力为 15 万件/年，单位产品可变成本 120 元，总固定成本 1 500 万元，达到设计生产能力时，保证企业不亏损的单位产品售价最低为（ ）。

A. 150 元　B. 200 元　C. 220 元　D. 250 元

10-6-3 对某项目进行敏感性分析，采用的评价指标为内部收益，基本方案的内部收益率为 15%，当不确定性因素原材料价格增加 10%时，内部收益率为 13%，则原材料的敏感度系数为（ ）。

A. −1.54　B. −1.33　C. 1.33　D. 1.54

10-6-4 对某项目投资方案进行单因素敏感性分析，基准收益率 15%，采用内部收益率作为评价指标，投资额、经营成本、销售收入为不确定性因素，计算其变化对 IRR 的影响见表。

不确定性因素变化对 IRR 的影响　　题 10-6-4 表

变化幅度	−20%	0	+20%
投资额	22.4	18.2	14
经营成本	23.2	18.2	13.2
销售收入	4.6	18.2	31.8

则敏感性因素按对评价指标影响的程度从大到小排列依次为（ ）。

A. 投资额、经营成本、销售收入　B. 销售收入、经营成本、投资额

C. 经营成本、投资额、销售收入　D. 销售收入、投资额、经营成本

第七节 方案经济比选

方案经济比选是对不同的项目方案从技术和经济相结合的角度进行多方面分析论证，比较、择优的过程。

一、方案比选的类型

对项目方案的经济评价中除了要计算各种评价指标，分析指标是否达到了标准的要求（如 $P_t \leqslant P_c$，$NPV \geqslant 0$，$IRR \geqslant i_c$ 等），往往还需要对多个方案进行比选，进而从中选择较优方案。项目的备选方案根据其相互之间的关系可分为三种类型：

（一）独立型

独立型是指各个方案的现金流量是独立的，不具有相关性，任一方案的采用与否不影响是否采用其

他方案的决策。其特点是具有可加性。方案采用与否取决于方案自身的经济性。

（二）互斥型

互斥型是指方案具有排他性，选择了一个方案，就不能选择另外的方案。只能在不同方案中选择其一。对于同一地域土地的利用方案、厂址选择方案、建设规模方案等都是互斥方案。

（三）混合型

混合型是指独立方案和互斥方案混合的情况。

二、方案经济比选的方法

独立方案的采用与否，取决于方案自身的经济性，可用净现值、净年值或内部收益率作为方案的评价指标，当净现值NPV≥0，或净年值NAW≥0，或内部收益率IRR≥i_c时，则方案在财务上是可行的。

对于互斥型方案，在多个方案进行比较选择时，有方案的计算期相等和计算期不等两种情况。

（一）计算期相等的方案比较

方案比选可以采用效益比选法、费用比选法和最低价格法。

1. 效益比选法

比较备选方案的效益，从中择优，具体方法有净现值法、净年值法、差额内部收益率法等。

（1）净现值法

分别计算各方案的净现值，以净现值较大的方案为优。

（2）净年值法

比较各方案的净收益的等额年值，以净年值较大的方案为优。

（3）差额投资内部收益率法

对于若干个互斥方案，可两两比较，分别计算两个方案的差额内部收益率$\Delta IRR_{A\text{-}B}$，若差额内部收益率$\Delta IRR_{A\text{-}B}$大于基准收益率i_c，则投资大的方案较优。

差额内部收益率只反映两方案增量现金流的经济性（相对经济性），不能反映各方案自身的经济效果。

注意：互斥方案的比较，不能直接用内部收益率 IRR 进行比较。

如果选取相同的基准收益率，对于计算期相同的互斥方案，采用净现值法或差额内部收益率法，其评价结果是一致的。

2. 费用比选法

通过比较备选方案的费用现值或年值，从中择优。费用比选法包括费用现值法和费用年值法。

（1）费用现值法

计算备选方案的费用现值并进行比较，费用现值较低的方案较优。

（2）费用年值法

计算备选方案的费用年值并进行比较，费用年值较低的方案较优。

3. 最低价格（服务收费标准）法

最低价格法是在相同产品方案比选中，按净现值为 0 推算备选方案的产品价格，以最低产品价格较低的方案为优。

（二）计算期不同的互斥方案的比选

当方案的计算期不同时，不能直接采用净现值法、净现值率法、差额内部收益率等方法进行方案比较，可采用年值法、最小公倍数法或研究期法等进行方案比较。

1. 年值法

计算备选方案的等额年值，以等额年值不小于0且等额年值最大者为最优方案。由此可见，年值法既可用于寿命期相等的方案比较，也可用于寿命期不等的方案比较。

2. 最小公倍数法

这种方法是先求出两个方案计算期的最小公倍数，然后以最小公倍数作为方案比较的计算期（寿命期），即假定方案重复实施，将计算期不等的方案转化为计算期相等的方案，然后可采用上述计算期相等的方案比较方法进行指标计算，从中择优。

3. 研究期法

研究期法是通过研究分析，直接选取一个适当的计算期作为备选方案共同的计算期，计算各个方案在该计算期内的净现值，以净现值较大的为优。通常选取各方案中最短的计算期作为共同的计算期。

【例 10-7-1】 已知甲、乙为两个寿命期相同的互斥项目，其中乙项目投资大于甲项目。通过测算得出甲、乙两项目的内部收益率分别为17%和14%，增量内部收益$\Delta IRR_{乙-甲}=13\%$，基准收益率为14%，以下说法中正确的是：

A. 应选择甲项目　　B. 应选择乙项目

C. 应同时选择甲、乙两个项目　　D. 甲、乙两项目均不应选择

解 两个寿命期相同的互斥项目的选优应采用增量内部收益率指标，$\Delta IRR_{乙-甲}$为13%，小于基准收益率14%，应选择投资较小的方案。

答案： A

习　题

10-7-1 某项目有甲乙丙丁4个投资方案，寿命期都是8年，设定的折现率为8%，$(A/P,\%,8)=0.174$，各方案各年的净现金流量见题表。

各方案各年的净现金流量表（单位：万元）　　题 10-7-1 表

年　份	0	1~8
甲	−500	92
乙	−500	90
丙	−420	76
丁	−400	77

采用年值法应选用（　　）。

A. 甲方案　　B. 乙方案

C. 丙方案　　D. 丁方案

10-7-2 有甲乙丙丁4个互斥方案，投资额分别为1 000万元、800万元、700万元、600万元，方案计算期均为10年，基准收益率为15%，计算差额内部收益率结果$\Delta IRR_{甲-乙}$、$\Delta IRR_{乙-丙}$、$\Delta IRR_{丙-丁}$分别为14.2%、16%、15.1%，应选择（　　）。

A. 甲方案　　B. 乙方案

C. 丙方案　　D. 丁方案

10-7-3　在几个产品相同的备选方案比选中，最低价格法是（　　）。

A. 按主要原材料推算成本，其中原材料价格较低的方案为优

B. 按净现值为 0 计算方案的产品价格，其中产品价格较低的方案为优

C. 按市场风险最低推算产品价格，其中产品价格较低的方案为优

D. 按市场需求推算产品价格，其中产品价格较低的方案为优

10-7-4　既可用于计算期相等的方案比较，也可用于计算期不等的方案比较方法是（　　）。

A. 年值法　　B. 内部收益率法　　C. 投资回收期法　　D. 净现值率法

第八节　改扩建项目的经济评价特点

改扩建项目是在企业原有基础上建设的。对于新建项目，所发生的费用和收益都可归于项目；而改扩建和技改项目的费用和收益既涉及新投资部分，又涉及原有基础部分，因此对项目经济效果的评价与新建项目有所不同。

一、改扩建项目的主要特点

（1）项目的活动与既有企业有联系但在一定程度上又有区别。

（2）项目的融资主体和还款主体都是既有企业。

（3）项目一般要利用既有企业的部分或全部资产、资源，但不发生产权转移。

（4）建设期内企业生产经营与项目建设一般同时进行。

二、改扩建项目的经济评价特点

由于改扩建项目的特点，其经济评价往往比较复杂。改扩建项目经济评价主要有以下特点：

（1）需要正确识别和估算“有项目”“无项目”“现状”“新增”“增量”等五种状态（五套数据）下的资产、资源、效益和费用，“无项目”和“有项目”的计算口径和范围要一致。应遵循“有无对比”的原则。

（2）应明确界定项目的效益和费用范围。

（3）财务分析采用一般建设项目财务分析的基本原理和分析指标。一般要按项目和企业两个层次进行财务分析。

（4）应分析项目对既有企业的贡献。

（5）改扩建项目的经济费用效益分析采用一般建设项目的经济费用效益分析原理。

（6）需要根据项目目的、项目和企业两个层次的财务分析结果和经济费用效益分析结果，结合不确定性分析、风险分析结果等进行多指标投融资决策。

（7）需要合理确定计算期、原有资产利用、停产损失和沉没成本等问题。

【例 10-8-1】 以下关于改扩建项目财务分析的说法中正确的是：

A. 应以财务生存能力分析为主　　B. 应以项目清偿能力分析为主

C. 应以企业层次为主进行财务分析　　D. 应遵循“有无对比”原则

解　改扩建项目财务分析要进行项目层次和企业层次两个层次的分析。项目层次应进行盈利能力分析、清偿能力分析和财务生存能力分析，应遵循“有无对比”的原则。

答案： D

习　题

10-8-1　对于改扩建项目的经济评价，以下表述中正确的是（　　）。

A. 仅需要估算“有项目”、“无项目”、“增量”三种状态下的效益和费用

B. 只对项目本身进行经济性评价，不考虑对既有企业的影响

C. 财务分析一般只按项目一个层次进行财务分析

D. 需要合理确定原有资产利用、停产损失和沉没成本

10-8-2　价值工程的“价值(V)对于产品来说，可以表示为$V=F/C$，式中C是指（　　）。

A. 产品的寿命周期成本　　B. 产品的开发成本

C. 产品的制造成本　　D. 产品的销售成本

第九节　价值工程

一、价值工程的基本概念

（一）价值、功能和寿命周期成本

1. 功能

功能是指产品或作业的功用和效能。它实质上也是产品或作业的使用价值。

2. 寿命周期成本

寿命周期成本是指产品或服务在寿命期内所花费的全部费用。其费用不仅包括产品生产工程中的费用，也包括使用过程中的费用和残值。

3. 价值

价值工程中的“价值”，是指产品或作业的功能与实现其功能的总成本的比值。它是对所研究的对象的功能和成本的综合评价。其表达式为

$$价值(V)=\frac{功能(F)}{成本(C)} \tag{10-9-1}$$

这里的成本是指实现产品或作业的寿命周期成本。

（二）价值工程的定义

价值工程，也可称为价值分析，是指以产品或作业的功能分析为核心，以提高产品或作业的价值为目的，力求以最低寿命周期成本实现产品或作业使用所要求的必要功能的一项有组织的创造性活动。

价值工程是一种以提高产品和作业价值为目标的管理技术。其主要特点是：

（1）价值工程着眼于寿命周期成本，把研究的重点放在对产品的功能研究上，核心是功能分析。

（2）价值工程将保证产品功能和降低成本作为一个整体考虑。

（3）价值工程强调创新。

（4）价值工程要求将功能定量化。

（5）价值工程是一种有计划、有组织的活动。

（三）提高价值的途径

从上面价值的表达式可知，在成本不变的情况下，价值与功能成正比；功能不变的情况下，价值与成本成反比。由此可以得出提高产品或作业的5种主要途径：

（1）成本不变，提高功能；

（2）功能不变，降低成本；

（3）成本略有增加，功能较大幅度提高；

（4）功能略有下降，成本大幅度降低；

（5）成本降低，功能提高，则价值更高。

二、价值工程的实施步骤

价值工程活动过程一般包括准备阶段、功能分析阶段、方案创造阶段和方案实施阶段。

（一）准备阶段

（1）对象选择；

（2）组成价值工程领导小组；

（3）制订工作计划。

（二）功能分析阶段

（1）收集整理信息资料；

（2）功能系统分析；

（3）功能评价。

（三）创新阶段

（1）方案创新；

（2）方案评价；

（3）提案编写。

（四）实施阶段

（1）审批；

（2）实施与检查；

（3）成果鉴定。

三、价值工程研究对象的选择

（一）选择研究对象的原则

研究对象的选择，应选择对国计民生影响大的、需要量大的、正在研制准备投放市场的、质量功能急需改进的、市场竞争激烈的、成本高利润低的、需提高市场占有率的、改善价值有较大潜力的产品等。

（二）选择研究对象的方法

常用方法有ABC分析法、价值系数法、百分比法、最合适区域法等。

1. ABC 分析法

应用数理统计分析的方法选择对象。按产品零部件成本大小由高到低排列，绘出费用累计曲线，一般规律如下。

A 类部件：占部件的 5%~10%，占总成本的 70%~75%（数量较少，但占总成本比重较大）；

B 类部件：占部件的 20%左右，占总成本的 20%左右；

C 类部件：占部件的 70%~75%，占总成本的 5%~10%（数量较多，但占总成本比例不大）。

通常可以把 A 类部件作为分析对象。

2. 价值系数法

（1）价值系数法的步骤

①用 01 评分法（强制确定法）或其他评分法计算功能系数。即将零件排列起来，一一进行重要性对比，重要的得 1 分，不重要的得 0 分，求出各零件得分累计分数，其功能系数按下式计算

$$\text{功能系数}(f_i)=\frac{\text{零件得分累计}}{\text{总分}} \tag{10-9-2}$$

②求出每一零件成本与各零件成本总和之比，即成本系数

$$\text{成本系数}(C_i)=\frac{\text{零部件成本}}{\text{各零部件成本总和}} \tag{10-9-3}$$

③求出各零件的价值系数

$$\text{价值系数}(V_i)=\frac{\text{功能系数}}{\text{成本系数}} \tag{10-9-4}$$

（2）计算结果存在的三种情况

①价值系数小于 1，表明该零件相对不重要且费用偏高，应作为价值分析的对象；

【例 10-9-1】 某产品共有五项功能 F_1、F_2、F_3、F_4、F_5，用强制确定法确定零件功能评价体系时，其功能得分分别为 3、5、4、1、2，则 F_3 的功能评价系数为：

A. 0.20　　B. 0.13　　C. 0.27　　D. 0.33

解　F_3 的功能系数为：$F_3=4/(3+5+4+1+2)=0.27$

答案： C

②价值系数大于 1，即功能系数大于成本系数，表明该零件较重要而成本偏低，是否需要提高费用视具体情况而定；

③价值系数接近或等于 1，表明该零件重要性与成本适应，较为合理。

表 10-9-1 给出了价值系数计算的例子，显然，该表中 D 零件的价值系数远小于 1，为 0.463，可考虑作为价值分析的对象。

价值系数计算表　　表 10-9-1

零部件代号	一对一比较结果				积分	成本（元）	功能系数 f_i	成本系数 C_i	价值系数 V_i
	A	B	C	D					
A	×	1	0	1	2	115	0.333	0.319	1.044
B	0	×	0	1	1	50	0.167	0.139	1.201
C	1	1	×	0	2	65	0.333	0.181	1.840
D	0	0	1	×	1	130	0.167	0.361	0.463
小计					6	360	1	1	

四、功能分析

功能分析是价值工程的核心。功能是某个产品或零件在整体中所担负的职能或所起的作用。功能分析的目的是用最少的成本实现同一功能。

功能分析一般有功能定义、功能整理、功能评价三个步骤。

（一）功能定义

功能定义就是用简明准确的语言表达功能的本质内容。

根据功能的不同特性，功能可以按以下标志分类：

（1）按功能的重要程度分为基本功能和辅助功能。基本功能是必不可少的功能，辅助功能属于次要功能。

（2）按功能的性质可分为使用功能和美学功能。使用功能有使用目的，如手机的通话功能；美学功能也称为外观功能，具有外观的艺术特征，如手机的造型、色彩款式等。

（3）按目的和手段功能可分为上位功能和下位功能。上位功能是目的性功能，下位功能是实现上位功能的手段性功能。这种上位与下位、目的与手段是相对的。

（4）按总体和局部，功能可分为总体功能和局部功能。总体功能体现出整体性的特征，是以局部功能为基础的。

（5）按功能的有用性可分为必要功能和不必要功能。使用功能、美学功能、基本功能、辅助功能等都是必要功能。多余功能、过剩功能都属于不必要功能。

（二）功能整理

功能整理就是要明确功能之间的逻辑关系，确定必要功能，剔除不必要功能。

功能整理有功能分析系统技术和功能卡片排列法两种方法。

功能分析系统技术的主要步骤：

（1）分析出基本功能，列在最左侧，称为上位功能，其余的是辅助功能。

（2）确定功能之间的关系，是并列关系还是上下位关系。

（3）绘出功能系统图。

（三）功能评价

功能评价主要解决功能的定量化问题，以便进行比较分析。功能评价的方法有 01 评分法、04 评分法、DARE 法等。

【例 10-9-2】 下面关于价值工程的论述中正确的是：

A. 价值工程中的价值是指成本与功能的比值

B. 价值工程中的价值是指产品消耗的必要劳动时间

C. 价值工程中的成本是指寿命周期成本，包括产品在寿命期内发生的全部费用

D. 价值工程中的成本就是产品的生产成本，它随着产品功能的增加而提高

解 根据价值工程中价值公式中成本的概念。

答案： C

【例 10-9-3】 在价值工程的一般工作程序中，分析阶段要做的工作包括：

A. 制订工作计划　　B. 功能评价

C. 方案创新　　D. 方案评价

解 价值工程一般工作程序包括准备阶段、功能分析阶段、创新阶段和实施阶段。功能分析阶段的

工作有收集整理信息资料、功能系统分析、功能评价。

答案： B

习 题

10-9-1 价值工程的核心是（ ）。

A. 尽可能降低产品成本　　B. 降低成本提高产品价格

C. 功能分析　　D. 有组织的活动

10-9-2 价值工程的工作目标是（ ）。

A. 尽可能提高产品的功能　　B. 尽可能降低产品的成本

C. 提高产品价值　　D. 延长产品的寿命周期

10-9-3 某企业原采用甲工艺生产某种产品，现采用新技术乙工艺生产，不仅达到甲工艺相同的质量，而且成本降低了 15%。根据价值工程原理，该企业提高产品价值的途径是（ ）。

A. 功能不变，成本降低

B. 功能和成本都降低，但成本降幅较大

C. 功能提高，成本降低

D. 功能提高，成本不变

10-9-4 某产品的实际成本为 8 000 元，该产品由多个零部件组成，其中一个零部件的实际成本为 840 元，功能评价系数为 0.092，则该零部件的价值指数为（ ）。

A. 0.105　　B. 0.876　　C. 0.92　　D. 1.141

习题题解及参考答案

第一节

10-1-1 **解：** 利用名义利率求实际利率公式计算、比较，或用一次支付终值公式计算、比较。

答案： C

10-1-2 **解：** 已知A，求F，用等额支付系列终值公式计算。

答案： D

10-1-3 **解：** 已知A，求P，用等额支付系列现值公式计算。第三年年初已经偿还 2 年等额本息，还有 3 年等额本息没有偿还。所以$n=3$，$A=50$。

答案： B

10-1-4 **解：** 可绘出现金流量图，利用资金等值计算公式，将借款和还款等值计算折算到同一年，求A。

$$A(P/A,5\%,3)(1+i)=6\,000(P/A,5\%,5)(P/F,5\%,3)$$

$$A\times 2.723\,2\times 1.05=6\,000\times 4.329\,5\times 0.863\,8$$

或：$A(P/A,5\%,3)(F/P,5\%,4)=6\,000(P/A,5\%,5)$

$$A\times 2.723\,2\times 1.215\,5=6\,000\times 4.329\,5$$

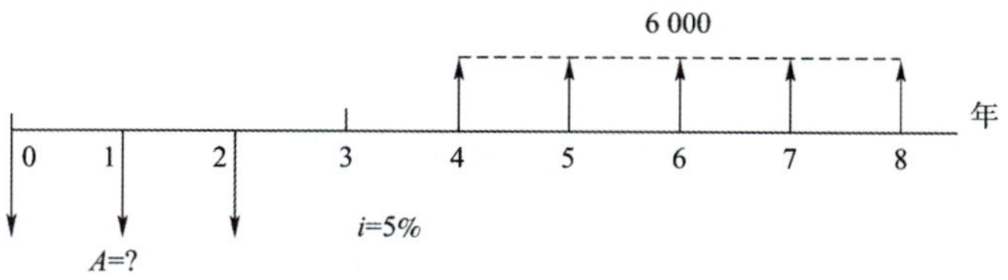

题 10-1-4 解图

解得：$A = 7\,848$

答案：A

第二节

10-2-1 **解**：建设项目总投资由建设投资、建设期利息、流动资金三部分构成。

答案：B

10-2-2 **解**：总投资形成的固定资产原值的费用包括工程费用、工程建设其他费用、预备费、建设期利息。

答案：A

10-2-3 **解**：按借款在年初发生的建设利息计算公式计算。

第一年借款利息：$1\,500 \times 7\% = 105$万元

第二年借款利息：$[(1\,500 + 105) + 1\,000] \times 7\% = 182.35$万元

答案：D

10-2-4 **解**：用双倍余额递减法公式计算，注意计算第二年折旧额时，要用固定资产净值计算。

答案：C

10-2-5 **解**：无营业利润可以不缴纳所得税。

答案：A

10-2-6 **解**：按规定，建设期利息应计入固定资产原值。

答案：A

第三节

10-3-1 **解**：按债券筹资成本公式计算，即

$(500 \times 5\%) \times (1 - 25\%)/[500 \times (1 - 1\%)] = 38\%$

答案：B

10-3-2 **解**：权益资金成本不能抵减所得税。

$$15\% \times \frac{400}{1\,000} + 6\% \times (1 - 25\%) \times \frac{600}{1\,000} = 8.7\%$$

答案：B

10-3-3 **解**：等额还本则每年还本：$500/5 = 100$万元，次年以未还本金为基数计算利息。第 2 年初尚未还本金：$500 - 100 = 400$万元，第 2 年应还利息：$400 \times 5\% = 20$万元。

答案：B

10-3-4 **解**：根据股利增长模型法，普通股资金成本为：

$$K_s = \frac{D_i}{P_0 \times (1 - f)} + g = \frac{10\,000 \times 8\%}{10\,000 \times (1 - 3\%)} + 6\% = 14.25\%$$

由于股利必须在企业税后利润中支付，所以不能抵减所得税的缴纳。

答案：D

第四节

10-4-1 **解：** 可先绘出现金流量图再计算（见解图）。注意第1、2年初即第0、1年末。

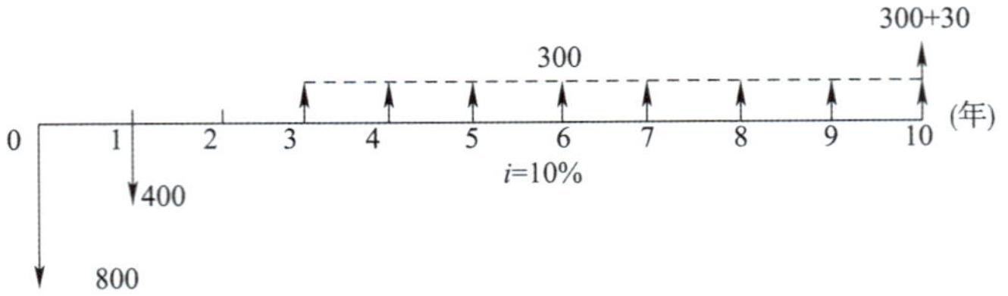

题 10-4-1 解图

$P=-800-400(P/F,10\%,1)+300(P/A,10\%,8)(P/F,10\%,2)+30(P/F,10\%,10)$
$=170.55$

答案： B

10-4-2 **解：** 用不同的等额支付系列现值系数计算净现值，根据净现值的正负判断内部收益率位于那个区间。

由 $-12\,000+4\,300\times(P/A,20\%,5)=861.3$ 元 >0

$-12\,000+4\,300\times(P/A,25\%,5)=-437.3$ 元 <0

可知内部收益率位于20%~25%区间内。

答案： C

10-4-3 **解：** 根据净现值函数曲线可判断。

答案： D

10-4-4 **解：** 费用年值 $AC=5+20(A/P,10\%,10)=8.255$ 万元。

答案： D

10-4-5 **解：** 根据静态投资回收期公式计算。

答案： B

10-4-6 **解：** 项目总投资为建设投资、建设期利息和流动资金之和，计算总投资收益率要用息税前利润。

答案： B

10-4-7 **解：** 先根据总投资收益率计算息税前利润，然后计算总利润、净利润，最后计算资本金净利润率。

项目总投资为建设投资、建设期利息和流动资金之和，计算总投资收益率要用息税前利润。

息税前利润 $=16\,000\times20\%=3\,200$ 万元

总利润 $=3\,200-900=2\,300$ 万元

净利润 $=2\,300\times(1-25\%)=1\,725$ 万元

资本金净利润率 $=1\,725\div5\,000\times100\%=34.5\%$

答案： C

10-4-8 **解：** 按偿债备付率公式计算。

息税前利润 = 利润总额 + 利息支出 $=300+100=400$ 万元

偿债备付率 $=\dfrac{400+30-75}{120+100}=1.61$

答案： C

10-4-9　**解：**项目投资现金流量表反映了项目投资总体的获利能力，主要用来计算财务内部收益、财务净现值和投资回收期等评价指标。

答案：C

10-4-10　**解：**项目资本金现金流量表从项目权益投资者的整体角度考察盈利能力。

答案：A

第五节

10-5-1　**解：**影子价格反映项目投入物和产出物的真实经济价值。

答案：D

10-5-2　**解：**进行经济费用效益分析采用社会折现率。

答案：C

10-5-3　**解：**从国民经济效率的角度看，经济内部收益率等于或大于社会折现率，表明项目的经济盈利性达到或超过了经济效益要求。

答案：A

10-5-4　**解：**项目建成每年减少损失，视为经济效益。若$n \to \infty$，则$(P/A,i,n) = 1/i$。按效益费用比公式计算：

$B = 300 \times \frac{1}{i} = 6\,000$，$c = 500 + 20 \times \frac{1}{i} = 900$

$R_{BC} = 6\,000/900 = 6.67$

答案：B

第六节

10-6-1　**解：**用盈亏平衡分析公式计算，考虑每台产品的税金。

盈亏平衡产量$= \frac{265\,000}{500-350-50} = 2\,650$台

答案：A

10-6-2　**解：**用盈亏平衡分析公式计算。

由$15 \times 10^4 = \frac{1\,500 \times 10^4}{\text{单价}-120}$，可得：单价$= 220$元

答案：C

10-6-3　**解：**按敏感度系数公式计算。

$$\frac{\frac{13\% - 15\%}{15\%}}{10\%} = -1.33$$

答案：B

10-6-4　**解：**变化幅度的绝对值相同时（如变化幅度为±20%），敏感性系数较大者对应的因素较敏感。

答案：B

第七节

10-7-1　**解：**甲乙方案年投资相等，但甲方案年收益较大，所以淘汰乙方案；丙乙方案比较，丙方案投资大但年收益值较小，淘汰丙方案，比较甲丁方案净年值。

答案：D

10-7-2 **解：**ΔIRR 大于基准收益率时，应选投资额较大的方案；反之，应选投资额较小的方案。

答案：B

10-7-3 **解：**最低价格法是在相同产品方案比选中，按净现值为 0 推算备选方案的产品价格，以最低产品价格较低的方案为优。

答案：B

10-7-4 **解：**计算期相等和计算期不等的方案比较均可以用年值法。

答案：A

第八节

10-8-1 **解：**改扩建项目的经济评价应考虑原有资产的利用、停产损失和沉没成本等问题。

答案：D

10-8-2 **解：**依据价值工程定义。

答案：A

第九节

10-9-1 **解：**价值工程的核心是功能分析。

答案：C

10-9-2 **解：**价值工程以提高价值为工作目标。

答案：C

10-9-3 **解：**质量相同，功能上没有变化。

答案：A

10-9-4 **解：**该零件的成本系数为：

该零件实际成本/所有零件实际成本 $= 840 \div 8\,000 = 0.105$

该零部件的价值指数为：

$V =$ 该零件的功能评价系数/该零件的成本系数 $= 0.092 \div 0.105 = 0.876$

答案：B

第十一章 法律法规

复习指导

一、“法律法规”考试大纲

8.1 中华人民共和国建筑法

总则；建筑许可；建筑工程发包与承包；建筑工程监理；建筑安全生产管理；建筑工程质量管理；法律责任。

8.2 中华人民共和国安全生产法

总则；生产经营单位的安全生产保障；从业人员的权利和义务；安全生产的监督管理；生产安全事故的应急救援与调查处理。

8.3 中华人民共和国招标投标法

总则；招标；投标；开标；评标和中标；法律责任。

8.4 中华人民共和国合同法

一般规定；合同的订立；合同的效力；合同的履行；合同的变更和转让；合同的权利义务终止；违约责任；其他规定。

8.5 中华人民共和国行政许可法

总则；行政许可的设定；行政许可的实施机关；行政许可的实施程序；行政许可的费用。

8.6 中华人民共和国节约能源法

总则；节能管理；合理使用与节约能源；节能技术进步；激励措施；法律责任。

8.7 中华人民共和国环境保护法

总则；环境监督管理；保护和改善环境；防治环境污染和其他公害；法律责任。

8.8 建设工程勘察设计管理条例

总则；资质资格管理；建设工程勘察设计发包与承包；建设工程勘察设计文件的编制与实施；监督管理。

8.9 建设工程质量管理条例

总则；建设单位的质量责任和义务；勘察设计单位的质量责任和义务；施工单位的质量责任和义务；工程监理单位的质量责任和义务；建设工程质量保修。

8.10 建设工程安全生产管理条例

总则；建设单位的安全责任；勘察设计工程监理及其他有关单位的安全责任；施工单位的安全责任；监督管理；生产安全事故的应急救援和调查处理。

二、复习指导

与工程建设有关的法规应当是重点复习的内容，尤其是建筑法、招投标法中的内容。

法规中与设计工作有关的规定要给予特别注意。

第一节 我国法规的基本体系

按现行立法权限，我国的法规可分为五个层次。即：全国人大及其常委会通过的法律，国务院发布的行政规定，国务院各部委发布的规章制度，地方人大制定的地方法律，地方行政部门制定并发布的地方规章制度。

举例如下：

一、法律

中华人民共和国建筑法	1998 年 3 月 1 日起实施，2019 年 4 月 23 日修改
中华人民共和国安全生产法	2002 年 11 月 1 日起实施，2021 年 6 月 10 日修改
中华人民共和国招标投标法	2000 年 1 月 1 日起实施，2017 年 12 月 28 日修正
中华人民共和国民法典	2021 年 1 月 1 日起实施
中华人民共和国行政许可法	2004 年 7 月 1 日起实施
中华人民共和国节约能源法	1997 年 1 月 1 日颁布，2007 年 10 月修改，2008 年 4 月 1 日起实施修订版
中华人民共和国环境保护法	1989 年 12 月 26 日起实施，2014 年 4 月 24 日修改，2015 年 1 月 1 日起实施修订版
中华人民共和国房地产管理法	1995 年 1 月 1 日起实施，2007 年 8 月 30 日和 2009 年 8 月 27 日两次修订，2019 年 8 月 26 日第三次修订

二、行政规定

建设工程勘察设计管理条例	2000 年 9 月 25 日起实施，2017 年 10 月 7 日修改
建设工程质量管理条例	2000 年 1 月 30 日起实施，2019 年 04 月 23 日修改
建设工程安全生产管理条例	2004 年 2 月 1 日起实施

三、部门规章

建设工程勘察设计资质管理规定	2007 年 9 月 1 日起实施
工程监理企业资质管理规定	2007 年 8 月 1 日起实施
建筑企业资质管理规定	2007 年 9 月 1 日起实施

地方法律、规章不再举例。

第二节　中华人民共和国建筑法

第一章　总　　则

第一条　为了加强对建筑活动的监督管理，维护建筑市场秩序，保证建筑工程的质量和安全，促进建筑业健康发展，制定本法。

第二条　在中华人民共和国境内从事建筑活动，实施对建筑活动的监督管理，应当遵守本法。

本法所称建筑活动，是指各类房屋建筑及其附属设施的建造和与其配套的线路、管道、设备的安装活动。

第三条　建筑活动应当确保建筑工程质量和安全，符合国家的建筑工程安全标准。

第四条　国家扶持建筑业的发展，支持建筑科学技术研究，提高房屋建筑设计水平，鼓励节约能源和保护环境，提倡采用先进技术、先进设备、先进工艺、新型建筑材料和现代管理方式。

第五条　从事建筑活动应当遵守法律、法规，不得损害社会公共利益和他人的合法权益。

任何单位和个人都不得妨碍和阻挠依法进行的建筑活动。

第六条　国务院建设行政主管部门对全国的建筑活动实施统一监督管理。

第二章　建 筑 许 可

第一节　建筑工程施工许可

第七条　建筑工程开工前，建设单位应当按照国家有关规定向工程所在地县级以上人民政府建设行政主管部门申请领取施工许可证；但是，国务院建设行政主管部门确定的限额以下的小型工程除外。

按照国务院规定的权限和程序批准开工报告的建筑工程，不再领取施工许可证。

第八条　申请领取施工许可证，应当具备下列条件：

（一）已经办理该建筑工程用地批准手续；

（二）依法应当办理建设工程规划许可证的，已经取得建设工程规划许可证；

（三）需要拆迁的，其拆迁进度符合施工要求；

（四）已经确定建筑施工企业；

（五）有满足施工需要的资金安排、施工图纸及技术资料；

（六）有保证工程质量和安全的具体措施。

建设行政主管部门应当自收到申请之日起七日内，对符合条件的申请颁发施工许可证。

第九条　建设单位应当自领取施工许可证之日起三个月内开工。因故不能按期开工的，应当向发证机关申请延期；延期以两次为限，每次不超过三个月。既不开工又不申请延期或者超过延期时限的，施工许可证自行废止。

第十条　在建的建筑工程因故中止施工的，建设单位应当自中止施工之日起一个月内，向发证机关报告，并按照规定做好建筑工程的维护管理工作。

建筑工程恢复施工时，应当向发证机关报告；中止施工满一年的工程恢复施工前，建设单位应当报发证机关核验施工许可证。

第十一条　按照国务院有关规定批准开工报告的建筑工程，因故不能按期开工或者中止施工的，应当及时向批准机关报告情况。因故不能按期开工超过六个月的，应当重新办理开工报告的批准手续。

第二节 从业资格

第十二条 从事建筑活动的建筑施工企业、勘察单位、设计单位和工程监理单位，应当具备下列条件：

（一）有符合国家规定的注册资本；

（二）有与其从事的建筑活动相适应的具有法定执业资格的专业技术人员；

（三）有从事相关建筑活动所应有的技术装备；

（四）法律、行政法规规定的其他条件。

第十三条 从事建筑活动的建筑施工企业、勘察单位、设计单位和工程监理单位，按照其拥有的注册资本、专业技术人员、技术装备和已完成的建筑工程业绩等资质条件，划分为不同的资质等级，经资质审查合格，取得相应等级的资质证书后，方可在其资质等级许可的范围内从事建筑活动。

第十四条 从事建筑活动的专业技术人员，应当依法取得相应的执业资格证书，并在执业资格证书许可的范围内从事建筑活动。

第三章 建筑工程发包与承包

第一节 一般规定

第十五条 建筑工程的发包单位与承包单位应当依法订立书面合同，明确双方的权利和义务。

发包单位和承包单位应当全面履行合同约定的义务。不按照合同约定履行义务的，依法承担违约责任。

第十六条 建筑工程发包与承包的招标投标活动，应当遵循公开、公正、平等竞争的原则，择优选择承包单位。

建筑工程的招标投标，本法没有规定的，适用有关招标投标法律的规定。

第十七条 发包单位及其工作人员在建筑工程发包中不得收受贿赂、回扣或者索取其他好处。

承包单位及其工作人员不得利用向发包单位及其工作人员行贿、提供回扣或者给予其他好处等不正当手段承揽工程。

第十八条 建筑工程造价应当按照国家有关规定，由发包单位与承包单位在合同中约定。公开招标发包的，其造价的约定，须遵守招标投标法律的规定。

发包单位应当按照合同的约定，及时拨付工程款项。

第二节 发包

第十九条 建筑工程依法实行招标发包，对不适于招标发包的可以直接发包。

第二十条 建筑工程实行公开招标的，发包单位应当依照法定程序和方式，发布招标公告，提供载有招标工程的主要技术要求、主要的合同条款、评标的标准和方法以及开标、评标、定标的程序等内容的招标文件。

开标应当在招标文件规定的时间、地点公开进行。开标后应当按照招标文件规定的评标标准和程序对标书进行评价、比较，在具备相应资质条件的投标者中，择优选定中标者。

第二十一条 建筑工程招标的开标、评标、定标由建设单位依法组织实施，并接受有关行政主管部门的监督。

第二十二条 建筑工程实行招标发包的，发包单位应当将建筑工程发包给依法中标的承包单位。建筑工程实行直接发包的，发包单位应当将建筑工程发包给具有相应资质条件的承包单位。

第二十三条　政府及其所属部门不得滥用行政权力，限定发包单位将招标发包的建筑工程发包给指定的承包单位。

第二十四条　提倡对建筑工程实行总承包，禁止将建筑工程肢解发包。

建筑工程的发包单位可以将建筑工程的勘察、设计、施工、设备采购一并发包给一个工程总承包单位，也可以将建筑工程勘察、设计、施工、设备采购的一项或者多项发包给一个工程总承包单位；但是，不得将应当由一个承包单位完成的建筑工程肢解成若干部分发包给几个承包单位。

第二十五条　按照合同约定，建筑材料、建筑构配件和设备由工程承包单位采购的，发包单位不得指定承包单位购入用于工程的建筑材料、建筑构配件和设备或者指定生产厂、供应商。

第三节　承　　包

第二十六条　承包建筑工程的单位应当持有依法取得的资质证书，并在其资质等级许可的业务范围内承揽工程。

禁止建筑施工企业超越本企业资质等级许可的业务范围或者以任何形式用其他建筑施工企业的名义承揽工程。禁止建筑施工企业以任何形式允许其他单位或者个人使用本企业的资质证书、营业执照，以本企业的名义承揽工程。

第二十七条　大型建筑工程或者结构复杂的建筑工程，可以由两个以上的承包单位联合共同承包。共同承包的各方对承包合同的履行承担连带责任。

两个以上不同资质等级的单位实行联合共同承包的，应当按照资质等级低的单位的业务许可范围承揽工程。

第二十八条　禁止承包单位将其承包的全部建筑工程转包给他人，禁止承包单位将其承包的全部建筑工程肢解以后以分包的名义分别转包给他人。

第二十九条　建筑工程总承包单位可以将承包工程中的部分工程发包给具有相应资质条件的分包单位；但是，除总承包合同中约定的分包外，必须经建设单位认可。施工总承包的，建筑工程主体结构的施工必须由总承包单位自行完成。

建筑工程总承包单位按照总承包合同的约定对建设单位负责；分包单位按照分包合同的约定对总承包单位负责。总承包单位和分包单位就分包工程对建设单位承担连带责任。

禁止总承包单位将工程分包给不具备相应资质条件的单位。禁止分包单位将其承包的工程再分包。

第四章　建筑工程监理

第三十条　国家推行建筑工程监理制度。

国务院可以规定实行强制监理的建筑工程的范围。

第三十一条　实行监理的建筑工程，由建设单位委托具有相应资质条件的工程监理单位监理。建设单位与其委托的工程监理单位应当订立书面委托监理合同。

第三十二条　建筑工程监理应当依照法律、行政法规及有关的技术标准、设计文件和建筑工程承包合同，对承包单位在施工质量、建设工期和建设资金使用等方面，代表建设单位实施监督。

工程监理人员认为工程施工不符合工程设计要求、施工技术标准和合同约定的，有权要求建筑施工企业改正。

工程监理人员发现工程设计不符合建筑工程质量标准或者合同约定的质量要求的，应当报告建设单位要求设计单位改正。

第三十三条　实施建筑工程监理前，建设单位应当将委托的工程监理单位、监理的内容及监理权限，书面通知被监理的建筑施工企业。

第三十四条 工程监理单位应当在其资质等级许可的监理范围内，承担工程监理业务。

工程监理单位应当根据建设单位的委托，客观、公正地执行监理任务。

工程监理单位与被监理工程的承包单位以及建筑材料、建筑构配件和设备供应单位不得有隶属关系或者其他利害关系。

工程监理单位不得转让工程监理业务。

第三十五条 工程监理单位不按照委托监理合同的约定履行监理义务，对应当监督检查的项目不检查或者不按照规定检查，给建设单位造成损失的，应当承担相应的赔偿责任。

工程监理单位与承包单位串通，为承包单位谋取非法利益，给建设单位造成损失的，应当与承包单位承担连带赔偿责任。

第五章 建筑安全生产管理

第三十六条 建筑工程安全生产管理必须坚持安全第一、预防为主的方针，建立健全安全生产的责任制度和群防群治制度。

第三十七条 建筑工程设计应当符合按照国家规定制定的建筑安全规程和技术规范，保证工程的安全性能。

第三十八条 建筑施工企业在编制施工组织设计时，应当根据建筑工程的特点制定相应的安全技术措施；对专业性较强的工程项目，应当编制专项安全施工组织设计，并采取安全技术措施。

第三十九条 建筑施工企业应当在施工现场采取维护安全、防范危险、预防火灾等措施；有条件的，应当对施工现场实行封闭管理。

施工现场对毗邻的建筑物、构筑物和特殊作业环境可能造成损害的，建筑施工企业应当采取安全防护措施。

第四十条 建设单位应当向建筑施工企业提供与施工现场相关的地下管线资料，建筑施工企业应当采取措施加以保护。

第四十一条 建筑施工企业应当遵守有关环境保护和安全生产的法律、法规的规定，采取控制和处理施工现场的各种粉尘、废气、废水、固体废物以及噪声、振动对环境的污染和危害的措施。

第四十二条 有下列情形之一的，建设单位应当按照国家有关规定办理申请批准手续：

（一）需要临时占用规划批准范围以外场地的；

（二）可能损坏道路、管线、电力、邮电通讯等公共设施的；

（三）需要临时停水、停电、中断道路交通的；

（四）需要进行爆破作业的；

（五）法律、法规规定需要办理报批手续的其他情形。

第四十三条 建设行政主管部门负责建筑安全生产的管理，并依法接受劳动行政主管部门对建筑安全生产的指导和监督。

第四十四条 建筑施工企业必须依法加强对建筑安全生产的管理，执行安全生产责任制度，采取有效措施，防止伤亡和其他安全生产事故的发生。

建筑施工企业的法定代表人对本企业的安全生产负责。

第四十五条 施工现场安全由建筑施工企业负责。实行施工总承包的，由总承包单位负责。分包单位向总承包单位负责，服从总承包单位对施工现场的安全生产管理。

第四十六条 建筑施工企业应当建立健全劳动安全生产教育培训制度，加强对职工安全生产的教育培训；未经安全生产教育培训的人员，不得上岗作业。

第四十七条 建筑施工企业和作业人员在施工过程中，应当遵守有关安全生产的法律、法规和建筑行业安全规章、规程，不得违章指挥或者违章作业。作业人员有权对影响人身健康的作业程序和作业条件提出改进意见，有权获得安全生产所需的防护用品。作业人员对危及生命安全和人身健康的行为有权提出批评、检举和控告。

第四十八条 建筑施工企业应当依法为职工参加工伤保险缴纳工伤保险费。鼓励企业为从事危险作业的职工办理意外伤害保险，支付保险费。

第四十九条 涉及建筑主体和承重结构变动的装修工程，建设单位应当在施工前委托原设计单位或者具有相应资质条件的设计单位提出设计方案；没有设计方案的，不得施工。

第五十条 房屋拆除应当由具备保证安全条件的建筑施工单位承担，由建筑施工单位负责人对安全负责。

第五十一条 施工中发生事故时，建筑施工企业应当采取紧急措施减少人员伤亡和事故损失，并按照国家有关规定及时向有关部门报告。

第六章 建筑工程质量管理

第五十二条 建筑工程勘察、设计、施工的质量必须符合国家有关建筑工程安全标准的要求，具体管理办法由国务院规定。

有关建筑工程安全的国家标准不能适应确保建筑安全的要求时，应当及时修订。

第五十三条 国家对从事建筑活动的单位推行质量体系认证制度。从事建筑活动的单位根据自愿原则可以向国务院产品质量监督管理部门或者国务院产品质量监督管理部门授权的部门认可的认证机构申请质量体系认证。经认证合格的，由认证机构颁发质量体系认证证书。

第五十四条 建设单位不得以任何理由，要求建筑设计单位或者建筑施工企业在工程设计或者施工作业中，违反法律、行政法规和建筑工程质量、安全标准，降低工程质量。

建筑设计单位和建筑施工企业对建设单位违反前款规定提出的降低工程质量的要求，应当予以拒绝。

第五十五条 建筑工程实行总承包的，工程质量由工程总承包单位负责，总承包单位将建筑工程分包给其他单位的，应当对分包工程的质量与分包单位承担连带责任。分包单位应当接受总承包单位的质量管理。

第五十六条 建筑工程的勘察、设计单位必须对其勘察、设计的质量负责。勘察、设计文件应当符合有关法律、行政法规的规定和建筑工程质量、安全标准、建筑工程勘察、设计技术规范以及合同的约定。设计文件选用的建筑材料、建筑构配件和设备，应当注明其规格、型号、性能等技术指标，其质量要求必须符合国家规定的标准。

第五十七条 建筑设计单位对设计文件选用的建筑材料、建筑构配件和设备，不得指定生产厂、供应商。

第五十八条 建筑施工企业对工程的施工质量负责。

建筑施工企业必须按照工程设计图纸和施工技术标准施工，不得偷工减料。工程设计的修改由原设计单位负责，建筑施工企业不得擅自修改工程设计。

第五十九条 建筑施工企业必须按照工程设计要求、施工技术标准和合同的约定，对建筑材料、建筑构配件和设备进行检验，不合格的不得使用。

第六十条 建筑物在合理使用寿命内，必须确保地基基础工程和主体结构的质量。

建筑工程竣工时，屋顶、墙面不得留有渗漏、开裂等质量缺陷；对已发现的质量缺陷，建筑施工企业应当修复。

第六十一条 交付竣工验收的建筑工程，必须符合规定的建筑工程质量标准，有完整的工程技术经济资料和经签署的工程保修书，并具备国家规定的其他竣工条件。

建筑工程竣工经验收合格后，方可交付使用；未经验收或者验收不合格的，不得交付使用。

第六十二条 建筑工程实行质量保修制度。

建筑工程的保修范围应当包括地基基础工程、主体结构工程、屋面防水工程和其他土建工程，以及电气管线、上下水管线的安装工程，供热、供冷系统工程等项目；保修的期限应当按照保证建筑物合理寿命年限内正常使用，维护使用者合法权益的原则确定。具体的保修范围和最低保修期限由国务院规定。

第六十三条 任何单位和个人对建筑工程的质量事故、质量缺陷都有权向建设行政主管部门或者其他有关部门进行检举、控告、投诉。

第七章 法律责任

第六十四条 违反本法规定，未取得施工许可证或者开工报告未经批准擅自施工的，责令改正，对不符合开工条件的责令停止施工，可以处以罚款。

第六十五条 发包单位将工程发包给不具有相应资质条件的承包单位的，或者违反本法规定将建筑工程肢解发包的，责令改正，处以罚款。

超越本单位资质等级承揽工程的，责令停止违法行为，处以罚款，可以责令停业整顿，降低资质等级；情节严重的，吊销资质证书；有违法所得的，予以没收。

未取得资质证书承揽工程的，予以取缔，并处罚款；有违法所得的，予以没收。

以欺骗手段取得资质证书的，吊销资质证书，处以罚款；构成犯罪的，依法追究刑事责任。

第六十六条 建筑施工企业转让、出借资质证书或者以其他方式允许他人以本企业的名义承揽工程的，责令改正，没收违法所得，并处罚款，可以责令停业整顿，降低资质等级；情节严重的，吊销资质证书。对因该项承揽工程不符合规定的质量标准造成的损失，建筑施工企业与使用本企业名义的单位或者个人承担连带赔偿责任。

第六十七条 承包单位将承包的工程转包的，或者违反本法规定进行分包的，责令改正，没收违法所得，并处罚款，可以责令停业整顿，降低资质等级；情节严重的，吊销资质证书。

承包单位有前款规定的违法行为的，对因转包工程或者违法分包的工程不符合规定的质量标准造成的损失，与接受转包或者分包的单位承担连带赔偿责任。

第六十八条 在工程发包与承包中索贿、受贿、行贿，构成犯罪的，依法追究刑事责任；不构成犯罪的，分别处以罚款，没收贿赂的财物，对直接负责的主管人员和其他直接责任人员给予处分。

对在工程承包中行贿的承包单位，除依照前款规定处罚外，可以责令停业整顿，降低资质等级或者吊销资质证书。

第六十九条 工程监理单位与建设单位或者建筑施工企业串通，弄虚作假、降低工程质量的，责令改正，处以罚款，降低资质等级或者吊销资质证书；有违法所得的，予以没收；造成损失的，承担连带赔偿责任；构成犯罪的，依法追究刑事责任。

工程监理单位转让监理业务的，责令改正，没收违法所得，可以责令停业整顿，降低资质等级；情节严重的，吊销资质证书。

第七十条 违反本法规定，涉及建筑主体或者承重结构变动的装修工程擅自施工的，责令改正，处以罚款；造成损失的，承担赔偿责任；构成犯罪的，依法追究刑事责任。

第七十一条 建筑施工企业违反本法规定，对建筑安全事故隐患不采取措施予以消除的，责令改正，可以处以罚款；情节严重的，责令停业整顿，降低资质等级或者吊销资质证书；构成犯罪的，依法追究刑事责任。

建筑施工企业的管理人员违章指挥、强令职工冒险作业，因而发生重大伤亡事故或者造成其他严重后果的，依法追究刑事责任。

第七十二条 建设单位违反本法规定，要求建筑设计单位或者建筑施工企业违反建筑工程质量、安全标准，降低工程质量的，责令改正，可以处以罚款；构成犯罪的，依法追究刑事责任。

第七十三条 建筑设计单位不按照建筑工程质量、安全标准进行设计的，责令改正，处以罚款；造成工程质量事故的，责令停业整顿，降低资质等级或者吊销资质证书，没收违法所得，并处罚款；造成损失的，承担赔偿责任；构成犯罪的，依法追究刑事责任。

第七十四条 建筑施工企业在施工中偷工减料的，使用不合格的建筑材料、建筑构配件和设备的，或者有其他不按照工程设计图纸或者施工技术标准施工的行为的，责令改正，处以罚款；情节严重的，责令停业整顿，降低资质等级或者吊销资质证书；造成建筑工程质量不符合规定的质量标准的，负责返工、修理，并赔偿因此造成的损失；构成犯罪的，依法追究刑事责任。

第七十五条 建筑施工企业违反本法规定，不履行保修义务或者拖延履行保修义务的，责令改正，可以处以罚款，并对在保修期内因屋顶、墙面渗漏、开裂等质量缺陷造成的损失，承担赔偿责任。

第七十六条 本法规定的责令停业整顿、降低资质等级和吊销资质证书的行政处罚，由颁发资质证书的机关决定；其他行政处罚，由建设行政主管部门或者有关部门依照法律和国务院规定的职权范围决定。

依照本法规定被吊销资质证书的，由工商行政管理部门吊销其营业执照。

第七十七条 违反本法规定，对不具备相应资质等级条件的单位颁发该等级资质证书的，由其上级机关责令收回所发的资质证书，对直接负责的主管人员和其他直接责任人员给予行政处分；构成犯罪的，依法追究刑事责任。

第七十八条 政府及其所属部门的工作人员违反本法规定，限定发包单位将招标发包的工程发包给指定的承包单位的，由上级机关责令改正；构成犯罪的，依法追究刑事责任。

第七十九条 负责颁发建筑工程施工许可证的部门及其工作人员对不符合施工条件的建筑工程颁发施工许可证的，负责工程质量监督检查或者竣工验收的部门及其工作人员对不合格的建筑工程出具质量合格文件或者按合格工程验收的，由上级机关责令改正，对责任人员给予行政处分；构成犯罪的，依法追究刑事责任；造成损失的，由该部门承担相应的赔偿责任。

第八十条 在建筑物的合理使用寿命内，因建筑工程质量不合格受到损害的，有权向责任者要求赔偿。

第八章 附 则

第八十一条 本法关于施工许可、建筑施工企业资质审查和建筑工程发包、承包、禁止转包，以及建筑工程监理、建筑工程安全和质量管理的规定，适用于其他专业建筑工程的建筑活动，具体办法由国务院规定。

第八十二条 建设行政主管部门和其他有关部门在对建筑活动实施监督管理中，除按照国务院有关规定收取费用外，不得收取其他费用。

第八十三条 省、自治区、直辖市人民政府确定的小型房屋建筑工程的建筑活动，参照本法执行。

依法核定作为文物保护的纪念建筑物和古建筑等的修缮，依照文物保护的有关法律规定执行。

抢险救灾及其他临时性房屋建筑和农民自建低层住宅的建筑活动，不适用本法。

第八十四条 军用房屋建筑工程建筑活动的具体管理办法，由国务院、中央军事委员会依据本法制定。

第八十五条 本法自1998年3月1日起施行。

【例11-2-1】 某工程项目甲建设单位委托乙监理单位对丙施工总承包单位进行监理，有关监理单位的行为符合规定的是：

A. 在监理合同规定的范围内承揽监理业务

B. 按建设单位委托，客观公正地执行监理任务

C. 与施工单位建立隶属关系或者其他利害关系

D. 将工程监理业务转让给具有相应资质的其他监理单位

解 《中华人民共和国建筑法》第三十四条规定，工程监理单位应当根据建设单位的委托，客观、公正地执行监理任务。

选项C和D明显错误。选项A也是错误的，因为监理单位承揽监理业务的范围是根据其单位资质决定的，而不是仅仅依靠和甲方签订的合同所决定的。

答案： B

【例11-2-2】 根据《中华人民共和国建筑法》的规定，有关工程发包的规定，下列理解错误的是：

A. 关于对建筑工程进行肢解发包的规定，属于禁止性规定

B. 可以将建筑工程的勘察、设计、施工、设备采购一并发包给一个工程总承包单位

C. 建筑工程实行直接发包的，发包单位可以将建筑工程发包给具有资质证书的承包单位

D. 提倡对建筑工程实行总承包

解 《中华人民共和国建筑法》第二十二条规定，发包单位应当将建筑工程发包给具有资质证书的承包单位。是“应当”，不是“可以”，选项A、B、D没有错误。

答案： C

【例11-2-3】 根据《中华人民共和国建筑法》规定，施工企业矿业将部分工程分包给其他具有相应资质的分包单位施工，下列情形中不违反有关承包的禁止性规定的是：

A. 建筑施工企业超越本企业资质等级许可的业务范围或者以任何形式用其他建筑施工企业的名义承揽工程

B. 承包单位将其承包的全部建筑工程转包给他人

C. 承包单位将其承包的全部建筑工程肢解以后以分包的名义分别转包给他人

D. 两个不同资质等级的承包单位联合共同承包

解 《中华人民共和国建筑法》第二十七条规定，大型建筑工程或者结构复杂的建筑工程，可以由两个以上的承包单位联合共同承包。共同承包的各方对承包合同的履行承担连带责任。

两个以上不同资质等级的单位实行联合共同承包的，应当按照资质等级低的单位的业务许可范围承揽工程。

答案： D

【例 11-2-4】 根据《中华人民共和国建筑法》规定，某建设单位领取了施工许可证，下列情节中，可能不导致施工许可证废止的是：

A. 领取施工许可证之日起三个月内因故不能按期开工，也未申请延期

B. 领取施工许可证之日起按期开工后又中止施工

C. 向发证机关申请延期开工一次，延期之日起三个月内，因故仍不能按期开工，也未申请延期

D. 向发证机关申请延期开工两次，超过六个月因故不能按期开工，继续申请延期

解 《中华人民共和国建筑法》第九条规定，建设单位应当自领取施工许可证之日起三个月内开工。因故不能按期开工的，应当向发证机关申请延期；延期以两次为限，每次不超过三个月。既不开工又不申请延期或者超过延期时限的，施工许可证自行废止。

答案： B

【例 11-2-5】 某在建的建筑工程因故中止施工，建设单位的下列做法符合《中华人民共和国建筑法》的是：

A. 自中止施工之日起一个月内向发证机关报告

B. 自中止施工之日起半年内报发证机关核验施工许可证

C. 自中止施工之日起三个月内向发证机关申请延长施工许可证的有效期

D. 自中止施工之日起满一年，向发证机关重新申请施工许可证

解 《中华人民共和国建筑法》第十条规定，在建的建筑工程因故中止施工的，建设单位应当自中止施工之日起一个月内，向发证机关报告，并按照规定做好建筑工程的维护管理工作。

答案： A

习 题

11-2-1 施工许可证的申请者是（ ）。

A. 监理单位 B. 设计单位 C. 施工单位 D. 建设单位

11-2-2 建设单位在领取开工证之后，应当在（ ）个月内开工。

A. 3 B. 6 C. 10 D. 12

11-2-3 违法分包是指以下哪几种情况？（ ）

①总承包单位将建设工程分包给不具备相应资质条件的单位 ②总承包单位将建设工程主体分包给其他单位 ③分包单位将其承包的工程再分包的 ④分包单位多于3个以上的

A. ① B. ①②③④ C. ①②③ D. ②③④

11-2-4 《中华人民共和国建筑法》中所指的建筑活动是（ ）。

A. 各类房屋建筑

B. 各类房屋建筑其附属设施的建造和与其配套的线路、管道、设备的安装活动

C. 在国内的所有建筑工程

D. 国内所有工程包括中国企业在境外承包的工程。

11-2-5 我国推行建筑工程监理制度的项目范围应该是（ ）。

A. 由国务院规定实行强制监理的建筑工程的范围

B. 所有工程必须强制接受监理

C. 由业主自行决定是否聘请监理

D. 只有国家投资的项目才需要监理

11-2-6 《中华人民共和国建筑法》中规定了申领开工证的必备条件，下列条件中哪项不符合建筑法的要求？（ ）

A. 已办理用地手续材料　　B. 已确定施工企业

C. 已有了方案设计图　　D. 资金已有安排

第三节　中华人民共和国安全生产法

第一章　总　　则

第一条　为了加强安全生产工作，防止和减少生产安全事故，保障人民群众生命和财产安全，促进经济社会持续健康发展，制定本法。

第二条　在中华人民共和国领域内从事生产经营活动的单位（以下统称生产经营单位）的安全生产，适用本法；有关法律、行政法规对消防安全和道路交通安全、铁路交通安全、水上交通安全、民用航空安全以及核与辐射安全、特种设备安全另有规定的，适用其规定。

第三条　安全生产工作坚持中国共产党的领导。

安全生产工作应当以人为本，坚持人民至上、生命至上，把保护人民生命安全摆在首位，树牢安全发展理念，坚持安全第一、预防为主、综合治理的方针，从源头上防范化解重大安全风险。

安全生产工作实行管行业必须管安全、管业务必须管安全、管生产经营必须管安全，强化和落实生产经营单位主体责任与政府监管责任，建立生产经营单位负责、职工参与、政府监管、行业自律和社会监督的机制。

第四条　生产经营单位必须遵守本法和其他有关安全生产的法律、法规，加强安全生产管理，建立健全全员安全生产责任制和安全生产规章制度，加大对安全生产资金、物资、技术、人员的投入保障力度，改善安全生产条件，加强安全生产标准化、信息化建设，构建安全风险分级管控和隐患排查治理双重预防机制，健全风险防范化解机制，提高安全生产水平，确保安全生产。

平台经济等新兴行业、领域的生产经营单位应当根据本行业、领域的特点，建立健全并落实全员安全生产责任制，加强从业人员安全生产教育和培训，履行本法和其他法律、法规规定的有关安全生产义务。

第五条　生产经营单位的主要负责人是本单位安全生产第一责任人，对本单位的安全生产工作全面负责。其他负责人对职责范围内的安全生产工作负责。

第六条　生产经营单位的从业人员有依法获得安全生产保障的权利，并应当依法履行安全生产方面的义务。

第七条　工会依法对安全生产工作进行监督。

生产经营单位的工会依法组织职工参加本单位安全生产工作的民主管理和民主监督，维护职工在安全生产方面的合法权益。生产经营单位制定或者修改有关安全生产的规章制度，应当听取工会的意见。

第八条　国务院和县级以上地方各级人民政府应当根据国民经济和社会发展规划制定安全生产规划，并组织实施。安全生产规划应当与国土空间规划等相关规划相衔接。

各级人民政府应当加强安全生产基础设施建设和安全生产监管能力建设，所需经费列入本级预算。

县级以上地方各级人民政府应当组织有关部门建立完善安全风险评估与论证机制，按照安全风险管控要求，进行产业规划和空间布局，并对位置相邻、行业相近、业态相似的生产经营单位实施重大安全风险联防联控。

第九条　国务院和县级以上地方各级人民政府应当加强对安全生产工作的领导，建立健全安全生产工作协调机制，支持、督促各有关部门依法履行安全生产监督管理职责，及时协调、解决安全生产监督管理中存在的重大问题。

乡镇人民政府和街道办事处，以及开发区、工业园区、港区、风景区等应当明确负责安全生产监督管理的有关工作机构及其职责，加强安全生产监管力量建设，按照职责对本行政区域或者管理区域内生产经营单位安全生产状况进行监督检查，协助人民政府有关部门或者按照授权依法履行安全生产监督管理职责。

第十条　国务院应急管理部门依照本法，对全国安全生产工作实施综合监督管理；县级以上地方各级人民政府应急管理部门依照本法，对本行政区域内安全生产工作实施综合监督管理。

国务院交通运输、住房和城乡建设、水利、民航等有关部门依照本法和其他有关法律、行政法规的规定，在各自的职责范围内对有关行业、领域的安全生产工作实施监督管理；县级以上地方各级人民政府有关部门依照本法和其他有关法律、法规的规定，在各自的职责范围内对有关行业、领域的安全生产工作实施监督管理。对新兴行业、领域的安全生产监督管理职责不明确的，由县级以上地方各级人民政府按照业务相近的原则确定监督管理部门。

应急管理部门和对有关行业、领域的安全生产工作实施监督管理的部门，统称负有安全生产监督管理职责的部门。负有安全生产监督管理职责的部门应当相互配合、齐抓共管、信息共享、资源共用，依法加强安全生产监督管理工作。

第十一条　国务院有关部门应当按照保障安全生产的要求，依法及时制定有关的国家标准或者行业标准，并根据科技进步和经济发展适时修订。

生产经营单位必须执行依法制定的保障安全生产的国家标准或者行业标准。

第十二条　国务院有关部门按照职责分工负责安全生产强制性国家标准的项目提出、组织起草、征求意见、技术审查。国务院应急管理部门统筹提出安全生产强制性国家标准的立项计划。国务院标准化行政主管部门负责安全生产强制性国家标准的立项、编号、对外通报和授权批准发布工作。国务院标准化行政主管部门、有关部门依据法定职责对安全生产强制性国家标准的实施进行监督检查。

第十三条　各级人民政府及其有关部门应当采取多种形式，加强对有关安全生产的法律、法规和安全生产知识的宣传，增强全社会的安全生产意识。

第十四条　有关协会组织依照法律、行政法规和章程，为生产经营单位提供安全生产方面的信息、培训等服务，发挥自律作用，促进生产经营单位加强安全生产管理。

第十五条　依法设立的为安全生产提供技术、管理服务的机构，依照法律、行政法规和执业准则，接受生产经营单位的委托为其安全生产工作提供技术、管理服务。

生产经营单位委托前款规定的机构提供安全生产技术、管理服务的，保证安全生产的责任仍由本单位负责。

第十六条　国家实行生产安全事故责任追究制度，依照本法和有关法律、法规的规定，追究生产安全事故责任单位和责任人员的法律责任。

第十七条 县级以上各级人民政府应当组织负有安全生产监督管理职责的部门依法编制安全生产权力和责任清单，公开并接受社会监督。

第十八条 国家鼓励和支持安全生产科学技术研究和安全生产先进技术的推广应用，提高安全生产水平。

第十九条 国家对在改善安全生产条件、防止生产安全事故、参加抢险救护等方面取得显著成绩的单位和个人，给予奖励。

第二章 生产经营单位的安全生产保障

第二十条 生产经营单位应当具备本法和有关法律、行政法规和国家标准或者行业标准规定的安全生产条件；不具备安全生产条件的，不得从事生产经营活动。

第二十一条 生产经营单位的主要负责人对本单位安全生产工作负有下列职责：

（一）建立健全并落实本单位全员安全生产责任制，加强安全生产标准化建设；

（二）组织制定并实施本单位安全生产规章制度和操作规程；

（三）组织制定并实施本单位安全生产教育和培训计划；

（四）保证本单位安全生产投入的有效实施；

（五）组织建立并落实安全风险分级管控和隐患排查治理双重预防工作机制，督促、检查本单位的安全生产工作，及时消除生产安全事故隐患；

（六）组织制定并实施本单位的生产安全事故应急救援预案；

（七）及时、如实报告生产安全事故。

第二十二条 生产经营单位的全员安全生产责任制应当明确各岗位的责任人员、责任范围和考核标准等内容。

生产经营单位应当建立相应的机制，加强对全员安全生产责任制落实情况的监督考核，保证全员安全生产责任制的落实。

第二十三条 生产经营单位应当具备的安全生产条件所必需的资金投入，由生产经营单位的决策机构、主要负责人或者个人经营的投资人予以保证，并对由于安全生产所必需的资金投入不足导致的后果承担责任。

有关生产经营单位应当按照规定提取和使用安全生产费用，专门用于改善安全生产条件。安全生产费用在成本中据实列支。安全生产费用提取、使用和监督管理的具体办法由国务院财政部门会同国务院应急管理部门征求国务院有关部门意见后制定。

第二十四条 矿山、金属冶炼、建筑施工、运输单位和危险物品的生产、经营、储存、装卸单位，应当设置安全生产管理机构或者配备专职安全生产管理人员。

前款规定以外的其他生产经营单位，从业人员超过一百人的，应当设置安全生产管理机构或者配备专职安全生产管理人员；从业人员在一百人以下的，应当配备专职或者兼职的安全生产管理人员。

第二十五条 生产经营单位的安全生产管理机构以及安全生产管理人员履行下列职责：

（一）组织或者参与拟订本单位安全生产规章制度、操作规程和生产安全事故应急救援预案；

（二）组织或者参与本单位安全生产教育和培训，如实记录安全生产教育和培训情况；

（三）组织开展危险源辨识和评估，督促落实本单位重大危险源的安全管理措施；

（四）组织或者参与本单位应急救援演练；

（五）检查本单位的安全生产状况，及时排查生产安全事故隐患，提出改进安全生产管理的建议；

（六）制止和纠正违章指挥、强令冒险作业、违反操作规程的行为；

（七）督促落实本单位安全生产整改措施。

生产经营单位可以设置专职安全生产分管负责人，协助本单位主要负责人履行安全生产管理职责。

第二十六条　生产经营单位的安全生产管理机构以及安全生产管理人员应当恪尽职守，依法履行职责。

生产经营单位作出涉及安全生产的经营决策，应当听取安全生产管理机构以及安全生产管理人员的意见。

生产经营单位不得因安全生产管理人员依法履行职责而降低其工资、福利等待遇或者解除与其订立的劳动合同。

危险物品的生产、储存单位以及矿山、金属冶炼单位的安全生产管理人员的任免，应当告知主管的负有安全生产监督管理职责的部门。

第二十七条　生产经营单位的主要负责人和安全生产管理人员必须具备与本单位所从事的生产经营活动相应的安全生产知识和管理能力。

危险物品的生产、经营、储存、装卸单位以及矿山、金属冶炼、建筑施工、运输单位的主要负责人和安全生产管理人员，应当由主管的负有安全生产监督管理职责的部门对其安全生产知识和管理能力考核合格。考核不得收费。

危险物品的生产、储存、装卸单位以及矿山、金属冶炼单位应当有注册安全工程师从事安全生产管理工作。鼓励其他生产经营单位聘用注册安全工程师从事安全生产管理工作。注册安全工程师按专业分类管理，具体办法由国务院人力资源和社会保障部门、国务院应急管理部门会同国务院有关部门制定。

第二十八条　生产经营单位应当对从业人员进行安全生产教育和培训，保证从业人员具备必要的安全生产知识，熟悉有关的安全生产规章制度和安全操作规程，掌握本岗位的安全操作技能，了解事故应急处理措施，知悉自身在安全生产方面的权利和义务。未经安全生产教育和培训合格的从业人员，不得上岗作业。

生产经营单位使用被派遣劳动者的，应当将被派遣劳动者纳入本单位从业人员统一管理，对被派遣劳动者进行岗位安全操作规程和安全操作技能的教育和培训。劳务派遣单位应当对被派遣劳动者进行必要的安全生产教育和培训。

生产经营单位接收中等职业学校、高等学校学生实习的，应当对实习学生进行相

应的安全生产教育和培训，提供必要的劳动防护用品。学校应当协助生产经营单位对实习学生进行安全生产教育和培训。

生产经营单位应当建立安全生产教育和培训档案，如实记录安全生产教育和培训的时间、内容、参加人员以及考核结果等情况。

第二十九条　生产经营单位采用新工艺、新技术、新材料或者使用新设备，必须了解、掌握其安全技术特性，采取有效的安全防护措施，并对从业人员进行专门的安全生产教育和培训。

第三十条　生产经营单位的特种作业人员必须按照国家有关规定经专门的安全作业培训，取得相应资格，方可上岗作业。

特种作业人员的范围由国务院应急管理部门会同国务院有关部门确定。

第三十一条　生产经营单位新建、改建、扩建工程项目（以下统称建设项目）的安全设施，必须与主体工程同时设计、同时施工、同时投入生产和使用。安全设施投资应当纳入建设项目概算。

第三十二条 矿山、金属冶炼建设项目和用于生产、储存、装卸危险物品的建设项目，应当按照国家有关规定进行安全评价。

第三十三条 建设项目安全设施的设计人、设计单位应当对安全设施设计负责。

矿山、金属冶炼建设项目和用于生产、储存、装卸危险物品的建设项目的安全设施设计应当按照国家有关规定报经有关部门审查，审查部门及其负责审查的人员对审查结果负责。

第三十四条 矿山、金属冶炼建设项目和用于生产、储存、装卸危险物品的建设项目的施工单位必须按照批准的安全设施设计施工，并对安全设施的工程质量负责。

矿山、金属冶炼建设项目和用于生产、储存、装卸危险物品的建设项目竣工投入生产或者使用前，应当由建设单位负责组织对安全设施进行验收；验收合格后，方可投入生产和使用。负有安全生产监督管理职责的部门应当加强对建设单位验收活动和验收结果的监督核查。

第三十五条 生产经营单位应当在有较大危险因素的生产经营场所和有关设施、设备上，设置明显的安全警示标志。

第三十六条 安全设备的设计、制造、安装、使用、检测、维修、改造和报废，应当符合国家标准或者行业标准。

生产经营单位必须对安全设备进行经常性维护、保养，并定期检测，保证正常运转。维护、保养、检测应当作好记录，并由有关人员签字。

生产经营单位不得关闭、破坏直接关系生产安全的监控、报警、防护、救生设备、设施，或者篡改、隐瞒、销毁其相关数据、信息。

餐饮等行业的生产经营单位使用燃气的，应当安装可燃气体报警装置，并保障其正常使用。

第三十七条 生产经营单位使用的危险物品的容器、运输工具，以及涉及人身安全、危险性较大的海洋石油开采特种设备和矿山井下特种设备，必须按照国家有关规定，由专业生产单位生产，并经具有专业资质的检测、检验机构检测、检验合格，取得安全使用证或者安全标志，方可投入使用。检测、检验机构对检测、检验结果负责。

第三十八条 国家对严重危及生产安全的工艺、设备实行淘汰制度，具体目录由国务院应急管理部门会同国务院有关部门制定并公布。法律、行政法规对目录的制定另有规定的，适用其规定。

省、自治区、直辖市人民政府可以根据本地区实际情况制定并公布具体目录，对前款规定以外的危及生产安全的工艺、设备予以淘汰。

生产经营单位不得使用应当淘汰的危及生产安全的工艺、设备。

第三十九条 生产、经营、运输、储存、使用危险物品或者处置废弃危险物品的，由有关主管部门依照有关法律、法规的规定和国家标准或者行业标准审批并实施监督管理。

生产经营单位生产、经营、运输、储存、使用危险物品或者处置废弃危险物品，必须执行有关法律、法规和国家标准或者行业标准，建立专门的安全管理制度，采取可靠的安全措施，接受有关主管部门依法实施的监督管理。

第四十条 生产经营单位对重大危险源应当登记建档，进行定期检测、评估、监控，并制定应急预案，告知从业人员和相关人员在紧急情况下应当采取的应急措施。

生产经营单位应当按照国家有关规定将本单位重大危险源及有关安全措施、应急措施报有关地方人民政府应急管理部门和有关部门备案。有关地方人民政府应急管理部门和有关部门应当通过相关信息系统实现信息共享。

第四十一条 生产经营单位应当建立安全风险分级管控制度，按照安全风险分级采取相应的管控措施。

生产经营单位应当建立健全并落实生产安全事故隐患排查治理制度，采取技术、管理措施，及时发现并消除事故隐患。事故隐患排查治理情况应当如实记录，并通过职工大会或者职工代表大会、信息公示栏等方式向从业人员通报。其中，重大事故隐患排查治理情况应当及时向负有安全生产监督管理职责的部门和职工大会或者职工代表大会报告。

县级以上地方各级人民政府负有安全生产监督管理职责的部门应当将重大事故隐患纳入相关信息系统，建立健全重大事故隐患治理督办制度，督促生产经营单位消除重大事故隐患。

第四十二条 生产、经营、储存、使用危险物品的车间、商店、仓库不得与员工宿舍在同一座建筑物内，并应当与员工宿舍保持安全距离。

生产经营场所和员工宿舍应当设有符合紧急疏散要求、标志明显、保持畅通的出口、疏散通道。禁止占用、锁闭、封堵生产经营场所或者员工宿舍的出口、疏散通道。

第四十三条 生产经营单位进行爆破、吊装、动火、临时用电以及国务院应急管理部门会同国务院有关部门规定的其他危险作业，应当安排专门人员进行现场安全管理，确保操作规程的遵守和安全措施的落实。

第四十四条 生产经营单位应当教育和督促从业人员严格执行本单位的安全生

产规章制度和安全操作规程；并向从业人员如实告知作业场所和工作岗位存在的危险因素、防范措施以及事故应急措施。

生产经营单位应当关注从业人员的身体、心理状况和行为习惯，加强对从业人员的心理疏导、精神慰藉，严格落实岗位安全生产责任，防范从业人员行为异常导致事故发生。

第四十五条 生产经营单位必须为从业人员提供符合国家标准或者行业标准的劳动防护用品，并监督、教育从业人员按照使用规则佩戴、使用。

第四十六条 生产经营单位的安全生产管理人员应当根据本单位的生产经营特点，对安全生产状况进行经常性检查；对检查中发现的安全问题，应当立即处理；不能处理的，应当及时报告本单位有关负责人，有关负责人应当及时处理。检查及处理情况应当如实记录在案。

生产经营单位的安全生产管理人员在检查中发现重大事故隐患，依照前款规定向本单位有关负责人报告，有关负责人不及时处理的，安全生产管理人员可以向主管的负有安全生产监督管理职责的部门报告，接到报告的部门应当依法及时处理。

第四十七条 生产经营单位应当安排用于配备劳动防护用品、进行安全生产培训的经费。

第四十八条 两个以上生产经营单位在同一作业区域内进行生产经营活动，可能危及对方生产安全的，应当签订安全生产管理协议，明确各自的安全生产管理职责和应当采取的安全措施，并指定专职安全生产管理人员进行安全检查与协调。

第四十九条 生产经营单位不得将生产经营项目、场所、设备发包或者出租给不具备安全生产条件或者相应资质的单位或者个人。

生产经营项目、场所发包或者出租给其他单位的，生产经营单位应当与承包单位、承租单位签订专门的安全生产管理协议，或者在承包合同、租赁合同中约定各自的安全生产管理职责；生产经营单位对承包单位、承租单位的安全生产工作统一协调、管理，定期进行安全检查，发现安全问题的，应当及时督促整改。

矿山、金属冶炼建设项目和用于生产、储存、装卸危险物品的建设项目的施工单位应当加强对施工项目的安全管理，不得倒卖、出租、出借、挂靠或者以其他形式非法转让施工资质，不得将其承包的全部建设工程转包给第三人或者将其承包的全部建设工程支解以后以分包的名义分别转包给第三人，不得将工程分包给不具备相应资质条件的单位。

第五十条　生产经营单位发生生产安全事故时，单位的主要负责人应当立即组织抢救，并不得在事故调查处理期间擅离职守。

第五十一条　生产经营单位必须依法参加工伤保险，为从业人员缴纳保险费。

国家鼓励生产经营单位投保安全生产责任保险；属于国家规定的高危行业、领域的生产经营单位，应当投保安全生产责任保险。具体范围和实施办法由国务院应急管理部门会同国务院财政部门、国务院保险监督管理机构和相关行业主管部门制定。

第三章　从业人员的安全生产权利义务

第五十二条　生产经营单位与从业人员订立的劳动合同，应当载明有关保障从业人员劳动安全、防止职业危害的事项，以及依法为从业人员办理工伤保险的事项。

生产经营单位不得以任何形式与从业人员订立协议，免除或者减轻其对从业人员因生产安全事故伤亡依法应承担的责任。

第五十三条　生产经营单位的从业人员有权了解其作业场所和工作岗位存在的危险因素、防范措施及事故应急措施，有权对本单位的安全生产工作提出建议。

第五十四条　从业人员有权对本单位安全生产工作中存在的问题提出批评、检举、控告；有权拒绝违章指挥和强令冒险作业。

生产经营单位不得因从业人员对本单位安全生产工作提出批评、检举、控告或者拒绝违章指挥、强令冒险作业而降低其工资、福利等待遇或者解除与其订立的劳动合同。

第五十五条　从业人员发现直接危及人身安全的紧急情况时，有权停止作业或者在采取可能的应急措施后撤离作业场所。

生产经营单位不得因从业人员在前款紧急情况下停止作业或者采取紧急撤离措施而降低其工资、福利等待遇或者解除与其订立的劳动合同。

第五十六条　生产经营单位发生生产安全事故后，应当及时采取措施救治有关人员。

因生产安全事故受到损害的从业人员，除依法享有工伤保险外，依照有关民事法律尚有获得赔偿的权利的，有权提出赔偿要求。

第五十七条　从业人员在作业过程中，应当严格落实岗位安全责任，遵守本单位的安全生产规章制度和操作规程，服从管理，正确佩戴和使用劳动防护用品。

第五十八条　从业人员应当接受安全生产教育和培训，掌握本职工作所需的安全生产知识，提高安全生产技能，增强事故预防和应急处理能力。

第五十九条　从业人员发现事故隐患或者其他不安全因素，应当立即向现场安全生产管理人员或者本单位负责人报告；接到报告的人员应当及时予以处理。

第六十条　工会有权对建设项目的安全设施与主体工程同时设计、同时施工、同时投入生产和使用进行监督，提出意见。

工会对生产经营单位违反安全生产法律、法规，侵犯从业人员合法权益的行为，有权要求纠正；发现生产经营单位违章指挥、强令冒险作业或者发现事故隐患时，有权提出解决的建议，生产经营单位应当及时研究答复；发现危及从业人员生命安全的情况时，有权向生产经营单位建议组织从业人员撤离危险场所，生产经营单位必须立即作出处理。

工会有权依法参加事故调查，向有关部门提出处理意见，并要求追究有关人员的责任。

第六十一条 生产经营单位使用被派遣劳动者的，被派遣劳动者享有本法规定的从业人员的权利，并应当履行本法规定的从业人员的义务。

第四章 安全生产的监督管理

第六十二条 县级以上地方各级人民政府应当根据本行政区域内的安全生产状况，组织有关部门按照职责分工，对本行政区域内容易发生重大生产安全事故的生产经营单位进行严格检查。

应急管理部门应当按照分类分级监督管理的要求，制定安全生产年度监督检查计划，并按照年度监督检查计划进行监督检查，发现事故隐患，应当及时处理。

第六十三条 负有安全生产监督管理职责的部门依照有关法律、法规的规定，对涉及安全生产的事项需要审查批准（包括批准、核准、许可、注册、认证、颁发证照等，下同）或者验收的，必须严格依照有关法律、法规和国家标准或者行业标准规定的安全生产条件和程序进行审查；不符合有关法律、法规和国家标准或者行业标准规定的安全生产条件的，不得批准或者验收通过。对未依法取得批准或者验收合格的单位擅自从事有关活动的，负责行政审批的部门发现或者接到举报后应当立即予以取缔，并依法予以处理。对已经依法取得批准的单位，负责行政审批的部门发现其不再具备安全生产条件的，应当撤销原批准。

第六十四条 负有安全生产监督管理职责的部门对涉及安全生产的事项进行审查、验收，不得收取费用；不得要求接受审查、验收的单位购买其指定品牌或者指定生产、销售单位的安全设备、器材或者其他产品。

第六十五条 应急管理部门和其他负有安全生产监督管理职责的部门依法开展安全生产行政执法工作，对生产经营单位执行有关安全生产的法律、法规和国家标准或者行业标准的情况进行监督检查，行使以下职权：

（一）进入生产经营单位进行检查，调阅有关资料，向有关单位和人员了解情况；

（二）对检查中发现的安全生产违法行为，当场予以纠正或者要求限期改正；对依法应当给予行政处罚的行为，依照本法和其他有关法律、行政法规的规定作出行政处罚决定；

（三）对检查中发现的事故隐患，应当责令立即排除；重大事故隐患排除前或者排除过程中无法保证安全的，应当责令从危险区域内撤出作业人员，责令暂时停产停业或者停止使用相关设施、设备；重大事故隐患排除后，经审查同意，方可恢复生产经营和使用；

（四）对有根据认为不符合保障安全生产的国家标准或者行业标准的设施、设备、器材以及违法生产、储存、使用、经营、运输的危险物品予以查封或者扣押，对违法生产、储存、使用、经营危险物品的作业场所予以查封，并依法作出处理决定。

监督检查不得影响被检查单位的正常生产经营活动。

第六十六条 生产经营单位对负有安全生产监督管理职责的部门的监督检查人员（以下统称安全生产监督检查人员）依法履行监督检查职责，应当予以配合，不得拒绝、阻挠。

第六十七条 安全生产监督检查人员应当忠于职守，坚持原则，秉公执法。

安全生产监督检查人员执行监督检查任务时，必须出示有效的行政执法证件；对涉及被检查单位的技术秘密和业务秘密，应当为其保密。

第六十八条 安全生产监督检查人员应当将检查的时间、地点、内容、发现的问题及其处理情况，作出书面记录，并由检查人员和被检查单位的负责人签字；被检查单位的负责人拒绝签字的，检查人员应当将情况记录在案，并向负有安全生产监督管理职责的部门报告。

第六十九条 负有安全生产监督管理职责的部门在监督检查中，应当互相配合，实行联合检查；确需分别进行检查的，应当互通情况，发现存在的安全问题应当由其他有关部门进行处理的，应当及时移送其他有关部门并形成记录备查，接受移送的部门应当及时进行处理。

第七十条 负有安全生产监督管理职责的部门依法对存在重大事故隐患的生产经营单位作出停产停业、停止施工、停止使用相关设施或者设备的决定，生产经营单位应当依法执行，及时消除事故隐患。生产经营单位拒不执行，有发生生产安全事故的现实危险的，在保证安全的前提下，经本部门主要负责人批准，负有安全生产监督管理职责的部门可以采取通知有关单位停止供电、停止供应民用爆炸物品等措施，强制生产经营单位履行决定。通知应当采用书面形式，有关单位应当予以配合。

负有安全生产监督管理职责的部门依照前款规定采取停止供电措施，除有危及生产安全的紧急情形外，应当提前二十四小时通知生产经营单位。生产经营单位依法履行行政决定、采取相应措施消除事故隐患的，负有安全生产监督管理职责的部门应当及时解除前款规定的措施。

第七十一条 监察机关依照监察法的规定，对负有安全生产监督管理职责的部门及其工作人员履行安全生产监督管理职责实施监察。

第七十二条 承担安全评价、认证、检测、检验职责的机构应当具备国家规定的资质条件，并对其作出的安全评价、认证、检测、检验结果的合法性、真实性负责。资质条件由国务院应急管理部门会同国务院有关部门制定。

承担安全评价、认证、检测、检验职责的机构应当建立并实施服务公开和报告公开制度，不得租借资质、挂靠、出具虚假报告。

第七十三条 负有安全生产监督管理职责的部门应当建立举报制度，公开举报电话、信箱或者电子邮件地址等网络举报平台，受理有关安全生产的举报；受理的举报事项经调查核实后，应当形成书面材料；需要落实整改措施的，报经有关负责人签字并督促落实。对不属于本部门职责，需要由其他有关部门进行调查处理的，转交其他有关部门处理。

涉及人员死亡的举报事项，应当由县级以上人民政府组织核查处理。

第七十四条 任何单位或者个人对事故隐患或者安全生产违法行为，均有权向负有安全生产监督管理职责的部门报告或者举报。

因安全生产违法行为造成重大事故隐患或者导致重大事故，致使国家利益或者社会公共利益受到侵害的，人民检察院可以根据民事诉讼法、行政诉讼法的相关规定提起公益诉讼。

第七十五条 居民委员会、村民委员会发现其所在区域内的生产经营单位存在事故隐患或者安全生产违法行为时，应当向当地人民政府或者有关部门报告。

第七十六条 县级以上各级人民政府及其有关部门对报告重大事故隐患或者举报安全生产违法行为的有功人员，给予奖励。具体奖励办法由国务院应急管理部门会同国务院财政部门制定。

第七十七条 新闻、出版、广播、电影、电视等单位有进行安全生产公益宣传教育的义务，有对违反安全生产法律、法规的行为进行舆论监督的权利。

第七十八条 负有安全生产监督管理职责的部门应当建立安全生产违法行为信息库，如实记录生产经营单位及其有关从业人员的安全生产违法行为信息；对违法行为情节严重的生产经营单位及其有关从业人员，应当及时向社会公告，并通报行业主管部门、投资主管部门、自然资源主管部门、生态环境主管部门、证券监督管理机构以及有关金融机构。有关部门和机构应当对存在失信行为的生产经营单位及其有关从业人员采取加大执法检查频次、暂停项目审批、上调有关保险费率、行业或者职业禁入等联合惩戒措施，并向社会公示。

负有安全生产监督管理职责的部门应当加强对生产经营单位行政处罚信息的及时归集、共享、应用和公开，对生产经营单位作出处罚决定后七个工作日内在监督管理部门公示系统予以公开曝光，强化对违法失信生产经营单位及其有关从业人员的社会监督，提高全社会安全生产诚信水平。

第五章 生产安全事故的应急救援与调查处理

第七十九条 国家加强生产安全事故应急能力建设，在重点行业、领域建立应急救援基地和应急救援队伍，并由国家安全生产应急救援机构统一协调指挥；鼓励生产经营单位和其他社会力量建立应急救援队伍，配备相应的应急救援装备和物资，提高应急救援的专业化水平。

国务院应急管理部门牵头建立全国统一的生产安全事故应急救援信息系统，国务院交通运输、住房和城乡建设、水利、民航等有关部门和县级以上地方人民政府建立健全相关行业、领域、地区的生产安全事故应急救援信息系统，实现互联互通、信息共享，通过推行网上安全信息采集、安全监管和监测预警，提升监管的精准化、智能化水平。

第八十条 县级以上地方各级人民政府应当组织有关部门制定本行政区域内生产安全事故应急救援预案，建立应急救援体系。

乡镇人民政府和街道办事处，以及开发区、工业园区、港区、风景区等应当制定相应的生产安全事故应急救援预案，协助人民政府有关部门或者按照授权依法履行生产安全事故应急救援工作职责。

第八十一条 生产经营单位应当制定本单位生产安全事故应急救援预案，与所在地县级以上地方人民政府组织制定的生产安全事故应急救援预案相衔接，并定期组织演练。

第八十二条 危险物品的生产、经营、储存单位以及矿山、金属冶炼、城市轨道交通运营、建筑施工单位应当建立应急救援组织；生产经营规模较小的，可以不建立应

急救援组织，但应当指定兼职的应急救援人员。

危险物品的生产、经营、储存、运输单位以及矿山、金属冶炼、城市轨道交通运营、建筑施工单位应当配备必要的应急救援器材、设备和物资，并进行经常性维护、保养，保证正常运转。

第八十三条 生产经营单位发生生产安全事故后，事故现场有关人员应当立即报告本单位负责人。

单位负责人接到事故报告后，应当迅速采取有效措施，组织抢救，防止事故扩大，减少人员伤亡和财产损失，并按照国家有关规定立即如实报告当地负有安全生产监督管理职责的部门，不得隐瞒不报、谎报或者迟报，不得故意破坏事故现场、毁灭有关证据。

第八十四条 负有安全生产监督管理职责的部门接到事故报告后，应当立即按照国家有关规定上报事故情况。负有安全生产监督管理职责的部门和有关地方人民政府对事故情况不得隐瞒不报、谎报或者迟报。

第八十五条 有关地方人民政府和负有安全生产监督管理职责的部门的负责人接到生产安全事故报告后，应当按照生产安全事故应急救援预案的要求立即赶到事故现场，组织事故抢救。

参与事故抢救的部门和单位应当服从统一指挥，加强协同联动，采取有效的应急救援措施，并根据事故救援的需要采取警戒、疏散等措施，防止事故扩大和次生灾害的发生，减少人员伤亡和财产损失。

事故抢救过程中应当采取必要措施，避免或者减少对环境造成的危害。

任何单位和个人都应当支持、配合事故抢救，并提供一切便利条件。

第八十六条　事故调查处理应当按照科学严谨、依法依规、实事求是、注重实效的原则，及时、准确地查清事故原因，查明事故性质和责任，评估应急处置工作，总结事故教训，提出整改措施，并对事故责任单位和人员提出处理建议。事故调查报告应当依法及时向社会公布。事故调查和处理的具体办法由国务院制定。

事故发生单位应当及时全面落实整改措施，负有安全生产监督管理职责的部门应当加强监督检查。

负责事故调查处理的国务院有关部门和地方人民政府应当在批复事故调查报告后一年内，组织有关部门对事故整改和防范措施落实情况进行评估，并及时向社会公开评估结果；对不履行职责导致事故整改和防范措施没有落实的有关单位和人员，应当按照有关规定追究责任。

第八十七条　生产经营单位发生生产安全事故，经调查确定为责任事故的，除了应当查明事故单位的责任并依法予以追究外，还应当查明对安全生产的有关事项负有审查批准和监督职责的行政部门的责任，对有失职、渎职行为的，依照本法第九十条的规定追究法律责任。

第八十八条　任何单位和个人不得阻挠和干涉对事故的依法调查处理。

第八十九条　县级以上地方各级人民政府应急管理部门应当定期统计分析本行

政区域内发生生产安全事故的情况，并定期向社会公布。

第六章　法律责任

第九十条　负有安全生产监督管理职责的部门的工作人员，有下列行为之一的，给予降级或者撤职的处分；构成犯罪的，依照刑法有关规定追究刑事责任:

（一）对不符合法定安全生产条件的涉及安全生产的事项予以批准或者验收通过的；

（二）发现未依法取得批准、验收的单位擅自从事有关活动或者接到举报后不予取缔或者不依法予以处理的；

（三）对已经依法取得批准的单位不履行监督管理职责，发现其不再具备安全生产条件而不撤销原批准或者发现安全生产违法行为不予查处的；

（四）在监督检查中发现重大事故隐患，不依法及时处理的。

负有安全生产监督管理职责的部门的工作人员有前款规定以外的滥用职权、玩忽职守、徇私舞弊行为的，依法给予处分；构成犯罪的，依照刑法有关规定追究刑事责任。

第九十一条　负有安全生产监督管理职责的部门，要求被审查、验收的单位购买其指定的安全设备、器材或者其他产品的，在对安全生产事项的审查、验收中收取费用的，由其上级机关或者监察机关责令改正，责令退还收取的费用；情节严重的，对直接负责的主管人员和其他直接责任人员依法给予处分。

第九十二条　承担安全评价、认证、检测、检验职责的机构出具失实报告的，责令停业整顿，并处三万元以上十万元以下的罚款；给他人造成损害的，依法承担赔偿责任。

承担安全评价、认证、检测、检验职责的机构租借资质、挂靠、出具虚假报告的，没收违法所得；违法所得在十万元以上的，并处违法所得二倍以上五倍以下的罚款，没有违法所得或者违法所得不足十万元的，单处或者并处十万元以上二十万元以下的罚款；对其直接负责的主管人员和其他直接责任人员处五万元以上十万元以下的罚款；给他人造成损害的，与生产经营单位承担连带赔偿责任；构成犯罪的，依照刑法有关规定追究刑事责任。

对有前款违法行为的机构及其直接责任人员，吊销其相应资质和资格，五年内不得从事安全评价、认证、检测、检验等工作；情节严重的，实行终身行业和职业禁入。

第九十三条　生产经营单位的决策机构、主要负责人或者个人经营的投资人不依照本法规定保证安全生产所必需的资金投入，致使生产经营单位不具备安全生产条件的，责令限期改正，提供必需的资金；逾期未改正的，责令生产经营单位停产停业整顿。

有前款违法行为，导致发生生产安全事故的，对生产经营单位的主要负责人给予撤职处分，对个人经营的投资人处二万元以上二十万元以下的罚款；构成犯罪的，依照刑法有关规定追究刑事责任。

第九十四条　生产经营单位的主要负责人未履行本法规定的安全生产管理职责的，责令限期改正，处二万元以上五万元以下的罚款；逾期未改正的，处五万元以上十万元以下的罚款，责令生产经营单位停产停业整顿。

生产经营单位的主要负责人有前款违法行为，导致发生生产安全事故的，给予撤职处分；构成犯罪的，依照刑法有关规定追究刑事责任。

生产经营单位的主要负责人依照前款规定受刑事处罚或者撤职处分的，自刑罚执行完毕或者受处分之日起，五年内不得担任任何生产经营单位的主要负责人；对重大、特别重大生产安全事故负有责任的，终身不得担任本行业生产经营单位的主要负责人。

第九十五条　生产经营单位的主要负责人未履行本法规定的安全生产管理职责，导致发生生产安全事故的，由应急管理部门依照下列规定处以罚款：

（一）发生一般事故的，处上一年年收入百分之四十的罚款；

（二）发生较大事故的，处上一年年收入百分之六十的罚款；

（三）发生重大事故的，处上一年年收入百分之八十的罚款；

（四）发生特别重大事故的，处上一年年收入百分之一百的罚款。

第九十六条　生产经营单位的其他负责人和安全生产管理人员未履行本法规定的安全生产管理职责的，责令限期改正，处一万元以上三万元以下的罚款；导致发生生产安全事故的，暂停或者吊销其与安全生产有关的资格，并处上一年年收入百分之二十以上百分之五十以下的罚款；构成犯罪的，依照刑法有关规定追究刑事责任。

第九十七条　生产经营单位有下列行为之一的，责令限期改正，处十万元以下的罚款；逾期未改正的，责令停产停业整顿，并处十万元以上二十万元以下的罚款，对其直接负责的主管人员和其他直接责任人员处二万元以上五万元以下的罚款：

（一）未按照规定设置安全生产管理机构或者配备安全生产管理人员、注册安全工程师的；

（二）危险物品的生产、经营、储存、装卸单位以及矿山、金属冶炼、建筑施工、运输单位的主要负责人和安全生产管理人员未按照规定经考核合格的；

（三）未按照规定对从业人员、被派遣劳动者、实习学生进行安全生产教育和培训，或者未按照规定如实告知有关的安全生产事项的；

（四）未如实记录安全生产教育和培训情况的；

（五）未将事故隐患排查治理情况如实记录或者未向从业人员通报的；

（六）未按照规定制定生产安全事故应急救援预案或者未定期组织演练的；

（七）特种作业人员未按照规定经专门的安全作业培训并取得相应资格，上岗作业的。

第九十八条　生产经营单位有下列行为之一的，责令停止建设或者停产停业整顿，限期改正，并处十万元以上五十万元以下的罚款，对其直接负责的主管人员和其他直接责任人员处二万元以上五万元以下的罚款；逾期未改正的，处五十万元以上一百万元以下的罚款，对其直接负责的主管人员和其他直

接责任人员处五万元以上十万元以下的罚款；构成犯罪的，依照刑法有关规定追究刑事责任:

（一）未按照规定对矿山、金属冶炼建设项目或者用于生产、储存、装卸危险物品的建设项目进行安全评价的；

（二）矿山、金属冶炼建设项目或者用于生产、储存、装卸危险物品的建设项目

没有安全设施设计或者安全设施设计未按照规定报经有关部门审查同意的；

（三）矿山、金属冶炼建设项目或者用于生产、储存、装卸危险物品的建设项目的施工单位未按照批准的安全设施设计施工的；

（四）矿山、金属冶炼建设项目或者用于生产、储存、装卸危险物品的建设项目竣工投入生产或者使用前，安全设施未经验收合格的。

第九十九条　生产经营单位有下列行为之一的，责令限期改正，处五万元以下的罚款；逾期未改正的，处五万元以上二十万元以下的罚款，对其直接负责的主管人员和其他直接责任人员处一万元以上二万元以下的罚款；情节严重的，责令停产停业整顿；构成犯罪的，依照刑法有关规定追究刑事责任:

（一）未在有较大危险因素的生产经营场所和有关设施、设备上设置明显的安全警示标志的；

（二）安全设备的安装、使用、检测、改造和报废不符合国家标准或者行业标准的；

（三）未对安全设备进行经常性维护、保养和定期检测的；

（四）关闭、破坏直接关系生产安全的监控、报警、防护、救生设备、设施，或者篡改、隐瞒、销毁其相关数据、信息的；

（五）未为从业人员提供符合国家标准或者行业标准的劳动防护用品的；

（六）危险物品的容器、运输工具，以及涉及人身安全、危险性较大的海洋石油开采特种设备和矿山井下特种设备未经具有专业资质的机构检测、检验合格，取得安全使用证或者安全标志，投入使用的；

（七）使用应当淘汰的危及生产安全的工艺、设备的；

（八）餐饮等行业的生产经营单位使用燃气未安装可燃气体报警装置的。

第一百条　未经依法批准，擅自生产、经营、运输、储存、使用危险物品或者处置废弃危险物品的，依照有关危险物品安全管理的法律、行政法规的规定予以处罚；构成犯罪的，依照刑法有关规定追究刑事责任。

第一百零一条　生产经营单位有下列行为之一的，责令限期改正，处十万元以下的罚款；逾期未改正的，责令停产停业整顿，并处十万元以上二十万元以下的罚款，对其直接负责的主管人员和其他直接责任人员处二万元以上五万元以下的罚款；构成犯罪的，依照刑法有关规定追究刑事责任:

（一）生产、经营、运输、储存、使用危险物品或者处置废弃危险物品，未建立专门安全管理制度、未采取可靠的安全措施的；

（二）对重大危险源未登记建档，未进行定期检测、评估、监控，未制定应急预案，或者未告知应急措施的；

（三）进行爆破、吊装、动火、临时用电以及国务院应急管理部门会同国务院有关部门规定的其他危险作业，未安排专门人员进行现场安全管理的；

（四）未建立安全风险分级管控制度或者未按照安全风险分级采取相应管控措施的；

（五）未建立事故隐患排查治理制度，或者重大事故隐患排查治理情况未按照规定报告的。

第一百零二条　生产经营单位未采取措施消除事故隐患的，责令立即消除或者限期消除，处五万元以下的罚款；生产经营单位拒不执行的，责令停产停业整顿，对其直接负责的主管人员和其他直接责任

人员处五万元以上十万元以下的罚款；构成犯罪的，依照刑法有关规定追究刑事责任。

第一百零三条 生产经营单位将生产经营项目、场所、设备发包或者出租给不具备安全生产条件或者相应资质的单位或者个人的，责令限期改正，没收违法所得；违法所得十万元以上的，并处违法所得二倍以上五倍以下的罚款；没有违法所得或者违法所得不足十万元的，单处或者并处十万元以上二十万元以下的罚款；对其直接负责的主管人员和其他直接责任人员处一万元以上二万元以下的罚款；导致发生生产安全事故给他人造成损害的，与承包方、承租方承担连带赔偿责任。

生产经营单位未与承包单位、承租单位签订专门的安全生产管理协议或者未在承包合同、租赁合同中明确各自的安全生产管理职责，或者未对承包单位、承租单位的安全生产统一协调、管理的，责令限期改正，处五万元以下的罚款，对其直接负责的主管人员和其他直接责任人员处一万元以下的罚款；逾期未改正的，责令停产停业整顿。

矿山、金属冶炼建设项目和用于生产、储存、装卸危险物品的建设项目的施工单位未按照规定对施工项目进行安全管理的，责令限期改正，处十万元以下的罚款，对其直接负责的主管人员和其他直接责任人员处二万元以下的罚款；逾期未改正的，责令停产停业整顿。以上施工单位倒卖、出租、出借、挂靠或者以其他形式非法转让施工资质的，责令停产停业整顿，吊销资质证书，没收违法所得；违法所得十万元以上的，并处违法所得二倍以上五倍以下的罚款，没有违法所得或者违法所得不足十万元的，单处或者并处十万元以上二十万元以下的罚款；对其直接负责的主管人员和其他直接责任人员处五万元以上十万元以下的罚款；构成犯罪的，依照刑法有关规定追究刑事责任。

第一百零四条 两个以上生产经营单位在同一作业区域内进行可能危及对方安全生产的生产经营活动，未签订安全生产管理协议或者未指定专职安全生产管理人员进行安全检查与协调的，责令限期改正，处五万元以下的罚款，对其直接负责的主管人员和其他直接责任人员处一万元以下的罚款；逾期未改正的，责令停产停业。

第一百零五条 生产经营单位有下列行为之一的，责令限期改正，处五万元以下的罚款，对其直接负责的主管人员和其他直接责任人员处一万元以下的罚款；逾期未改正的，责令停产停业整顿；构成犯罪的，依照刑法有关规定追究刑事责任：

（一）生产、经营、储存、使用危险物品的车间、商店、仓库与员工宿舍在同一座建筑内，或者与员工宿舍的距离不符合安全要求的；

（二）生产经营场所和员工宿舍未设有符合紧急疏散需要、标志明显、保持畅通的出口、疏散通道，或者占用、锁闭、封堵生产经营场所或者员工宿舍出口、疏散通道的。

第一百零六条 生产经营单位与从业人员订立协议，免除或者减轻其对从业人员因生产安全事故伤亡依法应承担的责任的，该协议无效；对生产经营单位的主要负责人、个人经营的投资人处二万元以上十万元以下的罚款。

第一百零七条 生产经营单位的从业人员不落实岗位安全责任，不服从管理，违反安全生产规章制度或者操作规程的，由生产经营单位给予批评教育，依照有关规章制度给予处分；构成犯罪的，依照刑法有关规定追究刑事责任。

第一百零八条 违反本法规定，生产经营单位拒绝、阻碍负有安全生产监督管理职责的部门依法实施监督检查的，责令改正；拒不改正的，处二万元以上二十万元以下的罚款；对其直接负责的主管人员和其他直接责任人员处一万元以上二万元以下的罚款；构成犯罪的，依照刑法有关规定追究刑事责任。

第一百零九条 高危行业、领域的生产经营单位未按照国家规定投保安全生产责任保险的，责令限期改正，处五万元以上十万元以下的罚款；逾期未改正的，处十万元以上二十万元以下的罚款。

第一百一十条 生产经营单位的主要负责人在本单位发生生产安全事故时，不立即组织抢救或者在事故调查处理期间擅离职守或者逃匿的，给予降级、撤职的处分，并由应急管理部门处上一年年收入百分之六十至百分之一百的罚款；对逃匿的处十五日以下拘留；构成犯罪的，依照刑法有关规定追究刑事责任。

生产经营单位的主要负责人对生产安全事故隐瞒不报、谎报或者迟报的，依照前款规定处罚。

第一百一十一条 有关地方人民政府、负有安全生产监督管理职责的部门，对生产安全事故隐瞒不报、谎报或者迟报的，对直接负责的主管人员和其他直接责任人员依法给予处分；构成犯罪的，依照刑法有关规定追究刑事责任。

第一百一十二条 生产经营单位违反本法规定，被责令改正且受到罚款处罚，拒不改正的，负有安全生产监督管理职责的部门可以自作出责令改正之日的次日起，按照原处罚数额按日连续处罚。

第一百一十三条 生产经营单位存在下列情形之一的，负有安全生产监督管理职责的部门应当提请地方人民政府予以关闭，有关部门应当依法吊销其有关证照。生产经营单位主要负责人五年内不得担任任何生产经营单位的主要负责人；情节严重的，终身不得担任本行业生产经营单位的主要负责人：

（一）存在重大事故隐患，一百八十日内三次或者一年内四次受到本法规定的行政处罚的；

（二）经停产停业整顿，仍不具备法律、行政法规和国家标准或者行业标准规定的安全生产条件的；

（三）不具备法律、行政法规和国家标准或者行业标准规定的安全生产条件，导致发生重大、特别重大生产安全事故的；

（四）拒不执行负有安全生产监督管理职责的部门作出的停产停业整顿决定的。

第一百一十四条 发生生产安全事故，对负有责任的生产经营单位除要求其依法承担相应的赔偿等责任外，由应急管理部门依照下列规定处以罚款：

（一）发生一般事故的，处三十万元以上一百万元以下的罚款；

（二）发生较大事故的，处一百万元以上二百万元以下的罚款；

（三）发生重大事故的，处二百万元以上一千万元以下的罚款；

（四）发生特别重大事故的，处一千万元以上二千万元以下的罚款。

发生生产安全事故，情节特别严重、影响特别恶劣的，应急管理部门可以按照前款罚款数额的二倍以上五倍以下对负有责任的生产经营单位处以罚款。

第一百一十五条 本法规定的行政处罚，由应急管理部门和其他负有安全生产监督管理职责的部门按照职责分工决定；其中，根据本法第九十五条、第一百一十条、第一百一十四条的规定应当给予民航、铁路、电力行业的生产经营单位及其主要负责人行政处罚的，也可以由主管的负有安全生产监督管理职责的部门进行处罚。予以关闭的行政处罚，由负有安全生产监督管理职责的部门报请县级以上人民政府按照国务院规定的权限决定；给予拘留的行政处罚，由公安机关依照治安管理处罚的规定决定。

第一百一十六条 生产经营单位发生生产安全事故造成人员伤亡、他人财产损失的，应当依法承担赔偿责任；拒不承担或者其负责人逃匿的，由人民法院依法强制执行。

生产安全事故的责任人未依法承担赔偿责任，经人民法院依法采取执行措施后，仍不能对受害人给予足额赔偿的，应当继续履行赔偿义务；受害人发现责任人有其他财产的，可以随时请求人民法院执行。

第七章 附 则

第一百一十七条 本法下列用语的含义：

危险物品，是指易燃易爆物品、危险化学品、放射性物品等能够危及人身安全和财产安全的物品。

重大危险源，是指长期地或者临时地生产、搬运、使用或者储存危险物品，且危险物品的数量等于或者超过临界量的单元（包括场所和设施）。

第一百一十八条　本法规定的生产安全一般事故、较大事故、重大事故、特别重大事故的划分标准由国务院规定。

国务院应急管理部门和其他负有安全生产监督管理职责的部门应当根据各自的职责分工，制定相关行业、领域重大危险源的辨识标准和重大事故隐患的判定标准。

第一百一十九条　本法自2002年11月1日起施行。

【例11-3-1】 根据《中华人民共和国安全生产法》规定，从业人员享有权利并承担义务，下列情形中属于从业人员履行义务的是：

A. 张某发现直接危及人身安全的紧急情况时禁止作业撤离现场

B. 李某发现事故隐患或者其他不安全因素，立即向现场安全生产管理人员或者本单位负责人报告

C. 王某对本单位安全生产工作中存在的问题提出批评、检举、控告

D. 赵某对本单位的安全生产工作提出建议

解　选项B属于义务，其他几个选项属于权利。

答案： B

【例11-3-2】 某生产经营单位使用危险性较大的特种设备，根据《中华人民共和国安全生产法》规定，该设备投入使用的条件不包括：

A. 该设备应由专业生产单位生产

B. 该设备应进行安全条件论证和安全评价

C. 该设备须经取得专业资质的检测、检验机构检测、检验合格

D. 该设备须取得安全使用证或者安全标志

解　《中华人民共和国安全生产法》第三十七条规定，生产经营单位使用的危险物品的容器、运输工具，以及涉及人身安全、危险性较大的海洋石油开采特种设备和矿山井下特种设备，必须按照国家有关规定，由专业生产单位生产，并经具有专业资质的检测、检验机构检测、检验合格，取得安全使用证或者安全标志，方可投入使用。检测、检验机构对检测、检验结果负责。

答案： B

【例11-3-3】 国家规定的安全生产责任制度中，对单位主要负责人、施工项目经理、专职人员与从业人员的共同规定是：

A. 报告生产安全事故

B. 确保安全生产费用有效使用

C. 进行工伤事故统计、分析和报告

D. 由有关部门考试合格

解　《中华人民共和国安全生产法》第八十三条规定，生产经营单位发生生产安全事故后，事故现场有关人员应当立即报告本单位负责人。

单位负责人接到事故报告后，应当迅速采取有效措施，组织抢救，防止事故扩大，减少人员伤亡和财产损失，并按照国家有关规定立即如实报告当地负有安全生产监督管理职责的部门，不得隐瞒不报、

谎报或者迟报，不得故意破坏事故现场、毁灭有关证据。

答案：A

【例 11-3-4】 某超高层建筑施工中，一个塔吊分包商的施工人员因没有佩戴安全带加上作业疏忽而从高处坠落死亡。按我国《建筑工程安全生产管理条例》的规定，除工人本身的责任外，请问此意外的责任应：

A. 由分包商承担所有责任，总包商无需负责

B. 由总包商与分包商承担连带责任

C. 由总包商承担所有责任，分包商无需负责

D. 视分包合约的内容确定

解 《建设工程安全生产管理条例》第二十四条规定，建设工程实行施工总承包的，由总承包单位对施工现场的安全生产负总责。

总承包单位依法将建设工程分包给其他单位的，分包合同中应当明确各自的安全生产方面的权利、义务。总承包单位和分包单位对分包工程的安全生产承担连带责任。

分包单位应当服从总承包单位的安全生产管理，分包单位不服从管理导致生产安全事故的，由分包单位承担主要责任。

答案：B

【例 11-3-5】 根据《中华人民共和国安全生产法》规定，组织制定并实施本单位的生产安全事故应急救援预案的责任人是：

A. 项目负责人　　B. 安全生产管理人员

C. 单位主要负责人　　D. 主管安全的负责人

解 《中华人民共和国安全生产法》第二十一条规定，生产经营单位的主要负责人对本单位安全生产工作负有下列职责：

（一）建立健全并落实本单位全员安全生产责任制，加强安全生产标准化建设；

（二）组织制定并实施本单位安全生产规章制度和操作规程；

（三）组织制定并实施本单位安全生产教育和培训计划；

（四）保证本单位安全生产投入的有效实施；

（五）组织建立并落实安全风险分级管控和隐患排查治理双重预防工作机制，督促、检查本单位的安全生产工作，及时消除生产安全事故隐患；

（六）组织制定并实施本单位的生产安全事故应急救援预案；

（七）及时、如实报告生产安全事故。

答案：C

【例 11-3-6】 根据《建设工程安全生产管理条例》，建设工程安全生产管理应坚持的方针是：

A. 预防第一，安全为主　　B. 改正第一，罚款为主

C. 安全第一，预防为主　　D. 罚款第一，改正为主

解 《建设工程安全生产管理条例》第三条规定，建设工程安全生产管理，坚持“安全第一，预防为主”的方针。

答案：C

【例 11-3-7】 依据《中华人民共和国安全生产法》，企业应当对职工进行安全生产教育和培训，某

施工总承包单位对职工进行安全生产培训，其培训的内容不包括：

A. 安全生产知识　　B. 安全生产规章制度

C. 安全生产管理能力　　D. 本岗位安全操作技能

解 《中华人民共和国安全生产法》第二十八条规定，生产经营单位应当对从业人员进行安全生产教育和培训，保证从业人员具备必要的安全生产知识，熟悉有关的安全生产规章制度和安全操作规程，掌握本岗位的安全操作技能，了解事故应急处理措施，知悉自身在安全生产方面的权利和义务。

答案：C

【例 11-3-8】 根据《中华人民共和国安全生产法》的规定，下列有关重大危险源管理的说法正确的是：

A. 生产经营单位对重大危险源应当登记建档，并制定应急预案

B. 生产经营单位对重大危险源应当经常性检测评估处置

C. 安全生产监督管理部门应当针对该企业的具体情况制定应急预案

D. 生产经营单位应当提醒从业人员和相关人员注意安全

解 《中华人民共和国安全生产法》第四十条规定，生产经营单位对重大危险源应当登记建档，进行定期检测、评估、监控，并制定应急预案，告知从业人员和相关人员在紧急情况下应当采取的应急措施。

答案：A

习　题

11-3-1 重点工程建设项目应当坚持（　　）。

A. 安全第一的原则　　B. 为保证工程质量不怕牺牲

C. 确保进度不变的原则　　D. 投资不超过预算的原则

11-3-2 对本单位的安全生产工作全面负责的人员应当是（　　）。

A. 生产经营单位的主要负责人　　B. 主管安全生产工作的副手

C. 项目经理　　D. 专职安全员

第四节　中华人民共和国招标投标法

第一章　总　　则

第一条　为了规范招标投标活动，保护国家利益、社会公共利益和招标投标活动当事人的合法权益，提高经济效益，保证项目质量，制定本法。

第二条　在中华人民共和国境内进行招标投标活动，适用本法。

第三条　在中华人民共和国境内进行下列工程建设项目包括项目的勘察、设计、施工、监理以及与工程建设有关的重要设备、材料等的采购，必须进行招标：

（一）大型基础设施、公用事业等关系社会公共利益、公众安全的项目；

（二）全部或者部分使用国有资金投资或者国家融资的项目；

（三）使用国际组织或者外国政府贷款、援助资金的项目。

前款所列项目的具体范围和规模标准，由国务院发展计划部门会同国务院有关部门制订，报国务院批准。

法律或者国务院对必须进行招标的其他项目的范围有规定的，依照其规定。

第四条　任何单位和个人不得将依法必须进行招标的项目化整为零或者以其他任何方式规避招标。

第五条　招标投标活动应当遵循公开、公平、公正和诚实信用的原则。

第六条　依法必须进行招标的项目，其招标投标活动不受地区或者部门的限制。任何单位和个人不得违法限制或者排斥本地区、本系统以外的法人或者其他组织参加投标，不得以任何方式非法干涉招标投标活动。

第七条　招标投标活动及其当事人应当接受依法实施的监督。

有关行政监督部门依法对招标投标活动实施监督，依法查处招标投标活动中的违法行为。

对招标投标活动的行政监督及有关部门的具体职权划分，由国务院规定。

第二章　招　　标

第八条　招标人是依照本法规定提出招标项目、进行招标的法人或者其他组织。

第九条　招标项目按照国家有关规定需要履行项目审批手续的，应当先履行审批手续，取得批准。

招标人应当有进行招标项目的相应资金或者资金来源已经落实，并应当在招标文件中如实载明。

第十条　招标分为公开招标和邀请招标。

公开招标，是指招标人以招标公告的方式邀请不特定的法人或者其他组织投标。

邀请招标，是指招标人以投标邀请书的方式邀请特定的法人或者其他组织投标。

第十一条　国务院发展计划部门确定的国家重点项目和省、自治区、直辖市人民政府确定的地方重点项目不适宜公开招标的，经国务院发展计划部门或者省、自治区、直辖市人民政府批准，可以进行邀请招标。

第十二条　招标人有权自行选择招标代理机构，委托其办理招标事宜。任何单位和个人不得以任何方式为招标人指定招标代理机构。

招标人具有编制招标文件和组织评标能力的，可以自行办理招标事宜。任何单位和个人不得强制其委托招标代理机构办理招标事宜。依法必须进行招标的项目，招标人自行办理招标事宜的，应当向有关行政监督部门备案。

第十三条　招标代理机构是依法设立、从事招标代理业务并提供相关服务的社会中介组织。

招标代理机构应当具备下列条件：

（一）有从事招标代理业务的营业场所和相应资金；

（二）有能够编制招标文件和组织评标的相应专业力量；

第十四条　招标代理机构与行政机关和其他国家机关不得存在隶属关系或者其他利益关系。

第十五条　招标代理机构应当在招标人委托的范围内办理招标事宜，并遵守本法关于招标人的规定。

第十六条　招标人采用公开招标方式的，应当发布招标公告。依法必须进行招标的项目的招标公告，应当通过国家指定的报刊、信息网络或者其他媒介发布。

招标公告应当载明招标人的名称和地址、招标项目的性质、数量、实施地点和时间以及获取招标文件的办法等事项。

第十七条　招标人采用邀请招标方式的，应当向三个以上具备承担招标项目的能力、资信良好的特定的法人或者其他组织发出投标邀请书。

投标邀请书应当载明本法第十六条第二款规定的事项。

第十八条 招标人可以根据招标项目本身的要求，在招标公告或者投标邀请书中，要求潜在投标人提供有关资质证明文件和业绩情况，并对潜在投标人进行资格审查；国家对投标人的资格条件有规定的，依照其规定。

招标人不得以不合理的条件限制或者排斥潜在投标人，不得对潜在投标人实行歧视待遇。

第十九条 招标人应当根据招标项目的特点和需要编制招标文件。招标文件应当包括招标项目的技术要求、对投标人资格审查的标准、投标报价要求和评标标准等所有实质性要求和条件以及拟签订合同的主要条款。

国家对招标项目的技术、标准有规定的，招标人应当按照其规定在招标文件中提出相应要求。

招标项目需要划分标段、确定工期的，招标人应当合理划分标段、确定工期，并在招标文件中载明。

第二十条 招标文件不得要求或者标明特定的生产供应者以及含有倾向或者排斥潜在投标人的其他内容。

第二十一条 招标人根据招标项目的具体情况，可以组织潜在投标人踏勘项目现场。

第二十二条 招标人不得向他人透露已获取招标文件的潜在投标人的名称、数量以及可能影响公平竞争的有关招标投标的其他情况。

招标人设有标底的，标底必须保密。

第二十三条 招标人对已发出的招标文件进行必要的澄清或者修改的，应当在招标文件要求提交投标文件截止时间至少十五日前，以书面形式通知所有招标文件收受人。该澄清或者修改的内容为招标文件的组成部分。

第二十四条 招标人应当确定投标人编制投标文件所需要的合理时间；但是，依法必须进行招标的项目，自招标文件开始发出之日起至投标人提交投标文件截止之日止，最短不得少于二十日。

第三章 投 标

第二十五条 投标人是响应招标、参加投标竞争的法人或者其他组织。

依法招标的科研项目允许个人参加投标的，投标的个人适用本法有关投标人的规定。

第二十六条 投标人应当具备承担招标项目的能力；国家有关规定对投标人资格条件或者招标文件对投标人资格条件有规定的，投标人应当具备规定的资格条件。

第二十七条 投标人应当按照招标文件的要求编制投标文件。投标文件应当对招标文件提出的实质性要求和条件作出响应。

招标项目属于建设施工的，投标文件的内容应当包括拟派出的项目负责人与主要技术人员的简历、业绩和拟用于完成招标项目的机械设备等。

第二十八条 投标人应当在招标文件要求提交投标文件的截止时间前，将投标文件送达投标地点。招标人收到投标文件后，应当签收保存，不得开启。投标人少于三个的，招标人应当依照本法重新招标。在招标文件要求提交投标文件的截止时间后送达的投标文件，招标人应当拒收。

第二十九条 投标人在招标文件要求提交投标文件的截止时间前，可以补充、修改或者撤回已提交的投标文件，并书面通知招标人。补充、修改的内容为投标文件的组成部分。

第三十条 投标人根据招标文件载明的项目实际情况，拟在中标后将中标项目的部分非主体、非关键性工作进行分包的，应当在投标文件中载明。

第三十一条 两个以上法人或者其他组织可以组成一个联合体，以一个投标人的身份共同投标。

联合体各方均应当具备承担招标项目的相应能力；国家有关规定或者招标文件对投标人资格条件有规定的，联合体各方均应当具备规定的相应资格条件。由同一专业的单位组成的联合体，按照资质等级较低的单位确定资质等级。

联合体各方应当签订共同投标协议，明确约定各方拟承担的工作和责任，并将共同投标协议连同投标文件一并提交招标人。联合体中标的，联合体各方应当共同与招标人签订合同，就中标项目向招标人承担连带责任。

招标人不得强制投标人组成联合体共同投标，不得限制投标人之间的竞争。

第三十二条　投标人不得相互串通投标报价，不得排挤其他投标人的公平竞争，损害招标人或者其他投标人的合法权益。

投标人不得与招标人串通投标，损害国家利益、社会公共利益或者他人的合法权益。

禁止投标人以向招标人或者评标委员会成员行贿的手段谋取中标。

第三十三条　投标人不得以低于成本的报价竞标，也不得以他人名义投标或者以其他方式弄虚作假，骗取中标。

第四章　开标、评标和中标

第三十四条　开标应当在招标文件确定的提交投标文件截止时间的同一时间公开进行；开标地点应当为招标文件中预先确定的地点。

第三十五条　开标由招标人主持，邀请所有投标人参加。

第三十六条　开标时，由投标人或者其推选的代表检查投标文件的密封情况，也可以由招标人委托的公证机构检查并公证；经确认无误后，由工作人员当众拆封，宣读投标人名称、投标价格和投标文件的其他主要内容。

招标人在招标文件要求提交投标文件的截止时间前收到的所有投标文件，开标时都应当当众予以拆封、宣读。

开标过程应当记录，并存档备查。

第三十七条　评标由招标人依法组建的评标委员会负责。

依法必须进行招标的项目，其评标委员会由招标人的代表和有关技术、经济等方面的专家组成，成员人数为五人以上单数，其中技术、经济等方面的专家不得少于成员总数的三分之二。

前款专家应当从事相关领域工作满八年并具有高级职称或者具有同等专业水平，由招标人从国务院有关部门或者省、自治区、直辖市人民政府有关部门提供的专家名册或者招标代理机构的专家库内的相关专业的专家名单中确定；一般招标项目可以采取随机抽取方式，特殊招标项目可以由招标人直接确定。

与投标人有利害关系的人不得进入相关项目的评标委员会；已经进入的应当更换。

评标委员会成员的名单在中标结果确定前应当保密。

第三十八条　招标人应当采取必要的措施，保证评标在严格保密的情况下进行。

任何单位和个人不得非法干预、影响评标的过程和结果。

第三十九条　评标委员会可以要求投标人对投标文件中含义不明确的内容作必要的澄清或者说明，但是澄清或者说明不得超出投标文件的范围或者改变投标文件的实质性内容。

第四十条　评标委员会应当按照招标文件确定的评标标准和方法，对投标文件进行评审和比较；设有标底的，应当参考标底。评标委员会完成评标后，应当向招标人提出书面评标报告，并推荐合格的中标候选人。

招标人根据评标委员会提出的书面评标报告和推荐的中标候选人确定中标人。招标人也可以授权评标委员会直接确定中标人。

国务院对特定招标项目的评标有特别规定的，从其规定。

第四十一条 中标人的投标应当符合下列条件之一：

（一）能够最大限度地满足招标文件中规定的各项综合评价标准；

（二）能够满足招标文件的实质性要求，并且经评审的投标价格最低；但是投标价格低于成本的除外。

第四十二条 评标委员会经评审，认为所有投标都不符合招标文件要求的，可以否决所有投标。

依法必须进行招标的项目的所有投标被否决的，招标人应当依照本法重新招标。

第四十三条 在确定中标人前，招标人不得与投标人就投标价格、投标方案等实质性内容进行谈判。

第四十四条 评标委员会成员应当客观、公正地履行职务，遵守职业道德，对所提出的评审意见承担个人责任。

评标委员会成员不得私下接触投标人，不得收受投标人的财物或者其他好处。

评标委员会成员和参与评标的有关工作人员不得透露对投标文件的评审和比较、中标候选人的推荐情况以及与评标有关的其他情况。

第四十五条 中标人确定后，招标人应当向中标人发出中标通知书，并同时将中标结果通知所有未中标的投标人。

中标通知书对招标人和中标人具有法律效力。中标通知书发出后，招标人改变中标结果的，或者中标人放弃中标项目的，应当依法承担法律责任。

第四十六条 招标人和中标人应当自中标通知书发出之日起三十日内，按照招标文件和中标人的投标文件订立书面合同。招标人和中标人不得再行订立背离合同实质性内容的其他协议。

招标文件要求中标人提交履约保证金的，中标人应当提交。

第四十七条 依法必须进行招标的项目，招标人应当自确定中标人之日起十五日内，向有关行政监督部门提交招标投标情况的书面报告。

第四十八条 中标人应当按照合同约定履行义务，完成中标项目。中标人不得向他人转让中标项目，也不得将中标项目肢解后分别向他人转让。

中标人按照合同约定或者经招标人同意，可以将中标项目的部分非主体、非关键性工作分包给他人完成。接受分包的人应当具备相应的资格条件，并不得再次分包。

中标人应当就分包项目向招标人负责，接受分包的人就分包项目承担连带责任。

第五章 法律责任

第四十九条 违反本法规定，必须进行招标的项目而不招标的，将必须进行招标的项目化整为零或者以其他任何方式规避招标的，责令限期改正，可以处项目合同金额千分之五以上千分之十以下的罚款；对全部或者部分使用国有资金的项目，可以暂停项目执行或者暂停资金拨付；对单位直接负责的主管人员和其他直接责任人员依法给予处分。

第五十条 招标代理机构违反本法规定，泄露应当保密的与招标投标活动有关的情况和资料的，或者与招标人、投标人串通损害国家利益、社会公共利益或者他人合法权益的，处五万元以上二十五万元以下的罚款，对单位直接负责的主管人员和其他直接责任人员处单位罚款数额百分之五以上百分之十以下的罚款；有违法所得的，并处没收违法所得；情节严重的，禁止其一年至二年内代理依法必须进行招标的项目并予以公告，直至工商机关吊销营业执照。

前款所列行为影响中标结果的，中标无效。

第五十一条 招标人以不合理的条件限制或者排斥潜在投标人的，对潜在投标人实行歧视待遇的，强制要求投标人组成联合体共同投标的，或者限制投标人之间竞争的，责令改正，可以处一万元以上五万元以下的罚款。

第五十二条 依法必须进行招标的项目的招标人向他人透露已获取招标文件的潜在投标人的名称、数量或者可能影响公平竞争的有关招标投标的其他情况的，或者泄露标底的，给予警告，可以并处一万元以上十万元以下的罚款；对单位直接负责的主管人员和其他直接责任人员依法给予处分；构成犯罪的，依法追究刑事责任。

前款所列行为影响中标结果的，中标无效。

第五十三条 投标人相互串通投标或者与招标人串通投标的，投标人以向招标人或者评标委员会成员行贿的手段谋取中标的，中标无效，处中标项目金额千分之五以上千分之十以下的罚款，对单位直接负责的主管人员和其他直接责任人员处单位罚款数额百分之五以上百分之十以下的罚款；有违法所得的，并处没收违法所得；情节严重的，取消其一年至二年内参加依法必须进行招标的项目的投标资格并予以公告，直至由工商行政管理机关吊销营业执照；构成犯罪的，依法追究刑事责任。给他人造成损失的，依法承担赔偿责任。

第五十四条 投标人以他人名义投标或者以其他方式弄虚作假，骗取中标的，中标无效，给招标人造成损失的，依法承担赔偿责任；构成犯罪的，依法追究刑事责任。

依法必须进行招标的项目的投标人有前款所列行为尚未构成犯罪的，处中标项目金额千分之五以上千分之十以下的罚款，对单位直接负责的主管人员和其他直接责任人员处单位罚款数额百分之五以上百分之十以下的罚款；有违法所得的，并处没收违法所得；情节严重的，取消其一年至三年内参加依法必须进行招标的项目的投标资格并予以公告，直至由工商行政管理机关吊销营业执照。

第五十五条 依法必须进行招标的项目，招标人违反本法规定，与投标人就投标价格、投标方案等实质性内容进行谈判的，给予警告，对单位直接负责的主管人员和其他直接责任人员依法给予处分。

前款所列行为影响中标结果的，中标无效。

第五十六条 评标委员会成员收受投标人的财物或者其他好处的，评标委员会成员或者参加评标的有关工作人员向他人透露对投标文件的评审和比较、中标候选人的推荐以及与评标有关的其他情况的，给予警告，没收收受的财物，可以并处三千元以上五万元以下的罚款，对有所列违法行为的评标委员会成员取消担任评标委员会成员的资格，不得再参加任何依法必须进行招标的项目的评标；构成犯罪的，依法追究刑事责任。

第五十七条 招标人在评标委员会依法推荐的中标候选人以外确定中标人的，依法必须进行招标的项目在所有投标被评标委员会否决后自行确定中标人的，中标无效。责令改正，可以处中标项目金额千分之五以上千分之十以下的罚款；对单位直接负责的主管人员和其他直接责任人员依法给予处分。

第五十八条 中标人将中标项目转让给他人的，将中标项目肢解后分别转让给他人的，违反本法规定将中标项目的部分主体、关键性工作分包给他人的，或者分包人再次分包的，转让、分包无效，处转让、分包项目金额千分之五以上千分之十以下的罚款；有违法所得的，并处没收违法所得；可以责令停业整顿；情节严重的，由工商行政管理机关吊销营业执照。

第五十九条 招标人与中标人不按照招标文件和中标人的投标文件订立合同的，或者招标人、中标人订立背离合同实质性内容的协议的，责令改正；可以处中标项目金额千分之五以上千分之十以下的罚款。

第六十条 中标人不履行与招标人订立的合同的，履约保证金不予退还，给招标人造成的损失超过履约保证金数额的，还应当对超过部分予以赔偿；没有提交履约保证金的，应当对招标人的损失承担赔偿责任。

中标人不按照与招标人订立的合同履行义务，情节严重的，取消其二年至五年内参加依法必须进行招标的项目的投标资格并予以公告，直至由工商行政管理机关吊销营业执照。

因不可抗力不能履行合同的，不适用前两款规定。

第六十一条 本章规定的行政处罚，由国务院规定的有关行政监督部门决定。本法已对实施行政处罚的机关作出规定的除外。

第六十二条 任何单位违反本法规定，限制或者排斥本地区、本系统以外的法人或者其他组织参加投标的，为招标人指定招标代理机构的，强制招标人委托招标代理机构办理招标事宜的，或者以其他方式干涉招标投标活动的，责令改正；对单位直接负责的主管人员和其他直接责任人员依法给予警告、记过、记大过的处分，情节较重的，依法给予降级、撤职、开除的处分。

个人利用职权进行前款违法行为的，依照前款规定追究责任。

第六十三条 对招标投标活动依法负有行政监督职责的国家机关工作人员徇私舞弊、滥用职权或者玩忽职守，构成犯罪的，依法追究刑事责任；不构成犯罪的，依法给予行政处分。

第六十四条 依法必须进行招标的项目违反本法规定，中标无效的，应当依照本法规定的中标条件从其余投标人中重新确定中标人或者依照本法重新进行招标。

第六章 附 则

第六十五条 投标人和其他利害关系人认为招标投标活动不符合本法有关规定的，有权向招标人提出异议或者依法向有关行政监督部门投诉。

第六十六条 涉及国家安全、国家秘密、抢险救灾或者属于利用扶贫资金实行以工代赈、需要使用农民工等特殊情况，不适宜进行招标的项目，按照国家有关规定可以不进行招标。

第六十七条 使用国际组织或者外国政府贷款、援助资金的项目进行招标，贷款方、资金提供方对招标投标的具体条件和程序有不同规定的，可以适用其规定，但违背中华人民共和国的社会公共利益的除外。

第六十八条 本法自2000年1月1日起施行。

【例11-4-1】 根据《中华人民共和国招标投标法》规定，某工程项目委托监理服务的招投标活动，应当遵循的原则是：

A. 公开、公平、公正、诚实信用

B. 公开、平等、自愿、公平、诚实信用

C. 公正、科学、独立、诚实信用

D. 全面、有效、合理、诚实信用

解 《中华人民共和国招标投标法》第五条规定，招标投标活动应当遵循公开、公平、公正和诚实信用的原则。

答案： A

【例 11-4-2】下列属于《中华人民共和国招标投标法》规定的招标方式是：

A. 公开招标和直接招标　　B. 公开招标和邀请招标

C. 公开招标和协议招标　　D. 公开招标和不公开招标

解 《中华人民共和国招标投标法》第十条规定，招标分为公开招标和邀请招标。

答案：B

【例 11-4-3】有关我国招投标的一般规定，下列理解错误的是：

A. 采用书面合同　　B. 禁止行贿受贿

C. 承包商必须有相应资质　　D. 可肢解分包

解 《中华人民共和国建筑法》第二十四条规定，提倡对建筑工程实行总承包，禁止将建筑工程肢解发包。

答案：D

【例 11-4-4】下列不属于招标人必须具备的条件是：

A. 招标人须有法可依的项目

B. 招标人有充足的专业人才

C. 招标人有与项目相应的资金来源

D. 招标人为法人或其他基本组织

解 《中华人民共和国招标投标法》第八条：招标人是依照本法规定提出招标项目、进行招标的法人或者其他组织。所以选项 A、D 对。

第九条：招标项目按照国家有关规定需要履行项目审批手续的，应当先履行审批手续，取得批准。招标人应当有进行招标项目的相应资金或者资金来源已经落实，并应当在招标文件中如实载明。 所以选项 C 对。

第十二条：……招标人具有编制招标文件和组织评标能力的，可以自行办理招标事宜。

选项 B 中“充足人才”和《中华人民共和国招标投标法》的第十二条表述不一致，何为充足？很难界定，所以选项 B 的表述不合适。

答案：B

【例 11-4-5】有关评标方法的描述，错误的是：

A. 最低投标价法适合没有特殊要求的招标项目

B. 综合评估法可用打分的方法或货币的方法评估各项标准

C. 最低投标价法通常用来恶性削价竞争，反而工程质量更为低落

D. 综合评估法适合没有特殊要求的招标项目

解 2018 年 9 月 28 日住房和城乡建设部决定对《房屋建筑和市政基础设施工程施工招标投标管理办法》作出修改后公布。其中，第四十条规定：评标可以采用综合评估法、经评审的最低投标标价法或者法律法规允许的其他评标方法。

采用综合评估法的，应当对投标文件提出的工程质量、施工工期、投标价格、施工组织设计或者施工方案、投标人及项目经理业绩等，能否最大限度地满足招标文件中规定的各项要求和评价标准进行评审和比较。以评分方式进行评估的，对于各种评比奖项不得额外计分。

采用经评审的最低投标价法的，应当在投标文件能够满足招标文件实质性要求的投标人中，评审出投标价格最低的投标人，但投标价格低于其企业成本的除外。

由此可以看出，采用经评审的最低投标价法的前提是在能够满足招标文件实质性要求的投标人中，评审出投标价格最低的投标人中标。如果有人恶性竞争，报价低于成本价。而不能满足招标文件的实质性要求是不能中标的。选项 C 完全否定了最低投标价法，是不符合文件精神的。

答案： C

【例 11-4-6】 有关招标的叙述，错误的是：

A. 邀请招标，又称有限竞争性招标

B. 邀请招标中，招标人应向三个以上的潜在招标人发出邀请

C. 国家重点项目应公开招标

D. 公开招标适合专业性较强的项目

解 《中华人民共和国招标投标法》第十七条规定，招标人采用邀请招标方式的，应当向三个以上具备承担招标项目的能力、资信良好的特定的法人或者其他组织发出投标邀请书。所以选项 B 对。

《中华人民共和国招标投标法实施条例》第八条规定，国有资金占控股或者主导地位的依法必须进行招标的项目，应当公开招标；但有下列情形之一的，可以邀请招标：

（一）技术复杂、有特殊要求或者受自然环境限制，只有少量潜在投标人可供选择；

（二）采用公开招标方式的费用占项目合同金额的比例过大。

从上述条文可见：只有在特殊情况下才能邀请招标，一般情况下均应公开招标。所以选项 C 对。

答案： D

【例 11-4-7】 根据《中华人民共和国招标投标法》，下列工程建设项目，项目的勘察、设计、施工、监理以及与工程建设有关的重要设备、材料等的采购，按照国家有关规定可以不进行招标的是：

A. 大型基础设施、公用事业等关系社会公共利益、公众安全的项目

B. 全部或者部分使用国有资金投资或者国家融资的项目

C. 使用国际组织或者外国政府贷款、援助资金的项目

D. 利用扶贫资金实行以工代赈、需要使用农民工的项目

解 《中华人民共和国招标投标法》第三条规定，在中华人民共和国境内进行下列工程建设项目包括项目的勘察、设计、施工、监理以及与工程建设有关的重要设备、材料等的采购，必须进行招标：

（一）大型基础设施、公用事业等关系社会公共利益、公众安全的项目；

（二）全部或者部分使用国有资金投资或者国家融资的项目；

（三）使用国际组织或者外国政府贷款、援助资金的项目。

选项 D 不在上述法律条文必须进行招标的规定中。

答案： D

习 题

11-4-1 建设单位工程招标应具备下列哪些条件？（ ）

①有与招标工程相适应的经济技术管理人员；②必须是一个经济实体，注册资金不少于一百万元人民币；③有编制招标文件的能力；④有审查投标单位资质的能力；⑤具有组织开标、评标、定标的能力。

A. ①②③④⑤ B. ①②③④ C. ①②④⑤ D. ①③④⑤

11-4-2 施工招标的形式有以下哪几种？（　　）

①公开招标；②邀请招标；③议标；④指定招标。

A. ①②　　B. ①②④　　C. ①④　　D. ①②③

11-4-3 招标委员会的成员中，技术、经济等方面的专家不得少于（　　）。

A. 3 人　　B. 5 人

C. 成员总数的 2/3　　D. 成员总数的 1/2

11-4-4 建筑工程的评标活动应当由（　　）负责。

A. 建设单位　　B. 市招标办公室

C. 监理单位　　D. 评标委员会

11-4-5 在中华人民共和国境内进行下列工程建设项目必须要招标的条件，下面哪一条是不准确的说法？（　　）

A. 大型基础设施、公用事业等关系社会公共利益、公众安全的项目

B. 全部或者部分使用国有资金投资或者国家融资的项目

C. 使用国际组织或者外国政府贷款、援助资金的项目

D. 所有住宅项目

11-4-6 招标人和中标人应当自中标通知书发出之日起（　　）之内，按照招标文件和中标人的投标文件订立书面合同。

A. 15 天　　B. 30 天　　C. 60 天　　D. 90 天

第五节　中华人民共和国民法典

（2020 年 5 月 28 日第十三届全国人民代表大会第三次会议通过）

（2021 年 1 月 1 日实施）

第三编　合　　同

第一分编　通　　则

第一章　一般规定

第四百六十三条　本编调整因合同产生的民事关系。

第四百六十四条　合同是民事主体之间设立、变更、终止民事法律关系的协议。

婚姻、收养、监护等有关身份关系的协议，适用有关该身份关系的法律规定；没有规定的，可以根据其性质参照适用本编规定。

第四百六十五条　依法成立的合同，受法律保护。

依法成立的合同，仅对当事人具有法律约束力，但是法律另有规定的除外。

第四百六十六条　当事人对合同条款的理解有争议的，应当依据本法第一百四十二条第一款的规定，确定争议条款的含义。

（编者注 第一百四十二条第一款的表述是：有相对人的意思表示的解释，应当按照所使用的词句，结合相关条款、行为的性质和目的、习惯以及诚信原则，确定意思表示的含义。）

合同文本采用两种以上文字订立并约定具有同等效力的，对各文本使用的词句推定具有相同含义。各文本使用的词句不一致的，应当根据合同的相关条款、性质、目的以及诚信原则等予以解释。

第四百六十七条 本法或者其他法律没有明文规定的合同，适用本编通则的规定，并可以参照适用本编或者其他法律最相类似合同的规定。

在中华人民共和国境内履行的中外合资经营企业合同、中外合作经营企业合同、中外合作勘探开发自然资源合同，适用中华人民共和国法律。

第四百六十八条 非因合同产生的债权债务关系，适用有关该债权债务关系的法律规定；没有规定的，适用本编通则的有关规定，但是根据其性质不能适用的除外。

第二章 合同的订立

第四百六十九条 当事人订立合同，可以采用书面形式、口头形式或者其他形式。

书面形式是合同书、信件、电报、电传、传真等可以有形地表现所载内容的形式。

以电子数据交换、电子邮件等方式能够有形地表现所载内容，并可以随时调取查用的数据电文，视为书面形式。

第四百七十条 合同的内容由当事人约定，一般包括下列条款：

（一）当事人的姓名或者名称和住所；

（二）标的；

（三）数量；

（四）质量；

（五）价款或者报酬；

（六）履行期限、地点和方式；

（七）违约责任；

（八）解决争议的方法。

当事人可以参照各类合同的示范文本订立合同。

第四百七十一条 当事人订立合同，可以采取要约、承诺方式或者其他方式。

第四百七十二条 要约是希望与他人订立合同的意思表示，该意思表示应当符合下列条件：

（一）内容具体确定；

（二）表明经受要约人承诺，要约人即受该意思表示约束。

第四百七十三条 要约邀请是希望他人向自己发出要约的表示。拍卖公告、招标公告、招股说明书、债券募集办法、基金招募说明书、商业广告和宣传、寄送的价目表等为要约邀请。

商业广告和宣传的内容符合要约条件的，构成要约。

第四百七十四条 要约生效的时间适用本法第一百三十七条的规定。

（编者注 第一百三十七条的规定是：以对话方式作出的意思表示，相对人知道其内容时生效。以非对话方式作出的意思表示，到达相对人时生效。以非对话方式作出的采用数据电文形式的意思表示，相对人指定特定系统接收数据电文的，该数据电文进入该特定系统时生效；未指定特定系统的，相对人知道或者应当知道该数据电文进入其系统时生效。当事人对采用数据电文形式的意思表示的生效时间另有约定的，按照其约定。）

第四百七十五条 要约可以撤回。要约的撤回适用本法第一百四十一条的规定。

（编者注 第一百四十一条的规定是：行为人可以撤回意思表示。撤回意思表示的通知应当在意思表示到达相对人前或者与意思表示同时到达相对人。）

第四百七十六条 要约可以撤销，但是有下列情形之一的除外：

（一）要约人以确定承诺期限或者其他形式明示要约不可撤销；

（二）受要约人有理由认为要约是不可撤销的，并已经为履行合同做了合理准备工作。

第四百七十七条 撤销要约的意思表示以对话方式作出的，该意思表示的内容应当在受要约人作出承诺之前为受要约人所知道；撤销要约的意思表示以非对话方式作出的，应当在受要约人作出承诺之前到达受要约人。

第四百七十八条 有下列情形之一的，要约失效：

（一）要约被拒绝；

（二）要约被依法撤销；

（三）承诺期限届满，受要约人未作出承诺；

（四）受要约人对要约的内容作出实质性变更。

第四百七十九条 承诺是受要约人同意要约的意思表示。

第四百八十条 承诺应当以通知的方式作出；但是，根据交易习惯或者要约表明可以通过行为作出承诺的除外。

第四百八十一条 承诺应当在要约确定的期限内到达要约人。

要约没有确定承诺期限的，承诺应当依照下列规定到达：

（一）要约以对话方式作出的，应当即时作出承诺；

（二）要约以非对话方式作出的，承诺应当在合理期限内到达。

第四百八十二条 要约以信件或者电报作出的，承诺期限自信件载明的日期或者电报交发之日开始计算。信件未载明日期的，自投寄该信件的邮戳日期开始计算。要约以电话、传真、电子邮件等快速通讯方式作出的，承诺期限自要约到达受要约人时开始计算。

第四百八十三条 承诺生效时合同成立，但是法律另有规定或者当事人另有约定的除外。第四百八十四条 以通知方式作出的承诺，生效的时间适用本法第一百三十七条的规定（见第四百七十四条编者注）。

承诺不需要通知的，根据交易习惯或者要约的要求作出承诺的行为时生效。

第四百八十五条 承诺可以撤回。承诺的撤回适用本法第一百四十一条的规定（见第四百七十五条编者注）

第四百八十六条 受要约人超过承诺期限发出承诺，或者在承诺期限内发出承诺，按照通常情形不能及时到达要约人的，为新要约；但是，要约人及时通知受要约人该承诺有效的除外。

第四百八十七条 受要约人在承诺期限内发出承诺，按照通常情形能够及时到达要约人， 但是因其他原因致使承诺到达要约人时超过承诺期限的，除要约人及时通知受要约人因承诺超过期限不接受该承诺外，该承诺有效。

第四百八十八条 承诺的内容应当与要约的内容一致。受要约人对要约的内容作出实质性变更的，为新要约。有关合同标的、数量、质量、价款或者报酬、履行期限、履行地点和方式、违约责任和解决争议方法等的变更，是对要约内容的实质性变更。

第四百八十九条　承诺对要约的内容作出非实质性变更的，除要约人及时表示反对或者要约表明承诺不得对要约的内容作出任何变更外，该承诺有效，合同的内容以承诺的内容为准。

第四百九十条　当事人采用合同书形式订立合同的，自当事人均签名、盖章或者按指印时合同成立。在签名、盖章或者按指印之前，当事人一方已经履行主要义务，对方接受时，该合同成立。

法律、行政法规规定或者当事人约定合同应当采用书面形式订立，当事人未采用书面形式但是一方已经履行主要义务，对方接受时，该合同成立。

第四百九十一条　当事人采用信件、数据电文等形式订立合同要求签订确认书的，签订确认书时合同成立。

当事人一方通过互联网等信息网络发布的商品或者服务信息符合要约条件的，对方选择该商品或者服务并提交订单成功时合同成立，但是当事人另有约定的除外。

第四百九十二条　承诺生效的地点为合同成立的地点。

采用数据电文形式订立合同的，收件人的主营业地为合同成立的地点；没有主营业地的，其住所地为合同成立的地点。当事人另有约定的，按照其约定。

第四百九十三条　当事人采用合同书形式订立合同的，最后签名、盖章或者按指印的地点为合同成立的地点，但是当事人另有约定的除外。

第四百九十四条　国家根据抢险救灾、疫情防控或者其他需要下达国家订货任务、指令性任务的，有关民事主体之间应当依照有关法律、行政法规规定的权利和义务订立合同。

依照法律、行政法规的规定负有发出要约义务的当事人，应当及时发出合理的要约。

依照法律、行政法规的规定负有作出承诺义务的当事人，不得拒绝对方合理的订立合同要求。

第四百九十五条　当事人约定在将来一定期限内订立合同的认购书、订购书、预订书等，构成预约合同。当事人一方不履行预约合同约定的订立合同义务的，对方可以请求其承担预约合同的违约责任。

第四百九十六条　格式条款是当事人为了重复使用而预先拟定，并在订立合同时未与对方协商的条款。

采用格式条款订立合同的，提供格式条款的一方应当遵循公平原则确定当事人之间的权利和义务，并采取合理的方式提示对方注意免除或者减轻其责任等与对方有重大利害关系的条款，按照对方的要求，对该条款予以说明。提供格式条款的一方未履行提示或者说明义务，致使对方没有注意或者理解与其有重大利害关系的条款的，对方可以主张该条款不成为合同的内容。

第四百九十七条　有下列情形之一的，该格式条款无效：

（一）具有本法第一编第六章第三节（见第五百零八条编者注）和本法第五百零六条规定的无效情形；

（二）提供格式条款一方不合理地免除或者减轻其责任、加重对方责任、限制对方主要权利；

（三）提供格式条款一方排除对方主要权利。

第四百九十八条　对格式条款的理解发生争议的，应当按照通常理解予以解释。对格式条款有两种以上解释的，应当作出不利于提供格式条款一方的解释。格式条款和非格式条款不一致的，应当采用非格式条款。

第四百九十九条　悬赏人以公开方式声明对完成特定行为的人支付报酬的，完成该行为的人可以请求其支付。

第五百条　当事人在订立合同过程中有下列情形之一，造成对方损失的，应当承担赔偿责任：

（一）假借订立合同，恶意进行磋商；

（二）故意隐瞒与订立合同有关的重要事实或者提供虚假情况；

（三）有其他违背诚信原则的行为。

第五百零一条 当事人在订立合同过程中知悉的商业秘密或者其他应当保密的信息，无论合同是否成立，不得泄露或者不正当地使用；泄露、不正当地使用该商业秘密或者信息，造成对方损失的，应当承担赔偿责任。

第三章 合同的效力

第五百零二条 依法成立的合同，自成立时生效，但是法律另有规定或者当事人另有约定的除外。

依照法律、行政法规的规定，合同应当办理批准等手续的，依照其规定。未办理批准等手续影响合同生效的，不影响合同中履行报批等义务条款以及相关条款的效力。应当办理申请批准等手续的当事人未履行义务的，对方可以请求其承担违反该义务的责任。

依照法律、行政法规的规定，合同的变更、转让、解除等情形应当办理批准等手续的，适用前款规定。

第五百零三条 无权代理人以被代理人的名义订立合同，被代理人已经开始履行合同义务或者接受相对人履行的，视为对合同的追认。

第五百零四条 法人的法定代表人或者非法人组织的负责人超越权限订立的合同，除相对人知道或者应当知道其超越权限外，该代表行为有效，订立的合同对法人或者非法人组织发生效力。

第五百零五条 当事人超越经营范围订立的合同的效力，应当依照本法第一编第六章第三节（见第五百零八条编者注）和本编的有关规定确定，不得仅以超越经营范围确认合同无效。

第五百零六条 合同中的下列免责条款无效：

（一）造成对方人身损害的；

（二）因故意或者重大过失造成对方财产损失的。

第五百零七条 合同不生效、无效、被撤销或者终止的，不影响合同中有关解决争议方法的条款的效力。

第五百零八条 本编对合同的效力没有规定的，适用本法第一编第六章的有关规定。

（编者注 第一编第六章的内容如下：

第六章 民事法律行为

第一节 一般规定

第一百三十三条 民事法律行为是民事主体通过意思表示设立、变更、终止民事法律关系的行为。

第一百三十四条 民事法律行为可以基于双方或者多方的意思表示一致成立，也可以基于单方的意思表示成立。

法人、非法人组织依照法律或者章程规定的议事方式和表决程序作出决议的，该决议行为成立。

第一百三十五条 民事法律行为可以采用书面形式、口头形式或者其他形式；法律、行政法规规定或者当事人约定采用特定形式的，应当采用特定形式。

第一百三十六条 民事法律行为自成立时生效，但是法律另有规定或者当事人另有约定的除外。

行为人非依法律规定或者未经对方同意，不得擅自变更或者解除民事法律行为。

第二节 意思表示

第一百三十七条 以对话方式作出的意思表示，相对人知道其内容时生效。

以非对话方式作出的意思表示，到达相对人时生效。以非对话方式作出的采用数据电文形式的意思表示，相对人指定特定系统接收数据电文的，该数据电文进入该特定系统时生效；未指定特定系统的，相对人知道或者应当知道该数据电文进入其系统时生效。当事人对采用数据电文形式的意思表示的生效时间另有约定的，按照其约定。

第一百三十八条 无相对人的意思表示，表示完成时生效。法律另有规定的，依照其规定。

第一百三十九条 以公告方式作出的意思表示，公告发布时生效。

第一百四十条 行为人可以明示或者默示作出意思表示。

沉默只有在有法律规定、当事人约定或者符合当事人之间的交易习惯时，才可以视为意思表示。

第一百四十一条 行为人可以撤回意思表示。撤回意思表示的通知应当在意思表示到达相对人前或者与意思表示同时到达相对人。

第一百四十二条 有相对人的意思表示的解释，应当按照所使用的词句，结合相关条款、行为的性质和目的、习惯以及诚信原则，确定意思表示的含义。

无相对人的意思表示的解释，不能完全拘泥于所使用的词句，而应当结合相关条款、行为的性质和目的、习惯以及诚信原则，确定行为人的真实意思。

第三节 民事法律行为的效力

第一百四十三条 具备下列条件的民事法律行为有效：

（一）行为人具有相应的民事行为能力；

（二）意思表示真实；

（三）不违反法律、行政法规的强制性规定，不违背公序良俗。

第一百四十四条 无民事行为能力人实施的民事法律行为无效。

第一百四十五条 限制民事行为能力人实施的纯获利益的民事法律行为或者与其年龄、智力、精神健康状况相适应的民事法律行为有效；实施的其他民事法律行为经法定代理人同意或者追认后有效。

相对人可以催告法定代理人自收到通知之日起三十日内予以追认。法定代理人未作表示的，视为拒绝追认。民事法律行为被追认前，善意相对人有撤销的权利。撤销应当以通知的方式作出。

第一百四十六条 行为人与相对人以虚假的意思表示实施的民事法律行为无效。

以虚假的意思表示隐藏的民事法律行为的效力，依照有关法律规定处理。

第一百四十七条 基于重大误解实施的民事法律行为，行为人有权请求人民法院或者仲裁机构予以撤销。

第一百四十八条 一方以欺诈手段，使对方在违背真实意思的情况下实施的民事法律行为，受欺诈方有权请求人民法院或者仲裁机构予以撤销。

第一百四十九条 第三人实施欺诈行为，使一方在违背真实意思的情况下实施的民事法律行为，对方知道或者应当知道该欺诈行为的，受欺诈方有权请求人民法院或者仲裁机构予以撤销。

第一百五十条 一方或者第三人以胁迫手段，使对方在违背真实意思的情况下实施的民事法律行为，受胁迫方有权请求人民法院或者仲裁机构予以撤销。

第一百五十一条 一方利用对方处于危困状态、缺乏判断能力等情形，致使民事法律行为成立时显失公平的，受损害方有权请求人民法院或者仲裁机构予以撤销。

第一百五十二条　有下列情形之一的，撤销权消灭：

（一）当事人自知道或者应当知道撤销事由之日起一年内、重大误解的当事人自知道或者应当知道撤销事由之日起九十日内没有行使撤销权；

（二）当事人受胁迫，自胁迫行为终止之日起一年内没有行使撤销权；

（三）当事人知道撤销事由后明确表示或者以自己的行为表明放弃撤销权。当事人自民事法律行为发生之日起五年内没有行使撤销权的，撤销权消灭。

第一百五十三条　违反法律、行政法规的强制性规定的民事法律行为无效。但是，该强制性规定不导致该民事法律行为无效的除外。

违背公序良俗的民事法律行为无效。

第一百五十四条　行为人与相对人恶意串通，损害他人合法权益的民事法律行为无效。

第一百五十五条　无效的或者被撤销的民事法律行为自始没有法律约束力。

第一百五十六条　民事法律行为部分无效，不影响其他部分效力的，其他部分仍然有效。

第一百五十七条　民事法律行为无效、被撤销或者确定不发生效力后，行为人因该行为取得的财产，应当予以返还；不能返还或者没有必要返还的，应当折价补偿。有过错的一方应当赔偿对方由此所受到的损失；各方都有过错的，应当各自承担相应的责任。法律另有规定的，依照其规定。

第四节　民事法律行为的附条件和附期限

第一百五十八条　民事法律行为可以附条件，但是根据其性质不得附条件的除外。附生效条件的民事法律行为，自条件成就时生效。附解除条件的民事法律行为，自条件成就时失效。

第一百五十九条　附条件的民事法律行为，当事人为自己的利益不正当地阻止条件成就的，视为条件已经成就；不正当地促成条件成就的，视为条件不成就。

第一百六十条　民事法律行为可以附期限，但是根据其性质不得附期限的除外。附生效期限的民事法律行为，自期限届至时生效。附终止期限的民事法律行为，自期限届满时失效。）

第四章　合同的履行

第五百零九条　当事人应当按照约定全面履行自己的义务。

当事人应当遵循诚信原则，根据合同的性质、目的和交易习惯履行通知、协助、保密等义务。

当事人在履行合同过程中，应当避免浪费资源、污染环境和破坏生态。

第五百一十条　合同生效后，当事人就质量、价款或者报酬、履行地点等内容没有约定或者约定不明确的，可以协议补充；不能达成补充协议的，按照合同相关条款或者交易习惯确定。

第五百一十一条　当事人就有关合同内容约定不明确，依据前条规定仍不能确定的，适用下列规定：

（一）质量要求不明确的，按照强制性国家标准履行；没有强制性国家标准的，按照推荐性国家标准履行；没有推荐性国家标准的，按照行业标准履行；没有国家标准、行业标准的，按照通常标准或者符合合同目的的特定标准履行。

（二）价款或者报酬不明确的，按照订立合同时履行地的市场价格履行；依法应当执行政府定价或者政府指导价的，依照规定履行。

（三）履行地点不明确，给付货币的，在接受货币一方所在地履行；交付不动产的，在不动产所在地履行；其他标的，在履行义务一方所在地履行。

（四）履行期限不明确的，债务人可以随时履行，债权人也可以随时请求履行，但是应当给对方必要的准备时间。

（五）履行方式不明确的，按照有利于实现合同目的的方式履行。

（六）履行费用的负担不明确的，由履行义务一方负担；因债权人原因增加的履行费用，由债权人负担。

第五百一十二条 通过互联网等信息网络订立的电子合同的标的为交付商品并采用快递物流方式交付的，收货人的签收时间为交付时间。电子合同的标的为提供服务的，生成的电子凭证或者实物凭证中载明的时间为提供服务时间；前述凭证没有载明时间或者载明时间与实际提供服务时间不一致的，以实际提供服务的时间为准。

电子合同的标的物为采用在线传输方式交付的，合同标的物进入对方当事人指定的特定系统且能够检索识别的时间为交付时间。

电子合同当事人对交付商品或者提供服务的方式、时间另有约定的，按照其约定。

第五百一十三条 执行政府定价或者政府指导价的，在合同约定的交付期限内政府价格调整时，按照交付时的价格计价。逾期交付标的物的，遇价格上涨时，按照原价格执行；价格下降时，按照新价格执行。逾期提取标的物或者逾期付款的，遇价格上涨时，按照新价格执行；价格下降时，按照原价格执行。

第五百一十四条 以支付金钱为内容的债，除法律另有规定或者当事人另有约定外，债权人可以请求债务人以实际履行地的法定货币履行。

第五百一十五条 标的有多项而债务人只需履行其中一项的，债务人享有选择权；但是，法律另有规定、当事人另有约定或者另有交易习惯的除外。

享有选择权的当事人在约定期限内或者履行期限届满未作选择，经催告后在合理期限内仍未选择的，选择权转移至对方。

第五百一十六条 当事人行使选择权应当及时通知对方，通知到达对方时，标的确定。标的确定后不得变更，但是经对方同意的除外。

可选择的标的发生不能履行情形的，享有选择权的当事人不得选择不能履行的标的，但是该不能履行的情形是由对方造成的除外。

第五百一十七条 债权人为二人以上，标的可分，按照份额各自享有债权的，为按份债权；债务人为二人以上，标的可分，按照份额各自负担债务的，为按份债务。

按份债权人或者按份债务人的份额难以确定的，视为份额相同。

第五百一十八条 债权人为二人以上，部分或者全部债权人均可以请求债务人履行债务的，为连带债权；债务人为二人以上，债权人可以请求部分或者全部债务人履行全部债务的，为连带债务。

连带债权或者连带债务，由法律规定或者当事人约定。

第五百一十九条 连带债务人之间的份额难以确定的，视为份额相同。

实际承担债务超过自己份额的连带债务人，有权就超出部分在其他连带债务人未履行的份额范围内向其追偿，并相应地享有债权人的权利，但是不得损害债权人的利益。其他连带债务人对债权人的抗辩，可以向该债务人主张。

被追偿的连带债务人不能履行其应分担份额的，其他连带债务人应当在相应范围内按比例分担。

第五百二十条 部分连带债务人履行、抵销债务或者提存标的物的，其他债务人对债权人的债务在相应范围内消灭；该债务人可以依据前条规定向其他债务人追偿。

部分连带债务人的债务被债权人免除的，在该连带债务人应当承担的份额范围内，其他债务人对债权人的债务消灭。

部分连带债务人的债务与债权人的债权同归于一人的，在扣除该债务人应当承担的份额后，债权人对其他债务人的债权继续存在。

债权人对部分连带债务人的给付受领迟延的，对其他连带债务人发生效力。

第五百二十一条 连带债权人之间的份额难以确定的，视为份额相同。

实际受领债权的连带债权人，应当按比例向其他连带债权人返还。

连带债权参照适用本章连带债务的有关规定。

第五百二十二条 当事人约定由债务人向第三人履行债务，债务人未向第三人履行债务或者履行债务不符合约定的，应当向债权人承担违约责任。

法律规定或者当事人约定第三人可以直接请求债务人向其履行债务，第三人未在合理期限内明确拒绝，债务人未向第三人履行债务或者履行债务不符合约定的，第三人可以请求债务人承担违约责任；债务人对债权人的抗辩，可以向第三人主张。

第五百二十三条 当事人约定由第三人向债权人履行债务，第三人不履行债务或者履行债务不符合约定的，债务人应当向债权人承担违约责任。

第五百二十四条 债务人不履行债务，第三人对履行该债务具有合法利益的，第三人有权向债权人代为履行；但是，根据债务性质、按照当事人约定或者依照法律规定只能由债务人履行的除外。

债权人接受第三人履行后，其对债务人的债权转让给第三人，但是债务人和第三人另有约定的除外。

第五百二十五条 当事人互负债务，没有先后履行顺序的，应当同时履行。一方在对方履行之前有权拒绝其履行请求。一方在对方履行债务不符合约定时，有权拒绝其相应的履行请求。

第五百二十六条 当事人互负债务，有先后履行顺序，应当先履行债务一方未履行的，后履行一方有权拒绝其履行请求。先履行一方履行债务不符合约定的，后履行一方有权拒绝其相应的履行请求。

第五百二十七条 应当先履行债务的当事人，有确切证据证明对方有下列情形之一的，可以中止履行：

（一）经营状况严重恶化；

（二）转移财产、抽逃资金，以逃避债务；

（三）丧失商业信誉；

（四）有丧失或者可能丧失履行债务能力的其他情形。

当事人没有确切证据中止履行的，应当承担违约责任。

第五百二十八条 当事人依据前条规定中止履行的，应当及时通知对方。对方提供适当担保的，应当恢复履行。中止履行后，对方在合理期限内未恢复履行能力且未提供适当担保的，视为以自己的行为表明不履行主要债务，中止履行的一方可以解除合同并可以请求对方承担违约责任。

第五百二十九条 债权人分立、合并或者变更住所没有通知债务人，致使履行债务发生困难的，债务人可以中止履行或者将标的物提存。

第五百三十条 债权人可以拒绝债务人提前履行债务，但是提前履行不损害债权人利益的除外。

债务人提前履行债务给债权人增加的费用，由债务人负担。

第五百三十一条 债权人可以拒绝债务人部分履行债务，但是部分履行不损害债权人利益的除外。

债务人部分履行债务给债权人增加的费用，由债务人负担。

第五百三十二条 合同生效后，当事人不得因姓名、名称的变更或者法定代表人、负责人、承办人的变动而不履行合同义务。

第五百三十三条　合同成立后，合同的基础条件发生了当事人在订立合同时无法预见的、不属于商业风险的重大变化，继续履行合同对于当事人一方明显不公平的，受不利影响的当事人可以与对方重新协商；在合理期限内协商不成的，当事人可以请求人民法院或者仲裁机构变更或者解除合同。

人民法院或者仲裁机构应当结合案件的实际情况，根据公平原则变更或者解除合同。

第五百三十四条　对当事人利用合同实施危害国家利益、社会公共利益行为的，市场监督管理和其他有关行政主管部门依照法律、行政法规的规定负责监督处理。

第五章　合同的保全

第五百三十五条　因债务人怠于行使其债权或者与该债权有关的从权利，影响债权人的到期债权实现的，债权人可以向人民法院请求以自己的名义代位行使债务人对相对人的权利，但是该权利专属于债务人自身的除外。

代位权的行使范围以债权人的到期债权为限。债权人行使代位权的必要费用，由债务人负担。

相对人对债务人的抗辩，可以向债权人主张。

第五百三十六条　债权人的债权到期前，债务人的债权或者与该债权有关的从权利存在诉讼时效期间即将届满或者未及时申报破产债权等情形，影响债权人的债权实现的，债权人可以代位向债务人的相对人请求其向债务人履行、向破产管理人申报或者作出其他必要的行为。

第五百三十七条　人民法院认定代位权成立的，由债务人的相对人向债权人履行义务，债权人接受履行后，债权人与债务人、债务人与相对人之间相应的权利义务终止。债务人对相对人的债权或者与该债权有关的从权利被采取保全、执行措施，或者债务人破产的，依照相关法律的规定处理。

第五百三十八条　债务人以放弃其债权、放弃债权担保、无偿转让财产等方式无偿处分财产权益，或者恶意延长其到期债权的履行期限，影响债权人的债权实现的，债权人可以请求人民法院撤销债务人的行为。

第五百三十九条　债务人以明显不合理的低价转让财产、以明显不合理的高价受让他人财产或者为他人的债务提供担保，影响债权人的债权实现，债务人的相对人知道或者应当知道该情形的，债权人可以请求人民法院撤销债务人的行为。

第五百四十条　撤销权的行使范围以债权人的债权为限。债权人行使撤销权的必要费用，由债务人负担。

第五百四十一条　撤销权自债权人知道或者应当知道撤销事由之日起一年内行使。自债务人的行为发生之日起五年内没有行使撤销权的，该撤销权消灭。

第五百四十二条　债务人影响债权人的债权实现的行为被撤销的，自始没有法律约束力。

第六章　合同的变更和转让

第五百四十三条　当事人协商一致，可以变更合同。

第五百四十四条　当事人对合同变更的内容约定不明确的，推定为未变更。

第五百四十五条　债权人可以将债权的全部或者部分转让给第三人，但是有下列情形之一的除外：

（一）根据债权性质不得转让；

（二）按照当事人约定不得转让；

（三）依照法律规定不得转让。

当事人约定非金钱债权不得转让的，不得对抗善意第三人。当事人约定金钱债权不得转让的，不得对抗第三人。

第五百四十六条　债权人转让债权，未通知债务人的，该转让对债务人不发生效力。

债权转让的通知不得撤销，但是经受让人同意的除外。

第五百四十七条　债权人转让债权的，受让人取得与债权有关的从权利，但是该从权利专属于债权人自身的除外。受让人取得从权利不因该从权利未办理转移登记手续或者未转移占有而受到影响。

第五百四十八条　债务人接到债权转让通知后，债务人对让与人的抗辩，可以向受让人主张。

第五百四十九条　有下列情形之一的，债务人可以向受让人主张抵销：

（一）债务人接到债权转让通知时，债务人对让与人享有债权，且债务人的债权先于转让的债权到期或者同时到期；

（二）债务人的债权与转让的债权是基于同一合同产生。

第五百五十条　因债权转让增加的履行费用，由让与人负担。

第五百五十一条　债务人将债务的全部或者部分转移给第三人的，应当经债权人同意。 债务人或者第三人可以催告债权人在合理期限内予以同意，债权人未作表示的，视为不同意。

第五百五十二条　第三人与债务人约定加入债务并通知债权人，或者第三人向债权人表示愿意加入债务，债权人未在合理期限内明确拒绝的，债权人可以请求第三人在其愿意承担的债务范围内和债务人承担连带债务。

第五百五十三条　债务人转移债务的，新债务人可以主张原债务人对债权人的抗辩；原债务人对债权人享有债权的，新债务人不得向债权人主张抵销。

第五百五十四条　债务人转移债务的，新债务人应当承担与主债务有关的从债务，但是该从债务专属于原债务人自身的除外。

第五百五十五条　当事人一方经对方同意，可以将自己在合同中的权利和义务一并转让给第三人。

第五百五十六条　合同的权利和义务一并转让的，适用债权转让、债务转移的有关规定。

第七章　合同的权利义务终止

第五百五十七条　有下列情形之一的，债权债务终止：

（一）债务已经履行；

（二）债务相互抵销；

（三）债务人依法将标的物提存；

（四）债权人免除债务；

（五）债权债务同归于一人；

（六）法律规定或者当事人约定终止的其他情形。

合同解除的，该合同的权利义务关系终止。

第五百五十八条　债权债务终止后，当事人应当遵循诚信等原则，根据交易习惯履行通知、协助、保密、旧物回收等义务。

第五百五十九条　债权债务终止时，债权的从权利同时消灭，但是法律另有规定或者当事人另有约定的除外。

第五百六十条　债务人对同一债权人负担的数项债务种类相同，债务人的给付不足以清偿全部债务的，除当事人另有约定外，由债务人在清偿时指定其履行的债务。

债务人未作指定的，应当优先履行已经到期的债务；数项债务均到期的，优先履行对债权人缺乏担保或者担保最少的债务；均无担保或者担保相等的，优先履行债务人负担较重的债务；负担相同的，按照债务到期的先后顺序履行；到期时间相同的，按照债务比例履行。

第五百六十一条　债务人在履行主债务外还应当支付利息和实现债权的有关费用，其给付不足以清偿全部债务的，除当事人另有约定外，应当按照下列顺序履行：

（一）实现债权的有关费用；

（二）利息；

（三）主债务。

第五百六十二条　当事人协商一致，可以解除合同。

当事人可以约定一方解除合同的事由。解除合同的事由发生时，解除权人可以解除合同。

第五百六十三条　有下列情形之一的，当事人可以解除合同：

（一）因不可抗力致使不能实现合同目的；

（二）在履行期限届满前，当事人一方明确表示或者以自己的行为表明不履行主要债务；

（三）当事人一方迟延履行主要债务，经催告后在合理期限内仍未履行；

（四）当事人一方迟延履行债务或者有其他违约行为致使不能实现合同目的；

（五）法律规定的其他情形。

以持续履行的债务为内容的不定期合同，当事人可以随时解除合同，但是应当在合理期限之前通知对方。

第五百六十四条　法律规定或者当事人约定解除权行使期限，期限届满当事人不行使的，该权利消灭。

法律没有规定或者当事人没有约定解除权行使期限，自解除权人知道或者应当知道解除事由之日起一年内不行使，或者经对方催告后在合理期限内不行使的，该权利消灭。

第五百六十五条　当事人一方依法主张解除合同的，应当通知对方。合同自通知到达对方时解除；通知载明债务人在一定期限内不履行债务则合同自动解除，债务人在该期限内未履行债务的，合同自通知载明的期限届满时解除。对方对解除合同有异议的，任何一方当事人均可以请求人民法院或者仲裁机构确认解除行为的效力。

当事人一方未通知对方，直接以提起诉讼或者申请仲裁的方式依法主张解除合同，人民法院或者仲裁机构确认该主张的，合同自起诉状副本或者仲裁申请书副本送达对方时解除。

第五百六十六条　合同解除后，尚未履行的，终止履行；已经履行的，根据履行情况和合同性质，当事人可以请求恢复原状或者采取其他补救措施，并有权请求赔偿损失。

合同因违约解除的，解除权人可以请求违约方承担违约责任，但是当事人另有约定的除外。

主合同解除后，担保人对债务人应当承担的民事责任仍应当承担担保责任，但是担保合同另有约定的除外。

第五百六十七条　合同的权利义务关系终止，不影响合同中结算和清理条款的效力。

第五百六十八条　当事人互负债务，该债务的标的物种类、品质相同的，任何一方可以将自己的债务与对方的到期债务抵销；但是，根据债务性质、按照当事人约定或者依照法律规定不得抵销的除外。

当事人主张抵销的，应当通知对方。通知自到达对方时生效。抵销不得附条件或者附期限。

第五百六十九条　当事人互负债务，标的物种类、品质不相同的，经协商一致，也可以抵销。

第五百七十条 有下列情形之一，难以履行债务的，债务人可以将标的物提存：

（一）债权人无正当理由拒绝受领；

（二）债权人下落不明；

（三）债权人死亡未确定继承人、遗产管理人，或者丧失民事行为能力未确定监护人；

（四）法律规定的其他情形。

标的物不适于提存或者提存费用过高的，债务人依法可以拍卖或者变卖标的物，提存所得的价款。

第五百七十一条 债务人将标的物或者将标的物依法拍卖、变卖所得价款交付提存部门时，提存成立。

提存成立的，视为债务人在其提存范围内已经交付标的物。

第五百七十二条 标的物提存后，债务人应当及时通知债权人或者债权人的继承人、遗产管理人、监护人、财产代管人。

第五百七十三条 标的物提存后，毁损、灭失的风险由债权人承担。提存期间，标的物的孳息归债权人所有。提存费用由债权人负担。

第五百七十四条 债权人可以随时领取提存物。但是，债权人对债务人负有到期债务的，在债权人未履行债务或者提供担保之前，提存部门根据债务人的要求应当拒绝其领取提存物。

债权人领取提存物的权利，自提存之日起五年内不行使而消灭，提存物扣除提存费用后归国家所有。但是，债权人未履行对债务人的到期债务，或者债权人向提存部门书面表示放弃领取提存物权利的，债务人负担提存费用后有权取回提存物。

第五百七十五条 债权人免除债务人部分或者全部债务的，债权债务部分或者全部终止，但是债务人在合理期限内拒绝的除外。

第五百七十六条 债权和债务同归于一人的，债权债务终止，但是损害第三人利益的除外。

第八章 违约责任

第五百七十七条 当事人一方不履行合同义务或者履行合同义务不符合约定的，应当承担继续履行、采取补救措施或者赔偿损失等违约责任。

第五百七十八条 当事人一方明确表示或者以自己的行为表明不履行合同义务的，对方可以在履行期限届满前请求其承担违约责任。

第五百七十九条 当事人一方未支付价款、报酬、租金、利息，或者不履行其他金钱债务的，对方可以请求其支付。

第五百八十条 当事人一方不履行非金钱债务或者履行非金钱债务不符合约定的，对方可以请求履行，但是有下列情形之一的除外：

（一）法律上或者事实上不能履行；

（二）债务的标的不适于强制履行或者履行费用过高；

（三）债权人在合理期限内未请求履行。

有前款规定的除外情形之一，致使不能实现合同目的的，人民法院或者仲裁机构可以根据当事人的请求终止合同权利义务关系，但是不影响违约责任的承担。

第五百八十一条 当事人一方不履行债务或者履行债务不符合约定，根据债务的性质不得强制履行的，对方可以请求其负担由第三人替代履行的费用。

第五百八十二条 履行不符合约定的，应当按照当事人的约定承担违约责任。对违约责任没有约定或者约定不明确，依据本法第五百一十条的规定仍不能确定的，受损害方根据标的的性质以及损失的大小，可以合理选择请求对方承担修理、重作、更换、退货、减少价款或者报酬等违约责任。

第五百八十三条 当事人一方不履行合同义务或者履行合同义务不符合约定的，在履行义务或者采取补救措施后，对方还有其他损失的，应当赔偿损失。

第五百八十四条 当事人一方不履行合同义务或者履行合同义务不符合约定，造成对方损失的，损失赔偿额应当相当于因违约所造成的损失，包括合同履行后可以获得的利益；但是，不得超过违约一方订立合同时预见到或者应当预见到的因违约可能造成的损失。

第五百八十五条 当事人可以约定一方违约时应当根据违约情况向对方支付一定数额的违约金，也可以约定因违约产生的损失赔偿额的计算方法。

约定的违约金低于造成的损失的，人民法院或者仲裁机构可以根据当事人的请求予以增加；约定的违约金过分高于造成的损失的，人民法院或者仲裁机构可以根据当事人的请求予以适当减少。

当事人就迟延履行约定违约金的，违约方支付违约金后，还应当履行债务。

第五百八十六条 当事人可以约定一方向对方给付定金作为债权的担保。定金合同自实际交付定金时成立。

定金的数额由当事人约定；但是，不得超过主合同标的额的百分之二十，超过部分不产生定金的效力。实际交付的定金数额多于或者少于约定数额的，视为变更约定的定金数额。

第五百八十七条 债务人履行债务的，定金应当抵作价款或者收回。给付定金的一方不履行债务或者履行债务不符合约定，致使不能实现合同目的的，无权请求返还定金；收受定金的一方不履行债务或者履行债务不符合约定，致使不能实现合同目的的，应当双倍返还定金。

第五百八十八条 当事人既约定违约金，又约定定金的，一方违约时，对方可以选择适用违约金或者定金条款。

定金不足以弥补一方违约造成的损失的，对方可以请求赔偿超过定金数额的损失。

第五百八十九条 债务人按照约定履行债务，债权人无正当理由拒绝受领的，债务人可以请求债权人赔偿增加的费用。

在债权人受领迟延期间，债务人无须支付利息。

第五百九十条 当事人一方因不可抗力不能履行合同的，根据不可抗力的影响，部分或者全部免除责任，但是法律另有规定的除外。因不可抗力不能履行合同的，应当及时通知对方，以减轻可能给对方造成的损失，并应当在合理期限内提供证明。

当事人迟延履行后发生不可抗力的，不免除其违约责任。

第五百九十一条 当事人一方违约后，对方应当采取适当措施防止损失的扩大；没有采取适当措施致使损失扩大的，不得就扩大的损失请求赔偿。

当事人因防止损失扩大而支出的合理费用，由违约方负担。

第五百九十二条 当事人都违反合同的，应当各自承担相应的责任。

当事人一方违约造成对方损失，对方对损失的发生有过错的，可以减少相应的损失赔偿额。

第五百九十三条 当事人一方因第三人的原因造成违约的，应当依法向对方承担违约责任。当事人一方和第三人之间的纠纷，依照法律规定或者按照约定处理。

第五百九十四条 因国际货物买卖合同和技术进出口合同争议提起诉讼或者申请仲裁的时效期间为四年。

第二分编 典型合同

……

第十八章 建设工程合同

第七百八十八条 建设工程合同是承包人进行工程建设，发包人支付价款的合同。

建设工程合同包括工程勘察、设计、施工合同。

第七百八十九条 建设工程合同应当采用书面形式。

第七百九十条 建设工程的招标投标活动，应当依照有关法律的规定公开、公平、公正进行。

第七百九十一条 发包人可以与总承包人订立建设工程合同，也可以分别与勘察人、设计人、施工人订立勘察、设计、施工承包合同。发包人不得将应当由一个承包人完成的建设工程支解成若干部分发包给数个承包人。

总承包人或者勘察、设计、施工承包人经发包人同意，可以将自己承包的部分工作交由第三人完成。第三人就其完成的工作成果与总承包人或者勘察、设计、施工承包人向发包人承担连带责任。承包人不得将其承包的全部建设工程转包给第三人或者将其承包的全部建设工程支解以后以分包的名义分别转包给第三人。

禁止承包人将工程分包给不具备相应资质条件的单位。禁止分包单位将其承包的工程再分包。建设工程主体结构的施工必须由承包人自行完成。

第七百九十二条 国家重大建设工程合同，应当按照国家规定的程序和国家批准的投资计划、可行性研究报告等文件订立。

第七百九十三条 建设工程施工合同无效，但是建设工程经验收合格的，可以参照合同关于工程价款的约定折价补偿承包人。

建设工程施工合同无效，且建设工程经验收不合格的，按照以下情形处理：

（一）修复后的建设工程经验收合格的，发包人可以请求承包人承担修复费用；

（二）修复后的建设工程经验收不合格的，承包人无权请求参照合同关于工程价款的约定折价补偿。

发包人对因建设工程不合格造成的损失有过错的，应当承担相应的责任。

第七百九十四条 勘察、设计合同的内容一般包括提交有关基础资料和概预算等文件的期限、质量要求、费用以及其他协作条件等条款。

第七百九十五条 施工合同的内容一般包括工程范围、建设工期、中间交工工程的开工和竣工时间、工程质量、工程造价、技术资料交付时间、材料和设备供应责任、拨款和结算、竣工验收、质量保修范围和质量保证期、相互协作等条款。

第七百九十六条 建设工程实行监理的，发包人应当与监理人采用书面形式订立委托监理合同。发包人与监理人的权利和义务以及法律责任，应当依照本编委托合同以及其他有关法律、行政法规的规定。

第七百九十七条 发包人在不妨碍承包人正常作业的情况下，可以随时对作业进度、质量进行检查。

第七百九十八条 隐蔽工程在隐蔽以前，承包人应当通知发包人检查。发包人没有及时检查的，承包人可以顺延工程日期，并有权请求赔偿停工、窝工等损失。

第七百九十九条 建设工程竣工后，发包人应当根据施工图纸及说明书、国家颁发的施工验收规范和质量检验标准及时进行验收。验收合格的，发包人应当按照约定支付价款，并接收该建设工程。

建设工程竣工经验收合格后，方可交付使用；未经验收或者验收不合格的，不得交付使用。

第八百条 勘察、设计的质量不符合要求或者未按照期限提交勘察、设计文件拖延工期，造成发包人损失的，勘察人、设计人应当继续完善勘察、设计，减收或者免收勘察、设计费并赔偿损失。

第八百零一条 因施工人的原因致使建设工程质量不符合约定的，发包人有权请求施工人在合理期限内无偿修理或者返工、改建。经过修理或者返工、改建后，造成逾期交付的，施工人应当承担违约责任。

第八百零二条 因承包人的原因致使建设工程在合理使用期限内造成人身损害和财产损失的，承包人应当承担赔偿责任。

第八百零三条 发包人未按照约定的时间和要求提供原材料、设备、场地、资金、技术资料的，承包人可以顺延工程日期，并有权请求赔偿停工、窝工等损失。

第八百零四条 因发包人的原因致使工程中途停建、缓建的，发包人应当采取措施弥补或者减少损失，赔偿承包人因此造成的停工、窝工、倒运、机械设备调迁、材料和构件积压等损失和实际费用。

第八百零五条 因发包人变更计划，提供的资料不准确，或者未按照期限提供必需的勘察、设计工作条件而造成勘察、设计的返工、停工或者修改设计，发包人应当按照勘察人、设计人实际消耗的工作量增付费用。

第八百零六条 承包人将建设工程转包、违法分包的，发包人可以解除合同。

发包人提供的主要建筑材料、建筑构配件和设备不符合强制性标准或者不履行协助义务，致使承包人无法施工，经催告后在合理期限内仍未履行相应义务的，承包人可以解除合同。

合同解除后，已经完成的建设工程质量合格的，发包人应当按照约定支付相应的工程价款；已经完成的建设工程质量不合格的，参照本法第七百九十三条的规定处理。

第八百零七条 发包人未按照约定支付价款的，承包人可以催告发包人在合理期限内支付价款。发包人逾期不支付的，除根据建设工程的性质不宜折价、拍卖外，承包人可以与发包人协议将该工程折价，也可以请求人民法院将该工程依法拍卖。建设工程的价款就该工程折价或者拍卖的价款优先受偿。

第八百零八条 本章没有规定的，适用承揽合同的有关规定。

……

附　　则

第一千二百六十条 本法自2021年1月1日起施行。《中华人民共和国婚姻法》、《中华人民共和国继承法》、《中华人民共和国民法通则》、《中华人民共和国收养法》、《中华人民共和国担保法》、《中华人民共和国合同法》、《中华人民共和国物权法》、《中华人民共和国侵权责任法》、《中华人民共和国民法总则》同时废止。

第六节 中华人民共和国行政许可法

第一章 总　　则

第一条 为了规范行政许可的设定和实施，保护公民、法人和其他组织的合法权益，维护公共利益和社会秩序，保障和监督行政机关有效实施行政管理，根据宪法，制定本法。

第二条 本法所称行政许可，是指行政机关根据公民、法人或者其他组织的申请，经依法审查，准予其从事特定活动的行为。

第三条 行政许可的设定和实施，适用本法。

有关行政机关对其他机关或者对其直接管理的事业单位的人事、财务、外事等事项的审批，不适用本法。

第四条 设定和实施行政许可，应当依照法定的权限、范围、条件和程序。

第五条 设定和实施行政许可，应当遵循公开、公平、公正、非歧视的原则。

有关行政许可的规定应当公布；未经公布的，不得作为实施行政许可的依据。行政许可的实施和结果，除涉及国家秘密、商业秘密或者个人隐私的外，应当公开。未经申请人同意，行政机关及其工作人员、参与专家评审等的人员不得披露申请人提交的商业秘密、未披露信息或者保密商务信息，法律另有规定或者涉及国家安全、重大社会公共利益的除外；行政机关依法公开申请人前述信息的，允许申请人在合理期限内提出异议。

符合法定条件、标准的，申请人有依法取得行政许可的平等权利，行政机关不得歧视任何人。

第六条 实施行政许可，应当遵循便民的原则，提高办事效率，提供优质服务。

第七条 公民、法人或者其他组织对行政机关实施行政许可，享有陈述权、申辩权；有权依法申请行政复议或者提起行政诉讼；其合法权益因行政机关违法实施行政许可受到损害的，有权依法要求赔偿。

第八条 公民、法人或者其他组织依法取得的行政许可受法律保护，行政机关不得擅自改变已经生效的行政许可。

行政许可所依据的法律、法规、规章修改或者废止，或者准予行政许可所依据的客观情况发生重大变化的，为了公共利益的需要，行政机关可以依法变更或者撤回已经生效的行政许可。由此给公民、法人或者其他组织造成财产损失的，行政机关应当依法给予补偿。

第九条 依法取得的行政许可，除法律、法规规定依照法定条件和程序可以转让的外，不得转让。

第十条 县级以上人民政府应当建立健全对行政机关实施行政许可的监督制度，加强对行政机关实施行政许可的监督检查。

行政机关应当对公民、法人或者其他组织从事行政许可事项的活动实施有效监督。

第二章 行政许可的设定

第十一条 设定行政许可，应当遵循经济和社会发展规律，有利于发挥公民、法人或者其他组织的积极性、主动性，维护公共利益和社会秩序，促进经济、社会和生态环境协调发展。

第十二条 下列事项可以设定行政许可：

（一）直接涉及国家安全、公共安全、经济宏观调控、生态环境保护以及直接关系人身健康、生命财产安全等特定活动，需要按照法定条件予以批准的事项；

（二）有限自然资源开发利用、公共资源配置以及直接关系公共利益的特定行业的市场准入等，需要赋予特定权利的事项；

（三）提供公众服务并且直接关系公共利益的职业、行业，需要确定具备特殊信誉、特殊条件或者特殊技能等资格、资质的事项；

（四）直接关系公共安全、人身健康、生命财产安全的重要设备、设施、产品、物品，需要按照技术标准、技术规范，通过检验、检测、检疫等方式进行审定的事项；

（五）企业或者其他组织的设立等，需要确定主体资格的事项；

（六）法律、行政法规规定可以设定行政许可的其他事项。

第十三条 本法第十二条所列事项，通过下列方式能够予以规范的，可以不设行政许可：

（一）公民、法人或者其他组织能够自主决定的；

（二）市场竞争机制能够有效调节的；

（三）行业组织或者中介机构能够自律管理的；

（四）行政机关采用事后监督等其他行政管理方式能够解决的。

第十四条 本法第十二条所列事项，法律可以设定行政许可。尚未制定法律的，行政法规可以设定行政许可。

必要时，国务院可以采用发布决定的方式设定行政许可。实施后，除临时性行政许可事项外，国务院应当及时提请全国人民代表大会及其常务委员会制定法律，或者自行制定行政法规。

第十五条 本法第十二条所列事项，尚未制定法律、行政法规的，地方性法规可以设定行政许可；尚未制定法律、行政法规和地方性法规的，因行政管理的需要，确需立即实施行政许可的，省、自治区、直辖市人民政府规章可以设定临时性的行政许可。临时性的行政许可实施满一年需要继续实施的，应当提请本级人民代表大会及其常务委员会制定地方性法规。

地方性法规和省、自治区、直辖市人民政府规章，不得设定应当由国家统一确定的公民、法人或者其他组织的资格、资质的行政许可；不得设定企业或者其他组织的设立登记及其前置性行政许可。其设定的行政许可，不得限制其他地区的个人或者企业到本地区从事生产经营和提供服务，不得限制其他地区的商品进入本地区市场。

第十六条 行政法规可以在法律设定的行政许可事项范围内，对实施该行政许可作出具体规定。

地方性法规可以在法律、行政法规设定的行政许可事项范围内，对实施该行政许可作出具体规定。

规章可以在上位法设定的行政许可事项范围内，对实施该行政许可作出具体规定。

法规、规章对实施上位法设定的行政许可作出的具体规定，不得增设行政许可；对行政许可条件作出的具体规定，不得增设违反上位法的其他条件。

第十七条 除本法第十四条、第十五条规定的外，其他规范性文件一律不得设定行政许可。

第十八条 设定行政许可，应当规定行政许可的实施机关、条件、程序、期限。

第十九条 起草法律草案、法规草案和省、自治区、直辖市人民政府规章草案，拟设定行政许可的，起草单位应当采取听证会、论证会等形式听取意见，并向制定机关说明设定该行政许可的必要性、对经济和社会可能产生的影响以及听取和采纳意见的情况。

第二十条 行政许可的设定机关应当定期对其设定的行政许可进行评价；对已设定的行政许可，认为通过本法第十三条所列方式能够解决的，应当对设定该行政许可的规定及时予以修改或者废止。

行政许可的实施机关可以对已设定的行政许可的实施情况及存在的必要性适时进行评价，并将意见报告该行政许可的设定机关。

公民、法人或者其他组织可以向行政许可的设定机关和实施机关就行政许可的设定和实施提出意见和建议。

第二十一条 省、自治区、直辖市人民政府对行政法规设定的有关经济事务的行政许可，根据本行政区域经济和社会发展情况，认为通过本法第十三条所列方式能够解决的，报国务院批准后，可以在本行政区域内停止实施该行政许可。

第三章 行政许可的实施机关

第二十二条 行政许可由具有行政许可权的行政机关在其法定职权范围内实施。

第二十三条 法律、法规授权的具有管理公共事务职能的组织，在法定授权范围内，以自己的名义实施行政许可。被授权的组织适用本法有关行政机关的规定。

第二十四条 行政机关在其法定职权范围内，依照法律、法规、规章的规定，可以委托其他行政机关实施行政许可。委托机关应当将受委托行政机关和受委托实施行政许可的内容予以公告。

委托行政机关对受委托行政机关实施行政许可的行为应当负责监督，并对该行为的后果承担法律责任。

受委托行政机关在委托范围内，以委托行政机关名义实施行政许可；不得再委托其他组织或者个人实施行政许可。

第二十五条 经国务院批准，省、自治区、直辖市人民政府根据精简、统一、效能的原则，可以决定一个行政机关行使有关行政机关的行政许可权。

第二十六条 行政许可需要行政机关内设的多个机构办理的，该行政机关应当确定一个机构统一受理行政许可申请，统一送达行政许可决定。

行政许可依法由地方人民政府两个以上部门分别实施的，本级人民政府可以确定一个部门受理行政许可申请并转告有关部门分别提出意见后统一办理，或者组织有关部门联合办理、集中办理。

第二十七条 行政机关实施行政许可，不得向申请人提出购买指定商品、接受有偿服务等不正当要求。

行政机关工作人员办理行政许可，不得索取或者收受申请人的财物，不得谋取其他利益。

第二十八条 对直接关系公共安全、人身健康、生命财产安全的设备、设施、产品、物品的检验、检测、检疫，除法律、行政法规规定由行政机关实施的外，应当逐步由符合法定条件的专业技术组织实施。专业技术组织及其有关人员对所实施的检验、检测、检疫结论承担法律责任。

第四章 行政许可的实施程序

第一节 申请与受理

第二十九条 公民、法人或者其他组织从事特定活动，依法需要取得行政许可的，应当向行政机关提出申请。申请书需要采用格式文本的，行政机关应当向申请人提供行政许可申请书格式文本。申请书格式文本中不得包含与申请行政许可事项没有直接关系的内容。

申请人可以委托代理人提出行政许可申请。但是，依法应当由申请人到行政机关办公场所提出行政许可申请的除外。

行政许可申请可以通过信函、电报、电传、传真、电子数据交换和电子邮件等方式提出。

第三十条 行政机关应当将法律、法规、规章规定的有关行政许可的事项、依据、条件、数量、程序、期限以及需要提交的全部材料的目录和申请书示范文本等在办公场所公示。

申请人要求行政机关对公示内容予以说明、解释的，行政机关应当说明、解释，提供准确、可靠的信息。

第三十一条 申请人申请行政许可，应当如实向行政机关提交有关材料和反映真实情况，并对其申请材料实质内容的真实性负责。行政机关不得要求申请人提交与其申请的行政许可事项无关的技术资料和其他材料。

行政机关及其工作人员不得以转让技术作为取得行政许可的条件；不得在实施行政许可的过程中，直接或者间接地要求转让技术。

第三十二条 行政机关对申请人提出的行政许可申请，应当根据下列情况分别作出处理：

（一）申请事项依法不需要取得行政许可的，应当即时告知申请人不受理；

（二）申请事项依法不属于本行政机关职权范围的，应当即时作出不予受理的决定，并告知申请人向有关行政机关申请；

（三）申请材料存在可以当场更正的错误的，应当允许申请人当场更正；

（四）申请材料不齐全或者不符合法定形式的，应当当场或者在五日内一次告知申请人需要补正的全部内容，逾期不告知的，自收到申请材料之日起即为受理；

（五）申请事项属于本行政机关职权范围，申请材料齐全、符合法定形式，或者申请人按照本行政机关的要求提交全部补正申请材料的，应当受理行政许可申请。

行政机关受理或者不予受理行政许可申请，应当出具加盖本行政机关专用印章和注明日期的书面凭证。

第三十三条　行政机关应当建立和完善有关制度，推行电子政务，在行政机关的网站上公布行政许可事项，方便申请人采取数据电文等方式提出行政许可申请；应当与其他行政机关共享有关行政许可信息，提高办事效率。

第二节　审查与决定

第三十四条　行政机关应当对申请人提交的申请材料进行审查。

申请人提交的申请材料齐全、符合法定形式，行政机关能够当场作出决定的，应当当场作出书面的行政许可决定。

根据法定条件和程序，需要对申请材料的实质内容进行核实的，行政机关应当指派两名以上工作人员进行核查。

第三十五条　依法应当先经下级行政机关审查后报上级行政机关决定的行政许可，下级行政机关应当在法定期限内将初步审查意见和全部申请材料直接报送上级行政机关。上级行政机关不得要求申请人重复提供申请材料。

第三十六条　行政机关对行政许可申请进行审查时，发现行政许可事项直接关系他人重大利益的，应当告知该利害关系人。申请人、利害关系人有权进行陈述和申辩。行政机关应当听取申请人、利害关系人的意见。

第三十七条　行政机关对行政许可申请进行审查后，除当场作出行政许可决定的外，应当在法定期限内按照规定程序作出行政许可决定。

第三十八条　申请人的申请符合法定条件、标准的，行政机关应当依法作出准予行政许可的书面决定。

行政机关依法作出不予行政许可的书面决定的，应当说明理由，并告知申请人享有依法申请行政复议或者提起行政诉讼的权利。

第三十九条　行政机关作出准予行政许可的决定，需要颁发行政许可证件的，应当向申请人颁发加盖本行政机关印章的下列行政许可证件：

（一）许可证、执照或者其他许可证书；

（二）资格证、资质证或者其他合格证书；

（三）行政机关的批准文件或者证明文件；

（四）法律、法规规定的其他行政许可证件。

行政机关实施检验、检测、检疫的，可以在检验、检测、检疫合格的设备、设施、产品、物品上加贴标签或者加盖检验、检测、检疫印章。

第四十条 行政机关作出的准予行政许可决定，应当予以公开，公众有权查阅。

第四十一条 法律、行政法规设定的行政许可，其适用范围没有地域限制的，申请人取得的行政许可在全国范围内有效。

第三节 期 限

第四十二条 除可以当场作出行政许可决定的外，行政机关应当自受理行政许可申请之日起二十日内作出行政许可决定。二十日内不能作出决定的，经本行政机关负责人批准，可以延长十日，并应当将延长期限的理由告知申请人。但是，法律、法规另有规定的，依照其规定。

依照本法第二十六条的规定，行政许可采取统一办理或者联合办理、集中办理的，办理的时间不得超过四十五日；四十五日内不能办结的，经本级人民政府负责人批准，可以延长十五日，并应当将延长期限的理由告知申请人。

第四十三条 依法应当先经下级行政机关审查后报上级行政机关决定的行政许可，下级行政机关应当自其受理行政许可申请之日起二十日内审查完毕。但是，法律、法规另有规定的，依照其规定。

第四十四条 行政机关作出准予行政许可的决定，应当自作出决定之日起十日内向申请人颁发、送达行政许可证件，或者加贴标签、加盖检验、检测、检疫印章。

第四十五条 行政机关作出行政许可决定，依法需要听证、招标、拍卖、检验、检测、检疫、鉴定和专家评审的，所需时间不计算在本节规定的期限内。行政机关应当将所需时间书面告知申请人。

第四节 听 证

第四十六条 法律、法规、规章规定实施行政许可应当听证的事项，或者行政机关认为需要听证的其他涉及公共利益的重大行政许可事项，行政机关应当向社会公告，并举行听证。

第四十七条 行政许可直接涉及申请人与他人之间重大利益关系的，行政机关在作出行政许可决定前，应当告知申请人、利害关系人享有要求听证的权利；申请人、利害关系人在被告知听证权利之日起五日内提出听证申请的，行政机关应当在二十日内组织听证。

申请人、利害关系人不承担行政机关组织听证的费用。

第四十八条 听证按照下列程序进行：

（一）行政机关应当于举行听证的七日前将举行听证的时间、地点通知申请人、利害关系人，必要时予以公告；

（二）听证应当公开举行；

（三）行政机关应当指定审查该行政许可申请的工作人员以外的人员为听证主持人，申请人、利害关系人认为主持人与该行政许可事项有直接利害关系的，有权申请回避；

（四）举行听证时，审查该行政许可申请的工作人员应当提供审查意见的证据、理由，申请人、利害关系人可以提出证据，并进行申辩和质证；

（五）听证应当制作笔录，听证笔录应当交听证参加人确认无误后签字或者盖章。

行政机关应当根据听证笔录，作出行政许可决定。

第五节 变更与延续

第四十九条 被许可人要求变更行政许可事项的，应当向作出行政许可决定的行政机关提出申请；符合法定条件、标准的，行政机关应当依法办理变更手续。

第五十条 被许可人需要延续依法取得的行政许可的有效期的，应当在该行政许可有效期届满三十日前向作出行政许可决定的行政机关提出申请。但是，法律、法规、规章另有规定的，依照其规定。

行政机关应当根据被许可人的申请，在该行政许可有效期届满前作出是否准予延续的决定；逾期未作决定的，视为准予延续。

第六节 特别规定

第五十一条 实施行政许可的程序，本节有规定的，适用本节规定；本节没有规定的，适用本章其他有关规定。

第五十二条 国务院实施行政许可的程序，适用有关法律、行政法规的规定。

第五十三条 实施本法第十二条第二项所列事项的行政许可的，行政机关应当通过招标、拍卖等公平竞争的方式作出决定。但是，法律、行政法规另有规定的，依照其规定。

行政机关通过招标、拍卖等方式作出行政许可决定的具体程序，依照有关法律、行政法规的规定。

行政机关按照招标、拍卖程序确定中标人、买受人后，应当作出准予行政许可的决定，并依法向中标人、买受人颁发行政许可证件。

行政机关违反本条规定，不采用招标、拍卖方式，或者违反招标、拍卖程序，损害申请人合法权益的，申请人可以依法申请行政复议或者提起行政诉讼。

第五十四条 实施本法第十二条第三项所列事项的行政许可，赋予公民特定资格，依法应当举行国家考试的，行政机关根据考试成绩和其他法定条件作出行政许可决定；赋予法人或者其他组织特定的资格、资质的，行政机关根据申请人的专业人员构成、技术条件、经营业绩和管理水平等的考核结果作出行政许可决定。但是，法律、行政法规另有规定的，依照其规定。

公民特定资格的考试依法由行政机关或者行业组织实施，公开举行。行政机关或者行业组织应当事先公布资格考试的报名条件、报考办法、考试科目以及考试大纲。但是，不得组织强制性的资格考试的考前培训，不得指定教材或者其他助考材料。

第五十五条 实施本法第十二条第四项所列事项的行政许可的，应当按照技术标准、技术规范依法进行检验、检测、检疫，行政机关根据检验、检测、检疫的结果作出行政许可决定。

行政机关实施检验、检测、检疫，应当自受理申请之日起五日内指派两名以上工作人员按照技术标准、技术规范进行检验、检测、检疫。不需要对检验、检测、检疫结果作进一步技术分析即可认定设备、设施、产品、物品是否符合技术标准、技术规范的，行政机关应当当场作出行政许可决定。

行政机关根据检验、检测、检疫结果，作出不予行政许可决定的，应当书面说明不予行政许可所依据的技术标准、技术规范。

第五十六条 实施本法第十二条第五项所列事项的行政许可，申请人提交的申请材料齐全、符合法定形式的，行政机关应当当场予以登记。需要对申请材料的实质内容进行核实的，行政机关依照本法第三十四条第三款的规定办理。

第五十七条 有数量限制的行政许可，两个或者两个以上申请人的申请均符合法定条件、标准的，行政机关应当根据受理行政许可申请的先后顺序作出准予行政许可的决定。但是，法律、行政法规另有规定的，依照其规定。

第五章 行政许可的费用

第五十八条 行政机关实施行政许可和对行政许可事项进行监督检查，不得收取任何费用。但是，法律、行政法规另有规定的，依照其规定。

行政机关提供行政许可申请书格式文本，不得收费。

行政机关实施行政许可所需经费应当列入本行政机关的预算，由本级财政予以保障，按照批准的预算予以核拨。

第五十九条 行政机关实施行政许可，依照法律、行政法规收取费用的，应当按照公布的法定项目和标准收费；所收取的费用必须全部上缴国库，任何机关或者个人不得以任何形式截留、挪用、私分或者变相私分。财政部门不得以任何形式向行政机关返还或者变相返还实施行政许可所收取的费用。

第六章 监督检查

第六十条 上级行政机关应当加强对下级行政机关实施行政许可的监督检查，及时纠正行政许可实施中的违法行为。

第六十一条 行政机关应当建立健全监督制度，通过核查反映被许可人从事行政许可事项活动情况的有关材料，履行监督责任。

行政机关依法对被许可人从事行政许可事项的活动进行监督检查时，应当将监督检查的情况和处理结果予以记录，由监督检查人员签字后归档。公众有权查阅行政机关监督检查记录。

行政机关应当创造条件，实现与被许可人、其他有关行政机关的计算机档案系统互联，核查被许可人从事行政许可事项活动情况。

第六十二条 行政机关可以对被许可人生产经营的产品依法进行抽样检查、检验、检测，对其生产经营场所依法进行实地检查。检查时，行政机关可以依法查阅或者要求被许可人报送有关材料；被许可人应当如实提供有关情况和材料。

行政机关根据法律、行政法规的规定，对直接关系公共安全、人身健康、生命财产安全的重要设备、设施进行定期检验。对检验合格的，行政机关应当发给相应的证明文件。

第六十三条 行政机关实施监督检查，不得妨碍被许可人正常的生产经营活动，不得索取或者收受被许可人的财物，不得谋取其他利益。

第六十四条 被许可人在作出行政许可决定的行政机关管辖区域外违法从事行政许可事项活动的，违法行为发生地的行政机关应当依法将被许可人的违法事实、处理结果抄告作出行政许可决定的行政机关。

第六十五条 个人和组织发现违法从事行政许可事项的活动，有权向行政机关举报，行政机关应当及时核实、处理。

第六十六条 被许可人未依法履行开发利用自然资源义务或者未依法履行利用公共资源义务的，行政机关应当责令限期改正；被许可人在规定期限内不改正的，行政机关应当依照有关法律、行政法规的规定予以处理。

第六十七条 取得直接关系公共利益的特定行业的市场准入行政许可的被许可人，应当按照国家规定的服务标准、资费标准和行政机关依法规定的条件，向用户提供安全、方便、稳定和价格合理的服务，并履行普遍服务的义务；未经作出行政许可决定的行政机关批准，不得擅自停业、歇业。

被许可人不履行前款规定的义务的，行政机关应当责令限期改正，或者依法采取有效措施督促其履行义务。

第六十八条 对直接关系公共安全、人身健康、生命财产安全的重要设备、设施，行政机关应当督促设计、建造、安装和使用单位建立相应的自检制度。

行政机关在监督检查时，发现直接关系公共安全、人身健康、生命财产安全的重要设备、设施存在安全隐患的，应当责令停止建造、安装和使用，并责令设计、建造、安装和使用单位立即改正。

第六十九条 有下列情形之一的，作出行政许可决定的行政机关或者其上级行政机关，根据利害关系人的请求或者依据职权，可以撤销行政许可：

（一）行政机关工作人员滥用职权、玩忽职守作出准予行政许可决定的；

（二）超越法定职权作出准予行政许可决定的；

（三）违反法定程序作出准予行政许可决定的；

（四）对不具备申请资格或者不符合法定条件的申请人准予行政许可的；

（五）依法可以撤销行政许可的其他情形。

被许可人以欺骗、贿赂等不正当手段取得行政许可的，应当予以撤销。

依照前两款的规定撤销行政许可，可能对公共利益造成重大损害的，不予撤销。

依照本条第一款的规定撤销行政许可，被许可人的合法权益受到损害的，行政机关应当依法给予赔偿。依照本条第二款的规定撤销行政许可的，被许可人基于行政许可取得的利益不受保护。

第七十条 有下列情形之一的，行政机关应当依法办理有关行政许可的注销手续：

（一）行政许可有效期届满未延续的；

（二）赋予公民特定资格的行政许可，该公民死亡或者丧失行为能力的；

（三）法人或者其他组织依法终止的；

（四）行政许可依法被撤销、撤回，或者行政许可证件依法被吊销的；

（五）因不可抗力导致行政许可事项无法实施的；

（六）法律、法规规定的应当注销行政许可的其他情形。

第七章 法律责任

第七十一条 违反本法第十七条规定设定的行政许可，有关机关应当责令设定该行政许可的机关改正，或者依法予以撤销。

第七十二条 行政机关及其工作人员违反本法的规定，有下列情形之一的，由其上级行政机关或者监察机关责令改正；情节严重的，对直接负责的主管人员和其他直接责任人员依法给予行政处分：

（一）对符合法定条件的行政许可申请不予受理的；

（二）不在办公场所公示依法应当公示的材料的；

（三）在受理、审查、决定行政许可过程中，未向申请人、利害关系人履行法定告知义务的；

（四）申请人提交的申请材料不齐全、不符合法定形式，不一次告知申请人必须补正的全部内容的；

（五）违法披露申请人提交的商业秘密、未披露信息或者保密商务信息的；

（六）以转让技术作为取得行政许可的条件，或者在实施行政许可的过程中直接或者间接地要求转让技术的；

（七）未依法说明不受理行政许可申请或者不予行政许可的理由的；

（八）依法应当举行听证而不举行听证的。

第七十三条 行政机关工作人员办理行政许可、实施监督检查，索取或者收受他人财物或者谋取其他利益，构成犯罪的，依法追究刑事责任；尚不构成犯罪的，依法给予行政处分。

第七十四条 行政机关实施行政许可，有下列情形之一的，由其上级行政机关或者监察机关责令改正，对直接负责的主管人员和其他直接责任人员依法给予行政处分；构成犯罪的，依法追究刑事责任：

（一）对不符合法定条件的申请人准予行政许可或者超越法定职权作出准予行政许可决定的；

（二）对符合法定条件的申请人不予行政许可或者不在法定期限内作出准予行政许可决定的；

（三）依法应当根据招标、拍卖结果或者考试成绩择优作出准予行政许可决定，未经招标、拍卖或者考试，或者不根据招标、拍卖结果或者考试成绩择优作出准予行政许可决定的。

第七十五条 行政机关实施行政许可，擅自收费或者不按照法定项目和标准收费的，由其上级行政机关或者监察机关责令退还非法收取的费用；对直接负责的主管人员和其他直接责任人员依法给予行政处分。

截留、挪用、私分或者变相私分实施行政许可依法收取的费用的，予以追缴；对直接负责的主管人员和其他直接责任人员依法给予行政处分；构成犯罪的，依法追究刑事责任。

第七十六条 行政机关违法实施行政许可，给当事人的合法权益造成损害的，应当依照国家赔偿法的规定给予赔偿。

第七十七条 行政机关不依法履行监督职责或者监督不力，造成严重后果的，由其上级行政机关或者监察机关责令改正，对直接负责的主管人员和其他直接责任人员依法给予行政处分；构成犯罪的，依法追究刑事责任。

第七十八条 行政许可申请人隐瞒有关情况或者提供虚假材料申请行政许可的，行政机关不予受理或者不予行政许可，并给予警告；行政许可申请属于直接关系公共安全、人身健康、生命财产安全事项的，申请人在一年内不得再次申请该行政许可。

第七十九条 被许可人以欺骗、贿赂等不正当手段取得行政许可的，行政机关应当依法给予行政处罚；取得的行政许可属于直接关系公共安全、人身健康、生命财产安全事项的，申请人在三年内不得再次申请该行政许可；构成犯罪的，依法追究刑事责任。

第八十条 被许可人有下列行为之一的，行政机关应当依法给予行政处罚；构成犯罪的，依法追究刑事责任：

（一）涂改、倒卖、出租、出借行政许可证件，或者以其他形式非法转让行政许可的；

（二）超越行政许可范围进行活动的；

（三）向负责监督检查的行政机关隐瞒有关情况、提供虚假材料或者拒绝提供反映其活动情况的真实材料的；

（四）法律、法规、规章规定的其他违法行为。

第八十一条 公民、法人或者其他组织未经行政许可，擅自从事依法应当取得行政许可的活动的，行政机关应当依法采取措施予以制止，并依法给予行政处罚；构成犯罪的，依法追究刑事责任。

第八章 附 则

第八十二条 本法规定的行政机关实施行政许可的期限以工作日计算，不含法定节假日。

第八十三条 本法自 2004 年 7 月 1 日起施行。

本法施行前有关行政许可的规定，制定机关应当依照本法规定予以清理；不符合本法规定的，自本法施行之日起停止执行。

【例 11-6-1】 根据《中华人民共和国行政许可法》的规定，除可以当场作出行政许可决定的外，行政机关应当自受理行政可之日起作出行政许可决定的时限是：

A. 5 日之内 B. 7 日之内 C. 15 日之内 D. 20 日之内

解 《中华人民共和国行政许可法》第四十二条规定，除可以当场作出行政许可决定的外，行政机关应当自受理行政许可申请之日起二十日内做出行政许可决定。二十日内不能做出决定的，经本行政机关负责人批准，可以延长十日，并应当将延长期限的理由告知申请人。但是，法律、法规另有规定的，依照其规定。

答案： D

习 题

11-6-1 行政机关实施行政许可和对行政许可事项进行监督检查（ ）。

A. 不得收取任何费用
B. 应当收取适当费用
C. 收费必须上缴
D. 收费必须开收据

11-6-2 行政机关应当自受理行政许可申请之日起（ ）作出行政许可决定。

A. 二十日内
B. 三十日内
C. 十五日内
D. 四十五日之内

第七节 中华人民共和国节约能源法

第一章 总 则

第一条 为了推动全社会节约能源，提高能源利用效率，保护和改善环境，促进经济社会全面协调可持续发展，制定本法。

第二条 本法所称能源，是指煤炭、石油、天然气、生物质能和电力、热力以及其他直接或者通过加工、转换而取得有用能的各种资源。

第三条 本法所称节约能源（以下简称节能），是指加强用能管理，采取技术上可行、经济上合理以及环境和社会可以承受的措施，从能源生产到消费的各个环节，降低消耗、减少损失和污染物排放、制止浪费，有效、合理地利用能源。

第四条 节约资源是我国的基本国策。国家实施节约与开发并举、把节约放在首位的能源发展战略。

第五条 国务院和县级以上地方各级人民政府应当将节能工作纳入国民经济和社会发展规划、年度计划，并组织编制和实施节能中长期专项规划、年度节能计划。

国务院和县级以上地方各级人民政府每年向本级人民代表大会或者其常务委员会报告节能工作。

第六条 国家实行节能目标责任制和节能考核评价制度，将节能目标完成情况作为对地方人民政府及其负责人考核评价的内容。

省、自治区、直辖市人民政府每年向国务院报告节能目标责任的履行情况。

第七条 国家实行有利于节能和环境保护的产业政策，限制发展高耗能、高污染行业，发展节能环保型产业。

国务院和省、自治区、直辖市人民政府应当加强节能工作，合理调整产业结构、企业结构、产品结构和能源消费结构，推动企业降低单位产值能耗和单位产品能耗，淘汰落后的生产能力，改进能源的开发、加工、转换、输送、储存和供应，提高能源利用效率。

国家鼓励、支持开发和利用新能源、可再生能源。

第八条 国家鼓励、支持节能科学技术的研究、开发、示范和推广，促进节能技术创新与进步。

国家开展节能宣传和教育，将节能知识纳入国民教育和培训体系，普及节能科学知识，增强全民的节能意识，提倡节约型的消费方式。

第九条 任何单位和个人都应当依法履行节能义务，有权检举浪费能源的行为。

新闻媒体应当宣传节能法律、法规和政策，发挥舆论监督作用。

第十条 国务院管理节能工作的部门主管全国的节能监督管理工作。国务院有关部门在各自的职责范围内负责节能监督管理工作，并接受国务院管理节能工作的部门的指导。

县级以上地方各级人民政府管理节能工作的部门负责本行政区域内的节能监督管理工作。县级以上地方各级人民政府有关部门在各自的职责范围内负责节能监督管理工作，并接受同级管理节能工作的部门的指导。

第二章 节能管理

第十一条 国务院和县级以上地方各级人民政府应当加强对节能工作的领导，部署、协调、监督、检查、推动节能工作。

第十二条 县级以上人民政府管理节能工作的部门和有关部门应当在各自的职责范围内，加强对节能法律、法规和节能标准执行情况的监督检查，依法查处违法用能行为。

履行节能监督管理职责不得向监督管理对象收取费用。

第十三条 国务院标准化主管部门和国务院有关部门依法组织制定并适时修订有关节能的国家标准、行业标准，建立健全节能标准体系。

国务院标准化主管部门会同国务院管理节能工作的部门和国务院有关部门制定强制性的用能产品、设备能源效率标准和生产过程中耗能高的产品的单位产品能耗限额标准。

国家鼓励企业制定严于国家标准、行业标准的企业节能标准。

省、自治区、直辖市制定严于强制性国家标准、行业标准的地方节能标准，由省、自治区、直辖市人民政府报经国务院批准；本法另有规定的除外。

第十四条 建筑节能的国家标准、行业标准由国务院建设主管部门组织制定，并依照法定程序发布。

省、自治区、直辖市人民政府建设主管部门可以根据本地实际情况，制定严于国家标准或者行业标准的地方建筑节能标准，并报国务院标准化主管部门和国务院建设主管部门备案。

第十五条 国家实行固定资产投资项目节能评估和审查制度。不符合强制性节能标准的项目，建设单位不得开工建设；已经建成的，不得投入生产、使用。政府投资项目不符合强制性节能标准的，依法负责项目审批的机关不得批准建设。具体办法由国务院管理节能工作的部门会同国务院有关部门制定。

第十六条 国家对落后的耗能过高的用能产品、设备和生产工艺实行淘汰制度。淘汰的用能产品、设备、生产工艺的目录和实施办法，由国务院管理节能工作的部门会同国务院有关部门制定并公布。

生产过程中耗能高的产品的生产单位，应当执行单位产品能耗限额标准。对超过单位产品能耗限额标准用能的生产单位，由管理节能工作的部门按照国务院规定的权限责令限期治理。

对高耗能的特种设备，按照国务院的规定实行节能审查和监管。

第十七条 禁止生产、进口、销售国家明令淘汰或者不符合强制性能源效率标准的用能产品、设备；禁止使用国家明令淘汰的用能设备、生产工艺。

第十八条 国家对家用电器等使用面广、耗能量大的用能产品，实行能源效率标识管理。实行能源效率标识管理的产品目录和实施办法，由国务院管理节能工作的部门会同国务院产品质量监督部门制定并公布。

第十九条 生产者和进口商应当对列入国家能源效率标识管理产品目录的用能产品标注能源效率

标识，在产品包装物上或者说明书中予以说明，并按照规定报国务院产品质量监督部门和国务院管理节能工作的部门共同授权的机构备案。

生产者和进口商应当对其标注的能源效率标识及相关信息的准确性负责。禁止销售应当标注而未标注能源效率标识的产品。

禁止伪造、冒用能源效率标识或者利用能源效率标识进行虚假宣传。

第二十条 用能产品的生产者、销售者，可以根据自愿原则，按照国家有关节能产品认证的规定，向经国务院认证认可监督管理部门认可的从事节能产品认证的机构提出节能产品认证申请；经认证合格后，取得节能产品认证证书，可以在用能产品或者其包装物上使用节能产品认证标志。

禁止使用伪造的节能产品认证标志或者冒用节能产品认证标志。

第二十一条 县级以上各级人民政府统计部门应当会同同级有关部门，建立健全能源统计制度，完善能源统计指标体系，改进和规范能源统计方法，确保能源统计数据真实、完整。

国务院统计部门会同国务院管理节能工作的部门，定期向社会公布各省、自治区、直辖市以及主要耗能行业的能源消费和节能情况等信息。

第二十二条 国家鼓励节能服务机构的发展，支持节能服务机构开展节能咨询、设计、评估、检测、审计、认证等服务。

国家支持节能服务机构开展节能知识宣传和节能技术培训，提供节能信息、节能示范和其他公益性节能服务。

第二十三条 国家鼓励行业协会在行业节能规划、节能标准的制定和实施、节能技术推广、能源消费统计、节能宣传培训和信息咨询等方面发挥作用。

第三章 合理使用与节约能源

第一节 一般规定

第二十四条 用能单位应当按照合理用能的原则，加强节能管理，制定并实施节能计划和节能技术措施，降低能源消耗。

第二十五条 用能单位应当建立节能目标责任制，对节能工作取得成绩的集体、个人给予奖励。

第二十六条 用能单位应当定期开展节能教育和岗位节能培训。

第二十七条 用能单位应当加强能源计量管理，按照规定配备和使用经依法检定合格的能源计量器具。

用能单位应当建立能源消费统计和能源利用状况分析制度，对各类能源的消费实行分类计量和统计，并确保能源消费统计数据真实、完整。

第二十八条 能源生产经营单位不得向本单位职工无偿提供能源。任何单位不得对能源消费实行包费制。

第二节 工业节能

第二十九条 国务院和省、自治区、直辖市人民政府推进能源资源优化开发利用和合理配置，推进有利于节能的行业结构调整，优化用能结构和企业布局。

第三十条 国务院管理节能工作的部门会同国务院有关部门制定电力、钢铁、有色金属、建材、石油加工、化工、煤炭等主要耗能行业的节能技术政策，推动企业节能技术改造。

第三十一条 国家鼓励工业企业采用高效、节能的电动机、锅炉、窑炉、风机、泵类等设备，采用热电联产、余热余压利用、洁净煤以及先进的用能监测和控制等技术。

第三十二条 电网企业应当按照国务院有关部门制定的节能发电调度管理的规定，安排清洁、高效和符合规定的热电联产、利用余热余压发电的机组以及其他符合资源综合利用规定的发电机组与电网并网运行，上网电价执行国家有关规定。

第三十三条 禁止新建不符合国家规定的燃煤发电机组、燃油发电机组和燃煤热电机组。

第三节 建筑节能

第三十四条 国务院建设主管部门负责全国建筑节能的监督管理工作。

县级以上地方各级人民政府建设主管部门负责本行政区域内建筑节能的监督管理工作。

县级以上地方各级人民政府建设主管部门会同同级管理节能工作的部门编制本行政区域内的建筑节能规划。建筑节能规划应当包括既有建筑节能改造计划。

第三十五条 建筑工程的建设、设计、施工和监理单位应当遵守建筑节能标准。

不符合建筑节能标准的建筑工程，建设主管部门不得批准开工建设；已经开工建设的，应当责令停止施工、限期改正；已经建成的，不得销售或者使用。

建设主管部门应当加强对在建建筑工程执行建筑节能标准情况的监督检查。

第三十六条 房地产开发企业在销售房屋时，应当向购买人明示所售房屋的节能措施、保温工程保修期等信息，在房屋买卖合同、质量保证书和使用说明书中载明，并对其真实性、准确性负责。

第三十七条 使用空调采暖、制冷的公共建筑应当实行室内温度控制制度。具体办法由国务院建设主管部门制定。

第三十八条 国家采取措施，对实行集中供热的建筑分步骤实行供热分户计量、按照用热量收费的制度。新建建筑或者对既有建筑进行节能改造，应当按照规定安装用热计量装置、室内温度调控装置和供热系统调控装置。具体办法由国务院建设主管部门会同国务院有关部门制定。

第三十九条 县级以上地方各级人民政府有关部门应当加强城市节约用电管理，严格控制公用设施和大型建筑物装饰性景观照明的能耗。

第四十条 国家鼓励在新建建筑和既有建筑节能改造中使用新型墙体材料等节能建筑材料和节能设备，安装和使用太阳能等可再生能源利用系统。

第四节 交通运输节能

第四十一条 国务院有关交通运输主管部门按照各自的职责负责全国交通运输相关领域的节能监督管理工作。

国务院有关交通运输主管部门会同国务院管理节能工作的部门分别制定相关领域的节能规划。

第四十二条 国务院及其有关部门指导、促进各种交通运输方式协调发展和有效衔接，优化交通运输结构，建设节能型综合交通运输体系。

第四十三条 县级以上地方各级人民政府应当优先发展公共交通，加大对公共交通的投入，完善公共交通服务体系，鼓励利用公共交通工具出行；鼓励使用非机动交通工具出行。

第四十四条 国务院有关交通运输主管部门应当加强交通运输组织管理，引导道路、水路、航空运输企业提高运输组织化程度和集约化水平，提高能源利用效率。

第四十五条 国家鼓励开发、生产、使用节能环保型汽车、摩托车、铁路机车车辆、船舶和其他交通运输工具，实行老旧交通运输工具的报废、更新制度。

国家鼓励开发和推广应用交通运输工具使用的清洁燃料、石油替代燃料。

第四十六条 国务院有关部门制定交通运输营运车船的燃料消耗量限值标准；不符合标准的，不得用于营运。

国务院有关交通运输主管部门应当加强对交通运输营运车船燃料消耗检测的监督管理。

第五节 公共机构节能

第四十七条 公共机构应当厉行节约，杜绝浪费，带头使用节能产品、设备，提高能源利用效率。

本法所称公共机构，是指全部或者部分使用财政性资金的国家机关、事业单位和团体组织。

第四十八条 国务院和县级以上地方各级人民政府管理机关事务工作的机构会同同级有关部门制定和组织实施本级公共机构节能规划。公共机构节能规划应当包括公共机构既有建筑节能改造计划。

第四十九条 公共机构应当制定年度节能目标和实施方案，加强能源消费计量和监测管理，向本级人民政府管理机关事务工作的机构报送上年度的能源消费状况报告。

国务院和县级以上地方各级人民政府管理机关事务工作的机构会同同级有关部门按照管理权限，制定本级公共机构的能源消耗定额，财政部门根据该定额制定能源消耗支出标准。

第五十条 公共机构应当加强本单位用能系统管理，保证用能系统的运行符合国家相关标准。

公共机构应当按照规定进行能源审计，并根据能源审计结果采取提高能源利用效率的措施。

第五十一条 公共机构采购用能产品、设备，应当优先采购列入节能产品、设备政府采购名录中的产品、设备。禁止采购国家明令淘汰的用能产品、设备。

节能产品、设备政府采购名录由省级以上人民政府的政府采购监督管理部门会同同级有关部门制定并公布。

第六节 重点用能单位节能

第五十二条 国家加强对重点用能单位的节能管理。

下列用能单位为重点用能单位：

（一）年综合能源消费总量一万吨标准煤以上的用能单位；

（二）国务院有关部门或者省、自治区、直辖市人民政府管理节能工作的部门指定的年综合能源消费总量五千吨以上不满一万吨标准煤的用能单位。

重点用能单位节能管理办法，由国务院管理节能工作的部门会同国务院有关部门制定。

第五十三条 重点用能单位应当每年向管理节能工作的部门报送上年度的能源利用状况报告。能源利用状况包括能源消费情况、能源利用效率、节能目标完成情况和节能效益分析、节能措施等内容。

第五十四条 管理节能工作的部门应当对重点用能单位报送的能源利用状况报告进行审查。对节能管理制度不健全、节能措施不落实、能源利用效率低的重点用能单位，管理节能工作的部门应当开展现场调查，组织实施用能设备能源效率检测，责令实施能源审计，并提出书面整改要求，限期整改。

第五十五条 重点用能单位应当设立能源管理岗位，在具有节能专业知识、实际经验以及中级以上技术职称的人员中聘任能源管理负责人，并报管理节能工作的部门和有关部门备案。

能源管理负责人负责组织对本单位用能状况进行分析、评价，组织编写本单位能源利用状况报告，提出本单位节能工作的改进措施并组织实施。

能源管理负责人应当接受节能培训。

第四章 节能技术进步

第五十六条 国务院管理节能工作的部门会同国务院科技主管部门发布节能技术政策大纲，指导节能技术研究、开发和推广应用。

第五十七条 县级以上各级人民政府应当把节能技术研究开发作为政府科技投入的重点领域，支持科研单位和企业开展节能技术应用研究，制定节能标准，开发节能共性和关键技术，促进节能技术创新与成果转化。

第五十八条 国务院管理节能工作的部门会同国务院有关部门制定并公布节能技术、节能产品的推广目录，引导用能单位和个人使用先进的节能技术、节能产品。

国务院管理节能工作的部门会同国务院有关部门组织实施重大节能科研项目、节能示范项目、重点节能工程。

第五十九条 县级以上各级人民政府应当按照因地制宜、多能互补、综合利用、讲求效益的原则，加强农业和农村节能工作，增加对农业和农村节能技术、节能产品推广应用的资金投入。

农业、科技等有关主管部门应当支持、推广在农业生产、农产品加工储运等方面应用节能技术和节能产品，鼓励更新和淘汰高耗能的农业机械和渔业船舶。

国家鼓励、支持在农村大力发展沼气，推广生物质能、太阳能和风能等可再生能源利用技术，按照科学规划、有序开发的原则发展小型水力发电，推广节能型的农村住宅和炉灶等，鼓励利用非耕地种植能源植物，大力发展薪炭林等能源林。

第五章 激励措施

第六十条 中央财政和省级地方财政安排节能专项资金，支持节能技术研究开发、节能技术和产品的示范与推广、重点节能工程的实施、节能宣传培训、信息服务和表彰奖励等。

第六十一条 国家对生产、使用列入本法第五十八条规定的推广目录的需要支持的节能技术、节能产品，实行税收优惠等扶持政策。

国家通过财政补贴支持节能照明器具等节能产品的推广和使用。

第六十二条 国家实行有利于节约能源资源的税收政策，健全能源矿产资源有偿使用制度，促进能源资源的节约及其开采利用水平的提高。

第六十三条 国家运用税收等政策，鼓励先进节能技术、设备的进口，控制在生产过程中耗能高、污染重的产品的出口。

第六十四条 政府采购监督管理部门会同有关部门制定节能产品、设备政府采购名录，应当优先列入取得节能产品认证证书的产品、设备。

第六十五条 国家引导金融机构增加对节能项目的信贷支持，为符合条件的节能技术研究开发、节能产品生产以及节能技术改造等项目提供优惠贷款。

国家推动和引导社会有关方面加大对节能的资金投入，加快节能技术改造。

第六十六条 国家实行有利于节能的价格政策，引导用能单位和个人节能。

国家运用财税、价格等政策，支持推广电力需求侧管理、合同能源管理、节能自愿协议等节能办法。

国家实行峰谷分时电价、季节性电价、可中断负荷电价制度，鼓励电力用户合理调整用电负荷；对钢铁、有色金属、建材、化工和其他主要耗能行业的企业，分淘汰、限制、允许和鼓励类实行差别电价政策。

第六十七条 各级人民政府对在节能管理、节能科学技术研究和推广应用中有显著成绩以及检举严重浪费能源行为的单位和个人，给予表彰和奖励。

第六章 法律责任

第六十八条 负责审批政府投资项目的机关违反本法规定，对不符合强制性节能标准的项目予以批准建设的，对直接负责的主管人员和其他直接责任人员依法给予处分。

固定资产投资项目建设单位开工建设不符合强制性节能标准的项目或者将该项目投入生产、使用的，由管理节能工作的部门责令停止建设或者停止生产、使用，限期改造；不能改造或者逾期不改造的生产性项目，由管理节能工作的部门报请本级人民政府按照国务院规定的权限责令关闭。

第六十九条　生产、进口、销售国家明令淘汰的用能产品、设备的，使用伪造的节能产品认证标志或者冒用节能产品认证标志的，依照《中华人民共和国产品质量法》的规定处罚。

第七十条　生产、进口、销售不符合强制性能源效率标准的用能产品、设备的，由产品质量监督部门责令停止生产、进口、销售，没收违法生产、进口、销售的用能产品、设备和违法所得，并处违法所得一倍以上五倍以下罚款；情节严重的，由工商行政管理部门吊销营业执照。

第七十一条　使用国家明令淘汰的用能设备或者生产工艺的，由管理节能工作的部门责令停止使用，没收国家明令淘汰的用能设备；情节严重的，可以由管理节能工作的部门提出意见，报请本级人民政府按照国务院规定的权限责令停业整顿或者关闭。

第七十二条　生产单位超过单位产品能耗限额标准用能，情节严重，经限期治理逾期不治理或者没有达到治理要求的，可以由管理节能工作的部门提出意见，报请本级人民政府按照国务院规定的权限责令停业整顿或者关闭。

第七十三条　违反本法规定，应当标注能源效率标识而未标注的，由市场监督管理部门责令改正，处三万元以上五万元以下罚款。

违反本法规定，未办理能源效率标识备案，或者使用的能源效率标识不符合规定的，由市场监督管理部门责令限期改正；逾期不改正的，处一万元以上三万元以下罚款。

伪造、冒用能源效率标识或者利用能源效率标识进行虚假宣传的，由市场监督管理部门责令改正，处五万元以上十万元以下罚款；情节严重的，由工商行政管理部门吊销营业执照。

第七十四条　用能单位未按照规定配备、使用能源计量器具的，由市场监督管理部门责令限期改正；逾期不改正的，处一万元以上五万元以下罚款。

第七十五条　瞒报、伪造、篡改能源统计资料或者编造虚假能源统计数据的，依照《中华人民共和国统计法》的规定处罚。

第七十六条　从事节能咨询、设计、评估、检测、审计、认证等服务的机构提供虚假信息的，由管理节能工作的部门责令改正，没收违法所得，并处五万元以上十万元以下罚款。

第七十七条　违反本法规定，无偿向本单位职工提供能源或者对能源消费实行包费制的，由管理节能工作的部门责令限期改正；逾期不改正的，处五万元以上二十万元以下罚款。

第七十八条　电网企业未按照本法规定安排符合规定的热电联产和利用余热余压发电的机组与电网并网运行，或者未执行国家有关上网电价规定的，由国家电力监管机构责令改正；造成发电企业经济损失的，依法承担赔偿责任。

第七十九条　建设单位违反建筑节能标准的，由建设主管部门责令改正，处二十万元以上五十万元以下罚款。

设计单位、施工单位、监理单位违反建筑节能标准的，由建设主管部门责令改正，处十万元以上五十万元以下罚款；情节严重的，由颁发资质证书的部门降低资质等级或者吊销资质证书；造成损失的，依法承担赔偿责任。

第八十条　房地产开发企业违反本法规定，在销售房屋时未向购买人明示所售房屋的节能措施、保温工程保修期等信息的，由建设主管部门责令限期改正，逾期不改正的，处三万元以上五万元以下罚款；对以上信息作虚假宣传的，由建设主管部门责令改正，处五万元以上二十万元以下罚款。

第八十一条　公共机构采购用能产品、设备，未优先采购列入节能产品、设备政府采购名录中的产品、设备，或者采购国家明令淘汰的用能产品、设备的，由政府采购监督管理部门给予警告，可以并处罚款；对直接负责的主管人员和其他直接责任人员依法给予处分，并予通报。

第八十二条　重点用能单位未按照本法规定报送能源利用状况报告或者报告内容不实的，由管理节能工作的部门责令限期改正；逾期不改正的，处一万元以上五万元以下罚款。

第八十三条　重点用能单位无正当理由拒不落实本法第五十四条规定的整改要求或者整改没有达到要求的，由管理节能工作的部门处十万元以上三十万元以下罚款。

第八十四条　重点用能单位未按照本法规定设立能源管理岗位，聘任能源管理负责人，并报管理节能工作的部门和有关部门备案的，由管理节能工作的部门责令改正；拒不改正的，处一万元以上三万元以下罚款。

第八十五条　违反本法规定，构成犯罪的，依法追究刑事责任。

第八十六条　国家工作人员在节能管理工作中滥用职权、玩忽职守、徇私舞弊，构成犯罪的，依法追究刑事责任；尚不构成犯罪的，依法给予处分。

第七章　附　　则

第八十七条　本法自 2008 年 4 月 1 日起施行。

习　　题

11-7-1　用能产品的生产者、销售者，提出节能产品认证申请（　　）。

A. 可以根据自愿原则　　B. 必须在产品上市前申请

C. 不贴节能标志不能生产销售　　D. 必须取得节能证书后销售

11-7-2　建筑工程的建设、设计、施工和监理单位应当遵守建筑节能标准，对于（　　）。

A. 不符合建筑节能标准的建筑工程，建设主管部门不得批准开工建设

B. 已经开工建设的除外

C. 已经售出的房屋除外

D. 不符合建筑节能标准的建筑工程必须降价出售

第八节　中华人民共和国环境保护法

第一章　总　　则

第一条　为保护和改善环境，防治污染和其他公害，保障公众健康，推进生态文明建设，促进经济社会可持续发展，制定本法。

第二条　本法所称环境，是指影响人类生存和发展的各种天然的和经过人工改造的自然因素的总体，包括大气、水、海洋、土地、矿藏、森林、草原、湿地、野生生物、自然遗迹、人文遗迹、自然保

护区、风景名胜区、城市和乡村等。

第三条 本法适用于中华人民共和国领域和中华人民共和国管辖的其他海域。

第四条 保护环境是国家的基本国策。

国家采取有利于节约和循环利用资源、保护和改善环境、促进人与自然和谐的经济、技术政策和措施，使经济社会发展与环境保护相协调。

第五条 环境保护坚持保护优先、预防为主、综合治理、公众参与、损害担责的原则。

第六条 一切单位和个人都有保护环境的义务。

地方各级人民政府应当对本行政区域的环境质量负责。

企业事业单位和其他生产经营者应当防止、减少环境污染和生态破坏，对所造成的损害依法承担责任。

公民应当增强环境保护意识，采取低碳、节俭的生活方式，自觉履行环境保护义务。

第七条 国家支持环境保护科学技术研究、开发和应用，鼓励环境保护产业发展，促进环境保护信息化建设，提高环境保护科学技术水平。

第八条 各级人民政府应当加大保护和改善环境、防治污染和其他公害的财政投入，提高财政资金的使用效益。

第九条 各级人民政府应当加强环境保护宣传和普及工作，鼓励基层群众性自治组织、社会组织、环境保护志愿者开展环境保护法律法规和环境保护知识的宣传，营造保护环境的良好风气。

教育行政部门、学校应当将环境保护知识纳入学校教育内容，培养学生的环境保护意识。

新闻媒体应当开展环境保护法律法规和环境保护知识的宣传，对环境违法行为进行舆论监督。

第十条 国务院环境保护主管部门，对全国环境保护工作实施统一监督管理；县级以上地方人民政府环境保护主管部门，对本行政区域环境保护工作实施统一监督管理。

县级以上人民政府有关部门和军队环境保护部门，依照有关法律的规定对资源保护和污染防治等环境保护工作实施监督管理。

第十一条 对保护和改善环境有显著成绩的单位和个人，由人民政府给予奖励。

第十二条 每年6月5日为环境日。

第二章 监督管理

第十三条 县级以上人民政府应当将环境保护工作纳入国民经济和社会发展规划。

国务院环境保护主管部门会同有关部门，根据国民经济和社会发展规划编制国家环境保护规划，报国务院批准并公布实施。

县级以上地方人民政府环境保护主管部门会同有关部门，根据国家环境保护规划的要求，编制本行政区域的环境保护规划，报同级人民政府批准并公布实施。

环境保护规划的内容应当包括生态保护和污染防治的目标、任务、保障措施等，并与主体功能区规划、土地利用总体规划和城乡规划等相衔接。

第十四条 国务院有关部门和省、自治区、直辖市人民政府组织制定经济、技术政策，应当充分考虑对环境的影响，听取有关方面和专家的意见。

第十五条 国务院环境保护主管部门制定国家环境质量标准。

省、自治区、直辖市人民政府对国家环境质量标准中未作规定的项目，可以制定地方环境质量标准；对国家环境质量标准中已作规定的项目，可以制定严于国家环境质量标准的地方环境质量标准。地方环境质量标准应当报国务院环境保护主管部门备案。

国家鼓励开展环境基准研究。

第十六条　国务院环境保护主管部门根据国家环境质量标准和国家经济、技术条件，制定国家污染物排放标准。

省、自治区、直辖市人民政府对国家污染物排放标准中未作规定的项目，可以制定地方污染物排放标准；对国家污染物排放标准中已作规定的项目，可以制定严于国家污染物排放标准的地方污染物排放标准。地方污染物排放标准应当报国务院环境保护主管部门备案。

第十七条　国家建立、健全环境监测制度。国务院环境保护主管部门制定监测规范，会同有关部门组织监测网络，统一规划国家环境质量监测站（点）的设置，建立监测数据共享机制，加强对环境监测的管理。

有关行业、专业等各类环境质量监测站（点）的设置应当符合法律法规规定和监测规范的要求。

监测机构应当使用符合国家标准的监测设备，遵守监测规范。监测机构及其负责人对监测数据的真实性和准确性负责。

第十八条　省级以上人民政府应当组织有关部门或者委托专业机构，对环境状况进行调查、评价，建立环境资源承载能力监测预警机制。

第十九条　编制有关开发利用规划，建设对环境有影响的项目，应当依法进行环境影响评价。

未依法进行环境影响评价的开发利用规划，不得组织实施；未依法进行环境影响评价的建设项目，不得开工建设。

第二十条　国家建立跨行政区域的重点区域、流域环境污染和生态破坏联合防治协调机制，实行统一规划、统一标准、统一监测、统一的防治措施。

前款规定以外的跨行政区域的环境污染和生态破坏的防治，由上级人民政府协调解决，或者由有关地方人民政府协商解决。

第二十一条　国家采取财政、税收、价格、政府采购等方面的政策和措施，鼓励和支持环境保护技术装备、资源综合利用和环境服务等环境保护产业的发展。

第二十二条　企业事业单位和其他生产经营者，在污染物排放符合法定要求的基础上，进一步减少污染物排放的，人民政府应当依法采取财政、税收、价格、政府采购等方面的政策和措施予以鼓励和支持。

第二十三条　企业事业单位和其他生产经营者，为改善环境，依照有关规定转产、搬迁、关闭的，人民政府应当予以支持。

第二十四条　县级以上人民政府环境保护主管部门及其委托的环境监察机构和其他负有环境保护监督管理职责的部门，有权对排放污染物的企业事业单位和其他生产经营者进行现场检查。被检查者应当如实反映情况，提供必要的资料。实施现场检查的部门、机构及其工作人员应当为被检查者保守商业秘密。

第二十五条　企业事业单位和其他生产经营者违反法律法规规定排放污染物，造成或者可能造成严重污染的，县级以上人民政府环境保护主管部门和其他负有环境保护监督管理职责的部门，可以查封、扣押造成污染物排放的设施、设备。

第二十六条　国家实行环境保护目标责任制和考核评价制度。县级以上人民政府应当将环境保护目标完成情况纳入对本级人民政府负有环境保护监督管理职责的部门及其负责人和下级人民政府及其负责人的考核内容，作为对其考核评价的重要依据。考核结果应当向社会公开。

第二十七条 县级以上人民政府应当每年向本级人民代表大会或者人民代表大会常务委员会报告环境状况和环境保护目标完成情况，对发生的重大环境事件应当及时向本级人民代表大会常务委员会报告，依法接受监督。

第三章 保护和改善环境

第二十八条 地方各级人民政府应当根据环境保护目标和治理任务，采取有效措施，改善环境质量。

未达到国家环境质量标准的重点区域、流域的有关地方人民政府，应当制定限期达标规划，并采取措施按期达标。

第二十九条 国家在重点生态功能区、生态环境敏感区和脆弱区等区域划定生态保护红线，实行严格保护。

各级人民政府对具有代表性的各种类型的自然生态系统区域，珍稀、濒危的野生动植物自然分布区域，重要的水源涵养区域，具有重大科学文化价值的地质构造、著名溶洞和化石分布区、冰川、火山、温泉等自然遗迹，以及人文遗迹、古树名木，应当采取措施予以保护，严禁破坏。

第三十条 开发利用自然资源，应当合理开发，保护生物多样性，保障生态安全，依法制定有关生态保护和恢复治理方案并予以实施。

引进外来物种以及研究、开发和利用生物技术，应当采取措施，防止对生物多样性的破坏。

第三十一条 国家建立、健全生态保护补偿制度。

国家加大对生态保护地区的财政转移支付力度。有关地方人民政府应当落实生态保护补偿资金，确保其用于生态保护补偿。

国家指导受益地区和生态保护地区人民政府通过协商或者按照市场规则进行生态保护补偿。

第三十二条 国家加强对大气、水、土壤等的保护，建立和完善相应的调查、监测、评估和修复制度。

第三十三条 各级人民政府应当加强对农业环境的保护，促进农业环境保护新技术的使用，加强对农业污染源的监测预警，统筹有关部门采取措施，防治土壤污染和土地沙化、盐渍化、贫瘠化、石漠化、地面沉降以及防治植被破坏、水土流失、水体富营养化、水源枯竭、种源灭绝等生态失调现象，推广植物病虫害的综合防治。

县级、乡级人民政府应当提高农村环境保护公共服务水平，推动农村环境综合整治。

第三十四条 国务院和沿海地方各级人民政府应当加强对海洋环境的保护。向海洋排放污染物、倾倒废弃物，进行海岸工程和海洋工程建设，应当符合法律法规规定和有关标准，防止和减少对海洋环境的污染损害。

第三十五条 城乡建设应当结合当地自然环境的特点，保护植被、水域和自然景观，加强城市园林、绿地和风景名胜区的建设与管理。

第三十六条 国家鼓励和引导公民、法人和其他组织使用有利于保护环境的产品和再生产品，减少废弃物的产生。

国家机关和使用财政资金的其他组织应当优先采购和使用节能、节水、节材等有利于保护环境的产品、设备和设施。

第三十七条 地方各级人民政府应当采取措施，组织对生活废弃物的分类处置、回收利用。

第三十八条 公民应当遵守环境保护法律法规，配合实施环境保护措施，按照规定对生活废弃物进行分类放置，减少日常生活对环境造成的损害。

第三十九条 国家建立、健全环境与健康监测、调查和风险评估制度；鼓励和组织开展环境质量对公众健康影响的研究，采取措施预防和控制与环境污染有关的疾病。

第四章 防治污染和其他公害

第四十条 国家促进清洁生产和资源循环利用。

国务院有关部门和地方各级人民政府应当采取措施，推广清洁能源的生产和使用。

企业应当优先使用清洁能源，采用资源利用率高、污染物排放量少的工艺、设备以及废弃物综合利用技术和污染物无害化处理技术，减少污染物的产生。

第四十一条 建设项目中防治污染的设施，应当与主体工程同时设计、同时施工、同时投产使用。防治污染的设施应当符合经批准的环境影响评价文件的要求，不得擅自拆除或者闲置。

第四十二条 排放污染物的企业事业单位和其他生产经营者，应当采取措施，防治在生产建设或者其他活动中产生的废气、废水、废渣、医疗废物、粉尘、恶臭气体、放射性物质以及噪声、振动、光辐射、电磁辐射等对环境的污染和危害。

排放污染物的企业事业单位，应当建立环境保护责任制度，明确单位负责人和相关人员的责任。

重点排污单位应当按照国家有关规定和监测规范安装使用监测设备，保证监测设备正常运行，保存原始监测记录。

严禁通过暗管、渗井、渗坑、灌注或者篡改、伪造监测数据，或者不正常运行防治污染设施等逃避监管的方式违法排放污染物。

第四十三条 排放污染物的企业事业单位和其他生产经营者，应当按照国家有关规定缴纳排污费。排污费应当全部专项用于环境污染防治，任何单位和个人不得截留、挤占或者挪作他用。

依照法律规定征收环境保护税的，不再征收排污费。

第四十四条 国家实行重点污染物排放总量控制制度。重点污染物排放总量控制指标由国务院下达，省、自治区、直辖市人民政府分解落实。企业事业单位在执行国家和地方污染物排放标准的同时，应当遵守分解落实到本单位的重点污染物排放总量控制指标。

对超过国家重点污染物排放总量控制指标或者未完成国家确定的环境质量目标的地区，省级以上人民政府环境保护主管部门应当暂停审批其新增重点污染物排放总量的建设项目环境影响评价文件。

第四十五条 国家依照法律规定实行排污许可管理制度。

实行排污许可管理的企业事业单位和其他生产经营者应当按照排污许可证的要求排放污染物；未取得排污许可证的，不得排放污染物。

第四十六条 国家对严重污染环境的工艺、设备和产品实行淘汰制度。任何单位和个人不得生产、销售或者转移、使用严重污染环境的工艺、设备和产品。

禁止引进不符合我国环境保护规定的技术、设备、材料和产品。

第四十七条 各级人民政府及其有关部门和企业事业单位，应当依照《中华人民共和国突发事件应对法》的规定，做好突发环境事件的风险控制、应急准备、应急处置和事后恢复等工作。

县级以上人民政府应当建立环境污染公共监测预警机制，组织制定预警方案；环境受到污染，可能影响公众健康和环境安全时，依法及时公布预警信息，启动应急措施。

企业事业单位应当按照国家有关规定制定突发环境事件应急预案，报环境保护主管部门和有关部门备案。在发生或者可能发生突发环境事件时，企业事业单位应当立即采取措施处理，及时通报可能受到危害的单位和居民，并向环境保护主管部门和有关部门报告。

突发环境事件应急处置工作结束后，有关人民政府应当立即组织评估事件造成的环境影响和损失，并及时将评估结果向社会公布。

第四十八条 生产、储存、运输、销售、使用、处置化学物品和含有放射性物质的物品，应当遵守国家有关规定，防止污染环境。

第四十九条 各级人民政府及其农业等有关部门和机构应当指导农业生产经营者科学种植和养殖，科学合理施用农药、化肥等农业投入品，科学处置农用薄膜、农作物秸秆等农业废弃物，防止农业面源污染。

禁止将不符合农用标准和环境保护标准的固体废物、废水施入农田。施用农药、化肥等农业投入品及进行灌溉，应当采取措施，防止重金属和其他有毒有害物质污染环境。

畜禽养殖场、养殖小区、定点屠宰企业等的选址、建设和管理应当符合有关法律法规规定。从事畜禽养殖和屠宰的单位和个人应当采取措施，对畜禽粪便、尸体和污水等废弃物进行科学处置，防止污染环境。

县级人民政府负责组织农村生活废弃物的处置工作。

第五十条 各级人民政府应当在财政预算中安排资金，支持农村饮用水水源地保护、生活污水和其他废弃物处理、畜禽养殖和屠宰污染防治、土壤污染防治和农村工矿污染治理等环境保护工作。

第五十一条 各级人民政府应当统筹城乡建设污水处理设施及配套管网，固体废物的收集、运输和处置等环境卫生设施，危险废物集中处置设施、场所以及其他环境保护公共设施，并保障其正常运行。

第五十二条 国家鼓励投保环境污染责任保险。

第五章 信息公开和公众参与

第五十三条 公民、法人和其他组织依法享有获取环境信息、参与和监督环境保护的权利。

各级人民政府环境保护主管部门和其他负有环境保护监督管理职责的部门，应当依法公开环境信息、完善公众参与程序，为公民、法人和其他组织参与和监督环境保护提供便利。

第五十四条 国务院环境保护主管部门统一发布国家环境质量、重点污染源监测信息及其他重大环境信息。省级以上人民政府环境保护主管部门定期发布环境状况公报。

县级以上人民政府环境保护主管部门和其他负有环境保护监督管理职责的部门，应当依法公开环境质量、环境监测、突发环境事件以及环境行政许可、行政处罚、排污费的征收和使用情况等信息。

县级以上地方人民政府环境保护主管部门和其他负有环境保护监督管理职责的部门，应当将企业事业单位和其他生产经营者的环境违法信息记入社会诚信档案，及时向社会公布违法者名单。

第五十五条 重点排污单位应当如实向社会公开其主要污染物的名称、排放方式、排放浓度和总量、超标排放情况，以及防治污染设施的建设和运行情况，接受社会监督。

第五十六条 对依法应当编制环境影响报告书的建设项目，建设单位应当在编制时向可能受影响的公众说明情况，充分征求意见。

负责审批建设项目环境影响评价文件的部门在收到建设项目环境影响报告书后，除涉及国家秘密和商业秘密的事项外，应当全文公开；发现建设项目未充分征求公众意见的，应当责成建设单位征求公众意见。

第五十七条 公民、法人和其他组织发现任何单位和个人有污染环境和破坏生态行为的，有权向环境保护主管部门或者其他负有环境保护监督管理职责的部门举报。

公民、法人和其他组织发现地方各级人民政府、县级以上人民政府环境保护主管部门和其他负有环境保护监督管理职责的部门不依法履行职责的，有权向其上级机关或者监察机关举报。

接受举报的机关应当对举报人的相关信息予以保密，保护举报人的合法权益。

第五十八条　对污染环境、破坏生态，损害社会公共利益的行为，符合下列条件的社会组织可以向人民法院提起诉讼：

（一）依法在设区的市级以上人民政府民政部门登记；

（二）专门从事环境保护公益活动连续五年以上且无违法记录。

符合前款规定的社会组织向人民法院提起诉讼，人民法院应当依法受理。

提起诉讼的社会组织不得通过诉讼牟取经济利益。

第六章　法律责任

第五十九条　企业事业单位和其他生产经营者违法排放污染物，受到罚款处罚，被责令改正，拒不改正的，依法作出处罚决定的行政机关可以自责令改正之日的次日起，按照原处罚数额按日连续处罚。

前款规定的罚款处罚，依照有关法律法规按照防治污染设施的运行成本、违法行为造成的直接损失或者违法所得等因素确定的规定执行。

地方性法规可以根据环境保护的实际需要，增加第一款规定的按日连续处罚的违法行为的种类。

第六十条　企业事业单位和其他生产经营者超过污染物排放标准或者超过重点污染物排放总量控制指标排放污染物的，县级以上人民政府环境保护主管部门可以责令其采取限制生产、停产整治等措施；情节严重的，报经有批准权的人民政府批准，责令停业、关闭。

第六十一条　建设单位未依法提交建设项目环境影响评价文件或者环境影响评价文件未经批准，擅自开工建设的，由负有环境保护监督管理职责的部门责令停止建设，处以罚款，并可以责令恢复原状。

第六十二条　违反本法规定，重点排污单位不公开或者不如实公开环境信息的，由县级以上地方人民政府环境保护主管部门责令公开，处以罚款，并予以公告。

第六十三条　企业事业单位和其他生产经营者有下列行为之一，尚不构成犯罪的，除依照有关法律法规规定予以处罚外，由县级以上人民政府环境保护主管部门或者其他有关部门将案件移送公安机关，对其直接负责的主管人员和其他直接责任人员，处十日以上十五日以下拘留；情节较轻的，处五日以上十日以下拘留：

（一）建设项目未依法进行环境影响评价，被责令停止建设，拒不执行的；

（二）违反法律规定，未取得排污许可证排放污染物，被责令停止排污，拒不执行的；

（三）通过暗管、渗井、渗坑、灌注或者篡改、伪造监测数据，或者不正常运行防治污染设施等逃避监管的方式违法排放污染物的；

（四）生产、使用国家明令禁止生产、使用的农药，被责令改正，拒不改正的。

第六十四条　因污染环境和破坏生态造成损害的，应当依照《中华人民共和国侵权责任法》的有关规定承担侵权责任。

第六十五条　环境影响评价机构、环境监测机构以及从事环境监测设备和防治污染设施维护、运营的机构，在有关环境服务活动中弄虚作假，对造成的环境污染和生态破坏负有责任的，除依照有关法律法规规定予以处罚外，还应当与造成环境污染和生态破坏的其他责任者承担连带责任。

第六十六条　提起环境损害赔偿诉讼的时效期间为三年，从当事人知道或者应当知道其受到损害时起计算。

第六十七条 上级人民政府及其环境保护主管部门应当加强对下级人民政府及其有关部门环境保护工作的监督。发现有关工作人员有违法行为，依法应当给予处分的，应当向其任免机关或者监察机关提出处分建议。

依法应当给予行政处罚，而有关环境保护主管部门不给予行政处罚的，上级人民政府环境保护主管部门可以直接作出行政处罚的决定。

第六十八条 地方各级人民政府、县级以上人民政府环境保护主管部门和其他负有环境保护监督管理职责的部门有下列行为之一的，对直接负责的主管人员和其他直接责任人员给予记过、记大过或者降级处分；造成严重后果的，给予撤职或者开除处分，其主要负责人应当引咎辞职：

（一）不符合行政许可条件准予行政许可的；

（二）对环境违法行为进行包庇的；

（三）依法应当作出责令停业、关闭的决定而未作出的；

（四）对超标排放污染物、采用逃避监管的方式排放污染物、造成环境事故以及不落实生态保护措施造成生态破坏等行为，发现或者接到举报未及时查处的；

（五）违反本法规定，查封、扣押企业事业单位和其他生产经营者的设施、设备的；

（六）篡改、伪造或者指使篡改、伪造监测数据的；

（七）应当依法公开环境信息而未公开的；

（八）将征收的排污费截留、挤占或者挪作他用的；

（九）法律法规规定的其他违法行为。

第六十九条 违反本法规定，构成犯罪的，依法追究刑事责任。

第七章 附 则

第七十条 本法自2015年1月1日起施行。

【例11-8-1】根据《中华人民共和国环境保护法》的规定，下列关于建设项目中防治污染的设施的说法中，不正确的是：

A. 防治污染的设施，必须与主体工程同时设计、同时施工、同时投入使用

B. 防治污染的设施不得擅自拆除

C. 防治污染的设施不得擅自闲置

D. 防治污染的设施经建设行政主管部门验收合格后方可投入生产或者使用

解 选项D，应经环保部门验收，非建设行政主管部门验收，参见《中华人民共和国环境保护法》。

第十条 国务院环境保护主管部门，对全国环境保护工作实施统一监督管理；县级以上地方人民政府环境保护主管部门，对本行政区域环境保护工作实施统一监督管理。

县级以上人民政府有关部门和军队环境保护部门，依照有关法律的规定对资源保护和污染防治等环境保护工作实施监督管理。

第四十一条 建设项目中防治污染的设施，应当与主体工程同时设计、同时施工、同时投产使用。防治污染的设施应当符合经批准的环境影响评价文件的要求，不得擅自拆除或者闲置。

（旧《中华人民共和国环境保护法》第二十六条规定，建设项目中防治污染的措施，必须与主体工程同时设计、同时施工、同时投产使用。防治污染的设施必须经原审批环境影响报告书的环境保护行政主管部门验收合格后，该建设项目方可投入生产或者使用。）

答案：D

【例 11-8-2】建设项目对环境可能造成轻度影响的，应当编制：

A. 环境影响报告书　　B. 环境影响报告表

C. 环境影响分析表　　D. 环境影响登记表

解 见《中华人民共和国环境影响评价法》第十六条。

国家根据建设项目对环境的影响程度，对建设项目的环境影响评价实行分类管理。

建设单位应当按照下列规定组织编制环境影响报告书、环境影响报告表或者填报环境影响登记表（以下统称环境影响评价文件）：

（一）可能造成重大环境影响的，应当编制环境影响报告书，对产生的环境影响进行全面评价；

（二）可能造成轻度环境影响的，应当编制环境影响报告表，对产生的环境影响进行分析或者专项评价；

（三）对环境影响很小、不需要进行环境影响评价的，应当填报环境影响登记表。

建设项目的环境影响评价分类管理名录，由国务院环境保护行政主管部门制定并公布。

答案：B

习　题

11-8-1 按照新修订后的环境保护法的规定，下列说法正确的选项是（　　）。

A. 排污单位必须事先取得排污许可证

B. 排污单位应当事先在环保部门登记备案

C. 污染物超出排放限量的必须交罚款后才能继续使用

D. 罚款必须用于本单位的污染治理

11-8-2 建设项目防治污染的设施必须与主体工程做到几个同时，下列说法中哪个是不必要的？（　　）

A. 同时设计　　B. 同时施工

C. 同时投产使用　　D. 同时备案登记

11-8-3 建设项目未进行环境影响评价，被责令停止建设，拒不执行的（　　）。

A. 可移交公安机关拘留直接负责的主管人员

B. 交罚款后才能继续建设

C. 经县级以上领导批准后可以继续建设

D. 可向法院起诉直接责任人

第九节　中华人民共和国房地产管理法

第一章　总　　则

第一条　为了加强对城市房地产的管理，维护房地产市场秩序，保障房地产权利人的合法权益，促进房地产业的健康发展，制定本法。

第二条　在中华人民共和国城市规划区国有土地（以下简称国有土地）范围内取得房地产开发用地

的土地使用权，从事房地产开发、房地产交易，实施房地产管理，应当遵守本法。

本法所称房屋，是指土地上的房屋等建筑物及构筑物。

本法所称房地产开发，是指在依据本法取得国有土地使用权的土地上进行基础设施、房屋建设的行为。

本法所称房地产交易，包括房地产转让、房地产抵押和房屋租赁。

第三条　国家依法实行国有土地有偿、有限期使用制度。但是，国家在本法规定的范围内划拨国有土地使用权的除外。

第四条　国家根据社会、经济发展水平，扶持发展居民住宅建设，逐步改善居民的居住条件。

第五条　房地产权利人应当遵守法律和行政法规，依法纳税。房地产权利人的合法权益受法律保护，任何单位和个人不得侵犯。

第六条　为了公共利益的需要，国家可以征收国有土地上单位和个人的房屋，并依法给予拆迁补偿，维护被征收人的合法权益；征收个人住宅的，还应当保障被征收人的居住条件。具体办法由国务院规定。

第七条　国务院建设行政主管部门、土地管理部门依照国务院规定的职权划分，各司其职，密切配合，管理全国房地产工作。

县级以上地方人民政府房产管理、土地管理部门的机构设置及其职权由省、自治区、直辖市人民政府确定。

第二章　房地产开发用地

第一节　土地使用权出让

第八条　土地使用权出让，是指国家将国有土地使用权（以下简称土地使用权）在一定年限内出让给土地使用者，由土地使用者向国家支付土地使用权出让金的行为。

第九条　城市规划区内的集体所有的土地，经依法征收转为国有土地后，该幅国有土地的使用权方可有偿出让，但法律另有规定的除外。

第十条　土地使用权出让，必须符合土地利用总体规划、城市规划和年度建设用地计划。

第十一条　县级以上地方人民政府出让土地使用权用于房地产开发的，须根据省级以上人民政府下达的控制指标拟订年度出让土地使用权总面积方案，按照国务院规定，报国务院或者省级人民政府批准。

第十二条　土地使用权出让，由市、县人民政府有计划、有步骤地进行。出让的每幅地块、用途、年限和其他条件，由市、县人民政府土地管理部门会同城市规划、建设、房产管理部门共同拟定方案，按照国务院规定，报经有批准权的人民政府批准后，由市、县人民政府土地管理部门实施。

直辖市的县人民政府及其有关部门行使前款规定的权限，由直辖市人民政府规定。

第十三条　土地使用权出让，可以采取拍卖、招标或者双方协议的方式。

商业、旅游、娱乐和豪华住宅用地，有条件的，必须采取拍卖、招标方式；没有条件，不能采取拍卖、招标方式的，可以采取双方协议的方式。

采取双方协议方式出让土地使用权的出让金不得低于按国家规定所确定的最低价。

第十四条　土地使用权出让最高年限由国务院规定。

第十五条　土地使用权出让，应当签订书面出让合同。

土地使用权出让合同由市、县人民政府土地管理部门与土地使用者签订。

第十六条　土地使用者必须按照出让合同约定，支付土地使用权出让金；未按照出让合同约定支付土地使用权出让金的，土地管理部门有权解除合同，并可以请求违约赔偿。

第十七条 土地使用者按照出让合同约定支付土地使用权出让金的，市、县人民政府土地管理部门必须按照出让合同约定，提供出让的土地；未按照出让合同约定提供出让的土地的，土地使用者有权解除合同，由土地管理部门返还土地使用权出让金，土地使用者并可以请求违约赔偿。

第十八条 土地使用者需要改变土地使用权出让合同约定的土地用途的，必须取得出让方和市、县人民政府城市规划行政主管部门的同意，签订土地使用权出让合同变更协议或者重新签订土地使用权出让合同，相应调整土地使用权出让金。

第十九条 土地使用权出让金应当全部上缴财政，列入预算，用于城市基础设施建设和土地开发。土地使用权出让金上缴和使用的具体办法由国务院规定。

第二十条 国家对土地使用者依法取得的土地使用权，在出让合同约定的使用年限届满前不收回；在特殊情况下，根据社会公共利益的需要，可以依照法律程序提前收回，并根据土地使用者使用土地的实际年限和开发土地的实际情况给予相应的补偿。

第二十一条 土地使用权因土地灭失而终止。

第二十二条 土地使用权出让合同约定的使用年限届满，土地使用者需要继续使用土地的，应当至迟于届满前一年申请续期，除根据社会公共利益需要收回该幅土地的，应当予以批准。经批准准予续期的，应当重新签订土地使用权出让合同，依照规定支付土地使用权出让金。

土地使用权出让合同约定的使用年限届满，土地使用者未申请续期或者虽申请续期但依照前款规定未获批准的，土地使用权由国家无偿收回。

第二节 土地使用权划拨

第二十三条 土地使用权划拨，是指县级以上人民政府依法批准，在土地使用者缴纳补偿、安置等费用后将该幅土地交付其使用，或者将土地使用权无偿交付给土地使用者使用的行为。

依照本法规定以划拨方式取得土地使用权的，除法律、行政法规另有规定外，没有使用期限的限制。

第二十四条 下列建设用地的土地使用权，确属必需的，可以由县级以上人民政府依法批准划拨：

（一）国家机关用地和军事用地；

（二）城市基础设施用地和公益事业用地；

（三）国家重点扶持的能源、交通、水利等项目用地；

（四）法律、行政法规规定的其他用地。

第三章 房地产开发

第二十五条 房地产开发必须严格执行城市规划，按照经济效益、社会效益、环境效益相统一的原则，实行全面规划、合理布局、综合开发、配套建设。

第二十六条 以出让方式取得土地使用权进行房地产开发的，必须按照土地使用权出让合同约定的土地用途、动工开发期限开发土地。超过出让合同约定的动工开发日期满一年未动工开发的，可以征收相当于土地使用权出让金百分之二十以下的土地闲置费；满二年未动工开发的，可以无偿收回土地使用权；但是，因不可抗力或者政府、政府有关部门的行为或者动工开发必需的前期工作造成动工开发迟延的除外。

第二十七条 房地产开发项目的设计、施工，必须符合国家的有关标准和规范。

房地产开发项目竣工，经验收合格后，方可交付使用。

第二十八条 依法取得的土地使用权，可以依照本法和有关法律、行政法规的规定，作价入股，合资、合作开发经营房地产。

第二十九条 国家采取税收等方面的优惠措施鼓励和扶持房地产开发企业开发建设居民住宅。

第三十条 房地产开发企业是以营利为目的，从事房地产开发和经营的企业。设立房地产开发企业，应当具备下列条件：

（一）有自己的名称和组织机构；

（二）有固定的经营场所；

（三）有符合国务院规定的注册资本；

（四）有足够的专业技术人员；

（五）法律、行政法规规定的其他条件。

设立房地产开发企业，应当向工商行政管理部门申请设立登记。工商行政管理部门对符合本法规定条件的，应当予以登记，发给营业执照；对不符合本法规定条件的，不予登记。

设立有限责任公司、股份有限公司，从事房地产开发经营的，还应当执行公司法的有关规定。

房地产开发企业在领取营业执照后的一个月内，应当到登记机关所在地的县级以上地方人民政府规定的部门备案。

第三十一条 房地产开发企业的注册资本与投资总额的比例应当符合国家有关规定。房地产开发企业分期开发房地产的，分期投资额应当与项目规模相适应，并按照土地使用权出让合同的约定，按期投入资金，用于项目建设。

第四章 房地产交易

第一节 一般规定

第三十二条 房地产转让、抵押时，房屋的所有权和该房屋占用范围内的土地使用权同时转让、抵押。

第三十三条 基准地价、标定地价和各类房屋的重置价格应当定期确定并公布。具体办法由国务院规定。

第三十四条 国家实行房地产价格评估制度。

房地产价格评估，应当遵循公正、公平、公开的原则，按照国家规定的技术标准和评估程序，以基准地价、标定地价和各类房屋的重置价格为基础，参照当地的市场价格进行评估。

第三十五条 国家实行房地产成交价格申报制度。

房地产权利人转让房地产，应当向县级以上地方人民政府规定的部门如实申报成交价，不得瞒报或者作不实的申报。

第三十六条 房地产转让、抵押，当事人应当依照本法第五章的规定办理权属登记。

第二节 房地产转让

第三十七条 房地产转让，是指房地产权利人通过买卖、赠与或者其他合法方式将其房地产转移给他人的行为。

第三十八条 下列房地产，不得转让：

（一）以出让方式取得土地使用权的，不符合本法第三十九条规定的条件的；

（二）司法机关和行政机关依法裁定、决定查封或者以其他形式限制房地产权利的；

（三）依法收回土地使用权的；

（四）共有房地产，未经其他共有人书面同意的；

（五）权属有争议的；

（六）未依法登记领取权属证书的；

（七）法律、行政法规规定禁止转让的其他情形。

第三十九条 以出让方式取得土地使用权的，转让房地产时，应当符合下列条件：

（一）按照出让合同约定已经支付全部土地使用权出让金，并取得土地使用权证书；

（二）按照出让合同约定进行投资开发，属于房屋建设工程的，完成开发投资总额的百分之二十五以上，属于成片开发土地的，形成工业用地或者其他建设用地条件。

转让房地产时房屋已经建成的，还应当持有房屋所有权证书。

第四十条 以划拨方式取得土地使用权的，转让房地产时，应当按照国务院规定，报有批准权的人民政府审批。有批准权的人民政府准予转让的，应当由受让方办理土地使用权出让手续，并依照国家有关规定缴纳土地使用权出让金。

以划拨方式取得土地使用权的，转让房地产报批时，有批准权的人民政府按照国务院规定决定可以不办理土地使用权出让手续的，转让方应当按照国务院规定将转让房地产所获收益中的土地收益上缴国家或者作其他处理。

第四十一条 房地产转让，应当签订书面转让合同，合同中应当载明土地使用权取得的方式。

第四十二条 房地产转让时，土地使用权出让合同载明的权利、义务随之转移。

第四十三条 以出让方式取得土地使用权的，转让房地产后，其土地使用权的使用年限为原土地使用权出让合同约定的使用年限减去原土地使用者已经使用年限后的剩余年限。

第四十四条 以出让方式取得土地使用权的，转让房地产后，受让人改变原土地使用权出让合同约定的土地用途的，必须取得原出让方和市、县人民政府城市规划行政主管部门的同意，签订土地使用权出让合同变更协议或者重新签订土地使用权出让合同，相应调整土地使用权出让金。

第四十五条 商品房预售，应当符合下列条件：

（一）已交付全部土地使用权出让金，取得土地使用权证书；

（二）持有建设工程规划许可证；

（三）按提供预售的商品房计算，投入开发建设的资金达到工程建设总投资的百分之二十五以上，并已经确定施工进度和竣工交付日期；

（四）向县级以上人民政府房产管理部门办理预售登记，取得商品房预售许可证明。

商品房预售人应当按照国家有关规定将预售合同报县级以上人民政府房产管理部门和土地管理部门登记备案。

商品房预售所得款项，必须用于有关的工程建设。

第四十六条 商品房预售的，商品房预购人将购买的未竣工的预售商品房再行转让的问题，由国务院规定。

第三节 房地产抵押

第四十七条 房地产抵押，是指抵押人以其合法的房地产以不转移占有的方式向抵押权人提供债务履行担保的行为。债务人不履行债务时，抵押权人有权依法以抵押的房地产拍卖所得的价款优先受偿。

第四十八条 依法取得的房屋所有权连同该房屋占用范围内的土地使用权，可以设定抵押权。

以出让方式取得的土地使用权，可以设定抵押权。

第四十九条 房地产抵押，应当凭土地使用权证书、房屋所有权证书办理。

第五十条 房地产抵押，抵押人和抵押权人应当签订书面抵押合同。

第五十一条 设定房地产抵押权的土地使用权是以划拨方式取得的，依法拍卖该房地产后，应当从拍卖所得的价款中缴纳相当于应缴纳的土地使用权出让金的款额后，抵押权人方可优先受偿。

第五十二条 房地产抵押合同签订后，土地上新增的房屋不属于抵押财产。需要拍卖该抵押的房地产时，可以依法将土地上新增的房屋与抵押财产一同拍卖，但对拍卖新增房屋所得，抵押权人无权优先受偿。

第四节 房屋租赁

第五十三条 房屋租赁，是指房屋所有权人作为出租人将其房屋出租给承租人使用，由承租人向出租人支付租金的行为。

第五十四条 房屋租赁，出租人和承租人应当签订书面租赁合同，约定租赁期限、租赁用途、租赁价格、修缮责任等条款，以及双方的其他权利和义务，并向房产管理部门登记备案。

第五十五条 住宅用房的租赁，应当执行国家和房屋所在城市人民政府规定的租赁政策。租用房屋从事生产、经营活动的，由租赁双方协商议定租金和其他租赁条款。

第五十六条 以营利为目的，房屋所有权人将以划拨方式取得使用权的国有土地上建成的房屋出租的，应当将租金中所含土地收益上缴国家。具体办法由国务院规定。

第五节 中介服务机构

第五十七条 房地产中介服务机构包括房地产咨询机构、房地产价格评估机构、房地产经纪机构等。

第五十八条 房地产中介服务机构应当具备下列条件：

（一）有自己的名称和组织机构；

（二）有固定的服务场所；

（三）有必要的财产和经费；

（四）有足够数量的专业人员；

（五）法律、行政法规规定的其他条件。

设立房地产中介服务机构，应当向工商行政管理部门申请设立登记，领取营业执照后，方可开业。

第五十九条 国家实行房地产价格评估人员资格认证制度。

第五章 房地产权属登记管理

第六十条 国家实行土地使用权和房屋所有权登记发证制度。

第六十一条 以出让或者划拨方式取得土地使用权，应当向县级以上地方人民政府土地管理部门申请登记，经县级以上地方人民政府土地管理部门核实，由同级人民政府颁发土地使用权证书。

在依法取得的房地产开发用地上建成房屋的，应当凭土地使用权证书向县级以上地方人民政府房产管理部门申请登记，由县级以上地方人民政府房产管理部门核实并颁发房屋所有权证书。

房地产转让或者变更时，应当向县级以上地方人民政府房产管理部门申请房产变更登记，并凭变更后的房屋所有权证书向同级人民政府土地管理部门申请土地使用权变更登记，经同级人民政府土地管理部门核实，由同级人民政府更换或者更改土地使用权证书。

法律另有规定的，依照有关法律的规定办理。

第六十二条 房地产抵押时，应当向县级以上地方人民政府规定的部门办理抵押登记。

因处分抵押房地产而取得土地使用权和房屋所有权的，应当依照本章规定办理过户登记。

第六十三条 经省、自治区、直辖市人民政府确定，县级以上地方人民政府由一个部门统一负责房产管理和土地管理工作的，可以制作、颁发统一的房地产权证书，依照本法第六十一条的规定，将房屋的所有权和该房屋占用范围内的土地使用权的确认和变更，分别载入房地产权证书。

第六章 法律责任

第六十四条 违反本法第十一条、第十二条的规定，擅自批准出让或者擅自出让土地使用权用于房地产开发的，由上级机关或者所在单位给予有关责任人员行政处分。

第六十五条 违反本法第三十条的规定，未取得营业执照擅自从事房地产开发业务的，由县级以上人民政府工商行政管理部门责令停止房地产开发业务活动，没收违法所得，可以并处罚款。

第六十六条 违反本法第三十九条第一款的规定转让土地使用权的，由县级以上人民政府土地管理部门没收违法所得，可以并处罚款。

第六十七条 违反本法第四十条第一款的规定转让房地产的，由县级以上人民政府土地管理部门责令缴纳土地使用权出让金，没收违法所得，可以并处罚款。

第六十八条 违反本法第四十五条第一款的规定预售商品房的，由县级以上人民政府房产管理部门责令停止预售活动，没收违法所得，可以并处罚款。

第六十九条 违反本法第五十八条的规定，未取得营业执照擅自从事房地产中介服务业务的，由县级以上人民政府工商行政管理部门责令停止房地产中介服务业务活动，没收违法所得，可以并处罚款。

第七十条 没有法律、法规的依据，向房地产开发企业收费的，上级机关应当责令退回所收取的钱款；情节严重的，由上级机关或者所在单位给予直接责任人员行政处分。

第七十一条 房产管理部门、土地管理部门工作人员玩忽职守、滥用职权，构成犯罪的，依法追究刑事责任；不构成犯罪的，给予行政处分。

房产管理部门、土地管理部门工作人员利用职务上的便利，索取他人财物，或者非法收受他人财物为他人谋取利益，构成犯罪的，依法追究刑事责任；不构成犯罪的，给予行政处分。

第七章 附 则

第七十二条 在城市规划区外的国有土地范围内取得房地产开发用地的土地使用权，从事房地产开发、交易活动以及实施房地产管理，参照本法执行。

第七十三条 本法自 1995 年 1 月 1 日起施行。

第十节 建设工程勘察设计管理条例

第一章 总 则

第一条 为了加强对建设工程勘察、设计活动的管理，保证建设工程勘察、设计质量，保护人民生命和财产安全，制定本条例。

第二条 从事建设工程勘察、设计活动，必须遵守本条例。

本条例所称建设工程勘察，是指根据建设工程的要求，查明、分析、评价建设场地的地质地理环境特征和岩土工程条件，编制建设工程勘察文件的活动。

本条例所称建设工程设计，是指根据建设工程的要求，对建设工程所需的技术、经济、资源、环境等条件进行综合分析、论证，编制建设工程设计文件的活动。

第三条　建设工程勘察、设计应当与社会、经济发展水平相适应，做到经济效益、社会效益和环境效益相统一。

第四条　从事建设工程勘察、设计活动，应当坚持先勘察、后设计、再施工的原则。

第五条　县级以上人民政府建设行政主管部门和交通、水利等有关部门应当依照本条例的规定，加强对建设工程勘察、设计活动的监督管理。

建设工程勘察、设计单位必须依法进行建设工程勘察、设计，严格执行工程建设强制性标准，并对建设工程勘察、设计的质量负责。

第六条　国家鼓励在建设工程勘察、设计活动中采用先进技术、先进工艺、先进设备、新型材料和现代管理方法。

第二章　资质资格管理

第七条　国家对从事建设工程勘察、设计活动的单位，实行资质管理制度。具体办法由国务院建设行政主管部门商国务院有关部门制定。

第八条　建设工程勘察、设计单位应当在其资质等级许可的范围内承揽建设工程勘察、设计业务。

禁止建设工程勘察、设计单位超越其资质等级许可的范围或者以其他建设工程勘察、设计单位的名义承揽建设工程勘察、设计业务。禁止建设工程勘察、设计单位允许其他单位或者个人以本单位的名义承揽建设工程勘察、设计业务。

第九条　国家对从事建设工程勘察、设计活动的专业技术人员，实行执业资格注册管理制度。

未经注册的建设工程勘察、设计人员，不得以注册执业人员的名义从事建设工程勘察、设计活动。

第十条　建设工程勘察、设计注册执业人员和其他专业技术人员只能受聘于一个建设工程勘察、设计单位；未受聘于建设工程勘察、设计单位的，不得从事建设工程的勘察、设计活动。

第十一条　建设工程勘察、设计单位资质证书和执业人员注册证书，由国务院建设行政主管部门统一制作。

第三章　建设工程勘察设计发包与承包

第十二条　建设工程勘察、设计发包依法实行招标发包或者直接发包。

第十三条　建设工程勘察、设计应当依照《中华人民共和国招标投标法》的规定，实行招标发包。

第十四条　建设工程勘察、设计方案评标，应当以投标人的业绩、信誉和勘察、设计人员的能力以及勘察、设计方案的优劣为依据，进行综合评定。

第十五条　建设工程勘察、设计的招标人应当在评标委员会推荐的候选方案中确定中标方案。但是，建设工程勘察、设计的招标人认为评标委员会推荐的候选方案不能最大限度满足招标文件规定的要求的，应当依法重新招标。

第十六条　下列建设工程的勘察、设计，经有关主管部门批准，可以直接发包：

（一）采用特定的专利或者专有技术的；

（二）建筑艺术造型有特殊要求的；

（三）国务院规定的其他建设工程的勘察、设计。

第十七条　发包方不得将建设工程勘察、设计业务发包给不具有相应勘察、设计资质等级的建设工程勘察、设计单位。

第十八条　发包方可以将整个建设工程的勘察、设计发包给一个勘察、设计单位；也可以将建设工程的勘察、设计分别发包给几个勘察、设计单位。

第十九条 除建设工程主体部分的勘察、设计外，经发包方书面同意，承包方可以将建设工程其他部分的勘察、设计再分包给其他具有相应资质等级的建设工程勘察、设计单位。

第二十条 建设工程勘察、设计单位不得将所承揽的建设工程勘察、设计转包。

第二十一条 承包方必须在建设工程勘察、设计资质证书规定的资质等级和业务范围内承揽建设工程的勘察、设计业务。

第二十二条 建设工程勘察、设计的发包方与承包方，应当执行国家规定的建设工程勘察、设计程序。

第二十三条 建设工程勘察、设计的发包方与承包方应当签订建设工程勘察、设计合同。

第二十四条 建设工程勘察、设计发包方与承包方应当执行国家有关建设工程勘察费、设计费的管理规定。

第四章 建设工程勘察设计文件的编制与实施

第二十五条 编制建设工程勘察、设计文件，应当以下列规定为依据：

（一）项目批准文件；

（二）城乡规划；

（三）工程建设强制性标准；

（四）国家规定的建设工程勘察、设计深度要求。

铁路、交通、水利等专业建设工程，还应当以专业规划的要求为依据。

第二十六条 编制建设工程勘察文件，应当真实、准确，满足建设工程规划、选址、设计、岩土治理和施工的需要。

编制方案设计文件，应当满足编制初步设计文件和控制概算的需要。

编制初步设计文件，应当满足编制施工招标文件、主要设备材料订货和编制施工图设计文件的需要。

编制施工图设计文件，应当满足设备材料采购、非标准设备制作和施工的需要，并注明建设工程合理使用年限。

第二十七条 设计文件中选用的材料、构配件、设备，应当注明其规格、型号、性能等技术指标，其质量要求必须符合国家规定的标准。

除有特殊要求的建筑材料、专用设备和工艺生产线等外，设计单位不得指定生产厂、供应商。

第二十八条 建设单位、施工单位、监理单位不得修改建设工程勘察、设计文件；确需修改建设工程勘察、设计文件的，应当由原建设工程勘察、设计单位修改。经原建设工程勘察、设计单位书面同意，建设单位也可以委托其他具有相应资质的建设工程勘察、设计单位修改。修改单位对修改的勘察、设计文件承担相应责任。

施工单位、监理单位发现建设工程勘察、设计文件不符合工程建设强制性标准、合同约定的质量要求的，应当报告建设单位，建设单位有权要求建设工程勘察、设计单位对建设工程勘察、设计文件进行补充、修改。

建设工程勘察、设计文件内容需要作重大修改的，建设单位应当报经原审批机关批准后，方可修改。

第二十九条 建设工程勘察、设计文件中规定采用的新技术、新材料，可能影响建设工程质量和安全，又没有国家技术标准的，应当由国家认可的检测机构进行试验、论证，出具检测报告，并经国务院有关部门或者省、自治区、直辖市人民政府有关部门组织的建设工程技术专家委员会审定后，方可使用。

第三十条 建设工程勘察、设计单位应当在建设工程施工前，向施工单位和监理单位说明建设工程勘察、设计意图，解释建设工程勘察、设计文件。

建设工程勘察、设计单位应当及时解决施工中出现的勘察、设计问题。

第五章 监督管理

第三十一条 国务院建设行政主管部门对全国的建设工程勘察、设计活动实施统一监督管理。国务院铁路、交通、水利等有关部门按照国务院规定的职责分工，负责对全国的有关专业建设工程勘察、设计活动的监督管理。

县级以上地方人民政府建设行政主管部门对本行政区域内的建设工程勘察、设计活动实施监督管理。县级以上地方人民政府交通、水利等有关部门在各自的职责范围内，负责对本行政区域内的有关专业建设工程勘察、设计活动的监督管理。

第三十二条 建设工程勘察、设计单位在建设工程勘察、设计资质证书规定的业务范围内跨部门、跨地区承揽勘察、设计业务的，有关地方人民政府及其所属部门不得设置障碍，不得违反国家规定收取任何费用。

第三十三条 县级以上人民政府建设行政主管部门或者交通、水利等有关部门应当对施工图设计文件中涉及公共利益、公众安全、工程建设强制性标准的内容进行审查。

施工图设计文件未经审查批准的，不得使用。

第三十四条 任何单位和个人对建设工程勘察、设计活动中的违法行为都有权检举、控告、投诉。

第六章 罚则

第三十五条 违反本条例第八条规定的，责令停止违法行为，处合同约定的勘察费、设计费 1 倍以上 2 倍以下的罚款，有违法所得的，予以没收；可以责令停业整顿，降低资质等级；情节严重的，吊销资质证书。

未取得资质证书承揽工程的，予以取缔，依照前款规定处以罚款；有违法所得的，予以没收。

以欺骗手段取得资质证书承揽工程的，吊销资质证书，依照本条第一款规定处以罚款；有违法所得的，予以没收。

第三十六条 违反本条例规定，未经注册，擅自以注册建设工程勘察、设计人员的名义从事建设工程勘察、设计活动的，责令停止违法行为，没收违法所得，处违法所得 2 倍以上 5 倍以下罚款；给他人造成损失的，依法承担赔偿责任。

第三十七条 违反本条例规定，建设工程勘察、设计注册执业人员和其他专业技术人员未受聘于一个建设工程勘察、设计单位或者同时受聘于两个以上建设工程勘察、设计单位，从事建设工程勘察、设计活动的，责令停止违法行为，没收违法所得，处违法所得 2 倍以上 5 倍以下的罚款；情节严重的，可以责令停止执行业务或者吊销资格证书；给他人造成损失的，依法承担赔偿责任。

第三十八条 违反本条例规定，发包方将建设工程勘察、设计业务发包给不具有相应资质等级的建设工程勘察、设计单位的，责令改正，处 50 万元以上 100 万元以下的罚款。

第三十九条 违反本条例规定，建设工程勘察、设计单位将所承揽的建设工程勘察、设计转包的，责令改正，没收违法所得，处合同约定的勘察费、设计费 25%以上 50%以下的罚款，可以责令停业整顿，降低资质等级；情节严重的，吊销资质证书。

第四十条 违反本条例规定，勘察、设计单位未依据项目批准文件，城乡规划及专业规划，国家规定的建设工程勘察、设计深度要求编制建设工程勘察、设计文件的，责令限期改正；逾期不改正的，处10万元以上30万元以下的罚款；造成工程质量事故或者环境污染和生态破坏的，责令停业整顿，降低资质等级；情节严重的，吊销资质证书；造成损失的，依法承担赔偿责任。

第四十一条　违反本条例规定，有下列行为之一的，依照《建设工程质量管理条例》第六十三条的规定给予处罚：

（一）勘察单位未按照工程建设强制性标准进行勘察的；

（二）设计单位未根据勘察成果文件进行工程设计的；

（三）设计单位指定建筑材料、建筑构配件的生产厂、供应商的；

（四）设计单位未按照工程建设强制性标准进行设计的。

第四十二条　本条例规定的责令停业整顿、降低资质等级和吊销资质证书、资格证书的行政处罚，由颁发资质证书、资格证书的机关决定；其他行政处罚，由建设行政主管部门或者其他有关部门依据法定职权范围决定。

依照本条例规定被吊销资质证书的，由工商行政管理部门吊销其营业执照。

第四十三条　国家机关工作人员在建设工程勘察、设计活动的监督管理工作中玩忽职守、滥用职权、徇私舞弊，构成犯罪的，依法追究刑事责任；尚不构成犯罪的，依法给予行政处分。

第七章　附　　则

第四十四条　抢险救灾及其他临时性建筑和农民自建两层以下住宅的勘察、设计活动，不适用本条例。

第四十五条　军事建设工程勘察、设计的管理，按照中央军事委员会的有关规定执行。

第四十六条　本条例自公布之日起施行。

第十一节　建设工程质量管理条例

第一章　总　　则

第一条　为了加强对建设工程质量的管理，保证建设工程质量，保护人民生命和财产安全，根据《中华人民共和国建筑法》，制定本条例。

第二条　凡在中华人民共和国境内从事建设工程的新建、扩建、改建等有关活动及实施对建设工程质量监督管理的，必须遵守本条例。

本条例所称建设工程，是指土木工程、建筑工程、线路管道和设备安装工程及装修工程。

第三条　建设单位、勘察单位、设计单位、施工单位、工程监理单位依法对建设工程质量负责。

第四条　县级以上人民政府建设行政主管部门和其他有关部门应当加强对建设工程质量的监督管理。

第五条　从事建设工程活动，必须严格执行基本建设程序，坚持先勘察、后设计、再施工的原则。

县级以上人民政府及其有关部门不得超越权限审批建设项目或者擅自简化基本建设程序。

第六条　国家鼓励采用先进的科学技术和管理方法，提高建设工程质量。

第二章 建设单位的质量责任和义务

第七条 建设单位应当将工程发包给具有相应资质等级的单位。

建设单位不得将建设工程肢解发包。

第八条 建设单位应当依法对工程建设项目的勘察、设计、施工、监理以及与工程建设有关的重要设备、材料等的采购进行招标。

第九条 建设单位必须向有关的勘察、设计、施工、工程监理等单位提供与建设工程有关的原始资料。

原始资料必须真实、准确、齐全。

第十条 建设工程发包单位，不得迫使承包方以低于成本的价格竞标，不得任意压缩合理工期。

建设单位不得明示或者暗示设计单位或者施工单位违反工程建设强制性标准，降低建设工程质量。

第十一条 施工图设计文件审查的具体办法，由国务院建设行政主管部门会同国务院其他有关部门制定。

施工图设计文件未经审查批准的，不得使用。

第十二条 实行监理的建设工程，建设单位应当委托具有相应资质等级的工程监理单位进行监理，也可以委托具有工程监理相应资质等级并与被监理工程的施工承包单位没有隶属关系或者其他利害关系的该工程的设计单位进行监理。

下列建设工程必须实行监理：

（一）国家重点建设工程；

（二）大中型公用事业工程；

（三）成片开发建设的住宅小区工程；

（四）利用外国政府或者国际组织贷款、援助资金的工程；

（五）国家规定必须实行监理的其他工程。

第十三条 建设单位在开工前，应当按照国家有关规定办理工程质量监督手续，工程质量监督手续可以与施工许可证或者开工报告合并办理。

第十四条 按照合同约定，由建设单位采购建筑材料、建筑构配件和设备的，建设单位应当保证建筑材料、建筑构配件和设备符合设计文件和合同要求。

建设单位不得明示或者暗示施工单位使用不合格的建筑材料、建筑构配件和设备。

第十五条 涉及建筑主体和承重结构变动的装修工程，建设单位应当在施工前委托原设计单位或者具有相应资质等级的设计单位提出设计方案；没有设计方案的，不得施工。

房屋建筑使用者在装修过程中，不得擅自变动房屋建筑主体和承重结构。

第十六条 建设单位收到建设工程竣工报告后，应当组织设计、施工、工程监理等有关单位进行竣工验收。

建设工程竣工验收应当具备下列条件：

（一）完成建设工程设计和合同约定的各项内容；

（二）有完整的技术档案和施工管理资料；

（三）有工程使用的主要建筑材料、建筑构配件和设备的进场试验报告；

（四）有勘察、设计、施工、工程监理等单位分别签署的质量合格文件；

（五）有施工单位签署的工程保修书。

建设工程经验收合格的，方可交付使用。

第十七条 建设单位应当严格按照国家有关档案管理的规定，及时收集、整理建设项目各环节的文件资料，建立、健全建设项目档案，并在建设工程竣工验收后，及时向建设行政主管部门或者其他有关部门移交建设项目档案。

第三章 勘察、设计单位的质量责任和义务

第十八条 从事建设工程勘察、设计的单位应当依法取得相应等级的资质证书，并在其资质等级许可的范围内承揽工程。

禁止勘察、设计单位超越其资质等级许可的范围或者以其他勘察、设计单位的名义承揽工程。禁止勘察、设计单位允许其他单位或者个人以本单位的名义承揽工程。

勘察、设计单位不得转包或者违法分包所承揽的工程。

第十九条 勘察、设计单位必须按照工程建设强制性标准进行勘察、设计，并对其勘察、设计的质量负责。

注册建筑师、注册结构工程师等注册执业人员应当在设计文件上签字，对设计文件负责。

第二十条 勘察单位提供的地质、测量、水文等勘察成果必须真实、准确。

第二十一条 设计单位应当根据勘察成果文件进行建设工程设计。

设计文件应当符合国家规定的设计深度要求，注明工程合理使用年限。

第二十二条 设计单位在设计文件中选用的建筑材料、建筑构配件和设备，应当注明规格、型号、性能等技术指标，其质量要求必须符合国家规定的标准。

除有特殊要求的建筑材料、专用设备、工艺生产线等外，设计单位不得指定生产厂、供应商。

第二十三条 设计单位应当就审查合格的施工图设计文件向施工单位作出详细说明。

第二十四条 设计单位应当参与建设工程质量事故分析，并对因设计造成的质量事故，提出相应的技术处理方案。

第四章 施工单位的质量责任和义务

第二十五条 施工单位应当依法取得相应等级的资质证书，并在其资质等级许可的范围内承揽工程。

禁止施工单位超越本单位资质等级许可的业务范围或者以其他施工单位的名义承揽工程。禁止施工单位允许其他单位或者个人以本单位的名义承揽工程。

施工单位不得转包或者违法分包工程。

第二十六条 施工单位对建设工程的施工质量负责。

施工单位应当建立质量责任制，确定工程项目的项目经理、技术负责人和施工管理负责人。

建设工程实行总承包的，总承包单位应当对全部建设工程质量负责；建设工程勘察、设计、施工、设备采购的一项或者多项实行总承包的，总承包单位应当对其承包的建设工程或者采购的设备的质量负责。

第二十七条 总承包单位依法将建设工程分包给其他单位的，分包单位应当按照分包合同的约定对其分包工程的质量向总承包单位负责，总承包单位与分包单位对分包工程的质量承担连带责任。

第二十八条 施工单位必须按照工程设计图纸和施工技术标准施工，不得擅自修改工程设计，不得偷工减料。

施工单位在施工过程中发现设计文件和图纸有差错的，应当及时提出意见和建议。

第二十九条 施工单位必须按照工程设计要求、施工技术标准和合同约定，对建筑材料、建筑构配件、设备和商品混凝土进行检验，检验应当有书面记录和专人签字；未经检验或者检验不合格的，不得使用。

第三十条 施工单位必须建立、健全施工质量的检验制度，严格工序管理，作好隐蔽工程的质量检查和记录。隐蔽工程在隐蔽前，施工单位应当通知建设单位和建设工程质量监督机构。

第三十一条 施工人员对涉及结构安全的试块、试件以及有关材料，应当在建设单位或者工程监理单位监督下现场取样，并送具有相应资质等级的质量检测单位进行检测。

第三十二条 施工单位对施工中出现质量问题的建设工程或者竣工验收不合格的建设工程，应当负责返修。

第三十三条 施工单位应当建立、健全教育培训制度，加强对职工的教育培训；未经教育培训或者考核不合格的人员，不得上岗作业。

第五章 工程监理单位的质量责任和义务

第三十四条 工程监理单位应当依法取得相应等级的资质证书，并在其资质等级许可的范围内承担工程监理业务。

禁止工程监理单位超越本单位资质等级许可的范围或者以其他工程监理单位的名义承担工程监理业务。禁止工程监理单位允许其他单位或者个人以本单位的名义承担工程监理业务。

工程监理单位不得转让工程监理业务。

第三十五条 工程监理单位与被监理工程的施工承包单位以及建筑材料、建筑构配件和设备供应单位有隶属关系或者其他利害关系的，不得承担该项建设工程的监理业务。

第三十六条 工程监理单位应当依照法律、法规以及有关技术标准、设计文件和建设工程承包合同，代表建设单位对施工质量实施监理，并对施工质量承担监理责任。

第三十七条 工程监理单位应当选派具备相应资格的总监理工程师和监理工程师进驻施工现场。

未经监理工程师签字，建筑材料、建筑构配件和设备不得在工程上使用或者安装，施工单位不得进行下一道工序的施工。未经总监理工程师签字，建设单位不拨付工程款，不进行竣工验收。

第三十八条 监理工程师应当按照工程监理规范的要求，采取旁站、巡视和平行检验等形式，对建设工程实施监理。

第六章 建设工程质量保修

第三十九条 建设工程实行质量保修制度。

建设工程承包单位在向建设单位提交工程竣工验收报告时，应当向建设单位出具质量保修书。质量保修书中应当明确建设工程的保修范围、保修期限和保修责任等。

第四十条 在正常使用条件下，建设工程的最低保修期限为：

（一）基础设施工程、房屋建筑的地基基础工程和主体结构工程，为设计文件规定的该工程的合理使用年限；

（二）屋面防水工程、有防水要求的卫生间、房间和外墙面的防渗漏，为 5 年；

（三）供热与供冷系统，为 2 个采暖期、供冷期；

（四）电气管线、给排水管道、设备安装和装修工程，为 2 年。

其他项目的保修期限由发包方与承包方约定。

建设工程的保修期，自竣工验收合格之日起计算。

第四十一条 建设工程在保修范围和保修期限内发生质量问题的，施工单位应当履行保修义务，并对造成的损失承担赔偿责任。

第四十二条 建设工程在超过合理使用年限后需要继续使用的，产权所有人应当委托具有相应资质等级的勘察、设计单位鉴定，并根据鉴定结果采取加固、维修等措施，重新界定使用期。

第七章 监督管理

第四十三条 国家实行建设工程质量监督管理制度。

国务院建设行政主管部门对全国的建设工程质量实施统一监督管理。国务院铁路、交通、水利等有关部门按照国务院规定的职责分工，负责对全国的有关专业建设工程质量的监督管理。

县级以上地方人民政府建设行政主管部门对本行政区域内的建设工程质量实施监督管理。县级以上地方人民政府交通、水利等有关部门在各自的职责范围内，负责对本行政区域内的专业建设工程质量的监督管理。

第四十四条 国务院建设行政主管部门和国务院铁路、交通、水利等有关部门应当加强对有关建设工程质量的法律、法规和强制性标准执行情况的监督检查。

第四十五条 国务院发展计划部门按照国务院规定的职责，组织稽察特派员，对国家出资的重大建设项目实施监督检查。

国务院经济贸易主管部门按照国务院规定的职责，对国家重大技术改造项目实施监督检查。

第四十六条 建设工程质量监督管理，可民由建设行政主管部门或者其他有关部门委托的建设工程质量监督机构具体实施。

从事房屋建筑工程和市政基础设施工程质量监督的机构，必须按照国家有关规定经国务院建设行政主管部门或者省、自治区、直辖市人民政府建设行政主管部门考核；从事专业建设工程质量监督的机构，必须按照国家有关规定经国务院有关部门或者省、自治区、直辖市人民政府有关部门考核。经考核合格后，方可实施质量监督。

第四十七条 县级以上地方人民政府建设行政主管部门和其他有关部门应当加强对有关建设工程质量的法律、法规和强制性标准执行情况的监督检查。

第四十八条 县级以上人民政府建设行政主管部门和其他有关部门履行监督检查职责时，有权采取下列措施：

（一）要求被检查的单位提供有关工程质量的文件和资料；

（二）进入被检查单位的施工现场进行检查；

（三）发现有影响工程质量的问题时，责令改正。

第四十九条 建设单位应当自建设工程竣工验收合格之日起 15 日内，将建设工程竣工验收报告和规划、公安消防、环保等部门出具的认可文件或者准许使用文件报建设行政主管部门或者其他有关部门备案。

建设行政主管部门或者其他有关部门发现建设单位在竣工验收过程中有违反国家有关建设工程质量管理规定行为的，责令停止使用，重新组织竣工验收。

第五十条 有关单位和个人对县级以上人民政府建设行政主管部门和其他有关部门进行的监督检查应当支持与配合，不得拒绝或者阻碍建设工程质量监督检查人员依法执行职务。

第五十一条 供水、供电、供气、公安消防等部门或者单位不得明示或者暗示建设单位、施工单位购买其指定的生产供应单位的建筑材料、建筑构配件和设备。

第五十二条　建设工程发生质量事故，有关单位应当在 24 小时内向当地建设行政主管部门和其他有关部门报告。对重大质量事故，事故发生地的建设行政主管部门和其他有关部门应当按照事故类别和等级向当地人民政府和上级建设行政主管部门和其他有关部门报告。

特别重大质量事故的调查程序按照国务院有关规定办理。

第五十三条　任何单位和个人对建设工程的质量事故、质量缺陷都有权检举、控告、投诉。

第八章　罚　　则

第五十四条　违反本条例规定，建设单位将建设工程发包给不具有相应资质等级的勘察、设计、施工单位或者委托给不具有相应资质等级的工程监理单位的，责令改正，处 50 万元以上 100 万元以下的罚款。

第五十五条　违反本条例规定，建设单位将建设工程肢解发包的，责令改正，处工程合同价款 0.5%以上 1%以下的罚款；对全部或者部分使用国有资金的项目，并可以暂停项目执行或者暂停资金拨付。

第五十六条　违反本条例规定，建设单位有下列行为之一的，责令改正，处 20 万元以上 50 万元以下的罚款：

（一）迫使承包方以低于成本的价格竞标的；

（二）任意压缩合理工期的；

（三）明示或者暗示设计单位或者施工单位违反工程建设强制性标准，降低工程质量的；

（四）施工图设计文件未经审查或者审查不合格，擅自施工的；

（五）建设项目必须实行工程监理而未实行工程监理的；

（六）未按照国家规定办理工程质量监督手续的；

（七）明示或者暗示施工单位使用不合格的建筑材料、建筑构配件和设备的；

（八）未按照国家规定将竣工验收报告、有关认可文件或者准许使用文件报送备案的。

第五十七条　违反本条例规定，建设单位未取得施工许可证或者开工报告未经批准，擅自施工的，责令停止施工，限期改正，处工程合同价款 1%以上 2%以下的罚款。

第五十八条　违反本条例规定，建设单位有下列行为之一的，责令改正，处工程合同价款 2%以上 4%以下的罚款；造成损失的，依法承担赔偿责任：

（一）未组织竣工验收，擅自交付使用的；

（二）验收不合格，擅自交付使用的；

（三）对不合格的建设工程按照合格工程验收的。

第五十九条　违反本条例规定，建设工程竣工验收后，建设单位未向建设行政主管部门或者其他有关部门移交建设项目档案的，责令改正，处 1 万元以上 10 万元以下的罚款。

第六十条　违反本条例规定，勘察、设计、施工、工程监理单位超越本单位资质等级承揽工程的，责令停止违法行为，对勘察、设计单位或者工程监理单位处合同约定的勘察费、设计费或者监理酬金 1 倍以上 2 倍以下的罚款；对施工单位处工程合同价款 2%以上 4%以下的罚款，可以责令停业整顿，降低资质等级；情节严重的，吊销资质证书；有违法所得的，予以没收。

未取得资质证书承揽工程的，予以取缔，依照前款规定处以罚款；有违法所得的，予以没收。

以欺骗手段取得资质证书承揽工程的，吊销资质证书，依照本条第一款规定处以罚款；有违法所得的，予以没收。

第六十一条 违反本条例规定，勘察、设计、施工、工程监理单位允许其他单位或者个人以本单位名义承揽工程的，责令改正，没收违法所得，对勘察、设计单位和工程监理单位处合同约定的勘察费、设计费和监理酬金 1 倍以上 2 倍以下的罚款；对施工单位处工程合同价款 2%以上 4%以下的罚款；可以责令停业整顿，降低资质等级；情节严重的，吊销资质证书。

第六十二条 违反本条例规定，承包单位将承包的工程转包或者违法分包的，责令改正，没收违法所得，对勘察、设计单位处合同约定的勘察费、设计费 25%以上 50%以下的罚款；对施工单位处工程合同价款 0.5%以上 1%以下的罚款；可以责令停业整顿，降低资质等级；情节严重的，吊销资质证书。

工程监理单位转让工程监理业务的，责令改正，没收违法所得，处合同约定的监理酬金 25%以上 50%以下的罚款；可以责令停业整顿，降低资质等级；情节严重的，吊销资质证书。

第六十三条 违反本条例规定，有下列行为之一的，责令改正，处 10 万元以上 30 万元以下的罚款：

（一）勘察单位未按照工程建设强制性标准进行勘察的；

（二）设计单位未根据勘察成果文件进行工程设计的；

（三）设计单位指定建筑材料、建筑构配件的生产厂、供应商的；

（四）设计单位未按照工程建设强制性标准进行设计的。

有前款所列行为，造成重大工程质量事故的，责令停业整顿，降低资质等级；情节严重的，吊销资质证书；造成损失的，依法承担赔偿责任。

第六十四条 违反本条例规定，施工单位在施工中偷工减料的，使用不合格的建筑材料、建筑构配件和设备的，或者有不按照工程设计图纸或者施工技术标准施工的其他行为的，责令改正，处工程合同价款 2%以上 4%以下的罚款；造成建设工程质量不符合规定的质量标准的，负责返工、修理，并赔偿因此造成的损失；情节严重的，责令停业整顿，降低资质等级或者吊销资质证书。

第六十五条 违反本条例规定，施工单位未对建筑材料、建筑构配件、设备和商品混凝土进行检验，或者未对涉及结构安全的试块、试件以及有关材料取样检测的，责令改正，处 10 万元以上 20 万元以下的罚款；情节严重的，责令停业整顿，降低资质等级或者吊销资质证书；造成损失的，依法承担赔偿责任。

第六十六条 违反本条例规定，施工单位不履行保修义务或者拖延履行保修义务的，责令改正，处 10 万元以上 20 万元以下的罚款，并对在保修期内因质量缺陷造成的损失承担赔偿责任。

第六十七条 工程监理单位有下列行为之一的，责令改正，处 50 万元以上 100 万元以下的罚款，降低资质等级或者吊销资质证书；有违法所得的，予以没收；造成损失的，承担连带赔偿责任：

（一）与建设单位或者施工单位串通，弄虚作假、降低工程质量的；

（二）将不合格的建设工程、建筑材料、建筑构配件和设备按照合格签字的。

第六十八条 违反本条例规定，工程监理单位与被监理工程的施工承包单位以及建筑材料、建筑构配件和设备供应单位有隶属关系或者其他利害关系承担该项建设工程的监理业务的，责令改正，处 5 万元以上 10 万元以下的罚款，降低资质等级或者吊销资质证书；有违法所得的，予以没收。

第六十九条 违反本条例规定，涉及建筑主体或者承重结构变动的装修工程，没有设计方案擅自施工的，责令改正，处 50 万元以上 100 万元以下的罚款；房屋建筑使用者在装修过程中擅自变动房屋建筑主体和承重结构的，责令改正，处 5 万元以上 10 万元以下的罚款。

有前款所列行为，造成损失的，依法承担赔偿责任。

第七十条 发生重大工程质量事故隐瞒不报、谎报或者拖延报告期限的，对直接负责的主管人员和其他责任人员依法给予行政处分。

第七十一条 违反本条例规定，供水、供电、供气、公安消防等部门或者单位明示或者暗示建设单位或者施工单位购买其指定的生产供应单位的建筑材料、建筑构配件和设备的，责令改正。

第七十二条 违反本条例规定，注册建筑师、注册结构工程师、监理工程师等注册执业人员因过错造成质量事故的，责令停止执业 1 年；造成重大质量事故的，吊销执业资格证书，5 年以内不予注册；情节特别恶劣的，终身不予注册。

第七十三条 依照本条例规定，给予单位罚款处罚的，对单位直接负责的主管人员和其他直接责任人员处单位罚款数额 5%以上 10%以下的罚款。

第七十四条 建设单位、设计单位、施工单位、工程监理单位违反国家规定，降低工程质量标准，造成重大安全事故，构成犯罪的，对直接责任人员依法追究刑事责任。

第七十五条 本条例规定的责令停业整顿，降低资质等级和吊销资质证书的行政处罚，由颁发资质证书的机关决定；其他行政处罚，由建设行政主管部门或者其他有关部门依照法定职权决定。

依照本条例规定被吊销资质证书的，由工商行政管理部门吊销其营业执照。

第七十六条 国家机关工作人员在建设工程质量监督管理工作中玩忽职守、滥用职权、徇私舞弊，构成犯罪的，依法追究刑事责任；尚不构成犯罪的，依法给予行政处分。

第七十七条 建设、勘察、设计、施工、工程监理单位的工作人员因调动工作、退休等原因离开该单位后，被发现在该单位工作期间违反国家有关建设工程质量管理规定，造成重大工程质量事故的，仍应当依法追究法律责任。

第九章 附 则

第七十八条 本条例所称肢解发包，是指建设单位将应当由一个承包单位完成的建设工程分解成若干部分发包给不同的承包单位的行为。

本条例所称违法分包，是指下列行为：

（一）总承包单位将建设工程分包给不具备相应资质条件的单位的；

（二）建设工程总承包合同中未有约定，又未经建设单位认可，承包单位将其承包的部分建设工程交由其他单位完成的；

（三）施工总承包单位将建设工程主体结构的施工分包给其他单位的；

（四）分包单位将其承包的建设工程再分包的。

本条例所称转包，是指承包单位承包建设工程后，不履行合同约定的责任和义务，将其承包的全部建设工程转给他人或者将其承包的全部建设工程肢解以后以分包的名义分别转给其他单位承包的行为。

第七十九条 本条例规定的罚款和没收的违法所得，必须全部上缴国库。

第八十条 抢险救灾及其他临时性房屋建筑和农民自建低层住宅的建设活动，不适用本条例。

第八十一条 军事建设工程的管理，按照中央军事委员会的有关规定执行。

第八十二条 本条例自发布之日起施行。

附 刑法有关条款

第一百三十七条 建设单位、设计单位、施工单位、工程监理单位违反国家规定，降低工程质量标准，造成重大安全事故的，对直接责任人员处五年以下有期徒刑或者拘役，并处罚金；后果特别严重的，处五年以上十年以下有期徒刑，并处罚金。

【例 11-11-1】 根据《建设工程质量管理条例》的规定，监理单位代表建设单位对施工质量实施监理，并对施工质量承担监理责任，其监理的依据不包括：

A. 有关技术标准　　B. 设计文件

C. 工程承包合同　　D. 建设单位指令

解 《中华人民共和国建筑法》第三十二条规定，建筑工程监理应当依照法律、行政法规及有关的技术标准、设计文件和建筑工程承包合同，对承包单位在施工质量、建设工期和建设资金使用等方面，代表建设单位实施监督。

答案： D

【例 11-11-2】 有关建设单位的工程质量责任与义务，下列理解错误的是：

A. 可将一个工程的各部位分包给不同的设计或施工单位

B. 发包给具有相应资质登记的单位

C. 在工程开工前，办理工程质量监督手续

D. 委托具有相应资质等级的工程监理单位进行监理

解 《中华人民共和国建筑法》第二十四条规定，提倡对建筑工程实行总承包，禁止将建筑工程肢解发包。

答案： A

习　题

11-11-1 工程勘察设计单位超越其资质等级许可的范围承揽建设工程勘察设计业务的，将责令停止违法行为，处罚款额为合同约定的勘察费、设计费的多少倍？（　　）

A. 1 倍以下　　B. 1 倍以上，2 倍以下

C. 2 倍以上，5 倍以下　　D. 5 倍以上，10 倍以下

11-11-2 《建设工程质量管理条例》规定，建设单位拨付工程款必须经（　　）签字。

A. 总经理　　B. 总经济师

C. 总工程师　　D. 总监理工程师

第十二节　建设工程安全生产管理条例

第一章　总　　则

第一条　为了加强建设工程安全生产监督管理，保障人民群众生命和财产安全，根据《中华人民共和国建筑法》、《中华人民共和国安全生产法》，制定本条例。

第二条　在中华人民共和国境内从事建设工程的新建、扩建、改建和拆除等有关活动及实施对建设工程安全生产的监督管理，必须遵守本条例。

本条例所称建设工程，是指土木工程、建筑工程、线路管道和设备安装工程及装修工程。

第三条　建设工程安全生产管理，坚持安全第一、预防为主的方针。

第四条　建设单位、勘察单位、设计单位、施工单位、工程监理单位及其他与建设工程安全生产有

关的单位，必须遵守安全生产法律、法规的规定，保证建设工程安全生产，依法承担建设工程安全生产责任。

第五条 国家鼓励建设工程安全生产的科学技术研究和先进技术的推广应用，推进建设工程安全生产的科学管理。

第二章 建设单位的安全责任

第六条 建设单位应当向施工单位提供施工现场及毗邻区域内供水、排水、供电、供气、供热、通信、广播电视等地下管线资料，气象和水文观测资料，相邻建筑物和构筑物、地下工程的有关资料，并保证资料的真实、准确、完整。

建设单位因建设工程需要，向有关部门或者单位查询前款规定的资料时，有关部门或者单位应当及时提供。

第七条 建设单位不得对勘察、设计、施工、工程监理等单位提出不符合建设工程安全生产法律、法规和强制性标准规定的要求，不得压缩合同约定的工期。

第八条 建设单位在编制工程概算时，应当确定建设工程安全作业环境及安全施工措施所需费用。

第九条 建设单位不得明示或者暗示施工单位购买、租赁、使用不符合安全施工要求的安全防护用具、机械设备、施工机具及配件、消防设施和器材。

第十条 建设单位在申请领取施工许可证时，应当提供建设工程有关安全施工措施的资料。

依法批准开工报告的建设工程，建设单位应当自开工报告批准之日起 15 日内，将保证安全施工的措施报送建设工程所在地的县级以上地方人民政府建设行政主管部门或者其他有关部门备案。

第十一条 建设单位应当将拆除工程发包给具有相应资质等级的施工单位。

建设单位应当在拆除工程施工 15 日前，将下列资料报送建设工程所在地的县级以上地方人民政府建设行政主管部门或者其他有关部门备案：

（一）施工单位资质等级证明；

（二）拟拆除建筑物、构筑物及可能危及毗邻建筑的说明；

（三）拆除施工组织方案；

（四）堆放、清除废弃物的措施。

实施爆破作业的，应当遵守国家有关民用爆炸物品管理的规定。

第三章 勘察、设计、工程监理及其他有关单位的安全责任

第十二条 勘察单位应当按照法律、法规和工程建设强制性标准进行勘察，提供的勘察文件应当真实、准确，满足建设工程安全生产的需要。

勘察单位在勘察作业时，应当严格执行操作规程，采取措施保证各类管线、设施和周边建筑物、构筑物的安全。

第十三条 设计单位应当按照法律、法规和工程建设强制性标准进行设计，防止因设计不合理导致生产安全事故的发生。

设计单位应当考虑施工安全操作和防护的需要，对涉及施工安全的重点部位和环节在设计文件中注明，并对防范生产安全事故提出指导意见。

采用新结构、新材料、新工艺的建设工程和特殊结构的建设工程，设计单位应当在设计中提出保障施工作业人员安全和预防生产安全事故的措施建议。

设计单位和注册建筑师等注册执业人员应当对其设计负责。

第十四条 工程监理单位应当审查施工组织设计中的安全技术措施或者专项施工方案是否符合工程建设强制性标准。

工程监理单位在实施监理过程中，发现存在安全事故隐患的，应当要求施工单位整改；情况严重的，应当要求施工单位暂时停止施工，并及时报告建设单位。施工单位拒不整改或者不停止施工的，工程监理单位应当及时向有关主管部门报告。

工程监理单位和监理工程师应当按照法律、法规和工程建设强制性标准实施监理，并对建设工程安全生产承担监理责任。

第十五条 为建设工程提供机械设备和配件的单位，应当按照安全施工的要求配备齐全有效的保险、限位等安全设施和装置。

第十六条 出租的机械设备和施工机具及配件，应当具有生产（制造）许可证、产品合格证。

出租单位 应当对出租的机械设备和施工机具及配件的安全性能进行检测，在签订租赁协议时，应当出具检测合格证明。

禁止出租检测不合格的机械设备和施工机具及配件。

第十七条 在施工现场安装、拆卸施工起重机械和整体提升脚手架、模板等自升式架设设施，必须由具有相应资质的单位承担。

安装、拆卸施工起重机械和整体提升脚手架、模板等自升式架设设施，应当编制拆装方案、制定安全施工措施，并由专业技术人员现场监督。

施工起重机械和整体提升脚手架、模板等自升式架设设施安装完毕后，安装单位应当自检，出具自检合格证明，并向施工单位进行安全使用说明，办理验收手续并签字。

第十八条 施工起重机械和整体提升脚手架、模板等自升式架设设施的使用达到国家规定的检验检测期限的，必须经具有专业资质的检验检测机构检测。经检测不合格的，不得继续使用。

第十九条 检验检测机构对检测合格的施工起重机械和整体提升脚手架、模板等自升式架设设施，应当出具安全合格证明文件，并对检测结果负责。

第四章 施工单位的安全责任

第二十条 施工单位从事建设工程的新建、扩建、改建和拆除等活动，应当具备国家规定的注册资本、专业技术人员、技术装备和安全生产等条件，依法取得相应等级的资质证书，并在其资质等级许可的范围内承揽工程。

第二十一条 施工单位主要负责人依法对本单位的安全生产工作全面负责。施工单位应当建立健全安全生产责任制度和安全生产教育培训制度，制定安全生产规章制度和操作规程，保证本单位安全生产条件所需资金的投入，对所承担的建设工程进行定期和专项安全检查，并做好安全检查记录。

施工单位的项目负责人应当由取得相应执业资格的人员担任，对建设工程项目的安全施工负责，落实安全生产责任制度、安全生产规章制度和操作规程，确保安全生产费用的有效使用，并根据工程的特点组织制定安全施工措施，消除安全事故隐患，及时、如实报告生产安全事故。

第二十二条 施工单位对列入建设工程概算的安全作业环境及安全施工措施所需费用，应当用于施工安全防护用具及设施的采购和更新、安全施工措施的落实、安全生产条件的改善，不得挪作他用。

第二十三条 施工单位应当设立安全生产管理机构，配备专职安全生产管理人员。

专职安全生产管理人员负责对安全生产进行现场监督检查。发现安全事故隐患，应当及时向项目负责人和安全生产管理机构报告；对违章指挥、违章操作的，应当立即制止。

专职安全生产管理人员的配备办法由国务院建设行政主管部门会同国务院其他有关部门制定。

第二十四条 建设工程实行施工总承包的，由总承包单位对施工现场的安全生产负总责。

总承包单位应当自行完成建设工程主体结构的施工。

总承包单位依法将建设工程分包给其他单位的，分包合同中应当明确各自的安全生产方面的权利、义务。总承包单位和分包单位对分包工程的安全生产承担连带责任。

分包单位应当服从总承包单位的安全生产管理，分包单位不服从管理导致生产安全事故的，由分包单位承担主要责任。

第二十五条 垂直运输机械作业人员、安装拆卸工、爆破作业人员、起重信号工、登高架设作业人员等特种作业人员，必须按照国家有关规定经过专门的安全作业培训，并取得特种作业操作资格证书后，方可上岗作业。

第二十六条 施工单位应当在施工组织设计中编制安全技术措施和施工现场临时用电方案，对下列达到一定规模的危险性较大的分部分项工程编制专项施工方案，并附具安全验算结果，经施工单位技术负责人、总监理工程师签字后实施，由专职安全生产管理人员进行现场监督：

（一）基坑支护与降水工程；

（二）土方开挖工程；

（三）模板工程；

（四）起重吊装工程；

（五）脚手架工程；

（六）拆除、爆破工程；

（七）国务院建设行政主管部门或者其他有关部门规定的其他危险性较大的工程。

对前款所列工程中涉及深基坑、地下暗挖工程、高大模板工程的专项施工方案，施工单位还应当组织专家进行论证、审查。

本条第一款规定的达到一定规模的危险性较大工程的标准，由国务院建设行政主管部门会同国务院其他有关部门制定。

第二十七条 建设工程施工前，施工单位负责项目管理的技术人员应当对有关安全施工的技术要求向施工作业班组、作业人员作出详细说明，并由双方签字确认。

第二十八条 施工单位应当在施工现场入口处、施工起重机械、临时用电设施、脚手架、出入通道口、楼梯口、电梯井口、孔洞口、桥梁口、隧道口、基坑边沿、爆破物及有害危险气体和液体存放处等危险部位，设置明显的安全警示标志。安全警示标志必须符合国家标准。

施工单位应当根据不同施工阶段和周围环境及季节、气候的变化，在施工现场采取相应的安全施工措施。施工现场暂时停止施工的，施工单位应当做好现场防护，所需费用由责任方承担，或者按照合同约定执行。

第二十九条 施工单位应当将施工现场的办公、生活区与作业区分开设置，并保持安全距离；办公、生活区的选址应当符合安全性要求。职工的膳食、饮水、休息场所等应当符合卫生标准。施工单位不得在尚未竣工的建筑物内设置员工集体宿舍。

施工现场临时搭建的建筑物应当符合安全使用要求。施工现场使用的装配式活动房屋应当具有产品合格证。

第三十条 施工单位对因建设工程施工可能造成损害的毗邻建筑物、构筑物和地下管线等，应当采取专项防护措施。

施工单位应当遵守有关环境保护法律、法规的规定，在施工现场采取措施，防止或者减少粉尘、废气、废水、固体废物、噪声、振动和施工照明对人和环境的危害和污染。

在城市市区内的建设工程，施工单位应当对施工现场实行封闭围挡。

第三十一条 施工单位应当在施工现场建立消防安全责任制度，确定消防安全责任人，制定用火、用电、使用易燃易爆材料等各项消防安全管理制度和操作规程，设置消防通道、消防水源，配备消防设施和灭火器材，并在施工现场入口处设置明显标志。

第三十二条 施工单位应当向作业人员提供安全防护用具和安全防护服装，并书面告知危险岗位的操作规程和违章操作的危害。

作业人员有权对施工现场的作业条件、作业程序和作业方式中存在的安全问题提出批评、检举和控告，有权拒绝违章指挥和强令冒险作业。

在施工中发生危及人身安全的紧急情况时，作业人员有权立即停止作业或者在采取必要的应急措施后撤离危险区域。

第三十三条 作业人员应当遵守安全施工的强制性标准、规章制度和操作规程，正确使用安全防护用具、机械设备等。

第三十四条 施工单位采购、租赁的安全防护用具、机械设备、施工机具及配件，应当具有生产（制造）许可证、产品合格证，并在进入施工现场前进行查验。

施工现场的安全防护用具、机械设备、施工机具及配件必须由专人管理，定期进行检查、维修和保养，建立相应的资料档案，并按照国家有关规定及时报废。

第三十五条 施工单位在使用施工起重机械和整体提升脚手架、模板等自升式架设设施前，应当组织有关单位进行验收，也可以委托具有相应资质的检验检测机构进行验收；使用承租的机械设备和施工机具及配件的，由施工总承包单位、分包单位、出租单位和安装单位共同进行验收。验收合格的方可使用。

《特种设备安全监察条例》规定的施工起重机械，在验收前应当经有相应资质的检验检测机构监督检验合格。

施工单位应当自施工起重机械和整体提升脚手架、模板等自升式架设设施验收合格之日起30日内，向建设行政主管部门或者其他有关部门登记。登记标志应当置于或者附着于该设备的显著位置。

第三十六条 施工单位的主要负责人、项目负责人、专职安全生产管理人员应当经建设行政主管部门或者其他有关部门考核合格后方可任职。

施工单位应当对管理人员和作业人员每年至少进行一次安全生产教育培训，其教育培训情况记入个人工作档案。安全生产教育培训考核不合格的人员，不得上岗。

第三十七条 作业人员进入新的岗位或者新的施工现场前，应当接受安全生产教育培训。未经教育培训或者教育培训考核不合格的人员，不得上岗作业。

施工单位在采用新技术、新工艺、新设备、新材料时，应当对作业人员进行相应的安全生产教育培训。

第三十八条 施工单位应当为施工现场从事危险作业的人员办理意外伤害保险。

意外伤害保险费由施工单位支付。实行施工总承包的，由总承包单位支付意外伤害保险费。意外伤害保险期限自建设工程开工之日起至竣工验收合格止。

第五章 监督管理

第三十九条 国务院负责安全生产监督管理的部门依照《中华人民共和国安全生产法》的规定，对全国建设工程安全生产工作实施综合监督管理。

县级以上地方人民政府负责安全生产监督管理的部门依照《中华人民共和国安全生产法》的规定，对本行政区域内建设工程安全生产工作实施综合监督管理。

第四十条 国务院建设行政主管部门对全国的建设工程安全生产实施监督管理。国务院铁路、交通、水利等有关部门按照国务院规定的职责分工，负责有关专业建设工程安全生产的监督管理。

县级以上地方人民政府建设行政主管部门对本行政区域内的建设工程安全生产实施监督管理。县级以上地方人民政府交通、水利等有关部门在各自的职责范围内，负责本行政区域内的专业建设工程安全生产的监督管理。

第四十一条 建设行政主管部门和其他有关部门应当将本条例第十条、第十一条规定的有关资料的主要内容抄送同级负责安全生产监督管理的部门。

第四十二条 建设行政主管部门在审核发放施工许可证时，应当对建设工程是否有安全施工措施进行审查，对没有安全施工措施的，不得颁发施工许可证。

建设行政主管部门或者其他有关部门对建设工程是否有安全施工措施进行审查时，不得收取费用。

第四十三条 县级以上人民政府负有建设工程安全生产监督管理职责的部门在各自的职责范围内履行安全监督检查职责时，有权采取下列措施：

（一）要求被检查单位提供有关建设工程安全生产的文件和资料；

（二）进入被检查单位施工现场进行检查；

（三）纠正施工中违反安全生产要求的行为；

（四）对检查中发现的安全事故隐患，责令立即排除；重大安全事故隐患排除前或者排除过程中无法保证安全的，责令从危险区域内撤出作业人员或者暂时停止施工。

第四十四条 建设行政主管部门或者其他有关部门可以将施工现场的监督检查委托给建设工程安全监督机构具体实施。

第四十五条 国家对严重危及施工安全的工艺、设备、材料实行淘汰制度。具体目录由国务院建设行政主管部门会同国务院其他有关部门制定并公布。

第四十六条 县级以上人民政府建设行政主管部门和其他有关部门应当及时受理对建设工程生产安全事故及安全事故隐患的检举、控告和投诉。

第六章 生产安全事故的应急救援和调查处理

第四十七条 县级以上地方人民政府建设行政主管部门应当根据本级人民政府的要求，制定本行政区域内建设工程特大生产安全事故应急救援预案。

第四十八条 施工单位应当制定本单位生产安全事故应急救援预案，建立应急救援组织或者配备应急救援人员，配备必要的应急救援器材、设备，并定期组织演练。

第四十九条 施工单位应当根据建设工程施工的特点、范围，对施工现场易发生重大事故的部位、环节进行监控，制定施工现场生产安全事故应急救援预案。实行施工总承包的，由总承包单位统一组织编制建设工程生产安全事故应急救援预案，工程总承包单位和分包单位按照应急救援预案，各自建立应急救援组织或者配备应急救援人员，配备救援器材、设备，并定期组织演练。

第五十条 施工单位发生生产安全事故，应当按照国家有关伤亡事故报告和调查处理的规定，及时、如实地向负责安全生产监督管理的部门、建设行政主管部门或者其他有关部门报告；特种设备发生事故的，还应当同时向特种设备安全监督管理部门报告。接到报告的部门应当按照国家有关规定，如实上报。

实行施工总承包的建设工程，由总承包单位负责上报事故。

第五十一条 发生生产安全事故后，施工单位应当采取措施防止事故扩大，保护事故现场。需要移动现场物品时，应当做出标记和书面记录，妥善保管有关证物。

第五十二条 建设工程生产安全事故的调查、对事故责任单位和责任人的处罚与处理，按照有关法律、法规的规定执行。

第七章 法律责任

第五十三条 违反本条例的规定，县级以上人民政府建设行政主管部门或者其他有关行政管理部门的工作人员，有下列行为之一的，给予降级或者撤职的行政处分；构成犯罪的，依照刑法有关规定追究刑事责任：

（一）对不具备安全生产条件的施工单位颁发资质证书的；

（二）对没有安全施工措施的建设工程颁发施工许可证的；

（三）发现违法行为不予查处的；

（四）不依法履行监督管理职责的其他行为。

第五十四条 违反本条例的规定，建设单位未提供建设工程安全生产作业环境及安全施工措施所需费用的，责令限期改正；逾期未改正的，责令该建设工程停止施工。

建设单位未将保证安全施工的措施或者拆除工程的有关资料报送有关部门备案的，责令限期改正，给予警告。

第五十五条 违反本条例的规定，建设单位有下列行为之一的，责令限期改正，处 20 万元以上 50 万元以下的罚款；造成重大安全事故，构成犯罪的，对直接责任人员，依照刑法有关规定追究刑事责任；造成损失的，依法承担赔偿责任：

（一）对勘察、设计、施工、工程监理等单位提出不符合安全生产法律、法规和强制性标准规定的要求的；

（二）要求施工单位压缩合同约定的工期的；

（三）将拆除工程发包给不具有相应资质等级的施工单位的。

第五十六条 违反本条例的规定，勘察单位、设计单位有下列行为之一的，责令限期改正，处 10 万元以上 30 万元以下的罚款；情节严重的，责令停业整顿，降低资质等级，直至吊销资质证书；造成重大安全事故，构成犯罪的，对直接责任人员，依照刑法有关规定追究刑事责任；造成损失的，依法承担赔偿责任：

（一）未按照法律、法规和工程建设强制性标准进行勘察、设计的；

（二）采用新结构、新材料、新工艺的建设工程和特殊结构的建设工程，设计单位未在设计中提出保障施工作业人员安全和预防生产安全事故的措施建议的。

第五十七条 违反本条例的规定，工程监理单位有下列行为之一的，责令限期改正；逾期未改正的，责令停业整顿，并处 10 万元以上 30 万元以下的罚款；情节严重的，降低资质等级，直至吊销资质证书；造成重大安全事故，构成犯罪的，对直接责任人员，依照刑法有关规定追究刑事责任；造成损失的，依法承担赔偿责任：

（一）未对施工组织设计中的安全技术措施或者专项施工方案进行审查的；

（二）发现安全事故隐患未及时要求施工单位整改或者暂时停止施工的；

（三）施工单位拒不整改或者不停止施工，未及时向有关主管部门报告的；

（四）未依照法律、法规和工程建设强制性标准实施监理的。

第五十八条 注册执业人员未执行法律、法规和工程建设强制性标准的，责令停止执业 3 个月以上 1 年以下；情节严重的，吊销执业资格证书，5 年内不予注册；造成重大安全事故的，终身不予注册；构成犯罪的，依照刑法有关规定追究刑事责任。

第五十九条 违反本条例的规定，为建设工程提供机械设备和配件的单位，未按照安全施工的要求配备齐全有效的保险、限位等安全设施和装置的，责令限期改正，处合同价款 1 倍以上 3 倍以下的罚款；造成损失的，依法承担赔偿责任。

第六十条 违反本条例的规定，出租单位出租未经安全性能检测或者经检测不合格的机械设备和施工机具及配件的，责令停业整顿，并处 5 万元以上 10 万元以下的罚款；造成损失的，依法承担赔偿责任。

第六十一条 违反本条例的规定，施工起重机械和整体提升脚手架、模板等自升式架设设施安装、拆卸单位有下列行为之一的，责令限期改正，处 5 万元以上 10 万元以下的罚款；情节严重的，责令停业整顿，降低资质等级，直至吊销资质证书；造成损失的，依法承担赔偿责任：

（一）未编制拆装方案、制定安全施工措施的；

（二）未由专业技术人员现场监督的；

（三）未出具自检合格证明或者出具虚假证明的；

（四）未向施工单位进行安全使用说明，办理移交手续的。

施工起重机械和整体提升脚手架、模板等自升式架设设施安装、拆卸单位有前款规定的第（一）项、第（三）项行为，经有关部门或者单位职工提出后，对事故隐患仍不采取措施，因而发生重大伤亡事故或者造成其他严重后果，构成犯罪的，对直接责任人员，依照刑法有关规定追究刑事责任。

第六十二条 违反本条例的规定，施工单位有下列行为之一的，责令限期改正；逾期未改正的，责令停业整顿，依照《中华人民共和国安全生产法》的有关规定处以罚款；造成重大安全事故，构成犯罪的，对直接责任人员，依照刑法有关规定追究刑事责任：

（一）未设立安全生产管理机构、配备专职安全生产管理人员或者分部分项工程施工时无专职安全生产管理人员现场监督的；

（二）施工单位的主要负责人、项目负责人、专职安全生产管理人员、作业人员或者特种作业人员，未经安全教育培训或者经考核不合格即从事相关工作的；

（三）未在施工现场的危险部位设置明显的安全警示标志，或者未按照国家有关规定在施工现场设置消防通道、消防水源、配备消防设施和灭火器材的；

（四）未向作业人员提供安全防护用具和安全防护服装的；

（五）未按照规定在施工起重机械和整体提升脚手架、模板等自升式架设设施验收合格后登记的；

（六）使用国家明令淘汰、禁止使用的危及施工安全的工艺、设备、材料的。

第六十三条 违反本条例的规定，施工单位挪用列入建设工程概算的安全生产作业环境及安全施工措施所需费用的，责令限期改正，处挪用费用 20%以上 50%以下的罚款；造成损失的，依法承担赔偿责任。

第六十四条 违反本条例的规定，施工单位有下列行为之一的，责令限期改正；逾期未改正的，责令停业整顿，并处5万元以上10万元以下的罚款；造成重大安全事故，构成犯罪的，对直接责任人员，依照刑法有关规定追究刑事责任：

（一）施工前未对有关安全施工的技术要求作出详细说明的；

（二）未根据不同施工阶段和周围环境及季节、气候的变化，在施工现场采取相应的安全施工措施，或者在城市市区内的建设工程的施工现场未实行封闭围挡的；

（三）在尚未竣工的建筑物内设置员工集体宿舍的；

（四）施工现场临时搭建的建筑物不符合安全使用要求的；

（五）未对因建设工程施工可能造成损害的毗邻建筑物、构筑物和地下管线等采取专项防护措施的。

施工单位有前款规定第（四）项、第（五）项行为，造成损失的，依法承担赔偿责任。

第六十五条 违反本条例的规定，施工单位有下列行为之一的，责令限期改正；逾期未改正的，责令停业整顿，并处10万元以上30万元以下的罚款；情节严重的，降低资质等级，直至吊销资质证书；造成重大安全事故，构成犯罪的，对直接责任人员，依照刑法有关规定追究刑事责任；造成损失的，依法承担赔偿责任：

（一）安全防护用具、机械设备、施工机具及配件在进入施工现场前未经查验或者查验不合格即投入使用的；

（二）使用未经验收或者验收不合格的施工起重机械和整体提升脚手架、模板等自升式架设设施的；

（三）委托不具有相应资质的单位承担施工现场安装、拆卸施工起重机械和整体提升脚手架、模板等自升式架设设施的；

（四）在施工组织设计中未编制安全技术措施、施工现场临时用电方案或者专项施工方案的。

第六十六条 违反本条例的规定，施工单位的主要负责人、项目负责人未履行安全生产管理职责的，责令限期改正；逾期未改正的，责令施工单位停业整顿；造成重大安全事故、重大伤亡事故或者其他严重后果，构成犯罪的，依照刑法有关规定追究刑事责任。

作业人员不服管理、违反规章制度和操作规程冒险作业造成重大伤亡事故或者其他严重后果，构成犯罪的，依照刑法有关规定追究刑事责任。

施工单位的主要负责人、项目负责人有前款违法行为，尚不够刑事处罚的，处2万元以上20万元以下的罚款或者按照管理权限给予撤职处分；自刑罚执行完毕或者受处分之日起，5年内不得担任任何施工单位的主要负责人、项目负责人。

第六十七条 施工单位取得资质证书后，降低安全生产条件的，责令限期改正；经整改仍未达到与其资质等级相适应的安全生产条件的，责令停业整顿，降低其资质等级直至吊销资质证书。

第六十八条 本条例规定的行政处罚，由建设行政主管部门或者其他有关部门依照法定职权决定。

违反消防安全管理规定的行为，由公安消防机构依法处罚。

有关法律、行政法规对建设工程安全生产违法行为的行政处罚决定机关另有规定的，从其规定。

第八章 附 则

第六十九条 抢险救灾和农民自建低层住宅的安全生产管理，不适用本条例。

第七十条 军事建设工程的安全生产管理，按照中央军事委员会的有关规定执行。

第七十一条 本条例自2004年2月1日起施行。

【例 11-12-1】 根据《建设工程安全生产管理条例》的规定，施工单位实施爆破、起重吊装等施工时，应当安排现场的监督人员是：

A. 项目管理技术人员　　B. 应急救援人员

C. 专职安全生产管理人员　　D. 专职质量管理人员

解 《中华人民共和国安全法》第四十条规定，生产经营单位进行爆破、吊装以及国务院安全生产监督管理部门会同国务院有关部门规定的其他危险作业，应当安排专门人员进行现场安全管理，确保操作规程的遵守和安全措施的落实。

答案： C

【例 11-12-2】 根据《建设工程安全生产管理条例》规定，建设单位确定建设工程安全作业环境及安全施工措施所需费用的时间是：

A. 编制工程概算时　　B. 编制设计预算时

C. 编制施工预算时　　D. 编制投资估算时

解 《建设工程安全生产管理条例》第八条规定，建设单位在编制工程概算时，应当确定建设工程安全作业环境及安全施工措施所需费用。

答案： A

习　题

11-12-1 深基坑支护与降水工程、模板工程、脚手架工程的施工专项方案必须经下列哪些人员签字后实施？（　　）

①经施工单位技术负责人；②总监理工程师；③结构设计人；④施工方法人代表。

A. ①②　　B. ①②③　　C. ①②③④　　D. ①④

11-12-2 施工现场及毗邻区域内的各种管线及地下工程的有关资料（　　）。

A. 应由建设单位向施工单位提供　　B. 施工单位必须在开工前自行查清

C. 应由监理单位提供　　D. 应由政府有关部门提供

习题题解及参考答案

第二节

11-2-1 **解：**《中华人民共和国建筑法》第七条规定，建筑工程开工前，建设单位应当按照国家有关规定向工程所在地县级以上人民政府建设行政主管部门申请领取施工许可证；但是，国务院建设行政主管部门确定的限额以下的小型工程除外。按照国务院规定的权限和程序批准开工报告的建筑工程，不再领取施工许可证。

答案： D

11-2-2 **解：**《中华人民共和国建筑法》第九条规定，建设单位应当自领取施工许可证之日起三个月内开工。因故不能按期开工的，应当向发证机关申请延期；延期以两次为限，每次不超过三个月。既不开工又不申请延期或者超过延期时限的，施工许可证自行废止。

答案： A

11-2-3 **解：**《建设工程质量管理条例》第七十八条规定，本条例所称违法分包，是指下列行为：

（一）总承包单位将建设工程分包给不具备相应资质条件的单位的；

（二）建设工程总承包合同中未有约定，又未经建设单位认可，承包单位将其承包的部分建设工程交由其他单位完成的；

（三）施工总承包单位将建设工程主体结构的施工分包给其他单位的；

（四）分包单位将其承包的建设工程再分包的。

答案： C

11-2-4 **解：**《中华人民共和国建筑法》第二条规定，在中华人民共和国境内从事建筑活动，实施对建筑活动的监督管理，应当遵守本法。本法所称建筑活动，是指各类房屋建筑及其附属设施的建造和与其配套的线路、管道、设备的安装活动。

答案： B

11-2-5 **解：**《中华人民共和国建筑法》第三十条规定，国家推行建筑工程监理制度。国务院可以规定实行强制监理的建筑工程的范围。

答案： A

11-2-6 **解：** 见《中华人民共和国建筑法》第八条第（一）、（四）、（五）款规定，可知 A、B、D 项符合要求。

《中华人民共和国建筑法》第八条规定，申请领取施工许可证，应当具备下列条件：

（一）已经办理该建筑工程用地批准手续；

（二）依法应当办理建设工程规划许可证的，已经取得建设工程规划许可证；

（三）需要拆迁的，其拆迁进度符合施工要求；

（四）已经确定建筑施工企业；

（五）有满足施工需要的资金安排、施工图纸及技术资料；

（六）有保证工程质量和安全的具体措施。

建设行政主管部门应当自收到申请之日起七日内，对符合条件的申请颁发施工许可证。

答案： C

第三节

11-3-1 **解：**《中华人民共和国安全生产法》第三条规定，安全生产工作，坚持安全第一、预防为主、综合治理的方针。

答案： A

11-3-2 **解：**《中华人民共和国安全生产法》第五条规定，生产经营单位的主要负责人对本单位的安全生产工作全面负责。

答案： A

第四节

11-4-1 **解：**《中华人民共和国招标投标法》第十二条规定，招标人具有编制招标文件和组织评标能力的，可以自行办理招标事宜。任何单位和个人不得强制其委托招标代理机构办理招标事宜。

答案：D

11-4-2 **解：**《中华人民共和国招标投标法》第十条明确规定，招标分为公开招标和邀请招标。

答案：A

11-4-3 **解：**《中华人民共和国招标投标法》第三十七条规定，评委会专家组成中技术经济方面的专家不少于成员总数的三分之二。

答案：C

11-4-4 **解：**《中华人民共和国招标投标法》第三十七条规定，评标由招标人依法组建的评标委员会负责。依法必须进行招标的项目，其评标委员会由招标人的代表和有关技术、经济等方面的专家组成，成员人数为五人以上单数，其中技术、经济等方面的专家不得少于成员总数的三分之二。

答案：D

11-4-5 **解：**《中华人民共和国招标投标法》第三条规定，不是所有的住宅项目都需要监理。

《中华人民共和国招标投标法》第三条规定，在中华人民共和国境内进行下列工程建设项目包括项目的勘察、设计、施工、监理以及与工程建设有关的重要设备、材料等的采购，必须进行招标：

（一）大型基础设施、公用事业等关系社会公共利益、公众安全的项目；

（二）全部或者部分使用国有资金投资或者国家融资的项目；

（三）使用国际组织或者外国政府贷款、援助资金的项目。

前款所列项目的具体范围和规模标准，由国务院发展计划部门会同国务院有关部门制订，报国务院批准。 法律或者国务院对必须进行招标的其他项目的范围有规定的，依照其规定。

答案：D

11-4-6 **解：**《中华人民共和国招标投标法》第四十六条规定，招标人和中标人应当自中标通知书发出之日起三十日内，按照招标文件和中标人的投标文件订立书面合同。招标人和中标人不得再行订立背离合同实质性内容的其他协议。

答案：B

第六节

11-6-1 **解：**《中华人民共和国行政许可法》第五十八条规定，行政机关实施行政许可和对行政许可事项进行监督检查，不得收取任何费用。但是法律、行政法规另有规定的，依照其规定。

答案：A

11-6-2 **解：**《中华人民共和国行政许可法》第四十二条规定，除可以当场作出行政许可决定的外，行政机关应当自受理行政许可申请之日起二十日内作出行政许可决定。二十日内不能作出决定的，经本行政机关负责人批准，可以延长十日，并应当将延长期限的理由告知申请人。但是法律、法规另有规定的，依照其规定。

答案：A

第七节

11-7-1 **解：**《中华人民共和国节约能源法》第二十条规定，用能产品的生产者、销售者，可以根据自愿原则，按照国家有关节能产品认证的规定，向经国务院认证认可监督管理部门认可的从事节能产品认证的机构提出节能产品认证申请；经认证合格后，取得节能产品认证证书，可以在用能产品或者其包装物上使用节能产品认证标志。

答案：A

11-7-2 **解**：《中华人民共和国节约能源法》第三十五条规定，建筑工程的建设、设计、施工和监理单位应当遵守建筑节能标准。不符合建筑节能标准的建筑工程，建设主管部门不得批准开工建设；已经开工建设的，应当责令停止施工、限期改正；已经建成的，不得销售或者使用。

答案：A

第八节

11-8-1 **解**：《中华人民共和国环境保护法》第四十五条规定，国家依照法律规定实行排污许可管理制度。实行排污许可管理的企业事业单位和其他生产经营者，应当按照排污许可证的要求排放污染物；未取得排污许可证的，不得排放污染物。

答案：A

11-8-2 **解**：《中华人民共和国环境保护法》第四十一条规定，建设项目中防治污染的设施，应当与主体工程同时设计、同时施工、同时投产使用。防治污染的设施应当符合经批准的环境影响评价文件要求，不得擅自拆除或闲置。

答案：D

11-8-3 **解**：《中华人民共和国环境保护法》第六十三条规定，企业事业单位和其他生产经营者有下列行为之一，尚不构成犯罪的，除依照有关法律法规规定予以处罚外，由县级以上人民政府环境保护主管部门或者其他有关部门将案件移送公安机关，对其直接负责的主管人员和其他直接责任人员，处十日以上十五日以下拘留；情节较轻的，处五日以上十日以下拘留：

（一）建设项目未依法进行环境影响评价，被责令停止建设，拒不执行的；

……

答案：A

第十一节

11-11-1 **解**：《建设工程质量管理条例》第六十条规定，违反本条例规定，勘察、设计、施工、工程监理单位超越本单位资质等级承揽工程的，责令停止违法行为，对勘察、设计单位或者监理单位处合同约定的勘察费、设计费或者监理酬金1倍以上2倍以下的罚款；对施工单位处工程合同价款2%以上4%以下的罚款，可以责令停业整顿，降低资质等级；情节严重的，吊销资质证书；有违法所得的，予以没收。未取得资质证书承揽工程的，予以取缔，依照前款规定处以罚款；有违法所得的，予以没收。

答案：B

11-11-2 **解**：《建设工程质量管理条例》第三十七条规定，工程监理单位应当选派具备相应资格的总监理工程师和监理工程师进驻施工现场。未经监理工程师签字，建筑材料、建筑构配件和设备不得在工程上使用或者安装，施工单位不得进行下一道工序的施工。未经总监理工程师签字，建设单位不拨付工程款，不进行竣工验收。

答案：D

第十二节

11-12-1 解：《中华人民共和国安全生产法》第二十六条规定，施工单位应当在施工组织设计中编制安全技术措施和施工现场临时用电方案，对下列达到一定规模的危险性较大的分部分项工程编制专项施工方案，并附具安全验算结果，经施工单位技术负责人、总监理工程师签字后实施，由专职安全生产管理人员进行现场监督：

（一）基坑支护与降水工程；

（二）土方开挖工程；

（三）模板工程；

（四）起重吊装工程；

（五）脚手架工程；

（六）拆除、爆破工程。

答案：A

11-12-2 解：《建设工程安全生产管理条例》第六条规定，建设单位应当向施工单位提供施工现场及毗邻区域内供水、排水、供电、供气、供热、通信、广播电视等地下管线资料，气象和水文观测资料，相邻建筑物和构筑物、地下工程的有关资料，并保证资料的真实、准确、完整。

答案：A

附录一

全国勘察设计注册工程师资格考试
公共基础考试大纲

I.工程科学基础

一、数学

1.1 空间解析几何

向量的线性运算；向量的数量积、向量积及混合积；两向量垂直、平行的条件；直线方程；平面方程；平面与平面、直线与直线、平面与直线之间的位置关系；点到平面、直线的距离；球面、母线平行于坐标轴的柱面、旋转轴为坐标轴的旋转曲面的方程；常用的二次曲面方程；空间曲线在坐标面上的投影曲线方程。

1.2 微分学

函数的有界性、单调性、周期性和奇偶性；数列极限与函数极限的定义及其性质；无穷小和无穷大的概念及其关系；无穷小的性质及无穷小的比较极限的四则运算；函数连续的概念；函数间断点及其类型；导数与微分的概念；导数的几何意义和物理意义；平面曲线的切线和法线；导数和微分的四则运算；高阶导数；微分中值定理；洛必达法则；函数的切线及法平面和切平面及法线；函数单调性的判别；函数的极值；函数曲线的凹凸性、拐点；偏导数与全微分的概念；二阶偏导数；多元函数的极值和条件极值；多元函数的最大、最小值极其简单应用。

1.3 积分学

原函数与不定积分的概念；不定积分的基本性质；基本积分公式；定积分的基本概念和性质（包括定积分中值定理）；积分上限的函数及其导数；牛顿-莱布尼兹公式；不定积分和定积分的换元积分法与分部积分法；有理函数、三角函数的有理式和简单无理函数的积分；广义积分；二重积分与三重积分的概念、性质、计算和应用；两类曲线积分的概念、性质和计算；求平面图形的面积、平面曲线的弧长和旋转体的体积。

1.4 无穷级数

数项级数的敛散性概念；收敛级数的和；级数的基本性质与级数收敛的必要条件；几何级数与 p 级数及其收敛性；正项级数敛散性的判别法；任意项级数的绝对收敛与条件收敛；幂级数及其收敛半径、收敛区间和收敛域；幂级数的和函数；函数的泰勒级数展开；函数的傅里叶系数与傅里叶级数。

1.5 常微分方程

常微分方程的基本概念；变量可分离的微分方程；齐次微分方程；一阶线性微分方程；全微分方程；可降阶的高阶微分方程；线性微分方程解的性质及解的结构定理；二阶常系数齐次线性微分方程。

1.6 线性代数

行列式的性质及计算；行列式按行展开定理的应用；矩阵的运算；逆矩阵的概念、性质及求法；矩阵的初等变换和初等矩阵；矩阵的秩；等价矩阵的概念和性质；向量的线性表示；向量组的线性相关和线性无关；线性方程组有解的判定；线性方程组求解；矩阵的特征值和特征向量的概念与性质；相似矩阵的概念和性质；矩阵的相似对角化；二次型及其矩阵表示；合同矩阵的概念和性质；二次型的秩；惯性定理；二次型及其矩阵的正定性。

1.7 概率与数理统计

随机事件与样本空间；事件的关系与运算；概率的基本性质；古典型概率；条件概率；概率的基本公式；事件的独立性；独立重复试验；随机变量；随机变量的分布函数；离散型随机变量的概率分布；连续型随机变量的概率密度；常见随机变量的分布；随机变量的数学期望、方差、标准差及其性质；随机变量函数的数学期望；矩、协方差、相关系数及其性质；总体；个体；简单随机样本；统计量；样本均值；样本方差和样本矩；χ^2分布；t分布；F分布；点估计的概念；估计量与估计值；矩估计法；最大似然估计法；估计量的评选标准；区间估计的概念；单个正态总体的均值和方差的区间估计；两个正态总体的均值差和方差比的区间估计；显著性检验；单个正态总体的均值和方差的假设检验。

二、物理学

2.1 热学

气体状态参量；平衡态；理想气体状态方程；理想气体的压强和温度的统计解释；自由度；能量按自由度均分原理；理想气体内能；平均碰撞频率和平均自由程；麦克斯韦速率分布律；方均根速率；平均速率；最概然速率；功；热量；内能；热力学第一定律及其对理想气体等值过程的应用；绝热过程；气体的摩尔热容量；循环过程；卡诺循环；热机效率；净功；制冷系数；热力学第二定律及其统计意义；可逆过程和不可逆过程。

2.2 波动学

机械波的产生和传播；一维简谐波表达式；描述波的特征量；波面，波前，波线；波的能量、能流、能流密度；波的衍射；波的干涉；驻波；自由端反射与固定端反射；声波；声强级；多普勒效应。

2.3 光学

相干光的获得；杨氏双缝干涉；光程和光程差；薄膜干涉；光疏介质；光密介质；迈克尔逊干涉仪；惠更斯-菲涅尔原理；单缝衍射；光学仪器分辨本领；衍射光栅与光谱分析；X 射线衍射；布拉格公式；自然光和偏振光；布儒斯特定律；马吕斯定律；双折射现象。

三、化学

3.1　物质的结构和物质状态

原子结构的近代概念；原子轨道和电子云；原子核外电子分布；原子和离子的电子结构；原子结构和元素周期律；元素周期表；周期族；元素性质及氧化物及其酸碱性。离子键的特征；共价键的特征和类型；杂化轨道与分子空间构型；分子结构式；键的极性和分子的极性；分子间力与氢键；晶体与非晶体；晶体类型与物质性质。

3.2　溶液

溶液的浓度；非电解质稀溶液通性；渗透压；弱电解质溶液的解离平衡；分压定律；解离常数；同离子效应；缓冲溶液；水的离子积及溶液的 pH 值；盐类的水解及溶液的酸碱性；溶度积常数；溶度积规则。

3.3　化学反应速率及化学平衡

反应热与热化学方程式；化学反应速率；温度和反应物浓度对反应速率的影响；活化能的物理意义；催化剂；化学反应方向的判断；化学平衡的特征；化学平衡移动原理。

3.4　氧化还原反应与电化学

氧化还原的概念；氧化剂与还原剂；氧化还原电对；氧化还原反应方程式的配平；原电池的组成和符号；电极反应与电池反应；标准电极电势；电极电势的影响因素及应用；金属腐蚀与防护。

3.5　有机化学

有机物特点、分类及命名；官能团及分子构造式；同分异构；有机物的重要反应：加成、取代、消除、氧化、催化加氢、聚合反应、加聚与缩聚；基本有机物的结构、基本性质及用途：烷烃、烯烃、炔烃、芳烃、卤代烃、醇、苯酚、醛和酮、羧酸、酯；合成材料：高分子化合物、塑料、合成橡胶、合成纤维、工程塑料。

四、理论力学

4.1　静力学

平衡；刚体；力；约束及约束力；受力图；力矩；力偶及力偶矩；力系的等效和简化；力的平移定理；平面力系的简化；主矢；主矩；平面力系的平衡条件和平衡方程式；物体系统（含平面静定桁架）的平衡；摩擦力；摩擦定律；摩擦角；摩擦自锁。

4.2　运动学

点的运动方程；轨迹；速度；加速度；切向加速度和法向加速度；平动和绕定轴转动；角速度；角加速度；刚体内任一点的速度和加速度。

4.3　动力学

牛顿定律；质点的直线振动；自由振动微分方程；固有频率；周期；振幅；衰减振动；阻尼对自由振动振幅的影响——振幅衰减曲线；受迫振动；受迫振动频率；幅频特性；共振；动力学普遍定理；动量；质心；动量定理及质心运动定理；动量及质心运动守恒；动量矩；动量矩定理；动量矩守恒；刚体定轴转动微分方程；转动惯量；回转半径；平行轴定理；功；

动能；势能；动能定理及机械能守恒；达朗贝尔原理；惯性力；刚体作平动和绕定轴转动（转轴垂直于刚体的对称面）时惯性力系的简化；动静法。

五、材料力学

5.1 材料在拉伸、压缩时的力学性能

低碳钢、铸铁拉伸、压缩试验的应力-应变曲线；力学性能指标。

5.2 拉伸和压缩

轴力和轴力图；杆件横截面和斜截面上的应力；强度条件；虎克定律；变形计算。

5.3 剪切和挤压

剪切和挤压的实用计算；剪切面；挤压面；剪切强度；挤压强度。

5.4 扭转

扭矩和扭矩图；圆轴扭转切应力；切应力互等定理；剪切虎克定律；圆轴扭转的强度条件；扭转角计算及刚度条件。

5.5 截面几何性质

静矩和形心；惯性矩和惯性积；平行轴公式；形心主轴及形心主惯性矩概念。

5.6 弯曲

梁的内力方程；剪力图和弯矩图；分布荷载、剪力、弯矩之间的微分关系；正应力强度条件；切应力强度条件；梁的合理截面；弯曲中心概念；求梁变形的积分法、叠加法。

5.7 应力状态

平面应力状态分析的解析法和应力圆法；主应力和最大切应力；广义虎克定律；四个常用的强度理论。

5.8 组合变形

拉/压-弯组合、弯-扭组合情况下杆件的强度校核；斜弯曲。

5.9 压杆稳定

压杆的临界荷载；欧拉公式；柔度；临界应力总图；压杆的稳定校核。

六、流体力学

6.1 流体的主要物性与流体静力学

流体的压缩性与膨胀性；流体的黏性与牛顿内摩擦定律；流体静压强及其特性；重力作用下静水压强的分布规律；作用于平面的液体总压力的计算。

6.2 流体动力学基础

以流场为对象描述流动的概念；流体运动的总流分析；恒定总流连续性方程、能量方程和动量方程的运用。

6.3 流动阻力和能量损失

沿程阻力损失和局部阻力损失；实际流体的两种流态——层流和紊流；圆管中层流运动；紊流运动的特征；减小阻力的措施。

6.4 孔口管嘴管道流动

孔口自由出流、孔口淹没出流；管嘴出流；有压管道恒定流；管道的串联和并联。

6.5 明渠恒定流

明渠均匀水流特性；产生均匀流的条件；明渠恒定非均匀流的流动状态；明渠恒定均匀流的水力计算。

6.6 渗流、井和集水廊道

土壤的渗流特性；达西定律；井和集水廊道。

6.7 相似原理和量纲分析

力学相似原理；相似准数；量纲分析法。

II.现代技术基础

七、电气与信息

7.1 电磁学概念

电荷与电场；库仑定律；高斯定理；电流与磁场；安培环路定律；电磁感应定律；洛仑兹力。

7.2 电路知识

电路组成；电路的基本物理过程；理想电路元件及其约束关系；电路模型；欧姆定律；基尔霍夫定律；支路电流法；等效电源定理；叠加原理；正弦交流电的时间函数描述；阻抗；正弦交流电的相量描述；复数阻抗；交流电路稳态分析的相量法；交流电路功率；功率因数；三相配电电路及用电安全；电路暂态；R-C、R-L 电路暂态特性；电路频率特性；R-C、R-L 电路频率特性。

7.3 电动机与变压器

理想变压器；变压器的电压变换、电流变换和阻抗变换原理；三相异步电动机接线、启动、反转及调速方法；三相异步电动机运行特性；简单继电-接触控制电路。

7.4 信号与信息

信号；信息；信号的分类；模拟信号与信息；模拟信号描述方法；模拟信号的频谱；模拟信号增强；模拟信号滤波；模拟信号变换；数字信号与信息；数字信号的逻辑编码与逻辑演算；数字信号的数值编码与数值运算。

7.5 模拟电子技术

晶体二极管；极型晶体三极管；共射极放大电路；输入阻抗与输出阻抗；射极跟随器与阻抗变换；运算放大器；反相运算放大电路；同相运算放大电路；基于运算放大器的比较器电路；二极管单相半波整流电路；二极管单相桥式整流电路。

7.6 数字电子技术

与、或、非门的逻辑功能；简单组合逻辑电路；D 触发器；JK 触发器数字寄存器；脉冲计数器。

7.7 计算机系统

计算机系统组成；计算机的发展；计算机的分类；计算机系统特点；计算机硬件系统组成；CPU；存储器；输入/输出设备及控制系统；总线；数模/模数转换；计算机软件系统组成；系统软件；操作系统；操作系统定义；操作系统特征；操作系统功能；操作系统分类；支撑软件；应用软件；计算机程序设计语言。

7.8 信息表示

信息在计算机内的表示；二进制编码；数据单位；计算机内数值数据的表示；计算机内非数值数据的表示；信息及其主要特征。

7.9 常用操作系统

Windows 发展；进程和处理器管理；存储管理；文件管理；输入/输出管理；设备管理；网络服务。

7.10 计算机网络

计算机与计算机网络；网络概念；网络功能；网络组成；网络分类；局域网；广域网；因特网；网络管理；网络安全；Windows 系统中的网络应用；信息安全；信息保密。

III.工程管理基础

八、法律法规

8.1 中华人民共和国建筑法

总则；建筑许可；建筑工程发包与承包；建筑工程监理；建筑安全生产管理；建筑工程质量管理；法律责任。

8.2 中华人民共和国安全生产法

总则；生产经营单位的安全生产保障；从业人员的权利和义务；安全生产的监督管理；生产安全事故的应急救援与调查处理。

8.3 中华人民共和国招标投标法

总则；招标；投标；开标；评标和中标；法律责任。

8.4 中华人民共和国合同法

一般规定；合同的订立；合同的效力；合同的履行；合同的变更和转让；合同的权利义务终止；违约责任；其他规定。

8.5 中华人民共和国行政许可法

总则；行政许可的设定；行政许可的实施机关；行政许可的实施程序；行政许可的费用。

8.6 中华人民共和国节约能源法

总则；节能管理；合理使用与节约能源；节能技术进步；激励措施；法律责任。

8.7 中华人民共和国环境保护法

总则；环境监督管理；保护和改善环境；防治环境污染和其他公害；法律责任。

8.8　建设工程勘察设计管理条例

总则；资质资格管理；建设工程勘察设计发包与承包；建设工程勘察设计文件的编制与实施；监督管理。

8.9　建设工程质量管理条例

总则；建设单位的质量责任和义务；勘察设计单位的质量责任和义务；施工单位的质量责任和义务；工程监理单位的质量责任和义务；建设工程质量保修。

8.10　建设工程安全生产管理条例

总则；建设单位的安全责任；勘察设计工程监理及其他有关单位的安全责任；施工单位的安全责任；监督管理；生产安全事故的应急救援和调查处理。

九、工程经济

9.1　资金的时间价值

资金时间价值的概念；利息及计算；实际利率和名义利率；现金流量及现金流量图；资金等值计算的常用公式及应用；复利系数表的应用。

9.2　财务效益与费用估算

项目的分类；项目计算期；财务效益与费用；营业收入；补贴收入；建设投资；建设期利息；流动资金；总成本费用；经营成本；项目评价涉及的税费；总投资形成的资产。

9.3　资金来源与融资方案

资金筹措的主要方式；资金成本；债务偿还的主要方式。

9.4　财务分析

财务评价的内容；盈利能力分析（财务净现值、财务内部收益率、项目投资回收期、总投资收益率、项目资本金净利润率）；偿债能力分析（利息备付率、偿债备付率、资产负债率）；财务生存能力分析；财务分析报表（项目投资现金流量表、项目资本金现金流量表、利润与利润分配表、财务计划现金流量表）；基准收益率。

9.5　经济费用效益分析

经济费用和效益；社会折现率；影子价格；影子汇率；影子工资；经济净现值；经济内部收益率；经济效益费用比。

9.6　不确定性分析

盈亏平衡分析（盈亏平衡点、盈亏平衡分析图）；敏感性分析（敏感度系数、临界点、敏感性分析图）。

9.7　方案经济比选

方案比选的类型；方案经济比选的方法（效益比选法、费用比选法、最低价格法）；计算期不同的互斥方案的比选。

9.8　改扩建项目经济评价特点

改扩建项目经济评价特点。

9.9　价值工程

价值工程原理；实施步骤。

附录二

全国勘察设计注册工程师资格考试
公共基础试题配置说明

I.工程科学基础（共 78 题）

数学基础	24 题	理论力学基础	12 题
物理基础	12 题	材料力学基础	12 题
化学基础	10 题	流体力学基础	8 题

II.现代技术基础（共 28 题）

电气技术基础	12 题	计算机基础	10 题
信号与信息基础	6 题		

III.工程管理基础（共 14 题）

工程经济基础	8 题	法律法规	6 题

注：试卷题目数量合计 120 题，每题 1 分，满分为 120 分。考试时间为 4 小时。

2022 | 全国勘察设计注册工程师
考 试 辅 导 用 书

Zhuce Daolu Gongchengshi Zhiye Zige
Jichu Kaoshi Yingshi Fudao

注册道路工程师执业资格
基础考试应试辅导

下 册

注册工程师考试辅导用书编委会◇编
张　铭　曹纬浚◇主编

人民交通出版社股份有限公司
北 京

内 容 提 要

本书由多位从事道路工程教学、设计和考试培训工作的教授、资深专家共同编写，内容以新版考试大纲和 2019—2021 年考试真题为依据，吸收了新版标准、规范、教材的精华内容，覆盖考试要求的知识点。本书每一章均设置复习指导（考点分析）、考点精讲、例题解析、自测模拟等模块，并将重要知识点突出显示，有助于考生全面了解考试要求，把握复习重点，提高复习效率。

本书分上、下两册，上册对应公共基础考试，下册对应专业基础考试。配有视频讲解、电子书等数字资源，读者可扫描上册封面上的红色资源贴（二维码），登录“注考大师”获取。

本书适合参加注册道路工程师基础考试的人员使用，也可供道路工程从业人员参考。

图书在版编目（CIP）数据

2022 注册道路工程师执业资格基础考试应试辅导/张铭，曹纬浚主编.—北京：人民交通出版社股份有限公司，2022.5

ISBN 978-7-114-17957-0

Ⅰ.①2… Ⅱ.①张… ②曹… Ⅲ.①道路工程—资格考试—自学参考资料 Ⅳ.①U41

中国版本图书馆 CIP 数据核字（2022）第 078611 号

书 名：2022 注册道路工程师执业资格基础考试应试辅导
著 作 者：张 铭 曹纬浚
责任编辑：李 坤 刘彩云
责任校对：席少楠
责任印制：刘高彤
出版发行：人民交通出版社股份有限公司
地 址：（100011）北京市朝阳区安定门外外馆斜街 3 号
网 址：http://www.ccpcl.com.cn
销售电话：（010）59757973
总 经 销：人民交通出版社股份有限公司发行部
经 销：各地新华书店
印 刷：北京市密东印刷有限公司
开 本：889×1194 1/16
印 张：82.5
字 数：2160 千
版 次：2022 年 5 月 第 1 版
印 次：2022 年 5 月 第 1 次印刷
书 号：ISBN 978-7-114-17957-0
定 价：246.00 元（含上、下两册）

前　言

注册土木工程师（道路工程）考试于 2019 年 10 月首次举办，就此拉开了道路工程领域勘察设计工程师考试、注册、执业的序幕。考试的举办，对从事道路工程规划、勘察、设计等工作的工程技术人员，大有裨益。复习备考的过程，是道路工程技术人员重新学习、梳理、拓展自己专业知识的过程，也是提升专业素养的过程。通过考试的筛选，让合格的工程师承担相应的技术工作，有助于提升工程建设质量和效率，对整个道路工程行业的良性发展具有重大意义。

为帮助广大考生有效复习，人民交通出版社股份有限公司特组织相关高校和工程单位的专家编写了一套复习辅导用书，主要包括：《基础考试应试辅导》《基础考试复习题集》《专业考试应试辅导》《专业考试复习题集》《专业考试案例一本通》。后续将根据考生实际需求开发新的辅导资料。

本书为《基础考试应试辅导》，分上、下两册，分别对应公共基础考试和专业基础考试。上册内容包含：数学、普通物理、普通化学、理论力学、材料力学、流体力学、电工电子技术、信号与信息技术、计算机应用基础、工程经济、法律法规共 11 章。下册内容包含：建筑材料、土质学与土力学、工程地质、工程勘测、结构设计原理、职业法规共 6 章。

本书具有如下特色：

（1）以新版考试大纲、近三年考试真题、现行标准规范为依据进行修订，内容贴合考试。

（2）每章设置“复习指导”“考点精讲”“例题解析”“自测模拟”等模块，巩固学习效果。

（3）内容精练，删繁就简，重要知识点突出显示，便于考生把握复习重点，提高复习效率。

（4）配备视频讲解、电子书等多种数字资源，考生扫描封面上的二维码，免费使用一年。

本书上册编写人员来自北京工业大学、北京交通大学、北京建筑大学和北京市建筑设计研究院，分工如下：刘明惠、吴昌泽（第一章第一节至第七节）；刘明惠、范元玮（第一章第八节、第九节）；魏京花（第二章）；谢亚勃（第三章）；刘燕（第四章）；钱民刚（第五章）；毛军、李兆年（第六章）；许怡生（第七章、第八章）；许小重（第九章）；陈向东（第十章）；李魁元（第十一章）。上册由曹纬浚负责统稿。

本书下册编写人员来自重庆交通大学，分工如下：黄维蓉、张奇奇、董天威、陈言（第一章）；高传东、程雨恒、徐海深（第二章）；唐良琴、毛添、梁一星（第三章）；高传东、阳敏、华胤宏、李燕（第四章）；张江涛、吴海军、刘浪、向南、李坤（第五章）；魏道升、魏恺、胡佳（第六章）。下册由张铭负责统稿。

参与或协助本书编写的人员还有：李钦、李汉明、代玉华、蒋全科、贾玲华、毛怀珍、刘宝生、张翠兰、毛元钰、李平、邓华、陈庆年、李广秋、郭虹、曹京、楼香林、杨守俊、王志刚、何承奎、曹铎、吴莎莎、张文革、罗金标、徐华萍、栾彩虹、张炳珍。

本书理论联系实际，针对性和实用性兼顾，是值得考生信赖的考前辅导和培训用书。

本书可与 2022 版《基础考试复习题集》配套使用。多做习题，将对考生巩固、检验复习效果和准备考试大有帮助。

考生在使用本书及相关数字资源备考时，还应注意参阅考试指定的各类标准、规范（规程）、大纲及教材，真正做到：考前胸中有丘壑，临场下笔如有神。

如对本书内容和编排有好的建议，请加入 QQ 群（470950250、920873460）交流。

预祝各位考生取得好成绩！

注册工程师考试辅导用书编委会

2022 年 3 月

目　录（下册）

第一章 建筑材料

第一节 砂石材料

考点分析

本节重点：石料的物理性质、力学性质、耐久性及相应的检测方法，集料的物理性质、力学性质及相应的检测方法，矿质混合料的级配、组成设计方法。以考核砂石材料物理性质、力学性质指标的概念为主。

本节难点：矿质混合料的级配、组成设计方法。

考点精讲

考点一：石料的物理性质及检测方法

石料的物理性质包括密度、孔隙率、吸水率、饱和吸水率等。

1. 密度

密度是指在规定条件下，石料矿质实体单位体积的质量。根据体积的定义不同，石料的密度包括真实密度、表观密度和毛体积密度等。

（1）真实密度

真实密度是指在规定条件下，烘干石料矿质实体单位真实体积的质量，按式（1-1）计算。

$$\rho_t = \frac{m_s}{V_s} \tag{1-1}$$

式中：ρ_t——石料的真实密度（g/cm^3）；

m_s——石料矿质实体的质量（g）；

V_s——石料矿质实体的体积（cm^3）。

（2）表观密度

表观密度是指在规定条件下，烘干石料矿质实体包括闭口孔隙在内的单位表观体积的质量，按式（1-2）计算。测定石料表观体积时，需将已知质量的干燥石料浸水，使其开口孔隙吸水饱和，然后称出饱水后石料在水中的质量，两者之差即为石料包括闭口孔隙在内的表观体积（$V_s + V_n$）。

$$\rho_a = \frac{m_s}{V_s + V_n} \tag{1-2}$$

式中：ρ_a——石料的表观密度（g/cm^3）；

V_s——石料矿质实体的体积（cm^3）；

V_n ——石料矿质实体中闭口孔隙的体积（cm^3）。

（3）毛体积密度

毛体积密度是指在规定条件下，烘干石料矿质实体包括孔隙（闭口、开口孔隙）体积在内的单位体积的质量，由式（1-3）计算。石料毛体积密度的测定方法可分为体积法、水中称量法和蜡封法。体积法适用于能制备成规则试件的各类岩石；水中称量法适用于除遇水崩解、溶解和干缩湿胀外的其他类岩石；蜡封法适用于不能用体积法或直接在水中称量进行试验的岩石。

$$\rho_h = \frac{m_s}{V_s + V_n + V_i} \tag{1-3}$$

式中：ρ_h ——石料的毛体积密度（g/cm^3）；

V_i ——石料矿质实体中开口孔隙的体积（cm^3）；

其他符号的意义同式（1-2）。

2. 孔隙率

孔隙率是指石料孔隙体积占石料总体积（包括孔隙体积在内）的百分率，总孔隙率和开口孔隙率由式（1-4）和式（1-5）计算。

$$n = \frac{V_n + V_i}{V_h} \times 100\% = \left(1 - \frac{\rho_h}{\rho_t}\right) \times 100\% \tag{1-4}$$

$$n_i = \frac{V_i}{V_h} \times 100\% = \left(1 - \frac{\rho_h}{\rho_a}\right) \times 100\% \tag{1-5}$$

式中：n ——石料的总孔隙率（%）；

n_i ——石料的开口孔隙率（%）。

相同矿物组成的岩石，孔隙率越低，其强度越大。在孔隙率相同的条件下，连通且粗大的孔隙对石料性能的影响显著。

3. 吸水性

吸水性是指石料在规定条件下吸入水分的能力。吸水性的大小常用吸水率和饱水率（饱和吸水率）来表征。该指标可有效地反映岩石微裂隙的发育程度，判断岩石的抗冻和抗风化等性能。

吸水率是石料试样在常温、常压条件下最大吸水质量占干燥试样质量的百分率。饱水率是石料在常温及真空抽气条件下，最大吸水质量占干燥试样质量的百分率。石料的吸水率和饱水率可采用式（1-6）计算。

$$w_x = \frac{m_2 - m_1}{m_1} \times 100\% \tag{1-6}$$

式中：w_x ——石料试样的吸水率或饱水率（%）；

m_1 ——烘干至恒重时的试样质量（g）；

m_2 ——吸水（或饱水）至恒重时的试样质量（g）。

石料吸水性的大小与其孔隙率的大小及孔隙构造特征有关。孔隙构造相同的石料，孔隙越大，吸水率越大。表观密度大的石料，孔隙率小，吸水率也小。吸水性强且易溶蚀的岩石，其耐水性较差。吸水率与饱水率的比称为饱水系数，饱水系数越高，说明常温常压下石料开口孔隙被水充填的程度越高。

考点二：石料的力学性质及检测方法

在结构工程中，石料应具备一定的抗压、抗剪、抗弯拉强度，并能抵抗荷载冲击、剪切和摩擦作用。

石料的力学性能常用抗压强度和磨耗率来表示。

1. 抗压强度

我国《公路工程岩石试验规程》(JTG E41—2005)中规定采用单轴加荷的方法对形状规则的石料试样进行抗压强度试验。路面工程用石料试件尺寸为边长(50±2)mm 的正立方体或直径与高均为(50±2)mm 的圆柱体。桥梁工程用石料试件尺寸为边长(70±2)mm 的正立方体。按标准方法对试件进行饱水处理后施加荷载,直至试件破坏,石料的抗压强度按式(1-7)计算。

$$R=\frac{P}{A} \tag{1-7}$$

式中:R——石料的抗压强度(MPa);

P——试验时石料试件破坏时的极限荷载(N);

A——石料试件的受力截面面积(mm^2)。

石料抗压强度的主要影响因素有岩石自身的矿物组成、结构构造、孔隙构造、含水状态和试验条件(试件形状、大小、加工精度、加荷速率等)。石料的饱水状态强度R_W与干燥状态强度R_D的比值K_R,称为软化系数。

2. 磨耗性

磨耗性是指粗集料抵抗撞击、边缘剪切、摩擦等联合作用的能力,采用洛杉矶磨耗试验测得的磨耗率表示。

磨耗试验是将一定质量且有一定级配的石料试样和钢球置于洛杉矶磨耗试验机中,以 30~33r/min的转速转动至要求次数后停止,取出试样过筛并称量,石料的磨耗率$Q_{磨}$采用式(1-8)计算。在磨耗试验中用于水泥混凝土和沥青混合料的石料对试样的级配和质量要求有所不同。

$$Q_{磨}=\frac{m_1-m_2}{m_1}\times 100\% \tag{1-8}$$

式中:$Q_{磨}$——洛杉矶磨耗率(%);

m_1——装入圆筒中试样质量(g);

m_2——试验后在 1.7mm 筛上洗净烘干的试样质量(g)。

考点三:石料的耐久性及检测方法

石料在长期使用过程中,抵抗各种自然因素及有害介质的作用,保持其原有性能而不变质和不被破坏的能力称为石料的耐久性。耐久性主要表现为抗冻性,抗冻性是指石料在饱水状态下能够经受反复冻结和融化而不破坏,并不严重降低强度的能力。石料抗冻性的室内测定方法有直接冻融法和坚固性试验法。两种方法均需要将石料制成直径和高均为 50mm 的圆柱体试件,或边长为 50mm 的正立方体试件,在(105±5)℃的烘箱中烘至恒重,并称重。

(1)直接冻融法

直接冻融法是测定石料在饱水状态下,抵抗反复冻融性能的直接方法。试验时首先使试件吸水达到饱和状态,然后置于−15℃冰箱中。冻结 4h 后取出试件,放入(20±5)℃的水中融解 4h,如此为一个冻融循环过程。经历规定的冻融循环次数(如 10 次、15 次、25 次及 50 次)后,详细检查石料试件有无剥落、裂缝、分层及掉角现象,并记录检查情况。将冻融试验后的试件再烘至恒重,称其质量,然后测定石料的抗压强度,按式(1-9)和式(1-10)分别计算石料的冻融质量损失率和耐冻系数。

$$Q_{冻} = \frac{m_1 - m_2}{m_1} \times 100\% \quad (1-9)$$

$$K = \frac{R_2}{R_1} \times 100\% \quad (1-10)$$

式中：$Q_{冻}$、K ——经历冻融循环作用后，石料的质量损失率和耐冻系数（%）；

m_1 ——试验前烘干石料试件的质量（g）；

m_2 ——经历若干次冻融循环作用后，烘干石料试件的质量（g）；

R_1 ——试验前石料试件的饱水抗压强度（MPa）；

R_2 ——经历若干次冻融循环作用后，石料试件的饱水抗压强度（MPa）。

（2）坚固性试验法

坚固性试验法可用来评定石料试样经饱和硫酸钠溶液多次浸泡与烘干循环后，不发生显著破坏或强度降低的性能，是测定岩石坚固性的一种简易方法。试验时将烘干石料试件置入饱和硫酸钠溶液中浸泡 20h 后，将试件取出置于 105~110℃的烘箱中烘烤 4h，至此完成第 1 个循环。待试样冷却至室温后，即开始第 2 个循环。从第 2 个循环起，浸泡和烘烤时间均为 4h。完成 5 次循环后，仔细观察试件有无破坏现象，将试件洗净烘至恒重，准确称出其质量，按式（1-11）计算坚固性试验质量损失率。

$$Q = \frac{m_1 - m_2}{m_1} \times 100\% \quad (1-11)$$

式中：Q ——经历n次硫酸钠溶液浸泡、烘干循环作用后，石料的质量损失率（%）；

m_1 ——试验前烘干石料试件的质量（g）；

m_2 ——经历n次浸泡、烘干循环作用后，烘干石料试件的质量（g）。

岩石的抗冻性与其矿物成分、结构特征有关，且与岩石的吸水率指标关系更加密切。岩石的抗冻性主要取决于岩石中大开口孔隙的发育情况、亲水性和可溶性矿物的含量及矿物颗粒间的黏结力。开口孔隙越多，亲水性和可溶性矿物含量越高时，岩石的抗冻性越低；反之，越高。

判断岩石抗冻性能好坏有三个指标，即：①冻融后强度变化；②质量损失；③外形变化。一般公路工程根据上述标准来确定是否需要进行岩石的抗冻性试验。

一般认为吸水率小于 0.5%、软化系数大于 0.75 的岩石具有足够的抗冻能力。

考点四：集料的物理性质及检测方法

集料是由不同粒径矿物颗粒组成的混合料，在沥青混合料或水泥混凝土中起骨架和填充作用。在沥青混合料（除 SMA-13、SMA-16、SMA-20 外）中，粗集料是指粒径大于 2.36mm 的碎石、破碎砾石、筛选砾石和矿渣等；细集料是指粒径小于 2.36mm 的天然砂、人工砂（包括机制砂及石屑）；SMA-13、SMA-16、SMA-20 的粗细集料分界尺寸为 4.75mm。在水泥混凝土中，粗集料是指粒径大于 4.75mm 的碎石、砾石和破碎砾石；细集料是指粒径小于 4.75mm 的天然砂、人工砂。

集料最大粒径指集料 100%全部通过的最小标准筛筛孔尺寸；集料公称最大粒径指集料可能全部通过或允许少量不通过（筛余不超过 10%）的最小标准筛筛孔尺寸。通常集料公称最大粒径比集料最大粒径要小一个粒级。工程中的最大粒径往往指公称最大粒径。

1. 表观密度、毛体积密度、表干密度

集料颗粒的表观密度、毛体积密度定义与石料相同。集料的表干密度又称作饱和面干毛体积密度，它的计算体积与计算毛体积密度时相同，但计算质量为集料颗粒的表干质量（饱和面干状态，包括吸入开口孔隙中的水)。集料的表干密度由式(1-12)计算得到。测试集料表干质量时,需要将干燥集料试样饱水后,将试样表面自由水擦干,但保留吸入开口孔隙中的水,称取饱和面干试样在空气中的质量,即为集料的表干质量。

$$\rho_s = \frac{m_a}{V_s + V_n + V_i} \tag{1-12}$$

式中:ρ_s——集料的表干密度(g/cm^3);

m_a——集料颗粒的表干质量(矿质实体质量与吸入开口孔隙中水的质量之和)(g);

V_s——集料颗粒矿质实体的体积(cm^3);

V_n、V_i——分别为集料颗粒矿质实体中闭口孔隙和开口孔隙的体积(cm^3)。

2. 堆积密度

堆积密度是指烘干集料颗粒矿质实体的单位装填体积(包括集料颗粒间空隙体积、集料矿质实体及其闭口、开口孔隙体积)的质量,按式(1-13)计算。

$$\rho = \frac{m_s}{V_s + V_n + V_i + V_v} \tag{1-13}$$

式中:ρ——集料的堆积密度(g/cm^3);

m_s——集料颗粒的烘干质量(g);

V_s——集料颗粒矿质实体的体积(cm^3);

V_n、V_i——分别为集料颗粒矿质实体中闭口孔隙和开口孔隙的体积(cm^3);

V_v——集料颗粒间的空隙体积(cm^3)。

集料的堆积密度分为自然堆积密度、振实密度和捣实密度。自然堆积密度是指以自由落入方式装填集料,所测的密度又称松装密度;振实密度是将集料分三层(细集料分两层)装入容器筒中,在容器筒底部放置一根直径为 25mm 的圆钢筋(细集料钢筋直径为 10mm),每装一层集料后,将容器筒左右交替颠击地面 25 次;捣实密度是将集料分三层装入容器中,每层用捣棒捣实 25 次。振实密度和捣实密度又称作紧装密度。

3. 空隙率

集料颗粒与颗粒之间没有被集料占据的自由空间,称为集料的空隙。空隙率是指集料在一定的堆积状态下的空隙体积(含开口孔隙)占堆积体积的百分率,按式(1-14)计算。

$$n = \frac{V_v + V_i}{V_f} \times 100\% = \left(1 - \frac{\rho}{\rho_a}\right) \times 100\% \tag{1-14}$$

式中:n——集料的空隙率(%);

V_f——集料颗粒的堆积体积(cm^3),其值为:$V_f = V_s + V_n + V_i + V_v$;

V_v、V_i——分别为集料颗粒间空隙与矿物实体开口孔隙的体积(cm^3);

ρ——集料的堆积密度(g/cm^3);

ρ_a——集料的表观密度(g/cm^3)。

空隙率反映了集料颗粒间相互填充的致密程度。

4. 集料的颗粒形状与表面特征

(1)颗粒形状

集料中颗粒形状有蛋圆形、棱角形、针状和片状四种类型,比较理想的形状是接近球体或立方体。《公路工程集料试验规程》(JTG E42—2005)中对水泥混凝土用粗集料采用规准仪法测定,当颗粒的最小厚度（或直径）与最大长度（或宽度）方向的尺寸之比小于规定值时即为针片状颗粒；沥青混合料或基层用粗集料采用游标卡尺法测定，当颗粒的最大长度（或宽度）方向与最小厚度（或直径）的尺寸之比大于3时即为针片状颗粒。

（2）表面特征

集料的表面特征主要指集料表面的粗糙程度及孔隙特征等，表面粗糙的集料颗粒间的摩阻力较表面光滑、无棱角颗粒的要大；表面粗糙、具有吸收水泥浆或沥青中轻质组分的孔隙特征的集料，与结合料间的黏结能力较强，而表面光滑的集料与结合料间的黏结能力一般较差。

5. 含泥量和泥块含量

存在于集料中或包裹在集料颗粒表面的泥土会降低集料与水泥（或沥青）的界面黏结力，显著影响混合料的整体强度与耐久性，对其含量应加以限制。

（1）含泥量与石粉含量

含泥量是指集料中粒径小于0.075mm的颗粒含量，石粉含量是指人工砂中粒径小于0.075mm的颗粒含量，两者均按照式（1-15）计算。

$$Q_a = \frac{m_0 - m_1}{m_0} \times 100\% \tag{1-15}$$

式中：Q_a——集料的含泥量和石粉含量（%）；

m_0——试验前烘干集料试样的质量（g）；

m_1——经筛洗后，0.075mm筛上烘干试样的质量（g）。

含泥量应是集料中的泥土含量，而采用筛洗法得到的粒径小于0.075mm的颗粒中实际上包含了矿粉、细砂与黏土成分，而筛洗法很难将这些成分加以区别。将通过0.075mm筛孔的颗粒部分全部都当作“泥土”的做法欠妥，因此，在《公路工程集料试验规程》（JTG E42—2005）中，以“砂当量”代替含泥量指标，将筛洗法测定的结果称为粒径<0.075mm的颗粒含量；在《建设用砂》（GB/T 14684—2011）中，增加了“甲基蓝MB值”指标。砂当量值越大，表明在粒径小于0.075mm部分所含的矿粉和细砂比例越高。亚甲蓝MB值较小时表明粒径≤0.075mm的颗粒主要是母岩化学成分相同的石粉。

（2）泥块含量

泥块含量是指粗集料中原尺寸大于4.75mm（细集料中大于1.18mm），但经水浸洗、手捏后尺寸小于2.36mm（细集料为小于0.6mm）的颗粒含量，按照式（1-16）计算。集料中的泥块主要以3种类型存在：由纯泥土组成的团块，由砂、石屑与泥土组成的团块，包裹在集料颗粒表面的泥。

$$Q_b = \frac{G_1 - G_2}{G_1} \times 100\% \tag{1-16}$$

式中：Q_b——集料中的泥块含量（%）；

G_1——4.75mm（粗集料）或1.18mm（细集料）筛上试样的质量（g）；

G_2——4.75mm（粗集料）或1.18mm（细集料）筛上试样经水洗后，2.36mm（粗集料）或0.6mm（细集料）筛上烘干试样的质量（g）。

（3）砂当量

砂当量用于测定细集料中所含的黏性土和杂质含量，判定集料的洁净程度，对集料中粒径小于0.075mm的矿粉、细砂与泥土加以区别，砂当量值越大，表明粒径小于0.075mm部分所含的矿粉和细砂比例越高，细集料越洁净。

（4）亚甲蓝MB值

亚甲蓝MB值用于判别人工砂中粒径小于 0.075mm 颗粒含量主要是泥土还是与被加工母岩化学成分相同的石粉。亚甲蓝MB值较小时表明粒径≤0.075mm 颗粒主要是母岩化学成分相同的石粉。亚甲蓝值越小，细集料越洁净。

考点五：集料的力学性质及检测方法

在混合料中，粗集料起骨架作用，应具备一定的强度、抗磨耗和抗冲击性能等，这些性能分别用压碎值、磨光值、磨耗值和冲击值等指标表示。

1. 压碎值

集料压碎值用于衡量石料在逐渐增加的荷载下抵抗压碎的能力，是衡量石料力学性质的指标，以评定其在公路工程中的适用性。压碎值是对集料的标准试样在标准条件下进行加荷，测试集料被压碎后，标准筛上筛余质量的百分率。该值越大，说明抗压碎能力越差。

（1）粗集料的压碎值

粗集料压碎值按式（1-17）计算。

$$Q_a' = \frac{m_1}{m_0} \times 100\% \tag{1-17}$$

式中：Q_a'——集料的压碎值（%）；

m_0——试验前试样的质量（g）；

m_1——试验后通过 2.36mm 筛孔的细料质量（g）。

（2）细集料压碎值

细集料压碎值按单粒级进行试验，细集料分为 2.36~4.75mm、1.18~2.36mm、0.6~1.18mm、0.3~0.6mm 四档，分别测试这四档在逐渐增加的荷载下抵抗压碎的能力。按式（1-18）计算，取最大单粒级压碎值为细集料的压碎指标值。

$$Y_i = \frac{m_2}{m_1 + m_2} \times 100\% \tag{1-18}$$

式中：Y_i——第i粒级细集料的压碎指标值（%）；

m_1——试样的筛余量（g）；

m_2——试样的通过量（g）。

2. 磨光值

磨光值是反映石料抵抗轮胎磨光作用能力的指标，采用加速磨光机磨光石料，并用摆式摩擦系数测定仪测得磨光后集料的摩擦系数。用高磨光值的石料来铺筑道路路面表层，可以提高路表的抗滑能力，保障车辆的安全行驶。该值越高，表示其抗滑性越好。石料的磨光值PSV按式（1-19）计算。

$$PSV = PSV_{ra} + 49 - PSV_{bra} \tag{1-19}$$

式中：PSV_{bra}——标准试件的摩擦系数；

PSV_{ra}——用摆式摩擦系数测定仪测定试件的摩擦系数。

3. 冲击值

冲击值反映石料抵抗冲击荷载的能力，对道路表层用集料非常重要。粗集料冲击值试验用击碎后粒径小于 2.36mm 部分的质量百分率表示。该值越大，说明集料抵抗冲击荷载能力越差。

集料冲击值按式（1-20）计算。

$$AIV = \frac{m_1}{m_0} \times 100\% \tag{1-20}$$

式中：AIV——集料的冲击值（%）；

m_0——试样的总质量（g）；

m_1——冲击试验后，通过 2.36mm 筛的石屑质量（g）。

4. 磨耗值

磨耗值用于确定石料抵抗表面磨损的能力，适用于对路面抗滑表层所用集料抵抗车轮撞击及磨耗能力的评定。该值越大，说明抗磨损能力越差。

磨耗值的试验方法为道瑞试验法。集料的磨耗值按式（1-21）计算。

$$AAV = \frac{3(m_1 - m_2)}{\rho_s} \tag{1-21}$$

式中：AAV——集料的道瑞磨耗率；

m_1——磨耗前试样的质量（g）；

m_2——磨耗后试样的质量（g）；

ρ_s——集料的表干密度（g/cm^3）。

考点六：矿物混合料的级配

在水泥混凝土或沥青混合料中，需要将两种或两种以上的集料配合使用，构成所谓的矿质混合料，简称矿料。矿料组成设计的目的就是根据目标级配范围要求，确定各档集料在矿质混合料中的合理比例。进行矿料组成设计，必备的已知条件是各档集料的级配组成和矿质混合料的设计级配范围。

级配是指集料中大小粒径颗粒的搭配比例或分布情况。

1. 级配的表示方法

（1）标准筛

矿质集料的级配通常采用筛分试验确定。标准筛是指形状和尺寸规格符合要求的系列样品筛，以方孔筛为准，标准筛尺寸依次为 75mm、63mm、53mm、37.5mm、31.5mm、26.5mm、19mm、16mm、13.2mm、9.5mm、4.75mm、2.36mm、1.18mm、0.6mm、0.3mm、0.15mm 和 0.075mm。

（2）级配参数

在筛分试验中，分别称量集料试样存留在各筛上的筛余质量，然后计算出反映该集料试样级配的有关参数：分计筛余百分率a_i、累计筛余百分率A_i和通过百分率P_i。

分计筛余百分率a_i是指某号筛上的筛余质量占试样总质量的百分率，按式（1-22）计算。

$$a_i = \frac{m_i}{M} \times 100\% \tag{1-22}$$

式中：m_i——存留在某筛孔上的试样质量（又称为筛上质量或者筛余质量）（g）；

M——集料风干试样的总质量（g）。

累计筛余百分率A_i是指某筛孔的分计筛余百分率和大于该筛孔尺寸筛的各筛分计筛余百分率之和，可按式（1-23）计算。

$$A_i = a_1 + a_2 + \cdots + a_i \tag{1-23}$$

式中：a_1、a_2、…、a_i——各筛的分计筛余百分率（%）。

通过百分率P_i是指通过某号筛的试样质量占试样总质量的百分率，即 100 与某号筛累计筛余百分率之差，按式（1-24）计算。

$$P_i = 100 - A_i \tag{1-24}$$

式中：A_i ——某号筛累计筛余百分率（%）。

2. 细集料的细度模数

细度模数是用于评价细集料粗细程度的指标，为细集料筛分试验中各号筛上的累计筛余百分率之和，按式（1-25）计算。

$$M_f = \frac{A_{0.15} + A_{0.3} + A_{0.6} + A_{1.18} + A_{2.36} - 5A_{4.75}}{100 - A_{4.75}} \tag{1-25}$$

式中：M_f ——砂的细度模数；

$A_{0.15}$、…、$A_{4.75}$ ——0.15mm、…、4.75mm 各筛上的累计筛余百分率（%）。

细度模数越大，表示细集料越粗。砂按细度模数分为粗、中、细三种规格，相应的细度模数分别为：粗砂$M_f = 3.7\sim3.1$；中砂$M_f = 3.0\sim2.3$；细砂$M_f = 2.2\sim1.6$。

细度模数的数值主要决定于 0.15mm 筛到 2.36mm 筛 5 个粒径的累积筛余量，与粒径小于 0.15mm 的颗粒含量无关，细度模数在一定程度上能反映砂的粗细程度，但未能全面反映砂的粒径分布情况，不同级配的砂可以具有相同的细度模数。

3. 集料的级配曲线

集料的筛分试验结果可以用级配曲线反映。在级配曲线图中，通常用纵坐标表示通过百分率（或累计筛余百分率），横坐标表示某号筛的筛孔尺寸。横坐标通常采用对数坐标，纵坐标通常采用常数坐标。绘制级配曲线时，首先在横坐标上标明筛孔尺寸的对数坐标位置，在纵坐标上标出通过百分率（或累计筛余百分率）的常数坐标位置，然后将筛分试验计算结果点绘于坐标图上，最后将各点连成级配曲线。矿质集料级配曲线按形状划分为连续级配、间断级配、开级配三种。

考点七：矿质混合料的配合比设计方法

矿质混合料的配合比设计方法有数解法和图解法两大类，两类设计方法均需要在两个已知条件的基础上进行：第一个条件是各种集料的级配参数；第二个条件是根据设计要求、技术规范或理论计算，确定矿质混合料目标级配范围。以下仅介绍常用的数解法。

数解法的基本原理是将几种已知级配的集料j配制成满足目标级配要求的矿质混合料M，混合料M在某一筛孔i上的颗粒是由这几种集料提供的。混合料的级配参数由式（1-26）或式（1-27）确定。

$$a_{M(i)} = \sum a_{j(i)} \times X_{j(i)} \tag{1-26}$$

$$P_{M(i)} = \sum P_{j(i)} \times X_{j(i)} \tag{1-27}$$

式中：$a_{M(i)}$ ——矿质混合料在筛孔i上的分计筛余百分率（%）；

$a_{j(i)}$ ——某一集料j在筛孔i上的分计筛余百分率（%）；

$P_{M(i)}$ ——矿质混合料在筛孔i上的通过百分率（%）；

$P_{j(i)}$ ——某一集料j在筛孔i上的通过百分率（%）；

$X_{j(i)}$ ——某一集料j在矿质混合料中的质量百分率（%）。

将已知集料的级配参数和矿质混合料的目标级配参数代入式（1-26）或式（1-27），建立数个方程，方程的个数等于标准筛的个数，然后用正则方程法求解，或用试算法或规划求解法确定各个集料的用量。

求解出的各种集料用量比例也是根据部分筛孔确定的，需要对矿料的合成级配进行校核，当超出级配范围时，应调整各集料的用量。

例题解析

例题 1 ［2019 年试题 1］集料的几种密度中，最小的是（　　）。

A. 表观密度　　B. 表干密度　　C. 毛体积密度　　D. 堆积密度

答案： D

解析： 见考点三。集料的几种密度从大到小为：表观密度>表干密度>毛体积密度>堆积密度。

例题 2 粗集料的压碎值试验中需将集料过（　　）mm 的标准筛。

A. 1.18　　B. 2.36　　C. 4.75　　D. 0.6

答案： B

解析： 见考点四。压碎值是对粗集料的标准试样在标准条件下进行加载，测试集料被压碎后，粒径小于 2.36mm 的试样质量占压碎前质量的百分率。

例题 3 ［2021 年试题 1］洛杉矶磨耗试验中，磨耗机的转动速率是（　　）。

A. 25 ~ 28r/min　　B. 28 ~ 32r/min　　C. 30 ~ 33r/min　　D. 33 ~ 35r/min

答案： C

解析： 见考点二。磨耗试验是将一定质量且有一定级配的石料试样和钢球置于洛杉矶磨耗试验机中，以 30 ~ 33r/min的转速转动至要求次数后停止，取出试样过筛并称量。

例题 4 ［2021 年试题 2］细集料试验中，各筛的累计筛余用A_i来表示。现有一细集料，各筛孔累计筛余分别为：$A_{4.75} = 3.6$，$A_{2.36} = 15.6$，$A_{1.18} = 34.2$，$A_{0.6} = 63.6$，$A_{0.3} = 90.1$，$A_{0.15} = 97.2$，则该细集料是（　　）。

A. 粗砂　　B. 中砂　　C. 细砂　　D. 粉砂

答案： B

解析： 见考点六。按公式（1-25）计算细度模数M_f，该砂的细度模数为 2.93，属于中砂。粗砂$M_f = 3.7 \sim 3.1$；中砂$M_f = 3.0 \sim 2.3$；细砂$M_f = 2.2 \sim 1.6$。

自测模拟

1. 对同一料源的矿料，其四项指标从小到大的正确排列是（　　）。

①真实密度；②毛体积密度；③表观密度；④堆积密度

A. ①④②③　　B. ④③②①　　C. ①②③④　　D. ④②③①

2. 含水率为 5%的湿砂的质量为 220g，将其干燥后的质量是（　　）。

A. 209.0g　　B. 209.52g　　C. 210.0g　　D. 210.52g

3. 用来评价粗集料力学性能的指标是（　　）。

A. 抗压强度　　B. 压碎值　　C. 坚固性　　D. 磨耗率

4. 石料磨光值越高，表示其（　　）越好；石料磨耗率越高，表示其耐磨耗性（　　）。

A. 抗滑性、好　　B. 抗压性、好　　C. 抗滑性、差　　D. 抗压性、差

5. 砂的细度模数越大表示砂（　　）。

A. 越粗　　B. 越细　　C. 级配越好　　D. 级配越差

参考答案

1. D　2. B　3. B　4. C　5. A

第二节　水泥和石灰

考点分析

本节重点：硅酸盐水泥熟料各矿物成分特性、凝结硬化，硅酸盐水泥的技术性质及质量检定方法，掺混合料硅酸盐水泥的特性及应用，石灰的生产、消化和硬化过程。以考核水泥矿物成分及特性、凝结时间、安定性、胶砂强度、掺混合料水泥特性、石灰成分、消化等基本概念为主。

本节难点：水泥的技术性质要求及质量检定方法。

考点精讲

考点一：硅酸盐水泥熟料各矿物成分特性

由硅酸盐水泥熟料、0~5%石灰石或粒化高炉矿渣、适量石膏磨细制成的水硬性胶凝材料，称为硅酸盐水泥。硅酸盐水泥熟料是由主要含CaO、SiO_2、Al_2O_3、Fe_2O_3的原料，按适当比例磨成细粉烧至部分熔融所得的以硅酸钙为主要矿物成分的水硬性胶凝物质。熟料的主要矿物有硅酸三钙、硅酸二钙、铝酸三钙、铁铝酸四钙四种，水泥熟料四种矿物的技术特性见表 1-1。

水泥熟料矿物的技术特性　　表 1-1

名　称	硅酸三钙 $3CaO\cdot SiO_2$ (C_3S)	硅酸二钙 $2CaO\cdot SiO_2$ (C_2S)	铝酸三钙 $3CaO\cdot Al_2O_3$ (C_3A)	铁铝酸四钙 $4CaO\cdot Al_2O_3\cdot Fe_2O_3$ (C_4AF)
水化速率	快	慢	最快	快
28d 水化放热量	多	少	最多	中
早期强度	高	低	低	低
后期强度	高	高	低	低

水泥熟料中除了以上四种主要的矿物成分外，还有少量游离氧化钙（f-CaO）、游离氧化镁（f-MgO）、三氧化硫（SO_3）及碱性氧化物等次要成分。

考点二：硅酸盐水泥的水化、凝结和硬化

硅酸盐水泥是由多种化合物组成的，这些化合物与水接触，发生水化作用，最终将导致水泥的凝结、硬化。

1. 水化

硅酸盐水泥的性能是由其熟料矿物的性能决定的。熟料矿物与水发生的水解或水化作用统称为水化。熟料矿物与水发生水化反应，生成水化产物，并放出一定的热量。

水化硅酸钙（$x\mathrm{CaO}\cdot\mathrm{SiO_2}\cdot y\mathrm{H_2O}$）几乎不溶于水，生成后立即以胶体颗粒析出并凝聚成凝胶（C-S-H），附着于水泥颗粒的表面。

石膏可调节水泥的凝结时间，是水泥的缓凝剂，掺量必须要适量，过量将引起水泥的体积安定性不良。

2. 凝结、硬化

水泥加水拌和形成具有一定流动性和可塑性的浆体，经过自身的物理化学变化逐渐变稠失去可塑性的过程称为水泥的凝结。失去可塑性的浆体随着时间的增长产生明显的强度，并逐渐发展成为坚硬的水泥石的过程，称为水泥的硬化。

水泥的凝结硬化按水化反应速率和水泥浆体结构特征分为初始反应期、潜伏期、凝结期和硬化期四个阶段。水泥凝结硬化过程的各个阶段不是彼此截然分开，而是交错进行的。

影响水泥凝结硬化的主要因素有：熟料矿物成分、水泥的种类和细度、石膏掺量、掺合料掺量、温度和湿度等。

考点三：硅酸盐水泥的技术性质及检定方法

国家标准《通用硅酸盐水泥》（GB175—2007）对硅酸盐水泥的性能要求有不溶物、氧化镁、三氧化硫、烧失量、细度、凝结时间、安定性、强度、碱含量等指标。其中不溶物、氧化镁、三氧化硫、烧失量为化学指标，凝结时间、安定性、强度为物理指标，碱含量、细度为选择性指标。以下对细度、凝结时间、体积安定性、强度分别进行介绍。

1. 细度

细度是指水泥颗粒的粗细程度。水泥颗粒越细，比表面积越大，水化反应越快越充分，早期和后期强度越高，但在空气中的硬化收缩也较大，成本也高。若水泥颗粒过粗，又不利于水泥活性的发挥。《通用硅酸盐水泥》（GB 175—2007）规定：硅酸盐水泥和普通硅酸盐水泥的细度用比表面积表示，其比表面积不小于 $300\mathrm{m^2/kg}$。其他通用硅酸盐水泥的细度用筛余表示，其 80μm 方孔筛筛余不大于 10%或 45μm 方孔筛筛余不大于 30%。

2. 凝结时间

水泥的凝结时间分为初凝时间和终凝时间。初凝时间是指水泥全部加入水中至初凝状态的时间，用“min”计；当试针沉至距底板（4±1）mm 时，为水泥达到初凝状态。终凝时间是指水泥全部加入水中至终凝状态的时间，用“min”计；当试针沉入试件 0.5mm 时，即环形附件开始不能在试件上留下痕迹时，为水泥达到终凝状态。

水泥的凝结时间用凝结时间测定仪测定，试样用标准稠度水泥净浆。国家标准规定，硅酸盐水泥初凝时间不小于 45min，终凝时间不大于 390min。其他通用硅酸盐水泥的初凝时间不得早于 45min，终凝时间不得迟于 10h。

水泥的初凝时间不宜太短，以保证在施工时有充足的时间完成搅拌、运输、成型等各种工艺；终凝时间不宜太长，以保证施工完毕后水泥能尽快硬化，产生强度。

用于公路路面基层的水泥，初凝时间应大于 3h，终凝时间应大于 6h 且小于 10h；用于极重、特重、重交通荷载等级的公路面层水泥混凝土用水泥，初凝时间应大于 1.5h，终凝时间应不大于 10h；用于中、轻交通荷载等级的公路面层水泥混凝土用水泥，初凝时间应大于 0.75h，终凝时间应不大于 10h。

3. 体积安定性

水泥的体积安定性是指水泥浆体在凝结硬化过程中体积变化的均匀性。水泥体积安定性不良，容易产生翘曲和开裂，降低工程质量甚至出现严重事故。

引起水泥安定性不良的因素主要有熟料中所含的游离氧化钙、游离氧化镁过多或掺入的石膏过多三种。根据国家标准规定，由熟料中游离氧化钙引起的安定性不良可用沸煮法检验。沸煮法分为雷氏夹法及试饼法。雷氏夹法是测定标准稠度的水泥净浆在雷氏夹中沸煮后的膨胀值；试饼法是观察标准稠度的水泥净浆试饼沸煮后的外形变化。水泥安定性经沸煮法检验（CaO）必须合格。为避免因过量游离氧化镁或石膏引起的体积安定性不良，国家标准规定，硅酸盐水泥中氧化镁（MgO）含量不得超过 5.0%，如果水泥经压蒸安定性试验合格，则氧化镁的含量允许放宽到 6.0%；三氧化硫（SO_3）的含量不得超过 3.5%。

4. 强度

水泥强度是表征水泥质量的重要指标，也是划分水泥强度等级的依据。国家标准规定，采用水泥胶砂法测定水泥强度，即采用水泥与标准砂和水以 1∶3∶0.5 的比例拌和，并按规定方法制成 40mm×40mm×160mm 的胶砂试件，试件连模一起在养护箱中养护 24h 后，再脱模放在标准温度（20±2）℃的水中养护，分别测定 3d 和 28d 抗压强度和抗折强度。硅酸盐水泥强度等级分为 42.5、42.5R、52.5、52.5R、62.5、62.5R 共 6 个等级，其中 R 代表早强型水泥。各强度等级硅酸盐水泥不同龄期的强度不得低于表 1-2 中的数值。

硅酸盐水泥的强度等级要求（GB 175—2007） 表 1-2

品 种	强度等级	抗压强度（MPa）		抗折强度（MPa）	
		3d	28d	3d	28d
硅酸盐水泥	42.5	17.0	42.5	3.5	6.5
	42.5R	22.0		4.0	
	52.5	23.0	52.5	4.0	7.0
	52.5R	27.0		5.0	
	62.5	28.0	62.5	5.0	8.0
	62.5R	32.0		5.5	

考点四：掺混合材料的硅酸盐水泥

掺混合材料的水泥包括普通硅酸盐水泥、矿渣硅酸盐水泥、火山灰质硅酸盐水泥、粉煤灰硅酸盐水泥、复合硅酸盐水泥等。

1. 混合材料的品种及性质

在生产水泥时，为了改善水泥的性能、调节水泥的强度、增加水泥品种、提高产量、节约水泥熟料、降低成本，要掺入一定量的混合材料。混合材料分为活性混合材料和非活性混合材料两大类。

活性混合材料是常温下能与氢氧化钙和水发生反应的混合材料。活性混合材料与水泥水化产生的氢氧化钙发生反应，生成水化硅酸钙，该反应称为火山灰效应。主要有粒化高炉矿渣、粉煤灰、火山灰质混合材料。主要作用是改善水泥的某种性能、调节水泥强度、降低水化热和成本、增加水泥产量。

非活性混合材料是常温下不与氢氧化钙和水反应的混合材料。主要有石灰石、石英砂及矿渣等。其作用是调节水泥强度，降低水化热，增加水泥的产量，降低水泥成本等。

2. 掺混合材料的硅酸盐水泥

国家标准《通用硅酸盐水泥》（GB 175—2007）规定，矿渣硅酸盐水泥、火山灰质硅酸盐水泥、粉煤灰硅酸盐水泥的强度等级分为 32.5、32.5R、42.5、42.5R、52.5、52.5R 六个等级，普通硅酸盐水泥、复合硅酸盐水泥的强度等级分为 42.5、42.5R、52.5、52.5R 四个等级，各龄期的强度应符合标准的规定。

考点五：通用水泥的组成、性质和适用范围

硅酸盐水泥、普通硅酸盐水泥、矿渣硅酸盐水泥、火山灰质硅酸盐水泥、粉煤灰硅酸盐水泥、复合硅酸盐水泥是土木工程中应用最广、用量最大的六种水泥（通用硅酸盐水泥），其主要特性及适用范围见表 1-3 和表 1-4。

六种常用水泥的组成、性质与适用范围　　表 1-3

项目	硅酸盐水泥（P·I, P·II）	普通水泥（P·O）	矿渣水泥（P·S·A, P·S·B）	火山灰水泥（P·P）	粉煤灰水泥（P·F）	复合水泥（P·C）
组分	硅酸盐水泥熟料、0~5%混合材料、适量石膏	硅酸盐水泥熟料、>5%且≤20%混合材料、适量石膏	硅酸盐水泥熟料、粒化高炉矿渣（20%<P·S·A≤50%、50%<P·S·B≤70%）、适量石膏	硅酸盐水泥熟料、>20%且≤40%的火山灰质混合材料、适量石膏	硅酸盐水泥熟料、>20%且≤40%的粉煤灰、适量石膏	硅酸盐水泥熟料、大量（>20%且≤50%）的两种或两种以上规定的混合材料、适量石膏
特性	（1）快凝、早强、高强； （2）抗冻性好； （3）水化热高； （4）耐腐蚀性差； （5）耐热性差； （6）抗碳化性好； （7）干缩小； （8）耐磨性好	（1）早期强度较高； （2）抗冻性较好； （3）水化热较大； （4）耐腐蚀性差； （5）耐热性差	（1）早期强度低，后期强度增长快； （2）强度发展对养护温（湿）度敏感； （3）水化热较低； （4）耐腐蚀性较好； （5）耐热性较好； （6）耐磨性一般	（1）抗渗性较好，但干缩大； （2）耐磨性差； （3）耐热性不及矿渣水泥； （4）其他同矿渣水泥	（1）流动性较好； （2）干缩较小，抗裂性较好； （3）其他同矿渣水泥	（1）耐腐蚀性好； （2）水化热小； （3）抗冻性较差； （4）干缩较大； （5）抗碳化性较差

通用水泥的选用　　表 1-4

混凝土工程特点及所处环境特点		优先选用	可以选用	不宜选用
普通混凝土	在一般气候环境中的混凝土	普通水泥	矿渣水泥、火山灰水泥、粉煤灰水泥、复合水泥	—
	在干燥环境中的混凝土	普通水泥	矿渣水泥	火山灰水泥、粉煤灰水泥
	在高温、湿度环境中或长时间处于水中的混凝土	矿渣水泥	普通水泥、火山灰水泥、粉煤灰水泥、复合水泥	—
	厚大体积混凝土	矿渣水泥、火山灰水泥、粉煤灰水泥、复合水泥	—	硅酸盐水泥

续上表

混凝土工程特点及所处环境特点		优先选用	可以选用	不宜选用
有特殊要求的混凝土	快硬混凝土	快硬硅酸盐水泥、硅酸盐水泥	普通水泥	矿渣水泥、火山灰水泥、粉煤灰水泥、复合水泥
	高强（大于C40级）混凝土	硅酸盐水泥	普通水泥、矿渣水泥	火山灰水泥、粉煤灰水泥
	严寒地区的露天混凝土，寒冷地区的处在水位升降范围内的混凝土	普通水泥	矿渣水泥	火山灰水泥、粉煤灰水泥
	严寒地区处于水位升降范围内的混凝土	—	—	火山灰水泥、矿渣水泥、粉煤灰水泥、复合水泥
	有抗渗要求的混凝土	普通水泥、火山灰水泥	—	矿渣水泥
	有耐磨要求的混凝土	—	矿渣水泥	火山灰水泥、粉煤灰水泥

考点六：石灰的生产

石灰属气硬性胶凝材料，只能在空气中硬化，且只能在空气中保持和连续增长其强度。一般只适用于干燥环境中，而不宜用于潮湿环境，更不可用于水中。

石灰包括生石灰（块状）、生石灰粉和消石灰粉。生产石灰的原料是以$CaCO_3$为主要成分的石灰石。石灰石原料经过适当温度煅烧，得到以CaO为主要成分的块状生石灰。

考点七：石灰的消化和硬化

1. 消化

生石灰（CaO）加水反应生成氢氧化钙的过程，称为石灰的消化或熟化。反应生成的产物氢氧化钙称为熟石灰或消石灰。

石灰消化时放出大量的热，体积增大 1~2.5 倍。煅烧良好、氧化钙含量高的石灰消化较快，放热量和体积增大也较多。

由于有过火石灰和欠火石灰的存在，为了防止过火石灰体积膨胀引起的隆起和开裂，石灰浆应在储灰坑中存放两周以上，此为“陈伏”。“陈伏”期间，石灰浆表面应保持一层水分，与空气隔绝，以免碳化。

2. 硬化

石灰浆在空气中逐渐硬化，包括结晶和碳化两个同时进行的过程。硬化石灰浆体的强度一般不高，受潮后更低，强度增长慢。硬化过程中体积收缩大，易开裂。

考点八：石灰的性质及技术要求

1. 性质

（1）保水性和可塑性好。

（2）硬化慢、强度低。

（3）耐水性差。

（4）体积收缩大。

2. 技术要求

建筑生石灰的化学、物理性质应分别满足表 1-5 和表 1-6 的要求；建筑消石灰的化学成分和物理性质应符合表 1-7 的规定。

建筑生石灰的化学成分（%）　　表 1-5

名　　称	（氧化钙+氧化镁）（CaO+MgO）	氧化镁（MgO）	二氧化碳（CO_2）	三氧化硫（SO_3）
CL90-Q CL90-QP	≥90	≤5	≤4	≤2
CL85-Q CL85-QP	≥85	≤5	≤7	≤2
CL75-Q CL75-QP	≥75	≤5	≤12	≤2
ML85-Q ML85-QP	≥85	>5	≤7	≤2
ML80-Q ML80-QP	≥80	>5	≤7	≤2

注：生石灰块在代号后面加 Q，生石灰粉在代号后面加 QP。

建筑生石灰的物理性质　　表 1-6

名　　称	产浆量（dm^3/10kg）	细　　度	
		0.2mm 筛余量（%）	90μm 筛余量（%）
CL90-Q	≥26	—	—
CL90-QP	—	≤2	≤7
CL85-Q	≥26	—	—
CL85-QP	—	≤2	≤7
CL75-Q	≥26	—	—
CL75-QP	—	≤2	≤7
ML85-Q	—	—	—
ML85-QP	—	≤2	≤7
ML80-Q	—	—	—
ML80-QP	—	≤7	≤2

建筑消石灰的化学成分和物理性质（%）　　表 1-7

<table>
<tr><th rowspan="2">名　　称</th><th rowspan="2">氧化钙+氧化镁（CaO+MgO）</th><th rowspan="2">氧化镁（MgO）</th><th rowspan="2">三氧化硫（SO_3）</th><th rowspan="2">游离水</th><th colspan="2">细　　度</th><th rowspan="2">安定性</th></tr>
<tr><th>0.2mm 筛余量</th><th>90μm 筛余量</th></tr>
<tr><td>HCL90</td><td>≥90</td><td rowspan="3">≤5</td><td rowspan="5">≤2</td><td rowspan="5">≤2</td><td rowspan="5">≤2</td><td rowspan="5">≤7</td><td rowspan="5">合格</td></tr>
<tr><td>HCL85</td><td>≥85</td></tr>
<tr><td>HCL75</td><td>≥75</td></tr>
<tr><td>HML85</td><td>≥85</td><td rowspan="2">>5</td></tr>
<tr><td>HML80</td><td>≥80</td></tr>
</table>

例题解析

例题 1 [2019 年试题 2] 改变水泥熟料矿物的含量，可使水泥性质发生相应的变化。如果要使水泥具有比较低的水化热，应降低（ ）的含量。

A. C_3S　　B. C_2S　　C. C_3A　　D. C_4AF

答案： C

解析： 见考点一中的表 1-1。硅酸盐水泥水化时，放热量最大且放热速度最快的是 C_3A。

例题 2 对水泥胶砂强度进行试验检测时，水泥与标准砂和水的比例为（ ）。

A. 1 : 2.5 : 0.5　　B. 1 : 2.5 : 0.45　　C. 1 : 3 : 0.5　　D. 1 : 3 : 0.45

答案： C

解析： 见考点三。在进行水泥胶砂强度试验时，水泥、标准砂和水以 1 : 3 : 0.5 的比例拌和，并按规定方法制成 40mm×40mm×160mm 的胶砂试件。

例题 3 [2019 年试题 5] 消石灰的主要化学成分为（ ）。

A. 氧化钙　　B. 氧化镁　　C. 氢氧化钙　　D. 硫酸钙

答案： C

解析： 见考点七。生石灰（CaO）加水反应生成氢氧化钙的过程，称为石灰的消化或熟化。反应生成的产物氢氧化钙称为熟石灰或消石灰。

例题 4 [2020 年试题 3] 水泥熟料中掺加适量石膏的目的是（ ）。

A. 降低发热量　　B. 增加产量

C. 减少收缩　　D. 调节水泥凝结速度

答案： D

解析： 见考点二。石膏的主要作用是作为缓凝剂，在没有石膏的情况下水泥熟料磨细后加水会很快凝结，影响施工和检验，添加适量石膏后，石膏中的硫酸钙与水泥熟料中的铝酸三钙反应生成钙矾石，减少水泥的水化速度，从而起到缓凝的作用。

例题 5 [2021 年试题 3] 石灰可用于道路与桥梁工程，下列技术要求中，不属于石灰的技术要求的是（ ）。

A. 氧化铝的含量　　B. 氧化镁和氧化钙的含量

C. 二氧化碳的含量　　D. 细度

答案： A

解析： 见考点八。表 1-5 ~ 表 1-7，生石灰的技术要求有氧化镁和氧化钙、二氧化碳、氧化镁、三氧化硫的含量，细度和产浆量；消石灰的技术要求有氧化镁和氧化钙、氧化镁、三氧化硫的含量，游离水（含水率）、细度和安定性。

例题 6 [2021 年试题 4] 我国现行标准中规定，硅酸盐水泥细度的测定方法是（ ）。

A. 负压筛析法　　B. 手工筛析法　　C. 水筛法　　D. 比表面积法

答案： A

解析： 见考点三。《通用硅酸盐水泥》（GB 175—2007）规定：硅酸盐水泥和普通硅酸盐水泥的细度用比表面积表示，其比表面积不小于 $300m^2/kg$。其他通用硅酸盐水泥的细度用筛余表示，其 80μm 方孔筛筛余不大于 10%或 45μm 方孔筛筛余不大于 30%。

《公路工程水泥及水泥混凝土试验规程》(JTG 3420—2020)规定：水泥细度试验方法为筛析法(包括负压筛析法、水筛法和手工筛法)；负压筛法与水筛法测定的结果发生争议时，以负压筛法为准。

自测模拟

1. 硅酸盐水泥熟料的主要矿物成分为(　　)。

A. C_3S、C_2S、C_3A、C_4AF　　B. CaO、Al_2O_3、Fe_2O_3、SiO_2

C. 水化硅酸钙　　D. $Ca(OH)_2$

2. 生产水泥的过程中加入石膏的目的是为(　　)。

A. 使水泥色泽均匀　B. 快凝作用　C. 调节凝结时间　D. 促凝作用

3. 硅酸盐水泥适用于(　　)混凝土工程。

A. 快硬高强　B. 大体积　C. 与海水接触的　D. 受热的

4. 矿渣水泥较普通水泥耐腐蚀性强的主要原因是矿渣水泥硬化后，其水泥石中(　　)。

A. $Ca(OH)_2$ 含量少　　B. C-S-H 凝胶多

C. C_3AH_6 含量少　　D. 选项 A 和 C

5. 为避免引起水泥的体积安定性不良，需严格控制(　　)。

A. 氧化铝的含量　　B. 氧化镁、三氧化硫的含量

C. C_3A 的含量　　D. C_4AF 的含量

6. 关于水泥混合材料的叙述，不正确的为(　　)。

A. 可分为活性混合材料和非活性混合材料

B. 粒化高炉矿渣、粉煤灰属于活性混合材料

C. 活性混合材料是因为自身的成分能与水发生水化反应从而具有活性性质

D. 火山灰硅酸盐水泥中掺入了活性混合材料

7. 下列方法不能用来检测水泥细度的是(　　)。

A. 比表面积法　B. 负压筛法　C. 雷氏法　D. 水筛法

8. 水泥胶砂强度试验是为了测试(　　)的强度等级。

A. 水泥砂浆　B. 水泥混凝土　C. 水泥　D. 砂

9. 水泥的初凝时间不宜太(　　)，终凝时间不宜太(　　)。

A. 长，短　B. 短，长　C. 长，长　D. 短，短

10. 气硬性胶凝材料(　　)。

A. 只能在水中凝结硬化而不能在空气中凝结硬化

B. 只能在空气中凝结硬化而不能在水中凝结硬化

C. 既能在空气中凝结硬化又能在水中凝结硬化

D. 既不能在空气中也不能在水中凝结硬化

11. 钙质生石灰的主要成分是(　　)；熟石灰的主要成分是(　　)；硬化中石灰的主要成分是(　　)。

A. CaO；$Ca(OH)_2$；$Ca(OH)_2 \cdot nH_2O$ 晶体 + $CaCO_3$

B. $CaCO_3$；$Ca(OH)_2$；$Ca(OH)_2 \cdot nH_2O$ 晶体 + $CaCO_3$

C. $Ca(OH)_2$；CaO；$Ca(OH)_2 \cdot nH_2O$ 晶体 + $CaCO_3$

D. CaO；$Ca(OH)_2$；$Ca(OH)_2 \cdot nH_2O$ 晶体

12. 石灰等级划分主要是依据（　　）的含量。

A. 有效氧化钙加氧化镁　　B. 氧化镁

C. 氧化钙　　D. 氢氧化钙

13. 初凝时间是指水泥全部加入水中至初凝状态的时间，以“min”计；当试针沉至距底板（　　）时，为水泥达到初凝状态。

A.（4±1）mm　　B.（5±1）mm　　C.（6±1）mm　　D.（7±1）mm

参考答案

1. A　2. C　3. A　4. D　5. B　6. C　7. C　8. C　9. B　10. B
11. A　12. A　13. A

第三节　无机结合料稳定材料

考点分析

本节重点：石灰稳定粒料、水泥稳定粒料、石灰粉煤灰稳定粒料的技术性质，无机结合料稳定材料配合比设计方法，石灰粉煤灰稳定粒料的强度形成机理。以考核水泥稳定碎石的技术性质和配合比设计方法为主。

本节难点：无机结合料稳定材料配合比设计方法。

考点精讲

考点一：无机结合料稳定材料的技术性质

无机结合料稳定材料是指在各种被稳定材料（如碎石、砾石、石屑、土或工业废渣）中，掺入一定数量的无机结合料（如石灰、水泥）及水，共同拌和得到的混合料。这类混合料经拌和、摊铺、压实与养生后，可形成具有一定强度和稳定性的板体结构，当其抗压强度和使用性能符合设计要求时，可用于道路路面结构的基层与底基层。

无机结合料稳定材料按所用无机结合料种类分为：石灰稳定材料、水泥稳定材料、综合稳定材料、工业废渣稳定材料。无机结合料稳定材料结构层按其混合料结构状态分为骨架密实型、骨架空隙型、悬浮密实型和均匀密实型四种结构类型。这类结构层具有稳定性好、结构本身自成板体、抗冻性能较好等特点，但易产生干缩和温缩裂缝，耐磨性差，广泛用于路面结构基层或底基层。作为公路工程材料，无机结合料稳定材料必须具有：①合适的强度和耐久性；②用作高等级道路路面基层时，应具有较小的收缩变形能力和较强的抗冲刷能力；③技术可行，经济合理，便于施工。

1. 强度

无机结合料稳定材料的刚性介于柔性与刚性材料之间，是一种半刚性材料，具有一定的抗拉强度。测定半刚性材料的抗拉强度有 3 种方法：第一种方法是利用梁式试件，采用三分点加载进行弯拉试验，测得的抗拉强度为抗弯拉强度；第二种方法是用圆柱体试件直接拉伸测得直接抗拉强度；第三种方法是用圆柱体试件沿其直径方向用线压力进行试验，直到被破坏，该强度称为间接抗拉强度或劈裂强度。同一种材料，用不同的方法测得的抗拉强度是不同的。广泛使用的无机结合料稳定材料强度指标通常是 7d 无侧限抗压强度。

7d 无侧限抗压强度是无机结合料稳定材料配合比设计与施工质量控制的主要指标。路面结构设计时采用 90d 或 180d 龄期的抗压回弹模量与劈裂强度，水泥稳定类采用 90d 龄期，石灰与二灰稳定类采用 180d 龄期的试验结果。半刚性基层材料的力学性能都是标准养生到规定龄期前一天，再饱水 24h 后的力学特征，因而也可反映水稳定性能。

无机结合料稳定材料的强度标准根据相应的公路等级和在路面结构中的层位而定。无机结合料稳定材料抗压强度试件采用高径比 1∶1 的圆柱体试件，在规定温度保湿养生 6d、浸水 1d 后无侧限抗压强度标准见表 1-8。高速公路和一级公路还应验证所用材料的 7d 无侧限抗压强度与 90d 或 180d 龄期弯拉强度的关系。

无机结合料稳定材料的 7d 无侧限抗压强度标准 R_d（单位：MPa） 表 1-8

名 称	结构层	公路等级	极重、特重交通	重交通	中、轻交通
石灰稳定材料①	基层	高速公路和一级公路	—		
		二级和二级以下公路	≥0.8②		
	底基层	高速公路和一级公路	≥0.8		
		二级和二级以下公路	0.5~0.7③		
水泥稳定材料④	基层	高速公路和一级公路	5.0~7.0	4.0~6.0	3.0~5.0
		二级和二级以下公路	4.0~6.0	3.0~5.0	2.0~4.0
	底基层	高速公路和一级公路	3.0~5.0	2.5~4.5	2.0~4.0
		二级和二级以下公路	2.5~4.5	2.0~4.0	1.0~3.0
石灰粉煤灰稳定材料⑤	基层	高速公路和一级公路	≥1.1	≥1.0	≥0.9
		二级和二级以下公路	≥0.9	≥0.8	≥0.7
	底基层	高速公路和一级公路	≥0.8	≥0.7	≥0.6
		二级和二级以下公路	≥0.7	≥0.6	≥0.5
水泥粉煤灰稳定材料	基层	高速公路和一级公路	4.0~5.0	3.5~4.5	3.0~4.0
		二级和二级以下公路	3.5~4.5	3.0~4.0	2.5~3.5
	底基层	高速公路和一级公路	2.5~3.5	2.0~3.0	1.5~2.5
		二级和二级以下公路	2.0~3.0	1.5~2.5	1.0~2.0

注：① 石灰土强度达不到表中规定的抗压强度标准时，可添加部分水泥，或改用另一种土。塑性指数过小的土，不宜用石灰稳定，宜改用水泥稳定。

② 在低塑性土（塑性指数小于 7）地区，石灰稳定砂砾土和碎石土的 7d 龄期无侧限抗压强度应大于 0.5MPa（100g 平衡锥测液限）。

③ 低限用于塑性指数小于 7 的黏性土，且低限值宜仅用于二级以下公路。高限用于塑性指数大于 7 的黏性土。

④ 公路等级高或交通荷载等级高或结构安全性要求高时，推荐取上限强度标准。

⑤ 石灰粉煤灰稳定材料强度不满足表中的要求时，可外加混合料质量 1%~2%的水泥。

2. 应力—应变特性

采用三轴压缩试验方法测定应力—应变特性关系，无机结合料稳定材料的应力—应变关系曲线呈现出非线性性状。在不具备三轴压缩试验条件时，可采用室内承载板法测定无机结合料稳定材料早期抗压回弹模量。无机结合料稳定材料的回弹模量主要同土类、结合料剂量及龄期、侧限应力有关，在较大范围内变动。采用不同结合料稳定半刚性材料的回弹模量值高达 1500~1600MPa。

3. 疲劳特征

疲劳破坏是在小于材料极限强度的应力反复作用下所产生的累积破坏。疲劳性能是指某种材料对不同水平应力的反复作用的反应，以构成破坏所需荷载作用次数（疲劳寿命）来表示。

试验表明，半刚性材料的力学特性接近于线弹性材料，在疲劳试验中，残余应变随荷载作用次数的增加而增大，但与回弹应变的比值很小。半刚性材料的回弹应变随荷载作用次数增加而增大，试件临近破坏时，回弹应变会有一个迅速增大的短暂过程。在一定的应力条件下，材料的疲劳寿命取决于材料的强度和刚度。

4. 收缩特性

半刚性基层的收缩主要表现为干燥收缩和温度收缩。干燥收缩是由于半刚性基层中水分不断减少所引起的材料体积收缩现象；温度收缩是由于不同矿物颗粒所组成的固相、液相和气相等在温度变化特别是降温过程中相互作用，使得材料产生体积收缩造成的。虽然干缩和温缩发生的原因不同，但都会引起半刚性结构体积的变化，从而诱发裂缝。

半刚性基层的干、温缩特性与结合料的类型、剂量、试件的含水率和龄期等因素有关，干缩特性常用最大干缩应变与平均干缩系数表征，温缩特性多用温缩系数表征。干缩破坏主要发生在基层成型的初期，尚未被沥青面层覆盖的阶段；而温缩破坏主要是由基层在使用初期昼夜交替产生温差引起的。集料中粒径在 0.075mm 以下的含量对半刚性基层材料的收缩影响非常大，因此，在施工时应严格控制粒径 0.075mm 以下的材料用量。

收缩裂缝的危害主要表现在两个方面：外界水分通过裂缝渗入会引起面层的冲刷剥落或基层的冲刷唧泥；过小的裂缝间距破坏了路面结构的整体性，改变了受力状态。

无机结合料稳定材料的干缩试验方法和温缩试验方法分别见《公路工程无机结合料稳定材料试验规程》（JTG E51—2009）中的“T 0854—2009”和“T 0855—2009”。

5. 冲刷特性

沥青路面开裂或水泥混凝土路面接缝的填缝料丧失，通过面层进入基层的水若不能及时排出，路表水进入基层顶面，基层遇水后湿软，原本非结合料联结的颗粒间联结力减弱或丧失，在高速、重载车辆的作用下产生很大的动水压力，将细料冲刷带到路表，造成唧泥和路面面层脱空。基层冲刷破坏的程度与水量和材料中细集料含量有关，水量越大、细集料含量越多，冲刷破坏越严重。

有试验研究表明，通常混合料的抗压强度越高，其抗冲刷性能越好，因此可通过适当提高抗压强度的方法来提高半刚性基层的抗冲刷性能。

6. 水稳定性和抗冻性

无机结合料稳定材料作基层材料时，除了具有适当的强度，能承受设计荷载外，还应具备一定的水稳定性和抗冻性，评价方法分别为浸水强度和冻融循环试验。通常稳定类基层因面层开裂、渗水或两侧路肩渗水使稳定材料含水率增加，强度降低，引发路面早期破坏；在严寒冰冻地区，冰冻亦会加剧这种破坏。

考点二：无机结合料稳定材料的组成设计

无机结合料稳定材料组成设计包括原材料检验、混合料的目标配合比设计、混合料的生产配合比设计和施工参数确定四方面的内容。

1. 原材料检验

原材料检验包括结合料、被稳定材料及其他相关材料的试验，所有检测指标均应满足相关设计标准或技术文件的要求。

2. 目标配合比设计

（1）设计目的与内容

目标配合比设计是根据强度标准选择适宜稳定的材料，确定必需的或最佳的无机结合料组成与剂量、验证混合料相关的设计及施工技术指标。设计内容包括选择级配范围、确定结合料类型及掺配比例与验证混合料相关的设计及施工技术指标三个方面。

（2）组成设计步骤

①选择级配范围

根据当地材料特点和混合料设计要求，结合工程实践经验和混合料推荐级配范围［详见《公路路面基层施工技术细则》（JTG/T F20—2015）］，选择最优的工程级配。

②选择不少于 5 个不同结合料剂量制备混合料试件

水泥稳定材料的水泥剂量以水泥质量占全部干燥被稳定材料质量的百分率表示，即水泥剂量 = 水泥质量/干燥被稳定材料质量；石灰稳定材料的石灰剂量以石灰质量占全部干燥被稳定材料质量的百分率表示，即石灰剂量 = 石灰质量/干燥被稳定材料质量；石灰工业废渣混合料采用质量配合比计算，以石灰：工业废渣：被稳定材料的质量比表示。

③确定混合料最佳含水率和最大干密度

采用重型击实方法或振动压实法确定不同结合料剂量混合料的最佳含水率和最大干（压实）密度。

④根据压实度计算干密度

按规定的压实度，分别计算不同结合料剂量的试件应有的干密度。

⑤按最佳含水率和计算干密度制备试件

采用静压法成型径高比为 1∶1 的标准试件，其中无机结合料稳定细粒材料的试件直径为 100mm，无机结合料稳定中、粗粒材料的试件直径为 150mm。进行强度试验时，作为平行试验的最少试件数量根据公称最大粒径和变异系数确定，一般细粒材料 6 个，中粒材料 9 个，粗粒材料 13 个。

⑥强度试验及计算

试件在标准养护室温度(20±2)℃，相对湿度 95%以上标准养生 6d，浸水 24h 后，按《公路工程无机结合料稳定材料试验规程》（JTG E51—2009）进行无侧限抗压强度试验。根据试验结果计算强度代表值R_d^0。

$$R_d^0 = \overline{R} \cdot (1 - Z_\alpha C_v) \tag{1-28}$$

式中：$\overline{R}$——一组试验的强度平均值（MPa）；

Z_α——标准正态分布表中随保证率（或置信度α）而变的系数，高速公路和一级公路应取保证率95%，即$Z_\alpha = 1.645$；二级及二级以下公路应取保证率 90%，即$Z_\alpha = 1.282$；

C_v——一组试验的强度变异系数。

强度数据处理时，宜按 3 倍标准差的标准剔除异常数值，且同一组试验样本异常数值剔除应不多于 2 个。强度代表值R_d^0应不小于强度标准值R_d，如不满足应重新进行配合比试验。

⑦选定结合料剂量

根据表 1-8 的强度标准，选定合适的结合料剂量。

⑧级配曲线优化

在目标级配曲线优化选择过程中，应选择不少于 4 条级配曲线，试验级配曲线可按推荐的级配范围和以往工程经验或数学模型设计确定。

⑨合成目标级配曲线并进行性能验证

按确定的目标级配，根据各档材料的平均筛分曲线，确定其使用比例，得到混合料的合成级配。再根据合成级配进行混合料击实试验和 7d 龄期无侧限抗压强度试验，验证混合料性能。

⑩波动范围的上、下限验证性能

应根据已确定的各档材料使用比例和各档材料级配的波动范围，计算实际生产中混合料的级配波动范围；并应针对这个波动范围的上、下限验证性能。

3. 生产配合比设计

（1）根据目标配合比确定各档材料比例后，应对拌和设备进行调试和标定，确定合理的生产参数。

（2）拌和设备的调试和标定包括料斗称量精度的标定、结合料剂量的标定和拌和设备加水量的控制等内容。绘制不少于 5 个点的水泥剂量标定曲线。按各档材料的比例关系，设定相应的称量装置，调节拌和设备各个料仓的进料速度。按设定好的施工参数进行第一阶段试生产，验证生产级配。不满足要求时，应进一步调整施工参数。

（3）进行不同成型时间条件下的混合料强度试验，绘制相应的延迟试件曲线，并根据设计要求确定容许延迟时间。

（4）在第一阶段试生产试验的基础上，进行第二阶段试验。分别按不同结合料剂量和含水率进行混合料试拌，并取样、试验。

通过混合料中实际含水率的测定，确定施工过程中水流量计的设定范围。通过混合料中实际结合料剂量的测定，确定施工过程中掺加结合料的相关技术参数。通过击实试验，确定结合料剂量变化、含水率变化对混合料最大干密度的影响。通过抗压强度试验，确定材料的实际强度水平和拌和工艺的变异水平。

（5）混合料生产参数的确定包括结合料剂量、含水率和最大干密度等指标。工地实际采用的结合料剂量宜比室内试验确定的剂量多 0.5%~1.0%，集中厂拌法施工时，可只增加 0.5%；路拌法施工时，宜增加 1%。含水率可增加 1%~2%，最大干密度以最终合成级配击实试验的结果为标准。

4. 确定施工参数

（1）确定施工中结合料的剂量。

（2）确定施工的最佳含水率及最大干密度。

（3）验证混合料强度技术指标。

考点三：石灰粉煤灰稳定材料强度形成机理

1. 石灰粉煤灰稳定材料的强度形成机理

石灰粉煤灰稳定材料时，石灰在水的作用下形成饱和的 $Ca(OH)_2$ 溶液，粉煤灰中的活性氧化硅和氧

化铝在 $Ca(OH)_2$ 溶液中产生火山灰反应，生成水化硅酸钙和铝酸钙凝胶，使颗粒胶凝在一起。随水化物不断产生而结晶硬化，在温度较高时，混合料强度不断增长。石灰粉煤灰稳定材料基层具有水硬性、缓凝性、强度高、稳定性好，成板体，且强度随龄期不断增加，抗水、抗冻、抗裂且收缩性小，能适应各种气候环境和水文地质条件的特点。

石灰粉煤灰稳定材料的强度形成主要依靠集料的骨架作用和石灰粉煤灰的水硬性胶结及填充作用。由于粉煤灰能提供较多的活性氧化硅和活性氧化铝成分，在石灰的碱性激发作用下生成较多的水化硅酸钙、水化铝酸钙，具有较高的强度和稳定性。

2. 影响强度的因素

石灰粉煤灰稳定材料的强度随龄期的增长速率缓慢，早期强度较低，但到后期仍然保持一定的强度增长速率，有着较高的后期强度。石灰粉煤灰稳定材料中粉煤灰的用量越多，初期强度就越低，后期的强度增长幅度也越大。如果需要提高石灰粉煤灰稳定材料的早期强度，可以掺加少量水泥或某些早强剂。

养生温度对石灰粉煤灰稳定材料的抗压强度有明显影响，较高的温度会促使火山灰反应进程加快。而当气温低于 4℃时，石灰粉煤灰混合料的抗压强度几乎停止增长。

3. 石灰稳定材料的强度形成机理

石灰稳定材料强度的形成与发展是通过机械压实、离子交换反应、氢氧化钙结晶和碳酸化反应，以及火山灰反应等一系列复杂的物理与化学作用过程完成的。

（1）离子交换作用

二价 Ca^{2+}和 Mg^{2+}能当量替换土粒中的一价阳离子 Na^+、K^+，交换的结果使得胶体扩散层的厚度减薄，范德华引力增大，促使土粒凝集和凝聚，并形成稳定团粒结构，导致被稳定材料的分散性、湿坍性和膨胀性降低。这种离子交换作用在初期进行得很迅速，并随着 Ca^{2+}和 Mg^{2+}在被稳定材料中扩散地进行，这是被稳定材料加入石灰后初期性质得到改善的主要原因。

（2）结晶作用

在石灰稳定材料中绝大部分 $Ca(OH)_2$ 溶解于水，形成 $Ca(OH)_2$ 的饱和溶液，随着水分的蒸发和石灰土反应的进行，特别是石灰剂量较高时，有可能会引起溶液中某种程度的过饱和。$Ca(OH)_2$ 晶体即从过饱和溶液中析出，产生 $Ca(OH)_2$ 的结晶反应。此过程使 $Ca(OH)_2$ 由胶体逐渐转变成晶体，晶体相互结合，并与被稳定材料等结合起来形成共晶体。结晶的 $Ca(OH)_2$ 溶解度较小，因而使石灰稳定材料强度和水稳性有所提高。

（3）火山灰作用

石灰加入被稳定材料中后，$Ca(OH)_2$ 与稳定材料中的活性 SiO_2 和 Al_2O_3 作用生成含水的硅酸钙和铝酸钙，此种作用称为火山灰作用。

生成物具有水硬性，强度较高、水稳性较好，增加了被稳定材料颗粒之间的固化凝聚力，提高了石灰稳定材料的强度和水稳定性，并促使石灰土在相当长的时期内增长强度，是石灰稳定材料具有早期强度的主要原因。

（4）碳酸化作用

石灰加入被稳定材料中后，$Ca(OH)_2$ 从空气中吸收水分和 CO_2 可以生成不溶解的碳酸钙，此种作用称为碳酸化作用。

碳酸化作用实际上是 CO_2 与水形成碳酸，然后与 $Ca(OH)_2$ 反应生成碳酸钙，所以碳酸化作用不能在没有水分的全干状态下进行。$CaCO_3$是坚硬的结晶体，具有较高的强度和水稳性，它对土的胶结作用使被稳定材料得到了加固。

例题解析

例题 1　无机结合料稳定材料无侧限抗压强度试件的标准养生温度为（　　）、相对湿度≥95%，在此条件下养生 6d，然后浸水 1d。

A. 20℃±1℃　　B. 20℃±2℃　　C. 常温　　D. 20℃±5℃

答案：B

解析：见考点二。无机结合料稳定材料试件标准养生温度为（20±2）℃，相对湿度不小于 95%。以上标准养生到规定龄期前 1d，浸水 24h 后进行性能试验。

例题 2　［2020 年试题 1］无机结合料稳定土无侧限抗压强度试验时，试件的养生方法是（　　）。

A. 在潮湿空气中养生 7d

B. 在潮湿空气中养生 14d

C. 在潮湿空气中养生 6d，浸水 1d

D. 在潮湿空气中养生 13d，浸水 1d

答案：C

解析：见考点一。根据《公路工程无机结合料稳定材料试验规程》（JTG E51—2009）第 3.1.3 条，对无侧限抗压强度试验，标准养生龄期是 7d，最后一天浸水。对弯拉强度、间接抗拉强度，水泥稳定材料类的标准养生龄期是 90d，石灰稳定材料类的标准养生龄期是 180d。

例题 3　［2020 年试题 2］下列因素中，不属于影响石灰稳定上强度的因素是（　　）。

A. 土质　　B. 灰质　　C. 含水率　　D. 和易性

答案：D

解析：见考点三。石灰稳定土强度的影响因素包括土质、含水率、灰质。和易性通常用于水泥混凝土和水泥砂浆。

例题 4　［2020 年试题 10］二灰土的主要组成材料是（　　）。

A. 石灰、水泥、土　　B. 石灰、煤渣、土

C. 石灰、粉煤灰、土　　D. 粉煤灰、水泥、土

答案：C

解析：见考点三。二灰土是以石灰、粉煤灰与土按一定的配比混合，加水拌匀碾压而成的一种基层结构。二灰即石灰、粉煤灰。

例题 5　［2021 年试题 5］拌和好的灰土 1100g，经检测，该灰土含水率为 10%，石灰剂量为 4.2%，则该石灰土中石灰质量为（　　）。

A. 42.0g　　B. 41.6g　　C. 40.3g　　D. 39.3g

答案：C

解析：见考点二。

干灰土质量 = 1100/(1 + 含水率) = 1000g；

干石灰质量 = 干灰土质量 − 干土质量；

石灰剂量 = 干石灰质量/干土质量 = (干灰土质量 − 干土质量)/干土质量

= 1000/干土质量 − 1 = 4.2% ；

解得：干土质量 = 959.7g；则：干石灰质量 = 1000 − 959.7 = 40.3g。

自测模拟

1. 无机结合料稳定材料无侧限抗压强度试验所用试样（圆柱体）的径高比为（ ）。

A. 1∶0.5 B. 1∶1 C. 1∶1.5 D. 2∶1

2. 水泥稳定材料劈裂强度试验，试件正确的养生方法应是（ ）。

A. 先标准养生 2d，再浸水养生 1d

B. 先标准养生 6d，再浸水养生 1d

C. 先标准养生 27d，再浸水养生 1d

D. 先标准养生 89d，再浸水养生 1d

3. 无机结合料材料的最佳含水率和最大干（压实）密度采用（ ）确定。

A. 重型击实方法 B. 经验法 C. 计算法 D. 称重法

4. 无机结合料稳定材料组成设计时，需选择不少于（ ）个不同结合料剂量制备混合料试件。

A. 3 B. 4 C. 5 D. 6

参考答案

1. B 2. D 3. A 4. C

第四节 水泥混凝土和砂浆

考点分析

本节重点：普通水泥混凝土拌合物和易性、硬化混凝土强度、变形性能、耐久性及其影响因素，普通混凝土配合比设计方法，混凝土质量评定，砂浆的特性，水泥混凝土强度测定方法，混凝土常用外加剂的作用和品种。以考核普通水泥混凝土拌合物和易性、硬化混凝土强度、变形性能、耐久性及其影响因素，配合比设计方法为主。

本节难点：普通混凝土配合比设计方法。

考点精讲

考点一：普通混凝土拌合物的和易性

混凝土是指用胶凝材料将粗细集料（或填料）胶结为整体的复合固体材料的总称。普通混凝土是指以水泥为胶凝材料，石子、砂为粗、细集料，经加水搅拌、浇筑成型、凝结硬化而成的“人工石材”，即通称的水泥混凝土。在水泥混凝土中，砂石集料起到骨架、填充和体积稳定作用；水泥浆在混凝土凝结硬化前起填充、包裹、润滑作用，混凝土凝结硬化后起胶结作用。

混凝土拌合物是指将水泥，粗、细集料，必要时还掺加外加剂和/或混合材，按确定的比例加水搅拌所得的具有流动性与可塑性的混合物，是处于生产与施工阶段尚未凝结硬化的混凝土，也常称为新拌混凝土。

1. 和易性的含义

混凝土拌合物的和易性又常称为工作性，是指其易于搅拌、运输、浇捣成型，并能获得质量均匀密实的混凝土的一项综合技术性能。

混凝土的和易性通常包括流动性、黏聚性、保水性三个方面。流动性是拌合物在自重或外力作用下产生流动的难易程度；黏聚性是混凝土拌合物在生产、运输、施工过程中其组成材料之间有一定的黏聚力，不致产生分层和离析的现象；保水性是拌合物不产生严重泌水现象、保持水分的能力。

2. 和易性的测试与评定

根据《普通混凝土拌合物性能试验方法标准》（GB/T 50080—2016），混凝土拌合物和易性的测试采用坍落度、维勃稠度法两种方法。

（1）坍落度法

坍落度试验是将搅拌均匀的混凝土拌合物分三层装入一上口内径为100mm、下底内径为200mm、高度为300mm的圆锥形坍落度筒内，每层用弹头棒均匀地捣插25次，将上口表面混凝土抹平，然后垂直提起坍落度筒，测试混凝土在自重作用下克服内摩阻力所坍落的高度（以mm为单位）。坍落度越大，则拌合物的流动性越好。

坍落度法评定和易性通常适用于坍落度≥10mm和粗集料最大粒径≤31.5mm的塑性混凝土拌合物。

（2）维勃稠度试验法

对于坍落度值小于10mm和粗集料最大粒径≤31.5mm的干硬性混凝土拌合物，坍落度法已不能客观准确地反映其流动性大小，故一般采用维勃稠度法测定其工作性。

我国《普通混凝土拌合物性能试验方法标准》（GB/T 50080—2016）规定：维勃稠度试验法是将坍落度筒放在直径为240mm、高度为200mm圆筒中，圆筒安装在专用的振动台上。按坍落度试验的方法将新拌混凝土装入坍落度筒内后再拔去坍落度筒，并在新拌混凝土顶上置一透明圆盘。开动振动台并记录时间，从开始振动至透明圆盘底面被水泥浆布满瞬间止，所经历的时间，以s计（准确至1s），即为新拌混凝土的维勃稠度值。

3. 影响混凝土拌合物和易性的主要因素

（1）单位用水量

单位用水量实际上决定了混凝土拌合物中水泥浆的数量，因而是混凝土流动性的决定因素之一。组成材料确定的情况下，混凝土拌合物的流动性随单位用水量的增加而增大。当水胶比一定时，若单位用水量过小，则水泥浆数量过少，集料颗粒间缺乏足够的润滑与黏结浆体，拌合物的流动性与黏聚性较差，易发生离析与崩坍，且不易成型密实；若单位用水量过多，虽然混凝土拌合物的流动性会增大，但黏聚性和保水性也会随之变差，易产生泌水、分层、离析，从而严重影响混凝土的匀质性、强度和耐久性。此外，当水胶比一定时，水泥用量也会随着单位用水量的增加而增加，单方（m^3）混凝土成本提高。

进行配合比设计时可通过固定用水量保证混凝土坍落度的同时，在一定范围内调整水泥用量，即调整水胶比，来满足强度和耐久性要求；也就是可以配制出坍落度相近而强度不同的混凝土。在进行混凝土配合比设计时，单位用水量可根据施工要求的坍落度和粗集料的种类、规格，根据《普通混凝土配合比设计规程》（JGJ 55—2011）按表 1-9 选用，再通过试配调整，最终确定单位用水量。

混凝土单位用水量选定表 表 1-9

项目	指标	卵石最大粒径（mm）				碎石最大粒径（mm）			
		10	20	31.5	40	16	20	31.5	40
坍落度（mm）	10~30	190	170	160	150	200	185	175	165
	35~50	200	180	170	160	210	195	185	175
	55~70	210	190	180	170	220	205	195	185
	75~90	215	195	185	175	230	215	205	195
维勃稠度（s）	16~20	175	160	—	145	180	170	—	155
	11~15	180	165	—	150	185	175	—	160
	5~10	185	170	—	155	190	180	—	165

注：1. 本表用水量系采用中砂时的平均取值，如采用细砂，每立方米混凝土用水量可增加 5~10kg，采用粗砂时则可减少5~10kg。
2. 掺用各种外加剂或掺合料时，可相应增减用水量。
3. 本表不适用于水胶比小于 0.4 时的混凝土以及采用特殊成型工艺的混凝土。

（2）浆集比

浆集比是指单位水泥浆用量与单位砂石集料用量之比值。当水胶比一定时，浆集比越大，即水泥浆量越多，混凝土流动性越大。浆集比太大，易发生流浆现象，使黏聚性下降。浆集比太小，因集料间缺少润滑层与黏结体，拌合物易发生崩塌现象。因此，合理的浆集比是混凝土拌合物和易性的良好保证。

（3）水胶比

水胶比是指混凝土中用水量与胶凝材料用量之比。在胶凝材料用量和集料用量一定时，水胶比的变化即反映水泥浆稠度的变化。水胶比小，则水泥浆稠度大，混凝土拌合物流动性小，造成施工困难，不能保证混凝土的密实成型。反之，拌合物的流动性会随水胶比的增加而增大；但水胶比过大会严重影响混凝土拌合物的黏聚性和保水性。当水胶比超过某一极限值时，会造成混凝土拌合物严重的离析、泌水，进而导致混凝土强度与耐久性显著降低。因此，水胶比是影响混凝土主要性能的至关重要的参数，应严格按混凝土设计强度和耐久性要求合理选用。

（4）砂率

砂率是指砂子（细集料）占砂石（全部集料）总重量的百分率。当水泥用量和水胶比一定时，增大砂率，混凝土流动性增大，砂率超过一定值时，流动性随砂率增加而下降。砂率减小，混凝土的黏聚性和保水性均下降，易产生泌水、离析和流浆现象。合理砂率是指砂子在填满石子间的空隙后有一定的富余量，能在石子间形成一定厚度的砂浆层，以减少粗集料间的摩擦阻力，使混凝土流动性达最大值；或者在保持流动性不变的情况下，使水泥用量为最小值。

对重要的大型混凝土工程，合理砂率通常根据上述原则通过试验确定；对普通混凝土工程，可根据经验或根据《普通混凝土配合比设计规程》（JGJ 55—2011）参照表 1-10 选用。

混凝土砂率选用表 表 1-10

水胶比（W/B）	卵石最大粒径（mm）			碎石最大粒径（mm）		
	10	20	40	16	20	40
0.40	26~32	25~31	24~30	30~35	29~34	27~32
0.50	30~35	29~34	28~33	33~38	32~37	30~35
0.60	33~38	32~37	31~36	36~41	35~40	33~38
0.70	36~41	35~40	34~39	39~44	38~43	36~41

注：1. 表中数值系中砂的选用砂率，对细砂或粗砂，可相应地减小或增大砂率。
2. 本砂率适用于坍落度为 10~60mm 的混凝土，当坍落度大于 60mm 或小于 10mm 时，应相应增大或减小砂率；按每增大 20mm，砂率增大 1%的幅度予以调整。
3. 只用一个单粒级粗集料配制混凝土时，砂率值应适当增大。
4. 掺有各种外加剂或掺合料时，其合理砂率值应经试验或参照其他有关规定选用。
5. 对薄壁构件砂率取偏大值。

（5）水泥品种及细度

水泥品种不同时，达到相同流动性的需水量不同，从而影响混凝土流动性。另一方面，不同水泥品种对水的吸附作用也有差别，从而影响混凝土的保水性和黏聚性。同品种水泥越细，比表面积越大，吸附水分越多，流动性越差，但黏聚性和保水性越好。

（6）集料的品种和粗细程度

当水泥用量和用水量一定时，集料中针片状颗粒含量较少、圆形颗粒较多，级配较好时，混凝土拌合物可获得较大的流动性，黏聚性和保水性也比较好。卵石表面光滑，碎石粗糙且多棱角，因而卵石配制的混凝土流动性较好，但黏聚性和保水性则相对较差。集料粒径越大，砂子的细度模数越大，则流动性越大，但黏聚性和保水性有所下降。

（7）外加剂

改善混凝土和易性的外加剂主要有减水剂和引气剂，减水剂和引气剂能使混凝土在不增加用水量的条件下增加流动性，并具有良好的黏聚性和保水性。

（8）时间、气候条件

混凝土拌合物的流动性随着时间的延长而逐渐减低。环境气温越高、湿度越小、风速越大，水分蒸发越快，拌合物的流动性损失越快。

考点二：普通混凝土强度

足够的强度是混凝土结构能承受各种荷载作用的前提，是配合比设计、施工控制和质量检验评定的主要技术指标。混凝土的强度主要有抗压强度、抗折强度、抗拉强度和抗剪强度等。

1. 立方体抗压强度f_{cu}和强度等级

我国《混凝土物理力学性能试验方法标准》（GB/T 50081—2019）规定，将混凝土拌合物按标准方法制作成标准尺寸为150mm × 150mm × 150mm的立方体试件，在温度为（20±2）℃、相对湿度大于95%的空气［或不流动的 $Ca(OH)_2$ 饱和溶液中］的标准养护条件下养护至龄期为28d时，测得的单位面积上所能承受的抗压极限荷载，称为混凝土立方体抗压强度，以f_{cu}表示。

$$f_{cu} = \frac{F}{A} \tag{1-29}$$

式中：f_{cu}——混凝土试件抗压强度（MPa）；

F——试件破坏荷载（N）；

A——试件承压面积（mm^2）。

混凝土抗压强度计算精确至 0.1MPa。

根据粗集料最大粒径和实际试验条件，可采用尺寸为100mm × 100mm × 100mm或200mm × 200mm × 200mm的立方体试件，但应分别乘以 0.95 和 1.05 的换算系数。

在混凝土中将具有 95%强度保证率的立方体抗压强度值称为立方体抗压强度标准值（$f_{cu,k}$），即在混凝土强度总体分布中强度值低于$f_{cu,k}$的百分率不超过 5%。立方体抗压强度标准值是划分混凝土强度等级的依据。强度等级采用符号 C 和相应的标准值表示，混凝土划分为 C10、C15、C20、C25、C30、C35、C40、C45、C50、C55、C60、C65、C70、C75、C80、C85、C90、C95 和 C100 共 19 个强度等级。

2. 轴心抗压强度f_{cp}

轴心抗压强度也称为棱柱体抗压强度。采用 150mm×150mm×300mm 的棱柱体试件，经标准养护到 28d 测试而得的单位面积所能承受的极限抗压荷载，其测试和计算方法与立方体抗压强度类似。同一材料的轴心抗压强度f_{cp}小于立方体强度f_{cu}，其比值为$f_{cp} = (0.7\sim0.8)f_{cu}$。具有 95%强度保证率的轴心抗压强度称为轴心抗压强度标准值，该值是混凝土结构计算强度的取值依据。

3. 抗弯拉强度（抗折强度）f_{cf}

抗弯拉强度亦称抗折强度。在路面和机场道面混凝土结构中，混凝土主要承受弯拉荷载作用，因此以弯拉强度作为结构设计和质量控制的强度指标。混凝土抗弯拉强度是按标准方法制作标准尺寸为 150mm×150mm× (550~600)mm 的直角棱柱体小梁试件，在标准养护条件下养护 28d 后，采用三点加载方式进行试验，所测得的单位面积所能承受的极限荷载。混凝土抗弯拉强度按式（1-30）计算。

$$f_f = \frac{Fl}{bh^2} \tag{1-30}$$

式中：f_f——混凝土抗弯拉强度（MPa，精确至 0.1MPa）；

F——试件破坏荷载（N）；

l——支座间跨度（mm）；

b——试件截面宽度（mm）；

h——试件截面高度（mm）。

采用 100mm×100mm×400mm 非标准试件时，在三分点加荷的试验方法同前，但所取得的弯拉强度值应乘以尺寸换算系数 0.85。当混凝土强度等级大于或等于 C60 时，应采用 150mm×150mm×550mm 的标准试件。

4.（劈裂）抗拉强度f_{ts}

混凝土的抗拉强度很低，只有抗压强度的1/20～1/10；混凝土强度等级越高，抗拉强度与抗压强度的比值越小。抗拉强度是结构设计中裂缝宽度和裂缝间距计算控制的主要指标，也是抵抗由于收缩和温度变形而导致开裂的主要指标。

普遍采用劈裂法间接测定混凝土的抗拉强度，即劈裂抗拉强度。

劈拉试验标准试件尺寸为边长 150mm 的立方体试件，在上下两相对面的中心线上施加均布线荷载，使试件内竖向平面上产生均布拉应力。

此拉应力可通过弹性理论计算得出，按式（1-31）计算。

$$f_{ts}=\frac{2F}{\pi A}=0.637\frac{F}{A} \quad (1\text{-}31)$$

式中：f_{ts}——混凝土劈裂抗拉强度（MPa）；

F——破坏荷载（N）；

A——试件劈裂面积（mm^2）。

5. 影响混凝土强度的主要因素

影响混凝土强度的因素很多，从内因来说主要有胶凝材料强度、水胶比和集料质量；从外因来说，则主要有施工条件、养护温度、湿度、龄期、试验条件等。

（1）胶凝材料强度和水胶比

胶凝材料强度越高，则胶凝材料自身强度及与集料的黏结强度就越高，混凝土强度也越高。试验证明，混凝土与胶凝材料强度成正比关系。

在胶凝材料强度和其他条件相同的情况下，水胶比越小，混凝土强度越高，水胶比越大，混凝土强度越低。但水胶比太小，混凝土过于干稠，使得不能保证振捣均匀密实，强度反而降低。试验证明，在相同的情况下，混凝土的强度（f_{cu}）与水胶比呈有规律的曲线关系，而与胶水比则呈线性关系。

通过大量试验资料的数理统计分析，建立了混凝土强度经验公式（又称鲍罗米公式）

$$f_{cu}=\alpha_a f_b\left(\frac{B}{W}-\alpha_b\right) \quad (1\text{-}32)$$

式中：f_{cu}——混凝土的立方体抗压强度（MPa）；

f_b——胶凝材料 28d 胶砂抗压强度（MPa）；

$\frac{B}{W}$——混凝土的胶水比，即$1m^3$混凝土中胶凝材料与水用量之比，其倒数是水胶比；

α_a、α_b——与集料种类有关的经验系数。

胶凝材料 28d 胶砂抗压强度值（f_b）根据水泥胶砂强度试验方法测定。在进行混凝土配合比设计和实际施工中，需要事先确定胶凝材料强度。当无条件实测时，可按式（1-33）计算。

$$f_b=\gamma_f\gamma_s f_{ce} \quad (1\text{-}33)$$

式中：γ_f、γ_s——粉煤灰影响系数和粒化高炉矿渣粉影响系数，可按表 1-11 选取。

粉煤灰影响系数（γ_f）和粒化高炉矿渣粉影响系数（γ_s） 表 1-11

掺量（%）	粉煤灰影响系数γ_f	粒化高炉矿渣粉影响系数γ_s
0	1.00	1.00
10	0.85~0.95	1.00
20	0.75~0.85	0.95~1.00
30	0.65~0.75	0.90~1.00
40	0.55~0.65	0.80~0.90
50	—	0.70~0.85

水泥 28d 胶砂抗压强度（f_{ce}）无实测值时，可按经验公式$f_{ce}=\gamma_c f_{ce,g}$计算，水泥强度等级值富余系数γ_c取值为：32.5 级水泥取 1.12，42.5 级水泥取 1.16，52.5 级水泥取 1.10；如水泥已存放一定时间，则取 1.0；如存放时间超过 3 个月，或水泥已有结块现象，可能小于 1.0，必须通过试验实测。

经验系数α_a、α_b可通过试验或本地区经验确定。根据所用集料品种，《普通混凝土配合比设计规程》（JGJ 55—2011）提供的参数，碎石：$\alpha_a=0.53$，$\alpha_b=0.20$；卵石：$\alpha_a=0.49$，$\alpha_b=0.13$。

（2）集料的品质

集料中的有害物质含量高，则混凝土强度低；集料自身强度不足，也可能降低混凝土强度。

碎石表面较粗糙，多棱角，与水泥砂浆的机械啮合力（即黏结强度）提高，混凝土强度较高。相反，卵石表面光洁，强度也较低。粗集料中针片状含量较高时，将降低混凝土强度，对抗折强度的影响更显著。

（3）施工条件

施工条件主要指搅拌和振捣成型。机械搅拌强度相对较高；搅拌时间越长，混凝土强度越高。投料方式对强度也有一定影响，如先投入粗集料、水泥和适量水搅拌一定时间，再加入砂和其余水，能比一次全部投料搅拌提高强度 10%左右。

（4）养护条件

养护环境温度高，水泥水化速度加快，混凝土强度发展也快，早期强度高；反之亦然。空气相对湿度低，天气干燥，混凝土中的水分挥发加快，致使混凝土缺水而停止水化，混凝土强度发展受阻。另一方面，混凝土在强度较低时失水过快，极易引起干缩，影响混凝土耐久性。

（5）龄期

随养护龄期增长，水泥水化程度提高，凝胶体增多，自由水和孔隙率减少，密实度提高，混凝土强度也随之提高。最初的 7d 内强度增长较快，而后增幅减小，28d 以后，强度增长更趋缓慢；但如果养护条件得当，则在数十年内仍将有所增长。

普通硅酸盐水泥配制的混凝土，在标准养护条件下，混凝土强度的发展大致与龄期（d）的对数成正比关系，因此可根据某一龄期的强度推定另一龄期的强度，特别是以早期强度推算 28d 龄期强度，如下式

$$f_{cu,28}=\frac{\lg 28}{\lg n}\cdot f_{cu,n} \tag{1-34}$$

式中：$f_{cu,28}$、$f_{cu,n}$ ——第 28d 和第nd 时的混凝土抗压强度，$n\geqslant3$。

当采用早强型普通硅酸盐水泥时，由 3~7d 强度推算 28d 强度会偏大。

（6）外加剂

在混凝土中掺入减水剂，可在保证相同流动性前提下，减少用水量，降低水胶比，从而提高混凝土的强度；掺入早强剂，则可有效加速水泥水化速度，提高混凝土早期强度，但对 28d 强度不一定有利，后期强度还有可能下降。

（7）试验条件

试验条件是指试件的尺寸、形状、表面状态和加载速度等。

试件的尺寸越小，测得的强度相对越高。试件形状主要指棱柱体和立方体试件之间的强度差异。由于“环箍效应”的影响，所测的棱柱体强度较低。试件表面平整，则受力均匀，所测强度较高；而表面粗糙或凹凸不平，则受力不均匀，所测强度偏低。若试件表面涂润滑剂及其他油脂物质时，“环箍效应”减弱，所测强度较低。混凝土含水率较高时，由于软化作用，强度较低；而混凝土干燥时，则强度较高。且混凝土强度等级越低，差异越大。当加载速度较快时，材料变形的增长落后于荷载的增加速度，故破坏时的强度值偏高；相反，当加载速度很慢时，混凝土将产生徐变，使强度偏低。

考点三：混凝土的变形性能

混凝土在凝结硬化过程中和凝结硬化以后，均将产生一定量的体积变形。主要包括化学收缩、干湿

变形、自收缩、温度变形及荷载作用下的变形。

1. 化学收缩

由水泥水化和凝结硬化而产生的自身体积减缩，称为化学收缩。其收缩值随混凝土龄期的增加而增大，大致与时间的对数成正比，亦即早期收缩大，后期收缩小。水泥用量越大，化学收缩值越大。化学收缩是不可逆变形。

2. 湿胀干缩

因混凝土内部水分蒸发引起的体积变形，称为干燥收缩。混凝土吸湿或吸水引起的膨胀，称为湿胀。在混凝土凝结硬化初期，如空气过于干燥或风速大、蒸发快，可导致混凝土塑性收缩裂缝。在混凝土凝结硬化以后，当收缩值过大，收缩应力超过混凝土极限抗拉强度时，可导致混凝土干缩裂缝。

3. 自收缩

自收缩和干缩产生的机理实质上是一致的，常温条件下主要由毛细孔失水，形成水凹液而产生收缩应力。自收缩是因水泥水化导致混凝土内部缺水，外部水分未能及时补充而产生。干缩则是混凝土内部水分向外部挥发而产生。研究结果表明，当混凝土的水胶比低于 0.3 时，自收缩率高达200×10^{-6}~400×10^{-6}。胶凝材料的用量增加和硅灰、磨细矿粉的使用都将增加混凝土的自收缩值。

影响混凝土收缩值的因素主要有水泥用量、水胶比、水泥品种和强度、环境条件等。在水胶比一定时，水泥用量越大，混凝土干缩值也越大。相反，若集料含量越高，水泥用量越少，则混凝土干缩越小。在水泥用量一定时，水胶比越大，多余水分越多，蒸发收缩值也越大。一般情况下，矿渣水泥比普通水泥收缩大。高强度水泥比低强度水泥收缩大。气温越高、环境湿度越小或风速越大，混凝土的干燥速度越快，在混凝土凝结硬化初期特别容易引起干缩开裂。空气相对湿度越低，最终的极限收缩也越大。

4. 温度变形

混凝土的温度膨胀系数大约为10×10^{-6}m/(m·℃)，即温度每升高或降低1℃，长1m的混凝土将产生0.01mm的膨胀或收缩变形。混凝土的温度变形对大体积混凝土、纵长结构混凝土及大面积混凝土工程等极为不利，极易产生温度裂缝。

5. 荷载作用下的变形

（1）短期荷载作用下的变形

混凝土在外力作用下的变形包括弹性变形和塑性变形两部分。塑性变形主要由水泥凝胶体的塑性流动和各组成材料间的滑移产生。混凝土是一种弹塑性材料，在短期荷载作用下，其应力—应变关系为一条曲线。

（2）混凝土的静力弹性模量

弹性模量为应力与应变之比值。混凝土是弹塑性材料，不同应力水平的应力与应变的比值为变数。应力水平越高，塑性变形比重越大，故测得的比值越小。我国《混凝土物理力学性能试验方法标准》（GB/T 50081—2019）规定，混凝土的弹性模量是以棱柱体（150mm×150mm×300mm）试件抗压强度的1/3作为控制值，在此应力水平下重复加荷—卸荷至少 2 次以上，基本消除塑性变形后测得的应力—应变之比值，是一个条件弹性模量，在数值上近似等于初始切线的斜率。表达式如下：

$$E_s = \frac{F_a - F_0}{A} \times \frac{L}{\varepsilon_a - \varepsilon_0} \tag{1-35}$$

式中：E_s ——混凝土静力抗压弹性模量（MPa）；

F_a ——应力为1/3棱柱轴心抗压强度时的荷载（N）；

F_0 ——应力为 0.5MPa 时的初始荷载（N）；

A ——试件承压面积（mm^2）；

ε_a ——F_a时试件两侧变形的平均值（mm）；

ε_0 ——F_0时试件两侧变形的平均值（mm）。

影响弹性模量的因素主要有：混凝土强度、集料含量、集料弹性模量、水胶比、养护龄期等。混凝土强度越高，弹性模量越大。集料含量越高，集料自身的弹性模量越大，则混凝土弹性模量越大。混凝土水胶比越小，混凝土越密实，弹性模量越大。混凝土养护龄期越长，弹性模量也越大。早期养护温度较低时，弹性模量较大，亦即蒸汽养护混凝土的弹性模量较小。掺入引气剂将使混凝土弹性模量下降。

（3）长期荷载作用下的变形——徐变

混凝土在一定的应力水平（如 50%~70%的极限强度）下，保持荷载不变，随着时间的延续而增加的变形称为徐变。对普通钢筋混凝土构件，徐变能消除混凝土内部温度应力和收缩应力，减弱混凝土的开裂现象。对预应力混凝土结构，混凝土的徐变使预应力损失大大增加，这是极其不利的。因此预应力结构一般要求较高的混凝土强度等级以减小徐变及预应力损失。

影响混凝土徐变变形的因素主要有：水泥用量、水胶比（W/B）、龄期、结构密度、强度、集料用量、弹性模量、级配、最大粒径与应力水平等。水泥用量越大（水胶比一定时），徐变越大。水胶比越小，徐变越小。龄期长、结构致密、强度高，则徐变小。集料用量多，弹性模量高，级配好，最大粒径大，则徐变小。应力水平越高，徐变越大。此外还与试验时的应力种类、试件尺寸、温度等有关。

考点四：混凝土的耐久性

混凝土的耐久性是指在外部和内部不利因素的长期作用下，保持其原有设计性能和使用功能的性质。外部因素包括酸、碱、盐的腐蚀作用，冰冻破坏作用，水压渗透作用，碳化作用，干湿循环引起的风化作用，荷载应力作用和振动冲击作用等。内部因素主要指的是碱集料反应和自身体积变化。通常用混凝土的抗渗性、抗冻性、抗碳化性能、抗腐蚀性能和碱集料反应综合评价混凝土的耐久性。

《混凝土结构设计规范》（GB 50010—2010）对混凝土结构耐久性做了明确界定；而《普通混凝土长期性能和耐久性能试验方法标准》（GB/T 50082—2009）规定，普通混凝土长期性能及耐久性试验主要内容包括：①抗冻试验；②动弹性模量试验；③抗水渗透试验；④抗氯离子渗透试验；⑤收缩试验；⑥早期抗裂试验；⑦受压徐变试验；⑧碳化试验；⑨混凝土中钢筋锈蚀试验；⑩抗压疲劳变形试验；⑪抗硫酸盐侵蚀试验；⑫碱—集料反应试验。

1. 抗渗性

混凝土的抗渗性是指混凝土抵抗压力液体（水、油、溶液等）渗透作用的能力。抗渗性是决定混凝土耐久性最主要的技术指标。

混凝土的抗渗性能用抗渗等级表示。抗渗等级的测定是采用 6 个圆台体标准试件，在规定的试验条件下，加水压至 6 个试件中有 3 个试件端面渗水时为止（即达 6 个试件中 3 个试件未出现渗水时的最大水压力为止），混凝土的抗渗等级按式（1-36）计算。

$$P = 10H - 1 \tag{1-36}$$

式中：P ——混凝土的抗渗等级（MPa）；

H ——6 个试件中 3 个试件表面渗水时的水压力（MPa）。

根据《混凝土质量控制标准》（GB 50164—2011）的规定，混凝土抗渗性能分为 P4、P6、P8、P10、

P12 和大于 P12 共 6 个等级，分别表示混凝土能抵抗 0.4MPa、0.6MPa、0.8MPa、1.0MPa、 1.2MPa 和大于 1.2MPa 的水压力而不渗漏。

影响混凝土抗渗性的主要因素有：水泥品种、掺混合料种类、水胶比、水泥用量、集料含泥量和级配、施工质量和养护条件等。水胶比越大，混凝土抗渗性能越差。集料含泥量高，则总表面积增大，混凝土达到同样流动性所需用水量增加，毛细孔道增多，含泥量大的集料界面黏结强度低，从而降低了混凝土的抗渗性能。集料级配差，空隙率大，填满空隙所需水泥浆增大，同样导致毛细孔增加，影响抗渗性能。搅拌均匀、振捣密实是混凝土抗渗性能的重要保证。适当的养护温度和保湿养护是保证混凝土抗渗性能的基本措施。

2. 抗冻性

混凝土的抗冻性是指混凝土在吸水饱和状态下，能经受多次冻融循环而不破坏，同时也不严重降低强度的性能。

混凝土抗冻性以抗冻等级表示，抗冻等级可通过慢冻法或快冻法试验来确定。慢冻法以标准养护 28d 龄期的立方体试块在浸水饱和状态下，承受（−20~20）℃反复冻融循环，以抗压强度下降不超过 25%，且质量损失不超过 5%时所承受的最大冻融循环次数来确定混凝土的抗冻等级。快冻法冻结时试件中心温度（−18±2）℃，融化终了时试件中心温度（5±2）℃，每次循环在 2~5h 完成，以相对动弹性模量不小于 60%，且质量损失不超过 5%时所承受的最大冻融循环次数来确定混凝土的抗冻等级。混凝土的抗冻等级（快冻法）分为 F50、F100、F150、F200、F250、F300、F350、F400 和大于 F400 共 9 个等级；混凝土的抗冻等级（慢冻法）分为 D50、D100、D150、D200 和大于 D200 共 5 个等级；其中的数字表示混凝土能经受的最大冻融循环次数。

影响混凝土抗冻性的主要因素有：原材料性能、水胶比或孔隙率、孔隙特征、吸水饱和程度、混凝土的自身强度、降温速度和冰冻温度等。水胶比大，则孔隙率大，吸水率增大，冰冻破坏严重，抗冻性差。连通毛细孔易吸水饱和，冻害严重。混凝土的孔隙非完全吸水饱和，冰冻过程产生的压力促使水分向孔隙处迁移，从而降低冰冻膨胀应力，对混凝土破坏作用小。在相同的冰冻破坏应力作用下，混凝土强度越高，冻害程度也就越低。

3. 抗碳化性能

混凝土碳化是指混凝土内水化产物 $Ca(OH)_2$ 与空气中的 CO_2 在一定湿度条件下发生化学反应，产生 $CaCO_3$ 和水的过程。碳化使混凝土的碱度下降，故也称混凝土中性化。

碳化速度与混凝土的原材料、孔隙率和孔隙构造、CO_2 浓度、温度、湿度等条件有关。

碳化作用使混凝土的碱度降低，削弱了混凝土中的强碱环境对钢筋的保护作用，导致钢筋锈蚀膨胀。碳化作用还使混凝土的收缩增大，降低混凝土的抗拉强度和抗折强度，严重时直接导致混凝土开裂。碳化作用能适当提高混凝土的抗压强度，但对混凝土结构工程而言，碳化作用造成的危害远远大于抗压强度的提高。

影响混凝土碳化速度的因素主要有：水胶比、水泥品种、水泥用量、施工质量、环境条件等。水胶比越大，混凝土的碳化速度越快。水泥水化产物中 $Ca(OH)_2$ 含量越高，碳化速度越快。水泥用量大，碳化速度慢。搅拌均匀、振捣成型密实、养护良好的混凝土，碳化速度较慢。蒸汽养护的混凝土碳化速度相对较快。空气中 CO_2 的浓度高，碳化速度加快。当空气相对湿度为 50%~75%时，碳化速度最快。

4. 碱—集料反应

碱—集料反应是指混凝土中的碱与具有碱活性的集料发生膨胀性反应。碱—集料反应必须具备 3 个条件：混凝土中有一定数量的碱，集料具有碱活性，有一定的湿度。3 个条件同时存在即可产生破坏性膨胀。碱集料反应引起的破坏，一般要经过若干年后才会显现，而一旦发生则很难阻止、补救和修复，因此也称为“碱癌”。大型水工结构、桥梁结构、高等级公路、飞机场跑道一般均要求对集料进行碱活性试验或对水泥的碱含量加以限制。

影响碱—集料反应的因素主要有：混凝土中的碱含量、集料的碱活性成分含量、集料颗粒大小、温度、湿度、受限力等。集料碱活性的检测可采用岩相法、化学法、砂浆长度法、混凝土棱柱体法、压蒸法等。

5. 抗侵蚀性

环境介质对混凝土的侵蚀主要是化学侵蚀，通常有软水侵蚀、硫酸盐侵蚀、镁盐侵蚀、碳酸盐侵蚀等。若是海水侵蚀，通常还伴随着干湿、结晶、冲击等物理作用对混凝土的侵蚀。腐蚀介质主要是通过对水泥石的侵蚀使混凝土性能劣化。

6. 氯离子渗透及钢筋锈蚀

（1）钢筋锈蚀

钢筋锈蚀是一个电化学过程。混凝土中的钢筋表面存在一层致密的钝化膜，钝化膜一旦遭到破坏，在有足够的水和氧的条件下就会产生电化学腐蚀。钢筋的锈蚀，一方面使钢筋有效截面积减小；另一方面，锈蚀产物体积膨胀使混凝土保护层胀裂甚至脱落，钢筋与混凝土黏结作用下降，破坏共同工作的基础，从而影响混凝土结构物的安全和正常使用性能。

通常采用的钢筋锈蚀试验主要用于测定在给定条件下混凝土中钢筋的锈蚀程度，以对比不同混凝土对钢筋的保护作用，但不适用于在侵蚀性介质中使用的混凝土内钢筋锈蚀试验。试验采用尺寸为 100mm×100mm×300mm 的棱柱体试件，试件中定位埋置直径为 6mm、普通低碳钢热轧盘条调直制成的钢筋。试件成型后标准养护 28d，再在二氧化碳浓度 20%±3%、温度（20±5）℃、相对湿度 70%±5% 条件下碳化 28d，碳化处理后再在标准养护室潮湿养护 56d。破型，测混凝土碳化深度及钢筋锈蚀失重率，以此评价钢筋锈蚀程度及混凝土的护筋作用。

影响钢筋锈蚀的因素主要有：pH 值、温度、Cl^-浓度、水胶比、养护龄期、保护层厚度、水泥品种与掺合料等。

（2）氯离子渗透

混凝土中的氯离子来源于内、外部。内部是指拌制混凝土时随原材料而加入的氯离子；外部是指环境中的氯离子通过混凝土孔溶液逐步向内渗透的。氯离子对混凝土耐久性的影响表现在两方面：一方面是氯离子侵蚀导致混凝土破坏；另一方面是氯离子渗入导致钢筋锈蚀。

氯盐的侵蚀作用强度取决于氯盐溶液浓度以及与氯离子结合的阳离子种类。氯离子浓度越大，对钝化膜的破坏作用越大，钢筋锈蚀速度越快。氯盐对混凝土的侵蚀作用可用氯离子扩散速率表示，用稳定态扩散和非稳定态扩散测定。混凝土抗氯离子侵蚀能力与水胶比、胶凝材料组成等有关。

7. 耐磨性

混凝土的耐磨性是指其抵抗表面磨损的能力。混凝土的表面磨损表现在 3 个方面：一是机械磨耗，如路面、机场跑道、厂房地坪等受到的反复摩擦和冲击等；二是冲磨，如水工泄水结构物、桥墩等受水流及其夹带的泥沙与杂物的磨蚀作用；三是空蚀，水工结构物、桥墩等受水流速度和方向改变形成的空穴冲击作用造成的磨蚀。

《公路工程水泥及水泥混凝土试验规程》（JTG 3420—2020）规定，路面混凝土耐磨性可用在规定试验条件下单位面积的磨耗量表示。以 150mm×150mm×150mm 立方体试件经标准养护至 27d 龄期，在（60±5）℃烘箱中，烘 12h 至恒重。在带花轮磨头的混凝土磨耗试验机上，在 200N 负荷下先磨削 30 转，取下试件刷净表面粉尘称取试件的初始质量，然后在 200N 负荷下磨削 60 转，称取试件的剩余质量，计算测试试件单位面积的磨耗量。

影响混凝土耐磨性的因素主要有：混凝土强度、粗集料品种和性能、细集料品种与砂率、水泥与掺合料、养护方法与质量等。

8. 提高混凝土耐久性的措施

（1）控制混凝土最大水胶比和最小水泥用量。

（2）合理选择水泥品种。

（3）选用良好的集料质量和级配。

（4）加强施工质量控制。

（5）采用适宜的外加剂。

（6）掺入粉煤灰、矿粉、硅灰或沸石粉等活性掺合料。

考点五：混凝土外加剂的品种和作用

外加剂是指能有效改善混凝土某项或多项性能的一类材料。

1. 外加剂的分类

混凝土外加剂一般根据其主要功能分为以下几类。

（1）改善混凝土流变性能的外加剂。主要有减水剂、引气剂、泵送剂等。

（2）调节混凝土凝结硬化性能的外加剂。主要有缓凝剂、速凝剂、早强剂等。

（3）调节混凝土含气量的外加剂。主要有引气剂、加气剂、泡沫剂等。

（4）改善混凝土耐久性的外加剂。主要有引气剂、防水剂、阻锈剂等。

（5）提供混凝土特殊性能的外加剂。主要有防冻剂、膨胀剂、着色剂、引气剂和泵送剂等。

2. 减水剂

减水剂是指在混凝土坍落度相同的条件下，能减少拌和用水量；或者在混凝土配合比和用水量均不变的情况下，能增加混凝土坍落度的外加剂。根据减水率大小或坍落度增加幅度分为普通减水剂和高效减水剂两大类。此外，尚有复合型减水剂，如引气减水剂，既具有减水作用，又具有引气作用；早强减水剂，既具有减水作用，又具有提高早期强度作用；缓凝减水剂，同时具有延缓凝结时间的功能等。

（1）减水剂的主要功能

①配合比不变时，显著提高混凝土流动性。

②流动性和水泥用量不变时，减少用水量，降低水胶比，提高强度。

③保持流动性和强度不变时，节约水泥用量，降低成本。

④配制高强高性能混凝土。

（2）减水剂的作用机理

减水剂提高混凝土拌合物流动性的作用机理主要包括吸附分散作用、润滑作用和空间位阻效应。减水剂实际上为一种表面活性剂，长分子链的一端易溶于水——亲水基，另一端难溶于水——憎水基，主链、支链、侧链形成梳状吸附网络。空间位阻斥力越大，对水泥颗粒间凝聚作用的阻碍也越大，使得混凝土的坍落度保持良好。

（3）常用减水剂品种

常用减水剂品种有以下六种：木质素系减水剂、萘系减水剂、树脂系减水剂、聚羧酸系减水剂、糖蜜系减水剂和复合减水剂。

3. 早强剂

早强剂是指能加速混凝土早期强度发展的外加剂。主要功能是缩短混凝土施工养护期，加快施工进度，提高模板的周转率。主要适用于有早强要求的混凝土工程及低温施工的混凝土、有防冻要求的混凝土、预制构件、蒸汽养护等。早强剂主要品种有氯盐、硫酸盐和有机胺三大类，但更多使用的是它们的复合早强剂。

4. 引气剂

引气剂是指掺入混凝土拌合物后，经搅拌能在混凝土拌合物中引入大量分布均匀的微小气泡，以改善其工作性，并在混凝土硬化后能保留微小气泡以改善其抗冻融耐久性的物质。

5. 缓凝剂

缓凝剂是指能延长混凝土的初凝和终凝时间的外加剂。最常用的缓凝剂为木钙和糖蜜。缓凝剂的主要功能有：降低大体积混凝土的水化热和推迟温峰出现时间，有利于减小混凝土内外温差引起的应力开裂；便于夏季施工和连续浇捣的混凝土，防止出现混凝土施工缝；便于泵送施工、滑模施工和远距离运输；通常具有减水作用，故亦能提高混凝土后期强度或增加流动性或节约水泥用量。

6. 速凝剂

速凝剂是指能使混凝土迅速硬化的外加剂。一般初凝时间小于 5min，终凝时间小于 10min，1h 内即产生强度，3d 强度可达基准混凝土 3 倍以上，但后期强度一般低于基准混凝土。速凝剂主要用于喷射混凝土和紧急抢修工程、军事工程、防洪堵水工程等，如矿井、隧道、引水涵洞、地下工程岩壁衬砌、边坡和基坑支护等。

7. 膨胀剂

膨胀剂是指能使混凝土产生一定体积膨胀的外加剂。掺入膨胀剂的目的是补偿混凝土自身收缩、干缩和温度变形，防止混凝土开裂，并提高混凝土的密实性和防水性能。常用膨胀剂品种有硫铝酸钙、氧化钙、氧化镁、铁屑膨胀剂、铝粉膨胀剂等。

8. 泵送剂

能赋予混凝土拌合物泵送性能的外加剂称为泵送剂。泵送性是指混凝土拌合物具有能顺利通过输送管、不阻塞、不离析、塑性良好的性能。泵送剂是流化剂中的一种，能大大提高拌合物流动性，还能在 60~180min 内保持其流动性，剩余坍落度应不小于原始的 55%。它不是缓凝剂，缓凝时间不宜超过 120min（特殊情况除外）。

考点六：普通混凝土配合比设计方法

混凝土配合比是指为配制有一定性能要求的混凝土，单位体积的混凝土中各组成材料的用量或其之间的比例关系。混凝土配合比设计的任务是在满足混凝土工作性（和易性）、强度和耐久性等技术要求的条件下，比较经济合理地确定水泥、水、细集料、粗集料等材料的用量比例关系。混凝土配合设计的关键是要控制好水胶比（W/B）、单位用水量（m_{wo}）和砂率（β_s）三个基本参数。混凝土配合比设计的基本方法有两种：一是体积法（又称绝对体积法）；二是重量法（又称假定表观密度法）。

混凝土配合比设计步骤为：先计算初步配合比；后经试配调整获得满足和易性要求的基准配合比；

再经强度和耐久性检验确定出满足设计要求、施工要求和经济合理的试验室配合比；最后根据施工现场砂、石料的含水率换算成施工配合比。

1. 初步配合比的计算

（1）计算混凝土配制强度（$f_{cu,o}$）。

①当混凝土的设计强度等级小于C60时，配制强度按式（1-37）计算。

$$f_{cu,o} = m_{f_{cu}} = f_{cu,k} + 1.645\sigma \tag{1-37}$$

②当设计强度等级不小于C60时，配制强度不小于$1.15f_{cu,k}$。

当具有近1~3个月的同一品种、同一强度等级混凝土的强度资料，且试件不少于30组时，混凝土标准差σ按式（1-38）计算。

$$\sigma = \sqrt{\frac{\sum_{i=1}^{n} f_{cu,i}^2 - nm_{f_{cu}}^2}{n-1}} \tag{1-38}$$

对于强度等级不大于C30的混凝土，当混凝土标准差计算值不小于3.0MPa时，按计算结果取值，当计算值小于3.0MPa时，应取3.0MPa；对于强度等级大于C30且小于C60的混凝土，当混凝土标准差计算值不小于4.0MPa时，按计算结果取值，当计算值小于4.0MPa时，应取4.0MPa。当无统计资料和经验时，可参考表1-12取值。

标准差的取值表　　表1-12

混凝土设计强度等级$f_{cu,k}$	≤C20	C25~C45	C50~C55
σ（MPa）	4.0	5.0	6.0

（2）根据配制强度和耐久性要求计算水胶比（W/B）。

①根据强度要求计算水胶比。

由

$$f_{cu,o} = \alpha_a f_b \left(\frac{B}{W} - \alpha_b\right) \tag{1-39}$$

则有

$$\frac{W}{B} = \frac{\alpha_a f_b}{f_{cu,o} + \alpha_a \alpha_b f_b} \tag{1-40}$$

②根据耐久性要求确定最大水胶比限值。

③比较强度要求的水胶比和耐久性要求的水胶比，取两者中最小值。

（3）根据施工要求的坍落度和集料品种、粒径，由表1-9选取每立方米混凝土的用水量（m_{wo}）。

掺外加剂时，每立方米流动性或大流动性混凝土的单位用水量按式（1-41）计算。

$$m_{wo} = m'_{wo}(1-\beta) \tag{1-41}$$

式中：m_{wo} ——计算配合比每立方米用水量（kg/m^3）；

m'_{wo} ——未掺外加剂时推定的满足实际坍落度要求的每立方米用水量（kg/m^3）；

β ——外加剂的减水率（%）。

（4）计算每立方米混凝土的各胶凝材料用量。

①计算胶凝材料用量（m_{bo}）。

$$m_{bo} = m_{wo} \times \frac{B}{W} \tag{1-42}$$

②复核是否满足耐久性要求的最小胶凝材料用量，取两者中的较大值。

③每立方米混凝土的矿物掺合料用量$m_{fo} = m_{bo}\beta_f$，β_f为矿物掺合料掺量，参照相关规定确定。

④每立方米混凝土的水泥用量$m_{co} = m_{bo} - m_{fo}$。

（5）确定合理砂率（β_s）。

①可根据集料品种、粒径及W/B查表 1-10 选取。实际选用时可采用内插法，并根据附加说明进行修正。

②有条件时，可通过试验确定最优砂率。

（6）计算砂、石用量（m_{so}、m_{go}），并确定初步计算配合比。

①重量法

$$\left.\begin{aligned} & m_{co} + m_{fo} + m_{go} + m_{so} + m_{wo} = m_{cp} \\ & \beta_s = \frac{m_{so}}{m_{so} + m_{go}} \end{aligned}\right\} \tag{1-43}$$

②体积法

$$\left.\begin{aligned} & \frac{m_{co}}{\rho_c} + \frac{m_{fo}}{\rho_f} + \frac{m_{go}}{\rho_g} + \frac{m_{so}}{\rho_s} + \frac{m_{wo}}{\rho_w} + 0.01\alpha = 1 \\ & \beta_s = \frac{m_{so}}{m_{so} + m_{go}} \end{aligned}\right\} \tag{1-44}$$

③配合比的表达方式

a. 根据上述方法求得的m_{co}、m_{fo}、m_{wo}、m_{so}、m_{go}，直接以每立方米混凝土材料的用量（kg）表示。

b. 根据各材料用量间的比例关系表示：$m_{co} : m_{so} : m_{go} : m_{fo} = 1 : X : Y : Z$，再加上$W/B$值。

2. 基准配合比和试验室配合比的确定

初步计算配合比是根据经验公式和经验图表估算而得，不一定符合实际情况，必经经过试拌验证。当不符合设计要求时，需通过调整使和易性满足施工要求，使W/B满足强度和耐久性要求。

（1）和易性调整——确定基准配合比。根据初步计算配合比配成混凝土拌合物，先测定混凝土坍落度，同时观察黏聚性和保水性。如不符合要求，按下列原则进行调整：

①当坍落度小于设计要求时，可在保持水胶比不变的情况下，增加用水量和相应的水泥用量（水泥浆）。

②当坍落度大于设计要求时，可在保持砂率不变的情况下，增加砂、石用量（相当于减少水泥浆用量）。

③当黏聚性和保水性不良时（通常是砂率不足），可适当增加砂量，即增大砂率。

④当拌合物中砂浆过多时，可单独加入适量石子，即降低砂率。

在混凝土和易性满足要求后，测定拌合物的实际表观密度（m_{cp}），并按下式计算每立方米混凝土的各材料用量，即基准配合比：

令

$$A = C_{拌} + F_{拌} + W_{拌} + S_{拌} + G_{拌}$$

则有

$$\left.\begin{aligned}C_j &= \frac{C_{拌}}{A}\times m_{cp}\\F_j &= \frac{F_{拌}}{A}\times m_{cp}\\W_j &= \frac{W_{拌}}{A}\times m_{cp}\\S_j &= \frac{S_{拌}}{A}\times m_{cp}\\G_j &= \frac{G_{拌}}{A}\times m_{cp}\end{aligned}\right\} \tag{1-45}$$

式中：A——试拌调整后，各材料的实际总用量（kg）；

m_{cp}——混凝土的实测表观密度（kg/m³）；

$C_{拌}$、$F_{拌}$、$W_{拌}$、$S_{拌}$、$G_{拌}$——试拌调整后，水泥、矿物掺合料、水、砂子、石子实际拌和用量（kg）；

C_j、F_j、W_j、S_j、G_j——基准配合比中 1m³ 混凝土的各材料用量（kg）。

如果按初步计算配合比拌制的混凝土和易性完全满足要求而无须调整，也必须测定实际混凝土拌合物的表观密度，并利用上式计算C_j、F_j、W_j、S_j、G_j。当混凝土表观密度实测值与计算值之差的绝对值不超过计算值的 2%时，则初步计算配合比即为基准配合比，无须调整。

（2）强度和耐久性复核——确定试验室配合比。根据和易性满足要求的基准配合比和水胶比，配制一组混凝土试件；并保持用水量不变，水胶比分别增加或减少 0.05 再配制 2 组混凝土试件，用水量应与基准配合比相同，砂率可分别增加或减少 1%。制作混凝土强度试件时，应同时检验混凝土拌合物的流动性、黏聚性、保水性和表观密度，并以此结果代表相应配合比的混凝土拌合物的性能。

3 组试件经标准养护 28d，测定抗压强度，以 3 组试件的强度和相应胶水比作图，确定与配制强度相对应的胶水比，并重新计算水泥和砂石等用量。当对混凝土的抗渗、抗冻等耐久性指标有要求时，则制作相应试件进行检验。强度和耐久性均合格的水胶比对应的配合比，称为混凝土试验室配合比，计作C、F、W、S、G。

3. 施工配合比

试验室配合比是以干燥（或饱和面干）材料为基准计算而得，但现场施工所用的砂、石料常含有一定水分，因此，在现场配料时，必须先测定砂石料的实际含水率，在用水量中将砂石带入的水扣除，并相应增加砂石料的称量值。设砂的含水率为$a\%$，石子的含水率为$b\%$，则施工配合比按下列各式计算：

水泥：$C' = C$；

矿物掺合料：$F' = F$；

砂子：$S' = S(1 + a\%)$；

石子：$G' = G(1 + b\%)$；

水：$W' = W - S\cdot a\% - G\cdot b\%$。

考点七：混凝土质量评定

1. 混凝土的质量控制

引起混凝土质量波动的因素有正常因素和异常因素两大类。正常因素是不可避免的微小变化的因素，如砂、石材料质量的微小变化，它们引起的质量波动一般较小，称为正常波动。异常因素是不正常的变化因素，如原材料的称量错误等，它们引起的质量波动一般较大，称为异常波动。

混凝土的质量控制包括初步控制、生产控制和合格性控制三个过程：

（1）混凝土生产前的初步控制，主要包括人员配备、设备调试、组成材料的检验及配合比的确定与调整等内容。

（2）混凝土生产过程中的生产控制，包括控制称量、搅拌、运输、浇筑、振捣及养护等内容。

（3）混凝土配制、浇筑后的合格性控制，包括批量划分、确定批取样数、确定检测方法和验收界限等内容。

工程中通常以混凝土抗压强度作为评定和控制其质量的主要指标。

2. 混凝土强度的合格评定

（1）混凝土强度的波动规律

通过对同一种混凝土进行系统的随机抽样测试，结果表明混凝土强度的波动规律符合正态分布，其正态分布状态可用两个特征统计量——强度平均值（$m_{f_{cu}}$）和强度标准差（σ）来进行描述。

强度平均值按式（1-46）计算。

$$m_{f_{cu}} = \frac{1}{n}\sum_{i=1}^{n} f_{cu,i} \tag{1-46}$$

标准差按式（1-47）确定。

$$\sigma = \sqrt{\frac{\sum\limits_{i=1}^{n} f_{cu,i}^2 - n m_{f_{cu}}^2}{n-1}} \tag{1-47}$$

式中：$f_{cu,i}$ ——检验期内同一品种、同一强度等级的第i组混凝土试件的立方体抗压强度代表值；

n ——检验期内的样本数量。

强度平均值对应于正态分布曲线中的概率密度峰值处的强度值，故强度平均值反映了混凝土总体强度的平均水平，但不能反映混凝土强度的波动情况。

强度标准差是正态分布曲线上两侧的拐点离开强度平均值处对称轴的距离，它反映了强度离散性（即波动）的情况。σ值越大，强度分布曲线越矮而宽，说明强度的离散程度较大，反映了生产管理水平低下，强度质量不稳定。

在相同的生产管理水平情况下，对于平均强度不同的混凝土，其强度标准差会随着平均强度的提高而增大。因此，平均强度不同的混凝土之间质量稳定性的比较，可用变异系数C_v［式（1-48）］表征。C_v值越小，说明混凝土强度质量越稳定。

$$C_v = \frac{\sigma}{m_{f_{cu}}} \tag{1-48}$$

（2）混凝土强度保证率

在混凝土强度质量控制中，除了须考虑混凝土强度质量的稳定性之外，还必须考虑符合设计要求的强度等级的合格率，即强度保证率。它是指在混凝土强度总体中，不小于设计要求的强度等级标准值（$f_{cu,k}$）的概率$P(\%)$。$P=$统计周期内试件强度不低于要求强度等级的组数/统计周期内相同强度等级的混凝土试件组数。

（3）混凝土强度的合格评定

混凝土强度评定分为统计法和非统计法两种。

①当混凝土的生产条件在较长时间内能保持一致，且同一品种混凝土的强度变异性能保持稳定时，

应由连续的三组试件代表一个验收批，计算强度平均值和最小值等特征值。其强度应同时符合式（1-49）和式（1-50）的要求。

$$m_{f_{cu}} \geqslant f_{cu,k} + 0.7\sigma_0 \tag{1-49}$$

$$f_{cu,min} \geqslant f_{cu,k} - 0.7\sigma_0 \tag{1-50}$$

当混凝土强度等级不高于 C20 时，尚应符合式（1-51）的要求。

$$f_{cu,min} \geqslant 0.85 f_{cu,k} \tag{1-51}$$

当混凝土强度等级高于 C20 时，尚应符合式（1-52）的要求。

$$f_{cu,min} \geqslant 0.90 f_{cu,k} \tag{1-52}$$

式中：$m_{f_{cu}}$ ——同一验收批混凝土强度的平均值（MPa）；

$f_{cu,k}$ ——设计的混凝土强度的标准值（MPa）；

σ_0 ——验收批混凝土强度的标准差（MPa）；

$f_{cu,min}$ ——同一验收批混凝土强度的最小值（MPa）。

检验批混凝土立方体抗压强度的标准差，精确到0.01MPa，当检验批混凝土强度标准差计算值小于2.5MPa时，应取2.5MPa。检验批混凝土立方体抗压强度的标准差按式（1-53）确定。

$$\sigma_0 = \sqrt{\frac{\sum_{i=1}^{n} f_{cu,i}^2 - n m_{f_{cu}}^2}{n-1}} \tag{1-53}$$

式中：$f_{cu,i}$ ——前一检验期内同一品种、同一强度等级的第i组混凝土试件的立方体抗压强度代表值，检验期不应少于 60d，也不得大于 90d；

n ——前一检验期内的样本数量，在该期间内样本数量不应少于 45。

②当混凝土的生产条件不能满足上述条件的规定时，或在前一检验期内的同一品种混凝土没有足够的强度数据用以确定验收批混凝土强度标准差时，应由不少于 10 组的试件代表一个验收批，其强度应同时符合式（1-54）和式（1-55）的要求。

$$m_{f_{cu}} \geqslant f_{cu,k} + \lambda_1 \cdot S_{f_{cu}} \tag{1-54}$$

$$f_{cu,min} \geqslant \lambda_2 f_{cu,k} \tag{1-55}$$

式中：$S_{f_{cu}}$ ——同一检验批混凝土立方体抗压强度的标准差，精确到 0.01MPa，当检验批混凝土强度标准差$S_{f_{cu}}$计算值小于 2.5MPa 时，应取 2.5MPa；

λ_1、λ_2 ——合格判定系数，按表 1-13 取值。

合格判定系数 表 1-13

试件组数	10~14	15~19	≥20
λ_1	1.15	1.05	0.95
λ_2	0.90	0.85	

③当用于评定的样本容量小于 10 组时，应采用非统计方法评定混凝土强度，验收批强度必须同时符合式（1-56）和式（1-57）的规定。

$$m_{f_{cu}} \geqslant \lambda_3 \cdot f_{cu,k} \tag{1-56}$$

$$f_{cu,min} \geqslant 0.95 f_{cu,k} \tag{1-57}$$

式中，混凝土强度等级小于等于 C60 时，λ_3取 1.15；混凝土强度等级大于 C60 时，λ_3取 1.10。

④当对混凝土的试件强度代表性有怀疑时，可采用从结构、构件中钻取芯样或其他非破损检验方

法，对结构、构件中的混凝土强度进行推定，作为是否应进行处理的依据。

考点八：水泥混凝土强度测定方法

1. 试件法检测混凝土强度

按标准方法制作尺寸为 150mm×150mm×150mm 的立方体试件，并在标准条件下养护至 28d，用标准试验方法测试，按规定计算方法得到的强度值。

（1）仪器设备

压力试验机或万能试验机，测量精度为±1%，试件破坏荷载应大于压力机全量程的 20%且小于压力机全量程的 80%。

（2）试验步骤

①取出试件，先检查其尺寸及形状，相对两面应平行，试件承压面的平面度公差不得超过 0.0005d（d为试件边长）。量出棱边长度，精确至 1mm。试件受力截面积按其与压力机上下接触面的平均值计算。试件如有蜂窝，应在试验前 3d 用浓水泥浆填补平整，并在报告中说明。在破型前，保持试件原有湿度，在试验时擦干试件。

②以成型时的侧面为上下受压面，试件安放在球座上，几何对中（指试件或球偏离机台中心在 5mm 以内）。开动试验机，当上压板与试件或钢垫板接近时，调整球座，使接触均衡。

③在试验过程中应连续均匀加荷，当混凝土强度等级<C30 时加荷速度为 0.3~0.5MPa/s，混凝土强度等级≥C30，且<C60 时加荷速度为 0.5~0.8MPa/s，混凝土强度等级≥C60 时加荷速度为 0.8~1.0MPa/s。

④当试件接近破坏而开始急剧变形时，应停止调整试验机油门，直至破坏，记录破坏极限荷载F（N）。

（3）试验结果计算

①混凝土立方体试件抗压强度f_{cu}（以 MPa 表示）按式（1-58）计算。

$$f_{cu}=\frac{F}{A} \tag{1-58}$$

式中：F ——极限荷载（N）；

A ——受压面积（mm^2）。

②以 3 个试件测试值的算术平均值为测定值。如任一个测试值与中值的差超过中值的 15%，则取中值为测定值；如有 2 个测试值的差值均超过上述规定，则该组试验结果无效。试验结果计算至 0.1MPa。

③混凝土抗压强度以尺寸为 150mm×150mm×150mm 的立方体为标准试件。混凝土强度等级小于 C60 时，采用尺寸为 100mm×100mm×100mm 或 200mm×200mm×200mm 的立方体试件，应分别乘以 0.95 和 1.05 的换算系数。

2. 回弹法检测混凝土强度

（1）主要仪器设备

回弹仪、碳化深度测试仪、榔头、凿子等。

（2）试验方法及步骤

①在需要测试的构件上按规定要求画出测区，标记测区编号。

②用回弹仪以垂直表面的方式测试各测区的回弹值。每测区布置 16 个测点，测试 16 个回弹值，精确至 1。测点不应在气孔或外露石子上，每个测点只允许回弹一次。

③测量代表性测区或全部测区的碳化深度。

（3）试验结果的计算与评定

①测区回弹值的计算。将一个测区的 16 个回弹值中剔除 3 个最大值和 3 个最小值，计算余下 10 个回弹值的算术平均值$\overline{R}$，即测区平均回弹值，精确至 0.1。

②非水平方向检测混凝土浇筑侧面时，对所得回弹值进行角度影响修正，得到修正后的测区平均回弹值$\overline{R'}$，修正值R_a可查阅相关规范。

③水平方向检测混凝土浇筑表面和底面时，对回弹值进行浇筑面修正，得到修正后的测区平均回弹值$\overline{R''}$，修正值R_b可查阅相关规范。

④当回弹仪为非水平方向且测试面为混凝土的非浇筑侧面时，应先对回弹值进行角度修正，并应对修正后的回弹值进行浇筑面修正。

⑤测区混凝土强度换算值$f_{cu,i}^{c}$的计算。

a. 根据测区平均回弹值或修正后的测区平均回弹值和碳化深度值，查相关规范或根据回归公式得到测区混凝土强度换算值。

b. 泵送混凝土需对混凝土回弹值进行泵送修正，得到泵送修正后的测区混凝土强度换算值。

c. 若采用同条件试件或混凝土芯样的修正，则需再将测区混凝土强度换算值乘以修正系数η进行修正，得到经试块或芯样强度修正后的测区混凝土强度换算值。

⑥结构或构件混凝土强度推定值。

a. 结构或构件测区数少于 10 个时，按下式计算该结构或构件的混凝土强度推定值$f_{cu,e}^{c}$，精确至 0.1MPa。

$$f_{cu,e}^{c} = f_{cu,min}^{c} \tag{1-59}$$

式中：$f_{cu,min}^{c}$——经修正或未修正的最小测区混凝土强度换算值。

b. 结构或构件测区数不少于 10 个和按批量检测时，应按下式计算该结构或构件和该批构件的混凝土强度推定值$f_{cu,e}^{c}$，精确至 0.1MPa。

$$f_{cu,e}^{c} = m_{f_{cu}^{c}} - 1.645S_{f_{cu}^{c}} \tag{1-60}$$

$$m_{f_{cu}^{c}} = \frac{\sum_{i=1}^{n} f_{cu,i}^{c}}{n} \tag{1-61}$$

$$S_{f_{cu}^{c}} = \sqrt{\frac{\sum_{i=1}^{n}\left(f_{cu,i}^{c}\right)^2 - n\left(m_{f_{cu}^{c}}\right)^2}{n-1}} \tag{1-62}$$

式中：$m_{f_{cu}^{c}}$——结构或构件测区混凝土强度换算值的平均值，精确至 0.1MPa；

$S_{f_{cu}^{c}}$——结构或构件测区混凝土强度换算值的标准差，精确至 0.01MPa；

n——对于单构件，取该构件的测区数；对于批量构件，取所有构件测区数之和。

3. 超声回弹法检测混凝土强度

超声波的传播速度与介质的物理性质以及结构存在密切关系，通过混凝土时其速度与混凝土的弹性模量、强度以及密实程度相关联，超声波波速可在相当程度上反映出混凝土的整体质量。

（1）主要仪器设备

①回弹仪。

②超声波检测仪，要求使用的环境温度应为 0~40℃。

③换能器，频率宜为 50~100kHz。

④空气中实测声速与理论值相对误差不应超过 0.5%。

（2）试验方法及步骤

①在需要测试的构件两侧面上画出对称测区，标记测区编号，并在对称位置标记出超声波探头位置，每测区为 3 点。

②用回弹仪以垂直表面的方式测试各测区的回弹值，每个测点只允许弹一次。在构件测区内超声波的发射和接收面各测试 8 个回弹值R_i，精确至 1。回弹仪使用方法同回弹法检测混凝土抗压强度试验。

③测试 3 点的声时t_i，精确至 0.1μs。

（3）试验结果计算与评定

①测区回弹值的计算与修正。测区回弹值的计算方法、非水平方向检测时的角度影响修正、检测面为混凝土浇筑表面或底面时的浇筑面修正与回弹法检测混凝土抗压强度相同。

②超声声速的计算。按式（1-63）计算测区声速值代表值v，精确至 0.01km/s。

$$v = \frac{1}{3}\sum_{i=1}^{3}\frac{l_i}{t_i} \tag{1-63}$$

③测区混凝土强度换算值$f_{\mathrm{cu},i}^{\mathrm{c}}$。根据规范推荐的经验公式计算测区混凝土强度换算值$f_{\mathrm{cu},i}^{\mathrm{c}}$，精确至 0.1MPa。

④结构或构件混凝土强度推定值。用超声回弹法检测混凝土强度，结构或构件混凝土强度推定值计算同回弹法检测混凝土强度。

4. 取芯法检测混凝土强度

从混凝土结构或构件中直接钻取混凝土，并加工成高径比为 1∶1 的试件，测试得到混凝土的真实强度。

（1）主要仪器设备

钻芯机、磨平机、钢筋探测仪、压力试验机、钢直尺、钢卷尺等。

（2）试验方法及步骤

①确定需要测试混凝土强度的构件。

②根据构件受力特点和其他要求确定出取芯的大概区域，并在此区域用钢筋探测仪确定出钢筋位置。

③根据钢筋位置结合构件截面的受力特点，画出取芯和取芯机固定的位置。

④按取芯机操作要求钻取混凝土芯样。

⑤将芯样按适当方式编号，并记录构件和芯样的位置。

⑥把芯样加工成高径比为 1∶1 的试件，并根据构件所处的潮湿状况调节芯样的干湿状态。

⑦在芯样中部两垂直方向测量直径，取平均值d，精确至 0.5mm；同时检查垂直度、平整度等是否符合要求。

⑧按混凝土立方体抗压强度试验方法测试芯样的抗压强度。

（3）试验结果计算与评定

①混凝土芯样试件的抗压强度。

②单构件混凝土强度推定值。

单构件混凝土强度推定值取芯样试件抗压强度值中的最小值。

③批量检测混凝土强度推定值。

a. $f_{\mathrm{cu,e1}}$和$f_{\mathrm{cu,e2}}$之间的差值不宜大于 5.0MPa 和 0.10$f_{\mathrm{cu,cor,m}}$两者中的较大值。

b. 宜以$f_{cu,e1}$作为批量检测混凝土强度推定值。

考点九：砂浆

砂浆是由胶凝材料、细集料、掺合料和水按适当比例配合、拌制并经硬化而成的材料，用于砌筑、抹面、修补和装饰等工程。按所用胶凝材料的不同，可分为水泥砂浆、石灰砂浆和混合砂浆等；按用途可分为砌筑砂浆、抹面砂浆、装饰砂浆和特种砂浆等。下面主要介绍砌筑砂浆的特性。

1. 新拌砂浆的和易性

新拌砂浆的和易性是指新拌砂浆是否便于施工并保证质量的综合性质。新拌砂浆的施工和易性包括流动性和保水性两方面的性能。

（1）流动性

砂浆流动性也称为稠度，是指其在重力或外力作用下流动的性质。砂浆流动性用砂浆稠度测定仪测定。试验时，将按预定配合比的砂浆装入圆锥体中，使标准的滑针自由下沉，以沉入度（单位：mm）作为流动性的指标，沉入度越大，表示砂浆的流动性越好。

影响砂浆稠度的因素主要有：胶凝材料及掺和料用量、用水量、外加剂品种与掺量、砂的级配与粗细程度、拌和时间、周围环境等。

（2）保水性

砂浆保水性是指新拌砂浆在停放、运输和使用过程中保持水分的能力，也即各组成材料是否容易分离的性能。保水性良好的砂浆，水分不易流失，容易摊铺成均匀的砂浆层，且与基底的黏结性好，强度较高；而保水性不好的砂浆对砌体质量及使用过程均有不良影响。

砂浆保水性按《建筑砂浆基本性能试验方法标准》（JGJ/T 70—2009）的保水性试验方法测定，以保水率表示。保水率过小，则保水性差，容易离析，不便于施工和质量保证。

2. 凝结时间

砂浆的凝结时间是指在规定条件下，自加水拌和起，直至砂浆凝结时测定仪的贯入阻力为 0.5MPa 时所需的时间。在（20±2）℃的试验条件下，将制备好的砂浆［砂浆稠度值为（100±10）mm］装入砂浆容器中，抹平，从成型后 2h 开始测定砂浆的贯入阻力（贯入试针压入砂浆内部 25mm 时所受的阻力），直到贯入阻力达到 0.7MPa 时为止，并根据记录时间和相应的贯入阻力值绘图，从而得到砂浆的凝结时间。对于水泥砂浆，其凝结时间不宜超过 8h；对于混合砂浆，其凝结时间不宜超过 10h。

影响砂浆凝结时间的因素主要有胶凝材料的种类及用量、用水量和气候条件等，必要时可加入调凝剂进行调节。

3. 硬化后砂浆的力学性能

砂浆的抗压强度是指三块边长为 70.7mm 的立方体试件，在标准养护条件下［温度为（20±2）℃，相对湿度 90%以上］养护 28d 的抗压强度平均值，以 MPa 计，用$f_{m,0}$表示。水泥砂浆及预拌砌筑砂浆的强度等级可分为 M5、M7.5、M10、M15、M20、M25、M30；水泥混合砂浆的强度等级可分为 M5、M7.5、M10、M15。

砂浆的强度与其组成材料、配合比以及砌体材料等很多因素有关。

（1）对于不吸水基面（如致密的石材），砂浆强度的影响因素与混凝土相似，主要为水泥的强度和水胶比，其经验公式为：

$$f_{m,28}=0.293f_{b,28}\left(\frac{B}{W}-0.4\right) \tag{1-64}$$

式中：$f_{m,28}$——砂浆 28d 抗压强度（MPa）；

$f_{b,28}$——胶凝材料 28d 抗压强度（MPa）；

B/W——砂浆的胶水比。

（2）对于吸水基面（如烧结砖），无论砂浆拌和时用多少水，基底吸水后保留在砂浆中的水量基本相同。砂浆强度主要与胶凝材料强度和胶凝材料用量有关，其关系式见式（1-65）。

$$f_{m,28}=\alpha\cdot f_{b,28}\frac{m_{b0}}{1000} \tag{1-65}$$

式中：$f_{m,28}$——砂浆 28d 强度（MPa）；

$f_{b,28}$——胶凝材料 28d 抗压强度（MPa）；

m_{b0}——砂浆中单位体积胶凝材料用量（kg/m^3）；

α——经验系数，可由试验测定。

例 题 解 析

例题 1　表示新拌水泥混凝土的工作性的是（　　）。

A. 坍落度、维勃稠度值、坍落扩展度

B. 坍落度、维勃稠度值、黏聚性

C. 可塑性、流动性、易密性

D. 流动性、保水性、黏聚性

答案： D

解析： 见考点一。混凝土拌合物的和易性又常称为工作性，混凝土拌合物的和易性通常包括流动性、黏聚性、保水性三个方面。

例题 2　对水泥混凝土配合比设计中的耐久性进行校核，校核的是（　　）。

A. 配制强度

B. 粗集料的最大粒径

C. 最大水胶比和最小胶凝材料用量

D. 以上三项

答案： C

解析： 见考点六。根据强度要求计算水胶比，根据耐久性要求确定最大水胶比限值，比较强度要求的水胶比和耐久性要求的水胶比，取两者中较小值。计算胶凝材料用量，复核是否满足耐久性要求的最小胶凝材料用量，取两者中的较大值。

例题 3　［2020 年试题 4］路面水泥混凝土配合比设计中，调节水泥浆用量，经过工作性调整的配合比称为（　　）。

A. 初步配合比　　　　B. 基准配合比

C. 试验室配合比　　　D. 工地配合比

答案： B

解析： 见考点六，和易性调整——确定基准配合比。

例题 4 ［2020 年试题 5］建筑砂浆在硬化前应具有良好的和易性，和易性包括流动性与（　　）。

A. 保水性　B. 维勃稠度　C. 坍落度　D. 捣实性

答案：A

解析：见考点九。

例题 5 ［2020 年试题 11］路面水泥混凝土配合比设计的强度指标是（　　）。

A. 抗压强度　B. 抗劈裂强度　C. 抗弯强度　D. 抗弯拉强度

答案：D

解析：见考点二。水泥路面配合比设计以抗弯拉强度为主要强度指标。

例题 6 ［2021 年试题 6］混凝土拌合物的稠度试验方法有坍落度与坍落扩展度试验和维勃稠度试验两种，其中坍落度与坍落扩展度试验要求新拌混凝土的坍落度不小于（　　）。

A. 5mm　B. 10mm　C. 15mm　D. 20mm

答案：B

解析：见考点一。坍落度法评定和易性通常适用于坍落度≥10mm 和粗集料最大粒径≤31.5mm 的塑性混凝土拌合物。

例题 7 ［2021 年试题 7］有一组边长为 150mm 的水泥混凝土立方体试块，各试块的极限荷载分别为 929.25kN，963.08kN，789.75kN，则该混凝土抗压强度的测定值为（　　）。

A. 35.1MPa　B. 39.7MPa　C. 41.3MPa　D. 42.8MPa

答案：C

解析：见考点八。抗压强度以三个试件测试值的平均值作为该组试件的代表值。若任一个测试值超过中值的15%，则取中值为强度值；若有两个测值均超过上述规定，则该组试验结果无效。

由于$(929.25-789.75)/929.25\times100\%=15.01\%$，超过15%，取中值929.25kN，则强度为：$929.25\times1000/(150\times150)=41.3\text{MPa}$。

例题 8 ［2021 年试题 8］确定砂浆抗压强度等级所采用的试件尺寸是（　　）。

A. 40mm×40mm×160mm　B. 50mm×50mm×50mm

C. 70.7mm×70.7mm×70.7mm　D. 100mm×100mm×100mm

答案：C

解析：见考点九。砂浆的抗压强度是指三块边长为 70.7mm 的立方体试件，在标准养护条件下［温度为(20 ± 2)℃，相对湿度 90%以上］养护 28d 的抗压强度平均值，以 MPa 计。

例题 9 ［2021 年试题 11］普通混凝土计算初步配合比为 1∶1.92∶2.66，水灰比为 0.42，为提高其流动性增加 5%水泥浆用量，此时该混凝土的水灰比为（　　）。

A. 0.38　B. 0.4　C. 0.42　D. 0.44

答案：C

解析：见考点六。工作性如不符合要求，按下列原则进行调整：当坍落度小于设计要求时，可在保持水胶比不变的情况下，增加用水量和相应的水泥用量（水泥浆）。

自测模拟

1. 表示混凝土的流动性的是（　　）。

A. 坍落度、稠度　B. 坍落度、维勃稠度

C. 坍落度、黏聚性　　D. 坍落度、保水性

2. 当水泥浆体积和稠度一定时，改善混凝土混合物流动性的主要措施是（　　）。

A. 采用较大砂率　　B. 增加碎石用量

C. 采用较小砂率　　D. 增加水泥用量

3. 试拌调整混凝土时，发现拌合物的保水性较差，应采用的改善措施是（　　）。

A. 增加砂率　　B. 减小砂率

C. 增加水泥　　D. 减小水胶比

4. 混凝土配合比设计的三个主要参数是（　　）。

A. 单位用水量、砂率、水胶比

B. 单位用水量、胶凝材料用量、水胶比

C. 砂率、胶凝材料用量、水胶比

D. 单位用水量、胶凝材料用量、砂率

5. 水泥混凝土配合比设计时需要适当增加砂率，其原因在于（　　）。

A. 混凝土的流动性不好　　B. 混凝土空隙率偏大

C. 黏聚性或保水性不好　　D. 难于振捣成型

6. 关于砂率的叙述，正确的为（　　）。

A. 砂率越大，混凝土拌合物的和易性越差

B. 砂率越小，混凝土拌合物的和易性越好

C. 混凝土拌合物的和易性与砂率无关

D. 以上回答都不正确

7. 下列不属于碱—集料反应应具备的条件是（　　）。

A. 水泥中含超量的碱　　B. 充分的水

C. 集料中含有碱活性颗粒　　D. 合适的温度

8. 混凝土立方体标准试件为（　　）。

A. 100mm 立方体　　B. 150mm 立方体

C. 200mm 立方体　　D. 70.7mm 立方体

9. 路面用水泥混凝土配合比的设计指标是（　　）。

A. 抗压强度　　B. 抗折强度

C. 劈裂强度　　D. 轴心抗压强度

10. 反映水泥混凝土在持续荷载作用下变形特征的变形量是（　　）。

A. 弹性变形　　B. 徐变

C. 温度变形　　D. 干燥收缩变形

11. 新拌砂浆的和易性可表现在（　　）。

A. 流动性、保水性　　B. 坍落度、稠度

C. 黏聚性、保水性　　D. 黏度、分层度

12. 影响不吸水基面（如致密的石材）砂浆强度的因素主要为（　　）。

A. 流动性、胶凝材料用量　　B. 胶凝材料强度、水胶比

C. 胶凝材料用量、胶凝材料强度　　D. 胶凝材的强度、胶凝材料品种

参考答案

1. B 2. A 3. A 4. A 5. C 6. D 7. D 8. B 9. B 10. B
11. A 12. B

第五节 沥青材料

考点分析

本节重点：石油沥青的组成结构、黏滞性、低温性能、感温性、耐久性、黏附性及测定方法，改性沥青含义及制备方法，改性沥青的弹性恢复、黏韧性、储存稳定性、耐久性及测定方法，常用改性沥青的性质及应用，乳化沥青的形成及分裂机理，乳化沥青的技术性质。以考核沥青基本技术性质的含义及评价指标为主。

本节难点：石油沥青的基本技术性质及测定方法。

考点精讲

考点一：石油沥青的组成结构

1. 化学组分

四组分分析方法采用液相色谱和溶剂分离，将沥青的组分大致分为饱和酚、芳香酚、胶质、沥青质四个组分。

2. 沥青的胶体结构

根据沥青中各个组分比例和流变学特性，沥青胶体的结构类型可以分为溶胶、溶—凝胶和凝胶三种结构。

工程上常采用沥青的针入度指数（PI）法来评价胶体结构类型。$PI > +2$ 属于凝胶结构，$-2 \leqslant PI \leqslant +2$ 属于溶—凝胶结构，$PI < -2$属于溶胶结构。

考点二：石油沥青的技术性质及测定方法

1. 黏滞性

黏滞性是沥青在外力作用下沥青粒子产生相互位移时抵抗剪切变形的能力。沥青的黏滞性通常用黏度表示。稠度高的沥青，其黏度也高；但稠度低的沥青，其黏度则不一定低。从高温稳定性来说，需采用高稠度和高黏度的沥青；从低温抗裂性能来说，则需采用低稠度、高黏度的沥青。

沥青黏度的测试方法有毛细管黏度计法、真空减压毛细管黏度计法、布洛克菲尔德黏度计法、流出型黏度计法、针入度法和软化点法。

针入度试验是国际上普遍采用测定黏稠沥青稠度的一种方法，也是划分沥青标号采用的一项指标。该法是沥青材料在规定的温度条件下，以规定质量的标准针及荷载经过规定时间贯入沥青试样的深度，以 0.1mm 计。《公路工程沥青及沥青混合料试验规程》(JTG E20—2011)中 T 0604—2011 规定：常用的试验条件温度为 25℃，标准针及连杆和砝码总质量 100g，刺入时间 5s。

我国石油沥青以沥青 25℃针入度大小来划分沥青的标号。针入度值越大，标号越高，表示沥青越软，稠度越小；反之，针入度值越小，标号越低，表示沥青越硬，稠度越大。通常，稠度高的沥青，其黏度亦高。

沥青材料是一种非晶体高分子材料，它由液态凝结为固态，或由固态熔化为液态时，没有明确的固化点或液化点，通常采用条件硬化点和滴落点来表示，取滴落点和硬化点之间温度间隔的 87.21%作为软化点。我国现行试验法（T 0606—2011）是采用环球法测软化点［《公路工程沥青及沥青混合料试验规程》(JTG E20—2011)］。

针入度是在规定温度下测定沥青的条件黏度，而软化点则是沥青达到规定条件黏度时的温度。所以软化点既是反映沥青材料热稳定性的一个指标，也是沥青条件黏度的一种量度。

2. 低温性能

沥青的低温性质与沥青路面的低温抗裂性有密切关系，沥青的低温延性与低温脆性是重要的性能，多以沥青的低温延度试验和脆点试验来表征。

(1) 延性

沥青的延性是指当其受外力的拉伸作用时，所能承受的塑性变形的总能力，是沥青内聚力的衡量。通常用延度作为条件延性指标来表征。延度试验方法是用延度仪将沥青标准试件在规定拉伸速度和规定温度下拉到断裂时的长度，以 cm 计。延度、针入度、软化点简称为黏稠石油沥青三大指标。

(2) 脆性

沥青材料在低温下受到瞬时荷载作用时，常表现为脆性破坏。通常采用 A·弗拉斯脆点试验方法可以求出沥青达到临界硬度发生开裂时的温度作为条件脆性指标。

3. 感温性

沥青黏度随温度的不同而产生明显的变化，这种黏度随温度变化的感应性称为感温性。对于路用沥青，温度和黏度的关系是极其重要的性能。首先，正是沥青存在感温性才使其在高温下黏度显著降低，这样才有可能实现沥青与石料均匀拌和以及沥青混合料碾压成型。其次，沥青路面运营过程中，又要求沥青在使用温度范围内保持较小的感温性，以保障沥青路面高温不软化、低温不断裂。

常用的测试方法有针入度指数（PI）法、针入度—黏度指数（PVN）法等。软化点试验也可以作为反映沥青温度敏感性的方法。

针入度指数（PI）是应用针入度和软化点的试验结果来表征沥青感温性的一种指标。同时也可采用针入度指数值来判别沥青的胶体结构状态。PI值大表示沥青的感温性小。一般认为PI值在$-1\sim+1$之间的沥青适宜修筑沥青路面。

针入度—温度指数（PTI）是根据不同温度条件下的针入度值的比率来评价沥青的感温性。针入度—温度指数值越小，表明沥青的感温性越小。

4. 耐久性

沥青在运输、施工和沥青路面的使用过程中，受到加热、拌和、摊铺、碾压、交通荷载以及温度、光照、雨水等各种因素的作用，会发生一系列物理化学变化，使沥青的化学组成发生变化，逐渐改变其原有的性能而变硬、变脆、开裂。这种变化称为沥青的老化。沥青在长期的使用过程中要求有较好的抗老化性，即耐久性。

（1）沥青老化的特征

沥青老化最显著的特征是针入度变小、软化点增大、延度减小、脆点上升；沥青质明显增加，饱和酚、芳香酚含量变化不大，胶质含量有所降低；溶胶向溶—凝胶转化，溶—凝胶向凝胶转化。在老化过程中沥青的密度增大，线收缩系数减小。沥青老化后黏度增大，复合流动度也随老化的加深而减小，非牛顿性质越加明显。

（2）沥青老化的原因

引起沥青老化的因素很多，主要有：暗处氧化、光照氧化、加热蒸发损失及热氧化、水及机械力作用等。

（3）沥青耐久性的评价方法

现行评价沥青老化性能的试验方法分为模拟沥青在拌和过程中热老化条件以及在使用过程的老化条件。包括薄膜烘箱加热试验、旋转薄膜加热试验和压力老化容器法（PAV）。

5. 黏附性

沥青以薄膜形式涂覆在集料颗粒表面，由于沥青与集料之间相互作用所产生的物理吸附和化学吸附，将松散的集料黏结为一个整体。沥青与集料之间的这种作用能力即沥青的黏附性。

评价沥青与矿料黏附性的方法通常有两大类：一类是沥青—集料的黏附性试验；另一类是沥青混合料的黏附性试验。水煮法适用于粒径大于 13.2mm 的碎石。水浸法适用于集料最大粒径小于 13.2mm 的粗集料。观察集料表面沥青膜被水移动剥落的程度，按五个等级评定其黏附性。5 级黏附性最好，1 级最差。

6. 黏弹性

路用沥青多为溶—凝胶沥青，在低温或瞬间荷载作用下，表现为明显的弹性性质；在高温或长时间荷载作用下，表现为较强的黏性性质；在常温下黏性和弹性共存，是一种典型的黏弹性物体。黏弹性材料在受力状态下有其特殊的应变特性，这就是蠕变和松弛。

物体在应力保持不变的情况下，应变随时间的延长而增大，这种现象称之为蠕变，蠕变是不可恢复的变形，其变形大小与荷载作用时间的长短有关。松弛是物体在恒定的应变条件下，应力随时间逐渐减小的力学行为。应力松弛在路面工程中有时是有利的。沥青的劲度模量是某温度和时间下应力与应变的比值。

7. 安全性

沥青材料在施工过程中常需要加热，当加热至一定温度时，沥青中挥发性的油蒸汽与周围空气形成一定浓度的油气混合体，遇火则易发生闪火。若继续加热，油气混合物浓度增加，遇火极易燃烧，引发安全事故。

沥青闪点是试样在规定的开口杯盛样器内按规定的升温速度受热时所挥发的气体以规定的方法与试焰接触，初次发生一瞬即灭的火焰时的试样温度，以℃表示。燃点是出现持续燃烧 5s 以上的试样温度。道路石油沥青闪点采用克利夫兰开口杯法（COC）。为保证施工安全，需要控制沥青材料的加热温度。

考点三：改性沥青的技术性质及评价指标

1. 改性沥青含义

改性沥青是指掺加橡胶、树脂、高分子聚合物、磨细的橡胶粉或其他填料等外掺剂（改性剂），经过充分混熔，使之均匀分散在沥青中，或采取对沥青轻度氧化加工等措施，使沥青或沥青混合料的性能得以改善而制成的沥青结合料。改性剂是指在沥青或沥青混合料中加入的天然的或人工的有机或无机材料，可熔融、分散在沥青中，改善或提高沥青路面性能（与沥青发生反应或裹覆在集料表面上）的材料，如聚合物、纤维、抗剥落剂、岩沥青、填料（如硫黄、炭黑等）。

2. 改性沥青制备方法

改性沥青的制备方法有母体法、直接投入法、机械搅拌法、胶体磨法和高速剪切法等。

3. 改性沥青技术性质及评价指标

现行评价改性沥青性能的方法有三类：采用沥青性能指标的变化程度来衡量（如针入度、软化点、延度、黏度等），针对改性沥青的特点开发的试验方法（如弹性恢复试验、测力延度试验、冲击板试验、离析试验等），美国的 SHRP 沥青胶结料评价方法（如旋转薄膜烘箱 RTFOT、压力老化试验 PAV、弯曲梁流变试验 BBR、直接拉伸试验 DTT、动态剪切流变试验 DSR 等）。

（1）弹性恢复

弹性恢复试验采用一般的沥青延度试验设备，首先按规定浇注沥青试样，冷却后放在 25℃的水中保温 1h，接着脱模并在延度仪上进行拉伸，拉伸温度为 25°C，拉伸速率为 5cm/min。当拉伸到 10cm 时，停止拉伸并从中间剪断试样，在水中原封不动地保持1h后，把剪断的试样两头对接起来并测量其恢复后的长度。弹性恢复率按式（1-66）计算。

$$弹性恢复率 = \frac{10 - X}{10} \times 100\% \tag{1-66}$$

式中：X——恢复后的试样长度（cm）。

弹性恢复率越大，表明沥青的弹性性质越好。

（2）黏韧性

沥青材料在低温下表现为良好的柔韧性还是脆硬性，是改性沥青性能优劣的重要指标。

①测力延度

在做延度试验时加装一只测力传感器并接上记录仪即可进行测力延度试验。试验温度通常为 5°C，拉伸速度为 5cm/min。试验结果由X-Y函数记录仪记录拉力—变形（延度）曲线。

结合测力延度的拉力—变形曲线的形态，考虑选用单位峰值力所产生的变形，即$D/F_{\max}$定义为延度拉伸柔量，它反映了变形和应力两个参数。$D/F_{\max}$越大，表示柔度越大，沥青的抗变形能力越好。

②拉拔试验

将金属半球埋在沥青中，在 25°C条件下以 500mm/min速度拉拔，测定沥青与金属半球的黏韧性及韧性。

（3）储存稳定性

沥青热储存稳定性主要通过离析试验和热储存性试验进行评价。对于 SBR、SBS 类改性沥青，离析时表现为聚合物上浮，采用离析试验来反映聚合物改性沥青中改性剂与沥青的离析程度。对于 EVA 和PE等聚合物改性沥青，离析时表现为向四面的容器壁吸附，表面结皮，通常采用观察法来定性描述这类聚合物和沥青之间的热储存性，试验评价见表 1-14。

EVA、PE 类改性沥青的热储存性试验评价　　表 1-14

记　述	报　告
均匀，无结皮和沉淀	均匀
在杯边缘有轻微的聚合物结皮	边缘轻微结皮
在整个表面有薄的聚合物结皮	薄的全面结皮
在整个表面有厚的聚合物结皮（大于 0.8mm）	厚的全面结皮
无表面结皮但容器底部有薄的沉淀	薄的底部沉淀
无表面结皮但容器底部有厚的沉淀（大于 0.635cm）	厚的底部沉淀

（4）耐久性

①残留针入度比

残留针入度比反映了沥青在薄膜加热试验前后稠度的变化，采用老化后针入度与老化前针入度的比值。采用温度为 25℃，针及连杆与砝码总重为 100g，时间为 5s 的试验标准，以其残留针入度比作为评价沥青抗老化性能的一个指标。残留针入度比越大，说明沥青的抗老化性能越好。

②低温残留延度

沥青老化后，选用温度为 10℃，拉伸速率为 5cm/min的延度值作为评价沥青抗老化性能的一个指标。

③残留弹性恢复

残留弹性恢复试验是用于测定和评价改性沥青老化后即薄膜加热试验后，在外力的作用下产生变形，外力取消后可恢复变形的能力。

考点四：常用改性沥青的性质及应用

1. 常用聚合物改性沥青的技术特性

（1）热塑性橡胶类改性沥青

热塑性丁苯橡胶（即 SBS）广泛用于沥青改性。

SBS 改性沥青的主要特点有：

①温度高于 160℃后，改性沥青的黏度与原沥青基本相近，可与普通沥青一样拌和使用。

②温度低于 90℃后，改性沥青的黏度是原沥青的数倍，高温稳定性好，因而改性沥青混合料路面的抗车辙能力大大提高。

③改性沥青的低温延度、脆点较原沥青均有明显改善，因而改性沥青混合料的低温抗裂能力及疲劳寿命均明显提高。

（2）橡胶类改性沥青

橡胶类改性材料用得最多的是丁苯橡胶（SBR）和氯丁橡胶（CR）。这类改性剂常以胶乳的形式加入沥青之中，制成橡胶沥青，可以提高沥青的黏度、韧性、软化点，降低脆点，使沥青的延度和感温性得到改善。

SBR 的性能与结构随苯乙烯与丁二烯的比例和聚合工艺而变化，选择沥青改性剂时应通过试验加以确定。SBR 改性沥青的热稳定性、延性以及黏附性，均较原沥青有所改善，且热老化性能也有所提高。

（3）热塑性树脂改性沥青

常采用的品种为乙烯—乙酸乙烯酯共聚物（EVA）。

EVA是应用较普遍的热塑性树脂，较之聚乙烯（PE）富有弹性和柔韧性，与沥青的相容性好。EVA改性沥青的热稳定性有所提高，但耐久性改变不大。

（4）热固性树脂改性沥青

热固性树脂分为聚氨酯（PV）、环氧树脂（EP）、不饱和聚酯树脂（VP）等类，其中环氧树脂已应用于改性沥青。环氧树脂是指含有两个或两个以上环氧或环氧基团的醚或酚的低聚物或聚合物。环氧树脂改性沥青的延伸性不好，但其强度很高，具有优越的抗永久变形能力，并具有特别高的耐燃料油和润滑油的能力，适用于公共汽车停靠站、加油站等。

2. 改性沥青的选择

（1）改性沥青的选择必须考虑地理位置、气候条件、道路等级、路面结构等多方面因素。

SBR类改性沥青最大特点是高温、低温性能都好，具有良好的弹性恢复性能。无论在炎热地区、温暖地区，还是寒冷地区都是适用的。

橡胶类SBR改性沥青最大特点是低温柔软性好，主要适宜在寒冷气候条件下使用。

EVA改性沥青除寒冷地区不宜使用外，炎热地区和一般温暖地区都可使用。PE改性沥青主要适宜于炎热地区，寒冷地区不适用，一般温暖地区也不宜采用PE改性沥青。在西欧、北美地区以及日本PE的应用日趋减少，基本被淘汰。

我国聚合物改性沥青适用地区：

①I类是SBS热塑性橡胶类聚合物改性沥青：I-C型用于较热地区，I-D型用于炎热地区及重交通路段。

②II类是SBR橡胶类聚合物改性沥青：II-A型用于寒冷地区，II-B和II-C型适用于较热地区。

③III类是树脂类聚合物改性沥青：如乙烯—醋酸乙烯酯（EVA）、聚乙烯（PE）改性沥青，适用于较热和炎热地区。通常要求软化点温度比最高月使用温度的最大日空气温度要高20℃左右。

（2）根据沥青改性的目的和要求选择改性剂。

①为提高抗永久变形能力，宜使用热塑性橡胶类、热塑性树脂类改性剂。

②为提高抗低温变形能力，宜使用热塑性橡胶类、橡胶类改性剂。

③为提高抗疲劳开裂能力，宜使用热塑性橡胶类、橡胶类、热塑性树脂类改性剂。

④为提高抗水损坏能力，宜使用各类抗剥落剂等外掺剂。

（3）改性沥青的选择还与制备的条件有关。

SBS、PE改性沥青的制备必须使用专门的加工设备；EVA与沥青有较好的相容性，用对流式搅拌器或者简单的高剪切混溶机就能使EVA分散，制备较方便。

考点五：乳化沥青的形成及分裂机理

乳化沥青是黏稠沥青经热熔和机械作用以微滴状态分散于含有乳化剂（稳定剂）的水中，形成水包油（O/W）型的沥青乳液。

乳化沥青主要由沥青、乳化剂、稳定剂、水和酸碱助剂等组分所组成。

1. 乳化沥青的形成机理

（1）乳化剂降低界面能作用

乳化剂带有亲油基与亲水基，在沥青—水的体系中，亲油基端朝向沥青，亲水基端朝向水，吸附于沥青和水这两个相互排斥的界面上，从而降低了沥青—水的界面张力，使沥青—水体系形成稳定的分散系。

（2）界面膜的保护作用

乳化剂在沥青微滴的周围形成“界面膜”，此膜具有一定的强度，对沥青微滴起着保护作用，使其在相互碰撞时，不至于产生“聚结”现象，从而保证沥青—水体系的稳定性。

（3）界面双电层的稳定作用

沥青—水界面上的电荷层的结构，一般是双电层分布，第一层称为吸附层，基本固定在界面上，这层电荷与沥青微滴的电荷相反；第二层称为扩散层，由吸附层向外，电荷向水介质中扩散。双电层厚度越大，则乳化沥青越稳定。

乳化沥青能形成高稳定的分散体系，主要是由于乳化剂降低了体系的界面能、界面膜的形成和界面电荷的作用。

2. 乳化沥青的分裂机理

为发挥乳化沥青的黏结功能，沥青液滴必须从乳化液中分裂出来，聚集在集料的表面而形成连续的沥青薄膜，这一过程称为“分裂”。乳化沥青的分裂主要取决于以下因素：水的蒸发作用，集料的吸附作用，电荷的吸附作用，酸碱中和作用，机械的激波作用等。

（1）水的蒸发作用

由于路面施工环境气温、相对湿度和风速等因素的影响，乳液中的水分蒸发，破坏乳液的稳定性，造成分裂、破乳。

（2）集料的吸附作用

多孔、粗糙、干燥的集料易吸收乳液水分，破坏乳液的平衡，加速破乳。

（3）电荷的吸附作用

沥青乳液与集料接触后，乳液中沥青微粒所带电荷与集料表面所带电荷的相互吸附作用是乳液破乳的主要原因。阴离子沥青乳液与表面上带正电荷的碱性集料（如石灰石、白云石）有较好的吸附，阳离子沥青乳液与表面上带负电荷的酸性石料（如硅质岩石，花岗岩等）有较好的吸附。在潮湿状态下，集料表面普遍带负电荷，因此阳离子沥青乳液易与潮湿集料结合。

（4）酸碱中和作用

研究认为，阳离子沥青乳液有一定的游离酸，pH 值小，游离酸与碱性集料起作用，生成了氯化钙和带负电荷的碳酸离子，它与裹覆在沥青微粒周围的阳离子中和，因此沥青微粒能与集料表面紧密相连，形成牢固的沥青膜，使乳液中的水分很快分离出来。

（5）机械的激波作用

在施工过程中，压路机的碾压和开放交通后汽车的行驶，各种机械力对路面的震颤而产生激波作用，也能促使乳化沥青稳定性的破坏和沥青薄膜结构的形成。

考点六：乳化沥青的技术性能及评价方法

1. 筛上剩余量

检验乳液中沥青微粒的均匀程度，是确定乳化沥青质量的重要指标。检测方法为：待乳液完全冷却或基本消泡后，将乳液过 1.18mm 筛，求出筛上残留物占过筛乳液质量的百分比。

2. 蒸发残留物含量及残留物性质

蒸发残留物含量是将一定量的乳液加热（不超过 160℃）脱水后，求出其蒸发残留物占乳液的百分比，用以检验乳液中实际的沥青含量。乳液中沥青含量过高会使乳液黏度变大，储存稳定性不好，不利于施工和储存；乳液中沥青含量过低，乳液黏度较低，施工时容易流失，不能保证要求的沥青用量，同时增加乳液的运输成本，提高乳化剂用量。

蒸发残留物的性质以针入度、延度和软化点表征，沥青乳化后与原沥青相比在技术性能上有所变化。

3. 黏度

不同的施工方法、施工季节和路面结构层次对沥青乳液的黏度要求不同。乳液黏度不当可能造成路面过早损坏。我国采用道路沥青标准黏度计或恩氏黏度计测定乳液的黏度。测试条件为：温度60℃，流孔直径3mm。

4. 黏附性

阳离子乳化沥青的黏附性是将洗净烘干的粒径为 19~31.5mm 的 5g 碎石在水中浸泡 1min 后，放入乳液中浸泡 1min，取出后置于空气中存放 24h，再于水中浸煮 3min，然后观察石料颗粒表面沥青膜的裹覆面积。阴离子乳化沥青是将干净的粒径的 13.2~19mm 的 50g 碎石排列在滤筛上，将滤筛连同石料一起浸入阴离子乳液 1min 后，取出在室温下置放 24h，然后在 40℃温水中浸泡 5min，观察乳液与石料表面的黏附情况。

5. 储存稳定性

储存稳定性是检验乳液的存放稳定性。将乳液在容器中置放规定的储存时间后，检测容器上下乳液的浓度变化。一般采用 5d 的储存稳定性，如时间紧迫也可用 1d 的稳定性。

5d 储存稳定性的具体做法是：将经 1.18mm 圆筛过滤的沥青乳液试样缓慢注入稳定管，用橡皮塞盖好管口；然后在(20 ± 5)℃温度条件下，于试管架上静置 5 昼夜；取出上部 50g 试液及下部的 50g 试液，分别进行蒸发试验；以两者残留物质量的差值小于 5%为储存稳定性合格。

1d 储存稳定性的测试方法与上述方法相同，只是将装好试液的稳定管于试管架上静置 24h 后，即测定上、下两部分试液的蒸发残留量，以其差值不超过 1%为储存稳定性合格。

6. 低温储存稳定性

低温储存稳定性是检测乳液经受冰冻后，其状态发生的变化。将乳液加热到 25℃，然后在−5℃的温度下置放 30min，再在 25℃下放置 10min，循环两次后，将试样过 1.18mm 筛，如果筛上没有结块等残留物，则低温储存稳定性合格。

7. 微粒离子电荷性

微粒离子电荷性用于确定乳液是否属于阳离子或阴离子类型。在乳液中放入两块电极板，通入 6V 直流电，3min 后观察电极板上沥青微粒的黏附量。如果负极板上吸附大量沥青微粒，表明沥青微粒带正电荷，则该乳液为阳离子型，反之亦然。

8. 破乳速度

破乳速度试验是将乳液与规定级配的矿料拌和后，由矿料表面被乳液薄膜裹覆的均匀程度，判断乳液的拌和效果，并鉴别乳液属于快裂、中裂或慢裂类型。

9. 水泥拌和试验与矿料拌和试验

水泥拌和试验的目的是评定慢裂型乳液在与水泥的拌和过程中乳液的凝结情况，是乳化沥青用于加固稳定砂石土基层、稀浆封层等施工的一项重要性能。将 50g 水泥与 50g 乳液试样拌和均匀后，加入 150mL 蒸馏水拌匀，然后过 1.18mm 筛，结果用筛上残留物占水泥和沥青总质量的百分比表示。

矿料拌和试验是将乳液试样与规定级配的混合料在室温下拌和后，以乳液能与矿料均匀裹覆并且没有沥青结块与粗团粒来检验乳化沥青的拌和稳定性。

例题解析

例题 1　工程上常用（　　）确定沥青的胶体结构。

A. 针入度指数法　　B. 马歇尔稳定度试验法

C. 环与球法　　D. 溶解—吸附法

答案： A

解析： 见考点一。沥青胶体的结构类型可以分为溶胶、溶—凝胶和凝胶三种结构。工程上常采用沥青的针入度指数（*PI*）法来评价胶体结构类型。

例题 2　石油沥青经老化后，其针入度值较原沥青将（　　），延度较原沥青将（　　）。

A. 增大、减小　　B. 减小、增大

C. 增大、增大　　D. 减小、减小

答案： D

解析： 见考点二。沥青老化最显著的特征是针入度变小、软化点增大、延度减小、脆点上升。沥青质明显增加，饱和酚、芳香酚含量变化不大，胶质含量有所降低。

例题 3　［2020 年试题 6］评价沥青与集料黏附性最常用的方法是（　　）。

A. 水煮法　　B. 拉拔法　　C. 马歇尔法　　D. 维姆法

答案： A

解析： 见考点二。水煮法适用于粒径大于13.2mm的粗集料。水浸法适用于集料最大粒径小于13.2mm的粗集料。

例题 4　［2020 年试题 8］下列影响沥青耐久性因素中，可不予考虑的是（　　）。

A. 热　　B. 氧　　C. 风　　D. 光

答案： C

解析： 见考点二。沥青耐久性受热、氧、光、雨水、交通强度等因素的影响。风对沥青路面的影响极小。

例题 5　［2021 年试题 9］沥青的针入度值越大，则该沥青（　　）。

A. 脆性越大　　B. 黏附性越好

C. 抗老化性能越好　　D. 越软，稠度越小

答案： D

解析： 见考点二。针入度值越大，标号越高，表示沥青越软，稠度越小；反之，针入度值越小，标号越低，表示沥青越硬，稠度越大。

自测模拟

1. 石油沥青的黏滞性可用（　　）表示。

A. 针入度　　B. 延度　　C. 针入度指数　　D. 溶解度

2. 沥青的标号越高，表示沥青（　　）。

A. 黏稠性越低　　B. 针入度越小

C. 针入度指数越大　　D. 更适宜在环境温度偏高的地区使用

3. 石油沥青老化后与组分的关系是（　　）。

A. 饱和酚增多　　B. 芳香酚增多

C. 沥青质增多　　D. 石蜡增多

4. 针入度指数> +2时沥青的胶体结构为（　　）。

A. 溶胶结构　　B. 凝胶结构

C. 溶—凝胶结构　　D. 无法判定

5. 黏稠石油沥青三大性能指标是针入度、延度和（　　）。

A. 软化点　　B. 燃点　　C. 脆点　　D. 闪点

6. 若测得某沥青$P_{25℃,100g,5s} = 95$，则该沥青的标号有可能是（　　）。

A. 130 号　　B. 110 号　　C. 70 号　　D. 90 号

7. 石油沥青的下列指标中，为施工安全而考虑的技术指标是（　　）。

A. 延度　　B. 溶解度

C. 闪点和燃点　　D. 相对密度

8. 下列哪个试验不能用来评价沥青老化性能（　　）。

A. 薄膜加热试验　　B. 旋转薄膜烘箱试验

C. PAV 压力老化试验　　D. 沥青溶解度试验

9. 乳化沥青筛上剩余量试验，乳液通过孔径（　　）筛。

A. 0.3mm　　B. 0.6mm　　C. 1.18mm　　D. 2.36mm

10. 储存稳定性是检验乳液的存放稳定性。将乳液在容器中置放规定的储存时间后，检测容器上下乳液的浓度变化。一般采用（　　）的储存稳定性，如时间紧迫也可用 1d 的稳定性。

A. 3d　　B. 5d　　C. 7d　　D. 10d

参考答案

1. A　2. A　3. C　4. B　5. A　6. D　7. C　8. D　9. C　10. B

第六节　沥青混合料

考点分析

本节重点：沥青混合料的结构类型、强度形成原理，沥青路面使用性能的气候分区，沥青混合料的高温稳定性、低温抗裂性、耐久性、抗滑性及施工和易性等技术性质及试验方法，沥青混合料技术标准，现行沥青混合料配合比设计方法。以考核沥青混合料的结构类型特点，沥青混合料的高温稳定性、低温抗裂性、耐久性、抗滑性及施工和易性等技术性质的含义、试验方法、评价指标，现行沥青混合料矿料级配调整方法，沥青用量与马歇尔试验结果的关系等为主。

本节难点：沥青混合料的高温稳定性、低温抗裂性、耐久性、抗滑性及施工和易性等技术性质，现行沥青混合料配合比设计方法。

考点精讲

考点一：沥青混合料的组成结构和强度形成原理

沥青混合料是由矿料与沥青结合料拌和而成的混合料的总称。常采用的沥青混合料有沥青混凝土混合料和沥青碎石混合料两种类型。沥青混凝土混合料（简称 AC），是按照密级配原理设计组成的各种粒径颗粒的矿料与沥青拌和而成、设计空隙率较小的密实式沥青混合料。沥青稳定碎石混合料是由矿料和沥青组成的具有一定级配要求的混合料。按空隙率、集料最大粒径、添加矿粉数量多少，分为密级配沥青碎石混合料（ATB）、开级配沥青碎石混合料（OGFC 表面层及 ATPB 基层）和半开级配沥青碎石混合料（AM）。沥青玛蹄脂碎石混合料，由沥青结合料与少量的纤维稳定剂、细集料及较多量的填料（矿粉）组成的沥青玛蹄脂，填充于间断级配的粗集料骨架的间隙，组成一体的沥青混合料，简称 SMA。

1. 沥青混合料的组成结构类型

在沥青混合料中，由于组成材料用量比例的不同，压实后沥青混合料内部的矿料分布状态、剩余空隙率也呈现出不同的特征，形成不同的组成结构。按照沥青混合料的矿料级配组成特点，可将沥青混合料分为悬浮—密实结构、骨架—空隙结构和骨架—密实结构，如图 1-1 所示。

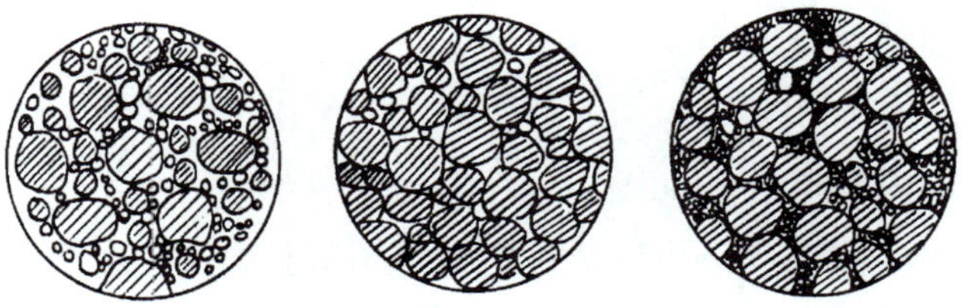

a)悬浮—密实结构　　b)骨架—空隙结构　　c)骨架—密实结构

图 1-1　沥青混合料的组成结构

（1）悬浮—密实结构

采用连续密级配矿料配制的沥青混合料，矿料颗粒由大到小连续存在，粒径较大的颗粒被较小一档的颗粒挤开，不能直接接触形成嵌挤骨架结构，粗集料悬浮于较小颗粒和沥青胶浆之间，而较小颗粒与沥青胶浆较为密实，形成了所谓悬浮—密实结构 [图 1-1a)]。按照连续密级配原理设计的 AC 型沥青混合料是典型的悬浮—密实结构。

悬浮—密实结构的沥青混合料经压实后，密实度较大，水稳定性、低温抗裂性和耐久性较好，一般不发生粗细集料离析，便于施工，是使用较为广泛的沥青混合料。但这种沥青混合料粗集料较少、相互不接触，不能形成骨架作用，在高温条件下使用时，由于沥青黏度降低，可能会导致沥青混合料强度和稳定性的下降。

（2）骨架—空隙结构

当采用连续开级配矿料与沥青组成沥青混合料时，粗集料颗粒较多，颗粒彼此接触形成互相嵌挤的骨架，但细集料数量较少，不足以充分填充骨架空隙，压实后混合料的空隙较大，形成了所谓的骨架空隙结构 [图 1-1b)]。沥青碎石混合料（AM）和开级配磨耗层沥青混合料（OGFC）是典型的骨架—空隙结构。

在形成骨架—空隙结构的沥青混合料中，粗集料之间的嵌挤力对沥青混合料的强度和稳定性起着重要作用，结构强度受沥青性质和物理状态的影响较小，因而高温稳定性较好。但压实后的剩余空隙率较大，渗透性较大，在使用过程中，气体和水分易进入沥青混合料内部，引发沥青老化或将沥青从集料表面剥落，因此这种结构沥青混合料的耐久性值得关注。

（3）骨架—密实结构

当采用间断级配时，粗集料能互相靠拢，不被细集料所推开，形成骨架，提高嵌挤力，使集料之间的摩阻力增大。细集料仍按连续级配保持密实结构，具有较高的黏聚力［图 1-1c）］。

骨架—密实结构是因为粗集料充分发挥了嵌挤作用，细集料又具有最大密实性和内聚力，整个结构能够形成较高的强度，是一种比连续级配更为理想的组成结构。沥青玛蹄脂碎石混合料（SMA）是典型的骨架—密实结构。

2. 沥青混合料的强度形成原理

沥青混合料在常温和较高温度下，由于沥青的黏结力不足而产生变形或由于抗剪强度不足而破坏，一般采用库仑理论来分析其强度和稳定性，沥青混合料的力学强度是由矿质集料颗粒之间的嵌挤力（内摩阻力）和沥青与集料之间的黏结力以及沥青的黏聚力所构成的。

沥青混合料抗剪强度可按莫尔—库仑定律予以表征，即在外力作用下材料不发生剪切滑移的必要条件是沥青混合料抗剪强度大于外界剪应力，抗剪强度按式（1-67）计算。

$$\tau = c + \sigma \tan\varphi \tag{1-67}$$

式中：τ ——沥青混合料的抗剪强度（MPa）；

c ——沥青混合料的黏聚力（MPa）；

σ ——试验时的正应力（MPa）；

φ ——沥青混合料的内摩阻角（rad）。

沥青混合料的黏聚力c和内摩阻角φ可以通过三轴剪切试验确定。在规定的条件下，对沥青混合料试件实施不同的侧向应力σ_3，测试法向应力σ_1。由试件的侧向应力和法向应力，可以得到一组莫尔应力圆。应力圆的公切线为莫尔—库仑应力包络线，即抗剪强度曲线，该包络线与纵轴的截距表示沥青混合料的黏聚力c，与横轴的交角为沥青混合料的内摩阻角φ。

影响沥青混合料抗剪强度的因素主要有：沥青的黏度、集料岩石的种类、集料表面特性、集料的形状、集料的级配、沥青与矿料在界面上的交互作用、矿料比面、沥青结合料用量、温度与荷载。

考点二：沥青路面使用性能的气候分区

沥青混合料的物理力学性质与使用环境的气温和湿度关系密切。《公路沥青路面施工技术规范》（JTG F40—2004）中，提出了沥青路面使用性能气候分区。

1. 气候分区指标

采用工程所在地最近 30 年内最热月份平均最高气温的平均值，作为反映沥青路面在高温和重载条件下出现车辙等流动变形的气候因子，并作为气候分区的一级指标，按照设计高温指标，一级区划分为 3 个区。

采用工程所在地最近 30 年内的极端最低气温，作为反映沥青路面由于温度收缩产生裂缝的气候因子，并作为气候分区的二级指标。按设计低温指标，二级区划分为 4 个区。

采用工程所在地最近 30 年内的年降雨量的平均值，作为反映沥青路面受水影响的气候因子，并作为气候分区的三级指标。按照设计雨量指标，三级区划分为 4 个区。

2. 气候分区的确定

沥青路面使用性能气候分区由一、二、三级区划组合而成，以综合反映该地区的气候特征，见表 1-15。每个气候分区用 3 个数字表示：第一个数字代表高温分区，第二个数值代表低温分区，第三个数字代表雨量分区，每个数字越小，表示气候对沥青路面的影响越严重。

沥青路面使用性能分区　　表 1-15

气候分区指标		气候分区			
按照高温指标	高温气候区	1	2	3	
	气候区名称	夏炎热区	夏热区	夏凉区	—
	最热月平均最高气温（℃）	>30	20~30	<20	
按照低温指标	低温气候区	1	2	3	4
	气候区名称	冬严寒区	冬寒区	冬冷区	冬温区
	极端最低气温（℃）	<−37.0	−37.0~−21.5	−21.5~−9.0	>−9.0
气候分区指标		气候分区			
按照雨量指标	雨量气候分区	1	2	3	4
	气候区名称	潮湿区	湿润区	半干区	干旱区
	年降雨量（mm）	>1000	1000~500	500~250	<250

考点三：沥青混合料的技术性质及试验方法

沥青混合料作为沥青路面的面层材料，在使用过程中将承受车辆荷载反复作用以及环境因素的作用，因此沥青混合料应具有足够的高温稳定性、低温抗裂性、耐久性、抗滑性、施工和易性等技术性能，以保证沥青路面优良的服务性能，且经久耐用。

1. 高温稳定性

高温稳定性是指沥青混合料在高温条件下，能够抵抗车辆荷载的反复作用，不发生显著永久变形，保证路面平整度的特性。沥青混合料的强度和模量随温度升高而急剧下降，在交通荷载的作用下易产生车辙、推移、拥包、泛油等病害。

工程中常用马歇尔稳定度试验和车辙试验评价沥青混合料高温稳定性。

（1）马歇尔稳定度试验

马歇尔试验是将沥青混合料制备成尺寸为 101.6mm（直径）×63.5mm（高）或 152.4mm（直径）×95.3mm（高）的圆柱形试件，试验时将试件侧向置于半圆状的压模中，使试件受到一定的侧限。在规定温度（60℃）和（50±5）mm/min的加荷速度下，对试件施加压力直至试件破坏，测定稳定度MS、流值FL两项指标。稳定度是试件压缩至破坏时承受的最大荷载，以 kN 计；流值是达到最大破坏荷载时试件的垂直变形，以 0.1mm 计。

（2）车辙试验

采用标准方法成型沥青混合料板块状试件，尺寸为 300mm ×300mm ×（50~100）mm。在 60℃的温度条件下，试验轮（轮压 0.7MPa）以（42±1）次/min的频率，沿着试件表面同一轨迹上反复行走，时间约 1h或最大变形达到 25mm 时为止，测试试件表面在试验轮反复作用下所形成车辙深度。以变形趋于稳定的 45min（或t_1）到 60min（或t_2）这一段时间内，产生 1mm 车辙变形所需要的行走次数即动稳定度指标DS（次/mm）来评价沥青混合料的抗永久变形能力。

$$DS=\frac{(t_1-t_2)N}{D_2-D_1}\cdot C_1\cdot C_2 \tag{1-68}$$

式中：D_1、D_2——对应于时间t_1和t_2时的变形量（mm）；

C_1——车辙试验机类型系数，曲柄连杆驱动试件的变速行走方式为 1.0；

C_2——试件系数，试验室制备的宽 30cm 的试件系数为 1.0；

N——试验轮往返碾压速度，通常为 42次/min。

影响高温稳定性的主要因素有：集料特性、沥青用量、沥青黏度、沥青混合料配合比。

2. 低温抗裂性

沥青混合料抵抗低温收缩裂缝的能力称为低温抗裂性。目前评价沥青混合料低温抗裂性的方法可以分为三类：预估沥青混合料的开裂温度，评价沥青混合料的低温变形能力或应力松弛能力，评价沥青混合料断裂能力。相关的试验主要包括：等应变加载的破坏试验，如间接拉伸试验、直接拉伸试验；低温收缩试验；低温弯曲蠕变试验；低温劈裂蠕变试验；弯曲破坏试验；温度应力试验；应力松弛试验等。

（1）预估沥青混合料的开裂温度

通过间接拉伸试验或直接拉伸试验，建立沥青混合料的低温强度与温度的关系，再根据理论方法，由沥青混合料的劲度模量、温度收缩系数及降温幅度计算沥青可能出现的温度应力与温度的关系，从而预估沥青面层出现的温缩裂缝温度，温度越低，沥青混合料的低温抗裂性能越好。

（2）弯曲蠕变试验

蠕变试验沥青混合料小梁为 250mm（长）×30mm（宽）×35mm（高）的棱柱体，在规定温度下（低温性能宜采用 0℃），对试件的跨中施加恒定的集中荷载，荷载水平为破坏荷载的 10%，测定试件随时间不断增长的蠕变变形。

蠕变变形曲线可分为三个阶段：第一阶段为蠕变迁移阶段，第二阶段为蠕变稳定阶段，第三阶段为蠕变破坏阶段。以蠕变稳定阶段的蠕变速率评价沥青混合料的低温变形能力，蠕变速率按式（1-69）计算。

$$\varepsilon_{speed}=\frac{\varepsilon_2-\varepsilon_1}{t_2-t_1}\cdot\frac{1}{\sigma_0} \tag{1-69}$$

式中：ε_{speed}——试件的低温弯曲蠕变速率［$1/(s\cdot MPa)$］；

σ_0——试件跨中梁底的蠕变弯拉应力（MPa）；

t_1、t_2——分别为蠕变稳定期直线段起始点和终止点的时间（s）；

ε_1、ε_2——分别与时间t_1和t_2对应的跨中梁底应变。

蠕变速率越大，沥青混合料在低温下的变形能力越大，松弛能力越强，低温抗裂性能越好。

（3）低温弯曲破坏试验

低温弯曲破坏试验试件小梁为 250mm（长）×30mm（宽）×35mm（高）的棱柱体，跨径 200mm，在试验温度-10℃的条件下，以 50mm/min速率，对沥青混合料小梁试件跨中施加集中荷载至断裂破坏，应变由跨中挠度求算。沥青混合料的破坏弯拉应变按式（1-70）计算。沥青混合料低温下破坏弯拉应变越大，低温柔韧性越好，抗裂性能越好。

$$\varepsilon_B=\frac{6hd}{L^2} \tag{1-70}$$

式中：ε_B——试件破坏时的最大弯拉应变；

h——跨中断面试件的高度（mm）；

d——试件破坏时的跨中挠度（mm）；

L——试件的跨径（mm）。

采用低温弯曲试验的破坏应变指标作为评价改性沥青混合料的低温抗裂性能更合理。

影响低温抗裂性能的因素主要有：沥青性质、沥青混合料组成、沥青混合料组成结构、环境温度与荷载作用时间。

3. 耐久性

耐久性是指沥青混合料在使用过程中抵抗环境因素（如空气中氧气、水、紫外线等）及行车荷载反复作用的能力。包括沥青混合料的水稳性、抗老化性和耐疲劳性能。我国现行规范采用空隙率、沥青饱和度（即沥青填隙率）和残留稳定度等指标来表征沥青混合料的耐久性。

（1）水稳定性

沥青混合料的水稳定性是指沥青混合料抵抗由于水侵蚀而发生沥青膜剥落、松散、坑槽等破坏的能力。水稳定性差的沥青混合料在有水存在的情况下，会使沥青与矿料颗粒表面产生局部分离，同时在车辆荷载作用下，沥青与矿料的剥落加剧，形成松散薄弱块，从而造成路面缺失，并逐渐形成坑槽，即所谓的水损害。当沥青混合料的压实空隙率较大，路面排水系统不完善时，将加剧沥青路面的水损害现象。

沥青混合料水稳定性可根据它在浸水条件下物理力学性能降低的程度来表征。试验方法主要有沥青与集料黏附性试验、浸水马歇尔试验、浸水劈裂强度试验、真空饱水冻融劈裂强度试验、浸水车辙试验等。

①浸水马歇尔试验

采用两组马歇尔试件，一组在 60℃水浴中浸泡 30min后测其稳定度MS；另一组在 60℃水中浸泡48h后测其稳定度MS_1。按式（1-71）计算残留稳定度MS_0，用来表示沥青混合料的耐水性。

$$MS_0=\frac{MS_1}{MS}\times 100\% \tag{1-71}$$

②冻融劈裂试验

用两面击实各 50 次的马歇尔试件两组，一组在 25℃水浴中浸泡 2h后测试劈裂强度R_1；另一组试件先放入真空干燥器中，关闭进水胶管，开动真空泵，使干燥器的真空度达到 97.3~98.7kPa（730~740mmHg）条件保持 15min；然后打开进水胶管，靠负压进入冷水流使试件全部浸入水中，浸水 15min后恢复常压，试件在水中放置 30min，再在（−18±2）℃恒温冰箱中冷冻（16±1）h，然后在60℃水浴中放置 24h，完成一次冻融循环，再在 25℃水中浸泡 2h 后测试其劈裂强度R_2，计算劈裂强度比TSR。

影响水稳定性的因素主要有：集料特性、沥青性质、沥青膜的厚度、沥青混合料的空隙率、沥青混合料的成型方式。

（2）抗老化性

抗老化性是指沥青混合料抵抗热、自然因素及荷载等作用而保持原有性能的能力。

沥青材料在沥青混合料的拌和、摊铺、碾压时受加热作用，路面建成后受自然因素和交通荷载作用，因此沥青的技术性能向着不理想的方向发生不可逆的变化即沥青的老化。

SHRP 根据沥青混合料生产和沥青路面使用过程中的老化现象，将沥青混合料的老化分为两个阶段，即短期老化和长期老化。短期老化表征沥青路面建设期沥青混合料因受热引起的老化，开始于拌和厂，终止于沥青路面压实后温度降至自然温度；长期老化表征沥青路面使用期内沥青混合料因光照、温度、降水和交通荷载的综合作用导致的老化，开始于路面建成之后，终止于路面服务性能下降直至不满足行车的要求。室内模拟沥青混合料老化的试验方法可以分为短期老化试验和长期老化试验两种方式。

影响抗老化性能的因素主要有：沥青的性质、沥青的用量、沥青混合料的残留空隙率、施工工艺与自然因素的强烈程度等。

（3）抗疲劳性能

抗疲劳性是沥青混合料在反复荷载作用下抵抗疲劳破坏的能力。

疲劳试验方法有大型的车辆环道疲劳破坏试验、规模较小的足尺路面结构模拟车辆荷载疲劳试验。目前使用较为普遍的方法是室内小型沥青混合料试件疲劳试验。

在室内小型试件疲劳试验中，可采用中点加载或三分点加载的简单弯曲试验，可采用控制应力或控制应变两种不同的加载模式。《公路工程沥青及沥青混合料试验规程》（JTG E20—2011）中“T 0739—2011”采用四点弯曲疲劳寿命试验，采用恒应变控制的连续偏正弦加载模式。

影响抗疲劳性能的因素主要有：沥青混合料的劲度、沥青用量、混合料的空隙率、集料的表面性状。

4. 抗滑性

沥青路面应具有足够的抗滑能力，以保证在最不利的情况下（当路面潮湿时），车辆能够高速安全地行驶，且在外界因素作用下其抗滑能力不致很快降低。

沥青混合料路面的抗滑性取决于路面的宏观构造和微观构造，而这两种构造的发达程度依赖于材料组成和材料特性。材料组成主要表现在集料级配、粗细集料的含量控制等方面。材料特性主要指粗集料的颗粒形状、表面粗糙程度和各种综合力学指标，其中力学性能（粗集料的磨光值、磨耗率、冲击值）影响路面构造的耐久性。

抗滑性评价方法分为两类：一类是测定路面表面纹理构造发达程度；另一类是测定路表面的摩擦系数和摩擦力。

影响抗滑性的因素主要有：矿料的表面微观构造深度、颗粒形状与尺寸、抗磨光性、矿料级配、沥青用量和沥青组分。沥青用量对抗滑性的影响相当敏感，当沥青量超过最佳用量 0.5%时就会导致抗滑系数明显降低。沥青较高的含蜡量将会降低车辆在路表面的附着力，从而降低路面的抗滑性。

5. 施工和易性

沥青混合料应具备良好的施工和易性，以便在拌和、摊铺及碾压过程中使集料颗粒以设计级配要求的状态分布，集料表面被沥青膜完整覆盖，并能被压实到规定的密度。

影响沥青混合料施工和易性的因素主要有：气温、施工条件、混合料性质、拌和设备、摊铺机械和压实工具等。

考点四：沥青混合料的技术标准

1. 沥青混合料的体积特征参数

在沥青混合料技术标准里，除了马歇尔试验涉及的性能参数指标稳定度、流值、残留稳定度等以外，还包括诸如空隙率、饱和度及矿料间隙率等一些物理指标，这些参数取决于沥青混合料中沥青与矿料的性质、组成材料的比例、混合料成型条件等因素，对沥青混合料的性能有显著影响，也是沥青混合料配合比设计的重要参数。其中涉及的主要指标及概念叙述如下。

（1）油石化

油石比（P_a）是沥青混合料中沥青质量与矿料质量的比例，以百分数计。沥青含量（P_b）是沥青混合料中沥青质量与沥青混合料总质量的比例，以百分数计。

（2）体积吸水率

体积吸水率（S_a）是试件吸水体积占沥青混合料毛体积的百分率。

$$S_a = \frac{m_f - m_a}{m_f - m_w} \times 100\% \tag{1-72}$$

式中：m_f——试件的表干质量（g）；

m_a——干燥试件在空气中的质量（g）；

m_w——试件在水中的质量（g）。

（3）沥青混合料的密度

沥青混合料的表观密度、毛体积密度

表观密度（ρ_s）是压实沥青混合料在常温干燥条件下单位体积质量（g/cm³）（含沥青混合料实体体积与不吸收水分的内部闭口孔隙之和）。

表观相对密度（γ_s）是表观密度与同温度水的密度之比值。

毛体积密度（ρ_f）是压实沥青混合料在常温干燥条件下单位体积质量（g/cm³）（含沥青混合料实体体积、不吸收水分的内部闭口孔隙、能吸收水分的开口孔隙等颗粒表面轮廓线所包含的全部毛体积）。

毛体积相对密度（γ_f）是毛体积密度与同温度水的密度之比值。

当试件的吸水率小于2%时，用水中重法测定其表观密度，表干法测定其毛体积密度；当试件的吸水率大于2%时，用蜡封法测定其毛体积密度。

$$\gamma_s = \frac{m_a}{m_a - m_w}; \quad \rho_s = \gamma_s \cdot \rho_w \tag{1-73}$$

$$\gamma_f = \frac{m_a}{m_f - m_w}; \quad \rho_f = \gamma_f \cdot \rho_w \tag{1-74}$$

式中：ρ_w——常温水的密度（g/cm³），约等于1；

m_a、m_w、m_f意义同前。

②沥青混合料的理论最大密度

理论最大密度是假设沥青混合料试件被压实至完全密实，在没有空隙的理想状态下的最大密度，即压实沥青混合料试件全部为矿料（包括矿料自身内部的孔隙）及沥青所占有时（空隙率为零）的最大密度。对于非改性的普通沥青混合料，采用真空法和溶剂法实测沥青混合料的理论最大密度，对于改性沥青或SMA混合料宜按式（1-75）或式（1-76）计算。

$$\gamma_t = \frac{100 + P_a}{\dfrac{100}{\gamma_{se}} + \dfrac{P_a}{\gamma_b}} \tag{1-75}$$

$$\gamma_t = \frac{100 + P_a + P_x}{\dfrac{P_s}{\gamma_{se}} + \dfrac{P_b}{\gamma_b} + \dfrac{P_x}{\gamma_x}} \tag{1-76}$$

式中：γ_t——相对于油石比P_a或沥青含量P_b时，沥青混合料的最大理论相对密度，无量纲；

γ_{se}——矿料的有效相对密度，无量纲；

γ_b——沥青的相对密度（25℃），无量纲；

γ_x——25℃时纤维的相对密度，由厂方提供或实测得到，无量纲；

P_a ——所计算的沥青混合料中的油石比（%）；

P_b ——所计算的沥青混合料的沥青含量（%），$P_b = P_a/(1+P_a)$；

P_s ——所计算的沥青混合料的矿料含量（%），$P_s = 100 - P_b$；

P_x ——纤维用量，即纤维质量占矿料总质量的百分比（%）。

对于非改性沥青混合料，宜以预估的最佳油石比拌和两组混合料，采用真空法实测最大相对密度，取平均值。然后按式（1-77）计算合成矿料的有效相对密度。对于改性沥青或SMA等难以分散的混合料，以矿料的合成毛体积相对密度与合成表观密度按式（1-78）确定矿料的有效相对密度。

$$\gamma_{se} = \frac{100 - P_b}{\frac{100}{\gamma_t} - \frac{P_b}{\gamma_b}} \tag{1-77}$$

$$\gamma_{se} = C \cdot \gamma_{sa} + (1 - C) \cdot \gamma_{sb} \tag{1-78}$$

式中：γ_{sb} ——矿料混合料的合成毛体积相对密度，无量纲，按式（1-79）求取；

γ_{sa} ——矿料混合料的合成表观相对密度，无量纲，按式（1-80）求取；

C ——合成矿料的沥青吸收系数，可按矿料的合成吸水率由式（1-81）求取；

γ_t、γ_{se}意义同前。

$$\gamma_{sb} = \frac{100}{\frac{P_1}{\gamma_1} + \frac{P_2}{\gamma_2} + \cdots + \frac{P_n}{\gamma_n}} \tag{1-79}$$

$$\gamma_{sa} = \frac{100}{\frac{P_1}{\gamma_1'} + \frac{P_2}{\gamma_2'} + \cdots + \frac{P_n}{\gamma_n'}} \tag{1-80}$$

式中：γ_1、γ_2、…、γ_n ——各种矿料的毛体积相对密度，无量纲；采用《公路工程集料试验规程》（JTG E42—2005）的方法进行测定，矿粉（含消石灰、水泥）采用表观相对密度；

γ_1'、γ_2'、…、γ_n' ——各种矿料的表观相对密度，无量纲；

P_1、P_2、…、P_n ——各种矿料占矿料总质量的百分比（%），$\sum_{i=1}^{n} P_i = 100$。

$$C = 0.033{w_x}^2 - 0.2936w_x + 0.9339 \tag{1-81}$$

式中：w_x ——矿料合成吸水率（%），按式（1-82）计算。

$$w_x = \left(\frac{1}{\gamma_{sb}} - \frac{1}{\gamma_{sa}}\right) \times 100 \tag{1-82}$$

（4）沥青混合料试件空隙率

试件空隙率是压实沥青混合料内矿料及沥青实体以外的空隙（不包括自身内部的孔隙）体积占试件总体积的百分率（%）。计算公式见式（1-83）。

$$VV = \left(1 - \frac{\gamma_f}{\gamma_t}\right) \times 100 \tag{1-83}$$

式中：VV ——试件的空隙率（%）；

γ_f、γ_t意义同前。

（5）矿料间隙率（VMA）

矿料间隙率是压实沥青混合料试件内矿料部分以外体积（沥青及空隙体积）占试件总体积的百分率，即试件空隙率与沥青体积百分率之和（%）。计算公式见式（1-84）。

$$VMA = \left(1 - \frac{\gamma_f}{\gamma_{sb}} \times \frac{P_s}{100}\right) \times 100 \tag{1-84}$$

式中：VMA——试件的矿料间隙率（%）；

γ_f、P_s、γ_{sb}意义同前。

（6）沥青饱和度（VFA）

沥青饱和度是压实沥青混合料试件内沥青部分的体积占矿料骨架以外的空隙部分体积的百分率（%），又称沥青填隙率。计算公式见式（1-85）。

$$VFA = \frac{VMA - VV}{VMA} \times 100 \tag{1-85}$$

式中：VFA——试件的有效沥青饱和度（有效沥青含量占VMA的体积比例）（%）；

VMA、VV意义同前。

2. 沥青混合料的技术标准

热拌沥青混合料（HMA）适用于各种等级公路的沥青路面。其种类可按集料公称最大粒径、矿料级配、空隙率划分，如表 1-16 所示。

热拌沥青混合料类型汇总表　表 1-16

混合料类型	密级配			开级配		半开级配	公称最大粒径（mm）	最大粒径（mm）
	连续级配		间断级配	间断级配		沥青稳定碎石		
	沥青混凝土	沥青稳定碎石	沥青玛蹄脂碎石	排水式沥青磨耗层	排水式沥青碎石基层			
特粗式	—	ATB-40	—	—	ATPB-40	—	37.5	53.0
粗粒式	—	ATB-30	—	—	ATPB-30	—	31.5	37.5
	AC-25	ATB-25	—	—	ATPB-25	—	26.5	31.5
中粒式	AC-20	—	SMA-20	—	—	AM-20	19.0	26.5
	AC-16	—	SMA-16	OGFC-16	—	AM-16	16.0	19.0
细粒式	AC-13	—	SMA-13	OGFC-13	—	AM-13	13.2	16.0
	AC-10	—	SMA-10	OGFC-10	—	AM-10	9.5	13.2
砂粒式	AC-5	—	—	—	—	AM-5	4.75	9.5
设计空隙率（%）	3~5	3~6	3~4	>18	>18	6~12	—	—

注：空隙率可按配合比设计要求做适当调整。

沥青混合料的矿料级配应符合工程规定的设计级配范围。密级配沥青混合料宜根据公路等级、气候及交通条件按表 1-17 选择采用粗型（C 型）或细型（F 型）混合料，并在表 1-18 范围内确定工程设计级配范围，一般情况下工程设计级配范围不宜超出表 1-18 的规定。

粗型和细型密级配沥青混凝土的关键性筛孔通过率　表 1-17

混合料类型	公称最大粒径（mm）	用以分类的关键性筛孔（mm）	粗型密级配		细型密级配	
			名称	关键性筛孔通过率（%）	名称	关键性筛孔通过率（%）
AC-25	26.5	4.75	AC-25C	<40	AC-25F	>40
AC-20	19	4.75	AC-20C	<45	AC-20F	>45
AC-16	16	2.36	AC-16C	<38	AC-16F	>38
AC-13	13.2	2.36	AC-13C	<40	AC-13F	>40
AC-10	9.5	2.36	AC-10C	<45	AC-10F	>45

沥青混合料矿料级配范围　　表 1-18

级配类型		通过下列筛孔（方孔筛，mm）的质量百分率（%）														
		53.0	37.5	31.5	26.5	19.0	16.0	13.2	9.5	4.75	2.36	1.18	0.6	0.3	0.15	0.075
密级配沥青混凝土 DAC																
粗粒	AC-25			100	90~100	75~90	65~83	56~76	46~65	24~52	16~42	12~33	8~24	5~17	4~13	3~7
中粒	AC-20				100	90~100	78~92	62~80	50~72	26~56	16~44	12~33	8~24	5~17	4~13	3~7
中粒	AC-16					100	90~100	76~92	60~80	34~62	20~48	13~36	9~26	7~18	5~14	4~8
细粒	AC-13						100	90~100	68~85	38~68	24~50	15~38	10~28	7~20	5~15	4~8
细粒	AC-10							100	90~100	45~75	30~58	20~44	13~32	9~23	6~16	4~8
砂粒	AC-5								100	90~100	55~75	35~55	20~40	12~28	7~18	5~10
密级配沥青稳定碎石 ATB																
特粗	ATB-40	100	90~100	75~92	65~85	49~71	43~63	37~57	30~50	20~40	15~32	10~25	8~18	5~14	3~10	2~6
粗粒	ATB-30		100	90~100	70~90	53~72	44~66	39~60	31~51	20~40	15~32	10~25	8~18	5~14	3~10	2~6
粗粒	ATB-25			100	90~100	60~80	48~68	42~62	32~52	20~40	15~32	10~25	8~18	5~14	3~10	2~6
半开级配沥青稳定碎石 AM																
中粒	AM-20				100	90~100	60~85	50~75	40~65	15~40	5~22	2~16	1~12	0~10	0~8	0~5
中粒	AM-16					100	90~100	60~85	45~68	18~42	6~25	3~18	1~14	0~10	0~8	0~5
细粒	AM-13						100	90~100	50~80	20~45	8~28	4~20	2~16	0~10	0~8	0~6
细粒	AM-10							100	90~100	35~65	10~35	5~22	2~16	0~12	0~9	0~6
开级配沥青稳定碎石 ATPB																
特粗	ATPB-40	100	70~100	65~90	55~85	43~75	32~70	20~65	12~50	0~3	0~3	0~3	0~3	0~3	0~3	0~3
粗粒	ATPB-30		100	80~100	70~95	53~85	36~80	26~75	14~60	0~3	0~3	0~3	0~3	0~3	0~3	0~3
粗粒	ATPB-25			100	80~100	60~100	45~90	30~82	16~70	0~3	0~3	0~3	0~3	0~3	0~3	0~3
开级配排水性磨耗层混合料 OGFC																
中粒	OGFC-16					100	90~100	70~90	45~70	12~30	10~22	6~18	4~15	3~12	3~8	2~6
细粒	OGFC-13						100	90~100	60~80	12~30	10~22	6~18	4~15	3~12	3~8	2~6
细粒	OGFC-10							100	90~100	50~70	10~22	6~18	4~15	3~12	3~8	2~6

我国《公路沥青路面施工技术规范》（JTG F40—2004）规定，对密级配沥青混凝土采用马歇尔试验方法进行配合比设计时，特征体积参数、稳定度与流值试验结果应符合表 1-19 的技术要求。在配合比设计的基础上，还需对其高温稳定性、低温抗裂性、水稳定性、抗渗性进行检验，其技术指标应满足表

1-20~表 1-23 的要求。

密级配沥青混凝土混合料马歇尔试验技术指标　　表 1-19

试验指标		单位	高速公路、一级公路：夏炎热区（1-1、1-2、1-3、1-4 区）中轻交通	夏炎热区 重载交通	夏热区及夏凉区（2-1、2-2、2-3、2-4、3-2 区）中轻交通	夏热区及夏凉区 重载交通	其他等级公路	行人道路
击实次数（双面）		次	75				50	50
试件尺寸		mm	$\phi101.6\times63.5$					
空隙率 VV	深约 90mm 以内	%	3~5	4~6	2~4	3~5	3~6	2~4
	深约 90mm 以下	%	3~6		2~4	3~6	3~6	—
稳定度 MS，不小于		kN	8				5	3
流值 FL		mm	2~4	1.5~4	2~4.5	2~4	2~4.5	2~5
	设计空隙率（%）		相应于以下公称最大粒径（mm）的最小 VMA 及 VFA 技术要求（%）					
			26.5	19	16	13.2	9.5	4.75
矿料间隙率 VMA（%），不小于	2		10	11	11.5	12	13	15
	3		11	12	12.5	13	14	16
	4		12	13	13.5	14	15	17
	5		13	14	14.5	15	16	18
	6		14	15	15.5	16	17	19
沥青饱和度 VFA（%）			55~70		65~75		70~85	

注：1. 对空隙率大于 5%的夏炎热重载交通路段，施工时压实度应至少提高 1%。
2. 对改性沥青混合料，马歇尔试验的流值可适当放宽。
3. 当设计的空隙率不是整数时，由内插确定要求的 VMA 最小值。

对于沥青路面的上面层和中、下面层的沥青混合料进行配合比设计时，应通过车辙试验机对抗车辙能力进行检验，其要求见表 1-20。

沥青混合料的车辙试验动稳定度技术要求　　表 1-20

气候条件与技术指标		相应于下列气候分区所要求动稳定度（次/mm）：>30（夏季炎热区）				20~30（夏热区）				<20（夏凉区）	试验方法
七月平均最高月平均气温（℃）及气候分区	气候分区	1-1	1-2	1-3	1-4	2-1	2-2	2-3	2-4	3-2	
普通沥青混合料，不小于		800		1000		600	800			600	T 0719
改性沥青混合料，不小于		2400		2800		2000	2400			1800	
SMA 混合料	非改性，不小于	1500									
	改性，不小于	3000									
OGFC 混合料		1500（一般交通路段）、3000（重交通量路段）									

我国采用浸水马歇尔试验和冻融劈裂试验作为水稳定性的标准试验方法，其技术要求见表 1-21。达不到要求时必须采取抗剥落措施，调整沥青用量再进行试验。

沥青混合料水稳定性检验技术要求　　表 1-21

气候条件与技术指标		相应于下列气候分区的技术要求（%）				试验方法
年降雨量（mm）及气候分区		>1000	500~1000	250~500	<250	
		1. 潮湿区	2. 湿润区	3. 半干区	4. 干旱区	
浸水马歇尔试验残留稳定度（%），不小于						
普通沥青混合料		80		75		T 0790
改性沥青混合料		85		80		
SMA 混合料	普通沥青	75				
	改性沥青	80				
冻融劈裂试验的残留强度比（%），不小于						
普通沥青混合料		75		70		T 0729
改性沥青混合料		80		75		
SMA 混合料	普通沥青	75				
	改性沥青	80				

宜对密级配沥青混合料在温度为-10℃、加载速率为 50mm/min下进行弯曲试验，测定破坏强度、破坏应变、破坏劲度模量，并根据应力—应变曲线的形状，综合评价沥青混合料的低温抗裂性能。其中沥青混合料的破坏应变宜符合表 1-22 的要求。

沥青混合料低温弯曲试验破坏应变（ε_B）技术要求　　表 1-22

气候条件与技术指标	相应于下列气候分区所要求的破坏应变（ε_B）									试验方法
年极端最低气温（℃）及气候分区	<-37.0		-21.5~-37.0			9.0~-21.5		>-9.0		
	冬严寒区（1）		冬寒区（2）			冬冷区（3）		冬温区（4）		
	1-1	2-1	1-2	2-2	3-2	1-3	2-3	1-4	2-4	
普通沥青混合料，≥	2600		2300			2000				T 0728
改性沥青混合料，≥	3000		2800			2500				

同时需对轮碾机成型的车辙试验试件进行渗水试验，并符合表 1-23 的要求。

沥青混合料渗水系数技术要求　　表 1-23

级配类型	渗水系数要求（mL/min）	试验方法
密级配沥青混凝土，不大于	120	T 0730
SMA 混合料，不大于	80	
OGFC 混合料，不小于	实测	

对使用钢渣作为集料的沥青混合料，应进行活性和膨胀性试验，钢渣沥青混凝土的膨胀量不得超过 1.5%。

对改性沥青混合料的性能检验，应针对改性目的进行。以提高高温抗车辙性能为主要目的时，低温性能可按普通沥青混合料的要求执行；以提高低温抗裂性能为主要目的时，高温稳定性可按普通沥青混合料的要求执行。

考点五：沥青混合料配合比设计方法

沥青混合料配合比设计的内容就是确定粗集料、细集料、矿粉和沥青结合料的最佳组成比例，使之既能满足沥青混合料的技术要求又符合经济的原则。

热拌沥青混合料的配合比设计通过目标配合比设计、生产配合比设计及生产配合比验证三个阶段，确定沥青混合料的材料品种及配比、矿料级配、最佳沥青用量。

1. 目标配合比设计

目标配合比设计分两部分进行，即矿质混合料组成设计与最佳沥青用量的确定。

（1）选择热拌沥青混合料类型

热拌沥青混合料适用于各种等级公路的沥青路面。其种类应考虑集料公称最大粒径、矿料级配、空隙率等因素进行选择。

（2）确定工程设计级配范围

①沥青路面工程的混合料设计级配范围由工程设计文件或招标文件规定，密级配沥青混合料的设计级配宜在规范规定的级配范围内，根据公路等级、工程性质、气候条件、交通条件、材料品种，通过对条件大体相当的工程的使用情况进行调查研究后调整确定，必要时允许超出规范级配范围。密级配沥青稳定碎石混合料可直接以规范规定的级配范围作工程设计级配范围使用。经确定的工程设计级配范围是配合比设计的依据，不得随意变更。

②调整工程设计级配范围宜遵循下列原则：

a. 首先按设计要求确定采用粗型（C 型）或细型（F 型）的混合料。对夏季温度高、高温持续时间长、重载交通多的路段，宜选用粗型密级配沥青混合料（AC-C 型），并取较高的设计空隙率。对冬季温度低且低温持续时间长的地区，或者重载交通较少的路段，宜选用细型密级配沥青混合料（AC-F 型），并取较低的设计空隙率。

b. 通常情况下，合成级配曲线宜尽量接近设计级配的中限，尤其应使 0.075mm、2.36mm、4.75mm 等筛孔的通过量尽量接近设计级配范围的中限。对于交通量大、轴载重的道路，合成级配可以考虑偏向级配范围的下限，而对于中小交通量或人行道路等，合成级配宜偏向级配范围的上限。

c. 为确保高温抗车辙能力，同时兼顾低温抗裂性能的需要。配合比设计时宜适当减少公称最大粒径附近的粗集料用量，减少 0.6mm以下部分细粉的用量，使中等粒径集料较多，形成 S 形级配曲线，并取中等或偏高水平的设计空隙率。

d. 沥青混合料的配合比设计应充分考虑施工性能，使沥青混合料容易摊铺和压实，避免造成严重的离析。

③矿料混合料配合比的计算。

a. 材料选择与性能测试。按规定方法对实际工程中使用的材料进行取样，测试材料密度，并进行筛分试验，确定各种规格集料的级配组成。

b. 确定各档矿料的用量比例。根据各档矿料的筛分结果，借助电子计算机的电子表格，用试算法或电算软件（图解法）确定各档矿料的用量比例，计算矿质混合料的合成级配。

c. 对高速公路和一级公路，宜在工程设计级配范围内计算 1~3 组粗细不同的配比，绘制设计级配曲线，分别位于工程设计级配范围的上方、中值及下方。设计合成级配不得有太多的锯齿形交错，且在 0.3~0.6mm范围内不出现“驼峰”。当反复调整不能满意时，宜更换材料设计。

（3）马歇尔试验

①按确定的矿质混合料配合比，计算各种规格集料的用量。

②根据矿质混合料的合成毛体积相对密度和合成表观密度等物理参数，预估沥青混合料适宜的油石比，预估的最佳油石比P_a按式（1-86）计算，预估的最佳沥青用量P_b按式（1-87）计算。

$$P_a = \frac{P_{a1} \cdot \gamma_{sb1}}{\gamma_{sb}} \tag{1-86}$$

$$P_b = \frac{P_a}{100 + P_a} \tag{1-87}$$

式中：P_a——预估的最佳油石比（与矿料总量的百分比）（%）；

P_b——预估的最佳沥青用量（占混合料总量的百分数）（%）；

P_{a1}——已建类似工程沥青混合料的标准油石比（%）；

γ_{sb}——集料的合成毛体积相对密度；

γ_{sb1}——已建类似工程集料的合成毛体积相对密度。

注：作为预估最佳油石比的集料密度，原工程和新工程也可均采用有效相对密度。

③以预估的油石比为中值，按一定间隔（对密级配沥青混合料通常为 0.5%），取 5 个或 5 个以上不同的油石比分别成型马歇尔试件。每一组试件的试样数按现行试验规程的要求确定，对粒径较大的沥青混合料，宜增加试件数量。

注：5 个不同油石比不一定选整数，例如预估油石比 4.8%，可选 3.8%、4.3%、4.8%、5.3%、5.8% 等。实测最大相对密度通常与此同时进行。

沥青混合料试件的制作温度参照《公路沥青路面施工技术规范》（JTG F40—2004）确定，并与施工实际温度相一致，普通沥青混合料如缺乏黏温曲线时可参照表 1-24，改性沥青混合料的成型温度在此基础上再提高 10~20℃。

热拌普通沥青混合料试件的制作温度（单位：℃） 表 1-24

施工工序	石油沥青的标号				
	50 号	70 号	90 号	110 号	130 号
沥青加热温度	160~170	155~165	150~160	145~155	140~150
矿料加热温度	集料加热温度比沥青温度高 10~30（填料不加热）				
沥青混合料拌和温度	150~170	145~165	140~160	135~155	130~150
试件击实成型温度	140~160	135~155	130~150	125~145	120~140

注：表中混合料温度，并非拌和机的油浴温度，应根据沥青的针入度、黏度选择，不宜都取中值。

④计算矿料混合料的合成毛体积相对密度γ_{sb}和合成表观相对密度γ_{sa}。

⑤确定矿料的有效相对密度γ_{se}。

⑥测定压实沥青混合料试件的毛体积相对密度γ_f和吸水率S_a。

⑦确定沥青混合料的最大理论相对密度γ_t。

⑧计算沥青混合料试件的空隙率VV、矿料间隙率VMA、有效沥青的饱和度VFA等体积指标，取 1 位

小数，进行体积组成分析。

⑨进行马歇尔试验，测定马歇尔稳定度及流值。

（4）确定最佳沥青用量（或油石比）

①以油石比或沥青用量为横坐标，以马歇尔试验的各项指标为纵坐标，将试验结果点入图中，连成圆滑的曲线。确定均符合沥青混合料技术标准的沥青用量范围$OAC_{\min}$~$OAC_{\max}$。选择的沥青用量范围必须涵盖设计空隙率的全部范围，并尽可能涵盖沥青饱和度的要求范围，并使密度及稳定度曲线出现峰值。如果没有涵盖设计空隙率的全部范围，试验必须扩大沥青用量范围重新进行。

②根据试验曲线的走势，按下列方法确定沥青混合料的最佳沥青用量OAC_1。

a. 在曲线图1-2上求取相应于密度最大值、稳定度最大值、目标空隙率（或中值）、沥青饱和度范围的中值的沥青用量a_1、a_2、a_3、a_4。按式（1-88）取平均值作为OAC_1。

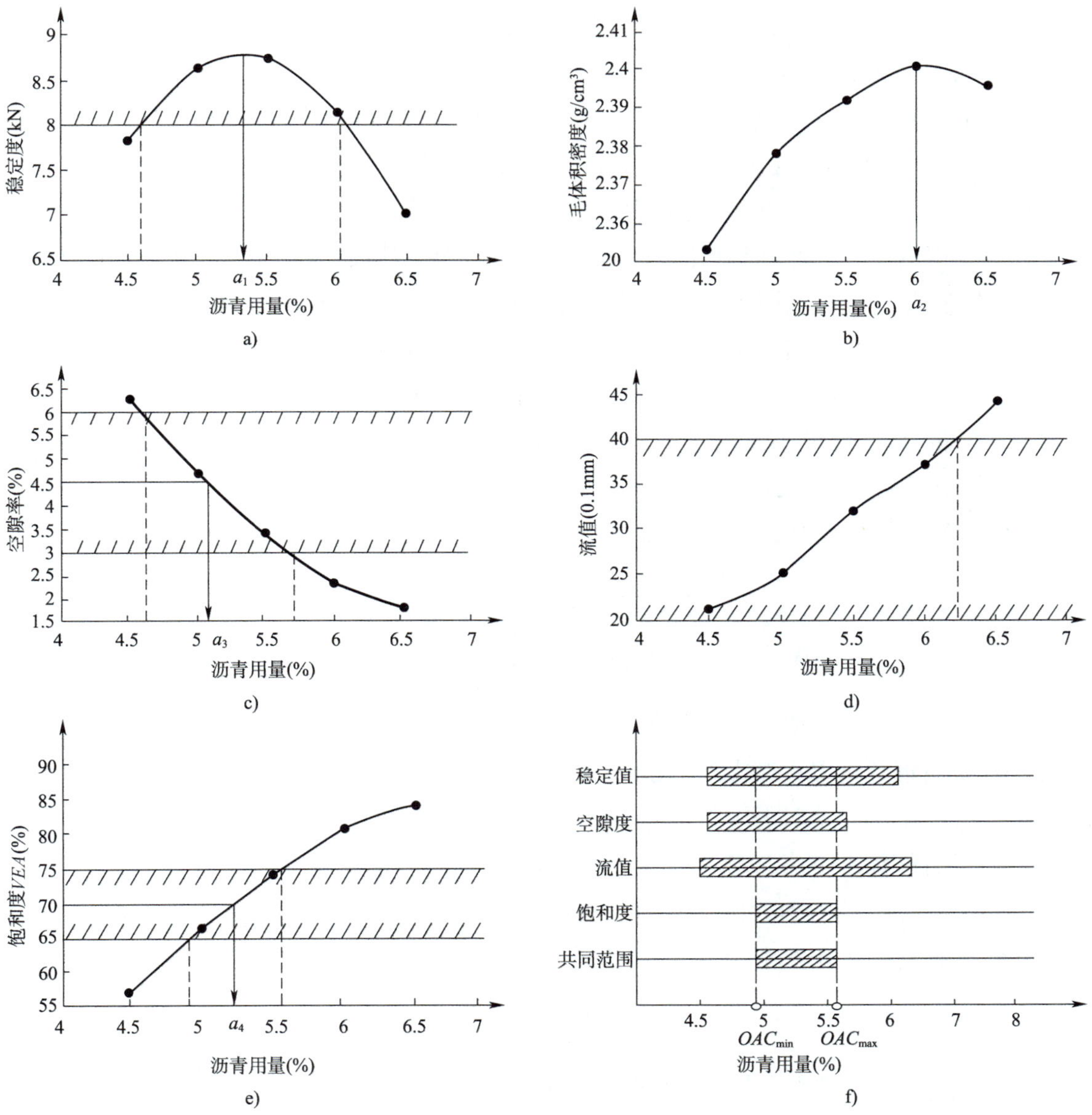

图1-2　沥青用量与马歇尔指标关系图

$$OAC_1 = \frac{a_1 + a_2 + a_3 + a_4}{4} \tag{1-88}$$

b. 如果在所选择的沥青用量范围未能涵盖沥青饱和度的要求范围，按式（1-89）求取3者的平均值作为OAC_1。

$$OAC_1 = \frac{a_1 + a_2 + a_3}{3} \tag{1-89}$$

c. 当所选择试验的沥青用量范围，密度或稳定度没有出现峰值（最大值经常在曲线的两端）时，可直接以目标空隙率所对应的沥青用量a_3作为OAC_1，但OAC_1必须介于OAC_{min}~OAC_{max}的范围内，如图 1-2 所示，否则应重新进行配合比设计。

③以各项指标均符合技术标准（不含VMA）的沥青用量范围OAC_{min}~OAC_{max}的中值作为OAC_2。

$$OAC_2 = \frac{OAC_{min} + OAC_{max}}{2} \tag{1-90}$$

④通常情况下取OAC_1及OAC_2的中值作为计算的最佳沥青用量OAC。

$$OAC = \frac{OAC_1 + OAC_2}{2} \tag{1-91}$$

⑤根据实践经验和公路等级、气候条件、交通情况，调整确定最佳沥青用量OAC。

a. 调查当地各项条件相接近的工程的沥青用量及使用效果，论证适宜的最佳沥青用量。检查计算得到的最佳沥青用量是否相近，如相差甚远，应查明原因，必要时重新调整级配，进行配合比设计。

b. 对炎热地区公路以及高速公路、一级公路的重载交通路段，山区公路的长大坡度路段，预计有可能产生较大车辙时，宜在空隙率符合要求的范围内将计算的最佳沥青用量减小 0.1%~0.5%作为设计沥青用量。此时，除空隙率外的其他指标可能会超出马歇尔试验配合比设计技术标准，配合比设计报告或设计文件必须予以说明。但配合比设计报告必须要求采用重型轮胎压路机和振动压路机组合等方式加强碾压，以使施工后路面的空隙率达到未调整前的原最佳沥青用量时的水平，且渗水系数符合要求。如果试验段试拌试铺达不到此要求时，宜调整所减小的沥青用量的幅度。

c. 对寒区公路、旅游公路、交通量很少的公路，最佳沥青用量可以在OAC的基础上增加 0.1%~0.3%，以适当减小设计空隙率，但不得降低压实度要求。

⑥沥青结合料被集料吸收的比例及有效沥青含量按式（1-92）和式（1-93）进行计算。

$$P_{ba} = \frac{\gamma_{se} - \gamma_b}{\gamma_{se} \cdot \gamma_{sb}} \cdot \gamma_b \times 100 \tag{1-92}$$

$$P_{be} = P_b - \frac{P_{ba}}{100} \cdot P_s \tag{1-93}$$

式中：P_{ba}——沥青混合料中被集料吸收的沥青结合料比例（%）；

P_{be}——沥青混合料中的有效沥青用量（%）；

γ_{se}、γ_b、γ_{sb}、P_s、P_b意义同前。

⑦检验最佳沥青用量时的粉胶比和有效沥青膜厚度。

按式（1-94）计算沥青混合料的粉胶比，宜符合 0.6~1.6 的要求。对常用的公称最大粒径为 13.2~19mm 的密级配沥青混合料，粉胶比宜控制在 0.8~1.2 范围内。

$$FB = \frac{P_{0.075}}{P_{be}} \tag{1-94}$$

式中：FB——粉胶比，沥青混合料的矿料中 0.075mm通过率与有效沥青含量的比值，无量纲；

$P_{0.075}$——矿料级配中 0.075mm的通过率（水洗法）（%）；

P_{be}——有效沥青含量（%）。

按式（1-95）计算集料的比表面，按式（1-96）估算沥青混合料的沥青膜有效厚度。各种集料粒径的表面积系数按表 1-25 采用。

$$SA = \sum(P_i \cdot FA_i) \tag{1-95}$$

$$DA = \frac{P_{be}}{\gamma_b \cdot SA} \times 10 \tag{1-96}$$

式中：SA ——集料的比表面积（m^2/kg）；

P_i ——各种粒径的通过百分率（%）；

FA_i ——相应于各种粒径的集料的表面积系数，如表 1-25 所列；

DA ——沥青膜有效厚度（μm）；

P_{be} ——有效沥青含量（%）；

γ_b ——沥青的相对密度（25℃/25℃），无量纲。

注：各种公称最大粒径混合料中尺寸大于 4.75mm 的集料的表面积系数FA均取 0.0041，且只计算一次，4.75mm 以下部分的FA_i如表 1-25 所示。该例的$SA = 6.60\,m^2/kg$。若混合料的有效沥青含量为 4.65%，沥青的相对密度为 1.03，则沥青膜厚度$DA = 4.65/1.03/6.60 \times 10 = 6.83μm$。

集料的表面积系数计算示例 表 1-25

筛孔尺寸（mm）	19	16	13.2	9.5	4.75	2.36	1.18	0.6	0.3	0.15	0.075	集料比表面总和SA（m^2/kg）
表面积系数FA_i	0.0041	—	—	—	0.0041	0.0082	0.0164	0.0287	0.0614	0.1229	0.3277	
通过百分率P_i（%）	100	92	85	76	60	42	32	23	16	12	6	
比表面$FA_i \cdot P_i$（m^2/kg）	0.41	—	—	—	0.25	0.34	0.52	0.66	0.98	1.47	1.97	6.60

（5）沥青混合料性能检验

①沥青混合料的高温稳定性检验

按最佳沥青用量OAC制作车辙试验试件，在规定的条件下进行车辙试验，检验设计沥青混合料的高温抗车辙能力，动稳定度应符合表 1-20 的要求。当其动稳定度不符合规定时，应对矿料级配或沥青用量进行调整，重新进行配合比设计。

②沥青混合料的水稳定性检验

按最佳沥青用量OAC制作马歇尔试件进行浸水马歇尔试验或冻融劈裂试验，检验试件的残留稳定度或冻融劈裂强度比是否满足表 1-21 的要求。

③沥青混合料低温抗裂性检验

对改性沥青混合料，应按照最佳沥青用量OAC制作车辙试验试件，再用切割机将试件锯成规定尺寸的棱柱体试件，按照规定方法进行低温弯曲试验，检验其破坏应变是否符合表 1-22 的要求，否则应对矿料级配或沥青用量进行调整，必要时更换改性沥青品种重新进行配合比设计。

④沥青混合料渗水性检验

宜利用轮碾机成型试验试件，脱模架起进行渗水试验，并应符合表 1-23 的要求。

2. 生产配合比设计

在目标配合比确定之后，应利用实际施工的拌和机（常用的拌和机见图 1-3）进行试拌以确定生产配合比。在操作前，首先根据级配类型选择振动筛的筛号，使几个热料仓的材料不致相差太大。最大筛孔应保证使超粒径料排出，使最大粒径筛孔通过量符合设计范围要求。试验时，按试验室配合比设计的冷料比例上料、烘干、筛分，然后取样筛分，与目标配合比设计一样进行矿料级配计算，得出不同料仓及矿料用量比例。按此比例进行马歇尔试验，取目标配合比得出的最佳油石比，并在此基础上±0.3%，得到三档配合比，进行试验。得出生产配合比的最佳油石比，供试拌试铺使用。生产配合比确定的最佳油石比与目标配合比的差值不宜大于0.2%。

图 1-3 间歇式拌和机示意图

1-冷料仓；2-冷料送料器；3-冷料提升机；4-干燥鼓；5-集尘器；6-排气烟囱；7-热料提升机；8-筛屏单元；9-热料仓；10-称料仓；11-拌和单元或强制式拌和机；12-矿质填料储仓；13-热沥青储料罐；14-沥青称重桶

3. 生产配合比验证

此阶段即为试拌试铺阶段。施工单位进行试拌试铺时，应报告监理部门和业主，工程指挥部会同设计、监理、施工人员一起进行鉴别。按照生产配合比进行试拌，在场人员对混合料级配及油石比提出意见，必要时进行针对性调整，重新试拌，再进行观察，力求意见一致。然后用此混合料在试验路段上试铺，进一步观察摊铺、碾压过程和成型路面的表面状况，判断混合料的级配和油石比。如不满意应调整，重新试拌试铺，直至满意为止。

另一方面，试验室密切配合现场指挥，在拌和厂或摊铺机旁采集沥青混合料试样，进行马歇尔试验，同时还应进行浸水马歇尔试验和车辙试验，以进行水稳定性和高温稳定性检验。试验室还应到现场进行抽提试验，以确保现场用料的级配和油石比与设计相同。同时按照规范规定的试验段铺设要求进行各种试验，当全部满足要求时，验证通过，可进入正常生产，大批量拌和摊铺阶段。

例题解析

例题 1 在沥青混合料中，既有较多数量的粗集料可形成空间骨架，同时又有相当数量的细集料可填充骨架的空隙，这种结构形式称之为（　　）结构。

A. 骨架—空隙　　B. 骨架—密实　　C. 悬浮—密实　　D. 不能确定

答案： B

解析： 见考点一，沥青混合料的组成结构特点。

例题 2 若沥青混合料的油石比为5.0%，则沥青含量为（　　）。

A. 4.76%　　B. 4.56%　　C. 5.00%　　D. 5.26%

答案： A

解析： 见考点五，油石比和沥青含量的概念，按式（1-87）计算。

例题 3 ［2019年试题10］沥青混合料抽提试验的目的是检查沥青混合料中的（　　）。

A. 沥青用量　　B. 沥青针入度

C. 沥青标号　　D. 矿料与沥青的黏附性

答案： A

解析： 见考点五，生产配合比验证。试验室还应到现场取样进行抽提试验，以确保现场用料的级配和油石比与设计相同。

例题 4 ［2020 年试题 7］沥青路面的抗渗能力主要取决于沥青路面的（　　）。

A. 稳定度　　B. 饱和度　　C. 空隙率　　D. 骨架间隙率

答案： C

解析： 见考点三，沥青路面的抗渗能力主要取决于沥青路面的空隙率。空隙率越大，其抗渗能力越差。

例题 5 ［2020 年试题 9］沥青路面混合料组成设计中，随着沥青用量的增加，沥青混合料的空隙率（　　）。

A. 减小　　B. 增大　　C. 先减小后增大　　D. 先增大后减小

答案： A

解析： 见考点五，沥青用量增加，填充混合料空隙，混合料孔隙率减小。

自 测 模 拟

1. 根据马歇尔试验结果，沥青混合料中稳定度与沥青含量关系为（　　）。

A. 随沥青含量增加而增加，达到峰值后随沥青含量增加而降低

B. 随沥青含量增加而增加

C. 随沥青含量增加而减少

D. 沥青含量的增减对稳定度影响不大

2. 沥青混合料动稳定度用于评价沥青混合料的（　　）性能。

A. 耐久性　　B. 空隙率　　C. 高温抗车辙能力　　D. 水稳定性

3. 测定沥青混合料水稳定性的试验是（　　）。

A. 车辙试验　　B. 沥青混合料保水率试验

C. 残留稳定度试验　　D. 马歇尔稳定度试验

4. 我国现行规范采用（　　）等指标来表征沥青混合料的耐久性。

A. 空隙率、饱和度、残留稳定度　　B. 稳定度、流值、马歇尔模数

C. 空隙率、含蜡量、含水量　　D. 针入度、延度、软化点

5. 目前我国沥青配合比设计中，确定最佳沥青用量最常用的方法是（　　）。

A. 图解法　　B. 马歇尔法　　C. 理论法　　D. 试算法

6. 沥青混合料中矿质混合料配合比设计时，尤其应使（　　）筛孔的通过量尽量接近设计级配范围中限。

A. 1.18mm、2.36mm、4.75mm

B. 0.075mm、2.36mm、4.75mm

C. 0.075mm、1.18mm、2.36mm

D. $<$0.075mm、2.36mm、9.5mm

7. 沥青混合料的配合比设计时，对矿料的配合比设计，在高速公路、一级公路、城市快车道、主干道等交通量大、轴载重的道路，级配范围宜（　　）。

A. 偏向下（粗）限　　B. 靠近中限

C. 偏向上（细）限　　D. 都不对

8. 提高沥青混合料路面的抗滑性，要特别注意沥青混合料中的（　　）。

A. 沥青用量　　B. 沥青稠度　　C. 粗集料的压碎值　　D. 集料的化学性能

9. 在沥青混合料中掺加适量消石灰粉，可以有效提高沥青混合料的（　　）。

A. 黏附性　　B. 抗疲劳性　　C. 低温抗裂性　　D. 抗车辙形成能力

10. 若沥青混合料的沥青含量为 5.0%，则该沥青混合料的油石比为（　　）。

A. 4.76%　　B. 4.56%　　C. 5.00%　　D. 5.26%

参考答案

1. A　2. C　3. C　4. A　5. B　6. B　7. A　8. A　9. A　10. D

第七节　建筑钢材

考点分析

本节重点：建筑钢材的技术性能、工艺性能、技术标准，钢材的拉伸试验方法和冷弯试验方法。以考核钢材的力学性能、冷弯性能的含义和拉伸及冷弯试验方法为主。

本节难点：建筑钢材的技术性能。

考点精讲

考点一：钢材的力学性能

建筑钢材是指在建筑工程中使用的各种钢材，具有组织均匀密实、强度高、弹性模量大、塑性及韧性好、承受冲击荷载和动力荷载能力强、便于加工和装配等优点，因而在建筑结构中被广泛应用。

钢材主要的力学性能有抗拉性能、抗冲击韧性、疲劳强度和硬度。钢材是土木建筑工程中广泛应用的结构材料，使用中要承受拉力、压力、弯曲、扭曲等各种静力荷载作用，要求钢材具有一定的强度及其抵抗有限变形而不破坏的能力；对于承受动力荷载作用的钢材，还要求具有较高的冲击韧性而不致发生疲劳断裂。

1. 抗拉性能

抗拉性能是建筑钢材最重要的技术性质。建筑钢材的抗拉性能可用低碳钢在拉伸试验中的应力—应变曲线来描述，如图 1-4 所示。根据曲线的特征，低碳钢在受拉过程中经历了弹性、屈服、强化和颈缩四个阶段，其力学性能可由屈服强度、极限抗拉强度和伸长率等指标来反映。

（1）屈服强度

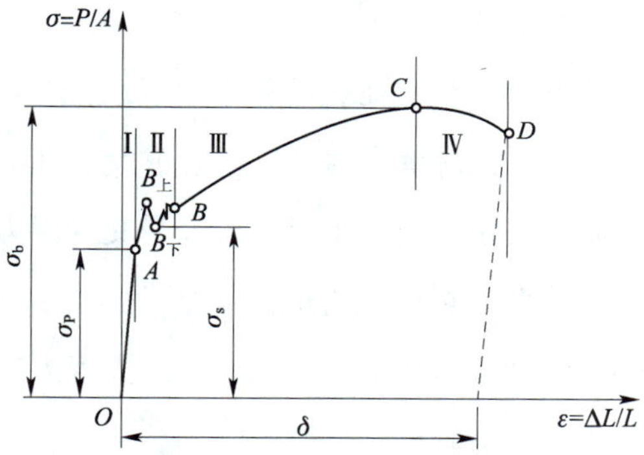

图 1-4 低碳钢受拉时的应力—应变曲线

应力超过σ_p后，应变急剧增加，而应力基本保持不变，这种现象称为屈服，如图 1-4 的AB阶段。在该阶段应力与应变不再成比例变化，应变增加的速度远大于应力增加的速度，若在该阶段卸载，试件的变形将有部分不能恢复，即试件发生了塑性变形。图 1-4 中$B_上$点是该阶段的应力最高点，称为屈服上限，$B_下$点称为屈服下限。一般以$B_下$点对应的应力为屈服强度，用σ_s表示。钢材受力达到σ_s后，变形迅速发展，已经不能满足使用要求，故设计中一般用屈服点作为强度取值的依据。常用低碳钢的σ_s为 185~235MPa。

（2）抗拉强度

荷载超过σ_s后，因塑性变形使钢材内部的组织结构发生变化，抵抗变形的能力有所增强，$\sigma-\varepsilon$曲线出现上升，进入强化阶段，如图 1-4 的BC阶段。此阶段虽然应力能够增加，表现为承载力提高，但变形速率比应力增加速率大，对应于最高点C的应力称为极限抗拉强度，用σ_b表示。常用低碳钢的σ_b为 375~500MPa。

钢材的屈强比用式（1-97）表示，它反映钢材的可靠性和利用率。屈强比小，钢材的可靠性大，结构安全。然而屈强比过小，则钢材利用率低。

$$n=\frac{\sigma_s}{\sigma_b} \tag{1-97}$$

（3）伸长率

应力超过σ_b后，试件的变形仍继续增大，而应力反而下降，$\sigma-\varepsilon$曲线出现下降，如图 1-4 的CD阶段。此时，试件某段的截面积逐渐减少，出现颈缩现象，直至D点试件断裂。

钢材在外力作用下发生塑性变形而不破坏的性能，称为塑性。塑性通常用拉伸试验中的伸长率δ（%）和截面收缩率ψ（%）表示。

$$\delta=\frac{l-l_0}{l_0}\times 100 \tag{1-98}$$

$$\psi=\frac{A_0-A_1}{A_0}\times 100 \tag{1-99}$$

通常钢材拉伸试件取$l_0=5d_0$或$l_0=10d_0$，其伸长率分别以δ_5和δ_{10}表示。对同一钢材δ_5大于δ_{10}。伸长率δ越大，说明材料的塑性越好。

中碳钢和高碳钢（硬钢）拉伸试验，与低碳钢（软钢）相比有明显不同，其特点是没有明显的屈服阶段，应力随应变持续增加，直至断裂。一般取残余应变为 0.2%时的应力作为高碳钢的名义屈服强度。

2. 冲击韧性

冲击韧性是钢材抵抗冲击荷载作用的能力。钢材的冲击韧性α_k（J/cm^2）是用标准试件（中部加工成V形或U形缺口），在试验机的一次摆锤冲击下，以破坏后缺口处单位面积上所消耗的功来表示。

冲击韧性α_k值越大，钢材的冲击韧性越好。钢材的化学成分、冶炼方式、加工工艺和环境温度对其冲击韧性都有明显影响。随温度下降，钢材的冲击韧性显著下降而表现出脆性的现象称为钢材的冷脆性。冲击韧性显著降低时的温度为脆性转变温度。脆性转变温度越低说明钢材的低温冲击韧性越好。

钢材的冲击韧性全面反映钢材的品质，对于直接承受荷载而且可能在负温下工作的重要结构，必须进行冲击韧性试验。

3. 耐疲劳性

钢材在交变荷载反复作用下，往往在远小于其抗拉强度时发生突然破坏，此现象称为疲劳破坏。试验证明，钢材承受的交变应力越大，则断裂时所经受的交变应力循环次数越少，反之则多。当交变应力下降至一定值时，钢材可以经受交变应力无数次循环而不发生疲劳破坏。

疲劳破坏的危险应力用疲劳强度表示。疲劳强度是指钢材在交变荷载作用下于规定的周期基数内不发生疲劳破坏的所能承受的最大应力。通常取交变应力循环次数$N = 10^7$时试件不发生破坏的最大应力作为疲劳强度。

钢材疲劳强度与其内部组织状态、成分偏析、杂质含量及各种缺陷有关，钢材表面光洁程度和受腐蚀等都会影响疲劳强度。一般钢材的抗拉强度高，耐疲劳强度也较高。

4. 硬度

硬度表示钢材表面局部体积抵抗变形或破坏的能力，是衡量钢材软硬程度的一个指标。硬度测定是将硬物压入钢材表面，根据压力大小及产生的压痕面积或深度来评价的。建筑钢材常用布氏法和洛氏法测定，相应的指标称为布氏硬度和洛氏硬度。

考点二：钢材的工艺性能

建筑钢材在使用前，需要根据实际情况进行多种形式的加工，良好的工艺性能可以满足施工工艺的要求。冷弯性能和焊接性能是建筑钢材重要的工艺性能。

1. 冷弯性能

冷弯性能是指钢材在常温下承受弯曲变形的能力，是钢材的重要工艺性能。钢材的单轴拉伸试验的伸长率反映钢材的均匀变形性能，而冷弯试验检验钢材在非均匀变形下的性能。因此，冷弯性能可更好地反映钢材内部组织结构的均匀性，如是否存在不均匀内应力、气泡、偏析和夹杂等缺陷。

冷弯性能是将钢材试件（圆形或板形）置于冷弯机上弯曲至规定角度（90°或 180°），观察其弯曲部位是否有裂纹、起层或断裂现象，如无，则为合格。弯曲角度越大，弯心直径对试件厚度（直径）比值越小，则表示钢材的冷弯性能越好。

2. 焊接性能

焊接是钢结构的主要连接方式，土木工程中的钢结构有 90%以上为焊接结构。焊接质量主要取决于钢材的可焊接性能、焊接材料性能和焊接工艺。

钢材的焊接性能是指在一定的焊接工艺条件下，在焊缝及其附近过热区不产生裂纹及硬脆倾向，焊接后钢材的力学性能，尤其是强度不得低于原有钢材的强度。

考点三：钢材的技术标准

1. 碳素结构钢

碳素结构钢是建筑用钢最常用的钢种之一，适用于一般结构工程中，可以加工成各种型钢、钢筋和钢丝，国家标准是《碳素结构钢》(GB/T 700—2006)。

（1）命名

碳素结构钢的牌号由四部分组成，依次为：代表钢材屈服点的汉语拼音 Q；表示钢材屈服点的数字，分别为 195、215、235、255 和 275，以 MPa 计；表示质量等级的符号，按钢材中硫、磷含量由大到小划分，随 A、B、C、D 的顺序质量逐级提高；代表钢脱氧程度的符号，沸腾钢 F、镇定钢 Z、半镇定钢 b、特殊镇定钢 TZ（Z 和 TZ 在钢的牌号中可予以省略）。

例如 Q235-AF，表示屈服强度为 235MPa、质量等级为A级的沸腾钢；Q215-C，表示屈服强度为 215MPa、质量等级为 C 级的镇定钢。

（2）技术要求

随着钢号的增加，其含碳、含锰量增加，强度和硬度逐步提高，但伸长率和冷弯性能则下降。特殊镇定钢优于镇定钢，镇定钢优于半镇定钢，更优于沸腾钢。同一钢号的质量等级越高，其硫、磷含量越低，钢材质量越好。碳素结构钢的选用主要根据以下原则：以冶炼方法和脱氧程度来区分钢材品质，选用时根据结构的工作条件、承受的荷载类型、受荷方式、连接方式等综合考虑来选择钢号和材质。碳素结构钢的力学性能和冷弯试验指标分别如表 1-26 和表 1-27 所示。

碳素结构钢的力学性能（GB/T 700—2006）　　表 1-26

牌号	等级	屈服强度[①] R_{eH}（MPa），不小于						抗拉强度[②] R_m（MPa）	断后伸长率 A（%），不小于					冲击试验（V形缺口）	
		厚度（或直径）(mm)							厚度（或直径）(mm)					温度（℃）	冲击吸收功（纵向）(J)，不小于
		≤16	>16~40	>40~60	>60~100	>100~150	>150~200		≤40	>40~60	>60~100	>100~150	>150~200		
Q195	—	195	185	—	—	—	—	315~430	33	—	—	—	—	—	—
Q215	A	215	205	195	185	175	165	335~450	31	30	29	27	26	—	—
	B													+20	27
Q235	A	235	225	215	215	195	185	370~500	26	25	24	22	21	—	—
	B													+20	27[③]
	C													0	
	D													−20	
Q275	A	275	265	255	245	225	215	410~540	22	21	20	18	17	—	—
	B													+20	27
	C													0	
	D													−20	

注：① Q195 的屈服强度值仅供参考，不作为交货条件。

② 厚度大于 100mm 的钢材，抗拉强度下限允许降低 20MPa。宽带钢（包括剪切钢板）抗拉强度上限不作为交货条件。

③ 厚度小于 25mm 的 Q235B 级钢材，如供方能保证冲击吸收功值合格，经需方同意，可不做检验。

碳素结构钢冷弯试验指标（GB/T 700—2006） 表 1-27

牌号	试样方向	冷弯试验 180°，$B=2a$① 钢材厚度（或直径）②（mm） ≤60	>60~100
		弯心直径 d	
Q195	纵	0	—
	横	$0.5a$	
Q215	纵	$0.5a$	$1.5a$
	横	a	$2a$
Q235	纵	a	$2a$
	横	$1.5a$	$2.5a$
Q275	纵	$1.5a$	$2.5a$
	横	$2a$	$3a$

注：① B 为试样宽度，a 为试样厚度（或直径）。
② 钢材厚度（或直径）大于 100mm 时，弯曲试验由双方协商确定。

（3）碳素结构钢的应用

由于碳素结构钢性能稳定、易加工、成本低，因此，在土木工程中广泛使用。

Q235 具有较高强度，良好的塑性、韧性及可焊接性，综合性能好，故能满足一般钢结构和钢筋混凝土结构的用钢要求。Q235A 一般仅适用于只承受静荷载作用的钢结构；Q235B 和 Q235C 分别适用于承受动荷载焊接的普通钢结构和重要钢结构；Q235D 则适合用于低温环境下承受动荷载焊接的重要钢结构。

Q195、Q215 强度低，塑韧性好，具有良好的可焊性，易于冷加工，常用作钢钉、铆钉、螺栓及钢丝等。

Q255、Q275 强度高，但塑韧性和可焊接性差，可用于轧制钢筋、制作螺栓配件等，更多用于机械零件和工具。

2. 桥梁用结构钢

桥梁用结构钢是桥梁建筑的专用钢，根据《桥梁用结构钢》（GB/T 714—2015）的规定，其牌号为 Q345q、Q370q、Q420q、Q500q、Q550q、Q620q、Q690q，质量等级分别为 C、D、E、F 级。该标准还规定了桥梁结构钢的尺寸、外形、质量和允许偏差、技术要求、试验方法、检测规则及质量证明书等。

用于桥梁建筑的钢材，技术要求为：良好的综合力学性能、良好的焊接性、良好的抗蚀性。

3. 钢筋混凝土结构用钢

钢筋混凝土结构用钢筋和钢丝是用碳素结构钢或低合金结构钢经加工而成的。目前主要有钢筋混凝土用热轧钢筋、冷拔钢筋及冷轧带肋钢筋、预应力混凝土用热处理钢筋、钢丝和钢绞线。

（1）热轧钢筋

热轧钢筋是一种条形钢材，由碳素结构钢或低合金结构钢加工而成。按其表面形状不同分为光圆钢筋和带肋钢筋两类。钢筋的公称尺寸是与其公称截面积相等的圆的直径。

热轧光圆钢筋由碳素结构钢轧制，横截面为圆形，表面光滑，推荐的公称直径有 6mm、8mm、10mm、

12mm、16mm、20mm 六种。热轧钢筋的力学性能和工艺性能见表 1-28。

热轧钢筋的力学性能和工艺性能　　表 1-28

牌　号	公称直径a（mm）	屈服强度σ（或$\sigma_{0.2}$）（MPa）	抗拉强度σ_b（MPa）	伸长率δ_5（%）	180°弯曲试验d（弯心直径）
HPB300	6~20	300	420	25	$d = a$
HRB400 HRBF400 HRB400E HRBF400E	6~25 28~40 >40~50	400	540	16 —	$d = 4a$ $d = 5a$ $d = 6a$
HRB500 HRBF500 HRB500E HRBF500E	6~25 28~40 >40~50	500	630	15 —	$d = 6a$ $d = 7a$ $d = 8a$
HRB600	6~25 28~40 >40~50	600	730	14	6~25 28~40 >40~50

热轧带肋钢筋是采用低合金钢轧制，其表面带有两条纵肋和沿长度方向均匀分布的横肋。纵肋是平行于钢筋轴线的均匀连续肋，横肋为与纵肋不平行的其他肋；月牙肋钢筋是指横肋的纵截面呈月牙形，且与纵肋不相关的钢筋。

按照《钢筋混凝土用钢　第 2 部分：热轧带肋钢筋》（GB/T 1499.2—2018）的规定，热轧带肋钢筋分为普通热轧钢筋和细晶粒热轧钢筋，钢筋牌号分别对应 HRB400、HRB500、HRB600、HRBF400、HRBF500、HRB400E、HRB500E、HRBF400E、HRBF500E。

HPB300 级热轧光圆钢筋的强度较低，但塑性及焊接性能较好，主要用作非预应力混凝土的受力筋或构造筋；由于便于各种冷加工，可用作冷拉钢筋或冷拔钢丝的原材料。HRB400 的强度、塑性及焊接的综合性能较好，且其表面月牙肋增强了与混凝土间的结合力，可用于大、中型如桥梁、水坝等钢筋混凝土构件的主筋，经冷拉后也可作为预应力钢筋。目前，提倡用 HRB400 级钢筋作为我国钢筋混凝土结构的主力钢筋。HRB500 钢筋强度高，但塑性和焊接性能较差，多用于预应力钢筋。

（2）冷轧带肋钢筋

冷轧带肋钢筋是热轧圆盘条经冷轧或冷拔减径后，在其表面带有沿长度方向均匀分布的三面或二面横肋的钢筋。按照《冷轧带肋钢筋》（GB/T 13788—2017）中的规定，冷轧带肋钢筋的牌号由 CRB 和钢筋的抗拉强度最小值构成，分为 CRB550、CRB650、CRB800、CRB970 四个牌号，其中，CRB550 用于普通钢筋混凝土，其他牌号钢筋则用于预应力钢筋混凝土。各牌号钢筋的力学和工艺性能应符合表 1-29 的规定。

冷轧带肋钢筋的力学性能和工艺性能（GB/T 13788—2017）　　表 1-29

牌　号	抗拉强度σ_b（MPa）不小于	伸长率（%）		180°弯曲试验［D（弯心直径）、d（钢筋公称直径）］	反复弯曲次数	松弛率初始应力 $\sigma_{con} = 0.7\sigma_b$ 1000h（%）不大于
		δ_{10}	δ_{100}			
CRB500	550	8.0		$D = 3d$		—
CRB650	650	—	4.0	—	3	8
CRB800	800	—	4.0	—	3	8
CRB970	970	—	4.0	—	3	8

考点四：建筑钢材的试验方法

（一）钢材拉伸试验

1. 主要仪器设备

（1）万能材料试验机，精度为 1%。

（2）钢板尺，精度为 1mm。

（3）天平，精度为 1g。

（4）游标卡尺、千分尺、钢筋标点机等。

2. 试件的制作与准备

（1）测量试样的实际直径d_0和实际横截面面积S_0。

①光圆钢筋。可在标点的两端和中间三处，用游标卡尺或千分尺分别测量两个互相垂直方向的直径，精确至 0.1mm，计算三处截面的平均直径，精确至 0.1mm，再按$S_0=\pi d^2/4$分别计算钢筋的实际横截面面积，取四位有效数字。实际直径d_0和实际横截面面积S_0分别取三个值中的最小值。

②带肋钢筋。

a. 用钢尺测量试样的长度L，精确至 1mm。

b. 称量试样的质量m，精确至 1g。

c. 按$S_0=\frac{m}{\rho L}=\frac{m}{7.85L\times1000}$计算实际横截面面积，取四位有效数字。

（2）确定原始标距l_0。

$l_0=5.65\sqrt{S_0}=5.65\sqrt{\pi d_0^2/4}$，约修至最接近 5mm 的倍数。

（3）根据原始标距l_0、公称直径d和试验机夹具长度h确定截取钢筋试样的长度L。L应大于（$l_0+1.5d+2h$），若需测试最大力总伸长率，则应增大试样长度。

（4）在试样中部用标点机标点，相邻两点之间的距离可为 10mm 或 5mm。

3. 试验方法与步骤

（1）按试样的强度选用合适量程的试验机。

（2）将试样固定在试验机夹头内，开机均匀拉伸，采用应力速率控制的试验速率（方法 B）时，屈服前，试验机夹头的分离速率应尽量保持恒定，在6~60MPa/s之间；屈服期间，试样平行长度的应变速率为$0.00025\sim0.0025\mathrm{s}^{-1}$；屈服后，试样平行长度的应变速率不大于$0.0025\mathrm{s}^{-1}$，直至试件拉断。

（3）拉伸结束后，可从力—延伸曲线上获取屈服荷载F_s（N）或屈服强度（MPa）和极限荷载F_b（N）或极限强度（MPa）。

（4）将试样断裂部分仔细配接在一起，使其轴线位于一条直线上，并采用特别措施确保试样断裂部分适当接触后测量试样断后标距L_u。

①断后伸长率。

a. 以断口处为中点，分别向两侧数出标距对应的格数，用卡尺直接测出断后标距L_u，精确至 0.25mm。

b. 若短段断口与最外标记点距离小于原始标距的1/3，则可按《金属材料　拉伸试验　第 1 部分：室温试验方法》（GB/T 228.1—2010）附录 G 的移位方法进行测量。

c. 在工程检验中，若断后伸长率满足规定值要求，则不论断口位置位于何处，测量结果均为有效。

断后伸长率A按式（1-100）计算。

$$A=\frac{L_u-L_o}{L_o}\times100 \tag{1-100}$$

式中：L_u ——断后标距（mm）；

L_o ——原始标距（mm）。

②最大力总伸长率。在用引伸计得到的力—延伸曲线上测定最大力总延伸。最大力总延伸率A_{gt}按式（1-101）计算。

$$A_{gt} = \frac{\Delta L_m}{L_e} \times 100 \qquad (1-101)$$

式中：ΔL_m ——最大力下的延伸（mm）；

L_e ——引伸计标距（mm）。

（二）钢筋冷弯试验

1. 主要仪器设备

万能试验机或弯曲试验机、冷弯压头等。

2. 试验方法及步骤

（1）试件长度根据试验设备确定，一般可取$(5d + 150)$mm，d为公称直径。

（2）按规范要求确定弯心直径D和弯曲角度。

（3）调整两支辊间距离使其等于$(D + 3a) \pm a/2$。

（4）装置试件后，平稳地施加荷载，弯曲到要求的弯曲角度。

3. 试验结果评定

试样弯曲后，应按相关产品标准的要求评定弯曲试验结果。若未规定具体要求，则检查试样弯曲处的外表面之后，可按《金属材料　弯曲试验方法》（GB/T 232—2010）规定评定为合格或不合格。

例题解析

例题　[2019 年试题 11] 设计钢结构时，确定钢结构容许应力的主要依据是（　　）。

A. 屈服强度　　B. 抗拉强度　　C. 抗压强度　　D. 弹性极限

答案： A

解析： 见考点一。钢材受力达到σ_s后，变形迅速发展，已经不能满足使用要求，故设计中一般用屈服点作为强度取值的依据。

自测模拟

1. 牌号表示为 Q235AF 的钢材是（　　）。

A. 抗拉强度为 235MPa 的 A 级沸腾钢

B. 屈服点为 235MPa 的 A 级沸腾钢

C. 抗拉强度为 235MPa 的 A 级镇静钢

D. 屈服点为 235MPa 的 A 级半沸腾钢

2. 钢材的主要力学性质包括（　　）。

A. 强度、变形、焊接性能、硬度

B. 强度、塑性、冷弯性能、硬度

C. 弹性、韧性、变形、硬度

D. 强度、塑性、韧性、硬度

3. 伸长率（ ），断面收缩率（ ），钢材的塑性越好。

A. 越大、越大 B. 越大、越小 C. 越小、越大 D. 越小、越小

4. 钢材拉伸试验选用万能试验机精度宜为（ ）。

A. 1% B. 2% C. 3% D. 0.5%

5. 钢筋拉伸试验采用应力速率控制时，屈服前，试验机夹头的分离速率应尽量保持恒定，在（ ）之间。

A. 6~60MPa/s B. 0.6~6MPa/s C. 10~30MPa/s D. 20~30MPa/s

6. 冷弯试验时，调整两支辊间距离使其等于（ ）。

A. $2D$ B. $D+3a$ C. $(D+3a)\pm a/2$ D. $(D+2a)\pm a/2$

7. 衡量钢材的塑性变形能力的技术指标为（ ）。

A. 屈服强度 B. 抗拉强度 C. 断后伸长率 D. 冲击韧性

8. 衡量钢材均匀变形时的塑性变形能力的技术指标是（ ）。

A. 冷弯性能 B. 抗拉强度 C. 伸长率 D. 冲击韧性

参考答案

1. B 2. D 3. A 4. A 5. A 6. C 7. C 8. A

第八节 其他建筑材料

考点分析

本节重点：木材的主要技术性能，土工合成材料的分类，土工合成材料的单位面积质量、厚度、孔隙率、孔径、强度、渗透系数等含义及试验方法。

本节难点：土工合成材料的要技术性能及评价指标。

考点精讲

考点一：木材的主要技术性能

1. 含水率

（1）木材中的水

木材中的水可分为自由水与吸附水两部分。

（2）纤维饱和点

对于在干燥空气中的湿木材，首先是自由水的蒸发，当自由水恰好蒸发完毕而吸附水尚处于饱和时的状态，即为纤维饱和点。

当含水率大于纤维饱和点含水率时，含水率变化对木材强度与体积无影响。当含水率小于纤维饱和点含水率时，含水率变化对木材强度与体积有影响。因为纤维饱和点是一个临界含水率。

（3）平衡含水率

平衡含水率是指木材与环境空气水分交换达到平衡时的含水率。

2. 湿胀与干缩

湿胀与干缩主要发生在含水率小于纤维饱和点含水率的范围内。干湿变化引起的胀缩变化，弦向最大，径向次之，纵向最小。

3. 强度

木材强度的特性是各向异性，顺纹抗拉强度最大，顺纹抗弯次之，顺纹抗压再次。其他强度较低。

4. 木材强度的影响因素

（1）含水率：在纤维饱和点以下时，强度随水分的增多而下降。

（2）环境温度：强度随温度的升高而降低，当环境温度高于50℃时，不应采用木结构。

（3）外力作用时间：木材长期负荷下的强度，一般仅为极限强度的50%~60%。

（4）缺陷。

考点二：土工合成材料的分类

土工合成材料是工程建设中以人工合成或天然的聚合物（如塑料、化纤、合成橡胶等）为原料制成的各种类型产品，可置于岩土体或其他工程结构内部、表面或各结构层之间，具有加强、保护岩土或其他结构功能的一种新型工程材料。

土工合成材料具有强度高、柔性大、耐腐蚀性好、造价低、运输和施工方便、适应性好、质量易于保证等经济和技术上的优势。在护坡、堤坝、航道整治、挡土墙、软基处理、公路和铁路路基、机场跑道、各种蓄水池等诸多工程中得到了广泛的应用。

我国通常按照《土工合成材料应用技术规范》（GB/T 50290—2014）分为土工织物、土工膜、复合型土工合成材料和特种土工合成材料等四大类。

土工织物是一种透水性的平面土工合成材料，成布状，故俗称土工布。土工织物按制造方法可进一步分为有纺（织造）土工织物和无纺（非织造）土工织物。

土工膜是在工程中起防水作用的具有极低渗透性的膜状材料。土工膜一般可分为沥青和聚合物（合成高聚物）两大类。

复合型土工合成材料是由两种或两种以上的土工合成材料组合在一起的产品。它将各组合材料的性质结合起来，更好地满足具体工程的需要，能起到多种功能的作用，如过滤、排水、隔离、加筋、防渗和防护等。常用的有复合土工膜和复合排水材料两类。

特种土工材料包括土工模袋、土工网、土工网垫、土工格室、土工织物膨润土垫、聚苯乙烯泡沫塑料（EPS）等。

考点三：土工合成材料的物理性质及试验方法

1. 单位面积质量

单位面积质量是单位面积土工合成材料具有的质量，能反映土工合成材料的均匀程度，还能反映材料的抗拉强度、顶破强度等力学性能以及孔隙率、渗透性等水力学性能等多方面的性能。它是土工合成材料的主要物理性能之一。

测定单位面积质量采用称量法。测试前要求试样在标准大气压下恒温［(20 ± 2)℃］、恒湿$(65\% \pm 5\%)$24h。按制样方法在样品上剪取10块试样，每块面积为$100cm^2$，剪裁和测量精度为1mm，用感量0.01g天平测量，单位面积质量按式（1-102）计算。

$$M = \frac{m}{A} \tag{1-102}$$

式中：M——单位面积质量（g/m^2）；

m——试样质量（g）；

A——试样面积（m^2）。

土工织物和土工膜的单位面积质量受原材料密度的影响，同时受厚度、含水率和外加剂的影响。

2. 厚度

土工合成材料的厚度是指承受一定压力（一般指 2kPa）下织物上下两个平面之间的距离，单位为mm。有些土工合成材料如无纺织物和一些复合材料，受压时厚度变化很大，且随加压持续时间的延长而减小，故测定厚度应按要求施加一定的压力，并规定加压30s时读数。有时根据工程需要还应测试在20kPa、200kPa压力下的厚度。

土工织物厚度可采用专门的厚度测试仪，土工膜厚度可直接用千分尺测定。一般要求加压面积为$25cm^2$，基准板和试样面积为$50cm^2$，加压时间30s，试样数量不少于10块。

厚度测量时需保证精度，因为厚度变化对织物的孔隙率、透水性和过滤性等水力学特性有很大的影响。

3. 孔隙率

土工合成材料的孔隙率是指其孔隙体积占总体积的比值，以n（%）表示，它是无纺织物的主要物理性质之一。孔隙率的确定不需要直接进行试验，而是通过计算求得。孔隙率可按式（1-103）计算。

$$n = \left(1 - \frac{m}{\rho\delta}\right) \times 100\% \tag{1-103}$$

式中：m——单位面积质量（g/m^2）；

ρ——原材料的密度（g/m^3）；

δ——织物的厚度（m）。

土工织物的孔隙率与孔径的大小有关，直接影响到织物的透水性、导水性和阻止土粒随水流流失的能力。无纺织物的孔隙率随其所承受的压力不同而不同。在不承压情况，一般在90%以上，承压后孔隙率明显降低。

4. 孔径

土工合成材料的孔径反映材料的透水性能与保持土颗粒的能力，是一个重要的特征指标。孔径的符号以O表示，单位为mm。并用下标表示织物孔径的分布情况。例如O_{95}表示材料中95%的孔径低于该值。土工织物具有各种形状和大小不同的孔径，其孔径大小的分布曲线类似于土的颗粒级配曲线。

表示土工合成材料特征孔径的方法包括有效孔径O_e和等效孔径EOS。目前普遍等效孔径EOS，其含义接近于土工合成材料的表观最大孔径，也就是能通过土颗粒的最大粒径。不同的标准对EOS的规定不同，目前我国多取O_{95}。

孔径的测量方法有直接法和间接法两类。直接法包括显微镜法和投影放大测读法；间接法有干筛法、湿筛法、水动力法、水银压入法、吸引法和渗透法等。

考点四：土工合成材料的力学性质及试验方法

反映土工合成材料力学性质的指标主要有：抗拉强度、握持强度、撕裂强度、顶破强度、刺破强度、穿透强度及蠕变特性等。

1. 抗拉强度

土工合成材料是柔性材料，大多通过自身的抗拉强度来承受荷载以发挥工程作用。因此抗拉强度及其应变是土工合成材料主要的力学性质指标。

土工合成材料的抗拉强度与测定时的试样宽度、形状、约束条件有关，因此必须在规定的标准条件下测定。土工织物在受力过程中厚度是变化的，不易精确测定，故其受力大小一般以单位宽度所承受的力来表示，单位为kN/m或N/m。

土工合成材料的抗拉强度是指试样在拉力机上拉伸至断裂的过程中，单位宽度所承受的最大拉力，单位为kN/m。测定方法为条带拉伸试验，试样分宽条和窄条两种。宽条试样宽 200mm，长 100mm，宽长比$B/L=2$；窄条试样宽 50mm，长 100mm，宽长比$B/L=1/2$。规定拉伸速度为 50mm/min。

对土工合成材料抗拉强度和伸长率的影响因素主要有：原材料的种类、结构形式、试样的宽度和拉伸速率。此外，由于土工合成材料的各向异性，沿不同方向拉伸也会得到不同的结果。

2. 撕裂强度

土工织物和土工膜在铺设和使用过程中，常常会有不同程度的破损。撕裂强度反映了试样抵抗扩大破损裂口的能力，可评价不同土工织物和土工膜扩大破损的难易，是土工合成材料应用中的重要力学指标。

测试撕裂强度有梯形法、翼形法以及舌形法。目前多采用梯形法测定土工膜及土工织物的撕裂强度。撕裂强度值单位为 N。

3. 顶破强度

顶破强度是反映土工织物（或土工膜）抵抗垂直织物平面的法向压力的能力。工程应用中，土工织物和土工膜常被置于两种不同粒径的材料之间，不仅受到粒料的顶压作用，而且受到施工时抛填粒料引起的法向荷载作用。根据粒径大小和形状，土工织物及土工膜按接触面的受力特征和破坏形式，可分为顶破、刺破和穿透几种受力状态。

测试顶破强度有液压胀破试验、圆球顶破试验和 CBR 顶破试验。

4. 刺破强度

刺破强度是反映土工织物和土工膜在小面积上受到法向集中荷载，直到刺破所能承受的最大作用力，单位为 N。刺破试验是模拟土工合成材料受到尖锐棱角的石子或树根的压入而刺破的情况。

5. 穿透强度

穿透强度是模拟工程施工过程中，一些具有尖角的石块或其他锐利物掉落在土工织物和土工膜上时，土工织物或土工膜抵御穿透的能力。通常以落锤穿透试验所得孔眼的大小来评价土工合成材料抗冲击刺破的能力。

考点五：土工合成材料的水力学性质及试验方法

土工合成材料水力学性质主要包括两个方面：一是导水和透水的能力，二是阻止颗粒流失的能力。这些性质涉及土工合成材料的孔隙率、孔径大小与分布情况、渗透特性等。

1. 渗透系数和透水率

土工织物起渗滤作用，水流的方向垂直于织物平面，应用中要求土工织物必须能阻止土颗粒随水流流失，同时还要具有一定的透水性。

土工织物的透水性主要用渗透系数来表示，渗透系数是在水力坡降等于 1 时的渗透流速。土工织物的渗透性还可以用透水率来表示，透水率是水位差等于 1 时的渗透流速。

土工织物的透水性能取决于织物本身的材料、结构、孔隙的大小和分布，还与实际实用中织物平面所受的法向应力、水质、水温和水中含气量等因素有关。

2. 沿织物平面的渗透系数和导水率

土工织物用作排水材料时，水在织物内部沿织物平面方向流动。土工织物在内部孔隙中输导水流的性能用沿织物平面的渗透系数或导水率表示。

沿织物平面的渗透系数定义为水力坡降等于 1 时的渗透流速。土工织物输导水流的性质还可以用导水率表示，导水率是水力梯度等于 1 时水流沿土工织物平面单位宽度内输导的水量，等于平面渗透系数与土工织物厚度的乘积。

土工织物的导水率和沿织物平面的渗透系数与织物的原材料、织物的结构有关。此外，还与织物平面的法向压力、水流状态、水流方向与织物经纬向夹角、水的含气量和水的温度等因素有关。

例题解析

例题 1 ［2019 年试题 8］下列不属于土工合成材料力学性质的是（　　）。

A. 拉伸强度　　B. 撕裂强度
C. 顶/刺破强度　　D. 耐久性

答案： D

解析： 见考点四。土工合成材料力学性质有：拉伸强度、撕裂强度、顶/刺破强度、穿透强度。

例题 2 土工织物在拉伸过程中厚度是变化的，不易精确测定，故其受力大小一般以单位宽度所承受的力来表示，单位为（　　）。

A. kN/m　　B. MPa　　C. N　　D. kPa

答案： A

解析： 土工织物在拉伸受力过程中厚度是变化的，不易精确测定，故其受力大小一般以单位宽度所承受的力来表示，单位为kN/m或N/m。

自测模拟

1. 土工织物宽条拉伸试验时，试样宽度应该为（　　）。

A. 50mm　　B. 100mm　　C. 200mm　　D. 80mm

2. 土工织物撕裂强度采用的计量单位是（　　）。

A. Pa　　B. MPa　　C. N　　D. kN

3. 木材的主要力学性质为各向异性，表现为（　　）。

A. 抗拉强度，顺纹方向最大　　B. 抗拉强度，横纹方向最大
C. 抗剪强度，横纹方向最小　　D. 抗弯强度，横纹与顺纹方向相近

4. 当木材的含水率大于纤维饱和点时，随含水率的增加，木材的（　　）。

A. 强度降低，体积膨胀　　B. 强度降低，体积不变

C. 强度降低，体积收缩　　D. 强度不变，体积不变

5. 土工合成材料条带拉伸试验试样分为宽条和窄条两种。宽条试样宽（　　）mm，宽长比$B/L=2$。

A. 200　　B. 150　　C. 100　　D. 50

参考答案

1. C　2. C　3. A　4. D　5. A

第二章　土质学与土力学

第一节　土的物理化学性质及工程分类

考点分析

本节重点：掌握土的三相组成及相关知识，能够熟练运用三相比例指标之间的基本关系来研究土的工程力学性质；掌握砂土的密实度及评价方法，黏性土不同状态的分界含水率及状态指标、可塑性指标；掌握土的工程分类，土体工程性质。

本节难点：掌握颗粒级配，砂土密实度，相对密度，饱和度，孔隙率，孔隙比，标准贯入，分界含水率，液限，塑限，液性指数，塑性指数等概念。

考点精讲

考点一：土的工程分类

土分为碎石土、砂土、粉土、黏性土及特殊土。

（一）碎石土

粒径大于 2mm 的颗粒质量超过总质量 50%的土，定名为碎石土，并按表 2-1 进一步分类。

碎石土分类　　表 2-1

土的名称	颗粒形状	颗粒级配
漂石	圆形及亚圆形为主	粒径大于 200mm 的颗粒质量超过总质量 50%
块石	棱角形为主	
卵石	圆形及亚圆形为主	粒径大于 20mm 的颗粒质量超过总质量 50%
碎石	棱角形为主	
圆砾	圆形及亚圆形为主	粒径大于 2mm 的颗粒质量超过总质量 50%
角砾	棱角形为主	

注：定名时，应根据颗粒级配由大到小以最先符合者确定。

（二）砂土

粒径大于 2mm 的颗粒质量不超过总质量 50%，粒径大于 0.075mm 的颗粒质量超过总质量 50%的土，定名为砂土，并按表 2-2 进一步分类。

砂 土 分 类　　表 2-2

土的名称	颗粒级配
砾砂	粒径大于 2mm 的颗粒质量占总质量 25%~50%
粗砂	粒径大于 0.5mm 的颗粒质量超过总质量 50%
中砂	粒径大于 0.25mm 的颗粒质量超过总质量 50%
细砂	粒径大于 0.075mm 的颗粒质量超过总质量 85%
粉砂	粒径大于 0.075mm 的颗粒质量超过总质量 50%

注：定名时应根据颗粒级配由大到小以最先符合者确定。

（三）粉土

粒径大于 0.075mm 的颗粒质量不超过总质量的 50%，且塑性指数等于或小于 10 的土，定名为粉土。

（四）黏性土

塑性指数大于 10 的土定名为黏性土。黏性土应根据塑性指数分为粉质黏土和黏土。塑性指数大于 10，且小于或等于 17 的土，定名为粉质黏土；塑性指数（由相应于 76g 圆锥仪沉入土中深度为 10mm 时测定的液限计算而得）大于 17 的土定名为黏土。

（五）特殊土

特殊土分为黄土、膨胀土、红黏土、盐渍土以及冻土。

考点二：土的物理化学性质

（一）土的三相草图

为便于计算，在土力学中通常用三相草图来表示土的三相组成，如图 2-1 所示。

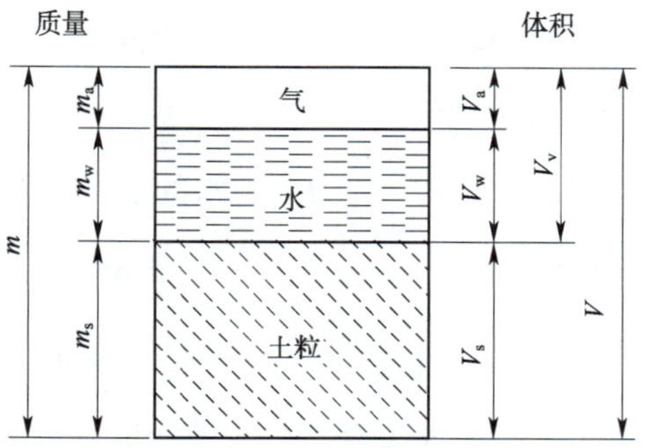

图 2-1　土的三相关系示意图

图 2-1 中符号的意义：V为土的总体积；V_v为土中孔隙体积；V_w为土中水的体积；V_a为土中气体的体积；V_s为土中固体土粒的体积；m为土的总质量；m_w为土中水的质量；m_a为土中气体的质量，$m_a \approx 0$；m_s为土中固体土颗粒的质量。

在上述各项中，独立的量有V_s、V_w、V_a、m_w、m_s五个。$1cm^3$水的质量通常等于1g，故在数值上$V_w = m_w$。此外，当研究这些量的相对比例关系时，总是取某一定数量的土体来分析，例如取$V = 1cm^3$，或$m = 1g$，或$V_s = 1cm^3$等，因此又可以消去一个未知量。这样，对于这一定数量的三相土体，只要知道其中三个独立的量，其他各个量就可从图中直接换算得到。

（二）基本试验指标

为了确定三相草图各量中的三个量，需要通过室内试验测定。通常做三个试验：土的密度试验，土粒相对密度（习惯上称为比重）试验，土的含水率试验。

1. 土的密度和重度

土的密度定义为单位体积土的质量，用ρ表示，以g/cm^3计，即

$$\rho = \frac{m}{V} \tag{2-1}$$

天然状态下土的密度变化范围较大。一般黏性土和粉土$\rho = 1.8\sim 2.0\text{g/cm}^3$；砂土$\rho = 1.6\sim 2.0\text{g/cm}^3$；腐殖土$\rho = 1.5\sim 1.7\text{g/cm}^3$。

土的重度定义为单位体积土的重量，是重力的函数，用γ表示，以kN/m^3计，即

$$\gamma = \frac{G}{V} = \frac{mg}{V} = \rho \cdot g \tag{2-2}$$

式中：G——土的重量（N）；

g——重力加速度，$g = 9.80665\text{m/s}^2$，工程上为了计算方便，有时取$g = 10\text{m/s}^2$。

2. 土粒相对密度

土粒密度（单位体积土粒的质量）与4℃时纯水密度之比，称为土粒相对密度，用d_s表示，为无量纲量，即

$$d_s = \frac{m_s}{V_s} \cdot \frac{1}{\rho_{w1}} = \frac{\rho_s}{\rho_{w1}} \tag{2-3}$$

式中：ρ_s——土粒的密度，即单位体积土粒的质量。土粒相对密度在数值上等于土粒的密度；

ρ_{w1}——4℃时纯水的密度，取1g/cm^3。

土粒相对密度可在试验室内用比重瓶法测定。由于土粒相对密度变化不大，通常可按经验数值选用，一般参考值见表2-3。

土粒相对密度参考值　　表2-3

土的名称	砂土	粉土	黏性土	
			粉质黏土	黏土
土粒相对密度	2.65~2.69	2.70~2.71	2.72~2.73	2.74~2.76

3. 土的含水率

土的含水率定义为土中水的质量与土粒质量之比，用w表示，以百分数计，即

$$w = \frac{m_w}{m_s} \times 100\% = \frac{m - m_s}{m_s} \times 100\% \tag{2-4}$$

含水率w是标志土的湿度的一个重要物理指标。天然土层的含水率变化范围很大，它与土的种类、埋藏条件及其所处的自然地理环境等有关。一般说来，对同一类土，当其含水率增大时，则其强度就降低。

土的含水率一般用"烘干法"测定。先称小块原状土样的湿土质量m，然后置于烘箱内维持100~105℃烘至恒重，再称干土质量m_s，湿、干土质量之差$m - m_s$与干土质量m_s之比值，就是土的含水率。

（三）其他常用指标

在测定土的密度ρ、土粒相对密度d_s和土的含水率w这三个基本指标后，就可以根据三相草图计算出三相组成各自在体积上与质量上的含量。工程上，为了便于表示三相含量的某些特征，定义如下几种指标。

1. 表示土中孔隙含量的指标

工程上常用孔隙比e或孔隙率n表示土中孔隙的含量。孔隙比e的定义为土中孔隙体积与土粒体积之比，即

$$e = \frac{V_v}{V_s} \tag{2-5}$$

孔隙比用小数表示，它是一个重要的物理性能指标，可用来评价天然土层的密实程度。一般地，$e < 0.6$的土是密实的低压缩性土，$e > 1.0$的土是疏松的高压缩性土。孔隙率n的定义为土中孔隙体积与土总体积之比，以百分数计，即

$$n = \frac{V_v}{V} \times 100\% \tag{2-6}$$

孔隙比和孔隙率都是用来表示孔隙体积含量的概念。容易证明两者之间具有以下关系

$$\left.\begin{aligned} n &= \frac{e}{1+e} \times 100\% \\ e &= \frac{n}{1-n} \end{aligned}\right\} \tag{2-7}$$

2. 表示土中含水程度的指标

含水率w是表示土中含水程度的一个重要指标。此外，工程上往往需要知道孔隙中充满水的程度，这可用饱和度S_r表示。土的饱和度S_r的定义为土中被水充满的孔隙体积与孔隙总体积之比，即

$$S_r = \frac{V_w}{V_v} \times 100\% \tag{2-8}$$

砂土根据饱和土S_r的指标值分为稍湿、很湿和饱和三种湿度状态，其划分标准见表 2-4。显然，干土的饱和度$S_r = 0$，而完全饱和土的饱和度$S_r = 100\%$。

砂土湿度状态的划分　　表 2-4

砂土湿度状态	稍湿	很湿	饱和
饱和度S_r(%)	$S_r \leqslant 50$	$50 < S_r \leqslant 80$	$S_r > 80$

3. 表示土的密度和重度的几种指标

除了天然密度ρ（有时也叫湿密度）以外，工程计算中还常用如下两种土的密度：饱和密度ρ_{sat}和干密度ρ_d。土的饱和密度的定义为土中孔隙被水充满时土的密度，表示为

$$\rho_{sat} = \frac{m_s + V_v \rho_w}{V} \tag{2-9}$$

土的干密度的定义为单位土体积中土粒的质量，表示为

$$\rho_d = \frac{m_s}{V} \tag{2-10}$$

在计算土中自重应力时，须采用土的重力密度，简称重度。与上述几种土的密度相应的有土的天然重度γ、饱和重度γ_{sat}、干重度γ_d。在数值上，它们等于相应的密度乘以重力加速度g，即$\gamma = \rho \cdot g$，$\gamma_{sat} = \rho_{sat} \cdot g$，$\gamma_d = \rho_d \cdot g$。另外，对于地下水位以下的土体，由于受到水的浮力作用，将扣除水浮力后单位体积土所受的重力称为土的有效重度，以γ'表示，当认为水下土是饱和时，它在数值上等于饱和重度γ_{sat}与水的重度γ_w($\gamma_w = \rho_w \cdot g$)之差，即

$$\gamma' = \frac{m_s g - V_s \gamma_w}{V} = \gamma_{sat} - \gamma_w \tag{2-11}$$

显然，几种密度和重度在数值上有如下关系：

$$\rho_{sat} \geqslant \rho \geqslant \rho_d$$

$$\gamma_{sat} \geqslant \gamma \geqslant \gamma_d > \gamma'$$

（四）黏土的物理化学性质

黏土矿物可以分为蒙脱石、伊利石和高岭石三种类型。黏土矿物具有独特的结晶结构特征，即组成

矿物的原子和分子的排列以及原子与原子之间或分子与分子之间的联结力，这种联结力统称为键力。黏性土的工程性质主要受上述各种因素与颗粒周围介质之间的相互作用所制约，这也是黏性土物理化学性质特性的本质。

1. 键力的概念

键力主要有化学键、分子键和氢键三种。不同元素的原子通过化学反应构成一种新的物质分子，异性原子之间的联结力称为离子键；两个同性原子形成同一元素分子的联结力称为共价键；通过自由电子而将原子或离子联结成结晶格架的联结力称为金属键。

黏性土的土粒本身，大部分是由硅酸盐矿物质所组成。土粒本身的强度是由主键形成的，而土粒与土粒之间，土粒与水分子之间的吸引力则是由次键及氢键形成的，土粒之间的联结力远比土粒本身的强度小，因此，土体的强度主要取决于土粒之间的联结。

2. 黏土矿物颗粒的结晶结构

黏土矿物的结晶结构主要由两个基本结构单元组成，即硅氧四面体和氢氧化铝八面体。四面体片与八面体片的不同组合堆叠，形成了不同类型的黏土矿物，土中常见的黏土矿物主要有高岭石、蒙脱石和伊利石三大类。

高岭石的膨胀性和压缩性都较小。蒙脱石的膨胀性及压缩性都比高岭石大得多。伊利石的膨胀性和压缩性介于高岭石和蒙脱石之间。

3. 黏土颗粒的胶体化学性质

黏土颗粒粒径非常微小，小于 5μm，在介质中具有明显的胶体化学特性，这起源于黏土颗粒表面带电性。认识这一基本属性，在工程上具有非常重要的意义。

不同类型的黏土矿物，由于其结晶构造不同，工程性质的差异也就很大。表 2-5 为高岭石、蒙脱石和伊利石三类矿物性质的有关资料。

黏土矿物的性质　　表 2-5

黏土矿物类型	符号	平均比表面积S（$m^2/g\cdot m$） 直径d（μm） 厚度t（μm）	单位晶包负电荷	阳离子交换容量（mcq/100g）	液限 w_L	塑限 I_p	活动性 d_e	压缩指数 C_e	排水后的内摩擦角
高岭石	强的 H^+键	$S=10$ $d=0.3\sim4$ $t=0.05\sim5$	−0.01	3	50	20	0.2	0.2	20°~30°
伊利石	强的 K^+键	$S=100$ $d=0.1\sim2$ $t=0.01\sim0.2$	−1.0	25	100~120	50~65	0.6	0.6~1	20°~25°
蒙脱石	非常弱的键	$S=800$ $d=0.1\sim1$ $t=0.001\sim0.01$	−0.03	100	150~700	100~650	1~6	1~3	12°~20°

注：mcq/100g = 毫克当量/100克干土。

黏土矿物晶格构造的不同对工程性质的影响，本质上是这些矿物的颗粒与土中水相互作用的反映。土中水与固体颗粒之间并不是机械地混合，而是有机地参加土的结构，是一种复杂的物理化学作用。土的性质不仅取决于水的绝对含量，而且还取决于水的形态、结构以及介质的物理条件及化学成分。

根据水受颗粒表面静电引力作用的强弱，可以将土中水划分为三种类型：强结合水、弱结合水和自由水。

（1）强结合水

强结合水是指紧靠颗粒表面的水，受表面电荷静电引力最强。静电引力把极性水分子和水化阳离子牢固地吸附在颗粒表面形成固定层。这部分水的特征是没有溶解能力，不能传递静水压力，不能自由移动，只有吸热变成蒸汽时才能移动。它极其牢固地结合在土粒表面上，其性质接近于固体，具有极大的黏滞性。如果将完全干燥的土置于天然湿度的空气中，则土的质量将增加，直到土中吸着强结合水达到最大容量为止。土颗粒越细，土的比表面越大，吸湿容量就越大。强结合水层称为吸附层或固定层。

（2）弱结合水

弱结合水是紧靠强结合水外围的一层水膜。在这层水膜范围内，水分子和水化阳离子仍受到一定程度的静电引力，离颗粒表面越远，受静电引力越小。这部分水仍然不能传递静水压力，但水膜较厚的弱结合水能向邻近较薄水膜处缓慢转移。弱结合水层称为扩散层。固定层和扩散层与土粒表面负电荷一起构成所谓双电层。黏土颗粒表面称为内层，内层所具有的电位称为热力电位ε，热力电位的大小与土粒的矿物成分、分散度等因素有关。当这部分电位被强结合水平衡一部分后，在固定层界面上的电位变成ε电位，称为电动电位。电动电位继续吸引水分子和水化阳离子，直到其对水的影响完全消失为止。

扩散层的厚度首先取决于内层的热力电位。当内层电位一定时，扩散层的厚度可随外界条件的变化而变化。比如：阳离子的原子价高，扩散层的厚度变小；阳离子的浓度大，扩散层的厚度变小；阳离子直径大，扩散层的厚度变大。

水膜厚度大，土的可塑性高；颗粒之间的距离相对也大，因此，土体的膨胀性和收缩性也大，土的压缩性也大，而强度相对降低。所以，工程实践中，可利用这一机理来改良土质，增加土的稳定性。

（3）自由水

自由水又称重力水，是指不受土粒表面电荷电场影响的水。它的性质和普通水一样，能传递静水压力，在水头差作用下流动，具有溶解能力。

4. 黏土工程性质的利用与改良

黏土矿物具有特殊的结晶构造和带电的特性。因此黏土矿物的成分和含量对黏土的工程性质具有非常重要的影响。工程实践中，可以利用其特性为工程服务，也可根据其特性，正确有效地选择处理的措施，达到改良加固的目的。

（1）电渗排水和电化学加固

在电场作用下，带有负电荷的黏土颗粒向阳极移动，这种电动现象称为电泳；水分子及水化阳离子向阴极移动，这种现象称为电渗。

电渗排水：在渗透系数小于10^{-6}cm/s的饱和软黏土地层中开挖基坑或其他地下工程活动中，可以采用电渗排水的方法降低地下水位。

电化学加固：利用电渗电泳原理来改良黏土的工程性质，方法很多。比如双液灌浆，生成不可溶的二氧化硅胶，既填充了土中的孔隙，又可提高土颗粒之间的胶结力，从而提高土体的强度。

（2）利用离子交换改良黏土的工程性质

膨胀土在我国分布很广泛，对工程的危害十分严重。膨胀土的黏土颗粒主要由强亲水性的蒙脱石和伊利石所组成。对于蒙脱石来说，吸附一价钠离子比吸附三价铁离子液限大 5 倍。低价离子使土颗粒周围的水膜变厚，其可塑性明显地显示出来，这些可用双电层中扩散层变化理论来解释。在工程实践中，可以利用高价阳离子置换低价离子的方法来改善土的性质。

除了黏土矿物的成分对工程性质有明显影响外，黏土颗粒的含量也有较大的影响。在工程实践中，

提出了一个既能反映黏土矿物成分，又能反映黏土颗粒的含量影响的综合指标A_c，称为胶体活动性指数，表达式为

$$A_c = \frac{I_p}{p_{<0.002}} \tag{2-12}$$

式中：　I_p——土的塑性指数；

$p_{<0.002}$——黏粒（< 0.002mm）的百分含量。

从上式可以看出，如果两个黏土试样的塑性指数相同，则黏粒含量$p_{<0.002}$小的黏土，含有黏土矿物的活动性比较大。因此，就可以根据A_c的大小，从宏观上来判断黏土矿物的成分。不同黏土矿物的A_c的范围大致如下：蒙脱石为1~7；伊利石为0.5~1；高岭石为0.2~0.5。工程上通常按A_c的值把黏土分为：

非活动性黏土，$A_c < 0.75$；

正常黏土，$0.75 < A_c < 1.25$；

活动性黏土，$A_c > 1.25$。

A_c越大，黏粒对土的可塑性影响越大。

（3）黏土的结构性

土的颗粒表面带有电荷，表面电荷与矿物成分和颗粒大小有关。对于粗颗粒土，如碎石土和砂土等，其表面电荷非常微弱，粒间没有联结存在。因此，在沉积过程中只表现为重力堆积，称为单粒结构。在荷载作用下，尤其是在振动荷载作用下，疏松的单粒结构会趋于紧密；而在剪应力作用下，紧密的单粒结构则会发生膨胀。

黏土颗粒的沉积过程就复杂得多。由于高分散度，破键产生的电荷在颗粒表面分布不均匀。在黏土颗粒薄片的面上分布着负电荷，在边角处分布着正电荷。因此黏土颗粒在沉积过程中除受到重力作用外，还受到静电的吸力和斥力作用。排斥力势随距离按指数关系衰减；吸引力势与距离的 7 次方成反比。在沉积过程中，因排斥作用使各颗粒相互分开称为分散状态，在分散状态情况下，黏土颗粒处于悬浮状态，直到它们在其本身重力作用下沉至底部。如果两个土颗粒在运动中相互碰撞，它们就吸引在一起，逐渐形成一个大的颗粒集合体，由于其重力大，很快就下沉于底部，这个过程称为絮凝作用。

吸引势和排斥势都会受到离子的浓度、离子价以及温度等因素的影响。在成土过程中如果某种因素发生变动，吸引势和排斥势也会随之变动。例如，当离子浓度增大，就会促进絮凝沉积。反之，就会发生分散作用。如果吸引势是均匀分布于黏土颗粒表面，两个颗粒就会相互平行地靠拢在一起，因为这是能量最小的位置。颗粒相互大致平行堆积，这种沉积结构类型为片堆结构，如图 2-2a）所示。颗粒的边或角被吸附到带负电荷的面上来，边—面接触，这种结构称为絮凝结构，如图 2-2b）所示。较多的黏土介于这两种极端结构之间，称为重塑结构，如图 2-2c）所示。

图 2-2　黏土结构

把原状结构的强度与破坏后的强度之比定义为灵敏度S_t，絮凝结构土的灵敏度比片堆结构土的灵敏度要高得多。

在工程实践中，根据灵敏度的大小把黏性土分成四类：

中灵敏性黏性土，$2 < S_t \leqslant 4$；

高灵敏性黏性土，$4 < S_t \leqslant 8$；

极灵敏性黏性土，$8 < S_t \leqslant 16$；

流性，$S_t > 16$。

在灵敏性土中进行施工活动时，要特别注意避免对土体的扰动，以防止产生过大的变形。尤其是在边坡附近打桩、爆破等，更要避免由于振动导致土的强度丧失而造成事故。

（4）黏土的触变性和触变泥浆

在工程实践中，可利用黏土矿物颗粒带电的特性为工程建设服务。将纯黏土矿物与水制成泥浆时，矿物颗粒吸附大量水化离子和水分子，由于颗粒的水膜很厚，颗粒与颗粒之间的引力很小，可以长时间悬浮在水中。当悬浮液在静止状态时，颗粒之间的微弱引力，使其聚集起来悬液成为糊状、黏滞度较大的流体。一旦受到振动或扰动，颗粒之间的联结会立即丧失，又恢复为流动的液体，这种性质为触变性。

触变泥浆稳定槽壁的机理，主要是利用黏土矿物能长期呈悬浮状态、不发生沉淀的特点，从而维持悬液较高的重度，使得孔壁的应力差减小。

由于黏土矿物泥浆具有触变的特性，在桩基、地下连续墙等施工过程中，广泛地用来保护孔壁和沟槽的稳定。

考点三：黏土的界限含水率

（一）界限含水率

黏土由某一状态转入另一状态时的分界含水率，称为土的界限含水率。

（二）液限、塑限和缩限

（1）液限　土由流动状态变成可塑状态的界限含水率称为液限，以符号w_L表示。

（2）塑限　土由可塑状态变化到半固体状态的界限含水率称为塑限，以符号w_p表示。

（3）缩限　由半固体状态变化到固体状态的界限含水率称为缩限，以符号w_s表示。

（三）塑性指数I_p

液限与塑限之差值（省去%）即为塑性指数，它反映在可塑状态下的含水率范围。此值可作为黏性土分类的指标。计算公式为

$$I_p = w_L - w_p \tag{2-13}$$

（四）液性指数I_L

液性指数的计算公式为

$$I_L = \frac{w - w_p}{I_p} = \frac{w - w_p}{w_L - w_p} \tag{2-14}$$

液性指数为天然含水率和塑限之差与塑性指数之比值，反映土在天然条件下所处的状态。黏性土中水的含量对其性质、状态的影响：土中多含自由水时，处于流动状态；土中多含弱结合水时，处于可塑状态；弱结合水减少，水膜变薄，土向半固态转化，土中为强结合水时处于固态。

考点四：砂土的相对密实度

当砂土处于最密实状态时，其孔隙比称为最小孔隙比e_{min}；而砂土处于最疏松状态时的孔隙比则称为最大孔隙比e_{max}。试验标准规定了一定的方法测定砂土的最小孔隙比和最大孔隙比，然后可按式（2-15）计算砂土的相对密实度D_r。

$$D_r = \frac{e_{max} - e}{e_{max} - e_{min}} \tag{2-15}$$

土的最大孔隙比e_{max}的测定方法，是将松散的风干土样，通过长颈漏斗轻轻地倒入容器，求得土的最小干密度，再经换算确定；土的最小孔隙比e_{min}的测定方法，是将松散的风干土样分批装入金属容器内，按规定的方法进行振动或锤击夯实，直至密实度不再提高，求得最大干密度，再经换算确定。

当砂土的天然孔隙比e接近最小孔隙比e_{min}时，则其相对密实度D_r较大，砂土处于较密实状态。当e接近最大孔隙比e_{max}时，则其D_r较小，砂土处于较疏松状态。用相对密实度D_r判定砂土密实度的标准为：

$0 \leq D_r \leq 1/3$时，松散。

$1/3 < D_r \leq 2/3$时，中密。

$2/3 < D_r \leq 1$时，密实。

考点五：黏土颗粒与水的相互作用

土体孔隙及裂隙中含水，不只改变了土的密度与重度，地下水位以下的水还受到水深度向上的静水压力（浮力）的作用，工程上计算时，按照有效重度计算。黏土颗粒与水的相互作用对土的力学性质还有着很大的影响。由于土颗粒带有负电荷，从而会产生电泳现象。土体中的水分子向与土颗粒电泳相反的方向移动的现象称为电渗。工程中的电渗排水法就利用了黏土颗粒表面带电的现象。

带电土粒与水相互作用时，周围产生了一个电场，在其范围内的水分子与水溶液中的阳离子一起吸附在土粒表面，这些阳离子一方面受到土粒电场的静电引力作用，另一方面还受到布朗运动的扩散力作用。土粒表面处静电引力强，阳离子与水分子牢牢地吸附在颗粒表面形成固定层，在固定层外围静电引力较小，阳离子与水分子活动较大，形成扩散层。因此结合水又分为强结合水和弱结合水。水中阳离子的价越高，与土粒之间的静电力越强，扩散层厚度越薄，因此工程实践中可以利用这个原理来改良土质。例如用三价或二价阳离子处理黏土，使扩散层变薄，从而增加土的水稳性，减少膨胀性，提高土的强度。同样，可以利用一价阳离子处理黏土，增厚扩散层，从而降低土的透水性。

土中水并非处于静止不变的状态，而是运动着的。在水位差作用下，水穿过土中相互连通的孔隙。一方面造成水量损失，如挡水土坝体和坝基渗水、输水渠道渗漏等。此外引起土体内部应力的变化，使土体产生内部变形，给工程带来很多问题。工程实践中的流土、管涌、冻胀、渗透固结、渗流时的边坡稳定等问题，都与土中水的运动有关。如 1998 年洪灾，长江大堤多处险情都是由于渗流造成的。土中水的运动原因和形式很多，本章着重讨论土中自由水，即重力水和毛细水在土中的运动规律。

考点六：土体工程性质的变化

土体的工程性质主要包含土体的物理性质、变形性质、力学性质和渗透性质。不同的土体，工程性质不一致。主要的土体工程性质如下。

（1）碎石土　碎石土的工程性质与黏粒的含量及孔隙中充填物的性质和数量有关。一般构成良好地基。由于透水性强，常使基坑涌水较大，坝基、渠道渗漏。

（2）砂土　砂土的工程性质与砂粒大小和密度有关，一般构成良好地基，为较好的建筑材料，但可能产生涌水或渗漏。粉、细砂土的工程性质相对差，特别是饱水粉土、细砂土受振动后易产生液化。

（3）黏性土　黏性土的工程性质取决于联结和密实度，即与其黏粒含量、稠度、孔隙比有关。从亚砂土到黏土，其塑性指数、胀缩量、黏聚力逐渐增大，而渗透系数和内摩擦角则逐渐减小。

例题解析

例题 1　［2019 年试题 12］粒径大于 0.075mm 的颗粒含量不超过总质量的 50%，且$I_p > 17$的土称为（　　）。

A. 碎石土　　B. 砂土　　C. 粉土　　D. 黏土

答案： D

解析： 详见考点一。粒径大于 0.075mm 的颗粒质量不超过总质量的 50%，且塑性指数等于或小于 10 的土，定名为粉土；塑性指数大于 17 的土定名为黏土。

例题 2　［2019 年试题 13］对填土，要保证其具有足够的密实度，就要控制填土的（　　）。

A. 土粒密度　　B. 土的密度　　C. 干密度　　D. 饱和密度

答案： C

解析： 详见考点二。

例题 3　［2019 年试题 14］某原状土的液限$w_L = 46\%$，塑限$w_p = 24\%$，天然含水率$w = 40\%$，则该土的塑性指数为（　　）。

A. 22　　B. 22%　　C. 16　　D. 16%

答案： A

解析： 详见考点三。塑性指数是液限与塑限之差值（省去%），反映在可塑状态下的含水率范围。此值可作为黏性土分类的指标，即$I_p = w_L - w_p = 46 - 24 = 22$。

例题 4　［2019 年试题 15］松砂受振时土颗粒在其跳动中会调整相互位置，土的结构趋于（　　）。

A. 松散　　B. 稳定和密实　　C. 液化　　D. 均匀

答案： B

解析： 详见考点四。

例题 5　［2019 年试题 16］土体具有压缩性的主要原因是（　　）。

A. 因为水被压缩引起的　　B. 由孔隙的减少引起的

C. 由土颗粒的压缩引起的　　D. 土体本身压缩模量较小引起的

答案： B

解析： 详见考点二。孔隙比用小数表示，它是一个重要的物理性能指标，可用来评价天然土层的密实程度。

例题 6　表征黏性土软硬状态的指标是（　　）。

A. 塑限　　B. 液限　　C. 塑性指数　　D. 液性指数

答案： D

解析： 详见考点三。

例题 7　［2020 年试题 12］土的含水率是指（　　）。

A. 土中水的质量与土体总质量的比值

B. 土中水的质量与土粒质量的比值

C. 土中水的体积与孔隙的体积的比值

D. 土中水的体积与土颗粒体积的比值

答案： B

解析： 详见考点二，含水率的定义，以百分数计。

例题 8　［2020 年试题 13］评价砂土的密实程度，最常用的指标是（　　）。

A. 相对密实度　　B. 表观密实

C. 孔隙率　　D. 稠度

答案： A

解析： 详见考点四。当孔隙比e接近最大孔隙比e_{max}时，则其相对密实度D_r较小，砂土处于较疏松状态；当孔隙比e接近最小孔隙比e_{min}时，则其相对密实度D_r较大，砂土处于较密实状态。

例题 9　［2020 年试题 14］粉、细砂在饱和状态下，突然发生振动而且排水不畅，此时砂土可能会出现（　　）。

A. 管涌　　B. 稳定　　C. 液化　　D. 密实

答案： C

解析： 详见考点六。粉、细砂土的工程性质相对差，特别是饱水粉、细砂土受振动后易产生液化。

例题 10　［2021 年试题 12］关于土的界限含水率，说法正确的是（　　）。

A. 固态与半固态的界限含水率为塑限w_p

B. 半固态与可塑状态的界限含水率为缩限w_s

C. 固态与液态的界限含水率为液限w_L

D. 可塑状态与流动状态的界限含水率为液限w_L

答案： D

解析： 详见考点三。土由流动状态变成可塑状态的界限含水率称为液限，以符号w_L表示。土由可塑状态变化到半固体状态的界限含水率称为塑限，以符号w_p表示。土由半固体状态变化到固体状态的界限含水率称为缩限，以符号w_s表示。

例题 11　［2021 年试题 13］关于砂土的相对密实度，说法正确的是（　　）。

A. 相对密实度越大，孔隙比e越小

B. 相对密实度越大，孔隙比e越大

C. 砂土的相对密实度D_r接近于 1，表明砂土接近于最松散的状态

D. 砂土的相对密实度D_r接近于 0，表明砂土接近于最密实的状态

答案： A

解析： 详见考点四。当砂土处于最密实状态时，其孔隙比称为最小孔隙比e_{min}；而砂土处于最疏松状态时的孔隙比则称为最大孔隙比e_{max}。当$D_r = 0$时，$e = e_{max}$，表示土处于最疏松状态；当$D_r = 1$时，$e = e_{min}$，表示土处于最密实状态。

例题 12　［2021 年试题 14］关于土的工程分类，以下说法正确的是（　　）。

A. 碎石土是指粒径大于 2mm 的颗粒含量超过总质量 50%的土

B. 碎石土是指粒径大于 2mm 的颗粒含量超过总质量 45%的土

C. 砂土是指粒径大于 2mm 的颗粒含量不超过总质量 45%的土

D. 粉土是指粒径大于 0.075mm 的颗粒含量超过总质量 50%的土

答案： A

解析： 详见考点一。碎石土指粒径大于 2mm 的颗粒含量超过颗粒全重 50%的土。砂土指粒径大于 2mm 的颗粒含量不超过全重 50%而粒径大于 0.075mm 的颗粒含量超过全重 50%的土。粉土指粒径大于 0.075mm 的颗粒含量不超过全重 50%而塑性指数$I_P \leq 10$的土。

自测模拟

1. 已知某土样孔隙比$e = 1$，饱和度$S_r = 0$，则以下几项正确的是（　　）。

①土粒、水、气三相体积相等；②土粒、气两相体积相等；③土粒体积是气体体积的两倍；④此土样为干土

A. ①②　　B. ①③　　C. ②③　　D. ②④

2. 反映黏性土状态的指标是（　　）。

A. w　　B. I_L　　C. w_p　　D. S_r

3. 某原状土样，试验测得重度$\gamma = 17\text{kN/m}^3$，含水率$w = 22.0\%$，土粒相对密度$d_s = 2.72$，则该土样的孔隙率及有效重度分别为（　　）。

A. 48.8%，8.81kN/m^3　　B. 1.66%，18.81kN/m^3

C. 1.66%，8.81kN/m^3　　D. 48.8%，18.81kN/m^3

4. 某住宅地基勘察中，一个钻孔原状土试样的试验结果为：土的密度$\rho = 1.8\text{g/cm}^3$，土粒相对密度$d_s = 2.70$，土的含水率$w = 18.0\%$，则此试样1cm^3的土样中气体体积为（　　）。

A. 0.12cm^3　　B. 0.19cm^3

C. 0.14cm^3　　D. 0.16cm^3

5. 完全饱和的土样含水率为 30%，由 76g 圆锥仪沉入土中深度 10mm 时测得的液限为 29%，塑限为 17%，土样的塑性指数和液性指数为（　　）。

A. 12，1.08　　B. 1.08，12

C. 0.98，12　　D. 12，0.98

参考答案

1. D　2. B　3. A　4. D　5. A

第二节　土中水的运动规律

考点分析

本节重点： 渗透试验，层流渗透定律（达西定律），渗透系数及其影响因素；掌握渗透系数。

本节难点：掌握土体毛细特性冻胀机理，冻胀，达西定律等概念。

考点精讲

考点一：土的毛细特性、冻胀机理与影响因素

通常土体都是多孔介质，土中的孔隙很复杂，形成了无数的毛细管，因为水的表面张力作用，水可以上升到某一高度，这种现象称为毛细管作用（或毛细现象），这种细微孔隙中的水被称为毛细水。

当大气温度降至负温时，土层中的温度也随之降低，土体孔隙中的自由水首先在0℃时冻结成冰晶体。随着气温的继续下降，弱结合水的外层也开始冻结，使冰晶体渐渐扩大。这样使冰晶体周围土粒的结合水膜减薄，土粒就产生剩余的分子引力，另外，由于结合水膜的减薄，使得水膜中的离子浓度增加（因为结合水中的水分子结成冰晶体，使离子浓度相应增加），这样，就产生渗透压力（当两种水溶液的浓度不同时，会在它们之间产生一种压力差，使浓度较小的溶液中的水向浓度较大的溶液渗流），在这两种引力作用下，附近未冻结区水膜较厚处的结合水，被吸引到冻结区的水膜较薄处。一旦水分被吸引到冻结区后，因为负温作用，水即冻结，使冰晶体增大，而不平衡引力继续存在。若未冻结区存在着水源（如地下水距冻结区很近）及适当的水源补给通道（即毛细通道），就能够源源不断地补充被吸收的结合水，则未冻结的水分就会不断地向冻结区迁移积聚，使冰晶体扩大，在土层中形成冰夹层，土体积发生隆胀，即冻胀现象。

考点二：层流渗透定律（达西定律）、渗透系数及其影响因素

达西定律只适用于层流条件。所谓层流条件是指在土孔隙中移动的水，流体质点互不干扰，迹线有条不紊地沿着细微管道流动，也即要求土中水的流速不能超过某一定值，故达西定律也称为土的层流渗透定律。一般中砂、细砂、粉砂等细颗粒土中水的流速满足层流条件；而粗砂、砾石、卵石等粗颗粒土中水的渗流速度较大，是紊流而不是层流，故不能使用达西定律。

达西根据对不同尺寸的圆筒和不同类型及长度的土样所进行的试验发现，渗出水量Q与土样横断面积A和水力坡降i成正比，且与土体的透水性质有关，达西定律表达式为

$$v=\frac{Q}{A}=ki \tag{2-16}$$

式中：v——平均渗流速度；

k——土体的渗透系数；

i——水力坡降，$i=\Delta h/L$，L为渗径，Δh为水头损失。

在黏土中，土颗粒周围存在着结合水，结合水因受到分子引力作用而呈现黏滞性，黏土中自由水的渗流受到结合水的黏滞作用而产生很大阻力，只有克服结合水的抗剪强度后才能开始渗流。故黏土中的渗流规律须按达西定律进行修正。土的渗透系数参考值见表2-6。

土的渗透系数参考值　　表2-6

土的类别	渗透系数（m/s）	土的类别	渗透系数（m/s）
黏土	$<5\times10^{-8}$	细砂	$1\times10^{-5}\sim5\times10^{-5}$
粉质黏土	$5\times10^{-8}\sim1\times10^{-6}$	中砂	$5\times10^{-5}\sim2\times10^{-4}$

续上表

土的类别	渗透系数（m/s）	土的类别	渗透系数（m/s）
粉土	$1\times10^{-6}\sim2.5\times10^{-6}$	粗砂	$2\times10^{-4}\sim5\times10^{-4}$
黄土	$2.5\times10^{-6}\sim5\times10^{-6}$	圆砾	$5\times10^{-4}\sim1\times10^{-3}$
粉砂	$5\times10^{-6}\sim1\times10^{-5}$	卵石	$1\times10^{-3}\sim5\times10^{-3}$

土的渗透系数与土和水两方面的多种因素有关，影响土的渗透性的因素主要有以下几种。

（一）土的粒度成分及矿物成分

土的颗粒大小、形状及级配，影响土中孔隙大小及形状，因而影响土的渗透性。土颗粒越粗、越浑圆、越均匀时，渗透性就越强。砂土中有较多粉土及黏土颗粒时，其渗透性就大大降低。

土的矿物成分对于卵石、砂土和粉土的渗透性影响不大，但对于黏土的渗透性影响较大。黏性土中有亲水性较大的黏土矿物（如蒙脱石）或有机质时，由于它们具有很大的膨胀性，就大大降低土的渗透性。有大量有机质的淤泥几乎不透水。

（二）结合水膜的厚度

黏性土中若结合水膜较厚，会减小土的孔隙，降低土的渗透性。如钠黏土，由于钠离子的存在，使土粒的扩散层厚度增加，所以透水性很低。又如在粒土中加入高价离子的电解质（如 Al、Fe 等），会使土粒扩散层厚度减薄，土粒颗粒会凝聚成粒团，土的孔隙因而增大，这也将使土的渗透性增大。

（三）土的结构构造

天然土层通常不是各向同性的，在渗透性方面往往也是如此。如黄土具有竖直方向的大孔隙，所以竖直方向的渗透系数要比水平方向大得多。层状黏土常有薄的粉砂层，它的水平方向的渗透系数要比竖直方向大得多。

（四）水的黏滞度

水在土中的渗流速度与水的密度及黏滞度有关。一般水的密度随温度变化很小，可略去不计，但水的动力黏滞系数η随温度变化（表 2-7）。故室内渗透试验时，同一种土在不同温度下会得到不同的渗透系数。在天然土层中，除了靠近地表的土层外，一般土中的温度变化很小，故可忽略温度的影响；但是室内试验的温度变化较大，故应考虑它对渗透系数的影响。目前常以水温为10℃时的k_{10}作为标准值，在其他温度测定的渗透系数k_t可按式（2-17）进行修正，即

$$k_{10}=k_t\frac{\eta_t}{\eta_{10}} \tag{2-17}$$

式中：η_t、η_{10}——t℃、10℃时水的动力黏滞系数（$N\cdot s/m^2$），其比值与温度的关系参见表 2-7。

η_t/η_{10}与温度的关系　　表 2-7

温度（℃）	η_t/η_{10}	温度（℃）	η_t/η_{10}	温度（℃）	η_t/η_{10}
−10	1.988	10	1.000	22	0.735
−5	1.636	12	0.945	24	0.707
0	1.369	14	0.895	26	0.671
5	1.161	16	0.850	28	0.645
6	1.121	18	0.810	30	0.612
8	1.060	20	0.773	40	0.502

（五）土中气体

当土孔隙中存在密闭气泡时，会阻止水的渗流，从而降低土的渗透性。这种密闭气泡有时是由溶解于水中的气体分离出来而形成的，故室内渗透试验有时规定要用不含溶解空气的蒸馏水。

考点三：动水力及流土的特性

水在土体中渗流，受到土骨架的阻力，同时水也对土骨架施加推力，单位体积内土骨架所受到的水推力称为渗透力（或动水力）。

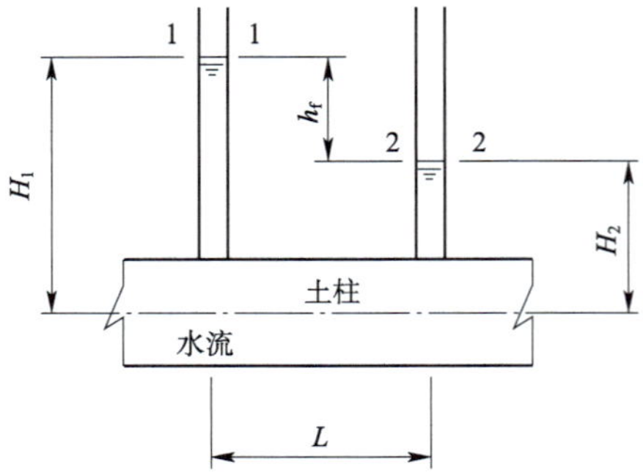

图 2-3　渗透力计算模型

图 2-3 为渗水地基中的一个水平土柱，土柱的长度为L，假定水从土柱断面 1-1 流至断面 2-2 的水头损失为h_f，作用在两个断面上的总水压力差为F_s，即

$$F_s=\gamma_w H_1 A-\gamma_w H_2 A=\gamma_w h_f A \tag{2-18}$$

式中：H_1、H_2——断面 1-1 和断面 2-2 中心处测压管水头高度（m）；

A——土柱过水断面面积（m^2）。

水从断面 1-1 流至断面 2-2 因克服土骨架阻力所损失的总水头压力即为F_s。

由于渗流速度一般很小，流动水体的惯性力可以忽略不计。根据力的平衡条件，渗流作用于土柱的总渗透力J应和土柱中土骨架对水流的阻力大小相等、方向相反。即

$$J=\gamma_w h_f A \tag{2-19}$$

作用在单位体积土柱上的渗透力（简称渗透力）应为

$$G_D=\frac{J}{AL}=\frac{\gamma_w h_f A}{AL}=\gamma_w\frac{h_f}{L}=\gamma_w i \tag{2-20}$$

G_D称为渗透力，等于水的重力密度（重度）和水力坡降的乘积。因为i是无量纲，所以渗透力的量纲与重力密度（重度）相同，是一种体积力，单位为kN/m^3，其大小与水力坡降成正比，方向与渗流方向一致。该力对土体稳定性有重要影响，也是造成常见渗透破坏的直接原因。

当渗透力与土的有效重度相等时，土颗粒之间的压力就等于零，土颗粒将处于悬浮状态而失去稳定，这种现象称为流土现象。

流土现象发生在土体表面渗流逸出处，不发生于土体内部。其主要发生在细砂、粉砂及轻亚黏土等土层中，而在粗颗粒土及黏土中则不易发生。

例题解析

例题 1　［2019 年试题 18］下列因素中，与水在土中的渗透速度无关的是（　　）。

A. 渗流路径　　B. 水头差

C. 土渗透系数　　D. 土重度

答案： D

解析： 详见考点二。由达西定律表达式可知与土重度无关。

例题 2　［2020 年试题 15］在持续负温作用下，地下水位较高处的粉砂、粉土、粉质黏土等土层

冻胀危害（　　）。

A. 程度较小　　B. 程度较大

C. 程度不明　　D. 与地下水位的高低无关

答案： B

解析： 详见考点一，冻胀的机理。有水更容易发生冻胀。

例题 3　［2020 年试题 23］土的层流渗透定律（达西定律）一般只适用于（　　）。

A. 弹性理论公式　　B. 中砂、细砂和粉砂

C. 粗砂　　D. 卵石

答案： B

解析： 详见考点二。达西定律只适用于层流条件。所谓层流条件是指在土孔隙中移动的水，流体质点互不干扰，迹线有条不紊地沿着细微管道流动，也即要求土中水的流速不能超过某一定值，故达西定律也称为土的层流渗透定律。一般中砂、细砂、粉砂等细颗粒土中水的流速满足层流条件。

例题 4　［2021 年试题 15］水流作用在单位体积土体中土颗粒上的力称为动水力，以下关于动水力的说法错误的是（　　）。

A. 动水力也称为渗透力

B. 动水力的大小与水力梯度成正比

C. 动水力的大小与水的重度成正比

D. 动水力的作用方向与水流方向一致

答案： D

解析： 详见考点三。水在土体中渗流，受到土骨架的阻力，同时水也对土骨架施加推力，单位体积内土骨架所受到的水推力称为渗透力（或动水力）。渗透力等于水的重力密度(重度)和水力坡降（梯度）的乘积。因为i是无量纲，所以渗透力的量纲与重度相同，是一种体积力，其大小与水力坡降成正比，方向与渗流方向一致。对于各向同性土体，渗流速度方向和水力坡降方向一致；对于各向异性土体，渗流速度方向和水力坡降方向不一致。

例题 5　［2021 年试题 16］根据土的层流渗透定律，其他条件相同时，以下说法错误的是（　　）。

A. 渗透系数越大时，流速越大

B. 渗透系数越大时，流速越小

C. 水力梯度越大时，流速越大

D. 水力梯度越大时，渗透流量越大

答案： B

解析： 详见考点二。根据达西定律，在层流状态的渗流中，存在关系式$v=\frac{Q}{A}=ki$（其中v为渗流速度，k为渗透系数，i为水力梯度）。显然，渗透系数越大，流速越大。

自 测 模 拟

1. 相应于任意确定的基准面，土中一点的总水头h包括（　　）。

A. 势水头　　B. 势水头+静水头

C. 静水头+动水头　　D. 势水头+动水头+静水头

2. 达西定律描述的渗透规律对应的状态是（　　）。

A. 层流　　B. 紊流　　C. 渗流　　D. 急流

3. 已知土体$d_s = 2.7$，$e = 1$，则该土的临界水力梯度为（　　）。

A. 1.8　　B. 1.25　　C. 0.85　　D. 1.0

4. 下述关于渗透力的描述正确的为（　　）。

①数值与水力梯度成正比；②方向与渗流路径方向一致；③是体积力

A. 仅①③正确　　B. 全正确

C. 仅①②正确　　D. 仅②③正确

5. 下列说法正确的是（　　）。

①土的渗透系数越大，土的透水性也越大，土中的水力梯度越大

②任何一种土只要渗透坡降足够大就可能发生流土和管涌

③土中一点渗流力大小取决于该点孔隙水总水头的大小

④地基中产生渗透破坏的主要原因是因为土粒受渗透力作用。地基中孔隙水压力越高，土粒受的渗透力越大，越容易产生渗透破坏

A. ②对　　B. ②③对　　C. ③对　　D. 全不对

参考答案

1. D　2. A　3. C　4. B　5. D

第三节　土中应力计算

考点分析

本节重点：掌握自重应力计算，附加应力计算。

本节难点：有效应力原理及其工程应用。

考点精讲

考点一：自重应力计算方法

在计算土中自重应力时，假设天然地面是半空间（半无限体）表面的一个无限大的水平面，土体在自身重力作用下竖直切面都是对称面，因此在任意竖直面和水平面上均无剪应力存在，仅作用有竖向的自重应力δ_{cz}和水平向的侧向应力$\delta_{cx} = \delta_{cy}$。所以，在深度$z$处平面上，土体因自重产生的竖向应力，也就是自重应力，$\delta_{cx} = \gamma z$，即单位面积上土柱体的重力。

（一）均质地基土的自重应力

当地基土是均质土时，如图 2-4 所示，假设在天然地面以下任意深度z处a-a水面上有一横截面为F

的土柱，土柱重为W，则作用在土柱底面的竖向自重应力为

$$\sigma_{cz}=\frac{W}{F}=\frac{\gamma Fz}{F}=\gamma z \tag{2-21}$$

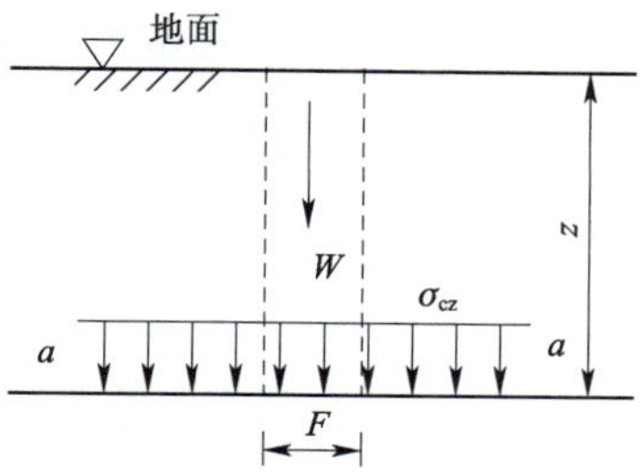

图 2-4　均质土的竖向自重应力

式中：γ ——土的天然重度（kN/m^3）；

z ——计算点距地表的深度（m）。

可见，自重应力σ_{cz}沿水平面呈均匀分布，且随深度呈线性增加。

地基中除了有竖向的自重应力以外，在竖直面上还作用有水平向的侧向自重应力σ_{cx}和σ_{cy}，可按下式计算

$$\sigma_{cx}=\sigma_{cy}=K_0\sigma_{cz}=K_0\gamma z \tag{2-22}$$

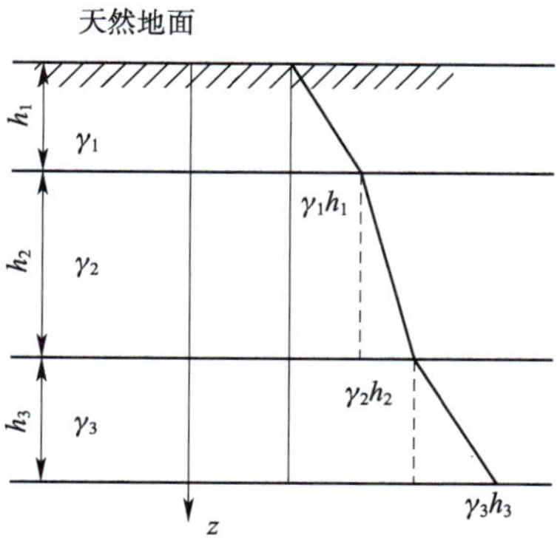

图 2-5　成层土的自重应力分布

式中：K_0 ——土的静止侧压力系数。

（二）成层地基土的自重应力

地基土往往是成层的，因而各层具有不同的重度。如图 2-5 所示，各土层厚度为$h_1,h_2,\cdots,h_n$，所对应各层的重度为$\gamma_1,\gamma_2,\cdots,\gamma_n$，根据上述自重应力的计算原理，在深度$z$处土的自重应力也等于单位面积上土柱体中各层土重之和，计算公式为

$$\sigma_{cz}=\sum_{i=1}^{n}\gamma_i h_i \tag{2-23}$$

式中：n ——深度z范围内的土层总数；

γ_i ——第i层土的天然重度（kN/m^3）；

h_i ——第i层土的厚度（m）。

（三）有地下水时的自重应力

计算地下水位以下土的自重应力时，应根据土的性质，确定是否考虑水对土体的浮力作用。

通常认为水下的砂性土应该考虑浮力作用，黏性土则要视黏性土的性质而定。一般来说：

（1）如果水下黏性土的液性指数$I_L \geqslant 1$，则土处于流动状态，土颗粒之间存在着大量自由水，此时认为土体受到水的浮力作用。

（2）如果$I_L \leqslant 0$，则土处于固体状态，土中自由水受到土颗粒间结合水膜的阻碍不能传递静水压力，认为土体不受水的浮力影响。

（3）如果$0 < I_L < 1$，土处于塑性状态，土颗粒是否受到浮力影响不易确定，在实际中一般按不利状态来考虑。

如果地下水位以下的土受到水的浮力作用，那么水下部分的土应按浮重度γ'计算。因此，地下水位面也应该作为分层界面。计算方法如同成层地基土的情况。

土层剖面及各土层厚度、重度如图 2-6a）所示，有效自重应力沿深度的分布如图 2-6b）所示，计算过程如下：

$$\sigma'_{za}=\gamma_1 z_1=19\times 3=57\text{kPa}$$

$$\sigma'_{zb}=\gamma_1 z_1+\gamma'_2 z_2=19\times 3+10.5\times 2.2=80.1\text{kPa}$$

$$\sigma'_{zc1}=\gamma_1 z_1+\gamma'_2 z_2+\gamma'_3 z_3=19\times 3+10.5\times 2.2+9.2\times 2.5=103.1\text{kPa}$$

$$\sigma'_{zc2} = \gamma_1 z_1 + \gamma_{sat2} z_2 + \gamma_{sat3} z_3 = 19 \times 3 + 20.5 \times 2.2 + 19.2 \times 2.5 = 150.1\text{kPa}$$

$$\sigma'_{zd} = \gamma_1 z_1 + \gamma_{sat2} z_2 + \gamma_{sat3} z_3 + \gamma_{sat4} z_4 = 19 \times 3 + 20.5 \times 2.2 + 19.2 \times 2.5 + 22 \times 2 = 194.1\text{kPa}$$

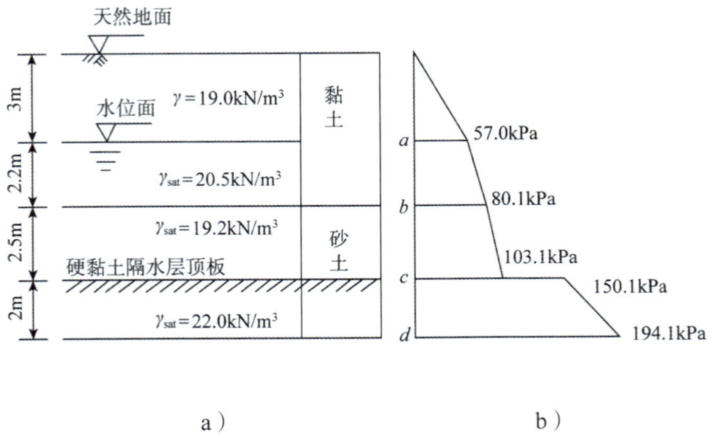

图 2-6 有效自重应力的分布

考点二：土中附加应力计算方法

土中附加应力是由建筑物荷载引起的应力增量。计算地基附加应力时，假定土体是各向同性的、均质的线性变形体，而且在深度和水平方向都是无限延伸的，即把地基看成是均质各向同性的线性变形半无限空间体，从而可以直接应用弹性力学中关于弹性半空间的理论解答。

首先讨论在竖向集中力作用下地基附加应力的计算，然后据此解答，通过积分或叠加原理得到各种分布荷载作用下土中附加应力的计算公式。当地基面上作用满布均匀荷载时，地基土中各处的附加应力等同于均布荷载的强度。

（一）集中力下的地基附加应力

1. 竖向集中力作用下的地基附加应力——布辛奈斯克解

如图 2-7 所示，当半无限地基表面作用集中力P时，地基内任意一点$M(x,y,z)$将产生六个应力分量和三个位移分量。由法国数学家布辛奈斯克（J.Boussinesq）于 1885 年用弹性理论推导出解析解：

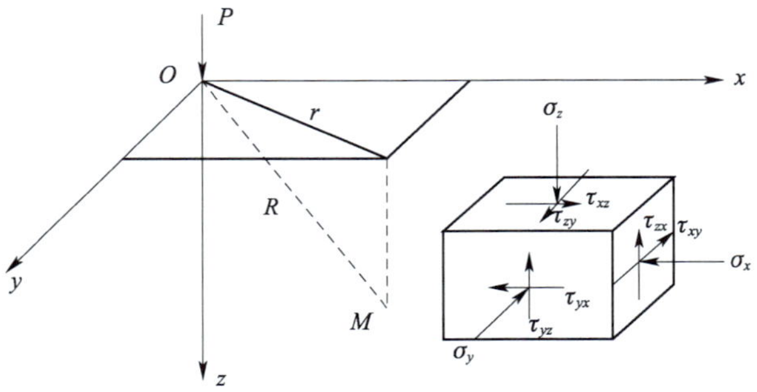

图 2-7 竖向集中力作用下地基中一点附加应力状态

$$\left.\begin{aligned}
\sigma_x &= \frac{3P}{2\pi}\left\{\frac{x^3 z}{R^5}+\frac{1-2\mu}{3}\left[\frac{1}{R(R+z)}-\frac{(2R+z)x^2}{(R+z)^2R^3}-\frac{z}{R^3}\right]\right\}\\
\sigma_y &= \frac{3P}{2\pi}\left\{\frac{y^3 z}{R^5}+\frac{1-2\mu}{3}\left[\frac{1}{R(R+z)}-\frac{(2R+z)y^2}{(R+z)^2R^3}-\frac{z}{R^3}\right]\right\}\\
\sigma_z &= \frac{3P}{2\pi}\times\frac{z^3}{R^5}\\
\tau_{xy} = \tau_{yx} &= \frac{3P}{2\pi}\left[\frac{xyz}{R^5}-\frac{1-2\mu}{3}\times\frac{(2R+z)xy}{(R+z)^2R^3}\right]\\
\tau_{yz} = \tau_{zy} &= \frac{3P}{2\pi}\times\frac{yz^2}{R^5}\\
\tau_{zx} = \tau_{xz} &= \frac{3P}{2\pi}\times\frac{xz^2}{R^5}\\
u &= \frac{P(1+\mu)}{2\pi E}\left[\frac{xz}{R^3}-(1-2\mu)\frac{x}{R(R+z)}\right]\\
v &= \frac{P(1+\mu)}{2\pi E}\left[\frac{yz}{R^3}-(1-2\mu)\frac{y}{R(R+z)}\right]\\
w &= \frac{P(1+\mu)}{2\pi E}\left[\frac{z^2}{R^3}+2(1-\mu)\frac{1}{R}\right]
\end{aligned}\right\} \tag{2-24}$$

式中：σ_x、σ_y、σ_z——x、y、z方向的法向应力；

τ_{xy}、τ_{yz}、τ_{zx}——剪应力；

u、v、w——M点沿坐标轴x、y、z方向的位移；

E——弹性模量（或土的变形模量）；

μ——泊松比；

R——M点至坐标原点O的距离，$R=\sqrt{x^2+y^2+z^2}=\sqrt{r^2+z^2}$。

$$\sigma_z=\frac{3P}{2\pi}\times\frac{z^3}{R^5}=\frac{3P}{2\pi z^2}\times\frac{1}{\left[1+\left(\frac{r}{z}\right)^2\right]^{\frac{5}{2}}}=\alpha\frac{P}{z^2} \tag{2-25}$$

式中：r——如图 2-7 所示，$r=\sqrt{x^2+y^2}$；

α——集中力作用下地基竖向附加应力系数，简称集中应力系数。

$\alpha=\frac{3}{2\pi\left[1+\left(\frac{r}{z}\right)^2\right]^{\frac{5}{2}}}$，它是$\left(\frac{r}{z}\right)$的函数，可制成表格查用，见表 2-8。

集中力作用下的应力系数α值　　表 2-8

r/z	α	r/z	α	r/z	α	r/z	α	r/z	α
0.00	0.4775	0.50	0.2733	1.00	0.0844	1.50	0.0251	2.00	0.0085
0.05	0.4745	0.55	0.2466	1.05	0.0744	1.55	0.0224	2.20	0.0058
0.10	0.4657	0.60	0.2214	1.10	0.0658	1.60	0.0200	2.40	0.0040
0.15	0.4516	0.65	0.1978	1.15	0.0581	1.65	0.0179	2.60	0.0029

续上表

r/z	α	r/z	α	r/z	α	r/z	α	r/z	α
0.20	0.4329	0.70	0.1762	1.20	0.0513	1.70	0.0160	2.80	0.0021
0.25	0.4103	0.75	0.1565	1.25	0.0454	1.75	0.0144	3.00	0.0015
0.30	0.3849	0.80	0.1386	1.30	0.0402	1.80	0.0129	3.50	0.0007
0.35	0.3577	0.85	0.1226	1.35	0.0357	1.85	0.0116	4.00	0.0004
0.40	0.3294	0.90	0.1083	1.40	0.0317	1.90	0.0105	4.50	0.0002
0.45	0.3011	0.95	0.0956	1.45	0.0282	1.95	0.0095	5.00	0.0001

因为竖向集中力作用下地基中的状态是轴对称空间问题，因此，可以对通过P作用线所切出的任意竖直面进行σ_z分布特征的讨论（图 2-8）。

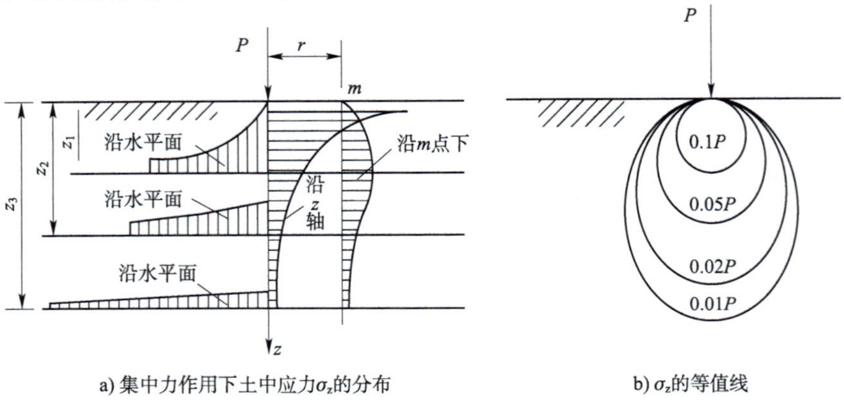

图 2-8 集中力作用下土中应力σ_z的分布和等值线

（1）在集中力P作用线上的分布

在P作用线上，$r=0$，可知$\sigma_z=\dfrac{3}{2\pi}\times\dfrac{P}{z^2}$。

当$z=0$时，$\sigma_z=\infty$，地基土已发生塑性变形，弹性理论已不适用，因此在选择计算点时，不应过于接近集中力作用点。

当$z=\infty$时，$\sigma_z=0$。

可见，沿P作用线上σ_z的分布是随深度增加而递减。

（2）在$r>0$的竖直线上的分布

从式（2-24）可以得出，$z=0$时，$R>0$，$\sigma_z=0$；随着z的增加σ_z逐渐增大，至一定深度后又随着z的增加而逐渐减小。如图 2-8a）所示。

（3）在z为常数的水平面上的分布

从式（2-25）可以看出，σ_z的值在$r=0$，即集中力P作用线上最大，并随r的增加而逐渐减小。随着z的增加，集中力P作用线上的σ_z减小，而水平面上的应力分布趋于均匀。

若在空间将σ_z相同的点连接成曲面，可以得到如图 2-8b）所示的σ_z等值线图，其形如泡，称为压力泡或应力泡。

通过上述讨论，可以看出：集中力P在地基中引起的附加应力σ_z的分布是向下、向四周无限扩散的。

2. 水平集中力作用下的地基附加应力——西罗提解

当地基表面作用有平行于xOy面的水平集中力F时，求解在地基中任意点$M(x,y,z)$所引起的问题，已经由西罗提（V.Cerruti）用弹性理论解出。这里只介绍与沉降计算关系最大的垂直竖向法应力σ_z的表达式，即

$$\sigma_z = \frac{3F}{2\pi} \times \frac{xz^2}{R^5} \tag{2-26}$$

式中符号意义见图 2-9。

（二）矩形荷载和圆形荷载下的地基附加应力

1. 均布的竖向矩形荷载

（1）均布的竖向矩形荷载角点c下σ_z

在图 2-10 所示的均布荷载p作用下，计算矩形面积角点c下深度z处M点的竖向应力σ_z值。

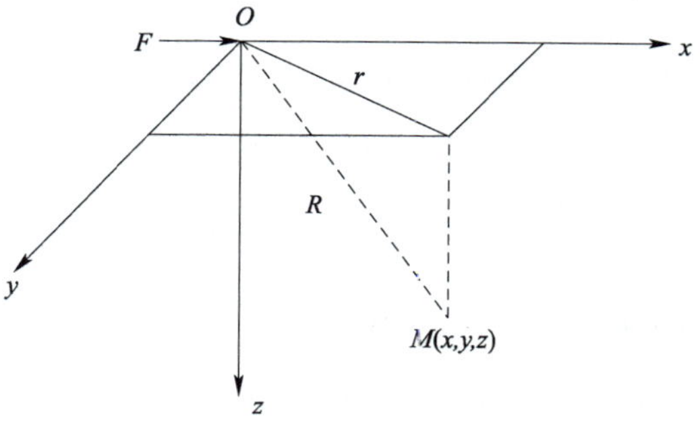

图 2-9　水平集中力作用下的附加应力

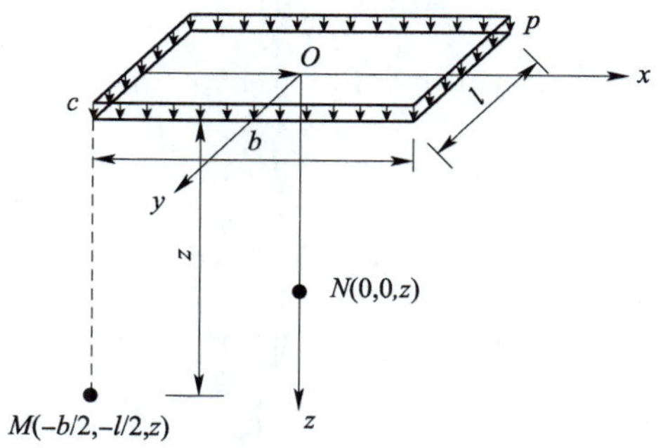

图 2-10　均布竖向矩形荷载角点下的附加应力σ_z

同样由式（2-24）中σ_z的表达式积分求得

$$\sigma_z = \frac{p}{2\pi}\left[\frac{mn(1+m^2+2n^2)}{\sqrt{1+m^2+n^2}(1+n^2)(m^2+n^2)} + \arctan\frac{m}{n\sqrt{1+m^2+n^2}}\right] = \alpha_c p \tag{2-27}$$

式中：α_c——应力系数，$\alpha_c = \frac{1}{2\pi}\left[\frac{mn(1+m^2+2n^2)}{\sqrt{1+m^2+n^2}(1+n^2)(m^2+n^2)} + \arctan\frac{m}{n\sqrt{1+m^2+n^2}}\right]$，$m=\frac{l}{b}$，$n=\frac{z}{b}$，$l$为矩形长边，$b$为矩形短边。$\alpha_c$的值可从表 2-9 中查得。

均布竖向矩形荷载作用时角点下的应力系数α_c值　　表 2-9

z/b	l/b										
	1.0	1.2	1.4	1.6	1.8	2.0	3.0	4.0	5.0	6.0	≥10.0
0.0	0.250	0.250	0.250	0.250	0.250	0.250	0.250	0.250	0.250	0.250	0.250
0.2	0.249	0.249	0.249	0.249	0.249	0.249	0.249	0.249	0.249	0.249	0.249
0.4	0.240	0.242	0.243	0.243	0.244	0.244	0.244	0.244	0.244	0.244	0.244
0.6	0.223	0.228	0.230	0.232	0.232	0.233	0.234	0.234	0.234	0.234	0.234
0.8	0.200	0.207	0.212	0.215	0.216	0.218	0.220	0.220	0.220	0.220	0.220
1.0	0.175	0.185	0.191	0.195	0.198	0.200	0.203	0.204	0.204	0.204	0.205
1.2	0.152	0.163	0.171	0.176	0.179	0.182	0.187	0.188	0.189	0.189	0.189
1.4	0.131	0.142	0.151	0.157	0.161	0.164	0.171	0.173	0.174	0.174	0.174
1.6	0.112	0.124	0.133	0.140	0.145	0.148	0.157	0.159	0.160	0.160	0.160

续上表

z/b	l/b 1.0	1.2	1.4	1.6	1.8	2.0	3.0	4.0	5.0	6.0	≥10.0
1.8	0.097	0.108	0.117	0.124	0.129	0.133	0.143	0.146	0.147	0.148	0.148
2.0	0.084	0.095	0.103	0.110	0.116	0.120	0.131	0.135	0.136	0.137	0.137
2.2	0.073	0.083	0.092	0.098	0.104	0.108	0.121	0.125	0.126	0.127	0.128
2.4	0.064	0.073	0.081	0.088	0.093	0.098	0.111	0.116	0.118	0.118	0.119
2.6	0.057	0.065	0.072	0.079	0.084	0.089	0.102	0.107	0.110	0.111	0.112
2.8	0.050	0.058	0.065	0.071	0.076	0.080	0.094	0.100	0.102	0.104	0.105
3.0	0.045	0.052	0.058	0.064	0.069	0.073	0.087	0.093	0.096	0.097	0.099
3.2	0.040	0.047	0.053	0.058	0.063	0.067	0.081	0.087	0.090	0.092	0.093
3.4	0.036	0.042	0.048	0.053	0.057	0.061	0.075	0.081	0.085	0.086	0.088
3.6	0.033	0.038	0.043	0.048	0.052	0.056	0.069	0.076	0.080	0.082	0.084
3.8	0.030	0.035	0.040	0.044	0.048	0.052	0.065	0.072	0.075	0.077	0.080
4.0	0.027	0.032	0.036	0.040	0.044	0.048	0.060	0.067	0.071	0.073	0.076
4.2	0.025	0.029	0.033	0.037	0.041	0.044	0.056	0.063	0.067	0.070	0.072
4.4	0.023	0.027	0.031	0.034	0.038	0.041	0.053	0.060	0.064	0.066	0.069
4.6	0.021	0.025	0.028	0.032	0.035	0.038	0.049	0.056	0.061	0.063	0.066
4.8	0.019	0.023	0.026	0.029	0.032	0.035	0.046	0.053	0.058	0.060	0.064
5.0	0.018	0.021	0.024	0.027	0.030	0.033	0.043	0.050	0.055	0.057	0.061
6.0	0.013	0.015	0.017	0.020	0.022	0.024	0.033	0.039	0.043	0.046	0.051
7.0	0.009	0.011	0.013	0.015	0.016	0.018	0.025	0.031	0.035	0.038	0.043
8.0	0.007	0.009	0.010	0.011	0.013	0.014	0.020	0.025	0.028	0.031	0.037
9.0	0.006	0.007	0.008	0.009	0.010	0.011	0.016	0.020	0.024	0.026	0.032
10.0	0.005	0.006	0.007	0.007	0.008	0.009	0.013	0.017	0.020	0.022	0.028

（2）均布的竖向矩形荷载中点下σ_z

在图 2-10 所示的均布荷载p作用下，计算矩形面积中点O下深度z处N点的竖向应力σ_z值。

同样由式（2-24）中σ_z的表达式积分求得

$$\sigma_z=\frac{2p}{\pi}\left[\frac{2mn(1+m^2+8n^2)}{\sqrt{1+m^2+4n^2}(1+4n^2)(m^2+4n^2)}+\arctan\frac{m}{2n\sqrt{1+m^2+4n^2}}\right]=\alpha_o p \tag{2-28}$$

式中：α_o ——应力系数，$\alpha_o=\frac{2}{\pi}\left[\frac{2mn(1+m^2+8n^2)}{\sqrt{1+m^2+4n^2}(1+4n^2)(m^2+4n^2)}+\arctan\frac{m}{2n\sqrt{1+m^2+4n^2}}\right]$，$m$、$n$的意义同前。$\alpha_o$的值可从表 2-10 中查得。

均布竖向矩形荷载作用时中点下的应力系数α_0值　　表 2-10

z/b	l/b									
	1.0	1.2	1.4	1.6	1.8	2.0	3.0	4.0	5.0	≥10
0.0	1.000	1.000	1.000	1.000	1.000	1.000	1.000	1.000	1.000	1.000
0.2	0.960	0.968	0.972	0.974	0.975	0.976	0.977	0.977	0.977	0.977
0.4	0.800	0.830	0.848	0.859	0.866	0.870	0.879	0.880	0.881	0.881
0.6	0.606	0.651	0.682	0.703	0.717	0.727	0.748	0.753	0.754	0.755
0.8	0.449	0.496	0.532	0.558	0.579	0.593	0.627	0.636	0.639	0.642
1.0	0.334	0.378	0.414	0.441	0.463	0.481	0.524	0.540	0.545	0.550
1.2	0.257	0.294	0.325	0.352	0.374	0.392	0.442	0.462	0.470	0.477
1.4	0.201	0.232	0.260	0.284	0.304	0.321	0.376	0.400	0.410	0.420
1.6	0.160	0.187	0.210	0.232	0.251	0.267	0.322	0.348	0.360	0.374
1.8	0.130	0.153	0.173	0.192	0.209	0.224	0.278	0.305	0.320	0.337
2.0	0.108	0.127	0.145	0.161	0.176	0.189	0.237	0.270	0.285	0.304
2.5	0.072	0.085	0.097	0.109	0.210	0.131	0.174	0.202	0.219	0.249
3.0	0.051	0.060	0.070	0.178	0.087	0.095	0.130	0.155	0.172	0.208
3.5	0.038	0.045	0.052	0.059	0.066	0.072	0.100	0.123	0.139	0.180
4.0	0.029	0.035	0.040	0.046	0.051	0.056	0.080	0.095	0.113	0.158
5.0	0.019	0.022	0.026	0.030	0.033	0.037	0.053	0.067	0.079	0.128

（3）均布的竖向矩形荷载作用下，土中任意点σ_z（角点法）

如图 2-11 所示，$abcd$为矩形荷载作用面积，计算M点下z深度处的附加应力σ_z。

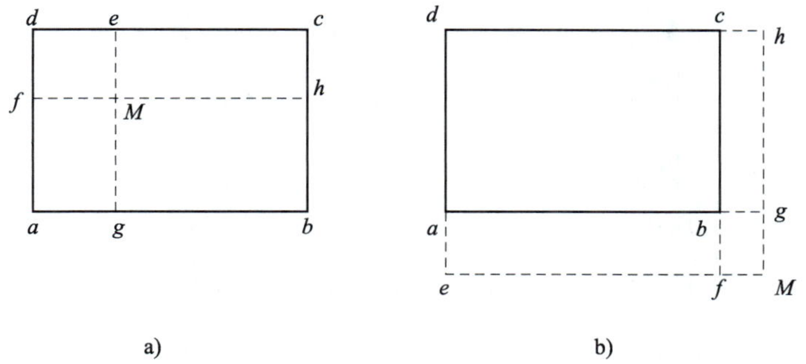

图 2-11　角点法的应用

①M点在$abcd$范围内［图 2-11a）］。

$$\sigma_z = \sum\sigma_{zi} = \sigma_{z(agMf)} + \sigma_{z(gbhM)} + \sigma_{z(Mhce)} + \sigma_{z(fMed)} \tag{2-29}$$

②M点在$abcd$范围外［图 2-11b）］。

$$\sigma_z = \sigma_{z(eMhd)} - \sigma_{z(eMga)} - \sigma_{z(fMhc)} + \sigma_{z(fMgb)} \tag{2-30}$$

能够引起地基变形的荷载只有新增的土工结构荷载，即作用于地基表面的附加压力，也就是扣除基础埋深以上的土层自重应力的基底压力。实际上，一般基础都埋置于地面以下一定深度h，该处原有自

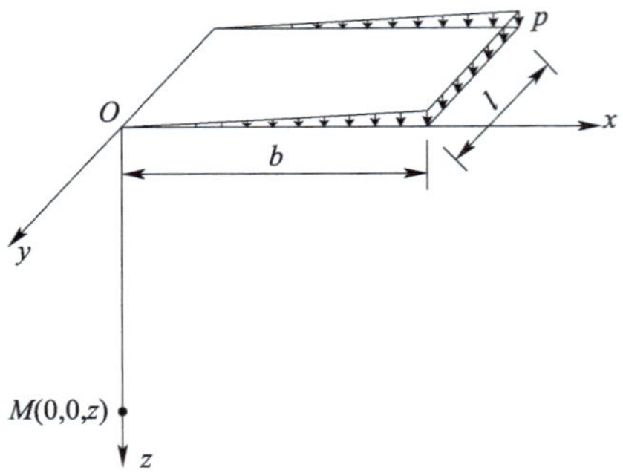

图 2-12　三角形分布的竖向矩形荷载

重应力为$\sigma=\gamma h$，σ因基坑开挖而卸除。因此，在计算由土工结构引起的基底反力时，应扣除基底高程处土层原有的自重应力后，才是基底面处新增于地基的基底附加压力，即$p_0=p-\gamma h$。

2. 三角形分布的竖向矩形荷载

如图 2-12 所示，在地基表面作用矩形面积的三角形分布荷载，计算荷载为 0 的角点下深度z处M点的竖向应力σ_z时，同样可以积分求得，取如图 2-12 所示坐标系，得

$$\sigma_z=\frac{mn}{2\pi}\left[\frac{1}{\sqrt{m^2+n^2}}-\frac{n^2}{(1+n^2)\sqrt{1+m^2+n^2}}\right]p=\alpha_t p \tag{2-31}$$

式中：α_t——应力系数，$\alpha_t=\frac{mn}{2\pi}\left[\frac{1}{\sqrt{m^2+n^2}}-\frac{n^2}{(1+n^2)\sqrt{1+m^2+n^2}}\right]$，$m$、$n$意义同前。

α_t的值可从表 2-11 中查得。注意b、l的几何意义，如图 2-12 所示，b为荷载呈三角形分布边的边长，l为荷载最大边的边长。

竖向三角形分布荷载作用时压力为 0 的角点下的应力系数α_t值　　表 2-11

$n={}^{z}/_{b}$	$m=l/b$							
	0.2	0.6	1.0	1.4	1.8	3.0	8.0	10.0
0.0	0.0000	0.0000	0.0000	0.0000	0.0000	0.0000	0.0000	0.0000
0.2	0.0233	0.0296	0.0304	0.0305	0.0306	0.0306	0.0306	0.0306
0.4	0.0269	0.0487	0.0531	0.0543	0.0546	0.0548	0.0549	0.0549
0.6	0.0259	0.0560	0.0654	0.0684	0.0694	0.0701	0.0702	0.0702
0.8	0.0232	0.0553	0.0688	0.0739	0.0759	0.0773	0.0776	0.0776
1.0	0.0201	0.0508	0.0666	0.0735	0.0766	0.0790	0.0796	0.0796
1.2	0.0171	0.0450	0.0615	0.0698	0.0738	0.0774	0.0783	0.0783
1.4	0.0145	0.0392	0.0554	0.0644	0.0692	0.0739	0.0752	0.0753
1.6	0.0123	0.0339	0.0492	0.0586	0.0639	0.0697	0.0715	0.0715
1.8	0.0105	0.0294	0.0453	0.0528	0.0585	0.0652	0.0675	0.0675
2.0	0.0090	0.0255	0.0384	0.0474	0.0533	0.0607	0.0636	0.0636
2.5	0.0063	0.0183	0.0284	0.0362	0.0419	0.0514	0.0547	0.0548
3.0	0.0046	0.0135	0.0214	0.0280	0.0331	0.0419	0.0474	0.0476
5.0	0.0018	0.0054	0.0088	0.0120	0.0148	0.0214	0.0296	0.0301
7.0	0.0009	0.0028	0.0047	0.0064	0.0081	0.0124	0.0204	0.0212
10.0	0.0005	0.0014	0.0024	0.0033	0.0041	0.0066	0.0128	0.0139

3. 均布的水平矩形荷载

当地基表面作用有均布的水平矩形荷载p时（图 2-13），可利用西罗提解式对矩形荷载积分，求出矩形角点 1、2 下任意深度z处M点的竖向附加应力σ_z，即

$$\left.\begin{matrix}\sigma_{z1}\\ \sigma_{z2}\end{matrix}\right\} = \mp\frac{p}{2\pi}\left[\frac{m}{\sqrt{m^2+n^2}} - \frac{mn^2}{(1+n^2)\sqrt{1+m^2+n^2}}\right] = \mp\alpha_h p \tag{2-32}$$

式中：α_h ——应力系数，$\alpha_h = \frac{1}{2\pi}\left[\frac{m}{\sqrt{m^2+n^2}} - \frac{mn^2}{(1+n^2)\sqrt{1+m^2+n^2}}\right]$，$m$、$n$意义同前，$\alpha_h$的值可从表 2-12 中查得。

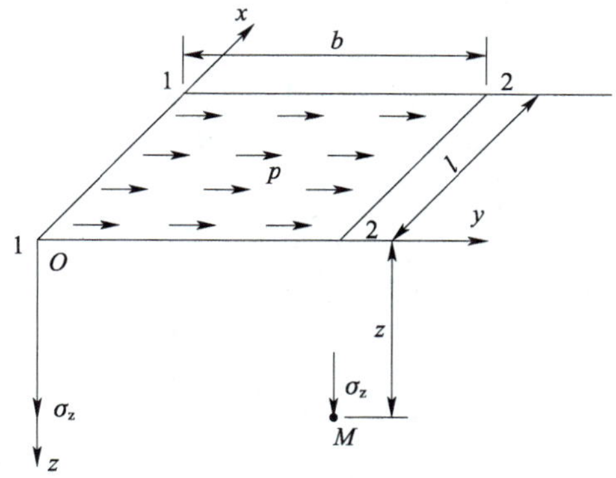

图 2-13　均布水平矩形荷载作用时角点下竖向附加应力

σ_{z1}是水平荷载矢量起始端角点 1 下的附加应力，取“−”号；σ_{z2}是水平荷载矢量终止端角点 2 下的附加应力，取“+”号。

均布水平矩形荷载作用时角点下的应力系数α_h值　　表 2-12

z/b	l/b										
	1.0	1.2	1.4	1.6	1.8	2.0	3.0	4.0	5.0	6.0	10.0
0.0	0.1592	0.1592	0.1592	0.1592	0.1592	0.1592	0.1592	0.1592	0.1592	0.1592	0.1592
0.2	0.1518	0.1523	0.1526	0.1528	0.1529	0.1529	0.1530	0.1530	0.1530	0.1530	0.1530
0.4	0.1328	0.1347	0.1356	0.1362	0.1365	0.1367	0.1371	0.1372	0.1372	0.1372	0.1372
0.6	0.1091	0.1121	0.1139	0.1150	0.1156	0.1160	0.1168	0.1169	0.1170	0.1170	0.1170
0.8	0.0861	0.090	0.0924	0.0939	0.0948	0.0955	0.0967	0.0969	0.0970	0.0970	0.0970
1.0	0.0666	0.0708	0.0735	0.0753	0.0766	0.0774	0.0790	0.0794	0.0795	0.0796	0.0796
1.2	0.0512	0.0553	0.0582	0.0601	0.0615	0.0624	0.0645	0.0650	0.0652	0.0652	0.0652
1.4	0.0395	0.0433	0.0460	0.0480	0.0494	0.0505	0.0528	0.0534	0.0537	0.0537	0.0538
1.6	0.0308	0.0341	0.0366	0.0385	0.0400	0.0410	0.0436	0.0443	0.0446	0.0447	0.0447
1.8	0.0242	0.0270	0.0293	0.0311	0.0325	0.0336	0.0362	0.0370	0.0374	0.0375	0.0375
2.0	0.0192	0.0217	0.0237	0.0253	0.0266	0.0277	0.0303	0.0312	0.0317	0.0318	0.0318
2.5	0.0113	0.0130	0.0145	0.0157	0.0167	0.0176	0.0202	0.0211	0.0217	0.0219	0.0219
3.0	0.0070	0.0083	0.0093	0.0102	0.0110	0.0117	0.0140	0.0150	0.0156	0.0158	0.0159
5.0	0.0018	0.0021	0.0024	0.0027	0.0030	0.0032	0.0043	0.0050	0.0057	0.0059	0.0060
7.0	0.0007	0.0008	0.0009	0.0010	0.0012	0.0013	0.0018	0.0022	0.0027	0.0029	0.0030
10.0	0.0002	0.0003	0.0003	0.0004	0.0004	0.0005	0.0007	0.0008	0.0011	0.0013	0.0014

4. 均布的竖向圆形荷载

如图 2-14 所示，均布的竖向圆形荷载为p，作用半径为R，计算土中深度z处M点的竖向应力σ_z值。同样可以用公式积分求得，即

$$\sigma_z = \alpha_r p \tag{2-33}$$

式中：α_r ——应力系数，是$\frac{r}{R}$及$\frac{z}{R}$的函数，可查表 2-13 得到；

r ——应力计算点M到z轴的水平距离。

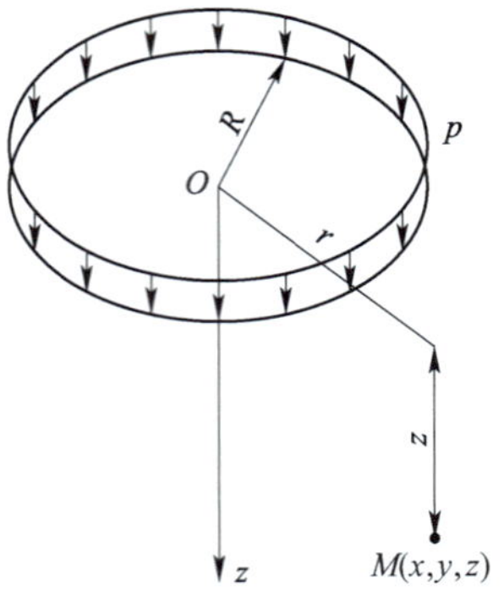

图 2-14　均布圆形荷载作用时σ_z计算

均布竖向圆形荷载作用下的应力系数α_r值　　表 2-13

z/R	r/R										
	0	0.2	0.4	0.6	0.8	1.0	1.2	1.4	1.6	1.8	2.0
0.0	1.000	1.000	1.000	1.000	1.000	0.500	0.000	0.000	0.000	0.000	0.000
0.2	0.998	0.991	0.987	0.970	0.890	0.468	0.077	0.015	0.005	0.002	0.001
0.4	0.949	0.943	0.920	0.860	0.712	0.435	0.181	0.065	0.026	0.012	0.006
0.6	0.864	0.852	0.813	0.733	0.591	0.400	0.224	0.113	0.056	0.029	0.016
0.8	0.756	0.742	0.699	0.619	0.504	0.366	0.237	0.142	0.083	0.048	0.029
1.0	0.646	0.633	0.593	0.525	0.434	0.332	0.235	0.157	0.102	0.065	0.042
1.2	0.547	0.535	0.502	0.447	0.377	0.300	0.226	0.162	0.113	0.078	0.053
1.4	0.461	0.452	0.425	0.383	0.329	0.270	0.212	0.161	0.118	0.086	0.062
1.6	0.390	0.383	0.362	0.330	0.288	0.243	0.197	0.156	0.120	0.090	0.068
1.8	0.332	0.327	0.311	0.285	0.254	0.218	0.182	0.148	0.118	0.092	0.072
2.0	0.285	0.280	0.268	0.248	0.224	0.196	0.167	0.140	0.114	0.092	0.074
2.2	0.246	0.242	0.233	0.218	0.198	0.176	0.153	0.131	0.109	0.090	0.074
2.4	0.214	0.211	0.203	0.192	0.176	0.159	0.140	0.122	0.104	0.087	0.073
2.6	0.187	0.185	0.179	0.170	0.158	0.144	0.129	0.113	0.098	0.084	0.071
2.8	0.165	0.163	0.159	0.151	0.141	0.130	0.118	0.105	0.092	0.080	0.069
3.0	0.146	0.145	0.141	0.135	0.127	0.118	0.108	0.097	0.087	0.077	0.067
3.4	0.117	0.116	0.114	0.110	0.105	0.098	0.091	0.084	0.076	0.068	0.061
3.8	0.096	0.095	0.093	0.091	0.087	0.083	0.078	0.073	0.067	0.061	0.055

续上表

z/R	r/R										
	0	0.2	0.4	0.6	0.8	1.0	1.2	1.4	1.6	1.8	2.0
4.2	0.079	0.079	0.078	0.076	0.073	0.070	0.067	0.063	0.059	0.054	0.050
4.6	0.067	0.067	0.066	0.064	0.063	0.060	0.058	0.055	0.052	0.048	0.045
5.0	0.057	0.057	0.056	0.055	0.054	0.052	0.050	0.048	0.046	0.043	0.041
5.5	0.048	0.048	0.047	0.046	0.045	0.044	0.043	0.041	0.039	0.038	0.036
6.0	0.040	0.040	0.040	0.039	0.039	0.038	0.037	0.036	0.034	0.033	0.031

（三）线荷载和条形荷载下的地基附加应力

1. 线荷载作用下的地基附加应力——弗拉曼（Flamant）解

线荷载是作用于半无限空间表面、宽度趋于零、沿无限长直线均布的荷载。如图 2-15 所示，设线荷载为p（kN/m），在xOz地基剖面上，任一点$M(x,O,z)$的附加应力可根据布辛奈斯克公式积分求得，即

$$\left.\begin{aligned}\sigma_z &= \frac{2pz^3}{\pi(x^2+z^2)^2}\\ \sigma_x &= \frac{2px^2z}{\pi(x^2+z^2)^2}\\ \tau_{xz} &= \frac{2pxz^2}{\pi(x^2+z^2)^2}\end{aligned}\right\} \tag{2-34}$$

式（2-34）就是著名的弗拉曼解。

2. 均布的竖向条形荷载

设均布的竖向条形荷载为p，作用宽度为b，如图 2-16 所示。应用式（2-29）沿宽度b积分，可求得地基中任意M点的附加应力，即

$$\left.\begin{aligned}\sigma_z &= \alpha_s^z p\\ \sigma_x &= \alpha_s^x p\\ \tau_{xz} &= \alpha_s^\tau p\end{aligned}\right\} \tag{2-35}$$

式中：α_s^z、α_s^x、α_s^τ——应力系数，是$\frac{x}{b}$及$\frac{z}{b}$的函数，可查表 2-14 得到。

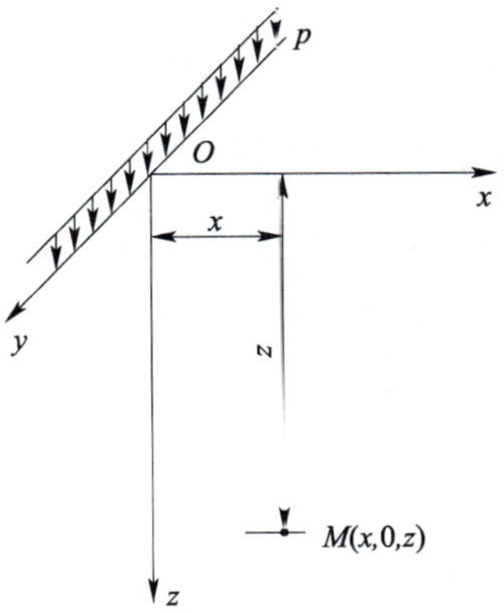

图 2-15　均布线荷载作用时土中应力计算

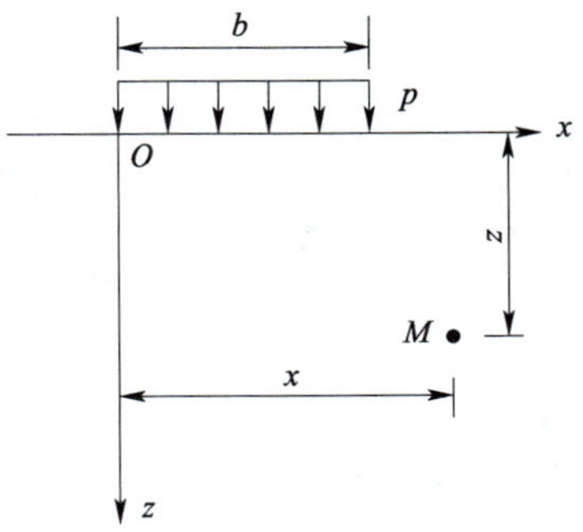

图 2-16　均布条形荷载作用时土中应力计算

注意图 2-16 中坐标轴原点是在均布荷载的边界处。

实际工程中，当荷载长宽比$\frac{l}{b}\geqslant 10$时，就可以当作条形荷载求解。

均布竖向条形荷载作用时的应力系数值　　　表 2-14

x/b		z/b									
		0.01	0.1	0.2	0.4	0.6	0.8	1.0	1.2	1.4	2.0
−0.50	α_s^z	0.001	0.002	0.011	0.056	0.111	0.155	0.186	0.202	0.210	0.205
	α_s^x	0.008	0.082	0.147	0.208	0.204	0.177	0.146	0.117	0.094	0.049
	α_s^τ	0.000	−0.001	−0.038	−0.103	−0.144	−0.158	−0.157	−0.147	−0.133	−0.096
−0.25	α_s^z	0.000	0.011	0.091	0.174	0.243	0.276	0.288	0.287	0.279	0.242
	α_s^x	0.021	0.180	0.270	0.274	0.221	0.169	0.127	0.096	0.073	0.035
	α_s^τ	−0.001	−0.042	−0.116	−0.119	−0.212	−0.197	−0.175	−0.153	−0.132	−0.085
0.00	α_s^z	0.500	0.499	0.498	0.489	0.468	0.440	0.409	0.375	0.348	0.275
	α_s^x	0.494	0.437	0.376	0.269	0.188	0.130	0.091	0.067	0.047	0.020
	α_s^τ	−0.318	−0.315	−0.306	−0.274	−0.234	−0.194	−0.159	−0.131	−0.108	−0.064
0.25	α_s^z	0.999	0.988	0.936	0.797	0.679	0.586	0.511	0.450	0.401	0.298
	α_s^x	0.935	0.685	0.469	0.215	0.143	0.087	0.055	0.037	0.026	0.010
	α_s^τ	−0.001	−0.039	−0.103	−0.159	−0.147	−0.121	−0.096	−0.078	−0.061	−0.034
0.50	α_s^z	0.999	0.997	0.978	0.881	0.756	0.642	0.549	0.478	0.420	0.306
	α_s^x	0.849	0.752	0.538	0.260	0.129	0.070	0.040	0.026	0.017	0.006
	α_s^τ	0.000	0.000	0.000	0.000	0.000	0.000	0.000	0.000	0.000	0.000
0.75	α_s^z	0.999	0.988	0.936	0.797	0.679	0.586	0.511	0.450	0.401	0.298
	α_s^x	0.935	0.685	0.469	0.215	0.143	0.087	0.055	0.037	0.026	0.010
	α_s^τ	0.001	0.039	0.103	0.159	0.147	0.121	0.096	0.078	0.061	0.034
1.00	α_s^z	0.500	0.499	0.498	0.489	0.468	0.440	0.409	0.375	0.348	0.275
	α_s^x	0.494	0.437	0.376	0.269	0.188	0.130	0.091	0.067	0.047	0.020
	α_s^τ	0.318	0.315	0.306	0.274	0.234	0.194	0.159	0.131	0.108	0.064
1.25	α_s^z	0.000	0.011	0.091	0.174	0.243	0.276	0.288	0.287	0.279	0.242
	α_s^x	0.021	0.180	0.270	0.274	0.221	0.169	0.127	0.096	0.073	0.035
	α_s^τ	0.001	0.042	0.116	0.199	0.212	0.197	0.175	0.153	0.132	0.085

3. 三角形分布的竖向条形荷载

如图 2-17 所示，地基表面作用有三角形分布条形荷载，其最大值为p，作用宽度为b，按弗拉曼公式（2-34）在宽度b范围内积分可得

$$\left.\begin{aligned}\sigma_z &= \alpha_t^z p\\ \sigma_x &= \alpha_t^x p\\ \tau_{xz} &= \alpha_t^\tau p\end{aligned}\right\} \tag{2-36}$$

式中：α_t^z、α_t^x、α_t^τ——应力系数，是$\frac{x}{b}$及$\frac{z}{b}$的函数，可查表 2-15 得到。

注意图 2-17 中坐标轴原点是在三角形荷载的零点处。

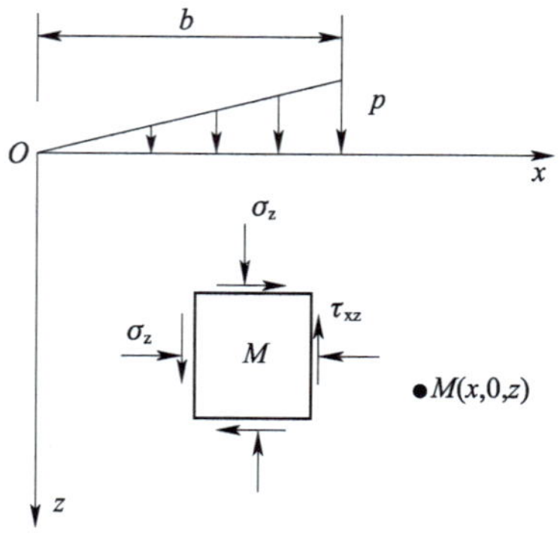

图 2-17　三角形分布竖向条形荷载作用下地基附加应力

三角形分布竖向条形荷载作用时的应力系数值　　表 2-15

x/b		z/b									
		0.01	0.1	0.2	0.4	0.6	0.8	1.0	1.2	1.4	2.0
−0.50	α_t^z	0.000	0.000	0.002	0.014	0.031	0.049	0.065	0.076	0.084	0.089
	α_t^x	0.003	0.027	0.051	0.081	0.093	0.090	0.074	0.063	0.056	0.029
	α_t^τ	0.000	−0.003	−0.011	−0.032	−0.051	−0.063	−0.068	−0.067	−0.064	−0.050
−0.25	α_t^z	0.000	0.002	0.009	0.036	0.066	0.089	0.104	0.111	0.114	0.108
	α_t^x	0.025	0.049	0.084	0.114	0.108	0.091	0.074	0.058	0.045	0.022
	α_t^τ	0.000	−0.008	−0.025	−0.060	−0.080	−0.085	−0.083	−0.077	−0.069	−0.048
0.00	α_t^z	0.003	0.032	0.061	0.010	0.140	0.155	0.159	0.154	0.151	0.127
	α_t^x	0.026	0.116	0.146	0.142	0.114	0.085	0.061	0.047	0.033	0.015
	α_t^τ	−0.005	−0.044	−0.075	−0.108	−0.112	−0.104	−0.091	−0.081	−0.066	−0.041
0.25	α_t^z	0.249	0.251	0.255	0.263	0.258	0.243	0.244	0.204	0.186	0.143
	α_t^x	0.249	0.233	0.219	0.148	0.096	0.062	0.041	0.028	0.019	0.008
	α_t^τ	−0.010	−0.078	−0.129	−0.138	−0.123	−0.100	−0.079	−0.065	−0.051	−0.028
0.50	α_t^z	0.500	0.498	0.489	0.441	0.378	0.321	0.275	0.239	0.210	0.153
	α_t^x	0.487	0.376	0.269	0.130	0.065	0.035	0.020	0.013	0.008	0.003
	α_t^τ	−0.010	−0.075	−0.108	−0.104	−0.077	−0.056	−0.040	−0.030	−0.023	−0.012
0.75	α_t^z	0.750	0.737	0.682	0.534	0.421	0.343	0.286	0.246	0.215	0.155
	α_t^x	0.718	0.452	0.259	0.099	0.046	0.025	0.013	0.009	0.007	0.002
	α_t^τ	−0.009	−0.040	−0.016	0.020	0.025	0.021	0.017	0.014	0.010	0.006
1.00	α_t^z	0.497	0.468	0.437	0.379	0.328	0.285	0.250	0.221	0.198	0.147
	α_t^x	0.467	0.321	0.230	0.127	0.074	0.046	0.029	0.020	0.014	0.005
	α_t^τ	0.313	0.272	0.231	0.167	0.122	0.090	0.068	0.053	0.042	0.023
1.25	α_t^z	0.000	0.010	0.050	0.137	0.177	0.188	0.184	0.176	0.165	0.134
	α_t^x	0.015	0.132	0.186	0.160	0.112	0.077	0.053	0.038	0.027	0.012
	α_t^τ	0.001	0.034	0.091	0.139	0.132	0.112	0.092	0.076	0.062	0.037

4. 均布的水平条形荷载

如图 2-18 所示，当地基表面作用有均布的水平条形荷载p时（作用宽度为b），地基下任一点的附加应力可利用弹性力学求得，即

$$\left.\begin{aligned}\sigma_z &= \alpha_h^z p\\ \sigma_x &= \alpha_h^x p\\ \tau_{xz} &= \alpha_h^\tau p\end{aligned}\right\} \tag{2-37}$$

式中：α_h^z、α_h^x、α_h^τ——应力系数，是$\frac{x}{b}$及$\frac{z}{b}$的函数，可查表 2-16 得到。

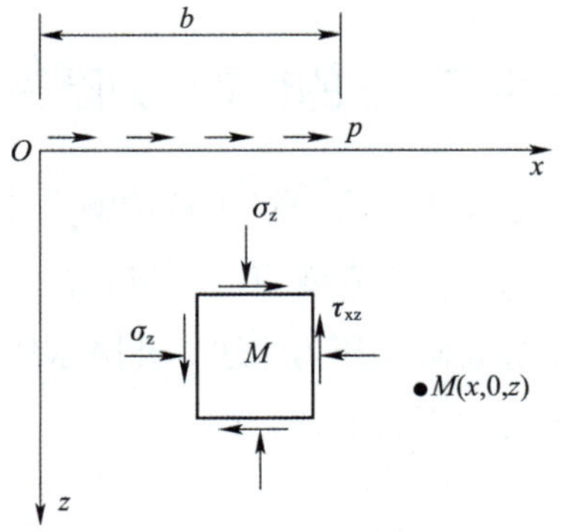

图 2-18　均布水平条形荷载作用下地基附加应力

均布水平条形荷载作用下的应力系数值　　表 2-16

x/b		z/b									
		0.01	0.1	0.2	0.4	0.6	0.8	1.0	1.2	1.4	2.0
−0.50	α_h^z	0.000	−0.011	−0.038	−0.103	−0.144	−0.158	−0.157	−0.147	−0.133	−0.096
	α_h^x	−0.669	−0.677	−0.619	−0.467	−0.319	−0.217	−0.147	−0.102	−0.072	−0.027
	α_h^τ	0.008	0.082	0.147	0.208	0.204	0.177	0.146	0.117	0.094	0.049
−0.25	α_h^z	−0.001	−0.042	−0.116	−0.199	−0.212	−0.197	−0.175	−0.153	−0.132	−0.085
	α_h^x	−1.204	−0.935	−0.756	−0.453	−0.270	−0.167	−0.105	−0.068	−0.045	−0.017
	α_h^τ	0.021	0.180	0.270	0.274	0.221	0.169	0.127	0.096	0.073	0.035
0.00	α_h^z	−0.318	−0.315	−0.306	−0.274	−0.234	−0.194	−0.159	−0.131	−0.108	−0.064
	α_h^x	−2.645	−1.154	−0.734	−0.356	−0.189	−0.105	−0.061	−0.037	−0.024	−0.007
	α_h^τ	0.494	0.437	0.376	0.269	0.188	0.130	0.091	0.067	0.047	0.020
0.25	α_h^z	−0.001	−0.039	−0.103	−0.159	−0.147	−0.121	−0.096	−0.078	−0.061	−0.034
	α_h^x	−0.697	−0.618	−0.459	−0.216	−0.101	−0.050	−0.027	−0.013	−0.009	−0.003
	α_h^τ	0.935	0.685	0.469	0.215	0.143	0.087	0.055	0.037	0.026	0.010
0.50	α_h^z	0.000	0.000	0.000	0.000	0.000	0.000	0.000	0.000	0.000	0.000
	α_h^x	0.000	0.000	0.000	0.000	0.000	0.000	0.000	0.000	0.000	0.000
	α_h^τ	0.848	0.752	0.538	0.260	0.129	0.070	0.040	0.026	0.017	0.006
0.75	α_h^z	0.001	0.039	0.103	0.109	0.147	0.121	0.096	0.078	0.061	0.034
	α_h^x	0.697	0.618	0.459	0.216	0.101	0.050	0.027	0.013	0.009	0.003
	α_h^τ	0.935	0.685	0.469	0.215	0.143	0.087	0.055	0.037	0.026	0.010
1.00	α_h^z	0.318	0.315	0.306	0.274	0.234	0.194	0.159	0.131	0.108	0.064
	α_h^x	2.645	1.154	0.731	0.356	0.189	0.105	0.061	0.037	0.024	0.070
	α_h^τ	0.494	0.437	0.376	0.269	0.188	0.130	0.091	0.067	0.047	0.020
1.25	α_h^z	0.001	0.042	0.116	0.199	0.212	0.197	0.175	0.153	0.132	0.085
	α_h^x	1.024	0.937	0.759	0.456	0.272	0.167	0.105	0.068	0.045	0.015
	α_h^τ	0.021	0.180	0.270	0.274	0.221	0.169	0.127	0.096	0.073	0.035

考点三：土的有效应力原理

在土体中只有通过土粒接触点传递的应力，才能使土粒彼此挤紧，从而引起土体变形。此应力称为粒间应力，又称有效应力，用σ'表示。其中孔隙水传递的部分，称为静压力，在饱和土中受外荷载作用又以超静孔隙水压力（通称孔隙水压力）出现，以u表示。如用σ代表外荷载作用下的总应力，则有效应力原理可用下式表达，即

$$\sigma = \sigma' + u \tag{2-38}$$

土中任意点的孔隙水压力u对各个方向的作用是相等的，因此它只能使土颗粒产生压缩（由于土颗粒本身的压缩量是很微小的，在土力学中均不考虑），而不能使土颗粒产生位移。土颗粒间的有效应力

作用，则会引起土颗粒的位移，使孔隙体积改变，土体发生压缩变形。同时有效应力的大小也影响土的抗剪强度。由此，得到土力学中很重要的有效应力原理：

（1）饱和土体的有效应力σ'等于总应力σ减去孔隙水压力u。

（2）土的有效应力控制了土的变形（压缩）及强度。

考点四：基底压力计算

作用在基底表面的各种分布荷载，都是通过建筑物的基础传到地基中的，基础底面传递给地基表面的压力称为基底压力，也称为基底接触压力。

（一）基底压力分布规律

基底压力的大小与分布形式是一个很复杂的问题，涉及上部结构、基础、地基三者间的共同作用，与三者的变形特性有关，影响因素很多。为将问题简化，暂不考虑上部结构的影响。

1. 基础刚度的影响

（1）弹性地基上的完全柔性基础

当柔性基础上作用如图 2-19a）所示的均布条形荷载时，由于该基础不能承受任何弯矩，所以基础上下的力必须完全一致。如果上部荷载是均匀的，这种均布荷载在半无限弹性地基表面上引起的沉降为中间大两端小的锅底形凹曲线，如图 2-19b）、c）所示。

（2）弹性地基上的绝对刚性基础

假设基础为绝对刚性，在均布荷载作用下，基础只能保持平面下沉而不能弯曲。如果假设地基上基底压力也是均匀的，地基将产生不均匀沉降，如图 2-20a）所示的虚线，结果基础变形与地基变形不协调，基底中部会与地面脱开。为使基础与地基的变形保持协调，如图 2-20c）所示，必然要重新调整基底压力的分布形式，使两端应力增大，中间应力减小，从而使地面保持均匀下沉。如果地基是完全弹性体，根据弹性理论解得的基底压力分布为图 2-20b）所示的实线，基础边缘处的压力趋于无限大。

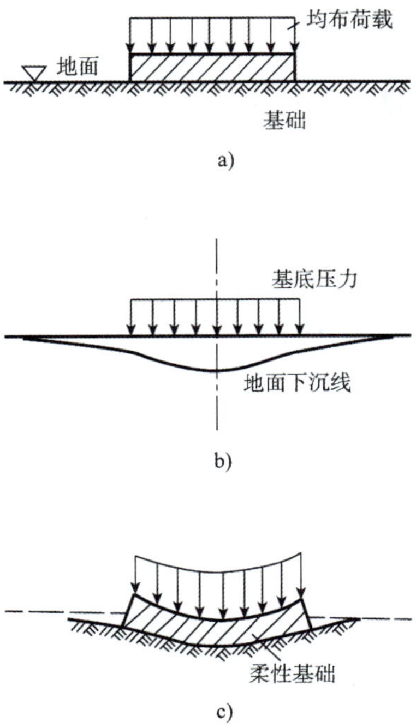

图 2-19　柔性基础的基底压力分布

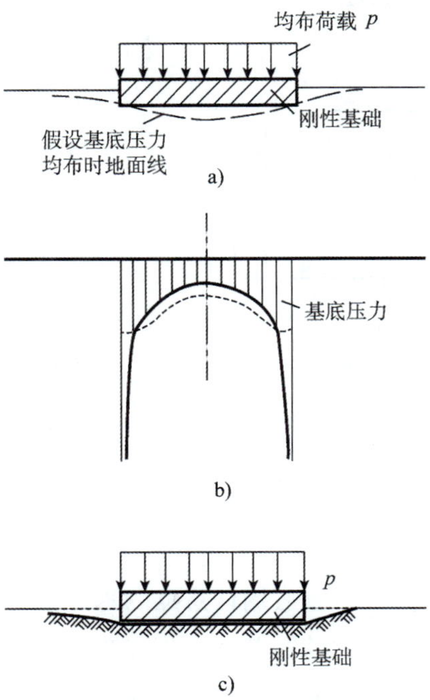

图 2-20　刚性基础的基底压力分布

（3）弹塑性地基上有限刚性的基础

这是实践中最常见的情况，如图 2-20b）所示的虚线。由于绝对刚性基础只是一种理想情况，地基也不是完全弹性体。具体的压力分布形状与地基、基础的材料特性以及基础尺寸、荷载分布形状、大小等因素有关。

2. 荷载及土性的影响

实测资料表明，刚性基础底面上的压力分布形状大致有图 2-21 所示的几种情况。当荷载较小时，基底压力分布形状如图 2-21a）所示，接近弹性理论解；荷载增大后，基底压力分布形状如图 2-21b）所示，呈马鞍形；荷载再增大时，边缘塑性区逐渐扩大，所增加的荷载必须靠基底中部应力的增大来平衡，基底压力分布形状可变为抛物线形以至倒钟形，如图 2-21d）、c）所示。

实测资料还表明，当刚性基础放在砂土地基表面时，由于砂颗粒之间无黏结力，浅埋基础边缘处砂土的强度很低，基底压力分布更易发展成抛物线形；在黏性土地基表面上的刚性基础，基底压力分布易发展成马鞍形。

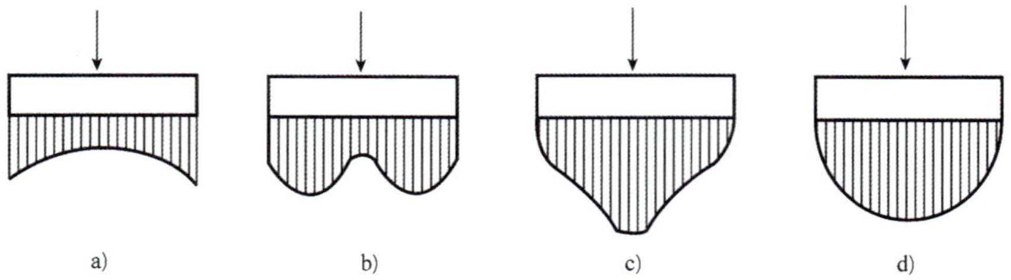

图 2-21　实测刚性基础底面上的压应力分布

（二）基底压力的简化计算

1. 中心荷载作用

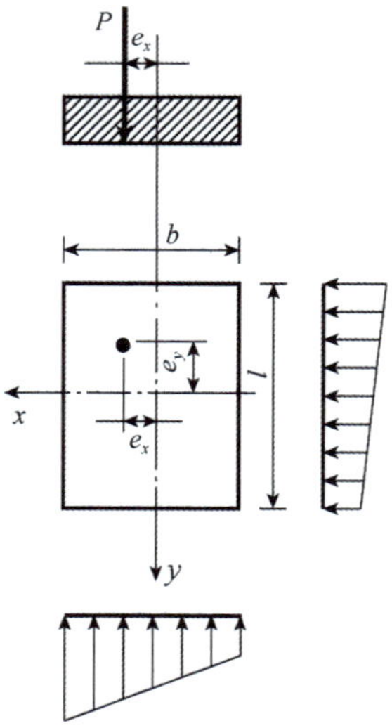

图 2-22　双向偏心荷载下的基底压力

竖向集中荷载作用于基底形心时，产生的基底压力按均匀分布。对于矩形基础，按下式计算：

$$p = \frac{P}{A} \tag{2-39}$$

式中：p ——基底压力（kPa）；

P ——基础底面的竖向荷载（kN）；

A ——基底面积（m^2）。

对于条形基础，在长度方向取 1m，按下式计算：

$$p = \frac{P}{b} \tag{2-40}$$

式中：P ——沿长度方向取 1m 的竖向荷载（kN/m）。

2. 偏心荷载作用

若矩形基础受双向偏心作用，如图 2-22 所示，基底任意点的基底压力为

$$p_{(x,y)} = \frac{P}{A} \pm \frac{M_x \cdot y}{I_x} \pm \frac{M_y \cdot x}{I_y} \tag{2-41}$$

式中：$p_{(x,y)}$ ——基底内任意点的基底压力（kPa）；

M_x、M_y ——偏心荷载 P 对基础底面 x 轴和 y 轴的力矩（kN · m）；

I_x、I_y ——基础底面对 x 轴和 y 轴的惯性矩（m^4）。

若基础受单向偏心作用，如图 2-23 所示，力作用在 x 轴上时，基底两端的压力为

$$p_{\substack{\max\\ \min}} = \frac{P}{A}\left(1 \pm \frac{6e}{b}\right) \tag{2-42}$$

当$e < b/6$时，基底压力为梯形分布［图 2-23a）］；当$e = b/6$时，基底压力为三角形分布［图 2-23b）］；当$e > b/6$时，基底压力将出现负值，即拉力，实际上土与基础之间不可能出现拉力，因此基础底面下的压力将重新分布［图 2-23c）］，此时基底边缘最大压力为

$$p_{\max} = \frac{2P}{3al} \tag{2-43}$$

式中：$a = \frac{b}{2} - e$。

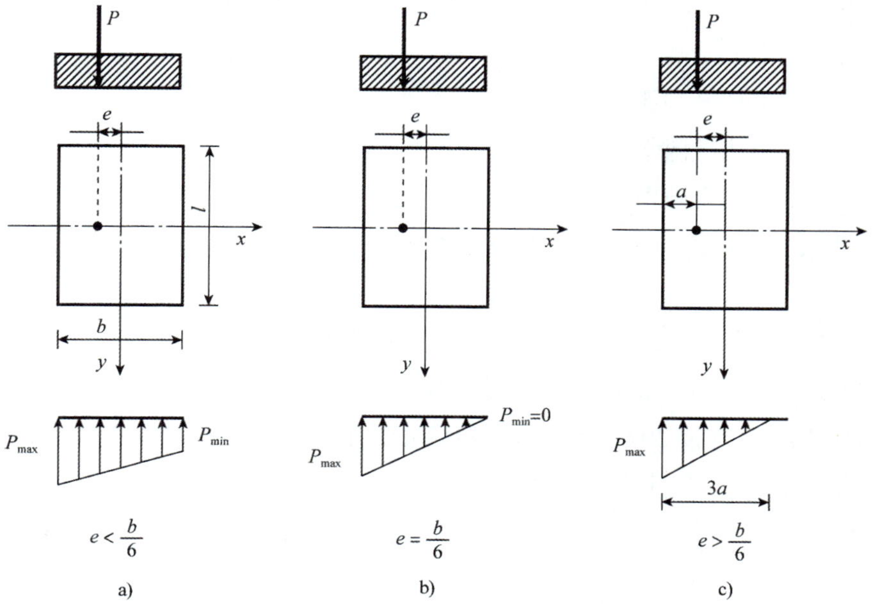

图 2-23　单向偏心荷载下的基底压力

例 题 解 析

例题 1　［2019 年试题 19］下列有关地基土自重应力的说法中，错误的是（　　）。

A. 自重应力随深度的增加而增大

B. 在求地下水位以下的自重应力时，应取其有效重度计算

C. 地下水位以下的同一土的自重应力按直线变化，或按折线变化

D. 土的自重应力分布曲线是一条折线，拐点在土层交界处和地下水位处

答案： C

解析： 详见考点一。地下水位面作为分层界面，自重应力计算方法如同成层地基土的情况。

例题 2　［2019 年试题 20］由建筑物荷载作用在地基内引起的应力增量称之为（　　）。

A. 自重应力　　B. 附加应力

C. 基底压力　　D. 基底附加压力

答案： B

解析： 详见考点二。土中附加应力是由建筑物荷载引起的应力增量。

例题 3　［2020 年试题 16］地基表面作用着均布的矩形荷载，在矩形的中心点下，随着深度的增加，则（　　）。

A. 附加应力不变，自重应力增大

B. 附加应力线性增大，自重应力减小

C. 附加应力线性减小，自重应力增大

D. 附加应力非线性减小，自重应力增大

答案： D

解析： 详见考点一，自重应力沿水平面呈均匀分布，随深度呈线性增加。

详见考点二，$\sigma_z = \alpha_c \cdot P$，$\alpha_c$随深度增加非线性减小。

例题 4　［2020 年试题 17］土的有效应力作用会引起土体发生压缩，同时有效应力也影响土的抗剪强度，有效应力等于（　　）。

A. 总应力减去孔隙压力

B. 总应力减去孔隙水压力

C. 总应力减去孔隙中空气压力

D. 孔隙中的空气压力与孔隙水压力之和

答案： B

解析： 详见考点三。有效应力σ'等于总应力σ减去孔隙水压力u。

例题 5　［2021 年试题 17］某场地从天然地面算起，自上而下分别为：粉土，厚度 6m；黏土，厚度 30m。两层土的天然重度均按 20kN/m^{3}计算，勘察发现有一层地下水，埋深 3m，水的重度按 10kN/m^{3}计算，含水层为粉土，黏土为隔水层，深度 4m 处的有效自重应力为（　　）。

A. 70kPa　　B. 80kPa　　C. 90kPa　　D. 100kPa

答案： A

解析： 详见考点三。$\gamma' = 20 \times 3 + 10 \times 1 = 70$kPa。

例题 6　［2021 年试题 18］矩形基础受单向偏心荷载作用，b为基底偏心方向长度，当基底压力分布为梯形时，荷载偏心距e的大小为（　　）。

A. $e = 0$　　B. $e > b/6$　　C. $e = b/6$　　D. $e < b/6$

答案： D

解析： 详见考点四。当荷载偏心距$e < b/6$时，基底压力分布为梯形。

自测模拟

1. 土的自重应力起算点的位置为（　　）。

A. 室内设计地面　　B. 室外设计地面

C. 天然地面　　D. 基础底面

2. 地基附加应力沿深度的分布是（　　）。

A. 逐渐增大，曲线变化　　B. 逐渐减小，曲线变化

C. 逐渐减小，直线变化　　D. 均匀分布

3. 成层土中竖向自重应力沿深度的分布为（　　）。

A. 折线增大　　B. 折线减小　　C. 斜线增大　　D. 斜线减小

4. 基础中心点下地基中竖向附加应力沿深度的分布为（　　）。

A. 折线增大　　B. 折线减小　　C. 曲线增大　　D. 曲线减小

5. 矩形面积上作用三角形分布荷载时，地基中附加应力系数是l/b、z/b的函数，b指的是(　　)。

A. 矩形的短边　　B. 三角形分布荷载变化方向的边长

C. 矩形的长边　　D. 矩形的短边与长边的平均值

6. 刚性基础在均布荷载作用时，基底反力的分布计算图形为(　　)。

A. 矩形　　B. 抛物线形　　C. 钟形　　D. 马鞍形

7. 计算基底净反力时，不需要考虑的荷载为(　　)。

A. 建筑物自重　　B. 上部结构传来轴向力

C. 基础及上覆土自重　　D. 上部结构传来弯矩

参考答案

1. C　2. B　3. A　4. D　5. B　6. A　7. C

第四节　土的力学性质

考点分析

本节重点：掌握土的抗剪强度理论、土体的变形和压实特性，直剪试验，三轴试验。

本节难点：三轴试验的类型及各种三轴试验的适用范围，根据抗剪强度理论对土体是否破坏的判断。

考点精讲

考点一：土的强度、变形、压实特性及压实土的力学特性

1. 土的强度

土的强度通常是指土体抵抗剪切破坏的极限能力，也称为抗剪强度。

2. 土的变形

土体受力后的变形可分为体积变形和形状变形。变形主要是由正应力引起，当剪应力超过一定范围时，土体将产生剪切破坏，此时的变形将不断发展。通常在地基中是不允许发生大范围剪切破坏的。

3. 土的压实特性

土体的变形或沉降是同土的压缩性能密切相关的。对于土体来说，体积变形通常表现为体积缩小，我们把这种外力作用下土颗粒重新排列、土体体积缩小的特性称为土的压缩性。土的压缩性主要有两个特点：①土的压缩主要是由于孔隙体积减小而引起，其中土颗粒本身的压缩量是非常小的，可不考虑，但土中水、气具有流动性，在外力作用下会沿着土中孔隙排出，从而引起土体积减小而发生压缩；②饱和黏性土体中水体的排出需要时间，则由水体排出产生的压缩量是随时间变化的，这种土的压缩随时间增长的过程称为土的固结。

有时建筑物建在填土上，为了提高填土的强度，增加土的密实度，降低其透水性和压缩性，通常用

分层压实的办法来处理地基。实践经验表明，对过湿的土进行夯实或碾压时就会出现软弹现象（俗称“橡皮土”），此时土的密实度是不会增大的。对很干的土进行夯实或碾压，显然也不能把土充分压实。所以，要使土的压实效果最好，其含水率一定要适当。在一定的压实能量下使土最容易压实，并能达到最大密实度时的含水率，称为土的最优含水率（或称最佳含水率），用w_{op}表示。相对应的干重度叫作最大干重度，用γ_{dmax}表示。土的最优含水率可在试验室内通过击实试验测得。试验时将同一种土，配制成若干份不同含水率的试样，用同样的压实能量分别对每一份试样进行击实［试验的仪器和方法见《土工试验方法标准》（GB/T 50123—2019）］，然后测定各试样击实后的含水率w和干重度γ_d，从而绘制含水率与干重度关系曲线，称为压实曲线。从图中可以知道，当含水率较低时，随着含水率的增大，土的干重度也逐渐增大，表明压实效果逐步提高；当含水率超过某一限值w_{op}时，干重度则随着含水率增大而减小，即压实效果下降。这说明土的压实效果随含水率的变化而变化，并在击实曲线上出现一个干重度峰值（即最大干重度γ_{dmax}），相应于这个峰值的含水率就是最优含水率。

试验还证明，最优含水率与压实能量有关。对同一种土，用人力夯实时，因能量小，要求土粒之间有较多的水分使其更为润滑，因此，最优含水率较大而得到的最大干重度却较小。当用机械夯实时，压实能量较大，所以当填土压实程度不足时，可以改用大的压实能量补夯，以达到所要求的密实度。在同类土中，土的颗粒级配对土的压实效果影响很大，颗粒级配不均匀的容易压实，均匀的则不易压实。必须指出：室内击实试验与现场夯实或碾压的最优含水率是不一样的。所谓最优含水率，是针对某一种土，在一定的压实机械、压实能量和填土分层厚度等条件下测得的。如果这些条件改变，就会得出不同的最优含水率。因此，要指导现场施工，还应该进行现场试验。

4. 压实土的力学特性

路基填土的强度特性和压缩特性直接关系到路基的长期稳定性。为研究含水率和压实度对路基填土的力学特性的影响，对某路基填土进行了直剪和压缩试验，得到了不同初始含水率和压实度下土体的抗剪强度指标和压缩特性指标，讨论了黏聚力、内摩擦角和压缩系数随含水率和压实度变化的规律，并从水分变化和土体结构差异的角度分析了其影响机理。结果表明：相同含水率下，黏聚力随压实度的增大而增大；相同压实度下，黏聚力在最优含水率w_{op}附近有峰值，相同含水率下，内摩擦角φ随压实度的增大而增大，路基填土的压缩系数随压实度的增大而减小，随含水率的增大而增大。

考点二：土体强度理论的应用与应力—应变关系

库仑公式（$\tau = c + \sigma\tan\varphi$或$\tau = \sigma\tan\varphi$）表示的莫尔包络线的理论，称为莫尔—库仑强度理论，即土的抗剪强度理论。

（一）莫尔圆与包络线的三种关系

（1）当土体中任意一点在某一平面上的剪应力达到土的抗剪强度时，就发生剪切破坏，该点即处于极限平衡状态。莫尔圆与包络线相切，见图 2-24（Ⅱ）。由此图可求得用主应力表示的极限平衡条件。

（2）包络线与莫尔圆相离，见图 2-24（Ⅰ），表示该点任何平面上剪应力均小于抗剪强度，该点处于弹性平衡状态。

（3）包络线与莫尔圆相割，见图 2-24（Ⅲ），表示该点某些平面上剪应力已大于抗剪强度，该点已处于破坏状态。实际此情况不存在。

（二）极限平衡条件

在图 2-25 中延长包络线与σ轴交于R点，由直角三角形ARD得

$$\sin\varphi = \frac{\overline{AD}}{\overline{RD}} = \frac{\dfrac{\sigma_1 - \sigma_3}{2}}{c\cot\varphi + \dfrac{\sigma_1 + \sigma_3}{2}} \tag{2-44}$$

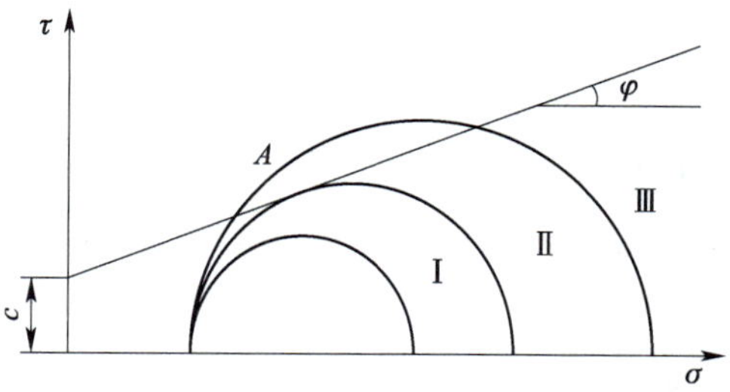

图 2-24　莫尔圆与抗剪强度之间的关系

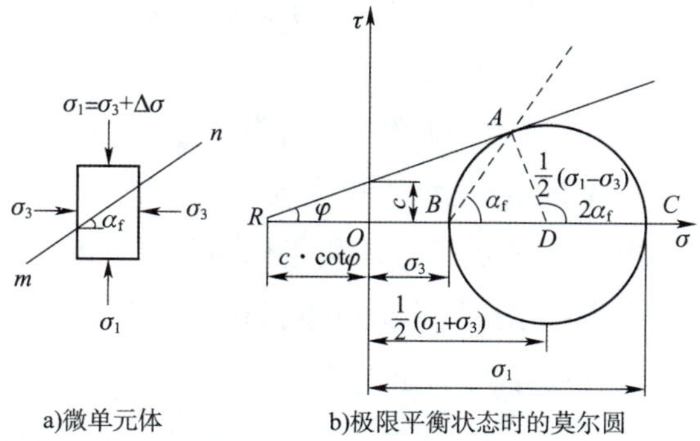

a)微单元体　b)极限平衡状态时的莫尔圆

图 2-25　土体中一点达极限平衡状态时的莫尔应力圆

利用三角函数关系可得黏性土的极限平衡条件，有

$$\sigma_1 = \sigma_3\tan^2\left(45° + \frac{\varphi}{2}\right) + 2c\tan\left(45° + \frac{\varphi}{2}\right) \tag{2-45}$$

或

$$\sigma_3 = \sigma_1\tan^2\left(45° - \frac{\varphi}{2}\right) - 2c\tan\left(45° - \frac{\varphi}{2}\right) \tag{2-46}$$

对于无黏性土，由于$c = 0$，极限平衡条件为

$$\sigma_1 = \sigma_3\tan^2\left(45° + \frac{\varphi}{2}\right) \tag{2-47}$$

或

$$\sigma_3 = \sigma_1\tan^2\left(45° - \frac{\varphi}{2}\right) \tag{2-48}$$

当土中某点处于极限平衡条件时，破裂面与大主应力作用面的夹角（破裂角α_f）为$\left(45° + \frac{\varphi}{2}\right)$。

考点三：软土在荷载作用下的强度增长规律

外荷载作用下的软土地基，随着加荷时间的推移，软土中孔隙水逐渐被挤出，孔隙水压力不断消散，有效应力不断增加，软土的抗剪强度随之而增加。图 2-26 表示正常固结土在自重应力p_0作用下固结后，再受到附加应力作用时的抗剪强度变化规律。

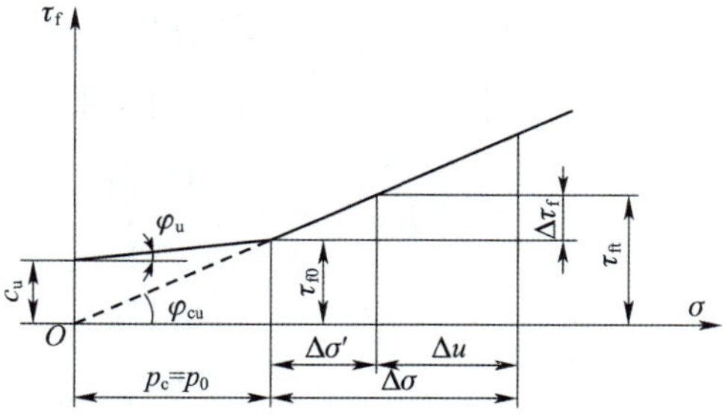

图 2-26　正常固结土的强度变化曲线

若假设软土的天然强度（即软土的结构、含水率以及土中应力历史等都保持天然原有状态的强度）为τ_{f0}，在外荷载作用时间t后，其抗剪强度的增量为$\Delta\tau_f$，则此时软土实际的抗剪强度为

$$\tau_{ft} = \tau_{f0} + \Delta\tau_f \tag{2-49}$$

若荷载作用时间足够长，软土达到完全固结，则

$$\Delta\tau_f = \Delta\sigma \cdot \tan\varphi_{cu} \tag{2-50}$$

若t时刻软土的固结度为U，则

$$\Delta\tau_f = \Delta\sigma'\tan\varphi_{cu} = \frac{\Delta\sigma'}{\Delta\sigma}\cdot\Delta\sigma\cdot\tan\varphi_{cu} = U\cdot\Delta\sigma\cdot\tan\varphi_{cu} \tag{2-51}$$

式中：$\Delta\sigma'$ ——t时刻软土中有效附加应力；

U ——t时刻土的固结度。

将式（2-50）和式（2-51）代入式（2-49）便可得到t时刻软土中实际的抗剪强度另一表达式，即

$$\tau_{\text{ft}}=\tau_{\text{f0}}+\Delta\tau_{\text{f}}=c_{\text{u}}+p_0\tan\varphi_{\text{u}}+U\cdot\Delta\sigma\cdot\tan\varphi_{\text{cu}} \tag{2-52}$$

式中：c_{u}、φ_{u} ——不固结不排水抗剪强度指标；

φ_{cu} ——固结不排水抗剪强度指标。

应指出，式（2-52）中所用指标为总应力指标，只是一种近似的估算公式。若考虑到固结度的修正，比较正确的方法是应用有效强度指标估算强度的增长。以图 2-27 中的O_1圆表示天然状态下可能发挥的莫尔圆，则强度τ_{f0}与半径R_1及大主应力σ'的关系为

$$\tau_{\text{f0}}=R_1\cos\varphi'=\overline{OO_1}\cdot\sin\varphi'\cdot\cos\varphi' \tag{2-53}$$

$$\sigma'=R_1+\overline{OO_1}=\frac{\tau_{\text{f0}}}{\cos\varphi'}\left(1+\frac{1}{\sin\varphi'}\right) \tag{2-54}$$

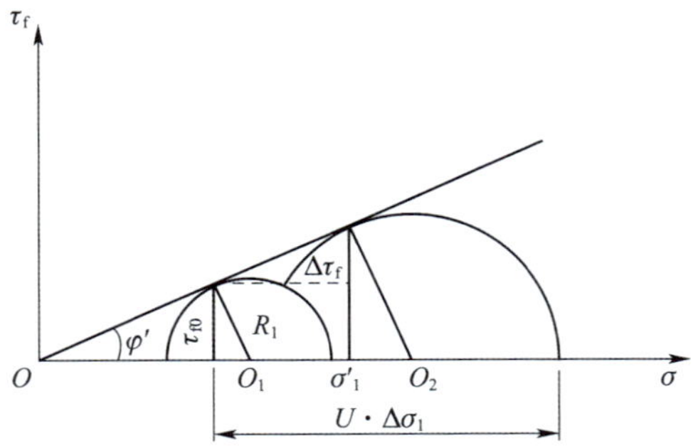

图 2-27　强度增长与固结度的关系

因此

$$\tau_{\text{f0}}=\sigma'\frac{\sin\varphi'\cos\varphi'}{1+\sin\varphi'} \tag{2-55}$$

若总应力增量为$\Delta\sigma_1$，某一时刻达到的固结度为U，则有效应力圆为图 2-27 中的O_2圆。从图中可得

$$\tau_{\text{f0}}+\Delta\tau_{\text{f}}=(\sigma_1'+U\Delta\sigma_1)\frac{\sin\varphi'\cos\varphi'}{1+\sin\varphi'} \tag{2-56}$$

以及强度增长规律

$$\Delta\tau_{\text{f}}=U\cdot\Delta\sigma_1\cdot\frac{\sin\varphi'\cos\varphi'}{1+\sin\varphi'} \tag{2-57}$$

考点四：土体抗剪强度直剪试验及相应的强度指标

测定土的抗剪强度的最简单方法是直接剪切试验。试验所使用的仪器称为直剪仪，按加荷方式的不同，直剪仪可分为应变控制式和应力控制式两种。前者是以等速水平推动试样产生位移并测定相应的剪应力；后者则是对试样分级施加水平剪应力，同时测定相应的位移。我国目前普遍采用的是应变控制式直剪仪，如图 2-28 所示。该仪器的主要部件由固定的上盒和活动的下盒组成，试样放在盒内上下两块透水石之间。

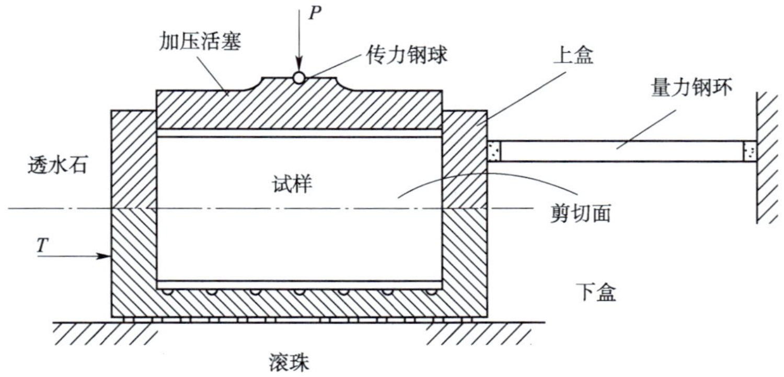

图 2-28　应变控制式直剪仪

试验时，由杠杆系统通过加压活塞和透水石对试样施加某一垂直压力P（如土质松软，宜分次施加

以防土样挤出)，然后以规定的速率等速转动手轮来对下盒施加水平推力T，使试样在沿上下盒之间的水平面上产生剪切变形，同时每隔一定时间测记量力环表读数，直至剪坏。根据试验记录，由量力环的变形值计算出剪切过程中剪应力的大小，并绘制出剪应力τ和剪切位移Δl的关系曲线[图 2-29a)]，通常取该曲线上的峰值点或稳定值作为该级垂直压力下的抗剪强度。

对同一种土取3~4个试样，分别在不同的垂直压力下剪切破坏，可将试验结果绘制成以抗剪强度τ_f为纵坐标，法向应力σ为横坐标的平面图，通过图上各试验点绘一条直线，此即抗剪强度包线，如图 2-29b)所示。该直线与横轴的夹角为内摩擦角φ，在纵轴上的截距为黏聚力c，直线方程可用库仑公式表示；对于砂性土，抗剪强度与法向应力之间的关系则是一条通过原点的直线。

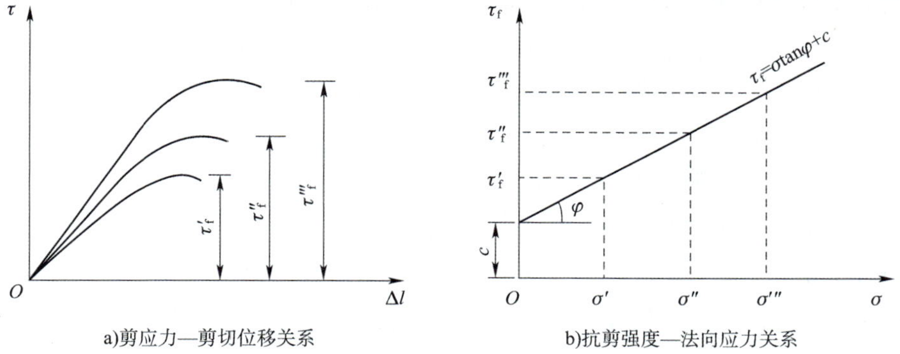

图 2-29　直剪试验成果

试验和工程实践都表明，土的抗剪强度与土受力后的排水固结状况有关，对同一种土，即使施加同一法向应力，但若剪切前试样的固结过程和剪切时试样的排水条件不同，其强度指标也不尽相同。因而在土工工程设计中所需要的强度指标试验方法必须与现场的施工加荷实际相结合。如软土地基上快速堆填路堤，由于加荷速度快，地基土体渗透性低，则这种条件下的强度和稳定问题是处于不能排水条件下的稳定分析问题，这就要求室内的试验条件能模拟实际加荷状况，即在不能排水的条件下进行剪切试验。但是直剪仪的构造无法做到任意控制土样是否排水的要求，为了近似模拟土体在现场受剪的排水条件，按剪切前的固结程度、剪切时的排水条件及加荷速率，把直接剪切试验分为快剪、固结快剪和慢剪三种试验方法。

(1)快剪　对试样施加竖向压力后，立即以0.8mm/min的剪切速率快速施加剪应力使试样剪切破坏。一般从加荷到剪坏只需3~5min。由于剪切速率较快，可认为对于渗透系数小于10^{-6}cm/s的黏性土在这样短暂时间内还没来得及排水固结。得到的抗剪强度指标用c_q、φ_q表示。

(2)固结快剪　对试样施加压力后，让试样充分排水，待固结稳定后，再以0.8mm/min快速施加水平剪应力使试样剪切破坏。固结快剪试验同样只适用于渗透系数小于10^{-6}cm/s的黏性土，得到的抗剪强度指标用c_{cq}、φ_{cq}表示。

(3)慢剪　对试样施加竖向压力后，让试样充分排水，待固结稳定后，再以0.6mm/min的剪切速率施加水平剪应力直至试样剪切破坏，从而使试样在受剪过程中一直充分排水和产生体积变形。得到的抗剪强度指标用c_s、φ_s表示。

直剪试验具有设备简单，土样制备及试验操作方便等优点，因而至今仍为国内一般工程所广泛应用。但也存在不少缺点，主要有：

(1)剪切面限定在上下盒之间的平面，而不是沿土样最薄弱的面剪切破坏。

(2)剪切面上剪应力分布不均匀，且竖向荷载会发生偏转(上下盒的中轴线不重合)，主应力的大小及方向都是变化的。

（3）在剪切过程中，土样剪切面逐渐缩小，而在计算抗剪强度时仍按土样的原截面积计算。

（4）试验时不能严格控制排水，并且不能量测孔隙水压力。

（5）试验时上下盒之间的缝隙中易嵌入砂粒，使试验结果偏大。

考点五：三轴试验及相应的强度指标

三轴压缩试验也称三轴剪切试验，是测定抗剪强度的一种较为完善的方法。

（一）三轴试验的基本原理

三轴压缩仪主要由三部分组成：压力室、加压系统以及量测系统。它是一个由金属上盖、底座以及透明有机玻璃圆筒组成的密闭容器，压力室底座通常有三个小孔分别与稳压系统以及体积变形和孔隙水压力量侧重点系统相连。试样为圆柱形，规范要求试样的高度与直径之比为2~2.5。试样安装在压力室中，外用橡皮膜包裹，橡皮膜扎紧在试样帽和底座上，以防止压力室中的水进入试样。试样上、下两端放置透水石，试验时试样的排水条件由与顶部连通的排水阀来控制。

加压系统由压力泵、调压阀和压力表等组成。试验时通过压力室对试样施加周围压力，并在试验过程中根据不同的试验要求对压力予以控制或调节，如保持恒压或变化压力等。试样的轴向压力增量，由与顶部试样帽直接接触的活塞杆来传递（轴向力的大小可由经过率定的量力环或压力传感器测定，轴向力除以试样的横断面积后为附加轴向压力q，亦称偏应力或轴向应力增量$\Delta\sigma_1$），附加轴向压力q增加使试样受剪，直至剪坏。

量测系统由排水管、体变管和孔隙水压力量测装置等组成。试验时分别测出试样受力后土中排出的水量变化以及土中孔隙水压力的变化。对于试样的竖向变形，则利用置于压力室上方的测微表或位移传感器测读。常规三轴试验的一般步骤如下：

（1）将土样切制成圆柱体套在橡胶膜内，放在密闭的压力室中，然后向压力室内注入气压或液压，使试件在各向均受到周围压力σ_3，并使该周围压力在整个试验过程中保持不变，这时试件内各向的主应力都相等，因此在试件内不产生任何剪应力［图 2-30a）］。

（2）然后通过轴向加荷系统对试件施加竖向压力，当作用在试件上的水平压力保持不变，而竖向压力逐渐增大时，相应的应力圆也不断增大［图 2-30b）］。当应力圆达到一定大小时，试件终因受剪而破坏，此时的应力圆为极限应力圆。

（3）设剪切破坏时轴向加荷系统加在试件上的竖向压应力为$\Delta\sigma_1$，则试件上的大主应力为$\sigma_1=\sigma_3+\Delta\sigma_1$，而小主应力为$\sigma_3$，据此可作出一个莫尔极限应力圆［图 2-30c）中的圆I］，用同一种土样的若干个试件（三个以上）分别在不同的周围压力σ_3下进行试验，可得一组莫尔极限应力圆，并作一条公切线，该线即为土的抗剪强度包线，通常取此包线为一条直线，由此可得土的抗剪强度指标c、φ值。

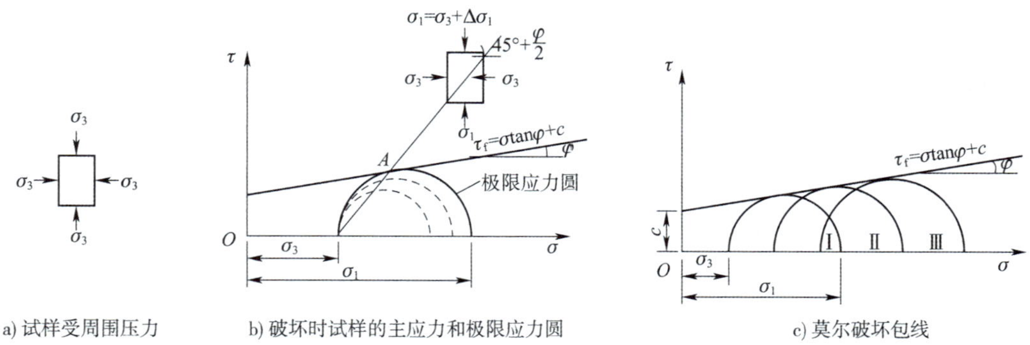

a) 试样受周围压力　b) 破坏时试样的主应力和极限应力圆　c) 莫尔破坏包线

图 2-30　三轴压缩试验原理

如果要量测试验过程中的排水量，可以打开排水阀，让试样中的水排入排水管，根据排水管中水位的变化可算出试样的排水量；若测出了排水量随时间的变化，还可了解试样的固结过程。如果要量测试样中的孔隙水压力，可打开孔隙水压力阀，在试件上施加压力以后，由于土中孔隙水压力增加迫使零位指示器的水银面下降。为量测孔隙水压力，可用调压筒调整零位指示器的水银面始终保持原来的位置，这样，孔隙水压力表中的读数就是孔隙水压力值。

（二）三轴试验方法

根据土样在周围压力作用下固结的排水条件和剪切时的排水条件，三轴试验可分为以下三种试验方法：

1. 不固结不排水剪试验（UU 试验）

试样在施加周围压力和随后施加偏应力直至剪坏的整个试验过程中都不允许排水，这样从开始加压直至试样剪坏，土中的含水率始终保持不变，孔隙水压力也不可能消散。这种试验方法所对应的实际工程条件相当于饱和软黏土中快速加荷的应力状况，得到的抗剪强度指标用c_{u}、φ_{u}表示。

2. 固结不排水剪试验（CU 试验）

在施加周围压力σ_3时，将排水阀门打开，允许试样充分排水，待固结稳定后关闭排水阀门，然后再施加偏应力，使试样在不排水条件下剪切破坏。由于不排水，试样在剪切过程中没有任何体积变形。若要在受剪过程中量测孔隙水压力，则要打开试样与孔隙水压力量测系统间的管路阀门。得到的抗剪强度指标用c_{cu}、φ_{cu}表示。

固结不排水剪试验是经常要做的工程试验，它适用的实际工程条件常常是一般正常固结土层在工程竣工或使用阶段受到大量、快速的活荷载或新增加的荷载的作用时所对应的受力情况。

3. 固结排水剪试验（CD 试验）

在施加周围压力和随后施加偏应力直至剪坏的整个过程中都将排水阀门打开，并给予充分的时间让试样中的孔隙水压力能够完全消散。得到的抗剪强度指标用c_{d}、φ_{d}表示。

三轴试验的突出优点是能够控制排水条件以及可以量测土样中孔隙水压力的变化。

（三）三轴试验结果的整理与表达

从以上对试验方法的讨论可以看到，对同一种土施加的总应力σ虽然相同，但若试验方法不同，或者说控制的排水条件不同，则所得的强度指标就不同，故土的抗剪强度与总应力之间没有唯一的对应关系。有效应力原理指出，土中某点的总应力σ等于有效应力σ'与孔隙水压力u之和，即$\sigma = \sigma' + u$，因此，若在试验时量测土样的孔隙水压力，据此算出土中的有效应力，从而就可以用有效应力与抗剪强度的关系式表达试验结果。

$$\tau_{\mathrm{f}} = c' + (\sigma - u) \cdot \tan \varphi' \tag{2-58}$$

上式中，c'、φ'分别为有效黏聚力和有效内摩擦角，统称为有效应力抗剪强度指标。

考点六：土的压缩性指标

（一）压缩曲线及压缩性指标

土在侧限条件下的压缩性通常用土的孔隙比e和竖向压应力p的关系曲线表示，如图 2-31 所示。

如图 2-31 所示，曲线的割线斜率作为土在侧限条件下的压缩系数a（单位：kPa^{-1}或MPa^{-1}），即

$$a = -\frac{\Delta e}{\Delta p} \tag{2-59}$$

负号表示孔隙比e随压力的增加而减小，Δe为相应于Δp的孔隙比变化。

土在侧限压缩条件下，竖向应力p和竖向应变ε的关系曲线如图 2-32 所示，OA为初次加载段，AB、CD为卸载段，BA'为再加载段，$A'C$基本上又回到初始加载曲线上。通常取初始加载曲线上任意一小段割线斜率作为相应于该段应力范围内土的侧限压缩模量E_s（单位：kPa 或 MPa），即压缩模量为

$$E_s = -\frac{\Delta p}{\Delta \varepsilon_z} \tag{2-60}$$

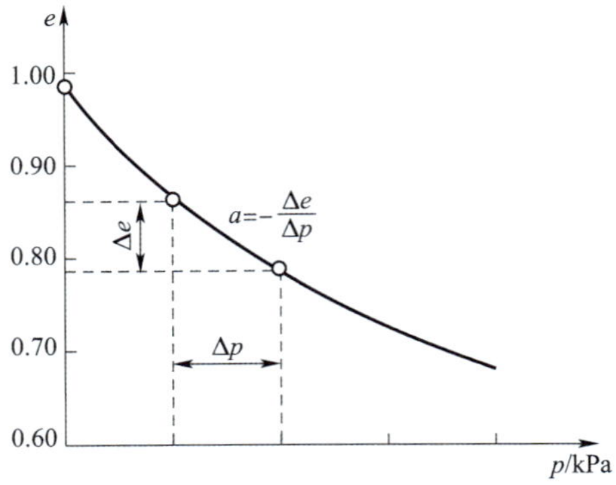

图 2-31　e-p坐标系中土的压缩曲线

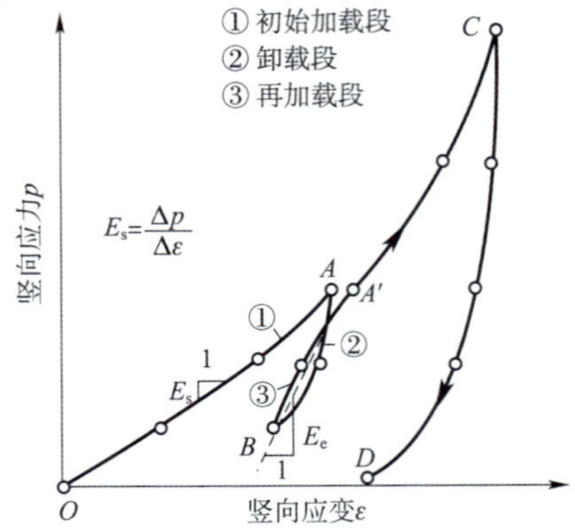

图 2-32　侧限条件下土的应力—应变关系曲线

土的侧限压缩模量不是常数，随应力的增大而增大。

根据式（2-59）和式（2-60），并考虑$\Delta \varepsilon = \frac{\Delta e}{1+e_0}$，可得

$$E_s = \frac{1+e_0}{a} \tag{2-61}$$

对于现场取样的原状土，初始孔隙比e_0即为其在原位竖向有效自重应力作用下的孔隙比，但由于取样的扰动，e_0无法直接确定，所以认为室内压缩试验的p_1对应的孔隙比$e_1 \approx e_0$。沉降量计算时，采用的土层厚度应与e_0对应。侧限压缩模量的倒数为土的体积压缩系数m_v，即

$$m_v = \frac{1}{E_s} = \frac{a}{1+e_0} \tag{2-62}$$

侧限压缩试验中，体积压缩系数的单位与压缩系数相同。压缩系数表示单位压应力变化引起的孔隙比变化，而体积压缩系数表示单位压应力变化引起的体应变的变化。

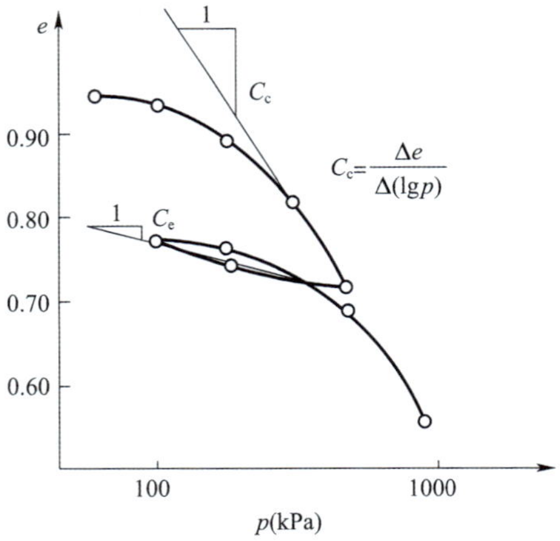

图 2-33　e-$\lg p$坐标系中土的压缩曲线

侧限压缩试验的结果还可用e-$\lg p$曲线表示，如图 2-33 所示。用这种形式表示的特点是，在压力较大部分，e-$\lg p$关系接近直线，其直线段的斜率称为土的压缩指数C_c，接近于一个常量，不随p而变化，即

$$C_c = -\frac{\Delta e}{\Delta(\lg p)} \tag{2-63}$$

C_c（无量纲）表示压应力p每变化一个对数周（10 倍）所引起的孔隙比的变化。卸载段和再加载段的平均斜率为土的回弹指数或再压缩指数C_e，C_e也基本不随压力p的变化而变化，且$C_e \ll C_c$。

E_s、a、m_v、C_c都是常用的土的变形参数，表示侧限条件下土的压缩性。E_s值越大，土的压缩性越小；a、m_v、C_c越大，土的压缩性越大。通常根据表 2-17 大致判断土的压缩性大小。

土的压缩性参考值　　表 2-17

土 的 类 别	参 数 值	
	$a(\mathrm{MPa}^{-1})$	C_e
高压缩性	> 0.5	> 0.167
中等压缩性	0.1~0.5	0.033~0.167
低压缩性	< 0.1	< 0.033

（二）先期固结压力

土层在地质历史上曾经受过的最大竖向有效压力称为先期固结压力p_c。如果土层目前承受的上覆固结压力p_s等于p_c，称为正常固结土。

由于冰川融化、覆盖土层剥蚀、人工开挖或地下水位上升等原因，原来长期存在于土层中的竖向有效压力减小了，即先期固结压力p_c大于土层目前的固结压力p_s，这种土为超固结土。p_c与p_s的比值为超固结比OCR，即

$$OCR = p_c/p_s$$

$OCR > 1$的土为超固结土，$OCR = 1$的土为正常固结土，超固结土的压缩性要比正常固结土小得多。OCR越大，土的超固结度越高，压缩性越小。正常固结土三轴试验的应力—应变曲线与松砂相似，超固结土的应力—应变曲线与密砂相似。

处于沉积过程中的泥土，土体尚未完成固结，目前的上覆固结应力尚未完全转化为有效应力，即$p_c < p_s$，称为欠固结土，$OCR < 1$。

例 题 解 析

例题 1　［2019 年试题 21］某点土体处于极限平衡状态时，则$\tau - \sigma$坐标系中抗剪强度直线和莫尔应力圆的关系为（　　）。

A. 相切　　B. 相割　　C. 相离　　D. 不确定

答案： A

解析： 详见考点二。

例题 2　［2019 年试题 22］在一定压实功作用下，土样中粗粒含量越多，则该土样的（　　）。

A. 最佳含水率和最大干重度越大

B. 最大干重度越大，而最佳含水率越小

C. 最佳含水率和最大干重度越小

D. 最大干重度越小，而最佳含水率越大

答案： B

解析： 详见考点一，土的压实特性。

例题 3　［2020 年试题 19］室内测定土的压缩性指标的试验为（　　）。

A. 剪切试验　　B. 侧限压缩试验

C. 静载荷试验　　D. 无侧限压缩试验

答案： B

解析： 侧限压缩试验是研究土压缩性的基本方法。剪切试验是测定抗剪强度，静载荷试验是测定承

载力，无侧限压缩试验是测定无侧限抗压强度。

例题 4　［2020 年试题 20］有 A、B 两土样，如果其中 A 的压缩性大于 B 的压缩性，则（　　）。

A. 土样 B 的压缩曲线陡　　B. 土样 A 的压缩系数小

C. 土样 A 的压缩模量小　　D. 土样 B 易产生变形

答案：C

解析：详见考点六。

例题 5　［2020 年试题 21］饱和软土地基在外荷载作用下，其抗剪强度逐渐增长的原因是（　　）。

A. 总应力的减小　　B. 有效应力的减小

C. 孔隙水压力的消散　　D. 孔隙水压力的增加

答案：C

解析：详见考点四。外荷载作用下的软土地基，随着加荷时间的推移，软土中孔隙水逐渐被挤出，孔隙水压力不断消散，有效应力不断增加，软土的抗剪强度随之而增加。

例题 6　［2021 年试题 20］某土样取土深度为 10.0m，测得先期固结压力为 160kPa，土的重度为 $20kN/m^3$。该土样的超固结比（OCR）为（　　）。

A. 2.0　　B. 1.5　　C. 1.0　　D. 0.8

答案：D

解析：详见考点六。先期固结压力与现有覆盖土重之比定义为超固结比OCR，即 $160/(10\times20)=0.8$。

例题 7　［2021 年试题 21］绘制土的三轴剪切试验成果莫尔—库仑强度包线时，莫尔圆的正确画法是（　　）。

A. 在σ轴上以σ_1为圆心，以$(\sigma_1-\sigma_3)/2$为半径

B. 在σ轴上以σ_3为圆心，以$(\sigma_1-\sigma_3)/2$为半径

C. 在σ轴上以$(\sigma_1-\sigma_3)/2$为圆心，以$(\sigma_1+\sigma_3)/2$为半径

D. 在σ轴上以$(\sigma_1+\sigma_3)/2$为圆心，以$(\sigma_1-\sigma_3)/2$为半径

答案：D

解析：详见考点二。莫尔圆是在σ轴上以$(\sigma_1+\sigma_3)/2$为圆心，以$(\sigma_1-\sigma_3)/2$为半径画出来的。

例题 8　［2021 年试题 22］为了近似模拟土体在现场受剪的排水条件，将直剪试验分为（　　）。

A. 快剪、固结快剪和慢剪

B. 固结排水剪、固结慢剪和慢剪

C. 固结慢剪、快剪和不排水剪

D. 不排水剪、排水剪和固结快剪

答案：A

解析：详见考点四。为了近似模拟土体在现场受剪的排水条件，将直剪试验分为快剪、固结快剪和慢剪。

自 测 模 拟

1. 在排水不良的软黏土地基上快速施工，在基础设计时，应选择的抗剪强度指标为（　　）。

A. 快剪指标　　B. 慢剪指标　　C. 固结快剪指标　　D. 直剪指标

2. 通过直剪试验得到的土体抗剪强度线与水平线的夹角为（　　）。

A. 内摩擦角　　B. 有效内摩擦角　　C. 黏聚力　　D. 有效黏聚力

3. 某砂土样的内摩擦角为30°，当土样处于极限平衡状态且最大主应力为300kPa时，其最小主应力为（　　）。

A. 934.6kPa　　B. 865.35kPa　　C. 100kPa　　D. 88.45kPa

4. 某内摩擦角为20°的土样，发生剪切破坏时，破坏面与最小主应力面的夹角为（　　）。

A. 55°　　B. 35°　　C. 70°　　D. 110°

5. 三轴试验的抗剪强度线为（　　）。

A. 一个莫尔应力圆的切线　　B. 不同试验点所连斜线

C. 一组莫尔应力圆的公切线　　D. 不同试验点所连折线

参考答案

1. A　2. A　3. C　4. B　5. C

第五节　地基沉降计算与地基承载力

考点分析

本节重点：掌握地基破坏的类型，地基承载力的确定方法，分层总和法一维固结理论的应用，地基容许承载力及其修正方法。

本节难点：掌握地基沉降量的计算，地基承载力的确定方法，分层总和法一维固结理论的应用，地基容许承载力及其修正方法。

考点精讲

考点一：地基破坏性状

（一）地基剪切破坏的三种模式

地基的剪切破坏模式主要有三种：整体剪切破坏、刺入剪切破坏和局部剪切破坏。

1. 整体剪切破坏

有轮廓分明的从地基到地面的连续剪切滑动面，邻近基础的土体有明显的隆起，可使上部结构随基础发生突然倾斜，造成灾难性破坏。

2. 刺入剪切破坏

地基不出现明显连续的剪切滑动面，以竖向下沉变形为主。随荷载的增加，地基土不断被压缩，基础竖向下沉，垂直刺入地基中，基础之外的土体无变形。基础除在竖向有突然的小移动之外，既没有明显的失稳，也没有大的倾斜。

3. 局部剪切破坏

随荷载的增加，紧靠基础的土层会出现轮廓分明的剪切滑动面，滑动面不露出地表，在地基内某一深度处终止。基础竖向下沉显著，基础周边地表有隆起现象。只有产生大于基础宽度一半的下沉量时，滑动面才会露于地表。任何情况下，建筑物均不会发生灾难性倾倒，基础总是下沉，深埋于地基之中。

（二）破坏模式p-s曲线的特点

三种破坏模式的p-s曲线虽然各有特点，但整体剪切破坏明显存在三个变形阶段，见图 2-34。

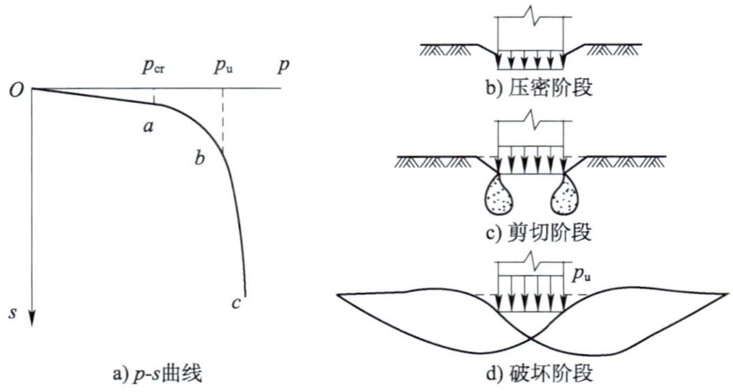

图 2-34 地基破坏过程的三个阶段

1. 压密阶段（或称直线变形阶段）

相当于p-s曲线上的Oa段。在这一阶段p-s曲线接近于直线，土中各点的剪应力均小于土的抗剪强度，土体处于弹性平衡状态。在这一阶段，载荷板的沉降主要是由于土的压密变形引起的，见图 2-34b）。把p-s曲线上相应于a点的荷载称为比例界限p_{cr}。

2. 剪切阶段

相当于p-s曲线上的ab段。在这一阶段p-s曲线已不再保持线性关系，沉降的增长率$\frac{\Delta s}{\Delta p}$随荷载的增大而增加。在这个阶段，地基土中局部范围内（首先在基础边缘处）的剪应力达到土的抗剪强度，土体发生剪切破坏，这些区域也称塑性区。随着荷载的继续增加，土体塑性区的范围也逐步扩大，直到土中形成连续的滑动面，由载荷板两侧挤出而破坏。因此，剪切阶段也是地基中塑性区的发生与发展阶段。相应于p-s曲线上b点的荷载称为极限荷载p_u。

3. 破坏阶段

相当于p-s曲线上的bc段。当荷载超过极限荷载后，荷载便急剧下沉，即使不增加荷载，沉降也不能稳定，因此，p-s曲线陡直下降。在这一阶段，由于土中塑性区范围的不断扩展，最后在土中形成连续滑动面，土从载荷板四周挤出隆起，地基土失稳而破坏。

考点二：地基承载力的确定方法

（一）地基承载力

地基承载力是指单位面积上地基所能承受的荷载。地基承受这一荷载时，在强度方面，相对于破坏状态的极限荷载有足够大的安全储备；而所产生的变形均在容许的范围内。

（二）分层总和法、一维固结理论的应用

分层总和法是假定地基土为线弹性体，在外荷载作用下的变形只发生在有限厚度的范围内（即压缩层），将地基压缩层厚度内的基础中心点下地基土分层，分别求出各分层的应力，然后用土的应力—应变关系求出各分层的变形量s_i，累加起来即为地基的沉降量。

即

$$s = \sum_{i=1}^{n} s_i \tag{2-64}$$

式中：n——计算尝试范围内土的分层数。

1. 计算所需的基本资料

（1）基础（即荷载面积）的形状、尺寸大小以及埋置深度。

（2）荷载：来自上部结构传给基础以及地基的荷载，包括静荷载和活荷载，但沉降计算只考虑全部静荷载而不考虑活荷载对地基沉降的影响。根据总的静荷载（包括基础重力和基础台阶上土的重力，需要时还要加上相邻基础的影响荷载值）计算作用于基底的压力。

（3）地基土层剖面（包括地下水位）和各土层的物理力学指标以及压缩曲线。

2. 计算过程

如图2-35所示桥墩基础，在基础条形荷载作用下，求其最终沉降量。

（1）选择沉降计算剖面，在每一个剖面上选择若干计算点，在计算基底压力和地基中附加应力时，根据基础的尺寸及所受荷载的性质，求得基底压力的大小和分布；再结合地基地层的性状，选择沉降计算点的位置。

（2）将地基分层。在分层时天然土层的交界面和地下水位面应为分层面，同时在同一类土层中分层的厚度不宜过大，一般取分层厚$h_i \leqslant 0.4$或$h_i = 1 \sim 2\text{m}$，b为基础宽度。

（3）求得计算点垂线上各分层层面上土的自重应力σ_c（应从地面算起）并绘制分布曲线，见图2-35。

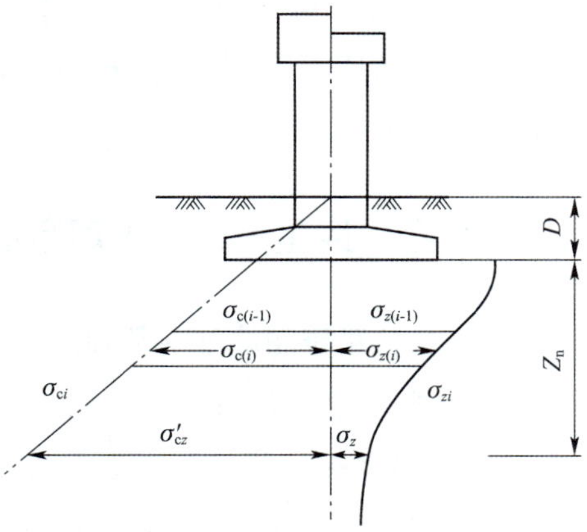

图2-35　分层总和法沉降计算

（4）求出计算点垂线上各分层层面上土的竖向附加应力σ_z并绘制分布曲线，取$\sigma_z = 0.2\sigma_c$（中、低压缩土）或$\sigma_z = 0.1\sigma_c$（高压缩土）处的土层深度为沉降计算的土层深度。

（5）求出各分层的平均自重应力$\sigma_{c(i)}$和平均附加应力$\sigma_{z(i)}$，即

$$\sigma_{c(i)} = \frac{1}{2}\left[\sigma_{c(i-1)} + \sigma_{ci}\right] \tag{2-65}$$

$$\sigma_{z(i)} = \frac{1}{2}\left[\sigma_{z(i-1)} + \sigma_{zi}\right] \tag{2-66}$$

式中：$\sigma_{c(i-1)}$、σ_{ci}——分层i的顶面和底面的自重应力；

$\sigma_{z(i-1)}$、σ_{zi}——分层i的顶面和底面的附加应力。

（6）计算各分层土的压缩变形量s_i，将式（2-65）计算平均自重应力$\sigma_{c(i)}$作为作用于分层i上的初始压力p_{1i}，将公式（2-66）计算的平均附加应力$\sigma_{z(i)}$作为作用在分层i上的压力增量Δp_i，亦即

$$p_{1i} = \sigma_{c(i)} \tag{2-67}$$

$$p_{2i} = p_{1i} + \Delta p_i = \sigma_{c(i)} + \sigma_{z(i)} \tag{2-68}$$

按式（2-64）总和计算基础各点的沉降量。基础中点沉降量可视为基础平均沉降。

考点三：地基沉降的历时特征

地基土在外力作用下的变形经历着三种不同的阶段，表现为三种类型的变形特征：瞬时变形S_d、固结变形S_c以及次固结变形S_s，则地基的总变形量S应为

$$S = S_d + S_c + S_s \tag{2-69}$$

（1）瞬时变形（瞬时沉降）S_d　在加荷瞬间，土中孔隙水来不及排出，孔隙体积没有变化即土体不产生体积变化，但荷载使土产生偏斜变形。这一种变形与地基的侧向变形密切相关，是考虑了侧向变形的地基沉降计算，在实用上可以用弹性理论的公式计算。

（2）固结变形（固结沉降）S_c　即孔隙水排出，孔隙压力转换成有效应力，土体逐渐压密产生的体积压缩变形。计算方法可采用分层总和法。

（3）次固结变形（次固结沉降）S_s　这一变形阶段是在土中孔隙水完全排除，土固结已经结束以后发生的变形，目前认为这是土骨架黏滞蠕变所致。

几种沉降的相对大小和时间过程，随土的类型而异。干净砂土孔隙水挤出很快，且次固结现象不显著，所以沉降量几乎全在加荷后即时发生；而饱和软黏土则沉降时间很长，实测的瞬时沉降量往往占最终沉降量的30%~40%。次固结沉降一般不重要，但对于很软的土，尤其是土中含有一些有机质（如胶态腐殖质等），或是在深处的可压缩土层中，当附加应力与自重应力比较小时，次固结沉降必须引起注意。

考点四：地基承载力确定方法

应按《公路桥涵地基与基础设计规范》（JTG 3363—2019）规定确定地基承载力。地基承载力特征值也可由载荷试验或其他原位测试公式计算，并结合工程实践经验等方法综合确定。

（一）按载荷试验确定地基承载力

载荷试验是地基承载力的原位测试方法。

1. 浅层平板载荷试验

（1）地基土浅层平板载荷试验可适用于确定浅部地基土层的承压板下应力主要影响范围内的承载力。承压板面积不应小于$0.25m^2$，特殊情况下应符合下列规定：

①对于软土地基，不应小于$0.5m^2$。

②对于复合地基，不应小于一根桩加固的面积。

③对于强夯处理后的地基，不应小于$2.0m^2$。

（2）试验基坑宽度不应小于承压板宽度或直径的 3 倍。应保持试验土层的原状结构和天然湿度。宜在拟试压表面用粗砂或中砂层找平，其厚度不超过 20mm。

（3）加荷分级不应少于 8 级，最大加载量不应小于设计要求的 2 倍。

（4）每级加载后，按间隔 10min、10min、10min、15min、15min，以后为每隔半小时测读一次沉降量，当在连续两小时内，每小时的沉降量小于 0.1mm 时，则认为已趋稳定，可加下一级荷载。

（5）当出现下列情况之一时，即可终止加载：

①承压板周围的土明显地侧向挤出。

②沉降量s急骤增大，荷载—沉降（p-s）曲线出现陡降段。

③在某一级荷载下，24h 内沉降速率不能达到稳定。

④沉降量与承压板宽度或直径之比大于或等于 0.06。

当满足前三种情况之一时，将其对应的前一级荷载定为极限荷载。

（6）承载力特征值的确定应符合下列规定：

①当p-s曲线上有比例界限时，取该比例界限所对应的荷载值。

②当极限荷载小于对应比例界限的荷载值的 2 倍时，取极限荷载值的一半。

③当不能按上述两款要求确定时，当压板面积为$0.25 \sim 0.5\text{m}^2$，可取$s/b = 0.01 \sim 0.015$所对应的荷载，但其值不应大于最大加载量的一半。

（7）同一土层参加统计的试验点不应少于 3 个，当试验实测值的极差不超过其平均值的30%时，取此平均值作为该土层的地基承载力特征值f_{ak0}。极差不满足要求时，应查明原因，必要时重新划分地基统计单元进行评价。

2. 深层平板载荷试验

（1）深层平板载荷试验适用于确定深部地基土层及大直径桩桩端土层在承压板下主要影响范围内的承载力。

（2）深层平板载荷试验的承压板采用直径为 0.8m 的刚性板，紧靠承压板周围外侧的土层高度应不少于 80cm。

（3）加荷等级可按预估极限承载力的$1/15 \sim 1/10$分级施加。

（4）每级加荷后，第一个小时内按间隔 10min、10min、10min、15min、15min，以后为每隔半小时测读一次沉降量。当在连续两小时内，每小时的沉降量小于 0.1mm 时，则认为已趋稳定，可加下一级荷载。

（5）当出现下列情况之一时，即可终止加载：

①沉降量s急骤增大，荷载—沉降（p-s）曲线上有可判定极限承载力的陡降段，且沉降量超过 $0.04d$（d为承压板直径）。

②在某级荷载下，24h 内沉降速率不能达到稳定。

③本级沉降量大于前一级沉降量的 5 倍。

④当持力层土层坚硬，沉降量很小时，最大加载量不小于设计要求的 2 倍。

（6）承载力特征值的确定应符合下列规定：

①当p-s曲线上有比例界限时，取该比例界限所对应的荷载值。

②满足第（5）条终止加载条件之一时，其对应的前一级荷载定为极限荷载，当该值小于对应比例界限的荷载值的 2 倍时，取极限荷载值的一半。

③不能按上述两款要求确定时，可取$s/d = 0.01 \sim 0.015$所对应的荷载值，但其值不应大于最大加载量的一半。

（7）同一土层参加统计的试验点不应少于三点，当试验实测值的极差不超过平均值的30%时，取此平均值作为该土层的地基承载力特征值f_{ak0}。极差不满足要求时，应查明原因，必要时重新划分地基统计单元进行评价。

（二）按土的抗剪强度指标计算地基承载力

当荷载偏心距e小于或等于 0.033 的基础底面宽度（即：$e \leqslant 0.033L$，而L指的是弯矩作用方向的基础底面尺寸）时，根据由试验和统计得到的土的抗剪强度指标标准值，可按下式计算地基承载力特征值。

$$f_a = M_b\gamma b + M_d\gamma_m d + M_c c_k \tag{2-70}$$

式中：　f_a——由土的抗剪强度指标确定的地基承载力特征值（kPa）；

M_b、M_d、M_c——承载力系数，可查相应表格；

b——基础底面宽度，$b > 6$m时按6m计，对于砂土$b < 3$m时按3m计；

c_k——基底下一倍基宽深度范围内的黏聚力标准值（kPa）；

d、γ、γ_m——基础埋深（m）、天然重度（kN/m^3）、基础埋置深度d范围内土的加权平均重度（kN/m^3）。

（三）按理论计算公式确定地基承载力

1. 斯肯普顿地基极限承载力公式

斯肯普顿公式应用于饱和软黏土地基（$\varphi = 0$）。

$$p_u = (\pi + 2)c + q = 5.14c + q = 5.14c + \gamma_m d \tag{2-71}$$

它是饱和软黏土地基在条形荷载作用下的极限承载力公式，是普朗特尔—雷斯诺极限荷载公式在$\varphi = 0$时的特例。

对于矩形基础，参考前人的研究成果，斯肯普顿（A. W.Skempton, 1952）给出的地基极限承载力公式为

$$p_u = 5c\left(1 + \frac{d}{5l}\right)\left(1 + \frac{d}{5b}\right) + \gamma_m d \tag{2-72}$$

式中：c——地基土黏聚力（kPa）取基底以下0.707d深度范围内的平均值，考虑饱和黏性土和粉土在不排水条件下的短期承载力时，黏聚力应采用土的不排水抗剪强度c_u；

b、l、d——基础的宽度、长度和埋深（m）；

γ_m——基础埋置深度d范围内土的加权平均重度（kN/m^3）。

用斯肯普顿公式计算的软土地基承载力与实际情况是比较接近的，安全系数K可取1.1~1.3。

2. 太沙基地基极限承载力公式

太沙基（K. Terzaghi, 1943）提出了条形浅基础的极限荷载公式。太沙基从实用的角度考虑认为，当基础的长宽比$l/b \geqslant 5$及基础的埋置深度$d \leqslant b$时，就可视为是条形浅基础。基底以上的土体看作是作用在基础两侧底面上的均布荷载$q = \gamma_m d$，并假定基础底面是粗糙的。

太沙基的极限承载力公式

$$p_u = \frac{1}{2}\gamma b N_\gamma + qN_q + cN_c \tag{2-73}$$

式中：N_γ、N_q、N_c——承载力系数，它们都是无量纲系数，仅与土的内摩擦角φ有关。

公式只适用于条形基础，对于圆形或方形基础，太沙基提出了半经验的极限荷载公式。

（1）圆形基础

$$p_u = 0.6\gamma R N_\gamma + qN_q + 1.2cN_c \tag{2-74}$$

式中：R——圆形基础的半径；

其余符号意义同前。

（2）方形基础

$$p_u = 0.4\gamma b N_\gamma + qN_q + 1.2cN_c \tag{2-75}$$

式（2-73）~式（2-75）只适用于地基土是整体剪切破坏的情况，即地基土较密实，其p-s曲线有明

显的转折点，破坏前沉降不大等。对于松软土质，地基破坏是局部剪切破坏，沉降较大，其极限荷载较小。太沙基建议在这种情况下采用较小的$\overline{\varphi}$、$\overline{c}$值代入上述各式计算极限承载力。

即令

$$\tan\overline{\varphi}=\frac{2}{3}\tan\varphi\text{，}\overline{c}=\frac{1}{3}c$$

根据$\overline{\varphi}$值查表得到承载力系数，并用$\overline{c}$代入公式计算。

用太沙基极限承载力公式计算地基承载力时，其安全系数一般取为3。

3. 汉森地基承载力公式

汉森（B. Hanson, 1961, 1970）提出的在中心倾斜荷载作用下，不同基础形状及不同埋置深度时的极限承载力计算公式，即

$$p_u=\frac{1}{2}\gamma bN_\gamma i_\gamma s_\gamma d_\gamma+qN_q i_q s_q d_q+cN_c i_c s_c d_c \tag{2-76}$$

式中：N_γ、N_q、N_c——承载力系数；

i_γ、i_q、i_c——荷载倾斜系数；

s_γ、s_q、s_c——基础形状系数；

d_γ、d_q、d_c——深度系数；

其余符号意义同前。

以上所有系数均可查有关表格。

考点五：地基容许承载力及其修正方法

地基容许承载力是指在保证地基不发生剪切破坏且基础沉降不超过允许值时，地基土单位面积上所能承受荷载的能力，单位为kPa，用f_a表示。地基容许承载力与土的性质、基础宽度以及基础埋置深度三个因素有关。下面介绍根据《公路桥涵地基与基础设计规范》（JTG 3363—2019）提供的经验公式和数据确定地基容许承载力的方法，其步骤如下。

（一）确定土的分类名称

根据塑性指数、粒径、工程地质特性等，通常把地基土分为6类，即黏性土、粉土、砂土、碎石土、岩石和特殊性岩土。

（二）确定土的状态

土的状态是指土层所处的天然松密和稠度状况。黏性土的天然状态按液性指数可分为坚硬、硬塑、可塑、软塑和流塑五个状态；砂土和碎石土则按密实度分为密实、中密、稍松及松散四个状态。

（三）确定地基土的基本容许承载力f_{a0}

一般黏性土和砂土的基本容许承载力可从表2-18和表2-19中取得。

一般黏性土的基本容许承载力f_{a0}（单位：kPa）　　表2-18

e	I_L												
	0	0.1	0.2	0.3	0.4	0.5	0.6	0.7	0.8	0.9	1.0	1.1	1.2
0.5	450	440	430	420	400	380	350	310	270	240	220	—	—
0.6	420	410	400	380	360	340	310	280	250	220	200	180	—
0.7	400	370	350	330	310	290	270	240	220	190	170	160	150

续上表

e	I_L												
	0	0.1	0.2	0.3	0.4	0.5	0.6	0.7	0.8	0.9	1.0	1.1	1.2
0.8	380	330	300	280	260	240	230	210	180	160	150	140	130
0.9	320	280	260	240	220	210	190	180	160	140	130	120	100
1.0	250	230	220	210	190	170	160	150	140	120	110	—	—
1.1	—	—	160	150	140	130	120	110	100	90	—	—	—

注：1. 一般黏性土地基承载力特征值取值大于 300kPa 时，应有原位测试数据作依据。
2. 土中含有粒径大于2mm的颗粒质量超过总质量的30%以上的，f_{a0}可适当提高。
3. 当$e < 0.5$时，取$e = 0.5$；当$I_L < 0$时，取$I_L = 0$。此外，超过表列范围的一般黏性土，$f_{a0} = 57.22E_a^{0.57}$。

砂土的基本容许承载力f_{a0}（单位：kPa）　　表 2-19

土　名	湿　度	密实程度			
		密实	中密	稍密	松散
砾砂、粗砂	与湿度无关	550	430	370	200
中砂	与湿度无关	450	370	330	150
细砂	水上	350	270	230	100
	水下	300	210	190	—
粉砂	水上	300	210	190	—
	水下	200	110	90	—

（四）确定地基容许承载力f_a

当基础宽度b超过 2m，基础埋置深度h超过 3m，且$h/b \leqslant 4$时，地基的容许承载力按下式计算。

$$f_a = f_{a0} + k_1\gamma_1(b-2) + k_2\gamma_2(h-3) \tag{2-77}$$

式中：f_a——地基修正后的容许承载力（kPa）；

f_{a0}——地基的基本容许承载力（kPa）；

b——基础底面的最小宽度（或直径），当$b < 2$m时，取$b = 2$m；当$b > 10$m时，按10m计算；

h——基础底面的埋置深度（m），自天然地面算起，对于受水流冲刷的基础，由一般冲刷线算起；当$h < 3$m时，取$h = 3$m；当$h/b > 4$时，取$h = 4b$；

γ_1——基底下持力层土的天然重度（kN/m^3），如持力层在水面以下且为透水者，应采用浮重度γ'；

γ_2——基底以上土的重度（kN/m^3），或不同土层的加权平均重度，如持力层在水面以下，且为不透水者，不论基底以上土的透水性质如何，应一律采用饱和重度；如持力层为透水者，水中部分采用浮重度；

k_1、k_2——地基容许承载力随基础宽度、深度的修正系数，按持力层土决定，见表 2-20。

当基础位于水中不透水层上时，f_a按平均水位至一般冲刷线的水深每米再增大 10kPa。

地基土容许承载力宽度、深度修正系数　　　　表 2-20

系数	黏性土				粉土	砂土								碎砂土			
	老黏性土	一般黏性土		新近沉积黏性土	—	粉砂		细砂		中砂		砾砂、粗砂		碎石、角砾、圆烁		卵石	
		$I_L \geqslant 0.5$	$I_L < 0.5$		—	中密	密实	中密	密实	中密	密实	中密	密实	中密	密实	中密	密实
k_1	0	0	0	0	0	1.0	1.2	1.5	2.0	2.0	3.0	3.0	4.0	3.0	4.0	3.0	4.0
k_2	2.5	1.5	2.5	1.0	1.5	2.0	2.5	3.0	4.0	4.0	5.5	5.0	6.0	5.0	6.0	6.0	10.0

注：1. 对于稍密状态和松散状态的砂、碎石土，k_1、k_2值可采用表列中数值的 50%。
2. 强风化和全风化的岩石，可参照所风化成的相应土类取值；其他状态下的岩石不修正。

例 题 解 析

例题 1　[2020 年试题 22] 饱和黏性土地基瞬时沉降的计算可采用（　　）。

A. 库仑理论　　B. 分层总和法　　C. 经验公式　　D. 弹性理论公式

答案： D

解析： 详见考点四。在加荷瞬间，土中孔隙水来不及排出，孔隙体积没有变化，即土体不产生体积变化，但荷载使土产生偏斜变形。这一种变形与地基的侧向变形密切相关，是考虑了侧向变形的地基沉降计算，在实用上可以用弹性理论的公式计算。

例题 2　[2021 年试题 19] 关于太沙基条形浅基础极限荷载计算公式的假定，以下说法正确的是（　　）。

A. 基础的长宽比< 5

B. 假定基础底面与土之间无摩擦力

C. 地基土破坏形式是刺入剪切破坏

D. 基底以上的土体看作是作用在基础两侧的均布荷载

答案： D

解析： 详见考点四。太沙基地基极限承载力理论考虑了地基土有重量、基底粗糙，不考虑基底以上填土的抗剪强度，极限荷载作用下基础发生整体剪切破坏，基底以上地基土以均布荷载代替。

自 测 模 拟

1. 地基承载力需进行深度、宽度修正的条件是（　　）。

①$h > 3\text{m}$；②$2\text{m} < b < 10\text{m}$；③$h > 1\text{m}$；④$3\text{m} < b \leqslant 6\text{m}$

A. ①②　　B. ①④　　C. ②③　　D. ③④

2. 若地基表面产生较大隆起，基础发生严重倾斜，则地基的破坏形式为（　　）。

A. 局部剪切破坏　　B. 整体剪切破坏　　C. 刺入剪切破坏　　D. 冲剪破坏

3. 浅基础的极限承载力是指（　　）。

A. 地基中将要出现但尚未出现塑性区时的荷载

B. 地基中塑性区开展的最大深度为1/4基底宽时的荷载

C. 地基中塑性区开展的最大深度为1/3基底宽时的荷载

D. 地基中达到整体剪切破坏时的荷载

4. 在$\varphi = 15°$（$N_\gamma = 1.8$，$N_q = 4.45$，$N_c = 12.9$），$c = 15\text{kPa}$，$\gamma = 18\text{kN/m}^3$的地表面有一个宽度为3m的条形均布荷载，对于整体剪切破坏的情况，按太沙基承载力公式计算的极限承载力为（　　）。

A. 80.7kPa　　B. 193.5kPa　　C. 242.1kPa　　D. 50.8kPa

参考答案

1. A　2. B　3. D　4. C

第六节　土坡稳定分析

考点分析

本节重点：掌握边坡失稳机理及影响因素，砂性土土坡稳定分析方法；掌握砂性土土坡稳定系数的计算，黏性土土坡稳定系数的计算。

本节难点：黏性土土坡圆弧滑动体整体稳定分析方法，条分法，土坡特殊问题分析。

考点精讲

考点一：砂性土土坡稳定分析方法

任一坡度为β的均质无黏性土坡［图2-36a）］。假设坡体及其地基为同一种土，并且完全干燥或完全浸水，即不存在渗流作用。由于无黏性土土粒间缺少黏聚力，因此，只要位于坡面上的土单元体能保持稳定，则整个土坡就是稳定的。

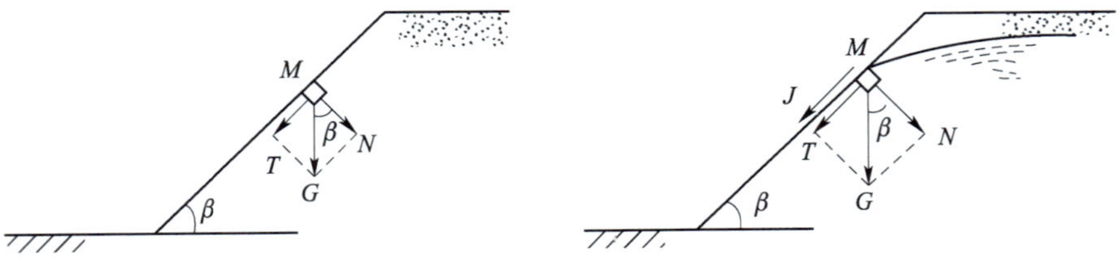

图2-36　无黏性土坡的稳定分析

在坡面上任取一侧面竖直，底面与坡面平行的土单元微体M，不计微单元体两侧应力对稳定性的影响，设单元体的自重为G，土的内摩擦角为φ时，故使单元体下滑的剪切力T为G在顺坡方向的分力，即$T = G\sin\beta$；而阻止土体下滑的力则为单元体与下面土体之间的抗剪力T_f，其等于单元体的自重在坡面法线方向的分力N引起的摩擦力，即$T_f = N\tan\varphi = G\cos\beta\tan\varphi$。

抗滑力和滑动力的比值称为稳定安全系数，用K表示，亦即

$$K=\frac{T_f}{T}=\frac{G\cos\beta\tan\varphi}{G\sin\beta}=\frac{\tan\varphi}{\tan\beta} \tag{2-78}$$

由此可见，对于均质无黏性土坡，理论上土坡的稳定性与坡高无关，只要坡角小于土的内摩擦角（$\beta<\varphi$），$K>1$，土体就是稳定的。当坡角与土的内摩擦角相等（$\beta=\varphi$）时，稳定安全系数$K=1$，此时抗滑力等于滑动力，土坡处于极限平衡状态，相应的坡角就等于松散无黏性土的内摩擦角，特称之为自然休止角。通常为了保证土坡具有足够的安全储备，可取$K\geqslant1.3\sim1.5$。

土坡（或土石坝）在很多情况下，会受到由于水位差的改变所引起的水力坡降或水头梯度，从而在土坡（或土石坝）内形成渗流场，对土坡稳定性带来不利影响，如图 2-36b）所示。此时在坡面上渗流溢出处以下取一单元体，它除了本身重量外，还受到渗流力$J=\gamma_w i$（i是水头梯度，$i=\sin\beta$）的作用。若渗流为顺坡出流，则溢出处渗流及渗流力方向与坡面平行，此时使土单元体下滑的剪切力为$T+J=G\sin\beta+\gamma_w i$，且此时对于单位土体来说，土体自重$G$就等于有效重度$\gamma'$，故土坡的稳定安全系数变为

$$K=\frac{T_f}{T+J}=\frac{\gamma'\cos\beta\tan\varphi}{(\gamma'+\gamma_w)\sin\beta}=\frac{\gamma'\tan\varphi}{\gamma_{sat}\tan\beta} \tag{2-79}$$

可见，与式（2-78）相比，相差γ'/γ_{sat}倍，此值约为$1/2$。因此，当坡面有顺坡渗流作用时，无黏性土坡的稳定安全系数约降低一半。

考点二：黏性土土坡圆弧滑动体整体稳定分析方法

（一）土坡的稳定安全系数

1. 均质简单土坡

假定土坡失稳破坏时滑动面为一圆柱面（图 2-37）。将滑动面以上土体视为刚体，并以其为脱离体，分析在极限平衡条件下其上作用的各种力，而以整个滑动面上的平均抗剪强度与平均剪应力之比来定义土坡的稳定安全系数，即

$$K=\frac{\tau_f}{\tau} \tag{2-80}$$

若以滑动面上的最大抗滑力矩与滑动力矩之比来定义，其结果完全一致，如图 2-31 所示，AC为假定的滑动面，圆心为O，半径为R。当土体ABC保持稳定时必须满足力矩平衡条件（滑弧上的法向反力N通过圆心），故稳定安全系数为

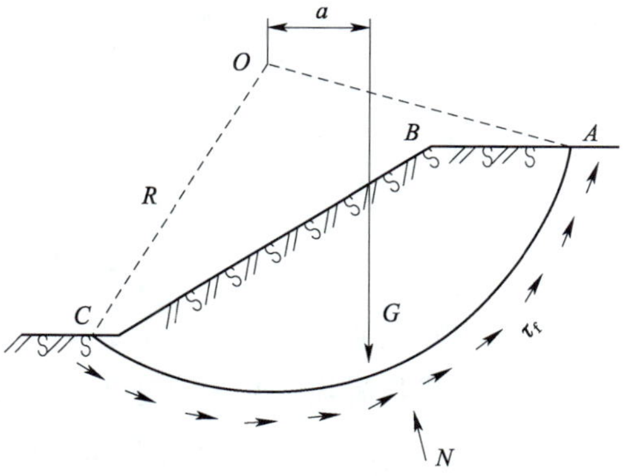

图 2-37　均质土坡的圆弧滑动

$$K=\frac{抗滑力矩}{滑动力矩}=\frac{\tau_f\cdot\overset{\frown}{AC}\cdot R}{Ga} \tag{2-81}$$

式中：$\overset{\frown}{AC}$——滑弧弧长；

a——土体重心与弧圆心的水平距离。

2. 饱和黏土

一般情况下，土的抗剪强度由黏聚力和内摩擦力$\sigma\tan\varphi$两部分组成，土体中法向应力σ沿滑动面并非常数，因此土的抗剪强度亦随滑动面的位置不同而变化。但对饱和黏土来说，在不排水剪条件下，$\varphi_u=0$，故$\tau_f=c_u$，因此式（2-81）可写为

$$K=\frac{c_u\cdot\overset{\frown}{AC}\cdot R}{Ga} \tag{2-82}$$

（二）最危险滑动面圆心经验方法

1. 均质黏性土坡

均质黏性土的土坡失稳破坏时，通常可近似地假定为圆弧滑动面，根据土坡的坡脚大小、土体强度指标以及土中硬层位置的不同，滑动面分为坡脚圆、坡面圆和中点圆。

当土的内摩擦角$\varphi=0$时，其最危险滑动面常通过坡脚。其圆心位置可由BO与CO两线的交点确定［图 2-38a）］，图中β_1、β_2的值可根据坡角由表 2-21 查出。当$\varphi>0$时，最危险滑动面的圆心位置可能在EO的延长线上［图 2-38b）］。自O点向外取圆心O_1,O_2……分别作滑弧，并求出相应的抗滑安全系数K_1,K_2……然后绘曲线找出最小值，即为所求最危险滑动面的圆心O_m和土坡的稳定安全系数K_{min}。

不同边坡的β_1、β_2数据表　　表 2-21

坡比	坡角	β_1	β_2	坡比	坡角	β_1	β_2
1：0.58	60°	29°	40°	1：3	18.43°	25°	35°
1：1	45°	28°	37°	1：4	14.04°	25°	37°
1：1.5	33.79°	26°	35°	1：5	11.32°	25°	37°
1：2	26.57°	25°	35°				

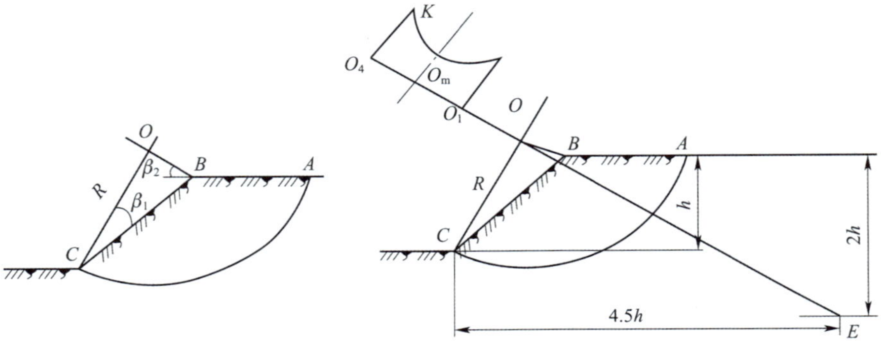

图 2-38　确定最危险滑动面圆心位置示意图

2. 非均质土坡

坡面形状及荷载情况比较复杂时，其最危险滑动面圆心位置，有时并不在EO延长线上，而可能在其左右附近，因此，还需自O_m作OE线的垂直线，并在垂线上再取若干点为圆心进行计算比较，才能找出最危险滑动面的圆心和土坡稳定安全系数。

当土坡外形和土层分布都比较复杂时，最危险滑动面不一定通过坡脚。目前电算分析表明，无论多么复杂的土坡，其最危险滑弧圆心的轨迹都是一根类似于双曲线的曲线，位于土坡坡线中心的竖直线与法线之间。若采用电算，可在此范围内有规律地选取若干圆心坐标，结合不同的滑弧弧脚，求出相应滑弧的安全系数，再通过比较求得最小值K_{min}。但需注意，对于成层土土坡，其低值区不止一个，可能存在多个K_{min}值。

（三）简化的图表计算法

根据计算资料整理得到的极限状态时均质土坡内摩擦角φ、坡角β与稳定数N_s（数值范围0~0.25）之间的关系曲线（图 2-39），其中

$$N_s=\frac{c}{\gamma h} \tag{2-83}$$

式中：c——土坡的黏聚力；

γ——土的重度；

h——土坡的高度。

从图 2-39 可直接由已知的c、φ、γ、β确定土坡极限高度h，也可由已知的c、φ、γ、h及安全系数K确定土坡的坡角β。

（1）求极限坡高　根据坡角和土体的内摩擦角，查得稳定数，按$h_{max}=\frac{c}{\gamma N_s}$计算。

（2）求极限坡角　根据已知条件计算稳定数，然后查图求得极限坡角。

（3）求最小安全系数　由已知数据查得稳定数，根据$c_1=N_s\gamma h$，$K_{min}=\frac{c}{c_1}$。

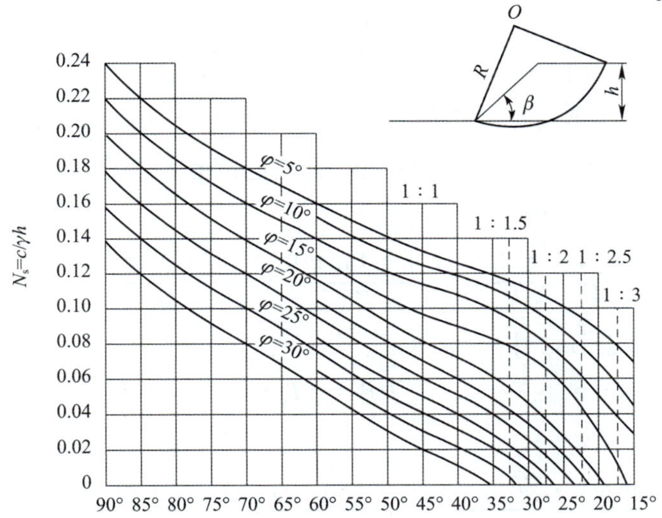

图 2-39　土坡稳定计算图

考点三：条分法的应用

实际工程中土坡轮廓形状比较复杂，由多层土构成，$\varphi>0$，有时尚存在某些特殊外力（如渗流力、地震力作用等），此时滑弧上各区段土的抗剪强度各不相同，并与各点法向应力有关。为此，常将滑动土体分成若干条块，分析每一条块上的作用力，然后利用每一土条上的力和力矩的静力平衡条件，求出安全系数表达式，其统称为条分法（Slice Method），可用于圆弧或非圆弧滑动面情况。

瑞典条分法除假定滑动面为圆柱面及滑动土体为不变形的刚体外，并忽略土条两侧面上的作用力，因此其未知量个数为（$n+1$），然后利用土条底面法得N_i的大小和土坡的稳定安全系数K的表达式。

当为均质土坡时（图 2-40），设滑动面为AC，圆心为O，半径为R，并将滑动土体ABC分成若干土条（第i条）分析其受力情况，则土条上作用的力有以下几种。

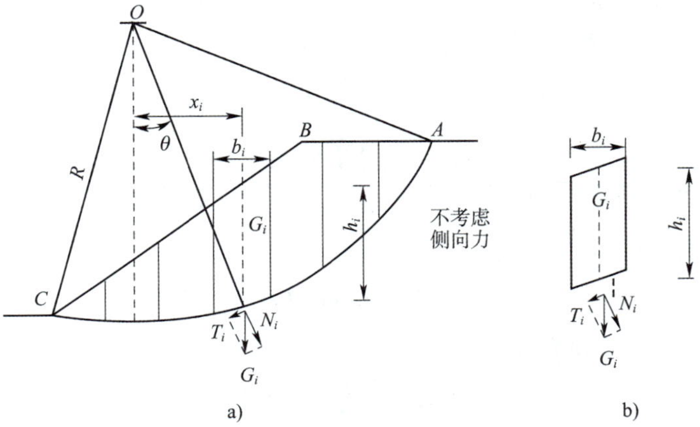

图 2-40　瑞典条分法计算图式

（1）土条自重G_i，方向竖直向下，其值为

$$G_i = \gamma b_i h_i \tag{2-84}$$

式中：γ——土的重度；

b_i、h_i——该土条的宽度和平均高度。

将G_i引至分条滑动面上，可分解为通过滑弧圆心的法向力N_i和与滑弧相切的剪切力T_i。若以θ_i表示该土条底面中点的法线与竖直线的交角，则有

$$N_i = G_i \cos\theta_i \tag{2-85}$$

$$T_i = G_i \sin\theta_i \tag{2-86}$$

（2）作用于土条底面的法向力N_i与反力N_i'大小相等，方向相反。

（3）作用于土体底面的抗剪力T_i'，可能发挥的最大值等于土条底面上土的抗剪强度与滑弧长度的乘积，方向与滑动方向相反。当土坡处于稳定状态，并假定各土条底部滑动面上的安全系数均等于整个滑动面上的安全系数时，其抗剪力为

$$T_{\mathrm{f}i} = \frac{\tau_{\mathrm{f}i} l_i}{K} = \frac{(c + \sigma_i \tan\varphi) l_i}{K} = \frac{c l_i + N_i' \tan\varphi}{K} \tag{2-87}$$

若将整个滑动土体内各土条对圆心O取力矩平衡，则

$$\sum T_i R = \sum T_{\mathrm{f}i} R \tag{2-88}$$

故安全系数

$$K = \frac{\sum (c l_i + N_i' \tan\varphi)}{\sum T_i} = \frac{\sum (c l_i + G_i \cos\theta_i \tan\varphi)}{\sum G_i \sin\theta_i} = \frac{\sum (c l_i + \gamma b_i h_i \cos\theta_i \tan\varphi)}{(\sum \gamma b_i h_i \sin\theta_i)} \tag{2-89}$$

若取各土条宽度相等，上式可简化为

$$K = \frac{c \widehat{L} + \gamma b \tan\varphi \sum h_i \cos\theta_i}{\gamma b \sum h_i \sin\theta_i} \tag{2-90}$$

式中：$\widehat{L}$——滑弧的弧长。

此外，计算时尚需注意土条的位置［图 2-40a］，当土条底面中心在滑弧圆心O的垂线右侧时，剪切力T_i方向与滑动方向相同，起抗滑作用，取正号；而当土条底面中心在圆心的垂线左侧时，T_i方向与滑动方向相反，起抗剪作用，取负号。

需要指明的是，使用瑞典条分法仍然要假设很多滑动面并通过试算分析，求出不同的K值，其中最小的K值即为土坡的稳定安全系数。

当土坡中有孔隙水压力作用时，且已知第i个土条在滑动面上的孔隙水压力为u_i时（图 2-40），要用有效指标c'及φ'代替原来的c和φ。

考虑土的有效强度，根据莫尔—库仑强度理论，则

$$\tau_{\mathrm{f}i} = c' + (\sigma_i - u_i) \tan\varphi' \tag{2-91}$$

$$T_i = \tau l_i = \frac{\tau_{\mathrm{f}i}}{K} l_i = \frac{c' l_i}{K} + \frac{(c l_i - u_i l_i) \tan\varphi'}{K} = \frac{c' l_i}{K} + \frac{(N_i - u_i l_i) \tan\varphi'}{K} \tag{2-92}$$

取法线方向力的平衡，可得

$$N_i = G_i \cos\theta_i \tag{2-93}$$

各土条对圆弧中心O的力矩和为 0，即

$$\sum G_i x_i - \sum T_i R = 0 \tag{2-94}$$

式中：x_i——圆心O至G_i作用线的水平距离，$x_i = R \sin\theta_i$。

将式（2-92）代入式（2-94），可得

$$K=\frac{\sum[c'l_i+(G_i\cos\theta_i-u_il_i)\tan\varphi']}{\sum G_i\sin\theta_i} \tag{2-95}$$

式（2-95）就是用有效应力方法表示的瑞典条分法计算K的公式。

经过多年工程实践，对瑞典条分法已积累了大量的经验。用该法计算的安全系数一般比其他较严格的方法低10%~20%；在滑动面圆弧半径较大并且孔隙水压力较大时，安全系数计算值估计会比其他较严格的方法小一半。因此，这种方法是偏于安全的。

坡顶有超载和土成层时，就要作相应的修正。如当土坡由多层土构成（图2-41），在使用公式时应作如下修正：

（4）如果同一土条跨越多层土，计算其重量时应分层取相应的高度和厚度，计算相应重量后叠加。如第i个土条包括k层土，则

$$G_i=b_i(\gamma_{1i}h_{1i}+\gamma_{2i}h_{2i}+\cdots+\gamma_{ki}h_{ki}) \tag{2-96}$$

（5）计算滑动面上的抗剪强度时，所用的土条参数c、φ应按土条滑动面所在的具体土层位置来选取相应的数值。

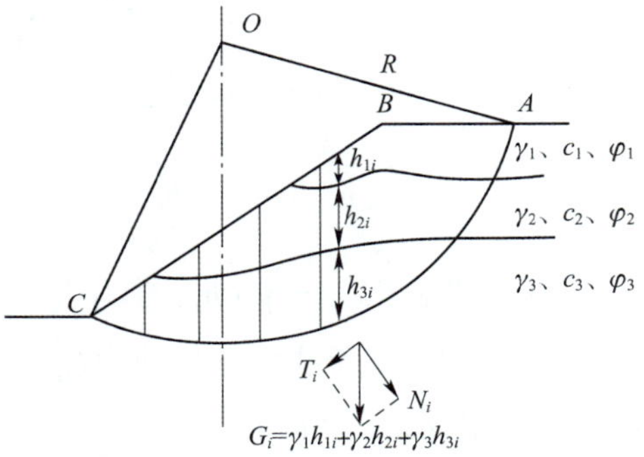

图2-41　土成层时的计算图式

当第i个土条的滑动面在第m层内时，则

$$T_{\mathrm{f}i}=c_{\mathrm{m}i}l_{\mathrm{m}i}+N_i\tan\varphi_{\mathrm{m}i} \tag{2-97}$$

当第i个土条的滑动面跨越m层土时，则

$$T_{\mathrm{f}i}=(c_{1i}l_{1i}+c_{2i}l_{2i}+\cdots+c_{\mathrm{m}i}l_{\mathrm{m}i})+N_i(\tan\varphi_{1i}+\tan\varphi_{2i}+\cdots+\tan\varphi_{\mathrm{m}i}) \tag{2-98}$$

值得注意的是，N_i是第i条土滑动面上的法向反力之和，$N_i=G_i\cos\theta_i$，与土条自重有关，而与滑动面上土层土性没有直接关系。因此，对于成层土坡，可用式（2-99）计算其安全系数。

$$K=\frac{\sum T_{\mathrm{f}i}}{\sum T_i} \tag{2-99}$$

上式中，$T_{\mathrm{f}i}$根据实际情况按式（2-97）或式（2-98）计算；$T_i=G_i\sin\theta_i$，G_i按式（2-96）取值。

如果在土坡坡顶作用着超载q，如图2-42所示，计算的基本原则和程序不变，只是在土条受力分析时，需要将土条上作用的超载加进土条的自重中去考虑；如果超载作用在坡面上，处理方法相似。当然可能某些土条并没有超载，则该土条仅考虑自重。当仅在坡顶有超载时，按下式计算安全系数，即

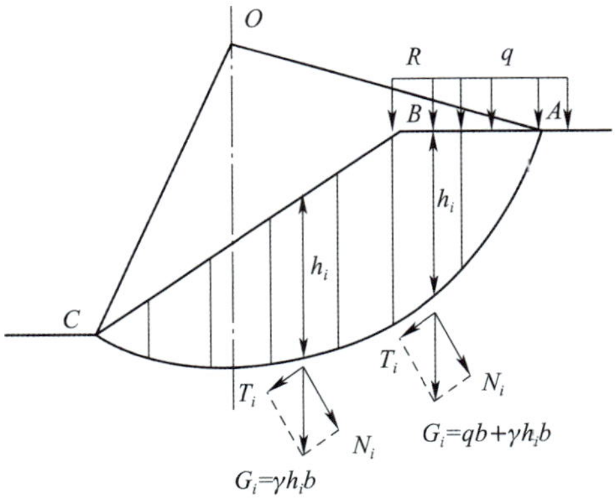

图2-42　坡顶有超载时的计算图式

$$K=\frac{\sum[cl_i+(G_i+qb_i)\cos\theta_i\tan\varphi_i]}{\sum(G_i+qb_i)\sin\theta_i} \tag{2-100}$$

考点四：毕肖普条分法的具体应用

毕肖普（A. W.Bishop, 1955）假定各土条底部滑动面上的抗滑安全系数均相同，即等于整个滑动面的平均安全系数，取单位长度土坡按平面问题计算（图2-43）。设可能滑动面为一圆弧AC，圆心为O，半径R。将滑动土体ABC分成若干土条，而取其中任一条（第i条）分析其受力情况。作用在该土条上的

力有：

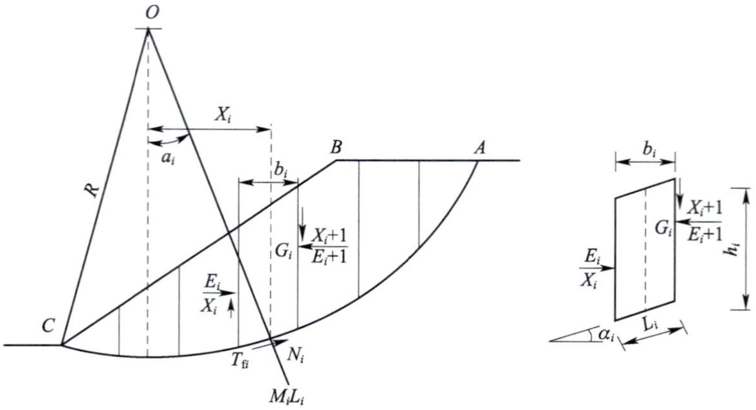

图 2-43　毕肖普条分法的计算图式

（1）土条自重$G_i = \gamma b_i h_i$，其中b_i、h_i分别为该土条的宽度与平均高度。

（2）作用于土条底面的抗剪力T_{fi}、有效法向反力N_i'及孔隙水压力$u_i l_i$，其中u_i、l_i分别为该土条底面中点处孔隙水压力和滑弧弧长。

（3）作用于该土条两侧的法向力E_i和E_{i+1}及切向力X_i和X_{i+1}，$\Delta X_i = X_{i+1} - X_i$。且$G_i$、$T_{fi}$、$N_i'$及$u_i l_i$的作用均在土条底面中点。

对第i土条竖向取力的平衡得

$$G_i + \Delta X_i - T_{fi}\sin\alpha_i - N_i'\cos\alpha_i - u_i l_i \cos\alpha_i = 0 \tag{2-101}$$

或

$$N_i'\cos\alpha_i = G_i + \Delta X_i - T_{fi}\sin\alpha_i - u_i b_i \tag{2-102}$$

当土坡尚未破坏时，土条滑动面上的抗剪强度只发挥了一部分，若以有效应力表示，土条滑动面上的抗剪力为

$$T_{fi} = \frac{\tau_{fi} l_i}{K} = \frac{c' l_i}{K} + N_i' \frac{\tan\varphi'}{K} \tag{2-103}$$

式中：c' ——土的有效黏聚力；

φ' ——土的有效内摩擦角；

K ——安全系数。

代入式（2-102），可解得N_i'为

$$N_i' = \frac{1}{m_{\alpha_i}}\left(G_i + \Delta X_i - u_i b_i - \frac{c' l_i}{K}\sin\alpha_i\right) \tag{2-104}$$

式中：$m_{\alpha_i} = \cos\alpha_i\left(1 + \frac{\tan\varphi' \tan\alpha_i}{K}\right)$。

然后就整个滑动土体对圆心O求力矩平衡，此时相邻土条之间侧壁作用力的力矩将互相抵消，而各土条的N_i'及$u_i l_i$的作用线均通过圆心，故有

$$\sum G_i x_i - \sum T_{fi} R = 0 \tag{2-105}$$

将式（2-103）、式（2-104）代入式（2-105），且$x_i = R\sin\alpha_i$，$b = b_i = l_i\cos\alpha_i$，可得

$$K = \frac{\sum \frac{1}{m_{\alpha_i}}[c'b + (G_i - u_i b + \Delta X_i)\tan\varphi']}{\sum G_i \sin\alpha_i} \tag{2-106}$$

此为毕肖普条分法计算土坡安全系数的普遍公式，但ΔX_i仍为未知。为了求出K，需估算ΔX_i值，可

通过逐次逼近法求解，而X_i及E_i的试算值均应满足每个土条的平衡条件，且整个滑动土体的$\sum\Delta X_i$及$\sum\Delta E_i$均等于零。毕肖普证明，若令各土条的$\Delta X_i=0$，所产生的误差仅为1%，由此可得国内外使用相当普遍的毕肖普简化公式，即

$$K=\frac{\sum\frac{1}{m_{\alpha_i}}[c'b+(G_i-u_ib)\tan\varphi']}{\sum G_i\sin\alpha_i}\tag{2-107}$$

由于式（2-107）中m_{α_i}的计算式含有安全系数K，故上述安全系数K仍需计算。通常试算时可先假定$K=1$，求出m_{α_i}，再按式（2-107）求出K，若计算的K与假定K值不等，则以计算的K值代入m_{α_i}计算式再求出新的m_{α_i}和K，如此反复迭代，直至前后两次K值满足所要求的精度为止。通常迭代3~4次即可满足工程精度要求，且迭代总是收敛的。

尚需注意，当α_i为负时，m_{α_i}有可能趋近于零，此时N_i'将趋近于无限大，显然不合理，故此时简化毕肖普法不能应用。国外某些学者建议，当任一土条的$m_{\alpha_i}\leqslant0.2$时，简化毕肖普法计算的K值误差较大，最好采用其他方法。此外，当坡顶土条的α_i很大时，N_i'可能出现负值。

毕肖普条分法考虑了土条两侧的作用力，计算结果比较合理。分析时先后利用每一土条竖向力的平衡及整个滑动土体的力矩平衡条件，避开了E_i及其作用点的位置，并假定所有的ΔX_i均等于零，使分析过程得到了简化，但同样不能满足所有的平衡条件，还不是一个严格的方法，由此产生的误差为2%~7%。同时，毕肖普条分法也可用于总应力分析，即在上述公式中略去孔隙水压力u_il_i的影响，并采用总应力强度c计算即可。

考点五：土坡稳定分析中一些特殊问题的考虑

（一）填方土坡的稳定性问题

假设土坡由同一种饱和黏性土组成。土中A点的应力状态如图 2-44 所示。A点的剪应力随填土高度增加而增大，并在竣工时达到最大值。初始的孔隙水压力u_0等于静水压力$h_0\gamma_w$，由于黏土具有低渗透性，假定在施工过程中不发生排水，孔隙水压力u也不消散。一直到竣工前孔隙水压力随填土增高而增大［图 2-44b）］。按照复杂应力状态下孔隙水压力计算式：$u=B[\Delta\sigma_3+A(\Delta\sigma_1-\Delta\sigma_3)]$（$A$、$B$为孔隙水压力系数。对于饱和土，$B=1$），除非$A$具有较大的负值，孔隙水压力$u$总是正值。竣工时土的抗剪强度继续保持与施工开始时的不排水强度c_u相等。

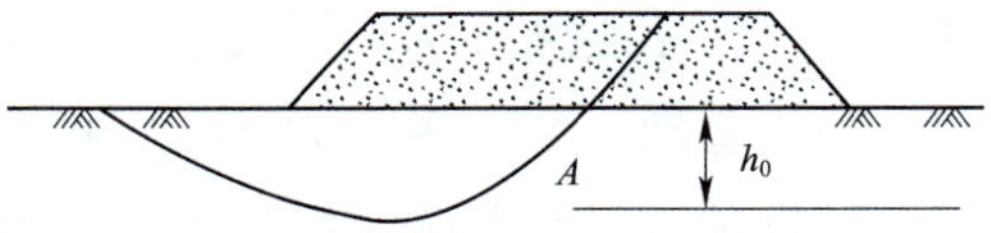

a)饱和黏性土上的土堤

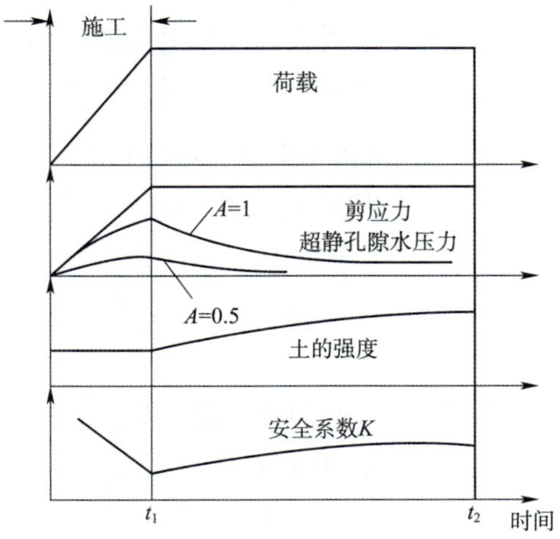

b)土堤的稳定性条件

图 2-44　填方土坡的稳定性分析

竣工以后，总应力保持常数，而超静孔隙水压力u则由于固结而消散。固结使孔隙水压力下降，同时使有效应力与抗剪强度增加。在较长的一段时间之后，在时间t_2时超静孔隙水压力$u=0$即排水条件。只要孔隙水压力已知，任何时间的抗剪强度可由有效应力指标c'和φ'估计而得。由于在时间t_2时超静孔隙水压力为零，因此，有效应力可由外荷载、土体重力和静水压力算出。

竣工时土坡的稳定性用总应力法和不排水强度c_u来分

析；而土坡的长期稳定性则用有效应力法和有效应力指标c'和φ'来分析。可清楚地看出，在时间t_1即施工刚结束时，土坡的稳定性是最小的［图 2-44b）］。如果超过了这个状态，则安全系数会迅速增加。

（二）挖方土坡的稳定性问题

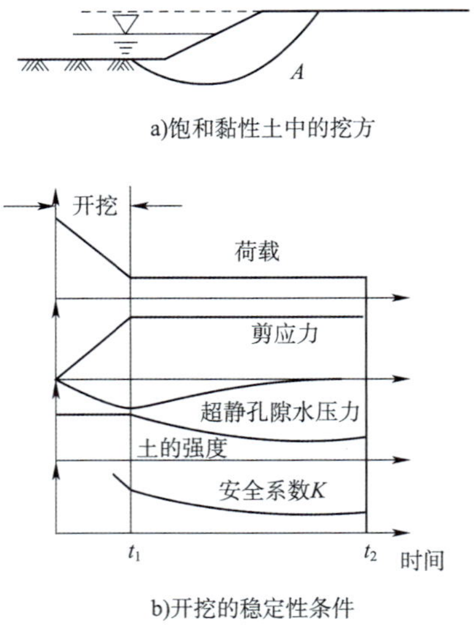

图 2-45　挖方土坡的稳定性分析

假设土坡由同一种饱和黏性土组成。挖土使A点的平均土覆压力减小，并引起孔隙水压力的降低，即出现负值的超静孔隙水压力（图 2-45）。这种下降取决于孔隙压力系数A以及应力变化的大小，因土体完全饱和，$B=1$，因此，孔隙水压力的变化量$\Delta u=\Delta\sigma_3+A(\Delta\sigma_1-\Delta\sigma_3)$。开挖过程中土中的小主应力$\Delta\sigma_3$要比大主应力$\Delta\sigma_1$下降得多。于是，$\Delta\sigma_3$为负值，而$(\Delta\sigma_1-\Delta\sigma_3)$为正值。

A点的剪应力在施工结束时达到最大值。假定施工期间土处于不排水状态，则竣工时土的抗剪强度等于土的不排水强度c_u。负的超静孔隙水压力随时间增长而消散，同时伴随着黏性土的膨胀和抗剪强度的下降。在开挖后较长时间土中负的超静孔隙水压力完全消散，$\Delta u=0$。

因此，竣工时土坡的稳定性用总应力法和不排水强度c_u来分析；而土坡的长期稳定性则用有效应力法和有效应力指标c'和φ'来分析。但是，最不利的条件是土坡的长期稳定性。

（三）邻近土坡加载引起的土坡稳定性问题

土坡的稳定性条件如图 2-46 所示。假设有一饱和黏性土土坡，在离坡顶一定距离处作用有荷载q。由于荷载q作用在一定距离处，故它并不改变沿滑弧上的应力，且剪应力随时间恒为常数。荷载q的施加使B点的孔隙水压力瞬时上升，又随固结而消散。A点的孔隙水压力由于从B点开始的辐射向排水而暂时增大；孔隙水压力的增大使土的抗剪强度和安全系数下降。可以看到，在某一中间时间t_2，抗滑稳定安全系数达到最小值。这种情况潜伏着很大的危险，因为，不管土坡具有足够的瞬时或长期的稳定性，土坡的滑动仍然有可能会发生。图 2-46b）说明了一种孔隙水压力随时间而先增大后减小的情况，这种条件产生在由于建造建筑物或打桩引起超静孔隙水压力的情况。在荷载q作用下的超静孔隙水压力由辐射向排水而消散，从而使水从B点向A点流动，并使A点的孔隙水压力增加。

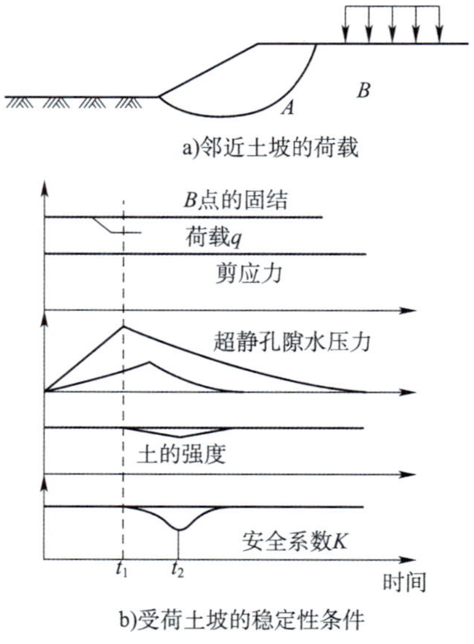

图 2-46　邻近土坡加载引起的土坡稳定性分析

例题解析

例题 1　［2020 年试题 18］黏性土坡整体滑动的稳定安全系数表达式为（　　）。

A. $K=$稳定力矩/滑动力矩　　B. $K=$抗滑力/滑动力

C. $K=$抗滑力/剪应力　　D. $K=$抗剪切力矩/剪切力

答案： A

解析： 详见考点二。

例题 2　［2021 年试题 23］均质黏性土的土坡失稳破坏时，通常可近似地假定为圆弧滑动面，圆弧滑动面的形式一般有以下三种：坡脚圆、坡面圆和中点圆，与这三种圆弧滑动面的产生无关的因素是（　　）。

A. 土坡的坡角大小　　B. 土的强度指标

C. 土中硬层的位置　　D. 土坡的长度

答案： D

解析： 详见考点二。根据土坡的坡脚大小、土体强度指标以及土中硬层位置的不同，滑动面分为坡脚圆、坡面圆和中点圆。

自 测 模 拟

1. 若某砂土坡的稳定安全系数$K = 1.0$，则该土坡稳定应满足的条件为（　　）。

A. 坡角=天然休止角　　B. 坡角< 1.5倍天然休止角

C. 坡角> 1.5倍天然休止角　　D. 1.5倍坡角<天然休止角

2. 分析黏性土坡稳定时，假定滑动面为（　　）。

A. 斜平面　　B. 曲面　　C. 圆筒面　　D. 水平面

参 考 答 案

1. A　　2. C

第三章 工 程 地 质

第一节 矿物与岩石

考 点 分 析

本节重点：矿物的性质、三大类岩石的结构与构造、常见的三大类岩石、岩石的工程地质性质、影响岩石工程地质性质的因素。以考核矿物、硬度、解理、条痕、岩石、结构、构造、岩浆岩、沉积岩、变质岩，岩石工程性质各指标的概念为主。

本节难点：常见矿物和岩石鉴别。岩浆岩的结构构造，沉积岩的物质组成、结构构造、分类及常见岩石，岩石的力学性质及影响岩石工程性质的因素等。

考 点 精 讲

考点一：矿物的物理性质

矿物是存在于地壳中的具有一定化学成分和物理性质的自然元素和化合物。绝大多数矿物为固态，只有极少数呈液态（汞 Hg）和气态（如 CO_2、SO_2 等）。目前已发现的矿物有 3000 多种，但组成岩石的主要矿物有 30 多种，这些组成岩石的矿物称为造岩矿物，如常见的石英（SiO_2）、正长石（$KAlSi_3O_8$）、方解石（$CaCO_3$）等。

（一）*矿物颜色*

矿物吸收可见光后产生的颜色。按成色原因，有自色、他色、假色三种。

1. 自色

自色是矿物固有的颜色，颜色比较固定。一般来说，含铁、锰多的矿物颜色较深，如黑云母、普通角闪石、普通辉石等，多呈灰绿、褐绿、黑绿以至黑色；含硅、铝、钙等成分多的矿物颜色较浅，如石英、长石、方解石等，多呈白、灰白、淡红、淡黄等各种浅色。

2. 他色

他色是矿物混入了某些杂质所引起的。他色不固定，随杂质的不同而异。如纯净的石英晶体是无色透明的，含碳时呈烟灰色，含锰时呈紫色，含铁时呈玫瑰色。

3. 假色

假色是矿物内部的裂隙或表面的氧化薄膜对光的折射、散射所引起的。如方解石解理面上常出现的虹彩，斑铜矿表面常出现斑驳的蓝色和紫色。

（二）*矿物条痕*

矿物在无釉白色瓷板上划擦时留下的粉末的颜色，称为矿物条痕。矿物的条痕可以消除假色，减弱他色，比矿物颜色稳定得多，是鉴定矿物的重要标志之一。矿物条痕的颜色主要对于金属矿物具有鉴定意义。

（三）矿物光泽

矿物表面呈现的光亮程度，称为光泽。它是矿物表面的可见光反射能的表现，按其强弱程度，分为金属光泽、半金属光泽和非金属光泽。造岩矿物绝大部分属于非金属光泽。矿物的不同光泽见表 3-1。

矿物的不同光泽

表 3-1

序号	光　泽	描　述	举　例
1	金属光泽	犹如一般的金属磨光面那样的光泽	如黄铁矿、方铅矿的光泽
2	半金属光泽	如同一般未经磨光的金属表面的那种光泽	如磁铁矿的光泽
3	金刚光泽	像钻石、金刚石所呈现的那种光泽	如金刚石、闪锌矿的光泽
4	玻璃光泽	像普通平板玻璃所呈现的那种光泽	如长石、方解石的光泽
5	珍珠光泽	在解理面上看到那种像贝壳凹面上呈现的柔和而多色彩的光泽	如云母、滑石等
6	丝绢光泽	具有像蚕丝或丝织品那样的光泽	如纤维石膏、绢云母、石棉等
7	油脂光泽	如同油脂面上见到的那种光泽	如石英断口为油脂光泽
8	蜡状光泽	像石蜡表面呈现的那种光泽	如蛇纹石、滑石等
9	土状光泽	表面暗淡如土	如高岭石等松粒块体矿物表面所呈现的光泽

（四）矿物硬度

矿物抵抗外力刻划、研磨的能力，称为硬度。硬度对比的标准，从软到硬依次由下列 10 种矿物组成，称为摩氏硬度计。可以看出，摩氏硬度只反映矿物相对硬度的顺序，它并不是矿物绝对硬度的等级。

滑石（1）<石膏（2）<方解石（3）<萤石（4）<磷灰石（5）<正长石（6）<石英（7）<黄玉（8）<刚玉（9）<金刚石（10）。

矿物硬度的确定，是根据两种矿物对刻时互相是否刻伤的情况而定。如将需要鉴定的矿物与标准硬度矿物中的磷灰石对刻，结果被磷灰石所刻伤而自己又能刻伤萤石，说明它的硬度大于萤石而小于磷灰石，在 4~5 之间，即可定为 4.5。野外工作中，常用指甲（2~2.5）、铁刀刃（3~3.5）、玻璃（5~5.5）、钢刀刃（6~6.5）鉴别矿物的硬度。注意：在鉴别矿物的硬度时，要注意在矿物的新鲜晶面或解理面上进行。

（五）矿物解理、断口

矿物在外力作用下，沿着一定方向裂开成光滑平面的性质，称为解理。裂开的光滑平面称为解理面。不具方向性的不规则破裂面，称为断口。

根据解理出现方向的数目，有一个方向的解理，如云母等；有两个方向的解理，如长石等；有三个方向的解理，如方解石等。根据解理的完全程度，可将解理分为以下几种：

（1）极完全解理　极易裂开成薄片，解理面大而完整，平滑光亮，如云母。

（2）完全解理　常沿解理方向开裂成小块，解理面平整光亮，如方解石。

（3）中等解理　既有解理面，又有断口，如正长石。

（4）不完全解理　常出现断口，解理面很难出现，如磷灰石。

矿物解理的完全程度和断口是互相消长的，解理完全时则不显断口。

此外，如滑石的滑腻感，方解石遇盐酸起泡等，都可作为鉴别该种矿物的特征。

常见的造岩矿物及其物理性质，见表 3-2。

常见造岩矿物物理性质简表

表 3-2

矿物名称及化学成分	物理性质 形状	颜色	光泽	硬度	解理、断口	主要鉴定特征
石英 SiO_2	六棱柱状或双锥状、粒状、块状	无色、乳白或其他色	玻璃光泽、断口为油脂光泽	7	无解理，贝壳状断口	形状，硬度，油脂光泽
正长石 $K[AlSi_3O_8]$	短柱状、板状、粒状	肉色、浅玫瑰或近于白色	玻璃光泽	6	二向完全解理，近于正交	解理，颜色，硬度
斜长石 $Na[AlSi_3O_8]Ca[Al_2Si_2O_8]$	长柱状、板条状	白色或灰白色	玻璃光泽	6	二向完全解理，斜交	颜色，解理面有细条纹，硬度
白云母 $KAl_3[AlSi_3O_{10}][OH]_2$	板状、片状	无色、灰白至浅灰色	玻璃或珍珠光泽	2~3	一向极完全解理	解理，薄片有弹性
黑云母 $K(Mg,Fe)_3[AlSi_3O_{10}][OH]_2$	板状、片状	深褐、黑绿至黑色	玻璃或珍珠光泽	2.5~3	一向极完全解理	解理，颜色，薄片有弹性
角闪石 $(Ca,Na)(Mg,Fe)_4(Al,Fe)[(Si,Al)_4O_{11}]_2[OH]_2$	长柱状、纤维状	深绿至黑色	玻璃光泽	5.5~6	二向完全解理，交角近 56°	形状，颜色
辉石 $(Na,Ca)(Mg,Fe,Al)[(Si,Al)_2O_6]$	短柱状、粒状	褐黑、棕黑至深黑色	玻璃光泽	5~6	二向完全解理，交角近 90°	形状，颜色
橄榄石 $(Fe,Mg)_2[SiO_4]$	粒状	橄榄绿、淡黄绿色	油脂或玻璃光泽	6.5~7	通常无解理，贝壳状断口	颜色，硬度
方解石 $CaCO_3$	菱面体、块状、粒状	白、灰白或其他色	玻璃光泽	3	三向完全解理	解理，硬度，遇盐酸强烈起泡
白云石 $CaMg[CO_3]_2$	菱面体、块状、粒状	灰白、淡红或淡黄色	玻璃光泽	3.5~4	三向完全解理，晶面常弯曲呈鞍状	解理，硬度，晶面弯曲，遇盐酸起泡微弱
石　膏 $CaSO_4 \cdot 2H_2O$	板状、条状、纤维状	无色、白色或灰白色	玻璃或丝绢光泽	2	一向完全解理	解理，硬度，薄片无弹性和挠性
高岭石 $Al_4[Si_4O_{10}][OH]_8$	鳞片状、细粒状	白、灰白或其他色	土状光泽	1	一向完全解理	性软，粘舌，具可塑性
滑　石 $Mg_3[Si_4O_{10}][OH]_2$	片状、块状	白、淡黄、淡绿或浅灰色	蜡状或珍珠光泽	1	一向完全解理	颜色，硬度，触摸有油腻感
绿泥石 $(Mg,Fe)_5Al(AlSi_3O_{10})[OH]_8$	片状，土状	深绿色	珍珠光泽	2~2.5	一向完全解理	颜色，薄片无弹性有挠性
蛇纹石 $Mg_6[Si_4O_{10}][OH]_8$	块状、片状、纤维状	淡黄绿、淡绿或淡黄色	蜡状或丝绢光泽	3~3.5	无解理，贝壳状断口	颜色，光泽
石榴子石 $(Mg,Fe,Mn,Ca)_3(Al,Fe,Cr)_2[SiO_4]_3$	菱形十二面体、二十四面体、粒状	棕、棕红或黑红色	玻璃光泽	6.5~7.5	无解理，不规则断口	形状，颜色，硬度
黄铁矿 FeS_2	立方体、粒状	浅黄铜色	金属光泽	6~6.5	贝壳状或不规则断口	形状，颜色，光泽

考点二：岩石的组成、结构与构造

岩石按组成分为单矿岩、复矿岩。主要由一种矿物组成的岩石，称为单矿岩，如石灰岩就是由方解石组成的单矿岩；由两种或两种以上的矿物组成的岩石，称为复矿岩，如花岗岩，主要是由正长石、石英和云母等矿物组成的复矿岩。岩石按成因，可分为岩浆岩、沉积岩和变质岩三大类。

（一）岩浆岩的物质组成、结构与构造

岩浆岩是由岩浆冷凝形成的岩石。岩浆存在于地壳的深处，是处于高温、高压下的硅酸盐熔融体，它的主要成分是硅酸盐，还有其他元素、化合物以及溶解的气体（H_2O、CO_2 等）。

岩浆上升侵入围岩，在地壳深处结晶形成的岩石，称为深成岩，在地面以下较浅处形成的岩石，称为浅成岩，两者统称为侵入岩。由喷出地面的熔岩凝固形成的岩石，称为喷出岩。

岩浆侵入体和喷出体的产出状态，如图 3-1 所示。

1. 岩浆岩的物质组成

（1）化学成分　岩浆岩的主要元素是 O、Si、Al、Fe、Mg、Cu、Na、K、Ti，其含量占岩浆岩的 99.25%。

（2）矿物成分　组成岩浆岩的矿物，根据颜色，可分为浅色矿物和深色矿物两类：常见的浅色矿物有石英、正长石、斜长石及白云母等；常见的深色矿物有黑云母、角闪石、辉石及橄榄石等。

（3）根据 SiO_2 的含量，岩浆岩可分为下面几类：

①酸性岩类（SiO_2 含量>65%）：矿物成分以石英、正长石为主，并含有少量的黑云母和角闪石。岩石的颜色浅，比重小。常见岩石有：花岗岩、花岗斑岩、流纹岩。

②中性岩类（SiO_2 含量 52%～65%）：矿物成分以正长石、斜长石、角闪石为主，并含有少量的黑云母及辉石。岩石的颜色比较深，比重比较大。常见岩石有：正长岩、正长斑岩、粗面岩、闪长岩、闪长玢岩、安山岩。

③基性岩类（SiO_2 含量 45%～52%）：矿物成分以斜长石、辉石为主，含有少量的角闪石及橄榄石。岩石的颜色深，比重也比较大。常见岩石有：辉长岩、辉绿岩、玄武岩。

④超基性岩类（SiO_2<45%）：矿物成分以橄榄石、辉石为主，其次有角闪石，一般不含硅铝矿物。岩石的颜色很深，比重很大。

2. 岩浆岩的结构和构造

（1）结构

岩浆岩的结构，是指组成岩石的矿物的结晶程度、晶粒大小、晶体形状及其相互结合的情况。

①按岩石中矿物的结晶程度划分（图 3-2）

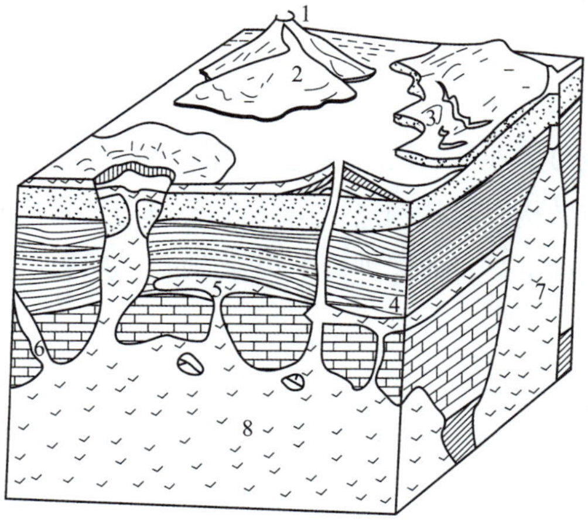

图 3-1　岩浆侵入体和喷出体示意图

1-火山锥；2-熔岩流；3-岩被；4-岩床；5-岩盘；6-岩墙；7-岩株；8-岩基

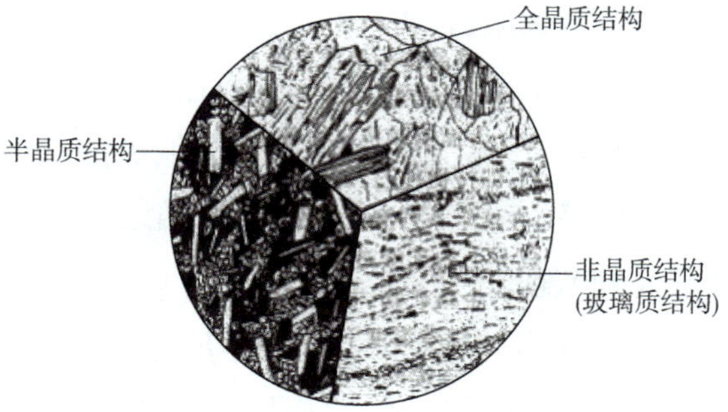

图 3-2　按结晶程度划分三种结构

a. 全晶质结构：岩石全部由结晶矿物组成。它通常是侵入岩特有的结构，如花岗岩、正长岩。

b. 半晶质结构：岩石由结晶矿物和非晶质矿物组成。它主要为浅成岩具有的结构，有时在喷出岩中也能见到，如流纹岩。

c. 非晶质结构（玻璃质结构）：岩石全部由非晶质矿物组成，又称玻璃质结构。它为喷出岩特有的结构，如浮岩、黑曜岩。

②按岩石中矿物的晶粒大小划分

a. 显晶质结构：岩石全部由结晶较大的矿物组成，用肉眼或放大镜即可辨认。

b. 隐晶质结构：岩石全部由结晶微小的矿物组成，用肉眼和放大镜均看不见晶粒，只有在显微镜下可识别。

c. 玻璃质结构：岩石全部由非晶质矿物所组成，均匀致密似玻璃。

③按岩石中矿物晶粒的相对大小划分

a. 等粒结构：岩石中的矿物全部是显晶质颗粒，同种主要矿物结晶颗粒大小大致相等的结构。等粒结构是深成岩特有的结构。

b. 不等粒结构：岩石中同种主要矿物结晶颗粒大小不等，相差悬殊。其中晶形完好、颗粒粗大的称为斑晶，小的称为石基。这种结构多见于深成侵入岩边部或浅成侵入岩中。按其颗粒相对大小又可分为：斑状结构（石基为隐晶质或玻璃质，此结构是浅成岩或喷出岩的重要特征）和似斑状结构（石基为显晶质，此结构多见于深成岩体的边缘或浅成岩中）。

（2）构造

岩浆岩的构造，是指矿物在岩石中排列和充填方式所反映出来的外貌特征。常见的岩浆岩构造有以下几类。

①块状构造：矿物在岩石中分布比较均匀，无定向排列的现象。这种构造在深成岩中分布最广，如花岗岩、闪长岩、辉长岩等。

②流纹状构造：岩石中不同颜色的条纹、拉长的气孔以及长条形矿物沿一定方向排列所形成的流动状构造。这种构造是流纹岩等喷出岩所具有的构造。它反映岩浆喷出地表后流动的痕迹。

③气孔状构造：岩浆喷出地表后，由于压力急剧降低，岩浆凝固时，挥发性气体未能及时逸出，以致在岩石中留下许多圆形、椭圆形或长管形的孔洞。气孔状构造常为玄武岩、浮岩等喷出岩所具有。

④杏仁状构造：岩石中的气孔，为后期矿物（如方解石、石英等）充填所形成的一种形似杏仁的构造，如某些玄武岩和安山岩的构造。

3. 常见的岩浆岩

（1）花岗岩　属于酸性岩类，是深成侵入岩。多呈肉红、浅灰、灰白等色。矿物成分主要为石英和正长石，其次有黑云母、角闪石和其他矿物，全晶质等粒结构，块状构造。花岗岩分布广泛，性质均匀坚固，是良好的建筑物地基和天然建筑装饰石料。但是，在花岗岩地区进行工程建设时，要特别注意其风化程度和节理发育情况。

（2）流纹岩　属于酸性岩类，是喷出岩。呈岩流状产出，颜色一般较浅，常呈灰白、灰红、浅黄褐等色。矿物成分同花岗岩，具典型的流纹构造，隐晶质斑状结构。细小的斑晶常由石英或长石组成，基质多由隐晶质和玻璃质矿物组成。

（3）正长岩　属于中性岩类，是深成侵入岩。多呈肉红色、浅灰或浅黄色，全晶质等粒结构，块状构造。主要矿物成分为正长石，其次为黑云母和角闪石，一般石英含量极少。其物理力学性质与花岗岩相似，但不如花岗岩坚硬，且易风化。

（4）粗面岩　属于中性岩类，是喷出岩。常呈浅灰、浅褐黄或淡红色，斑状结构，斑晶为正长石，石基多为隐晶质，具细小孔隙，表面粗糙。

（5）闪长岩　属于中性岩类，是深成侵入岩。呈灰白、深灰至黑灰色。主要矿物为斜长石和角闪石，其次有黑云母和辉石，全晶质等粒结构，块状构造。闪长岩结构致密，强度高，且具有较高的韧性和抗风化能力，是良好的建筑石料。

（6）安山岩　属于中性岩类，是喷出岩。呈灰色、紫色或灰紫色，斑状结构，斑晶常为斜长石。气孔状或杏仁状构造，安山岩与粗面岩在颜色、外观上较为接近，但不具粗面岩的粗糙感。

（7）辉长岩　属于基性岩类，是深成侵入岩。呈灰黑至黑色，全晶质等粒结构，块状构造。主要矿物为斜长石和辉石，其次有橄榄石、角闪石和黑云母。辉长岩强度高，抗风化能力强。

（8）玄武岩　属于基性岩类，是喷出岩。呈灰黑至黑色。主要矿物成分与辉长岩相同。呈隐晶质细粒或斑状结构，气孔或杏仁状构造。玄武岩致密坚硬、性脆，强度很高，具有抗磨损、耐酸性强的特点。

（二）沉积岩的物质组成、结构与构造

沉积岩是早期出露地表的各种岩石经过风化、剥蚀、搬运、沉积、硬结成岩等作用形成的岩石。它是地表面分布最广的一种岩石，体积占地壳的5%，出露面积约占陆地表面积的75%。

1. 沉积岩的物质组成

沉积岩主要由陆源碎屑物质、黏土矿物、化学沉积矿物和有机质及生物残骸等物质组成。

（1）陆源碎屑物质　由先成岩石经物理风化作用产生的碎屑物质组成。

（2）黏土矿物　主要是一些由含铝硅酸盐类矿物组成的岩石，经化学风化作用形成的次生矿物。如高岭石、伊利石及蒙脱石等。这类矿物的颗粒极细（粒径<0.005mm），具有很大的亲水性、可塑性及膨胀性。

（3）化学沉积矿物　是由纯化学作用或生物化学作用从溶液中沉积结晶产生的沉积矿物。

（4）有机质及生物残骸　由生物残骸或经有机化学变化而成的物质。

在沉积岩的组成物质中还有胶结物，而碎屑岩类岩石物理力学性质的好坏，与其胶结物有密切关系。常见的胶结物有以下几种：

①硅质：胶结成分为石英及其他二氧化硅。颜色浅，强度高。

②铁质：胶结成分为铁的氧化物及氢氧化物。颜色深，呈红色，强度仅次于硅质胶结。

③钙质：胶结成分为碳酸钙一类的物质。颜色浅，强度比较低，具有可溶性。

④泥质：胶结成分为黏土。多呈黄褐色，胶结松散，强度低，易湿软、风化。

同一种胶结物胶结的岩石，若胶结方式不同，岩石强度差异也很大。常见的胶结方式有基底式胶结、孔隙式胶结和接触式胶结三种（图3-3）。碎屑颗粒互不接触，散布于胶结物中，称为基底式胶结。它胶结紧密，岩石孔隙度小，较其他胶结方式的岩石强度高，其强度和稳定性完全取决于胶结物的成分。碎屑颗粒之间直接接触，胶结物充填于碎屑间的孔隙中，称为孔隙式胶结。其工程性质与碎屑颗粒成分、形状及胶结物成分都有关系，强度变化较大。碎屑颗粒之间直接接触，只在颗粒接触处有胶结物联结，其余颗粒间孔隙未被胶结物充填，称为接触式胶结。接触胶结的岩石，一般都是孔隙度大、重度小、吸水率高、强度低，透水性强。

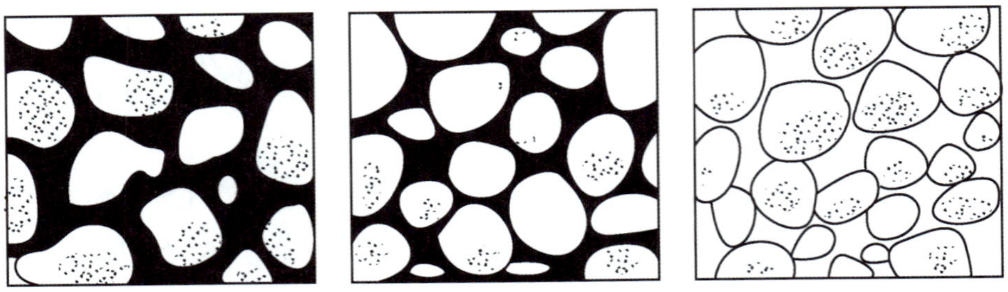

a)基底式胶结　　b)孔隙式胶结　　c)接触式胶结

图 3-3 沉积岩的胶结类型

2. 沉积岩的结构和构造

（1）结构

沉积岩的结构是指沉积岩的组成物质的颗粒大小、形状及结晶程度。按组成物质、颗粒大小及形状等方面的特点，一般分为碎屑结构、泥质结构、结晶结构及生物结构四种。

①碎屑结构：由碎屑物质被胶结物胶结而成，是沉积岩所特有的结构。按碎屑粒径的大小可分为：

a. 砾状结构：碎屑粒径> 2mm。碎屑有棱角者，称为角砾状结构；碎屑呈浑圆状或具有一定磨圆度者，称为砾状结构。

b. 砂质结构：碎屑粒径介于0.05~2mm。其中0.5~2mm的为粗粒结构，如粗粒砂岩；0.25~0.5mm的为中粒结构，如中粒砂岩；0.05~0.25mm的为细粒结构，如细粒砂岩。

c. 粉砂质结构：碎屑粒径介于0.005~0.05mm，如粉砂岩。

②泥质结构：由粒径< 0.005mm的黏土矿物颗粒组成，是泥岩、页岩等黏土岩的主要结构。

③结晶结构：由溶液中沉淀或经重结晶所形成的结构，是石灰岩、白云岩等化学岩的主要结构。

④生物结构：由生物遗体或碎片所组成，如贝壳结构、珊瑚结构等，是生物化学岩所具有的结构。

（2）构造

沉积岩的构造是指其组成部分的空间分布及其相互间的排列关系。沉积岩最主要的构造是层理构造、层面构造和化石。

①层理构造：先后沉积的物质在颗粒大小、形状、颜色和成分上发生变化，从而显示出来的成层现象，称为层理构造。

层与层之间的界面，称为层面。上下两个层面间连续不断沉积所形成的岩石，称为岩层。一个岩层上下层面之间的垂直距离，称为岩层的厚度。

岩层按厚度可分为块状（> 1m）、厚层（0.5~1m）、中厚层（0.1~0.5m）和薄层（< 0.1m），大厚度岩层中所夹的薄层，称为夹层。有些岩层一端较厚，而另一端逐渐变薄以至消失，这种现象称为尖灭。若在不大的距离内两端都尖灭，而中间较厚则称为透镜体。

当层理与层面延长方向相互平行时，称为平行层理。其中，当层理面平直时称为水平层理，当层理面波状起伏时称为波状层理。当层理与层面斜交时称为斜层理。若是多组不同方向的斜交层理相互交错，则称为交错层理。

②层面构造：层面上有时还保留有反映沉积岩形成时的某些特征，如波痕、泥裂、雨痕等，称为层面构造。

a. 波痕：沉积过程中，沉积物由于受风力或水流的波浪作用，在沉积岩层面上遗留下来的波浪痕迹。

b. 泥裂：黏土沉积物表面，由于失水收缩而形成不规则的多边形裂缝。

c. 雨痕：沉积物表面经受雨点、冰雹打击后遗留下来的痕迹。

③化石：在沉积岩中经过石化交替作用保存下来的动植物的遗骸和痕迹，如蚌壳、三叶虫、树叶等。根据化石可以推断岩石形成的地理环境和地质年代。化石是沉积岩的重要特征。

3. 常见的沉积岩

（1）砾岩及角砾岩　砾状结构，由 50%以上粒径> 2mm的粗大碎屑胶结而成，黏土含量< 25%。碎屑为砾石的称为砾岩；碎屑为角砾的称为角砾岩。

（2）砂岩　砂质结构，由 50%以上粒径介于0.05~2mm的砂粒胶结而成，黏土含量< 25%。砂岩分布很广，易于开采加工，是工程上广泛采用的建筑石料。

（3）粉砂岩　粉砂质结构，常有清晰的水平层理。由 50%以上粒径介于0.005~0.05mm的粉砂胶结而成，黏土含量< 25%，结构较疏松，强度和稳定性不高。

（4）页岩　是由黏土脱水胶结而成，以黏土矿物为主，大部分有明显的薄层理，呈页片状。页岩岩性软弱，易风化成碎片，强度低，与水作用易于软化而丧失稳定性。

（5）泥岩　成分与页岩相似，常呈厚层状，吸水性强，遇水后易软化。

（6）石灰岩　也称灰岩。矿物成分以方解石为主，其次含有少量的白云石和黏土矿物，结晶结构。常呈深灰、浅灰色，纯质灰岩呈白色。石灰岩分布相当广泛，岩性均一，易于开采加工，是一种用途很广的建筑石料。

（7）白云岩　主要矿物成分为白云石，也含有方解石和黏土矿物，结晶结构。纯质白云岩为白色，随所含杂质的不同，可呈现不同的颜色。性质与石灰岩相似，但强度和稳定性比石灰岩高，是一种良好的建筑石料。

（8）泥灰岩　标准的泥灰岩含50%~75%的方解石，25%~50%的黏土物质。泥灰岩常产于石灰岩和黏土岩的过渡地带，夹于薄石灰岩或黏土岩之中，呈透镜状或薄层状产出。

（三）变质岩的物质组成、结构与构造

地壳内部原有的岩石（岩浆岩、沉积岩），由于受到高温、高压及化学成分加入的影响，改变原来的矿物成分和结构、构造，形成新的岩石，称为变质岩。

1. 变质岩的矿物成分

变质岩的矿物成分可分为两大类：一类是与岩浆岩、沉积岩所共有的，如石英、长石、云母、角闪石、辉石、方解石等，它们大多是原岩残留下来的，有的是在变质作用中形成的；另一类是在变质作用中产生的变质岩所特有的矿物，以此将变质岩与其他岩石区别开来，如石墨、滑石、蛇纹石、石榴子石、绿泥石、绢云母、硅灰石、蓝晶石、红柱石等，称为变质矿物。

2. 变质岩的结构和构造

（1）结构

岩石在变质过程中，由于矿物的重结晶和新矿物的生成，相应地也要出现一些新的结构。变质岩的结构是指变质岩的变质程度、颗粒大小和连接方式，分为下列主要结构：

①变余结构：有些岩石经过变质以后，原岩的矿物成分和结构特征一部分被保留下来，即构成变余结构。

②变晶结构：原来岩石基本上在固态条件下，由重结晶作用形成的结晶质结构，岩石均为全晶质。

③碎裂结构：指岩石受挤压应力作用，矿物发生弯曲、破裂，甚至粉碎后，又被黏结在一起形成的结构。碎裂结构具有明显的条带和片理。

（2）构造

变质岩的构造是指变晶矿物集合体之间的分布与充填方式。可分为下列几种：

①板状构造：岩石中矿物颗粒细小，肉眼不能分辨，片理面平直，沿片理面偶有绢云母、绿泥石出现，光泽微弱，易沿片理面裂开成厚度一致的薄板，如板岩。

②千枚状构造：岩石中矿物颗粒细小，肉眼难以分辨，片理面较平直，沿片理面有绢云母出现，呈丝绢光泽，易沿片理面劈成薄片状，如千枚岩。

③片状构造：岩石中含有大量片状、板状或柱状矿物，沿片理面富集，平行排列，光泽较强，沿片理面易剥开成不规则的薄片，如云母片岩。

④片麻状构造：岩石由粒状矿物和片状或柱状矿物相间平行排列，呈条带状，沿片理面不易劈开，如片麻岩。

⑤块状构造：岩石由粒状结晶矿物组成，无定向排列，呈均匀分布，也不能定向裂开，如大理岩、石英岩等。

板状、千枚状、片状、片麻状等片理构造是变质岩所特有的，是识别变质岩的显著标志。

3. 常见的变质岩

（1）片麻岩　具典型的片麻状构造，变晶或变余结构，一般晶粒粗大，肉眼可以辨识。主要矿物为石英和长石，其次有云母、角闪石、辉石等，此外有时含有少许石榴子石等变质矿物。因具片理构造，故较易风化。

（2）片岩　具片状构造，变晶结构。矿物成分主要是一些片状矿物，如云母、绿泥石、滑石等，此外尚含有少许石榴子石等变质矿物。片岩的片理一般比较发育，片状矿物含量高，强度低，抗风化能力差，极易风化剥落。

（3）千枚岩　结晶程度比片岩差，晶粒极细，肉眼不能直接辨别，片理面常有微弱的丝绢光泽，外表常呈黄绿、褐红、灰黑等色。矿物成分主要为石英、绢云母、绿泥石等。千枚岩的质地松软，强度低，抗风化能力差，容易风化剥落。

（4）板岩　具板状构造，变余结构，有时具变晶结构。矿物颗粒细小，主要由绢云母、石英、绿泥石和黏土组成。常为深灰至黑灰色，也有绿色及紫色。易裂开成薄板。打击时有清脆之声，可与页岩区别。能加工成各种尺寸的石板。板岩在水的长期作用下易于软化、泥化形成软弱夹层。

（5）大理岩　由石灰岩或白云岩经重结晶变质而成，等粒变晶结构，块状构造。主要矿物成分为方解石。大理岩常呈白色、浅红色、淡绿色、深灰色以及其他各种颜色，常因含有其他带色杂质而呈现出美丽的花纹。大理岩强度中等，易于开采加工，色泽美丽，是一种很好的建筑装饰石料。

（6）石英岩　等粒变晶结构，块状构造。石英岩强度很高，抵抗风化的能力很强，是良好的建筑石料，但硬度很高，开采加工相当困难。

考点三：岩石的工程地质性质

岩石的工程地质性质包括物理性质、水理性质和力学性质三个主要方面。

（一）岩石工程地质性质的常用指标

1. 岩石的物理性质

（1）岩石的密度（ρ）

岩石单位体积的质量称为岩石的密度。可用下式表示：

$$\rho = \frac{m}{V} \tag{3-1}$$

岩石孔隙中完全没有水存在时的密度，称为干密度。岩石中孔隙全部被水充满时的密度，称为岩石的饱和密度。常见岩石的密度为2.3~2.8g/cm^3。

（2）岩石的相对密度（D，无因次）

岩石的相对密度，是固体岩石的质量m_s与同体积4℃水的质量$V_s\rho_w$的比值。

$$D = \frac{m_s}{V_s\rho_w} = \frac{\rho_s}{\rho_w} \tag{3-2}$$

岩石相对密度的大小，取决于组成岩石的矿物的相对密度及其在岩石中的相对含量。常见的岩石，其相对密度一般介于2.5~3.3之间。

（3）岩石的孔隙率（n）

岩石的孔隙率（或孔隙度）是指岩石中孔隙、裂隙的体积V_v与岩石总体积V之比值，常以百分数表示，即

$$n = \frac{V_v}{V} \times 100\% \tag{3-3}$$

岩石孔隙率的大小，主要取决于岩石的结构和构造，同时也受风化或构造作用等因素的影响。一般坚硬岩石的孔隙率小于2%~3%，但砾岩、砂岩等多孔岩石，则经常具有较大的孔隙率。

（4）岩石的吸水率

岩石的吸水率（W_1）是指在常压条件下岩石的吸水能力，以该条件下岩石所吸水分质量m_{W_1}与干燥岩石质量m_S之比，用百分数表示，即

$$W_1 = \frac{m_{W_1}}{m_S} \times 100\% \tag{3-4}$$

岩石的饱水率（W_2）是指在高压（15MPa）或真空条件下岩石的吸水能力，以该条件下岩石所吸水分质量与干燥岩石质量之比，用百分数表示。

岩石的吸水率与饱水率的比值，称为岩石的饱水系数。饱水系数越大，岩石的抗冻性越差。一般认为饱水系数小于 0.8 的岩石是抗冻的。

2. 岩石的水理性质

岩石的水理性质，是指岩石与水作用时的性质，如透水性、溶解性、软化性、抗冻性等。

（1）岩石的透水性

岩石的透水性，是指岩石允许水通过的能力。岩石的透水性用渗透系数（K）来表示。渗透系数等于水力坡降为 1 时，水在岩石中的渗透速度，其单位用m/d或cm/s表示。

（2）岩石的溶解性

岩石的溶解性，是指岩石溶解于水的性质，常用溶解度或溶解速度来表示。

（3）岩石的软化性

岩石的软化性，是指岩石在水的作用下，强度及稳定性降低的一种性质。岩石软化性的指标是软化系数。它等于岩石在饱水状态下的极限抗压强度与岩石在风干状态下极限抗压强度的比值。其值越小，表示岩石在水作用下的强度和稳定性越差。未受风化作用的岩浆岩和某些变质岩，软化系数大都接近于1，是弱软化的岩石，其抗水、抗风化和抗冻性强；软化系数小于 0.75 的岩石，认为是强软化的岩石，

工程性质比较差。

（4）岩石的抗冻性

岩石抵抗孔隙中的水因结冰导致体积膨胀而产生的压力的能力，称为岩石的抗冻性。在冰冻地区，抗冻性是评价岩石工程性质的一个重要指标。

岩石的抗冻性，有不同的表示方法，一般用岩石的抗冻试验前后抗压强度的降低率表示。抗压强度降低率小于20%~25%的岩石，认为是抗冻的；大于 25%的岩石，认为是非抗冻的。

3. 岩石的力学性质

（1）岩石的强度指标

岩石的强度指标主要有抗压强度、抗拉强度和抗剪强度。

①抗压强度（f_r）：岩石在单向压力作用下，抵抗压碎破坏的能力，为岩石抗压强度，即

$$f_r = \frac{P_F}{A} \tag{3-5}$$

式中：f_r ——岩石抗压强度（kPa）；

P_F ——岩石受压破坏时总压力（kN）；

A ——岩石受压面积（m^2）。

②抗拉强度（σ_t）：岩石单向拉伸时，抵抗拉断破坏的能力称为岩石的抗拉强度，即

$$\sigma_t = \frac{P_t}{A} \tag{3-6}$$

式中：σ_t ——岩石抗拉强度（kPa）；

P_t ——岩石在受拉破坏时总拉力（kN）；

A ——岩石受拉面积（m^2）。

③抗剪强度（τ）：岩石抵抗剪切破坏的能力称为岩石的抗剪强度。它又可分抗剪断强度、抗剪强度和抗切强度。

抗剪断强度是指在垂直压力作用下的岩石剪断强度，即

$$\tau = \sigma \tan\varphi + c \tag{3-7}$$

式中：τ ——岩石抗剪断强度（kPa）；

σ ——破裂面上的法向应力（kPa）；

φ ——岩石的内摩擦角（°）；

$\tan\varphi$ ——岩石的摩擦系数；

c ——岩石的黏聚力（kPa）。

抗剪强度是沿已有的破裂面发生剪切滑动时的指标，即

$$\tau = \sigma \tan\varphi \tag{3-8}$$

抗切强度是指压应力等于零时的抗剪断强度，即

$$\tau = c$$

岩石的抗压强度最高，抗剪强度居中，抗拉强度最小。岩石越坚硬，其值相差越大。岩石的抗剪强度和抗压强度是评价岩石稳定性的重要指标。

常见岩石的抗压、抗剪及抗拉强度，见表 3-3。

常见岩石的抗压、抗剪及抗拉强度（单位：MPa）　表 3-3

岩石名称	抗压强度	抗剪强度	抗拉强度
花岗岩	100~250	14~50	7~25
闪长岩	150~300		15~30
辉长岩	150~300		15~30
玄武岩	150~300	20~60	10~30
砂岩	20~170	8~40	4~25
页岩	5~100	3~30	2~10
石灰岩	30~250	10~50	5~25
白云岩	30~250		15~25
片麻岩	50~200		5~20
板岩	100~200	15~30	7~20
大理岩	100~250		7~20
石英岩	150~300	20~60	10~30

（2）岩石的变形指标

岩石的变形指标主要有弹性模量、变形模量和泊松比。

①弹性模量（E）：应力与弹性应变的比值称岩石的弹性模量，即

$$E=\frac{\sigma}{\varepsilon_e} \tag{3-9}$$

②变形模量（E_0）：应力与总应变（ε_e—弹性应变、ε_p—塑性应变）的比值称为岩石的变形模量，即

$$E_0=\frac{\sigma}{\varepsilon_e+\varepsilon_p}=\frac{\sigma}{\varepsilon} \tag{3-10}$$

③泊松比（μ）：岩石在轴向压力作用下的横向应变和纵向应变的比值，称为泊松比，即

$$\mu=\frac{\varepsilon_x}{\varepsilon_y} \tag{3-11}$$

岩石的泊松比一般在0.2~0.4之间。

（二）影响岩石工程地质性质的因素

影响岩石工程地质性质的因素，一是岩石自身的内在条件所决定的，如岩石的矿物成分、结构、构造；二是来自外部的客观因素，如水的作用及风化作用等。

1. 矿物成分

组成岩石的矿物成分对岩石的工程性质有直接影响。一般来说，组成岩石的矿物硬度大，则岩石的强度较高；岩石的相对密度大，则岩石的强度大。但也不能简单地认为，含有高强度矿物的岩石，其强度一定就高。因为岩石受力作用后，内部应力是通过矿物颗粒的直接接触来传递的，如果强度较高的矿物在岩石中互不接触，则应力的传递必然会受中间低强度矿物的影响，岩石不一定就能显示出高的强度。

2. 结构

岩石的结构特征也是影响岩石物理力学性质的一个重要因素。结晶联结的岩石比胶结联结的岩石具有较高的强度和稳定性。结晶联结的岩石，结晶颗粒的大小对岩石的强度有明显影响。一般结晶颗粒

小的岩石强度大于结晶颗粒大的岩石强度。胶结联结的岩石，其强度和稳定性主要决定于胶结物的成分和胶结的形式，同时也受碎屑成分的影响，变化很大。就胶结物的成分来说，硅质胶结的强度和稳定性高，泥质胶结的强度和稳定性低，铁质和钙质胶结的介于两者之间。如泥质胶结的砂岩，其抗压强度一般只有60~80MPa，钙质胶结的可达120MPa，而硅质胶结的则可高达170MPa。

胶结联结的形式，有基底胶结、孔隙胶结和接触胶结三种（见图 3-3 及相关说明）。

3. 构造

矿物成分在岩石中分布的不均匀性和岩石结构的不连续性决定了岩石物理力学性质。前者是指某些岩石所具有的片状构造、板状构造、千枚状构造、片麻构造以及流纹构造等，这些构造使矿物成分在岩石中的分布极不均匀，一些强度低、易风化的矿物，多沿一定方向富集，或呈条带状分布，或呈局部的聚集体，从而使岩石的物理力学性质在局部发生很大变化。后者是指岩石中存在着层理、裂隙和各种成因的孔隙，致使岩石结构的连续性与整体性受到一定程度的影响，从而使岩石的强度和透水性在不同的方向上发生明显的差异。一般来说，垂直层面的抗压强度大于平行层面的抗压强度，平行层面的透水性大于垂直层面的透水性。假如上述两种情况同时存在，则岩石的强度和稳定性将会明显降低。

4. 水

当岩石受到水的作用时，水就沿着岩石中孔隙、裂隙浸入，削弱矿物颗粒间的联结，使岩石的强度降低。当其他条件相同时，孔隙度大的岩石，被水饱和后其强度降低的幅度也大。

5. 风化

风化作用能促使岩石的结构、构造和整体性遭到破坏，孔隙度增大，重度减小，吸水性和透水性显著提高，甚至改变化学成分，使岩石的强度和稳定性大为降低。

例 题 解 析

例题 1 以下矿物中，硬度最高的是（　　）。

A. 正长石　　B. 石英　　C. 云母　　D. 方解石

答案： B

解析： 见考点一。矿物硬度对比的标准，从软到硬依次由下列 10 种矿物组成，称为摩氏硬度计。

滑石（1）<石膏（2）<方解石（3）<萤石（4）<磷灰石（5）<正长石（6）<石英（7）<黄玉（8）<刚玉（9）<金刚石（10）。

例题 2 ［2019 年试题 24］按成因，岩石可分为（　　）。

A. 岩浆岩、沉积岩、变质岩

B. 岩浆岩、变质岩、花岗岩

C. 沉积岩、酸性岩、黏土岩

D. 变质岩、碎屑岩、岩浆岩

答案： A

解析： 见考点二。岩石按组成，分为单矿岩、复矿岩；按成因，可分为岩浆岩、沉积岩和变质岩三大类。

例题 3 ［2019 年试题 25］根据组成沉积岩的物质成分，通常把沉积岩分为（　　）。

A. 黏土岩类、化学岩类、生物岩类

B. 碎屑岩类、黏土岩类、生物岩类

C. 晶土岩类、化学岩类、生物化学岩类

D. 碎屑岩类、黏土岩类、化学及生物化学岩类

答案： D

解析： 见考点二。沉积岩主要由陆源碎屑物质、黏土矿物、化学沉积矿物、有机质及生物残骸等物质组成。按组成物质、颗粒大小及形状等方面的特点，一般分为碎屑结构、泥质结构、结晶结构及生物结构四种。

例题 4 ［2019 年试题 26］同一岩石的各种强度中，最大的是（　　）。

A. 抗压强度　　B. 抗剪强度　　C. 抗弯强度　　D. 抗拉强度

答案： A

解析： 见考点三。岩石的抗压强度最高，抗剪强度居中，抗拉强度最小。岩石越坚硬，其值相差越大。岩石的抗剪强度和抗压强度是评价岩石稳定性的重要指标。

例题 5 ［2020 年试题 2］下列岩石为变质岩的是（　　）。

A. 花岗岩　　B. 片麻岩　　C. 流纹岩　　D. 泥岩

答案： B

解析： 见考点二。常见的变质岩有：片麻岩、片岩、千枚岩、板岩、理岩、石英岩。

例题 6 ［2020 年试题 25］下列全部属于岩浆岩构造类型的是（　　）。

A. 板状、块状、流纹状、杏仁状

B. 片麻状、流纹状、气孔状、杏仁状

C. 块状、流纹状、气孔状、杏仁状

D. 千枚状、流纹状、气孔状、杏仁状

答案： C

解析： 见考点二。岩浆岩的构造，是指矿物在岩石中排列和充填方式所反映出来的外貌特征。常见的岩浆岩构造有以下几类：块状构造、流纹状构造、气孔状构造、杏仁状构造。

例题 7 ［2020 年试题 26］结晶联结的岩石，结晶颗粒的大小与岩石强度有一定关系，一般晶粒越大强度（　　）。

A. 越小　　B. 越大　　C. 不变化　　D. 无规律

答案： A

解析： 见考点三。结晶联结的岩石，结晶颗粒的大小对岩石的强度有明显影响。一般是结晶颗粒小的岩石强度大于结晶颗粒大的岩石强度，如粗粒花岗岩的抗压强度比细粒花岗岩的抗压强度小。

例题 8 ［2021 年试题 24］玄武岩属于岩浆岩，按其 SiO_2 含量属于（　　）。

A. 基性岩类　　B. 中性岩类　　C. 酸性岩类　　D. 超基性岩类

答案： A

解析： 见考点二。根据 SiO_2 的含量，岩浆岩可分为下面几类：①酸性岩类（SiO_2 含量>65%），常见岩石有：花岗岩、花岗斑岩、流纹岩。②中性岩类（SiO_2 含量 52%～65%），常见岩石有：正长岩、正长斑岩、粗面岩、闪长岩、闪长玢岩、安山岩。③基性岩类（SiO_2 含量 45%～52%），常见岩石有：辉长岩、辉绿岩、玄武岩。

例题 9 ［2021 年试题 25］岩石的工程地质性质包括（　　）。

A. 矿物成分、力学性质、吸水性质　　B. 力学性质、水理性质、抗冻性质
C. 物理性质、水理性质、力学性质　　D. 物理性质、化学性质、力学性质

答案： C

解析： 见考点三。岩石的工程地质性质主要包括物理性质、水理性质和力学性质三个方面。

例题 10 下列岩石中，最容易遇水软化的是（　　）。

A. 白云岩　　B. 砂岩　　C. 石灰岩　　D. 钙质页岩

答案： D

解析： 见考点二。页岩是由黏土脱水胶结而成，以黏土矿物为主，大部分有明显的薄层理，呈页片状。页岩岩性软弱，易风化成碎片，强度低，遇水易软化而丧失稳定性。并且，钙质页岩中含有较多的碳酸钙，会与水中的酸性物质发生反应，造成软化。

例题 11 下列构造中，不属于沉积岩的构造的是（　　）。

A. 片理　　B. 结核　　C. 斜层理　　D. 波痕

答案： A

解析： 见考点二。沉积岩主要的构造是层理构造（水平层理、斜层理、交错层理等），层面构造（波痕、泥裂、雨痕），化石及结核。变质岩的构造有：①板状构造，②千枚状构造，③片状构造，④片麻状构造，⑤块状构造。板状构造、千枚状构造、片状构造、片麻状构造统称为片理构造。

例题 12 黏土矿物产生于（　　）。

A. 岩浆作用　　B. 风化作用　　C. 沉积作用　　D. 变质作用

答案： B

解析： 见考点二。黏土矿物主要是一些由含铝硅酸盐类矿物组成的岩石，经化学风化作用形成的次生矿物。

自 测 模 拟

1. 沉积岩分类的关键因素是（　　）。

A. 结构特征　　B. 构造特征
C. 矿物成分　　D. 胶结物成分

2. 碎屑岩的胶结类型有（　　）。

①孔隙式；②基底式；③片理式；④板状式；⑤接触式

A. ①②③　　B. ②③④
C. ②③④⑤　　D. ①②⑤

3. 以下全部为岩浆岩结构类型的选项是（　　）。

A. 等粒结构、不等粒结构、生物结构
B. 变晶结构、变余结构、碎裂结构
C. 斑状结构、似斑状结构
D. 碎屑结构、泥质结构、化学结构

4. 下列岩石中为岩浆岩类的是（　　）。

A. 花岗岩　　B. 白云岩　　C. 千枚岩　　D. 大理岩

5. 条痕是指矿物的（　　）。

A. 固有颜色　　B. 粉末的颜色

C. 杂质的颜色　　D. 表面氧化物的颜色

6. 呈菱面体、白色、玻璃光泽、具 3 组完全解理、硬度为 3，且遇稀盐酸剧烈起泡的矿物是（　　）。

A. 石英　　B. 白云母　　C. 方解石　　D. 正长石

7. 地壳表面分布最广的岩石是（　　）。

A. 岩浆岩　　B. 玄武岩

C. 变质岩　　D. 沉积岩

参考答案

1. A　2. D　3. C　4. A　5. B　6. C　7.D

第二节　地质构造

考点分析

本节重点：地质作用、地质年代、岩层产状、水平构造、倾斜构造、褶皱构造、断裂构造、“V”字形法则、接触关系。以考核地质作用类型、区分地质年代单位和时间地层单位、判别地层的新老关系、产状三要素的概念和意义、褶皱和断裂构造的基本类型和野外识别、各种地质构造的工程地质评价和在地质图上的表现形式为主。

本节难点：沉积岩接触关系的判定、褶皱类型的识别、断层类型的识别、“V”字形法则的运用、地质图上辨别褶皱与断层的类型。

考点精讲

考点一：地壳运动及地质作用的类型

（一）地壳运动

地球作为一个天体，自形成以来就一直不停地运动着。地壳运动按其运动方向分为水平运动和垂直运动两种基本形式。水平运动是指地壳沿地表切线方向产生的运动；主要表现为岩石圈的水平挤压、拉伸及剪切，引起岩体的弯曲和断裂，可以形成巨大的褶皱山系、裂谷和大陆漂移等。垂直运动是指地壳沿地表法线方向产生的运动。主要表现为岩石圈的垂直上升或下降，引起地壳大面积的隆起和凹陷，形成海侵和海退等。水平运动和垂直运动是紧密联系的，在时间和空间上往往交替发生。

（二）地质作用

引起地壳物质组成、地壳结构和地表形态不断发生变化的作用，统称为地质作用。根据发生地质作用的能量来源，又分为内力地质作用和外力地质作用两种基本类型。

1. 内力地质作用

内力地质作用是指地球自转、重力和放射性元素蜕变等能量，在地壳深处产生的动力对地球内部及地表的地质作用。根据内动力地质作用方式的不同，可以分为构造运动、地震作用、岩浆及火山作用和变质作用四种类型。

（1）构造运动　使地壳发生变形、变位的动力作用，如地壳的垂直升降运动及水平运动。

（2）地震作用　是由地球内动力而引起的地壳岩石圈的快速颤动或波动。

（3）岩浆及火山作用　地球内部的高温、高压岩浆，由地下深处侵入地壳上部冷凝成岩，甚至喷出地表而形成火山及熔岩。

（4）变质作用　指地壳中的原岩受高温、高压及其他化学因素的作用，而使原有岩石的成分、结构、构造发生变化的作用。

2. 外力地质作用

外力地质作用是指来自地壳以外的能量在地壳表层所进行的各种地质作用。根据外力地质作用方式的不同，可以分为风化作用、剥蚀作用、搬运作用、沉积作用和固结成岩作用五种类型。

（1）风化作用　地壳表层岩石在太阳辐射、水、大气和生物等因素的共同作用下，发生物理和化学的变化，使岩石崩解破碎以致逐渐分解的作用，称为风化作用。

（2）剥蚀作用　地壳表层岩石受风力、地表流水、地下水、湖泊、海洋或冰川等动力作用，而遭受破坏并被剥离原地的作用，如风蚀作用、河流的侵蚀作用、地下水的潜蚀作用、冰川的刨蚀作用等。

（3）搬运作用　指风化、剥蚀后的岩石碎屑、胶体、分子或离子等不同状态的物质，被各种外动力和流水、风、冰川、地下水、海浪等以不同方式迁移或搬运到他处的过程。

（4）沉积作用　搬运过程中，由于搬运介质的物理及化学条件的改变导致被搬运物质堆积下来的现象。

（5）固结成岩作用　指使松散沉积物变成坚硬岩石的作用，包括胶结作用、压实作用和结晶作用。

上述各种内、外动力地质作用长期反复地进行，从而促使地壳不断地变化和发展，这就是地壳和地球的永恒运动。

考点二：地质年代表

地质学家根据几次大的地壳运动和生物界大的演变，把地质历史划分为五个“代”，每个代又分为若干“纪”，纪内因生物发展及地质情况不同，又进一步划分为若干“世”和“期”，以及一些更细的段落，这些统称为地质年代单位。在特定的时间间隔内所形成的岩石体，称为时间地层单位，它可以包括多种不同的岩石类型。与地质年代单位对应的时间地层单位列于表 3-4。

地质年代单位与时间地层单位　　表 3-4

地质年代单位	代	纪	世	期
时间地层单位	界	系	统	阶

第一个地质年代表是 1756 年由莱曼和以后的维尔纳提出的。现代的地质年代表是在 19 世纪发展起来的。

地壳运动和生物演化，在代、纪、世期间，世界各地都有普遍性的显著变化。所以，代、纪、世是国际通用的地质年代单位，次一级的单位只具有区域性或地区性的意义。

中国地质年代表，见表 3-5。

地质年代表 表 3-5

代		纪	世	距今年代（百万年）	主要地壳运动	主要现象
新生代 K_z		第四纪 Q	全新世Q_4 晚更新世Q_3 中更新世Q_2 早更新世Q_1			冰川广布，黄土沉积，地壳发育成现代形势 人类出现，发展
				2~3	喜马拉雅运动	
	第三纪 R	晚第三纪 N	上新世N_2 中新世N_1			地壳初具现代轮廓，哺乳类动物、鸟类急速发展，并开始分化
				25		
		早第三纪 E	渐新世E_3 始新世E_2 古新世E_1			
				70	燕山运动	
中生代 M_z		白垩纪 K	晚白垩世K_2 早白垩世K_1			地壳运动强烈，岩浆活动
				135		
		侏罗纪 J	晚侏罗世J_3 中侏罗世J_2 早侏罗世J_1			除西藏等地区外，中国广大地区已上升为陆地，恐龙极盛，出现鸟类
				180	印支运动	
		三叠纪 T	晚三叠世T_3 中三叠世T_2 早三叠世T_1	225	海西运动（华力西运动）	华北为陆地，华南为浅海，恐龙、哺乳类动物发育
古生代 P_z	上古生代 P_{z2}	二叠纪 P	晚二叠世P_2 早二叠世P_1			华北至此为陆地，华南为浅海。冰川广布，地壳运动强烈，间有火山爆发
				270		
		石炭纪 C	晚石炭世C_3 中石炭世C_2 早石炭世C_1			华北时陆时海，华南为浅海，陆生植物繁盛，珊瑚、腕足类、两栖类动物繁盛
				350		
		泥盆纪 D	晚泥盆世D_3 中泥盆世D_2 早泥盆世D_1			华北为陆地，华南为浅海，火山活动，陆生植物发育，两栖类动物发育，鱼类极盛
				400	加里东运动	
	下古生代 P_{z1}	志留纪 S	晚志留世S_3 中志留世S_2 早志留世S_1			华北为陆地，华南为浅海，局部地区火山爆发，珊瑚、笔石发育
				440		
	下古生代 P_{z1}	奥陶纪 O	晚奥陶世O_3 中奥陶世O_2 早奥陶世O_1			海水广布，三叶虫、腕足类、笔石极盛
				500		
		寒武纪∈	晚寒武世$\in_3$ 中寒武世$\in_2$ 早寒武世$\in_1$			浅海广布，生物开始大量发展，三叶虫极盛
				600	蓟县运动	

续上表

代		纪	世	距今年代（百万年）	主要地壳运动	主 要 现 象
元古代 P_t	晚元古代 P_{t2}	震旦纪 Z_z		700		浅海与陆地相间出露，有沉积岩形成，藻类繁盛
		青白口纪 Z_q		1000		
		蓟县纪 Z_j		1400		
		长城纪 Z_c		1800	吕梁运动	
	早元古代 P_{t1}			2500	五台运动	海水广布，构造运动及岩浆活动强烈，开始出现原始生命现象
太古代 A_r				3650	鞍山运动	
地球初期发展阶段				6000		

考点三：地质构造的类型、识别方法及其工程地质评价

构造运动在岩层和岩体中遗留下来的各种变形、变位形迹称为地质构造。地质构造分为水平构造、倾斜构造、垂直构造、褶皱构造和断裂构造等几种基本类型。

（一）岩层的产状

岩层的产状是指岩层在空间位置的展布状态。岩层产状用岩层面的走向、倾向和倾角三个要素的数值来表示。岩层产状通常是用地质罗盘仪在野外测量得到。任何面状构造或地质体界面的产状，都可用产状三要素来表示。

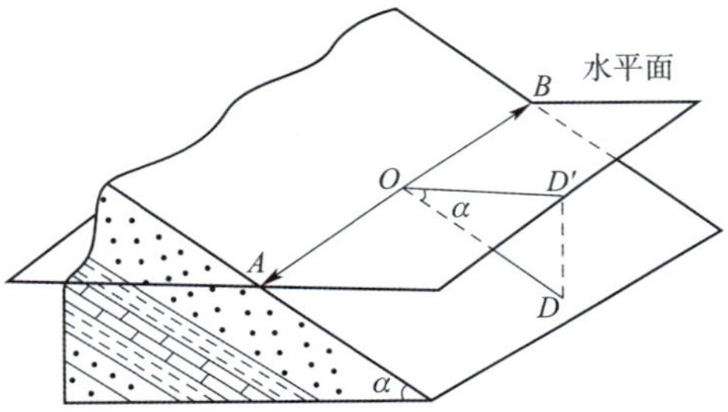

图 3-4　岩层的产状要素

AB-走向；OD'-倾向；α-倾角

1. 走向

岩层层面与水平面的交线称为岩层的走向线，走向线所指的方向就是岩层的走向。它表示了岩层在空间的水平延伸的方向，如图 3-4 中的AB直线。走向线两端延伸方向均是走向，彼此相差 180°。

2. 倾向

层面上与走向线垂直并沿斜面向下所引的直线叫倾斜线，它表示岩层的最大坡度；倾斜线在水平面上的投影所指示的方向称岩层的倾向（如图 3-4 中的OD'线），又称真倾向，真倾向只有一个。它表示岩层在空间的倾斜方向。岩层的走向和倾向相差 90°。

3. 倾角

层面上的倾斜线和它在水平面上投影的夹角（图 3-4 中的α），称倾角，又称真倾角；倾角表示岩层的倾斜程度。视倾斜线和它在水平面上投影的夹角称视倾角。真倾角只有一个，而视倾角可有无数个，任何一个视倾角都小于该层面的真倾角。

在地质图上，岩层产状要素用符号表示，常用符号有：⊤30°长线代表走向，短线代表倾向，度数是倾角，长短线必须按实际方位标绘在图上；┼岩层水平（倾角为0°~5°）；⊤↓岩层直立（倾角 > 85°），箭头指向较新岩层；↓70°岩层倒转，箭头指向倒转后的倾向。

（二）水平构造、直立构造与倾斜构造

1. 水平构造

先沉积的老岩层在下，后沉积的新岩层在上，形成产状近于水平的岩层称水平构造，亦称水平岩层

（图 3-5）。水平构造多分布在大范围内均匀抬升或下降的地区，如陕北的中生界地层等。

a)

b)

图 3-5 水平构造

2. 直立构造

岩层层面与水平面垂直或近于垂直时，称为直立构造，亦称直立岩层（图 3-6）。在强烈构造运动挤压下，常可形成直立岩层。

a)

b)

图 3-6 直立构造

3. 倾斜构造

岩层层面与水平面之间有一定夹角的岩层，称为倾斜构造，亦称倾斜岩层（图 3-7）。它常常是褶皱的一翼或断层的一盘，也可以是大区域内的不均匀抬升或下降所形成的。

图 3-7 倾斜构造

4. 水平构造、倾斜构造（岩层）对公路工程建设的影响

（1）岩层产状与公路工程的关系，如图 3-8 所示。

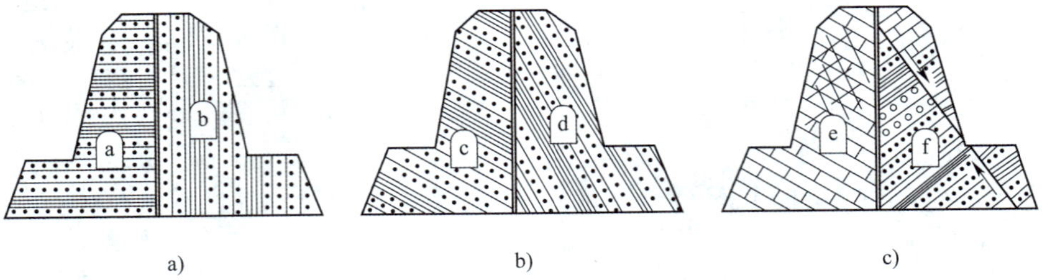

图 3-8　岩层产状与公路工程的关系

a、b、c-三种情况对公路边坡稳定有利；d、e-两种情况易形成边坡坍塌和滑动；f-这种情况极易形成滑坍

（2）岩层产状与隧道工程的关系，如图 3-9 所示。

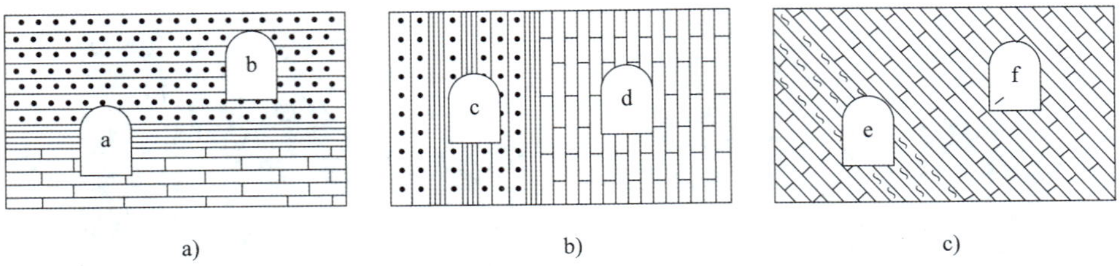

图 3-9　岩层产状与隧道工程的关系

a、c、e-三种岩层产状及岩性，布设隧道可能引起隧道边墙坍塌或顺层滑动；b、d、f-三种岩层产状及岩性，布设隧道一般是稳定的

（三）褶皱构造

组成地壳的岩层，受构造应力的强烈作用，使岩层形成一系列波状弯曲而未丧失其连续性，这种弯曲的地层形态称为褶皱构造。

1. 褶皱要素

褶皱构造形体的各个组成部分称为褶皱要素，它是用以描述和研究褶皱构造的形态特征和空间展布规律的。褶皱要素主要有核、翼、轴面、轴（线）、枢纽、转折端等（图 3-10）。

（1）核部　核部是褶皱的中心部分，通常指位于褶皱中央最内部的一个岩层。

（2）翼　泛指核部两侧的岩层。

（3）轴面　以褶皱顶平分两翼的面称为褶皱轴面。轴面是为了标定褶皱方位及产状而划定的一个假想面。轴面可以是直立的，也可以是倾斜的或平卧的。

（4）轴　轴面与水平面的交线称为褶皱的轴。轴的方向就是褶皱的延伸方向。轴的长度表示褶皱延伸的规模。

（5）枢纽　轴面与褶皱同一岩层层面的交线称为褶皱的枢纽。褶皱枢纽有水平的、倾斜的，也有波状起伏的。枢纽可以反映褶皱在延伸方向产状的变化情况。

（6）转折端　从一翼向另一翼过渡的弯曲部分。

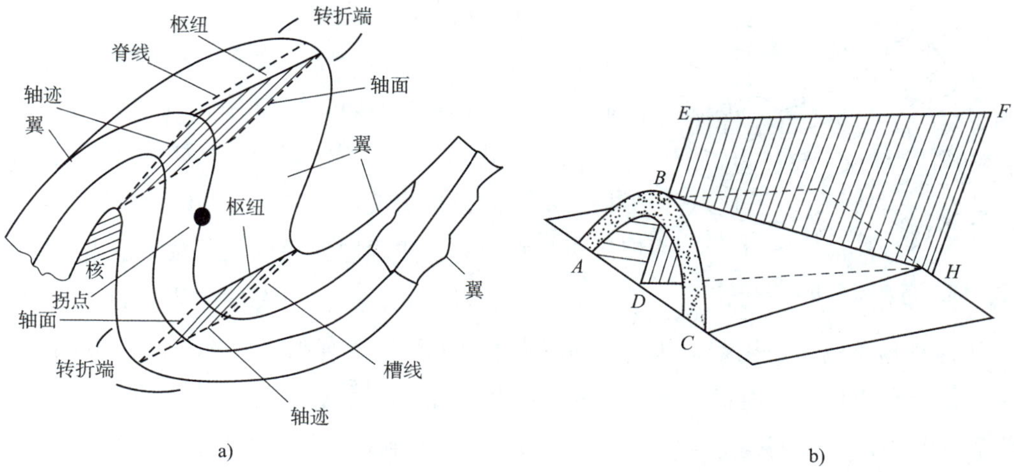

图 3-10　褶皱要素

ABC-所包围的内部岩层为核；*ABH*、*CBH*-翼；*DEFH*-轴面；*DH*-轴；*BH*-枢纽

2. 褶皱的基本形态

褶皱构造的基本形态是背斜和向斜（图 3-11）。

（1）背斜　岩层向上弯曲，核心部分岩层时代较老，两侧岩层依次变新并对称分布。

（2）向斜　岩层向下弯曲，核心部分岩层时代较新，两侧岩层依次变老并对称分布。

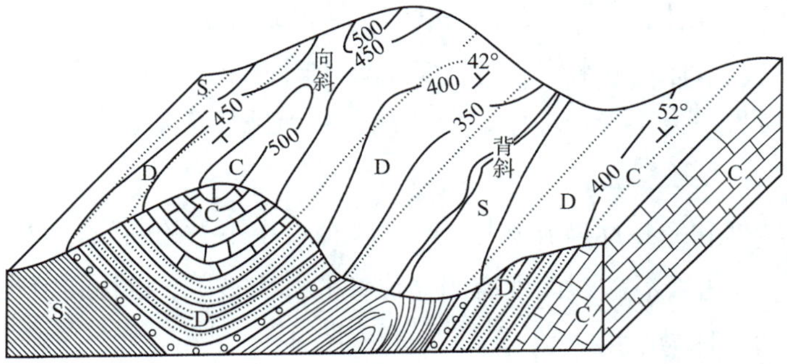

图 3-11　向斜和背斜

3. 褶皱构造的野外观察方法

在野外常采用穿越的方法和追索的方法来综合观察褶皱。

穿越法就是垂直岩层走向进行观察的方法。当岩层重复出现并对称分布时，肯定有褶皱构造，再根据岩层出露的层序及其新老关系，判断是背斜还是向斜，然后进一步分析两翼岩层的产状和两翼与轴面之间的关系，这样就可以判断褶皱的形态类型。

追索法就是平行岩层走向进行观察的方法。平行岩层走向进行追索观察，便于查明褶曲延伸的方向及其构造变化的情况。当两翼岩层在平面上彼此平行展布时为水平褶曲，如果两翼岩层在转折端闭合或呈“S”形弯曲时，则为倾伏褶曲。

穿越法和追索法，不仅是野外观察褶曲的主要方法，同时也是野外观察和研究其他地质构造现象的一种基本的方法。在实践中一般以穿越法为主，追索法为辅，根据不同情况，穿插运用。

4. 褶皱构造对工程建设的影响

（1）褶皱核部岩层由于受水平挤压作用，产生许多裂隙，直接影响岩体的完整。褶皱的核部是岩层强烈变形部位，变形强烈时，沿褶皱核部常有断层产生，造成岩石破碎或形成构造角砾岩带；地下水多聚积在向斜核部，背斜核部的裂隙也往往是地下水富集和流动的通道，必须注意岩层的坍落、漏水及涌

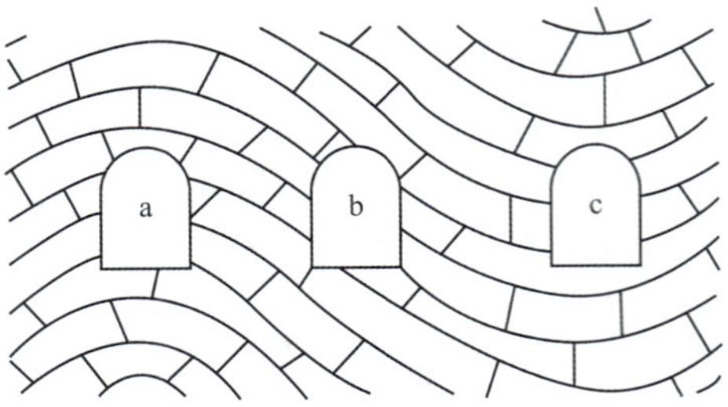

图 3-12 隧道布置与褶皱的关系

水问题；在石灰岩地区往往岩溶较为发育。由于岩层构造变形和地下水的影响，所以公路、隧道工程或桥梁工程在褶皱核部易遇到工程地质问题，如图 3-12 中 a、c 的位置。

（2）在翼部布置工程建筑物时，如果开挖边坡的走向近于平行岩层走向，且边坡坡向与岩层倾向一致，边坡坡角大于岩层倾角，则容易造成顺层滑动现象。尤其是当岩层中有软弱夹层，如云母片岩、滑石片岩等软弱夹层存在时，应慎重对待。

（3）对于深埋地下的隧道工程，从褶皱的翼部通过一般比较有利，如图 3-12 中 b 的位置。因为隧道通过均一岩层有利于稳定，而背斜顶部岩层受张力作用可能塌落，向斜核部则是储水较丰富的地段，但如果中间有松软岩层或软弱构造面时，则在顺倾向一侧的洞壁，有时会出现明显的偏压现象，甚至导致支撑破坏，发生局部坍塌。

（4）对于深挖路堑和高边坡来说，存在以下三种情况：

①有利情况：路线垂直于岩层走向，或路线与岩层走向平行但岩层倾向与边坡坡向相反时，就岩层产状与路线走向的关系而言，对路基边坡的稳定性是有利的。

②不利情况：路线与岩层走向平行，边坡坡向与岩层倾向一致，特别是松软岩石分布地区，坡面容易发生风化剥蚀，产生严重碎落坍塌，对路基边坡及路基排水系统造成经常性危害。

③最不利情况：路线与岩层走向平行，岩层倾向与路基边坡坡向一致，而且边坡的坡角大于岩层倾角，特别是在软硬岩互层，且有地下水作用时，如路堑开挖过深，边坡过陡，或者由于开挖使软弱构造面暴露，都容易引起斜坡岩层发生大规模的顺层滑动，从而破坏路基稳定。

（四）断裂构造

地应力使岩石的连续性和完整性遭到破坏，产生各种大小不一的断裂称为断裂构造。断裂构造主要分为裂隙和断层两大类。凡岩石沿破裂面没有明显位移的称为裂隙，也称为节理；岩石沿破裂面两侧发生了明显位移或较大错动的称为断层。

1. 裂隙

裂隙普遍存在于岩体或岩层中，以构造应力作用形成的构造裂隙为主。构造裂隙具有明显的方向性和规律性，其成因与褶皱和断层形成过程密切相关。

根据裂隙的力学成因，可把构造裂隙分为剪裂隙（亦称扭裂隙）和张裂隙两类。

（1）剪裂隙

岩石受剪（扭）应力作用形成的破裂面称为剪裂隙，其两组剪切面一般形成 X 形的裂隙，故又称为 X 裂隙［图 3-13a）］。剪裂隙常与褶皱、断层相伴生。剪裂隙的主要特征是：裂隙产状稳定，沿走向和倾向延伸较远；裂隙面平直光滑，常有剪切滑动留下的擦痕，可用来判断两侧岩石相对移动方向；剪裂隙面两壁间的裂缝很小，一般呈闭合状；在砾岩中可以切穿砾石。剪裂隙一般发育较密，裂隙之间距离较小，特别是软弱薄层岩石中常密集成带。由于剪裂隙交叉互相切割岩层成碎块体，破坏岩体的完整性，故剪裂隙面常是易于滑动的软弱面。

（2）张裂隙

岩层受张应力作用而形成的破裂面称为张裂隙。在褶皱岩层中，多在弯曲顶部产生与褶皱轴走向一致的张裂隙［图 3-13b）］。张裂隙的主要特征是：裂隙产状不稳定，延伸不远即行消失。裂隙面弯曲且粗糙，张裂隙两壁间的裂缝较宽，呈开口或楔形，并常被岩脉充填；张裂隙一般发育较稀，裂隙间距较大，很少密集成带，张裂隙往往是渗漏的良好通道，在砾岩中常绕开砾石。

a)X裂隙　　b)张裂隙

图 3-13　构造裂隙

除了构造裂隙之外，还有非构造裂隙。非构造裂隙是由成岩作用、外动力和重力等非构造因素所形成的裂缝，如原生裂隙（岩石形成过程中形成的裂隙）、风化裂隙和卸荷裂隙等。其中具有普遍意义的是风化裂隙。风化裂隙广泛发育在岩层（体）靠近地面的部分，分布零乱、无明显的方向性，但相互间连通性强。风化裂隙使地表岩石破碎甚至完全松散，岩石工程地质性质降低，也是基岩山区浅层地下水的赋存空间，风化裂隙对山区公路路堑、隧道进出口的边坡稳定性影响极大。

裂隙的工程地质评价：

（1）裂隙破坏了岩体的完整性，使岩体的稳定性降低。

（2）裂隙为大气和水进入岩体内部提供了通道，加速了岩石的风化和破坏。

（3）裂隙会降低岩石的承载能力。

（4）裂隙常造成边坡的坍塌和滑动，以及地下室围岩的冒落。

（5）在挖方和采石中，裂隙的存在可以提高工作效率。

（6）裂隙是地下水的良好通道，水文地质意义重大。

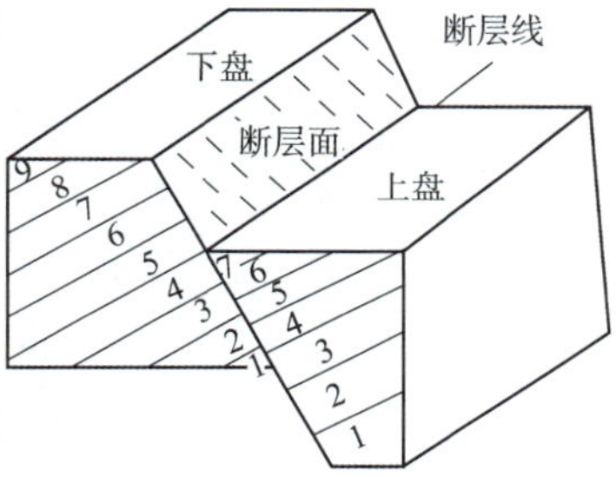

图 3-14　断层要素

1~9-地层顺序

2. 断层

岩石受力作用断裂后，两侧岩块沿断裂面发生了显著位移的断裂构造，称为断层（图 3-14）。断层规模大小不一，小的几米，大的上千米，相对位移从几厘米到几十千米。

（1）断层要素

①断层面和破碎带：两侧岩块发生相对位移的断裂面。断层的产状，是用断层面的走向、倾向和倾角表示的。规模大的断层，往往是沿着一个错动带发生，称为断层破碎带。由于两侧岩块沿断层面发生错动，所以在断层面上常留有擦痕，在断层带中常形成糜棱岩、断层角砾和断层泥等。

②断层线：断层面与地面的交线。断层线表示断层的延伸方向，其形状决定于断层面的形状和地面的起伏情况。

③断盘：断层面两侧发生相对位移的岩块。当断层面倾斜时，位于断层面上部的称为上升盘；位于断层面下部的称为下盘。当断层面直立时，常用断块所在的方位表示，如东盘、西盘等。如以断盘位移的相对关系为依据，则将相对上升的一盘称为上升盘；相对下降的一盘称为下降盘。

④断距：断层两盘沿断层面相对移动开的距离。

（2）断层的基本类型

根据断层两盘相对位移的情况，可以分为正断层、逆断层和平移断层三种。

①正断层：上盘沿断层面相对下降，下盘相对上升的断层。正断层一般是由于岩体受到水平张应力及重力作用，使上盘沿断层面向下错动而成。一般规模不大，断层线比较平直，断层面倾角较陡，常大于45°［图 3-15a）］。在野外有时见到有数条正断层排列组合在一起，形成阶梯式断层、地垒和地堑等（图 3-16）。

②逆断层：上盘沿断层面相对上升，下盘相对下降的断层。逆断层一般是由于岩体受到水平方向强烈挤压力的作用，使上盘沿断面向上错动而成［图 3-15b）］。断层线的方向常和岩层走向或褶皱轴的方向近于一致，和压应力作用的方向垂直。断层面从陡倾角至缓倾角都有。其中断层面倾角大于45°的称为冲断层；介于25°~45°之间的称为逆掩断层；小于25°的称为辗掩断层。逆掩断层和辗掩断层常是规模很大的区域性断层。有时一系列冲断层或逆掩断层使岩层依次向上冲掩，形成叠瓦式构造（图 3-17）。

③平移断层：由于岩体受水平扭应力作用，使两盘沿断层面发生相对水平位移的断层。平移断层的倾角很大，断层面近于直立，断层线比较平直［图 3-15c）］。

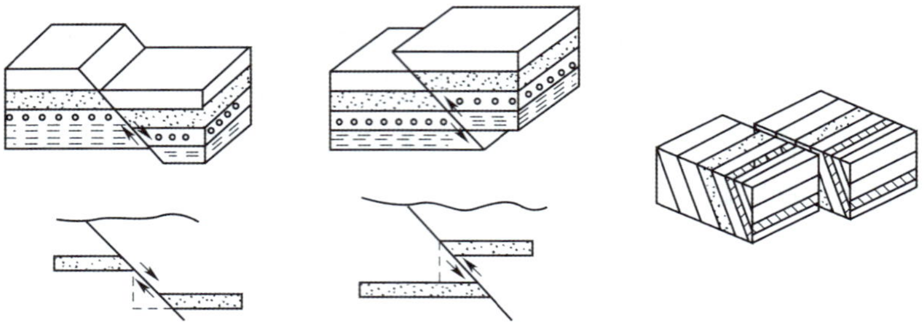

a)正断层　　b)逆断层　　c)平移断层

图 3-15　断层的基本类型

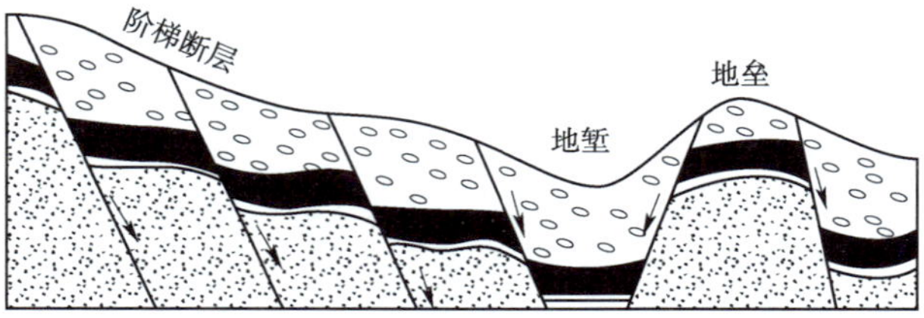

图 3-16　阶梯状断层、地堑和地垒

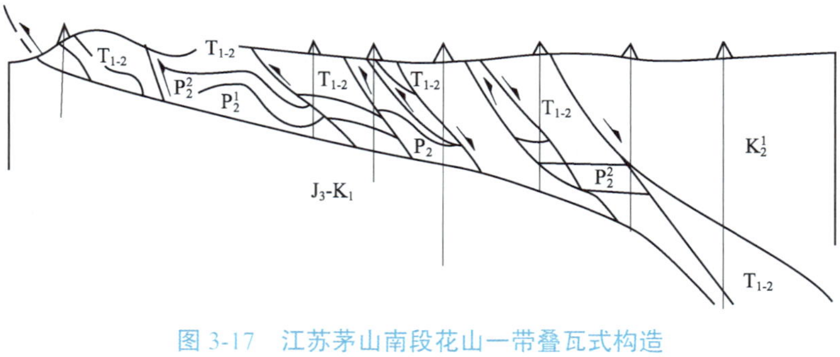

图 3-17　江苏茅山南段花山一带叠瓦式构造

（3）断层的野外识别方法

常根据地层分布、地貌特征、断层的伴生构造等现象来识别断层的类型。

①岩层中断

当断层横切岩层走向时，岩层沿走向延伸方向会突然中断，被错断开。如果断层横切褶皱轴表现为断层两侧核部岩层的宽窄度突然发生变化，在背斜核部相对变窄的一侧为下降盘，而向斜核部相对变窄的一侧为上升盘，如图 3-18 所示。

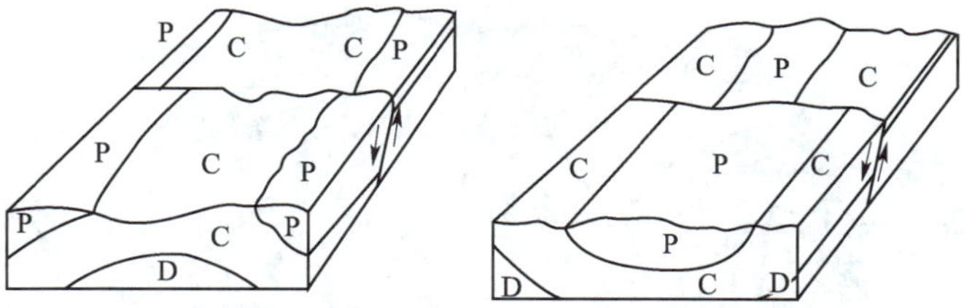

a)背斜核部上升变宽　　b)向斜核部上升变窄

图 3-18 断层横切褶皱核部立体示意图

②地层的重复与缺失

当地层走向与岩层走向大致平行时，断层使一盘上升或下降，地面遭受剥蚀夷平后，沿着地表顺倾向方向观察，会看到相同地层的不对称重复出现，或者该出现的地层却没有出现的现象，如图 3-19 所示。

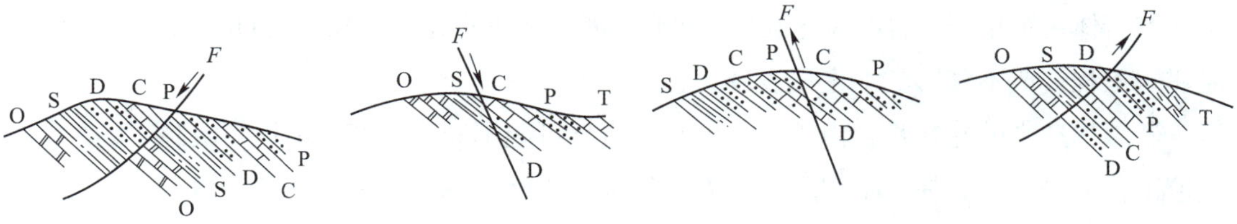

a)正断层(重复)　　b)正断层(缺失)　　c)逆断层(重复)　　d)逆断层(缺失)

图 3-19 纵断层造成的地层重复与缺失

③断层面和断层带上的标志

a. 断层破碎带与构造岩：规模较大的断层常形成断层破碎带，其宽度为几厘米至数十米不等。断层破碎带中最常见的构造岩有断层角砾岩（常见于正断层或张性断层）、断层泥和糜棱岩（常见于逆断层、平移断层）。

b. 断层擦痕：断层面上的擦痕有时呈一头粗深一头浅细的“丁”字形，由粗向细的方向代表对盘运动的方向。用手抚摸擦痕，有不同方向的滑涩手感，光滑方向代表对盘移动方向（图 3-20）。

c. 断层阶步：断层面上所形成的小陡坎（台阶）称阶步。阶步常垂直擦痕方向延伸，但延伸一般不远，阶步间彼此平行排列。阶步陡坎方向指示对盘运动方向（图 3-21）。

图 3-20 断层擦痕

图 3-21 断层阶步

d. 断层滑（镜）面：铁、锰、钙、硅等成分的物质粉末重熔，敷在断层面上形成一层光滑的薄膜，称断层滑（镜）面。在扭性、压扭性断层面上更容易出现断层滑面。

④地貌特征

如山区断层沿山脊在横切的断层处被切成陡崖，陡崖常形成三角形，故称为断层三角面（图 3-22）。河流常在断层处发生弯曲，地下水常沿断层渗出形成泉水。

图 3-22　河南偃师五佛山断层形成的断层三角面

（4）断层的工程地质评价

断层导致岩体裂隙增多、岩石风化破碎、风化严重、地下水充分发育，从而降低了岩石的强度和稳定性，对建筑工程造成不利影响。主要表现为：

①跨越断裂构造带的建筑物，由于上、下盘的岩性可能不同，易产生不均匀沉降。

②隧道工程通过断层时易发生坍塌。在断层发育地段修建隧道，是最不利的情况。

③施工穿越断层带时，会使施工十分困难。因此在确定隧道平面位置时，要尽量避开断层。

④隧道工程穿越断层带时，必须采取相应的工程加固措施，以免发生崩塌。

⑤断裂构造带在新的地壳运动影响下，可能发生新的移动，降低地基岩体的强度和稳定性，从而影响建筑物的稳定。

⑥断层破碎带力学强度低、压缩性大，建于其上的建筑物地基沉降较大，易产生断裂或倾斜。

⑦断裂面对岩质边坡、坝基及桥基均有重要影响。

考点四：各种地质构造在地质图中的表现形式和特点

在地质图上，通过地层分界线、地层年代符号、岩性符号、产状符号和地质构造符号，把不同地质构造的形态特征和分布情况反映出来。下面介绍不同构造形态在地质平面图上的主要表现形式。

（一）水平构造和直立岩层

在地质平面图上，水平构造的地层分界线与地形等高线平行或者一致。较新的岩层分布在地势较高的地方，较老的岩层出露在地势较低的地方［图 3-23a）］。直立岩层的分界线在地质平面图上为一条直线，不受地形起伏的影响［图 3-23b）］。

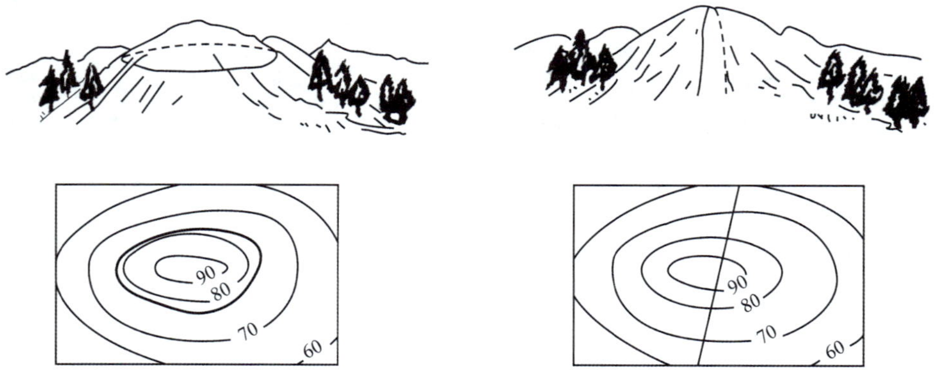

a)　　b)

图 3-23　水平构造和直立岩层在平面图上的表现

（二）单斜构造

单斜构造的地层分界线在地质平面图上是一条与地形等高线相交的“V”字形曲线。当岩层倾向与地面倾斜方向相反时，在山脊处“V”字形的尖端朝向山麓，在沟谷处“V”字形的尖端朝向上游；当岩层倾向与地面倾斜方向一致且倾角大于地面坡度时则相反，在山脊处“V”字形的尖端朝向山顶，在沟谷处“V”字形的尖端朝向沟谷的下游；当岩层倾向与地面倾斜方向一致且倾角小于地面坡度时，在山脊处“V”字形的尖端朝向山麓，在沟谷处“V”字形的尖端朝向沟谷的上游（图 3-24~图 3-26）。

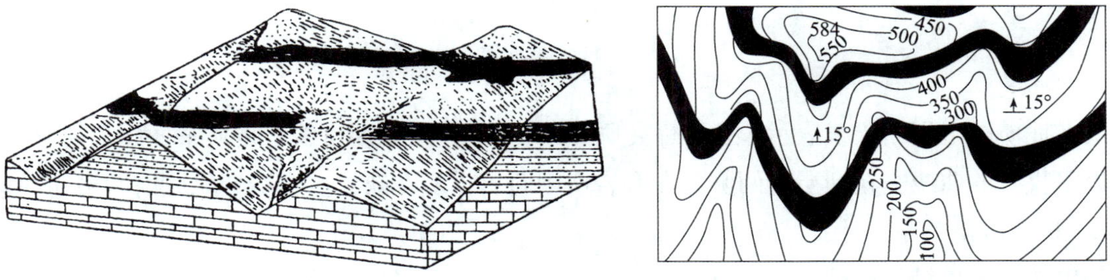

a) 立体图　　b) 平面图

图 3-24　岩层倾向与地面倾斜方向相反

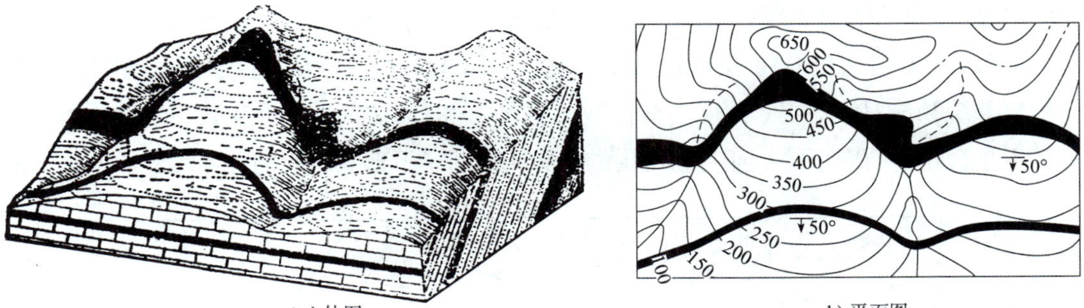

a) 立体图　　b) 平面图

图 3-25　岩层倾向与地面倾斜方向一致且岩层倾角大于坡度

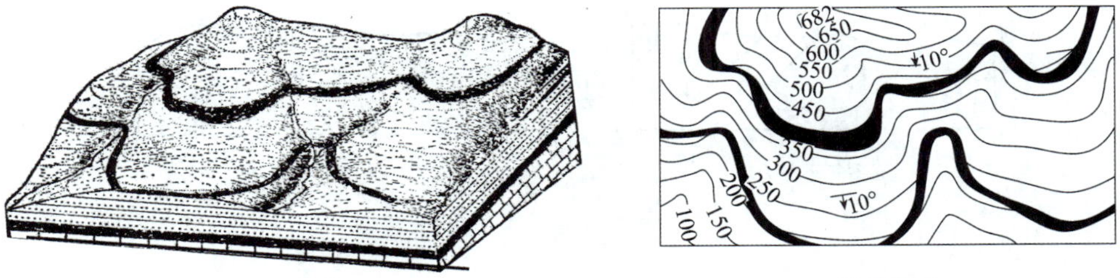

a) 立体图　　b) 平面图

图 3-26　岩层倾向与地面倾斜方向一致且岩层倾角小于坡度

（三）褶皱

遭受剥蚀的水平褶皱，其地层分界线在地质平面图上呈带状分布，对称地大致向一个方向平行延伸。倾伏褶皱的地层分界线在转折端闭合，当倾伏背斜与倾伏向斜相间排列时，地层分界线呈“S”形曲线，如图 3-27 所示。如前所述，从岩层的新老关系或产状特征，可以进一步反映是背斜还是向斜。

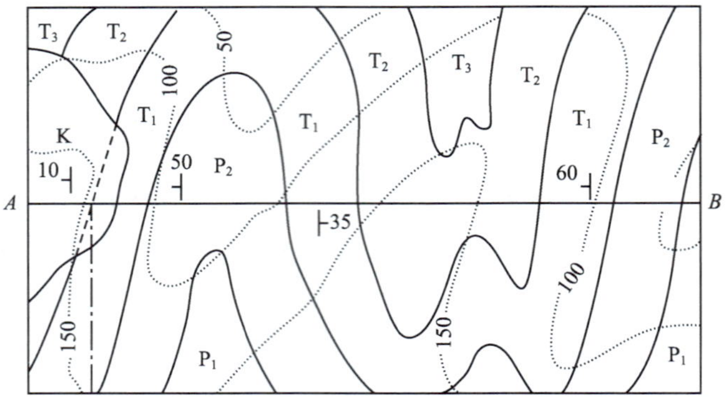

图 3-27 地质图上褶皱

（四）断层

断层在地质图上用断层线表示。由于断层倾角一般较大，所以断层线在地质平面图上通常是一段直线，或近于直线的曲线。在断层线两侧存在有岩层中断、重复、缺失、宽窄变化或前后错动现象。

（五）地层接触关系

沉积岩地层的接触关系基本上可以分为整合接触和不整合接触两种。

整合接触指上下两套岩层产状一致，相互平行，连续沉积形成，其间不缺失某个时代的岩层。它在地质图上的表现是相邻岩层的界线弯曲特征一致，相邻岩层时代连续。

不整合接触指上下岩层间的层序有了间断，即先后沉积的地层之间缺失了一部分地层。它分为平行不整合（也称假整合）和角度不整合（即狭义的不整合）。平行不整合在地质图上的表现是相邻岩层的界线弯曲特征一致，但相邻岩层时代不连续，如图 3-28a）中的下白垩统地层直接与中三叠统地层接触，中间缺失了上三叠统和侏罗统地层。角度不整合不仅上下两套岩层之间的地质年代不连续，而且产状也不相同。角度不整合在地质图上的特征是新岩层的分界线遮断了下部老岩层的分界线，如图 3-28b）所示。

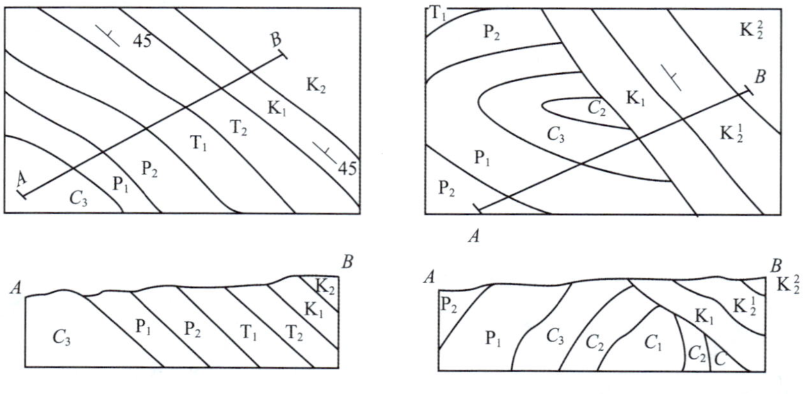

a)平行不整合　　b)角度不整合

图 3-28 平行不整合与角度不整合

例题解析

例题 1 以下属于内力地质作用的是（　　）。

A. 构造运动、火山作用、搬运作用　　B. 风化作用、剥蚀作用、变质作用

C. 岩浆作用、变质作用、地震作用　　D. 变质作用、构造作用、沉积作用

答案： C

解析：见考点一。根据内力地质作用方式的不同，可以分为构造运动、地震作用、岩浆及火山作用和变质作用四种类型。

例题 2 以下术语中相对地质年代最新的是（ ）。

A. 志留纪 B. 侏罗纪 C. 石炭纪 D. 奥陶纪

答案：B

解析：见考点二，中国地质年代表（表 3-5）。

例题 3 下列有关岩层倾向叙述正确的是（ ）。

A. 岩层倾向与岩层走向无关

B. 岩层的倾向有两个数值，且两数值相差 180°

C. 岩层的倾向只有一个数值

D. 岩层的倾向可由走向线的方位角表示

答案：C

解析：见考点三。层面上与走向线垂直并沿斜面向下所引的直线叫倾斜线，它表示岩层的最大坡度；倾斜线在水平面上的投影所指示的方向称岩层的倾向（如图 3-4 中的OD'线），又称真倾向，真倾向只有一个。它表示岩层在空间的倾斜方向。岩层的走向和倾向相差 90°。

例题 4 ［2019 年试题 27］褶皱构造的两种基本形态是（ ）。

A. 背斜和向斜 B. 背斜和倾伏褶曲

C. 向斜和倾伏褶曲 D. 倾伏褶曲和平卧褶曲

答案：A

解析：见考点三。褶皱构造的基本形态是背斜和向斜。背斜：岩层向上弯曲，核心部分岩层时代较老，两侧岩层依次变新并对称分布。向斜：岩层向下弯曲，核心部分岩层时代较新，两侧岩层依次变老并对称分布。

例题 5 ［2019 年试题 35］断层有各种各样的类型，上盘相对上移，下盘相对下移的断层是（ ）。

A. 平移断层 B. 正断层 C. 走滑断层 D. 逆断层

答案：D

解析：见考点三。根据断层两盘相对位移的情况，可以分为正断层、逆断层和平移断层三种。正断层：上盘沿断层面相对下降，下盘相对上升的断层；逆断层：上盘沿断层面相对上升，下盘相对下降的断层；平移断层：由于岩体受水平扭应力作用，使两盘沿断层面发生相对水平位移的断层。

例题 6 ［2019 年试题 28］某一地区的地层为 C、P 和 J。当 P 和 J 地层之间成一定角度相交时，则 P 和 J 地层之间为（ ）。

A. 整合接触 B. 沉积接触 C. 假整合接触 D. 不整合接触

答案：D

解析：见考点四。沉积岩地层的接触关系基本上可以分为整合接触和不整合接触两种。整合接触指上下两套岩层产状一致，相互平行，连续沉积形成，其间不缺失某个时代的岩层。不整合接触指上下岩层间的层序有了间断，即先后沉积的地层之间缺失了一部分地层。它分为平行不整合（也称假整合）和角度不整合（即狭义的不整合）。角度不整合不仅上下两套岩层之间的地质年代不连续，而且产状也不相同。

例题 7 ［2020 年试题 27］岩石受力发生破裂时，未发生明显位移的断裂是（ ）。

A. 断层　　B. 解理　　C. 节理　　D. 背斜

答案： C

解析： 见考点三。断裂构造主要分为裂隙和断层两大类。凡岩石沿破裂面没有明显位移的称为裂隙，也称为节理；岩石沿破裂面两侧发生了明显位移或较大错动的称为断层。

例题 8 ［2021 年试题 26］在地质断面图中，地层年代从老到新再到老，该地质构造属于（　　）。

A. 向斜　　B. 背斜　　C. 单斜　　D. 褶皱

答案： A

解析： 见考点三。向斜，岩层向下弯曲，核心部分岩层时代较新，两侧岩层依次变老并对称分布，在地质断面图上，表现为地层年代从老到新再到老。

例题 9 ［2021 年试题 27］当岩层倾向与山坡倾斜方向一致且岩层倾角小于山坡坡度时，在地质平面图上地层分界线与地形等高线（　　）。

A. 平行　　B. 弯曲方向相反　　C. 弯曲方向相同　　D. 垂直

答案： C

解析： 见考点三。单斜构造的地层分界线在地质平面图上是一条与地形等高线相交的“V”字形曲线。当岩层倾向与地面倾斜方向一致且倾角小于地面坡度时，在山脊处“V”字形的尖端朝向山麓，在沟谷处“V”字形的尖端朝向沟谷的上游，即在地质平面图上地层分界线与地形等高线弯曲方向相同。

自 测 模 拟

1. 国际性通用的地质年代单位是（　　）。

A. 代、纪、时　　B. 代、纪、世　　C. 代、系、期　　D. 代、系、世

2. 由地球内动力地质作用引起地壳变化，使岩层或岩体发生变形和变位的运动称为（　　）。

A. 搬运作用　　B. 地震作用　　C. 变质作用　　D. 地壳运动

3. 下图为河谷纵剖面图，最佳的桥梁跨越位置为（　　）。

A. 背斜倾向上游的一翼　　B. 背斜核部

C. 背斜倾向下游的一翼　　D. 任意位置都可以

4. 任何一个视倾角与该层面的真倾角相比（　　）。

A. 视倾角小于真倾角　　B. 视倾角等于真倾角

C. 视倾角大于真倾角　　D. 两者没有关系

5. 如图所示，根据地形等高线与岩层产状分界线的关系，判断岩层倾向与地面倾斜方向的关系（　　）。

A. 岩层倾斜方向与地面倾斜方向相同　　B. 岩层倾斜方向与地面倾斜方向相反

C. 岩层倾斜方向与地面倾斜方向平行　　D. 岩层倾斜方向与地面倾斜方向垂直

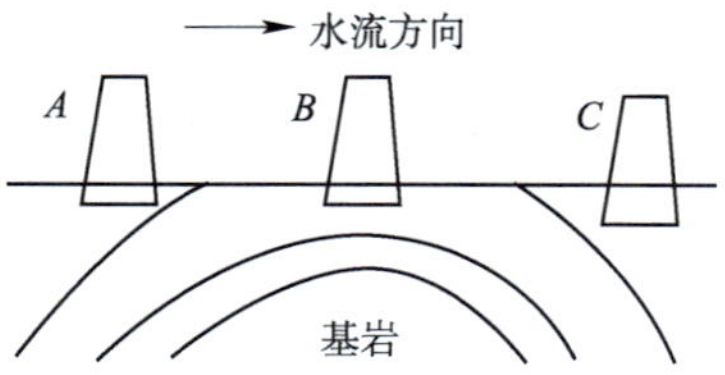

题 3 图

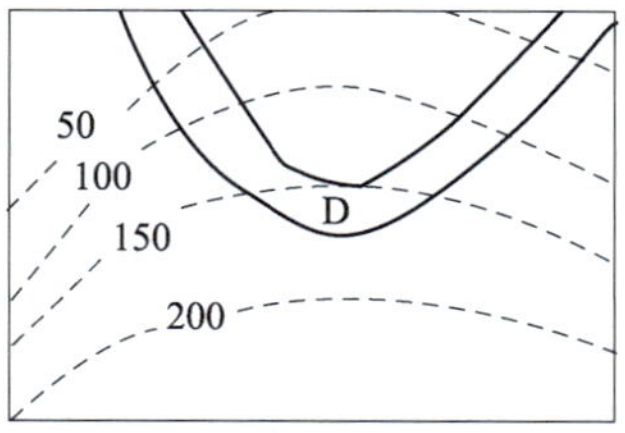

题 5 图

6. 下图为平面图，图中构造为（　　）。

A. 向斜、正断层　B. 背斜、正断层　C. 向斜、逆断层　D. 背斜、逆断层

7. 下图为地质平面图，图中 O—D 与 J—K 两套地层的接触关系为（　　）。

A. 整合接触　B. 平行不整合接触

C. 角度不整合接触　D. 侵入接触

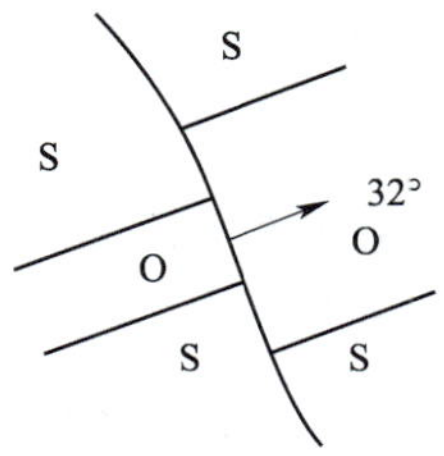

题 6 图

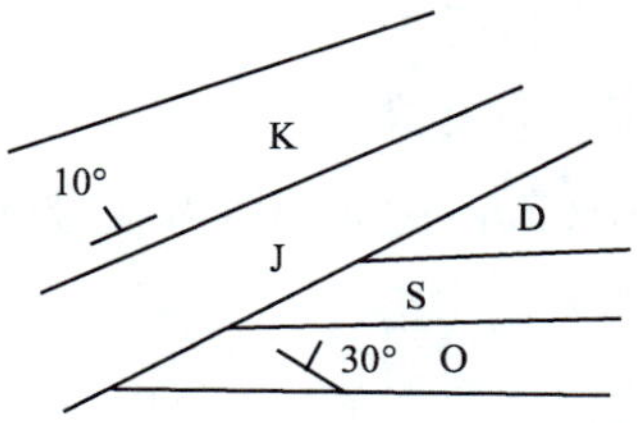

题 7 图

8. 对地质构造进行野外观测时，常沿垂直于岩层走向的路线穿越观察，若在地表上观测到的岩层其地质年代依次由新到老，再由老到新，对称分布，这种地质构造为（　　）。

A. 向斜构造　B. 背斜构造　C. 单斜构造　D. 褶皱构造

9. 对于单斜构造，当岩层倾向与坡向相反时，在地质平面图上地层分界线与地形等高线（　　）。

A. 平行　B. 垂直　C. 弯曲方向相同　D. 弯曲方向相反

参 考 答 案

1. B　2. D　3. A　4. A　5. A　6. D　7. C　8. B　9. C

第三节　外动力地质作用及其产物特征

考 点 分 析

本节重点：风化作用的分类，影响风化作用的因素，河流地质作用方式的分类，流水地质作用及其特点，残积层、坡积层、洪积层、冲积层的地质特征及其工程地质性质。以考核风化作用，残积层、坡积层、洪积层、冲积层、河流的下蚀作用、侧蚀作用的概念和残积层、坡积层、洪积层、冲积层的地质特征及其工程地质性质为主。

本节难点：风化作用的后果、各种堆积体的工程地质性质分析，河流侵蚀作用对公路建设的影响。

考 点 精 讲

考点一：外动力地质作用

外动力作用实质上是以地壳表层的水、大气、生物为能源，改造雕塑地壳（主要是地壳表面）的过

程。其主要类型有风化作用、剥蚀作用、搬运作用、沉积作用、负荷地质作用以及硬结作用。本节只介绍具有普遍意义的风化作用和地表流水地质作用。

（一）风化作用

风化作用是指地表或接近地表的岩石、矿物，在太阳辐射、大气、水和生物等风化营力作用下，产生物理、化学变化而在原地形成松散堆积物的全过程。风化作用在地表最显著，随着深度的增加，其影响就逐渐减弱以致消失。

1. 风化作用的类型

风化作用按其占优势的营力和岩石变化的性质分为：物理风化、化学风化、生物风化三种。

（1）物理风化作用

在地表或接近地表条件下，岩石、矿物在原地发生物理或机械破碎而不改变化学成分、不形成新矿物的作用，称为物理风化作用或机械风化作用。物理风化作用的方式主要有温差风化、水的冻结与融化、盐类的结晶与潮解及岩石的卸荷。

①温差风化

温差风化，或称为洋葱状风化、剥离作用、日晒风化等。白天岩石在阳光照射下，表层首先升温，由于岩石是热的不良导体，热向岩石内部传递很慢，遂使岩石内外之间出现温差，各部分膨胀不同，形成与表面平行的风化裂隙。到了夜晚，白天吸收的太阳辐射热继续以缓慢速度向岩石内部传递，内部仍在缓慢地升温膨胀，而岩石表面却迅速散热降温、体积收缩，于是形成与表面垂直的径向裂隙，久而久之，这些风化裂隙日益扩大、增多，导致岩石层层剥落，最后崩解成碎块，如图 3-29 所示。

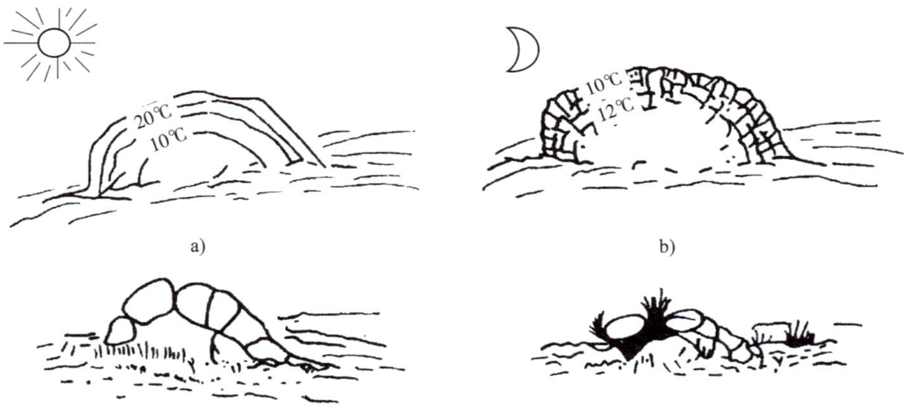

图 3-29　温差风化使岩石逐渐崩解的过程示意图

温差风化的强弱主要决定于温差变化的速度和幅度，昼夜温差变化的幅度越大，温差风化则越强烈。此外，温差风化的强弱还取决于岩石的性质，如矿物成分与岩石结构等。

②水的冻结与融化

雨水或融雪水侵入岩石裂隙，当岩石温度低到 0℃以下时，水结冰，体积膨胀约 9%，对裂隙产生膨胀压力，使原有裂隙进一步扩大，同时产生更多的新裂隙。当温度升高至冰点以上时，冰又融化成水，扩大的空隙中又有水渗入，反复作用使得岩石逐渐崩解成碎块。这种作用又称为冰劈作用或冰冻风化作用，如图 3-30 所示。冰冻风化作用主要发生在严寒的高纬度地区和低纬度的高寒山岳地区。

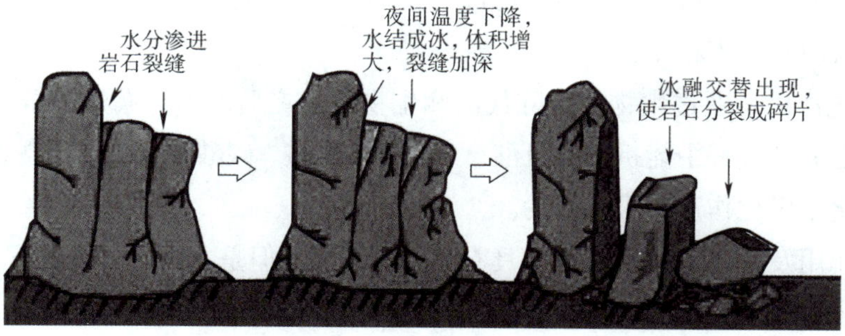

图 3-30　水的冻结与融化引起岩石崩解过程示意图

③可溶盐的结晶与潮解

一些具有很大吸湿性的盐类能从空气中吸收大量的水分而潮解为溶液。温度升高，水分蒸发，盐分又结晶析出，体积显著增大对岩石的空隙和裂隙起到撑裂作用，使得裂隙逐渐扩大，导致岩石松散破坏。可溶盐的结晶撑裂作用，在干旱的内陆盆地是十分引人注目的。

④岩石释重

岩石可能因为上覆巨厚的岩层而承受巨大的静压力。一旦上覆岩层遭受剥蚀而卸荷，岩石释重随之产生向上或向外的膨胀作用，形成一系列与地表平行的裂隙。处于地下深处承受巨大静压力的岩石，其潜在的膨胀力是十分惊人的，一旦揭露，膨胀非常迅速，以致碎片炸裂飞出。

（2）化学风化作用

在地表或接近地表条件下，岩石、矿物在原地发生化学变化并产生新矿物的过程称化学风化作用。引起化学风化作用的主要因素是水和氧。化学风化有溶解、水化、水解、碳酸化和氧化等方式。

①溶解作用

溶解作用使岩石中的易溶物质被逐渐溶解而随水流失，难溶的物质则残留于原地。

②水化作用

水化作用的结果产生了含水矿物。含水矿物的硬度一般低于无水矿物，同时由于在水化过程中吸入水分子引起的体积膨胀，对岩石也具有一定的破坏作用。

③水解作用

水解作用是指某些矿物溶于水后，其离解产物可与水中的 H^+和$(OH)^-$离子发生化学反应，形成新矿物的作用。例如正长石经水解作用后，K^+与水中$(OH)^-$离子结合，形成 KOH 随水流失，析出的 SiO_2 可呈胶体溶液随水流失，或形成蛋白石（$SiO_2 \cdot nH_2O$）残留于原地，其余部分可形成难溶于水的高岭石而残留于原地。

④碳酸化作用

当水中溶有 CO_2 时，水溶液中除 H^+和$(OH)^-$离子外，还有 CO_3^{2-}和 HCO_3^-离子，碱金属及碱土金属与之相遇会形成碳酸盐，这种作用称为碳酸化作用。尤其是在石灰岩地区，经常会产生溶洞、溶穴等岩溶现象。

⑤氧化作用

矿物中的低价元素与大气中的游离氧化合变为高价元素的作用，称为氧化作用。氧化作用是地表极为普遍的一种自然现象。在湿润的情况下，氧化作用更为强烈。

（3）生物风化作用

生物的机械风化作用主要是通过生物的生命活动来进行。如树根生长对于岩石的压力可达

$10kg/cm^2$，这能使根深入岩石裂缝，劈开岩石，从而引起岩石崩解。又如穴居动物田鼠、蚂蚁等不停地挖掘洞穴，使岩石破碎、土粒变小。

生物的化学风化作用是通过生物的新陈代谢和生物死亡之后的遗体腐烂分解来进行的。植物和细菌在新陈代谢和死亡分解过程中能析出有机酸、亚硝酸、硝酸、碳酸和氢氧化铵等溶液而腐蚀岩石。生物特别是微生物的化学风化作用是很强烈的。

上述三类风化作用及其多种风化方式都具有其独立意义。但是，在许多情况下，它们相伴而生，并相互影响和促进，共同破坏岩石，使整块岩石破碎为块石，再破碎为碎石甚至粉末，若含有有机质则形成土壤。

2. 岩石风化的影响因素

影响岩石风化速度、深度、程度以及分布规律的因素可分为内因和外因。内因是指岩石的地质特征，包括岩石的矿物成分、结构和构造等几方面。外因主要包括气候、地形、地下水以及地质构造等方面。

（1）岩石成分

岩浆岩比变质岩和沉积岩易于风化。岩浆形成于高温高压，矿物质种类多，内部矿物抗风化能力差异大。岩浆岩中含暗色矿物较多、颜色深的岩石易于风化。沉积岩中的易溶岩石（如石膏、碳酸盐类等岩石）易于风化。

（2）岩石的结构、构造

岩石结构较疏松的易于风化；不等粒易于风化，粒度粗者较细者易于风化；构造破碎带易于风化，往往形成洼地或沟谷。

（3）气候条件

寒冷地区降水以固态形式为主，干旱区降水很少，生物稀少，以物理风化作用为主。岩石破碎，很少有化学风化形成的黏土矿物，以生物风化为主形成的土壤也很薄，如图 3-31 所示。气候潮湿炎热地区，降水量大，生物繁茂，化学风化和生物风化都十分强烈。

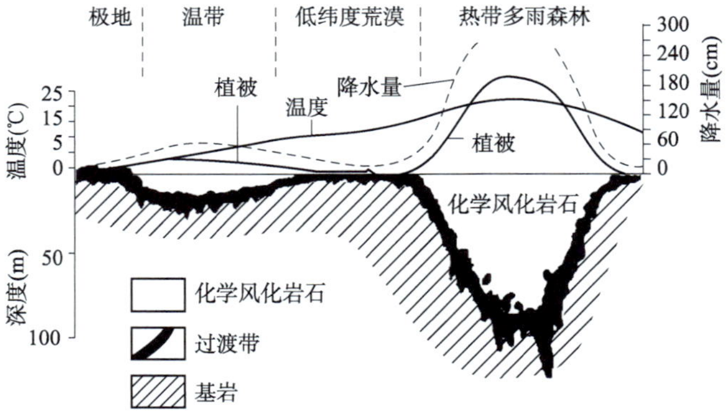

图 3-31　不同气候带风化作用的强度和深度

（4）地形条件

陡坡上，地下水位低，生物较少，以物理风化作用为主。地势平坦，受生物影响较大，以化学风化作用为主。

（5）地质构造

岩体中的结构面均能构成水、气等深入岩石内部的良好通道，加深和加速岩石风化。

3. 岩石风化程度的划分

（1）岩石风化程度的判断

岩石受到风化以后，不论其外观特征或物理力学性质，都会发生一系列的变化，根据这些变化，可以概略地判断岩石的风化程度。这些变化主要包括以下四个方面。

①岩石的颜色

岩石受到风化以后即引起岩石的颜色和光泽发生变化。未经风化的岩石，其造岩矿物保持着固有的颜色和光泽。岩石受到风化后，其中的深色矿物就会变浅变暗，并失去原来的光泽。例如，花岗岩受到风化后，具有玻璃光泽的正长石即变成土状光泽的白色粉末，而黑云母的色泽也变得深暗，因而使整个岩石失去原有色泽。观察时，一方面要注意岩石整体的颜色，同时，也要注意岩石的干湿情况以及颜色由表及里的变化情况。

②岩石的矿物成分

岩石受到风化后，首先会引起其中某些易风化的矿物发生次生变化，例如花岗岩中的正长石，当发生风化后就逐渐变为高岭石，黑云母最后将变为蛭石。对于沉积岩，特别是黏土岩，受到风化后成分的改变并不显著，但风化部分常有可溶盐类结晶析出及含水氧化铁产生。

③岩石的破碎程度

岩石风化后产生风化裂隙。风化程度越深，风化裂隙越发育，则岩体被裂隙割切得越破碎。所以，岩石的风化破碎程度，也是岩石风化程度的一个具体反映。

④岩石强度的变化

岩石遭受风化后，整体性破坏，矿物颗粒间的联结削弱，矿物成分发生次生变化，力学强度降低。某些岩石受到严重风化后，有的用手即可折断，有的用手可捏碎。野外调查时可用手锤敲击、小刀刻划、镐头挖掘或进行简单测试等方法确定其强度及变化。

（2）岩石风化程度的分级

根据上述四方面的变化，将岩石风化程度划分为五级，详见表 3-6。

岩石风化程度分级　　表 3-6

岩 石 类 别	风 化 程 度	野 外 特 征	压缩波速度v_p（m/s）	波速比 K_v	风化系数 K_f
硬质岩石	未风化	岩质新鲜，未见风化痕迹	＞5000	0.9~1.0	0.9~1.0
	微风化	组织结构基本未变，仅节理面有铁锰质渲染或矿物略有变色，有少量风化裂隙	4000~5000	0.8~0.9	0.8~0.9
	中等风化	组织结构部分破坏，矿物成分基本未变化，仅沿节理面出现次生矿物。风化裂隙发育。岩体被切割成20~50cm的岩块。锤击声脆，且不易击碎，不能用镐挖掘，岩芯钻方可钻进	2000~4000	0.6~0.8	0.4~0.8
	强风化	组织结构已大部分破坏，矿物成分已显著变化。长石、云母已风化成次生矿物。裂隙很发育，岩体破碎。岩体被切割成2~20cm 的岩块，可用手折断。用镐可挖掘，干钻不易钻进	1000~2000	0.4~0.6	＜0.4
	全风化	组织结构已基本破坏，但尚可辨认，并且有微弱的残余结构强度，可用镐挖，干钻可钻进	500~1000	0.2~0.4	
残积土		组织结构已全部破坏。矿物成分除石英外，大部分已风化成土状，锹镐易挖掘，干钻易钻进，具可塑性	＜500	＜0.2	

续上表

岩石类别	风化程度	野外特征	压缩波速度 v_p（m/s）	波速比 K_v	风化系数 K_f
软质岩石	未风化	岩质新鲜，未见风化痕迹	＞4000	0.9~1.0	0.9~1.0
	微风化	组织结构基本未变，仅节理面有铁锰质渲染或矿物略有变色。有少量风化裂隙	3000~4000	0.8~0.9	0.8~0.9
	中等风化	组织结构部分破坏。矿物成分发生变化，节理面附近的矿物已风化成土状。风化裂隙发育。岩体被切割成20~50cm的岩块，锤击易碎，用镐难挖掘。岩芯钻方可钻进	1500~3000	0.5~0.8	0.3~0.8
	强风化	组织结构已大部分破坏，矿物成分已显著变化，含大量黏土质黏土矿物。风化裂隙很发育，岩体破碎。岩体被切割成碎块，干时可用手折断或捍碎，浸水或干湿交替时可较迅速地软化或崩解。用镐或锹可挖掘，干钻可钻进	700~1500	0.3~0.5	＜0.3
	全风化	组织结构已基本破坏，但尚可辨认并且有微弱残余结构强度，可用镐挖，干钻可钻进	300~700	0.1~0.3	
残积土		组织结构已基本破坏，矿物成分已全部改变并已风化成土状，锹镐易挖掘，干钻易钻进，具可塑性	＜300	＜0.1	

注：1. 波速比（K_v）为风化岩石与新鲜岩石压缩波速之比。
　　2. 风化系数（K_f）为风化岩石与新鲜岩石饱和单轴抗压强度之比。

岩石的风化是由表及里的，地表部分受风化作用的影响最显著，岩石风化程度也最高，由地表往下风化作用的影响逐渐减弱以至消失，因此在风化剖面的不同深度上，岩石的物理力学性质也有明显的差异。

一般来说，在保留完整的风化剖面上，风化程度不同的岩石是逐渐过渡的，其间并不像地层岩性那样，存在着较为清晰和确切的地质界面。但在整个风化剖面上，从上到下存在着性质迥然不同的岩石。主要是因为：不同深度的岩石与风化营力接触的时间不同。主要风化作用的分段性（例如，在潮湿温暖的气候条件下，硅酸盐的风化由开始到最终起主要化学作用的依次为：水化→淋滤→水解→氧化。因此，在风化壳剖面上，从上到下主要化学作用带依次为：氧化带→水解带→淋滤带→水化带。从而造成各带岩石风化程度的差异）。矿物的风化具有显著的阶段性（因为原生矿物形成与风化环境相适应的最终产物都不是直接完成的，而是经过一些中间阶段，形成一些过渡性矿物）。基于这几方面的原因，造成风化壳在铅直剖面上，岩体从上到下在颜色、破碎程度、矿物成分和水理及物理力学性质等方面存在着明显的不同，从而为岩石风化带的确定提供了依据。从工程地质的角度，一般把风化岩层自下而上分为微风化带、中等风化带、强风化带、全风化带四个带。

岩石风化带的界线，在公路工程实践中是一项重要的工程地质资料。在许多地方都需要运用风化带的概念来划分地表岩体不同风化带的分界线，作为拟定挖方边坡坡度，基坑开挖深度，以及采取相应的加固与补强措施的参考。但是到目前为止，还没有一个比较确切的定量指标作为划分界线的依据，通常只是根据当地的地质条件并结合实践经验予以确定。另一方面，虽然岩石的风化是由表及里的，但往往由于各地的岩性、地质构造、地形和水文地质条件不同，岩体风化带的分布情况变化很大，不一定都能清楚地划分出上述四个风化带；或者由于受到其他外力作用，部分风化层已被剥蚀，因而看不到完整的风化带的情况也是相当普遍的。

（二）暂时性流水的地质作用

暂时流水是一种季节性、间歇性流水。

1. 坡面细流的地质作用

雨水或积雪融化时，地表水一部分渗入地下，其余的沿坡面形成网状坡面细流，携带着坡面上细小的风化岩屑和黏土物质沿坡面向下移动，最后在坡脚或山坡中下部低凹处沉积下来形成坡积层。雨水、融雪水对整个坡面所进行的这种比较均匀、缓慢的地质作用，称为洗刷作用。洗刷作用的强度和规模，在一定的气候条件下与山坡的岩性、风化程度和坡面植物的覆盖程度有关。一般在缺少植物的土质山坡或风化严重的软弱岩质山坡上洗刷作用比较显著。

2. 山洪急流的地质作用

山洪急流是指在山区集中暴雨或积雪骤然大量融化所形成的坡面流水汇集于沟谷中，在短时间内形成流量大、流速高的流水。它具有极强的侵蚀和搬运能力，并把冲刷下来的碎屑物质带到山麓平原或沟谷口堆积下来，形成洪积层。

山洪急流沿沟谷流动时的沟底坡度大，流速快，拥有巨大的动能，如果地表岩石或土比较疏松、裂隙发育，地面坡度较陡，再加上地面缺少植物覆盖，则该地区极易形成冲沟（由冲刷作用形成的沟底狭窄、两壁陡峭的沟谷叫冲沟）。经常、反复进行的冲刷作用，先在地表低洼处形成小沟，小沟又不断被加深、扩宽形成大沟，大沟两侧及上游又形成许多新的小支沟，随着冲沟的形成和不断发展，使当地产生大量水土流失，地表被纵横交错的大、小冲沟切割得支离破碎，如图 3-32 所示。黄土高原地区，如陕北的绥德、吴旗，甘肃陇东的庆阳、宁县，冲沟系统规模之大，切割之深，发展之快，均为其他地区所罕见。在这些地区的冲沟使地形变得支离破碎，路线布局往往受到冲沟的控制，不仅增加路线长度和跨沟工程、增大工程费用，而且经常由于冲沟的不断发展，截断路基，中断交通，或者由于洪积物掩埋道路，淤塞涵洞，影响正常运输。

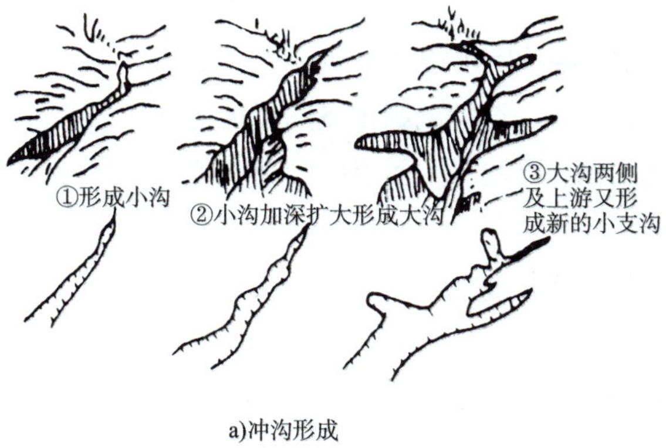

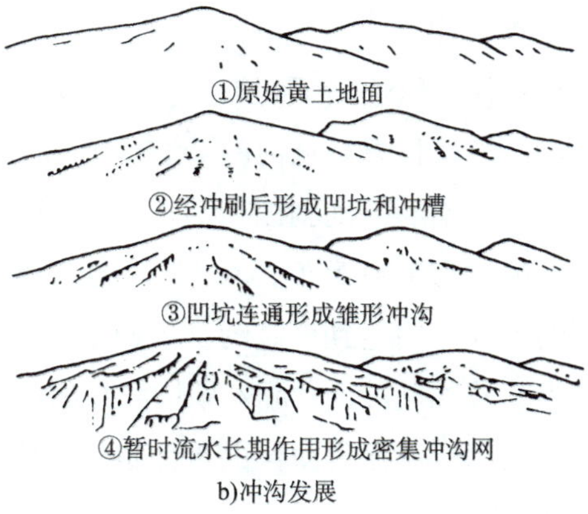

图 3-32　冲沟形成和发展示意图

（三）河流地质作用

由河流作用所形成的谷地称为河谷。河谷的形态要素包括谷坡和谷底两大部分，如图 3-33 所示。谷底中包括河床和河漫滩。平水期河水占据的谷底称为河床（也称河槽）。平水期不被河水淹没但可被洪水淹没的谷底称为河漫滩。谷坡是河谷两侧因河流侵蚀而形成的岸坡。古老的谷坡上常发育有洪水不能淹没的阶地。谷坡与谷底的交界称为坡麓，谷坡与山坡交界的转折处称为谷缘（也称谷肩）。

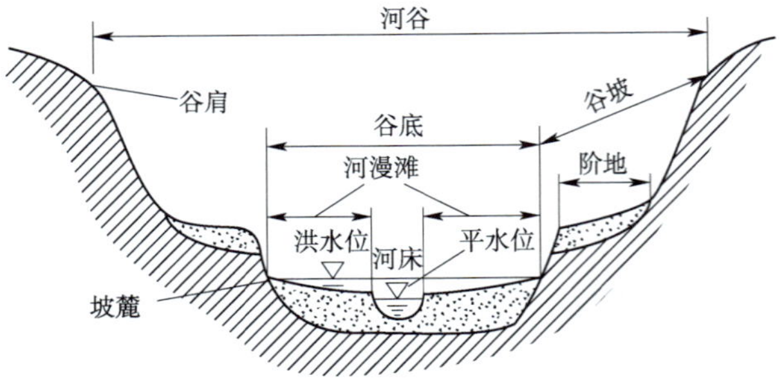

图 3-33　河谷要素示意图

河水通过侵蚀、搬运和堆积作用形成河床，并使河床的形态不断发生变化，河床形态的变化反过来又影响着河水的流速场，从而促使河床发生新的变化，两者互相作用，互相影响。河流的侵蚀、搬运和堆积作用，可以认为是河水与河床动平衡不断发展的结果。

河流地质作用的强弱，主要与河水的动能有关。河水的动能与流量和流速平方的乘积成正比。由于河流的长期作用，形成了河床、河漫滩、河流阶地和河谷等各种河流地貌，同时也形成了第四纪陆相堆积物的另一个成因类型，即冲积层。

一条河流从河源到河口一般可分为三段：上游、中游和下游。上游多位于高山峡谷中，急流险滩多，河道较直，流量不大但流速很高，河谷横断面多呈“V”字形。中游河谷较宽广，河漫滩和河流阶地发育，横断面多呈“U”字形。下游多位于平原地区，流量大而流速较低，河谷宽广，河曲发育，在河口处易形成三角洲。

1. 河流的侵蚀作用

河水在流动的过程中不断加深和拓宽河床的作用称为河流的侵蚀作用。按其作用的方式，可分为溶蚀和机械侵蚀两种。溶蚀是指河水对组成河床的可溶性岩石不断地进行化学溶解，使之逐渐随水流失。机械侵蚀包括流动的河水对河床组成物质的直接冲击和夹带的砂砾、卵石等固体物质对河床的磨蚀、撞击。河流的侵蚀作用，按照河床不断加深和拓宽的发展过程，可分为下蚀作用和侧蚀作用。

（1）下蚀作用

下蚀作用使河床逐渐下切加深。河水夹带固体物质对河床的机械破坏，是使河流下蚀的主要因素。

河流的侵蚀过程总是从河的下游逐渐向河源方向发展，这种溯源推进的侵蚀过程称为溯源侵蚀。溯源侵蚀使分水岭不断遭到剥蚀切割，河流长度不断增加，以及产生河流的袭夺现象。河流溯源侵蚀过程中的差异下蚀常常形成瀑布。

河流的下蚀作用达到一定的基准面后，河流的侵蚀作用将趋于消失。流入主流的支流，基本上以主流的水面为其侵蚀基准面；流入湖泊海洋的河流，则以湖面或海水面为其侵蚀基准面。大陆上的河流绝大部分都流入海洋，而且海洋的水面也较稳定，所以又把海平面称为基本侵蚀基准面。

（2）侧蚀作用

侧蚀作用使河谷加宽。中、下游以及平原区的河流，侧蚀作用占主导地位。横向环流作用是河流产生侧蚀的经常性因素。此外，如河水受支流或支沟排泄的洪积物以及其他重力堆积物的障碍顶托，致使主流流向发生改变，也引起对岸产生局部冲刷，这是一种在特殊条件下产生的河流侧蚀现象。在天然河道上能形成横向环流的地方很多，但在河湾部分最为显著［图 3-34a）］。横向环流使凹岸岸壁不断坍塌后退，并将冲刷下来的碎屑物质由底层流束带向凸岸堆积下来［图 3-34b）］，其结果使河湾的曲率增大，并受纵向流的影响，使河湾逐渐向下游移动，因而导致河床发生平面摆动。这样天长日久，整个河床在河水的侧蚀作用下逐渐地拓宽（图 3-35）。

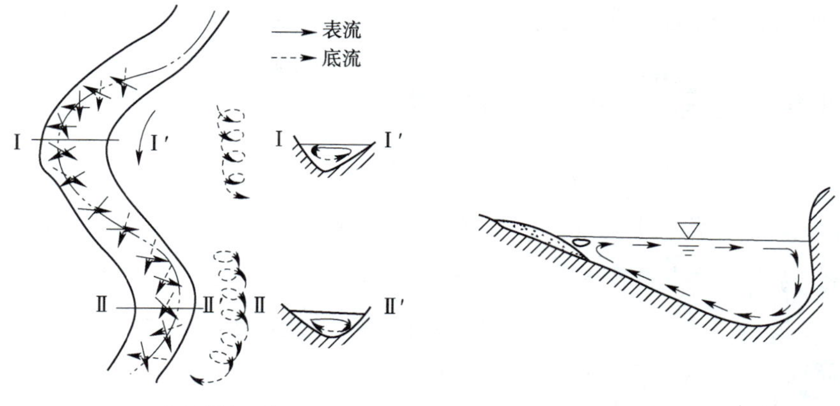

a)河流横向环流 b)河曲处横向环流断面图

图 3-34 横向环流示意图

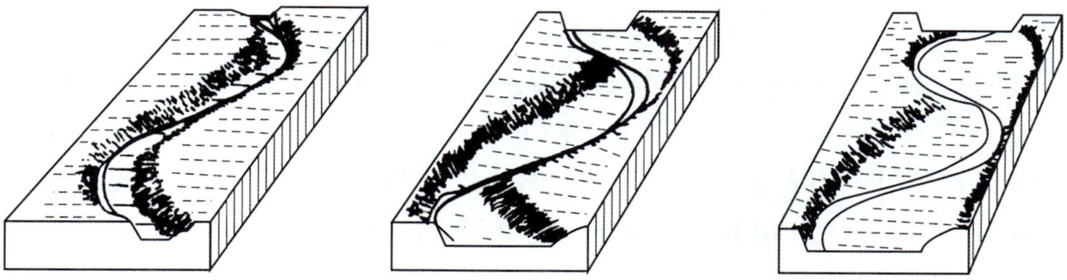

a) b) c)

图 3-35 侧蚀作用使河谷加宽

由于河流的水位变化及侧蚀，常使沿河布设的公路路基发生水毁现象，特别是河湾凹岸地段，最为显著。因此，在确定路线具体位置时，必须加以注意。由于在河湾部分横向环流作用明显加强，容易发生坍岸，并产生局部剧烈冲刷和堆积作用，河床容易发生平面摆动，因此对于桥梁建筑，也是很不利的。

2. 河流的搬运作用

河流搬运作用是指河水在流动过程中将沿途冲刷侵蚀下来的物质（泥沙、石块）搬离原地的作用。流水搬运的方式主要有以下几种：

（1）悬移 颗粒细小的砂和黏性土，悬浮于水中或水面，顺流而下。

（2）跳移 搬运的物质一般为块石、卵石和粗砂，它们有时被急流、涡流卷入水中向前搬运，有时则被缓流推着沿河底滚动。

（3）推移 巨大的块石、砾石，它们只能在水流强烈冲击下，沿河底缓慢向下游滚（移）动。

（4）溶解 可溶解的盐类和胶体溶解于水中随水带走。

河流在搬运过程中，随着流速逐渐减小，被携带物质按其大小和重量陆续沉积在河床中，上游河床中沉积物较粗大，越向下游沉积物颗粒越细小；从河床断面上看，流速逐渐减小时，粗大颗粒先沉积下来，细小颗粒后沉积、覆盖在粗大颗粒之上，从而在垂直方向上显示出层理。在河流平面上和断面上，沉积物颗粒大小的这种有规律的变化，称河流的分选作用。另外，在搬运过程中，被搬运物质的棱角被逐渐磨去而呈浑圆形状，成为在河床中常常见到的砾石、卵石和砂，它们都具有一定的磨圆度。这种作用称河流的磨蚀作用。良好的分选性和磨圆度是河流沉积物区别于其他成因沉积物的重要特征。

3.河流的沉积作用

河流在运动过程中，当河水夹带的泥沙、砾石等物质超过了河水的搬运能力时，被搬运的物质便在重力作用下逐渐沉积下来，称为沉积作用，河流的沉积物称为冲积层。河流沉积物几乎全部是泥沙、砾石等机械碎屑物，而化学溶解的物质多在进入湖盆或海洋等特定的环境后才开始发生沉积。

考点二：残积层、坡积层、洪积层、冲积层的特点

（一）残积层

地表岩石经过长期风化作用以后，改变了矿物成分、结构和构造，形成和原来岩石性质不同的风化产物，其中除一部分易溶物质被水溶解流失外，大部分物质残留在原地，这种物质称为残积物，这种风化层称为残积层（图 3-36）。残积物向上逐渐过渡为土壤层。残积层向下经风化岩石逐渐过渡为新鲜岩石。土壤层、残积层和风化岩层形成完整的风化壳。

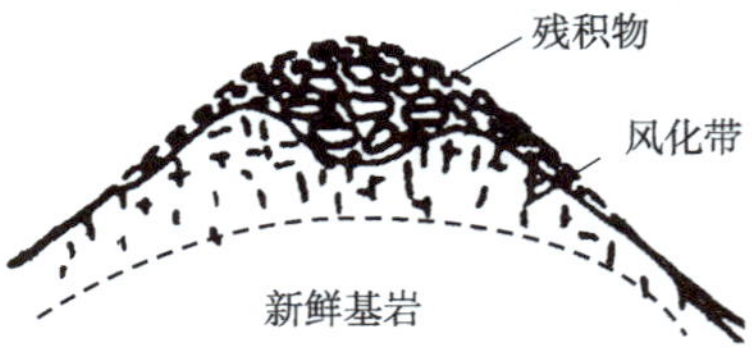

图 3-36　残积层

残积物不具有层理，碎屑物质大小不均匀、棱角显著，无分选，粒度和成分受气候条件和母岩岩性控制。在干旱或寒冷地区，化学风化作用微弱而以物理风化作用为主，岩石风化产物多为棱角状的砂、砾等粗碎屑物质，其中缺少黏土矿物。在垂直剖面上，上部碎屑的粒径较小，向下部逐渐粗大。半干旱地区，除物理风化作用外，尚可有化学风化作用进行，残积物中常形成黏土矿物、铁的氢氧化物与 Ca、Mg 碳酸盐和石膏等。气候潮湿地区，化学风化作用活跃，物理风化作用不发育，残积物主要由黏土矿物组成，厚度也相应增大。残积物成分与母岩岩性关系密切。残积物的厚度往往与地形条件有关，在陡坡和山顶部位常厚度小。平缓的斜坡和山谷低洼处厚度较大。

残积层的工程地质性质，主要取决于矿物成分、结构和构造等因素。残积层具有较多的孔隙和裂缝，易遭冲刷，强度和稳定性较差。由于残积层孔隙多，又加上成分和厚度很不均匀，所以作为建筑物的地基时，应考虑其承载能力和可能产生的不均匀沉陷。由于残积层结构比较松散，作为路堑边坡时，应考虑可能出现的坍塌和冲刷等问题。

（二）坡积层

由坡面细流的侵蚀、搬运和沉积作用在坡脚或山坡低凹处形成新的沉积层称坡积层（图 3-37）。坡积层是山区公路勘测设计中经常遇到的第四纪陆相沉积物中的一个成因类型，它顺着坡面沿山坡的坡脚或山坡的凹坡呈缓倾斜裙状分布，在地貌上称为坡积裙。

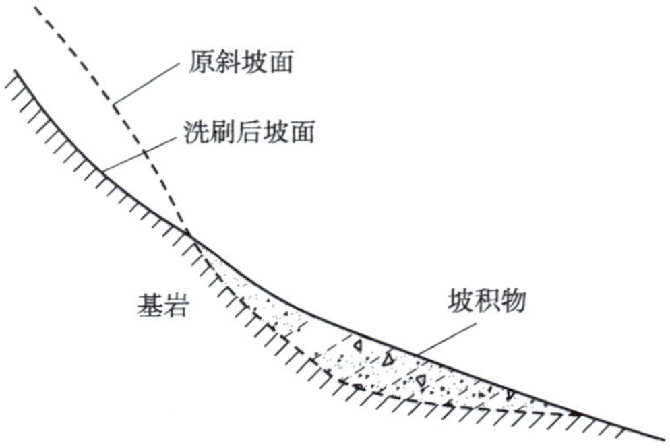

图 3-37　坡积层的形成

坡积层具有下述特征：

（1）坡积层可分为山地坡积层和山麓平原坡积层两个亚组：其厚度变化较大，一般是中下部较厚，向山坡上部及远离山脚方向均逐渐变薄尖灭。

（2）坡积层多由碎石和黏性土组成，其成分与下伏基岩无关，而与山坡上部基岩成分有关。山地坡积层一般以粉质黏土夹碎石为主，而山麓平原坡积层则以粉质黏土为主，夹有少量的碎石。在我国干旱、半干旱地区的山麓平原坡积层，常具有黄土的某些特征。

（3）坡积层层理不明显，碎石棱角清楚，组成物分选差，大小基本混杂在一起。

（4）坡积层松散、富水，作为建筑物地基强度很差。坡积层很容易发生滑动，概括起来影响坡积层稳定性的因素，主要有以下三个方面：

①下伏基岩顶面的倾斜程度。

②下伏基岩与坡积层接触带的含水情况。

③坡积层本身的性质。

当坡积层的厚度较小时，其稳定程度首先取决于下伏岩层顶面的倾斜程度，如下伏地形或岩层顶面与坡积层的倾斜方向一致且坡度较陡时，尽管地面坡度很缓，也易于发生滑动。山坡或河谷谷坡上的坡积层滑动，经常是沿着下伏地面或基岩顶面发生的。

当坡积层与下伏基岩接触带有水渗入而变得软弱湿润时，将显著降低坡积层与基岩顶面的摩阻力，更容易引起坡积层发生滑动。坡积层内的挖方边坡在久雨之后容易产生坍方，水的作用是一个带有普遍性的原因。

（三）洪积层

洪积层是由山洪急流搬运的碎屑物质组成的，多堆积在沟口外围一带。由于山洪急流的长期作用，在沟口一带就形成了扇形展布的堆积体，在地貌上称为洪积扇（图 3-38）。洪积扇的规模逐年增大，有时与相邻沟谷的洪积扇互相连接起来，形成规模更大的洪积裙或洪积平原。

图 3-38　洪积扇

洪积层是第四纪陆相堆积物中的一个类型，有以下主要特征：

（1）组成物质分选不良，粗细混杂，碎屑物质多带棱角，磨圆度不佳。

（2）有不规则的交错层理、透镜体、尖灭及夹层等。

（3）山前洪积层由于周期性的干燥，常含有可溶盐类物质，在土粒和细碎屑间，往往形成局部的软弱结晶联结，但遇水作用后，联结就会破坏。

洪积层主要分布于山麓坡脚的沟谷出口地带及山前平原，从地形上看，是有利于工程建筑的。洪积层一般可划分为三个工程地质条件不同的地段（图 3-39）：靠近山坡沟口的粗碎屑沉积地段，孔隙大，透水性强，地下水埋藏深，压缩性小，承载力比较高，是良好的天然地基；洪积层外围的细碎屑沉积地段，如果在沉积过程中受到周期性的干燥，黏土颗粒发生凝聚并析出可溶盐分时，则洪积层的结构颇为结实，承载力也是比较高的；在上述两地段之间和过渡带，因为常有地下水溢出，水文地质条件不良，对工程建筑不利。

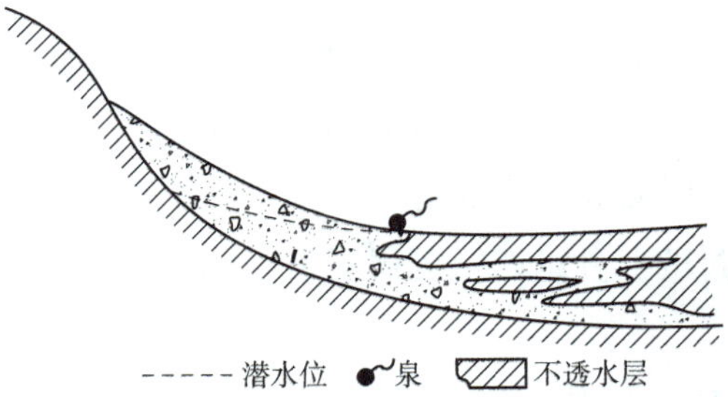

图 3-39　山前洪积扇剖面图

（四）冲积层

河流的沉积物称冲积层（图 3-40）。冲积层分为河床相与河漫滩相两大部分。一般在上游，颗粒最粗，多由粗砾、甚至巨砾组成，且分选性差，粗细混杂；在中、下游，颗粒较细，较均匀，多由粗砂、细砂等组成。河床相沉积物粗，属冲积物中粒度最粗的部分。河漫滩相沉积物多由粉砂与黏土组成，内侧较粗，向外逐渐变细。因河床侧向迁移，在河床相沉积层之上堆积了河漫滩相沉积，这一套沉积构成冲积层的二元结构。即下部为河床相沉积物，颗粒粗；表层为河漫滩相沉积物，颗粒细，以黏土、粉土为主（图 3-41）。

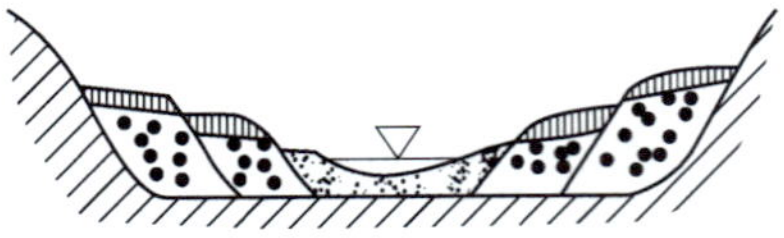

图 3-40 冲积层

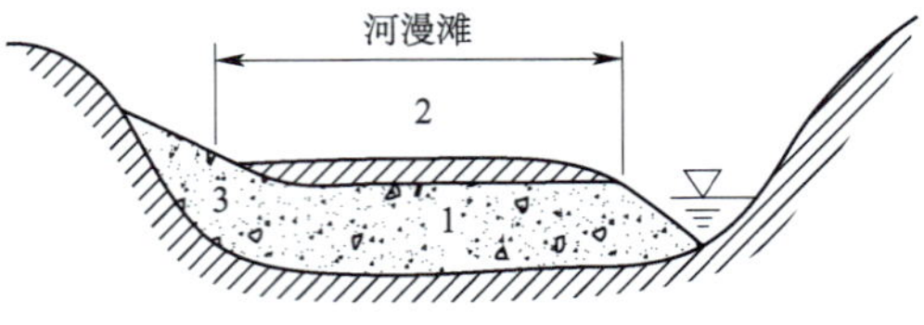

图 3-41 河漫滩沉积

1-河床沉积物；2-河漫滩冲积物；3-山坡坡积裙

从河流纵向延伸来看，不同地段流速降低的情况不同，各处形成的沉积层特点也不同，基本可分为四大类型段。

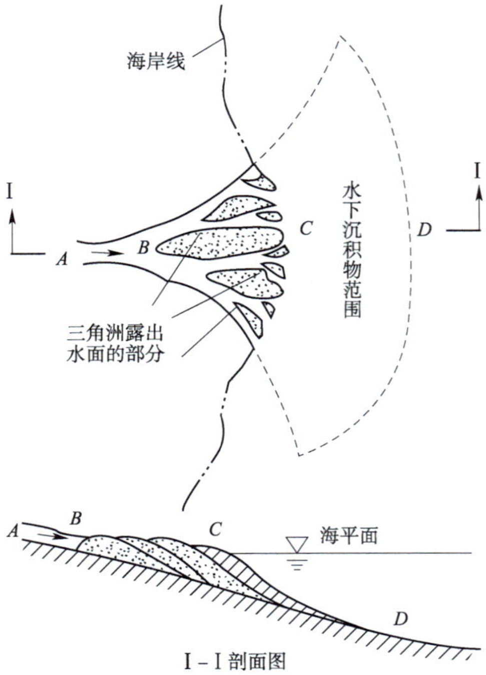

图 3-42 三角洲

A-河道；*B*-河口（扇顶）；*C*-三角洲水上水下分界位置；*D*-三角洲的水下部分前缘（扇缘）

（1）在山区，河床纵坡陡、流速大，侵蚀能力较强，沉积作用较弱。河床冲积层多为蚀余相，松散堆积物较薄，且以巨砾、卵石和粗砂为主。

（2）当河流由山区进入平原时，流速骤然降低，大量物质沉积下来，形成冲积扇。冲积扇的形状和特征与前述洪积扇相似，但冲积扇规模较大，冲积层的分选性及磨圆度更高。

（3）在河流中、下游，则由细小颗粒的沉积物组成广大的冲积平原，例如黄河下游、海河及淮河的冲积层构成的华北大平原。冲积平原也常分布有牛轭湖相沉积，如长江的江汉平原。

（4）在河流入海的河口处，流速几乎降到零，河流携带的泥沙绝大部分都要沉积下来。沉积物在水面以下呈扇形分布，扇顶位于河口，扇缘则伸入海中，露出水面的部分形如一个顶角指向河口的倒三角形，故称河口冲积层为三角洲（图 3-42）。三角洲的内部构造与洪积扇、冲积扇相似：下粗上细，即近河口处较粗，距河口越远越细。

从冲积层的形成过程，可知它具有以下特征：

（1）冲积层分布在河床、冲积扇、冲积平原或三角洲中。积层的成分非常复杂，河流汇水面积内的所有岩石和土都能成为该河流冲积层的物质来源。与前面讨论过的三种第四纪沉积层相比，冲积层物质分选性好，磨圆度高，且发育近水平层理。

（2）山区河流沉积物较薄，颗粒较粗，承载力较高且易清除，地基条件较好。

（3）冲积平原分布广，表面坡度比较平缓，多数大、中城市都坐落在冲积层上；道路也多选择在冲积层上通过。作为工程建筑物的地基，砂、卵石的承载力较高，黏性土较低。在冲积平原特别应当注意冲积层中两种不良沉积物，一种是软弱土层，例如牛轭湖、沼泽地中的淤泥、泥炭等；另一种是容易发生流沙现象的细、粉砂层。遇到它们时应当采取专门的设计和施工措施。

（4）三角洲沉积物含水量高，常呈饱和状态，承载力较低。但其最上层，因长期干燥比较硬实，承载力较下面高，俗称硬壳层，可用作低层建筑物的天然地基。

（5）冲积层中的砂、卵石、砾石常被选用为建筑材料。厚度稳定、延续性好的砂、卵石层是丰富的含水层，可以作为良好的供水水源。

例 题 解 析

例题 1　[2019 年试题 29] 若岩石裂隙已扩展，并产生大量的风化裂隙，在裂隙面上出现了次生矿物，则此岩层属于（　　）。

A. 整石带　　B. 块石带　　C. 碎石带　　D. 粉碎带

答案： B

解析： 见考点一。上述三类风化作用及其多种风化方式都具有其独立意义。但是，在许多情况下，它们相伴而生，并相互影响和促进，共同破坏岩石，使整块岩石破碎为块石，再破碎为碎石甚至粉末，若含有有机质则形成土壤。

例题 2　因强烈蒸发使地下水浓缩结晶，导致岩石裂缝被结晶力扩大，称为（　　）。

A. 热胀冷缩作用　　B. 冰劈作用　　C. 盐类结晶作用　　D. 碳酸化作用

答案： C

解析： 见考点一。一些具有很大吸湿性的盐类能从空气中吸收大量的水分而潮解为溶液。温度升高，水分蒸发，盐分又结晶析出，体积显著增大对岩石的空隙和裂隙起到撑裂作用，使得裂隙逐渐扩大，导致岩石松散破坏。

例题 3　[2019 年试题 30] 坡积裙主要分布在（　　）。

A. 山沟沟口处　　B. 河流漫滩处

C. 山坡坡脚处　　D. 山顶处

答案： C

解析： 见考点二。坡积层是山区公路勘测设计中经常遇到的第四纪陆相沉积物中的一个成因类型，它顺着坡面沿山坡的坡脚或山坡的凹坡呈缓倾斜裙状分布，在地貌上称为坡积裙。

例题 4　具有更好的分选性和磨圆度的土是（　　）。

A. 坡积物　　B. 冲积物　　C. 洪积物　　D. 残积物

答案： B

解析： 见考点二。良好的分选性和磨圆度是河流沉积物区别于其他成因沉积物的重要特征。河流的沉积物称为冲积层。

例题 5　[2020 年试题 29] 下列有关岩石风化作用的说法中，错误的是（　　）。

A. 岩石的风化作用仅发生在地表

B. 岩石的风化作用使岩体的结构构造发生变化

C. 岩石的风化作用使岩石的强度及稳定性降低

D. 岩石的风化作用使岩石的矿物成分和化学成分发生变化

答案： A

解析： 见考点一。风化作用是指地表或接近地表的岩石、矿物与大气、水及生物接触过程中产生物理、化学变化而在原地形成松散堆积物的全过程。风化作用在地表最显著，随着深度的增加，其影响就逐渐减弱以致消失。

例题 6　[2020 年试题 30] 山区公路水毁的重要动因是河流的（　　）。

A. 溶蚀作用　　B. 侧蚀作用

C. 下蚀作用　　D. 机械侵蚀作用

答案： B

解析： 见考点一。由于河流的水位变化及侧蚀，常使沿河布设的公路路基发生水毁现象，特别是河湾凹岸地段，最为显著。

例题 7 ［2020 年试题 32］岩石的风化程度一般划分为全风化、强风化等（　　）。

A. 二级　　B. 三级　　C. 四级　　D. 五级

答案： D

解析： 见考点一。根据四个方面的变化，将岩石风化程度划分为五级，详见表 3-6。

例题 8 ［2021 年试题 28］河水流动的过程中不断加深和拓宽河床的作用称为河流的侵蚀作用，这种侵蚀作用可分为（　　）。

A. 溶蚀作用和磨蚀作用　　B. 下蚀作用和侧蚀作用

C. 淘蚀作用和潜蚀作用　　D. 溶蚀作用和机械侵蚀作用

答案： B

解析： 见考点二。河流的侵蚀作用，按照河床不断加深和拓宽的发展过程，可分为下蚀作用和侧蚀作用。

例题 9 ［2021 年试题 29］与岩石风化无关的作用是（　　）。

A. 太阳辐射　　B. 空气　　C. 风　　D. 地球引力

答案： D

解析： 见考点一。风化作用是指地表或接近地表的岩石、矿物，在太阳辐射、大气、水和生物等风化营力作用下，产生物理、化学变化而在原地形成松散堆积物的全过程。

自测模拟

1. 属于化学风化作用的方式有（　　）。

A. 冰劈作用　　B. 温差风化　　C. 水解作用　　D. 岩石释荷

2. 残积层是（　　）。

A. 风化作用的产物　　B. 洗刷作用的产物

C. 冲刷作用的产物　　D. 河流地质作用的产物

3. 河流入海或入湖的地方堆积了大量的碎屑物，构成一个三角形地段，称为（　　）。

A. 沙嘴　　B. 漫滩　　C. 冲积平原　　D. 河口三角洲

4. 下列地貌中属于河流地质作用现象形成的是（　　）。

A. “V”谷　　B. 冰脊　　C. 石芽　　D. 天生桥

5. 洪积物主要分布在（　　）。

A. 山沟沟口处　　B. 河流漫滩处　　C. 山坡坡脚处　　D. 山顶处

6. 路基发生水毁现象常常是因为（　　）。

A. 溯源侵蚀　　B. 侧蚀作用　　C. 搬运作用　　D. 沉积作用

7. 以下说法错误的是（　　）。

A. 河流的下蚀作用是无止境的

B. 到一定的基准面后，河流的侵蚀作用将趋于消失

C. 流入湖泊海洋的河流，则以湖面或海水面为其侵蚀基准面

D. 随着下蚀作用的发展，侵蚀能力逐渐削弱

8. 形成洪积扇的作用是（　　）。

A. 山坡细流的堆积作用　　B. 山谷洪流堆积作用

C. 降雨淋滤作用　　D. 淋滤与漫流堆积作用

9. 地壳表层的岩石，在风化营力的作用下，发生物理和化学的变化，使岩石崩解破碎以至逐渐分解的作用，称为风化作用，这些风化营力不包括（　　）。

A. 太阳辐射　　B. 水　　C. 生物　　D. 地球引力

参考答案

1. C　2. A　3. D　4. A　5. A　6. B　7. A　8. B　9. D

第四节　地　　貌

考点分析

本节重点：地貌的概念、地貌的形态分类、河流阶地的类型及其与公路建设的关系、平原地貌、山岭地貌的形态和类型。主要考核地貌、河流阶地、剥蚀平原、堆积平原、构造平原、平顶山、单面山、褶皱山、断块山、褶皱断块山、垭口等概念和各种地貌条件对公路工程建设的影响。

本节难点：河流阶地与工程建设的关系、山岭地貌的类型及形成原因、道路选线与山岭地貌的关系、各类垭口的工程地质条件。

考点精讲

考点一：地貌的形成和发展

地貌是指由于内、外力地质作用的长期进行，在地壳表面形成的各种不同成因、不同类型、不同规模的起伏形态。“地形”与“地貌”含义不同。“地形”专指地表既成形态的某些外部特征，如高低起伏、坡度大小和空间分布等，在地形图中以等高线表达。“地貌”含义广泛，它不仅包括地表形态的全部外部特征，还涉及这些形态的地质结构，以及这些形态的成因和发展。

公路常穿越不同的地貌单元，地貌条件是评价公路工程地质条件的重要内容之一。各种不同的地貌，都关系到公路勘测设计、桥隧位置选择的技术经济问题和养护工程等。

内力作用形成了地壳表面的基本起伏，对地貌的形成和发展起决定性作用。首先，地壳的构造运动不仅使地壳岩层受到强烈的挤压、拉伸或扭动而形成一系列褶皱带和断裂带，而且还在地壳表面造成大规模的隆起区和沉降区。隆起区将形成大陆、高原、山岭；沉降区则形成海洋、平原、盆地。其次，地下岩浆的喷发活动对地貌的形成和发展也有一定的影响，火山喷发可形成火山锥和熔岩盖等堆积物，后

者的覆盖面积可达数百以至数十万平方千米，厚度可达数百、数千米。内力作用不仅形成了地壳表面的基本起伏，而且还对外力作用的条件、方式及过程产生深刻的影响。例如，地壳上升，侵蚀、剥蚀、搬运等作用增强，堆积作用就变弱；地壳下降，则情况相反。

外力作用对由内力作用所形成的基本地貌形态，不断地进行雕塑、加工，起着改造作用，其总趋势是削高补低，力图把地表夷平，即把由内力作用所造成的隆起部分进行剥蚀破坏，同时把破坏的碎屑物质搬运堆积到由内力作用所造成的低地和海洋中去。如同内力作用会引起外力作用的加剧一样，在外力作用把地表夷平的过程中，也会改变地壳已有的平衡，从而又为内力作用产生新的地面起伏提供新的条件。

综上所述，地貌的形成和发展是内、外力共同作用的结果。现在能看到的各种地貌形态，就是地壳在内、外力作用下发展到现阶段的形态表现。

考点二：地貌的分类

（一）地貌的形态分类

一般按地貌的绝对高度、相对高度及地面的平均坡度等形态特征进行地貌的形态分类。表 3-7 是陆地上山地和平原的一种常见的分类方案。

大陆地貌的形态分类　　表 3-7

形态类别		绝对高度（m）	相对高度（m）	平均坡度（°）	举　例
山地	高山	>3500	>1000	>25	喜马拉雅山、天山
	中山	1000~3500	500~1000	10~25	大别山、庐山、雪峰山
	低山	500~1000	200~500	5~10	川东平行岭谷、华蓥山
	丘陵	<500	<200		闽东沿海丘陵
平原	高原	>600	>200		青藏、内蒙古、黄土、云贵高原
	高平原	>200			成都平原
	低平原	0~200			东北、华北、长江中下游平原
	洼地	低于海平面高度			吐鲁番洼地

在公路工程中，把表 3-7 中的丘陵进一步按相对高度划分为重丘和微丘，相对高度大于 100m 的为重丘，小于 100m 的为微丘。

（二）地貌的成因分类

根据公路工程的特点，这里介绍以地貌形成的主导因素作为分类基础的方案。

1. 内力地貌

即以内力作用为主所形成的地貌，它又可分为：

（1）构造地貌　由地壳的构造运动所造成的地貌，其形态能充分反映原来的地质构造形态。如高地符合以构造隆起和上升运动为主的地区，盆地符合以构造拗陷和下降运动为主的地区。又如褶皱山、断块山等。

（2）火山地貌　由火山喷发出来的熔岩和碎屑物质堆积所形成的地貌为火山地貌，如熔岩盖、火山锥等。

2. 外力地貌

即以外力作用为主所形成的地貌，根据外动力的不同又可分为以下几种：

（1）水成地貌　以水的作用为地貌形成和发展的基本因素。水成地貌又可分为面状洗刷地貌、线状冲刷地貌、河流地貌、湖泊地貌与海洋地貌等。

（2）冰川地貌　以冰雪的作用为地貌形成和发展的基本因素。冰川地貌又可分为冰川剥蚀地貌与冰川堆积地貌，前者如冰斗、冰川槽谷等，后者如侧碛、终碛等。

（3）风成地貌　以风的作用为地貌形成和发展的基本因素。风成地貌又可分为风蚀地貌与风积地貌，前者如风蚀洼地、蘑菇石等，后者如新月形沙丘、沙垄等。

（4）岩溶地貌　以地表水和地下水的溶蚀作用为地貌形成和发展的基本因素。其所形成的地貌如溶沟、石芽、溶洞、峰林、地下暗河等。

（5）重力地貌　以重力作用为地貌形成和发展的基本因素。其所形成的地貌如崩塌、滑坡等。

此外，还有湖成地貌、海成地貌、黄土地貌、冻土地貌等。

各种地貌类型众多，这里主要介绍与公路工程关系密切的河流阶地、平原地貌和山岭地貌。

考点三：河流阶地

河谷内河流侵蚀或沉积作用形成的阶梯状地形称河流阶地。若阶地延伸方向与河流方向垂直称横向阶地；若阶地延伸方向与河流方向平行称纵向阶地。通常所讲的阶地，多指纵向阶地（图 3-43）。阶地有多级时，从河漫滩向上依次称为一级阶地、二级阶地、三级阶地等。阶地级数编号越大，出露时间越早，受风化剥蚀越严重，保存得越不完整，工程地质条件越差。

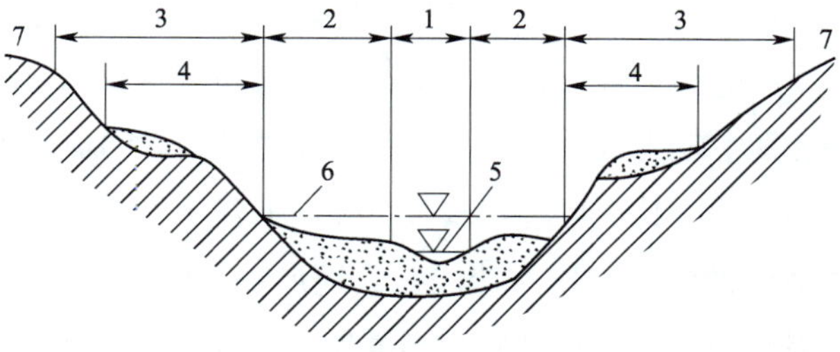

图 3-43　河谷断面图

1-河床；2-河漫滩；3-谷坡；4-阶地；5-平水位；6-洪水位；7-谷缘

根据河流阶地组成物质的不同，可以把阶地分为三种基本类型（图 3-44）：

（1）侵蚀阶地　也称基岩阶地。由基岩石构成，阶地面较窄，没有或零星有冲积物。一般形成于构造抬升的山区河谷中。

（2）基座阶地　阶地面上为冲积层，下部为基岩，说明河流下蚀的深度大于原生沉积物的厚度，反映了后构造上升较大的特点。

（3）冲积阶地　也称堆积阶地或沉积阶地。全部由冲积层构成，表明该地区冲积层很厚，地壳上升引起的河流下切未能把冲积层切透。

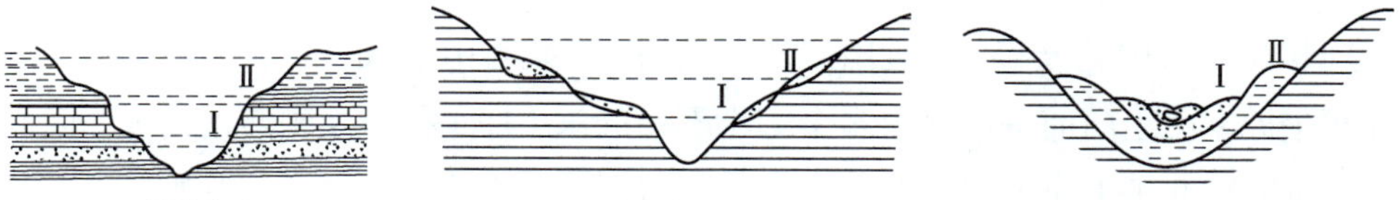

a)侵蚀阶地　b)基座阶地　c)冲积阶地

图 3-44　河流阶地的类型

阶地一方面缓和了山谷坡脚地形的平面曲折和纵向起伏，有利于路线平纵面设计和减少工程量，另一方面又不易遭受山坡变形和洪水淹没的威胁，容易保证路基稳定。所以阶地在通常情况下，是河谷地貌中敷设路线的理想地貌部位。当有几级阶地时，除考虑过岭高程外，一般首选一级阶地，其次是二级阶地，阶地级数不宜选择太高，否则不便于道路与峡谷外的公路连接。

考点四：平原地貌

平原地貌具有大地表面开阔平坦、地势高低起伏不大的外部形态。一般说来，平原地貌有利于公路选线，在选择有利地质条件的前提下，可以设计成比较理想的公路线形。

按高程，平原可分为高原、高平原、低平原和洼地（表 3-7）；按成因，平原可分为构造平原、剥蚀平原和堆积平原。

（一）构造平原

此类平原主要由地壳构造运动所形成，其特点是地形面与岩层面一致，堆积物厚度不大。构造平原又可分为海成平原和大陆拗曲平原，前者由地壳缓慢上升海水不断后退所形成，其地形面与岩层面一致，上覆堆积物多为泥沙和淤泥，并与下伏基岩一起微向海洋倾斜；后者由地壳沉降使岩层发生拗曲所形成，岩层倾角较大，平原面呈凹状或凸状，其上覆堆积物多与下伏基岩有关。

由于基岩埋藏不深，所以构造平原的地下水一般埋藏较浅。在干旱或半干旱地区如排水不畅，常易形成盐渍化。在多雨的冰冻地区则常易造成道路的冻胀和翻浆。

（二）剥蚀平原

此类平原是在地壳上升微弱的条件下，经外力的长期剥蚀夷平所形成，其特点是地形面与岩层面不一致，覆堆积物常常很薄，基岩常常裸露地表，只是在低洼地段有时才覆盖有厚度稍大的残积物、坡积物、洪积物等。按外力剥蚀作用的动力性质不同，剥蚀平原又可分为河成剥蚀平原、海成剥蚀平原、风力剥蚀平原和冰川剥蚀平原。其中较为常见的是前面两种剥蚀平原。河成剥蚀平原是由河流长期侵蚀作用所造成的侵蚀平原，亦称准平原，其地形起伏较大，并向河流上游逐渐升高，有时在一些地方则保留有残丘。海成剥蚀平原是由海流的海蚀作用所造成，其地形一般极为平缓，微向现代海平面倾斜。

剥蚀平原形成后，往往因地壳运动变得活跃，剥蚀作用重新加剧，使剥蚀平原遭到破坏，故其分布面积常常不大。剥蚀平原的工程地质条件一般较好。

（三）堆积平原

此类平原是在地壳缓慢而稳定下降的条件下，经各种外力作用的堆积填平所形成，其特点是地形开阔平缓，起伏不大，往往分布有厚度很大的松散堆积物。按外力堆积作用的动力性质不同，堆积平原又可分为河流冲积平原、山前洪积冲积平原、湖积平原、风积平原和冰碛平原，其中较为常见的是前面三种。

河流冲积平原地形开阔平坦，具有良好的工程建设条件，对公路选线也十分有利。但其下伏基岩往往埋藏很深，第四纪堆积物很厚，且地下水一般埋藏较浅，地基土的承载力较低，在冰冻潮湿地区道路的冻胀翻浆问题比较突出。此外，还应注意，为避免洪水淹没，路线应设在地形较高处，而在淤泥层分布地段，还应注意其对路基、桥基的强度和稳定性的影响。

洪积物或冲积物多沿山麓分布，靠近山麓地形较高，环绕着山前成一狭长地带，形成规模大小不一的山前洪积冲积平原。由于山前平原是由多个大小不一的洪（冲）积扇互相连接而成，因而呈高低起伏的波状地形。山前洪积冲积平原堆积物的岩性与山区岩层的分布有密切关系，其颗粒为砾石和砂，以至粉粒或黏粒。由于地下水埋藏较浅，常有地下水溢出，水文地质条件较差，往往对工程建筑不利。

湖积平原是河流注入湖泊时，将所挟带的泥沙堆积湖底使湖底逐渐淤高，湖水溢出、干涸所形成。其地形之平坦为各种平原之最。湖积平原中的堆积物，由于是在静水条件下形成的，故淤泥和泥炭的含量较多，其总厚度一般也较大，其中往往夹有多层呈水平层理的薄层细砂或黏土，很少见到圆砾或卵石，且土颗粒由湖岸向湖心逐渐由粗变细。湖泊平原地下水一般埋藏较浅。其沉积物由于富含淤泥和泥炭，常具可塑性和流动性，孔隙度大，压缩性高，故承载力很低。

考点五：山岭地貌

（一）山岭地貌的形态要素

山岭地貌具有山顶、山坡、山脚等明显的形态要素。

山顶是山岭地貌的最高部分，山顶呈长条状延伸时称山脊。山脊呈马鞍状的明显下凹处，称为垭口。一般来说，山体岩性坚硬、岩层倾斜或因受冰川的剥蚀时，多呈尖顶或很狭窄的山脊，如图 3-45a）所示；在气候湿热，风化作用强烈的花岗岩或其他松软岩石分布地区，岩体经风化剥蚀，多呈圆顶，如图 3-45b）所示；在水平岩层或古夷平面分布地区，则多呈平顶，如图 3-45c）所示，典型的如方山、桌状山等。

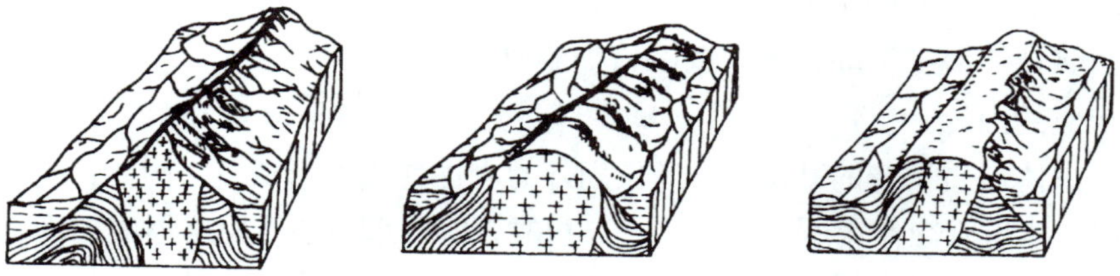

a)尖顶　　b)圆顶　　c)平顶

图 3-45　山顶的各种形态

山坡是山岭地貌的重要组成部分。在山岭区，山坡分布的面积最广。山坡的形状有直线形、凹形、凸形以及复合形等各种类型，这取决于新构造运动、岩性、岩体结构及坡面剥蚀和堆积的演化过程等因素。

山脚是山坡与周围平地的交接处。由于坡面剥蚀和坡脚堆积，使山脚在地貌上一般并不明显，在那里通常有一个起着缓和作用的过渡地带，它主要是由一些坡积裙、冲积锥、洪积扇及岩堆、滑坡堆积体等流水堆积地貌和重力堆积地貌组成。

（二）山岭地貌的类型

山岭地貌可以按形态或成因分类。按形态分类见表 3-7。根据地貌成因，可以将山岭地貌划分为构造变动形成的山岭、火山作用形成的山岭和剥蚀作用形成的山岭三种类型。

1. 构造变动形成的山岭

（1）平顶山

平顶山是由水平岩层构成的一种山岭，多分布在顶部岩层坚硬和下卧岩层软弱的硬软相互层发育地区，在侵蚀、溶蚀和重力崩塌作用下，使四周形成陡崖或深谷，而顶面坚硬岩层兀立如桌面。由水平硬岩层覆面的分水岭，有可能成为平坦的高原。

（2）单面山

单面山是由单斜岩层构成的沿岩层走向延伸的一种山岭，其两坡一般不对称。与岩层倾向相反的一坡短而陡，称为前坡。前坡多是经外力的剥蚀作用所形成，故又称为剥蚀坡；与岩层倾向一致的一坡长而缓，称为后坡或构造坡。如果岩层倾角超过 40°，则两坡的坡度和长度均相差不大，其所形成的山岭外形很像猪背，所以又称猪背岭。猪背岭由硬岩层构成，山脊走线很平直。

单面山的前坡（剥蚀坡），由于地形陡峻，若岩层裂隙发育，风化强烈，则容易产生崩塌，且其坡脚常分布有较厚的坡积物和倒石堆，稳定性差，故对布设路线不利。后坡（构造坡）由于山坡平缓，坡积物较薄，故常常是布设路线的理想部位。不过在岩层倾角大的后坡上深挖路堑时，应注意边坡的稳定问题，因为开挖路堑后，与岩层倾向一致的一侧，会因坡脚开挖而失去支撑，特别是当地下水沿着其中的软弱岩层渗透时，容易产生顺层滑坡。

（3）褶皱山

褶皱山是由褶皱岩层所构成的一种山岭。这在新构造运动作用下形成高大的褶皱山系是褶皱地貌中最多的类型。

（4）断块山

断块山是由断裂变动所形成的山岭。它可能只在一侧有断裂，也可能两侧均为断裂所控制。断块山常发育断层崖，断层三角面，它们常是野外识别断层的一种地貌证据。

（5）褶皱断块山

由褶皱和断裂构造的组合形态构成的山岭称褶皱断块山，这里曾经是构造运动剧烈和频繁的地区。

2. 火山作用形成的山岭

火山作用形成的山岭，常见有锥状火山和盾状火山。锥状火山是多次火山活动造成的，其熔岩黏性较大、流动性小，冷却后便在火山口附近形成坡度较大的锥状外形。盾状火山是由黏性较小、流动性大的熔岩冷凝形成，故其外形呈基部较大、坡度较小的盾状。

3. 剥蚀作用形成的山岭

这种山岭是在山体地质构造的基础上，经长期外力剥蚀作用所形成的。例如，地表流水侵蚀作用所形成的河间分水岭，冰川刨蚀作用所形成的刃脊、角峰，地下水溶蚀作用所形成的峰林等。此类山体的构造形态对地貌形成的影响已退居不明显地位，其形态特征主要取决于山体的岩性、外力的性质及剥蚀作用的强度和规模。

（三）垭口与山坡

1. 垭口

对于公路工程来说，研究山岭地貌必须重点研究垭口。因为越岭的公路路线若能寻找合适的垭口，可以降低公路高程和减少展线工程量。从地质作用看，可以将垭口归纳为如下三个基本类型。

（1）构造型垭口

这是由构造破碎带或软弱岩层经外力剥蚀所形成的垭口。常见的有下列三种：

①断层破碎带型垭口：这种垭口的工程地质条件比较差。岩体的整体性被破坏，经地表水侵入和风化，岩体破碎严重，一般不宜采用隧道方案，如采用路堑，也需控制开挖深度或考虑边坡防护，以防止边坡发生崩塌，如图 3-46 所示。

②背斜张裂带型垭口：这种垭口虽然构造裂隙发育，岩层破碎，但工程地质条件较断层破碎带型好，这是因为垭口两侧岩层外倾，有利于排除地下水，有利于边坡稳定，一般可采用较陡的边坡坡度，使挖方工程量和防护工程量都比较小。如果选用隧道方案，施工费用和洞内衬砌也比较节省，是一种较好的垭口类型，如图 3-47 所示。

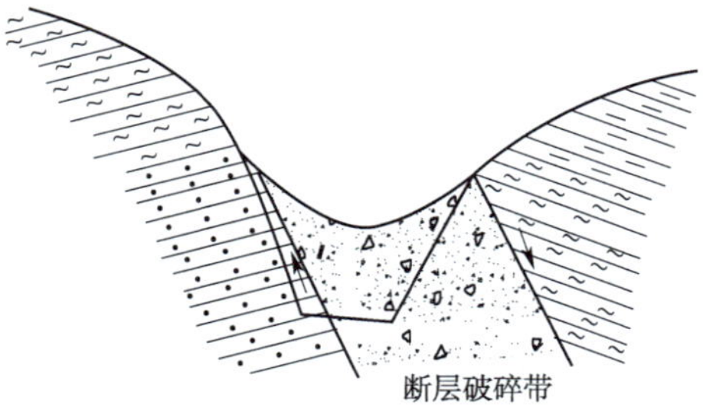

图 3-46 断层破碎带型垭口

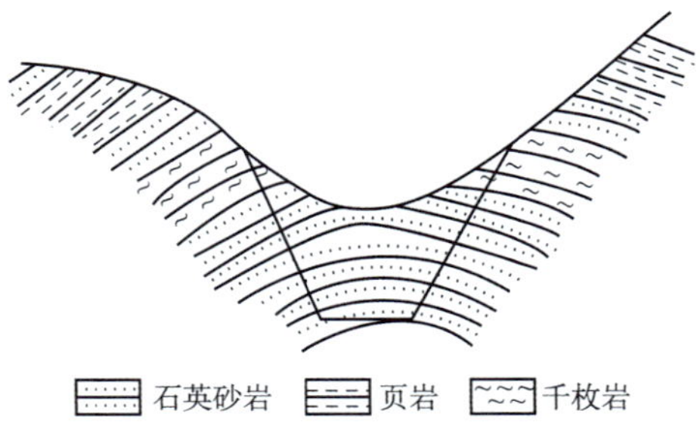

图 3-47 背斜张裂带型垭口

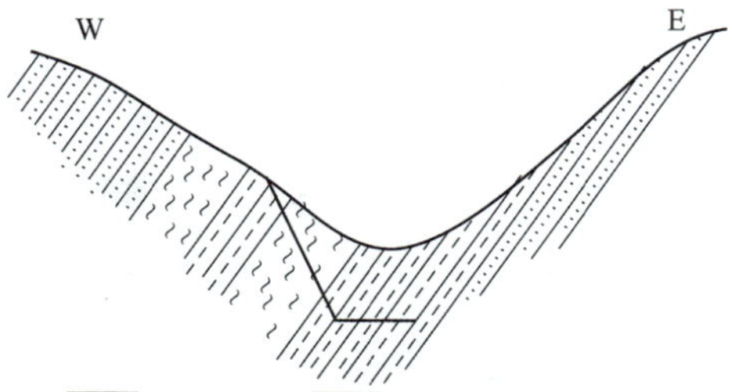

图 3-48 单斜软弱层型垭口

③单斜软弱层型垭口：这种垭口主要由页岩、千枚岩等易于风化的软弱岩层构成。两侧边坡多不对称，倾向坡外一侧略陡一些。由于岩性松软，风化严重，稳定性差，故不宜深挖，若采取路堑深挖方案，与岩层倾向一致的一侧的边坡坡角应小于岩层的倾角，两侧坡面都应有防风化的措施，必要时应设置护壁或挡土墙。穿越这一类垭口，宜优先考虑隧道方案，可以避免因风化带来的路基病害，还有利于降低越岭线的高程，缩短展线工程量或提高公路线形标准，如图 3-48 所示。

（2）剥蚀型垭口

这是以外力强烈剥蚀为主导因素所形成的垭口，其形态特征与山体地质结构无明显联系。此类垭口的共同特点是松散覆盖层很薄，基岩多半裸露。在气候干燥寒冷地带，岩性坚硬和切割较深的垭口本身较薄，宜采用隧道方案；采用路堑深挖也比较有利，是一种良好的垭口类型。在气候温湿地区和岩性较软弱的垭口，则本身较平缓宽厚，采用深挖路堑或隧道对穿都比较稳定，但工程量比较大。在石灰岩地区的溶蚀性垭口，无论是明挖路堑或开凿隧道，都应注意溶洞或其他地下溶蚀地貌的影响。

（3）剥蚀—堆积型垭口

这是在山体地质结构的基础上，以剥蚀和堆积作用为主导因素所形成的垭口。其开挖后的稳定条件主要决定于堆积层的地质特征和水文地质条件。这类垭口外形浑缓，垭口宽厚，宜于公路展线，但松散堆积层的厚度较大，有时还发育有湿地或高地沼泽，水文地质条件较差，故不宜降低过岭高程，通常多以低填或浅挖的断面形式通过。

2. 山坡

公路路线的绝大部分都是设置在山坡或靠近岭顶的斜坡上的。山坡的外部形态特征包括山坡的高度、坡度及纵向轮廓等。按纵向轮廓及坡度分类的山坡类型，见表 3-8。

山 坡 的 类 型　　表 3-8

按山坡的纵向轮廓分类（图 3-49）	按山坡的纵向坡度分类
直线形坡［图 3-49a）］：岩性单一的直线形山坡，其稳定性较高；单斜岩层构成的直线形山坡，其外形在山岭的两侧不对称，一侧坡度陡峻，另一侧则与岩层层面一致，坡度均匀平缓，从地形上看，有利于布设路线，开挖路基后遇到的均系顺倾向边坡，在不利的岩性和水文地质条件下，很容易发生大规模的顺层滑坡，因此不宜深挖；经长期剥蚀碎落和坡面堆积而形成的直线形山坡，这种山坡在青藏高原和川西峡谷比较发育，其稳定性最差，选作傍山公路的路基，应注意避免挖方内侧的坍方和路基沿山坡滑坍	微坡：坡度小于 15°
凸形坡［图 3-49b）］：山坡上缓下陡，自上而下坡度渐增，下部甚至呈直立状态，坡脚界限明显，其稳定性主要决定于岩体结构，一旦发生坡体变形破坏，则会形成大规模的崩塌。凸形坡上部的缓坡可选作公路路基，但应注意考察岩体结构，避免因人工扰动和加速风化导致失去稳定	缓坡：坡度介于 16°~30°
凹形坡［图 3-49c）］：山坡上部陡，下部急剧变缓，坡脚界线很不明显。分布在松软岩层中的凹形山坡，不少都是在过去特定条件下由大规模的滑坡、崩塌等山坡变形现象形成的，凹形坡面往往就是古滑坡的滑动面或崩塌体的依附面。凹形山坡在各种山坡地貌形态中是稳定性比较差的一种。在凹形坡的下部缓坡上，也可进行公路布线，但设计路基时，应注意稳定平衡；沿河谷的路基应注意冲刷防护	陡坡：坡度介于 31°~70°
阶梯形坡［图 3-49d）］：由软硬不同的水平岩层或微倾斜岩层组成的基岩山坡，其表面剥蚀强烈，覆盖层薄，基岩外露，稳定性一般比较高；滑坡变形造成的阶梯状斜坡，多存在于山坡中下部，如果坡脚受到强烈冲刷或不合理的切坡，或者受到地震的影响，可能引起古滑坡复活，威胁建筑物的稳定	垂直坡：坡度大于 70°

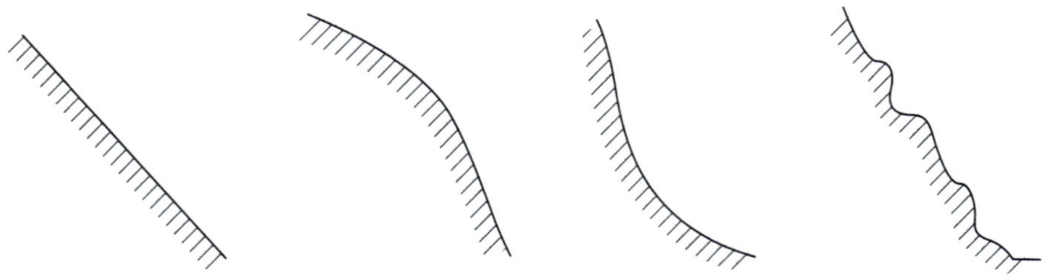

图 3-49　各种形态的山坡

稳定性高，坡度平缓的山坡便于公路展线，对于布设路线是有利的，但应注意考察其工程地质条件。平缓山坡特别是在山坡的一些坳洼部分，通常有厚度较大的坡积物和其他重力堆积物分布，坡面径流也容易在这里汇聚；当这些堆积物与下伏基岩的接触面因开挖而被揭露后，遇到不良水文情况，就可能引起堆积物沿基岩顶面发生滑动。

例 题 解 析

例题 1　地貌学是研究（　　）。

A. 地表的形态特征、成因　　B. 地表的分布及其发育规律

C. 地表的形态特征、成因及其发育规律　　D. 以上答案都对

答案： C

解析： 见考点一。"地貌"含义广泛，它不仅包括地表形态的全部外部特征，还涉及这些形态的地质结构，以及这些形态的成因和发展。

例题 2　桂林山水是（　　）。

A. 岩溶地貌　　B. 崖壁地貌　　C. 峰林地貌　　D. 风成地貌

答案： A

解析： 见考点二。岩溶地貌以地表水和地下水的溶蚀作用为地貌形成和发展的基本因素。其所形成的地貌如溶沟、石芽、溶洞、峰林、地下暗河等。桂林山水为岩溶地貌。

例题 3　阶地级数越高，其形成时代和所处的位置分别为（　　）。

A. 越早、越低　　B. 越晚、越低　　C. 越早、越高　　D. 越晚、越高

答案： C

解析： 见考点三。阶地级数编号越大，出露时间越早，受风化剥蚀越严重，保存得越不完整，工程地质条件越差。

例题 4　下列平原中工程地质条件较好的是（　　）。

A. 洪积平原　　B. 冲积平原　　C. 剥蚀平原　　D. 湖泊平原

答案： C

解析： 见考点四。剥蚀平原形成后，往往因地壳运动变得活跃，剥蚀作用重新加剧，使剥蚀平原遭到破坏，故其分布面积常常不大。剥蚀平原的工程地质条件一般较好。

例题 5　［2019 年试题 31］从地质作用看，将垭口的基本类型归纳为（　　）。

A. 构造型垭口、剥蚀型垭口、剥蚀—堆积型垭口

B. 构造型垭口、剥蚀型垭口、堆积型垭口

C. 构造型垭口、剥蚀型垭口、构造—剥蚀型垭口

D. 构造型垭口、剥蚀型垭口、构造—堆积型垭口

答案： A

解析： 见考点五。从地质作用看，可以将垭口归纳为三个基本类型：①构造型垭口；②剥蚀型垭口；③剥蚀-堆积型垭口。

例题 6 ［2020 年试题 31］在某河谷上形成若干级河谷阶地，用于敷设路线最好的是（　　）。

A. 一、二级阶地　　B. 三、四级阶地

C. 三级阶地　　D. 四级阶地

答案： A

解析： 见考点三。阶地在通常情况下，是河谷地貌中敷设路线的理想地貌部位。当有几级阶地时，除考虑过岭标高外，一般首选一级阶地，其次是二级阶地，阶地级数不宜选择太高，否则不便于道路与峡谷外的公路连接。

例题 7 ［2021 年试题 30］在识别各级河流阶地形成年代的先后时，下列说法正确的是（　　）。

A. 高阶地年代新，低阶地年代老

B. 低阶地年代新，高阶地年代老

C. 根据阶地二元结构表层地层的沉积年代确定，与阶地高低无关

D. 根据阶地二元结构下部地层的沉积年代确定，与阶地高低无关

答案： B

解析： 见考点三。阶地有多级时，从河漫滩向上依次称为一级阶地、二级阶地、三级阶地等。阶地级数编号越大，出露时间越早，受风化剥蚀越严重，保存得越不完整，工程地质条件越差。因此编号越大，阶地越高，年代越老；编号越小，阶地越低，年代越新。

自 测 模 拟

1. 低平原的绝对高程大约是（　　）。

A. ＞600m　　B. ＞200m　　C. 0~200m　　D. 低于海平面高度

2. 山地按地貌形态的分类是（　　）。

A. 最高山、高山、中山、低山　　B. 最高山、高山、中山、丘陵

C. 最高山、高山、高原、丘陵　　D. 高山、中山、低山

3. 主要由被侵蚀的岩石构成的阶地称为（　　）。

A. 侵蚀阶地　　B. 基座阶地　　C. 堆积阶地　　D. 纵向阶地

4. 在各种山坡地貌形态中，稳定性较差的一种是（　　）。

A. 直线形坡　　B. 凸形坡　　C. 凹形坡　　D. 阶梯形坡

5. 如果地壳经历多次的间断性上升，则可在河谷上形成若干级河谷阶地，工程性质最好的是（　　）。

A. 四级阶地　　B. 三级阶地　　C. 二级阶地　　D. 一级阶地

6. 下列关于垭口在公路建设中的作用，说法错误的是（　　）。

A. 降低公路高程　　B. 减少展线工程量　　C. 节约建设成本　　D. 提高公路造价

7. 坡度介于 31°~70°的坡是（　　）。
A. 微坡　　B. 缓坡　　C. 陡坡　　D. 垂直坡

参 考 答 案

1. C　2. D　3. A　4. C　5. D　6. D　7. C

第五节　水 文 地 质

考 点 分 析

本节重点：地下水的埋藏类型及其特点、水文地质图的用途、地表水和地下水的补给关系。以考核潜水、上层滞水、承压水、孔隙水、裂隙水、岩溶水等的概念为主。

本节难点：地表水和地下水的补给关系、等水位线图和等水压线图的用途、地下水对工程建设的影响。

考 点 精 讲

赋存在地表面以下岩土体空隙（土体中的孔隙，岩体中的孔隙、裂隙、溶隙）中的水称为地下水，地下水有气态、液态和固态三种，但以液态为主。当水量少时，水分子受静电引力被吸附在碎屑颗粒和岩石的表面成为吸附水；薄层状的吸附水的厚度超过几百个水分子直径时，则为薄膜水。吸附水和薄膜水因受静电引力作用，不能自由移动。当水将岩土空隙填满时，如果空隙较小，则水受表面张力作用，可沿空隙上升形成毛细管水；如果空隙较大，水的重力大于表面张力，则水受重力的支配从高处向下渗流，形成重力水。

研究地下水的学科称为水文地质学，与地下水的赋存、补给、径流和排泄等有关的条件称为水文地质条件。地下水的富集必须具备三个条件：有较多的储水空间；有充足的补给水源；有良好的汇水条件。地下水在重力作用下不停地运动着，运动特点主要决定于岩土的透水性。岩土体按相对的透水能力划分为透水的、半透水的和不透水的三类。透水的（有时包括半透水的）岩土层称为透水层；不透水的岩土层称为隔水层；当透水层被水充满时称为含水层。

地下水分布很广，与人们的生产、生活和工程活动的关系也很密切。它一方面是饮用、灌溉和工业供水的重要水源之一，是宝贵的天然资源。但另一方面，它与土石相互作用会使土体和岩体的强度和稳定性降低，给工程的建设和正常使用造成危害。许多不良地质现象和工程病害，如滑坡、岩溶、潜蚀、土体盐渍化和路基盐胀、多年冻土和季节冻土中冰的富集、地基沉陷、道路冻胀和翻浆等都与地下水的存在和活动有关，地下水还常常给隧道施工和运营带来困难，甚至是灾害。

考点一：地下水的类型

地表以下岩土层中的空隙充满水的地带称为饱水带，在饱水带之上未被水充满的地带称为包气带，如图 3-50 所示。

地下水的埋藏条件是指含水岩层在地质剖面中所处的部位以及受隔水层限制的情况。根据地下水的埋藏条件，可以把地下水划分为包气带水、潜水和承压水（图 3-51）。按含水层空隙性质（含水介质）的不同，可将地下水区分为孔隙水、裂隙水和岩溶水，见表 3-9。

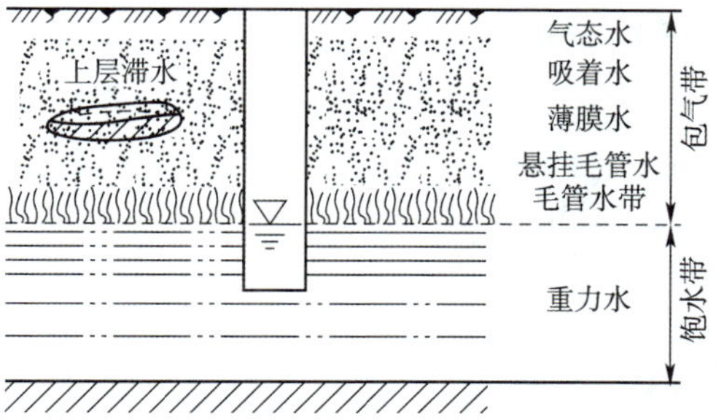

图 3-50 包气带及饱水带

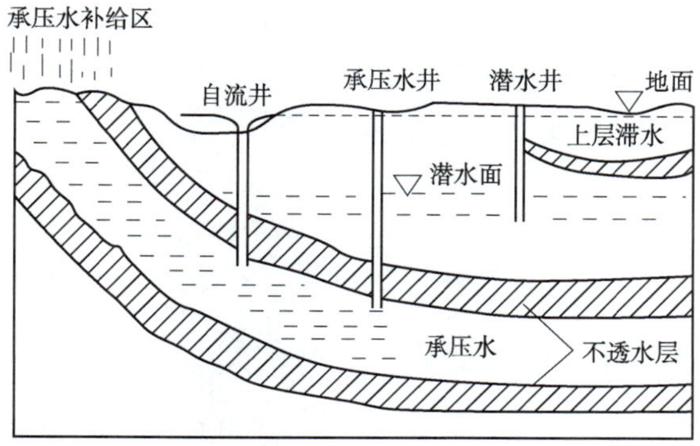

图 3-51 地下水的埋藏类型

地下水分类表 表 3-9

埋藏条件	含水介质类型		
	孔隙水	裂隙水	岩溶水
上层滞水	局部黏性土隔水层上季节性存在的重力水(上层滞水)	裂隙岩层浅部季节性存在的重力水及毛细水	裸露的岩溶化岩层上部岩溶通道中季节性存在的重力水
潜水	各类松散堆积物浅部的水	裸露于地表的各类裂隙岩层中的水	裸露于地表的岩溶化岩层中的水
承压水	山间盆地及平原松散堆积物深部的水，向斜构造的碎屑岩孔隙中的水	组成构造盆地、向斜构造或单斜断块的被掩覆的各类裂隙岩层中的水	组成构造盆地、向斜构造或单斜断块的被掩覆的岩溶化岩层中的水

考点二：上层滞水、潜水、承压水的分布规律及特点

（一）上层滞水

在包气带内局部隔水层上积聚的具有自由水面的重力水称为上层滞水。上层滞水接近地表，接受大气降水的补给，以蒸发形式或向隔水底板边缘排泄。其主要特征是：埋藏浅，在垂直和平面上分布均不稳定，分布区和补给区一致；水量和水质受气候控制，季节性变化明显，雨季水量多，旱季水量少，甚至干涸。包气带水的存在，可使地基土的强度减弱。在寒冷的北方地区，易引起道路的冻胀和翻浆。此外，由于其分布和水位变化大，常给工程的设计、施工带来困难。

（二）潜水

饱水带中第一个连续隔水层之上具有自由表面的含水层中的水称为潜水，潜水的水面为自由水面，称为潜水面。从潜水面到隔水底板的距离为潜水含水层厚度。潜水面到地面的距离为潜水埋藏深度。潜水含水层直接与包气带相接，在其分布范围内，通过包气带接受大气降水、地表水或凝结水的补给。

潜水在重力作用下，通常由水位高的地方向水位低的地方径流。流动快慢取决于含水层的渗透能力和水力坡度。潜水面的形状或水力坡度大小与地形有一定程度的一致性，地面坡度越大，潜水面的坡度越大，但比地形的起伏要平缓。因此，一般地形切割强烈，潜水就径流、循环快，含水层厚度小，水的矿化度低；地形完整、开阔则相反。

潜水的排泄方式有两种：一种是径流到适当地形处，以泉、渗流等形式泄出地表或流入地表水，即径流排泄。另一种是通过包气带或植物蒸发进入大气，即蒸发排泄。水平排泄在地形切割强烈的山区最为普遍，而垂直排泄则在干旱和平原地区较为明显。

潜水面上各点的高程称作潜水位。将潜水位相等的各点连线即得潜水等水位线图，如图 3-52 所示。相邻两等水位线间作一垂直连线，即得此范围内的潜水的流向。根据等水位线图可以判断潜水与地表水的相互补给关系，如图 3-53 所示。

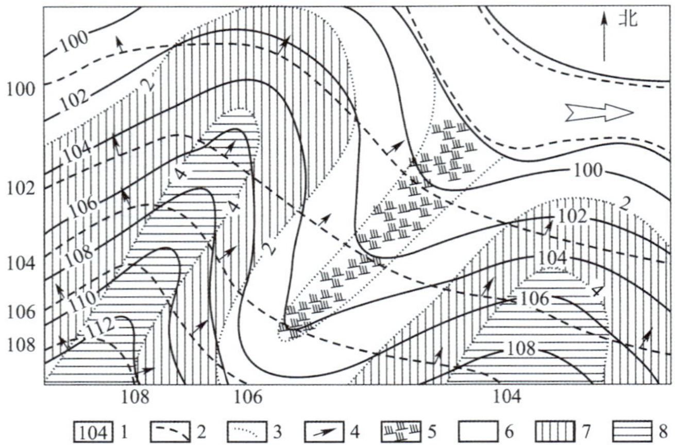

图 3-52　潜水等水位线及埋藏深度图

1-地形等高线（m）；2-等水位线（m）；3-等埋深线（m）；4-潜水流向；5-埋深为零区；6-埋深 0~2m 区；7-埋深 2~4m 区；8-埋深大于 4m 区

由于等水位线图能表明潜水的埋藏深度、流向、水力梯度、含水层厚度及其动态变化等，所以在工程上，特别是对于隧道工程有很大的实用价值，是评价工程所在地区水文地质条件的重要图件。应当指出，潜水位是在不断变化的，潜水等水位图只能反映某一特定时间的水位情况。应该注重湿季的最高等水位线图和旱季的最低等水位线图，其他时间的潜水位，是在二者之间变化。

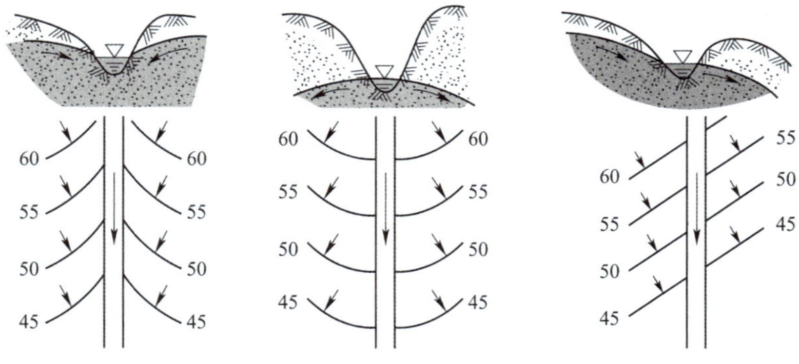

a)潜水补给河水　b)河水补给潜水　c)右岸河水补给潜水，左岸潜水补给河水

图 3-53　潜水与地表水之间的补给关系

（三）承压水

充满于两个隔水层之间的含水层中的地下水称为承压水，如图 3-54 所示。承压水含水层上部的隔水层称为隔水顶板，下部的隔水层称为隔水底板。顶底板之间的距离为含水层厚度。承压性是承压水的一个重要特征。用钻孔揭露含水层，水位将上升到含水层顶板以上一定高度才静止下来。静止水位高出含水层顶板的距离便是承压水头。钻孔中静止水位的高程就是含水层在该点的测压水位。测压水位高于地表时，钻孔能够自喷出水。将某一承压含水层测压水位相等的各点连线，即得等水压线，在图上根据

钻孔水位资料绘出等水压线，便得到等水压线图，如图 3-55 所示。根据等水压线图可以确定承压水的流向和水力梯度。

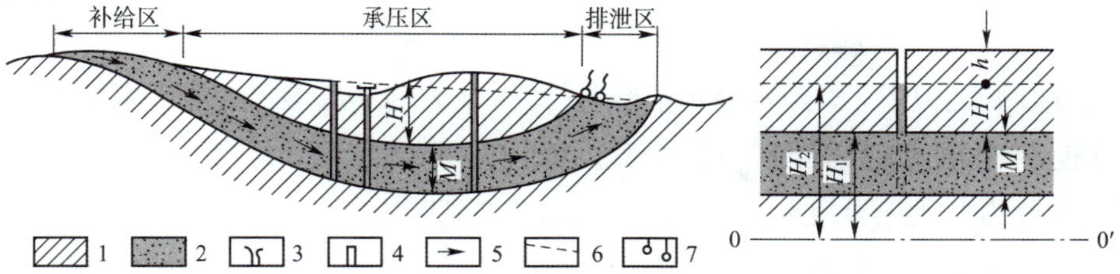

图 3-54　承压水

1-隔水层；2-含水层；3-喷水钻孔；4-不自喷钻孔；5-地下水流向；6-测压水位；7-泉；M-含水层厚度；h-水位埋深；H-承压水位；H_1-位置水位；H_2-测压水位；0-0′-大地水准面

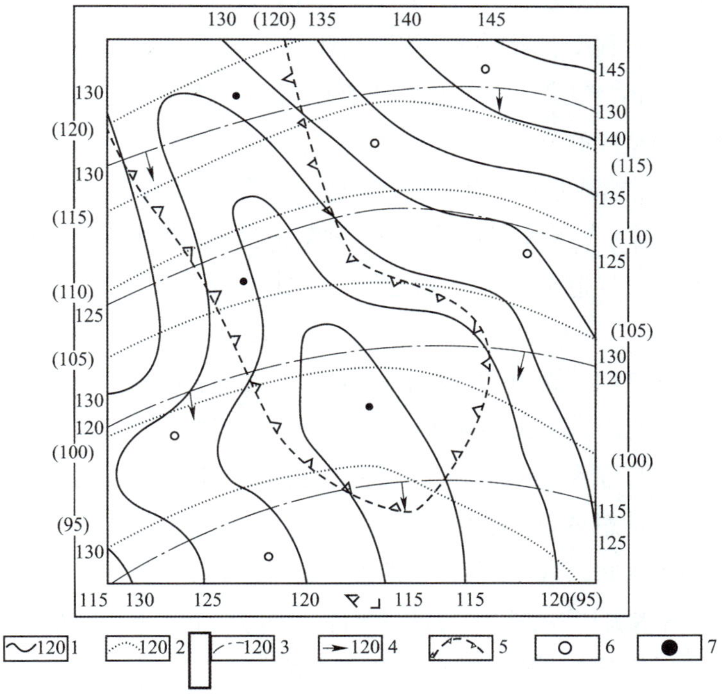

图 3-55　等水压线图

1-地形等高线（m）；2-含水层顶板等高线（m）；3-等水压线（m）；4-地下水流向；5-承压水自溢区；6-钻孔；7-自流井

承压水受隔水层的限制，与地表水联系较弱。因此气候、水文因素的变化对承压水的影响较小，承压水动态变化稳定。

过量抽取地下承压水会使得含水层空隙压缩变形，导致地面沉陷，治理的主要措施就是减少地下承压水的抽取量和向地下注水。

承压含水层在地形适宜处露出地表时，可以泉或溢流形式排向地表或地表水体。也可以通过导水断裂带向地表或其他含水层排泄。

承压水一般水量较大，隧道和桥基施工若钻透隔水层，会造成突然而猛烈的涌水，处理不当将给工程带来重大损失。

考点三：地下水按含水层性质分类

（一）孔隙水

孔隙水广泛分布于第四纪松散的沉积物中，在较老的岩石中也有较少分布。例如，在砂岩中就有少量的孔隙水存在。岩土体颗粒粗大且均匀，则孔隙含水层的透水性好，地下水储量大、流速快、水质好；反之，则透水性差、地下水储量小、流速慢、水质差。

（二）裂隙水

裂隙水埋藏在基岩裂隙中。裂隙水分布很不均匀，水力联系也很复杂。由于裂隙类型不同，其分布规律、发育程度也不相同，并使含于其中的裂隙水的分布和埋藏特征呈现出差异性。按基岩裂隙成因的不同，可将裂隙水分为：风化裂隙水、成岩裂隙水和构造裂隙水三种类型。

风化裂隙水常埋藏于地表浅处，含水厚度小、储量有限，其渗透性随深度的增加而减弱，常以潜水甚至上层滞水的形式存在，就地补给，就地排泄，季节性变化明显。但风化裂隙水在基岩山区分布十分广泛，对边坡工程影响很大，常常是边坡失稳和浅层滑坡形成的重要原因。

成岩裂隙水分布于沉积岩和岩浆岩的成岩裂隙中。成岩裂隙水的水质、分布特点、储量大小等主要取决于岩体裂隙的产状和发育程度、岩石的性质以及补给条件，可以是潜水，也可以是承压水。

构造裂隙水的分布规律相当复杂，呈现出不均匀性和各向异性。一般是张应力作用下形成的，张开性好，为导水裂隙。剪应力造成的节理面平整而闭合，多半不导水。应力集中的部位，裂隙常较发育，岩层的透水性好。在同一裂隙含水层中，背斜轴部常较两翼富水，倾斜岩层常较平缓岩层富水，断层带附近往往格外富水。构造裂隙水一般水量比较丰富，常常是良好的供水水源，但对隧道施工往往造成危害，如产生突然涌水事故等。构造裂隙水可以是潜水，也可以是承压水。

（三）岩溶水

赋存与运移于可溶岩的空隙、裂隙以及溶洞中的地下水称为岩溶水。在岩溶地区，降水通过落水洞、溶蚀漏斗等直接流入，短时间内，通过顺畅的途径，迅速补给岩溶水。岩溶水具有分布的不均匀性、水力联系密切性。由于地下溶洞与溶洞、溶洞与溶蚀裂隙之间相互连通，因而使岩溶水具有密切的水力联系和较强的传递能力、水量动态多变、随季节变化大等特点。

由于岩溶地下水与地表水联系密切，所以岩溶地下水流量的季节变化幅度很大，基本与地表河流相同。另外，当溶蚀漏斗、落水洞和溶蚀裂隙与排泄条件较差的地下通道相联系，往往随季节表现为间歇性或周期性的消水与涌水。岩溶水可以是潜水，也可以是承压水。

岩溶水分布不均匀、水量大给工程预测预防带来困难，尤其是隧道施工难度大，也常造成路基水毁。因此，在岩溶地区进行公路建设，必须认真研究岩溶发育规律和岩溶水运动特点。

例题解析

例题 1 上层滞水的主要补给来源是（ ）。

A. 大气降水 B. 河流水 C. 承压水 D. 地表水

答案： A

解析： 见考点一。上层滞水接近地表，接受大气降水的补给，以蒸发形式或向隔水底板边缘排泄。

例题 2 潜水是埋藏在第一个稳定隔水层上的（ ）。

A. 饱气带水 B. 毛细水 C. 重力水 D. 上层滞水

答案： C

解析： 见考点二。饱水带中第一个连续隔水层之上具有自由表面的含水层中的水称为潜水。岩层潜水在重力作用下，通常由水位高的地方向水位低的地方径流。

例题 3　［2019 年试题 33］承压水通常的排泄形式是（　　）。

A. 泉　　B. 直接排入地表

C. 通过蒸发逸入大气　　D. 通过透水通道排入潜水层

答案：A

解析：见考点二。承压含水层在地形适宜处露出地表时，可以泉或溢流形式排向地表或地表水体。

例题 4　涌水事故常产生于（　　）。

A. 风化裂隙水　　B. 成岩裂隙水　　C. 构造裂隙水　　D. 其他

答案：C

解析：见考点三。构造裂隙水一般水量比较丰富，常常是良好的供水水源，但对隧道施工往往造成危害，如产生突然涌水事故等。

例题 5　［2020 年试题 34］下列有关岩溶水的说法中，错误的是（　　）。

A. 岩溶水与地表水的流域系统相似

B. 岩溶水空间分布极不均匀

C. 岩溶水水量变化受气候影响不大

D. 岩溶水给工程预测预防带来困难

答案：C

解析：见考点三。岩溶水具有分布的不均匀性、水力联系密切性。由于地下溶洞与溶洞、溶洞与溶蚀裂隙之间相互连通，因而使岩溶水具有密切的水力联系和较强的传递能力、水量动态多变、随季节变化大等特点。由于岩溶地下水与地表水联系密切，所以岩溶地下水流量的季节变化幅度很大，基本与地表河流相同。岩溶水分布不均匀、水量大给工程预测预防带来困难，尤其是隧道施工难度大，也常造成路基水毁。

自 测 模 拟

1. 下列（　　）不是地下水富集必须具备的条件。

A. 较多的储水空间　　B. 有充足的补给水源

C. 有良好的汇水条件　　D. 有良好的排水条件

2. 基岩裂隙水的主要径流通道是（　　）。

A. 岩石的孔隙　　B. 岩石的裂隙　　C. 溶洞　　D. 岩层的层理

3. 下图为潜水等水位线图，潜水和地表水的补给关系是（　　）。

A. 潜水补给河水

B. 河水补给潜水

C. 一岸潜水补给河水，另一岸河水补给潜水

D. 无法判断

题 3 图

4. 水质最好的水是（　　）。

A. 潜水　　B. 上层滞水　　C. 承压水　　D. 裂隙水

5. 岩溶水不具有的特点是（　　）。

A. 分布的不均匀性　　B. 水力联系密切

C. 水量动态多变　　D. 不易被污染

6. 从潜水等水位线图上不能获取的信息是（　　）。

A. 潜水的埋藏深度　　B. 潜水的流向

C. 潜水的水力梯度　　D. 潜水的化学成分

7. 决定地下水流向的是（　　）。

A. 压力的大小　　B. 位置的高低　　C. 水头的大小　　D. 含水层类型

8. 对地下水动态的影响起主导作用的因素是（　　）。

A. 气候和水文因素　　B. 地形因素　　C. 地质因素　　D. 植被因素

9. 地下水降低可使降水周围的地面（　　）。

A. 下降　　B. 上升　　C. 不变　　D. 不确定

参考答案

1. D　2. B　3. C　4. C　5. D　6. D　7. C　8. A　9. A

第六节　道路工程地质问题

考点分析

本节重点：常见不良地质现象产生的条件、危害及防治措施，软土、黄土、膨胀土、盐渍土、多年冻土的工程地质特性，桥梁、隧道的选址问题，道路选线问题。以考核常见不良地质现象产生的条件、各类特殊土的工程地质性质、如何选择桥梁隧道的选址问题和道路选线问题为主。

本节难点：桥梁隧道的选址问题，道路选线问题，各种特殊性土及其工程性质。

考点精讲

道路是带状建筑，线路绵延千里，穿越地形、地质条件复杂的不同构造单元，沿线各地段孕育着各种自然地质灾害，时时威胁着道路的安全。本节主要阐述道路工程中遇到的常见不良地质现象，路基、桥涵和隧道三种不同建筑物常见的工程地质问题及其发生的地质条件和背景。

考点一：常见不良地质现象

不良地质地区（地段）是多种多样的，常见的有崩塌、岩堆、滑坡、泥石流、岩溶、风沙、雪害等，本章只介绍其中最常见的崩塌、滑坡、泥石流和岩溶四种。

（一）崩塌

1. 崩塌的概念

崩塌是指陡峻的斜坡上的巨大岩块在重力作用下突然而猛烈地向下倾倒、翻滚、崩落的现象。崩塌经常发生在山区的陡峭山坡上，有时也发生在高陡的路堑边坡上。规模巨大的山坡崩塌称为山崩。斜坡的表层岩石由于强烈风化，沿坡面发生经常性的岩屑顺坡滚落现象，称为碎落。悬崖陡坡上个别较大岩块的崩落称为落石。崩塌常可摧毁路基和桥梁，堵塞隧道洞门，击毁行车，对公路交通造成直接危害。有时因崩塌堆积物堵塞河道，引起壅水或产生局部冲刷，导致路基水毁。崩塌可以由自然因素激发产生，也可以由人为因素激发产生。

2. 崩塌的形成条件及影响因素

崩塌形成的基本条件及影响因素，归纳起来，主要有以下几个方面：

（1）地形条件

斜坡高、陡是形成崩塌的必要条件。调查表明，规模较大的崩塌，一般多产生在高度大于 30m、坡度大于 45°（大多数介于55°~75°之间）的陡峻斜坡上。斜坡的外部形状，对崩塌的形成也有一定的影响。一般在上缓下陡的凸坡和凹凸不平的陡坡（图 3-56）上易于发生崩塌。

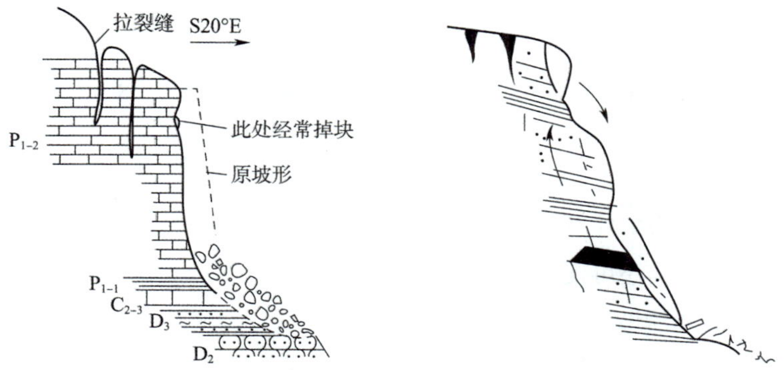

a)长江三峡月亮地二叠系灰岩陡坡的巨型崩塌　　b)宝成铁路沿线砂页岩互层边坡的坠落

图 3-56　高陡边坡崩塌示意图

（2）岩性条件

坚硬的岩石具有较大的抗剪强度和抗风化能力，能形成高峻的斜坡，易发生崩塌。由软硬互层构成的陡峻斜坡，由于差异风化，斜坡外形凹凸不平，因而也容易产生崩塌。另外，由于老黄土强度较高且具有垂直节理，常能形成高陡斜坡，也可产生崩塌。

（3）构造条件

各种构造面对坡体的切割、分离，为产生崩塌创造了条件。当软弱结构面倾向临空且倾角较大时，易发生崩塌；或者坡面上两组成楔形相交的结构面，当其组合交线倾向临空时也会发生崩塌。

地形条件、岩性条件、构造条件是形成崩塌的 3 个基本条件。

（4）其他自然因素

岩石的强烈风化、裂隙水的冻融、流水冲掏坡脚、植物根系的楔入等，都能促使斜坡岩体发生崩塌现象。但大规模的崩塌多发生在暴雨、久雨或强震之后。

除此之外，人类不合理的工程活动也是引起崩塌发生的重要因素。如公路路堑开挖过深，边坡过陡，引起边坡发生崩塌；如坡顶弃方荷载过大或不妥当的爆破施工，也常促使斜坡发生崩塌现象。

（二）滑坡

1. 滑坡的概念

斜坡大量土体和岩体在重力作用下，沿坡体内一定的滑动面（或带）整体向下滑动的现象，称为滑坡。滑坡是山区公路的主要病灾害之一，由于山坡或路基边坡发生滑坡，常造成交通中断，影响公路的正常运营。大规模的滑坡，可以堵塞河道，摧毁公路，破坏厂矿，掩埋村庄，对山区建设和交通设施危害很大。

2. 滑坡的形态特征

一个发育完全的典型滑坡，一般具有下面一些基本组成部分（图 3-57）。

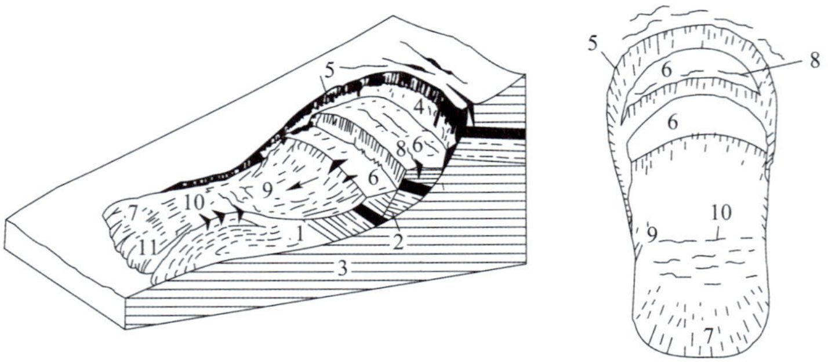

a)剖面示意图　　b)平面示意图

图 3-57　滑坡要素示意图

1-滑坡体；2-滑动面；3-滑坡床；4-滑坡壁；5-滑坡周界；6-滑坡台阶；7-滑坡舌；8-拉张裂缝；9-剪切裂缝；10-鼓张裂缝；11-扇形裂缝

（1）滑坡体

斜坡沿滑动面向下滑动的土体或岩体称为滑坡体。其内部一般仍保持着未滑动前的层位和结构，但产生许多新的裂缝，个别部位还可能遭受较强烈的扰动。

（2）滑动面、滑动带和滑坡床

滑坡体沿其向下滑动的面称为滑动面。滑动面以上，被揉皱了的厚数厘米至数米的结构扰动带，称为滑动带。有些滑坡的滑动面（带）可能不止一个。在最后滑动面以下稳定的土体或岩体称为滑坡床。滑动面（滑动带）是表征滑坡内部结构的主要标志，它的位置、数量、形状和滑动面（带）土石的物理力学性质，对滑坡的推力计算和工程治理有重要意义。滑动面的形状，因地质条件而异。一般说来，发生在均质土中的滑坡，滑动面在滑坡纵轴线的剖面上多呈圆弧形；沿岩层层面或构造裂隙发育的滑坡，滑动面多呈直线形或折线形。

（3）滑坡壁

滑动面的上缘，即滑动体与斜坡断开下滑后形成的陡壁，称为滑坡壁。它在平面上多呈圈椅状，其高度自几厘米至几十米，陡度一般为 60°~80°。

（4）滑坡周界

滑坡体与周围未滑动的稳定斜坡在平面上的分界线，称为滑坡周界。滑坡周界圈定了滑坡的范围。

（5）滑坡台阶

有几个滑动面或经过多次滑动的滑坡，由于各段滑坡体的运动速度不同，而在滑坡体上出现的阶梯状的错台，称为滑坡台阶。

（6）滑坡舌

滑坡体的前缘，形如舌状伸出的部分，称为滑坡舌。

（7）滑坡裂缝

滑坡体的不同部分，在滑动过程中，因受力性质不同，形成不同特征的裂缝。按受力性质，滑坡裂缝可分为拉张裂缝、剪切裂缝、鼓张裂缝和扇形张裂四种。拉张裂缝分布在滑坡体上部，与滑坡壁的方向大致吻合，多呈弧形，是滑坡体向下滑动时产生的拉力形成，裂缝张开。剪切裂缝分布在滑坡体中部的两侧，是滑坡体向下滑动时在滑坡体两侧所产生的剪切作用形成的，与滑动方向大致平行，其两边常伴有呈羽毛状排列的次一级裂缝。鼓张裂缝主要分布于滑坡体的下部，是由于滑坡体上、下部分运动速度的不同或滑坡体下滑受阻，致使滑坡体鼓张隆起所形成的裂缝，其延伸方向大体上与滑动方向垂直。扇形张裂缝分布在滑坡体的中下部（尤以舌部为多），当滑坡体向下滑动时，滑坡体的前缘向两侧扩散引张而形成的张开裂缝，其方向在滑动体中部与滑动方向大致平行。

（8）滑坡洼地

滑坡滑动后，滑坡体与滑坡壁之间常拉开成沟槽，构成四周高中间低的封闭洼地，称为滑坡洼地。滑坡洼地往往由于地下水在此处出露，或者由于地表水的汇集，常成为湿地或水塘。

3. 滑坡的形成条件和影响因素

（1）滑坡的形成条件

滑坡的发生，是斜坡岩（土）体平衡条件遭到破坏的结果。滑动面的形状有各种形式，基本的为平面形和圆柱状两种。二者表现虽有不同，但平衡关系的基本原理还是一致的。当总下滑力（力矩）大于总抗滑力（力矩）时，斜坡平衡条件已遭破坏而形成滑坡。因此，滑坡形成的基本条件为：坡体要具备临空面、切割面，特别是要形成一个贯通的滑动面；总下滑力（力矩）大于总抗滑力（力矩）。

一般地，均质无黏性土滑坡的滑动面为平面，均质黏性土滑坡的滑动面为圆弧面，其余滑坡多为复合滑动面。

（2）影响滑坡形成的因素

①岩性：滑坡主要发生在易于亲水软化的土层中和一些软质岩层中，当坚硬岩层或岩体内存在有利于滑动的软弱面时，在适当的条件下也可能形成滑坡。

②构造：埋藏于土体或岩体中倾向与斜坡一致的结构面，一般都是抗剪强度较低的软弱面，当斜坡受力情况突然变化时，都可能成为滑坡的滑动面或切割面。

③水：对斜坡岩土体的作用，是形成滑坡的重要条件。当水渗入滑坡体后，不但可以增大滑坡的下滑力，而且将迅速改变滑动面（带）岩土体的性质，降低其抗剪强度，起到“润滑剂”的作用。

此外，如风化作用，降雨，人为不合理的切坡或坡顶加载，地表水对坡脚的冲刷以及地震等，都能促使上述条件发生有利于斜坡土石向下滑动的变化，激发斜坡产生滑动现象。

（三）泥石流

1. 泥石流的概念

泥石流是山区突然暴发的一种含有大量泥沙、石块的特殊洪流。泥石流对公路的危害是多方面的，主要通过堵塞、淤埋、冲刷和撞击等方式对路基、桥涵及其附属构造物产生直接危害；同时也经常由于堆积物压缩和堵塞河道，使水位壅升，淹没上游沿河路基，或者迫使主河槽的流向发生变化，冲刷对岸路基，造成间接水毁。

2. 泥石流的形成条件

（1）地质条件　凡是泥石流发育的地方，都是岩性软弱，风化强烈，地质构造复杂，褶皱、断裂发育，新构造运动强烈，地震频繁的地区。

（2）地形条件　泥石流流域的地形特征是山高谷深、地形陡峻、沟床纵坡大。完整的泥石流流域，它的上游多是三面环山、一面出口的漏斗状圈谷。

（3）水文气象条件　水既是泥石流的组成部分之一，也是泥石流活动的基本动力和触发条件。降雨，特别是强度大的暴雨，在我国广大山区泥石流的形成中具有普遍的意义。在高山冰川分布地区，冰川、积雪的急剧消融，往往能形成规模巨大的泥石流。

（4）人类活动的影响　在山区建设中，如果滥伐山林，使山坡失去保护，将导致泥石流逐渐形成，或促使已经退缩的泥石流又重新发展。此外，矿山剥土、工程弃渣处理不当，也可导致发生泥石流。

综上所述，可以看出，形成泥石流有三个基本条件：①流域中有丰富的固体物质补给泥石流；②有陡峭的地形和较大的沟床纵坡；③流域的中、上游有强大的暴雨或冰雪强烈消融等形成的充沛水源。

（四）岩溶

1. 岩溶的概念

岩溶是指地表水和地下水对地表及地下可溶性岩石所进行的以化学溶解作用为主，机械侵蚀作用为辅的溶蚀作用、侵蚀—溶蚀作用以及与之相伴生的堆积作用的总称。在岩溶作用下所产生的地表形态和沉积物，称为岩溶地貌和岩溶堆积物。在岩溶地区所产生的特殊地质、地貌和水文特征，概称为岩溶现象。因此，岩溶即岩溶作用及其所产生的一切岩溶现象的总称。岩溶亦名喀斯特（Karst）。

在岩溶地区修筑公路的主要问题有：①由于地下岩溶水的活动，或因地面水的消水洞穴被阻塞，导致路基基底冒水、水淹路基、水冲路基以及隧道涌水等；②由于地下洞穴顶板的坍塌，引起位于其上的路基及其附属构造物发生坍陷、下沉或开裂；③如何正确地利用天生桥以跨越地表河流，利用暗河、溶洞以扩建隧道等岩溶形态的改造利用问题。

2. 岩溶的发育条件和影响因素

（1）岩溶发育的基本条件

可溶性岩层是发生溶蚀作用的必要前提，它必须具有一定的透水性，使水能进入岩层内部进行溶蚀。纯水对钙、镁碳酸盐的溶解能力很弱，含有二氧化碳及其他酸类时，侵蚀能力才显著提高。具有侵蚀能力的水在碳酸盐岩中停滞而不交替，很快成为饱和溶液而丧失其侵蚀性，因此水的流动是保持溶蚀作用持续进行的必要条件。

岩溶发育条件归结为：可溶岩层的存在，可溶岩必须是透水的，具有侵蚀能力的水是流动的。

（2）影响岩溶发育的因素

影响岩溶发育的因素很多，除上述基本条件外，地质的因素还有地层（包括地层的组合、厚度）、构造（包括地层产状、大地构造、地质构造等）。地理因素有气候、覆盖层、植被和地形等。其中，气候因素对岩溶影响最为显著。

考点二：路基工程地质问题

路基所出现的各种软化、变形和整体失稳一般称为路基病害。这里按照路基病害发生的特点和所处的位置，对路基不均匀变形和边坡面变形破坏进行简要介绍。

（一）路基不均匀变形

路基不均匀变形以路基沉陷变形较为常见，但也包括鼓胀变形。软土、湿陷性黄土、膨胀土、盐渍土、多年冻土等分布区域的路基常出现路基沉陷变形，而在盐渍土和膨胀土分布地区的路基则出现不均匀鼓胀变形。以下按各种特殊土类和地质条件对路基不均匀变形分别进行叙述，主要介绍各类土的性质及地质条件与路基病害的关系等。

1. 软土路基沉陷

（1）软土的工程性质

软土一般是指天然含水量大、压缩性高、承载力低和抗剪强度很低的呈软塑—流塑状态的黏性土。软土是一类土的总称，并非指某一种特定的土，一般将软土分为软黏性土、淤泥质土、淤泥、泥炭质土和泥炭等，即其性质大体与上述概念相近的土都可以归为软土。

软土一般具有下列工程性质：

①软土的孔隙比和含水量：软土具有较大的孔隙比和高含水量，孔隙比一般大于 1.0，高的可达 5.8（滇池淤泥），含水量大于液限达 50%~70%，最大可达 300%。但随沉积年代的久远和深度的加大，孔隙比和含水量降低。

②软土的透水性和压缩性：软土孔隙比大，但孔隙小，吸水、亲水性强，透水性差（一般渗透系数K小于10^{-6}cm/s），在荷载作用下排水不畅，固结慢，压缩性高，压缩系数$a = 0.7 \sim 2.0\text{MPa}^{-1}$，压缩模量$E_s$为1~6MPa，压缩过程长，开始时压缩下沉很慢，完成下沉的时间很长。

③软土的强度：软土强度低，无侧限抗压强度为 10~40kPa。不排水直剪试验的$\varphi = 2° \sim 5°$，$c = 10 \sim 15\text{kPa}$；排水条件下$\varphi = 10° \sim 15°$，$c = 20\text{kPa}$。所以评价软土抗剪强度时，应根据建筑物加荷情况选用不同的试验方法。

④软土的触变性：软土受到振动，海绵状结构破坏，土体强度降低，甚至呈现流动状态，称为触变，也称振动液化。触变使地基土大面积失效，对建筑物破坏极大。软土触变用灵敏度（S_t）表示，即天然结构下的抗剪强度（c）与结构扰动后的抗剪强度（c'）的比值。一般，S_t为 3~4，个别达 8~9，灵敏度越大，强度降低越明显，造成的危害也越大。

⑤软土的流变性：软土在长期荷载作用下，变形可以延续很长时间，最终引起破坏，这种性质称为流变性。破坏时软土的强度远低于常规试验测得的标准强度，一些软土的长期强度只有标准强度的 40%~80%。

（2）软土路基的变形破坏

简单地说，软土地基的变形破坏主要是承载力低，导致地基变形大或发生挤出，造成建筑物的破坏。修建在软土地基上的道路路堤受强度限制，必须控制在临界高度以下，否则容易发生挤出破坏。

2. 黄土路基沉陷

黄土是第四纪以来，在干旱、半干旱气候条件下，陆相沉积的一种特殊土。

（1）黄土的沉积年代

我国黄土从第四纪初开始沉积，一直延续至现在，贯穿了整个第四纪。午城黄土（Q_1）和离石黄土（Q_2）因沉积年代早，大孔隙已退化，土质紧密，不具湿陷性；马兰黄土（Q_3）沉积年代较新，有强烈的湿陷性；而新近堆积的黄土（Q_4）结构疏松，压缩性强，工程性质最差。习惯上，把离石黄土、午城黄土称为老黄土，马兰黄土等称为新黄土。

（2）黄土的工程性质

黄土一般具有下列工程性质：

①黄土的粒度成分：黄土的粒度成分以粉粒为主，占 60%~70%，其次是砂粒和黏粒，各占 1%~29% 和 8%~26%。一般认为黏粒含量大于 20%的黄土，湿陷性较小或无湿陷性。但是也有例外的情况，兰州西黄河北岸的次生黄土黏粒含量超过 20%，湿陷性仍十分强烈。

②黄土的相对密度和密度：黄土的相对密度一般在 2.54~2.84 之间，结构疏松，具有大孔隙，密度为$1.5 \sim 1.8\text{g/cm}^3$，干密度约为$1.3 \sim 1.6\text{g/cm}^3$，一般认为干密度小于$1.5\text{g/cm}^3$的黄土具有湿陷性。

③黄土的含水量：黄土含水量与当地年降雨量及地下水埋深有关，位于干旱、半干旱地区的黄土一般含水量较低。含水量与湿陷性有一定关系，含水量低，湿陷性强，含水量增加，湿陷性减弱，一般含水量超过 25%时就不再具有湿陷性了。

④黄土的压缩性：土的压缩性由压缩系数（a）表示。一般认为a小于0.1MPa^{-1}的土为低压缩性土，a在$0.1\sim0.5\text{MPa}^{-1}$间的土为中等压缩性土，$a$大于$0.5\text{MPa}^{-1}$的土是高压缩性土。黄土多为中压缩性土，近代黄土是高压缩性的，年代越老的黄土压缩性越小。

⑤黄土的抗剪强度：一般黄土的内摩擦角$\varphi=15°\sim25°$，凝聚力$c=30\sim40\text{kPa}$，抗剪强度中等。

⑥黄土的湿陷性和黄土陷穴：天然黄土在一定的压力作用下，浸水后产生突然的下沉现象，称为湿陷。这个压力称为湿陷起始压力。如果湿陷发生在土的饱和自重压力下称为自重湿陷，如果湿陷发生在自重压力和建筑物的附加压力下称为非自重湿陷。黄土的非自重湿陷比较普遍，其工程意义比较大。

黄土湿陷性评价目前都采用浸水压缩试验方法，将黄土原状土样放入固结仪内，在无侧限膨胀条件下进行压缩试验，测出天然湿度下变形稳定后的试样高度h_2及浸水饱和条件下变形稳定后的试样高度h_2'，然后计算相对湿陷系数$\delta_{\text{sh}}=(h_2-h_2')/h_2$。

（3）黄土路基的变形破坏

黄土因其特殊的大孔隙、垂直节理发育等结构特性，强渗透和遇水崩解的水理特性，干燥时高强度、浸水后强度明显降低的强度特性，造成路基常出现路堤下沉、坡面冲刷、边坡滑塌和滑坡、冲沟侵蚀路基等工程病害。特别是湿陷性黄土质地疏松，大孔隙和垂直裂隙发育，富含可溶盐，浸水后结构迅速破坏而发生显著的附加下沉，工程病害更是经常发生而且强烈。

黄土路基各种病害的发生与水的关系密切。路堤沉陷常是地基湿陷、地下洞穴塌陷、路线通过冲沟时沟底地基湿软、冲沟溯源侵蚀路基等原因造成的；雨水造成坡面冲刷、滑塌，河流冲刷坡脚或地下水软化坡脚引起滑坡；地下水位较高造成路基软化和冻胀、翻浆。因此，黄土地区进行道路建设和道路病害治理必须重视排水问题，包括地表排水和地下排水。

黄土陷穴、人工坑洞、地下墓穴等人工洞穴在黄土地区较为多见。线路勘测时不易发现，运营一段时间后可能突然发生沉陷。因此，应查明陷穴、洞穴的分布规律，对已有的陷穴应回填夯实，平整地面，排除地表水和地下水的影响。

3. 膨胀土路基变形

膨胀土是一种黏性土，具有明显的膨胀、收缩特性。它的粒度成分以黏粒为主，黏粒的主要矿物是蒙脱石、伊利石，这两类矿物有强烈的亲水性，吸收水分后体积膨胀，失水后收缩，多次膨胀、收缩，强度很快衰减，导致修建在膨胀土上的工程建筑物开裂、下沉、失稳破坏。

（1）膨胀土的工程性质

①膨胀土的粒度成分：膨胀土的黏度成分以黏粒含量为主，高达 50%以上，黏粒粒径小于 0.005mm，接近胶体颗粒，为准胶体颗粒，呈现出强亲水性。

②膨胀土的密度：天然状态下，膨胀土结构紧密、孔隙比小，干密度达$1.6\sim1.8\text{g/cm}^3$，塑性指数为 18~23，膨胀土的天然含水量与塑限比较接近，一般为 18%~26%，土体处于坚硬或硬塑状态，常被误认为是良好的天然地基。

③膨胀土的裂隙性：膨胀土中裂隙十分发育，是区别于其他土的明显标志。膨胀土的裂隙按成因有原生和次生之别。原生裂隙多闭合，裂面光滑，常有蜡状光泽，次生裂隙多以风化裂隙为主，在水的淋滤作用下，裂面附近蒙脱石含量显著增高，呈白色，构成膨胀土的软弱面，这种灰白土是引起膨胀土边坡失稳滑动的主要原因。

④膨胀土的强度：天然状态下，膨胀土的剪切强度、弹性模量都比较高，但遇水后强度显著降低，黏聚力小于 50kPa，内摩擦角小于 10°，有的甚至接近饱和淤泥的强度。

⑤膨胀土具有超固结性：超固结性是指膨胀土在应力史上曾受到比现在土的上覆自重压力更大的压力，因而孔隙比小，压缩性低，一旦开挖，遇水膨胀，强度降低，造成破坏。

膨胀土的固结程度用土的超固结比R（前期固结压力p_c与目前土层的上覆自重压力p_0之比）来表示。正常土$R=1$，超固结土$R>1$。

（2）膨胀土的胀缩性指标

一般来讲，黏性土都有一定的膨胀性，只是膨胀量小，没有达到危害程度。为了正确评价膨胀土与非膨胀土，必须测定其膨胀收缩指标。表示膨胀土的胀缩性指标有下列几种：

自由膨胀率（F_s）：指人工制备的烘干土，在水中吸水后体积增量（V_w-V_0）与原体积（V_0）之比的百分数。$F_s>40\%$为膨胀土。

膨胀率（C_{sw}）：人工制备的烘干土，在一定的压力下，侧向受限水膨胀稳定后，试样增加的高度（h_w-h_0）与原高度（h_0）之比的百分数，$C_{sw}\geqslant 40\%\geqslant 4$为膨胀土。

线缩率（e_{sl}）：为土样收缩后高度减小量（l_0-l）与原高度l_0之比的百分数。$e_{sl}\leqslant 5\%$为膨胀土。

（3）膨胀土的路基变形

膨胀土因特殊的工程性质对工程建筑产生多种危害，而且变形破坏具有反复性。在膨胀土地区，路面常出现大范围、大幅度的随季节变化的波浪变形；路基常出现的病害有不均匀鼓胀和沉陷，沿路肩部位的纵裂和坍肩，在路堑边坡和路堤边坡的剥落、冲蚀、溜塌、坍滑和滑坡，有“逢堑必滑，无堤不坍”之说。

这些病害的产生必须具备两个基本条件：一是土具有胀缩特性；二是水的渗入，没有含水量的变化，则不会产生路基的变形和破坏。因此，控制填土的性质或改善土的胀缩性，减小路基、路面水的渗入，是防治膨胀土道路病害的重要手段。膨胀土的膨胀潜势与土的初始密度和初始含水量有关，初始密度越大、初始含水量越小，土体膨胀潜力越大；反之，则小。因此，采用合理的填土压实标准和碾压含水量，是减轻胀缩危害的另一重要方面。

4. 盐渍土路基变形

盐渍土是不同程度的盐碱化土的统称。在公路工程，一般指易溶盐的含量大于或等于 0.3%且小于20%的土。

（1）盐渍土的工程性质

①盐渍土的力学性质：土在潮湿状态时，土中的含盐量越大，则其强度越低。当含盐量增加到某一程度后，盐分能起胶结作用时，或土中含水量减小，盐分开始结晶，晶体充填于土孔隙中起骨架作用时，其强度反而比不含盐的同类土的强度高。

②盐渍土的湿陷性和水稳性：盐渍土不仅遇水发生膨胀，易溶盐遇水还会发生溶解，地基也会因溶蚀作用而下陷；水对盐渍土的稳定性影响很大，一般均表现为吸湿软化，使稳定性降低。

③盐渍土的压实性：当土中的含盐量增大时，其最佳密度逐渐减小，当含盐量超过一定限度时，就不易达到规定的标准密度。如果需要以含盐量较高的土作为填料，就需要加大夯实能量。硫酸盐渍土的含盐量增加到接近 2%时，碳酸盐渍土的含盐量超过 0.5%时，土的密度显著降低。氯盐渍土中的盐类晶体填充在土的孔隙中，能使土的密度增大，但当土湿化后，盐类溶解，土的密度就降低。

④盐渍土中的有害毛细水作用：盐渍土中的有害毛细水上升能直接引起地基土的浸湿软化和次生盐渍化，进而使土的强度降低，产生盐胀、冻胀等病害。

（2）盐渍土路基变形

我国沿海和内陆地区分布着大范围的盐渍土，当盐渍土中硫酸盐含量较高时，土的物理、力学性质和筑路性质会发生显著变化，引起许多路基病害。盐渍土地区的路基随着温度的变化出现胀缩现象，低温季节土体膨胀，路面出现鼓包、开裂；高温季节，由于硫酸盐脱水，路基出现松软和泥泞。内陆干旱地区季节温差和昼夜温差大，盐渍土地区道路、铁路、机场道面等的病害也相应严重。

影响路基盐胀的主要因素有土质、含盐类型、含盐量、土的含水量、土体密度、温度及其变化过程等。

一般来讲，盐胀最为强烈的土为粉性土。粉土的孔隙率较大且孔隙连通性好，孔隙的大小也有利于毛细水的迁移，毛细水上升的过程就是盐分集中的过程，所以粉土路基的盐胀作用最为强烈。空隙较小的黏性土和空隙较大的砂性土不利于水和盐分的迁移。因此，黏土或天然砂砾常被用作垫层以隔断地下水和盐分向路基及路面内的积聚。各种盐类中，以硫酸盐的胀缩最为明显，其中又以 Na_2SO_4 最强烈，氯盐和碳酸盐类的胀缩性较小。含盐量对膨胀影响的基本规律是：含盐量小于某一值时土体膨胀不明显，大于该值后膨胀量迅速增加，但盐分增加到不能被土中水完全溶解时，多余的盐分将不再形成盐胀，即盐胀量不再随含盐量的增加而增加。

5. 多年冻土路基变形

冻土是指温度等于或低于 0℃，并含有冰的各类土。冻土可分为季节冻土和多年冻土两种。季节冻土是指冬季冻结、夏季融化的土。持续三年以上处于冻结不融化的土称为多年冻土。

土冻结时发生冻胀，强度增高，融化时发生沉陷，强度降低，甚至出现软塑或流塑状态。修建在冻土地区的工程建筑物，常常由于反复冻融，土体冻胀、融沉，导致工程建筑物的破坏。

（1）多年冻土的工程性质

①物理及水理性质：多年冻土中水分既包括冰，也包括未冻水。因此，在评价土的工程性质时，必须测定天然冻土结构下的重度、相对密度、总含水量（冰及未冻水）和相对含冰量（土中冰重与总含水量之比）四项指标。其中未冻结水含量w_c（$w_c = Kw_p$，w_p为土的塑限含水量，K为温度修正系数，由表 3-10 选用）的获取是关键。

修 正 系 数 K 值　　表 3-10

土 的 名 称	塑性指数I_p	地温（℃）							
		−0.3	−0.5	−1.0	−2.0	−4.0	−6.0	−8.0	−10.0
砂类土、粉土	$I_p \leq 2$	0	0	0	0	0	0	0	0
粉土	$2 < I_p \leq 7$	0.6	0.5	0.4	0.35	0.3	0.28	0.26	0.25
粉质黏土	$7 < I_p \leq 13$	0.7	0.65	0.6	0.5	0.45	0.43	0.41	0.4
粉质黏土	$13 < I_p \leq 17$	*	0.75	0.65	0.55	0.5	0.48	0.46	0.45
黏土	$I_p > 17$	*	0.95	0.9	0.65	0.6	0.58	0.56	0.55

注：*表示在该温度下孔隙中的水均为未冻水。

总含水量w_n和相对含冰量w_i按下式计算：

$$w_n = w_b + w_c \tag{3-12}$$

$$w_i = \frac{w_b}{w_n} \tag{3-13}$$

式中：w_b ——在一定温度下，冻土中的含冰量（%）；

w_c ——在一定温度下，冻土中的未冻水量（%）。

②力学性质：冻土的强度和变形仍可用抗压强度、抗剪强度和压缩系数表示。在长期荷载作用下，

冻土强度明显衰减，变形明显增大。温度降低时，土中未冻土减少，含冰量增大，冻土类似岩石，短期荷载下强度大增，变形可忽略不计。冻土冻胀融沉是其重要的工程性质，现按冻土的冻胀率和融沉情况对其进行分类。冻胀率n为土在冻结过程中土体积的相对膨胀量，以百分率表示，即

$$n=\frac{h_2-h_1}{h_1}\times 100\% \tag{3-14}$$

$n>6\%$时为强冻胀土，$6\%\geqslant n>3.5\%$时为冻胀土，$3.5\%\geqslant n>2\%$时为弱冻胀土，$n\leqslant 2\%$时为不冻胀土。

冻土融化下沉由两部分组成，一是外力作用下的压缩变形，另一是温度升高引起的自身融化下沉。多年冻土按融沉情况分级见表 3-11。

多年冻土按融沉情况分级　　表 3-11

冻土名称	土 的 类 别	总含水量w（%）	融化后的潮湿程度	融沉性分类
少冰冻土	粉黏粒质量≤15%的粗颗粒土（其中包括碎石类土、砾砂、粗砂、中砂。以下同）	$w\leqslant 10$	潮湿	（I级）不融沉
	粉黏粒质量>15%的粗颗粒土，细砂、粉砂	$w\leqslant 12$	稍湿	
	黏性土、粉土	$w\leqslant w_p$	坚硬（粉土为稍湿）	
多冰冻土	粉黏粒质量≤15%的粗粒土	$10<w\leqslant 16$	饱和	（II级）弱融沉
	粉黏粒质量>15%的粗颗粒土、细砂、粉砂	$12<w\leqslant 18$	潮湿	
	黏性土、粉土	$w_p<w\leqslant w_p+7$	硬塑（粉土为潮湿）	
富冰冻土	粉黏粒质量≤15%的粗颞粒土	$16<w\leqslant 25$	饱和出水（出水量<10%）	（III级）融沉
	粉黏粒质量>15%的粗颗粒土、细砂、粉砂	$18<w\leqslant 25$	饱和	
	黏性土、粉土	$w_p+7<w\leqslant w_p+15$	软塑（粉土为潮湿）	
饱冰冻土	粉黏粒质量≤15%的粗颗粒土	$25<w\leqslant 44$	饱和出水（出水量 10%~20%）	（IV级）强融沉
	粉黏粒质量>15%的粗颗粒土、细砂、粉砂		饱和出水（出水量<10%）	
	黏性土、粉土	$w_p+15<w\leqslant w_p+35$	流塑（粉土为饱和）	

（2）多年冻土的路基变形

一般地讲，气温、地温越低，地表植被越好，冻土稳定性越好。由于修筑公路、铁路，特别是公路铺筑沥青面层，破坏了多年冻土的水热平衡状态，吸热大于散热，多年冻土逐渐融化。上限附近不同厚度和不同含冰量的冰层融化，引起路基基底发生不均匀沉陷，或由于水分向路基上部集聚而引起冻胀、翻浆。另外，路基下的冰丘、冰锥和季节活动层的冻融作用往往会使路基鼓胀，引起路基、路面的开裂与变形；当冰丘、冰锥溶解后，路基又发生不均匀沉陷。

多年冻土地区路基设计采用：保护、一般保护和不保护三种原则。保护原则是采取工程措施严格控制多年冻土不发生变化，适用于重要和对变形敏感的工程结构物，且冻土为稳定或较稳定型；一般保护原则是采取工程措施控制冻土变形速率和变形总量，适用于受变形影响不敏感的工程，适用的冻土类型为较稳定型；不保护原则是采取措施加速冻土融化或清除冻土以及不采取任何工程保护措施的原则，适

用于不稳定冻土。

6. 山区特殊地形地貌条件引起的路基不均匀变形

山区公路穿越不同的地形和地质组成，其路基常存在填方与挖方、填高与填低、挖在较完整坚硬岩土层与挖在松软岩土层等不同情况，造成路基的纵横向不均匀变形，形成路基的沉陷或开裂。

（1）山区路基的横向不均匀变形

当路基形式以填方路堤及挖方路堑交替出现时，路基发生横向不均匀变形。高填方路堤，路基自重较大，若沟谷内地基较松软，地基将产生过大沉降或不均匀沉降，导致路基产生横向不均匀变形。不同填方高度的路基，也会产生不同程度的沉降变形，导致路基产生横向不均匀变形。

（2）山区路基的纵向不均匀变形

山坡线全挖方地段，由于山体表层岩体与山体内部岩体风化程度不同或山体表层覆盖有松散堆积物，在荷载及其他因素的影响下，路基不同部位产生的沉降量不同，会导致路基产生纵向不均匀变形。

山坡线半填半挖路段，通常外侧路基为填方、内侧为挖方。在荷载及其他因素的影响下，路基填挖方部位产生的沉降量不同，导致路基产生纵向不均匀变形。

（二）边坡工程地质问题

边坡工程地质问题常表现为坡面变形和整体失稳破坏两类工程病害。

1. 坡面变形

坡面变形是指路堑（或路堤）边坡坡面的局部破坏，包括风化剥落、落石、冲刷和表层滑塌等类型。

剥落多发生在坡积层、页岩、泥岩和砂质泥岩组成的边坡中，强烈风化的花岗岩坡面也易发生砂状剥落。剥落是岩质边坡坡面缓慢变形，边坡岩体整体上是稳定的。坡面剥落发展到严重阶段，大量岩屑堆积在坡脚，堵塞侧沟，排水不畅，如不及时清理，局部剥落不断扩大可发展为较大的表层滑塌或崩塌，影响整个边坡稳定。

植物能覆盖表土、防止雨水冲刷，固结土壤，有效地防止坡面风化剥落。对于易风化的岩石边坡坡面，开挖后及时采用水泥石灰砂浆或石灰炉渣浆抹面，也可采用喷混凝土护坡或浆砌片石封闭坡面。

坡面冲刷是雨水顺坡面流动时将松散的颗粒带走，而在坡面上冲刷出一条条带状小纹沟。一条条顺坡面排列的细长的沟槽，将坡面分割得支离破碎。这些变形进一步发展，可以导致路堑或路堤更大规模的破坏。因此，对坡面上刚出现的轻微冲刷应及时整治。

表层滑塌是由于边坡上有地下水出露，形成点状或带状湿地，产生的坡面表层滑塌现象。这类破坏由雨水浸湿、冲刷也能产生。它往往是边坡更大规模变形破坏的前奏。对已发生的破坏应及时整治，避免进一步发展。疏导和拦截地下水，保持坡面干燥，可以制止边坡变形的发展。

2. 整体失稳

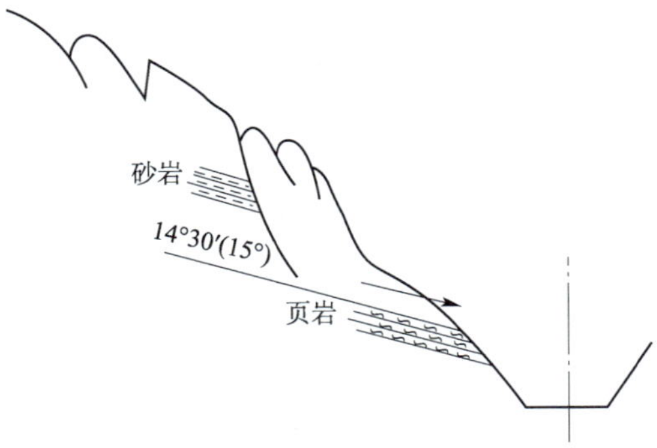

图 3-58 某滑坡示意图

边坡整体塌滑和滑坡是路基工程中的重要工程地质问题。山区公路工程常常需要在斜坡坡脚开挖路堑，修建人工边坡。这种工程活动改变了斜坡内初始的应力状态，破坏了边坡岩体的稳定性，从而引起边坡滑动，常发生在岩层顺坡倾斜、层间夹有泥化的页岩或泥岩层中。某一滑坡由白垩系泥质砂岩、页岩组成，岩层倾向线路（图 3-58）。边坡上部砂岩中发育两组陡倾角节理，倾向坡外。地表水沿裂隙下渗至砂岩、页岩接触面，浸润软化页岩。施工开挖路堑后，岩体失去平衡，形成基岩滑坡。

斜坡坡脚坡积物广泛分布，道路傍山修建切割坡脚，截断坡积层，降低其稳定性，引起坡积层沿下伏基岩面向线路方向滑动。因此，山区道路坡积层内发生的滑坡是常见的边坡病害。

一般来看，顺倾向岸坡地形较缓，但整体稳定性较差（图 3-59）；反倾向坡则相反。河流凹岸稳定性较差，凸岸稳定性则较好。

岩体破坏都是沿着结构面发生，特别是边坡岩体中结构面贯通，产状有利于滑动破坏时，尤为不利（图 3-60）。

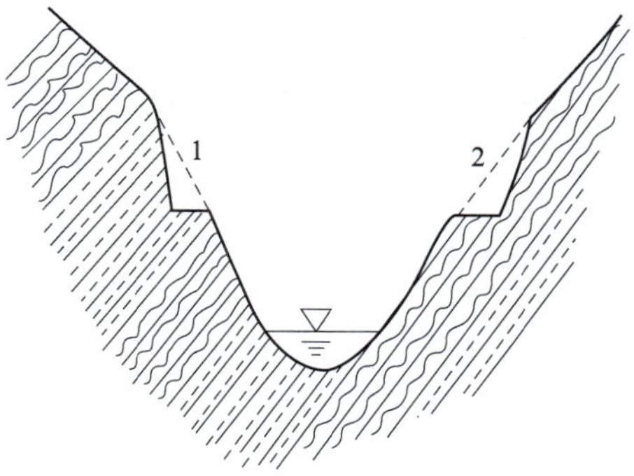

图 3-59　单斜河谷边坡稳定性示意图

1-有利情况；2-不利情况

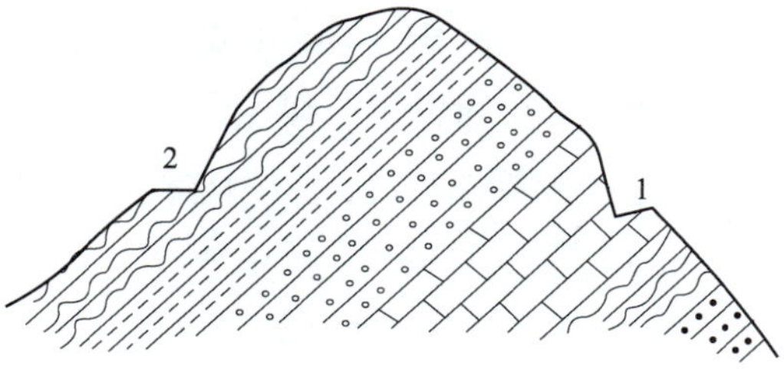

图 3-60　地质构造对边坡稳定的影响

1-有利情况；2-不利情况

考点三：桥梁工程地质问题

桥梁是道路工程建筑的重要组成部分。线路跨越河流、沟谷或其他道路，需要架设桥梁，桥梁也是线路通过地质灾害频繁发生地区的主要工程。桥位选择、桥梁基坑稳定性和正确选定桥基承载力，是确保桥梁安全的三个重要方面。

（一）桥位选择的工程地质问题

桥梁位置的选择应该综合考虑线路方向、选线设计技术要求、城乡建设、交通水利设施的要求和地形、地质条件等多方面因素。一般地，中、小桥位置由线路条件决定，大桥或特大桥则往往先选好桥位，然后再统一考虑线路条件。

理想的桥位应选择在岸坡稳定、地基条件良好、无不良地质现象、水流集中、河床稳定、河道顺直、河谷较窄的地段，桥梁的轴线与河流方向垂直。避开大断裂带，尤其是未胶结的断层破碎带和具有活动可能的断裂带。

1. 山区河流桥位条件

选择山区河流的桥位时，应考虑如下几个原则：

（1）桥渡线尽可能选在河道顺直、水流通畅地段。

（2）桥渡线宜选在河槽较窄的峡谷段通过，并应同时考虑施工方法与施工场地的布置问题。

（3）桥渡线应避免在两河交汇或支流汇入主流的河口段通过。

（4）桥头及其引线应避开滑坡、崩塌、泥石流等地质灾害发生场所。

2. 山前区宽河桥位条件

河流流出山区进入山前地区，地形骤然拓宽，多形成山前宽河。它可分为上游狭窄河段、中游扩散河段和下游收缩河段。不同河段具有不同的特点。

上游狭窄河段，河流强烈下切，两岸陡立，河床纵坡大，流速也大，河床稳定。此处桥长最短，桥位布置较简单，桥下净空高，河滩路堤最短。基础工程简单，防护工程少，是良好的桥位。

下游收缩河段，水流平稳，河床稳定，在这里建桥也是较好的桥址。

中游扩散河段，此处水流经常变化，冲淤次数较多，尤其是逐年淤高，是一个复杂而危害很大的问题。在此建桥，造价高，养护困难。因此，应尽可能避开在此河段上建桥。

3. 平原区河流桥位条件

平原区河流，河床摆动较大，而且有的河段稳定，有的河段仍不断变化。

在平原区河流稳定河段，桥位应选在河道顺直、河床深槽地段，桥梁中线宜与河流两岸垂直。

在平原区河流次稳定河段，则要注意河床的天然演变。一般桥位可选在河湾顶部中间部位跨越，不宜设在两河湾间直线过渡段，以免河湾下移，引起桥下斜流冲刷，危及墩、台安全。

对于平原区游荡性河段，桥位宜选在有坚固抗冲的岸壁或人工建筑物河堤等处。必要时采取导流措施保护桥渡安全。

（二）桥基稳定性及承载力的确定

1. 桥基稳定性

桥梁基础及其施工过程中基坑的稳定性受到地质条件与河流冲刷的影响，会产生基础垮塌、滑移和基坑坍滑等破坏或变形，威胁工程和人员的安全。

（1）基坑坍滑　桥梁墩、台基础明挖施工时，基坑坍滑是经常发生的工程地质问题。

（2）基底软弱夹层　层状岩石中多含泥岩、页岩、千枚岩等软弱岩层或构造破碎带，在受水浸泡下，软化成泥状，使得桥基稳定性差、承载力不足，桥梁无法在其上设置墩台基础。

（3）基底溶洞　桥梁基础底部岩溶洞穴对建筑物的危害主要是使建筑物基础悬空，洞穴顶板过薄，不能承受荷重而产生地表沉陷，甚至突然坍塌。

（4）河流冲刷对桥基的危害　洪水期间河水流量流速猛增，河流的冲刷作用强烈，会导致墩台基础常常遭受洪水冲刷，基础外露，危及桥梁安全。为避免桥基冲刷，基础应设在最大冲刷深度以下一定距离，以免水流淘蚀基础下土层，造成墩台倾斜。有关基础埋置深度的规定请查阅相关规范。

2. 承载力确定

地基允许承载力是指地基所能承受的由基础传递的压力，在这种压力作用下，地基不发生破坏，建筑物也不会因为地基产生过大的沉降而变形、失稳。地基承载力的确定有三种方法：载荷试验法，公式计算法和应用规范查表法。

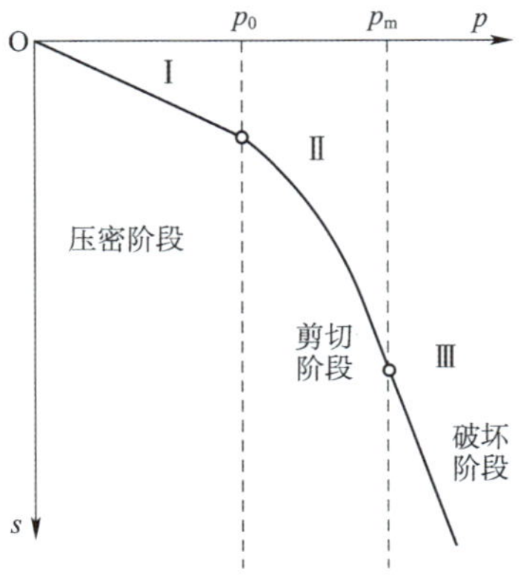

图 3-61　p-s曲线

p-荷载（kPa）；p_0-临塑荷载（kPa）；p_m-极限荷载（kPa）；s-沉降量（mm）

由载荷试验测得的数据能反映地基土的真实情况，一些重要建筑物多由载荷试验确定地基承载力，一些地质条件复杂的场地，也经常作载荷试验。

载荷试验是由载荷板向地基土传递压力，观测压力与地基土沉降之间的关系，作出压力p与沉降s曲线，由p-s曲线（图 3-61）确定地基承载力，具体方法请查阅相关规范。

计算地基承载力的理论公式有多个，这些公式都以某些假定为基础推导得来。公式中一般考虑基础形式、基础埋置深度、土的物理性质和状态、力学性质等因素。

规范法以大量实践经验为基础，因此比较准确、可靠，使用方便，为现场普遍采用。具体方法请查阅相关规范。

地基承载力还可以由旁压仪、触探、十字板剪切仪等原位测试方法测定。

考点四：隧道工程地质问题

隧道是道路工程中与地质条件关系最密切的工程建筑物。隧道位于地下，四周被各种地层包围，处于各种不同的地质构造部位，可能遇到各种地质问题。修建在坚硬、完整岩层中的隧道，围岩稳定，坑道变形小，开挖时不易坍方，可以采用大断面的开挖方法，不做衬砌或衬砌很薄。而在风化、破碎严重的岩层中的隧道，由于围岩强度低，稳定性差，适合用分部开挖、密集支撑，加大衬砌厚度。这里主要讨论隧道位置的选择与地质条件的关系。

（一）隧道位置的选择与地质条件

在一般情况下，隧道的位置应当根据走向来加以确定。但对于长大隧道，特别是工程地质条件复杂的长大隧道，其位置的选择往往取决于工程地质条件的优劣。地质构造与岩层产状、岩石类型及风化程度、地下水条件、地质灾害等都会对隧道位置的选择产生影响。这里主要讨论在各类地质构造条件下和地质灾害地区隧道位置的选择。

（二）地质构造与岩层产状对隧道稳定的影响

1. 岩层产状与隧道稳定性的关系

穿越水平岩层（倾角小于10°）的隧道，应选择在坚硬、完整的岩层中。在软硬相间的情况下，隧道拱部应尽量设置在硬岩中。

在倾斜岩层中，沿岩层走向布置隧道一般是不利的。隧道沿岩层走向通过不同岩性的倾斜岩层时，应选在岩性坚硬完整的岩层中，避免将隧道选在不同岩层的交界处或有软弱夹层的地带。隧道顺岩层走向通过直立或近于直立的岩层，除偏压外，稳定性与倾斜岩层相似。

隧道轴向与岩层走向垂直或大角度斜交，是隧道在单斜岩层中的最好布置。在这种情况下岩层受力条件较为有利，开挖后易于成拱，同时围岩压力分布也较均匀，且岩层倾角越大，隧道稳定性越好。

2. 地质构造与隧道稳定性的关系

一般情况下，应当避免将隧道沿褶曲的轴部设置，该处岩层弯曲、裂隙发育，岩石较为破碎。特别在向斜轴部常是地下水富集之处，开挖后会造成大量地下水涌出。另外向斜轴部的岩层下部受拉，上部受压，裂隙将岩层切割成上小下大的楔形体，隧道拱顶易于产生岩块坍落。通常尽量将隧道设置在褶曲的翼部或横穿褶曲轴。垂直穿越背斜的隧道，其两端的拱顶压力大，中部压力小。隧道横穿向斜时，情况则相反。

断层破碎带内不仅岩层破碎严重，还常是地下水的储水空间或集水通道，在断层破碎带内的隧道施工极易产生坍塌和涌水。断层两侧的岩层中往往存在一定的残余地应力，因而围岩压力较大。在选择隧道位置时应尽量避开大规模断层，若不易避开时，则应采用隧道轴线与断层线垂直或大角度通过。当隧道通过几组断层时，还应考虑围岩压力沿隧道轴线可能重新分布，断层形成上大下小的楔体，可能将自重传给相邻岩体，使它们的地层压力增加。

（三）不良地质现象发育地区隧道位置的选择

1. 滑坡地区隧道位置的选择

小型滑坡一般对隧道洞口产生影响，大型滑坡不仅影响洞口还会影响到洞身的稳定性。当隧道需要在滑坡地区通过时，必须查清滑坡地区的岩性、地质构造、水文地质条件，确定滑坡范围、滑动面的位置、滑动方向及滑坡发生、发展的原因，才能判断滑坡的稳定状态，以及将来可能发展的趋势。一般情况下应避开滑坡体，必须在滑坡地区通过时，应将隧道设在滑动面以外一定部位处。如果滑动面有可能继续向深部发展，则隧道位置应选在可能形成新滑面以下一定深度。对于古滑坡体，只有搞清滑坡性质及滑体结构，并采取一定的措施后（如削方减载、排水等）后，确认古滑坡体不会因隧道施工而复活，才能把隧道放在滑坡体内通过。

2. 崩塌岩堆地区隧道位置的选择

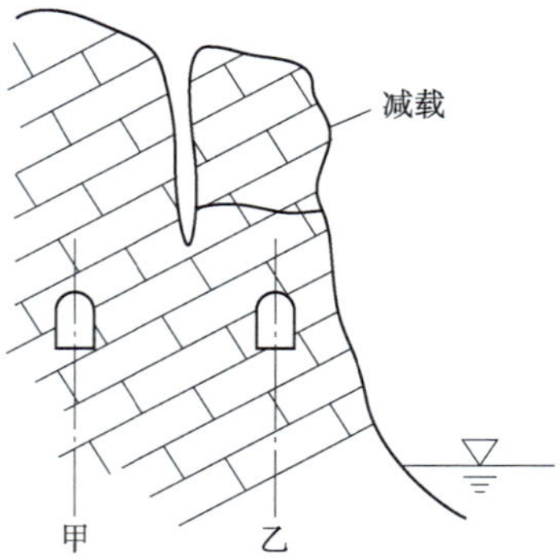

图 3-62　崩塌落石地段隧道方案

在崩塌、落石地区确定隧道位置时，必须查清岩体中裂隙的产状，延伸长度，胶结情况及对公路可能构成的危害。一般小型崩塌、落石地区，可以清除危岩或嵌补裂隙处理。如果裂隙延伸长度大，张开无胶结，岩体稳定性差，有严重崩塌、落石隐患地段，应以长隧道通过。在查明斜坡外侧张开裂隙的规模、范围、特征及其发展趋势后，采用减载、压浆或嵌补加固措施，确保张裂隙外岩体稳定的情况下，方可将隧道位置放在张裂隙外岩体中通过（图 3-62）。

隧道通过岩堆地区时，必须查明岩堆的规模、范围，岩堆的物质组成和密实程度及岩堆的稳定状态和发展趋势。一般情况下，应避免在岩堆体内设置隧道。隧道必须通过岩堆体时，必须放在岩堆体下一定深度的基岩内，任何情况下都不可将隧道设在岩堆体与基岩接触面上。

3. 泥石流地区隧道位置的选择

隧道通过泥石流地区，以在流通区泥石流沟口的基岩中通过为首选方案，这里侵蚀作用比较轻微，无沉积物或沉积物较少，沟槽相对稳定。当线路布设高程较低，隧道需要在泥石流的沉积区通过时，一定要避开洪积物可能扩大的范围，以免堵塞洞口。当老洪积扇处于下切阶段，应考虑泥石流沟的改道和最大下切深度，使隧道洞顶距最低下切面有一定距离，确保安全。

4. 岩溶地区隧道位置的选择

隧道通过岩溶地区，会遇到溶蚀裂隙、管道、漏斗、溶洞和暗河等，给隧道施工带来很大困难。一旦隧道与充水溶洞、暗河贯通，将发生大量涌水，危及施工安全。因此，在岩溶地区选择隧道位置时，应查明区域地层的岩性、地质构造及地表水与地下水的补给、排泄关系，查清岩溶洞穴、地下暗河的分布、位置、大小、填充情况及稳定性等，尽可能避开对隧道危害较大的暗河、溶洞等发育区。

在岩溶地区，隧道位置应选在非可溶岩中。在岩溶区断裂发育地区，隧道应避开正断层，如避不开，应正交或以大角度通过断层破碎带，以减少岩溶危害。当隧道洞身穿过溶洞时，应查明溶洞大小、规模及稳定状态。只要溶洞比较稳定，岩溶不再发展，一般情况下对隧道的稳定性没有什么影响，只要采取适当工程措施即可。如果洞身在溶洞附近通过，这时隧道周围，特别是拱顶及隧底，距溶洞应有足够的安全距离。

（四）隧道洞口位置的选择

隧道洞口位置选择合理与否，直接影响洞门的沉降变形及稳定、洞门仰坡的稳定等。隧道洞口位置选择时一般应遵循如下的原则：

隧道洞口应选择在山坡稳定、地质条件较好处，不应设在偏压很大及严重不良地质地段，宜避开排水困难的沟谷低洼处。

位于悬岩陡壁下的洞口，一般不宜切削原山坡。当坡面及岩顶稳定，无落石或坍塌可能时，可贴壁进洞。在不稳定的悬岩陡壁下进洞，应延伸洞口接以明洞，其长度延伸到坍落可能影响范围以外3~5m，或采取其他措施，保证营运安全。

对于开挖后容易引起顺层滑动或坍塌的地段，宜提早进洞。否则，应采取有效的工程措施防止病害。

在滑坡地段选择洞口位置时，应结合洞外路堑地质、弃渣处理、少占农田、填方利用、排水条件及有利施工等因素综合分析确定。

黄土地区隧道的洞口，应避免设在冲沟、陷穴附近，以免引起洞口坡面产生冲蚀、泥流或坍陷等病害。

地震区隧道洞口位置，宜选择在对抗震有利的地貌、地质处。

根据隧道洞口地形、地质条件及排水等要求，需要修建明洞（或棚洞）接长时，洞口应尽量设在山坡无病害的地方；不宜在滑坡、岩堆、泥石流等地段内修建。

严寒地区（包括多年冻土和积雪地区）的隧道洞口，应避开易产生热融滑坍、冰锥、冰丘、第四纪覆盖层及地下水发育的不良地质地段；一般宜早进洞晚出洞，尽量少破坏自然山坡。

例题解析

例题 1　［2019 年试题 34］产生崩塌的地形条件，一般斜坡（　　）。

A. 坡度大于 20°，高度大于 10m

B. 坡度大于 35°，高度大于 30m

C. 坡度大于 45°，高度大于 15m

D. 坡度大于 45°，高度大于 30m

答案： D

解析： 见考点一。斜坡高、陡是形成崩塌的必要条件。调查表明，规模较大的崩塌，一般多产生在高度大于 30m，坡度大于 45°（大多数介于 55°~75°之间）的陡峻斜坡上。

例题 2　［2019 年试题 32］发生在均质黏性土中的滑坡，滑动面多呈（　　）。

A. 圆弧形　　B. 直线形　　C. 矩形　　D. 折线形

答案： A

解析： 见考点一。一般地，均质无黏性土滑坡的滑动面为平面，均质黏性土滑坡的滑动面为圆弧面，其余滑坡多为复合滑动面。

例题 3　软土的天然含水量一般为（　　）。

A. 30%~50%　　B. 50%~70%

C. 60%~80%　　D. 70%~90%

答案： B

解析： 见考点二。软土具有较大的孔隙比和高含水量，孔隙比一般大于 1.0，高的可达 5.8（滇池淤泥），含水量大于液限达 50%~70%，最大可达 300%。

例题 4　道路桥梁应选在（　　）。

A. 河道扩散段　　B. 河道弯曲段　　C. 河道顺直段　　D. 河道游荡段

答案： C

解析： 见考点三。理想的桥位应选择在岸坡稳定、地基条件良好、无不良地质现象、水流集中、河床稳定、河道顺直、河谷较窄的地段，桥梁的轴线与河流方向垂直。

例题 5 隧道洞口位置选择不影响（　　）。

A. 洞门的沉降变形　　B. 洞门仰坡的稳定

C. 隧道的位置　　D. 隧道洞口的大小

答案： D

解析： 见考点四。隧道洞口位置选择合理与否，直接影响洞门的沉降变形及稳定、洞门仰坡的稳定等。隧道位置与洞门直接相连。

例题 6 ［2020 年试题 28］根据地质构造条件分析，下列条件中容易发生崩塌的是（　　）。

A. 沉积岩层的整合接触　　B. 为结构面切割的破碎岩体

C. 软弱结构面与坡向相反　　D. 无结构面切割的完整岩体

答案： B

解析： 见考点一。各种构造面对坡体的切割、分离，为产生崩塌创造了条件。

例题 7 ［2020 年试题 35］滑坡体在滑动过程中，因受力不均而产生滑坡裂缝，其中分布在滑坡体后缘，多呈弧形，与滑坡壁大致平行的是（　　）。

A. 周形裂缝　　B. 拉张裂缝　　C. 鼓张裂缝　　D. 剪切裂缝

答案： B

解析： 见考点一。拉张裂缝分布在滑坡体上部，与滑坡壁的方向大致吻合，多呈弧形，是滑坡体向下滑动时产生的拉力形成的，裂缝张开。

例题 8 ［2021 年试题 31］关于崩塌形成的基本条件，以下说法错误的是（　　）。

A. 斜坡高、陡是形成崩塌的必要条件

B. 由软硬岩互层构成的陡峻斜坡不容易形成崩塌

C. 大规模的崩塌多发生在暴雨、久雨或强震之后

D. 崩塌易沿倾向临空方向且倾角较陡的软弱结构面发生

答案： B

解析： 见考点一。坚硬的岩石具有较大的抗剪强度和抗风化能力，能形成高峻的斜坡，易发生崩塌。由软硬互层构成的陡峻斜坡，由于差异风化，斜坡外形凹凸不平，因而也容易产生崩塌。

例题 9 ［2021 年试题 33］泥石流是一种突然暴发的含有大量泥沙、石块的特殊洪流，下列不属于形成泥石流基本条件的是（　　）。

A. 宽阔平缓的排泄通道　　B. 陡峭的山坡地形

C. 流域中有丰富的固体物质　　D. 雨或冰雪融水

答案： A

解析： 见考点一。形成泥石流有三个基本条件：①流域中有丰富的固体物质补给泥石流；②有陡峭的地形和较大的沟床纵坡；③流域的中、上游有强大的暴雨或冰雪强烈消融等形成的充沛水源。

例题 10 ［2021 年试题 34］我国黄土的堆积年代包括整个第四纪，按照公路工程所处区域地质年代划分，离石黄土的堆积年代为（　　）。

A. 全新世 Q_4　　B. 晚更新世 Q_3　　C. 中更新世 Q_2　　D. 早更新世 Q_1

答案： C

解析： 见考点二。我国黄土从第四纪初开始沉积，一直延续至今，贯穿了整个第四纪。午城黄土（Q_1）

和离石黄土（Q_2）沉积年代早，习惯上称为老黄土；马兰黄土（Q_3）和新近堆积的黄土（Q_4）沉积年代新，习惯上称为新黄土。

例题 11　［2021 年试题 35］膨胀土是一种黏性土，土中黏粒的主要矿物成分是（　　）。

A. 蒙脱石和伊利石　B. 高岭石和蛇纹石　C. 高岭石和绿泥石　D. 绿泥石和蛇纹石

答案：A

解析：见考点二。膨胀土是一种黏性土，具有明显的膨胀、收缩特性。它的粒度成分以黏粒为主，黏粒的主要矿物是蒙脱石、伊利石。

例题 12　［2021 年试题 36］当盐渍土中（　　）含量较高时，土的物理、力学性质和筑路性质会发生显著变化。

A. 硫酸镁　B. 硫酸钙　C. 碳酸钙　D. 硫酸钠

答案：D

解析：见考点二。我国沿海和内陆地区分布着大范围的盐渍土，当盐渍土中硫酸盐含量较高时，土的物理、力学性质和筑路性质会发生显著变化，引起许多路基病害。各种盐类中,以硫酸盐的胀缩最为明显，其中又以 Na_2SO_4 最强烈，氯盐和碳酸盐的胀缩性较小。

自 测 模 拟

1. 黄土地区浸水后产生大量沉陷是黄土的（　　）。

A. 湿陷性　B. 崩解性　C. 潜蚀性　D. 易冲刷性

2. 软土具有（　　）。

A. 裂隙性　B. 湿陷性　C. 超固结性　D. 触变性

3. 下列不属于影响滑坡形成的因素是（　　）。

A. 岩性　B. 构造　C. 水　D. 削坡减载

4. 不属于形成泥石流基本条件的是（　　）。

A. 有丰富的固体物质补给泥石流

B. 有陡峭的地形和较大的沟床纵坡

C. 有强大的暴雨或冰雪强烈消融等形成的充沛水源

D. 封山育林、植树造林

5. 盐渍土地区的路基出现胀缩现象的主要原因是（　　）。

A. 水　B. 风　C. 温度变化　D. 气体

6. 膨胀土遇水后膨胀，是因为膨胀土中含有较多的（　　）。

A. 蒙脱石　B. 石英　C. 白云石　D. 正长石

7. 冻土的指标测定中的关键是（　　）。

A. 总含水量　B. 含冰量　C. 未冻结水含量　D. 相对密度

8. 以下属于纵向不均匀沉降的是（　　）。

A. 山坡线半填半挖路段　B. 填方路堤及挖方路堑交替出现

C. 沟谷内地基较松软在外力下产生沉降　D. 不同填方高度的路基

9. 应尽可能避开在（　　）上建桥。

A. 上游狭窄河段　　B. 下游收缩河段　　C. 中游扩散河段　　D. 平缓河段

10. 在倾斜岩层中，沿岩层走向布置隧道一般是（　　）的。

A. 不利的　　B. 有利的　　C. 无关系　　D. 无法判断

11. 盐渍土常含多种盐类，若某一盐渍土除了会产生溶陷变形，在温度和湿度变化时，还会产生较大的体积膨胀，则该盐渍土所含盐类主要为（　　）。

A. 硫酸镁　　B. 硫酸钙　　C. 碳酸钙　　D. 硫酸钠

参考答案

1. A　2. D　3. D　4. D　5. C　6. A　7. C　8. A　9. C　10. A　11. D

第七节　道路工程地质勘察

考点分析

本节重点：工程地质勘察在道路、桥梁、隧道工程中的运用。以考核挖探、钻探、地球物理勘探、室内试验、原位试验的概念为主。

本节难点：勘察点的布置，设备的工作原理和勘察结果的分析。

考点精讲

道路工程地质勘察的方法，主要有研究既有资料、调查与测绘、勘探、试验与长期观测等几种。

考点一：资料的收集和研究

收集和研究路线通过地区既有的有关资料，不仅是外业工作之前准备工作的重要内容，也是道路工程地质勘察的一种主要方法。特别是在既有资料日益丰富、遥感技术日益先进的今天，这种方法显得越来越重要。

收集的资料一般应包括以下几个方面的内容：

（1）区域地质资料，如地层、地质构造、岩性、土质及筑路材料等。

（2）地形、地貌资料，如区域地貌类型及其主要特征，不同地貌单元与不同地貌部位的工程地质评价等。

（3）区域水文地质资料，如地下水的类型、分带及分布情况，埋藏深度、变化规律等。

（4）各种特殊地质地段及不良地质现象的分布情况、发育程度与活动特点等。

（5）地震资料，如沿线及其附近地区的历史地震情况，地震烈度，地震破坏情况及其与地貌、岩性、地质构造的关系等。

（6）气象资料，如气温、降水、蒸发、湿度、积雪、冻结深度及风速、风向等。

（7）其他有关资料，如气候、水文、植被、土壤等。

（8）工程经验，区内已有道路、铁路的工程地质问题及其防治措施等。

上述资料，应包括政府和生产、科研、教学和既有航空照片和卫星照片等一切有参考价值的地质图、文献、调查报告等。

对收集到的资料进行分析研究和判释，可以初步掌握路线所经地区的工程地质条件的概况和特点，粗略判定可能遇到的主要工程地质问题，并了解这些问题的研究现状和工程经验。这对于做好准备工作和外业工作，无疑是十分必要的。在道路工程地质勘察工作中，正确运用这种方法，可以减少外业工作的盲目性，提高工作质量。

考点二：调查与测绘

道路工程地质调查测绘，一般可在沿线两侧带状范围内进行，通常采用沿线调查的方法而不进行测绘；对不良地区地段及地质条件复杂的路段，应扩大调绘范围，以提出完整可靠的地质资料；对可能控制路线方案、路线位置或重点工程的地质点，以及重要的地质界线，则应根据需要进行详细测绘。

（一）工程地质调查

工程地质调查主要是用直接观察和访问群众的方法，需要时可配合适量的勘探和试验工作。

（二）工程地质测绘

工程地质测绘的范围往往较工程地质调查大，并且要求把调查研究结果填绘在地形图上，以编制工程地质图。测绘范围以能满足工程技术要求为前提，并包括与工程地质环境有关的范围。测绘的比例尺：可行性研究阶段1∶5000~1∶50000，初勘阶段1∶2000~1∶10000，详勘阶段1∶200~1∶2000。为达到测绘精度要求，实地测绘所用地形图的比例尺必须大于或等于提交成图比例尺。

道路工程地质调查测绘的基本内容主要包括以下几个方面：

（1）地形、地貌　地形、地貌的类型、成因、特征与发展过程；地形、地貌与岩性、构造等地质因素的关系；地形、地貌与工程地质条件的关系，对路线布设及路基工程的影响等。

（2）地层、岩性　地层的层序、厚度、时代、成因及其分布情况；岩性、风化破碎程度及风化层厚度；土石的类别，工程性质及对道路工程的影响等。

（3）地质构造　断裂、褶皱的位置、构造线走向、产状等形态特征和地质力学特征，岩层的产状和接触关系，软弱结构面的发育情况及其与路线的关系、对路基的稳定影响等。

（4）第四纪地质　第四纪沉积物的成因类型、土的工程分类及其在水平与垂直方向上的变化规律；土的物理、水理、化学、力学性质；特殊土及地区性土的研究和评价。

（5）地表水及地下水　河、溪的水位、流量、流速、冲刷、淤积、洪水位与淹没情况；地下水的类型、化学成分与分布情况，地下水的补给与排泄条件，地下水的埋藏深度、水位变化规律与变化幅度；地面水及地下水对道路工程的影响。

（6）特殊地质、不良地质　各种不良地质现象及特殊地质问题的分布范围、形成条件、发育程度、分布规律及其对道路工程的影响。

（7）地震　根据沿线地震基本烈度的区划资料，结合岩性、构造、水文地质等条件，通过调查访问，确定≥7度的地震烈度界线。

（8）工程经验　对既有建筑物的稳定情况和工程措施进行调查访问，以兹借鉴。

考点三：勘探

勘探工作必须在调查测绘的基础上进行，合理布置勘探点。并充分利用地面调查测绘资料，分析勘探成果，以避免判断的错误。

在初勘阶段，勘探点的位置与数量，应在工程可行性研究阶段的基础上，视地质条件的复杂程度及实际需要而定。在详勘阶段，勘探点的数量，应满足各类工程施工图设计对工程地质资料的需要。具体要求可查阅有关规程、手册等。

道路工程地质勘探的方法有挖探、钻探、地球物理勘探等几类。下面介绍几种常用方法。

（一）挖探

挖探是道路工程地质勘探中广泛采用的一种方法。这种方法最大的优点是能取得详尽的直观资料和原状土样，但勘探深度有限，而且劳动强度大。道路工程地质工作中的挖探主要为坑探和槽探。

1. 坑探

坑探是垂直向下掘进的土坑，浅者称为试坑，深者称为探井。坑探断面一般采用1.5m × 1.0m的矩形，或直径 0.8~1.0m 的圆形。坑探深度一般为 2~3m，较深的需进行加固。坑探适用于不含水或地下水量微（少）的较稳固地层，主要用来查明覆盖层的厚度和性质、滑动面、断层、地下水位，及采取原状土样等。

2. 槽探

槽探是挖掘成狭长的槽形，其宽度一般为 0.6~1:0m，长度视需要而定，深度通常小于 2m。槽探适用于基岩覆盖层不厚的地方，常用来追索构造线，查明坡积层、残积层的厚度和性质，揭露地层层序等。槽探一般应垂直于岩层走向或构造线布置。

（二）钻探

钻探是广泛采用的一种最重要的勘探手段，它可以获得深部地层的可靠地质资料。

1. 简易钻探

其优点是：工具轻，体积小，操作方便，进尺较快，劳动强度较小。缺点是：不能采取原状土样或不能取样，在密实或坚硬的地层内不易钻进或不能使用。

常用的简易钻探工具有小螺纹钻、锥铲、洛阳铲等。

（1）小螺纹钻　是用人工加压加转黏进，适用于黏性土及亚砂土地层，可以取得扰动土样。钻探深度小于 6m。

（2）锥探　是用锥具向下冲入土中，凭感觉探查疏松覆盖层的厚度或基岩的埋藏深度。探深一般可达 10m 左右。常用来查明黄土陷穴，沼泽、软土的厚度及其基底的坡度等。

（3）洛阳铲　是借助洛阳铲的重力冲入土中，钻成直径小而深度较大的圆孔，可采取扰动土样。冲进深度一般为 10m，在黄土层中可达 30 余米。

2. 机械钻探

机械钻探是指用钻机在地层中钻孔，以鉴别和划分地表下地层，并可以沿孔深取样的一种勘察方法。钻探是工程地质勘察中应用最为广泛的一种勘探手段。钻探主要用于桥梁、隧道及大型滑坡等不良地质现象的勘探，一般是在挖探、简易钻探不能达到目的时采用。

根据钻进时破碎岩石的方法，钻探可分为冲击钻进、回转钻进、冲击—回转钻进及振动钻进等几种。道路工程地质勘探常用的钻进方法，主要是机械回转钻进和冲击—回转钻进。

（1）冲击钻进　是利用钻具的重力和冲击力，使钻头冲击孔底以破碎岩石。这种方法能保持较大的钻孔口径。人力冲击钻进，适用于黄土、黏性土、砂性土等疏松的覆盖层，但劳动强度大，难以取得完整的岩芯；机械冲击钻进，适用于砾、卵石层及基岩，不能取得完整岩芯。

（2）回转钻进　是利用钻具回转，使钻头的切割刃或研磨材料削磨岩石，分孔底全面钻进与孔底环状钻进（岩芯钻进）两种。岩芯钻进能取得原状土和比较完整的岩芯，被广泛采用。人力回转钻进适用于沼泽、软土、黏性土、砂性土等松软地层，设备简单，但劳动强度较大。机械回转钻进，有多种钻头和研磨材料，可适应各种软硬不同的地层。

（3）冲击—回转钻进　也称综合钻进，钻进过程是在冲击与回转综合作用下进行的。它适用于各种不同的地层，能采取岩芯，在道路工程地质勘探中应用也较广泛。

（4）振动钻进　是利用机械动力所产生的振动力，通过连接杆及钻具传到钻头周围的土层中，由于振动器高速振动的结果，使土层的抗剪强度急剧降低，借振动器和钻具的重量，切削孔底土层，达到钻进的目的。振动钻进速度快，但主要适用于土层及粒径较小的碎、卵石层。

（5）冲洗钻进　通过高压射水破坏孔底土层实现钻进。土层破碎后由水流冲出地面。这是一种简单、快速、成本低廉的钻进方法，适用于砂层、粉土层和不太坚硬的黏性土层。但冲出地面的粉屑往往是各土层物质的混合，代表性差，无法用于地层岩性的划分。

（6）干钻　是指不用冲洗介质的钻进工艺。土探孔一般采用干钻，滑坡钻探钻至滑动面（带）以上5m或发现滑动面（带）迹象时，也应采用干钻。

（三）地球物理勘探

地球物理勘探简称物探。凡是以各种岩、土物理性质的差别为基础，采用专门的仪器，观测天然或人工的物理场变化，来判断地下地质情况的方法，统称为物探。

物探宜运用于下列场合：

（1）作为钻探的先行手段，了解隐蔽的地质界线、界面或异常点。

（2）作为钻探的辅助手段，在钻孔之间增加地球物理勘察点，为钻探成果的内插、外推提供依据。

（3）作为原位测试手段，测定岩土体的波速、动弹性模量、特征周期、土对金属的腐蚀等参数。

各种地球物理勘探方法及其适用条件见表3-12。

各种地球物理勘探方法及其适用条件　　表3-12

方法				应用	适用条件
陆地	直流电法	电阻率法	电测探	了解地层岩性、基岩埋深； 了解构造破碎带、滑动带位置，节理裂隙发育方向； 探测含水构造，含水层分布； 寻找地下洞穴	探测的岩层要有足够的厚度，岩层倾角不宜大于20°； 分层的P值有明显的差异，在水平方向没有高电阻或低电阻屏蔽； 地形比较平坦
			电剖面	探测地层、岩性分界； 探测断层破碎带的位置； 寻找地下洞穴	分层的电性差异较大
		电位法	自然电场法	判定在岩溶、滑坡以及断裂带中地下水的活动情况	地下水埋藏较浅，流速足够大，并有一定的矿化度
			充电法	测定地下水流速、流向，测定滑坡的滑动方向和滑动速度	含水层深度小于50m，流速大于1.0m/d，地下水矿化度微弱，围岩电阻率较大
	交流电法	频率测探法		查找岩溶、断层、裂隙及不同岩层界面	

续上表

方法			应用	适用条件
陆地	交流电法	电磁法	寻找导电、导磁矿体岩石	
		无线电波透视法	探测溶洞	
	地震勘探	直达波法	测定波速，计算动弹性参数	
		反射波法	测定不同地层界面	界面两侧介质的波阻抗要有明显差异，能形成反射面
		折射波法	测定地层界面、基岩埋深、断层位置	离开震源一定距离（盲区）才能收到折射线
	声波探测		测定动弹性参数，监测洞室围岩或边坡应力	
	重力勘探		确定掩埋大断层、矿井、洞穴的位置	
	磁法勘探		确定断层或岩脉的位置，探测地下金属目标物	无强磁场干扰
水域	水声剖面法		测量水深断面	
	连续地震反射剖面（浅层剖面）		测定水下地层和构造	不能区分虽材料不同但动弹特性相近的地层
测井	电视测井		观察钻孔井壁	孔内水不能浑浊
	放射性测井		测定砂土密度、含水率，区分地层	
	井径测量		测定钻孔直径	
	电测井		测定含水层特性	
土壤对金属腐蚀性指标测定			测定土壤的电阻率，评价土壤对地下金属管线的腐蚀性	

物探按其工作条件的不同，可分为地面物探、井下物探与航空物探、航天物探。按其所利用的岩、土物理性质的不同，可分为电法勘探、电磁法勘探、地震勘探、声波探测、重力勘探、磁力勘探与放射性勘探等。在道路工程地质工作中，较常用的有电法勘探、地震勘探、地质雷达勘探等。其中，地质雷达（属电磁法勘探）是利用高频电磁脉冲波的反射，探测地层构造和地下埋藏物体的电磁装置，故又称探地雷达，通过发射天线向地下辐射宽带的脉冲波，在地下传播中遇到不同介质的介电常数和导电率存在差异时，将在其分界面上发生反射，返回地表的电磁波被接收天线接收，根据接收到的回波来判断目标的存在，并计算其距离和位置，可用于空中、地面与井中探测，但主要用于地面。此外，声波探测在工程地质工作中也有较广泛的应用，它是利用声波在岩体（岩石）中的传播特性及其变化规律，测试岩体（岩石）的物理力学性质，也可利用在应力作用下岩体（岩石）的发声特性对岩体进行稳定性监测。

（四）试验

试验是道路工程地质勘察的重要环节，是对岩土的工程性质进行定量评价的必不可少的方法。

试验分为室内试验和野外试验两种。室内试验是室内实验室对所取的样品进行试验，但也可用试验箱在野外进行。野外试验是在现场原位进行试验，它在自然条件下进行，基本保持了岩土的天然结构与状态，也称为现场试验或原位试验。

1. 室内试验

（1）常规试验

土的试验一般包括土的成分、物理性质、水理性质与力学性质四个主要部分，岩石的试验一般包括物理性质和力学性质两个部分，有时还需进行土和岩石的热学性质的试验。

测定岩土工程性质的试验，在道路建筑材料、土质学与土力学等内容中有详细讨论，这里从略。选择室内试验的项目、数量和条件时，可参考有关规范、手册的规定。

（2）专门试验

对复杂的工程地质问题，常需用专门设计的模型试验或模拟试验作出解答或评价。

2. 野外试验

与室内试验相比，野外试验在岩土的原处，不脱离其周围环境，试验的范围或试样的体积也较大。

道路工程地质野外试验主要包括岩土的透水性试验和力学试验两个方面。属于前者的有压水试验与抽水试验等；属于后者的有触探试验（静力触探、动力触探与标准贯入试验）、载荷试验（静力载荷与桩载荷试验），剪切试验（直剪法、水平挤出法与十字板剪切试验），旁压试验，应力应变量测（千分表法、电阻片法、压力盒法）与弹性系数测定（地震法）等。下面概略地介绍几种常用的野外试验。

（1）载荷试验

是在原位条件下，向地基（或基础）逐级施加荷载，并同时观测地基（或基础）随时间而发展的变形（沉降）的一种原位测试方法。该试验是确定天然地基、复合地基、桩基础承载力和变形特性参数的综合性测试手段，也是确定某些特殊性土特征指标的有效方法，还是某些原位测试手段（如静力触探、标准贯入试验等）赖以进行对比的基本方法。按试验目的、适用条件等，载荷试验可分为平板载荷试验、螺旋板载荷试验、桩基载荷试验、动力载荷试验。下面介绍常用的平板载荷试验。

平板载荷试验适用于各类地基土和软岩、风化岩，主要用于：①确定地基岩土的承载力和测定变形模量；②测定黄土、膨胀性土、盐渍土等特殊土的特征性指标。其仪器设备和试验操作见相关规范。

（2）静力触探

可用于土层划分、土类判别，并可用于估算砂土相对密度（D_r）、内摩擦角（φ）、黏土不排水强度（c_u）、土的压缩模量（E_s）、土的变形模量（E_0）、饱和黏土不排水模量（E_u）、砂土初始切线弹性模量（E_i）和初始切线剪切模量（G_i）、地基承载力、单桩承载力、固结系数、渗透系数和黄土湿陷系数及砂土和粉土液化判别等，适用于黏性土、粉土、软土、砂土等土类。

（3）动力触探试验与标准贯入试验

圆锥动力触探试验（DPT）是利用一定的锤击动能，将一定规格的圆锥探头打入土中，然后依据贯入击数或动贯入阻力判别土层的变化，确定土的工程性质，对地基土作出工程地质评价。这种试验适用于强风化、全风化的硬质岩石、各种软质岩石及各类土。

动力触探试验主要用于以下目的：①评定砂土的孔隙比或相对密实度、粉土及黏性土的状态；②估算土的强度和变形模量；③评定场地地基的均匀性及承载力；④搜查土洞、滑动面、软硬土层界面等；⑤确定桩基持力层及承载力，检验地基改良与加固的效果质量。

（4）十字板剪切试验

十字板剪切试验是将插入软土中的十字板头，以一定的速率旋转，测出土的抵抗力矩，从而换算土的抗剪强度。该试验适用于原位测定饱和软黏土的不排水总强度和估算软黏土的灵敏度。试验深度一般不超过 30m。为测定软黏土不排水抗剪强度随深度的变化，试验点竖向间距可取 1m 或根据静探等资料决定。

（5）旁压试验

又称横压试验，其原理是通过一定的成孔方法（有预钻孔、自钻孔、先钻小直径然后压入、直接压入等）将圆柱形旁压器在现场竖直放入土（岩）中，加压使旁压器沿水平径向呈圆柱形扩张，从而量测土（岩）中圆柱形孔穴的压力—变形关系。旁压试验可用于原位测定地基土的变形模量和承载力。

（五）长期观测

通过直接观察和勘探，只能了解某一个短时期的情况，要了解其变化规律，就需要做长期的观测工作。因此，长期观测是工程地质勘察的重要方法，在某些情况下则是必需的。长期观测不仅可以为设计直接提供依据，而且可以为科学研究积累资料。在道路工程的实践中，对沙漠、盐渍土、滑坡、泥石流、多年冻土与道路冻害等物理地质作用与现象，都有设立长期观测站的实例和经验。

观测点的选择，主要根据工程设计的要求而定。但应注意选择在：

（1）典型的地段，以使观测资料具有代表性。

（2）影响因素比较单纯的地段，以便于资料的分析整理。

（3）便于观测的地点，能够长期坚持观测。

（4）对于一些灾害性的地质现象，如滑坡、雪崩、泥石流等，还应注意观测人员的安全。

（5）观测工作可以在勘察设计阶段进行，也可以在施工阶段进行，还可以在运营阶段进行。观测期限，可以是一年，也可以是多年，主要视观测的对象和任务而定。例如，为滑坡防治措施提供依据的长期观测工作，在设计以前就应进行，在施工以后可以继续观测下去，以检验所采取的措施是否有效。又如道路冻害的观测，只能在试验路段上进行。

（6）观测时间，一般应遵照“均布控制、加密重点”的原则。对于变化最多的时期，应频繁地进行观测；变化很缓慢的时期，可按相等的时间间隔进行观测。例如，滑坡位移的观测，要常年进行，但应在雨季加密观测次数，因为滑坡位移往往在这个时期加剧。

例 题 解 析

例题 1 道路工程地质勘查的方法不包括（　　）。

A. 研究既有资料　　B. 调查与测绘

C. 勘探试验　　D. 短期观测

答案： D

解析： 见考点一。道路工程地质勘察的方法，主要有研究既有资料、调查与测绘、勘探、试验与长期观测等几种。

例题 2 测绘的比例尺在初勘阶段为（　　）。

A. 1∶2000~1∶10000　　B. 1∶5000~1∶50000

C. 1∶200~1∶2000　　D. 1∶8000~1∶80000

答案： A

解析： 见考点二。测绘的比例尺：可行性研究阶段 1∶5000~1∶50000，初勘阶段 1∶2000~1∶10000，详勘阶段 1∶200~1∶2000。

例题 3 坑探的深度为（　　）。

A. 1~2m　B. 2~3m　C. 4~5m　D. 0.8~1m

答案： B

解析： 见考点三。坑探断面一般采用1.5m × 1.0m的矩形，或直径 0.8~1.0m 的圆形。坑探深度一般为 2~3m，较深的需进行加固。

例题 4　物探不宜用于下列场合（　　）。

A. 作为钻探的先行手段　B. 作为钻探的辅助手段

C. 作为原位测试手段　D. 作为钻探的主要手段

答案： D

解析： 见考点三。物探宜运用于下列场合：①作为钻探的先行手段，了解隐蔽的地质界线、界面或异常点；②作为钻探的辅助手段，在钻孔之间增加地球物理勘察点，为钻探成果的内插、外推提供依据；③作为原位测试手段，测定岩土体的波速、动弹性模量、特征周期、土对金属的腐蚀等参数。

例题 5　［2020 年试题 33］公路工程地质勘察中，能直接观察地层结构变化的方法是（　　）。

A. 挖探　B. 冲击钻探

C. 触探　D. 地球物理勘探

答案： A

解析： 见考点一。道路工程地质工作中的挖探主要为坑探和槽探。坑探是垂直向下掘进的土坑，主要用来查明覆盖层的厚度和性质、滑动面、断层、地下水位，以及采取原状土样等。槽探挖掘成狭长的槽形，常用来追索构造线，查明坡积层、残积层的厚度和性质，揭露地层层序等。槽探一般应垂直于岩层走向或构造线布置。

例题 6　［2021 年试题 32］滑坡钻探钻至滑动面（带）以上 5m 或发现滑动面（带）迹象时，应采用的钻探方式是（　　）。

A. 干钻　B. 冲洗钻　C. 冲击钻　D. 振动钻

答案： A

解析： 见考点三。干钻是指不用冲洗介质的钻进工艺。土探孔一般采用干钻，滑坡钻探钻至滑动面（带）以上 5m 或发现滑动面（带）迹象时，也应采用干钻。

自 测 模 拟

1. 道路工程勘察的不同阶段所采用的测试技术也不同，其中原位测试通常是（　　）。

A. 选址勘察阶段　B. 初步勘察阶段

C. 详细勘察阶段　D. 施工勘察阶段

2. 工程地质测绘包含的基本内容是（　　）。

①坑探；②钻探；③地球物理勘探；④地质雷达勘探；⑤采样

A. ①④⑤　B. ②③⑤　C. ①②③　D. 以上全部

3. 工程地质测绘不包含的基本内容是（　　）。

A. 地形、地貌　B. 地层岩性、第四纪地质

C. 地质构造、地下水　D. 地基承载力

4. 原位试验方法主要包括（　　）。

①载荷试验；②静力触探；③动力触探和标准贯入试验；④十字板剪切试验；⑤旁压试验

A. ①②③　B. ①③④　C. ②③⑤　D. ①②③④⑤

5. 物理地质现象长期观测点不应该选择在（　　）。

A. 典型的地段　B. 影响因素比较复杂的地段

C. 便于观测地点　D. 对于一些灾害性的地质现象

参考答案

1. C　2. C　3. D　4. D　5. B

第四章 工程勘测

第一节 一般规定

考点分析

本节重点：掌握各等级公路项目不同设计阶段的勘测内容与深度；控制测量桩、路线控制桩的埋设、书写等的规定与要求；桩标记录、勘测记录的规定与要求。

本节难点：不同设计阶段勘测新技术、新方法及其应满足的基本精度要求。

考点精讲

考点一：公路勘测的基本要求

道路工程勘测是道路工程设计的依据和基础，而道路工程设计又是道路工程施工的依据和基础。勘测资料是否齐全、准确和规范，直接影响工程设计质量。因此，在道路勘测中，必须以非常认真的态度，深入调查和研究，实事求是，精心勘测，注重技术经济效益，兼顾环境和社会的影响，为道路设计提供准确、完整的数据和资料，为设计、施工奠定坚实的基础。其要求如下：

（1）道路勘测在有条件时，尽量利用航空摄影测量、地面立体摄影测量和已有航测资料，优先选用先进仪器和最新测设手段，以提高测设速度和测设效益。

（2）道路勘测必须推行全面质量管理，野外资料、各种原始记录和计算成果应及时严格检查，有完善的签字制度。勘测工作完成后，应组织有关单位进行验收。

（3）各种测量标志的规格、书写、埋设、固定等，应符合《公路勘测规范》（JTG C10—2007）的要求。勘测中使用的名词、符号及图表格式，应按交通运输部现行的有关规定执行。地形图式应按国家测绘局制订的现行图式表示，如有补充，应增绘图例。

（4）各种测量仪器和设备，是测量人员重要的测绘工具。使用前，一定要认真阅读使用说明书，按规定的方法操作，平时应加强保养和维护，按规定定期检校。严禁使用未按规定检校或检校不合格的仪器。

考点二：测量标志

（一）测量标志的分类

测量标志分为控制测量桩、路线控制桩和标志桩三类。

（1）控制测量桩　主要用于控制测量的 GPS 点、三角点、导线、水准点，特大型桥隧控制桩以及互通立交控制桩等。

（2）路线控制桩　是指路线起终点桩、公里桩、曲线要素桩、交点桩、转点桩、断链桩等。

（3）标志桩　是指路线中心桩和控制桩的指示桩。

（二）测量标志的要求

1. 控制测量桩

（1）控制测量桩应采用混凝土桩，尺寸规格应符合图 4-1~图 4-4 所示的规定。有特殊要求的控制测量桩，其尺寸、规格、形状等应进行专门设计。

（2）各级控制测量桩必须有中心标志，中心标志应牢固。平面控制测量桩的中心标志的刻画应细小、清晰，高程控制测量桩的中心标志顶端应圆滑。

（3）不同的控制测量桩共用时，必须满足各自的埋设和作业要求，标志规格以其中较高者为准。

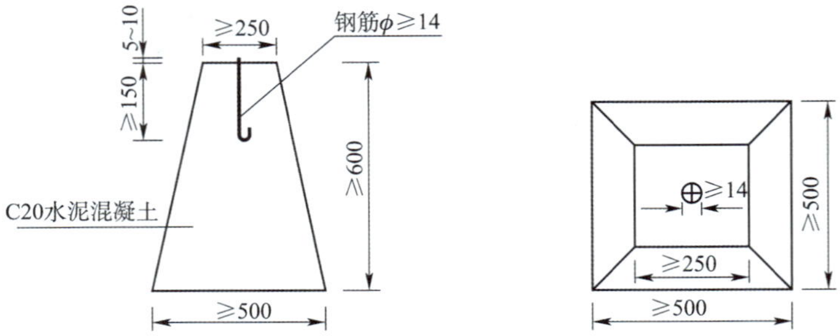

图 4-1　三等平面控制测量桩尺寸图（尺寸单位：mm）

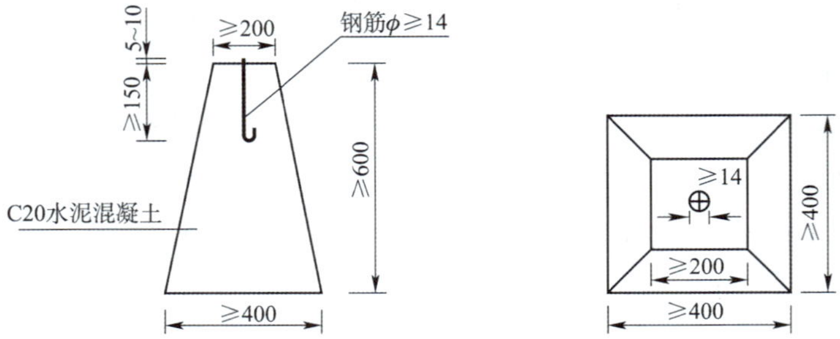

图 4-2　四等平面控制测量桩尺寸图（尺寸单位：mm）

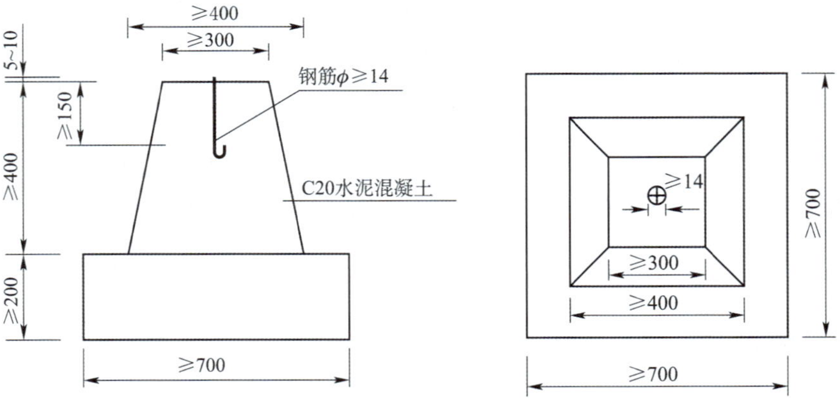

图 4-3　三等高程控制测量桩尺寸图（尺寸单位：mm）

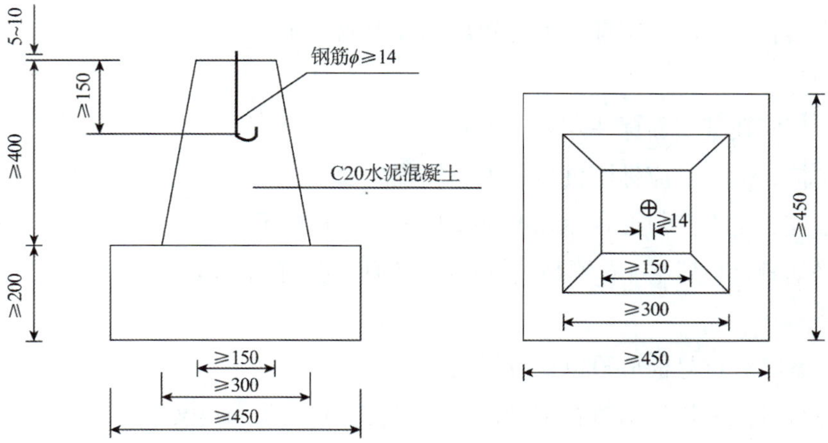

图 4-4 四等高程控制测量桩尺寸图（尺寸单位：mm）

2. 路线控制桩

（1）路线控制桩应采用木质桩，断面不应小于5cm × 5cm，长度不应小于30cm。

（2）路线控制桩应钉设小钉，表示其中心位置。

（3）当路线控制桩为控制测量桩使用时，应进行护桩，并应设置指示标志。

3. 标志桩

标志桩应采用木质或竹质桩，断面不小于5cm × 1.5cm，长度不应小于30cm。

（三）标志埋设

1. 控制测量桩

（1）控制测量桩应埋设在基础稳定、易于长期保存的地点。埋设时，应具有足够的稳定性。

（2）控制测量桩埋设时，坑底应填以砂石，并捣实或现浇厚度 20cm 以上的混凝土，地表应在控制测量桩周围现浇厚度 5cm 以上、控制桩以外宽度 10cm 以上的混凝土。埋设的控制测量桩应待沉降稳定后方可使用。

（3）冻土地区，季节冻土层以下标志的高度应大于标准高度的2/3，并应在位于季节冻土层段的标志周围包裹防水材料。

（4）控制测量桩位于岩石或固定建筑物上时，应将表面凿毛、冲洗干净后，在上面浇筑混凝土并埋入中心标志，其顶部外形尺寸与相应标志相符，混凝土的高度应大于 20cm。

（5）控制测量桩位于沙丘和土层松软地区时，应增加标志尺寸和基坑底层现浇混凝土的面积和厚度，直至具有足够的稳定性。

（6）利用原有控制测量桩时，应确认标志完好，并符合控制测量桩的规格和埋设要求。

2. 路线控制桩

（1）路线控制桩顶面宜与地面齐平，并加设指示桩。路线控制桩的木质方桩顶面应钉小钉，表示点位。

（2）路线控制桩位于岩石或建筑物上时，可用油漆标记。柔性路面地段可用钢筋打入路面，且与路面平齐。

（3）路线控制桩应具有较高的稳定性，不得随意搁置于地表面。

3. 标志桩

（1）标志桩打入地下的长度应大于 15cm。当标志桩作为指示桩时，应钉设在被指示的桩的附近。

（2）标志桩位于岩石或建筑物上时，可用油漆标记。柔性路面地段可用铁钉打入路面，且与路面平齐。

（3）标志桩应具有一定的稳定性，不得随意搁置于地表面。

（四）标志书写

（1）控制测量桩应在其表面标注点名、点号。

（2）路线控制桩、标志桩应标明桩号、中心位置。

（3）控制测量桩、路线控制桩和标志桩应按起终点方向顺序连续编号，中线桩宜按 0~9 循环编号。

（4）分离式路基测量，其左、右侧路线桩号前应冠以左、右字母符号，并应以前进方向右侧路线为全程连续计算桩号。

（5）有比较方案时，桩号前应冠以比较线的编号。

（6）公路测量符号宜采用汉语拼音字母，有特殊要求时可采用英文字母。

考点三：测量记录

（一）测量记录的重要性

外业勘测是内业设计的依据，也是长期保存的原始记录档案。随着计算机和现代测设仪器的普及，许多记录都用计算机存储，但仍然不能忽视人工野外记录工作。测量记录仍然是道路勘测的质量管理要求。

（二）测量记录的要求

1. 桩标记录

（1）控制测量桩应填写点之记，并应在现场填绘。

（2）路线控制桩作为控制测量桩使用时，应填写固定桩志表。

2. 勘测记录

（1）公路勘测的各种记录，应采用专用记录簿。必须编排页码，严禁撕页。采用电子设备时记录时，打印输出的内容应具有可查性。

（2）测量数据记录不得涂改、转抄。当记录发生错误时，应按下述规定条款进行处理：

①角度记录中的分位、距离和水准记录中的分米位的读记错误可在实地更改，但角度测量同一方向的盘左和盘右、距离测量的往返值、水准测量的基辅值和前后读数值不能同时更改相关数字。

②角度记录中的秒位、距离和水准记录中的厘米及厘米以下位数不得涂改，必须重测。

③允许改正的内容应用横道线整齐划去错误的记录，在其上方重新记录正确的数值，并在备注栏注明原因。

（3）原始数据和记事项目应现场记录，记录项目应齐全。

（4）各种记录簿应编排目录，并由测量、复核及主管人员签署。

例 题 解 析

例题 1　［2021 年试题 37］某公路大桥项目，桥梁最大单跨为 388m，采用的平面控制测量桩，其上顶面正方形边长、下底面正方形边长、高分别不应小于（　　）mm。

A. 150、300、600　　　　B. 200、400、600

C. 250、500、600　　　　D. 300、600、800

答案： C

解析： 详见考点二。根据第四节考点一，表 4-5，单跨长度为 388m，测量等级为三等；根据本节考点二，可知三等平面控制测量桩上顶面正方形边长不应小于 250mm，下底面正方形边长不应小于 500mm，高不应小于 600mm。

例题 2　［2021 年试题 38］公路勘测角度、距离和水准记录中，如果读错、写错，数字不得直接改正，必须重测的位数分别是（　　）。

A. 秒位、毫米及毫米以下　　B. 秒位、厘米及厘米以下

C. 分位、毫米及毫米以下　　D. 分位、厘米及厘米以下

答案： B

解析： 详见考点三。角度记录中的秒位、距离和水准记录中的厘米及厘米以下位数不得涂改，必须重测。

自 测 模 拟

1. 测量工作的基本原则是从整体到局部、从高级到低级和（　　）。

A. 从控制到碎部　　B. 从碎部到控制

C. 控制与碎部并行　　D. 测图与放样并行

2. 下列不属于测量标志类别的是（　　）。

A. 控制测量桩　　B. 路线控制桩

C. 标志桩　　D. 测量控制桩

参 考 答 案

1. A　　2. D

第二节　测 量 方 法

考 点 精 讲

考点一：直线定向

直线定向是指确定直线和某一参照方向（称标准方向）的关系。

（一）标准方向的种类

1. 真子午线方向

过地球上某点及地球北极和南极的半个大圆为该点的真子午线。通过该点真子午线的切线方向称为该点的真子午线方向，它指出地面上某点的真北和真南方向。真子午线方向是用天文测量方法或用陀螺经纬仪来测定的。由于地球上各点的真子午线都收敛于两极，所以地面上不同经度的两点，其真子午线方向是不平行的。两点真子午线方向间的夹角称为子午线收敛角。

2. 磁子午线方向

自由悬浮的磁针静止时，磁针北极所指的方向即是磁子午线方向，又称磁北方向。磁子午线方向可

用罗盘仪来测定。由于地球南北极与地磁场南北极不重合，故真子午线方向与磁子午线方向也不重合，它们之间的夹角为δ，称为磁偏角。

磁子午线北端在真子午线以东为东偏，其符号为正；以西时为西偏，其符号为负。

3. 坐标纵轴方向

由于地面上任何两点的真子午线方向和磁子午线方向都不平行，这会给直线方向的计算带来不便。采用坐标纵轴作为标准方向，在同一坐标系中任意点的坐标纵轴方向都是平行的，从而极大地方便了使用。因此，在平面直角坐标系中，一般采用坐标纵轴作为标准方向。坐标纵轴方向，又称坐标北方向。我国采用高斯平面直角坐标系，在每个 6°带或 3°带内都以该带的中央子午线作为坐标纵轴。如采用假定坐标系，则用假定的坐标纵轴（x轴）。以过O点的真子午线作为坐标纵轴，所以任意点A或B的真子午线方向与坐标纵轴方向间的夹角就是任意点与点O间的子午线收敛角γ。当坐标纵轴方向的北端偏向真子午线方向以东时，γ定为正值；偏向西时，γ定为负值。

（二）直线定向的方法

直线定向是确定直线和标准方向的关系，这一关系常用方位角或象限角来描述。

1. 方位角

从标准方向的北端量起，沿顺时针方向量到直线的水平角称为该直线的方位角。方位角的取值范围为 0°~360°。当标准方向取为真子午线时，称真方位角，用$A_{真}$来表示。当标准方向取为磁子午线时，称磁方位角，用$A_{磁}$来表示。真方位角和磁方位角的关系为

$$A_{真} = A_{磁} + \delta \tag{4-1}$$

在平面直角坐标系中，当标准方向取为坐标纵轴时，称坐标方位角，用α来表示。

真方位角和坐标方位角的关系为

$$A_{真} = \alpha + \gamma \tag{4-2}$$

2. 正反方位角

若规定直线一端量得的方位角为正方位角，则直线另一端量得的方位角为反方位角，正反方位角是不相等的。对于真方位角，其正反方位角的关系为

$$A_{12} = A_{21} + \gamma \pm 180° \tag{4-3}$$

对于坐标方位角，由于在同一坐标系内坐标纵轴方向都是平行的，所以正反坐标方位角的关系为

$$\alpha_{12} = \alpha_{21} \pm 180° \tag{4-4}$$

3. 象限角

直线与标准方向所夹的锐角称为象限角。象限角由标准方向的指北端或指南端开始向东或向西计量，取值范围为 0°~90°，以角值前加上直线所指的象限名称来表示，如北东 41°。

4. 象限角与坐标方位角的关系

象限角与坐标方位角的关系见表 4-1。

象限角与坐标方位角的关系 表 4-1

象限	象限角与坐标方位角的关系	象限	象限角与坐标方位角的关系
I	北东$R = \alpha$	III	南西$R = \alpha - 180°$
II	南东$R = 180° - \alpha$	IV	北西$R = 360° - \alpha$

5. 真方位角的测定

常用的方法有两种：天文测量法和陀螺经纬仪法。

6. 磁方位角的测定

由于地球磁极的位置不断在变动，以及磁针易受周围环境等的影响，所以磁子午线方向不宜作为精确定向的标准方向。但是由于磁方位角的测定很方便，所以在精度要求不高时可使用。磁方位角可用罗盘仪测定。

7. 坐标方位角的推算

为了使整个测区的坐标系统统一，测量工作中不是直接测定每条边的方向，而是通过与已知方向的联测，推算出各边的坐标方位角。推算坐标方位角的一般公式为

$$\alpha_{前} = \alpha_{后} \mp 180° \pm \beta \tag{4-5}$$

当β为左角时，取正号，减 180°；当β为右角时，取负号，加 180°。

考点二：水准测量

（一）水准测量方法

1. 路线水准测量

如图 4-5 所示，当欲测高差的两点距离较远或高差较大或遇障碍，不能在一个测站完成时，应按连续设站的水准路线进行。水准测量中，已知高程的地面固定点称为水准点；中间起传递高程作用的点称为转点。水准路线的布置形式一般有如下三种。

（1）闭合水准路线　从一个水准点出发，沿线测量各待定点，最后又回到原来的水准点上。

（2）附合水准路线　从一个水准点出发，沿线测量各待定点，最后闭合到另一个水准点上。

（3）支水准路线　从一个水准点出发，沿线测量待定点（不得超过两点），应进行往返观测。

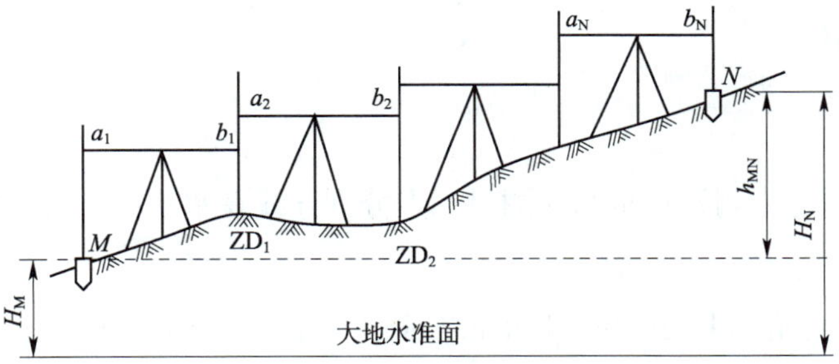

图 4-5　水准测量

2. 水准测量的校核工作

（1）测站校核　有变动仪器高法、双面尺法和双仪器法，两次测出的高差之差不超过规定值，即可取两次高差的平均值。

计算校核

$$\sum h = \sum a - \sum b \tag{4-6}$$

（2）成果校核　也称路线校核，检核高差闭合差f_h是否在规定的允许误差范围内。f_h的计算如下：

①闭合路线

$$f_h = \sum h_{测} \tag{4-7}$$

②附合路线

$$f_h = \sum h_{测} - \left(H_{终} - H_{始}\right) \tag{4-8}$$

③支路线

$$f_{\mathrm{h}} = \sum h_{往} + \sum h_{返} \tag{4-9}$$

（二）成果整理

路线校核精度合格后，即可进行闭合差的分配，原则是改正数v与测站数n（或路线长度l，以 km 计）成正比，并与闭合差反符号。则测段改正数为

$$v_i = \frac{-f_{\mathrm{h}}}{\sum n} \cdot n_i \tag{4-10}$$

或

$$v_i = \frac{-f_{\mathrm{h}}}{\sum l} \cdot l_i \tag{4-11}$$

将改正数加在相应测段的高差观测值上得到改正后高差，即可从起始水准点高程加上改正后高差逐点推算所求点高程。

（三）水准测量的误差

1. 仪器误差

水准仪的几何条件不满足，水准尺刻画不准或弯曲等。

2. 置平误差

读数时水准管轴未精确水平。

3. 水准尺倾斜

水准尺未竖直，使读数总是偏大，且视线越高误差越大。

4. 水准仪下沉

仪器随安置时间而下沉，使后视读数与前视读数不处于同一水平视线上。

考点三：角度测量

（一）水平角观测

工程测量中，水平角是指测站点至两观测目标点分别连线在水平面上投影后的夹角。

1. 测回法

如表 4-2 所示，O为测站，A、B为始目标和终目标。观测$\angle AOB$步骤如下：

（1）在O点安置经纬仪，对中与整平。

（2）盘左位置，照准A，读水平度盘读数$a_{左}$，一般使初始读数略大于 0°，顺时针转动照准部照准目标B，读出$b_{左}$。盘右位置，照准B，读出$b_{右}$，逆时针转动照准部照准A，读出$a_{右}$。记录与计算如表 4-2 所示。

测回法观测手簿　　表 4-2

测站	竖盘位置	目标	水平盘读数（°　′　″）	半测回角值（°　′　″）	一测回角值（°　′　″）	平均角值（°　′　″）	备注
O	左	A	0　00　30	185　51　12	185　51　03		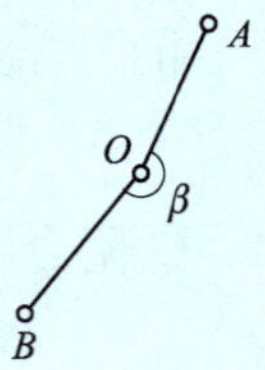
		B	185　51　42				
	右	A	180　00　54	185　50　54			
		B	5　51　48				

（3）盘左、盘右观测，分别称为上半测回和下半测回，合称为一测回。半测回角值之差不超过40″(DJ_6)或24″(DJ_2)，则取平均值作为一测回角值。

$$\left.\begin{aligned}\beta_{左} &= b_{左} - a_{左}\\ \beta_{右} &= b_{右} - a_{右}\\ \beta &= \frac{\beta_{左} + \beta_{右}}{2}\end{aligned}\right\} \tag{4-12}$$

（4）当观测的测回数$n > 1$时，为减小度盘刻画误差影响，每测回起始目标读数应增加$180°/n$。

2. 全圆测回法

当一个测站上的观测目标为3个或3个以上时，可采用全圆测回法，或称为方向观测法。例如，在测站O上观测A、B、C、D四个目标的操作步骤如下：

（1）盘左位置，选一清晰目标A作为起始方向，顺时针依次瞄准A、B、C、D、A，分别读取读数a、b、c、d、a'。a与a'之差为半测回归零差。

（2）盘右位置，逆时针依次瞄准A、D、C、B、A，并分别读取对应读数。

（3）数据整理与计算。

①两倍照准误差 $2C$ = 盘左读数 − (盘右读数 ± 180°)。

②各方向平均读数 = [盘左读数 + (盘右读数 ± 180°)]/2。起始方向A有两个平均读数，应再次平均写在该测回平均读数的最上方，并以圆括号标明。

③归零方向值 = 各方向平均读数 − 起始方向平均读数(圆括号内的值)。此时该测回的起始方向值已强制归化为0°00′00″。

④任意两方向间的水平角等于对应的归零方向值之差。

3. 水平角观测的误差

（1）仪器误差　仪器制造时加工不完善、仪器轴系的几何条件未能满足、照准部偏心等。

（2）对中误差　测站偏心误差、瞄准目标偏心误差。

（3）观测误差　照准误差、读数误差。

（4）外界条件的影响。

（二）竖直角观测

竖直角是指同一竖直面内的视线方向与水平方向的夹角。当视线水平时，竖直度盘读数为90°的整数倍。竖直角观测只要照准目标并读取竖盘读数，即可计算出竖直角。步骤如下：

（1）对中整平后，盘左，十字丝交点照准目标。打开自动归零装置，如无此装置，则转动竖盘指标水准管微动螺旋使气泡居中，读取盘左竖盘读数L。

（2）盘右，同法读取盘右竖盘读数R。

（3）计算，竖直角计算公式取决于竖盘的刻画形式。在盘左时，将望远镜略水平后向上仰，若竖盘读数减小，则竖直度盘为顺时针注记，反之则为逆时针注记。竖直角计算公式为

顺时针注记

$$\left.\begin{aligned}\alpha_{L} &= 90° - L\\ \alpha_{R} &= R - 270°\end{aligned}\right\} \tag{4-13}$$

逆时针注记

$$\left.\begin{aligned}\alpha_{L} &= L - 90°\\ \alpha_{R} &= 270° - R\end{aligned}\right\} \tag{4-14}$$

一测回角值

$$\alpha = \frac{\alpha_L + \alpha_R}{2} \tag{4-15}$$

表 4-3 为竖直角观测示例。

竖直角观测手簿 表 4-3

测站	目标	竖盘位置	竖盘读数 (° ′ ″)	半测回角值 (° ′ ″)	一测回竖角值 (° ′ ″)	备注
A	*P*	左	101 15 30	11 15 30	11 15 18	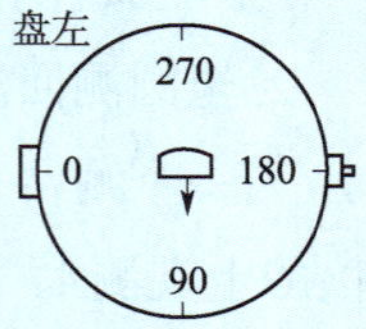
		右	258 44 54	11 15 06		
	Q	左	80 16 12	−9 43 48	−9 43 42	
		右	279 43 36	−9 43 36		

当视线水平，指标水准管气泡居中时，竖盘指标偏离正确位置的值x称为竖盘指标差。

$$x = -\frac{\alpha_L - \alpha_R}{2} \tag{4-16}$$

考点四：测量误差的基本知识

（一）误差的分类与特性

1. 误差的定义

观测值与客观存在的真值之差称为测量真误差。有时某些量无法得到真值，常采用平均值作为该量的最可靠值，称为最或是值，又称似真值。观测值与平均值之差称为最或是误差，又称似真误差。

$$\left.\begin{aligned}&\text{真误差} = \text{观测值} - \text{真值}\\&\text{最或是误差} = \text{观测值} - \text{平均值}\end{aligned}\right\} \tag{4-17}$$

测量误差按性质分为系统误差与偶然误差。产生误差的原因有三种：测量仪器的构造不完善、观测者感觉器官的鉴别能力有限、外界环境与气象条件不稳定等。观测成果的精确程度称为精度，取决于观测时的有关仪器、人和环境所构成的观测条件。具有同样技术的人，用同等精度的仪器，在同样的外界环境下进行观测，即观测条件相同的各次观测称为等精度观测；观测条件不同的各次观测称为非等精度观测。

2. 系统误差及特性

在相同观测条件下对某量进行多次观测，其误差大小与符号保持不变或按一定规律变化，这种误差称为系统误差。例如钢尺实长与名义长不等引起的距离误差、水准管轴不平行于视准轴引起的水准尺读数误差等。

系统误差的特性是因其符号不变而具有累积性，对观测结果影响较大。

在找到系统误差的规律之后，可有针对性地采取一定的措施：对观测值加改正数，严格进行仪器和工具的检验校正，选用适当的观测程序和方法等，使系统误差得到抵消或削减。

3. 偶然误差及特性

在相同观测条件下对某量进行多次观测，其误差大小和符号没有一致的倾向性，表现为偶然性，但从整体看，大量观测误差具有偶然事件的统计规律，这种误差称为偶然误差，亦称随机误差。例如望远镜的照准误差、水准尺上毫米数的估读等。偶然误差应按其规律进行调整以求得最可靠值。

偶然误差的特性：

（1）偶然误差的绝对值不超过一定的界限，即有界性。

（2）绝对值小的误差比绝对值大的误差出现的或然率大，即小误差密集性。

（3）绝对值相等的正、负误差出现的或然率相等，即对称性。

（4）当观测次数趋于无穷大时，偶然误差的算术平均值的极限为零，即抵偿性。

4. 过失误差

观测过程中可能出现粗差，亦称过失误差或错误，不允许存在于观测结果中，也不属测量误差讨论的范畴。应在工作中仔细认真，提高责任心，严格遵守作业规范，避免错误。

（二）评定精度的标准

中误差、相对误差和允许误差常作为评定观测成果精度的标准。

1. 中误差

在等精度观测条件下，对某一真值为X的物理量观测n次，观测值为$l_i(i=1,2,\cdots,n)$，真误差$\Delta_i=l_i-X$，则中误差为

$$\left.\begin{aligned} m &= \pm\sqrt{\frac{[\Delta\Delta]}{n}} \\ [\Delta\Delta] &= \Delta_1\Delta_1+\Delta_2\Delta_2+\cdots+\Delta_n\Delta_n \end{aligned}\right\} \tag{4-18}$$

2. 相对误差

观测误差的绝对值与观测值之比，并化为分子为 1 的分数形式，称为相对误差。即

往返丈量相对误差

$$K=\frac{\left|D_{往}-D_{返}\right|}{D_{平均}}=\frac{1}{M} \tag{4-19}$$

相对中误差

$$K=\frac{|m|}{D}=\frac{1}{M} \tag{4-20}$$

相对误差常用于距离丈量的精度评定，而不能用于角度测量和水准测量的精度评定，因后两者的误差大小与观测量（角度、高差）的大小无关。

3. 允许误差

允许误差亦称极限误差。从偶然误差的有界性可知，偶然误差的绝对值不会超过一定界限。绝对值大于 2 倍中误差的偶然误差，出现概率为 4.6%，而大于 3 倍中误差者概率为 3‰，所以，规范中规定取 2 倍（或 3 倍）中误差作为允许误差。

即

$$\Delta_{允}=2m \quad 或 \quad \Delta_{允}=3m \tag{4-21}$$

（三）等精度观测的精度评定

在等精度观测条件下，某量的n次观测值的算术平均值为$x=[l]/n$，似真误差为$v_i=l_i-x(i=1,2,\cdots,n)$，观测值中误差为

$$m=\pm\sqrt{\frac{[vv]}{n-1}} \tag{4-22}$$

算术平均值中误差为

$$M=\frac{m}{\sqrt{n}} \tag{4-23}$$

（四）误差传播定律

某些非直接观测量，是由另一些直接观测量按一定的函数关系通过计算间接得到的。阐明观测值中误差与函数值中误差之间关系的函数式称为误差传播定律。

1. 一般函数的中误差

设有一般函数$Z=F(x_1,x_2,\cdots,x_n)$；$x_1,x_2,\cdots,x_n$为各自独立的直接观测量，其对应中误差分别为$m_1,m_2,\cdots,m_n$。则一般函数的中误差为

$$m_Z=\pm\sqrt{\left(\frac{\partial F}{\partial x_1}\right)^2\cdot m_1^2+\left(\frac{\partial F}{\partial x_2}\right)^2\cdot m_2^2+\cdots+\left(\frac{\partial F}{\partial x_n}\right)^2\cdot m_n^2} \tag{4-24}$$

即函数的中误差等于函数对各观测量的偏导数与相应观测值中误差乘积之平方和的平方根。

2. 几种常见函数的中误差

应用误差传播定律可以导出各种函数中误差的表达式。

（1）和差函数的中误差

$$Z=x_1\pm x_2\pm\cdots\pm x_n$$

则

$$m_Z=\pm\sqrt{m_1^2+m_2^2+\cdots+m_n^2} \tag{4-25}$$

即多个独立观测量代数和的中误差等于各对应观测值中误差之平方和的平方根。

（2）倍函数的中误差

即观测量与常数乘积的中误差等于观测值中误差与常数的乘积。

$$Z=kx$$

则

$$m_Z=km \tag{4-26}$$

（3）直线函数的中误差

$$Z=k_1x_1\pm k_2x_2\pm\cdots\pm k_nx_n$$

则

$$m_Z=\pm\sqrt{k_1^2m_1^2+k_2^2m_2^2+\cdots+k_n^2m_n^2} \tag{4-27}$$

即直线函数的中误差等于各个常数与相应观测值中误差乘积之平方和的平方根。

3. 误差传播定律的应用

（1）钢尺量距的精度

钢尺丈量的中误差与距离的平方根成正比，即

$$m_D=\pm\mu\sqrt{D}\quad(\mu=m/\sqrt{l}) \tag{4-28}$$

式中：m_D——量得距离的中误差；

μ——单位长度的量距中误差；

D——量得的距离；

m ——丈量一尺段的中误差；

l ——尺段长。

（2）水平角观测的精度

一测回角值的中误差

$$m_\beta = m\sqrt{2} \tag{4-29}$$

半测回角值的中误差

$$m'_\beta = m_\beta\sqrt{2} \tag{4-30}$$

盘左盘右角值之差的中误差

$$m_{\Delta\beta} = m'_\beta\sqrt{2} \tag{4-31}$$

盘左盘右角值之差的极限误差

$$m_{极} = 2m_{\Delta\beta} \quad 或 \quad m_{极} = 3m_{\Delta\beta} \tag{4-32}$$

式中：m ——一测回方向观测值中误差。

（3）高差测量的误差

高差中误差

$$m_{\mathrm{h}} = m\sqrt{2} \tag{4-33}$$

两次高差之差的中误差

$$m_{\Delta\mathrm{h}} = m_{\mathrm{h}}\sqrt{2} \tag{4-34}$$

两次高差之差的极限误差

$$m_{\Delta\mathrm{h}\,极} = 2m_{\mathrm{h}}\sqrt{2} \quad 或 \quad m_{\Delta\mathrm{h}\,极} = 3m_{\mathrm{h}}\sqrt{2} \tag{4-35}$$

式中：m ——前视或后视水准尺上的读数中误差。

（4）路线水准测量的误差

高差总和的中误差

$$\left.\begin{aligned} m_{\Sigma\mathrm{h}} &= m_{\mathrm{h}}\sqrt{n} = m_{\mathrm{d}}\sqrt{2n} \\ m_{\Sigma\mathrm{h}} &= m\sqrt{L} \end{aligned}\right\} \tag{4-36}$$

式中：m_{d} ——前视或后视尺的读数中误差；

m_{h} ——高差中误差；

n ——测站数；

m ——水准路线单位长度的高差中误差；

L ——水准路线长度（km）。

考点五：GPS 定位的概念及主要特点

GPS 系统确定地面点位的思路是：根据空中卫星发射的信号，确定空间卫星的轨道参数，计算出锁定的卫星在空间的瞬时坐标，然后将卫星看作为分布于空间的已知点，利用 GPS 地面接收机，接收从某几颗（4 颗或 4 颗以上）卫星在空间运行轨道上同一瞬时发出的超高频无线电信号，再经过系统的处理，获得地面点至这几颗卫星的空间距离，用空间后方距离交会的方法，求得地面点的空间位置。GPS 系统所采用的坐标为 WGS-84 坐标系。如图 4-6 所示，

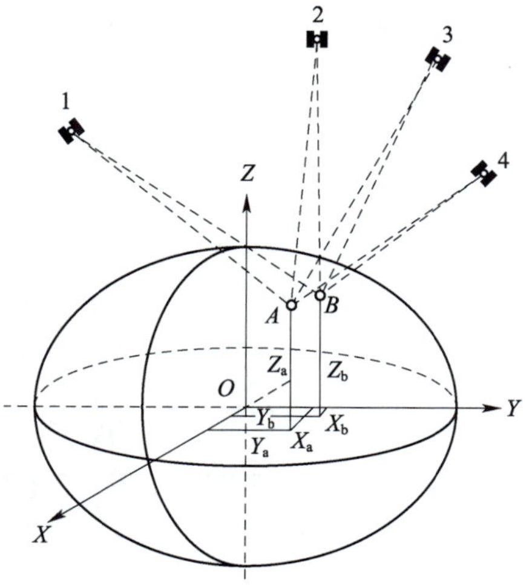

图 4-6　地面点为坐标示意图

地面上A、B两点的空间三维坐标分别为：$A(X_a、Y_a、Z_a)$、$B(X_b、Y_b、Z_b)$。

由于空间卫星的时钟与地面接收机的时钟不可能同步，因此，需要观测 4 颗或以上的卫星，才能确定 4 个变量的值，即x、y、z和时间t。GPS 系统采用高轨测距体制，以观测站至 GPS 卫星之间的距离作为基本观测量。为了获得距离观测量，主要采用两种方法：

其一是伪距测量，即根据接收机接收到的 GPS 卫星发射的测距A/C码和电文内容，通过信号从发射到到达用户接收机的传播时间，从而计算出卫星和接收机天线间的距离。但由于 GPS 卫星时钟与用户接收机时钟难以保持严格的同步，存在时钟差，所以观测的卫星与接收机天线间的距离均含有受到卫星钟与用户接收机钟同步差的影响，并不是真实值，因此习惯上称所测距离为“伪距”。

其二是载波相位测量，即测定 GPS 卫星载波信号在传播路径上的相位变化值，以确定信号传播的距离的方法。采用伪距观测量定位速度最快，而采用载波相位观测量定位精度最高。通过对 4 颗或 4 颗以上的卫星同时进行伪距或相位的测量，即可推算出接收机的三维位置。

（一）绝对定位与相对定位

按定位方式，GPS 定位分为绝对定位（单点定位）和相对定位（差分定位）。

1. 绝对定位

绝对定位又称单点定位，指的是在一个观测点上，利用 GPS 接收机观测 4 颗以上的 GPS 卫星，根据 GPS 卫星和用户接收机天线之间的距离观测量和已知卫星的瞬时坐标，独立确定特定点在地固坐标系（坐标系固定在地球上，随地球一起转动）中的位置，称为绝对定位，如图 4-7 所示。

绝对定位的优点是，只需一台接收机便可独立定位，观测的组织与实施简便，数据处理简单。其主要问题是由于 GPS 采用单程测距原理，卫星钟与用户接收机的钟难以保持严格的同步，所以观测的卫星与测站间的距离，含有受到卫星钟与用户接收机钟同步差，以及卫星星历和卫星信号在传播过程中的大气延迟误差的影响，定位精度较低，不能满足工程定位测量的要求。

2. 相对定位

相对定位又称差分定位，指的是在两个或若干个观测站上，设置 GPS 接收机，同步跟踪观测相同的 GPS 卫星，测定它们之间相对位置，根据不同接收机的观测数据来确定观测点之间的相对位置的方法，称为相对定位，如图 4-8 所示。

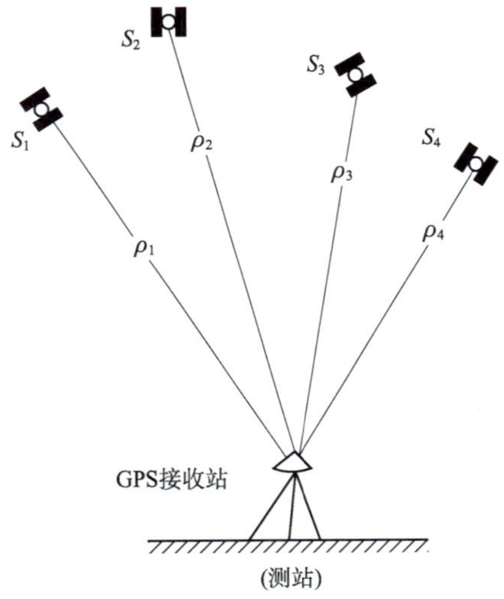

图 4-7 绝对定位（单点定位）

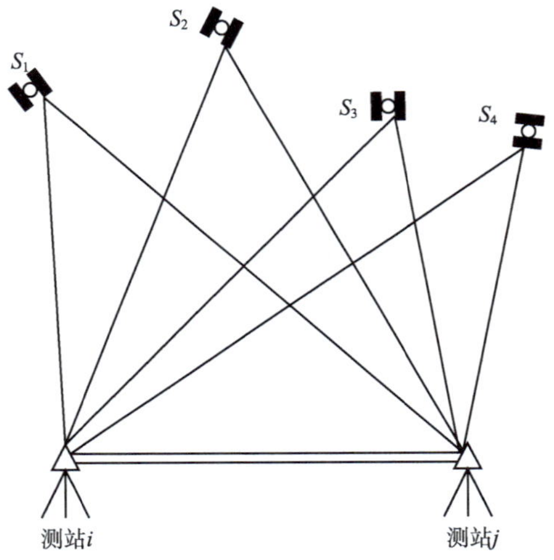

图 4-8 相对定位

在相对定位中，至少有一个点的位置是已知的，称之为基准点。由于相对定位是在几个点同步观测 GPS 卫星数据进行的，因此，可以有效地消除或减弱许多相同的或基本相同的误差，如卫星钟的误差、卫星星历误差、信号的传播延迟误差等，从而可以获得很高的相对定位精度。但相对定位要求各站接收机必须同步跟踪观测相同的卫星，因而作业组织和实施比较复杂，而且两点的距离受到限制，一般在 1000km 以内。

（二）静态定位与动态定位

按待定点相对于地固坐标系的运动状态来区分，GPS 定位可以分为静态定位和动态定位。

1. 静态定位

若观测站相对于地固坐标系，没有可以察觉到的运动，或者有微小的运动，但是在一次观测期间（数小时或若干天）无法察觉到，这样确定待定点位置的方法，称为静态定位。其基本特点是，在 GPS 观测数据处理中，待定点的坐标是个常量，没有速度分量。在静态定位中，可以进行大量的重复观测，以提高定位精度。

2. 动态定位

若观测站相对于地固坐标系有显著的运动，则这样的点的定位称为动态定位。动态定位可以分为两种情况：一是导航动态定位，它要求在用户运动时，实时地确定用户的位置和速度，并根据预先选定的终点和运动路线，引导用户沿预定航线到达目的地；另一种是精密动态定位，其主要目的不是导航，而是精确确定用户各个时刻的位置和速度，目前，后者比较广泛地应用于工程测量中。

例 题 解 析

例题 1　平整场地时，从水准仪读得后视读数后，在一个方格的四个角M、N、O和P点上读得前视读数分别为 1.254m、0.493m、2.021m 和 0.213m，则方格上最高点和最低点分别是（　　）。

A. P、O　　B. O、P

C. M、N　　D. N、M

答案： A

解析： 由视线高法计算公式可知：读数越大，点的高程越低。

例题 2　水准仪置于A、B两点中间，A尺读数$a = 1.523$m，B尺读数$b = 1.305$m，仪器转移至A点附近，尺读数分别为$\alpha' = 1.701$m，$b' = 1.462$m，则（　　）。

A. $LL // CC$　　B. LL不平行于CC

C. $L'L' // VV$　　D. $L'L'$不平行于VV

答案： B

解析： $h_{ab} = a - b = 0.218$；$a'' = b' + h_{ab} = 1.680 \neq a'$，视准轴不平行于水准管轴。

例题 3　测站点O与观测目标A、B位置不变，如仪器高度发生变化，则观测结果（　　）。

A. 竖直角改变、水平角不变　　B. 水平角改变、竖直角不变

C. 水平角和竖直角都改变　　D. 水平角和竖直角都不变

答案： A

解析： 水平角是两竖直平面间的二面角。

自 测 模 拟

1. M点高程$H_M = 43.251$m，测得后视读数$a = 1.000$m，前视读数$b = 2.283$m，则N点对M点的高差h_{MN}和待求点N的高程H_N分别为（　　）。

A. +1.283m，44.534m　　B. −3.283m，39.968m

C. +3.283m，46.534m　　D. −1.283m，41.968m

2. 水准仪有$DS_{0.5}$、DS_1、DS_3等多种型号，其下标数字 0.5、1、3 等代表水准仪的精度，为水准测量每公里往返高差中数的中误差值，单位为（　　）。

A. km　　B. m　　C. cm　　D. mm

3. 用于附合水准路线成果校核的公式是（　　）。

A. $f_h = \sum h$　　B. $f_h = \sum h_{测} - \left(H_{终} - H_{始}\right)$

C. $f_h = \sum h_{往} - \sum h_{返}$　　D. $\sum h = \sum a - \sum b$

4. 水平角观测中，盘左起始方向OA的水平度盘读数为 358°12′15″，终了方向OB的对应读数为154°18′19″，则$\angle AOB$前半测回角值为（　　）。

A. 156°06′04″　　B. −156°06′04″

C. 203°53′56″　　D. −203°53′56″

5. 经纬仪盘左时，当视线水平，竖盘读数为 90°；望远镜向上仰起，读数减小，则该竖直度盘为顺时针注记，其盘左和盘右竖直角计算公式分别为（　　）。

A. $90° - L$，$R - 270°$　　B. $L - 90°$，$270° - R$

C. $L - 90°$，$R - 270°$　　D. $90° - L$，$270° - R$

6. 某钢尺尺长方程式为$l_t = 50.0044 + 1.25 \times 10 - 5 \times (t - 20) \times 50$，在温度为 31.4℃和标准拉力下量得均匀坡度两点间的距离为 49.9062m，高差为−0.705m，则该两点间的实际水平距离为（　　）。

A. 49.904m　　B. 49.913m　　C. 49.923m　　D. 49.906m

7. 视距测量时，经纬仪置于高程为 162.382m 的A点，仪器高为 1.40m，上、中、下三丝读得立于B点的尺读数分别为 1.019m、1.400m 和 1.781m，求得竖直角$\alpha = -3°12'10''$，则AB的水平距离和B点高程分别为（　　）。

A. 75.962m，158.131m　　B. 75.962m，166.633m

C. 76.081m，158.125m　　D. 76.081m，166.639m

8. 某电磁波测距仪的标称精度为$\pm(3 + 3 \times 10^{-6})$mm，用该仪器测得 500m 距离，如不顾及其他因素影响，则产生的测距中误差为（　　）。

A. ±18mm　　B. ±3mm　　C. ±4.5mm　　D. ±6mm

9. 由标准方向北端起顺时针量到所测直线的水平夹角，该角的名称及其取值范围是（　　）。

A. 象限角、0°~90°　　B. 象限角、0°~±90°

C. 方位角、0°~±180°　　D. 方位角、0°~360°

10. 用钢尺往返丈量 120m 的距离，要求相对误差达到1/10000，则往返较差不得大于（　　）。

A. 0.048m　　B. 0.012m　　C. 0.024m　　D. 0.036m

11. 对某一量进行n次观测，则根据公式$M = \pm\sqrt{\frac{[vv]}{n(n-1)}}$求得的结果为（　　）。

A. 算术平均值中误差　　B. 观测值中误差

C. 算术平均值真误差　　D. 一次观测中误差

12. 在$\triangle ABC$中，直接观测了$\angle A$和$\angle B$，其中误差分别为$m\angle A=\pm 3''$和$m\angle B=\pm 4''$，则$\angle C$的中误差$m\angle C$为（　　）。

A. $\pm 8''$　　B. $\pm 7''$　　C. $\pm 5''$　　D. $\pm 1''$

参 考 答 案

1. D　2. D　3. B　4. A　5. A　6. B　7. A　8. C　9. D　10. B
11. A　12. C

第三节　控 制 测 量

考 点 分 析

本节重点：掌握公路平面控制测量的主要方法，平面控制点的布设、测量、观测等技术要点；公路高程控制测量的主要方法，高程控制点的布设、测量、观测等技术要点，公路控制测量应提交的技术资料。

本节难点：平面控制点的布设、测量、观测等技术要点；公路高程控制测量的主要方法，高程控制点的布设、测量、观测等技术要点。

考 点 精 讲

测量工作中为了扩展测量工作面及防止误差的积累，应遵循的原则是在布局上从整体到局部，在精度上从高级到低级，在工作程序上从控制到碎部。即在测区内选择一些具有全局性控制意义的点，用精确的方法测定它的平面坐标和高程位置，以这些点作为基础，再以低一级的精度测出其他点。这些在布局、精度和程序上具有控制意义的点称为控制点，由控制点组成的几何图形称为控制网，分为平面控制网和高程控制网。测定控制点平面位置和高程位置的工作分别称为平面控制测量和高程控制测量。

考点一：平面控制测量

平面控制测量，应采用全球定位系统（GPS）测量、三角测量、三边测量和导线测量等方法。

（一）平面控制网的定位与定向

地面点的平面位置用平面坐标表示，点与点之间可根据其水平距离和方位角计算坐标增量，如果其中一个点的坐标已知，则另一点的坐标即可求出。确定一直线与标准方向的夹角的工作称为直线定向。标准方向有三种：真子午线方向、磁子午线方向和中央子午线方向（坐标纵轴方向）。真子午线方向与磁子午线方向的夹角称为磁偏角，真子午线方向与中央子午线方向的夹角称为子午线收敛角。由标准方向北端起顺时针量到直线的水平夹角称为方位角，有真方位角、磁方位角和坐标方位角三种。方位角的取值范围为 0°~360°。直线AB的坐标方位角α_{AB}与直线BA的坐标方位角α_{AB}互为正反方位角，相差 180°。直线的方向还可用象限角表示，它是由标准方向的北端或南端起依顺时针或逆时针量到直线的锐角。直线的象限角不仅要说明大小，而且还要指出所在象限，如直线OA的象限角R_{OA} = 南东 60°36′（或S60°36′E），象限只能用北东（NE）、北西（NW）、南东（SE）和南西（SW）来表示。坐标方位角和象限角可互相换算，如R_{OA} = 南东 60°36′，则$\alpha_{OA} = 119°24'$。

（二）平面控制测量的误差要求和等级选用

（1）各级平面控制测量，最弱点点位中误差不得大于±5cm，最弱相邻点位中误差不得大于±3cm，最弱相邻点边长相对中误差不得大于表 4-4 的规定。

平面控制测量精度要求　　表 4-4

测量等级	最弱相邻点边长相对中误差	测量等级	最弱相邻点边长相对中误差
二等	1/100000	一级	1/20000
三等	1/70000	二级	1/10000
四等	1/35000		

（2）各级公路和桥梁、隧道平面控制测量的等级不得低于表 4-5 的规定。

平面控制测量等级选用　　表 4-5

高架桥、路线控制测量	多跨桥梁总长L（m）	单跨桥梁L_K（m）	隧道贯通长度L_G（m）	测量等级
—	$L \geqslant 3000$	$L_K \geqslant 500$	$L_G \geqslant 6000$	二等
—	$2000 \leqslant L < 3000$	$300 \leqslant L_K < 500$	$3000 \leqslant L_G < 6000$	三等
高架桥	$1000 \leqslant L < 2000$	$150 \leqslant L_K < 300$	$1000 \leqslant L_C < 3000$	四等
高速、一级公路	$L < 1000$	$L_K < 150$	$L_G < 1000$	一级
二、三、四级公路	—	—	—	二级

（3）选择路线平面控制测量坐标系时，应使测区内投影长度变形值不大于2.5cm/km；大型构造物平面控制测量坐标系，其投影长度变形值不大于1cm/km。投影分带位置不应选择在大型构造物处。

（4）角度、长度和坐标的数字取位应符合表 4-6 的规定。

角度、长度和坐标的数字取位　　表 4-6

测量等级	角度（°）	长度（m）	坐标（m）
二等	0.01	0.0001	0.0001
三、四等	0.1	0.001	0.001
一、二级	1	0.001	0.001

（三）平面控制点布设要求

（1）平面控制点相邻点间平均边长应按表 4-7 执行。四等及以上平面控制网中相邻点之间不得小于500m，一、二级平面控制网中相邻点之间的距离在平原、微丘区不得小于 200m，重丘、山岭区不得小于 100m，最大距离不应大于平均边长的 2 倍。

相邻点间平均边长参照值　　表 4-7

测量等级	平均边长（km）	测量等级	平均边长（km）
二等	3.0	一级	0.5
三等	2.0	二级	0.3
四等	1.0		

（2）路线平面控制点距路线中心线的距离应大于 50m，宜小于 300m，每一点至少应有一相邻点通视。特大型构造物每一端应埋设 2 个以上平面控制点。

（四）平面控制测量技术要求

（1）GPS 基线测量的中误差应小于按式（4-37）计算的标准差，各等级控制测量固定误差a、比例误差系数b的取值应符合表 4-8 的规定。计算 GPS 测量大地高差的精度时，a、b可放宽至 2 倍。

$$\sigma = \pm\sqrt{a^2 + (b \cdot d)^2} \tag{4-37}$$

式中：σ ——标准差（mm）；

a ——固定误差（mm）；

b ——比例误差系数（mm/km）；

d ——基线长度（km）。

GPS 测量的主要技术要求　　表 4-8

测 量 等 级	固定误差a（mm）	比例误差系数b（mm/km）
二等	≤5	≤1
三等	≤5	≤2
四等	≤5	≤3
一级	≤10	≤3
二级	≤10	≤5

（2）导线测量的主要技术要求应符合表 4-9 的规定。

导线测量的主要技术要求　　表 4-9

测量等级	附（闭）合导线长度（km）	边数	每边测距中误差（mm）	单位权中误差（″）	导线全长相对闭合差	方位角闭合差（″）
三等	≤18	≤19	≤±14	≤±1.8	≤1/52000	$\leq 3.6\sqrt{n}$
四等	≤12	≤12	≤±10	≤±2.5	≤1/35000	$\leq 5\sqrt{n}$
一级	≤6	≤12	≤±14	≤±5.0	≤1/17000	$\leq 10\sqrt{n}$
二级	≤3.6	≤12	≤±11	≤±8.0	≤1/11000	$\leq 16\sqrt{n}$

注：1. 表中n为测站数。
2. 以测角中误差为单位权中误差。
3. 导线网节点间的长度不得大于表中长度的 0.7 倍。

（3）三角测量的主要技术要求应符合表 4-10 的规定。

三角测量的主要技术要求　　表 4-10

测量等级	测角中误差（°）	起始边边长相对中误差	三角形闭合差（″）	测 回 数		
				DJ_1	DJ_2	DJ_6
二等	≤±1.0	≤1/250000	≤3.5	≥12	—	—
三等	≤±1.8	≤1/150000	≤7.0	≥6	≥9	—
四等	≤±2.5	≤1/100000	≤9.0	≥4	≥6	—
一级	≤±5.0	≤1/40000	≤15.0	—	≥3	≥4
二级	≤±10.0	≤1/20000	≤30.0	—	≥1	≥3

（4）三边测量的主要技术要求应符合表 4-11 的规定。

三边测量的主要技术要求 表 4-11

测量等级	测距中误差（mm）	测距相对中误差
二等	≤ ± 9.0	≤ 1/330000
三等	≤ ± 14.0	≤ 1/140000
四等	≤ ± 10.0	≤ 1/100000
一级	≤ ± 14.0	≤ 1/35000
二级	≤ ± 11.0	≤ 1/25000

（五）观测技术要求

（1）GPS 观测的主要技术要求应符合表 4-12 的规定。

GPS 观测的主要技术要求 表 4-12

项目		测量等级				
		二等	三等	四等	一级	二级
卫星高度角（°）		≥15	≥15	≥15	≥15	≥15
时段长度	静态（min）	≥240	≥90	≥60	≥45	≥40
	快速静态（min）	—	≥30	≥20	≥15	≥10
平均重复设站数（次/每点）		≥4	≥2	≥1.6	≥1.4	≥1.2
同时观测有效卫星数（个）		≥4	≥4	≥4	≥4	≥4
数据采样率（s）		≤30	≤30	≤30	≤30	≤30
GDOP		≤6	≤6	≤6	≤6	≤6

（2）水平角观测的主要技术要求应符合表 4-13 的规定。

水平角观测的主要技术要求 表 4-13

测量等级	经纬仪型号	光学测微器两次重合读数差（″）	半测回归零差（″）	同一测回中 2C较差（″）	同一方向各测回间较差（″）	测回数
二等	DJ_1	≤1	≤6	≤9	≤6	≥12
三等	DJ_1	≤1	≤6	≤9	≤6	≥6
	DJ_2	≤3	≤8	≤13	≤9	≥10
四等	DJ_1	≤1	≤6	≤9	≤6	≥4
	DJ_2	≤3	≤8	≤13	≤9	≥6
一级	DJ_2	—	≤12	≤18	≤12	≥2
	DJ_6	—	≤24	—	≤24	≥4
二级	DJ_2	—	≤12	≤18	≤12	≥1
	DJ_6	—	≤24	—	≤24	≥3

注：当观测方向的垂直角超过±3°时，该方向的2C较差可按同一观测时间段内相邻测回进行比较。

（3）距离测量。

①光电测距仪应按表 4-14 选用。

光电测距仪的选用 表 4-14

测距仪精度等级	每公里测距中误差m_D（mm）	适用的平面控制测量等级
I级	$m_D \leqslant \pm 5$	二、三、四等，一、二级
II级	$\pm 5 < m_D \leqslant \pm 10$	三、四等，一、二级
III级	$\pm 10 < m_D \leqslant \pm 20$	一、二级

②光电测距的主要技术要求应符合表 4-15 的规定。

光电测距的主要技术要求 表 4-15

测量等级	观测次数		每边测回数		一测回读数间较差（mm）	单程各测回较差（mm）	往返较差
	往	返	往	返			
二等	≥1	≥1	≥4	≥4	≤5	≤7	$\leqslant \sqrt{2}(a+b\cdot D)$
三等	≥1	≥1	≥3	≥3	≤5	≤7	
四等	≥1	≥1	≥2	≥2	≤7	≤10	
一级	≥1	—	≥2	—	≤7	≤10	
二级	≥1	—	≥1	—	≤12	≤17	

注：1. 测回是指照准目标一次，读数 4 次的过程。
2. 表中a为固定误差，b为比例误差系数，D为水平距离（km）。

③采用普通钢尺丈量距离时，其主要技术要求应符合表 4-16 的规定。

普通钢尺丈量距离的主要技术要求 表 4-16

定线偏差（mm）	每尺段往返高差之差（cm）	最小读数（mm）	三级读数之差（mm）	同段尺长差（mm）	外业手簿计算取值（mm）		
					尺长	各项改正	高差
≤5	≤1	1	≤3	≤4	1	1	1

注：每尺段指 2 根同向丈量或单尺往返丈量。

（六）计算要求

（1）一级及以上平面控制测量平差计算应采用严密平差法，二级可采用近似平差法。

（2）平差后应提供最弱点点位中误差、最弱相邻点边长相对中误差、单位权中误差、测角中误差，附（闭）合导线应提供角度闭合差、坐标闭合差、全长相对闭合差等精度数据。

（3）GPS 测量计算应进行下列检查并提交相应资料：

①同一时段观测值的数据剔除率不宜大于 10%。

②重复基线测量的差值应满足式（4-38）的规定。

$$d_s \leqslant 2\sqrt{2}\sigma \tag{4-38}$$

式中：d_s——重复基线测量的差值（mm）；

σ——标准差（mm）。

③各级 GPS 网同步环闭合差应符合式（4-39）的规定。

$$\left.\begin{aligned}W_X&\leqslant\frac{\sqrt{n}}{5}\sigma\\W_Y&\leqslant\frac{\sqrt{n}}{5}\sigma\\W_Z&\leqslant\frac{\sqrt{n}}{5}\sigma\\W&\leqslant\frac{2\sqrt{n}}{5}\sigma\end{aligned}\right\}\tag{4-39}$$

式中：n ——环或附合路线的边数；

σ ——标准差（mm）。

④各级 GPS 网异步环闭合环或附合路线坐标闭合差应符合式（4-40）的规定。

$$\left.\begin{aligned}V_X&\leqslant\sqrt{\frac{4n}{3}}\sigma\\V_Y&\leqslant\sqrt{\frac{4n}{3}}\sigma\\V_Z&\leqslant\sqrt{\frac{4n}{3}}\sigma\\V&\leqslant2\sqrt{n}\sigma\end{aligned}\right\}\tag{4-40}$$

式中：n ——环或附合路线的边数；

σ ——标准差（mm）。

⑤无约束平差中，基线分量的改正数绝对值应满足式（4-41）的规定。

$$\left.\begin{aligned}V_{\Delta X}&\leqslant\sqrt{3}\sigma\\V_{\Delta Y}&\leqslant\sqrt{3}\sigma\\V_{\Delta Z}&\leqslant\sqrt{3}\sigma\end{aligned}\right\}\tag{4-41}$$

式中：σ ——标准差（mm）。

⑥约束平差中，基线分量的改正数与经过粗差剔除后的无约束平差结果的同一基线相应改正数较差的绝对值应满足式（4-42）的规定。

$$\left.\begin{aligned}\mathrm{d}V_{\Delta X}&\leqslant\sqrt{\frac{4}{3}}\sigma\\\mathrm{d}V_{\Delta Y}&\leqslant\sqrt{\frac{4}{3}}\sigma\\\mathrm{d}V_{\Delta Z}&\leqslant\sqrt{\frac{4}{3}}\sigma\end{aligned}\right\}\tag{4-42}$$

式中：σ ——标准差（mm）。

（七）导线测量

1. 导线的一般知识

导线是由若干条直线段连成的折线，相邻点的连线称为导线边，用测距仪或钢尺或其他方法测定。相邻边的水平角称为转折角，用经纬仪测定。当给定起始边方位角和起始点坐标，就可推算各导线点坐标。它适用于城市的密集建筑区、隐蔽地区和地下工程，也适用于狭长地带。根据不同情况和要求，导线布置形式有：

（1）闭合导线　起止于同一已知点和已知方位角的导线。

（2）附合导线　起始于一个已知点和一个已知方位角，终止于另一个已知点和另一个已知方位角的导线。

（3）支导线　从一个已知点和一个已知方位角开始延伸出去的导线。

（4）导线网　由若干条导线组成的多边形网状导线或结点形式网状导线。

2. 导线测量的外业

导线测量外业包括踏勘选点与建立标志、边长丈量、转折角测量和连接测量，即连接角和连接边的测量。

3. 闭合导线测量的内业计算

导线测量内业计算的目的是根据已知数据，利用外业观测成果和校核条件，正确计算出各导线点的最后坐标。

（1）角度闭合差的计算与调整

n边闭合多边形的内角和$\sum\beta_{测}$与理论值$(n-2)180°$之差称为闭合多边形角度闭合差。

$$f_\beta = \sum\beta_{测} - (n-2)\times 180° \tag{4-43}$$

按表 4-17 的指标，检查f_β是否在$f_{\beta允}$的范围内。如果精度合格，则f_β的分配原则是：将角度闭合差反符号并平均分配到各观测角上（当不能整除时，余数可分配到短边有关角上），则

$$\left.\begin{aligned} v_\beta &= \frac{-f_\beta}{n} \\ \beta_{改正后} &= \beta_{测} + v_\beta \end{aligned}\right\} \tag{4-44}$$

导线测量的主要技术要求　　表 4-17

等级	导线长度（km）	平均边长（mm）	测角中误差（″）	测距中误差（mm）	测距相对中误差	测回数		方位角闭合差（″）	相对闭合差
						DJ2	DJ4		
一级	4	0.5	±5	±15	≤1/30000	2	4	$\pm10\sqrt{n}$	≤1/15000
二级	2.4	0.25	±8	±15	≤1/14000	1	3	$\pm16\sqrt{n}$	≤1/10000
三级	1.2	0.1	±12	±15	≤1/7000	1	2	$\pm24\sqrt{n}$	≤1/5000
图根	≤0.1M	≤1.5倍测图最大视距	一般 30 首级 20				1	一般$\pm60\sqrt{n}$ 首级$\pm40\sqrt{n}$	≤1/2000

注：n为测站数，M为测图比例尺的分母。

（2）用改正后的角值计算各边方位角

当导线点编号为逆时针时，转折角在导线前进方向的左侧，则转折角称为左角；反之称为右角。推算方位角的公式分别如下：

左角

$$\alpha_{前} = \alpha_{后} - 180° + \beta_{左} \tag{4-45}$$

右角

$$\alpha_{前} = \alpha_{后} + 180° - \beta_{右} \tag{4-46}$$

（3）坐标增量闭合差的计算与调整

由边长丈量值和推算的方位角值可求坐标增量。由于量距有误差，改正后的角度有残余误差，致使推得的方位角含有误差，因而只能计算出未经改正的坐标增量。

$$\left.\begin{aligned}\Delta x' &= D\cos\alpha\\ \Delta y' &= D\sin\alpha\end{aligned}\right\} \tag{4-47}$$

从理论上讲，闭合导线各边坐标增量总和$\sum\Delta x_{理}$和$\sum\Delta y_{理}$均应为零。但实际上$\sum\Delta x'$与$\sum\Delta y'$并不为零，这个值就称为坐标增量闭合差。

$$\left.\begin{aligned}f_x &= \sum\Delta x'\\ f_y &= \sum\Delta y'\end{aligned}\right\} \tag{4-48}$$

而$f_{\mathrm{D}}=\sqrt{f_x^2+f_y^2}$称为导线全长闭合差。为了评定导线的精度，应求出导线全长相对闭合差。

$$K=\frac{f_{\mathrm{D}}}{\sum D}=\frac{1}{M} \tag{4-49}$$

按表 4-17 的指标检查K是否在$K_{允}$的范围内。如果精度合格，则f_x和f_y的分配原则是：将增量闭合差反符号，并按与边长成正比分配到对应边的增量上，则

$$\left.\begin{aligned}v_x &= \frac{-f_x}{\sum D}D\\ v_y &= \frac{-f_y}{\sum D}D\end{aligned}\right\} \tag{4-50}$$

则改正后坐标增量为

$$\left.\begin{aligned}\Delta x &= \Delta x'+v_x\\ \Delta y &= \Delta y'+v_y\end{aligned}\right\} \tag{4-51}$$

（4）各点坐标计算

根据起始点坐标和改正后的坐标增量，依次计算各导线点的坐标，如下式

$$\left.\begin{aligned}x_{i+1} &= x_i+\Delta x_{i(i+1)}\\ y_{i+1} &= y_i+\Delta y_{i(i+1)}\end{aligned}\right\} \tag{4-52}$$

最后推算得起始点坐标应与已知值相等，以此作为计算校核。

考点二：高程控制测量

高程控制测量应采用水准测量或三角高程测量的方法进行。

（一）水准测量和三角高程测量

1. 水准测量

三、四等水准测量应从国家一、二等水准点引出三、四等水准路线。点位应选择在土质坚实易长期保存处，并埋设标石；观测应在通视良好、成像清晰的条件下进行；观测方法是用红黑双面尺法，也可用变更仪器高法进行。三等水准测量采用双面尺法的观测程序是后黑—前黑—前红—后红，四等则可为后黑—后红—前黑—前红。后前前后的观测程序可以消除或削弱水准仪下沉误差的影响。往返观测取平均值可以消除或削弱水准尺下沉误差的影响。

2. 图根水准测量

图根水准测量是在测区内为测绘地形图而加密高程控制点所进行的水准测量工作，精度低于测区的首级高程控制。

3. 三角高程测量

测区内需要有一定数量的水准点，但在地形复杂地区，可采用三角高程测量加密高程控制点，常用于测图高程控制。如图 4-9 所示，高差的计算公式为

$$h_{AB}=D_{AB}\tan\alpha+i-v \qquad (4-53)$$

式中：D_{AB}——水平距离，由直接丈量或图解求得，当其大于 400m 时高差应作为地球曲率和大气折光修正；

α——竖直角；

i——仪器高；

v——觇标高。

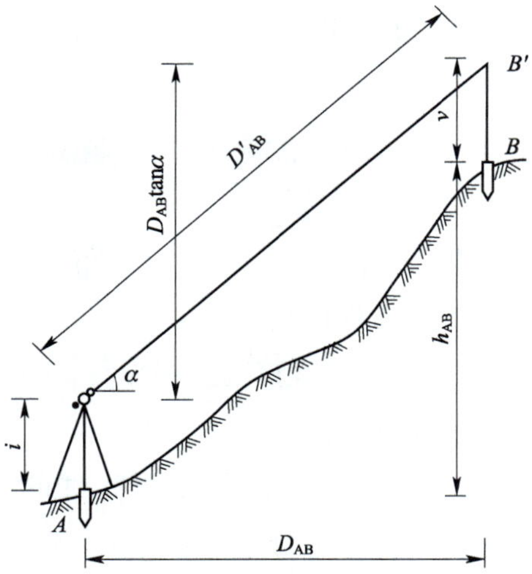

图 4-9　三角高程测量

电磁波测距为三角高程测量提供了有利条件，并顾及大气折光因素影响后，公式可写为

$$h_{AB}=D'_{AB}\sin\alpha+\frac{1}{2R}(D'_{AB}\cos\alpha)^2+i+v \qquad (4-54)$$

式中：D'_{AB}——测距仪测得的斜距；

R——地球半径，取 6371km；

$\frac{1}{2R}(D'_{AB}\cos\alpha)^2$——大气折光对高差的影响。

（二）一般规定

（1）同一个公路项目应采用同一个高程系统，并应与相邻项目高程系统相衔接。

（2）各等级公路高程控制网最弱点高程中误差不得大于±25mm；用于跨越水域和深谷的大桥、特大桥的高程控制网最弱点高程中误差不得大于±10mm；每公里观测高差中误差和附合（环线）水准路线长度应小于表 4-18 的规定。当附合（环线）水准路线长度超过规定时，可采用双摆站的方法进行测量，其长度不得大于表 4-18 中水准路线长度的 2 倍。

高程控制测量的技术要求　　表 4-18

测量等级	每公里高差中数中误差（mm）		附合或环线水准路线长度（km）	
	偶然中误差M_Δ	全中误差M_W	路线、隧道	桥梁
二等	±1	±2	600	100
三等	±3	±6	60	10
四等	±5	±10	25	4
五等	±8	±16	10	1.6

注：控制网节点间的长度不应大于表中长度的 0.7 倍。

（3）各级公路及构造物的高程控制测量等级不得低于表 4-19 的规定。

高程控制测量等级选用　　表 4-19

高架桥、路线控制测量	多跨桥梁总长L（m）	单跨桥梁L_K（m）	隧道贯通长度L_G（m）	测量等级
—	$L\geqslant3000$	$L_K\geqslant500$	$L_G\geqslant6000$	二等
—	$1000\leqslant L<3000$	$150\leqslant L_K<500$	$3000\leqslant L_G<6000$	三等
高架桥，高速、一级公路	$L<1000$	$L_K<150$	$L_G<3000$	四等
二、三、四级公路	—	—	—	五等

（4）高程测量数字取位应符合表4-20的规定。

高程测量数字取位要求 表4-20

测量等级	各测站高差（mm）	往返测距离总和（km）	往返测距离中数（km）	往返测高差总和（mm）	往返测高差中数（mm）	高程（mm）
各等	0.1	0.1	0.1	0.1	1	1

（三）高程控制点布设要求

（1）路线高程控制点相邻点间的距离以1~1.5km为宜，特大型构造物每一端应埋设2个（含2个）以上高程控制点。

（2）高程控制点距路线中心线的距离应大于50m，宜小于300m。

（四）高程控制测量主要技术要求

（1）水准测量的主要技术要求应符合表4-21的规定。

水准测量的主要技术要求 表4-21

测量等级	往返较差、附合或环线闭合差（mm）		检测已测测段高差之差（mm）
	平原、微丘	重丘、山岭	
二等	$\leqslant 4\sqrt{l}$	$\leqslant 4\sqrt{l}$	$\leqslant 6\sqrt{L_i}$
三等	$\leqslant 12\sqrt{l}$	$\leqslant 3.5\sqrt{n}$或$\leqslant 15\sqrt{l}$	$\leqslant 20\sqrt{L_i}$
四等	$\leqslant 20\sqrt{l}$	$\leqslant 6.0\sqrt{n}$或$\leqslant 25\sqrt{l}$	$\leqslant 30\sqrt{L_i}$
五等	$\leqslant 30\sqrt{l}$	$\leqslant 45\sqrt{l}$	$\leqslant 40\sqrt{L_i}$

注：计算往返较差时，l为水准点间的路线长度（km）；计算附合或环线闭合差时，l为附合或环线的路线长度（km）；n为测站数。L_i为检测测段长度（km），小于1km时按1km计算。

（2）光电测距三角高程测量的主要技术要求应符合表4-22的要求。

光电测距三角高程测量的主要技术要求 表4-22

测量等级	测回内同向观测高差较差（mm）	同向测回间高差较差（mm）	对向观测高差较差（mm）	附合或环线闭合差（mm）
四等	$\leqslant 8\sqrt{D}$	$\leqslant 10\sqrt{D}$	$\leqslant 40\sqrt{D}$	$\leqslant 20\sqrt{\sum D}$
五等	$\leqslant 8\sqrt{D}$	$\leqslant 15\sqrt{D}$	$\leqslant 60\sqrt{D}$	$\leqslant 30\sqrt{\sum D}$

注：D为测距边长度，以km计。

（五）观测的技术要求

（1）水准测量观测的主要技术要求应符合表4-23的规定。

水准测量观测的主要技术要求 表4-23

测量等级	仪器类型	水准尺类型	视线长（m）	前后视较差（m）	前后视累积差（m）	视线离地面最低高度（m）	基辅（黑红）面读数差（mm）	基辅（黑红）面高差较差（mm）
二等	DS_{05}	铟瓦	≤50	≤1	≤3	≥0.3	≤0.4	≤0.6
三等	DS_1	铟瓦	≤100	≤3	≤6	≥0.3	≤1.0	≤1.5
	DS_2	双面	≤75				≤2.0	≤3.0
四等	DS_3	双面	≤100	≤5	≤10	≥0.2	≤3.0	≤5.0
五等	DS_3	单面	≤100	≤10	—	—	—	≤7.0

（2）光电测距三角高程测量观测的主要技术要求应符合表 4-24 的规定。仪器和反射镜高度应使用仪器配置的测尺和专用测杆于测前、测后各测量 1 次，2 次较差不得大于 2mm。

光电测距三角高程测量观测的主要技术要求　　表 4-24

测量等级	仪器	测距边测回数	边长（m）	垂直角测回数（中丝法）	指标差较差（″）	垂直角较差（″）
四等	DJ_2	往返均≥2	≤600	≥4	≤5	≤5
五等	DJ_2	≥2	≤600	≥2	≤10	≤10

（3）跨河测量的技术要求。

①当水准路线通过宽度为各等级水准测量的标准视线长度 2 倍以下的江河、山谷时，可用一般观测方法进行，但在测站上应变换一次仪器高度，观测 2 次，2 次高差之差应符合表 4-25 的规定。

跨河水准测量观测的主要技术要求　　表 4-25

测 量 等 级	高差之差（mm）	测 量 等 级	高差之差（mm）
二等	≤1.5	四等	≤7
三等	≤7	五等	≤9

②高程视线长度超过各等级水准测量标准视线长度的 2 倍以上时，应按表 4-26 选择观测方法。

跨河高程测量的观测方法及跨越视线长度　　表 4-26

观 测 方 法	跨越视线长度（m）	观 测 方 法	跨越视线长度（m）
直接读数法	三、四等　≤300	倾斜螺旋法	≤1500
	五等　≤500	测距三角高程法	≤3500
光学测微法	≤500		

③视线长度超过 3500m 时，采用的方法和要求应根据测区条件进行专题设计。

④观测的测回数和组数不得小于表 4-27 的规定。

测 回 数 和 组 数　　表 4-27

视线长度（m）	测量等级							
	二等		三等		四等		五等	
	测回数	组数	测回数	组数	测回数	组数	测回数	组数
＜300	2	2	2	1	2	1	2	1
300~500	2	4	2	2	2	2	2	1
500~1000	8	6	2	2	2	2	2	1
1000~1500	12	8	4	2	3	2	3	1
1500~2000	16	8	8	3	3	3	3	1
＞2000	$8S$	8	$4S$	3	4	3	4	1

注：1. 表中S为视线长度的公里数，尾数凑整到 0.5 或 1。
2. 1 测回是指两台仪器对向观测 1 次。
3. 组数是指不同的时间段施测规定测回数的次数。

⑤各测回高差互差应小于按式（4-55）计算的限差。

$$M_{限} = 3M_{\Delta}\sqrt{nS} \tag{4-55}$$

式中：$M_{限}$——测回间高差限差互差；

M_{Δ}——相应水准测量等级所规定的每公里观测高差偶然中误差（mm）；

n——测回数；

S——跨河视线长度（km）。

（六）计算要求

（1）各等级高程控制测量均应计算路线（或环线）闭合差，线路往返测量时应计算每公里观测高差偶然中误差M_{Δ}，光电测距三角高程测量应计算对向观测高差互差值。

（2）四等以上高程控制测量应采用严密平差法进行计算，并应计算最弱点高程中误差、每公里观测高差全中误差M_{W}。

考点三：资料提交

控制测量应提交以下测量及计算资料：

（1）技术设计书。

（2）点之记（含固定志表）。

（3）仪器检验报告。

（4）原始记录手簿。

（5）控制测量计算书。

（6）平面控制网联测及布网略图。

（7）高程控制测量联测及路线示意图。

（8）作业自检报告。

（9）检查验收意见。

（10）技术总结。

（11）所有资料的电子文档。

例 题 解 析

例题 1　［2019 年试题 38］公路勘测在进行一级平面控制测量时，用 DJ_2 经纬仪进行水平角观测的半测回归零差应小于等于（　　）。

A. 6s　　B. 12s

C. 24s　　D. 36s

答案： B

解析： 详见考点一。

例题 2　［2019 年试题 40］高速公路的平面控制测量等级应选用（　　）。

A. 一级　　B. 二级

C. 三等　　D. 四等

答案： A

解析： 详见考点一。

例题 3 ［2019 年试题 41］公路工程勘测中，GPS 基线测量的中误差应小于（　　）。

A. $\sigma=\pm\sqrt{a^2+(b\cdot d)^2}$　　B. $\sigma=\pm\sqrt{a^2+b\cdot d^2}$

C. $\sigma=\pm\sqrt{a^2+b^2\cdot d}$　　D. $\sigma=\pm\sqrt{a^2+a\cdot b\cdot d}$

答案： A

解析： 详见考点一。

例题 4 ［2019 年试题 42］下列说法中，符合公路工程高程控制测量一般规定的是（　　）。

A. 同一个公路项目可采用不同高程系统

B. 高程控制测量可采用视距测量的方法进行

C. 各等级公路高程控制网最弱点高程中误差不得大于±25mm

D. 跨越深谷和水域的大桥、特大桥最弱点高程中误差不得大于±25mm

答案： C

解析： 详见考点二。

例题 5 ［2021 年试题 39］根据公路勘测规范规定，公路路线、大型构造物采用的平面控制坐标系，其投影长度变形值应分别不大于（　　）mm/km。

A. 10、25　　B. 25、10

C. 25、15　　D. 50、20

答案： B

解析： 详见考点一。选择路线平面控制测量坐标系时，应使测区内投影长度变形值不大于 2.5cm/km；大型构造物平面控制测量坐标系，其投影长度变形值不大于 1cm/km。投影分带位置不应选择在大型构造物处。

例题 6 ［2021 年试题 41］其公路施工图设计阶段，根据地形需要设置长 4980m 隧道一座，下列关于隧道平面和高程控制网等级选择，符合规范规定的是（　　）。

A. 平面控制测量等级为四等，高程控制测量等级为四等

B. 平面控制测量等级为四等，高程控制测量等级为三等

C. 平面控制测量等级为三等，高程控制测量等级为四等

D. 平面控制测量等级为三等，高程控制测量等级为三等

答案： D

解析： 详见考点一中的表 4-5、考点二中的表 4-19。

例题 7 ［2021 年试题 42］某微丘区高速公路高程控制测量采用双摆站的方法进行三等水准测量，已知附合水准路线长度为 91km，附合水准路线闭合差为 80mm，下列关于该项目高程控制测量的相关描述，结论正确的是（　　）。

A. 附合水准路线闭合差符合规范要求，附合水准路线长度符合规范要求

B. 附合水准路线闭合差符合规范要求，附合水准路线长度不符合规范要求

C. 附合水准路线闭合差不符合规范要求，附合水准路线长度符合规范要求

D. 附合水准路线闭合差不符合规范要求，附合水准路线长度不符合规范要求

答案： B

解析： 详见考点二。高程控制测量的技术要求，三等水准测量附合水准路线长度应为 60km，题干长度为 91km，不符合规范要求；水准测量主要技术要求，三等微丘附合水准路线闭合差应小于 $12\sqrt{l}$，

即 114mm，因此闭合差符合规范要求。

自 测 模 拟

1. 已知直线AB的方位角$\alpha_{AB}=87°$，$\beta_{右}=\angle ABC=290°$，则直线$BC$的方位角$\alpha_{BC}$为（　　）。

A. 23°　　B. 157°　　C. 337°　　D. −23°

2. 导线测量外业包括踏勘选点与埋设标志、边长丈量、转折角测量和（　　）测量。

A. 定向　　B. 连接边和连接角　　C. 高差　　D. 定位

3. 导线坐标增量闭合差调整的方法是将闭合差按与导线长度成（　　）的关系求得改正数，以改正有关的坐标增量。

A. 正比例并同号　　B. 反比例并反号

C. 正比例并反号　　D. 反比例并同号

4. 公式（　　）用来计算导线全长闭合差。

A. $f_D=\sqrt{f_x^2+f_y^2}$　　B. $K=f_D/\sum D=1/M$

C. $f_x=\sum\Delta x-\left(x_{终}-x_{始}\right)$　　D. $f_y=\sum\Delta y-\left(y_{终}-y_{始}\right)$

参 考 答 案

1. C　　2. B　　3. C　　4. A

第四节　地形图测绘及应用

考 点 分 析

本节重点： 掌握不同设计阶段对地形图测绘、图式、比例、精度等的技术要求，航空摄影测量、水下地形图测绘、数字地面模型等的技术要求及其应用要点。

本节难点： 航空摄影测量、水下地形图测绘、数字地面模型等的技术要求及其应用要点。

考 点 精 讲

考点一：地形图基本知识

1. 概述

地球表面有高低起伏变化的各种地貌，还有人工的和自然的各种地物。在测区建立控制网后，根据控制点的位置，通过实地测量，按照一定的比例尺和规定的符号，测定测区内地物和地貌的平面位置和高程，并缩绘在图纸上，制成地形图，这种测量工作就是地形图的测绘。

在测绘地形图之前，首先要明确测图比例尺的概念，所谓地形图的比例尺就是图上某一线段的长度

d与地面上相应线段的水平距离D之比，通常以分子等于 1 的分数形式表示，即

$$\frac{d}{D}=\frac{1}{M} \tag{4-56}$$

式中：M——比例尺分母。

由于地形图的服务对象不同，其比例尺可分为大、中、小三种。1∶500~1∶5000 比例尺的地形图称为大比例尺地形图，通常采用经纬仪或平板仪进行野外测绘而得，现代的方法是利用电磁波测距仪、光电测距仪或全站仪，从野外测量、计算到内业一体化的数字化测量，主要用于公路、城市道路、铁路、水利设施等各种工程建设的详细规划和设计以及工程量计算等。

1∶10000~1∶100000 比例尺的地形图称为中比例尺地形图，采用航空摄影测量或航天遥感数字摄影测量方法测绘而成，是国家基尺地形图及各种资料编绘而成的。

根据比例尺的定义，在测图时可将实地的水平距离D换算为图上长度d；在用图时也可将图上长度d换算为实地上相应的水平距离D；其公式为

$$d=\frac{D}{M}\text{或}\quad D=dM$$

这种比例尺称为数字比例尺，分母M越大，比例尺越小。为了用图方便以及减小由于图纸伸缩变化而产生的误差影响，常在图上绘制图示比例尺，如图 4-10 所示。

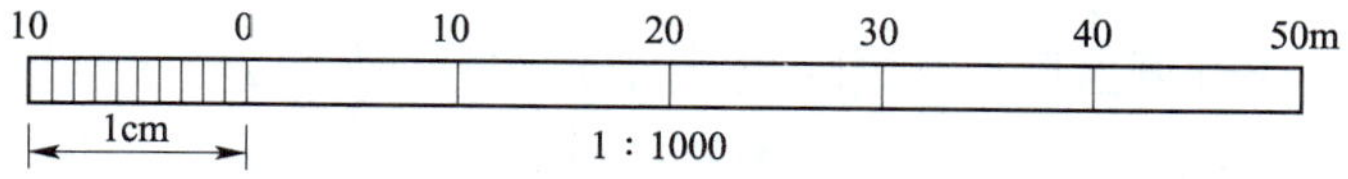

图 4-10 图示比例尺

正常情况，人眼在图纸上能分辨出的最小距离为 0.1mm，即在图纸上当两点间距离小于 0.1mm 时，人眼就无法再分辨。因此，在地形图上 0.1mm 所代表的实地水平距离称为地形图的比例尺精度。即

$$\text{比例尺精度}=0.1M \quad (\text{mm}) \tag{4-57}$$

比例尺精度的概念对测图与用图都具有十分重要的意义。首先，根据测图的比例尺，可以知道在地面上量距应准确到什么程度，例如测绘 1∶2000 比例尺的地形图时，其比例尺的精度为$0.1\times2000=0.2\text{m}$，因此测量地面上距离的绝对精度只需 0.2m；其次，也可按照地面距离的规定精度来确定采用多大比例尺的地形图，如果要求在图上能表示出地面上 0.5m 的细节，则由比例尺精度可知所用的测图比例尺不应小于$0.1/(0.5\times1000)=1/5000$，也就是用 1∶5000 比例尺来测绘地形图就能满足要求，由此可知比例尺越大，表示地形变化的状况越详细，精度越高。所以测图比例尺应根据用图的需要来确定，工程常用的几种大比例尺地形图的比例尺精度如表 4-28 所列。

大比例尺地形图的比例尺精度　　表 4-28

比例尺	1∶500	1∶1000	1∶2000	1∶5000	1∶10000
比例尺精度（m）	0.05	0.1	0.2	0.5	1

地形图测绘的工作程序是采取“从整体到局部，先控制后碎部”的原则，根据测图的目的和要求并结合测区具体情况，首先逐级建立平面和高程控制，然后利用控制测量的成果来详细测绘地形图。在测绘过程中都应遵守有关规范的规定。测图方法、仪器和地形取舍要满足测图的精度要求，以保证测图乃至用图的质量。

2. 地形图的分幅与编号方法

为了便于管理和使用不同比例尺的地形图，地形图实行统一的分幅与编号。具体方法有：梯形分幅编号法（国际上通用）、矩形分幅编号法。

图幅的名称即图名，均以所在图幅内主要的地名命名如图 4-11 的图名为“大王庄”。

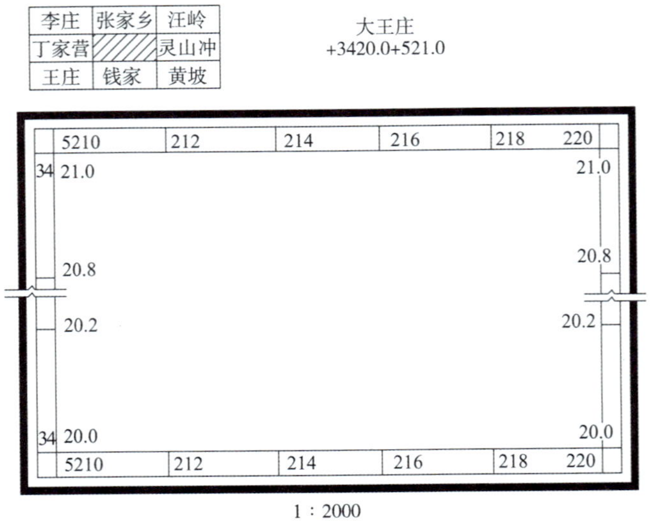

图 4-11 地形图的分幅与编号

为便于储存、检索和使用系列地图，每幅地图都有代号，每张地形图也有一定的图号。图号是该图幅相应分幅办法的编号，标注于图幅上方正中处。我国基本地图的编号是以 1：100 万地形图的编号为基础进行系统编号的。1：100 万地形图为国际统一的分幅与编号，按经纬线分幅。分幅与编号方法为：

1：50 万地形图的编号是 1：100 万地形图图号后加上大写字母 A、B、C、D。

1：20 万地形图图号是在 1：100 万地形图图号后加上带方括号的自然序数［1］、［2］、…、［36］。

1：10 万地形图图号是在 1：100 万地形图图号后加上自然序数 1、2、…、144。

1：5 万地形图图号是在 1：10 万地形图图号后加上大写字母 A、B、C、D。

1：2.5 万地形图图号是在 1：5 万地形图图号后加上自然序数 1、2、3、4。

1：1 万地形图图号是在 1：10 万地形图图号后加上带圆括号的自然序数（1）、（2）、…、（64）。

1：5000 地形图图号是在 1：1 万地形图图号后加上小写字母 a、b、c、d。

1：2000 地形图图号是在 1：5000 地形图图号后加上本比例尺的代号 1、2、…、9。

为了说明本幅图与相邻图幅的联系，供索取和拼接相邻图幅用时，通常把相邻图幅的图号（或图名）标注在邻接图表中。中间绘有斜线的是本图幅，其余方格注以相邻图的图名（或图号），如图 4-11 所示。图廓是地形图的边界线，有内、外图廓之分，内图廓线就是坐标格网线，外图廓线为图幅最外边界线，以较粗的实线描绘，两图廓线之间的短线用来标记坐标值，以 km 为单位。图 4-11 中左下角的 3420.0 表示本图的起始纵坐标为 3420km，中间横线上 34 两字省去不写，521.0 表示本图的起始横坐标为 521km。

土建工程使用的大比例尺地形图一般均为按坐标格网划分的正方形分幅编号法。1：5000、1：2000、1：1000 和 1：500 比例尺地形图的图幅见表 4-29。1：5000 的地形图的图幅为40cm × 40cm，其他比例尺的地形图图幅均为50cm × 50cm，这样，较小比例尺的地形图恰好为较大比例尺地形图的 4 幅。

地 形 图 的 图 幅　　表 4-29

比　例　尺	图幅大小（cm × cm）	实地面积（km^2）	一张 1：5000 的地形图所含图幅数
1：5000	40 × 40	4	1
1：2000	50 × 50	1	4
1：1000	50 × 50	0.25	16
1：500	50 × 50	0.0625	64

地形图的编号一般采用图幅西南角坐标公里数编号法。编号时，对于 1∶5000 的地形图，西南角坐标值取至整公里，如图 4-12 所示，其图号为 20~30；对于 1∶2000 和 1∶1000 的地形图，坐标值取至 0.1km；而对于 1∶500 的地形图，坐标值取至 0.01km。例如，某 1∶2000 的地形图，西南角坐标值为 $x = 46500\text{m}$，$y = 19000\text{m}$，其图号为 46.5~19.0。

按照图 4-12 中一幅 1∶5000 图中包含该比例尺图幅数，将一幅 1∶5000 的地形图作四等分，便得四幅 1∶2000 比例尺的地形图，分别以Ⅰ、Ⅱ、Ⅲ、Ⅳ表示，其图的编号可在 1∶5000 图编号后加上各自的代号Ⅰ、Ⅱ、Ⅲ、Ⅳ作为 1∶2000 图的编号，例如图 4-12 中左下角阴影部分为：20-30-Ⅲ。依次类推，一幅 1∶2000 图又可分成四幅 1∶1000 图；1∶1000 图再可分成四幅 1∶500 图，其后附加各自的代号均为罗马字Ⅰ、Ⅱ、Ⅲ、Ⅳ。如图 4-12 所示，其他阴影部分 1∶1000 的编号为 20-30-Ⅱ-Ⅰ，1∶500 的编号为 20-30-Ⅰ-Ⅰ-Ⅰ。

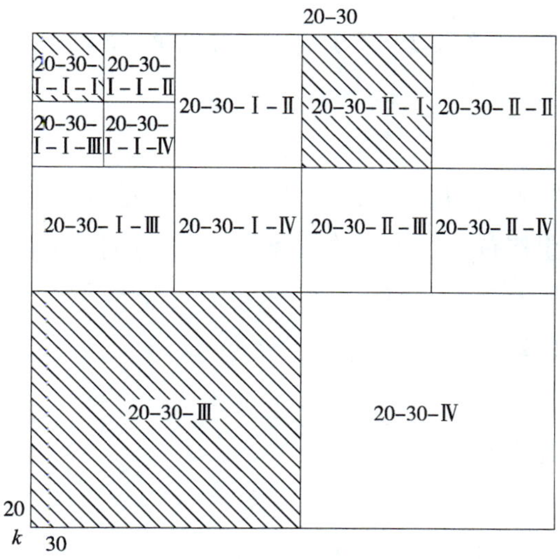

图 4-12　正方形分幅与编号

当测区较小时，可根据工程条件和要求，采用自然序号或行列编号法，也可采用其他编号法。总之应本着从实际出发，根据测图、用图和管理方便及用图单位的要求灵活运用。

除正方形分幅外，也有采用矩形分幅的，图幅大小一般为$40\text{cm} \times 50\text{cm}$。图号也可以采用图幅西南角坐标公里数编号法。

3. 地物及其表示方法

凡地面上的自然形成物和人工构筑物统称为地物，如河流、湖泊、森林、房屋、道路等。地面上的地物在地形图上都是用简明、准确、易于判断实物的符号表示的，这些符号称为地形图图式，由国家测绘主管部门统一编制、印刷发行。地形图图式的符号按其特点又分为比例符号、非比例符号、半比例符号和注记符号等，各种符号的图形和尺寸，对于不同比例尺的测图，在地形图图式中都有统一的规定。各种符号是地形图阅读的主要依据，测图时必须正确使用。

有些地物的轮廓较大，如房屋、池塘、稻田等，这些地物能按测图比例尺缩绘在图纸上，所绘制的轮廓称为比例符号，也就是能表示地物位置以及它的形状和大小的符号；有些地物较小，如水井、独立树、旗杆、宝塔、测量控制点等，这些地物按测图比例尺缩小后在图上无法表示出来，必须采用一种特定的、统一尺寸的符号表示它的中心位置，这种符号称为非比例符号；有些呈线状延伸的地物，如铁路、道路、管线、河流、渠道、围墙、篱笆、城墙等，长度可按比例绘出，而宽度则不能，这种表示地物的符号称为半比例符号；用文字、数学或特殊的标记对地物加以说明的符号称为地物注记符号，如城镇名、道路名、高程注记、平面控制点、点号等。

在不同比例尺的地形图上表示地面上同一地物，由于测图比例尺的变化，所使用的符号也会变化。某一地物在大比例尺地形图上用比例符号表示，而在中、小比例尺地形图上则可能就变为非比例符号或半比例符号。

4. 等高线

等高线是指地形图上高程相等的相邻各点所连成的闭合曲线。把地面上海拔高度相同的点连成的闭合曲线，垂直投影到一个水平面上，并按比例缩绘在图纸上，就得到等高线。等高线也可以看作是不同海拔高度的水平面与实际地面的交线，所以等高线是闭合曲线。在等高线上标注的数字为该等高线的海拔。

（1）等高线的定义

等高线是表示地貌的符号之一，它是地表与水准面的交线。等高线的定义就是地面上高程相等的相邻点相互连接而成的闭合曲线。

（2）等高线的分类

①首曲线：按规定的等高距测绘的细实线，不标注高程注记。

②计曲线：每隔 5 个等高距将首曲线加粗为一条粗实线，高程注记字头朝向高处。

③间曲线：按1/2等高距描绘的细长虚线。

④助曲线：按1/4等高距描绘的细短虚线。

（3）等高线的特性

①同一条等高线上的点，其高程必相等。

②等高线均是闭合曲线。

③除在悬崖或绝壁处外，等高线在图上不能相交或重合。

④等高线和山脊线、山谷线成正交。

⑤等高线的平距与坡度成反比。

⑥等高线不能在图内中断，但遇道路、房屋、河流等地物符号和注记可以局部中断。

（4）等高线的绘制

等高线的绘制（图 4-13）如下：

①利用高程特征点画出地性线（山谷线一般为虚线，山脊线一般为实线）作为骨架。

②根据等高距线性内插出计曲线通过处（等高线插求点）。

③勾画计曲线，再内插出首曲线，平滑处理。

④进行精度检验，注意地形线与等高线正交。

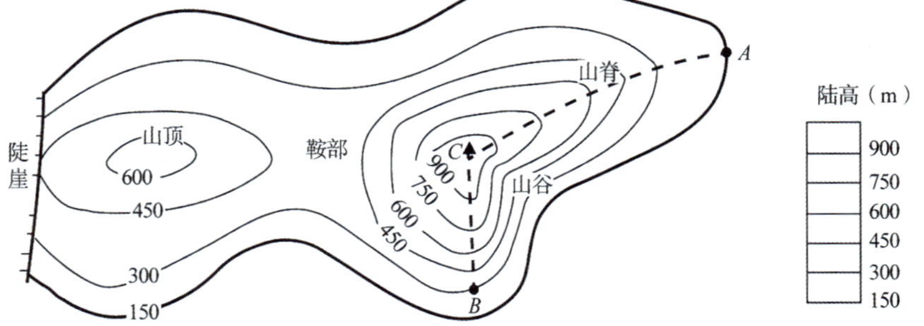

图 4-13　等高线的绘制

5. 高斯投影

高斯投影是一种等角横切椭圆柱投影。该投影的几何意义是，设想用一个椭圆柱套在地球椭球体外面，并与地球表面上某一子午线相切（图 4-14），这条子午线称为中央子午线（也称轴子午线）。椭圆柱中心轴通过地球的中心，按其等角投影条件，将中央子午线东西两侧各一定范围内的经纬线投影到椭圆柱面上，然后将椭圆柱面沿其母线剪开，展成平面，即得平面上的经纬线格网（图 4-15）。

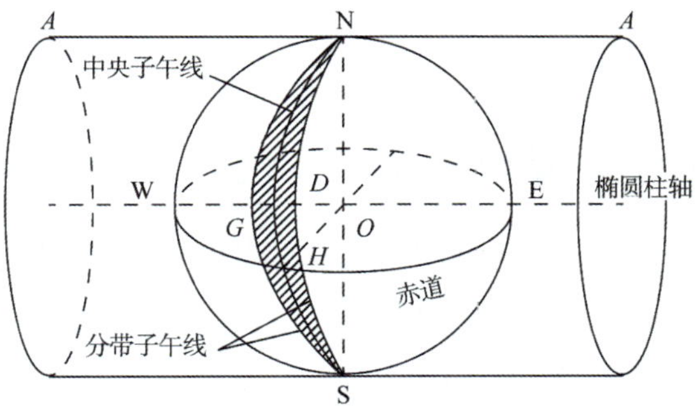

图 4-14 高斯等角横切椭圆柱投影

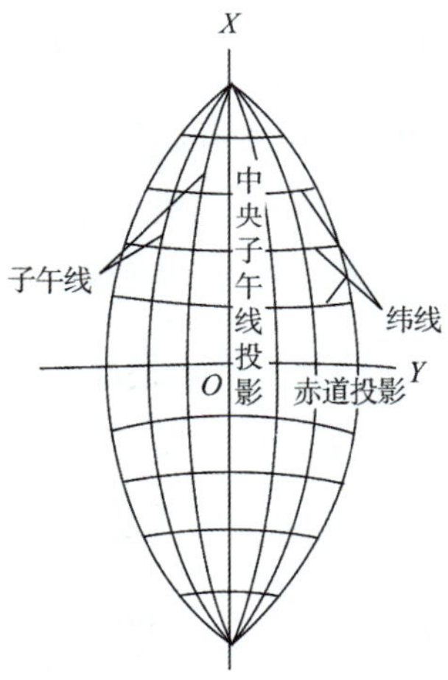

图 4-15 高斯投影结果

可以看出，主要经纬线投影结果为：

（1）中央子午线投影后为一条直线，且无长度变形，其余经线为凹向中央子午线投影线的对称曲线，其投影长度大于椭球面长度，且离中央子午线越远长度变形越大。

（2）赤道的投影也为一条直线，但长度有变形，其余纬线的投影为凸向赤道投影线的对称曲线。

（3）投影前后角度相等，即无角度变形。

综上所述，高斯投影无角度变形，在中央子午线上也无长度变形，但除中央子午线外均存在长度变形，且离中央子午线越远长度变形越大。为了限制投影变形对测图的影响，必须缩小投影区域，即采用分带投影法。我国的中、小比例尺测图，采用六度分带法；而大比例尺测图，一般采用三度分带法。

高斯平面直角坐标，是以中央子午线的投影线为X轴，赤道的投影线为Y轴，两轴交点为坐标原点O而建立的平面直角坐标系；纵坐标由原点向北量为正，向南量为负；横坐标由原点向东量为正，向西量为负。我国位于北半球，X值全为正，而每一投影带的Y值却有正负。为了避免横坐标Y的负值出现在地形图中，规定将纵坐标轴西移 500km 当作起始轴，即将Y值加上 500km。为了区别某点位于何带，又规定在Y值前冠以带号。这样的坐标一般称为通用坐标，如图 4-16 所示。

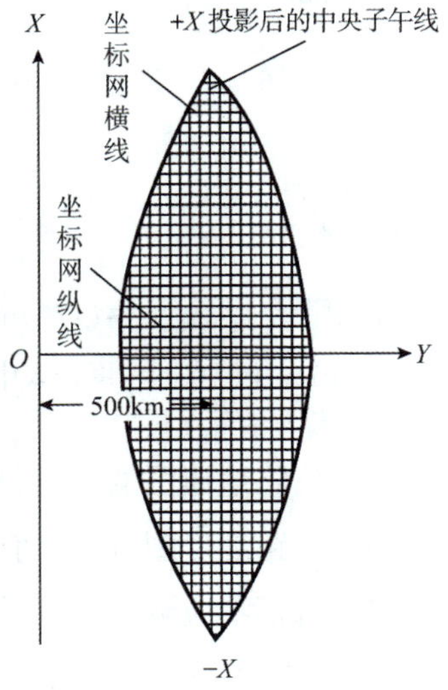

图 4-16 高斯平面坐标系

例如，点a_1和a_2均位于 21 带内，横坐标分别为：$y_1 = +189572.5\text{m}$，$y_2 = -109572.5\text{m}$。这种原坐标值也称为自然值。按上述规定，将点a_1和a_2的坐标值加上 500km 并冠以带号，则通用坐标值为：$Y_1 = 21689572.5\text{m}$，$Y_2 = 21390427.5\text{m}$。纵坐标值、自然值与通用值都相等。

6. 一般规定

（1）测图比例尺应根据设计阶段、工程性质及地形、地貌等因素按表 4-30 选用。

地形图比例尺的选用 表 4-30

设计阶段或工程性质	比 例 尺	设计阶段或工程性质	比 例 尺
工程可行性研究	1∶10000	施工图设计	1∶1000、1∶2000、1∶5000
初步设计、技术设计	1∶2000、1∶5000	重要工点	1∶500

（2）地形图的基本等高距应符合表 4-31 的规定。

地形图基本等高距 表 4-31

地 形 类 别	不同比例尺的基本等高距（m）			
	1∶500	1∶1000	1∶2000	1∶5000
平原	0.5	0.5	1.0	1.0
微丘	0.5	1.0	1.0	2.0
重丘	1.0	1.0	2.0	5.0
山岭	1.0	2.0	2.0	5.0

（3）地形图的图式应采用国家测绘局制定的现行地形图图式。对图式中没有规定符号的地物、地貌，应制定补充规定，并应在技术报告中注明。

（4）地形图的精度应符合表 4-32 和表 4-33 的规定。

图上地物点的点位中误差 表 4-32

重要地物（mm）	一般地物（mm）	水下地物（mm）		
		1∶500	1∶1000	1∶2000
≤±0.6	≤±0.8	≤±2.0	≤±1.2	≤±1.0

等高线插值的高程中误差 表 4-33

地形类别	平原	微丘	重丘	山岭	水下
高程中误差	$\leqslant(1/3)H_d$	$\leqslant(1/2)H_d$	$\leqslant(2/3)H_d$	$\leqslant H_d$	$\leqslant 1.2H_d$

注：1. 高程注记点的精度按表中 0.7 倍执行。
2. H_d为基本等高距。

（5）公路地形图的注记符号宜以路线前进方向的左侧正方向为上。

（6）公路地形图分幅，宜采用正方形或矩形分幅，图幅应按顺序编号。

（7）每幅图应测出图廓外 5mm，图幅的接边误差不应超过表 4-32 和表 4-33 规定值的$2\sqrt{2}$倍，超过规定值时，应进行实地测量检查。

考点二：图根控制测量

（1）图根导线测量应闭合或附合于路线控制点上，需要加密时，图根控制不宜超过两次附合；条件受限制时，可布设支导线，但支导线的边数不得超过 3 条。

（2）图根点的点位中误差应不大于所测比例尺图上 0.1mm，高程中误差应不大于测图基本等高距的1/10。

（3）图根点应设定标志，标志可采用木桩或混凝土桩，点位应视野开阔，相邻点应相互通视。

（4）图根点的密度应根据测图比例尺和地物、地貌复杂程度以及测图方法而定，平坦开阔地区采用大平板仪、小平板配合经纬仪测图时，图根点密度不应少于表 4-34 的规定。

视距法测图图根点密度 表 4-34

测图比例尺	图根点密度（点/km^2）	测图比例尺	图根点密度（点/km^2）
1：500	≥145	1：2000	≥14
1：1000	≥45	1：5000	≥7

注：1. 在地物、地貌复杂或隐蔽地区应视其复杂和隐蔽程度适当加大密度。
2. 采用全站仪（测距仪）测图的图根点的密度可取表中 0.4 倍的值。
3. 采用 GPS RTK 测图的图根点的密度可取表中 0.2 倍的值。

（5）图根导线、交会法测量的主要技术要求应符合表 4-35 的规定，当采用交会法时，分组计算的坐标较差应小于图上 0.3mm。

图根导线测量的主要技术要求 表 4-35

边长测定方法	测图比例尺	导线全长（m）	平均边长（m）	测回数	测角中误差（″）	方位角闭合差（″）	导线最大相对闭合差
光电测距	1：500	≤750	75	≥1	≤±20	$\leqslant 40\sqrt{n}$	≤1/4000
	1：1000	≤1500	150				
	1：2000	≤3000	300				
钢尺量距	1：500	≤500	50	≥1	≤±20	$\leqslant 40\sqrt{n}$	≤1/2000
	1：1000	≤1000	85				
	1：2000	≤2000	180				

注：1. n为测站数。
2. 组成节点后，节点间或节点与起算点间的长度不得大于表中规定的 0.7 倍。
3. 当导线长度小于表中规定1/3时，其绝对闭合差不应大于图上 0.3mm。

（6）图根点高程可采用水准测量、光电测距三角高程测量或 GPS RTK 测量等满足精度要求的各种方法。当基本等高距为 0.5m 时，应采用图根水准测量。图根水准测量主要技术要求应符合表 4-36 的规定。

图根水准测量的主要技术要求 表 4-36

每公里观测高差全中误差（mm）	水准路线长度（km）		视线长度（m）	观测次数		往返较差、附合或环线闭合差（mm）	
	附合路线或环线	支线长度		附合或闭合路线	支线或与已知点联测	平原、微丘	重丘、山岭
≤±20	≤6	≤3	≤100	往一次	往返各一次	$\leqslant 40\sqrt{L}$	$\leqslant 12\sqrt{n}$

注：1. L为水准路线长度，以 km 计；n为测站数。
2. 组成节点后，节点间或节点与高级点间的长度不得大于表中规定的 0.7 倍。

（7）图根三角高程测量主要技术要求应符合表 4-37 的规定。

图根三角高程测量的主要技术要求 表 4-37

每公里观测高差全中误差（mm）	最大边长（m）	垂直角测回数	指标差较差垂直较差（″）	对向观测高差较差（mm）	附合或环线闭合差（mm）
≤±20	600	中丝法≥2测回	≤25	$\leqslant 60\sqrt{D}$	$\leqslant 40\sqrt{\sum D}$

注：D为边长（km）。

（8）采用 GPS RTK 施测图根点的平面、高程时，应符合以下要求：

①基准站与流动站（所求的图根点）应始终保持同步锁定 5 颗以上卫星，GDOP 值应小于 6，流动站至基准站的距离应小于 5km。

②求解转换参数的高等级控制点应大于 4 个，并应包含整个作业区间，均匀分布于作业区域的周围；流动站至最近的高等级控制点应小于 2km；图根点不应外推。

③天线高应于测前、测后各量测 1 次，2 次互差不得超过 3mm。

④在作业区间内，至少应检核 2 个以上的高级控制点，其检测的坐标差和高程差应符合相关规定。

（9）图根测量应进行平差，角度计算取位至秒，边长、坐标和高程计算取位至毫米，最终坐标和高程取位至厘米。

考点三：地形图测绘

（1）实测地形图可选用测记法或测绘法。采用测记法时应绘制草图，并对各种地物、地貌特征赋予唯一代码。

（2）距离测量可采用视距法或光电测距法。采用视距法时，最大测距长度应符合表 4-38 的规定；采用光电测距法时，测距最大长度应符合表 4-39 的规定。

视距法测距最大长度 表 4-38

比 例 尺	测距最大长度（m）	比 例 尺	测距最大长度（m）
1∶500	≤80	1∶2000	≤200
1∶1000	≤120	1∶5000	≤300

注：1. 垂直角超过±10°时，测距长度应适当缩短。
2. 1∶500、1∶1000 比例尺施测主要地物时，测距读数应读至 0.1m。

光电测距法测距最大长度 表 4-39

比 例 尺	测距最大长度（m）	比 例 尺	测距最大长度（m）
1∶500	≤240	1∶2000	≤600
1∶1000	≤360	1∶5000	≤900

（3）地形图测量时，仪器对中误差应小于图上 0.05mm；当以较远一点标定方向，用其他点进行检核时，检核偏差不应大于图上 0.3mm；当检查另一测站高程时，其较差不应大于1/5基本等高距。

（4）当采用 GPS RTK 法测量时，流动站至基准站的距离应小于 10km，在作业区间内，至少应检核 1 个高级控制点，其他要求可参照有关规定执行。

（5）高程注记点的分布应力求均匀，其间距宜符合表 4-40 的规定。

地形图上高程注记点的间距 表 4-40

比 例 尺	1∶500	1∶1000	1∶2000	1∶5000
高程注记点间距（m）	≤15	≤30	≤50	≤100

注：平坦及地形简单地区可放宽至 1.5 倍，地形变化较大的地区应适当加密。

（6）基本等高距为 0.5m 时，高程注记点应注至 0.01m；基本等高距大于 0.5m 时，可注记至 0.1m。

（7）地形图应标示建筑物、独立地物、水系及水工设施、管线、交通设施、境界、植被等各类地物、地貌要素以及各类控制点、地理名称等。地物、地貌各项要素的标示方法和取舍原则应符合国家测绘局制定的现行图式的规定，还应充分考虑公路工程的专业特点，满足设计及施工对于地形图的要求。

考点四：水下地形图测绘

（1）水下地形图测绘的平面和高程控制系统、图幅分幅、等高距应与该测区陆上地形图一致，两者应相互衔接。

（2）测深仪具适用范围与测深点深度中误差应符合表 4-41 的规定。

测深仪具适用范围与测深点深度中误差　表 4-41

水深范围（m）	测 深 仪 具	测深点深度中误差（m）
0~5	宜用测深杆（流速小于1m/s）	≤ ± 0.10
2~10 0~10	测深仪（流速小于1m/s） 测深锤	≤ ± 0.15
10~20	测深仪（流速小于0.5m/s） 测深锤	≤ ± 0.20
20 以上	测深仪（测船晃动角度不大于 4°） 测深锤	≤ ± 0.01H

注：H为水深值。

（3）测深点的布测可采用断面或散点形式；测深线间距和测深点点距不应超过表 4-42 和表 4-43 的规定。

航道测量图上测深线间距　表 4-42

测 量 项 目	重 点 水 域	一 般 水 域	检 查 测 量
图上测深线间距（cm）	1.0~1.5	1.5~2.0	1.0~1.5

断面线上测深点图上最大间距　表 4-43

测 量 项 目	测 量 仪 具	
	测深仪（cm）	测深杆或测深锤（cm）
大桥、特大桥重点水域断面	1.0	1.0
大桥、特大桥一般水域断面	1.0~1.5	1.0
一般断面	3.5~4.0	1.5

（4）水面高程测量的精度应达到五等水准测量的精度要求，并应记录测量时间、测时水位高程。

考点五：地形图数字化要素分层

（1）地物标识、地貌属性的特征代码设计应与图式编号一致，并具有实用性、通用性、可扩性。

（2）地形图数据分层宜参照表 4-44 执行。

地形图数据分层　表 4-44

层　　名	层　　号	缩　　写	几 何 特 征
内、外图廓及整饰	0	NET1	点、线（弧段）
方格网	1	NET2	线（弧段）
测量控制点	2	CON	点

续上表

层　　名	层　　号	缩　　写	几 何 特 征
居民地和垣栅（面）	3	RES1	多边形
居民地和垣栅（点、线）	4	RES2	点、弧段
工矿建（构）筑物及其他设施（面）	5	IND1	多边形
工矿建（构）筑物及其他设施（点、线）	6	IND2	点、线（弧段）
交通及附属设施（面）	7	TRA1	多边形
交通及附属设施（点、线）	8	TRA2	点、线（弧段）
管线及附属设施	9	PIP	点、线（多边形）
水系及附属设施（面、线）	10	HYD1	多边形、线（弧段）
水系及附属设施（点）	11	HYD2	点
境界	12	BOU	多边形
地貌和土质（面）	13	TER1	多边形
地貌和土质（点、线）	14	TER2	点、线（弧段）
植被（面）	15	VEG1	多边形
植被（点、线）	16	VEG2	点、线（弧段）
地名注记（定位点）	17	ANO	点
说明注记（定位点）	18	ANN	点
公路设计要素	19	DES	点、线（弧段）

考点六：航空摄影测量

（一）航空摄影

（1）公路航空摄影应结合路线沿线的地形起伏情况和成图精度要求，合理选择镜头焦距。航摄比例尺应根据表 4-45 选用，对地形图精度要求高的工程宜选择较大值。

航 摄 比 例 尺　　表 4-45

成图比例尺	航摄比例尺	成图比例尺	航摄比例尺
1：500	1：2000~1：3000	1：2000	1：8000~1：12000
1：1000	1：4000~1：6000	1：5000	1：20000~1：30000

（2）航摄范围横向每侧应覆盖成图区域以外一个航带 20%以上的宽度，纵向各向外延伸 2~3 条摄影基线。进行航带设计时，宜采用 1：50000 地形图。

（3）飞行质量应符合下列要求：

①像片重叠度应符合表 4-46 的规定。

像 片 重 叠 度　　表 4-46

方　　向	个别最小值（%）	一般值（%）	个别最大值（%）
同一航带航向重叠	56	60~65	75
相邻航带旁向重叠	15	30~35	—

②像片倾角应小于 2°，个别最大可为 4°。

③旋偏角应符合表 4-47 的规定。

旋　偏　角　　表 4-47

航摄比例尺（M）	一航值（°）	个别最大值（°）
$M \leqslant 1/8000$	≤6	≤8
$1/8000 < M \leqslant 1/4000$	≤8	≤10
$1/4000 \leqslant M$	≤10	≤12

注：同一摄影分区内，达到或接近最大旋偏角的像片不得连续超过 3 片。

④同一航带上相邻像片的航高差应小于 20m，同一航带上最大航高与最小航高之差应小于 30m。

⑤航线的弯曲度应小于 3%。

⑥航迹线偏移应小于像幅的 10%。

⑦沿路线走廊的纵向覆盖，航带两端应各超出分区范围 1 条基线以上。

⑧漏洞补摄时，应根据原设计要求及时进行，宜采用与原摄影相同类型的航摄仪，纵向覆盖应超出漏洞外 1 条基线以上。

（4）摄影质量应符合下列要求：

①应根据路线所经地域的地理纬度、气候条件以及太阳高度角对地形、地物照射产生的阴影影响，选择航摄季节和航摄时间，最大限度地减少阴影的影响。

②底片的灰雾密度应小于 0.2；底片最大密度应在 1.4~1.8 之间，极个别的可为 2.0，底片最小密度至少应比灰雾密度大 0.2；底片的密度差宜为 1.0 左右；最大密度差应小于 1.4，最小密度差应大于 0.6。

③飞机地速产生的最大像点位移在底片上应小于 0.06mm。

④底片上的框标及其他各类注记标志应清晰、齐全、完整，底片不得有划痕、斑痕、折伤、脱胶等缺陷。

（二）航测外业

（1）一般规定如下：

①像控点宜布设在航向三片重叠范围内和旁向重叠中线附近，应尽量公用。分别布点时控制范围在像片上所裂开的垂直距离不得大于 20mm。

②位于自由边的像控点连线应能控制住测图范围。

③平原、微丘区测图时，像片高程控制点应采用全野外布点。

④像控点距像片边缘应大于 15mm，离方位线的距离应大于 60mm，离开通过像主点且垂直于方位线的距离不得大于 15mm。

（2）全野外布点应符合下列要求：

①对于像片平面图的全野外布点，每张隔号像片应布设 4 个平高点，如图 4-17 所示。

②对于立体成图的全野外布点，每个立体像对应布设 4 个平高点。当航摄比例尺分母大于 4 倍成图比例尺分母时，宜在像主点附近增设 1 个平高控制点，如图 4-18 所示。当控制点平面坐标由内业加密得出时，增设的平高控制点可改为高程控制点。

（3）单航带布点应采用每一分段六点法，如图 4-19 所示。

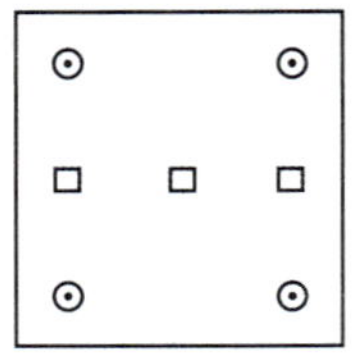

图 4-17 像片平面图的全野外布点

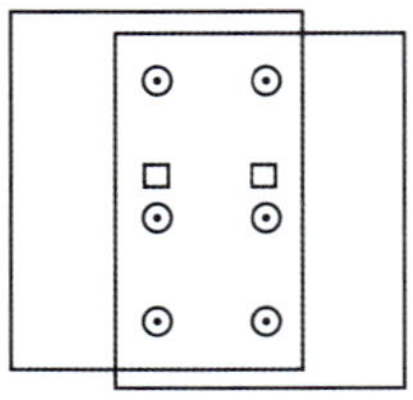

图 4-18 立体成图的全野外布点

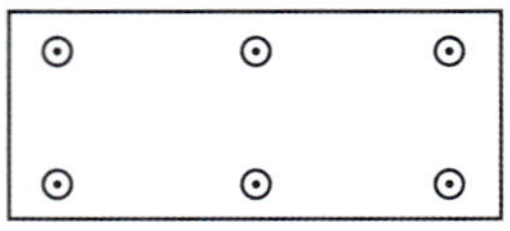

图 4-19 单航带布点

（4）航带首末端点间的间隔基线数不应大于表 4-48~表 4-51 的规定。两端的上、下两点宜选在通过像主点且垂直于方位线的直线上，相互偏离不应超过1/2条基线；中央 1 对点宜选在两端控制点的中间，左右偏离不应超过 1 条基线，并避免上、下两点同时往一侧偏离。

1：500 成图航带网布点首末端点间的间隔基线数　表 4-48

航摄比例尺	焦　距	地 形 类 别			
		平原	微丘	重丘	山岭
1：2000	305	10/*	10/*	14/12	14/12
1：2500	305	8/*	8/*	12/8	12/8
1：3000	305	6/*	6/*	10/6	10/6

1：1000 成图航带网布点首末端点间的间隔基线数　表 4-49

航摄比例尺	焦　距	地 形 类 别			
		平原	微丘	重丘	山岭
1：4000	152	8/*	8/*	12/14	—/—
	210	8/*	8/*	12/12	12/16
1：5000	152	6/*	6/*	10/10	10/16
	210	6/*	6/*	10/8	10/12
1：6000	152	*/*	*/*	8/8	8/14
	210	4/*	4/*	6/6	6/10

1：2000 成图航带网布点首末端点间的间隔基线数　表 4-50

航摄比例尺	焦　距	地 形 类 别			
		平原	微丘	重丘	山岭
1：8000	152	8/*	8/*	12/10	12/12
	210	8/*	8/*	12/8	12/12
1：10000	152	6/*	6/*	10/8	10/10
	210	6/*	6/*	10/6	10/8
1：12000	152	*/*	*/*	8/4	8/8
	210	4/*	4/*	6/*	6/6

1：5000 成图航带网布点首末端点间的间隔基线数　　表 4-51

航摄比例尺	焦　　距	地 形 类 别			
		平原	微丘	重丘	山岭
1：20000	152	8/*	8/*	12/10	12/12
	210	8/*	8/*	12/8	12/12
1：25000	152	6/*	6/*	10/8	10/10
	210	6/*	6/*	10/6	10/8
1：30000	152	*/*	*/*	8/4	8/8
	210	4/*	4/*	6/*	6/6

注：上述 4 个表中，分子为平面控制点间隔基线数，分母为高程控制点间隔基线数，*表示全野外布点。

（5）区域网布点应符合下列要求：

①当航带数为 2 条及以上时，宜采用区域网布点，其航带跨度应符合表 4-52 的规定。控制点间基线数与单航带相同，并应保证区域四周至少有 6 个平高点。

航带区域网允许的最大航带跨度数　　表 4-52

比例尺	1：500	1：1000	1：2000	1：5000
航带数（条）	4~5	4~5	5~6	5~6

②当成图范围不规则时，可采用不规则区域网布点。凸出处应布设平高点，凹进处应布设高程点。当凹角点与凸角点之间距离超过 2 条基线时，在凹角处应布设平高点，如图 4-20 所示。

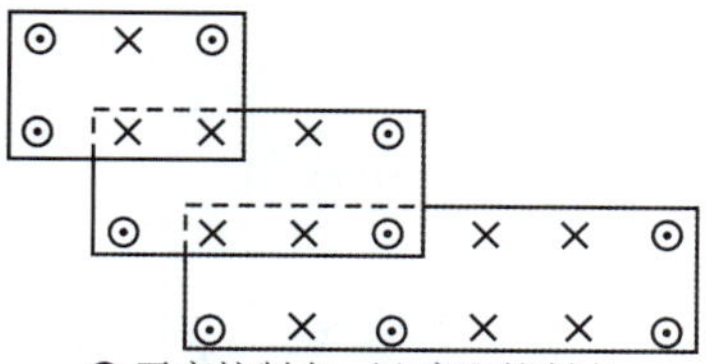

图 4-20　不规则区域网布点

（6）当遇到像主点、标准点位落水，但落水范围的大小和位置不影响立体模型连接时，可按正常航带布点，否则落水像对应按全野外布点。

（7）像控点的选刺应符合下列要求：

①像片平面控制点应选择影像清晰、棱角分明的明显地物点，刺点应准确，刺孔应小而透，不得有双孔。

②像片高程控制点的点位应选刺在高程变化较小的地方。

（8）像片控制点整饰应清晰明了，同一测区不得有重号。

（9）像片控制点的平面位置中误差不应超过重要地物点平面位置中误差的1/5，高程中误差不应超过基本等高距的1/10。

（10）像片调绘应符合下列要求：

①调绘范围应覆盖测图区域，调绘像片宜采用隔号像片。相邻调绘片接边时，右、下调绘面积线宜采用直线，左、上调绘面积线应根据邻片立体转绘。在调绘面积线以外，应注明邻接像片号，无接边处应注明“自由图边”。

②各种方位物、建筑物、管线、水系、道路、地貌、农田、植被、境界及各类名称等要素应实地调绘。

（三）航测内业

（1）内业加密点相对于最近野外控制点的平面和高程中误差不得大于表 4-53 和表 4-54 的规定。

内业加密点的平面位置中误差　　表 4-53

地形类别	平原、微丘	重丘、山岭
图上平面位置中误差（mm）	±0.4	±0.55

内业加密点的高程中误差

表 4-54

比　例　尺	地 形 类 别	基本等高距（m）	高程中误差（m）
1：500	平原	0.5	—
	微丘	0.5	—
	重丘	1.0	±0.35
	山岭	1.0	±0.35
1：1000	平原	0.5	—
	微丘	1.0	—
	重丘	1.0	±0.50
	山岭	2.0	±1.0
1：2000	平原	1.0	—
	微丘	1.0	—
	重丘	2.0	±0.80
	山岭	2.0	±1.20
1：5000	平原	1.0	—
	微丘	2.0	—
	重丘	5.0	±2.0
	山岭	5.0	±3.0

注：表中“—”表示不得内业加密。

（2）野外像控点的转点与内业加密点的选定应符合下列要求：

①野外像片控制点不宜转刺，但应转标。

②区域网平差时，当相邻航带像片重叠错位，点位不能达到 6 片公用时，应分别选点。

③加密时，宜加入湖面、水库水面、GPS 测量等辅助数据进行联合平差。

（3）全数字摄影测量系统作业中各项限差应符合下列要求：

①透明正片的扫描分辨率不得大于 25μm。

②当框标自动识别定位或人工交互方式进行内定向时，框标坐标量测误差应小于 0.02mm。

③利用影像同名点匹配算法求解立体定向、相对定向参数时，平原、微丘区相对定向的残余上、下视差应小于 0.005mm，重丘、山岭区应小于 0.008mm。

④影像匹配后，立体模型的连接较差应满足式（4-58）的要求。

$$\left.\begin{aligned}\Delta S &\leqslant 0.06m \times 10^{-3} \\ \Delta Z &\leqslant 0.04\frac{mf}{b} \times 10^{-3}\end{aligned}\right\} \tag{4-58}$$

式中：ΔS——平面位置较差（m）；

ΔZ——高程较差（m）；

m——像片比例尺分母；

f——航摄仪主距（mm）；

b——像片基线长度（mm）。

⑤绝对定向的各项精度指标不应大于表 4-55 的规定。

绝对定向后的精度指标　　表 4-55

项　　目		精 度 指 标
基本定向点残差		$0.75M_1$
多余控制点的不符值		$1.25M_1$
公共点的较差		$2.0M_1$
平面坐标误差	平原、微丘	图上 0.3mm
	重丘、山岭	图上 0.4mm
高程误差	平原、微丘	0.2m
	重丘、山岭	$0.75H_1$

注：M_1为加密点的平面位置中误差；H_1为加密点的高程中误差。

（4）影像图的应用与制作应根据测设阶段和地形类别参照表 4-56 选用，平原地区宜采用纠正像片平面图，丘陵地、山岭地宜采用正射影像图。

影 像 图 的 用 途　　表 4-56

用　　途	种　　类	用　　途	种　　类
工程可行性研究	未经纠正的像片平面图	施工图设计及山区初步设计	正射影像图
平微区初步设计	纠正或概略纠正的影像图	设计各阶段	正射影像地形图

考点七：数字地面模型

（一）一般规定

（1）公路数字地面模型应能满足任意点或断面的地面高程插值计算，等高线生成，距离、坡度、面积、体积的量算以及路线平面图、地形透视图的制图等要求。

（2）基础数据的精度应符合以下要求：

①以摄影测量为数据源生成的 DTM，其高程插值相对于邻近高程控制点的高程中误差应满足表 4-57 的规定。

摄影测量数据的 DTM 高程插值精度　　表 4-57

采集数据的比例尺	地 形 类 别	中误差（m）	采集数据的比例尺	地 形 类 别	中误差（m）
1：500	平原	≤ ± 0.2	1：1000	平原	≤ ± 0.25
	微丘	≤ ± 0.4		微丘	≤ ± 0.45
	重丘	≤ ± 0.5		重丘	≤ ± 0.7
	山岭	≤ ± 0.7		山岭	≤ ± 1.3
1：2000	平原	≤ ± 0.3	1：5000	平原	≤ ± 0.4
	微丘	≤ ± 0.5		微丘	≤ ± 0.9
	重丘	≤ ± 1.1		重丘	≤ ± 2.6
	山岭	≤ ± 1.6		山岭	≤ ± 4.0

②以地形图数字化为数据源生成的 DTM，其高程插值相对于原地形图的高程误差不得超过原图等高距的1/2。

③以野外实测数据生成的 DTM，其高程插值相对于最近高程控制点的高程中误差应满足表 4-58 的规定。

野外实测数据的 DTM 高程插值精度　　表 4-58

地 形 类 别	中误差（m）	地 形 类 别	中误差（m）
平原	≤ ± 0.2	重丘	≤ ± 0.5
微丘	≤ ± 0.4	山岭	≤ ± 0.7

（3）各分区 DTM 接边时，不应出现漏洞、重叠，其起始、结尾坐标数据应吻合，接边误差不得大于高程插值中误差的 2 倍。满足精度要求范围内的接边误差应在编辑时予以修正。

（4）DTM 产品的属性质量和数据处理精度应按随机抽样法进行评定。

（二）数据获取

（1）数据点采样应根据地形起伏变化的实际情况采点，应优先采集测区内地形特征线和地形特征点，不得遗漏对构建 DTM 的精度起决定作用的地形三维特征信息。

（2）数据采集应符合以下要求：

①当采用摄影测量方法进行数据采集时，植被覆盖严重或阴影地区应实地补测地面三维数据。

②当采用地形图数字化方法进行数据采集时，应检查已有的数字化地形图文件中各种地形、地物要素表示的方式。

③当采用野外实测方法进行数据采集时，可采用全站仪、光电测距仪、三维激光扫描仪或 GPS RTK 等方式采集地形、地物的三维坐标及属性信息。

④利用地形图数据库数据时，应对数据库中数据的来源、内容、性质、比例尺及精度等进行检查。

⑤三维地形数据文件应记录地形及地物的多种属性信息，并包含采样点的坐标信息。

（3）地形、地物数据均应赋予具有统一格式的特征信息码。

（4）数据文件中原始采样数据宜以 ASCII码记录，每一采样单位内的数据宜按相关规定分类存放。

（5）采样点间距应符合表 4-59 的规定。

采 样 点 间 距　　表 4-59

采 样 方 式	地 形 类 别	比 例 尺			
		1 : 500	1 : 1000	1 : 2000	1 : 5000
野外实测（m）	平原、微丘	≤10	≤20	≤40	≤100
	重丘、山岭	≤5	≤10	≤20	≤50
摄影测量、地形图数字化（m）	平原、微丘	≤5	≤10	≤20	≤50
	重丘、山岭	≤2	≤5	≤10	≤30

（6）地物点、地形特征线或其他精度要求较高的数据点，当采用摄影测量或地形图数字化方法采集时，应按离散点方式逐点采集。

（三）数据编辑和预处理

（1）数据录入应采用文件交换方式，并进行字符检校，少量的可采用人工键入，但应做校核。

（2）数据编辑时，应对原始采样数据进行粗差检查与剔除。

（3）数据预处理时，应对通过不同数据源所获取的各种数据进行坐标统一归算、数据分类、统一格式与编码、数据文件的综合（分割）和接边处理，并按数据类别进行数据规格化管理或建立数据库。

（四）DTM 构建

（1）公路数字地面模型宜采用考虑地形特征点、线三维信息的三角网模型（TIN）或格网与三角网的混合模型（GRID+TIN）的方式构建。

（2）构建数字地面模型时，应考虑对地形特征线、断裂线和地物的处理。

（3）DTM 构建应符合以下要求：

①采用三角网构建 DTM 时，应对预生成的三角网进行优化处理，消除 DTM 内的平三角形以及边界处的异常大三角形。

②当用混合建模方法时，应将利用规则格网方式采集的地形点按矩形格网模型构网，局部细节模型应采用三角网模型。

（五）DTM 成果应用

（1）数字地面模型应用于施工图测设阶段时，原始三维地面数据必须野外实测采集。DTM 高程插值中误差应不大于±0.2m。

（2）纵、横断面插值应符合以下要求：

①采用数字地面模型计算公路纵、横断面时，中桩桩距和横断面取值间距应符合表 4-60 的规定。

纵、横断面插值间距　　表 4-60

设计阶段		中桩桩距（m）	横断面取点间距（m）
初步设计	方案比选	20~50	5~10
	优化设计	10~30	2~5
施工图设计		5~20	1~2

②横断面地面线的宽度应满足公路设计的需要。

（3）等高线可通过三角网模型或矩形格网与三角网的混合模型进行等值线自动追踪生成。

例题解析

例题 1　［2019 年试题 37］公路勘测地形图测绘图根控制测量中，图根点的点位中误差应不大于所测比例尺图上（　　）。

A. 0.05mm　　B. 0.10mm　　C. 0.15mm　　D. 0.20mm

答案：B

解析：详见考点二。

例题 2　［2019 年试题 39］数字地面模型应用于公路施工图测设阶段时，DTM 高程插值中误差应不大于（　　）。

A. ±0.1m　　B. ±0.2m　　C. ±0.3m　　D. ±0.4m

答案：B

解析：详见考点七。

例题 3　［2019 年试题 45］采用测深仪测绘公路大桥、特大桥水下地形图时，一般水域断面线上测深点图上最大间距为（　　）。

A. 1.0cm　　B. 1.0~1.5cm　　C. 1.5~3.5cm　　D. 3.5~4.5cm

答案： B

解析： 详见考点四。

例题 4 ［2020 年试题 40］公路工程地形图绘制中，平原地区测绘 1：1000 比例尺地形图的基本等高距应为（　　）。

A. 0.5m　　B. 1.0m　　C. 2.0m　　D. 5.0m

答案： A

解析： 详见考点一。根据《公路勘测规范》（JTG C10—2007）第 5.1.2 条。

例题 5 ［2020 年试题 41］公路勘测地形图测绘采用 GPS RTK 法测量时，流动站至基准站的距离应小于（　　）。

A. 10km　　B. 15km　　C. 20km　　D. 25km

答案： A

解析： 详见考点三。根据《公路勘测规范》（JTG C10—2007）第 5.3.4 条。

例题 6 ［2020 年试题 42］公路施工图设计阶段，利用数字地面模型（DTM）计算公路纵断面时，中桩桩距取值应为（　　）。

A. 420~50m　　B. 20~40m　　C. 20~30m　　D. 5~20m

答案： D

解析： 详见考点七。根据《公路勘测规范》（JTG C10—2007）第 7.5.2、7.5.3 条。

例题 7 ［2020 年试题 43］以地形图数字化为数据源生成的公路数字地面模型（DTM），其高程插值相对于原地形图的高程误差不得超过原图等高距的（　　）。

A. 1　　B. 1/2　　C. 1/3　　D. 1/5

答案： B

解析： 详见考点七。根据《公路勘测规范》（JTG C10—2007）第 7.1.2 条第 2 款。

例题 8 ［2020 年试题 44］公路航空摄影测量成图比例尺为 1：1000 时，航摄比例尺应为（　　）。

A. 1：2000~1：3000　　B. 1：4000~1：6000

C. 1：8000~1：12000　　D. 1：20000~1：30000

答案： B

解析： 详见考点六。根据《公路勘测规范》（JTG C10—2007）第 6.1.1 条。

例题 9 ［2021 年试题 40］某一公路测量控制点，位于高原地区，其 6 度带的纵坐标$X = 4866735$m，横坐标$Y = 18444333$m，则该点至中央子午线的实际距离为（　　）。

A. 55667m　　B. 444333m

C. 4866735m　　D. 18444333m

答案： A

解析： 详见考点一。我国位于北半球，故纵坐标均为正值，但为避免中央经度线以西为负值的情况，将坐标纵轴西移 500km。公路测量控制点横坐标Y的前两位为带号，该点到投影带中央子午线的距离就是：$500000 - 444333 = 55667$m。

例题 10 ［2021 年试题 43］下列关于地形图等高线特性的描述，不正确的为（　　）。

A. 等高线不能相交

B. 同一等高线上各点的高程一定相等

C. 等高线平距大小与地面坡度大小成反比

D. 等高线与山脊线、山谷线大致成垂直正交

答案： A

解析： 详见考点一。除在悬崖或绝壁处外，等高线在图上不能相交或重合。

例题 11 ［2021 年试题 44］下列关于公路工程水下地形图测绘的表述，符合规范规定的是（　　）。

A. 特大桥重点水域断面上测深点图上最大间距应不大于 1.0cm

B. 重点水域航道测量测深线的图上测深线间距应不大于 2.0cm

C. 特大桥一般水域断面上测深点图上最大间距应不大于 2.0cm

D. 一般水域航道测量测深线的图上测深线间距应不大于 3.0cm

答案： A

解析： 详见考点四，表 4-42 和表 4-43。

例题 12 ［2021 年试题 45］某公路工程定测阶段，拟采用航空摄影对重要工点进行地形图测量工作，根据公路勘测规范宜采用的航摄比例尺是（　　）。

A. 1∶500　　B. 1∶2000

C. 1∶5000　　D. 1∶10000

答案： B

解析： 详见考点六。对地形图精度要求高的工程宜选择较大值，即 1∶2000。

自测模拟

1. 坐标增量的计算公式是（　　）。

A. $\Delta x = D\sin\alpha \quad \Delta y = D\cos\alpha$　　B. $\Delta x = D\tan\alpha \quad \Delta y = D\cot\alpha$

C. $\Delta x = D\cos\alpha \quad \Delta y = D\sin\alpha$　　D. $\Delta x = D\cot\alpha \quad \Delta y = D\tan\alpha$

2. 既反映地物的平面位置，又反映地面高低起伏状态的正射投影图称为（　　）。

A. 平面图　　B. 断面图　　C. 影像图　　D. 地形图

3. 地形图的等高线是地面上高程相等的相邻点连成的（　　）。

A. 闭合曲线　　B. 直线　　C. 闭合折线　　D. 折线

4. 地形图上 0.1mm 的长度相应于地面的水平距离称为（　　）。

A. 比例尺　　B. 数字比例尺　　C. 水平比例尺　　D. 比例尺精度

5. 要求地形图上能表示实地地物最小长度为 0.2m，则应选择（　　）测图比例尺为宜。

A. 1∶500　　B. 1∶1000　　C. 1∶5000　　D. 1∶2000

6. 1∶2000 地形图与 1∶5000 地形图相比（　　）。

A. 比例尺大，地物与地貌更详细　　B. 比例尺小，地物与地貌更详细

C. 比例尺小，地物与地貌更粗略　　D. 比例尺大，地物与地貌更粗略

7. 在 1∶2000 地形图上量得 M、N 两点距离为 $d_{MN} = 75\text{mm}$，高程为 $H_M = 137.485\text{m}$、$H_N = 141.985\text{m}$，则该两点坡度 i_{MN} 为（　　）。

A. +3%　　B. −4.5%　　C. −3%　　D. +4.5%

参考答案

1. C　2. D　3. A　4. D　5. D　6. A　7. A

第五节　初　　测

考点分析

本节重点：掌握依据批复的工程可行性研究初步拟定的路线起终点、中间控制点及路线基本走向，在地形图、航测像片、数字地面模型或实地对所拟定的勘测方案进行初测的技术要求；初测阶段路线、路基、路面、排水、小桥涵、大中桥、隧道、路线交叉、沿线设施、环境保护、临时工程、工程经济等的调查与勘测的基本技术要求，初测应提交的技术资料。

本节难点：在地形图、航测像片、数字地面模型或实地对所拟定的勘测方案进行初测的技术要求。

考点精讲

初测是两阶段设计和三阶段设计中第一阶段（初步设计阶段）的外业勘测与调查工作。

初测的目的是根据批复的《工程项目可行性研究报告》所拟定的修建原则和路线基本走向方案，通过现场对各比选方案的勘测，从中确定合理的方案，并搜集编制初步设计文件所需的勘测调查资料。

考点一：初测的前期工作

（1）根据初测需要，搜集与项目相关的技术、经济、社会及自然条件等资料。具体有：

①三角点、导线点、水准点、GPS 点等测量控制点及各种比例尺的地形图、航测像片等资料。

②沿线自然地理概况、地质、水文、气象、地震基本烈度等资料。

③沿线铁路、公路、航运、城建、农林、水利、电力、环保、国土资源、国防等部门与本项目有关的规划、设计、规定、科研成果等资料。

④改（扩）建公路还应搜集原有公路的测设、施工、养护、路况及交通量等资料。

（2）根据批复的工程可行性研究初步拟定的路线起终点、中间控制点及基本走向方案，在地形图、数字地面模型或航测像片上进行研究，初步确定初测的勘测方案。

（3）根据初步确定的勘测方案，编写工作大纲和技术设计书。在工作大纲中应写明测设组织形式、测设人员、人员分工、工作阶段划分、各阶段工期、质量保证措施等。在技术设计书中应写明资料搜集及可利用情况、仪器设备状况、测设内容、测设方法、测设深度、采用的技术标准及提供的资料等。

考点二：现场踏勘

（1）根据准备阶段确定的初拟勘测方案，进行现场踏勘，主要内容有：

①核查搜集地形图的地形、地物的变化及初拟方案的影响。

②沿线居民点、农田水利设施、主要建筑设施和不良地质的分布情况及对初拟方案的影响情况，并对初拟方案作出相应的调整。

③沿线各种地上（下）管线、重要历史文物、名胜古迹、旅游风景区、自然保护区、景观区等的分布情况，并对初拟方案进行调整或拟定相应的环保措施。

④对沿线重点工程和复杂的大桥、中桥、隧道、互通式立体交叉等，应逐一落实其位置与相应设置条件。

⑤对重要的路线方案、与地方规划或设施有干扰的方案，应征求当地政府或主管部门的意见。

⑥改（扩）建公路应对原有旧的路线线形、路基、路面、桥涵、防护和排水系统、交通事故与主要病害情况进行踏勘。

（2）对搜集的国家及有关部门布设的控制点的完好程度及可利用性进行检查，根据测区地形、植被覆盖情况结合技术条件确定控制测量方案。

（3）通过现场踏勘确定初测路线地形图测量范围和地形图测量方案。

（4）应调查沿线气象及交通条件等，确定外业勘测方案。

考点三：控制测量

（一）平面控制测量

（1）公路平面控制测量，包括：公路、桥梁、隧道的平面控制测量。平面控制网的布设应遵循因地制宜、技术先进、经济合理、确保质量的原则。

（2）平面控制网宜全线贯通，统一平差。

（3）平面控制网测量应采用 GPS 测量、导线测量、三角测量、三边测量方法进行，路线平面控制测量宜采用导线测量方法进行。二级及二级以上公路必须进行平面控制测量，二级及以上公路应进行平面控制测量。

（4）各级公路、桥梁、隧道平面控制测量的等级不得低于表 4-61 的规定。

平 面 控 制 等 级　　表 4-61

高架桥、路线控制测量	多跨桥梁总长L（m）	单跨桥梁L_K（m）	隧道贯通长度L_C（m）	测量等级
—	$L \geq 3000$	$L_K \geq 500$	$L_G \geq 6000$	二等
—	$2000 \leq L < 3000$	$300 \leq L_K < 500$	$3000 \leq L_C < 6000$	三等
高架桥	$1000 \leq L < 2000$	$150 \leq L_K < 300$	$1000 \leq L_C < 3000$	四等
高速公路、一级公路	$L < 1000$	$L_K < 150$	$L_C < 1000$	一级
二、三、四级公路	—	—	—	二级

（5）应根据公路等级、路线所在地区的地形和作业条件、拟投入的仪器设备、国家控制点数量和分布位置等，确定测量控制网的精度等级、布网方式和作业方式。

（6）可首先布设首级控制网，然后加密与公路、构造物等级相适应的控制网，亦可一次性布设与公路、构造物等级相适应的控制网。

（7）应利用路线经过地区已有国家或其他有关部门的平面控制资料，但应进行以下工作：

①对原有控制点进行检测。

②控制测量的坐标系统与本路的坐标系统不一致时，应进行换算。

③原有平面控制点不能满足公路放线要求时，应按规定予以加密。

（二）高程控制测量

（1）同一个公路项目，应采用同一个高程系统，并应与相邻项目高程系统相衔接。不能采用同一系统时，应给定高程系统的转换关系。独立工程或三级以下公路联测有困难时，可采用假定高程。

（2）高程控制测量应采用水准测量或三角高程测量的方法进行，高程异常变化平缓的地区可使用 GPS 测量的方法进行，但应对作业成果进行充分的检核。

（3）路线高程控制网应全线贯通、统一平差。

（4）二级及二级以上公路必须进行高程控制测量。二级以下公路宜进行高程控制测量。

（5）各级公路及构造物的水准测量等级不得低于表 4-62 的规定。

公路及构造物的水准测量等级　表 4-62

高架桥、路线控制测量	多跨桥梁总长L（m）	单跨桥梁L_K（m）	隧道贯通长度L_C（m）	测量等级
—	$L \geqslant 3000$	$L_K \geqslant 500$	$L_C \geqslant 6000$	二等
—	$1000 \leqslant L < 3000$	$150 \leqslant L_K < 500$	$3000 \leqslant L_C < 6000$	三等
高速公路、一级公路	$L < 1000$	$L_K < 150$	$L_C < 3000$	四等
二、三、四级公路	—	—	—	五等

（6）各等级公路高程控制网最弱点高程中误差不得大于±25mm，用于跨越水域和深谷的大桥、特大桥的高程控制网最弱点高程中误差不得大于±10mm，每公里观测高差中误差和附合水准路线长度应小于表 4-63 的规定。

高程控制测量的技术要求　表 4-63

测量等级	每公里高差中数中误差（mm）		附合或环线水准路线长度（km）	
	偶然中误差	全中误差	路线、隧道	桥梁
二等	±1	±2	600	100
三等	±3	±6	60	10
四等	±5	±10	25	4
五等	±8	±16	10	1.6

（7）高程控制点的布设。路线高程控制点相邻点间的距离以 1~1.5km 为宜，特大桥构造物每一端应埋设两个（含两个）以上高程控制点。高程控制点距离路线中心线的距离应大于 50m，小于 300m。

（8）应利用路线经过地区已有国家或其他有关部门设置的高程控制点，但应进行以下工作：

①对原有高程控制点进行逐一检测。

②原高程系统与本路的高程系统不一致时，应进行换算。

考点四：地形图的测绘

（1）各级公路均应进行根据设计需要进行地形图测绘。

（2）根据路线所在地区的地形、地物和植被覆盖情况、公路等级及所具备的经济、技术条件等，确定地形图的测绘方式，地形图比例尺、等高距的选择、精度要求应按《公路勘测规范》（JTG C10—2007）规定进行。

（3）地形图的测绘范围应根据公路等级、地形条件及设计需要等合理确定，应能满足线形优化及构造物布置的需要。二级及二级以上公路中线每侧不宜小于300m。高速公路和一级公路采用分离式路基时，地形图应覆盖中间带；当两条路线相距很远或中间带为大河与高山时，可不测绘中间带地形图。

（4）当公路等级低且无须利用地形图进行纸上定线时，可利用纵、横断面资料，配合测量仪器现场勾绘地形图。

考点五：路线勘测与调查

（1）路线定线时，应充分了解并掌握沿线规划以及地形、地貌、地质、水文、气候、地下埋藏、地面建筑设施等情况。

（2）纸上定线应进行的勘测内容：

①应将具有特殊要求和控制的地点、必须绕避的建筑物或地质不良地带、地下建筑和管线等标注于地形图上。

②越岭路线需进行纵坡控制的地段，应在地形图上放坡，并将放坡点标示于图上。

③路线上一般地形变坡点可从图上判读，对高程要求较严格的路段和地点，如河堤、铁路、立体交叉、水坝、干渠、重要管线交叉等，应实测其高程，点绘纵断面图。

④对高填深挖地段、大型桥梁、隧道、立体交叉以及需要特殊控制的地段进行实地放桩，进行纵、横断面测量。

⑤应在地形图上点绘或实测控制性断面。

（3）现场定线应进行的勘测内容：

①现场定线一般适用于三、四级公路的线路选取。

②现场踏勘前，应在地形图上确定控制点、绕避点，选择路线通过的最佳位置。

③越岭路线或受纵坡控制的路段，应选择好坡面及展线方式进行放坡展线。

④现场定线时，可采用直接定交点法、延长直线钉设转点或交点的方法确定路线交点位置。

⑤选设的交点和转点作为测量控制点使用时，应进行护桩并按照二级平面控制测量的要求测定角度和长度。当不作为测控制点使用时，应将交点和转点与路线控制测量点联测，确定交点和转点坐标。

（4）不管是纸上定线还是现场定线，均应根据专业调查需要，进行路线放线。路线放线可采用极坐标法、GPS RTK 法、链距法、偏角法、支距法等。

（5）定线放线的密度应满足勘测与调查的需要。放桩桩位、中桩高程及横断面测量精度要求按定测中路线中线敷设的要求执行。也可利用数字地面模型，内插中桩的高程和横断面数据。

考点六：路基、路面及排水勘测与调查

（1）应对影响路基、路面及排水设计的相关因素和条件进行调查，内容包括沿线的气象、水文、水系、地质、土质、植被、水利设施的现状与规划等。

（2）应对沿线地质情况以及特殊地质、不良地质的位置、特征，地形地貌的成因、性质、发展规律，对路基、路面的影响进行调查。

（3）应对附近既有工程路基路面材料、结构形式及使用情况进行调查。

（4）应对取弃土场的位置与条件进行勘测与调查。

（5）应对防护工程的设置位置及条件进行勘测与调查，地质条件特别复杂、防护工程规模较大的工点，应进行控制测量并测绘 1：500~1：2000 的地形图。

考点七：小桥勘测与调查

（1）小桥、漫水桥以及复杂涵洞、改沟工程、人工排灌渠道等，应放桩并实测高程与断面。地形及水文条件简单时，可在 1：2000 地形图上查取或采用数字地面模型内插获取，但应进行现场校对。

（2）小桥涵（漫水桥、过水路面、倒虹吸、渡槽）的勘测，应实地调查小桥涵区域的自然条件、桥涵位上游汇水区地表特征，现场核对拟定小桥涵的设计参数。

（3）调查拟建小桥涵址的上、下游附近原有小桥涵的设计和使用情况。

（4）改建工程的小桥涵，应查明原有桥涵现状及可利用程度。

考点八：大、中桥勘测与调查

（1）应搜集与大、中桥测设相关的水文、地质、气象、流冰、流木、通航要求等资料。

（2）现场踏勘及调查：

①应现场核查研究工程可行性研究所推荐的桥位方案。

②应调查桥位所在区域的农田水利、地形、地质、地貌、生态环境、地物分布等情况。

③应调查河流的形态特征、地质、通航要求、施工条件以及地方农业发展规划等。

（3）桥梁控制测量：

初测阶段可不专门布设桥梁平面和高程控制网，但在布设路线控制网时每岸应各布设必要的控制点，布设的控制点应纳入路线控制测量进行施测。

（4）桥位地形图、水下地形图测绘：

①桥位地形图、水下地形图测绘范围应能满足方案比较和桥梁布孔的需要，桥位地形图还应满足桥头引导和调治构造物布置的需要。

②桥位地形图、水下地形图测绘应符合相关规定，并包含河流形态、航标和船筏走形路线等内容。

（5）应实地放出桥梁轴线、引道位置，并进行纵、横断面测量。

（6）桥位方案确定后应进行水文调查、测量、分析和论证。

（7）跨河位置、布孔方案等应征求水利、航运等部门的意见。

考点九：隧道勘测与调查

（1）隧道控制测量。

初测阶段可不专门布设隧道平面和高程控制网，但在布设路线控制网时每端应各布设必要的控制点，并纳入路线控制测量进行施测。

（2）隧道地形图测绘。

隧道地形图测绘范围应满足隧道洞口选择和设置的需要，并应考虑辅助工程需要，洞口地形图比例尺宜为 1：5000。

（3）隧道定线及放桩。

①应在拟定的概略隧址范围内，对初拟隧道轴线、洞口位置及相应连接线进行勘测与调查。

②应实地放出洞口附近的中线，并现场核查和测绘洞口纵、横断面。

③隧道洞身段应根据地质勘察及钻探需要现场放桩。

（4）应搜集与调查隧址自然地理、环境状态、地形、地质、水文、气象、地震等资料。

（5）应对弃渣场地的条件和安全情况进行调查。

考点十：路线交叉勘测与调查

（1）大型或复杂的交叉应进行平面和高程控制测量，并根据需要测绘比例尺为1：500~1：5000的地形图。

（2）公路与公路交叉应进行以下勘测与调查：

①调查相交公路的名称、相关区域的路网规划、交叉位置、地名及里程、修建时间、公路等级、技术标准、路面结构类型、排水和防护工程情况及其在路网中的作用。

②补充调查相交公路的交通量、交通组成。

③测量交叉角度、交叉点高程、纵坡坡度、路基宽度、路面宽度及厚度。

（3）公路与铁路交叉应进行以下勘测与调查：

①调查铁路名称、等级、轨道数、运行情况、交叉位置地名、与铁路交叉处里程、铁路路侧附属设施、排水条件以及铁路的技术标准、规划等。

②测量交叉点铁路轨顶高程、交叉角度及路基宽度。

（4）公路与乡村道路交叉应调查相交道路的性质、路面结构、排水条件、交通量及规划。测量路基宽度、路面宽度及路面高程。

（5）公路与管线交叉应进行以下勘测与调查：

①测量公路与管线交叉的位置、交叉角度、交叉点悬高或埋置深度、杆塔高度以及受影响的长度。

②调查管线的种类、技术标准、型号、规格、用途、编号、敷设时间等。

（6）互通式立体交叉、分离式立体交叉、复杂的平面交叉应实地放出交叉桩，测量交叉桩号、交叉角度和地面高程。

（7）各种交叉的位置、交叉形式、相交道路改移方案等，均应征求地方政府或主管部门的意见。

考点十一：其他勘测与调查

（一）沿线设施勘测与调查

（1）应现场调查拟建沿线设施位置的地形、地貌、地物、植被、水文、地质等自然条件及与各类设施设置相关的技术条件。

（2）重要的沿线设施场地应测绘比例尺为1：500~1：2000的地形图。

（二）环境保护调查

环境保护应进行以下调查：

（1）当地园林工程和适种植被情况。

（2）沿线既有道路环保工程实际情况。

（3）沿线国家生态保护区、野生动物保护区的情况。

（4）沿线水源保护区和湿地的情况。

（5）拟建公路可能对当地的生态环境造成的影响。

（三）临时工程勘测与调查

（1）应对可利用的临时工程进行勘测与调查，包括可供利用的道路、供电、供水、电信等设施的状况。

（2）应对为满足工程需要需修建或架设的临时工程进行勘测与调查。

（3）应调查沿线施工场地的位置及条件。

（四）工程经济调查

（1）应对沿线筑路材料的供应状况、性质等进行调查，拟定料场采集后的复垦措施，大型自采料场应测绘 1：1000~1：5000 地形图及纵、横断面图。

（2）应对占用土地数量、性质和种类进行调查。

（3）应对各种拆迁建筑物数量、性质、归属、拆迁费用、到路线的距离进行勘测调查，必要时会同主管部门现场勘察，协商处理方案。

（4）应对沿线伐树、挖根、除草的位置、数量、疏密程度等进行调查。

（5）概算资料调查应符合《公路工程基本建设项目概算预算编制办法》（JTG B06—2007）的有关规定，满足初步设计概算编制的需要，包括概算编制的原则及依据、材料价格、有关税额、相关费用等。

（五）初测的内业工作

1. 初测内业工作的主要内容

（1）对外业资料进行检查、复核和签署，对测绘资料进行限差检查并按规定进行计算，对测绘成果进行精度分析和评价。

（2）对勘测成果进行内部自检和验收。

（3）按专业分类编制外业勘测成果图表及勘测报告。

（4）方案调整时，应补充相应的勘测调查资料。

2. 初测应提交的成果

（1）测量成果及计算等资料。

（2）各种调查、勘测原始记录及检验资料。

（3）勘测报告及有关协议、纪要文件。

（4）根据设计需要编制的各种图表、说明资料。

例 题 解 析

例题 1　［2019 年试题 43］公路设计初测阶段，现场踏勘过程中，应根据项目特点及自然、地理、社会环境调整并确定（　　）。

A. 勘测方法与勘测方案　　　　B. 工程规模及技术等级

C. 起终点及中间控制点　　　　D. 路线比较方案

答案： A

解析： 详见考点二。

例题 2　［2019 年试题 44］公路设计初测阶段，路线可采用纸上定线和现场定线，适用现场定线的是（　　）。

A. 高速公路　　B. 一级公路

C. 三、四级公路　　D. 特大桥、大桥

答案：C

解析：详见考点五。

例题 3 ［2019 年试题 48］在公路设计初测阶段，公路与公路交叉应勘测与调查的内容包括(　　)。

A. 测绘 1∶10000 地形图

B. 补充调查相交公路的交通量、交通组成

C. 测量交叉点铁轨顶高、交叉角度及路基宽度

D. 勘测公路与管线交叉的位置、交叉角度、交叉点悬高或埋置深度

答案：B

解析：详见考点十。

例题 4 ［2020 年试题 37］高速公路、一级公路进行勘测时，高程控制测量等级应选用（　　）。

A. 二等　　B. 三等　　C. 四等　　D. 五等

答案：C

解析：根据《公路勘测规范》（JTG C10—2007）第 4.2.1 条第 4 款，高速公路、一级公路高程控制测量等级为四等。

例题 5 ［2020 年试题 39］下列公路勘测高程控制测量工作中，符合高程控制点布设要求的是（　　）。

A. 高程控制点距离路线中心的距离应大于 35m

B. 高程控制点距离路线中心的距离宜小于 400m

C. 路线高程控制点相邻点间的距离以 1.5~2.5km 为宜

D. 特大型构造物每端应埋设 2 个（含 2 个）以上高程控制点

答案：D

解析：详见考点三。根据《公路勘测规范》（JTG C10—2007）第 4.2.2 条第 1、2 款。

例题 6 ［2020 年试题 47］公路设计初测阶段，符合大、中桥梁控制测量要求的是（　　）。

A. 可不专门布设桥梁平面和高程控制网

B. 布设路线控制网时，每岸不漏布设必要的控制点

C. 布设的控制点不需要纳入路线控制测量进行施测

D. 需设置独立坐标系统

答案：B

解析：详见考点八。根据《公路勘测规范》（JTG C10—2007）第 8.8.3 条。

第六节　定　　测

考点分析

本节重点：掌握现场核对初步设计审批意见的执行与优化、调整的定测技术要求。定测阶段路线中

线敷设、中桩高程测量、横断面测量、路基、路面、排水、小桥涵、大中桥、隧道、路线交叉、沿线设施、环境保护、临时工程、工程经济等的调查与勘测的基本技术要求。定测应提交的技术资料，一次定测的适用条件、勘测调查内容及其测量精度。

本节难点：定测阶段路线中线敷设、中桩高程测量、横断面测量、路基、路面、排水、小桥涵、大中桥、隧道、路线交叉、沿线设施、环境保护、临时工程、工程经济等的调查与勘测的基本技术要求。

考点精讲

道路定测，是施工图设计阶段的外业勘测和调查工作，即定线测量。

定测的目的是根据批准的初步设计文件及确定的修建原则和工程方案，结合自然条件与环境，通过优化设计后进行实地定桩放线，准确测定路线线位和构筑物位置，为道路施工图设计提供准确、可靠的勘测调查资料。

考点一：定测的准备工作

（一）收集资料

应搜集工程可行性研究，初步设计阶段勘测、设计的有关资料以及审查、批复意见。

（二）拟定勘测方案

根据任务的内容、规模和仪器设备情况，拟定勘测方案。

（三）现场核查

（1）对初步设计所搜集的资料进行现场核查。

（2）对沿线地形、地貌及地物的变化情况进行核查。

（3）对初测阶段施测的路线平面、高程控制点的点位分布情况进行全面检查。

①对初测阶段设置的平面、高程控制点的点位分布情况进行全面检查。

②当控制点的点位分布满足设计要求时，应对其进行全面检测，检测成果与初测成果的较差在限差以内时，应采用原成果作为作业的依据。

③当个别段落控制点分布由于损坏或因方案变更造成不能满足设计要求时应进行补设，高程控制测量可采用同级控制加密，平面控制测量连续补点不大于 3 个时，可进行同级加密，技术要求与精度应符合规定。

④当检测成果与初测成果的较差超出限差或控制点分布不能满足设计要求时，应对整个控制网进行复测或重测，并应重新进行平差计算。

对方案明确、地形地质条件比较简单的二、三、四级公路的勘测，可采用一次定测，定测一般分为选线组、测角组、中桩组、水平组、横断面组、调查组、路基路面组、桥涵隧道组、内业组共九个作业组进行。

高等级公路测设，一般采用两阶段或三阶段，多用纸上定线法。首先在地形图上定出交点，从地形图上读出各交点的大地坐标，根据各交点的坐标计算出交点间距和导线方位角，再计算出转角，再确定每个交点曲线半径值和缓和曲线长度，从而计算出曲线要素与主点桩号，定出路线，然后用全站仪或 GPS 置于实地，根据中桩的大地坐标将其放到实地上，再搜集相关外业资料。该方法取消了实地测角和测距的工作，从而取消了测设中误差传递和积累，解决了不能和国家控制点闭合的问题。外业勘测时，将选线组、测角组、中桩组组合成一个中线组，如果采用 GPS RTK 技术放样，还可在中线放样的同时完成中桩抄平工作。

考点二：路线中线敷设

1. 选线与放线

定测阶段应根据批复的初步设计方案，结合现场地形、地物条件或初设审查意见等进一步优化、调整与完善线形线位及构造物位置。若初测阶段采用的是现场定线，定测阶段一般是在实地现场调整交点位置与曲线参数，对路线进行优化。若初测阶段采用的是纸上定线，定测阶段一般是在地形图上调整交点位置与曲线参数，对路线进行优化，并根据控制测量桩和纸上定线计算成果进行实地放线。

2. 中线敷设

（1）中线敷设方法

路线中线敷设可采用极坐标法、GPS RTK 法、链距法、偏角法、支距法等方法进行。高速、一级、二级公路宜采用极坐标法、GPS RTK 法，直线段可采用链距法，但链距长度不应超过 200m。

（2）中线敷设位置

需要钉设的中桩包括：路线的起终点桩、公里桩、百米桩、主点桩、桥梁或隧道中轴线控制桩，以及按桩距要求根据地形、地物、地质需要设置的加桩等。

路线经过下列位置应设加桩：路线纵、横向地形变化处；路线与其他线状物交叉处；拆迁建筑物处；桥梁、隧道、涵洞等构造物处；土质变化及不良地质地段起、终点处；道路轮廓及交叉中心；省、地（市）、县级行政区分界处；改、扩建公路地形特征点、构造物和路面面层类型变化处。

路线中桩间距，应满足表 4-64 的规定。

中 桩 间 距 表 4-64

直线（m）		曲线表中为平曲线半径（m）			
平原、微丘	重丘、山岭	不设超高的曲线	$R>60$	$30<R<60$	$R<30$
50	25	25	20	10	5

（3）中桩桩位精度

中桩桩位精度应满足表 4-65 的要求。

中桩平面桩位精度 表 4-65

公 路 等 级	中桩位置中误差（cm）		桩位检测之差（cm）	
	平原、微丘	重丘、山岭	平原、微丘	重丘、山岭
高速公路，一、二级公路	$\leqslant \pm 5$	$\leqslant \pm 10$	$\leqslant 10$	$\leqslant 20$
三级及以下公路	$\leqslant \pm 10$	$\leqslant \pm 15$	$\leqslant 20$	$\leqslant 30$

（4）断链及处理

断链桩宜设置于直线段，不宜设在桥梁、隧道、立交等构造物范围之内。断链桩上应标明换算里程及增减长度。

（5）设置测站时，应对所使用的测站元素进行检查，当转移测站后，后一站放样前应对前一测站所放桩位重放 1~2 个桩点进行检查。

考点三：中桩高程测量

1. 中桩高程测量方法

中桩高程测量可采用水准测量、三角高程测量或 GPS RTK 方法测量施测，并闭合于路线高程控制点。

2. 中桩高程测量精度与要求

（1）应测至桩志处的地面，读数精度至厘米，其测量的精度指标应符合表 4-66 的规定。沿线需要特殊的建筑物、管线、铁路轨顶等，应按规定测出其高程，两次测量之差应小于 2cm。

中桩高程测量精度　　表 4-66

公路等级	闭合差（mm）	两次测量之差（mm）
高速公路，一、二级公路	$\leqslant 30\sqrt{L}$	$\leqslant 5$
三级及三级以下公路	$\leqslant 50\sqrt{L}$	$\leqslant 10$

（2）用三角高程测定中桩高程时，每一次距离应观测一测回两个读数，垂直角应观测一测回。

（3）用 GPS RTK 方法时，求解转换参数采用的高程控制点不应少于 4 个，且应覆盖整个中桩高程测量区域，流动站至最近高程控制点的距离不应大于 2km，并应利用另一个控制点进行检查，检查点的观测高程与理论值之差应满足表 4-66 两次测量之差的 0.7 倍。

考点四：横断面测量

1. 横断面测量方法

高速、一级、二级公路横断面测量应采用水平仪—皮尺法、GPS RTK 法、全站仪法、架置式无棱镜激光测距仪法；无构造物及防护工程路段可采用数字地面模型方法、手持式无棱镜激光测距仪法；特殊困难地区和三级及三级以下公路，可采用数字地面模型方法、手持式无棱镜激光测距仪法、抬杠法。

2. 横断面测量精度与要求

（1）断面中的距离、高差的读数精确至 0.1m，检测互差限差应符合表 4-67 的规定。

横断面检测互差限差　　表 4-67

公路等级	距离（m）	高差（m）
高速公路，一、二级公路	$L/100+0.1$	$h/100+L/200+0.1$
三级及三级以下公路	$L/50+0.1$	$h/50+L/100+0.1$

（2）断面测量的宽度应满足路基及排水设计、附属物设置的需要。

（3）用无棱镜激光测距仪法测量时，其距离和高差应观测两次，两次读数之差不超过表 4-67 的规定时，取平均值作为最终观测值。

（4）断面测量应逐桩施测，其方向应与路线中线切线垂直。

（5）断面测量除应观测高程变化点之间的距离和高差外，还宜观测最远点到中桩的距离和高差，其与高程变化点之间的距离和高差总和之差不应大于表 4-67 的规定。

（6）高速公路、一级公路的分离式路基和二、三、四级公路的回头弯路段，应测出联通上、下行路线横断面，并应标明相关关系。

（7）断面测量应反应地形、地物情况，横断面应在现场点绘成图，并及时核对；采用测记法室内点绘时，必须进行现场核对。

（8）数字地面模型获取横断面数据时，其航空摄影成图及 DTM 建立，除应满足相关要求外，在相片控制测量时应对植被茂密的地段适当加密像控点，在相片调绘时应加强对沿线陡坎、植被、建筑物等的调查，并对植被茂密、峡谷等地段进行横断面抽查，抽查比例大于 5%。

考点五：地形测量

1. 地形测量方法

实测地形图可选用测记法、测绘法等成图方法。距离测量可采用视距法或光电测距法，也可用 GPS RTK 方法测量地形。定测阶段，局部地区地物发生变化的路段，地形图修测可使用交会法；地形、地物变化较大或采用交会法施测困难时，应利用导线点、图根点进行。

2. 地形测量要求

（1）定测时应利用初测地形图，并进行现场核对。地形、地物发生变化的路段，应予修测；地形图范围不能满足设计要求时，应进行补测；变化较大时，应予重测。

（2）原有导线点、图根点不能满足修测、补测和重测需要时，应进行导线点补测。

（3）修测、补测和重测地形图的技术要求和精度应符合地形测图的规定。

考点六：路基、路面及排水勘测与调查

（1）应对初测搜集的资料实地进行核查，并进行补充和完善。

（2）应调查沿线筑路材料的种类、产地、储量、运距、采运条件及其有关的物理力学性质。

（3）应调查沿线农田水利设施的现状、特点、发展规划，农田地表土的性质及厚度等对路基、路面的影响。

（4）应调查沿线水系的分布及相互关系，地表水、地下水、裂隙水等的位置、流量、流向和流速，泉眼的位置和流量。公路通过农田、洼地时，应调查地表水的积水深度、积水时间。

（5）应对路线所经过地区水文、地质、气象、自然条件、土质的适种性等进行勘测调查。

（6）应现场确定路基边坡防护工程的位置、起讫桩号、防护长度和形式。设置防护工程的路段，应实地放出构造物轴线，进行高程测量和横断面测量。

（7）应实地确定改移工程的起讫桩号，敷设改移工程的轴线桩，并进行纵、横断面测量。改移工程的轴线应与路线控制测量联测。改移河道、主干沟渠及等级公路工程，应测绘比例尺为 1：500~1：2000 的地形图，测绘范围应满足设计要求。

（8）应对该地区既有路面或相似路面的施工技术、施工控制、面层构造和材料、路面现状等进行调查。

（9）应对该地区已有的排水设施工作情况进行实地调查。确定排水设施的形式、横断面尺寸、加固措施，并测量起讫桩号、长度、进出口位置。需进行特殊设计的集水、排水、输水工程设施，应实地放出轴线，进行纵、横断面测量，并根据需要，测绘比例尺为 1：500~1：2000 的地形图。

考点七：桥涵勘测与调查

（一）桥址测量

（1）在桥位选定后，在桥头两岸距离岸边 10~20m 处各钉中线桥位桩一个，然后沿桥位桩间施测桥

址中线纵断面、平原区河沟仅当沟形弯曲或桥位斜交时，需要在桥位上下游侧墙及锥形护坡坡脚处增测1~2条平行线路的纵断面；山区河沟一般增测2~3条平行纵断面。平行纵断面需测到河岸以上，起测点位置和高程要和中线桥位桩和路线中桩取得联系。

（2）河床比降图的测绘。

桥址附近的河床比降图需显示出其上下游沟底纵剖面有无陡坡、跌水及淤积、冲刷等现象，便于考虑是否需要设缓流设备，河床是否开挖和河床如何加固等，另外在孔径水力计算中需计算河沟的天然水深、河床比降的数值。

（3）桥址地形图测绘。

小桥涵一般无须测绘地形图，当桥址上下游河沟弯曲、地形起伏、水流流向紊乱等情况时，需进一步研究桥位布置、改移河道和设置导流工程或复杂的弯桥和斜桥时，应实测桥址等高线地形图，测图范围以满足设计需要为准。

（二）涵址测量

（1）涵位中心纵断面测量。

当涵位及其与路线的交角选定后，应自涵位中桩沿涵洞中线方向分别向上下游施测纵断面，施测长度一般各为15~20m。每一测点的地貌特征应予以记录，注明是沟底还是沟边位置，以便决定涵底高程和比降。

（2）涵底河沟横断面测量。

在涵位中桩及其上下游进出口翼墙处，各测一个垂直于涵位中线的横断面，以便了解涵位附近的地形地貌，便于检查涵址及其与路线的交角是否合适，涵身与翼墙基础有无悬空现象，从而更合理地布设翼墙及洞口加固与缓流设备等。

（3）涵址平面示意图勾绘。

为了便于内业设计时了解涵址附近的地形、地貌现象，当地形较为复杂、河沟较弯曲、涵位与路线斜交、上下游河沟需要改道或与其他建筑物有干扰时，有必要勾绘出涵址的平面示意图。

（三）小桥涵勘测与调查

（1）与对初测调查的各项内容进行核实并进一步补充。

（2）应实地进行形态断面、河床比降、特征水位和汇水面积等测量工作。

（3）应实地放出小桥涵中桩，并实测沟渠与路线的交角及桥涵纵断面。地形复杂的小桥涵，应在路线中线两侧或河床两侧各施测一个或几个断面，其测量范围应能满足涵底纵坡和进出水口设计、布置桥孔、调治防护工程、计算开挖土石方数量等的需要。

（4）桥涵水文资料调查。

涵水文资料调查的目的，是为确定设计流量和孔径提供资料，具体调查内容根据水文计算要求确定。对于跨径1.5m以下的小涵洞，可不进行水文孔径计算，通过实地勘查，用目估法直接确定孔径。

（5）桥涵位置调查。

小桥涵位置原则上应服从路线走向，应全面综合考虑和比较，使全部工程量小，造价低，进口要顺，水流要稳，不发生斜流、涡流等现象，以免冲刷洞口、堤坝或农田，保证农业灌溉、排洪的需要。

（6）桥涵设置地点调查。

桥涵设置地点调查主要是天然河沟与路线相交处，农田灌溉渠与路线相交处，路线通过较长的低洼地带及沼泽地带、天然积水洼地等处的调查。

（7）小桥涵类型的调查。

小桥涵类型的调查主要是调查小桥涵建筑材料的类型、涵洞的填土高度、桥涵的水力性质、涵洞的洞身形式等内容的调查。

（8）桥涵地质调查。

桥涵地质调查的目的是探明桥涵基底工程地质及水文地质情况，为正确选定桥涵及附属构造物的基础类型和尺寸、埋置深度等提供资料。调查内容包括：地基土壤类别与特征，有无不良地质情况，土壤冻结深度及水文地质对桥涵基础与施工有无影响等。

桥涵地质调查方法以调查为主，挖探为辅，当地质条件比较简单，通过天然岩石露头情况调查、访问当地群众等方式，对原有桥涵进行调查，或向当地有关地质部门取得当地的区域地质资料，能够判明桥涵基底地质情况时，可不进行专门的勘探工作。当上述手段不能够查明地质情况或设计有特殊需要时，应挖探或辅以钻探。

（四）大、中桥勘测与调查

（1）应根据批准的初步设计方案和审批意见，在初测的基础上进行详细的调查、测量和水文计算，对初步设计的有关资料进行核查和补充。

（2）应根据相关的规定和表4-68的要求，建立满足大桥、特大桥设计精度要求的平面和高程控制网。

桥轴线相对中误差 表4-68

测量等级	桥轴线相对中误差	测量等级	桥轴线相对中误差
二等	≤1/150000	一级	≤1/40000
三等	≤1/100000	二级	≤1/20000
四等	≤1/60000		

（3）应对初测时测绘的地形图进行核查和完善，地形图测绘范围、内容和精度应满足施工图设计需要。

（4）应进行桥轴线纵断面和引道测量，测量范围应能满足设计桥梁孔径、桥头引道和调治构造物布置的需要。

（5）宜在桥位上、下游各选一个断面进行形态断面测量，测量要求与桥轴线测量的要求相同。

考点八：隧道勘测与调查

（1）应对隧道所在位置的地形、工程地质、水文地质、环境等内容进行核实和补充调查。

（2）应根据相关的规定，建立满足隧道设计的平面和高程控制网。

（3）应在洞口位置前后各50m实放中桩，并根据地形变化情况进行加桩，桩距不应大于10m。

（4）所有中桩均应进行横断面测量。

（5）分离隧道连接线起讫点宜测至分离式路基与整体式路基汇合处以外100m。

（6）应对初测地形图进行现场核对和必要的修测和补测，地形图的范围应能满足地质调绘和其他设计需要。

（7）应根据设计需要，对通风、照明、供电、通信、信号、标志、运营管理设施、环保、弃渣场地等进行相应的工程调查。

考点九：路线交叉勘测与调查

（1）应对初测所调查的内容进行核实并进一步补充调查。

（2）互通式立体交叉除应进行主线勘测外，还应进行匝道和连接线测量，其技术要求应与路线测量的要求相同。

（3）不管初测的详细情况如何，定测阶段均应按照相关的要求，对交叉道路、管线的交叉角度、交叉点高程、纵坡坡度等要素重新进行测量。

（4）各种交叉的位置、形式、相交道路改移方案等均应与相关部门签订协议。

考点十：其他相关的勘测与调查

（一）沿线设施勘测与调查

（1）应对初测调查的内容进行核查和补充，管理设施、服务设施处的地形、地物如有变化，应修测或补测地形图。

（2）应实地核实沿线设施的总体布局、项目、形式、规模、用地及设置的位置。

（3）应对管理设施、服务设施的连接路线、加减速车道的中线进行实地放样，并进行纵、横断面测量。

（4）应对沿线安全设施设置的位置、类型、起讫桩号或长度进行调查。

（二）环境保护调查

应对初测阶段调查的有关环境保护的内容进行核实并进一步补充。

（三）临时工程勘测与调查

（1）应对初测阶段调查的有关临时工程勘测调查的内容进行核实并进一步补充。

（2）对需要修建的施工便桥、便道应进行放样，进行纵、横断面测量并进行相关内容的勘测调查。

（3）当需要架设公路临时电力、电信线路时，应调查相适应的规格种类，并实测其长度。

（4）进一步落实施工场地的位置并签订相应的协议。

（四）工程经济调查

（1）沿线筑路材料的调查内容有：

①对初步设计确定的料场应逐一核查，并进行进一步的勘测及补充调查。

②对所有调查的料场应进行比较，根据材料需要量确定采用料场。

③对大型料场进行必要的勘探与试验。

（2）占地勘测与调查的内容有：

①沿线应编绘地图。

②应调查各类土地常种作物和近三年平均产量，调查统计独立果树和价值较高树木的株数、直径、数量及产量。

（3）拆迁建筑物以及砍树、挖根、除草等的调查内容有：

①应调查拆迁建筑物位置、范围尺寸、结构类型。

②应调查需拆迁的建筑设施、重要管线、铁路、水利等工程，当与文物古迹等发生干扰时应与其主管部门协商，落实处理方案和工程措施。

③调查沿线砍树、挖根、除草的路段长度，并结合工程设计的需要确定工程数量。

（4）应在初测调查的基础上对预算资料进行核实和补充调查。

（五）工程地质情况调查

工程地质情况调查包括路线、路基和路面等方面。通过调查、观测和必要的勘探、试验，进一步掌握与评价路线通过地带的工程地质和水文地质情况，为正确选定路线位置，合理进行纵坡、路基、路面、隧道、桥涵等设计提供准确的工程地质依据。

（1）路线方面应调查的内容有：

①在工程地质复杂和工程建设条件艰巨地段，会同选线人员研究路线布设及所采取的工程措施。

②调查沿线范围内的地貌单元和地貌特征、地质构造、岩性、植被、土壤种类以及不良地质现象等情况，并分段进行工程地质评价。

③分段测绘具有代表性的工程地质横断面，标明土、石分类界限，并划分土石等级。

④调查气象、地震及施工、养护经验等资料。

⑤编写地质情况说明书。

（2）路基应调查的内容有：

①调查分析自然山坡或路基边坡的稳定情况，根据地质构造、岩性及风化破碎程度以及其他影响边坡稳定的因素，提出路堑边坡坡度大小及防护加固措施。

②路基坡面及支挡构造物调查，提出结构类型、基础埋置深度等措施意见。

③路基土壤及排水条件调查，提出路基土壤分类和水文地带类型。

（3）路面应调查的内容有：

①搜集有关气象资料、地貌条件，划定各路段的道路气候分区，并提出土基回弹模量建议值，供路面设计使用。

②调查当地常用路面结构类型和经验厚度。

③特殊不良地质地区，如黄土、盐渍土、沙漠、沼泽以及滑坡、岩溶、泥石流等不良地质条件的综合性地质调查与观测，为制订防治措施提供资料。

（六）筑路材料情况调查

在道路建设中，需要大量的筑路材料来修建路基、路面、桥涵、挡土墙以及其他构造物，筑路材料的质量、数量以及运距，直接影响工程的建造质量和造价。进行筑路材料调查的任务是根据适用、经济和就地取材的原则，对沿线料场的分布情况进行广泛调查，以探明其数量、质量及开采条件，为施工提供符合要求的料场。

筑路材料按其来源不同，有外购材料和自采材料。外购材料，主要包括钢材、水泥。木材、炸药、雷管、沥青等，其调查主要是向市场了解单价、供货单位及运输方法等，以供设计编制工程预算。自采材料，主要是指当地自采的块石、片石、碎石、砂、黏土等天然材料以及石灰、炉渣等当地材料；自采材料的调查，一方面为工程施工提供料源充足的产地，另一方面为编制预算提供材料价格依据。

通过实地勘查与调查，应提出的资料成果有：

（1）编制沿线筑路材料一览表，并注明料场的位置、材料的名称、规格和储藏量等信息。

（2）绘制自采材料示意图，明确各个料场的供应范围。

（3）确定材料的开采和运输方法，计算材料单价。

（4）编制筑路材料试验分析一览表。

（5）编制筑路材料说明书。

（七）预算资料调查

施工预算是道路设计文件的重要组成部分，进行预算资料调查的目的是为编制预算提供资料。调查应按《公路工程建设项目概算预算编制办法》（JTG 3830—2018）的有关规定执行，主要内容有：

（1）施工组织形式调查，向建设投资部门调查落实施工组织形式，以便正确使用有关定额和费用标准。

（2）工资标准调查，调查工程所在地区工资计算方法和有关工资现行标准。

（3）外购材料及交通运输调查，向地方物资和商业部门调查当地材料、外购材料以及零星材料的价格、规格、运距、运输方式、供应数量及材料包装情况等。

（4）材料运输费用调查，向当地交通运输部门调查施工期间可能提供的运输方式和车辆数量、运输路线和里程、各种运输工具的价格、装卸费、回空费及物资类别等级规定等。

（5）气温、雨量、施工季节等的调查。

（6）其他费用调查，其他费用在概算预算中占有相当大的比重，应根据工程地区、施工组织形式等具体情况进行调查，内容包括施工队伍调迁费、冬雨期施工增加费、伙食运输补贴、职工取暖补贴及特殊费用等。

（八）杂项调查

当路线方案确定后，应根据测设初步成果，沿路线所经地区进行图样核对，检查设计是否妥当，并调查工程占地、拆迁等情况，为内业设计搜集原始资料。主要调查内容有：

（1）测设成果现场复核。为保证设计质量，对于外业测量及内业成果必须进行实地复核。首先，核对路线地形及纵、横断面图与实际情况有无出入，然后根据纵断面拉坡、横断面“戴帽子”，进一步检查纵断面设计高程是否合适，路基横断面处理有无问题，有问题可就地调整更改。

（2）占地调查。道路工程建设占用土地应逐段按土地类别（旱地、水田、菜地、果园、经济林等）分布统计占地数量及土地所属单位，并向有关部门调查有关补偿的规定，如土地征用价格、临时占用土地的青苗补偿标准等。

（3）拆迁调查。主要包括因工程影响而必须拆迁的各类房屋、水井、坟墓及其他建筑物等。调查内容有：建筑物名称、结构类型与等级、所在位置、拆迁数量、所属单位及补偿标准等。

（4）迁移电信、电力设施调查。调查需要迁移的电信、电力设备数量，编号及所在位置，会同电力、电信部门现场核查，协商迁移与补偿办法，并联系架设工地临时电力、电信设备等有关事宜。

（5）工程配合调查。公路跨越铁路或水利设施等发生干扰时，应会同有关单位实地研究，协商解决办法，共同拟定施工配合方案及工程费用摊付办法。

考点十一：定测的内业工作

1. 定测内业工作主要内容

（1）对下列各项外业资料进行检查、复核和签署，检查、复核内容包括测量方法的正确性、野外计算的正确性、记录的完整性等，检查各项勘测调查项目、内容及详细程度是否满足施工图设计要求。其主要内容包括：

①控制点点之记。

②平面、高程控制测量野外记录手簿。

③地形图测量的记录数据。

④中桩放样记录手簿。

⑤中平测量记录手簿。

⑥横断面测量记录手簿。

⑦各专业勘测调查记录手簿。

（2）对勘测成果进行内部自检和验收。对测绘资料进行限差检查并按规定进行计算，对测绘成果进行精度分析和评价。

（3）向有关部门搜集的资料，应检查、分析其是否齐全、可靠、适用、正确。

（4）对地形复杂的路线、不良地质地段、大型桥隧、立体交叉地段的勘测调查资料，必须进行现场核对。

（5）应按专业分类编绘外业勘测成果图表并编制勘测报告。

2. 定测应提交的成果

（1）控制测量、补测或复测记录、计算和成果资料，地形图补充测量资料。

（2）各种调查、勘测原始记录、图纸及资料。

（3）各专业勘测调查的质量检查及分析评定资料。

（4）外业勘测说明书及有关协议和文件。

（5）根据设计需要编制的各种图表、说明资料。

3. 检查验收

外业完成后，应经过主管部门的检查验收，经确认方能离开现场或开展设计工作。

例题解析

例题 1 ［2019 年试题 46］公路定测路线中线敷设时，路线中桩间距不大于 10m 的线形条件是（　　）。

A. $R > 60$m曲线上　　B. 不设超高的曲线上

C. 平原、微丘区直线上　　D. $30 < R < 60$m曲线上

答案： D

解析： 详见考点二。

例题 2 ［2019 年试题 47］公路勘测定测阶段，高速公路中桩高程两次测量之差应小于等于（　　）。

A. 3cm　　B. 5cm　　C. 8cm　　D. 10cm

答案： B

解析： 详见考点三。

例题 3 ［2020 年试题 45］公路大、中桥定测阶段勘测与调查时，应进行形态断面测量，选择形态断面的要求是（　　）。

A. 任选两个断面即可

B. 宜在桥位上游选一个断面

C. 宜在桥位下游选一个断面

D. 宜在桥位上、下游各选一个断面

答案： D

解析： 详见考点六。根据《公路勘测规范》（JTG C10—2007）第 9.8.5 条。

例题 4　［2020 年试题 46］公路设计定测阶段，对于平原、微丘区的一、二级公路，中桩平面位置中误差应不大于（　　）。

A. ±5cm　　B. ±10cm　　C. ±15cm　　D. ±20cm

答案： A

解析： 详见考点二。根据《公路勘测规范》（JTG C10—2007）第 9.2.3 条。

例题 5　［2020 年试题 48］公路定测阶段，三级及以下公路横断面测量距离检测互差限差应为（　　）m。注：L为测点至中桩的水平距离（m）。

A. $\leqslant L/2.5+0.2$　　B. $\leqslant L/25+0.1$

C. $\leqslant L/50+0.2$　　D. $\leqslant L/50+0.1$

答案： D

解析： 详见考点四。根据《公路勘测规范》（JTG C10—2007）第 9.4.2 条。

例题 6　［2021 年试题 46］某二级公路定测阶段中桩高程测量起闭于路线高程控制点上，已知中桩高程测量的路线长度为 1.96km，中桩高程测量闭合差的限差应不大于（　　）。

A. 14mm　　B. 28mm

C. 42mm　　D. 56 mm

答案： C

解析： 详见考点三。高速公路，一、二级公路闭合差应小于等于 $30\sqrt{L}$，即 42mm。

例题 7　［2021 年试题 47］下列关于定测阶段地形图测绘的表述，符合规范规定的是（　　）。

A. 地形、地物发生变化的路段，应全部重测

B. 地形、地物发生变化较大的路段，应予修测

C. 隧道应按最终确定的洞口位置测绘洞口地形图

D. 地形图范围不能满足设计要求时，可用小比例尺地形图放大补充

答案： C

解析： 详见考点五。地形、地物发生变化的路段，应予修测；地形图范围不能满足设计要求时，应进行补测；变化较大时，应予重测。

例题 8　［2021 年试题 48］下列关于定测阶段占地勘测与调查，调查土地内容阐述正确的是（　　）。

A. 应调查常种作物和近 2 年平均产量

B. 应调查常种作物和近 3 年平均产量

C. 应调查常种作物和近 4 年平均产量

D. 应调查常种作物和近 5 年平均产量

答案： B

解析： 详见考点十。应调查各类土地常种作物和近 3 年平均产量。

自 测 模 拟

1. 中平测量中，转点的高程等于（　　）。

A. 视线高程 − 前视读数　　B. 视线高程 + 后视读数

C. 视线高程 + 后视点高程　　D. 视线高程 − 前视点高程

2. 中线测量中，转点 ZD 的作用是（　　）。

A. 传递高程　　B. 传递方向

C. 传递桩号　　D. A、B、C 都不是

3. 道路纵断面图的高程比例尺通常比里程比例尺（　　）。

A. 小一半　　B. 小 90%

C. 大一倍　　D. 大 10 倍

参考答案

1. A　2. B　3. D

第五章　结构设计原理

第一节　混凝土结构的设计原则

考 点 分 析

本节重点：混凝土和钢筋的材料性能，混凝土的强度和变形性能，结构的功能要求，极限状态法和结构可靠性相关概念，承载能力极限状态和正常使用极限状态设计表达式，三种设计状况，作用及其组合，材料强度设计值。

本节难点：混凝土的强度和变形性能，承载能力极限状态和正常使用极限状态设计表达式，三种设计状况，作用及其组合。

考 点 精 讲

考点一：钢筋混凝土的结构特点

钢筋混凝土结构是由钢筋和混凝土两种材料组成的结构。混凝土具有较高的抗压强度，但抗拉强度很低。而钢筋是一种抗拉性能很好的材料。可根据构件的受力情况，用钢筋代替混凝土受拉或协助混凝土抗压，以充分发挥混凝土和钢筋两种材料各自的力学性能，形成具有较大承载能力和刚度的结构。

钢筋和混凝土两种力学性能不同的材料能在一起共同工作，在于：

（1）钢筋和混凝土之间有良好的黏结力，可共同受力、共同变形。

（2）钢筋和混凝土的温度线膨胀系数较为接近，可避免因为温度等因素引起较大应变差造成黏结力破坏。

（3）质量良好的混凝土可以有效保护钢筋免受锈蚀。

考点二：混凝土的强度

混凝土强度是混凝土结构设计的重要依据。常用的混凝土强度有立方体强度、轴心抗压强度和抗拉强度。

混凝土立方体强度是指规定尺寸的试件按标准制作方法和标准试验方法得到的混凝土强度基本代表值。边长为 150mm 的立方体试件测试结果具有较好的一致性，使混凝土立方体强度用作确定混凝土强度等级。

实际工程中的混凝土强度与立方体强度存在区别。采用棱柱体试件按照与立方体试件相同的标准制作方法和标准试验方法测得的混凝土强度称为轴心抗压强度，作为实际工程中混凝土的设计强度取值依据。试验研究表明，当试件的h/b达到2~4时，棱柱体试件的抗压强度趋于稳定（棱柱体试件尺寸为150mm × 150mm × 300mm）。依据大量试验结果建立混凝土轴心抗压强度与立方体强度之间的对应关系。

混凝土抗拉强度比抗压强度低很多，通常为相同龄期混凝土抗压强度的1/18 ~ 1/8。测试方法通常为轴心抗拉试验和劈裂试验。但因混凝土材料本身具有离散性，加上抗拉强度数值较小，抗拉强度离散性较大。设计时可参考相关规范给定值。

考点三：混凝土的变形

混凝土的变形直接影响混凝土结构在短期和长期荷载作用下的变形。混凝土变形主要有一次性加载作用下的变形、反复荷载作用下的变形和在长期荷载作用下的变形。

1. 混凝土在一次性加载作用下的变形

完整的混凝土轴心受压应力—应变曲线由上升段、下降段和收敛段三个阶段组成（图 5-1）。当压应力$\sigma_c < 0.3f_c$时，应力和应变接近直线变化，混凝土处于弹性工作阶段。当压应力$\sigma_c \geqslant 0.3f_c$时，随着压应力的增大，混凝土内部微裂纹逐渐扩展、贯通，形成更大的缺陷，应力应变关系越来越偏离直线，混凝土处于弹塑性工作阶段。当$\sigma_c > 0.8f_c$时，混凝土内部裂缝逐渐扩展、贯通，逐渐形成可见裂缝。混凝土达到最大承载力而使试件被压碎。通常情况下，在最大应力处，混凝土的应变约为 0.002。可测得的混凝土的极限压应变为$(3.0\sim5.0) \times 10^{-3}$。

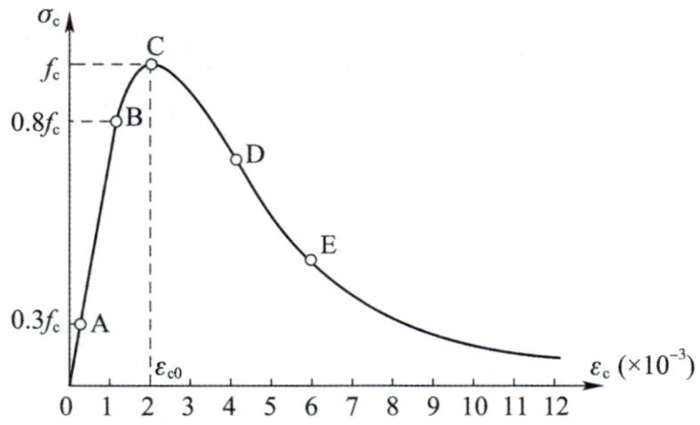

图 5-1　混凝土的应力—应变曲线

2. 混凝土在反复荷载作用下的变形

在$\sigma_c \leqslant 0.5f_c$的反复荷载作用下，混凝土的残余变形随着循环次数的增加逐渐减小，混凝土表现出明显的弹性性质。在$\sigma_c > 0.5f_c$的反复荷载作用下，混凝土的内部缺陷会随着循环次数的增加而增大，混凝土表现出明显的弹塑性性质。

3. 混凝土在长期荷载作用下的变形

在荷载的长期作用下，混凝土的变形将随时间而增加的现象称为混凝土的徐变（应力不变，应变增加）。混凝土的徐变是初始应变的 2~5 倍，前期徐变变形增长较快，后期较慢。徐变是混凝土内部凝胶体在长期荷载作用下产生塑性流动，混凝土内部微裂纹逐渐发展等各种因素的综合反映。当长期作用的应力$\sigma_c \leqslant 0.5f_c$时，徐变大致与长期作用的应力成正比，称为线性徐变。当长期作用的应力$\sigma_c > 0.5f_c$时，徐变与长期作用的应力成非线性关系而发散，称为非线性徐变。

4. 混凝土的收缩

混凝土在凝结硬化过程中，混凝土的体积随着时间增长而减小的现象称为混凝土的收缩。混凝土龄期越短，收缩变形越快。

考点四：钢筋的力学性能

公路工程中常用的普通钢筋牌号为 HPB300、HRB400、HRB500、HRBF400 和 RRB400。对耐久性要求高的结构可以使用环氧涂层钢筋。预应力混凝土结构可以采用高强钢丝、钢绞线和预应力螺纹钢筋。

普通钢筋以屈服强度作为钢筋强度限值，屈强比不应大于 0.8。以伸长率来评定钢筋的塑性变形能力，以冷弯性能来满足工地现场冷加工的要求。

考点五：钢筋与混凝土之间的黏结

钢筋与混凝土能够共同工作的要素之一是钢筋与混凝土之间具有良好的黏结性能。黏结力由化学胶着力、摩擦力和机械咬合力组成。螺纹钢筋的黏结强度为 2.5~6.0MPa，光圆钢筋为 1.5~3.5MPa。混凝土的强度等级、浇筑质量、保护层厚度以及钢筋之间的净距是影响黏结强度的主要因素。

考点六：结构的功能要求

工程结构在规定的设计使用年限内应满足安全性、适用性和耐久性的功能要求。

结构的设计基准期是结构可靠度计算中的时间域，是为确定可变作用的出现概率和设计取值而规定的标准时段。公路桥梁结构的设计基准期统一取为 100 年。设计使用寿命是设计规定的结构或构件不需进行大修即可按预定目的使用的年限。《公路工程技术标准》（JTG B01—2014）规定了公路桥涵主体结构和可更换部件的设计使用年限（表 5-1）。

公路桥涵的设计使用年限（单位：年） 表 5-1

公路等级	主体结构			可更换部件	
	特大桥、大桥	中桥	小桥、涵洞	斜拉索、吊索、系杆等	栏杆、伸缩缝、支座等
高速公路、一级公路	100	100	50	20	15
二级公路、三级公路	100	50	30		
四级公路	100	50	30		

考点七：极限状态

当结构或结构的一部分超过某一特定状态而不能满足设计规定的某一功能要求时，此特定状态称为该功能的极限状态。分为承载能力极限状态、正常使用极限状态和耐久性极限状态。承载能力极限状态对应于结构或结构构件达到最大承载能力或不适于继续承载的变形或变位的状态。正常使用极限状态对应于结构或结构构件达到正常使用的某项限值的状态。耐久性极限状态对应于结构或结构构件在环境影响下的劣化到耐久性能的某项限值或标志的状态。

考点八：结构的可靠性

1. 结构的可靠性

结构的可靠性是指结构在规定的时间内，在规定的条件下，完成预定功能的能力。结构在规定的时间内，在规定的条件下，完成预定功能的概率称为可靠度。

2. 结构的功能函数

结构的抗力R是结构或结构构件承受作用效应和环境影响的能力。作用效应S是作用引起的结构或结构构件的反应。结构的功能函数表示为：$Z = R - S$。

当$Z>0$时，结构处于可靠状态；

当$Z=0$时，结构处于极限状态；

当$Z<0$时，结构处于失效状态。

作用效应S和结构抗力R都是随机变量，故功能函数Z是随机函数（图 5-2）。为满足结构的功能要求，应将结构的失效概率控制在一定的范围内。假定R和S均服从正态分布，则失效概率为

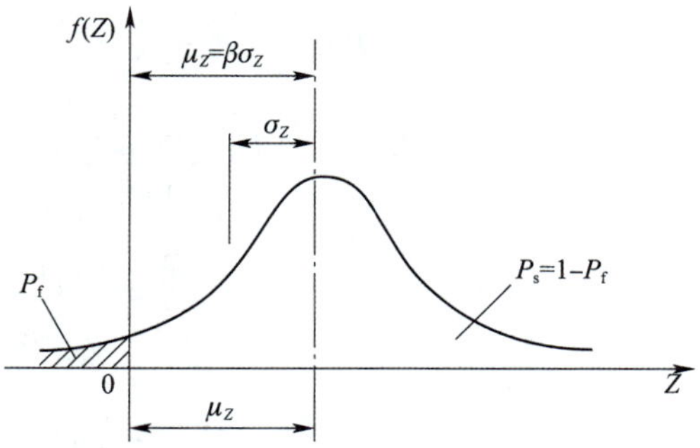

图 5-2　正态分布图上失效概率和可靠指标

$$P_{\mathrm{f}}=\int_{-\infty}^{-\frac{m_Z}{\sigma_Z}}\frac{1}{\sqrt{2\pi}}\exp\left(-\frac{t^2}{2}\right)\mathrm{d}t \tag{5-1}$$

3. 可靠指标和目标可靠指标

因失效概率的计算较复杂，可以对以上公式进行变换，即

$$P_{\mathrm{f}}=1-\Phi\left(\frac{m_Z}{\sigma_Z}\right)=\Phi\left(-\frac{m_Z}{\sigma_Z}\right) \tag{5-2}$$

式中：$\Phi(\cdot)$——标准化正态分布函数。

令$\beta=\frac{m_Z}{\sigma_Z}$，则失效概率可表示为$P_{\mathrm{f}}=\Phi(-\beta)$，可用于表示失效概率$P_{\mathrm{f}}$和$\beta$之间的对应关系，也由此获得与可靠概率之间的一一对应关系。β称为可靠指标，为无量纲量，其表达式为

$$\beta=\frac{m_Z}{\sigma_Z}=\frac{m_R-m_S}{\sqrt{\sigma_R^2+\sigma_S^2}} \tag{5-3}$$

β越大，失效概率越小，可靠概率越大。可靠指标β与失效概率P_{f}之间的关系见表 5-2。

可靠指标β与失效概率P_{f}之间的关系　　表 5-2

β	1.0	1.64	2.00	3.00	3.71	4.00	4.50
P_{f}	15.87×10^{-2}	5.05×10^{-2}	2.27×10^{-2}	1.35×10^{-3}	1.04×10^{-4}	3.17×10^{-5}	3.40×10^{-6}

工程设计中以目标可靠指标将失效概率控制在可以容许的范围内。公路桥梁结构构件的目标可靠指标见表 5-3。

公路桥涵结构构件的目标可靠指标　　表 5-3

构件破坏类型	设计安全等级		
	一级	二级	三级
延性破坏	4.7	4.2	3.7
脆性破坏	5.2	4.7	4.2

表中结构设计安全等级是根据结构破坏所产生后果的严重程度划分为三个安全等级（表 5-4）。延性破坏指结构构件有明显的变形或其他征兆的破坏，脆性破坏指结构无明显变形或其他征兆的破坏。因脆性破坏具有突然性，结构设计时目标可靠指标取值比延性破坏略大。

公路桥涵结构设计安全等级　　表 5-4

设计安全等级	破坏后果	适 用 对 象	结构重要性系数
一级	很严重	（1）各等级公路上的特大桥、大桥和中桥； （2）高速公路、一级公路、二级公路、国防公路及城市附近交通繁忙公路上的小桥	1.1
二级	严重	（1）三级、四级公路上的小桥； （2）高速公路、一级公路、二级公路、国防公路及城市附近交通繁忙公路上的涵洞	1.0
三级	不严重	三级、四级公路上的涵洞	0.9

考点九：结构设计表达式

1. 承载能力极限状态的设计表达式

《公路桥涵设计通用规范》（JTG D60—2015）规定，桥梁构件的承载能力极限状态以塑性理论为基础，设计的原则是作用组合的效应设计值必须小于或等于结构抗力的设计值，即

$$\left.\begin{aligned}&\gamma_0 S_{\mathrm{d}} \leqslant R\\&\gamma_0 S_{\mathrm{d}}=\gamma_0 S\left(\sum_{i=1}^{m} G_{i\mathrm{d}}, Q_{1\mathrm{d}}, \sum_{j=2}^{n} Q_{j\mathrm{d}}\right)\\&R=R(f_{\mathrm{d}}, a_{\mathrm{d}})\end{aligned}\right\} \tag{5-4}$$

式中：γ_0——桥梁结构的重要性系数，按表 5-4 取用；

S_{d}——作用（或荷载）效应（其中汽车荷载应计入冲击系数）的基本组合设计值；

R——构件承载力设计值；

$S(\cdot)$——作用组合的效应函数；

$G_{i\mathrm{d}}$——第i个永久作用的设计值；

$Q_{1\mathrm{d}}$——汽车荷载（含汽车冲击力、离心力）的设计值；

$Q_{j\mathrm{d}}$——在作用组合中除汽车荷载（含汽车冲击力、离心力）外的其他第j个可变作用的设计值；

f_{d}——材料强度设计值；

a_{d}——几何参数设计值，当无可靠数据时，可采用几何参数标准值，即设计文件规定值。

2. 正常使用或耐久性极限状态的设计表达式

正常使用或耐久性极限状态要求进行的计算是以结构弹性理论或弹塑性理论为基础，对构件的抗裂、裂缝宽度、挠度或其他指标进行验算，使各项计算值不超过规范规定的限值，即

$$S \leqslant C \tag{5-5}$$

式中：S——正常使用极限状态作用组合的效应（例如变形、裂缝宽度和应力）设计值；

C——结构构件达到正常使用要求所规定的限值，例如变形、裂缝宽度和截面抗裂的相应限值。

考点十：设计状况

1. 设计状况的概念

结构的设计状况是代表一定时段内实际情况的一组设计条件，设计时应做到在该组条件下结构不超越有关的极限状态。

2. 设计状况的分类

《公路桥涵设计通用规范》（JTG D60—2015）规定，公路桥涵应根据不同种类的作用及其对桥涵的影响、桥涵所处的环境条件考虑四种设计状况：持久设计状况、短暂设计状况、偶然设计状况和地震设计状况。

（1）持久状况是考虑在结构使用过程中一定会出现且持续期很长的设计状况，如正常使用过程中的桥涵结构。需按预定功能进行承载能力极限状态、正常使用极限状况和耐久性极限状态的设计计算。

（2）短暂状况是考虑在结构施工或使用过程中出现概率较大，而与设计使用年限相比又很短的设计状况，如桥涵的施工阶段或维修加固阶段。对桥梁结构进行承载能力极限状态的设计计算，可酌情进行正常使用极限状态的设计计算。

（3）偶然状况是考虑结构在使用过程中出现概率极小且持续时间极短的异常情况时的设计状况，

如撞击、爆炸、火灾等。一般只进行承载能力极限状况设计计算。

（4）地震状况是考虑遭受地震的设计状况。需根据地震设防要求对地震效应予以考虑。

考点十一：作用和作用组合

工程结构设计时，应考虑结构上可能出现的各种作用和环境影响，并结合设计状况进行作用组合，以获得最不利作用组合作为设计值。

1. 作用的分类

作用按其随时间的变异性和出现的可能性，可分为 4 类：

（1）永久作用　是在设计基准期内始终存在且其量值变化与平均值相比可忽略不计的作用，或其变化是单调的并趋于某个限值的作用，如结构自重、预应力等。

（2）可变作用　是在设计基准期内其量值随时间变化，且其变化值与平均值相比不可忽略的作用，如汽车荷载、人群荷载等。

（3）偶然作用　是在设计基准期内不一定出现，一旦出现，其值很大且持续时间很短的作用，如船舶对桥梁的撞击等。

（4）地震作用　是一种特殊的偶然作用。

2. 作用的代表值

因桥涵结构的作用具有变异性，无法直接运用概率公式参与计算，只能根据作用的统计结果规定一个量值，称为作用的代表值。永久作用可近似认为在设计基准期内是不变化的，其代表值是永久作用的标准值。可变作用的代表值可分为标准值、组合值、频遇值和准永久值。

（1）作用的标准值

作用的标准值是结构或构件设计时，采用的各种作用的基本代表值。作用的标准值是结构设计的主要计算参数，是作用的基本代表值，作用的其他代表值都是以标准值为基础再乘以相应的系数后得到的。

（2）可变作用的组合值

结构可能承受两种或两种以上可变作用的作用，但多种可变作用同时作用的概率随种类的增多而降低，因此，除一个主要的可变作用取标准值外，其余的可变作用取组合值。可变作用的组合值可以由可变作用的标准值乘以组合值系数，即$\psi_c Q_{jk}$。

（3）可变作用的频遇值

可变作用频遇值是在设计基准期内被超越的总时间占设计基准期的比率较小或被超越的频率限制在规定频率的作用值。其值取为可变作用的标准值乘以频遇值系数，即$\psi_{fj} Q_{jk}$。

（4）可变作用的准永久值

可变作用的准永久值是在设计基准期内被超越的总时间占设计基准期的比例较大的作用值。其值取为可变作用标准值乘以准永久值系数，即$\psi_{qj} Q_{jk}$。

3. 作用组合

作用组合是在不用作用的同时影响下，为保证某一极限状态的结构具有必要的可靠性而采用的一组作用设计值。作用最不利组合是指所有可能的作用组合中对结构或结构构件产生最不利效应的一组作用组合。

（1）承载能力极限状态计算时作用组合

公路桥涵结构按承载能力极限状态设计计算时，对持久设计状况和短暂设计状况应采用作用的基本组合，对偶然设计状况采用作用的偶然组合，对地震设计状况采用作用的地震组合。结构中的效应可按线性考虑时，作用效应组合值的表达式为

$$S_{\rm ud}=\gamma_0\left(\sum_{i=1}^{m}\gamma_{{\rm G}i}G_{i{\rm k}}+\gamma_{Q1}Q_{1{\rm k}}+\psi_{\rm c}\sum_{j=2}^{n}\gamma_{{\rm L}j}\gamma_{Qj}Q_{j{\rm k}}\right) \tag{5-6}$$

式中：$S_{\rm ud}$——承载能力极限状态下，作用基本组合的效应设计值；

γ_0——结构重要性系数，设计安全等级为一级取 1.1，二级时取 1.0，三级时取 0.9；

$\gamma_{{\rm G}i}$——第i个永久作用的分项系数，对结构承载能力不利时取 1.2，有利时取 1.0；

$G_{i{\rm k}}$——第i个永久作用的标准值；

γ_{Q1}——主要可变作用的分项系数，通常指汽车荷载（含汽车冲击力、离心力），采用车道荷载计算时取 1.4，采用车辆荷载计算时取 1.8，若其他可变作用效应取代汽车荷载，其值取为 1.4；

$Q_{1{\rm k}}$——主要可变作用的标准值；

$\psi_{\rm c}$——除主要可变作用外的其他可变作用的组合系数，通常取 0.75；

$\gamma_{{\rm L}j}$——设计使用年限修正系数，通常取 1.0；

γ_{Qj}——除主要可变作用和风荷载外的其他可变作用的分项系数，风荷载作用的分项系数取 1.1，其余可变作用的分项系数取 1.4；

$Q_{j{\rm k}}$——除主要可变作用外的其他可变作用的标准值。

（2）正常使用极限状态计算时作用组合

结构按正常使用极限状态设计计算时，应根据不同的设计要求，采用作用的频遇组合或准永久组合。

①作用频遇组合

作用频遇组合是永久作用的标准值与主要可变作用的频遇值、其他可变作用的准永久值相组合，即

$$S_{\rm fd}=\sum_{i=1}^{m}G_{i{\rm k}}+\psi_{\rm f1}Q_{1{\rm k}}+\sum_{j=2}^{n}\psi_{{\rm q}j}Q_{j{\rm k}} \tag{5-7}$$

式中：$S_{\rm fd}$——作用频遇组合的效应设计值；

$\psi_{\rm f1}$——除主要可变作用的频遇值系数，通常为汽车荷载，其值取为 0.7；

$\psi_{{\rm q}j}$——其他可变作用准永久值系数，人群荷载取 0.4，风荷载时取 0.75，温度梯度作用取 0.8，其他作用取 1.0；

其他符号意义见式（5-6）。

②作用准永久组合

作用准永久组合是永久作用的标准值与可变作用准永久值相组合，即

$$S_{\rm qd}=\sum_{i=1}^{m}G_{i{\rm k}}+\sum_{j=1}^{n}\psi_{{\rm q}j}Q_{j{\rm k}} \tag{5-8}$$

式中：$S_{\rm qd}$——作用准永久组合的效应设计值；

$\psi_{{\rm q}j}$——可变作用的准永久值系数，汽车荷载（不计汽车冲击力）取 0.4，人群荷载取 0.4，风荷载取 0.75，温度梯度作用取 0.8，其他作用取 1.0。

考点十二：材料强度的取值

材料强度的标准值是由标准试件按照标准试验方法经数理统计以概率分布的 0.05 分位值确定的强度值。材料强度标准值应具有不小于 95%的保证率。

材料强度的设计值是材料强度的标准值除以材料性能分项系数后的值，即

$$f_d = \frac{f_k}{\gamma_f} \tag{5-9}$$

式中：γ_f——材料性能分项系数，混凝土取 1.45，钢筋取 1.2。

考点十三：混凝土结构的耐久性

在设计混凝土结构时，除了进行结构和构件承载力计算、变形和裂缝验算外，还应该考虑结构耐久性问题。

1. 混凝土结构耐久性及耐久性损伤

混凝土结构的耐久性：指混凝土结构和构件在自然环境、使用环境及材料内部因素的作用下，长期保持材料性能以及安全使用和外观要求的能力。

混凝土结构耐久性损伤：指自然环境中的各种作用（如温度和湿度的变化，水、盐、酸等介质作用）通过混凝土表面裂缝和内部孔隙进入混凝土，与水泥石发生物理、化学作用，造成混凝土材料劣化或整体性受损。

混凝土结构耐久性损伤主要表现为钢筋锈蚀和混凝土劣化。混凝土是一种强碱性材料，新浇筑的混凝土的 pH 值一般为 12～13，在这种强碱性环境中钢筋表面会生成一层钝化膜，这层钝化膜对钢筋具有良好的保护作用。一旦这层钝化膜受到破坏，钢筋的锈蚀就会发生。

2. 混凝土结构耐久性损伤产生的原因

（1）混凝土的碳化

大气中的二氧化碳通过混凝土的毛细孔向混凝土内部扩散，与混凝土中的氢氧化钙发生作用，生成碳酸钙和水，使这部分混凝土由强碱性变成中性，即混凝土的碳化。影响混凝土碳化的主要因素有：二氧化碳浓度、环境温度和湿度、施工质量和养护状况。

（2）氯离子的侵蚀

氯离子进入混凝土中并到达钢筋表面处，当氯离子浓度达到临界浓度，钢筋表面的局部钝化膜就会破坏。引起混凝土内部钢筋锈蚀的氯盐主要来源于外部环境（如近海或海洋环境）和混凝土施工过程（如使用了含氯盐的速凝剂或含氯盐的沙和水）。

（3）混凝土冻融破坏

冻融破坏通常发生在经常与水接触的结构水平表面，对结构立面的破坏多发生在淹没在水中的结构的水线附近。当温度下降，结构孔隙中的水转化成冰时，体积逐渐膨胀，进而产生一种局部张力，使其周围的水泥基质断裂，造成结构破损。

综上，混凝土结构耐久性问题主要涉及两个方面：一是结构所处的环境条件（外因），二是结构本身材料和工程质量（内因）。因此在混凝土结构设计和施工中，要根据混凝土结构所处的环境考虑施工工艺，要保证混凝土密实度和混凝土保护层厚度。

3. 混凝土结构耐久性设计基本要求

设计混凝土结构和构件时，除了进行承载能力极限状态和正常使用极限状态计算外，还应进行结构耐久性设计。结构耐久性设计包括以下内容：结构和构件的设计使用年限、所处的环境类别、混凝土材料要求、耐久性构造措施和防腐措施等。

混凝土结构和构件应根据其表面直接接触的环境按表 5-5 的规定确定所处的环境类别。

公路桥涵混凝土结构和构件所处环境类别划分 表 5-5

环境类别	条件
I类：一般环境	仅受混凝土碳化影响的环境
II类：冻融环境	受反复冻融影响的环境
III类：近海或海洋氯化物环境	受海洋环境下氯盐影响的环境
IV类：除冰盐等其他氯化物环境	受除冰盐等氯盐影响的环境
V类：盐结晶环境	受混凝土孔隙中硫酸盐结晶膨胀影响的环境
VI类：化学腐蚀环境	受酸碱性较强的化学物质侵蚀的环境
VII类：磨蚀环境	受风、水流或水中夹杂物的摩擦、切削、冲击等作用的环境

各类环境下混凝土强度等级最低要求应符合表 5-6 的规定。

混凝土强度等级最低要求 表 5-6

构件类别	梁、板、塔、拱圈、涵洞上部		墩台身、涵洞下部		承台、基础	
设计使用年限（年）	100	50、30	100	50、30	100	50、30
I类：一般环境	C35	C30	C30	C25	C25	C25
II类：冻融环境	C40	C35	C35	C30	C30	C25
III类：近海或海洋氯化物环境	C40	C35	C35	C30	C30	C25
IV类：除冰盐等其他氯化物环境	C40	C35	C35	C30	C30	C25
V类：盐结晶环境	C40	C35	C35	C30	C30	C25
VI类：化学腐蚀环境	C40	C35	C35	C30	C30	C25
VII类：磨蚀环境	C40	C35	C35	C30	C30	C25

普通钢筋保护层厚度取钢筋外缘至混凝土表面的距离，不应小于钢筋公称直径；当钢筋为束筋时，保护层厚度不应小于束筋的等代直径。当纵向受力钢筋的混凝土保护层厚度大于 50mm 时，宜对保护层采取有效的构造措施。当在保护层内配置防裂、防剥落的钢筋网片时，钢筋直径不小于 6mm、间距不大于 100mm，钢筋网片的混凝土保护层厚度不宜小于 25mm。

束筋成束后的等代直径$d_e = \sqrt{n}d$，其中n为组成束筋的钢筋根数，d为单根钢筋直径。

混凝土结构中最外侧钢筋的混凝土保护层厚度应不小于表 5-7 的规定值。

混凝土保护层最小厚度（单位：mm） 表 5-7

构件类别	梁、板、塔、拱圈、涵洞上部		墩台身、涵洞下部		承台、基础	
设计使用年限（年）	100	50、30	100	50、30	100	50、30
I类：一般环境	20	20	25	20	40	40
II类：冻融环境	30	25	35	30	45	40
III类：近海或海洋氯化物环境	35	30	45	40	65	60
IV类：除冰盐等其他氯化物环境	30	25	35	30	45	40
V类：盐结晶环境	30	25	40	35	45	40
VI类：化学腐蚀环境	35	30	40	35	60	55
VII类：磨蚀环境	35	30	45	40	65	60

注：1. 表中数值是针对各环境类别的最低作用等级、最低混凝土强度等级，以及钢筋和混凝土无特殊防腐措施规定的。
2. 对工厂预制的混凝土构件，其保护层最小厚度可将表中相应数值减小 5mm，但不得小于 20mm。
3. 表中承台和基础的保护层最小厚度，是针对基坑底无垫层或侧面无模板的情况规定的；对于有垫层或有模板的情况，保护层最小厚度可将表中相应数值减少 20mm，但不得小于 30mm。

例题解析

例题 1　[2019 年试题 49] 材料的设计强度指用材料强度标准值除以材料性能分项系数后的值，其取值依据主要是为了满足结构的（　　）。

A. 抗裂　　B. 强度　　C. 刚度　　D. 可靠度

答案： D

解析： 见考点十二。材料强度的设计值是材料强度标准值除以材料性能分项系数后的值，材料性能分项系数需根据不同材料，进行构件分析得到的可靠性指标达到规定的目标可靠指标及工程经验校准来确定。在进行设计时，作用乘以大于 1 的系数，材料强度除以大于 1 的系数，是为了使结构更安全。

例题 2　[2019 年试题 50] 结构设计时，应根据各种极限状态的设计要求采用不同的荷载代表值。其中，可变作用的代表值应采用（　　）。

A. 标准值、平均值或准永久值　　B. 标准值、频遇值或平均值

C. 标准值、频遇值或准永久值　　D. 平均值、频遇值或准永久值

答案： C

解析： 见考点十一。可变作用的代表值可分为标准值、组合值、频遇值和准永久值。

例题 3　[2019 年试题 54] 关于光圆钢筋与混凝土黏结作用的说法中，错误的是（　　）。

A. 钢筋与混凝土接触面上的摩擦力

B. 钢筋与混凝土接触面上产生的库仑力

C. 钢筋表面与水泥胶结产生的机械胶合力

D. 混凝土中水泥胶体与钢筋表面的化学胶着力

答案： B

解析： 见考点五。钢筋与混凝土之间具有良好的黏结性能。黏结力化学胶着力、摩擦力和机械咬合力组成。

例题 4　[2020 年试题 49] 极限状态设计法中，结构的可靠性是指（　　）。

A. 安全性、耐久性和稳定性　　B. 安全性、耐久性和适用性

C. 安全性、耐久性和使用性　　D. 使用性、耐久性和稳定性

答案： B

解析： 见考点六。工程结构在规定的设计使用年限内应满足安全性、适用性和耐久性的功能要求。

自测模拟

1. 钢筋混凝土结构设计中钢筋强度是按（　　）取值。

A. 比例极限　　B. 强度极限

C. 弹性极限　　D. 屈服强度或条件屈服强度

2. 下列说法正确的是（　　）。

A. 加载速度越快，测得的混凝土立方体抗压强度越低

B. 棱柱体试件的高宽比越大，测得的抗压强度越高

C. 混凝土立方体试件比棱柱体试件能更好地反映混凝土的实际受压情况

D. 混凝土试件与压力机垫板间的摩擦力使得混凝土的抗压强度提高

3. 混凝土强度等级是由边长为 150mm 的立方体按照标准制作方法和标准试验方法测得的，其强度依据是（　　）。

A. 平均值f_m　　B. $f_m(1-1.645\delta_f)$　　C. $f_m(1-2.0\delta_f)$　　D. $f_m(1-1.0\delta_f)$

4. 若用S表示结构或构件截面上的作用效应，R表示结构或构件截面上的抗力，结构或构件处于可靠状况，对应于（　　）。

A. $R>S$　　B. $R=S$　　C. $R<S$　　D. $R\leqslant S$

5. 关于设计值和标准值，以下说法正确的是（　　）。

A. 材料强度设计值大于其标准值，荷载设计值小于其标准值

B. 材料强度设计值小于其标准值，荷载设计值大于其标准值

C. 材料强度设计值等于其标准值，荷载设计值等于其标准值

D. 材料强度设计值大于其标准值，荷载设计值大于其标准值

6. 我国现行《混凝土结构设计规范》采用的设计方法是（　　）。

A. 以概率理论为基础的极限状态设计方法

B. 以单一安全系数表达的极限状态设计方法

C. 以多安全系数表达的安全系数设计方法

D. 容许应力法

7. 结构的功能要求可概括为（　　）。

A. 实用、经济、美观　　B. 安全性、适用性和耐久性

C. 强度、变形和稳定性　　D. 可靠、经济

8. 高碳钢采用条件屈服强度，以$\sigma_{0.2}$表示，其代表的意义为（　　）。

A. 取极限强度的 20%　　B. 取应变为 0.2%时的应力

C. 取应变为 0.2 时的应力　　D. 取残余应变为 0.2%时的应力

9. 混凝土若处于三向应力作用下，以下说法正确的是（　　）。

A. 纵向受压，横向受拉，可提高抗压强度

B. 纵向受拉，横向受压，可提高抗拉强度

C. 三向受压会降低抗压强度

D. 三向受压将提高抗压强度

10. 结构在设计使用年限超过设计基准期后，结构将（　　）。

A. 立即丧失其功能　　B. 可靠性降低

C. 不失效且可靠度不变　　D. 可靠度降低，但可靠指标不变

11. 属于承载能力极限状态的是（　　）。

A. 连续梁中间产生的变形超过规范限值

B. 裂缝宽度超过规范限值

C. 结构或构件作为刚体失去平衡

D. 预应力混凝土构件中混凝土拉应力超过规范限值

12. 某批混凝土经检测，强度等级为 C30，意味着该混凝土（　　）。

A. 立方体抗压强度达到 30MPa 的保证率为 95%

B. 立方体抗压强度的平均值大于 30MPa

C. 立方体抗压强度超过 30MPa 的保证率为 5%

D. 立方体抗压强度设计值达到 30MPa 的保证率为 95%

13. 钢筋和混凝土是两种不同性质的材料，两者之所以能够共同工作是由于（ ）。

A. 可靠的黏结力　　B. 相近的温度线膨胀系数

C. 混凝土包裹钢筋免受锈蚀　　D. 以上三者都有

14. 对所有钢筋混凝土构件均应进行（ ）。

A. 抗裂验算　　B. 裂缝宽度验算　　C. 变形验算　　D. 承载能力计算

15. 结构或构件承载能力极限状态设计时，在安全级别相同时发生延性破坏和脆性破坏，它们的目标可靠度β_T之间的关系为（ ）。

A. 两者相同

B. 延性破坏时目标可靠度大于脆性破坏时目标可靠度

C. 延性破坏时目标可靠度小于脆性破坏时目标可靠度

D. 无法比较

参考答案

1. D　2. D　3. B　4. A　5. B　6. A　7. B　8. D　9. D　10. B
11. C　12. A　13. D　14. D　15. C

第二节　受弯构件正截面承载力计算

考点分析

本节重点：受弯构件的钢筋构造，受弯构件的破坏形态，界限破坏和最小配筋率的概念，单筋矩形截面、双筋矩形截面和 T 形截面受弯构件的设计计算方法。

本节难点：受弯构件破坏形态，单筋矩形截面、双筋矩形截面和 T 形截面受弯构件的设计计算方法。

考点精讲

考点一：受弯构件的钢筋构造

钢筋混凝土常用的截面形式有矩形截面、T 形截面和箱形截面。钢筋混凝土板厚度不宜小于 80mm，矩形截面梁的高宽比h/b一般可取2.0~2.5，T 形截面的高跨比一般为$h/l = 1/16 \sim 1/11$，腹板厚度常取160~180mm，翼缘板厚度不应小于 100mm。

四边支承的混凝土板，当$l_1/l_2 \geqslant 2$时，受力以短边方向为主，称为单向板；当$l_1/l_2 < 2$时，则为双向板。单向板的受力钢筋沿受力方向布置，数量由计算确定。板内除受力钢筋外，还应设置垂直于主钢筋的分布钢筋。分布钢筋的直径不小于 8mm，间距不大于 200mm，截面面积不宜小于板截面面积的 0.1%。

双向板沿板的两个方向均设置受力钢筋。

梁的钢筋包含纵向受拉钢筋、弯起钢筋或斜钢筋、箍筋、架立钢筋、水平纵向钢筋等。梁内混凝土保护层厚度应不小于《公路钢筋混凝土及预应力混凝土桥涵设计规范》(JTG 3362—2018)(以下简称《公路混凝土桥规》)规定的最小厚度。当纵向钢筋为三层或三层以下时，钢筋之间的净距和层间距不小于30mm，当为三层以上时，应不小于40mm或纵向受拉钢筋直径d的1.25倍。焊接骨架一般不宜超过6层。架立钢筋可采用10~22mm的钢筋，箍筋的直径不宜小于8mm，水平纵向钢筋直径一般为6~8mm。

考点二：受弯构件的破坏形态

适筋梁在荷载作用下经历全截面工作阶段（Ⅰ）、带裂缝工作阶段（Ⅱ）和破坏阶段（Ⅲ）（图5-3）。在全截面工作阶段，混凝土的拉压应力均呈三角形分布，当受拉区混凝土的拉应变临近极限拉应变时，混凝土即将开裂，对应的弯矩为开裂弯矩M_{cr}（第Ⅰ阶段结束）。当荷载作用达到M_{cr}后，出现第一批正裂缝，受拉区混凝土退出工作，钢筋代替混凝土受拉，钢筋拉应力随荷载增大而增大，中性轴随荷载增大向受压区移动，混凝土压应力逐渐变成曲线形，受拉区钢筋应力达到屈服强度（第Ⅱ阶段结束）。当钢筋应力达到屈服强度后，钢筋拉应变增加较快，中和轴快速移动，梁混凝土裂缝急剧开展，压应力不断增大，压应力图逐渐丰满。当受压边缘压应变达到极限压应变时，受压区混凝土出现纵向水平裂缝，混凝土被压碎，梁宣告破坏（第Ⅲ阶段结束）。

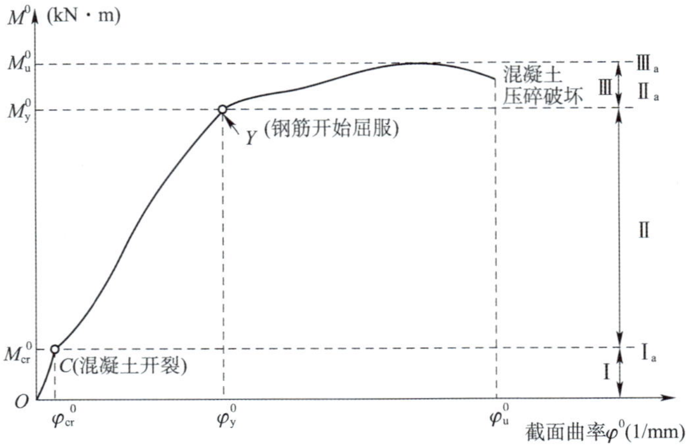

图5-3 试验梁的荷载—挠度曲线

结构或构件在破坏前有明显的变形或其他征兆，称为延性破坏。结构或构件在破坏前无明显变形或其他征兆，则称为脆性破坏。

钢筋混凝土梁正截面有适筋梁、超筋梁和少筋梁三种破坏形态（图5-4）。

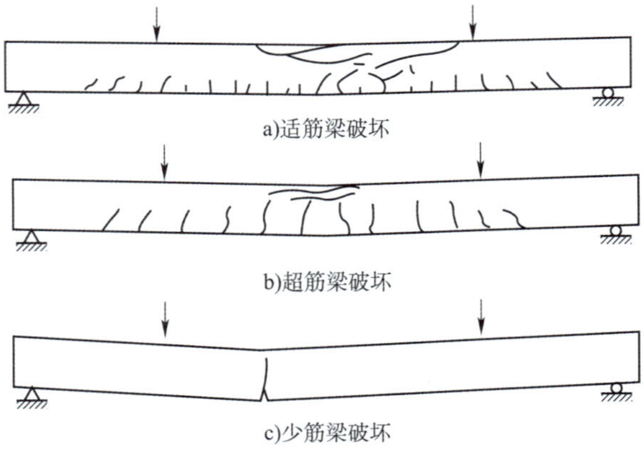

图5-4 梁的破坏形态

适筋梁：受拉钢筋配置适中，受拉钢筋首先达到屈服，而后受压区混凝土被压碎。裂缝数量较多，间距适中，梁变形较大，具有明显的破坏特征，属延性破坏。适筋梁中钢筋和混凝土的强度都得到充分的利用。

超筋梁：受拉钢筋配置数量过多，受拉钢筋不能屈服，受压混凝土首先被压碎。裂缝细而密，高度不高。梁变形不大，无明显破坏特征，属脆性破坏。超筋梁中受拉钢筋不屈服，钢材强度没有得以充分利用。

少筋梁：受拉钢筋配置数量很少，梁一旦开裂即延伸至梁顶，将梁分成两部分。裂缝只有一条，受压区混凝土没有被压碎。梁变形虽很大，但破坏具有突然性，属脆性破坏。少筋梁受压区混凝土没有被压碎，混凝土的强度没有得以充分利用。

超筋梁的承载力主要取决于混凝土的抗压强度，承载能力较强；少筋梁的承载力主要取决于混凝土抗拉强度，承载能力最低；适筋梁取决于钢筋的屈服强度和混凝土的抗压强度（图 5-5）。设计时应采用适筋梁。

考点三：界限破坏

当钢筋混凝土梁受拉区钢筋达到屈服应变的同时，受压区混凝土边缘也达到极限压应变而破坏，称为界限破坏。

界限破坏是适筋梁和超筋梁的界限，当计算受压区高度$x \leqslant \xi_b h_0$时为适筋梁，当$x > \xi_b h_0$时为超筋梁。界限破坏截面应变分布如图 5-6 所示。

其中ξ_b为相对界限受压区高度，可以查表 5-8 获得。

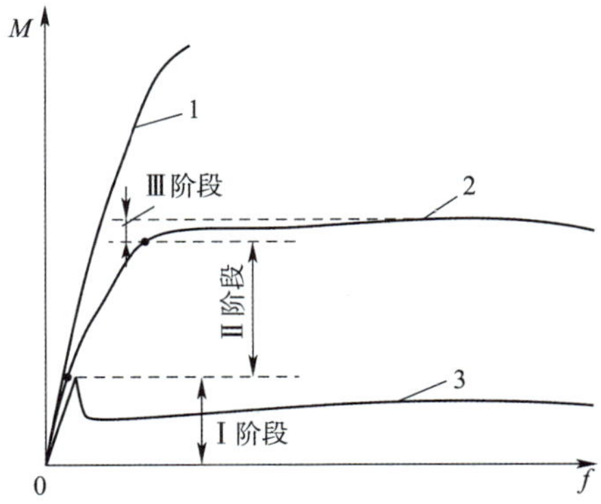

图 5-5 三种破坏形态的破坏—挠度曲线

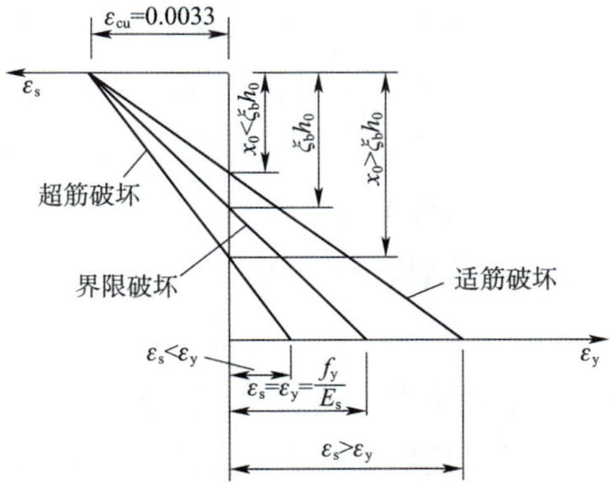

图 5-6 界限破坏截面应变分布图

相对界限受压区高度 表 5-8

钢筋种类	混凝土强度等级			
	C50 及以下	C55、C60	C65、C70	C75、C80
HPB300	0.58	0.56	0.54	—
HRB400、HRBF400、RRB400	0.53	0.51	0.49	—
HRB500	0.49	0.47	0.46	—

考点四：最小配筋率

为避免少筋梁破坏，必须确定钢筋混凝土受弯构件的最小配筋率。最小配筋率是少筋梁与适筋梁的界限。受弯构件的最小配筋率取 0.2%和 $0.45f_{td}/f_{sd}$两者之间的较大值。

考点五：单筋矩形截面受弯构件

1. 单筋梁的承载力计算

单筋矩形截面受弯构件的受力图示如图 5-7 所示。

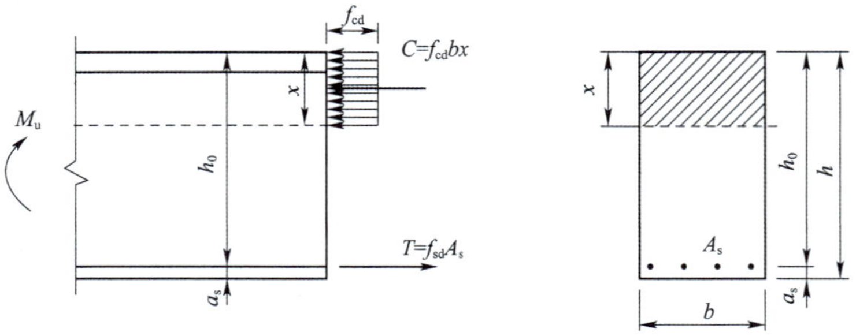

图 5-7 单筋矩形截面受弯构件正截面承载力计算图示

其受弯承载力计算公式为

$$f_{cd}bx=f_{sd}A_s \tag{5-10}$$

$$\gamma_0 M_d \leqslant M_u=f_{cd}bx\left(h_0-\frac{x}{2}\right) \tag{5-11}$$

$$\gamma_0 M_d \leqslant M_u=f_{sd}A_s\left(h_0-\frac{x}{2}\right) \tag{5-12}$$

式中：M_u ——计算截面的受弯承载力；

f_{cd} ——混凝土轴心抗压强度设计值；

f_{sd} ——纵向受拉钢筋抗拉强度设计值；

A_s ——纵向受拉钢筋的截面面积；

x ——按等效矩形应力图计算的截面受压区高度；

b ——截面宽度；

h_0 ——截面有效高度。

适用条件：

（1）为了避免出现超筋梁，需满足$x\leqslant\xi_b h_0$。

（2）为了避免出现少筋梁，需满足$\rho\geqslant\rho_{min}$。

2. 超筋梁的承载力计算

在其他条件均相同，仅配筋率不同的情况下，超筋梁的承载力比适筋梁的承载力要高。但因超筋梁为脆性破坏，设计中仅取相同截面尺寸的适筋梁的上限值作为超筋梁的设计承载力，其计算公式为

$$\gamma_0 M_d \leqslant M_u=f_{cd}bh_0^2\xi_b(1-0.5\xi_b) \tag{5-13}$$

考点六：双筋矩形截面受弯构件

1. 双筋梁的适用场合

（1）当梁截面尺寸受到使用条件限制或混凝土强度不宜提高的情况下，可采用双筋梁。

（2）当梁截面承受异号弯矩时，必须采用双筋梁。

（3）为了提高截面的延性，可采用双筋梁。

双筋梁中为保证受压钢筋达到屈服强度，应满足

$$x \geqslant 2a'_s$$

式中：a'_s——受压钢筋合力点至截面受压边缘的距离。

2. 双筋梁的承载力计算

双筋梁的受力图示如图 5-8 所示。

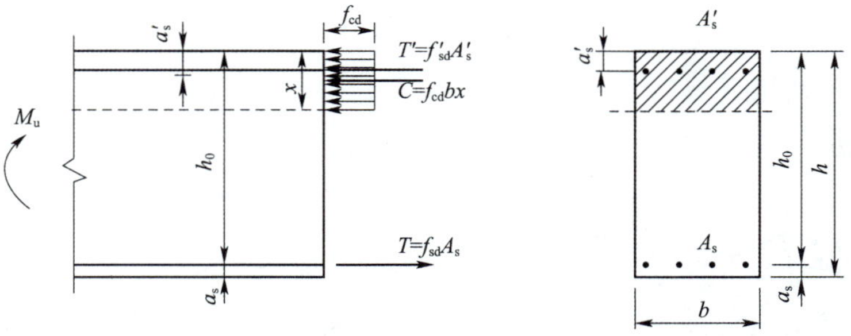

图 5-8 双筋矩形截面受弯构件正截面承载力计算图示

其受弯承载力计算公式为

$$f_{sd}A_s = f_{cd}bx + f'_{sd}A'_s \tag{5-14}$$

$$\gamma_0 M_d \leqslant M_u = f_{cd}bx\left(h_0 - \frac{x}{2}\right) + f'_{sd}A'_s(h_0 - a'_s) \tag{5-15}$$

$$\gamma_0 M_d \leqslant M_u = f_{sd}A_s(h_0 - a'_s) - f_{cd}bx\left(\frac{x}{2} - a'_s\right) \tag{5-16}$$

式中：f'_{sd}——受压钢筋的抗压强度设计值；

A'_s——受压钢筋的截面面积；

其他符号意义同前。

适用条件：

（1）为了避免出现超筋梁，需满足$x \leqslant \xi_b h_0$。

（2）为保证受压钢筋达到屈服强度，需满足$x \geqslant 2a'_s$。

3. 对于$x < 2a'_s$的特殊情况

若$x < 2a'_s$（图 5-9），则意味着双筋梁中受压钢筋可能达不到抗压强度设计值。可对受压钢筋合力中心取力矩，可得到正截面受弯承载力的近似表达式为

$$M_u = f_{sd}A_s(h_0 - a'_s)$$

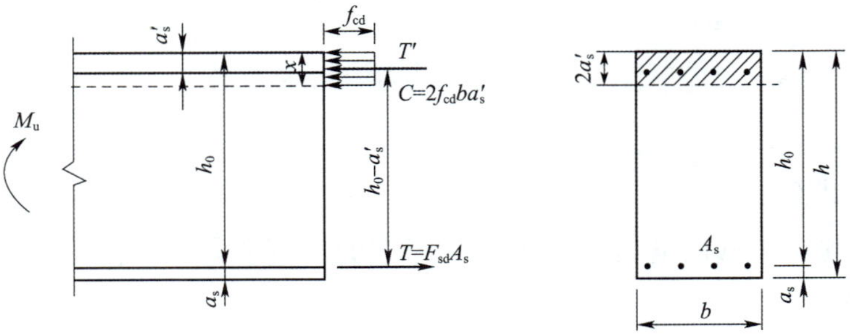

图 5-9 $x < 2a'_s$时的受力图示

考点七：T 形截面受弯构件

1. T 形截面的有效翼缘宽度

试验和理论分析发现，T 形截面梁承受荷载作用产生弯曲变形时，因受剪切应变的影响，在翼缘板宽度方向上纵向压应力分布是不均匀的，离梁肋越远，压应力越小。在设计计算中，根据力的等效原则，

可以确定受压翼缘的有效宽度b'_f，并假定在有效宽度范围内的压应力是均匀分布的（图 5-10）。有效翼缘宽度取以下三种情况中的最小值。

（1）取简支梁计算跨度的1/3。对于连续梁，中间跨正弯矩区段，取该跨计算跨径的 0.2 倍；边跨正弯矩区段，取该跨计算跨径的 0.27 倍；各中间支点负弯矩区段，取该支点相邻两跨计算跨径之和的 0.07 倍。

（2）相邻两梁的平均间距。

（3）$b + b_h + 12h'_f$。

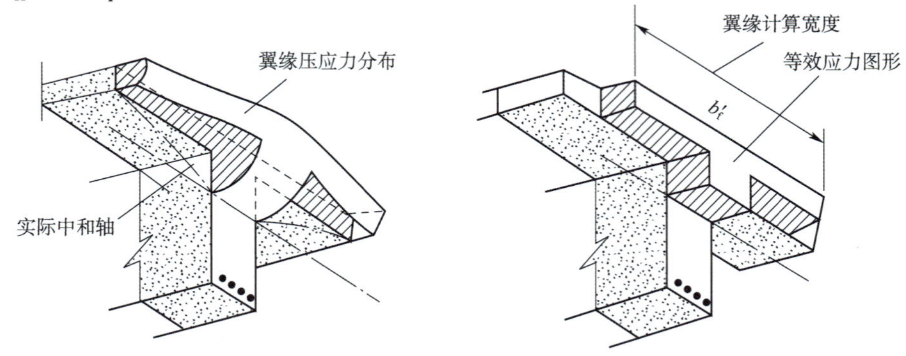

图 5-10　T 形梁受压翼缘的正应力分布和有效翼缘宽度

2. T 形梁的分类

T 形截面根据受压区高度的不同可分为两类：受压区高度在受压翼缘内，即$x \le h'_f$，为第一类 T 形截面；受压区进入到梁肋中，即$x > h'_f$，为第二类 T 形截面（图 5-11）。

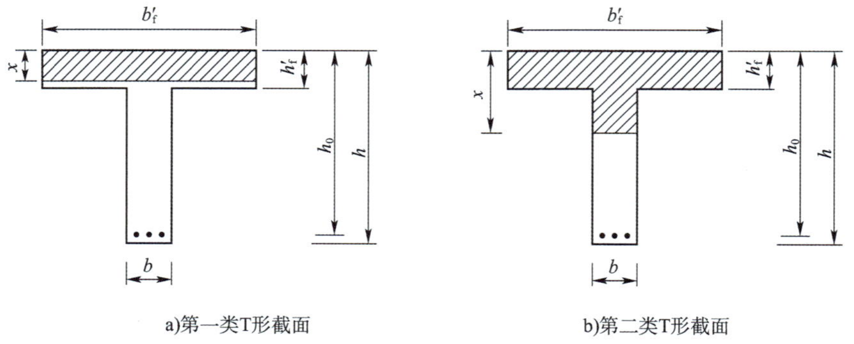

图 5-11　T 形截面的分类

3. T 形梁的承载力计算

（1）第一类 T 形截面

中和轴在受压翼缘内，截面虽然为 T 形，但承载力与宽度为b'_f的矩形截面相同，其受力图示见图 5-12。

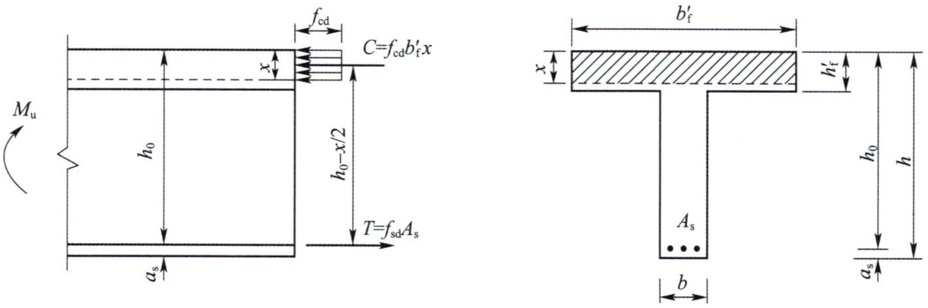

图 5-12　第一类 T 形截面受弯承载力计算图式

第一类 T 形截面的承载力计算公式为

$$f_{sd}A_s = f_{cd}b'_f x \tag{5-17}$$

$$\gamma_0 M_d \leqslant M_u = f_{cd}b'_f x\left(h_0 - \frac{x}{2}\right) \tag{5-18}$$

$$\gamma_0 M_d \leqslant M_u = f_{sd}A_s\left(h_0 - \frac{x}{2}\right) \tag{5-19}$$

第一类 T 形截面（$x \leqslant h'_f$）计算公式的适用条件：

①$x \leqslant \xi_b h_0$；

②$\rho \geqslant \rho_{min}$。

（2）第二类 T 形截面

中和轴在梁肋内，受压区为 T 形，受压区合力可分为两部分，一部分是宽为b，高为h的矩形，另一部分是宽度为$b'_f - b$，高度为h'_f的矩形。其受力图示见图 5-13。

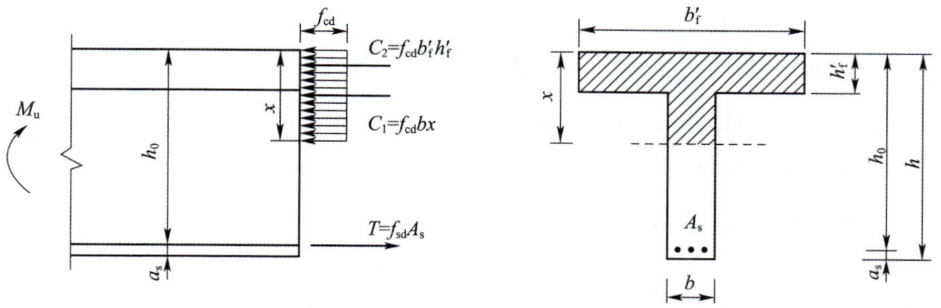

图 5-13　第二类 T 形截面受弯承载力计算图式

第二类 T 形截面（$x > h'_f$）的承载力计算公式为

$$f_{sd}A_s = f_{cd}bx + f_{cd}(b'_f - b)h'_f \tag{5-20}$$

$$\gamma_0 M_d \leqslant M_u = f_{cd}bx\left(h_0 - \frac{x}{2}\right) + f_{cd}(b'_f - b)h'_f\left(h_0 - \frac{h'_f}{2}\right) \tag{5-21}$$

第二类 T 形截面计算公式的适用条件：

①$x \leqslant \xi_b h_0$；

②$\rho \geqslant \rho_{min}$。

例 题 解 析

例题 1　［2019 年试题 51］钢筋混凝土适筋梁正截面受力全过程分为三个阶段，其中第三阶段，即破坏阶段末的表现是（　　）。

A. 受拉区钢筋先屈服，随后受压区混凝土压碎

B. 受拉区钢筋未屈服，受压区混凝土已压碎

C. 受拉区钢筋和受压区混凝土的应力均不定

D. 受压区混凝土先压碎，然后受拉区钢筋屈服

答案： A

解析： 见考点二。第三阶段，受拉区钢筋应力达到屈服强度，钢筋拉应变增加较快，中和轴快速移动，梁混凝土裂缝急剧开展，压应力不断增大，当受压边缘压应变达到极限压应变时，受压区混凝土出现纵向水平裂缝，混凝土被压碎，梁宣告破坏。

例题 2 ［2020 年试题 53］钢筋混凝土梁的试验表明，钢筋混凝土适筋梁从加荷直至破坏。其正截面工作状态经历了三个阶段，大致可分为（　　）。

A. 整体工作阶段、极限工作阶段、破坏阶段

B. 弹性工作阶段、带裂缝工作阶段、破坏阶段

C. 弹性工作阶段、受拉区混凝土退出工作阶段、塑性阶段

D. 弹性工作阶段、全截面工作阶段、受拉区混凝土退出工作阶段

答案： B

解析： 见考点二。适筋梁正截面工作的三个阶段分别是全截面工作阶段、带裂缝工作阶段和破坏阶段。全截面工作阶段，钢筋受拉，尚未屈服，混凝土也未出现裂缝，钢筋和混凝土均处于弹性工作状态。

自 测 模 拟

1. 设计双筋梁，当A_s和A_s'均为未知数时，需补充的条件是（　　）。

A. $A_s = A_s'$　　B. $A_s = 0.02bh_0$　　C. $\xi = \xi_b$　　D. $x = 2a_s'$

2. 双筋梁矩形截面正截面承载力计算中，验算$x \geqslant 2a_s'$是为了（　　）。

A. 保证受压钢筋达到抗压设计强度

B. 构件不开裂

C. 保证受拉钢筋达到屈服

D. 保证受压区混凝土达到极限压应变

3. 适筋梁在逐渐加载过程中，当受拉钢筋达到屈服强度以后（　　）。

A. 该梁即达到最大承载力而破坏

B. 该梁达到最大承载力，一直维持到受压混凝土达到极限压应变而破坏

C. 该梁承载力略有提高，但很快受压区混凝土达到极限压应变而破坏

D. 该梁达到最大承载力，随后承载力缓慢下降直至破坏

4. 适筋梁正截面破坏时，其主要破坏特征是（　　）。

A. 受压区混凝土先压碎，然后受拉钢筋屈服

B. 受拉钢筋被拉断，受压区混凝土还没被压碎

C. 受拉钢筋先屈服，然后受压区混凝土达到极限压应变而破坏

D. 受拉钢筋屈服的同时，受压区混凝土被压碎

5. 与素混凝土梁相比，适当配筋的钢筋混凝土梁的承载力和抗裂能力变化规律为（　　）。

A. 承载力提高很多，抗裂能力提高不多　　B. 均提高很多

C. 抗裂能力提高很多，承载力提高不多　　D. 均提高不多

6. 与相对界限受压区高度有关的因素为（　　）。

A. 钢筋强度等级和混凝土强度等级

B. 钢筋强度等级

C. 钢筋强度等级、混凝土强度等级及截面尺寸

D. 混凝土强度等级

7. 钢筋混凝土适筋梁破坏时，受拉钢筋应变与受压边缘混凝土应变的特点是（　　）。

A. $\varepsilon_s < \varepsilon_y$，$\varepsilon_c = \varepsilon_{cu}$　　B. $\varepsilon_s > \varepsilon_y$，$\varepsilon_c = \varepsilon_{cu}$

C. $\varepsilon_s < \varepsilon_y$，$\varepsilon_c > \varepsilon_{cu}$　　D. $\varepsilon_s > \varepsilon_y$，$\varepsilon_c < \varepsilon_{cu}$

8. 双筋梁截面设计中如果满足 $2a_s' \leqslant x \leqslant \xi_b h_0$，表明（　　）。

A. 受拉钢筋不屈服，受压区混凝土被压碎

B. 受拉钢筋屈服，受压区混凝土被压碎

C. 受拉钢筋不屈服，受压区混凝土没被压碎

D. 受拉钢筋屈服，受压区混凝土没被压碎

9. 钢筋混凝土梁受拉区边缘开始出现裂缝是因为（　　）。

A. 受拉边缘混凝土应变达到混凝土的极限拉应变

B. 受拉混凝土的应力达到混凝土的抗拉标准强度

C. 受拉混凝土的应力达到混凝土的抗拉设计强度

D. 受拉混凝土的应力达到混凝土的抗压设计强度

10. 下列关于梁内钢筋构造的说法，错误的是（　　）。

A. 架立钢筋与箍筋和受力主钢筋形成钢筋骨架

B. 腰筋设置在梁的两侧，可以抑制裂缝的开展

C. 因为可以采用焊接骨架，所以受力钢筋与钢筋之间的净距可以取很小

D. 弯起钢筋跟主拉应力方向几乎一致，有利于抗剪

11. 双筋截面设计中，当A_s和A_s'均未知时，补充条件取$\xi = \xi_b$是为了（　　）。

A. 使混凝土用量最小

B. 充分发挥混凝土的强度，使钢筋总量最少

C. 使受拉钢筋达到屈服强度

D. 避免超筋破坏

12. 单筋矩形截面适筋梁，提高受弯承载力最有效的方法是（　　）。

A. 提高钢筋的级别　　B. 增大钢筋的间距

C. 增大截面高度　　D. 提高混凝土的强度等级

13. 下列说法，正确的是（　　）。

A. 单筋矩形截面梁设计时，若$\xi > \xi_b$，就只能采用双筋截面

B. 双筋矩形截面梁设计时，若$x < 2a_s'$，可取$x = 2a_s'$计算

C. 对第二类 T 形梁设计时，相当于截面宽度为b_f'的矩形截面

D. 受弯构件受压区混凝土破坏时，应力的分布图形为矩形形状

14. 在计算 T 形截面受弯构件正截面受弯承载力时，翼缘宽度（　　）。

A. 越大越有利　　B. 越小越有利

C. 越大越有利，但应限制在一定范围内　　D. 与受弯承载力无关

参考答案

1. C　2. D　3. C　4. C　5. A　6. A　7. B　8. B　9. A　10. C

11. B　12. C　13. B　14. C

第三节　受弯构件斜截面承载力计算

考点分析

本节重点： 受剪破坏的破坏形态，受剪承载力计算公式及适用条件，全梁承载力校核及钢筋构造要求。

本节难点： 受剪破坏的破坏形态，全梁承载力校核。

考点精讲

考点一：受弯构件斜截面破坏形态

1. 剪跨比的概念

受弯构件在荷载作用下，除了产生弯矩外，一般还有剪力。在弯矩和剪力共同作用下，可能发生斜截面破坏。在弯矩作用下，截面产生正应力；在剪力作用下，截面产生剪应力。在弯剪区段截面上任意一点都有正应力和剪应力存在，并在截面中形成主拉应力和主压应力。沿截面高度上，主拉应力与水平方向的夹角不同。在弯矩和剪力作用下，当梁中主拉应力超过混凝土的极限抗拉强度时，混凝土将开裂，形成斜裂缝。

剪跨比m是影响斜截面破坏的重要因素之一，反映某个截面弯矩和剪力的相对关系，可表示为

$$m=\frac{M}{Vh_0} \tag{5-22}$$

式中：M、V——弯剪区段中某个竖直截面的弯矩和剪力；

h_0——截面有效高度。

2. 斜截面破坏形态

试验研究表明，随着剪跨比m的变化，无腹筋简支梁斜截面破坏分为斜拉破坏、剪压破坏和斜压破坏。

（1）斜拉破坏

通常发生在$m>3$时。在荷载作用下，主斜裂缝快速形成，并延伸到荷载垫板边缘使梁体混凝土裂通，梁被撕裂成两部分而丧失承载力；沿纵向钢筋往往伴随水平撕裂裂缝。斜拉破坏的受剪承载力主要取决于混凝土的抗拉强度。

（2）剪压破坏

通常发生在$1\leqslant m\leqslant 3$时。在荷载作用下，梁的弯剪区段陆续出现多条斜裂缝，其中一条发展成为临界斜裂缝。随着荷载的增加，斜裂缝不断发展，主斜裂缝延伸到荷载垫板下，斜裂缝顶端的混凝土在正应力、剪应力和局部压应力共同作用下被压酥而破坏。剪压破坏的受剪承载力主要取决于混凝土的复合应力强度。

（3）斜压破坏

通常发生在$m<1$时。在荷载作用下，在荷载作用点和支座间的梁腹出现第一条斜裂缝，然后出现多条大致相平行的斜裂缝，梁腹被分成多个倾斜的小柱。随着荷载的增大，梁腹混凝土被压碎。斜压破

坏的受剪承载力主要取决于混凝土的抗压强度。

对于斜截面三种破坏形态，构件破坏时均具有突然性，属于脆性破坏，其中斜拉破坏最明显。设计中推荐选用剪压破坏。

在梁中设置箍筋或弯起钢筋可以限制斜裂缝的开展宽度，提高梁的斜截面受剪承载力。

考点二：影响受弯构件斜截面受剪承载力的主要因素

1. 剪跨比m

剪跨比m是影响受弯构件斜截面破坏形态与受剪承载力的主要因素。随着剪跨比的增大，破坏形态按斜压、剪压和斜拉的顺序演变，受剪承载力逐渐降低。

2. 混凝土抗压强度

梁的斜截面破坏是由于混凝土达到相应受力状态下的极限强度而发生的，因此，混凝土的抗压强度对梁的受剪承载力影响很大。因斜截面破坏形态取决于不同的混凝土强度，但都随混凝土抗压强度的提高而提高。

3. 纵向受拉钢筋配筋率

试验表明，梁的受剪承载力随纵向受拉钢筋配筋率的提高而增大。因纵向受拉钢筋能抑制斜裂缝的开展和延伸，且销栓作用也增大。

4. 箍筋的配筋率和箍筋强度

箍筋可以直接承受部分剪力，可以抑制斜裂缝的开展和延伸。为了提高构件延性，箍筋不宜采用高强钢筋。箍筋的用量可用箍筋配箍率来反映，其表达式为

$$\rho_{sv} = \frac{A_{sv}}{bs_v} \tag{5-23}$$

式中：A_{sv}——斜截面内配置在沿梁长度方向一个箍筋间距s_v范围内的箍筋各肢总截面面积；

b——截面宽度；

s_v——沿梁长度方向箍筋间距。

考点三：受弯构件斜截面受剪承载力的计算方法

斜截面抗剪设计时，一般采用截面限制条件和一定的构造措施避免斜压和斜拉破坏。针对剪压破坏形态，采用《公路混凝土桥规》给定公式进行抗剪设计，即

$$\gamma_0 V_d \leqslant V_u = 0.45\times10^{-3}\alpha_1\alpha_2\alpha_3 bh_0\sqrt{(2+0.6p)\sqrt{f_{cu,k}}\rho_{sv}f_{sv}} + 0.75\times10^{-3}f_{sd}\sum A_{sb}\sin\theta_s \tag{5-24}$$

式中：V_u——配有箍筋和斜筋的钢筋混凝土梁斜截面受剪承载力（kN）；

α_1——异号弯矩影响系数，计算简支梁和连续梁近边支点梁段的受剪承载力时，$\alpha_1 = 1.0$；计算连续梁和悬臂梁近中间支点梁段的受剪承载力时，$\alpha_1 = 0.9$；

α_2——预应力提高系数，对钢筋混凝土受弯构件，$\alpha_2 = 1$；

α_3——受压翼缘的影响系数，对具有受压翼缘的截面，$\alpha_3 = 1.1$；

b——斜截面受压区顶端正截面处矩形截面宽度（mm），或 T 形和工字形截面肋板宽度（mm）；

h_0——斜截面受压区顶端正截面的有效高度，自纵向受拉钢筋合力点到受压边缘的距离（mm）；

p——斜截面内纵向受拉钢筋的配筋率，$p = 100\rho$，$\rho = A_s/(bh_0)$，当$p > 2.5$时，取$p = 2.5$；

$f_{cu,k}$——混凝土立方体抗压强度标准值（MPa）;

ρ_{sv}——斜截面内箍筋配筋率;

f_{sv}——箍筋抗拉强度设计值（MPa）;

f_{sd}——弯起钢筋的抗拉强度设计值（MPa）;

A_{sb}——斜截面内在同一个弯起钢筋平面内的弯起钢筋总截面面积（mm^2）;

θ_s——弯起钢筋的切线与构件水平纵向轴线的夹角。

受剪承载力计算公式需满足上下限值。

（1）上限值——截面最小尺寸

当截面尺寸较小而剪力较大时，可能在梁肋处产生过大的主压应力，使梁产生斜压破坏。故要求

$$\gamma_0 V_d \leqslant 0.51\times10^{-3}\sqrt{f_{cu,k}}bh_0 \quad (kN) \tag{5-25}$$

若不满足，则应加大截面尺寸或提高混凝土强度等级。

（2）下限值——按构造要求配置箍筋

《公路混凝土桥规》规定，当满足下式时，可不需进行斜截面受剪承载力的计算，仅按构造要求配置箍筋。

$$\gamma_0 V_d \leqslant 0.5\times10^{-3}\alpha_2 f_{td}bh_0 \quad (kN) \tag{5-26}$$

考点四：全梁承载能力校核与构造要求

1. 承载能力校核

对钢筋混凝土梁进行全梁承载能力校核，就是检查梁的正截面受弯承载力、斜截面受剪承载力和斜截面受弯承载力是否满足要求。

正截面受弯承载力要求可以按照抵抗弯矩图外包弯矩包络图的原则来满足。

斜截面受剪承载力复核时，复核位置应按以下规定选取：

（1）距支座中心$h/2$（梁高一半）处的截面(图 5-14 中截面 1-1）。

（2）受拉区弯起钢筋弯起处的截面（图 5-14 中截面 2-2 和 3-3）以及锚于受拉区的纵向钢筋开始不受力处的截面(图 5-14 中截面 4-4）。

（3）箍筋数量或间距有改变处的截面(图 5-14 中截面 5-5)。

（4）梁的肋板宽度改变处的截面。

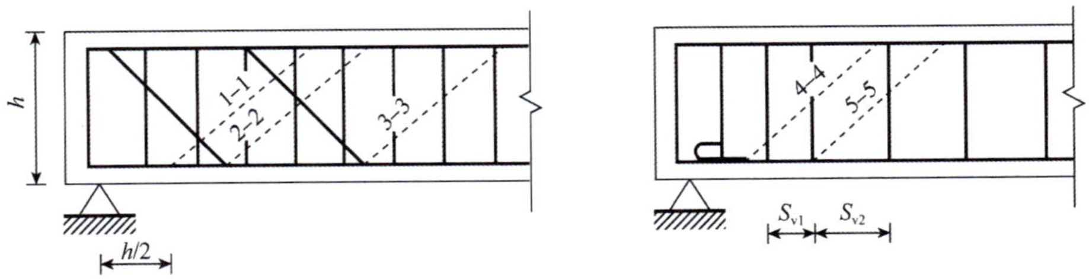

图 5-14　斜截面受剪承载力复核截面位置示意图

2. 构造要求

构造要求及其措施是结构设计的重要组成部分。结构计算一般只能确定构件的截面尺寸及钢筋数量和布置，但对于一些不易精确计算的构造细节往往要通过构造措施来弥补。

1）纵向受拉钢筋在支座处的锚固

梁在支座附近出现斜裂缝时，梁的承载能力取决于纵向受拉钢筋在支座处的锚固情况。为防止因锚

固长度不足导致钢筋被拔出而破坏，需要满足以下要求：

（1）在钢筋混凝土梁的支点处，应至少有两根且不少于下层纵向受拉钢筋总数1/5的钢筋通过。

（2）底层两外侧之间不向上弯曲的纵向受拉钢筋，伸出支点截面以外的长度应不小于 10d（HPB300 钢筋应带半圆钩）；对环氧树脂涂层钢筋应不小于 12.5d，d为纵向受拉钢筋直径。

2）纵向受拉钢筋在梁跨间的截断与锚固

当纵向受拉钢筋在梁跨间的理论截断点处被截断后，该处混凝土所受的拉应力突增，梁会过早出现斜裂缝。因此，纵向受拉钢筋不宜在受拉区截断。若需截断，为了保证钢筋强度被充分利用，必须将钢筋从理论截断点外伸一定的长度（l_a+h_0）再截断，l_a为钢筋的锚固长度，h_0为梁截面有效高度（图 5-15）；同时应考虑从正截面抗弯承载力计算不需要该钢筋的截面至少延伸 20d（环氧树脂涂层钢筋 25d），d为钢筋公称直径。

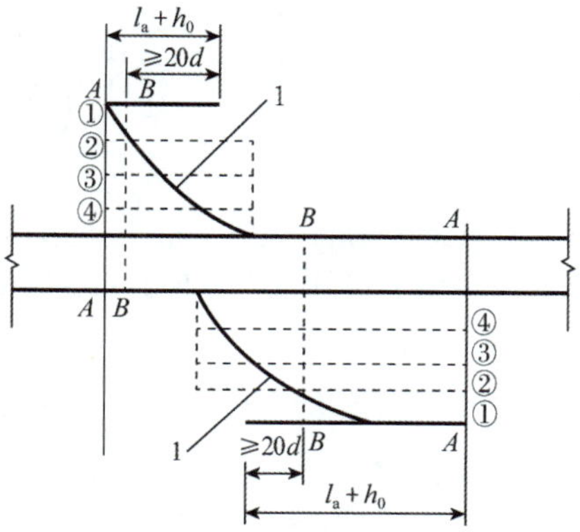

图 5-15　纵向受拉钢筋截断时的延伸长度

1-弯矩图；A-A-钢筋①、②、③、④强度充分利用截面；B-B-按计算不需要钢筋①的截面

钢筋的锚固长度l_a是受力钢筋通过混凝土与钢筋黏结作用将所受的力传递给混凝土所需的长度。为充分利用钢筋强度，不同受力情况下钢筋的最小锚固长度见表 5-9。

钢筋最小锚固长度l_a　　表 5-9

钢筋种类		HPB300				HRB400、HRBF400、RRB400			HRB500		
混凝土强度等级		C25	C30	C35	≥C40	C30	C35	≥C40	C30	C35	≥C40
受压钢筋（直端）		45d	40d	38d	35d	30d	28d	25d	35d	33d	30d
受拉钢筋	直端	—	—	—	—	35d	33d	30d	45d	43d	40d
	弯钩端	40d	35d	33d	30d	30d	28d	25d	35d	33d	30d

注：1. d为钢筋公称直径。
2. 对于受压束筋和等代直径d_e≤ 28mm 的受拉束筋的锚固长度，应以等代直径按表值确定，束筋的各单根钢筋可在同一锚固终点截断；对于等代直径d_e>28mm 的受拉束筋，束筋内各单根钢筋应自锚固起点开始，以表内规定的单根钢筋的锚固长度的 1.3 倍，呈阶梯形逐根延伸后截断，即自锚固起点开始，第一根延伸 1.3 倍单根钢筋的锚固长度，第二根延伸 2.6 倍单根钢筋的锚固长度，第三根延伸 3.9 倍单根钢筋的锚固长度。
3. 采用环氧树脂涂层钢筋时，受拉钢筋最小锚固长度应增加 25%。
4. 当混凝土在凝固过程中易受扰动时，锚固长度应增加 25%。
5. 当受拉钢筋末端采用弯钩时，锚固长度为包括弯钩在内的投影长度。

受拉钢筋的末端弯钩和钢筋的中间弯折应符合表 5-10 的规定。

受拉钢筋的末端弯钩和钢筋的中间弯折　　表 5-10

弯曲部位	弯曲角度	形　状	钢　筋	弯曲直径	平直段长度
末端弯钩	180°	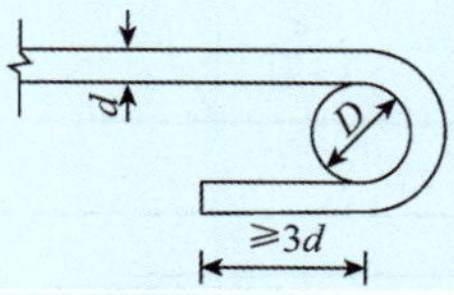	HPB300	≥2.5d	≥3d
	135°	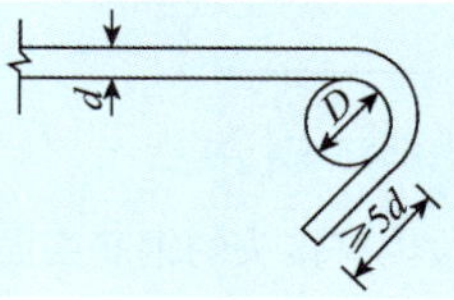	HRB400、HRB500、HRBF400、RRB400	≥5d	≥5d

续上表

弯曲部位	弯曲角度	形　状	钢　筋	弯曲直径	平直段长度
末端弯钩	90°	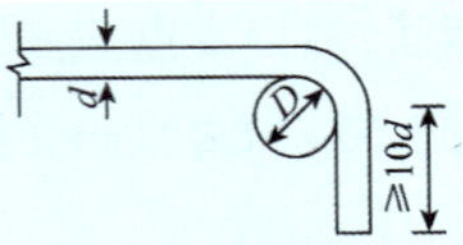	HRB400、HRB500、HRBF400、RRB400	≥5*d*	≥10*d*
中间弯折	≤90°	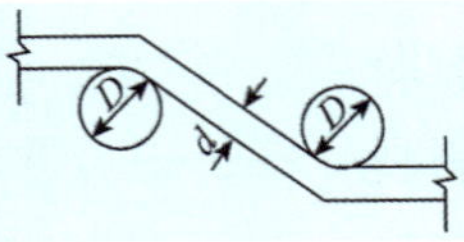	各种钢筋	≥20*d*	—

注：采用环氧树脂涂层钢筋时，除应满足表内规定外，当钢筋直径d≤20mm 时，弯钩内直径D不应小于 5d；当d>20mm 时，弯钩内直径D不应小于 6d；直线段长度不应小于 5d。

3）钢筋的接头

当梁内的钢筋需要接长时，可以采用绑扎接头、焊接接头和机械接头。

钢筋连接宜设在受力较小区段，并宜错开布置。接头宜采用焊接接头和机械接头（套筒挤压接头、镦粗直螺纹接头)；当施工或构造条件有困难时，除轴心受拉和小偏心受拉构件纵向受力钢筋外，也可采用绑扎接头。

（1）绑扎接头

受拉钢筋绑扎接头的搭接长度l_s应不小于表 5-11 的规定；受压钢筋绑扎接头的搭接长度应不小于受拉钢筋绑扎接头的搭接长度的 0.7 倍。

受拉钢筋绑扎接头的搭接长度　　表 5-11

钢筋种类	HPB300		HRB400、HRBF400、RRB400	HRB500
混凝土强度等级	C25	≥C30	≥C30	≥C30
搭接长度（mm）	40*d*	35*d*	45*d*	50*d*

注：1. d为钢筋的公称直径（mm）。当带肋钢筋d>25mm 时，其受拉钢筋的搭接长度应按表值增加 5d采用；当带肋钢筋d<25mm 时，搭接长度可按表值减少 5d采用。
2. 当混凝土在凝固过程中受力钢筋易受扰动时，其搭接长度应增加 5d。
3. 在任何情况下，受拉钢筋的搭接长度不应小于 300mm；受压钢筋的搭接长度不应小于 200mm。
4. 环氧树脂涂层钢筋的绑扎接头搭接长度，受拉钢筋按表值的 1.5 倍采用。
5. 受拉区段内，HPB300 钢筋绑扎接头的末端应做成弯钩，HRB400、HRB500、HRBF400 和 RRB400 钢筋的末端可不做成弯钩。

在任一绑扎接头中心至搭接长度l_s的 1.3 倍长度区段l（图 5-16）内，同一根钢筋不得有两个接头；在该区段内有绑扎接头的受力钢筋截面面积占受力钢筋总截面面积的百分数，受拉区不宜超过 25%，受压区不宜超过 50%。超过上述规定时，绑扎接头的搭接长度应按表 5-11 的规定值，乘以下列系数：当受拉钢筋绑扎接头截面面积大于 25%，但不大于 50%时，乘以 1.4，当大于 50%时，乘以 1.6；当受压钢筋绑扎接头截面面积大于 50%时，乘以 1.4（受压钢筋绑扎接头长度仍为表中受拉钢筋绑扎接头长度的 0.7 倍）。

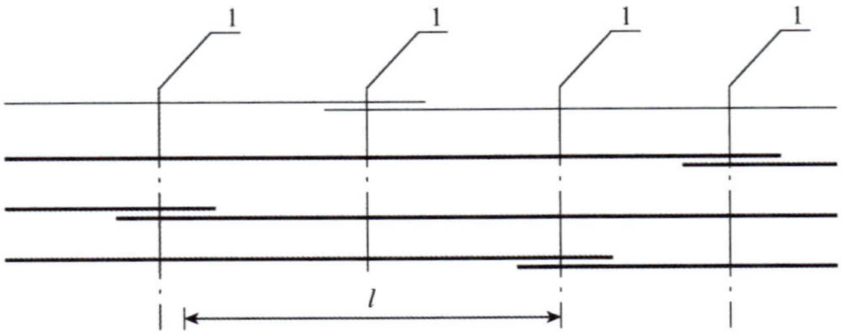

图 5-16　受力钢筋绑扎接头

1-绑扎接头搭接长度中心（图中l区段内有接头的钢筋截面面积按两根计）

（2）焊接接头

钢筋焊接接头宜采用闪光接触对焊；当闪光接触对焊条件不具备时，也可采用电弧焊（帮条焊或搭接焊）、电渣压力焊和气压焊。电弧焊应采用双面焊缝，不得已时方可采用单面焊缝。电弧焊接接头的焊缝长度，双面焊缝不应小于钢筋直径的 5 倍，单面焊缝不应小于钢筋直径的 10 倍。

在任一焊接接头中心至 35 倍钢筋直径且不小于 500mm 的长度区段l内，同一根钢筋不得有两个接头；在该区段内有接头的受力钢筋截面面积占受力钢筋总截面面积的百分数，普通钢筋在受拉区不宜超过 50%，在受压区和装配式构件间的连接钢筋不受限制。

（3）机械接头

钢筋机械连接接头适用于 HRB400、HRB500、HRBF400 和 RRB400 带肋钢筋的连接。钢筋机械连接件的最小混凝土保护层厚度不得小于 20mm。连接件之间或连接件与钢筋之间的横向净距不应小于 25mm。

受弯构件的钢筋净距应考虑浇筑混凝土时，振捣器可以顺利插入。各主钢筋间横向净距和层与层之间的竖向净距，当钢筋为 3 层及以下时，不应小于 30mm，并不小于钢筋直径；当钢筋为 3 层以上时，不应小于 40mm，并不小于钢筋直径的 1.25 倍。

4）箍筋的构造要求

钢筋混凝土梁应设置直径不小于 8mm 且不小于1/4主钢筋直径的箍筋。箍筋的最小配筋率，采用 HPB300 钢筋时$\rho_{sv,\min}=0.14\%$，采用 HRB400 钢筋时$\rho_{sv,\min}=0.11\%$。

箍筋的间距（指沿构件纵轴方向箍筋轴线之间的距离）不应大于梁高的1/2且不大于 400mm；当所箍钢筋为纵向受压钢筋时，应不大于受压钢筋直径的 15 倍，且不应大于 400mm。支座中心向跨径方向长度不小于 1 倍梁高范围内，箍筋间距不宜大于 100mm。

近梁端第一根箍筋应设置在距端面一个混凝土保护层的距离处。梁与梁或梁与柱的交接范围内，靠近交接面的第一根箍筋，其与交接面的距离不大于 50mm。

5）弯起钢筋

钢筋混凝土梁设置弯起钢筋时，其弯起角宜取 45°。受拉区弯起钢筋的弯起点，应设在按正截面抗弯承载力计算充分利用该钢筋强度的截面以外不小于$h_0/2$处。弯起钢筋可在按正截面受弯承载力计算不需要该钢筋截面之前弯起，但弯起钢筋与梁中心线的交点应位于按计算不需要该钢筋的截面（图 5-17）之外。弯起钢筋的末端应留有锚固长度：受拉区不应小于 20 倍钢筋直径，受压区不应小于 10 倍钢筋直径，环氧树脂涂层钢筋增加 25%；HPB300 钢筋尚应设置半圆弯钩。

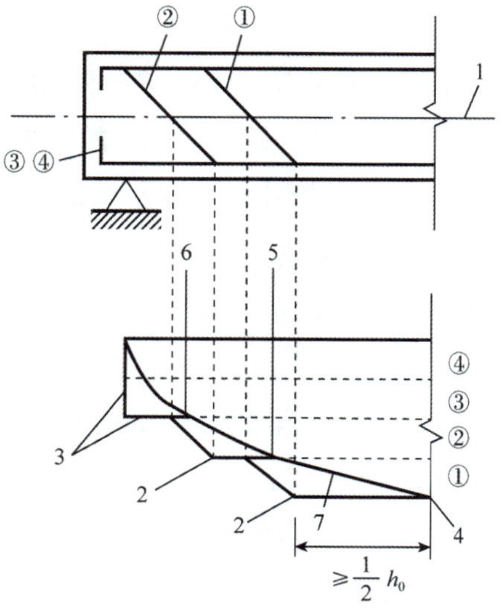

图 5-17　弯起钢筋弯起点位置

1-梁中心线；2-受拉区钢筋弯起点；3-正截面抗弯承载力图形；4-钢筋①~④强度充分利用的截面；5-按计算不需要钢筋①的截面(钢筋②~④强度充分利用截面)；6-按计算不需要钢筋②的截面(钢筋③~④强度充分利用截面)；7-弯矩图

靠近支点的第一排弯起钢筋顶部的弯折点，简支梁或连续梁边支点应位于支座中心截面处，悬臂梁或连续梁中间支点应位于横隔梁（板）靠跨径一侧的边缘处，以后各排（跨中方向）弯起钢筋的梁顶部弯折点，应落在前一排（支点方向）弯起钢筋的梁底部弯折点处或弯折点以内。

弯起钢筋不得采用浮筋。

例 题 解 析

例题 1　[2019年试题52]《公路钢筋混凝土及预应力混凝土桥涵设计规范》规定，为保证斜截面抗弯承载力，要求受拉区弯起钢筋的弯起点应设在钢筋强度（　　）。

A. 理论断点以外，不小于$h_0/2$

B. 充分利用点以外，不大于$h_0/2$

C. 充分利用点以外，不小于$h_0/2$

D. 理论断点以外，不大于$h_0/2$

答案： C

解析： 见考点四。为满足斜截面抗弯的要求，弯起钢筋的弯起点位置应设在按正截面抗弯承载力计算该钢筋的强度全部被利用的截面以外，弯起点至弯起钢筋强度充分利用截面的距离不小于$h_0/2$。

例题 2　[2019年试题53]影响斜截面抗剪承载力的主要因素有（　　）。

A. 剪跨比、箍筋强度、纵向钢筋长度

B. 剪跨比、混凝土强度、箍筋及纵向钢筋的配筋率

C. 纵向钢筋强度、混凝土强度、架立钢筋强度

D. 混凝土强度、箍筋及纵向钢筋的配筋率、架立钢筋强度

答案： B

解析： 见考点二。影响斜截面抗剪承载力的主要因素有剪跨比、混凝土强度、纵向受拉钢筋的配筋率、箍筋的配筋率。

例题 3　[2021年试题49]对于受拉束筋的锚固长度，束筋内各单根钢筋应自锚固起点开始以规范表值规定的单根钢筋的锚固长度的1.3倍呈阶梯形逐根延伸后截断，该要求适用于束筋等代直径大于（　　）。

A. 25mm　　B. 28mm　　C. 30mm　　D. 32mm

答案： B

解析： 见考点四。根据表5-9的注2，对于等代直径$d_e > 28$mm的受拉束筋，束筋内各单根钢筋应自锚固起点开始，以表内规定的单根钢筋的锚固长度的1.3倍，呈阶梯形逐根延伸后截断。

例题 4　[2021年试题50]在进行钢筋混凝土梁设计时，纵向受拉钢筋不宜在受拉区截断，如需截断，应从按正截面抗弯承载力计算充分利用点至少延伸1倍钢筋最小锚固长度加梁截面有效高度，同时应考虑从正截面抗弯承载力计算不需要点至少延伸（　　）。

A. 10倍主筋直径　　B. 20倍主筋直径

C. 梁截面有效高度　　D. 1倍钢筋最小锚固长度

答案： B

解析： 见考点四。如果要在受拉区截断受拉钢筋，必须将钢筋从理论截断点外伸一定的长度（最小锚固长度加梁截面有效高度）再截断；同时应考虑从正截面抗弯承载力计算不需要该钢筋的截面至少延伸$20d$，d为钢筋公称直径。

例题 5　[2021年试题51]受弯构件斜截面受力破坏形态中，发生剪压破坏的剪跨比一般为（　　）。

A. <1　　B. 1~3　　C. >3　　D. 4~6

答案： B

解析：见考点一。剪跨比m为 1~3 时，受弯构件发生剪压破坏。

自 测 模 拟

1. 无腹筋梁中，当剪跨比$1 \leqslant m \leqslant 3$时，发生的破坏通常为（　　）。

A. 少筋破坏　　B. 剪压破坏　　C. 适筋破坏　　D. 斜压破坏

2. 如果梁的抵抗弯矩图切入弯矩包络图，说明梁的（　　）不满足要求。

A. 斜截面受弯承载力　　B. 斜截面受剪承载力

C. 正截面受弯承载力　　D. 正截面受剪承载力

3. 钢筋混凝土梁中要求箍筋的配箍率必须满足$\rho_{sv} \geqslant \rho_{sv,min}$，这是为了防止（　　）。

A. 受弯破坏　　B. 斜压破坏　　C. 剪压破坏　　D. 斜拉破坏

4. 无腹筋梁斜截面破坏形态主要有三种，这三种破坏的性质是（　　）。

A. 都属于脆性破坏

B. 都属于塑性破坏

C. 剪压破坏属于塑性破坏，斜拉和斜压破坏属于脆性破坏

D. 剪压和斜压破坏属于塑性破坏，斜拉破坏属于脆性破坏

5. 纵筋弯起使弯起点必须设在该钢筋的充分利用点以外不小于$0.5h_0$的地方，这一要求是为了保证（　　）。

A. 正截面抗弯强度　　B. 斜截面抗剪强度

C. 斜截面抗弯强度　　D. 正截面抗剪强度

6. 在进行受弯构件斜截面受剪承载力计算时，若所配箍筋不能满足抗剪强度要求，采取以下（　　）解决办法较好。

A. 将纵向钢筋弯起为斜钢筋或加焊斜钢筋

B. 将箍筋间距加大

C. 将构件截面尺寸减小

D. 将混凝土强度等级降低

7. 适筋破坏与超筋破坏的相对界限受压区高度的确定依据是（　　）。

A. 混凝土高度　　B. 钢筋材料　　C. 平截面假定　　D. 混凝土等级

8. 为了保证受弯构件的斜截面受剪承载力，计算时对梁的截面尺寸加以限制的原因在于防止（　　）的发生。

A. 斜拉破坏　　B. 斜弯破坏　　C. 斜压破坏　　D. 剪压破坏

9. 某无腹筋梁由于剪跨比的不同可能发生剪压、斜压、斜拉破坏，其破坏时承载力的关系为（　　）。

A. 剪压破坏 > 斜压破坏 > 斜拉破坏　　B. 剪压破坏 = 斜压破坏 > 斜拉破坏

C. 斜压破坏 > 剪压破坏 > 斜拉破坏　　D. 斜压破坏 > 剪压破坏 = 斜拉破坏

10. 所谓剪跨比就是指某一截面上弯矩与该截面上剪力与截面有效高度乘积的比值。一般用（　　）来表示。

A. 弯矩/(拉力 × 高度)　　B. 弯矩/(剪力 × 高度)

C. 高度/(剪力 × 弯矩)　　D. 剪力/(应力 × 高度)

参考答案

1. B　2. C　3. D　4. A　5. C　6. A　7. C　8. C　9. C　10. B

第四节　受压构件正截面承载力计算

考点分析

本节重点：受压构件的破坏形态，轴心受压构件的承载力计算，矩形截面偏心受压构件非对称配筋计算，矩形截面偏心受压构件对称配筋计算，圆形截面受压构件。

本节难点：矩形截面偏心受压构件非对称配筋计算，圆形截面受压构件。

考点精讲

考点一：受压构件中钢筋的作用

1. 受压构件中纵向钢筋的作用

（1）协助混凝土抗压，可减小构件截面尺寸。

（2）承受可能存在的弯矩。

（3）防止构件出现脆性破坏。

2. 箍筋的作用

按箍筋的功能和配置方式的不同，钢筋混凝土轴心受压构件可分为：配有纵向钢筋和普通箍筋的轴心受压构件（普通箍筋柱）、配有纵向钢筋和螺旋箍筋的轴心受压构件（螺旋箍筋柱）。

普通箍筋的作用是防止纵向钢筋局部压屈；与纵向钢筋形成钢筋骨架，便于施工。螺旋箍筋可使截面中间部分（核心）混凝土成为横向可约束的混凝土（约束混凝土），从而提高构件的承载力和延性。

考点二：受压构件的破坏形态

1. 轴心受压构件的破坏形态

（1）短柱

在轴向力作用下，短柱混凝土和钢筋产生均匀压缩变形，当轴向力达到破坏荷载的 90%左右时，柱中部周边混凝土表面出现纵向裂缝，部分混凝土剥落，箍筋间的纵向钢筋发生外鼓屈曲，混凝土被压碎而破坏（图 5-18）。

（2）长柱

长柱在荷载较小时，截面处于全截面受压状态。随着荷载的增大，长柱产生侧向挠度，导致凹侧压应力较大，凸侧较小。凹侧混凝土首先被压碎，混凝土表面出现纵向裂缝，部分混凝土剥落，纵向钢筋外鼓，凸侧可能突然受拉出现横向裂缝（图 5-19）。长柱的承载能力比短柱的要低。

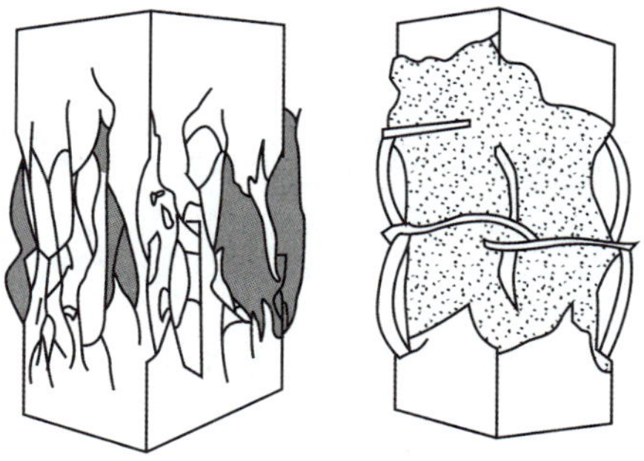

a) b)

图 5-18 短柱的破坏

图 5-19 长柱的破坏

2. 偏心受压构件的破坏形态

（1）大偏心受压破坏

在相对偏心距较大，受拉侧钢筋配置不太多时，常发生大偏心受压破坏。在偏心荷载的作用下，因偏心距较大，靠近作用力一侧混凝土处于受压状态，远离作用力一侧混凝土处于受拉状态。在荷载作用不大时，远离一侧混凝土即开裂，钢筋代替混凝土受拉。随着荷载的增大，受拉侧钢筋的拉应力和受压侧混凝土的压应力均逐渐增大，横向裂缝逐渐发展。当受拉钢筋达到屈服强度时，裂缝开展高度增大，受压区混凝土面积减小，混凝土达到极限压应变，出现纵向裂缝而破坏（图 5-20）。

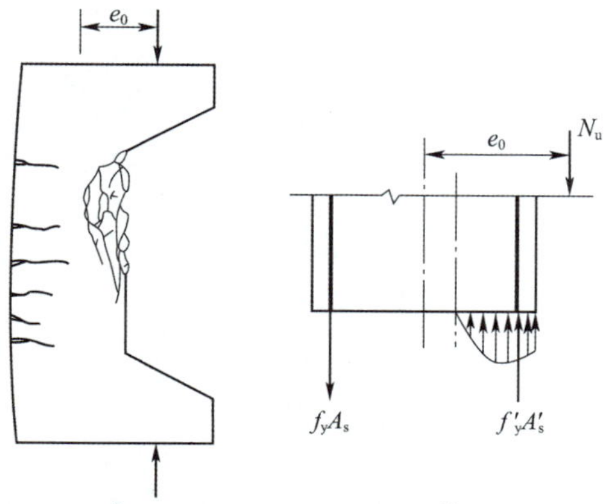

a) b)

图 5-20 大偏心受压破坏

（2）小偏心受压破坏

在相对偏心距较小，或相对偏心距较大，但配置钢筋较多的情况下，常发生小偏心受压破坏。在偏心荷载作用下，一般情况下，靠近作用力一侧的混凝土处于受压状态，远离作用力一侧的混凝土可能处于受拉状态，也可能处于受压状态。如果远离作用力一侧受拉，可能出现横向裂缝，受拉钢筋的拉应力小于受拉屈服强度。如果远离作用力一侧受压，则处于全截面受压状态。随着荷载的增大，靠近作用力一侧的压应力越来越大，达到极限压应变后混凝土出现纵向裂缝而破坏（图 5-21）。

当偏心距很小，接近截面中和轴时，由于不对称配筋或混凝土本身的离散性使截面的重心轴偏离中和轴导致远离荷载作用一侧的压应力大于靠近荷载作用一侧，随着荷载的增大，远离荷载作用一侧的混凝土达到极限压应变出现纵向裂缝而破坏（图 5-22）。

当受压构件的混凝土达到极限压应变被压碎时，受压钢筋通常也能达到受压屈服强度。

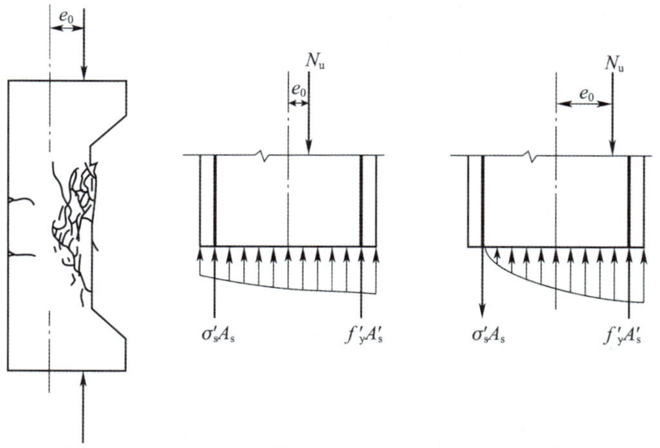

a) b) c)

图 5-21 小偏心受压破坏的两种情况

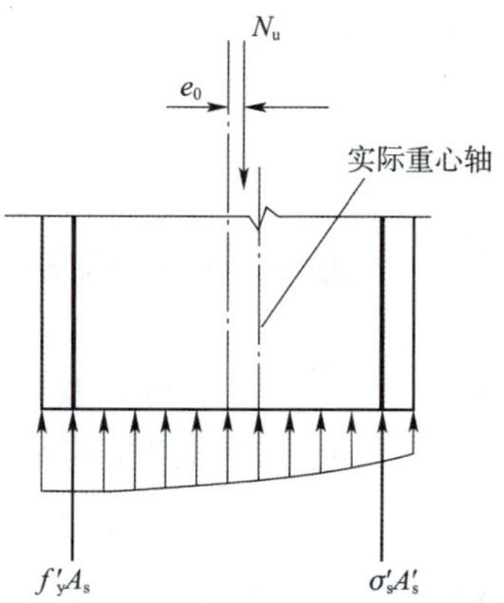

图 5-22 偏心距很小时的小偏心受压破坏

考点三：稳定系数

钢筋混凝土轴心受压构件随着长细比的增大，承载能力逐渐降低，采用稳定系数φ反映降低的程度。

$$\varphi=\frac{\pi^2\beta_1E_c}{f_{cd}+f'_{sd}\rho'}\cdot\frac{1}{\lambda^2} \tag{5-27}$$

φ主要与构件的长细比λ有关，λ越大，φ越小，可查表获得。混凝土的强度等级及配筋率影响相对较小。

矩形截面长细比$\lambda=\frac{l_0}{b}$，b为短边尺寸。

圆形截面长细比$\lambda=\frac{l_0}{d}$，d为圆的直径。

l_0为构件计算长度，可参考表 5-12 取用。

构件计算长度值 表 5-12

构 件	构件及其两端固定情况	计算长度l_0
直杆	两端固定	$0.5l$
	一端固定，一端为不移动铰	$0.7l$
	两端均为不移动铰	$1.0l$
	一端固定，一端自由	$2.0l$

注：表中l为构件实际长度。

考点四：轴心受压构件承载力计算

轴心受压构件承载力计算公式为

$$\gamma_0N_d\leqslant N_u=0.9\varphi(f_{cd}A+f'_{sd}A'_s) \tag{5-28}$$

纵向钢筋配筋率单侧不得小于 0.2%，全部不得小于 0.5%。当纵向钢筋配筋率$\rho'=\frac{A'_s}{A}>3\%$时，式（5-28）中混凝土面积改为净面积，即A应改用$A_n=A-A'_s$。

受压构件采用 C30 及以上强度等级的混凝土，截面尺寸不宜小于 250mm，纵向钢筋净距不应小于 50mm，且不应大于 350mm，箍筋必须为封闭箍筋，间距不得大于 400mm。

考点五：大小偏心受压构件的判别方法

受拉钢筋达到屈服，同时受压区混凝土达到极限压应变的破坏称为界限破坏。根据平截面假定可以推导出界限破坏高度系数，$\xi_b=\frac{0.8}{1+\frac{f_y}{0.0033E_s}}$，当$\xi\leqslant\xi_b$时，为大偏心受压破坏；当$\xi>\xi_b$时，为小偏心受压破坏。

考点六：偏心受压构件的纵向弯曲

钢筋混凝土受压构件在偏心力作用下，将产生纵向弯曲变形（侧向变形）。对于长细比小的短柱，侧向挠度小，计算时一般可忽略其影响。对于长细比较大的长柱，由于侧向变形的影响，各截面所受的弯矩不再是Ne_0，而变成$N(e_0+y)$（图 5-23），其中y为构件任意一点的水平侧向变形。在柱高度中点处，侧向变形最大，截面上的弯矩为$N(e_0+u)$。u随荷载的增大而不断加大，弯矩的增长也越来越快。一般把偏心受压构件截面弯矩中的Ne_0称为初始弯矩或一阶弯矩（不考虑构件侧向变形时的弯矩），将

Nu或Ny称为附加弯矩或二阶弯矩。由于二阶弯矩的影响，偏心受压构件会产生不同的破坏类型。

钢筋混凝土偏心受压构件按长细比可分为短柱、长柱和细长柱。

（1）短柱

对于偏心受压短柱，虽然在偏心力作用下会产生一定的侧向变形，但是u值很小，一般可忽略不计，即不考虑二阶弯矩。各截面中的弯矩均可认为等于Ne_0，近似地认为弯矩和轴力呈线性关系（图 5-24 中直线OB）。

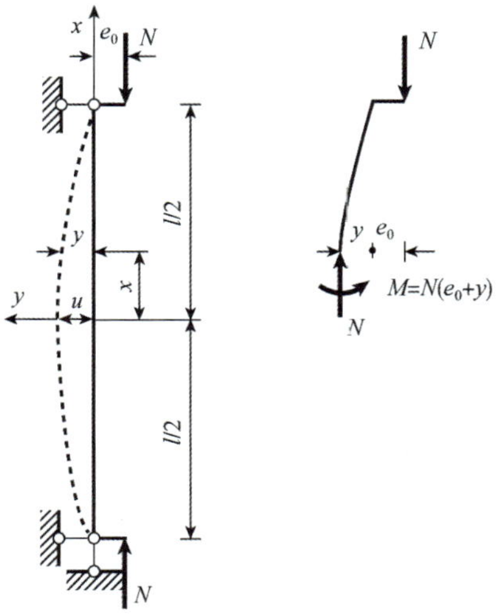

图 5-23　偏心受压构件的受力简图

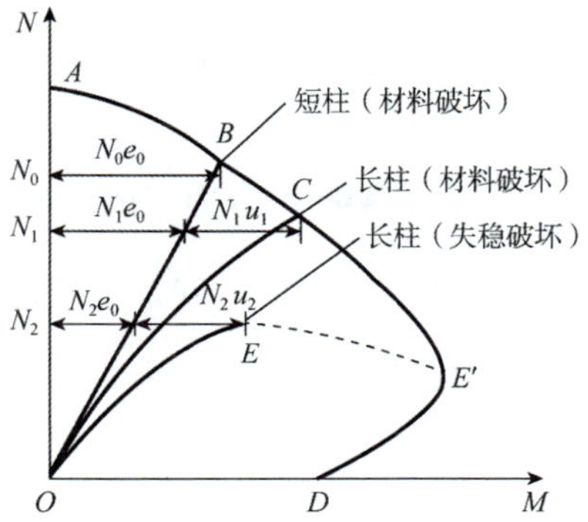

图 5-24　构件长细比的影响

（2）长柱

如果侧向变形较大，则不可忽略。因侧向挠度受轴向力和偏心距的综合影响，弯矩和轴力直线之间呈非线性关系（图 5-24 中曲线OC）。

（3）细长柱

长细比很大的柱，当偏心力达到一定值后，侧向变形突然剧增，构件发生失稳破坏。因材料强度没有得到充分利用，设计中应避免细长柱（图 5-24 中曲线OE）。

通过偏心距增大系数η考虑纵向挠曲的影响，其表达式为

$$\eta = 1 + \frac{1}{1300e_0/h_0}\left(\frac{l_0}{h}\right)^2 \zeta_1\zeta_2 \tag{5-29}$$

式中：ζ_1——荷载偏心率对截面曲率的影响系数，$\zeta_1 = 0.2 + 2.7\frac{e_0}{h_0} \leqslant 1.0$；

ζ_2——构件长细比对截面曲率的影响系数，$\zeta_2 = 1.15 - 0.01\frac{l_0}{h} \leqslant 1.0$。

考点七：矩形截面偏心受压构件非对称配筋的计算

矩形截面是工程中常用的构件，其长边为h，短边为b。设计中以长边方向的截面为弯矩作用平面。偏心受压构件采用如下假定：

（1）截面应变分布符合平截面假定。

（2）不考虑混凝土的抗拉强度。

（3）受压混凝土的极限压应变$\varepsilon_{cu} = 0.003 \sim 0.0033$。

（4）混凝土的压应力图形为矩形，应力集度为f_{cd}，矩形应力图的高度$x = \beta x_c$。

对于矩形截面偏心受压构件，用ηe_0表示纵向弯曲的影响。一般情况下，受压边缘混凝土达到极限压应变时，同一侧的受压钢筋一般都能达到其抗压设计强度值，另一侧的钢筋可能受拉也可能受压，用

σ_s表示。其受力图示如图 5-25 所示。

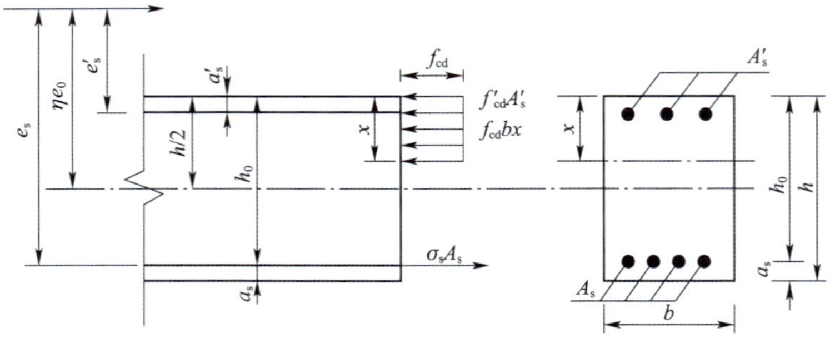

图 5-25　矩形截面偏心受压构件正截面承载力计算图示

取构件纵轴方向的外力和为零，可得

$$N_u = f_{cd}bx + f'_{sd}A'_s - \sigma_s A_s \tag{5-30}$$

由截面上所有对钢筋A_s合力点的力矩之和为零，可得

$$N_u e_s = f_{cd}bx\left(h_0 - \frac{x}{2}\right) + f'_{sd}A'_s(h_0 - a'_s) \tag{5-31}$$

由截面上所有对钢筋A'_s合力点的力矩之和为零，可得

$$N_u e'_s = -f_{cd}bx\left(\frac{x}{2} - a'_s\right) + \sigma_s A_s(h_0 - a'_s) \tag{5-32}$$

由截面上所有力对N_u作用点力矩之和为零，可得

$$f_{cd}bx\left(e_s - h_0 + \frac{x}{2}\right) = \sigma_s A_s e_s - f'_{sd}A'_s e'_s \tag{5-33}$$

式中：e_s、e'_s——分别为偏心压力作用点至钢筋A_s合力作用点和钢筋A'_s合力作用点的距离，计算公式见式（5-34）和式（5-35）。

$$e_s = \eta e_0 + \frac{h}{2} - a_s \tag{5-34}$$

$$e'_s = \eta e_0 - \frac{h}{2} + a'_s \tag{5-35}$$

式中：e_0——轴向力对截面中心轴的偏心距，计算公式见式（5-36）。

$$e_0 = \frac{M_d}{N_d} \tag{5-36}$$

（1）受拉钢筋应力的取值。

当$\xi = x/h_0 \leqslant \xi_b$时，属于大偏心受压构件，取$\sigma_s = f_{sd}$。

当$\xi = x/h_0 > \xi_b$时，属于小偏心受压构件，取

$$\sigma_s = \varepsilon_{cu}E_s\left(\frac{\beta h_0}{x} - 1\right) \tag{5-37}$$

（2）为保证构件破坏时大偏心受压构件截面上的受压钢筋达到抗压设计强度，必须满足下列不等式。

$$x \geqslant 2a'_s$$

当$x < 2a'_s$时，可偏安全地取$x = 2a'_s$，得到式（5-38）。

$$N_u e'_s = f_{sd}A_s(h_0 - a'_s) \tag{5-38}$$

（3）当小偏心受压构件处于全截面受压时，可能出现远离力作用一侧的混凝土先被压碎的情况（图 5-26），此时用式（5-39）进行计算。

$$N_u e' \leqslant f_{cd}bh\left(h'_0 - \frac{h}{2}\right) + f'_{sd}A_s(h'_0 - a_s) \tag{5-39}$$

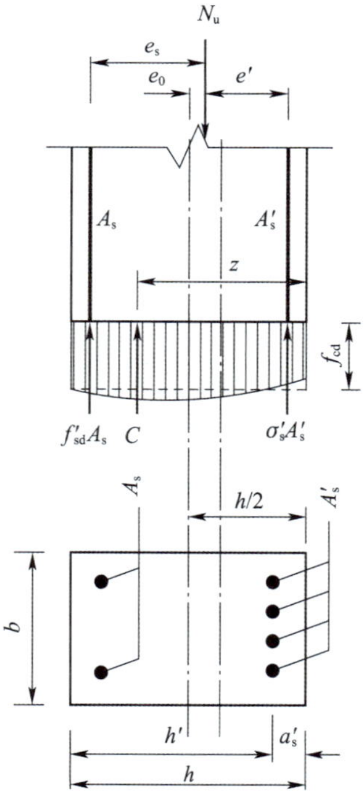

图 5-26　偏心距很小时截面计算图示

截面复核时，需进行弯矩作用平面内和垂直于弯矩作用平面内的截面复核。

考点八：矩形截面偏心受压构件对称配筋的计算

在实际工程中，为使构造简单和施工方便，采用对称配筋。设计计算公式为

$$N = f_{cd}bx \tag{5-40}$$

$$x = \frac{N}{f_{cd}b} \tag{5-41}$$

$$\xi = \frac{N}{f_{cd}bh_0} \tag{5-42}$$

当$\xi \leqslant \xi_b$时，按大偏心受压构件设计；当$\xi > \xi_b$时，按小偏心受压构件设计。

（1）大偏心受压构件

当 $2a_s' \leqslant x \leqslant \xi_b h_0$时，则

$$A_s = A_s' = \frac{Ne_s - f_{cd}bh_0^2\xi(1-0.5\xi)}{f_{sd}'(h_0 - a_s')} \tag{5-43}$$

当$x < 2a_s'$时，则

$$A_s = A_s' = \frac{Ne_s'}{f_{sd}(h_0 - a_s')} \tag{5-44}$$

（2）小偏心受压构件

《公路混凝土桥规》建议可用式（5-45）计算截面相对受压区的高度。

$$\xi = \frac{N - f_{cd}bh_0\xi_b}{\dfrac{Ne_s - 0.43f_{cd}bh_0^2}{(\beta - \xi_b)(h_0 - a_s')} + f_{cd}bh_0} + \xi_b \tag{5-45}$$

考点九：圆形截面偏心受压构件

沿周边均匀配筋的圆形截面偏心受压构件，其正截面承载力计算的基本假定是：

（1）截面变形符合平截面假定。

（2）构件达到破坏时，受压边缘处混凝土的极限压应变取为$\varepsilon_{cu} = 0.0033$。

（3）受压区混凝土应力分布采用等效矩形应力图，正应力集度为f_{cd}。

（4）不考虑受拉区混凝土参与工作，拉力由钢筋承受。

（5）将钢筋视为理想的弹塑性体。

对于周边均匀配筋的圆形偏心受压构件，当纵筋不少于 6 根时，可以将纵向钢筋转化为总面积为$\sum_{i=1}^{n} A_{si}$、半径为r_s的等效钢环。

圆形截面偏心受压构件的正截面承载能力计算公式为

$$\gamma_0 N_d \leqslant N_u = \alpha f_{cd} A\left(1 - \frac{\sin 2\pi\alpha}{2\pi\alpha}\right) + (\alpha - \alpha_t) f_{sd} A_s \tag{5-46}$$

$$\gamma_0 N_d \eta e_0 \leqslant M_u = \frac{2}{3} f_{cd} A r \frac{\sin^2 \pi\alpha}{\pi} + f_{sd} A_s r_s \frac{\sin \pi\alpha + \sin \pi\alpha_t}{\pi} \tag{5-47}$$

$$\alpha_t = 1.25 - 2\alpha \geqslant 0 \tag{5-48}$$

式中：A ——圆形截面面积；

A_s ——全部纵向普通钢筋截面面积；

N_u、M_u——正截面抗压、抗弯承载力设计值；

r——圆形截面的半径；

r_s——纵向普通钢筋重心所在圆周的半径；

e_0——轴向力对截面重心的偏心距；

α——对盈利受压区混凝土截面面积的圆心角（rad）与2π的比值；

α_t——纵向受拉普通钢筋截面面积与全部纵向普通钢筋截面面积的比值，当$\alpha > 0.625$时，α_t取为 0。

对于混凝土强度等级为 C30~C50，纵向钢筋配筋率在 0.5%~4%之间，沿周边均匀布置纵向钢筋（钢筋根数大于 6 根）的圆形截面钢筋混凝土偏心受压构件，可通过查表法计算抗压承载力。

$$\gamma_0 N_d \leqslant N_u = n_u A f_{cd} \tag{5-49}$$

式中：n_u——构件相对抗压承载力，按《公路混凝土桥规》表 F.0.1 确定。

考点十：构造规定

1. 轴心受压构件钢筋设置

（1）配有普通箍筋（或螺旋筋）的轴心受压构件，其钢筋设置应符合下列规定：

①纵向受力钢筋的直径不应小于 12mm，净距不应小于 50mm 且不应大于 350mm。构件的全部纵向钢筋配筋率不宜超过 5%。

②箍筋应做成闭合式，其直径不应小于纵向钢筋直径的1/4，且不小于 8mm。

③箍筋间距不应大于纵向受力钢筋直径的 15 倍、不大于构件短边尺寸（圆形截面采用 0.8 倍直径）并不大于 400mm。纵向钢筋截面面积大于混凝土截面面积 3%时，箍筋间距不应大于纵向钢筋直径的 10 倍，且不大于 200mm。

④构件内纵向受力钢筋应设置于离角筋中心距离s不大于 150mm 或 15 倍箍筋直径（取较大者）范围内，如超出此范围设置纵向受力钢筋，应设复合箍筋、系筋。

（2）配有螺旋式或焊接环式间接钢筋的轴心受压构件，其钢筋的设置应符合下列规定：

①纵向受力钢筋的截面面积，不应小于箍筋圈内核心截面面积的 0.5%。核心截面面积不应小于构件整个截面面积的2/3。

②间接钢筋的螺距或间距不应大于核心直径的1/5，且不应大于 80mm，也不应小于 40mm。

③纵向受力钢筋应伸入与受压构件连接的上下构件内，其长度不应小于受压构件的直径且不应小于纵向受力钢筋的锚固长度。

④间接钢筋的直径不应小于纵向钢筋直径的1/4，且不小于 8mm。

（3）钢筋混凝土构件中纵向受力钢筋的最小配筋率应符合下列要求：

①轴心受压构件、偏心受压构件全部纵向钢筋的配筋率不应小于 0.5，当混凝土强度等级 C50 及以上时不应小于 0.6；同时，一侧钢筋的配筋率不应小于 0.2。当大偏心受拉构件的受压区配置按计算需要的受压钢筋时，其配筋率不应小 0.2。

②受弯构件、偏心受拉构件及轴心受拉构件的一侧受拉钢筋的配筋率不应小于$45 f_{td}/f_{sd}$，同时不应小于 0.2。

③轴心受压构件、偏心受压构件全部纵向钢筋的配筋率和一侧纵向钢筋（包括大偏心受拉构件受压钢筋）的配筋率应按构件的毛截面面积计算。轴心受拉构件及小偏心受拉构件一侧受拉钢筋的配筋率应

按构件毛截面面积计算。受弯构件、大偏心受拉构件的一侧受拉钢筋的配筋率为$100A_s/(bh_0)$，其中A_s为受拉钢筋截面面积，b为腹板宽度（箱形截面梁为各腹板宽度之和）。当钢筋沿构件截面周边布置时，“一侧的受压钢筋”或“一侧的受拉钢筋”指受力方向两个对边中的一边布置的纵向钢筋。

例题解析

例题 1　［2020 年试题 50］轴心受压构件按箍筋作用不同，可分为的两种基本类型是（　　）。

A. 普通箍筋柱和直接箍筋柱　　B. 螺旋箍筋柱和普通箍筋柱

C. 普通箍筋柱和长箍筋柱　　D. 螺旋箍筋柱和间接箍筋柱

答案：B

解析：见考点一。按箍筋的功能和配置方式的不同，钢筋混凝土轴心受压构件可分为普通箍筋柱和螺旋箍筋柱。

例题 2　［2020 年试题 51］用螺旋箍筋约束混凝土的目的是（　　）。

A. 混凝土的强度和延性均提高

B. 混凝土的强度能提高，延性不能提高

C. 混凝土的延性能提高，强度不能提高

D. 混凝土的强度和延性均不能提高

答案：A

解析：见考点一。螺旋箍筋可使核心混凝土成为约束混凝土，从而提高构件的承载力和延性。

例题 3　［2020 年试题 54］在矩形截面偏心受压构件计算中，判断大偏心受压、小偏心受压的条件是（　　）。

A. $e_0 < 0.3h_0$为小偏心，$e_0 \geqslant 0.3h_0$为大偏心

B. $e_0 > 0.3h_0$为小偏心，$e_0 \leqslant 0.3h_0$为大偏心

C. $\xi \leqslant \xi_b$为大偏心，$\xi > \xi_b$为小偏心

D. $\xi < \xi_b$为小偏心，$\xi \geqslant \xi_b$为大偏心

答案：C

解析：见考点五。ξ_b为界限破坏高度系数，$\xi \leqslant \xi_b$时为大偏心受压破坏，$\xi > \xi_b$时为小偏心受压破坏。

例题 4　［2021 年试题 52］受压构件内纵向受力钢筋设置于离角筋中心距离大于 150mm 或箍筋直径一定倍数（两者取较大者）时应设复合箍筋，这个规定的倍数是（　　）。

A. 10 倍　　B. 12 倍　　C. 15 倍　　D. 20 倍

答案：C

解析：见考点十。构件内纵向受力钢筋应设置于离角筋中心距离s不大于 150mm 或 15 倍箍筋直径（取较大者）范围内，如超出此范围设置纵向受力钢筋，应设复合箍筋、系筋。

例题 5　［2021 年试题 53］在进行偏心受压构件承载能力极限状态验算时，考虑偏心距增大系数是因为需要应计入（　　）。

A. 构件轴线施工误差引起的二阶效应

B. 构件截面施工误差引起的二阶效应

C. 轴向力作用位置偏差引起的二阶效应

D. 荷载作用产生侧向挠曲引起的二阶效应

答案： D

解析： 见考点六和考点七。钢筋混凝土受压构件在偏心力作用下，将产生侧向变形（挠曲）。对于长柱和细长柱，这种侧向变形的影响不能忽略，在承载能力极限状态计算时要计入侧向变形引起的二阶效应，引入偏心距增大系数η。

自 测 模 拟

1. 钢筋混凝土大偏心受压构件的破坏特征是（　　）。
   A. 远离轴向力作用一侧的钢筋受拉屈服，靠近轴向力作用一侧的混凝土被压碎，钢筋受压屈服
   B. 远离轴向力作用一侧的钢筋可能受拉也可能受压，靠近轴向力作用一侧的混凝土被压碎，钢筋受压屈服
   C. 远离轴向力一侧的钢筋受拉屈服，靠近轴向力作用一侧的钢筋受压可能不屈服
   D. 远离轴向力作用一侧的混凝土先压碎，钢筋受压屈服，靠近轴向力作用一侧的混凝土不被压碎，钢筋也不会受压屈服
2. 钢筋混凝土小偏心受压构件的破坏特征是（　　）。
   A. 远离轴向力作用一侧的钢筋受拉屈服，靠近轴向力作用一侧的混凝土被压碎，钢筋受压屈服
   B. 远离轴向力作用一侧的钢筋可能受拉也可能受压，靠近轴向力作用一侧的混凝土被压碎，钢筋受压屈服
   C. 远离轴向力一侧的混凝土被压碎，钢筋受压屈服，靠近轴向力作用一侧的钢筋受拉屈服
   D. 全截面的混凝土被压碎，钢筋受压屈服
3. 矩形截面小偏心受压构件截面设计时需补充条件$A_s=\mu_{\min}bh$，这是为了（　　）。
   A. 节约钢材用量，因为小偏心受压构件破坏时受拉侧钢筋一般都不能达到屈服强度
   B. 保证构件破坏时，受拉钢筋能达到屈服强度，以充分利用钢筋的抗拉强度
   C. 保证构件破坏不是从受拉钢筋一侧先破坏
   D. 避免受压构件发生少筋破坏
4. 矩形截面大偏心受压构件截面设计时需补充条件$x=\xi_b h_0$，这是为了（　　）。
   A. 保证不发生小偏心受压破坏
   B. 充分利用混凝土的抗压强度，使设计的钢筋用量达到最少
   C. 保证破坏时，远离轴向力作用一侧的钢筋应力达到屈服强度
   D. 使受压构件发生适筋破坏
5. 对于小偏心受压构件（　　）。
   A. M不变时，N越大越危险　　B. M不变时，N越小越危险
   C. N不变时，M越小越安全　　D. N不变时，M大小对安全无影响
6. 对于大偏心受压构件（　　）。
   A. M不变时，N越大越危险　　B. M不变时，N越小越危险
   C. N不变时，M越大越安全　　D. N不变时，M大小对安全无影响
7. 在偏心受压构件正截面承载力计算中，要求受压区计算高度$x>2a_s'$，是为了（　　）。
   A. 保证受压钢筋在构件破坏时能达到其抗压设计强度

B. 保证受拉钢筋屈服

C. 避免混凝土过早剥落

D. 保证受压区混凝土能达到极限压应变而破坏

8. 配置螺旋箍筋的混凝土受压构件，其抗压强度高于f_c是因为（　　）。

A. 螺旋箍筋使混凝土不出现裂缝　　B. 螺旋箍筋约束了混凝土的横向变形

C. 螺旋箍筋使混凝土密实　　D. 螺旋箍筋参与受压

9. 非对称配筋矩形截面柱，属于大偏心受压构件的条件是（　　）。

A. $\eta e_0 \leqslant 0.3h_0$　　B. $x > \xi_b h_0$　　C. $x \leqslant \xi_b h_0$　　D. $x > 2a_s'$

10. 保持不变的长期荷载作用下，钢筋混凝土轴心受压构件中，混凝土徐变使（　　）。

A. 混凝土压应力减小，钢筋的压应力也减少

B. 混凝土及钢筋的压应力均不变

C. 混凝土压应力增大，钢筋的压应力减小

D. 混凝土压应力减小，钢筋的压应力增大

参考答案

1. A　2. B　3. A　4. B　5. A　6. B　7. A　8. B　9. C　10. D

第五节　受弯构件的应力、裂缝和变形计算

考点分析

本节重点：受弯构件裂缝和最大裂缝宽度验算，受弯构件变形验算。

本节难点：受弯构件裂缝和最大裂缝宽度验算，受弯构件变形验算。

考点精讲

考点一：换算截面

钢筋混凝土受弯构件在第Ⅱ工作阶段的特征是带裂缝工作，受拉区混凝土退出工作，拉力由钢筋承担。在荷载较小时，受拉钢筋应力尚未达到屈服强度，受压区混凝土压应力分布图形为三角形分布。但随着荷载的逐渐增大，受压区混凝土的压应力分布图形逐渐变成抛物线形。

在第Ⅱ工作阶段的计算，有如下三个基本假定：

（1）平截面假定。

（2）弹性体假定。

（3）忽略受拉区混凝土的抗拉能力。

根据平截面假定，平行于中和轴的各纵向纤维的应变与其到中和轴的距离成正比。同时，因钢筋与混凝土共同受力，共同变形，钢筋与同一水平线混凝土的应变相等，由图 5-27 可得

$$\frac{\varepsilon_c'}{x}=\frac{\varepsilon_c}{h_0-x} \tag{5-50}$$

$$\varepsilon_s=\varepsilon_c \tag{5-51}$$

式中：ε_c、ε_c'——分别为混凝土受拉和受压平均应变；

ε_s——与混凝土的受拉平均应变为ε_c的同一水平位置处的钢筋的平均拉应变；

x——受压区高度；

h_0——截面有效高度。

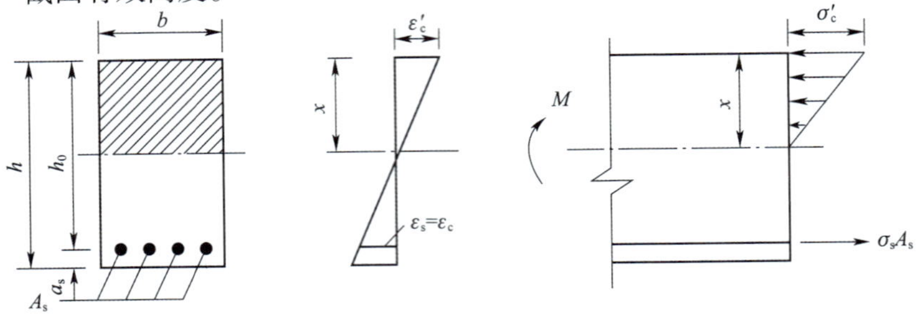

a)开裂截面　　b)应力分布　　c)开裂截面的计算图式

图 5-27　受弯构件的开裂截面

因第II工作阶段混凝土压应力均不大，可以近似认为混凝土的压应力与平均应变成正比，则

$$\sigma_c'=E_c\varepsilon_c' \tag{5-52}$$

假定受拉钢筋重心处混凝土的平均拉应变与应力成正比，则

$$\sigma_c=E_c\varepsilon_c \tag{5-53}$$

因为钢筋和混凝土共同变形，可认为钢筋的应变与钢筋重心处的混凝土应变相同，即

$$\varepsilon_s=\varepsilon_c$$

故有

$$\sigma_s=\frac{E_s}{E_c}\sigma_c=\alpha_{Es}\sigma_c \tag{5-54}$$

式中：α_{Es}——钢筋混凝土构件截面的换算系数。

表明，在钢筋同一水平位置处，钢筋的拉应力为混凝土拉应力的α_{Es}倍。

在计算时，可以将受拉区的钢筋换算成为混凝土，从而将由钢筋和混凝土两种不同材料组成的截面假想成由一种拉压性能相同的匀质材料组成的截面。等效的原则是混凝土承受的拉力与钢筋承受的拉力相等，即

$$\sigma_sA_s=A_{sc}\sigma_c \tag{5-55}$$

$$A_{sc}=\frac{\sigma_sA_s}{\sigma_c}=\alpha_{Es}A_s \tag{5-56}$$

A_{sc}称为钢筋的换算面积。由受压区的混凝土面积和受拉区的换算面积组成的截面称为钢筋混凝土构件开裂截面的换算截面（图 5-28）。

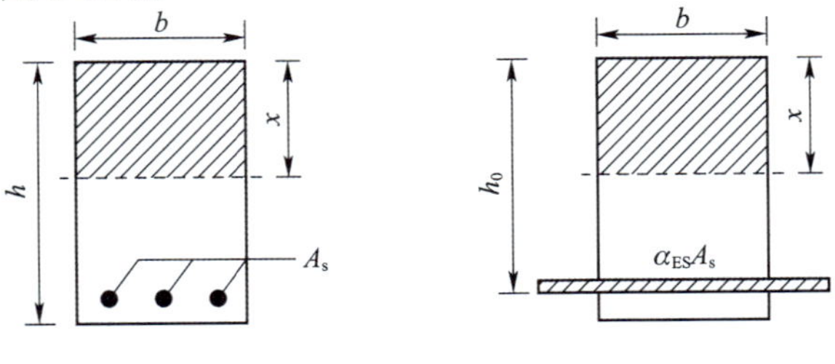

a)原截面　　b)换算截面

图 5-28　矩形开裂截面换算截面图

换算截面面积为

$$A_0 = bx + \alpha_{Es}A_s \tag{5-57}$$

换算截面对中和轴的静矩为

受压区

$$S_{0c} = \frac{1}{2}bx^2 \tag{5-58}$$

受拉区

$$S_{0t} = \alpha_{Es}A_s(h_0 - x) \tag{5-59}$$

则换算截面受压区高度为

$$x = \frac{\alpha_{Es}A_s}{b}\left(\sqrt{1 + \frac{2bh_0}{\alpha_{Es}A_s}} - 1\right) \tag{5-60}$$

开裂截面换算截面惯性矩为

$$I_{cr} = \frac{1}{3}bx^3 + \alpha_{Es}A_s(h_0 - x)^2 \tag{5-61}$$

对于T形截面，仍然根据受压区高度是否位于受压翼缘内，将T形截面分为两类。当$x \leqslant h_f'$时，为第一类T形梁［图5-29a）］；当$x > h_f'$时，为第二类T形梁［图5-29b）］。

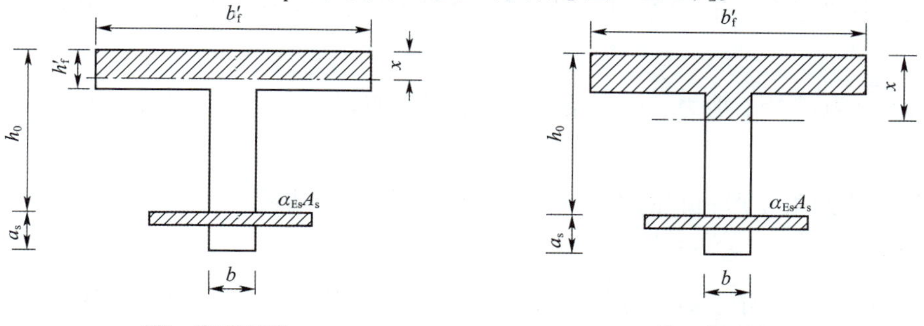

图5-29 T形开裂截面换算截面图

第一类T形梁，与受压翼缘宽度为b_f'的矩形梁的计算公式一致。

第二类T形梁，可用下式计算受压区高度

$$x = \sqrt{A^2 + B} - A \tag{5-62}$$

$$\left.\begin{aligned} A &= \frac{\alpha_{Es}A_s + (b_f' - b)h_f'}{b} \\ B &= \frac{2\alpha_{Es}A_sh_0 + (b_f' - b)(h_f')^2}{b} \end{aligned}\right\} \tag{5-63}$$

开裂截面换算截面对其中和轴的惯性矩为

$$I_{cr} = \frac{b_f'x^3}{3} - \frac{(b_f' - b)(x - h_f')^3}{3} + \alpha_{Es}A_s(h_0 - x)^2 \tag{5-64}$$

如果截面没有开裂，按混凝土全截面和钢筋的换算截面组成的截面进行换算（图5-30）。对于T形截面，换算截面面积为

$$A_0 = bh + (b_f' - b)h_f' + (\alpha_{Es} - 1)A_s \tag{5-65}$$

受压区高度

$$x = \frac{\frac{1}{2}bh^2 + \frac{1}{2}(b_f' - b)(h_f')^2 + (\alpha_{Es} - 1)A_sh_0}{A_0} \tag{5-66}$$

换算截面对中和轴的惯性矩为

$$I_0=\frac{1}{12}bh^3+bh\left(\frac{1}{2}-h\right)^2+\frac{1}{12}(b_f'-b)(h_f')^3+(b_f'-b)h_f'\left(\frac{h'}{2}-x\right)^2+(\alpha_{Es}-1)A_s(h_0-x)^2 \quad (5-67)$$

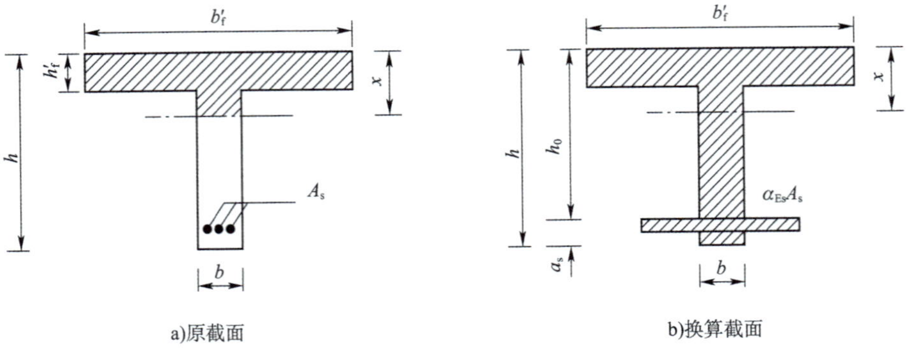

图 5-30 全截面换算截面示意图

考点二：受弯构件裂缝及最大裂缝宽度验算

1. 引起构件裂缝的主要原因

混凝土的抗拉强度很低，在拉应力作用不大时就会出现裂缝。引起构件产生裂缝的原因很多，但可归结为三类：

（1）作用效应（如弯矩、剪力、扭矩及拉力等）引起的裂缝。裂缝与混凝土承受的拉应力有关，具有较明显的规律。

（2）外加变形或约束变形引起的裂缝。外加变形一般有基础不均匀沉降、混凝土的收缩及温度变化等。

（3）钢筋锈蚀裂缝。由于混凝土保护层过薄、碳化或有害物质侵蚀钢筋产生锈蚀，锈蚀产物体积增大使混凝土产生较大的膨胀力，导致混凝土剥落。锈蚀裂缝典型的特征是沿钢筋长度方向的劈裂裂缝。

钢筋混凝土构件在荷载作用下产生的裂缝宽度，主要通过设计上进行理论验算和采取构造措施加以控制。

2. 裂缝宽度的计算理论

裂缝宽度的计算理论主要有黏结滑移理论、无滑移理论和综合理论。

（1）黏结滑移理论

黏结滑移理论认为裂缝控制主要取决于钢筋和混凝土之间的黏结性能，当混凝土出现裂缝后，由于钢筋和混凝土之间产生了相对滑移、变形不一致而导致裂缝开展。依此理论，裂缝平均宽度可表示为

$$W_f=\psi\frac{\sigma_{ss}}{E_s}l_{cr} \quad (5-68)$$

式中：ψ ——钢筋应力不均匀系数；

σ_{ss} ——钢筋在裂缝处的应力；

E_s ——钢筋的弹性模量；

l_{cr} ——平均裂缝间距。

（2）无滑移理论

无滑移理论认为在允许的裂缝宽度范围内，钢筋和混凝土之间的黏结力不破坏，相对滑移很小，可以忽略不计。则裂缝宽度可表示为

$$W_{\mathrm{fmax}} = kc\frac{\sigma_{\mathrm{ss}}}{E_{\mathrm{s}}} \tag{5-69}$$

式中：k ——最大裂缝宽度与平均裂缝宽度的扩大倍数；

c ——裂缝观测点距最近一根钢筋表面的距离。

（3）综合理论

综合理论是黏结滑移理论和无滑移理论的综合。综合理论认为混凝土开裂后，混凝土的黏结力遭到一定程度的破坏，并产生滑移，致使构件表面的裂缝宽度较大，钢筋表面处的宽度较小。裂缝宽度计算公式可表示为

$$W_{\mathrm{fmax}} = \alpha_{\mathrm{cr}}\psi\frac{\sigma_{\mathrm{s}}}{E_{\mathrm{s}}}\left(1.9c_{\mathrm{s}} + 0.08\frac{d_{\mathrm{eq}}}{\rho_{\mathrm{te}}}\right)\quad(\mathrm{mm}) \tag{5-70}$$

$$\psi = 1.1 - 0.65\frac{f_{\mathrm{tk}}}{\rho_{\mathrm{te}}\sigma_{\mathrm{s}}} \tag{5-71}$$

$$d_{\mathrm{eq}} = \frac{\sum n_i d_i^2}{\sum n_i \nu_i d_i} \tag{5-72}$$

$$\rho_{\mathrm{te}} = \frac{A_{\mathrm{q}}}{A_{\mathrm{te}}} \tag{5-73}$$

$$\sigma_{\mathrm{s}} = \frac{M_{\mathrm{q}}}{0.87h_0A_{\mathrm{s}}} \tag{5-74}$$

式中：ψ ——裂缝间纵向受拉钢筋应变不均匀系数，当$\psi < 0.2$时，取$\psi = 0.2$；当$\psi > 1.0$时，取$\psi = 1.0$；对直接承受重复荷载的构件，取$\psi = 1.0$；

c_{s} ——最外层纵向受拉钢筋保护层厚度（mm），当$c_{\mathrm{s}} < 20\mathrm{mm}$时，$c_{\mathrm{s}} = 20\mathrm{mm}$；当$c_{\mathrm{s}} > 65\mathrm{mm}$时，$c_{\mathrm{s}} = 65\mathrm{mm}$；

M_{q} ——按荷载准永久组合计算的弯矩值；

σ_{s} ——受弯构件受拉区纵向钢筋的应力；

d_{eq} ——纵向受拉钢筋的等效直径；

A_{te} ——有效受拉混凝土面积，对轴拉构件为构件截面面积，对受弯构件则取1/2梁高以下的混凝土截面面积；

ρ_{te} ——按有效受拉混凝土截面面积计算的纵向受拉钢筋的配筋率，当$\rho_{\mathrm{te}} < 0.01$时，取$\rho_{\mathrm{te}} = 0.01$；

ν_i ——第i种纵向受拉钢筋的相对黏结特征系数，对带肋钢筋取1.0，对光面钢筋取0.7。

3. 最大裂缝宽度计算公式

实际工程中，因为构件受力特征较多，影响裂缝宽度的因素很多，裂缝的机理十分复杂。《公路混凝土桥规》规定最大裂缝宽度按式（5-75）计算。

$$W_{\mathrm{cr}} = C_1C_2C_3\frac{\sigma_{\mathrm{ss}}}{E_{\mathrm{s}}}\cdot\frac{c+d}{0.30+1.4\rho_{\mathrm{te}}} \tag{5-75}$$

式中：C_1 ——钢筋表面形状系数，对于光面钢筋，$C_1 = 1.4$；对于带肋钢筋，$C_1 = 1.0$；对于环氧涂层带肋钢筋，$C_1 = 1.15$；

C_2 ——长期效应影响系数，$C_2 = 1 + 0.5\frac{M_l}{M_{\mathrm{s}}}$，其中$M_l$和$M_{\mathrm{s}}$分别为按作用准永久组合和作用频遇组合计算的设计值；

C_3 ——与构件受力性质有关的系数，当为钢筋混凝土板式受弯构件时，$C_3 = 1.15$；当为其他受弯构件时，$C_3 = 1.0$；

c ——最外排纵向受拉钢筋的混凝土层厚（mm），当$c > 50$mm 时，取 50mm；

d ——纵向受拉钢筋的直径（mm），当采用不同直径的钢筋时，改用换算直径$d_e = \frac{\sum n_i d_i^2}{\sum n_i d_i}$；

ρ_{te} ——纵向受拉钢筋的有效配筋率，$\rho_{te} = \frac{A_s}{A_{te}}$，对钢筋混凝土构件，当$\rho_{te} > 0.1$时，取$\rho_{te} = 0.1$；当$\rho_{te} < 0.01$时，取$\rho_{te} = 0.01$；

A_s ——受拉区纵向钢筋截面面积，轴心受拉构件取全部纵向钢筋截面面积；受弯、偏心受拉及大偏心受压构件取受拉区纵向钢筋截面面积或受拉较大一侧的钢筋截面面积；

A_{te} ——有效受拉混凝土截面面积，轴心受拉构件取构件截面面积；受弯、偏心受拉、偏心受压构件取 $2a_s b$，a_s为受拉钢筋重心至受拉区边缘的距离，对矩形截面，b为截面宽度，对翼缘位于受拉区的 T 形、I 形截面，b为受拉区有效翼缘宽度。

4. 裂缝宽度限值

《公路混凝土桥规》规定，在正常使用极限状态下，钢筋混凝土构件的最大裂缝宽度，应按作用频遇组合并考虑长期效应组合影响进行验算，且不得超过规定的裂缝限值，限值规定如下：

（1）处于Ⅰ类（一般环境）、Ⅱ类（冻融环境）和Ⅶ（磨蚀环境）条件下的钢筋混凝土构件，计算最大裂缝宽度不应超过 0.2mm。

（2）处于Ⅲ类（海洋氯化物环境）和Ⅳ类（除冰盐等其他氯化物环境）条件下的钢筋混凝土受弯构件，容许裂缝宽度不应超过 0.15mm。

（3）处于Ⅴ类（盐结晶环境）和Ⅵ类（化学腐蚀环境）条件下的钢筋混凝土受弯构件，容许裂缝宽度不应超过 0.1mm。

考点三：受弯构件变形验算

1. 挠度的计算

钢筋混凝土受弯构件在使用阶段，因作用使构件产生挠曲变形，过大的变形将影响结构的正常使用。应验算构件在使用荷载作用下的最大变形计算值不得超过容许的限值。

受弯构件在使用阶段的挠度应考虑长期效应的影响，即作用频遇组合和给定的刚度计算的挠度值，再乘以挠度长期增长系数η_θ。钢筋混凝土强度等级为 C40 及以下时，$\eta_\theta = 1.60$；钢筋混凝土强度等级为 C80 时，$\eta_\theta = 1.45$；中间强度可按直线内插。

《公路混凝土桥规》规定，钢筋混凝土受弯构件按上述计算的长期挠度值，由汽车荷载（不计冲击力）和人群荷载频遇组合产生的最大挠度不应超过以下规定的限值：

（1）梁式桥主梁的最大挠度处为$l/600$。

（2）梁式桥主梁的悬臂端为$l_1/300$。

钢筋混凝土受弯构件，计算挠度采用开裂抗弯刚度，即

$$B = \frac{B_0}{\left(\frac{M_{cr}}{M_s}\right) + \left[1 - \left(\frac{M_{cr}}{M_s}\right)^2\right]\frac{B_0}{B_{cr}}} \tag{5-76}$$

式中：B ——开裂构件等效截面的抗弯刚度；

B_0 ——全截面的抗弯刚度，$B_0 = 0.95E_c I_0$；

B_{cr} ——全截面的抗弯刚度，$B_{cr} = E_c I_{cr}$；

M_s ——按作用频遇组合计算的弯矩值；

M_{cr} ——开裂弯矩，$M_{cr} = \gamma f_{tk} W_0$；

γ ——构件受拉区混凝土塑性影响系数，$\gamma = 2S_0/W_0$；

S_0 ——全截面换算截面重心轴以上（或以下）部分面积对重心轴的面积矩；

W_0 ——全截面换算截面抗裂验算边缘的弹性抵抗矩。

2. 预拱度的设置

《公路混凝土桥规》规定，当由荷载频遇组合并考虑长期效应影响产生的长期挠度不超过$l/1600$时，可不设预拱度；当不符合上述规定时则应设置预拱度。

钢筋混凝土受弯构件预拱度按结构和1/2可变荷载频遇值计算的长期挠度值之和取用，即

$$\Delta = w_G + \frac{1}{2}w_Q \tag{5-77}$$

式中：Δ ——预拱度值；

w_G ——结构重力产生的长期竖向挠度；

w_Q ——可变荷载频遇值产生的长期竖向挠度。

例题解析

例题　［2021 年试题 54］验算矩形截面钢筋混凝土构件裂缝宽度时，对受弯、偏心受拉、偏心受压构件，有效受拉混凝土截面面积取（　　）。

A. 受拉钢筋面积的两倍

B. 受拉钢筋重心至受拉区边缘的面积

C. 受拉钢筋重心至受拉区边缘面积的两倍

D. 受拉钢筋面积乘以钢筋与混凝土弹性模量之比的两倍

答案： C

解析： 见考点二。最大裂缝宽度计算公式中，A_{te}为有效受拉混凝土截面面积。受弯、偏心受拉、偏心受压构件取 $2a_s b$，a_s为受拉钢筋重心至受拉区边缘的距离，对矩形截面，b为截面宽度。

自测模拟

1. 计算受弯构件挠度时，荷载采用（　　）。

A. 设计值　　B. 标准值

C. 平均值　　D. 标准值和准永久值

2. 提高截面刚度最有效的措施是（　　）。

A. 提高混凝土强度等级　　B. 增加钢筋配筋量

C. 增大构件截面高度　　D. 改变截面形状

3. 钢筋混凝土裂缝宽度验算中，说法正确的是（　　）。

A. 荷载、材料强度都取标准值

B. 荷载、材料强度都取设计值

C. 荷载取设计值，材料强度取标准值

D. 荷载取标准值，材料强度取设计值

4. 受弯构件正常使用阶段计算的依据在（　　）。

A. I_a状态　　B. II_a状态　　C. III_a状态　　D. 第II阶段

5. 验算钢筋混凝土受弯构件裂缝宽度和挠度的目的是（　　）。

A. 使构件能够带裂缝工作

B. 使构件满足正常使用极限状态的要求

C. 使构件满足承载能力极限状态的要求

D. 使构件能在弹性阶段工作

6. 关于钢筋混凝土受弯构件裂缝宽度描述正确的是（　　）。

A. 钢筋直径越大，平均裂缝间距越小

B. 钢筋直径越小，平均裂缝宽度越小

C. 配筋率越大，平均裂缝间距越大

D. 保护层越大，裂缝宽度越小

7. 下列关于裂缝产生机理的描述错误的是（　　）。

A. 钢筋混凝土受弯构件钢筋和混凝土的相对位移一定会导致裂缝

B. 钢筋应力通过钢筋与混凝土的黏结应力传给混凝土

C. 裂缝的开展是由于混凝土的回缩，钢筋的伸长，导致混凝土和钢筋之间产生相对滑移的结果

D. 当混凝土裂缝出现后，由于钢筋和混凝土之间产生了相对滑移，变形不一致而导致裂缝开展

8. 当最大裂缝宽度计算值超过容许值时，可以通过（　　）的方法来解决。

A. 增加保护层厚度　　B. 增加截面的配筋率

C. 增加钢筋直径　　D. 减少水灰比

9. 为减小构件的裂缝宽度，当配筋率一定时，宜选用（　　）。

A. 大直径钢筋　　B. 光圆钢筋　　C. 带肋钢筋　　D. 高强钢筋

10. 一根钢筋混凝土梁，原设计配置 4 根$d = 20$mm的 HRB400，能满足承载力、裂缝宽度和挠度的要求。现根据等强度原则用了 3 根$d = 25$mm的 HRB400 钢筋，则（　　）。

A. 仅需重新验算裂缝宽度　　B. 不必验算裂缝宽度，而需重新验算挠度

C. 两者都必须重新验算　　D. 两者都不必重新验算

参考答案

1. B　2. C　3. A　4. D　5. B　6. B　7. A　8. B　9. C　10. A

第六节　预应力混凝土结构

考点分析

本节重点：预应力混凝土结构的基本原理，施加预应力的方法，预应力损失及有效预应力，预应力混凝土应力计算，抗裂性计算和承载能力计算。

本节难点：预应力损失及有效预应力，抗裂性计算和承载能力计算。

考点精讲

考点一：预应力混凝土结构的基本原理

1. 预应力混凝土的概念

事先人为地在混凝土或钢筋混凝土结构中引入内部应力，且其数值和分布恰好能将使用荷载产生的应力抵消到合适程度的配筋混凝土，称为预应力混凝土。

施加预应力后，提高了构件刚度和抗裂度，改善了构件在正常使用阶段的力学性能。

2. 配筋混凝土的分类

（1）预应力度

由预加应力大小确定的消压弯矩和外荷载产生的弯矩的比值，称为预应力度。其计算公式为

$$\lambda = \frac{M_0}{M_s} \tag{5-78}$$

式中：λ——预应力混凝土构件的预应力度；

M_0——消压弯矩，构件抗裂边缘预压应力抵消到零时的弯矩；

M_s——按频遇组合计算的弯矩。

（2）配筋混凝土的分类

$\lambda \geqslant 1$，全预应力混凝土，在作用频遇组合下控制的正截面受拉边缘不允许出现拉应力。

$0 < \lambda < 1$，部分预应力混凝土，在作用频遇组合下控制的正截面受拉边缘出现拉应力或出现不超过规定宽度的裂缝。当对控制截面受拉边缘的拉应力加以限制时，为 A 类预应力混凝土构件；当构件控制截面受拉边缘拉应力超过限值直到出现不超过限值宽度的裂缝时，为 B 类预应力混凝土构件。

$\lambda = 0$，即不施加预应力的混凝土构件。

考点二：预应力混凝土结构的优缺点

1. 优点

（1）可以提高构件的抗裂度和刚度。

（2）可以节省材料，减小自重，提高跨越能力。

（3）可以减小混凝土梁的竖向剪力和主拉应力。

（4）预应力可作为结构构件连接的手段，促进桥梁结构新体系与施工方法的发展。

2. 缺点

（1）预应力上拱度不易控制。

（2）预应力混凝土的前期费用较大，对于跨径小、构件数量少的工程，成本较高。

考点三：施加预应力的方法

施加预应力的主要方法有先张法和后张法。

先张法：即先张拉预应力钢筋，后浇筑构件混凝土。先张法是靠预应力筋与混凝土的黏结来传递预应力的。先张法施工工序简单，一般仅用于直线配筋的中小型构件。

后张法：即先浇筑混凝土，待凝结硬化后，再张拉预应力钢筋并锚固的方法。后张法是靠专用锚具来传递预应力的。

锚具是保证预应力混凝土构件施工安全、结构可靠的关键设备，选择时应确保锚具安全可靠，预应力损失小，构造简单、紧凑，制作方便，用钢量少，张拉锚固方便迅速，设备简单。

常用的锚具有：依靠摩阻力锚固的锚具，如楔形锚、锥形锚和夹片式锚具；依靠承压锚固的锚具，如镦头锚、钢筋螺纹锚等；依靠黏结力锚固的锚具，如压花锚等。

施加预应力的设备主要是千斤顶。此外，还需要制孔器、波纹管、穿索机和压浆机等设备。

考点四：预应力混凝土结构的材料

1. 混凝土

预应力混凝土结构中混凝土的强度等级不应低于 C40。除了要求高强度外，还要求快硬、早强，以便及早施加预应力，加快施工进度，提高设备、模板等的利用率。应严格控制水灰比在 0.25~0.35，水泥用量不大于 500kg/m^3，选用优质活性掺和剂，并加强振捣和养生。

2. 预应力钢材

钢材的预应力强度要高，具有良好的塑性，与混凝土要有良好的黏结力，应力松弛损失要小。

常采用的预应力筋种类有高强度钢丝、钢绞线和预应力螺纹钢筋。

考点五：张拉控制应力、预应力损失和有效预应力

1. 张拉控制应力

张拉控制应力是指预应力钢筋锚固前张拉钢筋的千斤顶所显示的总拉力除以预应力钢筋截面面积所求得的钢筋应力值。张拉控制应力不宜太高，也不能太低。如果张拉应力太高，容易出现断丝，且松弛损失将增大。如果太低，则需要更多的预应力钢筋，成本增加，且构造复杂。

《公路混凝土桥规》规定，张拉控制应力应满足下列规定：

对于高强钢丝、钢绞线

$$\sigma_{con} \leqslant 0.75 f_{pk} \tag{5-79}$$

对于预应力螺纹钢筋

$$\sigma_{con} \leqslant 0.85 f_{pk} \tag{5-80}$$

式中：f_{pk} ——预应力钢筋的抗拉强度标准值。

为减小预应力损失，需要进行超张拉的钢筋，可以适当提高张拉力。但在任何情况下，钢筋的最大张拉控制应力，对于高强钢丝、钢绞线，不应超过$0.80f_{pk}$，对于预应力螺纹钢筋，不应超过$0.90f_{pk}$。

2. 预应力损失

预应力损失是指预应力筋在张拉、锚固和使用过程中随着时间增长应力逐渐减小的现象。

常见的预应力损失有以下六种：

（1）预应力筋与管道壁摩擦引起的应力损失σ_{l1}。

（2）锚具变形、钢筋回缩和接缝压缩引起的预应力损失σ_{l2}。

（3）钢筋与台座之间的温差引起的预应力损失σ_{l3}。

（4）混凝土弹性压缩引起的预应力损失σ_{l4}。

（5）预应力钢筋松弛引起的预应力损失σ_{l5}。

（6）混凝土收缩和徐变引起的预应力损失σ_{l6}。

各项预应力损失的计算方法见《公路混凝土桥规》的相关条文。

3. 有效预应力

预应力钢筋的有效预应力是预应力筋的张拉控制应力扣除相应阶段的应力损失后实际存留的预拉应力值。预应力损失在不同阶段也不相同，应根据受力阶段进行组合，然后才能确定不同受力阶段的有效预应力。《公路混凝土桥规》规定预应力损失的组合见表 5-13。

预应力损失的组合 表 5-13

预应力损失的组合	先张法	后张法
传力锚固时的损失（第一批）$\sigma_{l\,\mathrm{I}}$	$\sigma_{l2}+\sigma_{l3}+\sigma_{l4}+0.5\sigma_{l5}$	$\sigma_{l1}+\sigma_{l2}+\sigma_{l4}$
传力锚固后的损失（第二批）$\sigma_{l\,\mathrm{II}}$	$0.5\sigma_{l5}+\sigma_{l6}$	$\sigma_{l5}+\sigma_{l6}$

在预加力阶段，预应力筋中的有效预应力为

$$\sigma_{\mathrm{pe\,I}}=\sigma_{\mathrm{con}}-\sigma_{l\,\mathrm{I}} \tag{5-81}$$

在使用阶段，预应力筋中的有效预应力，即永存预应力为

$$\sigma_{\mathrm{pe\,I}}=\sigma_{\mathrm{con}}-\sigma_{l\,\mathrm{I}}-\sigma_{l\,\mathrm{II}}=\sigma_{\mathrm{con}}-\sigma_{l} \tag{5-82}$$

考点六：预应力混凝土受弯构件应力计算

预应力混凝土构件从预加力到承受外荷载直至破坏，经历施工阶段、使用阶段和破坏阶段。

1. 施工阶段

预应力混凝土构件在制作、运输和安装阶段，将承受不同的荷载作用。因施加预应力后，构件全截面参与工作，并处于弹性工作阶段，可采用材料力学的方法进行应力计算。需注意的是：先张法要采用全截面进行计算；后张法在施加预应力阶段采用净截面，在正常使用阶段则采用全截面进行计算。不管是先张法还是后张法，在施加预应力后，结构将产生反拱，自重将由预应力结构承担。

在运输吊装阶段，应考虑动力效应的影响。

在施工阶段，混凝土的压应力不能太大，否则上拱变形过大，可能出现沿钢筋纵向的裂缝，也可能引起徐变破坏。拉应力也不能太大，否则将出现横向裂缝。施工阶段的应力应满足如下要求：

（1）混凝土压应力$\sigma_{\mathrm{cc}}^{\mathrm{t}}$

$$\sigma_{\mathrm{cc}}^{\mathrm{t}}\leqslant 0.70f_{\mathrm{ck}}' \tag{5-83}$$

式中：f_{ck}'——制作、运输、安装各阶段的混凝土轴心抗压强度标准值。

（2）混凝土拉应力$\sigma_{\mathrm{ct}}^{\mathrm{t}}$

《公路混凝土桥规》根据预拉区边缘混凝土的拉应力，通过规定预拉区的配筋率来限制裂缝开展。

当$\sigma_{\mathrm{ct}}^{\mathrm{t}}\leqslant 0.70f_{\mathrm{tk}}'$时，预拉区应配置配筋率不小于 0.2%的纵向非预应力钢筋。

当$\sigma_{\mathrm{ct}}^{\mathrm{t}}=1.15f_{\mathrm{tk}}'$时，预拉区应配置配筋率不小于 0.4%的纵向非预应力钢筋。

当$0.70f_{\mathrm{tk}}'<\sigma_{\mathrm{ct}}^{\mathrm{t}}<1.15f_{\mathrm{tk}}'$时，预拉区应配置纵向非预应力钢筋的配筋率按以上两者直线内插取用。

拉应力$\sigma_{\mathrm{ct}}^{\mathrm{t}}$不应超过 $1.15f_{\mathrm{tk}}'$。

2. 正常使用阶段

正常使用阶段是指桥梁建成运营后的整个工作阶段。除预应力外，还应考虑一期恒载、二期恒载，车辆和人群等活荷载。一般预应力混凝土构件在正常使用阶段都处于弹性工作阶段。故正常使用阶段的应力计算仍按材料力学的知识进行。

（1）在使用荷载作用下，预应力钢筋的拉应力限值

高强钢丝、钢绞线

$$\sigma_{pe}+\sigma_{p}\leqslant 0.65f_{pk} \tag{5-84}$$

预应力螺纹钢筋

$$\sigma_{pe}+\sigma_{p}\leqslant 0.75f_{pk} \tag{5-85}$$

式中：σ_{pe} ——受拉区预应力钢筋扣除全部预应力损失后的有效预应力；

σ_{p} ——作用产生的预应力钢筋应力增量。

（2）在使用荷载作用下，混凝土的压应力限值

$$\sigma_{kc}+\sigma_{pt}\leqslant 0.5f_{ck} \tag{5-86}$$

式中：σ_{kc} ——作用标准值产生的混凝土法向压应力；

σ_{pt} ——预加力产生的混凝土法向拉应力；

f_{ck} ——混凝土轴心抗压强度标准值。

（3）混凝土主应力限值

混凝土的主压应力应满足

$$\sigma_{cp}\leqslant 0.6f_{ck}$$

对计算得到的混凝土主拉应力σ_{tp}，作为对构件斜截面抗剪计算的补充，按下列规定设置箍筋。

在$\sigma_{tp}\leqslant 0.5f_{tk}$区段，箍筋仅按构造要求配置。

在$\sigma_{tp}>0.5f_{tk}$区段，箍筋间距按下式计算：

$$s_{v}=\frac{f_{sk}A_{sv}}{\sigma_{tp}b} \tag{5-87}$$

式中：f_{sk} ——箍筋的抗拉强度标准值；

f_{tk} ——混凝土轴心抗拉强度标准值；

A_{sv} ——同一截面内箍筋的总截面积。

考点七：预应力混凝土构件抗裂计算

对全预应力混凝土和部分预应力混凝土 A 类构件，必须进行正截面抗裂性和斜截面抗裂性验算。

1. 正截面抗裂性验算

预应力混凝土受弯构件正截面抗裂性验算按作用频遇组合和准永久组合两种情况进行。

（1）频遇组合下的应力计算

先张法构件

$$\sigma_{st}=\frac{M_{G1}+M_{G2}+M_{Qs}}{W_{0}} \tag{5-88}$$

后张法构件

$$\sigma_{st}=\frac{M_{G1}}{W_{n}}+\frac{M_{G2}+M_{Qs}}{W_{0}} \tag{5-89}$$

式中：M_{Qs} ——按作用频遇组合计算的可变荷载弯矩值。

$$M_{Qs} = \psi_{f1} M_{Q1} + \psi_{q2} M_{Q2} = 0.7 M_{Q1} + 0.4 M_{Q2} \tag{5-90}$$

式中：M_{Q1}、M_{Q2} ——按汽车荷载标准值（不计冲击系数）和人群荷载标准值产生的弯矩值。

（2）准永久组合下的应力计算

先张法构件

$$\sigma_{lt} = \frac{M_{G1} + M_{G2} + M_{Ql}}{W_0} \tag{5-91}$$

后张法构件

$$\sigma_{st} = \frac{M_{G1}}{W_n} + \frac{M_{G2} + M_{Ql}}{W_0} \tag{5-92}$$

式中：M_{Ql} ——按作用准永久组合计算的可变荷载弯矩值。

$$M_{Ql} = \psi_{q1} M_{Q1} + \psi_{q2} M_{Q2} = 0.4 M_{Q1} + 0.4 M_{Q2} \tag{5-93}$$

符号意义同前。

（3）混凝土正应力的限值

正截面抗裂验算是对构件正截面混凝土的拉应力进行验算，应符合下列要求：

全预应力混凝土构件在作用频遇组合下

$$\sigma_{st} - 0.85\sigma_{pc} \leqslant 0 \quad \text{(预制构件)} \tag{5-94a}$$

$$\sigma_{st} - 0.80\sigma_{pc} \leqslant 0 \quad \text{(分段浇筑或砂浆砌缝大纵向分块)} \tag{5-94b}$$

部分预应力混凝土 A 类构件在作用频遇组合下

$$\sigma_{st} - \sigma_{pc} \leqslant 0.7 f_{tk} \tag{5-95}$$

部分预应力混凝土 A 类构件在作用准永久组合下

$$\sigma_{st} - \sigma_{pc} \leqslant 0 \tag{5-96}$$

2. 斜截面抗裂性验算

斜截面抗裂性验算只需验算在作用频遇组合下的混凝土主拉应力，计算公式为

$$\sigma_{tp} = \frac{\sigma_{cx} + \sigma_{cy}}{2} - \sqrt{\left(\frac{\sigma_{cx} - \sigma_{cy}}{2}\right)^2 + \tau^2} \tag{5-97}$$

主拉应力的限值规定：

（1）全预应力混凝土构件在作用频遇组合下

$$\sigma_{tp} \leqslant 0.6 f_{tk} \quad \text{(预制构件)} \tag{5-98a}$$

$$\sigma_{tp} \leqslant 0.4 f_{tk} \quad \text{(现场浇筑或预制拼装构件)} \tag{5-98b}$$

（2）部分预应力混凝土 A 类构件在作用频遇组合下

$$\sigma_{tp} \leqslant 0.7 f_{tk} \quad \text{(预制构件)} \tag{5-99a}$$

$$\sigma_{tp} \leqslant 0.5 f_{tk} \quad \text{(现场浇筑或预制拼装构件)} \tag{5-99b}$$

考点八：预应力混凝土受弯构件承载力计算

1. 正截面承载力计算

对于只在受拉区配置预应力钢筋且配筋率适当的受弯构件，在荷载作用下，受拉区普通钢筋和预应

力钢筋先后达到屈服强度和条件屈服强度，裂缝迅速延伸，受压区混凝土达到极限压应变而宣告破坏。在正常配筋范围内，预应力混凝土受弯构件的破坏弯矩取决于材料的强度值，其破坏弯矩与同条件的非预应力混凝土梁相同，而与预应力钢筋中是否施加预应力无关。表明预应力混凝土并不能创造出超越其本身材料强度能力之外的奇迹，但可明显改善结构在正常使用阶段的工作性能。

（1）受压区不配置钢筋的矩形截面受弯构件（图 5-31）

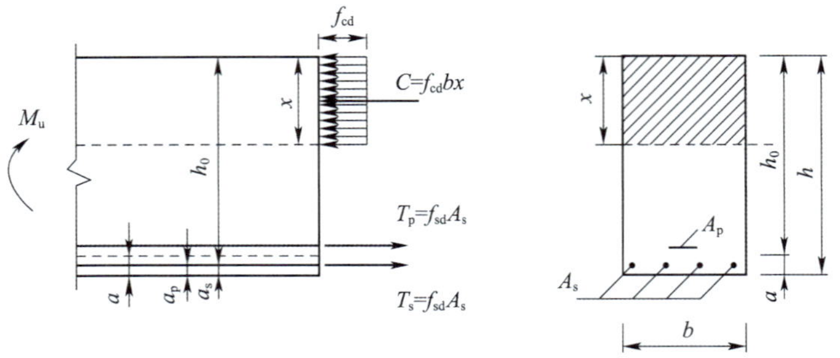

图 5-31 受压区不配置钢筋的矩形截面受弯构件正截面承载力计算图

受压区不布置钢筋的矩形截面受弯构件的计算公式为

$$f_{sd}A_s + f_{pd}A_p = f_{cd}bx \tag{5-100}$$

$$\gamma_0 M_d \leqslant M_u = f_{cd}bx\left(h_0 - \frac{x}{2}\right) \tag{5-101}$$

适用条件为

$$x \leqslant \xi_b h_0$$

（2）受压区配置钢筋的矩形截面受弯构件（图 5-32）

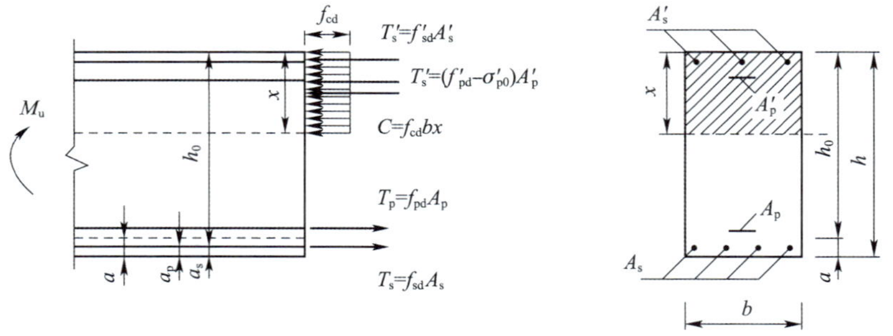

图 5-32 受压区配置钢筋的矩形截面受弯构件正截面承载力计算图

$$f_{sd}A_s + f_{pd}A_p = f_{cd}bx + f'_{sd}A'_s + \left(f'_{pd} - \sigma'_{p0}\right)A'_p \tag{5-102}$$

$$\gamma_0 M_d \leqslant M_u = f_{cd}bx\left(h_0 - \frac{x}{2}\right) + f'_{sd}A'_s(h_0 - a'_s) + \left(f'_{pd} - \sigma'_{p0}\right)A'_p(h_0 - a'_p) \tag{5-103}$$

适用条件为

$$x \leqslant \xi_b h_0$$
$$x \geqslant 2a'$$

2. 斜截面承载力计算

试验研究表明，预应力能够阻止斜裂缝的发生和发展，使混凝土的剪压区高度增大，从而提高构件的抗剪能力。《公路混凝土桥规》规定预应力混凝土构件的抗剪承载力采用与普通钢筋混凝土梁相同的承载力计算公式，通过预应力提高系数来考虑预应力的影响。

$$\gamma_0 V_d \leqslant V_u = 0.45 \times 10^{-3}\alpha_1\alpha_2\alpha_3 bh_0\sqrt{(2 + 0.6p)\sqrt{f_{cu,k}}\rho_{sv}f_{sv}} + 0.75 \times 10^{-3} f_{pd}\sum A_{pb}\sin\theta_s \tag{5-104}$$

式中：α_2 ——预应力提高系数，取 1.25；

A_{pd}——斜截面内在同一弯起平面的预应力弯起钢筋的截面面积；

f_{pd}——预应力钢筋抗拉强度设计值。

其他符号与普通钢筋混凝土相同。

预应力钢筋的弯起点，应同时考虑剪力和弯矩两方面的受力要求。其一，从受剪考虑，在跨径的三分点到四分点之间开始弯起。其二，从受弯考虑，要注意预应力钢筋弯起后的正截面抗弯承载力要求。其三，预应力钢筋的弯起点尚应考虑满足斜截面抗弯承载力的要求，即保证预应力钢筋弯起后斜截面上的抗弯承载力不低于斜截面顶端所在的正截面的抗弯承载力。

例题解析

例题 1　［2019 年试题 55］下列预应力损失中，不属于先张法的是（　　）。

A. 管道摩阻预应力损失

B. 锚具的变形预应力损失

C. 钢筋的松弛预应力损失

D. 混凝土收缩、徐变预应力损失

答案：A

解析：见考点五。先张法是先张拉预应力钢筋，后浇筑混凝土，预应力钢筋和混凝土黏结在一起，不存在管道摩擦。后张法是先浇筑混凝土（预留管道），待混凝土硬化后，再张拉预应力钢筋并锚固，张拉时预应力钢筋与管道摩擦会产生预应力损失。

例题 2　［2020 年试题 52］确定预应力钢筋弯起点时，考虑受力要求应兼顾（　　）。

A. 弯矩和预加力　　B. 预加力和剪力

C. 轴力和弯矩　　D. 弯矩和剪力

答案：D

解析：见考点八。从受剪考虑，在跨径的三分点到四分点之间开始弯起。从受弯考虑，要注意预应力钢筋弯起后的正截面抗弯承载力要求。

例题 3　［2021 年试题 55］预应力混凝土与普通钢筋混凝土相比，其优点描述不确切的是（　　）。

A. 可以减小主拉应力

B. 提高了构件的抗裂度和刚度

C. 可以节省材料，减少自重，增大跨越能力

D. 施工工艺简单，施工质量容易保证

答案：D

解析：见考点二。选项 A、B、C 均为预应力混凝土的优点，选项 D 为预应力混凝土的缺点。

自测模拟

1. 在预应力混凝土受弯构件的受压区布置预应力钢筋的目的是（　　）。

A. 防止施工阶段预拉区出现裂缝　　B. 增加构件的抗弯承载能力

C. 增加构件使用阶段的抗裂能力　　D. 保证受压钢筋达到屈服强度

2. 受弯构件在受拉区施加预应力后（　　）。

A. 无法确定是否提高开裂弯矩和破坏弯矩　　B. 提高构件破坏弯矩
C. 提高构件的开裂弯矩和破坏弯矩　　D. 提高构件开裂弯矩

3. 为减少先张法中锚具变形、预应力筋回缩引起的预应力损失，不正确的措施是（　　）。
A. 尽量少用垫板　　B. 选择变形小的锚具
C. 增加台座的长度　　D. 在钢模上张拉预应力钢筋

4. 当外荷载使预应力混凝土受弯构件受拉边缘产生的应力等于（　　）时即将出现裂缝。
A. f_{tk}　　B. $\alpha_E f_{tk}$　　C. $\sigma_{PC\,II}+\alpha_E f_{tk}$　　D. $\sigma_{PC\,II}+\gamma_m f_{tk}$

5. 关于预应力的说法，错误的是（　　）。
A. 先张法是靠临时锚具来传递预应力的
B. 后张法是靠专用锚具来传递预应力的
C. 可以通过超张拉减少预应力损失
D. 预应力锚下需要设置钢筋网片或螺旋钢筋提高局部承压能力

6. 通过对混凝土受弯构件施加预应力可以（　　）。
A. 提高混凝土抗压强度，提高构件承载能力
B. 提高混凝土抗拉强度，提高构件抗裂能力
C. 使构件获得预压应力，提高构件抗裂能力，改善构件使用阶段受力性能
D. 增大构件抗弯刚度，使构件挠度增大

7. 为提高预应力混凝土受弯构件的正截面抗裂度，可采用（　　）。
A. 增大非预应力钢筋用量
B. 增大预压应力，使构件的开裂弯矩接近其破坏弯矩
C. 增大预压应力，使构件的开裂弯矩大于其破坏弯矩
D. 增大预压应力，使构件在使用荷载作用下受拉边缘不出现拉应力或出现少许拉应力

8. 关于先张法预应力混凝土构件的叙述，错误的是（　　）。
A. 先张法靠钢筋与混凝土之间的黏结力来传递预应力
B. 先张法靠工作锚具来传递预应力
C. 先张法只适用于中小型构件
D. 先张法不适于复杂的曲线布束

参考答案

1. A　2. D　3. D　4. D　5. A　6. C　7. D　8. B

第七节　圬工砌体结构

考点分析

本节重点：砌体强度，砌体承载能力计算。

本节难点：砌体承载能力计算。

考点精讲

考点一：圬工材料

砌体结构是以砌体（砖、混凝土砌块、石材）为主要材料建造的结构。砌体的胶结材料主要为砂浆（水泥石灰混合砂浆、石灰砂浆、水泥砂浆）。

1. 石材

石材是无明显风化的天然岩石经过人工开采和加工后外形规则的建筑用材，具有强度高、抗冻与抗气性能好等优点，可用于桥梁基础、墩台和挡土墙等。根据开采方法、形状、尺寸及表面粗糙度的不同，可分为下列几类。

（1）片石

片石是采用爆破或楔劈法开采的不规则石块。

（2）块石

块石一般是岩石层理放炮或楔劈而成的石材。块石大致方正，上下面大致平整，厚度为 200~300mm，宽度为厚度的 1.0~1.5 倍，长度为厚度的 1.5~3.0 倍。

（3）细料石

细料石是由岩层或大块石材劈开并经修凿而成。细料石外形方正，呈六面体，表面凹陷深度不大于 10mm，厚度为 200~300mm，宽度为厚度的 1.0~1.5 倍，长度为厚度的 2.5~4.0 倍。

（4）粗料石

粗料石同细料石，但表面凹陷深度不大于 20mm。

桥涵结构所用的石材强度等级有 MU30、MU40、MU50、MU60、MU80、MU100 和 MU120，其中 MU 表示石材强度等级，后面的数字表示边长为 70mm 的含水饱和立方体试件的抗压强度。

2. 混凝土

圬工桥涵结构中混凝土常用的强度等级为 C20、C25、C30、C35 和 C40。

（1）混凝土预制块

混凝土预制块是根据结构构造与施工要求，按照一定形状和尺寸浇筑而成。尺寸同一，砌体表面整齐美观。

（2）整体浇筑

圬工桥涵结构中，整体浇筑的素混凝土较少使用，低配筋混凝土属于圬工混凝土。比如大体积混凝土、片石混凝土。

（3）小石子混凝土

小石子混凝土是由胶结料、粗集料、细粒料加水拌和而成。

3. 砂浆

砂浆是由一定比例的胶结料、细集料和水配制而成的砌筑材料。砂浆的作用是将块材黏结成整体，并在铺砌时抹平块材不平的表面使块材在砌体受压时均匀地受力。砂浆也填满了块材间隙，减少了砌体的透气性，从而提高了砌体的密实度、保温性与抗冻性。

砂浆的强度等级有 M5、M7.5、M10、M15 和 M20，其中 M 表示砂浆的强度等级，后边的数字是以边长 70.7mm 的立方体试块，养护 28d，按统一的标准试验方法测得的强度。

《公路圬工桥涵设计规范》(JTG D61—2005)综合考虑承载力和耐久性等方面要求，规定圬工结构所用的石、混凝土材料及砂浆的最低强度等级见表 5-14。

圬工材料的最低强度等级　　表 5-14

结构物种类	材料最低强度等级	砌筑砂浆最低强度等级
拱圈	MU50 石材 C25 混凝土（现浇） C30 混凝土（预制块）	MU10（大、中桥） M7.5（小桥涵）
大、中桥墩台及基础，轻型桥台	MU40 石材 C25 混凝土（现浇） C30 混凝土（预制块）	M7.5
小桥涵墩台、基础	MU30 石材 C20 混凝土（现浇） C25 混凝土（预制块）	M5

考点二：砌体种类

工程中根据块材的不同，常用的砌体可分为以下几种（图 5-33）。

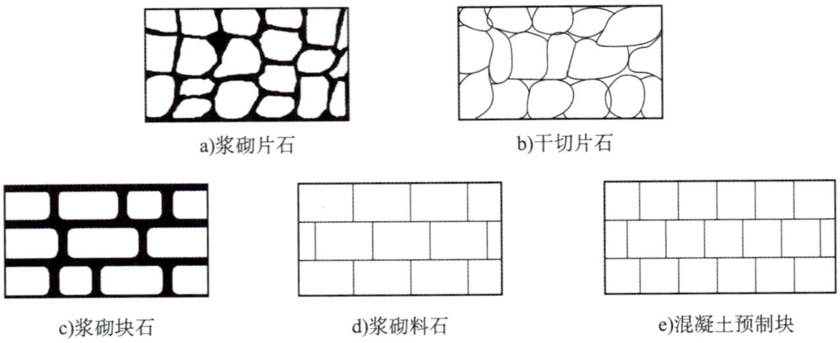

图 5-33　砌体种类

(1) 片石砌体

砌筑时，片石应平稳放置，交错排列且相互咬紧，避免过大空隙，并用小石块填塞空隙。片石应分层砌筑，以 2~3 层为一个工作层，各工作层的水平缝应大致找平，竖缝应相互错开。砌筑缝宽一般不应大于 40mm，用小石子混凝土铺砌时，可为 30~70mm。

(2) 块石砌体

块石应平砌，每层石料高度大致相等，并应错缝砌筑，上下层错开距离不小于 80mm。砌筑缝宽不宜过大，一般水平缝不大于 30mm，竖缝不超过 40mm。

(3) 粗料石砌体

砌筑时石料安放端正，严格控制平面位置和高度，保证砌缝横平竖直。为保证强度要求和外观整齐，砌筑缝宽不大于 20mm，上下层竖缝错开距离不小于 100mm。

(4) 细料石砌体

同粗料石砌体，但表面凹陷深度不大于 15mm，砌筑缝宽不大于 10mm。

（5）混凝土预制块砌体

同粗料石砌体，要求砌筑缝宽不大于10mm。

考点三：砌体的强度

1. 砌体的抗压强度

砌体是由单块块材用砂浆黏结而成，砌体的抗压强度一般低于单块块材的抗压强度。

试验研究发现，砌体从开始受压到破坏大致分为三个阶段：

第I阶段为整体工作阶段。作用荷载大致为砌体极限荷载的50%~70%，如外荷载不增加，裂缝也不再发展。

第II阶段为带裂缝工作阶段。在这个受力阶段，砌体随荷载继续增大，单块块材内裂缝不断发展，并逐渐连接起来形成连续的裂缝，即使外荷载不增加，已有裂缝也会缓慢发展。

第III阶段为破坏阶段。当荷载稍微增加，裂缝急剧发展，并发展成几条贯通的裂缝，将砌体分为若干独立压柱，各压柱受力极不均匀，最后，柱被压碎或丧失稳定导致砌体的破坏。

影响砌体抗压强度的主要因素有以下几种。

（1）块材的强度

块材和砂浆的强度是影响砌体抗压强度的主要因素，块材和砂浆强度高，砌体的抗压强度就高。当块材强度等级一定，提高砂浆强度等级，砌体的抗压强度有较明显的增长；但当砂浆强度过高时，提高砂浆强度等级对砌体抗压强度的提高并不明显。

（2）块材的形状和尺寸

块材形状规则的程度也显著影响砌体的抗压强度。块材表面不平整，形状不规则，会造成砌缝厚度不均匀，从而使砌体强度降低。砌体强度随块材厚度的增大而增加。

（3）砂浆的物理力学性能

除砂浆的强度直接影响砌体的抗压强度外，砂浆的强度等级越低，块材与砂浆的横向变形差异越大，从而降低砌体的强度。可塑性和流动性较好的砂浆，可提高砌体强度。砂浆的弹性模具越大，砌体强度越高。

（4）砌缝厚度

砂浆水平砌缝越厚，砌体强度越低。灰缝厚度在10~12mm为宜。

（5）砌筑质量

砌筑灰缝的施工质量也影响砌体的抗压强度。砂浆铺砌均匀、饱满，可提高砌体抗压强度。

2.砌体的抗拉、抗弯和抗剪强度

砌体的抗拉、抗弯和抗剪强度远低于抗压强度，故应尽可能地使砌体结构用于主要承受压力的结构中。试验表明，在多数情况下，砌体的受拉、受弯及受剪破坏一般发生于砂浆与块材的连接面上。因此，砌体的抗拉、抗弯与抗剪强度取决于砌缝强度。

2. 砌体破坏形式

（1）轴向受拉

轴向拉力平行于水平砌缝时，砌体通常有两种破坏形式：沿砌体齿缝发生破坏，沿竖向砌缝和块材发生破坏。轴向拉力垂直于水平砌缝时，砌体通常沿通缝发生破坏（图 5-34）。

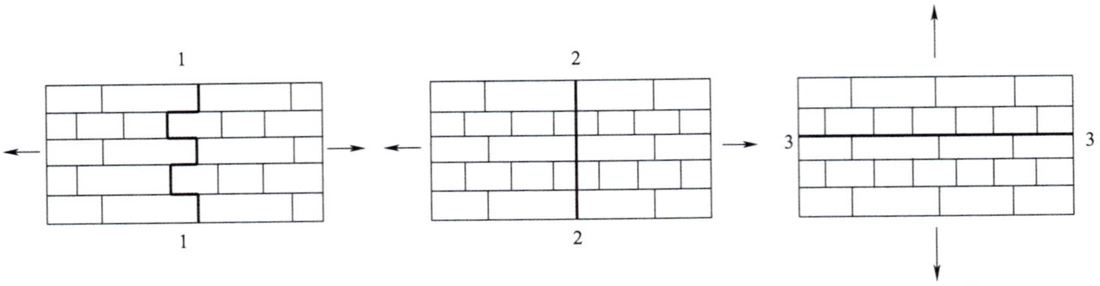

a)沿齿缝破坏　　b)沿竖向砌缝破坏　　c)沿通缝破坏

图 5-34　砌体轴向受拉的三种破坏形式

（2）弯曲抗拉

砌体处于弯曲状态时，有三种破坏形式：沿齿缝发生破坏，沿竖向砌缝和块材发生破坏，沿通缝发生破坏（图 5-35）。

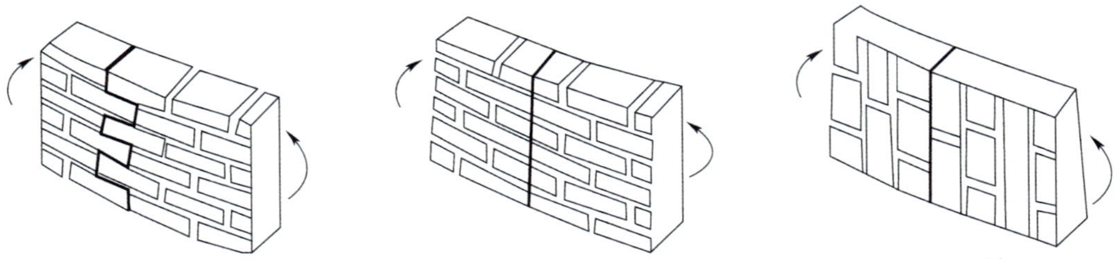

a)沿齿缝破坏　　b)沿竖向砌缝破坏　　c)沿通缝破坏

图 5-35　砌体弯曲受拉的三种破坏形式

（3）抗剪

砌体处于剪切状态时，有三种破坏形式：岩通缝发生破坏，沿齿缝发生破坏，沿阶梯形砌缝发生破坏（图 5-36）。

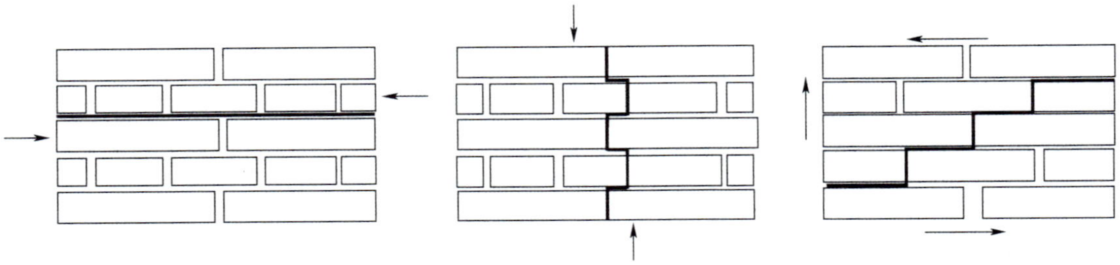

a)沿通缝破坏　　b)沿齿缝破坏　　c)沿阶梯形砌缝破坏

图 5-36　砌体受剪的三种破坏形式

考点四：砌体的承载力计算

砌体受压构件的承载力按下式计算：

$$N_u = \varphi_0 A f_{cd} \tag{5-105}$$

式中：φ_0——构件轴向力的偏心距e和长细比对砌体受压构件承载力的影响系数；

f_{cd}——砌体或混凝土轴心抗压强度设计值。

《公路混凝土桥规》给出的砌体偏心受压构件承载力影响系数为

$$\varphi_0 = \frac{1}{\frac{1}{\varphi_{0x}} + \frac{1}{\varphi_{0y}} - 1} \tag{5-106}$$

$$\varphi_{0x}=\frac{1-\left(\frac{e_x}{x}\right)^m}{1+\left(\frac{e_x}{i_y}\right)^2}\cdot\frac{1}{1+\alpha\lambda_x(\lambda_x-3)\left[1+1.33\left(\frac{e_x}{i_y}\right)^2\right]} \tag{5-107}$$

$$\varphi_{0y}=\frac{1-\left(\frac{e_y}{y}\right)^m}{1+\left(\frac{e_y}{i_x}\right)^2}\cdot\frac{1}{1+\alpha\lambda_y(\lambda_y-3)\left[1+1.33\left(\frac{e_y}{i_x}\right)^2\right]} \tag{5-108}$$

式中：α ——与砂浆强度有关的系数，当砂浆强度等级大于或等于 M5 或为组合构件时，α取为 0.002；当砂浆强度等级为 0 时，α为 0.013；

λ_x、λ_y ——构件在x方向、y方向的长细比，按下列公式计算：

$$\lambda_x=\frac{\gamma_\beta l_0}{3.5i_y} \tag{5-109}$$

$$\lambda_y=\frac{\gamma_\beta l_0}{3.5i_x} \tag{5-110}$$

式中：γ_β ——不同砌体材料构件的长细比修正系数，按表 5-15 取用。

长细比修正系数　表 5-15

砌体材料类型	混凝土预制块砌体或组合构件	粗料石、块石和片石	细料石、半细料石砌体
γ_β	1.0	1.3	1.1

例题解析

例题　［2020 年试题 55］砌体受剪时，其破坏形式为（　　）。

A. 通缝抗剪、齿缝抗剪和水平抗剪

B. 通缝抗剪、齿缝抗剪和阶梯形抗剪

C. 齿缝抗剪、阶梯形抗剪和竖缝抗剪

D. 水平抗剪、竖缝抗剪和齿缝抗剪

答案：B

解析：见考点三。砌体处于剪切状态时，有三种破坏形式：岩通缝发生破坏，沿齿缝发生破坏，沿阶梯形砌缝发生破坏。

自测模拟

1.砌体抗压强度的影响因素有（　　）。

A. 块材的形状、尺寸和强度　B. 砂浆的物理力学性能

C. 砌缝厚度和质量　D. 以上全部选项

2. 块体和砂浆的强度是按（　　）划分。

A. 抗拉强度　B. 抗压强度　C. 抗剪强度　D. 弯曲抗压强度

3. 砌体抗拉、抗弯、抗剪强度主要取决于（　　）。

A. 抗压强度　B. 抗剪强度

C. 抗弯强度　　　　　　　　　　　　D. 块体与砂浆之间的黏结强度

4. 关于砌体抗压强度的影响因素的说法，正确的是（　　）。

A. 砌体抗压强度随砂浆和块体的强度等级的提高而增大，且按相同比例提高砌体的抗压强度

B. 砂浆的变形性能越大，越容易砌筑，砌体的抗压强度越高

C. 块体的外形越规则、平整，砌体的抗压强度越高

D. 砌体中灰缝越厚，越容易施工，砌体的抗压强度越高

5. 砖基础最下面一层砖的水平灰缝大于 20mm 时，应用（　　）找平。

A. 砂浆　　　　　　　　　　　　B. 在砂浆中掺细砖

C. 在砂浆中掺碎石　　　　　　　D. 细石混凝土

参考答案

1. D　　2. B　　3. D　　4. C　　5. D

第六章 职 业 法 规

第一节 我国有关工程基本建设的法律法规概述

考 点 分 析

本节重点：法的形式和其优先顺序以及原则。

本节难点：法律法规体系优先顺序及其原则。

考 点 精 讲

考点一：法的形式

法的形式是指法的存在和表现形式，即国家制定和认可的法律规范的各种表现形式，主要有下列形式和具体优先级：

1. 宪法

宪法是我国的最高法律形式，是国家的根本大法。它所规定的是关于国家生活中最根本的问题。宪法具有最高的法律效力，是一般法律的立法基础。宪法的制定和修改要经过特定的程序，宪法的制定和修改只能由全国人民代表大会进行，且须经全国人民代表大会以全体代表的三分之二以上的人数通过。

2. 法律

法律的制定机关是全国人民代表大会及其常务委员会，由国家主席签发。全国人民代表大会可以制定和修改刑事、民事、国家机构的和其他的基本法律。全国人民代表大会常委会可以制定除应由全国人民代表大会制定的法律以外的其他法律。

3. 行政法规

行政法规是由国务院制定，国务会议通过并由国务院总理签发，是次于宪法和法律的一种法律形式。国务院是国家最高权力机关的执行机关，有权根据宪法和法律，规定行政措施，制定行政法规。它所发布的决议和命令，对在全国范围内贯彻执行宪法和法律，完成国家的组织和管理活动，具有重要的作用。

4. 部门规章

国务院所属机构，包括各部、各委员会制定的规范性的文件，部务会议通过并由部长签发，也是我国法律形式之一。但这些规范性的文件只能在制定和颁布的部、委管辖的业务范围内产生法律效力。

5. 地方法规

在不与宪法、法律、行政法规相抵触的前提下，省、自治区、直辖市以及设区的市级人民代表大会及其常委会，可以制定并发布地方性法规，由主席团或常委会公布。这些规范性文件也是我国法的形式之一。

6. 地方规章

地方规章是省、自治区、直辖市和省会（自治区首府）城市以及设区的市级的人民政府，根据法律和国务院的行政法规，制定并由相应首长签发公布的规范性文件。地方规章也是我国法的形式之一。

考点二：法律法规体系中的优先级

法的效力层次，是法律体系中各种法的形式，具有不同的效力和等级。

1. 法律法规体系中的优先顺序原则

宪法至上原则，上位法优于下位法原则，特别法优于一般法原则，新法优于旧法原则，特殊处理原则［即按照《中华人民共和国立法法》（以下简称《立法法》）第 95 条处理］。

2. 法律法规体系中的优先级

根据《立法法》（2015 年）第 87 条至第 89 条的规定：宪法>法律>行政法规>地方法规、部门规章、地方规章；地方法规>地方规章；规章>政策性文件。

3. 特殊处理原则的情况

地方法规和地方规章与部门规章之间的优先级一样，不存在地方高于部门或者部门高于地方；《立法法》（2015 年）第 95 条规定“地方性法规、规章之间不一致时，由有关机关依照下列规定的权限作出裁决”：

（1）同一机关制定的新的一般规定与旧的特别规定不一致时，由制定机关裁决。

（2）地方性法规与部门规章之间对同一事项的规定不一致，不能确定如何适用时，由国务院提出意见，国务院认为应当适用地方性法规的，应当决定在该地方适用地方性法规的规定；认为应当适用部门规章的，应当提请全国人民代表大会常务委员会裁决。

（3）部门规章之间、部门规章与地方政府规章之间对同一事项的规定不一致时，由国务院裁决。

根据授权制定的法规与法律规定不一致，不能确定如何适用时，由全国人民代表大会常务委员会裁决。

例 题 解 析

例题 1　《公路工程建设项目招标投标管理办法》属于（　　）。

A. 法律　　B. 行政法规　　C. 部门规章　　D. 地方法规

答案： C

解析： 见考点一。《公路工程建设项目招标投标管理办法》是交通运输部令〔2015〕第 24 号，属于部门规章。

例题 2　《安全生产许可证条例》的直接上位法是（　　）。

A.《宪法》　　B.《安全生产法》

C.《建筑法》　　D.《建设工程安全生产管理条例》

答案： B

解析： 见考点二。《安全生产许可证条例》是由国务院颁发的行政法规，其上位法是法律而且是《安全生产法》。

例题 3　[2018 年岩土下午试题 13]《工程建设项目报建管理办法》属于我国建设法规体系的（　　）。

A. 法律　　B. 行政法规　　C. 部门法规　　D. 地方性规章

答案： C

解析：《工程建设项目报建管理办法》是 1994 年 8 月 13 日由建设部发布的，属于部门法规。因为不是部长令就不是部门规章，只是部门“规范性”文件，所以模糊为部门法规。此“法规”是广义的（规章和政策性文件统称），不是指行政法规和地方法规。

自测模拟

1. 同一机关制定的新的一般规定与旧的特别规定不一致时，交由裁决的部门是（　　）。

A. 国务院　　B. 制定机关　　C. 地方政府　　D. 全国人大常委会

2. 部门规章之间、部门规章与地方政府规章之间对同一事项的规定不一致时，交由裁决的部门是（　　）。

A. 国务院　　B. 部门　　C. 地方政府　　D. 全国人大常委会

参考答案

1. B　　2. A

第二节　《中华人民共和国公路法》

考点分析

本节重点：《公路法》中公路的内容与等级和公路规划要求以及公路建设的具体规定。

本节难点： 公路规划的具体规定和要求。

考点精讲

考点一：《公路法》第一章中的主要条款

1.《公路法》中的公路概念和范围以及公路发展原则

第二条　在中华人民共和国境内从事公路的规划、建设、养护、经营、使用和管理，适用本法。本法所称公路，包括公路桥梁、公路隧道和公路渡口。

第三条　公路的发展应当遵循全面规划、合理布局、确保质量、保障畅通、保护环境、建设改造与养护并重的原则。

第四条　各级人民政府应当采取有力措施，扶持、促进公路建设。公路建设应当纳入国民经济和社会发展计划。国家鼓励、引导国内外经济组织依法投资建设、经营公路。

第五条 国家帮助和扶持少数民族地区、边远地区和贫困地区发展公路建设。

2. 公路等级的规定

第六条 公路按其在公路路网中的地位分为国道、省道、县道和乡道，并按技术等级分为高速公路、一级公路、二级公路、三级公路和四级公路。具体划分标准由国务院交通主管部门规定。新建公路应当符合技术等级的要求。原有不符合最低技术等级要求的等外公路，应当采取措施，逐步改造为符合技术等级要求的公路。（编者注：2019 年考点）

第七条 公路受国家保护，任何单位和个人不得破坏、损坏或者非法占用公路、公路用地及公路附属设施。任何单位和个人都有爱护公路、公路用地及公路附属设施的义务，有权检举和控告破坏、损坏公路、公路用地、公路附属设施和影响公路安全的行为。

考点二：《公路法》第二章“公路规划”中的具体规定

1. 公路规划编制原则和公路用地规划与计划

第十二条 公路规划应当根据国民经济和社会发展以及国防建设的需要编制，与城市建设发展规划和其他方式的交通运输发展规划相协调。

第十三条 公路建设用地规划应当符合土地利用总体规划，当年建设用地应当纳入年度建设用地计划。

2. 各级公路规划编制、报批、备案的规定

第十四条 国道规划由国务院交通主管部门会同国务院有关部门并商国道沿线省、自治区、直辖市人民政府编制，报国务院批准。

省道规划由省、自治区、直辖市人民政府交通主管部门会同同级有关部门并商省道沿线下一级人民政府编制，报省、自治区、直辖市人民政府批准，并报国务院交通主管部门备案。

县道规划由县级人民政府交通主管部门会同同级有关部门编制，经本级人民政府审定后，报上一级人民政府批准。

乡道规划由县级人民政府交通主管部门协助乡、民族乡、镇人民政府编制，报县级人民政府批准。

依照第三款、第四款规定批准的县道、乡道规划，应当报批准机关的上一级人民政府交通主管部门备案。

（编者注：归纳为“各级规划由本级政府的交通主管部门会同同级有关部门并商沿线下一级政府编制，报本级人民政府批准；报上一级人民政府交通主管部门备案。”例外是县乡道规划，本级编制上级批准）

省道规划应当与国道规划相协调。县道规划应当与省道规划相协调。乡道规划应当与县道规划相协调。

（编者注：归纳为“下一级规划应当与上一级规划相协调”）

3. 公路规划调整的规定

第十六条 国道规划的局部调整由原编制机关决定。

国道规划需要作重大修改的，由原编制机关提出修改方案，报国务院批准。

经批准的省道、县道、乡道公路规划需要修改的，由原编制机关提出修改方案，报原批准机关批准。

4. 公路命名和编号的规定

第十七条 国道的命名和编号，由国务院交通主管部门确定；省道、县道、乡道的命名和编号，由省、自治区、直辖市人民政府交通主管部门按照国务院交通主管部门的有关规定确定。

5. 城市规划和建设与公路距离的规定

第十八条 规划和新建村镇、开发区，应当与公路保持规定的距离并避免在公路两侧对应进行，防止造成公路街道化，影响公路的运行安全与畅通。

6. 专用公路的规划和专用公路用于社会运输的规定

第十五条 专用公路规划由专用公路的主管单位编制，经其上级主管部门审定后，报县级以上人民政府交通主管部门审核。专用公路规划应当与公路规划相协调。县级以上人民政府交通主管部门发现专用公路规划与国道、省道、县道、乡道规划有不协调的地方，应当提出修改意见，专用公路主管部门和单位应当作出相应的修改。

第十九条 国家鼓励专用公路用于社会公共运输。专用公路主要用于社会公共运输时，由专用公路的主管单位申请，或者由有关方面申请，专用公路的主管单位同意，并经省、自治区、直辖市人民政府交通主管部门批准，可以改划为省道、县道或者乡道。

考点三：《公路法》第三章“公路建设”中的具体规定

1. 公路建设的监管部门

第二十条 县级以上人民政府交通主管部门应当依据职责维护公路建设秩序，加强对公路建设的监督管理。

2. 公路建设资金筹集的规定

第二十一条 筹集公路建设资金，除各级人民政府的财政拨款，包括依法征税筹集的公路建设专项资金转为的财政拨款外，可以依法向国内外金融机构或者外国政府贷款。

国家鼓励国内外经济组织对公路建设进行投资。开发、经营公路的公司可以依照法律、行政法规的规定发行股票、公司债券筹集资金。

依照本法规定出让公路收费权的收入必须用于公路建设。

向企业和个人集资建设公路，必须根据需要与可能，坚持自愿原则，不得强行摊派，并符合国务院的有关规定。

公路建设资金还可以采取符合法律或者国务院规定的其他方式筹集。

3. 公路建设的基本程序要求和建设制度

第二十二条 公路建设应当按照国家规定的基本建设程序和有关规定进行。

第二十三条 公路建设项目应当按照国家有关规定实行法人负责制度、招标投标制度和工程监理制度。

第二十四条 公路建设单位应当根据公路建设工程的特点和技术要求，选择具有相应资格的勘察设计单位、施工单位和工程监理单位，并依照有关法律、法规、规章的规定和公路工程技术标准的要求，分别签订合同，明确双方的权利义务。

承担公路建设项目的可行性研究单位、勘察设计单位、施工单位和工程监理单位，必须持有国家规定的资质证书。

第二十五条 公路建设项目的施工，须按国务院交通主管部门的规定报请县级以上地方人民政府交通主管部门批准。（编者注：2021 年考点，第 56 题）

4. 公路建设标准

第二十六条 公路建设必须符合公路工程技术标准。

承担公路建设项目的设计单位、施工单位和工程监理单位，应当按照国家有关规定建立健全质量保证体系，落实岗位责任制，并依照有关法律、法规、规章以及公路工程技术标准的要求和合同约定进行设计、施工和监理，保证公路工程质量。

5. 公路建设用地有关的规定

第二十七条 公路建设使用土地依照有关法律、行政法规的规定办理。

公路建设应当贯彻切实保护耕地、节约用地的原则。

第二十八条 公路建设需要使用国有荒山、荒地或者需要在国有荒山、荒地、河滩、滩涂上挖砂、采石、取土的，依照有关法律、行政法规的规定办理后，任何单位和个人不得阻挠或者非法收取费用。

第二十九条 地方各级人民政府对公路建设依法使用土地和搬迁居民，应当给予支持和协助。

第三十条 公路建设项目的设计和施工，应当符合依法保护环境、保护文物古迹和防止水土流失的要求。

公路规划中贯彻国防要求的公路建设项目，应当严格按照规划进行建设，以保证国防交通的需要。

第三十四条 县级以上地方人民政府应当确定公路两侧边沟（截水沟、坡脚护坡道，下同）外缘起不少于一米的公路用地。（编者注：2020 年考点，第 57 题）

6. 公路建设涉及相关部门的协调和公路建设设置标志以及验收要求

第三十一条 因建设公路影响铁路、水利、电力、邮电设施和其他设施正常使用时，公路建设单位应当事先征得有关部门的同意；因公路建设对有关设施造成损坏的，公路建设单位应当按照不低于该设施原有的技术标准予以修复，或者给予相应的经济补偿。

第三十二条 改建公路时，施工单位应当在施工路段两端设置明显的施工标志、安全标志。需要车辆绕行的，应当在绕行路口设置标志；不能绕行的，必须修建临时道路，保证车辆和行人通行。

第三十三条 公路建设项目和公路修复项目竣工后，应当按照国家有关规定进行验收；未经验收或者验收不合格的，不得交付使用。

建成的公路，应当按照国务院交通主管部门的规定设置明显的标志、标线。

例题解析

例题 1 ［2019 年试题 56］根据《公路法》，按技术等级将公路分为（ ）。

A. 高速公路、一级公路、二级公路和等外公路

B. 高速公路、一级公路、二级公路、三级公路和等外公路

C. 高速公路、一级公路、二级公路、三级公路和四级公路

D. 一级公路、二级公路、三级公路、四级公路和等外公路

答案： C

解析： 见考点一。《公路法》第六条规定：公路“按技术等级分为高速公路、一级公路、二级公路、三级公路和四级公路”。

例题 2 有权决定进行国道规划的局部调整的部门是（ ）。

A. 国务院交通主管部门　　B. 省级交通主管部门

C. 原批准机关　　D. 原编制机关

答案： D

解析：见考点二。《公路法》第十六条规定："国道规划的局部调整由原编制机关决定"。

例题 3 ［2020 年试题 57］根据《中华人民共和国公路法》，县级以上地方人民政府应当确定公路两侧边沟（截水沟、坡脚护坡道，下同）外缘起不少于（　　）的公路用地。

A. 5m　　B. 2m　　C. 1m　　D. 0.5m

答案：C

解析：见考点三。根据《公路法》第 34 条，县级以上地方人民政府应当确定公路两侧边沟（截水沟、坡脚护坡道，下同）外缘起不少于一米的公路用地。

例题 4 ［2021 年试题 56］根据《公路法》，下列规定正确的是（　　）。

A. 国家鼓励国内经济组织依法投资建设、经营公路，但不提倡国外经济组织投资建设、经营公路

B. 公路建设项目的施工，须按国务院交通主管部门的规定报请县级以上地方人民政府交通主管部门批准

C. 依据《公路法》规定出让公路收费权的收入，原则上归原业主自主使用，但必须按规定缴纳出让的各项费用

D. 承担大、中型公路建设项目的可行性研究单位、勘察设计单位，必须持有国家规定的资质证书，小型公路建设项目必须持有县级及以上交通主管部门规定的资质证书

答案：B

解析：根据《公路法》第二十五条规定，公路建设项目的施工，须按国务院交通主管部门的规定报请县级以上地方人民政府交通主管部门批准，故答案为选项 B。选项 AC 违反第二十一条规定。

自测模拟

1. 县道规划由县级人民政府交通主管部门会同同级有关部门编制，交由批准的部门是（　　）。

A. 国务院　　B. 交通运输部

C. 上一级人民政府　　D. 本级人民政府

2. 公路建设用地规划应当符合土地利用总体规划，当年建设用地应当纳入（　　）。

A. 国家用地规划　　B. 省级用地规划

C. 总体建设用地规划　　D. 年度建设用地计划

参考答案

1. C　　2. D

第三节 《中华人民共和国建筑法》

考点分析

本节重点：建筑施工许可和建筑工程发承包以及相关法律责任的相关规定。

本节难点：建筑许可和相关法律责任。

考点精讲

考点一：建筑施工许可的主要内容

1. 建筑施工许可的概念

许可是指行政机关根据个人、组织的申请，依法准许个人、组织从事某种活动的行政行为，通常是通过授予书面证书形式赋予个人、组织以某种权利能力，或确认具备某种资格。

建筑施工许可是指建设行政主管部门根据建设单位和从事建筑活动的单位、个人的申请，依法准许建设单位开工或确认单位、个人具备从事建筑活动资格的行政行为。

根据《建筑法》第二章的规定，建筑许可包括三种制度，即：建筑工程施工许可制度、从事建筑活动单位资质制度、个人资格制度。建筑工程施工许可制度是指建设行政主管部门根据建设单位的申请，依法对建筑工程是否具备施工条件进行审查，符合条件者，准许该建筑工程开始施工并颁发施工许可证的一种制度。从事建筑活动的单位资质制度是指建设行政主管部门对从事建筑活动的建筑施工企业、勘察单位、设计单位和工程监理单位为人员素质、管理水平、资金数量、业务能力等进行审查，以确定其承担任务的范围，并发给相应的资质证书的一种制度。从事建筑活动的个人资格制度是指建设行政主管部门及有关部门对从事建筑活动的专业技术人员，依法进行考试和注册，并颁发执业资格证书的一种制度。

第九条 建设单位应当自领取施工许可证之日起三个月内开工。因故不能按期开工的，应当向发证机关申请延期；延期以两次为限，每次不超过三个月。既不开工又不申请延期或者超过延期时限的，施工许可证自行废止。

第十条 在建的建筑工程因故中止施工的，建设单位应当自中止施工之日起一个月内，向发证机关报告，并按照规定做好建筑工程的维护管理工作。

建筑工程恢复施工时，应当向发证机关报告；中止施工满一年的工程恢复施工前，建设单位应当报发证机关核验施工许可证。

第十一条 按照国务院有关规定批准开工报告的建筑工程，因故不能按期开工或者中止施工的，应当及时向批准机关报告情况。因故不能按期开工超过六个月的，应当重新办理开工报告的批准手续。

2. 从业单位的条件

建筑活动不同于一般的经济活动，从业单位条件的高低直接影响建筑工程质量和建筑安全生产，因此，从事建筑活动的单位必须有严格的法律条件。根据《建筑法》第十二条的规定，从事建筑活动的建筑施工企业、勘察单位、设计单位和工程监理单位应当具备以下四个方面的条件。

（1）有符合国家规定的注册资本。注册资本反映的是企业法人的财产权，也是判断企业经济力量的依据之一。从事经营活动的企业组织，都必须具备基本的责任能力，能够承担与其经营活动相适应的财产义务，这既是法律权利与义务相一致、利益与风险相一致原则的反映，也是保护债权人利益的需要，因此，建筑施工企业、勘察单位、设计单位和工程监理单位的注册资本必须适应从事建筑活动的需要，不得低于最低限额。注册资本由国家规定，既可以由全国人大及其常委会通过制定法律来规定，也可以由国务院或国务院建设行政主管部门来规定。

（2）有与其从事的建筑活动相适应的具有法定执业资格的专业技术人员。建筑活动具有技术密集的特点，因此，从事建筑活动的建筑施工企业、勘察单位、设计单位和工程监理单位必须有足够的专业技术人员。如建筑施工企业不仅要有工程技术人员，而且要有经济、会计、统计等管理人员。设计单位不仅要有建筑师，还需要有结构、水、电等方面的工程师。建筑活动是一种涉及公民生命和财产安全的一种特殊活动，因此，从事建筑活动的专业技术人员还必须有法定执业资格。这种法定执业资格必须依法通过考试和注册才能取得。如工程设计文件必须由注册建筑师签字才能生效。建筑工程的规模和复杂程度各不相同，因此，建筑活动所要求的专业技术人员的级别和数量也不同，建筑施工企业、勘察单位、设计单位和工程监理单位必须有与其从事的建筑活动相适应的专业技术人员。

（3）有从事相关建筑活动所应有的技术装备。建筑活动具有专业性、技术性强的特点，没有相应的技术装备则无法进行。如从事建筑施工活动，必须有相应的施工机械设备与质量检验测试手段；从事勘察设计活动，必须有相应的勘察仪具设备和设计机具仪器。因此，从事建筑活动的建筑施工企业、勘察单位、设计单位和工程监理单位必须有从事相关建筑活动所应有的技术装备。没有相应技术装备的单位，不得从事建筑活动。

（4）法律、行政法规规定的其他条件。建筑施工企业、勘察单位、设计单位和工程监理单位除了应具备从事建筑活动所必需的注册资本、专业技术人员和技术装备外，还须具备从事经营活动所应具备的其他条件。如按照《中华人民共和国民法典》第五十八条规定，法人应当有自己的名称、组织机构和场所。按照《中华人民共和国公司法》规定，设立从事建筑活动的有限责任公司和股份有限公司，股东或发起人必须符合法定人数；股东或发起人共同制定公司章程（股份有限公司的章程还须经创立大会通过）；有公司名称，建立符合要求的组织机构；有固定的生产经营场所和必要的生产经营条件。

3. 从业单位资质审查

《建筑法》第十三条对从事建筑活动的建筑施工企业、勘察单位、设计单位和工程监理单位进行资质审查作出了明确规定，从法律上确立了从业单位资质审查制度。

资质审查是指从事建筑活动的建筑施工企业、勘察单位、设计单位和工程监理单位，均须经过建设行政主管部门对其拥有的注册资本、专业技术人员、技术装备和已完成的建筑工程业绩、管理水平等进行审查，以确定其承担任务的范围，并发给相应的资质证书，并须在其资质等级许可的范围内从事建筑活动。

4. 专业技术人员执业资格

《建筑法》第十四条对从事建筑活动的专业技术人员实行执业资格制度作出了明确规定。

执业资格制度是指对具备一定专业学历的从事建筑活动的专业技术人员，通过考试和注册确定其执业的技术资格，获得相应建筑工程文件签字权的一种制度。

对从事建筑活动的专业技术人员实行执业资格制度非常必要。一是深化我国建筑工程管理体制改革的需要。以往由于专业技术人员的责、权、利不明确，常常出现高资质单位承接的业务，由低水平的专业技术人员来完成的现象，影响了建筑工程质量和投资效益的提高，实行专业技术人员执业资格制度，可以保证建筑工程由具有相应资格的专业技术人员主持完成设计、施工、监理任务。二是我国工程建设领域与国际惯例接轨，适应对外开放的需要。随着我国对外开放的不断扩大，我国的专业技术人员走向世界，其他国家和地区的专业技术人员希望进入中国建筑市场，建立专业技术人员执业资格制度有利于对等互认和加强管理。三是加速人才培养，提高专业技术人员业务水平和队伍素质的需要。执业资格制度有一套严格的考试、注册办法和继续教育的要求，这种激励机制有利于促进建筑工程质量、专业技术人员水平和从业能力的不断提高。

目前，我国建筑工程的执业人员主要包括：注册建筑师、注册结构工程师、注册监理工程师、注册工程造价师、注册建造师以及法律、法规规定的其他人员。

考点二：《建筑法》关于建筑工程发承包的主要内容

1. 禁止肢解工程发包的有关规定

《建筑法》第二十四条规定：提倡对建筑工程实行总承包，禁止将建筑工程肢解发包。建筑工程的发包单位可以将建筑工程的勘察、设计、施工、设备采购一并发包给一个工程总承包单位，也可以将建筑工程勘察、设计、施工、设备采购的一项或者多项发包给一个工程总承包单位；但是，不得将应当由一个承包单位完成的建筑工程肢解成若干部分发包给几个承包单位。

2. 承揽工程的有关规定

（1）承包建筑工程的单位应当持有依法取得的资质证书，并在其资质等级许可的业务范围内承揽工程。禁止建筑施工企业超越本企业资质等级许可的业务范围或者以任何形式用其他建筑施工企业的名义承揽工程。禁止建筑施工企业以任何形式允许其他单位或者个人使用本企业的资质证书、营业执照，以本企业的名义承揽工程。

（2）大型建筑工程或者结构复杂的建筑工程，可以由两个以上的承包单位联合共同承包。共同承包的各方对承包合同的履行承担连带责任（编者注：2021 年考点，第 57 题）。两个以上不同资质等级的单位实行联合共同承包的，应当按照资质等级低的单位的业务许可范围承揽工程。

3. 分包的有关规定

（1）禁止承包单位将其承包的全部建筑工程转包给他人，禁止承包单位将其承包的全部建筑工程肢解以后以分包的名义分别转包给他人。

（2）建筑工程总承包单位可以将承包工程中的部分工程发包给具有相应资质条件的分包单位；但是，除总承包合同中约定的分包外，必须经建设单位认可。施工总承包的，建筑工程主体结构的施工必须由总承包单位自行完成。建筑工程总承包单位按照总承包合同的约定对建设单位负责；分包单位按照分包合同的约定对总承包单位负责。总承包单位和分包单位就分包工程对建设单位承担连带责任。

禁止总承包单位将工程分包给不具备相应资质条件的单位。禁止分包单位将其承包的工程再分包。

考点三：《建筑法》关于勘察设计单位法律责任的规定

《建筑法》中对勘察设计单位违反本法应承担的法律责任做出了相关规定，具体条款如下：

第六十五条 发包单位将工程发包给不具有相应资质条件的承包单位的，或者违反本法规定将建筑工程肢解发包的，责令改正，处以罚款。

超越本单位资质等级承揽工程的，责令停止违法行为，处以罚款，可以责令停业整顿，降低资质等级；情节严重的，吊销资质证书；有违法所得的，予以没收。

未取得资质证书承揽工程的，予以取缔，并处罚款；有违法所得的，予以没收。

以欺骗手段取得资质证书的，吊销资质证书，处以罚款；构成犯罪的，依法追究刑事责任。

第六十七条 承包单位将承包的工程转包的，或者违反本法规定进行分包的，责令改正，没收违法所得，并处罚款，可以责令停业整顿，降低资质等级；情节严重的，吊销资质证书。

承包单位有前款规定的违法行为的，对因转包工程或者违法分包的工程不符合规定的质量标准造成的损失，与接受转包或者分包的单位承担连带赔偿责任。

第六十八条 在工程发包与承包中索贿、受贿、行贿，构成犯罪的，依法追究刑事责任；不构成犯罪的，分别处以罚款，没收贿赂的财物，对直接负责的主管人员和其他直接责任人员给予处分。

对在工程承包中行贿的承包单位，除依照前款规定处罚外，可以责令停业整顿，降低资质等级或者吊销资质证书。

第七十三条 建筑设计单位不按照建筑工程质量、安全标准进行设计的，责令改正，处以罚款；造成工程质量事故的，责令停业整顿，降低资质等级或者吊销资质证书，没收违法所得，并处罚款；造成损失的，承担赔偿责任；构成犯罪的，依法追究刑事责任。

例题解析

例题1 ［2013年岩土上午试题115］根据《建筑法》规定，某建设单位领取了施工许可证，下列情节中，可能不导致施工许可证废止的是（　　）。

A. 领取施工许可证之日起三个月内因故不能按期开工，也未申请延期

B. 领取施工许可证之日起按期开工后又中止施工

C. 向发证机关申请延期开工一次，延期之日起三个月内，因故仍不能按期开工，也未申请延期

D. 向发证机关申请延期开工两次，超过6个月因故不能按期开工，继续申请延期

答案：B

解析：见考点一第1点，《建筑法》第9~11条。

例题2 ［2019年试题57］根据《建设工程质量管理条例》，下列分包情形中，不属于非法分包的是（　　）。

A. 总承包合同中未有约定，承包单位又未经建设单位许可，就将其全部劳务作业交由劳务单位完成

B. 总承包单位将工程分包给不具备相应资质条件的单位

C. 施工总承包单位将工程主体结构的施工分包给其他单位

D. 分包单位将其承包的建设工程再分包的

答案：A

解析：见考点二第3点，《建筑法》第29条第1、3款中，实际是考《建筑法》的原文。

例题3 ［2019年试题60］根据《建筑法》，建筑设计单位不按照建筑工程质量、安全标准进行设计的，应（　　）。

A. 降低资质等级　　B. 承担赔偿责任

C. 吊销资质证书　　D. 责令改正，处以罚款

答案：D

解析：见考点三。《建筑法》第73条的规定：建筑设计单位不按照建筑工程质量、安全标准进行设计的，责令改正，处以罚款；造成工程质量事故的，责令停业整顿，降低资质等级或者吊销资质证书，没收违法所得，并处罚款；造成损失的，承担赔偿责任；构成犯罪的，依法追究刑事责任。

例题 4 ［2021 年试题 57］根据《建筑法》，承揽工程符合规定的是（　　）。

A. 建筑工程必须由一个单位总承包

B. 不同资质等级的单位实行联合共同承包的，可按照资质等级高的单位的业务许可范围承揽工程

C. 大型建筑工程或者结构复杂的建筑工程，可以由两个以上的承包单位联合共同承包，共同承包的各方对承包合同的履行承担连带责任

D. 大型建筑工程或者结构复杂的建筑工程，可以由两个以上的承包单位联合共同承包，共同承包的各方必须对本身的承包内容负责，对承包合同的履行不承担连带责任

答案： C

解析： 见考点二。根据《建筑法》第二十七条，大型建筑工程或者结构复杂的建筑工程，可以由两个以上的承包单位联合共同承包，共同承包的各方对承包合同的履行承担连带责任，故答案为选项 C。

例题 5 ［2019 年结构下午试题 13］《建筑法》关于申请领取施工许可证的规定，下列表述正确的是（　　）。

A. 需要拆迁的工程，拆迁完毕后建设单位才可以申请领取施工许可证

B. 建设行政主管部门应当自收到申请之日起一个月内，对符合条件的申请人颁发施工许可证

C. 建设资金必须全部到位后，建设单位才可以申请领取施工许可证

D. 领取施工许可证按期开工的工程，中止施工不满一年，恢复施工前已向颁发施工许可证机关报告

答案： D

解析： 见考点一。2019 年 4 月 23 日第十三届全国人民代表大会常务委员会第十次会议对原《中华人民共和国建筑法》第八条做了较大修改。修改后的条文是：

第八条　申请领取施工许可证，应当具备下列条件：

（一）已经办理该建筑工程用地批准手续；

（二）依法应当办理建设工程规划许可证的，已经取得规划许可证；

（三）需要拆迁的，其拆迁进度符合施工要求；

（四）已经确定建筑施工企业；

（五）有满足施工需要的资金安排、施工图纸及技术资料；

（六）有保证工程质量和安全的具体措施。

建设行政主管部门应当自收到申请之日起 7 日内，对符合条件的申请颁发施工许可证。

根据修改后的第八条，可判断：

选项 A 错误，拆迁进度符合施工要求即可，不是全拆迁完。

选项 B 错误，是 7 日内，不是一个月。

选项 C 错误，有资金安排即可以，不是资金全部到位。

例题 6 ［2020 年结构下午试题 13］某建设单位于 2010 年 3 月 20 日领到施工许可证，开工后于 2010 年 5 月 10 日中止施工，根据《建筑法》该建设单位向施工许可证发证机关报告的最迟期限应是 2010 年（　　）。

A. 6 月 19 日　　　　B. 8 月 9 日

C. 6 月 9 日　　　　D. 9 月 19 日

答案：C

解析：见考点一。《建筑法》第十条规定，在建的建筑工程因故中止施工的，建设单位应当自中止施工之日起一个月内，向发证机关报告，并按照规定做好建筑工程的维护管理工作。

自测模拟

1. ［2014 年岩土上午试题 115］根据《建筑法》规定，对从事建筑业的单位实行资质管理制度，将从事建筑活动的工程监理单位，划分为不同的资质等级，监理单位资质等级的划分条件可以不考虑（　　）。

A. 注册资本　　　　B. 法定代表人

C. 已完成的建筑工程业绩　　　　D. 专业技术人员

2. ［2012 年岩土上午试题 115］建筑工程开工前，建设单位应当按照国家有关规定申请领取施工许可证，颁发施工许可证的单位应该是（　　）。

A. 县级以上人民政府建设行政主管部门

B. 工程所在地县级以上人民政府建设工程监督部门

C. 工程所在地省级以上人民政府建设行政主管部门

D. 工程所在地县级以上人民政府建设行政主管部门

3. ［2011 年岩土上午试题 115］按照《建筑法》的规定，下列叙述中正确的是（　　）。

A. 设计文件选用的建筑材料、建筑构配件和设备，不得注明其规格和型号

B. 设计文件选用的建筑材料、建筑构配件和设备，不得指定生产厂和供应商

C. 设计单位应按照建设单位提出的质量要求进行设计

D. 设计单位对施工过程中发现的质量问题应当按照监理单位的要求进行改正

4. ［2009 年岩土上午试题 115］按照《建筑法》规定，建设单位申领施工许可证，应该具备的条件之一是（　　）。

A. 拆迁工作已经完成　　　　B. 已经确定监理企业

C. 有保证工程质量和安全的具体措施　　　　D. 建设资金全部到位

参考答案

1. B　　2. D　　3. B　　4. C

第四节　《中华人民共和国森林法》

考点分析

本节重点：森林的植被恢复要求和处罚规定。

本节难点：勘察过程中砍伐的规定。

考点精讲

考点一：森林植被恢复要求

第十八条 进行勘查、开采矿藏和各项建设工程，应当不占或者少占林地；必须占用或者征收、征用林地的，经县级以上人民政府林业主管部门审核同意后，依照有关土地管理的法律、行政法规办理建设用地审批手续，并由用地单位依照国务院有关规定缴纳森林植被恢复费。森林植被恢复费专款专用，由林业主管部门依照有关规定统一安排植树造林，恢复森林植被，植树造林面积不得少于因占用、征收、征用林地而减少的森林植被面积。上级林业主管部门应当定期督促、检查下级林业主管部门组织植树造林、恢复森林植被的情况。（编者注：2019 年考点）

任何单位和个人不得挪用森林植被恢复费。县级以上人民政府审计机关应当加强对森林植被恢复费使用情况的监督。

《森林法实施条例》第二条定义：森林资源，包括森林、林木、林地以及依托森林、林木、林地生存的野生动物、植物和微生物。森林，包括乔木林和竹林。林木，包括树木和竹子。林地，包括郁闭度 0.2 以上的乔木林地以及竹林地、灌木林地、疏林地、采伐迹地、火烧迹地、未成林造林地、苗圃地和县级以上人民政府规划的宜林地。

考点二：勘察过程中砍伐的规定

第二十三条 禁止毁林开垦和毁林采石、采砂、采土以及其他毁林行为。

第二十四条 国务院林业主管部门和省、自治区、直辖市人民政府，应当在不同自然地带的典型森林生态地区、珍贵动物和植物生长繁殖的林区、天然热带雨林区和具有特殊保护价值的其他天然林区，划定自然保护区，加强保护管理。自然保护区的管理办法，由国务院林业主管部门制定，报国务院批准施行。对自然保护区以外的珍贵树木和林区内具有特殊价值的植物资源，应当认真保护；未经省、自治区、直辖市林业主管部门批准，不得采伐和采集。

第三十二条 采伐林木必须申请采伐许可证，按许可证的规定进行采伐；农村居民采伐自留地和房前屋后个人所有的零星林木除外。国有林业企业事业单位、机关、团体、部队、学校和其他国有企业事业单位采伐林木，由所在地县级以上林业主管部门依照有关规定审核发放采伐许可证。

考点三：处罚的规定

第四十条 违反本法规定，非法采伐、毁坏珍贵树木的，依法追究刑事责任。

第四十四条 违反本法规定，进行开垦、采石、采砂、采土、采种、采脂和其他活动，致使森林、林木受到毁坏的，依法赔偿损失；由林业主管部门责令停止违法行为，补种毁坏株数一倍以上三倍以下的树木，可以处毁坏林木价值一倍以上五倍以下的罚款。

例题解析

例题 ［2019 年试题 58］根据《森林法》，工程建设必须占用或征用林地的，应经主管部门审核同意后，依照有关土地管理的法律、行政法规办理建设用地审批手续，并由用地单位依照国务院有关规定缴纳（　　）。

A. 林地征用费　　B. 树木砍伐费

C. 森林植被恢复费　　D. 树木所有人补偿费

答案： C

解析： 见考点一。《森林法》第 18 条规定："……并由用地单位依照国务院有关规定缴纳森林植被恢复费"。

自测模拟

1. 进行勘查、开采矿藏和各项建设工程，应当不占或者少占林地；必须占用或者征用林地的，经县级以上人民政府（　　）审核同意后，依照有关土地管理的法律、行政法规办理建设用地审批手续，并由用地单位依照国务院有关规定缴纳森林植被恢复费。

A. 国土部门　　B. 建设主管部门　　C. 林业主管部门　　D. 项目审批部门

2. 公路勘察设计人员在自然保护区以外从事外业工作时，所选的线路经过含有珍贵树木的地区，为了不影响测量通视需要砍伐几颗遮挡的珍贵树木，批准的部门是（　　）。

A. 国家建设行政主管部门　　B. 省级林业主管部门

C. 所在地政府林业主管部门　　D. 国家林业和草原局

参考答案

1. C　　2. B

第五节　《中华人民共和国民法典》（合同编）

考点分析

重点： 合同的订立要求和合同有效性以及建设工程合同的内容。

难点： 合同当事人的权利义务和建设工程合同的有效性。

考点精讲

《民法典》于 2020 年 5 月 28 日第十三届全国人民代表大会第三次会议通过，自 2021 年 1 月 1 日起施行。相关的《中华人民共和国合同法》和《中华人民共和国担保法》同时废止。

考点一：合同的订立要求和合同的有效性

1. 合同的概念和合同的示范性内容

合同是民事主体之间设立、变更、终止民事法律关系的协议。民事主体是指自然人、法人和非法人

组织。（编者注：例如，联合体投标人属于非法人组织）

合同有广义和狭义之分。《民法典》（合同编）所说的合同是狭义。在《民法典》第四百六十四条第2款明确规定："婚姻、收养、监护等有关身份关系的协议，适用有关该身份关系的法律规定；没有规定的，可以根据其性质参照适用本编规定。"

《民法典》第四百七十条规定："合同的内容由当事人约定，一般包括下列条款：①当事人的姓名或者名称和住所；②标的；③数量；④质量；⑤价款或者报酬；⑥履行期限、地点和方式；⑦违约责任；⑧解决争议的方法。"

2. 合同的订立

第四百七十一条 当事人订立合同，可以采取要约、承诺方式或者其他方式。

第四百七十二条 要约是希望与他人订立合同的意思表示，该意思表示应当符合下列条件：①内容具体确定；②表明经受要约人承诺，要约人即受该意思表示约束。

第四百七十三条 要约邀请是希望他人向自己发出要约的表示。拍卖公告、招标公告、招股说明书、债券募集办法、基金招募说明书、商业广告和宣传、寄送的价目表等为要约邀请。商业广告和宣传的内容符合要约条件的，构成要约。

3. 合同无效的概念

合同无效，是指虽经合同当事人协商订立，但因其不具备或违反了法定条件，法律规定不承认其效力的合同。

订立合同就是一种民事法律行为。《民法典》（合同编）对合同无效的相关规定如下：

第一百五十三条 违反法律、行政法规的强制性规定的民事法律行为无效。但是，该强制性规定不导致该民事法律行为无效的除外。违背公序良俗的民事法律行为无效。

第一百五十四条 行为人与相对人恶意串通，损害他人合法权益的民事法律行为无效。

4. 可撤销合同

《民法典》对此的相关规定如下：

第一百四十七条 基于重大误解实施的民事法律行为，行为人有权请求人民法院或者仲裁机构予以撤销。

第一百四十八条 一方以欺诈手段，使对方在违背真实意思的情况下实施的民事法律行为，受欺诈方有权请求人民法院或者仲裁机构予以撤销。

第一百四十九条 第三人实施欺诈行为，使一方在违背真实意思的情况下实施的民事法律行为，对方知道或者应当知道该欺诈行为的，受欺诈方有权请求人民法院或者仲裁机构予以撤销。

第一百五十条 一方或者第三人以胁迫手段，使对方在违背真实意思的情况下实施的民事法律行为，受胁迫方有权请求人民法院或者仲裁机构予以撤销。

第一百五十一条 一方利用对方处于危困状态、缺乏判断能力等情形，致使民事法律行为成立时显失公平的，受损害方有权请求人民法院或者仲裁机构予以撤销。

第一百五十五条 无效的或者被撤销的民事法律行为自始没有法律约束力。

第一百五十六条 民事法律行为部分无效，不影响其他部分效力的，其他部分仍然有效。

5. 合同条款缺陷的处理

合同条款缺陷（或空缺），是指合同生效后，当事人对合同条款约定有缺陷。

《民法典》第五百一十条规定："合同生效后，当事人就质量、价款或者报酬、履行地点等内容没有约定或者约定不明确的，可以协议补充；不能达成补充协议的，按照合同相关条款或者交易习惯确定。”

《民法典》第五百一十一条规定，当事人就有关合同内容约定不明确，依据第五百一十条规定仍不能确定的，适用下列规定：

（1）质量要求不明确的，按照强制性国家标准履行；没有强制性国家标准的，按照推荐性国家标准履行；没有推荐性国家标准的，按照行业标准履行；没有国家标准、行业标准的，按照通常标准或者符合合同目的的特定标准履行。

（2）价款或者报酬不明确的，按照订立合同时履行地的市场价格履行；依法应当执行政府定价或者政府指导价的，依照规定履行。

（3）履行地点不明确，给付货币的，在接受货币一方所在地履行；交付不动产的，在不动产所在地履行；其他标的，在履行义务一方所在地履行。

（4）履行期限不明确的，债务人可以随时履行，债权人也可以随时请求履行，但是应当给对方必要的准备时间。

（5）履行方式不明确的，按照有利于实现合同目的的方式履行。

（6）履行费用的负担不明确的，由履行义务一方负担；因债权人原因增加的履行费用，由债权人负担。

《民法典》第五百一十三条规定：“执行政府定价或者政府指导价的，在合同约定的交付期限内政府价格调整时，按照交付时的价格计价。逾期交付标的物的，遇价格上涨时，按照原价格执行；价格下降时，按照新价格执行。逾期提取标的物或者逾期付款的，遇价格上涨时，按照新价格执行；价格下降时，按照原价格执行。”

（编者注：违约惩罚性原则，违约方价格吃亏原则即价格就低原则，2020 年考点，第 59 题）

6. 效力待定合同的概念

效力待定合同，是指合同一方当事人签订的合同，已经成立，但因其不完全符合有关合同生效要件的规定，其法律效力能否发生，尚未确定，一般须经有权人表示承认方能生效的合同。

（1）限制民事行为能力人订立的合同，经法定代理人追认后，该合同有效，但纯获利益的合同或者与其年龄、智力、精神健康状况相适应而订立的合同，不必经法定代理人追认。

（2）行为人没有代理权、超越代理权限范围代理或者代理权终止后仍以被代理人的名义订立的合同，属于效力待定的合同。

无权代理人代订的合同对被代理人不发生效力，未经被代理人追认，对被代理人不发生效力，由行为人承担责任；行为人没有代理权、超越代理权或者代理权终止后以被代理人名义订立合同，相对人有正当理由相信行为人有代理权的，该代理行为有效。

（编者注：表见代理是有效代理）

（3）法定代表人、负责人依法享有相应的权利订立的合同是有效的；只有在相对人知道或者应当知道法定代表人、负责人超越权限时，才属无效。

7. 合同转让的概念

合同转让，是指合同成立后，当事人依法可以将合同中的全部权利、部分权利或者合同中的全部义务、部分义务转让或转移给第三人的法律行为。合同转让分为权利转让和义务转移，《民法典》还规定了当事人将权利和义务一并转让时适用的法律条款。

（1）债权人转让权利

债权转让，是指合同债权人通过协议将其债权全部或者部分转让给第三人的行为。债权转让又称债权让与或合同权利的转让。

《民法典》第五百四十五条规定："债权人可以将债权的全部或者部分转让给第三人，但是有下列情形之一的除外：根据债权性质不得转让；按照当事人约定不得转让；依照法律规定不得转让。"

《民法典》第五百四十六条规定："权人转让债权，未通知债务人的，该转让对债务人不发生效力。债权转让的通知不得撤销，但是经受让人同意的除外。"

（2）债务人转移义务

债务转移，是指合同债务人与第三人之间达成协议，并经债权人同意，将其义务全部或部分转移给第三人的法律行为。债务转移又称债务承担或合同义务转让。

《民法典》第五百五十一条规定："债务人将债务的全部或者部分转移给第三人的，应当经债权人同意。"

（3）合同当事人对合同中权利和义务的概括转让

债权、债务概括转让是指合同当事人一方将其债权债务一并转移给第三人，由第三人概括地接受原当事人的债权和债务的法律行为。

对于债权债务概括转让，《民法典》第五百五十五条规定："当事人一方经对方同意，可以将自己在合同中的权利和义务一并转让给第三人。"

8. 合同终止的概念

合同终止是指因某种原因而引起的合同权利义务客观上不复存在。

《民法典》第五百五十七条规定，有下列情形之一的，债权债务终止：

（1）债务已经履行。

（2）债务相互抵销。

（3）债务人依法将标的物提存。

（4）债权人免除债务。

（5）债权债务同归于一人。（也称为混同）

（6）法律规定或者当事人约定终止的其他情形。

合同解除的，该合同的权利义务关系终止。

考点二：《民法典》对建设工程合同的具体规定

《民法典》对建设工程合同的具体规定在其第十八章中体现，其体条款如下：第七百八十八条建设工程合同是承包人进行工程建设，发包人支付价款的合同。建设工程合同包括工程勘察、设计、施工合同。

（编者注：此处"承包人"包括"勘察人、设计人、施工人"，此"人"不是自然人）

第七百八十九条 建设工程合同应当采用书面形式。

第七百九十条 建设工程的招标投标活动，应当依照有关法律的规定公开、公平、公正进行。

第七百九十一条 发包人可以与总承包人订立建设工程合同，也可以分别与勘察人、设计人、施工人订立勘察、设计、施工承包合同。发包人不得将应当由一个承包人完成的建设工程支解成若干部分发包给数个承包人。

总承包人或者勘察、设计、施工承包人经发包人同意，可以将自己承包的部分工作交由第三人完成。第三人就其完成的工作成果与总承包人或者勘察、设计、施工承包人向发包人承担连带责任。承包人不得将其承包的全部建设工程转包给第三人或者将其承包的全部建设工程支解以后以分包的名义分别转包给第三人。

禁止承包人将工程分包给不具备相应资质条件的单位。禁止分包单位将其承包的工程再分包，建设工程主体结构的施工必须由承包人自行完成。

第七百九十二条 国家重大建设工程合同，应当按照国家规定的程序和国家批准的投资计划、可行性研究报告等文件订立。

第七百九十三条 建设工程施工合同无效，但是建设工程经验收合格的，可以参照合同关于工程价款的约定折价补偿承包人。

建设工程施工合同无效，且建设工程经验收不合格的，按照以下情形处理：

（1）修复后的建设工程经验收合格的，发包人可以请求承包人承担修复费用。

（2）修复后的建设工程经验收不合格的，承包人无权请求参照合同关于工程价款的约定折价补偿。

发包人对因建设工程不合格造成的损失有过错的，应当承担相应的责任。

第七百九十四条 勘察、设计合同的内容一般包括提交有关基础资料和概预算等文件的期限、质量要求、费用以及其他协作条件等条款。

第七百九十五条 施工合同的内容一般包括工程范围、建设工期、中间交工工程的开工和竣工时间、工程质量、工程造价、技术资料交付时间、材料和设备供应责任、拨款和结算、竣工验收、质量保修范围和质量保证期、相互协作等条款。

第七百九十六条 建设工程实行监理的，发包人应当与监理人采用书面形式订立委托监理合同。发包人与监理人的权利和义务以及法律责任，应当依照本编委托合同以及其他有关法律、行政法规的规定。

第七百九十七条 发包人在不妨碍承包人正常作业的情况下，可以随时对作业进度、质量进行检查。

第七百九十八条 隐蔽工程在隐蔽以前，承包人应当通知发包人检查。发包人没有及时检查的，承包人可以顺延工程日期（编者注：即工程工期），并有权请求赔偿停工、窝工等损失。

第七百九十九条 建设工程竣工后，发包人应当根据施工图纸及说明书、国家颁发的施工验收规范和质量检验标准及时进行验收。验收合格的，发包人应当按照约定支付价款，并接收该建设工程。建设工程竣工经验收合格后，方可交付使用；未经验收或者验收不合格的，不得交付使用。

第八百条 勘察、设计的质量不符合要求或者未按照期限提交勘察、设计文件拖延工期，造成发包人损失的，勘察人、设计人应当继续完善勘察、设计，减收或者免收勘察、设计费并赔偿损失。

第八百零一条 因施工人的原因致使建设工程质量不符合约定的，发包人有权请求施工人在合理期限内无偿修理或者返工、改建。经过修理或者返工、改建后，造成逾期交付的，施工人应当承担违约责任。

第八百零二条 因承包人的原因致使建设工程在合理使用期限内造成人身损害和财产损失的，承包人应当承担赔偿责任。

第八百零三条 发包人未按照约定的时间和要求提供原材料、设备、场地、资金、技术资料的，承包人可以顺延工程日期，并有权请求赔偿停工、窝工等损失。

第八百零四条 因发包人的原因致使工程中途停建、缓建的，发包人应当采取措施弥补或者减少损失，赔偿承包人因此造成的停工、窝工、倒运、机械设备调迁、材料和构件积压等损失和实际费用。

第八百零五条 因发包人变更计划，提供的资料不准确，或者未按照期限提供必需的勘察、设计工作条件而造成勘察、设计的返工、停工或者修改设计，发包人应当按照勘察人、设计人实际消耗的工作量增付费用。

第八百零六条 承包人将建设工程转包、违法分包的，发包人可以解除合同。

发包人提供的主要建筑材料、建筑构配件和设备不符合强制性标准或者不履行协助义务，致使承包人无法施工，经催告后在合理期限内仍未履行相应义务的，承包人可以解除合同。

合同解除后，已经完成的建设工程质量合格的，发包人应当按照约定支付相应的工程价款；已经完成的建设工程质量不合格的，参照本法第七百九十三条的规定处理。

第八百零七条 发包人未按照约定支付价款的，承包人可以催告发包人在合理期限内支付价款。发包人逾期不支付的，除根据建设工程的性质不宜折价、拍卖外，承包人可以与发包人协议将该工程折价，也可以请求人民法院将该工程依法拍卖。建设工程的价款就该工程折价或者拍卖的价款优先受偿。

第八百零八条 本章没有规定的，适用承揽合同的有关规定。

考点三：合同的担保形式

担保，是指合同的当事人双方为了使合同能够得到全面按约履行，根据法律、行政法规的规定，经双方协商一致而采取的一种具有法律效力的保护措施。

《民法典》中涉及的担保方式有五种，即保证、抵押、质押、留置和定金。

1. 保证

保证，是指保证人（编者注：一定是第三人）和债权人约定，当债务人不履行债务时，保证人按照约定履行债务或承担责任的法律行为。

保证人须是具有代为清偿债务能力的人，既可以是法人，也可以是非法人组织或自然人。下列单位不可以做保证人：

（1）国家机关不得做保证人，但经国务院批准为使用外国政府或国际经济组织贷款而进行的转贷除外。

（2）学校、幼儿园、医院等以公益为目的的事业单位、社会团体不得做保证人。

（3）企业法人的分支机构、职能部门不得做保证人，但有法人书面授权的，可在授权范围内提供保证，保证的方式有两种，一是一般保证，二是连带保证。

一般保证，是指当事人在保证合同中约定，当债务人不履行债务时，由保证人承担保证责任的保证方式。一般保证的保证人在主合同纠纷未经审判或仲裁，并就债务人财产依法强制执行仍不能履行债务前，对债权人可以拒绝承担保证责任。

连带保证，是指当事人在保证合同中约定保证人与债务人对债务承担连带责任的保证方式。连带责任保证的债务人在主合同规定的债务履行期届满没有履行债务的，债权人可以要求债务人履行债务，也可以要求保证人在其保证范围内承担保证责任。

当事人对保证方式没有约定或者约定不明确的，按照一般保证承担保证责任。

2. 抵押

根据《民法典》的规定，抵押是指债务人或者第三人不转移对特定财产（主要是不动产）的占有，将该财产作为债权的担保。其中，债务人或者第三人称为抵押人，债权人称为抵押权人，提供担保的财产为抵押财产。禁止抵押的财产有：

（1）土地所有权。

（2）宅基地、自留地、自留山等集体所有土地的使用权，但是法律规定可以抵押的除外。

（3）学校、幼儿园、医疗机构等为公益目的成立的非营利法人的教育设施、医疗卫生设施和其他公益设施。

（4）所有权、使用权不明或者有争议的财产。

（5）依法被查封、扣押、监管的财产。

（6）法律、行政法规规定不得抵押的其他财产。

当债务履行期届满而抵押权人未受清偿的，债权人可以与抵押人协议以抵押物折价或者以拍卖、变卖该抵押物所得的价款受偿。协议不成的，抵押权人可以向人民法院提起诉讼。

抵押物折价或者拍卖、变卖后，其价款超过债权数额的部分归抵押人所有，不足部分由债务人清偿。

3. 质押

根据《民法典》的规定，质押是指债务人或第三人将其动产或权利转移债权人占有，用以担保债权的实现，当债务人不能履行债务时，债权人依法有权就该动产或权利优先得到清偿的担保法律行为。

质押包括动产质押和权利质押两种。

法律规定下列权利可以质押：

（1）汇票、本票、支票。

（2）债券、存款单。

（3）仓单、提单。

（4）可以转让的基金份额、股权。

（5）可以转让的注册商标专用权、专利权、著作权等知识产权中的财产权。

（6）现有的以及将有的应收账款。

（7）法律、行政法规规定可以出质的其他财产权利。

4. 留置

根据《民法典》的规定，留置是指合同债权人按照合同约定占有合同债务人的动产，债务人不按照合同约定的期限履行债务的，债权人有权按照法律规定留置该财产，以该财产折价或者拍卖、变卖该财产的价款优先受偿的法律行为。一般因保管合同、运输合同，加工承揽合同发生的债权，债务人不履行债务的，债权人有留置权。

5. 定金

定金，是指合同当事人一方为了证明合同的成立和担保合同的履行，在按合同规定应给付的款额内，向对方预先给付一定数额的货币。定金的数额由当事人约定，但不得超过主合同标的额的 20%。定金合同自实际交付定金时成立，这说明定金合同是实践性合同。

法律规定债务人履行债务后，定金应当抵作价款或者收回，给付定金的一方不履行约定的债务的，无权要求返还定金；收受定金的一方不履行约定的债务的，应当双倍返还定金。

例题解析

例题 1 ［2009 年岩土上午试题 117］按照《合同法》（编者注：现《民法典》，下同）的规定，招标人在招标时，招标公告属于合同订立过程中的（　　）。

A. 要约　　B. 承诺　　C. 要约邀请　　D. 以上都不是

答案： C

解析： 见考点一。原《合同法》第 15 条即《民法典》第 473 条的规定。

例题 2　［2020 年试题 59］根据《合同法》的规定，建设工程项目执行政府定价或者政府指导价的，在合同约定的交付期限内政府价格调整时，按照交付时的价格计价。逾期交付标的物的，遇价格上涨时，执行（　　）。

A. 新价格　　B. 原价格

C. 商议确定的价格　　D. 新价格与原价格的平均值

答案： B

解析： 见考点一。原《合同法》第 63 条即《民法典》第 513 条的规定。

例题 3　根据《民法典》，当事人对保证方式没有约定或约定不明确的，承担保证责任的方式是（　　）。

A. 一般保证　　B. 特殊保证　　C. 常规保证　　D. 连带保证

答案： A

解析： 见考点三。《民法典》合同编第 687 条规定，当事人对保证方式没有约定或者约定不明确的，按照一般保证承担保证责任。

例题 4　甲、乙双方签订买卖合同，丙为乙的债务提供保证，但保证合同中未约定保证方式及保证期间，下列说法正确的是（　　）。

A. 丙的保证方式为连带保证

B. 保证期间与买卖合同的诉讼时效相同

C. 如果甲在保证期间内未对乙提起诉讼或者申请仲裁的，则丙免除保证责任

D. 如果甲在保证期间内未经丙书面同意将主债权转让给丁，则丙不再承担保证责任

答案： C

解析： 见考点三。根据《民法典》第 693 条，一般保证的债权人未在保证期间对债务人提起诉讼或者申请仲裁的，保证人不再承担保证责任，故选 C。选项 A 参见例题 3；选项 B 参见《民法典》第 692 条；选项 D 参见《民法典》第 696 条。

例题 5　建设单位 A 公司进行某公路勘察设计招标。2022 年 4 月 5 日投标截止，B 设计院于 2022 年 5 月 13 日签订勘察设计合同，并在合同中约定了 2022 年 5 月 20 日 A 公司交付 20 万元定金给 B 设计院，立即到账。实际上，B 设计院于 2022 年 6 月 1 日才收到 20 万元定金款项。根据《民法典》该定金的成立日是 2022 年（　　）。

A. 4 月 5 日　　B. 5 月 13 日　　C. 5 月 20 日　　D. 6 月 1 日

答案： D

解析： 见考点三。根据《民法典》第 586 条规定，当事人可以约定一方向对方给付定金作为债权的担保。定金合同自实际交付定金时成立，故选 D。若按原《合同法》，是实际交付定金时合同生效，就是选项 C。这是《民法典》与原《合同法》的区别。

自测模拟

1. ［2014 年岩土上午试题 118］根据《合同法》（现《民法典》，下同）规定，要约可以撤回和撤销。下列要约，不得撤销的是（　　）。

A. 要约到达要约人　　B. 要约人确定了承诺期限

C. 受要约人未发出承诺通知　　D. 受要约人即将发出承诺通知

2. ［2013 年岩土上午试题 118］根据《合同法》规定，下列行为不属于要约邀请的是（　　）。

A. 某建设单位发布招标公告　　B. 某招标单位发出中标通知书

C. 某上市公司以出招股说明书　　D. 某商场寄送的价目表

3. ［2012 年岩土上午试题 118］《合同法》规定的合同形式中不包括（　　）。

A. 书面形式　　B. 口头形式　　C. 特定形式　　D. 其他形式

4. ［2013 年岩土上午试题 120］某建设项目甲建设单位与乙施工单位签订施工总承包合同后，乙施工单位经甲建设单位认可，将打桩工程分包给丙专业承包单位，丙专业承包单位又将劳务作业分包给丁劳务单位，由于丙专业承包单位从业人员责任心不强，导致该打桩工程部分出现了质量缺陷。对于该质量缺陷的责任承担，以下说明正确的是（　　）。

A. 乙单位和丙单位承担连带责任　　B. 丙单位和丁单位承担连带责任

C. 丙单位向甲单位承担全部责任　　D. 乙、丙、丁三单位共同承担责任

5. ［2011 年岩土上午试题 117］按照《合同法》的规定，下列情形中，要约不失效的是（　　）。

A. 拒绝要约的通知到达要约人

B. 要约人依法撤销要约

C. 承诺期限届满，受要约人未作出承诺

D. 受要约人对要约的内容作出非实质性变更

参考答案

1. B　　2. B　　3. C　　4. A　　5. D

第六节　《中华人民共和国招标投标法》

考点分析

本节重点：依法招标项目范围规模的相关规定和招标投标的主要内容以及相关处罚。

本节难点：招标投标的程序和违反规定的处罚。

考点精讲

考点一：《招标投标法》规定的范围和规模以及基本原则

根据《招标投标法》和《中华人民共和国招标投标法实施条例》第三条规定，依法必须进行招标的工程建设项目的具体范围和规模标准，由国务院发展改革部门会同国务院有关部门制订，报国务院批准后公布施行。2018 年 3 月 27 日，国家发展和改革委员会发布《必须招标的工程项目规定》（发改委令

〔2018〕第16号)。(编者注：2021年考点，第60题)

2018年6月6日，国家发改委在该16号令已经明确《招标投标法》规定的三个必须招标范围中的两个范围(即：国有资金投资项目、国外贷款或援助资金投资项目)基础上，针对第三个范围，发布了《国家发展改革委关于印发〈招标的基础设施和公用事业项目范围规定〉的通知》(发改法规规〔2018〕843号)。该文补充了16号令中大型基础设施、公用事业等关系社会公共利益、公众安全的项目必须招标的范围，并大大缩减了2000年发改委3号令中的该范围。公路建设项目(注：包括县乡道)依然属于必须招标的基础设施和公用事业项目范围，而商品住宅，包括经济适用住房已经不属于必须招标的公用事业项目范围了。

属于必须招标范围的工程项目，其规模按照16号令的第5条规定：本规定第2条至第4条规定范围内的项目，其勘察、设计、施工、监理以及与工程建设有关的重要设备、材料等的采购达到下列标准之一的，必须招标：

(1)施工单项合同估算价在400万元人民币以上；

(2)重要设备、材料等货物的采购，单项合同估算价在200万元人民币以上；

(3)勘察、设计、监理等服务的采购，单项合同估算价在100万元人民币以上。

同一项目中可以合并进行的勘察、设计、施工、监理以及与工程建设有关的重要设备、材料等的采购，合同估算价合计达到前款规定标准的，必须招标。

该新规定明确了全国执行统一的规模标准，各地不得另行调整。

第五条 招标投标活动应当遵循公开、公平、公正和诚实信用的原则。

考点二：招标投标法关于招标的主要规定

1. 招标方式

《招标投标法》第十条规定："招标分为公开招标和邀请招标。公开招标，是指招标人以招标公告的方式邀请不特定的法人或者其他组织投标。邀请招标，是指招标人以投标邀请书的方式邀请特定的法人或者其他组织投标。"

《招标投标法》第十一条规定："国务院发展计划部门确定的国家重点项目和省、自治区、直辖市人民政府确定的地方重点项目不适宜公开招标的，经国务院发展计划部门或者省、自治区、直辖市人民政府批准，可以进行邀请招标。"

2. 招标程序

根据《招标投标法》和《工程建设项目施工招标投标办法》的规定，招标程序一般如下：

(1)成立招标组织，由招标人自行招标或委托招标。

(2)编制招标文件和标底(如果有)(或最高限价)。

(3)发布招标公告并明确对未中标人的成果是否经济补偿或发出投标邀请书。

(4)对潜在投标人进行资格审查，并将审查结果通知各潜在投标人。

(5)发售招标文件。

(6)组织投标人踏勘现场，并对招标文件答疑(如果需要)。

(7)接受投标书。

(8)开标。

(9)评标。

（10）定标、签发中标通知书。

（11）签订合同。

工程招标投标（合同订立）的过程如图 6-1 所示。

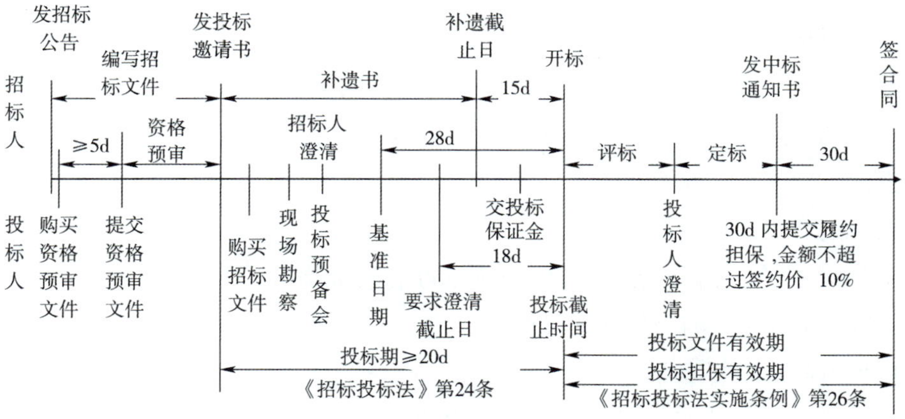

图 6-1 工程招标投标（合同订立）过程图

3. 招标代理

招标人有权自行选择招标代理机构，委托其办理招标事宜，任何一单位和个人不得以任何方式为招标人指定招标代理机构。招标人具有编制招标文件和组织评标能力的，可以自行办理招标事宜。任何单位和个人不得强制其委托招标代理机构办理招标事宜。依法必须进行招标的项目，招标人自行办理招标事宜的，应当向有关行政监督部门备案。

招标代理机构是依法设立、从事招标代理业务并提供相关服务的社会中介组织。

2017 年 12 月 27 日第十二届全国人民代表大会常务委员会第三十一次会议对《招标投标法》的第 13、14、50 条作了部分删除和修改，主要是取消招标代理机构的资格由政府认定的要求。

招标代理机构应当具备下列条件：

（1）有从事招标代理业务的营业场所和相应资金。

（2）有能够编制招标文件和组织评标的相应专业力量。

（编者注：条例规定是指具有与招标项目规模和复杂程度相适应的技术、经济等方面的专业人员；删除具备专家库条件；也不需要招标师条件了）

招标代理机构与行政机关和其他国家机关不得存在隶属关系或者其他利益关系。

招标代理机构应当在招标人委托的范围内办理招标事宜，并遵守本法关于招标人的规定。

考点三：《招标投标法》关于投标的主要规定

1. 投标的要求

《招标投标法》第二十六条规定："投标人应当具备承担招标项目的能力；国家有关规定对投标人资格条件或者招标文件对投标人资格条件有规定的，投标人应当具备规定的资格条件。"

投标人应当具备承担招标项目的能力。依据建设部 2001 年 7 月 25 日发布并实施的第 93 号令《建设工程勘察设计企业资质管理规定》，工程勘察资质分为工程勘察综合资质、工程勘察专业资质、工程勘察劳务资质；工程设计资质分为工程设计综合资质、工程设计行业资质、工程设计专项资质，每种资质各有其相应等级（如工程勘察、设计综合资质只设甲级）。

根据《建筑法》的有关规定，承包建筑工程的单位应当持有依法取得的资质证书，并在其资质等级许可的范围内承揽工程。《建设工程勘察设计企业资质管理规定》规定的各等级具有不同的承担工程项目的能力，各企业应当在其资质等级范围内承担工程。

2. 投标程序

（1）组织投标机构。

（2）编制投标文件。

（3）投标文件的送达。

3. 联合体投标

（1）联合投标的含义

根据《招标投标法》第三十一条第一款的规定，联合投标是指“两个以上法人或者其他组织可以组成一个联合体，以一个投标人的身份共同投标。”

（2）联合体各方的资格要求

《招标投标法》第三十一条第二款规定：“联合体各方均应当具备承担招标项目的相应能力；国家有关规定或者招标文件对投标人资格条件有规定的，联合体各方均应当具备规定的相应资格条件。由同一专业的单位组成的联合体，按照资质等级较低的单位确定资质等级。”

（3）联合体各方的权利和义务

《招标投标法》第三十一条第三款规定：“联合体各方应当签订共同投标协议，明确约定各方拟承担的工作和责任，并将共同投标协议连同投标文件一并提交招标人。联合体中标的，联合体各方应当共同与招标人签订合同，就中标项目向招标人承担连带责任。”根据该规定，联合体各方的权利和义务分为内部和外部两种。

①联合体各方内部的权利和义务。

共同投标协议属于合同关系，即平等主体的自然人、法人、其他组织之间通过设立、变更、终止民事权利义务关系的协议而形成的关系。联合体内部各方通过协议明确约定各方在中标后要承担的工作和责任，该约定必须详细、明确，以免日后发生争议。同时，该共同协议应当同投标文件一并提交招标人，使招标人了解有关情况，并在评标时予以考虑。

②联合体各方外部的权利和义务。

联合体各方就中标项目对外向招标人承担连带责任。

所谓连带责任，是指在同一债权债务关系中两个以上的债务人中，任何一个债务人都负有向债权人履行债务的义务。债权人可以向其中任何一个或者多个债务人请求履行债务，可以请求部分履行，也可以请求全部履行。负有连带责任的债务人不得以债务人之间对债务分担比例有约定来拒绝部分或全部履行债务。连带债务人中一个或者多人履行了全部债务后，其他连带债务人对债权人的履行义务即行解除。但是，对连带债务人内部关系而言，根据其内部约定，债务人清偿债务超过其应承担份额的，有权向其他连带债务人追偿。联合体各方在中标后承担的连带责任包括以下两种情况：

第一种：联合体在接到中标通知书未与招标人签订合同前，除不可抗力外，联合体放弃中标项目的，其已提交的投标保证金不予退还，给招标人造成的损失超过投标保证金数额的，还应当对超过部分承担连带赔偿责任。

第二种：中标的联合体在签约后除不可抗力外，不履行与招标人签订的合同时，履约保证金不予退还，给招标人造成的损失超过履约保证金数额的，还应当对超过部分承担连带赔偿责任。

考点四：投标的禁止性规定

1. 投标人之间串通投标

《招标投标法》第三十二条第一款规定："投标人不得相互串通投标报价，不得排挤其他投标人的公平竞争，损害招标人或者其他投标人的合法权益。"

2. 投标人与招标人之间串通招标投标

《招标投标法》第三十二条第二款规定："投标人不得与招标人串通投标，损害国家利益、社会公共利益或者他人的合法权益。"

3. 投标人以行贿的手段谋取中标

《招标投标法》第三十二条第三款规定："禁止投标人以向招标人或者评标委员会成员行贿的手段谋取中标。"

投标人以行贿的手段谋取中标是违背《招标投标法》基本原则的行为，对其他投标人是不公平的。投标人以行贿手段谋取中标的法律后果是中标无效，有关责任人和单位应当承担相应的行政责任或刑事责任，给他人造成损失的，还应当承担民事赔偿责任。

4. 投标人以低于成本的报价竞标

《招标投标法》第三十三条规定，投标人不得以低于成本的报价竞标。

投标人以低于成本的报价竞标，其目的主要是为了排挤其他对手。

这里的成本应指个别企业的成本。投标人的报价一般由成本、税金和利润三部分组成。当报价为成本价时，企业利润为零。

5. 投标人以非法手段骗取中标

《招标投标法实施条例》第四十二条　使用通过受让或者租借等方式获取的资格、资质证书投标的，属于《招标投标法》第三十三条规定的以他人名义投标。

投标人有下列情形之一的，属于《招标投标法》第三十三条规定的以其他方式弄虚作假的行为：

（1）使用伪造、变造的许可证件。

（2）提供虚假的财务状况或者业绩。

（3）提供虚假的项目负责人或者主要技术人员简历、劳动关系证明。

（4）提供虚假的信用状况。

（5）其他弄虚作假的行为。

考点五：《招标投标法》中关于开标、评标和定标的主要规定以及细则

1. 开标程序

开标应当在招标文件确定的提交投标文件截止时间的同一时间公开进行；开标地点应当为招标文件中预先确定的地点。开标由招标人主持，邀请所有投标人参加。

开标时，由投标人或者其推选的代表检查投标文件的密封情况，也可以由招标人委托的公证机构检查并公证；经确认无误后，由工作人员当众拆封，宣读投标人名称、投标价格和投标文件的其他主要内容。

招标人在招标文件要求提交投标文件的截止时间前收到的所有投标文件，开标时都应当当众予以拆封、宣读。

开标过程应当记录，并存档备查。

2. 评标委员会的组成

评标由招标人依法组建的评标委员会负责。评标委员会由招标人的代表和有关技术、经济等方面的专家组成，成员人数为五人以上单数，其中技术、经济等方面的专家不得少于成员总数的三分之二。评标委员会专家应当从事相关领域工作满八年并具有高级职称或者具有同等专业水平，由招标人从国务院有关部门或者省、自治区、直辖市人民政府有关部门提供的专家名册或者招标代理机构的专家库内的相关专业的专家名单中确定；一般招标项目可以采取随机抽取方式，特殊招标项目可以由招标人直接确定。与投标人有利害关系的人不得进入相关项目的评标委员会；已经进入的应当更换，评标委员会成员的名单在中标结果确定前应当保密。

3. 评标程序

（1）招标人应当采取必要的措施，保证评标在严格保密的情况下进行。任何单位和个人不得非法干预、影响评标的过程和结果。

（2）评标委员会可以要求投标人对投标文件中含义不明确的内容作必要的澄清或者说明，但是澄清或者说明不得超出投标文件的范围或者改变投标文件的实质性内容。

（3）评标委员会应当按照招标文件确定的评标标准和方法，对投标文件进行评审和比较；设有标底的，应当参考标底。

（4）招标人根据评标委员会提出的书面评标报告和推荐的中标候选人确定中标人。招标人也可以授权评标委员会直接确定中标人。

（5）评标委员会经评审，认为所有投标都不符合招标文件要求的，可以否决所有投标。依法必须进行招标项目的所有投标被否决的，招标人应当依照本法重新招标。

（6）在确定中标人前，招标人不得与投标人就投标价格、投标方案等实质性内容进行谈判。

考点六：中标和中标通知书的有关规定

1. 中标条件

（1）能够最大限度地满足招标文件中规定的各项综合评价标准。

（2）能够满足招标文件的实质性要求，并且经评审的投标价格最低，但是投标价格低于成本的除外。

2. 中标候选人的公示和中标人的确定

依法必须进行招标的项目，招标人应当自收到评标报告之日起 3 日内公示中标候选人，公示期不得少于 3 日。

国有资金占控股或者主导地位的依法必须进行招标的项目，招标人应当确定排名第一的中标候选人为中标人。排名第一的中标候选人放弃中标，招标人可以按照评标委员会提出的中标候选人名单排序依次确定其他中标候选人为中标人，也可以重新招标。

3. 中标通知书

招标人和中标人应当自中标通知书发出之日起三十日内，按照招标文件和中标人的投标文件订立书面合同。招标人和中标人不得再行订立背离合同实质性内容的其他协议。招标文件要求中标人提交履约保证金的，中标人应当提交。

依法必须进行招标的项目，招标人应当自确定中标人之日起十五日内，向有关行政监督部门提交招标投标情况的书面报告。

例题解析

例题 1　[2013 年岩土上午试题 117] 下列属于《招标投标法》规定的招标方式是（　　）。

A. 公开招标和直接招标　　B. 公开招标和邀请招标

C. 公开招标和协议招标　　D. 公开招标和公开招标

答案： B

解析： 见考点二,《招标投标法》第 10 条的规定。

例题 2　在资格预审过程中，对符合资格预审条件潜在投标人，因人数过多，而采用抽签或摇号确定有限的最终通过资格预审投标人的方法，违背的招投标活动的原则是（　　）。

A. 公开　　B. 公平　　C. 公正　　D. 诚信

答案： B

解析： 见考点一。该题的难点是选择公平还是选公正。抽签或摇号是凭运气，表面很公平，实际不公平。公平原则，要求招标人严格按照规定的条件和程序办事，同等地对待每一个投标竞争者，不得对不同的投标竞争者采用不同的标准；抽签或摇号就不能同等对待符合资格预审条件潜在投标人，所以不公平。而公正是对所有的投标竞争者都应平等对待，不能有特殊；特别是在评标时尤其显示要公正过程。

例题 3　[2021 年试题 60] 根据 2018 年 6 月 1 日起施行的《必须招标的工程项目规定》,《招标投标法》第三条规定范围内的项目，勘察、设计、监理等服务的采购，必须招标的单价合同估算价为（　　）。

A. 50 万元人民币以上　　B. 100 万元人民币以上

C. 200 万元人民币以上　　D. 300 万元人民币以上

答案： B

解析： 见考点一。《招标投标法》第三条规定范围内的项目，勘察、设计、监理等服务的采购，必须招标的单价合同估算价在 100 万元人民币以上。

例题 4　[2019 年结构下午试题 14] 根据《招标投标法》，依法必须进行招标的项目，其招标投标活动不受地区或者部门的限制。该规定体现了《招标投标法》的原则是下述的（　　）。

A. 公开　　B. 公平　　C. 公正　　D. 诚实信用

答案： B

解析： 根据《招标投标法》，依法必须进行招标的项目，其招标、投标活动不受地区或者部门的限制。该规定体现了《招标投标法》的公平原则。

例题 5　[2020 年结构下午试题 14] 根据《招标投标法》，开标时，招标人应当邀请所有投标人参加，这一规定体现了招标投标活动的（　　）。

A. 公开原则　　B. 公平原则　　C. 公正原则　　D. 诚实守信原则

答案： A

解析：《招标投标法》第三十四条规定：开标应当在招标文件确定的提交投标文件截止时间的同一时间公开进行，开标地点应当为招标文件中预先确定的地点。第三十五条规定：开标由招标人主持，邀请所有投标人参加。

例题 6　[2020 年结构下午试题 16] 下列有关评标方法的描述，错误的是（　　）。

A. 最低投标价法适合没有特殊要求的招标项目

B. 综合评估法适合没有特殊要求的招标项目

C. 最低投标价法通常带来恶性削价竞争，工程质量不容乐观

D. 综合评估法可用打分的方法或货币的方法评估各项标准

答案： C

解析： 2018 年 9 月 28 日，住房和城乡建设部决定对《房屋建筑和市政基础设施工程施工招标投标管理办法》（建设部令〔2001〕第 89 号）作出修改后公布。其中第四十条规定：评标可以采用综合评估法、经评审的最低投标价法或者法律法规允许的其他评标方法。

采用综合评估法的，应当对投标文件提出的工程质量、施工工期、投标价格、施工组织设计或者施工方案、投标人及项目经理业绩等，能否最大限度地满足招标文件中规定的各项要求和评价标准进行评审和比较。以评分方式进行评估的，对于各种评比奖项不得额外计分。

采用经评审的最低投标价法的，应当在投标文件能够满足招标文件实质性要求的投标人中，评审出投标价格最低的投标人，但投标价格低于其企业成本的除外.

从文件中可以看出，采用经评审的最低投标价法的前提是在能够满足招标文件实质性要求的投标人中，评审出投标价格最低的投标人中标。如果有人恶性竞争，报价低于成本价，而不能满足招标文件的实质性要求，是不能中标的。选项 C 完全否定了最低投标价法，是不符合文件精神的。

交通运输部《公路工程建设项目招标投标管理办法》（2015 年第 24 号令）有类似的规定。

例题 7 ［2020 年岩土下午试题 13］根据《招标投标法》规定，下列情形中，不可采用直接发包，而必须进行招标的情形是（　　）。

A. 关系社会公共利益、公众安全的大型基础设施项目

B. 重要设备材料等货物的采购，单项合同估算价在 100 万元人民币以下

C. 施工单位合同估算价为 100 万元人民币以下

D. 勘察、设计、监理等服务的采购单项合同估算价在 40 万元人民币以下

答案： A

解析：《招标投标法》第三条规定：在中华人民共和国境内进行下列工程建设项目包括项目的勘察、设计、施工、监理以及与工程建设有关的重要设备、材料等的采购，必须进行招标：

（一）大型基础设施、公用事业等关系社会公共利益、公众安全的项目；

（二）全部或者部分使用国有资金投资或者国家融资的项目；

（三）使用国际组织或者外国政府贷款、援助资金的项目。

前款所列项目的具体范围和规模标准，由国务院发展计划部门会同国务院有关部门制订，报国务院批准。

参见考点一，规模标准，只有选项 A 是必须进行招标的。

自测模拟

1. ［2014 年岩土上午试题 117］根据《招标投标法》规定，某工程项目委托监理服务的招标活动，应当遵循的原则是（　　）。

A. 公开、公平、公正、诚实信用　　B. 公开、平等、自愿、公平、诚实信用

C. 公正、科学、独立、诚实信用　　D. 全面、有效、合理、诚实信用

2. ［2012 年岩土上午试题 117］根据《招标投标法》规定，某建设工程依法必须进行招标，招标人

委托了招标代理机构办理招标事宜，招标代理机构的行为合法的是（　　）。

A. 编制投标文件和组织评标

B. 在招标人委托的范围内办理招标事宜

C. 遵守《招标投标法》关于投标人的规定

D. 可以作为评标委员会成员参与评标

3. ［2011 年岩土上午试题 116］根据《招标投标法》规定，招标人对已发出的招标文件进行必要的澄清或修改的，应该以书面形式通知所有招标文件收受人，通知的时间应当在招标文件要求提交投标文件截止时间至少（　　）。

A. 20 日前　　B. 15 日前　　C. 7 日前　　D. 5 日前

4. ［2010 年岩土上午试题 116］根据《招标投标法》规定，招标人和中标人按照招标文件和中标人的投标文件订立书面合同的时间要求是（　　）。

A. 自中标通知书发出之日起 30 日内

B. 自中标单位收到中标通知书之日起 30 日内

C. 自中标通知书发出之日起 15 日内

D. 自中标单位收到中标通知书之日起 15 日内

5. ［2009 年岩土上午试题 116］根据《招标投标法》规定，下列包括在招标公告中的是（　　）。

A. 招标项目的性质、数量　　B. 招标项目的技术要求

C. 对投标人员资格的审查标准　　D. 拟签订合同的主要条款

参考答案

1. A　2. B　3. B　4. A　5. A

第七节　《中华人民共和国安全生产法》

考点分析

本节重点：从业人员的权利义务和安全生产费用的规定以及违反《安全生产法》的处罚。

本节难点：违反《安全生产法》的处罚。

考点精讲

2021 年 6 月 10 日，第十三届全国人民代表大会常务委员会通过《关于修改〈中华人民共和国安全生产法〉的决定》，中华人民共和国主席签发第八十八号令予以公布，自 2021 年 9 月 1 日起施行。

考点一：《安全生产法》的立法目的和安全生产的工作方针

《安全生产法》的立法目的是加强安全生产工作，防止和减少生产安全事故，保障人民群众生命和

财产安全，促进经济社会持续健康发展。（新法第一条）

安全生产工作坚持中国共产党的领导。安全生产工作应当以人为本，坚持人民至上、生命至上，把保护人民生命安全摆在首位，树牢安全发展理念，坚持安全第一、预防为主、综合治理的方针，从源头上防范化解重大安全风险。

安全生产工作实行管行业必须管安全、管业务必须管安全、管生产经营必须管安全，强化和落实生产经营单位主体责任与政府监管责任，建立生产经营单位负责、职工参与、政府监管、行业自律和社会监督的机制。（新《安全生产法》第3条对2014版《安全生产法》作了较大修订）

考点二：安全生产“三同时”制度及责任人有关规定

生产经营单位新建、改建、扩建工程项目（以下统称建设项目）的安全设施，必须与主体工程同时设计、同时施工、同时投入生产和使用，安全设施投资应当纳入建设项目概算。（第31条）

生产经营单位必须加大对安全生产资金、物资、技术、人员的投入保障力度，改善安全生产条件，加强安全生产标准化、信息化建设，构建安全风险分级管控和隐患排查治理双重预防机制，健全风险防范化解机制，提高安全生产水平，确保安全生产。（第4条）

生产经营单位应当建立安全风险分级管控制度，按照安全风险分级采取相应的管控措施。生产经营单位应当建立健全并落实生产安全事故隐患排查治理制度，采取技术、管理措施，及时发现并消除事故隐患。事故隐患排查治理情况应当如实记录，并通过职工大会或者职工代表大会、信息公示栏等方式向从业人员通报。（第41条）

生产经营单位的主要负责人是本单位安全生产第一责任人，对本单位的安全生产工作全面负责。其他负责人对职责范围内的安全生产工作负责。（第5条）

矿山建设项目和用于生产、储存危险物品的建设项目，应当分别按照国家有关规定进行安全条件论证和安全评价。建设项目安全设施的设计人、设计单位应当对安全设施设计负责。矿山建设项目和用于生产、储存危险物品的建设项目的安全设施设计应当按照国家有关规定报经有关部门审查，审查部门及其负责审查的人员对审查结果负责。（第32、33条）

安全设备的设计、制造、安装、使用、检测、维修、改造和报废，应当符合国家标准或者行业标准。生产经营单位必须对安全设备进行经常性维护、保养，并定期检测，保证正常运转。（第36条）

第五十一条 高危行业经营单位应当投保安全生产责任保险。（编者注：公路施工属于高危）

生产经营单位使用危险物品的容器、运输工具，必须按照国家有关规定，由专业生产单位生产，并经取得专业资质的检测、检验机构检测、检验合格，取得安全使用证或者安全标志，方可投入使用。检测、检验机构对检测、检验结果负责。（第37条）

考点三：安全生产中从业人员的权利和义务

1. 安全生产中从业人员的权利（第53~56条）

（1）知情权，即有权了解其作业场所和工作岗位存在的危险因素、防范措施和事故应急措施。

（2）建议权，即有权对本单位的安全生产工作提出建议。

（3）批评权和检举、控告权，即有权对本单位安全生产管理工作中存在的问题提出批评、检举、控告。

（4）拒绝权，即有权拒绝违章作业指挥和强令冒险作业。

（5）紧急避险权，即发现直接危及人身安全的紧急情况时，有权停止作业或者在采取可能的应急措施后撤离作业场所。

（6）依法向本单位提出要求赔偿的权利。

（7）获得符合国家标准或者行业标准劳动防护用品的权利。

（8）获得安全生产教育和培训的权利。

（9）事故发生后应获得单位及时救治的权利。

2. 安全生产中从业人员的义务

（1）自律遵规的义务，即从业人员在作业过程中，应当严格遵守本单位的安全生产规章制度和操作规程，服从管理，正确佩戴和使用劳动防护用品。（第 57 条）

（2）自觉学习安全生产知识的义务，掌握本职工作所需的安全生产知识，提高安全生产技能，增强事故预防和应急处理能力。（第 58 条）

（3）危险报告义务，即发现事故隐患或者其他不安全因素时，应当立即向现场安全生产管理人员或者本单位负责人报告。（第 59 条）

考点四：生产安全事故应急救援与调查处理的法律规定

1. 安全事故的等级

2021 年的新安全生产法第 118 条表示，本法规定的生产安全一般事故、较大事故、重大事故、特别重大事故的划分标准由国务院规定。国务院颁发的《生产安全事故报告和调查处理条例》第 3 条规定的事故等级为：

（1）特别重大事故，是指造成 30 人以上死亡，或者 100 人以上重伤（包括急性工业中毒，下同），或者 1 亿元以上直接经济损失的事故。（编者注："以上"包含本数）

（2）重大事故，是指造成 10 人以上 30 人以下死亡，或者 50 人以上 100 人以下重伤，或者 5000 万元以上 1 亿元以下直接经济损失的事故。

（3）较大事故，是指造成 3 人以上 10 人以下死亡，或者 10 人以上 50 人以下重伤，或者 1000 万元以上 5000 万元以下直接经济损失的事故。

（4）一般事故，是指造成 3 人以下死亡，或者 10 人以下重伤，或者 1000 万元以下直接经济损失的事故。

2. 安全生产责任事故应急救援

县级以上地方各级人民政府应当组织有关部门制定本行政区域内特大生产安全事故应急救援预案，建立应急救援体系。单位负责人接到事故报告后，应当迅速采取有效措施，组织抢救，并按照国家有关规定立即如实报告当地负有安全生产监督管理职责的部门，不得隐瞒不报、谎报或拖延不报，不得故意破坏事故现场、毁灭有关证据。

危险物品的生产、经营、储存单位以及矿山、建筑施工单位应当建立应急救援组织；生产经营规模较小、可以不建立应急救援组织的，应当指定兼职的应急救援人员。

危险物品的生产、经营、储存单位以及矿山、建筑施工单位应当配备必要的应急救援器材、设备，并进行经常性维护、保养，保证正常运转。

3. 安全生产责任事故报告

（1）生产经营单位发生生产安全事故后，事故现场有关人员应当立即报告本单位负责人。

（2）负有安全生产监督管理职责的部门接到事故报告后，应当立即按照国家有关规定上报事故情况。负有安全生产监督管理职责的部门和有关地方人民政府对事故情况不得隐瞒不报、谎报或者迟报。

（3）有关地方人民政府和负有安全生产监督管理职责部门的负责人接到重大生产安全事故报告后，应当立即赶到事故现场，组织事故抢救。

4. 安全生产责任事故调查处理

（1）事故调查处理应当按照科学严谨、依法依规、实事求是、注重实效（编著注：旧法为实事求是、尊重科学）的原则，及时、准确地查清事故原因，查明事故性质和责任，总结事故教训，提出整改措施，并对事故责任者提出处理意见。

（2）生产经营单位发生生产安全事故，经调查确定为责任事故的，除了应当查明事故单位的责任并依法予以追究外，还应当查明对安全生产的有关事项负有审查批准和监督职责的行政部门的责任，对有失职、渎职行为的，追究法律责任。

（3）任何单位和个人不得阻挠和干涉对事故的依法调查处理。

（4）县级以上地方各级人民政府负责安全生产监督管理的部门应当定期统计分析本行政区域内发生生产安全事故的情况，并定期向社会公布。

考点五：安全生产费用的确定与使用

1.《安全生产法》授权财政部和安监总局（现并入应急管理部）确定安全生产费用的标准和使用范围

2014 年 8 月 21 日第十二届全国人民代表大会常务委员会第 10 次会议修改后的《安全生产法》第二十条规定，生产经营单位应当具备的安全生产条件所必需的资金投入，由生产经营单位的决策机构、主要负责人或者个人经营的投资人予以保证，并对由于安全生产所必需的资金投入不足导致的后果承担责任。有关生产经营单位应当按照规定提取和使用安全生产费用，专门用于完善和改进安全生产条件的有关支出。安全生产费用在成本中据实列支。安全生产费用提取、使用和监督管理的具体办法由国务院财政部门会同国务院安全生产监督管理部门征求国务院有关部门意见后制定。

2.《建设工程安全生产管理条例》规定工程概算中应包含工程安全生产费

根据《建设工程安全生产管理条例》第八条规定，建设单位在编制工程概算时，应当确定建设工程安全作业环境及安全施工措施所需费用。

3. 财政部和安监总局规定安全生产费的提取标准

财政部和安监总局的《企业安全生产费用提取和使用管理办法》（财企〔2012〕第 16 号）第七条规定，建设工程施工企业以建筑安装工程造价为计提依据。各建设工程类别安全费用提取标准如下：

市政公用工程、冶炼工程、机电安装工程、化工石油工程、港口与航道工程、公路工程、通信工程为 1.5%。

考点六：违反规定应承担的法律责任

第九十九条 生产经营单位有下列行为之一的，责令限期改正，可以处 5 万元以下的罚款；逾期未改正的，处 5 万元以上 10 万元以下的罚款，对其直接负责的主管人员和其他直接责任人员处 1 万元以上 2 万元以下的罚款；情节严重的，责令停产停业整顿；构成犯罪的，依照刑法有关规定追究刑事责任：

（1）未在有较大危险因素的生产经营场所和有关设施、设备上设置明显的安全警示标志的。

（2）安全设备的安装、使用、检测、改造和报废不符合国家标准或者行业标准的。

（3）未对安全设备进行经常性维护、保养和定期检测的。

（4）关闭、破坏直接关系生产安全的监控、报警、防护、救生设备、设施，或者篡改、隐瞒、销毁其相关数据、信息的。

（5）未为从业人员提供符合国家标准或者行业标准的劳动防护用品的。

（6）危险物品的容器、运输工具，以及涉及人身安全、危险性较大的海洋石油开采特种设备和矿山井下特种设备未经取得专业资质的机构检测、检验合格，取得安全使用证或者安全标志，投入使用的。

（7）使用应当淘汰的危及生产安全的工艺、设备的。

（8）餐饮等行业的生产经营单位使用燃气未安装可燃气体报警装置的。

第 101 条 生产经营单位有下列行为之一的，责令限期改正，处十万元以下的罚款；逾期未改正的，责令停产停业整顿，并处十万元以上二十万元以下的罚款，对其直接负责的主管人员和其他直接责任人员处二万元以上五万元以下的罚款；构成犯罪的，依照刑法有关规定追究刑事责任：

（2）对重大危险源未登记建档，未进行定期检测、评估、监控，未制定应急预案，或者未告知应急措施的；

（4）未建立安全风险分级管控制度或者未按照安全风险分级采取相应管控措施的；

（5）未建立事故隐患排查治理制度，或者重大事故隐患排查治理情况未按照规定报告的。

第 102 条 生产经营单位未采取措施消除事故隐患的，责令立即消除或者限期消除，处五万元以下的罚款；生产经营单位拒不执行的，责令停产停业整顿，对其直接负责的主管人员和其他直接责任人员处五万元以上十万元以下的罚款；构成犯罪的，依照刑法有关规定追究刑事责任。

2021 年第十一次刑法修正案规定，以下行为属于犯罪：明知存在重大事故隐患而不排除，仍冒险组织作业，因而发生重大伤亡事故或者造成其他严重后果的；因存在重大事故隐患被依法责令停产停业、停止施工、停止使用有关设备、设施、场所或者立即采取排除危险的整改措施，而拒不执行的。

例 题 解 析

例题 1 安全生产中从业人员的义务是（　　）。

A. 遇到紧急危险时撤离　　B. 对本单位的安全生产工作提出建议

C. 遇到危险时要报告　　D. 拒绝违章作业指挥

答案：C

解析：见考点三，《安全生产法》第 59 条的规定。

例题 2 某工程项目现场发生安全事故死亡 2 人，重伤 49 人，该事故属于（　　）。

A. 一般事故　　B. 较大事故　　C. 重大事故　　D. 特大事故

答案：C

解析：见考点四。该题的难点是要考虑死亡 2 人。因为死亡比重伤还严重，所以重伤人数是49 +

2 = 51人；重伤最终人数超过 49 人，属于重大事故，不能选 B 项较大事故。

例题 3 ［2020 年结构下午试题 15］工人甲在施工作业过程中发现脚手架即将倒塌，迅速逃离了现场，随之倒塌的脚手架造成一死多伤的安全事故，则甲的行为（　　）。

A. 违法，因为只有在通知其他工人后，甲才可逃离

B. 违约，因为甲未能按照合同履行劳动义务

C. 不违法，甲在行使紧急避险权

D. 不违约，脚手架倒塌属于不可抗力

答案：C

解析：见考点三。2014 版《安全生产法》第五十二条（2021 版《安全生产法》第五十五条）规定：从业人员发现直接危及人身安全的紧急情况时，有权停止作业或者在采取可能的应急措施后撤离作业场所。

自测模拟

1. ［2014 年岩土上午试题 116］某生产经营单位使用危险性较大的特种设备，根据《安全生产法》规定，该设备投入使用的条件不包括（　　）。（新法第 34 条）

A. 该设备应由专业生产单位生产

B. 该设备应进行安全条件论证和安全评价

C. 该设备需经取得专业资质的检测、检验机构检测、检验合格

D. 该设备需取得安全使用证或者安全标志

2. ［2013 年岩土上午试题 116］某施工单位一个有职工 185 人的三级施工资质的企业，根据《安全生产法》规定，该企业下列行为中合法的是（　　）。

A. 只配备兼职的安全生产管理人员

B. 委托具有国家规定相关专业技术资格的工程技术人员提供安全生产管理服务，由其负责承担保证安全生产的责任

C. 安全生产管理人员经企业考核后即任职

D. 设置安全生产管理机构

3. ［2012 年岩土上午试题 116］根据《安全生产法》规定，生产经营单位主要负责人对本单位的安全生产负总责，某生产经营单位的主要负责人对本单位安全生产工作的职责是（　　）。

A. 建立、健全本单位安全生产责任制

B. 保证本单位安全生产投入的有效使用

C. 及时报告生产安全事故

D. 组织落实本单位安全生产规章制度和操作规程

4. ［2010 年岩土上午试题 115］根据《安全生产法》规定，生产经营单位使用的涉及生命安全、危险性较大的特种设备以及危险物品的容器、运输工具，必须按照国家有关规定由专业生产单位生产并经取得专业资质的检测、检验机构检测，检验合格取得（　　）。

A. 安全使用证和安全标志方可投入使用

B. 安全使用证或安全标志方可投入使用

C. 生产许可证和安全使用证方可投入使用

D. 生产许可证或安全使用证方可投入使用

参考答案

1. B　　2. D　　3. A　　4. B

第八节　《建设工程安全生产管理条例》

考点分析

本节重点：立法目的、适用范围和勘察设计单位的安全责任以及违反规定的处罚。

本节难点：违反规定的处罚。

考点精讲

考点一：《建设工程安全生产管理条例》的立法目的和适用范围等

1. 立法目的

（1）直接目的：贯彻《建筑法》和《安全生产法》。

（2）间接目的：为了加强建设工程安全生产监督管理。

（3）根本目的：保障人民群众生命和财产安全。

2. 适用范围

（1）在中华人民共和国境内从事建设工程的新建、扩建、改建和拆除等有关活动及实施对建设工程安全生产的监督管理，必须遵守本条例。

本条例所称建设工程，是指土木工程、建筑工程、线路管道和设备安装工程及装修工程。

（2）抢险救灾和农民自建低层住宅的安全生产管理不适用本条例；军事建设工程的安全生产管理，按照中央军事委员会的有关规定执行。

3. 方针

安全第一、预防为主、综合治理。

4. 建设工程安全生产管理基本制度

（1）安全生产责任制度

安全生产责任制度是建筑生产中最基本的安全管理制度，是所有安全管理制度的核心。安全生产责任制度是指各种不同的安全责任落实到负责有安全管理责任的人员和具体岗位人员身上的一种制度。这一制度是安全第一、预防为主方针的具体体现，是建筑安全生产的基本制度。安全生产责任制的主要内容包括：一是从事建筑活动的负责人的责任制。比如，施工单位的法定代表人要对本企业的安全负主要的安全责任。二是从事建筑活动的职能机构或职能处室负责人及其工作人员的安全生产责任制。比如，施工单位根据需要设置的安全处室或者专职安全人员要对安全负责。三是岗位人员的安全生产责任制。岗位人员必须对安全负责。从事特种作业的安全人员必须进行培训，经过考核合格后方能上岗作业。

（2）群防群治制度

这一制度要求建设企业的职工在施工中应当遵守有关生产的法律、法规和建设行业安全规章、规程，不得违章作业；对于危及生命安全和身体健康的行为有权提出批评、检举和控告。

（3）安全生产教育培训制度

施工单位的主要负责人、项目负责人、专职安全生产管理人员应当经建设行政主管部门或者其他有关部门考核合格后方可任职。安全生产教育培训考核不合格的人员，不得上岗。作业人员进入新的岗位或者新的施工现场前，应当接受安全生产教育培训。未经教育培训或者教育培训考核不合格的人员，不得上岗作业。

（4）安全生产检查制度

安全生产检查制度是上级管理部门或企业自身对安全生产状况进行定期或不定期检查的制度。通过检查可以发现问题，查出隐患，从而采取有效措施，把事故消灭在发生之前。

（5）伤亡事故处理报告制度

施工中发生事故时，企业应当采取紧急措施减少人员伤亡和事故损失，并且按照国家有关规定及时向有关部门报告的制度。事故处理必须遵循一定的程序，现在进一步完善为四不放过，即事故原因未查清不放过，事故责任者未受处理不放过，整改措施未落实不放过，有关人员未受到教育不放过。

（6）安全责任追究制度

建设单位、设计单位、施工单位、监理单位，由于没有履行职责造成人员伤亡和事故损失的，视情节轻重给予相应的处理；情节严重的，责令停业整顿，降低资质等级，直至吊销资质证书；构成犯罪的，依法追究刑事责任。

考点二：勘察、设计有关单位的安全责任

1. 勘察单位的安全责任

根据《建设工程安全生产管理条例》第十二条规定，勘察单位的安全责任包括：

勘察单位应当按照法律、法规和工程建设强制性标准进行勘察，提供的勘察文件应当真实、准确，满足建设工程安全生产的需要。

勘察单位在勘察作业时，应当严格执行操作规程，采取措施保证各类管线、设施和周边建筑物、构筑物的安全。

2. 设计单位的安全责任

根据《建设工程安全生产管理条例》第十三条规定，设计单位的安全责任包括：

设计单位应当按照法律、法规和工程建设强制性标准进行设计，防止因设计不合理导致生产安全事故的发生。

设计单位应当考虑施工安全操作和防护的需要，对涉及施工安全的重点部位和环节在设计文件中注明，并对防范生产安全事故提出指导意见。

采用新结构、新材料、新工艺的建设工程和特殊结构的建设工程，设计单位应当在设计中提出保障施工作业人员安全和预防生产安全事故的措施建议。

设计单位和注册建筑师等注册执业人员应当对其设计负责。

考点三：建设单位安全生产管理的如下责任和义务

1. 不得向有关单位提出不符合建设工程安全生产法律、法规和强制性标准规定的要求

根据《建设工程安全生产管理条例》第七条规定，建设单位不得对勘察、设计、施工、工程监理等单位提出不符合建设工程安全生产法律、法规和强制性标准规定的要求，不得压缩合同约定的工期。

工期并非不可压缩，但是此处的“不得压缩合同约定的工期”指的是不得单方面压缩工期。如果由于外界的原因不得不压缩工期的话，也要在不违背施工工艺的前提下，与合同另一方当事人协商并达成一致意见后方可压缩。交通运输部 2017 年《公路水运工程安全生产监督管理办法》第 28 条规定的更加具体，建设单位不得随意压缩工期。工期确需调整的，应当对影响安全的风险进行论证和评估，经合同双方协商一致，提出相应的施工组织和安全保障措施。

2. 应当确定安全生产所需费用

根据《建设工程安全生产管理条例》第八条规定，建设单位在编制工程概算时，应当确定建设工程安全作业环境及安全施工措施所需费用。

考点四：条例对勘察、设计单位违法的法律责任规定

第五十六条 违反本条例的规定，勘察单位、设计单位有下列行为之一的，责令限期改正，处 10 万元以上 30 万元以下的罚款；情节严重的，责令停业整顿，降低资质等级，直至吊销资质证书；造成重大安全事故，构成犯罪的，对直接责任人员，依照刑法有关规定追究刑事责任；造成损失的，依法承担赔偿责任：

（1）未按照法律、法规和工程建设强制性标准进行勘察、设计的。

（2）采用新结构、新材料、新工艺的建设工程和特殊结构的建设工程，设计单位未在设计中提出保障施工作业人员安全和预防生产安全事故的措施建议的。

第五十八条 注册执业人员未执行法律、法规和工程建设强制性标准的，责令停止执业 3 个月以上 1 年以下；情节严重的，吊销执业资格证书，5 年内不予注册；造成重大安全事故的，终身不予注册；构成犯罪的，依照刑法有关规定追究刑事责任。（编者注：2020 年考点，第 58 题）

考点五：条例对专项施工方案的要求和规定

《建设工程安全生产管理条例》第二十六条 施工单位应当在施工组织设计中编制安全技术措施和施工现场临时用电方案，对下列达到一定规模的危险性较大的分部分项工程编制专项施工方案，并附具安全验算结果，经施工单位技术负责人、总监理工程师签字后实施，由专职安全生产管理人员进行现场监督：

①基坑支护与降水工程；②土方开挖工程；③模板工程；④起重吊装工程；⑤脚手架工程；⑥拆除、爆破工程；⑦国务院建设行政主管部门或者其他有关部门规定的其他危险性较大的工程。

对前款所列工程中涉及深基坑、地下暗挖工程、高大模板工程的专项施工方案，施工单位还应当组织专家进行论证、审查。

本条第一款规定的达到一定规模的危险性较大工程的标准，由国务院建设行政主管部门会同国务院其他有关部门制定。

交通运输部在《公路工程施工安全技术规范》（JTG F9—2015）附录 A 中列出了公路桥梁隧道具体

的危险性较大的工程和需专家论证的工程范围。

住建部 2018 年 2 月 12 日发布的《危险性较大的分部分项工程安全管理规定》（住房和城乡建设部令第 37 号）的第 10 条至第 13 条，对危险性较大的分部分项工程和超过一定规模的危险性较大的分部分项工程的范围、专项施工方案的编制和审核程序要求等作了具体规定。特别是对专项施工方案的审核签字以及需专家论证的先后顺序等都作了具体明确规定，专家论证要在施工单位技术负责人签字盖单位章和总监审核签字盖个人执业章后，送交专家论证；论证结论为通过、修改后通过、不通过三种并且要求结论一致，不实行少数服从多数；对修改后通过结论的，在按照专家意见修改后的专项施工方案需重新由施工单位技术负责人审核签字盖单位章和总监审核盖个人执业章即可，不需再进行专家论证。

《建设工程安全生产管理条例》第十四条规定，工程监理单位应当审查施工组织设计中的安全技术措施或者专项施工方案是否符合工程建设强制性标准。

工程监理单位在实施监理过程中，发现存在安全事故隐患的，应当要求施工单位整改；情况严重的，应当要求施工单位暂时停止施工，并及时报告建设单位。施工单位拒不整改或者不停止施工的，工程监理单位应当及时向有关主管部门报告。

例题解析

例题 1 ［2019 年试题 59］下列说法中，不适用《建设工程安全生产管理条例》的是（　　）。

A. 线路管道和设备安装工程

B. 土木工程和建筑工程

C. 设备安装工程及装修工程

D. 抢险救灾和农民自建低层住宅

答案：D

解析：见考点一第 2 点，《建设工程安全生产管理条例》第 2 条的规定。

例题 2 《建设工程安全生产管理条例》的上位法是（　　）。

①《公路法》；②《建筑法》；③《安全生产法》；④《标准化法》

A. ①②③　　B. ②③　　C. ①③④　　D. ②③④

答案：B

解析：见考点一第 1 点，《建设工程安全生产管理条例》第 1 条的规定。

例题 3 ［2020 年试题 58］根据《建设工程安全生产管理条例》，注册执业人员未执行法律、法规和工程建设强制性标准的，应（　　）。

A. 终身不予注册

B. 吊销执业资格证书，5 年内不予注册

C. 吊销执业资格证书，5 年内不予注册

D. 责令停止执业 3 个月以上 1 年以下

答案：D

解析：根据《建设工程安全生产管理条例》第 58 条，注册执业人员未执行法律、法规和工程建设强制性标准的，责令停止执业 3 个月以上 1 年以下；情节严重的，吊销执业资格证书，5 年内不予注册；造成重大安全事故的，终身不予注册；构成犯罪的，依照刑法有关规定追究刑事责任。

自 测 模 拟

1. ［2010 年岩土上午试题 120］根据《建设工程安全生产管理条例》规定，工程监理单位在实施监理过程中，发现存在安全事故隐患的应当要求施工单位整改；情况严重的应当要求施工单位暂时停止施工，并及时报告（　　）。

A. 施工单位　　B. 监理单位　　C. 有关主管部门　　D. 建设单位

2. 设计单位的安全责任是（　　）。

①采用特殊结构的建设工程，设计单位应当在设计中提出保障施工作业人员安全和预防生产安全事故的措施建议

②采用新结构、新材料、新工艺的建设工程，设计单位可在设计中提出保障施工作业人员安全和预防生产安全事故的措施建议

③设计单位应当考虑施工安全操作和防护的需要，对涉及施工安全的重点部位和环节在设计文件中注明，并对防范生产安全事故提出指导意见

④设计单位应当依据风险评估结论，对设计方案进行修改完善

A. ①②③　　B. ①③④　　C. ①③　　D. ②③④

参 考 答 案

1. D　　2. B

第九节　《建设工程质量管理条例》

考 点 分 析

本节重点：立法目的、适用范围和勘察设计单位的质量责任以及违反规定的处罚。

本节难点：违反规定的处罚。

考 点 精 讲

考点一：《建设工程质量管理条例》的立法目的、适用范围和基本制度

1. 立法目的

为了加强对建设工程质量的管理，保证建设工程质量，保护人民生命和财产安全，根据《建筑法》，制定本条例。

2. 适用范围

凡在中华人民共和国境内从事建设工程的新建、扩建、改建等有关活动及实施对建设工程质量监督管理的，必须遵守本条例。

本条例所称建设工程，是指土木工程、建筑工程、线路管道和设备安装工程及装修工程。

3. 建设工程质量管理的基本制度

（1）工程质量监督管理制度。

（2）工程竣工验收备案制度。

（3）工程质量事故报告制度。

（4）工程质量检举、控告、投诉制度。

考点二：勘察、设计单位的质量责任和义务

《建设工程质量管理条例》第三章明确了勘察、设计单位的质量责任和义务。

第十八条 从事建设工程勘察、设计的单位应当依法取得相应等级的资质证书，并在其资质等级许可的范围内承揽工程。

禁止勘察、设计单位超越其资质等级许可的范围或者以其他勘察、设计单位的名义承揽工程。禁止勘察、设计单位允许其他单位或者个人以本单位的名义承揽工程。

第十九条 勘察、设计单位必须按照工程建设强制性标准进行勘察、设计，并对其勘察、设计的质量负责。

注册建筑师、注册结构工程师等注册执业人员应当在设计文件上签字，对设计文件负责。

第二十条 勘察单位提供的地质、测量、水文等勘察成果必须真实、准确。

第二十一条 设计单位应当根据勘察成果文件进行建设工程设计。

设计文件应当符合国家规定的设计深度要求，注明工程合理使用年限。

第二十二条 设计单位在设计文件中选用的建筑材料、建筑构配件和设备，应当注明规格、型号、性能等技术指标，其质量要求必须符合国家规定的标准。

除有特殊要求的建筑材料、专用设备、工艺生产线等外，设计单位不得指定生产厂、供应商。

第二十三条 设计单位应当就审查合格的施工图设计文件向施工单位作出详细说明。

第二十四条 设计单位应当参与建设工程质量事故分析，并对因设计造成的质量事故，提出相应的技术处理方案。

考点三：建设单位质量管理的责任和义务

（1）建设单位应当将工程发包给具有相应资质等级的单位，不得将工程肢解发包。

（2）建设单位应当依法对工程建设项目的勘察、设计、施工、监理以及与工程建设有关的重要设备、材料等的采购进行招标。

（3）建设单位不得对承包单位的建设活动进行不合理干预。

（4）施工图设计文件未经审查批准的，建设单位不得使用。

（5）涉及建筑主体和承重结构变动的装修工程，建设单位要有设计方案。

（6）建设单位应按照国家有关规定组织竣工验收，建设工程验收合格的，方可交付使用。

考点四：条例对勘察、设计单位和个人的法律责任规定

第六十条 违反本条例规定，勘察、设计、施工、工程监理单位超越本单位资质等级承揽工程的，

责令停止违法行为，对勘察、设计单位或者工程监理单位处合同约定的勘察费、设计费或者监理酬金 1 倍以上 2 倍以下的罚款；对施工单位处工程合同价款百分之二以上百分之四以下的罚款，可以责令停业整顿，降低资质等级；情节严重的，吊销资质证书；有违法所得的，予以没收。（编者注：2020 年考点，第 56 题）

未取得资质证书承揽工程的，予以取缔，依照前款规定处以罚款；有违法所得的，予以没收。

以欺骗手段取得资质证书承揽工程的，吊销资质证书，依照本条第一款规定处以罚款；有违法所得的，予以没收。

第六十一条 违反本条例规定，勘察、设计、施工、工程监理单位允许其他单位或者个人以本单位名义承揽工程的，责令改正，没收违法所得，对勘察、设计单位和工程监理单位处合同约定的勘察费、设计费和监理酬金 1 倍以上 2 倍以下的罚款；对施工单位处工程合同价款百分之二以上百分之四以下的罚款；可以责令停业整顿，降低资质等级；情节严重的，吊销资质证书。

第六十二条 违反本条例规定，承包单位将承包的工程转包或者违法分包的，责令改正，没收违法所得，对勘察、设计单位和工程监理单位处合同勘察费、设计费百分之二十五以上百分之五十以下的罚款；对施工单位处工程合同价款千分之五以上千分之十以下的罚款；可以责令停业整顿，降低资质等级；情节严重的，吊销资质证书。

第六十三条 违反本条例规定，有下列行为之一的，责令改正，处 10 万元以上 30 万元以下的罚款：（编者注：2021 年考点，第 58 题）

（1）勘察单位未按照工程建设强制性标准进行勘察的。

（2）设计单位未根据勘察成果文件进行工程设计的。

（3）设计单位指定建筑材料、建筑构配件的生产厂、供应商的。

（4）设计单位未按照工程建设强制性标准进行设计的。

有前款所列行为，造成工程质量事故的，责令停业整顿，降低资质等级；情节严重的，吊销资质证书；造成损失的，依法承担赔偿责任。

第七十二条 违反本条例规定，注册建筑师、注册结构工程师、监理工程师等注册执业人员因过错造成质量事故的，责令停止执业 1 年；造成重大质量事故的，吊销执业资格证书，5 年以内不予注册；情节特别恶劣的，终身不予注册。

第七十三条 依照本条例规定，给予单位罚款处罚的，对单位直接负责的主管人员和其他直接责任人员处单位罚款数额百分之五以上百分之十以下的罚款。

第七十七条 建设、勘察、设计、施工、工程监理单位的工作人员因调动工作、退休等原因离开该单位后，被发现在该单位工作期间违反国家有关建设工程质量管理规定，造成重大工程质量事故的，仍应当依法追究法律责任。

考点五：公路工程质量事故等级的划分和处理

按照交通运输部 2016 年颁发的《公路水运建设工程质量事故等级划分和报告制度》第 4 条规定：根据直接经济损失或工程结构损毁情况（自然灾害所致除外），公路水运建设工程质量事故分为特别重大质量事故、重大质量事故、较大质量事故和一般质量事故四个等级；直接经济损失在一般质量事故以下的为质量问题。

（1）特别重大质量事故，是指造成直接经济损失 1 亿元以上的事故。

（2）重大质量事故，是指造成直接经济损失5000万元以上1亿元以下，或者特大桥主体结构垮塌、特长隧道结构坍塌，或者大型水运工程主体结构垮塌、报废的事故。

（3）较大质量事故，是指造成直接经济损失1000万元以上5000万元以下，或者高速公路项目中桥或大桥主体结构垮塌、中隧道或长隧道结构坍塌、路基（行车道宽度）整体滑移，或者中型水运工程主体结构垮塌、报废的事故。

（4）一般质量事故，是指造成直接经济损失100万元以上1000万元以下，或者除高速公路以外的公路项目中桥或大桥主体结构垮塌、中隧道或长隧道结构坍塌，或者小型水运工程主体结构垮塌、报废的事故。

本条所称的“以上”包括本数，“以下”不包括本数。水运工程的大、中、小型分类参照《公路水运工程监理企业资质管理规定》（交通运输部令〔2015〕第4号）执行。

《建设工程质量管理条例》第五十二条规定：建设工程发生质量事故，有关单位应当在24小时内向当地建设行政主管部门和其他有关部门报告。对重大质量事故，事故发生地的建设行政主管部门和其他有关部门应当按照事故类别和等级向当地人民政府和上级建设行政主管部门和其他有关部门报告。特别重大质量事故的调查程序按照国务院有关规定办理。（编者注：2020年考点，第60题）

例题解析

例题1 ［2019年试题57］根据《建设工程质量管理条例》，下列分包情形中，不属于非法分包的是（　　）。

A. 总承包合同中未有约定，承包单位又未经建设单位许可，就将其全部劳务作业交由劳务单位完成

B. 总承包单位将工程分包给不具备相应资质条件的单位

C. 施工总承包单位将工程主体结构的施工分包给其他单位

D. 分包单位将其承包的建设工程再分包的

答案：A

解析：参见《建设工程质量管理条例》第25条和第27条的规定。该题可以用排除法，B选项违反第25条资质要求且属于违法分包，CD选项是违反交通运输部和住建部的部门规章和合同约定，这三个选项很容易看出是违法分包。所以A是正确的。对于劳务分包，只要是将劳务作业分包给有劳务资质的法人（单位就行，不能是自然人如包工头），就不需建设单位许可，但是劳务也不允许再分包。参见《房屋建筑和市政基础设施工程施工分包管理办法》第九条和第十四条第1款等。不过有个特殊情况考生要注意，乙是总包，将非主体非关键专业工程分包给丙，而丙又将工程中劳务再分包给丁劳务公司，则依据第5条第3款是合法的。

实际该题错误选项BCD不是《建设工程质量管理条例》中的原文，原文在《建筑法》第29条第1和3款中，所以该题实际是考《建筑法》的内容。

例题2 根据《建设工程质量管理条例》的规定，勘察设计单位和未按照工程建设强制性标准进行勘察、设计的，对责任人处罚正确的是（　　）。

A. 处10万元以上30万元以下的罚款

B. 处以合同约定的勘察费、设计费或者监理酬金1倍以上2倍以下的罚款

C. 处以罚款的范围是最少 0.5 万元最多不超过 3 万元

D. 没收违法所得，并处违法所得 2 倍以上 5 倍以下罚款

答案：C

解析：该题有难度，考《建设工程质量管理条例》第 63 条和第 73 条两个条款。题干的违法行为符合第 63 条规定中第 1 款和第 4 款的行为，所以单位的处罚是：责令改正，处 10 万元以上 30 万元以下的罚款。而第 73 条规定："依照本条例规定，给予单位罚款处罚的，对单位直接负责的主管人员和其他直接责任人员处单位罚款数额百分之五以上百分之十以下的罚款"。10 万 × 5% = 0.5 万元，30 × 10% = 3 万元，"以上"含则用"最少"，"以下"不含则用"不超过"表示。

例题 3　［2020 年试题 56］根据《建设工程质量管理条例》，勘察、设计单位超越本单位资质等级承揽工程的，责令停止违法行为，对勘察、设计单位处以罚款，罚款是约定的勘察费、设计费的（　　）。

A. 2 倍以上 3 倍以下　　B. 3 倍以上 5 倍以下

C. 1 倍以上 2 倍以下　　D. 10 万元以上 30 万元以下

答案：C

解析：参见《建设工程质量管理条例》第 60 条，违反本条例规定，勘察、设计、施工、工程监理单位超越本单位资质等级承揽工程的，责令停止违法行为，对勘察、设计单位或者工程监理单位处合同约定的勘察费、设计费或者监理酬金 1 倍以上 2 倍以下的罚款。

例题 4　［2020 年试题 60］根据《建设工程质量管理条例》，建设工程发生质量事故，有关单位向当地建设行政主管部门和其他有关部门报告的时间应不大于（　　）。

A. 4 小时　　B. 8 小时　　C. 24 小时　　D. 48 小时

答案：C

解析：参见《建设工程质量管理条例》第 52 条，建设工程发生质量事故，有关单位应当在 24 小时内向当地建设行政主管部门和其他有关部门报告。对重大质量事故，事故发生地的建设行政主管部门和其他有关部门应当按照事故类别和等级向当地人民政府和上级建设行政主管部门和其他有关部门报告。特别重大质量事故的调查程序按照国务院有关规定办理。

（编者注：按照交通运输部规定，该题中有关单位主要是指施工单位或建设单位或公路管养单位）

例题 5　［2021 年试题 58］根据《建设工程质量管理条例》，勘察单位未按照工程建设强制性标准进行勘察的，下列处罚正确的是（　　）。

A. 处 50 万元以上，100 万元以下的罚款

B. 责令改正，处 10 万元以上，30 万元以下的罚款

C. 责令改正，处 20 万元以上，50 万元以下的罚款

D. 责令改正，处 5 万元以上，20 万元以下的罚款

答案：B

解析：见考点四。根据《建设工程质量管理条例》第六十三条，勘察单位未按照工程建设强制性标准进行勘察的，责令改正，处 10 万元以上 30 万元以下罚款。

例题 6　［2018 年结构下午试题 14］房地产开发企业销售商品住宅，保修期的计起应是（　　）。

A. 工程竣工验收合格之日起　　B. 物业验收合格之日起

C. 购房人实际入住之日起　　D. 开发企业向购房人交付房屋之日起

答案：A

解析:《建设工程质量管理条例》第四十一条规定，建设工程的保修期，自竣工验收合格之日起计算。

例题 7 ［2018 年结构下午试题 16］建设工程竣工验收，下列部门中负责组织实施的是（　　）。

A. 工程质量监督机构　　B. 建设单位

C. 工程监理单位　　D. 房地产开发主管部门

答案：B

解析:《建设工程质量管理条例》第十六条规定，建设单位收到建设工程竣工报告后，应当组织设计、施工、工程监理等有关单位进行竣工验收。

例题 8 ［2019 年岩土下午试题 14］根据《建设工程安全生产管理条例》，建设工程安全生产管理应坚持的方针为（　　）。

A. 预防第一、安全为主　　B. 改正第一、罚款为主

C. 安全第一、预防为主　　D. 罚款第一、改正为主

答案：C

解析:《建设工程安全生产管理条例》第三条规定，建设工程安全生产管理，坚持“安全第一、预防为主”的方针。

自测模拟

1. ［2014 年岩土上午试题 120］某建设工程项目完成施工后，施工单位提出工程竣工验收申请，根据《建设工程质量管理条例》规定，该建设工程竣工验收应具备的条件不包括（　　）。

A. 有施工单位提交质量保证金

B. 有工程使用的主要材料、建筑构配件和设备的进场试验报告

C. 有勘察、设计、施工、工程监理等单位分别签署的质量合格文件

D. 有完整的技术档案和施工管理资料

2. ［2012 年岩土上午试题 120］根据《建设工程质量管理条例》的规定，施工图必须经过审查批准；否则不得使用。建设单位投资的大型工程项目施工图设计已经完成，该施工图应该报审的管理部门是（　　）。

A. 县级以上人民政府建设行政主管部门

B. 县级以上人民政府工程设计主管部门

C. 县级以上政府规划部门

D. 工程监理单位

3. ［2010 年岩土上午试题 119］按照《建设工程质量管理条例》规定，施工人员对涉及结构安全的试块、试件以及有关材料进行现场取样时应当（　　）。

A. 在设计单位监督现场取样

B. 在监督单位或监理单位监督下现场取样

C. 在施工单位质量管理人员监督下现场取样

D. 在建设单位或监理单位监督下现场取样

参考答案

1. A　　2. A　　3. D

第十节 《建设工程勘察设计管理条例》

考点分析

本节重点：立法目的、适用范围和勘察设计单位的安全责任以及违反规定的处罚。

本节难点：违反规定的处罚。

考点精讲

考点一：第二章“资质资格管理”的条款

第七条 国家对从事建设工程勘察、设计活动的单位，实行资质管理制度。具体办法由国务院建设行政主管部门商国务院有关部门制定。

第八条 建设工程勘察、设计单位应当在其资质等级许可的范围内承揽建设工程勘察、设计业务。

禁止建设工程勘察、设计单位超越其资质等级许可的范围或者以其他建设工程勘察、设计单位的名义承揽建设工程勘察、设计业务。禁止建设工程勘察、设计单位允许其他单位或者个人以本单位的名义承揽建设工程勘察、设计业务。

第九条 国家对从事建设工程勘察、设计活动的专业技术人员，实行执业资格注册管理制度。

未经注册的建设工程勘察、设计人员，不得以注册执业人员的名义从事建设工程勘察、设计活动。

第十条 建设工程勘察、设计注册执业人员和其他专业技术人员只能受聘于一个建设工程勘察、设计单位；未受聘于建设工程勘察、设计单位的，不得从事建设工程的勘察、设计活动。

第二十五条 编制建设工程勘察、设计文件，应当以下列规定为依据：

（1）项目批准文件。

（2）城乡规划。（编者注：原为“城市规划”）

（3）工程建设强制性标准。

（4）国家规定的建设工程勘察、设计深度要求。

铁路、交通、水利等专业建设工程，还应当以专业规划的要求为依据。

考点二：第四章“建设工程勘察设计文件的编制与实施”的条款

第二十六条 编制建设工程勘察文件，应当真实、准确，满足建设工程规划、选址、设计、岩土治理和施工的需要。

编制方案设计文件，应当满足编制初步设计文件和控制概算的需要。

编制初步设计文件，应当满足编制施工招标文件、主要设备材料订货和编制施工图设计文件的需要。

编制施工图设计文件，应当满足设备材料采购、非标准设备制作和施工的需要，并注明建设工程合理使用年限。

第二十七条 设计文件中选用的材料、构配件、设备，应当注明其规格、型号、性能等技术指标，其质量要求必须符合国家规定的标准。

除有特殊要求的建筑材料、专用设备和工艺生产线等外，设计单位不得指定生产厂、供应商。

第二十八条 建设单位、施工单位、监理单位不得修改建设工程勘察、设计文件；确需修改建设工程勘察、设计文件的，应当由原建设工程勘察、设计单位修改。经原建设工程勘察、设计单位书面同意，建设单位也可以委托其他具有相应资质的建设工程勘察、设计单位修改。修改单位对修改的勘察、设计文件承担相应责任。

施工单位、监理单位发现建设工程勘察、设计文件不符合工程建设强制性标准、合同约定的质量要求的，应当报告建设单位，建设单位有权要求建设工程勘察、设计单位对建设工程勘察、设计文件进行补充、修改。

建设工程勘察、设计文件内容需要作重大修改的，建设单位应当报经原审批机关批准后，方可修改。

第二十九条 建设工程勘察、设计文件中规定采用的新技术、新材料，可能影响建设工程质量和安全，又没有国家技术标准的，应当由国家认可的检测机构进行试验、论证，出具检测报告，并经国务院有关部门或者省、自治区、直辖市人民政府有关部门组织的建设工程技术专家委员会审定后，方可使用。

第三十条 建设工程勘察、设计单位应当在建设工程施工前，向施工单位和监理单位说明建设工程勘察、设计意图，解释建设工程勘察、设计文件。

建设工程勘察、设计单位应当及时解决施工中出现的勘察、设计问题。

考点三：建设工程勘察、设计的概念及其发包与承包规定

1. 工程勘察、设计的概念及有关规定

本条例所称建设工程勘察，是指根据建设工程的要求，查明、分析、评价建设场地的地质地理环境特征和岩土工程条件，编制建设工程勘察文件的活动。本条例所称建设工程设计，是指根据建设工程的要求，对建设工程所需的技术、经济、资源、环境等条件进行综合分析、论证，编制建设工程设计文件的活动。

从事建设工程勘察、设计活动，应当坚持先勘察、后设计、再施工的原则。

建设工程勘察、设计单位必须依法进行建设工程勘察、设计，严格执行工程建设强制性标准，并对建设工程勘察、设计的质量负责。

国家鼓励在建设工程勘察、设计活动中采用先进技术、先进工艺、先进设备、新型材料和现代管理方法。

2. 建设工程勘察设计发包与承包

建设工程勘察、设计方案评标，应当以投标人的业绩、信誉和勘察、设计人员的能力以及勘察、设计方案的优劣为依据，进行综合评定。

建设工程勘察、设计发包依法实行招标发包或者直接发包。

下列建设工程的勘察、设计，经有关主管部门批准，可以直接发包：

（1）采用特定的专利或者专有技术的。

（2）建筑艺术造型有特殊要求的。

（3）国务院规定的其他建设工程的勘察、设计。

发包方不得将建设工程勘察、设计业务发包给不具有相应勘察、设计资质等级的建设工程勘察、设

计单位。发包方可以将整个建设工程的勘察、设计发包给一个勘察、设计单位；也可以将建设工程的勘察、设计分别发包给几个勘察、设计单位。

除建设工程主体部分的勘察、设计外，经发包方书面同意，承包方可以将建设工程其他部分的勘察、设计再分包给其他具有相应资质等级的建设工程勘察、设计单位。

建设工程勘察、设计单位不得将所承揽的建设工程勘察、设计转包。

建设工程勘察、设计的发包方与承包方，应当执行国家规定的建设工程勘察、设计程序并签订建设工程勘察、设计合同。

建设工程勘察、设计发包方与承包方应当执行国家有关建设工程勘察费、设计费的管理规定。

考点四：勘察、设计单位的法律责任规定

违反本条例规定，未经注册，擅自以注册建设工程勘察、设计人员的名义从事建设工程勘察、设计活动的，责令停止违法行为，没收违法所得，处违法所得 2 倍以上 5 倍以下罚款；给他人造成损失的，依法承担赔偿责任。（编者注：2021 年考点，第 59 题）

违反本条例规定，建设工程勘察、设计注册执业人员和其他专业技术人员未受聘于一个建设工程勘察、设计单位或者同时受聘于两个以上建设工程勘察、设计单位，从事建设工程勘察、设计活动的，责令停止违法行为，没收违法所得，处违法所得 2 倍以上 5 倍以下的罚款；情节严重的，可以责令停止执行业务或者吊销资格证书；给他人造成损失的，依法承担赔偿责任。

考点五：施工图设计文件审查的规定

2017 年 687 号令将第三十三条第 1 款修改为：

施工图设计文件审查机构应当对房屋建筑工程、市政基础设施工程施工图设计文件中涉及公共利益、公众安全、工程建设强制性标准的内容进行审查。县级以上人民政府交通运输等有关部门应当按照职责对施工图设计文件中涉及公共利益、公众安全、工程建设强制性标准的内容进行审查。

施工图设计文件未经审查批准的，不得使用。

比较原第 1 款内容：

第三十三条 县级以上人民政府建设行政主管部门或者交通、水利等有关部门应当对施工图设计文件中涉及公共利益、公众安全、工程建设强制性标准的内容进行审查。

例 题 解 析

例题 1 根据《建设工程勘察设计管理条例》的规定，对建设工程勘察、设计单位和人员执业规定论述正确的是（　　）。

A. 建设工程勘察设计执业人员一般要受聘于一个建设工程勘察、设计单位

B. 未受聘于建设工程勘察设计单位的执业人员在单位特许情况下可从事特许建设工程的勘察设计活动

C. 国家对从事建设工程勘察设计活动的专业技术人员，实行执业资格管理制度

D. 建设工程勘察、设计单位不得允许具有执业资格的个人以本单位的名义承揽建设工程勘察设计业务

答案： D

解析： 见考点一。此题有难度。《建设工程勘察设计管理条例》第十条规定，建设工程勘察、设计注册执业人员和其他专业技术人员只能受聘于一个建设工程勘察、设计单位；未受聘于建设工程勘察、设计单位的，不得从事建设工程的勘察、设计活动。A 选项中“一般要”错。B 选项“可从事特许”错，正确是“不得从事”。C 选项错误在“执业资格”，第九条应该是“执业资格注册”，要进行注册是关键。D 选项正确，根据第八条原文是“禁止建设工程勘察、设计单位允许其他单位或者个人以本单位的名义承揽建设工程勘察、设计业务”，此处个人即使是执业人员也不行，也就是说挂靠不行。

例题 2 ［2021 年试题 59］违反《建设工程勘察设计管理条例》，未经注册，擅自以注册建设工程勘察、设计人员的名义从事建设工程勘察、设计活动的，除责令停止违法行为、没收违法所得外，还须处罚款，金额为违法所得收入的（　　）。

A. 1~2 倍　　B. 1~3 倍　　C. 3~6 倍　　D. 2~5 倍

答案： D

解析： 见考点四。违反《建设工程勘察设计管理条例》第三十六条，未经注册，擅自以注册建设工程勘察、设计人员的名义从事建设工程勘察、设计活动的，责令停止违法行为，没收违法所得，处违法所得 2 倍以上 5 倍以下罚款。

自测模拟

1. ［2011 年岩土上午试题 120］根据《建设工程勘察设计管理条例》规定，建设工程勘察设计方案的评标一般不考虑（　　）。

A. 投标人资质　　B. 勘察、设计方案的优劣

C. 设计人员的能力　　D. 投标人的业绩

2. ［2009 年岩土上午试题 120］根据《建设工程勘察设计管理条例》规定，编制初步设计文件应当（　　）。

A. 满足编制方案设计文件和控制概算的需要

B. 满足编制施工招标文件、主要设备材料订货和编制施工图设计文件的需要

C. 满足非标准设备制作，并注明建筑工程合理使用年限

D. 满足设备材料采购和施工的需要

参考答案

1. A　　2. B

第十一节　勘察设计单位和个人违反相关规定后实施的处罚

考点分析

本节重点： 对勘察设计单位和个人的处罚有多种形式，责令停止、停业整顿、没收违法所得、降低

资质、吊销资质、赔偿损失、罚款、刑事责任等。其中罚款，设计单位一般是设计酬金的 1 倍以上 2 倍以下，特殊罚款是 10 万~30 万元；个人罚款是单位罚款的 5%以上 10%以下。

本节难点：不同类型的处罚形式不同，主要靠记忆和归类。

考点一：违反法律法规等规定对勘察设计单位的处罚

1. 勘察设计单位违反资质要求的处罚

涉及《建筑法》第 65 条、《建设工程质量管理条例》第 60 条和第 61 条，《建设工程勘察设计管理条例》第 35 条。

（1）超越资质承揽工程的依据《建筑法》第 65 条处罚

①责令停止违法行为，处以合同约定的勘察费、设计费或者监理酬金 1 倍以上 2 倍以下的罚款，可以责令停业整顿，降低资质等级等。

（编者注：《建设工程质量管理条例》第 60 条，2020 年考点，第 56 题）

②有违法所得的，予以没收。

③情节严重的，吊销资质证书。

（2）未取得资质承揽工程的依据《建筑法》第 65 条处罚

①予以取缔，并处以合同约定的勘察费、设计费或者监理酬金 1 倍以上 2 倍以下的罚款。

②有违法所得的，予以没收。

（3）以欺骗手段取得资质证书的依据《建筑法》第 65 条处罚

①吊销资质证书，并处以合同约定的勘察费、设计费或者监理酬金 1 倍以上 2 倍以下的罚款。

②构成犯罪的，依法追究刑事责任。

（4）勘察设计单位允许其他单位或个人以本单位名义承揽工程的依据《建设工程质量管理条例》第 61 条处罚

①责令改正，没收违法所得，对勘察、设计单位和工程监理单位处合同约定的勘察费、设计费和监理酬金 1 倍以上 2 倍以下的罚款；对施工单位处工程合同价款 2%以上 4%以下的罚款。

②可以责令停业整顿，降低资质等级。

③情节严重的，吊销资质证书。

2. 勘察设计单位不按强制性标准和有关规定进行勘察设计（罚款都是 10 万~30 万元）

涉及《建筑法》第 73 条（编者注：2019 年考点）、《建设工程质量管理条例》第 63 条、《建设工程安全生产管理条例》第 56 条、《建设工程勘察设计管理条例》第 40 条。

（1）不按建筑工程质量、安全标准（《建筑法》第 73 条）和条例规定进行勘察设计的，责令改正，处 10 万元以上 30 万元以下的罚款

①勘察设计单位和未按照工程建设强制性标准进行勘察、设计的（《建设工程质量管理条例》第 63 条）；勘察设计单位未按照法律、法规和工程建设强制性标准进行勘察、设计的（《建设工程安全生产管理条例》第 56 条）。（编者注：2021 年考点，第 58 题）

②设计单位未根据勘察成果文件进行工程设计的。（《建设工程质量管理条例》第 63 条）

③设计单位指定建筑材料、建筑构配件的生产厂、供应商的。（《建设工程质量管理条例》第 63 条）

④采用新结构、新材料、新工艺的建设工程和特殊结构的建设工程，设计单位未在设计中提出保障施工作业人员安全和预防生产安全事故的措施建议的。（《建设工程安全生产管理条例》第 56 条）

（2）对于上述所列①~③行为，造成工程质量事故（编者注：见第九节公路工程质量事故等级）的，《建筑法》第73条和《建设工程质量管理条例》第63条，除责令改正和罚款之外的处罚

①责令停业整顿，降低资质等级，没收违法所得。

②情节严重的，吊销资质证书。

③造成损失的，依法承担赔偿责任。

④构成犯罪的，依法追究刑事责任。

（3）对于上述中①和④《建设工程安全生产管理条例》第56条的情况，除责令限期改正并罚款外

①情节严重的，责令停业整顿，降低资质等级，直至吊销资质证书。

②造成损失的，依法承担赔偿责任。

③造成重大安全事故，构成犯罪的，对直接责任人员，依照刑法有关规定追究刑事责任。

（4）《建设工程勘察设计管理条例》第40条

违反本条例规定，勘察、设计单位未依据项目批准文件，城乡规划及专业规划，国家规定的建设工程勘察、设计深度要求编制建设工程勘察、设计文件的，责令限期改正；逾期不改正的，处10万元以上30万元以下的罚款；造成工程质量事故或者环境污染和生态破坏的，责令停业整顿，降低资质等级；情节严重的，吊销资质证书；造成损失的，依法承担赔偿责任。（2015年662号国务院令，新增内容）

（编者注：区别是逾期不改正的，处10万元以上30万元以下的罚款）

3. 违法转包或分包中标工程项目（含勘察设计项目）

涉及《招标投标法》第58条、《建设工程质量管理条例》第62条、《建设工程勘察设计管理条例》第39条。对于承包单位将承包的工程转包或者违法分包的，责令改正还可有以下处罚：

①对勘察、设计单位处合同勘察费、设计费25%以上50%以下的罚款；对施工单位处工程合同价款5‰以上10‰以下的罚款。（法和两个条例）

②有违法所得的，并处没收违法所得。（法和两个条例）

③可以责令停业整顿，降低资质等级。（法和两个条例）

④情节严重的，吊销资质证书，由工商行政管理机关吊销营业执照（编者注：执照是法定）。

4. 投标人违法投标、中标的，依据《招标投标法》第53条和第54条处罚

（1）依据《招标投标法》第53条投标人串标的

中标无效，处中标项目金额5‰以上10‰以下的罚款，对单位直接负责的主管人员和其他直接责任人员处单位罚款数额5%以上10%以下的罚款；有违法所得的，并处没收违法所得；情节严重的，取消其一年至二年内参加依法必须进行招标的项目的投标资格并予以公告，直至由工商行政管理机关吊销营业执照；构成犯罪的，依法追究刑事责任。给他人造成损失的，依法承担赔偿责任。

（编者注：该条规定处罚轻点，追究刑事责任后就不罚款）

（2）依据《招标投标法》第54条以他人名义或弄虚作假，骗取中标的

中标无效，给招标人造成损失的，依法承担赔偿责任；构成犯罪的，依法追究刑事责任。依法必须进行招标的项目的投标人有上述所列行为尚未构成犯罪的，处中标项目金额5‰以上10‰以下的罚款，对单位直接负责的主管人员和其他直接责任人员处单位罚款数额5%以上10%以下的罚款；有违法所得的，并处没收违法所得；情节严重的，取消其一年至三年内参加依法必须进行招标的项目的投标资格并予以公告，直至由工商行政管理机关吊销营业执照。

（编者注：该条规定处罚轻点，追究刑事责任后就不罚款）

5. 中标后不签约的依据《招标投标法》第59条处罚

违反本条例规定，承包单位将承包的工程转包或者违法分包的，责令改正，没收违法所得，对勘察、

设计单位规定履约保证金不予退还，给招标人造成的损失超过履约保证金数额的，还应当对超过部分予以赔偿；没有提交履约保证金的，应当对招标人的损失承担赔偿责任。

中标人不按照与招标人订立的合同履行义务，情节严重的，取消其二年至五年内参加依法必须进行招标的项目的投标资格并予以公告，直至由工商行政管理机关吊销营业执照。

考点二：违反勘察设计相关规定对勘察设计人员的个人处罚

1. 勘察设计单位罚款引起对责任人的罚款

根据《建设工程质量管理条例》第 73 条规定：

依照本条例规定，给予单位罚款处罚的，对单位直接负责的主管人员和其他直接责任人员处单位罚款数额 5%以上 10%以下的罚款。

（1）超越资质、无资质、虚假资质承揽工程对个人罚款

以《建设工程质量管理条例》第 60 条涉及勘察设计合同费用 1~2 倍罚款计算 5%~10%。

（2）不按质量安全标准和规定进行勘察设计对个人的罚款

以《建设工程质量管理条例》第 73 条规定的 10 万元以上 30 万元以下的罚款计算 5%~10%。

（3）转包或者违法分包工程对个人的罚款

以《建设工程质量管理条例》第 62 条对勘察、设计单位处合同勘察费、设计费 25%以上 50%以下的罚款计算 5%~10%。

（4）违法投标、中标对个人的罚款

《招标投标法》第 53 条和第 54 条规定，对串标和骗标的单位处中标项目金额 5‰以上 10‰以下的罚款，对单位直接负责的主管人员和其他直接责任人员处单位罚款数额 5%以上 10%以下的罚款。

2. 注册执业人员违法行为的处罚

涉及《建设工程质量管理条例》第 72 条，《建设工程勘察设计管理条例》第 36、37 条规定。

（1）依据《建设工程质量管理条例》第 72 条，注册建筑师、注册结构工程师、监理工程师等注册执业人员因过错造成质量事故的处罚：

①责令停止执业 1 年。

②造成重大质量事故的，吊销执业资格证书，5 年以内不予注册。

③情节特别恶劣的，终身不予注册。

（2）依据《建设工程勘察设计管理条例》第 36、37 条，对勘察、设计人员处以除了责令停止违法行为外，还要没收违法所得，并处违法所得 2 倍以上 5 倍以下罚款的行为：（编者注：2021 年考点，第 59 题）

①未经注册，擅自以注册建设工程勘察、设计人员的名义从事建设工程勘察、设计活动的。

②建设工程勘察、设计注册执业人员和其他专业技术人员未受聘于一个建设工程勘察、设计单位或者同时受聘于两个以上建设工程勘察、设计单位，从事建设工程勘察、设计活动的。

另外，对上述两种行为，给他人造成损失的，依法承担赔偿责任。对上述两种行为，情节严重的，可以责令停止执行业务或者吊销资格证书。

（3）依据《建设工程安全生产管理条例》第 58 条的个人处罚

注册执业人员未执行法律、法规和工程建设强制性标准的，责令停止执业 3 个月以上 1 年以下；情节严重的，吊销执业资格证书，5 年内不予注册；造成重大安全事故的，终身不予注册；构成犯罪的，依照刑法有关规定追究刑事责任。（编者注：2020 年考点，第 58 题）

附录一

注册土木工程师(道路工程)资格考试
专业基础考试大纲

一、建筑材料

1. 砂石材料

矿质混合料组成设计方法　砂石材料的技术性质要求　砂石材料的检测方法　矿质混合料的级配要求

2. 水泥和石灰

水泥、石灰的技术性质要求　石灰及水泥的质量检定方法　硅酸盐水泥熟料各矿物成分特性、凝结硬化　石灰的消化、硬化过程

3. 无机结合料稳定材料

石灰稳定粒料、水泥稳定粒料、石灰粉煤灰稳定粒料的技术性质　无机稳定材料配合比设计方法　石灰粉煤灰稳定粒料的强度形成机理

4. 水泥混凝土和砂浆

普通水泥混凝土的主要技术性质及其影响因素、配合比设计方法、质量评定　砂浆和水泥混凝土的特性　水泥混凝土强度测定方法　混凝土常用外加剂的作用和品种

5. 沥青材料

石油沥青包括改性沥青、乳化沥青技术性质要求及应用　石油沥青的基本技术性质测定方法　石油沥青的组成结构

6. 沥青混合料

沥青混合料技术性质和技术标准　现行的沥青混合料配合比设计方法及相关试验　沥青混合料的结构类型、强度形成原理

7. 建筑钢材

建筑钢材的主要技术性能和技术标准　建筑钢材的试验方法

8. 其他建筑材料

纤维、土工合成材料及木材的主要技术性能　土工合成材料的试验方法

二、土质学与土力学

1. 土的物理化学性质及工程分类

土的工程分类　土的基本物理性质指标　黏性土的界限含水率　砂土的密实度　黏土颗粒与水的相互作用　土体工程性质的变化机理

2. 土中水的运动规律

土的毛细特性　冻胀机理与影响因素　层流渗透定律（达西定律）　渗透系数及其影响因素

3. 土中应力计算

自重应力计算方法　土中附加应力计算方法　土的有效应力原理

4. 土的力学性质

土的强度　变形指标　土的压实特性　压实土的力学特性　土体强度理论　软土在荷载作用下的强度增长规律　土体抗剪强度　直剪试验及相应的强度指标　三轴试验及相应的强度指标

5. 地基沉降计算与地基承载力

分层总和法　一维固结理论　地基沉降的历时特征　地基破坏性状　地基承载力　地基承载力确定方法　地基容许承载力及其修正方法

6. 土坡稳定分析

砂性土土坡稳定分析方法　黏性土土坡圆弧滑动体整体稳定分析方法　条分法的基本原理　毕肖普条分法　土坡稳定分析中一些特殊问题的考虑

三、工程地质

1. 岩石与矿物

三大类岩石的特点　常见的岩石类型及其特征　岩石的工程地质性质　影响岩石工程性质的主要因素

2. 地质构造

地质构造的类型及特性　地壳运动　地质构造图　各种地质构造在地质图中的表现形式和特点

3. 外动力地质作用

外动力地质作用　风化作用　河流的侵蚀作用　下蚀作用　侧蚀作用

4. 地貌

河流阶地　河流阶地与山区公路建设的关系　山岭地貌　平原地貌　不同地貌单元公路建设中可能遇到的工程地质问题　地貌与地形的区别及联系

5. 水文地质

地下水埋藏类型　上层滞水、潜水、承压水和岩溶水的分布规律特点

6. 不良地质

岩溶、滑坡、崩塌、泥石流的特征及其工程地质性质

7. 特殊性岩土

软土、黄土、膨胀土和盐渍土的特征及其工程地质性质

8. 公路工程地质勘察

道路、桥基、隧道勘察的基本勘察方法

四、工程勘测

1. 一般规定

各等级公路项目不同设计阶段的勘测内容与深度　不同设计阶段勘测新技术、新方法，及其应满足的基本精度要求　控制测量桩、路线控制桩的埋设、书写等的规定与要求　桩标记录、勘测记录的规定与要求

2. 控制测量

公路平面控制测量的主要方法　平面控制点的布设、测量、观测等技术要点　公路高程控制测量的主要方法　高程控制点的布设、测量、观测等技术要点　公路控制测量应提交的技术资料

3. 地形图测绘

不同设计阶段对地形图测绘、图式、比例、精度等的技术要求　航空摄影测量、水下地形图测绘、数字地面模型等的技术要求及其应用要点

4. 初测

依据批复的工程可行性研究初步拟定的路线起终点、中间控制点及路线基本走向，在地形图、航测像片、数字地面模型或实地对所拟定的勘测方案进行初测的技术要求　初测阶段路线、路基、路面、排水、小桥涵、大中桥、隧道、路线交叉、沿线设施、环境保护、临时工程、工程经济等的调查与勘测的基本技术要求　初测应提交的技术资料

5. 定测

现场核对初步设计审批意见的执行与优化、调整的定测技术要求　定测阶段路线中线敷设、中桩高程测量、横断面测量、路基、路面、排水、小桥涵、大中桥、隧道、路线交叉、沿线设施、环境保护、临时工程、工程经济等的调查与勘测的基本技术要求　定测应提交的技术资料　一次定测的适用条件、勘测调查内容及其测量精度

五、结构设计原理

1. 钢筋混凝土结构设计的设计原则

钢筋的应力应变曲线　混凝土的应力应变曲线　材料的设计强度　钢筋与混凝土的粘结机理　钢筋锚固规定　极限状态设计　承载能力极限状态　正常使用极限状态　作用（荷载）效应组合

2. 受弯构件强度计算

全梁承载能力校核与构造要求　正截面受力过程和破坏特征　正截面抗剪强度计算斜截面的受力特点和破坏形态　斜截面抗剪强度计算　斜截面抗剪能力影响因素　斜截面抗弯强度　连续梁的斜截面抗剪强度

3. 受压构件强度计算

轴心受压构件、矩形截面偏心受压构件的特点　偏心受压构件的构造要求　偏心受压构件的纵向弯曲　I 字形截面受压构件　圆形截面受压构件

4. 钢筋混凝土受弯构件的应力、裂缝和变形计算

换算截面　裂缝及最大裂缝宽度验算　变形验算

5. 预应力混凝土结构

预应力混凝土的特点　预加应力的方法与常用设备　受弯构件的强度计算　受扭构件的强度计算　预应力损失　有效预应力　抗裂计算　端部锚固区构造要求　受弯构件的构造要求　局部承压　挠度计算　裂缝宽度验算

6. 砖、石及混凝土砌体结构

砌体结构设计的要素　砌体的抗拉、抗弯、抗剪强度　轴心受压构件　偏心受压构件强度及稳定验算方法

六、职业法规

《中华人民共和国公路法》、《中华人民共和国建筑法》、《中华人民共和国森林法》、《中华人民共和国合同法》、《中华人民共和国招标投标法》、《中华人民共和国安全生产法》、《建设工程安全生产管理条例》、《建设工程质量管理条例》、《建设工程勘察设计管理条例》中与工程建设密切相关的要求

附录二

注册土木工程师（道路工程）资格考试
专业基础试题配置说明

建筑材料	11 题（第 1~11 题）
土质学与土力学	12 题（第 12~23 题）
工程地质	13 题（第 24~36 题）
工程勘测	12 题（第 37~48 题）
结构设计原理	7 题（第 49~55 题）
职业法规	5 题（第 56~60 题）

注：试卷题目数量合计 60 题，每题 2 分，满分 120 分。考试时间为 4 小时。